BÍBLIA
TODO DIA

Editora Vida
Rua Conde de Sarzedas, 246 - Liberdade
CEP 03316-010, São Paulo, SP
Tel.: 0 xx 11 2618 7000
atendimento@editoravida.com.br
www.editoravida.com.br

© 2019, por Editorial Peniel
Originalmente publicado em língua espanhola sob o título *Biblia para leer en un año*.
Copyright da edição brasileira © 2022, Editora Vida.
Edição publicada com permissão contratual.

© 2005, 2017, Eugene H. Peterson Título do original: *The Message*, publicado nos Estados Unidos.
Copyright da edição brasileira © 2011, 2021, por Editora Vida Ltda.
Edição publicada com permissão contratual de NavPress.
Todos os direitos reservados. Representada por Tyndale House Publishers. Inc. (Estados Unidos)

■

Editora-Chefe
Sarah Lucchini

Editora Responsável
Gisele Romão da Cruz

Editora-Assistente
Aline Lisboa M. Canuto

Conferências
Jaqueline Angelica
Jéssica Oliveira
Larissa da Mata
Mariana Guido

Projeto Gráfico e Diagramação
Claudia Fatel Lino
Marcelo Alves

Capas
Ariadna Caetano
Natan Nakel
Thiago Bech

Todos os direitos desta tradução em língua portuguesa reservados por Editora Vida.

Proibida a reprodução por quaisquer meios, salvo em breves citações, com indicação da fonte.

O texto bíblico pode ser citado de várias maneiras (escrito, visual, eletrônico ou áudio) até quinhentos (500) versículos sem a expressa permissão por escrito do editor, cuidando para que a soma de versículos citados não complete um livro da Bíblia nem os versículos computem 25% ou mais do texto da obra em que são citados. O pedido de permissão que exceder as normas aqui expressas deve ser encaminhado à Editora Vida Ltda. e estará sujeito à aprovação por escrito.

■

1ª edição: nov. 2023

Dados Internacionais de Catalogação na Publicação (cip)
(Câmara Brasileira do Livro, sp, Brasil)

Peterson, Eugene H., 1932-2018
Bíblia Todo Dia / Eugene H. Peterson ; [tradução Equipe Vida]. -- 1. edição -- São Paulo : Editora Vida, 2023.

Título original: *Biblia para leer en un año*
ISBN 978-65-5584-321-7
e-ISBN 978-65-5584-320-0

1. Bíblia 2. Bíblia - Traduções I. Título.

22-122200   CDD-220.5

Índices para catálogo sistemático:
1. Bíblia : Traduções modernas   220.5
Aline Graziele Benitez - Bibliotecária - CRB-1/3129

EUGENE H. PETERSON

BÍBLIA
TODO DIA

A Mensagem é uma tradução contemporânea
da Bíblia com base nas línguas originais
que procura preservar na linguagem do
dia a dia seus eventos e ideias.

A EDITORA VIDA AGRADECE A COLABORAÇÃO DE:

Adriana Reis da Silva Batista (@bibliaelivros)

Allana Silva (@lanahhsilva)

Amanda Caroline Hikari Azuma (@leiaabibliaa)

Ana Carolina da Silva Sousa (@elevandoafe)

Ana Regadas (@anaregadas_)

Breno Ferreira (@brenoferreira)

Caleb Souza (@calebsou)

Camila Branco da Silva Canto (@meu.devocionalilustrado)

Camila Gonçalves Pereira (@camilagoncalves.p)

Cinara Abreu da Silva (@leitoracristaoficial)

Claudia Abraão (@dona_virtuosa)

Cristiane Vianna (@cris.viannaaa)

Daniel Allyson Sousa Ferreira (@journalingbib)

Danilo Neves (@danilooneves)

Dayane Cristina da Cunha Fernandes (@letrasegraca)

Elizabeth Cristina P. de O. Faria (@elizacrisdevocional)

Enzo Contieri (@enzocontieri)

Estefany dos Santos Reis Casimiro (@cronicasdoreino)

Fabi Oliveira (@fabianaoliveiraoficial)

Fellipe de Simoni da Silva (@comdevocao)

Flávia Maria Rodrigues Ribeiro (@minhabibliacolorida)

Gabriel Freitas (@gaabrielfreitas)

Gaby Oliveira (@gaabyoficial_)

Geórgia Oliveira (@georgia.biblejournaling)

Guilherme Batista (@guilhermebatista)

Hilda Valéria (@herdeira_virtuosa)

Isabela Amorim da Silva (@sigasodepassagem)

Isaque Kanadani (@isaquefeli)

Jardenya (@jardenyaoficial)

Jéssica Ferreira Venturini (@jessicafventurini)

Jessyka Kelly Correia Silva (@jessykabibliatododiaa)

Jey Reis (@jeyreis)

Joao Pedro Maia (@jpmaia)

José Alex Bezerra de Paula (@leiturasdoalex)

Josielen Cândido (@josielencandid)

Julia Vitoria (@crentefoguete)

Kananda Souza da Hora Farias (@bibliadakaahoficial)

Karine Anes Dias Cota (@mybible_journaling)

Karoline de Moura Costa dos Santos (@karolsantosoficial)

Kássia Mayra Almeida (@livrolivreoficial)

Laila de Oliveira Souza (@bibliadalaila)

Letícia Carneiro Santos (@sejamoradaoficial)

Letícia Oliveira (@letoliveiraoficial)

Letícia Tavares (@leticiabtavares)

Lilian Cristina (@minhas_oracoes)

Lorenzo Franco (@lorenzofranco10)

Lucas Teodoro (@lucasteodoro.1)

Luciana Lima de A. da Veiga (@devocionalbuscafe)

Luiz Said (@luizsaid_)

Luiz Senna (@luizactor)

Lusceyssala M. Cartaxo Silva (lusceyssalabiblejournal)

Macelane Santos (@bibliaeleitura)

Marcilene Campos Carvalho (@bibliadamarcy)

Maria Marçal (@mariamarcal_oficial)

Mariel Batista (@marielbatistaa)

Meireane Timóteo de Souza (@sou.escolhida)

Mel Gomes (@melgomesoficial)

Melina Karla Costa (@bib_lestudy)

Meliza Vasques (@devocionalinspirador)

Oton Gomes (@otonsoaresofc)

Paula Cristina Fontes (@meudiario.devocional_)

Paulo Neto (@pauloneto)

Polly Testi (@cafe.com.proposito)

Raquel Felix da Silva (@jesusfeecafe)

Ricardo Hong (@riicardohong)

Rodrigo Soriano (@crescimentodoreino)

Samara Leal (@bibliacomsamy)

Sarah Kanadani (@sarahkanadani)

Suelen Monteiro da Silva (@filhaherdeiraoficial)

Tainara de Jesus Silva Oliveira (@crentenota10)

Tamara Maria da Silva Souza (@bibliadatamy)

Tamires Tavares (@dicabooks)

Thais Nunes Linares (@thaisslinares)

Thaísa Azambuja Gattass (@tha.azambuja)

Thalita Moreno Coutinho (@leiaabibliaa)

Thallyta Cristina P. Sant'anna (@mimosdiy.biblejournaling)

Thayná Ferreira Martins (@thaysimplesmentecrista)

Veronica de Jesus Santos (@bible_vell)

Vinicius Macedo (@macedinhuh)

Yster Santos (@_yster.s)

APRESENTAÇÃO

A *Bíblia Todo Dia* foi elaborada para você desfrutar o seu tempo com o Senhor! Você pode soltar sua imaginação para que esse tempo seja, além de agradável, profundo! Esta Bíblia não tem apenas uma escolha de leitura possível. Você pode usá-la como desejar, pois foi projetada para que a leitura se adapte às suas necessidades.

Composta de leituras diárias, cada uma contendo uma porção do Antigo Testamento, uma do Novo Testamento e um trecho de Salmos, a *Bíblia Todo Dia* tem uma estrutura que permite uma leitura repleta de frescor e emoção, sem cair na monotonia.

Embora os textos estejam agrupados para se ler toda a Palavra de Deus em um ano, iniciando no dia do ano em que você desejar, você também pode escolher o desafio de lê-la duas vezes por ano ou estudá-la mais profundamente, lendo-a em dois ou até três anos. No entanto, não se esqueça: você mesmo pode projetar a maneira como lê sua Bíblia do seu jeito! Aqui estão algumas sugestões diferentes da tradicional leitura em 365 dias:

Duas vezes por ano: Que desafio! Você pode optar por ler de manhã o trecho de um dia e à noite o trecho do dia seguinte. Desta forma você terá lido a Palavra do Senhor duas vezes no mesmo ano.

Dia e noite: Não há maneira mais bonita do que começar e terminar o dia na companhia do Senhor! Reserve algum tempo pela manhã para ler a seção do Novo Testamento e a de Salmos. À noite, você poderá ler o Antigo Testamento. Ou inverter essa ordem.

Em dois anos: Se você prefere ir mais devagar, no primeiro ano você pode ler o Novo Testamento e Salmos e, no segundo ano, você continua com o Antigo Testamento.

Em três anos: Se você deseja otimizar sua leitura com um estudo mais profundo das Escrituras, você pode completar o plano em três anos. No primeiro, você inicia com a seção do Novo Testamento; no segundo, você continua com o Antigo, e no terceiro dedica-se a Salmos.

Para facilitar a leitura convencional de quem deseja completar a *Bíblia Todo Dia* de 1º de janeiro a 31 de dezembro, na página 1201, encontre o "Plano de leitura diária".

Estude a Palavra da forma mais adequada a sua rotina e ao nível de profundidade que deseja atingir. Inclua suas anotações no espaço disponível ao final de cada dia. A *Bíblia Todo Dia*, certamente, é sua melhor companheira para isso!

DIA 001 ___/___/___

GÊNESIS 1.1 — 2.25

O céu e a terra

1 **1-2** Em primeiro lugar, Deus criou o céu e a terra – tudo que se vê e tudo que não se vê. A terra era como uma massa sem forma, um vazio sem fim, uma escuridão quase palpável. O Espírito de Deus pairava sobre o abismo das águas.

3-5 Deus disse: "Luz!".
E a luz apareceu.
Deus viu que a luz era boa
e separou a luz da escuridão.
E chamou à luz dia;
e, à escuridão, chamou noite.
Foi-se a tarde, foi-se a manhã –
Primeiro dia.

6-8 Deus disse: "Firmamento!
Haja separação entre as águas,
no meio das águas!".
Deus fez o firmamento.
Separou as águas que estavam
abaixo do firmamento
das que estavam acima dele.
E assim se fez.
E deu ao firmamento o nome céu;
Foi-se a tarde, foi-se a manhã –
Segundo dia.

9-10 Deus disse: "Separem-se!
Águas debaixo do céu,
juntem-se num só lugar!
Apareça o continente!". E assim se fez.
E ao continente Deus chamou "terra".
E chamou "oceano" às águas que
haviam se juntado.
Deus viu que tudo aquilo era bom.

11-13 Deus disse: "Terra, cubra-se de vegetação!
Produza todo tipo
de planta com semente,
Todo tipo de árvore frutífera".
E assim se fez.
A terra produziu plantas que
continham semente,
de todo tipo,
E árvores frutíferas de todas as variedades.
Deus viu que tudo aquilo era bom.
Foi-se a tarde, foi-se a manhã –
Terceiro dia.

14-15 E Deus disse: "Astros! Apareçam!
Brilhem no firmamento do céu!
Separem o dia da noite.
Distingam as estações, os dias e os anos;
Astros no firmamento do céu para
iluminar a terra".
E assim se fez.

16-19 Deus fez dois grandes astros: o maior
para tomar conta do dia,
E o menor para tomar conta da noite;
e fez as estrelas.
Deus as distribuiu pelo firmamento celeste
para iluminar a terra,
Para reger o dia e a noite
e para separar a luz da escuridão.
Deus viu que tudo aquilo era bom.
Foi-se a tarde, foi-se a manhã –
Quarto dia.

20-23 Deus disse: "Oceano, encha-se de peixes
e de toda espécie de vida marinha!
Pássaros, voem pelo firmamento
acima da terra!".
Deus criou as enormes baleias,
todos os seres vivos que fervilham
em grande quantidade nas águas
E todas as espécies de pássaros.
Deus viu que tudo aquilo era bom.
E, então, os abençoou: "Cresçam!
Reproduzam-se! Encham os oceanos!
Pássaros, reproduzam-se na terra!".
Foi-se a tarde, foi-se a manhã –
Quinto dia.

24-25 Deus disse: "Terra, produza vida! De todo tipo:
gado, répteis, animais selvagens –
de toda espécie".
E assim se fez:
animais selvagens de toda espécie,
Gado de toda espécie,
todo tipo de répteis e insetos.
Deus viu que tudo aquilo era bom.

26-28 Deus disse: "Façamos os seres humanos
à nossa imagem,
de forma que reflitam a nossa natureza

DIA 001

Para que sejam responsáveis pelos
   peixes no mar,
   pelos pássaros no ar, pelo gado
E, claro, por toda a terra,
   por todo animal que se move na terra".
E Deus criou os seres humanos;
   criou-os à semelhança de Deus,
Refletindo a natureza de Deus.
Ele os criou macho e fêmea,
E, então, os abençoou:
"Cresçam! Reproduzam-se! Encham a terra!
Assumam o comando!
Sejam responsáveis pelos peixes no mar
   e pelos pássaros no ar,
   por todo ser vivo que se move sobre a terra".

[29-30] Depois, Deus disse: "Dei a vocês
   todo tipo de planta com semente sobre a terra
E todo tipo de árvore frutífera;
   É para que se alimentem deles.
Para todos os animais e pássaros,
   tudo que se move sobre a terra e respira,
Dou tudo que cresce na terra por alimento".
E assim se fez.

[31] Deus olhou para todas as coisas que havia feito;
   tudo era tão bom; tudo era ótimo!
Foi-se a tarde, foi-se a manhã — Sexto dia.

2 [1] O céu e a terra foram, assim, concluídos, até os
últimos detalhes.

[2-4] Quando chegou o sétimo dia,
   Deus havia terminado sua obra.
No sétimo dia,
   ele descansou de toda a sua obra.
Deus abençoou o sétimo dia,
   fazendo dele um dia santificado,
Porque foi o dia em que ele descansou
   de sua obra,
   de toda a criação, que ele havia feito.

Essa é a história de como tudo começou,
   do céu e da terra quando foram criados.

Adão e Eva

[5-7] Quando o Eterno fez o céu e a terra, antes mesmo
que nascessem plantas ou arbustos — o Eterno ainda não havia feito chover sobre a terra, e não havia
ninguém para cultivar o solo (toda a terra era irrigada por fontes subterrâneas) —, o Eterno formou
o Homem a partir do pó da terra e soprou em suas
narinas o fôlego da vida. E o Homem passou a ter
vida — tornou-se um ser vivo!

[8-9] Então, o Eterno plantou um jardim no Éden, no
lado leste, e ali pôs o Homem, que havia acabado de
criar. O Eterno fez que nascessem da terra árvores
belas e de todo tipo, que forneciam alimento. E, no
meio do jardim, estavam a Árvore da Vida e a Árvore
do Conhecimento do Bem e do Mal.

[10-14] Do Éden, corre um rio que irriga o jardim e dali
se divide em quatro. O primeiro chama-se Pisom e
corre desde Havilá, lugar em que há ouro (o ouro dali
é de excelente qualidade). O lugar também é conhecido por causa de uma resina de cheiro adocicado e das
pedras de ônix. O segundo rio chama-se Giom e corre
desde a terra de Cuxe. O terceiro chama-se Tigre e
corre pelo leste da Assíria. O quarto rio é o Eufrates.

[15] O Eterno levou o Homem para o jardim do
Éden, para que cultivasse o solo e mantivesse tudo
em ordem.

[16-17] E o Eterno ordenou ao Homem: "Você tem permissão para comer de qualquer árvore do jardim,
menos da Árvore do Conhecimento do Bem e do Mal.
Dessa, não poderá comer. No mesmo momento em
que comer dessa árvore, você morrerá".

[18-20] E o Eterno disse: "Não é bom que o Homem
fique sozinho. Farei alguém que o ajude e faça companhia a ele". Então, o Eterno formou do pó da terra
todos os animais do campo e todos os pássaros do céu
e levou-os ao Homem para ver que nome ele daria a
cada um. Eles seriam chamados pelo nome escolhido
pelo Homem, qualquer que fosse. E o Homem deu
nome ao gado, aos pássaros do céu e aos animais
selvagens, mas não encontrou nenhum ser vivo
que pudesse ser sua companheira.

[21-22] O Eterno fez que o Homem caísse num sono
profundo. Enquanto ele dormia, tirou uma das costelas dele e preencheu o lugar com carne. O Eterno
usou a costela que havia retirado do Homem para
formar a Mulher. Então, apresentou-a ao Homem.

[23-25] E o Homem disse:
"Até que enfim! Osso dos meus ossos,
   carne da minha carne!
Seu nome será Mulher,
   pois foi feita do Homem".
Portanto, o homem deve deixar pai e mãe e
   unir-se à sua esposa.
E os dois se tornarão uma carne.
O Homem e a Mulher estavam nus,
   mas não sentiam vergonha.

Amaldiçoada para rastejar
e comer pó a vida toda.
Declaro guerra entre você e a Mulher,
entre seu descendente
e o descendente dela.
Ele ferirá sua cabeça,
e você ferirá o calcanhar dele".

16 E ele disse à Mulher:
"Multiplicarei suas dores no parto;
você dará à luz seus filhos em meio
a dores.
Você vai querer agradar a seu marido,
mas ele governará sobre você".

17-19 E disse ao Homem:
"Por ter dado ouvidos à Mulher
e comido da árvore
De que o proibi de comer:
'Não coma dessa árvore',
Até mesmo a terra será amaldiçoada
por sua causa.
Tirar o alimento da terra
Será tão sofrido quanto o parto da Mulher;
você sofrerá para trabalhar durante
toda a sua vida.
A terra produzirá espinhos e mato,
e, para você, será penoso
conseguir alimento;
Você vai plantar, regar e colher,
vai suar na lavoura, de manhã cedo
até bem tarde,
Até que você volte para a terra,
morto e enterrado;
você começou como pó e como pó
também acabará.

20 O Homem, conhecido como Adão, deu o nome de Eva à sua esposa, porque ela foi a mãe de todos os que vivem. **21** O Eterno fez roupas de couro para que Adão e sua mulher vestissem.

22 E o Eterno disse: "O Homem tornou-se como um de nós, capaz de conhecer todas as coisas, tanto o bem quanto o mal. E agora? E se ele comer do fruto da Árvore da Vida e viver para sempre? Nunca! Isso não pode acontecer!".

23-24 Por isso, o Eterno os expulsou do jardim do Éden e mandou-os trabalhar na terra, a mesma de que eles haviam sido feitos. Ele os tirou do jardim e deixou um anjo querubim de guarda no lado leste e uma espada de fogo, se movendo de um lado para o outro, guardando o caminho que leva à Árvore da Vida.

4 **1-2** Adão deitou-se com sua esposa Eva. Ela engravidou e teve Caim. E disse: "Tive um homem com a ajuda de Deus!".

Ela teve outro filho, Abel. Ele era pastor de ovelhas, e Caim era agricultor. **3-5** O tempo passou. Caim apresentou ao Eterno uma oferta tirada da sua produção agrícola. Abel também apresentou uma oferta, mas tirou-a dos primeiros animais nascidos em seu rebanho, carne de primeira qualidade. O Eterno gostou de Abel e de sua oferta, mas Caim e a oferta que ele havia trazido não foram aprovados por Deus. Com isso, Caim ficou indignado e irritado.

6-7 Mas o Eterno disse a Caim: "Por que toda essa indignação? Por que você está irritado? Se você agir de maneira correta, será aceito. Mas, se não agir direito, o pecado está à sua espera, pronto para atacá-lo. Está bem perto e pode agarrá-lo, mas você é quem deve dominar o pecado".

8 Caim discutiu com Abel, numa ocasião em que estavam no campo. Caim partiu para cima do irmão e o matou.

9 Então, o Eterno disse a Caim: "Onde está seu irmão Abel?".

Caim respondeu: "Como posso saber? Por acaso sou babá do meu irmão?".

10-12 O Eterno disse: "Veja o que você fez! A voz do sangue do seu irmão está chamando a mim da terra. Daqui por diante, você não vai tirar nada da terra, a não ser maldição. Você será levado desta terra que se abriu para receber o sangue do seu irmão assassinado. Você vai cultivar a terra, mas ela não irá mais produzir como deveria. Você será um sem-teto e a vaguear pela terra".

13-14 Então, Caim disse ao Eterno: "Esse castigo é demais para mim! Não posso aguentar! Estás me mandando embora desta terra, e nunca mais poderei olhar para ti. Virei um sem-teto, um andarilho, e quem me encontrar vai me matar".

15 E o Eterno disse: "Não. Qualquer um que matar Caim será punido sete vezes mais". O Eterno pôs um sinal em Caim para protegê-lo. Assim, quem o encontrasse não tentaria matá-lo.

16 Caim retirou-se da presença do Eterno e saiu para o lado leste do Éden, vagando pelo mundo. **17-18** Caim deitou-se com sua esposa. Ela engravidou e teve Enoque. Então, Caim construiu uma cidade e chamou-a Enoque, em homenagem ao filho.

DIA 002

Enoque foi pai de Irade,
Irade foi pai de Meujael,
Meujael foi pai de Metusael,
Metusael foi pai de Lameque.

[19-22] Lameque casou-se com duas mulheres, Ada e Zilá. Ada deu à luz Jabal, antepassado de todos os que moram em tendas e criam gado. Ele tinha um irmão chamado Jubal, antepassado de todos os que tocam lira e flauta. Zilá deu à luz Tubalcaim, que se tornou fabricante de ferramentas de ferro e bronze. A irmã de Tubalcaim chamava-se Naamá.

[23-24] Lameque disse às suas esposas:
"Ada e Zilá, ouçam-me;
    vocês duas, esposas de Lameque,
        escutem o que vou dizer:
    Matei um homem que me feriu,
        um jovem que me atacou.
    Se Caim é vingado sete vezes,
        Lameque será setenta e sete!".

[25-26] Adão deitou-se outra vez com sua esposa. Ela teve um filho que se chamou Sete. Então, disse: "Deus me deu outro filho no lugar de Abel, que Caim matou. E Sete teve um filho que se chamou Enos.
Foi nessa época que as pessoas começaram a orar e a prestar culto ao Eterno.

A árvore genealógica da raça humana

5 [1-2] Esta é a árvore genealógica da raça humana. Deus criou a raça humana à sua semelhança, com natureza semelhante à dele. Deus criou macho e fêmea e os abençoou, a raça humana como um todo. [3-5] Aos 130 anos de idade, Adão teve um filho semelhante a ele, física e espiritualmente, e deu-lhe o nome de Sete. Depois do nascimento de Sete, Adão viveu mais oitocentos anos e teve outros filhos e filhas. Ao todo, ele viveu novecentos e trinta anos e, depois, morreu.
[6-8] Aos 105 anos de idade, Sete teve Enos. Depois do nascimento de Enos, Sete viveu mais oitocentos e sete anos e teve outros filhos e filhas. Ao todo, ele viveu novecentos e doze anos e, depois, morreu.

MATEUS 2.1-23

Os sábios do Oriente

2 [1-2] Depois que Jesus nasceu na aldeia de Belém, durante o reinado de Herodes, um grupo de sábios, vindo do Oriente, chegou a Jerusalém.

Eles perguntavam: "Onde poderemos encontrar e homenagear o recém-nascido rei dos judeus? Observamos no céu do Oriente a estrela que marcou o seu nascimento. Fizemos esta peregrinação para adorá-lo". [3-4] Quando ficou sabendo disso, Herodes ficou apavorado — não só ele, mas também quase toda a Jerusalém. Herodes não perdeu tempo. Reuniu os sacerdotes e líderes religiosos da cidade e perguntou: "Onde o Messias deveria nascer?". [5-6] Eles responderam: "Em Belém, no território de Judá. O profeta Miqueias escreveu claramente a respeito:

Ó Belém, na terra de Judá,
    não será mais desprestigiada.
De suas colinas virá o líder
    que irá pastorear e governar meu povo,
        meu Israel".

[7-8] Herodes, então, convocou uma reunião secreta com os próprios sábios. Fingindo-se devoto, conseguiu que o informassem da época exata em que a estrela aparecera. Então, contou a eles sobre a profecia a respeito de Belém e pediu: "Tratem de encontrar essa criança; procurem em toda parte. E, assim que a encontrarem, me avisem, pois quero me juntar a vocês quando forem adorá-la".

[9-10] Instruídos pelo rei, eles partiram. Logo depois, a estrela apareceu outra vez, a mesma que eles tinham visto no céu do Oriente. Ela os guiou até o lugar em que estava a criança. Eles mal podiam conter a alegria: estavam no lugar certo! Haviam chegado na hora exata!

[11] Entraram na casa e viram o bebê nos braços de Maria, sua mãe. Num gesto de submissão, ajoelharam-se e o adoraram. Em seguida, abriram a bagagem e entregaram os presentes: ouro, incenso, mirra.

[12] Depois, num sonho, foram advertidos a não dizer nada a Herodes. Por isso, na hora de voltar para sua terra tomaram outro caminho e partiram sem ser vistos.

[13] Depois que os sábios partiram, o anjo de Deus apareceu outra vez a José num sonho e ordenou: "Levante-se! Pegue o bebê e sua mãe e fujam para o Egito! Fiquem lá até que recebam notícias. Herodes está perseguindo a criança e quer matá-la". [14-15] José obedeceu. Na escuridão da noite, levantou-se e pegou o bebê e sua mãe. Prosseguiram viagem e foram até o Egito. Eles viveram no Egito até a

morte de Herodes. Esse exílio cumpriu o que Oseias havia profetizado: "Do Egito chamei o meu filho".

16-18 Herodes ficou furioso ao saber que os sábios o haviam enganado e ordenou o assassinato de todos os meninos de até 2 anos de idade que viviam em Belém e nas colinas ao redor. (Idade escolhida com base na palavra dos sábios.) Assim, a palavra de Jeremias se cumpriu:

Ouviu-se um som em Ramá,
   de choro e muito lamento:
É Raquel chorando por seus filhos.
   É Raquel recusando receber consolo.
Seus filhos se foram,
   estão mortos e enterrados.

19-20 Depois disso, quando Herodes morreu, o anjo de Deus apareceu em sonho a José, no Egito: "Levante-se! Pegue a criança e sua mãe e voltem para Israel. Todos os que queriam matar a criança estão mortos".

21-23 José obedeceu. Levantou-se, pegou a criança e sua mãe, e eles voltaram para Israel. Mas, quando ele soube que Arquelau sucedera seu pai, Herodes, como rei da Judeia, ficou com medo de ir para lá. Mais uma vez orientado em sonho, rumou para as colinas da Galileia. Ao chegar ali, foi morar na aldeia de Nazaré. Essa mudança foi o cumprimento das seguintes palavras proféticas: "Ele será chamado Nazareno".

SALMOS 2.1-6

2¹⁻⁶Nações, por que todo esse alvoroço?
Povos, por que todas essas artimanhas?
   Líderes mundiais perseguem
      a supremacia política,
   Demagogos e representantes se reúnem
      para discussões de cúpula.
   Os que negam o Eterno e se opõem
      ao Messias dizem:
   "Vamos nos libertar de Deus!
      Vamos nos livrar do Messias!".
Sentado no seu trono, nos céus, o Eterno ri.
   Primeiro, ele se diverte com a presunção deles;
   Depois, se refaz e fica zangado.
Furioso, ordena que se calem:
   "Será que vocês não sabem que existe
      um Rei em Sião?
   Um banquete de coroação está preparado
      para ele no monte santo".

NOTAS

DIA 003 ___/___/___

GÊNESIS 5.9 — 7.12

9-11 Aos 90 anos de idade, Enos teve Cainã. Depois do nascimento de Cainã, Enos viveu mais oitocentos e quinze anos e teve outros filhos e filhas. Ao todo, ele viveu novecentos e cinco anos e, depois, morreu.
12-14 Aos 70 anos de idade, Cainã teve Maalaleel. Depois do nascimento de Maalaleel, Cainã viveu mais oitocentos e quarenta anos e teve outros filhos e filhas. Ao todo, ele viveu novecentos e dez anos e, depois, morreu.

15-17 Aos 65 anos de idade, Maalaleel teve Jarede. Depois do nascimento de Jarede, Maalaleel viveu mais oitocentos e trinta anos e teve outros filhos e filhas. Ao todo, ele viveu oitocentos e noventa e cinco anos e, depois, morreu. **18-20** Aos 162 anos de idade, Jarede teve Enoque. Depois do nascimento de Enoque, Jarede viveu mais oitocentos anos e teve outros filhos e filhas. Ao todo, ele viveu novecentos e sessenta e dois anos e, depois, morreu. **21-23** Aos 65 anos de idade, Enoque teve Matusalém. Enoque andava constantemente com Deus. Depois do nascimento de Matusalém, Enoque viveu mais trezentos anos e teve outros filhos e filhas. Ao todo, ele viveu trezentos e sessenta e cinco anos. **24** Enoque andava com Deus. Então, certo dia, ele simplesmente se foi, pois Deus o levou. **25-27** Aos 187 anos de idade, Matusalém teve Lameque. Depois do nascimento de Lameque, Matusalém viveu mais setecentos e oitenta e dois anos. Ao todo, Matusalém viveu novecentos e sessenta e nove anos e, depois, morreu. **28-31** Aos 182 anos de idade, Lameque teve um filho e deu a ele o nome de Noé, dizendo: "Este vai nos dar descanso do difícil trabalho de cultivar a terra que Deus amaldiçoou". Depois do nascimento de Noé, Lameque viveu mais quinhentos e noventa e cinco anos e teve outros filhos e filhas. Ao todo, Lameque viveu setecentos e setenta e sete anos e, depois, morreu. **32** Aos 500 anos de idade, Noé teve Sem, Cam e Jafé.

Os gigantes na terra

6 **1-2** Quando a raça humana começou a aumentar em número, nasciam cada vez mais filhas, e os filhos de Deus perceberam que as filhas dos homens eram bonitas. Então, passaram a prestar atenção nelas e a escolher àquelas mulheres como esposas. **3** O Eterno disse: "Não vou permitir que o fôlego da vida fique para sempre nos homens e nas mulheres. Chegará uma hora em que terão de morrer. De agora em diante, a expectativa de vida deles será de cento e vinte anos". **4** Isso foi no tempo em que havia gigantes na terra e também depois. Eles nasceram da união dos filhos de Deus com as filhas dos homens. Eram os homens poderosos das antigas tradições, homens famosos.

Noé e seus filhos

5-7 O Eterno viu que a maldade humana estava fora de controle. Desde cedo, de manhã, até a noite, as pessoas só pensavam no mal e só maquinavam a maldade. O Eterno lamentou ter criado a raça humana. Estava muito triste e, então, decidiu: "Vou me livrar dessa minha criação que se corrompeu. Vou dar um fim a tudo: pessoas, mamíferos, cobras e insetos, aves, tudo que criei. Estou triste por tê-los criado". **8** Mas Noé era diferente, e o Eterno gostou do que viu em Noé.

9-10 A história de Noé é a seguinte: Noé era um bom homem, uma pessoa íntegra em sua cidade. Ele andava com Deus e tinha três filhos: Sem, Cam e Jafé. **11-12** No que dizia respeito a Deus, a terra havia se tornado um esgoto, a violência estava por toda parte. Deus observava tudo e viu que a situação era muito ruim, todos estavam afundados em corrupção — a própria vida havia se corrompido. **13** Então, Deus disse a Noé: "Chega! É o fim da raça humana. A violência está por toda parte. Vou dar fim a isso. **14-16** "Construa você mesmo um grande barco de madeira. Faça compartimentos nesse barco. Revista-o com piche por dentro e por fora. Ele deve medir cento e quarenta metros de comprimento, vinte e cinco de largura e quinze de altura. Faça um teto para o barco e coloque uma janela a meio metro do teto; ponha uma porta na lateral e faça três andares: o de baixo, o do meio e o de cima. **17** "Eu farei desabar sobre a terra um dilúvio que destruirá tudo o que tem vida debaixo do céu. A destruição será total. **18-21** "Mas farei uma aliança com você. Entre no barco com seus filhos, esposa e as esposas de seus filhos. Você também deve fazer entrar no barco um casal de cada criatura viva, para preservar a vida deles também: dois de cada espécie de aves, de mamíferos e de répteis; dois de cada para preservar a vida deles com a sua. Além disso, reúna todo alimento que for necessário e armazene-o para você e para eles". **22** Noé fez tudo conforme Deus ordenou.

7 **1** Depois dessas coisas, Deus disse a Noé: "Agora, entre no barco com toda sua família; você é a única pessoa justa no meio desta geração. **2-4** "Leve para dentro do barco junto com você sete casais de cada animal puro, macho e fêmea; um casal de cada animal impuro, macho e fêmea; sete casais de cada tipo de ave, macho e fêmea, para que a sobrevivência deles sobre a terra esteja assegurada. Dentro de sete dias, derramarei chuva sobre a terra durante quarenta dias e quarenta noites. Vou dar um fim a todas as coisas que criei".

⁵Noé fez tudo conforme Deus ordenou.

⁶⁻¹⁰Noé estava com 600 anos de idade quando as águas do dilúvio cobriram a terra. Ele e sua esposa, os filhos e a esposa de cada um entraram no barco para escapar do dilúvio. Animais puros e impuros, aves e criaturas que rastejam foram de dois em dois até Noé e o barco, macho e fêmea, exatamente como Deus havia ordenado a Noé. Sete dias depois, as águas do dilúvio chegaram.

¹¹⁻¹²Isso aconteceu no ano seiscentos da vida de Noé, no dia dezessete do segundo mês: as fontes subterrâneas irromperam e todas as janelas do céu se escancararam. E a chuva caiu durante quarenta dias e quarenta noites.

MATEUS 3.1 — 4.4

Trovão no deserto!

3¹⁻²Enquanto Jesus vivia nas colinas da Galileia, João, conhecido como "o Batista" pregava no deserto da Judeia. Sua mensagem era simples e dura, como o deserto que o cercava: "Mudem de vida! O Reino de Deus está aqui".

³João e sua mensagem estavam autorizados pela profecia de Isaías:

Trovão no deserto!
Preparem-se para a chegada de Deus!
Tornem o caminho plano e reto!

⁴⁻⁶João vestia uma túnica de pelo de camelo amarrada à cintura por uma tira de couro. Alimentava-se de gafanhotos e mel silvestre. O povo de Jerusalém, da Judeia e da região ao redor do Jordão acorria para ouvi-lo e vê-lo. Ali, no rio Jordão, os que confessavam seus pecados eram batizados para uma vida transformada.

⁷⁻¹⁰Quando João soube que um grupo de saduceus e fariseus estava interessado no batismo, que parecia ter virado moda, ele esbravejou: "Raça de serpentes! O que vocês pretendem, rastejando até o rio? Acham que um pouco de água nessa pele de cobra vai fazer alguma diferença? É a vida de vocês que precisa mudar, não a pele! E não pensem que vocês podem melhorar a situação invocando Abraão como pai. Ser descendente de Abraão não ajuda nesse caso. Os descendentes de Abraão são muitos. Mas até destas pedras Deus pode fazer descendentes de Abraão. O que conta mesmo é a vida. A vida de vocês mostra frutos? Se estiver como madeira morta, só serve para o fogo.

¹¹⁻¹²"Eu batizo vocês aqui no rio para mudar essa velha vida na vida no Reino, mas o mais importante ainda está por vir: O protagonista deste drama – perante o qual sou apenas um figurante – acenderá a vida do Reino em vocês, um fogo interior, o Espírito Santo dentro de vocês, operando a mudança de dentro para fora. Ele vai limpar a casa. Fará uma varredura completa na vida de vocês. Tudo que for autêntico será posto no lugar certo, na presença de Deus; o que for contrário à verdade será jogado fora com o lixo, para ser queimado".

¹³⁻¹⁴Certo dia, tendo chegado da Galileia, Jesus foi ao rio Jordão. Ele queria que João o batizasse. João fez objeção: "Como assim? Eu é que deveria ser batizado, não *você*".

¹⁵Mas Jesus insistiu: "Você tem de fazer isso. Deus trabalhou todos estes séculos, preparando tudo para que este batismo acontecesse". Então, João o batizou.

¹⁶⁻¹⁷Assim que Jesus saiu da água, os céus se abriram, e ele viu o Espírito de Deus, à semelhança de uma pomba, descendo e pousando nele. Com a visão do Espírito, ouviu-se uma voz: "Este é o meu Filho, escolhido e marcado pelo meu amor, a alegria da minha vida".

A Prova

4¹⁻³A seguir, Jesus foi levado pelo Espírito para o deserto – era hora da Prova, e o Diabo é quem iria testá-lo. Jesus preparou-se para a Prova, jejuando quarenta dias e quarenta noites. O jejum deixou-o com muita fome, e o Diabo aproveitou-se disso para aplicar a primeira prova: "Já que você é o Filho de Deus, dê a ordem que transformará essas pedras em pães".

⁴Citando Deuteronômio, Jesus respondeu: "É preciso mais que pão para permanecer vivo. São necessárias palavras firmes que procedem da boca de Deus".

SALMOS 2.7-12

⁷⁻⁹Contarei a vocês o que o Eterno disse a seguir.
Ele disse: "Você é meu Filho,
E hoje é o dia do seu nascimento.
O que você quer de presente? É só pedir:
Nações? Continentes?
É só dizer, e todos eles dançarão para você,
Ou, se quiser, poderá jogá-los fora com o lixo de amanhã".

¹⁰⁻¹²Portanto, reis amotinados, usem a cabeça!
Juízes arrogantes, aprendam a lição!

DIA 004

Adorem o Eterno com respeito,
Celebrem com tremor reverente.
Beijem o Messias!
A vida de vocês está em perigo,
vocês sabem disso.
A ira dele está prestes a explodir,
Mas, se vocês buscarem Deus,
não se arrependerão!

■ NOTAS

---

no barco. Com eles, entraram todos os tipos de animais selvagens e domésticos, todos os tipos de criaturas que rastejam e todas as espécies de aves e tudo que voa. Eles se dirigiram de dois em dois até Noé e o barco, todos os que tinham o fôlego da vida, macho e fêmea de cada criatura, exatamente como Deus havia ordenado a Noé. Então, o Eterno fechou a porta.

17-23 O dilúvio não cessou durante quarenta dias, e as águas subiram e elevaram o barco bem acima da terra. As águas continuaram subindo, aumentaram muito acima do solo, mas o barco flutuava. O dilúvio avolumou-se até todas as montanhas ficarem cobertas pela água. A inundação atingiu a marca de quase sete metros acima do topo das montanhas. Tudo morreu. Tudo que se movia estava morto. Aves, animais domésticos, animais selvagens, todas as numerosas e exuberantes formas de vida morreram. Todos os seres vivos morreram, todas as criaturas que viviam em terra seca. Tudo foi exterminado: pessoas e animais, criaturas que rastejavam e que voavam, sem exceção. Apenas Noé e os que estavam no barco continuaram vivos.

24 As águas do dilúvio permaneceram por cento e cinquenta dias.

8 **1-3** Então, Deus voltou a olhar para Noé e para todos os animais, selvagens e domésticos, que estavam com ele no barco. E Deus mandou um vento que começou a baixar as águas do dilúvio. As fontes subterrâneas e as janelas do céu se fecharam, e parou de chover. Então, pouco a pouco, as águas começaram a baixar. Depois de cento e cinquenta dias, o pior já havia passado.

4-6 No dia dezessete do sétimo mês, o barco desceu sobre a cordilheira do Ararate. As águas continuaram a baixar até o décimo mês. No primeiro dia do décimo mês, os picos das montanhas começaram a aparecer. Depois de quarenta dias, Noé abriu a janela que havia posto no barco.

7-9 Ele soltou um corvo, mas a ave ficou indo e voltando, esperando que as águas do dilúvio secassem. Depois, ele soltou uma pomba para verificar as condições do dilúvio. Ela também não encontrou lugar para pousar, porque as águas ainda cobriam a terra. Noé estendeu a mão e recolheu a ave para o barco.

10-11 Ele esperou mais sete dias e soltou de novo a pomba. Ela voltou ao entardecer, mas trazia no bico uma folha nova de oliveira. Noé entendeu que o dilúvio estava chegando ao fim.

‖‖‖‖‖‖‖‖‖‖‖‖‖‖‖‖‖‖‖‖‖‖‖‖‖‖‖‖‖‖‖‖‖‖‖‖

☐ **DIA 004** ___ / ___ / ___

GÊNESIS 7.13 — 9.23

13-16 Foi nesse dia que Noé, sua esposa e seus filhos Sem, Cam e Jafé, cada um com sua esposa, entraram

¹²Ele esperou mais sete dias e soltou a pomba pela terceira vez. Mas, dessa vez, ela não retornou.

¹³⁻¹⁴No ano seiscentos e um da vida de Noé, no primeiro dia do primeiro mês, as águas do dilúvio haviam secado em definitivo. Noé abriu o teto do barco e pôde ver a terra seca. No dia vinte e sete do segundo mês, a terra estava completamente seca.

¹⁵⁻¹⁷E Deus disse a Noé: "Saiam do barco, você, sua esposa, seus filhos e a esposa de cada um deles. E leve junto com você todos os animais que estavam em cativeiro, aves, mamíferos e criaturas que rastejam, toda aquela riqueza de vida, de modo que possam reproduzir-se na terra".

¹⁸⁻¹⁹Noé desembarcou com seus filhos, com sua esposa e com a esposa de cada um dos filhos. Depois deles, todos os animais, criaturas que rastejam, aves, todos os seres vivos da face da terra, saíram do barco, família por família.

²⁰⁻²¹Então, Noé edificou um altar para o Eterno. Ele escolheu a animais e aves puros de cada espécie e os apresentou como ofertas queimadas sobre o altar. O Eterno sentiu o doce aroma e disse consigo mesmo: "Nunca mais amaldiçoarei a terra por causa do ser humano. Sei que, há muito tempo, eles têm essa inclinação para o mal, mesmo assim, nunca mais vou exterminar os seres vivos como acabei de fazer.

²²"Pois, enquanto durar a terra,
semeadura e colheita, frio e calor,
Verão e inverno, dia e noite
nunca deixarão de existir".

9¹⁻⁴Então, Deus abençoou Noé e seus filhos, dizendo: "Prosperem! Reproduzam-se! Encham a terra! Todos os seres vivos — aves, animais, peixes — se submeterão a vocês e terão medo de vocês. Vocês são responsáveis por eles. Todos os seres vivos servirão de alimento para vocês. Assim como providenciei as plantas como alimento, agora libero o restante para vocês. A exceção será a carne com o sangue ainda presente nela: não a comam.

⁵"Mas vingarei o sangue de vocês — contra os animais e contra outros seres humanos.

⁶⁻⁷"Qualquer pessoa que derramar
sangue humano
terá seu sangue derramado pelas
mãos de seres humanos,
Pois Deus fez os seres humanos
conforme a sua imagem,
refletindo sua natureza.

Vocês estão aqui para dar fruto,
reproduzir-se,
disseminar a vida pela terra,
para viver plenamente!".

⁸⁻¹¹Então, Deus falou a Noé e seus filhos: "Faço agora uma aliança com vocês, que abrange os filhos que virão depois de vocês e tudo que tem vida — aves, animais domésticos, animais selvagens, enfim, todos os que saíram do barco com vocês. Faço minha aliança com vocês: nunca mais outro ser vivo será destruído pelas águas do dilúvio. Eu prometo: Nunca mais um dilúvio destruirá a terra".

¹²⁻¹⁶Deus continuou: "Este é o sinal da aliança que estou fazendo com vocês e que abrange todos os seres vivos que vivem com vocês hoje e os que viverão depois. Estou pondo o meu arco-íris nas nuvens, um sinal da aliança entre mim e a terra. De agora em diante, sempre que eu puser uma nuvem acima da terra e o arco-íris aparecer nela, vou me lembrar da minha aliança com vocês e com todos os seres vivos: nunca mais as águas do dilúvio destruirão algo que tenha vida. Quando o arco-íris aparecer nas nuvens, eu o verei e me lembrarei da aliança eterna de Deus com tudo que tem vida, com todos os seres vivos sobre a terra".

¹⁷Deus disse também: "Esse é o sinal da aliança que estou estabelecendo entre mim e tudo que tem vida sobre a terra".

¹⁸⁻¹⁹Os filhos de Noé que saíram do barco foram Sem, Cam e Jafé. Cam foi pai de Canaã. Eram esses os três filhos de Noé. Desses três, toda a terra foi repovoada.

²⁰⁻²³Noé era agricultor e foi o primeiro a plantar uma vinha. Ele bebeu do seu vinho, embebedou-se e ficou nu em sua tenda. Cam, pai de Canaã, viu que seu pai estava nu e contou a seus dois irmãos, que estavam do lado de fora da tenda. Sem e Jafé pegaram uma capa, cada um segurando por uma ponta à altura dos ombros, e, andando de trás para a frente, cobriram a nudez do pai, cada um mantendo o rosto virado, para não ver o pai com o corpo descoberto.

MATEUS 4.5-25

⁵⁻⁶Para a segunda prova, o Diabo levou Jesus à Cidade Santa. Ele o pôs na parte mais alta do Templo e desafiou-o: "Já que você é o Filho de Deus, pule!". Para instigá-lo, o Diabo citou o salmo 91: "Ele o

DIA 004

entregou ao cuidado dos anjos. Tanto o protegerão que você não machucará nem mesmo o dedo numa pedra".

[7] Jesus contra-atacou com outra citação de Deuteronômio: "Não tenha a ousadia de testar o Senhor seu Deus".

[8-9] Para a terceira prova, o Diabo transportou-o até o pico de uma imensa montanha. Tentando ser convincente, mostrou-lhe todos os reinos da terra, com todo o seu fascínio. Então, fez a proposta: "Tudo isso é meu. Basta que você se ajoelhe e me adore, e tudo será seu!".

[10] A resposta de Jesus foi curta e direta: "Caia fora, Satanás!". E mais uma vez recorreu a Deuteronômio para repreendê-lo: "Adore somente ao Senhor seu Deus. Sirva ao Senhor com absoluta inteireza de coração".

[11] Fim da Prova. O Diabo fugiu, e, no lugar dele, vieram anjos! Anjos cercaram Jesus e cuidaram dele.

Ensinamentos e curas

[12-17] Quando soube que João havia sido preso, Jesus voltou para a Galileia. Mudou-se de Nazaré, sua cidade natal, para a aldeia de Cafarnaum, junto ao mar da Galileia, no sopé dos montes de Zebulom e Naftali. Essa mudança cumpriu a previsão de Isaías:

Terra de Zebulom, terra de Naftali,
caminho para o mar, região do Jordão,
Galileia, encruzilhada das nações.
O povo que vivia nas trevas
viu grande luz.
Assentados naquela escura região da morte,
viram o Sol raiar.

A mensagem profética de Isaías cumpriu-se na Galileia, no momento em que Jesus começou a pregar. Ele continuou do ponto em que João havia parado: "Mudem de vida! O Reino de Deus está aqui".

[18-20] Caminhando pela praia do mar da Galileia, Jesus avistou dois irmãos: Simão (mais tarde chamado Pedro) e André. Eles estavam pescando, lançando as redes no mar. Era nisso que trabalhavam. Jesus convidou: "Venham comigo! Vou fazer de vocês um novo tipo de pescadores. Vou mostrar como pescar pessoas, em vez de peixes". Sem ao menos fazer uma pergunta, eles simplesmente largaram as redes e foram com ele.

[21-22] A uma pequena distância da praia, ele viu outros dois irmãos, Tiago e João, filhos de Zebedeu, que estavam assentados no barco com o pai, consertando as redes. Jesus fez aos dois a mesma proposta, e eles nem hesitaram: deixaram o barco e o pai e o acompanharam.

[23-25] Dali Jesus percorreu toda a Galileia. Ele ia às sinagogas, que eram lugar de reunião, e ensinava a verdade de Deus ao povo. O tema de sua mensagem era o Reino de Deus — que a partir daquele momento eles estariam sob o bondoso governo de Deus! Ele também curou pessoas de suas doenças e de seus males. A notícia a seu respeito percorreu toda a província romana da Síria. As pessoas traziam todos que tivessem alguma doença: mental, espiritual, emocional ou física. Jesus curou todos eles. Mais e mais pessoas vinham para um grande encontro. Além daqueles da Galileia, multidões vieram das "Dez Cidades", ao redor do mar da Galileia, outros de Jerusalém e da Judeia e outros ainda de além do Jordão.

SALMOS 3.1-8

Um salmo de Davi — quando ele escapou de Absalão, seu filho, para salvar a vida

[1-2] Ó Eterno, vê! Quantos inimigos!
Brotam como erva daninha,
Um enxame deles me cerca,
gritando insultos:
"Nenhuma ajuda de Deus vem para *ele*!".

[3-4] Mas tu, ó Eterno, me proteges
por todos os lados.
Firmas os meus pés, ergues minha cabeça.
Com todas as minhas forças,
eu grito ao Eterno por socorro,
E sua resposta troveja no monte santo.

[5-6] Eu me deito e durmo.
Depois, levanto-me — descansado e confiante.
Não sinto medo diante dos milhares
que me hostilizam,
Que me atacam de todos os lados.

[7] Levanta-te, ó Eterno! Ajuda-me, meu Deus!
Bate no rosto dessa gente,
Primeiro numa face, depois na outra,
Acerta bem nos dentes deles!

[8] A ajuda certa vem do Eterno.
Sua bênção cobre seu povo!

NOTAS

||||||||||||||||||||||||||||||||||||||||||||||||||||||||||||||

☐ **DIA 005** ___/___/___

GÊNESIS 9.24 — 11.19

24-27 Ao acordar, já com os sintomas da ressaca, Noé ficou sabendo o que seu filho caçula tinha feito. Então, disse:

"Maldito seja Canaã, escravo de escravos,
escravo de seus irmãos!
Bendito seja o Eterno, o Deus de Sem,
mas Canaã será seu escravo.
Deus faça Jafé prosperar,
que ele viva em grandes extensões de terra
nas tendas de Sem.
Mas Canaã será seu escravo".

28-29 Noé ainda viveu trezentos e cinquenta anos depois do dilúvio. Ao todo, viveu novecentos e cinquenta anos e, depois, morreu.

A árvore genealógica dos filhos de Noé

10 **¹E**ssa é a descendência de Noé: Sem, Cam e Jafé. Passado o dilúvio, eles tiveram filhos. **²**Os filhos de Jafé: Gômer, Magogue, Madai, Javã, Tubal, Meseque e Tirás. **³**Os filhos de Gômer: Asquenaz, Rifate e Togarma. **4-5** Os filhos de Javã: Elisá, Társis, Quitim e Rodanim. Foram deles que saíram os povos que trabalham no mar, cada um em seu lugar e segundo sua família, cada um com idioma próprio.

⁶Os filhos de Cam: Cuxe, Egito, Pute e Canaã. **⁷** Os filhos de Cuxe: Sebá, Havilá, Sabtá, Raamá e Sabtecá.

Os filhos de Raamá: Sabá e Dedã.
8-12 Cuxe também foi pai de Ninrode, o primeiro grande guerreiro na terra. Ele foi um exímio caçador diante do Eterno. Havia até um ditado: "Assim como Ninrode, exímio caçador diante do Eterno". Seu reino começou com Babel; depois, Ereque, Acade e Calné, na terra de Sinear. Dali, ele subiu para a Assíria e construiu Nínive, Reobote-Ir, Calá e Resém, que fica entre Nínive e a grande cidade de Calá.

13-14 Mizraim foi antepassado dos luditas, dos anamitas, dos leabitas, dos naftuítas, dos patrusitas, dos casluítas (dos quais saíram os filisteus) e dos caftoritas.

15-19 Canaã teve seu primeiro filho, chamado Sidom; depois, Hete, e também teve como descendentes os jebuseus, os amorreus, os girgaseus, os heveus, os arqueus, os sineus, os arvadeus, os zemareus e os hamateus. Tempos depois, os cananeus saíram de Sidom e se espalharam em direção a Gerar, chegando até Gaza, no sul, e, em seguida, na direção ao leste, até Sodoma, Gomorra, Admá e Zeboim, chegando a Lasa.

20Esses são os descendentes de Cam, segundo suas famílias, suas línguas, seus territórios e suas nações.

21 Sem, irmão mais velho de Jafé, também teve filhos. Sem foi antepassado de todos os filhos de Héber. **22**Os filhos de Sem: Elão, Assur, Arfaxade, Lude e Arã. **23**Os filhos de Arã: Uz, Hul, Géter e Meseque. **24-25** Arfaxade foi pai de Selá, que, por sua vez, foi pai de Héber. Héber teve dois filhos: Pelegue (chamado assim porque foi nos dias dele que a raça humana se dividiu) e Joctã.

26-30 Joctã foi pai de Almodá, Salefe, Hazarmavé, Jerá, Adorão, Uzal, Dicla, Obal, Abimael, Sabá, Ofir, Havilá e Jobabe; todos esses foram filhos de Joctã. O território deles vai de Messa até Sefar, nas cadeias de montanhas ao leste.

31 Esses são os descendentes de Sem, segundo suas famílias, suas línguas, seus territórios e suas nações.

32 Essa é a árvore genealógica dos filhos de Noé ao constituírem nações. Começando por eles, essas nações se multiplicaram pela terra depois do dilúvio.

Deus transforma a língua do povo numa confusão de palavras

11 **1-2** Houve uma época em que toda a terra falava a mesma língua. E aconteceu que o povo mudou-se do Oriente e chegou a uma planície na terra de Sinear. Eles se fixaram ali.

3 Então, disseram uns aos outros: "Vamos fabricar tijolos e queimá-los bem" — eles usavam tijolos no lugar das pedras e piche no lugar da argamassa.

4 Disseram também: "Vamos construir uma cidade e uma torre que chegue ao céu. Vamos nos tornar famosos! Assim, não seremos espalhados pela terra".

5 O Eterno desceu para olhar a cidade e a torre que eles estavam construindo.

6-9 Ele analisou a situação e disse: "Um só povo, uma só língua... pois bem, isso é só o começo. Imaginem o que vão inventar depois! Vamos descer e causar uma confusão de palavras, de modo que um não consiga entender o outro". Então, o Eterno os dispersou dali pelo mundo inteiro, e eles tiveram de interromper a construção da cidade. É por isso que ela ficou conhecida como Babel, porque foi ali que o Eterno transformou a língua do povo numa confusão de palavras e, dali, os dispersou pelo mundo inteiro.

10-11 Esta é a história de Sem. Aos 100 anos de idade, ele gerou Arfaxade. Isso aconteceu dois anos depois do dilúvio. Após o nascimento de Arfaxade, ele viveu mais quinhentos anos e teve outros filhos e filhas.

12-13 Aos 35 anos de idade, Arfaxade gerou Salá. Após o nascimento de Salá, ele viveu mais quatrocentos e três anos e teve outros filhos e filhas.

14-15 Aos 30 anos de idade, Salá gerou Héber. Após o nascimento de Héber, ele viveu mais quatrocentos e três anos e teve outros filhos e filhas.

16-17 Aos 34 anos de idade, Héber gerou Pelegue. Após o nascimento de Pelegue, ele viveu mais quatrocentos e trinta anos e teve outros filhos e filhas.

18-19 Aos 30 anos de idade, Pelegue gerou Reú. Após o nascimento de Reú, ele viveu mais duzentos e nove anos e teve outros filhos e filhas.

MATEUS 5.1-26

Os abençoados

5 **1-2** Quando percebeu que seu ministério começava a atrair multidões imensas, Jesus subiu a uma montanha. Solicitou aos que estavam aprendendo com ele que o acompanhassem. Quando chegaram a um lugar bem tranquilo, ele se assentou e começou a ensinar aos seus companheiros de caminhada:

3 "Abençoados são vocês, que nada mais têm para oferecer. Quando vocês saem de cena, há mais de Deus e do seu governo.

4 "Abençoados são vocês, que sofrem por terem perdido o que mais amavam. Só assim, poderão ser abraçados por aquele que é o amor supremo.

5 "Abençoados são vocês, que se contentam com o que são — nem mais, nem menos. Assim, vocês se verão como os orgulhosos donos de tudo que não pode ser comprado.

6 "Abençoados são vocês, que sentem fome de Deus. Ele é comida e bebida — é alimento incomparável.

7 "Abençoados são vocês, que se preocupam com o bem-estar dos outros. Na hora em que precisarem de ajuda, também receberão cuidado.

8 "Abençoados são vocês, que puseram em ordem seu mundo interior, com a mente e o coração no lugar certo. Assim, vocês poderão ver Deus no mundo exterior.

9 "Abençoados são vocês, que conseguem mostrar que cooperar é melhor que brigar ou competir. Desse modo, irão descobrir quem vocês realmente são e o lugar que ocupam na família de Deus.

10 "Abençoados são vocês, cujo compromisso com Deus atrai perseguição. A perseguição os fará avançar cada vez mais no Reino de Deus.

11-12 "E isso não é tudo. Considerem-se abençoados sempre que forem agredidos, expulsos ou caluniados para me desacreditar. Isso significa que a verdade está perto de vocês o suficiente para os consolar — consolo que os outros não têm. Alegrem-se quando isso acontecer. Comemorem, porque, ainda que eles não gostem disso, *eu* gosto! E os céus aplaudem, pois sabem que vocês estão em boa companhia. Meus profetas e minhas testemunhas sempre enfrentaram essa mesma dificuldade".

Sal e luz

[13] "**P**ermitam-me dizer por que vocês estão aqui. Vocês estão aqui para ser o sal que traz o sabor divino à terra. Se perderem a capacidade de salgar, como as pessoas poderão sentir o tempero da vida dedicada a Deus? Vocês não terão mais utilidade e acabarão no lixo.

[14-16] "Há uma outra maneira de dizer a mesma coisa: vocês estão aqui para ser luz, para trazer as cores de Deus ao mundo. Deus não é um segredo a ser guardado. Vamos torná-lo público, tão público quanto uma cidade num plano elevado. Se faço de vocês portadores da luz, não pensem que é para escondê-los debaixo de um balde virado. Quero posicioná-los onde todos possam vê-los. Agora que estão no alto do morro, onde todos conseguem enxergá-los, tratem de brilhar! Mantenham sua casa aberta. Que a generosidade seja a marca da vida de vocês. Mostrando-se acessíveis aos outros, vocês motivarão as pessoas a se aproximar de Deus, o generoso Pai do céu".

Cumprindo a lei de Deus

[17-18] "**N**ão pensem, nem por um instante, que eu vim anular as Escrituras — a Lei de Deus ou os Profetas. Não estou aqui para anular, mas para cumprir. Estou reposicionando as coisas, ajuntando-as no quadro geral, para que fiquem no devido lugar. A Lei de Deus é mais real e duradoura que as estrelas do céu e que o chão debaixo dos nossos pés. Depois que as estrelas desaparecerem e a terra for consumida pelo fogo, a Lei de Deus ainda estará viva e operante.

[19-20] "Se alguém considerar de pouca importância mesmo o menor item na Lei de Deus, estará diminuindo apenas a si mesmo. Levem-na a sério, mostrem o caminho para os outros e terão um lugar de honra no Reino. Se a conduta de vocês não for mais correta do que a dos fariseus, vocês não preencherão nem o requisito básico para entrar no Reino de Deus".

Assassinato

[21-22] "**V**ocês conhecem bem o mandamento dos antigos: 'Não matarás'. Pois afirmo que qualquer que guarde rancor de um irmão é culpado de assassinato. Chame um irmão de "idiota", e você corre o risco de parar num tribunal. Chame sua irmã de "burra", e estará no limiar do inferno. O simples fato moral é que palavras matam.

[23-24] "É assim que eu quero que vocês se conduzam. Se alguém estiver no local do culto, prestes a fazer uma oferta, e de repente se lembrar de que um amigo tem algum ressentimento contra ele, deixe de lado a oferta, saia imediatamente, procure o amigo e conserte a situação. Depois de fazer isso, então poderá voltar e oferecer seu culto a Deus.

[25-26] "Se você estiver na rua e um velho inimigo se aproximar, não hesite um segundo sequer. Tome a iniciativa de consertar a situação com ele. Afinal, se deixar que ele faça o primeiro movimento, sabendo como ele é, provavelmente você irá parar no tribunal ou mesmo na cadeia. Se isso acontecer, você terá de pagar uma bela multa para sair de lá".

SALMOS 4.1-8

Um salmo de Davi

4[1]**Q**uando eu chamar, responde-me.
Deus, fica do meu lado!
Quando eu estive em dificuldade,
    tu me acolheste;
Agora que estou encrencado de novo:
    Atende-me! Ouve-me!

[2] Ó escória da humanidade,
    até quando vou aguentar suas asneiras?
Por quanto tempo vão correr atrás de mentiras?
Por quanto tempo vão correr atrás da ilusão?

[3] Vejam isto! Vejam o que é
Ser escolhido pelo Eterno:
Ele me ouve no instante
    em que chamo por ele.

[4-5] Reclamem, se quiserem, mas sem agressões.
Calem a boca e deixem o coração falar.
Apresentem seu caso diante de Deus e
    aguardem a decisão dele.

[6-8] Por que estão todos sempre querendo *mais*?
"Mais, mais!", dizem.
"Mais, mais!"
Deus me dá além da conta,
Alegria sem igual num dia comum —
Mais do que eles conseguem
    nos seus surtos consumistas.
No fim do dia, estou pronto
    para o sono profundo,
Por que tu, ó Eterno,
    puseste minha vida em ordem.

DIA 006

◾ NOTAS

||||||||||||||||||||||||||||||||||||||||||||||||||||||||

☐ DIA 006 ___ / ___ / ___

GÊNESIS 11.20 — 14.7

20-21 Aos 32 anos de idade, Reú gerou Serugue. Após o nascimento de Serugue, ele viveu mais duzentos e sete anos e teve outros filhos e filhas.

22-23 Aos 30 anos de idade, Serugue gerou Naor. Após o nascimento de Naor, ele viveu mais duzentos anos e teve outros filhos e filhas.

24-25 Aos 29 anos de idade, Naor gerou Terá. Após o nascimento de Terá, ele viveu mais cento e dezenove anos e teve outros filhos e filhas.

26 Aos 70 anos de idade, Terá havia gerado Abrão, Naor e Harã.

A árvore genealógica de Terá

27-28 Essa é a história de Terá. Ele gerou Abrão, Naor e Harã.

Harã gerou Ló e morreu antes de seu pai, Terá, no território de sua família, Ur dos caldeus.

29 Tanto Abrão quanto Naor eram casados. A mulher de Abrão era Sarai, e a mulher de Naor era Milca, filha do seu irmão Harã. Ele teve duas filhas: Milca e Iscá.

30 Sarai era estéril, não podia ter filhos.

31 Terá, com seu filho Abrão, seu neto Ló (filho de Harã) e Sarai, sua nora (mulher do seu filho Abrão), saiu de Ur dos caldeus em direção à terra de Canaã. Mas, ao chegar a Harã, fixaram-se ali.

32 Terá viveu duzentos e cinco anos e morreu em Harã.

Abrão e Sarai

12 **1** O Eterno disse a Abrão: "Deixe sua terra, sua família e a casa de seu pai e vá para uma terra que eu mostrarei a você.

2-3 "Farei de você uma grande nação
    e o abençoarei.
    Tornarei você famoso;
    você será uma bênção.
    Abençoarei os que o abençoarem
    e amaldiçoarei os que o amaldiçoarem.
    Todas as famílias da terra
    serão abençoadas por seu intermédio".

4-6 Abrão partiu dali, como o Eterno havia ordenado, e Ló foi com ele. Abrão tinha 75 anos de idade quando saiu de Harã. Ele levou consigo sua mulher, Sarai, seu sobrinho Ló e todos os bens e pessoas que havia adquirido em Harã. Tomaram o rumo de Canaã e chegaram àquela terra sãos e salvos.

Abrão atravessou o território até Siquém, onde estava o carvalho de Moré. Na época, os cananeus ocupavam a região.

7 O Eterno apareceu a Abrão e disse: "Darei esta terra a seus filhos". Então, Abrão edificou um altar no local em que o Eterno havia aparecido.

8 Dali, ele seguiu para a região montanhosa a leste de Betel e armou sua tenda entre Betel, a oeste, e Ai, a leste. Ali, ele construiu um altar e orou ao Eterno.

9 Abrão continuou seu caminho, seguindo com determinação para o Neguebe, ao sul.

10-13 Então, aquela região foi assolada por um período de fome. Para sobreviver, Abrão teve de mudar-se para o Egito, porque a fome era devastadora. Aproximando-se do Egito, ele disse a sua mulher, Sarai: "Olhe, nós dois sabemos que você é bonita. Quando os egípcios virem você, vão dizer: 'Ah, então, essa é a mulher dele!', e vão me matar. Mas deixarão você viver. Faça-me um favor: diga a eles que você é minha irmã. Por sua causa, eles irão me receber bem e me deixarão viver".

14-15 Quando Abrão chegou ao Egito, os egípcios logo perceberam que a mulher dele era linda. Os membros da corte elogiaram Sarai diante do faraó. Em consequência disso, ela foi levada para viver com ele.

16-17 Por causa dela, Abrão deu-se muito bem: adquiriu ovelhas, gado, jumentos e jumentas, servos e servas e camelos em grande quantidade. Mas o Eterno puniu com muito rigor o faraó, por causa de Sarai, mulher de Abrão. Todos, no palácio, ficaram gravemente doentes.

18-19 Então, o faraó mandou chamar Abrão: "Que é isso que você me fez? Por que não me disse que ela é sua mulher? Por que você disse: 'Ela é minha irmã', deixando que eu a tomasse como minha mulher? Aqui está ela de volta: pegue-a e suma daqui!".

20 O faraó deu ordens a seus subordinados para que fizessem Abrão sair do país. Abrão foi mandado embora com sua mulher e com tudo que possuía.

13 **1-2** Abrão saiu do Egito e voltou para o Neguebe; ele, sua mulher e tudo que possuía. Ló também estava com ele. A essa altura, Abrão já era muito rico, sendo proprietário de muito gado, prata e ouro.

3-4 Ele saiu do Neguebe e foi acampando pelo caminho até chegar a Betel, o mesmo lugar em que havia armado sua tenda, entre Betel e Ai, e edificou seu primeiro altar. E, ali, Abrão orou ao Eterno.

5-7 Ló, que acompanhava Abrão nas viagens, também estava rico. Possuía ovelhas, gado e tendas. Assim, aquela terra ficou pequena para os dois, porque eram muitos bens. Logo, começaram a ocorrer brigas entre os pastores de Abrão e os pastores de Ló; eles perceberam que já não tinham condições de viver juntos ali. Na época, os cananeus e os ferezeus viviam na mesma terra.

8-9 Abrão disse a Ló: "Não deve haver brigas entre nós, entre seus pastores e meus pastores. Afinal, somos parentes. Olhe em volta deste lugar. Há muita terra aqui! Vamos nos separar. Se você for para a esquerda, eu vou para a direita; se você for para a direita, eu vou para a esquerda".

10-11 Ló estudou a região e viu toda a planície do Jordão, que era muito bem irrigada (isso foi antes de o Eterno destruir Sodoma e Gomorra). Parecia até o jardim do Eterno, ou o Egito, e a terra se estendia até Zoar. Ló ficou com toda a planície do Jordão e partiu na direção leste.

11-12 Foi assim que tio e sobrinho se separaram. Abrão fixou-se em Canaã. Ló estabeleceu-se nas cidades da planície e armou sua tenda perto de Sodoma. **13** O povo de Sodoma era mau, gente que pecava abertamente contra o Eterno.

14-17 Depois que Ló se separou do tio, o Eterno disse a Abrão: "Olhe para o norte, sul, leste e oeste. Tudo que você está vendo, toda a terra que se estende diante dos seus olhos eu darei para sempre a você e a seus filhos. Farei que seus descendentes sejam como o pó, tanto que contá-los será impossível: será como contar o pó da terra. Por isso, levante-se e ponha-se a caminho! Ande por essa terra, de uma extremidade a outra. Estou dando tudo a você".

18 Abrão desmontou sua tenda. Ele partiu dali e se estabeleceu perto dos carvalhos de Manre, em Hebrom, onde edificou um altar para o Eterno.

14 **1-2** Após esses fatos, Anrafel, rei de Sinear, Arioque, rei de Elasar, Quedorlaomer, rei de Elão, e Tidal, rei de Goim, declararam guerra contra Bera, rei de Sodoma, contra Birsa, rei de Gomorra, contra Sinabe, rei de Admá, contra Semeber, rei de Zeboim, e contra o rei de Belá, que é o outro nome de Zoar.

3-4 O segundo grupo de reis, os que sofreram o ataque, reuniram-se no vale de Sidim, isto é, o mar Salgado. Eles se submeteram ao domínio de Quedorlaomer durante doze anos, mas, no décimo terceiro ano, se rebelaram.

5-7 No décimo quarto ano, Quedorlaomer e os reis que eram seus aliados avançaram e derrotaram os refains, em Asterote-Carnaim, os zuzins, em Hã, os emins, em Savé-Quiriataim, e os horeus, desde a região montanhosa de Seir até El-Parã, nos últimos limites do deserto. No caminho de volta, pararam em En-Mispate, que é Cades, e conquistaram toda a região dos amalequitas e dos amorreus que viviam em Hazazom-Tamar.

MATEUS 5.27-48

Adultério e divórcio

27-28 "Vocês também conhecem este mandamento: 'Não vá para a cama com quem é casado'. Mas não

DIA 006

pensem que terão preservado a sua virtude simplesmente porque não foram para a cama. De fato, o *coração* pode ser corrompido pelo desejo ardente ainda mais rapidamente que o *corpo*. Aqueles olhares maliciosos que parecem passar despercebidos também corrompem. ²⁹⁻³⁰ "Não finjam que isso é fácil. Se querem viver uma vida moralmente pura, façam o seguinte: ceguem o olho direito assim que o apanhar num olhar malicioso. É preciso escolher entre viver com um olho só ou sofrer o juízo de ser lançado num depósito de lixo moral. Se for preciso, amputem a mão direita para que ela não se erga contra ninguém. É melhor ter um membro amputado que sofrer o juízo de ter o corpo inteiro jogado no lixo.

³¹⁻³² "Estão lembrados do que dizem as Escrituras: 'Quem se divorciar de sua esposa, que o faça legalmente, dando-lhe o documento de separação e seus direitos legais'? Muitos de vocês estão usando essa lei como desculpa para seu egoísmo e seus caprichos, fingindo que estão fazendo algo justo só porque é legal. Por favor, parem de fingir! Se você se divorciar da sua esposa, será responsável por torná-la adúltera (a não ser que ela já o seja por ter se tornado promíscua). Se você se casar com uma adúltera divorciada, será automaticamente um adúltero. Você não pode usar a cobertura da lei para mascarar uma falha moral".

Promessas vazias

³³⁻³⁷ "Não digam nada que não tenham a intenção de cumprir. Esse conselho está impregnado em nossas tradições. Vocês só pioram a situação quando jogam aquela conversa piedosa: 'Vou orar por você', mas nunca oram; ou: 'Deus abençoe você', mas falam apenas da boca para fora. As palavras não se tornam verdadeiras só porque foram enfeitadas com floreios religiosos. Na verdade, a tentativa de fazê-las soar mais religiosas as tornam menos verdadeiras. Digam apenas 'sim' e 'não'. Quando vocês manipulam as palavras, cometem um grande erro!".

Amem os inimigos

³⁸⁻⁴² "Este é outro ditado antigo que merece nossa atenção: 'Olho por olho, dente por dente'. Pergunto se isso nos leva a algum lugar. Aqui está o que proponho: não revide, de jeito nenhum. Se alguém bater no seu rosto, ofereça-lhe o outro lado. Se alguém o levar ao tribunal e exigir sua camisa, embrulhe para presente seu melhor casaco e entregue-o a ele.

Se alguém se aproveitar de você para levar vantagem injustamente, aproveite a ocasião para praticar a vida de servo. Nada de pagar na mesma moeda. Viva generosamente.

⁴³⁻⁴⁷ "Vocês conhecem a antiga lei: 'Amem seus amigos', e seu complemento não escrito: 'Odeiem seus inimigos'. Quero redefinir isso. Digo que vocês devem amar os inimigos. Deixem que tirem o melhor de vocês, não o pior. Se alguém fizer mal a vocês, reajam com a força da oração, pois assim agirão do fundo do seu verdadeiro ser, do ser que Deus criou. É o que Deus faz. Ele dá o melhor – o Sol que aquece e a chuva que traz vida – a todos, sem distinção: os bons e os maus, os simpáticos e os antipáticos. Se tudo que vocês fazem é amar apenas quem é amável, que recompensa esperam receber? Qualquer um pode fazer isso. Querem uma medalha por cumprimentar apenas os que são simpáticos com vocês? Qualquer pecador desqualificado age assim.

⁴⁸ "Resumindo, o que quero dizer é: *cresçam!* Vocês são súditos do Reino; tratem de viver como tais. Assumam sua identidade, criada por Deus. Sejam generosos uns para com os outros, pois Deus age assim com vocês".

SALMOS 5.1-6

Um salmo de Davi

5 ¹⁻³ Ouve, ó Eterno! Por favor,
presta atenção!
Podes entender essas coisas desconexas,
meus gemidos e gritos?
  Deus, meu Rei,
    preciso da tua ajuda.
Todas as manhãs,
  tu me ouvirás repetindo isso.
Todas as manhãs,
  deposito os cacos da minha vida
  sobre teu altar,
  esperando que desça fogo do céu.

⁴⁻⁶ Tu não convives com o perverso
  nem convidas o mal para ser
    teu hóspede.
O arrogante tropeça diante de ti;
  balanças a cabeça em desagravo
    ao malfeitor.
O Eterno destrói o mentiroso;
  o sanguinário e o falso
    te enojam.

NOTAS

e Gomorra, todo alimento e todas as ferramentas, e seguiram seu caminho. Nessa investida, capturaram Ló, sobrinho de Abrão, que morava em Sodoma na época. Eles levaram tudo que ele possuía.

13-16 Um habitante da cidade conseguiu fugir e foi dar a notícia a Abrão, o hebreu. Abrão estava vivendo perto dos carvalhos de Manre, o amorreu, irmão de Escol e Aner. Eles eram aliados de Abrão. Quando ele ficou sabendo que seu sobrinho havia sido levado prisioneiro, convocou seus empregados, todos os que haviam nascido na casa dele. Eram trezentos e dezoito homens, que saíram em perseguição aos captores, no caminho para Dã. Abrão e seus homens dividiram-se em pequenos grupos e atacaram durante a noite. Eles perseguiram os inimigos até Hobá, logo ao norte de Damasco, e recuperaram tudo que havia sido levado, entre eles, Ló e seus bens, as mulheres e o restante dos prisioneiros.

17-20 Depois que Abrão voltou da batalha em que derrotou Quedorlaomer e seus aliados, o rei de Sodoma saiu para cumprimentá-lo no vale de Savé, que é o vale do Rei. Melquisedeque, rei de Salém, era sacerdote do Deus Altíssimo. Ele trouxe pão e vinho e abençoou Abrão:

> "Abençoado seja Abrão pelo Deus Altíssimo,
> Criador do céu e da terra.
> E bendito seja o Deus Altíssimo,
> que entregou em suas mãos
> os seus inimigos".

Abrão deu a Melquisedeque a décima parte de tudo que havia recuperado.

21 O rei de Sodoma disse a Abrão: "Devolva-me as pessoas, mas pode ficar com o restante do espólio".

22-24 Mas Abrão respondeu ao rei de Sodoma: "Faço um juramento solene diante do Eterno, o Deus Altíssimo, Criador do céu e da terra: não levarei nada do que pertence a você, nem mesmo um fio de linha ou um cadarço. Não quero que você fique por aí, dizendo: 'Enriqueci Abrão'. Não quero nada além daquilo que meus empregados comeram e a parte que cabe aos homens que me acompanharam, Aner, Escol e Manre. Eles devem receber a parte deles".

15 **1** Depois desses acontecimentos, Abrão recebeu a seguinte mensagem de Deus, durante uma visão: "Abrão, você não precisa ter medo. Eu sou seu escudo. Sua recompensa será muito grande!".

2-3 Abrão respondeu: "Eterno e Soberano, de que me servem tuas dádivas se não tenho filhos, se

||||||||||||||||||||||||||||||||||||||||||||||||||||||||||

☐ DIA 007 ___ / ___ / ___

GÊNESIS 14.8 — 17.2

8-9 Foi, então, que o rei de Sodoma, com o apoio dos reis de Gomorra, Admá, Zeboim e Belá, que é Zoar, entrou na guerra. Eles se alinharam para combater os inimigos no vale de Sidim, contra Quedorlaomer, rei de Elão, Tidal, rei de Goim, Anrafel, rei de Sinear, e Arioque, rei de Elasar — quatro reis contra cinco.

10-12 O vale de Sidim era pontilhado com poços de piche. Na fuga, os reis de Sodoma e de Gomorra caíram nos poços de piche, mas os outros escaparam e foram para as montanhas. Os quatro reis se apoderaram de todos os bens que havia em Sodoma

DIA 007

Eliézer de Damasco vai ficar com toda a minha herança?". Abrão prosseguiu: "Tu não me deste filhos, e agora um simples empregado vai ficar com tudo".

⁴Então, veio a seguinte mensagem do Eterno: "Não se preocupe, porque ele não será seu herdeiro. Um filho com seu sangue é que será seu herdeiro".

⁵Então, o Eterno levou Abrão para fora da tenda e disse: "Olhe para o céu e conte as estrelas. Você consegue fazer isso? Imagine que assim serão seus descendentes! Abrão, sua família será muito grande!".

⁶E Abrão acreditou! Acreditou no Eterno. E Deus o declarou "Justificado diante de Deus".

⁷O Eterno prosseguiu: "Eu sou o mesmo Eterno que o trouxe de Ur dos caldeus e deu a você esta terra para que a possuísse".

⁸E Abrão disse: "Eterno Soberano, como vou saber que tudo isto será meu?".

⁹E o Eterno respondeu: "Traga-me um novilho, uma cabra e um carneiro, todos com 3 anos de idade, uma rolinha e uma pombinha".

¹⁰⁻¹²Abrão trouxe os animais à presença do Eterno, cortou-os ao meio e pôs as metades uma de frente para a outra. Mas as aves ele não cortou. Então, os urubus começaram a pousar sobre as carcaças, mas Abrão os enxotava. Quando o Sol se pôs, Abrão caiu num sono profundo, e uma sensação de terror se apoderou dele, porque a escuridão era muito densa.

¹³⁻¹⁶O Eterno disse a Abrão: "Saiba que seus descendentes vão viver como estrangeiros numa terra que não é deles. Eles serão escravizados e oprimidos durante quatrocentos anos. Depois disso, punirei os senhores deles, e aquela geração sairá de lá carregada de bens. Mas você não. Você terá uma vida longa e plena e morrerá em paz. Seus descendentes não voltarão para cá antes da quarta geração, porque o pecado entre os amorreus ainda não excedeu o limite".

¹⁷⁻²¹Depois que o Sol se pôs e veio a escuridão, um fogareiro fumegante e uma tocha acesa passavam entre as carcaças que haviam sido cortadas. Foi nesse cenário que o Eterno firmou uma aliança com Abrão: "Dou esta terra a seus filhos, desde o rio Nilo, no Egito, até o rio Eufrates, na Assíria, território dos queneus, dos quenezeus, dos cadmoneus, dos hititas, dos ferezeus, dos refains, dos amorreus, dos cananeus, dos girgaseus e dos jebuseus".

16 ¹⁻²Sarai, esposa de Abrão, ainda não tinha filhos. Mas uma escrava egípcia chamada Hagar era propriedade dela. E Sarai disse a Abrão: "O Eterno achou por bem não me dar filhos. Então, deite-se com esta minha escrava. Talvez eu possa constituir

família por meio dela". Abrão concordou com a proposta de Sarai.

³⁻⁴Assim, Sarai, mulher de Abrão, entregou Hagar, sua escrava egípcia, a seu marido, Abrão. Quando esse fato aconteceu, já fazia dez anos que Abrão morava em Canaã. Ele se deitou com Hagar, e ela engravidou. Quando Hagar soube que estava grávida, começou a fazer pouco caso de sua senhora.

⁵Sarai reclamou com Abrão: "Estou passando por esta humilhação, e a culpa é sua! Entreguei minha escrava a você, e, na mesma hora em que ela soube que estava grávida, passou a me tratar como se eu fosse nada. Que o Eterno decida qual de nós duas está com a razão".

⁶Abrão respondeu: "Decida você mesma, pois sua escrava é assunto seu".

Sarai começou a maltratar a escrava que, por causa disso, acabou fugindo.

⁷⁻⁸Mas um anjo do Eterno encontrou Hagar junto a uma fonte no deserto. Era a fonte que está no caminho para Sur. E ele disse: "Hagar, escrava de Sarai, o que você está fazendo aqui?".

Ela respondeu: "Estou fugindo de Sarai, minha senhora".

⁹⁻¹²Mas o anjo do Eterno disse: "Volte para a sua senhora, ainda que ela maltrate você". Ele continuou: "Vou dar a você uma família numerosa, tantos descendentes que não será possível contá-los.

"Você está grávida de um menino.
Dê a ele o nome de Ismael,
pois o Eterno ouviu você e respondeu.
Ele escoiceará como um cavalo bravo,
porque será um guerreiro: combaterá e
será combatido,
Sempre criando problemas,
sempre em conflito com a família".

¹³Hagar atendeu à orientação do Eterno, chamando-o pelo nome, orando ao Deus que havia se comunicado com ela: "Tu és o Deus que me vê!

"Sim! Ele me viu, e eu também o vi!".

¹⁴Por isso, aquela fonte no deserto passou a ser chamada O Deus Vivo me Vê. Essa fonte ainda existe: fica entre Cades e Berede.

¹⁵⁻¹⁶Hagar deu um filho a Abrão, que o chamou Ismael. Abrão tinha 86 anos de idade quando Hagar deu à luz Ismael.

17 ¹⁻²Quando Abrão tinha 99 anos de idade, o Eterno apareceu a ele e disse: "Eu sou o Deus Forte!

Viva com integridade diante de mim. Faça todo o esforço possível para se manter assim! Vamos fazer uma aliança, e darei a você uma família enorme".

MATEUS 6.1-24

O mundo não é um palco

6¹ "Quando fizerem o bem, tenham o cuidado para que seu gesto não vire peça de teatro. Pode até ser um bom espetáculo, mas Deus não vai aplaudir. ²⁻⁴ "Quando for ajudar alguém, não chame atenção para você mesmo. Você já viu gente assim em ação, tenho certeza – eu os chamo 'atores'. Eles vão orar nas esquinas, como se elas fossem palcos, atuando para o público, interpretando para as multidões. Eles recebem aplausos, sim, mas é tudo que conseguirão. Quando você ajudar alguém, não pense na impressão que vai causar. Apenas ajude – com simplicidade e discrição. É assim que Deus, que o criou com todo amor, faz. Ele age nos bastidores para ajudar você".

A oração deve ser simples

⁵ "**E**, quando forem à presença de Deus, também não façam disso uma produção teatral. Essa gente que faz da oração um *show* só está querendo 15 minutos de fama! Vocês acham que Deus está no camarote, apreciando o espetáculo?
⁶ "É assim que eu quero que vocês façam: encontrem um local tranquilo e isolado, de modo que não sejam tentados a interpretar diante de Deus. Apenas fiquem lá, tão simples e honestamente quanto conseguirem. Desse modo, o centro da atenção será Deus, não vocês, e vocês começarão a perceber sua graça.
⁷⁻¹³ "O mundo está cheio de pessoas que se julgam guerreiros de oração, mas que nem sabem o que é orar. Utilizam-se de fórmulas, programas, conselhos e técnicas de vendas para conseguir o que querem de Deus. Não façam essa asneira. Vocês estão diante do Pai! E ele sabe de que estão precisando, melhor que vocês mesmos. Com um Deus assim, que os ama tanto, vocês podem orar de maneira muito simples. Deste modo:

Nosso Pai do céu,
Revela-nos quem tu és.
Dá um jeito neste mundo.
Faz o que é melhor –
    tanto aí em cima quanto aqui em baixo.
Conserva-nos vivos com três boas refeições.
Preserva-nos perdoados por ti e
    perdoando os outros.
Guarda-nos de nós mesmos e do Diabo.

Tu estás no comando!
Tu podes fazer tudo o que quiseres!
Tua beleza é fascinante!
    Amém. Amém. Amém.

¹⁴⁻¹⁵ "Na oração, há uma conexão entre o que Deus faz e o que você faz. Por exemplo, você não pode obter perdão de Deus se não perdoa os outros. Se recusar fazer a sua parte, você estará separado de Deus.
¹⁶⁻¹⁸ "Quando jejuarem para se concentrar em Deus, não façam disso um espetáculo. Vocês podem até conquistar seus quinze minutos de fama, mas isso não os tornará santos. Se você estiver exercitando alguma disciplina espiritual no coração, aja normalmente diante dos outros. Lave bem o cabelo e o penteie, escove os dentes e lave o rosto. Não é preciso nenhum artifício para chamar a atenção de Deus. Ele não vai deixar de ver o que você está fazendo; ele o recompensará muito bem".

Uma vida de culto a Deus

¹⁹⁻²¹ "**N**ão acumulem neste mundo tesouros que podem ser devorados por traças, corroídos pela ferrugem ou – pior! – roubados. Prefiram um tesouro no céu, pois ali estará a salvo das traças, da ferrugem e dos ladrões. Não parece óbvio? Saibam que o lugar em que vocês mais desejam estar é perto do seu tesouro; e é lá que acabarão indo parar.
²²⁻²³ "Os olhos são as janelas do corpo. Se vocês abrirem bem os olhos com admiração e fé, seu corpo se encherá de luz. Se viverem com olhos cheios de cobiça e desconfiança, seu corpo será um celeiro cheio de grãos mofados. Se fecharem as cortinas dessas janelas, sua vida será uma escuridão.
²⁴ "Vocês não podem adorar dois deuses ao mesmo tempo. Amando um deus, acabarão odiando o outro. A adoração a um alimenta o desprezo pelo outro. Vocês não podem adorar a Deus e ao Dinheiro.

SALMOS 5.7-12

⁷⁻⁸ E aqui estou: eu, teu convidado –
    não consigo acreditar!
Entrei na tua casa e aqui estou,
    de joelhos no teu santuário,
Aguardando tua orientação
    para atravessar seguro as linhas inimigas.

⁹⁻¹⁰ Toda a palavra que pronunciam
    é um campo minado;
os pulmões exalam gás venenoso.

DIA 008　　　22

A garganta é uma sepultura aberta;
　　a língua, escorregadia
　　como uma ladeira enlameada.
Declara-os culpados, ó Deus!
Que a "sabedoria" deles os arruíne.
Chuta-os para fora! Eles já tiveram sua chance.

11-12 Mas tu nos darás as boas-vindas
　　de braços abertos
　　quando corrermos para ti
　　em busca de abrigo.
Que a festa dure a noite inteira!
　　Monta guarda durante a celebração.
Tens fama, ó Eterno, de acolher
　　os que te buscam:
　　fazes da nossa satisfação um enfeite.

◢ NOTAS

||||||||||||||||||||||||||||||||||||||||||||||||||||||||||||

☐ DIA 008　__ / __ / __

GÊNESIS 17.3 — 18.33

3-8 Abalado, Abrão lançou-se ao solo, com o rosto em terra.

E Deus declarou: "Minha aliança com você será esta: Você será o pai de muitas nações. Seu nome não será mais Abrão, e sim Abraão, para ressaltar a ideia de que 'farei de você o pai de muitas nações'. Farei de você o pai de muitos pais. De você, sairão nações, reis virão de você. Estou estabelecendo minha aliança entre mim e você, uma aliança que inclui seus descendentes. Será uma aliança contínua, e, por causa dela, me comprometo a ser o seu Deus e o Deus de seus descendentes. Estou dando a você e a seus descendentes esta terra, na qual vocês estão acampados agora, toda a terra de Canaã. Ela pertencerá a sua família para sempre, e eu serei o Deus deles".

9-14 Deus disse também a Abraão: "E agora esta é a sua parte: Você irá honrar a minha aliança, você e seus descendentes, uma geração após a outra. Esta é a aliança que você deverá honrar, uma aliança que inclui todos os seus descendentes: todos do sexo masculino deverão passar pela circuncisão. Faça isso, cortando e removendo a dobra da pele que recobre a cabeça do pênis; esse será o sinal da aliança entre nós. Todo menino será circuncidado com oito dias de idade, geração após geração. Os escravos nascidos em casa e os que tiverem sido comprados de outros que não são parentes também estão incluídos. Não se esqueçam de circuncidar tanto seus filhos quanto qualquer outro que tenha vindo de fora. Dessa forma, a minha aliança estará gravada no corpo de vocês, um sinal definitivo da minha aliança definitiva. E, se algum ser humano do sexo masculino não tiver sido circuncidado, isto é, não tiver a dobra da pele que recobre a cabeça do pênis cortada; então, ele será cortado do seu povo, pois violou a minha aliança".

15-16 E Deus continuou falando com Abraão: "Quanto a Sarai, sua esposa, não a chame mais de Sarai. Comece a chamá-la de Sara. E eu a abençoarei! Isso mesmo! Darei um filho a você por meio dela! Ah! Como vou abençoá-la! Dela sairão nações e reis de nações".

17 Abraão lançou-se ao chão, com o rosto em terra. Mas também riu, pensando: "Como um homem com 100 anos de idade vai ter um filho? E Sara? Conseguirá ter um bebê aos 90 anos de idade?".

18 Recompondo-se, Abraão disse a Deus: "Ah! Faça que Ismael viva bem e com saúde diante de ti!".

19 Mas Deus retrucou: "Não foi isso que eu quis dizer. Sua esposa, Sara, terá um bebê, um menino. Chame-o Isaque (Riso). Vou fazer uma aliança com ele também e com seus descendentes, uma aliança que não terá fim".

20-21 "Quanto a Ismael? Sim, ouvi você orar por ele. Também vou abençoá-lo e farei que tenha muitos filhos, uma família enorme. Ele será o pai de doze príncipes, farei dele uma grande nação. Mas a aliança que vou fazer será com Isaque, seu filho que nascerá de Sara por essa época do ano que vem".

22 Deus, então, se retirou depois de falar com Abraão.

23 Então, Abraão chamou seu filho Ismael e todos os seus empregados, tanto os nascidos em casa quanto os que ele havia comprado, todos os do sexo masculino que eram de sua família, e os circuncidou, cortando, naquele mesmo dia, a dobra da pele que recobria a cabeça do pênis de cada um, como Deus havia ordenado.

24-27 Abraão tinha 99 anos quando foi circuncidado. Ismael tinha 13 anos. Os dois foram circuncidados no mesmo dia e também todos os empregados, tanto os nascidos em casa quanto os que haviam sido comprados de terceiros. Todos foram circuncidados com Abraão.

18 **1-2** O Eterno apareceu a Abraão junto aos carvalhos de Manre, enquanto ele estava sentado à entrada da sua tenda. Era a hora mais quente do dia. Ele olhou e viu três homens de pé. Então, saiu apressado da tenda e curvou-se diante deles.

3-5 Ele pediu: "Senhor, se te agradar, fique um pouco com o teu servo. Vou providenciar um pouco de água para que possas lavar os pés. Também vou providenciar comida e um lugar para descansares, já que teu caminho passou por mim". Eles responderam: "Ótimo, faça isso".

6 Abraão correu para dentro da tenda e disse a Sara: "Depressa! Pegue três xícaras da nossa melhor farinha e faça alguns pães".

7-8 Depois, ele correu até o curral e escolheu um novilho gordo de excelente qualidade e o entregou a um dos empregados, que o preparou. Em seguida, trouxe coalhada e leite para acompanhar o novilho assado, pôs a refeição diante dos homens e ficou debaixo da árvore enquanto eles comiam.

9 Os homens perguntaram: "Onde está Sara, sua mulher?".

Ele respondeu: "Está na tenda".

10 Então, um deles disse: "Vou retornar no ano que vem, mais ou menos por esta época. Quando eu chegar, sua esposa Sara vai ter um filho". Sara estava ouvindo tudo do lado de dentro da tenda, bem atrás do homem.

11-12 Abraão e Sara estavam velhos, em idade bem avançada. Sara tinha passado, havia muito, da época de ter filhos. Então, ela riu consigo mesma e disse: "Uma velha como eu? Ficar grávida? E com um marido velho como esse?".

13-14 Mas o Eterno disse a Abraão: "Por que Sara riu? Pois ela disse: 'Eu? Ter um bebê? Uma velha como eu?'. Por acaso existe alguma coisa difícil demais para o Eterno? Eu voltarei no ano que vem por esta mesma época, e Sara terá um bebê".

15 Sara ficou com medo e mentiu para ele: "Eu não ri, não!".

Mas ele disse: "Sim! Você riu, sim".

16 Os homens se levantaram para ir embora e começaram a caminhar na direção de Sodoma. Abraão os acompanhou para se despedir deles.

17-19 Então, o Eterno disse: "Seria justo esconder de Abraão o que estou para fazer? Ele vai se tornar uma nação grande e forte, e todas as nações do mundo serão abençoadas por meio dele. Eu o escolhi para que ele ensine seus filhos e sua futura família a andar nos caminhos do Eterno, a serem bons, generosos e justos, para que o Eterno possa cumprir o que prometeu a ele".

20-21 O Eterno prosseguiu: "Os gritos das vítimas em Sodoma e Gomorra são de ensurdecer. O pecado dessas cidades é gigantesco. Descerei para ver eu mesmo se o que eles estão fazendo é tão mau quanto parece. Então, vou saber".

22 Os homens dirigiram-se para Sodoma, mas Abraão ficou no caminho do Eterno, impedindo a passagem.

23-25 Então, Abraão o enfrentou e questionou: "Estás falando sério? Estás mesmo planejando eliminar as pessoas boas junto com as más? E se houver cinquenta pessoas decentes na cidade: vais juntar os bons com os maus e te livrar de todos? Não pouparias a cidade por causa desses cinquenta inocentes? Não acredito que farias isto, matar os bons com os maus, como se não houvesse diferença entre eles. Será que o Juiz de toda a terra não sabe julgar com justiça?".

DIA 008

²⁶O Eterno respondeu: "Se eu encontrar cinquenta pessoas decentes em Sodoma, pouparei a cidade inteira por causa delas".

²⁷⁻²⁸Abraão tornou a dizer: "Eu, um simples mortal feito de um punhado de pó da terra, atrevo-me a abrir a boca e ainda perguntar ao meu Senhor: E se faltarem cinco para completar os cinquenta? Destruirás a cidade por causa dos cinco que faltam?".

Ele respondeu: "Não a destruirei se houver ali quarenta e cinco pessoas decentes".

²⁹ Abraão insistiu: "E se encontrares apenas quarenta?".

"Também não vou destruir a cidade, por causa dos quarenta".

³⁰Abraão continuou: "Senhor, não te irrites comigo, mas se encontrares apenas trinta?".

"Se encontrar trinta, não destruo a cidade."

³¹ Abraão não desistiu: "Senhor, sei que estou abusando da tua paciência, mas e se houver apenas vinte?".

"Não a destruirei, por causa dos vinte."

³² Abraão perguntou ainda: "Senhor, não fiques furioso, esta é a última vez que pergunto. E se houver apenas dez?".

"Não destruirei a cidade, por causa das dez pessoas."

³³O Eterno encerrou a conversa com Abraão e se retirou. Abraão foi para casa.

MATEUS 6.25 — 7.12

²⁵⁻²⁶"Se vocês se decidirem por Deus, vivendo para cultuá-lo, não ficarão aflitos com a comida que terão de pôr na mesa ou se o guarda-roupa está fora de moda. Há muito mais coisas na vida que a comida que vai para o estômago! Há muito mais coisas para se ver que as roupas que vocês usam! Olhem para as aves, livres e desimpedidas: não estão presas a nenhum emprego e vivem despreocupadas, aos cuidados de Deus. E vocês valem para ele muito mais que os passarinhos!

²⁷⁻²⁹"Será que alguém consegue ficar um centímetro mais alto preocupado diante do espelho? Todo esse tempo e dinheiro gasto com moda, pensam que faz muita diferença? Em vez de correr atrás da moda, caminhem pelos campos e observem as flores silvestres. Elas não se enfeitam nem compram, mas vocês já viram formas e cores mais belas? Os dez homens e mulheres da lista dos mais bem vestidos iriam parecer maltrapilhos comparados às flores.

³⁰⁻³³ "Se Deus dá tanta atenção à aparência das flores do campo — e muitas delas nem mesmo são vistas —, não acham que ele irá cuidar de vocês, ter prazer em vocês e fazer o melhor por vocês? Quero convencê-los a relaxar, a não se preocuparem tanto em *adquirir*. Em vez disso, prefiram *dar*, correspondendo, assim, ao cuidado de Deus. Quem não conhece Deus e não sabe como ele trabalha é que se prende a essas coisas, mas vocês conhecem Deus e sabem como ele trabalha. Orientem sua vida de acordo com a realidade, a iniciativa e a provisão de Deus. Não se preocupem com as perdas, e descobrirão que todas as suas necessidades serão satisfeitas.

³⁴ "Prestem atenção apenas no que Deus está fazendo agora e não se preocupem quanto ao que pode ou não acontecer amanhã. Quando depararem com uma situação difícil, Deus estará lá para ajudá-los".

Um guia simples de conduta

7 ¹⁻⁵"Não bombardeiem de críticas as pessoas quando elas cometem um erro, a menos que queiram receber o mesmo tratamento. O espírito crítico é como um bumerangue. É fácil ver uma mancha no rosto do próximo e esquecer-se do feio riso de escárnio no próprio rosto. Vocês têm o cinismo de dizer: 'Deixe-me limpar o seu rosto', quando o rosto de vocês está distorcido pelo desprezo? Isso também é teatro, é fazer o jogo do 'sou mais santo que você', em vez de simplesmente viver a vida. Tire o cinismo do rosto e, então, você poderá oferecer uma toalha ao seu próximo, para que ele também limpe o rosto.

⁶ "Não desrespeitem o sagrado. Gracejos e tolices não agradam a Deus. Não reduzam os santos mistérios a frases de efeito. Na tentativa de sobressair e de agradar, você pode usar esses subterfúgios, mas estará abrindo a porta para o sacrilégio.

⁷⁻¹¹"Não barganhem com Deus. Sejam objetivos. Peçam aquilo de que estão precisando. Não estamos num jogo de gato e rato, nem de esconde-esconde. Se seu filho pedir pão, você o enganaria com serragem? Se pedir peixe, iria assustá-lo com uma cobra viva servida na bandeja? Maus como são, vocês não pensariam em algo assim, pois se portam com decência, pelo menos com seus filhos. Não acham, então, que o Deus que os criou com amor fará ainda melhor?

¹² "Aqui está um guia simples e objetivo de conduta: pergunte a você mesmo o que quer que os outros façam a você, e, então, faça o mesmo a *eles*. Na verdade, nisso se resumem a Lei e os Profetas".

SALMOS 6.1-7

Um salmo de Davi

6 **1-2** Ó Eterno, para de gritar comigo!
Não me ponhas mais de castigo.
Trata-me bem desta vez,
pois estou carente de afeto.

2-3 Não vês que estou coberto de hematomas,
pancadas que doem no corpo e na alma?
Ó Eterno, quanto tempo ainda falta
para que me dês uma folga?

4-5 Aparta e acaba de vez com esta briga,
Ó Eterno.
Se me amas de fato, então me tira daqui.
Que valor vou ter para ti se eu estiver morto?
Não poderei cantar em teu louvor se estiver
numa sepultura!

6-7 Estou cansado de tudo isso — muito cansado!
Minha cama
está inundada, há quarenta dias
e quarenta noites,
No dilúvio das minhas lágrimas.
Meu colchão está encharcado,
ensopado de lágrimas.
As órbitas dos meus olhos são buracos negros:
quase cego, vou piscando e tateando.

■ NOTAS

☐ DIA 009 ___ / ___ / ___

GÊNESIS 19.1 — 20.18

19 **1-2** Os dois anjos chegaram a Sodoma no início da noite. Ló estava sentado à entrada da cidade. Ele viu os recém-chegados e levantou-se para recebê-los. Curvou-se diante deles e implorou: "Por favor, amigos, venham para a minha casa e passem ali a noite. Vocês poderão se lavar. E poderão se levantar cedo e seguir caminho descansados".

Eles disseram: "Não, dormiremos na rua".

3 Mas ele insistiu. Não aceitaria um não como resposta. Eles, então, concordaram e foram para a casa dele. Ló preparou uma refeição quente, e eles comeram.

4-5 Antes que os hóspedes se recolhessem, os homens de toda a cidade, jovens e velhos, se aglomeraram em torno da casa, vindo de todos os lados, e os encurralaram ali. Então, gritaram para Ló: "Onde estão os homens que vão passar a noite aí na sua casa? Traga-os para fora! Queremos nos divertir com eles!".

6-8 Ló foi para o lado de fora, manteve-se à frente da porta e suplicou: "Por favor, irmãos, não sejam maus! Olhem, tenho duas filhas virgens. Vou trazê-las para fora, e vocês poderão se satisfazer com elas, mas não encostem a mão nestes homens, pois são meus convidados".

9 Mas eles responderam: "Caia fora! Você chegou aqui, nem sabemos direito de onde, e já quer nos dizer como devemos viver? Pois vamos fazer com você pior do que com eles! E partiram para cima de Ló determinados a arrombar a porta".

10-11 Mas os dois homens alcançaram Ló, puxaram-no para dentro da casa e trancaram a porta. Em seguida, atingiram com cegueira os homens que estavam tentando entrar. Tanto os que encabeçavam o grupo quanto os que seguiam ficaram tateando no escuro.

DIA 009

¹²⁻¹³Os dois homens disseram a Ló: "Há algum outro parente seu aqui? Filho, filha, alguma pessoa na cidade? Tire-os daqui agora mesmo! Vamos destruir este lugar. O clamor das vítimas dirigido ao Eterno é ensurdecedor, e fomos enviados para varrer este lugar da face da terra".

¹⁴Ló saiu e avisou o noivo de cada uma de suas filhas: "Saiam deste lugar! O Eterno vai destruir a cidade!". Mas seus futuros genros não o levaram a sério.

¹⁵Ao amanhecer, os anjos começaram a apressar Ló: "Depressa! Pegue sua mulher e suas filhas e saia daqui antes que seja tarde, antes que você acabe sendo castigado com a cidade".

¹⁶⁻¹⁷Ló estava demorando demais. Então, os homens agarraram Ló, sua mulher e suas filhas pelo braço e os puxaram para um lugar seguro fora da cidade. O Eterno foi misericordioso com eles! Já do lado de fora da cidade, os anjos disseram a Ló: "Agora corram, e cada um salve a sua vida! Não olhem para trás! Não parem em nenhum lugar da planície, mas corram para os montes, para que não sejam destruídos".

¹⁸⁻²⁰Mas Ló reclamou: "Senhores, não podem estar falando sério! Reconheço que foram bons comigo e me fizeram um enorme favor, salvando a minha vida, mas não posso correr para os montes. Coisas terríveis podem acontecer comigo nos montes, posso até morrer. Olhem para aquela direção: aquela cidade não fica longe. Ela é pequena, e nada poderá me acontecer ali. Permitam que eu fuja para lá e salve a minha vida. É só uma área aberta à beira da estrada".

²¹⁻²²"Tudo bem, Ló, já que você insiste. Siga por esse caminho. Não vou destruir a cidade que você me mostrou. Mas não demore. Corra para lá! Não vou poder fazer nada antes que você chegue lá". Por isso, a cidade foi chamada Zoar, que significa "Cidade Pequena".

²³Quando Ló chegou a Zoar, o Sol já estava alto no céu.

²⁴⁻²⁵Então, o Eterno fez chover fogo e enxofre sobre Sodoma e Gomorra. Um rio de lava correu desde o céu, enviado pelo Eterno, e destruiu as cidades e toda a planície, matando todos os seus habitantes e o que crescia na terra.

²⁶Mas a mulher de Ló olhou para trás e transformou-se numa coluna de sal.

²⁷⁻²⁸Abraão levantou-se bem cedo na manhã seguinte e seguiu para o lugar em que havia se encontrado com o Eterno pouco antes. Ele olhou para Sodoma e Gomorra, observando toda a planície, e viu apenas a fumaça que subia da terra, como se saísse de uma fornalha.

²⁹E foi isto que aconteceu: antes de destruir as cidades da planície, Deus se lembrou de Abraão e retirou Ló de Sodoma. Só depois, varreu aquelas cidades da face da terra.

³⁰Ló saiu de Zoar e foi morar com as duas filhas nas montanhas. Ele estava com medo de ficar em Zoar e passou a viver com elas numa caverna.

³¹⁻³²Certo dia, a filha mais velha disse à caçula: "Nosso pai está ficando velho, e não restou nenhum homem neste lugar que possa nos engravidar. Vamos embebedar nosso pai com vinho e nos deitar com ele. Ele poderá nos dar filhos. É a única chance de manter nossa família viva".

³³⁻³⁵Assim, naquela mesma noite, elas embebedaram o pai com vinho. A filha mais velha deitou-se com ele, mas Ló estava inconsciente e não tinha noção do que a filha estava fazendo. De manhã, a filha mais velha disse à mais nova: "Deitei-me com nosso pai ontem à noite. Hoje será sua vez. Vamos embebedá-lo de novo, e você se deita com ele. Ele dará filhos a nós duas, e poderemos manter a linhagem da nossa família". De novo, naquela noite, elas embebedaram o pai, e a caçula deitou-se com ele. Também dessa vez, ele estava inconsciente e não tinha noção do que a filha estava fazendo.

³⁶⁻³⁸As duas irmãs ficaram grávidas de Ló, o próprio pai. A mais velha teve um filho e deu a ele o nome de Moabe, antepassado dos moabitas de hoje. A caçula teve um filho e deu a ele o nome de Ben-Ami, antepassado dos amonitas de hoje.

20

¹⁻²Abraão partiu dali e foi para o sul, na direção do Neguebe, e estabeleceu-se entre Cades e Sur. Acampado em Gerar, Abraão disse ao povo, referindo-se a Sara: "Ela é minha irmã".

²⁻³Então, Abimeleque, rei de Gerar, mandou buscar Sara. Naquela noite, Deus apareceu em sonho a Abimeleque e alertou-o: "Você vai morrer! Aquela mulher que você tomou é casada".

⁴⁻⁵Mas Abimeleque ainda não havia se deitado com ela, nem mesmo a havia tocado. Ele respondeu: "Senhor, vais matar um inocente? Por acaso ele não me disse: 'Ela é minha irmã'? E ela mesma não me disse: 'Ele é meu irmão'? Eu não tinha a menor ideia de que estava fazendo alguma coisa errada".

⁶⁻⁷E Deus, ainda no sonho, disse a ele: "Claro, sei que suas intenções são puras. Foi por isso que não deixei que você pecasse contra mim. Eu impedi que

você se deitasse com ela. Agora, devolva ao homem a mulher dele. Ele é profeta e vai orar por você e interceder por sua vida. Se não a devolver, saiba que nem você nem ninguém de sua família escapará da morte".

8-9 Abimeleque levantou-se bem cedo naquela manhã, convocou todo o seu pessoal e contou a história a eles, sem esconder nada. Eles ficaram chocados. Em seguida, Abimeleque chamou Abraão e o questionou: "O que é isso que você nos fez? Alguma vez fiz algo que o desagradasse, para que você trouxesse tamanha afronta sobre mim e sobre meu reino? O que você fez é inadmissível!".

10 E Abimeleque prosseguiu: "O que você tinha na cabeça quando fez isso?".

11-13 Abraão disse: "Pensei que aqui não havia temor de Deus e que me matariam para ficar com minha esposa. Além disso, para dizer a verdade, ela é minha irmã por parte de pai. Quando Deus me fez sair como peregrino da casa de meu pai, eu disse a ela: 'Por favor, sempre que chegarmos a qualquer lugar, diga às pessoas que sou seu irmão'".

14-15 Abimeleque devolveu Sara a Abraão com um presente: ovelhas, gado e escravos, homens e mulheres. Também disse a ele: "Minha terra está à sua disposição. Fique morando onde achar melhor".

16 E disse a Sara: "Dei mil peças de prata para seu irmão. Isso livra você de qualquer acusação aos olhos do mundo. É minha forma de reparar a ofensa feita a você".

17-18 Depois disso, Abraão orou a Deus, e ele curou Abimeleque, sua esposa e suas escravas. Elas passaram a gerar filhos outra vez, pois, por causa de Sara, esposa de Abraão, o Eterno havia deixado estéreis todas as mulheres da família de Abimeleque.

MATEUS 7.13 — 8.4

Autenticidade

13-14 "Não procurem atalhos para Deus. O mercado está transbordando de fórmulas fáceis e infalíveis para uma vida bem-sucedida que podem ser aplicadas em seu tempo livre. Não caiam nesse golpe, ainda que multidões o recomendem. O caminho para a vida — para Deus! — é difícil e requer dedicação total.

15-20 "Tomem cuidado com os pregadores muito sorridentes: a sinceridade deles é fabricada. Eles não perderão nenhuma oportunidade para depenar vocês. Não fiquem impressionados com o carisma. Procurem o caráter. Importa o que os pregadores *são*, não o que dizem. Um líder de verdade jamais irá explorar as emoções ou as economias do povo.

As árvores doentes com seus frutos podres serão cortadas e queimadas.

21-23 "Saber a senha correta — por exemplo, 'Senhor, Senhor' — não levará vocês a nenhum lugar comigo. O que se requer é obediência, é *fazer* o que meu Pai deseja. Posso até ver a cena: no juízo final, milhares vindo em minha direção e se justificando: 'Senhor, nós pregamos a Mensagem, expulsamos demônios, e todos diziam que nossos projetos "do poder" estavam na boca do povo'. Sabem o que vou responder? 'Vocês perderam a oportunidade. Tudo que fizeram foi me usar para virarem celebridades. Vocês não me impressionam nem um pouco. Fora daqui!'.

24-25 "As palavras que digo não são meros adendos ao seu estilo de vida, como a reforma de uma casa, que resulta em melhora de padrão. Elas são o próprio alicerce, a base de sua vida. Se vocês puserem essas palavras em prática, serão como pedreiros competentes, que constroem sua casa sobre a solidez da rocha. A chuva cai, o rio avança e o vento sopra forte, mas nada derruba aquela construção. Ela está fundamentada na rocha.

26-27 "Mas, se vocês usarem minhas palavras apenas para fazer estudo bíblico, sem nunca aplicá-las à própria vida, não passarão de pedreiros tolos, que constroem sua casa sobre a areia da praia. Quando for atingida pela tempestade e pelas ondas, ela irá desmoronar como um castelo de areia".

28-29 Quando Jesus concluiu seu discurso, a multidão o aplaudiu. Eles nunca tinham ouvido um ensino assim. Era óbvio que ele vivia o que pregava, em contraste com os líderes religiosos do povo! Foi a melhor aula que eles já tinham ouvido.

Ele levou nossas doenças

8 **1-2** Jesus desceu da montanha com os aplausos da multidão ainda soando nos ouvidos. De repente, apareceu um leproso, que se ajoelhou diante de Jesus e pediu: "Mestre, se o senhor quiser, pode me purificar".

3-4 Jesus estendeu a mão, tocou o leproso e disse: "Quero! Fique limpo!". Todos os sinais da lepra desapareceram na hora. Jesus, então, lhe disse: "Não diga nada a ninguém. Apenas se apresente ao sacerdote, para que ele confirme a cura, e leve a oferta de gratidão a Deus, ordenada por Moisés. Que sua vida purificada e grata, não suas palavras, dê testemunho do que eu fiz".

SALMOS 6.8 — 7.5

8-9 Caiam fora, gente perversa!
Finalmente, o Eterno ouviu meus soluços.

Meus pedidos foram atendidos;
minhas orações foram respondidas.

[10] Acovardados, meus inimigos desaparecem.
Vendo que a desgraça caía sobre eles,
viraram as costas e fugiram.

Um salmo de Davi

7 [1-2] Ó Eterno! Ó Deus! Corro para ti
a fim de salvar a pele.
A perseguição é implacável.
Se me alcançarem, será meu fim:
serei despedaçado por inimigos
ferozes como leões,
arrastado para o mato e deixado ali,
abandonado e esquecido.

[3-5] Ó Eterno, se fiz aquilo de que me acusam —
se traí meus amigos;
se estraçalhei meus inimigos;
Se minhas mãos estão assim tão sujas,
que eles me alcancem e me pisoteiem,
que me deixem grudado no chão.

◢ NOTAS

☐ DIA 010 __ / __ / __

GÊNESIS 21.1 — 22.24

21 [1-4] Ó Eterno visitou Sara, exatamente como disse que faria, e cumpriu o que havia prometido: ela engravidou e deu a Abraão um filho no tempo exato que Deus havia prefixado. E Abraão deu a ele o nome de Isaque. Quando o menino estava com oito dias de vida, Abraão o circuncidou, como Deus havia ordenado.

[5-6] Abraão estava com 100 anos de idade quando seu filho Isaque nasceu.

Sara disse:

"Deus me abençoou com riso,
e todos que souberem disso vão rir comigo!".

[7] Ela também disse:

"Quem poderia afirmar a Abraão
que Sara iria amamentar um bebê um dia!
Mas estou aqui! Dei um filho ao
homem idoso!".

[8] O bebê cresceu e foi desmamado. E Abraão deu uma grande festa no dia em que Isaque foi desmamado.

[9-10] Certo dia, Sara viu que o filho que a egípcia Hagar tinha dado a Abraão estava debochando de Isaque. Ela foi reclamar com Abraão: "Livre-se dessa escrava e do filho dela! Nenhum filho de escrava vai participar da herança com meu filho Isaque!".

[11-13] Abraão ficou muito aflito. Afinal, Ismael era filho dele! Mas Deus disse a Abraão: "Não fique assim por causa do menino e de sua escrava. Faça o que Sara diz. Sua descendência virá mesmo por meio de Isaque. Quanto ao filho da sua escrava, garanto que também farei dele uma grande nação, porque ele também é seu filho".

[14-16] Abraão levantou-se cedo no dia seguinte, separou um pouco de comida e um cantil com água.

Entregou os poucos suprimentos a Hagar e mandou-a embora de casa com o filho. Ela ficou andando sem rumo pelo deserto de Berseba. Quando acabou a água, pôs a criança debaixo de um arbusto e ficou a uma distância de cerca de cinquenta metros. Dizia: "Não aguento ver meu filho morrer!". Então, sentando-se, caiu em prantos.

17-18 Mas Deus ouviu o menino chorar. O anjo de Deus chamou Hagar lá do alto: "Hagar, o que aconteceu? Não fique com medo. Deus ouviu o menino e sabe que ele está numa situação difícil. Agora, levante-se, pegue seu filho e abrace-o! Vou fazer dele uma grande nação".

19 Na mesma hora, Deus abriu os olhos dela. Hagar avistou um poço de água. Então, ela foi até o poço, encheu o cantil e deu água fresca para o menino.

20-21 Enquanto o menino crescia, Deus ficou ao lado dele. Ele morava no deserto e tornou-se um arqueiro muito habilidoso. O deserto em que ele vivia era o de Parã. Sua mãe conseguiu para ele uma esposa do Egito.

22-23 Por essa mesma época, Abimeleque e o comandante de suas tropas, Ficol, disseram a Abraão: "Independentemente do que você fizer, Deus está do seu lado. Portanto, prometa-me que você não agirá com desonestidade para comigo nem ninguém de minha família. Enquanto viver aqui, prometa que tratará a mim e à minha família com a mesma bondade com que tratei você".

24 Abraão respondeu: "Eu prometo".

25-26 Foi também nessa época que Abraão questionou Abimeleque a respeito de um poço de água, que os empregados de Abimeleque haviam tomado à força. Abimeleque disse: "Não tenho a menor ideia de quem possa ter feito isso, e você nunca comentou nada comigo. É a primeira vez que ouço falar no assunto".

27-28 Então, os dois fizeram um acordo. Abraão pegou ovelhas e gado e deu-os a Abimeleque. Abraão separou sete ovelhas do rebanho.

29 E Abimeleque disse: "O que significam essas sete ovelhas que você separou?".

30 Abraão respondeu: "Significa que, quando você aceitar estas sete ovelhas, você as aceitará como prova de que cavei este poço e de que ele é meu".

31-32 Foi assim que o lugar passou a ser chamado Berseba (Poço do Juramento), porque ali os dois fizeram um acordo por meio de juramento. Tendo feito o acordo em Berseba, Abimeleque e Ficol, seu comandante, voltaram para o território filisteu.

33-34 Abraão plantou uma tamargueira em Berseba e, ali, cultuou o Eterno, orando a Deus. Abraão morou em território filisteu por um longo período.

22 **1** Depois de todas essas coisas, Deus resolveu testar Abraão. Então, o chamou: "Abraão!". Abraão respondeu: "Pois não! Estou ouvindo".

2 E ele disse: "Pegue Isaque, seu filho querido, a quem você ama, e vá para a terra de Moriá. Você deverá sacrificá-lo ali como oferta queimada sobre um dos montes que indicarei".

3-5 No dia seguinte, Abraão levantou-se bem cedo e pôs a sela sobre seu jumento. Levou consigo dois jovens empregados e seu filho Isaque. Ele cortou lenha para a oferta queimada e partiu para o lugar indicado por Deus. Depois de três dias, olhou para cima e avistou o lugar ao longe. Abraão disse aos empregados: "Fiquem aqui com o jumento. Eu e o garoto iremos até lá em cima para prestar culto e, depois, voltaremos para cá".

6 Abraão entregou a lenha para a oferta queimada a Isaque, para que ele a carregasse. Levava consigo ainda a pedra de fogo e a faca. E os dois seguiram juntos.

7 A certa altura, Isaque disse a Abraão: "Pai?".

"Sim, meu filho."

"Aqui estão a pedra de fogo e a lenha, mas onde está o cordeiro para a oferta queimada?"

8 Abraão respondeu: "Filho, Deus vai providenciar o cordeiro para a oferta queimada". E continuaram caminhando.

9-10 Finalmente, chegaram ao lugar indicado por Deus. Abraão edificou um altar e arrumou a lenha sobre ele. Depois, amarrou Isaque e o pôs sobre a lenha. Em seguida, estendeu a mão e pegou a faca para matar o filho.

11 Na mesma hora, um anjo do Eterno chamou-o do céu: "Abraão! Abraão!".

"Pois não. Estou ouvindo."

12 "Não baixe a mão sobre o garoto! Não toque nele! Agora sei quanto você teme a Deus e como é destemido. Você não vacilou em pôr seu filho, seu filho amado, sobre o altar para oferecê-lo a mim".

13 Abraão ergueu os olhos e viu um carneiro preso pelos chifres num arbusto. Ele pegou o animal e sacrificou como oferta queimada em lugar do seu filho.

14 Abraão deu àquele lugar o nome de Javé-Jiré (Deus Providenciará). Foi daí que veio a expressão: "No monte do Eterno, ele providenciará".

15-18 O anjo do Eterno falou do céu pela segunda vez a Abraão: "Prometo, e essa palavra é do Eterno, que o abençoarei, porque você foi até o fim nessa questão e não se recusou a entregar-me seu filho amado. Como eu o abençoarei! Farei que seus filhos sejam tão numerosos quanto as estrelas no céu e a areia da praia! E seus descendentes derrotarão os inimigos. Todas as nações da terra serão abençoadas por meio de seus descendentes, pois você me obedeceu".

¹⁹ Abraão retornou até onde estavam seus jovens empregados. Eles juntaram suas coisas e voltaram para Berseba. E Abraão estabeleceu-se em Berseba.

²⁰⁻²³ Algum tempo depois, Abraão recebeu a seguinte notícia: "Seu irmão Naor já é pai! Milca deu filhos a ele: Uz, o mais velho, seu irmão Buz, Quemuel (ele foi o pai de Arão), Quésede, Hazo, Pildas, Jidlafe e Betuel" (Betuel foi o pai de Rebeca). Milca deu esses oito filhos a Naor, irmão de Abraão.

²⁴ Reumá, concubina de Naor, deu a ele outros quatro filhos: Tebá, Gaã, Taás e Maaca.

MATEUS 8.5-27

⁵⁻⁶ Assim que Jesus entrou na cidade de Cafarnaum, um capitão romano veio ao seu encontro. Ele estava muito aflito: "Senhor, meu criado está doente. Ele não consegue andar e sente dores terríveis".

⁷ Jesus disse: "Vou até lá para curá-lo".

⁸⁻⁹ "Ah! Não!", protestou o capitão. "Não quero que o senhor tenha todo esse trabalho. Basta uma ordem sua, e meu criado ficará bom. Sou um homem que recebe e dá ordens. Eu digo a um soldado: 'Vá!', e ele vai; a outro: 'Venha!', e ele vem; ao meu escravo: 'Faça isso!', e ele faz".

¹⁰⁻¹² Surpreso, Jesus declarou: "Ainda não vi esse tipo de fé singela em Israel, o povo que deveria saber como Deus atua. Este homem é o início de muitos estrangeiros que logo virão de todas as partes do mundo – do Oriente e do Ocidente – para participar do banquete do Reino de Deus com Abraão, Isaque e Jacó. Já os que cresceram 'na fé', mas nunca a tiveram de fato, ficarão do lado de fora, isolados da graça, perguntando o que aconteceu".

¹³ Voltando-se para o capitão, Jesus ordenou: "Vá. O que você acreditava que ia acontecer aconteceu". Naquela hora, o criado dele ficou bom.

¹⁴⁻¹⁵ Isso aconteceu na frente da casa de Pedro, e Jesus, ao entrar na casa, deparou com a sogra de Pedro, que estava de cama, ardendo em febre. Ele tocou a mão dela, e a febre se foi. A mulher levantou-se da cama e foi preparar o jantar para ele.

¹⁶⁻¹⁷ Ao anoitecer, trouxeram a Jesus várias pessoas afligidas por demônios, e ele as livrou daquele tormento. Operou também cura física em vários doentes. Tudo isso cumpriu o conhecido sermão profético de Isaías:

Ele levou nossas doenças,
Ele carregou nossas enfermidades.

Compromisso com a vida, não com a morte

¹⁸⁻¹⁹ Percebendo que a multidão de curiosos crescia a cada minuto, Jesus disse aos discípulos que era melhor sair dali. Assim, foram para o outro lado do mar. À saída, um mestre religioso perguntou se podia ir com eles. "Com o senhor irei para qualquer lugar", declarou.

²⁰ Jesus foi direto ao ponto: "Está mesmo disposto a isso? Saiba que não costumamos ficar nas melhores hospedagens".

²¹ Outro seguidor pediu: "Mestre, preciso que o senhor me libere por alguns dias. Tenho de cuidar do funeral do meu pai".

²² Jesus recusou: "Prioridades em primeiro lugar! Seu compromisso deve ser com a vida, não com a morte. Siga-me! Busque a vida!".

²³⁻²⁵ Então, ele e os discípulos entraram no barco. Entretanto, enfrentaram uma terrível tempestade no mar. As ondas furiosas atacavam a embarcação – e, enquanto isso, Jesus dormia! Os discípulos o acordaram, implorando: "Mestre, salve-nos! Nós vamos morrer!".

²⁶ Jesus, porém, repreendeu os discípulos: "Por que tanto medo? Vocês não têm fé?". Em seguida, levantou-se e ordenou ao vento que cessasse o barulho e ao mar que ficasse quieto, "Silêncio!", foi a ordem, e o mar ficou em plena calmaria.

²⁷ Os homens esfregaram os olhos, perplexos. "O que é isso? O vento e o mar obedecem ao comando dele!".

SALMOS 7.6-17

⁶⁻⁸ Levanta-te, ó Eterno! Mostra tua ira santa
contra essa gente furiosa.
Desperta, ó Deus. Meus acusadores lotaram
o tribunal. Chegou a hora do julgamento.
Assenta-te na cadeira de juiz, apanha o martelo
e anula as falsas acusações contra mim.
Estou pronto, confio no teu veredito:
"Inocente".

9-11 Encerra o caso do mal no mundo, ó Eterno,
mas a nós declara a tua justiça.
Tu nos preparas para a vida:
sondas nossos pontos fracos,
aparas nossas arestas.
E eu me sinto tão preparado, tão seguro!
Fui corrigido e guiado na retidão.
Deus, em solene honra, faz o que é certo,
mas seus nervos estão à flor da pele.

11-13 Ninguém consegue passar ileso por ele.
Deus já está agindo:
A espada já foi afiada no amolador,
o arco foi entesado, a flecha está em posição;
Armas letais à mão,
cada flecha é um dardo flamejante.

14 Vejam aquela pessoa!
Ela teve relações com o pecado,
está grávida do mal.
Por isso, dá à luz a Mentira!

15-16 Estão vendo aquele homem cavando
dia após dia,
escavando e depois cobrindo a armadilha
no trecho mais solitário da estrada?
Voltem lá e olhem de novo.
Vocês o verão de ponta-cabeça,
com as pernas balançando no ar.
É isto que sempre acontece:
a maldade se volta contra o mau;
a violência retorna para o violento.

17 Dou graças a Deus,
que faz tudo corretamente.
Canto a fama do Eterno, que se eleva até o céu.

◼ NOTAS

‖‖‖‖‖‖‖‖‖‖‖‖‖‖‖‖‖‖‖‖‖‖‖‖‖‖‖‖‖‖‖‖‖‖‖‖‖‖‖

☐ DIA 011 ___ / ___ / ___

GÊNESIS 23.1 — 24.33

23 **1-2** Sara viveu 127 anos e morreu em Quiriate-Arba, que hoje é Hebrom, na terra de Canaã. Abraão chorou e guardou luto por ela.

3-4 Quando encerrou o período de luto, Abraão propôs aos hititas: "Tenho consciência de que não passo de um estrangeiro no meio de vocês, mas preciso que me vendam um local de sepultamento, para que eu possa dar um enterro digno para os meus mortos".

5-6 Os hititas responderam: "O que você está dizendo? Você não é um simples estrangeiro para nós: é um príncipe de Deus! Faça o enterro de sua esposa na melhor das nossas sepulturas. Nenhum de nós vai recusar um local para o sepultamento dela".

7-9 Diante da resposta, Abraão curvou-se em reverência ao povo da terra, os hititas, e disse: "Se vocês estão falando sério e querem mesmo me ajudar a conseguir um enterro digno para minha esposa, intercedam por mim junto a Efrom, filho de Zoar. Peçam a ele que me venda a caverna de Macpela, de sua propriedade, aquela que fica na divisa das terras dele, e que me faça um preço justo, e vocês serão testemunhas".

10-11 Efrom era membro da comunidade local de hititas. O hitita respondeu assim à proposta de Abraão, ouvida pelos outros hititas que faziam parte do conselho da cidade: "Não, meu senhor! Eu não poderia fazer isso. O campo é seu, é um presente. Dou a você o campo e a caverna. Não vou cobrar nada, e meu povo será testemunha disso. Faça ali o sepultamento de sua esposa".

¹²⁻¹³ Abraão curvou-se em respeito perante o conselho reunido e respondeu a Efrom: "Por favor, permita-me pagar o preço da terra! Aceite meu dinheiro, para que eu possa sepultar minha esposa com tranquilidade".

¹⁴⁻¹⁵ Então, Efrom respondeu a Abraão: "Já que insiste, eu aceito. O que significam quatrocentas peças de prata entre mim e você? Vá agora e faça o sepultamento de sua esposa".

¹⁶ Abraão aceitou o preço estipulado por Efrom e pagou integralmente o valor que este havia sugerido perante o conselho da cidade dos hititas: quatrocentas peças de prata, de acordo com a taxa de troca daqueles dias.

¹⁷⁻²⁰ Foi assim que o campo de Efrom, ao lado de Manre, tornou-se propriedade de Abraão, e, além do campo, a caverna e todas as árvores dentro dos seus limites. O conselho da cidade dos hititas foi testemunha dessa transação. Assim, Abraão fez o sepultamento de Sara na caverna do campo de Macpela, que fica perto de Manre, hoje Hebrom, na terra de Canaã. A propriedade do campo e da caverna que havia nele foi transferida dos hititas para Abraão como local de sepultamento.

Isaque e Rebeca

24 ¹Abraão já era idoso, e o Eterno o havia abençoado de todas as formas.

²⁻⁴ E Abraão ordenou ao empregado mais antigo da casa, aquele que cuidava de tudo que Abraão possuía: "Coloque sua mão debaixo da minha coxa e jure em nome do Eterno, o Deus do céu e Deus da terra, que você não vai procurar esposa para meu filho entre as jovens cananeias daqui, mas que irá à minha terra natal e ali conseguirá uma esposa para Isaque".

⁵O empregado respondeu: "E se a moça não quiser sair de casa para vir comigo? Levo seu filho de volta para sua terra de origem?".

⁶⁻⁸Abraão respondeu: "Não! Isso nunca! Em hipótese alguma, você levará meu filho de volta para lá. O Eterno, o Deus do céu, tirou-me da casa de meu pai, da terra em que nasci, e me fez esta promessa solene: 'Estou dando esta terra aos seus descendentes'. Esse mesmo Deus enviará o anjo dele à sua frente para que você consiga achar ali uma esposa para meu filho. Se a moça não quiser vir, você ficará desobrigado

do juramento que me fez. Mas, em hipótese alguma, leve meu filho de volta para lá!".

⁹Então, o empregado pôs a mão debaixo da coxa de Abraão, seu senhor, e fez o juramento solene.

¹⁰⁻¹⁴O empregado carregou dez camelos de Abraão com presentes e saiu de viagem para Arã Naaraim, para a cidade de Naor. Do lado de fora da cidade, fez os camelos se ajoelharem perto de um poço. Estava anoitecendo, e era a hora em que as mulheres costumavam buscar água. Ele orou: "Ó Eterno, Deus do meu senhor Abraão, faz que tudo dê certo neste dia. Faz o que for bom para meu senhor Abraão! Ficarei aqui perto da fonte, enquanto as moças da cidade chegam para buscar água. Permite que a moça a quem eu disser: 'Baixe seu jarro e me dê um pouco de água', e que me responder: 'Beba. Também vou dar água para os seus camelos', seja a moça que escolheste para teu servo Isaque. Assim, terei certeza de que estás por trás de tudo isso, agindo com bondade a favor do meu senhor".

¹⁵⁻¹⁷ Mal ele havia acabado de orar, e apareceu Rebeca, filha de Betuel. A mãe dele era Milca, esposa de Naor, irmão de Abraão. Ela se aproximou com um jarro de água sobre o ombro. A moça era extremamente bonita, virgem e pura. Rebeca desceu até a fonte, encheu o jarro e retornou. O empregado correu ao encontro dela e disse: "Por favor, poderia me dar um pouco da água do seu jarro?".

¹⁸⁻²¹Ela respondeu: "Claro, pode beber!". E segurou o jarro para que ele bebesse. Depois que ele tinha matado a sede, ela disse: "Vou dar água também para os camelos, até que eles fiquem satisfeitos". Disse isso e, mais que depressa, esvaziou o jarro no bebedouro e correu de volta ao poço para enchê-lo de novo, repetindo a operação até que todos os camelos tivessem bebido.

O homem a observava em silêncio. Seria aquela a resposta do Eterno? Será que ele havia coroado de êxito sua missão?

²²⁻²³ Assim que os camelos acabaram de beber, o homem deu a ela de presente uma argola de ouro para o nariz, que pesava pouco mais de sete gramas, e dois braceletes que pesavam mais de cem gramas. Depois de entregar as joias à moça, perguntou: "Fale-me de sua família. De quem você é filha? Há lugar na casa de seu pai para que passemos lá à noite?".

²⁴⁻²⁵Ela respondeu: "Sou filha de Betuel, filho de Milca e Naor. E, sim, há muito espaço em nossa casa para vocês ficarem. Também temos bastante palha e alimento para os camelos".

²⁶⁻²⁷ No mesmo instante, o homem curvou-se em adoração ao Eterno e orou: "Bendito seja o Eterno, o

Deus de meu senhor Abraão! Como foste generoso e fiel para com o meu senhor! Não seguraste nenhuma bênção e me levaste exatamente à porta do irmão do meu senhor!".

28 A moça saiu correndo para contar aos familiares de sua mãe o que havia acontecido.

29-31 Rebeca tinha um irmão chamado Labão. Ele veio correndo até a fonte em que o homem havia ficado. Labão tinha visto a argola e os braceletes em sua irmã e ouvido ela dizer: "O homem me falou assim, assim e assim". Então, ele foi procurar o homem, e ele ainda estava perto da fonte com os camelos. Labão cumprimentou-o: "Venha, bendito do Eterno! Por que ainda está aqui? Preparei nossa casa para você e um lugar para os camelos".

32-33 O homem, então, foi recebido naquela casa. Depois de aliviar os camelos de sua carga, deram forragem e alimento para os animais. Também trouxeram água para lavar os pés do homem e dos que o acompanhavam. Depois disso, Labão trouxe comida para eles. Mas o homem disse: "Não vou comer antes de contar minha história".

Labão respondeu: "Então, vá em frente! Conte-nos!".

MATEUS 8.28 — 9.13

Os loucos e os porcos

28-31 Eles desembarcaram na terra dos gadarenos e encontraram dois loucos que vinham do cemitério, os quais eram vítimas de demônios. Os dois aterrorizavam a região, de modo que ninguém mais se atrevia a passar por aquele trecho da estrada. Quando avistaram Jesus, os loucos gritaram: "Qual é o motivo de ficares nos importunando? Tu és o Filho de Deus! Ainda não é a hora de te manifestares!". Perto dali, uma grande manada de porcos estava pastando. Os demônios, então, suplicaram a Jesus: "Já que vais nos expulsar destes homens, permita que vivamos nos porcos".

32-34 Jesus concordou: "Podem ir, e saiam daqui!". Enlouquecidos, os porcos pularam de um penhasco e se afogaram no mar. Aterrorizados, os que cuidavam dos porcos saíram em disparada e contaram na cidade o que havia acontecido aos loucos e aos porcos. O povo ficou revoltado por causa dos porcos que se perderam, e uma multidão foi implorar a Jesus que saísse dali e nunca mais voltasse.

Quem precisa de médico?

9 **1-3** De volta ao barco, o Mestre e seus discípulos atravessaram o mar e regressaram à cidade de Jesus. Mal saíram do barco, alguns homens que carregavam um paralítico numa maca se aproximaram e o puseram diante deles. Impressionado com tanta fé, Jesus disse ao paralítico: "Anime-se, filho. Eu perdoo seus pecados". Mas alguns líderes religiosos cochicharam entre si: "Que blasfêmia!".

4-8 Conhecendo o pensamento deles, Jesus lhes perguntou: "Por que o cochicho? O que acham que é mais fácil: dizer 'Eu perdoo seus pecados' ou 'Levante-se e ande!'? Pois bem, para que fique claro que sou o Filho do Homem e estou autorizado a fazer uma coisa e outra — voltou-se para o paralítico e ordenou: — 'Levante-se! Pegue sua maca e vá para casa!'. E o homem assim o fez. A multidão ficou ao mesmo tempo atemorizada, maravilhada e satisfeita por constatar que Deus havia autorizado Jesus a realizar tal milagre no meio deles.

9 Enquanto caminhava, Jesus avistou um cobrador de impostos. Seu nome era Mateus. Jesus o convidou: "Venha comigo!". Mateus levantou-se e passou a segui-lo.

10-11 Mais tarde, Jesus estava jantando na casa de Mateus com seus seguidores mais próximos, e um grupo de pessoas de má reputação se juntou a eles. Quando os fariseus viram Jesus no meio daquela gente, ficaram indignados e foram tomar satisfação com os discípulos: "Que exemplo está dando seu Mestre, andando com essa gente desonesta e essa ralé?".

12-13 Jesus escutou a crítica e reagiu: "Quem precisa de médico: quem é saudável ou quem é doente? Pensem no significado deste texto das Escrituras: 'Procuro misericórdia, não religião'. Estou aqui para dar atenção aos de fora, não para mimar os da casa, que se acham justos".

SALMOS 8.1-9

Um salmo de Davi

8 **1** Eterno, majestoso Senhor,
teu nome é famoso em toda a terra!
2 Crianças de peito murmuram refrões
a teu respeito;
crianças de colo cantam canções em voz alta,
Abafando a fala dos inimigos
e silenciando a conversa fiada dos ateus.

3-4 Quando contemplo os teus céus,
escuros e imensos,
tua joia celeste feita à mão,
Lua e estrelas incrustadas no devido lugar,
olho para mim e me pergunto:

DIA 012

"Por que te importas conosco?
Por que olhas uma segunda vez
para nós?".

5-8 Ainda assim, por pouco
deixamos de ser deuses,
esplendorosos como a luz
matinal do Éden.
Tu nos encarregaste de cuidar do mundo
feito por tuas mãos,
repetiste para nós a incumbência
do Gênesis:
Fizeste-nos mordomos das ovelhas e do gado,
até mesmo dos animais selvagens;
Dos pássaros nos ares, dos peixes nas águas,
das baleias cantando nas profundezas
do oceano.

9 Ó Eterno, majestoso Senhor,
teu nome ecoa por todo o mundo!

◼ NOTAS

☐ DIA 012 ___ / ___ / ___

GÊNESIS 24.34 — 25.28

34-41 O recém-chegado explicou: "Sou empregado de Abraão. O Eterno tem abençoado meu senhor, que é uma excelente pessoa, e tem dado a ele ovelhas e gado, prata e ouro, empregados e empregadas, camelos e jumentos. E, para coroar tudo isso, Sara, esposa de meu senhor, deu-lhe um filho na velhice. Ele passou todas as coisas para o filho e me fez prometer: 'Não procure uma esposa para meu filho entre as filhas dos cananeus, na terra em que estou morando. Não! Vá até a casa de meu pai, procure minha família e consiga ali uma esposa para meu filho'. Eu disse ao meu senhor: 'E se a moça não quiser me acompanhar?'. Ele respondeu: 'O Eterno, diante de quem tenho andado com fidelidade, enviará seu anjo com você e fará que tudo dê certo. Você vai conseguir uma esposa para meu filho, uma moça de minha família, da casa de meu pai. Só depois, você estará livre do juramento. Mas, se minha família não quiser entregar a moça, você estará livre do juramento'.

42-44 "Então, hoje, quando cheguei à fonte, orei: 'Eterno, Deus do meu senhor Abraão, faz que tudo dê certo nesta missão que me foi confiada. Estou aqui junto a este poço. Quando uma moça vier aqui para tirar água e eu pedir: 'Por favor, dê-me um pouco da água do seu jarro', e ela responder: 'Vou dar água não apenas ao senhor, mas também para os camelos', que seja essa moça a esposa que escolheste para o filho do meu senhor'.

45-48 "Eu havia acabado de fazer essa oração, quando Rebeca chegou com o jarro sobre o ombro. Ela foi até a fonte, retirou água, e eu pedi: 'Por favor, posso beber um pouco?'. Ela não pensou duas vezes. Ofereceu-me o jarro e disse: 'Beba. E, depois que o senhor beber, também vou dar água aos camelos'. Então, bebi, e ela deu água aos camelos. Depois, perguntei: 'De quem você é filha?'. Ela respondeu: 'Sou filha de Betuel, e os pais dele são Naor e Milca'. Então, dei de presente a ela uma argola para o nariz e braceletes. Ela se curvou em atitude de adoração ao Eterno, e eu também louvei ao Deus do meu senhor Abraão, que me conduziu exatamente à casa da família do meu senhor para conseguir uma esposa para o filho dele.

⁴⁹ "Agora, digam-me se vão ser generosos e atender ao meu pedido. Caso contrário, sejam francos, para que eu possa decidir o que fazer em seguida".

⁵⁰⁻⁵¹ Labão e Betuel responderam: "Não há dúvidas de que tudo isso vem do Eterno. Não nos compete dizer nada sobre isso, nem sim, nem não. Rebeca está à sua disposição. Pode levá-la, e que ela seja esposa do filho do seu senhor, como o Eterno deixou claro".

⁵²⁻⁵⁴ Quando o empregado de Abraão ouviu a decisão deles, curvou-se em atitude de adoração ao Eterno. Em seguida, trouxe presentes de ouro e de prata e também roupas e deu tudo a Rebeca. Também deu presentes caros ao irmão e à mãe de Rebeca. Então, ele e os homens que estavam com ele jantaram e passaram a noite ali. De manhã, bem cedo, já estavam em pé. E ele disse: "Preciso voltar para o meu senhor".

⁵⁵ Mas o irmão e a mãe dela pediram: "Deixe a moça ficar mais um pouco, digamos, mais uns dez dias. Depois disso, vocês poderão ir".

⁵⁶ Mas o homem estava decidido: "Não, por favor, não me façam esperar mais. O Eterno fez que tudo desse tão certo! Preciso voltar para o meu senhor".

⁵⁷ Eles responderam: "Bem, é melhor chamar a moça e perguntar a ela".

Então, chamaram Rebeca e perguntaram: "Você quer acompanhar esse homem?".

⁵⁸ Ela respondeu: "Sim, já estou pronta para ir".

⁵⁹⁻⁶⁰ Então, eles concordaram em que Rebeca, irmã deles, e sua acompanhante fossem com o empregado de Abraão e sua comitiva. Eles abençoaram Rebeca, dizendo:

"Nossa irmã, que você viva com fartura! E que seus filhos sejam vitoriosos!".

⁶¹ Rebeca e suas empregadas montaram nos camelos e acompanharam o homem. E o empregado seguiu para casa com Rebeca.

⁶²⁻⁶⁵ Isaque morava no Neguebe. Ele tinha acabado de voltar de uma visita a Beer-Laai-Roi. De tardezinha, saiu para o campo. Enquanto meditava, olhou e viu os camelos que se aproximavam. Quando Rebeca avistou Isaque, desceu do camelo e perguntou ao empregado: "Quem é aquele homem que está vindo em nossa direção?".

"Aquele é meu senhor", foi a resposta.

Então, ela pegou o véu e se cobriu.

⁶⁶⁻⁶⁷ Depois que o empregado deu a Isaque o relatório completo da viagem, Isaque levou Rebeca para a tenda de sua mãe, Sara. Ele se casou com Rebeca, e ela se tornou sua esposa. Ele a amava muito. Foi assim que Isaque se consolou depois da morte de sua mãe.

25 ¹⁻² Abraão casou-se outra vez. A segunda esposa chamava-se Quetura. Dela, nasceram Zinrã, Jocsã, Medã, Midiã, Isbaque e Suá.

Jocsã foi pai de Sabá e Dedã.

³ Os descendentes de Dedã foram os assuritas, os letusitas e os leumitas.

⁴ Midiã foi pai de Efá, Éfer, Enoque, Abida e Elda. Todos esses foram descendentes de Quetura.

⁵⁻⁶ Mas Abraão deu a Isaque tudo que possuía. Em vida, ele presenteou os filhos que teve com suas concubinas, mas acabou por enviá-los para a terra do Oriente, para que ficassem longe de seu filho Isaque.

⁷⁻¹¹ Abraão viveu 175 anos. Então, deu o último suspiro. Morreu feliz, depois de viver muito. Ele foi sepultado com a família. Seus filhos Isaque e Ismael o sepultaram na caverna de Macpela, no campo de Efrom, filho de Zoar, o hitita, perto de Manre, o mesmo campo que Abraão havia comprado dos hititas. Ele foi enterrado ao lado de sua esposa Sara. Depois da morte de Abraão, Deus abençoou seu filho Isaque. Ele morava em Beer-Laai-Roi.

Os descendentes de Ismael

¹² Estes são os descendentes de Ismael, filho de Abraão e da egípcia Hagar, escrava de Sara, gerado a Abraão.

¹³⁻¹⁶ São estes os nomes dos filhos de Ismael, por ordem de nascimento: Nebaiote, filho mais velho de Ismael; Quedar, Adbeel, Mibsão, Misma, Dumá, Massá, Hadade, Temá, Jetur, Nafis e Quedemá. Todos esses são filhos de Ismael. Os assentamentos e locais em que acamparam receberam deles os nomes. Eram doze príncipes com suas doze tribos.

¹⁷⁻¹⁸ Ismael viveu 137 anos. Então, deu o último suspiro. Ele foi sepultado com a família. Seus filhos se estabeleceram desde Havilá, perto do Egito, avançando na direção leste até Sur, na direção da Assíria. Os ismaelitas não se davam bem com nenhum dos seus parentes.

Jacó e Esaú

¹⁹⁻²⁰ Esta é a descendência de Isaque, filho de Abraão: Abraão foi pai de Isaque. Isaque tinha 40 anos de idade quando se casou com Rebeca, filha

DIA 012

de Betuel, o arameu, de Padã-Arã. Ela era irmã do arameu Labão.

[21-23] Isaque orava com insistência ao Eterno, pois sua esposa era estéril, e o Eterno ouviu sua oração; Rebeca engravidou. Mas os bebês ficavam rolando e chutando um ao outro dentro dela, tanto que ela chegou a dizer: "Se é para ser assim, de que adianta continuar vivendo?". Ela consultou o Eterno para descobrir o que estava acontecendo, e o Eterno respondeu:

"Duas nações estão em sua barriga,
dois povos que se enfrentam já
dentro de você.
Um povo dominará o outro,
e o mais velho servirá ao mais novo".

[24-26] Chegando a hora de dar à luz, é claro, havia gêmeos dentro dela. O primeiro a sair foi um menino ruivo e recoberto de pelos. Ele recebeu o nome de Esaú (Peludo). Depois, veio o irmão, com a mão agarrada ao calcanhar de Esaú. Ele recebeu o nome de Jacó (Calcanhar). Quando eles nasceram, Isaque estava com 60 anos de idade.

[27-28] Os meninos cresceram. Esaú tornou-se um excelente caçador e gostava da vida ao ar livre. Jacó era mais pacato e preferia ficar dentro das tendas. Isaque amava Esaú, porque gostava de suas caças, mas Rebeca amava Jacó.

MATEUS 9.14-38

A vinda do Reino

[14] Pouco depois, os seguidores de João aproximaram-se e perguntaram: "Por que nós e os fariseus adotamos a disciplina do jejum, mas os teus seguidores não?".

[15] Jesus respondeu: "Numa festa de casamento, vocês não economizam no bolo nem no vinho, porque estão festejando. Depois, poderão até precisar economizar, mas não durante a festa. Enquanto o noivo e a noiva estão com vocês, é tudo alegria. Depois que os noivos forem embora, o jejum pode começar. Ninguém joga água fria na fogueira enquanto tem gente em volta. Essa é a vinda do Reino!".

[16-17] E continuou: "Ninguém corta um cachecol de seda para remendar uma roupa velha. Usa-se um remendo que combine. Ninguém guarda vinho em garrafas rachadas".

Apenas um toque

[18-19] Assim que acabou de falar, um oficial local apareceu, curvou-se educadamente e disse: "Minha filha acabou de morrer, mas, se o senhor impuser as mãos sobre ela, tenho certeza de que ela viverá". Jesus foi com ele, e os discípulos o seguiram.

[20-22] No caminho, uma mulher que estava sofrendo de hemorragia havia doze anos esgueirou-se por trás dele e tocou-lhe levemente a roupa. Ela pensava: "Basta eu tocar em sua roupa para ficar boa". Entretanto, Jesus virou-se e a surpreendeu, mas logo a tranquilizou: "Coragem, filha. Você se arriscou por causa de sua fé, e agora ficará bem". No mesmo instante, a mulher ficou curada.

[23-26] O grupo chegou à casa do oficial e abriu caminho entre os fofoqueiros, sempre ávidos por uma novidade, e pelos vizinhos, que haviam trazido comida. Jesus foi ríspido com eles: "Afastem-se! A menina não está morta". Assim que se livrou da multidão, ele entrou, pegou a mão da menina e a levantou – viva! A notícia logo se espalhou e correu por toda a região.

Depende da fé

[27-28] No caminho de volta, Jesus foi seguido por dois cegos, que gritavam: "Misericórdia, Filho de Davi! Tem misericórdia de nós". Ele entrou em casa, e os cegos entraram com ele. Jesus perguntou: "Vocês realmente acreditam que sou capaz de curá-los?". Eles responderam: "Sim, Mestre!".

[29-31] Ele tocou os olhos deles e disse: "Seja como vocês creem". E aconteceu. Eles passaram a enxergar. Mas Jesus advertiu-os com severidade: "Não deixem ninguém saber como isso aconteceu". No entanto, eles saíram contando o fato a todos os que encontravam.

[32-33] Os dois ainda estavam saindo, quando um homem acometido de mudez por causa de um espírito maligno foi trazido a Jesus, que expulsou o espírito atormentador. O homem desandou a falar como nunca. As pessoas aplaudiram: "Nunca houve algo assim em Israel".

[34] Os fariseus saíram resmungando: "Isso não passa de um truque. Ele provavelmente fez pacto com o Diabo".

[35-38] Depois disso, Jesus passou por todas as cidades e vilas da região. Ele ensinava nas sinagogas, onde o povo costumava se reunir, apresentando as notícias do Reino, curando os corpos doentes e restaurando vidas marcadas pelo sofrimento. Ver as multidões diante de si lhe fazia doer o coração. O povo estava confuso e sem rumo, eram como ovelhas sem pastor. "Que grande colheita temos aqui!", disse aos discípulos, "mas tão poucos trabalhadores! Ajoelhem-se e orem, pedindo mais trabalhadores".

SALMOS 9.1-6

Um salmo de Davi

9 **1-2** Sou grato a ti, ó Eterno, de coração!
Registro em livro as tuas maravilhas.
De tão alegre, assovio, dou risada
e pulo bem alto
para cantar teus louvores,
ó Altíssimo!

3-4 No dia em que meus inimigos
viraram as costas e fugiram,
eles tropeçaram em ti
e caíram com a cara no chão.
Assumiste o comando
e puseste as coisas em ordem;
quando precisei de ti, lá estavas,
cuidando de tudo.

5-6 Tu denuncias as nações ímpias
e expulsas do jogo os jogadores desleais:
o nome deles é riscado da súmula.
Os inimigos desaparecem pelas beiradas,
a reputação deles é abalada,
seu nome é apagado da galeria da fama.

◼ NOTAS

☐ DIA **013** ___ / ___ / ___

GÊNESIS 25.29 — 27.17

29-30 Certo dia, Jacó estava preparando um en-sopado de cor avermelhada, e Esaú chegou do campo. Estava faminto e pediu a Jacó: "Dê-me um pouco desse ensopado, porque estou morrendo de fome!". Foi assim que ele passou a ser chamado Edom (Vermelho).

31 Jacó respondeu: "Vamos fazer uma troca: meu ensopado pelos seus direitos de filho mais velho".

32 Esaú retrucou: "Estou morrendo de fome! De que me valem os direitos de primogenitura se estou quase morto?".

33-34 Jacó exigiu: "Primeiro, vai ter de jurar". Esaú concordou. Por meio de um juramento, abriu mão de seus direitos de filho mais velho a favor de Jacó, que finalmente deu ao irmão faminto um pouco de pão e ensopado de lentilha. Esaú comeu, bebeu e saiu dali. Foi assim que ele desprezou seus direitos de filho mais velho.

26 **1** Houve uma fome na terra, tão severa quan-to a que houve no tempo de Abraão; por isso, Isaque mudou-se para Gerar, terra de Abimeleque, rei dos filisteus.

2-5 O Eterno apareceu a ele e disse: "Não desça para o Egito, mas fique aqui. Permaneça aqui nesta terra, e vou estar com você e o abençoarei. Dou a você e a seus filhos toda esta terra, para cumprir a promessa que fiz a seu pai, Abraão. Farei que seus descenden-tes sejam tão numerosos quanto as estrelas no céu e darei a eles toda esta terra. Todas as nações do mundo serão abençoadas por meio de seus descendentes. Tudo isso porque Abraão obedeceu ao meu chama-do e obedeceu à minha ordem, meus mandamentos, minhas orientações e meus ensinamentos".

DIA 013

⁶Então, Isaque ficou em Gerar.

⁷Os homens do lugar vieram perguntar sobre sua esposa. Isaque respondeu: "Ela é minha irmã". Ele ficou com medo de dizer: "Ela é minha esposa", pois pensava: "Estes homens são capazes de me matar para ficar com Rebeca, por causa da beleza dela".

⁸⁻⁹Certo dia, quando já fazia um bom tempo que Isaque estava residindo ali, Abimeleque, rei dos filisteus, olhou pela janela e viu que Isaque acariciava Rebeca. O rei mandou chamar Isaque para esclarecer a situação: "Então, ela é sua mulher! Por que você nos disse: 'Ela é minha irmã'?".

Isaque respondeu: "Porque achei que alguém pudesse querer me matar para ficar com ela".

¹⁰Abimeleque retrucou: "Pense um pouco no que você nos fez! Se passasse mais algum tempo, algum dos homens poderia ter se deitado com sua esposa, e você seria responsável por trazer culpa sobre nós".

¹¹Então, o rei transmitiu esta ordem ao povo: "Quem encostar a mão nesse homem ou em sua mulher morrerá".

¹²⁻¹⁵Isaque resolveu plantar naquela terra, e a colheita foi excelente. O Eterno o abençoou. Os bens foram se acumulando, e ele ficou muito rico. Possuía muito gado e ovelhas, e tinha muitos empregados. Por isso, os filisteus começaram a ficar com inveja dele e entulharam todos os poços que os empregados de seu pai haviam cavado nos dias de Abraão. Assim, todos os poços foram inutilizados.

¹⁶Por fim, Abimeleque disse a Isaque: "Você precisa sair daqui, porque se tornou grande demais para nós".

¹⁷⁻¹⁸Isaque partiu dali e acampou no vale de Gerar, estabelecendo-se ali. Isaque cavou de novo todos os poços que haviam sido abertos nos dias de seu pai Abraão e obstruídos pelos filisteus depois da morte de Abraão. A esses mesmos poços, abertos por seu pai, ele deu outros nomes.

¹⁹⁻²⁴Certo dia, os empregados de Isaque cavavam no vale e acharam uma fonte de água. Os pastores de Gerar discutiram com os pastores de Isaque e reivindicaram: "Esta água é nossa". Por isso, Isaque deu ao poço o nome de Eseque (Discussão), porque houve discussão por causa dele. Então, cavaram outro poço, e, de novo, houve divergência sobre a posse da água. Por esse motivo, o poço recebeu o nome de Sitna (Acusação). Isaque saiu dali e cavou outro poço em outro lugar. Dessa vez, não houve disputa por causa da água, e o poço foi chamado Reobote (Espaço Amplo). Isaque disse: "Agora sim, o Eterno nos deu espaço de sobra para nos espalharmos sobre a terra".

Dali, ele subiu para Berseba. Naquela noite, o Eterno apareceu a ele e disse:

"Eu sou o Deus de seu pai Abraão;
não tenha medo de nada,
pois estou com você.
Eu abençoarei você e farei seus
filhos prosperarem
por causa de Abraão, meu servo".

²⁵Isaque construiu ali um altar e orou, invocando o nome do Eterno. No mesmo lugar, armou sua tenda, e seus empregados começaram a cavar outro poço.

²⁶⁻²⁷Um dia, Abimeleque saiu de Gerar e veio procurá-lo. Estava acompanhado de Auzate, seu conselheiro, e Ficol, comandante das suas tropas. Isaque perguntou: "Por que vocês estão vindo atrás de mim, se me odeiam? Vocês me expulsaram da sua terra!".

²⁸⁻²⁹Eles responderam: "É que percebemos que o Eterno está do seu lado. Gostaríamos de fazer um acordo com você, uma aliança que sele o nosso relacionamento de amizade. Não incomodamos você no passado. Nós o tratamos bem e deixamos que você vivesse em paz. Assim, que a bênção do Eterno esteja com você!".

³⁰⁻³¹Isaque deu uma festa, e eles comeram e beberam juntos. No outro dia de manhã, fizeram os juramentos. Logo depois, se despediram de Isaque. Agora eram oficialmente amigos.

³²⁻³³Mais tarde, no mesmo dia, os empregados de Isaque vieram trazer uma notícia sobre o poço que estavam cavando: "Encontramos água!". Isaque deu o nome de Seba (Juramento) ao poço, e, até hoje, esse é o nome da cidade, Berseba (Poço do Juramento).

³⁴⁻³⁵Esaú estava com 40 anos de idade quando se casou com Judite, filha de Beeri, um hitita, e com Basemate, filha de Elom, outro hitita. As duas foram um tormento na vida de Isaque e Rebeca.

27 ¹Isaque já estava muito velho e quase cego; por isso, um dia ele chamou Esaú e disse ao seu filho mais velho: "Meu filho!".

"Sim, pai!"

²⁻⁴Isaque disse: "Já estou velho e posso morrer qualquer dia desses. Faça-me um favor: pegue a sua aljava com as flechas e o seu arco, saia para o campo e traga alguma caça para mim. Em seguida, prepare uma boa refeição, do jeito que você sabe que eu gosto, para que eu coma. Assim, antes de morrer, poderei dar a bênção que tenho para você".

5-7 Rebeca escutou toda a conversa entre Isaque e Esaú. Logo que Esaú saiu para caçar, Rebeca disse a Jacó: "Acabei de escutar seu pai falando com seu irmão Esaú. Ele disse: 'Traga alguma caça para mim e me prepare uma boa refeição, para que eu coma e possa abençoá-lo com a bênção de Deus antes de morrer'.

8-10 "Meu filho, agora escute bem o que vou dizer e faça exatamente o que eu mandar. Vá até o rebanho e traga-me dois cabritos. Escolha aos melhores. Vou preparar uma boa refeição com eles, do jeito que seu pai gosta, e você vai levar a comida para ele. Assim, ele vai abençoar você depois de comer e antes de morrer".

11-12 Jacó argumentou: "Mas, mãe, meu irmão Esaú é cheio de pelos, e eu tenho a pele lisa. E se meu pai encostar em mim? Ele vai pensar que estou tentando enganá-lo. Vou acabar atraindo maldição sobre mim, não bênção".

13 Sua mãe respondeu: "Se isso acontecer, que a maldição recaia sobre mim. Agora, faça o que eu disse. Vá buscar os cabritos!".

14 Ele foi, escolheu aos cabritos e trouxe-os para sua mãe. Ela preparou uma boa refeição, do jeito que Isaque tanto gostava.

15-17 Rebeca pegou as melhores roupas de Esaú, seu filho mais velho, e vestiu Jacó, o mais novo, com elas. Com o couro dos cabritos, cobriu as mãos e a nuca de Jacó e, depois, entregou a seu filho Jacó a deliciosa refeição que havia preparado e um pão que havia acabado de assar.

MATEUS 10.1-20

Os doze trabalhadores

10 **1-4** Assim que acabou de orar, a oração foi respondida. Jesus chamou doze de seus seguidores e enviou-os a colher nos campos. Deu a eles a capacidade de expulsar espíritos malignos e dar carinhosa atenção aos sofredores. Esta é a lista dos doze que ele enviou:

Simão (também chamado Pedro, ou "a Rocha");
André, irmão dele;
Tiago, filho de Zebedeu;
João, irmão dele;
Filipe;
Bartolomeu;
Tomé;
Mateus, o cobrador de impostos;
Tiago, filho de Alfeu;
Tadeu;
Simão, o zelote;
Judas Iscariotes (que o traiu).

5-8 Jesus enviou os doze trabalhadores com esta responsabilidade:

"Para converter quem não crê, não comecem viajando para longe. Não tentem ser dramáticos, travando batalhas contra algum inimigo público. Procurem os perdidos, os que se sentem confusos aqui mesmo na vizinhança. Digam-lhes que o Reino já está aqui. Levem saúde para os doentes. Ressuscitem os mortos. Toquem os que são considerados imundos. Expulsem demônios. Vocês são tratados com generosidade, por isso vivam generosamente.

9-10 "Não pensem que será preciso iniciar uma campanha para levantar fundos antes de começar. Não será necessário muito equipamento. *Vocês* são o equipamento. Tenham em mente que tudo de que precisam são três refeições por dia. Não carreguem muito peso na viagem.

11 "Quando entrarem numa cidade ou numa vila, não procurem nenhuma hospedagem de luxo. Consigam um lugar simples, onde haja pessoas simples: não queiram mais do que isso.

12-15 "Quando baterem à porta de uma casa, sejam educados. Se forem bem recebidos, sejam gentis na conversa. Se não forem, retirem-se sem estardalhaço, sem fazer cena. É hora de dar ombros e continuar o caminho. Estejam certos de que no dia do juízo eles irão lamentar o que fizeram, mas isso não será mais problema de vocês.

16 "Mantenham-se alerta. Eu os estou incumbindo de um trabalho perigoso. Vocês serão como ovelhas correndo no meio de um bando de lobos, portanto não chamem atenção para vocês. Sejam espertos como a serpente, mas inofensivos como as pombas.

17-20 "Não sejam ingênuos. Alguns irão contestar as motivações de vocês; outros tentarão manchar sua reputação — só porque vocês creem em mim. Não fiquem deprimidos se forem levados perante as autoridades civis. Sem saber, eles fazem a vocês — e a mim — um grande favor, dando-lhes um palanque para pregar as novas do Reino! E não se preocupem com o discurso. As palavras certas serão ditas. O Espírito do Pai de vocês irá providenciá-las.

SALMOS 9.7-14

7-8 O Eterno controla o meio de campo,
    ele vê e põe ordem na bagunça do mundo.
Ele decide o que é certo para nós,
        homens deste mundo,
    e dá aos humanos o que eles merecem.

DIA 014

40

⁹⁻¹⁰ O Eterno é um abrigo para os abatidos,
um santuário nos tempos difíceis.
No momento em que você chega,
encontra descanso.
Você nunca se arrepende de ter batido
nessa porta.

¹¹⁻¹² Cantem ao Eterno as canções de Sião,
sua morada,
contem suas histórias a todos
que encontrarem:
Como ele vai ao encalço dos assassinos
e ainda mantém os olhos atentos a nós,
registrando cada gemido nosso.

¹³⁻¹⁴ Tem paciência comigo, ó Eterno!
Tenho sido jogado pra cá
e pra lá por muito tempo.
Certa vez, trouxeste-me de volta
das portas da morte.
Escreverei meu livro de louvores.
Na praça principal da cidade,
convocarei uma manifestação.
Serei o mestre da cantoria, e encheremos o ar
com canções de salvação.

◢ NOTAS

☐ DIA 014 ___/___/___

GÊNESIS 27.18 — 29.6

¹⁸ Assim, ele foi até onde seu pai estava e apresentou-se: "Meu pai!".

"Sim? Qual dos meus filhos está aí?", perguntou Isaque.

¹⁹ Jacó respondeu: "É Esaú, seu filho mais velho. Fiz o que o senhor me disse. Agora, sente-se e coma da minha caça, para que possa dar a bênção que o senhor tem para mim".

²⁰ Isaque estranhou: "Mas, já? Como você conseguiu a caça tão depressa?".

"Seu Deus, o Eterno, preparou o caminho para mim."

²¹ Isaque pediu: "Chegue mais perto, filho, para que eu possa tocá-lo. Você é mesmo meu filho Esaú?".

²²⁻²³ Jacó aproximou-se do pai. Isaque o tocou e disse: "A voz é de Jacó, mas as mãos são de Esaú". E não o reconheceu, porque as mãos de Jacó estavam peludas como as de seu irmão Esaú.

²³⁻²⁴ O momento de dar a bênção estava chegando, e Isaque insistiu na pergunta: "Você tem certeza? É mesmo meu filho Esaú?".

"Sim, sou eu mesmo."

²⁵ Diante da resposta, Isaque disse: "Traga-me a comida, para que eu coma da caça que meu filho apanhou e, então, dê a bênção que tenho preparada". Jacó trouxe a comida, e Isaque comeu. Trouxe vinho também, e ele bebeu.

²⁶ Quando terminou, Isaque disse: "Filho, chegue mais perto e me dê um beijo".

²⁷⁻²⁹ Jacó se aproximou e beijou o pai. Isaque sentiu o cheiro das roupas que ele estava usando e, por fim, o abençoou:

"Ah! O cheiro de meu filho
é como o cheiro do campo
abençoado pelo Eterno.
Que Deus dê a você
do orvalho do céu
e fartura de grãos e de vinho da terra.

Que os povos sirvam a você
e as nações o respeitem.
Você dominará sobre seus irmãos,
e os filhos de sua mãe haverão de honrá-lo.
Os que amaldiçoarem você serão
amaldiçoados,
e os que abençoarem você serão
abençoados".

³⁰⁻³¹Instantes depois de Isaque ter abençoado Jacó, assim que este se retirou, Esaú chegou da caçada. Ele também preparou uma refeição deliciosa. Pôs a comida diante de seu pai e disse: "Pai, levante-se e coma da caça de seu filho, para que o senhor possa dar a bênção que tem para mim".

³²Isaque perguntou: "Quem está aí?".

"Sou Esaú, seu filho mais velho."

³³Isaque começou a tremer, mal podendo se controlar, e perguntou: "Então, quem foi que trouxe aquela caça para mim? Porque terminei de comê-la logo antes de você entrar. Além disso, eu abençoei o outro – e ele está abençoado!".

³⁴Ao ouvir as palavras do pai, Esaú desabou a chorar compulsiva e amarguradamente, e suplicou a Isaque: "Meu pai! O senhor não pode abençoar-me também?".

³⁵O pai respondeu: "Seu irmão veio aqui disfarçado e tomou a bênção que era sua".

³⁶Esaú disse: "Não é à toa que o nome dele é Jacó, o Trapaceiro. É a segunda vez que ele me engana. Primeiro, tomou meu direito de filho mais velho e agora tomou minha bênção".

Então, implorou: "O senhor não guardou nenhuma bênção para mim?".

³⁷Isaque respondeu a Esaú: "Fiz de Jacó senhor sobre você. Todos os irmãos dele lhe servirão. Prometi a ele fartura de grãos e de vinho. O melhor foi para ele. O que poderia ter restado para você, meu filho?".

³⁸"Mas você não tem pelo menos uma bênção para mim, pai? Abençoe-me, pai, por favor! Abençoe-me!", soluçava Esaú, inconsolável.

³⁹⁻⁴⁰Então, Isaque pronunciou esta bênção:

"Você viverá longe da fartura da terra,
afastado do orvalho do céu.
Viverá pela espada, que sempre
estará em sua mão,
e servirá a seu irmão.
Mas, quando não puder mais suportar,
você se libertará e correrá livre".

⁴¹Esaú passou a nutrir um ódio profundo contra seu irmão, por causa da bênção que havia subtraído de seu pai, e dizia consigo mesmo: "Meu pai não deve demorar muito a morrer. Depois disso, vou matar Jacó".

⁴²⁻⁴⁵Quando Rebeca ficou sabendo do plano do filho mais velho, chamou o filho mais novo e disse: "Seu irmão Esaú está preparando uma vingança contra você. Ele vai matá-lo! Meu filho, escute o que vou dizer. Fuja enquanto pode. Por amor à sua vida, corra para Harã, para a casa de Labão, meu irmão! Fique vivendo com eles por algum tempo, até que seu irmão se acalme, até que a raiva dele diminua e ele esqueça o que você fez. Quando isso acontecer, mando chamar você de volta. Por que eu haveria de perder os dois filhos no mesmo dia?".

⁴⁶Depois, Rebeca disse a Isaque: "Estou cansada dessas mulheres hititas. Se Jacó também se casar com uma hitita, vou perder a vontade de viver".

28 ¹⁻²Isaque mandou chamar Jacó e o abençoou. Ele ordenou ao filho: "Não se case com mulher alguma do povo cananeu. Não fique por aqui. Vá para Padã-Arã, para a família de Betuel, pai de sua mãe. Case-se com uma das filhas de seu tio Labão.

³⁻⁴"Que o Deus Forte abençoe você com muitos filhos, um verdadeiro ajuntamento de povos, e que ele dê a você e aos seus descendentes a bênção de Abraão, para que tomem posse desta terra por herança, a terra que Deus deu a Abraão".

⁵Essa foi a despedida de Isaque e Jacó, que partiu para Padã-Arã ao encontro de Labão, filho de Betuel, o arameu, irmão de Rebeca, mãe de Jacó e Esaú.

⁶⁻⁹Esaú ficou sabendo que Isaque havia abençoado Jacó e que o tinha mandado para Padã-Arã, a fim de casar-se ali. Também soube da ordem acrescentada à bênção: "Não se case com mulher alguma do povo cananeu", e que Jacó havia obedecido e seguido para Padã-Arã. Ao perceber quanto o pai detestava as mulheres do povo cananeu, viajou para o território de Ismael e, ali, casou-se com Maalate, irmã de Nebaiote e filha de Ismael, filho de Abraão. Ela veio juntar-se às esposas que ele já possuía.

¹⁰⁻¹²Jacó saiu de Berseba a caminho de Harã. Ao escurecer, procurou um lugar para passar a noite. Na hora de deitar, ajeitou uma pedra debaixo da cabeça, no lugar de um travesseiro. Ele dormiu e teve um sonho: uma escada apoiada na terra chegava até o céu, e os anjos de Deus subiam e desciam por ela.

DIA 014

13-15 De repente, o Eterno apresentou-se a ele e disse: "Eu sou o Eterno, o Deus de seu pai Abraão e o Deus de Isaque. Dou a você e a seus descendentes esta terra em que você está dormindo. Seus descendentes serão numerosos como o pó da terra. Eles se espalharão de norte a sul e de leste a oeste. Por meio de você e de seus descendentes, todas as famílias da terra serão abençoadas. Vou estar sempre com você e o protegerei aonde quer que vá. Também vou trazer você de volta a esta terra. E, até que eu tenha cumprido tudo que prometi, não vou deixar você".

16-17 Jacó acordou e exclamou: "Sem dúvida, o Eterno está neste lugar, e eu não sabia!". Ele estava apavorado e balbuciava, incapaz de conter o espanto: "Que coisa inacreditável, maravilhosa e santa! Esta é a Casa de Deus! É a porta do céu".

18-19 Jacó levantou-se de manhã bem cedo e pôs a pedra que havia usado como travesseiro na posição vertical, como uma coluna para memorial. Depois disso, derramou óleo sobre ela e deu ao lugar o nome de Betel (Casa de Deus). Até aquele dia, a cidade se chamava Luz.

20-22 Jacó ainda fez um voto: "Se Deus me acompanhar e me proteger nesta viagem, se ele me der roupa e alimento e me levar em segurança de volta à casa de meu pai, o Eterno será o meu Deus. Esta pedra que levanto como coluna para memorial marcará este lugar como o local da habitação de Deus. Além disso, de tudo que ele me der, devolverei a décima parte".

29 **1-3** Jacó seguiu viagem em direção ao povo do Oriente e chegou a um poço situado numa área aberta. Três rebanhos de ovelhas se aglomeravam à volta dele. Era daquele poço que os rebanhos bebiam, e ele estava coberto por uma pedra muito grande. Depois que todos os rebanhos chegavam, os pastores rolavam a pedra e davam água para as ovelhas. Em seguida, rolavam a pedra de volta para cobrir o poço.

4 Jacó perguntou aos pastores: "Amigos, de onde vocês são?".

Eles responderam: "Somos de Harã".

5 "Vocês conhecem Labão, filho de Naor?", indagou Jacó.

"Sim, conhecemos."

6 Jacó continuou perguntando: "Ele está bem?".

Eles responderam: "Sim, muito bem. E ali está chegando Raquel, filha dele, trazendo o rebanho".

MATEUS 10.21-42

21-23 "Quando o povo perceber que é o Deus vivo que vocês apresentam, não algum ídolo que os faça sentir-se bem, eles irão se voltar contra vocês, até mesmo membros da família. Aqui está uma grande ironia: proclamar tanto amor e experimentar tanto ódio. Mas não desistam. Não se deixem abater. No final, valerá a pena. Vocês não estão perseguindo o sucesso, mas apenas tentando sobreviver. Sejam sobreviventes! Antes que se esgotem as opções, o Filho do Homem estará de volta.

24-25 "O aluno não ocupa uma posição mais elevada que a do professor. O empregado não ganha mais que o patrão. Portanto, deem-se por satisfeitos quando vocês, meus alunos, meus trabalhadores na colheita, receberem o mesmo tratamento que eu recebi. Se a mim, que sou o Mestre, eles chamam 'demônio das moscas', o que os criados podem esperar?

26-27 "Não fiquem com medo. No tempo oportuno, tudo será manifesto, e todos irão saber como as coisas realmente são. Assim, não vacilem em torná-las públicas agora.

28 "Não se calem diante dos blefes e das ameaças de valentões, porque não há nada que eles possam fazer contra a alma de vocês. Mantenham-se tementes a Deus: ele é quem sustenta em suas mãos a vida — corpo e alma — de todos".

A renúncia de si mesmo

29-31 "Qual o preço de um pardal? Alguns trocados, não é mesmo? Pois Deus cuida deles mais que vocês cuidam. E a vocês ele dispensa tanta atenção que chega a contar os fios de cabelo da cabeça de cada um! Portanto, não fiquem intimidados com esta conversa assustadora. Vocês valem mais que um milhão de pardais.

32-33 "Defendam-me contra a opinião do mundo, e eu os defenderei na presença do meu Pai no céu. Mas não pensem que vou protegê-los se vocês se acovardarem e fugirem!

34-37 "Não pensem que vim tornar a vida de vocês agradável. Vim para promover cisões — rupturas entre pai e filho, filha e mãe, nora e sogra. Vim para romper agradáveis arranjos domésticos e libertar vocês para servir a Deus. Familiares bem-intencionados podem ser seus piores inimigos. Se me rejeitarem por preferirem o pai ou a mãe, vocês não me merecem. Se forem mais dedicados ao filho ou à filha que a mim, vocês não me merecem.

38-39 "Se não forem até o fim comigo, ainda que o caminho seja acidentado, vocês não me merecem. Se a prioridade de vocês é cuidar de vocês mesmos, jamais irão se encontrar. Mas, se vocês se esquecerem de vocês mesmos e me buscarem, irão encontrar-se e a mim também. **40-42** "Estamos intimamente comprometidos nessa colheita. Quem consentir no que vocês fazem estará aceitando a mim, ou seja, aquele que enviou vocês. Qualquer um que aceita o que eu faço aceita meu Pai, que me enviou. Acolher um mensageiro de Deus é tão bom quanto ser mensageiro de Deus. Aceitar ajuda de alguém é tão bom quanto ajudar alguém. Convoquei vocês para um trabalho difícil, mas não desanimem! É melhor um começo humilde. Por exemplo, dar um copo de água a um sedento. O menor ato de dar ou receber faz de vocês aprendizes. Vocês nunca sairão perdendo".

SALMOS 9.15-20

15-16 As nações ímpias caíram nas armadilhas
que elas mesmas prepararam.
Seus pés estão enroscados
nas redes que elas mesmas estenderam.
Elas não têm desculpa:
o modo de agir de Deus é bem conhecido.
As engenhocas montadas pelos perversos
acabaram machucando suas próprias mãos.

17-20 Os perversos compraram passagem de ida
para o além.
O pobre já não ficará anônimo –
já não haverá humilhação para o humilde.
Levanta-te, ó Eterno! Ainda não te cansaste
desse *show* de irrelevância deles?
Vem logo e desmascara suas ambições
descabidas!
Ó Eterno, sacode-os como pó!
Mostra a eles como são tolos.

◾ NOTAS

‖‖

☐ DIA 015 ___ / ___ / ___

GÊNESIS 29.7 — 30.28

7 Jacó disse: "Ainda vai demorar para escurecer. Acho que ainda não está na hora de recolher as ovelhas, está? Deem água para os rebanhos e levem as ovelhas de volta ao pasto".

8 Eles disseram: "Não podemos fazer isso. Temos de esperar até que todos os pastores cheguem aqui. É preciso muita gente para rolar a pedra do poço. Só depois é que os rebanhos podem beber".

9-13 Enquanto Jacó conversava com eles, Raquel chegou com o rebanho do pai. Ela era pastora. Assim que viu Raquel, filha de Labão, irmão de sua mãe, chegando com as ovelhas do seu tio Labão, Jacó rolou sozinho a pedra da boca do poço e deu água às ovelhas. Em seguida, beijou Raquel e se derramou em lágrimas. Contou à moça que era parente do pai dela, filho de Rebeca. Ela correu e contou tudo ao pai. Quando soube da novidade – Jacó, filho de sua irmã, estava na cidade! –, Labão correu ao encontro dele, abraçou-o, beijou-o e o levou para casa. Já acomodado, Jacó fez a Labão um relato completo da viagem.

14-15 Labão reconheceu: "Você é meu parente, sangue do meu sangue!".

DIA 015

Depois de um mês que Jacó estava com ele, Labão propôs: "Você é meu sobrinho; por isso, não deve ficar trabalhando de graça. Diga-me quanto quer receber. Quanto seria justo?".

¹⁶⁻¹⁸ Labão tinha duas filhas. Lia era a mais velha, e Raquel, a caçula. Lia tinha belos olhos, mas Raquel era de uma beleza impressionante. E Jacó amava Raquel.

Jacó respondeu: "Trabalharei para você durante sete anos em troca de Raquel, sua filha mais nova".

¹⁹ Labão gostou da ideia: "Combinado! É muito melhor que eu a dê a você que mais tarde ter de concordar em que ela se case com alguém de fora. Fique aqui comigo".

²⁰ Assim, Jacó trabalhou sete anos em troca de Raquel. Mas, para ele, pareceram poucos dias, porque a amava muito.

²¹⁻²⁴ No prazo acertado, Jacó disse a Labão: "Agora, quero minha esposa. Já cumpri minha parte do acordo. Estou pronto para consumar meu casamento". Labão convidou toda a população local e deu uma grande festa. Mas, quando chegou a noite, foi Lia quem ele conduziu ao leito nupcial, e Jacó deitou-se com ela. (Labão deu a Lia uma escrava chamada Zilpa, para que a servisse.)

²⁵ Quando o dia clareou, lá estava Lia no leito nupcial!

Jacó foi tomar satisfações com Labão: "Por que você me fez isso? Não trabalhei todo esse tempo em troca da mão de Raquel? Por que você me trapaceou?".

²⁶⁻²⁷ Labão respondeu: "Não é assim que costumamos fazer aqui. Não damos a filha mais nova em casamento antes da mais velha. Aproveite sua semana de lua de mel, e darei a você também a outra. Mas isso custará mais sete anos de trabalho".

²⁸⁻³⁰ Jacó concordou. Ao completar a semana de lua de mel, Labão entregou Raquel a ele. (E deu a Raquel uma escrava chamada Bila, para que a servisse.) Jacó deitou-se com Raquel, e ele amava a Raquel mais que a Lia. Por causa dela, trabalhou mais sete anos para Labão.

³¹⁻³² Quando o Eterno viu que Lia era menos amada, fez dela uma mulher fértil, enquanto Raquel era estéril. Lia engravidou e teve um filho. Deu a ele o nome de Rúben (Veja! É um Menino!). E disse: "Sem dúvida, é um sinal de que o Eterno olhou para a minha desgraça, um sinal de que agora meu marido há de me amar".

³³⁻³⁵ Ela engravidou outra vez. Teve outro menino e disse: "O Eterno soube que eu era menos amada

e me deu este filho também". E deu a ele o nome de Simeão (O Eterno Ouviu). Depois disso, engravidou mais uma vez: outro menino. E disse: "Quem sabe agora meu marido se afeiçoará a mim! Já lhe dei três filhos!". Por isso, deu a ele o nome de Levi (Afeição). Tempos depois, engravidou do quarto filho. E disse: "Desta vez, louvarei o Eterno". E deu ao menino o nome de Judá (Louvado Seja o Eterno). E não teve mais filhos.

30 ¹ Quando Raquel se deu conta de que não conseguia dar filhos a Jacó, teve ciúme de sua irmã e foi reclamar com Jacó: "Dê-me filhos, senão morrerei!".

² Jacó ficou irritado com Raquel e retrucou: "Por acaso sou Deus? Sou eu que não te dou filhos?".

³⁻⁵ Raquel respondeu: "Aqui está Bila, minha escrava. Deite-se com ela. Que ela me substitua e que eu tenha um filho por meio dela. Pelo menos assim, vou constituir família". E deu Bila por esposa a Jacó. Ele se deitou com ela, e Bila engravidou, dando um filho a Jacó.

⁶⁻⁸ Raquel disse: "Deus está do meu lado e me fez justiça. Ele me ouviu e deu-me um filho". E deu a ele o nome de Dã (Justiça). Bila, serva de Raquel, engravidou de novo e deu o segundo filho a Jacó. Raquel disse: "Fui para uma luta de tudo ou nada com minha irmã e venci". E deu a ele o nome de Naftali (Luta).

⁹⁻¹³ Quando Lia percebeu que não procriava mais, deu sua escrava Zilpa como esposa a Jacó, e Zilpa teve um filho dele. Lia disse: "Que sorte!". E deu ao menino o nome de Gade (Afortunado). Quando Zilpa, serva de Lia, teve o segundo filho com Jacó, Lia exclamou: "Que dia feliz! As mulheres me darão os parabéns pela minha felicidade". E deu a esse filho o nome de Aser (Feliz).

¹⁴ Certo dia, durante a colheita do trigo, Rúben achou algumas mandrágoras no campo e levou-as para casa, como presente para Lia. E Raquel perguntou a Lia: "Posso ficar com algumas das mandrágoras que seu filho trouxe?".

¹⁵ Mas Lia retrucou: "Será que não basta você ter roubado meu marido? Agora quer também as mandrágoras do meu filho?".

Raquel respondeu: "Tudo bem. Vou deixar que ele se deite com você esta noite em troca das mandrágoras que seu filho trouxe".

¹⁶⁻²¹ Quando Jacó voltou do campo e chegou em casa, à noite, Lia foi ao seu encontro: "Deite-se comigo esta noite. Troquei as mandrágoras de meu

filho por uma noite com você". Então, ele se deitou com ela naquela noite, e Deus ouviu a oração de Lia. Ela engravidou e teve seu quinto filho com Jacó. Lia disse: "Deus me recompensou por eu ter dado minha escrava ao meu marido". E deu a ele o nome de Issacar (Permutado). Lia engravidou mais uma vez e teve seu sexto filho com Jacó, dizendo: "Deus me deu um presente maravilhoso. Desta vez, meu marido até me dará presentes. Afinal, já lhe dei seis filhos!". E deu ao menino o nome de Zebulom (Honra). Por último, teve uma menina e deu a ela o nome de Diná.

²²⁻²⁴ Mas Deus também se lembrou de Raquel. Ouviu a oração dela e permitiu que ela engravidasse. Ela teve um menino e disse: "Deus pôs um fim à minha humilhação". E deu a ele o nome de José (Acréscimo), orando: "Que o Eterno me dê ainda outro filho".

²⁵⁻²⁶ Depois que Raquel teve José, Jacó falou a Labão: "Permita que eu regresse para a minha terra. Quero minhas esposas, porque trabalhei por elas, e meus filhos. Você é testemunha de como trabalhei duro para você". ²⁷⁻²⁸ E Labão disse: "Eu prefiro você aqui. Consultei o Eterno e fiquei sabendo que ele tem me abençoado por sua causa". E continuou: "Por isso, diga quanto quer de salário, e eu pagarei".

MATEUS 11.1-24

João, o Batista

11 ¹Depois de transmitir essas instruções aos seus doze trabalhadores, ele saiu a ensinar e pregar em diversas vilas.

²⁻³ Nesse meio-tempo, João foi preso e, quando soube o que Jesus estava fazendo, enviou seus discípulos para perguntar: "O senhor é aquele que estávamos esperando, ou teremos de esperar mais?". ⁴⁻⁶ Jesus lhes disse: "Voltem e digam a João o que está acontecendo:

Os cegos veem,
Os paralíticos andam,
Os leprosos são purificados,
Os surdos ouvem,
Os mortos ressuscitam,
Os marginalizados da terra ficam sabendo
que Deus está do lado deles.

É o que vocês estavam esperando? Então, considerem--se muito abençoados!".

⁷⁻¹⁰ Enquanto os discípulos de João voltavam com a resposta, Jesus resolveu explicar às multidões quem era João. "O que vocês esperavam quando foram vê-lo no deserto? Alguém aproveitando o fim de semana? Um magnata em roupa de grife? Esse tipo de gente que vive rodeado de celebridades. Afinal, o que vocês foram ver? Não foi um profeta? Com certeza, um profeta! Talvez o mais importante que vocês terão a oportunidade de ouvir. Ele é o profeta que Malaquias anunciou quando escreveu: 'Estou enviando meu profeta adiante de vocês, para preparar a estrada para vocês'.

¹¹⁻¹⁴ "Permitam-me dizer o que está acontecendo. Ninguém na história humana é mais importante que João, o Batista, mas, no Reino para o qual ele preparou vocês, a pessoa mais humilde é mais importante que ele. Há muito tempo que se tenta uma entrada forçada no Reino de Deus. Mas, se lerem com atenção os Profetas e a Lei de Deus, vocês perceberão que tudo culmina em João, unindo-se a ele na preparação do caminho para o Messias do Reino. Olhando por esse ângulo, João é o 'Elias' que vocês esperavam chegar para apresentar o Messias. ¹⁵ "Vocês estão me ouvindo? Entendem o que digo?

¹⁶⁻¹⁹ "Com que posso comparar esta geração? As pessoas se comportam como crianças mimadas, reclamando dos pais: 'Queremos pular corda, mas vocês estão sempre cansados. Queremos conversar, mas vocês estão sempre ocupados'. João veio jejuando, e foi chamado de louco. Eu cheguei festejando, e me chamaram de beberrão, amigo da ralé. As pesquisas de opinião parecem não valer muita coisa, não é? Só com a experiência é que se comprova a verdade".

Os ritmos livres da graça

²⁰ Em seguida, Jesus censurou algumas cidades, nas quais trabalhara muito, mas com pouco resultado, porque o povo se mostrara cético e indiferente: ²¹⁻²⁴ "Ai de você, Corazim! Pobre Betsaida! Se Tiro e Sidom tivessem visto metade dos milagres que vocês presenciaram, teriam caído de joelhos na mesma hora. No dia do juízo, elas vão se sair bem, em comparação com vocês. E Cafarnaum! Pomposos como pavões, vocês irão acabar no abismo. Se o povo de Sodoma tivesse tido as oportunidades que vocês tiveram, aquela cidade ainda estaria de pé. No dia do juízo, elas vão se sair bem, em comparação com vocês".

SALMOS 10.1-9

10 ¹⁻² Ó Eterno, estás me evitando? Onde estás quando preciso de ti?

DIA 016

Os perversos, cheios de ideias malucas,
perseguem o pobre.
Faz com que tropecem, que fiquem enredados
em suas próprias maquinações.

³⁻⁴Os perversos não param de falar,
os picaretas bafejam tolices.
Os perversos esnobam o Eterno,
empinam o nariz.
Suas pichações estão rabiscadas
nos muros:
"Pegue-nos, se puder!"; "Deus está morto".

⁵⁻⁶Eles não ligam para o que os outros pensam.
E, se alguém atravessar o caminho deles, será
empurrado.
Eles — assim pensam — sabem viver a vida:
"Tudo vai dar certo.
Este é o nosso ano de sorte!".

⁷⁻⁸Eles têm a boca cheia de feitiços,
cospem veneno de cobra.
Eles se escondem atrás de pessoas comuns
e depois atacam suas vítimas.

⁹Eles escolhem os desafortunados
e espreitam como um caçador camuflado.
Quando o pobre coitado chega perto,
eles o apunhalam pelas costas.

■ NOTAS

☐ DIA 016 __ / __ / __

GÊNESIS 30.29 — 31.42

²⁹⁻³⁰Jacó respondeu: "Você bem sabe quanto meu trabalho tem significado e como seus rebanhos aumentaram sob meus cuidados. O rebanho minúsculo que você tinha quando cheguei hoje é bem grande. Tudo que fiz trouxe bênçãos para você. Será que não chegou a hora de eu fazer alguma coisa pela minha família?".

³¹⁻³³"Quanto devo a você?", perguntou Labão.

Jacó disse: "Você não me deve nada. Mas tenho uma sugestão. Voltarei a pastorear e cuidar de seus rebanhos. Vou passar por todo o seu rebanho hoje e separar todas as ovelhas malhadas ou manchadas, todos os cordeiros de cor escura e todos os cabritos manchados ou malhados. Eles serão meu pagamento. Assim, não haverá nenhuma desconfiança na hora de calcular meu pagamento. Se você encontrar algum cabrito que não seja manchado ou malhado ou alguma ovelha que não seja preta, saberá que eu os roubei".

³⁴Labão concordou: "Parece justo. Combinado, então!".

³⁵⁻³⁶Mas, naquele mesmo dia, Labão retirou todos os bodes manchados e listrados e todas as cabras manchadas e malhadas, todo animal que tivesse mesmo uma única pinta branca, e também as ovelhas pretas, e os pôs ao cuidado dos filhos, longe de Jacó numa distância equivalente a três dias de viagem. Enquanto isso, Jacó continuava a pastorear o que havia restado do rebanho de Labão.

³⁷⁻⁴²Mas Jacó tinha um plano: arrancou galhos de álamo, amendoeira e plátano e retirou a casca, criando o efeito de listras brancas. Ele prendeu os galhos descascados diante do bebedouro usado pelos rebanhos. Na época do acasalamento, os animais

vinham beber e acasalavam em frente aos galhos listrados. Como resultado, os filhotes que nasciam eram listrados, malhados ou manchados. Jacó posicionava as ovelhas diante dos animais escuros de Labão. Dessa maneira, ele separou rebanhos diferentes para si, sem os misturar com os de Labão. Quando os animais fortes estavam na época de acasalamento, Jacó colocava os galhos no bebedouro à vista deles, para que acasalassem diante dos galhos. Mas não colocava os galhos diante dos animais fracos. Dessa maneira, os animais fracos ficavam para Labão, e os mais fortes, para Jacó.

⁴³ Assim, o homem ia ficando cada vez mais rico, possuindo rebanhos enormes e muitos empregados, além de camelos e jumentos.

31 ¹⁻² Jacó ficou sabendo o que os filhos de Labão falavam dele: "Jacó usou a riqueza de nosso pai para enriquecer à custa dele". Ao mesmo tempo, Jacó percebeu que o comportamento de Labão havia mudado para com ele: não existia mais cordialidade.

³ Foi, então, que o Eterno disse a Jacó: "Volte para casa, para o lugar em que você nasceu. Eu acompanharei você".

⁴⁻⁹ Jacó mandou um recado para Raquel e Lia, para que fossem se encontrar com ele no campo, onde os rebanhos estavam. Ele disse: "Tenho notado que o pai de vocês não é mais o mesmo comigo, não me trata como antes. Mas o Deus de meu pai ainda é o mesmo e está comigo. Vocês são testemunhas de como trabalhei para seu pai. Ainda assim, ele me enganou diversas vezes, mudando sempre o meu salário. Mas Deus nunca permitiu que ele me prejudicasse. Quando ele dizia: 'Seu salário agora serão os animais malhados', o rebanho todo começava a ter filhotes malhados. Quando dizia: 'De agora em diante, seu salário será pago com os animais listrados', o rebanho inteiro começava a ter filhotes listrados. Várias vezes, Deus usou os animais do pai de vocês para me recompensar.

¹⁰⁻¹¹ "Certa vez, os rebanhos estavam na época de acasalamento, e tive um sonho: vi os bodes, todos listrados, manchados ou malhados, e estavam acasalando. No sonho, um anjo de Deus me chamou e disse: 'Jacó'. Eu disse: 'Sim?'.

¹²⁻¹³ "Ele me disse: 'Olhe bem. Veja que todos os bodes do rebanho que estão acasalando são listrados, manchados ou malhados. Sei o que Labão tem feito a você. Eu sou o Deus de Betel, onde você consagrou uma coluna e me fez um voto. Agora vá, saia deste lugar e volte para sua terra natal' ".

¹⁴⁻¹⁶ Raquel e Lia disseram: "Por acaso, ele nos tratou melhor? Recebemos tratamento pior que o de estranhas. Ele só queria o dinheiro que conseguiu nos vendendo, e até já gastou tudo. Todos os bens que Deus tirar do nosso pai e nos devolver será justo, pois são nossos e de nossos filhos. Vá em frente! Faça o que Deus disse!".

¹⁷⁻¹⁸ E foi o que Jacó fez. Acomodou seus filhos e esposas sobre camelos e tudo que havia adquirido em Padã-Arã, disposto a tomar o rumo da casa de seu pai Isaque, na terra de Canaã.

¹⁹⁻²¹ Numa hora em que Labão estava tosquiando as ovelhas, Raquel roubou os deuses da casa de seu pai. Jacó havia ocultado seus planos tão bem que Labão nem fazia ideia do que estava acontecendo. Toda aquela movimentação passou despercebida a ele. Jacó partiu com tudo que ele possuía e, em pouco tempo, já estava do outro lado do Eufrates, seguindo para a região montanhosa de Gileade.

²²⁻²⁴ Três dias depois, Labão recebeu a notícia: "Jacó fugiu". Labão reuniu seus parentes e saiu em perseguição dele. Sete dias depois, alcançou-o na região montanhosa de Gileade. Mas, naquela noite, Deus apareceu em sonho a Labão, o arameu, e disse: "Cuidado com o que você vai fazer a Jacó!".

²⁵ Quando Labão o alcançou, as tendas de Jacó estavam armadas nas montanhas de Gileade, e Labão armou as suas no mesmo lugar.

²⁶⁻³⁰ Labão disse: "O que você tinha na cabeça quando resolveu não me contar nada e sair às escondidas, levando embora minhas filhas, como se fossem prisioneiras de guerra? Por que você resolveu fugir como faz um ladrão durante a noite? Por que não me contou nada? Pois eu teria feito uma grande festa de despedida para você, com música, flautas e tamborins! Mas você não permitiu nem mesmo que eu desse um beijo em minhas filhas e meus netos. Foi uma burrice da sua parte. Se eu quisesse, poderia acabar com você agora mesmo, mas o Deus de seu pai falou comigo na noite passada: 'Cuidado com o que você vai fazer com Jacó'. Eu até entendo. Você foi embora porque estava com saudades de casa. Mas por que você roubou os deuses da minha casa?".

³¹⁻³² Jacó respondeu a Labão: "Eu fiquei com medo de você tirar suas filhas de mim por meio da força bruta. Mas, quanto aos seus deuses, se você os encontrar com alguma pessoa aqui, essa pessoa será morta. Procure aqui, na frente de todos nós. Se encontrar alguma coisa que pertença a você, pode levar". Jacó não sabia que Raquel havia roubado os deuses.

DIA 016

³³⁻³⁵Labão entrou na tenda de Jacó, na de Lia e nas tendas das duas escravas, mas não os encontrou. Quando saiu da tenda de Lia, foi para a de Raquel. Mas ela havia escondido os deuses dentro de uma almofada e estava sentada sobre ela. Depois que Labão revirou a tenda sem achar coisa alguma, Raquel disse a ele: "Meu senhor, não pense que não o respeito por não me levantar diante do senhor, mas estou naqueles dias". Por isso, ele virou e revirou o lugar, mas não encontrou os deuses da sua casa.

³⁶⁻³⁷Então, foi a vez de Jacó ficar zangado, e ele esbravejou contra Labão: "E agora, que crime eu cometi, que mal eu fiz, para que você me atormentasse desse jeito? Você já deu uma busca em toda a casa. Por acaso encontrou uma única coisa que pertencesse a você? Mostre-a, quero ver! As duas famílias aqui podem ser os jurados e decidir por nós.

³⁸⁻⁴²"Durante os vinte anos em que trabalhei para você, as fêmeas de ovelhas e cabras nunca perderam suas crias. Nunca me alimentei dos carneiros do seu rebanho. Jamais deixei de indenizar você por algum animal que tivesse sido devorado por alguma fera: paguei tudo do meu bolso. Na verdade, você me obrigava a pagar, quer eu tivesse culpa, quer não. Eu saía sempre, não importa como estivesse o tempo, fosse um calor de rachar, fosse um frio de congelar, e passei muitas noites em claro. Durante vinte anos, foi o que fiz: trabalhei como escravo durante catorze anos em troca de suas duas filhas e mais seis anos por seu rebanho, e você mudou meu salário dez vezes. Se o Deus de meu pai, o Deus de Abraão e o Temor de Isaque, não estivesse comigo, você teria me mandado embora sem um centavo no bolso. Mas Deus viu a situação em que eu me encontrava e como trabalhava duro. Então, ontem à noite, ele pronunciou seu veredito".

MATEUS 11.25 — 12.21

²⁵⁻²⁶Inesperadamente, Jesus irrompeu numa oração: "Obrigado, Pai, Senhor do céu e da terra! Escondeste teus caminhos dos eruditos e sabichões e os revelaste aos mais simples. Sim, Pai, esse é o teu modo de agir".

²⁷Jesus retomou seu discurso, agora com ternura. "Tudo que tenho para fazer e dizer é incumbência do Pai. Essa é uma operação exclusiva de Pai e Filho, resultante da intimidade e do conhecimento que desfrutam um do outro. Ninguém conhece o Filho como o Pai o conhece, nem o Pai como o

Filho o conhece. Mas não estou guardando isso para mim: estou pronto a revelar todos os detalhes a qualquer um que deseje ouvir.

²⁸⁻³⁰"Vocês estão cansados, enfastiados de religião? Venham a mim! Andem comigo e irão recuperar a vida. Vou ensiná-los a ter descanso verdadeiro. Caminhem e trabalhem comigo! Observem como eu faço! Aprendam os ritmos livres da graça! Não vou impor a vocês nada que seja muito pesado ou complicado demais. Sejam meus companheiros e aprenderão a viver com liberdade e leveza".

O Senhor do sábado

12¹⁻²Num sábado, Jesus e os discípulos atravessavam uma plantação de cereal. Famintos, os discípulos descascaram algumas espigas e comeram. Alguns fariseus disseram a Jesus: "Seus discípulos estão quebrando as regras do sábado!".

³⁻⁵Jesus reagiu: "É mesmo? Vocês nunca leram o que Davi e seus companheiros fizeram quando estavam com fome? Ele entrou no santuário e comeu o pão fresco do altar, que ninguém podia comer, senão os sacerdotes. Também nunca leram na Lei de Deus que os sacerdotes, cumprindo seus deveres no templo, quebravam as regras do sábado o tempo inteiro, e não eram condenados por isso?

⁶⁻⁸"Na lei do sábado, há muito mais que religião. Se vocês tivessem a menor ideia do significado daquela passagem da Escritura que diz: 'Desejo um coração sensível, não um ritual inflexível', vocês não seriam críticos de detalhes. O Filho do Homem não é escravo do sábado: é o Senhor dele".

⁹⁻¹⁰Depois de passar pela plantação, Jesus entrou na sinagoga. Estava ali um homem que tinha uma das mãos aleijada. Alguns dos presentes, com a intenção de acusar Jesus, perguntaram: "É permitido curar no sábado?".

¹¹⁻¹⁴Ele respondeu: "Existe alguém aqui que, se encontrar no sábado um cordeiro seu caído numa ribanceira, não irá tirá-lo de lá? A bondade para com as pessoas é tão conforme a lei quanto a bondade para com os animais!". Então, ele disse ao homem: "Estenda a mão". Ele obedeceu e foi curado. Os fariseus saíram furiosos, discutindo como acabar com Jesus.

O Senhor de tudo

¹⁵⁻²¹Sabendo que corria perigo, Jesus deixou a sinagoga, mas um grupo o seguiu, e ele curou todos eles. Aconselhou-os, entretanto, a manter as curas em segredo, de acordo com as orientações de Isaías:

Observem bem meu servo, meu escolhido:
eu o amo muito, e tenho muita alegria nele.
Meu Espírito nele está.
Ele decretará justiça às nações.
Mas ele não gritará, não levantará a voz;
não haverá comoção nas ruas.
Ele não desrespeitará os sentimentos
de ninguém,
nem o deixará de lado.
Antes que você perceba, a justiça triunfará.
O simples som do seu nome infundirá
esperança, mesmo entre
os que vivem longe e não creem.

SALMOS 10.10-18

10-11 O infeliz é surrado até cair,
abandonado em estado de miséria.
Ele pensa: "Deus me desamparou",
e não liga para a minha situação.

12-13 Ó Eterno, é hora de te levantares —
de começares a agir.
Os desafortunados pensam que foram
abandonados por ti.
Perguntam-se por que
o perverso caçoa de Deus
e ainda se safa,
Por que o perverso está tão seguro
de que nunca terá de prestar contas?

14 Mas tu estás a par de tudo isso —
do desrespeito, do abuso.
Mas eu creio que os desafortunados
um dia serão socorridos por ti.
Tu não os decepcionarás:
os órfãos não serão órfãos para sempre.

15-16 Quebra o braço direito dos perversos,
quebra o braço esquerdo do homem mau.
Procura e destrói
todos os indícios de crime.
A graça e a ordem do Eterno vencem;
a impiedade perde.

17-18 A vítima reage;
o coração dos desesperados começa
a bater forte,
à medida que verificas sua respiração.
Os órfãos ganham pais,
os sem-teto ganham um lar.

O reinado do terror acabou;
o governo dos chefes de quadrilha
chegou ao fim.

◼ NOTAS

_____

_____

_____

_____

_____

_____

_____

_____

_____

_____

_____

_____

_____

_____

_____

_____

_____

_____

_____

_____

_____

IIIIIIIIIIIIIIIIIIIIIIIIIIIIIIIIIIIIIIIIIIIIIIIIII

☐ DIA **017** ___/___/___

GÊNESIS 31.43 — 33.12

43-44 Mas Labão se defendeu: "As filhas são minhas,
as crianças são minhas e o rebanho é meu. Tudo que
está aí é meu. Mas que posso fazer no caso de minhas

DIA 017

filhas e dos filhos que elas tiveram? Vamos acertar as coisas entre nós e fazer uma aliança. Deus será nossa testemunha".

[45] Jacó pôs uma pedra na posição vertical, como uma coluna.

[46-47] Em seguida, chamou sua família e disse: "Tragam mais pedras!". Eles juntaram pedras, fizeram uma pilha e comeram ali ao lado do monumento improvisado. Labão deu a ele um nome aramaico, Jegar-Saaduta (Monumento da Testemunha). Jacó fez o mesmo, mas com um nome hebraico: Galeede (Monumento da Testemunha).

[48-50] Labão disse: "A partir de agora, este monumento será testemunha entre mim e você". (É por isso que se chama Galeede, Monumento da Testemunha.) Ele também se chama Mispá (Torre de Vigia), pois Labão disse: "O Eterno vigie entre mim e você, quando um não estiver vendo o outro. Se você maltratar minhas filhas ou tomar outra mulher por esposa quando ninguém estiver por perto, Deus verá e será testemunha entre nós".

[51-53] Labão disse ainda a Jacó: "Este monumento e esta coluna de pedras que erigi servirão de testemunhas de que não passarei deste ponto para prejudicá-lo nem você passará para o outro lado com a intenção de me prejudicar. O Deus de Abraão e o Deus de Naor (o Deus do antepassado deles) fará justiça entre nós".

[53-55] Jacó jurou em nome do Temor, o Deus de seu pai, Isaque, e ofereceu um sacrifício na montanha. Também prestou culto ali, chamando todos os membros da família para a refeição. Eles comeram e passaram a noite na montanha. Labão levantou-se bem cedo na manhã seguinte, beijou os netos e as filhas, abençoou todos eles e foi embora para casa.

32 [1-2] Jacó seguiu viagem. No caminho, os anjos de Deus encontraram-se com ele. Ao vê-los, Jacó exclamou: "Oh! O acampamento de Deus!". E deu ao lugar o nome de Maanaim (Acampamento).

[3-5] A certa altura, Jacó enviou mensageiros a seu irmão Esaú, mais à frente, na terra de Seir, em Edom, com as seguintes instruções: "Digam o seguinte ao meu senhor Esaú: 'Mensagem do seu servo Jacó. Eu estava com Labão e só agora tive condições de sair de lá. Consegui adquirir gado, jumentos e ovelhas, além de servos e servas. Meu senhor, digo essas coisas na esperança de que me aceite' ".

[6] Os mensageiros voltaram a Jacó e informaram: "Falamos com seu irmão Esaú, e ele está vindo ao seu encontro. Mas está acompanhado de quatrocentos homens".

[7-8] Jacó ficou apavorado. Em pânico, separou as pessoas que estavam com ele, as ovelhas, o gado e os camelos em dois acampamentos, pois pensava: "Se Esaú chegar ao primeiro acampamento e o atacar, o outro grupo terá chance de fugir".

[9-12] Então, Jacó orou: "Deus de meu pai Abraão, Deus de meu pai Isaque, o Eterno, que me disseste: 'Volte para a terra de seus pais, e farei bem a você'. Não mereço todo o amor e toda a fidelidade que tens demonstrado para comigo. Quando saí deste lugar e atravessei o Jordão, levava apenas a roupa do corpo, mas olha para mim hoje: dois acampamentos! Por favor, salva-me da fúria e da violência de meu irmão! Tenho medo de que ele venha e ataque todos nós, a mim, às mães e às crianças. Tu mesmo disseste: 'Eu serei bom para você. Tornarei seus descendentes como a areia do mar, tantos que não podem ser contados' ".

[13-16] Ele passou a noite ali mesmo. Então, de tudo que possuía, preparou um presente para seu irmão: duzentas cabras, vinte bodes, duzentas ovelhas e vinte carneiros, trinta camelas com suas crias, quarenta vacas e dez touros, vinte jumentas e dez jumentos. Pôs um servo para cuidar de cada grupo de animais e disse: "Vão na frente e mantenham uma boa distância entre cada grupo de animais".

[17-18] Ao homem que estava na linha de frente, ele deu a seguinte instrução: "Quando meu irmão Esaú chegar perto e perguntar: 'Quem é seu senhor? Quem é o dono disto tudo?', responda assim: 'Seu servo Jacó. Estes são presentes para o meu senhor Esaú. Jacó está a caminho' ".

[19-20] E deu as mesmas instruções ao segundo e ao terceiro empregados, a um de cada vez, à medida que saíam com seus grupos de animais: "Digam: 'Seu servo Jacó está a caminho' ". Ele pensava: "Vou abrandar a fúria dele com um presente após o outro. Assim, quando eu estiver frente a frente com ele, talvez sinta alegria em me receber".

[21] Dessa maneira, os presentes seguiram adiante de Jacó, e ele ficou para trás, disposto a passar a noite no acampamento.

[22-23] Mas, durante a noite, ele se levantou, pegou as duas esposas, as duas escravas e seus onze filhos e atravessou o vale do Jaboque. Deixou-os em segurança do outro lado do ribeiro, com todos os seus bens.

[24-25] Jacó ficou sozinho do outro lado, e um homem começou a lutar com ele. A luta durou até o raiar do dia. Quando viu que não conseguia vencê-lo na luta, o homem deslocou de propósito o quadril de Jacó.

²⁶O estranho disse: "Deixe-me ir embora, o dia já raiou!".

Mas Jacó retrucou: "Não deixarei você ir sem que me abençoe".

²⁷O homem perguntou: "Qual é o seu nome?".

Ele respondeu: "Jacó".

²⁸E o homem disse: "Não mais. Seu nome não será mais Jacó. De agora em diante, será Israel (Aquele que Luta com Deus). Você lutou com Deus e levou vantagem".

²⁹E Jacó perguntou: "Qual é o seu nome?".

O homem respondeu: "Por que você quer saber o meu nome?". Dito isso, abençoou Jacó ali mesmo.

³⁰Jacó deu ao lugar o nome de Peniel (Face de Deus), pois disse: "Vi Deus face a face e sobrevivi!".

³¹⁻³²O Sol despontava quando ele saiu de Peniel, mancando por causa do quadril. (É por isso que, até o dia de hoje, os israelitas não comem o músculo do quadril, pois o quadril de Jacó foi deslocado).

33 ¹⁻⁴Jacó estava observando a estrada e viu quando Esaú se aproximava com seus quatrocentos homens. De imediato, separou as crianças, deixando-as com Lia, Raquel e as duas escravas. Pôs as escravas à frente de todos; depois, Lia e seus filhos e por último Raquel e José. Ele foi adiante deles e, à medida que se aproximava de seu irmão, curvou-se sete vezes, em sinal de respeito. Mas Esaú correu ao seu encontro e o abraçou e beijou. Os dois choraram.

⁵Esaú olhou para o grupo à volta dele, as mulheres e as crianças, e perguntou: "Quem são estes que estão com você?".

Jacó disse: "São os filhos com os quais Deus se agradou em me abençoar".

⁶⁻⁷As escravas com seus filhos se aproximaram e se curvaram diante de Esaú. Em seguida, vieram Lia e seus filhos, e eles também se curvaram. Por fim, José e Raquel se curvaram diante de Esaú.

⁸Esaú perguntou: "E o que são todos aqueles animais que encontrei no caminho?".

"Eu os enviei na esperança de que preparassem o caminho para meu senhor me receber."

⁹Esaú disse: "Ora, meu irmão. Eu tenho tudo de que preciso. Fique com o que é seu".

¹⁰⁻¹¹Mas Jacó insistiu: "Por favor, se você sentir no coração que deve me receber, aceite os presentes. Quando vi seu rosto, foi como se tivesse visto o rosto de Deus sorrindo para mim. Aceite os presentes. Deus tem sido bom para comigo, e tenho mais do que preciso". Diante da insistência do irmão, Esaú aceitou os presentes.

¹²Esaú propôs: "Vamos recomeçar juntos a viagem. Eu irei à frente".

MATEUS 12.22-45

Satanás contra Satanás?

²²⁻²³Logo depois, um pobre coitado, afligido por demônios, cego e surdo foi trazido à presença dele. Jesus o curou, dando-lhe visão e audição. O povo que viu isso ficou impressionado. "Esse tem de ser o Filho de Davi!", diziam.

²⁴Já os fariseus, quando souberam do acontecido, reagiram com ceticismo. "É magia negra", disseram. "Ele tirou algum truque diabólico da manga."

²⁵⁻²⁷Jesus contestou a calúnia: "Um juiz que emite veredítos opostos sobre a mesma pessoa cai em contradição. Uma família que vive brigando se desintegrará. Se Satanás expulsa Satanás, não irá se destruir? Se vocês me caluniam, afirmando que sou um demônio que expulsa demônios, a mesma calúnia não se aplica aos exorcistas de vocês?

²⁸⁻²⁹"Mas, se é pelo poder *de Deus* que expulso demônios, então com certeza o Reino de Deus está aqui. Acham que é possível, em plena luz do dia, entrar na casa de um homem forte e acordado e roubar seus bens, sem amarrá-lo primeiro? Amarrem-no e, então, poderão roubá-lo.

³⁰"Isso é guerra, e não há território neutro. Se vocês não estão do meu lado, são meus inimigos; se não ajudam, estão atrapalhando.

³¹⁻³²"Não há nada dito ou feito que não possa ser perdoado. Mas, se vocês persistirem nas calúnias contra o Espírito Santo de Deus, estarão deliberadamente rejeitando aquele que perdoa. Se rejeitarem o Filho do Homem por algum juízo equivocado, poderão ser perdoados, mas, se rejeitarem o Espírito Santo, estarão rompendo relações com aquele que os sustenta.

³³"Se vocês crescerem como uma árvore saudável, irão produzir frutos saudáveis. Mas, se a árvore for doente, os frutos serão podres. Os frutos nos revelam a verdade sobre a árvore.

³⁴⁻³⁷"A mente de vocês parece um ninho de cobras. Como dar crédito ao que dizem, já que são tão tolos? É o coração, não o dicionário, que dá significado às palavras. A pessoa de bem produz boas obras e boas palavras todo o tempo, mas a pessoa má é como praga no pomar. Permitam-me dizer uma coisa: cada uma dessas palavras impensadas voltará para assombrá-los. A hora da prestação de contas vai chegar. As palavras são poderosas.

DIA 017

Levem-nas a sério. Elas podem ser a sua salvação, mas também podem condená-los".

A evidência de Jonas

38 Mais tarde, alguns líderes religiosos e fariseus interpelaram Jesus: "Mestre, queremos ver suas credenciais, uma prova conclusiva de que Deus está com você. Que tal um milagre?".

39-40 Jesus respondeu: "Vocês procuram uma prova, mas estão procurando o tipo errado de prova. Tudo que querem é algo para satisfazer a curiosidade, o desejo de ver milagres. A única evidência que terão é a que se parece com uma total ausência de provas: o sinal de Jonas. Assim como Jonas ficou três dias e três noites no ventre do peixe, o Filho do Homem, por três dias e três noites, será posto numa cova profunda.

41-42 "No dia do juízo, os ninivitas se levantarão e apresentarão a prova que condenará esta geração, porque, quando Jonas pregou em Nínive, eles mudaram de vida. Aqui está um pregador mais importante que Jonas, e vocês querem 'provas'. No dia do juízo, a rainha de Sabá virá de longe e apresentará uma prova que condenará esta geração, porque ela viajou de uma região remota da terra para ouvir o sábio Salomão, e diante de vocês está a sabedoria maior que a de Salomão, mas vocês se preocupam com 'provas'.

43-45 "Quando é expulso de alguém, o espírito maligno vagueia pelo deserto, procurando um oásis, uma alma distraída que possa atormentar. Se não encontra nada, diz consigo mesmo: 'Vou retornar para minha antiga casa'. Quando retorna, encontra a pessoa limpa, porém vazia. Então, o espírito reúne outros sete espíritos ainda piores, e todos se instalam ali. O estado da pessoa agora é pior do que antes. "É assim que esta geração se parece. Vocês pensam que, por remover o lixo de sua vida, estão prontos para Deus, mas, como não foram receptivos à Mensagem do Reino que eu prego, os demônios estão voltando".

SALMOS 11.1-7

Um salmo de Davi

11 **1-3** Para salvar a pele, já saí correndo diretamente para os braços do Eterno. Por que, então, eu deveria atendê-los quando vocês dizem:

"Corra para as montanhas. Os arcos da maldade estão empunhados.

Flechas perversas estão apontadas,
    ao abrigo da escuridão,
    contra todos os corações abertos a Deus.
O país virou um caos:
    gente honesta não tem nenhuma chance"?

4-6 Mas o Eterno não se mudou para as montanhas;
    seu endereço santo permanece o mesmo.
Ele está no comando, como sempre: seus olhos
    a tudo observam; suas pálpebras
Não piscam, ao examinar os rebeldes
    descendentes de Adão
    por dentro e por fora,
    sem perder um detalhe.
Ele testa tanto os bons quanto os maus,
    e, se alguém trapaceia, ele fica irado.
Se for reprovado, você está perdido,
    perdido debaixo de uma chuva de pedras
    incandescentes,
Bebendo num cantil
    que só contém o ar quente do deserto.

7 O negócio de Deus é consertar as coisas:
    seu prazer é endireitar linhas tortas —
É nos endireitar. E, uma vez em pé,
    poderemos olhar para ele — olho no olho.

NOTAS

DIA 018

GÊNESIS 33.13 — 35.18

13-14 Mas Jacó respondeu: "Meu senhor pode ver que meus filhos são frágeis. E os rebanhos têm suas crias para amamentar, o que exige um ritmo lento na viagem. Se eu exigir muito deles, mesmo que por um só dia, posso perdê-los. Assim, meu senhor, siga na frente de seu servo, enquanto vou com calma no ritmo dos meus rebanhos e filhos. E me encontrarei com você em Seir".

15 Esaú disse: "Ao menos deixe-me pôr a seu serviço alguns dos homens que estão comigo".

Jacó respondeu: "Não é preciso, a forma generosa como me recebeu era tudo de que eu precisava".

16 Então, Esaú pôs-se a caminho de Seir naquele mesmo dia.

17 Jacó seguiu para Sucote. Ele construiu um abrigo para si e um local para recolher os animais. Foi assim que o lugar ficou conhecido como Sucote (Abrigos).

18-20 E foi assim que Jacó chegou são e salvo a Siquém, na terra de Canaã, depois de percorrer todo o caminho desde Padã-Arã. Ele acampou perto da cidade e comprou dos filhos de Hamor, pai de Siquém, a terra em que armou suas tendas. Pagou cem moedas de prata por ela. Construiu um altar ali e deu-lhe o nome de El Elohe Israel (Poderoso é o Deus de Israel).

34 **1-4** Certo dia, Diná, filha de Lia e Jacó, foi visitar algumas mulheres daquela terra. Siquém, filho de Hamor, o heveu, líder do local, viu Diná e a estuprou. Mas, depois, passou a sentir forte atração pela moça. Apaixonado por ela, tentava ganhar sua afeição. Por isso, foi pedir a seu pai, Hamor: "Consiga essa moça como esposa para mim".

5-7 Jacó ficou sabendo que Siquém havia estuprado Diná. Como os filhos haviam saído para cuidar dos animais no campo, ficou esperando que eles chegassem em casa para discutir o assunto.

Nesse meio-tempo, Hamor, pai de Siquém, procurou Jacó para tentar um contrato de casamento. Enquanto isso, no caminho de casa, os filhos de Jacó ficaram sabendo do que havia acontecido e ficaram furiosos. O estupro que Siquém havia cometido contra a filha de Jacó não era algo que podia ser tolerado nem suportado na família de Israel.

8-10 Hamor falou a Jacó e a seus filhos: "Meu filho Siquém está perdidamente apaixonado por sua filha. Peço que você a dê em casamento a ele. Façamos casamentos entre nossas famílias. Entreguem suas filhas a nós, e entregaremos as nossas a vocês. Vocês podem viver no meio de nós, como uma família. Podem fixar residência aqui e viver como um de nós. Há boas oportunidades de prosperar aqui".

11-12 Depois, Siquém falou em causa própria, dirigindo-se ao pai e aos irmãos de Diná: "Por favor, aceitem! Pagarei qualquer preço. Estipulem o preço que quiserem pela noiva, o céu é o limite! Mas permitam que essa moça seja minha esposa".

13-17 Os filhos de Jacó deram uma resposta dissimulada a Siquém e ao pai dele. Afinal, a irmã havia sido vítima de estupro. A proposta deles foi esta: "Isso não é possível. Jamais daríamos nossa irmã a um homem incircunciso. Seria uma desgraça para nós. A única forma de chegarmos a um acordo é se todos os homens do seu povo forem circuncidados, como nós. Aí, sim, poderemos trocar livremente nossas filhas, e realizar outros casamentos entre nós. Só assim, ficaremos à vontade e poderemos ser uma família grande e feliz. Mas, se essa condição não for aceitável para vocês, pegaremos nossa irmã e iremos embora".

18 A sugestão pareceu justa para Hamor e Siquém. **19** O moço estava tão apaixonado pela filha de Jacó que concordou em fazer o que eles estavam pedindo. Ele era o filho mais admirado da família de seu pai.

20-23 Na intenção de cumprir o acordo, Hamor e seu filho foram para a praça principal da cidade e falaram ao conselho de cidadãos: "Esses homens nos estimam, são nossos amigos. Devemos permitir que se estabeleçam aqui e fiquem à vontade. Há espaço de sobra para eles na terra. Poderemos até dar nossas filhas em casamento e receber as deles. Mas esses homens só aceitarão o convite para viver entre nós como uma grande família com uma condição: que todos os homens sejam circuncidados como eles. Trata-se de um ótimo negócio para nós. Essa gente é rica e tem grandes rebanhos de animais. Com essa aliança, tudo passará a ser nosso também. Portanto, vamos fazer o que eles nos pedem, para que se estabeleçam em nosso meio".

²⁴Todos os que tinham influência na cidade concordaram com Hamor e com Siquém. Assim, todos os homens ali foram circuncidados.

²⁵⁻²⁹Três dias depois, quando todos os homens ainda sentiam dores, Simeão e Levi, filhos de Jacó e irmãos de Diná, cada um com sua espada, saíram pela cidade como se fossem donos do lugar e mataram todos os habitantes do sexo masculino. Também mataram Hamor e seu filho Siquém, resgataram Diná da casa de Siquém e foram embora. Os outros filhos de Jacó chegaram ao local depois da matança e saquearam a cidade inteira, como vingança pelo estupro de Diná. Levaram tudo que encontraram na cidade e no campo: todo o gado, rebanhos, jumentos e objetos. Além disso, levaram cativas todas as mulheres e crianças e vasculharam todas as casas em busca de coisas de valor.

³⁰Jacó repreendeu Simeão e Levi: "Vocês tornaram meu nome repulsivo para o povo daqui, esses cananeus e ferezeus. Se eles decidirem se unir e nos atacar, não teremos a menor chance, porque somos muito poucos. Eles fariam desaparecer meu nome e minha gente sem nenhuma dificuldade".

³¹Eles responderam: "Ninguém vai tratar nossa irmã como se ela fosse uma prostituta e escapar impune".

35¹Deus disse a Jacó: "Volte para Betel. Fique ali e construa um altar para o Deus que se revelou a você quando você fugia de seu irmão Esaú".

²⁻³Jacó reuniu a família e instruiu todos os que viviam com ele: "Desfaçam-se de todos os deuses estrangeiros que há no meio de vocês. Tomem banho e ponham roupas limpas, pois estamos indo embora para Betel. Vou construir ali um altar para o Deus que me respondeu quando eu estava em apuros e que, desde então, tem estado ao meu lado, aonde quer que eu vá".

⁴⁻⁵Eles entregaram a Jacó todos os deuses estrangeiros que guardavam e também os brincos que usavam como amuletos. Jacó enterrou tudo debaixo de um carvalho, em Siquém. Em seguida, foram embora. Um pavor que chegava a paralisar tomou conta das cidades das redondezas. Assim, ninguém se atreveu a sair e perseguir os filhos de Jacó.

⁶⁻⁷Jacó e seu grupo chegaram a Luz, que é Betel, na terra de Canaã. Construiu ali um altar e deu a ele o nome de El-Betel (Deus de Betel), porque era o lugar em que Deus havia se revelado a ele quando fugia de seu irmão.

⁸Foi nessa ocasião que Débora, serva de Rebeca, morreu. Ela foi sepultada perto de Betel, debaixo do carvalho que recebeu o nome de Alom-Bacute (Carvalho do Choro).

⁹⁻¹⁰E Deus revelou-se outra vez a Jacó, depois que ele havia voltado de Padã-Arã, e o abençoou: "Seu nome é Jacó (Calcanhar), mas esse não será mais seu nome. De agora em diante, você será chamado Israel (Aquele que Luta com Deus)".

¹¹⁻¹²Deus continuou:

"Eu sou o Deus Forte.
Tenha filhos! Frutifique!
Uma nação, uma comunidade
   inteira de nações
procederá de você.
Reis virão de seus descendentes.
A terra que dei a Abraão e Isaque
Agora dou a você
e também a seus descendentes.

¹³E Deus se foi, elevando-se do lugar em que havia falado com ele.

¹⁴⁻¹⁵Jacó ergueu uma coluna de pedra no local em que Deus havia falado com ele, derramou sobre ela uma oferta de bebida e a ungiu com óleo. Dessa forma, Jacó consagrou o lugar em que Deus havia falado com ele, Betel (Casa de Deus).

¹⁶⁻¹⁷A caravana partiu de Betel, e ainda estavam a uma boa distância de Efrata quando Raquel entrou em trabalho de parto, um parto muito complicado. Quando as dores chegaram ao ponto máximo, a parteira disse a ela: "Não tenha medo, você teve mais um menino".

¹⁸Antes de dar o último suspiro, porque estava morrendo, deu a ele o nome de Benoni (Filho da Minha Dor), mas seu pai preferiu chamá-lo Benjamim (Filho da Boa Sorte).

MATEUS 12.46 — 13.23

Mais vale a obediência
que laços de sangue

⁴⁶⁻⁴⁷Ele ainda falava à multidão, quando sua mãe e seus irmãos apareceram. Eles estavam do lado de fora, tentando mandar-lhe um recado. Foi quando alguém informou: "Sua mãe e seus irmãos estão aqui. Querem falar com o senhor".

⁵Oolibama deu à luz Jeús, Jalão e Corá. São esses os filhos que nasceram a Esaú na terra de Canaã.

⁶⁻⁸Esaú reuniu suas esposas, filhos e filhas, todos os de sua casa e também os animais e bens adquiridos em Canaã e mudou-se para longe de seu irmão Jacó. Os dois tinham tantos bens que não era possível viverem no mesmo lugar. A terra não comportava os rebanhos que os dois possuíam. Por isso, Esaú acabou fixando residência na região montanhosa de Seir (Esaú e Edom são a mesma pessoa).

⁹⁻¹⁰Estes são os descendentes de Esaú, antepassado do povo de Edom, na região montanhosa de Seir. São estes os nomes dos filhos de Esaú: Elifaz, filho de Esaú com sua esposa Ada; Reuel, filho de Esaú com sua esposa Basemate.

¹¹⁻¹²Os filhos de Elifaz: Temã, Omar, Zefô, Gaetã e Quenaz. (Elifaz tinha uma concubina chamada Timna, com quem teve Amaleque.) Esses foram os netos de Ada, esposa de Esaú.

¹³E estes são os filhos de Reuel: Naate, Zerá, Samá e Mizá, netos de Basemate, esposa de Esaú.

¹⁴Esses são os filhos de Oolibama, esposa de Esaú, filha de Aná, filho de Zibeão. Ela teve com Esaú os filhos Jeús, Jalão e Corá.

¹⁵⁻¹⁶Esses são os chefes tribais entre os descendentes de Esaú. De Elifaz, filho mais velho de Esaú, vieram os chefes Temã, Omar, Zefô, Quenaz, Corá, Gaetã e Amaleque, chefes de Elifaz na terra de Edom, todos eles filhos de Ada.

¹⁷Dos filhos de Reuel, filho de Esaú, vieram os chefes tribais Naate, Zerá, Samá e Mizá. São os chefes de Reuel na terra de Edom, todos eles filhos de Esaú com Basemate.

¹⁸Estes são os filhos de Oolibama, esposa de Esaú: os chefes tribais Jeús, Jalão e Corá, chefes que Esaú teve com Oolibama, filha de Aná.

¹⁹São esses os filhos de Esaú, isto é, Edom, e seus chefes tribais.

²⁰⁻²¹Estes são os descendentes de Seir, o horeu, nascidos naquela terra: Lotã, Sobal, Zibeão, Aná, Disom, Ézer e Disã. São esses os chefes tribais dos horeus, filhos de Seir na terra de Edom.

²²Os filhos de Lotã: Hori e Hemã. A irmã de Lotã era Timna.

²³Os filhos de Sobal: Alvã, Manaate, Ebal, Sefô e Onã.

²⁴Os filhos de Zibeão: Aiá e Aná – esse é o Aná que descobriu as fontes de águas quentes no deserto, enquanto levava os jumentos de seu pai, Zibeão, para pastar.

²⁵Os filhos de Aná: Disom e sua filha Oolibama.

²⁶Os filhos de Disom: Hendã, Esbã, Itrã e Querã.

²⁷Os filhos de Ézer: Bilã, Zaavã e Acã.

²⁸Os filhos de Disã: Uz e Arã.

²⁹⁻³⁰Estes eram os chefes tribais dos horeus: Lotã, Sobal, Zibeão, Aná, Disom, Ézer e Disã, chefes dos horeus segundo cada tribo na terra de Seir.

³¹⁻³⁹São estes os reis que reinaram em Edom antes que houvesse rei em Israel: Belá, filho de Beor, foi rei em Edom; Dinabá era o nome de sua cidade. Belá morreu, e Jobabe, filho de Zerá, de Bozra, assumiu em seu lugar. Jobabe morreu e foi sucedido por Husã, da terra dos temanitas. Husã morreu e foi sucedido por Hadade, filho de Bedade; ele foi o rei que derrotou os midianitas em Moabe; Avite era o nome de sua cidade. Hadade morreu, e Samlá de Masreca assumiu em seu lugar. Samlá morreu, e Saul de Reobote, que ficava perto do rio Eufrates, assumiu em seu lugar. Saul morreu e foi sucedido por Baal-Hanã, filho de Acbor. Baal-Hanã, filho de Acbor, morreu, e Hadade assumiu em seu lugar; Paú era o nome de sua cidade; sua esposa chamava-se Meetabel, filha de Matrede, neta de Mezaabe.

⁴⁰⁻⁴³E estes são os chefes tribais da linhagem de Esaú, segundo suas tribos e de acordo com suas regiões: Timna, Alva, Jetete, Oolibama, Elá, Pinom, Quenaz, Temã, Mibzar, Magdiel e Irã, líderes de Edom nas várias regiões que ocuparam.

Esses foram os descendentes de Esaú, antepassado dos edomitas.

37 ¹Nessa mesma época, Jacó se estabeleceu na terra de Canaã, onde seu pai tinha vivido.

José e seus irmãos

²Essa foi a história de Jacó. Entretanto, ela continua com José, na época com 17 anos de idade, que ajudava seus irmãos no pastoreio dos rebanhos. Na verdade, seus irmãos apenas por parte de pai, filhos de Bila e Zilpa, esposas de Jacó. E José tinha o hábito de contar ao pai tudo que os irmãos faziam de errado.

MATEUS 13.24-52

²⁴⁻²⁶Ele contou outra história: "O Reino de Deus é semelhante a um fazendeiro que plantou semente de boa qualidade em suas terras. Na mesma noite,

enquanto os empregados dormiam, seu rival misturou sementes de ervas daninhas aos grãos de trigo e fugiu antes do amanhecer. Os primeiros brotos surgiram, e o grão começou a crescer, mas a erva daninha também apareceu.

27 "Os lavradores perguntaram ao fazendeiro: 'Patrão, se o senhor plantou semente de boa qualidade, de onde veio a erva daninha?'.

28 "Ele respondeu: 'Algum inimigo fez isso'.

" 'Devemos arrancar as ervas daninhas?', quiseram saber os lavradores.

29-30 "Ele respondeu: 'Não, pois, se arrancarem as ervas daninhas, vocês vão arrancar o trigo também. Deixe que cresçam juntos até a época da colheita. Vou instruir os ceifeiros a arrancar as ervas daninhas e amarrá-las em fardos para o fogo e ajuntar o trigo para guardá-lo no celeiro' ".

31-32 Outra história: "O Reino de Deus é como a semente de mostarda plantada por um agricultor. É uma das menores sementes, mas, uma vez plantada, germina e cresce tanto que os pássaros fazem ninhos em seus ramos.

33 Mais uma história: "O Reino de Deus é como o fermento que uma mulher põe na massa para fazer muitos pães – e fica esperando a massa crescer".

34-35 Tudo que Jesus fez naquele dia foi contar histórias – uma longa tarde de histórias. Também foi o cumprimento de uma profecia:

Abrirei minha boca e contarei histórias.
Trarei a público
coisas ocultas desde o primeiro dia da
existência do mundo.

O desfecho da História

36 Jesus dispensou o povo e foi para casa. Os discípulos, então, pediram: "Explica-nos a história das ervas daninhas na lavoura".

37-39 Ele explicou: "O agricultor que tem a semente pura é o Filho do Homem. O campo é o mundo, as sementes verdadeiras são os súditos do Reino, as ervas daninhas são os súditos do Diabo e o inimigo que as semeia é o próprio Diabo. A colheita é o fim dos tempos, o desfecho da História. Os ceifeiros são os anjos.

40-43 "A cena em que as ervas daninhas são enfeixadas e queimadas faz parte do último ato. O Filho do Homem enviará seus anjos, arrancará as ervas daninhas de seu Reino e as jogará no lixo. Será o fim delas. Ainda tentarão reclamar com o céu, mas ninguém as escutará. Ao mesmo tempo, as vidas prontas, santas e maduras irão adornar o Reino do Pai.

"Vocês estão entendendo?

44 "O Reino de Deus é como um tesouro escondido num campo por muitos anos, até ser acidentalmente encontrado por uma pessoa. Ela fica eufórica com a descoberta e vende tudo que possui a fim de reunir a quantia necessária para comprar aquele campo.

45-46 "O Reino de Deus também é como um comerciante de joias que busca as melhores pérolas. Um dia, encontra a pérola perfeita e imediatamente vende tudo que possui para comprá-la.

47-50 "O Reino de Deus também é como uma rede de pesca lançada ao mar, que apanha toda espécie de peixes. Quando está cheia, é puxada até a praia. Os peixes bons são recolhidos e guardados num tonel; os que não estão bons são jogados fora. Assim será feito no desfecho da História. Os anjos virão, separarão os peixes ruins e os jogarão fora. Haverá muita reclamação e desespero, mas isso não vai fazer nenhuma diferença."

51 Jesus perguntou: "Vocês estão entendendo?".

Eles responderam: "Sim".

52 Ele acrescentou: "Então vocês já devem ter notado que o aluno bem instruído no Reino de Deus é como o proprietário de uma loja, que tira da prateleira o que necessita, novo ou usado, no momento em que precisa".

SALMOS 13.1-6

Um salmo de Davi

13 **1-2** Por muito tempo, ó Eterno –
Tu me ignoraste por muito tempo.
Por muito tempo, eu só conseguia ver
tua nuca. Por muito tempo,
Carreguei esse enorme fardo de problemas,
vivia com o estômago doendo.
Por muito tempo, meus arrogantes inimigos
me olhavam do alto de sua soberba.

3-4 Dá uma boa olhada em mim,
ó Eterno, meu Deus!
Quero olhar a vida de frente,
Para que nenhum inimigo tire vantagem de mim
ou dê risada quando eu cair de cara no chão.

5-6 Eu me atirei em teus braços –
e celebro teu resgate.
Canto com todas as minhas forças,
depois de tantas orações respondidas.

NOTAS

☐ DIA 020 ___ / ___ / ___

GÊNESIS 37.3 — 38.24

3-4 Israel amava José mais que os outros filhos, porque José era o filho temporão, nascido quando Israel já era velho. Ele mandou fazer para José uma capa bordada. Quando seus irmãos perceberam que José era o filho predileto de seu pai, começaram a odiá-lo. Esse ódio chegou a ponto de nem mesmo conversarem mais com ele.

5-7 Certo dia, José teve um sonho. Quando o contou aos irmãos, eles passaram a odiá-lo ainda mais. Ele disse: "Ouçam o sonho que eu tive. Estávamos todos nós no campo, juntando feixes de trigo. De repente, meu feixe ficou de pé, e os feixes de vocês o rodearam e curvaram-se diante dele".

8 Então, os irmãos disseram: "Certo! Quer dizer que você vai reinar sobre nós? Vai ficar nos dando ordens?". O sonho que ele contou e a maneira em que o contou os deixaram enfurecidos.

9 Ele teve outro sonho e também o contou aos irmãos: "Tive outro sonho. O Sol, a Lua e onze estrelas curvavam-se diante de mim!".

10-11 Ele também contou o sonho a seu pai, e este o repreendeu: "Que sonhos são esses? Por acaso, eu, sua mãe e seus irmãos iremos, um dia, nos curvar diante de você?". A essa altura, seus irmãos estavam tomados de ciúme, mas seu pai refletia sobre o assunto.

12-13 Os irmãos de José haviam ido para Siquém, onde cuidavam dos rebanhos do pai. E Israel disse a José: "Seus irmãos estão com os rebanhos lá em Siquém. Preciso que você vá até onde eles estão".

José respondeu: "Sim, estou pronto".

14 Jacó disse: "Vá ver como estão seus irmãos e os rebanhos. Depois, venha me contar". E enviou o filho do vale de Hebrom a Siquém.

15 Um homem encontrou o rapaz andando a esmo pelos campos e perguntou: "O que você está procurando?".

16 "Estou tentando achar meus irmãos. Você sabe onde eles estão cuidando dos rebanhos?"

17 O homem respondeu: "Eles já se foram daqui, mas eu os ouvi dizer: 'Vamos para Dotã'". José prosseguiu em sua busca e, de fato, encontrou os irmãos em Dotã.

18-20 Os irmãos de José o reconheceram de longe e acharam que era uma boa oportunidade para se livrarem dele. O plano era este: "Lá vem o sonhador! Vamos matá-lo e jogá-lo numa dessas cisternas velhas. Depois, a gente diz que um animal selvagem o devorou. Veremos em que os sonhos dele vão dar!".

21-22 Rúben ouviu a conversa dos irmãos e intercedeu por José: "Por favor, não vamos matá-lo! Nem pensem em cometer assassinato! Vamos jogá-lo naquela cisterna ali, mas ninguém vai machucá-lo!". A intenção de Rúben era voltar mais tarde, tirá-lo do poço e levá-lo de volta ao pai.

23-24 Quando José chegou ao local em que estavam os irmãos, eles o agarraram, arrancaram dele a capa bordada e o jogaram na cisterna. O reservatório estava seco: não havia nem mesmo um pouco de água para beber.

25-27 Mais tarde, sentaram-se para jantar. De repente, avistaram uma caravana de ismaelitas que vinham de Gileade com os camelos carregados de especiarias, óleos e perfumes para vender no Egito. Judá sugeriu: "Irmãos, o que vamos ganhar se matarmos nosso irmão e ocultarmos as provas? Vamos vendê-lo para os ismaelitas, em vez de matá-lo. Afinal de contas, ele é nosso irmão, sangue do nosso sangue". Os outros concordaram com ele.

[28] Na hora em que os comerciantes estavam passando, José foi tirado da cisterna, e seus irmãos o venderam por vinte peças de prata aos ismaelitas. Os compradores levaram José para o Egito.

[29-30] Mais tarde, Rúben foi procurar José na cisterna, mas ele não estava lá! Então, rasgou as roupas em sinal de desespero e interrogou os irmãos: "O menino não está mais lá! O que vou fazer?".

[31-32] Eles pegaram a capa de José, mataram um bode e mergulharam a capa no sangue. Levaram de volta a bela peça de roupa ao pai e disseram: "Achamos isto. Olhe para ela: não parece a capa de seu filho?".

[33] Na mesma hora, ele a reconheceu: "A capa de meu filho! Um animal selvagem o atacou e o despedaçou!".

[34-35] Jacó rasgou as roupas em sinal de luto, vestiu-se com pano de saco e chorou muitos dias a morte do filho. Os outros filhos e filhas tentavam consolá-lo, mas ele não queria ouvir ninguém. Dizia: "Irei para o túmulo ainda chorando por meu filho". E chorava muito por ele.

[36] No Egito, os midianitas venderam José a Potifar, um dos oficiais do faraó, administrador da casa real.

38

[1-5] Na mesma época, Judá separou-se dos irmãos e foi ficar com um homem de Adulão chamado Hira. Ali, Judá conheceu a filha de um cananeu chamado Suá e casou-se com ela. Eles tiveram relações, ela engravidou e teve um menino chamado Er. Engravidou outra vez e teve outro menino chamado Onã. E teve mais um filho, a quem deu o nome de Selá. Quando ele nasceu, eles viviam em Quezibe.

[6-7] Judá conseguiu uma esposa para Er, seu filho mais velho. O nome dela era Tamar. Mas Er, filho mais velho de Judá, cometeu uma ofensa muito grave contra o Eterno, e o Eterno tirou a vida dele.

[8-10] Então, Judá disse a Onã: "Vá e deite-se com a viúva de seu irmão. É obrigação do cunhado manter viva a descendência do irmão". Mas Onã sabia que a criança não seria dele. Por isso, sempre que se deitava com a viúva, derramava o sêmen no chão, para que seu irmão não tivesse descendência. O Eterno desaprovou sua atitude e tirou a vida dele também.

[11] Então, Judá interveio e disse à sua nora: "Vá viver com seu pai na condição de viúva, até que meu filho Selá fique adulto". Ele tinha medo de que Selá também acabasse morto como os irmãos. Tamar concordou e foi morar com o pai.

[12] Passado algum tempo, morreu a esposa de Judá, filha de Suá. Terminado o período de luto, Judá e seu amigo Hira, de Adulão, foram tosquiar ovelhas em Timna.

[13-14] Alguém disse a Tamar: "Seu sogro foi tosquiar ovelhas em Timna". Ela tirou as roupas de viúva, pôs um véu para se disfarçar e sentou-se à entrada de Enaim, que fica no caminho para Timna. A essa altura, Selá já havia crescido, e ela percebeu que jamais iria se casar com ele.

[15] Judá viu Tamar e supôs que fosse uma prostituta, porque ela havia coberto o rosto com um véu. Ele foi até onde ela estava e disse: "Quero deitar com você". Ele não tinha a menor ideia de que falava com sua nora.

[16] Ela perguntou: "Como você vai me pagar?".

[17] Ele respondeu: "Vou enviar a você um cabrito do meu rebanho".

Ela retrucou: "Só se você me der alguma garantia".

[18] "Que garantia você quer?"

Ela disse: "Seu selo, o cordão de identificação pessoal e o cajado que você carrega". Ele entregou o que ela pediu e deitou-se com ela. Como resultado, Tamar engravidou.

[19] Depois de se deitar com o sogro, ela voltou para casa, tirou o véu e pôs de volta suas roupas de viúva.

[20-21] Mais tarde, Judá mandou em mãos por seu amigo de Adulão o cabrito prometido à mulher, a ser trocado pelos objetos dados em garantia. Não conseguindo encontrá-la, indagou dos homens do lugar: "Vocês sabem onde está a prostituta que costuma sentar-se à beira da estrada aqui perto de Enaim?".

Eles responderam: "Nunca vimos nenhuma prostituta aqui".

[22] Hira voltou para casa e informou Judá: "Não consegui encontrá-la. Os homens do lugar disseram que nunca viram nenhuma prostituta ali".

[23] Judá disse: "Pois que ela fique com a garantia. Se continuarmos a procurar, vamos virar piada na cidade. Já cumpri minha parte do acordo, enviando o cabrito, mas você não conseguiu encontrá-la".

[24] Cerca de três meses depois, vieram contar a novidade a Judá: "Sua nora bancou a prostituta, e agora é uma prostituta grávida!".

Judá, enfurecido, ordenou aos gritos: "Tragam-na para fora e queimem-na viva!".

MATEUS 13.53 — 14.21

53-57 Jesus terminou de contar essas histórias e partiu dali. Voltou para sua cidade e começou a ensinar na sinagoga. Ele arrebentou. Todo mundo ficou impressionado. "De onde vem tanta sabedoria, tanta capacidade?", perguntavam-se. Não demorou, porém, e já estavam falando mal dele: "Ora, nós o conhecemos desde menino: é o filho do carpinteiro! Conhecemos sua mãe, Maria, e seus irmãos, Tiago, José, Simão e Judas. Suas irmãs também vivem aqui. Quem ele pensa que é?". E ficaram desconcertados.

57-58 Jesus observou: "Um profeta só não é importante em sua terra e em sua família, nas ruas em que brincou quando criança". Por causa da indiferença e da hostilidade deles, não fez muitos milagres ali.

A morte de João

14 **1-2** Nessa mesma época, Herodes, que governava a região, ficou sabendo das atividades de Jesus. Ele disse aos seus assessores: "Esse deve ser João, o Batista, que voltou dos mortos, por isso é capaz de fazer milagres".

3-5 Herodes havia mandado prender João, que foi acorrentado e lançado numa cela para aplacar a raiva de Herodias, mulher de seu irmão Filipe. Pois João havia irritado Herodes por denunciar o adultério do rei. Herodes queria matá-lo, mas tinha medo do povo, que reverenciava João como profeta de Deus.

6-12 A chance surgiu na celebração do aniversário do rei. A filha de Herodias entrou na sala do banquete e dançou para os convidados. Ela encantou Herodes e todos os presentes. Embalado pelo vinho, prometeu dar-lhe qualquer coisa que ela quisesse. Já orientada pela mãe, foi rápida em responder: "Dê-me numa bandeja a cabeça de João, o Batista". O pedido deixou o rei abalado, mas, para não perder o prestígio entre os convidados, viu-se obrigado a concordar. Ordenou que cortassem a cabeça de João e a trouxessem à moça numa bandeja. A jovem, por sua vez, entregou-a à sua mãe. Mais tarde, os discípulos de João vieram buscar o corpo, deram-lhe um sepultamento digno e foram dar a notícia a Jesus.

Comida para cinco mil

13-14 Quando Jesus ficou sabendo do fato, entrou num barco e foi para um lugar para ficar sozinho. Mas não adiantou, porque alguém o reconheceu, e a notícia se espalhou. Imediatamente, o povo das cidades vizinhas rodeou o mar da Galileia para ir ao encontro dele. Quando ele viu o povo chegando, compadeceu-se deles e curou os que estavam doentes.

15 Quando estava anoitecendo, os discípulos aproximaram-se dele e aconselharam: "Estamos no meio do nada, e está ficando tarde. Despede o povo, para que eles saiam e consigam o que comer nas cidades".

16 Jesus, porém, respondeu: "Não há necessidade de despedi-los. Vocês é que vão dar comida a eles".

17 "Mas tudo que temos são cinco pães e dois peixes!", disseram.

18-21 Jesus ordenou: "Tragam-nos aqui". Em seguida, mandou o povo assentar-se na grama. Ele tomou os cinco pães e os dois peixes, olhou para o céu, orou, abençoou o pão, partiu-o e entregou tudo aos discípulos. Eles repartiram com o povo, e todos comeram e ficaram satisfeitos. Os discípulos recolheram doze cestos de sobras. E os que participaram da refeição foram cerca de cinco mil, fora mulheres e crianças.

SALMOS 14.1-7

Um salmo de Davi

14 **1** Com azedume, dizem os soberbos:
"Deus já era".
Suas palavras são gás venenoso,
que contaminam o ar; eles envenenam
Rios e céus;
espinhos é o que produzem para vender.

2 Do céu, o Eterno põe a cabeça para fora.
E olha em redor.
Procura alguém que não seja tolo —
um único homem que deposite
sua esperança em Deus;
uma única mulher disposta a seguir a Deus.

3 Mas ele volta de mãos vazias:
não encontrou ninguém.
Desorientadas, sem ter quem as pastoreie,
As ovelhas se revezam
no papel de pastor.
Noventa e nove delas
seguem sua companheira.

4 Será que esses predadores
não sabem o que os aguarda?
Será que não percebem
que não poderão se safar sem castigo?
Eles tratam o povo como uma refeição rápida,
e os estressados não têm nem tempo de orar.

DIA 021

5-6 A noite de pesadelos está vindo sobre eles,
pois Deus se põe do lado das vítimas.
Você acha que pode interferir
nos sonhos dos pobres?
Não, você não pode, porque Deus
torna os sonhos deles realidade.

7 Existe alguém aqui que possa salvar Israel?
Sim, Deus está aqui:
o Eterno transforma a vida.
Jacó, restaurado, pulará de alegria;
Israel, restaurado, cantará e exultará.

▪ NOTAS

☐ **DIA 021** ___ / ___ / ___

GÊNESIS 38.25 — 41.4

25 Enquanto era arrancada de casa, ela mandou um recado para o sogro: "Estou grávida do homem a quem pertencem estas coisas. Por favor, vejam de quem elas são. Quem é o dono deste selo, do cordão e do cajado?".

26 Judá reconheceu de imediato os objetos e disse: "Ela está com a razão. Eu é que estou errado. Eu não ia deixar que ela se casasse com meu filho Selá". E nunca mais se deitou com ela.

27-30 Quando chegou a hora de dar à luz, havia gêmeos dentro dela. No momento em que estavam nascendo, um deles pôs a mão para fora, e a parteira amarrou um fio vermelho na mão do bebê, dizendo: "Este nasceu primeiro". Mas ele puxou a mão de volta, e o irmão foi quem saiu. Ela disse: "Olhe que brecha para sair!". E deu a ele o nome de Perez (Brecha). Em seguida, saiu o irmão com o fio vermelho na mão. Ele recebeu o nome de Zerá (Brilhante).

39 **1** José foi levado para o Egito pelos ismaelitas, e ali foi comprado deles por Potifar, egípcio que era um dos oficiais do faraó e administrador da casa real.

2-6 Mas o Eterno estava com José, e tudo dava certo para ele de tal forma que acabou indo morar na casa de seu senhor egípcio. Potifar reconheceu que o Eterno estava do lado de José e abençoava tudo que o escravo fazia. Estava muito satisfeito com José, tanto que fez dele seu auxiliar pessoal e pôs sob a responsabilidade dele seus assuntos pessoais, deixando tudo nas mãos de José. Daí em diante, o Eterno passou a abençoar a casa do egípcio por causa de José. A bênção do Eterno era percebida em tudo que Potifar possuía, tanto em casa quanto nos campos. A única preocupação do senhor de José era sentar-se à mesa na hora do almoço e do jantar.

6-7 José era um homem muito atraente. Com o passar do tempo, a esposa do seu senhor sentiu-se atraída por ele e, um dia, o convidou: "Deite-se comigo".

8-9 Mas ele recusou e disse a ela: "Veja, meu senhor não se preocupa com nada do que acontece aqui, pois confia em mim. Ele pôs sob minha responsabilidade tudo que possui e me trata como se eu fosse alguém do nível dele. A única coisa que ele me vetou foi você. Afinal, você é mulher dele! Eu jamais poderia trair a confiança dele e pecar contra Deus!".

10 No entanto, ela insistia com ele dia após dia, enquanto ele se mantinha firme, recusando-se a ter um caso com ela.

11-15 Certo dia, ele chegou para cumprir suas tarefas, e nenhum dos que trabalhavam na casa estava presente. A mulher aproveitou-se disso e agarrou José pela capa. "Deite-se comigo!", dizia ela. Mas ele deixou a capa na mão dela e saiu correndo da casa. Quando ela viu que ele havia deixado a capa e fugido, foi chamar os que trabalhavam na casa e disse: "Vejam, esse hebreu aparece aqui e, como quem não quer nada, tenta se aproveitar de nós. Ele tentou deitar-se comigo, mas eu gritei o mais alto que podia. Por causa dos meus gritos, ele deixou a capa comigo e correu para fora".

16-18 Ela guardou a capa até que o senhor de José chegasse e contou a ele a mesma história: "Esse escravo hebreu, que você pôs aqui, veio atrás de mim e tentou me violentar! Quando comecei a gritar, ele saiu correndo e largou a capa comigo".

19-23 Quando ouviu a história que sua mulher havia contado, a denúncia contra o escravo hebreu, o senhor de José ficou furioso. Ele mandou buscar José e fez que o trancassem na prisão na qual costumavam ficar os prisioneiros do rei. Entretanto, mesmo na prisão, o Eterno ainda estava do lado de José, e a bondade divina garantiu que ele ganhasse a simpatia do chefe da carceragem, que fez de José o responsável por todos os presos, o administrador do complexo penitenciário. O chefe da carceragem deu tanta liberdade a José que nem sequer o vigiava, pois o Eterno estava do lado dele. Dessa maneira, tudo que José fazia dava certo.

40 **1-4** O tempo passou, e aconteceu que o copeiro e o padeiro do rei do Egito ofenderam seu senhor, o rei do Egito. O faraó ficou furioso com seus dois oficiais, o chefe dos copeiros e o chefe dos padeiros, e os pôs sob a custódia do capitão da guarda, na mesma cela em que José estava. O capitão da guarda deixou José responsável por atender às necessidades deles.

4-7 O copeiro e o padeiro do rei estavam detidos havia algum tempo, e os dois tiveram um sonho na mesma noite, cada sonho com um significado. Quando José chegou de manhã, percebeu que eles estavam aborrecidos e perguntou aos dois oficiais do faraó, que agora eram seus companheiros

de prisão: "O que aconteceu? Por que estão com essa cara abatida?".

8 Eles responderam: "Cada um de nós teve um sonho, mas não temos ninguém que nos explique o significado".

José retrucou: "Por acaso não é de Deus que vêm as interpretações? Contem-me os sonhos".

9-11 O primeiro a contar o sonho a José foi o copeiro: "No meu sonho, havia uma videira com três galhos na minha frente, e ela brotou, floresceu e produziu uvas que amadureciam nos cachos. Eu estava segurando o copo do faraó; então, peguei as uvas e as espremi no copo e o entreguei ao faraó".

12-15 E José disse: "A interpretação é a seguinte: os três galhos são três dias. Dentro de três dias, o faraó vai tirar você daqui. Você vai ser reintegrado a seu posto e vai servir a taça ao faraó do jeito que costumava fazer quando era o copeiro dele. Mas não se esqueça de mim quando as coisas estiverem dando certo para você. Fale de mim ao faraó e tire-me daqui. Fui sequestrado na terra dos hebreus e agora estou preso sem ter feito nada que justificasse eu ter sido jogado neste buraco".

16-17 O chefe dos padeiros percebeu que a interpretação de José havia sido boa e disse: "Meu sonho foi assim: havia três cestas de vime sobre minha cabeça. Na cesta de cima, havia diversos tipos de pães e doces, e os passarinhos vinham comer da cesta que estava sobre minha cabeça".

18-19 José disse: "A interpretação é a seguinte: as três cestas são três dias. Dentro de três dias, o faraó mandará cortar sua cabeça, você será empalado, e os pássaros vão comer a sua carne".

20-22 E foi o que aconteceu. Três dias depois, foi comemorado o aniversário do faraó, e ele deu uma festa para todos os que trabalhavam para ele. O chefe dos copeiros e o chefe dos padeiros foram postos num lugar de destaque, na presença de todos os convidados. Então, o faraó restituiu o chefe dos copeiros à sua antiga função, e ele voltou a servir o faraó, como antes. Quanto ao chefe dos padeiros, ele mandou empalar, exatamente como José havia previsto ao interpretar os sonhos.

23 Mas o chefe dos copeiros se esqueceu totalmente de José.

41 **1-4** Passaram-se mais dois anos, e o faraó teve um sonho. Ele estava perto da margem do Nilo, e sete vacas gordas e saudáveis saíram do rio para pastar entre os juncos. Logo depois, outras sete

DIA 021

vacas, estas apenas pele e osso, saíram do rio e se juntaram às primeiras vacas que pastavam perto do Nilo. As vacas magras devoraram as sete vacas saudáveis. Então, o faraó acordou.

MATEUS 14.22 — 15.9

Andando sobre o mar

22-23 Terminada a refeição, ele insistiu em que os discípulos entrassem no barco e fossem para o outro lado, enquanto ele despedia o povo. Em seguida, subiu a uma montanha onde pôde ficar sozinho e orar. E ali ficou até tarde da noite.

24-26 O barco já estava longe quando começou a ventar muito forte, e a embarcação era sacudida pelas ondas. Por volta das quatro horas da madrugada, Jesus foi na direção deles, andando sobre o mar. Aterrorizados, eles nem conseguiam pensar direito. "Um fantasma!", gritaram apavorados.

27 Jesus tratou de tranquilizá-los: "Calma! Sou eu. Não tenham medo".

28 Pedro, num ímpeto de coragem, pediu: "Mestre, se és tu mesmo, faça que eu vá até aí andando sobre a água também".

29-30 Jesus disse: "Venha".

Pedro pulou do barco e começou a caminhar sobre a água na direção de Jesus. Mas, quando ele olhou para baixo e viu as ondas batendo e fazendo barulho sob seus pés, sua tranquilidade se foi, e ele começou a afundar. "Mestre, salva-me!", gritou.

31 Jesus foi rápido. Alcançou Pedro, segurou-o pela mão e o censurou: "Que homem sem coragem! O que aconteceu com você?".

32-33 Os dois subiram no barco, e o vento acalmou. Os discípulos, que haviam observado tudo de dentro do barco, adoraram Jesus, exclamando: "Não há dúvida: tu és o Filho de Deus!".

34-36 Concluíram a travessia e ancoraram o barco em Genesaré. Quando o povo soube que ele estava de volta à cidade, espalharam a notícia pela vizinhança e reuniram os doentes, que pediam permissão para tocar a orla da roupa de Jesus. E todos que a tocaram foram curados.

A verdadeira contaminação

15 **1-2** Depois disso, os fariseus e os líderes religiosos saíram de Jerusalém e procuraram Jesus apenas para reclamar: "Por que os seus discípulos não levam as leis a sério?".

3-9 Jesus reagiu: "E por que vocês usam as próprias regras para não levar os mandamentos de Deus

a sério? Deus diz claramente: 'Respeitem seu pai e sua mãe'. Diz também: 'Quem desrespeitar o pai ou a mãe será morto'. Mas vocês driblam o mandamento, alegando que é perfeitamente aceitável dizer ao pai ou à mãe: 'Vou ofertar a Deus a ajuda financeira que eu deveria dar a vocês'. Assim, vocês se livram da obrigação que têm para com os pais. Vocês anulam a Palavra de Deus e a trocam por suas próprias regras. Impostores! A profecia de Isaías a respeito de vocês acertou em cheio:

> Esse povo faz um grande *show*,
>   dizendo as coisas certas,
>   mas o coração deles não está nem aí
>   para o que dizem.
> Fazem de conta que me adoram,
>   mas é tudo encenação.
> Eles me usam apenas como desculpa
>   para ensinar o que se adapta
>   ao seu gosto".

SALMOS 15.1 — 16.2

Um salmo de Davi

15 **1** Ó Eterno, quem é convidado para jantar na tua casa? O que fazer para entrar nessa lista?

2 "Ande direito,
    faça o que é certo,
fale a verdade.

3-4 "Não machuque seu amigo,
    não acuse o próximo;
menospreze o desprezível.

5 "Mantenha sua palavra,
    mesmo quando tiver prejuízo,
    viva de maneira honesta,
jamais aceite propina.

"Você nunca entrará
na lista negra
se viver dessa maneira."

Uma canção de Davi

16 **1-2** Guarda-me, ó Deus! Corri ao teu encontro para salvar a pele. Digo ao Eterno: "Sê o meu Senhor!". Sem ti, nada faz sentido.

NOTAS

9-13 Então, o chefe dos copeiros se manifestou: "Acabei de me lembrar de um incidente. Peço desculpas, pois eu devia ter falado isso já faz algum tempo. Certa ocasião, quando o faraó ficou irado comigo e com o chefe dos padeiros, ele nos prendeu na casa do capitão da guarda, e nós dois tivemos sonhos na mesma noite, cada sonho com seu significado. Aconteceu que havia, naquela prisão, um escravo hebreu que prestava serviço ao capitão da guarda. Nós contamos os sonhos a esse escravo, e ele os interpretou para nós, um de cada vez. E tudo aconteceu exatamente como ele havia falado: eu fui restituído às minhas funções, e o chefe dos padeiros foi empalado".

14 O faraó mandou buscar José imediatamente. Ele foi retirado às pressas da sua cela, fez a barba, vestiu roupas limpas e, então, se apresentou ao faraó.

15 O faraó disse a José: "Tive um sonho, mas ninguém consegue interpretá-lo. Mas fiquei sabendo que você consegue interpretar sonhos, basta que sejam contados a você".

16 José respondeu: "Eu não, mas Deus. Ele vai acalmar o coração do faraó".

17-21 O faraó disse a José: "No sonho, eu estava à margem do Nilo. Sete vacas vistosas e cheias de saúde saíram do rio e começaram a pastar no meio dos juncos. Logo em seguida, saíram outras sete, todas magras, só pele e osso. Eu nunca tinha visto vacas tão feias em todo o Egito. As sete vacas magras e feias comeram as sete vacas saudáveis. Mas, por incrível que pareça, depois de comê-las, elas continuaram magras e feias como antes. Então, acordei.

22-24 "No meu segundo sonho, vi sete espigas viçosas, cheias de grãos, que saíam da mesma haste. Logo depois delas, brotaram outras sete, mirradas e ressecadas pelo vento leste, e as espigas mirradas engoliram as espigas cheias. Contei os dois sonhos aos magos, mas eles não chegaram a conclusão alguma".

25-27 José disse ao faraó: "Os dois sonhos do faraó têm o mesmo significado. Deus está dando um aviso sobre o que ele está para fazer. Tanto as sete vacas saudáveis quanto as sete espigas cheias representam sete anos: o significado é um só. As sete vacas magras e feias que apareceram depois representam sete anos, e as sete espigas de grãos mirradas e ressecadas pelo vento leste representam a mesma coisa: sete anos de fome.

28-32 "O significado é o que eu já disse: Deus está dizendo ao faraó o que ele está para fazer. Estão para chegar sete anos de fartura em todo o Egito. Mas, logo em seguida, virão sete anos de fome, e não

☐ DIA 022 ___/___/___

GÊNESIS 41.5 — 42.5

5-7 Logo depois, ele voltou a dormir e sonhou pela segunda vez. Agora viu sete espigas de grãos, todas grandes e viçosas, que saíam da mesma haste. Mas outras sete espigas, estas mirradas e ressecadas pelo vento leste, brotaram no meio delas, e as espigas mirradas engoliram as espigas saudáveis e encorpadas. Então, o faraó acordou. Era mais um sonho.

8 Quando o dia amanheceu, ele estava perturbado e mandou chamar todos os magos e sábios do Egito. O faraó contou os dois sonhos, mas ninguém conseguiu interpretá-los.

DIA 022

ficará no Egito nem sinal dessa fartura. O país será arrasado pela fome, e não restará nada da fartura anterior. A fome será devastadora. O faraó teve o mesmo sonho duas vezes para ressaltar que Deus não vai demorar a agir.

33-36 "Por isso, o faraó precisa escolher a um homem experiente e sábio para administrar o país e também designar outros encarregados por todo o Egito, para que organizem tudo durante os anos de fartura. Eles deverão reunir todo o alimento produzido nos anos bons que estão por vir e, sob a autoridade do faraó, estocar os grãos em cidades-armazém. Esses grãos serão preservados para os sete anos de fome que estão por vir sobre o Egito. É a única forma de o país não ser arrasado pela fome".

37 O faraó e seus oficiais acharam a ideia excelente.

38 Dirigindo-se a seus oficiais, o faraó perguntou: "Por acaso, não é ele o homem de que precisamos? Encontraremos outra pessoa igual a ele, em quem esteja o espírito de Deus?".

39-40 Em seguida, dirigindo-se a José, declarou: "Você é a pessoa de quem estamos precisando. Parece que Deus entregou a você o plano detalhado, e ninguém tem a experiência e a sabedoria que você demonstra. De hoje em diante, você será responsável pelos meus negócios. Todo o meu povo seguirá suas ordens. Apenas eu, na condição de rei, estarei acima de você".

41-43 E foi assim que José recebeu esta incumbência: "Estou pondo sob seus cuidados toda a terra do Egito". Em seguida, o faraó tirou seu anel de autoridade e o pôs no dedo de José. Também ordenou que ele fosse vestido com roupas do melhor linho e pôs em seu pescoço um colar de ouro. A segunda carruagem na hierarquia de comando ficou à sua disposição, e, quando ele passava, o povo gritava: "Viva!".

Desse modo, toda a terra do Egito foi posta sob o comando de José.

44 O faraó disse ainda a José: "Sou o faraó, mas, no Egito, nada acontecerá sem seu selo de aprovação".

45 Ele deu a José um nome egípcio, Zafenate-Paneia (Deus Fala e Ele Vive). Deu a ele também uma esposa egípcia, Azenate, filha de Potífera, sacerdote de Om (Heliópolis).

Assim, José assumiu seu cargo na terra do Egito.

46 Ele estava com 30 anos de idade quando começou a trabalhar para o faraó, rei do Egito. Logo que saiu da presença do rei, ele começou a desempenhar sua tarefa no Egito.

47-49 Nos sete anos de fartura que se seguiram, a terra produziu safras excepcionais. José juntou o alimento

dos sete anos bons no Egito e o armazenou em diversas cidades. Em cada cidade, ele estocava o excedente das plantações da região e reuniu uma quantidade de grãos tão grande que ele acabou desistindo de contar, pois competiam em quantidade com a areia da praia!

50-52 José teve dois filhos que nasceram antes dos anos de fome. Azenate, filha de Potífera, sacerdote de Om, era a mãe. José deu ao primeiro o nome de Manassés (Esquecer), dizendo: "Deus me fez esquecer todo o meu sofrimento e a casa dos meus pais". Ao segundo filho deu o nome de Efraim (Prosperidade em Dobro), dizendo: "Deus me fez prosperar na terra da minha tristeza".

53-54 Os sete anos bons no Egito chegaram ao fim, e começaram os sete anos de fome, exatamente como José havia predito. Na verdade, a fome atingiu todos os países, mas o Egito era o único em que havia alimento.

55 A fome era sentida em toda a terra do Egito, e o povo, em desespero, veio pedir comida ao faraó. A resposta dele aos egípcios era: "Procurem José e façam o que ele disser".

56-57 No momento em que a fome se agravou em todo o país, José abriu os celeiros e começou a vender os mantimentos aos egípcios. A fome era severa. Não demorou até que o mundo inteiro viesse comprar mantimentos com José. A fome era grande em todo lugar.

42 **1-2** Quando Jacó ficou sabendo que havia alimento no Egito, disse a seus filhos: "Por que vocês estão aí sentados, olhando uns para os outros? Fui informado de que há comida no Egito. Desçam para lá e comprem um pouco, para que possamos sobreviver, em vez de morrer de fome".

3-5 Dez irmãos de José desceram ao Egito para comprar alimento. Jacó não permitiu que Benjamim, irmão de José, fosse com eles: tinha medo de que algo ruim acontecesse ao rapaz. Os filhos de Israel acompanharam a caravana que seguia para o Egito pelo mesmo motivo, pois a terra de Canaã também havia sido atingida pela fome.

MATEUS 15.10-31

10-11 Dirigindo-se à multidão, ele acrescentou: "Ouçam agora e prestem bastante atenção: não é o que vocês comem que contamina a vida, mas o que sai de vocês".

12 Mais tarde, os discípulos lhe disseram: "Os fariseus ficaram bastante irritados com as tuas declarações".

13-14 Jesus deu de ombros: "Toda árvore que não tenha sido plantada por meu Pai no céu será cortada pela raiz. Esqueçam-se deles. São cegos guiando outros cegos. Quando um cego guia outro cego, ambos caem no buraco".

15 Pedro disse: "Não entendi. O senhor poderia ser mais claro?".

16-20 Jesus respondeu: "Você também? Será que não entende? Não sabe que o que se come é digerido no estômago e depois é eliminado? Mas o que vem da boca sai do coração. É do coração que vomitamos maus pensamentos, assassinato, adultério, imoralidade, roubo, mentira e calúnia. É isso que contamina. Comer ou deixar de comer alguns alimentos, lavar ou não as mãos — isso não tem importância".

Curando o povo

21-22 Dali Jesus viajou para Tiro e Sidom. Mal chegaram, e uma mulher cananeia desceu as colinas e suplicou: "Misericórdia, Mestre, Filho de Davi! Minha filha está cruelmente afligida por um espírito maligno".

23 Jesus a ignorou. Mas os discípulos reclamaram: "Ela está nos perturbando. Atenda-a, por favor! Ela vai nos deixar malucos!".

24 Jesus continuou a ignorá-la, dizendo: "Estou ocupado agora com as ovelhas perdidas de Israel".

25 Então, a mulher ajoelhou-se diante dele e implorou: "Mestre, ajuda-me!".

26 Ele respondeu: "Não é certo tirar o pão da boca dos filhos e dá-lo aos cães".

27 Ela foi rápida: "Entendo, Mestre. Mas os cães não comem das migalhas que caem da mesa do dono?".

28 Jesus disse: "Ah, mulher! Sua fé é impressionante! Pois o que você deseja acontecerá". Naquele momento, a filha dela ficou boa.

29-31 Depois disso, Jesus contornou o mar da Galileia e acomodou-se num lugar alto, pronto para atender o povo. E eles vieram, milhares deles, trazendo paraplégicos, cegos, mudos, aleijados — todo tipo de necessidade havia ali — e deixando-os aos pés de Jesus para ver o que ele faria. Jesus curou todos eles. Quando viu os mudos falando, os aleijados restaurados, os paraplégicos andando e os cegos enxergando, o povo ficou maravilhado e foi dizer a todos que Deus estava vivo, atuando de maneira tremenda no meio deles.

SALMOS 16.3-11

3 Todos esses cujas vidas são de Deus...
são meus amigos do peito.

4 Não pense em apenas comprar um deus.
Não há deuses em oferta.
Juro que jamais mencionarei os nomes divinos
como marcas de grife.

5-6 Tu foste minha primeira e única escolha,
ó Eterno.
E, agora, descubro que sou *tua* escolha!
Puseste-me numa casa com jardim.
Depois me fizeste teu herdeiro!

7-8 O sábio conselho que o Eterno dá
quando estou acordado
recebe confirmação do meu coração
quando adormeço.
Noite e dia, portanto, ficarei com o Eterno.
Tenho uma coisa boa em meu poder
e não vou deixá-la escapar.

9-10 Estou feliz por dentro
e, por fora, firmemente formado.
Cancelaste minha passagem para o além —
esse não é o meu destino.

11 Agora, puseste meus pés na vereda da vida,
estou completamente iluminado
pelo brilho do teu rosto.
Desde que me seguraste pela mão,
estou no caminho certo.

NOTAS

DIA 023

GÊNESIS 42.6 — 43.23

6-7 José estava administrando o país. Era ele quem fornecia alimento para o povo. Quando os irmãos de José chegaram, eles o trataram com reverência, curvando-se diante dele. José os reconheceu de imediato, mas resolveu tratá-los como estranhos e falou asperamente com eles.

Ele perguntou: "De onde são vocês?".

Eles responderam: "De Canaã. Estamos aqui para comprar alimento".

8 José sabia quem eles eram, mas eles não o reconheceram.

9 Lembrando-se dos sonhos que havia tido a respeito deles, José falou: "Vocês são espiões! Vieram ver os pontos mais desguarnecidos da nossa terra".

10-11 Mas eles se defenderam: "Senhor, não é isso. Viemos apenas comprar alimento. Somos todos filhos de um único homem. Somos homens honestos, jamais pensaríamos em espionar a terra".

12 José insistiu: "Não acredito. Vocês são espiões e vieram ver os pontos fracos do país".

13 Eles responderam: "Éramos doze irmãos, filhos do mesmo pai na terra de Canaã. O caçula ficou com nosso pai, e o outro já não está mais entre nós".

14-16 Mas José estava irredutível: "Nada me convence de que vocês não sejam espiões. Vou fazer uma prova com vocês. Juro pela vida do faraó que vocês não vão sair daqui enquanto não trouxerem seu irmão mais novo para que eu o veja. Mandem um de vocês ir buscá-lo, e os outros ficam presos aqui. Assim, vou saber se estão dizendo a verdade ou não. Pela vida do faraó, afirmo que vocês são espiões".

17 Em seguida, mandou prendê-los por três dias.

18-20 No terceiro dia, José disse a eles: "Vamos fazer o seguinte, para que vocês não morram, porque sou um homem temente a Deus. Se forem honestos como dizem, um de vocês ficará preso aqui, e os outros voltarão para levar alimento e matar a fome de suas famílias. Mas terão de trazer seu irmão caçula à minha presença, para confirmar o que me disseram. Assim, nenhum de vocês morrerá". Eles concordaram.

21 Quando José terminou, eles começaram a falar entre si: "Estamos pagando pelo que fizemos com nosso irmão! Vimos como ele estava apavorado, pedindo clemência, e nem ligamos. Agora, somos nós que estamos em apuros".

22 Rúben os interrompeu: "Eu não disse a vocês: 'Não façam mal ao garoto'? Mas vocês não me ouviram. Agora estamos pagando pelo assassinato dele".

23-24 José falava com eles por meio de um intérprete; por isso, eles nem imaginavam que José entendia tudo que diziam. E, por entender tudo, ele se afastou dali para chorar. Quando se recompôs, mandou que amarrassem Simeão, que seria agora seu prisioneiro. Os outros apenas assistiam a tudo.

25 Logo depois, José ordenou que enchessem as bolsas com grãos, mas que o dinheiro fosse devolvido a cada bolsa. Mandou também que dessem a eles mantimentos para a viagem. E assim foi feito.

26 Eles carregaram os jumentos com os suprimentos e partiram.

27-28 Ao fazer a primeira parada, para passar a noite, um deles foi pegar comida para o jumento. Quando abriu a bolsa, viu que seu dinheiro estava ali, bem à mostra. Ele chamou os outros irmãos e disse: "Meu dinheiro foi devolvido! Está aqui na minha bolsa!". Eles ficaram confusos e assustados. Diziam: "O que Deus está fazendo conosco?".

29-32 Quando chegaram de volta à terra de Canaã, contaram a Jacó tudo que havia acontecido, dizendo: "O homem que administra a terra foi muito rude conosco e ainda nos acusou de espionagem. Dissemos a ele: 'Somos gente honesta, não espiões. Éramos doze irmãos, filhos do mesmo pai. Um não está mais entre nós, e o outro está com nosso pai em Canaã'.

33-34 "Mas o senhor daquela terra disse: 'Deixem aqui comigo um de seus irmãos e vão levar a comida para matar a fome da família de vocês. Tragam a mim o irmão caçula de vocês. Será a prova de que vocês são honestos, não espiões. Só então, devolverei seu irmão, e vocês terão livre acesso a este país' ".

35 Ao esvaziar as bolsas carregadas de alimento, cada um deles encontrou o dinheiro em sua bolsa.

Quando viram o dinheiro, os irmãos e seu pai ficaram preocupados. **36** O pai suspirou: "Vocês estão acabando comigo! Já perdi José, fiquei sem Simeão e agora vocês querem levar Benjamim. Se eu permitir, acabo ficando sozinho no mundo". **37** Diante disso, Rúben fez ao pai a seguinte proposta: "Deixarei meus dois filhos como reféns. Se eu não trouxer Benjamim de volta, o senhor pode matá-los. Deixe Benjamim sob minha responsabilidade, e eu o trarei de volta". **38** Mas Jacó não concordou: "Meu filho não vai para lá com vocês! Seu irmão já morreu, e ele é tudo que me resta. Se acontecer algo ruim com ele durante a viagem, vou morrer de tristeza."

43

1-2 A fome na terra agravou-se. A família de Jacó já havia consumido todo o alimento trazido do Egito, e, um dia, o pai decidiu: "Voltem ao Egito e tragam um pouco mais de suprimento". **3-5** Mas Judá lembrou: "O homem nos avisou e foi categórico: 'Vocês nem me verão se não trouxerem seu irmão com vocês'. Se o senhor estiver disposto a deixar nosso irmão seguir conosco, iremos e traremos alimento. Caso contrário, não arredamos pé daqui. De nada iria adiantar, pois o homem nos disse: 'Vocês nem me verão se não trouxerem seu irmão com vocês' ". **6** Israel gemeu: "Por que vocês me complicam a vida? Por que foram dizer ao homem que tinham outro irmão?". **7** Eles responderam: "O homem estava nos pressionando e fazendo perguntas sobre nossa família: 'O pai de vocês ainda está vivo? Vocês têm outro irmão?'. Nós apenas respondemos às perguntas que ele fez. Como íamos adivinhar que ele iria dizer: 'Tragam seu irmão' "? **8-10** Judá insistiu com Israel: "Deixe o garoto ir com a gente. Eu cuidarei dele. Se não formos ao Egito, vamos todos morrer de fome aqui – nós, o senhor e nossos filhos também! Eu mesmo assumo a responsabilidade pela segurança dele. É minha vida pela vida dele. Se eu não o trouxer de volta são e salvo, assumirei toda a culpa. Se já tivéssemos partido, em vez de ficar aqui perdendo tempo, já teríamos ido e voltado duas vezes". **11-14** Diante desse argumento, Israel desistiu: "Se tem de ser assim, assim será. Mas façam o seguinte: ponham na bagagem alguns dos produtos mais finos da terra como presente para aquele homem – bálsamo, mel, especiarias, perfumes, pistache e amêndoas.

Levem bastante dinheiro, paguem em dobro, por causa do dinheiro que foi devolvido à bolsa de cada um. Deve ter sido um engano. Agora, peguem seu irmão e vão! Vão procurar aquele homem, e que o Deus Forte faça que ele veja vocês com bons olhos e mande de volta seu outro irmão junto com Benjamim. No que me diz respeito, já perdi as esperanças". **15-16** E eles partiram, levando os presentes, dinheiro em dobro e Benjamim. Não perderam tempo e logo estavam outra vez diante de José, no Egito. Quando José viu que Benjamim estava com eles, disse ao mordomo da sua casa: "Leve estes homens para casa e deixe-os à vontade. Mate um animal e prepare uma refeição. Eles vão almoçar comigo". **17-18** O mordomo fez o que José havia ordenado e levou-os para dentro. Mas eles ficaram preocupados quando viram que estavam sendo levados para a casa de José e pensaram: "Só pode ser por causa do dinheiro. Ele pensa que fugimos com o dinheiro na primeira viagem e agora estamos nas mãos dele. Ele vai nos transformar em escravos e ficar com nossos jumentos". **19-22** Eles acompanharam o mordomo de José e, à entrada da casa, disseram: "Por favor, ouça-nos! Viemos aqui da outra vez para comprar alimento. No caminho de volta, logo na primeira noite, abrimos as bolsas e encontramos nosso dinheiro na boca de cada uma delas, a exata quantia que havíamos pago. Trouxemos todo esse dinheiro de volta e o suficiente para comprar mais alimento. Não temos a menor ideia de quem pôs o dinheiro nas bolsas". **23** O mordomo os tranquilizou: "Está tudo certo. Não se preocupem. Deve ter sido uma dádiva do seu Deus e do Deus de seu pai, porque recebi tudo que me era devido". Em seguida, ele foi buscar Simeão.

MATEUS 15.32 — 16.20

32 Jesus, no entanto, não havia acabado. Ele chamou os discípulos e disse: "Estou com o coração partido por esta gente. Há três dias estão comigo, e não têm o que comer. Não posso mandá-los embora com fome – vão acabar desmaiando no caminho". **33** Os discípulos perguntaram: "Mas onde vamos encontrar comida suficiente para todos neste lugar deserto?". **34-39** Jesus perguntou: "Quantos pães vocês têm?".

"Sete pães e alguns peixes", informaram. Jesus, então, mandou que o povo se assentasse. Ele tomou os sete pães e os peixes, deu graças e os repartiu com o povo. Todos comeram à vontade, e foram necessários sete grandes cestos para recolher as sobras. Os que participaram da refeição foram cerca de quatro mil, fora mulheres e crianças. Depois de despedir a multidão, Jesus entrou no barco e chegou às colinas de Magadã.

O fermento do mal

16 **14**Os fariseus e saduceus voltaram a pressionar Jesus, para que ele desse alguma prova de quem ele era. Sua resposta foi: "Vocês têm um ditado que diz: 'Quando o céu fica vermelho de noite, o marinheiro fica contente; quando o céu fica vermelho de manhã, o marinheiro fica alerta'. Se para vocês é fácil a previsão do tempo, por que têm dificuldades para interpretar os sinais dos tempos? Esta geração má e devassa está sempre em busca de sinais e maravilhas. No entanto, o único sinal que terão é o de Jonas". Dito isso, deu-lhes as costas e foi embora.

5-6 No trajeto até o outro lado do mar, os discípulos perceberam que haviam esquecido o pão. Aproveitando a oportunidade, Jesus aconselhou-os: "Fiquem de olho no fermento dos fariseus e saduceus".

7-12 Pensando que ele os repreendia por haverem esquecido o pão, começaram a culpar um ao outro. Percebendo o que se passava, Jesus perguntou: "Por que estão discutindo por haverem esquecido o pão? Vocês parecem crianças! Não entenderam ainda? Não se lembram dos cinco pães que demos aos cinco mil? Quantos cestos de sobras vocês recolheram? Ou dos setes pães para os quatro mil? Quantos cestos de sobras vocês recolheram? Ainda não perceberam que o problema não é o pão? O problema é o fermento – o fermento dos fariseus e saduceus". Então, eles entenderam. Jesus não estava preocupado com o pão, mas com o ensino dos fariseus e saduceus.

O Messias, o Filho de Deus

13 Quando chegou às vilas de Cesareia de Filipe, Jesus perguntou aos discípulos: "O que o povo anda dizendo a respeito do Filho do Homem?".

14 Eles responderam: "Alguns pensam que é João, o Batista. Outros acham que é Elias. Há quem pense que é Jeremias ou algum dos profetas".

15 Ele insistiu: "E vocês? Quem acham que eu sou?".

16 Simão Pedro declarou: "Tu és o Cristo, o Messias, o Filho do Deus vivo!".

17-18 Jesus afirmou: "Deus o abençoe, Simão, filho de Jonas! Você não retirou a resposta dos livros nem citou algum professor. Meu Pai no céu, o próprio Deus, revelou a você o segredo sobre quem sou de fato. Agora vou dizer quem você é *de verdade*.

Você é Pedro, uma pedra. Essa é a pedra sobre a qual vou edificar minha igreja, uma igreja tão exuberante e tão cheia de energia que nem as portas do inferno serão capazes de obstruir seu avanço.

19 "E isso não é tudo. Vocês terão acesso livre e total ao Reino de Deus e chaves para abrir qualquer porta, sem mais barreiras entre o céu e a terra, a terra e o céu. Um 'sim' na terra é um 'sim' no céu. Um 'não' na terra é um 'não' no céu".

20 Ele exigiu segredo dos discípulos: fez que prometessem não contar a ninguém que ele era o Messias.

SALMOS 17.1-7

Uma oração de Davi

17 **1-2**Ó Eterno, ouve enquanto apresento a minha causa, a mais honesta oração que já ouviste.
Mostra ao mundo que sou inocente –
em teu coração, sabes que sou.

3Examina-me por dentro e por fora,
faz-me uma visita-surpresa no meio da noite,
E verás que sou aquilo que digo ser.
Minhas palavras não mentem.

4-5Não estou tentando impor meu jeito
do jeito que o mundo faz.
Estou tentando seguir *teu* jeito,
o jeito da tua Palavra.
Estou seguindo tuas pegadas;
um passo
De cada vez.
E não desisto.

6-7 Chamo por ti, ó Deus,
porque tenho certeza de resposta.
Então, responde-me! Ouve com atenção!
Grafita os muros com a tua graça.
Acolhe teus filhos apavorados que
Fogem dos valentões da vizinhança
E correm para ti.

■ **NOTAS**

DIA 024 ___ / ___ /___

GÊNESIS 43.24 — 45.16

24-25 Por fim, levou os irmãos para dentro da casa de José e os deixou à vontade. Providenciou água para lavarem os pés e palha para alimentar os jumentos. Os irmãos pegaram os presentes que haviam trazido enquanto esperavam a chegada de José, marcada para o meio-dia, pois haviam sido avisados de que almoçariam com ele.

26 Quando José chegou, eles entregaram os presentes e curvaram-se em sinal de reverência.

27 Depois de cumprimentá-los, José perguntou: "E o pai de vocês, o homem idoso de quem me falaram, ele está bem? Ainda está vivo?".

28 Eles disseram: "Sim, seu servo, nosso pai, está muito bem e ainda vive". E, de novo, eles se curvaram em sinal de reverência diante dele.

29 José olhou para seu irmão Benjamim, filho de sua mãe, e perguntou: "É este o irmão caçula de quem me falaram?". Em seguida, o abençoou: "Deus dê sua graça a você, meu filho".

30-31 Profundamente comovido ao ver seu irmão e a ponto de desabar em lágrimas, José retirou-se depressa, foi para outro aposento e ali chorou bastante. Em seguida, lavou o rosto, controlou-se e disse: "Vamos comer".

32-34 José foi servido numa mesa à parte, separado dos irmãos que, por sua vez, estavam separados dos egípcios (os egípcios não se sentam à mesa com nenhum hebreu, pois é repulsivo para eles). Os irmãos estavam sentados de frente para José, por ordem de idade, do mais velho até o mais novo, e olhavam admirados uns para os outros, imaginando o que aconteceria em seguida. Os irmãos foram servidos com a comida da mesa de José, mas o prato de Benjamim veio bem mais cheio que os dos outros. Assim, os irmãos festejaram com José e beberam à vontade.

44 **1-2** José deu ordens ao mordomo da sua casa: "Encha com alimento as bolsas desses homens, tanto quanto conseguirem carregar, e coloque o dinheiro de volta na boca da bolsa de cada um. Ponha também o meu cálice, aquele cálice de prata, na boca da bolsa do caçula junto com o dinheiro trazido para comprar alimento". E ele fez conforme José havia ordenado.

3-5 Ao romper do dia, os homens partiram com os jumentos. Eles mal haviam deixado a cidade, quando do José ordenou ao mordomo: "Corra atrás deles. Quando os alcançar, diga: 'Por que vocês pagaram o bem com o mal? Vocês estão com o cálice em que meu senhor bebe e que ele também usa para suas adivinhações. Isso é inaceitável!'".

6 Ele os alcançou e repetiu as palavras de José.

7-9 Confusos, eles disseram: "Do que você está falando? Jamais faríamos uma coisa dessas! Por acaso não trouxemos de volta desde Canaã todo o dinheiro que havíamos encontrado em nossas bolsas? Você acha que iríamos roubá-lo de novo de seu senhor? Se o cálice for encontrado com algum de nós, essa pessoa morrerá, e todos os outros serão escravos de seu senhor".

10 O mordomo disse: "Muito bem, então! Mas não é preciso tudo isso. Quem for achado com o cálice ficará aqui como escravo, e os outros poderão ir embora".

11-12 Os irmãos não perderam tempo. Puseram as bolsas no chão e as abriram para que fossem examinadas. O mordomo inspecionou as bolsas, começando do mais velho para o mais novo. E o cálice foi encontrado na bolsa de Benjamim.

13 Diante da descoberta, eles rasgaram as próprias roupas em sinal de desespero, carregaram de novo os jumentos e voltaram para a cidade.

DIA 024

14 José ainda estava em casa quando Judá e seus irmãos chegaram de volta. Eles se jogaram ao chão diante de José.

15 José interrogou-os: "Por que vocês fizeram isso? Deveriam saber que um homem como eu logo descobriria o roubo".

16 Falando pelos irmãos, Judá disse: "Senhor, o que podemos dizer? O que há para ser dito? Como podemos provar que somos inocentes? Deus está por trás de tudo isso, expondo a nossa maldade. Nossa culpa está diante do senhor e estamos dispostos a ser seus escravos. Estamos todos na mesma situação e somos tão culpados quanto aquele que foi encontrado com o cálice".

17 José retrucou: "Eu jamais faria isso com vocês. Apenas o que estava com o cálice será meu escravo. O restante está livre e pode voltar para casa".

18-20 Judá mais uma vez tomou a palavra: "Senhor, por favor, posso dizer apenas uma coisa? Não fique zangado nem pense que sou arrogante. Pelo que sei, o senhor é tão importante quanto o faraó. O senhor nos perguntou: 'Vocês têm pai e mais um irmão?', e respondemos com sinceridade: 'Temos um pai idoso e um irmão caçula que nasceu já na velhice dele. O irmão dele morreu, e ele é o único que restou daquela mãe. E seu pai o ama mais que tudo neste mundo'.

21-22 "Então, o senhor nos disse: 'Tragam-no aqui para que eu o veja'. Respondemos que isso era impossível: 'O garoto não pode deixar o pai. Se isso acontecer, nosso pai morrerá'.

23 "Mas o senhor insistiu: 'Se o irmão caçula de vocês não vier, vocês não poderão nem mesmo me ver'.

24-26 "Quando voltamos a nosso pai, contamos a ele tudo que o senhor nos disse. Por isso, quando nosso pai ordenou: 'Voltem e comprem mais um pouco de alimento', nós dissemos a ele, sem rodeios: 'Impossível! Só poderemos voltar se nosso irmão caçula for conosco. Não nos será permitido nem mesmo ver o homem se nosso irmão caçula não estiver conosco'.

27-29 "Seu servo, meu pai, protestou: 'Vocês sabem muito bem que minha esposa me deu dois filhos. Um já não está aqui. Já me conformei com a ideia de que ele foi despedaçado por um animal, porque desapareceu. Se agora vocês levarem este também e algo ruim acontecer com ele, vou morrer de tristeza'.

30-32 "Será que agora o senhor entende? Se eu aparecer diante do seu servo, meu pai, sem o garoto, o filho a quem ele é tão apegado, ele morrerá na hora em que perceber que o garoto não voltará para ele. Ele morrerá de tristeza, e nós, seus servos que estamos aqui na sua presença, seremos os responsáveis por sua morte. E tem mais. Foi com esta promessa que convenci meu pai a liberar o garoto para mostrá-lo ao senhor: 'Se eu não o trouxer de volta, serei culpado diante do senhor, meu pai, pelo resto da minha vida'.

33-34 "Portanto, imploro que me deixe ficar aqui como seu escravo, mas não o garoto. Permita que ele volte com seus irmãos. Como eu poderia olhar nos olhos do meu pai sem o garoto? Ah! Não me obrigue a voltar e assistir ao meu pai morrer de tristeza".

45 **1-2** José não conseguia mais se conter nem manter a pose diante de todos os seus servos. Então, ordenou: "Saiam! Fora, saiam todos daqui!". Por isso, não havia mais ninguém com José quando ele se revelou aos seus irmãos. Mas ele chorava tão alto que os egípcios não podiam deixar de ouvi-lo, e as notícias logo chegaram ao palácio do faraó.

3 José disse a seus irmãos: "Eu sou José. Meu pai está mesmo vivo?". Mas seus irmãos não conseguiam dizer uma única palavra. Ficaram mudos, pois não conseguiam acreditar no que estavam vendo e ouvindo.

4-8 José pediu a seus irmãos: "Cheguem mais perto de mim". E eles se aproximaram. "Eu sou José, o irmão que vocês venderam para o Egito. Não fiquem tristes, nem se culpem por terem me vendido. Deus estava por trás de todos os acontecimentos. Ele me enviou para cá antes de vocês para salvar vidas. Já faz dois anos que há fome na terra, e ela vai continuar por mais cinco anos. Nesse tempo, não haverá plantio nem colheita. Deus me enviou antes de vocês para preparar o caminho e garantir que um remanescente ficasse na terra, para salvar a vida de vocês por meio de um grande ato de livramento. Portanto, entendam que não foram vocês que me mandaram para cá, mas o próprio Deus. Ele fez que eu me tornasse praticamente um pai para o faraó. O rei do Egito deixou até seus assuntos pessoais aos meus cuidados e me fez governador sobre o país inteiro.

9-11 "Agora, corram de volta para o meu pai e digam a ele: 'Seu filho José manda dizer: Sou senhor de todo o Egito. Venha o mais rápido que puder e fique comigo aqui. Darei um lugar para o senhor viver em Gósen; assim, poderá ficar perto de mim, não apenas o senhor, mas também seus filhos, netos, rebanhos, gado e tudo o mais. Vou cuidar do senhor, pois ainda virão mais cinco anos de fome, e tomar providências para que todas as suas necessidades sejam atendidas, bem como as de todos os que forem ligados ao senhor. Não haverá falta de nada'.

12-13 "Olhem para mim! Vejam vocês mesmos, e meu irmão Benjamim também pode ver por si próprio: sou eu mesmo que estou dizendo todas estas coisas a vocês. Contem a meu pai que tenho um cargo de grande importância no Egito, façam um relato de tudo que viram aqui. Não percam mais tempo. Vão logo buscar meu pai!".

14-15 Então, José atirou-se ao pescoço de seu irmão Benjamim e chorou; e Benjamim chorou abraçado ao pescoço de José. Em seguida, José beijou todos os seus irmãos e chorou com eles. Só depois, seus irmãos conseguiram falar com ele.

16 As notícias chegaram ao palácio do faraó: "Os irmãos de José estão aqui". O faraó e todos os que trabalhavam com ele gostaram da novidade.

MATEUS 16.21 — 17.13

Quem está no comando?

21-22 Jesus deixou claro aos discípulos que precisava ir a Jerusalém. Ali, haveria de sofrer nas mãos dos líderes do povo, dos sacerdotes e dos líderes religiosos e seria morto, mas no terceiro dia iria ressuscitar. Pedro segurou-lhe o braço, protestando: "Impossível, Mestre! Não pode ser!".

23 Jesus, porém, ficou firme: "Pedro, saia do meu caminho. Fora, Satanás! Você não tem ideia de como Deus trabalha".

24-26 Então, Jesus orientou os discípulos: "Quem quiser seguir-me tem de aceitar minha liderança. Quem está na garupa não pega na rédea. *Eu* estou no comando. Não fujam do sofrimento. Abracem-no. Sigam-me, e eu mostrarei a vocês como agir. Autoajuda não é ajuda, de jeito nenhum. O autossacrifício é o caminho — o meu caminho — para que vocês descubram sua verdadeira identidade. Qual é a vantagem de conquistar tudo que se deseja, mas perder a si mesmo? O que vocês teriam para dar em troca da sua alma?

27-28 "Não fiquem obcecados em fazer negócios. Antes que percebam, o Filho do Homem virá com todo o esplendor do Pai, acompanhado por um exército de anjos. Então, vocês obterão tudo que sempre desejaram. Não é sonho. Alguns de vocês aqui verão tudo isto acontecer: o Filho do Homem vindo na glória do Reino".

A face resplandecente de Jesus

17 **1-3** Seis dias depois, três dos discípulos viram isso acontecer. Jesus levou Pedro, Tiago e João a um alto monte. Ali, sua aparência mudou diante deles. Um brilho intenso emanava de seu rosto. Suas roupas pareciam banhadas em luz. De repente, eles perceberam que Moisés e Elias estavam ali também, conversando com Jesus.

4 Então, Pedro interrompeu a conversa: "Mestre, que grande momento! Que tal se eu construísse três memoriais aqui na montanha — um para o senhor, um para Moisés e um para Elias?".

5 Enquanto ele falava, uma nuvem brilhante os envolveu, e da nuvem ouviu-se uma voz: "Este é o meu Filho, marcado pelo meu amor e alegria da minha vida. Ouçam-no!".

6-8 Quando os discípulos ouviram a voz, caíram com o rosto em terra, amedrontados. Jesus, porém, tocou-os e disse: "Não precisam ter medo". Eles abriram os olhos e olharam em volta. Somente Jesus estava com eles.

9 Enquanto desciam a montanha, Jesus os fez prometer que guardariam o segredo: "Não digam nada a ninguém sobre o que vocês viram, até que o Filho do Homem se levante dos mortos".

10 Os discípulos fizeram uma pergunta: "Por que os líderes religiosos dizem que Elias tem de vir primeiro?".

11-13 Jesus explicou: "Elias vem para deixar tudo pronto. A verdade, porém, é que Elias já veio, mas eles não o reconheceram. Eles o desprezaram, assim como irão tratar o Filho do Homem". Foi aí que os discípulos entenderam que ele falava de João, o Batista.

SALMOS 17.8-15

8-9 Mantém teu olhar sobre mim.
Esconde-me debaixo
das tuas asas aconchegantes.
Dos perversos que querem me pegar,
dos inimigos mortais que se aproximam.

10-14 O coração deles é duro como pedra,
e o bafo, quente como vapor.
Estão atrás de mim,
quase me tocando os calcanhares,
determinados a me derrubar,
Leões dispostos a me despedaçar,
leões fortes à espreita para o bote.
Levanta-te, ó Eterno! Pega-os desprevenidos e
arrasa com eles!

DIA 025

Usa tua espada, livra-me de suas garras.
Usa tuas mãos e esgana-os —
  essa gente que não consegue pensar
  além do hoje.

Gostaria de vê-los
  com a barriga inchada de fome.
Do capim que semearam,
  colheram e assaram para fazer pão,
que haja porção dobrada para os filhos
  e cascas para os bebês roerem.

15 E quanto a mim? Planejo contemplar-te,
  olho no olho. Quando eu me levantar,
Eu te verei por inteiro
  e viverei o céu na terra.

NOTAS

_____
_____
_____
_____
_____
_____
_____
_____
_____
_____
_____
_____
_____
_____
_____
_____
_____
_____
_____

☐ DIA 025 ___ / ___ / ___

GÊNESIS 45.17 — 47.12

17-18 Então, o faraó disse a José: "Diga a seus irmãos o seguinte: 'Façam isto: carreguem seus animais e vão para Canaã. Reúnam a família de cada um de vocês e seu pai e venham todos para cá. Vou permitir que vivam na melhor terra do Egito. Vocês vão viver na fartura'.

19-20 "Diga também o seguinte: 'Quero que vocês levem carroças do Egito para trazer seus filhos, suas esposas e seu pai para cá. Não se preocupem com as coisas que não puderem trazer. O que há de melhor em todo o Egito será de vocês' ".

21-23 E foi o que os filhos de Israel fizeram. José entregou a eles as carroças prometidas pelo faraó e alimento para a viagem. Ele deu também roupas novas para os irmãos, mas Benjamim recebeu trezentas peças de prata e várias peças de roupa. Para seu pai, enviou os seguintes presentes: dez jumentos carregados com os melhores produtos do Egito e mais dez carregados com suprimentos e provisões para a viagem de seu pai.

24 Ao despedir-se dos irmãos, aconselhou: "Façam a viagem com calma. Nada de ficarem culpando uns aos outros".

25-28 Eles partiram do Egito e voltaram para seu pai Jacó, em Canaã. Ao chegar, deram a notícia: "José ainda está vivo e governa sobre toda a terra do Egito!". Jacó ficou paralisado de surpresa. Não conseguia acreditar no que estava ouvindo. Mas, à medida que eles iam contando tudo que havia acontecido e o que José tinha dito e depois de ver as carroças enviadas por José para transportá-lo na viagem, ele recobrou o ânimo. O espírito do ancião reviveu, e ele disse: "Já ouvi o suficiente. Meu filho José ainda está vivo! Preciso ir vê-lo antes de morrer".

46 **1** Assim, Israel pôs-se a caminho com tudo que possuía. Ao chegar a Berseba, prestou culto e ofereceu sacrifícios ao Deus de seu pai, Isaque.

2 Na mesma noite, Deus falou a Israel numa visão: "Jacó! Jacó!".

E ele disse: "Sim, estou ouvindo".

3-4 E Deus disse: "Eu sou o Deus de seu pai. Não tenha medo de descer para o Egito. Ali farei de você uma grande nação. Irei com você para o Egito e também o trarei de volta para cá. Na hora da sua morte, José estará ao seu lado e ele mesmo fechará seus olhos".

5-7 Assim, Jacó partiu de Berseba. Os filhos de Israel puseram o pai, seus filhos e suas esposas nas carroças que o faraó havia mandado para trazê-los. Eles chegaram ao Egito com os animais e os bens que haviam adquirido em Canaã. Jacó levou consigo todos os membros da família: filhos e netos, filhas e netas, todos eles.

8 São estes os nomes dos israelitas, Jacó e seus descendentes, que desceram para o Egito:
Rúben, o filho mais velho de Jacó.
9 Os filhos de Rúben: Enoque, Palu, Hezrom e Carmi.
10 Os filhos de Simeão: Jemuel, Jamim, Oade, Jaquim, Zoar e Saul, filho de uma cananeia.
11 Os filhos de Levi: Gérson, Coate e Merari.
12 Os filhos de Judá: Er, Onã, Selá, Perez e Zerá (Er e Onã haviam morrido na terra de Canaã). Os filhos de Perez foram Hezrom e Hamul.
13 Os filhos de Issacar: Tolá, Puá, Jasube e Sinrom.
14 Os filhos de Zebulom: Serede, Elom e Jaleel.
15 Esses são os filhos que Lia teve com Jacó em Padã-Arã. Ela também teve uma filha chamada Diná. Ao todo, eram trinta e três descendentes.
16 Os filhos de Gade: Zefom, Hagi, Suni, Esbom, Eri, Arodi e Areli.
17 Os filhos de Aser: Imna, Isvá, Isvi e Berias, além de Sera, irmã deles, e os filhos de Berias: Héber e Malquiel.
18 Esses são os descendentes que Zilpa, escrava que Labão deu a sua filha Lia, teve com Jacó: dezesseis ao todo.
19-21 Os filhos de Raquel, esposa de Jacó, eram José e Benjamim. José era pai de dois filhos, Manassés e Efraim, que ele teve com Azenate, filha de Potífera, sacerdote de Om. Eles nasceram no Egito. Os filhos de Benjamim eram Belá, Bequer, Asbel, Gera, Naamã, Eí, Rôs, Mupim, Hupim e Arde.
22 Esses são os descendentes que Raquel deu a Jacó, catorze ao todo.
23 O filho de Dã: Husim.
24 Os filhos de Naftali: Jazeel, Guni, Jezer e Silém.
25 Esses são os descendentes que Bila, escrava que Labão deu a sua filha Raquel, teve com Jacó: sete ao todo.
26-27 Resumindo, todos os que desceram com Jacó para o Egito — seus descendentes, sem contar as esposas deles — totalizaram sessenta e seis pessoas. Incluindo os dois filhos que José teve no Egito, os membros da família de Jacó que chegaram ao Egito totalizaram setenta pessoas.

28-29 Jacó mandou Judá na frente para obter informações de José sobre como chegar a Gósen. Quando chegaram, José mandou aprontar sua carruagem e foi encontrar-se com seu pai, Israel, em Gósen. Logo que José viu seu pai, atirou-se ao pescoço dele e chorou por um longo tempo.
30 Israel disse a José: "Agora já posso morrer. Já vi seu rosto outra vez, e você está mesmo vivo".
31-34 Em seguida, José disse a seus irmãos e a toda a família: "Direi o seguinte ao faraó: 'Meus irmãos e a família de meu pai, que viviam em Canaã, já chegaram. Os homens são pastores, sempre ganharam a vida criando animais. Eles trouxeram consigo seus rebanhos e o gado, além de todas as outras coisas que possuem'. Quando o faraó chamar e perguntar qual a ocupação de vocês, digam o seguinte: 'Seus servos criam animais desde que se entendem por gente, e nossos pais também'. Assim, ele permitirá que vocês fixem residência na região de Gósen, porque os egípcios tratam os pastores com desprezo".

47 **1** José apresentou-se ao faraó e informou: "Meu pai e meus irmãos, com seus rebanhos, seu gado e tudo que possuem, acabaram de chegar de Canaã. Neste exato momento, eles estão em Gósen".
2-3 Ele havia levado consigo cinco de seus irmãos e os apresentou ao faraó. O rei do Egito perguntou: "Com que vocês trabalham?".
3-4 "Seus servos são pastores, assim como nossos pais. Viemos para este país em busca de um lugar melhor para viver. Em Canaã, não há mais pasto para nossos rebanhos. A fome é devastadora por lá. Se o senhor permitir, seus servos gostariam de se estabelecer na região de Gósen".
5-6 O faraó olhou para José e disse: "Então, seu pai e seus irmãos estão aqui — um reencontro! Pois o Egito recebe vocês de braços abertos. Cuide para que eles se estabeleçam no melhor da terra. Sim, Gósen pode ficar para eles. E, se entre eles você encontrar alguém que seja muito capacitado, ponha meus animais aos cuidados dele".
7-8 Em seguida, José trouxe Jacó, seu pai, e o apresentou ao faraó. Jacó abençoou o faraó, e ele perguntou ao pai de José: "Quantos anos o senhor tem?".
9-10 Jacó respondeu ao faraó: "Os anos da minha peregrinação são 130, uma vida curta e difícil, bem diferente da vida longa de meus antepassados". Depois de abençoar o faraó, Jacó retirou-se.

DIA 025 76

11-12José conseguiu estabelecer seu pai e seus irmãos no Egito e concedeu a eles a posse do melhor da terra, a região de Ramessés (que é Gósen), como o faraó havia ordenado. José dava toda atenção possível a seu pai, seus irmãos e à família de seu pai, até aos bebês mais novos. A família inteira viveu ali com fartura.

MATEUS 17.14 — 18.9

A fé

14-16**A**o sopé da montanha, uma multidão os aguardava. Enquanto se aproximavam, um homem saiu do meio do povo e ajoelhou-se implorando: "Mestre, tem misericórdia do meu filho. Ele tem acessos de loucura e sofre terrivelmente com as convulsões. Às vezes cai no fogo, outras vezes no rio. Eu o trouxe aos teus discípulos, mas eles não puderam fazer nada".

17-18Jesus suspirou: "Mas que geração! Vocês não conhecem Deus e são muito maus! Até quando vou ter de aguentar esse tipo de coisa? Quantas vezes ainda vou ter de passar por isso? Tragam o menino aqui!". Ele ordenou que o demônio que o afligia saísse – e o demônio foi embora. Na mesma hora, o menino ficou bem.

19Quando os discípulos ficaram a sós com Jesus, eles lhe perguntaram: "Por que não pudemos expulsá-lo?".

20-21"Porque vocês ainda não levam *Deus* a sério", foi a resposta. "A verdade simples é que, se vocês tivessem fé, pequena como uma semente de mostarda, poderiam dizer a esta montanha: 'Saia daqui!', e ela sairia. Não haveria nada que vocês não pudessem enfrentar".

22-23De volta à Galileia, Jesus declarou: "O Filho do Homem está para ser traído por gente que não quer nada com Deus. Eles o matarão, mas três dias depois ele aparecerá – vivo!". Com isso, os discípulos ficaram muito aflitos.

24Quando chegaram a Cafarnaum, os cobradores de impostos perguntaram a Pedro: "O mestre de vocês paga impostos?".

25Pedro respondeu: "Claro".

Mas, assim que chegaram em casa, Jesus o confrontou: "Simão, o que você acha? Quando um rei decreta impostos, quem paga – seus filhos ou seus súditos?".

26-27Pedro respondeu: "Seus súditos".

Jesus continuou: "Então os filhos estão isentos, certo? Mas, para que não os preocupemos

desnecessariamente, vá até o mar, lance o anzol e puxe o primeiro peixe que fisgar. Abra a boca do peixe e encontrará uma moeda. Entregue-a aos cobradores de impostos. Será o bastante para nós dois".

De volta à simplicidade

18¹**N**aquele momento, os outros discípulos aproximaram-se de Jesus e perguntaram: "Quem é o maior no Reino de Deus?".

2-5Como resposta, Jesus chamou uma criança para o meio da sala e disse: "Digo a vocês de uma vez por todas que, se não começarem do princípio, como crianças, não terão a chance nem de ver o Reino, muito menos de entrar nele. Quem se tornar simples de novo, como esta criança, será o maior no Reino de Deus. Além disso, quando vocês recebem os que se fizerem crianças por minha causa, é como se estivessem recebendo a mim.

6-7"Mas, se vocês os prejudicarem, intimidando-os ou tirando proveito da simplicidade deles, logo irão desejar nunca ter feito isso. Seria melhor que vocês se jogassem no meio do mar com uma pedra de moinho amarrada ao pescoço. Ai do mundo, que causa aborrecimento a essas crianças que creem em Deus! As dificuldades são inevitáveis, mas vocês não precisam piorá-las. Se o fizerem, será o dia do juízo para vocês.

8-9"Se sua mão ou seu pé os atrapalha na caminhada de Deus, é melhor cortar e jogar fora. É preferível viver mutilado ou aleijado do que ter duas mãos e dois pés que o levem para a fornalha de fogo eterno. Se seu olho desvia sua atenção de Deus, arranque-o e jogue-o fora. É preferível viver com apenas um olho do que ter uma visão perfeita no fogo do inferno.

SALMOS 18.1-6

Um salmo de Davi – que ele cantou para o Eterno depois de ser salvo de todos os seus inimigos e de Saul

18¹-²Eu te amo, ó Eterno!
  Tu me fortaleces.
O Eterno é uma rocha debaixo dos meus pés,
  a fortaleza em que habito,
  o cavaleiro que me resgata.
Meu Deus – o alto rochedo
  para onde corro a fim de salvar a vida;
  ali me escondo, por trás das pedras,
  seguro esconderijo de granito.

³Canto para o Eterno, digno do mais alto louvor,
  pois estou salvo e seguro.

4-5 O nó do carrasco já apertava meu pescoço,
e águas abismais jorravam sobre mim.
As amarras das profundezas me prendiam com
firmeza,
e armadilhas mortais impediam minha fuga.

6 Que mundo hostil! Clamo pelo Eterno,
grito para que Deus me socorra.
Do seu palácio, ele ouve minha voz;
meu grito chegou à sua presença –
uma audiência particular!

◼ NOTAS

☐ DIA 026 ___/___/___

GÊNESIS 47.13 — 49.15

13-15 **M**as chegou o dia em que não havia alimento em lugar algum. A fome havia chegado ao auge. O Egito e Canaã foram assolados. José já havia arrecadado, em troca dos alimentos que fornecia, todo o dinheiro existente no Egito e em Canaã, e essa fortuna estava guardada no palácio do faraó. Depois que o dinheiro do Egito e de Canaã acabou, os egípcios procuraram José e pediram: "Precisamos de mais alimento! Você vai ficar olhando enquanto morremos? Ninguém mais tem dinheiro".

16-17 José disse: "Tragam seus animais. Já que não têm mais dinheiro, trocarei o alimento pelos animais". E o povo começou a levar seus animais para José. Eles receberam comida em troca de cavalos, ovelhas, gado e jumentos. Durante todo aquele ano, a comida foi trocada por animais.

18-19 No ano seguinte, eles voltaram, dizendo: "Você sabe que não temos mais dinheiro. Nosso dinheiro acabou, e também trocamos todos os nossos animais por comida. Nada mais nos resta para permutar, a não ser nós mesmos e nossas terras. De que nos serve o corpo e para que as terras se vamos morrer de fome em sua presença? Nossa proposta é que você nos dê comida em troca de nosso trabalho e de nossas terras. Seremos escravos do faraó e abriremos mão de nossas terras. Não queremos outra coisa senão sementes para nossa sobrevivência, isto é, o suficiente para continuar vivos e manter nossas terras produzindo".

20-21 Assim, José comprou para o faraó todos os campos do Egito. Todos os egípcios venderam suas terras, tão aguda era a fome. O faraó passou a ser o proprietário de toda a terra do Egito, e todos os seus habitantes passaram a ser escravos dele. José escravizou o povo em todo o Egito.

22 A única exceção foram os sacerdotes. Ele não comprou as terras deles, porque eles recebiam um salário fixo do faraó e podiam viver com aquele salário. Por isso, não precisavam vender suas terras.

23-24 José anunciou ao povo: "A situação é esta: Comprei para o faraó cada um de vocês, com suas terras. Em troca, receberão sementes para plantar. Quando fizerem a colheita, vocês darão um quinto para o faraó e ficarão com quatro quintos para vocês e suas famílias. Assim, poderão dar de comer a seus filhos!".

DIA 026

²⁵ O povo respondeu: "Você salvou nossa vida! É com gratidão e alegria que seremos escravos do faraó".

²⁶ José baixou um decreto sobre a terra no Egito, que ainda está em vigor: *Um quinto pertence ao faraó*". Apenas as terras dos sacerdotes não passaram às mãos do rei do Egito.

²⁷⁻²⁸ Israel estabeleceu-se no Egito, na região de Gósen. Eles adquiriram propriedades e prosperaram. Tornaram-se um povo bastante numeroso. Jacó viveu dezessete anos no Egito. Ao todo, viveu cento e quarenta e sete anos.

²⁹⁻³⁰ Quando ele sentiu que a hora da sua morte se aproximava, chamou seu filho José e disse: "Faça-me este favor: ponha sua mão debaixo da minha coxa, em sinal de sua lealdade e honestidade para comigo até o fim, e prometa que não vai me enterrar no Egito. Quando eu for para junto de meus pais, tire-me do Egito e me enterre ao lado deles".

José concordou: "Farei o que o senhor está me pedindo".

³¹ Israel insistiu: "Então, me prometa". E José prometeu.

Depois disso, Israel, mesmo acamado, curvou a cabeça em sinal de submissão e gratidão.

48

¹⁻² Algum tempo depois dessa conversa, informaram a José: "Seu pai está muito doente". Acompanhado de seus dois filhos, Manassés e Efraim, ele foi visitar Jacó. Quando disseram a Jacó: "Seu filho José chegou", ele ergueu o corpo e se sentou na cama.

³⁻⁷ Jacó disse a José: "O Deus Forte apareceu-me em Luz, na terra de Canaã, e me abençoou. Ele disse: 'Eu o tornarei próspero e multiplicarei sua descendência. Farei de você uma congregação de tribos e entregarei esta terra a seus descendentes como herança permanente'. Agora, vou adotar seus dois filhos, que nasceram no Egito antes que eu reencontrasse você. Eles estarão em posição de igualdade com Rúben e Simeão. Mas os filhos nascidos depois deles serão seus e terão parte na herança de seus irmãos. É assim que deve ser, pois, ao retornar de Padã, sua mãe Raquel, para minha grande tristeza, morreu enquanto estávamos em Canaã, a uma curta distância de Efrata, hoje chamada Belém".

⁸ Foi só nesse momento que Jacó percebeu a presença dos filhos de José. E disse: "Quem são eles?".

⁹⁻¹¹ José disse ao pai: "São os filhos que Deus me deu neste país".

Jacó pediu: "Traga-os para perto, para que eu possa abençoá-los". Jacó não tinha uma boa visão por causa da idade, estava praticamente cego. Então, José os trouxe para bem perto dele. Israel beijou e abraçou os meninos e disse a José: "Eu não esperava vê-lo de novo, e agora Deus permite que eu também veja seus filhos!".

¹²⁻¹⁶ Então, José os retirou do colo de Israel e curvou-se com o rosto voltado para o chão, em sinal de respeito. Em seguida, pegou Efraim com a mão direita e o pôs à esquerda de Israel. Com a mão esquerda, conduziu Manassés para o lado direito. Os dois meninos ficaram, assim, diante de Jacó. Mas Israel, cruzando os braços, pôs a mão direita sobre a cabeça de Efraim, que era o caçula, e a mão esquerda sobre a cabeça de Manassés, o mais velho. E os abençoou:

"O Deus diante de quem andaram
meus pais Abraão e Isaque,
O Deus que tem sido meu pastor
durante toda a minha vida até hoje,
O Anjo que me livrou de todo o mal
abençoe estes meninos.
Que meu nome possa ecoar na vida deles,
assim como o nome de Abraão e Isaque,
   meus pais,
E que eles cresçam
e encham a terra com seus filhos".

¹⁷⁻¹⁸ Quando José viu que seu pai havia posto a mão direita sobre a cabeça de Efraim, pensou que ele havia se enganado e tentou mudá-la para a cabeça de Manassés. Ele justificou-se: "Não esta cabeça, pai, o mais velho é o outro. Ponha a mão direita sobre a cabeça dele".

¹⁹⁻²⁰ Mas seu pai recusou a troca e explicou: "Não, meu filho. Sei o que estou fazendo. Ele também se tornará um povo e também será alguém importante. Mas o irmão mais novo será mais importante ainda, e sua descendência enriquecerá as nações". Então, abençoou os dois:

"Israel usará o nome de vocês para abençoar
   assim:
   'Que Deus faça a você o que fez a Efraim e
      Manassés' ".

Israel não quis deixar dúvidas: Efraim foi posto à frente de Manassés.

²¹⁻²² Ele disse a José: "Minha morte está próxima. Deus acompanhe você e o faça voltar em segurança

para a terra de seus pais. Quanto a mim, estou dando a você, como o primeiro entre seus irmãos, a terra montanhosa que tomei dos amorreus com minha espada e meu arco".

49 ¹Jacó reuniu seus filhos e pediu: "Fiquem aqui à minha volta. Quero dizer o que está reservado para vocês nos dias que virão.

²"Reúnam-se e ouçam, filhos de Jacó,
 ouçam Israel, seu pai.

³⁻⁴Rúben, meu primogênito,
 minha força, primeira prova
  da minha virilidade,
 maior em honra, maior em poder,
Mas, como água que se derrama de um balde,
 você não será mais o maior,
Pois subiu ao leito nupcial de seu pai,
 você subiu à minha cama e a profanou.

⁵⁻⁶Simeão e Levi são muito parecidos,
 prontos para brigar por qualquer coisa.
Não tenho parte nos seus atos de vingança,
 nem quero participar de suas amargas
  revanches;
Eles matam homens em seus acessos de raiva,
 aleijam bois por mero capricho.
⁷Maldita seja sua raiva descontrolada,
 seu ódio indiscriminado.
Eu jogarei vocês fora com o lixo;
 e os espalharei como papel picado
  no meio de Israel.

⁸⁻¹²Judá, seus irmãos elogiarão você.
 Seus dedos estarão na garganta do inimigo,
 enquanto seus irmãos prestam honra a você.
Judá, meu filho, você é um leãozinho,
 que acaba de chegar depois de matar.
Olhem para ele, agachado como um leão,
 rei dos animais:
 quem se atreve a mexer com ele?
O cetro estará sempre em Judá;
 ele segurará com firmeza
  o bastão de comando,
Até que venha o último governante
 e as nações obedeçam a ele.
Ele amarrará seu jumento à videira,
 e, ao ramo viçoso, seu puro-sangue premiado.
Lavará sua camisa no vinho,
 e sua capa no sangue das uvas,

Seus olhos serão mais escuros que o vinho,
 e seus dentes, mais brancos que o leite.

¹³Zebulom se estabelecerá no litoral;
 um porto seguro para os navios,
 bem ao longo de Sidom.

¹⁴⁻¹⁵Issacar é um jumento teimoso
 que se deita entre os currais;
Quando viu como o lugar era bom,
 como a terra era agradável,
Desistiu de sua liberdade
 e foi trabalhar como escravo.

MATEUS 18.10-35

¹⁰"Tomem cuidado para não tratar com arrogância um único desses que são como crianças. Vocês devem saber que os anjos deles estão em contato permanente com meu Pai no céu".

Consertando a situação

¹²⁻¹⁴"Prestem atenção. Se alguém tem cem ovelhas e uma delas se perde, não deixará ele as noventa e nove para ir atrás da que se perdeu? Quando a encontrar, não ficará mais satisfeito por causa dela que pelas noventa e nove? O Pai de vocês, no céu, sente o mesmo. Ele não quer perder nem um desses crentes simples.

¹⁵⁻¹⁷"Se um dos que dizem ser seu irmão na fé prejudicar você, converse com ele. Consertem a situação entre vocês. Se ele ouvir, você fez um amigo. Se não ouvir, tome uma ou duas pessoas, para que a presença de testemunhas torne o ato legítimo, e tente de novo. Se ainda assim ele não ouvir, leve o caso à igreja. Se ele também não ouvir a igreja, comece do zero, tratando-o como um descrente: alerte-o da necessidade de arrependimento e ofereça outra vez o amor perdoador de Deus.

¹⁸⁻²⁰"Levem isto muito a sério: um 'sim' na terra é um 'sim' no céu; um 'não' na terra é um 'não' no céu. O que vocês dizem um ao outro é eterno. Estou falando sério. Quando dois de vocês concordam em algo e oram por isso, meu Pai no céu entra em ação. E, quando dois ou três de vocês se reunirem por minha causa, não tenham dúvidas de que estarei ali".

Uma história de perdão

²¹Nesse instante, Pedro teve a coragem de perguntar: "Mestre, quantas vezes tenho de perdoar o irmão que me prejudica? Sete?".

DIA 026

²² Jesus respondeu: "Sete é pouco. Tente setenta vezes sete.

²³⁻²⁵ "O Reino de Deus é como um rei que decide acertar as contas com seus serviçais. Trouxeram à sua presença um servo que lhe devia o equivalente a trezentas toneladas de prata. Ele não podia pagar uma dívida tão vultosa. Então, o rei ordenou que o homem, com esposa, filhos e bens, fosse leiloado no mercado de escravos.

²⁶⁻²⁷ "O infeliz lançou-se aos pés do rei e implorou: 'Dá-me uma chance, e pagarei tudo'. Sensibilizado com o pedido, o rei deixou-o ir, cancelando a dívida.

²⁸ "O servo perdoado mal havia saído da sala quando se encontrou com um companheiro que lhe devia apenas cem moedas de prata. Furioso, agarrou-o pelo pescoço e ordenou: 'Pague-me! Agora!'.

²⁹⁻³¹ "O pobre homem lançou-se aos pés dele e implorou: 'Dê-me uma chance, e pagarei tudo'. Mas o outro continuou irredutível. Mandou-o para a cadeia, com ordem de ser solto só depois de pagar a dívida. Alguns servos que presenciaram a cena ficaram revoltados e relataram o fato ao rei.

³²⁻³⁵ "O rei mandou chamar o servo de volta e disse: 'Você é mau-caráter! Perdoei sua dívida quando você implorou por misericórdia. Não deveria você também ser misericordioso diante das súplicas de seu companheiro?'. O rei estava furioso e mandou que aquele servo ficasse na prisão até pagar toda a dívida. Meu Pai, no céu, fará exatamente a mesma coisa com aquele que não perdoar incondicionalmente qualquer um que peça misericórdia".

SALMOS 18.7-19

⁷⁻¹⁵ A terra balança aos solavancos;
  montanhas enormes chacoalham
    como folhas,
  Estremecem feito folhas secas
    por causa da ira de Deus.
  Suas narinas se dilatam, soltando fumaça;
    ele cospe fogo pela boca,
  Dispara labaredas de fogo
    e faz baixar o céu.
  Ele desce do céu,
    e um abismo se abre debaixo dele.
  Monta uma criatura alada
    e corta os ares com a rapidez do vento.
  Faz da escuridão das nuvens negras
    o abrigo que o envolve.
  Mas seu brilho desfaz a nuvem,
    espalhando granizo e bolas de fogo.

Então, o Eterno trovejou do céu;
  o brado retumbante do Altíssimo,
  espalhando granizo e bolas de fogo.
Deus desfere suas flechas — está formada a
    confusão!
  Ele lança seus raios — o mundo entra em
    pânico!
As fontes escondidas do oceano ficam expostas,
  as profundezas secretas da terra são
    escancaradas
No momento em que ele ruge em protesto,
  um furacão se forma no hálito de sua fúria.

¹⁶⁻¹⁹ Mas ele me segurou — lá do céu,
  me alcançou no mar e me tirou dali,
Daquele oceano de ódio, daquele caos
    destrutivo,
  do vazio em que eu me afogava.
Fui espancado enquanto estava por baixo,
  mas o Eterno ficou do meu lado.
Ele me pôs de pé num campo aberto —
  ali eu estava seguro, surpreso por ser amado!

◾ NOTAS

DIA 027 ___ / ___ / ___

GÊNESIS 49.16 — 50.26

16-17 Dã cuidará do direito do seu povo
com competência entre as tribos de Israel.
Dã é uma pequena serpente no meio da grama,
uma cobra venenosa à espreita no caminho,
Que morde o calcanhar do cavalo
e derruba seu valente cavaleiro.

18 Aguardarei com esperança
tua salvação, ó Eterno.

19 Gade será atacado por bandidos,
mas ele os pegará.

20 Aser será famoso por sua comida deliciosa,
doces e guloseimas próprios de reis.

21-26 Naftali é uma gazela em liberdade
da qual nascem lindos filhotes.

José é um jumento selvagem,
um jumento selvagem junto à fonte,
jumentos robustos sobre um monte.
Arqueiros atacaram com fúria,
atiraram flechas com pontas cheias de ódio;
Mas ele resistiu com firmeza,
com arco firme e braços ágeis,
Com o apoio do Defensor de Jacó,
o Pastor, a Rocha de Israel.
O Deus de seu pai, que ele o ajude!
E que o Deus Forte conceda suas
bênçãos a você,
Bênçãos que vêm do céu,
bênçãos que saem da terra,
bênçãos dos seios e do ventre.
Que as bênçãos de seu pai
superem as bênçãos das montanhas antigas,
superem o prazer dos montes eternos.
Que elas repousem sobre a cabeça de José,
sobre a fronte daquele que foi consagrado
entre seus irmãos.

27 Benjamim é um lobo voraz,
devora sua presa durante a manhã
e, à tarde, divide o que restou".

28 São essas as tribos de Israel, as doze tribos. E foi
essa a bênção de seu pai para eles. Cada um recebeu
sua bênção especial de despedida.

29-32 Em seguida, ele deu as seguintes instruções a
seus filhos: "Estou para ser reunido ao meu povo.
Enterrem-me com meus pais na caverna que fica
no campo de Efrom, o hitita, a caverna no campo
de Macpela, diante de Manre, na terra de Canaã,
o campo que Abraão comprou de Efrom para usar
como sepultura. Ali foram sepultados Abraão e
sua esposa Sara, Isaque e sua esposa Rebeca, e ali
também sepultei Lia. O campo e a caverna foram
comprados dos hititas".
33 Ele acabou de dar essas instruções, retraiu os
pés na cama, deu o último suspiro e foi reunido ao
seu povo.

50 **1** José lançou-se sobre o pai, chorou sobre ele
e o beijou.

2-3 Em seguida, instruiu os médicos a embalsamarem
seu pai, e eles o fizeram. O processo levou quarenta dias, período exigido para o embalsamamento, e
houve luto público de setenta dias para os egípcios.
4-5 Terminado o período de luto, José solicitou à
corte do faraó: "Se vocês me consideram digno da
sua bondade, apresentem meu pedido ao faraó: 'Meu
pai me fez jurar, dizendo: A hora da minha morte
está chegando. Enterre-me no túmulo que preparei
para mim na terra de Canaã. Por favor, preciso de
uma licença para que eu vá e faça o sepultamento
de meu pai. E voltarei em seguida'".
6 O faraó concordou: "Claro. Vá e sepulte seu pai,
conforme o juramento que você fez a ele".
7-9 Então, José partiu para sepultar o pai, e todos
os altos oficiais da corte do faraó, todos os de alto
cargo no Egito, acompanharam José e sua família,
seus irmãos e os parentes de seu pai. Os filhos
deles, os rebanhos e o gado ficaram em Gósen.
Carruagens e cavaleiros os acompanharam num
grande cortejo fúnebre.
10 Ao chegar à eira de Atade, às margens do rio
Jordão, fizeram uma parada para prantear e choraram longamente, de modo que era possível ouvi-los
de longe. José participou durante sete dias desses
ritos fúnebres.

DIA 027

¹¹ Ao ouvir o lamento que vinha da eira de Atade, os cananeus que moravam na região disseram: "Os egípcios estão lamentando do fundo da alma". Foi por isso que aquele local junto ao Jordão ficou conhecido como Abel-Mizraim (Lamento Egípcio).

¹²⁻¹³ Os filhos de Jacó cumpriram ao pé da letra as instruções que haviam recebido. Levaram Jacó para Canaã e o sepultaram na caverna que fica no campo de Macpela, em frente a Manre, campo que Abraão havia comprado de Efrom, o hitita, para servir de sepultura.

¹⁴⁻¹⁵ José sepultou seu pai e, em seguida, voltou ao Egito. Todos os irmãos que o haviam acompanhado no sepultamento voltaram com ele. Passado o funeral, os irmãos de José começaram a falar: "E se José está guardando rancor e resolver nos devolver o mal que lhe fizemos?".

¹⁶⁻¹⁷ Por isso, mandaram o seguinte recado a José: "Antes de morrer, seu pai deu a seguinte ordem: 'Digam a José: Perdoe o pecado de seus irmãos, tudo que eles fizeram de errado. Eles o trataram muito mal'. Você vai cumprir essa ordem? Vai perdoar os pecados dos servos do Deus de seu pai?". José chorou ao receber o recado.

¹⁸ Então, os irmãos foram pessoalmente a ele, lançaram-se ao chão perante José e disseram: "Seremos seus escravos".

¹⁹⁻²¹ José respondeu: "Não é preciso ter medo. Por acaso estou no lugar de Deus? Será que vocês não percebem que planejaram o mal contra mim, mas Deus transformou o mal em bem, como podem ver aqui e agora, salvando a vida de muita gente? Acalmem-se, não há o que temer. Vou cuidar de vocês e de seus filhos". Com essas palavras carinhosas, ele os tranquilizou.

²²⁻²³ José continuou morando no Egito com a família de seu pai. E viveu cento e dez anos, tempo suficiente para ver a terceira geração dos filhos de Efraim. Os filhos de Maquir, filho de Manassés, também foram acolhidos como se fossem de José.

²⁴ Perto do fim da vida, José disse a seus irmãos: "A hora da minha morte está chegando. Com toda certeza, Deus visitará vocês e os levará desta terra de volta para a terra que ele solenemente prometeu a Abraão, Isaque e Jacó".

²⁵ E José fez que os filhos de Israel jurassem: "Quando Deus visitar vocês, não se esqueçam de levar meus ossos com vocês".

²⁶ José morreu aos 110 anos de idade. Ele foi embalsamado e posto num caixão, no Egito.

MATEUS 19.1-24

Divórcio

19¹⁻² Depois de transmitir esses ensinamentos, Jesus deixou a Galileia e foi para a região da Judeia, do outro lado do Jordão. Também ali as multidões andavam atrás dele, e ele curava o povo.

³ Um dia, os fariseus vieram provocá-lo: "É permitido um homem divorciar-se da esposa por qualquer razão?".

⁴⁻⁶ Ele respondeu: "Vocês não leram que o Criador, no plano original, fez o homem e a mulher um para o outro, macho e fêmea? Por causa disso, um homem deixa pai e mãe e une-se à sua esposa, tornando-se uma carne com ela. Não são mais dois, mas apenas um. Deus criou uma união tão perfeita, que ninguém pode ter a ousadia de profaná-la, separando-os".

⁷ Eles retrucaram: "Se é assim, por que Moisés ordenou que o marido mandasse sua mulher embora, dando-lhe uma certidão de divórcio?".

⁸⁻⁹ Jesus disse: "Moisés deixou o divórcio apenas como concessão por causa do coração duro de vocês, mas não era parte do plano original de Deus. Estou apresentando o plano original. Assim, se alguém se divorciar de uma esposa fiel e se casar com outra pessoa, a responsabilidade do adultério recairá sobre ele. A única exceção é o caso quando uma das partes comete imoralidade sexual".

¹⁰ Os discípulos de Jesus fizeram objeção: "Se essas são as condições do casamento, não temos a menor chance. Por que se casar?".

¹¹⁻¹² Jesus respondeu: "Ninguém é maduro o suficiente para viver a vida de casado. É preciso ter certa aptidão e graça. Casamento não é para qualquer um. Alguns, desde que nasceram, nunca pensaram em casamento. Outros nunca propõem nem aceitam. Outros ainda decidem não se casar por causa do Reino. Mas, se você é capaz de crescer até a grandeza do casamento, faça-o".

Para entrar no Reino de Deus

¹³⁻¹⁵ Um dia, alguns estavam trazendo crianças a Jesus, na esperança de que ele as abençoasse e orasse por elas. Mas os discípulos deram uma bronca nessa gente. Jesus, então, interferiu: "Não tentem afastar essas crianças! Não as impeçam de vir a mim! O Reino de Deus é feito de pessoas que são como crianças". Depois de abençoá-las, ele partiu.

¹⁶ Outro dia, enquanto Jesus caminhava, um homem o interrompeu e perguntou: "Mestre, o que de bom devo fazer para alcançar a vida eterna?".

17 Jesus disse: "Por que você me questiona acerca do que é bom? *Deus* é o Único que é bom. Se você quer entrar na vida de Deus, basta fazer o que ele manda".

18-19 O homem perguntou: "O que exatamente?".

Jesus disse: "Não mate, não cometa adultério, não roube, não minta, honre seus pais e ame o próximo como a você mesmo".

20 O jovem afirmou: "Tenho feito tudo isso. O que mais?".

21 Jesus prosseguiu: "Se quer mesmo dar tudo de você, venda seus bens e dê tudo aos pobres. Toda a sua riqueza, então, estará no céu. Depois venha me seguir".

22 Aquela era a última coisa que o jovem esperava ouvir. Assim, abatido, ele se foi. Sendo muito apegado aos seus bens, não queria abrir mão de tudo.

23-24 Enquanto observava o jovem afastar-se, Jesus disse aos seus discípulos: "Vocês têm ideia de como é difícil para os ricos entrar no Reino de Deus? Vocês não imaginam como é difícil. É mais fácil um camelo passar pelo fundo de uma agulha".

SALMOS 18.20-30

20-24 O Eterno refez toda a minha vida
depois que depositei diante dele
todos os cacos.
Quando resolvi acertar as coisas,
ele me permitiu um novo começo.
Agora estou atento aos caminhos do Eterno,
Mas não por mera condescendência.
Todos os dias, examino seu modo de agir
e tento aprender o máximo que posso.
Sinto-me refeito,
e não descuido dos meus passos.
O Eterno reescreveu o roteiro da minha vida
quando abri o livro do meu coração
diante dele.

25-27 Os bons provam tua bondade,
Os sadios experimentam tua saúde,
Os autênticos degustam tua verdade,
Enquanto os maus não conseguem te entender.
Ofereces teu apoio aos destituídos,
Mas não hesitas em humilhar os soberbos.

28-29 De repente, ó Eterno,
tu inundas minha vida de luz,
e o brilho da glória de Deus
pode ser visto em mim!

Aí, sim, consigo eliminar
quadrilhas inteiras de assaltantes
e pular os muros mais altos.

30 Como Deus é bom! Seu caminho
é tranquilo e sem acidentes.
Toda orientação do Eterno é testada e aprovada.
Todos os que correm para ele
Conseguem chegar ao seu destino.

NOTAS

DIA 028 ___ / ___ / ___

ÊXODO 1.1 — 3.10

1 ¹⁻⁵Estes são os nomes dos israelitas que foram com Jacó para o Egito, cada um com sua família:Rúben, Simeão, Levi e Judá,

Issacar, Zebulom e Benjamim,

Dã e Naftali, Gade e Aser.

Ao todo, eram setenta pessoas da descendência de Jacó. José já estava no Egito.

⁶⁻⁷Então, José morreu, e morreram todos os seus irmãos e a geração inteira. Mas os descendentes de Israel continuaram a ter filhos. Eles eram extremamente férteis, e houve uma explosão populacional no país, que se encheu de israelitas.

Um novo rei... que não sabia nada de José

⁸⁻¹⁰Tempos depois, um novo rei assumiu o poder no Egito. Ele nunca tinha ouvido falar de José e, apavorado, falou ao povo: "Há israelitas demais aqui! Temos de fazer alguma coisa. Precisamos de um plano para contê-los, para evitar que se aliem a algum inimigo nosso numa situação de guerra ou que deixem o país".

¹¹⁻¹⁴A solução foi dividi-los em grupos para trabalhos forçados sob as ordens de capatazes. Eles construíram para o faraó as cidades-armazém de Pitom e Ramessés. No entanto, quanto mais os egípcios os pressionavam, mais filhos os israelitas tinham — havia crianças hebreias por todo canto! Os egípcios ficaram com tanto medo de não conseguir dominar os israelitas que passaram a tratá-los com mais crueldade, oprimindo-os com trabalho escravo. Eles eram atormentados pelos egípcios e obrigados a fazer tijolos de barro e a trabalhar pesado nos campos. A sobrecarga de trabalho impunha a eles uma rotina cruel.

¹⁵⁻¹⁶O rei do Egito teve uma conversa com duas parteiras dos hebreus, uma chamada Sifrá, e a outra, Puá. Ele ordenou: "Quando vocês fizerem o parto das mulheres dos hebreus, olhem para saber de que sexo é o bebê. Se for menino, matem-no; se for menina, deixem que viva".

¹⁷⁻¹⁸Mas as parteiras tinham grande respeito por Deus e não fizeram o que o rei do Egito havia ordenado: deixaram os meninos viver. O rei do Egito mandou chamá-las e perguntou: "Por que vocês não obedeceram às minhas ordens? Vocês deixaram que os meninos vivessem!".

¹⁹As parteiras responderam ao faraó: "As mulheres dos hebreus não são como as egípcias, porque têm muito vigor e dão à luz antes mesmo que as parteiras cheguem".

²⁰⁻²¹Deus estava satisfeito com as parteiras. E o povo continuava a aumentar, tornando-se muito forte. E, como as parteiras honraram Deus, ele permitiu que elas também constituíssem família.

²²Então, o faraó expediu o seguinte decreto: "Todo menino que nascer deverá ser afogado no Nilo. Mas deixem as meninas viver".

Moisés

2 ¹⁻³Certo homem da família de Levi casou-se com uma levita. A mulher engravidou e teve um filho. Ela percebeu que se tratava de uma criança especial; por isso, o escondeu durante três meses. Não podendo mais manter o segredo, preparou um cesto de papiro, impermeabilizou-o com piche e pôs a criança dentro dele. O cesto ficou flutuando por entre os juncos, à margem do Nilo.

⁴⁻⁶A irmã mais velha do bebê procurou um local de onde pudesse observar o que aconteceria a ele. Pouco depois, a filha do faraó chegou ao Nilo para se banhar, e suas escravas ficaram caminhando pela margem do rio. De repente, ela avistou o cesto, que ainda flutuava no meio dos juncos, e mandou que uma escrava fosse buscá-lo. Ao abrir o cesto, ela encontrou a criança, um bebê que chorava! Ela ficou com pena da criança e disse: "Este bebê deve ser dos hebreus".

⁷No mesmo instante, apareceu a irmã do menino e disse a ela: "A senhora quer que eu vá e consiga entre os hebreus uma mulher para amamentar o bebê?".

⁸A filha do faraó disse: "Sim, vá!". A moça foi e chamou a mãe da criança.

⁹E a filha do rei do Egito disse à mulher: "Leve esta criança e amamente-a para mim. Eu pagarei você". A mulher levou a criança e a amamentou.

¹⁰Quando a criança foi desmamada, a mãe apresentou-a à filha do faraó, que o adotou como filho e deu a ele o nome de Moisés (Tirado), dizendo: "Eu o tirei da água".

¹¹⁻¹²O tempo passou, e Moisés cresceu. Certo dia, ele foi observar seus irmãos hebreus e viu que eram submetidos a trabalhos forçados. Viu também um egípcio batendo num hebreu, um de seus parentes! Moisés olhou para os lados e, como não havia

ninguém por perto, matou o egípcio, enterrando-o, depois, na areia.

¹³ No dia seguinte, ele voltou ao local, e dois hebreus estavam brigando. Ele disse ao homem que havia começado a briga: "Por que você está batendo no seu próximo?".

¹⁴ O homem retrucou: "Quem você pensa que é para nos dizer o que devemos fazer? Vai me matar também, como matou o egípcio?". Moisés entrou em pânico: "Já descobriram o que fiz!", pensou.

¹⁵ O faraó ficou sabendo do incidente e tentou matar Moisés, mas ele fugiu para a terra de Midiã. Ao chegar, sentou-se à beira de um poço.

¹⁶⁻¹⁷ O sacerdote de Midiã tinha sete filhas. Elas vinham ao poço, tiravam água e enchiam os bebedouros das ovelhas de seu pai. Alguns pastores chegaram e as expulsaram dali, mas Moisés saiu em defesa delas e ajudou-as a dar água para as ovelhas.

¹⁸ Quando elas chegaram de volta à casa de Reuel, o pai comentou: "Vocês não demoraram hoje. Por que voltaram tão depressa?".

¹⁹ Elas responderam: "Um egípcio nos livrou de um bando de pastores. Ele até tirou água para nós e deu para as ovelhas".

²⁰ O homem disse: "Mas onde ele está? Por que vocês o deixaram ali? Vão chamá-lo, para que venha comer conosco".

²¹⁻²² Moisés concordou em ser hóspede daquele homem, que deu ao estrangeiro sua filha Zípora (Pássaro) para ser sua esposa. Ela teve um menino, e Moisés deu a ele o nome de Gérson (Imigrante), dizendo: "Sou imigrante nesta terra estrangeira".

²³ **M**uitos anos depois, morreu o rei do Egito. Os israelitas gemiam e clamavam a Deus sob o regime de escravidão. E o pedido de libertação dos trabalhos forçados chegou a Deus:

²⁴ Deus ouviu seus gemidos.
E lembrou-se de sua aliança com Abraão, Isaque e Jacó.

²⁵ Deus viu o que estava acontecendo com Israel.
E entendeu a situação deles.

3 ¹⁻² **M**oisés estava cuidando do rebanho de Jetro, seu sogro, sacerdote de Midiã. Certo dia, ele conduziu o rebanho para a extremidade oeste do deserto e chegou a Horebe, o monte de Deus. O anjo do Eterno apareceu a ele nas chamas que saíam do meio de um arbusto. Embora estivesse em chamas, o arbusto não se queimava.

³ Moisés pensou: "O que está havendo aqui? Isso é inacreditável! Por que o arbusto não é consumido pelo fogo?".

⁴ O Eterno viu que ele havia parado para observar o fenômeno e o chamou do meio do arbusto: "Moisés! Moisés!".

Ele respondeu: "Sim, estou aqui!".

⁵ E Deus disse: "Não se aproxime mais. Tire as sandálias dos pés. Você está pisando em solo sagrado".

⁶ Ele prosseguiu: "Eu sou o Deus de seu pai: o Deus de Abraão, o Deus de Isaque, o Deus de Jacó".

Moisés escondeu o rosto, pois ficou com medo de olhar para Deus.

⁷⁻⁸ E o Eterno disse: "Faz tempo que venho observando a aflição do meu povo no Egito. Ouvi o povo clamar por livramento das mãos dos seus senhores e conheço muito bem o sofrimento dos israelitas. Agora desci para ajudá-los, para livrá-los do domínio do Egito, tirá-los daquele país e levá-los para uma terra boa, ampla, cheia de leite e mel, hoje habitada por cananeus, hititas, amorreus, ferezeus, heveus e jebuseus.

⁹⁻¹⁰ O pedido de socorro dos israelitas chegou até mim, e eu mesmo tenho visto o tratamento cruel que eles recebem dos egípcios. Está na hora de você voltar; estou enviando você ao faraó para tirar o meu povo do Egito, o povo de Israel".

MATEUS 19.25 — 20.19

²⁵ Os discípulos ficaram chocados: "Se é assim, quem tem chance?".

²⁶ Jesus olhou bem firme para eles e disse: "Ninguém tem chance, se pensam que conseguirão por esforço próprio. A única maneira é deixar Deus agir. Só ele tem o poder de fazer".

²⁷ Pedro, então, lhe disse: "Nós deixamos tudo para te seguir. O que ganharemos com isso?".

²⁸⁻³⁰ Jesus respondeu: "Sim, vocês têm me seguido. Na recriação do mundo, quando o Filho do Homem reinará gloriosamente, vocês, que têm me seguido, irão governar, começando com as doze tribos de Israel. E não apenas vocês, mas qualquer um que sacrificar o lar, a família, propriedades — qualquer coisa — por minha causa terá tudo de volta, multiplicado cem vezes, sem mencionar o prêmio da vida eterna. Essa é a Grande Inversão: muitos dos primeiros terminando por último, e os últimos terminando primeiro".

DIA 028

A história dos trabalhadores

20 **1-2** "O Reino de Deus é como o administrador de uma propriedade rural que saiu bem cedo de manhã a fim de contratar pessoas para trabalhar em sua vinha. Eles concordaram em receber uma moeda de prata por dia, e foram trabalhar.

3-5 "Mais tarde, por volta das nove da manhã, o administrador viu alguns desempregados andando pela praça da cidade. Ele lhes propôs que fossem trabalhar em sua vinha a um preço justo. E assim foram.

5-6 "O administrador fez o mesmo por volta do meio-dia e de novo às três da tarde. Às cinco horas, ele saiu e ainda encontrou homens desocupados. E perguntou a eles: 'Por que estão aí o dia inteiro, sem fazer nada?'.

7 "Eles responderam: 'Porque ninguém nos contratou'.

"Então, ele os contratou também para trabalhar na vinha.

8 "Quando o expediente terminou, o proprietário da vinha instruiu seu capataz: 'Chame os trabalhadores e pague o salário deles. Comece com os que foram contratados por último e prossiga até os primeiros'.

9-12 "Os que foram contratados às cinco horas da tarde vieram e cada um deles recebeu o mesmo valor acertado com os primeiros. Quando os que foram contratados primeiro viram isso, imaginaram que iriam ganhar mais. Contudo, receberam o mesmo valor. Revoltados, reclamaram com o administrador: 'O último grupo trabalhou apenas uma hora, e você pagou a eles o mesmo que nós, que trabalhamos como escravos o dia inteiro debaixo de um sol escaldante'.

13-15 "Ele respondeu ao que falava em nome de todos: 'Amigo, não fui injusto. Nós concordamos com esse valor, não concordamos? Então, pegue seu dinheiro e vá embora. Decidi dar ao último grupo o mesmo que daria a você. Será que não posso fazer o que quero com meu dinheiro? Você vai se mostrar mesquinho por eu ter sido generoso?'.

16 "Aí está, mais uma vez, a Grande Inversão: os primeiros terminando por último, e os últimos terminando primeiro".

Bebendo do cálice

17-19 De volta à estrada, eles foram para Jerusalém, Jesus chamou os Doze à parte e disse: "Ouçam-me com atenção. Estamos a caminho de Jerusalém. Quando chegarmos lá, o Filho do Homem será entregue aos líderes religiosos. Eles irão condená-lo à morte e o entregarão aos romanos, que irão zombar dele,

torturá-lo e crucificá-lo. Mas depois de três dias, ele se levantará — vivo".

SALMOS 18.31-42

31-42 Existe algum deus como o Eterno?
Não estamos nós sobre
um fundamento de pedra?
Não é esse o Deus que me deu forças
e me pôs na direção certa?
Agora corro como uma corça;
sou o mais importante da região.
Ele me ensinou a lutar;
posso até dobrar um arco de bronze!
Tu me proteges com a armadura da salvação;
tua mão firme me sustenta;
tu me afagas com ternura.
Aplainaste o chão em que eu ia pisar,
assim meus passos foram firmes.
Persegui meus inimigos e consegui alcançá-los;
não parei até que todos estivessem mortos.
Eu os abati. Foram todos eliminados;
e caminhei sem medo sobre seus corpos.
Tu me armaste muito bem para essa luta,
esmagaste os figurões.
Meus inimigos bateram em retirada,
e eu me livrei daquela gente odiosa.
Eles gritavam: "Socorro!",
mas o socorro não veio.
Eles clamavam pelo Eterno,
mas não houve resposta.
Esfreguei a cara deles no pó,
e eles foram espalhados ao vento.
Joguei-os fora como a água suja
que vai para o esgoto.

◾ NOTAS

Egito e dirão: 'O Eterno, o Deus dos hebreus, veio ao nosso encontro. Precisamos de sua permissão para fazer uma viagem de três dias deserto adentro, e ali prestaremos culto ao Eterno, *nosso* Deus'.

19-22 "Sei que o rei do Egito não os deixará sair, a não ser que seja obrigado. Por isso, vou interferir e atingir o Egito em seu ponto fraco. Eles ficarão desnorteados com meus milagres e, depois, farão questão de mandá-los embora. Farei que o povo tenha uma calorosa despedida da parte dos egípcios. Quando vocês saírem, não irão embora de mãos vazias! Cada mulher deve pedir à sua vizinha e às hóspedes de sua casa objetos de prata e ouro, joias e roupas, e vocês as porão em seus filhos e filhas. Vocês vão deixar os egípcios sem nada!".

4 **1** No entanto, Moisés previa uma dificuldade: "Eles não vão confiar em mim. Não vão acreditar numa palavra sequer. Eles vão dizer: 'O Eterno apareceu a você? Que nada!'".

2 Então, o Eterno disse: "O que é isso em sua mão?".

"Uma vara."

3 "Jogue-a no chão". Moisés obedeceu, e ela se transformou numa cobra. Ele tratou logo de ficar fora do alcance dela.

4-5 O Eterno ordenou a Moisés: "Estenda a mão e pegue-a pela cauda". Ele fez isso, e a cobra voltou a ser uma vara em sua mão. "Assim, eles vão acreditar que o Eterno, o Deus de seus pais, o Deus de Abraão, o Deus de Isaque e o Deus de Jacó, apareceu a você".

6 O Eterno disse ainda: "Ponha a mão por baixo da camisa". Ele obedeceu e, quando retirou a mão, viu que ela havia ficado leprosa, parecida com a neve.

7 O Eterno ordenou: "Ponha a mão de novo por baixo da camisa". Ele fez isso e, quando retirou a mão, ela estava saudável, como antes.

8-9 "Se eles não acreditarem em você nem se convencerem com o primeiro sinal, vão acreditar depois do segundo. Mas, se, mesmo depois de ver os dois sinais, ainda não acreditarem nem derem ouvidos à sua mensagem, tire um pouco da água do Nilo e derrame-a sobre a terra. A água que você derramar se transformará em sangue quando tocar o chão".

10 Moisés apresentou outra dificuldade ao Eterno: "Por favor, Senhor! Eu não sei falar bem. Nunca tive jeito com as palavras, nem antes nem depois de teres falado comigo. Eu gaguejo e sou inseguro para falar".

11-12 O Eterno disse: "E quem você pensa que fez a boca do homem? Quem fez alguns mudos, outros surdos, os que enxergam e os cegos? Não fui eu, o Eterno? Por isso, vá! Eu estarei com você — e com

---

||||||||||||||||||||||||||||||||||||||||||||||||||||||||||||

☐ DIA **029** ___ / ___ /___

ÊXODO 3.11 — 5.14

11 Moisés retrucou: "Mas, por que eu? O que te faz pensar que posso enfrentar o faraó e tirar os filhos de Israel do Egito?".

12 Deus respondeu: "Eu vou com você. E a prova de que fui eu quem o enviou será esta: depois que você tiver tirado meu povo do Egito, vocês me prestarão culto aqui mesmo, neste monte".

13 Moisés disse a Deus: "Suponha que eu vá ao povo de Israel e diga: 'O Deus de seus pais me enviou a vocês', e eles me perguntem: 'Qual é o nome dele?'. O que devo dizer?".

14 Deus disse a Moisés: "Eu sou quem sou. Diga ao povo de Israel: 'Eu Sou me enviou a vocês'".

15 Deus prosseguiu: "Diga aos israelitas: 'O Eterno, o Deus de seus pais, o Deus de Abraão, o Deus de Isaque e o Deus de Jacó, me enviou a vocês'. Meu nome sempre foi esse, e é assim que sempre serei conhecido".

16-17 "Agora, vá! Reúna os líderes de Israel e diga a eles: 'O Eterno, o Deus de seus pais, o Deus de Abraão, de Isaque e de Jacó, apareceu a mim e disse: 'Vi o que está acontecendo com vocês no Egito e resolvi tirar vocês da aflição do Egito e levá-los para a terra dos cananeus, dos hititas, dos amorreus, dos ferezeus, dos heveus e dos jebuseus, terra em que manam leite e mel'.

18 "Acredite em mim: eles darão ouvidos a você. Então, você e os líderes de Israel irão até o rei do

sua boca! Estarei a seu lado, ensinando o que você deve dizer". **¹³** Moisés insistiu: "Ah! Por favor, Senhor! Manda outra pessoa!". **¹⁴⁻¹⁷** O Eterno irritou-se com Moisés: "Você não tem um irmão chamado Arão, o levita? Ele tem jeito com as palavras e fala bem. E, neste exato momento, ele está vindo para encontrar-se com você. Quando o encontrar, ele vai ficar feliz. Então, você dirá a ele o que dizer. E eu estarei presente na hora em que você falar e com ele quando ele falar. Vou instruí-los em cada detalhe. Ele falará ao povo em seu lugar. Ele fará o papel da sua boca, mas você é quem decidirá o que deve sair dela. Agora fique com essa vara, porque você precisará dela para realizar os sinais".

¹⁸Moisés voltou para a casa de seu sogro, Jetro, e disse: "Preciso voltar para meus parentes no Egito. Quero ver se ainda estão vivos".

Jetro respondeu: "Vá em paz".

¹⁹E o Eterno disse a Moisés em Midiã: "Pode voltar para o Egito. Todos os que queriam matar você já morreram".

²⁰Moisés pôs sua esposa e seus filhos sobre um jumento e iniciou a viagem de volta para o Egito. Todo esse tempo, levava na mão a vara de Deus.

²¹⁻²³O Eterno disse a Moisés: "Quando você voltar ao Egito, prepare-se: Todas as maravilhas que farei por seu intermédio acontecerão na presença do faraó. Mas farei que ele fique irredutível e não deixe meu povo sair. Você deverá dizer ao faraó: 'Esta é a mensagem do Eterno: Israel é meu filho, o meu filho mais velho! Eu disse a você: Liberte meu filho, para que ele me sirva. Mas você se recusou a libertá-lo. Por isso, vou matar *seu* filho, *seu* filho mais velho' ".

²⁴⁻²⁶Na viagem de volta, quando acamparam para passar a noite, o Eterno encontrou Moisés e tentou matá-lo, mas Zípora pegou uma pedra afiada, cortou a dobra de pele que recobria o pênis de seu filho e, com ela, tocou os órgãos genitais de Moisés. Ela disse: "Você é um marido sanguinário para mim!". Então, o Eterno o deixou. Ela usou a expressão "marido sanguinário" por causa da circuncisão.

²⁷⁻²⁸O Eterno falou a Arão: "Vá se encontrar com Moisés no deserto". Ele obedeceu, encontrou o irmão no monte de Deus e o beijou. Moisés transmitiu a Arão a mensagem do Eterno e falou dos sinais que, por ordem dele, iria realizar.

²⁹⁻³¹ Então, Moisés e Arão reuniram todos os líderes de Israel. Arão fez um relato de tudo que o Eterno havia falado a Moisés, que realizou os sinais já mencionados diante deles. O povo acreditou que o Eterno estava preocupado com a situação dos israelitas e sabia da opressão que sofriam. Depois de escutar a mensagem, eles se curvaram e adoraram.

Moisés, Arão e o faraó

5¹Finalmente, Moisés e Arão apresentaram-se ao faraó e disseram: "Isto é o que diz o Eterno, o Deus de Israel: 'Liberte meu povo, para que celebre uma festa em minha homenagem no deserto' ".

²Mas o faraó retrucou: "Quem é o Eterno, para que eu dê importância ao que ele diz e mande Israel embora? Não sei quem é esse Eterno e é lógico que não vou mandar Israel embora".

³Eles disseram: "O Deus dos hebreus veio ao nosso encontro. Deixe-nos fazer uma viagem de três dias deserto adentro, para que possamos prestar culto ao nosso Eterno, de modo que ele não nos aflija com doença ou morte".

⁴⁻⁵O rei do Egito replicou: "Moisés e Arão, por que vocês acham que devo liberar o povo? Voltem ao trabalho!". E acrescentou: "Essa gente já se aproveita de nós, e vocês ainda querem que eu dê folga para eles?".

⁶⁻⁹ A retaliação do faraó veio na hora. Ele deu ordens aos feitores e seus subordinados: "Não forneçam palha como antes para o povo fazer tijolos. De agora em diante, eles mesmos vão ter de providenciar a palha. E isso não significa redução da cota diária. Eles vão ter de produzir a mesma quantidade de tijolos! Isso porque estão ficando preguiçosos e ficam dizendo por aí: 'Libere-nos do trabalho, para que possamos adorar ao nosso Deus'. Não deem moleza a esses folgados. Assim, eles param de fazer reivindicações e esquecem essa história de adorar a Deus".

¹⁰⁻¹² Os feitores e seus subordinados foram passar as novas instruções ao povo: "Ordens do faraó: não se fornecerá mais palha. Recolham vocês mesmos a palha onde puderem encontrá-la. Mas não se reduzirá um único tijolo de sua cota diária!". E o povo espalhou-se por todo o Egito em busca de palha.

¹³Os feitores não tinham misericórdia e pressionavam os escravos: "Cumpram sua cota! Queremos a mesma quantidade de quando recebiam palha".

¹⁴Os capatazes israelitas foram açoitados a mando dos feitores. "Por que vocês não cumpriram a cota de tijolos ontem, anteontem e hoje de novo?", os egípcios queriam saber.

MATEUS 20.20 — 21.11

20 Foi nesse momento que a mãe dos irmãos Zebedeu se aproximou, acompanhada dos dois filhos, e ajoelhou-se perante Jesus com um pedido.

21 "O que você deseja?", Jesus perguntou.

Ela disse: "Prometa que meus dois filhos tenham os lugares de maior honra em teu Reino, um à tua direita e o outro à tua esquerda".

22 Jesus respondeu: "Você não faz ideia do que está pedindo". Dirigindo-se a Tiago e João, perguntou: "Vocês são capazes de beber do cálice que estou para beber?".

"Sem dúvida", disseram eles. "Por que não?"

23 Jesus disse: "Pensem nisto, vocês *beberão* do meu cálice, mas, quanto aos lugares de honra, isso já não é comigo. Meu Pai cuidará disso".

24-28 Os outros dez ouviram a conversa e ficaram indignados com Tiago e João. Então, Jesus os reuniu para consertar a situação. Ele disse: "Vocês já devem ter notado como o poder sobe à cabeça dos governantes deste mundo que logo se tornam tiranos. Vocês não devem agir assim. Quem quiser ser o maior deve se tornar servo. Quem quiser ser o primeiro deve se tornar escravo. É o que o Filho do Homem faz: Ele veio para servir, não para ser servido — e para dar a própria vida para salvar muita gente".

29-31 Enquanto deixavam Jericó, uma multidão imensa os seguia. De repente, passaram por dois cegos, que estavam assentados à beira do caminho. Quando souberam que Jesus passava por ali, gritaram: "Senhor, tem misericórdia de nós! Misericórdia, Filho de Davi!". A multidão tentava fazê-los calar, mas eles gritavam ainda mais alto: "Mestre, tem misericórdia de nós. Misericórdia, Filho de Davi!".

32 Jesus parou e chamou-os: "O que vocês querem de mim?".

33 Eles disseram: "Senhor, queremos ter os olhos abertos. Queremos ver!".

34 Profundamente compadecido, Jesus tocou-lhes os olhos. Eles recuperaram a visão na mesma hora e se ajuntaram à multidão.

A recepção real

21 **1-3** Quando se aproximaram de Jerusalém, à altura de Betfagé, próximo ao monte das Oliveiras, Jesus enviou dois discípulos com estas instruções: "Vão à aldeia que está adiante. Ali encontrarão uma jumenta amarrada com seu filhote. Desamarrem-nos e tragam-nos a mim. Se alguém perguntar o que vocês

estão fazendo, digam: 'O Senhor precisa deles, mas vai devolvê-los' ".

4-5 Essa história já havia sido contada pelo profeta:

Digam à filha de Sião:
"Vejam, o seu rei está a caminho,
  elegante e preparado, montado
Em um jumento, em um jumentinho
  cria de um animal de carga".

6-9 Os discípulos fizeram exatamente o que Jesus ordenara. Trouxeram a jumenta e o jumentinho, puseram seus mantos sobre eles, e Jesus o montou. A multidão estendia seus mantos pela estrada, dando a Jesus uma recepção de rei. Alguns cortaram ramos de árvores e os espalharam ao chão como um tapete de boas-vindas. Havia muita gente por todo lado, gritando: "Hosana ao Filho de Davi!"; "Bendito é o que vem em nome de Deus!"; "Hosana nos altos céus!".

10 Quando ele entrou em Jerusalém, houve comoção na cidade. As pessoas, irritadas, perguntavam: "O que está acontecendo aqui? Quem é esse?".

11 A multidão respondeu: "É o profeta Jesus, de Nazaré da Galileia".

SALMOS 18.43-50

43-45 Tu me resgataste de um povo contencioso
  e me designaste líder de nações,
Povos dos quais nunca tinha ouvido falar
  eram meus vassalos.
  Quando perceberam minha presença,
  submeteram-se imediatamente.
Os estrangeiros mais temidos capitularam;
  dos seus esconderijos,
  saíram arrastando-se pelo chão.

46-48 Vive, ó Eterno! As bênçãos do meu Rochedo,
  do meu Deus resgatador e libertador,
  se acumulam!
Deus pôs a casa em ordem para mim
  e calou os que me criticavam.
Resgatou-me da fúria dos inimigos,
  arrancou-me das garras dos figurões,
Salvou-me dos prepotentes.

49-50 É por isso que sou grato a ti, ó Eterno,
  em qualquer lugar do mundo.
É por isso que canto louvores
  e faço poesia com o teu nome.

O rei designado por Deus leva o troféu;
o escolhido de Deus é bem-amado.
Refiro-me a Davi e a toda a sua descendência –
para sempre.

◾ NOTAS

||||||||||||||||||||||||||||||||||||||||||||||||

☐ DIA 030 ___ / ___ / ___

ÊXODO 5.15 — 7.19

15-16 Os capatazes israelitas imploraram ao faraó por uma redução da carga de trabalho: "Por que o senhor está tratando seus servos assim? Ninguém nos dá mais palha e ainda nos dizem: 'Façam tijolos!'. Olhe para nós! Estamos sendo agredidos sem ter culpa!".

17-18 Mas o faraó respondeu: "Preguiçosos! É isso que vocês são! Preguiçosos! É por isso que ficam exigindo: 'Queremos uma folga para adorar ao Eterno'. Voltem ao trabalho! Ninguém dará palha a vocês, e é melhor que cumpram a cota diária de tijolos".

19 Os capatazes israelitas viram que estavam em situação difícil, pois teriam de voltar e dizer aos trabalhadores: "Nem um tijolo a menos na produção do dia".

20-21 Ao sair da presença do faraó, eles encontraram Moisés e Arão, que os aguardavam. Os capatazes disseram: "Que o Eterno veja o que vocês fizeram e os julgue, porque vocês nos puseram numa situação insustentável diante do faraó e de seus servos! Puseram nas mãos deles a arma que vai acabar conosco!".

22-23 Moisés orou ao Eterno e perguntou: "Por que tratas tão mal este povo? E por que me enviaste? Desde o momento em que fui falar ao faraó em teu nome, as coisas só pioraram para o povo. Libertação? É essa a 'libertação' que pretendias?".

6 **¹0** Eterno disse a Moisés: "Você verá o que vou fazer com o faraó. Pelo poder da minha mão, ele os deixará partir; pelo poder da minha mão, eles os expulsará do país".

2-6 Deus ainda garantiu a Moisés: "Eu sou o Eterno. Apareci a Abraão, Isaque e Jacó como o Deus Forte, mas eles não me conheceram pelo meu nome, Eterno (Eu Estou Presente). Também fiz uma aliança com eles e prometi dar a eles a terra de Canaã, lugar que habitavam na condição de estrangeiros. Quando ouvi os gemidos dos israelitas, que os egípcios continuam a escravizar, lembrei-me da minha aliança. Portanto, diga aos israelitas o seguinte:

6-8 " 'Eu sou o Eterno. Vou livrar vocês desse trabalho desumano. Vou resgatá-los da escravidão e, para redimir vocês, vou interferir com alguns castigos bem severos. Vou tirá-los do Egito, porque vocês são meu povo, e eu serei o Deus de vocês. Vocês saberão que eu sou o Eterno, *seu* Deus, que os livrou dos trabalhos forçados no Egito. E vou levar vocês para a terra que prometi dar a Abraão, Isaque e Jacó. Ela será o país de vocês. *Eu Sou o Eterno*' ".

9 Mas, quando Moisés transmitiu a mensagem aos israelitas, eles nem deram atenção, porque a dura condição de escravos havia deixado todos eles com o espírito abatido.

10-11 Então, o Eterno disse a Moisés: "Vá e fale com o rei do Egito, para que ele liberte os israelitas".

¹²Moisés respondeu ao Eterno: "Os israelitas sequer me dão atenção. Como esperas que o faraó vá me ouvir? Além disso, eu gaguejo para falar".

¹³Mas o Eterno expôs a Moisés e Arão os fatos em relação aos israelitas e ao faraó e reforçou a ordem de que conduzissem os israelitas para fora da terra do Egito.

Os descendentes de Moisés e Arão

¹⁴**E**stes são os chefes das tribos:
Os filhos de Rúben, filho mais velho de Israel: Enoque, Palu, Hezrom e Carmi. São essas as famílias de Rúben.

¹⁵Os filhos de Simeão: Jemuel, Jamim, Oade, Jaquim, Zoar e Saul, filho de uma cananeia. São essas as famílias de Simeão.

¹⁶Esses são os nomes dos filhos de Levi por ordem de nascimento: Gérson, Coate e Merari. Levi viveu cento e trinta e sete anos.

¹⁷Os filhos de Gérson segundo suas famílias: Libni e Simei.

¹⁸Os filhos de Coate: Anrão, Isar, Hebrom e Uziel. Coate viveu cento e trinta e três anos.

¹⁹Os filhos de Merari: Mali e Musi.
São esses os filhos de Levi por ordem de nascimento.

²⁰Anrão casou-se com sua tia Joquebede, e ela teve Arão e Moisés. Anrão viveu cento e trinta e sete anos.

²¹Os filhos de Isar: Corá, Nefegue e Zicri.

²²Os filhos de Uziel: Misael, Elzafã e Sitri.

²³Arão casou-se com Eliseba, filha de Aminadabe, irmã de Naassom; e ela teve Nadabe e Abiú, Eleazar e Itamar.

²⁴Os filhos de Corá: Assir, Elcana e Abiasafe. Essa é a família dos coraítas.

²⁵Eleazar, filho de Arão, casou-se com uma das filhas de Putiel, e ela teve Fineias.
Esses são os líderes das famílias levitas, família por família.

²⁶⁻²⁷A esse Arão e a esse Moisés, o Eterno havia ordenado: "Tire da terra do Egito os israelitas segundo seus clãs". Foram esses homens, Moisés e Arão, que disseram ao faraó, rei do Egito, que libertasse os israelitas.

"Você vai parecer um deus para o faraó"

²⁸**E**ra essa a situação quando o Eterno falou outra vez a Moisés, no Egito.

²⁹Deus dirigiu-se a Moisés, dizendo: "Eu sou o Eterno. Diga ao faraó, rei do Egito, tudo que eu disser".

³⁰Mas Moisés respondeu: "Olha para mim. Eu gaguejo quando falo. Por que o faraó me daria atenção?".

7¹⁻⁵**O** Eterno disse a Moisés: "Preste atenção. Você vai parecer um deus para o faraó, e Arão será seu profeta. Você vai falar tudo que eu ordenar, e seu irmão o transmitirá ao faraó. Então, ele libertará os israelitas da sua terra. Ao mesmo tempo, farei o faraó resistir e, em seguida, vou encher o Egito de sinais e maravilhas. O faraó não vai dar atenção a vocês, mas darei um jeito no Egito e tirarei meus soldados de lá, isto é, meu povo, formado por israelitas, com meus atos poderosos de julgamento. Os egípcios vão perceber que sou o Eterno quando eu interferir e tirar os israelitas daquela terra".

⁶⁻⁷Moisés e Arão fizeram exatamente o que o Eterno havia ordenado. Por ocasião dessa audiência com o faraó, Moisés tinha 80 anos de idade, e Arão, 83 anos.

⁸⁻⁹**O** Eterno instruiu Moisés e Arão: "Quando o faraó disser: 'Deem prova de quem vocês são e realizem algum milagre', diga a Arão: 'Pegue sua vara e jogue-a diante do faraó, e ela se transformará numa serpente'".

¹⁰Moisés e Arão foram à presença do faraó e fizeram o que o Eterno havia ordenado. Arão jogou sua vara diante do faraó e de seus servos, e ela se transformou em uma serpente.

¹¹⁻¹²O faraó mandou chamar seus sábios e feiticeiros. Os magos do Egito fizeram a mesma coisa por meio de seus feitiços: cada um deles jogou sua vara no chão, e elas se transformaram em serpentes. Mas a vara de Arão engoliu as outras.

¹³Mesmo assim, o faraó mostrou-se obstinado como nunca e não deu atenção a eles, como o Eterno havia dito.

O primeiro golpe: o sangue

¹⁴⁻¹⁸**O** Eterno disse a Moisés: "O faraó é um homem obstinado. Ele se recusa a libertar o povo. Amanhã bem cedo, vá encontrar-se com o faraó, na hora de seu passeio pelo rio. Na margem do Nilo, pegue a vara que se transformou em serpente e diga ao faraó: 'O Eterno, o Deus dos hebreus, enviou-me a você com a seguinte mensagem: Liberte meu povo, para que prestem culto a mim no deserto. Até agora, você não me deu atenção. Mas você vai reconhecer que sou

DIA 030

o Eterno. Com esta vara que estou segurando, vou tocar as águas do rio Nilo. Elas se transformarão em sangue, os peixes do Nilo vão morrer e o rio vai cheirar mal. Por causa disso, os egípcios não poderão beber das águas do Nilo' ".

¹⁹O Eterno disse também a Moisés: "Diga a Arão: 'Agite sua vara sobre as águas do Egito, sobre rios, canais, lagos e reservatórios, para que se transformem em sangue'. Haverá sangue em todo canto no Egito, até mesmo nas vasilhas e panelas".

MATEUS 21.12-32

Jesus derruba as mesas

¹²⁻¹⁴ Jesus foi direto ao templo e expulsou todos os que faziam comércio ali. Ele derrubou as mesas dos agiotas e as bancas dos vendedores de pombas, citando este texto:

Minha casa foi designada casa de oração;
Mas vocês a transformaram em ponto de
encontro de ladrões.

Agora havia espaço para os cegos e aleijados se reunirem. Eles vieram a Jesus, e ele os curou.

¹⁵⁻¹⁶ Os líderes religiosos, vendo os atos chocantes de Jesus e que as crianças corriam e gritavam pelo templo: "Hosana ao Filho de Davi!", foram repreendê-lo: "Está ouvindo o que essas crianças estão dizendo?".

Jesus respondeu: "Sim, eu as ouço. E vocês nunca leram na Palavra de Deus: 'Da boca das crianças e bebês vou preparar um lugar de louvor'?".

¹⁷ Aborrecido, Jesus saiu dali e foi para a cidade de Betânia, onde passou a noite.

A figueira que secou

¹⁸⁻²⁰ Cedo, na manhã seguinte, Jesus voltava para a cidade. Ele sentiu fome e, ao avistar uma figueira à beira da estrada, aproximou-se dela, para encontrar figos, mas nada encontrou além de folhas. Então, disse: "Nunca mais haja figos nesta árvore!". A figueira secou no mesmo instante, completamente. Os discípulos, que presenciavam a cena, esfregavam os olhos e diziam, perplexos: "Será que vimos isso mesmo? Uma árvore cheia de folhas ficou completamente seca num minuto?".

²¹⁻²² Jesus foi direto: "Sim! E, se vocês abraçarem a vida do Reino e não duvidarem de Deus, conseguirão fazer não apenas coisas pequenas, como fiz à figueira, mas também vencerão grandes obstáculos. Aquela montanha, por exemplo. Bastar ordenar: 'Pule no

mar', e ela obedecerá. Absolutamente tudo, do pedido menor ao maior, que vocês incluírem na oração, será atendido, se vocês de fato confiarem em Deus".

As credenciais de Jesus

²³ Logo depois, ele estava de volta no templo, ensinando. Então, os principais sacerdotes e os líderes do povo exigiram: "Mostre-nos suas credenciais. Quem deu a você autoridade para falar e agir desse modo?".

²⁴⁻²⁵ Jesus respondeu: "Primeiro, respondam a uma pergunta. Se a responderem, também responderei à sua. No caso do batismo de João, quem o autorizou: Deus, ou os homens?".

²⁵⁻²⁷ Eles ficaram numa situação difícil e sabiam disso. Confusos, cochichavam entre si: "Se dissermos: 'Deus', ele vai perguntar por que não acreditamos nele. Se dissermos: 'Os homens', estamos em apuros, porque o povo tinha João na conta de profeta". Decidiram, então, dar a vitória a Jesus dessa vez. "Não sabemos", responderam.

Jesus concluiu: "Então, também não vou responder à pergunta de vocês".

A história dos dois filhos

²⁸ "Digam-me o que pensam da minha história: um homem tinha dois filhos. Ele se dirigiu ao primeiro e disse: 'Filho, vá trabalhar na minha vinha'.

²⁹ "O filho respondeu: 'Não quero'. Mais tarde, pensou melhor e foi.

³⁰ "O pai deu a mesma ordem ao segundo filho. Ele respondeu: 'Mas é claro, com prazer'. Mas nunca foi.

³¹⁻³² "Qual dos dois filhos fez o que o pai pediu?".

Eles disseram: "O primeiro".

Jesus disse: "Sim, e digo a vocês que os malandros e as prostitutas entrarão antes de vocês no Reino de Deus. João veio mostrando o caminho certo. Vocês viraram as costas para ele, mas os malandros e as prostitutas creram nele. Mesmo quando vocês viram a vida deles transformada, não quiseram mudar de e crer nele".

SALMOS 19.1-9

Um salmo de Davi

19 ¹⁻² A glória de Deus viaja pelos céus,
as obras de arte de Deus
estão expostas no horizonte.
A senhora Alvorada ministra aulas
todas as manhãs,
o professor Anoitecer leciona
no curso noturno.

³⁴ Suas palavras não são ouvidas,
sua voz não é gravada,
Mas seu silêncio enche a terra:
mesmo calada, é a verdade propagada
por toda parte.

⁴⁵ Deus fez uma enorme cúpula
para o Sol — uma cúpula gigante!
O sol da manhã é um jovem recém-casado
que salta do leito nupcial;
O sol nascente, um atleta,
correndo para a linha de chegada.

⁶ É assim que a Palavra de Deus
atravessa os céus
desde o nascer até o pôr do sol,
Derretendo o gelo, estorricando os desertos,
aquecendo os corações para a fé.

⁷⁹ A revelação do Eterno é integral
e confere harmonia à nossa vida.
As sinalizações do Eterno são claras
e apontam o caminho certo.
Os mapas da vida do Eterno estão corretos
e nos conduzem pela estrada da alegria.
As orientações do Eterno são simples
e fáceis de aprender.
A reputação do Eterno é ouro
de vinte e quatro quilates,
com garantia para a vida toda.
As decisões do Eterno são precisas
nos mínimos detalhes.

◢ NOTAS

||||||||||||||||||||||||||||||||||||||||||||||||||||||||||||

☐ DIA **031** ___/___/___

ÊXODO 7.20 — 9.19

20-21 Moisés e Arão fizeram exatamente como
o Eterno havia ordenado. Arão ergueu sua vara
e bateu com ela nas águas do Nilo, diante dos
olhos do faraó e de sua comitiva. Toda a água do
Nilo transformou-se em sangue. Os peixes do Nilo
morreram, o rio começou a cheirar mal e os egípcios
não podiam beber da água do Nilo. Havia sangue
por toda parte no Egito.

22-25 Mas os magos do Egito fizeram a mesma coisa com seus encantamentos, e o faraó continuou
obstinado. Ele não deu atenção a eles, como o Eterno
havia predito. Voltou as costas para eles e voltou
para o palácio. Todos os egípcios tiveram de cavar
perto do rio para achar água, pois não podiam beber
a água do Nilo.

Depois que o Eterno atingiu o Nilo, passaram-se
sete dias.

O segundo golpe: as rãs

8¹⁴ O Eterno disse a Moisés: "Diga ao faraó:
'Mensagem do Eterno: Liberte o meu povo para
que me prestem culto. Se você se recusar a libertá-
-lo, estou avisando, atingirei o país inteiro com rãs.
O Nilo vai fervilhar de rãs, e elas invadirão suas
casas, entrarão nos quartos e subirão nas camas,
bem como nos aposentos de seus servos; estarão
no meio do povo, dentro dos fornos, das vasilhas e
das panelas; Estarão em cima de você e de todos os
outros; haverá rãs por toda parte e em cima de tudo!'".

DIA 031

⁵O Eterno disse ainda: "Diga a Arão: 'Agite sua vara sobre os rios, canais e lagos. Faça subir rãs sobre a terra do Egito'".

⁶Arão estendeu sua vara sobre as águas do Egito, e surgiu uma multidão de rãs, que cobriram todo o país. ⁷Mas, de novo, os magos com seus encantamentos também fizeram surgir rãs no Egito.

⁸O faraó chamou Moisés e Arão e lhes disse: "Orem ao Eterno para que nos livre dessas rãs. Eu vou liberar o povo para que façam seus sacrifícios e prestem culto ao Eterno".

⁹Moisés disse ao faraó: "Está bem, é só marcar a hora. Quando você vai querer que as rãs saiam daqui e deixem seus servos, seu povo e suas casas? Você ficará livre das rãs, com exceção das que estão no Nilo".

¹⁰⁻¹¹"Faça isso amanhã", pediu o faraó.

Moisés concordou: "Pois será amanhã, para que você saiba que não há nenhum Deus como o Eterno. As rãs serão removidas. Você, suas casas, seus servos e seu povo ficarão livres delas. Só restarão as que já estão no Nilo".

¹²⁻¹⁴Moisés e Arão saíram da presença do faraó, e Moisés orou ao Eterno por causa das rãs que ele havia enviado sobre o faraó. O Eterno respondeu à oração de Moisés, e todas as rãs morreram. Casas, pátios e campos ficaram livres delas. Por todo canto, havia rãs mortas, amontoadas em pilhas enormes, e o país inteiro cheirava mal por causa delas.

¹⁵Mas, quando o faraó viu que a situação estava resolvida, permaneceu obstinado e não cumpriu com sua palavra, como o Eterno havia predito.

O terceiro golpe: os piolhos

¹⁶O Eterno disse a Moisés: "Diga a Arão: 'Golpeie o pó da terra com sua vara. O pó vai se transformar em piolhos por todo o Egito'".

¹⁷E foi o que ele fez. Arão golpeou o pó da terra com sua vara, e a areia se transformou em piolhos, que atacaram as pessoas e os animais. Todo o pó da terra foi transformado em piolhos, e eles infestaram o Egito.

¹⁸Os magos tentaram fazer surgir piolhos por meio de feitiços, mas, dessa vez, não conseguiram. Os piolhos estavam por toda parte, sobre pessoas e animais.

¹⁹Os magos disseram ao faraó: "É a mão de Deus". Mas o faraó continuou obstinado e não cedeu, como o Eterno havia predito.

O quarto golpe: as moscas

²⁰⁻²³O Eterno disse a Moisés: "Levante-se amanhã bem cedo e vá ao encontro do faraó, quando ele estiver a caminho das águas, e transmita este recado: 'Mensagem do Eterno: Liberte o meu povo, para que me prestem culto. Se você não libertar o meu povo, mandarei enxames de moscas sobre você, sobre seus servos, seu povo e suas casas. As casas dos egípcios e até o chão em que pisam ficarão infestados de moscas. Mas, quando isso acontecer, vou isolar Gósen, onde meu povo vive, como se fosse um santuário: as moscas não chegarão ali. Assim, você saberá que sou o Eterno nesta terra. Farei uma clara distinção entre o seu povo e o meu. Esse sinal acontecerá amanhã'".

²⁴E foi o que o Eterno fez. Densos enxames de moscas infestavam o palácio do faraó e as casas dos seus súditos. O Egito agora era um país coberto de moscas.

²⁵O faraó chamou Moisés e Arão e disse: "Está bem, está bem! Podem ir sacrificar ao seu Deus, mas façam isso aqui, neste país".

²⁶⁻²⁷Moisés retrucou: "Isso não seria prudente. Os egípcios vão ficar escandalizados com os sacrifícios que fazemos ao Eterno. Se apresentarmos os sacrifícios aqui, o povo vai se sentir tão ofendido que vai querer nos matar. Queremos permissão para uma viagem de três dias deserto adentro e para sacrificar ao nosso Eterno, conforme ele nos instruiu".

²⁸O faraó disse: "Tudo bem. Libero vocês para sacrificar ao seu Eterno no deserto. Mas não se afastem muito. E orem por mim".

²⁹Moisés respondeu: "Assim que eu sair daqui, vou orar ao Eterno para que amanhã as moscas deixem o faraó, seus servos e seu povo. Mas não brinque conosco. Não tente mudar de ideia e nos impedir, outra vez, de sacrificar ao Eterno!".

³⁰⁻³²Moisés saiu da presença do faraó e orou ao Eterno, que atendeu ao pedido de Moisés e livrou das moscas o faraó, seus servos e seu povo. Não sobrou uma única mosca no Egito. Mas, de novo, o faraó se mostrou obstinado e não liberou o povo.

O quinto golpe:
a morte dos animais

9 ¹⁻⁴O Eterno disse a Moisés: "Vá até o faraó e diga-lhe: 'O Eterno, o Deus dos hebreus, diz o seguinte: Liberte o meu povo, para que me prestem culto. Se você se recusar a me ouvir e continuar a segurá-lo, estou avisando: o Eterno atingirá seus animais que estão no campo – cavalos, jumentos, camelos, gado, ovelhas – com uma grave doença. E também, desta vez, fará clara separação entre os animais de Israel e os do Egito. Nenhum animal dos israelitas morrerá'".

⁵O Eterno marcou a hora: "Isso acontecerá amanhã".

6-7 E foi o que o Eterno fez no dia seguinte. Todos os animais do Egito morreram, mas não morreu nem um só dos animais dos israelitas. O faraó enviou alguns homens para averiguar, e nenhum animal dos israelitas havia morrido, nem um sequer. Mesmo assim, o faraó continuou obstinado e não deu permissão para o povo sair.

O sexto golpe: os furúnculos

8-11 O Eterno disse a Moisés e Arão: "Peguem um punhado de cinza de uma fornalha, e Moisés deve jogá-la para o ar, bem diante dos olhos do faraó. Uma fina camada de pó vai cobrir todo o Egito e provocar feridas, uma praga de furúnculos que atingirá pessoas e animais em todo o país". Então, eles recolheram cinza de uma fornalha e a jogaram para o ar, na presença do faraó. O pó fino fez brotar furúnculos nas pessoas e nos animais. Mais uma vez, os magos não foram capazes de competir com Moisés por causa dos furúnculos, pois eles mesmos estavam cobertos deles, como os demais habitantes do Egito.

12 E o Eterno fez aumentar a obstinação do faraó. O rei do Egito se manteve irredutível, como o Eterno havia predito.

O sétimo golpe: o granizo

13-19 O Eterno disse a Moisés: "Levante-se amanhã bem cedo, vá ao encontro do faraó e diga a ele: 'O Eterno, o Deus dos hebreus, diz o seguinte: Liberte meu povo para que me prestem culto. Dessa vez, atingirei você, seus servos e seu povo com toda a minha força, para que você entenda que não há ninguém como eu em nenhum lugar da terra. Você sabe que eu já poderia ter eliminado você e seu povo com doenças mortais, sem deixar ninguém para contar a história. Mas eu o mantive vivo por uma única razão: fazê-lo reconhecer o meu poder, para que minha reputação se espalhe por toda a terra. Você ainda está se fortalecendo à custa do meu povo e não o deixa sair. Mas isto é o que vai acontecer: amanhã, a esta mesma hora, enviarei uma terrível tempestade de granizo, como nunca houve no Egito desde sua fundação. Portanto, abrigue seus animais, pois quando o granizo cair tudo que estiver ao ar livre morrerá — pessoas e animais' ".

MATEUS 21.33 — 22.14

A história da vinha

33-34 "Vou contar outra história. Ouçam com atenção. Havia um homem, um rico fazendeiro, que plantou uma vinha. Cercou-a, fez um tanque de espremer as uvas, construiu uma torre de vigilância, arrendou-a aos lavradores e saiu em viagem. Quando chegou a época da colheita, ele enviou seus empregados para receber sua parte nos lucros.

35-37 "Os lavradores agarraram o primeiro empregado e o espancaram. O segundo foi assassinado. Eles apedrejaram o terceiro. O fazendeiro enviou outros empregados, mas eles receberam o mesmo tratamento. Já quase sem esperanças, decidiu enviar seu filho, pensando: 'Meu filho eles vão respeitar'.

38-39 "Mas, quando os lavradores viram o filho do fazendeiro, esfregaram as mãos, cheios de cobiça, e disseram: 'Esse é o herdeiro! Vamos matá-lo e ficar com a vinha'. Então o agarraram e o mataram ali mesmo.

40 "Digam-me, quando o fazendeiro da vinha voltar, o que acham que ele vai fazer com os lavradores?".

41 "Vai matá-los. Vai se livrar dessa gente. Depois arrendará a vinha a outros, que irão dividir os lucros com ele quando chegar a hora".

42-44 Jesus respondeu: "E vocês podem confirmar nas Escrituras:

A pedra que os pedreiros rejeitaram
    é agora a principal.
Isso é obra de Deus.
    Nós esfregamos os olhos,
        custando a crer nisso!

"Assim é com vocês. O Reino de Deus será tirado de vocês e entregue a pessoas que viverão plenamente a vida do Reino. Quem tropeçar nessa Pedra será despedaçado, e aquele sobre quem a Pedra cair ficará esmagado".

45-46 Quando os líderes religiosos ouviram a história, entenderam que o recado era para eles. Por isso, queriam prender Jesus, mas, receosos da opinião pública, recuaram, pois muitos o consideravam um profeta de Deus.

A história da festa do casamento

22 **1-3** Jesus continuou contando histórias. "O Reino de Deus", disse, "é como um rei que promoveu um banquete de casamento para seu filho. Ele enviou os mensageiros para chamar os convidados, porém eles não vieram!

4 "Mandou outro grupo, com a seguinte mensagem: 'Já está tudo na mesa; a carne está pronta para assar. Venham para a festa!'.

DIA 032

⁵⁻⁷"Entretanto, eles deram de ombros. Um foi cultivar seu jardim, outro foi trabalhar em seu comércio. O restante, sem nada melhor para fazer, espancou e matou os mensageiros. O rei ficou furioso e enviou seus soldados para eliminar aquela corja e destruir a cidade deles.

⁸⁻¹⁰"Então, ele disse aos seus serviçais: 'Temos um banquete de casamento preparado, mas não temos convidados. As pessoas que convidei não vieram. Vão para as esquinas mais movimentadas da cidade e convidem para o banquete qualquer um que encontrarem. Eles saíram às ruas, convocando qualquer um que achassem, sem distinguir os bons dos maus. Na hora do banquete, todos os lugares estavam preenchidos.

¹¹⁻¹³"Quando o rei entrou na sala, observou que um homem não estava com a roupa apropriada e perguntou-lhe: 'Amigo, como ousou entrar na festa vestido assim?'. O homem ficou sem fala. Então, o rei disse aos seus servos: 'Tirem-no daqui, rápido! Amarrem esse sujeito e mandem-no para o inferno. Certifiquem-se de que ele não vai voltar'.

¹⁴"É isso que quero dizer quando afirmo: 'Muitos são convidados, mas poucos participam'."

SALMOS 19.10-14

¹⁰A Palavra de Deus vale mais que diamantes;
   tem mais valor que um diamante
     no meio de esmeraldas.
Você irá preferi-la ao mel,
   ao mais doce e puro mel.

¹¹⁻¹⁴E mais: a Palavra de Deus é um mapa que
   nos alerta do perigo
   e nos leva até onde o tesouro
     está escondido.
Como vamos encontrar o caminho?
   Como saber que pisamos na bola?
Limpa a tela, ó Deus, para que comecemos
   o dia do zero!
   Guarda-me dos pecados tolos,
   de pensar que posso assumir teu trabalho.
Então, começarei o dia banhado de sol,
   com a sujeira do pecado removida.
Essas são as palavras da minha boca,
   as quais vou degustando enquanto oro.
Acolhe-as quando as deposito
   sobre o altar da manhã,
Ó Deus, meu Altar de Pedra,
   Ó Eterno, sacerdote do meu altar.

⬛ NOTAS

☐ **DIA 032** ____/____/____

ÊXODO 9.20 — 11.10

²⁰⁻²¹Os membros da corte do faraó que tinham respeito pela palavra do Eterno puseram seus escravos e animais em abrigos o mais rápido que puderam, mas os que não a levavam a sério deixaram seus trabalhadores e animais ao ar livre.

²²O Eterno disse a Moisés: "Estenda as mãos para o céu. Dê o sinal para que o granizo caia sobre o Egito, sobre pessoas, animais e plantações do Egito".

²³⁻²⁶Moisés ergueu sua vara na direção ao céu, e o Eterno fez trovejar e cair granizo por entre os relâmpagos. Choveu granizo sobre toda a terra do

Egito, e os relâmpagos acentuavam a violência da tempestade. Nunca havia acontecido nada igual no Egito, em toda a sua história. O granizo arrasou o país. Tudo que estava a céu aberto nos campos foi esmagado: pessoas, animais e plantações. Até as árvores nos campos foram derrubadas. A única exceção foi Gósen, onde os israelitas moravam: não caiu granizo na terra deles.

27-28 O faraó convocou Moisés e Arão e disse: "Desta vez, pequei, com toda a certeza! O Eterno está com a razão, eu e meu povo é que estamos errados. Orem ao Eterno. Chega de trovões e de granizo mandados pelo Eterno! Vocês estão liberados para ir. Quanto mais cedo saírem, melhor!".

29-30 Moisés respondeu: "Assim que eu sair da cidade, vou estender os braços ao Eterno. Os trovões vão cessar, e o granizo deixará de cair, para que você saiba que esta terra pertence ao Eterno. Mesmo assim, sei que você e seus súditos não têm nenhum respeito pelo Eterno".

31-32 (O linho e a cevada, que já haviam amadurecido, foram destruídos, mas o trigo e o centeio escaparam, pois só mais tarde iriam amadurecer).

33 Moisés saiu da presença do faraó e da cidade. Então, estendeu os braços ao Eterno. Os trovões e o granizo cessaram, e passou a tempestade.

34-35 Dito e feito: ao ver que a chuva, o granizo e os trovões haviam cessado, o faraó continuou em seu pecado, mais obstinado do que nunca, ele e os membros da corte. O coração do faraó estava duro como pedra. Mais uma vez, ele se recusou a liberar os israelitas, como o Eterno havia ordenado por intermédio de Moisés.

O oitavo golpe: os gafanhotos

10 1-2 O Eterno disse a Moisés: "Apresente-se ao faraó. Fui eu quem causou sua obstinação, a dele e a dos membros da corte, para obrigá-lo a testemunhar meus sinais, para que vocês pudessem contar a seus filhos e netos que tripudiei sobre os egípcios, como o gato faz com o rato, e para que todos vocês saibam que eu sou o Eterno".

3-6 Moisés e Arão apresentaram-se ao faraó e disseram: "O Eterno, o Deus dos hebreus, diz o seguinte: 'Até quando você vai se recusar a se dobrar perante mim? Liberte meu povo, para que prestem culto a mim. Se você se recusar a libertá-lo, cuidado! Amanhã, vou enviar uma nuvem imensa de gafanhotos sobre o país. Eles cobrirão cada centímetro do chão, e ninguém conseguirá enxergá-lo.

Os gafanhotos vão devorar o que sobrou da tempestade de granizo; nem as árvores que estiverem nascendo nos campos vão escapar. Eles vão invadir sua casa e infestarão as casas dos membros da corte e todas as outras casas do Egito. Afirmo que nunca se viu nada igual, desde o tempo em que seus antepassados puseram o pé nesta terra'".

Depois de entregar o recado, eles viraram as costas e saíram da presença do faraó.

7 Os membros da corte disseram: "Até quando você vai deixar esse homem nos atormentar? Deixe esse povo ir e prestar culto ao Eterno, o Deus deles. Não percebe que o Egito está indo para o buraco?".

8 Então, Moisés e Arão foram chamados de volta à presença do faraó, e ele disse: "Está bem! Vão e prestem culto ao Eterno, o Deus de vocês. Mas preciso saber quem vai e quem fica".

9 Moisés respondeu: "Vamos levar jovens e velhos, filhos e filhas, rebanhos e gado, porque será um culto de celebração ao Eterno".

10-11 O faraó retrucou: "Eu até os enviaria com as bênçãos do Eterno, mas de modo algum vou permitir que levem seus filhos. Olhem aqui, vocês não estão com boas intenções, basta olhar para vocês! Nada feito! Só os homens irão. Se quiserem assim, vão e prestem culto ao Eterno. Não é o que tanto desejam?".

E foram expulsos da presença do faraó.

12 O Eterno disse a Moisés: "Estenda a mão sobre o Egito e dê o sinal para que os gafanhotos cubram a terra do Egito e devorem todas as folhas deste país, tudo que o granizo não destruiu".

13 Moisés estendeu sua vara sobre a terra do Egito, e o Eterno fez soprar um vento oriental durante aquele dia inteiro e por toda aquela noite. Pela manhã, os gafanhotos chegaram, trazidos pelo vento oriental.

14-15 Os gafanhotos cobriram toda a terra do Egito, ocupando cada centímetro do solo. O país foi tomado de assalto pelos insetos. Nunca havia acontecido uma invasão tão maciça de gafanhotos, e não haverá outra igual. Eles devoraram tudo, cada folha, cada pedaço de fruta, tudo que o granizo não havia destruído. O estrago foi imenso: tudo que restou foram árvores desfolhadas e campos desnudos – o verde foi banido de toda a terra do Egito.

16-17 Imediatamente, o faraó mandou chamar Moisés e Arão e disse: "Pequei contra o Eterno, o seu Deus, e também contra vocês. Relevem meu pecado mais uma vez. Orem ao Eterno, o Deus de vocês, para que ele me livre desta calamidade e retire a morte deste lugar!".

DIA 032

18-19 Moisés saiu da presença do faraó e orou ao Eterno. O Eterno, então, inverteu a direção do vento: um forte vento, vindo do oeste, empurrou os gafanhotos para o mar Vermelho. Não sobrou um único gafanhoto em toda a terra do Egito. ²⁰ Mas o Eterno manteve o faraó em sua obstinação. E o rei, mais uma vez, recusou-se a liberar os israelitas.

O nono golpe: a escuridão

²¹ O Eterno disse a Moisés: "Estenda a mão para o céu. Faça escurecer a terra do Egito, uma escuridão tão densa que seja quase palpável".

²²-²³ Moisés estendeu a mão para o céu, e ninguém mais conseguia enxergar ninguém. Durante três dias, ninguém se atreveu a sair do lugar. A única exceção eram os israelitas, pois havia luz no lugar em que moravam.

²⁴ O faraó chamou Moisés e disse: "Você todos podem ir e prestar culto ao Eterno, só que os rebanhos e o gado ficam aqui. Mas não vou proibir vocês de levar os filhos".

²⁵-²⁶ Moisés retrucou: "Você tem de nos deixar levar os animais, porque precisamos deles para os sacrifícios que vamos oferecer em adoração ao nosso Deus, o Eterno. Os animais têm de seguir conosco, nem mesmo um casco deve ficar para trás. Eles fazem parte do culto que prestaremos ao nosso Deus, o Eterno, e só quando chegarmos lá é que saberemos do que vamos precisar".

²⁷ Mas o Eterno manteve o faraó em sua obstinação. E ele não concordou em liberar o povo.

²⁸ O faraó disse a Moisés: "Sumam daqui! E muito cuidado! Nunca mais quero ver vocês. Se aparecerem na minha frente de novo, vocês vão morrer!".

²⁹ Moisés disse: "Seja como você quer. Você nunca mais me verá".

O décimo golpe: a morte

11 ¹ O Eterno disse a Moisés: "Vou atingir o faraó e o Egito mais uma vez, e será a última. Depois disso, ele os deixará sair. Quando ele os libertar, o Egito será passado para vocês. Eles vão querer livrar-se de vocês o mais rápido possível.

²-³ "Façam o seguinte: digam aos homens e mulheres do povo que peçam aos vizinhos objetos de prata e de ouro". Deus fez que os egípcios se mostrassem generosos. Além disso, Moisés era muito admirado pelos egípcios, uma figura pública de respeito entre os membros da corte e o povo em geral.

⁴-⁷ Moisés, mais uma vez, advertiu o faraó: "Mensagem do Eterno: 'Hoje, à meia-noite, passarei por todo o Egito, e todos os primogênitos no Egito morrerão, desde o primogênito do faraó, que se senta em seu trono, até o primogênito da escrava que trabalha no moinho, até mesmo os primogênitos dos animais. Haverá choro de uma ponta a outra do país, um lamento como nunca se ouviu nem se ouvirá de novo. Mas contra os israelitas, sejam homens, sejam mulheres, sejam animais, nem mesmo um cachorro latirá, para que você saiba que o Eterno faz clara distinção entre o Egito e Israel'.

⁸ "Então, todos os seus súditos vão rastejar diante de mim e implorar: 'Saiam daqui! Você e seu povo!'. E é claro que sairei".

E Moisés, fervendo de raiva, saiu da presença do faraó.

⁹ O Eterno disse a Moisés: "O faraó não vai dar crédito às suas ameaças; por isso, vou multiplicar os sinais da minha presença e dos meus atos na terra do Egito".

¹⁰ Moisés e Arão realizaram todos esses sinais na presença do faraó, mas o Eterno fez que ele ficasse mais obstinado ainda. E o faraó se recusou a liberar os israelitas.

MATEUS 22.15-40

Pagando impostos a César

¹⁵-¹⁷ A essa altura, os fariseus haviam preparado uma armadilha para Jesus, certos de que o iriam incriminá-lo. Para isso, enviaram seus próprios discípulos e alguns partidários de Herodes, com esta pergunta: "Mestre, conhecemos a sua integridade, sabemos que o senhor ensina o caminho de Deus com muito zelo, não se importa com a opinião popular e não explora seus discípulos. Diga-nos com toda a honestidade: é correto pagar impostos a César?".

¹⁸-¹⁹ Jesus percebeu de imediato as segundas intenções e disse: "Qual a razão desse joguinho? Por que tentam me pegar com essas armadilhas? Vocês têm uma moeda? Deixem-me vê-la". Eles entregaram uma moeda de prata.

²⁰ "Quem é este que aparece na moeda? Que nome está gravado nela?".

²¹ "César", disseram.

Jesus concluiu: "Deem a César o que pertence a ele e deem a Deus o que lhe é devido".

²² Os fariseus ficaram sem resposta e foram embora atordoados.

Casamento e ressurreição

23-28 Naquele mesmo dia, os saduceus, o grupo que nega a ressurreição, se aproximaram de Jesus e perguntaram: "Mestre, Moisés disse que, se um homem morre sem filhos, o irmão dele é obrigado a casar-se com a viúva e ter filhos com ela. Pois bem, havia sete irmãos. O primeiro casou-se e morreu sem filhos, e sua esposa passou para o irmão dele. O segundo irmão também a deixou sem filhos, igualmente o terceiro e assim todos os sete. Por fim, a mulher morreu. Queremos saber o seguinte: na ressurreição, de quem ela será esposa? Afinal, ela foi casada com cada um deles".

29-33 Jesus respondeu: "Vocês estão raciocinando errado, e vou dizer por quê: Primeiro, não conhecem as Escrituras; segundo, não sabem como Deus atua. Depois da ressurreição, o casamento já não mais existirá. Assim como os anjos, toda a nossa atenção estará em Deus. Com respeito à ressurreição dos mortos, vocês nunca leram as Escrituras? A gramática é clara. Deus diz: 'Eu sou — não *eu era* — o Deus de Abraão, o Deus de Isaque, o Deus de Jacó'. O Deus vivo é o Deus dos *vivos*, não dos mortos". A multidão ficou impressionada ao ouvir esse diálogo.

O mandamento mais importante

34-36 Quando souberam que Jesus levara a melhor sobre os saduceus, os fariseus uniram forças para outro ataque. Um dos líderes religiosos, falando pelo grupo, apresentou uma questão que, na opinião deles, iria desmascarar Jesus: "Mestre, qual o mandamento mais importante na lei de Deus?".

37-40 Jesus respondeu: " 'Ame o Senhor seu Deus com toda a paixão, toda a fé e toda a inteligência'. Esse é o mais importante, o primeiro de qualquer lista. Mas há um segundo, ligado a esse: 'Ame o próximo como a você mesmo'. Esses dois mandamentos são como elos de uma corrente: tudo que está na Lei de Deus e nos Profetas deriva deles".

SALMOS 20.1-9

Um salmo de Davi

20 **1-4** Que o Eterno venha em seu socorro quando acontecer o desastre,
e o nome do Deus de Jacó o ponha fora de perigo;
Que ele mande reforços do santo monte,
Despache suprimentos de Sião.
Aprove suas ofertas e
Celebre seus sacrifícios;
Conceda o que o seu coração desejar e
Realize seus projetos.

5 Quando a vitória estiver nas nossas mãos,
vamos celebrar com muita festa
e conduzir o desfile com nossas bandeiras.
Que o Eterno atenda todos os seus desejos!

6 Então está combinado: a ajuda está a caminho,
uma resposta está vindo
e tudo vai dar certo.

7-8 Está vendo aquele pessoal ali,
polindo seus carros de luxo?
E aqueles, escovando cavalos?
Os carros vão enferrujar,
os cavalos ficarão mancos —
mas nós estaremos firmes, de pé!

9 Faz do rei um vitorioso, ó Eterno!
Responde-nos no dia em que
chamarmos por ti.

NOTAS

DIA 033

DIA 033 ___ / ___ / ___

ÊXODO 12.1 — 13.8

12 **1-10**Moisés e Arão ainda estavam no Egito quando o Eterno disse a eles: "Este será o primeiro mês do ano para vocês. Informem toda a comunidade de Israel que, no dia dez deste mês, cada homem deve separar um cabrito ou um cordeiro para sua família, um para cada casa. Se a família for pequena demais para um animal, ele deve ser dividido com um vizinho, de acordo com o número de pessoas. Levem em conta a quantidade que cada pessoa irá comer. O animal deverá ser um macho saudável de um ano de idade. Vocês poderão optar por um cordeiro ou por um cabrito. Mantenham o animal preso até o dia 14 e, depois, o sacrifiquem. Toda a comunidade de Israel fará isso ao pôr do sol. Em seguida, recolham um pouco do sangue do animal para passar sobre os batentes e na viga superior da porta da casa em que vocês comerão o animal. Nessa noite, vocês devem comer a carne assada, acompanhada de pão sem fermento e de ervas amargas. Não comam nada cru nem cozido em água. O animal inteiro deve ser assado, até mesmo a cabeça, pernas e vísceras. Não deve sobrar nada para a manhã seguinte. Se houver sobras, elas deverão ser queimadas.

11"Vocês deverão comê-lo vestidos, como se estivessem prontos para sair, com sandálias nos pés e cajado na mão. Comam depressa: é a Páscoa do Eterno.

12-13"Na mesma noite, passarei pela terra do Egito e matarei todos os primogênitos do país, seja homem, seja animal, como uma sentença aplicada sobre todos os deuses do Egito. Eu sou o Eterno. O sangue será um sinal na casa em que vocês moram. Quando vir o sangue, passarei direto, e nenhuma desgraça virá sobre vocês quando eu atingir a terra do Egito.

14-16"Esse dia deverá ser sempre lembrado por vocês e comemorado com uma festa ao Eterno por todos os seus descendentes, uma festa fixa que deverá ser sempre celebrada. Vocês comerão pão sem fermento (*matzot*) durante sete dias: no primeiro dia, tirem de casa todo fermento. A pessoa que comer alguma coisa com fermento entre o primeiro e o sétimo dia será eliminada de Israel. Separem o primeiro dia e o sétimo, pois são dias sagrados. Não trabalhem nesses dias: a única atividade permitida é o preparo das refeições.

17-20"Comemorem a festa dos Pães sem Fermento. Ela marca o dia exato em que usei meu poder para tirá-los da terra do Egito. Todas as gerações que estão por vir devem guardar esse dia. É uma festa fixa que deve ser sempre comemorada. No primeiro mês, começando no fim da tarde do dia 14 até o fim da tarde do dia 21, vocês devem comer pão sem fermento. Durante os sete dias, ninguém deve ter fermento guardado em casa. Quem comer algo que contenha fermento, seja visitante, seja nascido na terra, será eliminado da comunidade de Israel. Repito: não comam nesses dias nada que contenha fermento. Apenas *matzot*".

21-23 Moisés reuniu todos os líderes de Israel e os instruiu: "Escolham a um cabrito ou um cordeiro para cada família e sacrifiquem o animal para a Páscoa. Peguem um feixe de hissopo, molhem-no numa vasilha com sangue e passem-no sobre os batentes e na viga superior da porta. Ninguém deve sair de casa antes do amanhecer. O Eterno passará para atingir o Egito. Ele não entrará na casa que tiver a porta marcada com sangue, ou seja, não permitirá que o destruidor entre naquela casa para matar.

24-27"Sigam essas instruções. Elas são leis eternas para vocês e para seus descendentes. Quando entrarem na terra que o Eterno dará a vocês, de acordo com a promessa que fez, continuem a observar todas essas coisas. E, quando seus filhos perguntarem: 'Por que fazemos isso?', expliquem a eles: 'É o sacrifício da Páscoa feito ao Eterno, que não passou pela casa dos israelitas no Egito quando o atingiu com morte. Em vez disso, ele nos resgatou' ".

Depois dessas palavras, o povo se curvou e adorou. **28**E os israelitas fizeram tudo que o Eterno havia ordenado a Moisés e Arão.

29À meia-noite, o Eterno matou todos os primogênitos do Egito, desde o primogênito do faraó, que se sentava no trono, até o primogênito do prisioneiro no cárcere. Matou também todos os primogênitos dos animais.

30Naquela noite, o faraó saiu da cama, bem com todos os membros da corte e os demais habitantes do Egito, e, por todo o Egito, o povo chorava e lamentava sua perda. Não havia uma casa sequer em que não houvesse um morto.

31-32 Na mesma noite, o faraó chamou Moisés e Arão e disse: "Vão embora daqui, vocês e todos os israelitas! Vão e prestem culto ao Eterno como quiserem.

Levem suas ovelhas e o gado, o que quiserem, mas saiam do país! E me deem sua bênção".

[33] Os egípcios não viam a hora de se ver livres dos israelitas. Por isso, os pressionavam e apressavam, dizendo: "Vamos todos morrer!".

[34-36] O povo pegou a massa de pão sem fermento e enrolou as formas de pão com as roupas; assim, podiam transportá-las nos ombros. Os israelitas haviam seguido à risca as instruções de Moisés e pedido aos egípcios roupas e objetos de prata e de ouro. O Eterno fez que os egípcios se mostrassem generosos para com o povo: eles não negaram nada aos israelitas. Estes raparam os egípcios.

[37-39] Os israelitas saíram de Ramessés e partiram na direção de Sucote, uma multidão de 600 mil homens a pé, aproximadamente, sem contar mulheres e crianças. Havia tanto hebreus quanto pessoas de outras etnias igualmente estabelecidas. Havia também imensos rebanhos e muito gado. Os israelitas assaram bolos com a massa trazida do Egito, preparada sem fermento. Eles saíram tão apressados do Egito que nem tiveram tempo de preparar comida para a viagem.

A Páscoa

[40-42] Os israelitas viveram no Egito quatrocentos e trinta anos. Ao fim desse período, exatamente no último dia, todo o exército do Eterno saiu daquele país. O Eterno fez vigília toda aquela noite, cuidando dos israelitas enquanto os tirava do Egito. Por causa disso, todas as gerações de Israel deverão honrar o Eterno, fazendo vigília nessa noite.

[43-47] O Eterno disse a Moisés e Arão: "São estas as normas para a comemoração da Páscoa:
Nenhum estrangeiro deverá comê-la.
O escravo que houver sido comprado e
circuncidado poderá comê-la.
Eventuais visitantes ou trabalhadores
contratados não poderão comê-la.
Ela deve ser comida dentro de casa:
não levem a carne para a rua.
Nenhum osso deverá ser quebrado.
Toda a comunidade de Israel
deve participar da refeição.

[48] "Se algum imigrante que viva no meio de vocês quiser comemorar a Páscoa do Eterno, todos os de sua família que forem do sexo masculino terão de ser circuncidados para poder participar da refeição. Ele passará a ser tratado como um natural da terra.

Mas quem não for circuncidado não poderá comer da Páscoa".

[49] "As mesmas normas valem para o natural da terra e para o imigrante que vive no meio de vocês".

[50-51] Os israelitas fizeram exatamente como o Eterno havia ordenado a Moisés e Arão. No mesmo dia, o Eterno tirou os israelitas da terra do Egito, tribo por tribo.

13 [1-2] O Eterno disse a Moisés: "Separem para mim todos os primogênitos. O primeiro a nascer entre os israelitas, seja homem, seja animal, será meu".

[3] Moisés fez este pronunciamento ao povo: "Lembrem-se sempre deste dia. Foi neste dia que vocês saíram do Egito, da casa da escravidão. O Eterno tirou vocês de lá com o poder da sua mão. Não comam pão que contenha fermento.

[4-5] "Vocês estão saindo na primavera, no mês de abibe, e deverão repetir esta cerimônia no mesmo mês, depois que o Eterno tiver estabelecido vocês na terra dos cananeus, dos hititas, dos amorreus, dos heveus e dos jebuseus, como ele prometeu a seus antepassados. Ele dará a vocês uma terra em que manam leite e mel.

[6] "Vocês deverão comer pão sem fermento durante sete dias e, no sétimo dia, celebrarão uma festa ao Eterno.

[7] "Durante sete dias, comerão apenas pão sem fermento. Em nenhum lugar, deverá haver fermento ou coisa fermentada.

[8] "Nesse dia, digam a seus filhos: 'É por causa daquilo que o Eterno fez por mim quando saí do Egito'.

MATEUS 22.41 — 23.15

Mestre e filho de Davi

[41-42] Enquanto os fariseus se reorganizavam, Jesus desequilibrou-os com esta pergunta: "O que vocês pensam a respeito do Cristo? De quem ele é filho?". Eles responderam: "De Davi".

[43-45] Jesus prosseguiu: "Bem, se o Cristo é filho de Davi, como vocês explicam que Davi, inspirado, disse que o Cristo era seu 'Senhor'?

Deus disse ao meu Senhor:
'Assente-se aqui ao meu lado direito
até que eu faça dos seus inimigos um
descanso para os pés'.

"Se Davi o chama 'Senhor', como pode ele, ao mesmo tempo, ser seu filho?'".

⁴⁶ Isso deixou os fariseus aturdidos, literalistas que eram. Não querendo arriscar nova humilhação num debate público, desistiram de lhe fazer perguntas.

Shows religiosos

23 ¹⁻³ Jesus dirigiu-se outra vez aos seus discípulos e à multidão que se reunira em torno dele. "Os líderes religiosos e os fariseus são professores competentes na Lei de Deus. Vocês não erram quando seguem os ensinos deles a respeito de Moisés. Mas sejam cuidadosos quanto a *segui-los*. Eles têm um belo discurso, mas não o vivem. Não o guardam no coração e o desmentem com seu comportamento. É tudo aparência.

⁴⁻⁷ "Em vez de dar a vocês a Lei de Deus como se fosse comida e bebida, com as quais vocês poderiam se banquetear no Senhor, eles a amarram em pesados fardos de regras, transformando vocês em animais de carga. Eles parecem ter prazer em vê-los cambalear sob o peso e não movem um dedo para ajudar. A vida deles são contínuos *shows* de moda, orações enfeitadas com mantas num dia e preces floreadas no outro. Eles fazem questão de sentar-se à cabeceira da mesa nos jantares, primam por posições de destaque, enfeitam-se com o brilho da bajulação pública, colecionam títulos honoríficos e querem ser tratados por 'Doutor' e 'Reverendo'.

⁸⁻¹⁰ "Não permitam que eles também ponham *vocês* nesse pedestal. Porque há um único Mestre, e todos vocês são alunos. Não elejam especialistas na vida de vocês, permitindo que lhes digam o que fazer. Reservem essa autoridade apenas para Deus. Deixem que *ele* diga a vocês o que fazer. Ninguém mais deve ter o título de 'Pai'. Vocês só têm um Pai, e ele está no céu. Não se deixem manipular por certas pessoas, a ponto de se sentirem responsáveis por eles. Há somente um Guia para a vida de vocês e para a vida deles — Cristo.

¹¹⁻¹² "Quer se destacar? Humilhe-se. Seja um servo. Se ficar inflado de orgulho, será arrastado pelo vento. Mas, se estiver satisfeito em simplesmente ser você mesmo, você terá vida plena".

Impostores!

¹³ "**N**ão aguento mais vocês, líderes religiosos e fariseus. Vocês são um caso perdido. Impostores!

A vida de vocês é uma enorme barreira para o Reino de Deus. Vocês se recusam a entrar e não permitem que outros entrem.*

¹⁵ "Vocês, líderes religiosos e fariseus, são um caso perdido. Impostores! Viajam meio mundo para fazer um convertido e depois que conseguem o transformam numa réplica de vocês mesmos, duplamente condenado.

SALMOS 21.1-7

Um salmo de Davi

21 ¹⁻⁷ **T**ua força, ó Eterno, é a força do rei. Depois de socorrido, ele te louva em voz alta.
Atendeste aos desejos dele,
    sem reter coisa alguma.
Encheste as mãos dele de presentes;
    deste a ele uma recepção magnífica.
Ele queria uma vida tranquila, e a obteve de ti;
    conseguiu mais ainda: uma vida longa.
Tu o elevaste às alturas,
    com o brilho de uma nuvem majestosa,
    depois o vestiste com as cores do arco-íris.
As bênçãos se acumulam sobre ele;
    tu o alegras quando sorris.
Não é de admirar, portanto,
    que o rei ame o Eterno,
    que esteja apegado ao Melhor.

◼ NOTAS

---

*   Vários manuscritos não trazem o versículo 14.

DIA 034

███

☐ **DIA 034** ___/___/___

ÊXODO 13.9 — 15.11

9-10 "O dia que vocês vão guardar será como um sinal em sua mão, um memorial entre seus olhos, a instrução do Eterno na boca de vocês. Foi com o poder da sua mão que o Eterno tirou vocês do Egito. Ano após ano, celebrem esse ritual, nos dias indicados.

11-13 "Quando o Eterno os estabelecer na terra dos cananeus, como prometeu a vocês e a seus pais, e entregá-la a vocês, separem para o Eterno o primeiro a nascer. Todos os primogênitos entre os animais pertencem ao Eterno. Se quiserem, poderão resgatar a primeira cria da jumenta, substituindo-a por um cordeiro. Se optarem por não resgatá-la, deverão quebrar o pescoço do animal.

13-16 "Vocês deverão resgatar todos os primogênitos do sexo masculino entre seus filhos. Quando seus filhos perguntarem: 'O que isso quer dizer?', expliquem: 'O Eterno, com o poder da sua mão, nos tirou do Egito, onde éramos escravos. O faraó estava obstinado e não queria nos deixar sair, mas o Eterno matou todos os primogênitos no Egito, de homens e de animais. É por isso que ofereço em sacrifício ao Eterno todos os machos que nascem primeiro e resgato o menino primogênito'. Esta declaração servirá como sinal em suas mãos, um símbolo no meio da testa de vocês: o Eterno nos tirou do Egito com o poder da sua mão".

17 Depois que o faraó deixou o povo sair, Deus não o conduziu pelo caminho mais curto, que passava pela terra dos filisteus, pois pensou: "Se o povo deparar com a guerra, mudará de ideia e vai querer voltar para o Egito".

18 Então, Deus conduziu os israelitas pelo caminho do deserto, rodeando o mar Vermelho. Eles saíram do Egito em formação militar.

19 Moisés levou com ele os ossos de José, pois este havia feito a família jurar solenemente, dizendo: "Com certeza, Deus os responsabilizará se não o fizerem. Por isso, não deixem de levar meus ossos com vocês".

20-22 Eles saíram de Sucote e acamparam em Etã, à margem do deserto. Durante o dia, o Eterno ia à frente deles numa coluna de nuvem, para orientá-los no caminho, e à noite, numa coluna de fogo que os iluminava. Por isso, eles podiam viajar sem impedimento de dia ou de noite. A coluna de nuvem, durante o dia, e a coluna de fogo, à noite, acompanhavam o povo o tempo todo.

A salvação contada e cantada

14 **1-2** O Eterno disse a Moisés: "Diga aos israelitas que mudem de direção e acampem em Pi-Hairote, entre Migdol e o mar. Montem acampamento à beira-mar, em frente a Baal-Zefom.

3-4 "Assim, o faraó vai pensar: 'Os israelitas se perderam e estão andando a esmo na imensidão do deserto'. E mais uma vez farei que o faraó fique obstinado e saia em perseguição dos israelitas. Meu plano é usar o faraó e seu exército para pôr minha glória em evidência. Assim, os egípcios vão entender de vez que eu sou o Eterno".

5-7 Quando contaram ao rei do Egito que o povo havia ido embora, ele e os membros da corte mudaram de ideia, dizendo: "O que foi que fizemos? Libertamos Israel, nossa mão de obra escrava!". Mais que depressa, o faraó mandou preparar suas carruagens e reuniu o exército. Aparelhou seiscentas de suas melhores carruagens, mais o restante das carruagens egípcias e seus respectivos condutores.

8-9 O Eterno induziu o rei do Egito a ficar outra vez obstinado e disposto a perseguir os israelitas, que haviam dado as costas para ele e ido embora sem olhar para trás. Os egípcios saíram em perseguição deles e os alcançaram no acampamento à beira-mar. Todas as carruagens do faraó, com seus cavalos e condutores, e todos os seus soldados de infantaria se posicionaram em Pi-Hairote, em frente a Baal-Zefom.

10-12 Foi, então, que os israelitas avistaram o exército do faraó. Os egípcios! Indo atrás deles!

O medo tomou conta deles. Aterrorizados, clamaram ao Eterno e disseram a Moisés: "Será que não havia cemitérios suficientes no Egito, e, por

DIA 034

isso, você nos trouxe para morrer no deserto? Para que você nos tirou do Egito? Já não havíamos avisado você que isso iria acontecer? Não dissemos: 'Deixe-nos em paz aqui no Egito. É melhor ser escravo no Egito que cadáver no deserto'?".

[13] Moisés respondeu ao povo: "Não tenham medo. Fiquem firmes e observem o Eterno realizar hoje sua obra de salvação a favor de vocês. Olhem bem para os egípcios hoje, porque vocês não vão tornar a vê-los.

[14] O Eterno guerreará por vocês. Quanto a vocês, calem a boca!".

[15-16] O Eterno disse a Moisés: "Por que eles estão clamando a mim? Diga aos israelitas que continuem andando. Segure bem alto seu cajado e estenda a mão sobre o mar. Divida o mar ao meio! Os israelitas atravessarão o mar a pé, sem se molhar.

[17-18] "Enquanto isso, induzirei os egípcios a continuar obstinados na perseguição. Vou usar o faraó e o exército dele inteiro, suas carruagens e seus cavaleiros, para pôr minha glória em evidência. Assim, os egípcios ficarão sabendo que eu sou o Eterno".

[19-20] Em seguida, o anjo de Deus, que estava à frente do acampamento de Israel, posicionou-se à retaguarda, e o mesmo aconteceu com a coluna de nuvem. A nuvem agora estava estacionada entre o exército egípcio e o acampamento de Israel. Ela envolveu o primeiro acampamento na escuridão e inundou o outro com luz. Durante toda a noite, um exército não pôde se aproximar do outro.

[21] Então, Moisés estendeu a mão sobre o mar, e o Eterno afastou as águas com um fortíssimo vento oriental que soprou a noite toda. Aquela parte do mar se transformou em estrada, depois que as águas foram divididas.

[22-25] Os israelitas puderam caminhar através do mar, pisando em solo enxuto, com uma parede de água de cada lado. Depois, foi a vez dos egípcios, que empreenderam uma corrida desenfreada pelo meio do mar com todos os cavalos, carruagens e condutores do faraó. Já era fim da madrugada, e, lá da coluna de fogo e de nuvem, o Eterno semeou o pânico no meio do exército egípcio, travando as rodas das carruagens, que ficaram atoladas.

Os egípcios começaram a gritar: "Fujam de Israel! O Eterno está do lado deles e contra o Egito!".

[26] O Eterno disse a Moisés: "Estenda a mão sobre o mar, e as águas vão se fechar sobre os egípcios, suas carruagens e seus cavaleiros".

[27-28] Ao raiar do dia, Moisés estendeu a mão sobre o mar, que começou a se fechar, enquanto os egípcios tentavam fugir. Mas o Eterno apanhou os egípcios no meio do mar. As águas voltaram e cobriram as carruagens e os condutores do exército do faraó que haviam perseguido Israel até o mar. Ninguém sobreviveu.

[29-31] Mas os israelitas atravessaram pelo meio do mar sobre solo seco, entre duas paredes de água, uma à esquerda e outra à direita. Naquele dia, o Eterno libertou Israel em definitivo da opressão dos egípcios. Israel olhou para os egípcios mortos sobre a areia da praia e percebeu como era grande o poder do Eterno. Ao ver o que ele havia feito com os egípcios, o povo temeu o Eterno e passou a confiar nele e em seu servo Moisés.

15 [1-8] Então, Moisés e os israelitas cantaram juntos ao Eterno esta canção:

Canto com o coração ao Eterno:
que vitória maravilhosa!
Ele jogou no mar o cavalo e o cavaleiro.
O Eterno é minha força,
o Eterno é minha canção,
o Eterno é minha salvação.
Assim é o meu Deus,
e vou contar isso ao mundo!
Assim é o Deus de meu pai,
vou espalhar essa notícia por todo lado!
O Eterno é guerreiro,
Eterno sob todos os aspectos.
As carruagens e o exército do faraó,
ele os lançou no mar.
Seus melhores oficiais,
ele afogou no mar Vermelho.
As águas agitadas do oceano os cobriram,
afundaram como uma pedra no fundo do mar.
Eterno, sua mão direita é forte e irradia poder;
sua forte mão direita esmaga o inimigo.
Em sua poderosa majestade,
ele despedaça seus inimigos arrogantes.
Descarrega a chama do seu furor
e os consome como capim seco.
Ao sopro das suas narinas
as águas se ajuntaram;
Águas revoltas ficaram represadas,
águas profundas viraram um atoleiro.

[9] O inimigo disse:

"Eu os perseguirei e vou acabar com eles,
Vou tomar o que é deles
e, assim, me saciar.

Puxarei minha espada
e minha mão os deixará desnorteados".

10-11 Mas sopraste com toda a força,
e o mar os encobriu.
Eles afundaram feito chumbo
nas águas imponentes.
Quem se compara a ti
entre os deuses, ó Eterno?
Quem se compara a ti em poder,
em santa majestade,
Em louvores que suscitam temor,
ó Deus, que operas maravilhas?

MATEUS 23.16-39

16-22 "Vocês são um caso perdido, um poço de estupidez e arrogância! Vocês dizem: 'Se alguém faz uma promessa com os dedos cruzados, ela não vale nada, mas, se jurar com a mão sobre a Bíblia, então é sério'. Quanta ignorância! O couro da Bíblia é mais importante que a pele das suas mãos? Que tal esta bobagem: 'Se você aperta a mão de alguém quando faz uma promessa, a promessa não tem valor, mas, se levanta as mãos, tomando Deus por testemunha, então ela é válida'? Que disparate! Que diferença faz apertar ou levantar as mãos? Promessa é promessa. Que diferença faz se ela foi feita dentro ou fora de uma casa de adoração? Promessa é promessa: Deus está presente, observando tudo, e chamará vocês à responsabilidade.

23-24 "Vocês, líderes religiosos e fariseus, são um caso perdido. Impostores! Mantêm registros contábeis meticulosos, dão dízimo de cada centavo que ganham, mas, no essencial da Lei de Deus, coisas como justiça, compaixão e compromisso — absolutamente básicas! — vocês deixam de lado, sem nenhum remorso. A atitude cuidadosa tem o seu valor, mas o essencial é indispensável. Vocês não imaginam quão tolos parecem, escrevendo uma história de vida equivocada do princípio ao fim, nessa preocupação com pontos e vírgulas?

25-26 "Vocês, líderes religiosos e fariseus, são um caso perdido. Impostores! Vocês lustram o exterior de suas taças e vasilhas, para que possam brilhar ao sol, enquanto o interior está sujo com sua cobiça e glutonaria. Fariseus tolos! Esfreguem o interior, e, então, o exterior brilhante fará algum sentido.

27-28 "Vocês, líderes religiosos e fariseus, são um caso perdido. Impostores! Vocês são como as lápides das sepulturas: bem feitas, grama aparada e flores à

volta, mas sete palmos abaixo o que existe são ossos podres e carne comida por vermes. Para quem olha, vocês parecem santos, mas, por baixo desse verniz, são uma fraude.

29-32 "Vocês, líderes religiosos e fariseus, são um caso perdido. Impostores! Vocês constroem túmulos de granito para os profetas e monumentos de mármore para os santos. Dizem que, se tivessem vivido no tempo dos seus antepassados, não teriam sangue nas mãos. Conversa! Vocês e aqueles assassinos são farinha do mesmo saco, e cada dia acrescentam homicídios à sua ficha criminal.

33-34 "Serpentes! Répteis traiçoeiros! Pensam que vão ficar sem castigo? Acham que vão sair sem pagar? É por causa de pessoas como vocês que envio profetas, guias sábios e mestres, geração após geração — e geração após geração vocês os tratam como lixo, incitando linchamentos e abusos contra eles.

35-36 "Há uma coisa que vocês não podem evitar: cada gota de sangue justo derramada na terra, começando pelo sangue de Abel, um homem bom, até o sangue de Zacarias, filho de Baraquias, assassinado por vocês enquanto orava, está sobre a cabeça de vocês. Afirmo que tudo isso será cobrado desta geração.

37-39 "Jerusalém! Jerusalém! Assassina de profetas! Matadora dos mensageiros de Deus! Quantas vezes desejei abraçar seus filhos como a galinha recolhe seus pintinhos debaixo das asas, mas você não quis. Agora está desolada, não passa de uma cidade-fantasma. O que mais posso dizer? Apenas isto: estou de saída. Da próxima vez que me virem vocês irão dizer: 'Oh! Ele é um bendito do Senhor e está vindo para instituir o governo de Deus!' ".

SALMOS 21.8-13

8-12 Um exército de inimigos de um lado,
e uma multidão mal-intencionada de outro,
Mas emana de ti uma irradiação tão poderosa
que eles se retorcem como folhas
diante do fogo.
A fornalha os engolirá inteiros,
o fogo os devorará vivos!
Assim, purificas o mundo
de seus descendentes,
acabarás por completo com eles.
Todos os esquemas malignos
e os golpes que preparam
se desfazem como vapor.
Eles batem em retirada,
porque não conseguiriam te enfrentar.

DIA 035

¹³Mostra tua força, ó Eterno,
para que ninguém deixe de percebê-la.
Ao cantarmos, espalharemos
as boas notícias!

◢ NOTAS

|||||||||||||||||||||||||||||||||||||||||||||||||||||||||||

☐ **DIA 035** ___ / ___ / ___

ÊXODO 15.12 — 17.7

¹²⁻¹³Estendeste a mão direita,
e a terra os engoliu.
Mas o povo que redimiste
foi conduzido com amor e por misericórdia;
Sob tua proteção, foi guiado
às tuas santas pastagens.

¹⁴⁻¹⁸Os povos se assustaram ao saber da notícia;
os filisteus se contorceram e tremeram;
Até os chefes de Edom se abalaram,
e também os poderosos de Moabe.
Todos em Canaã
entraram em pânico e esmoreceram.
O pavor e o medo
os deixaram desnorteados.
Com um movimento do teu braço direito,
tu os deixaste paralisados como pedras,
Enquanto teu povo atravessava o mar, ó Eterno,
até que o povo que formaste tivesse
atravessado.
Tu o trouxeste e o plantaste
no monte da tua herança,
No lugar em que habitas,
no lugar que criaste,
No teu santuário, Senhor,
que estabeleceste com as próprias mãos.
Que o Eterno reine
para sempre e por toda a eternidade!

¹⁹Os cavalos, as carruagens e os cavaleiros do faraó entraram no mar, e o Eterno fez as águas se voltarem contra eles, mas os israelitas atravessaram o mar a pé, sem se molhar.

²⁰⁻²¹Miriã, profetisa e irmã de Arão, pegou um tamborim, e todas as mulheres a acompanharam, dançando com tamborins. Miriã dirigia o cântico, que dizia:

Cantem ao Eterno!
Que vitória maravilhosa!
Ele jogou no mar
cavalo e cavaleiro!

As viagens pelo deserto

²²⁻²⁴Moisés conduziu Israel desde o mar Vermelho até o deserto de Sur. Eles viajaram três dias pelo deserto e não encontraram água. Chegaram a Mara, mas não havia condições de beber a água que havia ali, porque era amarga. Por isso, deram ao lugar o nome Mara (Amarga). E o povo foi reclamar com Moisés: "O que vamos beber?".

²⁵Moisés clamou ao Eterno, e ele mostrou um pedaço de madeira. Moisés jogou-o na água, e ela se transformou em água doce.

²⁶Foi nesse lugar que o Eterno fixou normas e regras e foi ali que começou a pôr Israel à prova. O Eterno disse: "Se vocês forem obedientes e atentarem para o Eterno, que os ensinará como viver em

sua presença, obedecendo aos seus mandamentos e guardando suas leis, então, não atingirei vocês com as doenças que enviei sobre os egípcios. Eu sou o Eterno, aquele que cura vocês".

[27] Eles chegaram a Elim, onde havia doze fontes de água e setenta palmeiras, e acamparam ali, junto das águas.

16 [1-3] No dia 15 do segundo mês após a saída do Egito, toda a comunidade de Israel saiu de Elim e foi para o deserto de Sim, que está entre Elim e o Sinai. E toda a comunidade de Israel foi reclamar com Moisés e Arão no deserto: "Por que o Eterno não nos deixou morrer em paz no Egito, onde tínhamos ensopado de carneiro e pão à vontade? Você nos trouxe a este deserto para matar de fome toda a comunidade de Israel!".

[4-5] O Eterno disse a Moisés: "Vou fazer chover pão do céu. O povo deverá juntar o suficiente para um dia. Eu os porei à prova para ver se vivem ou não de acordo com minhas instruções. No sexto dia, quando forem preparar o que recolheram, terão o dobro da quantidade diária".

[6-7] Moisés e Arão disseram ao povo de Israel: "Esta noite, vocês saberão que foi o Eterno quem tirou vocês do Egito e, de manhã, verão a glória do Eterno. Ele ouviu suas reclamações contra ele. Saibam que vocês não reclamaram de nós, mas do Eterno".

[8] Ele acrescentou: "O Eterno dará a vocês carne para comerem de noite e pão pela manhã, pois ele ouviu quando vocês reclamaram dele. Quem somos nós? Vocês não reclamaram de nós, mas do Eterno!".

[9] Moisés deu a seguinte instrução a Arão: "Diga a toda a comunidade de Israel: 'Aproximem-se do Eterno. Ele ouviu as suas reclamações' ".

[10] Quando Arão deu as instruções a toda comunidade de Israel, eles voltaram os olhos na direção do deserto, e ali estava a glória de Deus, visível na nuvem.

[11-12] O Eterno disse a Moisés: "Ouvi as reclamações dos israelitas; por isso, diga a eles: 'Ao entardecer, vocês comerão carne e de manhã terão pão à vontade. Assim, entenderão que eu sou o Eterno, *seu* Deus' ".

[13-15] Naquela noite, um grande número de codornas pousou no acampamento. Na manhã seguinte, havia uma camada de orvalho no terreno em volta. Quando a camada de orvalho desapareceu, uma camada de algo parecido com flocos, finos como a geada, cobria o chão do deserto. Os israelitas, ao ver o estranho fenômeno, começaram a perguntar uns aos outros: *Man-hu?* ("O que é isso?"). Eles não tinham a menor ideia do que era aquilo.

[15-16] Moisés explicou: "Isso é o pão que o Eterno providenciou para que vocês comessem, e estas são as instruções do Eterno: 'Juntem o suficiente para cada um, cerca de um jarro por pessoa. Recolham o bastante para cada indivíduo de sua tenda' ".

[17-18] O povo de Israel começou a recolher o alimento. Alguns juntaram mais, outros juntaram menos, mas, quando mediram o que haviam recolhido, não estava sobrando para os que haviam juntado mais nem faltando para os que haviam juntado menos. Cada um havia recolhido a medida necessária.

[19] Moisés deu este aviso: "Não deixem sobrar nada para amanhã".

[20] Mas houve alguns que não obedeceram a Moisés e guardaram um pouco para o dia seguinte, e o que havia sido guardado ficou cheio de bichos e cheirava mal. Moisés perdeu a paciência com eles.

[21-22] Eles recolhiam o alimento todas as manhãs, o necessário para cada um. Quando o sol ficava mais forte, ele se derretia. No sexto dia, juntaram o dobro de pão, cerca de dois jarros por pessoa.

Os líderes da comunidade foram relatar a mudança a Moisés.

[23-24] E Moisés disse: "O que o Eterno falou foi o seguinte: 'Amanhã é dia de descanso, sábado santo ao Eterno. Assem ou cozinhem hoje o que quiserem e guardem as sobras para amanhã' ". Eles guardaram o que sobrou para o dia seguinte, conforme Moisés havia ordenado. E, dessa vez, o pão não cheirou mal nem criou bichos.

[25-26] Moisés disse também: "Agora comam. Este é o dia, o sábado do Eterno. Hoje vocês não acharão nada. Durante seis dias, deverão juntá-lo, mas o sétimo dia é o sábado, e não haverá alimento para recolher nesse dia".

[27] Mesmo assim, no sétimo dia alguns saíram para juntar o pão, mas não encontraram nada.

[28-29] O Eterno disse a Moisés: "Até quando vocês vão ignorar minhas ordens e instruções? Será que não percebem que o Eterno deu o sábado a vocês? Foi essa a razão de eu ter dado no sexto dia pão suficiente para *dois* dias. Portanto, fiquem em casa no sábado. Ninguém saia no sétimo dia".

[30] E o povo deixou de trabalhar no sétimo dia.

[31] Os israelitas deram ao pão o nome de maná (O que é isso?). Ele era esbranquiçado e parecido com a semente do coentro. O gosto era de bolacha com mel.

[32] Moisés deu mais instruções: "Isto é o que o Eterno ordena: 'Guardem um jarro cheio de maná,

DIA 035

um ômer, para que as futuras gerações possam conhecer o pão com que os alimentei no deserto depois de tirá-los do Egito' ".

[33] Moisés disse a Arão: "Pegue um jarro e encha-o de maná. Coloque-o diante do Eterno. O maná deve ser conservado para as futuras gerações".

[34] Arão fez o que o Eterno havia ordenado a Moisés, separando um pouco de maná e guardando-o com as tábuas da aliança.

[35] Os israelitas comeram maná durante quarenta anos, até chegar à terra na qual se estabeleceriam. Eles comeram maná até chegar à fronteira de Canaã.

[36] Pelos padrões antigos, um ômer corresponde à décima parte de um efa.

17 [1-2] Sob a direção do Eterno, toda a comunidade de Israel partiu do deserto de Sim e avançou no caminho por etapas. Eles acamparam em Refidim, mas não havia sequer uma gota de água para o povo beber. E o povo exigiu de Moisés: "Dê-nos água para beber". Mas Moisés respondeu: "Por que estão me atormentando? Por que estão pondo à prova o Eterno?".

[3] Mas o povo estava com sede e passou a reclamar a Moisés: "Por que você nos tirou do Egito e nos trouxe para cá com nossos filhos e nossos animais? Foi para morrermos de sede?".

[4] Moisés orou ao Eterno: "O que faço com este povo? Qualquer hora dessas, eles vão me matar!".

[5-6] O Eterno disse a Moisés: "Ponha-se diante do povo e leve com você alguns dos líderes de Israel. Pegue a vara que você usou para tocar o Nilo e comece a andar. Vou acompanhar você até a rocha em Horebe. Quando chegar ali, bata na rocha, e dela jorrará água para o povo beber".

[6-7] Moisés fez o que Deus ordenou, e os líderes de Israel presenciaram tudo. Ele deu ao lugar o nome de Massá (Lugar de Prova) e Meribá (Discussão), por causa da discussão entre os israelitas e porque eles puseram à prova o Eterno quando disseram: "O Eterno está ou não está conosco?".

MATEUS 24.1-22

Notícias comuns

24 [1-2] Após esse discurso, Jesus deixou o templo. Enquanto se afastava, os discípulos elogiavam a imponente arquitetura daquela casa de adoração. Jesus disse: "Não fiquem tão impressionados com o *tamanho*". Tudo isso será um monte de ruínas, até a última pedra.

[3] Mais tarde, no monte das Oliveiras, ele sentou-se para descansar, e os discípulos perguntaram: "Quando essas coisas vão acontecer? Qual será o sinal de que chegou a hora da tua vinda e do desfecho de tudo?".

[4-8] Jesus explicou: "Cuidado com os falsos profetas do fim dos tempos. Muitos líderes, com identidade falsa, alegarão: 'Eu sou Cristo, o Messias'. Eles vão enganar muita gente. Quando ouvirem falar de guerras e ameaças de guerras, não entrem em pânico. Serão notícias comuns, não um sinal do fim. Haverá cada vez mais guerras entre as nações e conflitos entre os líderes. Em vários lugares haverá terremotos e fome. Mas tudo isso é nada, comparado com o que está por vir.

[9-10] "Eles virão para lançar vocês aos lobos, para matá-los. Todos odiarão vocês por causa do meu nome. Tudo irá de mal a pior. Será o reino do mal, um destruindo o outro, todo mundo odiando todo mundo.

[11-12] "Para aumentar a confusão, falsos pregadores irão enganar muita gente. Para muitos, a proliferação da maldade será fatal. Do amor que possuíam, restará apenas cinzas.

[13-14] "Mas fiquem firmes, pois isso é o que Deus quer. Resistam até o fim. Vocês não vão se decepcionar e serão salvos. Durante esse tempo, a Mensagem do Reino será pregada por todo o mundo, um testemunho a cada nação. Então, virá o fim".

A besta da profanação

[15-20] "Estejam preparados para fugir quando virem a besta da profanação instalar-se no santuário do templo. Quem lê as profecias de Daniel, sabe do que estou falando. Quando isso acontecer, se vocês estiverem na Judeia, corram para as colinas; se estiverem trabalhando no quintal, não voltem para buscar nada em casa. Se estiverem no campo, não voltem para buscar agasalho. As grávidas e as que amamentam sofrerão mais. Orem para que isso não aconteça no inverno ou num sábado.

[21-22] "Serão dias difíceis. Nada parecido aconteceu desde que Deus fez o mundo, nem haverá depois. Se esses dias de aflição seguissem o curso normal, ninguém suportaria. Mas, por causa dos escolhidos de Deus, a aflição será encurtada".

SALMOS 22.1-11

Um salmo de Davi

22 [1-7] Deus, Deus... meu Deus! Por que tu me abandonaste a quilômetros de lugar nenhum?

Prostrado e dolorido, clamei a Deus
o dia inteiro. Mas nada de resposta.
Passei a noite tossindo e me revirando.

³⁻⁵ Ainda assim, te mostras indiferente,
reclinado nas almofadas dos
louvores de Israel?
Sabemos que eras prestativo
para com nossos pais:
eles gritavam por socorro, e tu os ajudavas;
eles confiaram em ti e tiveram
uma vida agradável.

⁶⁻⁸ Mas agora aqui estou eu, um nada –
um verme,
algo em que se pisar, esmagar.
Todos zombam de mim;
eles fazem caretas para mim e
balançam a cabeça:
"Vamos ver se o Eterno atende esse aí.
Já que Deus gosta tanto dele, que o socorra!".

⁹⁻¹¹ E pensar que ajudaste no meu nascimento,
ajeitando-me na barriga da minha mãe!
Quando saí do útero, tu me embalaste:
desde o nascimento, tu és meu Deus.
Então, foste morar num lugar distante,
e os problemas vieram morar na casa ao lado.
Estou precisando de um vizinho que me ajude.

◾ NOTAS

‖‖

☐ DIA **036** __/__/__

ÊXODO 17.8 — 19.20

⁸⁻⁹ **A**maleque posicionou seu exército para lutar
contra Israel em Refidim, e Moisés ordenou a
Josué: "Escolha a alguns homens para lutar contra
Amaleque. Amanhã, assumirei meu posto no alto
do monte, com a vara de Deus".

¹⁰⁻¹³ Josué fez o que Moisés havia ordenado e
preparou-se para lutar contra Amaleque. Moisés,
Arão e Hur foram para o alto do monte, e, sempre que
Moisés levantava as mãos, Israel começava a vencer,
mas, quando ele as baixava, a vantagem ficava com
Amaleque. Mas Moisés acabou cansando. Então,
pegaram uma pedra e a puseram debaixo dele. Ele
se sentou nela, e Arão e Hur ficaram segurando suas
mãos, um de cada lado. Assim, as mãos dele ficaram
erguidas até o pôr do sol, e Josué derrotou Amaleque
e seu exército na batalha.

¹⁴ O Eterno disse a Moisés: "Escreva um relato
desta batalha, para que Josué possa ler mais tarde,
porque vou apagar a memória de Amaleque da face
da terra".

¹⁵⁻¹⁶ Moisés edificou um altar e deu a ele este nome:
O Eterno, Minha Bandeira. E disse:

"Viva o domínio do Eterno!
O Eterno em guerra contra Amaleque
Hoje e sempre!".

18¹⁻⁴ **J**etro, sacerdote de Midiã e sogro de Moisés,
ficou sabendo de tudo que Deus havia feito a
favor de Moisés e de Israel, seu povo, e ouviu as
notícias de que o Eterno tinha libertado Israel do
Egito. Jetro acolheu Zípora, esposa de Moisés,
que havia sido mandada de volta para casa, e

seus dois filhos. O nome de um deles era Gérson (Imigrante), pois Moisés tinha dito: "Sou imigrante em terra estrangeira.". O nome do outro era Eliézer (Auxílio de Deus), porque ele tinha dito: "O Deus do meu pai é meu auxílio e me salvou de morte certa nas mãos do faraó".

⁵⁻⁶ O sogro de Moisés levou para o genro os dois filhos e a esposa quando Israel estava acampado no deserto, no monte de Deus. Ele havia mandado avisar Moisés: "Eu, seu sogro, estou indo ao seu encontro. Estou levando sua esposa e seus dois filhos".

⁷⁻⁸ Moisés saiu para receber o sogro, curvou-se diante dele e o beijou. Depois de um perguntar ao outro como estava indo, entraram na tenda. Moisés fez um relato minucioso de tudo que o Eterno havia feito ao faraó e ao Egito para ajudar Israel, de todas as dificuldades que eles haviam passado na viagem e de como o Eterno os havia livrado.

⁹⁻¹¹ Jetro ficou maravilhado com todo o bem que o Eterno havia feito a Israel, livrando-o da opressão egípcia. Ele disse: "Bendito seja o Eterno, que livrou vocês do poder do Egito e do faraó, que libertou seu povo da opressão egípcia! Agora sei que o Eterno é maior que todos os outros deuses, pois fez essas coisas a todos os que trataram Israel com arrogância".

¹² O sogro de Moisés apresentou uma oferta queimada e sacrifícios a Deus. Arão e todos os líderes de Israel participaram da refeição com o sogro de Moisés na presença de Deus.

¹³⁻¹⁴ No dia seguinte, Moisés assumiu seu posto para julgar as causas do povo. Os israelitas faziam fila diante dele o dia inteiro, de manhã até a noite. Quando viu como Moisés atendia ao povo, Jetro ficou espantado: "O que está havendo aqui? Por que você faz tudo isso sozinho, obrigando essa gente a ficar na fila diante de você, desde a manhã até a noite?".

¹⁵⁻¹⁶ Moisés respondeu ao sogro: "Porque eles me procuram para fazer perguntas a respeito de Deus. Quando desejam esclarecer alguma questão, eles vêm me consultar. Também julgo as causas entre vizinhos e ensino a eles as leis e as instruções de Deus".

¹⁷⁻²³ O sogro de Moisés disse: "Isso não pode continuar assim. Você e as pessoas que o procuram vão ter um esgotamento! É trabalho demais para você, não há como fazer isso sozinho. Ouça a minha orientação, para que você saiba o que fazer e para que Deus esteja com você. Ponha-se diante de Deus e a favor do povo, mas os assuntos devem ser apresentados a Deus. Sua tarefa será ensinar a eles as normas e as instruções, mostrar como viver e o que fazer. Escolha a homens competentes, que temam a Deus e sejam íntegros, incorruptíveis. Nomeie líderes de grupos de mil, de cem, de cinquenta e de dez. Eles serão responsáveis pelo trabalho de julgar o povo no dia a dia. Eles apresentarão a você as causas mais difíceis, mas julgarão as causas de rotina. Assim, vocês dividirão a carga, e eles facilitarão as coisas para você. Se adotar esse método de administração, você sempre terá disposição para cumprir tudo que Deus ordenar, e o povo também será beneficiado".

²⁴⁻²⁷ Moisés aceitou o conselho do sogro e seguiu todas as suas orientações. Escolheu aos homens competentes em todo o Israel e os nomeou líderes sobre o povo, organizando-os em grupos de mil, de cem, de cinquenta e de dez. Eles passaram a realizar a tarefa diária de julgar o povo. Só apresentavam a Moisés as causas mais difíceis. As causas de rotina, eles mesmos julgavam. Depois disso, Moisés se despediu do sogro, que voltou para a sua terra.

No monte Sinai

19 ¹⁻² Três meses após a saída do Egito, os israelitas chegaram ao deserto do Sinai, tendo seguido a rota de Refidim, e ali acamparam, de frente para o monte.

³⁻⁶ Moisés subiu para se encontrar com Deus, e o Eterno chamou-o do monte: "Fale à casa de Jacó e diga ao povo de Israel: 'Vocês viram o que fiz ao Egito e como trouxe vocês sobre asas de águia até minha presença. Se vocês obedecerem às minhas ordens e cumprirem minha aliança, serão meu tesouro especial entre todos os povos. Toda a terra é minha, mas eu os escolhi porque vocês são especiais: um reino de sacerdotes e uma nação santa'.

"Quero que você diga isso ao povo de Israel".

⁷ Depois que retornou, Moisés convocou os líderes de Israel e transmitiu a eles todas as palavras que tinha ouvido do Eterno.

⁸ A resposta do povo foi unânime: "Faremos tudo que o Eterno disser". E Moisés levou ao Eterno a resposta do povo.

⁹ O Eterno disse a Moisés: "Prepare-se. Vou me encontrar com você numa nuvem espessa, para que o povo possa ouvir e confiar plenamente em você quando eu falar". E Moisés transmitiu outra vez ao Eterno a resposta do povo.

¹⁰⁻¹³ O Eterno também disse a Moisés: "Vá ao encontro do povo. Nos próximos dois dias, prepare

o povo para se encontrar com o Eterno, que é santo. Eles precisam lavar suas roupas, para que estejam preparados no terceiro dia, pois o Eterno descerá sobre o monte Sinai no terceiro dia, e sua presença será conhecida por todo o povo. Coloque barreiras à volta do povo, com esta advertência: 'Cuidado! Não subam ao monte. Sequer toquem sua base. Quem tocar no monte morrerá, será morte certa. E ninguém deve tocar na pessoa que morrer, pois será apedrejado. Isso mesmo, apedrejado. Ou morto a flechadas. Seja homem, seja animal, deverá morrer'.

"Um toque longo de corneta será o sinal de que podem subir ao monte".

¹⁴⁻¹⁵ Moisés desceu do monte ao encontro do povo e o preparou para a reunião santa. Todos lavaram suas roupas, e Moisés avisou o povo: "Estejam prontos dentro de três dias. Não tenham relações com mulher".

¹⁶ No terceiro dia, logo de manhã, houve trovões e relâmpagos, e uma nuvem espessa cobria o monte. Ao som estridente da trombeta, todos no acampamento estremeceram de medo.

¹⁷ Moisés conduziu o povo para fora do acampamento, a fim de se encontrar com Deus. O povo ficou em estado de alerta à base do monte.

¹⁸⁻²⁰ O monte Sinai estava envolto em fumaça, pois o Eterno havia descido como fogo sobre ele. A fumaça que subia era como a de uma fornalha. Todo o monte estremecia com violência. Os toques de trombeta eram cada vez mais fortes. Então, Moisés falou, e Deus respondeu no trovão. O Eterno desceu ao topo do monte Sinai e chamou Moisés para lá. Moisés subiu ao monte.

MATEUS 24.23-51

A vinda do Filho do Homem

²³⁻²⁵ "Se alguém anunciar: 'Aqui está o Messias!', ou apontar: 'Lá está ele!', não caiam nessa. Falsos messias e pregadores mentirosos surgirão aos montes. Suas credenciais e seus espetáculos impressionantes, se possível, iludiriam até os escolhidos de Deus. Fiquem atentos, pois eu os avisei com antecedência.

²⁶⁻²⁸ "Se disserem: 'Corram para o interior, pois o Messias estará ali!', ou: 'Rápido, ele vai estar no centro da cidade!', não deem crédito. A vinda do Filho do Homem não é algo para ver. Ele virá como um relâmpago! Onde quer que virem esses grupos reunidos, pensem em urubus voando em círculos, planando sobre carcaças em decomposição. Estejam certos de que não foi o Filho do Homem quem convocou aquelas multidões.

²⁹ "Após aqueles tempos difíceis,

O Sol perderá o seu brilho,
a Lua ficará nublada.
As estrelas cairão do céu,
e os poderes cósmicos sofrerão abalo.

³⁰⁻³¹ "Então, ocorrerá a vinda do Filho do Homem em grande estilo! Seu esplendor encherá os céus — ninguém deixará de ver! Pessoas desprevenidas de todo o mundo começarão a chorar diante do esplendor do Filho do Homem no céu. Ao mesmo tempo, ele enviará seus anjos, que, com um toque de trombeta, convocarão os escolhidos de Deus espalhados pelos quatro cantos da terra, desde os lugares mais distantes.

³²⁻³⁵ "Aprendam a lição da figueira. Quando percebem que ela começou a florescer e verdejar, vocês sabem que o verão está chegando. O mesmo acontecerá com vocês. Quando virem os sinais, saberão que não demorará muito. Levem isso a sério. Não estou me dirigindo apenas a gerações futuras, mas a vocês também. Esta era continua até que todas essas coisas aconteçam. O céu e a terra vão desaparecer, mas as minhas palavras jamais.

³⁶ "Quem sabe o dia e a hora? A verdade é que ninguém sabe, nem os anjos do céu, nem mesmo o Filho. Só o Pai!

³⁷⁻³⁹ "A vinda do Filho do Homem acontecerá numa época parecida com a de Noé. Antes do dilúvio, o mundo vivia como sempre viveu: se divertindo, até o dia em que Noé entrou na arca. Eles não perceberam nada — até que o dilúvio destruiu tudo.

³⁹⁻⁴⁴ "A vinda do Filho do Homem será assim: Dois homens estarão trabalhando na roça. Um será levado, e o outro, deixado. Duas mulheres estarão trabalhando no moinho. Uma será levada, e a outra, deixada. Portanto, fiquem atentos. Vocês não têm como saber o dia em que seu Senhor aparecerá, mas entendam que, se o dono da casa soubesse a que hora da noite o ladrão viria, iria esperá-lo para impedir o assalto. Então, vigiem. Vocês não têm como saber quando seu Senhor irá se manifestar.

⁴⁵⁻⁴⁷ "Quem aqui se qualifica para o emprego de *chef* de cozinha, uma pessoa a quem o patrão possa encarregar da alimentação diária dos trabalhadores, na hora certa? Essa pessoa deve ser alguém que o patrão, mesmo aparecendo sem aviso, encontre sempre

DIA 037

fazendo seu trabalho. Tal pessoa, afirmo, tem a bênção de Deus. Logo será promovida.

48-51 "Mas, se essa pessoa é egoísta e quando o patrão está longe faz apenas o que quer — maltrata os empregados e passa o tempo jogando e se embebedando com os amigos —, um dia será apanhada em flagrante, e vai acabar muito mal. A carreira dela terminará por baixo, com os hipócritas, lá fora, no frio, tremendo e rangendo os dentes".

SALMOS 22.12-21

12-13 Uma manada de touros veio
na minha direção,
ouvia-se o estrondo dos animais raivosos,
Chifres abaixados, narinas dilatadas,
um rebanho de búfalos em movimento.

14-15 Sou um balde chutado para um canto,
todos os ligamentos do meu corpo
foram rompidos.
Meu coração é uma bolha
de cera derretida dentro de mim.
Estou seco como um osso;
minha língua, escura e inchada.
Eles querem me sepultar
No meio da sujeira.

16-18 Agora uma matilha de cães selvagens
corre atrás de mim —
assassinos conspiram contra mim.
Eles me acorrentam, mãos e pés,
e me trancam numa gaiola — um saco
De ossos em exibição, encarado com desprezo
por todos os que passam.
Levaram minha roupa,
e por elas lançaram seus dados.
19-21 E tu, ó Eterno — não adies meu resgate!
Por favor, vem logo me libertar!
Não permitas que eles me cortem a garganta;
não deixes que esses animais me devorem.
Se não agires logo,
estou perdido — chifrado pelos touros,
transformado em comida de leões.

◼ NOTAS

☐ DIA 037 ___ / ___ / ___

ÊXODO 19.21 — 21.25

21-22 O Eterno disse: "Desça e advirta o povo a não ultrapassar as barreiras para olhar o Eterno, pois, do contrário, muitos irão morrer. Avise os sacerdotes, a fim de que se preparem para a reunião santa, para que o Eterno não se volte contra eles".

23 Moisés disse ao Eterno: "Mas o povo não subirá ao monte Sinai. Tu mesmo já nos avisaste, dizendo: 'Ponham barreiras em volta do monte. Respeitem o monte santo'".

24 O Eterno disse: "Desça e volte com Arão. Mas não permita que os sacerdotes e o povo ultrapassem os limites e subam até o Eterno, para que ele não se volte contra eles".

25 Moisés desceu. Foi ao encontro do povo e anunciou:

20 ¹ "Estas palavras são todas do Eterno: ² 'Eu sou o Eterno, o Deus de vocês, que os tirou da terra do Egito, da vida de escravidão.

³ Não tenham outros deuses além de mim.

⁴⁻⁶ Não tenham deuses esculpidos de nenhum tamanho ou forma nem com aparência de coisa alguma, seja de coisas que voam, seja de coisas que andam, seja de coisas que nadam. Não se curvem a elas nem as sirvam, pois sou o Eterno, o Deus de vocês, e sou um Deus ciumento, que pune os filhos pelos pecados dos pais até a terceira e quarta gerações dos que me odeiam. Mas sou leal a milhares que me amam e guardam meus mandamentos.

⁷ Não usem o nome do Eterno, o Deus de vocês, para xingamentos ou em brincadeiras. O Eterno não irá tolerar o uso irreverente do seu nome.

⁸⁻¹¹ Guardem o dia de sábado, para que sempre seja santo. Trabalhem seis dias e, nesse tempo, façam tudo que for necessário. Mas o sétimo dia é o sábado do Eterno, o Deus de vocês. Não realizem nenhuma espécie de trabalho, nem vocês, nem seu filho, nem sua filha, nem seu escravo, nem sua escrava, nem seus animais, nem mesmo o estrangeiro em visita à sua cidade. Porque, em seis dias, o Eterno fez o céu, a terra, o mar e tudo que neles há e descansou no sétimo dia. Portanto, o Eterno abençoou o dia de sábado e o separou como dia santo.

¹² Honrem seu pai e sua mãe, para que tenham vida longa na terra que Deus, o Deus de vocês, está dando a vocês.

¹³ Não cometam homicídio.

¹⁴ Não cometam adultério.

¹⁵ Não roubem.

¹⁶ Não difamem o próximo.

¹⁷ Não cobicem a casa do próximo, nem sua esposa, seu escravo, sua escrava, seu boi ou jumento. Não ponham o coração em nada que pertença ao próximo' ".

¹⁸⁻¹⁹ Depois de presenciar todo aquele espetáculo de trovões e relâmpagos, toques de trombeta e fumaça que subia do monte, o povo sentiu muito medo e manteve uma boa distância do lugar. Eles disseram a Moisés: "Fale conosco, e ouviremos, mas que Deus não fale conosco, senão vamos morrer!".

²⁰ Moisés tranquilizou o povo: "Não fiquem com medo. Deus veio para provar vocês e incutir em vocês temor profundo e reverente, para que não pequem".

²¹ O povo ficou de longe, enquanto Moisés se aproximava da nuvem espessa na qual Deus estava.

²²⁻²⁶ E o Eterno disse a Moisés: "Transmita a seguinte mensagem ao povo de Israel: 'Vocês tiveram a experiência de ver como falo com vocês do céu. Não façam deuses de prata nem deuses de ouro para competir comigo. Façam um altar de terra para mim. Sacrifiquem ali ofertas queimadas, suas ofertas de paz, os cordeiros e o gado. Onde quer que eu faça meu nome ser honrado na adoração que vocês me prestarem, ali estarei e abençoarei vocês. Se usarem pedras para edificar meu altar, não usem pedras lavradas. Se usarem algum instrumento para cortar as pedras, vocês estarão profanando o altar. Não subam ao meu altar por degraus, pois isso iria expor sua nudez' ".

21 ¹ "Estas são as leis que você deve promulgar: ²⁻⁶ "Quando você comprar um escravo hebreu, ele trabalhará durante seis anos. No sétimo ano, ganhará a liberdade. Se era solteiro quando chegou, deverá ir embora solteiro. Se era casado, deverá ir embora com a esposa. Se seu senhor der a ele uma esposa, e ela tiver filhos e filhas, a esposa, filhos e filhas ficarão com o senhor: o escravo irá embora sozinho. Mas, se o escravo disser: 'Amo meu senhor, minha esposa e meus filhos; não quero minha liberdade'; então, seu senhor deverá apresentá-lo a Deus e furar a orelha do escravo com uma agulha grossa contra uma porta ou um batente, como sinal de que ele agora será escravo por toda a vida.

⁷⁻¹¹ "Se um homem vender sua filha como escrava, ela não ganhará a liberdade depois de seis anos, como o homem. Se ela não agradar ao seu senhor, a família dela deverá comprá-la de volta. Seu senhor não terá o direito de vendê-la a estrangeiros, pois não cumpriu sua palavra para com ela. Se a entregar a seu filho, deverá tratá-la como filha. Se ele se casar com outra mulher, ela não perderá seu pleno direito às refeições, às roupas e às relações conjugais. Se ele omitir alguma dessas coisas, ela ganhará sua liberdade.

¹²⁻¹⁴ "Se uma pessoa agredir outra e causar a morte dela, a pena será a morte. Se não houve intenção de matar, e o que aconteceu foi um acidente, um 'ato de Deus', separarei um lugar no qual o homicida poderá se refugiar. Mas, se o homicídio foi premeditado, arquitetado com maldade; então, deverão levá-lo, mesmo que seja do meu altar, e matá-lo.

¹⁵ "Se alguém agredir seu pai ou sua mãe, a pena será a morte.

¹⁶ "Se alguém sequestrar uma pessoa, a pena será a morte, não importa se a pessoa foi vendida ou se ainda está de posse dele.

DIA 037

114

¹⁷"Se alguém amaldiçoar seu pai ou sua mãe, sua pena será a morte.

¹⁸⁻¹⁹"Se acontecer uma briga, e alguém atingir outra pessoa com uma pedra ou com o próprio punho, e a pessoa ferida não morrer, mas ficar presa à cama e, depois, se recuperar, podendo andar de muletas, aquele que a feriu estará livre, mas será obrigado a indenizá-la pela perda de tempo. Ele será o responsável por sua completa recuperação.

²⁰⁻²¹"Se um proprietário agredir, com um pedaço de pau, seu escravo, seja homem, seja mulher, e ele morrer no local, o escravo deverá ser vingado. Mas, se o escravo sobreviver um ou dois dias, não deverá ser vingado, pois é propriedade do seu senhor.

²²⁻²⁵"Se, durante uma briga, uma mulher grávida for agredida e perder o bebê, mas não se ferir, o responsável deverá pagar a compensação exigida pelo marido. Mas, se houver outro ferimento, vocês deverão dar vida por vida, olho por olho, dente por dente, mão por mão, pé por pé, queimadura por queimadura, ferida por ferida, machucado por machucado.

MATEUS 25.1-23

A história das virgens

25¹⁻⁵"**O** Reino de Deus é como dez moças virgens que, com lamparinas na mão, saíram para saudar o noivo. Cinco eram tolas, e cinco eram prudentes. As tolas não levaram óleo de reserva para reabastecer as lamparinas. As prudentes, pensando nisso, carregavam vasilhames com óleo. O noivo demorou um pouco, e todas dormiram.

⁶"No meio da noite, alguém gritou: 'Ele está aqui! O noivo está aqui! Saiam para recebê-lo!'.

⁷⁻⁸"As dez virgens saíram com suas lamparinas. As virgens tolas disseram às prudentes: 'Nossas lamparinas estão se apagando; emprestem-nos um pouco de óleo'.

⁹"As virgens prudentes responderam: 'Não há o bastante para todas. Se querem óleo, vão comprar'.

¹⁰"Elas assim fizeram, mas ainda estavam fora, comprando óleo, quando o noivo chegou. As virgens que estavam a postos para saudá-lo foram para a festa, e a porta foi fechada.

¹¹"Mais tarde, as virgens tolas apareceram e bateram à porta, suplicando: 'Estamos aqui. Deixe-nos entrar!'.

¹²"O noivo, porém, perguntou: 'Eu conheço vocês? Acho que não'.

¹³"Portanto, fiquem atentos. Vocês não sabem quando o Noivo vai chegar".

A história do investimento

¹⁴⁻¹⁸"**O** Reino de Deus é também como um homem que saiu para uma longa viagem. Antes de partir, chamou seus empregados e lhes delegou responsabilidades. Ao primeiro deu cinco mil moedas, ao segundo duas mil e ao terceiro mil, conforme a capacidade deles. Feito isso, partiu. Imediatamente, o primeiro empregado começou a trabalhar e duplicou o investimento do patrão. O segundo fez o mesmo. Mas o homem que recebera mil moedas preferiu guardá-las num cofre.

¹⁹⁻²¹"Depois de uma longa ausência, o patrão deles voltou e foi acertar as contas com os três empregados. O que havia recebido cinco mil moedas relatou que duplicara o investimento. O patrão elogiou-o: 'Bom trabalho! Você soube negociar! De hoje em diante, será meu sócio!'.

²²⁻²³"O empregado que recebera duas mil moedas também conseguiu duplicar o investimento do patrão, e este o elogiou: 'Bom trabalho! Você soube negociar! De hoje em diante, será meu sócio!'.

SALMOS 22.22-31

²²⁻²⁴Eis a história que contarei aos meus amigos
　　quando vierem adorar,
　　　esta é a história que pontuarei com aleluias:
Gritem: "Aleluia!", adoradores de Deus;
　　deem glória, filhos de Jacó;
　　adorem-no, filhas de Israel.
Ele nunca decepcionou vocês,
　　não desviou o olhar
　　quando vocês estavam sendo maltratados.
Ele nunca se omitiu nem os ignorou:
　　ele estava bem ali, ouvindo tudo.

²⁵⁻²⁶Aqui, nesta grande reunião de adoração,
　　descobri esta vida de louvor.
E farei tudo que prometi, bem aqui,
　　diante dos adoradores de Deus.
Os necessitados se sentam à mesa do Eterno
　　e comem até ficar saciados.
Todos os que buscam Deus
　　estão aqui e o louvam.
"Vivam intensamente, de corpo e alma.
　　Não desistam nunca!"

²⁷⁻²⁸Dos quatro cantos da terra
　　os povos retornam,
　　　estão voltando para o Eterno.
Famílias perdidas há tempo
　　estão prostradas diante dele.

O Eterno assumiu o comando:
de agora em diante ele tem a última palavra.

29 Os poderosos homens de negócio
estão diante dele
— eles o adoram!
Os pobres e os fracos também
— eles o adoram!
Juntam-se a eles os que nunca entenderam
— eles também o adoram!

30-31 Nossos filhos e os filhos deles
farão parte disso
Quando a palavra for passada adiante,
de pai para filho.
Os bebês que nem sequer foram concebidos
ouvirão as boas-novas —
Deus cumpre o que promete.

NOTAS

DIA 038 ___ / ___ / ___

ÊXODO 21.26 — 23.15

26-27 "Se o proprietário ferir o olho de um escravo ou escrava, causando cegueira, deverá dar a ele ou a ela a liberdade por causa do olho. Se quebrar o dente de um escravo ou escrava, a liberdade terá de ser concedida, por causa do dente.

28-32 "Se um boi chifrar um homem ou mulher até a morte, o boi será apedrejado. A carne não será consumida, mas o proprietário do boi sairá livre. Mas, se o boi era conhecido por suas chifradas, e seu dono, mesmo sabendo disso, não tiver tomado nenhuma providência para evitar a situação, e o boi matar um homem ou mulher, o boi será apedrejado, e o dono, condenado à morte. Se for aceito o pagamento de um resgate em vez da morte, ele deverá pagar integralmente, como se fosse um resgate por sua vida. O mesmo julgamento se aplica no caso de um filho ou filha que tenha sofrido ataque do boi. Se o boi chifrar um escravo ou uma escrava, deverão ser pagos trinta siclos de prata ao senhor do escravo, e o boi será apedrejado.

33-34 "Se alguém tirar a tampa de uma cisterna ou cavar um buraco, deixando-o aberto, e um boi ou um jumento cair dentro dele, o dono da cisterna deverá pagar o valor do animal ao seu proprietário e poderá ficar com o animal que morreu.

35-36 "Se o boi de uma pessoa ferir o boi de outra, e o animal morrer, o dono deverá vender o boi vivo e dividir o preço obtido. Deverá também dividir o animal morto. Mas, se o boi era conhecido por suas chifradas, e o dono, sabendo disso, não tomou providências para evitar aquela situação, ele deverá pagar boi por boi, mas poderá ficar com o animal que morreu".

22 1-3 "Se alguém roubar um boi ou uma ovelha e abatê-lo ou vendê-lo, o ladrão deverá pagar cinco bois pelo boi e quatro ovelhas pela ovelha. Se o ladrão for apanhado arrombando e for atingido e morrer, não haverá culpa pelo sangue derramado. Mas, se isso acontecer depois do amanhecer, haverá culpa pelo sangue derramado.

3-4 "O ladrão deverá restituir tudo que foi roubado. Se não tiver condições de pagar, deverá ser vendido como escravo para pagar o que roubou. Se for pego em flagrante com os bens que roubou, se o

DIA 038

boi, o jumento ou a ovelha ainda estiverem vivos, o ladrão pagará em dobro.

⁵"Se alguém levar seus animais para pastar num campo ou numa vinha, mas deixá-los soltos e eles forem pastar no campo de outra pessoa, a restituição deve ser feita com o que há de melhor no campo ou na vinha do dono dos animais.

⁶"Se houver uma queimada, e o fogo se espalhar para a vegetação e queimar os feixes de trigo ou o trigo plantado ou mesmo todo o campo, aquele que causou a queimada deverá arcar com os prejuízos causados.

⁷⁻⁸"Se alguém der ao próximo dinheiro ou qualquer outra coisa para guardar em lugar seguro e isso for roubado da casa dele, o ladrão, caso seja apanhado, deve fazer restituição em dobro. Se o ladrão não for apanhado, o proprietário será levado diante de Deus para que se determine se foi ele quem se apoderou dos bens do próximo.

⁹"Sempre que alguma coisa for roubada, quer sejam bois, quer jumentos, quer ovelhas, quer roupas, qualquer coisa de que alguém sinta falta e cuja posse reivindique, dizendo: 'É meu', ambas as partes devem comparecer perante os juízes. Aquele que for considerado culpado pelo juiz deverá pagar em dobro ao outro.

¹⁰⁻¹³"Se alguém entregar um jumento, um boi ou qualquer animal a outra pessoa para que ela o guarde em segurança e o animal morrer ou ficar ferido, ou se for perdido sem a presença de testemunhas, os dois deverão fazer um juramento diante do Eterno para decidir se houve apropriação indébita. O dono deverá aceitar isso, e nenhum prejuízo será compensado. Mas, se houver acontecido um roubo, o dono deverá ser indenizado. Se o animal foi despedaçado por animais selvagens, o animal despedaçado deverá ser apresentado como prova, e não se pagará prejuízo algum.

¹⁴⁻¹⁵"Se alguém tomar emprestado um animal do seu próximo, e o animal for ferido ou morrer na ausência do dono, então, o prejuízo deverá ser ressarcido. Mas não haverá indenização se o dono estiver presente. Se tiver contratado o animal, o pagamento cobrirá o prejuízo".

¹⁶⁻¹⁷"Se um homem seduzir uma virgem que não esteja prometida em casamento e se deitar com ela, deverá pagar o preço do dote e casar-se com ela. Mas, se o pai da moça não quiser entregá-la, o homem, mesmo assim, pagará o valor do dote das virgens.

¹⁸"Não permitam que uma feiticeira continue viva.

¹⁹"Quem tiver relações sexuais com um animal receberá pena de morte.

²⁰"Quem oferecer sacrifício a algum deus que não seja o Eterno deverá ser morto.

²¹"Não maltratem nem se aproveitem dos estrangeiros. Lembrem-se de que vocês já foram estrangeiros no Egito.

²²⁻²⁴"Não tratem mal os órfãos e as viúvas. Se fizerem isso e eles clamarem a mim, podem ter certeza de que os ouvirei e minha ira cairá sobre vocês. Minha fúria trará a espada contra vocês, e suas esposas se tornarão viúvas, e seus filhos, órfãos.

²⁵"Se emprestarem dinheiro a alguém do meu povo, a qualquer um que seja menos favorecido que vocês, não sejam impiedosos: não cobrem juros extorsivos.

²⁶⁻²⁷"Se pegarem a capa do próximo como garantia, devolvam-na antes do anoitecer. Pode ser que seja a única coberta que ele tem. Com que outra coisa iria se agasalhar para dormir? E, se eu ouvir seu próximo clamando por causa do frio, irei intervir a favor dele, porque tenho compaixão.

²⁸"Não pronunciem maldição contra Deus nem amaldiçoem seus líderes.

²⁹⁻³⁰"Não sejam avarentos quando seus barris estiverem cheios de vinho.

"Consagrem a mim seu primeiro filho. Façam o mesmo com relação ao gado e às ovelhas. As primeiras crias devem ficar sete dias com a mãe e, depois, ser entregues a mim.

³¹"Sejam santos por amor a mim.

"Não comam carne que é dilacerada e encontrada no campo. Ela deve ser dada aos cães".

23 ¹⁻³"Não passem adiante falatórios maliciosos. "Não se associem com o perverso para prestar falso testemunho. Não sigam a multidão na prática do mal e não deem testemunho mentiroso numa disputa apenas para agradar a multidão. E não sejam parciais num processo só porque uma das partes é pobre.

⁴⁻⁵"Se vocês encontrarem perdido o boi ou o jumento que pertence a seu inimigo, levem o animal de volta para ele. Se virem o jumento de alguém que odeia vocês caído sob o peso da carga, não passem direto nem o abandonem. Ajudem o animal a se levantar.

⁶"Quando houver uma disputa que envolva os pobres do meio em que vocês vivem, não cometam nenhuma injustiça contra eles.

⁷"Fiquem longe das falsas acusações. Não colaborem com a morte de gente inocente e de pessoas de

boa índole. Não posso aceitar a ideia de o perverso sair impune.

8 "Não aceitem suborno, porque ele cega os olhos que enxergam com perfeição e distorce as palavras de quem diz a verdade.

9 "Não se aproveitem do estrangeiro. Vocês sabem o que é ser estrangeiro, pois foram estrangeiros no Egito.

10-11 "Plantem durante seis anos e façam as colheitas, mas, no sétimo ano, deixem a terra descansar, para que os pobres que vivem no meio de vocês possam comer dela. E que os animais selvagens comam o que eles deixarem. O mesmo se aplica às vinhas e olivais de propriedade de vocês.

12 "Trabalhem durante seis dias e descansem no sétimo, para que seu boi e seu jumento possam descansar e para que seu escravo e os estrangeiros que trabalham para vocês também tenham o descanso necessário.

13 "Ouçam atentamente tudo que digo. Não percam tempo, dando atenção a outros deuses, nem mesmo pronunciem o nome deles".

14 "**V**ocês devem realizar para mim três festas todo ano.

15 "Na primavera, façam a festa dos Pães sem Fermento. Vocês comerão pão sem fermento durante sete dias, no período estabelecido do mês de abibe, como já ordenei. É o mês em que vocês saíram do Egito. Ninguém deve comparecer diante de mim com as mãos vazias.

MATEUS 25.24-46

24-25 "O empregado que recebera mil moedas declarou: 'Patrão, sei que o senhor tem padrões elevados e detesta as coisas mal feitas, que é exigente ao extremo e não admite erros. Fiquei com medo de desapontá-lo, por isso guardei seu dinheiro num cofre bem seguro. Aqui está seu dinheiro, são e salvo, até o último centavo'.

26-27 "O patrão ficou furioso. 'Odeio essa filosofia de vida, que não aceita correr riscos. Se você sabe que sou exigente, por que não fez o mínimo que se podia esperar? O mínimo seria aplicar o dinheiro num banco. Haveria pelo menos um pequeno rendimento'.

28-30 "Ele ordenou: 'Pegue as mil moedas e as entregue ao que arriscou mais. E tirem o sr. Garantia daqui. Lancem-no fora, nas trevas exteriores'".

As ovelhas e os bodes

31-33 "**Q**uando finalmente vier, numa aura de resplendor, e seus anjos com ele, o Filho do Homem irá

assentar-se em seu trono glorioso. Todas as nações estarão diante dele, e ele irá separar o povo, como o pastor separa as ovelhas e os bodes — aquelas à sua direita, estes à sua esquerda.

34-36 "O Rei dirá aos que estiverem à sua direita: 'Entrem, vocês que são abençoados por meu Pai! Tomem posse do que está reservado para vocês no Reino desde a fundação do mundo. E esta é a razão:

Eu estava com fome, e vocês me alimentaram;
Eu estava com sede, e vocês me deram de beber;
Eu estava sem casa, e vocês me deram um quarto;
Eu estava com frio, e vocês me deram agasalho;
Eu estava doente, e vocês me visitaram;
Eu estava preso, e vocês vieram me ver'.

37-40 "Então, as 'ovelhas' vão dizer: 'Mestre, do que estás falando? Quando foi que te vimos com fome e te alimentamos, sedento e te demos de beber? E quando foi que te vimos doente ou preso e fomos te visitar?'. O Rei dirá: 'Afirmo esta verdade solene: toda vez que vocês fizeram essas coisas a algum marginalizado ou excluído, aquele era eu — estavam ajudando a mim.

41-43 "Depois ele se voltará para os 'bodes', à sua esquerda, e dirá: 'Saiam, seus inúteis! Vocês não prestam para nada, a não ser para o fogo do inferno. E sabem por quê? Porque —

Eu estava com fome, e vocês não me deram comida;
Eu estava com sede, e vocês não me deram de beber;
Eu estava sem casa, e vocês não me deram uma cama;
Eu estava com frio, e vocês não me agasalharam;
Eu estava doente e preso, e vocês nunca me visitaram.

44 "Os 'bodes', então, dirão: 'Mestre, do que estás falando? Quando foi que te vimos com fome, com sede, sem teto, com frio, doente ou na cadeia e não te ajudamos?'.

45 "Ele responderá: 'Afirmo esta verdade solene: toda vez que vocês deixaram de fazer uma dessas coisas a algum marginalizado ou excluído, aquele era eu — deixaram de ajudar a mim.

46 "Então, os 'bodes' serão conduzidos à condenação eterna, mas as 'ovelhas' à recompensa eterna".

SALMOS 23.1-6

Um salmo de Davi

23 **1-3** **Ó** Eterno, meu pastor! Não preciso de nada.

Tu me acomodaste em exuberantes campinas;
encontraste lagos tranquilos,
e deles posso beber.
Orientado por tua palavra,
pude recuperar o alento
e seguir na direção certa.

4 Mesmo que a estrada atravesse
o vale da Morte,
Não vou sentir medo de nada,
porque caminhas do meu lado.
Teu cajado fiel
me transmite segurança.

5 Tu me serves um jantar completo
na cara dos meus inimigos.
Tu me renovas, e meu desânimo desaparece;
minha taça transborda de bênçãos.

6 Tua bondade e teu amor correm atrás de mim
todos os dias da minha vida.
Assim, vou me sentir em casa
no templo de Deus
por todo o tempo em que eu viver.

NOTAS

☐ DIA **039** __ / __ / __

ÊXODO 23.16 — 25.22

16 "No verão, façam a festa da Colheita, que é quando aparecem os primeiros resultados da produção agrícola.

"No outono, façam a festa das Safras, no fim da temporada, que é quando se contabilizam as safras obtidas durante o ano.

17 "Três vezes por ano, todos os homens devem se apresentar diante do Senhor, o Eterno.

18 "Não me ofereçam o sangue de um sacrifício junto com alguma coisa que contenha fermento.

"Não mantenham, até a manhã do outro dia, a gordura das ofertas apresentadas na minha festa.

19 "Tragam à casa do Eterno o melhor da produção do ano.

"Não cozinhem o cabrito no leite de sua mãe.

20-24 "**E**stejam prontos. Estou enviando meu Anjo à frente de vocês para protegê-los durante a viagem e para conduzi-los ao lugar que preparei para vocês. Não façam pouco caso dele, mas obedeçam às suas ordens. Não se rebelem contra ele. Ele não vai tolerar rebelião alguma, pois está agindo sob minha autoridade. Mas, se obedecerem a ele e fizerem tudo que digo, serei inimigo dos inimigos de vocês e lutarei contra eles. Meu Anjo irá adiante de vocês e os conduzirá à terra dos amorreus, dos hititas, dos ferezeus, dos cananeus, dos heveus e dos jebuseus, que eu eliminarei da terra. Portanto, não adorem nem sirvam os deuses deles. Não adotem nenhum de seus costumes, porque vou fazê-los desaparecer da face da terra, assim como vou pôr abaixo seus símbolos fálicos de pedra.

25-26 "Quanto a vocês, sirvam ao Eterno, e ele abençoará sua água e seu alimento. Eu livrarei vocês das doenças. Não haverá abortos nem mulheres estéreis na terra em que vocês habitarem. Farei que tenham uma vida plena ali.

²⁷"Enviarei meu Terror à frente de vocês e deixarei em pânico aqueles de quem vocês se aproximarem. Vocês verão seus inimigos pelas costas, pois eles vão fugir. ²⁸⁻³¹"Enviarei Desespero à frente de vocês. Os heveus, os cananeus e os hititas serão tirados do caminho. Não me livrarei deles de uma só vez, para que a terra não seja tomada pelo mato e pelos animais selvagens. A remoção deles será feita pouco a pouco, enquanto vocês plantam e colhem e, assim, vão se apoderando da terra. Farei que suas fronteiras se estendam desde o mar Vermelho até o mar Mediterrâneo e desde o deserto até o rio Eufrates. Estou entregando em suas mãos todos os habitantes daquela terra. Minha ordem é que vocês os expulsem de lá.

³²⁻³³"Não façam nenhum acordo com eles nem com os deuses deles, porque eles não ficarão no mesmo território que vocês, justamente para que não induzam vocês a cometer o pecado de adorar os deuses deles. Fiquem atentos, porque esse perigo é real".

24 ¹⁻²O Eterno disse a Moisés: "Subam ao monte até a presença do Eterno, você, Arão, Nadabe, Abiú e as setenta autoridades de Israel. Mas eles devem adorar de longe. Apenas Moisés deve se aproximar do Eterno. Os outros devem manter distância. Já o povo não deve subir ao monte de forma alguma". ³Moisés comunicou ao povo tudo que o Eterno tinha dito, repetindo todas as regras e regulamentos. E todos responderam a uma só voz: "Faremos tudo que o Eterno disse". ⁴⁻⁶Em seguida, Moisés registrou por escrito as instruções do Eterno. Na manhã seguinte, ele acordou bem cedo e ergueu um altar ao pé do monte, construído com doze colunas de pedra que correspondiam às doze tribos de Israel. Também instruiu alguns jovens israelitas na apresentação de ofertas queimadas e ofertas de paz com touros. Moisés usou metade do sangue para encher algumas bacias e a outra metade derramou sobre o altar. ⁷Em seguida, pegou o Livro da Aliança e fez a leitura dele diante do povo, que escutou tudo com muita atenção. Eles disseram: "Faremos tudo que o Eterno disse. Sim, vamos obedecer". ⁸Moisés aspergiu sobre o povo o restante do sangue, que estava nas bacias, dizendo: "Este é o sangue da aliança que o Eterno fez com vocês, segundo as palavras que acabei de ler".

⁹⁻¹¹Em seguida, Moisés e Arão, Nadabe e Abiú e as setenta autoridades de Israel subiram ao monte e viram o Deus de Israel. Ele estava de pé sobre um piso recoberto de pedras parecidas com safiras, que evocavam a pureza e o azul do céu. E as autoridades dos israelitas, mesmo tendo visto Deus, não morreram e ainda comeram e beberam na presença dele.

¹²⁻¹³O Eterno disse a Moisés: "Suba mais para o alto do monte e espere por mim ali. Vou entregar a você algumas tábuas de pedra com as instruções e os mandamentos que escrevi para guiar o povo". Moisés, acompanhado de Josué, seu auxiliar, seguiu para o lugar indicado no monte de Deus.

¹⁴Moisés ordenou às autoridades de Israel: "Esperem aqui até que voltemos. Arão e Hur ficarão com vocês. Recorram a eles se houver algum problema".

¹⁵⁻¹⁷Em seguida, Moisés subiu ao monte, que foi coberto por uma nuvem, e a glória do Eterno desceu sobre o monte Sinai. A nuvem cobriu o monte durante seis dias. No sétimo dia, o Eterno chamou Moisés de dentro da nuvem. À vista dos israelitas lá embaixo, a glória de Deus parecia um fogo que ardia no alto do monte.

¹⁸Moisés entrou na nuvem e subiu ao monte. Ficou ali quarenta dias e quarenta noites.

As instruções recebidas no monte: as ofertas

25 ¹⁻⁹O Eterno disse a Moisés: "Diga aos israelitas que separem ofertas para mim. Receba as ofertas de todos os que desejarem apresentá-las. Estas são as ofertas que você deve receber deles: ouro, prata, bronze, panos azuis, roxos e vermelhos; linho fino, pelos de cabra, couro de carneiro e de golfinho; madeira de acácia, óleo para lamparina, especiarias para o óleo da unção e incenso perfumado; pedras de ônix e outras pedras para o colete e o peitoral. Eles vão edificar um santuário para mim, de modo que eu habite entre eles. Será construído de acordo com o modelo que entreguei a você, com o projeto da Habitação e de toda a sua mobília".

A arca

¹⁰⁻¹⁵Em primeiro lugar, eles farão uma arca de madeira de acácia, medindo um metro e dez de comprimento, setenta centímetros de largura e setenta centímetros de altura. Você irá revesti-la com ouro puro por dentro e por fora, fazendo, à volta dela, uma moldura de ouro. Irá também fundir quatro argolas de ouro e prendê-las aos quatro pés da arca, duas

argolas de cada lado. Faça varões de madeira de acácia, revista-os com ouro e introduza-os nas argolas laterais da arca, para que sejam usados no seu transporte. Os varões devem passar pelas argolas e não devem ser retirados.

¹⁶ "Guarde, na arca, as tábuas da aliança que dou a você.

¹⁷ "Em seguida, faça uma cobertura de ouro puro para a arca, a tampa da expiação, medindo um metro e dez centímetros de comprimento por setenta centímetros de largura.

¹⁸⁻²² "Dois anjos com asas, feitos de ouro batido, deverão ser esculpidos e postos nas duas extremidades da tampa da expiação, um anjo de cada lado. Eles devem compor uma só peça com a tampa. Os anjos, com as asas estendidas, cobrirão a tampa da expiação, um de frente para o outro, mas ambos olhando para baixo. A tampa da expiação será a cobertura da arca, e, dentro dela, devem ser guardadas as tábuas da aliança que entregarei a você. Ali me encontrarei com você nas horas estabelecidas e, de cima da tampa da expiação, entre as figuras de anjo que estão sobre ela, transmitirei os mandamentos que tenho para os israelitas".

MATEUS 26.1-22

Ungido para a sepultura

26¹⁻² Depois dessas explicações, Jesus disse aos discípulos: "Vocês sabem que a Páscoa é depois de amanhã, dia em que o Filho do Homem será traído e entregue à crucificação".

³⁻⁵ Naquele mesmo instante, o partido dos sacerdotes e líderes religiosos estava reunido na sala do sacerdote principal, chamado Caifás, conspirando para prender Jesus com discrição e matá-lo. Eles decidiram não agir durante a semana da Páscoa. "Não queremos ser responsabilizados por um tumulto", disseram.

⁶⁻⁹ Jesus estava em Betânia, como convidado de Simão, o Leproso. Enquanto jantava, uma mulher apareceu com um frasco de perfume muito caro e o derramou sobre a cabeça de Jesus. Ao ver a cena, os discípulos ficaram indignados. "Que desperdício! Esse perfume poderia ser vendido por um bom preço, e o dinheiro, distribuído entre os pobres".

¹⁰⁻¹³ Jesus percebeu o que estava acontecendo e interferiu: "Por que vocês a incomodam? Ela acaba de fazer algo tão maravilhoso para mim. Os pobres estarão sempre aí, todos os dias, mas eu não. Quando ela derramou o perfume sobre meu corpo, estava

na verdade me ungindo para meu sepultamento. Tenham certeza de uma coisa: em qualquer lugar do mundo em que a Mensagem for pregada, o que ela fez aqui será lembrado e admirado".

¹⁴⁻¹⁶ Então, um dos Doze, chamado Judas Iscariotes, participou da conspiração dos sacerdotes. "Quanto vou ganhar para entregá-lo?", quis saber. Combinaram trinta moedas de prata, e ele ficou esperando o momento certo para fazê-lo.

O traidor

¹⁷ No primeiro dia da festa dos Pães sem Fermento, os discípulos vieram a Jesus e perguntaram: "Onde queres que preparemos a ceia da Páscoa?".

¹⁸⁻¹⁹ Ele disse: "Entrem na cidade. Vão a certo homem e digam: 'O Mestre diz: Minha hora está próxima. Eu e meus discípulos planejamos celebrar a ceia da Páscoa em sua casa' ". Os discípulos seguiram as instruções de Jesus ao pé da letra e prepararam a ceia da Páscoa.

²⁰⁻²¹ Depois do pôr do sol, ele e os Doze estavam à mesa. Durante a ceia, ele disse: "Tenho algo difícil, mas importante, para dizer. Um de vocês me trairá".

²² Chocados, eles começaram a dizer, um após o outro: "Eu não! Senhor".

SALMOS 24.1-10

Um salmo de Davi

24¹⁻² O Eterno reclama seus direitos sobre a terra e tudo que está nela,
sobre o mundo e todos os que vivem nele.
Ele a construiu sobre as fundações do oceano,
projetou-a sobre as vigas mestras dos rios.

³⁻⁴ Quem pode subir ao monte do Eterno?
Quem pode escalar o santíssimo paredão
da face norte?
Apenas os que têm as mãos limpas
e o coração puro;
Homens que não trapaceiam,
mulheres que não seduzem.

⁵⁻⁶ O Eterno está do lado deles;
com a ajuda dele, serão bem-sucedidos.
Isso é o que acontece, ó Jacó,
com os que buscam o Senhor, com os que o
procuram.

⁷ Acorde, cidade preguiçosa!
Acorde, povo dorminhoco!
O Rei da glória está prestes a entrar.

⁸E quem é o Rei da glória?
É o Eterno, armado
e pronto para a batalha.

⁹Acorde, cidade preguiçosa!
Acorde, povo dorminhoco!
O Rei da glória está prestes a entrar.

¹⁰E quem é o Rei da glória?
O Senhor dos Exércitos de Anjos:
ele é o Rei da glória.

NOTAS

☐ DIA **040**   __ / __ / __

ÊXODO 25.23 — 26.37

A mesa

²³⁻²⁸"**E**m seguida, faça uma mesa de madeira de acácia, medindo noventa centímetros de comprimento, quarenta e cinco de largura e setenta de altura. Ela deve ser revestida com ouro puro. Em torno dela, faça uma moldura de ouro, uma borda de quatro dedos de largura e um arremate de ouro em torno da borda. Faça quatro argolas de ouro e prenda-as às quatro pernas da mesa, em paralelo com a tampa. Elas servirão para sustentar os varões usados no transporte da mesa, que devem ser feitos de madeira de acácia e revestidos com ouro. Eles servirão para o transporte da mesa.

²⁹"Faça pratos, tigelas, potes e jarras para derramar as ofertas, tudo de ouro puro.

³⁰"Sobre a mesa, mantenha sempre diante de mim o pão da presença".

O candelabro

³¹⁻³⁶"**F**aça um candelabro de ouro puro e batido. A haste, os braços, as taças, os botões e as pétalas devem formar uma única peça. Ele terá seis braços, três de um lado e três do outro. O primeiro braço sustentará três taças em forma de flor de amêndoa, cada uma com botão e pétalas, o braço seguinte também sustentará três taças, e assim será para todos os seis braços. Sobre a haste principal do candelabro, faça quatro taças em forma de amêndoa, com botão e pétalas, de forma que debaixo de cada par dos seis braços saia um botão. O candelabro inteiro deverá compor uma única peça de ouro puro e batido.

³⁷⁻³⁸"Faça sete candelabros como esse para a mesa. Disponha as lâmpadas de modo que iluminem a parte da frente. Os apagadores de pavio e as bandejas devem ser de ouro puro.

³⁹⁻⁴⁰"Use uma barra de trinta e cinco quilos de ouro para fazer o candelabro e seus acessórios. Faça tudo de acordo com o modelo que foi entregue a você no monte".

A habitação

26¹⁻⁶"**F**aça a Habitação com dez peças de tapeçaria confeccionadas com linho fino trançado, de tecidos azuis, roxos e vermelhos enfeitados com querubins. Deve ser obra de um artesão experiente.

DIA 040

Cada peça de tapeçaria deve medir doze metros e sessenta centímetros de comprimento por um metro e oitenta centímetros de largura. Faça um conjunto de cinco peças e, depois, outro com mais cinco. Faça laçadas de tecido azul ao longo da borda da tapeçaria do lado externo do primeiro conjunto e, também com a tapeçaria, do lado externo do segundo conjunto. Faça cinquenta laçadas em cada peça. Em seguida, faça cinquenta colchetes de ouro e junte as peças de tapeçaria, de modo que a Habitação forme uma única estrutura.

7-11 "Depois disso, faça tapeçarias de pelo de cabra para a cobertura da Habitação. Serão onze peças. Cada peça medirá treze metros e meio de comprimento por um metro e oitenta de largura. Faça um conjunto com cinco peças e outro com as seis restantes. Dobre a sexta peça ao meio: ela ficará na parte da frente da tenda. Depois, faça cinquenta laçadas ao longo da borda da última peça e cinquenta ao longo da borda da peça de união. Faça cinquenta colchetes de bronze e prenda-os às laçadas, para ligar a tenda como um todo.

12-14 "Pendure na parte de trás da Habitação metade do que sobrar das peças de tapeçaria. Os quarenta e cinco centímetros que sobrarem de cada lado deverão cobrir as laterais da tenda. Por fim, faça uma cobertura para as peças de tapeçaria com couro de carneiro tingido de vermelho e, por cima, uma cobertura de couro de golfinho.

15-25 "Arme a Habitação com chapas de madeira de acácia. Cada segmento do esqueleto deve medir quatro metros e meio de comprimento por setenta centímetros de largura e ser preso por duas estacas. Faça todos os segmentos iguais: vinte deles para o lado sul, com quarenta encaixes de prata para as duas estacas de cada um dos vinte segmentos; a mesma coisa deverá ser feita para o lado norte da Habitação. Para a parte de trás da Habitação, voltada para o lado oeste, faça seis segmentos e mais dois para os cantos do fundo. Os dois segmentos do canto precisam ter o dobro da espessura de cima até embaixo e se encaixar numa única argola: oito segmentos com dezesseis encaixes de prata, dois para cada segmento.

26-30 "Em seguida, faça travessões com madeira de acácia: cinco para os segmentos de um lado da Habitação, cinco para os do outro lado e cinco para a parte de trás, voltada para o oeste. O travessão principal deve ir de uma ponta a outra no meio dos segmentos. Cubra os segmentos com ouro e faça argolas de ouro para sustentação dos travessões. Você também deve revestir os travessões com ouro. Depois, junte todas as partes da Habitação conforme o modelo que mostrei a você no monte.

31-35 "Faça uma cortina de fios de tecido azul, roxo e vermelho e de linho trançado. Um artesão experiente deve guarnecer a cortina com a figura de um querubim. A cortina deve ser presa com ganchos de ouro em quatro colunas de madeira de acácia recobertas de ouro sobre quatro bases de prata. Depois de pendurar a cortina pelos colchetes, leve para dentro, para trás da cortina, a arca da aliança. A cortina fará separação entre o Lugar Santo e o Lugar Santíssimo. Em seguida, leve a tampa da expiação para o Lugar Santíssimo. Ela deve ficar sobre a arca da aliança. Posicione a mesa e o candelabro do lado de fora da cortina: o candelabro deve ficar no lado sul da Habitação, e a mesa, voltada para ele, no lado norte.

36-37 "Confeccione uma tela para a porta da tenda com fios de tecido azul, roxo e vermelho e linho fino trançado. Para sustentação da tela, faça cinco colunas de madeira de acácia revestidas com ouro e ganchos, para que ela seja pendurada. Também devem ser fundidas cinco bases de bronze para as colunas".

MATEUS 26.23-46

23-24 Jesus respondeu: "Serei traído por alguém que come sempre comigo. O Filho do Homem sofrerá a dor da traição, já prevista nas Escrituras. Até aí, nenhuma surpresa! Mas ai do traidor do Filho do Homem. Melhor seria que ele nunca tivesse nascido!".

25 Então, Judas, o traidor, afirmou: "Eu é que não sou!".

Jesus disse: "Você sabe que é você, Judas".

O pão e o cálice

26-29 Durante a refeição, depois de tomar o pão e abençoá-lo, Jesus o partiu e deu-o aos discípulos, dizendo:

"Tomem, comam. Isto é meu corpo".

Tomando o cálice e dando graças a Deus, entregou-o a eles também e disse:

"Bebam todos vocês.
Isto é meu sangue,
A nova aliança de Deus,
    Derramado em favor de muitos,
    para o perdão de pecados.

"Não beberei vinho outra vez até o dia em que beberei com vocês no Reino do meu Pai".

30 Então, eles cantaram um hino e foram para o monte das Oliveiras.

No Getsêmani

31-32 Jesus alertou-os: "Antes que a noite termine, vocês irão se dispersar, por causa do que vai me acontecer. Isso é para cumprir um texto das Escrituras que diz:

Vou ferir o pastor,
e as ovelhas ficarão desorientadas.

"Mas, depois que eu ressuscitar, irei adiante de vocês para a Galileia".

33 Mas Pedro, todo afoito, afirmou: "Ainda que todo mundo fuja, eu nunca fugirei".

34 Jesus respondeu: "Não tenha tanta certeza. Ainda esta noite, antes que o galo cante, você me negará três vezes".

35 Pedro protestou, falando sem pensar: "Ainda que eu tenha de morrer contigo, jamais te negarei". Todos os outros disseram o mesmo.

36-38 Então, eles foram para um jardim chamado Getsêmani. Jesus disse aos discípulos: "Fiquem aqui enquanto vou orar mais adiante". Levando consigo Pedro e os dois filhos de Zebedeu, ele mergulhou numa tristeza agonizante e declarou: "A tristeza que sinto é uma tristeza de morte. Fiquem aqui e vigiem comigo".

39 Indo um pouco adiante, prostrou-se no chão, orando: "Meu Pai, se há algum meio, livra-me! Afasta este cálice de mim. Mas, por favor, não seja o que eu quero, mas sim o que tu queres".

40-41 Quando voltou aos discípulos, encontrou os três dormindo e disse a Pedro: "Vocês não podem aguentar nem por uma hora?". Fiquem atentos. Orem sempre para que não caiam em tentação antes mesmo de perceber o perigo. Uma parte de vocês está disposta a fazer qualquer coisa por Deus, mas a outra parte simplesmente não reage".

42 Deixou-os segunda vez e de novo orou: "Pai, se não há outro jeito a não ser beber este cálice até o fim, estou pronto. Seja feita a tua vontade".

43-44 Quando regressou, encontrou de novo os discípulos dormindo. Eles simplesmente não conseguiam manter os olhos abertos. Dessa vez, deixou-os dormindo e pela terceira vez foi orar, repetindo as mesmas palavras.

45-46 Ao voltar para junto deles outra vez, disse: "Vocês vão dormir a noite toda? Minha hora chegou. O Filho do Homem está prestes a ser traído e entregue nas mãos dos pecadores. Levantem-se, vamos! O traidor chegou".

SALMOS 25.1-11

Um salmo de Davi

25 **1-2** Minha cabeça está erguida, ó Eterno, bem erguida.
Pois olho para ti, ó Eterno,
Sem nenhuma vergonha.

3 Eu me arrisquei por ti:
Não me deixes em apuros agora.
Nem permitas que meus inimigos
me derrotem.
Não abandones à própria sorte
Os que se arriscaram por ti.
Os traidores é que devem ser
humilhados.

4 Mostra-me como ages, ó Eterno!
Ensina-me em teus caminhos.

5 Toma-me pela mão,
Guia-me pelo caminho da verdade.
Tu és meu Salvador!

6 Mostra onde estão os marcos da tua
misericórdia e do teu amor,
ó Eterno!
Restaura os antigos limites!

7 Esquece que já cometi os erros
da juventude.
Marca-me com teu sinal de amor.
Planeja apenas o melhor para mim,
ó Eterno!

8 O Eterno é imparcial e justo.
Ele corrige os mal orientados,
Envia-os na direção certa.

9 Ele estende a mão aos rejeitados,
E os conduz passo a passo.

10 De agora em diante, toda estrada
em que vocês andarem
Irá levá-los ao Eterno.
Sigam as placas da Aliança;
Leiam as instruções de seu mapa.

11 Zela pela tua reputação, ó Eterno!
Perdoa minha vida de maldade;
Foi mesmo uma vida de muita maldade.

DIA 041

NOTAS

‖‖‖

☐ **DIA 041** ___ / ___ / ___

ÊXODO 27.1 — 28.38

O altar

27 **1-8** "Faça um altar de madeira de acácia. Ele deverá ser quadrado, medindo dois metros e vinte e cinco centímetros de cada lado e um metro e trinta e cinco de altura. Faça pontas em cada um dos quatro cantos. Elas farão parte da mesma peça do altar e serão revestidas de bronze. Faça baldes para retirar as cinzas e pás, bacias, garfos e braseiros. Todos esses utensílios devem ser feitos de bronze. Faça uma grelha de bronze e prenda argolas de bronze em cada um dos quatro cantos. Coloque a grelha debaixo da beirada do altar, à meia altura dele. Ainda para o altar, faça varões de madeira de acácia revestidos de bronze. Introduza os varões pelas argolas nos dois lados do altar, para seu transporte. Use tábuas para fazer o altar e deixe oco o interior".

O pátio

9-11 "Faça um pátio para a Habitação. O lado sul deverá medir quarenta e cinco metros de comprimento. As cortinas do pátio devem ser confeccionadas de linho fino trançado, com vinte postes, vinte bases de bronze, ganchos e suportes de prata. O lado norte deverá ser exatamente como esse.

12-19 "Para o lado oeste do pátio, serão necessários vinte e dois metros e meio de cortinas, além de dez colunas e bases. Ao longo dos vinte e dois metros e meio na parte da frente, ou seja, no lado leste, serão necessários seis metros e setenta e cinco centímetros de cortinas com três colunas e bases num dos lados e o mesmo para o outro lado. Junto à porta do pátio, faça uma tela de nove metros de comprimento de tecido azul, roxo e vermelho e de linho fino trançado. Ela deve ser bordada por um artesão e pendurada nas quatro colunas com suas bases. Todas as colunas em volta do pátio devem ser unidas com prata, com ganchos de prata e bases de bronze. O pátio deve ter quarenta e cinco metros de comprimento e vinte e dois e meio de largura. As cortinas de linho fino trançado sobre suas bases de bronze devem medir dois metros e vinte e cinco centímetros de altura. Todas as ferramentas utilizadas para levantar a Habitação, até mesmo suas estacas e o pátio, devem ser feitas de bronze.

20-21 "Agora ordene aos israelitas que tragam óleo de oliva puro para que as lâmpadas fiquem sempre acesas. Na Tenda do Encontro, na área do lado externo da cortina que cobre as tábuas da aliança, Arão e seus filhos deverão manter a luz acesa diante do Eterno, desde a noite até pela manhã. Os israelitas e seus descendentes deverão manter essa prática para sempre".

As vestimentas

28 **1-5** "Entre os israelitas, seu irmão Arão e os filhos dele deverão me servir como sacerdotes: Arão e seus filhos Nadabe, Abiú, Eleazar e Itamar. Faça, para seu irmão Arão, vestimentas sagradas que simbolizem glória e beleza. Convoque os artesões mais experientes, aqueles a quem capacitei para esse trabalho, e tome providências para que eles façam as vestimentas de Arão. Ele será consagrado para atuar como sacerdote diante de mim. Estas são as peças do vestuário que eles devem confeccionar: peitoral, colete, manto, túnica bordada, turbante e cinto. Eles farão as vestimentas sagradas que Arão e seus filhos usarão quando estiverem ministrando como sacerdotes para mim. Precisarão de ouro, tecido azul, roxo e vermelho e linho fino".

O colete

6-14 "O colete deverá ser confeccionado por um artesão experiente, com os seguintes materiais: ouro, tecido azul, roxo e vermelho e linho fino trançado. Coloque duas ombreiras nas duas extremidades para que fique bem firme. A faixa enfeitada que vai sobre ele deve ser do mesmo material, e os dois devem formar uma só peça, feita de ouro, tecido azul, roxo e vermelho e linho fino trançado. Em seguida, pegue duas pedras de ônix e grave nelas os nomes dos filhos de Israel, por ordem de nascimento. Serão seis nomes numa pedra e seis na outra. Grave os nomes dos filhos de Israel sobre as duas pedras, assim como o lapidador grava um selo. Em seguida, monte as pedras sobre engastes de ouro. Prenda as duas pedras sobre as ombreiras do colete: são pedras memoriais para os israelitas. Arão levará sobre os ombros esses nomes como memorial diante do Eterno. Faça os engastes de ouro e duas carreiras de ouro puro, que deverão ser trançadas como numa corda e presas aos engastes".

O peitoral

15-20 "Em seguida, faça o peitoral do juízo, utilizando artesões experientes, a exemplo do que se fará com o colete. Use ouro, tecido azul, roxo e vermelho e linho fino trançado. Ele será quadrado, cada lado medindo um palmo, e dobrado em dois. Aplique sobre ele quatro carreiras de pedras preciosas:

Primeira carreira: cornalina, topázio e esmeralda.
Segunda carreira: rubi, safira e cristal.
Terceira carreira: jacinto, ágata e ametista.
Quarta carreira: berilo, ônix e jaspe.

20-21 "Elas serão montadas sobre engastes de ouro. As doze pedras correspondem aos nomes dos israelitas, com doze nomes gravados, um em cada pedra, como um selo para as doze tribos.

22-28 "Para o peitoral, faça também cordões de ouro puro entrelaçados como cordas e duas argolas de ouro a serem presas nas duas extremidades.

Prenda os dois cordões de ouro nas argolas das extremidades do peitoral. Em seguida, prenda as outras extremidades dos dois cordões nos dois engastes e junte-os às ombreiras do colete, na parte da frente. Faça mais duas argolas de ouro e prenda-as nas duas extremidades do peitoral pela borda do lado de dentro, junto ao colete. Faça, ainda, outras duas argolas de ouro e prenda-as na parte da frente do colete até a parte inferior das ombreiras, perto da costura que fica acima da faixa enfeitada. Prenda o peitoral, passando um cordão azul pelas suas argolas e pelas argolas do colete, de modo que ele fique firme sobre a faixa enfeitada do colete e não se solte.

29-30 "Toda vez que entrar no santuário na presença do Eterno, Arão levará os nomes dos filhos de Israel no peitoral do juízo, sobre o coração, como memorial. Coloque o Urim e o Tumim no peitoral do juízo. Eles devem estar sobre o coração de Arão quando ele entrar na presença do Eterno. Assim, Arão sempre levará consigo o peitoral do juízo ao entrar na presença do Eterno".

O manto

31-35 "Faça inteiramente azul o manto para o colete, com uma abertura central, para a cabeça, e barra na borda, para que não se rasgue. Por toda a borda da peça, faça romãs de tecido azul, roxo e vermelho, alternando-as com sinos de ouro — sino de ouro e romã, sino de ouro e romã — em toda a barra do manto. Arão deverá usá-lo quando estiver realizando seu trabalho de sacerdote. Os sinos serão ouvidos quando ele entrar no Lugar Santo, na presença do Eterno, e também quando sair, para que não morra".

O turbante, a túnica e os calções

36-38 "Faça uma placa de ouro puro e grave sobre ela, como num selo: 'Santo ao Eterno'. Amarre-a com um cordão azul na frente do turbante, sobre a testa de Arão. Ele carregará toda culpa que possa estar sobre alguma das ofertas sagradas que os israelitas dedicarem, não importa o que venham a trazer. Estará sempre sobre a testa de Arão, para que as ofertas sejam aceitáveis ao Eterno.

MATEUS 26.47-68

Um bando de maus elementos

47-48 Ele mal acabou de falar, e Judas, do grupo dos Doze, apareceu, acompanhado por um bando de maus elementos enviados pelos principais sacerdotes e

DIA 041

demais líderes. Eles traziam espadas e paus. O traidor havia combinado um sinal com eles: "Aquele a quem eu beijar é o procurado. Prendam-no!". Ele foi direto a Jesus e o beijou, dizendo: "Como vai, Rabi?".

50-51 Jesus disse: "Amigo, por que a encenação?".

Então, eles se aproximaram e o prenderam com muita brutalidade. Mas um dos que estavam com Jesus desembainhou a espada e atacou o servo do sacerdote principal, cortando-lhe a orelha.

52-54 Jesus, porém, reagiu: "Não! Ponha a espada de volta na bainha! Quem faz uso da espada por ela será morto. Não entendem que eu poderia agora mesmo clamar a meu Pai, e doze exércitos de anjos – até mais, se eu quisesse – viriam combater a meu favor? Mas, se eu fizesse isso, como se cumpririam as Escrituras? Elas dizem que tem de ser assim".

55-56 Jesus, então, se dirigiu a eles: "O que é isto? Vieram me buscar com espadas e paus, como se eu fosse um bandido perigoso? Estive ensinando no templo, dia após dia, e vocês nunca moveram um dedo contra mim. Vocês acabam de confirmar os escritos proféticos". Nessa hora, todos os discípulos já haviam fugido.

Falsas acusações

57-58 O grupo que prendeu Jesus levou-o perante Caifás, o sacerdote principal, ao local em que os líderes do povo e os líderes religiosos estavam reunidos. Pedro os seguira a uma distância segura. Quando chegaram ao pátio do sacerdote principal, ele se esgueirou e misturou-se com os servos, para ver o que ia acontecer.

59-60 Os principais sacerdotes, conspirando com o Concílio judaico, tentavam forjar acusações contra Jesus para condená-lo à morte. Mas, ainda que tentassem uma acusação falsa após a outra, nenhuma era convincente.

60-61 Finalmente, dois homens apareceram com este depoimento: "Ele disse: 'Posso derrubar o templo de Deus e reconstruí-lo em três dias'".

62 O sacerdote principal levantou-se e perguntou a Jesus: "O que você tem a dizer dessa acusação?".

63 Jesus manteve silêncio.

Então, o sacerdote principal declarou: "Ordeno, pela autoridade do Deus vivo, que me diga se você é o Messias, o Filho de Deus".

64 Jesus foi direto: "Você mesmo o disse. E isso não é tudo. Logo você verá por você mesmo:

O Filho do Homem assentado à direita do Poderoso,
Vindo nas nuvens do céu".

65-66 Nessa hora, o sacerdote principal perdeu a compostura. Rasgando a própria roupa, gritou: "Ele blasfemou! Vocês vão ficar parados diante desta blasfêmia?!".

Todos gritaram: "Morte! Ele merece sentença de morte".

67-68 Os homens começaram a cuspir e a bater nele. Enquanto o esbofeteavam, faziam piada: "Profetize, Messias! Diga quem foi que bateu agora!".

SALMOS 25.12-22

12 "Com que se parecem os adoradores de Deus?"
– pergunto.
"Com flechas apontadas para o centro do alvo de
Deus" é a tua resposta.

13 Eles habitam um lugar promissor;
Seus filhos herdarão uma fazenda próspera.

14 A amizade de Deus é para seus adoradores;
São esses em quem o Senhor confia.

15 Se eu mantiver os olhos no Eterno,
Não tropeçarei nos próprios pés.

16 Olha para mim e me ajuda!
Estou sozinho diante de um terrível problema.

17 Meu coração e minha mente
estão lutando um com o outro.
Declara trégua para esta guerra.

18 Olha para a minha vida de trabalho duro
E remove esta tonelada de pecados.

19 Estás vendo quantas pessoas
Guardam rancor de mim?
Vês quão ferozmente me odeiam?

20 Não tires os olhos de mim;
livra-me dos problemas.
Não me decepciones quando eu correr para ti.

21 Usa toda a tua habilidade
para me manter inteiro:
Espero ver teu produto acabado.

22 Ó Eterno, dá descanso ao teu povo –
uma folga, Senhor!
Livra-o dessa maré de desgostos!

NOTAS

||||||||||||||||||||||||||||||||||||||||||||||||||||||||

☐ DIA **042** ___/___/___

ÊXODO 28.39 — 30.5

39-41 "Confeccione a túnica com linho fino. Faça o turbante de linho fino. O cinto será feito por um bordador. Faça túnicas, cintos e barretes para os filhos de Arão como expressões de glória e beleza. Vista com eles Arão e seus filhos. Você irá ungir, ordenar e dedicar todos eles para me servirem como sacerdotes.

42-43 "Faça calções de linho, que deverão ir da cintura até a coxa, para cobrir a nudez dos sacerdotes. Arão e seus filhos devem vesti-los sempre que entrarem na Tenda do Encontro ou quando se aproximarem do altar para ministrar no Lugar Santo, a fim de que não incorram em culpa e morram. Essa regra vale para Arão e para todos os seus descendentes de linhagem sacerdotal".

A consagração dos sacerdotes

29 **1-4** "Esta será a cerimônia de dedicação dos sacerdotes. Escolha a um touro e dois carneiros saudáveis e sem defeito. Com a melhor farinha, mas sem fermento, faça pães e bolos misturados com azeite e bolos achatados e untados com azeite. Ponha tudo num cesto e leve junto o touro e os dois carneiros. Conduza Arão e seus filhos à entrada da Tenda do Encontro e lave-os com água.

5-9 "Em seguida, as vestimentas: vista Arão com a túnica, o manto do colete, o colete e o peitoral, dobrando o colete sobre ele com o cinto bordado. Ponha o turbante na cabeça dele e, sobre o turbante, a coroa sagrada. Depois, é hora de ungir: derrame o óleo sagrado sobre a cabeça de Arão. Logo após, traga os filhos de Arão, vista-os com as túnicas, envolva-os com os cintos, Arão e os filhos, e ponha os barretes sobre a cabeça de cada um. O sacerdócio deles é sustentado pela lei e é permanente.

9-14 "Vou dizer agora como você ordenará Arão e os filhos. Traga o touro para a Tenda do Encontro, e Arão e seus filhos porão as mãos sobre a cabeça do animal. Então, você imolará o touro na presença do Eterno, à entrada da Tenda do Encontro. Pegue um pouco do sangue do touro e, com o dedo, borrife as pontas do altar; derrame o resto do sangue sobre a base. Depois, pegue toda a gordura que recobre as vísceras e envolve o fígado e os rins e queime sobre o altar. Mas a carne, o couro e o excremento do animal deverão ser queimados por completo fora do acampamento. É uma oferta de perdão.

15-18 "Em seguida, traga um dos carneiros. Arão e os filhos deverão impor as mãos sobre a cabeça do animal, que será imolado. O sangue será jogado contra o altar, em volta dele. Corte o carneiro em pedaços, lave as vísceras e as pernas, junte os pedaços com a cabeça e queime o carneiro todo sobre o altar. É oferta queimada ao Eterno, um aroma agradável para ele.

19-21 "Então, traga o segundo carneiro. Arão e os filhos deverão impor as mãos sobre a cabeça do animal, que deverá ser imolado. Pegue um pouco do sangue e esfregue-o contra o lóbulo da orelha direita de Arão e também dos filhos, sobre o polegar da mão direita e sobre o dedão do pé direito de todos eles. O resto do sangue deverá ser aspergido por todos os lados do altar. Pegue um pouco do sangue que estiver sobre o altar, misture-o com um pouco de óleo sagrado e faça aspersão sobre Arão e suas roupas e sobre seus filhos e as roupas deles, para que Arão, filhos e roupas sejam santificados.

[22-23] "Retire a gordura do carneiro, a parte gorda da cauda, a gordura que recobre as vísceras, o lóbulo do fígado, os rins com a gordura que está sobre eles e a coxa direita: esse é o carneiro da ordenação. Do cesto que está na presença do Eterno, pegue um pão, um bolo com azeite e um bolo achatado.

[24-25] "Ponha todas essas coisas nas mãos de Arão e dos filhos, que as moverão diante do Eterno. É uma oferta movida. Depois de movidas, pegue-as de volta e queime-as também sobre o altar — um aroma agradável ao Eterno, um presente oferecido a ele.

[26] "Em seguida, tome o peito do carneiro, que pertence a Arão, e mova-o perante o Eterno, uma oferta movida. E essa será sua parte.

[27-28] "Abençoe o peito da oferta movida e a coxa que foi apresentada. Essas são as partes do carneiro da ordenação que pertencem a Arão e seus filhos. Eles sempre deverão receber essa oferta dos israelitas e deverão apresentá-la regularmente, após retirá-la das ofertas de paz.

[29-30] "Os trajes sagrados de Arão deverão ser repassados a seus descendentes, de modo que sejam ungidos e ordenados com eles. O filho que o suceder como sacerdote deverá usá-los durante sete dias e entrar na Tenda do Encontro para ministrar no Lugar Santo.

[31-34] "Pegue o carneiro da ordenação e cozinhe sua carne no Lugar Santo. À entrada da Tenda do Encontro, Arão e seus filhos comerão o carneiro cozido e o pão que está no cesto. Expiados por essas ofertas, ordenados e santificados por elas, eles são os únicos autorizados a comê-las. Ninguém de fora deve comê-las, pois elas são sagradas. Tudo que sobrar do carneiro da ordenação e o pão que ficar até a manhã seguinte deverão ser queimados. Não comam desses restos porque são sagrados.

[35-37] "Faça tudo que estiver relacionado com a ordenação de Arão e de seus filhos, exatamente como tenho ordenado, ao longo dos sete dias. Todos os dias, ofereça um touro como oferta de perdão. Ofereça-a sobre o altar quando fizer expiação por ele. Você deve ungir e santificar o altar, fazer expiação por ele e santificá-lo por sete dias. O altar ficará permeado de santidade, e qualquer pessoa que o tocar se tornará santa.

[38-41] "Sobre o altar, ofereça o seguinte: dois cordeiros de dois anos, todos os dias, um pela manhã e outro no fim da tarde. Com o sacrifício do primeiro cordeiro, ofereça um jarro cheio da melhor farinha mais um litro de azeite de oliva puro e um litro de vinho como oferta derramada. O sacrifício do segundo cordeiro, apresentado ao anoitecer, também deve ser acompanhado pelas mesmas ofertas de cereais e ofertas derramadas do sacrifício da manhã, um aroma agradável, um presente para o Eterno.

[42-46] "Essa deverá ser a oferta queimada oferecida regular e diariamente ao Eterno, geração após geração, feita à entrada da Tenda do Encontro. É ali que os encontrarei, que falarei com vocês, que me encontrarei com os israelitas, lugar santificado pela minha glória. Também santificarei a Tenda do Encontro e o altar. Santificarei Arão e seus filhos, para que me sirvam como sacerdotes. Eu me mudarei para lá e habitarei com os israelitas. Serei o Deus deles. E eles saberão que eu sou o Eterno, que os tirou da terra do Egito para que pudesse habitar com eles. Eu sou o Eterno, o *seu* Deus".

O altar do incenso

30 [1-5] "Faça um altar de madeira de acácia para queimar incenso. Ele será quadrado e medirá quarenta e cinco centímetros de cada lado por noventa de altura, e suas pontas formarão uma só peça com ele. Você deve revesti-lo de ouro puro, seu tampo, os lados e as pontas e fazer uma moldura de ouro em volta dele. Debaixo dessa moldura devem sair duas argolas de ouro. Coloque as argolas opostas uma a outra, a fim de servirem de encaixe para os varões quando o altar for transportado. Faça os varões de madeira de acácia e revista-os com ouro.

MATEUS 26.69 — 27.14

Pedro nega Jesus

[69] **D**urante todo esse tempo, Pedro estava assentado lá fora, no pátio. Uma empregada encarou-o e disse: "Você estava com Jesus, o Galileu!".

[70] Na frente de todos, ele o negou: "Nem sei do que você está falando!".

[71] Enquanto ele caminhava na direção do portão, alguém disse às pessoas que ali estavam: "Este homem estava com Jesus, o Nazareno!".

[72] Mais uma vez, ele o negou, reafirmando a negativa com um juramento: "Juro que nunca vi esse homem!".

[73] Pouco depois, alguns dos que estavam ali aproximaram-se de Pedro e disseram: "Você é um deles. Seu sotaque o denuncia".

[74-75] Então, Pedro ficou muito nervoso e começou a esbravejar, jurando: "Nunca vi esse homem!".

Nesse instante, um galo cantou. Pedro lembrou-se do que Jesus dissera: "Antes que o galo cante, você vai me negar três vezes". Então, ele saiu dali e chorou muito.

Trinta moedas de prata

27 [1-2] À primeira luz do dia, os principais sacerdotes e líderes religiosos reuniram-se para finalizar o plano de matar Jesus. Eles o amarraram e foram levá-lo a Pilatos, o governador.

[3-4] Então, Judas, que o traiu, viu que Jesus fora condenado. Cheio de remorso, devolveu as trinta moedas de prata aos sacerdotes e declarou: "Pequei! Traí um homem inocente".

Eles disseram: "E nós com isso? Problema *seu*!".

[5] Judas jogou as moedas no templo e saiu. Pouco depois, enforcou-se.

[6-10] Os sacerdotes pegaram de volta as moedas, mas não sabiam o que fazer com elas. "Não é certo dar o pagamento por um assassinato como oferta no templo", concluíram. O dinheiro, então, foi usado na compra do campo do Oleiro, que seria usado como cemitério de indigentes. É por isso que aquele campo ficou conhecido como planície do Assassino, nome que permanece até hoje. Cumpriram-se aqui as palavras de Jeremias:

Eles tomaram trinta moedas de prata,
O preço daquele que foi avaliado,
    por alguns dos filhos de Israel,
E adquiriram o campo do oleiro.

Inconscientemente, eles seguiram as instruções divinas ao pé da letra.

Perante Pilatos

[11] Jesus foi posto diante do governador, que perguntou: "Você é o 'Rei dos judeus'?".

Jesus disse: "Se você diz".

[12-14] Mas, quando as acusações choveram da parte dos principais sacerdotes e líderes religiosos, ele não disse nada. Pilatos perguntou: "Você não escuta a longa lista de acusações? Você não vai dizer nada?". Jesus continuou em silêncio. Nenhuma palavra saiu de sua boca. O governador estava impressionado.

SALMOS 26.1-5

Um salmo de Davi

26 [1] Limpa meu nome, ó Eterno,
pois minha vida é honesta.
Eu me arrisquei por ti, ó Eterno,
    sem arredar pé um centímetro.

[2] Examina-me, ó Eterno, da cabeça aos pés,
    pede uma bateria de testes.
Certifica-te de que eu estou saudável
    por dentro e por fora.

[3] Para que eu nunca perca
    de vista o teu amor,
E mantenha sintonia contigo,
    sem jamais perder o contato.

[4-5] Não me misturo com a malandragem,
    nem faço amizade com assassinos.
Odeio as famílias de gângsteres
    e não negocio com trapaceiros.

◢ NOTAS

DIA 043

130

ofertas ao Eterno, deverão se lavar, para que não morram. Deverão lavar as mãos e os pés para que não morram. Essa é uma ordem perpétua para Arão e seus filhos e todos os seus descendentes".

O óleo sagrado da unção

²²⁻²⁵ O Eterno disse a Moisés: "Junte as melhores especiarias: seis quilos de mirra líquida, mais a metade disso, ou seja, três quilos de canela aromática, três quilos de cana aromática e seis quilos de cássia – utilizando o padrão de peso do santuário para todas – e um galão de azeite de oliva. Faça, com esses ingredientes, o óleo sagrado da unção, uma mistura de perfumista experiente.

²⁶⁻²⁹ "Use-o para ungir a Tenda do Encontro, a arca da aliança, a mesa e seus utensílios, o candelabro e seus utensílios, o altar do incenso, o altar das ofertas queimadas e seus utensílios e a bacia com sua base. Você deverá dedicar esses objetos, para que fiquem permeados de santidade, e qualquer pessoa que tocar neles se tornará santa.

³⁰⁻³³ "Em seguida, você deverá ungir Arão e seus filhos. Consagre-os como sacerdotes a mim. Diga aos israelitas: 'Este será o meu óleo sagrado da unção para todas as suas gerações'. Não deve ser usado pelo cidadão comum nem reproduzido para uso próprio. É óleo santo: que continue santo. Quem preparar algum composto semelhante ou usá-lo em pessoas comuns será exilado do meio do povo".

O incenso sagrado

³⁴⁻³⁸ O Eterno disse a Moisés: "Misture especiarias aromáticas – resina de goma, ônica, gálbano – e acrescente incenso puro. Esses ingredientes devem ser misturados em partes iguais para fazer o incenso aromático, trabalho de perfumista. Deve levar sal, para que seja puro – santo. Em seguida, amasse um pouco do incenso, até virar pó, e espalhe-o diante das tábuas da aliança, na Tenda do Encontro, onde me encontrarei com você. Esse lugar será santíssimo para você. Depois que preparar o incenso, não reproduza a mistura para uso próprio. É santo ao Eterno e deve continuar santo. Quem fizer um incenso igual para uso próprio será expulso do meio do povo".

Bezalel e Aoliabe

31 ¹⁻⁵ O Eterno disse a Moisés: "Fiz o seguinte: escolhi eu mesmo Bezalel, filho de Uri, filho de Hur, da tribo de Judá, e o enchi com o Espírito de Deus. Dei a ele capacidade, habilidade e conhecimento artístico para criar peças em ouro, prata e bronze, para cortar

---

DIA 043 ___ / ___ / ___

ÊXODO 30.6 — 32.6

⁶⁻¹⁰ "Posicione o altar diante da cortina que separa a arca da aliança, diante da tampa da expiação que está sobre as tábuas da aliança. Ali me encontrarei com você. Arão queimará incenso aromático sobre o altar todas as manhãs, quando vier limpar as lâmpadas e, depois, à noite, quando vier acendê-las, para que sempre haja incenso queimando diante do Eterno, de geração em geração. Mas não queime sobre esse altar nenhum incenso profano ou alguma oferta queimada ou de cereais. Também não derrame sobre ele nenhuma oferta derramada. Uma vez por ano, Arão deverá purificar as pontas do altar. Usando o sangue da oferta de perdão, ele deve fazer essa expiação todos os anos por todas as gerações. É coisa santíssima ao Eterno".

O imposto de expiação

¹¹⁻¹⁶ O Eterno disse a Moisés: "Quando você fizer a contagem dos israelitas, todos deverão pagar ao Eterno um imposto pela expiação da vida, quando forem recenseados, para que nenhum mal aconteça a eles por causa do recenseamento. Todos os que forem contados devem pagar seis gramas de prata (de acordo com o padrão do santuário). Essa prata deve ser oferecida ao Eterno. Todos os que forem contados da idade de 20 anos para cima devem apresentar essa oferta ao Eterno. O rico não deverá pagar mais nem o pobre deverá pagar menos que os seis gramas oferecidos ao Eterno, o imposto de expiação pela vida. Recolha dos israelitas o dinheiro do imposto de expiação. Ele deverá ser aplicado na manutenção da Tenda do Encontro. Será um fundo memorial para os israelitas em honra ao Eterno e fará expiação pela vida de vocês".

A bacia

¹⁷⁻²¹ O Eterno disse a Moisés: "Faça uma bacia de bronze. Ela deverá ter uma base de bronze. Posicione-a entre a Tenda do Encontro e o altar e ponha água nela. Arão e seus filhos lavarão as mãos e os pés nessa bacia. Antes de entrarem na Tenda do Encontro ou de se aproximarem do altar para servir ou para fazer

e montar pedras preciosas e para entalhar madeira. Fiz dele um especialista de mão-cheia.

6-11 "Também capacitei Aoliabe, filho de Aisamaque, da tribo de Dã, para trabalhar com ele. Dei capacidade a todos os que têm aptidão para o trabalho artístico, para fazerem todas as coisas que tenho ordenado: a Tenda do Encontro, a arca da aliança com a tampa da expiação, todos os acessórios da tenda, a mesa e seus acessórios, o candelabro puro e seus acessórios, o altar do incenso, o altar das ofertas queimadas e seus acessórios, a bacia e sua base, as vestimentas adequadas, as vestimentas sagradas para Arão, o sacerdote, e seus filhos com deveres sacerdotais, o óleo da unção, o incenso aromático para o Lugar Santo – eles farão todas essas coisas conforme tenho ordenado a você".

O sábado

12-17 O Eterno disse a Moisés: "Diga aos israelitas: 'Acima de todas as coisas, guardem meus sábados, sinal que estabeleço entre mim e vocês, para todas as gerações, a fim de manter viva em vocês a ideia de que sou o Eterno, que os santifica. Guardem o sábado: ele é sagrado para vocês. Quem o profanar será condenado à morte. Quem trabalhar nesse dia será expulso do meio do povo. Existem seis dias em que se deve trabalhar, mas o sétimo dia é o sábado, exclusivo para descanso, dedicado ao Eterno. Quem trabalhar no sábado será condenado à morte. Os israelitas guardarão o sábado e deverão fazê-lo por todas as suas gerações, como uma aliança perpétua. Trata-se de um sinal contínuo entre mim e os israelitas. Pois o Eterno fez o céu e a terra em seis dias, mas parou no sétimo, respirou fundo e descansou' ".

18 Ao terminar de falar com Moisés no monte Sinai, o Eterno entregou a ele as duas tábuas da aliança, feitas de pedra e escritas com o dedo de Deus.

"Faça deuses para nós"

32 **1** Com a demora de Moisés em descer do monte, o povo começou a ficar inquieto. Eles se reuniram em torno de Arão e disseram: "Tome uma atitude! Faça deuses para nós, que possam nos conduzir. Esse Moisés, que nos tirou do Egito – quem sabe o que aconteceu com ele?".

2-4 E Arão respondeu: "Retirem as argolas de ouro das orelhas de suas esposas, filhos e filhas e tragam tudo para mim". Eles obedeceram, e as argolas de ouro passaram das orelhas do povo para as mãos de Arão. Ele derreteu todo aquele ouro e modelou, com uma ferramenta de escultor, a forma de um bezerro.

A reação do povo foi de entusiasmo: "São esses os seus deuses, ó Israel, que tiraram vocês do Egito!".

5 Arão, percebendo o que eles queriam, construiu um altar diante do bezerro e anunciou: "Amanhã será dia de festa ao Eterno!".

6 No dia seguinte, bem cedo, o povo se levantou, ofereceu ofertas queimadas e trouxe ofertas de paz. E todos se sentaram para comer e beber, dando início à festa. E foi uma festa desenfreada!

MATEUS 27.15-44

15-18 Segundo um velho costume, durante a Páscoa o governador libertava um único prisioneiro, escolhido pelo povo. Na ocasião, o infame Barrabás estava na prisão. Dirigindo-se ao povo, Pilatos perguntou: "Qual prisioneiro vocês querem que eu perdoe: Barrabás ou Jesus, chamado Cristo?". Ele sabia que as acusações contra Jesus eram pura inveja.

19 Enquanto o tribunal ainda estava em sessão, a esposa de Pilatos enviou-lhe uma mensagem: "Não se envolva no julgamento desse nobre homem. Tive uma noite longa e difícil por causa de um sonho com ele".

20 Enquanto isso, os sacerdotes e líderes religiosos tentavam convencer a multidão a pedir o perdão de Barrabás e a execução de Jesus.

21 O governador perguntou: "Qual dos dois vocês querem que eu liberte?".

Eles disseram: "Barrabás".

22 "Então, o que farei com Jesus, chamado Cristo?", insistiu. Todos gritaram: "Crucifique-o!".

23 Ele fez objeção: "Mas por qual crime?".

Mas eles gritaram ainda mais alto: "Crucifique-o".

24 Quando Pilatos viu que não estava indo a lugar algum e que o tumulto era iminente, pegou uma bacia com água e lavou as mãos perante a multidão, declarando: "Lavo minhas mãos da responsabilidade pela morte desse homem. De agora em diante, a responsabilidade é de vocês. Vocês são o juiz e o júri".

25 A multidão respondeu: "Assumimos a responsabilidade, nós e nossos filhos".

26 Então, Pilatos libertou Barrabás e ordenou que Jesus fosse chicoteado; depois o entregou para a crucificação.

A crucificação

27-31 Os soldados designados pelo governador levaram Jesus ao pátio e reuniram toda a tropa para se divertirem à custa dele. Eles tiraram a roupa de Jesus e vestiram-no com um manto vermelho. Fizeram uma coroa de espinhos e a puseram na cabeça dele.

DIA 044

Puseram-lhe um bastão na mão direita, como se fosse um cetro. Depois se ajoelharam diante dele, com zombaria: "Viva o Rei dos judeus! Viva!", gritavam. Então, cuspiam nele e batiam-lhe na cabeça com o bastão. Quando cansaram das chacotas, tiraram-lhe o manto e o vestiram de novo com suas roupas. Em seguida, levaram-no para crucificá-lo.

32-34 No caminho, vinha um homem de Cirene, chamado Simão. Eles o obrigaram a carregar a cruz. Chegando a um lugar chamado Gólgota, que significa "colina da Caveira", ofereceram a Jesus vinho misturado com fel, para aliviar a dor, mas, quando ele o provou, recusou-se a beber.

35-40 Assim que o pregaram na cruz, ficaram esperando sua morte. Passavam o tempo jogando dados e apostando as roupas do condenado. Acima da cabeça dele, escreveram os termos da acusação: Este é Jesus, o Rei dos judeus. Com ele, crucificaram também dois criminosos, um à direita e outro à esquerda. Os que passavam caçoavam, sacudindo a cabeça e ironizando: "Você alegou que poderia destruir o templo e reconstruí-lo em três dias — mostre agora seu poder. Salve-se! Se você é mesmo o Filho de Deus, desça da cruz!".

41-44 Os principais sacerdotes, os mestres da lei e outros líderes religiosos estavam ali, misturados ao povo, divertindo-se e zombando de Jesus: "Ele salvou os outros, mas não pode se salvar! Você é o Rei de Israel? Então, desça da cruz, e *todos* nós acreditaremos em você. Ele estava tão confiante em Deus! Bem, que Deus resgate seu 'Filho' agora! Ele não alegava ser Filho de Deus?". Até os dois criminosos crucificados com ele participaram da zombaria.

SALMOS 26.6-12

6-7 Lavo as mãos com o sabão mais puro
e do teu altar me aproximo,
ó Eterno!
Canto as tuas canções com
todas as minhas forças,
As que contam histórias a teu respeito.

8-10 Ó Eterno, é um prazer viver contigo!
Tua casa brilha com tua glória.
Quando chegar a hora,
não quero ser varrido para fora
com os impostores e desonestos,
Homens com malas recheadas de trapaças,
mulheres com bolsas cheias de
dinheiro desonesto.

11-12 Tu sabes que fui sincero contigo;
sejas também comigo.
Tu sabes que sou honesto, ó Eterno!
Eu falo bem de ti
em cada oportunidade que tenho.

◢ NOTAS

DIA 044 ___/___/___

ÊXODO 32.7 — 34.7

7-8 O Eterno disse a Moisés: "Desça! O povo que você tirou da terra do Egito está se corrompendo. Desviou-se muito depressa do caminho que tracei para eles, porque fizeram um bezerro de fundição e o estão adorando. Sacrificaram a ele e disseram:

'Esses são, ó Israel, os deuses que tiraram vocês da terra do Egito' ".

9-10 O Eterno disse ainda a Moisés: "Olho para essa multidão e vejo um povo teimoso e obstinado! Afaste-se um pouco, para que eu possa dar vazão à minha ira e incinerá-los ali mesmo! Mas farei de você uma grande nação".

11-13 Moisés tentou acalmar o Eterno, dizendo: "Por que, ó Eterno, perderias a calma com teu povo? Tu os tiraste do Egito numa grande demonstração de poder. Por que os egípcios haveriam de dizer agora: 'Isso foi premeditado por ele — libertou-os só para que pudesse matá-los nas montanhas e eliminá-los da face da terra'? Por favor, contenha tua ira! Pense duas vezes antes de trazer o mal sobre teu povo! Lembra-te de Abraão, Isaque e Israel, teus servos, a quem deste tua palavra, dizendo: 'Darei muitos filhos a vocês, tantos quantos as estrelas no céu, e darei para sempre esta terra a seus filhos' ".

14 E o Eterno concordou em pensar mais um pouco. E decidiu não trazer sobre seu povo o mal com que o havia ameaçado.

15-16 Moisés desceu o monte, carregando as duas tábuas da aliança. Elas estavam escritas na frente e no verso. Deus as havia preparado e esculpido nelas as palavras.

17 Ao ouvir o barulho e a gritaria do povo, Josué disse a Moisés: "É barulho de guerra no acampamento!".

18 Mas Moisés retrucou:
"Essa música não é de vitória,
E também não é música de derrota;
Estou ouvindo música de um povo em festa".

19-20 E era isso mesmo. Quando Moisés chegou perto do acampamento e viu o bezerro e o povo dançando, ficou furioso. Jogou as tábuas ao chão, despedaçando-as ao pé do monte. Então, pegou o bezerro que haviam feito, derreteu-o no fogo, reduziu-o a pó, espalhou-o sobre a água e obrigou os israelitas a beber.

21 Em seguida, Moisés perguntou a Arão: "O que esse povo fez para que você o envolvesse num pecado tão grande assim?".

22-23 Arão respondeu: "Senhor, não fique zangado. Você conhece esse povo e sabe como está voltado para o mal. Eles me disseram: 'Faça-nos deuses, que possam nos conduzir. Esse Moisés, que nos tirou do Egito — ninguém sabe o que aconteceu com ele'.

24 "Então, eu disse: 'Quem tem ouro?'. Eles juntaram suas joias e trouxeram tudo para mim. Joguei o ouro no fogo, e saiu aquele bezerro".

25-26 Moisés viu que o povo estava fora de controle — Arão os havia deixado naquela situação — e agora seria motivo de chacota para os inimigos. Por isso, tomou uma decisão. Posicionou-se à entrada do acampamento e disse: "Quem estiver do lado do Eterno, junte-se a mim!". Todos os levitas se apresentaram.

27 Ele os orientou: "Estas são as ordens do Eterno, o Deus de Israel: 'Peguem suas espadas e percorram o acampamento. Matem seus irmãos, amigos e vizinhos' ".

28 Os levitas cumpriram a ordem de Moisés. Naquele dia, foram mortas três mil pessoas.

29 Moisés falou: "Hoje vocês confirmaram sua ordenação. E o preço foi alto — tiveram de matar seus filhos e irmãos! Mas Deus os abençoou".

30 No dia seguinte, Moisés dirigiu-se ao povo, dizendo: "Vocês cometeram um pecado gigantesco! Mas vou consultar o Eterno. Talvez eu consiga livrá-los desse pecado".

31-32 Moisés retornou ao Eterno com sua petição: "Tudo isso é terrível. Esse povo pecou — e o pecado foi gigantesco! Fizeram deuses de ouro para adorar. Se puderes perdoar o pecado deles, serei muito grato. Mas, se não for possível, risca o meu nome do livro que escreveste".

33-34 O Eterno disse a Moisés: "Riscarei do meu livro apenas os que pecarem contra mim. Vá agora mesmo e conduza o povo ao lugar que indiquei. Saiba que meu Anjo vai à sua frente. Mas, no dia em que eu fizer o acerto de contas, os pecados que eles cometeram não ficarão de fora".

35 E o Eterno enviou uma praga sobre o povo por causa do bezerro que eles e Arão haviam feito.

33

1-3 O Eterno disse a Moisés: "Agora, vá! É hora de partir. Você e o povo que você tirou da terra do Egito dirijam-se à terra que prometi a Abraão, Isaque e Jacó, dizendo: 'Eu a darei a seus descendentes'. Enviarei um anjo à sua frente e expulsarei os cananeus, os amorreus, os hititas, os ferezeus, os heveus e os jebuseus. É uma terra em que manam leite e mel. Mas não estarei com vocês pessoalmente, porque vocês são um povo obstinado, e posso me sentir tentado a destruí-los no caminho".

4 Quando o povo ficou sabendo desse duro veredito, todos ficaram tristes e abatidos. Não quiseram mais nem usar suas joias.

5-6 E o Eterno disse a Moisés: "Diga aos israelitas o seguinte: 'Vocês são um povo teimoso. Eu não poderia acompanhar vocês nem por um minuto, pois sei que os destruiria. Portanto, tirem todas

DIA 044

as joias enquanto resolvo o que faço com vocês' ". Assim, do monte Horebe em diante, os israelitas deixaram de usar joias.

7-10 Moisés costumava armar a Tenda fora do acampamento, a certa distância dele. Ele a chamava Tenda do Encontro. Quem quisesse consultar o Eterno se dirigia à Tenda do Encontro, fora do acampamento. Era assim: quando Moisés ia para a Tenda, todo o povo ficava observando. Os homens ficavam à entrada da sua tenda, olhando para Moisés, até que ele entrasse na Tenda do Encontro. Assim que ele entrava, a coluna de nuvem descia sobre a entrada da Tenda, e o Eterno falava com Moisés. Todo o povo via a coluna de nuvem na entrada da Tenda, observava com atenção e se curvava para adorar. Cada homem que estivesse à entrada da sua tenda fazia isso. **11**E o Eterno falava com Moisés face a face, como um vizinho fala com o outro por cima da cerca. Moisés voltava para o acampamento, mas o jovem Josué, seu auxiliar, não deixava a Tenda.

12-13 Moisés disse ao Eterno: "Tu me dizes: 'Conduza este povo', mas não me deixas saber quem enviarás comigo. Tu me dizes: 'Conheço você muito bem, e você é especial para mim'. Se sou assim tão especial para ti, permite que eu tome conhecimento dos teus planos. Assim, continuarei sendo especial para ti. Não te esqueças de que este é o *teu* povo, tua responsabilidade". **14**O Eterno respondeu: "Minha presença irá com você. Eu me encarregarei da viagem até o fim". **15-16**Moisés não concordou: "Se tua presença não assumir a liderança aqui, cancela agora mesmo a viagem. De que outra forma se poderia saber que estás comigo nisso, comigo e com teu povo? Quero saber: viajarás conosco ou não? De que outra forma saberemos que somos especiais, eu e teu povo, entre todos os outros povos da terra?". **17**O Eterno respondeu a Moisés: "Está bem. Será como você disse. Eu também farei isso, pois conheço você muito bem, e você é especial para mim. Eu conheço você pelo nome". **18**Moisés, então, disse: "Por favor, permita que eu veja a tua glória". **19**O Eterno respondeu: "Farei passar minha bondade diante de você. Pronunciarei o nome, o Eterno, bem na sua frente. Tratarei bem os que eu quiser tratar bem e serei bom com quem eu quiser ser bom". **20**O Eterno continuou: "Mas você não poderá ver meu rosto. Ninguém pode me ver e continuar vivo".

21-23O Eterno disse: "Há um lugar aqui do meu lado. Fique em cima desta rocha. Quando a minha glória passar, porei você na fenda da rocha e o cobrirei com a mão até que eu termine de passar. Então, tirarei a mão, e você me verá pelas costas. Mas não verá o meu rosto".

34 **1-3**O Eterno ordenou a Moisés: "Corte duas tábuas de pedra como as primeiras e grave sobre elas as palavras que estavam nas primeiras pedras que você despedaçou. Esteja pronto pela manhã para subir ao monte Sinai e para se encontrar comigo no topo do monte. Ninguém deverá acompanhar você. Todo o monte deverá estar livre de pessoas e até de animais — nem mesmo ovelhas ou bois poderão pastar em frente ao monte".

4-7 Moisés cortou duas tábuas de pedra, exatamente como as primeiras. Levantou-se bem cedo e subiu ao monte Sinai, como o Eterno havia ordenado, levando consigo as duas tábuas de pedra. O Eterno desceu na nuvem, posicionou-se ao lado dele e pronunciou o nome, o Eterno. Então, passou à frente de Moisés e proclamou: "Eterno, Eterno, Deus de misericórdia e graça, de paciência que não tem fim, de tanto amor e de fidelidade tão profunda, leal em amor por mil gerações, que perdoa a iniquidade, a rebelião e o pecado. Mas ele não ignora o pecado. E responsabiliza filhos e netos pelos pecados dos pais até a terceira e quarta gerações".

MATEUS 27.45-66

45-46 Então, do meio-dia às três da tarde, toda a terra ficou na escuridão. Cerca de três horas da tarde, Jesus gritou bem alto: *Eli, Eli, lamá sabactâni*, que quer dizer: "Meu Deus, meu Deus, por que me abandonaste?". **47-49**Alguns dos que viram aquilo o ouviram e disseram: "Ele está chamando Elias". Um deles correu, pegou uma esponja mergulhada em vinagre e ergueu-a numa haste e deu de beber a Jesus. Os outros brincaram: "Vamos ver se Elias vem salvá-lo". **50**E, depois de outro grito de dor, Jesus deu seu último suspiro. **51-53**Naquele instante, a cortina do templo rasgou-se ao meio, de alto a baixo. Houve um terremoto, e pedras se despedaçaram. Além disso, túmulos se abriram, e muitos que haviam sido fiéis a Deus foram ressuscitados. (Depois da ressurreição de Jesus, eles deixaram os túmulos, entraram na Cidade Santa e apareceram a muitos.)

54 Quando viram o terremoto e os outros fenômenos, o capitão da guarda e os que estavam com ele ficaram morrendo de medo. Eles disseram: "É o Filho de Deus, só pode ser!".

55-56 Havia ali também algumas mulheres, que observavam a certa distância. Elas haviam seguido Jesus desde a Galileia para servi-lo. Entre elas, estavam Maria Madalena, Maria, mãe de Tiago e José, e a mãe dos irmãos Zebedeu.

O túmulo

57-61 Mais tarde, chegou um homem rico de Arimateia, discípulo de Jesus. Seu nome era José. Ele pediu o corpo de Jesus a Pilatos, e o governador atendeu ao seu pedido. José tomou o corpo, envolveu-o em linho limpo, depositou-o no próprio túmulo, um túmulo novo, havia pouco escavado na rocha, e pôs uma grande pedra à entrada. Então, foi para casa. Maria Madalena e a outra Maria, porém, sentaram-se num lugar de onde podiam ver o túmulo.

62-64 Depois do pôr do sol, os principais sacerdotes e os fariseus pediram uma audiência com Pilatos. Eles disseram: "Senhor, nós nos lembramos do que aquele mentiroso anunciou quando estava vivo: 'Após três dias, eu ressuscitarei'. Precisamos manter o túmulo selado até o terceiro dia. Há uma boa chance de que os discípulos dele roubem o corpo e saiam por aí dizendo que ele ressuscitou. Então, estaremos em péssima situação: o último engano será pior que o primeiro".

65-66 Pilatos concordou: "Vocês terão uma guarda. Vigiem o túmulo da melhor maneira que puderem". Em seguida, eles saíram, puseram guardas no túmulo e selaram a pedra.

SALMOS 27.1-6

Um salmo de Davi

27 **1** Luz, espaço, vida – isso é o Eterno.
Com ele ao meu lado, sou destemido:
não tenho medo de nada nem de ninguém.

2 As gangues me perseguem
prontas para me comer vivo,
Mas aqueles brigões tolos
vão parar no chão.

3 Quando cercado,
fico calmo feito um bebê.
Mesmo quando todo mal vier sobre mim,
mantenho-me tranquilo.

4 Peço ao Eterno uma coisa,
apenas uma coisa:
Que eu possa viver com ele em sua casa
durante toda a minha vida.
Ali, contemplarei sua beleza
e estudarei aos seus pés.

5 Esse é o único lugar calmo e seguro
neste mundo turbulento,
A fuga perfeita,
para bem longe da agitação.

6 O Eterno me põe muito acima
de todos os que tentam me derrubar.
Na sua casa, me apresento com hinos
que fazem tremer o chão!
Canto canções que falam de Deus;
Componho músicas para o Eterno.

NOTAS

DIA 045

ÊXODO 34.8 — 35.29

8-9 Na mesma hora, Moisés curvou-se ao chão e o adorou, dizendo: "Por favor, Senhor, se enxergas algo bom em mim, acompanha-nos na viagem, por mais teimoso que esse povo seja. Perdoa a nossa iniquidade e o nosso pecado. Toma-nos como tua propriedade".

10-12 O Eterno respondeu: "Agora mesmo estou fazendo uma aliança com você: diante dos olhos do seu povo, realizarei maravilhas que nunca foram feitas na terra, em nação alguma. Assim, todos os povos que conviverem com vocês verão como é impressionante a obra do Eterno, a obra que farei por vocês. Preste muita atenção em tudo que estou ordenando hoje. Estou desobstruindo seu caminho, expulsando os amorreus, os cananeus, os hititas, os ferezeus, os heveus e os jebuseus. Fique atento, para não cair na armadilha de fazer aliança com o povo que vive na terra em que você está entrando.

13-16 "Derrube os altares deles, esmague seus símbolos fálicos de pedra, ponha abaixo os postes dos deuses da fertilidade. Não preste culto a nenhum outro deus. O Eterno é um Deus zeloso — seu nome é Zeloso. Repito: não faça aliança com o povo que vive na terra nem se associe com aquela vida de sexo e religião. Nada de participar das festanças religiosas deles ou de casar seus filhos com as mulheres deles, mulheres que se associam com qualquer deus ou deusa que julguem conveniente e que levarão seus filhos a fazer o mesmo.

17 "Não faça deuses de fundição para você.

18 "Guarde a festa dos Pães sem Fermento. No mês de abibe, coma apenas pão sem fermento durante sete dias — foi no mês de abibe que você saiu do Egito.

19 "Todo primogênito me pertence, todos os machos dos seus rebanhos, as primeiras crias entre bois e ovelhas.

20 "Resgate, com um cordeiro, o primeiro filhote macho da jumenta. Se não o resgatar, quebre o pescoço dele.

"Resgate todo primogênito entre vocês.

"Ninguém deve comparecer de mãos vazias na minha presença.

21 "Trabalhe seis dias e descanse no sétimo. Interrompa o trabalho nesse dia, mesmo quando estiver arando ou colhendo.

22 "Guarde a festa das Semanas na primeira colheita do trigo e a festa das Safras na virada do ano.

23-24 "Todos os homens devem comparecer três vezes por ano diante do Senhor, o Eterno de Israel. Não fique preocupado com a terra quando você for comparecer diante do Eterno três vezes por ano. Eu mesmo expulsarei as nações dali e darei fartura de terra. Ninguém ficará à espreita, arquitetando planos para tirá-la de vocês.

25 "Não misture o sangue dos meus sacrifícios com alguma coisa fermentada.

"Não deixe até a manhã seguinte o que sobrar da festa da Páscoa.

26 "Leve à casa do Eterno o melhor dos primeiros frutos da sua produção.

"Não cozinhe o cabrito no leite de sua mãe".

27 O Eterno disse também a Moisés: "Agora escreva essas palavras, porque, por meio delas, faço uma aliança com você e com Israel".

28 Moisés esteve ali com o Eterno quarenta dias e quarenta noites. Não comeu nada nem bebeu água. E escreveu sobre as tábuas as palavras da aliança, os Dez Mandamentos.

29-30 Quando desceu do monte Sinai, trazendo as duas tábuas da aliança, Moisés não sabia que a pele do seu rosto reluzia, porque esteve falando com o Eterno. Arão e todos os israelitas viram Moisés com o rosto reluzente e se afastaram, pois ficaram com medo de chegar perto dele.

31-32 Moisés precisou chamá-los de volta. Arão e os líderes da comunidade, então, se aproximaram dele, e Moisés teve uma conversa com eles. Depois, todos os israelitas se aproximaram, e ele repetiu diante do povo os mandamentos, tudo que o Eterno havia falado no monte Sinai.

33-35 Quando acabou de falar com eles, Moisés cobriu o rosto com um véu. Mas, sempre que entrava na presença do Eterno, para falar com ele, Moisés retirava o véu até sair de lá. Ao sair, comunicava aos israelitas as ordens do Eterno. O rosto de Moisés reluzia, mas ele o mantinha coberto com o véu até entrar de novo para falar com o Eterno.

A construção do local de culto

35 **1** Moisés fez este pronunciamento a toda a comunidade de Israel: "Estas são as coisas que o Eterno ordenou que fizessem:

2-3 "Trabalhem seis dias, mas o sétimo dia será um dia sagrado de descanso, dia do descanso sagrado do Eterno. Quem trabalhar nesse dia será condenado à morte. Não acendam fogo em casa no dia de sábado' ".

As ofertas

4 Moisés disse a toda a comunidade de Israel: "Isto é o que o Eterno ordenou: **5-9** "'Separem uma oferta ao Eterno. Recebam, em nome do Eterno, o que cada um quiser apresentar como oferta: ouro, prata, bronze, tecido azul, roxo e vermelho, linho fino, pelos de cabra, couro de carneiro, couro de golfinho, madeira de acácia, óleo para lâmpadas, especiarias para o óleo da unção e para o incenso aromático; pedras de ônix e outras pedras a serem aplicadas no colete e no peitoral.

10-19 "'Todos os que têm alguma habilidade, venham e façam tudo que o Eterno determinou: a Habitação com sua cobertura, ganchos, armações, travessões, colunas e bases; a arca com seus varões, a tampa da expiação e a cortina divisória; a mesa com seus varões e acessórios e o pão da presença; o candelabro com seus acessórios, lâmpadas e o óleo para iluminar; o altar do incenso com seus varões, o óleo da unção, o incenso aromático, a tela para a entrada da Habitação, o altar das ofertas queimadas com sua grelha de bronze, varões e acessórios; a bacia e sua base, as cortinas para o pátio com suas colunas e bases, a tela para a entrada do pátio, as estacas para a Habitação, as estacas para o pátio com suas cordas, as vestimentas adequadas para ministrar no Lugar Santo, as vestimentas sagradas para Arão, o sacerdote, e seus filhos, quando estiverem ministrando' ".

20-26 Depois de ouvir essas palavras, o povo dispersou, e todos os que se sentiram tocados por elas portaram-se com generosidade e voltaram com uma oferta para o Eterno, destinada à edificação da Tenda do Encontro, à confecção dos seus móveis e utensílios e das vestimentas sagradas. Homens e mulheres desejosos de contribuir trouxeram broches, brincos, argolas, colares — tudo que era feito de ouro — e ofereceram todas essas joias ao Eterno. Todos os que possuíam tecido azul, roxo e vermelho, pelos de cabra, couro curtido e couro de golfinho também apresentaram esses itens como oferta. Todos os que desejavam oferecer prata ou bronze como presente ao Eterno também o fizeram. E todos os que tinham madeira de acácia atenderam à solicitação e levaram sua oferta. Todas as mulheres que sabiam tecer ofertaram tecidos azuis, roxos e vermelhos, além do linho fino. Todas as mulheres que tinham experiência em fiação apresentaram-se como voluntárias para fiar os pelos de cabra.

27-29 Os líderes levaram ônix e outras pedras preciosas, a serem aplicadas no colete e no peitoral. Levaram também especiarias e azeite de oliva para o óleo da lâmpada, para o óleo da unção e para o incenso. Todos os homens e mulheres de Israel que sentiram no coração o desejo de apresentar alguma coisa para a obra que o Eterno, por meio de Moisés, havia decidido fazer também compareceram com ofertas voluntárias.

MATEUS 28.1-20

A ressurreição

28 **1-4** Depois do sábado, assim que brilhou a primeira luz da nova semana, Maria Madalena e a outra Maria foram visitar a tumba. De repente, a terra tremeu debaixo dos pés das duas mulheres. Nesse momento, um anjo de Deus desceu do céu e foi ao encontro delas. Ele rolou a pedra e sentou-se sobre ela. Raios de luz emanavam dele. Suas roupas eram brancas como a neve e brilhavam. Os guardas da tumba estavam tão aterrorizados que não conseguiam se mover.

5-6 O anjo disse às mulheres: "Não há o que temer. Sei que vocês estão procurando Jesus, aquele que foi crucificado. Ele não está mais aqui. Já ressuscitou, como tinha dito. Venham e vejam onde ele foi posto.

7 "Agora, corram e contem aos discípulos dele: 'Ele ressuscitou dos mortos. Ele está indo à frente de vocês para a Galileia. Vocês o verão lá'. Essa é a mensagem".

8-10 As mulheres, maravilhadas e eufóricas, não perderam tempo: correram para contar a novidade aos discípulos. No caminho, Jesus as encontrou. "Paz seja com vocês!", ele disse. Elas se ajoelharam, abraçaram seus pés e o adoraram. Jesus disse: "Calma! Vocês estão me segurando assim, temendo pela vida de vocês. Não tenham medo. Vão dizer aos meus irmãos que eles devem ir para a Galileia, pois vou me encontrar lá com eles".

11-15 Enquanto isso, os guardas fugiram, mas alguns foram para a cidade e contaram aos principais sacerdotes o que acontecera. Eles convocaram uma reunião dos líderes religiosos e elaboraram um plano. Subornaram os guardas com uma grande soma de dinheiro para que dissessem: "Os discípulos de Jesus vieram de noite e roubaram o corpo enquanto estávamos dormindo". Os religiosos os tranquilizaram: "Se o governador descobrir que vocês dormiram em serviço, damos um jeito para que não sejam condenados". Os soldados aceitaram o suborno e fizeram como lhes fora dito. Essa versão, forjada no Concílio judaico, ainda está em circulação.

DIA 046

138

16-17 Enquanto isso, os onze discípulos foram para a Galileia, até a montanha que Jesus havia indicado para o encontro. Assim que o viram, eles o adoraram. Todavia, alguns se mantiveram afastados, pois não tinham certeza se deviam *adorá-lo* e não queriam se arriscar.

18-20 Resoluto, Jesus os instruiu: "Deus me autorizou a comissionar vocês: vão e ensinem a todos os que encontrarem, de perto e de longe, sobre este estilo de vida, marcando-os pelo batismo no nome tríplice: Pai, Filho e Espírito Santo. Vocês devem ensiná-los a praticar tudo que tenho ordenado a vocês. Eu estarei com vocês enquanto procederem assim, dia após dia após dia, até o fim dos tempos".

SALMOS 27.7-14

7-9 Ouve, ó Eterno, estou chamando
com toda a minha força:
"Sê bondoso para comigo!
Responde-me!".
Quando meu coração sussurra:
"Busque Deus",
todo o meu ser responde:
"Agora mesmo".
Por isso, não te escondas de mim!

9-10 Tu sempre estiveste por perto
para me ajudar:
não vires as costas para mim agora.
Não me deixes de fora, não me abandones:
tu sempre mantiveste a porta aberta.
Meu pai e minha mãe foram embora
e me deixaram,
mas o Eterno me acolheu.

11-12 Diga-me qual estrada é a tua, ó Eterno;
conduz-me por uma rua bem iluminada;
mostra aos meus inimigos de que lado estás.
Não me atires aos cães,
aqueles hipócritas que
estão querendo me pegar,
contaminando o ar com suas ameaças.

13-14 Tenho certeza, agora,
de que verei a bondade de Deus
na exuberância da terra.
Contem com o Eterno.
Animem-se! Não desistam!
Repito:
Tenham esperança no Eterno.

NOTAS

☐ DIA 046 ___ / ___ / ___

ÊXODO 35.30 — 37.16

Bezalel e Aoliabe

30-35 Moisés disse aos israelitas: "O Eterno selecionou Bezalel, filho de Uri, filho de Hur, da tribo de Judá, e o encheu com o Espírito de Deus, com habilidade e conhecimento para fazer todo tipo de obra, para projetar trabalhos em ouro, prata e bronze, para esculpir pedras e aplicá-las, para esculpir madeira e trabalhar em qualquer tipo de obra artística. Também fez que ele se tornasse instrutor, ele e Aoliabe, filho de Aisamaque, da tribo de Dã. Ele os capacitou com conhecimento necessário para esculpir, desenhar, tecer e bordar tecidos azuis, roxos e vermelhos e linho fino. Eles conseguem projetar e fazer qualquer coisa".

36 [1] "Bezalel e Aoliabe devem agora iniciar o trabalho, com todos os outros que receberam do Eterno capacidade e conhecimento para fazer tudo que se relaciona com a adoração no santuário, conforme ele ordenou".

[2-3] Moisés convocou Bezalel, Aoliabe e todos os que o Eterno havia dotado de habilidade para os trabalhos manuais. Eles estavam ansiosos por começar e se envolver no trabalho. Moisés entregou a eles todas as ofertas que os israelitas haviam trazido para a construção do santuário. E, manhã após manhã, o povo continuava a trazer suas ofertas voluntárias.

[4-5] Até que, um dia, os artesões que trabalhavam na construção do santuário procuraram Moisés e o informaram: "O povo está trazendo mais que o necessário para a obra que o Eterno nos mandou fazer!".

[6-7] Então, Moisés mandou que se divulgasse o seguinte aviso no acampamento: "Homens e mulheres, parem de trazer ofertas para a construção do santuário!".

O povo recebeu ordem para deixar de trazer ofertas! O material arrecadado já era suficiente para a obra. Na verdade, estava sobrando material.

As peças de tapeçaria

[8-13] Então, os habilidosos artesões concluíram a Habitação com dez peças de tapeçaria confeccionadas com linho fino trançado e tecidos azuis, roxos e vermelhos enfeitados com querubins. Cada peça de tapeçaria media doze metros e sessenta centímetros de comprimento por oitenta centímetros de largura. Formavam um conjunto com cinco peças e, depois, outro com as cinco restantes. Foram feitas laçadas de tecido azul ao longo da borda da tapeçaria do lado externo do primeiro conjunto, o mesmo acontecendo com a tapeçaria do lado externo do segundo conjunto. Fizeram cinquenta laçadas em cada peça, e as laçadas ficavam uma de frente para a outra. Fizeram, também, cinquenta colchetes de ouro e juntaram as peças de tapeçaria, de modo que a Habitação formasse uma só estrutura.

[14-19] Em seguida, fizeram tapeçarias de pelo de cabra para a cobertura da Habitação, onze peças ao todo. Cada uma media treze metros e meio de comprimento por um metro e oitenta de largura. Fizeram um conjunto com cinco peças e, depois, outro com as seis restantes. Havia cinquenta laçadas ao longo da borda da última peça e cinquenta ao longo da borda da peça de união. Fizeram, também, cinquenta colchetes de ouro e os prenderam nas laçadas, ligando a tenda como um todo. Concluíram o trabalho dando às peças de tapeçaria um revestimento de couro de carneiro tingido de vermelho e, por cima de tudo, puseram uma cobertura de couro de golfinho.

A estrutura

[20-30] A Habitação recebeu uma estrutura de chapas verticais de madeira de acácia. Cada segmento da estrutura media quatro metros e meio de comprimento por setenta centímetros de largura e era preso por duas estacas. Todos os segmentos da estrutura foram feitos de tamanho igual: vinte armações para o lado sul da habitação, contendo quarenta bases de prata para receber os dois encaixes de cada um dos vinte segmentos. Essa formação foi repetida no lado norte. E fizeram seis armações na parte de trás da Habitação, voltada para o oeste, acrescentando outras duas para os cantos da parte de trás. As duas armações de canto tinham o dobro da espessura, de alto a baixo, e se encaixavam numa só argola — oito armações, ao todo, com dezesseis bases de prata, sendo duas debaixo de cada estrutura.

[31-34] Fizeram, também, travessões de madeira de acácia, cinco para as armações de um lado da Habitação e cinco para a parte de trás, voltada para o oeste. O travessão central ia de uma extremidade a outra e passava pelo meio das armações. Eles revestiram as armações com ouro e fizeram argolas de ouro para sustentar os travessões, que também foram revestidos de ouro.

[35-36] Confeccionaram a cortina de tecido azul, roxo e vermelho, com linho fino trançado, e teceram sobre ela uma figura de querubim. Em seguida, fizeram quatro colunas de madeira de acácia revestidas de ouro e fundiram quatro bases de prata para elas.

[37-38] Confeccionaram, também, uma tela para a porta da tenda, com tecido azul, roxo e vermelho e linho fino trançado com bordados. Ela foi ajeitada sobre uma estrutura de cinco colunas de madeira de acácia revestidas de ouro. Havia ganchos de ouro na estrutura, para pendurar a tela, e cinco bases de bronze para as colunas.

A arca

37 [1-5] Bezalel fez a arca de madeira de acácia, medindo um metro e dez centímetros de comprimento, setenta centímetros de largura e setenta centímetros de altura. Revestiu-a de ouro puro por

DIA 046

140

dentro e por fora e fez ao seu redor uma moldura de ouro. Fundiu quatro argolas de ouro, prendendo-as aos quatro pés, sendo duas argolas de um lado e duas do outro. Fez também varões de madeira de acácia, revestiu-os com ouro e os introduziu nas argolas dos lados da arca, para o transporte.

⁶Em seguida, fez uma cobertura de ouro puro para a arca, a tampa da expiação, que media um metro e dez centímetros de comprimento por setenta centímetros de largura.

⁷⁻⁹Com ouro batido, esculpiu dois querubins com asas para as extremidades da tampa da expiação, posicionando um anjo numa ponta e outro anjo na outra. Os dois formavam uma só peça com a tampa. Os anjos tinham as asas estendidas e pareciam pairar sobre a tampa da expiação, um de frente para o outro, mas olhando para baixo, na direção da tampa.

A mesa

¹⁰⁻¹⁵Ele fez a mesa de madeira de acácia, medindo noventa centímetros de comprimento, quarenta e cinco de largura e setenta de altura. Revestiu-a com ouro puro, aplicando ao seu redor uma moldura de ouro. Fez por toda a sua volta uma borda de quatro dedos de largura com um arremate de ouro em torno dela. Também fundiu quatro argolas de ouro para ela, prendendo-as às pernas da mesa em paralelo com o tampo, para servir de encaixe aos varões usados no transporte. Ele fez varões de madeira de acácia e os revestiu com ouro, para o transporte da mesa.

¹⁶Os utensílios da mesa eram de ouro puro: os pratos, as tigelas, os potes e as jarras usadas para derramar ofertas.

MARCOS 1.1-22

João, o batista

1¹⁻³**A**s boas notícias acerca de Jesus Cristo — a Mensagem! — começam aqui, seguindo ao pé da letra o livro do profeta Isaías:

Observem com atenção: Enviei meu
　　mensageiro adiante de vocês;
Ele preparará a estrada para vocês.
Trovão no deserto!
Preparem-se para a chegada de Deus!
Tornem o caminho plano e reto!

⁴⁻⁶João, o Batista, apareceu no deserto pregando um batismo de mudança de vida que leva ao perdão dos pecados. As pessoas se atropelavam para ir a ele, desde a Judeia e Jerusalém e, enquanto confessavam seus pecados, eram batizadas por ele no rio Jordão, como sinal de uma vida transformada. João vestia uma túnica de pelo de camelo, amarrada à cintura por um cinto de couro. Alimentava-se de gafanhotos e mel silvestre.

⁷⁻⁸Sua pregação era esta: "O mais importante está por vir: O protagonista deste drama, perante o qual sou um simples figurante, mudará a vida de vocês. Eu os batizo aqui no rio, mudando a velha vida de vocês pela vida no Reino. O batismo dele — com o Espírito Santo — irá mudá-los de dentro para fora".

⁹⁻¹¹Nessa época, Jesus de Nazaré apareceu na Galileia e foi batizado por João no Jordão. Assim que saiu da água, Jesus viu o céu aberto e o Espírito de Deus, à semelhança de uma pomba, descendo sobre ele. Com a visão do Espírito, ouviu-se uma voz: "Você é o meu Filho, escolhido e marcado pelo meu amor, a alegria da minha vida".

O Reino de Deus está aqui

¹²⁻¹³Imediatamente, o Espírito guiou Jesus ao deserto. Durante quarenta dias e noites ele foi testado por Satanás. Animais selvagens eram sua companhia, e os anjos tomavam conta dele.

¹⁴⁻¹⁵Depois que João foi preso, Jesus mudou-se para a Galileia e ali pregava: "O tempo é agora! O Reino de Deus está aqui. Mudem de vida e creiam na Mensagem".

¹⁶⁻¹⁸Caminhando pela praia do mar da Galileia, Jesus avistou Simão e seu irmão André pescando com redes. Era nisso que trabalhavam. Jesus convidou-os: "Venham comigo! Vou fazer de vocês um novo tipo de pescadores. Vou mostrar como pescar pessoas, em vez de peixes". Sem fazer uma pergunta, eles simplesmente largaram as redes e foram com ele.

¹⁹⁻²⁰Alguns metros adiante, perto da praia, ele viu os irmãos Tiago e João, filhos de Zebedeu, que estavam no barco, consertando as redes. Jesus fez aos dois a mesma proposta. Imediatamente, eles deixaram seu pai, Zebedeu, o barco e os empregados, e o acompanharam.

Ensino com autoridade

²¹⁻²²Eles entraram em Cafarnaum. Quando o sábado chegou, Jesus logo foi para a sinagoga e passou o dia lá, ensinando. O povo ficou admirado com seu ensino objetivo e confiante, sem os sofismas e as citações usados pelos líderes religiosos.

SALMOS 28.1-9

Um salmo de Davi

28 ¹Não te finjas de surdo
quando chamo por ti, ó Eterno!
Se tudo que eu receber de ti for
um silêncio ensurdecedor,
É preferível estar
na prisão.

²Quero que saibas
do que estou precisando.
Estou gritando por socorro
Com os braços erguidos
na direção do teu santuário.

³⁴Não quero ser trancafiado
na mesma cela com aqueles bandidos,
Com aqueles que são
servos da maldade em tempo integral.
Eles falam o dia inteiro em "paz"
e, depois, fazem hora extra para o Diabo.

Eles devem pagar pelo que fizeram,
porque são de fato maus.
Retribui a eles as longas horas
que passaram no seminário do Diabo,
Sem esquecer o generoso bônus.

⁵Eles não fazem ideia de como o Eterno age
ou do que ele é capaz.
O Eterno os esmagará
até virarem cascalho
e depois se afastará das ruínas.

⁶⁷Bendito seja o Eterno!
Ele ouviu a minha oração.
Provou que está do meu lado.
E eu me arrisquei por ele.

Agora pulo de alegria,
canto em voz alta minha gratidão a ele.

⁸⁹O Eterno é a força de seu povo,
refúgio irrestrito para
o líder escolhido.
Salva o teu povo
e abençoa a tua herança.
Tem consideração por eles:
Carrega-os nos ombros,
como faria o bom pastor.

◾ NOTAS

☐ DIA **047** ___/___/___

ÊXODO 37.17 — 39.21

O candelabro

¹⁷⁻²³Ele fez de ouro puro e batido um candelabro com haste e braços, taças, botões e pétalas, tudo formando uma só peça. O candelabro tinha seis braços, três de um lado e três do outro; três taças em forma de flor de amêndoa com botões e pétalas num braço, três no braço seguinte, e assim por diante, nos seis braços. Na haste principal do candelabro, havia quatro taças em forma de amêndoa, com botões e pétalas, cada botão saindo de cada par dos seis braços. O candelabro inteiro, com seus botões e hastes, formava uma

DIA 047

única peça de ouro puro e batido. Bezalel fez sete candelabros como esse, com seus apagadores, tudo de ouro puro. [24]Ele usou uma barra de ouro puro de trinta e cinco quilos para fazer o candelabro e seus acessórios.

O altar do incenso

[25-28]Ele fez um altar quadrado de madeira de acácia para queimar incenso, medindo quarenta e cinco centímetros de cada lado e noventa de altura. As pontas do altar do incenso formavam uma só peça com ele. O altar foi revestido com ouro puro – a parte de cima, as laterais e as pontas. Em torno dele, foi feita uma moldura de ouro com duas argolas, também de ouro, abaixo da moldura. Ele pôs as argolas em lados opostos para receberem os varões que seriam usados no transporte do altar. Os varões foram feitos de madeira de acácia e revestidos com ouro. [29]Preparou também, pelas mãos de um perfumista, o óleo sagrado da unção e o incenso puro aromático.

O altar das ofertas queimadas

38[1-7]Ele fez, com madeira de acácia, o altar das ofertas queimadas, que era quadrado, medindo dois metros e vinte e cinco centímetros de cada lado e um metro e trinta e cinco centímetros de altura, e fez pontas em cada um dos quatro cantos. Elas formavam uma só peça com o altar e foram revestidas de bronze. Também, de bronze, foram feitos os utensílios do altar: os baldes para retirar as cinzas, pás, bacias, garfos e braseiros. Ele fez uma grelha de bronze, que ficava abaixo da beirada do altar, a meia altura dele, e fundiu quatro argolas em cada um dos quatro cantos da grelha para introduzir os varões, que ele fez de madeira de acácia e revestiu com bronze. Em seguida, introduziu os varões pelas argolas nos dois lados do altar, para transportá-lo. O altar foi feito de tábuas e era oco.

A bacia

[8]Com o bronze dos espelhos das mulheres que trabalhavam na entrada da Tenda do Encontro, ele fez a bacia e sua base.

O pátio

[9-11]Ele também fez o pátio. No lado sul, estavam as cortinas do pátio, tecidas com linho trançado. Mediam quarenta e cinco metros de comprimento, com suas vinte colunas e vinte bases de bronze, ganchos para prendê-las e suportes de prata. O lado norte era idêntico ao lado sul.

[12-20]O lado oeste do pátio tinha cortinas que mediam vinte e dois metros e meio, dez colunas e bases, ganchos para prender as cortinas e suportes de prata. No outro lado, o leste, de frente para esses vinte e dois metros e meio de cortinas, havia cortinas da mesma medida com três colunas e bases dos dois lados. Todas as cortinas em volta do pátio eram de linho fino trançado. As bases das colunas eram de bronze, e os ganchos para prender as cortinas eram de prata, à semelhança dos suportes das colunas. As colunas do pátio eram cobertas com prata e unidas com prata. A tela na porta do pátio era bordada com tecido azul, roxo e vermelho e com linho fino trançado. Media nove metros de comprimento e dois metros e vinte e cinco centímetros de altura, a exemplo das cortinas do pátio. Havia quatro colunas com bases de bronze e ganchos de prata. Elas eram cobertas de prata e unidas com prata. Todas as estacas da Habitação e do pátio eram feitas de bronze.

[21-23]Este é o material usado na Habitação, que abrigava as tábuas da aliança. Ele foi registrado, por ordem de Moisés, para a obra dos levitas chefiados por Itamar, filho do sacerdote Arão. Bezalel, filho de Uri, filho de Hur, da tribo de Judá, fez tudo o que o Eterno havia ordenado a Moisés. Com Bezalel, trabalhava Aoliabe, filho de Aisamaque, da tribo de Dã, artesão, projetista e bordador de tecido azul, roxo e vermelho e de linho fino.

[24]Ouro. O peso total do ouro usado na construção do santuário, todo ele oferecido espontaneamente, foi de uma tonelada, segundo o padrão do santuário.

[25-28]Prata. A prata dos que foram recenseados chegou a mais de três toneladas e meia, segundo o padrão do santuário, seis gramas para cada recenseado com idade de 20 anos ou mais, totalizando seiscentos e três mil e quinhentos e cinquenta homens. Eles utilizaram três toneladas e meia de prata para fundir as bases do santuário e, para as cortinas, uma centena de bases, pesando trinta e cinco quilos cada. O restante da prata, vinte quilos e trezentos gramas, foi usado para fazer os ganchos das colunas e para revestir a parte de cima e os suportes das colunas.

[29-31]Bronze. O bronze trazido pesou duas toneladas e meia. Foi usado para fazer a porta da Tenda do Encontro, o altar de bronze com a grelha de bronze e seus outros utensílios, as bases em volta do pátio, as bases da porta do pátio e todas as estacas da Habitação e do pátio.

39 **¹As** vestimentas. Usando tecido azul, roxo e vermelho, eles teceram as vestimentas usadas para ministrar no santuário. Fizeram, também, as vestimentas sagradas para Arão, conforme o Eterno havia ordenado a Moisés.

²-⁵O colete. Fizeram o colete usando ouro, tecido azul, roxo e vermelho e linho fino trançado. Bateram o ouro para obter folhas, que foram, então, cortadas em fios de ouro, usados nos desenhos do tecido azul, roxo e vermelho e no linho fino. Fizeram ombreiras presas nas duas pontas. A faixa enfeitada foi feita do mesmo material: tecido azul, roxo e vermelho e linho fino trançado, formando uma só peça com ele, conforme o Eterno havia ordenado a Moisés.

⁶-⁷ Eles montaram as pedras de ônix sobre engastes de ouro e, nelas, gravaram o nome dos filhos de Israel. Elas foram presas nas ombreiras do colete como pedras memoriais para os israelitas, conforme o Eterno havia ordenado a Moisés.

⁸-¹⁰O peitoral. Fizeram um peitoral, como o colete, de tecido azul, roxo e vermelho e de linho trançado. Dobrado ao meio, o peitoral era quadrado, cada um dos lados medindo um palmo. Sobre ele foram aplicadas quatro carreiras de pedras preciosas. Primeira carreira: cornalina, topázio e esmeralda.

¹¹Segunda carreira: rubi, safira e cristal.

¹²Terceira carreira: jacinto, ágata e ametista.

¹³-¹⁴ Quarta carreira: berilo, ônix e jaspe. As pedras foram montadas sobre engastes de ouro. As doze pedras correspondem aos nomes dos filhos de Israel, doze nomes gravados como num selo, uma pedra para cada uma das doze tribos.

¹⁵-²¹ Foram feitos cordões de ouro puro para o peitoral, entrelaçados como cordas, dois conjuntos de engastes de ouro e duas argolas de ouro, que foram postas nas duas pontas do peitoral. As duas pontas das cordas foram presas às duas argolas na extremidade do peitoral. Também prenderam as cordas aos conjuntos de engastes, ligando-os às ombreiras do colete, na parte da frente. Foram feitas, também, duas argolas de ouro e presas às duas extremidades do peitoral na face interna, junto ao colete. Outras duas argolas de ouro foram feitas e presas na parte da frente do colete até a parte inferior das duas ombreiras, perto da costura acima da faixa enfeitada do colete. O peitoral foi preso por um cordão azul que passava por suas argolas e pelas argolas do colete, para que ficasse firme sobre a faixa enfeitada do colete e não se soltasse, conforme o Eterno havia ordenado a Moisés.

MARCOS 1.23-45

²³-²⁴ De repente, estando ele ainda na sinagoga, a reunião foi interrompida por um homem extremamente perturbado, que gritava: "O que você veio fazer aqui conosco, Jesus? Sei o que você veio fazer aqui, Nazareno. Você é o Santo de Deus, e veio aqui para nos destruir".

²⁵-²⁶ Jesus ordenou: "Quieto! Saia dele!". O espírito perturbador agitou o homem, protestou em voz alta – e saiu.

²⁷-²⁸ Os ouvintes, impressionados, cochichavam entre si: "O que está acontecendo aqui? Um novo ensinamento, com demonstração prática? Ele consegue calar espíritos demoníacos imundos e ainda os expulsa!". A notícia correu rapidamente, e todos na Galileia ficaram sabendo do incidente.

²⁹-³¹ Jesus saiu da sinagoga e foi para a casa de Simão e André, acompanhado por Tiago e João. A sogra de Simão estava de cama, ardendo em febre. Informado disso, Jesus foi até onde ela estava, pegou-a pela mão e a fez levantar-se. Tão logo a febre a deixou, ela foi preparar o jantar para eles.

³²-³⁴ Ao anoitecer, depois do pôr do sol, foram trazidas a ele pessoas doentes e afligidas por espíritos malignos. A cidade inteira fez fila na porta da casa! Ele curou os corpos doentes e as almas atormentadas. Os demônios conheciam sua verdadeira identidade, mas ele não permitia que se pronunciassem.

O leproso

³⁵-³⁷ Ainda não havia amanhecido, quando ele se levantou e retirou-se para orar num lugar isolado. Simão e os que estavam com ele foram procurá-lo. Eles o encontraram e disseram: "Todos estão à tua procura".

³⁸-³⁹ Jesus decidiu: "Vamos a outras cidades para que eu possa pregar ali também. Faz parte da minha missão". Assim, por toda a Galileia ele visitou sinagogas, que era um lugar de reunião, pregando e expulsando demônios.

⁴⁰Um leproso aproximou-se dele, ajoelhou-se e implorou: "Se o senhor quiser, pode me purificar".

⁴¹-⁴⁵ Emocionado, Jesus estendeu a mão, tocou o leproso e disse: "Quero! Fique limpo!". A lepra desapareceu na hora. A pele do homem ficou lisa e saudável. Jesus o despediu com ordens estritas: "Não diga nada a ninguém. Apenas se apresente ao sacerdote e leve a oferta de purificação, como Moisés prescreveu, para validar a cura diante da comunidade". Mas, assim que se afastou de Jesus, o homem saiu contando a cura que recebera, espalhando a notícia por toda a cidade. Jesus, então, passou a entrar na cidade de modo mais discreto, pois já não podia fazer isso publicamente. No entanto, ele logo foi encontrado, e o povo corria para ele, vindo de todos os lugares.

SALMOS 29.1-6

Um salmo de Davi

29 1-2 Bravo, ó Eterno, bravíssimo! Deuses e anjos gritam: "Bis!".
Maravilhados estão diante da glória,
   maravilhados diante do poder
      visível de Deus,
Prostrem-se todos!
   Vistam sua melhor roupa para honrá-lo!

3 O Eterno troveja sobre as águas.
Com o brilho de sua face, ele troveja.
O Eterno sobrevoa as águas abundantes.

4 O trovão estrondoso do Eterno,
O trovão sinfônico do Eterno.

5 O trovão do Eterno esmaga os cedros,
O Eterno derruba os cedros do norte.

6 As cordilheiras saltam como potros na primavera,
  As altas cadeias de montanhas pulam como cabritinhos selvagens.

■ NOTAS

☐ DIA 048 ___ / ___ / ___

ÊXODO 39.22 — 40.38

22-26 O manto. Eles fizeram o manto para o colete, que era todo azul. A abertura no centro do manto era como um colarinho, e, na borda, havia uma barra, para que não rasgasse. Na borda do manto, fizeram romãs de tecido azul, roxo e vermelho e de linho fino trançado. Fizeram, também, sinos de ouro puro e alternaram sinos e romãs — um sino e uma romã, um sino e uma romã — por toda a borda do manto, que era vestido na hora de ministrar, conforme o Eterno havia ordenado a Moisés.

27-29 Fizeram, também, as túnicas de linho fino, obra de bordador, para Arão e seus filhos, o turbante de linho fino, os barretes de linho, os calções de linho fino trançado e os cintos de linho trançado e de tecido azul, roxo e vermelho, enfeitado com bordados, conforme o Eterno havia ordenado a Moisés.

30-31 Fizeram ainda a placa, a coroa sagrada de ouro puro, e gravaram sobre ela como se grava num selo: "Santo ao Eterno". Amarraram nela um cordão azul e a prenderam ao turbante, conforme o Eterno havia ordenado a Moisés.

32 Assim, concluíram a obra da Habitação, da Tenda do Encontro. O povo de Israel fez tudo que o Eterno havia ordenado a Moisés.

33-41 Finalmente a Habitação foi apresentada a Moisés, a Tenda com todos os seus acessórios. Eis a lista:

   ganchos para prender,
   estruturas,
   travessões,
   colunas,
   bases,
   cobertura de couro de carneiro,

cobertura de couro de golfinho,
véu da tela,
arca da aliança
  com seus varões
  e tampa da expiação,
mesa
  com seus utensílios
  e o pão da presença,
candelabro de ouro puro
  com suas lâmpadas e todo o equipamento
  e todos os seus utensílios
  e o óleo para iluminação,
altar de ouro,
óleo da unção,
incenso aromático,
tela para a entrada da Tenda,
altar de bronze
  com sua grelha de bronze
  seus varões e todos os seus utensílios,
bacia
  e sua base,
cortinas para o pátio
  com suas colunas e bases,
tela para a porta do pátio
  com seus cordões e estacas,
utensílios para ministrar na Habitação,
a Tenda do Encontro,
vestimentas para ministrar no santuário,
vestimentas sagradas para o sacerdote Arão
e seus filhos, para quando ministrarem
  como sacerdotes.

[42-43] Os israelitas concluíram o trabalho, como o Eterno havia ordenado. Moisés constatou que eles haviam feito toda a obra exatamente como o Eterno havia ordenado. E os abençoou.

"Moisés concluiu a obra"

40 [1-3] O Eterno falou a Moisés: "No primeiro dia do primeiro mês, arme a Habitação, a Tenda do Encontro. Coloque nela a arca da aliança e isole a arca com a cortina.

[4] "Arrume a mesa, dispondo da maneira correta o candelabro e as lâmpadas.

[5] "Coloque o altar do incenso, feito de ouro, diante da arca da aliança e estenda a cortina na porta da Habitação.

[6] "Coloque o altar das ofertas queimadas à porta da Habitação, na Tenda do Encontro.

[7] "Coloque a bacia, cheia de água, entre a Tenda do Encontro e o altar.

[8] "Arme o pátio de todos os lados e estenda a cortina na sua entrada.

[9-11] "Depois, pegue o óleo da unção, para ungir a Habitação e tudo que estiver dentro dela; consagre-a com todos os seus acessórios, para que se torne santa. Você deve ungir, também, o altar das ofertas queimadas e seus utensílios, consagrando-o para que se torne completamente santo. Deve ungir, ainda, a bacia e sua base, para consagrá-la.

[12-15] "Por último, leve Arão e seus filhos até a entrada da Tenda do Encontro e lave-os com água. Vista Arão com as vestimentas sagradas. Depois de o ungir, separe-o para me servir como sacerdote. Vista os filhos dele com as túnicas. Eles devem ser ungidos, assim como você ungiu o pai deles, para que me sirvam como sacerdotes. A unção os introduzirá num sacerdócio perpétuo por todas as gerações".

[16] Moisés fez tudo conforme as ordens do Eterno.

[17-19] No primeiro dia do primeiro mês do segundo ano, a Habitação foi armada por Moisés. Ele firmou suas bases, ergueu as armações, posicionou os travessões e as colunas, estendeu a tenda sobre a Habitação e pôs a cobertura sobre ela, conforme o Eterno havia ordenado.

[20-21] Dentro da arca, ele guardou as tábuas da aliança, introduziu os varões para o transporte da arca e pôs, sobre ela, a cobertura, a tampa da expiação. Em seguida, levou a arca para a Habitação e estendeu a cortina, isolando a arca da aliança, conforme o Eterno havia ordenado.

[22-23] Ele pôs a mesa na Tenda do Encontro, no lado norte da Habitação, do lado externo da cortina, e arrumou o pão diante do Eterno, conforme ele havia ordenado.

[24-25] Pôs o candelabro na Tenda do Encontro, diante da mesa, no lado sul da Habitação, e preparou as lâmpadas diante do Eterno, conforme ele havia ordenado.

[26-27] Moisés pôs o altar de ouro na Tenda do Encontro, de frente para a cortina, e queimou incenso aromático sobre ele, conforme o Eterno havia ordenado.

[28] Ele pôs a tela na entrada da Habitação.

[29] Depois, levou o altar das ofertas queimadas até a porta da Habitação, a Tenda do Encontro, e apresentou ofertas queimadas e ofertas de cereais, conforme o Eterno havia ordenado.

[30-32] Em seguida, posicionou a bacia entre a Tenda do Encontro e o altar e a encheu de água, para a lavagem ritual. Moisés, Arão e seus filhos lavaram nela as mãos e os pés. Sempre que entravam na Tenda do

DIA 048

Encontro e, antes de servir no altar, eles se lavavam, conforme o Eterno havia ordenado a Moisés. ³³Por último, ele ergueu a cerca do pátio em volta da Habitação e do altar, pondo a tela à entrada. Com isso, Moisés concluiu sua tarefa.

³⁴⁻³⁵ A nuvem cobria a Tenda do Encontro, e a glória do Eterno enchia a Habitação. Moisés não podia entrar na Tenda do Encontro, pois a nuvem estava sobre ela, e a glória do Eterno enchia a Habitação.

³⁶⁻³⁸ Sempre que a nuvem se levantava da Habitação, o povo de Israel partia, mas, se a nuvem não se erguesse, ninguém levantava acampamento. A nuvem do Eterno ficava sobre a Habitação durante o dia e, de noite, havia fogo sobre ela. Estava sempre visível a todos os israelitas em suas viagens.

MARCOS 2.1-22

A cura do paralítico

2 ¹⁻⁵ **P**assados alguns dias, Jesus voltou para Cafarnaum, e a notícia de que ele havia voltado logo se espalhou. Uma multidão se formou, bloqueando a entrada da casa, de modo que ninguém podia entrar ou sair. Ele estava ensinando a Palavra, quando quatro homens apareceram, carregando um paralítico. Eles não conseguiram entrar por causa da multidão, por isso removeram parte do telhado e desceram o paralítico em sua maca. Impressionado com tanta fé, Jesus disse ao paralítico: "Filho, eu perdoo seus pecados".

⁶⁻⁷ Alguns líderes religiosos que estavam presentes começaram a cochichar entre si: "Ele não pode falar assim. Que blasfêmia! Só Deus pode perdoar pecados!".

⁸⁻¹² Jesus sabia o que eles estavam pensando e perguntou: "Por que se mostram céticos? O que acham que é mais fácil: dizer 'Eu perdoo seus pecados' ou 'Levante-se, pegue sua maca e comece a andar'? Pois bem, para que fique claro que sou o Filho do Homem e estou autorizado a fazer uma coisa e outra — voltou-se para o paralítico e ordenou: —, "Levante-se! Pegue sua maca e vá para casa!". E o homem assim fez — levantou-se, pegou sua maca e saiu andando diante de todos. Eles esfregaram os olhos, custando a acreditar no que viam, mas, então, louvaram a Deus: "Nunca vimos nada igual!".

O cobrador de impostos

¹³⁻¹⁴ Jesus foi uma vez mais caminhar à beira-mar, e, de novo, uma multidão foi atrás dele, para ouvir seu ensino. Caminhando, ele viu Levi, filho de Alfeu, que era cobrador de impostos. Jesus convidou: "Venha comigo". Ele se levantou e passou a segui-lo.

¹⁵⁻¹⁶ Mais tarde, Jesus e os discípulos estavam jantando na casa de Levi, e seus convidados eram pessoas de má reputação. Surpreendentemente, alguns deles se tornaram seguidores de Jesus. Os líderes religiosos e os fariseus, vendo Jesus na companhia daquela gente, foram tomar satisfação com os discípulos: "Que exemplo ele está dando, andando com essa gente desonesta e essa ralé?".

¹⁷ Jesus escutou a crítica e reagiu: "Quem precisa de médico: quem é saudável ou quem é doente? Estou aqui para dar atenção aos de fora, não para mimar os da casa, que se acham justos".

Festejar ou jejuar?

¹⁸ Os discípulos de João e os discípulos dos fariseus tinham o costume de jejuar, por isso alguns foram perguntar a Jesus: "Por que os seguidores de João e os fariseus adotam a disciplina do jejum, mas os seus seguidores não?".

¹⁹⁻²⁰ Jesus respondeu: "Numa festa de casamento, vocês não economizam no bolo nem no vinho, porque estão festejando. Depois, poderão até precisar economizar, mas não durante a festa. Enquanto o noivo e a noiva estão com vocês, é tudo alegria. Depois que os noivos forem embora, o jejum pode começar. Ninguém joga água fria na fogueira enquanto tem gente em volta. Essa é a vinda do Reino!".

²¹⁻²² Ele continuou: "Ninguém corta um cachecol de seda para remendar uma roupa velha. Usa-se um remendo que combine. Ninguém guarda vinho em garrafas rachadas".

SALMOS 29.7-11

⁷⁻⁸ O trovão do Eterno cospe fogo.
O Eterno troveja, o deserto estremece;
Ele faz o deserto de Cades estremecer.

⁹ O trovão do Eterno
    faz os carvalhos dançar
Com rodopios; a voz do Eterno
    faz despir os galhos.
Nós caímos de joelhos e gritamos: "Glória!".

¹⁰ Sobre as águas abundantes
    está o trono do Eterno
    de onde flui seu poder,
    de onde ele governa o mundo.

¹¹ O Eterno fortalece seu povo.
O Eterno dá paz ao seu povo.

NOTAS

☐ DIA **049** ___/___/___

LEVÍTICO 1.1 — 2.16

As ofertas queimadas

1 ¹⁻² **O** Eterno chamou Moisés e, da Tenda do Encontro, ordenou: "Fale ao povo de Israel. Diga a eles que, quando alguém for oferecer uma oferta ao Eterno, ele deve levar um animal ou do gado ou do rebanho de ovelhas.

³⁻⁹ "Se for uma oferta queimada de um animal do gado, ofereçam um macho sem defeito à entrada da Tenda do Encontro, para que seja aceito pelo Eterno. Ponham a mão sobre a cabeça do animal, para que a oferta pela expiação seja aceita. Matem o novilho na presença do Eterno. Os filhos de Arão, os sacerdotes, devem oferecer uma oferta de sangue, que deve ser aspergido nos lados do altar que está à entrada da Tenda do Encontro. Depois, tirem a pele do animal da oferta queimada e cortem o animal em pedaços. Os filhos de Arão devem preparar o fogo no altar, arrumando primeiro a lenha cuidadosamente e, depois, sobre a lenha preparada para o fogo no altar, as partes do corpo, até mesmo a cabeça e a gordura. Lavem bem as vísceras e as pernas do animal. O sacerdote queimará tudo no altar: é uma oferta queimada, oferta preparada no fogo, aroma agradável ao Eterno.

¹⁰⁻¹³ "Quando a oferta queimada for do rebanho, seja um cordeiro, seja um cabrito, ofereçam um macho sem defeito. Ele deve ser morto no lado norte do altar, na presença do Eterno. Os filhos de Arão aspergirão o sangue nos lados do altar. Cortem o animal, e os sacerdotes arrumarão as partes, até mesmo a cabeça e a gordura, sobre a lenha preparada para ser queimada no altar. Lavem bem as vísceras e as pernas do animal. O sacerdote oferecerá tudo, queimando-o no altar: é oferta queimada, oferta preparada no fogo, aroma agradável ao Eterno.

¹⁴⁻¹⁷ "A ave oferecida ao Eterno como oferta queimada pode ser uma rolinha ou um pombinho. O sacerdote a levará até o altar, torcerá a cabeça da ave e a queimará no altar. Mas, primeiro, ele deixará escorrer o sangue pelo lado do altar, removerá a moela e seu conteúdo e os lançará contra o lado leste do altar, no qual estão as cinzas. Então, rasgará a ave pelas asas, sem dividi-la completamente, e a queimará no altar sobre a lenha preparada para o fogo: é oferta queimada, oferta preparada no fogo, aroma agradável ao Eterno".

A oferta de cereal

2 ¹⁻³ "Quando vocês oferecerem uma oferta de cereal, usem farinha da melhor qualidade. Derramem óleo sobre ela e acrescentem incenso. Depois, levem-na aos filhos de Arão, os sacerdotes. Um deles tomará um punhado da farinha com o óleo e o incenso e o queimará no altar como memorial: é oferta preparada no fogo, aroma agradável ao Eterno. O restante da oferta de cereal ficará para Arão e seus filhos — uma parte santíssima das ofertas preparadas no fogo e dedicadas ao Eterno.

⁴ "Quando oferecerem uma oferta de cereal, de pães feitos no forno, usem farinha da melhor qualidade, misturada com óleo, mas sem fermento. Ou ofereçam bolinhos sem fermento, mas com óleo.

DIA 049

5-6 "Se vocês trouxerem uma oferta de cereal feita na assadeira, usem farinha da melhor qualidade misturada com óleo, mas sem fermento. Esmigalhem a farinha e derramem óleo sobre ela – é uma oferta de cereal.

7 "Se vocês trouxerem uma oferta de cereal feita na frigideira, usem farinha da melhor qualidade e óleo.

8-10 "Tragam a oferta de cereal que fizeram com esses ingredientes e apresentem-na ao sacerdote. Ele a levará até o altar, pegará da oferta de cereal a parte memorial e a queimará no altar: é oferta preparada no fogo, aroma agradável ao Eterno. O restante da oferta de cereal ficará para Arão e seus filhos – uma parte santíssima das ofertas ao Eterno.

11-13 "Todas as ofertas de cereal que vocês oferecerem ao Eterno devem ser preparadas sem fermento. Jamais alguém deverá queimar fermento ou mel como oferta preparada no fogo ao Eterno. Vocês poderão oferecê-los ao Eterno como oferta dos primeiros frutos, mas não no altar como aroma agradável. O sal deve ser o tempero de toda oferta de cereal. Não excluam de suas ofertas de cereal o sal da aliança com seu Deus. Ofereçam todas as suas ofertas com sal.

14-16 "Se vocês apresentarem uma oferta de cereal dos primeiros frutos ao Eterno, tragam grãos esmagados de cereal novo. Derramem óleo e incenso sobre ele: é oferta de cereal. O sacerdote queimará parte do cereal misturado com óleo e todo o incenso como memorial – uma oferta preparada no fogo para o Eterno".

MARCOS 2.23 — 3.19

23-24 Num sábado, Jesus atravessava uma plantação de cereal. Enquanto caminhavam, os discípulos descascaram algumas espigas. Os fariseus reclamaram com Jesus: "Seus discípulos estão quebrando as regras do sábado!".

25-28 Jesus reagiu: "É mesmo? Vocês nunca leram o que Davi e seus companheiros fizeram quando estavam com fome? Ele entrou no santuário e comeu o pão fresco do altar, na frente do sacerdote principal Abiatar – o pão santo, que ninguém podia comer, senão os sacerdotes –, e o repartiu com os companheiros". Jesus acrescentou: "O sábado foi feito para o nosso benefício; não somos escravos do sábado. O Filho do Homem não é escravo do sábado: é o Senhor dele!".

Fazendo o bem no sábado

3 1-3 Depois disso, ele voltou à sinagoga e estava ali um homem que tinha uma das mãos aleijada. Os fariseus estavam de olho, para ver se ele iria curá-lo, quebrando o sábado. Ele disse ao homem da mão aleijada: "Fique aqui, onde todos possam vê-lo".

4 Então, ele perguntou aos presentes: "Que atitude é coerente com o sábado: fazer o bem ou o mal? Ajudar as pessoas ou deixá-las sem ajuda?". Ninguém disse nada.

5-6 Ele os encarou um a um, indignado com a religiosidade inflexível deles, e, então, ordenou ao homem: "Estenda a mão!". Ele a estendeu – ela ficou perfeita! Os fariseus se retiraram imediatamente, discutindo como unir forças com os partidários de Herodes para acabar com Jesus.

Os doze apóstolos

7-10 Jesus partiu com seus discípulos para o mar, só para sair dali, mas uma multidão imensa foi atrás dele, gente da Galileia, da Judeia, de Jerusalém, da Idumeia, da região próxima do Jordão e das vizinhanças de Tiro e Sidom – um mundaréu de gente desejosa de conhecer ao vivo aquele de quem tanto tinham ouvido falar. Ele recomendou aos discípulos que tivessem um barco preparado, assim não seria atropelado pela multidão. Pelo fato de ele haver curado muitas pessoas, todos os que sofriam de algum mal se acotovelavam para chegar o mais perto possível dele e tocá-lo.

11-12 E, no caso dos espíritos malignos, quando o reconheciam, caíam e gritavam: "Você é o Filho de Deus!". Mas Jesus não dava atenção a eles. Fazia-os calar, proibindo-os de dizer em público quem ele era.

13-19 Ele subiu a uma montanha e convidou alguns para o acompanhar. Foram juntos, e ali ele escolheu doze e os designou apóstolos. Jesus os reuniu para enviá-los a proclamar a Palavra. Também lhes daria autoridade para expulsar demônios. Os Doze são:

Simão (Jesus, mais tarde, chamou-o Pedro,
    que significa "Rocha");
Tiago, filho de Zebedeu;
João, irmão de Tiago (Jesus passou a
    chamar os irmãos Zebedeu
    de Boanerges, que significa
    "Filhos do Trovão");
André;
Filipe;
Bartolomeu;
Mateus;
Tomé;
Tiago, filho de Alfeu;
Tadeu;
Simão, o zelote;
Judas Iscariotes (que o traiu).

SALMOS 30.1-5

Um salmo de Davi

30 **¹** **D**ou todo o crédito a ti, ó Eterno!
Tu me tiraste daquela confusão,
não permitiste que meus inimigos
tripudiassem sobre mim.

²⁻³ Ó Eterno, meu Deus, eu gritei por socorro,
e tu me livraste.
Tu me tiraste da sepultura,
deste-me outra chance,
quando eu já estava liquidado.

⁴⁻⁵ Todos vocês, ó santos,
cantem de coração ao Eterno!
Agradeçam a ele pessoalmente.
Ele se ira de vez em quando, mas na sua história
há somente amor.
As noites em que seus olhos choram
abrem caminho para dias de risadas.

◼ NOTAS

☐ DIA 050 ___ / ___ / ___

LEVÍTICO 3.1 — 5.6

A oferta de paz

3 **¹⁻⁵** "Se a oferta for de paz, e vocês apresentarem um animal do gado, macho ou fêmea, tem de ser um animal sem defeito. Ponham a mão sobre a cabeça do animal e matem-no à entrada da Tenda do Encontro. Os filhos de Arão, os sacerdotes, derramarão o sangue nos lados do altar. Como oferta preparada no fogo para o Eterno, ofereçam toda a gordura que cobre as vísceras ou que estiver ligada a elas, os rins com a gordura em volta deles e a que está próxima dos lombos, e o lóbulo do fígado, que é retirado com os rins. Arão e seus filhos a queimarão no altar com a oferta queimada que está sobre a lenha preparada para o fogo: é oferta preparada no fogo, aroma agradável ao Eterno.

⁶⁻¹¹ "Se sua oferta de paz for do rebanho de ovelhas, tragam um macho ou uma fêmea sem defeito. Se oferecerem um cordeiro, ofereçam-no ao Eterno. Ponham a mão sobre a cabeça do animal do sacrifício e matem-no à entrada da Tenda do Encontro. Os filhos de Arão aspergirão os lados do altar com o sangue. Como oferta preparada no fogo para o Eterno, ofereçam a gordura do animal, a cauda gorda cortada rente à espinha, toda a gordura sobre as vísceras e ligada a elas, os rins com a gordura próxima dos lombos, e o lóbulo do fígado, que é retirado com os rins. O sacerdote os queimará no altar: será como alimento, uma oferta preparada no fogo para o Eterno.

¹²⁻¹⁶ "Se a oferta for um cabrito, tragam-no à presença de Deus, ponham a mão sobre a cabeça do animal e matem-no diante da Tenda do Encontro. Os filhos de Arão derramarão o sangue sobre os lados do altar. Como oferta preparada no fogo para o Eterno, ofereçam a gordura que cobre as vísceras e que está ligada a elas, os rins com a gordura que está em volta deles e junto aos lombos, e o lóbulo do fígado, que é retirado com os rins. O sacerdote queimará tudo no altar: será como alimento, uma oferta preparada no fogo, de aroma agradável.

16-17 "Toda a gordura pertence ao Eterno. Essa é a regra estabelecida para todas as gerações, não importa onde vocês vivam. Não comam gordura; não comam o sangue. Nem um pouco".

A oferta de perdão

4 **1-12** O Eterno disse a Moisés: "Diga aos israelitas que, quando uma pessoa pecar sem intenção, desviando-se de qualquer um dos mandamentos do Eterno e violando o que não deve ser violado, e, se for o sacerdote ungido quem pecou e, assim, trouxe culpa sobre o povo, ele deverá trazer um novilho sem defeito para o Eterno como oferta de perdão pelo pecado que cometeu. Ele deve levar o novilho à entrada da Tenda do Encontro na presença do Eterno, impor a mão sobre a cabeça do animal e matá-lo diante do Eterno. Em seguida, ele deve levar um pouco do sangue do novilho para dentro da Tenda do Encontro, molhando o dedo no sangue e aspergindo parte dele sete vezes na presença do Eterno, diante do véu do santuário. Um pouco do sangue deve ser posto nas pontas do altar do incenso aromático, na presença do Eterno, na Tenda do Encontro. O resto do sangue do novilho deve ser derramado na base do altar das ofertas queimadas à entrada da Tenda do Encontro. Ele deverá remover toda a gordura do novilho da oferta de perdão: a gordura que cobre as vísceras e está ligada a elas, os rins com a gordura que está em volta deles, próxima dos lombos, e o lóbulo do fígado, que é retirado com os rins – o mesmo procedimento usado para retirar a gordura do novilho da oferta de paz. Finalmente, queimará tudo sobre o altar das ofertas queimadas. Tudo o mais — couro, carne, cabeça, pernas, vísceras e intestinos – ele deverá levar para fora do acampamento até um lugar limpo, no qual as cinzas são jogadas, e queimar numa fogueira alimentada com lenha.

13-21 "Se toda a congregação pecar sem intenção, desviando-se de algum dos mandamentos do Eterno, que não devem ser violados, todos se tornarão culpados, mesmo que ninguém se conscientize disso. Mas, quando se conscientizarem do pecado que cometeram, a congregação levará um novilho como oferta de perdão e o oferecerá na Tenda do Encontro. Os líderes da congregação porão as mãos sobre a cabeça do novilho na presença do Eterno, e um deles matará o animal diante de Deus. O sacerdote ungido, então, levará o sangue para dentro da Tenda do Encontro, molhará o dedo no sangue e aspergirá parte dele sete vezes na presença do Eterno, diante do véu. Um pouco do sangue deverá ser posto nas pontas

do altar que está na presença do Eterno, na Tenda do Encontro, e o resto do sangue deve ser derramado na base do altar das ofertas queimadas à entrada da Tenda do Encontro. Ele removerá toda a gordura e a queimará no altar. O procedimento com esse novilho será o mesmo usado com o novilho da oferta de perdão. O sacerdote fará expiação por eles, e eles serão perdoados. Então, eles levarão o novilho para fora do acampamento e o queimarão, assim como queimaram o primeiro novilho. É a oferta de perdão a favor da congregação inteira.

22-26 "Quando um líder pecar sem intenção, desviando-se de um dos mandamentos do Eterno, que não podem ser violados, ele será culpado. Quando se conscientizar do pecado que cometeu, ele deverá trazer um bode como oferta, um macho sem defeito. Porá a mão sobre a cabeça do bode e o matará no lugar em que se matam os animais para as ofertas queimadas na presença do Eterno – é uma oferta de perdão. O sacerdote, então, pegará um pouco do sangue da oferta de perdão com o dedo e o porá sobre as pontas do altar das ofertas queimadas. O resto do sangue deve ser derramado na base do altar. Ele queimará toda a gordura no altar, assim como fez com a gordura da oferta de paz.

"O sacerdote fará expiação por si mesmo por causa do seu pecado, e ele será perdoado.

27-31 "Quando um membro comum da congregação pecar sem intenção, desviando-se de um dos mandamentos do Eterno, que não devem ser violados, ele será culpado. Quando o avisarem do seu pecado, ele levará uma cabra sem defeito e a oferecerá pelo seu pecado, porá sua mão sobre a cabeça da oferta de perdão e a matará no lugar das ofertas queimadas. O sacerdote pegará um pouco do sangue do animal com o dedo e o porá nas pontas do altar das ofertas queimadas. O resto do sangue deve ser derramado na base do altar como aroma agradável ao Eterno.

"Dessa forma, o sacerdote fará expiação por esse membro da comunidade, e ele será perdoado.

32-35 "Se ele trouxer uma ovelha como oferta de perdão, deverá oferecer um animal sem defeito. Porá a sua mão sobre a cabeça da oferta de perdão e a matará no mesmo lugar em que se matam as ofertas queimadas. O sacerdote pegará um pouco do sangue da oferta de perdão com o dedo e o porá nas pontas do altar das ofertas queimadas. O resto do sangue deve ser derramado na base do altar. Ele deverá remover toda a gordura, como no caso da oferta de paz. Finalmente, o sacerdote a queimará no altar sobre as ofertas dedicadas ao Eterno.

"Dessa forma, o sacerdote fará expiação por esse membro por causa do seu pecado, e ele será perdoado".

5 ¹"Se vocês pecarem pela recusa em dar testemunho de algo que ouviram ou viram em casos de violação da lei, serão considerados responsáveis.

² "Ou se vocês tocarem em alguma coisa ritualmente impura – por exemplo, o cadáver de um animal impuro, selvagem ou doméstico, ou de um réptil morto – e não estiverem conscientes disso no momento, mesmo assim, estarão contaminados e terão culpa.

³ "Ou se vocês tocarem em impureza humana, qualquer tipo de impureza que resulte em contaminação ritual, e não estiverem conscientes disso no momento e o perceberem só mais tarde, ainda assim, terão culpa.

⁴ "Ou se vocês impulsivamente jurarem que farão algo, bom ou mau – um juramento precipitado, daqueles que simplesmente escapa – , e, no momento, não estiverem conscientes do que fizeram e, só mais, tarde o perceberem, serão culpados em qualquer desses casos.

⁵⁻⁶ "Quando forem culpados, confessem imediatamente o pecado que cometeram e tragam ao Eterno, como penalidade pelo pecado que cometeram, uma ovelha ou cabra do rebanho: será sua oferta de perdão.

"Dessa forma, o sacerdote fará expiação pelo seu pecado.

MARCOS 3.20 — 4.12

Satanás contra Satanás?

²⁰⁻²¹ Jesus foi para casa e, como sempre, uma multidão se formou em volta. Era tanta gente pedindo ajuda que ele não tinha tempo nem para comer. Alguns parentes, informados da situação, foram tirá-lo de lá – até pela força, se necessário. Eles achavam que Jesus estava querendo holofote.

²²⁻²⁷ Os líderes religiosos de Jerusalém espalharam o boato de que ele estava praticando magia negra, fazendo truques diabólicos para impressionar o povo, mostrando poder espiritual. Jesus contestou a calúnia: "Faz sentido um demônio lutar contra outro demônio? Satanás expulsaria o próprio Satanás? Uma família que vive brigando se desintegrará. Se Satanás expulsa Satanás, não irá se destruir? Acham que é possível, em plena luz do dia, entrar na casa de um homem forte e acordado e roubar seus bens, sem amarrá-lo primeiro? Amarrem-no, e, então, poderão roubá-lo.

²⁸⁻³⁰ "Faço aqui uma advertência. Não há nada dito ou feito que não possa ser perdoado. Mas, se vocês persistirem nas calúnias contra o Espírito Santo de Deus, estarão deliberadamente rejeitando aquele que perdoa, rompendo relações com aquele que os sustenta". Ele fez essa advertência porque era acusado por eles de ter ligação com o Maligno.

Mais vale a obediência que laços de sangue

³¹⁻³² Naquele momento, sua mãe e seus irmãos apareceram. Estando do lado de fora, mandaram um recado, dizendo que queriam falar com ele. Ele estava cercado pela multidão quando recebeu o recado: "Sua mãe e seus irmãos estão lá fora à sua procura".

³³⁻³⁵ Jesus respondeu: "Quem vocês acham que são minha mãe e meus irmãos?". Olhando ao redor, para cada um dos que estavam sentados à sua volta, ele declarou: "Estão bem aqui, na frente de vocês. Estes são minha mãe e meus irmãos. Mais vale a obediência que laços de sangue. Quem faz a vontade de Deus é meu irmão, irmã e mãe".

A história da semente

4 ¹⁻²Ele voltou a ensinar à beira da praia. A multidão que se formou em torno dele era tão grande que ele entrou num barco, perto da praia, e assentou-se. Jesus usou o barco como púlpito, enquanto o povo se acotovelava perto da água. Ele ensinava por meio de histórias, muitas histórias.

³⁻⁸ "Ouçam. O que vocês acham? Um agricultor estava semeando. Enquanto fazia seu trabalho, algumas sementes caíram pelo caminho, e aves as comeram. Outras caíram no meio dos pedregulhos. Brotaram rapidamente, mas não aprofundaram raízes. Com o calor do Sol, secaram tão rapidamente quanto haviam brotado. Outras ainda caíram no meio das ervas daninhas. As sementes chegaram a brotar, mas foram sufocadas. Nenhuma sobreviveu. Por fim, algumas, porém, caíram em boa terra e floresceram, produzindo uma colheita que superou todas as expectativas.

⁹ "Vocês estão entendendo?"

¹⁰⁻¹² Quando eles ficaram sozinhos, os que eram mais chegados a ele, além dos Doze, pediram que ele explicasse a história. Ele disse: "Vocês têm o privilégio de conhecer melhor o Reino de Deus. Conhecem as suas verdades. Mas, para aqueles que ainda não podem ver, tudo é dito por meio de histórias, a fim de levá-los a abrir o coração e a receber a Mensagem. Essas pessoas são assim –

DIA 051

Seus olhos estão abertos, mas não veem nada;
Seus ouvidos estão abertos,
   mas não entendem uma palavra;
Recusam-se a voltar-se para Deus para
   receber perdão".

SALMOS 30.6-12

6-7 Quando as coisas estavam
      indo às mil maravilhas,
   exultei: "Consegui!
Sou o favorito do Eterno.
   Ele me tornou o mais importante da região".
Então, desviaste teu olhar,
   e me despedacei.

8-10 Mas clamei a ti, ó Eterno,
   apresentei meu caso diante de ti:
"Poderás me vender com lucro
   quando eu morrer?
Pretendes me leiloar numa liquidação?
Quando voltar o 'pó ao pó',
   minhas canções e histórias
   a respeito de ti já não encontrarão mercado.
Então, ouve! E sê bondoso!
   Livra-me desta situação!".

11-12 E foi o que fizeste:
      transformaste meu lamento selvagem
      em dança alegre.
Arrancaste meu lamento
   e me enfeitaste com flores do campo.
Não consigo ficar quieto perto de ti:
   estou a ponto de explodir com uma canção.
Ó Eterno, meu Deus,
   nunca vou te agradecer o bastante.

■ NOTAS

☐ DIA 051 ___ / ___ / ___

LEVÍTICO 5.7 — 7.15

7-10 "Se vocês não puderem bancar uma ovelha,
tragam ao Eterno como penalidade pelo pecado que
cometeram duas rolinhas ou dois pombinhos, uma
ave para a oferta de perdão e a outra para a oferta
queimada. Tragam as aves ao sacerdote, que, primeiro, apresentará uma delas como oferta de perdão:
torcerá o pescoço dela, sem arrancar a cabeça, lançará um pouco do sangue da oferta de perdão contra
o altar e deixará escorrer o resto pela base do altar.
É uma oferta de perdão. Em seguida, ele oferecerá
a segunda ave como oferta queimada, seguindo os
procedimentos passo a passo.

"Dessa forma, o sacerdote fará expiação pelo seu
pecado, e serão perdoados.

11-12 "Se vocês não puderem bancar duas rolinhas
ou pombinhas, levarão um quilo de farinha da melhor
qualidade como oferta de perdão. Não derramem óleo
nem incenso sobre ela – é uma oferta de perdão.
Apresentem a oferta ao sacerdote, e ele pegará dela
um punhado como memorial e queimará no altar com
as ofertas dedicadas ao Eterno. É uma oferta de perdão.

13 "O sacerdote fará expiação por vocês, e quaisquer desses pecados que tiverem cometido serão perdoados. O restante da oferta pertence ao sacerdote,
como no caso da oferta de cereal".

A oferta de reparação

14-16 O Eterno disse a Moisés: "Quando uma pessoa trair sua confiança e, sem intenção, pecar contra qualquer uma das coisas consagradas a Deus, deverá levar como penalidade ao Eterno um carneiro do rebanho, sem defeito, sendo o animal avaliado segundo o padrão do santuário, como oferta de reparação. Deverá fazer reparação adicional pelo pecado que cometeu contra qualquer coisa consagrada, adicionando vinte por cento do valor do cordeiro e entregando-o ao sacerdote.

"Assim, o sacerdote fará expiação pela pessoa que pecou com o carneiro da oferta de reparação, e ela será perdoada.

17-18 "Se alguém pecar, violando qualquer um dos mandamentos de Deus que não devem ser violados, mas sem se dar conta disso no momento, quando se conscientizar da sua culpa será considerado responsável. Deverá levar ao sacerdote um carneiro sem nenhum defeito, avaliado segundo a oferta de reparação.

18-19 "Assim, o sacerdote fará expiação pelo erro inconsciente dessa pessoa, e ela será perdoada. É uma oferta de reparação: certamente era culpado diante de Deus".

6 **1-6** O Eterno disse a Moisés: "Quando alguém pecar, traindo a confiança do Eterno ao enganar o próximo com respeito a algo que recebeu em confiança; ou ao roubar, fraudar ou ameaçar o próximo; ou se tiver encontrado algo perdido e mentir acerca disso e jurar falsamente com respeito a qualquer desses pecados que as pessoas costumam cometer; quando essa pessoa pecar e for considerada culpada, precisará devolver o que tomou ou extorquiu, repor o que recebeu em confiança, devolver a coisa perdida que encontrou ou fazer reparação por qualquer outra coisa acerca da qual jurou falsamente. Ela precisará fazer reparação completa, acrescentar vinte por cento e devolver ao proprietário no mesmo dia em que levar a oferta de reparação. Oferecerá ao Eterno, como oferta de reparação, um carneiro do rebanho, sem defeito, avaliado segundo o valor da oferta de reparação.

7 "Assim, o sacerdote fará expiação por essa pessoa na presença do Eterno, e ela será perdoada por qualquer uma das coisas que ela faça e a torne culpada".

Outras instruções

8-13 O Eterno disse a Moisés: "Ordene a Arão e seus filhos o seguinte: 'Estas são as instruções para a oferta queimada. Ela deve ficar sobre o altar durante toda a noite até de manhã, com o fogo queimando no altar. Então, vistam suas roupas de linho com os calções de linho presos ao corpo. Removam as cinzas que restaram da oferta queimada e ponham-nas do lado do altar. Depois, troquem as roupas e carreguem as cinzas para fora do acampamento até um lugar limpo. Enquanto isso, mantenham o fogo queimando no altar: ele não pode se apagar. Reponham a lenha para o fogo todas as manhãs, disponham a oferta queimada sobre ele e queimem a gordura da oferta de paz por cima de tudo. Mantenham o fogo queimando no altar continuamente. Ele não pode se apagar'".

14-18 "'Estas são as instruções para a oferta de cereal. Os filhos de Arão a apresentarão ao Eterno diante do altar. O sacerdote pegará um punhado da farinha da melhor qualidade da oferta de cereal com o óleo e incenso e queimará tudo como memorial no altar, um aroma agradável a Deus. Arão e seus filhos comerão o restante. É pão não levedado; por isso, será comido em lugar sagrado – no pátio da Tenda do Encontro. Não a assarão com fermento. Eu o designei como sua porção das ofertas consagradas a mim. É porção sagrada, bem como a oferta de perdão e a oferta de reparação. Qualquer homem descendente dos filhos de Arão poderá comê-la. Essa é uma regra estabelecida com respeito às ofertas dedicadas a Deus e se estenderá por todas as gerações. Quem tocar nessas ofertas deve ser santo'".

19-23 O Eterno disse a Moisés: "Estas são as ofertas que Arão e cada um de seus filhos apresentarão ao Eterno no dia em que forem ungidos: um quilo de farinha da melhor qualidade, como na oferta diária de cereal, metade de manhã e metade à tarde. A farinha será preparada com óleo numa assadeira. Deve ser bem misturada e, então, oferecida em pedaços como aroma agradável ao Eterno. O filho de Arão que for ungido para sucedê-lo a oferecerá ao Eterno – essa é uma regra estabelecida. Toda a oferta será queimada. A oferta de cereal de um sacerdote será queimada totalmente: não deve ser comida".

24-30 O Eterno disse a Moisés: "Diga a Arão e seus filhos: 'Estas são as instruções para a oferta de perdão. O animal da oferta de perdão será morto no lugar em que se mata o animal da oferta queimada na presença do Eterno – é uma oferta santíssima. O sacerdote que oferecer o animal tem de comê-la em lugar sagrado, o pátio da Tenda do Encontro. Quem tocar nessas ofertas deve ser santo. Uma peça da roupa manchada de sangue precisa ser lavada em lugar sagrado.

DIA 051

A panela de barro em que a carne foi cozida será quebrada. Se foi cozida numa panela de bronze, a panela deverá ser esfregada e enxaguada com água. Todo homem de família sacerdotal está autorizado a comê-la: é uma oferta santíssima. Mas toda oferta de perdão cujo sangue é levado para dentro da Tenda do Encontro, a fim de se fazer expiação no santuário, não será comida: será totalmente queimada' ".

7 ¹⁻⁶ " 'Estas são as instruções para a oferta de reparação. É oferta santíssima. Matem a oferta de reparação no mesmo lugar em que é morto o animal da oferta queimada. Borrifem o sangue em todos os lados do altar. Ofereçam toda a gordura: a cauda gorda, a gordura que cobre as vísceras, os rins com a gordura em volta deles e a que está próxima dos lombos, e o lóbulo do fígado, que é retirado com os rins. O sacerdote queimará tudo sobre o altar, como oferta dedicada ao Eterno. É uma oferta de reparação. Todo homem de família sacerdotal está autorizado a comer dela. Mas deverá ser consumida em lugar sagrado: é oferta santíssima.

⁷⁻¹⁰ " 'Vale para a oferta de reparação o que vale para a oferta de perdão: as mesmas regras se aplicarão a ambas. A oferta pertence ao sacerdote que faz a expiação com ela. O sacerdote que apresentar a oferta queimada por alguém receberá o couro do animal. Toda oferta de cereal assada no forno ou preparada numa panela ou numa assadeira pertence ao sacerdote que a oferecer. É oferta sagrada. Toda a oferta de cereal, seca ou misturada com óleo, pertence igualmente a todos os filhos de Arão' ".

¹¹⁻¹⁵ " 'Estas são as instruções para a oferta de paz que for oferecida ao Eterno. Se vocês a trouxerem como gratidão, então, com a oferta de gratidão, ofereçam pães sem fermento misturados com óleo, bolinhos sem fermento untados com óleo e bolos de farinha da melhor qualidade, bem amassados e misturados com óleo. Com a oferta de paz e gratidão, ofereçam uma oferta de pães com fermento. Tragam um de cada tipo como oferta, uma oferta especial para o Eterno. Ela pertencerá ao sacerdote que asperge o sangue das ofertas de paz. Comam a carne da oferta de paz e gratidão no mesmo dia em que for oferecida. Não deixem nada para o dia seguinte.

MARCOS 4.13-34

¹³ Ele continuou: "Entenderam o objetivo da história? Todas as minhas histórias têm o mesmo propósito.

¹⁴⁻¹⁵ "O agricultor planta a Palavra. Alguns são como a semente que cai à beira do caminho. Assim que ouvem a Palavra, Satanás arranca o que foi plantado neles.

¹⁶⁻¹⁷ "Outros são como a semente que cai no meio dos pedregulhos. Ouvem a Palavra e a recebem com grande entusiasmo. Mas, assim como a Palavra não cria raízes, a emoção passa ou surge alguma dificuldade, não sobra nada.

¹⁸⁻¹⁹ "A semente lançada no meio das ervas daninhas é aquele que ouve a mensagem do Reino, mas vencido pela preocupação e pela ilusão de manter o que tem e de ganhar mais. A mensagem é sufocada, e não sobra nada.

²⁰ "A semente lançada na terra boa é a pessoa que ouve a Palavra e a abraça, e a colheita supera todas as expectativas".

Generosidade

²¹⁻²² Jesus continuou: "Alguém compra uma lâmpada para pôr debaixo do balde ou debaixo da cama? O que se faz não é colocá-la numa prateleira? Nós não estamos guardando segredos. Nós os estamos revelando; não estamos escondendo nada, mas tornando público.

²³ "Vocês estão entendendo?

²⁴⁻²⁵ "Ouçam bem o que estou dizendo. Fiquem atentos quando algum espertalhão ensinar que vocês podem vencer na vida por vocês mesmos. Dar é o caminho, não ganhar. Generosidade produz generosidade. A avareza empobrece".

Nunca sem uma história

²⁶⁻²⁹ Então, Jesus disse: "O Reino de Deus é como sementes lançadas num campo por um homem. Ele vai dormir e se esquece do que fez. A semente brota e cresce, mas ele nem imagina como isso ocorre. A terra dá conta de tudo, sem a ajuda dele: primeiro o caule, depois a espiga e por fim o grão. Quando o grão está maduro, ele o colhe — é o tempo da colheita!

³⁰⁻³² "Como podemos descrever o Reino de Deus? Que ilustração podemos usar? É como a semente de mostarda. É uma das menores sementes, mas, uma vez plantada, germina e cresce tanto que os pássaros fazem ninhos em seus ramos e abrigam-se à sua sombra".

³³⁻³⁴ Com outras histórias semelhantes, ele apresentava sua mensagem ao povo, aplicando as histórias à experiência e compreensão deles. Ele sempre contava uma história. Quando estava sozinho com seus discípulos, explicava tudo, desfazendo o emaranhado. Todos os nós eram desatados.

SALMOS 31.1-5

Um salmo de Davi

31 ¹⁻² Eu corro para ti, ó Eterno;
corro por minha própria vida.
Não me decepciones!
Leva-me a sério desta vez!
Desce ao meu nível e me ouve,
e, por favor, sem adiamentos!
Tua caverna de granito é um esconderijo;
teu ninho na alta colina, um lugar seguro.

³⁻⁵ Sim, tu és minha caverna,
onde posso me esconder;
meu monte, para subir.
Sê meu líder de confiança,
meu verdadeiro guia nas montanhas.
Livra-me das armadilhas escondidas —
quero me esconder em ti.
Depositei minha vida em tuas mãos.
Sei que não me deixarás cair,
nunca me decepcionarás.

▪ NOTAS

☐ DIA 052   __ / __ / __

LEVÍTICO 7.16 — 8.36

¹⁶⁻²¹ "Se a oferta for uma oferta por um voto ou uma oferta voluntária, ela poderá ser comida no dia em que for apresentada, e o que restar poderá ser comido no dia seguinte. Mas toda carne do sacrifício que for deixada para o terceiro dia será queimada. Se alguma porção da carne da oferta de paz for comida no terceiro dia, a pessoa que a tiver apresentado não será aceita. Não lhe será de benefício algum, porque a carne foi profanada. E a pessoa que a comer assumirá a responsabilidade por sua maldade. Não comam carne que tenha tocado alguma coisa impura. Essa carne deve ser queimada. Qualquer outra carne poderá ser consumida por quem estiver ritualmente puro. Mas quem não estiver ritualmente puro e comer da oferta de paz apresentada ao Eterno será excluído da congregação. Se alguém tocar algo ritualmente impuro, não importa se a impureza é humana ou animal, ou um objeto obsceno, e insistir em comer da oferta de paz oferecida ao Eterno, essa pessoa será excluída da congregação' ".

²²⁻²⁷ O Eterno disse a Moisés: "Fale ao povo de Israel. Diga a eles: 'Não comam gordura alguma do gado ou dos rebanhos de ovelhas ou de cabras. A gordura de um animal que foi encontrado morto ou despedaçado por animais selvagens poderá ser usada para outros fins, mas vocês não comerão dela. Quem comer gordura de um animal oferecido ao Eterno será excluído da congregação. E não comam o sangue, nem de aves nem de animais, onde quer que estejam vivendo. Quem comer sangue será excluído da congregação' ".

²⁸⁻³⁴ O Eterno disse a Moisés: "Fale ao povo de Israel. Diga a eles: 'Quando vocês apresentarem uma oferta de paz ao Eterno, tragam parte da oferta como sacrifício especial ao Eterno, uma oferta dedicada ao Eterno pelas próprias mãos. Tragam a gordura com o peito do animal e movimentem a oferta diante do Eterno: é oferta movida. O sacerdote queimará a gordura no altar, e Arão e seus filhos receberão o peito. Deem a coxa direita do animal das suas ofertas

DIA 052

de paz como oferta especial para o sacerdote. Deem parte da coxa direita ao filho de Arão que apresentar o sangue e a gordura da oferta de paz, como sua porção. Das ofertas de paz de Israel, estou dando o peito do animal da oferta movida e a coxa do animal da oferta especial a Arão, o sacerdote, e a seus filhos. Essa é a recompensa determinada do povo de Israel".

35-36 A partir do dia em que eles foram apresentados para servir ao Eterno como sacerdotes, Arão e seus filhos conquistaram o direito a essas porções das ofertas dedicadas a Deus. Foi o que o Eterno ordenou que o povo de Israel desse aos sacerdotes desde o dia em que foram ungidos. Essa é a regra estabelecida para todas as gerações.

37-38 Essas são as instruções para a oferta queimada, para a oferta de cereal, para a oferta de perdão, para a oferta de reparação, para a oferta da ordenação dos sacerdotes e para a oferta de paz, transmitidas pelo Eterno a Moisés no monte Sinai, no dia em que ordenou ao povo de Israel que apresentasse suas ofertas ao Eterno, no deserto do Sinai.

A ordenação de sacerdotes

8 **1-4** O Eterno falou a Moisés. Ele disse: "Tome Arão e, com ele, seus filhos, suas vestes sacerdotais, o óleo da unção, o novilho para a oferta de perdão, os dois carneiros e o cesto de pães sem fermento. Reúna toda a congregação na entrada da Tenda do Encontro". Moisés fez exatamente como o Eterno havia ordenado, e a congregação se reuniu à entrada da Tenda do Encontro.

5 Moisés disse à congregação: "Foi isto que Deus me mandou fazer".

6-9 Moisés levou Arão e seus filhos à presença de todo o povo e lavou-os com água. Vestiu a túnica em Arão, com o cinto. Então, pôs nele o manto e, sobre ele, o colete sacerdotal. Fixou o colete com o cinturão. Pôs também o peitoral e nele pôs o Urim e o Tumim. Na cabeça de Arão, pôs o turbante com a lâmina de ouro fixada nele, a coroa sagrada, exatamente como o Eterno havia ordenado.

10-12 Em seguida, com o óleo da unção, Moisés ungiu a Habitação e tudo que estava nela, consagrando-os. Ele aspergiu óleo no altar sete vezes, ungindo e consagrando o altar e todos os seus utensílios, bem como a bacia com seu suporte. Derramou parte do óleo sobre a cabeça de Arão, e, assim, ele foi consagrado.

13 Moisés pôs os filhos de Arão diante de todos e vestiu neles as túnicas, fixando-as com um cinto, e pôs um barrete na cabeça de cada um, exatamente como o Eterno havia ordenado.

14-17 Moisés ofereceu o novilho da oferta de perdão. Arão e seus filhos puseram as mãos sobre a cabeça do animal. Moisés matou o novilho e purificou o altar aplicando, com o dedo, um pouco de sangue nas pontas. Ele derramou o resto do sangue na base do altar e o consagrou, para que se pudesse fazer expiação sobre ele. Moisés pegou toda a gordura das vísceras e o lóbulo do fígado e os rins com sua gordura e os queimou no altar. O novilho, com sua pele, carne e vísceras, ele queimou fora do acampamento, exatamente como o Eterno havia ordenado.

18-21 Moisés ofereceu o carneiro para a oferta queimada. Arão e seus filhos puseram as mãos sobre a cabeça do carneiro. Moisés o matou e derramou o sangue nos lados do altar. Ele cortou o carneiro em pedaços e, então, queimou a cabeça, os pedaços e a gordura. Ele lavou as vísceras e as pernas com água e queimou o carneiro todo sobre o altar. Foi uma oferta queimada, um aroma agradável, oferta dedicada ao Eterno, exatamente como o Eterno havia ordenado.

22-29 Em seguida, Moisés apresentou o segundo carneiro, o carneiro para a oferta de ordenação. Arão e seus filhos puseram as mãos sobre a cabeça do carneiro. Moisés o matou e pôs um pouco do sangue no lóbulo da orelha direita de Arão, no polegar da sua mão direita e no dedão do seu pé direito. Então, os filhos de Arão foram à frente, e Moisés pôs um pouco do sangue no lóbulo da orelha direita, no polegar da mão direita e no dedão do pé direito de cada um deles. Moisés derramou o resto do sangue sobre os lados do altar. Depois, pegou a gordura, a cauda gorda, toda a gordura que cobre as vísceras, os rins, com a gordura à volta deles, e a coxa direita. Do cesto de pães sem fermento que estava na presença do Eterno, ele tomou um pão sem fermento feito com óleo e um bolinho. Ele depositou sobre a porção de gordura e sobre a coxa direita. Pôs tudo isso nas mãos de Arão e de seus filhos, que os balançaram diante do Eterno como oferta movida. Então, Moisés tomou tudo de volta das mãos deles e queimou no altar, em cima da oferta queimada. Essa foi a oferta de ordenação dos sacerdotes, um aroma agradável ao Eterno, oferta dedicada ao Eterno. Então, Moisés tomou o peito e o balançou como oferta movida diante do Eterno. Era a porção do carneiro da oferta de ordenação que pertencia a Moisés, segundo a ordem do Eterno.

30 Moisés aspergiu um pouco do óleo da unção e um pouco do sangue do altar sobre Arão e suas vestes, sobre seus filhos e as vestes deles, consagrando Arão, seus filhos e todas as vestes.

31-35 Moisés disse a Arão e seus filhos: "Cozinhem a carne na entrada da Tenda do Encontro. Vocês deverão comê-la ali, com o pão do cesto das ofertas de ordenação, assim como ordenei: 'Arão e seus filhos deverão comê-la'. Queimem as sobras da carne e do pão. Não saiam pela entrada da Tenda do Encontro durante os sete dias que completam sua ordenação. É isto: a ordenação durará sete dias. O Eterno ordenou o que foi feito hoje a fim de fazer expiação por vocês. Permaneçam na entrada da Tenda do Encontro dia e noite durante sete dias. Empenhem-se em fazer o que o Eterno exigir, para que não morram. Foi o que o Eterno me mandou dizer".

36 Arão e seus filhos fizeram tudo que o Eterno havia ordenado por meio de Moisés.

MARCOS 4.35 — 5.17

O vento virou brisa

35-38 Naquele dia, ao cair da tarde, ele decidiu: "Vamos para o outro lado do mar". Eles entraram no barco em que ele estava. Outros barcos foram atrás deles. De repente, uma tempestade violenta os envolveu. As ondas invadiam a embarcação, ameaçando afundá-la, enquanto Jesus, com a cabeça sobre um travesseiro, dormia na popa do barco! Os discípulos o acordaram, implorando: "Mestre, não vais fazer nada? Nós vamos morrer!".

39-40 Jesus acordou e ordenou ao vento que se acalmasse. Ele disse ao mar: "Quieto! Sossegue!". O vento virou brisa, e o mar ficou em plena calmaria. Jesus repreendeu os discípulos: "Por que tanto medo? Vocês não têm fé?".

41 Eles estavam apavorados e confusos. "Afinal, quem é este homem?", se perguntavam. "Até o vento e o mar se acalmam quando ele ordena!".

O homem louco

5 **1-5** Eles chegaram ao outro lado do mar, na terra dos gerasenos. Assim que Jesus saiu do barco, um louco, vítima de demônios, saiu do cemitério e correu para ele. O homem vivia no meio das sepulturas. Ninguém conseguia prendê-lo. Era impossível acorrentá-lo ou amarrá-lo. Ele fora amarrado muitas vezes com cordas e correntes, mas quebrava as correntes e arrebentava as cordas. Ninguém era forte o bastante para subjugá-lo. Noite e dia, vagava entre as tumbas e pelas colinas, gritando e cortando o próprio corpo com pedras pontiagudas.

6-8 Quando ele viu Jesus, correu na direção dele e curvou-se reverentemente – depois rugiu em protesto: "O que queres comigo, Jesus, Filho do Deus Altíssimo? Em nome de Deus, não me perturbes!". (Jesus havia ordenado ao espírito maligno: "Fora! Saia deste homem!".)

9-10 Jesus perguntou: "Diga-me seu nome".

Ele respondeu: "Meu nome é Multidão. Pois somos muitos". Em desespero, implorou a Jesus que não o expulsasse daquela região.

11-13 Uma grande manada de porcos estava pastando numa colina perto dali. Os demônios, então, suplicaram a Jesus: "Manda-nos para os porcos, permita que vivamos neles". Jesus permitiu. Mas aos porcos aconteceu pior do que ao homem. Enlouquecidos, correram, pularam de um penhasco, caíram no mar e se afogaram.

14-15 Aterrorizados, os que cuidavam dos porcos saíram em disparada e contaram o incidente na cidade e na região. Todos queriam ver de perto o que havia acontecido. Eles encontraram Jesus e viram o louco assentado, usando roupas decentes e em perfeita saúde não mais como alguém fora do juízo.

16-17 Os que haviam presenciado a cena contaram aos outros o que acontecera ao endemoninhado e aos porcos. No princípio, os curiosos ficaram impressionados. Depois ficaram revoltados por causa dos porcos que haviam perdido e imploraram a Jesus que saísse dali e nunca mais voltasse.

SALMOS 31.6-13

6-13 Como odeio essa religião tola!
    Mas em ti, ó Eterno, eu confio.
Salto e canto por teu amor,
    pois viste minha dor,
    desarmaste meus atormentadores,
Não me deixaste em suas garras
    e me deste espaço para respirar.
Sê bondoso para comigo, ó Eterno!
    Estou outra vez envolvido
    num grave problema.
Meus olhos já choraram muito;
    sinto-me vazio por dentro.
Minha vida se esvai, gemido a gemido;
    meus dias desaparecem na esteira
    dos meus suspiros.

Meus problemas me desgastaram,
transformaram meus ossos em pó.
Para os meus inimigos, sou um monstro;
sou ridicularizado pelos vizinhos.
Meus amigos estão horrorizados;
eles atravessam a rua para me evitar.
Querem me apagar da memória,
esquecer-se de mim como de um
defunto na sepultura,
descartar-me como se eu fosse
um prato quebrado.
Ouço a fofoca deles sobre mim.
Eles me têm por insano"!
Atrás de portas fechadas,
eles tentam achar um jeito
de me arruinar para sempre.

◾ NOTAS

DIA 053 ___ / ___ / ___

LEVÍTICO 9.1 — 11.8

Os sacerdotes começam
seu trabalho

9 ¹⁻²No oitavo dia, Moisés chamou Arão e seus filhos e os líderes de Israel. Ele disse a Arão: "Tome um novilho para sua oferta de perdão e um carneiro para sua oferta queimada, ambos sem defeito, e ofereça-os ao Eterno.

³⁻⁴"Depois, diga ao povo de Israel: 'Tomem um bode para a oferta de perdão, um bezerro e um carneiro, ambos de um ano de idade e sem defeito, para a oferta queimada, e um novilho e um carneiro para a oferta de paz, a serem sacrificados diante do Eterno com oferta de cereal misturada com óleo, porque hoje o Eterno aparecerá a vocês' ".

⁵⁻⁶Eles levaram à Tenda do Encontro as coisas que Moisés havia ordenado. Toda a congregação se aproximou e ficou diante do Eterno. Moisés disse: "Foi isso que o Eterno ordenou que vocês fizessem, para que a glória fulgurante do Eterno apareça a vocês hoje".

⁷Moisés instruiu Arão: "Aproxime-se do altar e sacrifique sua oferta de perdão e sua oferta queimada. Com a oferta, faça expiação por você mesmo e pelo povo. Sacrifique a oferta pelo povo e faça expiação por eles, como o Eterno ordenou".

⁸⁻¹¹Arão aproximou-se do altar e matou o bezerro como oferta de perdão por si mesmo. Os filhos de Arão levaram o sangue à presença dele, e ele molhou o dedo no sangue e pôs um pouco do sangue nas pontas do altar. Derramou o resto do sangue na base do altar. Queimou a gordura, os rins e o lóbulo do fígado da oferta de perdão no altar, como o Eterno havia ordenado a Moisés. Depois, queimou a carne e a pele fora do acampamento.

¹²⁻¹⁴Então, matou o animal para a oferta queimada. Os filhos de Arão trouxeram o sangue, e ele o derramou sobre os lados do altar. Entregaram a Arão os pedaços e a cabeça, e ele os queimou sobre o altar. Ele lavou as vísceras e pernas e as queimou em cima da oferta queimada no altar.

¹⁵⁻²¹Em seguida, Arão apresentou as ofertas pelo povo. Ele matou o bode, a oferta de perdão do povo, e sacrificou-o como havia feito com a primeira oferta. Apresentou a oferta queimada seguindo os mesmos procedimentos. Apresentou também a oferta

de cereal, queimando um punhado dela no altar, com a oferta queimada da manhã. Matou o novilho e o carneiro, as ofertas de paz do povo. Os filhos de Arão trouxeram o sangue, e ele o derramou sobre os lados do altar. As partes da gordura do novilho e do carneiro — a cauda gorda e a gordura que cobre os rins e o lóbulo do fígado — foram postas sobre o peito, e Arão as queimou no altar. Arão balançou o peito e a coxa direita diante do Eterno, como oferta movida, conforme o Eterno havia ordenado.

22-24 Arão estendeu as mãos em direção ao povo e o abençoou. Depois de ter concluído o ritual da oferta de perdão, da oferta queimada e da oferta de paz, ele desceu do altar. Moisés e Arão entraram na Tenda do Encontro. Quando saíram, abençoaram o povo, e a glória do Eterno apareceu diante da congregação. Fogo saiu da presença do Eterno e consumiu o animal da oferta queimada e as porções de gordura sobre o altar. Quando todo o povo viu isso, gritou de alegria e caiu prostrado em reverência.

Nadabe e Abiú

10 **1-2** Naquele mesmo dia, Nadabe e Abiú, filhos de Arão, pegaram cada um seu incensário, puseram brasas e incenso nele e ofereceram fogo "estranho" ao Eterno — algo que o Eterno não havia ordenado. Por isso, saiu fogo da presença do Eterno e os consumiu — eles morreram na presença dele.

3 Moisés disse a Arão: "Era isso que o Eterno tinha em mente quando disse:

'Àquele que se aproximar de mim,
   eu me mostrarei santo;
Diante de todo o povo,
   revelarei minha glória'".

Arão ficou em silêncio.

4-5 Moisés chamou Misael e Elzafã, filhos de Uziel, tio de Arão: "Venham aqui! Carreguem seus primos para fora do acampamento, para longe do santuário".

Eles levaram os corpos para fora do acampamento, conforme Moisés havia orientado.

6-7 Moisés, então, disse a Arão e a seus outros filhos, Eleazar e Itamar: "Vocês não mostrarão sinal algum de luto nem de lamento, como cabelos despenteados e roupas rasgadas, ou morrerão também, e o Eterno ficará irado com toda a congregação. Seus parentes — todo o povo de Israel, na verdade — guardarão o luto e lamentarão aqueles que o Eterno destruiu pelo fogo. Não deixem a entrada da Tenda

do Encontro, para que não morram, porque o óleo da unção do Eterno está sobre vocês".

Eles seguiram à risca a orientação de Moisés.

8-11 O Eterno deu a seguinte instrução a Arão: "Antes de entrar na Tenda do Encontro, não beba vinho nem qualquer outra bebida forte, nem você nem seus filhos, para que não morram. Essa é uma regra estabelecida para todas as gerações. Distingam entre o que é sagrado e o que é comum, entre o que é ritualmente puro e o impuro. Ensinem ao povo de Israel todos os decretos que o Eterno transmitiu a vocês por meio de Moisés".

12-15 Moisés disse a Arão e a seus dois filhos que sobreviveram, Eleazar e Itamar: "Peguem o resto da oferta de cereal entre as ofertas dedicadas ao Eterno que foram preparadas no fogo e comam ao lado do altar o que foi preparado sem fermento, pois é oferta santíssima. Comam essa parte em lugar sagrado, porque é sua porção e a porção de seus filhos das ofertas dedicadas ao Eterno e preparadas no fogo. Foi isso que o Eterno me ordenou. Também você e seus filhos e filhas comerão o peito da oferta movida e a coxa direita da oferta de contribuição num lugar ritualmente puro. Essas partes são reservadas como porção sua e de seus filhos, das ofertas de paz apresentadas pelo povo de Israel. Tragam a coxa da oferta de contribuição e o peito da oferta movida e a gordura das ofertas dedicadas ao Eterno e preparadas no fogo. Vocês devem erguê-las, isto é, apresentá-las como ofertas movidas. Essa será a parte regularmente reservada a você e seus filhos, segundo a ordem de Deus".

16-18 Quando Moisés foi tratar da questão do bode da oferta de perdão, descobriu que ele já tinha sido queimado. Por isso, ficou irado com Eleazar e Itamar, os filhos de Arão que sobreviveram, e perguntou: "Por que vocês não comeram a oferta de perdão no lugar sagrado, uma vez que é oferta santíssima? A oferta foi trazida a vocês para que tirassem a culpa do povo, fazendo expiação por eles diante do Eterno. Uma vez que o sangue não foi levado ao lugar sagrado, vocês deveriam ter comido o bode no santuário, como ordenei".

19 Arão respondeu a Moisés: "Veja. Eles sacrificaram sua oferta de perdão e o animal da oferta queimada diante do Eterno hoje, e veja o que aconteceu comigo — perdi dois filhos. Você acha que o Eterno teria se agradado se eu tivesse comido a oferta de perdão hoje?".

20 Quando Moisés ouviu essa resposta, contentou-se com ela.

DIA 053

Alimentos

11 **1-2** O Eterno disse a Moisés e Arão: "Fale com o povo de Israel e diga a eles: 'De todos os animais da terra, esses são os animais que vocês poderão comer:

3-8 "'Vocês poderão comer qualquer animal que tenha casco fendido, dividido em duas partes, e que rumine, mas não o animal que ou só rumina ou só tem o casco fendido. Por exemplo, o camelo rumina, mas não tem o casco fendido; portanto, é impuro. O coelho rumina, mas não tem casco fendido; portanto, é impuro. A lebre rumina, mas não tem o casco fendido; portanto, é impura. O porco tem o casco fendido, dividido em duas partes, mas não rumina; portanto, é impuro. Vocês não devem comer a carne desses animais nem tocar seu cadáver; eles são impuros para vocês.

MARCOS 5.18-43

18-20 Jesus estava indo para o barco, e o homem que fora liberto dos demônios pediu para acompanhá-lo, mas o Mestre não o permitiu. Em vez disso, aconselhou: "Vá para casa, para seu povo. Conte-lhes o que o Mestre, num gesto de misericórdia, fez por você". O homem voltou e, na área das Dez Cidades, dava testemunho do que Jesus havia feito por ele. Ele se tornou o assunto da cidade.

Arriscando-se pela fé

21-24 Após a travessia, uma imensa multidão formou-se à beira-mar. Um dos líderes da sinagoga, chamado Jairo, foi falar com Jesus. Ajoelhou-se diante dele e suplicou: "Minha filhinha está à beira da morte. Vem comigo e impõe as mãos sobre ela para que melhore". Jesus foi com ele, e a multidão inteira os acompanhou, apertando-o e empurrando-o.

25-29 Uma mulher que estava sofrendo de hemorragia havia doze anos ouviu falar de Jesus. (Muitos médicos haviam tratado dela, mas sem sucesso; levaram todo o seu dinheiro e a deixaram pior que antes.) Ela esgueirou-se por trás dele e tocou sua roupa. Ela pensava: "Basta eu tocar em sua roupa para ficar boa". No momento em que o tocou, a hemorragia parou. Ela pôde sentir a mudança. Sabia que estava livre daquele mal.

30 No mesmo instante, Jesus sentiu que dele saíra poder. Voltou-se para a multidão e perguntou: "Quem tocou minha roupa?".

31 Os discípulos disseram: "Como assim? A multidão empurra e aperta de todo lado, e o senhor quer saber quem o tocou?".

32-33 Mas ele insistiu, olhando ao redor para ver quem o tocara. A mulher, sabendo o que havia acontecido e que o havia tocado, tremendo de medo ajoelhou-se diante dele e contou toda a história.

34 Jesus lhe disse: "Filha, você se arriscou por causa da sua fé, e agora está curada. Tenha uma vida abençoada! Seja curada da sua doença!".

35 Enquanto ele ainda falava, algumas pessoas chegaram da casa do líder da sinagoga e informaram: "Sua filha morreu. Por que continuar incomodando o Mestre?".

36 Ouvindo o que diziam, Jesus tranquilizou o homem: "Não dê atenção a eles, apenas confie em mim".

37-40 Ele não permitiu que ninguém fosse com ele, exceto Pedro, Tiago e João. Entraram na casa, abrindo caminho entre os fofoqueiros, sempre ávidos por uma novidade, e pelos vizinhos, que haviam trazido comida. Jesus foi ríspido com eles: "Por que todo esse falatório e essa choradeira sem sentido? A criança não está morta; está dormindo!". As pessoas na casa zombavam dele, achando que ele não sabia o que estava dizendo.

40-43 Contudo, Jesus dispensou todos eles, chamou o pai e a mãe da criança e seus companheiros e entrou no quarto da menina. Segurando a mão dela, ordenou: "*Talita cumi*", que significa: "Menina, levante-se!". Ela se levantou e começou a andar! A menina tinha 12 anos de idade. Os pais, obviamente, não continham a alegria, mas Jesus deu ordens estritas para que não contassem nada a ninguém e ordenou: "Deem a ela alguma coisa para comer".

SALMOS 31.14-18

14-18 Desesperado, lanço-me sobre ti:
tu és o meu Deus!
De hora em hora,
    entrego meus dias em tuas mãos,
    para ficar fora do alcance dos que
    querem me pegar.
Aquece teu servo com um sorriso
e me salva, porque me amas.
Não me dês o desgosto de não te mostrares:
    não é de hoje que estou pedindo.
Tu podes deixar o perverso confuso,
    balançando a cabeça, sem esperança,
    enquanto escorrega lentamente
    para a sepultura.
Amordaça os mentirosos e fofoqueiros
    que importunam este teu seguidor
    com zombarias e críticas mordazes.

NOTAS

DIA 054 ___ / ___ / ___

LEVÍTICO 11.9 — 13.8

9-12 "Entre as criaturas que vivem na água do mar e dos rios, vocês poderão comer qualquer animal que tenha barbatanas ou escamas. Mas rejeitarão qualquer animal que não tenha barbatanas nem escamas, seja no mar, seja nos rios, sejam criaturas pequenas em lugares rasos, sejam criaturas enormes das profundezas. Sim, vocês devem rejeitá-los. Não comam a carne deles; rejeitem o cadáver deles. Qualquer animal que viva na água e não tenha barbatanas ou escamas está vetado para vocês.

13-19 "'Estas são as aves que vocês devem eliminar do cardápio — não as comam porque são detestáveis: a águia, o urubu, a águia-marinha, o milhafre, todas as espécies de falcões, todas as espécies de corvos, o avestruz, o falcão noturno, a gaivota, todas as espécies de gaviões, a coruja, o corvo-marinho, o íbis, a gralha, o pelicano, o abutre, a cegonha, todas as espécies de garças, a poupa e o morcego.

20-23 "'Todos os insetos que voam e andam sobre quatro pés serão detestáveis para vocês. Mas alguns vocês poderão comer, a saber, os que têm pernas articuladas para saltar sobre a terra: todas as espécies de gafanhotos e grilos. Mas todos os outros insetos que voam e têm quatro pernas vocês devem rejeitar.

24-25 "'Vocês se tornarão ritualmente impuros até a tarde se tocarem o cadáver de um deles. Se vocês carregarem o cadáver, deverão lavar suas roupas e serão ritualmente impuros até a tarde.

26 "'Todo o animal que tenha casco fendido, mas não totalmente dividido, ou que não rumine, será impuro para vocês. Se tocarem o cadáver de um deles, vocês se tornarão impuros.

27-28 "'Todo quadrúpede que anda sobre a planta dos pés é impuro para vocês. Se tocarem o cadáver de um deles, serão impuros até a tarde. Se carregarem o cadáver de um deles, vocês deverão lavar suas roupas e serão impuros até a tarde. Eles são impuros para vocês.

29-38 "'Entre as criaturas que se movem rente ao chão, as seguintes são impuras para vocês: a doninha, o rato, todas as espécies de lagartos grandes, a lagartixa, o lagarto-pintado, o lagarto, o lagarto da areia e o camaleão. Entre as criaturas que se movem rente ao chão, essas são impuras para vocês. Se tocarem o cadáver de um desses animais, vocês serão ritualmente impuros até a tarde. Se algum deles morrer e cair sobre algo, essa coisa se tornará impura, independentemente de qual seja seu uso ou de que material seja feito — madeira, pano, couro ou pano de saco. Ponham o objeto na água, e ele será impuro até a tarde. Depois disso, será puro. Se uma dessas criaturas mortas cair numa vasilha de barro, tudo na vasilha será impuro, e vocês terão de quebrar a vasilha. Toda a comida que poderia ser usada como alimento, mas foi molhada com a água que caiu dessa vasilha, será impura, e todo líquido que poderia ser bebido dela será impuro. Qualquer coisa em que esse cadáver cair será impura. O forno ou o fogão de barro terão de ser quebrados: estão impuros e precisam ser tratados como impuros. A fonte ou a cisterna de coleta de água permanece pura, mas quem tocar

DIA 054

o cadáver de um desses animais será impuro. Se o cadáver de um deles cair sobre sementes que seriam usadas para o plantio, elas permanecem puras. Mas, se caiu água sobre as sementes e um cadáver cair sobre elas, vocês deverão considerá-las impuras.

39-40 " 'Quando morrer um animal que poderia ser usado como alimento, qualquer pessoa que tocar seu cadáver será impura até a tarde. Quem comer a carne do animal morto deverá lavar suas roupas e será impuro até a tarde. Quem carregar o cadáver do animal deverá lavar suas roupas e será impuro até a tarde.

41-43 " 'Os animais que se movem rente ao chão não devem ser usados como alimento. Não comam animais que se movem rente ao chão, quer se arrastem sobre o ventre, quer andem sobre quatro pés ou sobre muitos pés – são todos detestáveis. Não se contaminem com eles, porque eu sou o Eterno.

44-45 " 'Santifiquem-se, porque eu sou santo. Não se tornem ritualmente impuros por causa de qualquer criatura que se move rente ao chão. Eu sou o Eterno, que tirou vocês da terra do Egito. Sejam santos porque eu sou santo.

46-47 " 'Essas são as instruções acerca dos animais, das aves, dos seres vivos que se movem na água e de todas as criaturas que se movem rente ao chão. Vocês precisam fazer distinção entre as que são ritualmente puras e as impuras, entre os animais que podem servir de alimento e os que não podem' ".

O parto

12¹⁻⁵ O Eterno falou a Moisés: "Diga ao povo de Israel: 'Uma mulher que concebe e dá à luz um menino será ritualmente impura por sete dias, como no período da menstruação. No oitavo dia, o menino deverá ser circuncidado. A mãe deverá ficar em casa mais trinta e três dias para a purificação do seu sangramento. Ela não poderá tocar em nada santo nem ir ao santuário até que se completem os dias da sua purificação. Se ela der à luz uma menina, será impura por catorze dias, como no período da menstruação. Ficará em casa mais sessenta e seis dias para a purificação do seu sangramento.

6-7 " 'Quando se completarem os dias da sua purificação, por um menino ou por uma menina, ela levará um cordeiro de um ano como oferta queimada e um pombinho ou rolinha como oferta de perdão ao sacerdote, na entrada da Tenda do Encontro. Ele os oferecerá ao Eterno e fará expiação por ela. Então, ela estará purificada do fluxo do seu sangramento.

" 'Essas são as instruções para a mulher que dá à luz um menino ou uma menina.

⁸ " 'Se ela não tiver recursos para oferecer um cordeiro, poderá levar duas rolinhas ou dois pombinhos, um para a oferta queimada e um para a oferta de perdão. O sacerdote fará a expiação por ela, e ela estará pura' ".

Infecções

13¹⁻³ O Eterno disse a Moisés e Arão: "Quando alguém tiver um inchaço, uma erupção ou mancha brilhante na pele que possa indicar uma doença séria na pele e no corpo, levem-no a Arão, o sacerdote, ou a um de seus filhos sacerdotes. O sacerdote examinará a ferida na pele. Se o pelo na ferida se tornou branco, e a ferida for mais funda que a pele, é doença grave de pele e infecciosa. Depois de examinar a pessoa, o sacerdote a declarará impura.

4-8 "Se a mancha brilhante na pele for branca, mas der a impressão de ser superficial e o pelo não estiver branco, o sacerdote manterá a pessoa em isolamento durante sete dias. No sétimo dia, ele examinará a mancha outra vez. Se, no seu entendimento, a ferida for a mesma e não tiver se espalhado, o sacerdote manterá a pessoa em isolamento por mais sete dias. No sétimo dia, o sacerdote a examinará pela segunda vez. Se a mancha tiver diminuído e, portanto, não tiver se espalhado, o sacerdote declarará a pessoa pura – é uma erupção inofensiva. A pessoa poderá ir para casa e lavar suas roupas: ela está pura. Mas, se a erupção se espalhar depois de a pessoa ter se apresentado ao sacerdote e ter sido declarada pura, ela terá de voltar ao sacerdote, e ele fará novo exame. Se a erupção tiver se espalhado, o sacerdote a declarará impura – é doença grave de pele e infecciosa.

MARCOS 6.1-20

Apenas um carpinteiro

6¹⁻²Quando partiu dali, Jesus voltou para sua cidade. Seus discípulos o acompanharam. No sábado, ele começou a ensinar na sinagoga. Ele arrebentou. Todo mundo ficou impressionado. "De onde vem tanta sabedoria, tanta capacidade?", perguntavam-se.

³ Não demorou, porém, já estavam falando mal dele: "Ora, ele é apenas um carpinteiro – o filho de Maria. Nós o conhecemos desde menino. Conhecemos também seus irmãos, Tiago, José, Judas e Simão, e suas irmãs. Quem ele pensa que é?". Mesmo sem conhecê-lo direito, eles o desprezavam.

4-6 Jesus declarou: "Um profeta só não é importante em sua terra e em sua família, nas ruas em que brincou quando criança". Jesus não pôde fazer muita coisa ali – impôs as mãos sobre uns poucos doentes e os curou; nada mais. Não pôde vencer a resistência deles. Assim, decidiu visitar as outras cidades, ensinando o povo.

Os Doze

7-8 Jesus convocou os Doze e enviou-os em duplas. Deu-lhes autoridade e poder para enfrentar a oposição maligna, além das seguintes instruções: **8-9** "Não pensem que precisarão de muito equipamento para cumprir a missão. Vocês são o equipamento. Nada de depender do dinheiro. Sejam simples. **10** "Nada de hospedagem de luxo. Hospedem-se num lugar simples e contentem-se com isso. **11** "Se não forem bem recebidos e se não os ouvirem, retirem-se sem estardalhaço, sem fazer cena. É hora de dar de ombros e continuar o caminho". **12-13** Então, eles partiram. Em alegre tom de urgência, anunciaram uma mudança radical de vida. Por onde passaram, expulsaram demônios e levaram saúde aos doentes, ungindo o corpo e curando a alma.

A morte de João

14 Herodes tinha conhecimento de tudo isso porque o nome de Jesus estava na boca de todo mundo. O rei dizia: "Esse deve ser João, o Batista, que voltou dos mortos, por isso é capaz de fazer milagres". **15** Outros discordavam: "Não, é Elias". Outros ainda opinavam: "É um profeta, exatamente como os profetas dos tempos antigos". **16** Herodes, porém, insistia: "Tenho certeza de que é João. Eu o decapitei, e agora ele está de volta – vivo!". **17-20** Esse Herodes foi aquele que mandara que João fosse preso e acorrentado, por causa de Herodias, mulher de seu irmão Filipe. Pois João havia irritado Herodes por denunciar o adultério do rei. Fervendo de raiva, ela queria matá-lo, mas não ousou fazê-lo porque Herodes respeitava João. Convencido de que ele era um homem santo, o rei dispensava-lhe um tratamento especial. Sempre que o ouvia, sentia-se culpado; mesmo assim, apreciava a palavra de João.

SALMOS 31.19-24

19-22 Como é grande o depósito de bênçãos
que reservaste para os que te adoram
E que esperançosos correm para ti,
querendo escapar do mundo cruel!

Tu os escondes num lugar seguro,
longe de qualquer oposição.
Batendo a porta na cara dos mexeriqueiros,
silenciaste as palavras venenosas.
Bendito és, ó Eterno!
Teu amor é a maravilha do mundo.
Apanhado numa armadilha, entrei em pânico.
"Longe dos olhos, longe do coração", eu disse.
Mas tu me ouviste dizer isso,
e vieste em meu socorro.

23 Amem o Eterno, todos os santos!
O Eterno cuida dos que ficam perto dele,
Mas sempre se vinga
dos arrogantes e autossuficientes.

24 Sejam corajosos! Sejam fortes! Não desistam!
Esperem, que o Eterno logo chegará.

◢ NOTAS

DIA 055 ___ / ___ / ___

LEVÍTICO 13.9 — 14.9

9-17 "Quem apresentar alguma doença de pele grave e infecciosa deve ser levado ao sacerdote. O sacerdote o examinará. Se houver um inchaço branco na pele, se o pelo estiver branco e se houver uma ferida aberta no inchaço, é doença crônica de pele. O sacerdote o declarará impuro. Não precisará pôr o doente em isolamento, porque já fez o diagnóstico de impuro. Se uma doença de pele grave e infecciosa irromper da cabeça aos pés, em todos os lugares que o sacerdote examinar, ele deverá fazer um exame completo. Se a doença estiver cobrindo o corpo inteiro da pessoa, ele declarará pura a pessoa portadora dessa ferida. Uma vez que a erupção ficou totalmente branca, a pessoa não está impura. Mas se as feridas estiverem abertas, o sacerdote examinará as feridas abertas e declarará a pessoa impura. As feridas abertas são impuras, por serem evidências de doença grave de pele. Mas, se as feridas abertas secarem e ficarem brancas, a pessoa deverá voltar ao sacerdote, que a examinará outra vez. Se as feridas se tornaram brancas, o sacerdote declarará a pessoa pura. Se apresentar tais feridas, ela está pura.

18-23 "Se alguém tiver uma ferida purulenta, e ela sarar, e, no lugar da ferida, aparecer um inchaço branco ou uma mancha avermelhada e brilhante, ele deverá apresentar-se ao sacerdote para um exame. Se parecer como se tivesse penetrado na pele e o pelo estiver branco, o sacerdote o declarará impuro. É doença grave de pele que irrompeu a partir da ferida. Mas, se o exame mostrar que não há pelo branco na ferida e que ela tem apenas a profundidade da pele e está diminuindo, o sacerdote isolará o doente por sete dias. Se, depois disso, a mancha se espalhar sobre a pele, o sacerdote o diagnosticará como impuro. É doença infecciosa. Mas se a mancha brilhante não tiver mudado nem se espalhado, é apenas a cicatriz da ferida. O sacerdote o declarará puro.

24-28 "Quando alguém tiver queimadura na pele, e a carne viva se tornar uma mancha brilhante avermelhada ou branca o sacerdote deverá examiná-lo. Se o pelo na mancha brilhante estiver branco, e a mancha parecer mais funda que a pele, uma doença grave irrompeu na região da queimadura. O sacerdote o declarará impuro: é doença grave de pele e infecciosa. Mas, se, depois do exame, não houver pelo branco na mancha brilhante e a mancha não parecer mais funda que a pele, mas tiver diminuído, o sacerdote isolará o doente por sete dias. No sétimo dia, o sacerdote o examinará de novo. Se a mancha tiver se espalhado sobre a pele, o sacerdote o diagnosticará impuro: é doença grave de pele e infecciosa. Mas, se a mancha brilhante continuar igual e não tiver se espalhado, mas tiver diminuído, é apenas inchaço da queimadura. O sacerdote o declarará puro, pois não passa de uma cicatriz da queimadura.

29-37 "Quando um homem ou uma mulher tiver uma ferida na cabeça ou no queixo, o sacerdote fará um diagnóstico. Se parecer que a ferida é mais funda que a pele e o pelo estiver amarelado e fino, ele declarará a pessoa ritualmente impura. É sarna, uma doença grave de pele e infecciosa. Mas, se, quando examinar a sarna, ele perceber que a mancha não é mais funda que a pele e não houver pelo escuro nela, ele isolará a pessoa por sete dias. No sétimo dia, examinará de novo a parte afetada. Se a sarna não tiver se espalhado, não houver pelo amarelado nela e não for mais funda que a pele, a pessoa rapará os pelos do corpo, exceto na parte da sarna. O sacerdote a isolará por mais sete dias. Se, depois disso, a sarna não tiver se espalhado e não for mais funda que a pele, o sacerdote declarará a pessoa pura. Ela poderá ir para casa e lavar suas roupas, porque está pura. Mas, se, depois de a pessoa ter sido declarada pura, a sarna se espalhar, o sacerdote deverá fazer novo exame. Se a sarna tiver se espalhado na pele, o sacerdote não precisará buscar mais evidências: a pessoa está impura. Mas, se ele perceber que não houve alteração e que cresceu pelo escuro, a sarna está curada. A pessoa está pura, e o sacerdote a declarará pura.

38-39 "Quando um homem ou mulher tiver manchas brancas brilhantes na pele, o sacerdote deverá fazer um exame. Se as manchas forem brancas e sem brilho, é apenas um eczema que se espalhou. A pessoa está pura.

40-44 "Quando um homem perder o cabelo e ficar calvo, ele está puro. Se perder o cabelo na parte da frente da cabeça, ele está meio calvo. Mesmo assim, está puro. Mas, se ele tiver uma ferida avermelhada na parte calva, no couro cabeludo, ou na parte da frente da cabeça, significa que uma doença grave de pele está irrompendo. O sacerdote deverá examiná-lo. Se a ferida inchada no couro cabeludo ou na parte da frente da cabeça estiver avermelhada com aparência de ser uma doença grave de pele, ele, de fato, tem uma doença de pele séria e está impuro.

O sacerdote deverá declará-lo impuro por causa da ferida na cabeça.

45-46 "Qualquer pessoa com uma doença grave de pele deverá usar roupas rasgadas, deixar o cabelo solto e despenteado, cobrir o lábio superior e gritar: 'Impuro! Impuro!'. Enquanto a pessoa tiver feridas, continuará ritualmente impura e terá de viver isolada, fora do acampamento".

47-58 "Se uma roupa — de lã ou de linho, em peça tecida ou trançada de linho ou de lã, de couro ou feita com couro — estiver infectada com uma mancha de um fungo perigoso e se a mancha na roupa, no couro ou no material tecido ou trançado for esverdeada ou avermelhada, talvez seja um caso grave, e a peça deve ser mostrada ao sacerdote. Ele examinará a mancha e isolará o material por sete dias. No sétimo dia, examinará de novo a mancha. Se ela tiver se espalhado pela roupa — de material tecido ou trançado ou de couro —, é mancha de mofo persistente, o que significa que o material está impuro. Ele deverá queimar a peça de roupa, porque o mofo é persistente e nocivo. Mas, se o sacerdote examinar a peça de roupa e a mancha não tiver se espalhado, ele ordenará ao proprietário que lave o material que tem a mancha e o isolará por mais sete dias. Fará novo exame depois de o material ter sido lavado e, se a aparência da mancha não tiver mudado, mesmo que não tenha se espalhado, ainda assim, o objeto é impuro. Deverá ser queimado, não importa se o mofo afetou um lado ou outro do material. Se o sacerdote constatar que a mancha diminuiu depois de ter sido lavado o material, ele cortará a parte afetada da roupa. Mas, se a mancha reaparecer, é nova erupção, e qualquer roupa que tiver essa mancha deverá ser queimada. Se a roupa for lavada e a mancha desaparecer, deverá ser lavada pela segunda vez; então, estará pura.

59 "Essas são as instruções relativas a uma mancha de mofo persistente na roupa de lã ou de linho, de material tecido ou trançado, ou de qualquer objeto de couro, para que sejam declarados puros ou impuros".

14 **1-9** O Eterno falou a Moisés: "Estas são as instruções para a pessoa afetada na época da sua purificação de doença de pele grave e infecciosa. Primeiro, ela será levada ao sacerdote. Ele a levará para fora do acampamento e fará um exame. Se a pessoa infectada tiver sido curada da doença, o sacerdote dará ordem para que se tragam duas aves puras vivas, um pedaço de madeira de cedro, um pano tingido de vermelho e um ramo de hissopo para a pessoa que será purificada. O sacerdote dará a ordem para que a pessoa mate uma das aves numa vasilha de barro com água de fonte. O sacerdote pegará a ave viva, o pedaço de madeira de cedro, o pano vermelho e o hissopo e os molhará com o sangue da ave morta sobre a água de fonte. Então, aspergirá sete vezes a pessoa que está sendo purificada da doença grave de pele e a declarará pura. Finalmente, ele libertará a ave viva em campo aberto. A pessoa purificada, depois de ter lavado suas roupas, rapado todos os pelos e se banhado em água, estará pura. Depois disso, ela poderá entrar no acampamento outra vez, mas terá de ficar fora da sua tenda durante sete dias. No sétimo dia, terá de rapar todos os seus pelos: da cabeça, barba, sobrancelhas e todos os outros. Então, lavará sua roupa e tomará outro banho. Assim, estará pura.

MARCOS 6.21-44

21-22 Entretanto, chegou um dia especial: o aniversário de Herodes. Ele convidou toda a elite da Galileia, toda a nobreza. A filha de Herodias entrou no salão do banquete e dançou para os convidados. Ela encantou Herodes e todos os convidados.

22-23 O rei disse à moça: "Peça-me qualquer coisa. Darei o que você quiser". Entusiasmado, acrescentou: "Juro que divido meu reino com você, se me pedir".

24 Ela foi consultar sua mãe: "O que devo pedir?".

"Peça a cabeça de João, o Batista", foi a resposta.

25 Empolgada, ela correu até o rei e pediu: "Quero a cabeça de João, o Batista, numa bandeja. E quero agora!".

26-29 O pedido deixou o rei abalado, mas, para não perder o prestígio diante dos convidados, concedeu o que ela desejava. Ordenou que o carrasco fosse à prisão e trouxesse a cabeça de João. Ele cortou a cabeça de João e trouxe-a numa bandeja; entregou-a à moça, que a levou para sua mãe. Quando os discípulos de João souberam do fato, foram buscar o corpo e lhe deram um sepultamento digno.

Comida para cinco mil

30-31 Os apóstolos voltaram de sua missão e relataram a Jesus tudo que haviam feito e ensinado. Jesus disse: "Venham! Vamos parar e descansar um pouco". Era tanta gente indo e vindo que eles não tinham tempo nem para comer.

32-34 Eles entraram no barco e foram para um lugar mais tranquilo. Entretanto, alguém os viu partindo, e a notícia se espalhou. Muita gente saiu correndo das cidades vizinhas, e chegou ao lugar de destino antes deles. Quando Jesus saiu do barco, uma multidão imensa o aguardava. Ao ver todo aquele povo, ele ficou comovido. Afinal, eram como ovelhas sem pastor. Ele imediatamente pôs-se a ensiná-los.

35-36 Já no cair da tarde, os discípulos viram que Jesus estava se alongando e o interromperam: "Estamos no meio do nada, e está ficando tarde. Despede o povo para que eles saiam e consigam o que comer nas redondezas".

37 Jesus respondeu: "Vocês vão dar comida a eles". Eles perguntaram: "É sério? Mesmo que gastemos uma fortuna?".

38 Mas ele não estava brincando. "Quantos pães vocês têm? Verifiquem".

Não demorou para saberem. "Cinco pães e dois peixes", informaram.

39-44 Jesus mandou que todos se assentassem em grupos de cinquenta ou de cem na grama verde. Ele tomou os cinco pães e os dois peixes, olhou para o céu, orou, abençoou o pão, partiu-o e entregou tudo aos discípulos, que por sua vez o repartiram com o povo. Ele fez o mesmo com o peixe. Todos comeram e ficaram satisfeitos. Os discípulos recolheram doze cestos de sobras. E os que participaram da refeição foram cerca de cinco mil.

SALMOS 32.1-5

Um salmo de Davi

32 **1** Considere-se afortunado, feliz mesmo:
você que ganhou um novo começo e
cuja ficha está limpa.

2 Considere-se afortunado:
o Eterno não tem nada contra você,
e você não está escondendo nada dele.

3 Quando guardei tudo para mim,
meus ossos se transformaram em pó,
minhas palavras eram gemidos
intermináveis.

4 A pressão nunca cessava,
a ponto de todo o líquido do meu corpo secar.

5 Então resolvi pôr tudo para fora.
Eu disse: "Confessarei todos os meus pecados
ao Eterno".

De repente, a pressão foi embora —
minha culpa evaporou,
meu pecado desapareceu.

NOTAS

DIA 056 ___/___/___

LEVÍTICO 14.10 — 15.11

10-18 "No dia seguinte, no oitavo dia, pegará dois cordeiros sem defeito e uma ovelha de um ano, também sem defeito, com três jarros de farinha da melhor qualidade misturada com óleo. O sacerdote que declarar a pessoa pura apresentará a pessoa e os elementos da oferta ao Eterno, na entrada da Tenda do Encontro. O sacerdote pegará um dos cordeiros e o apresentará com a caneca de óleo como oferta de reparação e as movimentará como oferta movida diante do Eterno. Ele matará o cordeiro no lugar em que se matam os animais da oferta de perdão e da oferta queimada, no lugar sagrado, porque, assim como a oferta de perdão, a oferta de reparação pertence ao sacerdote: é oferta santíssima. O sacerdote porá um pouco do sangue da oferta de reparação no lóbulo da orelha direita da pessoa a ser purificada, bem como no polegar da sua mão direita e no dedão do pé direito. Depois disso, derramará um pouco de óleo na palma da mão esquerda e, com o dedo da mão direita, aspergirá o óleo sete vezes diante do Eterno. O resto do óleo será aplicado no lóbulo da orelha direita da pessoa a ser purificada, bem como no polegar da sua mão direita e no dedão do seu pé direito, sobre o sangue da oferta de reparação. Ele porá o resto do óleo sobre a cabeça da pessoa a ser purificada e fará expiação por ela diante do Eterno.

 ¹⁹⁻²⁰ "Finalmente, o sacerdote sacrificará a oferta de perdão e fará expiação pela pessoa a ser purificada da sua impureza – matará o animal da oferta queimada e o oferecerá junto com a oferta de cereal no altar. Assim, terá feito expiação pela pessoa. Ela está pura, agora.

²¹⁻²² Se a pessoa for pobre e não tiver recursos para apresentar essas ofertas, poderá levar um cordeiro como oferta de reparação, como oferta movida para fazer expiação por ela, mais um jarro de farinha da melhor qualidade misturada com óleo para a oferta de cereal, uma caneca de óleo e duas rolinhas ou dois pombinhos. Um será para a oferta de perdão; e o outro, para a oferta queimada.

²³⁻²⁹ "No oitavo dia, ela os levará ao sacerdote na entrada da Tenda do Encontro na presença do Eterno. O sacerdote tomará o cordeiro para a oferta de perdão e a caneca de óleo e os balançará diante do Eterno, como oferta movida. Ele matará o cordeiro para a oferta de perdão, pegará parte do sangue e o aplicará no lóbulo da orelha direita da pessoa a ser purificada, bem como no polegar da mão direita e no dedão do pé direito. O sacerdote derramará parte do óleo na palma da sua mão esquerda e, com o dedo direito, aspergirá parte desse óleo sete vezes diante de Deus. Ele aplicará outra parte do óleo que está na palma da mão nos mesmos lugares em que pôs o sangue da oferta de reparação: no lóbulo da orelha direita da pessoa a ser purificada, bem como no polegar da mão direita e no dedão do pé direito. O sacerdote pegará o que sobrar do óleo na palma da sua mão e o porá na cabeça da pessoa a ser purificada, fazendo expiação por ela diante do Eterno.

³⁰⁻³¹ "Finalmente, a pessoa sacrificará as rolinhas ou os pombinhos, conforme seus recursos; um, como

oferta de perdão; e o outro, como oferta queimada junto com a oferta de cereal. Depois desse procedimento, o sacerdote fará expiação pela pessoa que está sendo purificada diante do Eterno.

³² "Essas são as instruções que deverão ser seguidas por qualquer pessoa que teve uma doença grave de pele e não tiver recursos para levar as ofertas regulares de purificação".

³³⁻⁴² O Eterno disse a Moisés e Arão: "Se, depois que entrarem na terra de Canaã, que estou dando a vocês como sua propriedade, eu fizer surgir algum fungo nocivo numa casa, na terra que pertence a vocês, o proprietário deverá contar ao sacerdote: 'Apareceu mofo na minha casa'. O sacerdote mandará desocupar a casa até que ele possa examinar o mofo, para que nada na casa seja declarado impuro. Se o sacerdote examinar a casa e perceber que o mofo nas paredes são manchas esverdeadas ou avermelhadas que parecem mais profundas que a superfície da parede, ele deverá sair da casa e trancá-la por sete dias. No sétimo dia, voltará e fará novo exame. Se o mofo tiver se espalhado pelas paredes da casa, deverá ordenar que as pedras afetadas pelo mofo sejam arrancadas e jogadas num lugar impuro fora da cidade. Ele deverá ordenar que todo o interior da casa seja raspado. O reboco removido será levado para um lugar impuro fora da cidade. As pedras e o reboco da casa serão substituídos.

⁴³⁻⁴⁷ "Se o mofo irromper outra vez na casa depois de as pedras terem sido arrancadas e a casa tiver sido raspada e rebocada novamente, o sacerdote fará novo exame. Se o mofo tiver se espalhado, é mofo corrosivo. A casa está impura e terá de ser demolida – suas pedras, madeira e reboco terão de ser removidos e jogados num lugar impuro fora da cidade. Qualquer pessoa que entrar na casa enquanto ela estiver fechada estará impura até a tarde. Quem dormir ou comer na casa deverá lavar suas roupas.

⁴⁸⁻⁵³ "Mas, se o sacerdote fizer novo exame e perceber que o mofo não se espalhou depois de a casa ter sido rebocada novamente, ele deverá declarar a casa pura: o mofo foi eliminado. Para purificar a casa, ele usará duas aves, um pedaço de madeira de cedro, um pano tingido de vermelho e hissopo. Ele matará uma das aves numa vasilha de barro com água de fonte, pegará o pedaço de madeira de cedro, o hissopo, o pano vermelho e a ave viva e os molhará no sangue da ave morta e na água de fonte. Em seguida, aspergirá a casa sete vezes, purificando, assim, a casa com o sangue da ave, a água de fonte, a ave viva, a madeira

DIA 056

de cedro, o hissopo e o pano vermelho. Por último, soltará a ave viva fora da cidade, em campo aberto. Assim, terá feito expiação pela casa, e ela estará pura.

54-57 "Esses são os procedimentos a serem seguidos para todo caso de doença grave de pele, sarna, mofo nas roupas ou na casa, inchaço, ferida ou mancha brilhante na pele, para determinar quando são impuros e quando são puros. Esses são os procedimentos prescritos para doenças de pele contagiosas e mofo corrosivo".

Os fluxos do corpo

15 **1-3** O Eterno disse a Moisés e Arão: "Fale com o povo de Israel e diga: 'Quando um homem tiver um fluxo proveniente do seu órgão genital, esse fluxo é impuro. Não importa se é proveniente de corrimento ou de um estancamento, ele está impuro. Ficará impuro durante todos os dias em que seu corpo tiver o corrimento ou o estancamento.

4-7 "'Toda cama em que ele se deitar estará ritualmente impura, e tudo em que se sentar será impuro. Quem tocar na cama dele ou sentar-se em algo em que ele se sentou, ou tocar no homem que teve o fluxo terá de lavar suas roupas e tomar um banho, permanecendo impuro até a tarde.

8-11 "'Se o homem que tem o fluxo cuspir em alguém que está puro, essa pessoa terá de lavar suas roupas e tomar um banho, permanecendo impura até a tarde. Toda sela na qual o homem com fluxo montar será impura. Quem tocar qualquer coisa que esteve debaixo desse homem será impuro até a tarde. A pessoa que carregar esse objeto terá de lavar suas roupas e tomar um banho, permanecendo impura até a tarde. Se o homem com o fluxo tocar em alguém sem primeiro lavar as mãos, o que foi tocado terá de lavar suas roupas e banhar-se com água, permanecendo impuro até a tarde.

MARCOS 6.45 — 7.13

Andando sobre o mar

45-46 Terminada a refeição, Jesus insistiu em que os discípulos entrassem no barco e fossem para Betsaida enquanto ele despedia o povo. Em seguida, ele subiu a uma montanha para orar.

47-49 Tarde da noite, o barco já estava longe, e Jesus ainda estava em terra. Ele podia ver a dificuldade de seus companheiros com os remos, pois o vento estava contra o barco. Por volta das quatro horas da madrugada, Jesus foi na direção deles, andando sobre o mar. E, quando se aproximou e eles o viram, pensaram que fosse um fantasma e gritaram, apavorados.

50-52 Jesus tratou de tranquilizá-los: "Calma! Sou eu. Não tenham medo". Assim que ele entrou no barco, o vento cessou. Eles ficaram perplexos, coçando a cabeça e tentando entender tudo que havia acontecido. Não haviam entendido o que ele fizera na hora da refeição. Estavam com o coração endurecido.

53-56 Concluíram a travessia, ancoraram o barco em Genesaré e lá o deixaram. Assim que pisaram em terra, a notícia rapidamente se espalhou. O povo correu até onde eles estavam, trazendo doentes em macas. Para onde quer que ele fosse, aldeia, cidade ou rota de comércio, os doentes eram levados até um local público. Eles imploravam que Jesus lhes permitisse tocar pelo menos na orla de sua roupa. E todos que o tocavam eram curados.

A verdadeira contaminação

7 **1-4** Os fariseus e alguns líderes religiosos, vindos de Jerusalém, reuniram-se à volta dele para reclamar que os discípulos dele eram negligentes com as purificações rituais antes das refeições. Os fariseus — e os judeus em geral — jamais participariam de uma refeição sem primeiro proceder ao ritual da lavagem das mãos, principalmente se tivessem chegado da feira (para não mencionar como limpavam canecas, panelas e outras vasilhas).

5 Os fariseus e os líderes religiosos perguntaram: "Por que seus discípulos desrespeitam as leis, fazendo as refeições sem lavar as mãos?".

6-8 Jesus reagiu: "Isaías estava certo a respeito de enganadores como vocês. Ele acertou em cheio:

Esse povo faz um grande *show*,
dizendo as coisas certas,
mas o coração deles não está nem aí
para o que dizem.
Fazem de conta que me adoram,
mas é tudo encenação.
Eles me usam apenas como desculpa
para ensinar o que se adapta ao seu gosto,
Alterando o mandamento de Deus
e sempre adotando modismos".

9-13 Ele continuou: "Que conveniente, não? Vocês se livram do mandamento de Deus para seguir os modismos religiosos sem serem incomodados. Moisés disse claramente: 'Respeitem seu pai e sua mãe'. Disse também: 'Quem desrespeitar o pai ou a mãe será morto'. Mas vocês driblam o mandamento, alegando que é perfeitamente aceitável dizer ao pai ou à mãe: 'Vou ofertar a Deus a ajuda financeira que eu deveria dar a vocês'. Assim, vocês se livram da obrigação que têm para com os pais. Vocês anulam a Palavra de Deus e a trocam por suas próprias regras. Vocês são especialistas nesse tipo de coisa".

SALMOS 32.6-11

⁶ Com isso, cheguei a uma conclusão:
todos temos de orar,
porque, quando as represas arrebentarem e
tudo inundarem,
estaremos em terreno alto e sairemos ilesos.

⁷ O Eterno é minha ilha de refúgio;
ele mantém o perigo bem longe da praia,
e os louvores são como um colar
em volta do meu pescoço.

⁸ Deixe-me dar uns bons conselhos a você,
olhando nos seus olhos,
falando diretamente a você:

⁹ "Não seja teimoso como o cavalo ou a mula
que precisam de freio e rédea
para se manter no caminho".

¹⁰ Os que desafiam Deus
estão sempre desorientados,
mas os que confiam em Deus são amados
em qualquer situação e lugar.

¹¹ Celebrem o Eterno!
Cantem juntos — todos!
Vocês, de coração honesto, não se calem!

◼ NOTAS

☐ DIA 057 ___ / ___ / ___

LEVÍTICO 15.12 — 16.34

¹² " 'Se uma vasilha de barro for tocada pelo homem que tem o fluxo, ela terá de ser quebrada, mas a vasilha de madeira será lavada com água.

¹³⁻¹⁵ " 'Quando o homem que teve o fluxo estiver purificado dele, terá de contar sete dias para sua purificação, lavar suas roupas e banhar-se em água corrente. Então, estará puro. No oitavo dia, oferecerá duas rolinhas ou dois pombinhos ao Eterno, na entrada da Tenda do Encontro. Deverá entregá-los ao sacerdote, que oferecerá um deles como oferta de perdão, e o outro, como oferta queimada. Assim, fará expiação por ele na presença do Eterno, por causa do seu fluxo.

¹⁶⁻¹⁸ " 'Quando um homem tiver fluxo seminal, deverá lavar todo o corpo com água, e permanecerá impuro até a tarde. Toda peça de roupa e qualquer objeto de couro em que cair o sêmen terá de ser lavado com água, ficando impuros até a tarde.

¹⁹⁻²³ " 'Quando uma mulher tiver fluxo de sangue, a impureza do seu período menstrual durará sete dias. Qualquer pessoa que tocar nela estará impura até a tarde. Tudo em que ela se deitar ou se sentar durante o período menstrual será impuro. Qualquer pessoa que tocar sua cama ou qualquer coisa em que ela se sentar terá de lavar suas roupas e tomar um banho, ficando impura até a tarde.

²⁴ " 'Se um homem tiver relações com ela, e o sangue menstrual tocar nele, ele ficará impuro

durante sete dias, e toda cama em que ele se deitar será impura.

²⁵⁻²⁷ " 'Se uma mulher tiver o fluxo de sangue durante muitos dias, mas não na época do período mensal, ou tiver um fluxo que dure além do seu período mensal, ela ficará impura, como durante seu período menstrual. Toda cama em que ela se deitar enquanto tiver o fluxo e tudo em que se sentar se tornará impuro, como em seu período mensal. Qualquer pessoa que tocar nessas coisas se tornará impura e terá de lavar as suas roupas com água; essa pessoa permanecerá impura até a tarde.

²⁸⁻³⁰ " 'Depois de cessar o fluxo, ela terá de contar sete dias; então, estará pura. No oitavo dia, deverá entregar duas rolinhas ou dois pombinhos ao sacerdote, na entrada da Tenda do Encontro. O sacerdote oferecerá um deles como oferta de perdão, e o outro, como oferta queimada. Ele fará expiação por ela na presença do Eterno, por causa do fluxo que a tornou impura'.

³¹ "Vocês são responsáveis por manter os israelitas separados do que os torna ritualmente impuros, para que não morram nessa condição e, assim, profanem a minha Habitação, que está entre eles.

³²⁻³³ "Esses são os procedimentos que devem ser seguidos no caso de um homem que tiver fluxo ou emissão seminal que o torna impuro e no caso de uma mulher em seu período menstrual — qualquer homem ou mulher com fluxo e também o homem que tiver relações com uma mulher que está impura".

O Dia da Expiação

16 ¹⁻²Após a morte dos dois filhos de Arão — eles morreram ao comparecer à presença do Eterno com fogo estranho —, o Eterno disse a Moisés: "Diga a seu irmão Arão que não entre quando bem entender no Lugar Santíssimo, no lado de dentro do véu que está diante da tampa da expiação sobre a arca, para que não morra, porque estou presente na nuvem acima da tampa da expiação.

³⁻⁵ "Este será o procedimento de Arão quando entrar no Lugar Santo: ele trará um novilho para a oferta de perdão e um carneiro para a oferta queimada. Vestirá a túnica de linho e o calção de linho, fixará o cinto de linho à sua volta e porá o turbante de linho — as roupas sagradas. Ele terá de se lavar com água antes de vesti-las. Depois, levará, da congregação de Israel, dois bodes para a oferta de perdão e para a oferta queimada.

⁶⁻¹⁰ "Arão deverá oferecer o novilho como oferta de perdão para ele próprio e para fazer expiação por si mesmo e por sua família. Então, porá os dois bodes diante do Eterno, na entrada da Tenda do Encontro, e lançará sortes sobre os dois bodes: um será para o Eterno, e o outro, para Azazel. Ele apresentará o bode sorteado para o Eterno como oferta de perdão. O bode sorteado para Azazel será solto no deserto — para Azazel — como expiação.

¹¹⁻¹⁴ "Arão apresentará seu novilho como oferta de perdão para fazer expiação por si mesmo e por sua família. Ele matará seu novilho para a oferta de perdão. Pegará um incensário cheio de brasas vivas do altar diante de Deus e dois punhados de incenso aromático em pó e os levará para trás do véu. Então, porá o incenso no fogo diante do Eterno. A fumaça do incenso cobrirá a tampa da expiação que está sobre as tábuas da aliança, para que Arão não morra. Ele aspergirá com o dedo um pouco do sangue do novilho sobre a parte da frente da tampa da expiação e, depois, diante da tampa da expiação sete vezes.

¹⁵⁻¹⁷ "Em seguida, matará o bode da oferta de perdão a favor do povo e levará o sangue para trás do véu. Repetirá ali o que fez com o sangue do novilho, aspergindo-o diante da tampa da expiação e sobre ela. Assim, fará expiação pelo Lugar Santíssimo por causa das impurezas dos israelitas, seus atos de rebeldia e todos os seus outros pecados. Ele fará a mesma coisa pela Tenda do Encontro, que está entre o povo, no meio das suas impurezas. Ninguém poderá ficar na Tenda do Encontro desde o momento em que Arão entrar para fazer expiação no Lugar Santíssimo até ele sair, depois de fazer expiação por si mesmo, por sua família e por toda a congregação de Israel.

¹⁸⁻¹⁹ "Ele sairá e se dirigirá para o altar que está diante do Eterno e fará expiação pelo altar. Ele esfregará um pouco do sangue do novilho e do sangue do carneiro nas quatro pontas do altar. Com o dedo, aspergirá nele parte do sangue sete vezes, para purificá-lo e consagrá-lo das impurezas dos israelitas.

²⁰⁻²² "Quando Arão concluir o ritual de expiação pelo Lugar Santíssimo, pela Tenda do Encontro e pelo altar, trará à frente o bode vivo, porá ambas as mãos sobre a cabeça do animal e confessará todas as iniquidades do povo de Israel, todas as suas rebeliões e todos os seus pecados. Todos os pecados repousarão sobre a cabeça do bode, e ele será enviado ao deserto, conduzido por um homem que estará de prontidão. O bode levará todas as iniquidades para um lugar solitário, e o homem soltará o animal no deserto.

²³⁻²⁵ "Finalmente, Arão virá para a Tenda do Encontro e tirará as roupas de linho que vestiu para entrar no Lugar Santíssimo. Deverá deixá-las ali. Ele se lavará com água em lugar sagrado, vestirá

a roupa sacerdotal, apresentará a oferta queimada por si mesmo e a oferta queimada a favor do povo, fazendo expiação por si mesmo e pelo povo, e queimará a gordura da oferta de perdão no altar.

26-28 "O homem que levar o bode para Azazel no deserto, depois, lavará suas roupas e também se lavará com água. Só então, terá permissão para voltar ao acampamento. O novilho e o bode da oferta de perdão, cujo sangue foi levado para dento do Lugar Santíssimo para fazer expiação, deverão ser levados para fora do acampamento e queimados — o couro, a carne e os excrementos. O homem designado a queimá-los, depois, lavará suas roupas e, também, se lavará com água. Só então, estará autorizado a voltar ao acampamento.

29-31 "Esse deve ser o procedimento padrão entre vocês, uma ordenança perpétua. No dia 10 do sétimo mês, tanto o natural da terra quanto o estrangeiro residente farão um jejum solene e se absterão de todo o trabalho, porque, nesse dia, será feita a expiação por vocês, para purificá-los. Na presença do Eterno, vocês serão purificados de todos os seus pecados. É o sábado de todos os sábados; por isso, vocês terão de jejuar. É uma ordenança perpétua.

32 "O sacerdote que for ungido e ordenado para suceder o pai deverá fazer o sacrifício de resgate:
Ele porá as roupas de linho sagradas;
33 Purificará o Lugar Santíssimo ao fazer expiação;
Purificará a Tenda do Encontro e o altar ao fazer expiação;
Fará expiação pelos sacerdotes e por toda a congregação".

34 "Esta é uma ordenança perpétua para vocês: uma vez por ano se fará expiação por todos os pecados do povo de Israel".

E Arão fez tudo exatamente como o Eterno havia ordenado a Moisés.

MARCOS 7.14-37

14-15 Dirigindo-se à multidão, ele acrescentou: "Ouçam agora, todos vocês, prestem bastante atenção: não é o que vocês comem que contamina a vida. É o que sai de vocês — essa é a verdadeira contaminação".
17 Ele voltou para casa depois de falar à multidão, e seus discípulos disseram: "Não entendemos. O senhor poderia nos explicar?".
18-19 Jesus respondeu: "Vocês também? Será que não entendem? Não sabem que o que se come não pode contaminar ninguém? Pois o que se come não vai para o coração, mas para o estômago, é digerido e depois é eliminado". (Com isso Jesus desafiou as minuciosas leis dietéticas dos judeus, afirmando que *todos* os alimentos podem ser comidos.)
20-23 Ele continuou: "O que contamina é o que sai da pessoa. É do coração que vomitamos maus pensamentos, obscenidade, imoralidade, roubo, assassinato, adultério, cobiça, depravação, engano, bebedice, olhar maldoso, calúnia, arrogância, insensatez. *Essa* é a verdadeira contaminação".

24-26 Dali Jesus partiu e foi para os arredores de Tiro. Entrou numa casa para não ser encontrado, mas a notícia de sua chegada se espalhou. Ele estava dentro de casa quando uma mulher, cuja filha era perturbada por um espírito maligno, ficou sabendo de sua presença ali. Ela se ajoelhou aos seus pés, implorando ajuda. A mulher era grega, siro-fenícia de nascimento, e pediu que ele curasse sua filha.
27 Ele disse: "Espere sua vez. Os filhos devem ser alimentados primeiro. Se sobrar alguma coisa, os cães poderão comer".
28 Ela foi rápida: "Entendo, Mestre. Mas os cães não comem das migalhas que os filhos deixam cair?".
29-30 Jesus ficou impressionado: "Tem razão! Vá para casa. Sua filha não está mais perturbada. A aflição demoníaca se foi". Ela foi para casa e encontrou a filha tranquila na cama, livre daqueles tormentos.
31-35 Ele deixou a região de Tiro e voltou para o mar da Galileia, passando por Sidom e pelo distrito das Dez Cidades. Algumas pessoas trouxeram um homem que não podia ouvir nem falar e pediram a Jesus que impusesse as mãos sobre ele. Jesus tocou nos ouvidos do homem e passou-lhe um pouco de saliva na língua. Então orou, suspirou profundamente e ordenou: "*Efatá!* — Abra-se!". E assim aconteceu. O homem ouvia e falava perfeitamente!
36-37 Jesus ordenou que mantivessem o fato em segredo, mas eles, entusiasmados, não paravam de falar no assunto. Diziam: "Ele faz tudo muito bem. Faz até o surdo ouvir e o mudo falar".

SALMOS 33.1-5

33 1-3 Vocês, pessoas de bem,
saúdem o Eterno com vivas!
O louvor dos que têm uma vida correta
é de melhor qualidade.
Reforcem seus louvores com violões.
Acompanhem seus hinos com
um piano de cauda.
Componham uma canção nova para ele.
Celebrem ao som de uma clarinada.

DIA 058

4-5 Pois a Palavra do Eterno é sólida, inabalável.
Tudo que ele faz é sem defeito,
por dentro e por fora.
Ele ama quando tudo se encaixa,
quando seu mundo está na absoluta verdade.
A terra fica cheia
da bondosa satisfação do Eterno.

◼ NOTAS

||||||||||||||||||||||||||||||||||||||||||||||||||||

☐ **DIA 058** ___ / ___ / ___

LEVÍTICO 17.1 — 19.8

Vida santa: sacrifícios e sangue

17 1-7 O Eterno disse a Moisés: "Fale com Arão e seus filhos e todos os israelitas. Diga-lhes que é isto que o Eterno está ordenando: todo homem que sacrificar um boi, cordeiro ou bode, dentro ou fora do acampamento, em vez de levá-lo à entrada da Tenda do Encontro para oferecê-lo ao Eterno, diante da habitação do Eterno, será considerado culpado de sangue. Derramou sangue e precisa ser eliminado do meio do povo. O propósito é que os israelitas tragam ao Eterno os sacrifícios que, até agora, faziam em campo aberto. Precisam trazê-los ao Eterno e ao sacerdote, na entrada da Tenda do Encontro, e sacrificá-los como ofertas de paz ao Eterno. O sacerdote aspergirá o sangue no altar do Eterno, que está à entrada da Tenda do Encontro, e queimará a gordura como aroma agradável ao Eterno. Já não sacrificarão a demônios em forma de bode — um tipo de orgia religiosa. Esse é um decreto perpétuo para todas as gerações.

8-9 "Diga a eles: 'Qualquer israelita ou estrangeiro residente que apresentar uma oferta queimada ou de paz, mas não levar os animais à entrada da Tenda do Encontro para sacrificá-los ao Eterno, terá de ser eliminado do meio do povo.

10-12 "Se algum israelita ou estrangeiro residente comer sangue, rejeitarei essa pessoa e a eliminarei do meio do povo, pois a vida do animal está no sangue. Eu providenciei o sangue para fazer expiação pela vida de vocês no altar: é o sangue, a vida, que faz a expiação. É por isso que digo ao povo de Israel: não comam sangue. O mesmo vale para os estrangeiros residentes.

13-14 " Todo israelita — e isso vale também para o estrangeiro residente — que caçar um animal ou ave que se pode comer terá de derramar o sangue e cobri-lo com terra, porque a vida de todo animal está no sangue: o sangue é sua vida. Por isso, digo aos israelitas: não comam o sangue de nenhum animal, porque a vida de todo animal é seu sangue. Quem comer sangue terá de ser eliminado.

15-16 " Qualquer pessoa — seja natural da terra, seja estrangeiro residente — que comer carne de um animal encontrado morto ou despedaçado terá de lavar suas roupas e tomar um banho, permanecendo impura até a tarde. Só depois, estará pura. Se ela não lavar suas roupas nem tomar banho, será considerada responsável pelos seus atos' ".

Sexo

18 1-5 O Eterno disse a Moisés: "Fale com o povo de Israel e diga a eles: 'Eu sou o Eterno, o seu Deus. Não ajam como o povo do Egito, com quem vocês conviveram, nem como os povos de Canaã, para onde estou levando vocês. Não façam o que eles fazem.

Obedeçam às minhas leis e ajam de acordo com meus decretos. Eu sou o Eterno. Guardem meus decretos e leis. Quem obedecer a essas leis viverá por elas. Eu sou o Eterno.

⁶ " 'Não tenham relações sexuais com parentes próximos. Eu sou o Eterno.

⁷ " 'Não desonrem seu pai, tendo relações com sua mãe. Ela é sua mãe. Não tenham relações com ela.

⁸ " 'Não tenham relações com a mãe de seu pai. Isso desonra seu pai.

⁹ " 'Não tenham relações com sua irmã, filha de seu pai ou de sua mãe, tenha ela nascido na mesma casa ou não.

¹⁰ " 'Não tenham relações com a filha de seu filho ou com a filha de sua filha. Isso desonraria o próprio corpo de vocês.

¹¹ " 'Não tenham relações com a filha da esposa de seu pai, nascida de seu pai. Ela é sua irmã.

¹² " 'Não tenham relações com a irmã de seu pai. Ela é sua tia, parenta próxima de seu pai.

¹³ " 'Não tenham relações com a irmã de sua mãe. Ela é sua tia, parenta próxima de sua mãe.

¹⁴ " 'Não desonrem o irmão de seu pai, seu tio, tendo relações com a esposa dele. Ela é sua tia.

¹⁵ " 'Não tenham relações com sua nora. Ela é esposa de seu filho: não tenham relações com ela.

¹⁶ " 'Não tenham relações com a esposa de seu irmão. Isso desonraria seu irmão.

¹⁷ " 'Não tenham relações com uma mulher e a filha dela. E não tenham relações com as netas dela. São parentas próximas. Isso é perversão.

¹⁸ " 'Não se casem com a irmã de sua esposa para que uma não se torne rival da outra e para que o homem não tenha relações com ela enquanto a esposa ainda está viva.

¹⁹ " 'Não tenham relações com sua esposa durante o período menstrual, quando ela está impura.

²⁰ " 'Não tenham relações com a esposa do vizinho, contaminando-se com ela.

²¹ " 'Não entreguem nenhum de seus filhos para ser queimado como sacrifício ao deus Moloque. É um ato de blasfêmia contra seu Deus. Eu sou o Eterno.

²² " 'Não tenham relações com um homem como se tem com uma mulher. Isso é abominável.

²³ " 'Não tenham relações com um animal, contaminando-se com ele.

²⁴⁻²⁸ " 'Não se contaminem de nenhuma dessas maneiras. Foi assim que os outros povos se contaminaram, os povos que expulsarei da terra diante de vocês. Até mesmo a terra foi contaminada, e vou castigá-la por causa de suas iniquidades. A terra vomitou seus habitantes. Obedeçam aos meus decretos e leis, tanto o natural da terra quanto o estrangeiro residente. Não façam nenhuma dessas coisas abomináveis. Os povos que habitavam essa terra, antes que vocês chegassem, fizeram todas essas coisas e a contaminaram. E, se vocês a contaminarem, a terra vomitará vocês, assim como vomitou as nações que os precederam.

²⁹⁻³⁰ " 'Os que fizerem qualquer uma dessas coisas abomináveis serão eliminados do meio do povo. Gravem o que estou dizendo e não se envolvam em nenhuma das práticas abomináveis existentes antes da chegada de vocês. Não se contaminem com elas. Eu sou o Eterno, o *seu* Deus' ".

Eu sou o Eterno, o seu Deus

19¹⁻² O Eterno disse a Moisés: "Fale com a congregação de Israel e diga a eles: 'Sejam santos porque eu, o Eterno, o seu Deus, sou santo.

³ " 'Cada um de vocês deve respeitar sua mãe e seu pai.

" 'Guardem meus sábados. Eu sou o Eterno, o seu Deus.

⁴ " 'Não se voltem para os ídolos, que não têm poder. Não façam ídolos de metal. Eu sou o Eterno, o seu Deus.

⁵⁻⁸ " 'Quando apresentarem uma oferta de paz ao Eterno, façam da maneira que foi ensinada, para que ela seja aceita. Comam a oferta no dia em que a sacrificarem e no dia seguinte. Tudo que sobrar, no terceiro dia, deverá ser queimado. O que for comido no terceiro dia será carne contaminada e inaceitável. Quem a comer será responsabilizado por isso, porque profanou o que é sagrado para o Eterno. Essa pessoa será eliminada do meio do povo.

MARCOS 8.1-21

Comida para quatro mil

8¹⁻³ Foi na mesma ocasião que Jesus outra vez se viu diante de uma multidão faminta. Ele chamou seus discípulos e disse: "Estou com o coração partido por causa desta gente. Há três dias estão comigo, e não têm o que comer. Não posso mandá-los embora com fome, vão acabar desmaiando no caminho — alguns vieram de muito longe".

⁴ Os discípulos perguntaram: "Mas onde vamos encontrar comida suficiente para todos neste lugar deserto?".

⁵ Jesus perguntou: "Quantos pães vocês têm?". "Sete pães", informaram.

DIA 059

6-10 Jesus, então, mandou que o povo se assentasse. Depois de ter dado graças, tomou os sete pães, partiu-os e entregou-os aos discípulos para que os repartissem com o povo. Havia também alguns peixes. Ele abençoou os peixes e ordenou aos discípulos que os repartissem de igual modo. Todos comeram à vontade, e foram necessários sete grandes cestos para recolher as sobras. E os que participaram da refeição foram cerca de quatro mil. Depois de despedir a multidão, Jesus entrou no barco com os discípulos e foram para Dalmanuta.

11-12 Quando chegaram, os fariseus vieram pressioná-lo para que ele desse uma prova de quem era. Desafiado, Jesus perguntou: "Por que esta geração pede um sinal milagroso como garantia? A verdade é que vocês não terão sinal nenhum".

O fermento do mal

13-15 Dali, ele voltou para o barco e dirigiu-se para o outro lado do mar. Os discípulos, porém, esqueceram-se de levar pão, exceto por um pedaço. Aproveitando a oportunidade, Jesus aconselhou-os: "Fiquem de olho no fermento dos fariseus e dos partidários de Herodes".

16-19 Pensando que ele os repreendia por haverem esquecido o pão, começaram a culpar um ao outro. Percebendo o que se passava, Jesus perguntou: "Por que estão discutindo por haverem esquecido o pão? Não entenderam ainda? Não conseguem perceber? Não se lembram dos cinco pães que demos aos cinco mil? Quantos cestos de sobras vocês recolheram?".

Eles responderam: "Doze".

20 "E dos sete pães para os quatro mil? Quantos cestos de sobras vocês recolheram?".

"Sete."

21 Ele perguntou: "Ainda não entendem?".

SALMOS 33.6-12

6-7 Os céus foram feitos ao comando do Eterno.
As estrelas apareceram com o sopro
de sua palavra.
Ele cavoucou o mar em seu jarro,
pôs o oceano em seu barril.

8-9 Criaturas da terra, prostrem-se diante
do Eterno!
Habitantes do mundo, ajoelhem-se!
Eis o porquê: ele falou e ali estava,
no lugar e no momento em que ele disse.

10-12 O Eterno esfacela as arrogantes
pretensões de Babel,
derruba os esquemas de poder do mundo.
Os planos do Eterno
para o mundo permanecem,
todos os seus desígnios são feitos para durar.
Abençoada é a nação que tem o Eterno como Deus!
Abençoados os que foram incluídos
no seu testamento.

NOTAS

DIA 059 ___ / ___ / ___

LEVÍTICO 19.9 — 20.27

9-10 " 'Quando vocês fizerem sua colheita, não colham todo o grão, até as bordas do campo, nem colham as espigas que tiverem caído ao chão. Na vinha, não colham até os últimos frutos nem voltem para apanhar as uvas caídas. Deixem-nas para os pobres e estrangeiros. Eu sou o Eterno, o seu Deus.

11 " 'Não roubem.

" 'Não mintam.

" 'Não enganem ninguém.

12 " 'Não jurem usando meu nome em vão, profanando o nome do seu Deus. Eu sou o Eterno.

13 " 'Não explorem nem roubem os amigos.

" 'Não retenham os salários de trabalho braçal dos diaristas até o dia seguinte.

14 " 'Não amaldiçoem os surdos nem ponham pedra de tropeço na frente dos cegos: tenham temor de Deus. Eu sou o Eterno.

15 " 'Não pervertam a justiça. Não demonstrem favoritismo nem ao pobre nem ao poderoso. Julguem com base no que estiver certo.

16 " 'Não espalhem fofocas e boatos.

" 'Não fiquem parados sem fazer nada quando a vida do seu vizinho estiver em perigo. Eu sou o Eterno.

17 " 'Não guardem rancor do seu vizinho. Se alguém tem algo contra um vizinho, trate de resolver o assunto. Do contrário, você será cúmplice dele.

18 " 'Não busquem vingança nem guardem rancor de ninguém do seu povo.

" 'Cada um ame ao próximo como a si mesmo. Eu sou o Eterno.

19 " 'Obedeçam aos meus decretos.

" 'Não cruzem duas espécies diferentes de gado.

" 'Não plantem duas espécies diferentes na sua lavoura.

" 'Não vistam roupas tecidas com dois tipos de material.

20-22 " 'Se um homem tiver relações sexuais com uma escrava que esteja prometida a outro homem, mas ainda não foi resgatada nem recebeu a liberdade, deverá ser feita uma investigação. Mas eles não deverão ser mortos, porque ela ainda não era livre. O homem terá de apresentar uma oferta, um carneiro para reparação diante do Eterno, na entrada da Tenda do Encontro. Com o carneiro, o sacerdote realizará o ritual de expiação pelo homem diante do Eterno. Assim, será reparado o pecado que ele cometeu, e ele será perdoado.

23-25 " 'Quando vocês entrarem na terra e plantarem qualquer tipo de árvore frutífera, não comam do seu fruto durante três anos: ele será considerado não comestível. No quarto ano, o fruto será santo, uma oferta de louvor a Deus. Só a partir do quinto ano,

vocês poderão comer seu fruto. Dessa forma, terão colheitas mais ricas. Eu sou o Eterno, o seu Deus.

26 " 'Não comam carne que ainda contém sangue.

" 'Não pratiquem adivinhação nem magia.

27 " 'Não cortem o cabelo dos lados da cabeça nem cortem as pontas da barba.

28 " 'Não façam cortes no corpo por causa dos mortos.

" 'Não façam tatuagens no corpo.

29 " 'Ninguém desonre sua filha, obrigando-a a se prostituir, pois todo o país logo se transformaria num bordel, entregue ao sexo sórdido.

30 " 'Guardem meus sábados e reverenciem meu santuário: eu sou o Eterno.

31 " 'Não se envolvam com ocultismo nem consultem espíritos: a alma de vocês será contaminada. Eu sou o Eterno, o seu Deus.

32 " 'Mostrem respeito pelos mais velhos. Honrem a presença de um idoso. Tenham temor de Deus. Eu sou o Eterno.

33-34 " 'Quando um estrangeiro for viver na terra de vocês, não tirem vantagem dele. Tratem o estrangeiro como tratam o natural da terra. Amem-no como a alguém da família. Lembrem-se de que vocês foram estrangeiros no Egito.

35-36 " 'Não usem medidas fraudulentas para comprimento, peso ou quantidade. Usem balanças, pesos e medidas honestos. Eu sou o Eterno, o seu Deus. E tirei vocês do Egito.

37 " 'Obedeçam a todos os meus decretos e leis. Sim, ponham-nos em prática. Eu sou o Eterno' ".

20 **1-5** O Eterno falou a Moisés: "Diga aos israelitas: 'Qualquer israelita ou estrangeiro em Israel que entregar seu filho a Moloque será morto. A congregação o executará por apedrejamento. Eu rejeitarei esse homem e o eliminarei do meio do povo. Ao dar seu filho ao deus Moloque, ele contaminou meu santuário e profanou meu santo nome. Se o povo fizer de conta que nada aconteceu quando ele entregar seu filho ao deus Moloque e não o matar, eu rejeitarei esse homem e sua família e o eliminarei do meio do povo, bem como todos os que tiverem se unido a ele nos abomináveis rituais do deus Moloque.

6 " 'Decididamente, rejeitarei os que se envolverem com ocultismo ou consultarem espíritos, prostituindo-se com suas práticas. Eu os eliminarei do meio do povo.

7-8 " 'Preparem-se para viver uma vida santa. *Vivam* uma vida santa, porque eu sou o Eterno, o

DIA 059

seu Deus. Façam o que digo: *vivam* da forma que eu ordenar. Eu sou o Eterno, que torna vocês santos. [9] " 'Qualquer pessoa que amaldiçoar seu pai ou sua mãe deve ser morta. Ao amaldiçoar pai ou mãe, ela assinou sua sentença de morte.

[10] " 'Se um homem cometer adultério com a mulher de outro homem – a mulher do vizinho, por exemplo – ambos, o homem e a mulher, o adúltero e a adúltera terão de ser mortos.

[11] " 'Se um homem tiver relações sexuais com a esposa de seu pai, ele desonrou seu pai. Ambos, o homem e a mulher, terão de ser mortos: eles assinaram sua sentença de morte.

[12] " 'Se um homem tiver relações com sua nora, ambos terão de ser mortos. O que eles fizeram é perverso: eles assinaram sua sentença de morte.

[13] " 'Se um homem tiver relações sexuais com um homem, como se tem com uma mulher, ambos fizeram algo abominável. Terão de ser mortos: eles assinaram sua sentença de morte.

[14] " 'Se um homem se casar com uma mulher e a mãe dela, isso é perversão. Os três terão de ser queimados, eliminando, assim, a perversão da terra.

[15] " 'Se um homem tiver relações com um animal, ele terá de ser morto, e vocês terão de matar o animal.

[16] " 'Se uma mulher tiver relações com um animal, vocês terão de matar a mulher e o animal. Eles terão de ser mortos: eles assinaram sua sentença de morte.

[17] " 'Se um homem se casar com sua irmã, filha do pai ou da mãe, e eles tiverem relações, será uma desgraça. Eles terão de ser executados publicamente. Ele desonrou sua irmã e será responsabilizado por isso.

[18] " 'Se um homem dormir com uma mulher durante o período menstrual e tiver relações com ela, ele expôs o fluxo dela, e ela expôs seu fluxo de sangue: ambos terão de ser eliminados do meio do povo.

[19] " 'Ninguém tenha relações com sua tia, quer por parte de pai, quer por parte de mãe. Isso desonraria um parente próximo. Ambos serão responsabilizados por esse ato.

[20] " 'Se um homem tiver relações com sua tia, ele desonrou seu tio. Eles serão responsabilizados e morrerão sem filhos.

[21] " 'Se um homem casar com a cunhada, é contaminação. Ele envergonhou seu irmão. Eles ficarão sem filhos.

[22-23] " 'Façam o que digo e pratiquem todos os meus decretos e leis. Vivam de acordo com eles, para que a terra para a qual os estou levando não vomite vocês.

Vocês não poderão viver como os povos que estou expulsando dali. Eles fizeram todas essas coisas, e eu odeio tudo isso.

[24-26] " 'Lembrem-se de que eu disse que vocês tomarão posse da terra que estou dando a vocês como herança, uma terra em que manam leite e mel. Eu sou o Eterno, o seu Deus, que separou vocês dos outros povos. Então, vivam de acordo com isso. Façam distinção entre animais e aves ritualmente puros e impuros. Não se contaminem com nenhum animal, ave ou criatura que se mova rente ao chão, que indiquei como impuro para vocês. Vivam uma vida santa diante de mim porque eu, o Eterno, sou santo, e separei vocês dos povos para serem meus.

[27] " 'Todo aquele que consulta espíritos no meio de vocês terá de ser morto. Vocês o executarão por apedrejamento: ele assinou sua sentença de morte' ".

MARCOS 8.22 – 9.4

[22-23] Ao chegarem eles à Betsaida, algumas pessoas trouxeram um cego e pediram a Jesus que o tocasse. Tomando-o pela mão, ele o levou para fora da cidade. Passou saliva nos olhos do homem, impôs as mãos sobre ele e perguntou: "Consegue ver alguma coisa?".

[24-26] Ele olhou para cima e disse: "Vejo homens, só que eles parecem árvores andando". Jesus voltou a impor as mãos sobre ele. Dessa vez, o homem percebeu que havia recuperado completamente a visão. Agora via tudo com perfeição. Jesus mandou-o para a casa, advertindo: "Não entre na cidade".

O Messias

[27] Jesus e seus discípulos visitaram as cidades ao redor de Cesareia de Filipe. Enquanto caminhavam, ele perguntou: "Quem o povo diz que eu sou?".

[28] Eles responderam: "Alguns pensam que é João, o Batista. Outros acham que é Elias. Há quem pense que é algum dos profetas".

[29] Ele insistiu: "E vocês? Quem acham que eu sou?".

Pedro declarou: "Tu és o Cristo, o Messias".

[30-32] Jesus pediu que guardassem segredo, que não dissessem nada a ninguém. Em seguida, resolveu explicar algumas coisas: "É necessário que o Filho do Homem seja maltratado, levado a julgamento e declarado culpado pelos líderes do povo, sacerdotes e líderes religiosos; que seja morto e três dias depois ressuscite". Ele falava de modo simples e claro, para que todos entendessem.

32-33 Pedro, porém, protestou, segurando-lhe o braço. Vendo que os discípulos hesitavam em aceitar os fatos, Jesus repreendeu Pedro: "Pedro, saia do meu caminho! Fora, Satanás! Você não tem ideia de como Deus trabalha".

34-37 Reunindo uma multidão e seus discípulos, Jesus disse: "Quem quiser seguir-me tem de aceitar minha liderança. Quem está na garupa não pega na rédea. *Eu* estou no comando. Não fujam do sofrimento. Abracem-no. Sigam-me, e mostrarei a vocês como agir. Autoajuda não é ajuda. O autossacrifício é o caminho – o meu caminho – para ser realmente salvo. Qual é a vantagem de conquistar tudo que se deseja e perder a si mesmo? O que vocês teriam para dar em troca da própria alma?

38 "Se vocês têm vergonha de mim ou do meu caminho por causa dos seus amigos inconstantes e sem futuro, saibam que irão enfrentar uma vergonha muito maior na presença do Filho do Homem quando ele voltar, envolto pela glória de Deus, seu Pai, com um exército de anjos".

9 **¹**Então, ele foi para casa, dizendo: "Não é sonho. Alguns de vocês aqui verão tudo isso acontecer: o Reino de Deus chegando com força total".

Numa nuvem brilhante

2-4 **S**eis dias depois, três dos discípulos viram isso acontecer. Jesus levou Pedro, Tiago e João a um alto monte. Ali, sua aparência mudou diante deles. Suas roupas brilhavam intensamente, de uma brancura tal que ninguém seria capaz de produzir. De repente, eles perceberam que Elias e Moisés estavam ali também, conversando com Jesus.

SALMOS 33.13-17

13-15 Das alturas nos céus,
 o Eterno olha em volta
e vê toda a descendência de Adão.
De onde está sentado,
 ele supervisiona todos nós,
  habitantes da terra.
Ele modelou cada pessoa, uma por vez,
 e agora observa tudo que fazemos.

16-17 Nenhum governante prospera
 apenas com um grande exército,
 e nenhum guerreiro vence pela força bruta.
A força dos cavalos não é a resposta:
 não se vence apenas com os músculos.

NOTAS

☐ DIA **060** ___/___/___

LEVÍTICO 21.1 — 22.33

Sacerdotes consagrados

21 **¹⁻⁴** O Eterno disse a Moisés: "Fale com os sacerdotes, os filhos de Arão e diga a eles: 'O sacerdote não deve se contaminar ritualmente por tocar em mortos, exceto no caso de parentes próximos: mãe, pai, filho, filha, irmão ou irmã não casada que seja dependente dele, porque não tem marido. Por esses, ele poderá se tornar ritualmente impuro, mas não com os mortos que são apenas aparentados dele por casamento.

5-6 "'Os sacerdotes não deverão rapar a cabeça nem aparar a barba ou fazer cortes no corpo. Eles serão

DIA 060

santos para seu Deus e não poderão profanar o nome dele. Sua função é apresentar as oferendas do Eterno, o pão do seu Deus; por isso, eles têm de ser santos.

[7-8] "O sacerdote é santo ao seu Deus; por isso, ele não poderá se casar com uma mulher que tenha sido meretriz ou prostituta cultual nem com uma mulher divorciada. Ele terá de ser santo, porque serve o alimento do seu Deus. Vocês o tratarão como santo porque eu, o Eterno, que torno vocês santos, sou santo.

[9] "Se a filha de um sacerdote se profanar por meio da prostituição, ela desonra seu pai. Ela terá de ser queimada.

[10-12] "O sacerdote principal, aquele entre seus irmãos que recebeu o óleo da unção derramado sobre a cabeça e foi ordenado para vestir as roupas sacerdotais, não deixará que seu cabelo fique despenteado nem vestirá roupas rasgadas. Não poderá entrar num lugar em que haja um cadáver. Ele não deverá se contaminar ritualmente, nem mesmo por seu pai ou por sua mãe. Também não deverá abandonar nem profanar o santuário do seu Deus por causa do óleo da unção que está sobre ele. Eu sou o Eterno.

[13-15] "Ele deverá se casar com uma virgem: não poderá ser viúva, nem divorciada, nem prostituta cultual. E só poderá se casar com uma virgem do seu povo. Não poderá contaminar seus descendentes entre seu povo porque eu sou o Eterno que o santifica' ".

[16-23] O Eterno falou a Moisés: "Diga a Arão: 'Nenhum de seus descendentes, em todas as gerações por vir, que tiver algum defeito, de qualquer espécie, poderá apresentar as ofertas de alimento do seu Deus. Isso significa qualquer um que for cego ou aleijado; que tenha o rosto desfigurado ou o corpo deformado; que tenha pé ou mão defeituosos; que seja corcunda ou anão; que tenha algum defeito nos olhos; que tenha ferida aberta ou testículos defeituosos. Nenhum descendente do sacerdote Arão que tenha algum defeito poderá apresentar ofertas ao Eterno. Ele tem defeito e, portanto, não poderá oferecer o alimento do seu Deus. Ele poderá comer o pão do seu Deus, tanto o mais sagrado quanto o sagrado, mas, por causa do seu defeito, não poderá se aproximar do véu nem do altar. Isso contaminaria o meu santuário. Eu sou o Eterno que os santifico' ".

[24] Foi isso que Moisés transmitiu a Arão, seus filhos e a todo o povo de Israel.

22 [1-2] O Eterno falou a Moisés: "Diga a Arão e a seus filhos que tratem com reverência as ofertas sagradas que os israelitas consagram a mim, para que não profanem meu santo nome. Eu sou o Eterno.

[3] "Diga também: 'A partir de agora, se algum de seus descendentes se aproximar, em estado de impureza ritual, das ofertas sagradas que os israelitas consagram ao Eterno, ele será eliminado da minha presença. Eu sou o Eterno.

[4-8] "Nenhum dos descendentes de Arão que tenha doença de pele infecciosa ou fluxo poderá comer das ofertas sagradas até que esteja puro. Se tocar qualquer coisa contaminada por um cadáver, ou tiver fluxo seminal, ou for contaminado ao tocar uma criatura que se move rente ao chão, ou tocar uma pessoa que esteja contaminada por alguma razão, em qualquer um desses casos estará ritualmente impuro até a tarde e não poderá comer nenhuma das ofertas sagradas até que tenha se lavado com água. Mas, depois do pôr do sol, ele estará puro, e poderá comer das ofertas sagradas: elas são seu alimento. Nenhum deles também poderá se contaminar comendo carne de animal encontrado morto ou despedaçado por animais selvagens. Eu sou o Eterno.

[9] "Os sacerdotes terão de observar minhas instruções, para que não sejam culpados e morram por tratar as ofertas com irreverência. Eu sou o Eterno, que os santifico.

[10-13] "Nenhum cidadão comum ou leigo poderá comer algo que tenha sido separado como oferta sagrada. Tampouco o visitante do sacerdote ou seus servos poderão comer sua comida. Se a filha de um sacerdote se casar com alguém que não seja sacerdote, ela não poderá mais comer das ofertas sagradas. Mas, se ficar viúva ou se divorciar e estiver sem filhos e voltar para a casa de seu pai, vivendo a mesma situação de antes, ela poderá voltar a participar da mesa de seu pai. Mas nenhuma pessoa comum poderá comer das ofertas sagradas.

[14] "Se alguém comer da oferta sagrada por acidente terá de fazer restituição ao sacerdote, com acréscimo de vinte por cento.

[15-16] "Os sacerdotes não deverão tratar com irreverência as ofertas sagradas dos israelitas que contribuem para o Eterno, para que não se contaminem e se tornem culpados quando comerem das ofertas sagradas. Eu sou o Eterno, que os santifico' ".

[17-25] O Eterno falou a Moisés: "Diga o seguinte a Arão e seus filhos e a todo o povo de Israel: 'Cada um de vocês, não importa se nativo da terra ou estrangeiro, que apresentar uma oferta queimada ao Eterno para cumprir algum voto ou como oferta voluntária, precisa certificar-se de que seja um macho sem defeito — um boi, um carneiro ou um bode —,

para que seja aceitável. Ninguém tente trazer um animal defeituoso: não será aceito. Sempre que alguém trouxer uma oferta do seu gado ou do rebanho de ovelhas como oferta de paz ao Eterno para cumprir um voto ou como oferta voluntária, o animal terá de ser perfeito. Não tentem oferecer ao Eterno um animal cego, aleijado ou mutilado ou um animal com feridas abertas, úlceras ou fluxo. Não ponham nenhum animal defeituoso no altar como oferta ao Eterno. Vocês poderão até apresentar bois ou ovelhas deformados ou atrofiados como oferta voluntária, mas eles não serão aceitos para cumprir voto. Não ofereçam ao Eterno um animal que esteja com os testículos machucados, esmagados, despedaçados ou cortados. Não façam isso em sua terra nem aceitem dos estrangeiros animais defeituosos, muito menos os apresentem como alimento ao Eterno. Por causa dos seus defeitos e deformidades, eles não serão aceitos'".

²⁶⁻³⁰ O Eterno disse a Moisés: "Quando nascer um bezerro, cordeiro ou cabrito, ele deverá ficar com sua mãe durante sete dias. Depois do oitavo dia, é aceitável como oferta dedicada ao Eterno. Não sacrifiquem uma vaca, ovelha ou cabra e sua cria no mesmo dia. Quando apresentarem uma oferta de gratidão ao Eterno, façam isso de forma correta, para que seja aceita. Vocês deverão comê-la no mesmo dia: não deixem sobra para a manhã seguinte. Eu sou o Eterno.

³¹ "Façam o que digo: *Vivam* segundo o que ordeno. Eu sou o Eterno.

³²⁻³³ "Não profanem meu santo nome. Insisto em ser tratado com santa reverência pelo povo de Israel. Sou o Eterno, que os santifico e que os tirou do Egito para ser seu Deus. Eu sou o Eterno".

MARCOS 9.5-27

⁵⁻⁶ Então, Pedro interrompeu a conversa: "Rabi, que grande momento! Que tal se construíssemos três memoriais aqui na montanha – um para o senhor, um para Moisés e um para Elias?". Ele falava sem pensar, apavorado e maravilhado com o que via.

⁷ Naquele instante, uma nuvem brilhante os envolveu, e da nuvem ouviu-se uma voz: "Este é meu Filho, marcado pelo meu amor. Ouçam-no!".

⁸ No minuto seguinte, os discípulos olharam ao redor, esfregando os olhos: não estavam vendo mais ninguém, a não ser Jesus!

⁹⁻¹⁰ Enquanto desciam a montanha, Jesus os fez prometer que guardariam segredo. "Não digam nada a ninguém sobre o que viram, até que o Filho do Homem levante-se dos mortos. Mas eles ficaram imaginando o que significaria "levantar-se dos mortos".

¹¹ Eles fizeram uma pergunta: "Por que os líderes religiosos dizem que Elias tem de vir primeiro?".

¹²⁻¹³ Jesus explicou: "Elias vem para deixar tudo pronto. A verdade, porém, é que Elias já veio, mas eles não o reconheceram. Eles o desprezaram, assim como irão tratar o Filho do Homem. De acordo com as Escrituras, ele sofrerá terrivelmente. Será torturado e tratado com desprezo".

Tudo é possível para quem tem fé

¹⁴⁻¹⁶ Quando desceram a montanha para se reunir aos outros discípulos, viram-se rodeados por uma multidão imensa, que debatia com os líderes religiosos. Assim que viu Jesus, o povo ficou animado. Correram para ele e o saudaram. Ele perguntou: "O que está acontecendo? Por que toda esta agitação?".

¹⁷⁻¹⁸ Um homem da multidão respondeu: "Mestre, eu trouxe meu filho, que foi deixado mudo por um demônio. Toda vez que o demônio se apossa dele, joga-o ao chão. O menino baba, range os dentes e fica rígido como uma tábua. Falei com teus discípulos, esperando que o libertassem, mas não puderam".

¹⁹⁻²⁰ Jesus suspirou, inconformado: "Mas que geração! Vocês não conhecem Deus! Até quando vou ter de aguentar esse tipo de coisa? Quantas vezes ainda vou ter de passar por isso? Tragam o menino aqui!". Eles o trouxeram. Quando o demônio viu Jesus, apossou-se do menino, que ficou babando e se contorcendo no chão.

²¹⁻²² Jesus perguntou ao pai do menino: "Há quanto tempo isso acontece?".

"Desde que era pequeno. Muitas vezes o demônio o joga no fogo ou no rio para matá-lo. Se o senhor puder fazer alguma coisa, tenha misericórdia e nos ajude!".

²³ Jesus disse: "'Se eu puder'? Tudo é possível para quem tem fé".

²⁴ Assim que Jesus disse essas palavras, o pai do menino exclamou: "Eu creio, mas me ajude a vencer as minhas dúvidas!".

²⁵⁻²⁷ Percebendo que a plateia ficava cada vez maior, Jesus deu ordens expressas ao espírito maligno: "Espírito mudo e surdo, eu ordeno: sai dele e não volte!". Com muito estardalhaço, o espírito saiu. O menino estava pálido como um defunto, de modo que as pessoas começaram a dizer: "Ele está morto". Mas, tomando-o pela mão, Jesus o levantou. O menino ficou em pé.

SALMOS 33.18-22

18-19 Escutem: os olhos do Eterno estão sobre
aqueles que o respeitam,
aqueles que procuram seu amor.
Ele está disposto a resgatá-los
nos tempos maus,
a prestar todo o auxílio necessário
nos tempos difíceis.

20-22 Dependemos do Eterno;
ele é tudo de que precisamos.
E mais: nosso coração transborda de alegria
quando tomamos para nós seu santo nome.
Ama-nos, ó Eterno, com tudo o que tens!
Em ti está a nossa esperança!

NOTAS

DIA 061 ___ / ___ / ___

LEVÍTICO 23.1 — 24.12

As festas

23 **1-2** O Eterno disse a Moisés: "Diga ao povo de
Israel: 'Estas são minhas festas, as festas fixas
do Eterno que vocês deverão adotar como reuniões
sagradas.

3 " 'Trabalhem durante seis dias. O sétimo dia é
um sábado, o dia do descanso absoluto e de reunião
sagrada. Não façam trabalho algum. Onde quer que
estejam residindo, será sábado dedicado ao Eterno.

4 " 'Estas são as festas fixas do Eterno, as reuniões
sagradas que vocês deverão anunciar nas épocas
designadas.

5 " 'A Páscoa do Eterno, começando no pôr do sol
do dia 14 do primeiro mês.

6-8 " 'A festa dos Pães sem Fermento do Eterno,
no dia 15 do mesmo mês. Vocês comerão pães sem
fermento durante sete dias. Convoquem uma reunião sagrada no primeiro dia e não façam trabalho
regular algum. Apresentem ofertas preparadas no
fogo ao Eterno durante sete dias e, no sétimo dia,
façam uma reunião sagrada: não realizem trabalho
regular algum' ".

9-14 O Eterno disse a Moisés: "Diga ao povo de
Israel: 'Quando chegarem à terra que eu estou
dando a vocês e fizerem a primeira colheita, tragam ao sacerdote um feixe do primeiro cereal que
colherem. Ele balançará o feixe diante do Eterno a
favor de vocês. Na manhã após o sábado, o sacerdote
o balançará. No mesmo dia em que balançarem o
feixe, ofereçam um cordeiro de um ano sem defeito como oferta queimada ao Eterno e, com ele, a
oferta de cereal de dois jarros de farinha da melhor
qualidade misturada com óleo — oferta preparada
no fogo e dedicada ao Eterno, um aroma agradável
— e, também, uma oferta derramada de um litro de
vinho. Não comam pão nem cereal tostado ou novo
antes de terem apresentado essa oferta ao seu Deus.
Esse é um decreto perpétuo para todas as gerações
vindouras, onde quer que vocês estejam residindo.

15-21 " 'Contem sete semanas, a partir da manhã
depois do sábado em que trouxeram o feixe como
oferta movida, cinquenta dias até a manhã do sétimo
sábado. Então, apresentem outra oferta de cereal ao
Eterno. Tragam, do lugar em que estiverem morando,

dois pães, feitos com dois jarros de farinha da melhor qualidade e preparados com fermento, como oferta movida dos primeiros frutos ao Eterno. Além dos pães, ofereçam sete cordeiros de um ano de idade e sem defeito, mais um boi e dois carneiros. Eles serão oferecidos como oferta queimada ao Eterno junto com as ofertas de cereal e as ofertas derramadas – ofertas preparadas no fogo e dedicadas como aroma agradável ao Eterno. Ofereçam um bode como oferta de perdão e dois cordeiros de um ano de idade como oferta de paz. O sacerdote balançará os dois cordeiros diante do Eterno, junto com o pão dos primeiros frutos. Essas são as ofertas sagradas destinadas aos sacerdotes. O dia inteiro será como uma reunião sagrada. Não façam trabalho regular algum. É um decreto perpétuo, válido onde quer que vocês estejam residindo, por todas as gerações.

22 " 'Quando fizerem a colheita, não colham todo o grão, até as bordas do campo, nem juntem as espigas que tiverem caído ao chão. Deixem a sobra para os pobres e estrangeiros. Eu sou o Eterno, o *seu* Deus' ".

23-25 O Eterno disse a Moisés: "Diga ao povo de Israel: " 'Separem o primeiro dia do sétimo mês como um dia de descanso, de reunião sagrada – o anúncio será feito com toques de trombeta. Não façam trabalho regular algum. Apresentem uma oferta preparada no fogo e dedicada ao Eterno' ".

26-32 O Eterno disse a Moisés: "O dia 10 do sétimo mês será o dia da expiação. Organizem uma reunião sagrada, jejuem e ofereçam uma oferta preparada no fogo e dedicada ao Eterno. Não trabalhem nesse dia, porque é o dia em que se fará expiação por vocês diante do seu Eterno. Quem não jejuar nesse dia terá de ser eliminado do meio do povo, e eu mesmo vou eliminar aquele que trabalhar nesse dia. Não façam nenhum trabalho nesse dia – nenhum. Esse é um decreto perpétuo para todas as gerações vindouras, onde quer que vocês estejam residindo. É um sábado de descanso absoluto, um dia de jejum. Guardem o sábado desde o entardecer do dia 9 até o entardecer do dia seguinte".

33-36 O Eterno disse a Moisés: "Diga ao povo de Israel: 'A festa das Cabanas do Eterno começa no dia 15 do sétimo mês. Deverá ter a duração de sete dias. O primeiro dia será uma reunião sagrada: não façam nenhum trabalho regular. Apresentem ofertas preparadas no fogo e dedicadas ao Eterno durante sete dias. No oitavo dia, façam uma reunião sagrada e dediquem uma oferta ao Eterno. É reunião solene: não façam nenhum trabalho regular.

37-38 " 'Essas são as festas fixas estabelecidas pelo Eterno, que vocês decretarão como reuniões sagradas e, nessas ocasiões, apresentarão ofertas preparadas no fogo e dedicadas ao Eterno: as ofertas queimadas, as ofertas de cereal, os sacrifícios e as ofertas derramadas designadas para cada dia. Essas ofertas serão apresentadas sem que sejam interrompidas as ofertas dos sábados do Eterno e as outras ofertas relacionadas a qualquer voto que vocês tiverem feito e as ofertas voluntárias que trouxerem ao Eterno.

39-43 " 'Resumindo: no dia 15 do sétimo mês, depois de terem feito as colheitas nos campos, celebrem a festa do Eterno durante sete dias. O primeiro dia será de descanso absoluto, e, também, o sétimo. No primeiro dia, colham os melhores frutos das melhores árvores. Recolham folhas de palmeiras e ramos de árvores frondosas e de salgueiros junto aos riachos e celebrem na presença do Eterno durante sete dias – sim, durante sete dias completos celebrem essa grande festa para o Eterno. Todos os anos, a partir de agora, vocês celebrarão essa festa no sétimo mês. Morem em cabanas durante sete dias – todos os filhos de Israel deverão habitar em cabanas durante esses dias, para que seus descendentes saibam que eu fiz o povo de Israel morar em cabanas quando o tirei da terra do Egito. Eu sou o Eterno, o *seu* Deus' ".

44 Moisés anunciou o calendário das festas anuais fixas do Eterno que Israel deveria celebrar.

Luz e pão

24 **1-4** O Eterno disse a Moisés: "Ordene ao povo de Israel que traga a você azeite de oliva puro para acender as lâmpadas, a fim de que fiquem acesas continuamente. Arão é responsável por manter acesas na presença do Eterno as lâmpadas que estão diante do véu que esconde as tábuas da aliança, na Tenda do Encontro. Esse é um decreto perpétuo, para todas as gerações. Arão é responsável por manter continuamente acesas as lâmpadas no candelabro de ouro puro diante do Eterno.

5-9 "Pegue farinha da melhor qualidade e asse doze pães, usando dois jarros de farinha para cada pão. Arrume-os em duas fileiras de seis pães sobre a mesa de ouro diante do Eterno. Ponha incenso puro em cada fileira, marcando o pão como pão memorial: é uma oferta dedicada ao Eterno. Todos os sábados, esses pães deverão ser postos diante do Eterno, como uma resposta à aliança perpétua de Israel. Os pães, depois, serão dados a Arão e seus filhos, que os comerão em lugar sagrado. É a porção mais sagrada

DIA 061

que eles recebem das ofertas consagradas ao Eterno. Esse é um decreto perpétuo".

10-12 Certo dia, o filho de uma israelita e de um egípcio apareceu na comunidade dos israelitas e se envolveu numa briga com um israelita, ocorrida no campo. O filho da israelita blasfemou o nome do Eterno e o amaldiçoou, e o caso foi apresentado a Moisés. O nome da mãe do rapaz era Selomite, filha de Dibri, da tribo de Dã, e seu filho ficou detido, esperando que o Eterno revelasse o que fazer.

MARCOS 9.28-50

28 Depois que chegaram à casa, os discípulos perguntaram a Jesus: "Por que não pudemos expulsar o demônio?".

29 Ele respondeu: "Não há outro meio de se livrar desse tipo de demônio a não ser com oração".

30-32 Saindo dali, viajaram pela Galileia. Jesus não queria que ninguém soubesse de seu paradeiro, pois queria ensinar seus discípulos. Ele anunciou: "O Filho do Homem está para ser traído por gente que não quer nada com Deus. Eles o matarão, mas três dias depois ele aparecerá – vivo". Eles não sabiam do que ele estava falando, mas tinham medo de perguntar.

Quem é o maior?

33 Eles foram para Cafarnaum. Já em casa, ele perguntou: "O que vocês discutiam pelo caminho?".

34 O silêncio foi constrangedor, porque eles estavam discutindo sobre quem deles era o maior.

35 Ele se assentou, chamou os Doze e disse: "Saibam que quem quiser ser o primeiro ficará por último e será servo de todos".

36-37 Ele pôs uma criança no meio da sala e, pegando-a nos braços, disse: "Quem recebe uma dessas crianças, como eu estou fazendo, recebe-me também. Mais que isso, recebe o próprio Deus, que me enviou".

38 Então, João disse a Jesus: "Mestre, vimos um homem usando teu nome para expulsar demônios e o impedimos, porque ele não é do nosso grupo".

39-41 Jesus reprovou-os: "Não o impeçam. Ninguém pode usar meu nome para fazer algo bom e poderoso e, no momento seguinte, afastar-se de mim. Se ele não é inimigo, é aliado. Qualquer um que lhes der um copo de água em meu nome está do nosso lado, e Deus levará isso em conta.

42 Mas quem prejudicar esses que são como crianças, intimidando-os ou tirando proveito da simplicidade deles, logo irá desejar nunca ter feito isso. Seria melhor jogar-se no meio do mar com uma pedra amarrada ao pescoço.

43-48 Se sua mão ou seu pé os atrapalha na caminhada com Deus, é melhor cortá-los e jogá-los fora. É preferível viver mutilado ou aleijado do que ter duas mãos e dois pés que o levem para a fornalha de fogo eterno. Se seu olho desvia sua atenção de Deus, arranque-o e jogue-o fora. É preferível viver com apenas um olho do que ter uma visão perfeita no fogo do inferno.

49-50 Todos, cedo ou tarde, irão passar por um fogo purificador. Mas vocês serão preservados das chamas *eternas*. Por isso, preservem-se. Vivam sempre em paz".

SALMOS 34.1-7

Um salmo de Davi – quando ele enganou Abimeleque e fugiu

34 **1** Eu engrandeço o Eterno sempre que tenho oportunidade;
Encho meus pulmões para louvá-lo!

2 Vivo e respiro o Eterno.
Se as coisas não estão indo bem, ouçam isto e sejam felizes:

3 Juntem-se a mim para espalhar as notícias;
vamos sair pelo mundo.

4 O Eterno me encontrou mais que necessitado e me libertou dos meus medos.

5 Olhem para ele!
Deem a ele seu sorriso mais caloroso.
Nunca escondam seus sentimentos dele.

6 Quando eu estava desesperado, gritei,
e o Eterno me tirou de um aperto.

7 O anjo do Eterno faz um círculo
de proteção em volta de nós enquanto oramos.

◼ NOTAS

Aquele que matar um animal precisa fazer restituição, mas aquele que matar um ser humano terá de ser morto. E não haverá dois pesos e duas medidas: a mesma regra vale para estrangeiros e nativos da terra. Eu sou o Eterno, o *seu* Deus".

²³Moisés transmitiu a decisão divina ao povo de Israel, e eles levaram o blasfemador para fora do acampamento e o apedrejaram. O povo de Israel seguiu as ordens que o Eterno tinha dado a Moisés.

O sábado da terra

25 ¹⁻⁷ O Eterno disse a Moisés, no monte Sinai: "Fale com o povo de Israel e diga a eles: 'Quando entrarem na terra que darei a vocês, a terra guardará um sábado para o Eterno. Plantem seus campos, podem suas vinhas e façam suas colheitas durante seis anos. Mas, no sétimo ano, a terra terá um descanso sabático absoluto, um sábado dedicado ao Eterno. Vocês não plantarão seus campos nem podarão suas vinhas. Não colham o que crescer por si nem façam a colheita das uvas das vinhas não podadas. A terra terá um ano de descanso total. Mas vocês poderão comer do que a terra produzir espontaneamente durante o ano de descanso — os escravos, os trabalhadores contratados, os estrangeiros residentes na terra e, claro, o gado e os animais selvagens comerão de tudo que a terra produzir espontaneamente nesse ano'".

O ano do Jubileu

⁸⁻¹² "'Contem sete sábados de anos — sete vezes sete anos. Sete sábados de anos dão quarenta e nove anos. Depois, toquem a trombeta no dia 10 do sétimo ano, o dia da expiação. Toquem a trombeta por toda a terra. Santifiquem o quinquagésimo ano. Será um ano sagrado. Proclamem a liberdade por toda a terra a todos os que habitam nela. É o ano do Jubileu para vocês: cada um voltará para a propriedade de sua família e se reunirá com a família inteira. O quinquagésimo ano é o ano do Jubileu: não semeiem, não colham o que a terra produzir nem colham as vinhas não podadas, porque é o ano do Jubileu, um ano sagrado para vocês. Comam apenas o que a terra produzir espontaneamente nos campos.

¹³ "'No ano do Jubileu, todos voltarão para casa, para a propriedade de sua família.

¹⁴⁻¹⁷ "'Quando vocês fizerem um negócio de compra ou venda de propriedade com um dos seus conterrâneos, ninguém explore seu irmão. Calculem o valor da propriedade com base no número de anos desde o ano do Jubileu. É obrigatório que se estipule o preço com base no número de colheitas restantes até o

---

☐ DIA **062** __ / __ / __

LEVÍTICO 24.13 — 25.46

¹³⁻¹⁶ O Eterno disse a Moisés: "Leve o blasfemador para fora do acampamento. Que todos os que o ouviram coloquem a mão sobre a cabeça dele. Em seguida, toda a congregação deverá apedrejá-lo. Depois, diga aos israelitas: 'Aquele que amaldiçoar a Deus será responsabilizado por isso, e quem blasfemar o nome do Eterno será morto. Toda a congregação deverá apedrejá-lo. Não fará diferença se ele é estrangeiro ou natural da terra: se blasfemar o nome do Eterno, será morto.

¹⁷⁻²² "'Aquele que matar um ser humano terá de ser morto. Aquele que matar o animal de alguém terá de fazer restituição: vida por vida. Aquele que ferir o próximo receberá em troca o mesmo que fez a ele: fratura por fratura, olho por olho, dente por dente. Tudo que ele fez àquela pessoa será feito a ele.

DIA 062

ano do Jubileu seguinte. Se forem muitos os anos restantes, o valor será maior, e o preço poderá ser aumentado. Mas, se faltarem poucos anos, o valor será menor – nesse caso, diminuam o preço. O que, na verdade, vocês estarão comprando e vendendo será o número de colheitas que ainda farão. Ninguém explore o próximo. Tenham temor de Deus. Eu sou o Eterno, o seu Deus.

18-22 " 'Obedeçam aos meus decretos e observem minhas leis, e viverão seguros na terra. A terra produzirá seu fruto, e vocês terão comida à vontade e viverão seguros e protegidos. Alguém pode perguntar: O que comeremos no sétimo ano sem plantar e colher? Garanto a vocês: darei colheitas tão abençoadas no sexto ano que a terra produzirá o suficiente para três anos. Enquanto vocês estiverem plantando no oitavo ano, ainda estarão comendo da colheita do sexto ano e comerão dela até que seja feita a colheita do nono ano.

23-24 " 'A terra não poderá ser vendida de forma definitiva porque ela é minha, e vocês são estrangeiros – vocês são meus inquilinos. Tratem de garantir o direito de resgate de qualquer parte da terra que vocês possuam.

25-28 " 'Se algum dos seus irmãos empobrecer e for obrigado a vender parte da sua terra, seu parente mais próximo deverá comprá-la e, assim, resgatar a terra que seu irmão vendeu. Se a pessoa não tiver ninguém para resgatar a terra, mas, depois, prosperar e tiver os recursos para seu resgate, ele deverá calcular o valor a partir do tempo em que a vendeu e restituir a diferença ao comprador. Assim, poderá voltar para sua terra. Se ele não conseguir ajuntar dinheiro suficiente para restituir o valor, a terra vendida permanecerá em posse do comprador até o ano do Jubileu. No ano do Jubileu, ela será devolvida, e ele poderá morar de novo em sua propriedade.

29-31 " 'Se um homem vender uma casa numa cidade murada, ele terá o direito de comprá-la de volta durante um ano após a venda. A qualquer momento nesse período de um ano, ele poderá resgatá-la. Mas, se não a resgatar ao fim de um ano, a casa se tornará posse permanente do comprador e de seus descendentes: não será devolvida no ano do Jubileu. No entanto, casas em vilas não muradas serão consideradas propriedades rurais. Elas podem ser resgatadas e deverão ser devolvidas no ano do Jubileu.

32-34 " 'Quanto às cidades dos levitas, as casas que estão dentro dessas cidades sempre estarão sujeitas ao resgate. Toda propriedade levítica terá direito a resgate se for vendida numa das cidades dos levitas

e retornará a eles no ano do Jubileu, porque as casas nessas cidades são sua única propriedade entre o povo de Israel. As pastagens que pertencem às suas cidades não poderão ser vendidas: são posse permanente dos levitas".

35-38 " 'Se um de seus irmãos se tornar tão pobre que já não consiga se sustentar, ajudem-no, assim como fazem com o estrangeiro ou com o residente temporário, para que ele continue vivendo entre vocês. Não o oprimam com juros. Por respeito ao seu Deus, ajudem seu irmão, para que ele continue vivendo entre vocês. Não tirem vantagem da situação difícil dele, cobrando juros abusivos sobre empréstimos, nem lhe emprestem comida, visando lucro. Eu sou o Eterno, que os tirou do Egito para dar a vocês a terra de Canaã e ser seu Deus.

39-43 " 'Se um de seus irmãos se tornar pobre a ponto de precisar vender-se a um de vocês, não o façam trabalhar como escravo. Tratem-no como trabalhador contratado ou como residente temporário entre vocês. Ele trabalhará até o ano do Jubileu e, depois disso, ele e seus filhos estarão livres para voltar a seu clã e à propriedade de seus antepassados. Os israelitas são os meus servos, que tirei do Egito; por isso, jamais poderão ser vendidos como escravos. Não os tratem com tirania. Tenham temor de Deus.

44-46 " 'Os escravos de vocês deverão ser gente de outros povos. Comprem escravos deles. Vocês também podem comprar os filhos de trabalhadores estrangeiros que estão vivendo temporariamente entre vocês e dos que nasceram em sua terra dos clãs que se formaram entre vocês. Eles se tornarão propriedade de vocês e poderão ser deixados como herança para seus filhos e ser escravos para sempre. Mas vocês não poderão tratar com tirania seus irmãos israelitas.

MARCOS 10.1-25

Divórcio

10 **1-2** Dali ele foi para a região da Judeia, do outro lado do Jordão. Como sempre, uma multidão o acompanhava, e ele punha-se a ensiná-los. Um dia, os fariseus vieram provocá-lo: "É permitido a um homem divorciar-se de sua esposa?"

3 Jesus perguntou: "O que Moisés determinou?".

4 Eles responderam: "Moisés deu permissão que o marido a mandasse embora, dando-lhe uma certidão de divórcio".

5-9 Jesus disse: "Moisés deu esse mandamento apenas como concessão ao coração duro de vocês.

Na criação, no plano original, Deus fez e uniu o homem e a mulher. Por isso, um homem deixa seu pai e sua mãe e, por meio do casamento, se torna uma só carne com sua mulher. Não são mais dois indivíduos: formam agora uma nova unidade. Deus criou uma união tão perfeita, que ninguém pode ter a ousadia de profaná-la, separando-os".

10-12 Depois que estavam em casa, os discípulos voltaram a tocar no assunto. Jesus foi muito direto: "O homem que se divorcia de sua esposa para se casar com outra comete adultério contra ela. A mulher que se divorcia do marido para se casar com outro comete adultério também".

13-16 Alguns estavam trazendo crianças a Jesus, na esperança de que ele as abençoasse. Mas os discípulos deram uma bronca nessa gente. Jesus não escondeu a irritação: "Não tentem afastar essas crianças! Não as impeçam de vir a mim! O Reino de Deus é feito de pessoas que são como crianças. Prestem atenção: se vocês não aceitarem o Reino de Deus com a simplicidade de uma criança, nunca entrarão nele". Então, tomando as crianças nos braços, impunha as mãos sobre elas e as abençoava.

Para entrar no Reino de Deus

17 Jesus caminhava pela rua, e um homem veio correndo, ajoelhou-se e perguntou: "Bom Mestre, que devo fazer para alcançar a vida eterna?".

18-19 Jesus perguntou: "Por que você me chama 'bom'? Ninguém é bom, a não ser Deus. Você conhece os mandamentos: não mate, não cometa adultério, não roube, não minta, não engane, honre seu pai e sua mãe".

20 Ele disse: "Mestre, faço tudo isso desde muito novo".

21 Jesus olhou-o nos olhos e, cheio de amor por ele, disse: "Falta algo: venda tudo que você tem e dê aos pobres. Toda a sua riqueza, então, estará no céu. Depois venha me seguir".

22 Foi um choque! Aquela era a última coisa que ele esperava ouvir. Assim, abatido, ele se foi. Sendo muito apegado aos seus bens, não queria abrir mão de tudo.

23-25 Enquanto observava, Jesus disse aos seus discípulos: "Vocês fazem ideia de como é difícil para os ricos entrar no Reino de Deus?". Os discípulos foram pegos de surpresa, mas Jesus continuou: "Vocês não imaginam como é difícil. É mais fácil um camelo passar pelo fundo de uma agulha".

SALMOS 34.8-14

8 Abram a boca e experimentem,
abram os olhos e vejam
como o Eterno é bom.
Abençoados são os que correm para ele.

9 Adorem o Eterno, se quiserem o melhor:
a adoração abre as portas para
todas as suas bondades.

10 Os leõezinhos à espreita ficam com fome,
mas os que buscam o Eterno estão satisfeitos.

11 Venham, filhos, ouçam atentamente!
Darei a vocês uma lição sobre
como adorar o Eterno.

12 Quem lá fora tem desejo pela vida?
Quem é que mal pode esperar cada dia
para encontrar a beleza?

13 Guarde sua língua da profanação,
e que nenhuma mentira passe pela sua boca.
14 Dê as costas para o pecado; faça o que é bom.
Abrace a paz — não a deixe fugir!

NOTAS

DIA 063

LEVÍTICO 25.47 — 26.46

⁴⁷⁻⁵³ " 'Se um estrangeiro ou residente temporário entre vocês enriquecer e alguém do seu povo empobrecer e se vender a esse estrangeiro ou a um membro de um clã estrangeiro, ainda assim, ele terá direito a resgate depois de ter se vendido. Um de seus parentes poderá resgatá-lo. Um tio ou primo ou qualquer parente próximo da sua família poderá resgatá-lo. Ou, se ele conseguir juntar dinheiro suficiente, poderá resgatar a si mesmo. Nesse caso, deve-se calcular o tempo desde o ano em que ele se vendeu até o ano do Jubileu. O valor do resgate será estabelecido de acordo com o salário de um trabalhador contratado multiplicado pelo número de anos. Se faltarem muitos anos até o ano do Jubileu, ele terá de pagar um preço mais alto pelo resgate, mas, se faltarem poucos anos até o ano do Jubileu, o cálculo do seu preço será proporcional. Ele será tratado como trabalhador contratado, ano a ano. O que não pode acontecer é seu senhor o tratar com tirania.

⁵⁴⁻⁵⁵ " 'Se ele não for resgatado de uma dessas maneiras, estará livre no ano do Jubileu, ele e seus filhos, porque os israelitas são meus servos, os servos que tirei do Egito. Eu sou o Eterno, o *seu* Deus".

26 ¹ " 'Não façam ídolos para vocês. Nenhuma imagem ou coluna sagrada deve ser erguida por vocês. Nenhuma pedra esculpida deve existir em sua terra, para que ninguém se curve diante dela em adoração. Eu sou o Eterno, o *seu* Deus.

² " 'Guardem meus sábados. Tratem meu santuário com reverência. Eu sou o Eterno' ".

"Se vocês viverem de acordo com meus decretos..."

³⁻⁵ " 'Se vocês viverem de acordo com meus decretos e obedecerem fielmente aos meus mandamentos, enviarei as chuvas na época certa. O solo dará suas colheitas; e as árvores, seus frutos. Vocês farão a debulha dos grãos até a colheita da uva, e a colheita da uva continuará até a época do plantio. Vocês terão mais que o suficiente para comer e viverão seguros e protegidos na sua terra.

⁶⁻¹⁰ " 'Farei da sua terra um lugar de paz, e vocês poderão dormir à noite sem temor. Eliminarei da terra os animais selvagens e acabarei com a guerra. Vocês perseguirão seus inimigos e os derrotarão: cinco de vocês perseguirão cem, e cem de vocês perseguirão dez mil e acabarão com eles. Darei a vocês atenção total. Farei que vocês prosperem e cresçam em número e guardarei minha aliança com vocês. Vocês ainda estarão comendo da colheita do ano anterior e já terão de limpar os celeiros para a nova safra.

¹¹⁻¹³ " 'Vou estabelecer minha morada entre vocês. Não os rejeitarei e passearei pelas suas cidades. Serei seu Deus, e vocês serão meu povo. Eu sou o Eterno, o seu Deus pessoal, que resgatou vocês do Egito para que não fossem mais escravos dos egípcios. Arranquei o jugo da escravidão para que vocês pudessem se mover livremente' ".

"Mas, se vocês se negarem a me obedecer..."

¹⁴⁻¹⁷ " 'Mas, se vocês se negarem a me obedecer e não observarem meus mandamentos, desprezando meus decretos, desdenhando das minhas leis, pela sua desobediência, e fazendo pouco caso da minha aliança, então, vou agir e causar pavor entre vocês por meio de doenças, febre alta e cegueira: sua vida definhará pouco a pouco. Vocês semearão, mas seus inimigos colherão. Vou virar as costas para vocês e ficar de lado enquanto seus inimigos os derrotam. Vocês serão governados por povos que os odeiam e fugirão apavorados mesmo quando ninguém estiver perseguindo vocês.

¹⁸⁻²⁰ " 'E, se, ainda assim, eu não conseguir obter a atenção de vocês, vou discipliná-los com muito mais rigor por seus pecados. O orgulho de vocês será quebrado. O céu acima de vocês será como uma chapa de ferro; e o solo, como uma calçada de bronze. Não importa quanto se esforçarem, não conseguirão produzir mais nada. Não haverá mais colheitas nem frutos nas árvores.

²¹⁻²² " 'Se vocês me desafiarem e se negarem a me ouvir, o castigo será sete vezes pior que seu pecado. Atiçarei os animais selvagens contra vocês, e eles roubarão seus filhos, matarão seu gado e dizimarão

suas comunidades a ponto de vocês pensarem que estão vivendo numa cidade-fantasma.

23-26 " 'Se isso não funcionar e vocês rejeitarem minha disciplina e continuarem a me desafiar, então, será minha vez de desafiá-los. Meu castigo será sete vezes mais rigoroso que seus pecados. Trarei guerra contra vocês, para vingar a violação da minha aliança. E, quando vocês tentarem formar grupos para se proteger, enviarei uma epidemia mortal sobre vocês, que os deixará indefesos diante dos inimigos. Quando eu cortar seu suprimento de pão, dez mulheres assarão pão num forno e o dividirão entre si. Vocês comerão, mas a comida será escassa – ninguém ficará satisfeito.

27-35 " 'Se *nem isso* funcionar e vocês ainda não quiserem me ouvir e continuarem me desafiando, minha paciência vai se esgotar, e castigarei vocês com verdadeira fúria, em proporção muito superior aos seus pecados. A fome será tão severa que vocês acabarão comendo os próprios filhos cozidos e suas filhas assadas. Vou pôr abaixo seus santuários de sexo e de religião e toda a parafernália que os acompanha. Os cadáveres de vocês e os pedaços dos ídolos estarão na mesma pilha. Enojado de vocês, transformarei suas cidades em entulho. Farei uma devassa em seus santuários e vou tapar o nariz para não sentir o "aroma agradável" dos seus sacrifícios. Transformarei sua terra em paisagem devastada – os inimigos que a invadirem ficarão assustados com o que vão encontrar. Espalharei vocês por todo o mundo e os perseguirei com a ponta da minha espada nas suas costas. Não sobrará nada em sua terra, e nada acontecerá em suas cidades. Depois que vocês tiverem saído e estiverem dispersos pelas nações dos seus inimigos, a terra, agora sem vocês, finalmente poderá descansar e desfrutar os anos sabáticos. Todo o tempo em que estiver vazia, a terra terá seu descanso, os sábados que nunca teve enquanto vocês viviam ali.

36-39 " 'Aqueles entre vocês que ainda estiverem vivos terão uma existência de medo e pavor – entrarão em pânico até com o movimento de uma folha. Eles correrão pra lá e pra cá, como se estivessem tentando salvar a vida, mesmo que ninguém os esteja perseguindo; ficarão tropeçando e pisoteando uns aos outros, em total desorientação. Vocês não terão chance alguma contra os inimigos e morrerão em terras estrangeiras – a terra dos seus inimigos devorará vocês. Quem sobrar apodrecerá lentamente nas terras dos inimigos. Apodrecerá, sim, e tudo por causa dos seus pecados, acrescidos dos pecados dos seus antepassados".

"Mas, se vocês confessarem..."

40-42 " 'Mas, se vocês confessarem seus pecados e os pecados dos seus antepassados – o comportamento traiçoeiro e a resistência que desencadeou minha resistência e os enviou às terras inimigas –, se amolecerem o coração e se arrependerem do seu pecado, eu me lembrarei da minha aliança com Jacó, da minha aliança com Isaque e, sim, da minha aliança com Abraão. E me lembrarei da terra.

43-45 " 'A terra estará vazia e desfrutará seus sábados enquanto eles estiverem longe. Eles pagarão pelos seus pecados porque rejeitaram minhas leis e trataram meus decretos com desprezo. Mas, apesar do seu comportamento, enquanto estiverem entre seus inimigos, não os rejeitarei nem desprezarei totalmente. Não quebrarei minha aliança com eles. Eu sou o Eterno, o seu Deus. Por causa deles, me lembrarei da aliança com seus antepassados a quem eu, observado por todos os povos, tirei do Egito a fim de ser o Deus deles. Eu sou o Eterno' ".

46 Esses são os decretos, as leis e as instruções que o Eterno estabeleceu entre ele e o povo de Israel por meio de Moisés no monte Sinai.

MARCOS 10.26-45

26 Isso chamou a atenção dos discípulos. "Se é assim, quem tem chance?", perguntaram.

27 Jesus olhou bem firme para eles e disse: "Ninguém tem chance, se pensam que conseguirão pelo esforço próprio. A única maneira é deixar Deus agir. Só ele tem o poder de fazer".

28 Pedro, então, lhe disse: "Nós deixamos tudo para te seguir".

29-31 Jesus disse: "Guardem isto: ninguém que sacrifique casa, irmãos, irmãs, mãe, pai, filhos, propriedades – seja o que for – por minha causa e por causa da Mensagem sairá perdendo. Eles terão tudo de volta multiplicado muitas vezes em casas, irmãos, irmãs, mães, filhos e propriedades – mas também em problemas. Terão ainda o prêmio da vida eterna. Aí está de novo a Grande Inversão: muitos primeiros serão últimos; e muitos últimos, primeiros".

32-34 De volta à estrada, eles foram para Jerusalém. Jesus ia adiante, e eles o seguiam, confusos e um pouco amedrontados. Ele chamou os Doze e disse: "Ouçam-me com atenção. Estamos a caminho de Jerusalém. Quando chegarmos lá, o Filho do Homem será entregue aos mestres da lei e aos líderes religiosos. Eles irão condená-lo à morte. Eles o entregarão aos romanos, que irão zombar dele, cuspir nele, torturá-lo e matá-lo. Mas, depois de três dias, ele se levantará – vivo".

Os lugares de honra

35 Tiago e João, filhos de Zebedeu, foram falar com Jesus: "Mestre, queremos que o senhor faça algo por nós".

36 "Verei se posso fazer."

37 Eles pediram: "Permite que tenhamos os lugares de maior honra na tua glória, um à tua direita e outro à esquerda".

38 Jesus disse: "Vocês não fazem ideia do que estão pedindo. Vocês são capazes de beber do cálice que estou para beber e de receber o batismo que estou para receber?".

39-40 "Sem dúvida", disseram eles. "Por que não?"

Jesus disse: "Pensem nisto: vocês vão mesmo beber o cálice que eu bebo e ser batizados com o meu batismo. Mas, quanto aos lugares de honra, não é comigo. Isso já está decidido".

41-45 Os outros dez ouviram a conversa e ficaram indignados com Tiago e João. Então, Jesus os reuniu para consertar a situação. Ele disse: "Vocês já devem ter notado como o poder sobe à cabeça dos governantes deste mundo que logo se tornam tiranos. Vocês não devem agir assim. Quem quiser ser o maior deve se tornar servo. Quem quiser ser o primeiro deve se tornar escravo. É o que o Filho do Homem faz: Ele veio para servir, não para ser servido – e para dar a própria vida para salvar muita gente".

SALMOS 34.15-22

15 O Eterno está sempre de olho em seus amigos;
seus ouvidos estão atentos
a cada gemido ou suspiro.

16 O Eterno não tolerará os rebeldes;
ele os separará do grupo.

17 Está alguém gritando por socorro?
O Eterno está ouvindo,
pronto para resgatá-lo.

18 Se seu coração está ferido,
você encontrará o Eterno bem ali.
Se você levou um soco no estômago, ele o
ajudará a recuperar o fôlego.

19 Discípulos com frequência
se metem em confusão,
mas o Eterno, silencioso,
está por perto todas as vezes.

20 Ele é seu guarda-costas,
protegendo cada osso:
nem mesmo um dedo se quebra.

21 Os ímpios cometem suicídio lentamente;
desperdiçam a vida, odiando os bons.

22 O Eterno paga pela liberdade de cada escravo;
quem recorre a ele não perde sua causa.

◼ NOTAS

DIA 064 ___ / ___ / ___

LEVÍTICO 27.1-34

Votos, consagração e resgate

27 ¹⁻⁸ O Eterno disse a Moisés: "Fale com o povo de Israel e diga a eles: 'Se alguém quiser dedicar uma pessoa ao serviço do Eterno por meio de um voto, estabeleça o valor de um homem entre 20 e 60 anos de idade em seiscentos gramas de prata, de acordo com o padrão do santuário. No caso de uma mulher, o valor é de trezentos e sessenta gramas. Se a pessoa tiver entre 5 e 25 anos de idade, estabeleça o valor em duzentos e quarenta gramas para os homens e cento e vinte gramas para as mulheres. Se a pessoa tiver entre um mês e 5 anos de idade, o valor será de sessenta gramas para os meninos e trinta e seis gramas para as meninas. Se alguém for pobre e não puder pagar o valor estabelecido, deve apresentar a pessoa ao sacerdote, que, então, estabelecerá o valor de acordo com as posses de quem fez o voto.

⁹⁻¹³ " 'Se o que ele prometeu com o voto for um animal aceitável como oferta ao Eterno, o animal será dado ao Eterno e se tornará propriedade do santuário. Quem fizer o voto não deverá trocar um animal perfeito por um defeituoso nem um defeituoso por um perfeito. Se ele, desonestamente, substituir um animal por outro, os dois animais se tornarão propriedade do santuário. Se o que ele prometeu por voto for um animal impuro, que não pode ser aceito como oferta ao Eterno, o animal deverá ser mostrado ao sacerdote, que fixará seu valor, alto ou baixo. O que o sacerdote fixar será seu valor. Se o proprietário mudar de ideia e quiser resgatar o animal, terá de acrescentar vinte por cento ao valor fixado.

¹⁴⁻¹⁵ " 'Se um homem dedicar sua casa ao Eterno, e ela passar a ser propriedade do santuário, o sacerdote fixará seu valor, seja alto, seja baixo. O que o sacerdote fixar será seu valor. Se o homem quiser a casa de volta, terá de acrescentar vinte por cento ao seu valor; então, a casa será dele outra vez.

¹⁶⁻²¹ " 'Se um homem consagrar ao Eterno parte da terra da família, seu valor será fixado de acordo com o montante de sementes necessárias, na proporção de seiscentos gramas de prata para cada barril de semente de cevada. Se ele consagrar a terra no ano do Jubileu, o valor fixado permanece. Mas, se ele a consagrar depois do ano do Jubileu, o sacerdote calculará o valor de acordo com o tempo restante até o ano do Jubileu seguinte, reduzindo o valor na proporção desses anos. Se a pessoa que consagrou a terra quiser comprá-la de volta, terá de acrescentar vinte por cento ao seu valor, e ela será dele de novo. Mas, se ele não a resgatar ou vender a outra pessoa, a terra não poderá ser comprada de volta. Quando ela for liberada, no ano do Jubileu, se tornará sagrada para o Eterno, propriedade do santuário, e irá para as mãos dos sacerdotes.

²²⁻²⁵ " 'Se um homem consagrar ao Eterno uma terra que tenha comprado e que não fazia parte das terras da família, o sacerdote calculará seu valor proporcional ao tempo que falta para o ano do Jubileu seguinte. O homem deverá pagar o valor no ato, como algo que agora é sagrado para o Eterno, propriedade do santuário. No ano do Jubileu, ela voltará ao seu proprietário original, o homem de quem ele a comprou. A avaliação será feita segundo o padrão do santuário, de doze gramas.

²⁶⁻²⁷ " 'Ninguém poderá consagrar a primeira cria de um animal: ela já pertence ao Eterno. Não importa se é do gado ou do rebanho, é propriedade do Eterno. Se for um animal ritualmente impuro, poderá ser comprado de volta, segundo o valor estipulado e acrescido de vinte por cento. Se não houver resgate, será vendido pelo valor estipulado.

²⁸ " 'Mas nada do que um homem consagrar irrevogavelmente de suas posses ao Eterno, quer dos animais, quer das terras da família, poderá ser vendido ou comprado de volta. Tudo que for consagrado será santíssimo: é propriedade inalienável do Eterno.

²⁹ " 'Nenhuma pessoa consagrada à destruição poderá ser resgatada. Terá de ser morta' ".

³⁰⁻³³ " 'Um décimo do produto da terra, seja do cereal do solo, seja do fruto da árvore, pertence ao Eterno. É santo para o Eterno. Se um homem comprar de volta parte do dízimo que deu, deverá acrescentar vinte por cento a ele. Um décimo dos rebanhos, todo décimo animal que passar debaixo da vara do pastor, será consagrado ao Eterno. Ninguém poderá escolher para si os bons e entregar os defeituosos, nem fazer troca alguma. Se fizer uma substituição desonesta, os dois animais se tornarão propriedade do santuário e não poderão ser resgatados' ".

³⁴ Esses são os mandamentos que o Eterno deu a Moisés no monte Sinai, a serem transmitidos ao povo de Israel.

DIA 064

NÚMEROS 1.1-23

O censo no deserto do Sinai

1 **1-5** **O** Eterno falou a Moisés no deserto do Sinai, na Tenda do Encontro, no primeiro dia do segundo mês, no segundo ano após a saída do Egito. Ele disse: "Conte a congregação de Israel por clãs e famílias, anotando os nomes de todos os homens. Você e Arão devem registrar, grupo por grupo, todos os homens com 25 anos ou mais que estejam aptos a alistar-se no exército. Escolham a um homem de cada tribo, que seja o líder da sua família, para ajudar vocês. Estes são os nomes de seus novos auxiliares:

de Rúben: Elizur, filho de Sedeur;
6 de Simeão: Selumiel, filho de Zurisadai;
7 de Judá: Naassom, filho de Aminadabe;
8 de Issacar: Natanael, filho de Zuar;
9 de Zebulom: Eliabe, filho de Helom;
10 dos filhos de José:
de Efraim: Elisama, filho de Amiúde,
de Manassés: Gamaliel, filho de Pedazur;
11 de Benjamim: Abidã, filho de Gideoni;
12 de Dã: Aieser, filho de Amisadai;
13 de Aser: Pagiel, filho de Ocrã;
14 de Gade: Eliasafe, filho de Deuel;
15 de Naftali: Aira, filho de Enã".

16 Esses foram os homens escolhidos da congregação, líderes de suas tribos, chefes das divisões militares de Israel.

17-19 Moisés e Arão convocaram os homens que foram nomeados para ajudá-los e reuniram toda a congregação no primeiro dia do segundo mês. Todos os israelitas se registraram em suas tribos, de acordo com a família de seus antepassados, anotando o nome dos que tinham 25 anos ou mais, como o Eterno havia ordenado a Moisés. Ele os contou no deserto do Sinai.

20-21 Os descendentes de Rúben, primeiro filho de Israel: os homens foram contados um a um, todos os homens com 25 anos ou mais que fossem capazes de combater no exército, registrados por tribo de acordo com a família dos seus antepassados. A tribo de Rúben registrou 46.500.

22-23 Os descendentes de Simeão: os homens foram contados um a um, todos os homens com 25 anos ou mais que estivessem aptos a combater no exército, registrados por clãs e famílias. A tribo de Simeão registrou 59.300.

MARCOS 10.46 — 11.14

46-48 Depois de passarem algum tempo em Jericó, Jesus saiu da cidade, seguido pelos discípulos e por uma multidão, e um mendigo cego, chamado Bartimeu, filho de Timeu, estava sentado à beira do caminho. Quando ele soube que Jesus, o Nazareno, passava por ali, começou a gritar: "Filho de Davi, Jesus! Misericórdia! Tem misericórdia de mim!". Muitos tentaram fazê-lo calar, mas ele gritava ainda mais alto: "Filho de Davi! Tem misericórdia de mim!".

49-50 Jesus parou e ordenou: "Tragam-no aqui!".

Eles foram chamá-lo: "Hoje é o seu dia! Ele está chamando você! Levante-se!" Jogando longe sua capa, ele ficou em pé e foi até Jesus.

51 Jesus perguntou: "O que você quer de mim?".

O cego respondeu: "Senhor, eu quero ver".

52 "Siga seu caminho. Sua fé salvou e curou você", disse Jesus.

No mesmo instante, ele recuperou a visão e seguia Jesus estrada afora.

Entrando em Jerusalém montado num jumentinho

11 **1-3** **Q**uando se aproximaram de Jerusalém, à altura de Betfagé e Betânia, perto do monte das Oliveiras, Jesus enviou dois discípulos com estas instruções: "Vão à aldeia que está adiante. Ali encontrarão um jumentinho amarrado. Ele nunca foi montado. Desamarrem-no e tragam-no aqui. Se alguém perguntar o que vocês estão fazendo, digam: 'O Senhor precisa dele, mas vai devolvê-lo' ".

4-7 Eles foram e encontraram um jumentinho numa rua, amarrado a um portão; eles o desamarraram, mas alguns dos que estavam ali perguntaram: "Por que estão desamarrando o jumentinho?". Os discípulos responderam exatamente como Jesus os instruíra, e não foram mais incomodados. Assim, levaram o jumentinho e puseram suas capas sobre ele, e Jesus o montou.

8-10 Muitos estendiam seus mantos pela estrada, dando a Jesus uma recepção de rei. Alguns lançavam seus mantos na rua, outros espalhavam ramos que haviam cortado nos campos. Havia muita gente por todo lado, gritando:

"Hosana!
Bendito é o que vem em nome de Deus!
Bendito o Reino do nosso pai Davi,
que está chegando!
Hosana nos altos céus!".

¹¹ Ele entrou em Jerusalém e foi para o templo. Parou ali para observar o movimento. Mas como era tarde voltou para Betânia com os Doze.

A figueira amaldiçoada

¹²⁻¹⁴ No dia seguinte, depois que saíram de Betânia, ele sentiu fome. No caminho, avistou uma frondosa figueira. Aproximou-se dela para encontrar figos, mas não achou nada além de folhas (não era época de figos). Ele disse à árvore: "Nunca mais alguém comerá dos seus frutos", e os discípulos ouviram.

SALMOS 35.1-8

Um salmo de Davi

35 **¹⁻³** Fustiga esses críticos inconvenientes, ó Eterno!
Esmurra o nariz dos encrenqueiros.
Pega o teu escudo
e me defende!
Prepara tua lança, fazendo pontaria
contra os que estão lá fora
querendo me pegar.
Para eu ficar tranquilo, preciso te ouvir dizer:
"Eu salvarei você".

⁴⁻⁸ Quando esses assassinos tentarem
me esfaquear pelas costas,
faz com que pareçam bobos.
Frustra os planos daqueles
que estão tramando minha queda.
Torna-os como cinzas ao vento forte,
enquanto o anjo do Eterno trabalha nos foles.
Torna suas estradas escuras e escorregadias,
enquanto o anjo do Eterno está atrás deles.
Além de sua natural perversidade, eles me
prepararam uma armadilha;
sem nenhuma boa razão,
cavaram uma vala para me deter.
Mas seja tua a emboscada —
captura-os na mesma armadilha
que me prepararam,
o desastre que planejaram para mim.

NOTAS

☐ DIA 065 ___ / ___ / ___

NÚMEROS 1.24 — 2.28

²⁴⁻²⁵ Os descendentes de Gade: os homens foram contados um a um, todos os homens com 25 anos ou mais que estivessem aptos a combater no exército, registrados por clãs e famílias. A tribo de Gade registrou 45.650.

²⁶⁻²⁷ Os descendentes de Judá: os homens foram contados um a um, todos os homens com 25 anos ou mais que estivessem aptos a combater no exército, registrados por clãs e famílias. A tribo de Judá registrou 74.600.

²⁸⁻²⁹ Os descendentes de Issacar: os homens foram contados um a um, todos os homens com 25 anos ou mais que estivessem aptos a combater no exército, registrados por clãs e famílias. A tribo de Issacar registrou 54.400.

³⁰⁻³¹ Os descendentes de Zebulom: os homens foram contados um a um, todos os homens com 25 anos ou mais que estivessem aptos a combater no exército, registrados por clãs e famílias. A tribo de Zebulom registrou 57.400.

32-33 Os descendentes de José. De Efraim, os homens foram contados um a um, todos os homens com 25 anos ou mais que estivessem aptos a combater no exército, registrados por clãs e famílias. A tribo de Efraim registrou 40.500.

34-35 De Manassés, os homens foram contados um a um, todos os homens com 25 anos ou mais que estivessem aptos a combater no exército, registrados por clãs e famílias. A tribo de Manassés registrou 32.200.

36-37 Os descendentes de Benjamim: os homens foram contados um a um, todos os homens com 25 anos ou mais que estivessem aptos a combater no exército, registrados por clãs e famílias. A tribo de Benjamim registrou 35.400.

38-39 Os descendentes de Dã: os homens foram contados um a um, todos os homens com 25 anos ou mais que estivessem aptos a combater no exército, registrados por clãs e famílias. A tribo de Dã registrou 62.700.

40-41 Os descendentes de Aser: os homens foram contados um a um, todos os homens com 25 anos ou mais que estivessem aptos a combater no exército, registrados por clãs e famílias. A tribo de Aser registrou 41.500.

42-43 Os descendentes de Naftali: os homens foram contados um a um, todos os homens com 25 anos ou mais que estivessem aptos a combater no exército, registrados por clãs e famílias. A tribo de Naftali registrou 53.400.

44-46 Esse é o número dos registrados por Moisés e Arão, registrados com a ajuda dos líderes de Israel, doze homens, cada um representando a família de seus antepassados. O número total do povo de Israel de todos os homens com 25 anos ou mais que estivessem aptos a combater no exército, contados por famílias dos antepassados, foi de 603.550.

47-51 Os levitas não foram contados com os outros. O Eterno disse a Moisés: "A tribo de Levi é uma exceção: não a registre. Não conte a tribo de Levi nem a inclua no censo geral do povo de Israel. Em vez disso, designe os levitas para que tomem conta da Tenda que guarda as tábuas da aliança – de todos os utensílios e de tudo que esteja associado a ela. A tarefa deles é carregar a Tenda e seus utensílios, cuidar dela e acampar em torno dela. Na hora de transportar a Tenda, os levitas deverão desmontá--la e, quando estiver na hora de montá-la, os levitas

o farão. Qualquer outra pessoa que chegar perto da Tenda deverá morrer.

52-53 "O restante do povo de Israel armará suas tendas por divisões: cada homem e seu acampamento sob sua bandeira. Mas os levitas armarão suas tendas em volta da Tenda que guarda as tábuas da aliança, para que a ira do Eterno não caia sobre a comunidade de Israel. Os levitas são os responsáveis pela segurança da Tenda que guarda as tábuas da aliança".

54 O povo de Israel fez tudo que o Eterno ordenou a Moisés.

Ordem para marchar

2 **1-2** O Eterno disse a Moisés e Arão: "O povo de Israel deve armar suas tendas em volta da Tenda do Encontro e voltadas para ela. Cada divisão deve acampar sob sua bandeira tribal".

3-4 A leste, na direção do nascer do sol, estão as companhias do acampamento de Judá, sob sua bandeira, lideradas por Naassom, filho de Aminadabe. Suas tropas contam 74.600 homens.

5-6 A tribo de Issacar deverá acampar do lado de Judá, liderada por Natanael, filho de Zuar. Suas tropas contam 54.400 homens.

7-8 E a tribo de Zebulom deverá acampar ao lado de Issacar, liderada por Eliabe, filho de Helom. Suas tropas contam 57.400 homens.

9 O número total de homens designados a Judá, tropa por tropa, é 186.400. Eles liderarão a marcha.

10-11 Ao sul, estão as companhias do acampamento de Rúben, sob sua bandeira, lideradas por Elizur, filho de Sedeur. Suas tropas contam 46.500 homens.

12-13 A tribo de Simeão deverá acampar do lado de Rúben, liderada por Selumiel, filho de Zurisadai. Suas tropas contam 59.300 homens.

14-15 E a tribo de Gade deverá acampar ao lado de Simeão, liderada por Eliasafe, filho de Deuel. Suas tropas contam 45.650 homens.

16 O número total de homens designados a Rúben, tropa por tropa, é 151.450. Eles devem marchar em segundo lugar.

17 A Tenda do Encontro com o acampamento dos levitas ocupa o lugar no meio da marcha. Cada tribo deverá marchar na mesma ordem em que estiver acampada, cada uma sob sua bandeira.

18-19 A oeste, estão as companhias do acampamento de Efraim, sob sua bandeira, lideradas por

Elisama, filho de Amiúde. Suas tropas contam 40.500 homens.

20-21 A tribo de Manassés deverá armar as tendas do lado de Efraim, liderada por Gamaliel, filho de Pedazur. Suas tropas contam 32.200 homens.

22-23 Próximo a Manasses, deverá ficar o acampamento da tribo de Benjamim, liderada por Abidã, filho de Gideoni. Suas tropas contam 35.400 homens.

24 O número total de homens designados a Efraim, tropa por tropa, é 108.100. Eles devem marchar em terceiro lugar.

25-26 Ao norte, estão as companhias do acampamento de Dã, sob sua bandeira, lideradas por Aieser, filho de Amisadai. Suas tropas contam 62.700.

27-28 A tribo de Aser deverá acampar do lado de Dã, liderada por Pagiel, filho de Ocrã. Suas tropas contam 41.500 homens.

MARCOS 11.15 — 12.2

15-17 Chegando a Jerusalém, entraram no templo, e Jesus começou a expulsar todos os que faziam comércio ali. Ele derrubou as mesas dos agiotas e as bancas dos vendedores de pombas. Também não permitiu que ninguém mais passasse carregando cestos pelo recinto sagrado. Ele explicou suas ações com o seguinte texto:

Minha casa foi designada casa de oração para as nações;

Mas vocês a transformaram em ponto de encontro de ladrões.

18 Ao tomar conhecimento desses fatos, os principais sacerdotes e os líderes religiosos decidiram que era hora de se livrar dele. Estavam em pânico porque o povo se mostrava encantado com os seus ensinamentos.

19 À noite, Jesus e seus discípulos deixaram a cidade.

20-21 Pela manhã, andando pela estrada, eles viram a figueira: estava seca até à raiz. Lembrando-se do que acontecera no dia anterior, Pedro disse: "Mestre, olha! A figueira que amaldiçoaste ficou seca!".

22-25 Jesus foi direto: "Assumam de fato seu compromisso com Deus, e nada será difícil para vocês. Aquela montanha, por exemplo. Basta ordenar, sem dúvida ou hesitação: 'Pule no mar', e ela obedecerá. Absolutamente tudo, do pedido menor ao maior, que

vocês incluírem na oração, será atendido, se vocês de fato confiarem em Deus. E, quando orarem, lembrem-se de que não se trata apenas de *pedir*. Se vocês têm algo contra alguém, *perdoem*. Só, então, o Pai celestial de vocês perdoará os seus pecados".

As credenciais de Jesus

27-28 De volta a Jerusalém, eles caminhavam pelo templo. Então, os principais sacerdotes, os líderes religiosos e os líderes do povo exigiram: "Mostre-nos suas credenciais. Quem deu a você autoridade para falar e agir desse modo?".

29-30 Jesus respondeu: "Primeiro, respondam a uma pergunta. Se a responderem, também responderei à sua. No caso do batismo de João, quem o autorizou: Deus, ou os homens?", digam-me.

31-33 Eles ficaram numa situação difícil e sabiam disso. Confusos, cochichavam entre si: "Se dissermos: 'Deus', ele vai perguntar por que não acreditamos nele. Se dissermos: 'Os homens', estamos em apuros, porque o povo tinha João na conta de profeta". Decidiram, então, dar a vitória a Jesus dessa vez. "Não sabemos", responderam.

Jesus concluiu: "Então, também não vou responder à pergunta de vocês".

A história da vinha

12 **1-2** Em seguida, Jesus começou a lhes contar algumas histórias: "Um homem plantou uma vinha. Cercou-a, fez um tanque de espremer uvas, construiu uma torre de vigilância, arrendou-a aos lavradores e saiu em viagem. Quando chegou a época da colheita, ele enviou um empregado para receber sua parte nos lucros.

SALMOS 35.9-12

9-10 Mas permite que eu saia ileso,
celebrando o grande feito do Eterno,
Cada osso do meu corpo rirá e cantará:
"Ó Eterno,
não há ninguém como tu!
Pões o arruinado de pé
e proteges o desprotegido dos
homens violentos!".

11-12 Meus acusadores surgem do nada,
me cercam e me atormentam.
Eles receberam misericórdia,
mas me devolvem a miséria,
deixando-me sem vida por dentro.

DIA 066

■ NOTAS

contados tropa por tropa, é de 603.550. Seguindo a ordem do Eterno, dada a Moisés, os levitas não foram contados com o restante de Israel.

[34] O povo de Israel fez tudo conforme o Eterno ordenou a Moisés. Eles acamparam sob suas respectivas bandeiras e marcharam em ordem por tribo, de acordo com a família de seus antepassados.

Os levitas

3 [1] Esta é a árvore genealógica de Arão e Moisés, referente à época em que o Eterno falou com Moisés no monte Sinai.

[2-4] Os nomes dos filhos de Arão eram: Nadabe, o mais velho, Abiú, Eleazar e Itamar — sacerdotes ungidos que foram ordenados para servir nesse ministério. Mas Nadabe e Abiú caíram mortos na presença do Eterno quando ofereceram sacrifícios não autorizados a ele no deserto do Sinai. Eles não deixaram filhos; por isso, apenas Eleazar e Itamar serviram como sacerdotes durante o tempo da vida de seu pai, Arão.

[5-10] O Eterno ordenou a Moisés: "Faça vir à frente a tribo de Levi e apresente os levitas a Arão, para que possam ajudá-lo. Eles devem servir a Arão e a toda a congregação na Tenda do Encontro, fazendo o trabalho da Habitação. Eles serão responsáveis por todos os utensílios da Habitação, administrando as questões relativas a ela quando o povo de Israel vier cumprir suas obrigações. Dedique os levitas a Arão e seus filhos: eles estão sendo designados seus auxiliares exclusivos. Arão e seus filhos foram designados para ministrar como sacerdotes, e qualquer pessoa que tentar abrir caminho à força para ocupar esse cargo será condenada à morte".

[11-13] O Eterno disse também a Moisés: "Tomei os levitas do meio do povo de Israel como substitutos de todos os primogênitos israelitas. Os levitas pertencem a mim. Todos os primogênitos são meus: quando matei os primogênitos do Egito, consagrei para meu uso todos os primogênitos de Israel, humanos ou não. Eles me pertencem. Eu sou o Eterno".

[14-16] O Eterno ordenou a Moisés, no deserto do Sinai: "Conte os levitas por famílias e clãs. Conte todos os levitas do sexo masculino a partir de um mês de idade". Moisés os contou, exatamente conforme a instrução do Eterno.

[17] Estes são os nomes dos filhos de Levi: Gérson, Coate e Merari.

[18] Estes são os nomes dos clãs gersonitas: Libni e Simei.

|||||||||||||||||||||||||||||||||||||||||||||||||||||

☐ DIA **066** ___ / ___ / ___

NÚMEROS 2.29 — 3.51

[29-30] Ao lado de Aser, deverá ficar a tribo de Naftali, liderada por Aira, filho de Enã. Suas tropas contam 53.400 homens.

[31] O número total de homens designados ao acampamento de Dã, tropa por tropa, é 157.600. Eles devem marchar, sob sua bandeira, em último lugar.

[32-33] Esses são os homens do povo de Israel, contados de acordo com a família de seus antepassados. O número total de homens nos acampamentos,

[19] Os filhos de Coate, por clãs: Anrão, Isar, Hebrom e Uziel. [20] Os filhos de Merari, por clãs: Mali e Musi.

Esses são os clãs de Levi, família por família.

[21-26] Gérson foi o antepassado dos clãs de Libni e Simei, conhecidos como os clãs gersonitas. Todos os do sexo masculino a partir de um mês de idade contavam 7.500. Os clãs gersonitas estavam acampados no oeste, por trás da Habitação, liderados por Eliasafe, filho de Lael. Na Tenda do Encontro, os gersonitas eram responsáveis pela manutenção da Habitação, da sua cobertura, da cortina da entrada da Tenda do Encontro, das cortinas externas do pátio, da cortina da entrada do pátio que está em volta da Habitação e do altar e das cordas — em resumo, tudo que estava associado a esse serviço.

[27-32] Coate foi o antepassado dos clãs dos anramitas, dos isaritas, dos hebronitas e dos uzielitas. Eles eram conhecidos como clã coatitas. O número de todos os do sexo masculino que tinham um mês de idade ou mais era 8.600. Os coatitas eram responsáveis pelo santuário. Os clãs coatitas ficavam acampados no lado sul da Habitação, liderados por Elisafã, filho de Uziel. Eles eram responsáveis por carregar a arca, a mesa, o candelabro, os altares, os utensílios do santuário usados na adoração e a cortina — tudo que estava associado a esse serviço. Eleazar, filho do sacerdote Arão, supervisionava os líderes dos levitas e todos os responsáveis pelo santuário.

[33-37] Merari foi o antepassado dos clãs dos malitas e dos musitas, conhecidos como clãs meraritas. O número de todos os do sexo masculino que tinham um mês de idade ou mais era 6.200. Eram liderados por Zuriel, filho de Abiail, e ficavam acampados no lado norte da Habitação. Os meraritas eram responsáveis pelas armações da Habitação, seus travessões, colunas, bases e todo o seu equipamento — tudo que estava associado a esse serviço, como também pelas colunas do pátio que está em volta da Habitação, com suas bases, estacas e cordas.

[38] Moisés, Arão e seus filhos ficavam acampados no lado leste da Habitação, na direção do sol nascente, à entrada da Tenda do Encontro. Eles eram responsáveis pelo santuário e pelos rituais de adoração. Qualquer outra pessoa que tentasse realizar essas funções seria condenada à morte.

[39] O número total de levitas contados, segundo a ordem do Eterno a Moisés e Arão, clã por clã, todos os do sexo masculino com um mês de idade ou mais, foi de 22.000.

[40-41] O Eterno ordenou a Moisés: "Conte todos os primogênitos do povo de Israel que tenham um mês de idade ou mais. Faça um registro dos seus nomes e, então, separe os levitas para mim — lembre-se, eu sou o Eterno — no lugar de todos os primogênitos de Israel, bem como as primeiras crias dos animais dos levitas no lugar dos animais pertencentes ao povo. Eu sou o Eterno".

[42-43] Em obediência à ordem do Eterno, Moisés contou todos os primogênitos do povo de Israel. O número total de primogênitos de um mês de idade ou mais, registrados nome por nome, foi de 22.273.

[44-48] O Eterno instruiu a Moisés: "Aceite os levitas no lugar de todos os primogênitos de Israel e as primeiras crias dos animais no lugar dos animais deles. Os levitas são meus, eu sou o Eterno. Faça o resgate dos 273 primogênitos dos israelitas que excedem o número de levitas, ao valor de sessenta gramas de prata para cada um, conforme o padrão do santuário. Entregue o dinheiro a Arão e seus filhos pelo resgate do excedente de israelitas".

[49-51] Moisés recolheu o dinheiro do resgate do excedente de israelitas em relação aos levitas. Dos 273 primogênitos dos israelitas, ele recolheu quase dezesseis quilos de prata. Moisés entregou o dinheiro do resgate a Arão e seus filhos, como o Eterno havia ordenado.

MARCOS 12.3-27

[3-5] "No entanto, os lavradores o agarraram, espancaram e mandaram embora de mãos vazias. Ele mandou outro empregado, que também foi agredido e humilhado. Depois, enviou outro, que foi assassinado. O mesmo aconteceu com muitos outros. Uns foram agredidos; outros, assassinados.

[6] "Restava apenas um que podia ser enviado: seu filho amado. Já quase sem esperanças, decidiu enviar o próprio filho, pensando: 'Meu filho eles vão respeitar'.

[7-8] "Mas os lavradores perceberam a oportunidade. Esfregaram as mãos, cheios de cobiça, e disseram: 'Esse é o herdeiro! Vamos matá-lo e ficar com a vinha'. Então o agarraram e mataram e depois jogaram o corpo fora da vinha!'.

[9-11] "O que vocês acham que o proprietário da vinha irá fazer? Isso mesmo! Vai se livrar dessa gente. Depois arrendará a vinha a outros. E vocês podem confirmar nas Escrituras:

DIA 066

A pedra que os pedreiros rejeitaram
é agora a principal.
Isso é obra de Deus.
Nós esfregamos os olhos,
custando a crer nisso!".

[12] Percebendo que o recado era para eles, os líderes religiosos quiseram prendê-lo na hora, mas, como estavam receosos da opinião pública, acharam melhor recuar. Por isso, saíram dali tão rápido quanto puderam.

Pagando impostos a César

[13-14] Os mesmos líderes enviaram alguns fariseus e partidários de Herodes certos de que iriam incriminá-lo. Eles disseram: "Mestre, conhecemos a sua integridade, sabemos que o senhor não se importa com a opinião popular, não explora seus discípulos e ensina o caminho de Deus com muito zelo. Diga-nos com toda a honestidade: é correto pagar impostos a César?".

[15-16] Jesus percebeu de imediato a malandragem e disse: "Qual a razão desse joguinho? Por que tentam me pegar com essas armadilhas? Vocês têm uma moeda? Deixem-me vê-la". Eles lhe entregaram uma moeda.

"Quem é este que aparece na moeda? Que nome está gravado nela?".

"César", disseram.

[17] Jesus concluiu: "Deem a César o que lhe pertence e deem a Deus o que lhe é devido".

Eles ficaram de boca aberta, sem saber o que responder.

Casamento e ressurreição

[18-23] Alguns saduceus, o grupo que nega a ressurreição, perguntaram a Jesus: "Mestre, Moisés escreveu que, se um homem morre sem filhos, o irmão dele é obrigado a se casar com a viúva e ter filhos com ela. Pois bem, havia sete irmãos. O primeiro casou-se e morreu sem filhos. O segundo casou-se com a viúva. Ele morreu, mas também não teve filhos. O mesmo aconteceu com o terceiro. De fato, os sete se casaram com ela, mas nada de filhos. Por fim, a mulher morreu. A pergunta é esta: na ressurreição, de quem ela será esposa? Afinal, ela foi casada com cada um deles".

[24-27] Jesus respondeu: "Vocês estão raciocinando errado, e vou dizer por quê: Primeiro, não conhecem as Escrituras; segundo, não sabem como Deus atua. Depois da ressurreição, o casamento já não mais existirá. Assim como os anjos, toda a nossa atenção estará

em Deus. Com respeito à ressurreição dos mortos, vocês nunca leram as Escrituras? Vejam que Deus, de dentro da sarça, disse a Moisés: 'Eu sou — não *eu era* — o Deus de Abraão, o Deus de Isaque e o Deus de Jacó'. O Deus vivo é o Deus dos *vivos*, não dos mortos. Portanto, vocês não sabem de nada".

SALMOS 35.13-18

[13-14] Quando estavam doentes,
eu me vesti de preto;
em vez de comer, orei.
Minhas orações eram como
chumbo no estômago,
como se eu tivesse perdido meu
melhor amigo, meu irmão.
Eu andava atormentado,
como uma criança sem mãe,
encurvado e triste.

[15-16] Mas, quando a desgraça me atingiu,
eles deram uma festa!
Toda a gentalha da cidade participou,
cantando insultos a meu respeito.
Como bárbaros a profanar um santuário,
eles destruíram minha reputação.

[17-18] Ó Eterno, até quando vais
ficar aí sem fazer nada?
Salva-me da brutalidade deles!
Tudo que consegui com eles foi ser
atirado aos leões.
Eu te darei todo o crédito
quando todos se reunirem para adorar;
Quando o povo todo se ajuntar,
cantarei louvores.

NOTAS

¹¹ "Também cobrirão o altar de ouro com um pano azul e, depois, com couro de golfinho e o porão sobre um suporte para ser carregado.

¹² "Eles deverão embrulhar todos os utensílios usados na ministração no santuário num pano azul, cobri-los com couro de golfinho e pô-los num suporte para serem carregados.

¹³⁻¹⁴ "Deverão remover as cinzas do altar de bronze e cobri-lo com um pano roxo. Ajeitarão sobre ele todos os utensílios da ministração no altar – os braseiros, os garfos, as pás e as bacias e tudo o mais – e os cobrirão com couro de golfinho. Depois, porão os varões no lugar.

¹⁵ "Quando Arão e seus filhos terminarem de cobrir todos os utensílios e artigos sagrados e o acampamento estiver pronto para partir, os coatitas se apresentarão para carregá-los. Mas não poderão tocar as coisas sagradas, para que não morram. Os coatitas são responsáveis por carregar todos os objetos que estão na Tenda do Encontro.

¹⁶ "Eleazar, filho do sacerdote Arão, será responsável pelo óleo para a iluminação, pelo incenso aromático, pela oferta costumeira de cereal e pelo óleo da unção. Ele será responsável por toda a Habitação e tudo que há nela, até mesmo seus utensílios e os artigos sagrados".

¹⁷⁻²⁰ O Eterno disse, também, a Moisés e Arão: "Não deixem que os clãs dos coatitas sejam eliminados entre os levitas. Vocês deverão protegê-los, para que eles não morram quando se aproximarem das coisas santíssimas. Para protegê-los, Arão e seus filhos deverão entrar antes deles no santuário e indicar a cada homem sua responsabilidade e o que ele deverá carregar. Mas os coatitas não poderão entrar para ver as coisas sagradas, nem mesmo por um momento. Se o fizerem, morrerão".

As responsabilidades dos gersonitas

²¹⁻²³ O Eterno ordenou a Moisés: "Conte também os gersonitas, tribo por tribo, de acordo com as famílias de seus antepassados. Registre todos os homens entre 30 e 50 anos de idade que estão aptos para o ministério na Tenda do Encontro.

²⁴⁻²⁸ "Os gersonitas, por família e clã, irão carregar os equipamentos pesados: as cortinas internas do santuário e a Tenda do Encontro; a cobertura da Tenda e a cobertura externa de couro de golfinho; as cortinas da entrada da Tenda; as cordas; todos os utensílios usados no seu serviço. Os gersonitas têm a incumbência de fazer todo o trabalho associado a essas coisas. A tarefa de levantar e carregar será

☐ **DIA 067** ___ / ___ / ___

NÚMEROS 4.1 — 5.4

As responsabilidades dos coatitas

4 ¹⁻³ O Eterno ordenou a Moisés e Arão: "Contem a linhagem coatita dos levitas por clã e família. Registrem todos os homens entre 30 e 50 anos de idade, todos os que estão aptos para o ministério na Tenda do Encontro.

⁴ "Este é o serviço na Tenda do Encontro: cuidar das coisas santíssimas.

⁵⁻⁶ "Quando o acampamento estiver pronto para partir, Arão e seus filhos devem entrar, retirar o véu protetor e cobrir a arca da aliança com ele. Depois, devem cobri-la com uma cobertura de couro de golfinho, estender um pano azul sobre ela e pôr os varões no lugar.

⁷⁻⁸ "Em seguida, devem estender um pano azul sobre a mesa da presença e preparar a mesa com os pratos, os recipientes do incenso, as tigelas e as bacias para as ofertas derramadas. Os pães precisam estar sempre sobre a Mesa. Tudo deve ser coberto com um pano vermelho e com o couro de golfinho. Depois, serão postos os varões.

⁹⁻¹⁰ "Devem cobrir com um pano azul o candelabro e as lâmpadas, as tesouras de aparo, os apagadores e os jarros de suprimento de óleo. Depois, devem embrulhar tudo com couro de golfinho e pôr sobre um suporte para serem carregados.

realizada sob a supervisão de Arão e seus filhos, que determinarão o que cada um deverá carregar. Esse é o trabalho dos clãs gersonitas na Tenda do Encontro. Itamar, filho do sacerdote Arão, supervisionará o trabalho deles".

As responsabilidades dos meraritas

29-30 "Conte os meraritas segundo as famílias de seus antepassados. Conte todos os homens entre 30 e 50 anos de idade que estão aptos para o ministério na Tenda do Encontro.

31-33 "Esta será a responsabilidade deles em seu serviço na Tenda do Encontro: carregar as armações da Habitação, os travessões, colunas e bases, bem como as colunas do pátio em volta da Habitação, com suas bases, estacas e cordas, e todos os utensílios associados a esse serviço. Deve ser mostrado a cada homem exatamente o que ele deve carregar. Essa será a responsabilidade dos clãs meraritas em seu serviço na Tenda do Encontro, sob a supervisão de Itamar, filho do sacerdote Arão".

34-37 Moisés, Arão e os líderes da congregação contaram os coatitas segundos seus clãs e famílias. Todos os homens entre 30 e 50 anos de idade que estavam aptos para o ministério na Tenda do Encontro, contados segundo seus clãs, eram 2.750. Esse foi o total de homens dos clãs coatitas que serviam na Tenda do Encontro. Moisés e Arão os registraram, como o Eterno havia ordenado a Moisés.

38-41 Os gersonitas foram registrados segundo seus clãs e famílias. Todos os homens entre 30 e 50 anos de idade que estavam aptos para o ministério na Tenda do Encontro, contados segundo seus clãs, eram 2.630. Esse foi o total de homens dos clãs gersonitas que serviam na Tenda do Encontro. Moisés e Arão os registraram, como o Eterno havia ordenado a Moisés.

42-45 Os meraritas foram registrados segundo seus clãs e famílias. Todos os homens entre 30 e 50 anos de idade que estavam aptos para o ministério na Tenda do Encontro, contados segundo seus clãs, eram 3.200. Esse foi o total de homens dos clãs gersonitas que serviam na Tenda do Encontro. Moisés e Arão os registraram, como o Eterno havia ordenado a Moisés.

46-49 Assim, Moisés, Arão e os líderes de Israel contaram e registraram todos os levitas segundo seus clãs e famílias. Todos os homens entre 30 e 50 anos de idade que estavam aptos para o ministério na Tenda do Encontro eram 8.580. A cada homem foi designado seu serviço e o que deveria carregar, conforme o Eterno havia ordenado a Moisés.

Essa é a história da contagem e registro dos levitas, como o Eterno havia ordenado a Moisés.

Algumas regras relativas ao acampamento

5 **1-3** O Eterno disse a Moisés: "Ordene ao povo de Israel que retire do acampamento qualquer pessoa que tiver doença de pele infecciosa, qualquer pessoa que tiver fluxo ou qualquer pessoa que estiver ritualmente impura por haver tocado um cadáver. Mande-os para fora do acampamento, seja homem, seja mulher, para que não contaminem o acampamento, o lugar em que habito entre vocês".

4 O povo de Israel obedeceu e os retirou do acampamento, exatamente como o Eterno havia ordenado a Moisés.

MARCOS 12.28 — 13.4

O mandamento mais importante

28 Um dos líderes religiosos, depois de acompanhar os debates e perceber como Jesus era incisivo em suas respostas, fez uma pergunta: "Qual é o mais importante de todos os mandamentos?".

29-31 Jesus respondeu: "O primeiro em importância é o seguinte: 'Ouça Israel: O Senhor seu Deus é único. Ame o Senhor seu Deus com toda a paixão, toda a fé, toda a inteligência e todas as forças'. E o segundo é: 'Ame o próximo como a você mesmo'. Não há nenhum outro mandamento que se compare a esses".

32-33 Um líder religioso disse: "Que resposta maravilhosa, Mestre! Tão lúcida e precisa. Deus é único, e não há outro. Devemos amá-lo com toda paixão, inteligência e forças e amar ao próximo como a nós mesmos. Isso é melhor que qualquer oferta ou sacrifício".

34 Quando Jesus percebeu como aquele homem era sábio, comentou: "Você está quase lá, quase no Reino de Deus".

A partir daquele momento, ninguém mais ousou fazer perguntas a Jesus.

35-37 Enquanto ensinava no templo, Jesus perguntou: "Como podem os líderes religiosos ensinar que o Messias é 'filho' de Davi, quando todos sabemos que Davi, inspirado pelo Espírito Santo, disse:

Deus disse ao meu Senhor:
'Assente-se aqui ao meu lado direito
até que eu faça dos seus inimigos um
descanso para os pés'.

"Davi declara que o Messias é seu 'Mestre'. Como pode, então, o Messias ser também seu 'filho'?"

A multidão estava maravilhada com o que ouvia. **38-40** Ele continuou a ensinar: "Cuidado com os líderes religiosos. O prazer deles é ostentar títulos acadêmicos, receber elogios publicamente, desfrutar posições de destaque e assentar-se nos lugares principais durante o serviço religioso. Além disso, o tempo todo eles exploram os fracos e indefesos. Quanto mais oram, pior fica a situação deles. Mas, no fim, eles irão pagar por tudo isso".

41-44 Assentado atrás de um gazofilácio, ele observava o povo depositar dinheiro na hora da coleta. Os ricos faziam ofertas vultosas, mas uma viúva pobre aproximou-se e ofertou duas pequenas moedas — uns míseros centavos. Jesus chamou os discípulos em particular e comentou: "A verdade é que essa viúva pobre deu uma oferta maior que a dos demais. Todos os outros deram do que não precisavam. Ela fez uma extravagância, algo que não podia fazer: deu tudo que possuía".

Os falsos profetas do fim dos tempos

13 **¹** Jesus saía do templo, quando um dos discípulos chamou sua atenção: "Mestre, olha essas pedras! Essas construções!".

² Jesus disse: "Vocês estão impressionados com essa arquitetura grandiosa? Tudo isso será um monte de ruínas, até a última pedra".

3-4 Mais tarde, enquanto ele estava sentado no monte das Oliveiras, num local de onde podia avistar o templo, Pedro, Tiago, João e André foram conversar com ele: "Quando essas coisas vão acontecer? Que sinal teremos de que tudo caminha para um desfecho?".

SALMOS 35.19-22

19-21 Não permitas que esses caluniadores,
meus inimigos,
se divirtam à minha custa,
Gente que me odeia sem nenhuma razão,
que fica trocando olhares de desprezo.
Nenhum bem virá
da parte deles.
Eles passam o tempo inventando fofocas
contra os que cuidam apenas da própria vida.
Eles abrem a boca
com sorrisinhos,
Zombando: "Ha! Pensou que ia se livrar?
Pegamos você com a mão na massa!".

22 Não vês o que eles estão fazendo, ó Eterno?
Não deixes que eles saiam dessa.
Não vás embora
sem fazer alguma coisa.

NOTAS

DIA 068 ___ / ___ / ___

NÚMEROS 5.5 — 7.5

5-10 O Eterno disse a Moisés: "Diga ao povo de Israel: 'Quando alguém cometer qualquer pecado, prejudicando outra pessoa, ele violou a confiança do Eterno: é culpado e precisa confessar seu pecado. Ele fará restituição completa e acrescentará vinte por cento à pessoa prejudicada. Se a pessoa prejudicada

DIA 068

não tiver parentes próximos que possam receber a restituição, esta pertencerá ao Eterno e deverá ser entregue ao sacerdote, junto com o carneiro com que se fará a expiação. Todas as ofertas sagradas que o povo de Israel apresentar ao sacerdote pertencem ao sacerdote. As dádivas sagradas de cada pessoa são dela mesma, mas o que for dado ao sacerdote ficará com ele' ".

11-15 O Eterno disse a Moisés: "Diga ao povo de Israel: 'Suponhamos que a esposa de um homem seja infiel a ele, deitando-se com outro homem, e o marido não esteja sabendo. Então, mesmo que não haja testemunhas e ela não tenha sido flagrada nesse ato, se o marido começar a sentir ciúme e suspeitar de que ela o está enganando, e mesmo que ela seja inocente e as suspeitas dele sejam infundadas, ele deverá levar a mulher ao sacerdote. Também deverá levar a oferta de um jarro de farinha de cevada. Não deverá derramar óleo sobre a oferta nem misturar incenso com ela, porque é uma oferta de cereal pelo ciúme, para revelar a culpa.

16-22 " 'O sacerdote levará a mulher à presença do Eterno. Derramará um pouco de água sagrada num jarro de barro e acrescentará um pouco de pó do chão da Habitação na água. Depois que tiver levado a mulher à presença do Eterno, o sacerdote deverá descobrir o cabelo dela e depositar a oferta nas mãos dela, a oferta de cereal pelo ciúme, enquanto ele segura a água amarga, que transmite maldição. O sacerdote porá a mulher sob juramento e dirá: Se nenhum homem se deitou com você e se você não adulterou nem se tornou impura enquanto estava com seu marido, que esta água amarga, que transmite maldição, não faça mal a você. Mas, se você teve um caso e se contaminou ao deitar com outro homem — aqui, o sacerdote põe a mulher sob essa maldição —, que o Eterno leve seu povo a amaldiçoar e desprezar você, fazendo que seu útero seque e sua barriga inche. Que esta água, que transmite maldição, entre em seu corpo e faça inchar sua barriga e secar seu útero.

" 'E a mulher dirá: Amém! Amém!

23-28 " 'O sacerdote deverá escrever essas maldições num rolo e lavar as palavras na água amarga. Depois, dará à mulher a água amarga, que transmite maldição. A água entrará no corpo dela e causará dor aguda. O sacerdote, então, pegará das mãos dela um punhado da oferta de cereal pelo ciúme, que será balançado diante do Eterno e levado ao altar. Em seguida, o sacerdote levará um punhado da

oferta de cereal, usando-a como oferta memorial, e o queimará no altar. Depois disso, ele fará a mulher beber a água. Se a mulher estiver contaminada, se for infiel ao seu marido, quando beber a água que transmite maldição, essa água entrará em seu corpo e causará dor aguda, sua barriga inchará e seu útero secará. Ela será amaldiçoada entre seu povo. Mas, se ela não estiver contaminada, se for inocente, seu nome estará limpo, e ela poderá ter filhos.

29-31 " 'Essa é a lei acerca do ciúme, no caso da mulher que se desviou e tem um caso e se contaminou enquanto estava casada, ou do homem atormentado por ciúme por suspeitar da esposa. O sacerdote a levará à presença do Eterno e a submeterá a esse procedimento. O marido será inocentado, mas a mulher pagará por seu erro' ".

O voto de nazireu

6 **1-4** O Eterno disse a Moisés: "Fale com o povo de Israel e diga assim: 'Se alguém entre vocês, não importa se homem ou mulher, quiser fazer o voto especial de nazireu, consagrando-se totalmente ao Eterno, não poderá beber vinho nem qualquer outra bebida fermentada, nem mesmo suco de uva – aliás, nem mesmo poderá comer uvas ou passas. Durante o período de consagração, nada que venha da uva, nem sementes nem casca, poderá servir de alimento para essa pessoa.

5 " 'Durante o período de consagração ao Eterno, a pessoa também não poderá cortar o cabelo. O cabelo comprido será um sinal de consagração ao Eterno.

6-7 " 'Nesse mesmo período, a pessoa não poderá tocar nenhum cadáver, mesmo que seja o corpo do pai, mãe, irmão ou irmã. Ela não poderá se contaminar ritualmente, porque o sinal da consagração ao Eterno está sobre a cabeça dela.

8 " 'Durante todo o período da consagração, a pessoa irá se dedicar ao Eterno.

9-12 " 'Se alguém morrer repentinamente na presença da pessoa consagrada e, assim, sua cabeça for ritualmente contaminada, ela terá de rapar a cabeça no dia da sua purificação, isto é, no sétimo dia. No oitavo dia, levará duas rolinhas ou dois pombinhos ao sacerdote, na entrada da Tenda do Encontro. O sacerdote oferecerá uma das aves como oferta de perdão e a outra, como oferta queimada, purificando a pessoa da contaminação ritual em virtude do contato com cadáver. A pessoa reconsagrará o cabelo, nesse dia, e renovará seu voto de nazireu com o Eterno levando um cordeiro de um ano como oferta de reparação. Dessa forma, o período de consagração é reiniciado:

os dias anteriores não contam, porque a consagração foi ritualmente contaminada.

13-17 "Estas são as instruções para quando terminar o período da consagração dessa pessoa ao Eterno. Ela deverá ser levada à entrada da Tenda do Encontro. Ali, apresentará suas ofertas ao Eterno: um cordeiro de um ano sem defeito para a oferta queimada; uma cordeira de um ano sem defeito para a oferta de perdão; um carneiro sem defeito para a oferta de paz; um cesto de pães sem fermento feitos de farinha da melhor qualidade, misturados com óleo; pães finos untados com óleo, junto com suas ofertas de cereal e ofertas derramadas. O sacerdote se aproximará do Eterno com o cesto de pães sem fermento e, por fim, apresentará a oferta de cereal e a oferta derramada.

18 " 'Na entrada da Tenda do Encontro, deverá rapar o cabelo que foi consagrado e queimá-lo no fogo com a oferta de paz.

19-20 " 'Depois que a pessoa tiver rapado o cabelo da consagração, o sacerdote pegará um ombro de carneiro cozido, um pedaço de pão sem fermento e um pão fino do cesto e os depositará nas mãos dela. O sacerdote, então, os balançará, como oferta movida diante do Eterno. Essas ofertas são sagradas e pertencem ao sacerdote, junto com o peito que foi apresentado como oferta movida e a coxa que foi ofertada.

" 'Então, a pessoa estará livre para beber vinho.

21 " 'Essas são as instruções para os nazireus, quando levarem suas ofertas ao Eterno, no seu voto de consagração, além das outras ofertas. Eles precisam cumprir seus votos conforme as instruções para os nazireus' ".

A bênção araônica

22-23 O Eterno disse a Moisés: "Diga a Arão e seus filhos: Eis como vocês deverão abençoar o povo de Israel. Digam a eles:

24 Que o Eterno abençoe e guarde vocês,

25 Que o Eterno sorria para vocês
e presenteie vocês,

26 Que o Eterno olhe para vocês bem nos olhos
e os faça prosperar.

27 "Ao fazê-lo, eles porão meu nome sobre
o povo de Israel –
Eu darei a confirmação, abençoando-os".

Ofertas para a dedicação

7 1 Quando terminou de levantar a Habitação, Moisés a ungiu e consagrou, com todos os seus utensílios. Ao mesmo tempo, ungiu e consagrou o altar e seus utensílios.

2-3 Os líderes de Israel, os chefes das tribos e clãs responsáveis pela contagem e registro do povo, apresentaram suas ofertas. Eles trouxeram suas ofertas ao Eterno: seis carroças cobertas e doze bois, uma carroça para cada dupla de líderes e um boi para cada líder.

4-5 O Eterno disse a Moisés: "Receba essas ofertas, para que sejam usadas no transporte da Tenda do Encontro. Entregue-as aos levitas conforme a necessidade do trabalho deles".

MARCOS 13.5-27

5-8 Jesus explicou: "Cuidado com os falsos profetas do fim dos tempos. Muitos líderes, com identidade falsa, alegarão: 'Eu sou o Messias'. Eles vão enganar muita gente. Quando ouvirem falar de guerras e ameaças de guerra, não entrem em pânico. Serão notícias comuns, não um sinal do fim. Haverá cada vez mais guerras entre as nações e conflitos entre os líderes. Em vários lugares haverá terremotos e fome. Mas tudo isso é nada, comparado com o que está por vir.

9-10 "Fiquem atentos, pois vocês serão levados aos tribunais, e tudo irá de mal a pior. Vocês serão torturados e todos perseguirão os que levam o meu nome. Vocês serão postos como sentinelas da verdade. A Mensagem tem de ser pregada em todo o mundo.

11 "Quando traírem vocês e os levarem aos tribunais, não se preocupem com o que dizer. Quando chegar o momento, digam o que estiver no coração – o Espírito Santo dará testemunho por intermédio de vocês.

12-13 "Haverá irmão matando irmão, pai matando filho, filho matando os pais. Todos odiarão vocês por causa do meu nome.

"Fiquem firmes. Isso é necessário. Fiquem firmes até o fim. Vocês não ficarão desamparados, pois serão salvos".

Fugindo para as colinas

14-18 "Estejam preparados para fugir quando virem a besta da profanação estabelecida onde *nunca* deveria estar. Quem lê não terá dificuldade de entender o que estou falando. Quando isso acontecer, se vocês estiverem na Judeia naquele tempo, corram para as colinas; se estiverem trabalhando no quintal, não voltem para buscar nada em casa. Se estiverem no campo, não voltem para buscar agasalho. As grávidas e as que amamentam sofrerão mais. Orem para que isso não aconteça no inverno.

DIA 069

19-20 "Serão dias difíceis. Nada parecido aconteceu desde que Deus fez o mundo nem depois haverá. Se esses dias de aflição seguissem o curso normal, ninguém suportaria. Mas, por causa dos escolhidos de Deus, a aflição será encurtada".

Ninguém sabe o dia e a hora

21-23 "Se alguém anunciar: 'Aqui está o Messias', ou apontar: 'Lá está ele', não caiam nessa. Falsos messias e pregadores mentirosos surgirão aos montes. Suas credenciais impressionantes e seus encantadores espetáculos, se possível, iludiriam até os escolhidos de Deus. Fiquem atentos, pois eu os avisei com antecedência.

24-25 "Após aqueles tempos difíceis:

O Sol perderá o seu brilho,
a Lua ficará nublada.
As estrelas cairão do céu,
e os poderes cósmicos sofrerão abalo.

26-27 "Então, todos irão ver o Filho do Homem chegar em grande estilo, seu esplendor encherá o céu — ninguém deixará de ver! Ele enviará seus anjos, que ajuntarão os escolhidos de Deus dos quatro cantos da terra, desde os lugares mais distantes.

SALMOS 35.23-28

23-26 Por favor, levanta-te — acorda!
Cuida do meu caso.
Meu Deus, meu Senhor, minha vida
está em perigo!
Faz o que achares melhor, ó Eterno, meu Deus,
mas não me faças pagar pela diversão deles.
Não permitas que eles digam:
"Conseguimos o que queríamos".
Não permitas que eles digam:
"Nós o mastigamos e cuspimos".
Que todos os que se divertem
à minha custa
Caiam no ridículo.
Que eles vistam as roupas da vergonha
e do insulto —
aqueles que querem ser tão grandes
e poderosos!

27-28 Mas àqueles que querem
o melhor para mim,
Permita que tenham a última palavra
— um grito de alegria! —
e possam dizer e repetir:

"O Eterno é grande! Tudo coopera
para o bem do seu servo".
Contarei ao mundo quão nobre e bom tu és
e cantarei louvores em voz alta todos os dias,
o dia todo.

◼ NOTAS

‖‖‖‖‖‖‖‖‖‖‖‖‖‖‖‖‖‖‖‖‖‖‖‖‖‖‖‖‖‖‖‖

☐ **DIA 069** __ / __ / __

NÚMEROS 7.6-59

6-9 Moisés recebeu as carroças e os bois e os entregou aos levitas. Ele entregou duas carroças e quatro bois aos gersonitas, para o serviço deles, e quatro carroças e oito bois aos meraritas, para o serviço deles. Todos estavam sob a supervisão de

Itamar, filho do sacerdote Arão. Moisés não deu nenhum boi nem carroça aos coatitas, porque eles tinham a tarefa de carregar nos ombros as coisas sagradas pelas quais eram responsáveis.

[10-11] Quando o altar foi ungido, os líderes apresentaram suas ofertas pela sua dedicação e as apresentaram diante do altar, porque o Eterno havia instruído Moisés: "Cada dia, um líder deverá apresentar sua oferta pela dedicação do altar".

[12-13] No primeiro dia, Naassom, filho de Aminadabe, da tribo de Judá, apresentou sua oferta. Sua oferta foi:

um prato de prata, pesando um quilo e quinhentos e sessenta gramas, e uma bacia de prata, pesando oitocentos e quarenta gramas (segundo o padrão do santuário), cada um cheio de farinha da melhor qualidade misturada com óleo como oferta de cereal; [14] uma vasilha de ouro, pesando cento e vinte gramas, cheia de incenso; [15] um novilho, um carneiro e um cordeiro de um ano para a oferta queimada; [16] um bode para a oferta de perdão; dois bois, cinco carneiros, cinco bodes e cinco cordeiros de um ano para serem sacrificados como oferta de paz. [17] Essa foi a oferta de Naassom, filho de Aminadabe.

[18-23] No segundo dia, Natanael, filho de Zuar e líder da tribo de Issacar, apresentou sua oferta. Sua oferta foi:

um prato de prata, pesando um quilo e quinhentos e sessenta gramas, e uma bacia de prata, pesando oitocentos e quarenta gramas (segundo o padrão do santuário), cada um cheio de farinha da melhor qualidade misturada com óleo como oferta de cereal; uma vasilha de ouro, pesando cento e vinte gramas, cheia de incenso; um novilho, um carneiro e um cordeiro de um ano para a oferta queimada; um bode para a oferta de perdão; dois bois, cinco carneiros, cinco bodes e cinco cordeiros de um ano para serem sacrificados como oferta de paz. Essa foi a oferta de Natanael, filho de Zuar.

[24-29] No terceiro dia, Eliabe, filho de Helom e líder da tribo de Zebulom, apresentou sua oferta. Sua oferta foi:

um prato de prata, pesando um quilo e quinhentos e sessenta gramas, e uma bacia de prata, pesando oitocentos e quarenta gramas (segundo o padrão do santuário), cada um cheio de farinha da melhor qualidade misturada com óleo como oferta de cereal; uma vasilha de ouro, pesando cento e vinte gramas, cheia de incenso; um novilho, um carneiro e um cordeiro de um ano para a oferta queimada; um bode para a oferta de perdão; dois bois, cinco carneiros, cinco bodes e cinco cordeiros de um ano para serem sacrificados como oferta de paz. Essa foi a oferta de Eliabe, filho de Helom.

[30-35] No quarto dia, Elizur, filho de Sedeur e líder da tribo de Rúben, apresentou sua oferta. Sua oferta foi:

um prato de prata, pesando um quilo e quinhentos e sessenta gramas, e uma bacia de prata, pesando oitocentos e quarenta gramas (segundo o padrão do santuário), cada um cheio de farinha da melhor qualidade misturada com óleo como oferta de cereal; uma vasilha de ouro, pesando cento e vinte gramas, cheia de incenso; um novilho, um carneiro e um cordeiro de um ano para a oferta queimada; um bode para a oferta de perdão; dois bois, cinco carneiros, cinco bodes e cinco cordeiros de um ano para serem sacrificados como oferta de paz. Essa foi a oferta de Elizur, filho de Sedeur.

[36-41] No quinto dia, Selumiel, filho de Zurisadai e líder da tribo de Simeão, apresentou sua oferta. Sua oferta foi:

um prato de prata, pesando um quilo e quinhentos e sessenta gramas, e uma bacia de prata, pesando oitocentos e quarenta gramas (segundo o padrão do santuário), cada um cheio de farinha da melhor qualidade misturada com óleo como oferta de cereal; uma vasilha de ouro, pesando cento e vinte gramas, cheia de incenso; um novilho, um carneiro e um cordeiro de um ano para a oferta queimada; um bode para a oferta de perdão; dois bois, cinco carneiros, cinco bodes e cinco cordeiros de um ano para serem sacrificados como oferta de paz. Essa foi a oferta de Selumiel, filho de Zurisadai.

[42-47] No sexto dia, Eliasafe, filho de Deuel e líder da tribo de Gade, apresentou sua oferta. Sua oferta foi:

um prato de prata, pesando um quilo e quinhentos e sessenta gramas, e uma bacia de prata,

DIA 069

pesando oitocentos e quarenta gramas (segundo o padrão do santuário), cada um cheio de farinha da melhor qualidade misturada com óleo como oferta de cereal;

uma vasilha de ouro, pesando cento e vinte gramas, cheia de incenso;

um novilho, um carneiro e um cordeiro de um ano para a oferta queimada;

um bode para a oferta de perdão;

dois bois, cinco carneiros, cinco bodes e cinco cordeiros de um ano para serem sacrificados como oferta de paz.

Essa foi a oferta de Eliasafe, filho de Deuel.

48-53 No sétimo dia, Elisama, filho de Amiúde e líder da tribo de Efraim, apresentou sua oferta. Sua oferta foi:

um prato de prata, pesando um quilo e quinhentos e sessenta gramas, e uma bacia de prata pesando oitocentos e quarenta gramas (segundo o padrão do santuário), cada um cheio de farinha da melhor qualidade misturada com óleo como oferta de cereal;

uma vasilha de ouro, pesando cento e vinte gramas, cheia de incenso;

um novilho, um carneiro e um cordeiro de um ano para a oferta queimada;

um bode para a oferta de perdão;

dois bois, cinco carneiros, cinco bodes e cinco cordeiros de um ano para serem sacrificados como oferta de paz.

Essa foi a oferta de Elisama, filho de Amiúde.

54-59 No oitavo dia, Gamaliel, filho de Pedazur e líder da tribo de Manassés, apresentou sua oferta. Sua oferta foi:

um prato de prata, pesando um quilo e quinhentos e sessenta gramas, e uma bacia de prata, pesando oitocentos e quarenta gramas (segundo o padrão do santuário), cada um cheio de farinha da melhor qualidade misturada com óleo como oferta de cereal;

uma vasilha de ouro, pesando cento e vinte gramas, cheia de incenso;

um novilho, um carneiro e um cordeiro de um ano para a oferta queimada;

um bode para a oferta de perdão;

dois bois, cinco carneiros, cinco bodes e cinco cordeiros de um ano para serem sacrificados como oferta de paz.

Essa foi a oferta de Gamaliel, filho de Pedazur.

MARCOS 13.28 — 14.11

28-31 "Aprendam a lição da figueira. Quando percebem que ela começou a florescer e verdejar, vocês sabem que o verão está chegando. O mesmo acontecerá com vocês. Quando virem os sinais, saberão que não demorará muito. Levem isso a sério. Não estou me dirigindo apenas às gerações futuras, mas a vocês também. Esta era continua até que todas essas coisas aconteçam. O céu e a terra vão desaparecer, mas as minhas palavras jamais.

32-37 "Querem saber o dia e a hora? A verdade é que ninguém sabe, nem os anjos do céu, nem mesmo o Filho. Só o Pai! Portanto, fiquem atentos, pois vocês não sabem o momento exato. É como um homem que vai viajar e deixa a casa sob a responsabilidade dos empregados, cada qual com uma tarefa, e põe o porteiro para vigiar. Portanto, permaneçam em seu posto, vigiando. Vocês não sabem a que horas o dono da casa vai voltar — de noite, à meia-noite, ao cantar do galo ou pela manhã. Vocês não vão querer que ele apareça sem aviso e os encontre dormindo no posto. Por isso, reforço a advertência: permaneçam em seus postos. Vigiem!".

Ungindo a cabeça

14 1-2 Dali a dois dias começaria a festa da Páscoa, com oito dias de duração, e a festa dos Pães sem Fermento. Os principais sacerdotes e líderes religiosos estavam procurando um modo de prender Jesus e matá-lo. Eles concordaram em que não deveriam fazer isso durante a semana da Páscoa. "Não queremos iniciar uma guerra", disseram.

3-5 Jesus estava em Betânia, como convidado de Simão, o Leproso. Enquanto jantava, uma mulher apareceu com um frasco de perfume muito caro. Abrindo o frasco, ela derramou o perfume sobre a cabeça de Jesus. Alguns convidados ficaram indignados. "Que desperdício! Esse perfume poderia ser vendido pelo valor do salário de um ano, e o dinheiro, distribuído entre os pobres". Eles fuzilavam a mulher com os olhos.

6-9 Jesus, porém, disse: "Deixem-na em paz. Por que vocês a incomodam? Ela acaba de fazer algo tão maravilhoso para mim. Os pobres estarão sempre aí, todos os dias, mas eu não. Sempre que quiserem, poderão fazer algo por eles, mas não para mim. Ela fez o que pôde, quando pôde: ungiu meu corpo para o sepultamento. Tenham certeza de uma coisa: em qualquer lugar do mundo em que a Mensagem for pregada, o que ela fez aqui será lembrado e admirado".

10-11 Então, Judas Iscariotes, um dos Doze, procurou o sacerdote principal, determinado a trair Jesus. Eles mal podiam acreditar no que ouviam e lhe prometeram uma boa recompensa. Ele ficou apenas esperando o momento certo de entregá-lo.

SALMOS 36.1-6

Um salmo de Davi

36 **1-4** O rebelde contra Deus tem
seu radar na sedição –
é todo ouvidos quando o assunto é pecar.
Ele não tem consideração por Deus
e se mostra insolente diante dele.
Ele diz para si mesmo,
até acreditar,
Que seus crimes
nunca serão descobertos.
As palavras gotejam da sua boca
como água suja da pia.
Ele não consegue se lembrar da última vez
em que fez algo decente.
Toda vez que vai para a cama,
inventa um plano contra alguém.
Quando anda pelas ruas,
ninguém está a salvo.
Ele brinca com fogo
e não liga para quem se queima.

5-6 O amor de Deus é um meteoro;
sua lealdade, um astro;
Seu desígnio, um colosso;
seus veredito, um oceano.
Mas, apesar da sua grandeza,
nada se perde:
Nenhum homem, nem mesmo um rato
escorrega pelas fendas.

◼ NOTAS

☐ DIA **070** ___ / ___ / ___

NÚMEROS 7.60 — 8.26

60-65 No nono dia, Abidã, filho de Gideoni e líder da tribo de Benjamim, apresentou sua oferta. Sua oferta foi:

um prato de prata, pesando um quilo e quinhentos e sessenta gramas, e uma bacia de prata, pesando oitocentos e quarenta gramas (segundo o padrão do santuário), cada um cheio de farinha da melhor qualidade misturada com óleo como oferta de cereal;

uma vasilha de ouro, pesando cento e vinte gramas, cheia de incenso;

um novilho, um carneiro e um cordeiro de um ano para a oferta queimada;

um bode para a oferta de perdão;

dois bois, cinco carneiros, cinco bodes e cinco cordeiros de um ano para serem sacrificados como oferta de paz.

Essa foi a oferta de Abidã, filho de Gideoni.

66-71 No décimo dia, Aieser, filho de Amisadai e líder da tribo de Dã, apresentou sua oferta. Sua oferta foi:

um prato de prata, pesando um quilo e quinhentos e sessenta gramas, e uma bacia de prata, pesando oitocentos e quarenta gramas (segundo o padrão

DIA 070

do santuário), cada um cheio de farinha da melhor qualidade misturada com óleo como oferta de cereal; uma vasilha de ouro, pesando cento e vinte gramas, cheia de incenso; um novilho, um carneiro e um cordeiro de um ano para a oferta queimada; um bode para a oferta de perdão; dois bois, cinco carneiros, cinco bodes e cinco cordeiros de um ano para serem sacrificados como oferta de paz. Essa foi a oferta de Aieser, filho de Amisadai.

72-77 No décimo primeiro dia, Pagiel, filho de Ocrã e líder da tribo de Aser, apresentou sua oferta. Sua oferta foi: um prato de prata, pesando um quilo e quinhentos e sessenta gramas, e uma bacia de prata, pesando oitocentos e quarenta gramas (segundo o padrão do santuário), cada um cheio de farinha da melhor qualidade misturada com óleo como oferta de cereal; uma vasilha de ouro, pesando cento e vinte gramas, cheia de incenso; um novilho, um carneiro e um cordeiro de um ano para a oferta queimada; um bode para a oferta de perdão; dois bois, cinco carneiros, cinco bodes e cinco cordeiros de um ano para serem sacrificados como oferta de paz. Essa foi a oferta de Pagiel, filho de Ocrã.

78-83 No décimo segundo dia, Aira, filho de Enã e líder da tribo de Naftali, apresentou sua oferta. Sua oferta foi: um prato de prata, pesando um quilo e quinhentos e sessenta gramas, e uma bacia de prata, pesando oitocentos e quarenta gramas (segundo o padrão do santuário), cada um cheio de farinha da melhor qualidade misturada com óleo como oferta de cereal; uma vasilha de ouro, pesando cento e vinte gramas, cheia de incenso; um novilho, um carneiro e um cordeiro de um ano para a oferta queimada; um bode para a oferta de perdão; dois bois, cinco carneiros, cinco bodes e cinco cordeiros de um ano para serem sacrificados como oferta de paz. Essa foi a oferta de Aira, filho de Enã.

84 Essas foram as ofertas de dedicação dos líderes de Israel quando o Altar foi ungido:

doze pratos de prata;
doze bacias de prata;
doze vasilhas de ouro.

85-86 Cada prato de prata pesava um quilo e quinhentos e sessenta gramas, e cada bacia de prata pesava oitocentos e quarenta gramas. O total de peças de prata foi de vinte e oito quilos e oitocentos gramas (segundo o padrão do santuário). As doze vasilhas de ouro cheias de incenso pesavam cento e vinte gramas cada uma (segundo o padrão do santuário). Juntas, as vasilhas de ouro pesaram um quilo e quatrocentos e quarenta gramas. **87** O total de animais usados para a oferta queimada, junto com a oferta de cereal foi:

doze bois;
doze carneiros;
doze cordeiros de um ano.

Para a oferta de perdão:

doze bodes.

Essas foram as ofertas apresentadas para a dedicação do altar depois que ele foi ungido.

88 O total de animais utilizados para o sacrifício da oferta de Paz é:

24 touros,
60 carneiros,
60 bodes,
60 cordeiros de um ano.

Essas foram as ofertas para a dedicação do altar depois que ele foi ungido.

89 Quando Moisés entrou na Tenda do Encontro para falar com o Eterno, ele ouviu a Voz falando com ele do meio dos dois querubins que estavam sobre a tampa da expiação, na arca da aliança. E falava com ele.

As lâmpadas

8 **1-2** O Eterno disse a Moisés: "Diga a Arão: 'Prepare as sete lâmpadas que deverão iluminar a área em frente ao candelabro' ". **3-4** Arão cumpriu a ordem. Ele preparou as lâmpadas, conforme o Eterno havia instruído Moisés. O candelabro era feito de ouro batido, desde o pedestal até as flores, segundo o modelo que o Eterno havia mostrado a Moisés.

A purificação dos levitas

5-7 O Eterno ordenou a Moisés: "Separe os levitas do meio do povo de Israel e purifique-os para fazerem o serviço do Eterno. Faça da seguinte forma: borrife a água da purificação sobre eles; faça-os rapar todo o corpo e lavar suas roupas. Então, eles estarão purificados.

8-11 "Eles deverão trazer um novilho com a oferta de cereal de farinha da melhor qualidade, misturada com óleo, e mais um novilho para a oferta de perdão. Então, você reunirá os levitas diante da Tenda do Encontro e também toda a comunidade de Israel. Apresente os levitas ao Eterno enquanto o povo de Israel impõe as mãos sobre eles. Arão apresentará os levitas ao Eterno com uma oferta movida do povo de Israel. Assim, estarão preparados para o serviço do Eterno.

12-14 "Os levitas deverão impor as mãos sobre a cabeça dos novilhos, escolhendo a um como oferta de perdão e outro como oferta queimada ao Eterno, para fazer expiação por eles. Depois, posicione os levitas diante de Arão e seus filhos e apresente-os com oferta movida ao Eterno. Esse é o procedimento para separar os levitas do restante do povo de Israel. Os levitas serão exclusivamente meus.

15-19 "Depois que você tiver purificado os levitas e os tiver apresentado ao Eterno como oferta movida, eles poderão começar seu serviço na Tenda do Encontro. Os levitas foram escolhidos entre o povo de Israel para meu uso exclusivo. Eles ocupam o lugar de todos os primogênitos nascidos de mãe israelita. Todos os primogênitos em Israel, bem como todas as primeiras crias dos animais, serão separados para meu uso. Quando feri os primogênitos do Egito, eu consagrei os primogênitos israelitas para meu uso. Mas agora tomo os levitas como substitutos de todos os primogênitos de Israel, escolhidos entre o povo. Eles foram entregues a Arão e seus filhos para realizar todo o serviço associado à Tenda do Encontro, a favor do povo de Israel, e fazer ofertas de expiação por eles, para que nada de mal aconteça a eles quando se aproximarem do santuário".

20-22 Moisés, Arão e toda a comunidade de Israel executaram esse procedimento com os levitas, como o Eterno havia ordenado. Os levitas se purificaram e lavaram suas roupas. Arão os apresentou como oferta movida diante do Eterno e fez expiação por eles, para purificá-los. Só então, os levitas puderam começar o serviço na Tenda do Encontro. Arão e seus filhos os supervisionavam, de acordo com as orientações do Eterno.

23-26 O Eterno disse a Moisés: "Estas são as instruções com respeito aos levitas: aos 25 anos de idade, iniciarão o serviço na Tenda do Encontro; aos 50 anos, eles se afastarão do serviço regular, mas poderão ajudar seus irmãos nas tarefas da Tenda do Encontro. No entanto, não terão permissão para fazer o serviço eles mesmos. Essas são as regras básicas para o serviço dos levitas".

MARCOS 14.12-31

O traidor do filho do homem

12 No primeiro dia da festa dos Pães sem Fermento, dia de preparar o sacrifício da Páscoa, os discípulos perguntaram a Jesus: "Onde queres que preparemos a ceia da Páscoa?".

13-15 Ele orientou dois dos discípulos: "Vão para a cidade. Um homem com um jarro de água encontrará vocês. Sigam-no. Perguntem ao proprietário da casa em que ele entrar: 'O Mestre quer saber em qual aposento ele poderá comer a ceia da Páscoa com seus discípulos'. O homem mostrará a vocês uma sala no segundo andar, espaçosa, limpa e arrumada. Façam ali os preparativos".

16 Os discípulos foram para a cidade, e tudo aconteceu como ele lhes dissera. Eles prepararam ali a refeição pascal.

17-18 Depois do pôr do sol, ele chegou com os Doze. Quando estavam à mesa, Jesus disse: "Tenho algo difícil, mas importante, a dizer. Um de vocês me trairá, alguém que neste momento come comigo".

19 Chocados, começaram a dizer, um após o outro: "Eu não!".

20-21 Ele respondeu: "É um dos Doze, alguém que come sempre comigo. O Filho do Homem sofrerá a dor da traição, já prevista nas Escrituras. Até aí, nenhuma surpresa. Mas ai do traidor do Filho do Homem. Melhor que ele nunca tivesse nascido".

"Isto é meu corpo"

22 Durante a refeição, depois de tomar o pão e abençoá-lo, Jesus o partiu, deu-o aos discípulos e disse:

"Tomem, isto é meu corpo".

23-24 Tomando o cálice e dando graças a Deus, entregou-o a eles também e todos beberam. Ele disse:

"Isto é meu sangue,
A nova aliança de Deus,
Derramado em favor de muitos.

DIA 071

25 "Não beberei vinho outra vez até o dia em que o beber no Reino de Deus".

26 Então, eles cantaram um hino e foram para o monte das Oliveiras.

27-28 Jesus alertou-os: "Por causa do que vai acontecer comigo, vocês irão se dispersar. Isso é para cumprir um texto das Escrituras que diz:

Vou ferir o pastor,
e as ovelhas ficarão desorientadas.

"Mas depois que eu ressuscitar, irei adiante de vocês para a Galileia".

29 Mas Pedro, todo afoito, declarou: "Ainda que todo mundo fuja, eu não fugirei".

30 Jesus respondeu: "Não tenha tanta certeza. Ainda esta noite, antes que o galo cante duas vezes você vai me negar três vezes".

31 Pedro protestou, falando sem pensar: "Ainda que eu tenha de morrer contigo, jamais te negarei!". Todos os outros disseram o mesmo.

SALMOS 36.7-12

7-9 Sabemos da excelência do teu amor, ó Deus!
Nossa vontade é correr para debaixo
das tuas asas,
É participar do banquete que irás promover.
Nesse dia, encherás nossas taças com a água
da fonte do Éden.
Tu és uma fonte de luz em cascata,
e abres nossos olhos para essa luz.

10-12 Continua amando teus amigos
e faz tua obra nos corações receptivos.
Mas não permitas que os homens violentos me
maltratem
nem que os de pouca moral me agridam.
Quanto aos arrogantes,
esfrega a cara deles na lama.

◼ NOTAS

☐ DIA 071 ___/___/___

NÚMEROS 9.1 — 10.36

A Páscoa

9 **1-3** O Eterno falou com Moisés no deserto do Sinai, no primeiro mês do segundo ano depois da saída do Egito. Ele ordenou: "Convoque o povo para celebrar a Páscoa no tempo estabelecido. Realizem a festa na data certa, no entardecer do dia 14 desse mês, de acordo com todas as regras e orientações".

4-5 Moisés orientou o povo de Israel a celebrar a Páscoa, e foi o que eles fizeram – no deserto do Sinai, ao entardecer do dia 14 do primeiro mês. O povo de Israel fez tudo conforme o Eterno havia ordenado a Moisés.

6-7 Mas alguns não puderam celebrar a Páscoa no dia estabelecido porque estavam ritualmente impuros, por haverem tocado um cadáver. Assim, eles se apresentaram a Moisés e Arão na Páscoa e disseram: "Estamos ritualmente impuros por termos tocado um cadáver, mas por que seríamos impedidos de levar nossa oferta ao Eterno com os outros israelitas no dia da Páscoa?".

8 Moisés disse: "Deem-me algum tempo. Vou descobrir o que o Eterno diz a respeito dessa situação".

9-12 O Eterno disse a Moisés: "Diga ao povo de Israel: 'Se alguém estiver ritualmente impuro por ter tocado um cadáver ou estiver em viagem, num lugar distante, ainda assim, poderá celebrar a Páscoa do Eterno. Mas deverá celebrá-la ao entardecer do dia 14 do segundo mês. Comam o cordeiro com o pão sem fermento e as ervas amargas. Não deixem nada para o dia seguinte. Não quebrem os ossos do animal. Sigam todos esses procedimentos.

13 " 'Mas quem estiver ritualmente puro e não estiver viajando e deixar de celebrar a Páscoa precisa ser eliminado do meio do povo, porque não apresentou sua oferta ao Eterno no tempo estabelecido. Esse homem pagará pelo seu pecado.

14 " 'Qualquer estrangeiro residente entre vocês que quiser celebrar a Páscoa do Eterno será bem-vindo à festa, mas precisará seguir todas as regras e procedimentos, que valem tanto para os estrangeiros quanto para os naturais da terra' ".

A nuvem

15-16 No dia em que a Habitação foi levantada, a nuvem a cobriu. Desde o pôr do sol até o alvorecer, ela permaneceu sobre a Habitação. Era assim o tempo todo, a nuvem sobre a Habitação. Durante a noite, ela parecia fogo.

17-23 Quando a nuvem se erguia acima da Tenda, o povo de Israel levantava acampamento. Quando a nuvem descia, o povo montava acampamento. O povo de Israel partia segundo as ordens do Eterno e acampava segundo suas ordens. Enquanto a nuvem estivesse sobre a Habitação, eles ficavam acampados. Mesmo quando a nuvem pairava sobre a Habitação durante muitos dias, eles honravam a vontade do Eterno e não partiam. Permaneciam no acampamento, em atitude de obediência, enquanto a nuvem estivesse sobre a Habitação. Mas, no momento em que o Eterno dava a ordem, eles partiam. Se a nuvem permanecesse sobre a Habitação apenas do entardecer até o alvorecer do dia seguinte e, então, se levantasse, eles partiam. Não importava se era dia ou noite — quando a nuvem se levantava, eles partiam. Não fazia diferença se a nuvem pairava sobre a Habitação por dois dias, um mês ou um ano, enquanto ela permanecia ali, eles permaneciam ali. Mas, quando a nuvem se levantava, eles partiam. Eles acampavam segundo a ordem do Eterno e partiam por sua ordem. Eles viviam de forma obediente às ordens do Eterno, conforme anunciadas por Moisés.

As duas cornetas

10 **1-3** O Eterno ordenou a Moisés: "Faça duas cornetas de prata batida. Use-as para reunir a congregação e dar a ordem de partida ao acampamento. Quando você as tocar, toda a comunidade se reunirá à entrada da Tenda do Encontro.

4-7 "Quando uma corneta der um toque breve, esse é o sinal para os líderes, os chefes dos clãs se reunirem. Quando der um toque longo, é o sinal para partir. Ao primeiro toque, as tribos acampadas a leste deverão partir. Ao segundo toque, os acampamentos ao sul deverão partir. Os toques longos são sinais de partida. O toque de corneta para reunir a assembleia será diferente do sinal para partir.

8-10 "Os filhos de Arão, os sacerdotes, são responsáveis por tocar as cornetas: será tarefa deles por todas as gerações. Quando vocês forem à guerra contra um agressor, deem um toque longo de corneta para que o Eterno olhe por vocês e os livre do inimigo. Em tempos de celebração, nas festas fixas e nas festas de lua nova, toquem as cornetas sobre as ofertas queimadas e sobre as ofertas de paz: elas manterão sua atenção no Eterno. Eu sou o Eterno, o *seu* Deus".

A jornada do Sinai até Parã

11-13 No segundo ano, no dia 20 do segundo mês, a nuvem se levantou de sobre a Habitação que guarda as tábuas da aliança.

14-17 A bandeira do acampamento de Judá ia à frente, fileira após fileira, sob o comando de Naassom, filho de Aminadabe. Natanael, filho de Zuar, comandava as tropas da tribo de Issacar, e Eliabe, filho de Helom, comandava as tropas da tribo de Zebulom. Assim que a Habitação era desarmada, os gersonitas e meraritas partiam, carregando a Habitação.

18-21 A bandeira do acampamento de Rúben vinha em seguida, com Elizur, filho de Sedeur, no comando. Selumiel, filho de Zurisadai, comandava as tropas da tribo de Simeão. Eliasafe, filho de Deuel, comandava as tropas da tribo de Gade. Então, os coatitas partiam, carregando as coisas sagradas. No momento em que eles chegavam à parada seguinte, a Habitação já estava armada.

22-24 A bandeira da tribo de Efraim partia em seguida, comandada por Elisama, filho de Amiúde. Gamaliel, filho de Pedazur, comandava as tropas da tribo de Manassés. Abidã, filho de Gideoni, comandava as tropas da tribo de Benjamim.

25-27 Finalmente, sob a bandeira da tribo de Dã, partia a retaguarda de todos os acampamentos, com Aieser, filho de Amisadai, no comando. Pagiel, filho

DIA 071

de Ocrã, comandava as tropas da tribo de Aser. Aira, filho de Enã, comandava as tropas da tribo de Naftali. [28] Essa era a ordem dos exércitos do povo de Israel quando se punham em marcha. Eles estavam a caminho.

[29] Moisés disse a seu cunhado Hobabe, filho de Reuel, o midianita, sogro de Moisés: "Estamos marchando para o lugar que o Eterno nos prometeu. Venha conosco, nós o trataremos muito bem. O Eterno prometeu coisas boas a Israel". [30] Mas Hobabe respondeu: "Não, não vou. Prefiro voltar para casa, para minha terra e minha família". [31-32] Moisés replicou: "Por favor, não nos deixe! Você conhece os melhores lugares para acampar no deserto. Precisamos dos seus olhos. Se você vier conosco, faremos de tudo para que você compartilhe todas as coisas boas que o Eterno fizer por nós".

[33-36] Assim, eles partiram. Do monte do Eterno, marcharam três dias, com a arca da aliança do Eterno à frente, em busca de um lugar para acampar. A nuvem do Eterno ficava acima deles, de dia, sempre que levantavam acampamento. Quando a arca partia, Moisés orava:

"Levanta-te, ó Deus!
Elimina teus inimigos!
Persegue até as colinas os que te odeiam!".

E, quando a arca parava, ele dizia:

"Descansa conosco, ó Deus!
Fica com os milhares,
Os muitos milhares de Israel".

MARCOS 14.32-52

Getsêmani

[32-34] Então, eles foram para um jardim chamado Getsêmani. Jesus disse aos discípulos: "Fiquem aqui enquanto vou orar mais adiante". Levando consigo Pedro, Tiago e João, ele mergulhou em grande agonia e declarou: "A tristeza que sinto é uma tristeza de morte. Fiquem aqui e vigiem comigo". [35-36] Indo um pouco mais adiante, prostrou-se no chão e orou: "Paizinho, Pai, tu podes me livrar! Afasta este cálice de mim. Mas, por favor, não seja o que eu quero, mas sim o que tu queres". [37-38] Quando voltou aos discípulos, encontrou os três dormindo e disse a Pedro: "Simão, você veio

para dormir? Não pode aguentar nem uma hora? Fiquem atentos. Orem sempre para que não caiam em tentação antes mesmo de perceber o perigo. Uma parte de você está disposta a fazer qualquer coisa por Deus, mas a outra parte simplesmente não reage". [39-40] Depois disso, voltou ao seu lugar e fez a mesma oração. Retornando mais uma vez, ele os encontrou dormindo. Eles simplesmente não conseguiam manter os olhos abertos, e não tinham nem como se desculpar. [41-42] Ele voltou pela terceira vez e disse: "Vocês vão dormir a noite toda? Minha hora chegou. O Filho do Homem está prestes a ser traído e entregue nas mãos dos pecadores. Levantem-se, vamos! O traidor chegou".

Um bando de maus elementos

[43-47] Ele mal acabou de falar, e Judas, do grupo dos Doze, apareceu, acompanhado por um bando de maus elementos enviados pelos principais sacerdotes, líderes religiosos e demais líderes. Eles traziam espadas e paus. O traidor havia combinado um sinal com eles: "Aquele a quem eu beijar é o procurado. Prendam-no. Não o deixem fugir". Ele foi direto a Jesus e o beijou, dizendo: "Mestre!". Os homens, então, o prenderam, com muita brutalidade. Mas um dos que estavam com Jesus desembainhou a espada e atacou o servo do sacerdote principal, cortando-lhe a orelha. [48-50] Mas Jesus reagiu: "O que é isto? Vieram me buscar com espadas e paus, como se eu fosse um bandido perigoso? Dia após dia, estive ensinando no templo, e vocês nunca moveram um dedo contra mim. Vocês acabam de confirmar os escritos proféticos". Nessa hora, todos os discípulos já haviam fugido. [51-52] Um jovem seguia o grupo de longe. Tudo que ele trazia sobre o corpo era um lençol. Alguns daqueles homens tentaram agarrá-lo, mas ele escapou. Fugiu nu, deixando o lençol para trás.

SALMOS 37.1-7

Um salmo de Davi

37 [1-2] Não se preocupe com os arrogantes nem deseje prosperar como os ímpios. Em breve, eles secarão como grama cortada e murcharão como flores ao sol.

[3-4] Faça um seguro com o Eterno e pratique o bem. Aproveite bem o que já é seu; que a verdade seja o seu alimento.

Assim, você ficará perto do Eterno, e terá parte no que há de melhor.

5-6 Abra-se completamente diante do Eterno,
não esconda nada dele,
e ele fará o que for preciso:
Legitimará sua vida à vista de todos
e como o sol do meio-dia declarará a sua
inocência.

7 Aquiete-se diante do Eterno,
ponha tudo diante dele.
Não se incomode com os que estão
em ascensão,
com os que pisam nos outros para subir.

◾ NOTAS

☐ DIA 072 __ / __ / __

NÚMEROS 11.1 — 13.2

O acampamento Taberá

11 **1-3** O povo começou a murmurar da vida difícil, e o Eterno ouviu. Depois que ouviu, sua ira se acendeu. Então, irrompeu um fogo que queimou as extremidades do acampamento. O povo suplicou a ajuda de Moisés, ele orou ao Eterno e o fogo se apagou. Eles chamaram o lugar Taberá (Fogo) porque o fogo do Eterno havia queimado contra eles.

O acampamento Quibrote-Hataavá

4-6 Alguns desajustados que viajavam com eles estavam com vontade de comer carne e logo induziram todo o povo de Israel a reclamar e murmurar: "Por que não temos carne? No Egito, comíamos peixe – e era de graça! –, sem falar dos pepinos, das melancias, dos alhos-porós, das cebolas e dos alhos. Mas aqui, nada tem gosto. Tudo que comemos é maná, maná, maná".

7-9 O maná era uma substância parecida com sementes e brilhante como resina. O povo o ajuntava e usava pedras para moê-lo ou o socava no pilão. Ele era cozido na panela, e também faziam bolos com ele. O gosto era de bolo amassado com azeite de oliva. Quando o orvalho caía sobre o acampamento à noite, o maná caía com o orvalho.

10 Moisés ouviu a queixa, todas aquelas famílias reclamando à porta das tendas, e a ira do Eterno se acendeu. Moisés percebeu que as coisas iam muito mal.

11-15 Moisés perguntou ao Eterno: "Por que me tratas dessa maneira? O que eu fiz para merecer isso? Acaso fui eu que os concebi? Fui eu a mãe deles? Portanto, por que lanças a responsabilidade por esse povo sobre mim? Por que tenho de carregar esse povo por aí, como uma mãe carrega um bebê, até a terra que prometeste aos antepassados deles? Onde vou achar carne para todo esse povo que está se queixando a mim: 'Queremos carne! Você tem de nos dar carne'? Não posso fazer isso sozinho. Conduzir esse povo é pesado demais para mim. Se é assim que vais me tratar, por favor, me mata! Já vivi o suficiente. Para mim, chega! Tira-me daqui!".

16-17 O Eterno disse a Moisés: "Escolha e reúna setenta homens entre os líderes de Israel que sejam respeitados e responsáveis. Leve-os à Tenda do Encontro. Eu os encontrarei lá. Descerei ali e falarei com você. Tirarei um pouco do Espírito que está sobre você e porei sobre eles. Dessa forma, receberão capacidade para assumir parte do fardo desse povo. Você não terá de carregar tudo sozinho. ¹⁸⁻²⁰ "Diga ao povo: 'Consagrem-se. Preparem-se, pois amanhã vocês comerão carne. Vocês têm choramingado ao Eterno: Queremos carne! Você tem de nos dar carne! Nossa vida no Egito era muito melhor! Pois o Eterno ouviu suas queixas e dará carne a vocês. Vocês comerão carne, com certeza. E não apenas um dia, nem mesmo dois, cinco, dez ou vinte, mas um mês inteiro. Vocês comerão carne até que ela saia pelas suas narinas. Ficarão tão cheios e enojados de carne que vomitarão diante da simples menção dela. E sabem por quê? Porque vocês rejeitaram o Eterno, que está aqui entre vocês e se queixaram a ele dizendo: Por que tivemos de sair do Egito?' ".

²¹⁻²² Moisés retrucou: "Estou aqui, cercado por seiscentos mil homens, e dizes: 'Eu darei carne para eles, carne todos os dias durante um mês'. De onde sairá toda essa carne? Mesmo que todo o gado e todos os rebanhos sejam abatidos, será o suficiente? Mesmo que todos os peixes do mar fossem pegos, seria o bastante?".

²³ O Eterno respondeu a Moisés: "Então, você acha que não consigo tomar conta de vocês? Você logo verá se o que digo acontecerá ou não!".

²⁴⁻²⁵ Moisés saiu e contou ao povo o que o Eterno tinha dito. Ele convocou setenta líderes e os posicionou em volta da Tenda. O Eterno desceu numa nuvem e falou a Moisés. Depois, tomou do Espírito que estava nele e o distribuiu entre os setenta líderes. Quando o Espírito desceu sobre eles, eles profetizaram, mas não continuaram a profetizar. Isso aconteceu apenas uma vez.

²⁶ Enquanto isso, dois homens, Eldade e Medade, estavam no acampamento. Eles eram líderes, mas não tinham deixado o acampamento para ir à Tenda. Mesmo assim, o Espírito veio sobre eles, e eles começaram a profetizar no acampamento.

²⁷ Um jovem correu e contou a Moisés: "Eldade e Medade estão profetizando no acampamento!".

²⁸ Josué, filhos de Num, que era auxiliar de Moisés desde a juventude, disse: "Moisés, senhor, mande-os parar!".

²⁹ Mas Moisés disse: "Você está com ciúme por mim? Eu queria que todo o povo do Eterno fosse profeta. Eu queria que o Eterno pusesse seu Espírito em todos eles!".

³⁰⁻³⁴ Então, Moisés e os líderes de Israel voltaram ao acampamento. Um vento enviado pelo Eterno trouxe codornizes do mar, e elas caíram sobre o acampamento a uma altura de noventa centímetros, num raio de um dia de caminhada, em todas as direções. Todo aquele dia, aquela noite e o dia seguinte o povo ajuntou codornizes – montes enormes de codornizes. O israelita menos esperto ajuntou dez barris. Eles as espalharam por todo o acampamento, para que secassem. Mas enquanto ainda estavam mastigando as codornizes, mal tendo engolido o primeiro bocado, a ira do Eterno se acendeu contra o povo. Ele os feriu com uma praga terrível. Eles chamaram o lugar Quibrote-Hataavá (Túmulos do Desejo). Ali eles enterraram as pessoas que queriam muito comer carne.

³⁵ De Quibrote-Hataavá, eles partiram para Hazerote e lá ficaram.

O acampamento Hazerote

12¹⁻² Miriã e Arão começaram a se queixar de Moisés. Falaram mal dele porque ele tinha se casado com uma etíope. Diziam: "Será que o Eterno fala apenas por meio de Moisés? Ele não poderia falar por meio de nós também?".

Mas o Eterno ouviu a conversa.

³⁻⁸ Ora, Moisés era um homem comedido e humilde, mais que qualquer pessoa que havia na terra. O Eterno imediatamente ordenou a Moisés, Arão e Miriã: "Saiam, vocês três, e vão à Tenda do Encontro!". Os três foram. O Eterno desceu numa coluna de nuvem e se pôs à entrada da Tenda. Ele chamou Arão e Miriã para perto de si. Quando eles se aproximaram, ele disse:

"Ouçam com muita atenção
   o que estou dizendo a vocês.
Se há um profeta do Eterno entre vocês,
Eu me revelo a ele em visões,
   eu falo com ele em sonhos.
Mas não é assim que faço
   com meu servo Moisés;
ele é responsável por toda a minha casa;
Falo com ele na intimidade, em pessoa,
   com palavras diretas, sem rodeios
   nem enigmas.
Ele vê a própria forma do Eterno.
Portanto, por que vocês não mostraram
   reverência e respeito
   quando falaram contra meu servo,
   contra Moisés?".

⁹A ira do Eterno ardeu contra eles, e ele se retirou. ¹⁰Quando a nuvem se afastou da Tenda, aconteceu a desgraça! Miriã estava leprosa, sua pele parecia neve. Arão olhou para Miriã e concluiu: "É lepra!". ¹¹⁻¹²Ele disse a Moisés: "Por favor, meu senhor, não seja tão duro contra nós por causa desse pecado tolo e impensado. Por favor, não permita que Miriã pareça um bebê abortado do ventre da mãe com metade do corpo em decomposição!".

¹³E Moisés suplicou ao Eterno:

"Por favor, Deus, eu te peço que a cures,
eu te peço que a cures."

¹⁴⁻¹⁶O Eterno respondeu a Moisés: "Se o pai de Miriã tivesse cuspido no rosto dela, não ficaria ela envergonhada por sete dias? Isole-a fora do acampamento por sete dias. Depois, ela poderá ser recebida outra vez na comunidade. Assim, Miriã ficou isolada fora do acampamento durante sete dias. O povo não partiu dali enquanto ela não foi reintegrada ao povo. Só então, o povo partiu de Hazerote e armou seu acampamento no deserto de Parã.

A missão de reconhecimento de Canaã

13¹⁻²O Eterno disse a Moisés: "Envie homens para uma missão de reconhecimento da terra de Canaã, que estou dando ao povo de Israel. Envie um homem de cada tribo dos seus antepassados, homens experientes e fiéis às suas tribos".

MARCOS 14.53-72

Condenado à morte

⁵³⁻⁵⁴O grupo que prendeu Jesus levou-o ao sacerdote principal, que estava reunido com os principais sacerdotes, líderes do povo e líderes religiosos. Pedro os seguira a uma distância segura. Quando chegaram ao pátio do sacerdote principal, ele se misturou com os servos e foi se aquecer perto da fogueira. ⁵⁵⁻⁵⁹Os principais sacerdotes, conspirando com o Concílio judaico, tentavam achar acusações contra Jesus para condená-lo à morte. Não encontraram nada. Muitos davam falso testemunho, mas um depoimento contradizia o outro. Alguns homens apareceram com esta história: "Nós o ouvimos dizer: 'Vou derrubar o templo, construído com tanto esforço, e em três dias construirei outro, sem ao menos erguer a mão". Mesmo assim, não havia plena concordância entre os relatos.

⁶⁰⁻⁶¹Nesse momento, o sacerdote principal levantou-se e perguntou a Jesus: "O que você tem a dizer dessa acusação?". Jesus não deu resposta. O sacerdote principal insistiu, mudando a pergunta: "Você é o Messias, o Filho do Deus Bendito?". ⁶²Jesus foi direto: "Sim, eu sou, e você mesmo verá —

O Filho do Homem assentado
à direita do Todo-poderoso
Vindo nas nuvens do céu".

⁶³⁻⁶⁴Nessa hora, o sacerdote principal perdeu a compostura. Rasgando a própria roupa, gritou: "Ouviram isso? Acham que precisamos de mais testemunhas? Vocês testemunharam a blasfêmia. Vão deixar que isso fique assim?".

Por unanimidade, eles o condenaram. E foi sentença de morte. ⁶⁵Alguns começaram a cuspir nele. Vendaram-lhe os olhos e batiam nele, provocando: "Quem bateu em você? Profetize!". Os guardas levaram-no dali, sem interromper o espancamento.

Pedro nega Jesus

⁶⁶⁻⁶⁷Enquanto isso, Pedro estava no pátio. E aconteceu que uma das empregadas do sacerdote principal, vendo Pedro se aquecer ali, olhou para ele e disse: "Você estava com Jesus, o Nazareno".

⁶⁸Mas ele negou: "Não sei do que você está falando". Quando ele passou pelo pórtico, um galo cantou. ⁶⁹⁻⁷⁰A moça apontava para ele e dizia aos que estavam por ali: "Ele é um deles, tenho certeza". E Pedro negou mais uma vez.

Pouco depois, as pessoas ali começaram a insistir: "Você tem de ser um deles. Está na cara que você é galileu".

⁷¹⁻⁷²Então, Pedro ficou muito nervoso e jurou: "Nunca vi esse homem de quem vocês estão falando". Na mesma hora, o galo cantou pela segunda vez. Pedro lembrou-se do que Jesus dissera: "Antes que o galo cante duas vezes, você vai me negar três vezes". Sem se conter, desabou a chorar.

SALMOS 37.8-15

⁸⁻⁹Refreie sua ira, jogue fora sua raiva,
esfrie a cabeça — a ansiedade só piora as coisas.
Bem antes que os desonestos
venham à bancarrota,
os que investem a vida em Deus
terão sua recompensa.

10-11 Antes que você perceba,
   os ímpios terão sumido.
Você encontrará vazio o lugar em que
   costumavam estar.
Agora são os simples que tomam conta dele,
   desfrutando uma enorme bonança.

12-13 Os maus não suportam os bons,
   Obcecados, querem matá-los.
Mas o Eterno não perde o sono por isso:
   para ele, os maus são uma piada sem graça.

14-15 Os homens violentos brandem a espada,
   retesam o arco num gesto exibicionista.
Estão lá fora para atacar traiçoeiramente o
   inocente,
   para agredir o bom homem que passeia
   tranquilo.
Mas uma casca de banana os derruba de cara
   no chão.
Um completo vexame.

◢ NOTAS

☐ **DIA 073** ___ / ___ / ___

NÚMEROS 13.3 — 14.25

3-15 Assim, Moisés os enviou do deserto de Parã, como o Eterno havia ordenado. Eram todos líderes em Israel, um de cada tribo. Estes eram seus nomes:

de Rúben: Samua, filho de Zacur;
de Simeão: Safate, filho de Hori;
de Judá: Calebe, filho de Jefoné;
de Issacar: Igal, filho de José;
de Efraim: Oseias, filho de Num;
de Benjamim: Palti, filho de Rafu;
de Zebulom: Gadiel, filho de Sodi;
de Manassés (uma tribo de José):
   Gadi, filho de Susi;
de Dã: Amiel, filho de Gemali;
de Aser: Setur, filho de Micael;
de Naftali: Nabi, filho de Vofsi;
de Gade: Geuel, filho de Maqui.

16 Esses são os nomes dos homens que Moisés enviou em missão de reconhecimento da terra. Moisés deu a Oseias (Salvação), filho de Num, um novo nome: Josué (Deus Salva).

17-20 Antes que partissem para a missão de reconhecimento de Canaã, Moisés os advertiu: "Subam através do Neguebe e, então, entrem na região montanhosa. Observem toda a terra e vejam como ela é. Analisem o povo que vive lá. É forte ou fraco? É numeroso ou pequeno? Observem a terra: é agradável ou ruim? Descrevam as cidades em que eles moram: elas têm muros ou não são fortificadas? E analisem o solo: é fértil ou inaproveitável? Há florestas na terra? E tentem trazer umas amostras dos produtos da terra — estamos na estação das primeiras uvas".

21-25 Depois disso, puseram-se a caminho. Eles observaram a terra desde o deserto de Zim até Reobe, perto de Lebo-Hamate. Sua rota atravessava o deserto do Neguebe e conduzia a Hebrom. Ainã, Sesai e Talmai, descendentes do gigante Enaque, viviam ali. Hebrom havia sido construída sete anos antes de Zoã, no Egito. Quando chegaram ao vale de Escol, cortaram um ramo com um único cacho de uvas, e foram necessários dois homens para carregá-lo pendurado numa vara. Também colheram romãs e figos. Chamaram o lugar vale de Escol (vale do Cacho de Uvas) por causa do enorme cacho de uvas que cortaram ali. Depois de quarenta dias de reconhecimento da terra, eles voltaram para seu povo.

²⁶⁻²⁷ Eles se apresentaram a Moisés e Arão e a toda a congregação de Israel no deserto de Parã, em Cades, e fizeram um relato a todo o povo e mostraram os frutos da terra. Então, contaram a história da viagem: ²⁷⁻²⁹ "Fomos ver a terra, como vocês mandaram. Que maravilha! De fato, manam leite e mel ali! Vejam só estes frutos! O único problema é que o povo que vive lá é cruel, e suas cidades são enormes e bem fortificadas. Pior ainda, vimos lá os descendentes de Enaque. Os amalequitas estão espalhados pelo Neguebe; os hititas, os jebuseus e os amorreus ocupam a região montanhosa; os cananeus estão estabelecidos à margem do mar Mediterrâneo e ao longo do Jordão".

³⁰ Calebe pediu um aparte e disse: "Vamos subir e conquistar a terra – agora! Nós vamos conseguir".

³¹⁻³³ Mas os outros disseram: "Não podemos atacar aquele povo. Eles são mais fortes que nós". E os boatos começaram a circular entre o povo de Israel. Diziam: "Observamos a terra de uma extremidade a outra – é uma terra que devora seus habitantes. Todas as pessoas que vimos lá eram enormes. Imaginem que vimos até os nefilins (os gigantes de Enaque são descendentes dos nefilins)! Diante deles, nos sentimos como gafanhotos".

14

¹⁻³ Toda a comunidade se alvoroçou e chorou a noite toda. E todo o povo de Israel murmurou contra Moisés e Arão. Os israelitas começaram a se queixar: "Por que não morremos no Egito? Ou, então, no deserto? Por que o Eterno nos trouxe para cá: foi para nos matar aqui? Nossas esposas e filhos serão tomados como reféns. Por que não voltamos para o Egito agora mesmo?".

⁴ E, logo, estavam todos dizendo uns aos outros: "Vamos escolher a um novo líder! Vamos voltar para o Egito!".

⁵ Então, Moisés e Arão se prostraram com o rosto em terra diante de toda a comunidade, reunida numa assembleia de emergência.

⁶⁻⁹ Josué, filho de Num, e Calebe, filho de Jefoné, integrantes do grupo de reconhecimento da terra, rasgaram suas roupas e fizeram o seguinte pronunciamento ao povo reunido ali: "A terra que atravessamos e observamos é muito boa – boa mesmo.

Se o Eterno se agrada de nós, ele nos fará entrar nessa terra, uma terra em que manam leite e mel, como eles dizem. E ele nos dará essa terra. Só não se rebelem contra o Eterno! E não tenham medo daquele povo. Eles serão café pequeno para nós! Eles não têm proteção alguma, e o Eterno está ao nosso lado. Não tenham medo deles!".

¹⁰⁻¹² Mas a comunidade, já se armando, começou a falar em apedrejá-los.

Foi exatamente nesse momento que a glória do Eterno apareceu na Tenda do Encontro, e todos os israelitas a viram. O Eterno disse a Moisés: "Quanto tempo esse povo ainda vai me tratar como lixo? Quanto tempo ainda vão se negar a confiar em mim? E depois de todos os sinais que fiz no meio deles! Para mim, chega! Vou feri-los com uma praga e matá-los! Mas de você farei um povo maior e mais forte que qualquer povo que já existiu na terra".

¹³⁻¹⁶ Mas Moisés disse ao Eterno: "Essa notícia chegará aos ouvidos dos egípcios! Dirão que libertaste esse povo do Egito com grande demonstração de poder para fazer isso com eles! Os egípcios vão espalhar isso pelo mundo inteiro. Eles já sabem que és o Eterno, que estás do lado desse povo, que estás presente entre eles e que eles te veem com os próprios olhos na nuvem que paira sobre eles, na coluna de nuvem que os conduz de dia e na coluna de fogo, de noite. Se exterminares esse povo com um só golpe, todas as nações que souberem desse fato dirão: 'O Eterno não conseguiu levar aquele povo para a terra que havia prometido a eles; por isso, os matou no deserto'.

¹⁷ "Em vez disso, que a força do Senhor se manifeste e seja engrandecida, segundo o que prometeste:

¹⁸ 'O Eterno, que demora em se irar
e que é grande em amor leal,
que perdoa a iniquidade,
a rebeldia e o pecado;
Se bem que não faça vista grossa ao pecado,
mas estende as consequências
dos pecados dos pais
Aos filhos até a terceira geração,
e mesmo até a quarta'.

¹⁹ "Por favor, perdoa as maldades desse povo com base na imensidão do teu amor leal, como sempre os tens perdoado, desde a saída do Egito!".

²⁰⁻²³ O Eterno disse: "Eu os perdoarei, em consideração às suas palavras, Moisés. Mas, tão certo como vivo e como a glória do Eterno enche toda

DIA 073

a terra, nem mesmo um desses que viram a minha glória e os sinais e milagres que fiz no Egito e no deserto e me provocaram o tempo todo, fechando os ouvidos para mim — nenhum deles porá os olhos na terra que prometi solenemente aos seus antepassados. Nenhum dos que me trataram com desprezo verá a terra.

²⁴ "Mas, com meu servo Calebe, a história é outra. Ele tem um espírito diferente e me segue com convicção. Eu o levarei para a terra que ele observou, e seus filhos a herdarão.

²⁵ "Já que os amalequitas e cananeus estão tão bem estabelecidos nos vales neste momento, mudem a rota e voltem para o deserto pelo caminho que vai para o mar Vermelho".

MARCOS 15.1-20

Perante Pilatos

15 ¹ À primeira luz do dia, os principais sacerdotes, os mestres da lei e os líderes religiosos convocaram uma sessão com todo o Concílio judaico. Eles amarraram Jesus com cuidado e foram levá-lo a Pilatos.

²⁻³ Pilatos perguntou: "Você é o 'Rei dos judeus'?". Jesus respondeu: "Se você diz". Os principais sacerdotes derramaram diante do governador um dilúvio de acusações.

⁴⁻⁵ Pilatos insistiu: "Você não vai responder nada? São muitas acusações!". Mesmo assim, ele ficou em silêncio. Pilatos ficou impressionado.

⁶⁻¹⁰ Havia o costume de se libertar um prisioneiro na festa, qualquer um que o povo pedisse. Na ocasião, havia outro prisioneiro, chamado Barrabás, preso com revoltosos que haviam cometido assassinato num levante contra Roma. A multidão logo iria apresentar seu pedido, e Pilatos se antecipou a eles: "Vocês querem que eu liberte o Rei dos judeus?". O governador sabia que fora por pura inveja que os sacerdotes haviam entregado Jesus.

¹¹⁻¹² No entanto, os principais sacerdotes haviam orientado a multidão para que pedissem a libertação de Barrabás. Mas Pilatos perguntou: "Então, o que farei com este homem que vocês chamam Rei dos judeus?".

¹³ Eles gritaram: "Crucifique-o!".

¹⁴ Pilatos objetou: "Mas por qual crime?".

Contudo, eles gritavam ainda mais alto: "Crucifique-o!".

¹⁵ Pilatos atendeu ao pedido da multidão: libertou Barrabás e entregou Jesus para ser açoitado e crucificado.

¹⁶⁻²⁰ Os soldados levaram Jesus ao palácio (chamado Pretório) e reuniram uma tropa inteira. Vestiram-no com um manto de púrpura e puseram uma coroa de espinhos na cabeça dele. Então, começou a zombaria: "Viva o Rei dos judeus!". Eles lhe batiam na cabeça com um bastão, cuspiam nele e se ajoelhavam diante dele, como se o reverenciassem. Quando cansaram das chacotas, tiraram-lhe o manto de púrpura e o vestiram de novo com as suas roupas. Então o levaram para crucificá-lo.

SALMOS 37.16-22

¹⁶⁻¹⁷ Menos é mais, e mais é menos:
um justo dominará cinquenta ímpios,
Pois os ímpios são um fracasso moral,
mas os justos contam com a força do Eterno.

¹⁸⁻¹⁹ O Eterno observa atentamente os
cidadãos decentes:
o que eles fazem não será esquecido tão cedo.
Em tempos difíceis, eles manterão
a cabeça erguida;
mesmo com prateleiras vazias, eles estarão
satisfeitos.

²⁰ Mas os que desprezam Deus desaparecem;
os inimigos do Eterno serão eliminados —
Rapados como videiras em época de colheita,
diluídos como fumaça em ar rarefeito.

²¹⁻²² Os ímpios pegam emprestado e não
devolvem,
mas o justo faz doações.
O homem abençoado pelo Eterno consegue
tudo no final;
mas o mesquinho é afastado do caminho.

▪ NOTAS

35 "'Eu, o Eterno, falei, e executarei minha sentença contra toda essa comunidade, infestada pelo mal, que se amotinou contra mim. Vocês encontrarão seu fim neste deserto. Todos morrerão aqui'".

36-38 Os homens que Moisés havia enviado para fazer o reconhecimento da terra e que fizeram circular os boatos, levando a comunidade a se queixar contra Moisés, morreram em seguida. Depois de espalhar informações falsas a respeito da terra, eles morreram vítimas de uma praga, num confronto com o Eterno. Apenas Josué, filho de Num, e Calebe, filho de Jefoné, sobreviveram dos homens que foram enviados na missão de reconhecimento.

39-40 Moisés comunicou a decisão do Eterno ao povo de Israel, e eles se entristeceram e choraram muito. Mas no dia seguinte, bem cedo, partiram na direção das montanhas, dizendo: "Aqui estamos. Estamos prontos: vamos atacar a terra que o Eterno nos prometeu. Nós pecamos, mas agora estamos prontos".

41-43 Mas eles foram repreendidos por Moisés: "Por que estão desobedecendo ao Eterno outra vez? Isso não vai dar certo. Não ataquem ninguém. O Eterno não está com vocês nessa empreitada. Vocês serão derrotados pelos seus inimigos. Os amalequitas e os cananeus estão de sobreaviso e matarão vocês. Vocês deixaram de seguir o Eterno e de obedecer a ele; por isso, ele não irá com vocês agora".

44-45 Mas eles foram mesmo assim. Transpirando arrogância, rumaram afoitos para a região montanhosa. Mas nem a arca da aliança nem Moisés saíram do acampamento. Os amalequitas e cananeus que viviam nas montanhas saíram das cidades e os atacaram. Os israelitas foram derrotados e perseguidos por todo o caminho até Hormá.

Questões de adoração

15 **1-5** O Eterno disse a Moisés: "Fale com o povo de Israel e diga a eles: 'Quando entrarem na terra que estou dando a vocês e apresentarem uma oferta preparada no fogo, dedicada ao Eterno, uma oferta queimada ou qualquer sacrifício de bois ou de ovelhas como oferta prometida em voto ou oferta voluntária numa das festas marcadas, como aroma agradável ao Eterno, a pessoa que trouxer a oferta deverá apresentar também uma oferta de cereal: um jarro de farinha da melhor qualidade misturada com um litro de óleo. Para cada cordeiro da oferta queimada ou para outro sacrifício, preparem um litro de óleo e um litro de vinho como oferta derramada.

☐ DIA **074** __ / __ / __

NÚMEROS 14.26 — 15.41

26-30 O Eterno disse a Moisés e Arão: "Quanto tempo ainda vai durar essa murmuração contra mim por essa comunidade infestada pelo mal? Eu estou cheio de queixas desses israelitas murmuradores. Diga-lhes: 'Tão certo como eu vivo — decreto do Eterno —, eis o que vou fazer: os cadáveres de vocês serão espalhados pelo deserto. De todos os que foram contados no recenseamento e estão com 20 anos de idade ou mais, de toda essa congregação de murmuradores e resmungões, nenhum entrará na terra para fazer sua habitação ali, na terra prometida solenemente, exceto Calebe, filho de Jefoné, e Josué, filho de Num.

31-34 " 'Os filhos de vocês, exatamente os que vocês disseram que seriam tomados como reféns, são esses os que desfrutarão a terra que vocês rejeitaram, enquanto os cadáveres de vocês apodrecerão no deserto. Os filhos de vocês viverão como pastores no deserto durante quarenta anos, vivendo com as consequências da infidelidade de vocês, até que o último homem desta geração caia morto no deserto. Vocês observaram a terra durante quarenta dias, pois o castigo será um ano de deserto para cada dia, uma sentença de quarenta anos a cumprir pelos seus pecados — um longo aprendizado a respeito do meu desgosto.

DIA 074

6-7 "Para um carneiro, preparem uma oferta de cereal de dois jarros de farinha da melhor qualidade com um litro de óleo e um litro de vinho como oferta derramada. Ofereçam-na como aroma agradável ao Eterno.

8-10 " 'Quando vocês prepararem um novilho como oferta queimada ou um sacrifício em cumprimento de um voto ou uma oferta de paz ao Eterno, tragam, com o novilho, uma oferta de cereal de três jarros de farinha da melhor qualidade e meio galão de óleo. Também tragam meio galão de vinho como oferta derramada: é oferta preparada no fogo, um aroma agradável ao Eterno.

11-12 " 'Cada novilho ou carneiro, cada cordeiro ou cabrito deve ser preparado da mesma forma. Sigam esse procedimento para cada um deles, não importa quantos tiverem de preparar.

13-16 " 'Cada israelita natural da terra deverá seguir esse procedimento quando trouxer uma oferta preparada no fogo como aroma agradável ao Eterno. Nas gerações futuras, quando um estrangeiro ou visitante que vive entre vocês apresentar uma oferta preparada no fogo como aroma agradável ao Eterno, deverá seguir os mesmos procedimentos. A comunidade tem as mesmas regras para vocês e para os estrangeiros residentes entre vocês. Essa é a regra geral para as futuras gerações. Vocês e os estrangeiros são iguais perante o Eterno. As mesmas leis e regulamentações se aplicam a vocês e aos estrangeiros que vivem entre vocês' ".

17-21 O Eterno disse a Moisés: "Fale com o povo de Israel e diga a eles: 'Quando entrarem na terra que prometi a vocês e comerem do alimento da terra, separem uma porção como oferta ao Eterno. Da primeira porção de massa de farinha, façam um bolo como oferta – uma oferta da farinha da sua colheita. Nas futuras gerações, a oferta da primeira massa de farinha de toda colheita deverá ser apresentada ao Eterno' ".

22-26 " 'Mas, se vocês se desviarem do caminho e não obedecerem às ordens que o Eterno transmitiu a Moisés; se desobedecerem a qualquer uma das ordens que o Eterno deu a vocês sob a autoridade de Moisés, desde o tempo em que o Eterno começou a dar ordens a vocês até o dia de hoje; se isso acontecer sem intenção e sem conhecimento da comunidade, então, toda a congregação deverá sacrificar um novilho como oferta queimada, aroma agradável ao Eterno, acompanhado por sua oferta de cereal e sua oferta derramada, conforme estipulado nas regras, e

um bode como oferta de perdão. O sacerdote deverá fazer expiação por toda a comunidade do povo de Israel, e serão perdoados. O pecado não foi intencional, e eles apresentaram ao Eterno a oferta preparada no fogo e a oferta de perdão por seu descuido. Toda a comunidade de Israel, incluindo até mesmo os estrangeiros que vivem entre eles, será absolvida, porque todos se envolveram no erro.

27-28 " 'Mas, se apenas uma pessoa pecar por descuido, sem perceber o que está fazendo, ela deverá trazer uma cabra de um ano como oferta de perdão. O sacerdote, então, fará expiação pela pessoa que pecou involuntariamente. Será feita expiação diante do Eterno, para que ela seja perdoada.

29 " 'O mesmo padrão vale para todos os que pecarem por descuido – os israelitas de nascimento e os estrangeiros devem seguir as mesmas regras.

30-31 " 'Mas a pessoa que pecar de forma desafiadora, não importa se natural da terra ou estrangeiro, blasfemando intencionalmente contra o Eterno, precisa ser eliminada do meio do povo. Ela desprezou a palavra do Eterno, transgrediu sua ordem, e precisa ser eliminada da comunidade. A culpa recai sobre ela' ".

32-35 Certo dia, durante os anos de peregrinação do povo de Israel no deserto, um homem foi flagrado recolhendo lenha no sábado. Os que o surpreenderam nesse ato levaram-no a Moisés, a Arão e a toda a congregação. Eles o mantiveram detido, porque não sabiam o que fazer com ele. Então, o Eterno disse a Moisés: "Sentenciem o homem à morte. É isto mesmo: toda a comunidade deverá apedrejá-lo fora do acampamento".

36 Assim, toda a comunidade levou o homem para fora do acampamento e o apedrejou, uma execução ordenada pelo Eterno e anunciada por Moisés.

37-41 O Eterno disse a Moisés: "Fale com o povo de Israel e diga a eles que, a partir de agora, deverão fazer borlas nas extremidades das roupas e marcar cada borla com um cordão azul. Quando vocês olharem para essas borlas, irão lembrar e obedecer aos mandamentos de Deus e não serão distraídos por algo que possam sentir ou ver e que os induza à infidelidade. As borlas despertarão lembranças e estimularão a observância de todos os meus mandamentos, para que vivam uma vida santa para o Eterno. Eu sou o Eterno, que os salvou do Egito para ser seu Deus pessoal. Sim, eu sou o Eterno, o *seu* Deus".

MARCOS 15.21-41

A crucificação

²¹ **U**m homem estava passando, de volta do trabalho – Simão de Cirene, pai de Alexandre e Rufo. Eles o obrigaram a carregar a cruz de Jesus. ²²⁻²⁴ Os soldados levaram Jesus ao Gólgota, que significa "colina da Caveira". Ofereceram-lhe vinho misturado com mirra, para aliviar a dor, mas ele não aceitou. Então o pregaram na cruz. Depois fizeram um sorteio para ver quem ficaria com suas roupas. ²⁵⁻³⁰ Jesus foi crucificado às nove horas da manhã. A acusação – O REI DOS JUDEUS – foi escrita numa placa. Com ele, crucificaram dois criminosos, um à direita e outro à esquerda. Os que passavam caçoavam, sacudindo a cabeça e ironizando: "Você alegou que poderia destruir o templo e reconstruí-lo em três dias – mostre agora seu poder. Salve-se! Se você é mesmo o Filho de Deus, desça da cruz!". ³¹⁻³² Os principais sacerdotes e os líderes religiosos também estavam ali, misturados ao povo, divertindo-se e zombando de Jesus: "Ele salvou os outros, mas não pode se salvar! Ele é mesmo o Messias, o Rei de Israel? Então, desça da cruz, e *todos* nós acreditaremos em você". Até os que estavam crucificados com ele participavam da zombaria. ³³⁻³⁴ Então, do meio-dia às três da tarde, toda a terra ficou na escuridão. Cerca das três horas da tarde, Jesus gritou bem alto: "*Eloí, Eloí, lamá sabactâni?*", que quer dizer: "Meu Deus! Meu Deus! Por que me abandonaste?". ³⁵⁻³⁶ Alguns dos que viram aquilo o ouviram e disseram: "Ele está chamando Elias". Um deles correu, pegou uma esponja mergulhada em vinagre e ergueu-a numa haste e deu de beber a Jesus, e disse: "Vamos ver se Elias vem para tirá-lo daí". ³⁷⁻³⁹ E depois de um grito de dor, Jesus deu seu último suspiro. Naquele instante, a cortina do templo rasgou-se ao meio, de alto a baixo. Quando o capitão da guarda viu que Jesus já não respirava mais, exclamou: "Ele era o Filho de Deus!".

Levado para o túmulo

⁴⁰⁻⁴¹ **A**lgumas mulheres observavam a distância, entre elas Maria Madalena, Maria, mãe do jovem Tiago e de José, e Salomé. Quando Jesus estava na Galileia, elas o seguiam e serviam e tinham vindo com ele para Jerusalém.

SALMOS 37.23-31

²³⁻²⁴ O homem fiel caminha de acordo
　　com o Eterno;
　　ele é feliz, e seu caminho é conhecido
　　pelo Eterno.
Se cair, não ficará muito tempo no chão,
　　porque se apoia no braço do Eterno.

²⁵⁻²⁶ Antes eu era jovem e agora sou um velho de
　　barbas grisalhas –
　　mas nem uma única vez vi o homem temente
　　a Deus ser abandonado,
　　ou seus filhos perambulando sem
　　rumo pelas ruas.
Ele sempre tem para dar e emprestar,
　　e seus filhos o deixam orgulhoso.

²⁷⁻²⁸ Vire as costas para o mal;
　　trabalhe pelo bem e não desista.
O Eterno ama esse tipo de atitude
　　e nunca abandona os amigos.

²⁸⁻²⁹ Viva assim, e o sucesso está garantido,
　　mas os indignos serão excluídos.
Os bons são plantados em boa terra
　　e têm raízes profundas.

³⁰⁻³¹ Os justos mastigam a sabedoria com prazer;
　　a sua língua articula a virtude.
Seu coração bombeia a Palavra de Deus como o
　　sangue pelas artérias;
　　seus passos são firmes e constantes.

◼ NOTAS

DIA 075

□ **DIA 075** ___ / ___ / ___

NÚMEROS 16.1 — 17.7

Os rebeldes

16¹⁻³ Certo dia, Corá, filho de Isar, neto de Coate, bisneto de Levi, na companhia de alguns rubenitas — Datã e Abirão, filhos de Eliabe, e Om, filho de Pelete —, rebelaram-se contra Moisés. Corá tinha, do seu lado, duzentos e cinquenta líderes da congregação de Israel, homens proeminentes, com posições no Conselho. Eles formaram um partido e vieram questionar a gestão de Moisés e Arão: "Vocês passaram dos limites! Toda a comunidade é santa, e o Eterno está no meio dela. A pergunta é: Por que vocês agem como se fossem os donos do pedaço?".

⁴ Ao ouvir isso, Moisés se prostrou com o rosto em terra.

⁵ Ele respondeu a Corá e seus asseclas: "Amanhã de manhã, o Eterno deixará claro quem está do lado dele, quem é santo. O Eterno tomará sua posição com quem ele escolher.

⁶⁻⁷ "Agora, Corá, ouça o que quero que você e seus partidários façam: amanhã, peguem os incensários. Na presença do Eterno, coloquem fogo neles e, depois, o incenso. Então, veremos quem é santo, veremos quem o Eterno escolhe. Filhos de Levi, *vocês* é que passaram dos limites!".

⁸⁻¹¹ Moisés continuou: "Agora, ouçam bem, filhos de Levi. Não é suficiente que o Deus de Israel os tenha escolhido, de toda a congregação de Israel, e trazido para perto dele, para servir nesse ministério especial na habitação do Eterno, para estar diante da congregação e ministrar ao povo? Ele trouxe todos vocês e seus irmãos levitas para seu círculo íntimo, e agora vocês querem também o sacerdócio! Vocês se rebelaram contra o Eterno, não contra nós. O que vocês têm contra Arão, que estão falando mal dele?".

¹²⁻¹⁴ Em seguida, Moisés mandou chamar Datã e Abirão, filhos de Eliabe, mas eles disseram: "Não vamos falar com você. Já não basta você nos ter arrancado de uma terra em que manam leite e mel para nos matar no deserto? Quer ainda continuar mandando em nós? Encare os fatos: você não cumpriu o que prometeu. Não nos levou a nenhuma terra de leite e mel nem nos deu a herança prometida de campos e vinhas. Você teria que nos arrancar os olhos para que não víssemos o que está acontecendo. Esqueça! Não queremos conversa com você!".

¹⁵ A resposta deles deixou Moisés enfurecido. Ele disse ao Eterno: "Não aceite a oferta de cereal deles. Eu não tomei sequer um jumento deles e nunca toquei num fio de cabelo deles".

¹⁶⁻¹⁷ Moisés disse a Corá: "Traga seus partidários e apresentem-se ao Eterno amanhã. Apareça lá com eles e com Arão. Cada homem deve trazer seu incensário cheio de incenso e apresentá-lo ao Eterno, todos os duzentos e cinquenta incensários. E você e Arão façam o mesmo: tragam seus incensários".

¹⁸ E foi o que todos fizeram. Eles levaram seus incensários e se puseram à entrada da Tenda do Encontro. Moisés e Arão fizeram o mesmo.

¹⁹ Corá e seus partidários faziam oposição a Moisés e Arão à entrada da Tenda do Encontro. Toda a comunidade conseguia ver a glória do Eterno.

²⁰⁻²¹ O Eterno disse a Moisés e Arão: "Afastem-se da congregação, para que eu possa acabar com eles agora mesmo!".

²² Mas os dois se prostraram com o rosto no chão e imploraram: "Ó Deus, Deus de todos os seres vivos, quer dizer que um homem peca, e ficas irado contra toda a comunidade?".

²²⁻²⁴ O Eterno disse a Moisés: "Fale com a comunidade. Diga a eles: 'Afastem-se das tendas de Corá, Datã e Abirão' ".

²⁵⁻²⁶ Moisés se levantou e aproximou-se de Datã e Abirão. Os líderes de Israel o seguiram. Ele, então, falou à comunidade: "Afastem-se das tendas destes homens maus. Não toquem em nada que pertença a eles, para que vocês não sejam arrastados pela torrente do pecado deles".

²⁷ Assim, todos se afastaram das tendas de Corá, Datã e Abirão. Datã e Abirão, a essa altura, haviam se afastado e estavam de pé à entrada das suas tendas com suas esposas, seus filhos e as crianças pequenas.

²⁸⁻³⁰ Moisés continuou a falar à comunidade: "Agora vocês saberão que foi o Eterno quem me enviou para fazer este trabalho, que não foi algo planejado por mim. Se estes homens morrerem de morte natural como os restantes de nós, vocês saberão que não foi o Eterno que me enviou. Mas, se o Eterno fizer algo sem precedentes, se a terra se abrir e engolir todos eles e eles forem lançados vivos no abismo, vocês saberão que eles insultaram o Eterno".

³¹⁻³³ Mal as palavras saíram da sua boca, e o solo se fendeu. A terra abriu sua boca e, de uma só vez, engoliu todos: os homens, suas famílias e todos os seres humanos associados à Corá, além de tudo que eles possuíam. Este foi o fim deles: foram jogados vivos no abismo. A terra se fechou sobre eles, e essa foi a última vez que a comunidade os viu.

³⁴ Diante dos gritos deles, os israelitas saíram correndo para salvar a pele, gritando: "Nós também seremos engolidos vivos!".

³⁵ Então, o Eterno enviou raios, e o fogo cremou os duzentos e cinquenta homens que estavam oferecendo incenso.

³⁶⁻³⁸ O Eterno disse a Moisés: "Diga a Eleazar, filho do sacerdote Arão: 'Recolha os incensários dos restos do incêndio e espalhe as brasas, porque os incensários se tornaram santos. Pegue os incensários dos homens que pecaram e agora estão mortos e transforme-os em lâminas para servirem de revestimento para o altar. Eles foram consagrados ao Eterno e são santos para o Eterno. Que sirvam de sinal a Israel, de evidência do que aconteceu neste dia' ".

³⁹⁻⁴⁰ Assim, Eleazar ajuntou todo o bronze que havia pertencido aos que morreram no incêndio e providenciou sua transformação em lâminas, que foram usadas para revestir o altar, como o Eterno o havia instruído, por meio de Moisés. Seria um sinal para Israel de que apenas os descendentes de Arão estavam autorizados a queimar incenso diante do Eterno. Qualquer outra pessoa que tentasse fazer isso acabaria como Corá e seus partidários.

⁴¹ No dia seguinte, surgiu uma murmuração na comunidade de Israel contra Moisés e Arão: "Vocês mataram o povo de Deus!".

⁴² Mas, quando a comunidade se reuniu para o confronto com Moisés e Arão, todos olharam para a Tenda do Encontro, e lá estava a nuvem — a glória do Eterno visível a todos.

⁴³⁻⁴⁵ Moisés e Arão estavam diante da Tenda do Encontro, e Deus falou a Moisés: "Afaste-se da congregação para que eu acabe com ela agora mesmo!". Mas eles se prostraram com o rosto no chão.

⁴⁶ Moisés disse a Arão: "Pegue seu incensário e encha-o com incenso e com fogo do altar. Vá para o meio da congregação o mais rápido que puder e faça expiação por eles, pois a ira do Eterno já se acendeu, e a praga já começou".

⁴⁷⁻⁴⁸ Arão pegou seu incensário, como Moisés havia pedido, e correu para o meio da congregação. A praga já havia começado, e ele ofereceu incenso e fez expiação pelo povo. Ele se pôs entre os vivos e os mortos e interrompeu a praga.

⁴⁹⁻⁵⁰ Em consequência da praga, morreram catorze mil pessoas, sem contar os que morreram na revolta de Corá. Arão voltou para se juntar a Moisés, à entrada da Tenda do Encontro. A praga havia cessado.

A vara de Arão

17 ¹⁻⁵ O Eterno disse a Moisés: "Fale com o povo de Israel. Peça a eles que tragam algumas varas, doze no total, uma para cada líder de cada uma das tribos dos seus antepassados. Escreva o nome de cada homem na vara que corresponde à sua tribo, a começar por Arão. Escreva o nome de Arão na vara de Levi e faça o mesmo com as outras varas, uma vara para o líder de cada uma das tribos. Depois, coloque-as na Tenda do Encontro, diante da arca das tábuas da aliança, na qual me encontro com você. Eis o que acontecerá: a vara do homem que eu escolhi florescerá. Assim, porei um basta nessa murmuração interminável do povo de Israel contra você".

⁶⁻⁷ Moisés falou ao povo de Israel. Seus líderes entregaram as doze varas, uma para o líder de cada tribo, e a vara de Arão estava entre elas. Moisés pôs as varas diante do Eterno, na Tenda que guarda as tábuas da aliança.

MARCOS 15.42 — 16.20

⁴²⁻⁴⁵ Mais tarde, sendo o Dia da Preparação (isto é, a véspera do sábado), apareceu José de Arimateia, membro respeitado do Concílio judaico. Ele aguardava com expectativa a vinda do Reino de Deus. Enchendo-se de coragem, procurou Pilatos e pediu o corpo de Jesus. Pilatos duvidou que ele tivesse morrido tão rapidamente e mandou o capitão verificar se Jesus estava de fato morto. Com a garantia do capitão, ele entregou o corpo a José.

DIA 075

⁴⁶⁻⁴⁷ José havia comprado um lençol de linho. Depois, envolveu o corpo e o depositou no túmulo que havia escavado na rocha. Pôs uma grande pedra na entrada. Maria Madalena e Maria, mãe de José, observaram o sepultamento.

A ressurreição

16 ¹⁻³ Passado o sábado, Maria Madalena, Maria, mãe de Tiago, e Salomé trouxeram especiarias para embalsamar Jesus. Na manhã de domingo, assim que o sol raiou, elas foram ao túmulo. Estavam preocupadas e diziam umas às outras: "Quem irá rolar a pedra do túmulo para nós?".

⁴⁻⁵ Ao chegar, elas descobriram que a pedra já havia sido rolada – era uma pedra muito grande. Elas se aproximaram e viram um jovem vestido de branco assentado à direita. Ficaram muito assustadas.

⁶⁻⁷ Então, ele lhes disse: "Não tenham medo. Sei que vocês procuram Jesus, o Nazareno, aquele que foi crucificado. Ele ressuscitou, não está mais aqui. Vejam vocês mesmas que o lugar está vazio. Agora, podem ir! Digam aos discípulos dele e a Pedro que ele vai adiante de vocês para a Galileia. Vocês o verão lá, exatamente como ele disse".

⁸ Elas saíram o mais rápido que puderam, nervosas e ainda um tanto atordoadas. Amedrontadas, não disseram nada a ninguém.

⁹⁻¹¹ [Depois de ressuscitar, Jesus apareceu bem cedo, na manhã de domingo, para Maria Madalena, a quem havia libertado de sete demônios. Ela procurou os antigos companheiros na fé, chorando, e deu a notícia a eles. Quando ouviram que ele estava vivo e que ela o tinha visto, não acreditaram nela.

¹²⁻¹³ Mais tarde, ele apareceu, de forma diferente, a dois deles que caminhavam pelo campo. Eles voltaram e contaram aos demais, mas estes também não acreditaram no relato.

¹⁴⁻¹⁶ Depois disso, quando os Onze estavam jantando, ele apareceu e os repreendeu severamente pela incredulidade, pois se recusavam a acreditar nos que o tinham visto ressuscitado. Então, ele ordenou: "Saiam pelo mundo. Vão a toda parte e anunciem a Mensagem com as boas notícias de Deus para todos. Quem crer e for batizado está salvo; quem se recusar a crer está condenado.

¹⁷⁻¹⁸ Estes são alguns dos sinais que acompanharão os que crerem: eles vão expulsar demônios em meu nome, falar em novas línguas, pegar em serpentes e até beber veneno sem que nada lhes aconteça; também vão impor as mãos sobre os enfermos e curá-los".

¹⁹⁻²⁰ Então, o Senhor Jesus, depois de orientá-los, foi elevado ao céu e assentou-se ao lado de Deus no lugar da mais alta honra. Os discípulos saíram por toda parte, pregando. O Senhor trabalhava com eles, confirmando a Mensagem com provas inquestionáveis.]

SALMOS 37.32-40

³²⁻³³ Os ímpios põem alguém a seguir o justo
    e fazem tocaia para matá-lo.
Mas o Eterno, alerta, também está vigiando:
    os ímpios não conseguirão tocar nem mesmo
    num fio de cabelo dele.

³⁴ Espere confiante no Eterno;
    não abandone o caminho.
Ele dará a você um lugar ao sol
    enquanto você observa o ímpio ser
    desbancado.

³⁵⁻³⁶ Já vi ímpios inchados,
    coaxando baboseiras pretensiosas.
Olhei de novo, e tudo que restava
    era uma bola furada e murcha.

³⁷⁻³⁸ Observe a alma saudável,
    examine a vida correta.
Há um futuro
    garantido para os íntegros.
Mas o rebelde será logo descartado;
    a alma insolente estará num beco
    sem saída.

³⁹⁻⁴⁰ A vida livre e espaçosa vem do Eterno;
    ele é nossa fonte de proteção e segurança.
Aqueles, como nós, cuja força está no Eterno
    têm proteção contra o mal:
    quando corremos para o Eterno,
    ele nos salva.

◢ NOTAS

As responsabilidades na Tenda do Encontro

18 **1-4** O Eterno disse a Arão: "Você, seus filhos e a família de seu pai são responsáveis pelos pecados cometidos contra o santuário; você e seus filhos também são responsáveis pelos pecados envolvendo o sacerdócio. Portanto, recrute seus irmãos levitas para ajudarem você e seus filhos com suas responsabilidades na Tenda que guarda as tábuas da aliança. Eles se dirigirão a você na execução das tarefas associadas à Tenda, mas não poderão fazer nada relacionado às coisas sagradas do altar, sob pena de morte — tanto eles quanto você morrerão! Eles ajudarão você a cuidar da Tenda do Encontro, o que inclui todos os trabalhos necessários. Ninguém além deles poderá ajudar você.

5-7 "Sua responsabilidade é cuidar do santuário e do altar, para que não haja mais erupções de ira contra o povo de Israel. Eu mesmo escolhi a seus irmãos, os levitas, de todo o povo de Israel. Eu os entrego a você como um presente, um presente do Eterno, para ajudar com o serviço na Tenda do Encontro. Mas apenas você e seus filhos podem servir como sacerdotes e trabalhar em volta do altar e além do véu. O serviço do sacerdócio é meu presente exclusivo para você: não pode ser delegado. Quem invadir o santuário será executado".

8-10 O Eterno disse também a Arão: "Eu, pessoalmente, estou designando você responsável pelas minhas contribuições, todas as coisas sagradas que recebo do povo de Israel. Estou entregando tudo a você e seus filhos para seu uso pessoal. Essa é a regra fixa. Você e seus filhos recebem o que sobrar das ofertas, tudo que não for queimado no Altar, seja das ofertas de cereal, das ofertas de perdão ou das ofertas de reparação. Comam tudo em atitude reverente: são coisas santíssimas. Quem for do sexo masculino em sua família poderá comê-las. Tratem-nas como coisas santas.

11-13 "Vocês também receberão as ofertas movidas do povo de Israel. Eu as entrego a você e seus filhos como um presente. Essa é a regra fixa. Qualquer pessoa na sua família que estiver ritualmente pura poderá comer delas. Também dou a vocês o melhor azeite, o melhor vinho novo e o melhor trigo que for oferecido ao Eterno como primeiros frutos da colheita — todos os primeiros frutos que eles oferecem ao Eterno serão seus. Qualquer pessoa na sua família que estiver ritualmente pura poderá comer deles.

☐ DIA 076 ___ / ___ / ___

NÚMEROS 17.8 — 19.22

8-9 Moisés entrou na Tenda do Encontro no dia seguinte e viu que a vara de Arão, a vara da tribo de Levi, de fato havia florescido — botões, flores e até amêndoas maduras! Moisés retirou todas as varas da presença do Eterno e as apresentou ao povo de Israel. Eles olharam com atenção o que havia acontecido. Cada líder pegou a vara com seu nome.

10 O Eterno disse a Moisés: "Leve a vara de Arão de volta ao seu lugar, diante da arca com as tábuas da aliança. Ela deve ficar ali como sinal para os rebeldes. Isso porá um basta à murmuração contra mim e salvará a vida deles!".

11 Moisés fez exatamente como o Eterno havia ordenado.

12-13 O povo de Israel disse a Moisés: "Estamos perdidos! É nossa sentença de morte. Qualquer um que se aproximar da habitação do Eterno cairá morto. Estamos todos perdidos!".

DIA 076

14-16 "Vocês recebem tudo que, em Israel, for consagrado ao Eterno. Todo primogênito, toda primeira cria oferecida ao Eterno será de vocês. A exceção é que vocês não receberão o primogênito em si, e, sim, o valor do seu resgate. Quando o primogênito tiver um mês de idade, ele deverá ser resgatado pelo preço de sessenta gramas de prata, segundo o padrão do santuário, que pesa doze gramas.

17-19 "Mas vocês não poderão aceitar o resgate da primeira cria de uma vaca, ovelha ou cabra — elas são santas. Em vez disso, borrife o sangue no altar e queime a gordura deles como oferta preparada no fogo, um aroma agradável ao Eterno. Mas vocês receberão a carne, assim como recebem o peito da oferta movida e a coxa direita. Todas as ofertas sagradas que o povo de Israel separar para o Eterno, eu estou entregando a você e seus filhos. Essa é a regra fixa, que inclui tanto vocês quanto seus filhos — uma aliança de sal, eterna e imutável diante do Eterno.

20 O Eterno disse ainda a Arão: "Você não receberá herança na terra, nem mesmo uma porção de terra. Eu sou sua porção, sua herança entre o povo de Israel.

21-24 "Estou dando aos levitas todos os dízimos de Israel como pagamento pelo trabalho que fazem na Tenda do Encontro. A começar de agora, o restante do povo de Israel não poderá ficar entrando e saindo da Tenda do Encontro. Se o fizerem, serão penalizados por seu pecado, e a pena é a morte. Apenas os levitas poderão trabalhar na Tenda do Encontro, e eles serão responsáveis por qualquer coisa que der errado. Essa é a regra fixa, para todos os tempos. Eles não receberão herança entre o povo de Israel. Em vez disso, entrego a eles os dízimos que o povo de Israel apresentar como oferta ao Eterno. Por isso, criei esta regra: eles não receberão herança de terra entre o povo de Israel".

25-29 O Eterno disse a Moisés: "Fale com os levitas e diga a eles: 'Quando receberem os dízimos do povo de Israel, a herança que foi designada a vocês, terão de dar o dízimo desses dízimos e apresentá-lo como oferta ao Eterno. Suas ofertas serão tratadas da mesma forma que as ofertas de cereal da eira e de vinho da prensa dos demais israelitas. Este é o procedimento para fazer as ofertas ao Eterno dos dízimos que vocês receberem do povo de Israel: deem a porção desses dízimos, que pertence ao Eterno, ao sacerdote Arão. Garantam que a porção do Eterno seja a melhor e mais santa de tudo que vocês receberem'.

30-32 "Diga aos levitas: 'Quando vocês oferecerem a melhor parte, o restante será tratado como o cereal da eira ou o vinho da prensa ofertados pelos demais. Vocês e suas famílias poderão comer o restante a qualquer hora e em qualquer lugar — é o salário de vocês pelo trabalho na Tenda do Encontro. Ao oferecer a melhor parte, vocês evitarão a culpa de profanar as ofertas sagradas do povo de Israel e, assim, não morrerão'".

A novilha vermelha

19 1-4 O Eterno disse a Moisés e Arão: "Esta é a regra da revelação, que o Eterno ordenou: digam ao povo de Israel que tragam uma novilha vermelha, sem defeito, ritualmente pura, que nunca carregou uma canga. Vocês a apresentarão ao sacerdote Eleazar e, depois, a levarão para fora do acampamento, para ser sacrificada na presença dele. Eleazar pegará parte do sangue com o dedo e o borrifará sete vezes na direção da Tenda do Encontro.

5-8 "Então, sob a supervisão de Eleazar, queimem totalmente a novilha — o couro, a carne, o sangue e até os excrementos. Em seguida, o sacerdote pegará um pedaço de madeira de cedro, alguns ramos de hissopo e um pedaço de lã vermelha e os jogará no fogo em que a novilha estiver queimando. Depois disso, o sacerdote terá de lavar suas roupas e tomar banho. Só depois disso, poderá voltar ao acampamento, mas permanecerá ritualmente impuro até o entardecer. O homem que queimar a novilha também precisará lavar sua roupa e tomar banho. Ele também estará impuro até o entardecer.

9 "Um homem ritualmente puro recolherá as cinzas da novilha e as depositará num lugar ritualmente puro, fora do acampamento. A congregação de Israel as guardará para uso na água da purificação, para a purificação de pecados.

10 "O homem que tiver recolhido as cinzas terá de lavar suas roupas e estará ritualmente impuro até o entardecer. Essa será uma regra fixa, tanto para os israelitas de nascimento quanto para os estrangeiros residentes.

11-13 "Qualquer pessoa que tocar um cadáver humano ficará ritualmente impura por sete dias. Terá de purificar-se com a água da purificação no terceiro dia e, no sétimo dia, estará pura. Mas, se ela não seguir os procedimentos para o terceiro e o sétimo dias, não ficará pura. Qualquer pessoa que tocar um cadáver humano e não se purificar estará contaminando a habitação do Eterno e deve ser eliminada. Porque, enquanto não receber a água da purificação, ela continuará ritualmente impura.

14-15 "Esta é a regra para alguém que morrer em sua tenda: qualquer pessoa que entrar na tenda ou já estiver na tenda ficará ritualmente impura durante sete dias, e qualquer recipiente aberto sem tampa estará impuro.

16-21 "Qualquer pessoa que tocar um cadáver em campo aberto, não importa se morreu de causas violentas ou naturais, ou tocar um osso humano, ficará impura por sete dias. Para a purificação dessa pessoa, misture um pouco das cinzas da oferta de perdão com água fresca numa tigela. Encontre um homem ritualmente puro para molhar um ramo de hissopo na água e borrifar a tenda e toda a sua mobília, as pessoas que estavam na tenda, aquele que tocou nos ossos da pessoa que morreu assassinada ou de causas naturais e a pessoa que tiver tocado um túmulo. A pessoa impura deverá ser borrifada no terceiro e no sétimo dias. No sétimo dia, será considerada pura. A pessoa purificada deverá lavar suas roupas e tomar banho. Ao entardecer, estará pura. Mas a pessoa impura que não passar por esses procedimentos de purificação terá de ser eliminada da comunidade: ela contaminou o santuário de Deus. Não foi aspergida sobre ela a água da purificação; por isso, está ritualmente impura. Essa é a regra fixa para esses casos.

"O homem que aspergir a água da purificação terá de lavar suas roupas, e qualquer outra pessoa que tocar a água da purificação também estará ritualmente impura até o entardecer".

22 "Qualquer coisa que a pessoa ritualmente impura tocar torna-se impura, e aquele que tocar no que ele tocou entrará impuro até o entardecer".

LUCAS 1.1-22

1 **1-4** **V**árias pessoas se deram ao trabalho de relatar por escrito os fatos extraordinários que se passaram entre nós, que eram, ao mesmo tempo, o cumprimento de profecias das Escrituras. Elas basearam seus relatos em testemunhas oculares que dedicaram a própria vida à Palavra. Investiguei cuidadosamente esses relatos, inteirando-me da história desde o princípio, e decidi escrever tudo ao senhor, honrado Teófilo, para que não haja nenhuma dúvida a respeito da confiabilidade de tudo que lhe foi ensinado.

Um filho na velhice

5-7 **D**urante o governo de Herodes, rei da Judeia, um sacerdote foi designado para servir no grupo de Abias. Seu nome era Zacarias, e sua mulher era descendente de Arão. O nome dela era Isabel. O casal vivia honestamente, sempre obedecendo de coração aos mandamentos. Era gente de consciência tranquila diante de Deus. Entretanto, não tinham filhos, porque Isabel não engravidava, e agora eles já eram idosos.

8-12 Aconteceu que Zacarias estava cumprindo seus deveres sacerdotais na presença de Deus, no turno que lhe correspondia, quando chegou sua vez de entrar no santuário e queimar incenso. O povo estava reunido e orava do lado de fora do templo na hora da oferta do incenso. De repente, um anjo de Deus apareceu do lado direito do altar. Zacarias ficou paralisado de medo.

13-15 Mas o anjo o tranquilizou: "Não tenha medo, Zacarias. Sua oração foi ouvida. Isabel, sua esposa, terá um filho. O nome dele será João. Você irá comemorar e pular de alegria, não apenas você, pois o nascimento dele irá alegrar muita gente. Ele será grande na presença de Deus.

15-17 "Ele não poderá beber vinho nem cerveja, mas será cheio do Espírito Santo desde o momento em que sair do ventre materno. Ele conduzirá muitos filhos e filhas de Israel de volta para Deus. Cheio de poder como Elias, ele anunciará o Reino de Deus e reacenderá o amor dos pais pelos filhos, despertando fé nos corações mais fechados. Ele preparará o povo para Deus".

18 Zacarias disse ao anjo: "Como posso acreditar nisso? Já estou velho, e minha esposa também é uma mulher de idade".

19-20 Mas o anjo respondeu: "Sou Gabriel e vivo na presença de Deus. Fui enviado especialmente para trazer esta boa notícia. Mas, por não ter acreditado, você ficará mudo até o dia do nascimento do seu filho. Tudo irá acontecer exatamente no tempo certo − no tempo de *Deus*".

21-22 Enquanto isso, o povo, que esperava por Zacarias, já estava preocupado e se perguntava porque tanta demora no santuário. Mas, quando saiu, Zacarias não conseguiu falar. Então, todos entenderam que ele tivera uma visão. Como não conseguia falar nada, teve de usar gestos e sinais para se comunicar.

SALMOS 38.1-8

Um salmo de Davi

38 **1-2** **R**espira fundo, ó Eterno, e acalma-te! Não sejas tão apressado em usar a cinta.
As flechas afiadas da tua repreensão
    fazem sangrar;
    as minhas costas ainda doem
        por causa da sua disciplina.

DIA 077

³⁴ Perdi dez quilos em dois meses
por causa das acusações que pesam
sobre mim.
Meus ossos estão quebradiços como
gravetos secos
por causa do meu pecado.
Estou impregnado pelo meu mau
comportamento,
esmagado sob uma avalanche de culpa.

⁵⁸ Os cortes na minha carne exalam mau cheiro
e criaram larvas,
pois vivi de modo desprezível.
Agora estou acabado,
lamentando para mim mesmo o dia todo.
Meu interior está em chamas,
meu corpo está um caco.
Estou nas últimas, sem esperança –
minha vida é só gemido.

◢ NOTAS

☐ DIA **077** ___ / ___ / ___

NÚMEROS 20.1 — 21.30

O acampamento Cades

20 ¹No primeiro mês, toda a comunidade de Israel chegou ao deserto de Zim. O povo acampou em Cades.

Ali morreu Miriã, e foi enterrada.

²⁵ Não havia água ali para a comunidade, de modo que o povo queria agredir Moisés e Arão, dizendo: "Deveríamos ter morrido quando os outros nossos irmãos morreram diante do Eterno! Por que vocês trouxeram a congregação do Eterno para este deserto: para que morressem o povo e os animais? E por que vocês nos tiraram do Egito, arrastando-nos para esta região miserável? Aqui não tem cereal, nem figos, nem uvas, nem romãs e, agora, nem mesmo água!".

⁶ Moisés e Arão saíram da presença do povo, foram para a Tenda do Encontro e se prostraram com o rosto no chão. Ali viram a glória do Eterno.

⁷⁸ O Eterno disse a Moisés: "Pegue sua vara. Você e seu irmão Arão reúnam a comunidade. Fale com aquela rocha que está bem em frente deles, e ela produzirá água. Vocês tirarão água da rocha para eles, tanto para o povo quanto para os rebanhos".

⁹⁻¹⁰ Moisés tirou a vara da presença do Eterno, como foi ordenado. Ele e Arão reuniram a congregação diante da rocha, e Moisés disse: "Ouçam, rebeldes! Será que teremos de tirar água desta rocha para vocês?".

¹¹ Depois de dizer isso, Moisés ergueu o braço e bateu com a vara na rocha — uma vez, duas vezes. E jorrou água. A comunidade e os rebanhos beberam.

¹² O Eterno disse a Moisés e Arão: "Já que vocês não confiaram em mim, não me trataram com reverência diante do povo de Israel, os dois estarão impedidos de conduzir a comunidade para a terra que estou dando a eles".

¹³ Aquelas eram as água de Meribá (Discussão), onde o povo de Israel discutiu com o Eterno, e ele se revelou santo.

¹⁴⁻¹⁶ Moisés enviou emissários de Cades ao rei de Edom com esta mensagem: "Uma mensagem do seu irmão Israel. Você está ciente de todas as dificuldades que temos passado. Nossos antepassados foram para o Egito e viveram lá por muito tempo. Os egípcios foram cruéis conosco e com

nossos antepassados. Mas, quando clamamos por ajuda ao Eterno, ele nos ouviu. Ele enviou um anjo e nos tirou do Egito. Agora, estamos aqui em Cades, na fronteira do seu território.

[17]Você nos daria permissão para cruzar seu território? Não cruzaremos suas plantações nem suas vinhas, nem beberemos água dos seus poços. Não sairemos na estrada principal, a estrada do rei. Não nos desviaremos nem para a esquerda nem para a direita, até que tenhamos atravessado todo o seu território".

[18] O rei de Edom respondeu: "De jeito nenhum! Se vocês puserem um pé em meu território, eu os atacarei".

[19] O povo de Israel insistiu: "Veja, ficaremos o tempo todo na estrada principal. Se alguém de nós ou algum dos nossos animais beber água, pagaremos por ela. Somos inofensivos, um grupo de andarilhos com os pés feridos".

[20-21] Mas o rei ficou irredutível: "Não! Vocês *não* poderão passar". E Edom bloqueou o caminho com um exército grande e muito bem armado. Assim, Edom negou a passagem, e Israel teve de fazer um desvio.

O acampamento Hor

[22] O povo de Israel – a comunidade toda – partiu de Cades e chegou ao monte Hor.

[23-26] O Eterno disse a Moisés e Arão no monte Hor, na fronteira de Edom: "Chegou a hora de Arão ser reunido aos seus antepassados. Ele não entrará na terra que estou dando ao povo de Israel porque vocês dois se rebelaram contra as minhas ordens nas águas de Meribá. Portanto, leve Arão e seu filho Eleazar até o cume do monte Hor. Tire as roupas de Arão e vista Eleazar com elas. Arão se reunirá a seus antepassados: ele morrerá ali".

[27-29] Moisés obedeceu à ordem do Eterno. Eles subiram ao monte Hor diante dos olhos de toda a congregação. Moisés tirou as roupas de Arão e vestiu Eleazar com elas. Arão morreu no cume do monte. Então, Moisés e Eleazar desceram. A congregação, ao receber a notícia da morte de Arão, guardou luto de trinta dias por ele.

Hormá

21 [1] O rei cananeu de Arade, que governava no Neguebe, soube que Israel estava avançando pela estrada de Atarim. Ele atacou Israel e fez alguns prisioneiros.

[2]Israel fez um voto ao Eterno: "Se entregares esse povo em nossas mãos, destruiremos suas cidades e apresentaremos as ruínas a ti como santa destruição".

[3] O Eterno ouviu a oração de Israel e entregou os cananeus nas mãos deles. Eles destruíram os inimigos e suas cidades, uma santa destruição. Deram ao lugar o nome de Hormá (Santa Destruição).

A serpente de bronze flamejante

[4-5] Eles partiram do monte Hor pela estrada do mar Vermelho, fazendo um desvio ao redor do território de Edom. Mas o povo ficou impaciente e irritadiço durante a jornada e começou a reclamar contra Deus e contra Moisés: "Por que vocês nos arrastaram do Egito para morrer neste lugar abandonado? Não há comida decente nem água. Não temos mais estômago para suportar essa situação!".

[6-7] Por causa da reclamação, o Eterno enviou serpentes venenosas. Elas morderam o povo, e muitos morreram. Os israelitas disseram a Moisés: "Pecamos ao murmurar contra o Eterno e contra você. Ore ao Eterno e peça que ele tire estas serpentes daqui!".

Moisés orou pelo povo.

[8]E o Eterno disse a Moisés: "Faça uma serpente e coloque-a no alto de um poste. Aquele que for mordido e olhar para essa serpente viverá".

[9] Assim, Moisés fez uma serpente de bronze flamejante e a prendeu no topo de um poste. Qualquer pessoa que fosse mordida por uma serpente e, em seguida, olhasse para a serpente de bronze sobrevivia à mordida.

Acampando no caminho para Moabe

[10-15] O povo de Israel partiu e acampou em Obote. Eles deixaram Obote e acamparam em Ijé-Abarim, no deserto defronte de Moabe, a leste. Eles partiram dali e armaram suas tendas no vale de Zerede. O acampamento seguinte foi à margem do rio Arnom, que marca a fronteira entre o território dos amorreus e Moabe. O Livro das Guerras do Eterno faz referência a esse lugar:

Vaebe em Sufá,
   os vales de Arnom;
Pelas ravinas dos vales
   que levam à vila de Ar
E que chegam até
   a fronteira de Moabe.

[16-18]Dali, prosseguiram para Beer (O Poço), onde o Eterno disse a Moisés: "Reúna o povo, que vou dar água a eles". Foi ali que Israel cantou este cântico:

Faça brotar água, ó poço!
Cantem o cântico do poço,
    o poço cavado pelos príncipes,
Cavado pelos líderes do povo
    cavado com seus cetros e cajados.

19-20 Do deserto, sua rota foi desde Mataná até
Naaliel, dali para Bamote (Os Altos) e de lá para
o vale diante dos campos de Moabe, do qual se
levanta o Pisga (O Cume) e defronta com Jesimom
(Deserto).

21-22 Israel enviou emissários a Seom, rei dos
amorreus, dizendo: "Deixe-nos atravessar seu território. Não entraremos em suas plantações nem
nas vinhas, nem beberemos água dos seus poços.
Não sairemos da estrada principal, a estrada do rei,
até que atravessemos todo o seu território".
23-27 Mas Seom não permitiu a passagem de
Israel. Em vez disso, reuniu seu exército e marchou até o deserto para atacar Israel. O confronto
ocorreu em Jaza. Mas Israel reagiu, derrotou Seom
e tomou posse do seu território desde o Arnom
até o Jaboque e até o território dos amonitas. Eles
ficaram ali, porque a fronteira dos amonitas era
fortificada. Israel tomou e ocupou as cidades
dos amorreus, até mesmo Hesbom e todas as cidades ao redor. Hesbom era a capital de Seom,
rei dos amorreus. Ele havia atacado o antigo rei
de Moabe e capturado todo o seu território até o
norte, à altura do rio Arnom; por isso, os cantores
populares cantam:

Venham a Hesbom reconstruir
    a cidade,
    restaurem a cidade de Seom.

28-29 Certa vez, saiu fogo de Hesbom,
    chamas da cidade de Seom;
Queimando Ar de Moabe,
    os nativos dos altos do Arnom.
Ai de você, Moabe!
    O povo de Camos está destruído!
Filhos se tornaram fugitivos,
    filhas foram abandonadas, cativas
    do rei dos amorreus, Seom.

30 Mas nós acabamos com eles:
    nada sobrou de Hesbom a Dibom;
A devastação chegou até Nofá,
    terra ressecada até Medeba.

LUCAS 1.23-45

23-25 Depois de encerrar seu turno, Zacarias voltou para casa. Não muito tempo depois disso, Isabel
engravidou. E durante cinco meses ela nem saía de
casa, curtindo a gravidez. Ficava sempre pensando:
"Como pode o Senhor ter me abençoado tanto? Ele
olhou para mim! Não serei mais humilhada!"

A virgem teve um filho!

26-28 **N**o sexto mês da gravidez de Isabel, Deus enviou
o anjo Gabriel à cidadezinha de Nazaré, na Galileia, a
uma virgem prestes a se casar com um homem chamado José, descendente de Davi. O nome da virgem
era Maria. Ao entrar, o anjo disse a ela:

"Alegre-se!
Como você foi agraciada!
Agraciada pelo belo agir de Deus!
Deus está com você!"

29-33 Ela ficou perplexa, pensando muito nas palavras do anjo. Mas ele a tranquilizou: "Maria, não há
nada a temer. Deus preparou uma surpresa: você vai
engravidar, dará à luz um filho e irá chamá-lo Jesus.

Ele será grande,
    será chamado 'Filho do Altíssimo'.
O Senhor Deus dará a ele
    o trono de seu pai Davi.
Ele governará a casa de Jacó para sempre –
    E o seu Reino jamais terá fim".

34 Maria perguntou ao anjo: "Mas como, se sou
virgem?".
35 O anjo respondeu:

"O Espírito Santo virá sobre você,
    o poder do Altíssimo a envolverá.
O filho que você dará à luz
    será chamado Santo, Filho de Deus.

36-38 "E saiba que sua prima Isabel engravidou, apesar da idade. Todos comentavam que ela era estéril,
e agora está no sexto mês de gravidez! Como você
pode ver, para Deus, nada é impossível".
Já sem se conter, Maria exclamou:

"Agora tudo está claro:
    sou serva do Senhor, quero fazer
    a sua vontade.

Que aconteça comigo conforme todas estas palavras".

Então, o anjo a deixou.

Bendita entre as mulheres

39-45 Sem perder tempo, Maria tratou logo de se arrumar e viajou para uma cidade da região montanhosa de Judá. Ali, foi à casa de Zacarias. Assim que entrou, cumprimentou Isabel. Quando Isabel ouviu a saudação de Maria, o bebê se agitou dentro dela. Cheia do Espírito Santo, começou a cantar:

"A bendita entre as mulheres está ao meu lado,
e o bebê em seu ventre é igualmente
abençoado!
E por que seria eu tão abençoada?
É a mãe do meu Senhor! Que visita
inesperada!
Quando as palavras da sua saudação
me chegaram aos ouvidos e ao coração,
O bebê em meu ventre
agitou-se de exultação.
Que felicidade a sua! Você creu no que
Deus faria!
Sabia que cada palavra se realizaria".

SALMOS 38.9-16

9-16 Senhor, meus desejos estão diante de ti;
meus gemidos são para ti
uma história antiga.
Meu coração está a ponto de explodir;
sou um caso perdido.
As cataratas me cegam para Deus e para o bem;
os velhos amigos me evitam
como a uma praga.
Meus primos nunca me visitam;
meus vizinhos me apunhalam pelas costas.
Meus rivais macularam meu nome;
oram fervorosamente pela minha ruína.
Mas sou mudo e surdo para tudo isso:
ouvidos fechados, boca fechada.
Não ouço uma palavra do que dizem,
não digo uma palavra em resposta.
O que faço, ó Eterno, é esperar por ti,
esperar pelo meu Senhor, meu Deus
– tu me *responderás*!
Estou orando, na esperança de que eles
não me desprezem,
para que não tripudiem quando eu errar.

◾ NOTAS

▯ **DIA 078** ___ / ___ /___

NÚMEROS 21.31 — 23.10

31-32 Israel avançou e se estabeleceu nas terras dos amorreus. Moisés enviou homens para uma missão de reconhecimento em Jazar. Eles tomaram os povoados e expulsaram os amorreus que viviam ali.

33 Em seguida, rumaram para o norte, pela estrada para Basã. Ogue, rei de Basã, marchou com todo o seu exército contra Moisés, e se posicionou em Edrei.

34 O Eterno disse a Moisés: "Não tenha medo dele, pois ele será um presente para você, ele e todo o seu povo e sua terra. Trate-o como tratou a Seom, rei dos amorreus, que governava em Hesbom".

DIA 078

35 Assim, Israel o atacou, matando seus filhos e todo o povo, e não houve um único sobrevivente. Israel tomou posse da terra.

Balaão

22 ¹O povo de Israel continuou sua jornada e acampou nas campinas de Moabe, perto de Jericó, junto ao Jordão.

²⁻³Balaque, filho de Zipor, soube do que Israel havia feito aos amorreus. O povo de Moabe estava em pânico por causa de Israel, porque era muita gente. O terror tomou conta deles.

⁴⁻⁵Moabe falou aos líderes de Midiã: "Vejam! Essa multidão vai devorar tudo que encontrar pela frente, como o boi devora o capim do pasto".

Balaque, filho de Zipor, que era o rei de Moabe, enviou emissários a Balaão, filho de Beor, que vivia em Petor, às margens do rio Eufrates, sua terra natal.

⁵⁻⁶Os emissários de Balaque disseram: "Veja. Um povo saiu do Egito, e eles estão por todo lado, quase à minha porta. Venha e amaldiçoe esse povo por mim, porque eu não posso com eles. Talvez assim, eu consiga derrotá-los. Temos de atacá-los e expulsá-los da terra. Você tem uma reputação: os que você abençoa são abençoados, e os que você amaldiçoa são amaldiçoados".

⁷⁻⁸Os líderes de Moabe e Midiã se puseram a caminho, transportando de forma muito segura o dinheiro para pagar os encantamentos. Quando chegaram à casa de Balaão, transmitiram a mensagem de Balaque.

"Passem a noite aqui", disse Balaão. "De manhã, darei a vocês a resposta que o Eterno me der."

Os líderes moabitas passaram a noite ali.

⁹Então, o Eterno apareceu a Balaão e perguntou: "Quem são os homens que estão aí com você?".

¹⁰⁻¹¹Balaão respondeu: "Balaque, filho de Zipor, rei de Moabe, enviou-os com uma mensagem: 'Um povo que saiu do Egito está por todos os lugares! Venha e amaldiçoe-os por mim. Talvez assim, eu consiga atacá-los e expulsá-los da região' ".

¹²Deus disse a Balaão: "Não vá com eles nem amaldiçoe aquele povo — eles são um povo abençoado".

¹³Na manhã seguinte, Balaão se levantou e disse aos líderes de Balaque: "Vão para casa. O Eterno não me deu permissão para ir com vocês".

¹⁴ Os líderes moabitas partiram, voltaram a Balaque e disseram: "Balaão se recusou a vir conosco".

¹⁵⁻¹⁷Balaque enviou outro grupo de líderes, mais distintos e de patentes mais elevadas. Eles disseram a Balaão: "Balaque, filho de Zipor, diz: 'Por favor, não se recuse a vir a mim. Eu honrarei e recompensarei você generosamente — qualquer coisa que você me disser, eu farei. Pago qualquer valor, mas venha e amaldiçoe esse povo".

¹⁸⁻¹⁹Balaão respondeu aos servos de Balaque: "Mesmo que Balaque me desse sua casa repleta de prata e ouro, eu não seria capaz de desafiar as ordens do Eterno e fazer qualquer coisa, grande ou pequena. Mas passem comigo a noite, como fizeram os outros. Verei o que o Eterno me diz desta vez".

²⁰Deus apareceu a Balaão naquela noite e disse: "Já que esses homens fizeram todo esse caminho para ver você, vá com eles. Mas não faça absolutamente nada além do que eu disser".

²¹⁻²³Balaão levantou-se de manhã, selou sua jumenta e partiu com os líderes de Moabe. Mas, enquanto estavam a caminho, a ira de Deus se acendeu, e o anjo do Eterno se pôs no caminho para impedir a passagem. Balaão estava montado em sua jumenta, acompanhado de dois escravos. Quando a jumenta viu o anjo bloqueando o caminho e brandindo sua espada, ela saiu da estrada e foi pelo campo. Balaão surrou a jumenta e a obrigou a retornar à estrada.

²⁴⁻²⁵Mas, quando estavam passando por uma vinha, com muros de ambos os lados, a jumenta viu outra vez o anjo do Eterno bloqueando a passagem e se apertou contra o muro, prendendo o pé de Balaão, que bateu nela de novo.

²⁶⁻²⁷O anjo do Eterno bloqueou o caminho mais uma vez, agora numa passagem bem estreita. Não havia como passar, nem pela esquerda nem pela direita. Ao ver o anjo, a jumenta de Balaão deitou-se debaixo dele. Balaão perdeu a paciência e surrou a jumenta com uma vara.

²⁸Então, o Eterno deu a capacidade de fala à jumenta. Ela disse a Balaão: "O que foi que eu fiz a você, para que me batesse três vezes?".

²⁹Balaão disse: "Você está brincando comigo e me fazendo de bobo! Se eu tivesse uma espada, a esta altura eu já teria matado você".

³⁰A jumenta disse a Balaão: "Não sou eu sua jumenta de confiança, que você cavalgou todos esses anos, até hoje? Alguma vez fiz algo parecido? Fiz?".

Ele disse: "Não".

³¹Então, o Eterno fez Balaão enxergar o que estava acontecendo: ele viu o anjo do Eterno impedindo o caminho e brandindo uma espada. Balaão caiu ao chão, com o rosto em terra.

³²⁻³³O anjo do Eterno disse: "Por que você bateu na pobre jumenta três vezes? Vim aqui para bloquear seu caminho, porque você está se adiantando demais!

A jumenta me viu e desviou de mim nas três ocasiões. Se ela não tivesse agido assim, a esta altura, eu já teria matado você, mas poupado a jumenta".

³⁴ Balaão disse ao anjo do Eterno: "Eu pequei. Não imaginava que você estava parado no caminho, impedindo minha passagem. Se você não se agrada do que estou fazendo, voltarei para casa".

³⁵ Mas o anjo do Eterno disse a Balaão: "Não, pode ir com eles. Mas diga apenas o que eu ordenar — absolutamente nada além disso".

Assim, Balaão continuou seu caminho com os líderes de Balaque.

³⁶ Quando Balaque foi informado de que Balaão estava vindo, foi ao encontro dele na cidade moabita que fica à margem do Arnom, no limite do seu território. ³⁷ Balaque disse a Balaão: "Não mandei um pedido de ajuda urgente para você? Por que não veio quando chamei? Você acha que não tenho dinheiro suficiente para recompensá-lo?".

³⁸ Balaão disse a Balaque: "Bem, agora estou aqui. Mas não posso dizer qualquer coisa, apenas as palavras que Deus me der — e de ninguém mais".

³⁹⁻⁴⁰ Então, Balaão acompanhou Balaque a Quiriate-Huzote (Cidade das Ruas). Balaque abateu bois e ovelhas para oferecê-los a Balaão e aos líderes que estavam com ele.

⁴¹ Ao alvorecer, Balaque levou Balaão a Bamote-Baal (Os Altos de Baal), para que tivesse uma boa visão de parte do povo.

23 ¹**B**alaão disse: "Faça para mim um altar aqui e prepare sete novilhos e sete carneiros".

² Foi o que Balaque fez. Então, Balaão e Balaque sacrificaram um novilho e um carneiro em cada um dos altares.

³ Balaão instruiu Balaque: "Fique esperando aqui, do lado da sua oferta queimada, enquanto me afasto um pouco. Talvez o Eterno venha ao meu encontro. Tudo que ele me disser, contarei a você". Então, afastou-se para ficar sozinho.

⁴ Deus, de fato, veio ao encontro de Balaão, que disse: "Fiz sete altares e ofereci um novilho e um carneiro em cada altar".

⁵ Então, o Eterno deu a Balaão uma mensagem: "Volte a Balaque e transmita a ele esta mensagem".

⁶⁻¹⁰ Ele voltou e encontrou Balaque esperando do lado da oferta queimada. Com ele, estavam os líderes de Moabe. E Balaão pronunciou esta mensagem:

"Balaque me trouxe de Arã para cá,
    o rei de Moabe desde as montanhas
    orientais.
'Vá, amaldiçoe Jacó por mim;
    vá, condene Israel.'
Como poderia eu amaldiçoar
    a quem Deus não amaldiçoou?
Como poderia eu condenar a quem
    o Eterno não condenou?
Dos cumes rochosos, eu os vejo;
    do topo dos montes, eu os avisto.
Vejam! Um povo que acampa separado
    e se considera marginalizado entre
    as nações.
Mas quem poderia contar o pó de Jacó
    ou fazer um censo da nuvem de pó
    que é Israel?
Quero morrer como esses justos!
    Quero um fim igual ao deles!".

LUCAS 1.46-66

⁴⁶⁻⁵⁵ Então, Maria irrompeu em louvor:

"Meu coração extravasa em louvor a ti, ó
    Senhor;
    Quero dançar ao som da canção do meu
    Salvador.
Deus decidiu olhar para mim, e vejam o que
    aconteceu:
    a mulher mais feliz da terra sou eu!
O que Deus me fez nunca será esquecido,
    o Deus cujo nome é santo, para sempre
    engrandecido.
Suas misericórdias sempre se renovam
    sobre aqueles que de coração o adoram.
Ele estendeu o braço e mostrou que é poderoso,
    dispersou todo arrogante e todo orgulhoso.
Derrubou do trono os tiranos assoberbados,
    e exaltou os simples e humilhados.
Aos pobres e famintos deu um banquete
    extravagante;
    ficaram a ver navios os ricos arrogantes.
Voltou a abraçar Israel, seu filho escolhido;
    por sua eterna misericórdia sentiu-se
    compelido.
Cumpriu-se a sua promessa! Está consumada!
    Firmada com Abraão, agora manifestada".

⁵⁶ Maria ficou três meses com Isabel, depois voltou para casa.

DIA 079

O nascimento de João

57-58 Ao completar o período de sua gravidez, Isabel deu à luz um filho. Vendo que Deus fora misericordioso com ela, seus vizinhos e parentes vieram celebrar o acontecimento.

59-60 Oito dias depois, dia da circuncisão do menino, queriam dar-lhe o nome do pai, Zacarias. A mãe, porém, interferiu: "Não. Ele vai se chamar João".

61-62 "Mas ninguém na sua família tem esse nome!", estranharam. Por meio de gestos e sinais, consultaram Zacarias para saber que nome ele queria dar ao menino.

63-64 Zacarias escreveu numa tábua: "O nome dele será João". A escolha surpreendeu a todos, e não foi a única surpresa: Zacarias recuperou a fala. Tudo voltou ao normal. E ele começou a falar, louvando a Deus!

65-66 Um temor profundo e reverente tomou conta de todos, e em toda aquela parte das montanhas da Judeia não se falava em outra coisa. Todos os que ouviam a história ficavam pensando: "O que esse menino vai ser? Sem dúvida, a mão de Deus está com ele".

SALMOS 38.17-22

17-20 Estou a ponto de ser derrotado,
e meu estômago está queimando.
Estou pronto a reconhecer meu fracasso:
não me satisfaço mais com meu pecado.
Meus inimigos estão vivos e ativos:
são uma corda à espera do meu pescoço.
Distribuí bondade, mas recebi maldade
dos que odeiam Deus
e não suportam os que o amam.

21-22 Não desistas de mim, ó Eterno!
Meu Deus, não me decepciones!
Vem logo me ajudar,
pois preciso respirar.

◾ NOTAS

_____

_____

_____

_____

_____

☐ DIA 079 ___ / ___ / ___

NÚMEROS 23.11 — 25.13

11 Balaque disse a Balaão: "O que é isso? Chamei você aqui para amaldiçoar os meus inimigos, e tudo que você fez foi abençoá-los!".

12 Balaão respondeu: "Não devo ser cuidadoso em dizer o que o Eterno me instruiu a dizer?".

13 Balaque disse: "Venha comigo a outro lugar, de onde você verá apenas uma parte do acampamento deles — não verá o acampamento inteiro. Amaldiçoe-os dali por mim".

14 Assim, ele o levou ao plano do Atalaia, no topo do Pisga. Ali construiu sete altares e sacrificou um novilho e um carneiro em cada altar.

15 Balaão disse a Balaque: "Assuma seu posto aqui, do lado de sua oferta queimada, enquanto me encontro com o Eterno ali adiante".

16 O Eterno veio ao encontro de Balaão com outra mensagem. Ele disse: "Volte e transmita a mensagem a Balaque".

17-24 Balaão voltou e encontrou Balaque esperando do lado da oferta queimada. Os líderes de Moabe estavam com ele. Balaque perguntou: "O que foi que o Eterno disse?". Então, Balaão pronunciou esta mensagem:

"Levante-se, Balaque, e escute.
Escute atentamente, filho de Zipor:
Deus não é homem para que minta,
E não é filho de homem para que mude de
    opinião.
Acaso ele fala e não age conforme sua palavra?
Acaso ele promete e não cumpre o que
    prometeu?
Fui trazido aqui para abençoar,
    e agora ele está abençoado – como posso
    mudar isso?
Ele não vê desgraça em Jacó
    nem enxerga nada de errado em Israel.
O Eterno está com eles,
    e eles estão com ele, proclamando louvores
    ao seu Rei.
Deus os trouxe do Egito,
    suas forças são como as de um boi selvagem.
Não há magia que possa prender Jacó,
    nem encantamentos que possam amarrar
    Israel.
As pessoas olharão para Jacó e Israel e dirão:
'Que grandes coisas Deus tem feito!'.
Vejam, um povo está se pondo em pé,
    como um leão,
    o rei das feras, atiçado,
Incansável, infatigável até que sua caçada acabe
    e coma e beba até ficar saciado".

²⁵ Balaque disse a Balaão: "Bem, se você não consegue amaldiçoá-los, pelo menos não os abençoe".
²⁶ Balaão respondeu a Balaque: "Já não falei antes: 'Tudo que Deus falar, apenas o que ele falar, eu falo'?".

²⁷⁻²⁸ Balaque disse a Balaão: "Por favor, deixe-me levá-lo a outro lugar! Talvez consigamos achar o lugar ideal aos olhos de Deus, do qual você possa amaldiçoá-los por mim". Assim, Balaque levou Balaão ao topo do monte Peor, com vista para o Jesimom (Deserto).
²⁹ Balaão disse a Balaque: "Faça sete altares para mim e prepare sete novilhos e sete carneiros para o sacrifício".
³⁰ Balaque fez os altares e apresentou ofertas de um novilho e um carneiro em cada um deles.

24 ¹⁻³ **A** essa altura, Balaão já percebia que o Eterno queria abençoar Israel. Assim, não trabalhou com nenhuma magia, como havia feito anteriormente. Apenas se virou e olhou para o deserto. Ao olhar, Balaão viu Israel acampado, tribo

por tribo. O Espírito de Deus veio sobre ele, e ele pronunciou esta mensagem:

³⁻⁹ "Decreto de Balaão, filho de Beor,
    sim, decreto de um homem
    com visão clara.
Decreto de um homem que ouve Deus falar,
    que vê o que o Deus Forte lhe mostra.
Que cai sobre seu rosto em adoração,
    que vê o que realmente acontece.

Como são belas as suas tendas, Jacó,
    e as suas casas, ó Israel!
Como vales que se estendem na imensidão,
    como jardins plantados junto aos rios,
Como aloés plantados pelo Eterno, o jardineiro,
    como cedros junto às águas,
Seus reservatórios de água transbordarão,
    sua semente espalhará vida por
    todos os lados.
Seu rei suplantará Agague e sua laia,
    seu reino será soberano e majestoso.
Deus os trouxe do Egito,
    esbravejando como um boi selvagem,
Devorando os inimigos como pedaços de carne,
    esmagando seus ossos, arrancando suas
    flechas.
Israel rasteja como um leão e dormita:
    o rei das feras — quem ousa perturbá-lo?
Todo aquele que abençoa você é abençoado,
    todo aquele que amaldiçoa você é
    amaldiçoado".

¹⁰⁻¹¹ Balaque perdeu a paciência com Balaão. Ele cerrou os punhos e esbravejou: "Eu trouxe você aqui para amaldiçoar meus inimigos, e o que você fez? Você os abençoou! Você os abençoou três vezes! Saia daqui! Vá para casa! Eu disse que pagaria bem, mas você não vai receber nada. Culpe o Eterno por isso".
¹²⁻¹⁵ Balaão disse a Balaque: "Eu não disse francamente, desde o início, quando você me mandou seus emissários: 'Mesmo que Balaque me dê seu palácio repleto de ouro e prata, eu não poderei fazer coisa alguma por mim mesmo, nem bem nem mal, contra a ordem do Eterno'? Estou voltando para casa e para meu povo, mas quero advertir você acerca do que esse povo fará ao seu nos dias vindouros". E pronunciou esta mensagem:

¹⁵⁻¹⁹ "Decreto de Balaão, filho de Beor,
    sim, decreto de um homem com visão clara.

Decreto de um homem que ouve a fala divina,
que sabe o que acontece com o
Deus Altíssimo,
Que vê o que o Deus Forte revela,
que se curva em adoração e enxerga
o que é real.
Eu o vejo, mas não agora,
eu o avisto, mas não aqui.
Uma estrela surge de Jacó,
um cetro de Israel,
Esmagando as cabeças de Moabe,
e o crânio de todos esses arrogantes.
Vejo Edom sendo vendido no mercado,
e o inimigo Seir menosprezado na praça,
enquanto Israel sai triunfante,
com todos os troféus.
Um governante virá de Jacó
e destruirá tudo que sobrar na cidade".

²⁰ Então, Balaão reconheceu Amaleque e pronunciou a seguinte mensagem:

"Amaleque, você é o primeiro entre
as nações agora,
mas ficará em último lugar, arruinado".

²¹⁻²² Ele viu os queneus e pronunciou a seguinte mensagem:

"Sua habitação está num lugar belo e seguro,
como um ninho no alto de um penhasco.
Mesmo assim, vocês serão humilhados
quando Assur levar vocês como prisioneiros".

²³⁻²⁴ Balaão pronunciou sua última mensagem:

"Ai! Quem poderá sobreviver
quando Deus intervier?
Os povos do mar, invasores de além-mar,
atormentarão Assur e Héber,
Mas eles também serão destruídos,
como todos os outros".

²⁵ Depois disso, Balaão voltou para casa, e Balaque também seguiu seu caminho.

A orgia em Sitim

25 ¹⁻³ Enquanto Israel estava acampado em Sitim (Bosque das Acácias), os homens começaram a cometer imoralidade sexual com as mulheres moabitas. Tudo começou quando as mulheres convidaram os homens para sua orgia religiosa. Eles comiam juntos e, então, adoravam os seus deuses. Israel acabou participando do culto a Baal-Peor. O Eterno enfureceu-se, e sua ira se acendeu contra Israel.

⁴ O Eterno disse a Moisés: "Reúna todos os líderes de Israel e execute-os por enforcamento, deixando-os expostos publicamente, a fim de afastar a ira do Eterno para longe de Israel".

⁵ Moisés deu ordens aos juízes de Israel: "Cada um de vocês terá de executar os homens que, sob a jurisdição de vocês, participaram da adoração a Baal-Peor".

⁶⁻⁹ Naquele exato momento, quando todos choravam de arrependimento à entrada da Tenda do Encontro, um israelita, alardeando seu comportamento diante de Moisés e de toda a comunidade reunida, passou por eles, desfilando com uma mulher midianita, e entrou em sua tenda. Fineias, filho de Eleazar, filho do sacerdote Arão, viu o que o homem estava fazendo, pegou sua lança e os seguiu até dentro da tenda. Com um único golpe, atravessou os dois com a lança, o homem de Israel e a mulher, ambos pelo abdomem. Assim, cessou a praga entre o povo de Israel. Mas vinte e quatro mil pessoas morreram.

¹⁰⁻¹³ O Eterno disse a Moisés: "Fineias, filho de Eleazar, filho do sacerdote Arão, fez cessar minha ira contra o povo de Israel. Visto que ele se preocupou com minha honra, com o zelo que eu mesmo tenho, não matei todo o povo de Israel. Portanto, diga a ele que estou fazendo uma aliança de paz com ele. Seus descendentes também participarão da aliança de sacerdócio eterno, porque ele foi zeloso por seu Deus e fez expiação pelo povo de Israel".

LUCAS 1.67 — 2.07

⁶⁷⁻⁷⁹ Então, cheio do Espírito Santo, Zacarias profetizou:

"Louvado seja o Senhor;
o Deus de Israel seja bendito;
pois ele libertou seu povo aflito.
A nós manifestou o poder de sua salvação,
na linhagem de Davi, que o servia de coração,
Tal como há muito havia prometido
pela pregação dos seus profetas ungidos:
Libertação nos concedeu de todo inimigo fatal
e daqueles que nos dispensavam ódio mortal;
Misericórdia trouxe aos nossos pais amados,
pois se lembrou do que prometera no passado,
O que jurou a Abraão, nosso antepassado —
das mãos do inimigo, seríamos resgatados,

Para que, livres do medo,
o adoremos de verdade,
e na sua presença vivamos em santidade.

"E você, 'Profeta do Altíssimo', meu filho amado,
o caminho do Senhor deixará preparado,
Por ele o presente da salvação
ao povo será dado,
os seus pecados agora serão perdoados.
Pela imensa misericórdia do Senhor,
sobre nós nascerá o sol do seu amor,
Que brilhará sobre os que vivem em trevas
e em negridão,
assentados na sombra da morte,
em total escuridão.
Por ele nossos passos serão guiados,
pelo caminho da paz seremos levados".

80O menino crescia, era saudável e cheio de vida.
Morou no deserto até o dia em que se apresentou
como profeta em Israel.

O nascimento de Jesus

2 **1-5**Naquele tempo, César Augusto ordenou o recenseamento de todo o império. Esse foi o primeiro recenseamento do período em que Quirino era governador da Síria. Cada habitante do império teve de viajar até sua cidade natal para se cadastrar. Por essa razão, José saiu de Nazaré, na Galileia, e foi a Belém, na Judeia, a Cidade de Davi. Como descendente do rei Davi, ele precisava comparecer em Belém. Maria, sua noiva, que estava grávida, o acompanhou. **6-7**Enquanto estavam em Belém, chegou a hora de Maria dar à luz, quando nasceu o tão esperado primeiro filho. Com todo cuidado, envolveu-o em panos e o deitou numa manjedoura. Com tanta gente na cidade, não havia lugar para eles na hospedaria.

SALMOS 39.1-6

Um salmo de Davi

39 **1-3**Estou determinado a vigiar
meus passos e minha língua,
para que eles não me ponham em confusão.
Decidi que controlaria minha língua
quando o ímpio estivesse por perto.
"Bico calado", ordenei a mim mesmo
e fiquei quieto.
Entretanto, quanto mais eu
guardava silêncio,

Pior ficava.
Meu coração queimava por dentro;
Meus pensamentos borbulhavam;
então, eu disse tudo que estava pensando:

4-6"O que está acontecendo, ó Eterno?
Quanto tempo ainda tenho de viver?
Conta logo a má notícia!
Sempre me mantiveste com pouca comida;
minha vida é uma corda bem curta, de difícil
resgate.
Somos todos sopros de ar.
Somos sombras projetadas de uma fogueira.
Somos apenas cuspe ao vento.
Acumulamos riqueza mesmo sem saber
quem ficará com ela.

◼ NOTAS

DIA 080

DIA 080 ___ / ___ / ___

NÚMEROS 25.14 — 26.51

14-15 O nome do homem de Israel que foi morto com a mulher midianita era Zinri, filho de Salu, líder de uma família simeonita. E o nome da mulher midianita que foi morta era Cosbi, filha de Zur, chefe tribal de uma família midianita.

16-18 O Eterno disse a Moisés: "A partir de agora, tratem os midianitas como seus inimigos e acabem com eles, pois provaram que são seus inimigos quando seduziram vocês a cultuar seu deus Peor, e por causa de Cosbi, filha do líder midianita, a mulher que foi morta durante a praga".

O recenseamento nas campinas de Moabe

26 **1-2** Depois da praga, o Eterno disse a Moisés e Eleazar, filho do sacerdote Arão: "Contem toda a comunidade de Israel por famílias, todos os homens com 20 anos de idade ou mais que estejam aptos a servir no exército de Israel".

3-4 Moisés e Eleazar obedeceram à ordem do Eterno e anunciaram ao povo nas campinas de Moabe: "Façam a contagem de todos os homens com 20 anos de idade ou mais".

4-7 O povo de Israel que saiu da terra do Egito: Rúben, o filho mais velho de Israel. Os filhos de Rúben:

Enoque e o clã enoquita;
Palu e o clã paluíta;
Hezrom e clã hezronita;
Carmi e o clã carmita.

Esses eram os clãs de Rúben. Totalizavam 43.730 homens.

8 O filho de Palu: Eliabe.

9-11 Os filhos de Eliabe: Nemuel, Datã e Abirão. (Esses foram os mesmos Datã e Abirão que se rebelaram contra Moisés e Arão na rebelião de Corá contra o Eterno. A terra abriu a boca e os engoliu junto com todos os partidários de Corá, que morreu quando o fogo os consumiu, todos os duzentos e cinquenta. Depois de todos esses anos, eles ainda são um sinal de advertência. Mas a linhagem de Corá não desapareceu).

12-14 Os filhos de Simeão, por clãs:
Nemuel e o clã nemuelita;

Jamim e o clã jaminita;
Jaquim e o clã jaquinita;
Zerá e o clã zeraíta;
Saul e o clã saulita.

Esses foram os clãs de Simeão. Totalizavam 22.200 homens.

15-18 Os filhos de Gade, por clã:
Zefom e o clã zefonita;
Hagi e o clã hagita;
Suni e o clã sunita;
Ozni e o clã oznita;
Eri e o clã erita;
Arodi e o clã arodita;
Areli e o clã arelita.

Esses foram os clãs de Gade. Totalizavam 40.500 homens.

19-22 Er e Onã eram filhos de Judá, mas morreram em Canaã. Os filhos de Judá, por clãs:
Selá e o clã selanita;
Perez e o clã perezita;
Zerá e o clã zeraíta.

Os filhos de Perez:
Hezrom e o clã hezronita;
Hamul e o clã hamulita.

Esses foram os clãs de Judá. Totalizavam 76.500 homens.

23-25 Os filhos de Issacar, por clãs:
Tola e o clã tolaíta;
Puá e o clã punita;
Jasube e o clã jasubita;
Sinrom e o clã sinronita.

Esses foram os clãs de Issacar. Totalizavam 64.300 homens.

26-27 Os filhos de Zebulom, por clãs:
Serede e o clã seredita;
Elom e o clã elonita;
Jaleel e o clã jaleelita.

Esses foram os clãs de Zebulom. Totalizavam 60.500 homens.

28-34 Os filhos de José, por clãs, por meio de seus filhos Manassés e Efraim. Por meio de Manassés:
Maquir e o clã maquirita
(Maquir era o pai de Gileade);
Gileade e o clã gileadita.

Os filhos de Gileade:
Jezer e o clã jezerita;

Heleque e o clã helequita;
Asriel e o clã asrielita;
Siquém e o clã siquemita;
Semida e o clã semidaíta;
Héfer e o clã heferita.
Zelofeade, filho de Héfer, não teve filhos,
somente filhas.
Os nomes delas eram Maalá, Noa, Hogla,
Milca e Tirza.
Esses foram os clãs de Manassés. Totalizavam
52.700 homens.

35-37 Os filhos de Efraim, por clãs:
Sutela e o clã sutelaíta;
Bequer e o clã bequerita;
Taã e o clã taanita.
Os filhos de Sutela:
Erã e o clã eranita.
Esses foram os clãs de Efraim. Totalizavam 32.500
homens.
Esses todos foram os filhos de José, por clãs.

38-41 Os filhos de Benjamim, por clãs:
Belá e o clã belaíta;
Asbel e o clã asbelita;
Airã e o clã airamita;
Sufã e o clã sufamita;
Hufã e o clã hufamita.
Os filhos de Belá por meio de Arde e Naamã:
Arde e o clã aredita;
Naamã e o clã naamanita.
Esses foram os clãs de Benjamim. Totalizavam
45.600 homens.

42-43 Os filhos de Dã, por clã:
Suã e o clã suamita.
Esses foram os clãs de Dã, todos clãs suamitas.
Totalizavam 64.400 homens.

44-47 Os filhos de Aser, por clãs:
Imna e o clã imnaíta;
Isvi e o clã isvita;
Berias e o clã beriaíta.
Os filhos de Berias:
Héber e o clã heberita;
Malquiel e o clã malquielita.
Aser também tinha uma filha: Sera.
Esses foram os clãs de Aser. Totalizavam 53.400
homens.
48-50 Os filhos de Naftali, por clãs:
Jazeel e o clã jazeelita;

Guni e o clã gunita;
Jezer e o clã jezerita;
Silém e o clã silemita.
Esses foram os clãs de Naftali. Totalizavam 45.400
homens.

51 O número total do povo de Israel: 601.730.

LUCAS 2.8-32

Glória a Deus nas alturas

8-12 Havia pastores de ovelhas na vizinhança que se revezavam em turnos para tomar conta delas durante a noite. De repente, um anjo de Deus apareceu no meio deles, e a glória de Deus brilhou no lugar onde estavam. Eles ficaram aterrorizados, mas o anjo os tranquilizou: "Não tenham medo. Eu vim para anunciar a melhor notícia do mundo: o Salvador acaba de nascer na Cidade de Davi! Ele é o Messias, o Senhor. Vocês o acharão! O bebê está envolto em panos e deitado numa manjedoura".

13-14 Imediatamente, junto ao anjo surgiu um imenso coro angelical, cantando louvores a Deus:

"Glória a Deus nas maiores alturas,
Paz a todos os homens e mulheres na terra que lhe agradam".

15-18 Enquanto o coral de anjos se recolhia ao céu, os pastores disseram eufóricos: "Vamos logo a Belém para ver o que Deus nos revelou". Eles saíram correndo e encontraram Maria, José e o bebê deitado na manjedoura. Foi ver para crer! E eles saíram contando a todos o que os anjos disseram a respeito do menino. Todo mundo ficou impressionado e estarrecido.

19-20 E, atenta, Maria guardava no coração tudo que acontecia. Os pastores voltaram ao trabalho, louvando a Deus pelas maravilhas que tinham visto e ouvido. Tudo aconteceu exatamente como lhes fora dito!

Bênçãos para o menino

21 Em seu oitavo dia de vida, o dia da circuncisão, o bebê recebeu o nome dado pelo anjo antes do nascimento: Jesus.

22-24 Quando se completaram os dias estabelecidos por Moisés para a purificação, seus pais levaram-no a Jerusalém para consagrá-lo a Deus, como ordenado na Lei de Deus: "Todo primogênito do sexo masculino será consagrado a Deus". Deveriam também sacrificar "duas rolinhas ou dois pombinhos" – outra prescrição da Lei.

²⁵⁻³² Naquele tempo, havia em Jerusalém um homem chamado Simeão. Alma bondosa, vivia em oração, na expectativa da chegada do auxílio divino para Israel. Em comunhão com o Espírito Santo, este lhe revelou que ele veria o Messias antes de morrer. Guiado pelo Espírito, entrou no templo naquele dia. Quando os pais do bebê Jesus chegaram para cumprir os rituais da Lei, Simeão pegou o menino nos braços e louvou a Deus:

"Deus soberano, agora teu servo
  já pode ser despedido;
  vou-me em paz, pois tuas promessas
  tens cumprido.
Com meus olhos, vi tua salvação;
  e todos contemplaram a sua manifestação:
Uma luz para as outras nações, para que Deus
  seja revelado;
  uma glória para Israel, teu povo amado".

SALMOS 39.7-13

⁷⁻¹¹ "E o que estou fazendo enquanto isso,
  Senhor?
  Esperar é o que faço — torcendo
Para que me salves da vida desregrada,
  do desprezo dos tolos.
Não direi mais nada: vou calar a boca,
  porque tu, Senhor, é quem está
    por trás de tudo isso.
  Mas não estou aguentando mais.
Quando nos fazes passar pelo fogo,
  para nos purificar dos nossos pecados,
  nossos ídolos mais queridos
    — tudo que mais valorizamos —
desaparecem na fumaça.
De fato, não passamos de um sopro.

¹²⁻¹³ "Ah! Eterno! Ouve minha oração,
  meu choro! Abre os ouvidos.
Não sejas insensível,
  apenas olha para as minhas lágrimas.
Sou um estranho aqui. Não conheço
  o caminho.
Sou um imigrante, e minha família
  também.
Dá-me algum alívio, vai devagar comigo,
  antes que seja tarde demais e eu deixe
  de existir."

NOTAS

DIA 081 ___ / ___ / ___

NÚMEROS 26.52 — 28.25

⁵²⁻⁵⁴ O Eterno disse a Moisés: "Distribua a herança da terra segundo a população. Um clã maior receberá uma herança maior; um clã menor receberá uma herança menor. Cada um receberá sua herança segundo o número dos nomes alistados.

⁵⁵⁻⁵⁶ "Providenciem para que a terra seja distribuída por sorteio.

"A herança de cada clã está baseada na população, o número de nomes alistados em cada tribo de antepassados, dividida por sorteio entre os clãs maiores e os menores".

57-58 Estes são os números dos levitas, por clã:
Gérson e o clã dos gersonitas;
Coate e o clã dos coatitas;
Merari e o clã dos meraritas.
Os clãs levitas também incluíam:
o clã libnita;
o clã hebronita
o clã malita;
o clã musita;
o clã coreíta.
58-61 Coate foi o pai de Anrão. A mulher de Anrão era Joquebede, descendente de Levi, nascida numa família de levitas durante os anos no Egito. Joquebede deu à luz Arão, Moisés e a irmã deles, Miriã. Arão foi pai de Nadabe e Abiú, Eleazar e Itamar. No entanto, Nadabe e Abiú morreram quando ofereceram sacrifícios não autorizados na presença do Eterno.
62 O número de levitas do sexo masculino de um mês de idade ou mais chegou a 23.000. Eles não foram contados com o restante do povo de Israel, porque não receberam herança da terra.

63-65 Esses são os que foram alistados por Moisés e o sacerdote Eleazar no recenseamento do povo de Israel, feito nas campinas de Moabe, às margens do Jordão e diante de Jericó. Nenhum deles havia sido alistado por Moisés nem pelo sacerdote Arão no recenseamento do povo de Israel feito no deserto do Sinai. Pois Deus tinha dito: "Eles morrerão, morrerão no deserto. Nenhum deles sobreviverá, exceto Calebe, filho de Jefoné, e Josué, filho de Num".

As filhas de Zelofeade

27 **1** As filhas de Zelofeade tinham uma petição. Seu pai era filho de Héfer, filho de Gileade, filho de Maquir, filho de Manassés, e pertencia aos clãs de Manassés, filho de José. As filhas se chamavam Maalá, Noa, Hogla, Milca e Tirza.
2-4 Elas vieram à entrada da Tenda do Encontro. Puseram-se diante de Moisés e do sacerdote Eleazar e diante dos líderes da congregação e disseram: "Nosso pai morreu no deserto. Ele não fez parte daquele bando rebelde de Corá. Ele morreu pelos próprios pecados e não deixou filhos homens. Mas por que o nome de nosso pai deveria desaparecer do clã só porque não tinha filhos homens? Portanto, queremos uma herança entre os parentes de nosso pai".
5 Moisés levou a questão ao Eterno.
6-7 O Eterno julgou e determinou: "As filhas de Zelofeade estão certas. Dê a elas uma terra como

herança entre os parentes do pai delas. Dê a elas a herança do pai delas.
8-11 "Depois, diga ao povo de Israel: 'Se um homem morrer e não deixar filho homem, passem a herança dele à sua filha. Se ele não deixar filha, deem a herança aos irmãos dele. Se ele não tiver irmãos, deem sua herança aos irmãos do pai dele. Se seu pai não teve irmãos, ela deve ser dada ao parente mais próximo, para que a propriedade permaneça na família. Esse é o procedimento padrão a ser adotado pelo povo de Israel, conforme o Eterno ordenou".

Josué

12-14 O Eterno disse a Moisés: "Suba ao monte da serra de Abarim e observe a terra que estou dando ao povo de Israel. Depois que a tiver contemplado, você se reunirá aos seus antepassados. Sim, você se reunirá a eles, como aconteceu com seu irmão Arão. Isso se deve aos dias em que a congregação se queixou no deserto de Zim, e vocês não me honraram diante deles na questão da água em Meribá (Discussão), em Cades, no deserto de Zim".
15-17 Moisés respondeu ao Eterno: "Que o Eterno, o Deus dos espíritos de toda a humanidade, aponte um homem sobre esta comunidade, para que a conduza e mostre o caminho a eles, levando-a de volta para casa, e para que a comunidade do Eterno não seja como ovelhas sem pastor".
18-21 O Eterno disse a Moisés: "Convoque Josué, filho de Num, em quem está o Espírito, e imponha as mãos sobre ele. Ponha-o diante do sacerdote Eleazar e de toda a congregação e comissione-o diante dos olhos de todos. Transmita a ele sua autoridade, para que toda a congregação de Israel preste atenção ao que ele disser e obedeça a ele. Ele deverá consultar o sacerdote Eleazar, que, depois de consultar o oráculo de Urim, passará a ele as orientações do Eterno. Ele comandará o povo de Israel, toda a comunidade, em tudo que fizer".
22-23 Moisés seguiu as ordens do Eterno. Ele levou Josué e o pôs diante do sacerdote Eleazar, aos olhos de toda a comunidade. Impôs as mãos sobre ele e o comissionou, conforme as orientações do Eterno.

Ofertas

28 **1-8** O Eterno disse a Moisés: "Dê esta ordem ao povo de Israel. Vocês são responsáveis por apresentar, nos dias determinados, minha comida, minhas ofertas de aroma agradável preparadas no fogo. Diga a eles: 'Esta é a oferta preparada no fogo que vocês deverão apresentar e dedicar ao Eterno:

uma oferta regular de dois cordeiros de um ano, sem defeito, todos os dias, como oferta queimada. Sacrifiquem um cordeiro de manhã e outro ao entardecer, junto com uma oferta de cereal de um jarro de farinha da melhor qualidade misturada com um litro de azeite. Essa é a oferta queimada regular instituída no monte Sinai como aroma agradável, oferta preparada no fogo e dedicada ao Eterno. A oferta derramada que acompanha cada cordeiro será um litro de bebida fermentada. Derramem a oferta derramada na presença do Eterno, no santuário. Sacrifiquem o segundo cordeiro ao entardecer com uma oferta de cereal e uma oferta derramada, como foi feito de manhã, uma oferta preparada no fogo de aroma agradável ao Eterno'".

9-10 "'No sábado, sacrifiquem dois cordeiros de um ano sem defeito, junto com uma oferta derramada e uma oferta de cereal de dois jarros de farinha da melhor qualidade misturada com óleo. Essa é a oferta queimada regular para todos os sábados, além da oferta queimada diária e da oferta derramada'".

11 "'No primeiro dia do mês, ofereçam uma oferta queimada ao Eterno: dois novilhos, um carneiro e sete cordeiros de um ano, todos sem defeito.

12-14 "'Cada novilho será acompanhado de uma oferta de cereal de três jarros de farinha da melhor qualidade misturada com óleo; cada carneiro, de uma oferta de cereal de dois jarros de farinha da melhor qualidade; cada cordeiro, de uma oferta de cereal de um jarro de farinha da melhor qualidade. Isso é para a oferta queimada, como aroma agradável, uma oferta preparada no fogo e dedicada ao Eterno. Cada novilho será acompanhado, também, de uma oferta derramada de meio galão de vinho; o carneiro, de um litro e meio; o cordeiro, de um litro.

14-15 "'Essa é a oferta queimada a ser apresentada no primeiro dia de todos os meses do ano. Além da oferta queimada regular com a oferta derramada que a acompanha, um bode será oferecido ao Eterno como oferta de perdão'".

16-17 "'A Páscoa do Eterno será celebrada no dia 14 do primeiro mês. No dia 15 do mesmo mês, façam uma festa.

17-22 "'Durante sete dias, comam apenas pão sem fermento. Comecem o primeiro dia com uma reunião sagrada: não façam nenhum trabalho regular nesse dia. Apresentem ao Eterno uma oferta preparada no fogo, uma oferta queimada, de dois novilhos,

um carneiro e sete cordeiros de um ano, todos sem defeito. Preparem uma oferta de cereal de três jarros de farinha da melhor qualidade misturada com óleo para cada novilho, dois jarros para cada carneiro e um jarro para cada cordeiro. Sacrifiquem também um bode como oferta de perdão para fazer expiação por vocês.

23-24 "'Apresentem essas ofertas além das ofertas queimadas de todas as manhãs. Preparem a comida dessa forma para a oferta preparada no fogo, um aroma agradável ao Eterno, todos os dias, durante sete dias. Façam isso além da oferta queimada e da oferta derramada apresentadas todos os dias.

25 "'No sétimo dia, convoquem uma reunião sagrada: não façam nenhum trabalho regular nesse dia'".

LUCAS 2.33-52

33-35 O pai e a mãe de Jesus ficaram calados, surpresos com as palavras do ancião. Então, Simeão os abençoou e disse a Maria:

"Este menino marcará para muitos
    fracasso cruel,
  mas para tantos outros grande recuperação
    em Israel,
  Ele será mal compreendido e alvo de muita
    contradição –
  e, no seu caso, a dor de uma espada lhe
    atravessará o coração.
Mas a rejeição revelará quem possui
    integridade:
  Deus mostrará quem de fato está do lado da
    verdade".

36-38 Ana, a profetisa, também estava ali. Era filha de um homem chamado Fanuel, da tribo de Aser, e já estava bem idosa. Ela estivera casada sete anos, ficara viúva e contava agora com oitenta e quatro anos. Nunca deixava a área do templo, adorando noite e dia com jejum e oração. Na hora em que Simeão estava orando, ela apareceu, irrompeu num hino de louvor a Deus e entregou uma mensagem a respeito da criança, dirigida a todos os que aguardavam com expectativa a libertação de Jerusalém.

39-40 Depois de fazer tudo que era requerido na Lei, o casal voltou para a Galileia, para a cidade deles, Nazaré. Ali o menino cresceu com saúde e sabedoria. A graça de Deus repousava sobre ele.

Encontrado no templo

41-45 Todos os anos, os pais de Jesus viajavam para Jerusalém a fim de participar da festa da Páscoa. Quando o menino estava com doze anos, fizeram a peregrinação de costume. Ao terminar a festa, eles tomaram o caminho de casa, e o menino Jesus ficou para trás, em Jerusalém, mas seus pais não perceberam. Pensando que ele estava em algum lugar com os outros peregrinos, viajaram um dia inteiro e, então, começaram a procurá-lo entre os parentes e conhecidos, mas foi em vão. Por isso, voltaram a Jerusalém para ver se o encontravam.

46-48 No dia seguinte, eles o encontraram no templo, assentado entre os líderes religiosos, ouvindo-os e fazendo perguntas. Os mestres estavam deslumbrados com ele e impressionados com as suas respostas precisas. Mas José e Maria ficaram preocupados e aborrecidos.

Sua mãe repreendeu-o: "Por que você fez isso conosco? Seu pai e eu estávamos desesperados, procurando você!".

49-50 Ele disse: "Por que estavam procurando por mim? Não sabiam que eu tinha de estar aqui, tratando dos assuntos do meu Pai?". Mas eles não tinham ideia do que ele estava falando.

51-52 Então, Jesus voltou para Nazaré com eles. Era um filho obediente. Sua mãe guardava todas essas coisas no coração, enquanto Jesus crescia, com saúde e sabedoria, abençoado por Deus e pelos homens.

SALMOS 40.1-8

Um salmo de Davi

40 **1-3** Eu esperei, esperei e esperei pelo Eterno. Finalmente, ele olhou para mim; finalmente, ele me ouviu.

Ele me ergueu do fosso,
   tirou-me do fundo da lama.
Ele me pôs sobre uma rocha sólida
   para se assegurar de que eu não
      escorregaria.
Ele me ensinou a cantar sua mais nova canção,
   uma canção de louvor ao nosso Deus.
Cada vez mais pessoas estão vendo isso.
   Elas entendem o mistério,
   abandonando-se nos braços do Eterno.

4-5 Abençoados são vocês, que se dão ao Eterno,
   que viram as costas para as
      "coisas certas" do mundo
   e ignoram o que o mundo adora!

O mundo é um enorme armazém
   das maravilhas do Eterno e dos pensamentos
      de Deus.
Nada e ninguém
   se compara a ti!
Comecei a falar de ti, relatando o que sei,
   e logo me fugiram as palavras.
Nem números nem palavras
   conseguem te explicar.

6 Fazer algo para ti, levar algo para ti:
   não é isso que procuras.
Ser religioso, agir com devoção:
   não é o que estás pedindo.
Então, abriste meus ouvidos
   para que eu pudesse ouvir.

7-8 E logo respondi: "Estou indo.
   Eu li na carta o que escreveste sobre mim,
E estou indo para a festa
   que estás preparando para mim".
Quando a Palavra de Deus entrou na minha
   vida,
   ela se tornou parte do meu ser.

◼ NOTAS

DIA 082

242

cordeiros de um ano, todos sem defeito. Preparem uma oferta de cereal de três jarros de farinha da melhor qualidade misturada com óleo para o novilho, de dois jarros para o carneiro e de um jarro para cada um dos sete cordeiros. Também sacrifiquem um bode como oferta de perdão, para fazer expiação por vocês, além das ofertas queimadas, das ofertas de cereal e das ofertas derramadas regulares'".

☐ DIA 082 ___ / ___ / ___

NÚMEROS 28.26 — 30.9

[26-30] "'No dia da festa da Colheita dos primeiros frutos, quando vocês apresentarem uma oferta de cereal novo ao Eterno, na festa das Semanas, convoquem uma reunião sagrada e não façam nenhum trabalho regular. Apresentem ofertas queimadas de dois novilhos, um carneiro e sete cordeiros de um ano como aroma agradável ao Eterno. Preparem ofertas de cereal de três jarros de farinha da melhor qualidade misturada com óleo para cada novilho, dois jarros para o carneiro e um jarro para cada um dos cordeiros. Sacrifiquem, também, um bode como oferta de perdão, para fazer expiação por vocês' ".

[31] "Apresentem essas ofertas além das ofertas queimadas, ofertas de cereal e ofertas derramadas, diárias. Lembrem-se, os animais devem ser puros".

29 [1-5] "'No primeiro dia do sétimo mês, convoquem uma reunião sagrada e não façam nenhum trabalho regular. Esse é o dia do toque das trombetas. Apresentem ofertas queimadas: um novilho, um carneiro e sete cordeiros de um ano, todos sem defeito, como aroma agradável ao Eterno. Preparem uma oferta de cereal de três jarros de farinha da melhor qualidade misturada com óleo para o novilho, outra oferta de dois jarros de farinha para o carneiro e outra oferta de um jarro para cada um dos sete cordeiros. Além disso, sacrifiquem um bode como oferta de perdão, para fazer expiação por vocês.

[6] " 'Tudo isso deve ser oferecido além das ofertas queimadas e das ofertas de cereal e das ofertas derramadas mensais e diárias, conforme prescritas, como aroma agradável ao Eterno, ofertas preparadas no fogo e dedicadas ao Eterno' ".

[7] " 'No dia 10 do sétimo mês, convoquem uma reunião sagrada, humilhem-se e não façam nenhum trabalho.

[8-11] " 'Tragam ao Eterno ofertas queimadas como aroma agradável: um novilho, um carneiro e sete

[12-16] "'Convoquem uma reunião sagrada no dia 15 do sétimo mês: não façam nenhum trabalho regular. Celebrem uma festa ao Eterno durante sete dias. Apresentem ofertas queimadas de treze novilhos, dois carneiros e catorze cordeiros de um ano, todos sem defeito. Preparem uma oferta de cereal de três jarros de farinha da melhor qualidade misturada com óleo para cada um dos treze novilhos, de dois jarros para cada um dos dois carneiros e de um jarro para cada um dos catorze cordeiros. Também sacrifiquem um bode como oferta de perdão além das ofertas queimadas, das ofertas de cereal e das ofertas derramadas regulares.

[17-19] "No segundo dia, apresentem ofertas queimadas de doze novilhos, dois carneiros e catorze cordeiros de um ano, todos sem defeito. Preparem ofertas de cereal e ofertas derramadas para os novilhos, carneiros e cordeiros de acordo com o número determinado. Também sacrifiquem um bode como oferta de perdão além das ofertas queimadas, das ofertas de cereal e das ofertas derramadas regulares.

[20-22] "No terceiro dia, apresentem ofertas queimadas de onze novilhos, dois carneiros e catorze cordeiros de um ano, todos sem defeito. Preparem ofertas de cereal e ofertas derramadas para os novilhos, carneiros e cordeiros de acordo com o número determinado. Também sacrifiquem um bode como oferta de perdão além das ofertas queimadas, das ofertas de cereal e das ofertas derramadas regulares.

[23-25] "No quarto dia, apresentem ofertas queimadas de dez novilhos, dois carneiros e catorze cordeiros de um ano, todos sem defeito. Preparem ofertas de cereal e ofertas derramadas para os novilhos, carneiros e cordeiros de acordo com o número determinado. Também sacrifiquem um bode como oferta de perdão além das ofertas queimadas, das ofertas de cereal e das ofertas derramadas regulares.

[26-28] " 'No quinto dia, apresentem ofertas queimadas de nove novilhos, dois carneiros e catorze cordeiros de um ano, todos sem defeito. Preparem ofertas de cereal e ofertas derramadas para os novilhos, carneiros e cordeiros de acordo com

o número determinado. Também sacrifiquem um bode como oferta de perdão além das ofertas queimadas, das ofertas de cereal e das ofertas derramadas regulares.

²⁹⁻³¹ " 'No sexto dia, apresentem ofertas queimadas de oito novilhos, dois carneiros e catorze cordeiros de um ano, todos sem defeito. Preparem ofertas de cereal e ofertas derramadas para os novilhos, carneiros e cordeiros de acordo com o número determinado. Também sacrifiquem um bode como oferta de perdão além das ofertas queimadas, das ofertas de cereal e das ofertas derramadas regulares.

³²⁻³⁴ " 'No sétimo dia, apresentem ofertas queimadas de sete novilhos, dois carneiros e catorze cordeiros de um ano, todos sem defeito. Preparem ofertas de cereal e ofertas derramadas para os novilhos, carneiros e cordeiros de acordo com o número determinado. Também sacrifiquem um bode como oferta de perdão além das ofertas queimadas, das ofertas de cereal e das ofertas derramadas regulares.

³⁵⁻³⁸ " 'No oitavo dia, convoquem uma reunião solene, e não façam nenhum trabalho regular. Apresentem uma oferta preparada no fogo e dedicada como aroma agradável ao Eterno, e ofertas queimadas: um novilho, um carneiro e sete cordeiros de um ano, todos sem defeito. Preparem ofertas de cereal e ofertas derramadas para os novilhos, carneiros e cordeiros de acordo com o número determinado. Também sacrifiquem um bode como oferta de perdão além das ofertas queimadas, das ofertas de cereal e das ofertas derramadas regulares.

³⁹ " 'Apresentem essas ofertas ao Eterno como congregação nos dias das festas fixas: suas ofertas queimadas, suas ofertas de cereal, suas ofertas derramadas e suas ofertas de paz, além das suas ofertas voluntárias e dos votos que fizeram ao Eterno' ".

⁴⁰ Moisés instruiu o povo de Israel em tudo que o Eterno havia ordenado.

Votos

30 ¹⁻² Moisés disse aos chefes das tribos do povo de Israel: "É isto que o Eterno ordena: 'Quando um homem faz um voto ao Eterno ou se compromete, sob juramento, a fazer alguma coisa, não pode quebrar sua palavra: tem de fazer exatamente o que prometeu.

³⁻⁵ "Se uma mulher faz um voto ao Eterno e assume um compromisso como moça que ainda mora na casa de seu pai e seu pai ouvir o voto e o compromisso assumido, mas não disser nada, então, ela terá de cumprir todos os seus votos e compromissos. Mas, se

o pai a proibir quando souber o que ela fez, então, nenhum dos votos e compromissos dela será válido. O Eterno a livrará, porque seu pai a proibiu.

⁶⁻⁸ " 'Se ela se casar depois de fazer um voto ou de assumir um compromisso de forma precipitada e seu marido souber o que ela fez, mas não disser nada, então, ela terá de cumprir o que prometeu. Mas, se o marido intervier, o voto precipitado dela será anulado. E o Eterno a livrará.

⁹ " 'Qualquer voto ou compromisso assumido por uma viúva ou mulher divorciada é válido.

LUCAS 3.1-20

Um batismo para mudança de vida

3 ¹⁻⁶ No décimo quinto ano do governo de Tibério César, quando Pôncio Pilatos era governador da Judeia; Herodes era rei da Galileia; seu irmão Filipe, da Itureia e de Traconites; e Lisânias, de Abilene. Quando Anás e Caifás eram principais sacerdotes, João, filho de Zacarias, que vivia no deserto, recebeu uma mensagem da parte de Deus. Ele saiu percorrendo a terra ao redor do rio Jordão, pregando um batismo de mudança de vida para perdão de pecados, como descrito nas palavras de Isaías, o profeta:

Trovão no deserto!
Preparem-se para a chegada de Deus!
Tornem o caminho plano e reto!
Toda estrada esburacada será consertada,
Todo obstáculo será eliminado,
Os desvios serão alinhados,
Todas as estradas de terra serão pavimentadas.
Todos estarão lá para ver
O desfile da salvação de Deus.

⁷⁻⁹ Multidões vieram à procura do batismo, apenas porque parecia ter virado moda, e João esbravejou: "Raça de serpentes! O que pretendem, rastejando até o rio? Acham que um pouco de água nessa pele de cobra vai fazer alguma diferença? É a vida de vocês que precisa mudar, não a pele! E não pensem que podem melhorar a situação invocando Abraão como pai. Ser descendente de Abraão não ajuda nesse caso. Os descendentes de Abraão são muitos. Mas até destas pedras Deus pode fazer descendentes de Abraão. O que conta mesmo é a vida. A vida de vocês mostra frutos? Se estiver como madeira morta, só serve para o fogo".

¹⁰ A multidão lhe perguntou: "O que devemos fazer, então?".

DIA 082

¹¹ "Quem tiver duas mudas de roupa dê uma para alguém", ele disse, "e façam o mesmo com a comida".
¹² Alguns cobradores de impostos também queriam ser batizados e perguntaram: "Mestre, o que devemos fazer?".
¹³ Ele respondeu: "Nada de extorsão. Cobrem apenas o que a lei exige".
¹⁴ A pergunta dos soldados foi: "E nós, o que devemos fazer?".
Ele respondeu: "Nada de violência nem de chantagens, e estejam satisfeitos com o salário de vocês".
¹⁵ O povo, então, começou a prestar mais atenção ao pregador. Eles se perguntavam: "Será que João é o Messias?".
¹⁶⁻¹⁷ João não deu resposta às indagações deles: "Eu batizo vocês aqui no rio. O protagonista desse drama, perante o qual sou apenas um figurante, acenderá a vida do Reino em vocês, um fogo interior, o Espírito Santo dentro de vocês, operando a mudança de dentro para fora. Ele vai limpar a casa. Fará uma varredura completa na vida de vocês. Tudo que for autêntico será posto no lugar certo, na presença de Deus; o que for contrário à verdade será jogado fora como o lixo, para ser queimado".
¹⁸⁻²⁰ João ainda disse ao povo muitas outras palavras de encorajamento. Era a Mensagem! O rei Herodes, porém, não aceitava a censura de João ao seu adultério com Herodias, mulher de seu irmão Filipe; assim, aumentou sua longa lista de maldades com este desatino: mandou prender João Batista.

SALMOS 40.9-17

⁹⁻¹⁰ Preguei a respeito de ti para toda a
   congregação;
não omiti nada, ó Eterno, sabes disso.
Não fiz segredo das notícias sobre os teus
   caminhos,
não guardei nada para mim.
Falei tudo: sobre tua fidelidade e tua perfeição.
   Não retive parcelas de amor nem de verdade
Para meu consumo. Eu disse tudo que sabia;
   a congregação conheceu a história toda.

¹¹⁻¹² Agora, ó Eterno, não resistas a mim,
   não moderes tua paixão.
Teu amor e tua verdade
   é que me mantêm de pé.
Quando os problemas conspiraram contra mim,
   uma multidão de pecados foi enumerada.
Fiquei tão impregnado de culpa
   que mal conseguia enxergar o caminho.

Mais culpa havia em meu coração
   que cabelos na cabeça.
O peso era tanto que meu coração desfaleceu.

¹³⁻¹⁵ Sê mais brando, ó Eterno, e intervém!
   Preciso da tua ajuda.
Estão tentando raptar minha alma,
   e quero que sejam envergonhados.
Que caia em desgraça
   qualquer um que tente
   me empurrar para baixo;
Que seja humilhado e criticado
   sem misericórdia
   qualquer um que ore pela minha ruína.

¹⁶⁻¹⁷ Mas que cantem e sejam felizes
   todos os que te buscam com sede.
Os que sabem do que és capaz
   contem ao mundo que és nobre e não
   desistes.
E eu? Eu sou um nada e não tenho nada.
   Peço-te que faças alguma coisa de mim.
Tu podes e tens o que é necessário para ajudar,
   mas, por favor, não te demores.

◼ NOTAS

DIA 083

NÚMEROS 30.10 — 31.54

10-15 " 'Se uma mulher que vive com seu marido fizer um voto ou assumir um compromisso sob juramento e seu marido souber o que ela fez, mas não disser nada e não a proibir, então, os votos dela são válidos. Mas, se o marido os anular quando souber deles, nenhum dos votos dela será válido. O marido dela os anulou, e o Eterno a livrará. Qualquer voto que seja para prejuízo dela pode ser confirmado ou anulado por seu marido. Mas, se o marido não se pronunciar até o dia seguinte, ele estará confirmando os votos e compromissos dela, e ela terá de cumpri-los. Ao não dizer nada a ela quando souber dos votos, ele os confirma. Mas, se os anular algum tempo depois de ter conhecimento deles, ele estará assumindo as consequências dessa decisão' ".

16 Essas são as regras que o Eterno deu a Moisés com relação à conduta entre um homem e sua mulher e entre um pai e sua filha jovem que mora com ele.

A guerra contra os midianitas

31 1-2 O Eterno disse a Moisés: "Vingue-se dos midianitas pelo que fizeram ao povo de Israel. Depois disso, você se reunirá a seus antepassados".

3-4 Moisés disse ao povo: "Recrutem homens para uma batalha contra os midianitas, para executar a vingança do Eterno contra Midiã: mil homens de cada tribo de Israel que estejam aptos para ir à guerra".

5-6 Um batalhão de combate de doze mil homens, mil de cada tribo de Israel, foi recrutado. Moisés os enviou à guerra e, com eles, Fineias, filho de Eleazar, na condição de sacerdote do exército, responsável pelos utensílios sagrados e pelas cornetas, para o toque de guerra.

7-12 Eles atacaram Midiã, como o Eterno havia ordenado, e mataram todos os homens. Entre os que caíram estavam Evi, Requém, Zur, Hur e Reba, os cinco reis de Midiã. Também mataram Balaão, filho de Beor. O povo de Israel tomou as mulheres e crianças midianitas como prisioneiras e levou todos os animais do gado e dos rebanhos e os bens como despojo de guerra. Arrasaram e queimaram todas as cidades em que moravam os midianitas e, também, seus acampamentos com as tendas. Eles saquearam tudo e todos – bens, pessoas e animais. E levaram tudo – cativos e despojos – a Moisés e ao sacerdote Eleazar e a todo o povo de Israel, que estava acampado nas campinas de Moabe, à margem do Jordão, diante de Jericó.

13-18 Moisés, Eleazar e todos os líderes da congregação foram ao encontro do exército, fora do acampamento. Moisés ficou irado com os oficiais do exército, os comandantes de mil e de cem, quando eles voltaram do campo de batalha: "O que é isso? Vocês pouparam essas mulheres? Foram elas que, sob orientação de Balaão, seduziram o povo de Israel a se afastar do Eterno, naquela desgraça em Peor, causando a praga que atingiu o povo de Deus. Terminem sua tarefa: matem todos os meninos! Matem todas as mulheres que se deitaram com um homem. As mulheres mais jovens, que ainda forem virgens, vocês podem poupar.

19-20 "Eis o que vocês devem fazer. Armem suas tendas fora do acampamento. Todos os que mataram alguém ou tocaram um cadáver ficarão fora do acampamento durante sete dias. Purifiquem a vocês mesmos e aos prisioneiros no terceiro e no sétimo dias. Purifiquem toda peça de roupa e todo utensílio de couro, de pelo de bode ou de madeira".

21-24 O sacerdote Eleazar disse aos soldados que haviam participado da batalha: "Esta é a regra que vem da revelação que o Eterno deu a Moisés: ouro, prata, bronze, ferro, estanho, chumbo e tudo que resista ao fogo precisam passar pelo fogo: então, estarão ritualmente purificados. Também terão de ser lavados ritualmente na água da purificação. Além disso, tudo que não resistir ao fogo precisará ser lavado com água. No sétimo dia, lavem suas roupas: assim, estarão ritualmente purificados e poderão voltar ao acampamento".

25-27 O Eterno disse a Moisés: "Quero que você, o sacerdote Eleazar e os líderes das famílias da comunidade contem os prisioneiros e os animais trazidos da batalha. Dividam o despojo entre os soldados que combateram na batalha e o restante da comunidade.

28-30 "Então, cobre o tributo do despojo destinado aos soldados, na base de um para quinhentos, sobre pessoas, bois, jumentos, ovelhas ou bodes. É um tributo ao Eterno da sua metade do despojo, que deve ser entregue ao sacerdote Eleazar, a favor do Eterno. Tributem a metade que pertence aos israelitas na base de um para cinquenta, sobre pessoas, bois, jumentos, ovelhas ou bodes. Entreguem essa parte aos levitas, responsáveis pela habitação do Eterno". [31] Moisés e Eleazar seguiram à risca a ordem do Eterno.

[32-35] O restante dos despojos tomados pelo exército era:

675.000 ovelhas,
72.000 cabeças de gado,
61.000 jumentos,
32.000 mulheres virgens.

[36-40] A metade dos que tinham combatido na batalha era:

337.500 ovelhas – o tributo para o Eterno:
675,
36.000 cabeças de gado – o tributo para o
Eterno: 72,
30.500 jumentos – o tributo para o Eterno: 61,
16.000 pessoas – o tributo para o Eterno: 32.

[41] Moisés entregou o tributo ao sacerdote Eleazar como a parte pertencente ao Eterno, conforme as instruções que o Eterno tinha dado a Moisés.

[42-46] A outra metade, pertencente à comunidade de Israel, que Moisés separou do que foi dado aos homens que combateram na batalha, foi:

337.500 ovelhas,
36.000 cabeças de gado,
30.500 jumentos,
16.000 pessoas.

[47] Da metade destinada ao povo de Israel, Moisés tomou, exatamente como o Eterno havia ordenado, um de cada cinquenta animais e pessoas, para dar aos levitas, que eram os responsáveis pela habitação do Eterno.

[48-50] Os oficiais militares – comandantes de mil e de cem – vieram procurar Moisés e disseram: "Contamos os soldados sob nosso comando, e não falta um único homem. Trouxemos ofertas ao Eterno das joias de ouro que obtivemos – braceletes, pulseiras, anéis, brincos e colares – para fazer expiação pela nossa vida diante do Eterno".

[51-54] Moisés e o sacerdote Eleazar receberam o ouro deles, joias muito bem trabalhadas. No total, o ouro que os comandantes de mil e de cem trouxeram a Moisés e Eleazar como oferta ao Eterno pesava duzentos quilos, tudo que foi doado pelos soldados que tinham tomado esse despojo. Moisés e Eleazar

pegaram o ouro dos comandantes de mil e de cem e o levaram à Tenda do Encontro, para servir de lembrete ao povo de Israel diante do Eterno.

LUCAS 3.21 — 4.2

[21-22] Depois que todo o povo foi batizado, Jesus também foi batizado. Enquanto ele orava, o céu se abriu, e o Espírito Santo, na forma de uma pomba, desceu sobre ele. Com o Espírito, ouviu-se uma voz: "Você é o meu Filho, escolhido e marcado pelo meu amor, a alegria da minha vida".

Filho de Adão, Filho de Deus

[23-38] Jesus iniciou sua vida pública com cerca de 30 anos de idade. Era filho (de acordo com a compreensão pública) de José, que era –

filho de Eli,
filho de Matate,
filho de Levi,
filho de Melqui,
filho de Janai,
filho de José,
filho de Matatias,
filho de Amós,
filho de Naum,
filho de Esli,
filho de Nagai,
filho de Máate,
filho de Matatias,
filho de Semei,
filho de Joseque,
filho de Jodá,
filho de Joanã,
filho de Ressa,
filho de Zorobabel,
filho de Salatiel,
filho de Neri,
filho de Melqui,
filho de Adi,
filho de Cosã,
filho de Elmadã,
filho de Er,
filho de Josué,
filho de Eliézer,
filho de Jorim,
filho de Matate,
filho de Levi,
filho de Simeão,
filho de Judá,

filho de José,
filho de Jonã,
filho de Eliaquim,
filho de Meleá,
filho de Mená,
filho de Matatá
filho de Natã,
filho de Davi,
filho de Jessé,
filho de Obede,
filho de Boaz,
filho de Salmom,
filho de Naassom,
filho de Aminadabe,
filho de Admim,
filho de Arni,
filho de Esrom,
filho de Perez,
filho de Judá,
filho de Jacó,
filho de Isaque,
filho de Abraão,
filho de Terá,
filho de Naor,
filho de Serugue,
filho de Ragaú,
filho de Faleque,
filho de Éber,
filho de Salá,
filho de Cainã,
filho de Arfaxade,
filho de Sem,
filho de Noé,
filho de Lameque,
filho de Matusalém,
filho de Enoque,
filho de Jarede,
filho de Maalaleel,
filho de Cainã,
filho de Enos,
filho de Sete,
filho de Adão,
filho de Deus.

A Prova

4 **1-2** Cheio do Espírito Santo, Jesus deixou o Jordão e foi levado pelo Espírito para o deserto. Durante quarenta dias e quarenta noites ele ficou sozinho e passou por uma Prova, foi testado pelo Diabo. Não comeu nada todo esse tempo e por fim teve muita fome.

SALMOS 41.1-7

Um salmo de Davi

41 **1-3** Como é feliz aquele que dá alguma dignidade aos desafortunados:
você se sentirá bem — é *isso* que o Eterno faz.
O Eterno toma conta de todos nós
e nos faz resistentes para a vida,
Afortunados por estar na terra,
livres dos aborrecimentos dos inimigos.
Se estamos doentes e acamados,
o Eterno é nosso enfermeiro:
ele cuida de nós até a recuperação.

4-7 Eu disse: "Ó Eterno, sê generoso!
Junta meus pedaços outra vez,
porque meus pecados me esfacelaram".
Meus inimigos desejam o pior para mim,
fazem apostas a respeito do dia em
que vou morrer.
Se alguém me visita,
é para repetir chavões vazios.
Ao mesmo tempo, o povo faz comentários
sobre mim
para entreter o público na esquina.
Esses "amigos" que me odeiam
espalham calúnias por toda a cidade.
Eles formam comitês
para encontrar meios de me fazer sofrer.

NOTAS

DIA 084

248

□ **DIA 084** ___/___/___

NÚMEROS 32.1 — 33.4

As tribos que se estabeleceram a leste do Jordão

32 ¹⁴As famílias das tribos de Rúben e Gade possuíam grandes rebanhos. Eles viram que as terras de Jazar e Gileade eram ideais para pastagens de gado. Por isso, foram falar com Moisés, o sacerdote Eleazar e os líderes da comunidade e disseram: "Atarote, Dibom, Jazar, Ninra, Hesbom, Eleale, Sebã, Nebo e Beom, terras que o Eterno subjugou diante da comunidade de Israel, são ideais para a criação de gado, e nós temos gado".

⁵Eles continuaram: "Se vocês acham que fizemos um bom trabalho até aqui, gostaríamos que essas terras fossem nossa propriedade. Não nos façam atravessar o Jordão".

⁶⁻¹²Moisés respondeu aos homens de Gade e Rúben: "Vocês estão querendo dizer que vão escapar da guerra que aguarda seus irmãos, enquanto vocês se estabelecem aqui? Como foi que vocês tiveram a ideia de deixar na mão o povo de Israel, desanimando-os justamente agora, que estão para entrar na terra que o Eterno deu a eles? Foi exatamente isso que fizeram seus antepassados quando os enviei de Cades-Barneia em missão de reconhecimento da terra. Eles foram até o vale de Escol, deram uma olhada e, então, desistiram. Eles desestimularam o povo, impedindo que entrassem na terra que o Eterno estava dando a eles. E o Eterno ficou irado. E como ficou! Ele jurou: 'Eles nunca verão a terra. Ninguém dentre os que saíram do Egito que tenha 20 anos de idade ou mais verá a terra que prometi a Abraão, Isaque e Jacó. Eles não estão interessados em me seguir: o coração deles não está nisso. Ninguém, exceto Calebe, filho de Jefoné, o quenezeu, e Josué, filho de Num, pois esses me seguem — o coração deles está nisso'.

¹³"A ira do Eterno se acendeu contra Israel. Ele os fez caminhar no deserto durante quarenta anos, até morrer toda aquela geração.

¹⁴⁻¹⁵"E agora vocês estão aqui, raça de pecadores, tentando ocupar o lugar que foi de seus antepassados, jogando lenha na fogueira da ira do Eterno, que já está furioso com Israel! Se vocês não o seguirem, ele fará a mesma coisa de novo. Ele mandará vocês de volta para o deserto, e o desastre será culpa de vocês!".

¹⁶⁻¹⁹Mas eles explicaram: "Tudo que queremos é fazer currais para nosso gado e cidades para nossas famílias. Depois, empunharemos as armas e assumiremos a linha de frente, conduzindo o povo de Israel ao seu lugar. Assim, poderemos deixar nossas famílias para trás, seguras nas cidades fortificadas, protegidas diante dos que vivem na terra. Mas não voltaremos para casa antes que todos os israelitas estejam de posse da sua herança. Não queremos propriedade alguma a oeste do Jordão: estamos reivindicando nossa herança deste lado do rio".

²⁰⁻²²Moisés disse: "Se vocês fizerem o que estão dizendo; se pegarem suas armas para a batalha e, juntos, atravessarem o Jordão, diante do Eterno, para batalhar até que o Eterno tenha eliminado os inimigos da terra. Quando a terra estiver segura, vocês terão cumprido sua missão para com o Eterno e para com Israel. Então, a terra que desejam será de vocês.

²³⁻²⁴"Mas, se vocês não fizerem o que estão dizendo, estarão pecando contra o Eterno. Estejam certos de que seu pecado os alcançará. Portanto, vão em frente. Construam cidades para suas famílias e currais para o gado. Façam o que disseram que fariam".

²⁵⁻²⁷As tribos de Gade e Rúben disseram a Moisés: "Faremos como o senhor está mandando. Nossos filhos e mulheres e todos os nossos rebanhos ficarão nas cidades de Gileade. Mas nós atravessaremos armados o rio para combater pelo Eterno, como o senhor disse".

²⁸⁻³⁰Moisés deu ordens a respeito deles ao sacerdote Eleazar, a Josué, filho de Num, e aos líderes das tribos do povo de Israel: "Se as tribos de Gade e Rúben cruzarem o rio Jordão com vocês diante do Eterno, todos armados e prontos para a batalha, então, depois de a terra estar assegurada, podem dar a eles as terras de Gileade como herança. Mas, se eles não atravessarem o rio com vocês, terão de se estabelecer com vocês em Canaã".

³¹⁻³²As tribos de Gade e Rúben responderam: "Faremos o que o Eterno nos disse. Atravessaremos o Jordão diante do Eterno, prontos e dispostos para guerrear. Mas a terra que herdaremos estará deste lado, a leste do Jordão".

33 Moisés deu às tribos de Gade, Rúben e a meia tribo de Manassés, filho de José, o reino de Seom, rei dos amorreus, e o reino de Ogue, rei de Basã — as terras, suas cidades e todo o território ao redor delas.

34-36 Os gaditas reconstruíram Dibom, Atarote, Aroer, Atarote-Sofã, Jazar, Jogbeá, Bete-Ninra e Bete-Harã como cidades fortificadas e também construíram currais para seus rebanhos e seu gado.

37-38 Os rubenitas reconstruíram Hesbom, Eleale e Quiriataim, bem como Nebo e Baal-Meom e Sibma. E deram outros nomes às cidades que reconstruíram.

39-40 A família de Maquir, filho de Manassés, foi a Gileade, tomou posse dela e expulsou os amorreus que viviam ali. Moisés deu Gileade aos maquiritas, descendentes de Manassés. Eles se estabeleceram ali.

41 Jair, outro filho de Manassés, tomou posse de algumas vilas e mudou o nome delas para Havote-Jair (Acampamentos de Jair).

42 Noba conquistou Quenate e os povoados ao redor. Ele renomeou o lugar com seu nome: Noba.

Acampamentos desde Ramessés até Jericó, junto ao Jordão

33 **1-2** Estes são os lugares em que o povo de Israel acampou depois que deixaram o Egito, organizados como militares, sob o comando de Moisés e Arão. Por instrução do Eterno, Moisés fez um registro de todas as vezes que partiram de um lugar para outro, acampamento por acampamento:

3-4 Eles marcharam de Ramessés no dia seguinte ao da Páscoa. Era o dia 15 do primeiro mês. Eles saíram confiantes, de cabeça erguida. Os egípcios, ocupados em enterrar seus primogênitos, que o Eterno havia matado, ficaram apenas observando a partida dos israelitas. O Eterno havia provado que os deuses deles não valiam nada.

LUCAS 4.3-22

3 Percebendo que ele estava com fome, o Diabo aplicou a primeira prova: "Já que você é o Filho de Deus, dê a ordem que transformará essas pedras em pães".

4 Citando Deuteronômio, Jesus respondeu: "É preciso mais que pão para viver de verdade".

5-7 Para a segunda prova, o Diabo transportou-o até o pico de uma imensa montanha. Tentando ser convincente, mostrou-lhe todos os reinos da terra num relance. Então, fez a proposta: "Tudo isso é meu. Eu mando em tudo aqui e posso entregar estes reinos com o seu fascínio a quem eu quiser. Basta que você me adore, e tudo será seu!".

8 A resposta de Jesus foi direta e mais uma vez recorreu a Deuteronômio: "Adore somente ao Senhor seu Deus. Sirva ao Senhor com absoluta inteireza de coração".

9-11 Para a terceira prova, o Diabo levou Jesus a Jerusalém. Ele o pôs na parte mais alta do templo e o desafiou: "Já que você é o Filho de Deus, pule! Para instigá-lo, o Diabo citou o salmo 91: "Ele o entregou ao cuidado dos anjos. Tanto o protegerão que você não machucará o dedo numa pedra".

12 Jesus contra-atacou com outra citação de Deuteronômio: "Não tenha a ousadia de testar o Senhor seu Deus".

13 Foi o fim da Prova. O Diabo retirou-se por um tempo, esperando outra oportunidade.

Libertação dos oprimidos

14-15 Jesus voltou para a Galileia, cheio do poder no Espírito, e a notícia de seu regresso correu a região. Ele começou a ensinar nas sinagogas, sendo recebido com entusiasmo e satisfação.

16-21 Ele voltou para Nazaré, onde havia sido criado. Como de costume, foi à sinagoga no sábado. Quando se levantou para ler, tinha nas mãos o livro do profeta Isaías. Abrindo-o, encontrou a seguinte passagem:

O Espírito de Deus está sobre mim;
ele me escolheu para pregar
a Mensagem das boas-novas aos pobres,
Enviou-me para anunciar perdão aos
prisioneiros e
a recuperação da vista aos cegos,
Para libertar os oprimidos e indefesos,
para anunciar: "Este é o ano em que
Deus irá agir!"

Fechando o livro, devolveu-o ao assistente e sentou-se. Todos os olhares eram para ele. Então, ele se pronunciou: "Vocês acabam de presenciar o cumprimento dessa profecia.".

22 Todos os presentes — interessados e curiosos — ficaram surpresos com a declaração, mas logo alguém lembrou: "Este não é o filho de José, que conhecemos desde criança?".

SALMOS 41.8-13

8-9 O rumor corre a cidade: "Ele está infectado com uma doença mortal. Os médicos já o desenganaram".

Até meu melhor amigo,
aquele que era meu confidente
e que sempre comia na minha casa,
mordeu a minha mão.

¹⁰Ó Eterno, dá graça, levanta-me!
E vou dar a eles o que merecem.

¹¹⁻¹²Tenho certeza de que estás do meu lado,
pois nenhum grito de vitória se ouve no
acampamento inimigo!
Tu me conheces por dentro e por fora, me
sustentas
e sempre me admitirás em tua presença,
para que eu possa olhar em teus olhos.

¹³Bendito seja o Eterno, o Deus de Israel,
sempre, sempre e sempre!
Amém. Amém. Amém.

NOTAS

DIA 085 ___ / ___ / ___

NÚMEROS 33.5 — 34.15

⁵⁻³⁶O povo de Israel:
partiu de Ramessés e acampou em Sucote;
partiu de Sucote e acampou em Etã, nos limites do deserto;
partiu de Etã, voltou para Pi-Hairote, a leste de Baal-Zefom, e acampou em Migdol;
partiu de Pi-Hairote e atravessou o mar, chegando ao deserto; depois de três dias de caminhada no deserto de Etã, acampou em Mara;
partiu de Mara e chegou a Elim, onde havia doze fontes e setenta palmeiras, o povo acampou ali;
partiu de Elim e acampou junto ao mar Vermelho;
partiu do mar Vermelho e acampou no deserto de Sim;
partiu do deserto de Sim e acampou em Dofca;
partiu de Dofca e acampou em Alus;
partiu de Alus e acampou em Refidim, onde não havia água para o povo beber;
partiu de Refidim e acampou no deserto do Sinai;
partiu do deserto do Sinai e acampou em Quibrote-Hataavá;
partiu de Quibrote-Hataavá e acampou em Hazerote;
partiu de Hazerote e acampou em Ritmá;
partiu de Ritmá e acampou em Rimom Perez;
partiu de Rimom Perez e acampou em Libna;
partiu de Libna e acampou em Rissa;
partiu de Rissa e acampou em Queelata;
partiu de Queelata e acampou no monte Séfer;
partiu do monte Séfer e acampou em Harada;
partiu de Harada e acampou em Maquelote;
partiu de Maquelote e acampou em Taate;
partiu de Taate e acampou em Terá;
partiu de Terá e acampou em Mitca;
partiu de Mitca e acampou em Hasmona;
partiu de Hasmona e acampou em Moserote;
partiu de Moserote e acampou em Bene-Jaacã;
partiu de Bene-Jaacã e acampou em Hor-Gidgade;
partiu de Hor-Gidgade e acampou em Jotbatá;
partiu de Jotbatá e acampou em Abrona;
partiu de Abrona e acampou em Eziom-Geber;
partiu de Eziom-Geber e acampou em Cades, no deserto de Zim.

37-39 Depois de deixarem Cades e acamparem no monte Hor, na fronteira com Edom, o sacerdote Arão subiu ao monte Hor, por ordem do Eterno, e morreu ali. Isso aconteceu no primeiro dia do quinto mês do quadragésimo ano depois de o povo de Israel ter saído do Egito. Arão tinha 123 anos de idade quando morreu no monte Hor.

40 O rei cananeu de Arade, que governava na parte do Neguebe, na terra de Canaã, ouviu que o povo de Israel estava chegando.

41-47 O povo de Israel partiu do monte Hor e acampou em Zalmona;

partiu de Zalmona e acampou em Punom;

partiu de Punom e acampou em Obote;

partiu de Obote e acampou em Ijé-Abarim, na fronteira de Moabe;

partiu de Ijim e acampou em Dibom-Gade;

partiu de Dibom-Gade e acampou em Almom-Diblataim;

partiu de Almom-Diblataim e acampou na serra de Abarim (Do Outro Lado do Rio), de frente para o Nebo.

48-49 Depois que deixaram a serra de Abarim, o povo acampou nas campinas de Moabe à margem do Jordão, diante de Jericó, desde Bete-Jesimote até Abel-Sitim (Campina de Acácias).

50-53 O Eterno disse a Moisés nas campinas de Moabe, à margem do Jordão, diante de Jericó: "Diga ao povo de Israel: 'Quando vocês atravessarem o Jordão e entrarem na terra de Canaã, expulsem toda a população nativa que encontrarem pela frente, destruam seus ídolos esculpidos, destruam suas imagens fundidas e derrubem os locais de adoração idólatra deles para que vocês possam tomar posse da terra e se estabelecer nela. Eu dei essa terra a vocês. Ela é de vocês.

54 " 'Dividam e distribuam a terra de acordo com o tamanho dos seus clãs: os grandes receberão porções maiores de terra; os pequenos receberão porções menores. Cada clã receberá sua terra por sorteio. Distribuam a terra entre as tribos de seus antepassados.

55-56 " 'Mas, se vocês não expulsarem a população nativa da terra, todos os que vocês deixarem ficar na terra se tornarão farpas nos seus olhos e espinhos nos seus pés. Eles causarão problemas sem fim no quintal de vocês. E eu começarei a dar a vocês o mesmo tratamento que estou planejando dar a eles' ".

A herança da terra

34 **1-2** O Eterno disse a Moisés: "Diga ao povo de Israel o seguinte: 'Quando vocês entrarem em Canaã, estas são as fronteiras da terra que vocês estão recebendo como herança:

3-5 " 'Sua fronteira ao sul inclui parte do deserto de Zim, próximo da fronteira de Edom. Começa a leste, no mar Morto, passa pela subida dos Escorpiões e dali para Zim; continua para o sul até Cades-Barneia; então, até Hazar-Adar e para Azmom, onde faz uma curva a noroeste para o ribeiro do Egito, e dali para o mar Mediterrâneo.

6 " 'Sua fronteira a oeste é o mar Mediterrâneo.

7-9 " 'Sua fronteira ao norte segue uma linha desde o mar Mediterrâneo até o monte Hor, e desde o monte Hor até Lebo-Hamate e vai até Zedade, prosseguindo até Zifrom e terminando em Hazar-Enã. Essa é a fronteira norte.

10-12 " 'Sua fronteira a leste segue uma linha de Hazar-Enã até Sefá. A linha desce ao sul desde Sefá até Ribla e a leste para Ain e prossegue ao longo das encostas a leste do mar da Galileia. A fronteira, então, segue o rio Jordão e termina no mar Morto' ".

13-15 Moisés ordenou ao povo de Israel: "Essa é a terra. Dividam a herança por sorteio. O Eterno ordenou que ela fosse dada às nove tribos e meia. A tribo de Rúben, a tribo de Gade e meia tribo de Manassés já receberam sua herança; as duas tribos e a meia tribo receberam herança a leste do Jordão, diante de Jericó, na direção do nascer do sol".

LUCAS 4.23-44

23-27 Ele respondeu: "Suponho que vocês irão agora citar o provérbio: 'Médico, cura-te a ti mesmo. Faz aqui em tua cidade tudo que nos disseram que fizeste em Cafarnaum'. Pois bem, vou dizer uma coisa: nenhum profeta é bem recebido em sua terra. Não havia muitas viúvas em Israel no tempo de Elias, naqueles três anos e meio de seca, quando a fome devastou a terra? Mas a única viúva a quem Elias foi enviado estava em Sarepta, em Sidom. Havia muitos leprosos em Israel no tempo do profeta Eliseu, mas o único purificado foi Naamã, o sírio".

28-30 O argumento deixou todos enfurecidos. Eles o agarraram e o levaram para fora, até o cume de uma montanha situada nos limites da cidade, e queriam jogá-lo lá do alto. Entretanto, ele conseguiu fugir e tratou logo de sair dali.

31-32 Depois, foi para Cafarnaum, cidade da Galileia. No sábado, passou a ensinar o povo. Eles estavam

DIA 085

impressionados com seu ensino direto e claro, transmitido com autoridade, bem diferente dos discursos recheados de sofismas e citações com os quais estavam acostumados.

³³⁻³⁴ Na sinagoga, naquele dia, havia um homem perturbado por um espírito maligno. Ele gritou: "Ei! O que você quer conosco, Nazareno? Sei o que você pretende. Você é o Santo de Deus e está aqui para nos destruir".

³⁵ Jesus ordenou: "Quieto! Saia dele!". O espírito demoníaco derrubou o homem na frente de todos, mas saiu sem o ferir.

³⁶⁻³⁷ O povo ficou espantado. Todos cochichavam entre si: "O que está acontecendo aqui? Alguém que com uma palavra faz as coisas acontecerem? Alguém que ordena aos espíritos demoníacos que saiam, e eles saem?". Jesus era o assunto da cidade.

Curando todos

³⁸⁻³⁹ Jesus deixou a sinagoga e foi para a casa de Simão. A sogra de Simão estava com febre alta, e pediram a ele que fizesse algo por ela. Aproximando-se dela, ele ordenou à febre que a deixasse — e aconteceu exatamente assim. Antes que eles percebessem, ela estava preparando o jantar para eles.

⁴⁰⁻⁴¹ Quando o Sol se pôs, todos os que tinham alguém doente ou com algum problema vieram procurá-lo. Ele impôs as mãos sobre todos e os curou. Os demônios saíam gritando: "Filho de Deus! Você é o Filho de Deus!". Mas ele não permitia que se pronunciassem porque sabiam que ele era o Messias.

⁴²⁻⁴⁴ No dia seguinte, ele procurou um lugar isolado, mas o povo foi atrás dele. Quando o encontraram, imploraram para que não saísse da região. A resposta foi: "Vocês não percebem? Tenho de pregar a Mensagem do Reino de Deus em outras cidades, porque essa é a obra que Deus me mandou fazer". Nesse meio-tempo, continuou a pregar nas sinagogas da Galileia.

SALMOS 42.1-5

Um salmo dos filhos de Coré

42 ¹⁻³ **A**ssim como o cervo bebe
    a água do riacho,
  Eu quero beber de ti, ó Deus,
    goles profundos de Deus.
  Estou com sede do Deus vivo.
  E me pergunto: "Será que conseguirei
    chegar e beber na presença de Deus?".
  Estou numa dieta de lágrimas —
    lágrimas no café da manhã, lágrimas no jantar.

Durante todo o dia
  as pessoas batem à minha porta,
Importunando:
  "Onde está esse seu Deus?".

⁴ Estas são as coisas que relembro sempre,
  esvaziando os bolsos da minha vida.
Sempre estive à frente
  da multidão de adoradores;
Era eu quem os conduzia,
  ansioso pelo início da adoração,
Louvando em voz alta, cantando ações de graças,
  celebrando, todos nós, a festa de Deus!

⁵ Por que você está deprimida, minha alma?
  Por que chora de melancolia?
Olhe para Deus,
  e logo o louvará outra vez.
Ele põe um sorriso no meu rosto.
  Ele é o meu Deus.

◼ NOTAS

☐ DIA 086 __/__/__
NÚMEROS 34.16 — 36.13

¹⁶⁻¹⁹ O Eterno disse a Moisés: "Estes são os homens que serão responsáveis pela distribuição da herança da terra: o sacerdote Eleazar e Josué, filho de Num. Designe um líder de cada tribo para ajudá-los na distribuição da terra. Nomeie estes líderes:
¹⁹⁻²⁸ Calebe, filho de Jefoné, da tribo de Judá;
Samuel, filho de Amiúde, da tribo de Simeão;
Elidade, filho de Quislom, da tribo de Benjamim;
Buqui, filho de Jogli, da tribo de Dã;
Haniel, filho de Éfode, da tribo de Manassés, filho de José;
Quemuel, filho de Siftã, da tribo de Efraim, filho de José;
Elisafã, filho de Parnaque, da tribo de Zebulom;
Paltiel, filho de Aza, da tribo de Issacar;
Aiúde, filho de Selomi, da tribo de Aser;
Pedael, filho de Amiúde, da tribo de Naftali."
²⁹ Esses são os homens que o Eterno designou para distribuir a herança ao povo de Israel na terra de Canaã.

Cidade para os levitas e cidades de refúgio

35 ¹⁻³ Então, o Eterno disse a Moisés, nas campinas de Moabe, à margem do Jordão diante de Jericó: "Ordene ao povo de Israel que dê aos levitas, como sua parte da herança, cidades para que morem nelas. Cuidem também para que eles recebam pastagens suficientes ao redor das cidades. Assim, eles estarão bem supridos de cidades, nas quais poderão residir e pastagens para seu gado, rebanhos e outros animais de criação.
⁴⁻⁵ As pastagens ao redor das cidades dos levitas devem ter quatrocentos e cinquenta metros em cada direção a partir dos muros da cidade. A medida externa da pastagem deve ser de novecentos metros de cada um dos pontos cardeais — leste, sul, oeste e norte —, com a cidade no centro. Cada cidade deve ser suprida com essa pastagem.
⁶⁻⁸ Seis das cidades que vocês derem aos levitas serão cidades de refúgio: nelas poderá se abrigar qualquer pessoa que acidentalmente tenha matado outra. Além disso, vocês lhes darão ainda outras quarenta e duas cidades — quarenta e oito no total, com suas pastagens. As cidades que vocês derem aos levitas da herança do povo de Israel serão tomadas de acordo com o tamanho da tribo — muitas cidades de uma tribo que tem muitas, poucas de uma tribo que tem poucas".

⁹⁻¹⁵ O Eterno disse a Moisés: "Diga ao povo de Israel: 'Quando vocês atravessarem o rio Jordão e entrarem na terra de Canaã, designem cidades de refúgio, nas quais possa se abrigar a pessoa que acidentalmente matar outra, até que possa aparecer diante da comunidade para ser julgada. Providenciem seis cidades de refúgio. Três delas deverão estar no lado leste do Jordão e três na própria Canaã: cidades de refúgio para o povo de Israel, para os estrangeiros residentes e para quaisquer outros estrangeiros entre o povo de Israel; seis cidades de refúgio para onde possa fugir qualquer pessoa que acidentalmente matar alguém.
¹⁶ " 'Mas, se quem matou outra pessoa usou um objeto de ferro, isso é assassinato óbvio: ele é assassino e precisa ser executado.
¹⁷ " 'Ou, se ele tinha uma pedra na mão grande o bastante para matar uma pessoa, e o outro morrer, isso é assassinato: ele é assassino e precisa ser executado.
¹⁸ " 'Ou, se ele estava carregando um pedaço de madeira suficientemente pesado para matar alguém, e o outro morrer, isso é assassinato: ele é assassino e precisa ser executado.
¹⁹ " 'Nesses casos, o vingador da vítima terá o direito de matar o assassino quando o encontrar — poderá matá-lo assim que o achar.
²⁰⁻²¹ " 'Ou se um homem, por pura ira, empurrar outro, ou, de uma emboscada, atira algo nele e ele morre, ou, com raiva, bate nele com os punhos e o mata, isso é assassinato: ele precisa ser executado. O vingador da vítima tem o direito de matá-lo quando o encontrar.
²²⁻²⁷ " 'Mas, se ele impulsivamente empurrar alguém, ou acidentalmente atirar algo contra outra pessoa, ou, sem intenção, deixar cair uma ferramenta de pedra e matar alguém que ele nem sabia que estava ali e não houver suspeita de que houve briga entre eles, a comunidade deverá julgar entre o acusado e o vingador da vítima, de acordo com essas orientações. É responsabilidade da comunidade salvar o acusado de assassinato diante do vingador. A comunidade deverá enviá-lo de volta à cidade de refúgio da qual ele veio. Ele ficará lá até a morte do sacerdote principal que foi ungido com o óleo santo. Mas, se o acusado

DIA 086

deixar a cidade de refúgio, e o vingador o encontrar fora dos limites dessa cidade, ele terá o direito de matar o acusado: não será culpado de assassinato. [28] "'Portanto, é fundamental que ele permaneça na cidade de refúgio até a morte do sacerdote principal. Depois da morte do sacerdote principal, ele estará livre para voltar à sua propriedade'".

[29] "'**E**stes são os procedimentos para que se faça justiça a partir de agora, não importa onde vocês estejam residindo.

[30] "'Qualquer pessoa que matar outra poderá ser executada apenas mediante o depoimento de testemunhas oculares. Mas ninguém poderá ser executado com base no testemunho de uma única pessoa.

[31] "'Não aceitem dinheiro de suborno em troca de qualquer pessoa que tenha fugido para uma cidade de refúgio, para permitir que ela volte à sua propriedade e viva nela antes da morte do sacerdote principal.

[33] "'Não contaminem a terra em que estão vivendo. O assassinato contamina a terra. A terra não pode ser purificada da morte por assassinato, a não ser pelo sangue do assassino.

[34] "'Não contaminem a terra em que estão vivendo. Eu também vivo aqui, eu, o Eterno, vivo na mesma terra com o povo de Israel'".

As filhas de Zelofeade

36 [1]**O**s chefes de família do clã de Gileade, filho de Maquir, filho de Manassés, que pertenciam aos clãs dos descendentes de José, vieram falar com Moisés e com os chefes das famílias do povo de Israel.

[2-4]Eles disseram: "Quando o Eterno ordenou ao meu senhor que distribuísse as terras da herança por sorteio ao povo de Israel, meu senhor também recebeu ordem do Eterno para dar as terras da herança de Zelofeade, nosso irmão, às filhas dele. Mas o que acontecerá se elas se casarem com homens de outras tribos no povo de Israel? A herança delas será tirada da nossa tribo e dada à tribo dos homens com quem se casarem. Então, quando vier o ano do Jubileu para o povo de Israel, a herança delas será encampada pela tribo a que pertencem por casamento — sua terra será tirada da herança dos seus antepassados!".

[5-9]Instruído pelo Eterno, Moisés deu a seguinte ordem ao povo de Israel: "O que a tribo dos filhos de José está dizendo é correto. Esta é a ordem do Eterno para as filhas de Zelofeade: elas podem se casar com quem quiserem, desde que seja alguém do clã da tribo

de seu antepassado. As terras de herança do povo de Israel não podem ser passadas de uma tribo para outra. Mantenham as terras da herança da tribo dentro da família. Toda filha que herdar terra, não importa a qual tribo pertença, precisará casar-se com um homem dentro do clã da tribo de seu antepassado. Todo israelita é responsável por garantir que a herança permaneça na tribo de seu antepassado. Nenhuma terra de herança poderá ser passada de uma tribo para outra. Cada tribo de Israel se apegará firmemente às suas terras".

[10-12]As filhas de Zelofeade fizeram como o Eterno havia instruído. Maalá, Tirza, Hogla, Milca e Noa, as filhas de Zelofeade, casaram-se com primos por parte de pai. Elas se casaram com descendentes das famílias de Manassés, filho de José, e as terras de sua herança permaneceram na família de seu pai.

[13]Esses são os mandamentos e regulamentos que o Eterno ordenou por meio da autoridade de Moisés ao povo de Israel, nas campinas de Moabe, à margem do Jordão, diante de Jericó.

LUCAS 5.1-21

Em águas profundas

5 [1-3]**C**erta ocasião, ele estava na praia do lago de Genesaré, e a multidão se acotovelava para ouvir melhor a Palavra de Deus. Então, avistou dois barcos amarrados, deixados ali pelos pescadores, que lavavam as redes. Jesus entrou no barco que era de Simão e pediu ao discípulo que o afastasse um pouco da margem. Usando o barco como púlpito, sentado ele ensinava a multidão.

[4]Quando acabou de falar, disse a Simão: "Vá para as águas profundas e lance a rede".

[5-7]Simão respondeu: "Senhor, pescamos a noite inteira e não pegamos nem um peixinho. Mas, se o senhor está mandando, vou lançar a rede". Dito e feito: eles pegaram tantos peixes que faltou pouco para arrebentar a rede. Foi preciso pedir ajuda aos companheiros do outro barco. Ainda assim, os dois barcos ficaram tão abarrotados de peixes que quase afundaram.

[8-10]Assim que presenciou aquilo, Simão Pedro ajoelhou-se diante de Jesus e pediu: "Senhor, afaste-se de mim. Sou um pecador e o senhor é santo demais para mim. Deixe-me sozinho". Quando foram conferir a quantidade de peixes, Simão e todos os outros que estavam com ele ficaram boquiabertos. Tiago e João, filhos de Zebedeu, companheiros de trabalho de Simão, tiveram a mesma reação.

10-11 Então, Jesus disse a Simão: "Não há o que temer. De agora em diante, você vai pescar pessoas". Eles empurraram os barcos até a praia, largaram ali as redes e tudo o mais e o acompanharam.

Convite aos de fora

12 Certo dia, numa cidade, havia um homem coberto de lepra. Quando viu Jesus, ajoelhou-se diante dele e disse: "Mestre, se o senhor quiser, pode me purificar".

13 Jesus estendeu a mão, tocou o leproso e disse: "Quero! Fique limpo!". A lepra desapareceu na hora.

14-16 Jesus, então, lhe ordenou: "Não diga nada a ninguém. Apenas se apresente ao sacerdote para que ele confirme a cura, e leve a oferta de gratidão a Deus, ordenada por Moisés pela purificação. Que sua vida purificada e grata, não suas palavras, dê testemunho do que eu fiz". Mas o homem não conseguiu se conter, e a notícia se espalhou. Logo uma multidão imensa se ajuntou para ouvir e buscar a cura para suas doenças. Assim que pôde, Jesus se retirou para um lugar isolado a fim de orar.

17 Certo dia, ele estava ensinando, e alguns fariseus e líderes religiosos estavam presentes. Gente de quase todas as cidades da Galileia e da Judeia e até mesmo da distante Jerusalém se reuniu ali. O poder de Deus para curar estava sobre ele.

18-20 Alguns homens chegaram, carregando um paralítico em sua maca. Eles procuravam um meio de entrar na casa e levá-lo até onde Jesus estava. Como não havia jeito de passar pela multidão, eles subiram ao telhado, removeram algumas telhas e o desceram por ali até o meio do povo e diante de Jesus. Impressionado com tanta fé, Jesus disse: "Amigo, eu perdoo seus pecados".

21 A declaração irritou os líderes religiosos e os fariseus, que cochichavam: "Quem ele pensa que é? Isso é blasfêmia! Só Deus pode perdoar pecados!".

SALMOS 42.6-11

6-8 Quando minha alma está deprimida, recito
    tudo que sei a teu respeito,
Das profundezas do Jordão às alturas do
    Hermom,
    incluindo o monte Mizar.
O caos atrai o caos,
    no ritmo das corredeiras.
Sua rebentação poderosa
    me despedaçou e esmagou.
Mas o Eterno prometeu me amar durante o dia
    e cantar para mim a noite inteira!
Minha vida é um louvor a Deus.

9-10 Às vezes, pergunto a Deus, que é sólido
    como rocha:
"Por que me decepcionaste?
Por que tenho de caminhar chorando,
    atormentado pelos inimigos?".
Eles estão lá fora com intenções homicidas,
    me atormentando com suas obscenidades,
Sem dar trégua à zombaria, questionam:
    "Onde está esse seu Deus?".

11 Por que você está deprimida, minha alma?
    Por que chora de melancolia?
Olhe para Deus,
    e logo o louvará outra vez.
Ele põe um sorriso no meu rosto.
Ele é o meu Deus.

◼ NOTAS

□ DIA 087 ___ /___ /___

DEUTERONÔMIO 1.1 — 2.9

1 ¹⁻²Estes são os sermões que Moisés pregou a todo o Israel quando os israelitas estavam a leste do Jordão, no deserto da Arabá, diante de Sufe, perto de Parã, Tofel, Labã, Hazerote e Di-Zaabe. São necessários onze dias de viagem do Horebe até Cades-Barneia, pela rota dos montes de Seir.

³⁻⁴Foi no primeiro dia do décimo primeiro mês do quadragésimo ano que Moisés se dirigiu ao povo de Israel, recapitulando tudo que o Eterno havia ordenado a respeito deles. Isso ocorreu logo após ele ter derrotado Seom, rei dos amorreus, que reinava com base em Hesbom, e Ogue, rei de Basã, que reinava com base em Astarote, em Edrei. Foi a leste do Jordão, na terra de Moabe, que Moisés fez esta explanação sobre o que Deus havia revelado.

Moisés dirige a palavra aos israelitas nas campinas de Moabe

⁵Ele disse:

⁶⁻⁸Lá no Horebe, o Eterno, o nosso Deus, decidiu: "Vocês já ficaram tempo suficiente neste monte. Agora, ponham-se a caminho, mexam-se! Tomem a trilha das montanhas dos amorreus e vão para a região que compreende Arabá, com suas montanhas e colinas, o Neguebe e a costa do mar e em que vivem muitos povos — enfim, a terra dos cananeus, que se estende até o Líbano e até o grande rio, o Eufrates. Vejam, esta terra agora é de vocês, presente meu. Portanto, entrem e tomem posse dela. É a terra que o Eterno prometeu dar a seus antepassados Abraão, Isaque e Jacó e aos filhos deles".

⁹⁻¹³Na ocasião, deixei bem claro a vocês: "Não tenho condições de guiá-los sozinho, porque o Eterno, o Deus de vocês, os transformou num povo muito numeroso. Olhem à volta: vocês parecem as estrelas do céu! Sem dúvida, desejo que o Eterno, o Deus de seus antepassados, multiplique vocês mil vezes mais e os abençoe, como prometeu. Mas como vou poder resolver sozinho os problemas de vocês, como vou julgar todas as questões? Por isso, escolham a alguns homens sábios, inteligentes e experientes nas suas tribos, e eu os confirmarei como líderes de vocês".

¹⁴Vocês responderam: "Ótimo! É uma boa solução".

¹⁵Assim, pus a ideia em prática e escolhi aos melhores homens das suas tribos, homens sábios e experientes, e dei autoridade a eles, nomeando-os líderes de mil, de cem, de cinquenta e de dez. Com isso, foi resolvida a demanda de liderança em cada uma das tribos.

¹⁶⁻¹⁷Ao mesmo tempo, dei estas ordens a seus juízes: "Ouçam atentamente as queixas e acusações entre seus irmãos israelitas. Julguem de forma justa entre cada pessoa e seu compatriota, ou mesmo o estrangeiro. Não favoreçam ninguém. Tratem de forma igual tanto os cidadãos mais influentes quanto os membros mais pobres da comunidade. Ouçam a todos com igual atenção. Não se impressionem com nomes famosos, porque vocês estão lidando com o tribunal *de Deus*. As causas mais difíceis vocês poderão trazer a mim: ficarão sob minha responsabilidade".

¹⁸Na mesma ocasião, dei ordens a respeito de tudo que vocês iriam enfrentar.

¹⁹⁻²¹Então, partimos do Horebe, na direção da região montanhosa dos amorreus, atravessamos aquele deserto imenso e assustador que vocês viram — tudo sob a direção do Eterno, o nosso Deus — e, por fim, chegamos a Cades-Barneia. Ali, fiz este pronunciamento: "Vocês acabaram de chegar à região montanhosa dos amorreus, que o Eterno, o nosso Deus, nos deu como herança. Entendam isto: a terra que está diante de vocês é um presente do Eterno. Mexam-se e tomem posse dela agora! Ela foi prometida a vocês pelo Eterno, o Deus de seus pais. Não tenham medo nem fiquem desanimados".

²²Mas, então, vocês vieram me sugerir: "Vamos enviar alguns homens à nossa frente, em missão de reconhecimento da terra, para que nos façam um relatório, para sabermos a melhor maneira de tomá-la e o tipo de cidades que vamos encontrar".

²³⁻²⁵Na hora, me pareceu uma ótima ideia, e escolhi a doze homens, um de cada tribo. Eles partiram, subindo a região montanhosa. Depois, desceram e exploraram o vale de Escol. Trouxeram uma amostra dos frutos da terra e comentaram: "A terra que o Eterno, o nosso Deus, está nos dando é muito boa!".

²⁶⁻²⁸Mas, então, vocês não quiseram ir. Vocês se rebelaram contra o Eterno, contra a palavra clara do seu Deus. E começaram a se queixar em suas tendas: "Deus nos odeia! Ele nos arrastou desde o Egito até aqui para sermos mortos pelos amorreus. É nossa sentença de morte! Não há como seguir em frente. Estamos num beco sem saída! Nossos irmãos já nos desanimaram, pois nos informaram que o povo da

terra é mais alto e mais forte que nós e que as cidades deles são gigantescas, com defesas maciças. Até os gigantes de Anaque vivem ali!".

²⁹⁻³³ Eu bem que tentei acalmá-los: "Não fiquem apavorados por causa daquele povo. Nosso Deus está indo à frente: ele lutará por vocês. Vocês viram com os próprios olhos o que ele fez no Egito. Viram também o que ele fez no deserto. Nosso Deus carregou vocês como um pai carrega o filho e fez isso por todo o caminho até chegarem aqui. Mas agora, que estão aqui, vocês não querem confiar no Eterno, o seu Deus — o mesmo Eterno que sempre vai adiante de vocês com uma coluna de fogo à noite e uma nuvem de dia, escolhendo aos melhores lugares para acampar e mostrando o caminho mais seguro".

³⁴⁻³⁶ Quando Deus ouviu o que vocês disseram, ele ficou furioso e jurou: "Nem uma única pessoa desta geração perversa pisará a boa terra que prometi dar aos seus antepassados. Não vão conhecê-la nem de vista, a não ser Calebe, filho de Jefoné. Ele terá direito à terra. Darei a ele e a seus descendentes a terra que ele pisou, porque se mostrou disposto a seguir o plano do Eterno, de corpo e alma".

³⁷⁻⁴⁰ Até eu sofri as consequências desse ato. Por causa de vocês, a ira de Deus respingou em mim também. Ele disse: "Você também não vai entrar na terra. Seu auxiliar, Josué, filho de Num, é que terá essa honra. Encoraje-o. Ele é o homem que irá reivindicar a herança para Israel. E as crianças de colo, que vocês acharam que seriam tomadas como despojo de guerra, essas que ainda não sabem distinguir o certo do errado, elas é que entrarão na terra. Sim, seus filhos pequenos serão os novos proprietários da terra que prometi, não vocês. Portanto, deem meia-volta e tomem o caminho do deserto, seguindo o caminho do mar Vermelho!".

⁴¹ Vocês disseram: "Pecamos contra Deus. Vamos nos levantar e lutar, como o Eterno, o nosso Deus, mandou". Então, pegaram em armas e se prepararam para a batalha, achando que seria muito fácil conquistar aquela região montanhosa.

⁴² Mas Deus me disse: "Diga a eles: 'Não façam isso! Não lutem, porque não estou com vocês nessa batalha. Seus inimigos acabarão com vocês' ".

⁴³⁻⁴⁶ Eu bem que os avisei, mas vocês não deram importância e se rebelaram contra uma ordem expressa do Eterno. De peito estufado, lá foram vocês morro acima. E os amorreus, que tinham vivido naquelas montanhas a vida toda, lançaram-se sobre vocês, como um enxame de abelhas, e os perseguiram desde Seir até Hormá — uma derrota vergonhosa. Quando voltaram, foram chorar na presença do Eterno, mas ele não deu a mínima para vocês. O clamor entrou por um ouvido e saiu pelo outro, e vocês ficaram em Cades muito tempo, quase o tempo que haviam ficado anteriormente.

2 ¹ Por fim, demos meia-volta e retornamos para o deserto, seguindo a rota para o mar Vermelho, como o Eterno havia instruído. Ficamos vagueando por entre os montes de Seir e à volta deles por um longo tempo.

²⁻⁶ Um dia, o Eterno disse: "Vocês estão há tempo demais andando em círculos por estes montes. Por isso, é hora de ir para o norte. Dê ao povo a seguinte ordem: 'Vocês estão para cruzar a terra que pertence a seus parentes, o povo de Esaú, que se estabeleceu em Seir. Eles estão apavorados por causa de vocês, mas controlem-se. Não vão declarar guerra a eles. Não darei a vocês nem mesmo um metro quadrado da terra deles, porque já dei toda a região montanhosa de Seir a Esaú — ele é dono de tudo. Paguem a eles toda comida e água que consumirem na terra deles' ".

⁷ O Eterno, o seu Deus, abençoou vocês em tudo que fizeram. Ele os protegeu na jornada pelo deserto. Durante quarenta anos, o Eterno, o seu Deus, esteve presente no meio de vocês, e ninguém teve falta de nada.

⁸ Assim, demos a volta em torno do território dos nossos irmãos, o povo de Esaú, que vive em Seir. Evitamos a estrada de Arabá, que sobe de Elate e Eziom-Geber, e usamos a estrada que atravessa o deserto de Moabe.

⁹ O Eterno advertiu: "Não comprem briga com os moabitas. Não darei a vocês nada do território deles. A posse da terra de Ar, eu dei ao povo de Ló".

LUCAS 5.22 — 6.4

²²⁻²⁶ Sabendo o motivo do alvoroço, Jesus lhes perguntou: "Por que tanto cochicho? O que acham que é mais fácil: dizer 'Eu perdoo seus pecados', ou: 'Levante-se e ande'? Pois bem, para que fique claro que sou o Filho do Homem e estou autorizado a fazer uma coisa e outra — voltou-se para o paralítico e ordenou: — "Levante-se! Pegue sua maca e vá para casa". Sem hesitar, o homem levantou-se, pegou sua maca e foi para casa, dando glória a Deus pelo caminho. As pessoas esfregavam os olhos, custando a acreditar no que viam, e louvavam a Deus. Atemorizadas, diziam: "Nunca vimos nada assim!".

DIA 087

²⁷⁻²⁸Depois disso, Jesus saiu, viu um homem chamado Levi, que era cobrador de impostos e convidou-o: "Venha comigo". Levi levantou-se, deixou tudo e passou a segui-lo.

²⁹⁻³⁰Levi ofereceu a Jesus um grande jantar em sua casa. Parecia que todos os cobradores de impostos e gente de má reputação haviam sido convidados. Os fariseus e os líderes religiosos foram tomar satisfação com os discípulos: "Que exemplo vocês estão dando, andando com essa gente desonesta e essa ralé?".

³¹⁻³²Jesus escutou a crítica e reagiu: "Quem precisa de médico: quem é saudável ou quem é doente? Estou aqui para dar atenção aos de fora, não para mimar os da casa, que se acham justos".

³³Eles também questionaram: "Os discípulos de João têm o costume de jejuar e orar. Os discípulos dos fariseus também. Mas vocês vivem comendo e bebendo. Por quê?".

³⁴⁻³⁵Jesus respondeu: "Numa festa de casamento, vocês não economizam no bolo nem no vinho, porque estão festejando. Depois, poderão até precisar economizar, mas não durante a festa. Enquanto o noivo e a noiva estão com vocês, é tudo alegria. Depois que os noivos forem embora, o jejum pode começar. Ninguém joga água fria na fogueira enquanto tem gente em volta. Essa é a vinda do Reino!

³⁶⁻³⁹Ele continuou: "Ninguém corta um cachecol de seda para remendar uma roupa velha. Usa-se um remendo que combine. Também não põem vinho em garrafas rachadas. Digo ainda: ninguém que tenha provado um vinho velho da melhor qualidade irá trocá-lo por um vinho novo".

Autoridade sobre o sábado

6¹⁻²Num sábado, Jesus atravessava uma plantação de cereal. Enquanto caminhavam, seus discípulos colheram algumas espigas, as descascaram e comeram. Alguns fariseus reclamaram: "Vocês estão quebrando as regras do sábado!".

³⁻⁴Jesus reagiu: "É mesmo? Vocês nunca leram o que Davi e seus companheiros fizeram quando estavam com fome? Como ele entrou no santuário e comeu o pão fresco do altar, que ninguém podia comer, senão os sacerdotes?".

SALMOS 43.1-5

43¹⁻²Prova minha inocência, ó Deus! Fica do meu lado
contra uma gente cruel e imoral.

Tira-me daqui! Quero ficar longe
desses degenerados.
Conto contigo, Deus.
Por que me abandonaste?
Por que tenho de andar cabisbaixo e angustiado
por causa dos que me afrontam?

³⁻⁴Dá-me tua lanterna e teu compasso,
empresta-me um mapa,
Para que eu consiga encontrar
o caminho do monte sagrado,
o lugar da tua presença.
Então, entrarei no lugar de adoração e
encontrarei ali o meu grandioso Deus.
Acompanhado da harpa,
cantarei minha gratidão
ao Deus magnificente, o meu Deus!

⁵Por que você está deprimida, minha alma?
Por que chora de melancolia?
Olhe para Deus,
e logo o louvará outra vez.
Ele põe um sorriso no meu rosto.
Ele é o meu Deus.

NOTAS

DIA 088 ___/___/___

DEUTERONÔMIO 2.10 — 3.29

10-12 Os emins (monstros) viviam ali – uma raça de gigantes parrudos, altos como os enaquins. Eles e os enaquins eram conhecidos como refains (fantasmas), mas, em Moabe, eram chamados emins. Os horeus também viviam em Seir antigamente, mas os descendentes de Esaú os exterminaram, o mesmo que Israel fez mais tarde, quando tomou posse da terra.

13 O Eterno disse: "Está na hora de atravessar o ribeiro do Zerede". Assim, atravessamos o ribeiro do Zerede.

14-15 Levamos trinta e oito anos para ir de Cades-Barneia até o ribeiro do Zerede. Foi esse o tempo necessário para que toda a geração de soldados do acampamento morresse, como o Eterno havia jurado que aconteceria. O Eterno foi implacável: esperou até morrer o último homem.

16-23 Quando o último dos antigos soldados morreu, o Eterno me disse: "Chegou o momento de vocês atravessarem o território de Moabe, em Ar. Quando se aproximarem do povo de Amom, não comprem briga com eles, porque vocês não receberão nem mesmo um palmo da terra deles – eu já dei essa terra ao povo de Ló". Antigamente, o território de Amom pertencia aos refains, que viviam ali havia muito tempo – os amonitas os chamavam zanzumins (bárbaros). Além de altos como os enaquins, eram numerosos. Mas o Eterno os destruiu, e os amonitas tomaram posse da terra. Aconteceu a mesma coisa com o povo de Esaú, que vive perto de Seir – o Eterno se livrou dos horeus que viviam ali antigamente, e eles tomaram posse da terra, como vocês podem ver. Com respeito aos aveus, que viviam nos povoados de Gaza, os caftoritas, que vieram da ilha de Caftor (Creta), mataram todos eles e tomaram posse da terra".

24-25 "Agora, pé na estrada! Mexam-se! Atravessem o ribeiro do Arnom e, lá adiante, encontrarão Seom, rei de Hesbom, e sua terra. Pois estou dando a terra dele para vocês – é toda sua. Podem tomar posse dela. Declarem guerra contra ele, e, antes que termine o dia, garanto que todos os povos da redondeza vão ficar apavorados. Os rumores sobre vocês vão se espalhar como fogo em capim seco, e eles vão entrar em pânico".

26-28 Do deserto de Quedemote, enviei mensageiros para Seom, rei de Hesbom, com um pedido amistoso: "Queremos permissão para passar pela sua terra. Não vamos sair da estrada e pagaremos por toda comida e água que tivermos de consumir.

29 "O povo de Esaú, que vive em Seir, e os moabitas, que vivem em Ar, não nos criaram problemas. Precisamos desse favor para que possamos atravessar o Jordão e entrar na terra que vamos receber do Eterno, o nosso Deus".

30 Mas Seom, rei de Hesbom, não nos deixou passar pelo seu território. O Eterno, o nosso Deus, tornou obstinado o espírito e endureceu o coração do rei, só para entregá-lo nas mãos de vocês, como todos sabem.

31 Então, o Eterno me disse: "O jogo começou – Seom e sua terra logo serão de vocês. Vão em frente! Já podem se considerar donos da terra!".

32-36 Seom e todo seu exército nos enfrentaram numa batalha em Jaza, e o Eterno o entregou em nossas mãos, bem como seus filhos e todo o seu exército, e nós os exterminamos. Nessa guerra, entramos em todas as suas cidades e as destruímos. Não sobrou nada. Homens, mulheres e crianças foram eliminados: não houve sobreviventes. Reunimos o gado e todas as coisas de valor que havia nas cidades e os repartimos entre nós. Desde Aroer, junto ao ribeiro do Arnom, e a cidade no desfiladeiro até Gileade, não houve uma cidade capaz de nos resistir. O Eterno, o nosso Deus, entregou todas elas na nossa mão.

37 A única terra que vocês não tomaram, em obediência à ordem do Eterno, foi a do povo de Amom, o território ao longo do rio Jaboque e em volta das cidades da região montanhosa.

3 **1** Então, seguimos rumo ao norte e tomamos a estrada para Basã. Ogue, rei de Basã, e todo seu povo vieram nos enfrentar numa batalha em Edrei. **2** O Eterno me disse: "Não fiquem com medo dele. Eu entregarei a vocês todo seu exército bem como sua terra. Façam com ele o mesmo que fizeram com Seom, rei dos amorreus, que reinava em Hesbom". **3-7** Assim, o Eterno, o nosso Deus, também entregou Ogue, rei de Basã, em nossas mãos – ele e todo seu povo –, e também os exterminamos. Mais uma vez, não houve sobreviventes. Ao mesmo tempo, tomamos todas as cidades deles. Sessenta cidades, e nenhuma resistiu a nós – toda a região de Argobe, o reino de Ogue, em Basã, foi tomada. Todas essas cidades eram cidades fortificadas com muros altos e tranca nas portas. Também havia inúmeros povoados sem muros. Nós os destruímos totalmente – uma santa destruição. Dispensamos a eles o mesmo tratamento que demos a Seom, rei de Hesbom, uma santa destruição de cidades, homens, mulheres e crianças. Mas o gado e as coisas de valor que havia nas cidades ficaram para nós.

8-10 Assim, assumimos o comando do território dos dois reis dos amorreus que reinavam na terra a leste do Jordão, desde o ribeiro do Arnom até o monte Hermom. (Siriom é como os sidônios chamam o monte Hermom; os amorreus o chamam Seni.) Capturamos todas as cidades do planalto, em Gileade e em Basã até Salcá e Edrei, as cidades fronteiriças de Basã governadas por Ogue.

11 Ogue, rei de Basã, foi o último dos refains. Sua cama, feita de ferro, tinha quatro metros de comprimento e um metro e oitenta de largura! Ela ainda está em Rabá, no território de Amom.

12 Da terra que conquistamos nessa ocasião, dei aos rubenitas e gaditas o território ao norte de Aroer, ao longo do ribeiro do Arnom, e metade da região montanhosa de Gileade com suas cidades.

13 À metade da tribo de Manassés dei o restante de Gileade e toda a região de Basã, o reinado de Ogue – toda a região de Argobe, que abrange toda a terra de Basã e antigamente era a terra dos refains.

14 Jair, filho de Manassés, recebeu a região de Argobe até a fronteira dos gesuritas e maacatitas. Ele renomeou as vilas de Basã. Deu a elas o próprio nome: Havote-Jair (Vilas das Tendas de Jair). São chamadas assim ainda hoje.

15 Dei Gileade a Maquir.

16-17 Aos rubenitas e gaditas dei a terra de Gileade ao ribeiro do Arnom, cujo meio era a fronteira, e até o rio Jaboque, a fronteira com o povo de Amom. A fronteira ocidental era o rio Jordão, em Arabá, desde Quinerete (o mar da Galileia) até o mar da Arabá (o mar Salgado ou mar Morto), na base das encostas do monte Pisga, no leste.

18-20 Ainda naquela ocasião, ordenei a eles: "O Eterno, o nosso Deus, deu esta terra a vocês. Agora, os homens preparados e armados para a batalha devem atravessar o rio à frente de seus irmãos, o povo de Israel.

Apenas suas esposas, as crianças e o gado (eu sei, vocês têm muito gado) podem se estabelecer nas cidades que dei a vocês, até que o Eterno garanta espaço e moradia para seus irmãos, como já fez a vocês, e até que tenham tomado posse da terra a oeste do Jordão, que o Eterno, o seu Deus, está dando a eles. Depois disso, cada homem poderá voltar para a terra que dei a vocês aqui".

21-22 Na mesma época, dei a seguinte instrução a Josué: "Você viu com os próprios olhos tudo que o Eterno, o seu Deus, fez a esses dois reis. O Eterno fará o mesmo a todos os reinos do outro lado do rio aonde você está indo. Não tenha medo deles. O Eterno, o seu Deus, está lutando por você".

23-25 Ao mesmo tempo, supliquei a Deus: "Ó Eterno, meu Senhor, tu que me deixaste participar desta obra desde o começo, que me deixaste ver tua grandeza e teu poder: que deus, no céu ou na terra, pode fazer qualquer uma das coisas que tu fazes? Por favor, deixa-me participar também da conclusão desta obra. Permita que eu atravesse o rio e veja a boa terra do outro lado do Jordão, a exuberante região montanhosa, os montes do Líbano!".

26-27 Mas o Eterno ainda estava irado comigo por causa de vocês. Ele não atendeu ao meu pedido e me interrompeu: "Chega disso! Nem mais uma palavra sobre esse assunto! Suba ao topo do monte Pisga e olhe em volta: para o oeste, para o norte, para o sul e para o leste. Absorva a terra com os olhos. Olhe bem, porque você não vai atravessar o Jordão.

28 "Depois disso, dê ordens a Josué. Ele precisa ser encorajado, porque vai levar sozinho o povo para o outro lado do Jordão. Ele, sozinho, também vai conduzir o povo a tomar posse da terra que você só pode olhar".

29 É por isso que acampamos neste vale, perto de Bete-Peor.

LUCAS 6.5-23

5 Jesus acrescentou: "O Filho do Homem não é escravo do sábado: é o Senhor dele!".

6-8 Noutro sábado, ele ensinava na sinagoga, e estava ali um homem com a mão direita aleijada. Os líderes religiosos e fariseus estavam de olho, para ver se o iria curá-lo, quebrando o sábado. Percebendo a intenção deles, Jesus pediu ao homem da mão aleijada: "Fique aqui, onde todos possam vê-lo". Ele obedeceu.

⁹Então, ele disse aos presentes: "Que atitude é coerente com o sábado: fazer o bem ou o mal? Ajudar as pessoas ou deixá-las sem ajuda?".

¹⁰⁻¹¹Ele os encarou um a um e ordenou ao homem: "Estenda a mão!". Ele a estendeu –, ela ficou perfeita! Seus críticos ficaram furiosos e começaram a discutir como dar um basta em tudo aquilo.

Os doze apóstolos

¹²⁻¹⁶Por essa mesma época, ele foi orar na montanha. Ali ficou a noite inteira em oração, na presença de Deus. No dia seguinte, reuniu seus discípulos e escolheu doze deles e os designou como apóstolos:

Simão, a quem chamou de Pedro;
André, irmão dele;
Tiago;
João;
Filipe;
Bartolomeu;
Mateus;
Tomé;
Tiago, filho de Alfeu;
Simão, chamado zelote;
Judas, filho de Tiago;
Judas Iscariotes (que o traiu).

A verdadeira felicidade

¹⁷⁻²¹Descendo a montanha com o grupo, Jesus parou na planície. Estava rodeado de discípulos e logo foi cercado também por uma multidão imensa, um mundaréu de gente da Judeia, de Jerusalém e até mesmo das cidades litorâneas de Tiro e Sidom. Vieram desejosos de ouvi-lo e de serem curados de suas enfermidades. Todos tentavam tocar nele. E, quando dele saía poder, quem nele tocava era curado! Ele começou a falar:

"Abençoados são vocês,
    quando nada têm para oferecer.
Quando vocês saem de cena,
    há mais de Deus e do seu governo.

"Abençoados são vocês,
    quando sentem fome de verdade.
Ele é comida e bebida – é alimento incomparável.

"Abençoados são vocês, que sofrem
    por terem perdido o que mais amavam.
Só assim poderão ser abraçados
    por aquele que é a fonte de toda alegria.

²²⁻²³"Considerem-se abençoados sempre que forem odiados, agredidos, expulsos ou caluniados para me desacreditar. Isso significa que a verdade está perto o suficiente para os consolar – consolo que os outros não têm. Alegrem-se quando isso acontecer. Comemorem, porque, ainda que eles não gostem disso, eu gosto! E os céus aplaudem, pois sabem que vocês estão em boa companhia. Meus profetas e minhas testemunhas sempre enfrentaram essa mesma dificuldade".

SALMOS 44.1-8

Um salmo dos filhos de Coré

44¹⁻³Nós temos ouvido sobre isso, Deus, toda a nossa vida.
Nossos pais nos contaram as histórias
    que seus pais contaram a eles,
Como, sem nenhuma ajuda,
    eliminaste os pagãos
    dos campos e nos plantaste ali;
Como mandaste aquela gente fazer as malas
    e nos deste um novo começo.
Não lutamos pela terra
    nem trabalhamos por ela – foi um presente!
Sorrindo, tu a entregaste a nós,
    feliz por poder nos presentear com ela.

⁴⁻⁸Tu és meu Rei, ó Deus:
    decreta a vitória a Jacó!
Com tua ajuda, varreremos
    os inimigos do mapa;
    em teu nome, pisaremos neles.
Não confio em armas:
    sei que minha espada não me salvará.
Tu nos livras do inimigo.
    Os que nos odeiam são envergonhados por ti.
O dia inteiro te celebramos com louvor.
    Nós te agradecemos repetidas vezes.

◢ NOTAS

DIA 089

262

7-8 Sim. Que outra grande nação tem deuses que são tão íntimos do povo quanto o Eterno, o nosso Deus, que está perto de nós o tempo todo, sempre disposto a nos ouvir? E que outra grande nação tem decretos e leis tão bons e justos quanto esta Revelação que estou expondo a vocês hoje?

9 Mas estejam sempre alerta. Sejam sentinelas de vocês mesmos. Não se esqueçam das coisas que testemunharam. Não deixem seu coração se desviar. Mantenham a vigilância durante toda sua vida. Ensinem o que vocês viram a seus filhos e netos.

10 Naquele dia, quando vocês estavam diante do seu Deus em Horebe, o Eterno me disse: "Reúna o povo na minha presença para que ouça minhas palavras e aprenda a me reverenciar com temor santo durante toda sua vida. E eles deverão ensinar as mesmas palavras a seus filhos".

11-13 Vocês se reuniram ao pé do monte, que ardia em chamas lançadas para o céu. Ficaram parados sem enxergar nada por causa das nuvens. O Eterno falou a vocês do meio do fogo. Vocês ouviam o som das palavras, mas não viam nada – não havia forma, apenas uma voz. Ele anunciou sua aliança, os Dez Mandamentos, pelos quais ele ordenou que vocês vivessem. Em seguida, ele as escreveu em duas tábuas de pedra.

14 Na mesma ocasião, o Eterno ordenou que eu ensinasse a vocês os decretos e leis que deverão orientar vocês na terra que irão possuir depois de atravessar o Jordão.

15-20 Vocês não viram forma alguma no dia em que o Eterno falou a vocês no Horebe de dentro do fogo, lembrem-se disso. Tomem muito cuidado, para que vocês não se corrompam e acabem idealizando uma forma, esculpindo uma figura, de aparência masculina ou feminina, de um animal que anda na terra, de uma ave que voa, de uma serpente que desliza pelo chão ou de um peixe que vive na água. Evitem, também, a tentação de olhar para o céu e, ao contemplar o Sol, a Lua e as estrelas, enfim, todas as constelações dos céus, prestar culto aos corpos celestes. O Eterno os estabeleceu para benefício de todos, em todos os lugares. Mas o Eterno tirou vocês do meio da fornalha de fundir ferro – o Egito – para transformá-los no povo da herança dele, e é isso que vocês são hoje.

21-22 Mas o Eterno ficou irado comigo por causa de vocês e das suas reclamações. Ele jurou que eu nunca atravessaria o Jordão e que não entraria na boa terra que o Eterno, o seu Deus, está dando a vocês como herança. Isso quer dizer que vou morrer aqui.

☐ **DIA 089** ___ / ___ / ___

DEUTERONÔMIO 4.1 — 5.5

1-2 Agora, ouça, ó Israel, ouça atentamente os decretos e leis que estou transmitindo verbalmente e ponham-nos em prática para que tenham vida e tomem posse da terra que o Eterno, o Deus de seus antepassados, está dando a vocês. Não acrescentem uma única palavra ao que estou ordenando nem retirem uma única palavra das minhas ordens. Obedeçam aos mandamentos do Eterno, o seu Deus, que estou mencionando aqui.

3-4 Vocês viram com os próprios olhos o que o Eterno fez em Baal-Peor, como ele matou no meio de vocês os homens que participaram das orgias de Baal-Peor. Mas vocês, que se apegaram com firmeza ao Eterno, o seu Deus, estão vivos e bem, cada um de vocês.

5-6 Prestem atenção: Estou transmitindo decretos e leis que o Eterno me ordenou, para que vocês vivam de acordo com eles na terra em que estão entrando para tomar posse. Sejam obedientes e ponham em prática tudo que vou dizer. Vocês se tornarão sábios e prudentes. Quando os povos souberem ou presenciarem o que está acontecendo, dirão: "Que grande nação! Que gente sábia! Nunca vimos nada igual!".

Não vou atravessar o Jordão, mas vocês o atravessarão e tomarão posse da boa terra. ²³⁻²⁴Portanto, estejam atentos. Não se esqueçam, nem por um minuto, da aliança que o Eterno, o seu Deus, fez com vocês. E não se apeguem a nenhuma imagem esculpida, nenhuma forma, de nenhum tipo, porque o Eterno deu ordens muito claras a respeito disso. Com o Eterno, não se brinca – ele é como fogo consumidor, um Deus zeloso.

²⁵⁻²⁸Quando chegar a época de vocês terem filhos e netos, quando estiverem mais velhos e estabilizados, se vocês resolverem se corromper e esculpir imagens para adorar, não importa a forma, fazendo, assim, o que é mau aos olhos do Eterno e provocando sua ira, já adianto agora, tendo o céu e a terra como testemunhas, que esse será o fim de vocês. Vocês serão chutados da terra que estão prestes a conquistar do outro lado do Jordão. Acreditem em mim, sua estada na terra será muito breve. Será a ruína para vocês, o fundo do poço. O Eterno espalhará vocês pelos quatro cantos da terra – uns poucos sobreviverão aqui e ali nas nações para as quais o Eterno enviar. Longe desta terra, vocês poderão adorar os seus deuses caseiros até enjoar – seus maravilhosos deuses de madeira e de pedra, que não podem ver, nem ouvir, nem comer, nem cheirar.

²⁹⁻³¹Mesmo assim, se buscarem o Eterno, o seu Deus, vocês o encontrarão, se recorrerem a ele de todo o seu coração e de toda a sua alma. Quando os problemas vierem e essas coisas terríveis estiverem acontecendo, tratem de buscar o Eterno e ouçam, em atitude obediente, o que ele tem a dizer. O Eterno é, acima de tudo, um Deus compassivo. Ele não abandonará vocês em definitivo, nem os levará à ruína total, porque não esquecerá a aliança que fez com seus antepassados sob juramento.

³²⁻³³Façam perguntas. Investiguem os fatos desde os tempos mais remotos, desde o dia em que o Eterno criou o homem e a mulher nesta terra. Vasculhem os horizontes, do Oriente ao Ocidente. Visualizem o passado mais remoto e o futuro mais longínquo. Teria ocorrido alguma vez, na história humana, algo tão extraordinário como o que vocês vivenciaram? Alguém já ouviu falar de algo semelhante? Algum povo, alguma vez, presenciou um deus falando do meio do fogo e sobreviveu para contar a história, como aconteceu com vocês?

³⁴Ou, alguma vez, um deus tentou tirar para si uma nação de dentro de outra, por meio de provas, milagres e guerra, intervindo de maneira poderosa e promovendo, assim, um espetáculo tremendo

e surpreendente, como fez o Eterno, o seu Deus, a favor de vocês no Egito, enquanto vocês se limitavam a ficar parados, olhando? ³⁵⁻³⁸Vocês foram testemunhas disso tudo para que soubessem que o Eterno é Deus. Ele é o único Deus que existe. Ele é. Ele fez que vocês ouvissem a voz dele do céu para discipliná-los. Aqui embaixo, na terra, manifestou-se no fogo, e, outra vez, vocês ouviram as palavras dele, agora do meio do fogo. Ele amou aos antepassados de vocês e decidiu agir no meio dos descendentes deles. Ele, em pessoa e de forma poderosa, tirou vocês do Egito a fim de desalojar nações maiores, mais fortes e mais antigas que vocês para entregar a terra deles a vocês como herança. E isso é o que está acontecendo agora, exatamente hoje.

³⁹⁻⁴⁰Portanto, levem isto muito a sério: o Eterno está em cima, no céu; o Eterno está embaixo, na terra. Ele é o único Deus que existe. Vivam em obediência aos decretos e mandamentos dele, que hoje estou relembrando, para que vocês e seus descendentes vivam bem. Assim, poderão viver muito tempo na terra que o Eterno, o seu Deus, está dando a vocês.

⁴¹⁻⁴²Moisés separou três cidades na região a leste do Jordão. Elas serviriam de refúgio para alguém que tivesse matado, sem intenção, outra pessoa. Se o assassinato não fosse intencional e não houvesse histórico de inimizade e vingança, o assassino poderia fugir para uma dessas cidades e ficar a salvo. ⁴³Bezer, na parte do deserto que fica no planalto, para a tribo de Rúben; Ramote, em Gileade, para a tribo de Gade; Golã, em Basã, para a tribo de Manassés.

⁴⁴⁻⁴⁹Essa foi a Revelação que Moisés apresentou ao povo de Israel. Esses são os mandamentos, decretos e leis que Moisés transmitiu ao povo de Israel depois do êxodo do Egito e da chegada à margem leste do Jordão, no vale perto de Bete-Peor. Era a terra de Seom, rei dos amorreus, que reinou em Hesbom. Moisés e o povo de Israel lutaram contra ele, o venceram, depois de saírem do Egito, e tomaram a terra dele. Eles também conquistaram a terra de Ogue, rei de Basã. Os dois reis amorreus viviam a leste do Jordão, na região que se estendia desde Aroer, à margem do ribeiro do Arnom, até o monte Siom, que é o Hermom, ao norte, e em toda a planície da Arabá, a leste do Jordão, até o mar de Arabá (o mar Morto), ao pé do monte Pisga, no sul.

DIA 089

Moisés ensina o povo de Israel nas campinas de Moabe

5 ¹Moisés reuniu todo o povo de Israel e fez o seguinte pronunciamento:

Atenção, Israel. Ouçam e obedeçam aos decretos e leis que estou anunciando aos seus ouvidos atentos neste dia. Decorem esses decretos e ponham em prática todos eles.

²⁻⁵O Eterno, o nosso Deus, fez uma aliança conosco no Horebe. É isto: O Eterno não só fez essa aliança com nossos antepassados, mas também conosco, com todos os que estão vivos hoje aqui. Deus falou pessoalmente com vocês de dentro do fogo no monte. Naquele momento, eu estava entre o Eterno e vocês, para transmitir tudo que Deus me dissesse. Lembram-se? Vocês ficaram com medo do fogo e não quiseram subir ao monte. Ele disse:

LUCAS 6.24-45

²⁴ "Mas coitados de vocês, que amam os seus bens materiais.

Vocês não receberão mais nada.

²⁵ Coitados de vocês que estão satisfeitos com vocês mesmos e com o que têm.

Vocês passarão necessidade.

Coitados de vocês que vivem apenas se divertindo.

Vocês conhecerão o que é dor de verdade.

²⁶ "Coitados de vocês que dependem da aprovação dos outros, sempre preocupados em agradar a todos. Essa escravidão compromete a sinceridade. Lembrem-se de quantos profetas corruptos receberam aprovação dos seus antepassados! Não repitam o mesmo erro.

²⁷⁻³⁰ "A vocês, que estão preparados para a verdade, digo o seguinte: amem seus inimigos. Deixem que tirem o melhor de vocês, não o pior. Se alguém fizer mal a vocês, reajam com a força da oração. Se alguém bater no seu rosto, ofereçam-lhe o outro lado. Se alguém tomar a sua camisa, deem-lhe de presente o melhor casaco. Se alguém aproveitar-se de vocês para levar vantagem injustamente, aproveite a ocasião para praticar a vida de servo. Nada de pagar na mesma moeda. Vivam generosamente.

³¹⁻³⁴ "Aqui está um guia simples e objetivo de conduta: pergunte a você mesmo o que quer que os outros façam a você, e, então, faça o mesmo a eles. Se tudo que vocês fazem é amar apenas quem é amável, que recompensa esperam receber? Qualquer um pode fazer isso. Querem uma medalha por cumprimentar apenas os que são simpáticos com vocês? Qualquer pecador desqualificado age assim. Vocês dão apenas esperando algo em troca? Só agem quando há interesse e lucro? O pior dos agiotas age assim.

³⁵⁻³⁶ "Digo a vocês: amem seus inimigos. Não esperem retorno das suas doações nem da ajuda que prestarem. Garanto que nunca irão se arrepender. Assumam sua identidade, criada por Deus. Procurem imitá-lo! Vejam como ele se relaciona conosco, como ele é generoso e bondoso, mesmo quando fazemos o mal. Sejam bondosos uns para com os outros, pois o nosso Pai age com bondade com vocês.

³⁷⁻³⁸ "Não bombardeiem de críticas as pessoas quando elas cometem um erro, a menos que queiram receber o mesmo tratamento. Não pisem nos que estão por baixo: a situação pode se inverter. Tratem todos com bondade, e a vida será muito melhor. Entreguem a vida! Vocês a receberão de volta, e não só isso: o retorno será cheio de recompensa e de bênçãos. Dar é o caminho, não ganhar. Generosidade produz generosidade".

³⁹⁻⁴⁰ Ele citou um provérbio: "Pode um cego guiar outro cego? Não caem ambos no buraco? O aluno não ensina ao mestre. O importante é escolher com cuidado aquele que será o seu mestre.

⁴¹⁻⁴² "É fácil ver uma mancha no rosto do próximo e esquecer-se do feio riso de escárnio no próprio rosto. Vocês têm o cinismo de dizer: 'Deixe-me limpar o seu rosto', quando o rosto de vocês está distorcido pelo desprezo! Isso também é teatro, é fazer o jogo do 'sou mais santo que você', em vez de simplesmente viver a vida. Tire o cinismo do rosto, e, então, você poderá oferecer uma toalha ao seu próximo, para que ele também limpe o rosto.

Aplicando as palavras de Cristo

⁴³⁻⁴⁵ "Ninguém colhe frutos podres de uma árvore boa, nem frutos bons de uma árvore doente. O estado do fruto indica o estado da árvore. Lembrem-se de que vida produz vida. O que conta é o que vocês são, não o que dizem e fazem. Isso se comprova por seus atos e palavras.

SALMOS 44.9-16

⁹⁻¹² Mas agora foste embora e nos deixaste,
nos desgraçaste e não lutarás por nós.
Tu nos fizeste virar as costas e fugir;
os que nos odeiam nos puseram para fora.

Tu nos despachaste para sermos
devorados como ovelhas
e nos espalhaste pelos quatro ventos.
Vendeste teu povo com desconto –
não lucraste nada com a venda.

13-16 Deixaste que os moradores de rua,
pessoas que conhecemos,
zombassem de nós e nos xingassem.
Viramos provérbio entre os pagãos,
uma piada de mau gosto na boca da multidão.
Todos os dias deparo com isso,
e meu rosto fica vermelho de vergonha.
Fofoca e zombaria empesteiam o ar,
e os que querem me pegar se
aglomeram na rua.

◼ NOTAS

||||||||||||||||||||||||||||||||||||||||||||||||||||||||||||

☐ DIA 090 __ / __ / __

DEUTERONÔMIO 5.6 — 6.25

⁶ "Eu sou seu Deus,
Que tirou vocês da terra do Egito,
Da casa da escravidão.

⁷ "Nada de outros deuses, somente eu.

8-10 "Nada de ídolos esculpidos, não importa o
tamanho, forma ou criatura que represente
– que voa ou anda ou nada. Não se curvem
diante deles nem sirvam a eles, porque eu sou o
Eterno, o seu Deus, e sou um Deus muito zeloso.
Castigo o pecado dos pais na vida dos filhos até
a terceira ou mesmo até a quarta geração. Mas
sou fiel e amoroso para com os milhares que
me amam e obedecem aos meus mandamentos.

¹¹ "Nada de usar o nome do Eterno, o seu Deus, em
xingamentos ou gracejos tolos: o Eterno não
tolera o uso irreverente do seu nome.

12-15 "Nada de trabalhar no sábado. Considere
esse dia sagrado, assim como o Eterno, o seu
Deus, ordenou a vocês. Trabalhem seis dias,
fazendo tudo que vocês têm de fazer, mas o
sétimo dia é um sábado, um dia de descanso –
não façam nenhum trabalho, nem você, nem
seus filhos, filhas, escravos, bois, jumentos
(ou qualquer animal de sua propriedade),
nem mesmo o estrangeiro de visita à sua
cidade. Assim, seus escravos e empregados
terão o mesmo descanso que vocês. Jamais
se esqueçam de que vocês foram escravos no
Egito e que o Eterno tirou vocês de lá com uma
poderosa demonstração de poder. É por isso
que o Eterno ordena que vocês observem o
dia de descanso do sábado.

¹⁶ "Respeitem seu pai e sua mãe – o Eterno, o seu
Deus, é quem está ordenando! Vocês terão vida
longa se o fizerem, e a terra que Deus está dando a vocês irá tratar bem os obedientes.

¹⁷ "Nada de assassinatos.

¹⁸ "Nada de adultérios.

¹⁹ "Nada de roubos.

²⁰ "Nada de caluniar o próximo.

²¹ "Nada de cobiçar a esposa do próximo. E nada de
desejar a casa, campo, escravo, boi ou jumento
dele – não fiquem obcecados em possuir coisa
alguma que pertença ao próximo!".

DIA 090

266

²²Essas são as palavras que o Eterno falou a toda a congregação no monte. Ele falou com voz sobrenatural de dentro do fogo, da nuvem e da neblina escura. E foi isso. Sem mais palavras, ele as escreveu em duas tábuas de pedra e as entregou a mim.

²³⁻²⁴O que aconteceu em seguida foi que, quando ouviram a Voz de dentro da nuvem escura e viram o monte em chamas, vocês se aproximaram de mim, todos os líderes das suas tribos, e disseram:

²⁴⁻²⁶"O Eterno nos revelou sua glória e grandeza. Nós o ouvimos falar de dentro do fogo hoje! Vimos que o Eterno pode falar com os seres humanos, e, ainda assim, eles sobrevivem. Mas por que arriscar? Esse fogo intenso vai nos devorar se ficarmos por perto mais tempo. Se ouvirmos mais alguma coisa da voz do Eterno, certamente morreremos. Já se soube, alguma vez, de alguém que ouviu a voz do Eterno da maneira em que nós ouvimos e tenha sobrevivido para contar a história?

²⁷"A partir de agora, vá *você* e ouça o que o Eterno, o nosso Deus, tem a dizer e, então, nos transmita as palavras dele, e nós ouviremos e faremos o que ele disser".

²⁸⁻²⁹Deus ouviu os argumentos de vocês e me disse: "Ouvi o que o povo falou a você. Eles estão certos — foram palavras sensatas e verdadeiras. O que eu não daria para que eles tivessem sempre essa atitude, que me reverenciassem continuamente e obedecessem a todos os meus mandamentos! Eles teriam uma vida boa para sempre, eles e seus filhos!

³⁰⁻³¹"Por isso, volte e diga a eles que podem retornar para suas tendas. Mas você fique aqui comigo, para que eu possa revelar a você todos os mandamentos, decretos e leis que você deve transmitir a eles, para que saibam como viver na terra que vão conquistar".

³²⁻³³Portanto, tratem de agir como Deus ordena. Não se desviem para a direita nem para a esquerda. Andem de forma correta pelo caminho que o Eterno indicou, para que vocês tenham uma vida boa e vivam muito tempo na terra que, daqui a pouco, será de vocês.

6 ¹⁻²Esta é a lei, os decretos e os regulamentos que o Eterno, o seu Deus, ordenou que eu ensinasse a vocês para que as praticassem na terra que, daqui a pouco, será de vocês. Eles servirão para que vocês vivam em reverência profunda pelo Eterno a vida inteira, observando todos os decretos e regulamentos que estou transmitindo a vocês e a seus filhos e netos, para que, assim, tenham uma vida agradável.

³Ouçam e sejam obedientes, Israel. Façam tudo que for ensinado a vocês, para que tenham vida longa, uma vida de abundância de provisões, como o Eterno prometeu, numa terra em que manam leite e mel.

⁴Atenção, Israel!

O Eterno, o nosso Deus, é um e único!

⁵Amem o Eterno, o seu Deus, de todo o coração. Amem o Eterno com tudo que há em vocês e com tudo que vocês são!

⁶⁻⁹Escrevam no coração os mandamentos que estou transmitindo a vocês. Apropriem-se deles e levem seus filhos a se apropriar deles. Que eles sejam o assunto de sua conversa, onde quer que vocês estiverem — sentados em casa ou andando pela rua. Que eles sejam repetidos desde a hora em que vocês se levantam, de manhã, até a hora de cair na cama, à noite. Que eles estejam amarrados na mão e na testa de vocês, como lembretes, e até escritos no batente da porta das casas e nas portas das suas cidades.

¹⁰⁻¹²Quando o Eterno, o seu Deus, os conduzir à terra que ele prometeu dar a vocês, por meio de seus antepassados Abraão, Isaque e Jacó, vocês entrarão em cidades grandes e prósperas que não construíram e em casas bem equipadas que não compraram. Ali encontrarão poços que não cavaram e vinhas e olivais que não plantaram. Quando vocês tiverem se estabelecido e acostumado a tudo isso e estiverem satisfeitos e contentes, cuidem para não se esquecer de que vocês só chegaram ali porque o Eterno tirou vocês da escravidão do Egito.

¹³⁻¹⁹Tenham profundo respeito pelo Eterno, o seu Deus. Ele deve ser servido e adorado com exclusividade. E deem, como garantia das suas promessas, apenas o nome dele. Não se engracem com outros deuses, os deuses dos seus vizinhos, porque o Eterno, o seu Deus, que está vivo entre vocês, é um Deus zeloso. Não o provoquem: a ira dele vai queimar e consumir vocês. Não ponham o Eterno, o seu Deus, contra a parede, como fizeram naquele dia em Massá, o Lugar do Teste. Sejam solícitos em obedecer aos mandamentos do Eterno, o seu Deus, a todos os regulamentos que ele instituiu. Façam o que é certo e bom aos olhos do Eterno e, assim, terão uma vida agradável e longa e conseguirão marchar para tomar posse dessa terra excelente que o Eterno, de forma tão solene, prometeu a vocês por meio de seus antepassados, expulsando inimigos de todos os cantos, exatamente como ele disse que faria.

²⁰⁻²⁴A próxima vez que um filho seu perguntar: "O que significam essas exigências, leis e

regulamentos que o Eterno, o nosso Deus, ordenou?", respondam assim: "Éramos escravos do faraó no Egito, e o Eterno interveio de forma poderosa e nos tirou daquele país. Tudo que fizemos foi ficar ali parados, olhando, enquanto o Eterno enviava sinais, milagres, grandes maravilhas e castigos sobre o Egito e sobre o faraó e sua casa. Ele nos tirou de lá para nos trazer para cá e nos dar esta terra que ele prometeu de maneira solene aos nossos antepassados. É por isso que o Eterno nos ordenou que obedecêssemos a todas as leis. Devemos viver de forma reverente diante do Eterno, o nosso Deus, por ele nos ter dado esta vida agradável e porque ainda vai nos manter vivos por muito tempo.

²⁵ "Teremos uma vida estável e justa se formos devotados em obedecer a essa lei na presença do Eterno, o nosso Deus, fazendo tudo que ele nos ordenou".

LUCAS 6.46 — 7.17

⁴⁶⁻⁴⁷ "Por que vocês estão sempre dizendo: 'Senhor, Senhor', mas nunca fazem nada do que digo? As palavras que digo não são meros adendos ao seu estilo de vida, como a reforma de uma casa, que resulta em melhora de padrão. Elas são o próprio alicerce, a base da sua vida.

⁴⁸⁻⁴⁹ "Se vocês puserem essas palavras em prática, serão como pedreiros competentes, que constroem sua casa sobre a solidez da rocha. Quando o rio saiu do leito e investiu contra a casa, ela nem oscilou. Foi construída para durar. Mas, se vocês usarem minhas palavras apenas para fazer estudos bíblicos, sem nunca aplicá-las à própria vida, não passarão de pedreiros tolos, que constroem sua casa sem dar atenção aos fundamentos. Quando o rio transbordou e avançou contra a casa, ela ruiu como um castelo de cartas. Perda total".

Santo mistério

7 ¹⁻⁵ **Q**uando acabou de falar, ele entrou em Cafarnaum. O criado de um capitão romano estava à beira da morte. O oficial o estimava muito e queria vê-lo curado. Quando soube que Jesus estava de volta à cidade, enviou os líderes da comunidade judaica pedindo a sua cura. Os homens insistiram com Jesus: "Ele merece isso, porque ama nosso povo. Até construiu nossa sinagoga".

⁶⁻⁸ Jesus os acompanhou. Ainda faltava muito para chegar, quando um grupo de amigos enviado pelo capitão veio ao encontro dele com este recado: "Senhor, não quero que o senhor tenha todo esse trabalho. O senhor sabe que não sou uma boa pessoa. Eu nem mereço a sua ajuda. Basta uma ordem sua, e meu criado ficará bom. Sou um homem que recebe e dá ordens. Eu digo a um soldado: 'Vá!', e ele vai; a outro: 'Venha!', e ele vem; ao meu escravo: 'Faça isso!', e ele faz".

⁹⁻¹⁰ Surpreso, Jesus declarou: "Ainda não vi esse tipo de fé singela em Israel, o povo que deveria saber como Deus atua". Quando os mensageiros chegaram à casa do capitão, encontraram o criado com perfeita saúde.

¹¹⁻¹⁵ Não muito depois desse episódio, Jesus resolveu visitar uma cidade chamada Naim. Seus discípulos estavam com ele, e uma multidão imensa os seguia. Quando se aproximavam da cidade, viram que estava passando um funeral: o filho único de uma viúva ia ser sepultado. Quando viu a pobre mãe, cheio de compaixão, Jesus lhe disse: "Não chore". Em seguida, tocou no caixão. Então, os carregadores pararam. Foi aí que Jesus lhe ordenou: "Jovem, levante-se!". Na mesma hora ele se levantou e começou a falar. E Jesus o entregou à sua mãe.

¹⁶⁻¹⁷ Todos perceberam que havia ali um santo mistério: Deus estava agindo no meio deles. Foram tomados por um temor reverente, mas não podiam conter a explosão de alegria. Não paravam de falar: "Deus está de volta! Ele olhou para as necessidades do seu povo!". As notícias a respeito de Jesus se espalharam por todo o país.

SALMOS 44.17-26

¹⁷⁻¹⁹ Tudo isso veio sobre nós,
    e não fizemos nada para merecê-lo.
Nunca traímos tua Aliança:
    nosso coração nunca foi falso, nossos pés
      nunca abandonaram teu caminho.
Merecemos tortura em alguma sala secreta,
    ou ser trancafiados numa cela?

²⁰⁻²² Se tivéssemos nos esquecido de orar a Deus
    ou nos iludido com deuses
      comprados em lojas,
Deus não saberia?
    Não podemos esconder nada dele.
Não, tu decidiste nos tornar mártires,
    cordeiros destinados para o sacrifício diário.

²³⁻²⁶ Levanta-te, ó Eterno! Vais ficar dormindo?
    Acorda! Não te importas com o que
      acontece conosco?

Por que cobres o rosto com o travesseiro?
    Por que agir como se estivesse tudo bem?
Aqui estamos, com o rosto na poeira,
    e uma corda no pescoço.
Levanta-te, vem resgatar-nos!
Se nos amas tanto assim, ajuda-nos!

■ NOTAS

|||||||||||||||||||||||||||||||||||||||||||||||||

☐ DIA 091 ___ / ___ / ___

DEUTERONÔMIO 7.1 — 9.12

7 **1-2**Depois que o Eterno, o nosso Deus, tiver acomodado vocês na terra que estão prestes a conquistar, ele eliminará de diante de vocês as superpotências que se instalaram ali há muito tempo: os hititas, os girgaseus, os amorreus, os cananeus, os ferezeus, os heveus e os jebuseus. Essas sete nações são todas maiores e mais fortes que vocês. O Eterno, o nosso Deus, as entregará a vocês, e vocês as derrotarão. Vocês precisam destruí-las por completo, oferecendo-as como uma santa destruição ao Eterno.

Não façam nenhum tipo de acordo com eles. Não deixem ninguém escapar com vida.

3-4Não se casem com ninguém desses povos. Não deem suas filhas aos filhos deles e não tomem as filhas deles para seus filhos, porque, antes de vocês se darem conta, eles já os terão envolvido na adoração aos ídolos deles, e o Eterno terá uma explosão de ira que vai recair sobre vocês.

5Aqui está o que vocês devem fazer:

Derrubem os altares deles, pedra por pedra,
Esmigalhem as colunas fálicas deles,
Derrubem os postes da religião
    sexual de Aserá,
Ponham fogo nos ídolos esculpidos deles.

6Façam isso, porque vocês são um povo separado para o Eterno, o seu Deus. O Eterno escolheu a vocês entre todos os povos da terra para ser seu tesouro exclusivo, precioso e pessoal.

7-10O Eterno não se sentiu atraído por vocês nem os escolheu porque vocês eram numerosos ou importantes: a verdade é que vocês não tinham quase nada de atraente. Ele os escolheu por puro amor, cumprindo a promessa que havia feito a seus antepassados. Deus interveio e, com poder, tirou vocês daquele mundo de escravidão, livrou vocês das garras de ferro do rei do Egito. Entendam isto: O Eterno, o seu Deus, é Deus de fato, um Deus em quem vocês podem confiar. Ele é fiel por mil gerações à sua aliança de amor leal para com os que o amam e obedecem aos seus mandamentos. Mas ele também retribui aos que o odeiam e paga a eles o salário da morte. E ele não costuma protelar: os que o odeiam recebem seu pagamento em dia.

11Portanto, obedeçam aos mandamentos, leis e regulamentos que eu estou transmitindo hoje. Ponham todos eles em prática.

12-13E é isto que vai acontecer: Se vocês cumprirem sua parte e obedecerem a essas orientações, o Eterno, da parte dele, será fiel à aliança de amor leal que fez com os antepassados de vocês.

Ele amará vocês,
Ele abençoará vocês,
Ele multiplicará vocês.

13-15 Ele abençoará os bebês do seu ventre e suas colheitas de grãos, o vinho novo e o azeite dos seus campos; ele abençoará os bezerros do seu gado e os cordeiros dos seus rebanhos na terra que prometeu dar a vocês. Vocês serão abençoados mais que os outros povos: não haverá esterilidade ou infertilidade entre vocês nem entre seus animais. O Eterno eliminará toda enfermidade. E todas as aflições que vocês sofreram no Egito serão transferidas para os que odeiam vocês.

16 Vocês farão picadinho dos povos que o Eterno, o seu Deus, entregar a vocês. Não tenham piedade deles e não adorem os deuses deles, porque serão uma armadilha para vocês.

17-19 Talvez vocês pensem: "Ah! Essas nações são muito mais numerosas que nós! Não conseguiremos nem fazer cócegas nelas!". Mas estou dizendo a vocês: não tenham medo. Lembrem-se de tudo que o Eterno, o seu Deus, fez ao faraó e a todo o Egito. Lembrem-se dos grandes embates que vocês testemunharam: os sinais e milagres, as maravilhas, o braço poderoso do Eterno, que ele estendeu para tirar vocês de lá. O Eterno, o seu Deus, fará a mesma coisa a esses povos de quem vocês têm tanto medo agora.

20 Ah, e não vamos esquecer as vespas! O Eterno enviará vespas sobre eles até que todos os sobreviventes escondidos estejam mortos.

21-24 Portanto, não se sintam intimidados por eles. O Eterno, o seu Deus, está no meio de vocês – o Eterno majestoso, o Eterno glorioso. O Eterno eliminará essas nações, uma por uma. Mas vocês não poderão eliminá-las todas de uma vez, porque senão os animais selvagens tomariam conta e ameaçariam vocês. Mas o Eterno, o seu Deus, vai afastar todas elas do seu caminho. Elas serão tomadas de pânico, e isso será a perdição delas. Ele entregará os reis deles em suas mãos, e vocês removerão até o último vestígio deles debaixo do céu. Não haverá, neste mundo, uma única pessoa capaz de enfrentar vocês, mas vocês porão um fim em todos eles.

25-26 Ponham fogo em todas as imagens esculpidas. Não sejam gananciosos, cobiçando a camada de prata e ouro que as recobre. Não fiquem com nada disso, porque será uma armadilha para vocês. O Eterno odeia essas estátuas, elas são uma abominação para o seu Deus. E não ousem levar nenhuma delas para casa, pois vocês acabarão da mesma forma: queimados numa santa destruição. Não! Elas são proibidas! Elas devem ser odiadas, evitadas e destruídas. Preservem a santidade do Eterno.

8 **1-5** Guardem e obedeçam à lei que estou promulgando hoje, para que vocês vivam e prosperem, para que entrem e tomem posse da terra que o Eterno prometeu a seus antepassados. Lembrem-se de todos os caminhos pelos quais o Eterno conduziu vocês nesses quarenta anos no deserto, levando vocês ao limite, testando-os para saber de que material vocês eram feitos, se iriam obedecer aos mandamentos dele ou não. Ele fez vocês passarem por momentos difíceis, até os fez passar fome. Então, ele os alimentou com o maná, algo que nem vocês nem seus pais conheciam, para que vocês aprendessem que homens e mulheres não vivem só de pão: vivemos de toda palavra que vem da boca do Eterno. Suas roupas não se gastaram e seus pés não ficaram inchados nesses quarenta anos. Ficou marcado no coração de vocês que o Eterno os disciplina assim como um pai disciplina seus filhos.

6-9 Portanto, é fundamental que vocês obedeçam aos mandamentos do Eterno, o seu Deus, andem pelos caminhos que ele indicar e tenham por ele toda a reverência. O Eterno está prestes a fazer vocês entrarem numa terra boa, uma terra com ribeiros e rios, fontes e lagos, fontes de água nos montes e nos vales. É uma terra que produz trigo, cevada, vinho, figos e romãs; uma terra de olivas, azeite e mel. Nessa terra, vocês nunca passarão fome – sempre haverá comida na mesa e telhado sobre a cabeça. Nessa terra, vocês extrairão ferro das pedras e cobre das colinas.

10 Depois de uma refeição, satisfeitos, agradeçam ao Eterno, o seu Deus, pela boa terra que ele deu.

11-16 Tenham o cuidado de não se esquecerem do Eterno, o seu Deus. Nunca deixem de obedecer aos seus mandamentos, decretos e regulamentos, que estou promulgando hoje. Mas cuidado! Depois que tiverem comido e estiverem satisfeitos; depois que tiverem construído boas casas e estiverem estabelecidos na terra; depois que seu gado e seus rebanhos se multiplicarem e que mais e mais dinheiro estiver entrando; depois que seu padrão de vida melhorar, tenham o cuidado de não se tornarem tão cheios de si e orgulhosos de suas posses a ponto de se esquecerem do Eterno, o seu Deus,

O Deus que libertou vocês da escravidão do Egito;
O Deus que conduziu vocês através daquele
 deserto enorme e medonho, aquele terreno
 erodido e desolado, fervilhando de serpentes
 e escorpiões venenosos;
O Deus que fez jorrar água da rocha dura;
O Deus que concedeu o maná como alimento

no deserto, algo de que seus antepassados nunca ouviram falar, a fim de dar a vocês um gostinho da vida dura e testá-los, para que estivessem preparados para viver bem nos tempos ainda por vir.

17-18 Se cada um de vocês começar a pensar assim: "Fui eu que conquistei tudo isso. Eu fiz tudo sozinho. Eu sou rico. É tudo meu!", ora, pensem bem. Lembrem-se de que foi o Eterno que deu a vocês forças para que produzissem toda essa riqueza, confirmando, assim, a aliança que ele firmou com seus antepassados – como hoje se vê.

19-20 Se vocês se esquecerem do Eterno, o seu Deus, e começarem a se envolver com outros deuses, servindo-os e adorando-os, estou registrando desde já esta advertência: esse será o fim de vocês. É isto mesmo: destruição. Vocês irão caminhar para a perdição – a mesma perdição que experimentaram as nações que o Eterno está destruindo diante de vocês. Perdição porque vocês não obedeceram à voz do Eterno, o seu Deus.

9 **1-2** Atenção, Israel!
Neste exato dia, vocês estão atravessando o Jordão para entrar na terra e destituir nações muito mais numerosas e fortes que vocês. Vocês encontrarão cidades enormes, muralhas que quase tocam o céu e guerreiros gigantes, os descendentes dos enaquins – vocês já ouviram falar muito deles e conhecem o ditado: "Ninguém pode com os enaquins".

3 Mas, hoje, saibam disto: O Eterno, o seu Deus, está atravessando o rio à frente de vocês, e ele é um fogo consumidor. Ele destruirá as nações e as deixará sob o comando de vocês. Vocês as destituirão e as eliminarão rapidamente, como o Eterno prometeu.

4-5 Mas, quando o Eterno expulsar essas nações, que ninguém comece a pensar consigo mesmo: "Foi por causa da minha bondade que o Eterno me trouxe aqui para desalojar essas nações". Na verdade, foi por causa de todo o mal que essas nações fizeram. Não se iludam: não foi por nada que vocês tenham feito. Não foi o histórico de decência de vocês que os trouxe para cá, e, sim, a maldade e a depravação dessas nações que o Eterno, o seu Deus, está desalojando diante de vocês, para que ele possa cumprir a promessa feita a seus antepassados, Abraão, Isaque e Jacó.

6-10 Jamais se esqueçam disto: Não é por algum bem que vocês tenham feito um dia que o Eterno está dando a vocês a posse dessa boa terra. Tudo, menos isso! Vocês são teimosos como mulas. Nunca se esqueçam de que vocês provocaram a ira do Eterno, o seu Deus,

no deserto. Vocês espernearam e gritaram contra o Eterno desde o dia em que saíram do Egito até chegarem a este lugar, foram rebeldes o tempo todo. Vocês deixaram o Eterno tão furioso no Horebe que ele quis destruir vocês. Quando subi ao monte para receber as tábuas de pedra, as tábuas da aliança que o Eterno fez com vocês, fiquei no monte quarenta dias e noites: não comi nada nem bebi nada. Então, o Eterno me entregou as duas tábuas de pedra, entalhadas pelo dedo do Eterno. Elas continham palavra por palavra de tudo que o Eterno tinha dito a vocês de dentro do fogo no monte, no dia da assembleia. **11-12** Foi ao final dos quarenta dias e noites que o Eterno me entregou as duas tábuas de pedra, as tábuas da aliança. Ele me disse: "Volte lá para baixo o mais rápido que puder, porque o povo que você tirou do Egito estragou tudo. Bastaram poucos dias para eles abandonarem a estrada que preparei para eles e se desviarem a ponto de fundir um ídolo para si".

LUCAS 7.18-39

João, o Batista

18-19 Os seguidores de João informaram seu mestre de tudo isso, e ele enviou dois deles para perguntar a Jesus: "O senhor é aquele que estávamos esperando, ou teremos de esperar mais?".

20 Os homens apresentaram-se a Jesus e disseram: "João, o Batista, nos enviou para perguntar: 'O senhor é aquele que estávamos esperando, ou teremos de esperar mais?'".

21-23 Naquela hora, Jesus curou muita gente de doenças, problemas e espíritos malignos e vários cegos. Só depois deu a resposta: "Voltem e digam a João o que vocês acabaram de ver e ouvir:

Os cegos veem,
Os paralíticos andam,
Os leprosos são purificados,
Os surdos ouvem,
Os mortos ressuscitam,
Os marginalizados da terra ficam sabendo que
Deus está do lado deles.

"É o que vocês estavam esperando? Então, considerem-se muito abençoados".

24-27 Depois que os mensageiros de João voltaram com a resposta, Jesus resolveu explicar às multidões quem era João: "O que vocês esperavam quando foram vê-lo no deserto? Alguém aproveitando o fim de semana? Um magnata em roupa de grife? Esse tipo de gente vive rodeado de celebridades. Afinal, o que vocês foram ver? Não foi um profeta? Com certeza, um profeta! Talvez o mais importante de que vocês ouviram falar. Ele é o profeta que Malaquias anunciou quando escreveu:

Enviei meu mensageiro adiante de vocês,
Ele preparará a estrada para vocês.

28-30 "Permitam-me dizer o que está acontecendo. Ninguém na história humana é mais importante que João, mas, no Reino para o qual ele preparou vocês, a pessoa mais humilde é mais importante que ele. A prova disso é que João batizou gente comum e discriminada, enquanto os fariseus e líderes religiosos desprezavam todos e, achando-se superiores, recusaram o caminho de Deus e o batismo.

31-35 "Com o que posso comparar esta geração? As pessoas se comportam como crianças mimadas, reclamando dos pais: 'Queremos pular corda, mas vocês estão sempre cansados; queremos conversar, mas vocês estão sempre ocupados'. João Batista veio jejuando, e vocês o chamam de louco. Eu cheguei festejando, e me chamaram de beberrão, amigo da ralé. As pesquisas de opinião parecem não valer muito, não é? Só com a experiência é que se comprova a verdade".

Ungindo os pés de Jesus

36-39 Um dos fariseus convidou Jesus para um jantar. Ao chegar à casa do fariseu, Jesus tomou lugar à mesa. Uma mulher, prostituta na cidade, tendo ouvido que Jesus era convidado do fariseu, apareceu no jantar com um frasco de perfume muito caro e derramou-o nos pés de Jesus. Chorando muito, derramava lágrimas sobre os pés dele. Soltando os cabelos, enxugou os pés do Senhor, beijou-os e os ungiu com um perfume. Quando o fariseu, dono da casa, viu a cena, disse consigo mesmo: "Se este homem fosse o profeta que pensei, saberia que tipo de mulher ela é".

SALMOS 45.1-5

Uma canção de casamento dos filhos de Coré

45 **1** Meu coração rompe as próprias barreiras, transbordando beleza e bondade.
Eu o derramo num poema para o rei,
fazendo um rio de palavras:

2-4 "Você é o mais formoso dos homens;
cada palavra dos seus lábios é graça pura,
e Deus o abençoou, abençoou muito.

Amarre a espada ao seu lado, o guerreiro!
Aceite a homenagem!
Aceite a honra merecida!
Cavalgue majestosamente pela verdade!
Cavalgue triunfantemente!
pelo justo e humilde!

4-5 "Suas instruções são um clarão na escuridão.
Você atira flechas pontiagudas
No coração dos inimigos do rei,
e eles caem na poeira, derrotados.

NOTAS

DIA 092 ___ / ___ / ___

DEUTERONÔMIO 9.13 — 11.17

¹³⁻¹⁴ O Eterno disse: "Olho para esse povo e tudo que vejo são rebeldes cabeças-duras e duros de coração. Saia do meu caminho, para que eu possa destruí-los! Vou varrê-los do mapa! Posso começar de novo com você e formar uma nação muito melhor e maior que essa que esta aí".

¹⁵⁻¹⁷ Eu me virei e comecei a descer o monte, e, a essa altura, o monte estava em chamas. Eu levava comigo as duas tábuas da aliança, e foi, então, que eu vi: ali estavam vocês, pecando contra o Eterno, o seu Deus. Vocês haviam feito um ídolo fundido na forma de um bezerro! Vocês abandonaram muito cedo a estrada que o Eterno havia preparado para vocês. Irritado, levantei bem alto as duas tábuas de pedra e joguei-as no chão. Elas se quebraram em pedacinhos diante dos seus olhos.

¹⁸⁻²⁰ Em seguida, lancei-me ao chão diante do Eterno, assim como havia feito no começo daqueles quarenta dias e noites em que não comi nem bebi nada. Fiz isso por causa de vocês, em razão de todos os pecados que vocês cometeram contra o Eterno, quando fizeram o que era mau aos olhos do Eterno e provocaram a sua ira. Fiquei apavorado, com medo da fúria do Eterno, da sua cólera ardente. Eu tinha certeza de que ele iria destruir vocês. Mas o Eterno me ouviu mais uma vez. E Arão, como o Eterno ficou furioso com ele! Queria acabar com ele também. Mas orei também por Arão, na mesma ocasião.

²¹ Mas aquela coisa pecaminosa que vocês fizeram, aquele ídolo em forma de bezerro, eu o peguei e queimei no fogo, o triturei e moí até que se tornasse um fino pó e, depois, joguei-o no rio que desce do monte.

²² E aí, vieram os acampamentos em Taberá (Fogo), Massá (Lugar de Teste) e Quibrote-Hataavá (Túmulos dos Desejos) — mais ocasiões em que vocês deixaram o Eterno furioso.

²³⁻²⁴ A ocasião mais recente foi quando o Eterno enviou vocês de Cades-Barneia, ordenando: "Vão e tomem posse da terra que estou dando a vocês". E o que foi que vocês fizeram? Vocês se rebelaram! Vocês se rebelaram contra as ordens claras do Eterno, o seu Deus. Vocês se negaram a confiar nele, simplesmente se recusaram a obedecer. Vocês têm sido rebeldes contra o Eterno desde que os conheci.

²⁵⁻²⁶ Eu estava com o rosto no chão, deitado em rendição diante do Eterno naqueles quarenta dias e noites, depois de o Eterno ter dito que iria destruir vocês, e intercedi por vocês: "Meu Senhor, ó Eterno, não destruas o povo, a herança que, por tua imensa generosidade, resgataste, usando teu inigualável poder para tirá-los do Egito.

²⁷⁻²⁸ "Lembra-te dos teus servos Abraão, Isaque e Jacó. Não olhes para a teimosia deste povo, nem para o pecado deles, do contrário, os egípcios, de quem os resgataste, dirão: 'O Eterno falhou. Ele se cansou no caminho e não conseguiu levar seu povo para a terra que havia prometido a eles. Acabou enjoando deles e os deixou para morrer no deserto'.

²⁹ "Eles ainda são teu povo, tua herança que resgataste de forma poderosa e soberana".

10 ¹⁻² O Eterno respondeu: "Faça duas tábuas de pedra, parecidas com as primeiras. Suba ao monte e se encontre comigo lá. Também faça uma arca de madeira. Vou entalhar nas tábuas de pedra as palavras que estavam nas primeiras tábuas, que você quebrou. Então, você as guardará na arca".

³⁻⁵ Assim, fiz uma arca de madeira de acácia e duas tábuas de pedra, iguais às primeiras, e subi ao monte com elas. O Eterno entalhou nessas tábuas de pedra o mesmo que havia entalhado nas primeiras, os Dez Mandamentos que ele anunciou a vocês de dentro do fogo no monte, no dia da assembleia. Ele me entregou as tábuas de pedra, e eu me virei e desci o monte. Guardei as tábuas de pedra na arca que eu havia feito, e elas estão lá desde então, como o Eterno me ordenou.

⁶⁻⁷ O povo de Israel partiu dos poços dos jaacanitas e chegou a Moserá. Ali Arão morreu e foi sepultado. Seu filho Eleazar o sucedeu como sacerdote. Dali foram para Gudgodá e, depois, para Jotbatá, uma terra de ribeiros.

⁸⁻⁹ Foi quando o Eterno separou a tribo de Levi para carregar a arca da aliança do Eterno, para estar na presença do Eterno, servi-lo e bendizer seu nome, como os levitas fazem até hoje. É por isso que eles não têm parte na herança da terra, como seus irmãos. O Eterno é sua herança, como ele mesmo prometeu.

¹⁰ Fiquei no monte quarenta dias e noites, como da primeira vez. E o Eterno me ouviu, também como da primeira vez: ele concordou em não destruir vocês.

¹¹ O Eterno me disse: "É hora de partir. Conduza o povo quando eles recomeçarem sua jornada para tomar posse da terra, como prometi a seus antepassados".

12-13 Agora, Israel, o que acham que o Eterno espera de vocês? Apenas isto: que vivam na presença dele em santa reverência, sigam o caminho que ele preparou para vocês e amem e sirvam a ele com dedicação total, obedecendo aos mandamentos e regulamentos do Eterno, que estou promulgando hoje. E tenham uma vida longa.

14-18 Olhem à sua volta: Tudo que vocês veem é do Eterno — os céus acima e além, a terra e tudo que existe nela. Mas foi pelos antepassados de vocês que o Eterno se apaixonou. Ele escolheu aos descendentes deles — que são *vocês*! — entre todos os povos; por isso, estamos aqui. Portanto, deixem de ser obstinados, cabeças-duras. O Eterno, o seu Deus, é o Deus de todos os deuses, ele é o Senhor de todos os senhores, um Deus poderoso e tremendo. Ele não tem favoritos, não aceita suborno, assegura, aos órfãos e às viúvas, um tratamento justo e se preocupa com os estrangeiros, providenciando roupa e comida para eles.

19-21 Assim, vocês devem tratar os estrangeiros com o mesmo cuidado — lembrem-se: vocês já foram estrangeiros no Egito.
Tenham reverência pelo Eterno, o seu Deus, sirvam e se apeguem a ele com firmeza.
Garantam suas promessas com a autoridade do nome dele.
Ele é o motivo do seu louvor! Ele é o Deus de vocês! Ele fez todas essas coisas tremendas e assombrosas que vocês viram com os próprios olhos.

22 Quando seus antepassados foram para o Egito, eram apenas setenta pessoas. Mas agora, vejam — vocês mais parecem as estrelas do céu à noite. E foi o Eterno que fez isso.

11 **1** Portanto, amem ao Eterno, o seu Deus; obedeçam às suas leis e regulamentos; nunca deixem de obedecer aos seus mandamentos.

2-7 Hoje está muito claro que não são seus filhos que estão no centro das atenções aqui. Eles não estavam lá; por isso, não viram os atos do Eterno, nem experimentaram a disciplina dele, nem se maravilharam diante da grandeza dele. Também não viram a forma em que ele demonstrou seu poder, com sinais, maravilhas e atos contra o Egito, o faraó, rei do Egito, e toda a sua terra, nem como ele lidou com o exército egípcio, com seus cavalos e carros, sepultando-os nas águas do mar Vermelho quando perseguiam vocês. O Eterno os afogou, mas vocês estão aqui hoje, vivos. Seus filhos também não viram como o Eterno cuidou de vocês no deserto até o dia em que chegaram aqui, nem o que ele fez com Datã e Abirão, filhos de Eliabe e descendentes de Rúben, como a terra abriu a boca e os engoliu, com suas famílias, suas tendas e tudo à volta deles, diante de Israel. Sim, foram vocês — seus olhos — que viram todas as grandes coisas que o Eterno fez.

8-9 Portanto, vocês têm a obrigação de obedecer a todas as leis que estou promulgando hoje a vocês, para que possam invadir e tomar posse da terra depois de atravessar o rio. A obediência dará a vocês vida longa no território que o Eterno prometeu dar a seus antepassados e aos filhos deles, uma terra em que manam leite e mel.

10-12 A terra que vocês irão conquistar daqui a pouco não é como o Egito, de onde vocês saíram. Lá, vocês tinham de plantar a própria semente e regá-la vocês mesmos, como numa horta. Mas a terra que vocês estão prestes a possuir, do outro lado do rio, é um lugar de montanhas e vales. Ela bebe a água da chuva que cai do céu. É uma terra da qual o Eterno, o seu Deus, cuida pessoalmente — ele é o seu jardineiro. Ele trabalha nela o ano todo.

13-15 A partir de agora, se vocês obedecerem aos mandamentos que estou tornando público hoje; se amarem ao Eterno, o seu Deus, e o servirem com dedicação total, ele se encarregará de enviar a chuva no tempo certo, tanto as chuvas do outono quanto as da primavera, para que vocês possam colher seus grãos, uvas e azeitonas. Ele garantirá pasto suficiente para seus animais. Vocês terão comida à vontade.

16-17 Mas fiquem atentos para não serem seduzidos e, assim, acabarem adorando outros deuses, senão o Eterno terá uma explosão de ira e trancará o céu para que não haja chuva e nada cresça nos campos. Em pouquíssimo tempo, vocês morrerão de fome, e não haverá nem vestígio de vocês na boa terra que receberam do Eterno.

LUCAS 7.40 — 8.8

40 Jesus lhe disse: "Simão, tenho algo para dizer a você".
"É mesmo? Diga-me."
41-42 "Dois homens deviam a um banqueiro. Um devia quinhentas moedas de prata; e outro, cinquenta. Nenhum dos dois tinha como pagar, por isso o banqueiro perdoou a dívida de ambos. Qual deles teria ficado mais agradecido?".

DIA 092

43-47 Simão respondeu: "Acho que aquele que recebeu o perdão maior".

"Tem razão", disse Jesus. Então, voltou-se para a mulher, mas, ainda falando a Simão, perguntou: "Vê essa mulher? Eu vim à sua casa, e você não me trouxe água para os pés; ela, porém, derramou lágrimas nos meus pés e os enxugou com os cabelos. Você nem me cumprimentou direito, mas, desde a hora em que cheguei aqui, ela não se cansa de beijar meus pés. Você não me recebeu como é nosso costume, derramando azeite em minha cabeça, mas ela perfumou meus pés. Não foi assim mesmo? A razão de tudo é que ela foi perdoada de muitos pecados, por isso está tão agradecida. Quem recebe pouco perdão mostra pequena gratidão".

48 Em seguida, Jesus disse à mulher: "Eu perdoo seus pecados".

49 Na mesma hora, os outros convidados começaram a criticá-lo pelas costas: "Quem ele pensa que é para perdoar pecados?".

50 Ele os ignorou e disse à mulher: "Sua fé a salvou. Vá em paz".

8 **1-3** Ele deu prosseguimento ao seu plano, viajando de cidade em cidade, de aldeia em aldeia, pregando o Reino de Deus, anunciando a Mensagem. Os Doze estavam com ele. Algumas mulheres, que haviam sido curadas de várias enfermidades e aflições malignas, também os acompanhavam: Maria, chamada Madalena, de quem sete demônios foram expulsos; Joana, esposa de Cuza, oficial de Herodes; Susana e muitas outras que usavam seus recursos para suprir as necessidades do grupo.

A história das sementes

4-8 Enquanto viajavam de cidade em cidade, muita gente se unia ao grupo e passava a acompanhá-los. A eles Jesus contou esta história: "Um lavrador saiu para semear. Algumas sementes caíram no caminho. Foram pisadas, e os passarinhos as comeram. Outras caíram sobre pedras e brotaram, mas secaram porque não tinham raiz. Outras caíram no meio das ervas daninhas, que cresceram e as sufocaram. Outras, por fim, caíram em terra boa e produziram uma grande colheita.

"Vocês estão ouvindo com atenção?".

SALMOS 45.6-12

6-7 "Seu trono é o trono de Deus,
para sempre e sempre.
O cetro do seu governo
mede o viver correto.

Você ama o que é certo
e detesta o que é errado.
Isso porque Deus, o seu Deus,
derramou óleo perfumado sobre sua cabeça,
Tornando-o rei
entre seus queridos companheiros.

8-9 "Suas vestimentas são pura fragrância
são perfumadas com a brisa da montanha.
Música de câmara — da sala do trono —
faz você querer dançar.
As filhas do rei são damas em sua corte;
a Noiva resplandece com joias de ouro".

10-12 "Agora ouça, filha, não perca uma palavra:
esqueça seu país, deixe sua casa para trás.
Fique *aqui* — o rei está apaixonado por você.
Como ele é seu senhor,
preste reverência a ele.
Os presentes de casamento vêm de Tiro;
os convidados ricos vão enchê-la de
presentes.

◾ NOTAS

assentamentos cananeus no vale perto de Gilgal e dos carvalhos de Moré.

31-32 Vocês estão atravessando o rio Jordão para invadir e tomar a terra que o Eterno, o seu Deus, está dando a Israel. Fiquem atentos. Observem todos os decretos e regulamentos que estão ouvindo de mim.

DIA 093 __ / __ / __

DEUTERONÔMIO 11.18 — 13.11

18-21 Guardem essas palavras no coração. Gravem todas elas no fundo do seu ser. Elas devem ser amarradas na mão e na testa, como um lembrete, e ensinadas aos filhos. Que elas sejam o assunto de sua conversa, onde quer que vocês estiverem – sentados em casa ou andando pela rua. Que elas sejam repetidas desde a hora em que vocês se levantam, de manhã, até a hora de cair na cama, à noite. Elas devem ser escritas no batente da porta das casas e nas portas das suas cidades, para que vocês e seus filhos tenham vida longa na terra que o Eterno prometeu dar a seus antepassados, que ela seja de vocês enquanto houver céu acima da terra.

22-25 É isso mesmo. Se vocês obedecerem a todos esses mandamentos que estou instituindo – amar ao Eterno, o seu Deus, fazer o que ele pede, apegar-se a ele –, o Eterno, de sua parte, expulsará todas essas nações que estão no caminho de vocês. Sim, ele expulsará nações muito maiores e mais fortes que vocês. Cada centímetro quadrado de terra em que vocês puserem os pés será seu. Suas fronteiras se estenderão desde o deserto até os montes do Líbano, desde o rio Eufrates até o mar Mediterrâneo. Ninguém será capaz de resistir a vocês. Aonde quer que vocês forem, o temor e o tremor enviados pelo Eterno irão à frente de vocês, como ele prometeu.

26 Hoje, eu trouxe vocês à encruzilhada da Bênção e da Maldição.

27 Haverá bênção se vocês ouvirem e obedecerem aos mandamentos do Eterno, o seu Deus, que eu estou promulgando hoje.

28 Haverá maldição se vocês não prestarem atenção aos mandamentos do Eterno, o seu Deus, e deixarem o caminho que estou apontando hoje para seguirem outros deuses que vocês nem conhecem.

29-30 Vou dizer o que deve ser feito. Quando o Eterno, o seu Deus, conduzir vocês à terra de que tomarão posse, pronunciem a bênção do monte Gerizim e a maldição do monte Ebal. Depois de atravessar o rio Jordão, sigam a estrada para oeste, passando pelos

12 **1** Estes são os decretos e regulamentos que vocês precisam observar diligentemente enquanto viverem na terra que o Eterno, o Deus de seus antepassados, deu a vocês como herança.

2-3 Destruam, sem dó nem piedade, todos os santuários sagrados em que as nações que vocês estão expulsando adoravam seus deuses – em qualquer lugar que os encontrarem, nas colinas, nos montes ou nos bosques de árvores viçosas. Derrubem todos os altares. Esmigalhem as colunas fálicas e queimem os templos imorais de Aserá. Quebrem seus ídolos esculpidos. Apaguem o nome desses deuses de todos esses locais.

4 Fiquem longe desses lugares. Não permitam que o que aconteceu ali contamine a adoração ao Eterno, o seu Deus.

5-7 Em vez disso, elejam o lugar que o Eterno, o seu Deus, escolher para marcar com seu nome e fazer dele um centro comum para todas as tribos. Reúnam-se ali. Levem a esse lugar seus sacrifícios e ofertas de perdão, seus dízimos e ofertas prometidas com voto, suas ofertas voluntárias e as primeiras crias do gado e dos rebanhos. Façam suas festas ali, na presença do Eterno. Celebrem tudo que vocês e suas famílias tiverem realizado com a bênção do seu Deus.

8-10 Abandonem de vez a maneira em que vocês costumam agir, cada um fazendo o que quer. Até agora, vocês não chegaram ao alvo, ao lugar de descanso, à herança que o Eterno, o seu Deus, está dando a vocês. Mas, a partir do momento em que atravessarem o rio Jordão e se estabelecerem na terra que seu Deus está dando a vocês como herança, ele dará o descanso de todos os seus inimigos à sua volta, e vocês poderão se estabelecer e viver em segurança.

11-12 Daí em diante, levem tudo que estou ordenando ao lugar que o Eterno, o seu Deus, escolher marcar com seu nome e instituir como local de encontro entre vocês e ele: seus sacrifícios e ofertas de perdão, os dízimos, as dádivas especiais e o melhor das suas ofertas prometidas em voto. Celebrem ali, na presença do Eterno, vocês, seus filhos, seus escravos e até o levita que vive na sua região, porque ele não tem herança.

DIA 093   **276**

¹³⁻¹⁴ Sejam especialmente cuidadosos. Não apresentem suas ofertas de perdão em qualquer lugar, mesmo que vejam ali algum significado. Apresentem suas ofertas de perdão apenas no lugar que o Eterno escolher, no território de uma das suas tribos. Só ali, vocês apresentarão tudo que estou ordenando.

¹⁵ É permitido abater nas cidades os animais que não servem para sacrifício, como a gazela e o veado, e comer deles quanto vocês quiserem, com a bênção do Eterno, o seu Deus. Tanto os ritualmente puros quanto os impuros poderão comer.

¹⁶⁻¹⁸ Mas vocês não poderão comer o sangue. Derramem o sangue do animal no chão, como se fosse água. Vocês também não poderão comer ali o dízimo do seu cereal, nem do vinho novo ou do azeite de oliva; nem as primeiras crias do seu gado ou dos rebanhos; nem as ofertas prometidas em voto; nem as ofertas voluntárias ou as dádivas especiais. Todas essas ofertas devem ser comidas na presença do Eterno, o seu Deus, no lugar que ele escolher — vocês, seus filhos, seus escravos e o levita que vive na sua região. Vocês celebrarão, na presença do Eterno, todas as coisas que conseguiram realizar.

¹⁹ Tomem cuidado, durante o tempo em que viverem na terra, para nunca negligenciar os levitas.

²⁰⁻²² Quando o Eterno, o seu Deus, expandir o território conquistado, como prometeu, e vocês disserem: "Queremos comer carne", pois, de fato, a esta altura a vontade de comer carne é grande, comam quanta carne quiserem. Se estiverem longe demais do lugar que o Eterno marcou com seu nome, poderão abater em suas cidades os animais do seu gado e dos rebanhos que o Eterno tiver dado a vocês, como ordenei. Poderão comer ali quanto quiserem. Assim como se come a carne de gazela e de veado, vocês poderão comer essas outras carnes. Tanto os ritualmente impuros quanto os puros poderão comê-la à mesma mesa.

²³⁻²⁵ Apenas respeitem esta regra: absolutamente nada de sangue. Jamais comam sangue. O sangue é a vida: não comam a vida com a carne. Em vez de ingerido, ele deve ser derramado no chão, como se fosse água. Não o comam, e terão vida longa, vocês e seus descendentes. Façam a coisa certa aos olhos do Eterno.

²⁶⁻²⁷ Observem isto: Levantem bem alto suas ofertas sagradas e suas ofertas prometidas em voto e levem-nas ao local designado pelo Eterno. Sacrifiquem suas ofertas de perdão, a carne e o sangue, no altar do Eterno, o seu Deus. Derramem o sangue das ofertas de perdão no mesmo altar. Então, vocês poderão comer a carne.

²⁸ Fiquem atentos, ouçam e obedeçam às ordens que estou transmitindo, para que vocês e seus filhos tenham uma vida agradável por muito, muito tempo, fazendo o que é bom e correto aos olhos do Eterno, o seu Deus.

²⁹⁻³¹ Quando o Eterno, o seu Deus, expulsar as nações da terra que vocês estão invadindo, depois que ele as afastar do caminho e vocês as desalojarem e se estabelecerem na terra, não cedam à curiosidade pelo estilo de vida deles depois de eles terem sido exterminados. Não se encantem com os deuses deles, pensando: "Como será que era quando eles adoravam seus deuses? Talvez seja interessante experimentar essa vida". Não façam isso com o Eterno! Eles cometem todo tipo imaginável de pecado com seus deuses. O Eterno odeia o estilo de vida deles, porque eles chegam a queimar os filhos vivos como ofertas aos seus deuses!

³² Obedeçam a tudo que estou ordenando, exatamente como estou dizendo: não acrescentem nada; não tirem nada.

13 ¹⁻⁴ Se um profeta ou um visionário se levantar na sua comunidade e anunciar um milagre, um sinal ou uma maravilha, e o que ele anunciou acontecer e, por conta disso, ele disser: "Vamos adorar outros deuses" (deuses sobre os quais vocês não sabem nada), não deem atenção a ele. O Eterno, o seu Deus, está testando vocês, para saber se realmente o amam de todo o coração. Vocês devem seguir apenas o Eterno, apegar-se a ele com profunda reverência, obedecer aos seus mandamentos, ouvir atentamente ao que ele diz e lhe servir — devem apegar-se a ele por amor à vida!

⁵ E o profeta ou visionário que fez o convite deve ser morto, porque incentivou a revolta contra o Eterno, o seu Deus, que os resgatou do Egito, livrou-os da escravidão e preparou um caminho santo para vocês, ordenando que andassem por ele. Eliminem o mal da sua comunidade.

⁶⁻¹⁰ E, quando seu irmão, seu filho, filha ou mesmo sua esposa amada ou um velho amigo vier a você em segredo e cochichar: "Vamos adorar outros deuses" (deuses sobre os quais você não sabe nada, que nem seus antepassados conheceram; deuses dos povos que vivem ao seu redor, de perto e de longe, de um canto da terra a outro), não vá com ele. Tape os ouvidos e não tenha pena dele nem o proteja:

ele deve ser morto. Isso mesmo, e você jogará a primeira pedra. Tome uma atitude imediata contra qualquer pessoa na comunidade que se envolver com algo semelhante. Ela deve ser apedrejada até a morte, porque tentou seduzir você para trair o Eterno, o seu Deus, aquele que tirou você do Egito e do mundo da escravidão.

[11] Todo homem, mulher e criança em Israel saberá da punição e temerá. Ninguém ousará cometer esse erro outra vez.

LUCAS 8.9-29

[9] Os discípulos perguntaram: "Qual é o sentido dessa história?"

[10] Ele disse: "Vocês já ouviram bastante a respeito do Reino de Deus. Conhecem as suas verdades. Mas há quem precise ouvir essas histórias, mesmo que nem sempre as entendam:

Os olhos deles estão abertos,
 mas não veem nada,
Os ouvidos deles estão abertos,
 mas não ouvem nada.

[11-12] "Essa história retrata a vida de muitos deles. A semente é a Palavra de Deus. As sementes no caminho são aqueles que ouvem a Palavra, mas o Diabo a arranca do coração deles, para que não acreditem que serão salvos.

[13] As sementes que caíram nos pedregulhos são os que ouvem com entusiasmo passageiro. Diante da primeira dificuldade, perdem o interesse.

[14] As sementes que caíram entre as ervas daninhas são os que ouvem a Palavra, mas a preocupação constante com o amanhã e a ilusão de viver para ganhar dinheiro e divertir-se a sufocam. As sementes não produzem nada.

[15] Já as sementes na terra boa são os bons corações que se apropriam da Palavra e se apegam a ela, não importa o que aconteça. Eles permanecem firmes até a colheita".

Sem avareza com as palavras

[16-18] "Ninguém acende uma lâmpada e depois a cobre ou a esconde debaixo da cama. Não, ela é posta num lugar visível de modo que todos os que entram no recinto possam ver por onde andam. Não estamos guardando segredos: nós os estamos revelando. Não estamos escondendo nada: estamos tornando *tudo* público. Por isso, não guardem com avareza as palavras que estão ouvindo. Generosidade produz generosidade. A avareza empobrece".

[19-20] A mãe e os irmãos de Jesus apareceram, mas não podiam chegar até onde ele estava por causa da multidão. Alguém o avisou: "Sua mãe e seus irmãos estão esperando lá fora. Querem ver você".

[21] Ele respondeu: "Minha mãe e irmãos são os que ouvem e praticam a Palavra de Deus. Mais vale a obediência do que laços de sangue".

[22-24] Um dia, Jesus e seus discípulos entraram num barco. "Vamos atravessar o lago", disse. E partiram. Navegavam tranquilamente, e ele dormiu. De repente, uma tempestade terrível abateu-se sobre o lago, e a água começou a entrar no barco. O naufrágio era iminente, por isso eles foram acordar Jesus: "Mestre! Nós vamos morrer!".

Levantando-se, ele ordenou ao vento: "Silêncio!"; e disse às águas: "Acalmem-se!". O vento e o mar lhe obedeceram. O lago ficou em plena calmaria.

[25] Em seguida, repreendeu os discípulos: "Vocês não têm fé?".

Atemorizados e chocados, eles gaguejavam: "Quem é este homem? Ele dá ordens ao vento e ao mar, e eles obedecem ao comando dele!".

O louco e os porcos

[26-29] Eles navegaram até a terra dos gerasenos, na margem oposta à da Galileia. Quando Jesus desembarcou, um louco da cidade, vítima de demônios, ficou frente a frente com ele. O homem não usava roupas fazia muito tempo. Havia saído de casa e morava no cemitério. Quando viu Jesus, caiu diante dele, gritando: "O que queres comigo? Tu és Jesus, o Filho do Deus Altíssimo! Não me castigues!" (O homem disse isso porque Jesus havia ordenado ao espírito maligno que saísse dele.) O demônio fazia o homem ter convulsões, por isso ficava sempre vigiado, amarrado com correntes e algemas, mas, enlouquecido e dominado pelo demônio, arrebentava as correntes.

SALMOS 45.13-17

[13-15] (O vestido de noiva é deslumbrante,
 bordado com ouro pelos tecelões;
Todos os seus vestidos e robes
 têm bordadura de ouro.
Ela é conduzida até o rei,
 seguida por suas companheiras virgens.
Uma procissão de alegria e risos,
 entrada triunfal no palácio do rei!)

DIA 094

278

16-17 "Ó rei, pode pensar em filhos agora,
não apenas pelo desejo de ser pai ou avô.
Você criará seus filhos como príncipes
sobre toda a terra.
Tornarei você famoso por várias gerações.
Você será o assunto da cidade
por muito, muito tempo".

■ NOTAS

se desviaram, dizendo: "Vamos adorar outros deuses (desconhecidos de vocês)", façam uma investigação minuciosa, para apurar as responsabilidades. Se for comprovado que o relato é verdadeiro e que essa abominação de fato aconteceu, os moradores daquela cidade que incitaram o erro deverão ser executados. A cidade deles deve ser marcada para a destruição, com tudo que existe nela, até os animais. Ajuntem as coisas de valor no meio da praça e queimem tudo — a fumaça da cidade e das coisas queimadas subirá ao mesmo tempo, um santo sacrifício ao Eterno. Deixem tudo ali, cinzas e ruínas. Não construam outra vez sobre o lugar nem permitam que nada do que sobrou dos objetos destinados à destruição sagrada grude nos seus dedos. Não se contaminem com nada, para que o Eterno esqueça a ira e volte para a compaixão, permitindo que vocês prosperem, como prometeu a seus antepassados.

18 Sim. Ouçam e obedeçam ao Eterno, o seu Deus. Sigam todos os mandamentos que hoje estou promulgando. Façam a coisa certa aos olhos do Eterno.

14 1-2 Vocês são filhos do Eterno, o seu Deus, portanto não mutilem o corpo nem rapem a cabeça em algum ritual pelos mortos. Vocês são um povo exclusivo do Eterno. Ele escolheu a vocês entre todos os povos da terra como seu tesouro precioso e pessoal.

3-8 Não comam nada abominável. Estes são os animais que vocês poderão comer: o boi, a ovelha, o bode, o veado, a gazela, a corça, o bode montês, o antílope, o bode selvagem e a ovelha montês — qualquer animal que tiver casco fendido e rumine. Mas vocês não poderão comer o camelo, o coelho nem o rato silvestre, porque eles ruminam, mas não têm o casco fendido — isso os torna ritualmente impuros. Também não comam o porco — ele tem o casco fendido, mas não rumina, o que o torna ritualmente impuro. Nem mesmo toquem o cadáver de um porco.

9-10 Das criaturas que vivem na água, vocês poderão comer as que possuem barbatanas e escamas. Se uma criatura não tiver barbatanas ou escamas, vocês não poderão comê-la. É ritualmente impura.

11-18 Vocês poderão comer qualquer ave ritualmente pura. Estas são as exceções, portanto não as comam: a águia, o urubu, a águia-marinha, o milhafre, qualquer espécie de falcão, qualquer espécie de corvo, a coruja-de-chifre, a coruja-de-orelha-pequena, a coruja-orelhuda, qualquer espécie de gavião, o mocho, o corujão, a coruja-branca, a coruja-do-deserto,

||||||||||||||||||||||||||||||||||||||||||||||||||

☐ **DIA 094** ___/___/___

DEUTERONÔMIO 13.12 — 15.18

12-17 Se chegar de uma das cidades que o Eterno, o seu Deus, deu a vocês como moradia a notícia de que homens maus se uniram aos seus habitantes e

o abutre, a coruja-pescadora, a cegonha, qualquer tipo de garça, a poupa e o morcego. [19-20] Os insetos com asas são ritualmente impuros: não os comam. Mas criaturas com asas ritualmente puras poderão ser comidas.

[21] Visto que vocês são um povo santo ao Eterno, o seu Deus, não comam nenhum animal que for encontrado morto. No entanto, vocês poderão dar a carne ao estrangeiro residente na sua região ou vender para ele.

Não cozinhem o cabrito no leite da própria mãe.

[22-26] Façam uma oferta de dez por cento – o dízimo – de todas as colheitas dos seus campos, ano após ano. Ele deve ser levado à presença do Eterno, o seu Deus, ao lugar que ele determinar para a adoração. Ali vocês comerão o dízimo do seu cereal, do vinho e do azeite, e a primeira cria dos seus rebanhos. Dessa forma, aprenderão a viver em profunda reverência diante do Eterno, por toda a vida. Mas, se o lugar que o Eterno escolher para adoração for muito distante e vocês não conseguirem levar o dízimo tão longe, ainda assim, Deus os abençoará. Troquem seu dízimo por dinheiro e levem o dinheiro ao lugar que o Eterno escolheu como centro de adoração. Usem o dinheiro para comprar qualquer coisa que quiserem: bois, ovelhas, vinho ou outra bebida fermentada – o que preferirem. Vocês e suas famílias, então, poderão celebrar na presença do Eterno e se alegrar juntos.

[27] Entretanto, nunca se esqueçam de cuidar bem dos levitas que vivem nas suas cidades. Eles não receberão nenhuma propriedade, como vocês irão receber.

[28-29] Ao final de cada terceiro ano, juntem o resultado de todas as colheitas daquele ano e armazenem tudo nas suas cidades. Guardem como reserva para os levitas, que não receberam propriedade nem herança, e para os estrangeiros, órfãos e viúvas que vivem na sua região. Dessa forma, eles terão comida suficiente e o Eterno, o seu Deus, abençoará o trabalho de vocês.

15

[1-3] Ao final de cada sétimo ano, cancelem todas as dívidas. O procedimento será este: quem emprestou dinheiro ao próximo cancelará o empréstimo. Ninguém deve forçar o próximo ou o irmão a pagar uma dívida: todas elas serão canceladas – o Eterno é que está dizendo. Vocês poderão cobrar as dívidas dos estrangeiros, mas tudo que tiverem emprestado a seus irmãos israelitas não poderá ser retomado.

[4-6] Não deverá haver pobres entre vocês, porque o Eterno abençoará ricamente vocês na terra que estão recebendo como herança. Mas, para isso, vocês terão de ser obedientes à voz do Eterno, o seu Deus, observando e cumprindo diligentemente cada mandamento que estão ouvindo aqui. O Eterno abençoará vocês, como prometeu. Vocês emprestarão a muitas nações, mas não tomarão empréstimos de ninguém; governarão muitas nações, mas nenhuma os governará.

[7-9] Quando algum israelita estiver em dificuldades ou precisar de ajuda na terra que o Eterno, o seu Deus, está dando a vocês, não façam de conta que não estão vendo. Não fechem a bolsa, mas tenham compaixão do necessitado e emprestem o que ele estiver precisando. Não comecem a fazer cálculos. Não deem ouvidos àquela voz egoísta que diz: "Já é quase o sétimo ano, em que todas as dívidas são canceladas". Não deem as costas ao próximo, jamais recusem ajuda ao necessitado. Ele chamará a atenção do Eterno para esse pecado ostensivo.

[10-11] Sejam generosos e espontâneos. Não deixem o coração se tornar mesquinho. Se lidarem da maneira certa com a situação, o Eterno, o seu Deus, irá abençoar vocês em tudo que fizerem, em todo o seu trabalho e em seus empreendimentos. Sempre haverá pobres e necessitados entre vocês. Portanto, a ordem é esta: Sejam sempre generosos, abram a bolsa e a mão. Ajudem as pessoas em dificuldade, socorram os pobres e os que estão sofrendo.

[12-15] Se um hebreu, homem ou mulher, se vendeu a você e o serviu durante seis anos, no sétimo ano, você dará a liberdade a ele. E, quando o libertar, não o mande embora de mãos abanando. Dê a ele uma provisão de animais, suficiência de pão, vinho e azeite. Reparta com ele as bênçãos com que o Eterno, o seu Deus, abençoou você. Não se esqueça, nem mesmo por um minuto, de que você foi escravo no Egito e que o Eterno libertou você daquele mundo de escravidão.

Essa é a razão de eu dar hoje essa ordem a você.

[16-17] Mas, se seu escravo amar você e sua família, tiver uma vida agradável na sua casa e disser: "Não quero deixar você", pegue um furador e fure a orelha dele contra a porta, marcando-o como seu escravo para sempre. Faça a mesma coisa com as mulheres que quiserem continuar a servir a você como escravas.

[18] Não considere o fato de libertar seu escravo um prejuízo. Afinal, ele trabalhou seis anos para você pela metade do valor de um empregado contratado.

DIA 094

LUCAS 8.30-51

30-31 Jesus perguntou: "Qual é seu nome?".

"Meu nome é Multidão", foi a resposta, porque eram muitos demônios que afligiam o homem. Em desespero, eles imploravam a Jesus que não os enviasse para o abismo profundo.

32-33 Perto dali, uma grande manada de porcos estava pastando. Os demônios suplicaram a Jesus que os deixasse entrar nos porcos, e ele permitiu. O resultado foi terrível. Enlouquecidos, os porcos pularam de um penhasco e se afogaram no lago.

34-36 Aterrorizados, os que cuidavam dos porcos saíram em disparada e contaram tudo o que viram na cidade e por toda a região. O povo foi conferir de perto a situação. Encontraram o homem de quem os demônios haviam saído assentado aos pés de Jesus, usando roupas decentes e em perfeito juízo. A cena era sublime, e por um instante os moradores tiveram mais reverência que curiosidade. Algumas testemunhas do fato contaram a eles como ocorrera a libertação do endemoninhado.

37-39 Entretanto, mais tarde muitos moradores da região se ajuntaram e pediram a Jesus que saísse logo dali, porque estavam apavorados. Jesus entrou no barco e foi embora. O homem que havia sido liberto dos demônios pediu para ir com ele, mas Jesus o enviou de volta, aconselhando: "Vá para casa e conte o que Deus fez por você". Então, ele voltou e anunciou por toda a cidade o que Jesus fizera por ele.

Apenas um toque

40-42 Quando voltava, Jesus foi recebido por uma multidão. Todos estavam à espera dele. Um dos líderes da sinagoga, chamado Jairo, aproximou-se. Prostrado aos pés de Jesus, implorou que ele fosse à sua casa, porque sua filha de 12 anos de idade, sua única filha, estava morrendo. Jesus foi com ele, abrindo caminho através da multidão, que o empurrava e apertava.

43-45 Naquele dia, estava no meio da multidão uma mulher que havia doze anos sofria de hemorragia. Ela tinha gastado todo o seu dinheiro com médicos, mas nenhum deles fora capaz de ajudá-la. Ela esgueirou-se por trás de Jesus e tocou na borda de sua roupa. Na mesma hora, a hemorragia parou. Então, Jesus perguntou: "Quem me tocou?".

46 Ele insistiu: "Alguém me tocou. Senti poder saindo de mim".

47 Percebendo que não podia mais esconder nada, ela se ajoelhou trêmula diante dele. Contou sua história ao povo e deu testemunho de que havia ficado boa no exato instante em que o tocara.

48 Jesus lhe disse: "Filha, você se arriscou por causa da sua fé e agora está curada. Tenha uma vida abençoada!".

49 Enquanto ele ainda falava, chegou alguém da casa do líder da sinagoga e informou: "Sua filha morreu. Não precisa mais incomodar o Mestre".

50-51 Mas Jesus afirmou: "Não fique preocupado. Apenas confie em mim, e tudo ficará bem". Quando chegou à casa do líder da sinagoga, só permitiu que entrassem com ele no quarto Pedro, João, Tiago e os pais da criança.

SALMOS 46.1-6

Uma canção dos filhos de Coré

46 **1-3** Deus é o nosso abrigo seguro e esconderijo, sempre pronto a nos socorrer.
Por isso, ficamos destemidos diante do desfiladeiro da morte
e corajosos diante do mar tempestuoso
e do terremoto;
Diante do ímpeto e do bramido dos oceanos
e dos tremores que abalam montanhas.

O Deus que lutou com Jacó luta por nós,
o Senhor dos Exércitos de Anjos nos protege.

4-6 As fontes dos rios jorram alegria,
refrescando a cidade de Deus,
a habitação sacra do Altíssimo.
Deus mora ali, as ruas são seguras,
com Deus a seu dispor desde o amanhecer.
As nações pagãs esbravejam,
reis e reinos são ameaçados,
mas a Terra faz tudo o que ele ordena.

NOTAS

saíram do Egito. Não deverá haver nem vestígio de fermento em lugar algum por sete dias. E não deixem restos da carne que vocês sacrificaram à noite para a manhã seguinte.

⁵⁻⁷Não sacrifiquem a Páscoa em nenhuma das cidades concedidas a vocês pelo Eterno, o seu Deus, a não ser naquela que ele tiver designado para adoração. Só ali poderá ser oferecido o sacrifício da Páscoa, ao anoitecer, depois do pôr do sol, marcando a hora da sua partida do Egito. Cozinhem o sacrifício e comam--no no lugar designado pelo Eterno. Ao raiar do dia, cada um deverá voltar para sua tenda.

⁸Comam pão não fermentado durante seis dias. Separem o sétimo dia como um dia sagrado: não trabalhem nele.

⁹⁻¹¹A partir do dia em que vocês puserem a foice no cereal maduro, contem sete semanas. Celebrem a festa das Semanas para o Eterno, o seu Deus, levando ofertas voluntárias – contribuam com generosidade proporcional às bênçãos com que o Eterno abençoou vocês. Alegrem-se na presença do seu Deus: vocês, seus filhos, seus escravos, os levitas que moram na sua região e os estrangeiros, órfãos e viúvas que houver entre vocês. Alegrem-se no lugar determinado pelo Eterno para adoração.

¹²Não se esqueçam de que vocês foram escravos no Egito. Portanto, sejam diligentes na observância desses regulamentos.

¹³⁻¹⁵Celebrem a festa das Cabanas durante sete dias, depois de ajuntarem a colheita da eira e da prensa de uvas. Alegrem-se nessa festa: vocês, seus filhos, seus escravos, os levitas, os estrangeiros, os órfãos e as viúvas que moram com vocês. Celebrem essa festa para o Eterno, o seu Deus, durante sete dias, no lugar designado por ele, porque o Eterno abençoou a colheita e o trabalho de vocês, portanto façam uma grande festa – e celebrem de verdade!

¹⁶⁻¹⁷Todos os homens precisam aparecer diante do Eterno três vezes ao ano, no lugar designado por ele: na festa dos Pães sem Fermento (Páscoa), na festa das Semanas e na festa das Cabanas. Ninguém deverá aparecer na presença do Eterno de mãos vazias: cada homem deverá levar tudo que puder carregar, contribuindo generosamente, numa atitude de gratidão pelas bênçãos do Eterno.

¹⁸⁻¹⁹Designem juízes e oficiais, organizados por tribos, em todas as cidades que o Eterno, o seu Deus, der a vocês. Eles deverão julgar o povo de forma

||||||||||||||||||||||||||||||||||||||||||||||||||

☐ DIA 095 ___ / ___ / ___

DEUTERONÔMIO 15.19 — 18.12

¹⁹⁻²³Separem para o Eterno, o seu Deus, todo primeiro macho de todos os seus rebanhos. Não usem o primeiro macho dos seus rebanhos como animais de trabalho nem tosquiem as primeiras crias das suas ovelhas. Essas vocês deverão comer todos os anos, com a família, na presença do Eterno, no lugar que ele designou para adoração. Se o animal tiver defeito – for manco, por exemplo, ou cego; se houver alguma coisa errada com ele, não o apresentem como sacrifício ao seu Deus. Fiquem em casa e comam-no ali. Tanto os ritualmente puros quanto os impuros poderão comê-lo, como se faz com a carne da gazela ou do veado. Só não comam o sangue. Derramem o sangue do animal na terra, como se fosse água.

16 ¹⁻⁴Observem o mês de abibe e celebrem a Páscoa do Eterno, o seu Deus. Foi no mês de abibe que o Eterno libertou vocês, à noite, do Egito. Ofereçam o sacrifício da Páscoa ao seu Deus no lugar que ele escolheu para estabelecer seu nome, como centro de adoração. Não comam pão fermentado com o sacrifício. Durante sete dias, comam pão não fermentado, o pão da aflição, porque vocês saíram do Egito com pressa – esse pão ajudará vocês a manter na memória, por toda a vida, a condição de vocês quando

DIA 095

justa e honesta. Não deturpem a lei. Não tenham favoritos. Não aceitem suborno – o suborno cega até mesmo o homem mais sábio e corrói as melhores intenções das pessoas. **20** O direito! O direito! Desejem apenas o que é direito! É a única maneira de viver de verdade e possuir a terra que o Eterno, o seu Deus, está dando a vocês.

21-22 Não plantem árvores de fertilidade consagradas a Aserá do lado do altar do Eterno, o seu Deus. Não levantem símbolos fálicos de pedra: o Eterno odeia essas coisas.

17
1 Não sacrifiquem ao Eterno, o seu Deus, um novilho ou uma ovelha com defeito ou que tenha qualquer outra anormalidade. Isso é abominação, um insulto ao seu Deus.

2-5 Se vocês descobrirem que, nas cidades concedidas pelo Eterno, o seu Deus, existe alguém fazendo algo errado aos olhos dele, violando a aliança com ele, desviando-se para a adoração a outros deuses ou se curvando diante deles – do Sol, por exemplo, ou da Lua ou de qualquer deus-estrela – investiguem com cuidado, em busca de evidências. Se descobrirem que é verdade, que, de fato, uma abominação foi cometida em Israel, vocês deverão levar a pessoa que cometeu esse mal para fora da cidade e apedrejá-la. Lancem pedras sobre ela até que esteja morta. **6-7** Mas será preciso o depoimento de duas ou três testemunhas para que uma pessoa seja executada. Ninguém pode ser executado pelo testemunho de uma única pessoa. As testemunhas deverão jogar a primeira pedra na execução; depois, o resto da comunidade participará. Vocês precisam eliminar o mal da sua comunidade.

8-9 Quando aparecerem questões legais que sejam difíceis demais para vocês – causas difíceis como homicídios, disputas judiciais, brigas –, apresentem essas causas no centro de adoração designado pelo Eterno, o seu Deus. Os sacerdotes levitas e o juiz que estiver exercendo o cargo na ocasião deverão julgá-las. Consultem esses homens, e eles pronunciarão a sentença. **10-13** Dado o veredito, tratem de cumprir ali mesmo o que foi decidido. Façam o que eles disserem, da maneira que eles recomendarem. Sigam as instruções deles nos mínimos detalhes, sem omitir ou acrescentar coisa alguma. A pessoa que ignorar ou distorcer a decisão do sacerdote ou do juiz que está exercendo

o ofício na presença do Eterno pode se considerar morta, e vocês irão executá-la. Livrem Israel desse mal. Os que souberem da punição pensarão duas vezes antes de errar. Essa medida combaterá o comportamento presunçoso.

14-17 Se, depois de entrar na terra que o Eterno, o seu Deus, está dando a vocês, e, depois de tomar posse dela e se estabelecer, surgir a ideia: "Vamos eleger um rei sobre nós, como nas nações ao redor de nós", aceitem o rei que o Eterno escolher. Escolham um rei entre os homens do povo israelita: não elejam como rei um estrangeiro, mas só alguém do povo. E tomem cuidado para que ele não construa uma máquina de guerra para si, acumulando cavalos e carros de guerra. Ele não deve enviar emissários ao Egito para buscar mais cavalos, porque o Eterno disse a vocês: "Vocês nunca mais voltarão para lá!". Cuidem, também, que ele não monte um harém, colecionando mulheres que o desviarão do caminho estreito. Cuidem ainda para que ele não acumule muita prata e ouro. **18-20** Eis o que precisa ser feito: Quando tomar posse do trono do seu reino, a primeira coisa que ele deverá fazer é confeccionar para si uma cópia desta Revelação num rolo, que deverá ser feita sob a supervisão dos sacerdotes levitas. O rolo deverá permanecer ao lado dele o tempo todo, e ele deverá estudá-lo todos os dias, para que aprenda a temer o Eterno e a viver em obediência reverente a essas leis e regulamentos. Ele não deverá cair na armadilha do orgulho e da arrogância, alterando os mandamentos ao seu bel-prazer para adaptá-los a seus propósitos ou elaborando uma versão própria. Se ler o livro e aprender seu conteúdo, ele terá um reinado longo como rei de Israel, e seus filhos também.

18
1-2 Os sacerdotes levitas, que são toda a tribo de Levi, não receberão herança de terra, como o restante de Israel. A parte deles será as ofertas sacrificadas no fogo ao Eterno – eles viverão disso. A herança de terra é para seus outros irmãos, não para eles. O Eterno é sua herança. **3-5** O que os sacerdotes receberão do povo, como parte de qualquer oferta de novilho ou ovelha será isto: a espádua, a queixada e o estômago. Vocês também deverão dar a eles as primícias do seu cereal, vinho e azeite e a primeira lã das suas ovelhas, porque o Eterno, o seu Deus, escolheu unicamente a eles e aos seus filhos entre todas as tribos para que prestem um serviço contínuo, no nome do Eterno, o seu Deus.

6-8 Se um levita mudar de cidade em Israel — e ele tem o direito de se mudar para onde quiser — e vier ao lugar designado pelo Eterno para adoração, ele poderá servir ali em nome do Eterno com todos os seus irmãos levitas que estiverem presentes e em serviço na presença do Eterno. Ele receberá uma porção de alimento igual à dos outros levitas, mesmo que tenha o dinheiro da venda das posses de seus pais.

9-12 Quando entrarem na terra que o Eterno, o seu Deus, está dando a vocês, não adotem o modo de vida abominável das nações que vivem ali. Não ousem sacrificar seu filho no fogo. Não pratiquem adivinhação, nem magia; não façam presságios nem pratiquem feitiçaria; não façam encantamentos nem consultem espíritos ou mortos, para entrar em contato com os mortos. Os que fazem essas coisas são uma abominação para o Eterno. É exatamente por essas práticas abomináveis que o Eterno está expulsando essas nações.

LUCAS 8.52 — 9.17

52-53 Todos estavam chorando e lamentando sobre a menina. "Não chorem. Ela não morreu: está dormindo", garantiu Jesus. Mas riram dele, porque sabiam que ela estava morta.

54-56 Em seguida, Jesus tomou-a pela mão e disse: "Levante-se!". No mesmo instante, ela voltou à vida, levantou-se e respirou de novo! Jesus aconselhou os pais que dessem a ela algo para comer. Eles estavam assombrados, mas Jesus pediu segredo: "Não digam a ninguém o que aconteceu aqui".

Simplicidade é o que importa

9 **1-5** Jesus convocou os Doze e deu a eles autoridade e poder sobre os demônios e as doenças. Ele os chamou para pregar as boas notícias do Reino de Deus e curar os doentes. E os aconselhou "Não pensem que precisarão de muito equipamento para cumprir a missão. Sejam simples. *Vocês* são o equipamento. Nada de hospedagem de luxo. Hospedem-se num lugar simples e contentem-se com isso. Se não forem bem recebidos, deixem a cidade. Não façam cena. É hora de dar de ombros e continuar o caminho".

6 Assim, eles partiram. Viajaram de cidade em cidade anunciando as últimas notícias da parte de Deus — a Mensagem — e curando pessoas por onde passavam.

7-9 Quando tomou conhecimento desses fatos, o rei Herodes não sabia o que pensar. Alguns diziam que João havia voltado dos mortos, outros que Elias estava de volta, outros ainda que algum profeta dos tempos antigos havia reaparecido. Herodes estava confuso: "Eu matei João e o decapitei. Quem é esse de quem tanto falam?". Curioso, procurava uma oportunidade para ver Jesus em ação.

10-11 Os apóstolos voltaram e deram um relatório do que fizeram. Jesus levou-os para outro lugar, perto da cidade de Betsaida, mas o povo descobriu e logo foi atrás deles. Jesus recebeu todos com bondade, ensinou-lhes mais algumas coisas a respeito do Reino de Deus e curou os que precisavam de cura.

Comida para cinco mil

12 Estava quase anoitecendo, e os Doze disseram a Jesus: "Estamos no meio do nada. Despede a multidão, para que eles possam ir às fazendas e às cidades ao redor procurar um lugar para dormir e algo para comer".

13-14 "Vocês vão dar comida a eles", Jesus disse.

Eles reagiram: "Tudo o que temos são cinco pães e dois peixes. A não ser que tenhamos de ir à cidade comprar pão para toda essa gente!". (Havia mais de cinco mil pessoas ali.)

14-17 Jesus insistiu e orientou seus discípulos: "Mandem que se assentem em grupos de cinquenta". Eles obedeceram, e logo todos estavam acomodados. Ele tomou os cinco pães e os dois peixes, olhou para o céu, orou, abençoou o pão, partiu-o e entregou-o aos discípulos, junto com o peixe, para que fosse distribuído à multidão. Depois que todos comeram até ficar satisfeitos, foram recolhidos doze cestos de sobras.

SALMOS 46.7-11

7 O Deus que lutou com Jacó luta por nós,
o Senhor dos Exércitos de Anjos nos protege.

8-10 Atenção, todos!
Vejam as maravilhas do Eterno!
Ele planta flores e árvores
por toda a terra,
Põe fim à guerra do Polo Norte ao Polo Sul,
quebra todas as armas no joelho.
"Abandonem o caos!
Olhem bem para mim, seu Deus Altíssimo,
que está acima da política, acima de tudo."

11 O Deus que lutou com Jacó luta por nós,
o Senhor dos Exércitos de Anjos nos protege.

DIA 096

NOTAS

_____

DIA 096 ___/___/___

DEUTERONÔMIO 18.13 — 21.9

13-14 Sejam leais ao Eterno, o seu Deus. Essas nações que vocês estão prestes a expulsar do país se associam com magos e feiticeiros. Mas não será assim com vocês. O Eterno proíbe essas práticas.

15-16 O Eterno levantará um profeta para Israel, que sairá do meio de vocês, do convívio de seus irmãos, um profeta como eu. Deem todo crédito a ele. Foi isso que vocês pediram ao Eterno, o seu Deus, no Horebe, no dia em que estavam reunidos na montanha, quando disseram: "Já não conseguimos ouvir mais o Eterno. Não suportamos ver mais fogo. Vamos morrer!".

17-19 E o Eterno me disse: "Eles estão certos. Disseram a verdade. Vou levantar para eles um profeta dos próprios irmãos deles. Eu direi o que ele deve falar, e ele passará ao povo tudo que eu disser. E a pessoa que não der ouvidos às minhas palavras, transmitidas por ele, vai acertar as contas comigo.

20 "Mas qualquer farsante que se apresentar como profeta, que alegar dizer em meu nome algo que não autorizei ou falar em nome de outros deuses, esse profeta terá de morrer".

21-22 Talvez vocês estejam imaginando: "Como vamos saber se a mensagem veio do Eterno ou não?". Eis o teste: Se o que o profeta disse em nome do Eterno não acontecer, obviamente o Eterno não está por trás disso. Foi invenção do profeta, que deve ser ignorado.

19 **1-3** Quando o Eterno, o seu Deus, lançar fora as nações da terra que está dando a vocês e vocês se estabelecerem nas cidades e casas delas, separem três cidades de fácil acesso na terra que o Eterno, o seu Deus, está dando a vocês como sua propriedade. Dividam a terra em três partes, essa terra que o Eterno está dando como sua herança, e façam estradas para essas cidades, a fim de que qualquer pessoa que acidentalmente matar outra possa fugir para uma dessas cidades.

4-7 Esta é a orientação para aquele que matou alguém e fugiu para uma dessas cidades com o propósito de se refugiar: a morte do seu próximo tem de ser sem premeditação, e não pode haver histórico de inimizade entre eles. Por exemplo, um homem vai à floresta com seu amigo para cortar uma árvore. Ele ergue o machado, e o ferro escapa do cabo e acerta o amigo, matando-o. Ele poderá fugir para uma dessas cidades e salvar sua vida. Se a cidade estiver muito longe, o vingador de sangue poderá alcançar o que matou seu amigo no calor do ódio da perseguição e matá-lo, mesmo que ele não mereça, pois não foi culpa dele. Não havia histórico de inimizade entre eles. Por isso, ordeno: separem essas três cidades para vocês.

8-10 Quando o Eterno, o seu Deus, aumentar o território de vocês, ampliando suas fronteiras, como ele prometeu solenemente aos seus antepassados, se vocês obedecerem a tudo que estou ordenando, isto é, amando ao Eterno e fazendo sempre o que ele diz, separem outras três cidades de refúgio para que não haja a possibilidade de ser derramado sangue inocente na sua terra. Vocês estão recebendo essa terra como herança, portanto não vão contaminá-la com sangue inocente e atrair a culpa desse sangue sobre vocês, vão?

11-13 Mas, se um homem com uma história de ódio pelo seu próximo fizer uma emboscada para ele, matá-lo e, então, correr para uma dessas cidades, aí a história é outra. Os anciãos da cidade dele deverão mandar buscá-lo e entregá-lo ao vingador de sangue para ser executado. Não tenham pena dele. Eliminem a contaminação pelo sangue inocente derramado em Israel, para que vocês vivam bem e respirem ar puro.

14 Ninguém mude os marcos de divisa do seu vizinho, estabelecidos como pontos de referência pelos desbravadores para definir a propriedade de cada um.

15 Vocês não poderão condenar ninguém por um crime ou pecado pelo depoimento de uma única testemunha. Serão necessárias duas ou três testemunhas para fazer uma acusação.

16-21 Se uma testemunha falsa acusar alguém de um crime, as duas partes envolvidas na disputa deverão se apresentar ao Eterno, diante dos sacerdotes e juízes que estiverem exercendo o cargo na ocasião. Os juízes farão uma investigação minuciosa. Se a testemunha for, de fato, uma testemunha falsa e tiver mentido contra seu irmão israelita, deem a ela o mesmo remédio que ela queria ministrar à outra parte. Eliminem o mal contagioso da sua comunidade. As pessoas vão tomar mais cuidado depois de saber como vocês agiram. É uma forma de coibir esse tipo de crime entre vocês. Não tenham pena da pessoa que deu falso testemunho: é vida por vida, olho por olho, dente por dente, mão por mão, pé por pé.

20 **1-4** Quando vocês forem à guerra contra seu inimigo e perceberem que ele possui cavalos, carros e soldados em número muito superior ao de vocês, não se encolham de medo diante deles. O Eterno, que tirou vocês do Egito, está com vocês. Quando a batalha estiver prestes a começar, chamem o sacerdote para que fale às tropas. Ele dirá: "Atenção, Israel. Em alguns minutos, vocês enfrentarão seu inimigo numa batalha. Não tenham medo. Não percam o ânimo. Não hesitem. Não entrem em pânico. O Eterno, o seu Deus, estará ali com vocês, lutando também contra seus inimigos, e lutando para vencer".

5-7 Então, será a vez de os oficiais falarem. Eles dirão: "Algum homem aqui construiu uma casa nova, mas ainda não a dedicou? Que ele vá para casa agora mesmo, para que não aconteça de ele morrer em batalha e outro dedicar a casa. Algum homem aqui plantou uma vinha, mas ainda não desfrutou as uvas? Que ele vá para casa agora mesmo, para que não

aconteça de ele morrer em batalha e outro homem desfrutar suas uvas. Algum homem aqui assumiu compromisso de casamento e ainda não recebeu a esposa? Que ele vá para casa agora mesmo, para que não aconteça de ele morrer em batalha e outro receber sua mulher".

8 Os oficiais continuarão: "Há algum homem aqui que está com medo, perdeu a coragem? Que ele vá para casa agora mesmo, para que não influencie seus irmãos israelitas com seu medo e sua atitude covarde".

9 Quando acabarem de falar aos homens, os oficiais deverão designar comandantes para as tropas, que as passarão em revista.

10-15 Quando vocês estiverem para atacar uma cidade, gritem: "Paz?". Se os habitantes responderem: "Sim, paz!", e abrirem as portas, então, todos ali serão recrutados para fazer trabalhos forçados e servirão a vocês. Mas, se eles não concordarem com a paz e insistirem na guerra, vocês os atacarão. O Eterno, o seu Deus, os entregará em suas mãos. Matem todos os homens à espada. Mas não matem mulheres, crianças nem animais. Vocês poderão pegar tudo que estiver dentro da cidade como despojo para usar e comer — presente do Eterno. Será esse o procedimento para com as cidades distantes, que não pertencem às nações vizinhas de vocês.

16-18 Mas, com as cidades dos povos que o Eterno, o seu Deus, está dando a vocês como herança será diferente: não poupem ninguém. A santa destruição abrange os hititas, os amorreus, os cananeus, os ferezeus, os heveus e os jebuseus, em obediência à ordem do Eterno. O motivo é que não reste ninguém na terra para ensinar a vocês as abominações que eles praticam com seus deuses, pois vocês acabarão pecando contra o Eterno.

19-20 Quando sitiarem uma cidade, e o cerco for prolongado, não cortem as árvores em torno dela, porque serão seu alimento. Portanto, não as derrubem. Por acaso as árvores são soldados que atacam vocês com armas? A exceção são as árvores não frutíferas. Estas podem ser cortadas e usadas como vigas para a construção de engenhos de sítio contra a cidade que está resistindo a vocês, até que ela caia.

21 **1-8** Se um cadáver for encontrado no chão, esse chão que o Eterno, o seu Deus, está dando a vocês, em campo aberto, e ninguém souber quem o matou, seus líderes e juízes deverão sair e medir a distância do cadáver até as cidades mais próximas.

DIA 096

Então, os líderes e juízes da cidade mais próxima pegarão uma novilha que nunca foi usada no trabalho, que nunca usou uma canga. Eles levarão a novilha para o vale com um ribeiro de água intermitente, um vale que nunca tenha sido arado nem plantado, e ali quebrarão o pescoço da novilha. Os sacerdotes levitas se aproximarão, porque o Eterno os escolheu para servirem nessas questões, resolvendo disputas legais e crimes violentos e pronunciando bênçãos em nome do Eterno. Finalmente, os líderes da cidade mais próxima do cadáver lavarão as mãos sobre a novilha que teve o pescoço quebrado no ribeiro e dirão: "Não fomos nós que matamos esse homem e não vimos quem foi. Purifica teu povo, Israel, que resgataste, ó Eterno. Purifica teu povo, Israel, de qualquer culpa nesse assassinato".

8-9 Isso livrará vocês de qualquer responsabilidade no assassinato. Ao adotar esse procedimento, vocês serão absolvidos de qualquer participação no assassinato, porque terão feito o que é correto aos olhos do Eterno.

LUCAS 9.18-41

Não fujam do sofrimento

18Certa vez, Jesus estava orando, e seus discípulos estavam por perto. Ele perguntou: "O que o povo anda dizendo a meu respeito?".

19Eles responderam: "João, o Batista. Outros dizem que és Elias. Outros ainda dizem que um dos profetas do tempo antigo reapareceu".

20-21 Ele insistiu: "E vocês, o que dizem de mim? Quem sou eu?".

Pedro respondeu: "O Messias de Deus". Jesus pediu segredo a respeito disso. Eles não deveriam repetir para ninguém a declaração de Pedro.

22E acrescentou: "O Filho do Homem terá de passar por sofrimento. Ele será julgado e condenado pelos líderes judaicos, líderes religiosos e principais sacerdotes. Ele será morto, mas ressuscitará no terceiro dia".

23-27 Falou também do que os aguardava: "Quem quiser seguir-me tem de aceitar minha liderança. Quem está na garupa não pega na rédea. *Eu* estou no comando. Não fujam do sofrimento. Abracem-no. Sigam-me, e mostrarei a vocês como agir. Autoajuda não é ajuda, de jeito nenhum. O autossacrifício é o caminho — o *meu* caminho — para que vocês descubram sua verdadeira identidade. Qual é a vantagem de conquistar tudo que se deseja, mas perder a si mesmo? Se algum de vocês tiver vergonha de

mim e do caminho pelo qual os conduzo, o Filho do Homem irá envergonhar-se de vocês quando voltar em sua glória com o Pai e os santos anjos. Entendam que não é pouca coisa. Alguns de vocês aqui verão tudo isto acontecer: verão o Reino de Deus com os próprios olhos".

Jesus em sua glória

28-31 Cerca de oito dias depois, Jesus subiu a um monte para orar e levou consigo Pedro, João e Tiago. Enquanto orava, a aparência de seu rosto mudou, e suas roupas ficaram brancas a ponto de ofuscar a vista. Dois homens apareceram para conversar com ele. Eram Moisés e Elias! Que aparição gloriosa! Eles falavam a respeito da partida de Jesus para Jerusalém.

32-33 Enquanto isso, Pedro e os demais haviam caído no sono. Quando acordaram, esfregando os olhos, viram Jesus em sua glória com Moisés e Elias. Depois que Moisés e Elias se retiraram, Pedro disse a Jesus: "Senhor, este é um momento sublime! Vamos construir três memoriais — um para o senhor, um para Moisés e outro para Elias". Ele falava sem pensar.

34-35 Nesse instante, uma nuvem brilhante os envolveu. Dentro da nuvem, todos tiveram profunda consciência da presença de Deus. Lá dentro, ouviram uma voz: "Este é meu Filho, marcado pelo meu amor. Ouçam-no!".

36Quando a voz cessou, eles viram Jesus sozinho. Por um bom tempo ficaram em silêncio. Nem mesmo entre si comentaram o que tinham visto.

37-40 No dia seguinte, quando desceram o monte, uma grande multidão os aguardava. Então, um homem gritou do meio do povo: "Mestre, por favor, estou suplicando pelo meu filho, meu único filho! Um espírito costuma se apoderar dele. Ele começa a gritar, tem convulsões, fica babando e perde a cor. Pedi aos teus discípulos que o libertassem, mas não puderam".

41Jesus suspirou: "Mas que geração! Vocês não conhecem Deus! Até quando vou ter de aguentar esse tipo de coisa! Quantas vezes ainda vou ter de passar por isso? Traga seu filho aqui!".

SALMOS 47.1-9a

Um salmo dos filhos de Coré

47 **1-9**Aplaudam, todos. Bravo, bravíssimo! Cantem para Deus com todas as forças!

²Nenhum filho bastardo poderá entrar na congregação do Eterno, até a décima geração, tampouco seus filhos.

³⁻⁶Nenhum amonita ou moabita poderá entrar na congregação do Eterno, até a décima geração, tampouco seus filhos. Essas nações não foram receptivas a vocês na sua jornada quando vocês vieram do Egito. Além disso, contrataram Balaão, filho de Beor, de Petor, na Mesopotâmia, para amaldiçoar vocês. O Eterno, o seu Deus, se recusou a dar ouvidos a Balaão, mas transformou a maldição em bênção – como o Eterno ama vocês! Não façam nenhuma espécie de acordo com eles nem coisa alguma por eles, nunca.

⁷Mas não desprezem o edomita: ele é seu irmão. E não desprezem o egípcio: vocês foram estrangeiros na terra deles.

⁸Os filhos dos edomitas e dos egípcios poderão entrar na congregação do Eterno na terceira geração.

⁹⁻¹¹Quando vocês estiverem acampados, antes de uma batalha, tentem ficar longe de qualquer coisa ritualmente impura. Se algum dos seus homens se tornou ritualmente impuro por causa de poluição noturna, ele precisará sair do acampamento e ficar ali até o entardecer. À tarde, ele irá se lavar e voltará ao acampamento ao pôr do sol.

¹²⁻¹⁴Demarquem uma área fora do acampamento, na qual vocês possam fazer suas necessidades fisiológicas. Além das armas, levem uma pá. Depois de evacuar, façam um buraco com a pá e cubram os excrementos. O Eterno, o seu Deus, anda pelo acampamento. Ele está presente para libertar vocês e dar a vitória sobre os inimigos. Portanto, mantenham o acampamento santo: não tolerem nada que seja indecente ou ofensivo aos olhos do Eterno.

LUCAS 9.42-62

⁴²⁻⁴³Enquanto o menino era trazido, o demônio derrubou-o ao chão com fortes convulsões. Jesus ordenou ao espírito imundo que saísse, curou o menino e entregou-o ao pai. O povo ficou perplexo e maravilhado diante da majestosa grandeza de Deus.

A prioridade é a vida

⁴³⁻⁴⁴Os discípulos permaneceram ali, ainda não recuperados do assombro diante de tudo que Jesus havia realizado. Ele anunciou ao grupo: "O Filho do Homem está para ser traído por gente que não quer nada com Deus".

⁴⁵Eles não sabiam do que ele estava falando. Era como se ele falasse uma língua desconhecida, e, mesmo sem entender nada, tinham vergonha de perguntar o que ele estava querendo dizer.

⁴⁶⁻⁴⁸Começaram, então, a discutir sobre quem deles era o maior. Quando Jesus percebeu a importância que davam a isso, pôs uma criança ao seu lado e declarou: "Quem recebe uma dessas crianças, como eu estou fazendo, também me recebe. E quem me recebe está recebendo aquele que me enviou. Vocês se tornam grandes pelo que aceitam, não pela opinião que conseguem impor. É o espírito de vocês, não a grandeza, que faz diferença".

⁴⁹Então, João disse a Jesus: "Mestre, vimos um homem usando teu nome para expulsar demônios e o impedimos, porque ele não é do nosso grupo".

⁵⁰Jesus reprovou-os: "Não o impeçam. Se ele não é inimigo, é aliado".

⁵¹⁻⁵⁴A hora de sua ascensão se aproximava. Numa atitude corajosa, Jesus decidiu ir para Jerusalém e enviou alguns mensageiros a uma cidade samaritana, a fim de fazer preparativos para a viagem. Mas, quando os samaritanos souberam que o destino dele era Jerusalém, recusaram-se a recebê-lo. Quando ficaram sabendo disso, Tiago e João disseram: "Mestre, o senhor quer que invoquemos um raio do céu para acabar com eles?".

⁵⁵⁻⁵⁶Jesus os repreendeu: "Claro que não!". Foram, então, para outra cidade.

⁵⁷No caminho, alguém pediu permissão para acompanhar Jesus: "Com o senhor irei para qualquer lugar".

⁵⁸Jesus foi incisivo: "Você está mesmo pronto para me seguir? Saiba que não costumamos ficar em boas hospedagens".

Jesus disse a outro homem: "Siga-me!".

⁵⁹Ele respondeu: "Tudo bem, só que preciso de alguns dias. Tenho de acertar a questão do sepultamento do meu pai".

⁶⁰Jesus afirmou: "As coisas mais importantes primeiro. A prioridade é a vida, não a morte. A vida é urgente: anuncie o Reino de Deus!".

⁶¹Outro declarou: "Estou pronto para seguir o senhor, Mestre, mas antes preciso acertar as coisas lá em casa".

⁶²Jesus reagiu: "Sem adiamentos. Nada de olhar para trás. Ninguém pode deixar o Reino de Deus para amanhã. A oportunidade é para hoje".

DIA 098

SALMOS 47.1-9b

Ele é Senhor sobre a terra,
então cantem suas melhores canções
para Deus.
Deus é Senhor das nações pagãs —
o Soberano, o Rei.
Príncipes de todos os lugares estão reunidos
com o povo do Deus de Abraão.
Os poderes da terra pertencem a Deus —
ele se eleva sobre todos.

NOTAS

DIA 098 ___/___/___

DEUTERONÔMIO 23.15 — 26.5

[15-16] Não devolvam o escravo fugitivo ao seu senhor. Ele procurou vocês em busca de refúgio. Permitam que ele viva onde quiser, protegido pelos muros da cidade. Não se aproveitem dele.

[17-18] Nenhuma filha em Israel poderá tornar-se prostituta cultual, e nenhum filho em Israel poderá tornar-se prostituto cultual. E não tragam os ganhos de prostituta sagrada ou de sacerdote cafetão para a casa do Eterno, o seu Deus, para pagar qualquer voto: Dinheiro dessa origem é abominação para o Eterno.

[19-20] Não cobrem juros dos seus irmãos israelitas nas operações de empréstimo: nem de dinheiro, nem de comida, nem de roupa, nem de qualquer outra coisa que possa gerar alguma cobrança. Vocês poderão cobrar juros dos estrangeiros, mas não de seus irmãos. Dessa forma, o Eterno, o seu Deus, abençoará o trabalho de vocês e a terra que vocês estão prestes a conquistar.

[21-23] Quando vocês fizerem um voto ao Eterno, o seu Deus, não adiem seu cumprimento. O Eterno espera que vocês o cumpram: se não o fizerem, serão culpados. Mas se não tiverem feito voto, não há pecado. Se vocês disserem que vão fazer algo, façam. Cumpram o voto que vocês fizeram voluntariamente ao seu Deus. Vocês prometeram, então, cumpram.

[24-25] Quando vocês entrarem na vinha do seu próximo, poderão comer todas as uvas que quiserem até ficarem satisfeitos, mas não poderão pôr uma única uva na cesta para levar. E, quando passarem por uma roça de trigo maduro, poderão colher as espigas com as mãos, mas nada de usar a foice para cortar o trigo do seu próximo.

24 [1-4] Se um homem casar com uma mulher e acontecer de ele não gostar mais dela, porque encontrou algo de errado em sua esposa, ele poderá dar a ela a certidão de divórcio. Deve entregá-la em mãos e mandá-la embora. Depois que ela o deixar, se ela se tornar a mulher de outro homem e o segundo marido também a desprezar e der a certidão de divórcio a ela e mandá-la embora ou morrer, o primeiro marido, que se divorciou dela, não poderá se casar com ela outra vez. Ela se tornou ritualmente impura, e seu novo casamento com ele seria uma abominação na presença do Eterno. Ele contaminaria a terra com pecado, essa terra que o Eterno está dando a vocês como herança.

⁵ Quando um homem tomar uma nova esposa, ele não deve sair para a guerra nem ser obrigado a desempenhar outra função pública. Ele tem direito a um ano de licença para ficar em casa e fazer sua esposa feliz.

⁶ Não tomem um moinho ou a pedra superior do moinho como garantia de um empréstimo. Vocês estariam tomando o meio de sobrevivência da pessoa.

⁷ Se um homem for flagrado sequestrando outro israelita para escravizá-lo ou vendê-lo, o sequestrador terá de morrer. Eliminem esse mal do meio de vocês.

⁸⁻⁹ Aviso: Se uma séria doença de pele irromper, sigam à risca as orientações dos sacerdotes levitas, como ordenei a eles. Não se esqueçam do que o Eterno, o seu Deus, fez a Miriã no caminho, depois que vocês saíram do Egito.

¹⁰⁻¹³ Quem fizer um empréstimo de qualquer tipo ao próximo não poderá entrar na casa dele para tomar o objeto de garantia do empréstimo. Deverá esperar do lado de fora da casa. Deverá deixar que o homem que tomou o empréstimo traga o objeto de garantia até ele. E, se o que pediu o empréstimo for pobre, o que concedeu o empréstimo não deverá usar o manto dele para dormir: terá de devolvê-lo antes do anoitecer, para que ele possa se cobrir e abençoar a pessoa que concedeu o empréstimo a ele. Aos olhos do Eterno, o seu Deus, isso será considerado um ato justo.

¹⁴⁻¹⁵ Não se aproveitem do trabalhador pobre e necessitado, seja um irmão israelita, seja um estrangeiro que viva na sua cidade. Paguem ao final de cada dia de trabalho, porque ele depende do salário de cada dia para viver e precisa do dinheiro no ato. Se você retiver o pagamento dele, ele reclamará ao Eterno, e você terá um pecado na sua ficha.

¹⁶ Os pais não poderão ser mortos por causa dos filhos, nem os filhos por causa dos pais. Cada pessoa terá de morrer pelos próprios pecados.

¹⁷⁻¹⁸ Cuidem para que os estrangeiros e os órfãos não sejam prejudicados em seus direitos. Não tomem o manto da viúva como garantia de empréstimo. Nunca se esqueçam de que vocês foram escravos no Egito e de que o Eterno, o seu Deus, os tirou de lá. Eu ordeno: façam o que estou dizendo.

¹⁹⁻²² Quando vocês fizerem a colheita do cereal e deixarem cair um feixe no campo, não voltem para apanhá-lo: deixem-no para os estrangeiros, os órfãos e as viúvas; assim, o Eterno, o seu Deus, abençoará o seu trabalho. Quando vocês sacudirem as azeitonas das oliveiras, não voltem aos galhos para tirar o restante – o que ficou deverá ser deixado para os estrangeiros, órfãos e viúvas. E, quando vocês colherem as uvas da sua vinha, não colham todas elas: deixem algumas para os estrangeiros, órfãos e viúvas. Nunca se esqueçam de que vocês foram escravos no Egito. Façam o que estou ordenando.

25 ¹⁻³ Quando os homens tiverem algum litígio, levem a causa para o tribunal. Os juízes terão de decidir entre eles, declarando um inocente e o outro culpado. Se o culpado merecer castigo, o juiz exigirá que o homem se deite diante dele e receba tantos açoites quantos forem devidos pelo seu delito, mas o número nunca deve exceder quarenta. Infligir mais de quarenta açoites é degradante para o ser humano. ⁴ Não amordacem o boi enquanto ele estiver debulhando o cereal.

⁵⁻⁶ Se dois irmãos morarem juntos e um deles morrer sem deixar filhos, a viúva do irmão morto não se casará com um estranho, mas com alguém da família: o irmão de seu marido deverá se casar com ela e, assim, cumprirá para com ela o dever de cunhado. O primeiro filho que ela tiver levará o nome do marido morto, para que, assim, seu nome não seja apagado de Israel.

⁷⁻¹⁰ Mas, se o irmão não quiser se casar com a cunhada, ela deverá procurar os líderes, na porta da cidade e dizer: "Meu cunhado recusa-se a manter vivo em Israel o nome de meu marido. Ele não concorda em cumprir seu dever de cunhado para comigo". Então, os líderes chamarão o irmão do morto para interrogá-lo. Se ele continuar teimando e disser: "Não quero me casar com ela", a cunhada deverá tirar a sandália do pé dele, cuspir no rosto dele e dizer: "É isso que acontece ao homem que se recusa a manter vivo o nome e a família de seu irmão; sejam os descendentes dele conhecidos em Israel como 'a família do sem-sandália' ".

¹¹⁻¹² Quando dois homens estiverem brigando, e a mulher de um deles, para livrar seu marido, pegar o outro pelos órgãos genitais, vocês deverão cortar a mão dela. Não tenham pena.

DIA 098

13-16 Não carreguem na bolsa dois padrões de peso, um maior e outro menor, nem usem dois padrões de medida, um maior e outro menor. Usem apenas um padrão de peso, correto e honesto, e apenas uma medida, correta e honesta, para que tenham vida longa na terra que o Eterno, o seu Deus, está dando a vocês. Pesos e medidas desonestos são uma abominação para o Eterno – bem como toda corrupção no mundo dos negócios!

17-19 Não se esqueçam do que os amalequitas fizeram no caminho depois que vocês saíram do Egito: eles os atacaram quando vocês, de tão cansados, mal conseguiam pôr um pé na frente do outro, e mataram, sem dó nem piedade, os israelitas que ficaram para trás. Não tiveram temor algum do Eterno. Depois que o Eterno, o seu Deus, der a vocês o descanso de todos os seus inimigos à sua volta, na terra que receberem por herança, vocês terão mais uma tarefa: apagar o nome dos amalequitas da face da terra. Não se esqueçam!

26 1-5 Depois de entrar na terra que o Eterno, o seu Deus, está dando a vocês como herança e se estabelecer nela, separem parte dos primeiros frutos de tudo que vocês plantaram, ponham esses produtos numa cesta e levem-nos ao lugar determinado pelo Eterno para adoração. Vocês deverão procurar o sacerdote que estiver de serviço e dizer: "Declaro ao Eterno, o seu Deus, hoje, que vim para a terra que o Eterno prometeu aos nossos antepassados que nos daria". O sacerdote receberá a cesta de vocês e a depositará no altar do Eterno. E, ali, na presença do seu Deus, vocês declararão:

LUCAS 10.1-22

Cordeiros no meio de lobos

10 1-2 Depois disso, o Senhor selecionou setenta discípulos e enviou-os em duplas a todas as cidades e lugares que pretendia visitar, destacando a seriedade da tarefa: "Uma colheita tão grande, e tão poucos trabalhadores! Portanto, de joelhos. Peçam ao Deus da colheita que envie trabalhadores.

3 "Podem ir, mas sejam cautelosos! O trabalho é perigoso. Vocês serão como cordeiros no meio de lobos.

4 "Levem pouca coisa, o mínimo necessário. Nada de bagagem extra. Não percam tempo. Evitem conversas longas com aqueles que encontrarem pelo caminho.

5-6 "Quando entrarem numa casa, cumprimentem a família com 'Paz!'. Se a saudação for recebida, é um bom lugar para ficar. Se não for recebida, peguem-na de volta e saiam. Não forcem nenhuma situação.

7 "Hospedem-se numa casa e façam suas refeições ali, pois o trabalhador merece três refeições por dia. Não fiquem mudando de casa, procurando a melhor cozinha da cidade.

8-9 "Se, forem recebidos numa cidade, comam o que for oferecido, curem quem estiver doente ali e anunciem: 'O Reino de Deus está aqui, diante de vocês!'.

10-12 "Se, ao entrar numa cidade não forem recebidos, saiam às ruas e gritem: 'A única coisa que ganhamos aqui foi a poeira das sandálias, e nós a devolvemos. Vocês sabiam que o Reino de Deus estava bem diante de vocês?'. Sodoma receberá um tratamento melhor no dia do juízo que a cidade que decidir rejeitar vocês.

13-14 "Castigo para Corazim! Castigo para Betsaida! Se fosse concedida a Tiro e Sidom metade das oportunidades que vocês tiveram, elas estariam de joelhos há muito tempo, arrependidas, clamando por misericórdia. Tiro e Sidom serão tratadas com menos rigor que vocês no dia do juízo.

15 "E você, Cafarnaum! Acha que será promovida ao céu? Pense bem. Você está é descendo a ladeira para o inferno.

16 "Quem ouvir vocês está me ouvindo. Quem rejeitar está me rejeitando. E me rejeitar é o mesmo que rejeitar Deus, que me enviou".

17 Depois disso, os setenta voltaram eufóricos: "Senhor, até os demônios se submetem, por causa do teu nome!".

18-20 Jesus disse: "Eu sei. Vi a queda de Satanás. Parecia um raio caindo do céu. Perceberam o que dei a vocês? É um salvo-conduto para caminhar no meio de serpentes e escorpiões e uma proteção contra qualquer ataque do Inimigo. Ninguém pode pôr as mãos em vocês, mas o grande trunfo não está na autoridade de vocês sobre o mal, e sim na autoridade e na presença de Deus em vocês. Alegrem-se não com o que vocês fazem para Deus, mas com o que Deus faz por vocês".

21 Jesus sentiu nessa hora uma incontida alegria no Espírito Santo e exclamou: "Graças te dou, Pai, Senhor do céu e da terra, porque escondeste essas coisas dos que se acham sábios e as revelaste a gente simples e novos na fé! Sim, Pai, foi dessa maneira que quiseste agir.

22 "Meu Pai tudo me concedeu! Só o Pai sabe quem é o Filho, e só o Filho sabe quem é o Pai. O Filho pode apresentar o Pai a quem quiser".

SALMOS 48.1-8

Um salmo dos filhos de Coré

48 **1-3** Majestoso é o Eterno!
Os louvores ecoam na cidade de Deus!
Teu monte sagrado
é alto de tirar o fôlego; é a alegria da terra.
O monte de Sião é visto no norte,
a cidade do Rei do mundo.
Deus está na sua cidadela elevada,
indestrutível.

4-6 Os reis se uniram,
e vieram todos juntos.
Deram uma olhada e balançaram a cabeça;
depois se dispersaram e fugiram.
Eles se curvaram de dor
como se fossem mulheres em
trabalho de parto.

7-8 Tu esmagaste os navios de Társis
com uma tempestade vinda do leste.
Ouvimos a notícia, depois vimos
com os próprios olhos —
Na cidade do Senhor dos Exércitos de Anjos,
na cidade do nosso Deus,
Estabelecida sobre sólidos alicerces,
firme para sempre.

◼ NOTAS

IIIIIIIIIIIIIIIIIIIIIIIIIIIIIIIIIIIIIIIIIIIIIIIIIIIIIIII

☐ DIA **099** __/__/__

DEUTERONÔMIO 26.5 — 28.14

5-10 Meu pai foi um arameu errante;
Ele desceu ao Egito e viveu lá,
Só ele e um punhado de gente
no começo, mas, logo,
Eles se tornaram uma grande nação,
forte e numerosa.
Os egípcios abusaram de nós
e nos oprimiram,
Com uma escravidão cruel e selvagem.
Mas gritamos ao Eterno,
o Deus dos nossos pais.
Ele ouviu nossa voz, viu
Nosso desamparo, nossa desgraça,
nossa situação miserável.
E o Eterno nos tirou do Egito
Com sua mão forte e seu braço comprido,
temível e grande,
Com sinais, milagres e maravilhas.
E ele nos trouxe para este lugar,
Deu-nos esta terra em que manam leite e mel.
Portanto, aqui estou.
Trouxe os primeiros frutos
Do que plantei nesta terra que tu me deste,
ó Eterno.

10-11 Então, depositem a cesta na presença do Eterno, o seu Deus. Curvem-se diante dele e alegrem-se! Celebrem todas as boas coisas que o Eterno, o seu Deus, deu a vocês e suas famílias. Celebrem com os levitas e os estrangeiros que vivem no meio de vocês.

DIA 099

¹²⁻¹⁴ A cada três anos, no ano do dízimo, deem a décima parte das suas colheitas aos levitas, estrangeiros, órfãos e viúvas, para que eles tenham sua provisão nas suas cidades. Na presença do Eterno, o seu Deus, digam:

Eu trouxe a porção sagrada
E dei-a ao levita, ao estrangeiro,
    ao órfão e à viúva.
O que me ordenaste, eu fiz.
Não fiz rodeios para praticar
    teus mandamentos,
Não me esqueci de nenhum deles.
Não comi da porção sagrada
    enquanto estava de luto,
Nem tirei nada enquanto estava
    ritualmente impuro,
Nem usei nada para oferecer em funerais.
Ouvi e obedeci à voz do Eterno, o meu Deus.
Vivi de acordo com o que ordenaste.

¹⁵ Olha da tua santa morada no céu!
Abençoa teu povo, Israel,
    e o solo que nos deste,
Como prometeste a nossos antepassados,
Esta terra em que manam leite e mel.

¹⁶⁻¹⁷ Hoje, o Eterno, o seu Deus, ordena que vocês sigam esses decretos e regulamentos, que os pratiquem com dedicação total. Vocês renovaram seus votos hoje, afirmando que o Eterno é seu Deus e que vocês viverão de acordo com o que ele ordenar. Façam o que está expresso nos decretos, regulamentos e mandamentos. E sejam obedientes a ele.

¹⁸⁻¹⁹ E, hoje, o Eterno reafirmou que vocês são um tesouro cuidadosamente guardado, como ele prometeu, um povo designado a guardar seus mandamentos, estabelecido acima de todas as outras nações que ele criou, superior em louvor, fama e honra. Vocês são um povo santo para o Eterno, o seu Deus. Isso foi o que ele prometeu.

27 ¹⁻³ Moisés deu esta ordem aos líderes de Israel: obedeçam a todos os mandamentos que estou promulgando hoje. No dia em que vocês atravessarem o Jordão para a terra que o Eterno, o seu Deus, está dando a vocês, levantem pedras grandes e pintem-nas com cal. Depois de cruzar o rio, escrevam, nas pedras, todas as palavras desta Revelação, para que entrem na terra que o Eterno, o seu Deus, está dando a vocês, essa terra

que transborda de leite e mel, prometida a vocês pelo Deus de seus pais.

⁴⁻⁷ Assim, depois de cruzar o Jordão, levantem essas pedras no monte Ebal e pintem-nas com cal. Construam um altar de pedras para o Eterno, o seu Deus, nesse monte. Não empreguem ferramentas de ferro nas pedras. Construam um altar com pedras brutas e ofereçam nele suas ofertas queimadas ao Eterno. Vocês devem apresentar suas ofertas de paz e comê-las ali, alegrando-se na presença do Eterno.

⁸ Escrevam, nas pedras, de forma legível, todas as palavras desta Revelação.

⁹⁻¹⁰ Moisés e os sacerdotes levitas falaram a todo o povo de Israel: Silêncio! Ouça atentamente, povo de Israel. Neste dia, vocês se tornaram o povo do Eterno, o seu Deus. Ouçam a voz do Eterno. Obedeçam aos seus mandamentos e regulamentos que hoje estão sendo promulgados.

¹¹⁻¹³ Nesse mesmo dia, Moisés ordenou: Depois que vocês cruzarem o Jordão, as seguintes tribos estarão no monte Gerizim para abençoar o povo: Simeão, Levi, Judá, Issacar, José e Benjamim. E estas tribos estarão no monte Ebal, para pronunciar a maldição: Rúben, Gade, Aser, Zebulom, Dã e Naftali.

¹⁴⁻²⁶ Os levitas, agindo como porta-vozes e falando em voz alta, anunciarão a Israel:

A maldição do Eterno sobre todo aquele que
    esculpir ou fundir um ídolo –
    uma abominação para o Eterno, feita por
    artesões – e o erigir em segredo.

E todos responderão: *Sim. Com certeza.*
A maldição do Eterno sobre todo aquele que
    desonrar seu pai ou sua mãe.
E todos responderão: *Sim. Com certeza.*
A maldição do Eterno sobre todo aquele que
    mudar os marcos de divisa do seu vizinho.
E todos responderão: *Sim. Com certeza.*
A maldição do Eterno sobre todo aquele que fizer
    um cego errar o caminho.
E todos responderão: *Sim. Com certeza.*
A maldição do Eterno sobre todo aquele que
    interferir na justiça devida ao estrangeiro,
    ao órfão e à viúva.
E todos responderão: *Sim. Com certeza.*
A maldição do Eterno sobre todo aquele que tiver
    relações sexuais com a esposa de seu pai: ele
    desonrou a mulher de seu pai.

E todos responderão: *Sim. Com certeza.*
A maldição do Eterno sobre todo aquele que tiver relações sexuais com um animal.
E todos responderão: *Sim. Com certeza.*
A maldição do Eterno sobre todo aquele que tiver relações sexuais com sua irmã, filha de seu pai ou de sua mãe.
E todos responderão: *Sim. Com certeza.*
A maldição do Eterno sobre todo aquele que tiver relações sexuais com sua sogra.
E todos responderão: *Sim. Com certeza.*
A maldição do Eterno sobre todo aquele que matar o próximo em segredo.
E todos responderão: *Sim. Com certeza.*
A maldição do Eterno sobre todo aquele que aceitar suborno para matar uma pessoa inocente.
E todos responderão: *Sim. Com certeza.*
A maldição do Eterno sobre todo aquele que não puser em prática as palavras desta Revelação.
E todos responderão: *Sim. Com certeza.*

28 [1-6] Se vocês ouvirem atentamente a Voz do Eterno, o seu Deus, e obedecerem de coração a todos os seus mandamentos que hoje estou promulgando, o Eterno os elevará muito acima das outras nações do mundo. Todas estas bênçãos virão sobre vocês e se espalharão além de vocês se obedecerem à Voz do Eterno, o seu Deus:

A bênção do Eterno na cidade;
A bênção do Eterno no campo;
A bênção do Eterno sobre os seus filhos e sobre as colheitas das suas terras,
os filhotes de suas criações
as crias do seu gado,
os cordeiros dos seus rebanhos.
A bênção do Eterno sobre sua cesta de pão;
A bênção do Eterno sobre tudo que fizerem.

[7] O Eterno derrotará os inimigos que atacarem vocês. Eles virão por uma estrada e fugirão por sete.
[8] O Eterno ordenará uma bênção sobre seus celeiros e sobre seu trabalho. Ele os abençoará na terra que está dando a vocês.
[9] O Eterno os separará como povo santo para ele, como prometeu, se vocês obedecerem a ele e viverem conforme o que ele determinou.

[10] Todos os povos da terra darão testemunho da vida que vocês vivem sob o nome do Eterno e terão grande respeito por Israel.

[11-14] O Eterno derramará grande prosperidade sobre vocês, sobre os filhos do seu ventre, as crias dos seus animais e as colheitas da sua terra, a terra que ele prometeu aos seus antepassados dar a vocês. O Eterno abrirá as janelas do céu derramará chuvas sobre a terra na época certa e abençoará o trabalho que vocês empreenderem. Vocês emprestarão a muitas nações, mas nunca precisarão tomar emprestado. O Eterno fará de vocês cabeça das nações, não cauda. Vocês sempre estarão por cima, nunca por baixo, se obedecerem fielmente e forem diligentes em cumprir as ordens do Eterno, o seu Deus, que estou anunciando hoje. Não vacilem. Não se desviem nem mesmo um centímetro para a direita ou para a esquerda das palavras que estou dizendo a vocês: não sigam nem adorem outros deuses.

LUCAS 10.23-42

[23-24] Dirigindo-se aos discípulos em particular, disse: "Abençoados são os olhos que veem o que vocês estão vendo! Muitos profetas e reis teriam dado a vida para ver o que estão vendo e ouvir o que vocês estão ouvindo, mas não tiveram essa oportunidade".

Quem é meu próximo?

[25] Naquele momento, para testar Jesus, um líder religioso lhe perguntou: "Mestre, o que preciso fazer para ter a vida eterna?".
[26] Ele respondeu: "O que está escrito na Lei de Deus? Como você a interpreta?".
[27] Ele disse: "Ame o Senhor seu Deus com toda a paixão, toda a fé, toda a inteligência e todas as forças; e ame o próximo como a você mesmo".
[28] "Boa resposta!", disse Jesus. "Faça isso e viverá."
[29] Querendo fugir da resposta, ele perguntou: "Como saber quem é o 'próximo'?".
[30-32] Jesus respondeu com uma história: "Certa vez, um homem viajava de Jerusalém para Jericó. No caminho, foi atacado por ladrões. Eles o espancaram e fugiram com suas roupas, deixando-o quase morto. Pouco depois, um sacerdote passou por aquela estrada, mas, quando viu o homem, esquivou-se e simplesmente foi para o outro lado. Em seguida, surgiu um religioso levita. Ele também evitou o homem ferido.
[33-35] "Um samaritano que viajava por aquela estrada aproximou-se do ferido. Quando viu o estado do homem, sentiu muita pena dele. Aplicou ao ferido os primeiros socorros, desinfetando os ferimentos e fazendo alguns curativos. Pôs o

DIA 100

homem sobre o jumento em que viajava e levou-o até uma pensão. Na manhã seguinte, entregou duas moedas de prata ao dono da pensão e disse: 'Cuide bem dele. Se custar mais, ponha na minha conta; pago quando voltar'.

36 "O que você acha? Qual dos três é o próximo do homem atacado pelos ladrões?".

37 "Aquele que o tratou com bondade", respondeu o líder religioso.

Jesus concluiu: "Faça a mesma coisa".

Maria e Marta

38-40 Jesus prosseguiu viagem e entrou numa cidade. Uma mulher chamada Marta o recebeu em casa, deixando-o bem à vontade. Era irmã de Maria, que se assentou aos pés do Mestre e ouviu atenta a tudo que ele dizia, enquanto Marta estava ocupada com os afazeres na cozinha. Algum tempo depois, ela os interrompeu: "Mestre, o senhor não se incomoda em saber que minha irmã deixou todo o trabalho da cozinha para mim? Mande-a me ajudar!".

41-42 Ele respondeu: "Minha querida Marta, você está fazendo tempestade em copo d'água. Está se preocupando à toa. Só uma coisa importa, e Maria a escolheu. É o prato principal. Não vou tirar isso dela".

SALMOS 48.9-14

9-10 Nós meditamos no teu amor em ação, Deus,
esperando no teu templo:
Teu nome, ó Deus, evoca uma sequência
de louvores onde quer que
Seja pronunciado, perto ou longe;
teus braços sempre cheios de
bondade em ação.

11 Alegre-se, monte de Sião!
Dancem, filhas de Judá!
Ele cumpre o que promete!

12-14 Circulem por Sião, tomem sua medida,
contem o número de seus fortes,
Observem seu baluarte inclinado,
subam os cumes de sua cidade-satélite –
Então, poderão contar à próxima geração,
com todos os detalhes, a história de quem é o
nosso Deus,

Nosso Deus para sempre,
que nos guia até o fim dos nossos dias.

◢ NOTAS

□ **DIA 100** ___ / ___ / ___

DEUTERONÔMIO 28.15-68

15-19 Vou dizer agora o que acontecerá se vocês não ouvirem atentamente a Voz do Eterno, o seu Deus, e não obedecerem diligentemente a todos os mandamentos e instruções que estão ouvindo hoje aqui. Todas estas maldições cairão sobre vocês:

A maldição do Eterno na cidade;
A maldição do Eterno no campo;
A maldição do Eterno sobre sua cesta de pão;
A maldição do Eterno sobre os seus filhos e sobre as colheitas das suas terras, os filhotes de suas criações, as crias do seu gado, os cordeiros dos seus rebanhos.
A maldição do Eterno sobre sua chegada;
A maldição do Eterno sobre sua saída.

20 O Eterno enviará maldição, confusão e oposição sobre tudo que tentarem fazer, até que tenham sido destruídos e não reste nada de vocês – tudo por causa do mal que fizeram e que levou vocês a me abandonarem. **21** O Eterno infectará vocês com doença, varrendo vocês da terra que, daqui a pouco, irão conquistar. **22** O Eterno fará cair sobre vocês doenças contagiosas, febre, inflamação, calor ardente, seca, ferrugem e mofo, que os perseguirão até que morram.

23-24 O céu sobre vocês se tornará como um telhado de ferro, e o solo debaixo dos pés, uma placa de concreto. O Eterno fará chover cinza e pó até vocês sufocarem. **25-26** O Eterno derrotará vocês por meio de ataques dos inimigos. Vocês investirão contra seus inimigos por uma estrada e fugirão por sete. Todos os reinos da terra olharão para vocês, porque vocês terão se tornado motivo de horror. Seus cadáveres servirão de alimento para as aves e para os animais terrestres, e ninguém os enxotará. **27-29** O Eterno ferirá vocês com as úlceras do Egito, com hemorroidas, feridas purulentas e coceiras sem cura. Ele castigará vocês com loucura, cegueira e perturbação mental. Vocês ficarão tateando à sua volta ao meio-dia, como um cego tentando achar seu caminho numa escuridão sem fim, e nunca chegarão ao seu destino. Não passará um dia sem que vocês sejam oprimidos e roubados. E ninguém virá socorrê-los. **30-31** Seus homens ficarão noivos de uma mulher, mas ela será amante de outro homem. Vocês construirão uma casa, mas nunca morarão nela. Plantarão uma horta, e não comerão mais que uma cenoura dela. Verão seu boi ser abatido, mas não ganharão um único bife dele. Seu jumento será roubado diante de vocês e nunca será devolvido. Suas ovelhas serão enviadas a seus inimigos, e ninguém mexerá um dedo para ajudar vocês. **32-34** Seus filhos e filhas serão enviados a estrangeiros. Seus olhos cansarão de olhar para eles, sem poder fazer nada. Suas colheitas e tudo que vocês tiverem produzido serão comidos e usados por estrangeiros. Vocês passarão o resto da vida oprimidos e jogados de um lado para o outro. As coisas que irão presenciar os levarão à loucura. **35** O Eterno castigará vocês com feridas doloridas nos joelhos e nas pernas, e não haverá cura nem alívio, dos pés à cabeça.

36-37 O Eterno levará vocês e o rei que tiverem escolhido para uma terra da qual nem vocês nem seus antepassados ouviram falar. Ali vocês adorarão outros deuses, falsos deuses de madeira e de pedra. O tratamento que vocês receberão desses povos será tão cruel que servirá de lição e provérbio para os outros!

38-42 Vocês plantarão sacos e sacos de sementes, mas não colherão quase nada – os gafanhotos devorarão tudo. Plantarão e cultivarão vinhas, mas não beberão nem servirão vinho algum – os vermes acabarão com elas. Terão pomares de oliveiras por todos os lugares, mas não terão azeite para passar no rosto ou nas mãos – as azeitonas já terão caído. Vocês terão filhos e filhas, mas eles não serão seus por muito tempo, porque irão para o cativeiro. Enxames de gafanhotos tomarão conta de suas árvores e plantações.

43-44 O estrangeiro que vive entre vocês subirá cada vez mais alto, enquanto vocês caem cada vez mais no buraco. Ele emprestará para vocês, mas vocês não emprestarão para ele. Ele será cabeça; e você, cauda.

45-46 Todas essas maldições virão sobre vocês. Elas os perseguirão e alcançarão até que não reste nada de vocês, se não obedecerem à voz do Eterno, o seu Deus, e não cumprirem diligentemente os seus mandamentos e instruções que estou transmitindo a vocês. As maldições serão marcos e advertências para seus descendentes. **47-48** Se vocês não servirem ao Eterno, o seu Deus, com alegria e dedicação total na prosperidade, terão de servir aos inimigos que o Eterno enviar contra vocês. A vida será fome e seca, trapos e miséria, e, depois, ele porá uma canga de ferro sobre vocês e acabará de destruí-los. **48-52** Sim, o Eterno levantará uma nação de um lugar distante contra vocês, que mergulhará sobre vocês como uma águia, uma nação cuja língua vocês não entenderão, um povo impiedoso, cruel até para com velhinhos e bebês. Eles devorarão as crias dos seus animais e suas plantações até que vocês estejam falidos. Não deixarão nada para trás: vinho, cereal, azeite, bezerros, cordeiros e, por fim, vocês mesmos.

Eles sitiarão vocês, que estarão encolhidos atrás das portas das suas cidades. Eles derrubarão os muros altos e imponentes que, antes, faziam vocês se sentirem muito seguros. Eles sitiarão suas cidades fortificadas no país que o Eterno, o seu Deus, deu a vocês.

53-55 E vocês acabarão agindo como canibais, comendo os próprios filhos que o Eterno, o seu Deus, deu a vocês. Quando o sofrimento do cerco for extremo, vocês comerão seus bebês. O homem mais educado e carinhoso entre vocês se tornará agressivo contra o próprio irmão, contra a esposa amada e até contra os filhos que ainda estiverem vivos, negando-se a partilhar com eles o resto de carne humana cozida que estiver comendo. Ele perdeu tudo, até mesmo sua humanidade, no sofrimento durante o cerco que seus inimigos montaram em volta da cidade.

56-57 A mulher mais educada e carinhosa entre vocês, que não faria mal a uma formiga, se tornará agressiva contra o marido amado e os filhos, só para não compartilhar a placenta do próprio parto, que ela planeja comer em segredo. E ela, de fato, a comerá, porque perdeu tudo, até mesmo sua humanidade, no sofrimento durante o cerco que seus inimigos montaram em volta da cidade.

58-61 Se vocês não cumprirem à risca as palavras desta Revelação, escritas neste livro; se não viverem com santo temor diante do nome glorioso e temível que é o Eterno, o seu Deus, ele castigará vocês com catástrofes, e seus filhos também sofrerão — catástrofes enormes e intermináveis, doenças medonhas e insistentes. Ele fará cair sobre vocês todas as pragas egípcias que, no passado, aterrorizaram vocês. Serão alvo, também, de todas as doenças e calamidades imagináveis, coisas que nem mesmo estão escritas no Livro da Revelação. O Eterno as enviará sobre vocês até destruí-los totalmente.

62 Se vocês não obedecerem à Voz do Eterno, o seu Deus, serão reduzidos a uns poucos seres errantes, não serão mais aquela multidão impressionante, numerosa como as estrelas nos céus.

63-66 As coisas acabarão assim: O Eterno, antes, tinha prazer em agradá-los e em dar a vocês muitos filhos. Então, terá prazer em se livrar de vocês, em varrê-los da face da terra. Ele os extirpará do mesmo solo de que agora vocês estão tomando posse. Ele os espalhará aos quatro ventos, de um lado da terra a outro. Vocês adorarão todos os tipos de deuses, deuses de que nem vocês nem seus antepassados ouviram falar, falsos deuses de madeira e de pedra.

Mas vocês não encontrarão um lar ali, não conseguirão se estabelecer em lugar nenhum. O Eterno dará a vocês um coração irrequieto, olhos ansiosos e uma alma saudosa. Vocês viverão em perigo constante, assustados com a própria sombra, sem saber o que os aguarda em cada esquina.

67 Pela manhã, vocês dirão: "Como eu queria que já fosse noite!". À noite, irão suspirar: "Ah, quem dera já fosse manhã!". Viverão apavorados com o que poderá acontecer em seguida e assustados com o desconhecido, por causa daquilo que já presenciaram.

68 O Eterno enviará vocês de volta para o Egito por uma estrada que eu disse que vocês nunca percorreriam outra vez. Ali, vocês se oferecerão, homens e mulheres, como escravos aos seus inimigos — e não aparecerá comprador.

LUCAS 11.1-28

Aprendam a pedir

11 **1** Um dia, Jesus estava orando num determinado lugar. Quando acabou de orar, um dos seus discípulos pediu: "Mestre, ensina-nos a orar. João ensina os discípulos dele".

2-4 Ele disse: "Quando vocês orarem, digam:

Pai,
Revela-nos quem tu és.
Dá um jeito neste mundo.
Conserva-nos vivos com três boas refeições.
Preserva-nos perdoados por ti e
perdoando os outros.
Guarda-nos de nós mesmos e do Diabo".

5-6 Jesus acrescentou: "Imaginem o que aconteceria se vocês fossem à casa de um amigo no meio da noite e pedissem: 'Amigo, empreste-me três pães. Um velho amigo acabou de chegar de viagem. Está lá em casa, e não tenho nada para oferecer a ele'.

7 "Já na cama, seu amigo responde: 'Não me incomode! Já tranquei a porta, e meus filhos estão dormindo. Não posso me levantar para dar a você seja lá o que for!'.

8 "Digo a vocês: se ele não se levantar pela amizade, vai se levantar por causa da insistência e dar tudo que o amigo está pedindo.

9 "Isto é o que quero dizer:

Peçam e conseguirão;
Busquem e acharão;
Batam, e alguém abrirá a porta.

10-13 "Não barganhem com Deus. Sejam objetivos. Peçam aquilo de que estão precisando. Não estamos num jogo de gato e rato, nem de esconde-esconde. Se seu filho pedir pão, você o enganaria com serragem? Se pedir peixe, iria assustá-lo com uma cobra viva servida na bandeja? Maus como são, vocês não pensariam em algo assim, pois se portam com decência, pelo menos com seus filhos. Não acham, então, que o Pai que criou vocês com todo amor não dará o Espírito Santo quando pedirem?".

Satanás contra Satanás?

14-16 Jesus libertou um homem de um demônio que o mantinha mudo. O demônio se foi, e o homem começou a falar sem parar, para espanto da multidão. Mas alguns dos presentes foram cínicos. "Magia negra", diziam. "Não passa de um truque diabólico." Outros se mostravam céticos, esperando que Jesus desse provas de sua identidade divina com algum milagre espetacular.

17-20 Jesus sabia o que eles estavam pensando e disse: "Qualquer país em guerra civil prolongada acaba devastado. Uma família que vive brigando se desintegrará. Se Satanás expulsa Satanás, não irá se destruir? E vocês me caluniam, afirmando que sou um demônio que expulsa demônios; a mesma calúnia não se aplica para os exorcistas de vocês?! Mas, se é pelo dedo *de Deus* que expulso espíritos maus, então com certeza o Reino de Deus está aqui.

21-22 "Se um homem forte, armado até os dentes, fica de guarda em sua casa, a propriedade está segura. Mas e se um homem ainda mais forte e com armas mais poderosas o atacar? Ele será derrotado. O arsenal que o tornava tão confiante agora é inútil, e seus bens mais preciosos serão tomados.

23 "Isso é guerra, e não há território neutro. Se vocês não estão do meu lado, são meus inimigos; se não ajudam, estão atrapalhando.

24-26 "Quando é expulso de alguém, o espírito maligno vagueia pelo deserto, procurando um oásis, uma alma distraída que possa atormentar. Se não encontra nada, diz consigo mesmo: 'Vou retornar para minha antiga casa'. Quando retorna, encontra a pessoa limpa, porém vazia. Então, o espírito reúne outros sete espíritos ainda piores, e todos se instalam ali. O estado da pessoa agora é pior do que antes.

27 No meio da explicação, uma mulher ergueu a voz no meio do povo: "Bendito é o ventre que carregou você e os peitos que o amamentaram!".

28 Jesus comentou: "Benditos mesmo são os que ouvem a Palavra de Deus e a aplicam à própria vida!".

SALMOS 49.1-6

Um salmo dos filhos de Coré

49 **1-2** Ouçam todos, ouçam!
Habitantes da terra, prestem atenção!
Todos vocês, ricos
  e pobres,
Todos juntos ouçam agora:

3-4 Exponho com clareza a sabedoria a vocês,
  minha percepção sobre a vida.
Pois meu ouvido está afinado
  com as palavras dos sábios,
  resolvi o enigma da vida com a ajuda
  de uma harpa.

5-6 Por que eu recearia os tempos difíceis,
  o cerco da maldade do inimigo,
As agressões dos homens violentos,
  a humilhação imposta
  pelos ricos arrogantes?

◾ NOTAS

DIA 101

□ DIA 101 ___ / ___ / ___

DEUTERONÔMIO 29.1 — 31.8

29 ¹Estes são os termos da aliança que o Eterno ordenou que Moisés fizesse com o povo de Israel na terra de Moabe, renovando a aliança que havia feito com eles no monte Horebe.

Moisés abençoa Israel nas campinas de Moabe

²⁻⁴Moisés reuniu todo o povo de Israel e disse: Vocês viram com os próprios olhos tudo que o Eterno fez no Egito ao faraó, aos membros de sua corte e à própria terra – os juízos severos que vocês testemunharam e os espantosos sinais, milagres e maravilhas. Mas o Eterno não deu a vocês uma mente sensível, nem olhos perceptivos nem ouvidos atentos até este exato dia.

⁵⁻⁶Conduzi vocês pelo deserto durante quarenta anos, e, todo esse tempo, suas roupas não gastaram, nem suas sandálias. Vocês viveram bem sem vinho ou qualquer outra bebida fermentada. Assim, provei a vocês que eu sou, de fato, o Eterno, o seu Deus.

⁷⁻⁸Quando vocês chegaram a este lugar, Seom, rei de Hesbom, e Ogue, rei de Basã, vieram ao nosso encontro, aparelhados para a guerra, mas nós os vencemos. Tomamos a terra deles, que foi dada como herança às tribos de Rúben, Gade e à meia tribo de Manassés.

⁹Cumpram à risca as palavras desta aliança. Orientem-se por elas, para que vocês vivam bem e sabiamente em todos os detalhes.

¹⁰⁻¹³Hoje vocês estão todos aqui, na presença do Eterno – seus chefes de tribos, líderes e oficiais, todo o Israel: seus bebês, suas esposas, os estrangeiros residentes nos seus acampamentos, que ajuntam sua lenha e buscam sua água –, prontos para atravessar o rio e fazer parte desta aliança, tão solenemente prometida. O Eterno, com esta aliança, confirma que vocês são o povo dele e que ele é o Eterno, o seu Deus, exatamente como ele prometeu a vocês e a seus antepassados Abraão, Isaque e Jacó.

¹⁴⁻²¹Não estou fazendo esta aliança e seu juramento apenas com vocês. De fato, ela está sendo firmada com vocês que estão hoje aqui, na presença do Eterno, o seu Deus, mas também com aqueles que não estão aqui hoje. Vocês se lembram das condições em que viviam no Egito e como ziguezaguearam pelas nações em sua peregrinação até aqui. Vocês já viram o suficiente das obscenidades dos deuses dessas nações, do lixo moral que são aqueles deuses de madeira, pedra e prata. Não baixem a guarda, para que ninguém – homem ou mulher – se afaste do Eterno e se envolva com os falsos deuses das nações; para que nenhuma erva daninha brote e se espalhe entre vocês – por exemplo, alguém que, depois de ouvir as palavras do juramento da aliança, desculpa a si mesmo, pensando: "Vou viver do jeito que me agrada, obrigado", e acaba arruinando a vida de todos à sua volta. O Eterno não vai perdoá-lo. Sua ira e seu zelo irromperão como um vulcão contra o infrator. Ele será soterrado pelas maldições escritas neste livro. O Eterno apagará o nome dele dos seus registros e o separará de todas as tribos de Israel, para aplicar um castigo especial, de acordo com as maldições escritas no Livro da Revelação.

²²⁻²³A próxima geração, os filhos que vierem depois de vocês, e o estrangeiro que vier de algum país distante, ficarão apavorados quando virem a devastação e constatarem que o Eterno tornou enferma a terra toda. Eles verão uma terra deserta e abrasada de sal e enxofre: nada plantado, nada crescendo, nem mesmo uma folha de capim sobreviverá, como no caso da destruição de Sodoma e Gomorra, Adamá e Zeboim, que o Eterno atacou com toda sua fúria.

²⁴As nações perguntarão: "Por que o Eterno fez isso a essa terra? O que poderia tê-lo deixado tão furioso?".

²⁵⁻²⁸Seus filhos responderão: "Foi porque eles abandonaram a aliança do Eterno, firmada com seus antepassados e também com eles depois que ele os tirou do Egito. Eles se desviaram e começaram a adorar outros deuses, submeteram-se a deuses de que nunca tinham ouvido falar e com quem nunca haviam se envolvido. Assim, a ira do Eterno irrompeu contra essa terra, e todas as maldições escritas no Livro caíram sobre ela. O Eterno arrancou-os com raiz e tudo da sua terra e os lançou em outro terreno, como vocês bem podem ver".

²⁹O Eterno, o seu Deus, cuidará das coisas encobertas, mas as coisas reveladas são da nossa conta. Cabe a nós e a nossos filhos cuidar de todos os termos desta Revelação.

30 **1-5** Vou dizer o que acontecerá. Quando vocês estiverem entre as nações pelas quais o Eterno os espalhou e as bênçãos e maldições tiverem se cumprido, exatamente como expliquei aqui, e vocês e seus filhos as levarem a sério e retornarem para o Eterno, o seu Deus, e obedecerem de todo o coração a todos os mandamentos que hoje estou transmitindo, o Eterno restituirá tudo que vocês perderam. Ele terá compaixão de vocês e os recolherá de todos os lugares por onde estiverem espalhados. Não importa onde estiverem, o Eterno tirará vocês de lá e os trará de volta à terra de seus antepassados. Ela será sua novamente. Ele dará a vocês uma vida longa e agradável e os tornará ainda mais numerosos que seus antepassados.

6-7 O Eterno renovará o coração de vocês e de seus filhos e os deixará livres para amar ao Eterno, o seu Deus, de todo o coração e para viver de verdade. O Eterno fará cair todas aquelas maldições sobre os inimigos que, movidos pelo ódio, oprimiram e perseguiram vocês.

8-9 Vocês terão um novo começo, sendo obedientes ao Eterno e cumprindo todos os seus mandamentos, que estou transmitindo hoje. O Eterno, o seu Deus, se empenhará para que tudo vá bem com vocês: seus filhos, as crias dos seus rebanhos e as colheitas da terra; para que vocês tenham uma vida agradável. Sim, ele terá prazer em vocês novamente e fará que tudo dê certo para vocês, assim como tinha prazer no bem-estar de seus antepassados.

10 Mas isso só acontecerá se vocês derem ouvidos ao Eterno, o seu Deus, e cumprirem os mandamentos e regulamentos escritos no Livro da Revelação. Nada de fazer as coisas com o coração dividido. Vocês devem se dedicar ao Eterno de todo o coração, sem reserva alguma.

11-14 Os mandamentos que estou transmitindo hoje não são pesados, não estão fora do alcance de vocês. Não estão situados no cume de um monte — não será necessário contratar alpinistas para escalar o monte e trazê-los para o nível de vocês. Para colocá-los em prática, não há necessidade de muita explicação. Eles não estão do outro lado do oceano — não será preciso enviar marinheiros para buscá-los, isto é, não carecem de estudo exaustivo antes de serem postos em prática. Não. A palavra está aqui e agora — tão próxima quanto a língua da boca e o coração do peito. Basta pôr em prática o que ouviram!

15 Vejam o que eu fiz por vocês hoje: pus diante de vocês

a vida e o bem,
a morte e o mal.

16 E ordeno hoje: Amem ao Eterno, o seu Deus. Andem em seus caminhos. Cumpram seus mandamentos, regulamentos e decretos, para que vocês vivam de verdade e tenham uma vida próspera e abençoada pelo Eterno na terra que, daqui a pouco, vão conquistar.

17-18 Mas faço uma advertência: Se vocês mudarem seu coração, se recusarem a obedecer e se desviarem, obstinadamente, para servir e adorar outros deuses, vocês certamente morrerão. Terão vida curta na terra do outro lado do Jordão, na qual estão entrando e da qual estão prestes a tomar posse.

19-20 Hoje, conclamo os céus e a terra como testemunhas. Ponho diante de vocês a vida e a morte, a bênção e a maldição. Escolham a vida para que vocês e seus filhos vivam. E amem ao Eterno, o seu Deus. Sejam obedientes e apeguem-se a ele com firmeza. Ele é a própria vida de vocês, uma vida longa estabelecida no solo que ele prometeu a seus antepassados Abraão, Isaque e Jacó.

A incumbência

31 **1-2** Moisés dirigiu estas palavras a todo o povo de Israel. Ele disse: "Já estou com 120 anos de idade. Hoje, não tenho mais a mesma capacidade de antigamente. E o Eterno me disse: 'Você não atravessará o rio Jordão'.

3-5 O Eterno, o seu Deus, atravessará o rio à frente de vocês e destituirá as nações que aparecerem no seu caminho, para que vocês possam dominá-las. (E Josué atravessará o rio à frente de vocês, como o Eterno determinou.) O Eterno dará às nações o mesmo tratamento que deu aos reis dos amorreus, Seom e Ogue, e às terras deles. Ele as destruirá e as entregará a vocês, e vocês as tratarão exatamente como ordenei.

6 "Sejam fortes. Sejam corajosos. Não se deixem intimidar. Nem se preocupem com aquelas nações, porque o Eterno, o seu Deus, está, a passos largos, à frente de vocês. Ele está no meio de vocês: não os deixará nem os abandonará".

7-8 Então, Moisés convocou Josué, e, diante de todo o povo, de Israel, disse a ele: "Seja forte. Seja corajoso. Você entrará na terra com este povo, na terra que o Eterno dará a eles, como prometeu a seus antepassados. Você fará deles os orgulhosos proprietários dessa terra. O Eterno está indo à sua frente. Ele estará com você: não o deixará nem o abandonará. Não se deixe intimidar. Não se preocupe".

DIA 101

LUCAS 11.29-54

Mantendo os olhos abertos

29-30 Enquanto a multidão aumentava, Jesus mudou de assunto: "O espírito desta época está errado. Todos querem uma prova, mas procuram um tipo errado de prova. Vocês procuram alguma coisa que satisfaça a curiosidade e são ávidos para ver milagres. Mas a única prova que terão é a de Jonas e dos ninivitas, que de fato nem se parece com uma prova. O Filho do Homem representa para esta geração o que Jonas representou para Nínive.

31-32 "No dia do juízo, os ninivitas irão depor, e o testemunho deles condenará esta geração, porque Jonas pregou para aquele povo, e eles mudaram de vida. Um pregador muito mais importante que Jonas está aqui, e vocês ficam exigindo 'provas'. No dia do juízo, esta geração também será condenada pelo testemunho da rainha de Sabá, porque ela viajou dos confins da terra para ouvir o sábio Salomão. Uma sabedoria muito maior que a de Salomão está aqui, bem diante de vocês, e vocês querem 'provas'.

33-36 "Ninguém acende uma lâmpada para escondê-la numa gaveta. Ela é afixada num lugar alto, para que todos na sala possam vê-la. Os olhos de vocês são a lâmpada, que ilumina todo o corpo. Se viverem na fé, seu corpo se encherá dessa luz, mas, se viverem com olhos cheios de cobiça e desconfiança, seu corpo será um celeiro cheio de grãos mofados. Mantenham os olhos abertos, a lâmpada acesa, para não caírem na escuridão. Mantenham a vida sempre bem iluminada".

Impostores!

37-41 Depois desse discurso, um fariseu convidou-o para jantar. Jesus entrou na casa do homem e tomou seu lugar à mesa. O fariseu ficou chocado e ofendido ao perceber que Jesus não havia se lavado antes da refeição. Mas o Mestre reagiu: "Sei que vocês, fariseus, lustram suas xícaras e pratos a ponto de brilharem ao sol, mas sei também que vocês estão bichados de cobiça e maldade dissimulada. Fariseus tolos! Aquele que fez o exterior não fez também o interior? Abram o bolso e o coração e ajudem os pobres! Assim, terão também a *vida* limpa, não só as mãos e os pratos.

42 "Estou cansado de vocês! São um caso perdido. Impostores! Vocês mantêm registros meticulosos e dão o dízimo de cada centavo que ganham, mas arrumam um jeito de burlar o que importa: a justiça e o amor de Deus. A atitude cuidadosa tem o seu valor, mas o essencial é indispensável.

43-44 Vocês, fariseus, são um caso perdido. Impostores! Fazem questão dos lugares de honra no serviço religioso e amam o *glamour* dos elogios públicos. Impostores! Vocês são como sepulturas sem inscrição: as pessoas passeiam pela superfície bonita sem suspeitar da podridão sete palmos abaixo".

45 Um dos líderes religiosos protestou: "Mestre, o senhor percebe que está nos insultando?".

46 Ele respondeu: "Sim, e vou ser ainda mais claro. Vocês, líderes religiosos, são um caso perdido. Sobrecarregam as pessoas com regras e regulamentos até quase quebrarem a coluna, mas não erguem um dedo para ajudá-las.

47-51 "Vocês são um caso perdido. Constroem túmulos para os profetas que seus antepassados mataram, mas esses túmulos, na verdade, são monumentos aos seus antepassados assassinos e confirmam o que diz a Sabedoria de Deus: 'Vou enviar profetas e apóstolos, mas eles irão matá-los e expulsá-los'. Isso significa que cada gota de sangue justo derramado desde o começo do mundo até agora, desde o sangue de Abel até o de Zacarias, que foi trucidado entre o altar e o santuário, está sobre a cabeça de vocês. Sim, tudo isso será cobrado desta geração.

52 "Vocês, líderes religiosos, são um caso perdido. Vocês tomam a chave do conhecimento, mas é para fechar portas, não para abri-las. Não entram nem deixam ninguém entrar".

53-54 Assim que Jesus deixou a mesa, os líderes religiosos e os fariseus explodiram de raiva. Ficaram analisando as declarações dele, em busca de algo que pudessem usar como armadilha, para apanhá-lo.

SALMOS 49.7-12

7-9 Sejamos realistas!
Não existe quem possa pagar seu resgate;
ninguém consegue se libertar
por esforço próprio.
O preço de um resgate está
além das nossas condições;
não há pagamento que garanta
A vida para sempre
nem seguro contra a sepultura.

10-11 Todos sabem que
os mais brilhantes morrem e
perecem assim como os tolos e insensatos.
Suas façanhas ficam para trás,
e eles se mudam para o novo lar: o caixão.
O cemitério agora é seu endereço permanente.
E pensar que dão nome a ruas e cidades
depois de morrer!

12 Não somos imortais.
Não duramos para sempre.
Como os animais, envelhecemos
e ficamos fracos. E morremos.

▪ NOTAS

os israelitas comparecerem à presença do Eterno, o seu Deus, no lugar designado por ele, leiam esta Revelação a todo o Israel, e todos deverão ouvir. Reúnam o povo — homens, mulheres, crianças e estrangeiros que vivem com vocês —, para que eles ouçam bem, aprendam a viver em santo temor diante do Eterno e cumpram à risca tudo que está escrito. Façam isso para que os filhos deles, que ainda não conhecem o conteúdo do Livro, também ouçam e aprendam a viver em santo temor diante do seu Deus, por todo o tempo em que viverem na terra que, daqui a pouco, irão conquistar do outro lado do Jordão".

14-15 O Eterno disse a Moisés: "Você morrerá logo. Portanto, chame Josué e se reúnam comigo na Tenda do Encontro, para que eu possa comissioná-lo".

Assim, Moisés e Josué entraram na Tenda do Encontro. O Eterno apareceu a eles numa coluna de nuvem, perto da Tenda.

16-18 O Eterno disse a Moisés: "Você morrerá em pouco tempo e se reunirá a seus antepassados. Assim que você for enterrado, o povo cobiçará os deuses estrangeiros da terra em que estão entrando. Eles me abandonarão e violarão a aliança que fiz com eles. Eu ficarei irado, furioso! Por isso, vou me afastar e deixá-los por conta própria. Nem mesmo me virarei para ver o que está acontecendo. Muitas calamidades e desastres devastarão a terra deles, porque estarão indefesos. Eles se perguntarão: 'Não teria acontecido todo este mal porque o nosso Deus não estava aqui?'. Mas ficarei longe da vida deles, olhando em outra direção, por causa da maldade deles, do envolvimento com outros deuses!

19-21 "Mas agora escrevam esta canção e, depois, a ensinem ao povo de Israel, para que a cantem de cor. Eles a terão como minha testemunha contra eles. Depois que eu os levar para a terra que prometi aos antepassados deles, uma terra em que manam leite e mel; depois que comerem, tiverem fartura e prosperarem, eles começarão a se envolver com outros deuses e irão adorá-los. Então, as coisas começarão a desmoronar, virão as terríveis calamidades, e esta canção estará na mente deles, como testemunha do que eles são e do que fizeram de errado. Os filhos deles não se esquecerão dela: eles a cantarão. Não pensem que não sei de que eles são capazes, e eles ainda nem entraram na terra que prometi a eles".

22 Então, Moisés escreveu a canção naquele mesmo dia e a ensinou ao povo de Israel.

23 Depois, o Eterno ordenou a Josué, filho de Num: "Seja forte. Seja corajoso. Você conduzirá o povo de

||||||||||||||||||||||||||||||||||||||||||||||||||

☐ DIA **102** ___ / ___ / ___

DEUTERONÔMIO 31.9 — 32.35

9-13 Moisés escreveu toda a Revelação e a entregou aos sacerdotes, descendentes de Levi, que carregavam a arca da aliança do Eterno, e a todos os líderes de Israel. E deu estas ordens: "Ao final de cada sete anos, no ano em que todas as dívidas são canceladas, durante a festa das Cabanas dos peregrinos, quando todos

DIA 102

Israel para dentro da terra que prometi dar a eles. E eu estarei lá com você".

²⁴⁻²⁶ Depois que Moisés terminou de escrever num livro as palavras desta Revelação, até a última palavra, ele ordenou aos levitas, que eram responsáveis por carregar a arca da aliança do Eterno: "Peguem o Livro da Revelação e ponham-no ao lado da arca da aliança do Eterno, o seu Deus. Ele deve ficar ali como testemunha.

²⁷⁻²⁹ "Sei que vocês são capazes de ser rebeldes e teimosos. Mesmo hoje, enquanto ainda estou vivo e presente entre vocês, vocês se mostram rebeldes contra o Eterno. Imaginem como será depois que eu morrer! Portanto, reúnam as autoridades de Israel e os líderes das tribos aqui. Tem algo que preciso dizer diretamente a eles, tendo os céus e a terra como testemunhas. Sei que, quando eu morrer, vocês se corromperão, abandonando o caminho que os mandei trilhar e abrindo a porta para todas as consequências desastrosas. Vocês estão determinados a fazer o mal, a afrontar o Eterno, sei que estão, e irão provocar intencionalmente a ira dele com seus atos rebeldes".

³⁰ Assim, diante de um Israel reunido e atento, Moisés ensinou a letra desta canção, do começo ao fim.

A canção

32 ¹⁻⁵ Ouçam, ó céus, tenho algo a dizer.
Atenção, ó terra,
às palavras da minha boca.
Que meu ensino caia como chuva suave,
e minhas palavras desçam como
o orvalho da manhã,
Como a chuva refrescante sobre a relva nova,
como as chuvas da primavera sobre o jardim.
Pois é o nome do Eterno que estou anunciando —
correspondam à grandeza do seu Deus!
A Rocha: suas obras são perfeitas,
e os caminhos que ele prepara são justos;
Um Deus do qual se pode depender,
sem reservas;
um Deus justo e sempre correto.
Seus filhos desregrados,
confusos, os "não filhos"
jogam lama nele, mas nada consegue sujá-lo.

⁶⁻⁷ Entendem que é ao Eterno que
estão tratando dessa forma?
Percebem como é estranho não ter
senso de reverência?
Não é ele seu pai, que criou vocês,
que os fez e deu a vocês um lugar na terra?

Informem-se do que aconteceu antes de
vocês terem nascido;
cavem fundo no passado, procurem
entender suas raízes.
Perguntem a seus pais como
eram as coisas antes de vocês nascerem;
perguntem aos idosos,
e eles contarão algumas histórias.

⁸⁻⁹ Quando o Deus Altíssimo deu sua herança
a cada uma das nações,
quando deu a elas um lugar na terra,
Ele estabeleceu limites a cada um desses povos
sob o cuidado de tutores divinos.
Mas o próprio Eterno assumiu
o cuidado pelo seu povo,
ele assumiu Jacó por interesse pessoal.

¹⁰⁻¹⁴ Ele o achou no deserto,
numa terra árida e varrida pelo vento.
Ele o abraçou e o encheu de cuidados,
guardando-o como a menina dos seus olhos.
Agiu como a águia pairando sobre o ninho,
protegendo seus filhotes;
Depois, abrindo as asas deles, alçando-os no ar,
ensinando-os a voar.
O próprio Eterno o conduziu:
não havia nenhum deus estranho por perto.
O Eterno levou-o aos lugares altos da terra
para que ele pudesse se fartar das colheitas
dos campos.
Deu a ele mel tirado da rocha,
óleo extraído de terreno pedregoso,
Coalhada do gado e leite das ovelhas,
as melhores carnes dos cordeiros e cabritos,
Carneiros cevados de Basã,
trigo da melhor qualidade
e sangue de uvas: vocês beberam
do melhor vinho!

¹⁵⁻¹⁸ Jesurum engordou e deu pinotes;
vocês engordaram e se tornaram pesados,
um tonel de banha.
Ele abandonou o Deus que o fez,
zombou da Rocha da sua salvação.
Eles o deixaram com ciúme, por causas dos
deuses que estavam na moda,
e, com suas obscenidades,
o provocavam sem parar.
Eles sacrificaram aos demônios, aos falsos deuses,
dos quais não tinham a mínima noção,

Seguindo a última moda em deuses,
os mais frescos do mercado,
que seus antepassados nunca
chamariam "deuses".
Vocês deram as costas à Rocha
que deu vida a vocês,
esqueceram-se do Deus do nascimento,
que trouxe vocês ao mundo.

19-25 O Eterno viu tudo isso e deu meia-volta,
irado e cansado da provocação deles.
Ele disse: "A partir de agora,
estou olhando em outra direção.
Esperem e vejam o que vai acontecer
com eles.
Oh, eles são uma geração virada do avesso,
uma casa de ponta-cabeça!
Quem sabe o que são capazes de fazer, de
um momento para o outro?
Eles despertaram meu ciúme
com seus falsos deuses,
enfureceram-me com seus santos do pau oco.
Mas também provocarei o ciúme deles como se
não fossem meu povo;
provocarei a ira deles
com uma nação insensata.
Minha ira acendeu um fogo,
um fogo incontrolável,
que queima no fundo do abismo
E, depois, sobe para devorar
a terra e suas plantações,
para incendiar os montes,
da base ao topo.
Amontoarei catástrofes sobre a cabeça deles,
atirarei minhas flechas contra eles:
Fome, calor abrasador, doenças letais;
enviarei feras selvagens que
sairão rosnando da floresta para atacar
e criaturas venenosas que assaltarão do pó.
Matança nas ruas,
terror nas casas,
Jovens derrubados e virgens abatidas
e, sim, também bebês de peito e
velhos de cabelo branco".

26-27 Eu poderia ter dito:
"Vou fazer picadinho deles,
varrer da terra qualquer vestígio deles",
Mas não o fiz, para que o inimigo não
aproveitasse a oportunidade,
assumindo o crédito da façanha

E saindo a contar vantagem:
"Vejam o que fizemos!
O Eterno não teve nada com isso".

28-33 Eles são uma nação de tolos,
não sabem nem como sair da chuva.
Se tivessem algum juízo, pelo menos saberiam
o que está lá adiante, na estrada.
Como poderia um único soldado
espantar mil inimigos,
e dois homens pôr em fuga dez mil deles,
Não fosse a Rocha tê-los enfraquecido,
não fosse o Eterno tê-los entregado?
Pois a rocha deles não é nada
em comparação com a nossa:
até nossos inimigos reconhecem isso.
Eles são uma vide que brota de Sodoma,
que tem sua origem em Gomorra.
Suas uvas são venenosas,
seus cachos de uvas são amargos.
O vinho deles é veneno de cascavel
misturado com peçonha de naja.

34-35 Vocês não percebem que
tenho as prateleiras
bem supridas, protegidas
com portas de ferro?
Sou o responsável pela vingança
e pela retribuição,
apenas no aguardo do tropeço deles;
E o dia da condenação deles está ali na esquina:
será repentino, rápido e certo.

LUCAS 12.1-21

A inútil máscara da religião

12 **1-3** Nessa época, era comum milhares de pessoas
se reunirem à volta dele, um pisando no pé do
outro. Mas a preocupação maior de Jesus era com seus
discípulos, a quem alertou: "Vigiem vocês mesmos,
para que não sejam contaminados com o fermento
dos fariseus, com a falsidade deles. Vocês não podem
manter sua verdadeira identidade escondida para sempre: logo ela será exposta. Vocês não podem manter
uma máscara religiosa o tempo todo. Cedo ou tarde, a
máscara vai cair, e a verdadeira face religiosa de vocês
será conhecida. Vocês não podem falar uma coisa em
particular e pregar o oposto em público. Chegará o dia
em que a verdade será conhecida em toda a cidade.
4-5 "Falo a vocês como a amigos queridos. Não
permitam que as ameaças dos terroristas religiosos

DIA 102

reduzam vocês ao silêncio ou a declarações fingidas. É claro que eles podem matá-los, mas o que mais poderão fazer? Nada do que façam poderá atingir a alma de vocês, a essência do seu ser. Tenham temor a Deus, que é quem conserva nas mãos a vida — corpo e alma.

⁶⁻⁷ "Quanto valem dois ou três passarinhos? Não é muita coisa! Mas Deus cuida de cada um deles. Pois saibam que ele dá muito mais atenção a vocês, cuidando nos mínimos detalhes — a ponto de contar os fios de cabelo da cabeça de cada um! Por isso, não fiquem preocupados com essas ameaças. Vocês valem mais que um milhão de passarinhos.

⁸⁻⁹ "Deem testemunho de mim a todos, e o Filho do Homem dará testemunho a favor de vocês na presença de todos os anjos de Deus. Mas, se fingirem que não me conhecem, acham que vou defendê-los diante deles?

¹⁰ "Se vocês difamarem o Filho do Homem por equívoco de interpretação ou por ignorância, esse erro será perdoado. Mas, se vocês, conscientemente, atacarem o Espírito Santo para atingir Deus, o perdão não será possível.

¹¹⁻¹² "Quando vocês forem levados a todo tipo de tribunal, não se preocupem com nenhuma estratégia de defesa, ou seja, com o que dizer ou como falar na presença do juiz. As palavras certas surgirão na hora, por obra do Espírito Santo".

A história do fazendeiro ganancioso

¹³ Do meio da multidão, alguém pediu: "Mestre, ordene ao meu irmão que me dê uma porção justa da herança da família".

¹⁴ Jesus respondeu: "O que o faz pensar que eu devo ser juiz ou mediador de vocês?".

¹⁵ Dirigindo-se ao povo, continuou: "Tomem cuidado! Protejam-se de todo tipo de ganância. A vida não é definida pelas coisas que vocês têm".

¹⁶⁻¹⁹ Em seguida, contou esta história: "A fazenda de um homem rico produziu uma colheita extraordinária. Mas, preocupado, ele falou consigo mesmo: 'E agora? Meu celeiro não é grande o bastante para guardar esta colheita'. Então, decidiu: 'Já sei o que vou fazer: vou mandar derrubar meus celeiros e construir outros maiores. Guardarei ali toda a safra e, então, direi a mim mesmo: Você fez bem! Acumulou o suficiente para se aposentar. Agora esqueça as preocupações e aproveite a vida!'

²⁰ "Deus, então, apareceu a ele e disse: 'Tolo! Você vai morrer esta noite! E seu celeiro grande e abarrotado? Para quem ficará?'

²¹ "É isso que acontece quando você enche seu celeiro do próprio eu, não de Deus".

SALMOS 49.13-20

¹³⁻¹⁵ Isto é o que acontece aos que vivem
　　apenas o agora,
　que olham apenas para si:
A morte os arrebata como ovelhas,
　　e eles vão direto para o além,
　desaparecem pela goela da sepultura.
Eles definham até sumir —
　nada resta além de uma lápide no cemitério.
Mas Deus me resgata das garras da morte,
　ele estende o braço e me segura.

¹⁶⁻¹⁹ Então, não se impressionem
　com os que enriquecem
　e ajuntam fama e fortuna.
Eles não vão levar nada disso:
　a fama e a fortuna são deixadas para trás.
Quando pensam que chegaram ao auge,
　depois de receber todas as honrarias,
Eles são recolhidos ao jazigo da família:
　nunca mais verão a luz do Sol.

²⁰ Não somos imortais.
　Não duramos para sempre.
Como os animais, envelhecemos
　e ficamos fracos. E morremos.

■ NOTAS

Regalando-se com os mortos e os cativos,
com os cadáveres dos inimigos arrogantes
e presunçosos'".

[43] Celebrem, ó nações,
juntem-se ao louvor do seu povo.
Ele vinga a morte dos seus servos,
Retribui aos seus inimigos com vingança,
e purifica a terra para seu povo.

[44-47] Moisés recitou a letra inteira da canção aos ouvidos do povo, ele e Josué, filho de Num. Quando terminou, Moisés disse a Israel: "Recebam essas palavras, das quais sou testemunha hoje. E passem imediatamente cada palavra desta Revelação a seus filhos e ponham-nas em prática. Sim. Vocês não podem fazer pouco caso delas, pois a vida de vocês está retratada nessa canção. Se levarem a sério suas palavras, vocês terão vida longa e agradável na terra que, daqui a pouco, irão conquistar do outro lado do Jordão".

[48-50] Naquele mesmo dia, o Eterno disse a Moisés: "Suba às montanhas de Abarim até o monte Nebo, na terra de Moabe, que está diante de Jericó, e, dali, contemple a terra de Canaã, que estou dando ao povo de Israel. Você morrerá naquele monte e se reunirá ao seu povo, assim como seu irmão, Arão, morreu no monte Hor e se reuniu ao seu povo. [51-52] "Você morrerá porque me desonrou diante do povo de Israel nas águas de Meribá, em Cades, no deserto de Zim — você não honrou a minha santa presença diante do povo de Israel. Você verá a terra, mas não poderá entrar nela, na terra que eu estou dando ao povo de Israel".

A bênção

33[1-5] Moisés, homem de Deus, abençoou o povo de Israel com esta bênção, pouco antes da sua morte:

O Eterno veio do Sinai,
ele alvoreceu sobre eles desde Seir;
Ele irradiou luz do monte Parã,
chegou com dez mil anjos,
E línguas de fogo
saíam da sua mão direita.
Oh, como amas teu povo;
todos os teus santos estão
na palma da tua mão esquerda!
Eles estão assentados aos teus pés,
honrando teu ensino,

☐ DIA **103** ___ / ___ / ___

DEUTERONÔMIO 32.36 — 34.12

[36-38] Sim, o Eterno julgará seu povo,
mas ele é muito compassivo também.
Quando perceber a situação
desesperadora deles
e não restar ninguém, nem escravo
nem livre,
Ele dirá: "Onde estão os deuses deles,
a rocha em que buscaram refúgio,
Os deuses que se refestelaram na gordura
dos seus sacrifícios
e beberam do vinho das ofertas deles?
Que eles mostrem suas habilidades
e ajudem vocês,
que estendam a mão para vocês!

[39-42] "Estão vendo agora?
Percebem que sou o único?
Estão convencidos de que não há
outro deus além de mim?
Eu faço morrer e dou a vida,
eu machuco e curo —
não há como escapar de mim.
Agora levanto a mão em juramento solene
e digo: 'Estou sempre perto.
Por minha vida, eu prometo:
Quando afiar minha espada resplandecente,
executarei meu juízo
E me vingarei dos meus inimigos,
retribuirei aos que me odeiam.
Encharcarei minhas flechas de sangue,
e minha espada se fartará de carne,

DIA 103

A Revelação deixada por Moisés
como herança da assembleia de Jacó.
Assim, o Eterno se tornou rei de Jesurum,
e os líderes e tribos de Israel se reuniram.

6 Rúben:
"Que Rúben viva e não morra,
para que não sejam os seus números
decrescentes".

7 Judá:
"Ouça, ó Eterno, a voz de Judá,
reúna-o mais uma vez ao seu povo;
Fortaleça as mãos dele,
seja o braço dele contra os inimigos".

8-11 Levi:
"Que seu Tumim e seu Urim
pertençam ao seu santo leal
Que provaste em Massá,
com quem lutaste nas águas de Meribá,
Que disse de seu pai e de sua mãe:
'Já não os reconheço'.
Ele deu as costas para seus irmãos
e negligenciou seus filhos,
Porque guardava tuas palavras
e cuidava da tua aliança.
Que ele ensine teus decretos a Jacó
e tua Revelação a Israel,
Que ele continue elevando
o incenso às tuas narinas
e as ofertas queimadas no teu altar.
Que o Eterno abençoe a dedicação dele,
ponha seu selo de aprovação sobre
o que ele fizer
E quebre o quadril dos que se opõem a ele.
Não nos prives de saber o que aconteceu
com os que o odeiam".

12 Benjamim:
"Os amados do Eterno;
a habitação permanente do Eterno.
Envolvidos pelo Eterno o dia todo,
onde o Eterno se sente em casa".

13-17 José:
"Abençoada pelo Eterno seja sua terra:
o melhor orvalho dos altos céus,
e fontes que brotam das profundezas;
Os melhores raios que possam vir do Sol
e o melhor que a Lua tem a oferecer;

A beleza transbordando do topo das montanhas
e o melhor das colinas eternas;
O melhor das dádivas exuberantes da terra,
e o sorriso do que habita na sarça ardente.
Tudo isso sobre a cabeça de José,
sobre a fronte do que foi separado
entre seus irmãos.
Ele brilha e é como a primeira cria de um touro,
seus chifres são como
os chifres do boi selvagem;
Ele ferirá as nações com esses chifres,
ele as empurrará até os confins da terra.
Assim são os muitos milhares de Efraim,
assim são os milhares de Manassés".

18-19 Zebulom e Issacar:
"Celebre, Zebulom, ao sair,
e Issacar, ao ficar em casa.
Eles convidarão os povos para o monte
e oferecerão sacrifícios
de adoração verdadeira,
Pois terão trazido a riqueza dos mares
e coletado os tesouros das praias".

20-21 Gade:
"Abençoado é o que amplia as fronteiras de Gade.
Gade vagueia como um leão,
Arranca um braço, despedaça uma cabeça.
Bastou um olhar para obter
a melhor parte da terra,
A porção preparada para o líder.
Ele ocupou seu lugar diante de todos
E executou os justos preceitos do Eterno
e seus decretos para a vida em Israel".

22 Dã:
"Dã é um filhote de leão,
que vem saltando de Basã".

23 Naftali:
"Naftali transborda de bênçãos,
está repleto das bênçãos do Eterno
Ao tomar posse
do mar e das terras do sul".

24-25 Aser:
"Aser, o mais abençoado dos irmãos!
Que ele seja o favorito de seus irmãos,
com os pés banhados no azeite.
Seguro está atrás de portas e portões de ferro,
seja a sua força como o ferro enquanto viver".

26-28 **N**ão há ninguém como Deus, Jesurum,
cavalgando pelos céus para resgatar você.
A dignidade dele é proclamada pelas nuvens.
O Deus eterno veio à sua casa,
estendeu os braços como fundamento.
Ele expulsou o inimigo de diante de você
e ordenou: "Destruam!".
Israel viveu seguro,
a fonte de Jacó não foi perturbada,
Numa terra de trigo e vinho
e, ah sim, seus céus gotejam orvalho.

29 Como você é feliz, Israel!
Quem é feliz como você?
Um povo *salvo* por Deus!
O Escudo defende vocês,
a Espada traz a vitória.
Seus inimigos irão se arrastar pelo chão,
e vocês marcharão sobre as costas deles.

A morte de Moisés

34 1-3 **E**ntão, das campinas de Moabe, Moisés subiu ao monte Nebo, ao cume de Pisga, de frente para Jericó. O Eterno mostrou a ele toda a terra, desde Gileade até Dã; toda a região de Naftali, Efraim e Manassés; todo o território de Judá que se estende até o mar Mediterrâneo; o Neguebe e as campinas que cercam Jericó, a cidade das Palmeiras, até Zoar, ao sul.

4 E o Eterno disse a Moisés: "Essa é a terra que prometi aos seus antepassados, a Abraão, Isaque e Jacó, com estas palavras: 'Eu a darei aos seus descendentes'. Você queria vê-la, pois aí está ela. Mas você não entrará nela".

5-6 Moisés, o servo do Eterno, morreu ali, na terra de Moabe, como o Eterno havia anunciado. O próprio Deus o sepultou no vale na terra de Moabe, diante de Bete-Peor. Ninguém sabe o local exato do seu túmulo até o dia de hoje.

7-8 Moisés tinha 120 anos de idade quando morreu. Sua vista ainda era precisa, e ele ainda demonstrava muito vigor no andar. O povo de Israel chorou a morte de Moisés nas campinas de Moabe durante trinta dias. Foi o tempo de luto e lamento por Moisés.

9 Josué, filho de Num, estava cheio do espírito de sabedoria, porque Moisés havia posto as mãos sobre ele. O povo de Israel ouviu com atenção o que ele disse, como no tempo em que o Eterno conduzia Moisés.

10-12 Desde então, não surgiu nenhum profeta igual a Moisés em Israel, a quem o Eterno conhecesse face a face. E nunca mais houve algo parecido em termos de sinais, milagres e maravilhas, como os que o Eterno

o capacitou a fazer no Egito, diante do faraó, de sua corte e de todo o país, nada que se comparasse aos feitos poderosos realizados por Moisés diante dos olhos de todos em Israel.

LUCAS 12.22-41

Caiam na realidade

22-24 **O** assunto continuou com os discípulos: "Não fiquem aflitos com a comida que terão de pôr na mesa ou se o guarda-roupa está fora de moda. Há muito mais coisas na vida que a comida que vai para o estômago! Há muito mais coisas para se ver que as roupas que vocês usam! Olhem para as aves, livres e desimpedidas: não estão presas a nenhum emprego e vivem despreocupadas, aos cuidados de Deus. E vocês valem para ele muito mais que os passarinhos!

25-28 "Será que alguém consegue ficar um centímetro mais alto preocupado diante do espelho? Se com preocupação não conseguimos nada, então por que se preocupar? Todo esse tempo e dinheiro gasto com moda, pensam que faz muita diferença? Em vez de correr atrás da moda, caminhem pelos campos e observem as flores silvestres. Elas não se enfeitam nem compram, mas vocês já viram formas e cores mais belas? Os dez homens e mulheres da lista dos mais bem vestidos iriam parecer maltrapilhos comparados com as flores. Se Deus dá tanta atenção à aparência das flores do campo — e muitas delas nem mesmo são vistas —, não acham que ele irá cuidar de vocês, ter prazer em vocês e fazer o melhor por vocês?

29-32 "Quero convencê-los a relaxar, a não se preocuparem tanto em *adquirir*. Em vez disso, prefiram *dar*, correspondendo, assim, ao cuidado de Deus. Quem não conhece Deus e não sabe como ele trabalha é que se prende a essas coisas, mas vocês conhecem Deus e sabem como ele trabalha. Orientem sua vida de acordo com a realidade, a iniciativa e a provisão de Deus. Não se preocupem com as perdas e descobrirão que todas as suas necessidades serão satisfeitas. Vocês são meus amigos queridos! O Pai quer dar seu Reino a vocês.

33-34 "Sejam generosos. Ajudem os pobres. Invistam no banco que jamais irá falir, aquela agência no céu a salvo de assaltantes e falsários, na qual vocês podem confiar. Saibam que o lugar que vocês mais desejam estar é perto do seu tesouro; e é lá que acabarão indo parar".

Quando o Senhor chegar

35-38 "**A**tenção. Mantenham a luz acesa! Comportem-se como quem espera o patrão voltar da festa

DIA 104

de casamento; fiquem acordados e estejam prontos para abrir a porta quando ele chegar. Empregados responsáveis são bem vistos pelo patrão. Ele fará questão de sentar-se à mesa ou mesmo de servir a refeição a eles, continuando a festa de casamento. Não importa a que hora da noite chegue, ele os encontrará acordados. E como serão abençoados!

³⁹⁻⁴⁰ Se o dono da casa soubesse a noite em que o ladrão viria, não ficaria fora até tarde nem deixaria a porta destrancada. Por isso, não sejam preguiçosos e negligentes! O Filho do Homem se manifestará justamente num momento em que vocês não esperam".

⁴¹ Pedro perguntou: "Senhor, isso é apenas para nós, ou para todos?".

SALMOS 50.1-6

Um salmo de Asafe

50 ¹⁻³ **O** Deus dos deuses — o Eterno! — grita: "Terra!".
Ele dá as boas-vindas ao Sol, no leste,
despede-se dele quando o astro vai
desaparecendo, no oeste.
A deslumbrante beleza de Deus
resplandece em Sião.
Nosso Deus aparecerá à entrada,
ele não tem medo de se mostrar.
Uma explosão de fogos de artifício o precede.

⁴⁻⁵ Ele intima o céu e a terra como jurados,
ao levar seu povo ao tribunal. E diz:
"Reúnam os que são fiéis a mim, os que juraram
sobre o meu Livro sua lealdade a mim".

⁶ Todo o Universo atesta a imparcialidade
desse tribunal,
pois aqui *Deus* é o juiz.

◾ NOTAS

☐ DIA 104 ___ / ___ / ___

JOSUÉ 1.1 — 3.17

1 ¹⁻⁹ **D**epois da morte de Moisés, servo do Eterno, o Eterno falou a Josué, auxiliar de Moisés:
"Meu servo Moisés morreu, mas vamos adiante. Atravesse o rio Jordão, você e todo o povo. Entre na terra que estou dando ao povo de Israel. Estou dando cada metro quadrado que seus pés pisarem, como prometi a Moisés. Do deserto ao Líbano, desde o grande rio, o Eufrates — toda a terra dos hititas — até o mar Mediterrâneo, a oeste. Tudo pertence a vocês. Enquanto viver, você não conhecerá a derrota. Assim como estive com Moisés, estarei com você. Não vou abandonar você. Seja corajoso! Anime-se! Você conduzirá este povo para tomar a terra que prometi dar aos seus antepassados. Dê o seu máximo, empenhe sua alma. Não deixe de seguir o que diz a Revelação que Moisés escreveu, cada parágrafo. Não se desvie para a direita nem para a esquerda, para que possa chegar ao seu destino. Não deixe, em nenhum instante, de pensar no que diz o Livro da Revelação. Pondere e medite nele dia e noite, praticando tudo que ele prescreve. Então, você alcançará seu objetivo e será bem-sucedido. Vou dizer de novo: seja corajoso e anime-se! O Eterno, o seu Deus, está com você a cada passo neste caminho".

A conquista da terra

10-11 Então, Josué ordenou aos líderes do povo: "Saiam pelo acampamento e transmitam esta ordem ao povo: 'Deixem algum mantimento preparado. Daqui três dias, vocês vão atravessar o rio Jordão para entrar e tomar posse da terra que o Eterno, o seu Deus, está entregando a vocês' ".

12-15 Josué também se dirigiu aos rubenitas, aos gaditas e à metade da tribo de Manassés, advertindo: "Lembrem-se do que Moisés, servo do Eterno, ordenou a vocês: 'O Eterno, o seu Deus, dá descanso a vocês, entregando a vocês esta terra. Suas mulheres, seus filhos e seus rebanhos poderão permanecer na terra a leste do Jordão, que Moisés deu a vocês. Mas todos vocês, valentes guerreiros, atravessarão o rio à frente de seus irmãos, preparados para lutar, e os ajudarão até que o Eterno dê a eles um lugar de descanso, como deu a vocês. Seus irmãos também tomarão posse da terra que o seu Deus está dando a eles. Depois, vocês poderão retornar às suas terras a leste do Jordão, concedidas por Moisés".

16-18 Eles responderam a Josué: "Faremos tudo que você nos ordenou. Iremos aonde quer que nos envie e seguiremos à risca as instruções de Moisés. Por isso, também obedeceremos a você. Suplicamos que o Eterno, o seu Deus, esteja com você, assim como esteve com Moisés. Se alguém questionar o que você disser e se recusar a obedecer, será morto. Seja corajoso! Anime-se!".

Raabe

2 **1** De Sitim, Josué, filho de Num, enviou secretamente dois espiões: "Vão e examinem a terra. Investiguem Jericó". Eles foram, chegaram à casa de uma prostituta chamada Raabe e ali permaneceram.

2 Foi dito ao rei de Jericó: "Acabamos de saber que nesta noite chegaram alguns homens para espionar a terra. Eles pertencem ao povo de Israel".

3 O rei de Jericó mandou dizer a Raabe: "Traga para fora os homens que vieram passar a noite em sua casa. Eles são espiões. Vieram espionar a terra".

4-7 Mas a mulher havia escondido os dois homens. Ela disse: "De fato, dois homens vieram até aqui, mas eu não sabia de onde eram. À noite, antes de fecharem a porta da cidade, eles foram embora. Mas não sei dizer para onde foram. Creio que se vocês correrem ainda poderão alcançá-los!". (Na verdade, ela os havia levado para o terraço e escondido debaixo dos talos de linho espalhados ali). Os homens iniciaram a perseguição perto do local de travessia do Jordão. Logo que eles saíram, os portões da cidade se fecharam.

8-11 Antes que os espiões se deitassem, a mulher veio ao encontro deles no telhado e disse: "Sei que o Eterno deu a vocês esta terra. Estamos todos aterrorizados. A população está desesperada, porque soubemos que Deus secou as águas do mar Vermelho diante de vocês na saída do Egito e o que ele fez aos dois reis amorreus, Seom e Ogue, a leste do Jordão, exterminados por vocês numa santa condenação. Quando nos deram a notícia, nosso coração gelou, e ficamos deprimidos. Tudo isso por causa de vocês, pois o Eterno, o seu Deus, é Deus em cima, no céu, e embaixo, na terra.

12-13 "Por isso, quero que me prometam uma coisa, em nome do Eterno. Eu ajudei vocês, agora ajudem minha família. Quero uma garantia de vida para meu pai e minha mãe, meus irmãos e minhas irmãs – a família inteira. Poupem nossa vida!".

14 Os homens responderam: "Nossa vida pela vida de vocês! Mas não conte a ninguém sobre o nosso acordo. Quando o Eterno nos entregar a cidade, trataremos você com clemência".

15-16 Ela os ajudou a descer com cordas por uma janela, pois sua casa ficava no muro da cidade. Também os orientou: "Sigam na direção das montanhas, para que os perseguidores não encontrem vocês. Permaneçam ali três dias até que eles voltem. Depois, é só seguir caminho".

17-20 Os homens disseram a ela: "Para que possamos cumprir o juramento que fizemos a você, faça o seguinte: Pendure do lado de fora da janela esta mesma corda vermelha que estamos usando para descer e reúna toda a sua família aqui na sua casa – pai, mãe, irmãos e irmãs. Se algum deles estiver na rua e for morto no ataque, a culpa será dele, não nos responsabilizamos. Mas assumimos toda a responsabilidade pelos que estiverem dentro da casa. Se alguém tocar um membro da sua família aqui dentro, a culpa será nossa. Agora, se você contar isso para qualquer outra pessoa, o juramento que você exigiu de nós está anulado – nossa responsabilidade acaba".

21 Ela respondeu: "Será conforme vocês disseram". Eles se despediram e foram embora. Ela amarrou a corda vermelha do lado de fora da janela.

22 Os dois homens seguiram para as montanhas e ficaram ali até o retorno dos perseguidores, que os procuraram por toda parte, mas não encontraram ninguém.

23-24 Os espiões, então, desceram a montanha, atravessaram o rio e voltaram para o lugar em que Josué estava. Ao chegar, relataram todas as suas experiências. Eles disseram a Josué: "É fato! O Eterno

DIA 104

nos entregou a cidade. A população inteira está em pânico por nossa causa".

O Jordão

3 ¹⁴Josué se levantou bem cedo e partiu de Sitim com todo o povo de Israel. Ele chegou ao Jordão e acampou à margem do rio antes de atravessarem. Depois de três dias, alguns líderes percorreram o acampamento e transmitiram a seguinte ordem: "Quando vocês virem passar a arca da aliança do Eterno, o seu Deus, carregada pelos sacerdotes levitas, preparem-se. Vocês devem segui-la. Mantenham sempre uma distância de novecentos metros da arca – prestem bem atenção, mantenham essa distância! – e saberão que caminho seguir, porque vocês nunca passaram por esse caminho antes".

⁵ Em seguida, Josué se dirigiu a todo o povo: "Purifiquem-se! Amanhã o Eterno fará grandes maravilhas no meio de vocês".

⁶ Josué instruiu os sacerdotes: "Tomem a arca da aliança e saiam à frente do povo". E eles fizeram o que Josué mandou.

⁷⁻⁸O Eterno disse a Josué: "Hoje mesmo começarei a honrar você diante de todo o Israel. Eles verão com os próprios olhos que estou com você, assim como estive com Moisés. Você dará esta ordem aos sacerdotes que estiverem carregando a arca da aliança: 'Quando chegarem à beira das águas do Jordão, parem ali perto rio' ".

⁹⁻¹³Josué disse a todo o povo de Israel: "Atenção! Ouçam o que o Eterno, o seu Deus, tem a dizer. Com isso, saberão que o Deus vivo está entre vocês – ele expulsará da presença de vocês os cananeus, os hititas, os heveus, os ferezeus, os girgaseus, os amorreus e os jebuseus. Vejam o que está diante de vocês: a arca da aliança. Pensem nisto: O Senhor de toda a terra está atravessando o Jordão à vista de vocês. Agora, escolham doze homens das tribos de Israel, um de cada tribo. Quando os sacerdotes que carregam a arca do Eterno, o Senhor de toda a terra, pisarem nas águas do Jordão, a correnteza cessará, ou seja, as águas que vêm de cima ficarão represadas".

¹⁴⁻¹⁶Foi o que aconteceu. O povo saiu de suas tendas para atravessar o Jordão, conduzidos pelos sacerdotes que carregavam a arca da aliança. Quando os sacerdotes chegaram ao Jordão e os seus pés tocaram as águas à beira do rio (o Jordão transborda na época da colheita), a correnteza parou. As águas foram represadas na direção de Ada, perto de Zaretã. O rio secou até o mar da Arabá (o mar Salgado). Então, o povo atravessou o Jordão perto de Jericó.

¹⁷Os sacerdotes que carregavam a arca da aliança ficaram parados no chão seco no meio do Jordão, enquanto todo o Israel passava. Toda a nação atravessou o rio, e ninguém ficou com os pés molhados.

LUCAS 12.42 — 13.9

⁴²⁻⁴⁶Jesus respondeu: "Tenho uma pergunta para você: quem é o administrador confiável e sábio incumbido pelo patrão de alimentar seus trabalhadores na hora certa? É aquele que o patrão encontra fazendo seu trabalho quando regressa. É um homem abençoado. Mas, se o administrador disser para si mesmo: 'O patrão está demorando' e começar a maltratar os outros empregados e a passar o tempo farreando com os amigos, a chegada do patrão será uma triste surpresa para ele. Perderá o cargo e seu destino será o pior possível.

⁴⁷⁻⁴⁸"O empregado que conhece a vontade do patrão, mas deliberadamente a ignora ou faz apenas o que quer será castigado. Mas o trabalho malfeito por inexperiência ficará só na repreensão. Posição importante implica maior responsabilidade. Quanto maior o mérito, maior a responsabilidade!".

O fogo está aceso

⁴⁹⁻⁵³"Eu vim para acender fogo sobre a terra, e como queria que já estivesse aceso! Vim para mudar tudo, para acertar tudo, e como queria que tudo já estivesse concluído! Acham que vim para facilitar as coisas e deixar o ambiente agradável? Nada disso! Vim causar conflito e confronto! De agora em diante, numa casa com cinco pessoas, será assim:

Três contra dois,
  e dois contra três;
Pai contra filho,
  e filho contra pai;
Mãe contra filha,
  e filha contra mãe;
Sogra contra nora,
  e nora contra sogra".

⁵⁴⁻⁵⁶Dirigindo-se à multidão, Jesus disse: "Quando nuvens surgem do oeste, vocês logo pensam com razão: 'Vem uma tempestade aí'. Quando o vento vem do sul, vocês dizem acertadamente: 'Vai fazer calor'. Portanto, não tentem me enganar! Vocês sabem quando o tempo vai mudar, por isso não venham me dizer que não percebem a mudança no tempo de Deus, a nova estação que ele inaugura.

57-59 "Não é preciso ser gênio para entender essas coisas. Basta usar o bom senso, o mesmo que vocês usam quando tentam um acordo com um acusador, ao perceber que, se o caso for ao juiz, vocês correm o risco de ir para a cadeia ou pagar uma multa pesada. É o tipo de decisão que espero de vocês".

Para não morrer

13 **1-5** Foi nessa ocasião que vieram contar a ele sobre os galileus que Pilatos matou durante um culto, misturando o sangue deles com o dos sacrifícios. Jesus comentou: "Vocês acham que esses galileus assassinados eram piores que o restante dos galileus? De modo algum! E, a não ser que vocês se voltem para Deus, irão morrer também. Outro dia, em Jerusalém, dezoito homens morreram esmagados quando a torre de Siloé desabou sobre eles. Acham que eles eram os piores cidadãos entre todos os habitantes da cidade? De modo algum! E, a não ser que vocês se voltem para Deus, irão morrer também".

6-7 Em seguida, Jesus contou-lhes esta história: "Um homem tinha uma figueira plantada em sua propriedade, mas na época de figos não havia um fruto sequer. Ele disse ao agricultor: 'O que está acontecendo? Há três anos tento colher figos desta árvore e nada. É melhor cortar. Por que desperdiçar terra boa?'

8-9 "O homem lhe pediu: 'Vamos dar a ela mais um ano. Vou cavar ao redor e jogar adubo. Talvez comece a produzir no ano que vem. Se não der nada, vamos cortá-la'".

SALMOS 50.7-15

7-15 "E escute, meu povo querido.
Estou pronto para falar.
Israel, estou quase pronto
para levá-lo a julgamento.
Aqui é Deus, o seu Deus,
falando com você.
Não encontro falhas nos seus atos de adoração,
nas ofertas queimadas que me apresenta.
Mas por que eu iria querer
seus touros premiados,
ou mais cabras dos seus rebanhos?
Cada criatura da floresta me pertence,
também os animais
que vivem nas montanhas.
Conheço cada pássaro dos montes pelo nome,
e os animais do campo são meus amigos.

Se eu ficasse com fome, acha que
recorreria a você?
Toda a Criação e sua fartura me pertencem.
Acha que me alimento da carne do cervo
ou que bebo goles do sangue das cabras?
Prepare para mim um banquete de louvores,
ofereça ao Deus Altíssimo uma festa de
promessas cumpridas.
Depois, peça socorro
quando estiver com problemas:
eu o ajudarei, e você me honrará".

NOTAS

DIA 105

DIA 105 ___ / ___ / ___

JOSUÉ 4.1 — 6.19

4 **1-3** Depois dos israelitas atravessarem o Jordão, o Eterno disse a Josué: "Separe doze homens do meio do povo, um de cada tribo, e diga a eles: 'Tirem do meio do Jordão, onde estão os pés dos sacerdotes, doze pedras. Vocês devem levá-las até o lugar em que irão acampar esta noite' ".

4-7 Josué chamou os doze homens que havia escolhido entre o povo de Israel, um de cada tribo, e os instruiu: "Voltem até o meio do Jordão e fiquem diante da arca do Eterno, o seu Deus. Cada um ponha uma pedra nos ombros, uma pedra para cada tribo de Israel, para que vocês possam, no futuro, lembrar-se desta ocasião. Quando seus filhos perguntarem: 'O que significam estas pedras?', vocês responderão: 'A correnteza do Jordão parou diante da arca da aliança do Eterno quando o povo atravessava o Jordão. Estas pedras são uma lembrança perpétua para Israel' ".

8-9 Os representantes de Israel obedeceram à ordem de Josué: retiraram doze pedras do meio do Jordão — uma pedra para cada uma das doze tribos, como o Eterno havia instruído Josué — e as levaram para o acampamento. Ali elas foram devidamente assentadas. Josué erigiu um monumento com as doze pedras retiradas do meio do Jordão, do lugar em que haviam parado os sacerdotes que carregavam a arca da aliança. Elas continuam ali até hoje.

10-11 Os sacerdotes que carregavam a arca permaneceram no meio do Jordão até que se cumprisse tudo que Deus havia mandado Josué dizer ao povo (confirmando a instrução de Moisés a Josué). O povo todo atravessou o rio, ninguém ficou para trás. Depois de todo o povo atravessar o Jordão, a arca da aliança e os sacerdotes também o atravessaram.

12-13 Os rubenitas, os gaditas e a meia tribo de Manassés atravessaram à frente do povo de Israel. Estavam preparados para lutar, obedecendo a ordem de Moisés. Ao todo, cerca de quarenta mil soldados armados, treinados para a guerra, passaram diante do Eterno e rumaram para as campinas de Jericó.

14 Naquele dia, o Eterno honrou Josué à vista de todo o Israel. Os israelitas respeitaram Josué enquanto viveu, assim como haviam respeitado Moisés.

15-16 O Eterno disse a Josué: "Mande os sacerdotes que estão carregando a arca do testemunho saírem do Jordão".

17 Josué ordenou os sacerdotes: "Saiam do Jordão!".

18 Eles obedeceram. Os sacerdotes que carregavam a arca da aliança do Eterno saíram do meio do Jordão, e, assim que os pés deles pisaram a margem, as águas voltaram a correr no leito do rio, como antes.

19-22 O povo atravessou o Jordão no dia 10 do primeiro mês. Eles acamparam em Gilgal (O Círculo), a leste de Jericó. Foi ali em Gilgal que Josué construiu o monumento com as doze pedras tiradas do Jordão. Então, ele disse ao povo de Israel: "No futuro, quando os filhos perguntarem aos pais: 'O que estas pedras estão fazendo aqui?', respondam: 'Israel atravessou o Jordão em terra seca'.

23-24 "De fato, o Eterno, o seu Deus, secou para vocês as águas do Jordão até que todos atravessassem, assim como fez com o mar Vermelho, que secou diante de nós até que tivéssemos atravessado. Isso aconteceu para que todos os habitantes da terra reconhecessem que o Eterno tinha poder para resgatá-los e para que vocês o reverenciassem para sempre".

5 **1** Os reis amorreus do lado oeste do Jordão e os reis cananeus do litoral, quando souberam que o Eterno havia secado as águas do rio Jordão diante do povo de Israel até que todos atravessassem, ficaram muito assustados. Bastava pensar no povo de Israel para que perdessem a coragem .

2-3 Na ocasião, o Eterno disse a Josué: "Mande fazer algumas facas de pedra e circuncide outra vez o povo de Israel". Depois de prontas as facas, Josué circuncidou o povo na colina dos Prepúcios.

4-7 O motivo de Josué ter circuncidado o povo de Israel foi este: todos os homens que saíram do Egito, os soldados, morreram no deserto. Todos os que saíram do Egito, naturalmente, haviam sido circuncidados, mas os que nasceram durante a jornada pelo deserto, após a saída do Egito, não eram circuncidados ainda. Na verdade, o povo de Israel peregrinou pelo deserto quarenta anos até que morresse toda a antiga geração, os homens que tinham idade para servir ao exército ao sair do Egito e desobedeceram ao chamado do Eterno. O Eterno havia jurado que eles não veriam a terra que o Eterno prometera solenemente aos ancestrais dar aos seus descendentes, terra em que manam leite e mel. Mas seus filhos os substituíram, e foram estes que Josué circuncidou. Nenhum deles havia sido circuncidado durante a viagem.

8 Depois de terminar a circuncisão de todos os israelitas, o povo permaneceu acampado até que todos se recuperassem.

9 O Eterno disse a Josué: "Hoje removi a humilhação que vocês passaram no Egito". Por isso, o lugar foi chamado Gilgal, seu nome até hoje.

10 O povo de Israel continuou acampado em Gilgal. Eles celebraram a Páscoa na noite do dia 14 daquele mês, nas campinas de Jericó.

11-12 No dia seguinte ao da Páscoa, eles começaram a comer o fruto daquela terra: pão sem fermento e grãos torrados. Depois disso, não tiveram mais necessidade do maná: o pão do céu cessou. Assim que começaram a comer alimento produzido na terra, não houve mais maná para o povo de Israel. Naquele ano, eles comeram das colheitas de Canaã.

13 Um dia, quando Josué ainda estava acampado perto de Jericó, ele olhou para cima e viu à sua frente um homem de pé, que segurava uma espada. Josué aproximou-se dele e perguntou: "De que lado você está: do nosso ou dos nossos inimigos?".

14 Ele respondeu: "De nenhum dos dois. Sou comandante do exército do Eterno. Acabo de chegar". Josué se prostrou com o rosto em terra e o adorou. Depois, perguntou: "O que o meu Senhor deseja que o seu servo faça?".

15 O comandante do exército do Eterno ordenou: "Tire as sandálias. O lugar que você está pisando é santo".

Josué obedeceu.

Jericó

6 **1** Jericó estava fechada como um barril por causa do povo de Israel: ninguém entrava, ninguém saía.

2-5 O Eterno disse a Josué: "Preste atenção! Já entreguei Jericó a você, bem como o seu rei e a sua guarda de elite. Agora, faça isto: marche em volta da cidade, com todos os seus soldados. Deem uma volta em redor dela. Repitam isso seis dias seguidos. Escolha a sete sacerdotes para carregarem sete trombetas de chifre de carneiro à frente da arca. No sétimo dia, marchem ao redor da cidade sete vezes, enquanto os sacerdotes tocam as trombetas com toda força. Em seguida, faça soar um toque longo da trombeta – quando ouvir esse toque, todo o povo deve gritar o mais alto que puder. As muralhas da cidade cairão de uma vez. Quando isso acontecer, os homens devem invadir a cidade, todos devem correr para lá".

6 Josué chamou os sacerdotes e ordenou: "Tomem a arca da aliança. Sete sacerdotes deverão levar sete trombetas de chifre de carneiro e ir à frente, conduzindo a arca do Eterno".

7 Em seguida, ele disse ao povo: "Levantem-se! Marchem ao redor da cidade. Ponham a guarda armada marchando à frente da arca do Eterno".

8-9 Todos se mobilizaram. Josué deu as ordens, e o povo marchou: sete sacerdotes com sete trombetas de chifre de carneiro iam adiante do Eterno. Eles tocavam as trombetas, conduzindo a arca da aliança. A guarda armada marchava à frente dos sacerdotes que tocavam as trombetas. Os da retaguarda iam atrás da arca, as trombetas tocaram durante toda a marcha.

10 Josué havia ordenado ao povo: "Não gritem. Na verdade, vocês não devem nem conversar – nem mesmo sussurrar até que eu diga: 'Gritem!'. Então, podem gritar à vontade!".

11-13 Ele mandou a arca do Eterno rodear a cidade. Ela deu uma volta, retornou para o acampamento e ficou ali durante a noite. Na manhã seguinte, Josué levantou bem cedo, e os sacerdotes carregaram a arca do Eterno. Os sete sacerdotes com as sete trombetas de chifre de carneiro marchavam à frente da arca, tocando a trombeta enquanto marchavam, tendo a guarda armada marchando adiante e atrás deles. Eles marchavam e tocavam as trombetas!

14 No segundo dia, eles rodearam a cidade outra vez e retornaram para o acampamento. Repetiram isso seis dias seguidos.

15-17 No sétimo dia, todos se levantaram bem cedo e começaram a marchar ao redor da cidade como nos outros dias, mas dessa vez deram sete voltas – sim, naquele dia, rodearam a cidade sete vezes. Na sétima vez, os sacerdotes tocaram as trombetas, e Josué fez sinal para o povo: "Gritem! O Eterno entregou a cidade a vocês! A cidade, com tudo que existe nela, está sob santa condenação e será dedicada ao Eterno.

"A exceção será a prostituta Raabe: a vida dela deve ser poupada, dela e de todos os que estiverem na casa dela, porque ela escondeu os espiões que enviamos.

18-19 "Quanto a vocês, fiquem longe das coisas condenadas. Não cobicem nada que esteja na cidade nem tomem qualquer coisa condenada, pois, se houver objetos condenados no acampamento de Israel, todos serão prejudicados. Toda a prata, todo o ouro e todos os utensílios de bronze e de ferro são consagrados ao Eterno e devem ser guardados no tesouro dele".

DIA 105

LUCAS 13.10-35

Curando no sábado

10-13 Jesus estava ensinando numa sinagoga. Havia ali uma mulher tão encurvada pela artrite que não podia sequer olhar para cima. Ela era afligida por aquela doença havia dezoito anos. E Jesus disse a ela: "Mulher, você está livre!". Impôs as mãos sobre ela e ela ficou boa na hora, dando glória a Deus.

14 Furioso por ver Jesus curar num sábado, o líder da sinagoga disse à congregação: "Seis dias foram estabelecidos como dias de trabalho. Venham num desses dias para ser curados, mas não no sábado, o sétimo dia".

15-16 Jesus reagiu: "Chega de enganar o povo! Todo sábado vocês tiram seus animais do estábulo e os levam para beber água, sem se preocupar com o dia. Então, onde está o erro de libertar hoje esta filha de Abraão amarrada por Satanás há dezoito anos?".

17 Com essa resposta, seus críticos ficaram envergonhados e perdidos. Mas o povo era só alegria e não parava de comemorar.

O caminho para Deus

18-19 Jesus disse em seguida: "Como posso explicar o Reino de Deus para vocês? Que ilustração posso utilizar? É como a semente que um homem planta no quintal. Ela cresce e se torna uma árvore imensa, com galhos grossos, e as aves fazem ninhos ali".

20-21 Ele deu outro exemplo: "Como posso explicar o Reino de Deus? É como o fermento que uma mulher usa para fazer pão. Depois só espera a massa crescer".

22 Ele ensinava de cidade em cidade, mas não se desviava do objetivo principal de sua jornada, que era Jerusalém.

23-25 Alguém perguntou: "Mestre, é certo que só uns poucos serão salvos?".

Ele respondeu: "Se são poucos ou muitos, não é o mais importante. Concentre-se em sua vida com Deus. O caminho para a vida – para Deus – exige dedicação total. Muitos pensam que têm lugar garantido no banquete da salvação de Deus só pelo fato de morar no mesmo bairro. Um dia, vocês vão bater à porta da casa dele, querendo entrar, mas a encontrarão fechada, e o Senhor dirá: 'Sinto muito, vocês não estão na minha lista de convidados'.

26-27 "Vocês protestarão, é claro: 'Mas nós te conhecemos a vida inteira!'. Ele nem vai deixá-los terminar: 'O que vocês acham que é conhecer está longe disso. Vocês não sabem nada a meu respeito'.

28-30 "Então, vocês se verão do lado de fora, ao relento, estranhos em relação à graça. Abrão, Isaque, Jacó e todos os profetas passarão na frente de vocês em direção ao Reino de Deus. Vocês verão estrangeiros, vindos de todas as partes do mundo, sentados à mesa do Reino de Deus, enquanto vocês vão estar do lado de fora, espiando pela janela – tentado descobrir o que aconteceu. Esta é a Grande Inversão: os últimos da fila à frente dos primeiros, e os que eram os primeiros ficando por último".

31 Alguns fariseus vieram avisá-lo: "Salve sua vida! Herodes está à sua caça. Ele quer matá-lo!".

32-35 Jesus respondeu: "Digam àquela raposa que não tenho tempo para ele agora. Hoje e amanhã estarei ocupado, expulsando demônios e curando doentes. Depois de amanhã, concluo meu trabalho. Além disso, não é adequado a um profeta morrer fora de Jerusalém.

Jerusalém, Jerusalém, assassina de profetas,
    que agride os mensageiros de Deus!
Quantas vezes desejei reunir seus filhos,
    reunir seus filhos como faz a galinha,
Que mantém seus pintinhos a salvo
    debaixo das asas –
    mas você se recusou e me virou as costas!
Agora é tarde demais:
    você não vai me ver outra vez
    até o dia em que disser:
'Bendito é ele que vem em nome de Deus' ".

SALMOS 50.16-23

16-21 Mas aos ímpios, Deus diz:

"O que vocês estão tramando,
    citando minhas leis,
    conversando como se fôssemos bons amigos?
Vocês nunca atenderam à porta
    quando os chamei
    e tratam minhas palavras como lixo.
Se encontram um ladrão,
    vocês fazem amizade com ele;
    os adúlteros são seus
    companheiros prediletos.
Sua boca destila imundície,
    e mentir é uma forma de arte
    que vocês levam a sério.
Vocês apunhalam o próprio irmão pelas costas,
    defraudam sua irmãzinha.

Mantive um silêncio paciente
enquanto agiam assim,
e vocês pensaram que eu estava
concordando com seu jogo.
Mas agora eu chamo vocês para uma conversa
e vou desmascarar a sua impiedade.

22-23 "Chega desse comportamento
falso comigo.
Estou pronto para dar a sentença,
e saibam que não haverá
possibilidade de apelação!
É a vida de louvor que me honra.
Tão logo ponham os pés no Caminho,
Mostrarei a vocês a minha salvação".

◗ NOTAS

|||||||||||||||||||||||||||||||||||||||||||||||||||||

☐ **DIA 106** __ / __ / __

JOSUÉ 6.20 — 8.23

20 Os sacerdotes tocaram as trombetas.

Quando o povo ouviu o toque das trombetas, todos deram um grito que pareceu um trovão, e as muralhas vieram abaixo. O povo correu para dentro da cidade e tomou posse dela.

21 Eles submeteram tudo que havia na cidade à santa condenação, matando homens, mulheres, jovens e velhos, bois, ovelhas e jumentos.

22-24 Josué deu ordem aos dois homens que haviam espionado a cidade: "Entrem na casa da prostituta e salvem a mulher e todos os seus parentes, como vocês prometeram a ela". Então, os jovens espiões entraram e trouxeram Raabe, seu pai, sua mãe e seus irmãos — enfim, todos os seus parentes. Eles retiraram a família e providenciaram um lugar para ela fora do acampamento. Mas a cidade foi queimada com tudo que havia nela, exceto o ouro, a prata, o bronze e os utensílios de ferro, que foram levados para o tesouro do santuário do Eterno.

25 Josué poupou a vida de Raabe, da família de seu pai e de todos os seus parentes. Ela continua viva e passa bem em Israel, porque escondeu os espiões que Josué enviou para espionar Jericó.

26 Naquele momento, Josué fez um juramento solene:

"Maldito perante o Eterno seja todo aquele
que planejar reconstruir a cidade de Jericó.
Ele pagará as fundações com a vida
do seu primogênito
e pagará os portões com a vida
do seu filho mais novo".

27 O Eterno estava com Josué, e a sua fama se espalhou por toda a terra.

Acã

7 **1** Mas o povo de Israel violou a lei da santa condenação. Acã, filho de Carmi, filho de Zabdi, filho de Zerá, da tribo de Judá, apropriou-se de algumas coisas condenadas, e o Eterno ficou furioso com o povo de Israel.

2 Josué enviou homens desde Jericó até Ai (A Ruína), cidade próxima de Bete-Áven, a leste de Betel.

DIA 106

Ele os instruiu: "Façam o reconhecimento da terra". Os homens partiram para espionar a terra.

³ Eles retornaram e relataram a Josué: "Não se preocupe em enviar muita gente — bastam dois ou três mil homens para derrotar Ai. Não desgaste o exército inteiro, porque não há tantas pessoas ali".

⁴⁻⁵ Então, cerca de três mil homens foram atacar a cidade, mas eles tiveram de fugir, derrotados pelos homens de Ai! Os soldados de Ai mataram trinta e seis israelitas — eles os perseguiram desde a entrada da cidade até as Pedreiras, matando-os na descida. O povo ficou chocado e perdeu o ânimo.

⁶ Josué rasgou a própria roupa e prostrou-se com o rosto em terra diante da arca do Eterno. Ele e os líderes jogaram terra sobre a cabeça e ficaram prostrados até a tarde.

⁷⁻⁹ Josué clamava: "Ah, Senhor, Eterno! Por que fizeste este povo atravessar o Jordão? Foi para nos tornar vítimas dos amorreus? Foi para nos aniquilar? Por que não ficamos do outro lado do Jordão? Ah, Senhor! O que vou dizer depois de Israel ter fugido do inimigo? Quando os cananeus e todos os habitantes desta terra souberem da nossa derrota, vão se ajuntar e acabar conosco. Pergunto: Como vai ficar a *tua* reputação?".

¹⁰⁻¹² O Eterno respondeu a Josué: "Levante-se! Por que você está rastejando? Israel pecou. Eles quebraram a aliança que fiz com eles e se apropriaram de coisas condenadas. Eles as roubaram e colocaram junto com os seus pertences. O povo de Israel não poderá mais encarar seus inimigos — eles mesmos se tornaram presa do inimigo. Não vou apoiar vocês até que se livrem das coisas condenadas.

¹³ "Não perca tempo. Purifique o povo e diga a eles: 'Preparem-se para amanhã. Purifiquem-se, pois o Eterno, o Deus de Israel, diz: Há coisas condenadas no acampamento. Vocês não conseguirão enfrentar os inimigos enquanto não se livrarem delas.

¹⁴⁻¹⁵ "'Logo de manhã, vocês serão convocados por tribos. A tribo que o Eterno apontar se apresentará, um clã por vez; o clã que o Eterno apontar se apresentará, uma família por vez; a família que o Eterno apontar se apresentará, um homem por vez. Quem for encontrado com as coisas condenadas será queimado, ele e tudo que possuir, porque quebrou a aliança do Eterno e cometeu loucura em Israel' ".

¹⁶⁻¹⁸ Josué levantou-se de madrugada e convocou Israel, tribo por tribo. A tribo de Judá foi separada. Depois, ele convocou os clãs e separou os zeraítas. Então, chamou os zeraítas e separou a família de Zabdi. Por fim, chamou cada membro da família e

separou Acã, filho de Carmi, filho de Zabdi, filho de Zerá, da tribo de Judá.

¹⁹ Josué disse a Acã: "Meu filho, dê glória ao Eterno, o Deus de Israel. Faça a sua confissão a ele. Conte-me o que você fez. Não esconda nada de mim".

²⁰⁻²¹ Acã respondeu a Josué: "É verdade. Pequei contra o Eterno, o Deus de Israel! Eu fiz isto: Quando vi entre os despojos uma bela capa babilônica, dois quilos e quatrocentos gramas de prata e uma barra de ouro de seiscentos gramas, eu os cobicei e me apropriei deles. Estão enterrados na minha tenda, com a prata por baixo".

²²⁻²³ Josué enviou alguns mensageiros, que correram para a tenda. Ali encontraram os objetos enterrados, com a prata por baixo. Eles os trouxeram a Josué, diante de todo o povo de Israel e do Eterno.

²⁴ Josué chamou Acã, filho de Zerá, e reuniu a prata, a capa, a barra de ouro, seus filhos e filhas, seus bois, seus jumentos, suas ovelhas e sua tenda — tudo que ele possuía. Todo o Israel estava ali presente. Eles os conduziram para o vale de Acor (vale da Perturbação).

²⁵⁻²⁶ Josué disse: "Por que você nos causou essa desgraça? Agora o Eterno vai trazer desgraça sobre você, hoje mesmo!". Então, todo o Israel o apedrejou; depois, o queimou na fogueira. Eles fizeram uma pilha enorme de pedras sobre ele, que continua lá até hoje. Só assim, o Eterno se acalmou. Por isso, o lugar é chamado até os dias de hoje de vale da Perturbação.

Ai

8 ¹ O Eterno disse a Josué: "Agora não há mais motivo para medo. Convoque todos os seus soldados e retornem para Ai. Vou entregar o rei de Ai, seu povo, sua cidade e sua terra nas mãos de vocês.

² "Faça à cidade de Ai e ao seu rei o mesmo que você fez a Jericó e seu rei. Mas dessa vez vocês poderão saquear os bens e o gado. Aproveitem. Armem uma emboscada atrás da cidade".

³⁻⁸ Josué e todo o povo se prepararam para marchar contra Ai. Josué escolheu a trinta mil homens valentes, todos guerreiros, e os enviou à noite com a seguinte ordem: "Todos atentos a mim! Armem uma emboscada atrás da cidade. Cheguem o mais perto que puderem. Estejam alertas. Eu e os soldados que estiverem comigo nos aproximaremos da cidade pela frente. Quando eles saírem para nos atacar, como fizeram antes, nós fugiremos. Eles nos perseguirão, abandonando a cidade. Enquanto estivermos fugindo, eles dirão: 'Este povo está fugindo como da outra vez'. Esse será o sinal para vocês saírem da emboscada e invadirem a cidade.

O Eterno, o seu Deus, entregará a cidade de bandeja em suas mãos. Depois de entrarem na cidade, ponham fogo em tudo. O Eterno ordenou, então, obedeçam. Agora vão! Já dei as ordens".

⁹ Josué os despediu. Eles armaram a emboscada e aguardaram entre Betel e Ai, a oeste de Ai. Josué passou a noite com o povo.

¹⁰⁻¹³ Ele se levantou bem cedo e passou as tropas em revista. Com a ajuda dos líderes de Israel, conduziu os soldados até Ai. O exército marchou até ficar à vista da cidade e acampou ao norte de Ai. Havia um vale entre eles e Ai. Para armar a emboscada entre Betel e Ai, a oeste da cidade, Josué tinha enviado cerca de cinco mil homens. Eles estavam todos preparados para o combate, as tropas principais ao norte da cidade e a emboscada a oeste. Josué passou a noite no vale.

¹⁴ Então, quando o rei de Ai percebeu tudo isso, os homens da cidade não perderam tempo; eles, o rei e as suas tropas, saíram logo de madrugada para atacar Israel em um campo a caminho da Arabá. O rei não tinha percebido a emboscada armada contra ele atrás da cidade.

¹⁵⁻¹⁷ Josué e todo o Israel se deixaram ser perseguidos, fugindo em direção ao deserto. Todos os habitantes da cidade foram chamados para persegui-los, e eles foram atrás de Josué, abandonando a cidade. Não houve ninguém em Ai nem em Betel que não saísse em perseguição a Israel. A cidade ficou vazia e indefesa enquanto todos corriam atrás dos israelitas.

¹⁸⁻¹⁹ Então, o Eterno disse a Josué: "Aponte a lança que está em sua mão na direção de Ai". Com esse sinal, os homens que estavam de emboscada levantaram-se, correram para a cidade e em pouco tempo a incendiaram.

²⁰⁻²¹ Os homens de Ai olharam para trás e ficaram espantados ao ver a cidade em chamas. Perceberam que não tinham para onde escapar. O exército que fugia para o deserto deu meia-volta — Josué e todo o Israel — quando viu que os homens da emboscada haviam invadido a cidade e notou a fumaça que subia dela. Eles atacaram os homens de Ai.

²²⁻²³ Ao mesmo tempo, os soldados da emboscada saíram da cidade, e os homens de Ai foram cercados pelos israelitas dos dois lados — um verdadeiro massacre. Ninguém sobreviveu, exceto o rei de Ai. Eles o capturaram com vida e o levaram a Josué.

LUCAS 14.1-24

14 ¹⁻³ Certa vez, num sábado, Jesus estava na casa de um dos principais líderes dos fariseus, participando de uma refeição. Os convidados não tiravam os olhos dele, observando cada movimento que fazia. Diante dele, havia um homem com uma severa enfermidade nas articulações. Jesus, então, perguntou aos líderes religiosos e fariseus ali presentes: "É permitido curar num sábado? Sim ou não?".

⁴⁻⁶ Eles ficaram em silêncio. Jesus chamou o homem e o curou. Depois de o despedir, perguntou: "Se seu filho ou seu animal cair num poço no sábado, será que há alguém aqui que não corra para tirá-lo de lá imediatamente?". Ninguém se arriscou a responder.

Convite aos marginalizados

⁷⁻⁹ Depois disso, ele ensinou uma lição aos convidados ao redor da mesa. Percebendo que alguns disputavam o lugar de honra, disse: "Quando alguém convidar vocês para um jantar, não ocupem o lugar de honra. Alguém mais importante que você pode ter sido convidado, e o anfitrião dirá, na frente de todos os convidados: 'Desculpe, você pode dar licença? O lugar de honra pertence a este homem'. Com a maior vergonha, você terá de se acomodar na última mesa, no lugar que sobrar.

¹⁰⁻¹¹ "Quando você for convidado para uma festa, sente-se no último lugar. Quando o anfitrião entrar na sala, ele dirá: 'O que você está fazendo aí? Venha para a frente'. Você será motivo de comentários na festa! O que eu estou dizendo é que, se você andar por aí com o nariz empinado, vai acabar com a cara no chão. Mas, se souber ficar no seu lugar, será recompensado".

¹²⁻¹⁴ Dirigindo-se ao anfitrião, Jesus aconselhou: "Da próxima vez que você oferecer um jantar, não convide apenas amigos, familiares e vizinhos ricos, que podem retribuir o favor. Convide algumas pessoas que jamais estiveram em sua lista: os marginalizados, os excluídos. Acredite, você será — e experimentará — uma bênção. Eles não terão como retribuir, mas o favor será retribuído — e como! — na ressurreição do povo de Deus".

A história da festa

¹⁵ Os convidados exclamaram: "Feliz quem pode participar de uma festa no Reino de Deus!".

¹⁶⁻¹⁷ Jesus concordou: "Sim. Certa vez, um homem deu uma grande festa e convidou muita gente. Na hora do jantar, enviou um criado para avisar: 'Venham, a comida está na mesa'.

¹⁸ "Estranhamente, todos começaram a apresentar desculpas, um após o outro. O primeiro disse: 'Comprei algumas terras e preciso vê-las. Aceite minhas desculpas'.

19 "O segundo disse: 'Comprei cinco juntas de bois e preciso testá-las. Aceite minhas desculpas'.

20 "Outro disse: 'Acabei de me casar e preciso ficar com minha esposa'.

21 "O criado retornou e contou ao senhor o que havia acontecido. Ele ficou com tanta raiva que disse ao criado: 'Rápido, vá às ruas da cidade e às vielas. Junte todos que pareçam precisar de uma boa refeição, todos os desajustados, sem-teto e miseráveis que puder encontrar, e traga-os aqui'.

22 "O criado informou: 'Fiz o que o senhor mandou, mas ainda sobraram lugares'.

23-24 "O homem ordenou: 'Vá para a periferia e traga para cá qualquer um que encontrar. Quero a casa cheia! Vou dizer uma coisa: nenhum daqueles a quem mandei convite vai participar da minha festa'".

SALMOS 51.1-6

Um salmo de Davi — depois que ele foi repreendido por Natã sobre o caso com Bate-Seba

51 **1-3** Deus generoso em amor, preciso da tua graça!
Deus imenso em misericórdia,
   apaga meu passado sujo.
Lava minha culpa
   e purifica-me dos meus pecados.
Sei que fui muito mau;
   meus pecados ficam me olhando
      o tempo todo.

4-6 Mas foi a ti que ofendi, e viste tudo:
   sabes a extensão da minha maldade.
Tens todos os fatos diante de ti:
   o que decidires a meu respeito será justo.
Andei desgarrado de ti por muito tempo,
   eu estava no erro já antes de nascer.
O que desejas é a verdade, de dentro para fora.
   Entra em mim, então, e concebe uma vida
      nova e verdadeira.

◼ NOTAS

☐ DIA 107 ___ / ___ / ___

JOSUÉ 8.24 — 10.19

24-25 Ao final da batalha, Israel tinha matado todos os habitantes de Ai, no campo ou no deserto, onde os tinham perseguido. Depois da matança, os israelitas retornaram para Ai e acabaram de destruí-la. Naquele dia, o número de mortos foi doze mil homens e mulheres — todos os moradores de Ai.

26-27 Josué não baixou a lança até que Ai e seu povo fossem totalmente destruídos, por santa condenação. Mas Israel se apossou dos animais e das coisas de valor que restaram na cidade. Segundo as instruções do Eterno a Josué, eles tinham permissão para isso.

28-29 Josué queimou Ai até o chão. Virou resto de fogueira, uma ruína para sempre — você mesmo poderá ver, se quiser. Ele enforcou o rei de Ai num galho de árvore. No fim da tarde, ao pôr do sol, o cadáver foi retirado. Eles jogaram o corpo na entrada da cidade e empilharam pedras sobre ele — você também poderá ir ver isso.

30-32 Depois dessa batalha, Josué construiu um altar ao Eterno, o Deus de Israel, no monte Ebal. Ele seguiu as instruções que deixou escritas no Livro da Revelação de Moisés para Israel: fez um altar de pedras não lavradas, sem o auxílio de ferramentas de ferro. Sobre o altar para o Eterno, foram apresentadas ofertas queimadas e ofertas de paz. Ele copiou a Revelação de Moisés nas pedras e escreveu tudo na presença do povo de Israel.

³³ Todo o Israel estava ali: estrangeiros, cidadãos, líderes, oficiais e juízes, de pé em lados opostos da arca, olhando para os sacerdotes que a carregavam. Metade do povo ficou de costas para o monte Gerizim e metade de costas para o monte Ebal, a fim de abençoar o povo de Israel, conforme as instruções de Moisés.

³⁴⁻³⁵ Depois disso, ele leu tudo que estava escrito no Livro da Revelação: a bênção e a maldição, tudo que estava escrito. Nenhuma das palavras que Moisés deixou registradas deixou de ser lida por Josué diante da comunidade: homens, mulheres, crianças e estrangeiros que os acompanhavam na jornada.

Gibeom

9 ¹⁻² Todos os reis do lado oeste do Jordão, nas montanhas, nas campinas e na costa do Mediterrâneo, ao norte próximo do Líbano — os hititas, os amorreus, os cananeus, os ferezeus, os heveus, os girgaseus e os jebuseus — souberam da notícia. Eles formaram uma confederação para atacar Josué e Israel sob um único comandante.

³⁻⁶ Os moradores de Gibeom souberam o que Josué havia feito contra Jericó e Ai e elaboraram um plano. Eles se apresentaram como viajantes. Os jumentos deles estavam carregados de sacos rasgados e vasilhas de couro remendadas. Calçavam sandálias surradas e vestiam roupas esfarrapadas, e toda a comida estava seca e esmigalhada. Eles vieram a Josué em Gilgal e disseram aos homens de Israel: "Viemos de um país muito distante e queremos que vocês façam um acordo conosco".

⁶⁻⁷ Os homens de Israel disseram àqueles heveus: "Como saberemos se vocês não são da região? Como poderíamos fazer um acordo com vocês?".

⁸ Eles disseram a Josué: "Seremos servos de vocês". Josué perguntou: "Quem são vocês? De onde vieram?".

⁹⁻¹¹ Eles responderam: "Viemos de um país muito distante. O motivo da nossa vinda é que ouvimos coisas grandiosas sobre o Eterno, o seu Deus — tudo que ele fez no Egito e aos dois reis amorreus a leste do Jordão, o rei Seom de Hesbom e o rei Ogue de Basã, que reinava em Astarote! Nossos líderes e todo o povo de nosso país nos disseram: 'Preparem mantimento para a viagem, vão se encontrar com esse povo e

digam a eles: seremos escravos de vocês, mas façam um acordo conosco'.

¹²⁻¹³ "Vejam, este pão tinha acabado de sair do forno quando o embrulhamos para a viagem e partimos para encontrar vocês. Agora está seco e esmigalhado. Nossas vasilhas de couro rasgadas e remendadas eram praticamente novas quando as enchemos. Nossas roupas e sandálias estão esfarrapadas por causa da viagem longa e difícil".

¹⁴ Os homens de Israel examinaram aqueles itens e acreditaram nos forasteiros. Mas não consultaram o Eterno sobre o assunto.

¹⁵ Por isso, Josué os recebeu em paz e formalizou um acordo para preservar a vida deles. Os líderes da comunidade fizeram juramento.

¹⁶⁻¹⁸ Três dias depois, com o acordo já assinado, os israelitas descobriram que aquele povo era vizinho e habitava ali havia muito tempo! O povo de Israel levantou acampamento e, três dias depois, chegou às cidades deles — Gibeom, Quefira, Beerote e Quiriate-Jearim. Mas Israel não as atacou, porque os líderes da comunidade tinham dado sua palavra perante o Eterno, o Deus de Israel, e eles tiveram de enfrentar as críticas do povo.

¹⁹⁻²¹ Mas os líderes tinham uma resposta pronta para a comunidade: "Nós fizemos um acordo com eles na presença do Eterno, o Deus de Israel, e agora não podemos atacá-los. Mas podemos fazer o seguinte: Vamos poupar a vida deles, para não sermos culpados de quebrar a promessa". Os líderes de Israel disseram ainda: "Nós os deixaremos viver, mas eles serão transformados em lenhadores e carregadores de água para servir à comunidade".

E foi o que aconteceu. Assim, a promessa dos líderes foi mantida.

²²⁻²³ Em seguida, Josué convocou os gibeonitas e os interrogou: "Por que vocês mentiram para nós, dizendo: 'Moramos muito longe de vocês', quando na verdade são nossos vizinhos? Por causa disso, vocês estão amaldiçoados. A partir de agora, serão submetidos a trabalho escravo: serão lenhadores e carregadores de água para a casa do meu Deus".

²⁴⁻²⁵ Eles responderam a Josué: "Tivemos a informação clara e contundente de que o Eterno, o seu Deus, determinou por meio de Moisés dar ao seu povo toda esta terra e destruir todo ser vivente. Ficamos apavorados com a notícia; por isso, agimos assim. Apenas isso. Mas estamos nas mãos de vocês. O que decidirem, concordaremos e cumpriremos".

²⁶⁻²⁷ E foi o que fizeram. Josué os livrou do ataque do povo de Israel, para que não fossem mortos, mas

DIA 107

322

os transformou em lenhadores e carregadores de água para a comunidade e para o altar do Eterno – quando o local da adoração fosse escolhido. É o trabalho deles até hoje.

Os cinco reis

10 ¹⁻²Não demorou muito para Adoni-Zedeque, rei de Jerusalém, saber que Josué tinha invadido e destruído Ai e seu rei, sob santa condenação, assim como fizera com Jericó e seu rei. Ele também soube que o povo de Gibeom tinha feito um acordo com Israel e permaneciam vizinhos. O rei de Jerusalém e o seu povo ficaram alarmados, porque Gibeom era uma cidade grande, como qualquer cidade que comportasse um rei, e maior do que Ai. Além disso, todos os seus homens eram guerreiros.

³⁻⁴Por isso, Adoni-Zedeque enviou uma mensagem a Hoão, rei de Hebrom, a Piram, rei de Jarmute, a Jafia, rei de Láquis, e a Debir, rei de Eglom: "Venham me ajudar a atacar Gibeom, pois eles se uniram a Josué e ao povo de Israel".

⁵Os cinco reis amorreus (ocidentais) – o rei de Jerusalém, o rei de Hebrom, o rei de Jarmute, o rei de Láquis e o rei de Eglom – juntaram seus exércitos e saíram para atacar Gibeom.

⁶Os homens de Gibeom mandaram dizer a Josué, que estava acampado em Gilgal: "Não nos abandone agora! Venha depressa! Salve-nos! Ajude-nos! Os reis amorreus que habitam as montanhas se uniram todos contra nós".

⁷⁻⁸Josué partiu de Gilgal com todo o seu exército – todos soldados valentes. O Eterno disse a ele: "Não dê chance a eles. Eu já os entreguei em suas mãos – nenhum deles resistirá a você".

⁹⁻¹¹Josué marchou de Gilgal durante toda a noite e os apanhou de surpresa. O Eterno os deixou confusos perante Israel, e Israel obteve uma importante vitória em Gibeom. Os israelitas perseguiram os inimigos lá no alto, a caminho de Bete-Horom, até Azeca e Maquedá. Enquanto fugiam na descida de Bete-Horom para Azeca, o Eterno lançou sobre eles enormes pedras de granizo, e muitos morreram. Na verdade, morreram mais soldados pelo granizo que pela espada dos israelitas.

¹²⁻¹³No dia em que o Eterno entregou os amorreus nas mãos de Israel, Josué clamou a Deus diante de todo o Israel:

"Sol, fique parado sobre Gibeom;
Lua, descanse sobre o vale de Aijalom.

O Sol parou,
A Lua ficou imóvel
Até que ele derrotasse
os inimigos".

¹³⁻¹⁴(Essa é uma citação do Livro de Jasar). O Sol parou no meio do céu e permaneceu ali o dia inteiro. Nunca houve um dia como aquele, nem antes nem depois – o Eterno cumprindo uma ordem humana! De fato, o Eterno lutou a favor de Israel.

¹⁵Depois disso, Josué voltou com todo o Israel para o acampamento de Gilgal.

¹⁶⁻¹⁷Nesse meio-tempo, os cinco reis se refugiaram numa caverna, e alguém deu a informação a Josué: "Os cinco reis foram encontrados escondidos na caverna de Maquedá".

¹⁸⁻¹⁹Josué ordenou: "Ponham grandes pedras à entrada da caverna e deixem alguns guardas ali. Mas não se detenham ali: continuem a perseguir os inimigos. Ataquem os que ficarem para trás. Não deixem que voltem para as suas cidades. O Eterno já os entregou a vocês".

LUCAS 14.25 — 15.10

Considerem
o custo

²⁵⁻²⁷Certo dia, reunido com um grande número de pessoas, Jesus declarou: "Quem quiser me seguir, mas se recusar a deixar pai, mãe, marido, mulher, filhos, irmãos, irmãs – sim, até a si mesmo! – não pode ser meu discípulo.

²⁸⁻³⁰"Será que alguém começa a construção de uma casa sem primeiro fazer um orçamento para calcular o custo? Se você construir apenas os alicerces e ficar sem dinheiro, vai passar por tolo. Quem passar por ali vai até caçoar de você: 'Olhem, ele começou a casa e não pôde terminar!'.

³¹⁻³²"Vocês conseguem imaginar um rei indo para a guerra contra outro rei sem primeiro decidir se é possível, com seus dez mil soldados, encarar os vinte mil do outro? Se ele concluir que não pode, não vai preferir enviar um emissário para propor uma trégua?

³³"Simplificando: se não estiverem dispostos a renunciar até o que há de mais importante na vida de vocês – sejam planos, sejam pessoas –, não estão preparados para ser meus discípulos.

³⁴"O sal é excelente, mas, se ele perder o sabor, não serve para nada.

"Vocês estão entendendo?".

A história da ovelha perdida

15 **¹⁻³**Um grupo de pessoas de reputação duvidosa estava ouvindo Jesus com atenção. Os fariseus e líderes religiosos, incomodados, começaram a reclamar: "Ele recebe pecadores e até senta-se à mesa com eles, como se fossem velhos amigos!". Nisso, Jesus contou a seguinte história:

⁴⁻⁷"Imaginem que um de vocês tenha cem ovelhas e perca uma delas. Será que não vai deixar as noventa e nove no pasto para ir atrás da que se perdeu? E, quando a encontrar, ficará feliz da vida e a levará nos ombros de volta para casa. Vai até chamar os amigos e vizinhos e dizer: 'Vamos comemorar! Encontrei a ovelha que eu havia perdido!'. Acreditem, há mais alegria no céu pela vida resgatada de um pecador que por noventa e nove pessoas que acham que não precisam de salvação".

A história da moeda perdida

⁸⁻¹⁰"Imaginem uma mulher que tenha dez moedas e perca uma delas. Será que ela não vai pegar uma lanterna e vasculhar a casa até encontrá-la? E, quando a encontrar, vai chamar os amigos e vizinhos e dizer: 'Vamos comemorar! achei a moeda que eu havia perdido!'. Acreditem, cada vez que uma alma perdida se reencontra com Deus, os anjos também comemoram".

SALMOS 51.7-15

⁷⁻¹⁵ Purifica-me, e sairei limpo;
lava-me, como que com um esfregão,
e terei uma vida branca como a neve.
Põe uma música alegre para mim,
conserta meus ossos quebrados,
para que eu possa dançar.
Não fiques procurando manchas:
cura-me completamente.
Deus, faz um novo começo em mim,
dedica uma semana para organizar
o caos da minha vida — uma nova gênese.
Não me jogues fora com o lixo,
nem deixes de soprar
santidade em mim.
Traz-me de volta do exílio cinzento,
sopra um vento novo em
minhas velas!
Dá-me a chance de ensinar
teus caminhos aos rebeldes,
para que os perdidos consigam achar
o caminho de casa.

Anula minha sentença de morte,
ó Deus da minha salvação,
e cantarei hinos a respeito
dos teus caminhos.
Põe palavras nos meus lábios, querido Deus,
e me abrirei para os louvores.

◼ NOTAS

☐ DIA 108 ___ / ___ / ___

JOSUÉ 10.20 — 12.6

²⁰⁻²¹ Josué e o povo de Israel exterminaram os exércitos inimigos. Apenas uns poucos soldados conseguiram escapar para as cidades fortificadas. O exército inteiro de Israel voltou em paz para o

DIA 108

acampamento em Maquedá, onde Josué estava. A partir daquele dia, ninguém mais ousou ameaçar os israelitas.

²² Por fim, Josué ordenou: "Abram a entrada da caverna e tragam a mim aqueles cinco reis".

²³ A ordem foi obedecida, e os cinco reis foram trazidos da caverna: o rei de Jerusalém, o rei de Hebrom, o rei de Jarmute, o rei de Láquis e o rei de Eglom.

²⁴ Quando todos os cinco estavam diante de Josué, ele convocou o exército e ordenou aos comandantes que estavam com ele: "Venham aqui. Pisem no pescoço destes reis".

Eles puseram o pé sobre o pescoço dos reis.

²⁵ Josué disse àqueles soldados: "Não tenham medo! Não se acanhem. Sejam fortes! Sejam confiantes! Isto é o que o Eterno fará a todos os inimigos quando vocês os atacarem".

²⁶⁻²⁷ Os cinco reis foram executados por Josué. Ele os pendurou em cinco árvores, nas quais os corpos ficaram até a tarde. Ao pôr do sol, Josué mandou que fossem retirados. Os homens tiraram os corpos das árvores, jogaram-nos na caverna na qual tinham se escondido e puseram grandes pedras à entrada. Eles estão sepultados lá até hoje.

Sem sobreviventes

²⁸ Naquele mesmo dia, Josué conquistou Maquedá. Foi um verdadeiro massacre, e o rei deles também foi morto. Ali também foi decretada a santa condenação. Não foi deixado um único sobrevivente. O rei de Maquedá teve o mesmo tratamento que o rei de Jericó.

²⁹⁻³⁰ Josué e todo o Israel partiram de Maquedá. Foram para Libna e a atacaram. O Eterno entregou Libna nas mãos de Israel. Eles conquistaram a cidade, capturaram o rei e exterminaram a população. Também ali não houve sobreviventes. O rei de Libna recebeu o mesmo tratamento que o rei de Jericó.

³¹⁻³² Josué e todo o Israel continuaram sua jornada. De Libna, foram para Láquis. Ele armou o acampamento perto da cidade e a atacou. O Eterno entregou Láquis nas mãos de Israel. Ela foi conquistada em dois dias, e todos os seus habitantes foram mortos. Ali e em Libna também foi decretada a santa condenação.

³³ Horão, rei de Gezer, chegou para ajudar Láquis. Josué atacou o exército dele. Ali também não foi deixado um único sobrevivente.

³⁴⁻³⁵ Josué e todo o Israel prosseguiram de Láquis para Eglom. Eles armaram o acampamento e atacaram a cidade. Ela foi conquistada e todos os seus habitantes foram mortos. A exemplo de Láquis, ali também foi decretada a santa condenação.

³⁶⁻³⁷ Josué e todo o Israel subiram de Eglom para Hebrom. Eles a atacaram e a conquistaram. O rei, suas cidades e todos os seus habitantes foram destruídos. Não houve sobreviventes, como em Eglom, e contra essa cidade e seus habitantes também foi decretada a santa condenação.

³⁸⁻³⁹ Em seguida, Josué e todo o Israel atacaram Debir. Eles conquistaram a cidade, o rei e suas vilas e mataram todos os seus habitantes. Contra essa cidade e seus habitantes também foi decretada a santa condenação. Não deixaram nenhum sobrevivente. Debir e o seu rei tiveram o mesmo tratamento que Hebrom e o seu rei e Libna e o seu rei.

⁴⁰⁻⁴² Josué conquistou toda a terra e os seus reis: montanhas, deserto, planícies e as vertentes. Não deixou sobreviventes. Ele executou a santa condenação contra tudo que respirava, conforme o Eterno, o Deus de Israel, tinha ordenado. Josué conquistou a terra de Cades-Barneia a Gaza e desde toda a região de Gósen até Gibeom. Josué derrotou todos esses reis e se apossou das terras deles numa única campanha, porque o Eterno lutava por Israel.

⁴³ Depois disso, Josué e todo o Israel voltaram para o acampamento em Gilgal.

11 ¹⁻³ Quando Jabim, rei de Hazor, soube de todas essas coisas, enviou mensagem a Jobabe, rei de Madom, ao rei de Sinrom, ao rei de Acsafe, a todos os reis que habitavam nas montanhas do norte, aos reis no vale ao sul de Quinerete, aos reis das campinas a oeste e em Nafote-Dor, aos cananeus do leste e do oeste, aos amorreus, aos hititas, aos ferezeus e aos jebuseus que viviam nas montanhas e aos heveus, ao pé do Hermom, na região de Mispá.

⁴⁻⁵ Eles saíram com todas as suas tropas unidas, avançando como uma massa compacta — um exército enorme, tão numeroso quanto a areia da praia — sem contar os cavalos e carros. Todos esses reis se encontraram e acamparam perto das águas de Merom, prontos para atacar Israel.

⁶ O Eterno disse a Josué: "Não tenha medo deles. Amanhã, a esta hora, eu os entregarei a Israel, todos mortos. Você cortará os tendões dos cavalos deles e incendiará todos os seus carros".

⁷⁻⁹ Josué e o seu exército os surpreenderam, atacando-os nas proximidades das águas de Merom. O Eterno os entregou a Israel, que os feriu e perseguiu até a grande Sidom, até Misrefote-Maim e até o vale de Mispá, a leste. Não houve sobreviventes.

Josué os tratou conforme as instruções do Eterno: cortou o tendão dos cavalos e queimou os carros de guerra.

10-11 Em seguida, Josué conquistou Hazor, matando o seu rei. Até então, Hazor era a capital de todos esses reinos. Eles mataram todos os seus habitantes, executando a santa condenação. Não restou um fôlego de vida, em parte alguma da cidade, que também foi incendiada.

12-14 Josué conquistou e massacrou todas as cidades reais e seus reis, executando a santa condenação ordenada por Moisés, servo do Eterno. Mas Israel não queimou as cidades construídas sobre as colinas, com exceção de Hazor, que ele incendiou. O povo de Israel apropriou-se dos objetos de valor que havia nelas e também do gado. Mas o povo foi exterminado. Não restou um único ser humano nessas cidades.

15 O Eterno deu ordens ao seu servo Moisés, que as transmitiu a Josué, e Josué obedeceu. Ele não deixou de cumprir uma única ordem dada pelo Eterno a Moisés.

16-20 Josué conquistou toda a terra: as montanhas, o deserto sul, toda a terra de Gósen, as planícies, o vale (Arabá) e as montanhas de Israel e suas planícies, desde o monte Halaque, que se eleva na direção de Seir, até Baal-Gade, no vale do Líbano, ao pé do monte Hermom. Ele capturou seus reis e os matou. A luta de Josué contra esses reis durou muito tempo. Nenhuma cidade fez acordo de paz com o povo de Israel, à exceção dos heveus de Gibeom. Israel lutou e conquistou as demais cidades. Foi plano do Eterno que esses povos resistissem obstinadamente aos israelitas, para que, assim, fossem impiedosamente submetidos à santa condenação. Desse modo, o Eterno pôde destruí-los, conforme ordenara a Moisés.

21-22 Na mesma época, Josué também se dispôs a exterminar os enaquins dos montes de Hebrom, de Debir, de Anabe, das montanhas de Judá e das montanhas de Israel. Josué executou a santa condenação contra eles e as suas cidades. Não restou nenhum enaquim na terra do povo de Israel, exceto em Gaza, Gate e Asdode. Ali era possível encontrar alguns.

23 Josué ocupou toda a região. Ele cumpriu tudo que o Eterno ordenou a Moisés. Depois, dividiu a terra para Israel, de acordo com a herança de cada tribo.

Então, Israel descansou da guerra.

Os reis derrotados

12 **1** Estes são os reis que o povo de Israel derrotou e cuja terra conquistou a leste do Jordão, desde o ribeiro do Arnom até o monte Hermom, abrangendo toda a região leste do vale da Arabá.

2-3 Seom, rei dos amorreus, que reinou em Hesbom: seu domínio se estendia desde Aroer, à margem do ribeiro de Arnom, do meio do ribeiro, abrangendo metade de Gileade, até o rio Jaboque, na fronteira com o território dos amonitas. Seu domínio se estendia na direção leste do vale da Arabá, desde o mar de Quinerete desde o mar da Arabá (o mar Salgado), na direção leste até Bete-Jesimote e na direção sul até as encostas do Pisga.

4-5 Ogue, rei de Basã, um dos últimos refains a reinar em Astarote e Edrei: seu domínio se estendia desde o monte Hermom e de Salcá, passando por Basã, até a fronteira do povo de Gesur e Maaca (a outra metade de Gileade) e até a fronteira de Seom, rei de Hesbom.

6 Moisés, servo do Eterno, e o povo de Israel os derrotaram. E Moisés deu essas terras por herança aos rubenitas, aos gaditas e à meia tribo de Manassés.

LUCAS 15.11-32

A história do filho perdido

11-12 Ele contou outra história: "Um homem tinha dois filhos. O mais novo disse ao pai: 'Quero minha herança agora mesmo'.

12-16 "O pai, então, dividiu a propriedade entre os dois filhos. Não se passou muito tempo, e o filho mais novo arrumou as malas e foi morar num país distante. Por ser indisciplinado e esbanjador, desperdiçou tudo que possuía. Estava já sem dinheiro quando uma seca devastou aquele país, e ele começou a passar necessidades. Um cidadão o contratou para cuidar de porcos, e, para piorar, ninguém lhe dava nada. Ele chegou a passar tanta fome que teve vontade de comer a lavagem dos porcos.

17-20 "Isso o fez cair na realidade. Ele pensou: 'Os empregados do meu pai têm três refeições por dia, e eu estou aqui morrendo de fome. Já sei. Vou voltar para casa e dizer ao meu pai: pequei contra Deus e contra o senhor. Não mereço nem ser considerado seu filho. Ser um dos seus empregados já está muito bom'. Decidido, levantou-se e tomou o caminho de casa.

20-21 "Ele ainda estava bem longe, na estrada, quando o pai o avistou. O coração do velho disparou, e ele correu para abraçar e beijar o filho, que começou

DIA 109

seu discurso: 'Pai, pequei contra Deus e contra o senhor. Não mereço nem ser chamado de seu filho outra vez...'.

²²·²⁴ "O pai nem quis escutar. Chamou os empregados e ordenou: 'Rápido, tragam uma roupa decente para ele! Tragam também o anel da família e um par de sandálias. Depois vão buscar uma novilha bem gorda e preparem um churrasco. Vamos festejar! Vamos nos divertir! Meu filho está aqui – vivo! Não está mais perdido: foi achado!'. E a festa começou.

²⁵·²⁷ "Tudo isso se deu enquanto o filho mais velho estava no campo. No final do dia, ele voltou para casa. Ao se aproximar, ouviu o som da música e das danças. Intrigado, perguntou a um dos empregados o que estava acontecendo. Ele contou a novidade: 'Seu irmão voltou para casa! Seu pai ficou tão contente de recebê-lo de volta, são e salvo, que mandou fazer uma festa'.

²⁸·³⁰ "O irmão mais velho ficou tão revoltado que não quis participar da comemoração. O pai tentou conversar com ele, mas ele nem quis ouvir e protestou: 'Há quantos anos trabalho para o senhor, sem nunca reclamar? E alguma vez ganhei uma festa para mim e meus amigos? Agora esse seu filho, que desperdiçou todo o seu dinheiro com prostitutas, aparece aqui, e o senhor lhe dá uma festa dessas!'.

³¹·³² "O pai respondeu: 'Filho, você não entende. Você está comigo o tempo todo, e tudo que é meu é seu. Mas este é um momento muito especial! Precisamos celebrar. Seu irmão estava morto, mas agora está vivo! Ele estava perdido, mas foi encontrado!' ".

SALMOS 51.16-19

¹⁶·¹⁷ Fingimentos te desagradam,
uma atuação impecável nada é para ti.
Quando meu orgulho é despedaçado
é que adoro a Deus de verdade.
O coração quebrantado, disposto a amar,
não escapa, nem por um minuto,
da percepção de Deus.

¹⁸·¹⁹ Transforma Sião num lugar de recreio
e repara os muros de Jerusalém.
Então, terás de nós adoração verdadeira,
atos humildes e grandiosos de adoração,
Até mesmo com todos os touros
que conseguirmos sacrificar a ti!

NOTAS

☐ DIA 109 ___ / ___ / ___

JOSUÉ 12.7 — 14.5

⁷·²⁴ E estes são os reis que Josué e o povo de Israel derrotaram na terra a oeste do Jordão, desde Baal-Gade, no vale do Líbano, ao sul do monte Halaque, que se eleva em direção a Seir. Josué deu essa terra por herança às tribos de Israel, repartindo as regiões montanhosas, as planícies ocidentais, o vale da Arabá, as encostas das montanhas, o deserto e o Neguebe (terras antes habitadas pelos hititas, amorreus, cananeus, ferezeus, heveus e jebuseus). Estes foram os reis:

o rei de Jericó,
o rei de Ai, próxima de Betel,
o rei de Jerusalém,
o rei de Hebrom,
o rei de Jarmute,
o rei de Láquis,
o rei de Eglom,
o rei de Gezer,
o rei de Debir,
o rei de Geder,
o rei de Hormá,
o rei de Arade,
o rei de Libna,
o rei de Adulão,
o rei de Maquedá,
o rei de Betel,
o rei de Tapua,
o rei de Héfer,
o rei de Afeque,
o rei de Lasarom,
o rei de Madom,
o rei de Hazor,
o rei de Sinrom-Merom,
o rei de Acsafe,
o rei de Taanaque,
o rei de Megido,
o rei de Quedes,
o rei de Jocneão, no Carmelo,
o rei de Dor, em Nafote-Dor,
o rei de Goim de Gilgal,
o rei de Tirza.

Trinta e um reis ao todo.

A distribuição da terra

13 **1-6** Tendo Josué chegado à idade avançada, o Eterno disse a ele: "Você já teve uma vida longa e bem-sucedida, mas há muito território ainda a ser conquistado. São estas as terras remanescentes: todo o território dos filisteus e dos gesuritas; o território desde o rio Sior, a leste do Egito, até a fronteira de Ecrom ao norte; o território cananeu (havia cinco chefes filisteus — em Gaza, em Asdode, em Ascalom, em Gate e em Ecrom); também o território dos aveus ao sul; toda a terra dos cananeus desde Ara (pertencente aos sidônios) até Afeque, na fronteira dos amorreus; o território dos gibleus; todo o Líbano a leste de Baal-Gade, ao pé do monte Hermom, na direção de Lebo-Hamate;

todos os que habitam nas montanhas, desde o Líbano até Misrefote-Maim; todos os sidônios.

6-7 "Eu mesmo os expulsarei da presença do povo de Israel. Você precisa apenas distribuir essas terras por herança a Israel, conforme já o instruí. Comece logo: distribua a terra por herança às nove tribos e à metade da tribo de Manassés".

As terras a leste do Jordão

8 A outra metade da tribo de Manassés, com os rubenitas e gaditas, havia recebido sua herança das mãos de Moisés, do outro lado do Jordão. Moisés, servo do Eterno, foi quem fez a distribuição.

9-13 Essa terra começava em Aroer, na margem do ribeiro de Arnom, e incluía a cidade no meio do vale, abrangia o planalto desde Medeba até Dibom, e todas as cidades de Seom, rei dos amorreus, que governava desde Hesbom até a fronteira dos amonitas. Incluía também Gileade, o território do povo de Gesur e Maaca, todo o monte Hermom e toda a região de Basã, até Salcá — todo o reino de Ogue de Basã, que governava em Astarote e Edrei. Ele foi um dos últimos refains. Moisés os havia derrotado e conquistado sua terra. O povo de Israel nunca expulsou o povo de Gesur e de Maaca — eles continuam vivendo na terra de Israel.

14 Levi foi a única tribo que não recebeu herança. A herança deles eram as ofertas preparadas no fogo para o Eterno, o Deus de Israel, conforme ele havia determinado.

Rúben

15-22 Para cada clã da tribo de Rúben, Moisés concedeu: a terra desde Aroer, na margem do ribeiro de Arnom, e a cidade que está no meio do vale, incluindo o planalto próximo de Medeba; Hesbom, no planalto, incluindo todas as cidades (Dibom, Bamote-Baal, Bete-Baal-Meom, Jaza, Quedemote, Mefaate, Quiriataim, Sibma, Zerete-Saar, na encosta do vale, Bete-Peor, as encostas do Pisga e Bete-Jesimote); todas as cidades do planalto, todo o domínio de Seom, rei dos amorreus, que governava em Hesbom, a quem Moisés matou na mesma ocasião em que eliminou os príncipes de Midiã: Evi, Requém, Zur, Hur e Reba, que viviam na região, todos marionetes de Seom. Além dos mortos na guerra, Balaão, filho de Beor, que praticava adivinhação, foi morto pelo povo de Israel.

DIA 109

328

²³ A fronteira dos rubenitas era a margem do rio Jordão. Essa foi a herança dos rubenitas, suas aldeias e cidades, de acordo com os seus clãs.

Gade

²⁴⁻²⁷ **P**ara cada clã da tribo de Gade, Moisés concedeu:
o território de Jazer, todas as cidades de Gileade e metade da região dos amonitas, estendendo-se até Aroer, próximo de Rabá;
o território desde Hesbom até Ramate-Mispá e Betonim, e desde Maanaim até a região de Debir;
no vale: Bete-Harã, Bete-Ninra, Sucote e Zafom, mais o restante do domínio de Seom, rei de Hesbom (a margem leste do Jordão até o mar de Quinerete, ao norte).

²⁸ Essa foi a herança dos gaditas, suas aldeias e cidades, de acordo com os seus clãs.

A meia tribo de Manassés

²⁹⁻³¹ **P**ara cada clã da metade da tribo de Manassés, Moisés concedeu:
o território que se estende desde Maanaim;
toda a região de Basã, que abrange todo o reino de Ogue, rei de Basã, e todos os assentamentos de Jair em Basã — ao todo, sessenta cidades.
Metade de Gileade, incluindo Astarote e Edrei, as cidades reais de Ogue em Basã, pertence aos descendentes de Maquir, filho de Manassés (ou seja, metade da tribo dos descendentes de Maquir), de acordo com os seus clãs.

³²⁻³³ Essa foi a herança que Moisés distribuiu quando estava nas planícies de Moabe, do outro lado do Jordão, a leste de Jericó. Mas Moisés não deu herança à tribo de Levi. O Eterno, o Deus de Israel, é sua herança, como ele mesmo determinou.

As terras a oeste do Jordão

14 ¹⁻² **E**stas são as terras distribuídas por herança ao povo de Israel na terra de Canaã. O sacerdote Eleazar, Josué, filho de Num, e os chefes de cada clã repartiram a herança. A herança foi distribuída por sorteio para as nove tribos e meia, conforme o Eterno havia ordenado a Moisés.

³⁻⁴ Moisés havia distribuído, a leste do Jordão, às duas tribos e meia a herança que pertencia a elas, mas não deu herança aos levitas. Uma vez que os descendentes de José foram divididos em duas tribos, Manassés e Efraim, a tribo de Levi ficou sem herança,

mas eles receberam cidades para habitar, com direito a pastagens para as suas ovelhas e o seu gado.

⁵ O povo de Israel cumpriu exatamente o que o Eterno havia ordenado a Moisés. Eles dividiram a terra.

LUCAS 16.1-21

A história do administrador desonesto

16 ¹⁻² **J**esus conta uma história aos seus discípulos: "Um homem rico contratou um administrador. Ele soube que seu empregado, tirando proveito do cargo, incluía nas contas da casa grandes gastos pessoais. Então, o homem resolveu tirar satisfação: 'O que é isso que ouço a seu respeito? Você está demitido! E quero uma auditoria completa das contas!'.

³⁻⁴ "O administrador disse para si mesmo: 'O que vou fazer agora? Perdi meu emprego! Não sou forte o bastante para trabalhos pesados e tenho vergonha de mendigar. Ah, já sei! É isto que eu vou fazer... então, quando for mandado embora, as pessoas vão me receber em casa'.

⁵ "Assim ele fez. Um após outro, chamou as pessoas que deviam para seu patrão. Ao primeiro disse: 'Quanto você deve ao meu patrão?'.

⁶ " 'Cem jarros de azeite de oliva', foi a resposta.

"O administrador disse: 'Aqui está: pegue sua conta, sente-se ali e escreva cinquenta'.

⁷ "A outro devedor ele disse: 'E você, quanto deve?'.

"Ele respondeu: 'Cem sacos de trigo'.

"Ele disse: 'Pegue sua conta e escreva oitenta'.

⁸⁻⁹ "Agora vem a surpresa. Sabendo disso, o patrão elogiou o administrador desonesto! Sabem por quê? Porque ele sabia cuidar de si mesmo. Quem sobrevive nas ruas são mais astutos nessas questões do que os bons cidadãos. Eles estão sempre alerta, buscando opções, vivendo da própria astúcia. Quero que vocês sejam astutos assim, mas só para o que é *correto*. Aproveitem as adversidades para motivar a criatividade. Aprendam a concentrar-se no que importa. Assim, vocês terão uma vida de verdade. Não sejam apenas bons cumpridores de regras".

Muito além da aparência

¹⁰⁻¹³ **J**esus prosseguiu:

"Se você é honesto nas pequenas coisas,
    será honesto nas grandes coisas.
Se você é desonesto nas pequenas coisas,
    será desonesto nas grandes coisas.

Se você não é honesto em cargos menores,
acha que alguém irá promovê-lo
a gerente?
Nenhum trabalhador serve dois patrões:
ele vai odiar o primeiro e amar o segundo.
Ou irá valorizar demais o primeiro
e desprezar o segundo:
vocês não podem servir a Deus
e ao Dinheiro".

14-18 Depois de ouvir isso, os fariseus, que eram obcecados por dinheiro, passaram a olhá-lo com desprezo, tratando-o como alguém indigno. Jesus reprovou essa atitude e disse: "Vocês são mestres em parecer importantes na frente dos outros, mas Deus sabe o que está atrás dessa fachada.

Aquilo que a sociedade acha fantástico
Deus, que vê o íntimo,
chama de horroroso.
A Lei de Deus e os Profetas
alcançaram o auge em João;
Agora é a hora do Reino de Deus — as boas notícias
que atraem homens e mulheres.
O céu pode se desintegrar e a terra se dissolver,
mas nenhuma simples letra da Lei de Deus
ficará obsoleta.
Usar a legalidade do divórcio
como justificativa
para a cobiça sexual é adultério.
Usar a legalidade do casamento
como justificativa
para a cobiça sexual é adultério".

O rico e Lázaro

19-21 "Havia um homem rico que se vestia com as roupas mais caras, um exemplo escandaloso de consumismo. Um mendigo chamado Lázaro, cheio de feridas, costumava ficar à porta da sua mansão. Lázaro vivia das sobras da mesa do rico, e seus melhores amigos eram os cães que vinham lamber suas feridas.

SALMOS 52.1-5

Um salmo de Davi — quando Doegue, o edomita, informou a Saul: "Davi está na casa de Aimeleque"

52 **¹⁻⁴ P**or que você se gaba da maldade, ó homem poderoso?
A misericórdia de Deus é maior.

Você maquina a destruição;
sua língua, artesã de mentiras,
corta como lâmina afiada.
Você ama mais a maldade que a bondade,
chama branco ao que é preto.
Você ama fofocas e comentários maliciosos:
não passa de um boca-suja!

⁵ Deus vai acabar com você
E, então, irá varrê-lo para fora.
Ele arrancará você pela raiz
da terra dos vivos.

◼ NOTAS

DIA 110

JOSUÉ 14.6 — 15.47

Calebe

6-12 O povo de Judá procurou Josué em Gilgal. Calebe, filho de Jefoné, o quenezeu, disse: "Sem dúvida, você deve estar lembrado do que o Eterno disse a Moisés, o homem de Deus, com respeito a você e a mim quando ainda estávamos em Cades-Barneia. Eu tinha 40 anos de idade quando Moisés me enviou de Cades-Barneia para espionar a terra. Apresentei um relatório preciso e verdadeiro. Meus companheiros desencorajaram o povo, mas eu permaneci firme, do lado do Eterno, o meu Deus. Foi nesse dia que Moisés prometeu solenemente: 'Você herdará a terra que seus pés pisaram. Ela será sua e dos seus descendentes para sempre, pois você é dedicado ao Eterno'. Agora, veja só: O Eterno me manteve vivo, como havia prometido. Já se passaram quarenta e cinco anos desde que ele disse aquelas palavras a Moisés, no tempo em que Israel peregrinava no deserto. Hoje estou com 85 anos de idade! Estou tão forte quanto na época em que Moisés me enviou para espionar a terra. Ainda tenho forças para sair à guerra. Por isso, dê-me a região montanhosa que o Eterno prometeu a mim. Você mesmo ouviu o relatório e sabe que os enaquins vivem ali, em cidades fortificadas. Se o Eterno for comigo, eu os expulsarei, como ele prometeu".

13-14 Josué o abençoou. Ele deu Hebrom por herança a Calebe, filho de Jefoné. Hebrom pertence a Calebe, filho de Jefoné, o quenezeu, até hoje, porque ele era dedicado ao Eterno, o Deus de Israel.

15 Hebrom era chamada Quiriate-Arba, em homenagem a Arba, o principal dos enaquins.

E aquele território descansou da guerra.

Judá

15 **1** O território dos filhos de Judá, conforme os seus clãs, se estendia para o sul até a fronteira de Edom e o deserto de Zim, no extremo sul.

2-4 A fronteira do sul começava na extremidade do mar Salgado, ao sul da baía, continuava para o sul, pela subida de Acrabim, e contornava Zim até o sul de Cades-Barneia. Depois, passava por Hezrom, prosseguindo para Adar e fazendo uma curva em torno de Carca; dali prosseguia até Azmom, chegava ao ribeiro do Egito e terminava no mar. Essa era a fronteira sul.

5-11 A fronteira oriental: o mar Salgado, subindo até a foz do Jordão.

A fronteira norte começava na enseada do mar, na foz do Jordão, prosseguindo até Bete-Hogla, contornando ao norte de Bete-Arabá, até a pedra de Boã, filho de Rúben. Dali a fronteira subia do vale de Acor para Debir, prosseguindo para o norte até Gilgal, do lado oposto da subida de Adumim, ao sul do ribeiro. Seguia as águas de En-Semes até En-Rogel. A fronteira seguia o vale Ben-Hinom, ao longo da encosta dos jebuseus (isto é, Jerusalém). Subia ao topo da montanha, do lado oeste do vale do Hinom, na extremidade norte do vale de Refaim. No topo da montanha, a fronteira tomava a direção da fonte, as águas de Neftoa, seguindo pelo vale até o monte Efrom, prosseguindo para Baalá (isto é, Quiriate-Jearim), e em Baalá fazia outra curva, a oeste, até o monte Seir, contornando a extremidade norte do monte Jearim (isto é, Quesalom), descendo até Bete-Semes, e atravessava Timna. A fronteira, então, seguia para o norte até a encosta de Ecrom, virava para Sicrom, passava pelo monte Baalá e chegava a Jabneel, terminando no mar.

12 A fronteira ocidental: o litoral do mar Grande.

Essas eram as fronteiras em torno do povo de Judá, de acordo com os seus clãs.

13 Josué deu a Calebe, filho de Jefoné, uma parte do território do povo de Judá, de acordo com a ordem do Eterno. Deu a ele Quiriate-Arba, isto é, Hebrom. Arba foi o antepassado de Enaque.

14-15 Calebe expulsou três enaquins de Hebrom: Sesai, Aimã e Talmai, todos descendentes de Enaque. Dali ele marchou contra o povo de Debir, antes chamada Quiriate-Sefer.

16-17 Calebe disse: "Darei minha filha Acsa por esposa a quem atacar e conquistar Quiriate-Sefer".

Otoniel, filho de Quenaz, irmão de Calebe, a conquistou, e Calebe deu a ele sua filha Acsa em casamento.

18-19 Quando ela chegou, ela o fez
pedir ao seu pai um campo.
Ela desceu do seu jumento,
Calebe perguntou: "O que você deseja?".
Ela respondeu:
"Dê-me um presente de casamento.
Você já me deu terras desertas.
Dê-me agora fontes de água!".
Então, ele deu a ela as fontes superiores e as
fontes inferiores.

20-32 Esta foi a herança da tribo dos filhos de Judá, de acordo com os seus clãs.

As cidades do sul da tribo de Judá, no Neguebe, ficavam perto da fronteira de Edom:

Cabzeel, Éder, Jagur,
Quiná, Dimona, Adada,
Quedes, Hazor, Itnã,
Zife, Telém, Bealote,
Hazor-Hadata, Queriote-Hezrom (isto é, Hazor),
Amã, Sema, Moladá,
Hazar-Gada, Hesmom, Bete-Pelete,
Hazar-Sual, Berseba, Biziotiá,
Baalá, Iim, Azém,
Eltolade, Quesil, Hormá,
Ziclague, Madmana, Sansana,
Lebaote, Silim, Aim e Rimom —
    ao todo, vinte e nove cidades
    com suas aldeias.

33-47 Nas planícies ocidentais:
Estaol, Zorá, Asná,
Zanoa, En-Ganim, Tapua, Enã,
Jarmute, Adulão, Socó, Azeca,
Saaraim, Aditaim, Gederá (ou Gederotaim) —
    catorze cidades com suas aldeias.
Zenã, Hadasa, Migdal-Gade,
Dileã, Mispá, Jocteel,
Láquis, Bozcate, Eglom,
Cabom, Laamás, Quitlis,
Gederote, Bete-Dagom, Naamá e Maquedá —
    ao todo, dezesseis cidades com suas aldeias.
Libna, Eter, Asã,
Iftá, Asná, Nezibe,
Queila, Aczibe e Maressa —
    ao todo, nove cidades com suas aldeias.
Ecrom com suas cidades e aldeias;
De Ecrom, a oeste do mar, todas na fronteira
    de Asdode com suas aldeias;
Asdode com suas cidades e aldeias;
Gaza com suas cidades
    e aldeias até o ribeiro do Egito.
O mar Grande demarca a fronteira ocidental.

LUCAS 16.22 — 17.10

22-24 "Mas, um dia, o mendigo morreu e foi levado pelos anjos para junto de Abraão. O rico também morreu, e foi sepultado. No inferno, atormentado, olhou para cima e viu Abraão ao longe, na companhia de Lázaro, e implorou: 'Pai Abraão, misericórdia!

Manda Lázaro mergulhar o dedo na água e vir aqui refrescar minha língua. Estou em agonia neste fogo!'.

25-26 "Abraão respondeu: 'Filho, lembre-se de que durante sua vida você desfrutou do bom e do melhor, enquanto Lázaro só viu desgraça. Agora tudo mudou. Ele é consolado, e você sofre. Além do mais, há um grande abismo entre nós. Mesmo que quisesse, ninguém pode ir daqui para onde você está, e ninguém daí pode vir até nós.

27-28 "Mas o rico suplicou: 'Permita-me, então, fazer um pedido. Envia Lázaro à casa do meu pai e de meus cinco irmãos, para adverti-los. Não quero que eles venham parar neste lugar de tormento'.

29 "Abraão respondeu: 'Eles já têm Moisés e os Profetas. Que os ouçam'.

30 " 'Eu sei, pai Abraão', disse o homem, 'mas eles não estão ouvindo. Agora, se alguém voltar dos mortos, eles vão ouvir e mudar de vida'.

31 "Mas Abraão afirmou: 'Se eles não ouvem Moisés nem os Profetas, ninguém que volte do mundo dos mortos que irá convencê-los' ".

A fé

17 **1-2** Jesus advertiu seus discípulos: "Provações muito duras e tentações estão por vir, mas ai de quem as provocar! Melhor amarrar uma pedra no pescoço e jogar-se no mar que causar sofrimento a um desses pequeninos!

3-4 "Fiquem atentos. Se você vir seu amigo agir errado, corrija-o. Se ele ouvir você, perdoe-o. Mesmo que ele erre contra você sete vezes num dia e, nas sete vezes, disser: 'Sinto muito, não vou fazer de novo', perdoe-o".

5 Os apóstolos, então, pediram ao Senhor: "Dá-nos mais fé".

6 Mas o Senhor disse: "Vocês não precisam de *mais* fé. Não há 'mais' ou 'menos' fé. Se vocês tiverem fé, pequena como uma semente de mostarda, poderão dizer a esta figueira: 'Jogue-se no lago' , e ela o fará.

7-10 "Imaginem que um de vocês tenha um empregado que voltou depois de arar a terra ou de cuidar das ovelhas. Será que você vai guardar o casaco dele, preparar a mesa e convidar: 'Sente-se e coma'? Não é certo que você diga: 'Prepare o jantar. Mude de roupa e espere até que eu termine de comer. Depois pode jantar na cozinha'? Esse servo receberá algum agradecimento especial por fazer o que é obrigação dele? O mesmo acontece com vocês. Quando cumprirem todas as suas obrigações, sejam realistas e digam: 'Missão cumprida. O que nos mandaram fazer, nós fizemos' ".

DIA 111

SALMOS 52.6-9

6-7 Os bons presenciarão tudo
e adorarão, rindo de alívio:
"O homem poderoso
apostou no cavalo errado,
confiou no dinheiro
e deu de cara com o desastre".

8 Mas eu sou uma oliveira,
florescendo na casa de Deus.
Confiei na sua misericórdia
antes e agora.

9 Para sempre dou graças a ti,
pois entraste em ação.
Na presença dos teus fiéis amigos,
proclamarei teu bom nome,
pois és a minha esperança.

■ NOTAS

☐ **DIA 111** ___ / ___ / ___

JOSUÉ 15.48 — 18.10

48-60 Na região montanhosa:
Samir, Jatir, Socó,
Daná, Quiriate-Sana (isto é, Debir),
Anabe, Estemo, Anim,
Gósen, Holom e Gilo —
ao todo, onze cidades com suas aldeias.
Arabe, Dumá, Esã,
Janim, Bete-Tapua, Afeca,
Hunta, Quiriate-Arba (isto é, Hebrom) e Zior —
ao todo, nove cidades com suas aldeias.
Maom, Carmelo, Zife, Jutá,
Jezreel, Jocdeão, Zanoa,
Caim, Gibeá e Timna —
ao todo, dez cidades com suas aldeias.
Halul, Bete-Zur, Gedor,
Maarate, Bete-Anote e Eltecom —
ao todo, seis cidades com suas aldeias.
Quiriate-Baal (isto é, Quiriate-Jearim) e Rabá —
ao todo, duas cidades com suas aldeias.

61-62 No deserto:
Bete-Arabá, Midim, Secacá,
Nibsã, Cidade do Sal e En-Gedi —
ao todo, seis cidades com suas aldeias.

63 O povo de Judá não conseguiu expulsar os jebuseus que viviam em Jerusalém. Os jebuseus permaneceram ali, misturados com o povo de Judá. Eles vivem até hoje em Jerusalém.

José

16 **1-3** O território dos filhos de José se estendia do Jordão, próximo de Jericó, a leste da fonte de Jericó, subindo pelo deserto, para o norte, pela região montanhosa de Betel. De Betel (isto é, Luz), chegava ao território dos arquitas em Atarote. Depois, descia para oeste até o território dos jafletitas e a região de Bete-Horom Baixa, seguindo para Gezer e terminando no mar.

4 Essa foi a região recebida por herança pelos filhos de José — Manassés e Efraim.

5-9 O território de Efraim, de acordo com os seus clãs:
A fronteira de sua herança ia desde Atarote-Adar, a leste, até Bete-Horom Alta, prosseguindo para

oeste até o mar. De Micmetá, ao norte, voltava para o leste até Taanate-Siló, prosseguindo pelo leste até Janoa. De Janoa, a fronteira descia para Atarote e Naarate, passava por Jericó e chegava ao Jordão. De Tapua, a fronteira seguia para oeste até o ribeiro de Caná, acabando no mar. Essa era a herança da tribo de Efraim por clãs, incluindo as cidades destinadas a Efraim da herança de Manassés — todas as cidades com suas aldeias.

¹⁰ No entanto, eles não expulsaram os cananeus que viviam em Gezer. Os cananeus continuam vivendo entre o povo de Efraim, mas são submetidos a trabalhos forçados.

17 ¹·² Esta é a parte distribuída ao povo de Manassés, o primogênito de José (Gileade e Basã já haviam sido entregues a Maquir, o primogênito de Manassés e pai de Gileade, porque ele se destacou como guerreiro). Então, o território foi distribuído para o restante do povo de Manassés e seus clãs, os clãs de Abiezer, Heleque, Asriel, Siquém, Héfer e Semida. Esses são os descendentes de Manassés, filho de José, de acordo com os seus clãs.

³·⁴ Zelofeade, filho de Héfer, filho de Gileade, filho de Maquir, filho de Manassés, não teve filhos, apenas filhas. Elas se chamavam Maalá, Noa, Hogla, Milca e Tirza. Elas procuraram o sacerdote Eleazar, Josué, filho de Num, e os líderes e disseram: "O Eterno ordenou que Moisés nos desse uma herança entre nossos parentes".

⁵·⁶ Manassés recebeu dez partes, além das terras de Gileade e Basã, a leste do Jordão, porque as filhas de Manassés receberam herança com seus descendentes. O território de Gileade ficou para o restante do povo de Manassés.

⁷·¹⁰ A fronteira de Manassés se estendia desde Aser até Micmetá, do outro lado de Siquém, seguindo ao sul, na direção do povo que vivia em En-Tapua. (O território de Tapua pertencia a Manassés, mas a cidade de Tapua, na fronteira de Manassés, pertencia a Efraim). A fronteira continuava para o sul até o ribeiro de Caná. (As cidades pertenciam a Efraim, apesar de estarem entre as cidades de Manassés.) A fronteira de Manassés passava ao norte do ribeiro e terminava no mar. O território ao sul pertencia a Efraim; o território ao norte, a Manassés, tendo o mar como fronteira a oeste, fazendo fronteira ao norte com Aser e a leste com Issacar.

¹¹ Dentro do território de Issacar e de Aser, Manassés também possuía Bete-Seã, Ibleã e a população de Dor, En-Dor, Taanaque e Megido, com suas aldeias. A terceira da lista é Nafote.

¹²·¹³ O povo de Manassés nunca conseguiu conquistar essas cidades — os cananeus não cediam. Mas, tempos depois, quando os israelitas se fortaleceram, eles submeteram os cananeus a trabalhos forçados. Entretanto, nunca se livraram deles.

¹⁴ Os descendentes de José disseram a Josué: "Por que você nos entregou apenas um pedaço isolado de terra? Nós somos numerosos e estamos aumentando — o Eterno tem nos abençoado muito".

¹⁵ Josué respondeu: "Já que vocês são tão numerosos e acham que a região montanhosa de Efraim é muito pequena, subam à floresta e abram espaço para vocês na terra dos ferezeus e dos refains".

¹⁶ Mas os descendentes de José disseram: "Não há espaço suficiente nos montes para nós. Os cananeus que vivem nas planícies, tanto os de Bete-Seã e suas aldeias quanto os do vale de Jezreel, têm carros de ferro".

¹⁷·¹⁸ Josué disse aos descendentes de José (a Efraim e Manassés): "De fato, vocês são muito numerosos e poderosos. Um lote de terra não será suficiente para vocês. Vocês também receberão a região montanhosa. Por enquanto, ela está coberta de floresta, mas vocês poderão limpar a terra e possuí-la de um lado a outro. Os cananeus, embora sejam poderosos e possuam carros de ferro, não poderão resistir a vocês".

O censo de Siló

18 ¹·² Toda a comunidade do povo de Israel se reuniu em Siló, e ali armaram a Tenda do Encontro. A terra estava sob o domínio deles, mas sete das tribos de Israel ainda não haviam recebido sua herança.

³·⁵ Josué dirigiu-se ao povo de Israel: "Até quando vocês ficarão acomodados, sem disposição para conquistar a terra que o Eterno, o Deus dos seus antepassados, deu a vocês? Escolham a três homens de cada tribo para estarem sob meu comando. Eles farão um levantamento e mapearão a terra, mostrando a herança correspondente a cada tribo, e, depois, irão me apresentar um relatório. Eles dividirão a terra em sete partes. Judá ficará com o território ao sul, e os descendentes de José permanecerão no seu território, ao norte.

⁶ "Vocês são responsáveis por esse levantamento, pela divisão da terra em sete partes. Depois, tragam o relatório, para que eu possa distribuir a terra por sorteio na presença do Eterno.

⁷ "Os levitas serão os únicos que não receberão terra, porque a herança deles é o sacerdócio do Eterno.

DIA 111

Gade, Rúben e a meia tribo de Manassés já receberam a herança a leste do Jordão, que foi entregue a eles por Moisés, servo do Eterno".

[8] Os homens partiram. Antes de saírem para fazer o levantamento da terra, Josué tinha dado esta ordem: "Vão, façam o levantamento da terra. Depois de concluído, retornem a mim aqui em Siló, para que eu distribua por sorteio as terras na presença do Eterno".

[9] Eles foram. Percorreram toda a terra e a mapearam num rolo, de acordo com suas cidades. Ao regressar, apresentaram o relatório a Josué, no acampamento de Siló.

[10] Josué distribuiu a terra por sorteio na presença do Eterno, em Siló. Foi ali que Josué repartiu a terra para o povo de Israel, de acordo com as suas tribos.

LUCAS 17.11-37

[11-13] Enquanto caminhava em direção a Jerusalém, Jesus atravessou a fronteira de Samaria com a Galileia. Ao entrar numa cidade, dez homens, todos leprosos, vieram ao encontro dele. Mantendo certa distância, eles ergueram a voz e suplicaram: "Mestre, tem misericórdia de nós!".

[14-16] Olhando para eles, Jesus disse: "Vão, mostrem-se ao sacerdote". Eles obedeceram e, enquanto estavam a caminho, a lepra desapareceu. Quando percebeu que havia sido curado, um deles retornou, glorificando a Deus em voz alta. Agradecido, ajoelhou-se aos pés de Jesus, pois não sabia como expressar sua gratidão. O homem era samaritano.

[17-19] Jesus perguntou: "Não foram dez curados? Onde estão os outros nove? Será que nenhum deles se lembrou de voltar para dar glória a Deus, a não ser este estrangeiro?". Então, disse ao homem: "Levante-se! Siga seu caminho. Sua fé o curou e o salvou".

A vinda do Filho do Homem

[20-21] Questionado pelos fariseus sobre a vinda do Reino de Deus, Jesus respondeu: "O Reino de Deus não se baseia no calendário. Nem quando alguém disser: 'Veja aqui!', ou: 'Está lá!'. Sabem por quê? Porque o Reino de Deus já está entre vocês".

[22-24] Ele prosseguiu, dirigindo-se aos seus discípulos: "Dias virão em que vocês vão ficar desesperados para ver pelo menos um vislumbre dos dias do Filho do Homem, mas não verão nada. Alguns dirão: 'Olhem lá!', ou: 'Vejam aqui!'. Não deem crédito. A vinda do Filho do Homem não é algo para ver. Ele virá inesperadamente!

[24-25] "Como todo o céu se ilumina com um simples relâmpago, assim será no dia do Filho do Homem. Mas antes disso é preciso que ele sofra e seja rejeitado pelo povo desta geração.

[26-27] "A vinda do Filho do Homem será como na época de Noé. Cada um cuidava da própria vida e vivia se divertindo, até o dia em que Noé entrou na arca. Eles não perceberam nada — até que o dilúvio destruiu todos.

[28-30] "Aconteceu a mesma coisa no tempo de Ló. O povo era egoísta e só queria se divertir, até o dia em que Ló saiu de Sodoma e uma tempestade de fogo queimou tudo. Quando o Filho do Homem se revelar, também será assim: surpresa total.

[31-33] "Naquele dia, se vocês estiverem trabalhando no quintal, não corram para casa a fim de pegar seja lá o que for. Se estiverem no campo, não voltem para pegar o casaco. Lembrem-se do que aconteceu com a mulher de Ló! Se vocês se agarrarem demais à vida, irão perdê-la, mas, se a perderem, vocês irão ganhá-la de acordo com Deus.

[34-35] "Naquele dia, dois homens estarão no mesmo barco pescando: um será levado; o outro, deixado. Duas mulheres estarão trabalhando na mesma cozinha: uma será levada; a outra, deixada".*

[37] Tentando entender tudo isso, os discípulos disseram: "Senhor, onde será isso?".

Ele respondeu: "Observem os urubus voando em círculos. Eles primeiro identificam o cadáver. Tudo começa a partir do meu corpo morto".

SALMOS 53.1-6

Um salmo de Davi

53 [1-2] Com azedume, dizem os soberbos: "Deus já era".

Suas palavras são gás venenoso
    que contamina o ar; eles envenenam
Rios e céus;
    espinhos é o que produzem para vender.
Do céu, o Eterno põe a cabeça para fora
    e olha em redor.
Procura alguém que não seja tolo —
    um único homem que deposite
      sua esperança em Deus;
    uma única mulher disposta a seguir Deus.

[3] Mas ele volta de mãos vazias:
    não encontrou ninguém.
Desorientadas, sem ter quem as pastoreie,

---

* Vários manuscritos não trazem o versículo 36.

As ovelhas se revezam
no papel de pastor.
Noventa e nove delas
seguem sua companheira.

⁴Será que esses predadores
não sabem o que os aguarda?
Será que não percebem
que não poderão se safar sem castigo?
Eles tratam o povo como uma refeição rápida,
e os estressados não têm nem tempo de orar.

⁵A noite de pesadelo está vindo sobre eles –
um pesadelo do qual nunca acordarão.
Deus não dará chance a esses usurpadores:
serão obrigados a fazer as malas e sumir.

⁶Existe alguém aqui que possa salvar Israel?
Sim. Deus está aqui. O Eterno
transforma a vida.
Jacó, restaurado, pulará de alegria;
Israel, restaurado, cantará e exultará.

◼ NOTAS

|||||||||||||||||||||||||||||||||||||||||||||||||||||||||

☐ DIA **112** ___ / ___ / ___

JOSUÉ 18.11 — 19.39

Benjamim

¹¹**A** primeira parte saiu para a tribo de Benjamim, de acordo com os seus clãs. Seu território ficava entre as terras de Judá e de José.

¹²⁻¹³Ao norte, a fronteira começava no Jordão, subia pela encosta norte de Jericó e descia a oeste pela região montanhosa até o deserto de Bete-Áven. Dali contornava Luz (isto é, Betel), até a encosta ao sul e descia para Atarote-Adar até a montanha ao sul de Bete-Horom Baixa.

¹⁴Ali, do lado ocidental, a fronteira virava para o sul da montanha que fica ao sul de Bete-Horom e terminava em Quiriate-Baal (isto é, Quiriate-Jearim), cidade que pertence a Judá. Essa era a fronteira ocidental.

¹⁵⁻¹⁹A fronteira sul começava na extremidade de Quiriate-Jearim, seguindo a oeste até a fonte de Neftoa. Depois, descia para o sopé da montanha defronte do vale de Ben-Hinom (pela encosta norte do vale de Refaim), descendo ao vale de Hinom, logo ao sul da encosta dos jebuseus, seguindo até En-Rogel. Dali fazia uma curva ao norte para En-Semes e Gelilote, defronte do estreito Vermelho (Adumim), descendo até à Pedra de Boã, filho de Rúben. Continuava pela encosta norte de Bete-Arabá e descia para o vale da Arabá. Depois, seguia pela encosta norte de Bete--Hogla e terminava na baía norte do mar Salgado – na extremidade sul do rio Jordão. Essa era a fronteira sul.

²⁰A fronteira oriental era o Jordão.

Essa foi a herança do povo de Benjamim, de acordo com os seus clãs, demarcada por todos os lados por essas fronteiras.

²¹⁻²⁸As cidades da tribo de Benjamim, de acordo com os seus clãs eram:

Jericó, Bete-Hogla, Emeque-Queziz,
Bete-Arabá, Zemaraim, Betel,
Avim, Pará, Ofra,
Quefar-Amonai, Ofni e Gaba –
ao todo, doze cidades com as suas aldeias.

Gibeom, Ramá, Beerote,
Mispá, Quefira, Mosa,
Requém, Irpeel, Tarala,
Zela, Elefe, Jebus (isto é, Jerusalém),
Gibeá e Quiriate-Jearim –
catorze cidades com suas aldeias.
Essa foi a herança de Benjamim,
de acordo com os seus clãs.

Simeão

19 **1-8** A segunda parte saiu para Simeão e seus clãs. A herança deles estava dentro do território de Judá. Eles receberam:

Berseba (ou Seba), Moladá,
Hazar-Sual, Balá, Azém,
Eltolade, Betul, Horma,
Ziclague, Bete-Marcabote, Hazar-Susa,
Bete-Lebaote e Saruém –
treze cidades com suas aldeias.
Aim, Rimom, Eter e Asã –
quatro cidades com suas aldeias e todas as aldeias ao redor dessas cidades até Baalate-Beer, a Ramá do Neguebe.

8-9 Essa foi a herança da tribo de Simeão, de acordo com os seus clãs. A herança de Simeão estava dentro do território de Judá, porque Judá havia recebido mais do que precisava. Por isso, a tribo de Simeão recebeu sua herança dentro de Judá.

Zebulom

10-15 A terceira parte saiu para Zebulom e seus clãs: A fronteira de sua herança ia até Saride. Seguia para oeste até Maralá, encontrava-se com Dabesete, indo até o ribeiro defronte de Jocneão. Do outro lado de Saride, a fronteira seguia a leste, na direção do nascente até a fronteira de Quislote-Tabor, continuava até Daberate e subia até Jafia. Prosseguia para leste até Gate-Héfer e Ete-Cazim, chegando até Rimom, e virava em direção a Neá. Dali a fronteira contornava ao norte de Hanatom e terminava no vale de Iftá-El. Incluía Catate, Naalal, Sinrom, Idala e Belém – doze cidades com suas aldeias.

16 Essa foi a herança dos clãs de Zebulom – as cidades com suas aldeias.

Issacar

17-21 A quarta parte saiu para Issacar e os seus clãs. Seu território incluía:

Jezreel, Quesulote, Suném,
Hafaraim, Siom, Anaarate,
Rabite, Quisiom, Ebes,
Remete, En-Ganim,
En-Hadá e Bete-Pazes.

22 A fronteira chegava a Tabor, Saazima e Bete-Semes. Terminava no Jordão – dezesseis cidades com suas aldeias.

23 Essas cidades com suas aldeias foram a herança da tribo de Issacar, de acordo com os seus clãs.

Aser

24 A quinta parte saiu para a tribo de Aser e seus clãs:

25-30 Seu território incluía Helcate, Hali, Béten, Acsafe, Alameleque, Amade e Misal. A fronteira ocidental chegava até o Carmelo e Sior-Libnate; depois, virava para leste, na direção de Bete-Dagom, chegando até Zebulom e o vale de Iftá-El; depois, seguia para o norte até Bete-Emeque e Neiel, passando à esquerda por Cabul. Prosseguia para Ebrom, Reobe, Hamom e Caná, até a grande Sidom. A fronteira contornava de volta para Ramá até a cidade fortificada de Tiro, virava em direção a Hosa e terminava no mar, na região de Aczibe, Umá, Afeque e Reobe – vinte e duas cidades com suas aldeias.

31 Essas cidades e aldeias foram a herança da tribo de Aser, de acordo com os seus clãs.

Naftali

32 A sexta parte saiu para Naftali e seus clãs:
33 Sua fronteira começava em Helefe e no carvalho de Zaanim, passando por Adami-Neguebe e Jabneel, até Lacum, terminando no Jordão.
34 A fronteira voltava para o oeste, passando por Aznote-Tabor, chegando até Hucoque. Fazia divisa com Zebulom ao sul, Aser a oeste e o Jordão a leste.

As cidades fortificadas eram:

35-38 Zidim, Zer, Hamate, Racate, Quinerete,
Adamá, Ramá, Hazor,
Quedes, Edrei, En-Hazor,
Irom, Migdal-El, Horém,
Bete-Anate e Bete-Semes –
dezenove cidades com suas aldeias.

39 Essa era a herança da tribo de Naftali, as cidades com suas aldeias, de acordo com os seus clãs.

LUCAS 18.1-21

A história da viúva persistente

18 **¹⁻³** Jesus contou uma história para mostrar que é necessário orar sempre, sem desistir: "Havia um juiz em determinada cidade que não se importava com Deus nem com as pessoas; mas uma viúva estava sempre atrás dele, pedindo: 'Meus direitos estão sendo violados. Faça alguma coisa!'.

⁴⁻⁵ "Ele nunca dava atenção à mulher, mas, como ela não desistia, ele disse a si mesmo: 'Não me importo com Deus, e menos ainda com as pessoas. Mas essa viúva não vai me dar sossego. Melhor eu tomar providências para que ela receba justiça. Do contrário, vou acabar maluco com essa insistência'".

⁶⁻⁸ Então, o Senhor disse: "Vocês ouviram o que disse aquele juiz, apesar de ser tão mau. Por que pensar, então, que Deus não fará justiça ao seu povo escolhido, que sempre clama por ajuda? Acham que ele não vai ajudá-los? Garanto a vocês que vai, e sem demora. Mas a pergunta é: quanto dessa fé persistente o Filho do Homem vai encontrar na terra quando voltar?".

O cobrador de impostos e o fariseu

⁹⁻¹² Para alguns que se julgavam bons, estavam satisfeitos com sua condição moral e olhavam de nariz empinado para o povo simples, Jesus contou a seguinte história: "Dois homens foram ao templo para orar, um fariseu e um cobrador de impostos. O fariseu, cheio de pose, orava: 'Oh, Deus! Sou grato por não ser como esse bando de ladrões, trambiqueiros, adúlteros ou como este cobrador de impostos. Sabes que jejuo duas vezes por semana e dou dízimo de toda a minha renda'.

¹³ "Enquanto isso, o cobrador de impostos, de cabeça baixa num canto, com as mãos no rosto, não ousava nem olhar para cima. Apenas dizia: 'Deus, tem misericórdia! Perdoa este pecador'".

¹⁴ Jesus comentou: "Quem voltou para casa justificado diante de Deus foi o cobrador de impostos, não o outro. Se você andar por aí de nariz empinado, vai acabar de cara no chão, mas, se com humildade enxergar quem você é, acabará se tornando uma pessoa melhor".

¹⁵⁻¹⁷ As pessoas traziam crianças a Jesus, esperando que ele as abençoasse. Quando os discípulos viram isso, quiseram afastá-las, mas Jesus as chamou de volta e os repreendeu: "Não tentem afastar essas crianças! Não as impeçam de vir a mim! O Reino de Deus é feito de pessoas que são como crianças". Prestem atenção:

a não ser que vocês aceitem o Reino de Deus com a simplicidade de uma criança, não irão entrar nele".

O homem público rico

¹⁸ Um dia, um importante homem público perguntou a Jesus: "Bom Mestre, o que devo fazer para alcançar a vida eterna?".

¹⁹⁻²⁰ Jesus disse: "Por que você me chama 'bom'? Ninguém é bom, só Deus. Você conhece os mandamentos, não conhece? Não cometa adultério, não mate, não roube, não minta, honre pai e mãe".

²¹ Ele respondeu: "Guardo todos esses mandamentos desde que me entendo por gente".

SALMOS 54.1-7

Um salmo de Davi — quando os zifeus informaram Saul: "Davi está se escondendo entre nós"

54 **¹⁻²** Ajuda-me, ó Deus, pelo teu amor!
Usa tua influência para me inocentar.
Ouve, Deus, pois estou desesperado!
Que não estejas ocupado demais
para me ouvir.

³ Os fora da lei estão de tocaia para me pegar;
assassinos de aluguel foram contratados
para me matar.
Nada os deterá:
Deus não significa nada para eles.

⁴⁻⁵ Mas vejam! Deus está bem aqui, me ajudando!
O Eterno está do meu lado,
O mal está se voltando contra meus inimigos.
Não para, Deus! Acaba com todos eles!

⁶⁻⁷ Estou pronto para adorar, agora.
Eu te dou graças, ó Eterno — tu és tão bom!
Tu me livraste de todas as dificuldades,
e agora meus inimigos é que estão em apuros.

◼ NOTAS

DIA 113

uma parte da herança deles para Josué, filho de Num. Em obediência à palavra do Eterno, eles deram a cidade de Timnate-Sera, a pedido dele, na região montanhosa de Efraim. Ele reedificou a cidade e passou a residir ali.

[51] Essa foi a herança que o sacerdote Eleazar, Josué, filho de Num, e os chefes dos clãs distribuíram por sorteio às tribos de Israel em Siló, na presença do Eterno, à entrada da Tenda do Encontro. Assim, eles concluíram a partilha da terra.

Cidades de refúgio

20 [1-3] Então, o Eterno disse a Josué: "Diga ao povo de Israel: 'Estabeleçam cidades de refúgio, conforme instruí vocês por meio de Moisés, para que qualquer pessoa que matar alguém acidentalmente — isto é, sem intenção — possa fugir e se proteger contra o vingador.

[4] "A pessoa que fugir para se refugiar numa dessas cidades ficará à porta da cidade e apresentará seu caso às autoridades do lugar. Esses líderes acolherão a pessoa na cidade, providenciando um local para ela morar.

[5-6] "'Se o vingador vier em busca do homicida, os líderes da cidade não deverão entregar seu protegido a ele, pois não houve intenção de matar nem havia histórico de ódio contra o companheiro morto. O homicida poderá permanecer na cidade até ser julgado diante da comunidade ou até a morte do sacerdote principal. Depois disso, poderá retornar para casa, para a cidade da qual fugiu'".

[7] Eles separaram Quedes, na Galileia, na região montanhosa de Naftali, Siquém, na região montanhosa de Efraim, e Quiriate-Arba (isto é, Hebrom), na região montanhosa de Judá.

[8-9] Do outro lado do Jordão, a leste de Jericó, estabeleceram Bezer, no planalto deserto da tribo de Rúben, Ramote, em Gileade, da tribo de Gade, e Golã, em Basã, da tribo de Manassés. Essas foram as cidades designadas para o povo de Israel e para todo estrangeiro residente, enfim, para qualquer um que matasse alguém sem intenção. Ele poderia fugir para ali, evitando ser morto pelas mãos do vingador antes do julgamento perante a comunidade.

As cidades dos levitas

21 [1-2] Os chefes dos clãs dos levitas foram procurar o sacerdote Eleazar, Josué, filho de Num, e os chefes das outras tribos do povo de Israel. Isso aconteceu em Siló, na terra de Canaã. Eles disseram: "O Eterno deu ordens a Moisés para que vocês nos dessem algumas cidades, nas quais pudéssemos viver, e pastagem para o nosso gado".

||||||||||||||||||||||||||||||||||||||||||||||||||

☐ DIA **113** ___ / ___ / ___

JOSUÉ 19.40 — 21.33

Dã

[40-46] A sétima parte saiu para Dã. O território da sua herança incluía:

Zorá, Estaol, Ir-Semes,
Saalabim, Aijalom, Itla,
Elom, Timna, Ecrom,
Elteque, Gibetom, Baalate,
Jeúde, Bene-Beraque, Gate-Rimom,
Me-Jarcom e Racom, com a região defronte de Jope.

[47] Mas a tribo de Dã não conseguiu expulsar os ocidentais (os amorreus), que os empurraram para as regiões montanhosas. Os ocidentais os mantinham longe das planícies; por isso, o território deles era muito pequeno. Então, o povo de Dã atacou Lesém. Eles a conquistaram, mataram os habitantes e se estabeleceram ali. Eles mudaram o nome de Lesém para Dã, em homenagem ao seu antepassado.

[48] Essa foi a herança da tribo de Dã, de acordo com os seus clãs, as cidades com suas aldeias.

[49-50] Eles terminaram a partilha da terra como herança e a fixação das fronteiras. O povo de Israel, então, cedeu

³Então, o povo de Israel, da própria herança, deu aos levitas, conforme o Eterno havia ordenado, as seguintes cidades, com suas respectivas pastagens:

⁴⁻⁵O sorteio contemplou em primeiro lugar os clãs dos coatitas, assim: os levitas descendentes do sacerdote Arão receberam treze cidades das tribos de Judá, Simeão e Benjamim. O restante dos coatitas recebeu dez cidades dos clãs das tribos de Efraim, Dã e da meia tribo de Manassés.

⁶Os gersonitas receberam treze cidades, dos clãs das tribos de Issacar, Aser, Naftali e da meia tribo de Manassés em Basã.

⁷As famílias de Merari receberam doze cidades das tribos de Rúben, Gade e Zebulom.

⁸O povo de Israel cedeu, por sorteio, essas cidades com suas pastagens aos levitas, conforme o Eterno havia ordenado a Moisés.

As cidades dos descendentes de Arão

⁹⁻¹⁰Das tribos de Judá, Simeão e Benjamim, eles designaram as seguintes cidades, mencionadas individualmente (destinadas aos descendentes de Arão das famílias do clã dos coatitas, da tribo de Levi, porque a primeira divisão saiu para eles):

¹¹⁻¹²Quiriate-Arba (Arba foi o antepassado de Enaque), isto é, Hebrom, nas montanhas de Judá, com acesso às pastagens ao seu redor. Os campos da cidade e as terras desocupadas eles já tinham dado a Calebe, filho de Jefoné.

¹³⁻¹⁶Aos descendentes do sacerdote Arão, deram Hebrom (cidade de refúgio), Libna, Jatir, Estemoa, Holom, Debir, Aim, Jutá e Bete-Semes, todas com as suas pastagens — nove cidades dessas duas tribos.

¹⁷⁻¹⁸Da tribo de Benjamim: Gibeom, Geba, Anatote e Almom, com as suas pastagens — quatro cidades.

¹⁹Foram no total treze cidades e pastagens para os sacerdotes descendentes de Arão.

²⁰⁻²²O restante das famílias dos coatitas da tribo de Levi recebeu suas cidades por sorteio da tribo de Efraim: Siquém (cidade de refúgio), nas montanhas de Efraim, Gezer, Quibzaim e Bete-Horom, com as suas pastagens — quatro cidades.

²³⁻²⁴Da tribo de Dã, eles receberam Elteque, Gibetom, Aijalom e Gate-Rimom, com as suas pastagens — quatro cidades.

²⁵E da meia tribo de Manassés, receberam Taanaque e Gate-Rimom, com as suas pastagens — duas cidades.

²⁶Ao todo, dez cidades com as suas pastagens foram entregues ao restante das famílias dos coatitas.

²⁷Os clãs gersonitas da tribo de Levi receberam da meia tribo de Manassés: Golã, em Basã (cidade de refúgio), e Beesterá, com as suas pastagens — duas cidades.

²⁸⁻²⁹Da tribo de Issacar: Quisiom, Daberate, Jarmute e En-Ganim, com as suas pastagens — quatro cidades.

³⁰⁻³¹Da tribo de Aser: Misal, Abdom, Helcate e Reobe, com as suas pastagens — quatro cidades.

³²Da tribo de Naftali: Quedes, na Galileia (cidade de refúgio), Hamote-Dor e Cartã com suas pastagens — três cidades.

³³Para os gersonitas e seus clãs: treze cidades com as suas pastagens.

LUCAS 18.22-43

²²Ao ouvir a resposta, Jesus acrescentou: "Há ainda uma coisa que você deve fazer: venda tudo que possui e dê aos pobres. Toda a sua riqueza estará no céu. Depois venha me seguir".

²³Aquela era a última coisa que o homem esperava ouvir. Ele era muito rico, por isso ficou abatido. Sendo muito apegado aos seus bens, não queria abrir mão de tudo.

²⁴⁻²⁵Vendo sua reação, Jesus comentou: "Vocês têm ideia de como é difícil para os ricos entrar no Reino de Deus? Vocês não imaginam como é difícil. É mais fácil um camelo passar pelo buraco de uma agulha".

²⁶"Se é assim, quem tem chance?", perguntaram.

²⁷"Ninguém tem chance, se pensam que conseguirão por esforço próprio. A única maneira é deixar Deus agir. Só ele tem o poder de fazer".

²⁸Pedro, falando pelos outros, lembrou: "Nós não deixamos tudo para te seguir?".

²⁹⁻³⁰Jesus respondeu: "Sim, e não vão se arrepender disso. Ninguém que tenha sacrificado casa, cônjuge, irmãos e irmãs, pais, filhos — seja o que for — sairá perdendo. Tudo voltará multiplicado muitas vezes nesta vida. No final, receberá ainda o prêmio da vida eterna".

Quero enxergar de novo

³¹⁻³⁴Jesus levou os Doze para um lugar à parte e disse: "Ouçam com atenção. Estamos a caminho de Jerusalém. Tudo que está escrito nos Profetas a respeito do Filho do Homem vai acontecer. Ele será entregue aos romanos, que vão caçoar dele e cuspir nele. Depois ainda irão matá-lo. Mas em três dias ele retornará — vivo!". Mas eles não entenderam absolutamente nada.

³⁵⁻³⁷Ele chegou à periferia de Jericó, e um cego estava assentado à beira da estrada, pedindo esmolas.

DIA 114

340

Quando ele ouviu o ruído da multidão, perguntou o que estava acontecendo. Alguém disse: "Jesus, o Nazareno, está passando".

38 Ele começou a gritar: "Jesus, Filho de Davi! Misericórdia! Tem misericórdia de mim!".

39 Os que caminhavam à frente de Jesus mandavam o homem ficar quieto, mas ele gritava ainda mais alto: "Filho de Davi! Misericórdia! Tem misericórdia de mim!".

40 Jesus parou e ordenou que o trouxessem. O mestre, então, perguntou: "O que você quer de mim?".

41 Ele respondeu: "Mestre, quero enxergar de novo".

42-43 Jesus disse: "Comece a enxergar outra vez! Sua fé curou e salvou você!". A cura foi instantânea: ele olhou para cima. Estava enxergando! Ele passou a seguir Jesus, glorificando a Deus. Todos os que presenciaram a cena davam louvor a Deus.

SALMOS 55.1-8

Um salmo de Davi

55 **1-3** **A**bre teus ouvidos à minha oração, ó Deus! Não finjas que não me ouves bater.

Chega perto e sussurra tua resposta.
Eu realmente preciso de ti.
Estremeço ao ouvir a voz maldosa,
tremo diante do olho mau,
Quando eles amontoam denúncias
e estocam calúnias.

4-8 Minhas entranhas estão do avesso;
espectros de morte me derrubaram.
Estremeço de medo,
tremo da cabeça aos pés.
"Quem me dera ter asas,
asas como de pomba!
Sim, eu fugiria para bem longe!
Para onde tivesse alguma paz e silêncio.
Quero caminhar pelo campo.
Quero um chalé na floresta.
Estou desesperado por uma mudança,
para fugir desta tempestade.

◼ NOTAS

☐ DIA 114 ___ / ___ / ___

JOSUÉ 21.34 — 23.10

34-35 Os clãs meraritas, o restante dos levitas, receberam da tribo de Zebulom: Jocneão, Cartá, Dimna e Naalal, com as suas pastagens – quatro cidades.

36-37 Da tribo de Rúben: Bezer, Jaza, Quedemote e Mefaate, com as suas pastagens – quatro cidades.

38-39 Da tribo de Gade: Ramote, em Gileade (cidade de refúgio), Maanaim, Hesbom e Jazer, com as suas pastagens – quatro cidades.

40 Todas essas cidades foram distribuídas por sorteio para os meraritas, o restante dos levitas – doze cidades.

41-42 Os levitas receberam quarenta e oito cidades com as suas pastagens dentro do território do povo de Israel. Cada uma das cidades tinha pastagens ao redor.

43-44 **A**ssim, o Eterno deu a Israel toda a terra que ele havia prometido em juramento aos seus antepassados. Eles tomaram posse da terra e sentiram-se em casa ali. O Eterno lhes deu descanso de todos os lados, como havia prometido por juramento aos antepassados. Nenhum dos seus inimigos foi capaz de resistir a eles – o Eterno entregou todos os inimigos nas mãos dos israelitas.

45 Nenhuma promessa deixou de ser cumprida de tudo que o Eterno falou ao povo de Israel. Todas se cumpriram.

22 **1-5** Josué chamou os rubenitas, gaditas e a meia tribo de Manassés e disse: "Vocês cumpriram tudo que Moisés, servo do Eterno, ordenou, e obedeceram a tudo que ordenei. Todo esse tempo, até o dia de hoje, vocês não abandonaram seus irmãos. Puseram o ombro debaixo da carga que o Eterno, seu Deus, designou a vocês. Agora, o Eterno concedeu descanso aos seus irmãos, como havia prometido, e vocês já podem voltar para casa, para o território da sua herança, que Moisés, o servo do Eterno, deu a vocês do outro lado do Jordão. Apenas prestem atenção nisto: Sejam vigilantes em guardar o mandamento e a Revelação que Moisés nos deixou, amem ao Eterno, andem em todos os seus caminhos, obedeçam aos seus mandamentos, apeguem-se a ele e sirvam-no com todas as suas forças e com tudo que possuem".

6-7 Depois de falar, Josué os abençoou e os despediu. Eles retornaram para casa (Moisés tinha dado à meia tribo de Manassés uma parte de Basã. À outra metade, Josué deu terras entre seus irmãos, a oeste do Jordão).

7-8 Ao mandá-los de volta para a sua herança, Josué os abençoou, dizendo: "Voltem para casa. Vocês estão voltando com muita riqueza – grandes rebanhos, prata, ouro, bronze, ferro e muitas roupas. Dividam essa riqueza com os seus amigos e familiares – todo o despojo dos inimigos!".

9 Os rubenitas, os gaditas e a meia tribo de Manassés deixaram o povo de Israel em Siló, na terra de Canaã, para voltar a Gileade, a terra de sua propriedade, que receberam por ordem de Moisés, conforme o Eterno havia ordenado.

10 Eles chegaram a Gelilote, à margem do Jordão (na terra dos cananeus). Ali os rubenitas, os gaditas e a meia tribo de Manassés construíram um altar na margem do Jordão – um altar enorme!

11 O povo de Israel ficou sabendo da construção do altar e não gostou: "O que é isso? Os rubenitas, os gaditas e a meia tribo de Manassés construíram um altar em Gelilote, na beira do Jordão, voltado para a terra de Canaã, do lado israelita!".

12-14 Sem mais demora, a comunidade inteira uniu forças em Siló para guerrear contra eles. Eles enviaram Fineias, filho do sacerdote Eleazar, aos rubenitas, aos gaditas e à meia tribo de Manassés (na terra de Gileade). Ele foi acompanhado de dez líderes, um de cada tribo, chefes de suas famílias. Eles representavam as divisões militares de Israel.

15-18 Eles procuraram os rubenitas, os gaditas e a meia tribo de Manassés e disseram: "Toda a comunidade do Eterno quer saber: Que violação é essa que cometeram contra o Deus de Israel, desviando-se do Eterno e construindo um altar para vocês – um ato ostensivo de rebeldia contra o Eterno? Não bastou o pecado de Peor? Vejam! Até hoje não nos livramos disso. Ainda sofremos as consequências da praga que caiu sobre a comunidade do Eterno! E agora vocês estão abandonando o Eterno! Se hoje vocês se rebelarem contra o Eterno, amanhã ele derramará a sua ira sobre todos nós, sobre toda a comunidade de Israel.

19-20 "Se vocês acham que o território de vocês não está santificado, se existe alguma contaminação, voltem para a terra do Eterno, em que está a sua Habitação, e tomem terras ali, mas não se revoltem contra o Eterno nem contra nós, construindo outro altar além do altar do Eterno, o nosso Deus. Quando Acã, filho de Zerá, violou a santa condenação, não veio a ira de Deus contra toda a comunidade de Israel? Ele não foi o único a morrer por causa do seu pecado".

21-22 Os rubenitas, os gaditas e a meia tribo de Manassés responderam aos líderes das tribos de Israel:

"O Deus dos deuses é Eterno,
O Deus dos deuses é Eterno!

22-23 "Ele sabe e mostrará a Israel se o que estamos fazendo é uma traição contra o Eterno. Se for, não se preocupem em nos salvar. Que o Eterno decida se construímos para nós um altar num ato rebeldia contra ele, se foi para oferecer ofertas queimadas, ofertas de cereais e ofertas de paz.

24-25 "Não é isso. Erigimos o altar por precaução. Nossa preocupação é que um dia os seus descendentes digam aos nossos: 'Vocês não têm nenhuma relação com o Eterno, o Deus de Israel! O Eterno estabeleceu o Jordão como fronteira entre nós e vocês. Vocês, rubenitas e gaditas, não têm parte com o Eterno'. Assim, os seus descendentes poderão fazer que os nossos deixem de adorar ao Eterno.

DIA 114

²⁶ "Foi por esse motivo que decidimos construir o altar – não para apresentar ofertas queimadas nem para sacrifícios!

²⁷ "Construímos o altar como testemunho entre nós, vocês e os nossos descendentes, um testemunho do altar em que adoramos ao Eterno, em sua habitação sacra, com nossas ofertas queimadas, sacrifícios e ofertas de paz.

"Dessa maneira, no futuro, os seus descendentes não poderão dizer aos nossos: 'Vocês não têm parte com o Eterno'.

²⁸ "Dissemos para nós mesmos: 'Se, no futuro, alguém nos afrontar ou a nossos descendentes, responderemos: Veja este modelo do altar do Eterno que nossos antepassados construíram. Não serve para ofertas queimadas nem sacrifícios. É um testemunho de nossa união com vocês'.

²⁹ "A última coisa que desejamos é nos rebelar ou nos afastar do Eterno. Nunca imaginamos construir um altar para apresentar ofertas queimadas ou ofertas de cereal, para concorrer com o altar do Eterno, que fica diante da sua habitação sacra".

³⁰ O sacerdote Fineias, todos os líderes da comunidade e os chefes das divisões militares de Israel, que também estavam presentes, ouviram o argumento dos rubenitas, dos gaditas e da meia tribo de Manassés. E ficaram satisfeitos.

³¹ O sacerdote Fineias, filho de Eleazar, disse a Rúben, Gade e Manassés: "Estamos convencidos de que o Eterno está conosco, já que vocês não foram infiéis a ele. Vocês salvaram o povo de Israel da disciplina do Eterno".

³²⁻³³ Dito isso, Fineias deixou os rubenitas, os gaditas e a meia tribo de Manassés (de Gileade) e voltou com os líderes que o acompanhavam para a terra de Canaã, para o povo de Israel, e apresentaram um relatório completo. O povo ficou satisfeito com o relatório. Israel louvou a Deus, e ninguém mais falou em atacar e destruir a terra dos rubenitas e gaditas.

³⁴ Rúben e Gade deram este nome ao altar:

Um Testemunho entre Nós.
Somente o Eterno É Deus.

A exortação de Josué

23 ¹⁻² Passado muito tempo desde que o Eterno tinha dado descanso a Israel de todos os inimigos ao redor, quando Josué já estava em idade avançada, ele convocou toda a comunidade de Israel – os anciãos, as autoridades, os juízes e os oficiais e disse:

²⁻³ "Estou velho. Já vivi muito, e vocês viram tudo que o Eterno fez a essas nações por amor de vocês. Ele fez isso, porque é o Eterno, o Deus de vocês. Ele lutou por vocês.

⁴⁻⁵ "Fiquem atentos. Designei a vocês, por sorteio, as nações que ainda permanecem no território das tribos e também as nações que já eliminei – desde o Jordão até o mar Grande, a oeste. O Eterno, o seu Deus, os eliminará de sua presença até que não reste nenhuma delas e vocês possuam a terra das nações, como ele prometeu a vocês.

⁶⁻⁸ "Agora, sejam fortes e constantes. Obedeçam a tudo que está escrito no Livro da Revelação de Moisés – não omitam nenhum detalhe. Não se misturem com as nações que ainda estão ao redor de vocês. Nem sequer mencionem o nome dos seus deuses ou jurem por eles. De maneira alguma, adorem ou invoquem o nome deles. Apeguem-se ao Eterno, o seu Deus, como vocês têm feito até agora.

⁹⁻¹⁰ "O Eterno expulsou nações poderosas da presença de vocês. Até agora, ninguém conseguiu derrotá-los. Pensem bem: um de vocês, sozinho, conseguia afugentar mil deles! Isso porque o Eterno é o Deus de vocês. Ele luta por vocês, como prometeu.

LUCAS 19.1-23

Zaqueu

19 ¹⁻⁴ Jesus entrou em Jericó e caminhava pela cidade. Havia ali um morador chamado Zaqueu, o principal cobrador de impostos, que era muito rico. Ele queria a todo custo ver Jesus, mas a multidão estava no caminho. Como era baixinho, não conseguia olhar por cima do povo. Então, correu adiante deles e subiu numa figueira. Dali poderia ver Jesus quando este passasse.

⁵⁻⁷ Quando chegou perto da árvore, Jesus olhou para cima e disse: "Zaqueu, desça depressa! Hoje é o dia de eu me hospedar em sua casa". Zaqueu pulou da árvore, ainda sem acreditar no que ouvia, feliz da vida com a oportunidade de receber Jesus. Os que presenciavam a cena ficaram indignados e reclamaram: "Como ele pode se sentir tão à vontade com esse bandido?".

⁸ Parado diante de Jesus, Zaqueu não sabia o que fazer. Gaguejando, disse: "Senhor, vou dar metade do meu patrimônio para os pobres e, de tudo o que roubei, pagarei quatro vezes mais pelo prejuízo".

⁹⁻¹⁰ Então, Jesus declarou: "Hoje é dia de salvação nesta casa! Aqui está Zaqueu, filho de Abraão! Pois o Filho do Homem veio buscar e restaurar o que estava perdido!".

Uma história sobre investimentos

11 **P**or estarem se aproximando de Jerusalém, crescia a expectativa de que o Reino de Deus se manifestasse a qualquer momento. Enquanto tinha a atenção deles, Jesus aproveitou para contar a seguinte história:

12-13 "Certa vez, um homem, descendente de uma casa real, precisou fazer uma longa viagem de volta à capital do reino a fim de conseguir autorização para seu governo. Antes de partir, chamou dez empregados, entregou a cada um certa quantia de dinheiro e os orientou: 'Negociem até que eu volte'.

14 "Mas os cidadãos daquele reino o odiavam e enviaram uma comissão com uma petição assinada ao governo geral: 'Não queremos que esse homem nos governe'.

15 No entanto, quando ele voltou, trazia a autorização e chamou os dez empregados a quem havia confiado o dinheiro para saber o que tinham feito com ele.

16 O primeiro informou: 'Senhor, dupliquei seu dinheiro'.

17 Ele disse: 'Bom empregado! Bom trabalho! Já que você se mostrou confiável nesse pequeno empreendimento, eu darei a você o governo de dez cidades'.

18 O segundo disse: 'Senhor, consegui um lucro de cinquenta por cento com seu dinheiro'.

19 Ele disse: 'Vou designar você para um cargo sobre cinco cidades'.

20-21 O terceiro empregado disse: 'Senhor, aqui está seu dinheiro, são e salvo. Eu o guardei num cofre. Para dizer a verdade, estava com um pouco de medo. Sei que o senhor tem padrões muito elevados e detesta negligência. Também não tolera que ninguém cometa erros'.

22-23 O homem respondeu: 'Você está certo. Não tolero gente que comete erros — e foi o que você fez! Por que não investiu o dinheiro em ações, para conseguir pelo menos um pequeno lucro?'.

SALMOS 55.9-19

9-11 Age com severidade, Senhor
     — corta a língua deles.
   Estou assustado de ver como
     dividiram a cidade
Em gangues rivais,
     que rondam as vielas
Dia e noite, loucos por uma briga.
   O lixo está empilhado nas ruas,

Até os vigias das lojas estão roubando
     em plena luz do dia.

12-14 Não estou falando de
     vizinhos encrenqueiros
me importunando — isso eu até aceitaria.
Também não falo de um estranho cuspindo
     injúrias — eu poderia aguentar isso.
O problema é que é *você*! Nós crescemos juntos!
     É *você*, meu melhor amigo!
As longas horas que passávamos juntos,
     de braços dados — Deus era o terceiro a
     participar da nossa conversa.

15 Sejam arrastados vivos
     para a sepultura os que me traem.
Que eles experimentem o horror
     e sintam na pele a dor da maldição.

16-19 Mas eu clamo a Deus,
     e ele me socorrerá.
Ao anoitecer, ao amanhecer
     e ao meio-dia, suspiro
     profundamente, e ele ouve e me resgata.
Ele guarda a minha vida
     até no meio do perigo,
Mesmo quando milhares
     estão alinhados contra mim.
Da sua cadeira de juiz, Deus ouve tudo
     e põe cada um no devido lugar.
Mas, teimosos como são,
     eles não vão se corrigir
     nem prestarão atenção a ele.

NOTAS

as autoridades, os juízes e os oficiais, e eles se apresentaram a Deus. Então, Josué se dirigiu a todo o povo:

2-6 "É isto o que o Eterno, o Deus de Israel, diz: 'Muito tempo atrás, os antepassados de vocês, Terá e seus filhos Abraão e Naor, viviam a leste do rio Eufrates. Eles adoravam outros deuses. Mas tirei o seu antepassado Abraão da terra além do Eufrates, levei-o até Canaã e multipliquei os seus descendentes. Eu dei a você Isaque como filho. E, a Isaque, dei Jacó e Esaú. Deixei Esaú viver nas montanhas de Seir, mas Jacó e seus descendentes foram para o Egito. Depois, enviei Moisés e Arão. Feri cruelmente o Egito com pragas e tirei vocês de lá. Tirei seus antepassados do Egito. Quando chegaram ao mar, os egípcios vieram furiosos atrás de vocês, com carros e com toda a cavalaria, até a margem do mar Vermelho!

7-10 " 'Então, vocês clamaram ao Eterno, e ele pôs uma nuvem entre vocês e os egípcios. Depois, vocês viveram no deserto por muito tempo, e eu os trouxe para a terra dos amorreus, que viviam a leste do Jordão, e os amorreus os atacaram. Mas eu lutei por vocês, e vocês tomaram posse da terra deles. Eu os destruí para vocês. Em seguida, Balaque, filho de Zipor, apareceu. Ele era rei de Moabe e se preparou para atacar Israel, enviando Balaão, filho de Beor, para amaldiçoar vocês. Mas Balaão acabou abençoando vocês repetidamente porque eu os livrei.

11 " 'Depois, vocês atravessaram o Jordão e chegaram a Jericó. Os líderes de Jericó se ajuntaram contra vocês, bem como os amorreus, os ferezeus, os cananeus, os hititas, os girgaseus, os heveus e os jebuseus, mas eu os entreguei nas mãos de vocês.

12 " 'Enviei vespas contra eles, e elas expulsaram os dois reis amorreus — fizeram o serviço por vocês. Vocês não precisaram levantar sequer um dedo.

13 " 'Dei a vocês uma terra que vocês não cultivaram, cidades que não edificaram. Agora, estão vivendo nas suas cidades e se alimentando de vinhas e olivais que não plantaram'.

14 "Portanto, temam o Eterno. Sirvam a ele com fidelidade. Eliminem os deuses que seus antepassados adoraram além do Eufrates e no Egito. Vocês servirão ao Eterno.

15 "Mas, se vocês acham que não é bom servir ao Eterno, então, escolham a um deus a quem preferem servir — façam isso ainda hoje. Escolham a um dos deuses que seus antepassados adoraram na terra além do Eufrates ou um dos deuses dos amorreus, aqui mesmo onde vocês estão vivendo. Quanto a mim e à minha família, nós serviremos ao Eterno".

||||||||||||||||||||||||||||||||||||||||||||||||||||

☐ DIA **115** ___/___/___

JOSUÉ 23.11 — 24.33

11-13 "Por isso, dediquem-se de corpo e alma a isto: amem ao Eterno, o seu Deus. Porque, se vocês se desviarem e começarem a se juntar com as nações que permanecem entre vocês (casando-se e fazendo negócios com elas), tenham certeza de que o Eterno não as expulsará daqui, e elas só causarão problemas a vocês — serão como chicotadas nas costas e areia nos olhos de vocês. Por isso, vocês mesmos devem expulsá-las desta boa terra concedida pelo Eterno.

14 "Como vocês podem perceber, estou indo para onde todos nós um dia iremos. Mas estejam certos de que as boas promessas do Eterno, o seu Deus, foram cumpridas até o último detalhe. Nada ficou sem se cumprir — sequer uma palavra.

15-16 "Mas, assim como todas as boas promessas do Eterno se cumpriram, ele também cumprirá todas as maldições, até que não reste um único israelita nesta boa terra, se vocês se desviarem do caminho da aliança do seu Deus, o caminho que ele ordenou, e começarem a servir e adorar outros deuses, pois a ira do Eterno se acenderá contra vocês. E ninguém sobreviverá, não haverá nem sinal de que vocês estiveram nesta terra".

A aliança em Siquém

24 **1-2** Josué convocou todas as tribos de Israel e as reuniu em Siquém. Ele convocou os anciãos,

16 O povo respondeu: "Nunca abandonaremos o Eterno! Nunca! Nunca deixaremos o Eterno para servir a outros deuses. **17-18** "O Eterno é o nosso Deus! Ele tirou nossos antepassados do Egito e da escravidão. Ele realizou todos aqueles milagres diante de nós. Ele cuidou de nós por todo o caminho que percorremos e por todas as nações pelas quais passamos. Por amor de nós, ele expulsou todas as nações, os amorreus e todas as demais, que viviam nesta terra. "Conte conosco: nós também vamos servir ao Eterno. Ele é o nosso Deus".

19-20 Josué disse ao povo: "Vocês não são capazes. Vocês não podem servir ao Eterno. Ele é Deus santo. Ele é Deus zeloso. Ele não suportará a sua prevaricação e os seus pecados. Quando vocês abandonarem o Eterno para servir aos deuses estrangeiros, ele castigará vocês com rigor. Ele aniquilará vocês – depois de todo o bem que fez a Israel!". **21** Mas o povo retrucou: "Não! Não! Vamos servir ao Eterno!". **22** Então, Josué declarou a todo o povo: "Vocês são testemunhas, contra vocês mesmos, de que escolheram servir ao Eterno".

Eles responderam: "Sim, somos testemunhas".

23 Josué disse: "Agora, destruam todos os deuses estrangeiros que estão com vocês. Confessem com toda a convicção o Eterno, o Deus de Israel!".

24 O povo respondeu a Josué: "Nós serviremos ao Eterno. Tudo que ele mandar, obedeceremos".

25-26 Naquele dia, em Siquém, Josué firmou uma aliança com o povo. Ele a tornou oficial, registrando por escrito todos os termos. Josué escreveu todas as instruções e regulamentações no Livro da Revelação de Deus. Depois, pegou uma grande pedra e a colocou debaixo do carvalho que estava perto santuário do Eterno.

27 Josué disse a todo o povo: "Esta pedra é uma testemunha contra nós. Ela ouviu todas as palavras que o Eterno disse a nós. É uma testemunha permanente contra vocês, para que não sejam infiéis a Deus". **28** Então, Josué despediu o povo, cada um para a terra da sua herança.

29-30 Depois de todas essas coisas, Josué, filho de Num, servo do Eterno, morreu. Ele tinha 110 anos de idade. Eles o sepultaram na terra de sua herança, em Timnate-Sera, nas montanhas de Efraim, no norte do monte Gaás.

31 Israel serviu ao Eterno durante a vida de Josué e dos anciãos que sobreviveram a ele, aqueles que haviam testemunhado tudo que o Eterno tinha feito por Israel.

32 Os ossos de José, trazidos do Egito pelo povo de Israel, foram enterrados em Siquém, no terreno que Jacó tinha comprado dos filhos de Hamor (pai de Siquém). Ele o comprou por cem moedas de prata. Ele pertence à herança da família de José.

33 Aconteceu também que morreu Eleazar, filho de Arão. Eles o sepultaram em Gibeá, que tinha sido entregue a seu filho Fineias, nas montanhas de Efraim.

LUCAS 19.24-48

24 Então, ele ordenou aos que estavam ali: 'Tirem o dinheiro dele e entreguem ao que duplicou o capital'. **25** Eles estranharam: 'Mas, Senhor, ele já tem o dobro!'. **26** Ele explicou: 'É o que estou tentando dizer: Quem arrisca a vida ganhará mais do que nunca sonhou. Quem tem cautela demais acabará sem nada. **27** 'Quanto aos que assinaram a petição contra meu governo, tirem-nos daqui! Não quero vê-los na minha frente de novo!' ".

Deus em pessoa

28-31 Depois de dizer essas coisas, Jesus retomou o caminho para Jerusalém. Quando se aproximou de Betfagé e de Betânia, no monte chamado das Oliveiras, enviou dois dos seus discípulos com as seguintes instruções: "Vão à aldeia que está adiante. Assim que entrarem, acharão um jumentinho amarrado, que ninguém cavalgou ainda. Desamarrem-no e tragam-no. Se alguém perguntar: 'O que vocês estão fazendo?', digam: 'O Senhor precisa dele' ".

32-33 Os dois foram e encontraram o animal, como Jesus tinha dito. Enquanto o desamarravam, os donos perguntaram: "Por que estão desamarrando o jumentinho?".

34 Eles disseram: "O Senhor precisa dele".

35-36 Eles trouxeram o jumentinho a Jesus. Puseram seus mantos sobre o animal e ajudaram o Senhor a montar. O povo, então, começou a reverenciá-lo, lançando suas capas no caminho.

37-38 Lá no alto do monte das Oliveiras, onde começa a descida, a multidão dos discípulos irrompeu num louvor entusiasmado, por causa de todas as obras poderosas que haviam testemunhado:

DIA 116

"Bendito é ele que vem,
 o rei em nome de Deus!
Paz no céu!
 Glória nas alturas!".

39 Alguns fariseus que acompanhavam a multidão disseram: "Mestre, controle seus discípulos!".
40 Mas Jesus reagiu: "Se eles se calarem, as pedras vão falar por eles".
41-44 Quando viu a cidade, ele chorou por causa dela e disse: "Ah, se ao menos você tivesse reconhecido este dia e entendido quanto seria bom para você! Mas agora é tarde. O que vem por aí é a guerra. O cerco e a pressão virão por todos os lados. Você e seus filhos serão esmagados. Nenhuma pedra ficará intacta. Tudo isso porque você não reconheceu Deus nem o recebeu quando ele veio em pessoa!".
45-46 Quando chegou ao templo, ele começou a expulsar todos os que tinham pontos de venda ali, onde se comprava qualquer coisa. Ele disse: "Está nas Escrituras:

Minha casa foi designada casa de oração;
Mas vocês a transformaram em ponto de
 encontro de ladrões".

47-48 Depois Jesus passou a ensinar diariamente no templo. Os principais sacerdotes, os líderes religiosos e os líderes do povo tentavam encontrar uma forma de se livrar dele. Mas, com o povo atento a cada palavra que ele dizia, nada conseguiram.

SALMOS 55.20-23

20-21 É isto: meu melhor amigo traiu
 os melhores amigos,
 sua vida viola suas próprias palavras.
Durante toda a minha vida, fui encantado
 por seus discursos,
 nunca imaginando que descarregaria
 sua raiva contra mim.
Suas palavras, que eram música
 para meus ouvidos,
 tornaram-se punhais no meu coração.

22-23 Amontoe os seus problemas
 nos ombros do Eterno —
 ele levará a sua carga
 e ajudará você a sair.
Ele nunca permitirá que os bons
 caiam em desgraça.

Mas tu, ó Deus, empurrarás os maus
 para um pântano sombrio,
Reduzirás pela metade a expectativa de vida
 dos assassinos e dos traidores.

Mas saiba que eu confio em ti.

◾ NOTAS

DIA 116 ___ / ___ / ___

JUÍZES 1.1 — 2.23

1 **1** Depois da morte de Josué, o povo de Israel perguntou ao Eterno: "Quem vai tomar a iniciativa de atacar os cananeus?".
2 E o Eterno respondeu: "Judá irá. Eu entreguei a terra nas mãos deles".

13 "Então, o proprietário da vinha disse: 'Sei o que vou fazer: vou enviar meu filho amado. A ele vão respeitar'.

14-15 "Mas, quando os lavradores o viram chegando, pensaram: 'É a nossa chance. Esse é o herdeiro! Vamos matá-lo e ficar com tudo'. Então o mataram e o jogaram numa vala.

15-16 "O que vocês acham que o dono da vinha irá fazer? Sem dúvida, vai exterminar esses perversos e entregar a vinha para outros".

Os que o ouviam discordaram: "Oh, não! Ele nunca faria isso!".

17-18 Mas Jesus insistiu: "Por que, então, está escrito:

A pedra que os pedreiros rejeitaram
é agora a principal.

"Quem cair sobre essa pedra quebrará todos os ossos do corpo. Se ela cair sobre alguém, ele será esmagado".

19 Quando os líderes religiosos ouviram a história, entenderam que o recado era para eles. Por isso, queriam prender Jesus, mas, receosos da opinião pública, recuaram.

Pagando impostos

20-22 Esperando uma chance de apanhá-lo, eles enviaram espiões que se fingiam de honestos, com a intenção de levar Jesus a dizer algo que o pusesse em situação complicada perante a lei. Um grupo veio perguntar: "Mestre, sabemos que o senhor é íntegro e não tem meias palavras, que não favorece ninguém e ensina o caminho de Deus com muito zelo. Diga-nos: é ou não correto pagar impostos a César?".

23-24 Sabendo que eles estavam mal intencionados, Jesus pediu: "Mostrem-me uma moeda. Quem é este que aparece na moeda? Que nome está gravado nela".

25 "César", disseram.

Jesus disse: "Então, deem a César o que lhe pertence e a Deus o que lhe é devido".

26 Assim, o plano de levá-lo a dizer algo que o incriminasse foi por água abaixo. A resposta dele pegou-os desprevenidos e os deixou sem argumento.

SALMOS 56.1-7

Um salmo de Davi — quando ele foi capturado pelos filisteus em Gate

56 **1-4** Fica do meu lado, ó Deus! Estou sendo chutado, agredido todos os dias.

Nenhum dia se passa
sem que alguém me espanque.
Eles tomam como sua obrigação
bater em mim.
Quando fico realmente com medo,
recorro a ti com confiança.
Tenho orgulho de louvar a Deus.
Destemido agora, confio em Deus.
O que podem fazer comigo
os simples mortais?

5-6 Eles não desistem —
tentam sujar minha reputação
e se reúnem para tramar minha ruína.
Eles se unem em bandos e
andam juntos pelas vielas
Para me pegar de surpresa,
na esperança de uma chance para me atacar.

7 Dá a eles a paga dessa maldade!
Descarrega tua ira neles, ó Deus!
Fora com essa gente!

◾ NOTAS

DIA 117

350

||||||||||||||||||||||||||||||||||||||||||||||||||||

☐ DIA 117 ___ / ___ / ___

JUÍZES 3.1 — 4.24

3 ¹⁴Estas são as nações que o Eterno deixou para testar os israelitas que não tinham experiência nas guerras de Canaã. Ele permitiu que ficassem na terra a fim de treinar os descendentes de Israel, os que não tinham experiência de guerra, na arte de lutar. Ele deixou os cinco opressores filisteus, todos os cananeus, os sidônios e os heveus que viviam no monte Líbano, desde o monte Baal-Hermom até Lebo-Hamate. Eles foram deixados para testar a obediência de Israel aos mandamentos que o Eterno transmitiu aos seus antepassados por meio de Moisés.

⁵⁻⁶ Mas o povo de Israel se sentiu à vontade com os cananeus, os hititas, os amorreus, os ferezeus, os heveus e os jebuseus. Eles tomaram as filhas deles em casamento e deram suas filhas aos filhos desses povos. Também adoraram os seus deuses.

Otoniel

⁷⁻⁸ O povo de Israel agiu mal perante o Eterno. Esqueceram-se do seu Deus e adoraram os deuses de Baal e as deusas de Astarote. A ira do Eterno se acendeu contra Israel. Ele os entregou a Cuchã-Risataim, rei de Arã Naaraim. O povo de Israel serviu Cuchã-Risataim por oito anos.

⁹⁻¹⁰ Mas Israel clamou ao Eterno, e o Eterno designou um libertador para salvá-los: Otoniel, sobrinho de Calebe, filho de Quenaz, irmão mais novo de Calebe. O Espírito do Eterno veio sobre ele, e Israel se reuniu sob sua liderança. Otoniel foi à guerra, e o Eterno entregou Cuchã-Risataim, rei de Arã Naaraim. Ele derrotou esse rei.

¹¹ A terra teve paz por quarenta anos. Então, morreu Otoniel, filho de Quenaz.

Eúde

¹²⁻¹⁴ Logo depois, o povo de Israel voltou a agir mal diante do Eterno. O Eterno instigou Eglom, rei de Moabe, a dominar os israelitas, porque agiram mal diante do Eterno. Eglom convocou os amonitas e os amalequitas, e eles atacaram Israel, conquistando a Cidade das Palmeiras. O povo de Israel ficou catorze anos sob o domínio de Eglom.

¹⁵⁻¹⁹ O povo de Israel clamou ao Eterno, e ele designou um libertador para eles: Eúde, filho de Gera, um benjamita. Ele era canhoto. O povo de Israel enviou tributo por meio dele ao rei Eglom de Moabe. Eúde fez para si uma espada curta de dois gumes e a prendeu à coxa direita por baixo da roupa. Ele entregou o tributo a Eglom, rei de Moabe. Eglom era muito gordo. Depois de entregar o tributo, ele saiu com os carregadores do tributo. Mas, quando chegou até as imagens de pedra, perto de Gilgal, ele deu meia-volta, retornou e disse: "Tenho um assunto particular com você, ó rei!".

O rei ordenou aos que estavam na sala: "Retirem-se!". E todos saíram.

²⁰⁻²⁴ Eúde aproximou-se dele — o rei estava sozinho em sua sala de verão, no pavimento superior — e disse: "Tenho uma mensagem da parte de Deus para você".

Eglom levantou-se do trono. Com a mão esquerda, Eúde pegou a espada presa à coxa direita e esfaqueou o rei na barriga. A lâmina penetrou nele, e também o cabo. A gordura se fechou sobre a arma; por isso, não foi possível retirá-la. Eúde escapou pelo terraço e, depois de trancar a porta da sala, desapareceu.

Quando os servos do rei chegaram, ficaram surpresos ao ver a porta da sala trancada. Disseram: "Provavelmente ele está no banheiro, fazendo suas necessidades".

²⁵ Eles aguardaram, mas, depois de um tempo, ficaram preocupados, porque ele não abria a porta. Finalmente, encontraram uma chave e entraram na sala. Encontraram seu senhor deitado no chão — morto!

²⁶⁻²⁷ Enquanto confabulavam ao redor do morto, tentando decidir o que fazer, Eúde já estava longe. Já tinha passado pelas imagens de pedra e fugido para Seirá. Quando chegou ali, tocou a trombeta nas montanhas de Efraim. O povo de Israel desceu dos montes e se uniu ao novo líder.

²⁸ Ele disse: "Sigam-me, pois o Eterno entregou o inimigo — Moabe — a vocês!". Eles desceram com ele e ocuparam a travessia do Jordão que ficava perto de Moabe. Assim, ninguém podia atravessar o rio.

²⁹⁻³⁰ Na ocasião, eles mataram cerca de dez mil moabitas, todos bem alimentados e fortes. Ninguém escapou. Naquele dia, Moabe foi subjugado por Israel.

A terra teve paz por oitenta anos.

Sangar

31 Sangar, filho de Anate, sucedeu Eúde como juiz. Com uma aguilhada de bois, ele matou sozinho seiscentos filisteus. Ele também libertou Israel.

Débora

1-3 O povo de Israel voltou a agir mal diante do Eterno. Depois da morte de Eúde, o Eterno os entregou a Jabim, rei de Canaã, que reinava em Hazor. Sísera, que vivia em Harosete-Hagoim, era comandante do exército. O povo de Israel clamou ao Eterno, pois, durante vinte anos, Jabim oprimiu cruelmente os israelitas. Ele possuía novecentos carros de ferro.

4-5 Débora, esposa de Lapidote, era profetisa. Na época, ela governava Israel e dava expediente debaixo da palmeira de Débora, que ficava entre Ramá e Betel, nas montanhas de Efraim. O povo de Israel a procurava para resolver suas disputas.

6-7 Débora mandou dizer a Baraque, filho de Abinoão, de Quedes, em Naftali: "Está claro para mim que o Eterno, o Deus de Israel, ordena isto a você: 'Suba ao monte Tabor e prepare-se para a guerra. Leve dez mil soldados de Naftali e Zebulom. Eu me encarregarei de mandar Sísera, o comandante do exército de Jabim, ao rio Quisom com os seus carros e tropas. Garanto que você vencerá a batalha' ".

8 Baraque respondeu: "Se você me acompanhar, eu vou. Mas, se não me acompanhar, não vou".

9-10 Ela disse: "Claro que vou acompanhá-lo. Mas entenda que, com essa atitude, a honra não será sua. O Eterno usará uma mulher para liquidar Sísera".

Débora se preparou e partiu com Baraque para Quedes. Baraque convocou Zebulom e Naftali para irem a Quedes. Dez mil homens o acompanharam. Débora já estava com ele.

11-13 Nessa época, Héber, o queneu, havia se separado dos outros queneus, descendentes de Hobabe, sogro de Moisés. Ele vivia perto do carvalho de Zaanim, nas proximidades de Quedes. Foi quando informaram a Sísera que Baraque, filho de Abinoão, tinha subido ao monte Tabor. Sísera imediatamente levou todos os seus carros para o rio Quisom – novecentos carros de ferro! – e todos os soldados que estavam com ele em Harosete-Hagoim.

14 Débora disse a Baraque: "Ataque! Hoje, o Eterno deu a você a vitória sobre Sísera. O Eterno irá à sua frente".

Baraque desceu do monte, seguido por seus dez mil soldados.

15-16 O Eterno derrotou Sísera – todos aqueles carros, todas aquelas tropas! – diante de Baraque. Sísera pulou do seu carro e correu. Baraque perseguiu os carros e as tropas até Harosete-Hagoim. O exército de Sísera foi massacrado – não sobrou um soldado sequer.

17-18 Enquanto isso, Sísera, em sua fuga, chegou à porta da tenda de Jael, esposa de Héber, o queneu. Jabim, rei de Hazor, e Héber, o queneu, eram amigos. Jael saiu para encontrar-se com Sísera e disse: "Entre, senhor. Fique comigo. Não tenha medo".

Então, ele entrou na tenda, e ela o cobriu com uma coberta.

19 Ele disse: "Por favor, dê-me um pouco de água. Estou com sede".

Ela abriu uma vasilha de leite, deu de beber a ele e, depois, o cobriu outra vez.

20 Sísera disse à mulher: "Fique na entrada da tenda. Se alguém passar por aqui e perguntar se há alguém aqui dentro, responda: 'Não, ninguém' ".

21 Ele caiu num sono pesado, por causa da exaustão. Então, Jael pegou uma estaca da tenda e um martelo, aproximou-se de mansinho e cravou a estaca na têmpora dele, atravessando-a até fincar a estaca no chão. Ele se contorceu e morreu.

22 Baraque, que perseguia Sísera, chegou logo depois. Jael foi a seu encontro e disse: "Venha, vou mostrar onde está aquele que você procura".

Ele a acompanhou e encontrou Sísera deitado, morto, com uma estaca fincada na têmpora.

23-24 Naquele dia, Deus tirou o poder de Jabim, rei de Canaã, sobre o povo de Israel, que continuou a apertar o cerco em torno de Jabim até que não sobrou nada dele.

LUCAS 20.27-47

Casamento e ressurreição

27-33 Vieram alguns saduceus, o grupo que nega a ressurreição, e perguntaram: "Mestre, Moisés nos escreveu que, se um homem morre sem filhos, o irmão dele é obrigado a casar-se com a viúva e ter filhos com ela. Pois bem, havia sete irmãos. O primeiro casou-se e morreu sem filhos. O segundo casou-se com a mulher dele e morreu também; depois o terceiro; por fim todos os sete morreram, mas sem filhos. Por fim, a mulher morreu. A pergunta é esta: na ressurreição, de quem ela será esposa? Afinal, ela foi casada com cada um deles!".

34-38 Jesus prosseguiu: "O casamento é uma experiência daqui, mas não de lá. Depois da ressurreição,

DIA 118

o casamento já não mais existirá nem a morte. Estaremos numa outra realidade. Toda intimidade estará concentrada em Deus. A exclamação de Moisés, na sarça ardente, remete à ressurreição: 'Deus de Abraão, Deus de Isaque e Deus de Jacó!' Ora, Deus não é Deus de mortos, mas dos vivos".

39-40 Alguns dos líderes religiosos disseram: "Mestre, excelente resposta!". Passou-se algum tempo sem que alguém ousasse interrogá-lo outra vez.

41-44 Então, ele fez uma pergunta aos seus opositores: "Como explicar que o Messias é filho de Davi? No livro dos Salmos, Davi declara:

Deus disse ao meu Senhor,
'Assente-se aqui ao meu lado direito
até que eu faça dos seus inimigos
um descanso para os pés'.

"Se Davi chama o Messias de 'meu Senhor', como pode ele ser, ao mesmo tempo, seu 'filho'?".

45-47 Jesus disse aos seus discípulos, mas para que todos ouvissem: "Cuidado com os líderes religiosos. O prazer deles é ostentar títulos acadêmicos, receber elogios publicamente, desfrutar posições de destaque, assentar-se nos lugares principais durante o serviço religioso. Além disso, o tempo todo eles exploram os fracos e indefesos. Quanto mais oram, pior fica a situação deles. Mas no fim irão pagar por tudo isso".

SALMOS 56.8-13

8 Tu observas atentamente
cada movimento meu
nas noites de insônia.
Cada lágrima foi registrada em teu livro,
cada dor transcrita em teus registros.

9 Se meus inimigos fugirem,
virarem as costas quando eu
gritar com eles,
Então, saberei
que Deus está do meu lado.

10-11 Estou orgulhoso de louvar a Deus,
orgulhoso de louvar ao Eterno.

Destemido agora, confio em Deus.
O que podem fazer comigo
os simples mortais?

12-13 Ó Deus, cumpriste tudo que prometeste,
e te agradeço de todo o coração.
Tu me tiraste da beira do abismo,
afastaste meus pés
do despenhadeiro da morte.
Agora ando com Deus
na luz que ilumina os campos
da vida.

◼ NOTAS

_____
_____
_____
_____
_____
_____
_____
_____
_____
_____
_____
_____
_____
_____
_____
_____
_____
_____
_____

☐ **DIA 118** ___ / ___ / ___

JUÍZES 5.1 — 6.26

5 **1-2** Naquele dia, Débora e Baraque, filho de Abinoão, cantaram este cântico:

Quando os guerreiros soltaram
o cabelo em Israel
e o deixaram esvoaçar ao vento forte,
O povo, numa exclamação voluntária,
bendisse o Eterno!

3 Ouçam, ó reis! Escutem, ó príncipes!
Ao Eterno, sim, ao Eterno cantarei.
Vou compor um hino ao Eterno,
ao Deus de Israel.

4-5 Ó Eterno, quando saíste de Seir,
atravessando os campos de Edom,
A terra tremeu, até os céus
derramaram chuva,
e as nuvens transformaram-se em rios.
Os montes saltaram diante do Eterno, o Deus
do Sinai,
perante o Eterno, o Deus de Israel.

6-8 Na época de Sangar, filho de Anate,
e na época de Jael,
As estradas públicas foram abandonadas,
os viajantes pegavam estradas vicinais.
Os guerreiros ficaram gordos e relaxados,
não tinham mais ânimo para lutar.
Até que surgiu você, Débora;
você, mãe em Israel, apareceu.
Deus escolheu novos líderes
que lutaram diante das portas.
Não foram vistos escudos nem lanças
entre os quarenta mil soldados de Israel.

9 Entregue seu coração, ó Israel,
seja voluntário e dedicado, e todo o povo
bendiga o Eterno!

10-11 Vocês que cavalgam jumentos de raça,
confortavelmente montados em suas selas;
Vocês que caminham pelas ruas,
ponderem, prestem atenção!
Reúnam-se à volta do poço da cidade
e ouçam-nos cantar
Celebrando as vitórias do Eterno,
as vitórias conquistadas em Israel.

Então, o povo do Eterno
desceu até as portas da cidade.

12 Desperta, desperta, Débora!
Desperta, cante uma canção!

Levante-se, Baraque!
Leve com você os seus prisioneiros,
filho de Abinoão!

13-18 Então, os restantes desceram para
saudar os heróis.
O povo do Eterno se uniu aos poderosos.
Os capitães de Efraim desceram para o vale,
seguindo você, Benjamim,
com as suas tropas.
Os comandantes marcharam de Maquir,
de Zebulom vieram líderes do alto escalão.
Os chefes de Issacar se uniram a Débora,
Issacar permaneceu firme com Baraque,
cobrindo a retaguarda nos campos
de batalha.
Mas, entre as divisões de Rúben,
havia muita crítica.
Por que tanta discussão em torno das
fogueiras dos pastores?
As divisões de Rúben, dispersas e distraídas,
não conseguiam se decidir.
Gileade não se arriscou a atravessar o Jordão,
e Dã, por que partiu com os seus navios?
Aser manteve distância,
preferindo a segurança dos seus portos.
Mas Zebulom arriscou a sua vida,
desafiou a morte,
assim como Naftali nos altos campos
de batalha.

19-23 Os reis vieram e atacaram,
e os reis de Canaã lutaram.
Lutaram em Taanaque,
junto às águas de Megido,
mas não levaram prata
nem tomaram os despojos.
As estrelas do céu se uniram na batalha,
de suas órbitas, lutaram contra Sísera.
O rio Quisom os arrastou,
as torrentes os atacaram,
a correnteza do Quisom.
Oh! Você pisará o pescoço dos poderosos!
Os cascos dos cavalos faziam tremer o chão,
garanhões galopando em fuga.
"Amaldiçoem Meroz", diz o anjo do Eterno.
"Amaldiçoem duplamente seu povo,
Porque não compareceram quando o Eterno
precisou deles,
não se uniram ao Eterno com os seus
valentes guerreiros".

24-27 Mais bendita entre todas as mulheres é Jael,
mulher de Héber, o queneu;
a mais bendita entre as mulheres
que cuidam do lar.
Ele pediu água,
ela trouxe leite;
Numa linda tigela,
ofereceu coalhada.
Ela segurou uma estaca da tenda
com a mão esquerda
e, com a mão direita, pegou um martelo.
Ela cravou Sísera, esmagou sua cabeça,
traspassou suas têmporas.
Ele se curvou aos pés dela.
Caiu e ficou estendido.
Ele se curvou aos pés dela. Ele caiu.
Curvado. Prostrado. Morto.

28-30 A mãe de Sísera aguardava à janela,
esperava incomodada e ansiosa.
Dizia: "O que teria detido seu carro?
Por que não se ouve o ruído dos carros?".
A mais sábia de suas damas
respondia calmamente,
tentando animá-la:
"Não seria porque estão ocupados, buscando
e repartindo os despojos?
Uma moça, talvez duas,
para cada soldado.
Para Sísera, uma túnica de seda lustrosa,
uma roupa luxuosa!
Um ou dois cachecóis coloridos,
para ornar o pescoço do espoliador".

31 Assim, que pereçam
todos os inimigos do Eterno,
e os seus amados brilhem como o Sol.
A terra teve paz durante quarenta anos.

Gideão

6 **1-6** Outra vez o povo de Israel agiu mal perante o
Eterno. O Eterno os deixou sob o domínio dos midianitas durante sete anos. Os midianitas oprimiram Israel. Por causa deles, os israelitas eram obrigados a se esconder nas cavernas ou a construir lugares seguros. Quando Israel plantava sua lavoura, os midianitas e os amalequitas, os que viviam no leste, invadiam os campos e acampavam neles, destruindo as plantações até Gaza. Não deixavam nada para o sustento dos israelitas: nem ovelhas, nem bois, nem jumentos. Com os seus rebanhos e tendas, chegavam e tomavam conta da terra, como numa invasão de gafanhotos. Eles possuíam uma quantidade incrível de camelos, que pisoteavam o solo e destruíam tudo. O povo de Israel, reduzido à pobreza pelos midianitas, clamou pela ajuda do Eterno.

7-10 Depois que certa vez o povo de Israel clamou ao Eterno por causa dos midianitas, o Eterno lhes enviou um profeta com esta mensagem: "O Eterno, o Deus de Israel, declarou:

'Eu libertei vocês do Egito,
Eu libertei vocês da escravidão,
Resgatei vocês da crueldade do Egito
e depois de todos opressores;
Eu os eliminei da sua presença
e entreguei a vocês a terra deles'.

"Ele disse a vocês: 'Eu sou o Eterno, o seu Deus. Não tenham medo, nem por um instante, dos deuses dos amorreus, que existem na terra em que vocês estão vivendo. Mas vocês não deram ouvidos a mim' ".

11-12 Um dia, o anjo do Eterno sentou-se debaixo do carvalho que está em Ofra, pertencente a Joás, o abiezrita. Gideão, seu filho, malhava o trigo num tanque de esmagar uvas, escondido dos midianitas. O anjo do Eterno apareceu a ele e disse: "O Eterno está com você, poderoso guerreiro!".

13 Gideão respondeu: "Comigo, senhor? Se o Eterno está conosco, por que estamos nesta situação? Onde estão todas as maravilhas que nossos pais e avós nos contavam, afirmando: 'O Eterno nos libertou do Egito'. Na verdade, o Eterno não quer saber de nós — ele nos entregou nas mãos dos midianitas".

14 Mas o Eterno insistiu: "Use a força que você tem. Liberte Israel da opressão dos midianitas. Sou eu quem está enviando você".

15 Gideão respondeu: "Eu, Senhor? Como e com que eu poderia libertar Israel? Olhe para mim. Meu clã é o menos importante de Manassés, e, na minha família, eu sou o menor".

16 O Eterno disse: "Eu estarei com você. Confie em mim: você derrotará os midianitas como se fossem um só homem".

17-18 Gideão respondeu: "Se você está dizendo a verdade, faça-me um favor: dê-me um sinal, para que eu possa acreditar no que você está dizendo. Não saia daqui até eu voltar com um presente para você".
Ele disse: "Pode ir. Eu espero".

19 Gideão foi preparar um cabrito e providenciou uma grande quantidade de pães sem fermento (utilizou mais de uma arroba de farinha!). Arrumou a carne num cesto e o caldo numa panela e depositou a comida à sombra do carvalho — uma refeição sagrada.

20 O anjo do Eterno disse: "Tome a carne e o pão sem fermento, ponha-os sobre aquela pedra e despeje o caldo em cima". Gideão fez conforme a instrução do anjo.

21-22 O anjo do Eterno estendeu a ponta do cajado que carregava e tocou a carne e o pão. Na mesma hora, saíram chamas da pedra, e elas queimaram a carne e o pão, enquanto o anjo do Eterno sumia de vista. Gideão finalmente entendeu que aquele era o anjo do Eterno!

Gideão disse: "Ah! Senhor, Eterno! Eu vi teu anjo face a face!".

23 Mas o Eterno o tranquilizou: "Não se preocupe. Não se apavore. Você não morrerá".

24 Gideão construiu ali um altar ao Eterno e deu a ele o nome de A Paz do Eterno, ainda chamado assim em Ofra dos abiezritas.

25-26 Naquela mesma noite, o Eterno disse a Gideão: "Tome o melhor novilho de sete anos de seu pai. Destrua o altar de Baal, que é de seu pai, e derrube o poste sagrado de Aserá, que está do lado do altar. Depois, construa um altar dedicado ao Eterno, o seu Deus, no topo do monte. Tome o novilho escolhido e ofereça como oferta queimada, utilizando a madeira do poste sagrado de Aserá que você derrubou".

LUCAS 21.1-24

21 **1-4** Ele estava observando o povo e viu os ricos depositarem ofertas no gazofilácio. Viu também uma viúva pobre depositar duas moedinhas. Ele comentou: "A pura verdade é que esta viúva deu muito mais que a maior oferta de hoje. Os outros fizeram ofertas de um dinheiro do qual não terão falta, enquanto ela deu o que não podia dar — tudo o que possuía!".

Cuidado com os falsos profetas!

5-6 Um dia, algumas pessoas estavam ao redor de Jesus, conversando a respeito do templo. Tinham orgulho de sua beleza, do esplendor de suas pedras e das ofertas memoriais. Jesus afirmou: "Chegará o dia em que tudo isso que vocês admiram, este edifício, vai virar um monte de ruínas".

7 Eles perguntaram: "Mestre, quando isso vai acontecer? Que sinal teremos de que isso ocorrerá?".

8-9 Jesus disse: "Cuidado com os enganadores. Muitos líderes vão aparecer com identidade falsa,

alegando: 'Eu sou o Messias', ou: 'O fim está próximo'. Não caiam nessa armadilha. Quando ouvirem falar de guerras e ameaças de guerra, não entrem em pânico. Assim é a História: ainda não é o fim".

10-11 Ele continuou: "Nação lutará contra nação e governo contra governo, em escala crescente. Grandes terremotos ocorrerão em vários lugares. Também haverá fome. Em alguns momentos, parecerá que o céu está caindo.

12-15 "Mas, antes que alguma dessas coisas aconteça, vocês serão presos, perseguidos e levados aos tribunais e à prisão. A situação irá de mal a pior. Vocês serão torturados e perseguidos por causa do meu nome. Vocês serão intimados a testemunhar, mas fiquem tranquilos desde agora, não se preocupem com isso. Vou dar palavras e sabedoria a vocês. Seus acusadores ficarão sem resposta.

16-19 "Vocês serão entregues por pais, irmãos, parentes e amigos. Alguns de vocês serão mortos. Não há como dizer quem exatamente irá odiar vocês por minha causa. Mesmo assim, cada detalhe do corpo e da alma de vocês — até os cabelos da cabeça! — está sob meu cuidado: nada irá se perder. Fiquem firmes, é a única exigência. Fiquem firmes até o fim. Vocês não vão se arrepender, pois serão salvos".

O dia do acerto de contas

20-24 "Quando vocês virem soldados acampados ao redor de Jerusalém, saberão que ela está prestes a ser devastada. Se nesse tempo estiverem vivendo na Judeia, fujam para as colinas. Se estiverem na cidade, saiam correndo. Se estiverem no campo, não passem em casa para pegar um agasalho. Esse será o dia do acerto de contas — tudo que está escrito a respeito desse dia irá se cumprir. Será muito difícil para as grávidas e para as que amamentam. Uma tragédia terrível: grande ira! Muitos irão morrer como moscas; outros serão presos. Jerusalém estará sob o domínio dos estrangeiros, até que as nações terminem o que tiveram permissão para fazer.

SALMOS 57.1-6

Um salmo de Davi — quando ele se escondeu de Saul numa caverna

57 **1-3** Sê bondoso para comigo, ó Deus! Recorro a ti para salvar a vida.
Eu me esconderei debaixo das tuas asas
   até passar este furacão.
Clamo ao Deus Altíssimo,
   o Deus que me mantém.

Da sua morada no céu, ele dá ordens e me salva,
humilha os que me agridem.
Deus ama generosamente
e confirma sua palavra.

⁴Encontro-me no meio de leões
famintos por carne humana.
Os dentes deles são lanças e flechas;
cada língua, um punhal afiado.

⁵Que tu sejas exaltado nos céus, ó Deus!
Cobre a terra com a tua glória!

⁶Montaram uma armadilha
fajuta no meu caminho,
e eu pensei que estava morto e acabado.
Camuflaram uma cova para me capturar
e acabaram caindo nela de cabeça.

◾ NOTAS

☐ DIA 119 ___ / ___ / ___

JUÍZES 6.27 — 8.17

²⁷Gideão escolheu dez homens entre seus empregados e fez exatamente o que o Eterno tinha ordenado. Mas, por causa dos seus familiares e vizinhos, teve medo de oferecer o sacrifício em público; então, fez isso à noite.

²⁸De manhã cedo, o povo da cidade ficou chocado ao ver o altar de Baal destruído, o poste de Aserá derrubado e o novilho queimando sobre o altar recém-construído.

²⁹Eles perguntavam: "Quem fez isso?".

E continuaram perguntando, até que veio a resposta: "Foi Gideão, filho de Joás".

³⁰Os homens da cidade exigiram de Joás: "Traga seu filho para fora! Ele deve ser morto, porque destruiu o altar de Baal e derrubou o poste de Aserá!".

³¹Mas Joás enfrentou a multidão que o pressionava, dizendo: "Vocês vão lutar a favor de Baal? Vocês querem salvá-lo? Quem quiser defender Baal estará morto amanhã. Se Baal é mesmo deus, deixem que ele mesmo lute e defenda seu altar".

³²Naquele dia, o povo apelidou Gideão de Jerubaal porque, depois de ter destruído o altar de Baal, ele disse: "Deixem que Baal se defenda".

³³⁻³⁵Depois disso, todos os midianitas e amalequitas (os povos do leste) se uniram, atravessaram o rio e acamparam no vale de Jezreel. O Espírito do Eterno se apoderou de Gideão. Ele tocou a trombeta, e os abiezritas se prontificaram a combater do lado dele. Ele enviou mensageiros por todo o território de Manassés, convocando os homens para a guerra. Enviou mensageiros também a Aser, Zebulom e Naftali, e todos atenderam a convocação.

³⁶⁻³⁷Gideão disse a Deus: "Se for isso mesmo, se quiseres libertar Israel como disseste, vou deixar um pedaço de lã no lugar em que malhamos trigo. Se, de manhã, o orvalho estiver apenas na lã e o chão ao redor estiver seco, vou entender que desejas me usar para libertar Israel, como prometeste".

³⁸E foi o que aconteceu. Quando ele se levantou, logo cedo, espremeu a lã – e havia orvalho suficiente para encher uma tigela!

³⁹Gideão disse a Deus: "Não te irrites comigo, mas tenho outro pedido. Vou fazer mais um teste com

a lã. Só que desta vez a lã deve ficar seca, e o chão, encharcado de orvalho".

⁴⁰ Deus fez acontecer isso naquela mesma noite. Apenas a lã ficou seca, enquanto o chão ao redor estava molhado de orvalho.

7 ¹ Jerubaal (Gideão) levantou-se bem cedo no dia seguinte, e também suas tropas. Eles armaram acampamento perto da fonte de Harode. Os midianitas acamparam no vale, ao norte, próximo do monte Moré.

²⁻³ O Eterno disse a Gideão: "Este exército está muito grande. Não posso entregar os midianitas em suas mãos desse jeito. Seus homens vão ficar orgulhosos e dizer: 'Fizemos tudo sozinhos' e se esquecerão de mim. Faça o seguinte anúncio: 'Quem estiver com medo ou estiver inseguro pode ir embora para o monte Gileade e voltar para casa' ". Vinte e dois mil homens partiram. Restaram dez mil.

⁴⁻⁵ O Eterno disse a Gideão: "Ainda tem muita gente. Desça com eles até a beira da água para que eu faça a última seleção. Quando eu disser: 'Este vai com você', ele irá. Quando disser: 'Este não vai', ele não irá". Assim, Gideão levou todo o exército para a beira do riacho.

⁵⁻⁶ O Eterno disse a Gideão: "Separe aqueles que beberem água lambendo como cachorro. Do outro lado, reúna os que se ajoelharam e abaixam o rosto para beber água". Foram trezentos os homens que lamberam água tirada com a mão. Os demais se ajoelharam para beber.

⁷ O Eterno disse a Gideão: "Vou usar os trezentos homens que lamberam água do riacho para libertar o povo. Os midianitas serão entregues nas mãos deles. O restante poderá voltar para casa".

⁸ Depois de reunir as provisões necessárias para o grupo e as trombetas, Gideão mandou o restante dos israelitas para casa e assumiu o comando dos trezentos. O acampamento dos midianitas ficava abaixo deles, no vale.

⁹⁻¹² Naquela noite, o Eterno disse a Gideão: "Levante-se e desça até o acampamento. Eu os entreguei nas suas mãos. Se estiver receoso de descer, leve Pura, seu guarda-costas, com você. Depois que você ouvir os comentários no acampamento deles, terá toda a coragem e confiança de que precisa". Ele e seu guarda-costas desceram até onde estavam as sentinelas. Os midianitas, os amalequitas e vários povos do leste estavam espalhados no vale como enxame de gafanhotos. Os camelos eram tantos que pareciam os infinitos grãos de areia da praia!

¹³ Gideão chegou no exato momento em que um homem contava um sonho a seu amigo. Ele disse: "Tive este sonho: Um pão de cevada vinha rolando na direção do nosso acampamento. Chocou-se contra a tenda tão violentamente que ela caiu. A tenda desmontou inteira!".

¹⁴ Seu amigo respondeu: "Deve ser a espada de Gideão, filho de Joás, o israelita! Deus entregou os midianitas – e todo o acampamento! – nas mãos dele".

¹⁵ Quando Gideão ouviu o relato do sonho e a interpretação, ajoelhou-se perante Deus e orou. Em seguida, voltou para o acampamento israelita e disse: "Vamos, levantem-se! O Eterno nos entregou o exército midianita!".

¹⁶⁻¹⁸ Ele dividiu os trezentos homens em três companhias. Entregou a cada homem uma trombeta e um jarro vazio com uma tocha dentro, dando a seguinte instrução: "Observem e façam o que eu fizer. Quando eu chegar perto do acampamento, façam exatamente o que eu fizer. Quando eu e os meus companheiros tocarmos a trombeta, vocês também, em volta do acampamento, tocarão as trombetas e gritarão: 'Pelo Eterno e por Gideão!' ".

¹⁹⁻²² Gideão e os cem homens que estavam com ele aproximaram-se do acampamento no início da vigília da meia-noite, logo após a troca da guarda. Eles tocaram as trombetas, ao mesmo tempo em que quebravam os jarros. As três companhias tocaram as trombetas e quebraram os jarros. Os homens seguravam as tochas com a mão esquerda e as trombetas com a mão direita. Eles tocavam e gritavam: "À espada pelo Eterno e por Gideão!". Eles estavam posicionados ao redor do acampamento, cada um em seu posto. Todo o acampamento midianita despertou, assustado. Quando os trezentos homens tocaram a trombeta, o Eterno fez que os midianitas atacassem uns aos outros e, depois, fugissem para Bete-Sita, na direção de Zererá e da fronteira de Abel-Meolá, perto de Tabate.

²³ Os israelitas de Naftali e de Aser e todos os homens de Manassés vieram ajudar e puseram os midianitas para correr.

²⁴ Gideão enviou mensageiros a toda a região montanhosa de Efraim, convocando todos: "Venham lutar contra os midianitas! Bloqueiem a passagem do Jordão até Bete-Bara".

²⁵ Todos os homens de Efraim se reuniram e bloquearam a passagem do Jordão até Bete-Bara. Eles também capturaram dois comandantes midianitas, Orebe (Rapina) e Zeebe (Lobo). Eles mataram Orebe na rocha de Orebe e mataram Zeebe no lagar

de Zeebe. Depois de perseguir os midianitas, trouxeram a cabeça de Orebe e a de Zeebe a Gideão, do outro lado do rio.

8 ¹Os efraimitas perguntaram a Gideão: "Por que você não nos chamou quando foi lutar contra os midianitas?". Eles estavam indignados e o criticavam.

²-³ Mas Gideão respondeu: "O que foi que eu fiz, comparado a vocês? Acaso as sobras das uvas de Efraim não são melhores que toda a colheita de Abiezer? Deus entregou a vocês os comandantes dos midianitas, Orebe e Zeebe. O que eu fiz em comparação a isso?".

Depois de ouvir sua resposta, eles se acalmaram e não protestaram mais.

⁴-⁵Gideão e os trezentos homens que o acompanhavam chegaram ao Jordão e atravessaram o rio. Eles estavam exaustos, mas continuavam a perseguição. Ele perguntou aos homens de Sucote: "Por favor, providenciem alimento para os homens que estão comigo. Eles estão exaustos, e eu estou perseguindo Zeba e Zalmuna, os reis midianitas".

⁶ Mas os líderes de Sucote responderam: "Vocês estão perdendo o seu tempo. Por que iríamos colaborar com uma empreitada inútil?".

⁷ Gideão retrucou: "Seja como quiserem. Mas, depois que o Eterno me entregar Zeba e Zalmuna, vou debulhar vocês, vou rasgar a carne de vocês com espinhos e espinheiros do deserto".

⁸-⁹Dali, partiu para Peniel e fez o mesmo pedido. Os homens de Peniel, como os de Sucote, também se recusaram a ajudar. Gideão prometeu: "Quando eu voltar são e salvo, vou destruir esta torre".

¹⁰ Zeba e Zalmuna estavam em Carcor com um exército de quinze mil homens – os que sobraram dos exércitos dos povos do leste. Eles haviam perdido cento e vinte mil soldados.

¹¹-¹²Gideão subiu pela rota dos nômades, a leste de Noba e Jogbeá e encontrou o acampamento sem defesa e o atacou. Zeba e Zalmuna fugiram, mas ele perseguiu e capturou os dois reis midianitas. O acampamento inteiro entrou em pânico.

¹³-¹⁵Gideão, filho de Joás, voltou da guerra, passando pela subida de Heres. Capturou um jovem de Sucote e o interrogou. O jovem escreveu o nome das setenta e sete autoridades de Sucote. Então, Gideão procurou os homens de Sucote e disse: "Aqui estão Zeba e Zalmuna. Vocês zombaram de mim, dizendo que eu nunca iria capturá-los. Vocês não quiseram

dar nem sequer uma sobra de pão para os meus homens exaustos e ainda nos ridicularizaram, dizendo que o nosso esforço seria inútil".

¹⁶-¹⁷Gideão prendeu os setenta e sete líderes de Sucote e os rasgou com espinhos e espinheiros. Depois, destruiu a torre de Peniel e matou todos os homens da cidade.

LUCAS 21.25 — 22.6

²⁵-²⁶"Vai parecer que o Universo descontrolou: o Sol, a Lua, as estrelas, a Terra, o mar enfurecido, o mundo inteiro em pânico, o vento soprando ruidoso pela ameaça do juízo, os poderes existentes abalados em sua estrutura.

²⁷-²⁸"Então, eles verão o Filho do Homem. Ele será recebido em grande estilo – uma recepção gloriosa! Quando tudo isso começar a acontecer, fiquem firmes, de cabeça erguida. A vitória está chegando!".

²⁹-³³Como ilustração, ele contou uma história: "Olhem para a figueira. Qualquer figueira. Quando as folhas começam a aparecer, o verão está chegando. Será a mesma coisa naquele dia: quando virem essas coisas acontecerem, estejam certos de que o Reino de Deus está próximo. Não façam pouco caso do que digo: não estou falando apenas a uma geração futura, mas a esta também. Essas coisas vão acontecer. O céu e a terra vão desaparecer, mas as minhas palavras jamais.

³⁴-³⁶"Fiquem atentos. Não permitam que a esperança de vocês se perca na roda-viva de festas, bebidas e compras. Senão, aquele dia pegará vocês de surpresa, como uma armadilha, pois virá para todos, em toda parte e de uma vez. Por isso, não durmam no ponto. Orem sempre a fim de terem força e sabedoria para encarar a situação e permaneçam firmes na presença do Filho do Homem".

³⁷-³⁸Ele passava os dias no templo, ensinando, mas à noite ia para o monte das Oliveiras. Todo o povo chegava bem cedo no templo para ouvi-lo.

A ceia da Páscoa

22 ¹-²A festa dos Pães sem Fermento, também chamada Páscoa, estava próxima. Os principais sacerdotes e líderes religiosos procuravam um meio de se livrar de Jesus, mas, com medo do povo, queriam fazer isso sem alarde.

³-⁶Foi quando Satanás entrou em Judas, chamado Iscariotes. Ele era um dos Doze. Deixando os demais, ele se aconselhou com os principais sacerdotes e com os guardas do templo a respeito de como poderia

trair Jesus. Eles não conseguiam acreditar na sorte que estavam tendo e concordaram em pagar-lhe bem. Judas lhes deu sua palavra e começou a procurar um meio de trair Jesus, mas longe da vista da multidão.

SALMOS 57.7-11

7-8 Estou pronto, ó Deus, de verdade;
preparado da cabeça aos pés,
Pronto para cantar:
"Desperte, alma!
Desperte, harpa! Desperte, violão!
Desperte, Sol dorminhoco!".

9-10 Dou graças a ti, ó Eterno,
em alta voz nas ruas,
cantando teus louvores na cidade
ou no campo.
Quanto mais profundo o teu amor,
mais ele se eleva.
Cada nuvem é uma bandeira à tua fidelidade.

11 Que tu sejas exaltado nos céus, ó Deus!
Cobre toda a terra com a tua glória!

NOTAS

☐ DIA 120 ___ / ___ / ___

JUÍZES 8.18 — 9.41

18 Ele perguntou a Zeba e Zalmuna: "Contem-me sobre os homens que vocês mataram em Tabor".

Eles responderam: "Eram homens muito parecidos com você, cada um deles com fisionomia de príncipe".

19 Gideão disse: "Eram meus irmãos, filhos da minha mãe. Juro pelo Eterno que, se vocês não os tivessem matado, eu não mataria vocês".

20 Dito isso, ordenou a Jéter, seu filho mais velho: "Mate esses dois!". Mas ele não conseguia, não teve coragem de usar a espada contra eles, porque era muito jovem.

21 Zeba e Zalmuna disseram: "Faça você mesmo se for homem!".

Assim, o próprio Gideão pôs fim á vida de Zeba e Zalmuna. Ele confiscou os enfeites do pescoço dos camelos deles.

22 Os israelitas pediram a Gideão: "Seja o nosso rei, você, seu filho e seu neto. Você nos libertou da tirania dos midianitas".

23 Mas Gideão respondeu: "De modo algum eu ou meu filho reinaremos sobre vocês. O Eterno é que reinará".

24 Gideão prosseguiu: "Mas tenho um pedido. Cada um de vocês me entregue um brinco do despojo que tomaram". Os ismaelitas usavam brincos de ouro; por isso, todos os homens estavam com a bolsa cheia desses brincos.

25-26 Eles responderam: "Sem problema. São seus!".

Eles estenderam um pano e cada um depositou ali os brincos do despojo. Os brincos de ouro que Gideão pediu pesaram cerca de vinte quilos — fora os enfeites, os pingentes e as roupas luxuosas dos reis midianitas e os enfeites do pescoço dos camelos.

27 Gideão usou o ouro para fazer um colete sacerdotal e a exibiu em sua cidade, em Ofra. Todo o Israel cometeu profanação ali. Gideão e sua família também foram seduzidos por ela.

DIA 120

²⁸Os israelitas quebraram a tirania dos midianitas, e não se ouviu mais falar deles. Enquanto Gideão viveu, a terra esteve em paz — por quarenta anos.

²⁹⁻³¹Jerubaal, filho de Joás, voltou para casa e ali ficou. Gideão teve setenta filhos. Ele foi o pai de todos eles, pois tinha muitas mulheres! Sua concubina de Siquém também deu a ele um filho, que recebeu o nome de Abimeleque.
³²Gideão, filho de Joás, morreu em idade avançada. Foi sepultado no túmulo de seu pai, em Ofra dos abiezritas.

Abimeleque

³³⁻³⁵Mal Gideão foi sepultado, e o povo de Israel se desviou e se prostituiu com Baal — elegeram Baal-Berite como seu deus. O povo de Israel se esqueceu do Eterno, o seu Deus, que os tinha livrado de todos os seus opressores. Também não foram leais para com a família de Jerubaal (Gideão), considerando-se o bem que ele havia feito a Israel.

9 ¹⁻²Abimeleque, filho de Jerubaal, foi para Siquém, onde estavam seus tios e todos os parentes de sua mãe, e disse a eles: "Perguntem aos homens de Siquém: 'O que vocês preferem, que setenta homens reinem sobre vocês, isto é, todos os filhos de Jerubaal, ou apenas um homem? Lembrem-se de que eu também sou da família de vocês' ".
³ Os parentes de sua mãe discutiram o assunto com as autoridades de Siquém, e eles optaram por Abimeleque, argumentando: "Afinal, ele é um dos nossos".
⁴⁻⁵Eles deram a Abimeleque setenta peças de prata do santuário de Baal-Berite. Com esse dinheiro, ele contratou o serviço de um bando de marginais. Ele foi até Ofra, na casa de seu pai, e matou seus meios-irmãos, filhos de Jerubaal. Matou todos os setenta sobre uma rocha, menos o mais jovem, Jotão, que conseguiu se esconder. Foi o único sobrevivente.
⁶Todos os líderes de Siquém e Bete-Milo se reuniram debaixo do carvalho, perto da coluna de Siquém, e coroaram Abimeleque rei.

⁷⁻⁹Quando deram a notícia a Jotão, ele subiu ao topo do monte Gerizim e discursou:

"Ouçam-me, líderes de Siquém.
    Assim, Deus ouvirá vocês!
Um dia, as árvores decidiram
    ungir um rei para si.

Disseram à oliveira:
    'Reine sobre nós'.
Mas a oliveira respondeu:
    'Acham que vou deixar o meu azeite,
Que honra os deuses e os homens,
    para dominar sobre as árvores?'.

¹⁰⁻¹¹Então, as árvores disseram à figueira:
    'Venha! Reine sobre nós'.
Mas a figueira respondeu:
    'Acham que vou deixar
    a minha doçura,
Os meus frutos que dão água na boca,
    para dominar sobre as árvores?'.

¹²⁻¹³As árvores, então, disseram à videira:
    'Venha! Reine sobre nós.'
Mas a videira respondeu:
    'Acham que vou deixar o meu vinho,
Que alegra os deuses e os homens,
    para dominar sobre as árvores?'.

¹⁴⁻¹⁵Finalmente, as árvores
    disseram ao espinheiro:
    'Venha! Reine sobre nós'.
Mas o espinheiro disse às árvores:
    'Se vocês realmente desejam
        que eu seja o seu rei,
Refugiem-se na minha sombra.
    Mas se não quiserem, que saia fogo do
        espinheiro
    e queime até os cedros do Líbano!'.

¹⁶⁻²⁰"Agora, ouçam: Vocês acham que fizeram certo, coroando Abimeleque rei? Acham que respeitaram Jerubaal e sua descendência? Deram a Gideão o que ele merecia? Meu pai lutou por vocês, arriscou a própria vida e os libertou da opressão dos midianitas, mas vocês acabam de traí-lo. Vocês massacraram seus filhos — setenta homens sobre uma rocha! Vocês coroaram Abimeleque, filho de sua concubina, rei sobre os líderes de Siquém só porque ele é parente de vocês. Se acham que honraram Jerubaal, então, comemorem com Abimeleque e que ele se alegre com vocês. Do contrário, que saia fogo de Abimeleque e queime os líderes de Siquém e Bete-Milo. Ou saia fogo dos líderes de Siquém e de Bete-Milo para queimar Abimeleque".
²¹Depois desse discurso, Jotão fugiu para se salvar. Foi para Beer e fixou residência ali, porque tinha medo de seu irmão Abimeleque.

22-24 Abimeleque reinou sobre Israel três anos. Então, Deus provocou um atrito entre Abimeleque e os líderes de Siquém, que começaram a agir traiçoeiramente contra ele. A violência voltou-se contra ele: o derramamento de sangue dos setenta irmãos, filhos de Jerubaal, caiu sobre Abimeleque e os líderes de Siquém que o ajudaram no massacre.

25 Os líderes de Siquém puseram homens de emboscada na subida das montanhas para assaltar os viajantes. Mas Abimeleque ficou sabendo.

26-27 Nesse meio-tempo, Gaal, filho de Ebede, chegou com seus parentes para residir em Siquém e conquistou a confiança dos líderes da cidade. Na época da vindima, foram para o campo pisar as uvas e fizeram uma festa no santuário do deus deles, um banquete com muita comida e bebida. A certa altura, começaram a criticar Abimeleque.

28-29 Gaal, filho de Ebede, perguntou: "Quem é esse Abimeleque? E por que nós, siquemitas, temos de obedecer a ele? Não é aquele filho de Jerubaal? O braço direito dele não se chama Zebul? Ora, nós pertencemos a Hamor e honramos o nome de Siquém. Por que haveríamos de bajular Abimeleque? Se eu estivesse no comando desse povo, a primeira coisa que faria seria me livrar desse Abimeleque! Eu diria na cara dele: 'Mostre a sua força, Abimeleque! Vamos ver quem manda aqui!' ".

30-33 Zebul, governador da cidade, ouvindo o que Gaal, filho de Ebede, dizia, ficou furioso e enviou secretamente alguns mensageiros a Abimeleque com este recado: "Gaal, filho de Ebede, e seus parentes vieram para Siquém e estão tramando contra você. Faça o seguinte: traga suas tropas esta noite e arme uma emboscada no campo. De manhã, logo ao nascer do sol, ataque a cidade. Gaal e suas tropas sairão ao seu encontro. Daí em diante, você sabe o que fazer".

34-36 Abimeleque e as suas tropas, divididas em quatro companhias, saíram naquela noite e armaram uma emboscada perto de Siquém. De manhã, Gaal, filho de Ebede, foi para a entrada da cidade. Abimeleque e suas tropas deixaram o esconderijo. Quando Gaal os viu, disse a Zebul: "Veja, parece que tem gente descendo das montanhas!".

Zebul disfarçou: "Parecem homens, mas são apenas sombras nas montanhas". E mudou de assunto.

37 Gaal insistiu: "Veja, são tropas descendo de Tabur-Eres (O Umbigo da Terra). Uma companhia inteira está descendo pelo caminho do Carvalho dos Adivinhadores!".

38 Zebul disse: "Onde está aquela sua coragem? Não foi você que disse: 'Quem é esse Abimeleque?

Por que temos de obedecer a ele?'. Pois aí está ele com as tropas de que você fez pouco caso. É a sua chance. Lute contra ele!'".

39-40 Gaal, com o apoio dos líderes de Siquém, enfrentou Abimeleque. Mas Abimeleque venceu. Gaal virou as costas e fugiu, deixando muitos feridos pelo caminho até a entrada da cidade.

41 Abimeleque permaneceu em Arumá, e Zebul expulsou Gaal e seus parentes de Siquém.

LUCAS 22.7-26

7-8 O dia dos Pães sem Fermento chegou, quando o cordeiro era sacrificado. Então, Jesus pediu a Pedro e João: "Vão preparar a Páscoa! Vamos comer a ceia juntos".

9 Eles perguntaram: "Onde queres que preparemos a ceia da Páscoa?".

10-12 Ele disse: "Fiquem de olhos abertos quando entrarem na cidade. Um homem com um jarro de água encontrará vocês. Sigam-no. Perguntem ao proprietário da casa em que ele entrar: 'O Mestre quer saber em qual aposento ele poderá comer a ceia da Páscoa com seus discípulos'. O homem mostrará a vocês uma sala no segundo andar, espaçosa, limpa e arrumada. Façam ali os preparativos".

13 Eles saíram, encontraram tudo como ele disse que encontrariam e prepararam a ceia.

14-16 Quando chegou a hora, ele se sentou com os apóstolos e declarou: "Vocês não fazem ideia de quanto desejei comer esta ceia com vocês antes de começar o grande sofrimento da minha missão. Será a última ceia, até que todos a comamos outra vez no Reino de Deus".

17-18 Tomando o cálice, ele o abençoou e disse: "Tomem e distribuam-no entre vocês. Não beberei vinho outra vez até que venha o Reino de Deus".

19 Tomando o pão, ele o abençoou, partiu e deu a eles, dizendo: "Isto é meu corpo, dado por vocês. Comam-no em memória de mim".

20 Ele fez o mesmo com o cálice após a ceia, dizendo: "Este cálice é a nova aliança no meu sangue, derramado por vocês.

21-22 Vocês sabiam que a mão daquele que vai me trair está aqui nesta mesa? É certo que o Filho do Homem irá trilhar um caminho já estabelecido —nenhuma surpresa. Mas para aquele que o entregar será uma desgraça, pois ele é nada menos que o traidor do Filho do Homem".

23 Imediatamente, começaram a suspeitar um do outro e a perguntar um ao outro quem estaria prestes a fazer aquilo.

DIA 121

Preparando-se para enfrentar os problemas

24-26 Minutos depois, eles começaram a discutir sobre qual deles era o maior; então, Jesus interferiu: "Os reis gostam de mostrar seu poder, e os líderes gostam de se dar títulos pomposos. Com vocês não será assim: que o maior de vocês se torne o menor. Quem quer ser líder deve se tornar servo.

SALMOS 58.1-11

Um salmo de Davi

58 **1-2** É este o caminho que deve trilhar um país?
Há um político honesto no recinto?
Nos bastidores, você tece teias de engano;
a portas fechadas,
faz pacto com os demônios.

3-5 Os ímpios erram o caminho ao nascer;
suas primeiras palavras fora do útero
são mentiras.
Veneno, veneno letal de cascavel,
goteja de sua língua partida.
São surdos às ameaças, alheios ao feitiço —
décadas de cera acumulada
nos ouvidos.

6-9 Ó Deus, quebra os dentes deles
em pedacinhos,
deixa-os sem presa.
Que a vida deles seja um balde
de água que virou,
restando apenas
uma mancha na areia.
Que eles sejam grama pisada,
amassada pelo tráfego.
Que eles se dissolvam em gosma de lesma
e sejam um feto abortado,
que nunca viu a luz do Sol.
Antes que a trama deles seja executada, ó Deus,
manda tudo por água abaixo!

10-11 Os justos comemorarão com os amigos
quando os ímpios receberem
o castigo que merecem.
O sangue deles será servido em taças,
e os justos brindarão:
"Vale a pena jogar conforme as regras!
Deus distribui prêmios
enquanto administra a terra!".

◼ NOTAS

▭ **DIA 121** __/__/__

JUÍZES 9.42 — 11.27

42-45 No dia seguinte, o povo fugiu para os campos, e alguém deu a notícia a Abimeleque. Ele convocou suas tropas, dividiu-as em três companhias e armou emboscada nos campos. Quando viu que o povo estava em campo aberto, saiu e o atacou. Abimeleque e a companhia que estava com ele avançaram até a entrada da cidade. As outras duas companhias perseguiram os que haviam saído da cidade e os mataram. Abimeleque lutou contra a cidade o dia todo, até que a subjugou e massacrou todos os moradores. Ele deixou a cidade em ruínas e jogou sal sobre ela.

46-49 Quando os líderes da torre de Siquém ficaram sabendo disso, foram até a fortaleza do templo do Deus da aliança. Alguém informou Abimeleque de que o grupo da torre de Siquém estava reunido. Então, ele e suas tropas subiram ao monte Zalmom (Montanha Escura). Abimeleque pegou seu machado, cortou lenha e a carregou nos ombros. Ele ordenou aos seus homens: "Façam o que estou fazendo. Depressa!". Então, cada um dos homens cortou um feixe de lenha e foi atrás de Abimeleque. A lenha foi empilhada sobre o abrigo da torre, e eles puseram fogo em tudo. Todos os que estavam na torre de Siquém morreram, cerca de mil homens e mulheres.

50-54 Abimeleque prosseguiu para Tebes. Ele sitiou Tebes e a conquistou. No centro da cidade, havia uma torre bem protegida, e todos os habitantes da cidade, com os seus líderes, se refugiaram ali, trancaram a porta por dentro e subiram para o topo. Abimeleque resolveu atacar a torre. Ele se aproximou da entrada para incendiá-la. Naquele momento, uma mulher jogou lá de cima uma pedra de moinho, que esmagou seu crânio. Ele chamou seu escudeiro e ordenou: "Pegue a sua espada e me mate, para que eles não digam: 'Ele foi morto por uma mulher'". O jovem pegou a espada e matou Abimeleque.

55 Quando os israelitas viram Abimeleque morto, voltaram para casa.

56-57 Deus vingou o mal que Abimeleque tinha feito contra seu pai matando seus setenta irmãos. Deus fez recair sobre os homens de Siquém todo o mal que tinham feito — a maldição de Jotão, filho de Jerubaal.

Tolá

10 **1-2** Tolá, filho de Puá, filho de Dodô, foi o sucessor de Abimeleque. Ele também foi um libertador de Israel. Era da tribo de Issacar e vivia em Samir, nas montanhas de Efraim. Ele governou Israel vinte e três anos; depois, morreu e foi sepultado em Samir.

Jair

3-5 Depois dele, Jair, de Gileade, assumiu a liderança. Ele governou Israel durante vinte e dois anos. Tinha trinta filhos, que montavam trinta jumentos e tinham trinta cidades em Gileade. Até hoje, as cidades são chamadas Povoados de Jair. Ele morreu e foi sepultado em Camom.

6-8 O povo de Israel voltou a agir mal diante do Eterno. Eles adoraram os deuses de Baal e as deusas de Astarote: deuses de Aram, Sidom e Moabe, além dos deuses dos amonitas e dos filisteus. Eles se desviaram e abandonaram o Eterno, deixando de servi-lo. A ira do Eterno se acendeu contra Israel, e ele os entregou

aos filisteus e aos amonitas. Naquele ano, eles oprimiram sem dó o povo de Israel. Durante dezoito anos, eles tiranizaram o povo de Israel que vivia a leste do Jordão, na terra dos amorreus, em Gileade.

9 Então, os amonitas atravessaram o Jordão para atacar Judá, Benjamim e Efraim, e Israel ficou profundamente angustiado!

10 O povo de Israel clamou ao Eterno: "Pecamos contra ti! Abandonamos o nosso Deus para adorar os deuses de Baal!".

11-14 O Eterno respondeu ao povo de Israel: "Quando os egípcios, os amorreus, os amonitas, os filisteus, os sidônios — até os amalequitas e os midianitas — os oprimiram, vocês clamaram a mim e eu os libertei. Agora, vocês me abandonaram outra vez, adorando outros deuses. Não vou ajudar desta vez. Façam assim: Clamem aos deuses que vocês escolheram, para que eles os livrem da encrenca em que vocês se meteram!".

15 Mas o povo de Israel disse ao Eterno: "Nós pecamos. Depois, podes fazer conosco o que achares melhor, mas livra-nos desta opressão!".

16 Eles baniram os deuses estrangeiros das suas casas e passaram a adorar apenas ao Eterno. O Eterno não deixou de ter compaixão das aflições de Israel.

Jefté

17-18 Os amonitas se prepararam para a guerra, acampando em Gileade. O povo de Israel acampou contra eles em Mispá. Os líderes de Gileade disseram: "Quem comandará a guerra contra os amonitas? Nós o faremos chefe de todos os moradores de Gileade".

11 **1-3** Jefté, o gileadita, era um guerreiro valente. Ele era filho de uma prostituta, e seu pai era Gileade. A mulher de Gileade também deu filhos a ele. Quando eles cresceram, expulsaram Jefté de casa, pois diziam: "Você não receberá nenhuma herança da família. Você é filho de outra mulher". Por isso, Jefté fugiu dos irmãos e foi morar na terra de Tobe. Alguns marginais se juntaram a ele e formaram um bando.

4-6 Algum tempo depois, os amonitas tomaram a iniciativa do ataque contra Israel. Diante daquela ameaça, os líderes de Gileade foram procurar Jefté na terra de Tobe. Disseram a Jefté: "Venha! Seja o nosso general para que possamos atacar os amonitas".

7 Mas Jefté respondeu aos líderes de Gileade: "Vocês me odeiam. Vocês me expulsaram da casa de minha família. Por que vieram me procurar agora? É porque estão em apuros, não é?".

DIA 121

⁸Os líderes de Gileade reconheceram: "Exatamente. Viemos atrás de você para que nos ajude a lutar contra os amonitas. Você será comandante de todos nós, de todos os moradores de Gileade".

⁹Jefté perguntou aos líderes de Gileade: "Se vocês me levarem de volta para lutar contra os amonitas e o Eterno me der a vitória, serei chefe de vocês, correto?".

¹⁰⁻¹¹Eles responderam: "O Eterno é testemunha entre nós: faremos tudo o que você mandar". Assim, Jefté concordou em ir com os líderes de Gileade. O povo o tornou chefe e comandante deles. Jefté repetiu o que tinha dito diante do Eterno em Mispá.

¹²Jefté enviou mensageiros ao rei dos amonitas com a seguinte mensagem: "O que está acontecendo, para que vocês venham procurar briga na minha terra?".

¹³O rei dos amonitas respondeu aos mensageiros de Jefté: "É que Israel tomou a minha terra quando veio do Egito: desde o Arnom até o Jaboque e o Jordão. Devolvam tudo pacificamente, e deixarei vocês em paz".

¹⁴⁻²⁷Jefté enviou novamente os mensageiros ao rei dos amonitas com esta mensagem: "Jefté mandou dizer: 'Israel nunca tomou terra dos moabitas nem dos amonitas. Quando os israelitas vieram do Egito, eles vieram pelo deserto desde o mar Vermelho até Cades. Dali, Israel enviou mensageiros ao rei de Edom dizendo: Deixe-nos atravessar a sua terra. Mas o rei de Edom não os deixou passar. Israel também pediu permissão ao rei de Moabe, mas ele também não os deixou passar. Eles ficaram parados em Cades. Então, eles atravessaram o deserto e rodearam a terra de Edom e de Moabe. Eles chegaram a leste da terra de Moabe e acamparam do outro lado do Arnom — nem sequer pisaram em território moabita, pois Arnom ficava na fronteira de Moabe. Em seguida, Israel enviou mensageiros a Seom, rei dos amorreus, em Hesbom, pedindo: Deixe-nos atravessar o seu território de passagem para a nossa terra. Mas Seom não acreditou que Israel iria apenas atravessar seu território e convocou todo o seu exército. Eles acamparam em Jaza e lutaram contra Israel. Mas o Eterno, o Deus de Israel, entregou Seom e todas as suas tropas nas mãos de Israel. Israel os derrotou e conquistou toda a terra dos amorreus, desde o Arnom até o Jaboque e desde o deserto até o Jordão. Foi o Eterno, o Deus de Israel, quem expulsou os amorreus em benefício de Israel. Então, quem você pensa que é para reclamar a posse desta terra? Por que não se contenta com o que o seu deus Camos deu a você, e nós nos contentaremos com o que o Eterno, o nosso Deus, nos deu? Você acha que é melhor que Balaque, filho de Zipor, rei de Moabe? Ele conseguiu alguma coisa fazendo oposição a Israel? Ele arriscou lutar contra nós? Todo esse tempo, e já se passaram trezentos anos desde que Israel viveu em Hesbom e seus povoados, em Aroer e seus povoados e em todas as cidades ao longo do Arnom, por que você não tentou conquistá-las? Você está enganado. Não tiramos nada de você. Mas você estará cometendo um grande erro, se pretende declarar guerra contra nós. Hoje o Eterno, o verdadeiro Juiz, decidirá entre o povo de Israel e o povo de Amom'".

LUCAS 22.27-53

²⁷⁻³⁰"Quem vocês preferem ser: o que come o jantar ou o que o serve? Vocês preferem comer e ser servidos? Mas eu assumi entre vocês o lugar de quem serve. E vocês têm estado comigo em meus momentos difíceis. Agora, confiro a vocês a autoridade real que meu Pai conferiu a mim, para que eu possa comer e beber na minha mesa no Reino e ser fortalecido enquanto vocês assumem responsabilidades em meio ao povo de Deus.

³¹⁻³²"Simão, fique firme! Satanás fez o que pôde para separar você de mim, assim como se separa a palha do trigo, mas orei por você em particular, para que você não desanime nem desista. Quando passar por alguma provação, pense em seus companheiros e fortaleça-os".

³³Pedro disse: "Senhor, estou pronto para qualquer coisa. Eu iria para a cadeia por ti. Eu *morreria por ti!*".

³⁴Jesus reagiu: "Sinto muito, Pedro, mas antes que o galo cante você negará que me conhece três vezes".

³⁵Ele acrescentou: "Quando eu os enviei e disse para viajarem com pouca coisa, levando apenas o absolutamente necessário, vocês fizeram isso?".

"Sem dúvida!", responderam.

³⁶⁻³⁷Ele disse: "Agora é diferente. Preparem-se para enfrentar problemas. Providenciem tudo de que vão precisar. Tempos difíceis virão. Penhorem suas roupas e consigam uma espada. Aquilo que foi registrado nas Escrituras — 'Ele foi contado com os criminosos' — encontra seu significado final em mim. Tudo que foi escrito a meu respeito agora vai se cumprir".

³⁸Eles disseram: "Senhor, aqui estão duas espadas!".

Mas ele disse: "Basta! Chega dessa conversa sobre espadas!".

Uma noite escura

39-40 Saindo dali, como costumava fazer, ele foi para o monte das Oliveiras. Os discípulos o seguiram. Quando chegaram a determinado lugar, ele disse: "Orem, para que não caiam em tentação".

41-44 Ele se afastou um pouco, à distância de um arremesso de pedra, ajoelhou-se e orou: "Pai, afasta este cálice de mim. Mas, por favor, não seja o que eu quero, mas sim o que tu queres". Imediatamente um anjo do céu apareceu ao seu lado e o consolou. Ele orava com tanta intensidade que o suor, como gotas de sangue, escorria por sua face.

45-46 Ele se levantou da oração, voltou para os discípulos e os encontrou dormindo, entorpecidos de tristeza. Ele os censurou: "Por que estão dormindo? Levantem-se! Orem, para que não caiam em tentação".

47-48 Mal ele falou, uma multidão apareceu, liderada por Judas, que fazia parte dos Doze. Ele foi até onde Jesus estava para beijá-lo. Jesus perguntou: "Judas, você trai o Filho do Homem com um beijo?".

49-50 Quando os que estavam com Jesus perceberam o que estava acontecendo, perguntaram: "Senhor, vamos lutar?". Um deles deu um golpe no servo do sacerdote principal, cortando a orelha direita do homem.

51 Jesus disse: "Parem!". Então, tocando a orelha do servo, curou o ferimento.

52-53 Aos que tinham vindo buscá-lo — principais sacerdotes, polícia do templo e líderes religiosos —, ele disse: "O que vem a ser isto? Estão me atacando com espadas e paus, como se eu fosse um bandido perigoso? Dia após dia, estive diante de vocês no templo, e ninguém levantou um dedo contra mim. Mas façam como quiserem — esta é uma noite de trevas, uma hora escura".

SALMOS 59.1-5

Um salmo de Davi — quando Saul pôs um vigia na casa dele para matá-lo

59 **1-2** Meu Deus! Livra-me dos meus inimigos, defende-me desses rebeldes.
Livra-me dos seus truques sujos,
salva-me dos assassinos de aluguel.

3-4 Os bandidos conspiraram contra mim,
preparando-me uma emboscada.
Não fiz nada para merecer isso, ó Eterno!
Não enganei ninguém, não fiz mal a ninguém.
Ainda assim, eles estão atrás de mim,
determinados a me pegar.

4-5 Acorda e vê por ti mesmo! Tu és o Eterno,
Senhor dos Exércitos de Anjos,
o Deus de Israel!
Levanta-te e dá um jeito nesses pagãos:
não sejas flexível com nenhum deles!

■ NOTAS

☐ **DIA 122** ___ / ___ / ___

JUÍZES 11.28 — 13.25

28 Mas o rei dos amonitas não deu atenção a nada que Jefté dizia.

29-31 O Espírito do Eterno veio sobre Jefté. Ele atravessou Gileade e Manassés, passou por Mispá de

Gileade e, de lá, se aproximou dos amonitas. Jefté fez um voto ao Eterno: "Se me deres a vitória sobre os amonitas, dedicarei ao Eterno aquele que sair da porta da minha casa para me encontrar, quando eu retornar a salvo da guerra contra os amonitas. Será oferecido a ti como oferta queimada".

³²⁻³³ Depois disso, Jefté saiu para lutar contra os amonitas. O Eterno os entregou em suas mãos. Ele os atacou com todo ímpeto, desde Aroer até a região de Minite, até Abel-Queramim, e conquistou vinte cidades! Foi um verdadeiro massacre! Os amonitas foram dominados pelo povo de Israel.

³⁴⁻³⁵ Jefté voltou para Mispá, e sua filha saiu de casa para encontrá-lo, dançando ao som de tamborins! Ela era filha única, porque ele não tinha outros filhos e filhas. Quando ele percebeu quem era, rasgou a própria roupa e gritou: "Ah, minha filha querida! Estou envergonhado! Você é a causa do meu desprezo. Meu coração está partido. Fiz um voto ao Eterno e não posso deixar de cumpri-lo!".

³⁶ Ela disse: "Meu pai, se você fez um voto ao Eterno, faça comigo o que prometeu. O Eterno fez a parte dele, livrando você dos amonitas".

³⁷ Ela disse também a seu pai: "Só vou pedir uma coisa. Dê-me dois meses, para que eu possa ir às montanhas com as minhas amigas chorar por causa da minha virgindade, já que nunca vou poder me casar".

³⁸⁻³⁹ Ele respondeu: "Você pode ir". E deu a ela o prazo de dois meses. Ela e as suas amigas foram para as montanhas, chorando por ela não poder se casar. Dois meses depois, ela estava de volta. Ele cumpriu o voto que tinha feito a respeito dela. Ela nunca teve relações com homem algum.

³⁹⁻⁴⁰ Tornou-se costume em Israel que todos os anos, as moças de Israel se reuniam durante quatro dias para chorar pela filha de Jefté de Gileade.

12 ¹ Os homens de Efraim convocaram as suas tropas, rumaram para Zafom e disseram a Jefté: "Por que você foi lutar contra os amonitas sem nos chamar? Nós vamos queimar a sua casa com você dentro".

²⁻³ Jefté respondeu: "Eu e o meu povo estivemos muito envolvidos em negociações com os amonitas. Eu mandei chamá-los, mas vocês me ignoraram. Quando percebi que vocês não viriam, tomei a decisão por mim mesmo e lutei contra os amonitas. O Eterno os entregou nas minhas mãos! Então, o que querem aqui? Vieram lutar contra nós?".

⁴ Jefté convocou as tropas de Gileade e atacou Efraim. Os homens de Gileade os atacaram com fúria, porque estavam dizendo: "Os gileaditas não são nada. São desertores de Efraim e Manassés".

⁵⁻⁶ Os gileaditas dominaram as passagens do Jordão na travessia para Efraim. Quando um fugitivo efraimita dizia: "Deixem-me passar", os homens de Gileade perguntavam: "Você é de Efraim?". Ele respondia: "Não". Então, eles pediam: "Diga: 'Chibolete'". Mas eles sempre falavam: "Sibolete", porque não conseguiam pronunciar corretamente. Então, eles agarravam o homem e o matavam ali mesmo, na passagem do Jordão. Naquela ocasião, foram mortos quarenta e dois mil efraimitas.

⁷ Jefté governou Israel seis anos. Jefté de Gileade morreu e foi sepultado em sua cidade, Mispá de Gileade.

Ibsã

⁸⁻⁹ Depois dele, Ibsã, de Belém, governou Israel. Ele tinha trinta filhos e trinta filhas. Ele deu suas filhas em casamento a homens fora do seu clã e trouxe trinta mulheres de outros clãs para se casarem com seus filhos.

¹⁰ Ele governou Israel durante sete anos. Ibsã morreu e foi sepultado em Belém.

Elom

¹¹⁻¹² Depois de Ibsã, Elom, de Zebulom, dominou sobre Israel. Ele governou dez anos. Elom de Zebulom morreu e foi sepultado em Aijalom, na terra de Zebulom.

Abdom

¹³⁻¹⁵ Depois dele, Abdom, filho de Hilel, de Piratom, governou Israel. Ele teve quarenta filhos e trinta netos, que montavam setenta jumentos. Ele governou Israel durante oito anos. Abdom, filho de Hilel, de Piratom, morreu e foi sepultado em Piratom, na terra de Efraim, na região montanhosa dos amalequitas.

Sansão

13 ¹ O povo de Israel voltou a agir mal diante do Eterno. Por isso, o Eterno os entregou ao domínio dos filisteus por quarenta anos.

²⁻⁵ Naquele tempo, vivia um homem em Zorá, chamado Manoá, da tribo de Dã. Sua mulher era estéril. O anjo do Eterno apareceu a ela e disse: "Sei que você não tem filhos e é estéril. Pois você ficará grávida e terá um filho. Mas tenha cuidado: não beba vinho nem bebida forte. Não coma nada ritualmente impuro. Você já está grávida de um menino. Não passe a navalha na cabeça dele. O menino será consagrado a

Deus como nazireu desde o nascimento. Ele libertará o seu povo da opressão dos filisteus".

6-7 A mulher contou ao marido o que havia acontecido: "Um homem de Deus veio até mim. Ele parecia um anjo de Deus – um ser impressionante, glorioso! Não perguntei de onde ele era nem ele me revelou seu nome, mas disse: 'Você está grávida. Você terá um menino. Não beba vinho nem bebida forte, nem coma nenhuma comida ritualmente impura. O menino será consagrado a Deus como nazireu desde seu nascimento até sua morte' ".

8 Manoá orou ao Eterno: "Senhor, peço-te que o homem de Deus que enviaste volte para nos ensinar como criar esse menino que está para nascer".

9-10 Deus ouviu o pedido de Manoá. O anjo de Deus voltou para falar com a mulher. Ela estava sozinha no campo; Manoá não estava com ela. Por isso, ela correu e chamou o marido: "Ele voltou! O homem que veio outro dia!".

11 Manoá seguiu a mulher até onde o homem estava. Ele perguntou ao homem: "É você o homem que falou com minha mulher?".

Ele respondeu: "Sou eu".

12 Manoá, então, disse: "Quando se cumprir o que você nos disse, como cuidaremos desse menino? Qual será o seu trabalho?".

13-14 O anjo do Eterno respondeu a Manoá: "Observe todas as instruções que dei à sua mulher. Ele não deve comer nada que venha da videira: vinho ou bebida forte. Não deve comer nenhuma comida ritualmente impura. Ela deve seguir à risca tudo que ordenei a ela".

15 Manoá disse ao anjo do Eterno: "Por favor, fique conosco mais um tempo! Vamos preparar um cabrito para você".

16 O anjo do Eterno disse a Manoá: "Mesmo que eu ficasse, não poderia comer a sua comida. Mas, se quiser preparar uma oferta queimada, ofereça-a ao Eterno!". Manoá não sabia que estava falando com o anjo do Eterno.

17 Então, Manoá perguntou ao anjo do Eterno: "Qual é o seu nome? Quando essas palavras se cumprirem, queremos homenagear você".

18 O anjo do Eterno respondeu: "Por que você pergunta pelo meu nome? Você não entenderia – é simplesmente maravilhoso!"

19-21 Então, Manoá tomou o cabrito e a oferta de cereal e sacrificou sobre um altar de pedras ao Eterno, o Deus que faz maravilhas. As chamas do altar subiram ao céu, e o anjo do Eterno subiu por elas. Quando Manoá e sua mulher o viram subir, prostraram-se com o rosto em terra. Manoá e sua mulher nunca mais viram o anjo do Eterno.

21-22 Só então, Manoá percebeu que era o anjo do Eterno e disse a sua mulher: "Nós vamos morrer, porque vimos Deus".

23 Mas ela retrucou: "Se o Eterno quisesse nos matar, não aceitaria nossa oferta queimada e a oferta de cereais, nem nos teria revelado tudo isso. Ele não teria anunciado o nascimento da criança".

24-25 A mulher deu à luz um menino. Os pais lhe deram o nome Sansão. O menino cresceu, e o Eterno o abençoou. O Espírito do Eterno começou a agir nele quando ele morava em Maané-Dã entre Zorá e Estaol.

LUCAS 22.54 — 23.5

E o galo cantou...

54-56 Depois de prender Jesus, eles o levaram para a casa do sacerdote principal. Pedro seguiu o grupo, mas a uma distância segura. No meio do pátio, algumas pessoas haviam feito uma fogueira e estavam assentadas ao redor dela, para se aquecer. Uma das empregadas sentadas perto da fogueira o notou, olhou com mais atenção e disse: "Este homem estava com ele!".

57 Pedro negou: "Mulher, nem o conheço!".

58 Pouco depois, outra pessoa disse: "Você é um deles".

Mas Pedro negou: "Não, não sou".

59 Cerca de uma hora depois, outra pessoa afirmou convicta: "Ele deve ter estado com ele! É claro que ele é galileu".

60-62 Pedro reagiu: "É sério, não sei do que você está falando". Assim que ele acabou de falar, um galo cantou. Então, Jesus virou-se e olhou para Pedro. O discípulo lembrou-se das palavras do Senhor: "Antes que o galo cante, você vai me negar três vezes". Saindo dali, chorou amargamente.

Violência

63-65 Os homens que vigiavam Jesus começaram a ridicularizá-lo, batendo nele. Puseram nele uma venda e o ridicularizavam: "Quem bateu em você desta vez?". E eles se divertiam à custa dele.

66-67 Pela manhã, os líderes do povo, líderes religiosos e os principais sacerdotes reuniram-se, trouxeram-no diante do Concílio e perguntaram a ele: "Você é o Messias?".

67-69 Ele respondeu: "Se eu dissesse que sim, vocês não acreditariam em mim. Se perguntasse o que querem dizer com essa pergunta, não me responderiam.

Então, aqui está o que tenho para dizer: daqui em diante, o Filho do Homem toma seu lugar à direita de Deus, o lugar de poder".

⁷⁰ Eles disseram: "Então, você confirma sua alegação de que é o Filho de Deus?".

"Vocês é que insistem em dizer isso", ele respondeu.

⁷¹ Mas eles já haviam decidido: "Para que precisamos de outra prova? Todos nós ouvimos muito bem o que ele disse".

Pilatos

23 ¹⁻² **E**m seguida, eles levaram Jesus a Pilatos e começaram a apresentar acusações contra ele: "Encontramos este homem desrespeitando nossa lei e nossa ordem, proibindo o pagamento de impostos a César, designando-se o Rei-Messias".

³ Pilatos perguntou a ele: "É verdade que você é o 'Rei dos judeus'?".

"Palavras suas, não minhas", respondeu Jesus.

⁴ Pilatos declarou aos principais sacerdotes e à multidão que os acompanhava: "Não vejo nada de errado aqui. Ele me parece inofensivo".

⁵ Mas eles estavam irredutíveis: "Ele incita o povo com seu ensino, perturba a paz em toda parte, começando pela Galileia e agora por toda a Judeia. Ele é um homem perigoso, que põe a paz em risco".

SALMOS 59.6-13

⁶⁻⁷ Eles voltam ao pôr do sol,
Rosnando como cães e cercando a cidade.
Então, de repente, estão todos no portão,
Bradando injúrias, com punhais nos dentes.
Pois acham que nunca serão apanhados.

⁸⁻¹⁰ Mas tu, ó Eterno, faz cessar as risadas;
não levas a sério as nações pagãs.
Ó Deus Forte, já posso ver que estás fazendo —
posso sempre contar contigo!
Deus, com seu amor infalível, aparece na hora,
e causa a ruína dos meus inimigos.

¹¹⁻¹³ Não faças nada com pressa, ó Eterno,
senão o povo logo esquece.
Mostra a queda deles em câmera lenta;
desmonta-os pedaço por pedaço.
Que a arrogância de sua língua maligna
os alcance,
Agarre e derrube
— toda maldição murmurada,
— toda mentira escancarada.

Acaba com eles em grande estilo!
Acaba com eles em definitivo!
Assim, todos entenderão
que Deus governa bem Jacó
e todo lugar em que estiver no comando.

◾ NOTAS

▢ DIA 123 __ / __ / __

JUÍZES 14.1 — 16.15

14 ¹⁻² **S**ansão foi à cidade de Timna. Ali conheceu uma mulher das filhas dos filisteus. Quando voltou para casa, disse a seu pai e sua mãe: "Vi uma mulher em Timna, do povo filisteu. Quero me casar com ela".

³ Seus pais disseram: "Não há uma mulher do nosso povo que agrade a você? Tinha de ir procurar uma mulher entre os incircuncisos, os filisteus?".

Mas Sansão insistiu: "Vão buscá-la para mim. É ela que eu quero – é com essa que quero me casar".

⁴ (Seu pai e sua mãe não tinham ideia de que o Eterno estava por trás disso, que ele estava criando uma oportunidade contra os filisteus, porque, naquele tempo, eles dominavam os israelitas.)

⁵⁻⁶ Sansão desceu a Timna com seu pai e sua mãe. Quando chegou perto das vinhas de Timna, um leão novo, rugindo, correu em sua direção. O Espírito do Eterno se apoderou de Sansão, e ele rasgou o animal com as mãos, como se fosse um cabrito. Mas não contou aos pais o que aconteceu.

⁷ Então, ele foi falar com a moça. Para Sansão, ela era a escolhida.

⁸⁻⁹ Passados alguns dias, quando retornou para buscá-la, ele fez um desvio no caminho para ver o que havia restado do leão. Ficou admirado ao encontrar um enxame de abelhas e mel no cadáver do leão! Ele pegou um punhado e continuou caminhando, enquanto comia o mel. Quando reencontrou seu pai e sua mãe, deu a eles um pouco, e ambos comeram. Mas não contou que tinha tirado o mel do cadáver do leão.

¹⁰⁻¹¹ Seu pai desceu para encontrar-se com a moça, enquanto Sansão preparava a festa. Era assim que os moços faziam. Como os filisteus desconfiavam dele, trouxeram trinta rapazes para que o acompanhassem.

¹²⁻¹³ Sansão disse: "Quero propor uma charada. Se vocês a solucionarem durante os sete dias da festa, darei a vocês trinta trajes de linho e trinta mudas de roupa. Mas, se não conseguirem solucionar, vocês é que me darão trinta trajes de linho e trinta mudas de roupa".

¹³⁻¹⁴ Eles responderam: "Proponha a charada. Estamos ouvindo". Então, ele disse:

"Do que come saiu comida,
Do forte saiu doçura".

¹⁴⁻¹⁵ Eles não conseguiram solucionar a charada. Três dias depois, ainda estavam pensando. No quarto dia, disseram à mulher de Sansão: "Arranque a resposta do seu marido, do contrário, queimaremos você e a família de seu pai. Afinal, vocês nos convidaram para nos levar à falência?".

¹⁶ Então, a mulher de Sansão começou a choramingar no ouvido dele: "Você me odeia! Você não me ama! Você propôs uma charada para o meu povo, mas não conta a resposta nem para mim".

Ele respondeu: "Não contei nem a meus pais; por que contaria a você?".

¹⁷ Mas ela o importunou durante os sete dias da festa. No sétimo dia, cansado da perturbação dela, ele revelou a solução da charada à mulher. Ela foi imediatamente passar a resposta aos seus compatriotas.

¹⁸ Os homens da cidade procuraram Sansão no sétimo dia, antes do pôr do sol, e disseram:

"O que é mais doce que o mel?
O que é mais forte que o leão?".

Sansão respondeu:

"Se vocês não tivessem arado com a minha novilha,
Não teriam solucionado a charada".

¹⁹⁻²⁰ Então, o Espírito do Eterno se apoderou dele. Ele desceu a Ascalom, matou trinta homens, tirou as roupas deles e as entregou aos que haviam solucionado a charada. Furioso, voltou para a casa de seu pai. A mulher de Sansão foi entregue ao seu padrinho de casamento.

15

¹⁻² Mais tarde, durante a colheita de trigo, Sansão foi visitar sua mulher e levou um cabrito. Ele dizia: "Vou ver minha mulher e entrar no quarto dela".

Mas o pai dela não o deixou entrar, dizendo: "Imaginei que você a odiava; por isso, ela foi dada ao seu padrinho de casamento. Mas a irmã menor dela é muito mais bonita. Por que você não a aceita por mulher?".

³ Sansão respondeu: "Bom, desta vez não me responsabilizo pelo que vou fazer aos filisteus".

⁴⁻⁵ Ele conseguiu reunir trezentas raposas. Amarrou-as aos pares pela cauda e prendeu uma tocha na cauda de cada par. Em seguida, pôs fogo às tochas e soltou as raposas nas plantações de cereais dos filisteus. Os feixes de cereal colhido, os que iam ser colhidos, as vinhas e os olivais – tudo foi queimado!

⁶ Os filisteus disseram: "Quem fez isso?".

Alguém informou: "Foi Sansão, genro do timnita, porque o pai dela deu a mulher ao seu padrinho de casamento".

Os filisteus, por vingança, queimaram a mulher e seu pai.

⁷ Sansão disse àqueles homens: "Se é dessa maneira que vocês querem agir, juro que me vingarei de vocês. Vou até o fim!".

8 E os matou, sem misericórdia. Foi um verdadeiro massacre. Depois, desceu e se abrigou na caverna da rocha de Etã.

9-10 Os filisteus acamparam em Judá, dispostos a atacar Leí (Queixada). Mas os homens de Judá perguntaram: "Por que vocês estão contra nós?". Eles responderam: "Estamos à procura de Sansão. Queremos pegar Sansão para retribuir o que ele fez conosco".

11 Três mil homens de Judá foram até a caverna da rocha de Etã dizer a Sansão: "Não percebe que os filisteus já nos ameaçam e dominam? Por que você está piorando a situação?".

Ele respondeu: "Apenas dei o troco. Fiz com eles o que eles fizeram comigo".

12 Eles disseram: "Viemos aqui para prender você e entregá-lo aos filisteus".

Sansão disse: "Prometam que vocês não vão me machucar".

13 Eles responderam: "Prometemos. Vamos apenas prender e entregar você aos filisteus, mas não mataremos você".

Então, eles o amarraram com cordas novas e o tiraram da caverna.

14-16 Quando se aproximavam de Leí, os filisteus vieram ao encontro deles, com gritos de euforia. Então, o Espírito do Eterno veio sobre ele com grande poder. As cordas que prendiam os seus braços se romperam como fio de linho queimado, e as tiras de couro caíram de suas mãos. Ele apanhou uma queixada de jumento ainda fresca e, com ela, matou mil homens. Depois, Sansão disse:

"Com a queixada de um jumento
Fiz deles um montão de jumentos.
Com a queixada de um jumento,
Matei uma companhia inteira".

17 Terminando de falar, jogou a queixada fora e deu ao lugar o nome de Ramate-Leí (monte da Queixada).

18-19 Depois disso, ele sentiu uma sede terrível e suplicou ao Eterno: "Tu concedeste uma grande vitória ao teu servo. E agora vou morrer de sede e cair nas mãos dos incircuncisos?". Então, Deus abriu uma rocha em Leí, que jorrou água, e Sansão bebeu. Depois de saciado, ele recobrou o ânimo! Por isso, aquela fonte é chamada de En-Hacoré (Fonte de Quem Clama). Está lá até hoje.

20 Sansão governou Israel durante vinte anos, no período da opressão dos filisteus.

16 **1-2** Sansão foi a Gaza, encontrou ali uma prostituta e passou a noite com ela. A notícia correu a cidade: "Sansão está aqui!". Os homens formaram um grupo e ficaram de tocaia a noite toda na entrada da cidade, em silêncio total, pensando: "Quando o sol nascer, nós o mataremos".

3 Mas Sansão ficou na cama com a mulher até meia-noite. Ele foi embora e, de passagem, arrancou a porta da cidade com os batentes e as trancas e a carregou nos ombros até o topo da colina, que fica em frente de Hebrom.

4-5 Passado um tempo, ele se apaixonou por uma mulher do vale de Soreque (Uvas), chamada Dalila. Os líderes filisteus vieram procurá-la com uma proposta: "Seduza-o. Descubra por que ele é tão forte e como podemos prendê-lo e subjugá-lo. Cada um de nós dará a você treze quilos de prata".

6 Dalila, certo dia, disse a Sansão: "Conte-me, querido, o segredo de sua grande força e como você pode ser amarrado e subjugado".

7 Sansão respondeu: "Se me amarrarem com sete cordas de arco, feitas de tendões de animal, ainda úmidas, perco minha força e fico igual a qualquer outra pessoa".

8-9 Os líderes filisteus trouxeram a ela sete cordas de arco ainda úmidas, e ela o amarrou com as cordas, enquanto os homens se escondiam em seu quarto. Ela disse: "Os filisteus estão atrás de você, Sansão!". Ele rompeu as cordas como se fossem barbantes. Assim, não conseguiram descobrir o segredo da sua força.

10 Dalila insistiu com ele: "Diga a verdade, Sansão! Você está brincando comigo, inventando história. Agora é sério: Conte-me como você pode ser amarrado".

11 Ele respondeu: "Se você me amarrar bem com cordas novas, que nunca foram usadas, não vou conseguir escapar. Serei igual a qualquer outra pessoa".

12 Dalila conseguiu cordas novas e o amarrou. Ela disse: "Os filisteus estão atrás de você!". Os homens estavam escondidos no quarto ao lado, mas ele rompeu as cordas como se fossem barbantes.

13-14 Dalila não desistiu: "Você continua zombando de mim e mentindo! Por favor, conte-me como você pode ser amarrado!".

Ele respondeu: "Se você tecer as sete tranças do meu cabelo no tear e as prender com um pino, não conseguirei fazer nada. Serei como qualquer outra pessoa".

Quando ele dormiu, Dalila pegou as sete tranças do cabelo de Sansão e as teceu como um tecido no tear e as prendeu com um pino. Depois, disse: "Sansão, os filisteus estão atrás de você!". Mas ele acordou e livrou-se tanto do pino do tear quanto dos fios!

¹⁵Ela se tornou mais insistente: "Como você pode me dizer: 'Amo você', se nem confia em mim? Já é a terceira vez que você zomba de mim, brincando de gato e rato comigo e recusando-se a me contar o segredo da sua força!".

LUCAS 23.6-25

⁶⁻⁷Quando Pilatos ouviu isso, perguntou: "Quer dizer, então, que ele é galileu?". Compreendendo que Jesus estava sob a jurisdição de Herodes, passou o bastão para o rei, que estava em Jerusalém naqueles dias.

⁸⁻¹⁰Herodes ficou contente quando Jesus apareceu. Havia muito tempo, desejava conhecê-lo, pois tinha ouvido muita coisa a seu respeito e esperava que ele fizesse algo espetacular. Herodes o interrogou demoradamente, mas Jesus não disse uma única palavra. Os principais sacerdotes e líderes religiosos, porém, insistiam em suas espalhafatosas acusações.

¹¹⁻¹²Profundamente ofendido, Herodes voltou-se contra Jesus. Seus soldados se juntaram a ele, com suas zombarias. Então o vestiram com uma fantasia de rei e o enviaram de volta a Pilatos. Daquele dia em diante, Herodes e Pilatos se tornaram amigos. Antes mantinham distância um do outro.

¹³⁻¹⁶Pilatos convocou os principais sacerdotes, os líderes e outros judeus e disse: "Vocês me trouxeram este homem e o acusam de perturbador da paz. Interroguei-o na frente de todos vocês e descobri que a acusação não procede. Herodes também não confirmou nada, porque o enviou de volta para mim sem acusação alguma. Está claro que ele não fez nada de errado, nada que mereça a morte. Vou adverti-lo para tomar cuidado e deixá-lo ir".

¹⁸⁻²⁰Nessa hora, a multidão começou a gritar: "Mate-o! Solte Barrabás!". (Barrabás havia sido preso por iniciar uma rebelião na cidade e também por assassinato.) Pilatos ainda queria soltar Jesus e o defendeu.

²¹Mas eles continuavam a gritar: "Crucifique-o! Crucifique-o!".

²²Pilatos interveio pela terceira vez: "Mas por qual crime? Ele não fez nada que mereça a morte. Vou dar-lhe uma advertência e deixá-lo ir".

²³⁻²⁵Mas a turba, furiosa, exigia que ele fosse crucificado. Finalmente eles o venceram. Pilatos desistiu e cedeu. Libertou o homem que estava preso por rebelião e assassinato e entregou Jesus ao povo para que fizessem o que bem entendiam.

SALMOS 59.14-17

¹⁴⁻¹⁵Eles voltam ao pôr do sol,
Rosnando como cães e cercando a cidade.
E lá vão eles em busca de ossos,
Mordendo a mão que os alimenta.

¹⁶⁻¹⁷Quanto a mim, estou cantando tuas façanhas,
lembrando ao alvorecer tuas dádivas,
Pois tu és um lugar seguro para mim,
um abrigo para me esconder.
Ó Deus Forte, já posso ver o que estás fazendo –
Posso sempre contar contigo!
Deus, meu amor infalível.

NOTAS

DIA 124 ___ / ___ / ___

JUÍZES 16.16 — 18.26

16-17 Ela continuou a perturbá-lo, dia após dia. Finalmente, ele se cansou. Não aguentou mais e contou a ela: "Nunca foi passada uma navalha na minha cabeça. Desde que nasci fui consagrado como nazireu a Deus. Se raparem o meu cabelo, perco a minha força. Ficarei fraco como qualquer outro mortal".

18 Dalila percebeu que finalmente tinha descoberto o segredo e mandou dizer aos líderes filisteus: "Venham depressa. Agora ele me contou a verdade". Eles vieram e trouxeram o dinheiro que tinham prometido.

19 Depois de fazê-lo dormir com a cabeça em seu colo, ela fez sinal para um homem, que se aproximou e cortou as sete tranças do cabelo dele. Ele começou imediatamente a enfraquecer e perdeu toda a sua força.

20 Então, ela disse: "Sansão, os filisteus estão atrás de você!" Ele acordou, pensando: "Vou fazer o que sempre fiz e escapar", pois ainda não tinha se dado conta de que o Eterno o tinha abandonado.

21-22 Os filisteus o agarraram, arrancaram seus olhos e o levaram para Gaza. Eles o prenderam com algemas de ferro e o puseram a trabalhar no moinho da cadeia. Mas logo o cabelo dele começou a crescer de novo.

23-24 Um dia, os líderes filisteus se reuniram para oferecer um grande sacrifício ao seu deus Dagom. Eles fizeram uma festa e comemoraram:

"Nosso deus nos entregou
Sansão, nosso inimigo!".

Quando o povo viu Sansão, fez coro com eles, bendizendo o seu deus:

"Nosso deus nos entregou
Nosso inimigo,
Aquele que devastou o nosso povo,
Multiplicando cadáveres entre nós".

25-27 Depois, quando todos já estavam exaltados, alguém sugeriu: "Tragam Sansão! Que ele nos mostre o que consegue fazer!". E tiraram Sansão da prisão, para que os divertisse.

Sansão foi posto entre duas colunas, e ele pediu ao rapaz que o conduzia: "Ponha-me onde eu possa tocar as colunas que sustentam o templo, para eu poder me apoiar nelas". O templo estava cheio de homens e mulheres, e todos os líderes filisteus estavam ali. Havia pelo menos três mil pessoas olhando para Sansão.

28 Nessa hora, ele suplicou ao Eterno:

"Senhor, Eterno!
Atenta para mim, outra vez,
Eu imploro! Dá-me força mais uma vez.

Deus,
Com um sopro de vingança, permite que eu me vingue
Dos filisteus por causa dos meus olhos!".

29-30 Sansão alcançou as duas colunas centrais que sustentavam o templo e as empurrou com o braço direito e com o braço esquerdo. Ele gritou: "Que eu morra com os filisteus!" e empurrou as colunas com toda a sua força. O templo desabou sobre todos os líderes e sobre o povo que estava ali dentro. Sansão matou mais pessoas em sua morte que durante toda a sua vida.

31 Seus irmãos e familiares desceram para buscar seu corpo. Eles o levaram de volta e o sepultaram no túmulo de seu pai Manoá, entre Zorá e Estaol.

Ele governou Israel por vinte anos.

Mica

17 **1-2** Havia um homem das montanhas de Efraim chamado Mica. Ele disse a sua mãe: "Lembra-se dos treze quilos de prata que foram roubados de você? Eu a ouvi proferindo uma maldição. Na verdade, o dinheiro está comigo. Eu o roubei. Mas agora estou devolvendo".

Ela respondeu: "O Eterno abençoe você, meu filho!".

3-4 Depois que ele devolveu os treze quilos de prata a sua mãe, ela disse: "Eu consagro toda esta prata ao Eterno, para que meu filho faça uma imagem esculpida, um ídolo fundido". Ela entregou dois quilos e quatrocentos gramas daquela prata a um ourives, que fundiu o metal na forma de um ídolo.

5 Esse homem, Mica, tinha uma capela particular. Ele tinha feito um colete sacerdotal e alguns ídolos domésticos e consagrou um de seus filhos sacerdote. **6** Naquele tempo, não havia rei em Israel. As pessoas faziam o que bem entendiam.

7-8 Havia também, naquela localidade, um jovem de Belém de Judá e de uma família dessa tribo. Ele era levita, mas estrangeiro ali. Tinha saído de Belém para tentar a sorte em outro lugar. Chegando às montanhas de Efraim, parou diante da casa de Mica.

⁹Ele perguntou ao jovem: "De onde você vem?". Ele respondeu: "Sou levita de Belém de Judá. Estou à procura de um lugar para morar".

¹⁰Mica fez uma proposta: "Fique aqui comigo. Seja meu pai e sacerdote. Seu salário será de cento e vinte gramas de prata por ano, além da comida e das roupas de que precisar".

¹¹⁻¹²O levita concordou em ficar com Mica. O jovem foi bem recebido e se tornou membro da família. Mica designou o jovem levita seu sacerdote. Tudo isso aconteceu dentro da casa de Mica.

¹³Mica declarou: "Agora sei que o Eterno será bondoso para comigo, pois tenho um levita como sacerdote!".

18¹Naquele tempo, não havia rei em Israel, e a tribo de Dã procurava um lugar para se estabelecer. Eles ainda não tinham ocupado território algum entre as tribos de Israel.

²⁻³Os danitas enviaram cinco soldados valentes de Zorá e Estaol para observar a terra, em busca de um lugar apropriado para suas famílias. A ordem era esta: "Vão e façam o reconhecimento da terra".

Eles foram para as montanhas de Efraim, chegaram diante da casa de Mica e acamparam ali. Como estavam perto da casa de Mica, reconheceram a voz do levita. Eles se aproximaram e perguntaram ao jovem: "Como você veio parar aqui? O que está fazendo?".

⁴Ele respondeu: "Para encurtar a história, Mica me contratou, e agora sou sacerdote dele".

⁵Eles disseram: "Que bom! Assim, você pode consultar Deus em nosso favor. Queremos saber se vamos ter sucesso em nossa missão".

⁶O sacerdote respondeu: "Fiquem tranquilos. O Eterno cuidará de vocês por todo o caminho".

⁷Os cinco homens partiram rumo ao norte, para Laís, e constataram que o povo dali vivia seguro, sob a proteção dos sidônios. Eram pacatos e confiantes. Tinham uma vida sossegada, mas viviam muito longe dos sidônios, que habitavam a oeste, e não tinham nenhuma relação com os arameus ao leste.

⁸Quando retornaram a Zorá e Estaol, seus irmãos perguntaram: "Então, o que descobriram?".

⁹⁻¹⁰Eles disseram: "Vamos atacá-los! Sem dúvida, a terra é muito boa. Então, vão ficar aqui sentados, sem fazer nada? Não percam tempo! Vamos invadir e conquistar a terra! Quando chegarem lá, vocês verão

que aquele povo é presa fácil. Eles são vulneráveis. A terra é ampla, e Deus a está entregando em nossas mãos. Não poderia ser melhor!".

¹¹⁻¹³Seiscentos homens de Dã partiram de Zorá e Estaol, armados até os dentes. No caminho, acamparam em Quiriate-Jearim, em Judá. Por isso, até hoje, o lugar é chamado campo de Dã. Fica a oeste de Quiriate-Jearim.

¹⁴Os cinco homens que tinham explorado a região de Laís disseram a seus companheiros: "Vocês sabiam que, naquelas casas, há um colete sacerdotal, ídolos domésticos e uma imagem fundida? O que acham que devemos fazer?".

¹⁵⁻¹⁸Eles saíram da estrada e foram até a casa do jovem levita, na propriedade de Mica, e perguntaram como ele estava. Os seiscentos homens de Dã, fortemente armados, ficaram de guarda na entrada, enquanto os cinco espiões que tinham explorado a terra entraram e apanharam a imagem esculpida, o colete sacerdotal, os ídolos domésticos e a imagem fundida. O sacerdote ficou na entrada com os seiscentos soldados. Quando os cinco homens entraram na casa de Mica para apanhar a imagem esculpida, o colete, os ídolos domésticos e a imagem fundida, o sacerdote perguntou: "O que pensam que estão fazendo?".

¹⁹Eles responderam: "Quieto! Não fale nada. Venha conosco. Seja nosso pai e sacerdote. O que é melhor: ser sacerdote de um único homem ou ser sacerdote de uma tribo inteira, de um clã de Israel?".

²⁰O sacerdote aproveitou a oportunidade. Pegou o colete, os ídolos do lar e as imagens e acompanhou o grupo.

²¹⁻²³Eles partiram e continuaram o caminho, pondo adiante deles as crianças, o gado e os equipamentos. Já estavam bem longe da casa de Mica, quando Mica e seus vizinhos conseguiram se organizar, mas não demoraram a alcançar os homens de Dã. Gritaram para eles, e os danitas, olhando para trás, perguntaram: "Que barulho é esse?".

²⁴Mica respondeu: "Vocês pegaram o meu ídolo, que eu mesmo fiz, e levaram o meu sacerdote. Estão levando tudo embora, me deixaram sem nada! Como, então, perguntam: 'Qual é o problema?' ".

²⁵Mas os homens de Dã responderam: "Não grite conosco. Você pode irritar alguns destes homens, e você e sua família perderão a vida".

²⁶Dito isso, os homens de Dã prosseguiram seu caminho. Mica, percebendo que não tinha condições de enfrentá-los, deu meia-volta e foi para casa.

DIA 124

LUCAS 23.26-49

A colina da Caveira

26-31 Enquanto o levavam, obrigaram Simão, um homem de Cirene que estava chegando do interior, a carregar a cruz atrás de Jesus. Uma grande multidão os acompanhava, e algumas mulheres choravam. Num determinado momento, Jesus virou-se para elas e disse: "Filhas de Jerusalém, não chorem por mim. Chorem por vocês mesmas e por seus filhos. Chegará o tempo em que será dito: 'Felizes as mulheres que nunca conceberam! Felizes as mulheres que nunca deram à luz! Felizes os seios que nunca amamentaram!'. Elas vão pedir às montanhas: 'Caiam sobre nós'; e às colinas: 'Soterrem-nos!'. Se o povo faz essas coisas com uma árvore verde e viva, imaginem o que farão com a madeira seca!".

32 Dois outros homens, ambos criminosos, foram levados com ele para a execução.

33 Quando chegaram ao lugar chamado colina da Caveira, eles o crucificaram, e também aos dois criminosos, um à direita e outro à esquerda.

34-35 Então, Jesus orou: "Pai, perdoa esta gente! Eles não sabem o que estão fazendo".

Eles dividiram suas roupas com apostas. O povo ficou ali, encarando Jesus, e os líderes zombavam: "Ele salvou os outros. Vamos ver se salva a si mesmo! O Messias de Deus. O Escolhido! Ah! Ah!".

36-37 Os soldados também começaram a zombar e deram vinagre para ele beber, dizendo: "Quer dizer que você é o Rei dos judeus! Salve-se, então!".

38 Acima da cabeça dele, puseram uma placa: Este é o Rei dos judeus.

39 Um dos criminosos crucificados ao seu lado blasfemava: "Que bela espécie de Messias é você! Salve a você mesmo! E a nós também!".

40-41 Mas o outro o censurou: "Você não tem temor de Deus? Está recebendo o mesmo castigo que ele. Nós o merecemos, mas ele não. Ele não fez nada para merecer isto".

42 Então, ele disse: "Jesus, lembre-se de mim quando o senhor entrar no seu Reino!".

43 Jesus disse: "Pode ter certeza. Hoje você irá comigo para o paraíso".

44-46 Era meio-dia. Toda a terra ficou em trevas, e a escuridão durou três horas — uma escuridão total. A cortina do templo partiu-se ao meio, de alto a baixo. Jesus gritou: "Pai, entrego minha vida em tuas mãos!". E deu o último suspiro.

47 O capitão da guarda testemunhou tudo aquilo e, com temor, deu glória a Deus: "Este homem era mesmo inocente. Um homem bom e inocente!".

48-49 Todos os que estavam ali na expectativa de ver um *show* ficaram arrasados quando viram o que realmente aconteceu e voltaram para casa. Os que conheciam bem Jesus e as mulheres que o seguiram desde a Galileia ficaram a uma certa distância, observando.

SALMOS 60.1-5

Um salmo de Davi — quando ele lutou contra Arã Naaraim e Arã Zobá e quando Joabe matou 12 mil edomitas no vale do Sal

60 **1-2** Deus! Tu nos abandonaste!
Fizeste nossas defesas em pedacinhos
E foste embora enraivecido.
Volta, por favor!

Sacudiste a terra até as fundações,
abriste enormes fissuras.
Repara as fissuras! Porque tudo está se desintegrando.

3-5 Tu fizeste teu povo parecer culpado
e nos forneceste um vinho barato para afogarmos nossas mágoas.
Então, fincaste um mastro para reunir teu povo
e desfraldaste a bandeira, contando com nossa coragem.
Agora, age com rapidez e responde logo,
se queres salvar aquele que tu mais amas.

NOTAS

DIA 125

JUÍZES 18.27 — 20.18

²⁷ Eles levaram os objetos feitos por Mica e seu sacerdote. Chegaram a Laís, a cidade das pessoas sossegadas e confiantes, massacraram a população e queimaram a cidade.

²⁸⁻²⁹ Não havia ninguém por perto para ajudá-los. Laís ficava muito longe de Sidom e não tinha contato com os arameus. A cidade ficava no vale de Bete-Reobe. Os danitas reconstruíram a cidade e deram a ela o nome de Dã, em homenagem ao seu antepassado, filho de Israel, mas o nome originário era Laís.

³⁰⁻³¹ Os homens de Dã adotaram a imagem de prata. Jônatas, filho de Gérson, filho de Moisés, e seus descendentes foram sacerdotes na tribo de Dã até a época do cativeiro. Durante todo o tempo em que o santuário de Deus ficou em Siló, eles mantiveram, para uso particular, o ídolo feito por Mica.

O levita

19 ¹⁻⁴ Naquele tempo, não havia rei em Israel. Um levita, que vivia nas regiões remotas das montanhas de Efraim, tomou para si uma concubina, uma mulher de Belém de Judá. Mas a mulher cometeu adultério e o abandonou, retornando para a casa de seu pai, em Belém de Judá. Depois de quatro meses, o marido resolveu procurá-la e convencê-la a voltar para ele. Estava acompanhado de um escravo e dois jumentos. Ela o recebeu na casa de seu pai. Seu sogro, o pai da moça, ficou bastante feliz com a visita e insistiu em que ele ficasse algum tempo ali. Ele ficou hospedado ali três dias, com muita comida e bebida.

⁵⁻⁶ No quarto dia, levantaram-se de madrugada e se preparam para partir. Mas o pai da moça pediu ao genro: "Faça uma refeição reforçada antes de partir". Então, eles se assentaram e comeram juntos.

⁶⁻⁷ O pai da moça disse ao homem: "Fique aqui ainda esta noite. Você será meu hóspede". O homem se levantou para partir, mas o sogro insistiu tanto que o homem concordou em pernoitar ali mais uma vez.

⁸⁻⁹ No quinto dia, ele se levantou de madrugada novamente. O pai da moça disse: "Você precisa se alimentar bem". Enquanto comiam e bebiam, o dia passou. O homem e sua concubina estavam preparados para partir, mas o sogro insistiu mais uma vez: "Vejam, está ficando tarde. Por que não passam a noite aqui? Logo estará escuro. Fiquem mais uma noite e descansem. Amanhã, vocês podem sair cedo e seguir para casa".

¹⁰⁻¹¹ Mas, dessa vez, o homem não quis passar a noite ali. Preparou sua bagagem e partiu para Jebus (Jerusalém) com os seus dois jumentos, sua concubina e seu escravo. Quando se aproximou de Jebus, já estava escurecendo. O escravo sugeriu ao seu senhor: "Já é tarde; vamos entrar na cidade dos jebuseus e passar a noite ali".

¹²⁻¹³ Mas o homem disse: "Não entraremos em nenhuma cidade estrangeira. Seguiremos até Gibeá". Ele acrescentou: "Continue andando. Vamos prosseguir a viagem. Passaremos a noite em Gibeá ou em Ramá".

¹⁴⁻¹⁵ Assim, continuaram a viagem. Ao pôr do sol, eles estavam perto de Gibeá, no território de Benjamim, e entraram na cidade para passar a noite.

¹⁵⁻¹⁷ O levita foi para a praça da cidade, mas ninguém oferecia hospedagem a ele. Mais tarde, passou por ali um homem idoso, que voltava do trabalho no campo. Ele era da região montanhosa de Efraim e estava morando temporariamente em Gibeá, onde todos os moradores eram benjamitas. Quando o homem viu o viajante na praça da cidade, perguntou: "Para onde você está indo? De onde veio?".

¹⁸⁻¹⁹ O levita respondeu: "Estamos de passagem. Estamos vindo de Belém, a caminho de um lugar distante nas montanhas de Efraim. Eu sou de lá. Fui a Belém de Judá e estou retornando para casa, mas ninguém nos convidou para passar a noite. Não vamos dar despesa a ninguém. Temos comida e feno

DIA 125

para os jumentos, pão e vinho para a mulher, para o jovem e para mim – não precisamos de nada".

²⁰⁻²¹ O velho disse: "Tudo bem. Eu cuido de vocês. Vocês não passarão a noite na praça". Ele os levou para a sua casa e alimentou os jumentos. Depois, todos se lavaram e se assentaram para comer.

²² Eles estavam tranquilos e se entretendo, quando um grupo de desocupados da cidade cercou a casa e começou a bater à porta. Eles gritavam para o dono da casa: "Traga para fora esse homem que está na sua casa. Queremos sexo. Vamos nos aproveitar dele".

²³⁻²⁴ O velho saiu e disse: "Nada disso, companheiros! Não sejam tão perversos! Esse homem é meu hóspede. Não cometam esse ultraje. Vejam, minha filha virgem e a concubina dele estão aqui. Vou trazê-las para fora. Façam o que quiserem com elas, mas não façam essa loucura com este homem".

²⁵⁻²⁶ Mas os homens não quiseram dar atenção ao velho. Finalmente, o levita empurrou sua concubina para fora. Eles abusaram dela a noite toda. De madrugada, a soltaram. A mulher voltou e ficou caída diante da porta da casa na qual estava seu senhor. Ao clarear o dia, ela continuava ali.

²⁷ De manhã, quando seu senhor se levantou e abriu a porta para prosseguir viagem, sua concubina estava ali, prostrada, com a mão na soleira da porta. ²⁸ Ele disse: "Levante-se! Vamos!". Mas a mulher não respondeu.

²⁹⁻³⁰ Ele a pôs sobre o jumento e seguiu viagem. Ao chegar em casa, apanhou uma faca e esquartejou sua concubina. Ele a dividiu em doze pedaços e mandou um pedaço para cada região de Israel. Todos os que viram isso, disseram: "Nunca aconteceu algo assim desde quando os israelitas saíram da terra do Egito. Pensem bem! Reflitam! Façam alguma coisa!".

20¹⁻² Então, todo o povo de Israel se reuniu na presença do Eterno em Mispá. Todos estavam lá, de Dã a Berseba, como um só homem! Os líderes do povo, representando todas as tribos de Israel, tomaram os seus lugares na assembleia do povo de Deus. Estavam ali quatrocentos mil soldados de infantaria armados com espada.

³ Nesse meio-tempo, os benjamitas ficaram sabendo que os israelitas estavam reunidos em Mispá.

O povo de Israel perguntou: "Conte-nos. Como aconteceu essa perversidade?".

⁴⁻⁷ O levita, marido da mulher assassinada, respondeu: "Eu e minha concubina entramos em Gibeá, cidade benjamita, para passar a noite. Naquela noite, os homens de Gibeá vieram atrás de mim. Eles cercaram

a casa em que eu me hospedava e queriam me matar. Eles violentaram minha concubina, e ela morreu. Levei minha concubina para casa, esquartejei-a e enviei cada um dos doze pedaços para toda a terra da herança de Israel. Esse crime vil e perverso foi cometido em Israel. Então, israelitas, resolvam! Decidam o que fazer!".

⁸⁻¹¹ Todo o povo se levantou como um só homem. Disseram: "Ninguém vai voltar para casa. Nem sequer uma pessoa. Este é o plano para Gibeá: nós a atacaremos por sorteio. Tomaremos dez de cada cem homens de cada tribo de Israel (cem de cada mil, mil de cada dez mil) para levar mantimentos para o exército. Quando as tropas chegarem a Gibeá, irão acertar as contas com os que cometeram esse crime horroroso em Israel". Assim, todos os homens de Israel, por unanimidade, se aliaram contra a cidade.

¹²⁻¹³ As tribos israelitas enviaram uma mensagem à tribo de Benjamim, dizendo: "O que vocês dizem desse horror cometido entre vocês? Entreguem os homens agora, esses criminosos de Gibeá. Nós os mataremos para extirpar o mal de Israel".

¹³⁻¹⁶ Mas os benjamitas não os entregaram. Eles não deram atenção ao pedido de seus irmãos, o povo de Israel. Pelo contrário, convocaram o exército de todas as suas cidades e se reuniram em Gibeá para atacar o povo de Israel. Em pouquíssimo tempo, conseguiram recrutar vinte e seis mil soldados de infantaria armados com espada. De Gibeá, convocaram setecentos dos melhores soldados. Havia outros setecentos atiradores canhotos, que conseguiam, com a funda, acertar uma pedra num fio de cabelo, sem errar.

¹⁷ Então, as tribos de Israel, sem contar Benjamim, mobilizaram quatrocentos mil homens de infantaria armados de espada.

¹⁸ Eles foram a Betel consultar Deus: "Quem de nós será o primeiro a atacar os benjamitas?".

O Eterno respondeu: "Será Judá".

LUCAS 23.50 – 24.16

⁵⁰⁻⁵⁴ Havia um homem, chamado José, membro do Concílio judaico, pessoa de bom coração e bom caráter, cuja terra natal era a cidade de Arimateia. Ele não concordava com os planos e com as ações do Concílio e era um dos que aguardavam o Reino de Deus. José procurou Pilatos e pediu o corpo de Jesus, que foi enrolado num lençol de linho e posto numa tumba cavada na rocha que nunca havia sido usada. Isso aconteceu no dia anterior ao sábado, e o sábado estava para começar.

55-56 As mulheres que vieram com Jesus da Galileia também acompanharam esses procedimentos. Elas viram a tumba onde o corpo de Jesus foi posto e voltaram para preparar as especiarias e os bálsamos para o sepultamento. Mas descansaram no sábado, conforme o mandamento.

Ele que está vivo!

24 **1-3** Nas primeiras horas do domingo, as mulheres foram à tumba. Levavam as especiarias que haviam preparado para o sepultamento. Encontraram a pedra da entrada da tumba fora do lugar e entraram. Mas não encontraram o corpo de Jesus lá dentro.

4-8 Confusas, tentavam imaginar o que teria acontecido. Então, de repente, dois homens, com luzes brilhando ao redor, apareceram ali. Elas ficaram apavoradas e se curvaram em reverência. Os homens disseram: "Por que vocês estão procurando aqui aquele que está vivo? Ele não está aqui, mas ressuscitou. Lembrem-se do que ele disse, quando ainda estava na Galileia, que tinha de ser entregue aos pecadores, ser morto numa cruz e ressuscitar no terceiro dia?". Então, elas se lembraram das palavras de Jesus.

9-11 Deixaram o túmulo e contaram tudo aos Onze e aos demais. Maria Madalena, Joana, Maria, mãe de Tiago, e as outras mulheres que estavam com elas relataram os fatos aos apóstolos, mas eles não acreditaram numa só palavra que disseram, achando que era coisa da cabeça das mulheres.

12 Mas Pedro correu até a tumba. Olhou para dentro e viu apenas alguns lençóis, nada mais. Abalado e admirado, ele voltou balançando a cabeça.

No caminho de Emaús

13-16 Naquele mesmo dia, dois discípulos caminhavam em direção à cidade de Emaús, a uns dez quilômetros de Jerusalém. Eles conversavam a respeito de todas as coisas que aconteceram. No meio da conversa, Jesus apareceu e os acompanhou, mas não o reconheceram.

SALMOS 60.6-12

6-8 Foi quando Deus falou em santo esplendor:
"Transbordando de alegria,
Fiz de Siquém um presente,
   reparti o vale de Sucote como uma dádiva.
Gileade é meu bolso,
   sem falar em Manassés.
Efraim é meu capacete,

Judá é meu martelo.
Moabe é um balde velho:
   com ele esfrego o chão.
Piso em cima de Edom,
   faço chover fogos de artifício
      sobre toda a Filístia".

9-10 Quem me levará para o meio da luta?
   Quem me mostrará a estrada para Edom?
Não estás desistindo de nós, Deus, estás?
   Irás te recusar a sair com nossas tropas?

11-12 Ajuda-nos nesta tarefa difícil,
   porque a ajuda dos homens é inútil.
Em Deus, nossa vitória está garantida,
   e ele eliminará a oposição para sempre.

◼ NOTAS

DIA 126

DIA 126 __/__/__

JUÍZES 20.19 — 21.25

¹⁹⁻²¹O povo de Israel levantou-se, na manhã seguinte, e acampou perto de Gibeá. O exército de Israel marchou contra Benjamim e tomou posição, pronto para atacar Gibeá. Mas os benjamitas saíram de Gibeá e mataram, no campo, vinte e seis mil israelitas.

²²⁻²³Os israelitas voltaram ao santuário e choraram perante o Eterno até a tarde. Outra vez, consultaram o Eterno: "Devemos atacar os benjamitas, nossos irmãos, outra vez?".

O Eterno respondeu: "Vão! Ataquem!".

²⁴⁻²⁵O exército se animou. Os homens de Israel ocuparam as mesmas posições do primeiro dia.

No segundo dia, os israelitas avançaram contra os benjamitas. Pela segunda vez, os benjamitas saíram da cidade e mataram dezoito mil israelitas, todos armados de espada.

²⁶Todo o povo de Israel, o exército inteiro, voltou para Betel. Chorando, assentaram-se perante o Eterno. Naquele dia, jejuaram até a tarde. Apresentaram ofertas queimadas e ofertas de paz perante o Eterno.

²⁷⁻²⁸Mais uma vez, consultaram o Eterno. Naquele tempo, a arca da aliança de Deus estava ali, com Fineias, filho de Eleazar, filho de Arão, que ministrava como sacerdote. Eles perguntaram: "Devemos lutar outra vez contra os benjamitas, nossos irmãos, ou devemos desistir?". O Eterno respondeu: "Ataquem. Amanhã darei a vitória a vocês".

²⁹⁻³¹Dessa vez, Israel armou emboscada em torno de Gibeá. No terceiro dia, quando Israel avançou, eles ocuparam as mesmas posições diante dos benjamitas. Quando os benjamitas saíram para atacar o exército, eles se distanciaram da cidade. Os benjamitas começaram a ferir parte da tropa, como tinham feito antes. Cerca de trinta homens morreram no campo e nas estradas para Betel e para Gibeá.

³²Os benjamitas começaram a se orgulhar: "Nós os estamos matando como moscas, todos os dias!".

³³Mas os israelitas tinham uma estratégia. Disseram: "Vamos retroceder e forçá-los para fora da cidade até as estradas principais". Então, todos os israelitas se distanciaram na direção de Baal-Tamar, e a emboscada dos israelitas saiu de sua posição a oeste de Gibeá.

³⁴⁻³⁶Dez mil dos melhores soldados de Israel atacaram Gibeá. Houve luta intensa e sangrenta!

Os benjamitas não imaginavam que estavam sendo derrotados. O Eterno os derrotou diante de Israel. Naquele dia, os israelitas mataram vinte e cinco mil e quinhentos benjamitas, todos armados com espada. Os benjamitas reconheceram a derrota.

Os homens de Israel fizeram de conta que estavam se retirando da presença dos benjamitas, sabendo que poderiam confiar na emboscada armada contra Gibeá.

³⁷⁻⁴⁰Os emboscados saíram rapidamente contra Gibeá. Os homens se espalharam e massacraram os que estavam na cidade. A estratégia com os da emboscada era que eles dariam um sinal de fumaça da cidade. Então, os homens de Israel voltariam e atacariam. Quando isso aconteceu, os benjamitas tinham matado trinta soldados israelitas. Achando que estavam vencendo a batalha, gritavam: "Eles estão fugindo como da outra vez!". Até que apareceu o sinal no céu, uma enorme coluna de fumaça. Quando os benjamitas olharam para trás, viram a cidade deles em chamas.

⁴¹⁻⁴³Quando os homens de Israel se voltaram contra eles, os homens de Benjamim esmoreceram. Perceberam que estavam cercados. Para evitar o confronto com os israelitas, tentaram escapar pela estrada do deserto, mas eram atacados por todos os lados. Os homens de Israel saíram das cidades, cercaram-nos por todos os lados e os atacaram. Eles perseguiram e os alcançaram a leste de Gibeá.

⁴⁴Dezoito mil benjamitas foram mortos — os melhores soldados.

⁴⁵Cinco mil homens viraram e fugiram para o deserto, em direção à rocha de Rimom, mas os israelitas os alcançaram e os massacraram ao longo da estrada. Os israelitas continuaram a persegui-los e derrotaram mais dois mil homens.

⁴⁶Ao todo, morreram, naquele dia, vinte e cinco mil soldados de infantaria benjamitas, os melhores do exército, armados com espada.

⁴⁷Seiscentos homens escaparam. Eles conseguiram chegar até a rocha de Rimom, no deserto, e ficaram ali quatro meses.

⁴⁸Os homens de Israel voltaram, entraram nas cidades e ali mataram todos os benjamitas que sobreviveram, todos os homens e animais que encontraram. Eles incendiaram todas aquelas cidades.

Esposas

21 ¹Israel havia feito um juramento em Mispá: "Ninguém de nós dará sua filha em casamento a um benjamita".

2-3 De volta a Betel, o povo permaneceu ali sentado na presença de Deus até a tarde. Eles choravam alto e lamentavam: "Ó Eterno, Deus de Israel! Por que aconteceu isso? Por que estamos hoje sem uma tribo inteira de Israel?".

4 Na manhã seguinte, logo cedo, o povo começou a edificar um altar. Sacrificaram ofertas queimadas e ofertas de paz.

5 Os israelitas perguntaram: "Qual das tribos de Israel não compareceu quando nos reunimos na presença do Eterno?", pois todos tinham feito juramento solene de que quem não comparecesse à presença do Eterno em Mispá seria morto.

6-7 O povo de Israel continuava a lamentar por Benjamim, seu irmão. Eles diziam: "Hoje foi eliminada uma tribo de Israel. Como encontraremos mulheres para os que sobreviveram? Pois juramos ao Eterno que não daríamos nossas filhas em casamento a eles".

8-9 Alguém perguntou: "Qual das tribos de Israel não esteve perante o Eterno em Mispá?".

Descobriu-se que ninguém de Jabes-Gileade tinha comparecido à assembleia. Quando conferiram a presença do povo, não foi encontrado ninguém de Jabes-Gileade.

10-11 Então, a comunidade enviou doze mil dos homens mais valentes com esta ordem: "Matem todos os moradores de Jabes-Gileade, até mesmo mulheres e crianças. São estas as instruções: vocês deverão matar todo homem e toda mulher que já teve relações sexuais. Mas poupem a vida das virgens". Foi o que fizeram.

12 Eles encontraram quatrocentas moças virgens entre os que viviam em Jabes-Gileade, que nunca tiveram relações com um homem. As moças foram trazidas ao acampamento de Siló, na terra de Canaã.

13-14 Então, a comunidade mandou chamar os benjamitas que ficaram na rocha de Rimom e propuseram fazer as pazes. Os benjamitas vieram. Os israelitas deram as mulheres que sobreviveram de Jabes-Gileade. Mesmo assim, não havia mulheres suficientes para a quantidade de homens.

15 O povo teve pena de Benjamim, porque o Eterno tinha deixado de lado aquela tribo – ficou faltando aquela peça nas tribos de Israel.

16-18 Os líderes da comunidade disseram: "Como encontraremos mulheres para o restante dos homens, já que todas as mulheres de Benjamim foram mortas? Como manteremos viva a herança dos sobreviventes benjamitas? Como evitaremos que a tribo seja extinta? Não poderíamos dar nossas filhas em casamento a eles". (Lembrem-se, os israelitas fizeram um juramento: "Maldito aquele que oferecer uma mulher a Benjamim".)

19 Então, alguém lembrou: "Há um festival ao Eterno todo ano em Siló, ao norte de Betel, logo a leste da estrada principal que vai de Betel a Siquém e ao sul de Lebona".

20-22 Eles disseram aos benjamitas: "Vão e se escondam nas vinhas. Fiquem atentos. Quando vocês virem as moças de Siló saírem para as suas danças, saiam das vinhas, tomem uma das moças de Siló por mulher; depois, corram de volta para o território de Benjamim. Quando o pai e os irmãos delas vierem nos acusar, diremos: 'Tenham compaixão deles. Afinal, não viemos lutar e matar vocês para conseguir mulheres para os homens. Não se preocupem! Vocês não serão culpados, pois não deram suas filhas a eles' ".

23 Foi o que os benjamitas fizeram. Eles tiraram as moças das danças, mulheres suficientes para a quantidade de homens, fugiram e voltaram para o seu território. Eles reconstruíram suas cidades e viveram nelas.

24 Dali, o povo de Israel se dispersou, cada um voltou para sua tribo e seu clã, cada um para a terra da sua herança.

25 Naquele tempo, não havia rei em Israel. As pessoas faziam o que bem entendiam.

LUCAS 24.17-35

17-18 Ele perguntou: "O que vocês estavam discutindo tão compenetrados?".

Eles pararam, cheios de tristeza, como se tivessem perdido o melhor amigo. Um deles, chamado Cleopas, respondeu: "Você deve ser a única pessoa de Jerusalém que não sabe o que aconteceu nos últimos dias".

19-24 Ele perguntou: "E o que foi?".

Eles disseram: "As coisas que aconteceram a Jesus, o Nazareno. Ele era um homem de Deus, um profeta, que falava e fazia como ninguém; era abençoado por Deus e amado pelo povo. Mas nossos líderes e principais sacerdotes o traíram, o sentenciaram à morte e o crucificaram. Tínhamos esperança de que ele fosse o Libertador de Israel. Mas hoje é o terceiro dia desde que tudo aconteceu, e algumas das mulheres do nosso grupo nos deixaram confusos. Hoje, de manhã bem cedo, elas

DIA 126

estiveram no túmulo. Não encontraram o corpo e voltaram com a história de terem visto anjos e que esses afirmaram que ele está vivo. Alguns dos nossos amigos foram ao túmulo para verificar e o encontraram vazio, como as mulheres disseram, mas não viram Jesus".

²⁵⁻²⁷ "Vocês não entendem?", suspirou Jesus. "Como demoram para crer! Por que não acreditam em tudo que os profetas disseram? Não percebem que tudo isso tinha de acontecer, que o Messias tinha de sofrer antes de entrar na glória?". Então, ele começou do princípio, com os livros de Moisés, e percorreu todos os Profetas, explicando tudo que as Escrituras diziam a respeito dele.

²⁸⁻³¹ Quando chegaram à entrada da cidade de destino deles, Jesus fez como se fosse seguir adiante, mas eles insistiram: "Fique e jante conosco. Já é quase noite. O dia já se foi". Então, ele foi com os dois. E foi isto que aconteceu: ele se assentou à mesa com os dois. Tomando o pão, ele o abençoou, partiu e deu a eles. Nesse momento, seus olhos se abriram e eles o reconheceram. Então, ele desapareceu.

³² Impressionados, comentavam: "Não sentíamos um fogo enquanto ele conversava conosco no caminho, enquanto nos explicava as Escrituras?".

Um fantasma não tem músculos e ossos

³³⁻³⁴ Eles não perderam um minuto e voltaram para Jerusalém. Encontraram os Onze e seus amigos reunidos ali, dizendo: "Aconteceu mesmo! O Mestre ressuscitou – Simão o viu!".

³⁵ Então, os dois contaram o que havia acontecido no caminho e como o reconheceram quando ele partira o pão.

SALMOS 61.1-8

Um salmo de Davi

61 ¹⁻² Deus, ouve meu grito,
inclina-te para ouvir minha oração.
Quando estou num lugar remoto,
já quase sem fôlego,
Clamo a ti: "Guia-me
para o alto da montanha mais alta!".

³⁻⁵ Tu sempre me deste espaço para respirar,
um lugar para fugir de tudo isso,
Uma licença vitalícia
para ocupar teu esconderijo,
um convite aberto e permanente.

Sempre me levaste a sério, ó Deus,
sempre me puseste à vontade entre
os que te conhecem e te amam.

⁶⁻⁸ Que os dias do rei se somem
a anos e anos de bom governo.
Estabelece o trono dele na tua plena luz.
Designa o teu amor e a tua fidelidade
como vigias,
E serei o poeta que cantará tua glória –
e que viverá o que canta todos os dias.

◼ NOTAS

☐ DIA 127 ___ / ___ / ___

RUTE 1.1 — 2.23

1 **1-2**Houve uma época, quando os juízes eram os líderes de Israel, em que uma fome assolou a terra. Um homem de Belém de Judá deixou sua casa e foi morar em Moabe. Ele levou a mulher e dois filhos. O homem chamava-se Elimeleque, sua mulher, Noemi, e seus filhos, Malom e Quiliom. Eram efrateus, de Belém de Judá. Os quatro mudaram-se para Moabe. **3-5**Elimeleque morreu, deixando Noemi e seus dois filhos. Os filhos se casaram com mulheres moabitas: a primeira se chamava Orfa, e a outra, Rute. Eles viveram ali dez anos. Mas os irmãos Malom e Quiliom também morreram, e Noemi ficou sem seus filhos e sem marido.

6-7 Certo dia, ela resolveu deixar Moabe e voltar para a sua terra, pois ficou sabendo que o Eterno tinha se agradado em visitar seu povo e tinha mandado alimento. Por isso, ela e as duas noras deixaram a cidade em que estavam morando para retornar à terra de Judá. **8-9**Quando estavam a caminho, Noemi disse às noras: "É melhor que vocês voltem para a casa de sua mãe. Que o Eterno tenha compaixão de vocês pelo que fizeram ao meu falecido marido e a mim. Que o Eterno dê a cada uma de vocês um novo lar e outro marido!". Ela as beijou e choraram alto. **10**Elas responderam: "Não faremos isso. Iremos com você de volta para o seu povo". **11-13**Mas Noemi insistiu: "Voltem, minhas filhas! Por que vocês querem ir comigo? Acham que ainda vou ter filhos e que eles vão se casar com vocês no futuro? Voltem, minhas filhas! Vão para casa! Estou muito velha para ter marido. Mesmo que eu dissesse: 'Ainda há esperança!', e hoje mesmo me casasse e tivesse filhos, vocês esperariam até eles crescerem? Aguardariam tanto tempo para casar novamente? Não, minhas filhas, para mim, essa é uma experiência muito amarga, mais do que para vocês. O Eterno foi severo comigo". **14**Elas começaram a chorar outra vez. Orfa beijou a sogra e se despediu, mas Rute abraçou Noemi e ficou com ela. **15**Noemi disse: "Veja, sua concunhada voltou para casa para morar com seu povo e seus deuses. Volte com ela".

16-17 Mas Rute disse: "Não me force a abandoná-la. Não me faça voltar para casa. Aonde você for, eu também irei. Onde você viver, eu viverei. O seu povo será o meu povo, e o seu Deus, o meu Deus. Onde você morrer, também eu morrerei, e ali serei sepultada. Que o Eterno me ajude. Nem a morte nos separará!". **18-19**Quando Noemi percebeu que Rute estava determinada a acompanhá-la, desistiu de tentar convencê-la a ficar. Então, as duas foram para Belém.

Quando chegaram a Belém, a cidade inteira comentou: "Será que é mesmo Noemi? Depois de tanto tempo, ela está de volta!". **20-21**Ela respondia: "Não me chamem de Noemi, mas de Amarga. O Todo-poderoso foi severo comigo. Saí daqui cheia de vida, mas o Eterno me fez voltar sem nada, apenas com a roupa do corpo. Por que vocês me chamariam de Noemi? O Eterno não o faria. O Todo-poderoso arrasou comigo". **22**Foi assim que Noemi voltou de Moabe, com Rute, a moabita. Elas chegaram a Belém no início da colheita da cevada.

2 **1**Noemi tinha um parente próximo, homem conhecido e rico, da família de Elimeleque. Ele se chamava Boaz.

2Certo dia, Rute, a moabita, disse a Noemi: "Vou sair para trabalhar. Vou apanhar espigas atrás do ceifeiro que me tratar bem".

Noemi concordou: "Vá, minha filha!". **3-4**Então, ela partiu. Começou a colher espigas atrás dos ceifeiros. Sem perceber, entrou no campo de Boaz, parente de seu falecido sogro. Naquele momento, Boaz chegou de Belém e saudou os trabalhadores: "O Eterno esteja com vocês!". Eles responderam: "O Eterno abençoe o senhor!". **5**Boaz perguntou ao jovem encarregado dos trabalhadores: "Quem é aquela jovem? De onde ela veio?".

6-7O encarregado respondeu: "Ora, ela é a moabita, a que veio com Noemi de Moabe. Ela me pediu: 'Permita-me recolher e juntar espigas atrás dos ceifeiros'. Desde então, ela está aí, desde cedo até agora, trabalhando quase sem descanso".

8-9 Boaz disse a Rute: "Ouça, minha filha. De agora em diante, não vá colher em nenhum outro campo. Fique aqui, com minhas jovens. Observe onde elas estão colhendo e acompanhe-as. Não se preocupe. Dei ordem aos meus servos para não perturbarem você. Quando ficar com sede, beba água dos potes que os trabalhadores encheram".

DIA 127

[10] Ela se prostrou com o rosto em terra: "Por que o senhor me trata com bondade, logo eu, uma estrangeira?".

[11-12] Boaz respondeu: "Já me falaram a seu respeito. Soube que você tratou bem sua sogra depois da morte de seu sogro e que deixou seu pai, sua mãe e sua terra natal para morar no meio de desconhecidos. Que o Eterno a recompense pelo que você fez e que o Deus de Israel, a quem pediu abrigo, seja generoso para com você".

[13] Ela disse: "Senhor, quanta generosidade e quanta bondade! Eu não mereço! Fico comovida de ser tratada dessa maneira, pois nem sou daqui".

[14] Na hora de comer, Boaz convidou-a: "Venha cá. Coma um pedaço de pão, molhe-o no vinho".

Ela se juntou aos trabalhadores. Boaz passou o grão torrado para ela. Ela comeu a porção dela, e ainda sobrou.

[15-16] Quando ela se levantou para voltar ao trabalho, Boaz deu ordem aos seus servos: "Deixem que ela ajunte onde ainda há bastante espiga no chão. Facilitem o trabalho para ela. Aliás, deixem para trás algumas das boas espigas, para ela ajuntar. Quero que deem a ela um tratamento especial".

[17-18] Rute recolheu espigas no campo até a tarde. Ela debulhou o que havia colhido, e chegou a quase uma arroba de cevada. Ela juntou tudo, voltou para a cidade e mostrou para a sogra o resultado do seu dia de trabalho. Ela também trouxe o que sobrou do almoço.

[19] Noemi perguntou: "Onde você colheu hoje? No campo de quem você esteve? Bendito seja aquele que cuidou tão bem de você!".

Rute contou à sua sogra: "O homem com quem trabalhei hoje se chama Boaz".

[20] Noemi disse à sua nora: "O Eterno o abençoe! Afinal, Deus ainda não nos abandonou! Ele nos ama, tanto na hora difícil quanto nos bons momentos!".

Noemi prosseguiu: "Rute, aquele homem é nosso parente. Ele é um de nossos resgatadores".

[21] Rute, a moabita, disse: "E tem mais. Ele também me disse: 'Fique com minhas trabalhadoras até o fim da colheita'".

[22] Noemi disse a Rute: "Que notícia maravilhosa, minha filha! Faça isso! Você estará protegida na companhia dessas moças; agora não há perigo de você ser molestada no campo de um estranho".

[23] Assim, Rute continuou a recolher espigas nos campos todos os dias, com as trabalhadoras de Boaz, até o fim da colheita do trigo e da cevada. Ela continuava morando com sua sogra.

LUCAS 24.36-53

[36-41] Enquanto falavam, Jesus apareceu no meio deles e disse: "Paz seja com vocês!". Mas eles pensaram que estavam vendo um fantasma e ficaram morrendo de medo. Ele, porém, os tranquilizou: "Não fiquem preocupados nem deixem que a dúvida os domine. Olhem minhas mãos. Olhem meus pés — sou eu mesmo! Toquem em mim. Examinem-me da cabeça aos pés. Um fantasma não tem músculos e ossos". Enquanto dizia isso, mostrou a eles as mãos e os pés. Eles ainda não conseguiam acreditar no que estavam vendo. Era bom demais para ver verdade.

[41-43] Ele perguntou: "Vocês têm comida aqui?". Eles trouxeram peixe que haviam assado. E ele comeu o peixe na presença de todos.

Vocês são as testemunhas

[44] **E**m seguida, ele declarou: "Tudo que eu disse enquanto estava com vocês confirma: todas as coisas escritas a meu respeito na Lei de Moisés, nos Profetas e nos Salmos tinham de se cumprir".

[45-49] Ele continuou a abrir o entendimento deles com relação à Palavra de Deus, mostrando como se devia interpretar a Bíblia: "Vocês podem ver agora que está escrito que o Messias sofreria e se levantaria dentre os mortos no terceiro dia, e uma mudança radical de vida, por meio do perdão de pecados, é proclamada em seu nome a todas as nações — começando aqui, em Jerusalém! Vocês são os primeiros a ouvir e ver tudo. Vocês são as testemunhas. O que virá depois é muito importante: enviarei o que meu Pai prometeu a vocês; então, permaneçam na cidade até que recebam, até que sejam capacitados com o poder que vem do alto".

[50-51] Depois ele os levou para fora da cidade, até perto de Betânia. Levantando as mãos, abençoou-os e, enquanto os abençoava, foi elevado aos céus.

[52-53] Eles se ajoelharam, adorando-o. Voltaram para Jerusalém explodindo de alegria; e passavam todo o tempo no templo, louvando a Deus. Amém.

SALMOS 62.1-6

Um salmo de Davi

62 [1-2] **D**eus é único e incomparável: por isso esperarei pelo tempo dele.
Tudo de que preciso vem dele;
Ele é a rocha sólida debaixo dos meus pés,
    um espaço para a minha alma respirar,
Um castelo invencível:
    não há como eu ser derrotado.

3-4 Até quando vocês conspirarão contra mim?
Até quando concordarão com a violência?
Vocês nada têm a oferecer, nenhum de vocês:
são como tábuas podres de assoalho,
abrigos comidos por cupins,
Formigueiros que tramam trazer
abaixo as montanhas,
com imaginação fértil.
Vocês recitam bons versos,
mas cada "bênção" exala uma maldição.

5-6 Deus é único e incomparável:
por isso esperarei pelo tempo dele.
Tudo que espero vem dele,
Ele é uma rocha sólida debaixo dos meus pés,
um espaço para a minha alma respirar;
Um castelo invencível:
Não há como eu ser derrotado.

◼ NOTAS

☐ DIA 128 ___ / ___ / ___

RUTE 3.1 — 4.22

3 **1-2** Certo dia, Noemi disse a Rute: "Minha filha, não acha que está na hora de procurarmos um lar para você, para que você seja feliz? Boaz, aquele que deixou você trabalhar com as empregadas dele, é nosso parente próximo. Talvez seja o momento de fazer alguma coisa. Hoje à noite, ele vai debulhar cevada na eira.

3-4 "Por isso, tome um banho e use perfume. Arrume-se e desça para a eira. Mas não deixe ele saber que você está ali até depois de ter comido e bebido. Quando você o vir saindo para se deitar, observe para onde ele vai e siga-o. Deite-se aos seus pés, para que ele saiba que você está disponível para se casar com ele. Depois, aguarde para ver o que ele dirá. Ele dirá a você o que fazer".

5 Rute respondeu: "Vou fazer tudo conforme a senhora disse".

6 Ela desceu à eira e pôs em prática o plano da sogra.

7 Boaz se divertiu, comendo e bebendo, e ficou muito alegre. Na hora de dormir, deitou-se perto da cevada. Rute o seguiu de mansinho e se deitou ali também, para mostrar sua disponibilidade para se casar.

8 No meio da noite, o homem acordou de repente, levantou-se e ficou surpreso quando viu a mulher dormindo a seus pés.

9 Ele perguntou: "Quem é você?".

Ela respondeu: "Sou Rute, sua serva. Proteja-me debaixo das suas asas. O senhor é meu parente próximo e, como sabe, é resgatador: tem o direito de se casar comigo".

10-13 Ele disse: "O Eterno abençoe você, minha filha! Que demonstração de amor! Você poderia ter escolhido qualquer outro jovem. Mas não se preocupe. Farei tudo que você quiser ou pedir. Todos na cidade sabem que você é uma mulher corajosa — uma pérola! Você está certa. Sou seu parente próximo, só que há outro mais próximo que eu. Portanto, fique aqui o

DIA 128

restante da noite. Amanhã, se esse parente quiser cumprir os seus direitos e deveres de resgatador, ele terá prioridade. Mas, se ele não estiver interessado, juro pelo Eterno que eu o farei. Volte a dormir".

¹⁴ Rute dormiu aos pés dele até de madrugada, mas se levantou enquanto ainda estava escuro, para não ser reconhecida. Boaz acordou e disse: "Ninguém pode saber que você esteve aqui".

¹⁵ Ele disse também: "Abra a manta que você trouxe". Ela abriu a manta, e ele a encheu com seis medidas de cevada e ajeitou o embrulho nos ombros dela. Então, ela voltou para a cidade.

¹⁶⁻¹⁷ Quando ela voltou para sua sogra, Noemi perguntou: "Como foi, minha filha?".

Rute contou tudo o que o homem tinha feito e disse: "Ele me deu toda esta cevada — seis medidas! — porque me disse: 'Você não voltará de mãos vazias para a casa de sua sogra!' ".

¹⁸ Noemi disse: "Agora descanse, minha filha, até vermos o que acontecerá. Esse homem não vai perder tempo. Preste atenção no que eu estou dizendo: ele vai resolver a questão hoje mesmo".

4 ¹ Boaz foi direto para a praça da cidade e ficou aguardando. Logo, apareceu o parente mais próximo, que Boaz tinha mencionado.

Boaz o chamou: "Chegue aqui, amigo! Sente-se". O homem o atendeu.

² Boaz chamou dez líderes da cidade e disse: "Sentem-se conosco. Precisamos tratar de um assunto". Eles se sentaram.

³⁻⁴ Então, Boaz disse a seu parente: "A propriedade que pertencia ao nosso parente Elimeleque foi vendida pela viúva, que voltou recentemente de Moabe. Eu queria que você soubesse disso. Se quiser, você poderá comprá-la de volta. Pode oficializar o resgate na presença dos que estão sentados aqui e dos líderes da cidade. A preferência para resgatar a propriedade é sua. Mas, se não quiser, diga-me, para que eu saiba o que fazer. Você tem preferência, e o próximo da lista sou eu".

Ele respondeu: "Eu comprarei".

⁵ Boaz acrescentou: "Sem dúvida, você está ciente de que, quando você comprar o campo de Noemi, terá de assumir Rute, a moabita, viúva de nosso falecido parente, como parte da responsabilidade de resgatador, e ter filhos com ela, para manter a herança da família".

⁶ Mas aí o homem disse: "Nesse caso, não posso resgatar a propriedade, porque estaria arriscando o que já é minha herança. Você está livre para fazê-lo. Cedo meus direitos, pois não posso resgatá-la".

⁷ Antigamente, em Israel, era assim que se tratavam negócios de propriedade e herança: o homem tirava as próprias sandálias e as entregava para a outra pessoa. Em Israel, isso correspondia a um selo oficial ou uma assinatura.

⁸ Então, quando o parente resgatador de Boaz disse: "Você está livre para comprar a propriedade", ele tirou as sandálias para selar o acordo.

⁹⁻¹⁰ No mesmo dia, Boaz declarou aos líderes e a todos os habitantes da cidade que estavam na praça: "Vocês são testemunhas de que comprei de Noemi tudo que pertencia a Elimeleque, a Quiliom e a Malom. Também assumi a responsabilidade pela estrangeira Rute, viúva de Malom. Eu a tomarei por mulher, para preservar a herança do falecido. A lembrança e a reputação do falecido não desaparecerão da família dele nem de sua cidade natal. Vocês hoje são testemunhas disso".

¹¹⁻¹² O povo da cidade e os líderes concordaram: "Sim, somos testemunhas. Que o Eterno torne essa mulher que entra em sua família como Raquel e Lia, as mulheres que constituíram a família de Israel. Que o Eterno o torne uma coluna em Efrata e famoso em Belém! Que os filhos concedidos a você pelo Eterno por meio dessa jovem constituam uma família tão forte quanto a de Perez, filho que Tamar deu a Judá".

¹³ Boaz casou-se com Rute. Ela passou a ser sua mulher. Ele teve relações com ela, e, pela graça do Eterno, ela engravidou e deu à luz um filho.

¹⁴⁻¹⁵ As mulheres da cidade disseram a Noemi: "Bendito seja o Eterno! Ele não deixou você sem descendente para cuidar. Que esse filho cresça e seja respeitado em Israel! Ele fará você se sentir jovem outra vez e cuidará de você na velhice. E sua nora, que o trouxe ao mundo e a ama tanto, sem dúvida é uma bênção maior que sete filhos!".

¹⁶ Noemi pegou o menino e o segurou no colo. Acariciou-o, beijou-o e cuidou dele com todo carinho.

¹⁷ As vizinhas começaram a chamá-lo "o menino da Noemi"! Mas seu nome verdadeiro era Obede. Obede foi o pai de Jessé, e Jessé foi o pai de Davi.

¹⁸⁻²² Esta é a descendência de Perez:

Perez foi o pai de Hezrom;
Hezrom foi o pai de Rão;
Rão foi o pai de Aminadabe;
Aminadabe foi o pai de Naassom;
Naassom foi o pai de Salmom;

Salmom foi o pai de Boaz;
Boaz foi o pai de Obede;
Obede foi o pai de Jessé;
Jessé foi o pai de Davi.

JOÃO 1.1-28

A luz da vida

1 **1-2 A**ntes de tudo, havia a Palavra,
a Palavra presente em Deus,
Deus presente na Palavra.
A Palavra era Deus,
Desde o princípio à disposição de Deus.

3-5 Tudo foi criado por meio dele;
nada — nada mesmo! —
veio a existir sem ele.
O que veio à existência foi a Vida,
e a Vida era a Luz pela qual se
devia viver.
A Luz da Vida brilhou nas trevas;
as trevas nada puderam fazer
contra a Luz.

6-8 Houve um homem, chamado João, enviado por Deus para apontar o caminho para a Luz da Vida. Ele veio dizer a todos para onde olhar, em quem deviam crer. João não era a Luz; ele estava ali para mostrar o caminho para a Luz.

9-13 A Luz da Vida era verdadeira:
Cada pessoa que entra na Vida
é conduzida à Luz.
Ele estava no mundo,
e o mundo existe por causa dele;
mesmo assim, o mundo não o acolheu.
Ele veio para seu povo,
mas eles não o quiseram.
Mas houve os que o quiseram de verdade,
que acreditaram que ele
era o que afirmava ser
e que fez o que disse ter feito.
Ele fez deles seu povo,
os filhos de Deus.
Filhos nascidos de Deus,
não nascidos do sangue,
não nascidos da carne,
não nascidos do sexo.

14 A Palavra tornou-se carne e sangue,
e veio viver perto de nós.

Nós vimos a glória com nossos olhos,
uma glória única:
o Filho é como o Pai,
Sempre generoso,
autêntico do início ao fim.

15 João apontou para ele e disse: "Este é o Messias! O Messias que eu afirmei que viria depois de mim, mas de fato é superior a mim. Ele sempre foi maior que eu, sempre teve a primeira palavra".

16-18 Todos sempre vivemos de sua generosidade,
recebendo dádivas, uma após a outra.
O essencial veio por meio de Moisés;
foi, então, que chegou esse exuberante dar e
receber,
Esse conhecer e entender sem fim —
tudo veio por meio de Jesus, o Messias.
Ninguém jamais viu Deus,
no máximo fora um vislumbre.
Foi, então, que essa Expressão única de Deus,
que existe no próprio coração do Pai,
se revelou, com a clareza do dia.

Trovão no deserto

19-20 Os judeus de Jerusalém enviaram um grupo de sacerdotes e oficiais para perguntar a João quem ele era, e João foi honesto com eles. Não disfarçou e contou a verdade: "Eu não sou o Messias".

21 Eles o pressionaram: "Quem é você, então? Elias?".

"Não sou."

"O Profeta?"

"Não."

22 Exasperados, perguntaram: "Quem, então?". Precisamos dar uma resposta aos que nos enviaram. Diga-nos alguma coisa — qualquer coisa! — a seu respeito".

23 "Eu sou um trovão no deserto: 'Preparem um caminho reto para Deus!'. Estou fazendo o que o profeta Isaías anunciou."

24-25 Os que o interrogavam eram do partido dos fariseus, mas tinham sua própria pergunta: "Se você não é o Messias, nem Elias nem o Profeta, por que você batiza?".

26-27 João respondeu: "Eu batizo apenas com água. Uma pessoa que vocês não conhecem já está entre nós. Ele vem depois de mim, mas é muito mais importante. Na verdade, não sou digno nem de carregar a sua mala".

28 Essa conversa aconteceu em Betânia, do outro lado do Jordão, onde João estava batizando.

DIA 129

SALMOS 62.7-12

7-8 Meu socorro e minha glória estão em Deus,
ele é minha rocha firme, um porto seguro.
Então, confie nele sem reservas, meu povo.
Sejam francos com ele.
Deus é um lugar seguro.

9 O homem é como fumaça;
a mulher, como miragem.
Ajunte-os, e serão nada;
duas vezes nada é nada.

10 Quanto à sorte inesperada, se ela vier,
não faça muito caso dela.

11 Deus disse isto, de uma vez por todas,
e quantas vezes
Eu o ouvi repetir:
"A força vem
Diretamente de Deus"!

12 Tu mereces ser amado, Senhor Deus!
O salário que tu pagas está
de acordo com o que cada um merece!

NOTAS

☐ **DIA 129** ___ / ___ / ___

1SAMUEL 1.1 — 2.26

Ana abre seu coração
para Deus

1 **1-2** Havia um homem que morava em Ramataim. Era descendente da família de Zufe, das montanhas de Efraim. Seu nome era Elcana. (O parentesco dele com Zufe de Efraim era por parte de seu pai, Jeroão, seu avô Eliú e seu bisavô Toú.) Ele tinha duas mulheres. A primeira chamava-se Ana. A outra, Penina. Penina tinha filhos, mas Ana não.

3-7 Todo ano, esse homem viajava até Siló para adorar e oferecer sacrifício ao Senhor dos Exércitos de Anjos. Eli e seus dois filhos, Hofni e Fineias, eram os sacerdotes do Eterno. Elcana oferecia o sacrifício e servia a refeição sagrada a sua mulher Penina e a seus filhos, mas sempre dava uma porção generosa para Ana, porque a amava muito e pelo fato de o Eterno não ter dado filhos a ela. Sua rival a provocava sem dó, irritando-a e sempre lembrando-a de que o Eterno a deixara sem filhos. Isso acontecia todos os anos. Sempre que a família ia ao santuário do Eterno, Ana já sabia que seria provocada. Ela chorava e até perdia o apetite.

8 Certa vez, Elcana, o marido, perguntou: "Ana, por que você sempre chora? Por que não come? Por que está tão triste? Não sou melhor para você que dez filhos?".

9-11 Naquele dia, depois de comer, Ana se recompôs e, de mansinho, escapuliu para o santuário. O sacerdote Eli, como de costume, estava sentado numa cadeira à entrada do santuário do Eterno. Aflita, Ana orou ao Eterno. Desconsolada, ela chorava. Então, fez um voto:

"Ó Senhor dos Exércitos de Anjos,
Se atentares para o meu sofrimento,

Se deixares de me ignorar e agires a meu favor,
Dando-me um filho,
Eu o dedicarei sem reservas a ti.
Eu o separarei para uma vida de santa disciplina".

[12-14]Enquanto ela orava ao Eterno, Eli a observava atentamente. Ana orava em silêncio, com o coração. Seus lábios se mexiam, mas não saía som algum de sua boca. Eli pensou que ela estivesse embriagada; por isso, se aproximou dela e perguntou: "Você está bêbada? Até quando vai ficar assim? Largue esse vício, mulher!".

[15-16]Ana respondeu: "Não, senhor! Estou com o coração partido. Não andei bebendo. Não bebi vinho nem qualquer outra bebida forte. Estou apenas abrindo o meu coração para o Eterno. Não pense que sou uma mulher sem moral. Estou desesperada e sofro muito; por isso, estou aqui há tanto tempo".

[17]Ele disse: "Vá em paz! Que o Deus de Israel atenda ao seu pedido".

[18]Ela pediu: "Pense sempre bem de mim!". Depois disso, voltou para junto do marido e comeu com apetite. Agora estava radiante.

[19] Eles se levantaram bem cedo, adoraram ao Eterno e retornaram para Ramá. Elcana teve relações com Ana, e o Eterno lembrou-se do seu pedido.

Dedicação do filho a Deus

[20] Antes do final do ano, Ana engravidou e teve um filho. Deu a ele o nome Samuel, pois disse: "Eu o pedi ao Eterno".

[21-22]Quando chegou, outra vez, a época de Elcana voltar a Siló para o sacrifício anual e para cumprir o seu voto, Ana não o acompanhou. Ela disse ao marido: "Depois que o menino for desmamado, eu o levarei e o apresentarei ao Eterno. Ele ficará ali para sempre".

[23-24]Elcana respondeu: "Faça o que você achar melhor. Fique em casa até o menino estar desmamado. Sim! Que o Eterno conclua o que ele começou!".

Naquele ano, ela ficou em casa e amamentou o filho. Depois que o desmamou, ela o levou a Siló, com uma oferta generosa para a refeição sagrada: um novilho de três anos, farinha e vinho. O menino ainda era bem novo!

[25-26] Eles mataram o novilho e, depois, levaram o menino a Eli. Ana disse: "Senhor! Acredita que eu sou aquela mulher que estava neste mesmo lugar, diante do senhor, orando ao Eterno? Eu orava por esta criança, e o Eterno concedeu a mim o que pedi. Agora, eu o estou dedicando ao Eterno – por toda a vida". Eles adoraram ao Eterno ali.

2 [1]Ana orou:
"Canto de alegria por causa das
    notícias do Eterno!
Estou andando nas nuvens.
Estou rindo dos meus rivais.
Estou dançando minha salvação.

[2-5] "Não há santo como o Eterno,
    nenhum rochedo como Deus.
Não falem com arrogância –
    não saiam de sua boca palavras
    de orgulho!
Pois o Eterno conhece todas as coisas.
    Ele mede tudo que acontece.
As armas dos fortes são esmigalhadas,
    mas os fracos são revigorados.
Os mais abastados agora mendigam
    o pão nas ruas,
    mas os famintos têm comida em dobro.
A mulher estéril está com a casa
    cheia de filhos,
    mas a mãe de muitos ficou sem eles.

[6-10]O Eterno traz a morte e o Eterno traz a vida,
    faz descer à cova e faz ressurgir.
O Eterno faz empobrecer e envia riquezas;
    ele rebaixa e exalta.
Ele põe o pobre de pé outra vez;
    anima os esgotados com nova esperança,
Restaura na vida deles a dignidade e o respeito;
    faz que tenham um lugar ao sol!
Pois, ao Eterno, pertencem as próprias
    estruturas da terra;
    ele estabeleceu a terra sobre um
    fundamento bem firme.
Ele protege os amigos fiéis o tempo todo,
    mas deixa o perverso tropeçar na escuridão.
Ninguém consegue sucesso nesta vida por
    esforço próprio!
Os inimigos do Eterno serão
    destruídos com rajadas do céu:
    serão amontoados e queimados.
O Eterno estabelecerá a justiça sobre
    toda a terra,
    ele dará força ao rei,
    ele estabelecerá o seu ungido
    sobre todo o mundo!".

[11]Elcana voltou para sua casa, em Ramá. O menino ficou servindo ao Eterno sob os cuidados do sacerdote Eli.

DIA 129

Samuel serve ao Eterno

12-17 Os filhos de Eli não eram flor que se cheirasse. Eles não acreditavam no Eterno e levavam o ofício sacerdotal na brincadeira. Quando alguém oferecia um sacrifício, era costume o ajudante do sacerdote chegar e, enquanto a carne estava ainda cozinhando, meter o garfo de três pontas na panela. O que ele tirasse com o garfo era a porção do sacerdote. Mas os filhos de Eli agiam de outro modo com os israelitas que vinham oferecer sacrifício em Siló.

Antes mesmo de se queimar a gordura para Deus, eles mandavam o ajudante do sacerdote dizer ao que estava oferecendo o sacrifício: "Dê um pouco desta carne para o sacerdote assar. Ele não gosta de carne cozida, só de carne mal passada". Se a pessoa resistisse, dizendo: "Deixe primeiro queimar a gordura, a porção de Deus! Depois, leve o que quiser", o ajudante insistia: "Não. Preciso agora. Se não me der, vou ter de tomá-la à força". Era horrível o pecado que os dois jovens cometiam – bem na presença do Eterno! –, profanando a oferta sagrada.

18-20 Era essa a situação na época em que Samuel, ainda menino, costumava usar uma túnica de linho e servia ao Eterno. Todo ano, sua mãe fazia uma pequena túnica, de acordo com o tamanho de Samuel, e entregava a ele quando ela e o marido vinham para o sacrifício anual. Eli abençoava Elcana e sua mulher, dizendo: "O Eterno dê filhos no lugar do menino que vocês dedicaram ao Eterno". Com isso, voltavam para casa.

21 O Eterno foi muito bondoso para com Ana: ela teve mais três filhos e duas filhas! O menino Samuel permaneceu no santuário e crescia diante do Eterno.

Sofrimento e lágrimas

22-25 Na época, Eli já era um homem idoso. Ele ficou sabendo que seus filhos tratavam mal o povo e dormiam com as mulheres que ajudavam no santuário. O pai chamou a atenção deles: "O que está acontecendo? Por que estão agindo desse modo? A toda hora ouço conversas sobre a maldade e o péssimo comportamento de vocês. Ah, meus filhos, isso não está certo! O povo do Eterno está dizendo coisas terríveis a respeito de vocês! Se vocês pecarem contra outra pessoa, ainda há esperança – Deus tem compaixão. Mas, se estão pecando contra o Eterno, quem os defenderá?".

25-26 Mas eles estavam tão obcecados pela maldade que as palavras do pai entraram por um ouvido e saíram pelo outro. Diante disso, a paciência do Eterno se esgotou, e ele decretou a morte daqueles rapazes. Mas o jovem Samuel era dedicado ao trabalho, abençoado pelo Eterno e estimado pelo povo.

JOÃO 1.29-51

Revelando a Deus

29-31 No dia seguinte, João viu Jesus vindo em sua direção e exclamou: "Aqui está ele, o Cordeiro pascal de Deus! Ele perdoa os pecados do mundo! Este é o homem de quem falei. Aquele 'que viria depois de mim, mas de fato é superior a mim'. Eu não sabia nada a respeito dele. Só sabia que minha missão era deixar Israel preparado para reconhecê-lo como o homem que veio nos mostrar Deus. É por isso que vim, batizando com água, dando um bom banho em vocês e limpando os pecados de cada um, para que pudessem ter um novo começo com Deus".

32-34 João fortaleceu seu testemunho, dizendo: "Vi o Espírito, como uma pomba voando pelo céu, fazendo dele sua morada. Repito, não sei nada a respeito dele a não ser isto: aquele que me autorizou a batizar com água me disse: 'Aquele sobre quem você vir o Espírito descer e permanecer batizará com o Espírito Santo'. Foi exatamente isso que vi acontecer, por isso digo a vocês, e não há dúvida: *este* é o Filho de Deus".

Veja você mesmo

35-36 No dia seguinte, João estava de volta ao seu posto com dois discípulos, que observavam. Ele ergueu os olhos, viu Jesus caminhando e disse: "Aqui está ele, o Cordeiro pascal de Deus".

37-38 Os dois discípulos, ouvindo isso, passaram a seguir Jesus. Ele olhou para trás e perguntou: "O que procuram?".

Eles disseram: "Rabi (que quer dizer 'Mestre'), onde o senhor costuma ficar?".

39 Ele respondeu: "Venham e vejam vocês mesmos". Eles foram, viram onde Jesus estava vivendo e ficaram ali o resto do dia, pois já estava anoitecendo.

40-42 André, irmão de Simão Pedro, era um dos dois que ouviram o testemunho de João e que haviam começado a seguir Jesus. A primeira coisa que ele fez depois de descobrir onde Jesus vivia foi procurar seu irmão, Simão, e dizer: "Encontramos o Messias". (isto é, 'o Cristo'). Ele imediatamente o levou a Jesus.

Jesus olhou para ele e disse: "Você é Simão, filho de João? De agora em diante seu nome será Cefas" (ou Pedro, que significa "pedra").

43-44 No dia seguinte, Jesus decidiu ir para a Galileia. Ao chegar, encontrou Filipe e disse: "Venha, siga-me". (Filipe era de Betsaida, a mesma cidade de André e Pedro.)

45-46 Filipe foi com ele. Mais adiante, encontrou Natanael e disse: "Encontramos aquele a respeito de quem Moisés escreveu na Lei, aquele anunciado pelos profetas. É Jesus, filho de José. Ele veio de Nazaré!". Natanael perguntou: "Nazaré? Você está brincando!".

Mas Filipe insistiu: "Venha, veja você mesmo".

47 Quando Jesus viu Natanael se aproximar, disse: "Aí está um autêntico israelita, em quem não há falsidade".

48 Natanael estranhou: "De onde tirou essa ideia? Você não me conhece".

Jesus respondeu: "Um dia, bem antes de Filipe ir chamá-lo, vi você debaixo da figueira".

49 Natanael exclamou: "Rabi! O senhor é o Filho de Deus, o Rei de Israel!".

50-51 Jesus disse: "Você acreditou porque eu disse que o vi debaixo da figueira? Você ainda não viu nada! Antes que esta história acabe, você verá os céus abertos, e os anjos de Deus descendo e subindo sobre o Filho do Homem".

SALMOS 63.1-4

Um salmo de Davi – quando estava no deserto de Judá

63 **1** Tu és meu Deus!
Não consigo me cansar de ti!
Tenho grande fome e sede de Deus,
ao viajar por terras secas e exaustivas.

2-4 Então, aqui estou, no lugar da adoração,
de olhos abertos,
bebendo da tua força e da tua glória.
Em teu generoso amor,
finalmente estou vivendo!
Meus lábios transbordam louvores
como fontes.
Eu falarei bem de ti enquanto respirar;
A ti erguerei meus braços!

◾ NOTAS

☐ DIA **130** ___ / ___ / ___

1SAMUEL 2.27 — 4.22

27-30 Um homem de Deus certa vez disse a Eli: "O Eterno diz: 'Eu me revelei a seus antepassados quando eles eram escravos do faraó no Egito. De todas as tribos de Israel, escolhi sua família para que vocês sejam meus sacerdotes: para presidir o altar, queimar o incenso e vestir as roupas sacerdotais na minha presença. Encarreguei seus ancestrais de todas as ofertas de sacrifício em Israel. Por que vocês, agora, tratam as ofertas de sacrifício que ordenei para minha adoração como simples pilhagem? Por que você dá mais valor a seus filhos que a mim, permitindo que eles engordem com as ofertas, ignorando a minha vontade? Por isso, esta é a palavra do Eterno, o Deus de Israel: ainda que eu tenha prometido a seus antepassados que vocês seriam meus sacerdotes para sempre, agora — lembre-se, palavra do Eterno! — não é possível continuar assim.

" 'Eu honro os que me honram;
mas os que me desprezam serão humilhados.

31-36 " 'Saiba disto: muito em breve, eliminarei sua família e sua descendência. Ninguém de sua família chegará à idade avançada! Você verá coisas

DIA 130

boas acontecerem em Israel e ficará triste, porque ninguém de sua família viverá para desfrutá-las. Deixarei uma pessoa da família para continuar servindo no meu altar, mas a vida será sofrida, com muitas lágrimas. O restante de sua família morrerá cedo. O que acontecer com seus filhos, Hofni e Fineias, será a prova disso: ambos morrerão no mesmo dia. Então, estabelecerei para mim um sacerdote de verdade. Ele fará o que eu desejo e será o que eu quero que ele seja. Eu o protegerei, e ele cumprirá o seu dever livremente no serviço do meu ungido. Os que sobreviverem de sua família vão pedir esmolas a ele, dizendo: Por favor, deixe-nos fazer algum trabalho de sacerdote, para ao menos termos o que comer!' ".

"Fala, Deus. Teu servo está pronto para ouvir"

3 1-3 O menino Samuel servia ao Eterno sob a orientação de Eli. Naquele tempo, raramente se via ou ouvia alguma revelação do Eterno. Certa noite, Eli já estava dormindo (sua vista já estava fraca, ele não enxergava direito). Bem antes do amanhecer, quando a lâmpada do santuário ainda estava acesa, Samuel dormia no santuário do Eterno, no qual estava a arca de Deus. 4-5 Naquela noite, o Eterno o chamou: "Samuel, Samuel".

Samuel respondeu: "Pois não! Estou aqui". E foi até onde Eli estava, dizendo: "Eu ouvi o senhor me chamar. Estou aqui".

Eli disse: "Não chamei você. Volte para a cama". Samuel voltou. 6-7 O Eterno o chamou novamente: "Samuel, Samuel!".

Samuel levantou-se e foi de novo falar com Eli: "Eu ouvi o senhor me chamar. Estou aqui".

Outra vez, Eli disse: "Filho, não chamei você. Volte para a cama". (Isso aconteceu antes que Samuel conhecesse o Eterno. Foi antes de o Eterno se revelar a ele pessoalmente). 8-9 O Eterno o chamou pela terceira vez: "Samuel!".

Mais uma vez, Samuel se levantou, foi até onde Eli estava e disse: "Pois não! Ouvi o senhor me chamar. Estou aqui".

Então, Eli percebeu que o Eterno estava chamando o menino. O sacerdote disse a Samuel: "Volte para a cama. Se você ouvir a voz outra vez, diga: 'Fala, Deus. Teu servo está pronto para ouvir' ". Samuel voltou para a cama. 10 O Eterno veio, ficou do lado dele, como nas outras vezes, e o chamou: "Samuel, Samuel!"

Ele respondeu: "Fala, Deus. Teu servo está pronto para ouvir".

11-14 O Eterno disse a Samuel: "Preste atenção. Estou prestes a fazer algo em Israel que deixará o povo abalado. Chegou a hora de cumprir o que eu disse que faria à família de Eli. Ele ficará sabendo que o tempo chegou. A família dele está condenada. Ele sabe o que está acontecendo, que seus filhos profanam o nome e o santuário de Deus, e ele nunca tomou providência. Minha sentença contra a família de Eli é esta: o pecado da família de Eli jamais será eliminado por algum sacrifício ou alguma oferta".

15 Samuel ficou deitado até o amanhecer. Levantou-se bem cedo e foi cumprir a sua obrigação, que era abrir as portas do santuário. Mas não estava querendo contar a visão a Eli.

16 Mais tarde, Eli chamou Samuel: "Samuel, meu filho!".

Samuel veio depressa: "Pois não! Em que posso ajudar?".

17 "O que o Eterno disse a você? Conte-me tudo. Não esconda nada, não amenize nem mesmo uma palavra. Deus é seu juiz! Quero saber tudo que ele disse a você."

18 Samuel contou tudo a Eli. Não escondeu nada. Eli disse: "É o Eterno. Que ele faça o que achar melhor".

19-21 Samuel crescia. O Eterno estava com ele, e a reputação profética de Samuel era impecável. Todos em Israel, de Dã, ao norte, até Berseba, ao sul, reconheciam que Samuel era íntegro, um verdadeiro profeta do Eterno. O Eterno continuou aparecendo em Siló. Ele se revela por meio de sua palavra a Samuel.

A arca do Eterno é capturada

4 1-3 Tudo que Samuel dizia era anunciado por todo o Israel. Um dia, Israel saiu à guerra contra os filisteus. Os israelitas armaram acampamento em Ebenézer, e os filisteus, em Afeque. Os filisteus marcharam contra Israel. A luta se intensificou, e Israel sofreu uma amarga derrota – cerca de quatro mil homens caíram mortos no campo de batalha. Quando as tropas retornaram ao acampamento, os líderes de Israel disseram: "Por que o Eterno permitiu que os filisteus nos derrotassem? Vamos trazer a arca da aliança do Eterno, que está em Siló. Ela vai nos acompanhar e nos livrar da opressão de nossos inimigos".

4 O exército mandou emissários a Siló, e eles trouxeram a arca da aliança do Senhor dos Exércitos de

Anjos, que está entronizado entre os querubins. Os filhos de Eli, Hofni e Fineias, acompanharam a arca. **5-6**Quando a arca da aliança do Eterno chegou ao acampamento, todos vibraram de alegria. Os gritos pareciam um trovão, e o chão tremia. Ouvindo os gritos, os filisteus tentavam adivinhar o que estava acontecendo e se perguntavam: "Que gritaria é essa entre os hebreus?".

6-9 Mais tarde, eles descobriram que a arca do Eterno tinha chegado ao acampamento dos hebreus e entraram em pânico: "Os deuses deles chegaram ao acampamento! Nunca aconteceu algo assim conosco. Estamos perdidos! Quem nos livrará das garras desses deuses poderosos? São os mesmos deuses que feriram os egípcios com tudo que era praga no deserto. Levantem-se, filisteus! Coragem! Corremos o risco de nos tornar escravos dos hebreus, assim como eles foram nossos escravos. Mostrem sua força! Lutem pela sua vida!".

10-11 Eles lutaram como nunca e puseram Israel para correr. Massacraram os israelitas sem dó nem piedade. Os soldados sobreviventes fugiram, deixando atrás de si trinta mil mortos. Como se não bastasse, a arca de Deus foi levada. Os dois filhos de Eli, Hofni e Fineias, foram mortos nessa batalha.

Israel perde a glória

12-16 Um benjamita, que tinha saído da linha de combate, correu para Siló. Quando chegou à cidade, tinha a camisa rasgada e o rosto sujo. Eli estava sentado na sua cadeira, perto do caminho, aguardando notícias, pois estava muito preocupado com a arca de Deus. Quando o rapaz entrou na cidade para dar a notícia, o povo, chocado com a notícia, começou a chorar. Eli ouviu o choro e perguntou: "O que está acontecendo?". O mensageiro contou a notícia ao sacerdote. Eli tinha 98 anos de idade e estava cego. O rapaz disse a Eli: "Acabei de voltar da linha de combate. Quase perdi a vida".

Eli perguntou: "O que aconteceu, meu filho?".

17O mensageiro respondeu: "Israel fugiu dos filisteus. Foi uma derrota catastrófica, com muitas baixas. Seus filhos, Hofni e Fineias, morreram, e a arca de Deus foi levada".

18Quando Eli ouviu que a arca de Deus tinha sido capturada, caiu da cadeira para trás, perto da porta, onde estava sentado. Ele era velho e gordo e, quando caiu, quebrou o pescoço e morreu. Ele tinha servido Israel durante quarenta anos.

19-20 Sua nora, esposa de Fineias, estava grávida, e faltava pouco tempo para dar à luz. Quando ouviu que a arca de Deus tinha sido levada e que seu sogro e seu marido estavam mortos, ela entrou em trabalho de parto. Ela estava morrendo, e a parteira disse: "Fique tranquila. Você teve um menino!". Mas ela não respondeu.

21-22A arca de Deus foi levada, o sogro estava morto, o marido também; então, ela deu ao filho o nome de Icabode (Foi-se a Glória), dizendo: "Israel perdeu a glória, já que a arca de Deus foi capturada".

JOÃO 2.1-22

Da água para o vinho

2 1-3 Passados três dias, houve uma festa de casamento na cidade de Caná, na Galileia. A mãe de Jesus estava lá. Jesus e seus discípulos também foram convidados. Quando o vinho estava quase no fim, a mãe de Jesus comentou com ele: "O vinho está acabando".

4Jesus respondeu: "E isso é da nossa conta, mãe? Minha hora não chegou ainda. Não me apresse".

5Mesmo assim, ela orientou os empregados: "Façam exatamente o que ele disser".

6-7 Havia ali seis grandes potes de pedra, usados pelos judeus para as lavagens rituais. A capacidade de cada pote era de oitenta a cento e vinte litros. Jesus ordenou aos empregados: "Encham os potes de água". E eles os encheram até a borda.

8"Agora, encham suas taças e levem-nas ao mestre de cerimônias", disse Jesus, e eles obedeceram.

9-10 Quando o mestre de cerimônias provou a água transformada em vinho (ele não sabia o que tinha acontecido, mas os empregados sabiam), ele disse ao noivo: "Todas as pessoas que conheço começam com os vinhos melhores e depois, que os convidados já beberam bastante, servem os inferiores. Mas você guardou o melhor até agora!".

11Esse ato de Jesus, em Caná da Galileia, foi o primeiro sinal, o primeiro vislumbre de sua glória. E os seus discípulos creram nele.

12Depois disso, ele voltou para Cafarnaum com a mãe, os irmãos e os discípulos e ficou ali um bom tempo.

Derrubem este templo...

13-14A festa da Páscoa, celebrada pelos judeus na primavera, estava para acontecer, e Jesus viajou para Jerusalém. Ele encontrou o templo infestado de vendedores de gado, ovelhas e pombas. Os agiotas também estavam ali, trabalhando a todo vapor.

15-17 Jesus fez um chicote com tiras de couro e os expulsou do templo. O gado e as ovelhas fugiram.

Ele virou as mesas dos agiotas, e as moedas rolavam para todo lado. Aos vendedores de pombas, ele ordenou: "Peguem suas coisas e caiam fora daqui! Não transformem a casa do meu Pai em mercado!". Foi nessa hora que os discípulos dele se lembraram de um texto das Escrituras: "O zelo pela tua casa me consome".

18-19 Mas os judeus estavam incomodados e perguntaram: "Com que autoridade você faz isso?". Jesus respondeu: "Derrubem este templo, e em três dias eu o reconstruirei".

20-22 Eles ficaram indignados: "Foram necessários quarenta e seis anos para edificar o templo, e você vai reconstruí-lo em três dias?!". Mas Jesus estava falando do seu corpo. Mais tarde, depois que ele se levantou dos mortos, seus discípulos se lembraram dessa declaração. Então, ajuntaram as peças do quebra-cabeça e creram nas Escrituras e no que Jesus tinha dito.

SALMOS 63.5-11

5-8 Fico satisfeito como se estivesse
    diante de um fino banquete
É tempo de louvar em voz alta!
Se estou sem sono à meia-noite,
    passo as horas em gratificante reflexão.
Sempre me defendeste,
    Por isso estou livre para correr e brincar.
Agarro-me a ti para salvar a minha vida,
    e tu me seguras firme e me susténs.

9-11 Os que estão lá fora para me pegar
    terão um triste fim:
    estão destinados à morte, prestes a
        ir para as profundezas.
Eles morrerão de morte violenta;
    serão devorados por chacais,
        membro a membro.
Mas o rei está contente com Deus;
    seus verdadeiros amigos espalharão alegria,
Enquanto os comentários maldosos
    serão calados para sempre.

◾ NOTAS

☐ DIA **131** ___ / ___ / ___

1SAMUEL 5.1 — 8.5

Ameaçados de extinção

5 **1-2** Depois que os filisteus tomaram a arca de Deus, eles a levaram de Ebenézer para Asdode e a depositaram no santuário deles, perto do ídolo de Dagom.

3-5 Na manhã seguinte, quando os moradores de Asdode se levantaram, ficaram chocados ao encontrar Dagom tombado no chão, diante da arca do Eterno. Eles o levantaram e o puseram de volta no lugar. Na manhã seguinte, lá estava ele de novo, prostrado diante da arca do Eterno. Dessa vez, a cabeça e os braços do ídolo estavam quebrados, espalhados pela soleira. Só o tronco ficou inteiro. (Por isso, os sacerdotes de Dagom e os que trazem oferendas ao santuário de Dagom, em Asdode, até hoje evitam pisar na soleira).

6 O Eterno castigou com severidade o povo de Asdode, provocando tumores na população. Isso aconteceu na cidade e nos arredores. Ele permitiu que os ratos proliferassem ali. Os roedores saíram dos navios e tomaram conta da cidade! Os moradores ficaram aterrorizados.

7-8 Quando viram o que estava acontecendo, os líderes de Asdode concluíram: "A arca do Deus de Israel precisa ser levada embora. Nem nós nem nosso deus Dagom podemos suportar mais esta situação!". Eles convocaram todos os líderes filisteus e os consultaram: "Como vamos fazer para nos livrar da arca do Deus de Israel?".

Os líderes decidiram: "Mandem a arca para Gate". Assim, a arca do Deus de Israel foi enviada para aquela cidade.

9 Mas, assim que a arca chegou a Gate, o Eterno também castigou aquela cidade severamente. O pânico era geral! Os cidadãos contraíram tumores, que infectaram toda a população da cidade, jovens e velhos.

10-12 Por isso, decidiram enviar a arca de Deus para Ecrom, mas antes de ela entrar na cidade, o povo gritou em protesto: "Vocês vão nos matar, trazendo a arca do Deus de Israel para cá!". O povo foi procurar os líderes dos filisteus e exigiu: "Tirem a arca do Deus de Israel daqui. Que ela volte para o seu lugar, porque estamos ameaçados de extinção!". Estavam todos apavorados porque Deus já os estava castigando enquanto a arca ainda se aproximava. Quem não morria era atingido por tumores. Por toda a cidade, as pessoas gritavam de dor, e havia gente chorando em todo lugar.

Tumores e ratos de ouro

6 1-2 A arca do Eterno estava entre os filisteus havia sete meses, e os líderes do povo foram consultar as autoridades religiosas, os sacerdotes e os especialistas em fenômenos sobrenaturais e perguntaram: "Como vamos nos livrar da arca do Eterno? Como nos livraremos sem que aconteça o pior? Precisamos saber".

3 Eles responderam: "Se vocês quiserem devolver a arca do Deus de Israel, não a devolvam simplesmente, sem oferecer nada. Será preciso uma compensação. Assim, vocês serão curados, pois Deus aliviará o castigo".

4-6 "E o que, exatamente, seria uma boa compensação?"

Eles responderam: "Cinco tumores de ouro e cinco ratos de ouro, de acordo com o número de líderes filisteus. Já que todos vocês, os líderes e o povo, foram atingidos pela mesma praga, façam imitações dos tumores e dos ratos que devastam a nação e apresentem esses itens como oferta, para

a glória do Deus de Israel. Assim, talvez ele deixe de castigar vocês, os seus deuses e a sua nação. Não sejam obstinados, como os egípcios e o faraó. Deus os feriu até que deixassem os hebreus sair. Só assim, ele os deixou em paz.

7-9 "Portanto, façam o seguinte: tomem uma carroça nova e duas vacas que nunca puxaram carroça. Amarrem os animais à carroça e prendam suas crias no curral. Ponham a arca do Eterno sobre a carroça. Num saco ao lado da arca, ponham as imitações de ouro dos tumores e dos ratos que vocês estão oferecendo como compensação. Depois, deixem as vacas por conta própria e fiquem observando. Se elas seguirem direto para a terra de onde vieram, na direção de Bete-Semes, está claro que essa catástrofe veio por juízo divino. Caso contrário, saberemos que não foi castigo de Deus, mas foi algo acidental".

10-12 Eles seguiram as instruções. Amarraram duas vacas a uma carroça, puseram as crias no curral e acomodaram a arca do Eterno e o saco com os ratos e os tumores de ouro sobre a carroça. As vacas seguiram direto pela estrada de Bete-Semes: não se desviaram nem para a direita nem para a esquerda. Os líderes dos filisteus as seguiram até perto de Bete-Semes.

13-15 Os moradores de Bete-Semes estavam colhendo trigo no vale. De repente, eles avistaram a arca. Exultantes, correram ao encontro dela. A carroça entrou no campo de Josué, morador de Bete-Semes, e ali estacionou, perto de uma grande rocha. Os ceifeiros desmancharam a carroça, transformando-a em lenha, e sacrificaram as vacas como oferta queimada ao Eterno. Os levitas puseram a arca do Eterno e o saco com as ofertas de ouro sobre a grande rocha. Naquele dia, os moradores de Bete-Semes, muito animados, ofereceram sacrifícios e adoraram ao Eterno.

16 Os líderes filisteus observaram toda aquela movimentação e, depois, retornaram para Ecrom.

17-18 As cinco imitações de ouro dos tumores foram oferecidas pelos filisteus em compensação pelas cidades de Asdode, Gaza, Ascalom, Gate e Ecrom.

Os cinco ratos de ouro correspondiam ao número das cidades dos filisteus, pequenas e grandes, governadas pelos cinco líderes. A grande pedra sobre a qual foi posta a arca do Eterno continua até hoje no campo de Josué, em Bete-Semes.

Voltando para Deus

19-20 O Eterno feriu alguns homens de Bete-Semes que, por curiosidade e irreverência, espiaram dentro da arca do Eterno. Setenta homens morreram, e toda a cidade ficou de luto, chocada com o rigor do

Eterno, e questionava: "Quem pode permanecer na presença do Eterno, esse Deus santo? Quem vai se responsabilizar pela arca?".

²¹ Eles mandaram mensageiros a Quiriate-Jearim, dizendo: "Os filisteus devolveram a arca do Eterno. Venham buscá-la".

7 ¹ Os homens de Quiriate-Jearim foram buscar a arca do Eterno e a deixaram na casa de Abinadabe, que ficava na colina. Designaram seu filho Eleazar responsável pela arca do Eterno.

² Passou-se muito tempo desde que a arca foi levada para Quiriate-Jearim: nada menos do que vinte anos. Em todo o Israel, havia respeito absoluto pelo Eterno.

³ Um dia, Samuel propôs ao povo de Israel: "Se vocês quiserem mesmo voltar para o Eterno, livrem-se dos deuses estranhos e das deusas da fertilidade. Depositem a sua confiança no Eterno, sirvam apenas a ele, e ele livrará vocês da opressão dos filisteus".

⁴ Eles obedeceram. Destruíram os deuses e as deusas, as imagens de Baal e Astarote, e passaram a se dedicar exclusivamente ao serviço do Eterno.

⁵ Em seguida, Samuel disse: "Reúnam todos em Mispá para que eu interceda pelo povo".

⁶ Todos os israelitas se reuniram em Mispá. Eles tiraram água do poço e a derramaram perante o Eterno, como ritual de purificação. Depois de jejuar o dia todo, confessaram: "Pecamos contra o Eterno!".

Assim, Samuel preparou os israelitas para a guerra santa ali em Mispá.

"Neste lugar, o Eterno nos ajudou"

⁷ Quando os filisteus souberam que os israelitas estavam reunidos em Mispá, os líderes dos filisteus partiram para a ofensiva. Israel foi informado da mobilização deles e teve medo. Os filisteus os estavam ameaçando outra vez!

⁸ O povo suplicou a Samuel: "Ore com toda intensidade e não pare de orar! Interceda ao Eterno, o nosso Deus, para que ele nos livre dos filisteus".

⁹ Samuel ofereceu um cordeiro que ainda não tinha sido desmamado como oferta queimada ao Eterno. Ele intercedeu por Israel, e o Eterno respondeu.

¹⁰⁻¹² Enquanto Samuel oferecia o sacrifício, os filisteus se aproximavam, dispostos a atacar Israel. Naquele momento, o Eterno trovejou sobre os filisteus, e eles entraram em pânico. A confusão foi total. Todos se dispersaram de Israel, cada um para um canto. Israel, de Mispá, disparou na perseguição a eles, matando os filisteus em toda parte,

até as proximidades de Bete-Car. Samuel assentou uma pedra entre Mispá e Sem e deu a ela o nome de Ebenézer (Rocha da Ajuda), dizendo: "Neste lugar, o Eterno nos ajudou".

¹³⁻¹⁴ Os filisteus aprenderam a lição e ficaram quietos em seu lugar. Não atravessaram mais a fronteira. O Eterno foi severo com os filisteus durante toda a vida de Samuel.

Todas as cidades que os filisteus tinham tomado de Israel, de Ecrom a Gate, foram recuperadas. Israel também livrou os territórios ao redor delas do domínio dos filisteus, e houve paz entre Israel e os amorreus.

¹⁵⁻¹⁷ Samuel liderou Israel com firmeza durante toda a sua vida. Todos os anos, ele percorria as cidades de Betel, Gilgal e Mispá. Em cada lugar, julgava as causas do povo, mas sempre retornava a Ramá, onde residia. Sua base de governo estava ali. Nessa cidade, ele erigiu um altar ao Eterno.

O governo do Eterno é rejeitado

8 ¹⁻³ Quando Samuel envelheceu, ele nomeou seus filhos líderes de Israel. Seu filho mais velho chamava-se Joel, e o outro, Abias. Eles foram designados para Berseba. Mas eles não seguiram os passos do pai: procuravam os próprios interesses, recebiam suborno e corrompiam a justiça.

⁴⁻⁵ Os chefes de Israel se reuniram e foram reclamar com Samuel em Ramá: "Você já está idoso, e seus filhos não agem com a mesma integridade. Queremos que faça o seguinte: Nomeie um rei para nos governar, como é normal entre os outros povos".

JOÃO 2.23 — 3.21

²³⁻²⁵ Durante o tempo em que ele permaneceu em Jerusalém, nos dias da festa, muitos observaram os sinais que ele realizava e, percebendo que apontavam diretamente para Deus, entregaram sua vida a ele. Mas Jesus não confiava neles. Ele os conhecia muito bem, por dentro e por fora, e sabia que não eram dignos de confiança. Não precisava de nenhuma ajuda para conhecê-los por dentro.

Nascer do alto

3 ¹⁻² Havia um homem do partido dos fariseus chamado Nicodemos, um destacado líder entre os judeus. Certa vez, ele visitou Jesus, tarde da noite, e disse: "Rabi, sabemos que o senhor é um mestre que vem de Deus. Ninguém poderia realizar esses atos que revelam a realidade de Deus se Deus não fosse com ele".

³ Jesus disse: "Você está absolutamente correto. Preste atenção: a não ser que alguém nasça do alto, não é possível ver aquilo que estou apresentando — o Reino de Deus".

⁴ "Como pode alguém nascer, se já nasceu e cresceu?", estranhou Nicodemos. "Não é possível entrar de novo no útero materno e nascer outra vez. E que história é essa de 'nascer do alto'?".

⁵⁻⁶ Jesus respondeu: "Você não entende. Deixe-me dizer de novo. A não ser que alguém se submeta a essa criação original, a criação na qual o 'vento pairava por sobre as águas', o invisível movendo o visível, um batismo para uma nova vida, não lhe será possível entrar no Reino de Deus. Quando você olha para um bebê, vê apenas isto: um corpo que se pode contemplar e tocar. Mas a pessoa que tem um nascimento interior é formada por algo que você não pode ver nem tocar — o Espírito — e se torna um espírito vivo.

⁷⁻⁸ "Portanto, não fique surpreso quando digo que você tem de 'nascer do alto' — de fora desse mundo, por assim dizer. Você sabe muito bem que o vento sopra pra lá e pra cá. Você o ouve sussurrando pelas árvores, mas não tem ideia de onde ele vem nem para onde vai. O mesmo acontece com aquele que é 'nascido do alto' pelo vento de Deus, o Espírito de Deus".

⁹ Nicodemos perguntou: "O que o senhor quer dizer com isso? Como acontece?".

¹⁰⁻¹² Jesus disse: "Você é um mestre respeitado em Israel e não conhece o básico? Ouça com atenção. Esta é a pura verdade. Falo apenas a respeito do que conheço por experiência. Dou testemunho apenas do que tenho visto com os próprios olhos. Não me baseio em boatos. Mas, em vez de encarar as evidências e aceitá-las, você as evita com perguntas. Se, quando digo coisas claras como o dia você não acredita em mim, por que eu falaria de coisas que você não pode ver, das coisas de Deus?

¹³⁻¹⁵ "Ninguém jamais esteve na presença de Deus senão aquele que veio daquela Presença, o Filho do Homem. Assim como Moisés levantou a serpente no deserto para que o povo pudesse vê-la e crer, é necessário que o Filho do Homem seja levantado — para que todos os que olharem para ele com confiança e com esperança legítima recebam a vida real, a vida eterna.

¹⁶⁻¹⁸ "Deus amou tanto o mundo que deu seu Filho, seu único filho, pela seguinte razão: para que ninguém precise ser condenado; para que todos, crendo nele, possam ter vida plena e eterna. Deus não se deu ao trabalho de enviar seu Filho apenas para poder apontar um dedo acusador e dizer à humanidade como ela é má. Ele veio para ajudar, para pôr o mundo nos eixos outra vez. Quem confiar nele será absolvido, mas quem não confiar terá sobre si, sem o saber, uma sentença de condenação. E por quê? Porque não foi capaz de crer no único Filho de Deus quando este lhe foi apresentado.

¹⁹⁻²¹ "Esta é a situação: a luz de Deus invadiu o mundo, mas a humanidade inteira correu para as trevas. Fugiram porque não estavam interessados em agradar a Deus. Aquele que pratica o mal, é viciado em negar a realidade e iludir-se e odeia a luz de Deus não vai querer se aproximar dela, para não ser submetido a uma exposição dolorosa. Mas quem crê e vive na verdade e na realidade recebe de coração a luz de Deus, de modo que sua obra pode ser vista, pois é a obra de Deus".

SALMOS 64.1-6

Um salmo de Davi

64 ¹ Ouve e ajuda, ó Deus! Estou reduzido ao lamento E à lamúria.

²⁻⁶ Não permitas que eles me encontrem —
os conspiradores estão à minha procura,
Usando a língua como arma,
arremessam palavras venenosas,
flechas com pontas embebidas em veneno.
Eles atiram de emboscada,
atacam sem aviso,
não se importando em quem acertam.
Eles fazem exercícios físicos
para se manter em forma,
mas seus propósitos são maléficos.
Guardam os planos das armadilhas
que secretamente elaboraram.
Dizem uns aos outros:
"Ninguém vai conseguir nos pegar:
praticamos o crime perfeito".
Mas há Alguém que soluciona o mistério
no porão escuro do coração.

◼ NOTAS

carros de guerra, para a cavalaria e infantaria, e os arregimentará em batalhões e esquadrões. Alguns serão submetidos a trabalhos forçados nas terras dele. Outros serão designados para fabricar armas e equipamentos para os carros. Ele convocará suas filhas para trabalhar como estilistas, copeiras e cozinheiras. Ele confiscará as melhores lavouras, vinhas e pomares de vocês para entregá-las a seus protegidos. Ele cobrará impostos da produção das lavouras e vinhas de vocês para manter a máquina governamental. O melhor da mão de obra e dos animais de vocês ele usará para benefício próprio e cobrará impostos sobre os rebanhos. Vocês não serão muito diferentes dos escravos. Um dia, vocês vão chorar de desespero por causa desse rei que tanto desejam agora. Mas não pensem que o Eterno ouvirá vocês".

19-20 Mas o povo não deu atenção a Samuel. Eles insistiam: "Não estamos preocupados com isso! Queremos um rei para nos governar! Queremos ser como os outros povos. Nosso rei governará sobre nós, será o nosso líder e comandará nossas tropas na guerra".

21-22 Samuel ouviu a resposta deles e relatou tudo ao Eterno. O Eterno disse a Samuel: "Faça o que eles pedirem. Nomeie um rei sobre eles".

Então, Samuel despediu os homens de Israel, dizendo: "Voltem cada um para a sua casa".

Saul, destacado na multidão

9 **1-2** Havia um homem da tribo de Benjamim chamado Quis. Ele era filho de Abiel, neto de Zeror, bisneto de Becorate e trineto de Afia. Era um senhor de ótima reputação. Ele tinha um filho chamado Saul, um jovem belo e vistoso, como nenhum outro, que se destacava na multidão por causa da sua altura!

3-4 Certo dia, alguns jumentos de Quis escaparam. Quis disse a seu filho: "Saul, vá procurar os jumentos. Leve um dos ajudantes". Saul chamou um dos ajudantes e saiu à procura dos animais. Chegaram às montanhas de Efraim, perto de Salisa, mas não os encontraram. Prosseguiram até Saalim, mas também não tiveram sorte. Depois, para Jabim, e nada.

5 Quando chegaram a Zufe, Saul disse ao seu ajudante: "Chega! Vamos voltar. Logo, meu pai vai se esquecer dos jumentos. Vai ficar preocupado é com a nossa demora".

6 O ajudante sugeriu: "Não vamos nos precipitar. Naquela cidade ali, há um homem de Deus. Ele é muito respeitado aqui, pois o que ele prevê sempre dá certo. Talvez ele possa nos dizer onde estão os jumentos".

☐ **DIA 132** __/__/__

1SAMUEL 8.6 — 10.12

6 Quando eles pediram um rei para governá-los, Samuel ficou abalado e orou ao Eterno.

7-9 O Eterno respondeu: "Vá em frente! Faça o que eles pedem. Eles não estão rejeitando você. O que não querem é que eu seja o rei deles. Desde que os tirei da terra do Egito até agora, eles agem assim, o tempo todo me abandonando para servir outros deuses. Agora estão fazendo isso com você. Por isso, deixe que recebam o que estão pedindo. Mas faça que entendam as consequências desse pedido. Mostre como um rei trabalha e como ele vai tratá-los".

10-18 Samuel explicou com clareza as implicações de se ter um rei, como ordenou o Eterno: "Vou dizer como agirá o rei que vocês estão querendo. Ele recrutará seus filhos para seu exército, para os

7 Saul retrucou: "Mas, para consultá-lo, não é preciso dar alguma coisa para ele? Não temos mais nem alimento na sacola. Não há nada que possamos oferecer ao homem de Deus. Ou ainda temos?".

8-9 O ajudante disse: "Veja! Tenho esta moeda de prata! Vou dar este dinheiro para o homem de Deus, e ele nos dirá o que fazer". (Naquele tempo, em Israel, quando alguém queria consultar Deus sobre alguma questão dizia: "Vamos consultar o vidente" — porque aquele que hoje chamamos "profeta" era chamado "vidente").

10 Saul respondeu: "Ótimo! Então, vamos!".

Eles rumaram para a cidade na qual vivia o homem de Deus.

11 Quando subiam ao monte para entrar na cidade, encontraram algumas moças que voltavam do poço e perguntaram: "É aqui que está o vidente?".

12-13 Elas responderam: "É, sim! Sigam em frente. Mas andem depressa. Ele veio hoje porque o povo preparou um sacrifício no altar. Se entrarem logo na cidade, poderão alcançá-lo antes que ele suba para o altar para comer. O povo não come até que ele chegue, pois ele precisa abençoar o sacrifício. Só então, todos comem. Vão depressa! Vocês vão encontrá-lo, com certeza!".

14 Eles continuaram subindo até chegarem à cidade. E ali estava ele, Samuel. Ele vinha na direção deles, a caminho do altar.

15-16 Um dia antes, o Eterno tinha revelado a Samuel: "Amanhã, a esta hora, enviarei um homem da terra de Benjamim ao seu encontro. Você deve ungi-lo príncipe sobre o povo de Israel. Ele livrará o meu povo da opressão dos filisteus. Conheço bem as dificuldades do povo e ouvi o clamor do povo".

17 No instante em que Samuel avistou Saul, o Eterno disse ao profeta: "Esse é o homem de que falei. Ele governará o meu povo".

18 Saul interpelou Samuel no meio da rua e perguntou: "Por favor, o senhor pode me informar onde mora o vidente?".

19-20 Samuel respondeu: "Sou eu o vidente. Acompanhe-me até o altar e coma comigo. Amanhã cedo, direi tudo que você precisa saber, e você poderá ir embora. Por falar nisso, os jumentos perdidos, que você procura há três dias, foram encontrados. Por isso, não se preocupe com eles. Neste momento, o futuro de Israel está em suas mãos".

21 Saul respondeu: "Não passo de um benjamita, a menor tribo de Israel, do clã mais insignificante da tribo. Por que o senhor fala comigo dessa maneira?".

22-23 Samuel conduziu Saul e seu ajudante até o lugar da refeição no altar e os fez assentar em lugar de honra à mesa. Havia cerca de trinta convidados, e Samuel disse ao cozinheiro: "Traga-me o melhor pedaço de carne, aquele que pedi para você reservar".

24 O cozinheiro trouxe a carne num prato decorado e a deixou diante de Saul, dizendo: "Esta porção foi separada para você. Pode comer! Foi especialmente preparada para esta ocasião e para estes convidados".

Saul comeu com Samuel. Foi um dia memorável!

25 Depois, desceram do altar para a cidade. Havia uma cama preparada para Saul no terraço arejado da casa em que Samuel estava.

26 Eles acordaram logo ao clarear do dia. Samuel chamou Saul no terraço: "Levante-se, é hora de ir". Saul levantou-se, e os dois saíram para a rua.

27 Quando se aproximaram da saída da cidade, Samuel disse a Saul: "Diga ao seu ajudante que siga adiante de nós. Fique comigo um pouco. Tenho uma mensagem de Deus para você".

Uma nova pessoa

10 **1-2** Samuel tomou um frasco de óleo, derramou-o sobre a cabeça de Saul e o beijou. Samuel perguntou: "Você sabe o que significa isto? O Eterno está ungindo você príncipe sobre todo o seu povo.

"Este sinal confirmará que o Eterno está ungindo você príncipe sobre a sua herança: depois que você partir daqui, quando se aproximar da sua terra, Benjamim, você encontrará dois homens perto do túmulo de Raquel. Eles dirão: 'Os jumentos que você estava procurando foram encontrados. Seu pai já se esqueceu dos jumentos e agora está morrendo de preocupação por você'.

3-4 "Seguindo adiante, você chegará ao carvalho de Tabor. Lá, encontrará três homens, que estão subindo para adorar a Deus em Betel. Um deles estará carregando três cabritos, o outro, três sacolas de pão, e o terceiro, uma garrafa de vinho. Eles dirão: 'Olá, como vai?'. E oferecerão dois pães, que você deve aceitar.

5-6 "Depois, você chegará a Gibeá, onde existe uma guarnição militar dos filisteus. Ao se aproximar da cidade, você encontrará um grupo de profetas, que estarão descendo do santuário, tocando harpas, tamborins, flautas e tambores. Eles estarão profetizando. Quando menos esperar, o Espírito do Eterno virá sobre você, e você profetizará com eles. Você será transformado. Você será renovado!

DIA 132

⁷ "Quando se cumprirem esses sinais, você saberá que está pronto: faça o que mandarem fazer. Deus estará com você!

⁸ "Agora, desça para Gilgal, e seguirei você mais tarde. Também vou para lá e me encontrarei com você, para oferecer ofertas queimadas e sacrifícios de paz. Aguarde sete dias até eu chegar. Então, direi a você o que fazer".

⁹ Saul seguiu caminho e deixou Samuel. Naquele momento, Deus transformou Saul – fez dele uma nova pessoa! Todos aqueles sinais se confirmaram no mesmo dia.

Saul entre os profetas

10-12 Quando eles chegaram a Gibeá, os profetas apareceram bem na frente deles! Quando menos esperavam, o Espírito do Eterno veio sobre Saul, e ele começou a profetizar com eles. Quando os conhecidos de Saul o viram no meio dos profetas, ficaram surpresos e diziam: "O que está acontecendo? O que aconteceu com o filho de Quis? Como foi que Saul se tornou profeta?".

Um homem perguntou: "Quem começou isto? De onde veio esse grupo?"

Foi assim que ficou famoso o ditado: "Quem diria: Saul entre os profetas!".

JOÃO 3.22 — 4.8

O amigo do Noivo

22-26 Depois dessa conversa, Jesus foi com seus discípulos para o interior da Judeia e descansou um pouco com eles ali. Ele também batizava. Ao mesmo tempo, João batizava em Enom, perto de Salim, onde há muita água. Isso foi antes de João ser preso. Os discípulos de João tiveram uma discussão com a elite judaica a respeito da natureza do batismo e foram perguntar a ele: "Rabi, o senhor conhece aquele que estava contigo do outro lado do Jordão? Aquele a quem o senhor confirmou com seu testemunho? Pois bem, ele agora está competindo conosco. Ele está batizando também, e todos estão se tornando seguidores dele em vez de se unir a nós!".

27-29 João respondeu: "É impossível alguém ter sucesso – falo de sucesso *eterno* – sem ajuda celestial. Vocês mesmos estavam lá quando deixei muito claro que não sou o Messias, mas apenas aquele enviado adiante dele, para preparar o caminho. Aquele que recebe a noiva é, por definição, o noivo. E o amigo do noivo, seu 'padrinho' – no caso, eu –, a postos ao seu lado, de onde pode ouvir cada palavra, está feliz de verdade. Como poderia sentir inveja, se sabe que a festa acabou e que o casamento terá um bom começo?

29-30 "É por isso que meu cálice está transbordando. Chegou a hora de ele ocupar o centro das atenções e de eu chegar para o lado.

31-33 "Aquele que vem de cima é muito superior aos outros mensageiros de Deus. Quem nasceu na terra é terreno e fala uma língua da terra, enquanto ele apresenta a evidência do que viu e ouviu nos céus. Ninguém quer enfrentar esses fatos. Mas qualquer um que examinar essa evidência poderá apostar sua vida nisto: o próprio Deus é a verdade.

34-36 "Aquele que Deus enviou nos comunica a própria Palavra de Deus. E não pensem que ele divide o Espírito como se partisse um pão. O Pai ama o Filho de modo imensurável e tudo entregou a ele, para que ele passasse tudo adiante – uma generosa distribuição de dons. É por isso que quem aceita o Filho e confia nele tem tudo: vida plena e eterna! Também preciso dizer que quem rejeita o Filho e não confia nele vive na escuridão e não vê a vida. Tudo que experimenta de Deus são trevas e ira tenebrosa no final".

A mulher à beira do poço

1-3 Jesus percebeu que os fariseus se deram conta dos batismos que ele e João realizavam (se bem que não era Jesus quem de fato batizava, mas seus discípulos). Eles perceberam que Jesus estava batizando mais pessoas que João, criando uma rivalidade aos olhos do povo. Jesus, então, deixou a Judeia e voltou para a Galileia.

4-6 Para chegar lá, tinha de passar por Samaria. Ele caminhou até Sicar, uma aldeia samaritana que divisava com as terras que Jacó tinha dado ao seu filho José. O poço de Jacó ainda estava lá. Jesus, cansado da viagem, assentou-se perto do poço. Era cerca de meio-dia.

7-8 Uma mulher, uma samaritana, veio buscar água. Foi, então, que Jesus lhe pediu: "Poderia me dar um pouco de água?". (Os seus discípulos tinham ido à cidade comprar comida para o almoço.)

SALMOS 64.7-10

7-8 O Deus do Arco e da Flecha atira!
   Eles caem de dor,
   Caem de cara no chão
      à vista da multidão, que se alegra.

9-10 Todos presenciam a cena. Os feitos
   de Deus são o assunto na cidade.

Seja feliz, meu bom povo!
Busque refúgio no Eterno!
Povo justo e bom, faça do louvor
a sua roupa.

NOTAS

DIA 133 ___ / ___ / ___

1 SAMUEL 10.13 — 12.25

13-14 Depois que terminou de profetizar, Saul voltou para casa. Seu tio perguntou a ele e a seu ajudante: "Onde vocês estiveram todo esse tempo?".

Eles responderam: "Estávamos procurando os jumentos. Procuramos por toda parte e não encontramos. Por isso, consultamos Samuel!".

15 O tio de Saul perguntou: "O que Samuel disse a vocês?".

16 Saul respondeu: "Ele disse para não nos preocuparmos, pois os jumentos já tinham sido encontrados".

Mas Saul não mencionou nada ao seu tio sobre o que Samuel tinha dito sobre o reinado.

"Queremos um rei!"

17-18 Samuel convocou o povo, que se reuniu diante do Eterno em Mispá. Ele declarou ao povo de Israel: "Esta é a mensagem do Eterno para vocês:

18-19 " 'Eu tirei Israel da terra do Egito. Livrei-o da opressão dos egípcios, de todas as ameaças do governo que tinham tornado a vida de vocês insuportável. Mas agora vocês não querem mais saber de Deus, o mesmo Deus que livrou vocês de todo tipo de problema.

" 'Agora, vocês dizem: Não! Queremos um rei. Dá-nos um rei!

" 'Pois bem, se é o que vocês querem, é isso que receberão! Apresentem-se perante o Eterno de acordo com as suas tribos e famílias' ".

20-21 Depois que todas as tribos de Israel estavam em seu lugar, foi escolhida a tribo de Benjamim. Depois, Samuel organizou a tribo de Benjamim por grupos de famílias, e a família de Matri foi escolhida. A família de Matri se organizou, e do meio dela foi escolhido Saul, filho de Quis. Mas, quando o procuraram, ninguém soube dizer onde ele estava.

22 Samuel voltou ao Eterno e perguntou: "Onde ele está?".

O Eterno respondeu: "Ele está bem aí, escondido no meio da bagagem".

23 Eles correram e o encontraram ali. Ele foi levado para o meio do povo, destacando-se entre os demais, como sempre, porque os ombros e a cabeça ficavam acima de todos os outros.

24 Samuel dirigiu-se ao povo, dizendo: "Olhem bem para este homem, a quem o Eterno escolheu. Não há outro como ele entre todo o povo!".

Todo o povo exclamou em alta voz: "Viva o rei!".

25 Samuel prosseguiu, instruindo o povo sobre as regras e regulamentações pertinentes ao reino, e registrou tudo num livro, que foi posto perante o Eterno. Em seguida, Samuel mandou o povo de volta para casa.

26-27 Saul também retornou para Gibeá, acompanhado de alguns homens corajosos, que Deus inspirou a segui-lo. Alguns vadios saíram resmungando: "Esse daí, um libertador? Vocês devem estar brincando!".

DIA 133

Eles o desprezavam; por isso, não deram honras a Saul. Mas Saul não deu bola para eles.

Saul é coroado rei

Naás, rei dos amonitas, estava oprimindo as tribos de Gade e Rúben, arrancando o olho direito dos moradores e ameaçando todos os que tentavam ajudar Israel. Foram poucos os israelitas que viviam a leste do rio que Jordão não tiveram os olhos arrancados por Naás. Mas sete mil homens escaparam dos amonitas e viviam seguros em Jabes.

11 **¹N**aás resolveu atacar Jabes-Gileade. Os homens de Jabes imploraram a Naás: "Faça um acordo conosco, e seremos seus súditos".

²Naás respondeu: "Faço o acordo com a seguinte condição: se eu furar o olho direito de todos vocês! Todo homem e toda mulher de Israel terá de passar por essa humilhação".

³Os líderes de Jabes disseram: "Dê-nos um prazo de sete dias para que consultemos o povo de Israel. Se ninguém vier nos livrar dentro desse prazo, aceitaremos o acordo".

⁴⁵Os mensageiros chegaram ao lugar em que Saul residia, em Gibeá, e contaram à população o que estava acontecendo. O povo chorava desesperado quando Saul chegou. Ele voltava do campo com seus bois.

Saul perguntou: "O que aconteceu? Por que estão todos chorando?".

Eles repetiram as palavras do povo de Jabes.

⁶⁷Assim que Saul ouviu a mensagem, o Espírito de Deus veio sobre ele. Indignado, Saul cortou em pedaços sua junta de bois ali mesmo. Em seguida, enviou mensageiros a todo o Israel, cada um com uma parte dos bois, com a seguinte mensagem: "Isto é o que acontecerá com o boi de quem se recusar a acompanhar Saul e Samuel!".

⁷⁸O temor do Eterno tomou conta do povo, e todos se uniram a Saul. Ele assumiu o comando do povo em Bezeque: trezentos mil homens de Israel e mais trinta mil de Judá.

⁹⁻¹¹ Saul deu ordem aos mensageiros: "Digam ao povo de Jabes-Gileade: 'Vocês receberão ajuda. Aguardem até o meio-dia de amanhã'". Os mensageiros saíram correndo para entregar a mensagem. O povo de Jabes ficou muito contente e mandou dizer a Naás: "Amanhã nos entregaremos, e você poderá fazer conosco o que desejar". No dia seguinte, ainda de madrugada, Saul dividiu o seu exército em três grupos. Ao clarear do dia, eles atacaram o acampamento inimigo e massacraram os amonitas até o meio-dia. Os sobreviventes fugiram, espalhando-se por toda parte.

¹²Depois da batalha, o povo perguntou a Samuel: "Onde estão aqueles que disseram que Saul não poderia nos governar? Entregue-os, e os mataremos!".

¹³⁻¹⁴ Mas Saul disse: "Ninguém será executado hoje. Porque o Eterno libertou Israel neste dia! Vamos a Gilgal e, lá, consagremos o reinado outra vez".

¹⁵E todos foram a Gilgal. Diante do Eterno, coroaram Saul rei em Gilgal. Ali adoraram e apresentaram sacrifícios de ofertas de paz. Saul e todo o povo festejaram.

Não sigam deuses de mentira

12 **¹⁻³S**amuel dirigiu-se a todo o povo de Israel, dizendo: "Atendi a tudo que me pediram, ouvi atentamente tudo que me disseram e concedi um rei a vocês. Agora, vejam vocês mesmos: O seu rei está liderando vocês! Mas prestem atenção: estou velho e de cabelos brancos, e meus descendentes estão no meio de vocês. Fui um líder fiel desde a juventude até hoje. Olhem para mim! Vocês têm alguma queixa para apresentar perante o Eterno e seu ungido? Alguma vez tirei vantagem de alguém ou explorei vocês? Alguma vez recebi dinheiro para burlar a lei? Apresentem sua queixa, e os compensarei por tudo".

⁴Eles responderam: "De forma alguma! Você nunca fez nada disso. Você nunca se aproveitou de ninguém e nunca tomou dinheiro de nós".

⁵Samuel disse: "Então, está resolvido. O Eterno é testemunha, e o seu ungido também, de que vocês não têm nada contra mim — nenhuma falta e nenhuma queixa".

⁶⁻⁸O povo respondeu: "Ele é testemunha".

Samuel continuou: "Esse é o Eterno que designou Moisés e Arão líderes de vocês e que tirou seus antepassados do Egito. Agora, permaneçam aqui, para que eu apresente a causa de vocês diante do Eterno, à luz de todos os atos de justiça realizados diante de vocês e dos seus antepassados. Quando os filhos de Jacó entraram no Egito, os egípcios os oprimiram, e eles pediram socorro ao Eterno. O Eterno enviou Moisés e Arão, que tiraram seus ancestrais do Egito e os trouxeram para cá.

⁹"Mas não demorou, e eles se esqueceram do Eterno; por isso, ele os entregou a Sísera, comandante do exército de Hazor. Depois, os entregou à opressão dos filisteus e, então, ao rei de Moabe. Eles tiveram de lutar para salvar a pele.

DIA 133

¹⁰ "Por fim, pediram socorro ao Eterno e confessaram: 'Pecamos'. Abandonamos o Eterno para adorar os deuses da fertilidade e as deusas de Canaã. Ah! Livra-nos da crueldade dos nossos inimigos, e serviremos apenas a ti'.

¹¹ "Foi quando o Eterno enviou Jerubaal (Gideão), Bedã (Baraque), Jefté e Samuel. Ele os livrou da opressão dos inimigos ao redor, e vocês puderam viver em paz.

¹² "Mas, quando viram Naás, rei dos amonitas, preparando-se para atacar, vocês me disseram: 'Estamos cansados disso. Queremos um rei!', embora vocês já tivessem o Eterno como rei!

¹³⁻¹⁵ "Portanto, aqui está o rei a quem vocês escolheram, aquele que vocês pediram. O Eterno atendeu ao desejo de vocês e concedeu um rei a Israel. Se vocês temerem, servirem e obedecerem ao Eterno, sem se rebelar contra o que ele disser; se vocês e o rei a quem escolheram seguirem o Eterno, vocês viverão bem. O Eterno protegerá vocês. Mas, se não obedecerem a ele e se rebelarem contra o que ele disser, a situação de vocês será pior que a dos seus antepassados.

¹⁶⁻¹⁷ "Prestem atenção! Vejam o milagre que o Eterno fará diante de vocês! Estamos no verão, como vocês sabem, e o tempo das chuvas acabou. Mas vou orar ao Eterno, e ele vai mandar trovões e chuva como sinal, para convencê-los do grande erro que cometeram contra Deus quando pediram um rei".

¹⁸ Assim, Samuel clamou ao Eterno, e Deus enviou trovões e chuva naquele mesmo dia. O povo ficou com muito medo do Eterno e de Samuel.

¹⁹ Então, todo o povo implorou a Samuel: "Interceda ao Eterno por nós, os seus servos. Suplique para que não morramos! Além de todos os nossos pecados, acrescentamos o de pedir um rei!".

²⁰⁻²² Samuel os tranquilizou: "Não temam. De fato, vocês fizeram algo muito errado, mas não deem as costas ao Eterno. Adorem a ele com todo o seu coração e com toda a sua força! Não sigam esses deuses de mentira. Eles não servem para nada. São arremedos de divindades: nunca vão ajudar vocês. Já o Eterno, sendo quem ele é, não vai abandonar seu povo. O Eterno terá prazer em tê-los como seu povo.

²³⁻²⁵ "Eu também não vou abandonar vocês, porque estaria pecando contra o Eterno! Continuarei aqui, em meu lugar, intercedendo por vocês e ensinando a maneira de viver que agrada a Deus. Peço apenas que temam o Eterno e que o sirvam com honestidade, de todo o coração. Todos sabem quanto ele tem feito por vocês! Mas tomem cuidado: se continuarem agindo mal, vocês e seu rei serão rejeitados".

JOÃO 4.9-30

⁹ A samaritana, surpresa, perguntou: "Como pode um judeu pedir alguma coisa a mim, uma samaritana?". (Na época, os judeus se recusavam a falar com os samaritanos.)

¹⁰ Mas Jesus respondeu: "Se você conhecesse a generosidade de Deus e soubesse quem sou eu, pediria água a *mim*, e eu lhe daria água pura, água da vida".

¹¹⁻¹² A mulher disse: "O senhor não tem um balde para tirar água, e o poço é fundo. Então, de onde vai tirar essa 'água viva'? Por acaso o senhor tem mais recursos que nosso antepassado Jacó, que cavou este poço e bebeu dele, e também seus filhos e seus rebanhos, e o deixou para nós?".

¹³⁻¹⁴ Jesus disse: "Quem beber desta água vai ficar com sede outra vez. Quem beber da água que eu der nunca mais terá sede — nunca! A água que ofereço é como um poço artesiano interior, jorrando vida para sempre".

¹⁵ Então, a mulher lhe pediu: "Senhor, dê-me dessa água, de modo que eu nunca mais tenha sede, nem tenha de voltar a este poço!".

¹⁶ Ele disse: "Vá chamar seu marido e volte aqui".

¹⁷⁻¹⁸ "Não tenho marido", foi a resposta.

"Você disse bem: 'Não tenho marido'. A verdade é que você já teve cinco maridos, e o homem com quem vive agora não é seu marido. Você falou a verdade".

¹⁹⁻²⁰ "Ah! O senhor é profeta! Então, tire a minha dúvida: nossos antepassados adoraram a Deus neste monte, mas vocês, judeus, insistem em que Jerusalém é o único lugar para adorar. Quem está certo?".

²¹⁻²³ "Mulher, acredite, está chegando a hora em que vocês, samaritanos, irão adorar o Pai, mas não neste monte nem em Jerusalém. Vocês adoram como que tateando no escuro. Nós, judeus, adoramos na clara luz do dia. O caminho de Deus para a salvação veio por meio dos judeus. Mas chegará o momento — na verdade, já chegou — em que não importará como vocês são chamados ou onde irão adorar.

²³⁻²⁴ O que conta para Deus é quem você é e como vive. Seu culto deve envolver o seu espírito na busca da verdade. Este é o tipo de gente que o Pai está procurando: aquele que é simples e honesto na presença dele, em seu culto. Deus é Espírito, e quem o adora deve fazê-lo de maneira genuína, algo que venha do espírito, do mais íntimo do ser".

²⁵ A mulher disse: "Não entendo bem sobre isso! O que sei é que o Messias está vindo. Quando ele chegar, vai nos esclarecer tudo".

DIA 134

²⁶ "Eu sou o Messias", declarou Jesus. "Você não precisa esperar nem procurar mais."

²⁷ Naquele momento, os discípulos chegaram e ficaram escandalizados. Não podiam acreditar que o Mestre estivesse conversando com uma mulher daquele povo. Ninguém disse nada, mas a fisionomia deles dizia tudo.

²⁸⁻³⁰ A mulher aproveitou a oportunidade para se retirar. Um pouco confusa, deixou o jarro de água para trás. De volta à cidade, anunciou ao povo: "Venham ver um homem que sabe tudo a meu respeito, que me conhece como ninguém! Será que ele não é o Messias?". Eles foram verificar.

SALMOS 65.1-8

Um salmo de Davi

65 ¹⁻²O silêncio é louvor para ti, ó Deus, que habitas em Sião,
Assim como a obediência.
Tu ouves a oração de todos ali.

²⁻⁸Cedo ou tarde, chegamos todos à tua porta
carregados de culpa.
Quanto aos nossos pecados, que são muitos,
tu mesmo te livras deles de uma vez por
todas.
Abençoados são os escolhidos! Abençoado o
hóspede
em tua casa!
Há sempre uma porção de coisas boas
na tua casa, na mansão celestial.
As maravilhas da tua salvação
estão expostas na tua sala.
Tu que domas a terra e controlas os mares e
oceanos,
Tu que fendes as montanhas e as colinas,
Que acalmas as tempestades, o ímpeto das
ondas
e o tumulto das multidões.
De todos os lugares, eles chegarão a ti
e ficarão encantados, maravilhados.
O amanhecer e o anoitecer se revezam,
chamando: "Venham e adorem".

◼ NOTAS

☐ DIA **134** ___ / ___ /

1SAMUEL 13.1 — 14.32

O Eterno procura um substituto para Saul

13 ¹⁻²Saul era jovem quando se tornou rei e reinou muitos anos sobre Israel.

Ele recrutou três mil homens, mantendo dois mil sob seu comando, em Micmás e nas montanhas de Betel. Os outros ficaram sob o comando de Jônatas, em Gibeá de Benjamim. O restante foi mandado de volta para casa.

³⁻⁴Jônatas atacou e matou o comandante dos filisteus em Gibeá. Quando os filisteus souberam disso, mandaram dizer: "Os hebreus estão se rebelando!". Saul mandou tocar as trombetas no território inteiro, e a notícia correu por todo o Israel: "Saul matou o comandante filisteu. Os filisteus estão agitados e furiosos!". O exército foi convocado e se apresentou a Saul em Gilgal.

⁵Os filisteus juntaram forças para atacar Israel: três mil carros de guerra, seis mil cavaleiros e tantos

soldados de infantaria que pareciam areia na praia. Eles subiram aos montes e acamparam em Micmás, a leste de Bete-Áven.

6-7 Quando os israelitas perceberam que estavam em desvantagem, correram para se esconder em cavernas, buracos, penhascos, poços e cisternas. Alguns atravessaram o rio Jordão para se refugiar em Gade e em Gileade. Mas Saul manteve sua posição em Gilgal. Os soldados continuavam com ele, apesar de estarem morrendo de medo.

8 Ele aguardou sete dias, conforme o combinado, mas Samuel não chegava, e os soldados começaram a desertar, indo para todo canto.

9-10 Por fim, Saul deu esta ordem: "Tragam-me a oferta queimada e as ofertas de paz!".

Ele sacrificou a oferta queimada. Assim que acabou de sacrificar, Samuel chegou! Saul foi cumprimentá-lo.

11-12 Samuel perguntou: "O que você está fazendo?".

Saul respondeu: "Quando vi que estava perdendo o meu exército e que você não chegava, conforme o combinado, e que os filisteus estavam reunidos em Micmás, pensei: 'Os filisteus estão prontos para me atacar em Gilgal, mas ainda não busquei a ajuda do Eterno. Por isso, tomei a iniciativa e sacrifiquei a oferta queimada' ".

13-14 Samuel disse a Saul: "Você cometeu um grande erro. Se tivesse obedecido à ordem do Eterno, o seu Deus, ele teria confirmado hoje o seu reinado sobre Israel. Mas agora o seu reinado está desmoronando. O Eterno já está procurando um substituto para você. Desta vez, é ele que fará a escolha. Quando ele o encontrar, vai designá-lo o novo líder do seu povo. Tudo porque você não se ateve ao que foi combinado com o Eterno!".

15 Depois disso, Samuel deixou Gilgal e foi para Gibeá de Benjamim. Saul contou os soldados que ficaram com ele. Havia apenas seiscentos homens!

Jônatas e seu escudeiro

16-18 Saul, seu filho Jônatas e os soldados que restaram acamparam em Gibeá de Benjamim. Os filisteus estavam acampados em Micmás. Três pelotões de ataque partiram do acampamento dos filisteus. O primeiro foi para Ofra, na estrada para a região de Sual. O segundo foi designado para a estrada de Bete-Horom. O terceiro foi para a fronteira do vale de Zeboim, na direção do deserto.

19-22 Em Israel, não havia nenhum ferreiro, pois os filisteus haviam proibido os hebreus de fabricar espadas e lanças. Por isso, os israelitas tinham de descer ao território dos filisteus para afiar suas ferramentas: arados, enxadas, machados e foices. Eles cobravam oito gramas de prata para afiar os arados e as enxadas e quatro gramas para as demais ferramentas.

Assim, quando começou a guerra de Micmás, não havia em Israel nenhuma espada ou lança, exceto a de Saul e a de Jônatas; estes dois estavam bem armados. **23** Um pelotão dos filisteus posicionou-se na encosta de Micmás.

14 **1-3** Certo dia, Jônatas disse a seu escudeiro: "Vamos até a guarnição dos filisteus, do outro lado da encosta". Mas ele não contou o plano a seu pai. Enquanto isso, Saul continuava acampado debaixo de uma romãzeira, na fronteira de Gibeá, em Migrom. Havia cerca de seiscentos homens com ele. Entre eles, estava Aías, que carregava o colete sacerdotal (ele era filho de Aitube, irmão de Icabode, filho de Fineias, neto de Eli, sacerdote do Eterno em Siló). Ninguém sabia que Jônatas tinha se ausentado.

4-5 A encosta que Jônatas precisava atravessar para chegar à guarnição dos filisteus tinha um penhasco íngreme dos dois lados, um se chamava Bozez, e o outro, Sené. O penhasco ao norte ficava na direção de Micmás, e o penhasco ao sul, na direção de Gibeá.

6 Jônatas disse ao seu escudeiro: "Vamos até a guarnição desses incircuncisos. Talvez o Eterno nos favoreça. O Eterno não depende de um grande exército para nos livrar. Quando o Eterno resolve salvar, ninguém tem poder para impedi-lo".

7 O escudeiro disse: "Vamos em frente. Faça o que achar melhor. Estou com você".

8-10 Jônatas disse: "Faremos o seguinte: atravessaremos a encosta e deixaremos que eles nos vejam. Se disserem: 'Parem! Não se mexam até que revistemos vocês', ficaremos parados ali. Não subiremos. Mas, se disserem: 'Venham para cá!', subiremos, porque significa que o Eterno os entregou em nossas mãos. Esse será o sinal para nós".

11 Foi isso que os dois fizeram. Foram para um lugar no qual podiam ser vistos pela guarnição dos filisteus. Os filisteus gritaram: "Vejam lá! Os hebreus estão saindo dos esconderijos!".

12 Eles gritaram para Jônatas e seu escudeiro: "Subam para cá! Queremos mostrar uma coisa a vocês!".

13 Jônatas gritou para o escudeiro: "Vamos! Siga-me! O Eterno os entregou nas mãos de Israel!". Jônatas subia engatinhando, e seu escudeiro vinha logo atrás. Quando os filisteus se aproximavam deles,

DIA 134

Jônatas os derrubava, e o escudeiro, logo atrás, os matava, esmagando a cabeça deles com pedras.

[14-15] Nesse primeiro confronto, Jônatas e seu escudeiro mataram cerca de vinte homens. Isso provocou tumulto no acampamento e no campo de batalha, tanto entre os soldados do destacamento quanto entre as tropas de ataque. O alvoroço foi grande, como nunca visto antes!

Direto à batalha

[16-18] As sentinelas de Saul em Gibeá de Benjamim perceberam o tumulto no acampamento dos filisteus. Saul deu ordens: "Formem os pelotões! Contem os soldados! Vejam quem está faltando!". Depois de contar os soldados, verificaram que Jônatas e seu escudeiro estavam faltando.

[18-19] Saul deu ordens a Aías: "Traga o colete sacerdotal. Vejamos o que Deus tem a dizer". (Naquele tempo, Aías era responsável pelo colete sacerdotal.) Enquanto conversava com o sacerdote, a confusão entre os filisteus se intensificou, e Saul disse a Aías: "Deixe de lado o colete".

[20-23] Imediatamente, Saul convocou seu exército, e partiram para o ataque. Quando se aproximaram, viram que os filisteus estavam desnorteados: chegavam a matar uns aos outros com suas espadas! Os hebreus que tinham desertado para o exército filisteu retornaram. Eles voltaram a se unir aos israelitas sob o comando de Saul e Jônatas. Além disso, quando todos os israelitas que estavam escondidos nas regiões remotas de Efraim souberam que os filisteus estavam fugindo, saíram dos seus esconderijos e se juntaram à perseguição. O Eterno livrou Israel naquele dia!

A batalha avançou até Bete-Áven. Todo o exército seguia a Saul – dez mil homens valentes! A batalha se espalhou por toda a região das montanhas de Efraim.

[24] Saul cometeu uma grande tolice naquele dia. Ele disse a todo o exército: "Maldito aquele que comer qualquer coisa antes do anoitecer, antes de eu me vingar dos meus inimigos!". E ninguém comeu nada o dia todo.

[25-27] Havia mel por toda parte, mas ninguém sequer experimentava o mel, pois temiam a maldição. Acontece que Jônatas não sabia do juramento que seu pai tinha imposto ao exército. Assim, de passagem, ele pegou um pouco de mel com a ponta de sua vara e comeu. Seus olhos brilharam revigorados.

[28] Um dos soldados o informou: "Seu pai impôs um juramento solene a todo o exército: 'Maldito aquele que comer qualquer coisa antes do anoitecer!'. É por isso que os soldados estão esgotados!".

[29-30] Jônatas retrucou: "Meu pai arranjou um problema desnecessário para o povo. Vejam como renovei minhas forças depois que comi o mel! Seria muito melhor se os soldados pudessem ter comido de tudo que tiraram do inimigo. Quem sabe os teríamos derrotado de vez!".

[31-32] Naquele dia, eles mataram filisteus desde Micmás até Aijalom, mas os soldados cansaram de lutar e partiram para os despojos. Tomavam tudo que viam: ovelhas, bois, bezerros. Eles os mataram ali mesmo e, assim, se entupiram de carne, com sangue e tudo.

JOÃO 4.31-54

É tempo de colheita

[31] Enquanto isso, os discípulos insistiam com Jesus: "Rabi, come. Não vais comer?".

[32] Mas ele respondeu: "Tenho uma comida que vocês nunca provaram".

[33] Os discípulos não entenderam e disseram: "Quem te trouxe comida?".

[34-35] Jesus explicou: "A comida que me mantém ativo é fazer a vontade daquele que me enviou, concluir a obra que ele começou. Quando olham ao redor, vocês não dizem que em quatro meses será o tempo da colheita? Muito bem, agora digo eu: abram os olhos e vejam o que está diante de vocês. Os campos samaritanos estão maduros. É tempo da colheita!

[36-38] "O Ceifeiro não espera. Vai logo pegar o que é seu, ajuntando os grãos maduros para a vida eterna. Agora o Semeador e o Ceifeiro estão juntos. O clima é de triunfo, e sobressai a verdade contida no ditado: 'Um semeia, o outro colhe'. Eu os enviei para colher num campo em que nunca trabalharam. Sem mover um dedo, vocês trabalharam num campo cultivado por outros desde muito tempo e com muito sacrifício".

[39-42] Muitos dos samaritanos daquela cidade passaram a seus seguidores por causa do testemunho da mulher: "Ele sabe tudo a meu respeito, me conhece como ninguém!". Eles imploraram a Jesus que permanecesse com eles, e ele ficou dois dias ali. Muitos outros confiaram a vida a ele depois de ouvi-lo. Eles disseram à mulher: "Nós cremos não mais por causa do que você disse, mas pelo que ouvimos. Agora temos certeza: ele é o Salvador do mundo!".

[43-45] Dois dias depois, Jesus foi para a Galileia. Ele sabia, por experiência própria, que um

profeta não é respeitado no lugar onde cresceu. Quando chegou a Galileia, o povo dali o recebeu, mas apenas por terem ficado impressionados com o que ele havia feito em Jerusalém durante a Páscoa, não por saber quem ele era ou o que estava para fazer.

46-48 Jesus estava de volta a Caná da Galileia, lugar onde havia transformado a água em vinho. Enquanto isso, em Cafarnaum, o filho de um oficial da corte do rei estava doente. Quando ele soube que Jesus estava na Galileia, foi procurá-lo e implorou que ele fosse à sua casa e curasse seu filho, que estava quase morrendo. Jesus declarou: "Vocês se recusam a crer se não presenciarem um milagre".

49 Mas o oficial da corte não se deu por vencido. "Por favor, é a vida do meu filho!".

50-51 Jesus simplesmente respondeu: "Vá para casa. Seu filho está vivo".

O homem creu na palavra de Jesus e foi para casa. No caminho, seus empregados o encontram e deram a notícia: "Seu filho está vivo!".

52-53 Ele lhes perguntou a que hora seu filho começara a se sentir melhor. Eles disseram: "A febre baixou ontem, por volta da uma hora da tarde" — era exatamente a hora em que Jesus tinha dito: "Seu filho está vivo".

53-54 Foi o suficiente. Não apenas ele, mas todos os de sua casa creram. Esse foi o segundo sinal realizado por Jesus após seu regresso para a Galileia.

SALMOS 65.9-13

9-13 Visitas a terra e
pedes a ela para se juntar à dança!
Tu a enfeitas com as chuvas da primavera,
enches o rio de Deus com
águas vivificantes.
Pintas de dourado os campos de trigo.
A Criação foi feita para isso!
Regas os campos arados,
molhas as glebas de terra.
Usando a chuva como rastelo,
tu a fazes brotar e frutificar.
Coroas os picos de neve com esplendor
e espalhas pétalas de rosas pelo caminho —
Nos prados selvagens, há pétalas de rosa.
Mandas as colinas dançar,
Vestes os campos com ovelhas,
e os vales, de trigo.
Que eles gritem de alegria!
Que eles exultem e cantem!

■ NOTAS

☐ DIA 135 ___ / ___ / ___

1SAMUEL 14.33 — 15.35

33-34 Alguém avisou Saul: "Faça alguma coisa! Os soldados pecaram contra o Eterno. Eles estão comendo carne com sangue!".

Saul respondeu: "Vocês estão agindo errado! Tragam-me uma grande pedra!". Ele continuou: "Vão para o meio deles e anunciem: 'Tragam seu boi e sua ovelha para mim e matem-nos aqui, da maneira correta. Depois, podem comer à vontade. Não pequem contra o Eterno, comendo carne com sangue' ".

Todos obedeceram. Naquela noite, cada soldado trouxe seu animal para ser abatido.

35 Foi assim que Saul edificou um altar ao Eterno – o primeiro altar que ele construiu para Deus.

Descobrindo o que o Eterno pensa

36 Saul disse: "Vamos perseguir os filisteus à noite! Passaremos a noite saqueando e não vamos deixar um único filisteu com vida!". As tropas disseram: "Parece uma boa ideia. Vamos!".

Mas o sacerdote os deteve: "Vamos descobrir o que Deus pensa sobre o assunto".

37 E Saul perguntou a Deus: "Devemos atacar os filisteus? Tu os entregarás nas mãos dos israelitas?". Mas Deus, naquele dia, não respondeu.

38-39 Saul disse: "Compareçam aqui todos os oficiais do exército. Algum pecado foi cometido hoje. Vamos descobrir o que foi e quem o cometeu! Tão certo como vive o Eterno, Salvador de Israel, quem pecou será morto, mesmo que seja meu filho Jônatas!".

Ninguém disse nada.

40 Saul disse aos israelitas: "Fiquem vocês desse lado, e eu e meu filho Jônatas ficaremos deste lado". Os oficiais concordaram: "Faça o que bem entender".

41 Então, Saul orou ao Eterno: "Ó Deus de Israel, por que não me respondeste hoje? Mostra-me a verdade. Se o pecado for meu ou de Jônatas, responde, ó Deus, por meio do Urim. Mas, se o pecado for do exército de Israel, responde por meio do Tumim".

O Urim indicou Saul e Jônatas. O exército ficou livre.

42 Saul disse: "Lancem sortes entre mim e Jônatas. Quem o Eterno indicar será morto". Os soldados protestaram: "Não! Isso não está certo! Pare com isso!".

Mas Saul insistiu. Lançaram sortes, e Jônatas foi indicado.

43 Saul interrogou Jônatas: "O que você fez? Diga-me!".

Jônatas respondeu: "Experimentei um pouco de mel na ponta da vara que eu carregava. Só isso. Mas devo morrer por causa disso?".

44 Saul respondeu: "Sim, Jônatas, você morrerá. Está em minhas mãos. Não me ponha contra Deus".

45 Mas os soldados não aceitaram aquela decisão: "O quê?! Jônatas vai morrer? Nunca! Foi ele o responsável por esse maravilhoso livramento. Tão certo como vive o Eterno, nem um fio de cabelo cairá da sua cabeça. Ele tem agido com o auxílio de Deus o tempo todo!". Os soldados protegeram Jônatas; por isso, ele não morreu.

46 Saul desistiu de perseguir os filisteus, e eles se dispersaram e voltaram para casa.

47-48 Saul ampliou seu domínio, conquistando reinos vizinhos. Lutou contra os inimigos de todos os lados: moabitas, amonitas, edomitas, o rei de Zobá e os filisteus. Aonde quer que fosse, era vitorioso. Ele era imbatível e massacrou os amalequitas, livrando Israel dos que exploravam sua nação.

49-51 Os filhos de Saul eram Jônatas, Isvi e Malquisua. Saul teve duas filhas, a primogênita, Merabe, e a mais nova, Mical. Sua mulher era Ainoã, filha de Aimaás. Abner, filho de Ner, era o comandante do exército de Saul. (Ner era tio de Saul). Quis, pai de Saul, e Ner, pai de Abner, eram filhos de Abiel.

52 Durante toda a vida de Saul, houve guerra feroz e implacável contra os filisteus. Saul recrutava todo guerreiro e todo homem valente que encontrasse.

15 **1-2** Samuel disse a Saul: "O Eterno me enviou para ungir você rei sobre o seu povo, Israel. Agora, escute o que o Senhor dos Exércitos de Anjos diz:

2-3 'Vou me vingar dos amalequitas, pelo que fizeram contra Israel quando saía do Egito. Portanto, ataque os amalequitas. Submeta todos os pertences dos amalequitas à santa condenação. Sem exceção! Você deve destruir tudo: homens e mulheres, crianças, bebês, gado e ovelha, camelos e jumentos'".

4-5 Saul convocou o exército, que se reuniu em Telaim. Ele os equipou para a guerra – duzentos mil homens de infantaria de Israel e dez mil de Judá. Saul marchou até a cidade de Amaleque e armou uma emboscada no vale.

6 O rei mandou dizer aos queneus: "Saiam daí enquanto podem. Deixem a cidade imediatamente, do contrário, serão confundidos com os amalequitas. Estou dando esta chance porque vocês trataram bem os israelitas quando saíram do Egito".

Os queneus abandonaram a cidade.

7-9 Saul atacou os amalequitas desde Havilá até Sur, perto da fronteira do Egito. Ele capturou vivo Agague e exterminou todo o povo, como determinava a santa condenação. Saul e o exército mantiveram vivos apenas Agague e os melhores espécimes das ovelhas e do gado. Eles não os submeteram à santa condenação. O restante, que ninguém queria mesmo, foi destruído de acordo com a determinação divina.

10-11 Mas o Eterno disse a Samuel: "Lamento ter constituído Saul rei. Ele me abandonou e se recusa a seguir as minhas instruções".

11-12 Quando ouviu isso, Samuel ficou muito triste e clamou a noite toda ao Eterno. Levantou-se bem cedo para se encontrar com Saul, mas alguém o informou:

"Saul foi embora. Foi para o Carmelo inaugurar um monumento em honra a ele próprio. Dali seguirá para Gilgal".

Quando Samuel finalmente o encontrou, Saul tinha acabado de oferecer ofertas queimadas ao Eterno com os animais dos amalequitas. [13] Samuel se aproximou, e Saul disse: "O Eterno abençoe você! Segui à risca as instruções do Eterno!". [14] Samuel perguntou: "Então, o que é isso que estou ouvindo, esse balido de ovelhas e o mugido de bois?". [15] Saul respondeu: "São apenas alguns despojos. Os soldados ficaram com alguns dos melhores bois e ovelhas para oferecer em sacrifício ao Eterno. Mas destruímos o restante, em cumprimento da santa condenação". [16] Samuel o interrompeu: "Chega! Vou contar a você o que o Eterno me disse esta noite".

Saul respondeu: "Vá em frente. Conte-me!". [17-19] Samuel disse: "Você não era nada quando foi escolhido, e sabe disso! O Eterno o constituiu líder, e você se tornou rei sobre todo o Israel. Depois, o Eterno enviou você para cumprir essa missão, com a seguinte ordem: 'Vá e submeta esses pecadores amalequitas à santa condenação. Ataque-os até que tenha exterminado todos eles'. Agora, me diga: por que você não obedeceu ao Eterno? Por que tomou todos esses despojos? Por que cometeu esse erro, sabendo que o Eterno está sempre observando você?". [20-21] Saul se defendeu: "Do que você está falando? Eu obedeci ao Eterno! Fiz tudo que ele me mandou. Capturei o rei Agague e destruí os amalequitas nos termos da santa condenação. Os soldados apenas pouparam os melhores bois e ovelhas para oferecer ao Eterno em Gilgal. Qual o problema nisso?". [22-23] Samuel respondeu:

"Você acha que o Eterno quer apenas sacrifícios,
   meros rituais externos?
Ele quer que você o escute!
Obedecer a ele é melhor
   que qualquer aparato religioso.
Desobedecer ao Eterno
   é pior que praticar ocultismo.
A presunção perante o Eterno
   é pior que idolatrar os ancestrais.
Já que você rejeitou a ordem do Eterno,
   ele rejeitou seu reinado".

[24-25] Saul finalmente confessou: "Eu pequei! Fiz pouco caso das ordens do Eterno e das suas instruções. Fiquei mais preocupado em agradar ao povo.

Fui influenciado pelos outros. Peço que você perdoe meu pecado! Segure a minha mão e me conduza até o altar, para que eu possa adorar ao Eterno!". [26] Mas Samuel disse: "Não. Não posso ajudar você nisso. Você rejeitou a ordem do Eterno. Agora, o Eterno o rejeitou como rei de Israel". [27-29] Quando Samuel fez menção de sair, Saul agarrou-se à roupa dele, à sua vestimenta sacerdotal, rasgando um pedaço. Samuel disse: "O Eterno rasgou de você o reino e o entregou ao seu próximo, um homem mais qualificado que você. O Deus de Glória de Israel não mente nem vacila. Ele cumpre tudo que diz". [30] Saul insistiu: "Reconheço que pequei. Mas não me abandone! Ajude-me com a sua presença diante dos líderes e do povo. Volte comigo para adorar ao Eterno". [31] Samuel voltou com ele. Saul prostrou-se diante do Eterno e o adorou.

[32] Samuel ordenou: "Tragam-me Agague, rei dos amalequitas". Agague foi trazido arrastando o pé e resmungando que preferia estar morto. [33] Samuel disse: "Assim como a sua espada fez que muitas mães perdessem seus filhos, hoje também sua mãe será como uma daquelas mulheres sem filhos!". E despedaçou Agague na presença do Eterno em Gilgal! [34-35] Samuel deixou Ramá imediatamente, e Saul voltou para sua casa em Gilgal. Dali em diante, Samuel não teve mais contato com Saul, mas tinha muita pena dele. O Eterno lamentou ter constituído Saul rei sobre Israel.

JOÃO 5.1-20

Mesmo no sábado

5 [1-6] Tempos depois, houve outra festa, e Jesus estava de volta a Jerusalém. Perto da Porta das Ovelhas, havia um tanque chamado Betesda em aramaico, com cinco pavilhões. Centenas de doentes — cegos, aleijados, paralíticos — ocupavam esses pavilhões. Um homem inválido estava ali havia trinta e oito anos. Quando o viu estendido ao lado do tanque, sabendo por quanto tempo ele estava ali, Jesus lhe disse: "Você quer ficar bom?". [7] O homem respondeu: "Senhor, quando a água é agitada, não tenho quem me ponha no tanque. Tento chegar, mas sempre alguém chega antes". [8-9] Jesus disse: "Levante-se, pegue sua maca e comece a andar!". O homem ficou curado imediatamente, pegou a maca e saiu dali.

---

* Vários manuscritos não trazem o versículo 4.

DIA 136 408

⁹⁻¹⁰Mas era sábado. Alguns judeus pararam o homem curado e disseram: "É sábado. Você não pode carregar sua maca por aí. É contra a Lei!".

¹¹ Ele respondeu: "O homem que me curou me mandou fazer isso. Ele disse: 'Pegue sua maca e comece a andar' ".

¹²⁻¹³Eles perguntaram: "Quem deu essa ordem?". Mas o homem não sabia, e Jesus havia sumido por entre a multidão.

¹⁴Mais tarde, Jesus encontrou o homem no templo e comentou: "Você está com ótima aparência! Está muito bem! Mas não volte para a velha vida de pecado, ou algo pior poderá acontecer".

¹⁵⁻¹⁶O homem, então, foi contar aos judeus que a pessoa que o havia curado era Jesus. Por isso, os judeus passaram a perseguir Jesus por ele ter curado no sábado.

¹⁷Jesus defendeu-se: "Meu Pai trabalha o tempo todo, mesmo no sábado, e eu também".

¹⁸ A resposta irritou os judeus, que agora queriam não apenas denunciá-lo: queriam matá-lo. Ele não estava apenas quebrando o sábado, mas estava dizendo que Deus era seu Pai, pondo-se no nível do próprio Deus.

O que o Pai faz o Filho faz

¹⁹⁻²⁰Jesus finalmente se explicou: "Digo a verdade para vocês. O Filho não pode fazer algo de forma independente, mas apenas o que vê o Pai fazer. O que o Pai faz o Filho faz. O Pai ama o Filho e o inclui em todos os seus planos.

SALMOS 66.1-7

66¹⁻⁴**T**odos juntos aclamem o Senhor — aplausos para Deus!
Cantem canções sobre a grandeza da sua glória,
glorifiquem o seu nome em ritmo de louvor.
Digam de Deus: "Nunca vimos nada
parecido com ele!".
Quando os inimigos te veem em ação,
eles se retiram como cães amedrontados.
A terra inteira cai de joelhos —
ela te adora, canta a ti,
incapaz de ignorar teu nome e tua fama.

⁵⁻⁶Observem as maravilhas de Deus —
elas são de tirar o fôlego.
Ele converteu o mar em terra seca,
e os viajantes atravessaram o rio a pé.
Ora! Não seria esse um bom motivo para cantar?

⁷Sempre soberano, em sua torre alta, ele mantém
o olhar sobre as nações pagãs.
Os rebeldes não ousam
levantar um dedo contra ele.

◾ NOTAS

||||||||||||||||||||||||||||||||||||||||||||||||||||||||||

☐ DIA 136 ___/___/___

1SAMUEL 16.1 — 17.33

O Eterno vê o coração

16¹⁰O Eterno disse a Samuel: "Até quando você vai ficar lastimando por causa de Saul? Você sabe que o rejeitei como rei de Israel. Agora encha seu frasco de óleo e vá a Belém, à casa de Jessé. Encontrei, entre os filhos dele, o rei de que preciso".

2-3 Samuel disse: "Não posso fazer isso. Saul ficará sabendo e me matará".

O Eterno respondeu: "Leve um novilho com você e diga que vai adorar ao Eterno e sacrificar o novilho. Não deixe de convidar Jessé. Depois, direi o que você deve fazer e mostrarei quem você deverá ungir".

4 Samuel seguiu as instruções do Eterno. Quando chegou a Belém, os anciãos da cidade o cumprimentaram, mas estavam apreensivos e perguntaram: "O que está acontecendo?".

5 "Não há nada errado. Vim oferecer este novilho em sacrifício e conduzir vocês na adoração ao Eterno. Preparem-se, consagrem-se e venham comigo para adorar". Ele fez que Jessé e seus filhos também se consagrassem e os convidou para a adoração.

6 Quando chegaram, Samuel ficou observando Eliabe e pensava: "Deve ser esse o ungido do Eterno!".

7 Mas o Eterno disse a Samuel: "Não olhe para o exterior. Não fique impressionado com sua aparência e estatura. Eu já descartei esse. O Eterno não julga as pessoas pelos padrões humanos. Os homens e as mulheres olham para a aparência, mas o Eterno vê o coração".

8 Em seguida, Jessé chamou Abinadabe e o apresentou a Samuel. Ele disse: "Esse também não é o escolhido do Eterno".

9 Depois, Jessé apresentou Samá. Samuel disse: "Não, também não é esse".

10 Jessé apresentou seus sete filhos a Samuel. O profeta foi ríspido: "O Eterno não escolheu a nenhum desses".

11 Ele perguntou a Jessé: "São só esses? Você não tem outros filhos?".

"Tenho ainda o caçula. Mas ele está cuidando das ovelhas."

Samuel disse a Jessé: "Mande chamá-lo. Não sairemos daqui até que ele venha".

12 Jessé mandou chamá-lo, e o rapaz foi trazido. Era saudável, tinha olhos claros e boa aparência.

O Eterno disse: "É esse que você deve ungir! Foi ele a quem escolhi".

13 Samuel tomou seu frasco de óleo e o ungiu à vista de seus irmãos. O Espírito do Eterno veio sobre Davi como uma rajada de vento, apoderando-se dele para o resto da vida.

Samuel voltou para sua casa em Ramá.

Davi, um músico excelente

14 Naquele mesmo instante, o Espírito do Eterno deixou Saul e, em seu lugar, um terrível espírito enviado por Deus veio sobre ele. Ele ficou atormentado.

15-16 Os conselheiros de Saul disseram: "Essa depressão, vinda de Deus, está atormentando sua vida, senhor. Deixe-nos ajudar. Vamos procurar alguém que toque a harpa. Quando o espírito terrível enviado por Deus se manifestar, essa pessoa tocará uma música, para que o senhor se sinta melhor".

17 Saul disse a eles: "Vão. Encontrem alguém que seja bom tocador de harpa e tragam-no aqui".

18 Um dos jovens disse: "Conheço alguém assim. Eu mesmo o vi tocar: o filho de Jessé de Belém é excelente músico. Ele também é corajoso, maduro, fala bem, tem boa aparência, e o Eterno está com ele".

19 Saul enviou mensageiros a Jessé, pedindo para que ele mandasse seu filho Davi, aquele que cuidava das ovelhas.

20-21 Jessé carregou um jumento com alguns pães, uma garrafa de vinho e um cabrito e enviou tudo como presente a Saul, com seu filho Davi. O jovem apresentou-se a Saul, e o rei gostou dele imediatamente, tanto que fez de Davi seu braço direito.

22 Saul mandou dizer a Jessé: "Muito obrigado. Davi ficará aqui. É ele que eu estava procurando. Estou muito contente com a vinda dele".

23 Depois disso, sempre que a terrível depressão de Deus atormentava Saul, Davi dedilhava sua harpa para ele. Saul se acalmava e ficava por um tempo livre de seu mau humor.

Golias

17 **1-3** Os filisteus reuniram suas tropas para a batalha. Eles se prepararam para o combate em Socó, de Judá, e acamparam em Efes-Damim, entre Socó e Azeca. Saul e os israelitas acamparam no vale de Elá. As tropas já estavam em formação de batalha contra os filisteus. Os filisteus ficaram numa montanha, e os israelitas, na outra encosta, tendo um vale entre eles.

4-7 De repente, surgiu das fileiras dos filisteus um gigante de quase três metros de altura chamado Golias, de Gate. Tinha na cabeça um capacete de bronze e usava uma armadura que pesava quase sessenta quilos! Usava também caneleiras de bronze e carregava uma espada de bronze. Sua lança parecia uma viga. Só a ponta da lança pesava sete quilos e duzentos gramas. Seu escudeiro ia à frente dele.

8-10 Golias, de sua posição, desafiava os israelitas: "Por que incomodar todo o exército? Não sou eu um filisteu, e vocês, súditos de Saul? Escolham o seu melhor guerreiro e tragam-no a mim. Se ele tiver sorte e me matar, os filisteus serão seus escravos. Mas, se eu tiver sorte e matá-lo, vocês serão nossos

DIA 136

escravos e passarão a nos servir. Estou desafiando as tropas de Israel. Tragam-me um homem que possa duelar comigo".

¹¹Quando Saul e as suas tropas ouviram o desafio do filisteu, ficaram aterrorizados e perderam a esperança.

¹²⁻¹⁵Nesse meio-tempo, Davi chegou ao campo de batalha. Ele era filho de Jessé, o efrateu de Belém de Judá. Jessé, pai de oito filhos, já estava muito idoso para lutar no exército de Saul, mas os três filhos mais velhos de Jessé foram com Saul para a guerra. Os nomes dos filhos que se alistaram no exército eram Eliabe, o primogênito, Abinadabe e o terceiro, Samá. Davi era o caçula. Enquanto os três irmãos mais velhos estavam no campo de batalha, Davi ficou dividido entre ajudar Saul e cuidar das ovelhas de seu pai em Belém.

¹⁶Toda manhã e toda tarde, durante quarenta dias, Golias se posicionava e desafiava os israelitas.

¹⁷⁻¹⁹Certo dia, Jessé disse a Davi: "Pegue este saco de trigo tostado e dez pães e leve a seus irmãos que estão no acampamento. Leve estes dez queijos para o capitão da divisão. Veja como estão passando seus irmãos e volte para me dizer como estão Saul, seus irmãos e todos os israelitas na batalha contra os filisteus, no vale de Elá".

²⁰⁻²³Davi se levantou de madrugada, deixou alguém encarregado de cuidar das ovelhas e foi levar a comida, de acordo com as instruções de Jessé. Ele chegou ao acampamento numa hora em que o exército estava se preparando para a batalha com gritos de guerra. Israel e os filisteus estavam posicionados um de frente para o outro, preparados para o combate. Davi deixou os suprimentos aos cuidados do guarda, correu para a linha de combate e saudou seus irmãos. Enquanto conversavam, o guerreiro filisteu, Golias de Gate, saiu e se pôs à frente das suas fileiras, desafiando os israelitas, como de costume. Davi ouviu o que ele disse.

²⁴⁻²⁵Os israelitas, com medo do gigante, se dispersaram por todos os lados. No meio das tropas, o comentário era este: "Você já viu alguma coisa assim? Esse homem provoca Israel abertamente. Quem conseguir matá-lo está feito! O rei dará uma generosa recompensa, oferecerá sua filha por mulher e isentará toda a sua família de impostos".

Cinco pedras

²⁶Davi, conversando com o homem que estava a seu lado, perguntou: "Qual será a recompensa para quem matar o filisteu e livrar Israel dessa desonra? Afinal, quem esse incircunciso filisteu pensa que é para insultar o exército do Deus vivo?".

²⁷Repetiram a ele o que todos comentavam sobre o que o rei daria a quem matasse o filisteu.

²⁸Eliabe, seu irmão mais velho, ouviu Davi conversando com os soldados e perdeu a paciência: "O que você está fazendo aqui? Por que não está cuidando daquelas ovelhas magricelas? Eu sei qual é sua intenção. Você veio para assistir à batalha de camarote".

²⁹⁻³⁰Davi respondeu: "Qual o problema? Só fiz uma pergunta". Ignorando o irmão, voltou-se para outro soldado e fez a mesma pergunta, recebendo a mesma resposta.

³¹Alguém contou a Saul o que Davi estava conversando, e o rei mandou chamá-lo.

³²Davi disse: "Senhor, não perca a esperança. Estou pronto para enfrentar esse filisteu".

³³Saul respondeu a Davi: "Você não tem condições de lutar contra esse filisteu: é muito jovem e inexperiente. O filisteu tem mais tempo nas guerras que você de vida".

JOÃO 5.20-40

²⁰⁻²³"Mas vocês ainda não viram nem a metade, pois, assim como o Pai levanta os mortos e cria vida, assim também o Filho faz. O Filho dá vida a quem quiser. Nem ele nem o Pai rejeitam ninguém. O Pai concedeu ao Filho toda autoridade para julgar, de modo que o Filho seja honrado igualmente com o Pai. Quem desonra o Filho desonra o Pai, pois foi decisão do Pai pôr o Filho no lugar da mais alta honra.

²⁴"Ouçam com atenção, que é importante: quem crê no que eu digo e entra em sintonia com o Pai, que também me pôs nessa posição, recebe agora a vida plena e eterna, não está mais condenado a ser um estranho. É um passo gigante: do mundo dos mortos para o mundo dos vivos.

²⁵⁻²⁷"Vocês precisam entender isto já: a hora chegou — quero dizer, agora mesmo! — em que os mortos irão ouvir a voz do Filho de Deus, e, ao ouvi-la, viverão. Assim como o Pai tem vida em si mesmo, ele conferiu ao Filho vida nele mesmo. E, por ser ele o Filho do Homem, o Pai concedeu também a ele autoridade para decidir e executar tudo que se refere ao juízo divino.

²⁸⁻²⁹"Não fiquem surpresos. Está chegando o tempo em que todos os mortos ouvirão sua voz. Os que viveram no caminho reto ressuscitarão para a Vida; os que viveram no caminho errado ressuscitarão para o juízo.

³⁰⁻³³"Não faço nada por minha conta: ouço primeiro e, depois, decido. Vocês podem confiar em

minha decisão porque não estou seguindo um caminho próprio, mas apenas cumprindo ordens. Se eu agisse por conta própria, meu testemunho seria vazio e egocêntrico. Mas um testemunho independente me confirma, o Testemunho mais confiável de todos. Além disso, vocês todos já viram e ouviram João, e ele deu testemunho abalizado e confiável a meu respeito, não foi?

34-38 "Além disso, meu objetivo não é ganhar a simpatia de vocês nem apelar para um simples testemunho humano. Estou falando com vocês deste modo para que vocês sejam salvos. João foi uma tocha, e vocês ficaram contentes em festejar um pouco debaixo daquela luz brilhante. Mas o testemunho que confirma o que faço supera em muito o testemunho de João. É a tarefa que o Pai me mandou executar, e, enquanto a executo, confirmo que o Pai, de fato, me enviou. O Pai que me enviou me confirma, só que vocês não percebem isso. Nunca ouviram sua voz nem viram sua aparência. Nada da sua Mensagem restou na memória de vocês, porque não levaram a Mensagem a sério".

39-40 "**V**ocês se dedicam a estudar as Escrituras porque acham que vão encontrar ali a vida eterna. Mas vocês olham para a árvore e não veem a floresta! Afinal, as Escrituras falam de *mim*! E aqui estou, diante de vocês, e vocês não querem receber de mim a vida que afirmam desejar.

SALMOS 66.8-15

8-12 Engrandeçam o nosso Deus, ó povos!
Deem a ele uma saudação ensurdecedora!
Não nos pôs ele no caminho para a vida?
Não nos impediu de escorregar?
Ele nos treinou primeiro,
passou-nos como prata pelo fogo refinador:
Trouxe-nos para uma terra ingrata,
e nos levou ao limite.
Testou nossos caminhos por completo,
fizeste-nos sofrer, mas nos deste alívio.
Mas, ao final, ele nos trouxe
até este lugar de muita água.

13-15 Para a tua casa levarei
meus prêmios e presentes
E cumprirei o que prometi,
O que jurei solenemente fazer
no dia em que eu estava com problemas.
Os cortes de carne mais seletos
para o sacrifício;

Até a fragrância
do cordeiro assado é como uma refeição!
Ou que seja um boi
ornamentado com carne de cabrito!

■ NOTAS

☐ DIA **137** ___ / ___ / ___

1SAMUEL 17.34 — 18.30

34-37 Davi retrucou: "Sou pastor e cuido das ovelhas do meu pai. Quando um leão ou urso atacava um cordeiro do rebanho, eu saía atrás, matava-o e resgatava o cordeiro. Se o animal quisesse me atacar, eu o agarrava, torcia seu pescoço e o matava. Leão ou urso, qualquer um deles eu matava. Por isso, farei a mesma coisa com esse filisteu incircunciso que está afrontando o exército do Deus vivo. O Eterno que me livrou das garras do leão e das garras do urso também me livrará das mãos desse filisteu".

Saul concordou: "Tudo bem, pode ir. Que o Eterno ajude você!".

38-39 O rei equipou Davi com uma armadura. Pôs na cabeça dele seu capacete de bronze e prendeu sua espada à cintura. Davi tentou andar, mas nem conseguia se mexer.

Davi disse a Saul: "Mal consigo me movimentar com toda esta parafernália. Não estou acostumado a isto". Em seguida, tirou tudo aquilo.

40 Davi pegou seu cajado de pastor, escolheu cinco pedras lisas de um riacho, guardou-as no seu alforje de pastor e, com seu estilingue, se aproximou de Golias.

41-42 O filisteu, que andava de lá para cá, atrás de seu escudeiro, viu Davi se aproximando. Ele olhou para baixo e, zombando, disse: "Vejam só, um jovem ruivo e arrumadinho".

43 Golias ridicularizou Davi: "Acaso sou um cachorro para você vir me enxotar com um pedaço de pau?". E amaldiçoava Davi, invocando os seus deuses.

44 O filisteu esbravejou: "Venha! Vou atropelar você e deixar seu corpo para os corvos. Será um prato cheio para os animais do campo".

45-47 Davi respondeu: "Você vem contra mim com espada, lança e dardos, mas eu venho em nome do Senhor dos Exércitos de Anjos, o Deus dos exércitos de Israel, de quem você zomba e a quem amaldiçoa. Hoje mesmo o Eterno entregará você nas minhas mãos. Estou prestes a matá-lo, cortar sua cabeça e entregar seu corpo e também o corpo de todos os seus companheiros filisteus aos corvos e animais selvagens. Toda a terra saberá que há um Deus extraordinário em Israel. Todos aqui ficarão sabendo que o Eterno salva sem depender da espada ou da lança. A batalha pertence ao Eterno. Ele entregará vocês em nossas mãos!".

48-49 As palavras do jovem mexeram com o filisteu, e ele começou a vir na direção de Davi, que, deixando as fileiras israelitas atrás de si, saiu correndo na direção do filisteu. Davi pegou uma pedra do alforje, lançou-a com o estilingue e atingiu o filisteu na testa. A pedra ficou cravada em sua fronte, e o gigante caiu com o rosto em terra.

50 Foi com um estilingue e uma pedra que Davi derrotou o filisteu. Ele o atingiu e o matou. Davi nem carregava espada!

51 Depois que o filisteu caiu, Davi correu e ficou de pé sobre ele, puxou a espada do gigante da bainha e terminou o serviço, cortando a cabeça dele.

Os filisteus, vendo que o seu grande herói estava morto, fugiram para se salvar.

52-54 Os homens de Israel e Judá foram atrás deles, gritando, e perseguiram os filisteus até os arredores de Gate e a entrada de Ecrom. Ao longo de toda a estrada de Saaraim, até Gate e Ecrom, havia filisteus caídos. Depois de os perseguirem, os israelitas voltaram e saquearam o acampamento. Davi levou a cabeça do filisteu para Jerusalém, mas deixou em sua tenda as armas do gigante.

55 Quando Saul viu Davi saindo para enfrentar o filisteu, disse a Abner, o comandante do exército: "Conte-me sobre a família desse jovem".

Abner respondeu: "Juro por minha vida, ó rei, que não a conheço".

56 O rei ordenou: "Pois descubra a que família esse jovem pertence".

57 Assim que Davi regressou, depois de matar o filisteu, Abner trouxe a cabeça do filisteu, que ainda estava com Davi, e a entregou a Saul.

58 O rei perguntou: "Jovem, quem é seu pai?".

Davi respondeu: "Sou filho de seu servo Jessé, que vive em Belém".

Jônatas e Davi, amigos de coração

18 **1** Depois que Davi terminou de falar com Saul, Jônatas ficou profundamente impressionado com Davi. Um laço muito forte de amizade se desenvolveu entre eles. Jônatas se comprometeu totalmente com essa amizade com Davi e, desde então, passou a ser seu principal defensor e melhor amigo.

2 Saul acolheu Davi em sua casa, para que ele não retornasse mais à casa de seu pai.

3-4 Jônatas, pela forte amizade que tinha com Davi, fez um acordo com ele. Ele o formalizou com uma dádiva: entregou a ele a sua vestimenta real e suas armas: armadura, espada, arco e cinturão.

5 Tudo que Saul mandava Davi fazer, ele fazia, e fazia bem-feito. Ele era tão bem-sucedido que Saul o encarregou das operações militares. Tanto o povo quanto os membros da corte de Saul aprovavam e admiravam a liderança de Davi.

Davi na boca do povo

6-9 Quando o exército voltava para casa, depois de Davi ter matado o filisteu, as mulheres saíram de todos os vilarejos de Israel, cantando e dançando, recepcionando o rei Saul com tamborins, cânticos festivos e gritos de vitória. As mulheres cantavam com alegria:

"Saul matou milhares;
Davi, dezenas de milhares!".

Saul ficou muito incomodado com aquilo. Tomou o refrão como um insulto pessoal e disse: "Deram crédito a Davi por dezenas de milhares e a mim somente por milhares. Quando menos se esperar, entregarão o reino a ele!". Daquele momento em diante, Saul teve inveja de Davi e ficou de olho nele.

10-11 No dia seguinte, um espírito perturbador enviado por Deus afligiu Saul, que ficou transtornado. Davi dedilhava sua harpa, como era costume nessas situações. Saul tinha na mão uma lança. De repente, Saul arremessou a lança contra Davi. Seu pensamento era: "Vou cravar Davi na parede". Mas Davi se desviou da lança. Isso aconteceu duas vezes.

12-16 Saul tinha medo de Davi, pois estava claro que o Eterno abençoava Davi e tinha abandonado Saul. Por isso, Saul afastou Davi de sua presença, designando-o oficial do exército. Davi estava sempre na frente de combate e era bem-sucedido em tudo que fazia, pois o Eterno estava com ele. Diante do sucesso de Davi, Saul ficou ainda mais preocupado. Mas todos em Israel e em Judá gostavam de Davi. E todos gostavam de ver Davi em batalha.

17 Certo dia, Saul disse a Davi: "Aqui está Merabe, minha filha mais velha. Quero dá-la em casamento a você. Mas preciso que você mostre sua coragem para mim, que lute as batalhas do Eterno!". Saul estava pensando: "Os filisteus o matarão por mim. Não precisarei levantar a minha mão contra ele".

18 Constrangido, Davi respondeu: "Você fala sério? Sou de uma família humilde, não posso ser genro do rei!".

19 O casamento de Merabe e Davi foi acertado, mas, perto da data marcada, Saul voltou atrás e entregou sua filha a Adriel, de Meolá.

20-21 Nesse meio-tempo, a outra filha de Saul, Mical, se apaixonou por Davi. Quando Saul soube disso, ficou contente e pensou: "Tenho outra chance. Mical será a armadilha, o pretexto para mandar Davi a uma guerra em que os filisteus com certeza acabarão com ele". Assim, ele prometeu outra vez a Davi: "Você será meu genro".

22 Saul ordenou aos membros da corte: "Digam a Davi em particular: 'O rei está muito contente com você, e todos na corte gostam muito de você. Não perca tempo. Aceite a proposta de ser genro do rei!' ".

23 Eles se esforçaram para convencer Davi, mas ele estava relutante: "O que vocês estão pensando? Não posso fazer isso. Não sou nada. Não tenho nada a oferecer".

24-25 Quando eles informaram a Saul a resposta de Davi, ele mandou outro recado a Davi: "O rei não está exigindo de você nenhum pagamento, apenas quer que mate cem filisteus e traga provas de sua vingança a favor do rei. A ordem é que você se vingue dos inimigos do rei". (Saul esperava que Davi fosse morto em combate).

26-27 Ao saber disso, Davi ficou contente, pois ali estava algo que ele podia fazer para ter o direito de ser genro do rei! Por isso, não perdeu tempo, foi logo ao que importava. Ele e seus homens mataram os cem filisteus, trouxeram as provas dentro de um saco e as contaram na presença do rei. Missão cumprida! E Saul deu sua filha Mical a Davi em casamento.

28-29 Saul, percebendo que a bênção do Eterno sobre Davi era cada vez mais evidente e que sua filha Mical o amava, ficou ainda mais preocupado e passou a odiá-lo.

30 Sempre que os comandantes filisteus saíam para a guerra, Davi estava lá para enfrentá-los, ofuscando, com suas ações, os soldados de Saul. O nome de Davi estava na boca do povo.

JOÃO 5.41 — 6.21

41-44 "Não estou interessado na aprovação da maioria. Sabem por quê? Porque conheço vocês e as multidões. Sei que o amor, especialmente o amor de Deus, não está na agenda de vocês. Apresentei-me com a autoridade do meu Pai, e alguns de vocês me desprezam, outros me evitam. Se outro viesse, dizendo-se importante, vocês o receberiam de braços abertos. Como esperam receber algo de Deus se desperdiçam o tempo disputando posições, alimentando rivalidades e ignorando Deus?

45-47 "Mas não pensem que eu vou acusar vocês diante do Pai. Moisés, a quem vocês dão tanta importância, é quem os acusa. Se acreditassem de verdade no que Moisés disse, vocês creriam em mim. Ele escreveu a meu respeito. Se vocês não levam a sério o que ele escreveu, como posso esperar que deem atenção ao que eu falo?".

Pão e peixe para todos

6 **1-4** Depois disso, Jesus navegou pelo mar da Galileia (também chamado de Tiberíades). Uma imensa multidão o seguia, atraída pelos milagres que o tinham visto realizar entre os doentes. Quando chegou ao outro lado, ele subiu a uma colina e sentou-se,

DIA 138

cercado por seus discípulos. A festa da Páscoa, celebrada anualmente pelos judeus, se aproximava.

⁵⁻⁶ Jesus percebeu que uma grande multidão estava se aproximando e comentou com Filipe: "Onde poderíamos comprar pão para alimentar toda essa gente?". Ele queria apenas testar a fé de Filipe, porque já sabia o que fazer.

⁷ Filipe respondeu: "Duzentas moedas de prata não seriam suficientes para que cada um ganhe apenas um pedaço de pão".

⁸⁻⁹ Um dos discípulos – André, irmão de Simão Pedro – disse: "Há um menino aqui com cinco pedaços de pão e dois peixes. Mas para uma multidão como esta isso é como uma gota num balde".

¹⁰⁻¹¹ Jesus disse: "Façam o povo se assentar". A grama verde formava um belo tapete natural, e eles se acomodaram ali, cerca de cinco mil pessoas. Então, Jesus tomou o pão e, tendo dado graças, mandou que fosse distribuído. Em seguida, fez o mesmo com os peixes. Todos comeram à vontade.

¹²⁻¹³ Depois que o povo comeu até se fartar, ele disse aos discípulos: "Ajuntem as sobras, para que nada seja desperdiçado". Eles obedeceram e encheram doze cestos grandes com as sobras dos cinco pedaços de pão.

¹⁴⁻¹⁵ O povo compreendeu que Deus estava agindo no meio deles. O que Jesus havia acabado de fazer era a prova. Eles disseram: "Este, com certeza, é o Profeta. O Profeta de Deus, aqui na Galileia!". Jesus percebeu que, no entusiasmo deles, já cogitavam a ideia de fazê-lo rei; por isso, afastou-se dali e voltou para a montanha, para ficar sozinho.

¹⁶⁻²¹ Ao entardecer, os discípulos voltaram para o mar, entraram no barco e navegaram em direção a Cafarnaum. Já estava escuro, e Jesus ainda não havia voltado. Um vento forte soprou, e o mar ficou agitado. Eles estavam uns cinco quilômetros mar adentro quando viram Jesus caminhando sobre a água, bem perto do barco. Ficaram apavorados, mas Jesus os tranquilizou: "Sou eu, está tudo bem! Não fiquem com medo!". Então, eles o receberam no barco e pouco depois chegaram a terra – no lugar exato a que pretendiam chegar.

SALMOS 66.16-20

¹⁶⁻²⁰ Todos os fiéis, venham aqui e ouçam:
permitam-me dizer o que Deus fez por mim.
Dos meus lábios saiu um grito;
da minha boca, uma canção.
Se eu tivesse dado morada para o mal,
o Senhor jamais me teria ouvido.

Mas ele me ouviu,
ele veio me ajudar assim que ouviu
a minha oração.
Bendito seja Deus, que não se fez de surdo,
mas ficou do meu lado,
porque me ama e é leal!

◢ NOTAS

DIA 138 ___ / ___ / ___

1SAMUEL 19.1 — 20.31

O comportamento sombrio de Saul

19 ¹⁻³ Saul se reuniu com seu filho Jônatas e outros homens e deu a eles ordem para matar Davi. Jônatas admirava Davi; por isso, foi avisá-lo:

"Meu pai está procurando uma maneira de matar você. Vamos fazer assim: Amanhã cedo, fique escondido. Vou sair com meu pai ao campo, perto de onde você estiver escondido. Vou conversar com ele a respeito de você, para descobrir suas intenções. Depois, contarei a você o que ele disser".

4-5 Jônatas falou com seu pai a respeito de Davi, elogiou o amigo e pediu: "Por favor, não faça nada contra Davi. Ele não fez nada de errado contra você. Veja quanta coisa boa ele realizou! Ele arriscou a própria vida, matando o filisteu. Que vitória o Eterno concedeu a Israel naquele dia! Você estava lá. Você viu e o aplaudiu com os demais. Por isso, qual a razão para atacar um inocente, para matar Davi sem motivo algum?".

6 Saul ouviu com atenção e reconheceu: "Você está certo. Tão certo quanto vive o Eterno, Davi continuará vivo. Ele não será morto".

7 Jônatas mandou chamar Davi e relatou a ele a conversa que tinha tido com seu pai. Depois, levou Davi de volta para Saul, e tudo voltou a ser como antes.

8 Mais uma vez, houve guerra, e Davi foi lutar contra os filisteus. Ele os enfrentou com bravura, e os inimigos fugiram.

9-10 Mas um espírito atormentador da parte do Eterno veio sobre Saul e tomou conta dele. Certo dia, ele estava sentado em casa, com sua lança na mão, enquanto Davi dedilhava sua harpa. De repente, Saul tentou encravar Davi com a lança, mas ele se desviou. A lança ficou encravada na parede e Davi escapou. Era noite.

11-14 Saul enviou alguns homens à casa de Davi. Eles deveriam vigiá-lo e matá-lo logo cedo. Mas a mulher de Davi, Mical, contou ao marido o que estava acontecendo: "Vamos, não perca tempo. Fuja hoje mesmo, ou estará morto pela manhã!". Ela o ajudou a escapar por uma janela. Depois, foi buscar um ídolo doméstico e o deitou na cama. Ajeitou um pelo de cabra sobre a cabeça do ídolo e pôs uma coberta por cima. Quando os homens de Saul chegaram para capturar Davi, ela disse: "Ele está na cama, doente".

15-16 Saul mandou os seus homens de volta com a seguinte ordem: "Tragam-no aqui, com cama e tudo, para que eu mesmo o mate". Mas, quando os homens entraram no quarto, encontraram apenas o ídolo doméstico com a peruca de pelos de cabra!

17 Saul ficou furioso com Mical e disse: "Como você faz uma coisa dessas? Você está do lado do meu inimigo! Você o ajudou a fugir!".

18 Mical respondeu: "Ele me ameaçou: 'Ajude-me a escapar daqui ou mato você' ".

Davi conseguiu escapar, foi à procura de Samuel, em Ramá, e contou ao profeta o que Saul tinha feito contra ele. Ele e Samuel foram para Naiote.

19-20 Alguém deu a informação a Saul: "Davi está em Naiote, em Ramá".

Imediatamente, Saul mandou que seus soldados fossem buscá-lo. Eles encontraram um grupo de profetas profetizando sob a direção de Samuel e, quando menos esperavam, o Espírito de Deus veio sobre eles também. Os soldados começaram a profetizar no meio dos profetas!

21 A notícia chegou a Saul, e ele enviou outros homens. Eles também começaram a profetizar. Saul tentou mais uma vez: enviou o terceiro grupo de homens, mas eles também começaram a profetizar.

22 Finalmente, o próprio Saul foi para Ramá. Chegou até a grande cisterna em Seco e indagou o povo para saber onde estavam Samuel e Davi. Alguém disse: "Eles estão em Naiote, em Ramá".

23-24 Enquanto seguia para Naiote, em Ramá, o Espírito de Deus também veio sobre Saul. Ele percorreu todo o caminho em transe até chegar a Naiote! Ele tirou a própria roupa e permaneceu em transe diante de Samuel um dia e uma noite. Depois, ainda nu, ficou estirado ao solo. O povo comentava: "Saul está entre os profetas! Quem diria?".

Um pacto de amizade

20 **1** Davi saiu vivo de Naiote, em Ramá, foi procurar Jônatas e perguntou ao amigo: "O que faço agora? O que fiz contra seu pai para ele estar tão determinado a me matar?".

2 Jônatas respondeu: "Nada. Você não fez nada errado e não morrerá, esteja certo disso! Meu pai me conta tudo. Ele não faz nada de importante ou mesmo de insignificante sem confidenciar a mim. Por que faria isso sem eu saber?".

3 Mas Davi estava em dúvida: "Seu pai sabe que somos bons amigos e vai pensar: 'Jônatas não pode saber disso. Se souber, vai defender Davi'. A verdade é que ele está determinado a me matar. Isso é tão certo quanto vive o Eterno e quanto você está vivo aqui, diante de mim".

4 Jônatas disse: "Conte-me o que você está pensando. Farei qualquer coisa por você".

5-8 Davi disse: "Amanhã é festa de lua nova. Eu deveria jantar com o rei, mas, em vez disso, vou me esconder no campo até a terceira noite. Caso seu pai perceba minha falta, diga: 'Davi pediu para ir a Belém, sua terra natal, para o sacrifício anual com a família'. Se ele disser: 'Tudo bem!', então,

DIA 138

estou seguro. Mas, se ele ficar bravo, é porque está determinado a me matar. Por favor, ajude-me nisso! Lembre-se: você fez um pacto comigo em nome do Eterno! Se eu estiver errado, mate-me logo. Por que aguardar para me entregar a seu pai?".

[9] Jônatas exclamou: "Ora, eu jamais faria isso! Se perceber que meu pai está mesmo obcecado por matá-lo, direi a você".

[10] Davi perguntou: "Quem você enviará para me contar sobre a reação de seu pai?".

[11-17] Jônatas respondeu: "Vamos até o campo". Quando os dois estavam no campo, Jônatas disse: "O Eterno, o Deus de Israel, é minha testemunha de que, a esta hora amanhã, vou saber do meu pai o que ele pensa de você. Então, mandarei dizer a você o que descobri. Que o Eterno me castigue se eu abandonar você! Se meu pai insistir em matá-lo, eu o informarei disso e o ajudarei a escapar. Que o Eterno esteja com você como esteve com meu pai! Se, depois disso, eu continuar vivo, nosso pacto continua valendo. Se eu morrer, você terá responsabilidade para com minha família, para sempre! E seja leal a mim depois que o Eterno finalmente eliminar da terra os inimigos de Davi!". Jônatas reafirmou sua promessa de lealdade e amizade com Davi. Era tão leal a Davi que arriscava a vida por ele.

[18-23] Jônatas revelou seu plano: "Amanhã é festa da Lua Nova, e perceberão sua ausência à mesa. Depois de amanhã, quando já tiverem desistido de aguardá-lo, volte para aquele seu esconderijo e fique esperando perto da pedra de Ezel. Vou disparar três flechas na direção da pedra e mandarei meu ajudante apanhá-las. Se eu gritar para o ajudante: 'As flechas estão para cá. Pegue-as!', esse será o sinal de que você pode voltar em segurança. Assim como vive o Eterno, não tenha medo! Mas, se eu gritar: 'As flechas estão mais adiante!', corra, porque o Eterno quer você longe daqui! Quanto ao nosso acordo, lembre-se: o Eterno está conosco até o fim!".

[24-26] Davi se escondeu no campo. No dia da lua nova, o rei estava à mesa para comer. Ele se sentou no lugar de costume, encostado à parede, Jônatas à sua frente e Abner ao seu lado. Mas o lugar de Davi ficou vazio. Saul não comentou nada, pensando: "Algo aconteceu com ele que o tornou impuro. Talvez esteja ritualmente impuro para a refeição sagrada".

[27] Mas, no segundo dia da festa, o lugar de Davi continuava desocupado. Saul perguntou a Jônatas: "Onde está aquele filho de Jessé? Ele não comeu conosco nem ontem nem hoje".

[28-29] Jônatas respondeu: "Davi me pediu permissão para ir a Belém, dizendo: 'Deixe-me ir para casa. Quero estar com minha família. Meus irmãos pediram que eu fosse. Se não for problema para você, deixe-me ir'. Por isso, ele não está à mesa".

[30-31] Saul ficou furioso com Jônatas: "Seu filho de uma vagabunda! Acha que não sei que você e o filho de Jessé fizeram um pacto, para sua desgraça e de sua mãe? Juro que, enquanto o filho de Jessé estiver solto nessa terra, seu futuro no reino estará em jogo. Vá buscá-lo! A partir de agora, ele pode se considerar um homem morto!".

JOÃO 6.22-46

[22-24] No dia seguinte, a multidão que havia ficado para trás percebeu que havia só um barco e que Jesus não tinha voltado com os discípulos. Eles tinham visto o barco sair sem Jesus, mas havia barcos de Tiberíades por perto na hora em que eles comiam o pão abençoado pelo Senhor. Assim, quando perceberam que não havia voltado, entraram nos barcos de Tiberíades e foram para Cafarnaum, à procura Dele.

[25] Quando o encontraram, no outro lado do mar, disseram: "Rabi, quando o senhor chegou aqui?".

[26] Jesus respondeu: "Vocês vêm à minha procura não porque viram Deus no que eu fiz, mas porque enchi a barriga de vocês – e de graça!".

O Pão da Vida

[27] "Não gastem energia, lutando por comida perecível como aquela. Trabalhem pela comida que permanece, comida que sustenta a vida eterna, comida que o Filho do Homem providencia. Ele e o que ele faz são permanentes, porque têm a garantia de Deus, o Pai".

[28] Eles disseram: "Muito bem, o que temos de fazer, então, para realizar as obras de Deus?".

[29] Jesus respondeu: "Confiem naquele que Deus enviou. Se passarem a segui-lo, ele os envolverá na obra de Deus".

[30-31] Eles pediram: "Dá-nos um sinal que diga quem és, uma pista sobre o que está acontecendo. Então, seremos teus seguidores. Mostra-nos o que podes fazer. Moisés alimentou nossos antepassados com pão no deserto, e as Escrituras dizem: 'Ele deu a eles pão do céu para comer' ".

[32-33] Jesus respondeu: "O real significado dessa passagem não é que Moisés deu pão do céu ao povo, mas que meu Pai está agora oferecendo a vocês pão do céu, o pão verdadeiro. O Pão de Deus desceu do céu para dar vida ao mundo".

34 Eles pediram: "Então, queremos esse pão, agora e sempre!".

35-38 Jesus disse: "Eu sou o Pão da Vida. Quem vem a mim não terá mais nem sede nem fome. Digo isso com toda clareza porque vocês, ainda que me tenham visto em ação, não acreditam em mim. Aquele que o Pai me dá virá correndo para mim. E, uma vez que essa pessoa esteja comigo, eu a guardarei. Não permitirei que ela se vá. Desci do céu não para seguir meus caprichos, mas para cumprir a vontade daquele que me enviou.

39-40 "Posso resumir assim essa vontade: toda tarefa de que o Pai me incumbiu será concluída, sem a omissão de um único detalhe, para que no fim dos tempos tudo esteja como deve ser. É isto que o meu Pai quer: que quem vir o Filho, acreditar nele e no que ele faz e tornar-se seu seguidor entre na vida verdadeira, a vida eterna. Minha tarefa é mantê-los vivos e intactos até o fim dos tempos".

41-42 Pelo fato de ele ter dito: "Sou o Pão que desceu do céu", os judeus começaram a discutir com ele: "Este não é o filho de José? Não conhecemos seu pai? Não conhecemos sua mãe? Como pode ele agora dizer: 'Desci do céu' e esperar que alguém acredite nele?".

43-46 Jesus disse: "Não briguem por minha causa. Vocês não estão no comando, mas sim o Pai, que me enviou. Ele traz a mim as pessoas – é o único modo de vir a mim. Só assim realizo o meu trabalho, reunindo as pessoas e preparando-as para o fim. Foi o que os profetas quiseram dizer quando escreveram: 'Eles todos serão pessoalmente ensinados por Deus'. Quem quer que tenha passado algum tempo ouvindo o Pai, ouvindo de verdade e aprendendo, vem a mim para ser ensinado pessoalmente – para ver com os próprios olhos e ouvir de mim com seus ouvidos, pois tudo recebi diretamente do Pai. Ninguém viu o Pai a não ser aquele que convivia com ele – e vocês agora podem ver *a mim*.

SALMOS 67.1-7

67 **1-7** Deus, marca-nos com tua graça e com tuas bênçãos! Sorri para nós!
Todo o país verá como ages;
as nações pagãs saberão que
és capaz de salvar.

Que o povo agradeça e se alegre em ti, ó Deus!
Que todos os povos agradeçam
e se alegrem em ti.

Que todos os povos e nações exultem
e expressem sua alegria porque
Tu os julgas honestamente e
tomas conta das nações numerosas.
Que o povo agradeça
e se alegre em ti, ó Deus!
Que todos os povos agradeçam
e se alegrem em ti.
Que a terra mostre sua exuberância!
Marca-nos com tua bênção, ó Deus,
o nosso Deus!
Sim, marca-nos com tua bênção!
Que sejas honrado nos quatro
cantos da terra!

NOTAS

DIA 139

1SAMUEL 20.32 — 23.6

³² Jônatas enfrentou o pai: "Por que morto? O que ele fez de errado?".

³³ Saul, descontrolado, arremessou sua lança contra o filho. Foi o suficiente para Jônatas se convencer de que seu pai estava determinado a matar Davi.

³⁴ Jônatas saiu furioso da mesa e não comeu mais nada o dia todo. Ele estava aborrecido por causa de Davi e irritado pela humilhação que seu pai o tinha feito passar à mesa.

³⁵⁻³⁹ Na manhã seguinte, Jônatas foi para o campo, conforme o combinado com Davi. Seu ajudante o acompanhava, e Jônatas disse a ele: "Corra para buscar as flechas que eu atirar". O rapaz começou a correr e Jônatas atirou uma flecha adiante dele. O rapaz chegou perto do local em que a flecha parecia ter caído, e Jônatas gritou: "A flecha não está mais adiante?". E gritou outra vez: "Vamos! Corra! Não fique aí parado!".

O ajudante de Jônatas apanhou as flechas e as trouxe de volta. O rapaz, naturalmente, não fazia ideia do que estava acontecendo. Só Jônatas e Davi sabiam do combinado.

⁴⁰⁻⁴¹ Jônatas entregou suas armas ao rapaz e o mandou de volta para a cidade. Depois que o ajudante foi embora, Davi saiu do seu esconderijo, que ficava perto da pedra e se prostrou com o rosto em terra três vezes. Eles beijaram um ao outro e choraram muito. Davi estava muito mais emocionado.

⁴² Jônatas disse ao amigo: "Vá em paz! Nosso pacto de amizade foi feito em nome do Eterno, e ele será testemunha entre nós e entre meus descendentes e seus descendentes para sempre".

Davi finge-se de louco

21 ¹ Davi seguiu seu caminho, e Jônatas voltou para a cidade. Davi procurou o sacerdote Aimeleque em Nobe. Aimeleque saiu para cumprimentar Davi e ficou alarmado: "O que você está fazendo aqui sozinho, sem ninguém com você?".

²⁻³ Davi respondeu ao sacerdote: "O rei me enviou numa missão e me instruiu: 'Este é um assunto confidencial. Não diga nada a ninguém'. Combinei de me encontrar com meus homens num determinado lugar. Agora, o que você pode me oferecer para comer? Tem aí uns cinco pães? Veja o que pode conseguir!".

⁴ O sacerdote respondeu: "Não tenho pão comum, apenas o pão consagrado. Se seus homens não tiveram relação com mulher recentemente, os pães são seus".

⁵ Davi respondeu: "Nenhum de nós tocou em mulher. Sempre fazemos isso quando estamos em missão. Os meus soldados se abstêm do sexo. Se fazemos isso numa missão comum, quanto mais numa missão sagrada".

⁶ O sacerdote entregou a ele os pães consagrados, os únicos que ele tinha: os pães da presença, que foram retirados da presença do Eterno e substituídos por pães quentes no mesmo dia.

⁷ Naquele dia, um dos oficiais de Saul estava ali, cumprindo um voto diante do Eterno. Seu nome era Doegue, e ele era edomita, chefe dos pastores de Saul.

⁸ Davi perguntou a Aimeleque: "Você tem uma lança ou alguma espada por aqui? Não tive tempo de apanhar minhas armas. O rei exigiu urgência, e eu saí com pressa".

⁹ O sacerdote respondeu: "A espada de Golias, o filisteu que você matou no vale de Elá, está aqui! Ela está enrolada num pano atrás do colete sacerdotal. Se quiser, pode levá-la. É a única arma que tenho aqui".

¹⁰⁻¹¹ Davi exclamou: "Ah! Não poderia ser melhor! Passe-a para cá!"

Depois disso, Davi sumiu, fugindo de Saul. Ele procurou Aquis, rei de Gate. Quando as autoridades de Aquis o viram, disseram: "Seria este Davi, o famoso Davi? É a respeito dele que o povo canta em suas danças:

'Saul mata milhares;
Davi, dezenas de milhares!'?".

¹²⁻¹⁵ Quando Davi percebeu que o tinham reconhecido, entrou em pânico e temeu pelo pior da parte de Aquis, rei de Gate. Vendo que todos olhavam para ele, Davi fingiu estar louco, batendo com a cabeça na porta da cidade e espumando pela boca, enquanto a saliva escorria pela barba. Aquis olhou para ele e disse àqueles líderes: "Não estão vendo que ele está louco? Por que o deixaram entrar? Já tenho loucos suficientes aqui, e vocês me trazem mais um! Tirem-no daqui!".

Saul mata os sacerdotes do Eterno

22 ¹⁻² Davi fugiu e se refugiou na caverna de Adulão. Quando seus irmãos e familiares souberam onde ele estava, foram ao seu encontro para se unir a ele – não só eles, mas todos os que estavam em situação difícil, os endividados e amargurados. Davi se tornou o líder deles. Eram cerca de quatrocentos homens.

³-⁴ Davi foi para Mispá e pediu ao rei de Moabe: "Conceda proteção a meu pai e a minha mãe até que eu saiba o que Deus tem reservado para mim". Ele deixou seus pais aos cuidados do rei de Moabe. Eles ficaram ali durante todo o tempo em que Davi viveu como fugitivo.

⁵ O profeta Gade disse a Davi: "Não volte para a caverna. Vá para Judá". Davi seguiu a orientação do profeta e foi para o bosque de Herete.

⁶-⁸ Saul ficou sabendo onde estavam Davi e seus homens. O rei estava debaixo dos carvalhos, na colina de Gibeá. Segurava sua lança e estava rodeado por seus oficiais. Ele disse: "Ouçam, benjamitas! Nem pensem que vocês têm algum futuro com o filho de Jessé! Acham que ele vai dar a vocês terra boa e cargos importantes? Pensem bem. Aqui estão vocês, conspirando contra mim, cochichando pelas minhas costas. Nenhum de vocês teve coragem de me contar que meu filho estava fazendo acordos com o filho de Jessé. Nenhum de vocês se importou em me contar que meu filho ficou do lado desse marginal!".

⁹-¹⁰ Então, Doegue, o edomita, que estava entre os oficiais de Saul, falou: "Vi o filho de Jessé conversando com Aimeleque, filho de Aitube, em Nobe. E vi Aimeleque interceder por ele diante do Eterno. O sacerdote também deu comida e entregou a espada do filisteu Golias a Davi".

¹¹ Saul mandou chamar o sacerdote Aimeleque e toda a família de sacerdotes de Nobe. Todos compareceram perante o rei.

¹² Saul disse: "Ouça-me, filho de Aitube!".

Ele respondeu: "Certamente, meu senhor".

¹³ "Por que você se mancomunou com o filho de Jessé e ficou contra mim, dando comida e armas para ele e intercedendo a favor dele diante do Eterno? Por que ajudou um fora da lei a lutar contra mim?".

¹⁴-¹⁵ Aimeleque respondeu ao rei: "Não existe outro oficial em toda a sua administração tão leal a você quanto Davi, seu genro e capitão de sua guarda pessoal. Nem há outro que seja tão respeitado. Acha que essa foi a primeira vez que intercedi por ele a Deus? Certamente que não! Você não pode acusar a mim nem a minha família de cometer algum erro. Pois não faço ideia do que você está querendo dizer com 'fora da lei'".

¹⁶ O rei disse: "Você vai morrer, Aimeleque! Você e toda a sua família!".

¹⁷ O rei ordenou aos seus homens: "Cerquem os sacerdotes e matem todos eles, porque estão mancomunados com Davi! Sabiam que ele estava fugindo de mim e não me contaram". Mas os soldados do rei se recusaram a matá-los. Nenhum deles ousou levantar a mão contra os sacerdotes do Eterno.

¹⁸-¹⁹ Então, o rei disse a Doegue: "Mate os sacerdotes!". Doegue, o edomita, cumpriu a ordem e assassinou os sacerdotes, oitenta e cinco homens que usavam as vestimentas sagradas. Ele saiu dali e foi para Nobe, a cidade dos sacerdotes, e ali matou homens, mulheres, crianças e bebês, além de jumentos, bois e ovelhas.

²⁰-²¹ Apenas Abiatar, filho de Aimeleque e neto de Aitube, conseguiu escapar. Ele fugiu e se juntou a Davi. Abiatar contou a Davi que Saul tinha mandado matar os sacerdotes do Eterno.

²²-²³ Davi disse a Abiatar: "Eu sabia! Quando vi Doegue, o edomita, sabia que contaria a Saul. Eu sou o culpado pela morte de toda a família de seu pai. Fique comigo, não tenha medo. O mesmo que quer matar você também quer me matar. Fique comigo, e protegerei você".

Vivendo em esconderijos

23 ¹-² Alguém avisou Davi de que os filisteus estavam atacando Queila e saqueando o estoque de grãos. Davi consultou o Eterno: "Devo ensinar uma lição a esses filisteus?". O Eterno respondeu: "Vá. Ataque os filisteus e liberte Queila".

³ Mas os homens de Davi disseram: "Aqui em Judá, já não estamos seguros, quanto menos se formos a Queila enfrentar a máquina de guerra dos filisteus!".

⁴ Davi voltou a consultar o Eterno. O Eterno respondeu: "Desça logo até Queila, pois estou entregando os filisteus em suas mãos".

⁵-⁶ Davi e os seus homens foram para Queila e lutaram contra os filisteus. Ele espalhou os rebanhos deles, impôs a eles uma humilhante derrota e libertou a população de Queila. Depois de ter se juntado a Davi, Abiatar desceu para Queila, levando consigo o colete sacerdotal.

JOÃO 6.47-65

⁴⁷-⁵¹ "Digo isso agora da maneira mais sóbria e solene: quem crer em mim tem vida verdadeira, vida eterna. Eu sou o Pão da Vida. Seus antepassados comeram pão do céu no deserto e morreram. Mas agora está aqui um Pão que verdadeiramente veio do céu. Quem comer desse Pão jamais morrerá. Eu sou o

DIA 139

Pão – o Pão vivo! – que desceu do céu. Qualquer um que comer desse Pão viverá – e para sempre! O Pão que dou ao mundo, para que possam comer e viver, sou eu mesmo, um ser de carne e sangue".

[52] Os judeus ficaram alvoroçados outra vez: "Como pode este homem servir sua carne numa refeição?".

[53-58] Mas Jesus não deu confiança a eles e prosseguiu: "Só depois que comerem e beberem carne e sangue, a carne e o sangue do Filho do Homem, vocês terão vida interior. Quem tiver um desejo sincero por essa comida e bebida obterá a vida eterna e estará pronto para o dia final. Minha carne é verdadeira comida e meu sangue é verdadeira bebida. Ao comer minha carne e beber meu sangue, vocês vão estar em mim e eu em vocês. O Pai, que é vivo, me enviou aqui. Assim, vivo por causa dele, para que quem fizer de mim uma refeição possa viver por minha causa. Esse é o Pão do céu. Os antepassados de vocês comeram pão e, mais tarde, morreram. Quem come desse Pão viverá para sempre".

[59] Tudo isso foi dito enquanto ele ensinava na sinagoga de Cafarnaum.

Duro de engolir

[60] Muitos de seus discípulos ouviram isso e disseram: "É um discurso duro demais de engolir".

[61-65] Jesus percebeu que eles estavam tendo dificuldade com o assunto e disse: "Ficaram arrasados com o que disse? O que aconteceria se vocês vissem o Filho do Homem subindo para o lugar de onde veio? O Espírito pode criar vida. Músculos e força de vontade nada fazem acontecer. Cada palavra que lhes digo provém do Espírito, e é capaz de criar vida. Mas alguns de vocês são resistentes e se recusam a ter parte nisso". (Jesus sabia desde o início que alguns não iriam segui-lo de fato. Sabia também quem iria traí-lo.) Ele continuou: "Foi por isso que antes eu disse a vocês que ninguém é capaz de vir a mim por conta própria. Vocês vêm a mim apenas como uma dádiva do Pai".

SALMOS 68.1-6

Um salmo de Davi

68 [1-4] Isso mesmo, Deus!
Põe teus inimigos para correr!
Adversários, fujam para as colinas!
Sumam como fumaça,
como uma gota de cera no fogo.
Um olhar para Deus, e os ímpios desaparecem.

Quando os justos virem Deus em ação,
eles rirão e cantarão,
rirão e cantarão de alegria.
Cantem hinos a Deus,
todo o céu, cante!
Limpem o caminho para a vinda
do Cavaleiro das Nuvens!
Deleitem-se no Eterno,
aplaudam quando o virem!

[5-6] Pai dos órfãos
e defensor das viúvas
assim é Deus em sua santa habitação.
Deus constrói casas para os desabrigados
e conduz os prisioneiros à liberdade,
mas deixa os rebeldes apodrecerem
completamente.

■ NOTAS

☐ DIA 140 ___/___/___

1SAMUEL 23.7 — 25.11

7-8 Saul descobriu que Davi estava em Queila e pensou: "Ótimo! Deus o entregou de bandeja nas minhas mãos! Ele está numa cidade murada com os portões trancados. Está encurralado ali!". Saul convocou as tropas e partiu para Queila, com a intenção de cercar Davi e seus homens.

9-11 Mas Davi soube do plano de Saul e disse ao sacerdote Abiatar: "Traga o colete". Davi orou ao Eterno: "Deus de Israel, acabei de saber que Saul pretende destruir a cidade de Queila por minha causa. Os líderes da cidade vão me entregar a Saul? Saul vem mesmo fazer aquilo que me disseram? Ó Eterno, Deus de Israel, responde-me!".

O Eterno respondeu: "Ele está vindo".

12 "E os chefes de Queila me entregarão, junto com os meus homens, nas mãos de Saul?".

O Eterno respondeu: "Entregarão, sim".

13 Então, Davi e seus homens fugiram dali. Eram seiscentos homens. Eles deixaram Queila e ficaram perambulando de um lugar para outro.

Quando informaram a Saul que Davi tinha fugido de Queila, ele suspendeu o ataque.

14-15 Davi continuou vivendo em esconderijos nas regiões remotas das colinas de Zife. Saul continuou à procura de Davi, sem descanso, mas Deus não o entregou nas mãos do rei. Davi permaneceu no distante deserto de Zife, refugiado em Horesa, já que Saul estava determinado a encontrá-lo.

16-18 Jônatas, filho de Saul, foi ao encontro de Davi em Horesa e fortaleceu a sua confiança em Deus. Ele disse: "Não se desespere. Meu pai, Saul, não tocará em você. Você será rei de Israel, e eu estarei sempre ao seu lado para ajudar. Meu pai sabe disso". Então, os dois fizeram um pacto perante o Eterno. Davi ficou em Horesa, e Jônatas voltou para casa.

19-20 Alguns zifeus procuraram Saul em Gibeá e disseram: "Sabia que Davi está se escondendo perto de nós, nas fortalezas e cavernas de Horesa? Neste momento, ele está nas colinas de Haquilá, ao sul do deserto de Jesimom. Quando você estiver pronto, será uma honra entregá-lo nas mãos do rei".

21-23 Saul respondeu: "O Eterno abençoe vocês por pensarem em mim! Agora, voltem e verifiquem tudo.

Descubram por onde ele anda e quem o acompanha. Vocês sabem que ele é muito astuto. Descubram todos os esconderijos dele. Depois, encontrem-se comigo em Nacom, e eu acompanharei vocês. Em qualquer lugar de Judá que ele estiver, eu o encontrarei!".

24-27 E os zifeus partiram em missão de reconhecimento para Saul.

Enquanto isso, Davi e seus homens estavam no deserto de Maom, ao sul do deserto de Jesimom. Saul e seus homens chegaram e logo foram atrás deles. Quando Davi soube disso, fugiu para o sul, na direção das rochas, e montou acampamento no deserto de Maom. Saul foi informado da localização deles e partiu na direção do deserto de Maom. Pouco depois, Saul estava de um lado da montanha, e Davi com os seus homens, do outro. O bando de Davi corria, tendo Saul e suas tropas no encalço deles. No meio da perseguição, um mensageiro apresentou-se a Saul e disse: "Volte depressa! Os filisteus estão atacando Israel!".

28-29 Saul foi obrigado a interromper a perseguição e retornar para resolver a situação com os filisteus. Por isso, aquele lugar foi chamado Fuga Apertada. Davi saiu dali e instalou-se com segurança no deserto de En-Gedi.

"Não sou rebelde"

24 **1-4** Depois da luta contra os filisteus, alguém informou a Saul: "Davi está agora no deserto de En-Gedi". Saul convocou três mil dos melhores soldados de Israel e partiu no encalço de Davi e seus homens. Foram para a região dos rochedos dos Bodes Selvagens. Ele chegou até o local em que havia alguns currais de ovelhas, ao lado da estrada. Perto dali, havia uma gruta, e Saul entrou nela para fazer suas necessidades. Acontece que Davi e seus homens estavam amontoados no fundo da gruta. Os homens de Davi lhe disseram: "Você acredita nisto? O Eterno deve estar dizendo: 'Entregarei o seu inimigo nas suas mãos. Faça com ele o que bem entender'". Davi, sorrateiramente, cortou um pedaço da vestimenta real de Saul.

5-7 No mesmo instante, sentiu-se culpado e disse aos seus homens: "Que o Eterno me livre de fazer algum mal contra o meu senhor, o ungido do Eterno. Não vou sequer levantar um dedo contra ele. Ele é o ungido do Eterno!". Assim, Davi impediu que os seus homens acabassem com a vida de Saul. O rei levantou-se e saiu da caverna para seguir seu caminho.

8-13 Então, Davi se pôs à entrada da gruta e gritou para Saul: "Meu senhor! Rei meu!". Saul olhou para trás. Davi se ajoelhou, fez uma reverência e exclamou: "Por que dá ouvidos aos que dizem: 'Davi quer tirar a

DIA 140

sua vida? O senhor acabou de ter a prova de que isso não é verdade. Aqui dentro da gruta, o Eterno pôs o senhor em minhas mãos. Meus homens queriam matá-lo, mas eu não permiti. Eu disse que não levantaria um dedo sequer contra o meu senhor, pois é o ungido do Eterno. Veja isto aqui, meu pai! Veja este pedaço de pano que cortei da sua roupa! Eu poderia ter cortado o senhor ao meio! Mas, não o fiz. Esta é a prova! Não estou contra o senhor. Não sou rebelde. Não pequei contra o rei, mas o senhor está tentando me matar. Vamos decidir quem está certo. O Eterno poderá me vingar, mas isso está nas mãos dele, não nas minhas. Um antigo provérbio diz: 'A perversidade vem dos perversos'. Por isso, tenha certeza de que as minhas mãos não tocarão no senhor.

¹⁴⁻¹⁵"O que o rei de Israel acha que está fazendo? A quem está perseguindo? Um cão morto? Uma pulga? O Eterno é nosso juiz. Ele decidirá quem está certo. Que bom fosse se ele olhasse neste instante, resolvesse a situação agora mesmo e me livrasse do senhor!".

¹⁶⁻²¹Quando ele acabou de falar, Saul perguntou: "É a voz de meu filho Davi?". E começou a chorar, reconhecendo: "Você está certo, não eu. Você me tratou bem. Eu é que estou desejando o pior para você. Mais uma vez, você foi generoso para comigo. O Eterno me entregou em suas mãos, mas você não me matou. Por quê? Quando alguém se encontra com seu inimigo, acaso ele o despede com uma bênção? Que o Eterno o recompense pelo bem que me fez hoje! Agora tenho certeza de que você será rei e que o reino de Israel estará em boas mãos! Prometa-me, perante o Eterno, que não destruirá a minha família nem eliminará o meu nome da história da minha família".

²²Davi jurou a Saul. Em seguida, Saul voltou para casa, e Davi e seus homens retornaram para seu refúgio no deserto.

As batalhas de Deus

25¹Samuel morreu. Toda a nação prestou suas últimas homenagens a ele. Todos lamentaram sua morte, e ele foi sepultado em sua cidade natal, Ramá. Enquanto isso, Davi continuou foragido, seguindo dessa vez para o deserto de Maom.

²⁻³Havia um homem em Maom que tinha negócios na região do Carmelo. Ele era muito próspero. Possuía três mil ovelhas e mil cabritos, e era época de tosquiar as ovelhas no Carmelo. Ele se chamava Nabal (Tolo). Era descendente de Calebe, e sua mulher se chamava Abigail. A mulher era inteligente e bonita, mas o homem era bruto e maldoso.

⁴⁻⁸Ainda no deserto, Davi soube que Nabal estava tosquiando suas ovelhas e enviou dez rapazes com a seguinte instrução: "Vão até o Carmelo e procurem Nabal. Saúdem-no em meu nome: 'Paz! Vivam em paz você e sua família. Paz para todos os que estão com você! Soube que está no tempo de tosquiar ovelhas. Queremos que você saiba que, quando seus pastores estavam próximos de nós, não tiramos proveito deles. Eles não perderam nada do que era deles quando estavam conosco no Carmelo. Seus rapazes confirmarão isso. Pergunte a eles. Agora, peço que seja generoso para com os meus homens, permitindo que participemos da festa! Dê aos servos e a mim, Davi, seu filho, a quantidade de suprimento que desejar'".

⁹⁻¹¹Os rapazes de Davi transmitiram a mensagem a Nabal. Mas o homem os rechaçou: "Quem é esse Davi? Quem é esse filho de Jessé? Ultimamente, há muitos foragidos por aqui. Vocês acham que vou pegar pão, vinho e carne que acabei de abater para os meus tosquiadores e oferecer para homens que nunca vi e que ninguém sabe de onde vêm?".

JOÃO 6.66 — 7.15

⁶⁶⁻⁶⁷Depois disso, muitos discípulos o abandonaram. Não queriam mais nenhuma ligação com ele. Então, Jesus deu aos Doze a mesma oportunidade: "Vocês também querem me abandonar?".

⁶⁸⁻⁶⁹Pedro respondeu: "Senhor, para onde iríamos? Só o senhor tem as palavras de vida verdadeira, de vida eterna. Já decidimos segui-lo de fato e acreditamos que és o Santo de Deus".

⁷⁰⁻⁷¹Jesus respondeu: "Eu não escolhi vocês, os Doze? Mesmo assim, um de vocês é um diabo". Ele se referia a Judas, filho de Simão Iscariotes. Esse homem — um dos Doze! — já estava se preparando para traí-lo.

7¹⁻²Mais tarde, Jesus retomou suas atividades na Galileia. Ele não queria viajar pela Judeia porque os judeus estavam procurando uma oportunidade para matá-lo. Estava próxima outra festa celebrada anualmente pelos judeus, a dos Tabernáculos.

³⁻⁵Seus irmãos disseram: "Por que você não vai para a festa, para que seus discípulos possam ver as obras que você faz? Quem quer ser conhecido não pode ficar escondido num canto. Se você leva a sério o que faz, mostre-se ao mundo". Seus irmãos o pressionavam porque não criam nele.

⁶⁻⁸Jesus respondeu: "Não me pressionem. Minha hora não chegou. É a hora de vocês.

Aliás, *sempre* é a hora de vocês, porque não têm nada a perder. O mundo não tem nada contra vocês, mas sim contra mim. Está contra mim porque denuncio a maldade que escondem. Quanto a vocês, vão em frente, vão para a festa! Não esperem por mim. Ainda não estou pronto. Meu tempo não chegou".

9-11 Ele disse isso e ficou na Galileia. Só que mais tarde, depois de a família ter ido para a festa, ele também foi. Mas se manteve incógnito, evitando ao máximo chamar atenção para si. Os judeus já estavam procurando por ele, perguntando a todos: "Onde está aquele homem?".

12-13 Havia muita controvérsia a respeito dele. Seu nome circulava na boca do povo. Alguns diziam: "Ele é um homem bom". Outros contestavam: "Nada disso! Ele engana o povo!". Entretanto, as conversas eram discretas, porque o povo tinha medo dos líderes judeus.

Seria ele o Messias?

14-15 Lá pela metade da festa, Jesus se manifestou no templo: estava ensinando. Os judeus ficavam impressionados, mas estavam confusos: "Como ele sabe tanto sem ter estudado?".

SALMOS 68.7-16

7-10 Quando assumiste o comando do teu povo,
quando marchaste no deserto,
A terra se agitou, e o céu ficou incomodado.
Quando estavas em marcha,
Até o Sinai tremeu à vista dos teus movimentos,
à vista do Deus de Israel.
Tu derramaste chuva
com generosidade, ó Deus!
Espinheiros e cactos se tornaram um oásis
Para teu povo acampar e alegrar-se.
Tu os puseste em ação,
e eles foram da pobreza à riqueza.

11-14 O Senhor proferiu a palavra;
milhares anunciaram as boas-novas:
"Reis e exércitos
estão a caminho, a caminho!".
Enquanto isso, mães de família,
sãs e salvas em casa,
dividiam objetos de valor,
os despojos de prata e ouro dos cananeus.
No dia em que o Todo-poderoso
espalhou os reis,
a neve caiu sobre a montanha Negra.

15-16 Vocês, enormes montanhas de Basã,
poderosas montanhas,
montanhas escarpadas.
Todas vocês, montanhas não escolhidas,
lamentem por vocês mesmas,
Pois este foi o monte que Deus
escolheu para viver
e dele governará para sempre.

◗ NOTAS

☐ DIA 141 ___ / ___ / ___

1SAMUEL 25.12 — 26.25

12-13 Os homens de Davi retornaram e contaram tudo que Nabal tinha dito. Davi tomou uma decisão:

DIA 141

"Preparem as suas espadas!". Todos, até mesmo Davi, puseram a espada à cintura e partiram. Eram quatrocentos homens. Duzentos homens permaneceram no acampamento.

¹⁴⁻¹⁷ Nesse meio-tempo, um dos jovens pastores contou a Abigail, mulher de Nabal, o que tinha acontecido: "Davi mandou mensageiros do deserto para saudar o nosso senhor, mas ele foi grosseiro com eles e os insultou. Acontece que aqueles homens sempre nos trataram muito bem. Nunca roubaram nada de nós nem se aproveitaram da gente durante todo o tempo que estivemos no campo. Eles até serviram como um muro de defesa ao nosso redor, porque nos protegiam dia e noite enquanto cuidávamos das ovelhas. Faça alguma coisa logo, pois algo de ruim vai acontecer ao nosso senhor e a todos nós. Ninguém consegue convencê-lo. Ele é intratável!".

¹⁸⁻¹⁹ Abigail não perdeu tempo. Ela preparou duzentos pães, duas vasilhas de couro de vinho, cinco ovelhas preparadas e prontas para assar, cinco medidas de grão tostado, cem bolos de passas e duzentos bolos de figo e acomodou a carga sobre alguns jumentos. Ela disse aos seus rapazes: "Vão à minha frente, preparando o caminho. Eu seguirei logo atrás". Mas ela não disse nada ao marido.

²⁰⁻²² Montada em seu jumento, ela descia pela encosta da montanha, enquanto Davi e os seus homens desciam a outra encosta, um grupo ao encontro do outro. Davi dizia: "De nada valeu proteger os bens desse homem no deserto. Agora ele nos recompensa com insultos. É como levar um tapa na cara! Deus faça o que quiser com os inimigos de Davi se, até amanhã cedo, eu deixar vivo um único desses vira-latas de Nabal!".

²³⁻²⁵ Assim que viu Davi, Abigail desceu do jumento e se prostrou aos pés dele com o rosto em terra, dizendo: "Meu senhor, eu sou culpada! Deixe-me explicar. Ouça o que tenho a dizer. Não leve em conta a maldade de Nabal. Ele é o que o nome diz: Nabal, tolo. Dele só sai tolice.

²⁵⁻²⁷ "Eu não estava lá quando chegaram os rapazes que o meu senhor enviou; por isso, não os encontrei. Agora, meu senhor, assim como vive o Eterno e como o senhor vive, Deus o impediu de cometer essa vingança. Que todos os seus inimigos e todos que desejam o mal ao meu senhor tenham o mesmo destino de Nabal! Receba esta dádiva que eu, sua serva, trouxe ao meu senhor, e ofereça aos rapazes que seguem os seus passos.

²⁸⁻²⁹ "Perdoe minha audácia! Mas sei que o Eterno está preparando o meu senhor para um governo íntegro e estável. Meu senhor luta as guerras do Eterno! Enquanto viver, nenhum mal sucederá a você.

"Se alguém puser obstáculo em seu caminho;
    se alguém tentar desviar o senhor,
Saiba que a sua vida, honrosa ao Eterno,
    está amarrada com firmeza
    ao feixe das vidas protegidas por Deus.
Mas a vida de cada um dos seus inimigos
    será atirada longe,
    como a pedra lançada com estilingue.

³⁰⁻³¹ "Quando o Eterno realizar todo o bem que prometeu ao meu senhor e o estabelecer como príncipe de Israel, não haverá em seu coração o peso de um crime de vingança. E, quando o Eterno tiver feito o bem ao meu senhor, lembre-se de mim".

³²⁻³⁴ Davi exclamou: "Bendito seja o Eterno, o Deus de Israel! Ele enviou você para me encontrar! Seja abençoada pela sua sensatez! Seja bendita por me impedir de cometer esse crime e por se preocupar comigo. Juro pelo Eterno, o Deus de Israel, que me impediu de fazer mal a você: não fosse a sua vinda aqui esta manhã, não restaria viva alma na casa de Nabal".

³⁵ Davi aceitou a comida que ela trouxe e disse: "Volte em paz. Concordo com o que você disse e vou fazer o que me pediu".

³⁶⁻³⁸ Quando Abigail voltou para casa, encontrou Nabal no meio de um banquete. Ele estava de bom humor, porque tinha bebido muito. Assim, ela preferiu não contar nada do que tinha feito até a manhã seguinte. No outro dia, quando Nabal já estava sóbrio, Abigail contou o que tinha acontecido. Na mesma hora, ele teve um infarto e entrou em coma. Dez dias depois, ele morreu.

³⁹⁻⁴⁰ Quando Davi soube que Nabal tinha morrido, ele declarou: "Bendito seja o Eterno, que me defendeu contra os insultos de Nabal, impedindo-me de cometer um crime, e permitiu que a maldade dele se voltasse contra ele mesmo!".

Em seguida, mandou dizer a Abigail que desejava que ela fosse sua mulher. Os mensageiros de Davi foram até o Carmelo e disseram a Abigail: "Davi mandou buscá-la, para que você se case com ele".

⁴¹ Ela se prostrou com o rosto em terra, dizendo: "Sou serva dele. Estou pronta para fazer o que ele quiser. Estou disposta até a lavar os pés dos subordinados dele!".

⁴² Sem hesitar, ela montou em seu jumento. Acompanhada de cinco escravas, seguiu os mensageiros de Davi e se tornou mulher dele.

43-44 Davi também se casou com Ainoã, de Jezreel. Ambas foram suas mulheres. Saul tinha dado sua filha Mical, mulher de Davi, a Paltiel, filho de Laís, de Galim.

Obcecado por uma pulga

26 **1-3** Alguns zifeus procuraram Saul em Gibeá e disseram: "Sabia que Davi está escondido na colina de Haquilá, do outro lado de Jesimom?".

No mesmo instante, Saul se levantou e partiu para o deserto de Zife, levando três mil dos melhores soldados para procurar Davi naquele deserto. Ele ficou acampado perto da estrada, na colina de Haquilá, do outro lado de Jesimom.

3-5 Davi, ainda no deserto, soube que Saul estava atrás dele. Ele enviou espiões para descobrir onde exatamente Saul estava. Depois que descobriu, Davi foi até o lugar em que Saul estava acampado e descobriu onde estava a tenda de Saul e Abner, filho de Ner, seu general. Saul estava bem protegido dentro do acampamento, rodeado por seu exército.

6 Davi perguntou a Aimeleque, o hitita, e a Abisai, filho de Zeruia, irmão de Joabe: "Qual de vocês vai entrar comigo no acampamento de Saul?".

Abisai respondeu: "Eu vou junto".

7 À noite, Davi e Abisai entraram no acampamento e encontraram Saul deitado lá no meio, dormindo. Sua lança estava fincada no chão, perto da cabeça dele. Abner e seus soldados estavam espalhados, dormindo profundamente.

8 Abisai disse: "É agora! Deus entregou o inimigo em suas mãos. Deixe-me cravá-lo ao chão com a lança dele. Basta um golpe, não vou precisar de outro!".

9 Mas Davi disse a Abisai: "Não se atreva a machucá-lo! Ninguém pode ferir o ungido do Eterno e escapar impune".

10-11 Ele prosseguiu: "Assim como vive o Eterno, Deus mesmo irá matá-lo, ou seu dia chegará, e ele morrerá em casa ou ferido em batalha, mas, longe de mim, tocar no ungido do Eterno. Agora, pegue a lança dele e o cantil de água, e vamos sair daqui!".

12 Depois de pegar a lança e o cantil de água que estavam perto da cabeça de Saul, eles foram embora. Ninguém percebeu nada. Ninguém acordou! Todos ficaram dormindo o tempo todo, porque um profundo sono, vindo do Eterno, tinha caído sobre eles.

13-14 Davi foi para o outro lado do monte e escolheu um local distante, lá no alto. Daquela distância segura, Davi gritou para o exército e para Abner, filho de Ner: "Abner, até quando vou ter de esperar vocês acordarem e me responderem?".

Abner disse: "Quem está chamando o rei?".

15-16 Davi disse: "Você não está no comando aí? Por que não está fazendo o seu trabalho? Por que não protege o seu senhor, o rei, quando um soldado põe a vida dele em perigo? Você não está cumprindo o seu dever! Assim como vive o Eterno, você deveria ser executado, e toda a guarda pessoal do rei também. Veja o que tenho em minhas mãos: a lança e o cantil do rei, que estavam ao lado dele!".

17-20 Saul, reconhecendo a voz de Davi, perguntou: "É você, meu filho Davi?".

Davi respondeu: "Sim, sou eu, ó rei, meu senhor. Por que o senhor me persegue? O que fiz de errado? Que crime cometi? Ouça, meu senhor e meu rei, o que o seu servo tem a dizer. Se o Eterno incitou o senhor contra mim, então, entrego a minha vida em sacrifício. Mas, se foram os homens que o instigaram, que sejam banidos da presença do Eterno! Eles cercearam o meu direito na herança do Eterno como se dissessem: 'Vá embora! Vá servir outro deus!'. Mas o senhor não se livrará de mim tão facilmente, não conseguirá me separar do Eterno, na vida ou na morte. Que absurdo! O rei de Israel obcecado por uma pulga, perseguindo uma perdiz na montanha!".

21 Saul reconheceu: "Tem razão, errei! Volte, meu filho Davi! Não causarei mais nenhum mal a você. Você foi leal para comigo, respeitando minha vida, enquanto eu estou sendo insensato e cometendo grande erro".

22-24 Davi respondeu: "Está vendo isto aqui? É a lança do rei. Mande um dos soldados buscá-la. Ao Eterno compete decidir o que fazer com cada um de nós, com respeito ao que é correto. O Eterno entregou sua vida em minhas mãos hoje, mas eu não quis levantar nem mesmo um dedo contra o ungido do Eterno. Assim como respeitei sua vida hoje, que o Eterno tenha consideração pela minha e me livre desta aflição".

25 Saul disse a Davi: "Bendito seja você, meu filho Davi! Faça o que tem de fazer. Espero que seja bem-sucedido em todos os seus esforços!".

Davi seguiu seu caminho, e Saul voltou para casa.

JOÃO 7.16-36

16-19 Jesus disse: "Não inventei nada disso. O que ensino vem daquele que me enviou. Quem quiser fazer sua vontade pode testar esse ensinamento e saberá se é de Deus ou se eu o inventei. Quem inventa ideias próprias está sempre tentando impressionar, mas quem quer honrar aquele que o enviou apega-se

DIA 141

aos fatos: não altera a realidade. Foi Moisés que deu a Lei de Deus, não foi? Mas nenhum de vocês a cumpre. Então, por que estão tentando me matar?".

²⁰ A multidão protestou: "Você está louco! Quem está tentando matá-lo? Você está possuído por demônio".

²¹⁻²⁴ Jesus reagiu: "Fiz um milagre meses atrás, e vocês ainda estão todos preocupados, imaginando o que estou para fazer. Moisés prescreveu a circuncisão (que não veio de Moisés, mas dos seus antepassados), e vocês circuncidam um homem, operando parte do seu corpo, mesmo num sábado. Fazem isso para preservar um item da Lei de Moisés. Então, por que estão preocupados por eu haver restaurado a saúde de um homem no sábado? Não fiquem procurando defeitos. Usem a cabeça – e o coração! – para discernir o que é certo, para testar o que é de fato correto".

²⁵⁻²⁷ Foi quando alguns habitantes de Jerusalém disseram: "Esse não é o homem que estavam querendo matar? Olhem ele aí, dizendo o que quer diante de todos, e ninguém o detém! Será que os líderes pensam que ele é, de fato, o Messias? Nós sabemos de onde ele veio. Mas, no caso do Messias, ninguém sabe de onde ele virá".

²⁸⁻²⁹ Então, Jesus, que estava ensinando no templo, gritou para eles: "Vocês pensam que me conhecem e que sabem de onde eu vim, mas minha origem não é essa. Não estou nesta missão por conta própria. Minha verdadeira origem está naquele que me enviou, e vocês não o conhecem. Venho da parte dele – é por isso que o conheço. Ele me enviou aqui".

³⁰⁻³¹ Eles procuravam ocasião para prendê-lo, mas ninguém tocou nele, pois sua hora ainda não havia chegado. Muitos de seus ouvintes passaram a segui-lo, mas diziam: "Será que quando o Messias vier vai apresentar provas superiores ou mais convincentes que essas?".

³²⁻³⁴ Os fariseus, alarmados com a onda de rebelião que perpassava a multidão, confabularam com os principais sacerdotes e enviaram os guardas do templo para prender Jesus. Mas ele os enfrentou, dizendo: "Vou ficar pouco tempo com vocês. Depois vou para aquele que me enviou. Vocês vão me procurar, mas não vão me encontrar e para onde vou vocês não podem ir".

³⁵⁻³⁶ Os judeus perguntaram uns aos outros: "Para onde será que ele vai, que não poderemos encontrá-lo? Será que ele vai para o mundo grego, para ensinar os judeus que vivem lá? O que ele quer dizer com: 'Vocês vão me procurar, mas não vão me encontrar?'; e com: 'Para onde vou vocês não podem ir'?".

SALMOS 68.17-23

¹⁷⁻¹⁸ As carruagens de Deus, são milhares,
e milhares delas ainda;
O Senhor vai à frente, alcançando o Sinai –
direto para o Lugar Santo!
Quando subiste até o Alto Lugar,
levaste cativos agora dominados,
teus braços estavam cheios
do desopojo tirado dos rebeldes,
E agora te sentas ali, com grande pompa,
Eterno, soberano Deus!
¹⁹⁻²³ Bendito seja o Senhor!
Dia após dia, ele nos carrega.
Ele é nosso Salvador, o nosso Deus! Sim, ele é!
Ele é Deus para nós, é o Deus que nos salva.
O Eterno, o Senhor, conhece todas
as entradas e saídas da morte.
E mais: ele fez cabeças rolar,
espalhou os esqueletos dos inimigos
Quando marchou do céu,
dizendo: "Eu atei o Dragão com nós,
pus uma mordaça no profundo mar Azul".
Tu podes passar através
do sangue dos teus inimigos,
e teus cães sentem o gosto dele
nas tuas botas.

NOTAS

[12] Aquis passou a confiar totalmente em Davi. Ele pensava: "Ele foi tão odiado pelo seu povo que permanecerá comigo para sempre".

28 [1] Naquele tempo, os filisteus convocaram o exército para lutar contra Israel. Aquis disse a Davi: "Você e seus homens sairão à guerra com as minhas tropas".

[2] Davi respondeu: "Está bem! Você mesmo verá o que eu sou capaz de fazer!".

Aquis disse: "Ótimo! Você fará parte da minha guarda pessoal para sempre!".

Saul ora, mas Deus não responde

[3] Samuel já tinha morrido. Todo o Israel tinha lamentado sua morte e o tinha sepultado em sua cidade natal, Ramá. Saul tinha eliminado da nação todos os que consultavam os espíritos dos mortos.

[4-5] Os filisteus convocaram suas tropas e acamparam em Suném. Saul reuniu todo o Israel e acampou em Gilboa. Mas, quando Saul viu as tropas dos filisteus, tremeu de medo.

[6] Saul orou ao Eterno, mas Deus não respondeu, nem por sonhos, nem por sinais, nem por meio de algum profeta.

[7] Aflito, Saul deu ordens aos seus oficiais: "Procurem alguém que possa invocar os espíritos, para que eu me aconselhe com esses espíritos".

Os oficiais disseram: "Há uma mulher em En-Dor".

[8] Saul disfarçou-se, vestindo outra roupa e, na companhia de dois homens, foi, à noite, procurar a mulher. Ele pediu a ela: "Quero que você consulte para mim um espírito. Faça subir a pessoa de quem eu disser o nome".

[9] A mulher respondeu: "Espere um pouco! Você sabe que Saul eliminou todos os que consultavam espíritos dos mortos da nação. Você sabe que está me pondo numa situação que pode me levar à morte, não é?".

[10] Saul jurou solenemente: "Assim como vive o Eterno, você não será castigada por isso".

[11] A mulher respondeu: "Então, quem você quer que eu faça subir?".

"Samuel, faça subir Samuel."

[12] Quando a mulher viu Samuel, gritou para Saul: "Por que mentiu para mim? O senhor é Saul!".

[13] O rei disse a ela: "Não tenha medo. O que você vê?".

A mulher respondeu: "Estou vendo um espírito subindo da terra".

[14] Saul perguntou: "Com quem ele se parece?"

Ela disse: "Com um velho que está subindo, vestido como sacerdote".

☐ DIA **142** ___ / ___ / ___

1 SAMUEL 27.1 — 29.11

27 [1] Davi pensou: "Uma hora dessas, Saul vai conseguir me capturar. Melhor eu fugir para a terra dos filisteus. Ele vai me considerar uma causa perdida e desistirá de me perseguir por todos os cantos de Israel, porque estarei fora do seu alcance para sempre".

[2-4] Davi partiu com os seus seiscentos homens e foi recorrer a Aquis, filho de Maoque, rei de Gate. Eles se estabeleceram em Gate sob a proteção de Aquis. Cada um deles levou sua família. Davi levou suas duas esposas, Ainoã, de Jezreel, e Abigail, viúva de Nabal do Carmelo. Quando Saul recebeu a notícia que Davi tinha fugido para Gate, desistiu de persegui-lo.

[5] Davi disse a Aquis: "Se o senhor concordar, designe para mim um lugar entre as aldeias rurais. Não me parece correto que eu, mero servo, esteja vivendo na cidade real".

[6-7] Aquis designou Ziclague. Foi assim que Ziclague veio a ser o que é hoje, cidade dos reis de Judá. Davi residiu um ano e quatro meses entre os filisteus.

[8-9] De vez em quando, Davi e seus homens atacavam os gesuritas, os gersitas e os amalequitas. Esses povos eram antigos habitantes da terra que se estende de Sur até o Egito. Quando Davi atacava uma região, não deixava ninguém vivo, nem homem nem mulher, e levava tudo: ovelhas, bois, jumentos, camelos e roupas. Depois, voltava para Aquis.

[10-11] Quando Aquis perguntava: "Quem você atacou hoje?". Davi respondia: "Hoje, foi o sul de Judá, ou o sul de Jerameel, ou o sul dos queneus". Ele nunca deixava um único sobrevivente, para que ninguém aparecesse em Gate e denunciasse Davi. Davi agiu assim durante todo o tempo em que viveu entre os filisteus.

Saul sabia que era Samuel. Ele se prostrou com o rosto em terra e adorou.

[15] Samuel disse a Saul: "Por que você me perturba, fazendo-me subir?".

Saul respondeu: "Porque estou profundamente perturbado. Os filisteus estão se preparando para me atacar, e Deus me abandonou. Ele não me responde mais, nem por meio de profeta, nem por sonhos. Por isso, mandei chamá-lo para que me diga o que fazer".

[16-19] Samuel perguntou: "Mas por que você está perguntando isso para mim? O Eterno abandonou você e se tornou seu adversário. O Eterno fez exatamente o que já tinha dito por meu intermédio. Ele arrancou o reino de suas mãos e o entregou ao seu adversário. Já que você não obedeceu ao Eterno e se recusou a cumprir suas ordens com relação aos amalequitas, o Eterno está fazendo isso com você hoje. Pior ainda, o Eterno está entregando Israel junto com você nas mãos dos filisteus. Amanhã, você e seus filhos estarão comigo. O exército de Israel também será entregue nas mãos dos filisteus".

[20-22] No mesmo instante, Saul despencou no chão, aterrorizado pelas palavras de Samuel. Ele não tinha mais forças, pois não tinha comido nada o dia inteiro. A mulher, percebendo que ele estava em estado de choque, disse: "Ouça, eu apenas fiz o que o senhor pediu. Arrisquei a minha vida, cumprindo à risca as suas instruções. Agora, o senhor deve seguir as minhas instruções: coma alguma coisa. Isso dará forças para o senhor seguir seu caminho".

[23-25] Mas ele recusou. "Não vou comer nada!".

Seus acompanhantes concordaram com a mulher e insistiram com ele. Saul finalmente cedeu e sentou-se na cama. A mulher se apressou, matou um bezerro gordo, pegou um pouco de farinha, amassou-a e assou alguns pães sem fermento. Ela serviu a Saul e sua comitiva. Depois de se satisfazerem, eles se levantaram e seguiram seu caminho, ainda naquela noite.

29 [1-2] Os filisteus reuniram suas tropas em Afeque. Israel montou acampamento perto da fonte de Jezreel. Enquanto os comandantes filisteus avançavam com os seus regimentos e pelotões, Davi e seus homens iam à retaguarda, com Aquis.

[3] Mas os oficiais filisteus se reuniram e disseram: "O que esses hebreus estão fazendo aqui?".

Aquis respondeu aos oficiais: "Vocês não reconhecem Davi, que era servo do rei Saul de Israel? Ele está comigo há muito tempo. Não tenho nenhuma reclamação dele desde que abandonou Saul".

[4-5] Os oficiais filisteus ficaram furiosos com Aquis e disseram: "Mande-o de volta para o lugar de onde ele veio! Ele não vai sair à guerra conosco. Ele poderá mudar de lado no meio da batalha. Seria uma ótima oportunidade para ele resgatar a confiança do seu senhor à custa da cabeça dos nossos soldados. Não é esse o mesmo Davi que aclamavam, cantando:

'Saul matou milhares;
Davi, dezenas de milhares'?".

[6-7] Assim, Aquis mandou dizer a Davi: "Assim como vive o Eterno, você tem sido um aliado merecedor de toda a confiança. Tem sido correto em tudo que fez para mim. Não tenho nenhuma reclamação de sua conduta. Mas os comandantes não entendem assim. Por isso, é melhor você voltar em paz. Não vale a pena aborrecer os comandantes filisteus".

[8] Davi perguntou: "Mas o que foi que eu fiz? O senhor tem alguma reclamação contra mim desde quando vim para cá? Por que não posso lutar contra os inimigos do meu senhor, o rei?".

[9-10] Aquis respondeu: "Concordo com você. Na minha opinião, você é boa gente. É como um anjo de Deus! Mas os comandantes filisteus estão irredutíveis. Disseram: 'Ele não pode ir conosco para a guerra'. Por isso, você e seus homens precisam ir embora. Assim que clarear o dia, e puderem viajar, deixem o acampamento".

[11] Davi e seus homens se levantaram bem cedo e, ao clarear do dia, estavam a caminho, de volta para a terra dos filisteus. Os filisteus foram para Jezreel.

JOÃO 7.37 — 8.6

[37-39] No último dia da festa, o mais importante, Jesus se pôs de pé e discursou: "Se alguém tem sede, venha a mim e beba. Rios de água viva irão jorrar e brotar do íntimo de quem crer em mim, como dizem as Escrituras". (Ele fazia referência ao Espírito, a ser recebido por aqueles que cressem nele. O Espírito ainda não tinha sido dado porque Jesus ainda não havia sido glorificado.)

[40-44] Os que ouviram essas palavras comentavam: "Este deve ser o Profeta". Outros diziam: "Ele é o Messias!". Outros ainda argumentavam: "O Messias não vem da Galileia, não é mesmo? As Escrituras não dizem que ele vem da linhagem de Davi, e de Belém, a Cidade de Davi?". Então, houve contenda na multidão por causa dele. Os mais exaltados queriam prendê-lo, mas ninguém encostou a mão nele.

45 Foi quando os guardas do templo se apresentaram aos principais sacerdotes e fariseus, que os questionaram: "Por que vocês não o prenderam?". **46** Os guardas responderam: "Vocês ouviram como ele fala? Nunca ouvimos ninguém falar como esse homem". **47-49** Os fariseus retrucaram: "Vocês se deixaram enganar, como o resto dessa gentalha? Não percebem que nem um líder do povo creu nele? Não veem que nenhum fariseu? É só essa multidão ignorante, que não sabe nada da Lei de Deus, que é enganada por ele e acaba condenada". **50-51** Nicodemos, o homem que havia se encontrado com Jesus e que era um dos líderes e fariseu, interferiu: "A Lei decide sobre a culpa de um homem sem primeiro ouvi-lo e descobrir o que ele está fazendo?". **52-53** Mas eles o interromperam: "Você também está a favor do galileu? Examine as evidências. Veja se já surgiu algum profeta da Galileia".

A reunião terminou, e todos foram para casa.

A ponto de ser apedrejada

8 **1-2** Jesus retirou-se para o monte das Oliveiras, mas logo voltou para o templo. O mundaréu de gente estava à sua volta, e ele se sentava e começava a ensiná-los. **3-6** Os mestres religiosos e os fariseus apareceram com uma mulher que fora apanhada em adultério. Eles a puseram à vista de todos e disseram: "Mestre, esta mulher é adúltera, foi apanhada em flagrante. Moisés, na Lei, ordena o apedrejamento de quem comete esse crime. O que o senhor diz?". Eles tentavam apanhá-lo numa armadilha. Queriam induzi-lo a dizer algo incriminador, que pudessem depois usar contra ele.

SALMOS 68.24-31

24-31 Vejam Deus em marcha triunfante
    para o santuário — meu Deus,
    meu Rei em marcha!
Cantores na frente, os músicos atrás,
    as jovens vão no meio com castanholas.
Todo o coral enaltece o nome de Deus.
    Como fonte de louvor,
      Israel engrandece o Eterno.

Vejam: o pequeno Benjamim está
    à frente da batalha, liderando
Os príncipes de Judá em suas vestes reais,
    os príncipes de Zebulom e
    os príncipes de Naftali.

Desfila teu poder, ó Deus,
    o poder que nos fez o que somos.
Teu templo, Deus Altíssimo, é Jerusalém,
    e os reis te trazem presentes.
Repreende aquele velho crocodilo, o Egito,
    com sua manada de touros e
      bezerros selvagens,
Vorazes na sua paixão pela prata,
    esmagando povos, loucos por uma luta.
Que os comerciantes egípcios
    tragam tecido azul
    e que Cuxe venha correndo para Deus,
      com as mãos estendidas.

◼ NOTAS

DIA 143

□ DIA 143 ___ / ___ / ___

1SAMUEL 30.1 — 31.13

A força de Davi está no Senhor

30 **1-3** Três dias depois, Davi e seus homens chegaram de volta a Ziclague e viram que os amalequitas tinham atacado a cidade e o Neguebe. Ziclague tinha sido incendiada, e as mulheres, os jovens e os velhos tinham sido feitos prisioneiros. Não mataram ninguém, mas levaram o povo, como se fosse um rebanho. Davi e seus homens encontraram a cidade destruída. Suas mulheres, seus filhos e filhas tinham sido levados prisioneiros.

4-6 Davi e seus homens choraram incontrolavelmente, até esgotar suas forças. As duas mulheres de Davi, Ainoã, de Jezreel, e Abigail, viúva de Nabal do Carmelo, também foram levadas prisioneiras com os demais. De repente, Davi percebeu que estava em apuros, pois os homens, ressentidos com a perda de suas mulheres, falavam em apedrejá-lo.

6-7 Mas ele encontrou forças no Eterno, o seu Deus, e disse ao sacerdote Abiatar, filho de Aimeleque: "Traga o colete sacerdotal para que eu consulte o Eterno". Abiatar trouxe o colete a Davi.

8 Davi orou ao Eterno: "Devo perseguir os invasores? Irei alcançá-los?".

O Eterno respondeu: "Persiga-os. Você os alcançará e conseguirá tomar de volta o que levaram".

9-10 Davi saiu com os seus seiscentos homens. Chegaram ao ribeiro de Besor, e alguns deles resolveram ficar ali. Davi e quatrocentos homens iriam continuar a perseguição, mas duzentos deles estavam cansados demais para atravessar o ribeiro; por isso, não seguiram adiante.

11-12 Alguns dos que atravessaram o Besor encontraram um egípcio no campo e o levaram a Davi. Eles deram comida ao homem, e ele comeu. Também bebeu água. Deram-lhe um pedaço de bolo de figo e alguns bolinhos de passas, e ele começou a recuperar as forças, pois não tinha comido nem bebido nada durante três dias e três noites!

13-14 Davi perguntou: "Quem é você? De onde você vem?".

Ele respondeu: "Sou egípcio, escravo de um amalequita. Meu senhor me abandonou quando fiquei doente, três dias atrás. Atacamos a região ao sul dos queretitas, de Judá e do território de Calebe. Também incendiamos Ziclague".

15 Davi fez outra pergunta: "Você consegue nos levar até os invasores?".

Ele respondeu: "Se o senhor me prometer, diante de Deus, que não me matará nem me entregará a meu senhor, eu os levarei diretamente a eles".

16 Assim, o homem guiou Davi até os invasores. Eles estavam espalhados por todo o acampamento, comendo, bebendo e comemorando o resultado do saque da terra dos filisteus e de Judá.

17-20 Davi os atacou no dia seguinte. Lutou contra eles desde o amanhecer até a noite. Ninguém escapou, exceto quatrocentos guerreiros, os mais jovens, que fugiram montados em camelos. Davi resgatou tudo que os amalequitas tinham levado. Resgatou também suas duas mulheres! Ninguém morreu e nada foi perdido: jovens, velhos, filhos, filhas, bens ou qualquer outra coisa. Davi recuperou tudo. Eles ainda levaram as ovelhas e os bois que pertenciam aos amalequitas, e todos gritavam: "Estes são os despojos de Davi!".

21 Davi fez o caminho de volta até os duzentos homens que permaneceram no ribeiro de Besor por estarem cansados demais para continuar com ele. Eles vieram ao encontro de Davi e seus homens. Quando Davi se aproximou, gritou para eles: "Foi um sucesso!".

22 Mas os homens mal-intencionados e perversos que tinham acompanhado Davi reclamaram: "Quem não ajudou no ataque não vai ter sua parte nos despojos. Podem pegar de volta sua mulher e seus filhos, mas apenas isso. É só o que irão levar".

23-25 Davi os interrompeu: "Não é assim que se faz em família, meus irmãos! Não podemos agir assim com aquilo que o Eterno nos entregou! Deus nos protegeu. Ele nos entregou os homens que nos atacaram. Quem daria ouvidos a essa conversa? A parte dos que ficaram com a bagagem será a mesma dos que saíram para a batalha. Todos receberão partes iguais!". Dali em diante, Davi estabeleceu essa regra em Israel, válida até hoje.

26-31 Ao voltar a Ziclague, Davi mandou parte do despojo para os líderes de Judá, seus vizinhos, com o seguinte recado: "Este é um presente do despojo dos inimigos do Eterno!". Receberam presentes os líderes de Betel, de Ramote do Neguebe, de Jatir, de Aroer, de Sifmote, de Estemoa, de Racal, das cidades dos jerameelitas, das cidades dos queneus, de Hormá, de Corasã, de Atace, de Hebrom e de vários outros lugares que Davi e seus homens visitavam de tempos em tempos.

Saul e Jônatas mortos na montanha

31 ¹⁻²Os filisteus atacaram Israel, e os homens de Israel fugiram dos filisteus. Muitos caíram feridos no monte Gilboa. Os filisteus alcançaram Saul e seus filhos e mataram Jônatas, Abinadabe e Malquisua, filhos de Saul. ³⁻⁴A batalha foi intensa em torno de Saul. Os arqueiros chegaram perto dele e o feriram gravemente; por isso, Saul disse ao seu escudeiro: "Pegue sua espada e me mate, para que eu não seja morto nas mãos desses pagãos profanos e seja humilhado por eles". ⁴⁻⁶Mas seu escudeiro não teve coragem de matar o rei. Então, o próprio Saul se jogou sobre a sua espada. Quando o escudeiro viu que Saul estava morto, também se jogou sobre a própria espada e morreu. Assim, Saul, seus três filhos e seu escudeiro, os mais próximos dele, morreram naquele dia.

⁷Quando os israelitas que estavam no vale do outro lado e os que estavam do outro lado do Jordão perceberam que o exército fugia e que Saul e seus filhos tinham morrido, abandonaram suas cidades e fugiram, para se salvar. Os filisteus entraram e ocuparam as cidades.

⁸⁻¹⁰No dia seguinte, quando os filisteus vieram saquear os mortos, encontraram Saul e seus três filhos mortos no monte Gilboa. Eles cortaram a cabeça de Saul e tiraram sua armadura. Em seguida, espalharam a notícia por todo o território dos filisteus, nos santuários dos seus ídolos e entre todo o povo. Eles exibiram a armadura de Saul no santuário de Astarote e penduraram seu corpo no muro de Bete-Seã.

¹¹⁻¹³Os moradores de Jabes-Gileade ouviram o que os filisteus fizeram a Saul, e alguns homens corajosos dentre eles partiram para a ação. Viajaram a noite toda, resgataram o corpo de Saul e de seus três filhos do muro de Bete-Seã e os levaram de volta para Jabes, onde os queimaram. Depois, enterraram os ossos debaixo de uma tamareira, ali mesmo, na cidade e guardaram luto com jejum durante sete dias.

JOÃO 8.6-38

⁶⁻⁸Jesus limitou-se a ficar escrevendo com o dedo na terra. Mas eles não desistiram. Por fim, ele se levantou e disse: "Quem de vocês não tiver pecado seja o primeiro a atirar a pedra". Encurvando-se novamente, continuou a escrever na terra. ⁹⁻¹⁰Ouvindo isso, eles começaram a deixar o local, um após o outro, a começar pelos mais velhos. A mulher foi deixada ali. Jesus levantou-se e perguntou: "Mulher, onde eles estão? Ninguém condenou você?".

¹¹"Ninguém, Senhor", foi a resposta. "Nem eu", disse Jesus. "Siga seu caminho. Mas, de agora em diante, não volte a pecar".

Perdendo o Eterno

¹²Mais uma vez Jesus discursou para o povo: "Eu sou a Luz do mundo. Quem me segue não ficará tateando no escuro. A minha luz é para a vida toda".

¹³Os fariseus fizeram objeção: "Tudo que temos é a sua palavra. Precisamos de algo mais concreto".

¹⁴⁻¹⁸Jesus replicou: "Vocês estão certos quando dizem que têm apenas minha palavra. Mas estejam certos de que ela é verdadeira. Sei de onde vim e para onde vou. Vocês não sabem de onde sou nem para onde serei levado. Vocês decidem de acordo com o que podem ver e tocar. Eu não faço esse tipo de julgamento. Ainda que fizesse, seria um julgamento verdadeiro porque não iria se basear na estreiteza da minha experiência, mas na grandeza daquele que me enviou, o Pai. Isso preenche as condições estabelecidas na Lei de Deus: vocês devem confiar no depoimento de duas testemunhas, e é o que vocês têm: minha palavra e a palavra do Pai, que me enviou".

¹⁹Eles perguntaram: "Onde está esse a quem você chama de Pai?".

Jesus respondeu: "Vocês olham para mim e não me veem. Como esperam ver meu Pai? Se me conhecessem, iriam conhecer o Pai também".

²⁰Ele fez esse discurso na Tesouraria, enquanto ensinava no templo. Ninguém o prendeu, porque sua hora ainda não havia chegado.

²¹Ele continuou: "Estou partindo, e vocês vão me procurar, mas estão perdendo Deus ao fazer isso, entrando num beco sem saída. Vocês não poderão ir comigo".

²²Os judeus se perguntavam: "Será que ele vai se matar? Foi isso que ele quis dizer quando falou: 'Vocês não podem vir comigo'?".

²³⁻²⁴Jesus explicou: "Vocês estão presos ao que é mundano. Eu estou em contato com algo que está além dos seus horizontes. Vocês vivem de acordo com o que veem e tocam. Eu tenho outros parâmetros. Já disse que vocês perderam Deus agindo assim. Estão num beco sem saída. Se vocês não crerem que sou quem digo que sou, estão encurralados pelos seus pecados. Repito: vocês estão perdendo Deus".

²⁵⁻²⁶Eles perguntaram: "Então, quem é você?".

DIA 144

Jesus respondeu: "O que tenho dito desde o princípio? Tenho coisas a dizer que os deixarão preocupados, julgamentos que irão afetá-los, mas, se vocês não aceitam a veracidade daquele que ordenou minhas palavras e atos, nada disso importa. Portanto, vocês estão questionando não a mim, mas aquele que me enviou".

27-29 Eles ainda não haviam entendido que ele se referia ao Pai. Então, Jesus tentou de novo: "Quando vocês levantarem o Filho do Homem, então vão saber quem eu sou, que não estou inventando nada, mas falando apenas aquilo que o Pai me comunicou. Aquele que me enviou permanece comigo. Ele não me abandona. Ele vê a alegria que tenho em agradar-lhe".

30 Depois que ele se expressou dessa forma, muitos decidiram acreditar.

Se o Filho os libertar

31-32 Então, Jesus dirigiu a palavra aos judeus que diziam crer nele: "Se vocês permanecem comigo, vivendo o que eu ensino, sem dúvida são meus discípulos. Então, irão experimentar a verdade, e a verdade vai libertá-los".

33 Surpresos, retrucaram: "Mas somos descendentes de Abraão! Nunca fomos escravos de ninguém. Como você pode dizer: 'A verdade vai libertá-los?'".

34-38 Jesus respondeu: "Declaro solenemente a vocês que quem escolheu uma vida de pecado caiu numa armadilha, num beco sem saída. Assim, é de fato um escravo. Um escravo não pode ir nem vir quando quer. Já o Filho tem uma posição estabelecida e o controle da casa. Portanto, se o Filho os libertar, vocês serão livres. Sei que são descendentes de Abraão, mas também sei que vocês estão tentando me matar porque minha mensagem ainda não entrou na cabeça dura de vocês. Estou falando de coisas que vi enquanto estava na companhia do Pai, e vocês teimam em fazer o que ouviram do pai de vocês".

SALMOS 68.32-35

32-34 Cantem, ó reis da terra!
Cantem louvores ao Senhor!
Ali está ele: o Cavaleiro do céu,
cavalgando os antigos céus.
Ouçam: sua voz troveja,
um trovão forte e retumbante.
Gritem "Bravo!" para Deus,
o Deus Altíssimo de Israel.
Seu esplendor e sua força
erguem-se enormes como nuvens escuras.

35 Uma temível beleza, ó Deus,
flui do teu santuário!
É o Deus Forte de Israel.
Ele dá poder e força ao seu povo.
Bendito seja Deus!

NOTAS

DIA 144 ___/___/___

2SAMUEL 1.1 — 2.32

1 **1-2** Pouco tempo depois da morte de Saul, Davi voltou dos seus ataques contra os amalequitas para Ziclague. Três dias depois, sem aviso, um rapaz chegou do acampamento militar de Saul.

2-3 Com as vestes rasgadas e em estado de luto, ele se prostrou diante de Davi, que perguntou: "O que o traz aqui?".

Ele respondeu: "Acabo de fugir do acampamento de Israel".

4 Davi perguntou: "O que aconteceu? Que notícia você traz?".

Ele disse: "Os israelitas fugiram do campo de batalha, deixando para trás muitos dos seus companheiros mortos. Saul e Jônatas também morreram".

5 Davi quis saber do soldado mais detalhes: "Como você sabe, com tanta certeza, que Saul e Jônatas estão mortos?".

6-8 "Cheguei por acaso ao monte Gilboa e encontrei Saul gravemente ferido sobre sua lança e os carros e cavaleiros do inimigo chegando perto dele. Ele olhou para trás e, quando me viu, chamou-me. Respondi: 'Sim, senhor! Estou à sua disposição'. Ele me perguntou quem eu era, e eu disse: 'Sou amalequita'.

9 "Ele respondeu: 'Venha aqui. Acabe com o meu sofrimento. Estou morrendo, mas ainda estou consciente'.

10 "Então, fiz o que ele pediu. Eu o matei. Sabia que não sobreviveria por muito tempo. Tirei a coroa e o bracelete dele e os trouxe para o meu senhor. Aqui estão".

11-12 Em sinal de luto, Davi rasgou a própria roupa. Todos os que estavam com ele fizeram o mesmo. Eles choraram e jejuaram o restante do dia, em sinal de luto pela morte de Saul e de seu filho Jônatas, pelo exército do Eterno e pela nação de Israel, vítimas de uma batalha mal-sucedida.

13 Depois, Davi disse ao jovem soldado que trouxera a notícia: "Quem é você mesmo?"

"Sou filho de um estrangeiro. Sou amalequita".

14-15 Davi disse: "Quer dizer que você não hesitou em matar o ungido do Eterno?". No mesmo instante, ele deu ordens a um dos seus soldados: "Mate-o!". O soldado desferiu um golpe contra o rapaz, e ele morreu.

16 Davi declarou: "Você mesmo pediu isso. Você mesmo pronunciou a sua sentença de morte quando disse que tinha matado o ungido do Eterno".

17-18 Em seguida, Davi cantou este lamento sobre Saul e seu filho Jônatas. Também deu ordens para que todos em Judá memorizassem o lamento. Ele pode ser lido no Livro de Jasar.

19-21 Oh! Oh! As gazelas de Israel,
 feridas estão sobre os montes,
 os poderosos guerreiros caíram!
Não anuncie isto na cidade de Gate,
 não divulgue nas ruas de Ascalom.
Para que as filhas dos filisteus
 não tenham mais um motivo para celebrar!
Não haja mais orvalho nem chuva sobre vocês,
 ó montes de Gilboa,
 e nenhuma gota de água
 em suas fontes e nascentes,
Pois ali os escudos dos guerreiros foram
 arrastados no barro,
 o escudo de Saul ficou ali, apodrecendo.

22 O arco de Jônatas era ousado,
 quanto maior o inimigo,
 mais sangrenta a derrota.
Destemida era a espada de Saul:
 quando desembainhada, nada a detinha.

23 Saul e Jônatas, muito amados e admirados!
 Unidos na vida, unidos na morte.
Eram mais velozes que as águias,
 mais fortes que os leões.

24-25 Chorem por Saul, mulheres de Israel!
Ele vestia vocês com finas vestes
 de linho e seda,
 não economizava para mantê-las elegantes.
Os heróis de guerra, caídos
 no meio da batalha!
Jônatas, ferido sobre os montes!

26 Ah, querido irmão Jônatas!
 Estou triste pela sua morte.
Sua amizade foi um milagre surpreendente,
 amável muito além de todos os que conheci
 ou imaginava conhecer.

27 Os heróis de guerra estão caídos.
 As armas de guerra foram despedaçadas.

2 **1** Depois disso, Davi orou. Ele perguntou ao Eterno: "Devo me mudar para uma das cidades de Judá?".
O Eterno respondeu: "Sim, vá".
Davi perguntou: "Para qual cidade?".
Deus disse: "Para Hebrom".

2-3 Assim, Davi mudou-se para Hebrom com suas duas esposas, Ainoã, de Jezreel, e Abigail, viúva de Nabal do Carmelo. Os homens de Davi, com suas famílias, também foram com ele e se estabeleceram em Hebrom e seus arredores.

4-7 Os moradores de Judá vieram a Hebrom e, ali mesmo, proclamaram Davi rei sobre os clãs de Judá.

Disseram a Davi que foram os homens de Jabes-Gileade que tinham dado um sepultamento digno a Saul. Davi enviou mensageiros aos homens de Jabes-Gileade, dizendo: "O Eterno abençoe vocês pelo que fizeram, por honrarem o seu senhor Saul com esse funeral. Que o Eterno seja leal e fiel a vocês. Eu também farei o mesmo: serei generoso como vocês. Sejam fortes e façam o que deve ser feito. Saul, senhor de vocês, está morto. Os moradores de Judá me constituíram rei sobre eles".

8-11 Enquanto isso, Abner, filho de Ner, comandante do exército de Saul, levou Is-Bosete, filho de Saul, para Maanaim e o proclamou rei sobre Gileade, Aser, Jezreel, Efraim e Benjamim, isto é, rei sobre todo o Israel. Is-Bosete, filho de Saul, tinha 40 anos de idade quando começou a reinar sobre Israel. Ele reinou apenas dois anos. Mas o povo de Judá permaneceu leal a Davi. Em Hebrom, Davi reinou sobre o povo de Judá sete anos e meio.

12-13 Certo dia, Abner, filho de Ner, partiu de Maanaim para Gibeom com os soldados de Is-Bosete, filho de Saul. Joabe, filho de Zeruia, e os soldados de Davi também partiram. Eles se encontraram no açude de Gibeom. As tropas de Abner ficaram de um lado, e as de Joabe, do outro lado do açude.

14 Abner desafiou Joabe: "Apresente seus melhores soldados. Vamos vê-los lutar".

Joabe respondeu: "Tudo bem! Estou de acordo!".

15-16 Então, doze benjamitas de Is-Bosete, filho de Saul, e doze soldados de Davi se prepararam para lutar. Cada um agarrou a cabeça do adversário e fincou a espada nele. Todos caíram mortos de uma só vez. Por isso, aquele lugar é chamado Helcate-Hazurim (Campo da Carnificina). Fica ali mesmo, em Gibeom.

17-19 A batalha se intensificou durante todo o dia. Abner e os homens de Israel foram esmagados pelos homens de Davi. Os três filhos de Zeruia estavam lá: Joabe, Abisai e Asael. Asael, veloz como um antílope em campo aberto, perseguiu Abner, sempre em seu encalço.

20 Abner olhou para trás e perguntou: "É você, Asael?".

Ele respondeu: "Sou eu mesmo".

21 Abner disse: "Desista de mim! Escolha outro que você tenha chance de ferir para ficar com as suas armas!". Mas Asael não desistiu.

22 Abner tentou mais uma vez: "Volte! Não me obrigue a matar você! Como vou enfrentar seu irmão Joabe?".

23-25 Como ele não desistia, Abner parou, virou para trás e enfiou a lança na barriga de Asael com tanta força que ela saiu pelas costas. Asael caiu morto no chão. Todos os que chegavam ao local em que Asael estava caído paravam. Mas Joabe e Abisai continuaram perseguindo Abner. Ao pôr do sol, chegaram à colina de Amá, em frente de Gia, na estrada que sai para Gibeom. Os benjamitas ficaram do lado de Abner, estrategicamente organizados sobre a colina.

26 Abner gritou para Joabe: "Vamos continuar matando uns aos outros? Não sabe que isso só vai provocar mais amargura? Até quando vai permitir que seus homens persigam seus irmãos?".

27-28 Joabe respondeu: "Assim como Deus vive, se você não tivesse falado nada, teríamos continuado a perseguição até de manhã!". Dito isso, ele tocou a trombeta, e todo o exército de Judá parou. Eles desistiram de perseguir Israel e puseram fim à guerra.

29 Abner e seus soldados marcharam a noite inteira pelo vale da Arabá. Atravessaram o Jordão e, depois de marchar toda a manhã, chegaram a Maanaim.

30-32 Depois de voltar da perseguição de Abner, Joabe fez a contagem do seu efetivo. Além de Asael, estavam faltando dezenove soldados de Davi. Os soldados de Davi tinham ferido e matado trezentos e sessenta soldados de Abner, todos benjamitas. O corpo de Asael foi trazido e sepultado no túmulo da família, em Belém. Joabe e seus soldados marcharam toda a noite e chegaram a Hebrom ao amanhecer.

JOÃO 8.39-59

39-41 Eles ficaram indignados: "Nosso pai é Abraão!".

Jesus contestou: "Se vocês fossem mesmo filhos de Abraão realizariam as obras de Abraão. Mesmo assim, aqui estão vocês, tentando me matar, um homem que fala a verdade que recebeu diretamente de Deus! Abraão nunca fez nada parecido. Vocês insistem em repetir as obras do pai de vocês".

Eles disseram: "Não somos bastardos! Temos um pai legítimo: o Deus único".

42-47 "Se Deus fosse o pai de vocês", Jesus prosseguiu, "vocês iriam me amar, pois vim de Deus e aqui cheguei. Não vim por conta própria. Ele me enviou. Por que, então, não entendem uma palavra do que digo? Eis a razão: vocês não suportam a verdade. Vocês são do Diabo, que é o pai de vocês, e tudo que querem é agradar a ele. Ele foi assassino desde o princípio e não podia permanecer na verdade porque nele não havia um resquício de verdade. Quando o

Mentiroso fala, ele o faz com base em sua natureza mentirosa e enche o mundo com mentiras. Então, eu chego, declaro toda a verdade, e vocês não querem nada comigo. Será que algum de vocês pode provar que eu disse uma só palavra enganosa ou cometi um simples pecado? Mas, se digo a verdade, por que não creem em mim? Quem está do lado de Deus ouve o que ele diz. É por isso que vocês não ouvem. Vocês não estão do lado de Deus!".

Eu sou o que sou

[48] **O**s judeus, então, disseram: "Faz sentido. Estávamos certos quando dissemos que você é um samaritano louco, possuído por demônio!".

[49-51] Jesus reagiu: "Não sou louco. Apenas honro meu Pai, enquanto vocês me desonram. Não estou querendo nada para mim. Deus planeja algo glorioso e grandioso aqui e está a ponto de realizar esse plano. Falo com absoluta confiança. Se vocês praticarem o que digo, não terão de encarar a morte".

[52-53] Nesse ponto, os judeus o interromperam: "Agora temos certeza de que você é louco. Porque Abraão morreu. Os profetas morreram. E você aparece, dizendo: 'Se vocês praticarem o que eu disser, não terão de encarar a morte. Você, por acaso, é maior que nosso pai Abraão, que morreu? E quanto aos profetas que morreram! Quem você pensa que é?'".

[54-56] Jesus disse: "Se eu tivesse querendo apenas aparecer, nada conseguiria. Mas meu Pai, o mesmo que vocês dizem ser o Pai de vocês, aqui me pôs neste tempo, em lugar de glória. Vocês não reconheceram sua ação, mas eu sim. Se eu, por falsa modéstia, dissesse que não sabia o que está acontecendo, seria tão mentiroso quanto qualquer um de vocês. Mas eu sei e estou fazendo o que ele diz. Abraão — o 'pai' de vocês — com fé jubilosa olhou para o futuro e viu meu dia chegando. Ele viu e se alegrou".

[57] Os judeus estranharam: "Você não tem nem cinquenta anos — e Abraão viu você?!".

[58] "Acreditem em mim", disse Jesus. "*Eu sou o que sou* muito antes que Abraão fosse alguma coisa".

[59] Era provocação demais para eles. Por isso, pegaram pedras para apedrejá-lo. Mas Jesus se afastou dali, retirando-se do templo.

SALMOS 69.1-8

Um salmo de Davi

69 [1] **Ó** Deus, salva-me! Não consigo compreender:

[2] Areia movediça está sobre mim, águas lamacentas me cobrem até o pescoço. Estou afundando pela terceira vez.

[3] Estou rouco de tanto pedir socorro, Meus olhos estão lacrimejantes e turvos de tanto procurar Deus no céu.

[4] Conquistei mais inimigos que cabelos na cabeça. Ladrões e trapaceiros pretendem me esfaquear pelas costas.

O que eu nunca roubei Devo agora devolver?

[5] Deus, tu sabes de cada pecado que cometi. Minha vida é um livro aberto diante de ti.

[6] Não permitas que os que olham para ti com esperança Sejam desencorajados pelo que acontece comigo, Ó Amado Senhor dos Exércitos de Anjos!

Não permitas que os que te procuram Cheguem a um beco sem saída por me seguir. Por favor, amado Deus de Israel!

[7] Por tua causa, estou parecendo um idiota. Ando por aí com vergonha de mostrar o rosto.

[8] Meus irmãos me evitam como a um morador de rua. Minha família me trata como um hóspede indesejável.

NOTAS

DIA 145

e agora você se incomoda por eu ter me deitado com uma mulher? Sabe o que vou fazer? Vou colaborar com a transferência do reino da família de Saul para Davi, para que ele reine sobre toda a nação, Israel e Judá, de Dã a Berseba, como o Eterno prometeu a ele. Que Deus me castigue se eu não fizer isso!".

¹¹ Is-Bosete, com medo de Abner, não disse nada.

¹² Abner tomou a iniciativa e mandou dizer a Davi: "Vamos fazer um acordo, e ajudarei você a conquistar a lealdade de toda a nação de Israel".

¹³ Davi respondeu: "Ótimo! Façamos o acordo, mas com uma condição: nem apareça aqui se não trouxer Mical, filha de Saul, quando vier me encontrar".

¹⁴ Ele mandou este recado a Is-Bosete, filho de Saul: "Devolva-me Mical, que me foi dada em casamento como recompensa pelos cem prepúcios dos filisteus".

¹⁵⁻¹⁶ Is-Bosete determinou que ela fosse tirada do marido, Paltiel, filho de Laís, e Paltiel a seguiu chorando por todo o caminho até Baurim. Ali, Abner ordenou: "Volte para casa". E ele voltou.

¹⁷⁻¹⁸ Abner reuniu os líderes de Israel e disse: "Faz tempo que vocês querem que Davi seja rei sobre vocês. Pois chegou a hora! Além disso, o Eterno prometeu a Davi: 'Por intermédio do meu servo Davi, livrarei o meu povo, Israel, da opressão dos filisteus e de todos os outros inimigos' ".

¹⁹ Abner chamou os benjamitas de lado e conversou com eles. Depois, foi a Hebrom conversar a sós com Davi e contou a ele o que Israel, em geral, e Benjamim, em particular, pretendiam fazer.

²⁰ Quando Abner e sua comitiva de vinte homens chegaram a Hebrom, Davi ofereceu um banquete a eles.

²¹ Abner disse: "Estou pronto. Deixe-me voltar e reunir todo o Israel para que se submeta ao meu senhor, o rei. Eles assinarão um acordo, para que o senhor governe sobre eles como achar melhor". Davi despediu Abner em paz.

²²⁻²³ Logo depois, os soldados de Davi, liderados por Joabe, retornaram de uma batalha, trazendo muitos despojos. Abner não estava mais em Hebrom com Davi, pois tinha acabado de partir. Quando Joabe e o grupo de soldados chegaram, souberam que Abner, filho de Ner, tinha estado com Davi e voltado para casa em paz.

²⁴⁻²⁵ Joabe foi falar com o rei: "O que o senhor fez? Abner vem aqui, e o senhor o deixa ir embora livre? Saiba que Abner é muito esperto. Essa visita, não teve intenção amistosa. Ele veio espionar, conhecer os seus movimentos, descobrir o que o senhor está fazendo".

☐ DIA 145 ___ / ___ /

2SAMUEL 3.1 — 5.8

3 ¹ O conflito entre a família de Saul e a família de Davi continuou por muito tempo. Quanto mais perdurava, mais Davi se fortalecia e mais a família de Saul se enfraquecia.

²⁻⁵ Enquanto permaneceu em Hebrom, Davi teve os seguintes filhos:

o mais velho, Amnom, filho de Ainoã, de Jezreel;

o segundo, Quileabe, filho de Abigail, viúva de Nabal do Carmelo;

o terceiro, Absalão, filho de Maaca, filha de Talmai, rei de Gesur;

o quarto, Adonias, filho de Hagite;

o quinto, Sefatias, filho de Abital;

o sexto, Itreão, filho de Eglá.

Esses seis filhos de Davi nasceram em Hebrom.

⁶⁻⁷ Abner aproveitou o conflito entre a família de Saul e a família de Davi para se fortalecer. Saul teve uma concubina chamada Rispa, filha de Aia. Certo dia, Is-Bosete questionou Abner: "Por que você se deitou com a concubina de meu pai?".

⁸⁻¹⁰ Abner perdeu a paciência com Is-Bosete e disse: "Você está me tratando como cachorro? É assim que sou tratado depois de permanecer leal à família de seu pai e a todos os seus parentes e amigos? Eu pessoalmente o salvei de ser capturado por Davi,

26-27 Joabe saiu dali e partiu para a ação, enviando mensageiros para alcançar Abner. Eles se encontraram com Abner na cisterna de Sirá e o trouxeram de volta. Davi não ficou sabendo de nada. Quando Abner chegou de volta a Hebrom, na entrada da cidade, Joabe o levou ao canto para uma conversa em particular. Ali mesmo, ele o esfaqueou na barriga, matando Abner a sangue frio, como vingança pela morte de seu irmão Asael.

28-30 Mais tarde, quando soube do fato, Davi declarou: "Eu e o meu reino somos inocentes diante do Eterno pelo assassinato de Abner, filho de Ner. Que Joabe e toda a sua família sofram para sempre por derramar esse sangue. Que sejam vítimas de doenças de pele, violência e fome". (Joabe e seu irmão Abisai assassinaram Abner porque ele tinha matado o irmão deles, Asael, na batalha de Gibeom.)

31-32 Davi ordenou a Joabe e a todos os soldados comandados por ele: "Rasguem as suas roupas! Usem roupas de luto! Conduzam o cortejo fúnebre de Abner e chorem bem alto!". O rei Davi seguiu atrás do caixão. Abner foi sepultado em Hebrom, e o rei chorou muito ao lado do túmulo dele. O povo chorou também.

33-34 Então, o rei entoou este tributo a Abner:

"Como pode ser isso?
    Abner morto como indigente!
Você era um homem livre,
    livre para ir e fazer o que quisesse.
Você caiu como uma vítima de briga de rua!".

O povo agora chorava incontrolavelmente!

35-37 Depois do funeral, todos insistiam com Davi, para que comesse alguma coisa antes do anoitecer. Mas Davi fez este juramento: "Deus, ajuda-me para que eu não prove uma única migalha de pão ou qualquer outra coisa antes do anoitecer!". Todos os que estavam no funeral ouviram suas palavras e ficaram admirados. Aliás, tudo que o rei fazia, o povo respeitava. Naquele dia, todos os habitantes de Israel ficaram sabendo que o rei não estava envolvido na morte de Abner, filho de Ner.

38-39 O rei disse a seus servos: "Percebem que hoje um príncipe e herói de guerra foi vítima de uma injustiça em Israel? Mas eu, embora sendo rei ungido, não pude fazer nada para impedir. Os filhos de Zeruia são mais poderosos que eu. Que o Eterno retribua ao criminoso o crime cometido".

O assassinato de Is-Bosete

4 **1** Quando Is-Bosete, filho de Saul, soube que Abner tinha sido morto em Hebrom, perdeu a coragem, e toda a nação ficou abatida.

2-3 O filho de Saul tinha dois homens no comando das tropas. Um se chamava Baaná, e o outro, Recabe. Eles eram filhos de Rimom, de Beerote, de Benjamim. Os moradores de Beerote tinham sido designados à tribo de Benjamim desde que fugiram para Gitaim. Até hoje moram ali, como estrangeiros.

4 Ora, Jônatas, filho de Saul, teve um filho aleijado. Quando esse filho tinha 5 anos de idade, chegou de Jezreel a notícia da morte de Saul e de Jônatas. Sua ama o pegou e fugiu, mas, na pressa de escapar, ela caiu, e o menino ficou aleijado. Ele se chamava Mefibosete.

5-7 Certo dia, Baaná e Recabe, os filhos de Rimom, foram à casa de Is-Bosete. Eles chegaram no maior calor do dia, no momento do descanso da tarde. Eles entraram na casa, fingindo ter ido tratar de algum negócio. A mulher que guardava a porta do quarto estava dormindo; por isso, Recabe e Baaná conseguiram passar por ela e entrar no quarto em que Is-Bosete dormia. Eles o mataram e cortaram a cabeça dele, saindo com ela como se fosse um troféu. Eles viajaram a noite toda pelo caminho da Arabá.

8 Eles trouxeram a cabeça de Is-Bosete a Davi, em Hebrom, dizendo ao rei: "Aqui está a cabeça de Is-Bosete, filho de Saul, seu inimigo. Ele queria matar você, mas o Eterno vingou o meu senhor, o rei. Hoje, ele vingou o senhor de Saul e de sua descendência!".

9-11 Mas Davi respondeu aos irmãos Recabe e Baaná, filhos de Rimom, de Beerote: "Assim como vive o Eterno, que me livrou de todas as minhas aflições, quando o mensageiro me trouxe a notícia da morte de Saul, achando que eu ficaria contente, eu o prendi e matei na mesma hora, em Ziclague. Foi essa a recompensa dele pela suposta boa notícia! Agora, vêm vocês aqui, homens perversos, dizendo que mataram um homem inocente a sangue-frio, um homem que estava dormindo na própria cama! Não pensem que eu inocentarei vocês e que não os eliminarei!".

12 Dito isso, Davi deu ordens a seus soldados. Eles mataram os dois homens, cortaram a cabeça e os pés deles e penduraram os corpos perto do açude de Hebrom. Mas levaram a cabeça de Is-Bosete e a enterraram no túmulo de Abner, em Hebrom.

5 **1-2** Não passou muito tempo, todas as tribos de Israel procuraram Davi em Hebrom, dizendo: "Olhe para nós, somos seu sangue e sua carne! No passado, quando Saul era nosso rei, era o senhor quem saía para as guerras, em defesa da nação. Naquele tempo, o Eterno já tinha dito: 'Você pastoreará o meu povo Israel e será príncipe sobre o meu povo' ".

DIA 145

³ Todas as autoridades de Israel se encontraram com o rei Davi em Hebrom, e o rei fez um acordo com eles na presença do Eterno. Nesse dia, Davi foi ungido rei sobre todo o Israel.

⁴⁻⁵ **D**avi tinha 30 anos de idade quando começou a reinar. Ele reinou quarenta anos. Em Hebrom, reinou sobre Judá sete anos e meio. Em Jerusalém, reinou sobre todo o Israel e Judá trinta e três anos.

⁶ Davi e seus soldados partiram imediatamente para Jerusalém, a fim de atacar os jebuseus, que viviam naquela região. Mas os jebuseus disseram: "É melhor voltar para casa! Aqui, até os cegos e os aleijados impediriam vocês de entrar. Vocês não vão conseguir entrar aqui!". Eles tinham certeza de que Davi não conseguiria invadir a cidade.

⁷⁻⁸ Mas Davi atacou e capturou a fortaleza de Sião, que ficou conhecida, desde então, como Cidade de Davi. Naquele dia, Davi disse: "Para conseguir derrotar esses jebuseus, é preciso entrar pelo canal de água e acabar com esses cegos e aleijados, que Davi detesta". (É por isso que as pessoas passaram a dizer: "Nenhum aleijado ou cego poderá entrar no palácio".)

JOÃO 9.1-23

A real cegueira

9 ¹⁻² Caminhando pela rua, Jesus viu um homem cego de nascença. Seus discípulos perguntaram: "Rabi, quem pecou: este homem ou seus pais, para que ele nascesse cego?".

³⁻⁵ Jesus disse: "Vocês estão fazendo a pergunta errada, procurando a quem culpar. Não há nenhuma relação de causa e efeito aqui. Em vez disso, olhem para o que Deus pode fazer. Precisamos trabalhar com energia por aquele que me enviou, enquanto o Sol está brilhando. Quando a noite chega, o expediente acaba. Mas enquanto estou no mundo, há bastante luz. Eu sou a Luz do mundo".

⁶⁻⁷ Dito isso, ele cuspiu no chão, fez uma mistura de barro com a saliva, esfregou a mistura nos olhos do cego e disse: "Vá! Lave-se no tanque de Siloé. (Siloé significa "Enviado".) O homem foi, lavou-se – e passou a enxergar.

⁸ Momentos depois, a cidade estava em alvoroço. Os parentes do homem e aqueles que ano após ano o conheciam como um mendigo cego, perguntavam: "Esse não é o homem que conhecemos, que se sentava aqui e mendigava?".

⁹ Outros diziam: "É ele mesmo!".

Mas alguns duvidavam: "Não pode ser o mesmo homem, de jeito nenhum! É só alguém parecido com ele".

Mas o homem confirmou: "Sou eu mesmo".

¹⁰ Eles o interrogaram: "Como você conseguiu enxergar?".

¹¹ "Um homem chamado Jesus fez uma mistura, esfregou-a nos meus olhos e disse: 'Vá a Siloé e lave-se ali'. Eu fiz o que ele disse. Lavei-me e comecei a enxergar".

¹² "Então, onde ele está?".

"Eu não sei".

¹³⁻¹⁵ Eles levaram o homem aos fariseus, porque o dia em que Jesus fez a mistura e curou a cegueira dele era sábado. Os fariseus o interrogaram de novo, para saber como ele havia conseguido enxergar. Ele respondeu: "Ele pôs uma mistura em meus olhos, eu me lavei e agora vejo".

¹⁶ Alguns dos fariseus resmungaram: "Obviamente, esse homem não pode ser de Deus. Ele não guarda o sábado!".

Outros argumentaram: "Como um homem mau pode realizar milagres, atos que revelam o próprio Deus?". Assim, houve divisão entre eles.

¹⁷ Eles voltaram a interrogar o cego: "Você é o perito aqui. Ele abriu os *seus* olhos. O que você tem a dizer sobre isso?".

Ele disse: "Ele é um profeta".

¹⁸⁻¹⁹ Os judeus se recusavam a acreditar que aquele homem havia sido cego a vida toda. Então, chamaram os pais do homem que agora enxergava muito bem e perguntaram: "Este é o filho de vocês, o que vocês dizem que nasceu cego? Então, como ele pode ver agora?".

²⁰⁻²³ Seus pais disseram: "Sabemos que ele é nosso filho e sabemos que ele nasceu cego. Mas não sabemos como veio a enxergar – não temos a menor ideia de quem abriu os olhos dele. Por que não perguntam a ele? Já é adulto, pode falar por si". (Os pais dele falaram assim porque tinham medo dos líderes judeus, que haviam determinado que quem afirmasse que Jesus era o Messias seria expulso da sinagoga. Foi por isso que os pais disseram: "Perguntem a ele. Já é adulto".)

SALMOS 69.9-15

⁹ Eu te amo mais do que consigo expressar,
O amor que tenho por ti é de todo o coração.
Eles me culpam por tudo de que não
gostam em ti.

¹⁰ Derramei-me em oração e jejum,
Tudo que recebi foi mais desprezo.

¹¹ Quando me visto de tristeza,
Eles me tratam como palhaço.

¹² Agora os bêbados e glutões
Inventam canções jocosas sobre mim.

¹³ Enquanto tudo isso acontece, eu oro.
Ó Eterno, está na hora de eu ter um alívio!

Responde-me, ó Deus, com amor!
Responde com tua salvação,
    que é garantida!

¹⁴ Resgata-me do pântano!
Não deixes que eu afunde para sempre.

Tira-me das garras do inimigo
E das águas profundas.

¹⁵ Não permitas que o pântano
    seja minha sepultura, que a prisão
me engula com suas mandíbulas!

NOTAS

DIA 146 ___ / ___ / ___

2SAMUEL 5.9 — 7.17

⁹⁻¹⁰ Davi fez da fortaleza a sua sede e deu a ela o nome de Cidade de Davi. Ele promoveu o desenvolvimento da cidade da periferia para o centro. Davi continuou se fortalecendo, pois o Senhor dos Exércitos de Anjos estava com ele.

¹¹⁻¹² Foi nessa época que Hirão, rei de Tiro, enviou mensageiros a Davi com muitas toras de cedro. Ele enviou também carpinteiros e pedreiros com a missão de construir um palácio para Davi. Davi entendeu isso como um sinal de que o Eterno estava confirmando seu reinado sobre Israel e consolidando o reino, por amor de seu povo, Israel.

¹³⁻¹⁶ Depois de sair de Hebrom, Davi tomou mais concubinas e mulheres, e nasceram outros filhos e filhas. Estes são os nomes dos que nasceram em Jerusalém:

Samua,
Sobabe,
Natã,
Salomão,
Ibar,
Elisua,
Nefegue,
Jafia,
Elisama,
Eliada
e Elifelete.

¹⁷⁻¹⁸ Quando os filisteus souberam que Davi tinha sido proclamado rei sobre todo o Israel, fizeram planos para capturá-lo. Davi soube disso e desceu para sua fortaleza, enquanto os filisteus se espalhavam pelo vale de Refaim.

¹⁹ Davi perguntou ao Eterno: "Devo atacar os filisteus? Posso contar com a tua ajuda para derrotá-los?".

²⁰⁻²¹ O Eterno respondeu: "Vá. Conte comigo. Eu o ajudarei a derrotá-los".

Davi foi para Baal-Perazim e os derrotou ali. Depois de vencê-los, ele declarou: "O Eterno irrompeu contra os inimigos como um jato de água. Por isso, Davi deu ao lugar o nome de Baal-Perazim (O Senhor que Irrompe). Os filisteus que fugiram abandonaram seus ídolos, e Davi e seus soldados os levaram embora.

²²⁻²³ Passado um tempo, outra vez os filisteus subiram e espalharam suas tropas pelo vale de Refaim, e Davi, mais uma vez, consultou o Eterno.

²³⁻²⁴ Dessa vez, o Eterno disse: "Não os ataque de frente. Em vez disso, dê a volta por trás deles e arme uma emboscada diante das amoreiras. Quando você ouvir uma movimentação no alto das árvores, prepare-se para atacar. É o sinal de que o Eterno saiu na frente para atacar o acampamento filisteu".

²⁵ Davi fez exatamente o que o Eterno recomendou e derrotou os filisteus desde Gibeom até Gezer.

6 ¹⁻² Davi escolheu os melhores soldados de Israel, ao todo trinta mil. Com esse contingente e também com seus soldados, Davi foi a Baalá com a intenção de recuperar a arca de Deus, sobre a qual se invoca o Nome, o nome do Senhor dos Exércitos de Anjos, entronizado entre os dois anjos que ficam sobre a arca.

³⁻⁷ Eles puseram a arca de Deus sobre uma carroça nova, e, assim, ela deixou a casa de Abinadabe, que ficava na colina. Uzá e Aiô, filhos de Abinadabe, conduziam a carroça que carregava a arca de Deus. Aiô caminhava à frente, e Uzá, ao lado da arca. Davi e todo o povo de Israel iam cantando com todo entusiasmo, tocando harpas, liras, tamborins, chocalhos e címbalos. Quando se aproximaram da eira de Nacom, o boi tropeçou, e Uzá, estendendo o braço, segurou a arca de Deus. O Eterno se irou contra Uzá e o feriu, porque ele profanou a arca. Uzá morreu ali mesmo, ao lado dela.

⁸⁻¹¹ Davi ficou aborrecido com o fato de o Eterno ter matado Uzá. Até hoje, o lugar é conhecido pelo nome de Perez-Uzá (A Explosão contra Uzá). Naquele dia, Davi sentiu medo do Eterno, pois pensava: "É muito perigoso transportar a arca. Como vou levá-la em segurança para a Cidade de Davi?". Por isso, decidiu não levar adiante a arca do Eterno. Em vez disso, fez que a carroça saísse da estrada, e a arca ficou guardada na casa de Obede-Edom, de Gate. A arca do Eterno ficou três meses na casa de Obede-Edom. O Eterno abençoou Obede-Edom e toda a sua família.

¹²⁻¹⁶ Davi foi informado de que o Eterno estava abençoando Obede-Edom e toda a sua família por causa da arca de Deus. Davi pensou: "Vou tomar essa bênção para mim", e mandou trazer a arca de Deus da casa de Obede-Edom para a Cidade de Davi, com muita festa, sacrificando um novilho gordo a cada seis passos. Davi usava uma vestimenta sacerdotal de linho e dançava com todo entusiasmo perante o Eterno. O povo o seguia, enquanto ele acompanhava a arca do Eterno com gritos de alegria e ao som de trombetas. Mas, quando a arca do Eterno entrou na Cidade de Davi, Mical, filha de Saul, veio assistir ao cortejo de sua janela. Quando viu o rei Davi pulando e dançando diante do Eterno, ficou aborrecida com ele.

¹⁷⁻¹⁹ A arca do Eterno foi posta no meio do pavilhão da tenda que Davi tinha preparado. Ali mesmo, Davi adorou, apresentando ofertas queimadas e ofertas de paz. Depois de oferecer essas ofertas, Davi abençoou o povo, em nome do Senhor dos Exércitos de Anjos e entregou a cada homem e a cada mulher um pedaço de pão, um bolo de tâmaras e um bolo de passas. Então, todos voltaram para casa.

²⁰⁻²² Davi voltou para casa, a fim de abençoar sua família. Mas Mical, filha de Saul, veio ao seu encontro: "Que bonito! O rei se expondo na presença das escravas dos seus servos, como um dançarino de rua!". Davi respondeu a Mical: "Na presença do Eterno, eu danço quanto quiser! Ele me escolheu, em vez de seu pai e de toda a sua família, e tornou príncipe sobre o povo do Eterno, sobre todo o Israel. Não há dúvida de que vou dançar para a glória do Eterno, e me rebaixarei ainda mais. Tenho prazer de ser visto no meio das pessoas simples, pois, por essas escravas, com quem você se preocupa, eu serei respeitado".

²³ Mical, filha de Saul, nunca teve filhos.

A aliança entre o Eterno e Davi

7 ¹⁻² Pouco tempo depois, o rei estava à vontade em casa, porque o Eterno tinha dado a ele descanso de todos os seus inimigos. Certo dia, Davi disse ao profeta Natã: "Veja só! Eu estou aqui no maior conforto, numa casa de cedro luxuosa, enquanto a arca de Deus continua numa simples tenda".

³ Natã disse ao rei: "Faça o que estiver em seu coração. O Eterno está com você".

⁴⁻⁷ Mas, naquela noite, o Eterno disse a Natã: "Vá dizer ao meu servo Davi: 'É isto que o Eterno diz sobre essa questão: Você quer construir uma casa para eu morar? Por quê? Até hoje, nunca morei numa casa, desde que trouxe os filhos de Israel da terra do Egito. Durante todo esse tempo, permaneci numa tenda. Em todas as minhas jornadas com Israel, nunca

exigi dos líderes que designei para pastorear Israel a construção de uma casa de cedro para mim".

8-11 "Por isso, diga ao meu servo Davi: 'O Senhor dos Exércitos de Anjos diz assim: Eu tirei você do cuidado das ovelhas e fiz de você príncipe sobre o meu povo, Israel. Eu o acompanhei por todos os lugares que você foi e o ajudei a derrotar os seus inimigos. Agora, estou tornando você conhecido e reconhecido entre as pessoas mais importantes da terra. Vou designar um lugar seguro para o meu povo, a fim de que tenham estabilidade numa terra própria, de modo que não sejam mandados de um lado para o outro. Também não permitirei que os perversos os molestem, como sempre fizeram, mesmo na época em que estabeleci juízes para governá-los. Por fim, vou providenciar que você fique livre de todos os seus inimigos.

11-16 "'O Eterno tem ainda esta mensagem: Eu mesmo vou fundar uma dinastia para você. Quando a sua vida chegar ao fim e você for sepultado com seus antepassados, levantarei um descendente seu, seu próprio sangue e carne, que será o seu sucessor, e darei estabilidade ao governo dele. Ele edificará uma casa em minha homenagem, e eu preservarei o reinado dele. Serei seu pai, e ele será como um filho para mim. Se ele cometer algum erro, tratarei de discipliná-lo, como de costume no caso de fracassos e tropeços da vida dos mortais, mas nunca renunciarei ao meu amor por ele, como fiz com Saul, antes de você. Sua família e seu reino serão sempre estáveis, eu mesmo estou cuidando disso. Seu trono sempre estará lá, firme como uma rocha' ".

17 Natã relatou fielmente a Davi o que viu e ouviu na visão.

JOÃO 9.24 — 10.5

24 Eles convocaram o ex-cego segunda vez e disseram: "Dê o crédito a Deus. Sabemos que aquele homem é um impostor".

25 Ele replicou: "Não sei nada sobre isso. Mas de uma coisa eu tenho certeza: eu era cego... e agora vejo".

26 Eles perguntaram: "Como ele fez isso a você? Como ele abriu seus olhos?".

27 "Já contei mais de uma vez, e vocês não ouviram. Por que querem ouvir de novo? Querem se tornar discípulos dele?".

28-29 A resposta deixou-os furiosos: "Discípulo dele é você; nós somos discípulos de Moisés! Temos certeza de que Deus falou a Moisés, mas não temos ideia de onde saiu esse homem".

30-33 O homem respondeu: "Impressionante! Vocês alegam não saber nada a respeito dele, mas o fato é que ele abriu meus olhos! É fato bem conhecido que Deus não age por meio de pecadores, mas ouve quem vive em reverência e cumpre sua vontade. Ninguém jamais ouviu falar de alguém que tivesse aberto os olhos de um homem que nasceu cego. Se esse homem não viesse de Deus, não seria capaz de fazer nada".

34 Eles disseram: "Você não passa de um zé-ninguém! Como ousa querer nos ensinar?". Então, correram com ele dali.

35 Jesus soube que eles o haviam expulsado. Procurou por ele e o achou. Então, perguntou: "Você acredita no Filho do Homem?".

36 O homem disse: "Senhor, mostre-o para mim, para que eu possa crer nele".

37 Jesus disse: "Você está olhando para ele. Não reconhece minha voz?".

38 "Senhor, eu creio!", exclamou o homem, e o adorou.

39 Jesus, então, disse: "Vim ao mundo para pôr tudo às claras, para estabelecer as distinções, de modo que quem nunca viu possa ver e os que têm a pretensão de ver pareçam cegos".

40 Alguns fariseus casualmente ouviram a conversa e indagaram: "Você está nos chamando de cegos?".

41 Jesus disse: "Se vocês fossem realmente cegos, não teriam culpa, mas a partir do momento que se declaram capazes de enxergar se tornam responsáveis por seus erros".

Ele chama suas ovelhas pelo nome

10 **1-5** "Vou tentar ser o mais claro possível: se alguém pula ou arromba o aprisco das ovelhas, em vez de passar pela porta, não é para fazer boa coisa — é um ladrão de ovelhas. O pastor passa pela porta. O porteiro abre a porta para ele, e as ovelhas reconhecem sua voz. Ele chama as ovelhas pelo nome e é o guia delas. Quando estão fora do aprisco, ele as conduz, e elas o seguem, porque conhecem sua voz. Elas não seguem a voz de um estranho: vão se dispersar, porque não estão acostumadas a essa voz".

SALMOS 69.16-23

16 Agora, responde-me, ó Eterno,
porque sei que me amas!
Deixa-me experimentar
tua grande misericórdia!

DIA 147

¹⁷Não desvia o olhar! Teu servo
não poderá suportar isso.
Estou com problemas. Responde já!

¹⁸Chega mais perto, Deus, e me tira daqui!
Resgata-me desta armadilha letal!

¹⁹Tu sabes que eles me tratam rudemente.
Pregam orelhas de burro em mim.

²⁰Estou quebrado por causa dos insultos,
Arrasado, reduzido a nada.

Procurei em vão por um rosto amigável. Nada.
Não consegui encontrar um ombro pra chorar.

²¹Eles puseram veneno na minha sopa,
Vinagre na minha bebida.

²²Que o jantar deles seja isca de armadilha
e que eles sejam capturados!
Que seus melhores amigos sejam
caçadores dispostos a esfolá-los vivos!

²³Que eles se tornem cegos como morcegos!
Dá a eles tremedeiras desde a manhã até a noite.

■ NOTAS

☐ DIA 147 ___/___/___

2SAMUEL 7.18 — 10.14

¹⁸⁻²¹O rei Davi entrou na presença do Eterno e
orou: "Quem sou eu, Senhor Eterno, e quem é minha
família para que eu chegasse a este ponto? E isso não
é nada comparado com o que está para acontecer,
pois também falaste sobre o futuro da minha família, dando-me um vislumbre dessa época, Senhor
Eterno! O que eu poderia dizer diante de tudo isso?
Tu me conheces, Senhor Eterno, sabes como sou.
O que fizeste não foi pelo que sou, mas pelo que
tu és e por tua graça! E me deixaste saber disso.
²²⁻²⁴"Por isso, tu é grandioso, Senhor Eterno!
Não há outro igual a ti, não há outro Deus além de ti,
nada há que se compare ao que ouvimos a teu respeito. E quem pode se comparar com o teu povo, Israel,
uma nação singular na terra, que resgataste para
ti, ó Deus, ato que te tornou conhecido. Realizaste
proezas extraordinárias, expulsando nações e seus
deuses na ocasião em que tiraste o teu povo do Egito.
Separaste um povo para ti, o povo de Israel, que será
teu para sempre. E tu, ó Eterno, te fizeste Deus deles.
²⁵⁻²⁷"Agora, Deus Eterno, confirma para sempre o
que prometeste para mim e minha família! Cumpra
tua promessa! Assim, tua fama sempre aumentará
quando as pessoas disserem: 'O Senhor dos Exércitos
de Anjos é o Deus de Israel!'. E a descendência de
teu servo Davi permanecerá inabalável e segura
na tua presença, porque tu, Senhor dos Exércitos
de Anjos e Deus de Israel, me disseste com todas as
letras: 'Eu mesmo vou fundar uma dinastia para você'.
Foi por isso que tive a coragem de fazer esta oração.
²⁸⁻²⁹"Assim, Senhor Eterno, sendo o Deus que és,
fazendo essas promessas e tendo dito essas belas
palavras a mim, peço-te mais uma coisa: Abençoa
a minha família. Protege-a sempre. Sei que já
prometeste isso, Senhor Eterno! Que a tua bênção
esteja sobre minha família para sempre!".

8 ¹ Depois disso, Davi derrotou os filisteus. Ele os subjugou e assumiu o controle da região. ² Ele também lutou e derrotou Moabe. Escolheu, aleatoriamente, dois terços deles e os executou. Mas preservou a vida de um terço, que teve de se submeter ao domínio de Davi e pagar impostos a ele.

³⁻⁴ Davi derrotou Hadadezer, filho de Reobe, rei de Zobá, quando ele procurava restaurar sua soberania na região do rio Eufrates. Davi confiscou mil carros de guerra de Hadadezer e capturou sete mil cavaleiros e vinte mil soldados de infantaria. Ele aleijou os cavalos que puxavam os carros de guerra, preservando apenas cem deles.

⁵⁻⁶ Os arameus de Damasco vieram ajudar Hadadezer, mas Davi matou vinte e dois mil deles e estabeleceu o controle militar sobre o reino arameu de Damasco. Os arameus sujeitaram-se a Davi e foram forçados a pagar imposto a ele. O Eterno concedia vitórias a Davi por onde quer que ele fosse.

⁷⁻⁸ Davi tomou os escudos de ouro que pertenciam aos oficiais de Hadadezer e os trouxe para Jerusalém. De Tebá e Berotai, cidades de Hadadezer, trouxe grande quantidade de bronze.

⁹⁻¹² Quando Toú, rei de Hamate, soube que Davi tinha derrotado todo o exército de Hadadezer, mandou seu filho Jorão para o cumprimentar pela vitória, pois Toú e Hadadezer eram inimigos de longa data. Ele trouxe prata, ouro e bronze como presente. O rei Davi os consagrou junto com a prata e o ouro trazidos das outras nações que havia derrotado – arameus, moabitas, amonitas, filisteus e amalequitas – e com o despojo de Hadadezer, filho de Reobe, rei de Zobá.

¹³⁻¹⁴ Davi construiu um monumento para celebrar a vitória sobre os arameus.

Abisai, filho se Zeruia, lutou e derrotou os edomitas no vale do Sal.

Depois de derrotar os arameus, Davi ficou ainda mais famoso, por ter matado dezoito mil soldados. Davi estabeleceu controle militar sobre Edom: assim, os edomitas foram subjugados por ele.

O Eterno concedia vitórias a Davi por onde quer que ele fosse.

¹⁵ Assim, Davi reinava sobre todo o Israel. Ele era correto e imparcial em todos os seus negócios e relacionamentos.

¹⁶ Joabe, filho de Zeruia, era comandante do exército;

Josafá, filho de Ailude era arquivista;

¹⁷ Zadoque, filho de Aitube, e Aimeleque, filho de Abiatar, eram sacerdotes;

Seraías era secretário;

¹⁸ Benaia, filho de Joiada, era chefe dos queretitas e dos peletitas

e os filhos de Davi eram sacerdotes.

Mefibosete é recebido pelo rei

9 ¹ Certo dia, Davi procurou saber: "Ainda existe alguém da família de Saul? Se houver, gostaria de fazer algo por ele, por respeito a Jônatas".

² Havia um antigo escravo da família de Saul, chamado Ziba. Ele foi levado à presença de Davi. O rei perguntou: "Você é Ziba?".

Ele respondeu: "Sou, meu senhor".

³ O rei perguntou: "Ainda existe alguém da família de Saul por quem eu possa fazer alguma coisa?".

Ziba disse ao rei: "Sim. O filho de Jônatas, aleijado dos dois pés, está vivo."

⁴ "Onde ele está?", perguntou o rei.

Ziba respondeu: "Ele vive na casa de Maquir, filho de Amiel, em Lo-Debar".

⁵ O rei não perdeu tempo. Mandou buscá-lo na casa de Maquir, filho de Amiel, em Lo-Debar.

⁶ Mefibosete, filho de Jônatas e neto de Saul, apresentou-se a Davi e prostrou-se com o rosto em terra, por respeito ao rei. Davi perguntou: "Você é Mefibosete?".

Ele respondeu: "Sim, senhor".

⁷ Davi o tranquilizou: "Não tenha medo. Eu gostaria de ajudar você, em honra da memória de seu pai, Jônatas. Para começar, vou devolver a você todas as propriedades de seu avô, Saul. Além do mais, de hoje em diante, você participará de todas as refeições comigo, à minha mesa".

⁸ Prostrando-se, sem olhar para o rei, Mefibosete disse: "Quem sou eu para merecer sua atenção: um cão morto como eu?".

⁹⁻¹⁰ Davi mandou chamar Ziba, o homem de confiança de Saul, e disse: "Estou entregando tudo que pertenceu a Saul e à família dele ao neto do seu senhor. Você, seus filhos e seus escravos cultivarão as terras dele e trarão a produção para Mefibosete. Ele vai viver disso. O próprio Mefibosete, neto de seu senhor, de hoje em diante, participará de todas as refeições comigo, à minha mesa". Ziba tinha quinze filhos e vinte escravos.

¹¹⁻¹² Ziba respondeu: "Tudo que o meu senhor, o rei, ordenar ao seu servo, certamente o seu servo fará".

A partir daquele dia, Mefibosete comia com Davi à mesa, como membro da família real.

Mefibosete também tinha um filho pequeno, chamado Mica. Toda a família de Ziba passou a servir Mefibosete.

[13] Mefibosete viveu em Jerusalém, participando todos os dias da mesa do rei. Ele era aleijado de ambos os pés.

10 [1-2] Algum tempo depois, o rei dos amonitas morreu, e Hanum, seu filho, o sucedeu no trono. Davi disse: "Quero demonstrar minha boa vontade para com Hanum, filho de Naás. Quero tratá-lo da mesma forma com que seu pai me tratou". Assim, Davi mandou condolências a Hanum pela morte de seu pai.

[2-3] Mas, quando os enviados de Davi chegaram ao território dos amonitas, os líderes da nação alertaram Hanum, chefe deles: "Você acha que Davi quer mesmo prestar respeito a seu pai, enviando suas condolências? Não acha que ele mandou esses emissários para espionar a cidade e conquistá-la?".

[4] Hanum mandou prender os enviados de Davi, rapou a cabeça e rasgou as roupas deles pela metade, até a altura das nádegas, e os mandou embora.

[5] Contaram a Davi o que tinha acontecido, e ele mandou alguém ao encontro deles, pois tinham sido muito humilhados. O rei mandou dizer a eles: "Permaneçam em Jericó até a barba crescer de novo. Depois, voltem para cá".

[6] Quando os amonitas perceberam que Davi passou a considerá-los inimigos, contrataram vinte mil soldados de infantaria dos arameus de Bete-Reobe e Zobá, dez mil homens do rei Maaca e doze mil de Tobe.

[7] Ao saber disso, Davi mandou que Joabe, com os seus soldados mais bem preparados, os atacasse sem piedade.

[8-12] Os amonitas saíram e se prepararam para a batalha na entrada da cidade. Os arameus de Zobá e de Reobe e os homens de Tobe e de Maaca se posicionaram em campo aberto. Quando Joabe percebeu que precisava lutar em duas frentes, por trás e pela frente, designou os melhores soldados de Israel para enfrentar os arameus. O restante do exército foi posto sob o comando de seu irmão Abisai. Sua missão era enfrentar os amonitas. Joabe disse: "Se os arameus forem muito numerosos para mim, venha me ajudar. Mas, se os amonitas forem muito numerosos para você, eu irei ajudar. Agora, coragem! Lutaremos com todas as forças pelo nosso povo e por todas as cidades do nosso Deus. O Eterno fará o que for preciso!".

[13-14] Mas, quando Joabe e seus soldados começaram a luta, os arameus fugiram. Os amonitas, vendo os arameus fugindo, também abandonaram o confronto com Abisai e correram para dentro da cidade. Joabe suspendeu a batalha contra os amonitas e voltou para Jerusalém.

JOÃO 10.6-30

[6-10] Jesus contou essa história simples, mas eles não tinham ideia do que ele estava falando. Então, tentou de novo: "Vou ser explícito, então. Eu sou a Porta para as ovelhas. Os outros são de má índole – ladrões de ovelhas, todos eles. Mas as ovelhas não os ouvem. Eu sou a Porta. Quem passar por mim será bem cuidado – entrará e sairá e encontrará pastagem. O ladrão vem apenas para roubar, matar e destruir. Eu vim para que eles tenham uma vida verdadeira e eterna, uma vida melhor e mais rica que qualquer outra com que tenham sonhado.

[11-13] Eu sou o Bom Pastor. O Bom Pastor dá mais valor às ovelhas que a si mesmo e se sacrifica, se for necessário. O empregado não é um pastor de verdade. As ovelhas nada significam para ele. Ele vê um lobo se aproximar e sai em disparada, deixando as ovelhas desprotegidas. Ele está ali apenas por dinheiro. As ovelhas nada representam para ele.

[14-18] Eu sou o Bom Pastor. Conheço minhas ovelhas, e minhas ovelhas me conhecem. Da mesma forma, o Pai me conhece e eu conheço o Pai. Tenho mais consideração pelas ovelhas que por mim mesmo. Sacrifico-me se for necessário. Vocês também precisam saber que tenho outras ovelhas, além das que estão neste aprisco. Preciso trazê-las e ajuntá-las também. Elas também reconhecerão minha voz. Então, haverá um único rebanho e um só Pastor. É por isto que o Pai me ama: porque entrego minha vida de livre vontade. Assim, sou livre para reavê-la. Ninguém a toma de mim. Eu a entrego porque quero. Tenho o direito de entregá-la, mas também de reavê-la. Recebi essa autoridade do meu Pai".

[19-21] Esse discurso provocou outra divisão entre os judeus. Alguns diziam: "Ele é maluco. Está na cara que não tem juízo. Por que perder tempo em ouvi-lo?". Outros não estavam assim tão seguros: "Essas não são palavras de um louco. Por acaso um louco pode abrir os olhos de um cego?".

[22-24] Eles estavam celebrando a festa da Dedicação, chamada em hebraico Hanucá, em Jerusalém. Era inverno, e Jesus passeava no templo, no pórtico de Salomão. Rodeando-o, os judeus disseram: "Por quanto tempo você vai nos deixar curiosos? Se você é o Messias, diga-nos diretamente!".

25-30 Jesus respondeu: "Eu já disse, mas vocês não acreditaram. Tudo que fiz foi autorizado por meu Pai, ações que falam mais alto que palavras. Vocês não acreditam porque não são minhas ovelhas. Minhas ovelhas reconhecem minha voz. Eu as conheço, e elas me seguem. Dou a elas vida real e eterna. Elas estão protegidas do Destruidor o tempo todo. Ninguém consegue roubá-las de mim. O Pai, que as pôs sob minha responsabilidade, é muito maior que o Destruidor, que o Ladrão. Ninguém pode tirá-las dele. Eu e o Pai somos um só coração e uma só mente".

SALMOS 69.24-30

24 Deixa que eles saibam o que pensas deles,
E que a tua ira os destrua!

25 Queima suas casas:
Que elas fiquem desoladas, vazias!

26 Eles caluniaram aquele que disciplinaste.
Inventaram histórias sobre alguém
que foi ferido por Deus.

27 Não economizes nas acusações,
Nem os deixes sair ilesos!

28 Tira o nome deles da lista dos vivos:
Que não haja pedras entalhadas
em honra a eles entre os justos!

29 Estou ferido e com dor:
Dá-me um lugar onde possa me curar
e respirar ar fresco!

30 Que eu grite o nome de Deus
com uma canção de louvor!
Que eu conte suas grandezas
num hino de gratidão!

✐ NOTAS

☐ DIA 148 ___ / ___ / ___

2SAMUEL 10.15 — 12.25

15-17 Quando viram que tinham sido derrotados por Israel, os arameus se reorganizaram. Hadadezer mandou chamar os arameus do outro lado do Eufrates. Eles vieram até Helã, sob o comando de Soboque, comandante do exército de Hadadezer. Tudo isso foi relatado a Davi.

17-19 Davi reuniu Israel, atravessou o Jordão e chegou a Helã. Os arameus se puseram em formação de batalha para enfrentar Davi. O combate se intensificou, mas os arameus outra vez tiveram de fugir de Israel. Davi matou setecentos condutores de carros e quarenta mil cavaleiros. Feriu gravemente Soboque, o comandante do exército, que morreu na batalha. Quando os reis vassalos de Hadadezer se viram derrotados por Israel, acenaram com a paz e se submeteram ao domínio de Israel. Depois disso, os arameus não tiveram mais coragem de ajudar os amonitas.

O pecado de Davi e a tristeza pelo pecado

11 **1** Um ano depois, na época em que os reis tinham o hábito de sair à guerra, Davi enviou Joabe,

DIA 148

seus oficiais e todo o Israel com a missão de eliminar de uma vez por todas os amonitas. Eles cercaram Rabá, mas, dessa vez, Davi permaneceu em Jerusalém.

²⁵ Certo dia, Davi levantou-se do seu descanso da tarde e foi passear no terraço do palácio. De onde estava, ele viu uma mulher tomando banho, e ela era muito bonita. Davi procurou saber quem era. Alguém disse: "É Bate-Seba, filha de Eliã, mulher do hitita Urias". Davi ordenou que a trouxessem. Quando a mulher chegou, ele se deitou com ela. Isso aconteceu na época da purificação, depois da menstruação dela. Ela voltou para casa e, algum tempo depois, descobriu que estava grávida.

Bate-Seba mandou o seguinte recado a Davi: "Estou grávida".

⁶ Davi mandou dizer a Joabe: "Traga aqui Urias, o hitita". Joabe o enviou.

⁷⁸ Quando ele chegou, Davi quis saber notícias da batalha, como estavam Joabe, as tropas e o combate. Depois, disse a Urias: "Volte para casa, tome um banho relaxante e tenha uma boa noite de sono".

⁸⁹ Depois que Urias saiu do palácio, o rei designou um informante para segui-lo. Urias não voltou para casa. Naquela noite, ele dormiu na entrada do palácio, no qual ficavam os criados do rei.

¹⁰ Davi foi informado de que Urias não tinha voltado para casa. Ele perguntou ao hitita: "Você não acabou de voltar de uma longa viagem? Por que não voltou para casa?".

¹¹ Urias respondeu a Davi: "A arca está na tenda com os combatentes de Israel e Judá. O meu senhor Joabe e seus servos estão tendo dificuldades no campo. Como eu iria para casa comer, beber e dormir com minha mulher? Jamais poderia fazer isso!".

¹²¹³ Davi respondeu: "Tudo bem. Faça como quiser. Fique hoje aqui, e o mandarei de volta amanhã". Urias ficou em Jerusalém o restante do dia.

No dia seguinte, Davi o convidou para comer e beber com ele e fez que ele se embriagasse. Mas à noite, mais uma vez, Urias dormiu onde ficavam os criados do rei e não voltou para casa.

¹⁴¹⁵ De manhã, Davi escreveu uma carta a Joabe, a ser entregue em mãos por Urias. Na carta, dizia: "Ponha Urias na linha de frente, na qual o combate é mais intenso. Depois, retroceda a tropa e deixe-o exposto, para que ele seja morto".

¹⁶¹⁷ Joabe, mantendo o cerco em torno da cidade, pôs Urias no local em que o inimigo estava atacando com maior ímpeto. Quando os defensores da cidade saíram para atacar Joabe, alguns dos soldados de Davi foram mortos — entre eles, Urias, o hitita.

¹⁸²¹ Joabe mandou um relatório a Davi. Ele disse ao mensageiro: "Depois de contar tudo em detalhes ao rei, se ele ficar furioso, diga: 'Além disso, seu servo Urias, o hitita, morreu'".

²²²⁴ O mensageiro de Joabe chegou a Jerusalém e deu um relatório completo ao rei. Ele disse: "O inimigo era muito mais forte do que nós. Eles avançaram contra nós em campo aberto, e nós os pressionamos de volta para dentro dos muros da cidade. Mas, depois, eles lançaram flechas pesadas contra nós do muro da cidade, e dezoito soldados do rei morreram".

²⁵ Quando o mensageiro terminou o relato, Davi ficou furioso com Joabe e descarregou sua raiva no mensageiro: "Por que vocês chegaram tão perto da cidade? Não sabiam que poderiam ser atacados do muro? Não se lembraram de como Abimeleque, filho de Jerubesete, foi morto em Tebes? Uma mulher jogou uma pedra de moinho do alto do muro e esmagou a cabeça dele. Por que chegaram tão perto do muro?".

O mensageiro de Joabe disse: "Aliás, seu servo Urias, o hitita, morreu".

Então, Davi disse ao mensageiro: "Entendo. Diga a Joabe: 'Não se preocupe com isso. A guerra é assim mesmo, às vezes mata um, às vezes mata outro. Nunca se sabe quem será o próximo. Reforce o ataque contra a cidade até destruí-la'. Trate de encorajar Joabe".

²⁶²⁷ Quando a esposa de Urias soube que o marido estava morto, chorou por ele. Depois de passado o luto, Davi mandou chamá-la para o palácio. Ela se tornou sua mulher e deu à luz um filho.

12 ²⁷⁻³ Mas o Eterno não se agradou do comportamento de Davi; por isso, enviou Natã, que contou esta história ao rei: "Havia dois homens numa cidade. Um era rico, e o outro, pobre. O rico tinha um enorme rebanho de ovelhas e bois; o pobre, apenas uma cordeirinha, que tinha comprado e criado. Ela cresceu com ele e seus filhos, como um membro da família. Ela comia do prato dele, bebia do seu copo e dormia em sua cama. Era como uma filha para ele.

⁴ "Certo dia um viajante apareceu na casa do rico. Ele era muito avarento e, não querendo matar uma das suas ovelhas ou um dos seus bois para alimentar o visitante, pegou a cordeirinha do pobre, preparou a refeição com ela e ofereceu ao seu hóspede".

⁵⁶ Davi ficou furioso. Disse a Natã: "Assim como vive o Eterno, o homem que fez isso tem de morrer! E deve pagar quatro vezes o valor da cordeirinha, por causa do seu crime e da sua avareza!".

⁷⁻¹² Natã respondeu: "Você é esse homem! E o Eterno, o Deus de Israel, manda dizer: 'Eu ungi

você rei sobre Israel. Eu o livrei das mãos de Saul. Dei a você casa e a filha de seu senhor e outras mulheres que podia ter em seus braços. Dei Israel e Judá a você. E, como se não bastasse, daria a você muito mais. Então, por que você desprezou a palavra do Eterno, cometendo tamanho erro? Você assassinou Urias, o hitita, e tomou a mulher dele. Pior, você o matou com a espada dos amonitas! Agora, já que você desprezou o Eterno e tomou a mulher de Urias, o hitita, para ser sua mulher, sua família irá conviver sempre com morte e assassinato. É o Eterno quem está dizendo! A sua desgraça virá da sua família. Tomarei as suas mulheres à sua vista e as entregarei a seu amigo, e ele se deitará com elas publicamente. Você cometeu esse ato em secreto, mas isso acontecerá diante de toda a nação!'".

13-14 Davi confessou a Natã: "De fato, pequei contra o Eterno!".

Natã declarou: "É verdade, mas essa não é a palavra final. O Eterno perdoa você. Você não morrerá. Mas, por ter ofendido o Eterno, seu filho morrerá".

15-18 Depois que Natã voltou para casa, o Eterno afligiu o filho de Davi que a mulher de Urias deu à luz, e o menino ficou muito doente. Davi orou desesperadamente a Deus pelo menino. Ele jejuou, não saía do palácio e dormia no chão. Os oficiais do palácio tentavam tirá-lo do chão, mas ele não cedia nem se levantava para comer com eles. Sete dias depois, a criança morreu. Os criados ficaram com medo de dar a notícia a ele. Diziam: "O que faremos agora? Enquanto a criança estava viva, ele não dava ouvido ao que dizíamos. Agora que a criança morreu, se dissermos alguma coisa, não se sabe o que ele poderá fazer".

19 Davi percebeu que os criados estavam cochichando e imaginou que o menino tivesse morrido. Ele perguntou: "O menino morreu?".

Eles responderam: "Sim, morreu".

20 Davi se levantou do chão, lavou o rosto, arrumou o cabelo, trocou de roupa e foi ao santuário adorar ao Eterno. Depois, voltou para o palácio e pediu algo para comer. Puseram a comida diante dele, e ele comeu tudo.

21 Os criados perguntaram: "O que está acontecendo com o senhor? Enquanto a criança estava viva, o senhor jejuou, chorou e ficou acordado a noite toda. Agora que o menino morreu, o senhor se levanta e come!?".

22-23 Ele respondeu: "Enquanto a criança estava viva, chorei e jejuei, pensando que, talvez, o Eterno tivesse misericórdia de mim, e a criança sobrevivesse. Mas agora que ela morreu, por que jejuar? Posso trazê-la de volta? Posso ir me encontrar com ela, mas ela não pode vir a mim".

24-25 Davi foi consolar sua mulher, Bate-Seba. E, depois de se deitar com ela, ela engravidou outra vez. Nasceu um menino, e deram a ele o nome de Salomão. O Eterno o amou e enviou uma mensagem por intermédio de Natã: o menino deveria ser chamado Jedidias (Amado do Eterno).

JOÃO 10.31 — 11.10

31-32 Mais uma vez, os judeus estavam a ponto de apedrejá-lo. Mas Jesus lhes disse: "Tenho feito muitas boas ações da parte do Pai. Por qual delas vocês querem me apedrejar?".

33 Os judeus responderam: "Não o apedrejaremos por nada de bom que você fez, mas sim pelo fato de ter dito essa blasfêmia de chamar você mesmo de Deus".

34-38 Jesus reagiu: "Estou apenas citando um texto das Escrituras, em que Deus diz: 'Digo a vocês — vocês são deuses'. Se Deus chama os antepassados de vocês de 'deuses' — e as Escrituras não mentem —, por que vocês gritam: 'Blasfemador! Blasfemador!' para o único a quem o Pai consagrou e enviou ao mundo, só porque eu disse: 'Sou o Filho de Deus'? Se não faço as obras que meu Pai faz, não precisam crer em mim. Mas, se faço as obras do Pai, esqueçam um momento o que eu disse a meu respeito e considerem a simples evidência das ações que estão diante dos seus olhos. Talvez assim as coisas se esclareçam, e vocês consigam entender que não apenas fazemos as mesmas coisas, mas também somos o mesmo — Pai e Filho. Ele está em mim. Eu estou nele".

39-42 Eles ainda tentaram prendê-lo, mas ele conseguiu escapar. Voltou para a região do Jordão, onde João batizava, e ficou ali. Muitos se tornaram seus seguidores. Diziam: "João não realizou milagres, mas tudo que ele disse a respeito deste homem é verdade". Assim, muitos creram nele.

A morte de Lázaro

11 **1-3** **H**avia um homem chamado Lázaro. Ele estava doente. Era de Betânia, cidade de Maria e sua irmã, Marta. Essa era a mesma Maria que ungiu os pés do Senhor com óleos aromáticos e depois os enxugou com os cabelos. Lázaro, que estava doente, era irmão dela. As irmãs mandaram um recado para Jesus: "Senhor, aquele a quem o senhor ama está muito doente".

DIA 149

⁴Quando Jesus recebeu a mensagem, comentou: "Essa doença não é fatal. Será uma boa ocasião para demonstrar a glória de Deus, na glorificação do Filho de Deus".

⁵⁻⁷Jesus amava os três: Marta, a irmã dela e Lázaro. Mas, estranhamente, quando soube que Lázaro estava doente, permaneceu onde estava mais dois dias. Só, então, disse aos seus discípulos: "Vamos voltar para a Judeia!".

⁸Eles disseram: "Rabi, o senhor não pode fazer isso! Os judeus querem vê-lo morto, e o senhor quer voltar?".

⁹⁻¹⁰Jesus respondeu: "Não são doze as horas da luz do dia? Qualquer um que anda na luz do dia não tropeça, porque há muita luz. Andando de noite, pode tropeçar, porque mal enxerga o caminho".

SALMOS 69.31-36

³¹Para o Eterno, isso é melhor que bois no altar,
Muito melhor que touros premiados.

³²Os pobres de espírito veem e se alegram.
Oh! Vocês que procuram por Deus,
    tenham coragem!

³³Pois o Eterno ouve os pobres,
Ele não abandona o infeliz.

³⁴Céus, louvem-no! Louve-o, ó terra,
Também o oceano e todos os seres
    que se movem nele!

³⁵Pois Deus pretende ajudar Sião,
Reconstruindo as cidades destruídas de Judá.

Quem vocês acham que vai morar lá:
Os orgulhosos donos de terra?

³⁶Não. Os filhos dos servos de Deus a ganharão.
Os que amam seu nome viverão nela.

🔲 NOTAS

_____

_____

_____

☐ DIA **149** ___ / ___ / ___

2SAMUEL 12.26 — 14.12

²⁶⁻³⁰Na guerra contra os amonitas em Rabá, Joabe conquistou a cidade real. Ele mandou mensageiros a Davi, dizendo: "Estou atacando Rabá e acabei de controlar o reservatório de água da cidade. Reúna o restante das tropas, acampem-se perto da cidade e conquiste você mesmo a cidade. Do contrário, eu a conquistarei e receberei as honras por isso". Então, Davi conduziu as tropas até Rabá, lutou e conquistou a cidade. Ele pegou a coroa do rei da cidade, que pesava muito por causa do ouro e das pedras preciosas. Puseram a coroa na cabeça de Davi e saquearam a cidade, carregando tudo que era de valor.

³¹Davi tirou todos os habitantes da cidade e os submeteu a trabalhos forçados com serras, picaretas e machados e na fabricação de tijolos. Ele fez o mesmo com todas as cidades dos amonitas. Depois, voltou com todo o exército para Jerusalém.

13¹⁻⁴Algum tempo se passou. Absalão, filho de Davi, tinha uma irmã muito atraente, chamada Tamar.

Amnom, que também era filho de Davi, se apaixonou por ela. Ficou obcecado pela irmã a ponto de adoecer. Ela era virgem, e ele não sabia como se aproximar dela. Amnom tinha um amigo, Jonadabe, filho de Simeia, irmão de Davi, e ele era muito astuto. Ele perguntou a Amnom: "Por que você está definhando dia a dia, filho do rei? Não vai me dizer o que o perturba?".

Amnom respondeu: "É Tamar, irmã do meu irmão Absalão. Estou apaixonado por ela".

[5] Jonadabe sugeriu: "Faça o seguinte: vá para cama e finja estar doente. Quando seu pai vier visitá-lo, peça a ele: 'Mande minha irmã Tamar preparar uma comida para mim e me servir, mas ela deve prepará-la aqui, onde eu possa vê-la'".

[6] Amnom foi para a cama e fingiu estar doente. Quando o rei foi visitá-lo, Amnom pediu: "Mande minha irmã Tamar preparar alguns bolos aqui onde eu possa vê-la e ser servido por ela".

[7] Davi mandou o recado para Tamar, que estava em casa naqueles dias: "Vá à casa de seu irmão Amnom e prepare algo para ele comer".

[8-9] Tamar foi para a casa de seu irmão Amnom, na qual ele estava deitado. Ela fez a massa, preparou os bolos e os assou, enquanto ele a observava de sua cama. Mas, quando ela trouxe a assadeira para servi-lo, ele não quis comer.

[9-11] Amnom disse: "Mande que todos saiam da casa". Depois que todos saíram, ele disse a Tamar: "Traga a comida ao meu quarto no qual podemos comer com privacidade". Ela levou os bolos que tinha preparado para o quarto de seu irmão. Mas, quando ela estava pronta para servi-lo, ele a agarrou e disse: "Venha para cama comigo, irmã!".

[12-13] Ela disse: "Não, meu irmão! Não me violente. Isso não se faz em Israel. Não faça essa loucura! Onde eu me esconderia depois? E você cairia em desgraça. Por favor, peça permissão ao rei! Ele permitirá que eu me case com você".

[14] Mas ele não quis saber. Era mais forte que ela; por isso, a estuprou.

[15] Imediatamente, Amnom começou a sentir aversão por ela, mais intensa que o amor que tinha antes. Ele disse: "Levante-se! Saia daqui!".

[16-18] Mas ela disse: "Não, meu irmão! Por favor! Isso é pior do que o que você acabou de fazer comigo!".

Mas ele não quis saber. Chamou seu criado e ordenou: "Leve esta mulher embora e tranque a porta depois que ela sair!". O criado a mandou embora e trancou a porta.

[18-19] Ela vestia uma túnica de manga comprida, pois era assim que as princesas virgens se vestiam na adolescência. Tamar jogou cinzas sobre a cabeça, rasgou a túnica, escondeu o resto com as mãos e saiu chorando.

[20] Seu irmão Absalão perguntou: "O que houve? Amnom abusou de você? Deixa, minha irmã, não conte nada a ninguém. Ele é seu irmão. Não se incomode com isso". Tamar, muito traumatizada, foi morar na casa de Absalão.

[21-22] O rei Davi soube de tudo que aconteceu e ficou furioso, mas não repreendeu Amnom. Davi o amava muito, porque era o primogênito. Absalão não dirigiu mais a palavra a Amnom, nem boa nem ruim. Passou a odiá-lo depois que ele abusou de sua irmã Tamar.

[23-24] Dois anos se passaram. Certo dia, Absalão tosquiava ovelhas em Baal-Hazor, perto do território de Efraim, e convidou todos os filhos do rei para festejar. Convidou também o rei, dizendo: "Estou tosquiando ovelhas e quero que venha com seus criados".

[25] Mas o rei disse: "Não meu filho. Desta vez, não posso nem poderia levar toda a família. Seria muita gente para você". Apesar de Absalão insistir, Davi não aceitou, mas deu ao filho sua bênção.

[26-27] Absalão disse: "Se você não vier, deixe meu irmão Amnom vir".

O rei perguntou: "Por que ele precisar ir?". Absalão tanto insistiu que o rei concordou e permitiu que Amnom e os demais filhos do rei fossem festejar com ele.

[28] Absalão preparou um banquete à altura do rei e orientou os seus criados: "Fiquem atentos. Quando Amnom tiver bebido bastante e estiver alegre, e eu disser: 'Matem Amnom!', vocês o matarão sem piedade. Não tenham medo. A responsabilidade é minha. Coragem! Vocês vão conseguir!".

[29-31] Os criados de Absalão fizeram a Amnom exatamente o que o seu senhor tinha determinado. Os outros filhos do rei, assustados, montaram em suas mulas e sumiram. Estavam ainda a caminho quando o rei ouviu os rumores: "Absalão acabou de matar todos os filhos do rei. Não sobrou nenhum!". O rei imediatamente rasgou as próprias roupas e jogou-se ao chão. Todos os que presenciaram a cena fizeram o mesmo.

[32-33] Nesse momento, Jonadabe, filho de Simeia, irmão de Davi, chegou e explicou: "Meu senhor não precisa se preocupar, pois todos os filhos do rei estão vivos. Apenas Amnom foi morto. Isso aconteceu porque Absalão estava furioso desde que Amnom abusou de sua irmã Tamar. Então, meu senhor, o rei não

DIA 149

precisa imaginar o pior, achando que todos os seus filhos morreram. Repito: apenas Amnom morreu". [34]Depois disso, Absalão fugiu. Naquele momento, a sentinela viu uma nuvem de poeira subindo da estrada de Horonaim, na encosta da montanha. Ele contou ao rei: "Acabei de ver um grupo na estrada de Horonaim, em torno da montanha". [35-37]Então, Jonadabe disse ao rei: "Veja! São os filhos do rei voltando, como eu disse!". Logo que ele terminou de falar, os filhos do rei entraram, chorando desesperadamente! O rei e todos os seus criados se juntaram a eles e choraram muito. Davi ficou de luto muito tempo pela morte de seu filho.

[37-39]Depois de fugir, Absalão pediu asilo a Talmai, filho de Amiúde, rei de Gesur. Ficou ali três anos. O rei, finalmente, desistiu de perseguir Absalão, pois já tinha se consolado pela morte de Amnom.

14 [1-3]Joabe, filho de Zeruia, sabia que o rei, no fundo, ainda se importava com Absalão. Por isso, mandou buscar uma mulher sábia que vivia em Tecoa e a instruiu, dizendo: "Finja que está de luto. Use roupas pretas e não arrume o cabelo, para dar a ideia de que você está, há muito tempo, de luto por algum ente querido. Depois, vá falar com o rei". Joabe a instruiu sobre o que dizer. [4]A mulher foi à presença do rei, prostrou-se respeitosamente diante dele e disse: "Ó rei, ajude-me!". [5-7]Ele perguntou: "Como posso ajudar?".

Ela disse: "Sou viúva. Meu marido morreu. Eu tinha dois filhos, e, um dia, os dois brigaram na fazenda, e não tinha ninguém perto para apartar a briga. Um deles feriu o outro, e ele morreu. Depois, toda a família ficou contra mim, exigindo que eu entregasse o assassino para que eles o executassem por causa do irmão que ele tinha matado. Eles querem eliminar o herdeiro e apagar a última centelha de vida que tenho. Se isso acontecer, não restará nada de meu marido sobre a terra, nem sequer seu nome. [15-17]Por isso, tive ousadia de vir falar com o rei, o meu senhor, sobre essa questão. Eles estão destruindo a minha vida, e estou com medo. Pensei comigo mesma: 'Vou falar com o rei. Talvez ele faça alguma coisa! Quando o rei souber o que está acontecendo, ele intervirá e me salvará do abuso daquele que está querendo se livrar de mim, de meu filho e da herança de Deus'. Como sua serva, decidi: O que o rei, o meu senhor, decidir encerrará o assunto, pois o meu senhor é como um anjo de Deus, que sabe discernir entre o bem e o mal. Que o Eterno seja com o senhor!".

[8]O rei disse: "Volte para casa. Vou cuidar disso para você".

[9]A mulher de Tecoa disse: "Assumo toda a responsabilidade pelo que acontecer. Não quero constranger o rei nem manchar sua reputação". [10]O rei prosseguiu: "Traga o homem que está perturbando você. Vou fazer que ele pare de incomodar". [11]A mulher respondeu: "Invoque o rei o nome do Eterno, para que esse vingador não acabe com tudo, matando meu outro filho".

Ele disse: "Assim como vive o Eterno, nem um fio de cabelo cairá da cabeça de seu filho". [12]Ela também perguntou: "Posso pedir mais uma coisa ao meu senhor?".

Ele respondeu: "Certamente!".

JOÃO 11.11-32

[11] Após esse comentário, ele anunciou: "Nosso amigo Lázaro está dormindo. Vou acordá-lo". [12-13]Os discípulos disseram: "Senhor, se está dormindo, vai ter um bom descanso e se levantar bem disposto". Jesus falava da morte, enquanto os discípulos pensavam numa simples soneca. [14-15]Então, Jesus resolveu falar claramente: "Lázaro morreu. Estou feliz por causa de vocês, porque eu não estava lá. Vocês logo terão novos motivos para crer. Agora vamos a ele!". [16]Tomé, chamado Gêmeo, suspirou e disse aos seus companheiros: "Vamos. Bem que podemos morrer com ele!". [17-20]Quando Jesus finalmente chegou, Lázaro estava morto havia quatro dias. Betânia ficava perto de Jerusalém, distante cerca de três quilômetros, e muitos dos judeus davam apoio a Marta e Maria, compadecidos delas por causa do irmão. Marta soube que Jesus estava chegando e saiu ao encontro dele. Maria ficou em casa. [21-22]Marta, então, lhe disse: "Se o senhor estivesse aqui, meu irmão não teria morrido. Mesmo agora, sei que tudo que o senhor pedir a Deus será concedido". [23]Jesus consolou-a: "Seu irmão vai ressuscitar". [24]Marta respondeu: "Sei que vai, na ressurreição do fim dos tempos". [25-26]"Você não precisa esperar pelo fim. Eu, aqui e agora, sou a Ressurreição e a Vida. Quem crer em mim, ainda que morra, viverá. Qualquer um que vive crendo em mim não irá morrer em definitivo. Acredita nisso?" [27]"Sim. Sempre acreditei que o senhor é o Messias, o Filho de Deus que veio ao mundo."

28 Depois de ter dito isso, ela foi até onde estava sua irmã, Maria, e sussurrou ao seu ouvido: "O Mestre está aqui e perguntou por você".

29-32 Assim que ouviu isso, ela deu um salto e correu até ele. Jesus ainda não havia entrado na cidade e continuava no lugar em que Marta o havia encontrado. Quando os judeus, amigos dela, viram Maria passar correndo, foram atrás dela, pensando que ela ia ao túmulo para chorar. Maria foi até onde Jesus estava e caiu aos pés dele, dizendo: "Se o senhor estivesse aqui, meu irmão não teria morrido!".

SALMOS 70.1-5

Uma oração de Davi

70 **1-3** Ó Deus, vem logo me resgatar!
Ó Eterno, vem logo ficar do meu lado!
Que caiam sobre si mesmos!
os que querem me pegar!
Que os que desejam a minha queda,
sejam enviados para um beco sem saída.
Tu os fazes sentir o gosto do próprio veneno
das fofocas que vivem cacarejando.

4 Mas que aqueles que procuram por ti
cantem e celebrem!
Que todos os que amam
o teu caminho de salvação
digam sempre: "Deus é poderoso"!

5 Mas eu necessito de ti! Estou arruinado!
Deus, vem rápido!
Vem logo ficar do meu lado,
corre para me resgatar!
Não percas um minuto, ó Eterno!

◢ NOTAS

☐ DIA 150 ___ / ___ /

2SAMUEL 14.13 — 15.37

13-14 A mulher disse: "Por que, então, o rei faz exatamente isso com o povo de Deus? Com esse veredito, o rei condena a si mesmo, pois não deixou voltar seu filho exilado. Todos nós vamos morrer, um dia. A água derramada não pode ser juntada novamente. Mas Deus não tira a vida. Ele faz que o exilado possa voltar".

18 O rei disse: "Vou fazer uma pergunta. Peço que me responda com sinceridade".

Ela respondeu: "Com certeza. Que o rei fale".

19-20 O rei prosseguiu: "Joabe tem alguma coisa a ver com isso?".

A mulher respondeu: "Por sua vida, ó rei, meu senhor, ninguém pode escapar, desviando-se para direita ou para esquerda na presença do rei! Sim. Foi o seu servo Joabe que armou tudo isso e pôs as palavras em meus lábios. Ele fez isso porque queria resolver o assunto. Mas o meu senhor é sábio como um anjo de Deus. Sabe como resolver as coisas na terra".

21 Depois disso, o rei disse a Joabe: "Tudo bem! Farei isso. Traga de volta o jovem Absalão".

22 Joabe prostrou-se em profunda reverência e bendisse o rei: "Agora reconheço que ainda conto com o favor e a confiança do rei, pois o senhor aceitou o conselho do seu servo".

23-24 Joabe se levantou, foi a Gesur e trouxe Absalão de volta para Jerusalém. O rei determinou: "Ele pode

DIA 150

voltar para casa, mas não poderá comparecer à minha presença". Assim, Absalão voltou para casa, mas não tinha permissão para ver o rei.

25-27 Em todo o Israel, não havia homem tão elogiado pela sua beleza quanto Absalão. De cima a baixo, não havia nele nenhum defeito. Quando cortava o cabelo (ele sempre cortava bem curto, na primavera, porque ficava muito pesado), o peso era de dois quilos e quatrocentos gramas. Absalão teve dois filhos e uma filha. Ela se chamava Tamar e era muito bonita.

28-31 Absalão viveu dois anos em Jerusalém, mas não podia ver seu pai, Davi. Certa vez, ele pediu a Joabe autorização para ver o rei, mas Joabe não autorizou. Tentou de novo, e Joabe se negou a dar permissão. Então, disse a seus criados: "Prestem atenção! A fazenda de Joabe fica ao lado da minha, e ele plantou cevada. Vão lá e ateiem fogo na plantação". Os criados de Absalão fizeram o que ele mandou e puseram fogo na plantação. Deu certo. Não demorou, e Joabe apareceu na casa de Absalão, perguntando: "Por que seu pessoal queimou minha plantação?".

32 Absalão respondeu: "Veja, mandei chamar você, dizendo: 'Venha depressa. Quero que você vá ao rei e pergunte a ele: Por que você me trouxe de volta de Gesur? Seria melhor ter ficado lá! Permita que eu compareça à presença do rei. Se ele me considerar culpado, que mande me matar'".

33 Joabe apresentou a questão ao rei, e Absalão foi chamado. Ele entrou na presença do rei, prostrou-se em reverência diante dele, e o rei beijou Absalão.

15 **1-2** Com o passar do tempo, Absalão adquiriu um carro, cavalos e cinquenta guarda-costas. Toda manhã, ele se posicionava na estrada perto da entrada da cidade. Sempre que alguém aparecia com uma questão para o rei resolver, Absalão o chamava e dizia: "De onde você vem?".

A pessoa respondia: "Sou de tal tribo de Israel".

3-6 Então, Absalão dizia: "Sua causa é justa, mas o rei não dará atenção". E dizia ainda: "Por que ninguém me constitui juiz desta nação? Qualquer pessoa poderia trazer sua causa, e eu a resolveria de maneira justa e transparente". Sempre que alguém o tratava com reverência, ele não se afetava, tratava a pessoa como igual, com abraço e beijo. Absalão fazia isso com todos que vinham tratar de algum assunto com o rei e conquistou a simpatia de todos em Israel.

7-8 Passados quatro anos, Absalão foi falar com o rei: "Permita que eu vá a Hebrom cumprir um voto que fiz ao Eterno. Quando morava em Gesur, em Arã,

seu servo fez este voto: 'Se o Eterno me levar de volta a Jerusalém, prestarei culto ao Eterno'".

9 O rei respondeu: "Vá com a minha bênção". Logo depois, Absalão partiu para Hebrom.

10-12 Mas, nesse meio-tempo, Absalão tinha enviado, em segredo, mensageiros por todas as tribos de Israel com esta mensagem: "Quando vocês ouvirem o som de trombetas, gritem: 'Absalão é rei em Hebrom!'". Duzentos homens de Jerusalém acompanharam Absalão. Mas tinham sido convocados sem saber de nada, agiam na inocência. Enquanto oferecia sacrifícios, Absalão conseguiu envolver Aitofel, de Gilo, conselheiro de Davi, e tirá-lo de sua cidade. A conspiração tomou força, e o número dos seguidores de Absalão aumentou.

13 Alguém veio dizer a Davi: "Toda a nação está seguindo Absalão!".

14 Davi convocou todos os que eram leais a ele em Jerusalém e disse: "Precisamos sair daqui, do contrário, ninguém escapará de Absalão! Vamos depressa! Ele está a ponto de atacar a cidade para nos matar!".

15 Os partidários do rei disseram: "O que o rei, o nosso senhor, determinar, faremos. Estamos com o senhor até o fim!".

16-18 Então, o rei e toda a sua família fugiram a pé. Ele deixou dez concubinas cuidando do palácio. Assim, devagar, todos saíram e pararam na última casa da cidade. Todos os soldados desfilaram diante dele, todos os queretitas, os peletitas e os seiscentos que tinham vindo com ele de Gate.

19-20 O rei chamou Itai, de Gate, e disse: "O que você está fazendo aqui? Volte para o rei Absalão. Você é estrangeiro aqui e recém-chegado de seu país. Eu não arriscaria levar você, uma vez que eu mesmo não tenho lugar certo para ficar. Volte e leve sua família com você. Que a bondade e a fidelidade do Eterno estejam com você!".

21 Mas Itai insistiu: "Assim como vive o Eterno e vive o rei, meu senhor, onde meu senhor estiver, lá estarei também, seja para a vida, seja para a morte".

22 Davi concordou: "Tudo bem. Vamos, então!". E foram todos, Itai, de Gate, com todos os seus homens e todas as crianças que estavam com ele.

23-24 Todo o povo chorava, vendo o grupo passar. Quando o rei atravessou o vale do Cedrom, o exército tomou a estrada para o deserto. Zadoque também estava lá, e os levitas estavam com ele, carregando a arca da aliança de Deus. Eles puseram a arca de Deus no chão, e Abiatar ficou ali até que todos deixaram a cidade.

25-26 Então, o rei deu ordens a Zadoque: "Leve a arca de volta para a cidade. Se o Eterno for bondoso para comigo, ele me trará de volta e me mostrará o lugar em que a arca estiver. Mas, se disser: 'Não estou contente com você', então, ele poderá fazer comigo o que quiser".

27-30 O rei orientou o sacerdote Zadoque: "Este é o plano: Volte para a cidade pacificamente, levando seu filho Aimaás e Jônatas, filho de Abiatar. Ficarei esperando num lugar no deserto, do outro lado do rio, até você me mandar notícias". Assim, Zadoque e Abiatar levaram a arca de Deus de volta para Jerusalém e a deixaram lá, enquanto Davi subiu ao monte das Oliveiras, chorando, caminhando com a cabeça coberta e os pés descalços.

31 Disseram a Davi: "Aitofel se juntou aos conspiradores com Absalão". Ele orou: "Ó Eterno, que os conselhos de Aitofel sejam insensatos".

32-36 Quando Davi se aproximava do topo da montanha, na qual se costumava adorar a Deus, o arquita Husai, com roupas rasgadas e terra sobre a cabeça, estava aguardando. Davi disse: "Se você vier comigo, será mais um peso na bagagem. Volte para a cidade e diga a Absalão: 'Estou pronto para servir a você, ó rei. Fui servo de seu pai, agora sou seu servo'. Fazendo isso, você confundirá os conselhos de Aitofel por mim. Os sacerdotes Zadoque e Abiatar já estão lá. Conte a eles tudo que você ficar sabendo no palácio. Os dois filhos deles, Aimaás, filho de Zadoque, e Jônatas, filho de Abiatar, estão com eles. Qualquer coisa que você souber poderá ser trazida a mim por intermédio deles".

37 Husai, amigo de Davi, chegou a Jerusalém no momento em que Absalão entrava na cidade.

JOÃO 11.33-54

33-34 Quando Jesus a viu chorando e os judeus chorando com ela, sentiu grande indignação e perguntou: "Onde vocês o puseram?".

34-35 "Senhor, vem e vê", disseram. Naquele momento, Jesus chorou.

36 Os judeus disseram: "Ele o amava muito".

37 Outros discordaram: "Bem, se ele o amasse tanto assim, por que o deixou morrer? Afinal, ele abriu os olhos de um cego".

38-39 Mal contendo a indignação, Jesus chegou ao local do túmulo. Era uma caverna simples na colina com uma placa de pedra que a fechava. Ele ordenou: "Removam a pedra!".

Marta, a irmã do falecido, disse: "Senhor, a esta altura já está com mau cheiro. Ele morreu há quatro dias!".

40 Jesus a olhou bem nos olhos. "Eu não disse que, se acreditasse, você veria a glória de Deus?".

41-42 Dirigindo-se aos demais, insistiu: "Vão em frente, tirem a pedra!".

Eles a removeram. Jesus ergueu os olhos para os céus e orou: "Pai, sou grato, porque até aqui tens me ouvido. Sei que sempre me ouves, mas, por causa da multidão aqui presente, oro assim para que eles possam crer que me enviaste".

43-44 Então, ele bradou: "Lázaro, venha para cá!". Lázaro saiu, ainda enrolado nos panos, da cabeça aos pés, e com um lenço sobre o rosto.

Jesus lhes ordenou: "Desamarrem-no, para que possa ir".

O homem que realiza os sinais de Deus

45-48 O fato causou uma reviravolta entre muitos dos judeus que estavam com Maria. Eles viram o que Jesus fez e creram nele. Mas alguns procuraram os fariseus para denunciá-lo. Os principais sacerdotes e os fariseus convocaram uma reunião da liderança judaica. "O que faremos?", perguntaram. "Esse homem insiste em seus feitos, criando sinais divinos. Se deixarmos, logo todos crerão nele, e os romanos virão e removerão o pouco poder e prestígio que ainda nos resta".

49-52 Então, um deles — Caifás, designado sacerdote principal naquele ano — se pronunciou: "Vocês não enxergam? Não percebem que é preferível um homem morrer pelo povo que uma nação inteira ser destruída?". Ele não disse isso de si mesmo. Na condição de sacerdote principal naquele ano, sem saber profetizou que Jesus estava para ser sacrificado pela nação, e não somente pela nação, mas para que todos os filhos de Deus dispersos pudessem ser reunidos num só povo.

53-54 Daquele dia em diante, ficou decidido que iriam matá-lo. Então, Jesus não arriscou mais aparecer em público no território dos judeus. Retirou-se para o interior, na região fronteiriça com o deserto, hospedando-se numa cidade chamada Efraim. Ali isolou-se com seus discípulos.

SALMOS 71.1-7

71 1-3 Corri para o Eterno enquanto
 ainda estava vivo,
nunca me arrependerei disso.
Faz o que sabes fazer melhor:
 tira-me desta confusão
 e me ergue novamente!

DIA 151

454

Ouve meu pedido de socorro
e me leva para um lugar seguro!
Sê para mim um quarto de hóspedes,
onde eu possa me recolher.
Afinal, disseste que as portas estariam
sempre abertas!
Tu és minha salvação, minha fortaleza!

4-7 Meu Deus, liberta-me das garras dos ímpios,
das presas dos homens violentos!
Tu me fazes continuar quando os tempos
são espinhosos:
és meu fundamento, ó Eterno,
desde a minha infância.
Tenho dependido de ti desde o dia
do meu nascimento,
desde o dia em que me tiraste do berço.
Nunca ficarei sem motivo para louvar.
Muitos ficam surpresos quando me veem,
mas só tu sabes quem eu sou de verdade!

NOTAS

DIA 151 ___/___/___

2SAMUEL 16.1—17.29

16 **1** Logo que Davi atravessou o cume da montanha, ele encontrou Ziba, criado de Mefibosete, com dois jumentos carregados com duzentos pães, cem bolos de passas, cem cestas de frutas frescas e uma vasilha de couro de vinho.

2 O rei disse a Ziba: "Para que tudo isso?".

Ziba respondeu: "Os jumentos são para a família do rei montar, os pães e as frutas são para alimentar os que o acompanham, e o vinho é para os que estão cansados de andar no deserto".

3 O rei perguntou: "E onde está o neto do seu senhor?".

Ziba respondeu: "Ele ficou em Jerusalém, mas mandou este recado: 'Este é o dia que Israel restituirá a mim o reino do meu avô'".

4 Davi respondeu: "Tudo que pertenceu a Mefibosete agora pertence a você".

Ziba disse: "Como poderia agradecer por isso? Serei eternamente devedor de meu senhor e rei. Que eu nunca decepcione o senhor!".

5-8 Quando o rei chegou a Baurim, apareceu um homem que tinha ligações com a família de Saul. Seu nome era Simei, filho de Gera. Ele os seguia insultando e jogando pedras contra Davi e seus companheiros, criados e soldados. Além dos insultos, ele o amaldiçoava, aos gritos: "Fora! Fora! Assassino! Sanguinário! O Eterno está castigando você por todos os crimes que cometeu contra a família de Saul e por tomar o reino dele. O Eterno já entregou o reino a seu filho Absalão. Olhe para você mesmo: um homem derrotado! Porque não passa de um criminoso!".

9 Abisai, filho de Zeruia, disse: "Esse cão morto não pode amaldiçoar o meu senhor, o rei, dessa maneira. É só mandar que eu corto a cabeça dele!".

10 Mas o rei disse: "Por que vocês, filhos de Zeruia, estão sempre interferindo e me atrapalhando? Se ele está amaldiçoando é porque o Eterno mandou: 'Amaldiçoe Davi'. Quem vai contrariá-lo?".

11-12 Davi prosseguiu, dirigindo-se a Abisai e ao restante do grupo: "Além disso, até meu filho, minha carne e meu sangue, neste momento, está querendo a minha morte. Esse benjamita não está fazendo nada comparado a isso. Não se preocupem com ele. Deixem que ele amaldiçoe à vontade. O Eterno ordenou que ele fizesse isso. Talvez o Eterno enxergue a minha aflição e transforme as maldições em algo bom".

¹³ Davi e sua comitiva seguiram caminho, enquanto Simei seguia ao longo da encosta da montanha, amaldiçoando e jogando pedras e neles.

¹⁴ Quando chegaram ao rio Jordão, Davi e sua comitiva estavam exaustos. Por isso, descansaram ali e renovaram suas forças.

¹⁵ Enquanto isso, Absalão e seus homens já estavam em Jerusalém. Aitofel também estava com eles.

¹⁶ Logo depois, Husai, o arquita, amigo de Davi, foi cumprimentar Absalão: "Viva o rei para sempre! Viva o rei para sempre!".

¹⁷ Absalão disse a Husai: "É assim que você mostra lealdade a um amigo? Por que não está com o seu amigo, Davi?".

¹⁸⁻¹⁹ Husai disse: "Porque quero estar com quem o Eterno, esse povo e todo o Israel escolheram. Quero permanecer com ele. Além disso, quem melhor que o filho para eu servir? Assim como servi a seu pai, estou pronto a servir ao senhor".

²⁰ Absalão disse a Aitofel: "Você está pronto para me aconselhar? O que devemos fazer agora?".

²¹⁻²² Aitofel disse a Absalão: "Deite-se com as concubinas de seu pai, aquelas que ficaram para cuidar do palácio. Todos ficarão sabendo que o senhor desonrou abertamente seu pai, e os que estão a seu lado se animarão". Absalão armou uma tenda no terraço, à vista de todos, e deitou-se com as concubinas de Davi.

²³ Os conselhos de Aitofel, na época, eram considerados palavras do próprio Deus. Essa era a reputação de Aitofel com Davi; e não era diferente com Absalão.

17

¹⁻³ Em seguida, Aitofel aconselhou Absalão: "Deixe-me escolher doze mil homens e partir esta noite atrás de Davi. Vou alcançá-lo quando ele estiver exausto e pegá-lo de surpresa. O exército fugirá, e eu matarei Davi. Então, trarei o exército de volta para o senhor como uma noiva levada de volta ao noivo! Afinal, o senhor está à procura de um só homem. Se ele for eliminado, a paz estará de volta!".

⁴ Absalão achou que seria uma excelente estratégia, e todas as autoridades de Israel concordaram.

⁵ Ainda assim, Absalão ordenou: "Chame Husai, o arquita. Vamos ouvir a opinião dele".

⁶ Husai chegou, e Absalão contou a ele o plano: "Esse foi o conselho de Aitofel. O que acha? Devemos pô-lo em prática?".

⁷⁻¹⁰ Husai disse: "O conselho de Aitofel, neste caso, não foi bom. O senhor conhece seu pai e os homens que estão com ele. Eles são corajosos e estão furiosos como uma ursa de quem tiraram o filhote. Seu pai é um guerreiro experiente. Ele não será apanhado de surpresa num momento como este. Enquanto conversamos aqui, ele provavelmente está escondido em alguma caverna ou em outro lugar. E, se ele atacar os seus soldados de emboscada, logo se espalhará a notícia de que o exército de Absalão foi massacrado. Ainda que os seus soldados sejam valentes e corajosos como leões, o moral da tropa vai despencar com a notícia, pois todos em Israel sabem que tipo de guerreiro é seu pai e como são valentes os homens que estão com ele.

¹¹⁻¹³ "O meu conselho? Reúna toda a nação, de Dã até Berseba, formando um exército numeroso como a areia do mar, comandado pelo senhor pessoalmente. Nós os atacaremos onde quer que estejam. Cairemos sobre eles como o orvalho sobre a terra. Estou certo de que não vai escapar ninguém. Se ele se refugiar em alguma cidade, o exército utilizará todas as cordas que arranjar e arrastará tudo que estiver nessa cidade para o vale, sem deixar um pedregulho para trás".

¹⁴ Absalão e todas as autoridades concordaram em que o conselho de Husai era melhor que o de Aitofel. O Eterno tinha decidido frustrar o bom conselho de Aitofel para que Absalão fosse arruinado.

¹⁵⁻¹⁶ Logo depois, Husai foi contar aos sacerdotes Zadoque e Abiatar: "Aitofel aconselhou Absalão e as autoridades de Israel daquela maneira, mas eu aconselhei assim. Agora, enviem, o quanto antes, esta mensagem a Davi: 'Não passe a noite deste lado do Jordão. Atravesse imediatamente o rio. Do contrário, o rei e todos os que estiverem com o senhor serão massacrados' ".

¹⁷⁻²⁰ Jônatas e Aimaás estavam em En-Rogel aguardando o recado que seria trazido por uma criada. Dali, eles partiriam para transmiti-lo ao rei Davi, pois não se arriscavam a entrar na cidade. Mas um soldado os viu e contou a Absalão. Os dois saíram correndo e se refugiaram na casa de um homem em Baurim. Ele tinha uma cisterna no quintal, e eles se esconderam ali. A mulher cobriu a cisterna com um tapete e espalhou grãos sobre ele, para que ninguém percebesse nada de estranho. Logo depois, os servos de Absalão chegaram àquela casa e perguntaram: "Você viu Aimaás e Jônatas?".

A mulher respondeu: "Eles estavam indo na direção do rio".

Eles os procuraram, mas não acharam. Então, voltaram para Jerusalém.

²¹ Depois que eles foram embora, Aimaás e Jônatas saíram da cisterna e foram levar o recado a Davi: "Levante-se e atravesse o rio imediatamente. Aitofel tem um plano contra o senhor!".

²² Davi e seu exército não perderam tempo e se puseram a caminho, atravessando o Jordão. Quando amanheceu, todos já tinham atravessado o Jordão.

²³ Quando Aitofel percebeu que seu conselho não seria seguido, montou em seu jumento e partiu para sua cidade. Depois de deixar pronto o seu testamento e de ter posto a casa em ordem, enforcou-se e, assim, morreu. Ele foi sepultado no túmulo da família.

²⁴⁻²⁶ Enquanto Davi chegava a Maanaim, Absalão e todo o exército de Israel atravessavam o Jordão. Absalão designou Amasa comandante do exército, no lugar de Joabe. Amasa era filho de um homem chamado Itra, ismaelita que tinha se casado com Abigail, filha de Naás e irmã de Zeruia, mãe de Joabe. Absalão e o exército de Israel acamparam em Gileade.

²⁷⁻²⁹ Quando Davi chegou a Maanaim, Sobi, filho de Naás de Rabá dos amonitas, e Maquir, filho de Amiel de Lo-Debar, e Barzilai, o gileadita de Rogelim, trouxeram camas e cobertores, bacias e potes cheios de trigo, cevada, farinha, grão tostado, feijão e lentilhas, além de mel, coalhada e queijos de ovelha e de vaca. Entregaram tudo a Davi e seu exército, pois pensavam: "O exército deve estar com fome, com sede e exausto no deserto".

JOÃO 11.55 — 12.19

⁵⁵⁻⁵⁶ A Páscoa se aproximava. Multidões vinham do interior para Jerusalém, a fim de se preparar para a festa. Eles estavam curiosos a respeito de Jesus. Ele era o assunto dos que estavam ao redor do templo: "O que vocês acham? Será que ele vai aparecer na festa?".

⁵⁷ Enquanto isso, os principais sacerdotes e fariseus publicaram uma nota: quem soubesse o paradeiro dele deveria informá-los. Eles estavam a postos para prendê-lo.

Ungindo os pés

12¹⁻³ **S**eis dias antes da Páscoa, Jesus entrou em Betânia, onde vivia Lázaro, ressuscitado pouco tempo antes. Lázaro e suas irmãs convidaram Jesus para jantar em casa. Marta servia. Lázaro era um dos que estavam assentados à mesa com eles. Maria veio com um jarro de óleos aromáticos muito caros, ungiu e massageou os pés de Jesus e depois os enxugou com os cabelos. A fragrância dos óleos encheu a casa.

⁴⁻⁶ Judas Iscariotes, um dos Doze, que estava prestes a traí-lo, lamentou: "Por que esse óleo não foi vendido e o dinheiro distribuído aos pobres? Seria fácil conseguir trezentas moedas de prata por ele". Disse isso não porque se importava com os pobres, mas porque era ladrão. Era o tesoureiro do grupo e costumava se apropriar indevidamente do dinheiro que guardava.

⁷⁻⁸ Jesus, porém, disse: "Deixem-na em paz! Ela está antecipando e honrando o dia do meu sepultamento. Os pobres estão o tempo todo com vocês. Quanto a mim, nem sempre terão.

⁹⁻¹¹ Espalhou-se entre os judeus a notícia de que Jesus estava de volta à cidade. O povo, então, veio para ver não apenas Jesus, mas também Lázaro, que havia ressuscitado. Então, os principais sacerdotes fizeram planos para matar Lázaro também, porque muitos dos judeus estavam crendo em Jesus por causa dele.

A chegada do rei

¹²⁻¹⁵ **N**o dia seguinte, uma multidão imensa, que havia chegado para a festa, soube que Jesus estava entrando em Jerusalém. Eles tiraram ramos de palmeiras e saíram para encontrá-lo, aclamando:

"Hosana!
Bendito é ele que vem em nome de Deus!
Sim! O Rei de Israel!"

Jesus cavalgava um burrinho, como se lê nas Escrituras:

Não temas, Filha de Sião:
Vejam como chega o seu rei,
cavalgando um burrinho.

¹⁶ Os discípulos, na ocasião, não perceberam o cumprimento de muitas passagens das Escrituras, mas depois que Jesus foi glorificado eles se lembraram de que tudo que estava escrito a respeito dele combinava com os acontecimentos.

¹⁷⁻¹⁹ A multidão que havia estado com Jesus quando ele chamou Lázaro do túmulo, levantando-o dos mortos, estava ali, relatando o que tinha presenciado. Foi por se espalhar a notícia desse último sinal de Deus que a multidão cresceu e se transformou num grande desfile de boas-vindas. Os fariseus, olhando a cena, protestaram: "Está fora de controle, e todos vão atrás dele!".

SALMOS 71.8-16

8-11 Assim como cada dia transborda
com sua beleza,
minha boca transborda de louvor.
Mas não me ponhas para pastar
quando eu for velho
nem me ponhas no asilo quando eu não
conseguir ficar de pé!
Meus inimigos falam pelas minhas costas,
aguardando a oportunidade de me esfaquear.
"Deus o abandonou", é a maledicência
de seus lábios,
"Ataquem-no agora,
porque ninguém o ajudará!".

12-16 Deus, não fiques assistindo
da arquibancada!
Vem logo ficar do meu lado!
Faz que meus acusadores sejam humilhados.
Faz de tolos os que querem me pegar
Enquanto eu me estico todo
e estendo as mãos para ti,
diariamente para te louvar.
Sobre tua justiça escreverei um livro,
falarei da tua salvação o dia inteiro —
nunca se esgotarão as coisas boas
para eu mencionar.
Eu venho no poder do Eterno, o Senhor,
sinalizar o caminho certo.

◼ NOTAS

☐ DIA 152 ___ / ___ / ___

2SAMUEL 18.1 — 19.25

18 **1-2 D**avi organizou seu exército. Designou capitães de mil e capitães de cem. Depois, dividiu as tropas em três grupos. O primeiro ficou sob o comando de Joabe; o segundo ficou com Abisai, filho de Zeruia, irmão de Joabe; o terceiro ficou com Itai, o giteu.

O rei anunciou: "Eu também irei com vocês".

3 Mas eles disseram: "Não mesmo. O senhor não pode vir conosco. Se tivermos de retroceder, o inimigo não pensará duas vezes. Se metade de nós morrer, o inimigo não se importará. Mas o senhor vale por dez mil de nós. Para nós, é melhor que fique na cidade e nos ajude daqui".

4 O rei concordou: "Se é isso que pensam, farei o que acharem melhor". Ele se instalou perto da entrada da cidade, enquanto o exército saía em pelotões de cem e de mil.

5 O rei tinha recomendado a Joabe, Abisai e Itai: "Por amor a mim, tenham cuidado com o jovem Absalão". Todo o exército ouviu o que o rei ordenou aos três comandantes com respeito a Absalão.

6-8 O exército de Davi saiu a campo para enfrentar o exército de Israel. A batalha aconteceu na floresta de Efraim. O exército de Israel, naquele dia, foi derrotado pelos homens de Davi. Houve terrível matança: vinte mil homens morreram! Os combatentes se espalharam para todo lado. Naquele dia, a floresta devorou mais vidas que a espada!

9-10 Absalão encontrou os soldados de Davi. Ele tinha certa vantagem porque estava montado em sua mula. Mas, quando a mula passou por baixo dos galhos de um grande carvalho, a cabeça de Absalão ficou presa no galho, enquanto a mula seguia adiante. Ele ficou pendurado. Um soldado viu tudo e contou a Joabe: "Acabei de ver Absalão pendurado na ramagem de um carvalho!".

¹¹ Joabe perguntou ao soldado: "Se você viu isso, por que não o matou ali mesmo? Eu teria recompensado você com dez peças de prata e um cinturão".

¹²⁻¹³ O homem disse a Joabe: "Mesmo que eu ganhasse mil peças de prata, não tocaria no filho do rei. Todos nós ouvimos a ordem que o rei deu ao senhor, a Abisai e a Itai: 'Por amor a mim, tenham cuidado com o jovem Absalão'. Por que, então, arriscaria a minha vida, pois o rei ficaria sabendo, e sei que o senhor não me defenderia!".

¹⁴⁻¹⁵ Joabe disse: "Não tenho tempo a perder com você!". E, com três facas, atravessou o peito de Absalão enquanto ele ainda estava vivo, pendurado na árvore. Nessa hora, Absalão já estava rodeado de dez escudeiros de Joabe. Eles acabaram de matá-lo.

¹⁶⁻¹⁷ Em seguida, Joabe tocou a trombeta para cessar a perseguição contra o exército de Israel. Eles levaram o corpo de Absalão e o jogaram numa enorme vala na floresta e empilharam uma grande quantidade de pedras sobre ele.

Enquanto isso, o exército de Israel fugia, cada um correndo para sua casa.

¹⁸ Quando Absalão ainda estava vivo, ele tinha edificado para si uma coluna no vale do Rei, dizendo: "Não tenho filho para preservar meu nome". Por isso, ele deu seu nome à coluna. Até hoje é chamada Memorial de Absalão.

¹⁹⁻²⁰ Aimaás, filho de Zadoque, disse: "Deixe-me levar ao rei a notícia de que o Eterno o livrou dos seus inimigos". Mas Joabe disse: "Não será você quem levará a notícia hoje. Talvez outro dia, mas hoje a notícia não é boa, pois o filho do rei está morto".

²¹ Em seguida, Joabe ordenou a um etíope: "Vá você. Conte ao rei o que você viu".

O etíope respondeu: "Sim, senhor!". E foi.

²² Aimaás, filho de Zadoque, insistia com Joabe: "Não importa. Deixe-me ir com o etíope".

Joabe disse: "Para que isso? Você não terá nenhuma recompensa".

²³ Aimaás insistiu: "Não importa. Deixe-me ir".

Joabe respondeu: "Então, está bem. Vá!". Aimaás correu, pegando o caminho do vale inferior, e ultrapassou o etíope.

²⁴⁻²⁵ Davi estava sentado entre os dois portões. A sentinela estava no alto da porta e olhava em volta. Ele viu alguém correndo sozinho e gritou para avisar o rei. O rei disse: "Se está sozinho, deve ser boa notícia".

²⁵⁻²⁶ Enquanto o moço se aproximava, a sentinela viu outro correndo e gritou do alto da porta: "Há outro correndo sozinho".

O rei disse: "Esse também deve trazer boas notícias".

²⁷ A sentinela disse: "Consigo ver o primeiro. Parece Aimaás, filho de Zadoque".

O rei disse: "É boa pessoa. Sem dúvida, está trazendo boa notícia".

²⁸ Aimaás gritou para o rei: "Paz!". Ele se prostrou com o rosto em terra em reverência ao rei e disse: "Bendito seja o Eterno, o seu Deus! Ele entregou em suas mãos os homens que se rebelaram contra o meu senhor, o rei".

²⁹ O rei perguntou: "E o jovem Absalão, ele está bem?".

Aimaás disse: "Vi grande confusão quando Joabe me enviou para cá, mas não sei do que se tratava".

³⁰ O rei disse: "Fique aqui ao lado". Ele ficou ali.

³¹ O etíope chegou e disse: "Tenho boa notícia para o meu senhor, o rei! Hoje o Eterno deu vitória sobre todos os que se rebelaram contra o senhor!".

³² O rei perguntou: "E o jovem Absalão, ele está bem?".

O etíope respondeu: "Que todos os inimigos do meu senhor, o rei, e todos os que agem maldosamente contra o senhor tenham o mesmo destino dele".

³³ O rei ficou abalado. Abatido, subiu ao quarto que ficava por cima da porta e chorou. Enquanto chorava, gritava:

"Ah, meu filho Absalão!
Meu querido filho Absalão!
Quem me dera eu tivesse morrido em seu lugar!
Ah, Absalão, meu filho querido!".

O luto de Davi por Absalão

19 ¹⁻⁴ **F**oram dizer a Joabe que Davi chorava amargamente a morte de Absalão, e aquele dia de vitória se transformou em dia de luto à medida que se espalhava a notícia pelo exército de que o rei chorava a morte do filho. Por isso, o exército entrou na cidade discretamente, como um exército humilhado por uma derrota. O rei cobria o rosto com as mãos e chorava sem parar:

"Ah, meu filho Absalão!
Absalão, meu filho querido!"

5-7 Joabe, em particular, censurou o rei: "É o fim! O senhor despreza os seus servos leais, que salvaram a sua vida, sem falar na vida de seus filhos, filhas, mulheres e concubinas. Parece que o senhor ama quem o odeia e odeia quem o ama? Assim, demonstra que os soldados e os oficiais não valem nada para o senhor. Se Absalão estivesse vivo agora, todos nós estaríamos mortos. O senhor estaria contente? Deixe disso. Vá lá fora e dê uma palavra de ânimo a seus amigos! Assim como vive o Eterno, se o senhor não for, todos o abandonarão. Ao anoitecer, não haverá um único soldado aqui, a pior coisa que poderia acontecer".

8 Então, o rei saiu e ficou em seu lugar, na entrada da cidade. Logo, todos o notaram: "Veja! O rei veio nos receber!". Todo o exército se apresentou ao rei. Mas os israelitas fugiram do campo de batalha direto para casa.

9-10 Enquanto isso, o povo de todas as tribos de Israel reclamava com os líderes: "Não foi o rei que nos salvou das mãos dos inimigos e nos livrou da opressão dos filisteus? Depois, ele teve de fugir do país por causa de Absalão. Agora, Absalão, a quem proclamamos rei, está morto. O que estamos esperando? Por que não trazemos o rei de volta?".

11-13 Quando Davi soube do que estava acontecendo, mandou dizer aos sacerdotes Zadoque e Abiatar: "Perguntem às autoridades de Judá: 'Por que estão demorando tanto para levar o rei de volta a seu palácio? Somos todos irmãos! Vocês são meu sangue e minha carne. Então, por que vocês seriam os últimos a me levar de volta?'. Digam ainda a Amasa: 'Você também é meu sangue e minha carne. Deus é testemunha de que nomeei você comandante do exército, no lugar de Joabe' ".

14 Davi conquistou a simpatia de Judá, e todos concordaram em dizer ao rei: "Voltem, o senhor e todos os seus partidários".

15-18 Então, o rei voltou. Ele chegou ao Jordão no momento em que o povo de Judá chegava a Gilgal para recepcionar o rei e ajudá-lo a atravessar o rio. Até mesmo Simei, filho de Gera, o benjamita de Baurim, apressou-se em acompanhar os homens de Judá e recepcionar o rei. Mil benjamitas foram com ele. Também Ziba, criado de Saul, com seus quinze filhos e vinte escravos, atravessaram o Jordão para encontrar o rei e fazer atravessar sua comitiva. Todos faziam o que podiam para agradar ao rei.

18-20 Logo que atravessou o Jordão, Simei, filho de Gera, prostrou-se em profunda reverência diante do rei e disse: "Não pense mal de mim, meu senhor! Esqueça meu desabafo inconsequente, naquele dia em que o meu senhor saía de Jerusalém. Não guarde isso contra mim! Reconheço que errei. Mas olhe para mim. Sou o primeiro de toda a tribo de José a vir receber de volta o rei, o meu senhor!".

21 Abisai, filho de Zeruia, o interrompeu: "Chega! Não será melhor matá-lo de uma vez? Ele amaldiçoou o ungido do Eterno!".

22 Mas Davi disse: "O que vocês têm com isso, filhos de Zeruia? Por que insistem em criar confusão? Ninguém será morto hoje. Sou rei sobre Israel outra vez!".

23 O rei olhou para Simei e disse: "Você não morrerá". Davi jurou isso a ele.

24-25 Mefibosete, neto de Saul, também chegou de Jerusalém para saudar o rei. Ele não tinha arrumado o cabelo, nem aparado a barba, nem trocado de roupa desde que o rei tinha saído até o seu retorno em segurança. O rei disse: "Por que você não veio comigo, Mefibosete?".

JOÃO 12.20-41

O grão de trigo deve morrer

20-21 Havia alguns gregos na cidade, que tinham vindo para adorar na festa. Eles se aproximaram de Filipe, que era de Betsaida, na Galileia, e pediram: "Queremos ver Jesus. Pode nos ajudar?".

22-23 Filipe contou a André, e ambos foram consultar Jesus. Ele respondeu: "O tempo é agora. Chegou a hora de o Filho do Homem ser glorificado.

24-25 Ouçam com atenção: a não ser que o grão de trigo seja enterrado no solo e morra para o mundo, não será nada mais que um grão de trigo. Mas, se for enterrado, irá brotar e se reproduzir muitas e muitas vezes. Do mesmo modo, qualquer um que se apega à própria vida apenas como ela é a está destruindo. Mas, se você perde sua vida, sem criar obstáculos ao amor, você a terá para sempre, pois é a vida real e eterna.

26 Se qualquer um de vocês quiser me servir, seja meu seguidor. Aí vocês estarão onde eu estiver, prontos para servir. O Pai honrará e recompensará quem me servir.

27-28 Agora estou abalado. O que direi: 'Pai, livra-me?'. Não, pois é para isso que vim. Eu direi: 'Pai, manifesta tua glória' ".

Uma voz veio do céu: "Eu o glorifiquei, e o glorificarei outra vez".

29 A multidão que ouviu a voz disse: "Foi um trovão!".

Outros disseram: "Um anjo falou com ele!".

DIA 152

30-33 Jesus disse: "A voz não falava a mim, mas a vocês. Neste momento, o mundo está em crise. Satanás, o governante deste mundo, será expulso. E eu, quando for levantado da terra, atrairei todos a mim e os reunirei ao meu redor". Ele disse isso para mostrar como iria morrer.

34 Vozes na multidão responderam: "Sabemos, pela Lei de Deus, que o Messias permanece para sempre. Como pode ser necessário, como você diz, que o Filho do Homem seja 'levantado'? Quem é esse 'Filho do Homem'?".

35-36 Jesus disse: "Por um breve tempo, a luz ainda estará entre vocês. Andem nessa luz, para que a escuridão não os destrua. Se vocês andam no escuro, não podem saber para onde estão indo. Se têm a luz, creiam na luz. Então, a luz estará dentro de vocês, brilhando na vida de cada um, e vocês serão filhos da luz".

Os olhos deles estão fechados

36-40 Depois que acabou de falar, Jesus procurou um lugar para se esconder. Ele havia feito muitos sinais da parte de Deus, mas eles ainda não haviam entendido nada nem creram nele. Era a prova de que o profeta Isaías estava certo:

Deus, quem creu no que pregamos?
Quem reconheceu o braço de Deus,
    estendido e pronto para agir?

Primeiro eles não acreditariam; assim não poderiam crer — mais uma vez, como Isaías tinha dito:

Os olhos deles estão fechados,
    o coração deles está endurecido,
De modo que não verão com os olhos
    nem perceberão com o coração,
E se voltarão para mim, Deus,
    para que eu os cure.

41 Isaías fez essa declaração depois de ter visto um vislumbre do brilho em profusão da glória de Deus, que iria manifestar-se através do Messias.

SALMOS 71.17-24

17-24 Tu me encontraste quando
    eu ainda era jovem,
    ó Deus, e me ensinaste tudo que eu sei.
Agora, conto ao mundo tuas maravilhas:
    farei isso até estar velho e grisalho.

Não me abandones, ó Deus,
    até que eu esgote as notícias
Do teu forte braço direito a este mundo,
    até que eu anuncie o teu poder
        às futuras gerações.
Teus famosos e justos
    caminhos, ó Deus.
Deus, tu fizeste tudo isso!
    Quem é como tu?
Tu, que me fizeste encarar os problemas,
    também me transformaste.
Agora, deixa-me olhar a vida de frente.
    Cheguei ao fundo:
Traz-me para cima, transbordando de honras!
    Olha para mim! Sê amável comigo,
E pegarei o violão para agradecer a ti,
    de acordo com a tua fidelidade, ó Deus.
A ti tocarei música na harpa,
    Ó Santo de Israel.
Quando me abro em canção para ti
    com todas as minhas forças,
    minha vida resgatada se faz canção.
Durante todo o dia, canto
    os teus atos poderosos e justos caminhos,
Pois os que tentaram me matar
    fogem envergonhados.

NOTAS

□ DIA **153** ___/___/___

2SAMUEL 19.26 — 21.14

26-28 Ele respondeu: "Ó, rei, meu senhor! Meu servo me enganou. Dei a ele ordens para que selasse o jumento, de modo que eu pudesse seguir o rei, pois, como o senhor sabe, sou aleijado. Ele mentiu para o rei a meu respeito. Mas, meu senhor, o rei, tem sido como um anjo de Deus: ele faz o que é certo. Não foram destruídos todos os da família de meu pai? Mas o senhor me acolheu e me deu um lugar à sua mesa. Que mais eu poderia esperar ou pedir?".

29 O rei disse: "Chega! Não diga mais nada. Esta é a minha decisão: você e Ziba dividam a propriedade entre vocês".

30 Mefibosete disse: "Não. Deixe que ele fique com tudo! A única coisa que me importa é que o meu senhor, o rei, volte seguro para casa!".

31-32 Barzilai, o gileadita, também tinha vindo de Rogelim. Ele atravessou o Jordão com o rei para se despedir dele. Barzilai já estava bem idoso. Tinha 80 anos de idade! Era muito rico e tinha sustentado o rei todo o tempo em que ele esteve em Maanaim.

33 O rei disse a Barzilai: "Venha comigo para Jerusalém. Vou cuidar de você".

34-37 Mas Barzilai recusou a oferta: "Quanto tempo o senhor acha que eu teria de vida se fosse com o rei para Jerusalém? Tenho 80 anos de idade e já não sou mais útil para ninguém. Não sinto o gosto da comida e estou ficando surdo. Então, por que o meu senhor assumiria mais esse incômodo? Vou acompanhar o rei até um pouco mais adiante do Jordão. Mas por que o rei me retribuiria por isso? Deixe-me voltar e morrer em minha cidade natal e ser sepultado com meu pai e minha mãe. Mas aqui está o meu escravo Quimã. Ele poderá acompanhar o senhor em meu lugar. Faça com ele o que achar melhor!".

38 O rei disse: "Está bem. Quimã irá comigo! Eu cuidarei bem dele. Se você se lembrar de alguma outra coisa, avise-me, e eu farei por você".

39-40 O exército atravessou o Jordão, mas o rei permaneceu do outro lado. Davi beijou e abençoou Barzilai, que voltou para casa. O rei atravessou para Gilgal, e Quimã foi com ele.

40-41 Todo o exército de Judá e metade do exército de Israel acompanhavam o rei. Os homens de Israel foram perguntar ao rei: "Por que nossos irmãos, os homens de Judá, tomaram conta de tudo, como se mandassem no rei, escoltando o senhor, sua família e seus aliados mais próximos na travessia do Jordão?".

42 Os homens de Judá retrucaram: "Porque o rei é nosso parente! Só por isso! Mas, por que criar caso? Não somos tratados com privilégios por causa disso, somos?".

43 Os homens de Israel responderam: "Temos dez partes do rei comparadas com uma de vocês. Além do mais, somos os primogênitos. Então, por que temos de ser tratados como cidadãos de segunda categoria? Foi nossa ideia trazê-lo de volta".

Mas os homens de Judá foram mais agressivos que os homens de Israel.

20 **1** Naquele momento, um jovem imprestável chamado Seba, filho de Bicri, de Benjamim, tocou uma trombeta e gritou para o povo:

"Não temos nada com Davi,
não há futuro para nós com o filho de Jessé!
Vamos embora daqui, Israel! Volte cada um para a sua casa".

2-3 Todos os homens de Israel abandonaram Davi e seguiram Seba, filho de Bicri. Mas os homens de Judá permaneceram leais a ele. Acompanharam o rei desde o Jordão até Jerusalém. Quando o rei Davi chegou de volta a Jerusalém, tomou as dez concubinas que deixara vigiando o palácio e as isolou, sob a proteção de guardas. Ele supria as necessidades delas, mas não as visitava. Elas ficaram praticamente prisioneiras até a morte, viúvas de marido vivo.

4-10 O rei deu ordens a Amasa: "Daqui três dias, reúna os homens de Judá". Amasa foi cumprir a ordem, mas demorou a voltar. Por isso, Davi disse a Abisai: "Seba, filho de Bicri, nos atacará e fará pior que Absalão. Reúna meus homens e vá à procura dele, antes que se refugie em alguma fortaleza na qual não consigamos apanhá-lo". Então, sob o comando de Abisai, os melhores soldados, os homens de Joabe, os queretitas e os peletitas saíram de Jerusalém em busca de Seba, filho de Bicri. Aproximando-se da rocha de Gibeom, Amasa veio ao encontro deles. Joabe estava em traje militar com uma espada presa à cintura, mas a espada escapou e caiu no chão. Joabe cumprimentou Amasa: "Como está, meu irmão?". E segurou a barba de Amasa com a mão direita, como se fosse beijá-lo. Amasa não tinha percebido que Joabe tinha uma espada na outra mão. Joabe enterrou a espada na barriga dele, e suas entranhas caíram no chão. Nem foi necessário outro golpe. Amasa morreu na hora. Depois, Joabe e seu irmão Abisai seguiram caminho em busca de Seba, filho de Bicri.

11-14 Um dos soldados de Joabe pôs-se a seu lado e gritou: "Todos os que quiserem ficar do lado de Joabe e apoiar Davi sigam Joabe!". Enquanto isso, o corpo de Amasa continuava caído no meio da estrada, numa poça de sangue. Vendo o moço que todo o exército parava para olhar, arrastou o corpo de Amasa para fora da estrada e o cobriu com um pano, para não despertar curiosidade. Depois que o retirou dali, os soldados passavam normalmente em busca de Seba, filho de Bicri. Seba percorreu todas as tribos de Israel até Abel-Bete-Maaca. Os bicritas se juntaram a ele e entraram com ele na cidade.

15 O exército de Joabe cercou Seba em Abel-Bete-Maaca e construiu uma rampa de ataque contra a muralha da cidade. O plano era destruir os muros.

16-17 Mas uma mulher esperta gritou da cidade: "Ouçam! Digam a Joabe para chegar até aqui. Quero conversar com ele". Quando ele se aproximou, a mulher perguntou: "Você é Joabe?".

Ele respondeu: "Sim, sou eu".

Ela disse: "Ouça o que tenho a dizer".

Ele disse: "Estou ouvindo".

18-19 "Aqui temos um ditado: 'Se você procura respostas, em Abel encontrará!'. Somos pessoas tranquilas e confiáveis. Mas você está aí, tentando destruir uma das cidades mais antigas de Israel. Por que pretende destruir a herança do Eterno?".

20-21 Joabe protestou: "Acredite, você está enganada. Não estou aqui para ferir ninguém nem para destruir coisa alguma de vocês. Mas um homem das montanhas de Efraim, chamado Seba, filho de Bicri, se revoltou contra o rei Davi. Entregue-o a nós, e deixaremos vocês em paz".

A mulher disse a Joabe: "Tudo bem. Lançaremos a cabeça dele do alto do muro".

22 A mulher apresentou sua proposta aos habitantes da cidade, e eles concordaram. Cortaram a cabeça de Seba, filho de Bicri, e a lançaram para Joabe.

Ele tocou a trombeta, e todos os seus soldados voltaram para casa. Joabe voltou para o rei, em Jerusalém.

23-26 Joabe voltou a comandar o exército de Israel. Benaia, filho de Joiada, comandava os queretitas e os peletitas. Adonirão era chefe das equipes de trabalho. Josafá, filho de Ailude, era arquivista. Seva era secretário. Zadoque e Abiatar eram sacerdotes. Ira, de Jair, era sacerdote de Davi.

Fome e guerra

21 1 Durante o reinado de Davi, houve três anos de fome. Davi buscou o Eterno, e ele disse: "Essa fome é por causa do sangue dos gibeonitas, derramado por Saul e sua família".

2 O rei reuniu os gibeonitas, que não faziam parte de Israel. Eles representavam o que tinha restado dos amorreus e eram protegidos por causa de um acordo com Israel. Mas Saul, fanático pela honra de Israel e de Judá, tentou exterminá-los.

3 Davi disse aos gibeonitas: "O que posso fazer por vocês? Como poderei compensá-los, para que vocês abençoem a herança do Eterno?".

4 Os gibeonitas responderam: "Não queremos o dinheiro de Saul e de sua família. E não cabe a nós matar ninguém em Israel".

Mas Davi insistiu: "O que querem que eu faça por vocês?".

5-6 Finalmente, disseram ao rei: "Que nos sejam entregues sete descendentes do homem que tentou nos destruir e nos eliminar do território de Israel, para que sejam enforcados diante do Eterno, em Gibeá de Saul, o monte santo".

Davi concordou: "Eu os entregarei a vocês".

7-9 O rei poupou Mefibosete, filho de Jônatas, filho de Saul, por causa do juramento que tinha feito a Jônatas perante o Eterno. Mas o rei escolheu Armoni e Mefibosete, os dois filhos que Rispa, filha de Aiá, tinha dado a Saul, e os cinco filhos que Merabe, filha de Saul, deu a Adriel, filho de Barzilai, de Meolá. Ele os entregou aos gibeonitas, que os enforcaram no monte perante o Eterno. Os sete morreram ao mesmo tempo. Eles foram executados no início da colheita da cevada.

10 Rispa, filha de Aiá, pegou um pano de saco, fez com ele uma barraca sobre uma rocha e ficou ali desde o começo da colheita até o início das chuvas. Durante o dia, ela impedia que os pássaros chegassem aos corpos; durante a noite, não deixava que os animais selvagens se aproximassem.

11-14 Davi foi informado do que Rispa, filha de Aiá e concubina de Saul, estava fazendo. Então, ele foi buscar os restos de Saul e de seu filho Jônatas, que estavam com os líderes de Jabes-Gileade (eles os tinham resgatado da praça de Bete-Seã, depois que foram enforcados pelos filisteus, que os tinham matado em Gilboa). Ele recolheu os restos deles e os levou para o lugar em que estavam os outros sete corpos, e todos foram levados de volta para a terra de Benjamim e sepultados no túmulo de Quis, pai de Saul. Tudo foi feito conforme as ordens do rei. Depois disso, Deus respondeu às orações de Israel a favor da terra.

JOÃO 12.42 — 13.12

42-43 Apesar de tudo, um número considerável de líderes do povo creu em Jesus. Mas, por causa dos fariseus, não faziam confissão pública. Eles tinham medo de serem expulsos da sinagoga. Pressionados, preocupavam-se mais com a aprovação humana que com a glória de Deus.

44-46 Jesus resumiu tudo neste pronunciamento: "Quem crê em mim crê não apenas em mim, mas naquele que me enviou. Quem me vê está vendo aquele que me enviou. Eu sou a Luz que veio ao mundo para que todo aquele que crer em mim não viva mais na escuridão.

47-50 "Se alguém ouve o que digo e não se importa, eu não o rejeito. Não vim para rejeitar o mundo, mas para salvar. Entretanto, vocês precisam saber que quem me rejeita, recusando-se a aceitar o que digo, está deliberadamente escolhendo a rejeição. A Palavra, a Palavra feita carne que tenho anunciado e que sou eu, *essa* Palavra, e nenhuma outra, é a palavra final. Não faço nada por minha conta. O Pai, que me enviou, deu-me uma ordem, sobre o que dizer e como dizer. E sei exatamente o que seu mandamento produz: vida real e eterna. É tudo que tenho a dizer. O que o Pai me disse digo agora a vocês".

Lavando os pés dos discípulos

13 **1-2 Às** vésperas da festa da Páscoa, Jesus sabia que havia chegado a hora de deixar este mundo e ir para o Pai. O amor que dedicou aos seus queridos companheiros permaneceu até o fim. À hora da ceia, o Diabo havia dominado Judas, filho de Simão, tendo tudo preparado para a traição.

3-6 Jesus sabia que estava no comando, porque o Pai havia determinado assim. Ele tinha vindo de Deus e estava no caminho de volta para Deus. Então, levantou-se da mesa, pôs a túnica de lado e vestiu um avental. Em seguida, derramou água numa bacia e começou a lavar os pés dos discípulos, secando-os com o avental. Quando chegou perto de Simão Pedro, o discípulo protestou: "Senhor, o *senhor* quer lavar os *meus* pés?".

7 Jesus respondeu: "Agora você não entende o que estou fazendo, mas depois tudo vai ficar claro para você".

8 Pedro insistiu: "O senhor não vai lavar meus pés – nunca!".

Jesus disse: "Se eu não lavar, você não poderá ser parte do que estou fazendo".

9 "Senhor!", disse Pedro, "não apenas meus pés. Lave minhas mãos! Lave minha cabeça!".

10-12 Jesus disse: "Se tivessem tomado banho de manhã, vocês precisariam apenas lavar os pés agora, e estariam limpos da cabeça aos pés. Minha preocupação, entendam, é com a santidade, não com a higiene. Porque agora vocês estão limpos. Mas nem todos". (Ele sabia quem o traía, por isso disse: "Nem todos".) Depois de lavar os pés deles, Jesus vestiu a túnica e retomou seu lugar à mesa.

SALMOS 72.1-8

Um salmo de Salomão

72 **1-8 C**oncede o dom do governo sábio ao rei,
  ó Deus,
o dom do governo justo ao príncipe coroado.
Que ele julgue teu povo retamente
  e seja respeitável aos humildes e simples!
Que as montanhas deem
    exuberantes testemunhos,
  que as colinas tenham os contornos
    de um viver reto!
Por favor, defende o pobre,
  ajuda os filhos do necessitado
  e pune duramente os tiranos.
Dure mais o Sol e se prolongue a Lua,
  geração após geração.
Caia a chuva sobre a grama cortada,
  uma chuva que refresca a terra.
Irrompa a retidão em flor,
  e a paz transborde até que a Lua
    seja ofuscada.
Governe ele de mar a mar,
  do rio até a margem.

◾ NOTAS

DIA 154

464

²⁰⁻²¹Outra batalha foi travada em Gate. Estava ali um gigante que tinha seis dedos nas mãos e nos pés — vinte e quatro ao todo! Ele também era um dos descendentes de Rafa. Ele provocou Israel, e Jônatas, filho de Simeia, irmão de Davi, o matou.

²²Esses quatro eram descendentes de Rafa, naturais de Gate. Todos foram mortos por Davi e seus soldados.

22 ¹Davi louvou o Eterno com as palavras deste cântico, depois que Deus o livrou de todos os seus inimigos e de Saul:

²⁻³O Eterno é a minha rocha,
    o castelo no qual me refugio,
    o meu libertador.
Meu Deus, minha rocha,
    para onde corro quando preciso
        me proteger,
    e me escondo atrás da rocha,
    fico a salvo no esconderijo.
Minha rocha de refúgio,
    ele me salva do homem perverso.

⁴Louvo o Eterno, é digno de louvor,
    e nele encontro segurança e salvação.

⁵⁻⁶As ondas da morte quebraram sobre mim,
    torrentes de destruição me apavoraram.
As cordas do inferno me prenderam
    e armadilhas de morte me cercaram.

⁷Clamei ao Eterno na minha angústia,
    ao meu Deus clamei.
Do seu aposento, ele me ouviu;
    o meu clamor chegou à sua presença —
    uma audiência particular!

⁸⁻¹⁶A terra tremeu e sacudiu;
    os alicerces do céu sacudiram como folhas,
Tremeram como folhas de álamo
    por causa de sua ira.
Das suas narinas, saiu fumaça;
    sua boca cuspia fogo.
Línguas de fogo foram lançadas;
    ele baixou o céu.
Ele desceu;
    debaixo dos seus pés, abriu-se um abismo.
Ele montou uma criatura voadora,
    veloz sobre as asas do vento.
Ele se cobriu
    com densas nuvens de chuva.

|||||||||||||||||||||||||||||||||||||||||||||||||||||||||

☐ DIA **154** ___ / ___ / ___

2SAMUEL 21.15 — 22.51

¹⁵⁻¹⁷Houve outra guerra entre os filisteus e os israelitas. Davi e seus soldados saíram para lutar. Davi ficou exausto. Isbi-Benobe, guerreiro descendente de Rafa, anunciou que mataria Davi. Sua lança pesava três quilos e seiscentos gramas, e ele vestia uma armadura nova. Mas Abisai, filho de Zeruia, socorreu Davi e matou o filisteu. Depois do incidente, os soldados de Davi fizeram um juramento: "O senhor não sairá mais conosco à guerra, para que a lâmpada de Israel não se apague!".

¹⁸Depois, houve outra guerra contra os filisteus em Gobe. Sibecai, de Husate, matou Safe, outro guerreiro descendente de Rafa.

¹⁹Em outro conflito contra os filisteus em Gobe, Elanã, filho de Jaaré-Oregim, tecelão de Belém, matou Golias, de Gate, cuja lança tinha uma haste que parecia o eixo de um tear.

Mas o brilho da sua presença irrompeu,
como um grande leque de fogos.
O Eterno trovejou do céu;
o Altíssimo provocou grande estrondo.
Lançou flechas e espantou os inimigos.
Arremessou raios e os fez fugir.
Os lugares secretos do oceano foram expostos,
as profundezas da terra foram descobertas
quando o Eterno protestou
e despejou sua fúria.

17-20 Mas ele me segurou — me alcançou
desde o céu até o mar.
Tirou-me do oceano de ódio, do caos do inimigo,
do abismo em que estava me afundando.
Eles me feriram quando eu estava abatido,
mas o Eterno foi o meu auxílio.
Ele me pôs em lugar espaçoso;
fui posto a salvo, graças a seu amor!

21-25 O Eterno me recompensou por tudo que fiz
quando me apresentei diante dele.
Quando terminei a minha obra,
ele me deu refrigério.
De fato, tenho procurado seguir os caminhos
do Eterno;
levo Deus a sério.
Todos os dias, observo as obras de Deus,
não me esqueço de nenhum detalhe.
Sinto-me refeito
e continuo atento aos meus passos.
O Eterno reescreveu a minha vida
quando abri o livro do meu coração
diante dele.

26-28 Tu não abandonas os que se apegam a ti,
és correto com os que são corretos contigo,
És bondoso para os bons,
mas és severo com os perversos.
Acodes os abatidos,
mas humilhas os soberbos.

29-31 Tu, ó Eterno, és a luz do meu caminho,
o Eterno dissipa as trevas.
Esmago exércitos inteiros,
transponho enormes barreiras.
Que Deus! Seus caminhos
são planos e retos.
Sua palavra é provada.
Todos os que nele se refugiam
Encontram proteção.

32-46 Há outro Deus igual ao Eterno?
Não estamos sobre a rocha?
Não é esse o Deus que me capacitou a lutar
e dirigiu o meu caminho?
Corro como uma gazela;
Sou o rei da montanha.
Ele me preparou para lutar:
posso vergar um arco de bronze!
Tu me proteges com o escudo da salvação;
tocas em mim, e me sinto fortalecido.
Alargas debaixo dos meus pés o caminho,
para que os meus passos não vacilem.
Quando persigo os meus inimigos, eu os alcanço;
não desisto deles até que estejam mortos.
Esmago-os: são derrotados definitivamente;
depois, passo por cima deles.
Tu me preparaste para lutar,
para esmagar os soberbos.
Fizeste os meus inimigos virarem as costas,
para que eu pudesse eliminar os que me
odiavam.
Eles gritaram, pedindo ajuda,
mas ninguém os socorreu.
Clamaram ao Eterno
e não receberam resposta.
Eu os transformei em pó, e eles foram
espalhados ao vento.
Eu os lancei fora como lixo numa vala.
Tu me livraste das rebeliões do povo
e fizeste de mim chefe das nações.
Povos de que nunca ouvi falar vieram me servir
e, quando ouviram a minha voz, se renderam.
Entregaram-se, saindo aterrorizados dos
esconderijos.

47-51 Viva o Eterno! Bendita seja a minha Rocha,
Deus, a minha Torre de Salvação!
Esse Deus me defende
e faz calar os que me acusam.
Ele me livrou da ira do inimigo.
Tu me livraste das garras dos arrogantes,
Salvaste-me dos agressores.
Por isso, engrandeço a ti, ó Eterno,
entre todas as nações.
Por isso, cantarei louvores
que rimam com o teu nome.
O rei conquista grandes vitórias;
o escolhido de Deus é amado.
Estou falando de Davi
e todos os seus descendentes.
Sempre.

DIA 154

JOÃO 13.12-30

12-17 Então, ele disse: "Vocês entendem o que eu fiz? Vocês me chamam de 'Mestre' e 'Senhor', e estão certos. É o que eu sou. Então, se eu, o Mestre e Senhor, lavei os pés de vocês, lavem também os pés uns dos outros. Estabeleci um padrão aqui. O que eu fiz, façam também. Estou apenas destacando o óbvio. O empregado não está acima do patrão; o empregado não dá ordens ao seu empregador. Se vocês entendem o que estou dizendo, façam o que digo – e vivam uma vida abençoada".

Aquele que comeu pão à minha mesa

18-20 "**N**ão incluo todos vocês nisso. Conheço muito bem aqueles que escolhi. Mas para não interferir no cumprimento desta passagem das Escrituras:

Aquele que comeu pão à minha mesa
Virará as costas pra mim.

"Estou dizendo antes que aconteça, para que quando acontecer vocês acreditem que sou o que digo ser. Entendam bem: receber alguém que eu envio é o mesmo que me receber, e me receber é o mesmo que receber aquele que me enviou".

21 Depois de ter dito essas coisas, Jesus mostrou-se visivelmente aborrecido e, então, revelou o motivo: "Um de vocês vai me trair".

22-25 Os discípulos olharam um para o outro, imaginando de quem ele estava falando. Um dos discípulos, aquele que Jesus amava, estava reclinado, com a cabeça sobre o ombro dele. Pedro pediu-lhe que perguntasse a Jesus quem era o traidor. Sendo o mais próximo, ele perguntou: "Senhor, quem?".

26-27 Jesus respondeu: "Aquele a quem eu der este pedaço de pão, depois de mergulhá-lo no prato". Então, Jesus mergulhou o pedaço de pão e entregou-o a Judas, filho de Simão, o Iscariotes. Assim que ele segurou o pedaço de pão, Satanás entrou nele.

E Jesus lhe disse: "Faça aquilo que você tem de fazer. E seja rápido!".

28-29 Ninguém ao redor da mesa entendeu o que Jesus quis dizer. Alguns pensaram que, sendo Judas o tesoureiro, o Mestre havia lhe pedido que comprasse alguma coisa para os pobres.

30 E, sem soltar o pedaço de pão, Judas retirou-se. E era noite.

SALMOS 72.9-14

9-14 Os inimigos cairão de joelhos
diante de Deus,
os seus inimigos serão derrotados.
Os reis de terras distantes e lendárias
prestarão homenagem a ele,
os reis poderosos e ricos transferirão suas
riquezas.
Todos os reis cairão e o adorarão,
e as nações pagãs concordarão em servi-lo,
Porque ele resgata o pobre
ao primeiro sinal de necessidade
e salva o que está sem sorte.
Ele tem um lugar no coração
para os desprovidos
e restaura o desgraçado da terra.
Ele os liberta da tirania e da tortura:
quando eles sangram, ele sangra;
quando eles morrem, ele morre.

NOTAS

DIA 155 __/__/__

2SAMUEL 23.1 — 24.25

23 **¹E**stas foram as últimas palavras de Davi:

"Voz do filho de Jessé,
  voz do homem que Deus conduziu até o topo,
A quem o Deus de Jacó tornou rei
  e o cantor mais conhecido de Israel!

²⁻⁷O Espírito do Eterno falou
  por meu intermédio,
suas palavras se formaram em meus lábios.
O Deus de Israel falou a mim,
  a Rocha de Israel me disse:
'Aquele que governa de maneira justa e correta,
  que administra com o temor de Deus,
É como a luz do amanhecer
  num dia sem nuvens;
Como a grama verde que cobre o chão,
  crescendo sob o ar puro'.
Foi assim a minha dinastia,
  pois Deus cumpriu seu acordo comigo.
Ele fez uma promessa
  e a cumpriu fielmente.
Todas as minhas vitórias
  e todos os meus desejos, ele fará prosperar.
Mas os ímpios são como espinhos
  amontoados e lançados fora.
Neles não se deve tocar:
  mantenham distância com um rastelo
  ou um cabo.
São excelentes como lenha!".

⁸**E**stes foram os valentes guerreiros de Davi:
Jabesão, um tacmonita. Era chefe dos três principais oficiais. Certa vez, com sua lança, atacou oitocentos homens e matou todos num só dia.

⁹⁻¹⁰Em segundo lugar entre os três estava Eleazar, filho de Dodô, o aoíta. Ele estava com Davi quando os filisteus os enfrentaram em Pas-Damim. Quando os filisteus se prepararam para a batalha, Israel retrocedeu. Mas Eleazar permaneceu onde estava e matou filisteus a torto e a direito até ficar exausto, mas sem largar a espada! Naquele dia, o Eterno concedeu grande vitória. O exército se juntou outra vez a Eleazar, mas apenas para saquear os filisteus.

¹¹⁻¹²Samá, filho de Agé, de Harar, era o terceiro. Os filisteus se reuniram para a batalha em Leí, onde havia uma lavoura de lentilhas. Israel fugiu dos filisteus, mas Samá ficou no meio da plantação e a defendeu com coragem. Os filisteus foram derrotados. Outra grande vitória concedida pelo Eterno!

¹³⁻¹⁷Certa vez, no período da colheita, os três se separaram dos trinta e se juntaram a Davi na caverna de Adulão. Havia um grupo de filisteus acampados no vale de Refaim. Enquanto Davi se escondia na caverna, os filisteus acamparam em Belém. Um dia, Davi suspirou: "Como gostaria de beber água do poço da entrada de Belém!". Então, os três entraram no acampamento dos filisteus, tiraram água do poço que ficava na entrada de Belém e a trouxeram para Davi. Mas Davi não quis beber. Ele a derramou como oferta ao Eterno, dizendo: "De modo algum, ó Eterno, eu beberia esta água, porque não é apenas água: é o sangue dos três. Eles arriscaram a própria vida para trazê-la até mim!". Por isso, Davi se recusou a beber.
Era esse tipo de coisa que esses três guerreiros faziam.

¹⁸⁻¹⁹Abisai, irmão de Joabe e filho de Zeruia, era chefe dos trinta. Certa vez, ele foi condecorado por matar trezentos homens com sua lança, mas nunca recebeu as mesmas honras que os três. Ele era o mais respeitado dos trinta e era o capitão, mas não estava incluído entre os três guerreiros principais.

²⁰⁻²¹Benaia, filho de Joiada, de Cabzeel, era um soldado corajoso, responsável por atos heroicos. Certa vez, ele matou dois leõezinhos em Moabe. Outra vez, no meio da neve, entrou num buraco e matou um leão. Em outra ocasião, matou um egípcio de grande estatura. O egípcio estava armado com uma lança, e Benaia o enfrentou apenas com uma vara. Ele arrancou a lança da mão do egípcio e o matou com ela.

²²⁻²³Benaia, filho de Joiada, ficou famoso por esses atos, mas não alcançou o posto dos três. Ele era muito respeitado pelos trinta, mas não estava incluído entre os três. Davi o pôs como chefe de sua guarda pessoal.

Os trinta

²⁴⁻³⁹Os trinta eram:
Asael, irmão de Joabe;
Elanã, filho de Dodô, de Belém;
Samá e Elica, de Harode;
Helez, de Pelete;
Ira, filho de Iques, de Tecoa;

Abiezer, de Anatote;
Mebunai, de Husate;
Zalmom, de Aoí;
Maarai, de Netofate;
Helede, filho de Baaná, de Netofate;
Itai, filho de Ribai, de Gibeá de Benjamim;
Benaia, de Piratom;
Hidai, dos riachos de Gaás;
Abi-Albom, de Arbate;
Azmavete, de Baurim;
Eliaba, de Saalbom;
Jasém, de Gizom;
Jônatas, filho de Samá, de Harar;
Aião, filho de Sarar, de Harar;
Elifelete, filho de Aasbai, de Maaca;
Eliã, filho de Aitofel, de Gilo;
Hezrai, do Carmelo;
Paarai, de Arabe;
Igal, filho de Natã, de Zobá;
o filho de Hagri;
Zeleque, de Amom;
Naarai, de Beerote, escudeiro de Joabe, filho de Zeruia;
Ira e Garebe, de Jatir;
e o hitita Urias.
Ao todo trinta e sete.

24

1-2 Mais uma vez, o Eterno se enfureceu contra Israel. Ele testou Davi, dizendo: "Faça um censo de Israel e de Judá". Davi deu ordens a Joabe e aos oficiais do exército, dizendo: "Percorram todas as tribos de Israel, desde Dã até Berseba, e façam o levantamento de toda a população. Quero saber o número de habitantes".

3 Joabe resistiu e disse ao rei: "Que o Eterno multiplique cem vezes o número de pessoas à vista do meu senhor, mas qual a necessidade disso?".

4-9 O rei, entretanto, insistiu, e Joabe e os oficiais do exército se despediram do rei e saíram para levantar o censo de Israel. Atravessaram o Jordão, começando em Aroer, pela cidade no vale de Gade, perto de Jazer. Prosseguiram para Gileade, passaram o Hermom, depois, seguiram para Dã e contornaram Sidom. Percorreram a fortaleza de Tiro e todas as cidades dos heveus e dos cananeus. Finalmente, chegaram ao Neguebe de Judá, em Berseba. Percorreram todo o país e, depois de nove meses e vinte dias, voltaram para Jerusalém. Joabe entregou os resultados do censo ao rei. Em Israel, havia oitocentos mil homens capazes de lutar, e em Judá, quinhentos mil.

10 Mas, depois de tudo feito, Davi se sentiu culpado por ter levantado o censo da população, confiando nos dados apurados. Davi orou ao Eterno: "Pequei contra ti no que acabei de fazer. Mas peço-te que perdoes a minha culpa. Fui imprudente".

11-12 No dia seguinte, quando Davi se levantou, veio a palavra do Eterno ao profeta Gade, conselheiro espiritual de Davi: "Vá dizer a Davi: 'O Eterno diz o seguinte: Há três castigos que posso dar. O que você escolher, eu executarei' ".

13 Gade entregou a mensagem: "O senhor prefere três anos de seca na terra, três meses fugindo dos seus inimigos enquanto eles o perseguirem ou três dias de epidemia no país? Pense e resolva. O que devo dizer a quem me enviou?".

14 Davi disse a Gade: "São todos terríveis! Mas prefiro ser punido pelo Eterno, cuja misericórdia não tem fim, a cair nas mãos dos homens".

15-16 O Eterno enviou uma epidemia desde cedo até a noite. Desde Dã até Berseba, morreram setenta mil pessoas. Mas, quando o anjo chegou para destruir Jerusalém, o Eterno percebeu o sofrimento e o terror e ordenou ao anjo que estava executando a sentença: "Basta! Já chega!".

O anjo do Eterno tinha acabado de chegar à eira de Araúna, o jebuseu. Davi olhou e viu o anjo se movendo entre a terra e o céu com a espada pronta para ferir Jerusalém. Davi e seus conselheiros se curvaram em oração e se vestiram de pano de saco.

17 Quando Davi viu o anjo pronto para matar o povo, orou, dizendo: "Ah! Fui eu que pequei. Eu, o pastor, cometi esse erro. Mas o que estas ovelhas fizeram de errado? Castigue a mim e a minha família, mas não a eles".

18-19 Naquele mesmo dia, Gade procurou Davi e disse: "Construa um altar na eira de Araúna, o jebuseu". Davi foi cumprir a ordem do Eterno, transmitida por Gade.

20-21 Quando Araúna viu Davi e seus homens se aproximando, prostrou-se com o rosto em terra e, respeitosamente, disse ao rei: "Por que meu senhor, o rei, veio me ver?".

Davi respondeu: "Vim comprar a sua eira para construir um altar ao Eterno e pôr fim a esta calamidade".

22-23 Araúna disse: "Meu senhor, pode pegar e sacrificar o que quiser. Ali está um boi para o holocausto. A canga e as tábuas para debulhar podem servir de lenha para a fogueira. Dou tudo isso ao rei! Que o Eterno, seu Deus, tenha misericórdia do senhor".

24-25 Mas o rei disse a Araúna: "De modo algum! Quero pagar preço justo por tudo isso. Não oferecerei ao Eterno, meu Deus, sacrifícios que não me custem nada".

Então, Davi comprou a eira e o boi por cinquenta peças de prata. Ele construiu um altar ao Eterno e sacrificou ofertas queimadas e ofertas de paz. O Eterno ouviu a sua oração e fez cessar a calamidade.

JOÃO 13.31 — 14.10

Um novo mandamento

31-32 Depois que ele saiu, Jesus declarou: "Agora o Filho do Homem é visto pelo que é, e Deus é visto pelo que é nele. Quando Deus é visto nele, a glória de Deus se torna visível. Ao glorificá-lo, ele mesmo é glorificado – a glória está em toda parte!

33 "Filhos, vou ficar com vocês apenas mais um pouco. Vocês irão me procurar, mas, como falei aos judeus, agora digo a vocês: para onde eu vou vocês não podem ir.

34-35 "Deixem-me dar a vocês um novo mandamento: amem uns aos outros. Assim como amei vocês, amem uns aos outros. Dessa maneira todos irão reconhecer que vocês são meus discípulos, quando eles virem o amor que vocês têm uns pelos outros".

36 Simão Pedro perguntou: "Senhor, para onde é que o senhor vai?".

Jesus respondeu: "Você não pode ir comigo agora. Fará isso mais tarde".

37 "Senhor", insistiu Pedro, "por que não posso segui-lo agora? Eu daria minha vida pelo senhor!".

38 "É mesmo? Você daria sua vida por mim? A verdade é que antes que o galo cante você vai me negar três vezes".

O caminho

14 **1-4** "Não permitam que esta situação os aflija. Vocês confiam em Deus, não confiam? Confiem em mim. Há muitos lugares na casa do meu Pai. Se não fosse assim, acham que eu teria dito que vou preparar lugar para vocês? Mas, se vou preparar lugar para vocês, significa que vou retornar e levá-los comigo, para que possam viver onde eu vivo. Vocês já sabem o caminho que vou tomar".

5 Tomé disse, então: "Senhor, não temos ideia de para onde o senhor vai. Por que pensa que sabemos o caminho?".

6-7 Jesus disse: "Eu sou o Caminho, a Verdade e também a Vida. Ninguém chega ao Pai sem mim. Se vocês me conhecessem de fato, conheceriam o Pai também. De agora em diante, vocês o conhecem, porque já o viram!".

8 Filipe implorou: "Senhor, mostra-nos o Pai; então, ficaremos contentes!".

9-10 "Vocês me acompanham todo esse tempo e ainda não entendem? Ver a mim é ver o Pai. Então, como podem perguntar: 'Onde está o Pai?'. Vocês não acreditam que estou no Pai e que o Pai está em mim? As palavras que digo não são simples palavras. Não as digo por conta própria. O Pai, que vive em mim, transforma cada palavra num ato divino.

SALMOS 72.15-20

15-17 Vida longa ao rei!
Enfeitem-no com o ouro de Sabá.
Ofereçam a ele orações sem cessar,
engrandeçam o seu nome
desde a manhã até a noite.
Haja campos de grãos dourados na terra,
encapelando as montanhas
com exuberância selvagem,
Haja profusão de louvores
brotando da cidade como grama da terra.
Que ele nunca seja esquecido!
Que sua fama brilhe como a luz do Sol.
Que todas as nações pagãs sejam abençoadas
e falem bem daquele que os abençoou.

18-20 Bendito seja o Eterno, o Deus de Israel,
o único e incomparável Deus
que faz maravilhas!
Bendita seja para sempre sua glória fulgurante!
Toda a terra transborda da sua glória.
Amém, amém e amém.

◾ NOTAS

DIA 156

||||||||||||||||||||||||||||||||||||||||||||||||||||||||

☐ **DIA 156** ___ / ___ / ___

1REIS 1.1-53

Davi

1¹⁻⁴ O rei Davi envelheceu. Os anos o alcançaram. Apesar de o cobrirem com vários cobertores, ele não se aquecia. Por isso, alguém sugeriu: "Podemos trazer uma jovem virgem para ficar a seu lado e cuidar de nosso senhor, o rei. Ela se deitará com o senhor e o aquecerá". Eles procuraram em Israel a mais bela jovem que pudessem encontrar. Acharam Abisague, uma sunamita, e a trouxeram ao rei. A moça era muito bonita. Ela ficou ao lado dele e cuidou do rei, mas o rei não teve relações com ela.

⁵⁻⁶ Na ocasião, Adonias, cuja mãe se chamava Hagite, se gabava dizendo: "Eu sou o sucessor do rei!". Ele providenciou carros, cavaleiros e cinquenta homens para correrem à sua frente. Seu pai o criou muito mimado, nunca o repreendia. Ele também tinha boa aparência e vinha logo depois de Absalão.

⁷⁻⁸ Adonias conversou com Joabe, filho de Zeruia, e com o sacerdote Abiatar, e eles o apoiaram. Mas o sacerdote Zadoque, Benaia, filho de Joiada, o profeta Natã, Simei, Reí e a guarda pessoal de Davi não apoiaram Adonias.

⁹⁻¹⁰ Adonias ofereceu uma festa de coroação. Sacrificou ovelhas, bois e novilhos gordos na rocha de Zoelete, perto da fonte de En-Rogel. Ele convidou todos os seus irmãos, os filhos do rei, e todos os servidores mais influentes do rei que havia em Judá, mas não receberam convite o profeta Natã, Benaia, a guarda pessoal do rei e seu irmão Salomão.

¹¹⁻¹⁴ Natã procurou Bate-Seba, mãe de Salomão, e disse: "Sabia que Adonias, filho de Hagite, proclamou-se rei, e nosso senhor Davi não está sabendo de nada? Agora, deixe-me dizer como você poderá salvar a própria vida e a de Salomão. Vá imediatamente ao rei Davi e diga a ele: 'O meu senhor e rei não me prometeu: Seu filho Salomão será o meu sucessor como rei e ocupará o meu trono? Então, por que Adonias foi coroado rei?'. Enquanto você estiver conversando com o rei, eu vou entrar e confirmar o que você diz".

¹⁵⁻¹⁶ Bate-Seba correu para o quarto do rei. Ele estava muito velho, e Abisague estava a seu lado, cuidando dele. Quando Bate-Seba se prostrou em reverência ao rei, ele perguntou: "O que você deseja?".

¹⁷⁻²¹ Ela respondeu: "Meu rei, o senhor me prometeu, em nome do Eterno, seu Deus: 'Seu filho Salomão será o meu sucessor como rei e ocupará o meu trono'. Mas agora, veja o que está acontecendo: Adonias foi coroado rei, e o meu senhor, o rei, nem está sabendo! Ele deu uma grande festa de coroação, oferecendo bois, novilhos gordos e ovelhas. Convidou os filhos do rei, o sacerdote Abiatar e Joabe, comandante do exército. Mas seu servo Salomão não foi convidado. Todos em Israel estão observando o rei. Querem ver o que o senhor fará. Estão ansiosos para saber quem ocupará o trono, depois do senhor. Se não fizer nada, no dia em que o senhor for sepultado, eu e meu filho estaremos condenados à morte".

²²⁻²³ Enquanto ela relatava os fatos ao rei, o profeta Natã chegou ao palácio. O rei foi avisado: "O profeta Natã está aqui". Ele veio à presença do rei e prostrou-se com o rosto em terra em reverência.

²⁴⁻²⁷ Natã começou a falar: "Ó rei, meu senhor, por acaso o senhor disse: 'Adonias será o meu sucessor como rei e ocupará o meu trono'?. Pois é o que está acontecendo. Ele deu uma enorme festa de coroação com bois, novilhos gordos e ovelhas. Convidou todos os filhos do rei, os oficiais do exército e o sacerdote Abiatar. Eles estão em grande festa, comendo, bebendo e clamando: 'Viva o rei Adonias!'. Mas eu, o sacerdote Zadoque, Benaia, filho de Joiada, e seu servo Salomão não fomos convidados. Será que o

rei, o meu senhor, está fazendo isso sem o nosso conhecimento, sem nos contar que desejava que Adonias fosse o seu sucessor?".

²⁸ O rei Davi reagiu imediatamente à notícia e ordenou: "Tragam Bate-Seba de volta aqui". Ela voltou ao quarto.

²⁹⁻³⁰ O rei prometeu solenemente: "Assim como vive o Eterno, o Deus que me livrou de todas as aflições, vou cumprir o que prometi a você em nome do Eterno. Seu filho Salomão será o meu sucessor como rei e ocupará o meu lugar no trono. E farei isso hoje mesmo".

³¹ Bate-Seba prostrou-se com o rosto em terra. Ajoelhada, em reverência ao rei, ela disse: "Viva para sempre o rei Davi, o meu senhor!".

³² O rei Davi disse: "Chamem o sacerdote Zadoque, o profeta Natã e Benaia, filho de Joiada". Eles vieram à presença do rei.

³³⁻³⁵ Davi deu a eles as seguintes ordens: "Reúnam o pessoal do palácio, ponham meu filho Salomão sobre a mula real e conduzam o cortejo até Giom. Quando chegarem lá, o sacerdote Zadoque e o profeta Natã o ungirão rei sobre Israel. Em seguida, soem a trombeta e clamem: 'Viva para sempre o rei Salomão!'. Depois, vocês o acompanharão até ele entrar e ocupar o meu trono, tornando-se, assim, o meu sucessor. Eu o designei rei sobre Israel e sobre Judá".

³⁶⁻³⁷ Benaia, filho de Joiada, apoiou o rei, dizendo: "Assim seja! Que o Eterno, o Deus do meu senhor, o rei, confirme isso! Assim como o Eterno esteve com o rei, o meu senhor, assim esteja com Salomão, e que o seu domínio seja ainda maior que o do meu senhor, o rei Davi!".

³⁸⁻⁴⁰ O sacerdote Zadoque, o profeta Natã, Benaia, filho de Joiada, e a guarda pessoal do rei, os queretitas e os peletitas, desceram, puseram Salomão sobre a mula do rei Davi e o conduziram até Giom. O sacerdote Zadoque trouxe um frasco de azeite do santuário e ungiu Salomão. Fizeram tocar as trombetas, e todos gritaram: "Viva para sempre o rei Salomão!". O povo se juntou à celebração, tocando instrumentos e cantando. O chão tremia com o barulho.

⁴¹ Adonias e todos os seus convidados estavam no fim da sua festa de coroação quando receberam a notícia. Quando Joabe ouviu o som da trombeta, perguntou: "O que está acontecendo? Por que todo esse tumulto?".

⁴² No meio da conversa, Jônatas, filho do sacerdote Abiatar, chegou. Adonias disse: "Bem-vindo! Um homem bom e corajoso como você deve trazer boas notícias".

⁴³⁻⁴⁸ Mas Jônatas respondeu: "Infelizmente, não! O rei Davi acabou de proclamar Salomão rei! E o novo rei tem o apoio do sacerdote Zadoque, do profeta Natã,

de Benaia, filho de Joiada, e dos queretitas e peletitas. Eles puseram Salomão sobre a mula real. O sacerdote Zadoque e o profeta Natã o ungiram rei em Giom e, agora, a comitiva está subindo, cantando e festejando! A cidade toda está alvoroçada! É isto mesmo que você está ouvindo: Salomão está sentado no trono! Mas não é só isso! Os oficiais do rei foram felicitar o rei Davi, dizendo: 'Que Deus torne Salomão ainda mais famoso que o senhor, e o governo dele se estenda além do seu!'. Mesmo na cama, o rei orou a Deus: 'Bendito seja o Eterno, o Deus de Israel, que providenciou um sucessor para o meu trono e permitiu que eu vivesse para vê-lo!' ".

⁴⁹⁻⁵⁰ Os convidados de Adonias, apavorados, se dispersaram. Adonias, com medo de Salomão, refugiou-se no santuário e agarrou-se a uma das pontas do altar.

⁵¹ Disseram a Salomão: "Adonias, com medo do rei Salomão, refugiou-se no santuário e agarrou-se a uma das pontas do altar, dizendo: 'Não sairei daqui até que o rei Salomão prometa que não vai me matar' ".

⁵²⁻⁵³ Salomão disse: "Se ele for um homem de respeito, não cairá sequer um fio de cabelo da sua cabeça, mas, se ele tem más intenções, será morto". Salomão mandou chamá-lo, e o tiraram do altar. Adonias chegou, inclinou-se em respeito diante do rei. Salomão o dispensou: "Volte para casa".

JOÃO 14.11-31

¹¹⁻¹⁴ "Creiam em mim: estou no Pai, e o Pai está em mim. Se não conseguem crer nisso, creiam no que veem — minhas obras. Quem confia em mim fará não apenas as coisas que faço, mas poderá até mesmo fazer coisas maiores, porque eu, em meu caminho para o Pai, dou a vocês o privilégio de fazer a mesma obra que tenho realizado. Podem contar com isso. De agora em diante, tudo que pedirem, em conformidade com o que eu sou e faço, vou conceder a vocês. É deste modo que o Pai será visto: pelo que ele é no Filho. É isso que quero dizer. Seja o que for que pedirem, se for desse modo, vou fazer por vocês".

O Espírito da Verdade

¹⁵⁻¹⁷ "Se vocês me amam, demonstrem esse amor, fazendo o que eu disse a vocês. Falarei com o Pai, e ele providenciará outro Amigo, para que sempre haja alguém com vocês. Esse Amigo é o Espírito da Verdade. O mundo sem Deus não pode recebê-lo, porque não tem olhos para vê-lo e, assim, não sabe o que procurar. Mas vocês já o conhecem porque ele tem estado com vocês e ainda estará em vocês.

DIA 156

18-20 Não permitirei que vocês fiquem órfãos. Eu voltarei. Em pouco tempo, o mundo não me verá mais, só vocês, porque estou vivo e vocês estão prestes a receber vida. Quando essa hora chegar, vocês vão saber, sem sombra de dúvida, que estou em meu Pai, que vocês estão em mim e que estou em vocês.

21 Aquele que conhece meus mandamentos e os guarda é quem me ama. Aquele que me ama será amado por meu Pai, e eu o amarei e me revelarei plenamente a ele".

22 Então, Judas (não o Iscariotes) disse: "Senhor, o que o senhor quer dizer quando afirma que está para se revelar a nós, mas não ao mundo?".

23-24 "Porque um mundo sem amor", disse Jesus, "é um mundo sem visão. Se alguém me ama, vai guardar minha palavra com o maior cuidado e meu Pai o amará. Nós viveremos nele! Não me amar significa desobedecer às minhas palavras. A mensagem que vocês estão ouvindo não é minha. É a mensagem do Pai que me enviou.

25-27 "Digo estas coisas enquanto ainda estou com vocês. O Amigo, o Espírito Santo que o Pai enviará, a meu pedido, irá esclarecer tudo para vocês. Ele vai lembrá-los de todas as coisas que ouviram de mim. Eu vou, mas os deixarei com assistência plena. É meu presente de despedida para vocês. Paz! Não os deixo como geralmente acontece, com aquele sentimento de abandono. Portanto, não fiquem deprimidos nem perturbados.

28 "Vocês me ouviram dizer: 'Vou embora, mas volto'. Se vocês me amassem, estariam contentes pelo fato de eu estar voltando para o Pai, porque o Pai é o alvo e o propósito da minha vida.

29-31 "Estou adiantando os fatos, antes que aconteçam, para que quando acontecerem a confirmação aprofunde a fé que têm em mim. Não vou falar muito mais com vocês desta maneira, porque o chefe deste mundo sem Deus está prestes a atacar. Mas não se preocupem: ele não tem poder nem direito algum sobre mim. Para que o mundo saiba quanto amo o Pai é que cumpro as instruções dele rigorosamente, até o último detalhe.

"Levantem-se, vamos embora! Está na hora de sair daqui!".

Mas quase o deixei escapar:
quase deixei de ver sua bondade.
Porque eu estava olhando para o outro lado,
observando as pessoas
Que alcançaram o topo,
invejando os ímpios que tinham sucesso,
Que não têm com que se preocupar e
nenhum problema para resolver.

6-10 Pretensiosos e arrogantes,
vestem-se com os insultos da última moda.
Mimados e fartos,
enfeitam-se com as tiaras da tolice.
Eles zombam, usando palavras que ferem,
utilizando-as também para intimidar.
Estão cheios de vazio,
perturbando a paz com tagarelice.
E o povo os escuta, você acredita?!
Como cachorrinhos sedentos,
lambem cada palavra deles.

◢ NOTAS

SALMOS 73.1-10

Um salmo de Asafe

73 **1-5** **S**em dúvida, Deus é bom — bom para os bons, bom para os de bom coração.

☐ DIA 157 ___ / ___ / ___

1REIS 2.1 — 3.9

2 **¹⁻⁴**Perto de sua morte, Davi deu as seguintes instruções a Salomão: "Estou prestes a seguir o caminho de toda a terra, mas você seja forte e aja como homem! Faça o que o Eterno disser. Ande no caminho que ele mostrar: Siga à risca as suas instruções, leve a sério seus ensinamentos e ordenanças, suas instruções de vida conforme revelou a Moisés, e você será bem-sucedido em tudo que fizer e aonde quer que você for. O Eterno confirmará o que me prometeu, dizendo: 'Se seus descendentes forem sensatos e absolutamente leais a mim, sempre haverá um sucessor para você sobre o trono de Israel'.

⁵⁻⁶"Não se esqueça do que Joabe, filho de Zeruia, fez aos dois comandantes do exército de Israel, a Abner, filho de Ner, e a Amasa, filho de Jéter. Ele os assassinou a sangue-frio, agindo em tempo de paz como se estivesse na guerra, e, desde então, ficou manchado com todo esse sangue. Faça com ele o que achar melhor, mas de maneira alguma o deixe escapar. Ele tem de pagar pelo que fez.

⁷"Mas seja generoso para com os filhos de Barzilai, de Gileade. Receba-os com toda a cordialidade. Foi assim que eles me trataram quando eu fugia de seu irmão Absalão.

⁸⁻⁹"Você também terá de cuidar do caso de Simei, filho de Gera, o benjamita de Baurim, aquele que me amaldiçoou de maneira tão cruel quando eu ia para Maanaim. Quando fui recebido de volta no Jordão, prometi em nome do Eterno que não o mataria. Mas você não deve tratá-lo como se nada tivesse acontecido. Você é sábio, saberá como lidar com isso e saberá o que fazer para que ele pague pelo que fez antes de morrer".

¹⁰⁻¹² Depois disso, Davi descansou com seus antepassados. Foi sepultado na Cidade de Davi. Davi reinou quarenta anos sobre Israel, sete anos em Hebrom e trinta e três em Jerusalém. Salomão ocupou o trono de seu pai Davi, e o seu reino se consolidou.

Salomão

¹³⁻¹⁴ **A**donias, filho de Hagite, foi conversar com Bate-Seba, mãe de Salomão. Ela perguntou: "Você vem em paz?".

Ele respondeu: "Sim. Posso dizer algo a você?".

Ela respondeu: "Claro, pode falar".

¹⁵⁻¹⁶"Você sabe que o reino estava em minhas mãos, e todos esperavam que eu fosse o rei, mas deu tudo ao contrário, e o reino acabou nas mãos de meu irmão. O Eterno quis assim. Agora, quero fazer um pedido. Por favor, não me negue isto!".

Ela disse: "Prossiga. O que você deseja?".

¹⁷"Peça ao rei Salomão que me dê por mulher Abisague, a sunamita. Ele não negará esse pedido a você".

¹⁸Bate-Seba disse: "Sem problema. Falarei com o rei a seu favor".

¹⁹Bate-Seba foi transmitir ao rei Salomão o pedido de Adonias. O rei levantou-se e a recebeu, inclinando-se respeitosamente; depois, voltou a se sentar no trono. Ele pediu que pusessem um trono ao lado do seu para sua mãe. Ela se sentou do seu lado direito.

²⁰Bate-Seba começou a falar: "Tenho um pequeno favor a pedir. Por favor, não me negue isto!".

O rei disse: "Pode falar, mãe. É claro que não vou negar nada a você".

²¹Ela disse: "Dê a sunamita Abisague por mulher a seu irmão Adonias".

²²O rei Salomão respondeu a sua mãe: "Que favor é esse? Por que está pedindo a sunamita Abisague para Adonias? Por que já não pede o reino de uma vez? Ele é meu irmão mais velho e tem o sacerdote Abiatar e Joabe, filho de Zeruia, como aliados!".

²³⁻²⁴O rei Salomão jurou em nome do Eterno: "Que Deus faça o que quiser comigo se Adonias não pagar esse desaforo com a própria vida! Juro pelo Eterno, o Deus que me estabeleceu no trono de meu pai Davi e pôs sobre mim a responsabilidade do reino, como tinha prometido, que Adonias morrerá ainda hoje!".

²⁵O rei Salomão deu ordens a Benaia, filho de Joiada, que matou Adonias.

²⁶Depois, o rei disse ao sacerdote Abiatar: "Você ficará exilado na sua terra, em Anatote. Você merece morrer, mas não vou matar você – pelo menos não agora, porque você estava encarregado da arca do Senhor Eterno nos dias de meu pai, Davi, e porque esteve com ele em todos os momentos difíceis da vida dele".

²⁷Salomão exonerou Abiatar do sacerdócio do Eterno em cumprimento à palavra do Eterno, em Siló, a respeito da família de Eli.

DIA 157

²⁸⁻²⁹ Quando ficou sabendo disso, Joabe, que tinha conspirado com Adonias apesar de ter sido leal no caso de Absalão, refugiou-se no santuário do Eterno, agarrando-se a uma das pontas do altar, para se proteger. O rei Salomão foi informado de que Joabe tinha se refugiado no santuário do Eterno e estava agarrado ao altar. Imediatamente, enviou Benaia, filho de Joiada, e outros homens com ordem de matá-lo.

³⁰ Benaia entrou no santuário do Eterno e disse a Joabe: "Saia daí, por ordem do rei!".

Ele respondeu: "Não saio! Vou morrer aqui dentro".

Benaia voltou ao rei e contou o que tinha acontecido.

³¹⁻³³ O rei disse: "Pois faça o que ele diz. Mate-o e mande sepultá-lo. Que eu e a família de meu pai sejamos inocentes da culpa do sangue que Joabe derramou injustamente. Ele matou dois homens muito mais dignos do que ele. Contra a vontade de meu pai, assassinou Abner, filho de Ner, comandante do exército de Israel, e Amasa, filho de Jéter, comandante do exército de Judá. A culpa desses crimes brutais recairá sobre Joabe e seus descendentes, mas que a paz do Eterno esteja sobre Davi e seus descendentes, sobre sua dinastia e seu reino".

³⁴⁻³⁵ Benaia, filho de Joiada, matou Joabe. Ele foi sepultado no túmulo da família, que ficava no campo. Como substituto de Joabe, o rei designou Benaia, filho de Joiada, comandante do exército, e substituiu Abiatar pelo sacerdote Zadoque.

³⁶⁻³⁷ Em seguida, o rei mandou chamar Simei e disse a ele: "Construa uma casa em Jerusalém. Você vai morar aqui e não poderá mais sair da cidade. Se ultrapassar o limite do vale do Cedrom, estará assinando a sua sentença de morte".

³⁸ Simei respondeu ao rei: "Está bem! Seu servo fará exatamente o que o meu senhor, o rei, ordenou". Simei veio morar em Jerusalém.

³⁹⁻⁴⁰ Mas, passados três anos, dois escravos de Simei fugiram para a casa de Aquis, filho de Maaca, rei de Gate, e alguém disse a Simei: "Seus escravos estão em Gate".

Simei imediatamente selou seu jumento e foi para Gate, à procura dos seus escravos. Depois de encontrá-los, trouxe-os de volta.

⁴¹ Salomão foi informado disto: "Simei saiu de Jerusalém. Foi até Gate e está de volta".

⁴²⁻⁴³ O rei mandou chamar Simei e perguntou: "Não fiz você prometer, em nome do Eterno, e

não deixei bem avisado que você não saísse de Jerusalém? Eu não disse que, se deixasse a cidade, estaria assinando a sua sentença de morte? Você não concordou, dizendo: 'Está bem! Farei exatamente o que o senhor ordenou'? Por que, então, você não cumpriu a promessa, feita em nome do Eterno, de obedecer à minha ordem?".

⁴⁴⁻⁴⁵ Então, o rei disse a Simei: "No fundo do seu coração, você tem consciência do mal que causou a meu pai Davi. Agora, o Eterno fará recair sobre você o mal que você fez. Mas o rei Salomão será abençoado, e o reinado de Davi se consolidará sob a proteção do Eterno".

⁴⁶ Dito isso, o rei ordenou que Benaia executasse a sentença, e ele matou Simei.

O reino se consolidou sob o comando de Salomão.

3 ¹⁻³ Salomão fez um acordo com o faraó, casando-se com a filha do rei do Egito. Ele a trouxe para a Cidade de Davi, até que a construção do palácio real fosse concluída, bem como a do templo do Eterno e a do muro de Jerusalém. Enquanto isso, o povo adorava em santuários locais, porque, até então, não tinha sido construído um templo ao nome do Eterno. Salomão amava ao Eterno e perseverava em viver de acordo com as determinações de seu pai, Davi, mas prestava culto nos santuários locais, oferecendo sacrifícios e queimando incenso.

⁴⁻⁵ O rei foi oferecer sacrifícios em Gibeom, o mais conhecido dos santuários locais. Ele sacrificou ali mil ofertas queimadas sobre o altar. Naquela noite, em Gibeom, o Eterno apareceu a Salomão num sonho. Deus disse: "O que você deseja? Peça o que quiser".

⁶ Salomão disse: "Foste muito generoso para com meu pai Davi, e ele se manteve fiel a ti. Seus relacionamentos eram corretos e justos. Agora, continuas demonstrando esse imenso amor, providenciando um sucessor que hoje se assenta no trono dele.

⁷⁻⁸ "Aqui estou. Tu, ó Eterno, meu Deus, fizeste o teu servo reinar no lugar de meu pai, Davi. Sou muito jovem e ainda não tenho a experiência necessária para esta tarefa. Mas, estou aqui, no meio do povo que escolheste, um povo forte e muito numeroso.

⁹ "Portanto, o meu pedido é este: Dá-me um coração compreensivo para conduzir o teu povo, para que eu possa entender bem a diferença entre o bem e o mal. Pois quem poderá, por si só, dirigir um povo tão grande?".

JOÃO 15.1-20

A videira e os ramos

15 1-3 "Eu sou a Videira Verdadeira, e meu Pai é o Agricultor. Ele retira de mim todo ramo que não produz uvas. Já o que produz ele poda para que produza ainda mais. "Vocês já estão podados pela mensagem que comuniquei.

4 "Vivam em mim. Venham morar em mim, como eu moro em vocês. Assim como o ramo não pode produzir uvas por si mesmo, mas apenas se estiver unido à videira, vocês não podem produzir frutos se não estiverem unidos a mim.

5-8 "Eu sou a Videira, vocês são os ramos. Quando vocês estiverem unidos a mim e eu a vocês, num relacionamento íntimo e orgânico, não imaginam que colheita terão. Separados, vocês nada podem produzir. Qualquer um que se separa de mim é um ramo morto, que é apanhado e jogado na fogueira. Mas, se vocês estão em mim e minhas palavras estão em vocês, estejam certos de que suas petições serão atendidas. É desta maneira que meu Pai demonstra quem ele é: quando vocês produzem frutos, quando demonstram maturidade como meus discípulos.

9-10 "Saibam que eu os amei como meu Pai me ama. Permaneçam no meu amor. Se guardarem meus mandamentos, vão se sentir absolutamente em casa no meu amor. É o que tenho feito: guardado os mandamentos do meu Pai e permanecido no seu amor.

11-15 "Estou dizendo essas coisas com um propósito: que minha alegria seja a alegria de vocês, e que a alegria de vocês amadureça. Este é meu mandamento: amem uns aos outros como eu amei vocês. É a melhor maneira de amar. Deem a vida pelos amigos. Vocês mostram que são meus amigos quando fazem o que mando. Não os chamo de empregados, porque os empregados não entendem o que o patrão pensa ou planeja. Eu os chamo de amigos porque contei a vocês tudo que ouvi de meu Pai.

16 "Lembrem-se: vocês não me escolheram: eu os escolhi e lancei no mundo para produzir frutos que não se estragarão. Como o fruto de vocês vem do Pai, o que pedirem ao Pai em relação a mim, ele concederá.

17 "Mas lembrem-se do mandamento principal: amem uns aos outros".

Odiados pelo mundo

18-19 "Se o mundo mau os odeia, lembrem-se de que, antes de tudo, ele odiou a mim. Se vocês vivessem de acordo com a mentalidade do mundo, ele os amaria

como se vocês fossem dele. Mas como escolhi vocês para viverem em sintonia com os termos de Deus, não mais nos termos do mundo, o mundo vai odiá-los.

20 "Quando isso acontecer, lembrem-se de que os empregados não recebem um tratamento melhor que os patrões. Se eles me agridem, certamente irão agredi-los também. Se eles fizeram o que eu disse, farão o que vocês disserem.

SALMOS 73.11-14

11-14 O que está acontecendo?
Deus saiu para o almoço?
    Volta logo?
Os ímpios estão com tudo:
    alcançam o sucesso e ajuntam riquezas.
Perdi tempo jogando conforme as regras:
    o que ganhei com isso?
Um vendaval de má sorte, foi isso —
    um tapa na cara toda vez
        que eu saía pela porta.

◢ NOTAS

☐ DIA 158 ___ / ___ / ___

1 REIS 3.10 — 4.34

10-14 O Senhor Deus se agradou do pedido de Salomão e disse a ele: "Já que não pediu longevidade, riquezas nem a destruição dos inimigos, mas a capacidade para administrar e governar bem, você terá o que pediu. Vou dar a você um coração sábio e maduro. Nunca houve ninguém igual a você antes, e nunca haverá depois de você. E, como bônus, você também terá riqueza e fama, coisas que não pediu. Nenhum rei da terra se igualará a você. Se você não abandonar os meus caminhos e seguir os ensinamentos que seu pai seguiu, você terá uma vida longa".

15 Salomão acordou e pensou: "Que sonho!". Ele voltou para Jerusalém, pôs-se diante da arca da aliança do Senhor e adorou, sacrificando ofertas queimadas e ofertas de paz. Em seguida, ofereceu um banquete a todos os que estavam a seu serviço.

16-21 Um dia, duas prostitutas compareceram diante do rei. Uma delas disse: "Meu senhor, esta mulher e eu vivemos na mesma casa. Enquanto estávamos juntas, eu tive um bebê. Três dias depois, ela também teve um bebê. Não tinha mais ninguém na casa, e o bebê desta mulher morreu durante a noite, quando ela, dormindo, deitou sobre a criança. Eu dormia profundamente, então, ela se levantou, pegou o meu filho e o pôs ao seu lado e, depois, acomodou o filho morto ao meu lado. Quando acordei, de madrugada, para amamentar meu filho, estava ali o bebê morto. Mas, depois de clarear o dia, percebi que não era o meu bebê".

22 A outra mulher interrompeu: "Não foi assim. O bebê vivo é meu, o morto é que é seu!".

A primeira mulher protestou: "De jeito nenhum! Seu filho está morto, o meu é o que está vivo".

E começaram a bater boca diante do rei.

23 O rei disse: "O que devemos fazer? Você diz que o filho vivo é seu e o morto é dela. Ela diz que não, que o morto é seu e o vivo é dela".

24 Depois de refletir alguns momentos, o rei ordenou: "Tragam-me uma espada". E trouxeram a espada para o rei.

25 Ele ordenou: "Cortem o bebê vivo em dois. Deem metade para uma e metade para a outra".

26 A verdadeira mãe do bebê vivo, comovida pelo filho, disse: "Não, meu senhor! Dê a ela o bebê, mas não o mate!".

Mas a outra disse: "Se não posso ficar com ele, você também não ficará. Pode cortar o bebê!".

27 O rei deu seu veredito: "Deem o bebê vivo à primeira mulher. Ninguém matará o bebê. Ela é a verdadeira mãe".

28 A notícia sobre a perspicácia do rei se espalhou por todo o Israel. Todos ficaram admirados de sua capacidade de julgar, sabendo que era a sabedoria proveniente do Eterno.

4 **1-2** O rei Salomão começou bem o seu reinado sobre Israel. Estes eram os principais oficiais de seu governo:

2-6 O sacerdote: Azarias, filho de Zadoque.

Secretários: Eliorefe e Aías, filhos de Sisa.

Historiador: Josafá, filho de Ailude.

Comandante do exército: Benaia, filho de Joiada.

Sacerdotes: Zadoque e Abiatar.

Superintendente dos administradores regionais: Azarias, filho de Natã.

Sacerdote e conselheiro do rei: Zabude, filho de Natã.

Administrador do palácio: Aisar.

Supervisor dos trabalhos forçados: Adonirão, filho de Abda.

7-19 Salomão tinha doze administradores regionais distribuídos em Israel.

Eles forneciam mantimento para o rei e sua administração. Cada um era responsável por fornecer o mantimento durante um mês do ano. Estes são os nomes deles:

Ben-Hur, nos montes de Efraim.

Ben-Dequer, em Macaz, Saalbim, Bete-Semes e Elom-Bete-Hanã.

Ben-Hesede, em Arubote, Socó e em toda a região de Héfer.

Ben-Abinadabe, em Nafote-Dor. (Ele era casado com Tafate, filha de Salomão.)

Baaná, filho de Ailude, em Taanaque e em Megido, e em toda a Bete-Seã, perto de Zaretã, abaixo de Jezreel; desde Bete-Seã até Abel-Meolá, adiante do território de Jocmeão.

Ben-Geder, em Ramote-Gileade e nas aldeias de Jair, filho de Manassés, em Gileade, e na região de Argobe, em Basã, junto com suas sessenta cidades muradas e com trancas de bronze nas portas.

Ainadabe, filho de Ido, em Maanaim.

Aimaás, em Naftali. Ele se casou com Basemate, filha de Salomão.

Baaná, filho de Husai, em Aser e em Bealote.

Josafá, filho de Parua, em Issacar.

Simei, filho de Elá, em Benjamim.

Geber, filho de Uri, em Gileade, a terra de Seom, rei dos amorreus, e de Ogue, rei de Basã. Ele administrava sozinho todo o distrito.

A prosperidade de Salomão

20-21 A população de Judá e de Israel tinha crescido muito. Era numerosa como a areia da praia! Todas as suas necessidades eram supridas. O povo comia, bebia e estava contente. Salomão dominava sobre todos os reinos, desde o rio Eufrates, a leste, até o território dos filisteus, a oeste, estendendo-se até a fronteira do Egito. Esses reinos pagavam impostos e estiveram sob o domínio de Salomão durante toda a sua vida.

22-23 O suprimento diário do palácio de Salomão era: 30 tonéis de farinha da melhor qualidade; 60 tonéis de farinha comum; 10 novilhos gordos; 20 bois de pasto; 100 ovelhas; veados, gazelas, corças e aves domésticas em grande número.

24-25 Salomão dominava sobre os reinos e reis a oeste do rio Eufrates, de Tifsa a Gaza. Todo o território estava em paz. Durante a vida de Salomão, todos os habitantes de Israel e Judá, desde Dã, ao norte, até Berseba, ao sul, viviam em segurança e tinham saúde. Todos estavam satisfeitos com o que possuíam.

26-28 Salomão tinha quarenta mil cocheiras para os cavalos que puxavam os carros de guerra e doze mil cavaleiros. Os administradores regionais, de acordo com o mês designado, entregavam os suprimentos destinados ao rei Salomão e a todos os que eram sustentados pelo palácio. Sempre havia fartura. Eles também levavam ao lugar designado a cota de cevada e de pasto para os cavalos.

29-34 Deus concedeu a Salomão muita sabedoria, conhecimento profundo e inteligência sem medida. Não havia nada que não estivesse ao alcance de seu intelecto. Sua sabedoria superava em muito a dos sábios do Oriente e sobressaía ao saber do Egito.

Ele era mais sábio que qualquer outra pessoa: mais que Etã, o ezraíta; mais que Hemã, Calcol e Darda, filhos de Maol. Ele era famoso em todas as nações ao redor. Compôs três mil provérbios, e seus cânticos chegaram a mil e cinco. Ele conhecia tudo sobre plantas, desde os grandes cedros que crescem no Líbano até o hissopo que cresce nas frestas do muro. Ele entendia tudo de mamíferos, aves, répteis e peixes. As pessoas vinham de todas as nações para ouvi-lo falar. Eram, na maioria, emissários de reis que souberam da sua reputação e sabedoria.

JOÃO 15.21 — 16.16

21-25 "Eles vão fazer tudo isso a vocês por causa do modo com que me trataram, porque não conhecem aquele que me enviou. Se eu não tivesse vindo e explicado tudo claramente, eles não teriam culpa. Mas, na situação atual, eles não têm desculpa. Odiar a mim e odiar o Pai é a mesma coisa. Se eu não tivesse feito tudo que fiz entre eles, obras que ninguém jamais fez, eles não seriam culpados. Mas eles viram os sinais da parte de Deus e, mesmo assim, odiaram a mim e a meu Pai. É interessante: Eles confirmaram a verdade das Escrituras deles, onde está escrito: 'Eles me odiaram sem motivo'.

26-27 "Quando chegar o Amigo que pretendo enviar a vocês da parte do Pai — o Espírito da Verdade que vem do Pai —, ele confirmará tudo a meu respeito. E vocês também confirmarão tudo, pois estão comigo desde o princípio".

16 **1-4** "Estou dizendo estas coisas a fim de prepará-los para os tempos difíceis que estão por vir. Vocês serão expulsos das sinagogas. Haverá um tempo em que qualquer um que matar vocês irá pensar que está fazendo um favor para Deus. Eles farão isso porque nunca entenderam de verdade quem é o Pai. Digo estas coisas para que, quando chegar a hora e tudo começar, vocês estejam avisados e preparados".

O Amigo virá

4-7 "Não disse antes, porque estava com vocês todos os dias, mas agora vou para aquele que me enviou. Nenhum de vocês perguntou: 'Para onde o senhor vai?'. Em vez disso, quanto mais falo, mais tristes vocês ficam. Então, permitam-me repetir esta verdade: é melhor para vocês que eu vá. Se eu não for, o Amigo não virá. Mas, se eu for, poderei enviá-lo a vocês.

8-11 "Quando ele vier, denunciará o erro do mundo mau quanto ao pecado, à justiça e ao julgamento. Mostrará que a recusa em crer em mim é o pecado básico deles; que a justiça vem do alto, onde estou com o Pai, fora da visão e do controle deles; que o julgamento acontece quando o governante deste mundo mau é levado a juízo e condenado.

12-15 "Ainda tenho muito a dizer, mas vocês não podem suportar tudo agora. Quando, porém, o Amigo chegar, o Espírito da Verdade, ele irá tomá-los pela mão e guiá-los a toda verdade. Ele não chamará atenção para si, mas para o que está prestes a acontecer e para tudo que tenho dito e feito. Ele me honrará. Vai receber de mim e entregar a vocês. Tudo que o Pai tem é meu também, por isso eu disse: 'Ele recebe de mim e entrega a vocês'.

16 Qualquer dia desses, vocês não me verão mais, e, então, num dia qualquer, vocês me verão outra vez".

SALMOS 73.15-25

15-20 Se eu tivesse contado as mesmas mentiras,
  teria traído teus filhos queridos.
Quando tentei compreender,
  tudo que consegui foi uma dor de cabeça.
Até que entrei no santuário de Deus
  e, então, compreendi o destino deles:
A estrada escorregadia em que os puseste,
  que termina com a colisão contra o muro das
    desilusões.
Num piscar de olhos, o desastre!
  Uma curva cega na escuridão,
    e será o pesadelo!
Acordamos, esfregamos os olhos, e... nada.
  Não há nada para eles. Nunca houve.

21-25 Eu estava sufocado e triste,
  consumido pela inveja,
Mas fui um completo ignorante, um sonso
  diante de ti.
Ainda estou em tua presença,
  mas agora pegaste minha mão.
Sábia e amavelmente me conduzes,
  e me abençoas.

■ NOTAS

☐ DIA 159 ___ / ___ / ___

1REIS 5.1 — 6.38

Fama internacional

5 **1-4** Hirão, rei de Tiro, quando soube que Salomão tinha sido coroado rei no lugar de Davi, mandou embaixadores a Israel. Esse rei sempre teve bom relacionamento com Davi. Salomão mandou dizer a ele: "Você sabe que meu pai, Davi, não pôde construir um templo em homenagem ao Eterno, porque teve de lutar o tempo todo e em toda parte, até que o Eterno pusesse todos os seus inimigos sob o seu domínio. Agora, o Eterno concedeu paz a todo o território. Não temos inimigos, não enfrentamos hostilidades.

5-6 "Creio que é o momento certo para construir um templo em homenagem ao meu Deus, de acordo com a promessa do Eterno a meu pai: 'Seu filho, que o substituirá no seu trono, construirá uma casa em minha homenagem'. Por isso, preciso da sua ajuda. Peço que autorize o corte de cedros na floresta do Líbano. Meus lenhadores trabalharão em parceria com os seus, e pagarei aos seus funcionários o salário que for estipulado. Você sabe que, entre o meu povo, não há ninguém que saiba cortar madeira como os sidônios".

[7] Quando Hirão recebeu a mensagem de Salomão, ficou muito contente e exclamou: "Bendito seja o Eterno, que deu a Davi um filho tão sábio para governar aquela grande nação!".

[8-9] Ele mandou dizer a Salomão: "Recebi seu pedido de cedros e pinheiros. Você terá tudo que desejar. Os meus lenhadores levarão a madeira da floresta do Líbano até o mar, e eu a farei flutuar até o local que você determinar. Ali, ela será desamarrada para você poder levar. Peço apenas que se responsabilize pela alimentação dos meus funcionários".

[10-12] Foi assim que Hirão forneceu toda a madeira de cedro e de pinheiro que Salomão desejava. Em troca, Salomão deu a Hirão vinte mil tonéis de trigo e vinte mil tonéis de azeite de oliva puro. A mesma quantidade era enviada cada ano. O Eterno deu sabedoria a Salomão, como tinha prometido. Houve paz entre Hirão e Salomão, formalizada por meio de um tratado.

O início das obras do templo

[13-18] O rei Salomão arregimentou trinta mil homens de todas as partes de Israel. Ele os agrupou em turnos de dez mil por mês para trabalhar na floresta do Líbano. Eles trabalhavam um mês e descansavam dois. Adonirão era o chefe dos trabalhadores. Salomão também tinha setenta mil trabalhadores não qualificados e outros oitenta mil cortadores de pedra nas montanhas. Tinha ainda três mil e trezentos mestres de obra para supervisionar o trabalho e os funcionários. Seguindo as ordens do rei, eles transportavam enormes blocos de pedra, que serviriam de fundação para o templo. Os construtores de Salomão e de Hirão, em parceria com os homens de Gebal, cortaram e prepararam a madeira e as pedras para a construção do templo.

6 [1-6] Quatrocentos e oitenta anos após a saída dos israelitas do Egito, no quarto ano do reinado de Salomão sobre Israel, no mês de zive, o segundo mês, Salomão começou a construir o templo do Eterno. O templo que o rei Salomão construiu para o Eterno tinha vinte e sete metros de comprimento, nove de largura e treze e meio de altura. Havia um pórtico ao longo dos nove metros de largura do templo que avançava quatro metros e meio. O templo tinha janelas com grades estreitas. Junto à parede externa, o rei construiu uma estrutura de sustentação que continha diversas salas de pequeno tamanho. O pavimento inferior tinha dois metros e vinte e cinco centímetros de largura, o do meio tinha dois metros e setenta centímetros de largura e o terceiro tinha três metros e quinze centímetros de largura. Ele fez saliências na parede externa do templo para apoiar as vigas.

[7] Os blocos de pedra para a construção do templo foram todos lavrados na pedreira; por isso, não se ouvia, no canteiro de obras, barulho de martelo, talhadeira ou qualquer outra ferramenta de ferro.

[8-10] A entrada do pavimento inferior ficava do lado sul do templo. Uma escadaria levava para o segundo andar e, depois, para o terceiro. Assim foi feita e concluída a construção. Salomão fez um forro com estrutura de madeira e tábuas de cedro. A estrutura, ao longo das paredes externas, estava unida ao templo com vigas de cedro, e as salas laterais tinham dois metros e vinte e cinco centímetros de altura.

[11-13] A palavra do Eterno veio a Salomão: "Quanto ao templo que você construiu, é importante que você viva de acordo com o que eu determinei e obedeça a tudo que eu disser, seguindo as minhas instruções com toda a atenção e obediência, para que eu cumpra em você a promessa que fiz ao seu pai Davi. Eu, pessoalmente, vou habitar entre os israelitas. Não vou abandonar o meu povo, Israel".

[14-18] Salomão construiu e concluiu o templo. Ele fez o acabamento interior, desde o chão até o teto, com tábuas de cedro. O assoalho foi feito com tábuas de pinheiro. Ele separou nove metros no fundo do templo para fazer o santuário interno, o Lugar Santíssimo. Revestiu-o com tábuas de cedro do chão ao teto. Como piso, usou tábuas de pinho. Em frente, o santuário principal media dezoito metros. Todo o interior do templo era revestido de cedro entalhado com desenhos de frutas e flores. Não se via nenhuma pedra. Tudo foi revestido com madeira.

[19-22] O santuário interior do templo era o local da arca da aliança do Eterno. Esse santuário interior tinha nove metros de altura, nove de largura e nove de comprimento. Tudo foi revestido com ouro puro. O altar de cedro também recebeu um revestimento de ouro puro. Todo o interior do templo foi revestido de ouro. Havia correntes de ouro penduradas na frente do santuário interior, nas paredes, no teto, no chão e no altar. Enfim, ouro por toda parte.

[23-28] Ele fez também dois querubins de madeira de oliveira, com quatro metros e meio de altura. Os dois tinham o mesmo tamanho e as mesmas medidas.

DIA 159

As asas abertas mediam dois metros e vinte e cinco centímetros. De uma ponta a outra da asa, eram quatro metros e meio. Ele pôs os querubins no santuário interior. As asas abertas dos dois querubins se estendiam por toda a extensão da sala. A ponta da asa, de um querubim tocava a parede de um lado, e a ponta da asa do outro querubim tocava a parede do outro lado. No meio, as asas se tocavam. Os querubins também foram revestidos de ouro.

²⁹⁻³⁰ Também entalhou figuras de querubins, palmeiras e botões de flores em todas as paredes do santuário principal e do santuário interior. O assoalho, tanto no interior quanto no exterior, também foi revestido de ouro.

³¹⁻³² Ele fez portas de madeira de oliveira para a entrada do santuário interior. Os batentes tinham cinco lados. As portas também eram entalhadas com querubins, palmeiras e flores e revestidos de ouro.

³³⁻³⁵ Da mesma forma, ele construiu a entrada do santuário principal com batentes de madeira de oliveira, mas esses batentes tinham quatro lados. As portas eram de pinho, com duas folhas. Cada folha da porta abria separadamente. Elas também eram entalhadas com querubins, palmeiras e flores e revestidos de ouro batido.

³⁶ Ele construiu o pátio interno com três camadas de pedras lavradas e uma última camada de tábuas de cedro.

³⁷⁻³⁸ O alicerce do templo do Eterno foi lançado no quarto ano, no mês de zive. A construção foi terminada em todos os detalhes, tudo conforme o planejado, no décimo primeiro ano, no mês de bul, o oitavo mês. Salomão levou sete anos para construir o templo.

JOÃO 16.17 — 17.5

Alegria como um rio transbordante

¹⁷⁻¹⁸ Essas palavras levantaram muitas perguntas entre os discípulos: "O que ele quer dizer com 'qualquer dia desses, vocês não me verão mais e, então, num dia qualquer, vocês me verão outra vez'? E o que significa 'volto para o Pai'? E 'qualquer dia desses'? Não temos a menor ideia do que ele está falando!".

¹⁹⁻²⁰ Sabendo que eles queriam fazer perguntas, Jesus lhes disse: "Vocês vão tentar descobrir por vocês mesmos o que eu quis dizer com 'qualquer dia desses, vocês não me verão mais e, então, num dia qualquer, vocês me verão outra vez'? Então, guardem bem isto: vocês lamentarão enquanto o mundo estará em festa. Ficarão tristes, muito tristes, mas a tristeza de vocês se transformará em felicidade.

²¹⁻²³ "Quando está para dar à luz, a mulher passa por momentos difíceis, e não há como fugir disso. Mas, quando o bebê nasce, a alegria vem com o nascimento. Uma vida nova no mundo apaga a lembrança da dor. A tristeza que vocês sentem agora é como aquela dor, mas a alegria que virá também é semelhante. Quando eu me encontrar com vocês novamente, haverá muita alegria, e essa alegria ninguém conseguirá tirar de vocês. E não haverá mais perguntas.

²³⁻²⁴ "O que quero que façam é o seguinte: peçam ao Pai qualquer coisa de acordo com o que revelei a vocês. Peçam em meu nome, de acordo com minha vontade, e ele certamente a concederá. A alegria de vocês será como um rio transbordante!

²⁵⁻²⁸ "Tenho usado figuras de linguagem para comunicar estas coisas. mas em breve vou deixar de lado as figuras e falar claramente a respeito do Pai. Então, poderão fazer seus pedidos diretamente a ele, em relação à vida que revelei a vocês. Não vou mais fazer petição alguma ao Pai a favor de vocês. Não será preciso. Vocês se arriscaram, passando a seguir-me em amor e confiança e crendo que vim diretamente do Pai, por isso o Pai os ama. Primeiro, deixei o Pai e vim a este mundo; agora deixo o mundo e vou para o Pai".

²⁹⁻³⁰ Os discípulos exclamaram: "Finalmente! O senhor está falando de modo direto, não figuradamente. Agora sabemos que o senhor conhece tudo — tudo se resume na sua pessoa. Não precisa mais nos fazer essas perguntas. Estamos convencidos de que o senhor vem de Deus".

³¹⁻³³ Jesus respondeu: "Então finalmente acreditam? De fato, vocês estão prestes a se dispersar. Cada um tratará de salvar a própria pele, e para isso terá de me abandonar. Mas não serei abandonado. O Pai está comigo. Estou dizendo estas coisas para que, crendo em mim, vocês estejam inabaláveis e seguros e desfrutem a paz. Neste mundo mau vocês sempre terão dificuldades. Mas fiquem firmes! Eu venci o mundo".

A oração de Jesus a favor de seus seguidores

17 ¹⁻⁵ Tendo dito essas coisas, Jesus, erguendo os olhos em oração, disse:

"Pai, chegou a hora!
Manifesta o glorioso esplendor do teu Filho
Para que o Filho, por sua vez,
    possa manifestar teu glorioso esplendor.
Tu o designaste responsável
    por toda a humanidade

Para que ele possa dar vida real
e eterna a todos que lhe deste.
E esta é a vida real e eterna:
Que conheçam a ti,
O único Deus verdadeiro,
E a Jesus Cristo, a quem enviaste.
Eu te glorifiquei na terra,
Ao cumprir até o último detalhe
Tudo que me mandaste fazer.
Agora, Pai, glorifica a mim
com teu esplendor,
Aquele esplendor que eu tinha
na tua presença
Antes que houvesse mundo".

SALMOS 73.25-28

25-28 Tu és tudo que desejo no céu
e tudo que desejo na terra!
Minha pele perde a firmeza,
e meus ossos ficam fracos,
mas o Eterno é firme como rocha e é fiel.
Vejam: os que o abandonaram
estão em declínio!
Os desertores não terão outra chance.
Mas, para mim, estar na presença de Deus
é inigualável!
Fiz do Eterno, o Senhor, a minha casa.
Ó Deus, contarei ao mundo o que fazes!

◾ NOTAS

|||||||||||||||||||||||||||||||||||||||||||||||||||||||||||||

☐ DIA **160** __ / __ / __

1 REIS 7.1 — 8.5

7 **1-5** Salomão demorou mais treze anos para terminar a construção do seu palácio. Ele construiu o Palácio da Floresta do Líbano, com quarenta e cinco metros de comprimento, vinte e dois e meio de largura e treze e meio de altura. Tinha quatro fileiras de colunas de cedro, que sustentavam quarenta e cinco vigas de cedro, quinze em cada fileira. Por cima, estavam cobertas com cedro. Dos dois lados, havia janelas em grupos de três. As portas eram retangulares e estavam organizadas simetricamente.

6 Construiu um pátio com colunas medindo vinte e dois metros e meio de comprimento e treze e meio de largura. Na frente, havia outro pátio coberto, e a cobertura se estendia além das colunas.

7 Fez também um salão para audiências, também chamado Salão da Justiça, no qual ele julgava as causas. O salão foi inteiramente revestido de cedro.

8 Construiu seu palácio particular atrás do Salão da Justiça de maneira muito parecida. Salomão também construiu outro palácio semelhante para a filha do faraó, com quem tinha se casado.

9-12 Ele não economizou. Todas as pedras utilizadas, dentro e fora, desde a fundação até o telhado, eram de primeira linha, cortadas, lavradas e polidas com precisão. As pedras da fundação eram enormes, entre três metros e sessenta centímetros e quatro metros e meio. Eram de excelente qualidade. Por cima, foram postas as melhores pedras, cortadas sob medida, e vigas de cedro. O grande pátio foi cercado por um muro de três camadas de pedras e uma de tábuas de cedro, como no pátio interior do templo do Eterno.

DIA 160

13-14 O rei Salomão mandou chamar Hurão de Tiro. A mãe de Hurão era uma viúva da tribo de Naftali. O pai dele era de Tiro e artesão em bronze. Hurão também era um artesão muito hábil. Fazia qualquer trabalho em bronze. Ele veio ajudar Salomão e fez todo o trabalho de bronze.

15-22 Antes de tudo, fundiu duas colunas de bronze. Cada uma media oito metros e dez centímetros de altura e cinco metros e quarenta centímetros de circunferência. Também fundiu dois capitéis de bronze para a parte de cima das colunas. Cada um deles media dois metros e vinte e cinco centímetros de altura e tinha o formato de lírio. Cada capitel era ornamentado com um conjunto de sete correntes entrelaçadas e duas fileiras de duzentas romãs, que cobriam os capitéis no alto das colunas. Ele levantou as colunas do pórtico, à entrada do templo. À coluna do lado sul, ele deu o nome de Segurança (Jaquim), e à do lado norte, Estabilidade (Boaz). Os capitéis, no alto das colunas, tinham o formato de lírios.

22-24 Depois que terminou o trabalho das colunas, Hurão começou a fazer um enorme tanque redondo, de metal fundido. Media quatro metros e meio de diâmetro, dois metros e vinte e cinco centímetros de altura e treze metros e meio de circunferência. Abaixo da borda, havia duas fileiras de enfeites em formato de frutas, uma a cada cinco centímetros, fundidas numa só peça com o tanque.

25-26 O tanque apoiava-se sobre doze touros, três voltados para o norte, três para o oeste, três para o sul e três para o leste. A cabeça dos touros ficava para fora, e o tanque repousava sobre as costas dos touros. A espessura do tanque era de quatro dedos, e a borda tinha acabamento como de um cálice ou como um lírio. Tinha capacidade para quarenta mil litros.

27-33 Hurão também fez dez suportes de bronze. Cada um media um metro e oitenta centímetros de largura e de comprimento e um metro e trinta e cinco centímetros de altura. Do lado, havia painéis presos à moldura. Havia neles figuras de leões, bois e querubins gravados. Na moldura, abaixo e acima dos leões e dos bois, havia pendentes de metal, como uma grinalda. Cada suporte era montado sobre quatro rodas e dois eixos de bronze. As molduras eram fundidas com obras ornamentais. Cada suporte possuía uma abertura redonda de quarenta e cinco centímetros de profundidade sobre uma base de setenta centímetros quadrados. O suporte, propriamente, era quadrado. Os eixos eram presos sob o suporte, e as rodas, nos eixos. As rodas mediam setenta centímetros de diâmetro e eram como de carruagem. Eram feitas inteiramente de bronze fundido: os eixos, as rodas, os raios e os cubos.

34-37 Em cada canto do suporte, havia um cabo fundido numa peça com o suporte. No alto do suporte, havia um aro de vinte e dois centímetros de altura. As molduras e os cabos estavam fundidos com o suporte. Toda a superfície era gravada com querubins, leões e palmeiras rodeadas com um entalhe de grinaldas. Todos os suportes eram idênticos e fundidos no mesmo molde.

38-40 Ele também fez dez pias de bronze, uma para cada suporte, com capacidade para oitocentos litros, com um metro e oitenta centímetros de diâmetro. Pôs cinco desses suportes no lado sul do templo e cinco no lado norte. O tanque foi posto no canto sudeste do templo. Hurão terminou todos os utensílios: baldes, pás e bacias.

40-45 Hurão completou todo o trabalho do templo do Eterno determinado pelo rei Salomão:

duas colunas;
dois capitéis sobre as colunas;
dois conjuntos de correntes
    para enfeitar os capitéis;
quatrocentas romãs para as correntes
    (em duas fileiras de correntes);
dez suportes, cada um com uma pia;
o tanque;
doze touros debaixo do tanque;
diversos baldes, pás e bacias.

45-47 Todos os utensílios que Hurão fez a pedido do rei Salomão para o templo do Eterno eram de bronze polido. Ele os fundiu em moldes de argila na planície do Jordão entre Sucote e Zaretã. Esses utensílios nunca foram pesados. Eram muitos objetos! Ninguém tem a menor ideia de quanto bronze foi utilizado.

48-50 Salomão também mandou fazer toda a mobília e os demais acessórios internos do templo do Eterno:

o altar de ouro;
a mesa de ouro sobre a qual ficava o pão da presença;
os candelabros de ouro puro, distribuídos cinco à direita e cinco à esquerda na frente do santuário interior;
as flores, as lâmpadas e as tenazes de ouro;
as vasilhas, os cortadores de pavio, as bacias para aspersão, as tigelas e os incensários de ouro puro;
as dobradiças das portas do santuário interior, o Lugar Santíssimo, também as dobradiças das portas do santuário principal.

51 Assim, foi concluído o trabalho do rei Salomão no templo do Eterno. Depois, ele trouxe os utensílios consagrados por seu pai Davi: a prata, o ouro e os utensílios, e tudo foi levado para o tesouro do templo do Eterno.

8 **1-2** Para celebrar o encerramento dos trabalhos, o rei Salomão convocou todos os líderes de Israel, os chefes das tribos e dos clãs patriarcais para trazer a arca da aliança do Eterno de Sião, a Cidade de Davi. Todo o Israel se reuniu diante do rei Salomão no mês de etanim, o sétimo mês, para a grande festa de outono.

3-5 Com todos os líderes de Israel presentes, os sacerdotes carregaram a arca do Eterno e a levaram junto com a Tenda do Encontro e seus utensílios consagrados. O rei Salomão e toda a comunidade de Israel estavam diante da arca, adorando e sacrificando muitas ovelhas e bois. Eram tantos animais que não se podia contar.

JOÃO 17.6-26

6-12 "Eu manifestei teu caráter em detalhes
Aos homens e mulheres que me deste.
Eles eram teus antes de qualquer coisa,
E os deste a mim,
Eles agora fazem o que dizes.
Eles sabem agora, sem sombra de dúvida,
Que tudo que me deste,
era originariamente teu,
Pois a mensagem que me deste,
eu transmiti a eles.
Eles a receberam e foram convencidos
De que vim de ti.
Eles creram que me enviaste.
Oro por eles.
Não oro pelo mundo, que rejeitou Deus,
Mas por aqueles que me deste,
Pois eles são teus por direito.
Tudo que é meu é teu, e tudo que é teu é meu.
E minha vida é visível neles,
Pois não vou mais me manifestar ao mundo.
Eles vão continuar no mundo
Enquanto retorno para ti.
Pai Santo, guarda-os enquanto eles
perseveram nesta vida,
Que conferiste como um dom,
por meu intermédio,
De modo que eles possam ser um só coração e
uma única mente,
Assim como somos um coração e uma mente.

Enquanto eu estava com eles, eu os guardei,
Na busca da vida que deste
por meu intermédio.
Eu me posicionei como um vigia,
E nenhum deles se perdeu,
Exceto o rebelde que se inclinou à destruição
(a exceção que confirma a regra
das Escrituras)".

13-19 "Agora volto para ti.
Digo estas coisas para que o mundo ouça,
Para que meu povo possa experimentar
Minha alegria completa neles.
Eu dei a eles tua palavra.
O mundo mau os odiou por causa disso,
Porque eles não adotaram o estilo
de vida do mundo.
Não peço que os tires do mundo,
Mas que os guardes do Maligno.
Eles não são mais orientados pelo mundo,
Assim como eu também não sou.
Faze-os santos — consagrados
— com tua verdade.
Tua palavra é verdade que consagra.
Assim como me deste uma
missão no mundo,
Eu dei a eles uma missão no mundo.
Eu me consagro por causa deles,
Para que eles sejam consagrados
à verdade em sua missão".

20-23 "Oro não apenas por eles,
Mas também por todos os que
crerão em mim
Por causa deles e do testemunho
deles a meu respeito.
O alvo para todos eles é tornar-se um só
coração e uma única mente —
Assim como tu, ó Pai, és em mim e eu em ti.
Para que possam ser um só coração e uma
única mente conosco.
Então, o mundo poderá crer que tu,
de fato, me enviaste.
A mesma glória que me deste eu dei a eles.
Para que eles estejam unidos
como nós estamos —
Eu neles e eles em mim.
Assim, eles amadurecerão nessa unidade
E darão evidência ao mundo mau
De que tu me enviaste e os amaste
Do mesmo modo que amaste a mim".

DIA 161

24-26 "Pai, é meu desejo que todos
aqueles que me deste
Estejam comigo, bem onde eu estou,
Para que possam ver minha glória,
o esplendor que me deste,
Tendo me amado
Muito antes que houvesse mundo.
Pai Justo, o mundo nunca te conheceu,
Mas eu te conheço,
e esses discípulos sabem
Que me enviaste nesta missão.
Eu revelei teu ser a eles —
Quem és e o que fazes.
Continua a fazer isso conhecido
Para que teu amor por mim
Possa estar neles,
Exatamente como neles eu estou".

SALMOS 74.1-8

Um salmo de Asafe

74 **1Tu** saíste e nos abandonaste,
sem ao menos olhar para trás.
Ó Deus, como pudeste?
Somos tuas ovelhas:
como podes nos pisar dessa maneira?

2-3 Refresca tua memória: tu nos compraste
há muito tempo!
Somos tua tribo mais preciosa:
pagaste um bom preço por nós!
Somos teu monte Sião — na verdade,
já moraste aqui uma vez!
Vem e visita o lugar do desastre,
vê como eles destruíram o santuário.

4-8 Enquanto teu povo adorava,
teus inimigos entraram sem pedir licença,
gritando e pichando as paredes.
Eles puseram fogo na entrada.
Brandindo machados, despedaçaram
os objetos de madeira,
Derrubaram as portas a marretadas,
e depois as transformaram em lenha.
Eles queimaram aquele santo lugar
até o chão,
violaram o lugar da adoração.
Diziam a si mesmos:
"Vamos bani-los da terra".
E queimaram todos
os lugares de adoração.

NOTAS

DIA 161 ___/___/___

1REIS 8.6-66

6-9 Os sacerdotes levaram a arca da aliança do Eterno ao lugar designado no santuário interior, o Lugar Santíssimo, sob as asas dos querubins. As asas abertas dos querubins se estendiam sobre a arca e suas varas. As varas eram tão compridas que as pontas podiam ser vistas da entrada do santuário interior — de mais longe não era possível vê-las. Elas continuam lá até hoje. Dentro da arca, estavam apenas as duas tábuas de pedra que Moisés tinha guardado, ainda no Horebe, onde o Eterno fez uma aliança com Israel depois de tirar o seu povo do Egito.

Conclusão, dedicação e ocupação do templo

10-11 Quando os sacerdotes saíram do Lugar Santíssimo, uma nuvem encheu o templo do Eterno. Os sacerdotes não puderam cumprir suas obrigações sacerdotais por causa da nuvem, pois a glória do Eterno encheu o templo.

12-13 Então, Salomão orou:

"O Eterno disse que habitaria numa nuvem escura, na qual ninguém poderia vê-lo.

Ó Deus, eu construí este majestoso templo como sinal permanente da tua presença invisível".

14 Depois, o rei virou-se para a comunidade e abençoou o povo:

15-16 "Bendito seja o Eterno, o Deus de Israel, que falou pessoalmente a meu pai, Davi, pois agora ele cumpriu o que tinha prometido, dizendo: 'Desde que eu trouxe o meu povo Israel do Egito, não separei uma cidade entre as tribos de Israel para construir um templo em que estabelecesse o meu nome. Mas escolhi Davi para governar sobre o meu povo Israel'.

17-19 "Meu pai, Davi, queria construir um templo para a honra do nome do Eterno, o Deus de Israel. Mas o Eterno disse: 'É bom saber que você deseja construir um templo para me honrar, mas não será você, e, sim, seu filho que o construirá, para a honra do meu nome'.

20-21 "O Eterno cumpriu o que prometeu. Eu sou o sucessor de meu pai, Davi, no governo de Israel, como o Eterno prometeu. Construí um templo para honrar o Eterno, o Deus de Israel, e designei um lugar para a arca, que contém os termos da aliança que o Eterno fez com nossos antepassados quando os tirou da terra do Egito".

22-25 Diante de toda a comunidade de Israel, Salomão ficou de pé diante da arca, levantou as mãos ao céu e orou:

"Ó Eterno, Deus de Israel, não há Deus igual a ti em cima nos céus ou embaixo na terra, que guarde fielmente a aliança com seus servos e tenha um amor inabalável pelos que vivem em sincera obediência aos teus caminhos. Tu cumpriste a promessa feita a meu pai Davi. Fizeste exatamente o que tinhas prometido. A prova disso está diante dos nossos olhos hoje!

Ó Eterno, Deus de Israel, continua guardando as promessas feitas ao meu pai, Davi, quando disseste: 'Você sempre terá um descendente para representar o meu governo sobre o trono de Israel, com a condição de que seus descendentes sejam fiéis a mim, como você é'.

26 Ó Deus de Israel, que isso aconteça! Confirma e concretiza essas promessas.

27-32 É possível Deus morar no nosso meio? Nem o próprio Universo é suficiente para conter o seu ser, muito menos o templo que construí. Mesmo assim, ouso pedir: Atenta para a minha oração de intercessão e súplica, ó Eterno, Deus meu. Ouve a minha insistente oração, que faço diante de ti. Olha para este templo, dia e noite, o lugar a respeito do qual disseste: 'Aqui o meu nome será honrado'. Ouve a oração que faço aqui.

Ouve da tua habitação no céu
e perdoa o pecado.

Quando alguém ofender o próximo e decidir corrigir o erro, apresentando-se diante do teu altar neste templo e orar a ti, ouve do céu e age com justiça. Julga os teus servos, permitindo que o ofensor pague pela ofensa, e livra o ofendido de toda acusação.

33-34 Quando teu povo, Israel, for derrotado pelo inimigo por ter pecado contra ti e vier te buscar neste templo, reconhecendo o teu domínio com uma súplica fervorosa,

Ouve da tua habitação no céu,
perdoa o pecado do teu povo Israel
e traze-o de volta para a terra que deste aos seus antepassados.

35-36 Quando o céu retiver a água e não houver chuva porque o teu povo pecou contra ti, e o povo vier aqui para orar, reconhecendo o teu domínio e abandonando seus pecados por causa do castigo que sofreram,

Ouve da tua habitação no céu
e perdoa o pecado dos teus servos,
do teu povo Israel.

DIA 161

Depois, renova o teu cuidado para com eles. Ensina-os a viver como se deve. Envia chuva sobre a terra que deste ao teu povo como herança.

37-40 Quando ocorrerem calamidades, fomes, catástrofes, fracasso ou doença na lavoura, invasão de gafanhotos e larvas, ou quando um inimigo os atacar, toda oração que qualquer pessoa do teu povo, Israel, fizer, reconhecendo as consequências do seu erro, e estender as mãos na direção deste templo, suplicando a tua ajuda,

Ouve da tua habitação no céu.

Perdoa e age. Dá a cada um o que ele merece, pois conheces o coração de cada um (só tu conheces o coração humano), para que possa viver diante de ti em constante reverência e obediência nesta terra que deste aos nossos antepassados.

41-43 Não te esqueças do estrangeiro, que não faz parte do teu povo Israel, mas veio de um país longínquo por causa da tua fama. Pessoas de todos os povos virão para cá por causa do teu grande nome, por causa das maravilhas do teu poder, pessoas que virão orar neste templo.

Ouve da tua habitação no céu.

Atende a oração do estrangeiro para que os povos, em todo o mundo, saibam quem és e vivam em reverente obediência diante de ti, como o teu povo Israel. Para que saibam que tu, e ninguém mais, fazes deste templo que construí o que ele é.

44-51 Quando o teu povo sair para a guerra contra seus inimigos, na hora e ao lugar que tu determinares, e orar ao Eterno, voltado para a cidade que escolheste e para este templo que construí para a honra do teu nome,

Ouve do céu a oração e a súplica do teu povo e defende a causa deles.

Quando o teu povo pecar contra ti, e por certo pecará, pois não há ninguém que não peque, e, na tua ira, o entregares ao inimigo para ser levado prisioneiro à terra dele, seja próxima, seja distante, mas se arrepender na terra do cativeiro e orar do exílio com sinceridade de coração:

'Nós pecamos. Cometemos um grande erro. Agimos com perversidade', e mudarem seu coração, com determinação na terra do inimigo que os conquistou, e orarem a ti, voltados para esta terra, a terra que deste aos seus antepassados, para a cidade que escolheste e para este templo que construí para honrar o teu nome,

Ouve da tua habitação no céu as orações persistentes e fervorosas e defende a causa deles.

Perdoa o teu povo que pecou contra ti. Perdoa a terrível rebeldia e faz que seus opressores sejam compassivos com eles. Afinal, são todos teu povo, tua herança valiosa, a quem resgataste do meio daquela fornalha de fundição, o Egito!

52-53 Ouve com atenção as orações do teu servo e do teu povo Israel. Ouve todas as vezes que clamarem a ti! Tu mesmo os escolheste entre todos os povos da terra para serem teu povo, como disseste por meio de teu servo Moisés, quando tiraste nossos antepassados da terra do Egito".

54-55 Tendo acabado de orar ao Eterno dessa maneira ousada e eloquente, Salomão ficou de pé diante do altar do Eterno, no qual tinha estado de joelhos todo o tempo, com os braços estendidos para o céu. Já de pé, ele abençoou toda a congregação de Israel, clamando em alta voz:

56-58 "Bendito seja o Eterno que concedeu paz a seu povo, como tinha prometido. Nenhuma de todas as maravilhosas promessas que fez por meio de Moisés se perdeu. Que o Eterno, o nosso Deus, esteja conosco, assim como esteve com os nossos antepassados, e nunca desista de nós nem nos abandone. Que estejamos sempre atentos e dedicados a ele e, assim, possamos seguir o caminho que traçou para nós, atentando para suas orientações, andando no compasso e no ritmo que ele estabeleceu para nossos antepassados.

59-61 "Que as palavras que proferi na presença do Eterno estejam sempre diante dele, dia e noite, para que ele faça o que é certo para mim e garanta justiça para o seu povo Israel, dia após dia. Então, todos os povos da terra saberão que o Eterno é o Deus verdadeiro e que não há outro Deus. Quanto a vocês, vivam em total obediência ao Eterno, o nosso Deus, seguindo o caminho que ele traçou para nós. Estejam atentos a tudo que ele nos mostrou hoje".

62-63 O rei e todo o Israel adoraram, oferecendo sacrifícios ao Eterno. Salomão apresentou ofertas de paz, sacrificou ao Eterno vinte e dois mil bois e cento e vinte mil ovelhas. Foi assim que todo o Israel e o rei dedicaram o templo do Eterno.

64 Naquele mesmo dia, o rei dedicou a parte central do pátio, que ficava diante do templo do Eterno, para uso sagrado. Ali, ele sacrificou ofertas queimadas, ofertas de cereal e a gordura das ofertas de paz, pois o altar de bronze não comportava todas essas ofertas.

65-66 Foi assim que Salomão celebrou a festa do outono com todo o Israel. Havia gente desde o extremo nordeste, em Lebo-Hamate, até o extremo sudoeste, no ribeiro do Egito. Uma grande multidão. A festa durou sete dias e, depois, mais sete! Duas semanas de festa! Depois, ele os despediu. O povo abençoou o rei e voltou para casa, todos entusiasmados e com o coração agradecido por todas as coisas boas que o Eterno tinha feito pelo seu servo Davi e por todo o povo de Israel.

JOÃO 18.1-21

Preso no jardim

18 **1** Tendo feito essa oração, Jesus saiu com seus discípulos e passou para o outro lado do vale de Cedrom, até um lugar onde havia um jardim. Ele e os discípulos entraram no jardim.

2-4 Judas, o traidor, conhecia o lugar, porque Jesus e seus discípulos costumavam ir ali. Então, Judas guiou os soldados romanos e os guardas enviados pelos principais sacerdotes e fariseus até o jardim. Eles traziam lanternas, tochas e espadas. Jesus, ciente de tudo que estava para acontecer, saiu para encontrá-los. Ele disse: "Vocês estão atrás de quem?".

Eles responderam: "De Jesus, o Nazareno".

5-6 Ele disse: "Sou eu". Os soldados recuaram, desconcertados. Judas, o traidor, se destacava no grupo.

7 Jesus perguntou outra vez: "Vocês estão atrás de quem?".

Eles responderam: "De Jesus, o Nazareno".

8-9 "Já disse que sou eu. Então, se estão atrás de mim, deixem os outros irem." (Isso confirmou as palavras de sua oração: "Não perdi nenhum dos que me deste".)

10 Nesse momento, Simão Pedro, que trazia uma espada, sacou-a da bainha e feriu o servo do sacerdote principal, decepando sua orelha direita. Malco era o nome do servo.

11 Mas Jesus ordenou a Pedro: "Guarde a espada! Está pensando que não vou beber o cálice que o Pai me deu?".

12-14 Então, os soldados romanos, o comandante deles, e os guardas dos judeus prenderam Jesus e o amarraram. Eles o levaram primeiro a Anás, sogro de Caifás. Esse Caifás era o sacerdote principal naquele ano. Foi Caifás quem lembrou os judeus de que seria melhor para eles se um homem morresse pelo povo.

15-16 Simão Pedro e outro discípulo seguiram Jesus. Esse outro discípulo era conhecido do sacerdote principal, e ele foi com Jesus até o pátio da casa de Caifás. Pedro teve de ficar do lado de fora. Então, o outro discípulo saiu, falou com a moça que cuidava da entrada, e Pedro pôde entrar.

17 A moça que cuidava da entrada perguntou a Pedro: "Você não é um dos discípulos desse homem?".

Ele disse: "Não, não sou".

18 Então, os servos e os guardas acenderam uma fogueira, por causa do frio, e estavam aconchegados a ela, aquecendo-se. Pedro juntou-se a eles, tentando se aquecer também.

O interrogatório

19-21 Enquanto isso, Anás interrogou Jesus a respeito dos seus discípulos e dos seus ensinos. Jesus respondeu: "Falei abertamente, em público. Sempre ensinei nas sinagogas e no templo, onde todos os judeus se reúnem. Tudo foi dito em público. Não disse nada às escondidas. Então, por que sou tratado como traidor? Pergunte aos que me ouviram. Eles sabem muito bem o que eu disse. Minhas palestras foram dadas às claras".

SALMOS 74.9-17

9-17 Não há sinal ou símbolo de Deus à vista;
não temos ninguém para falar em teu nome,
ninguém que saiba o que está acontecendo.
Até quando, ó Deus, os bárbaros blasfemarão,
e os inimigos nos amaldiçoarão
e sairão ilesos?
Por que não fazes alguma coisa?
Até quando ficarás sentado aí,
como se estivesses de mãos atadas?
Deus é meu Rei desde o começo.
Ele efetua a salvação no útero da terra.
Com um sopro, dividiste o mar em dois,
fizeste picadinho dos monstros do mar.
Cortaste as cabeças de Leviatã;
depois as serviste cozidas para os animais.

DIA 162

Com teu dedo, abriste fontes e riachos
e secaste as enchentes implacáveis.
Tu és o dono do dia e o dono da noite:
pões as estrelas e o Sol em seus lugares.
Projetaste os quatro cantos da terra
e criaste as estações do verão e do inverno.

■ NOTAS

□ DIA **162** ___ / ___ / ___

1 REIS 9.1 — 10.29

9¹⁻²**D**epois de Salomão terminar a construção do templo do Eterno e do palácio real, realizando, assim, o seu desejo, o Eterno apareceu outra vez a Salomão, como tinha acontecido em Gibeom.

³⁻⁵ O Eterno disse: "Ouvi atentamente sua oração e suas súplicas fervorosas. Já santifiquei o templo que você construiu: o meu nome está firmado nele para sempre, e os meus olhos e meu coração estarão sobre ele para sempre. Quanto a você, se viver diante de mim como seu pai, Davi, que tinha um coração puro e um procedimento correto; se agir conforme as minhas instruções; se respeitar as minhas orientações e a minha correção, eu mesmo vou garantir a sustentação do seu reinado sobre Israel, a mesma garantia que dei a seu pai, Davi: 'Você sempre terá um descendente sobre o trono de Israel'.

⁶⁻⁹ "Mas, se você e seus descendentes me traírem e desprezarem as minhas instruções e a minha correção e se associarem a deuses estranhos, prestando culto a eles e servindo-lhes, a garantia será suspensa. Eliminarei Israel da terra e rejeitarei o templo que acabei de santificar para a honra do meu nome. Israel será reduzido a nada e será ridicularizado entre todos os povos da terra. Esse majestoso templo será objeto de desprezo. Pessoas estranhas passarão por ele balançando a cabeça e dizendo: 'O que aconteceu aqui? Por que ele está em ruínas?'. E alguém dirá: 'O povo que vivia aqui traiu o Eterno, o seu Deus, que tirou seus antepassados do Egito. Eles se associaram a deuses estranhos, adoraram e serviram a outros deuses. Foi isso que aconteceu. O Eterno permitiu essa destruição'".

¹⁰⁻¹²**D**epois de vinte anos de construção do templo do Eterno e do palácio real, Salomão deu de presente ao rei Hirão, de Tiro, como retribuição, vinte cidades do distrito da Galileia. Hirão tinha fornecido todo o cedro, pinho e ouro que Salomão tinha desejado. Hirão saiu de Tiro para conhecer as cidades, mas não gostou do que viu.

¹³⁻¹⁴ Ele disse: "Que presente é esse, meu amigo? Que cidades mais inúteis!". Até hoje, o povo se refere assim àquelas cidades. Essa foi a única recompensa que Hirão recebeu de Salomão pelos quatro mil e duzentos quilos de ouro que forneceu!

¹⁵**E**sse é o registro das realizações da força de trabalho de Salomão para construir o templo do Eterno, o seu palácio real, o sistema de defesa em Milo, os muros de Jerusalém e as cidades fortificadas de Hazor, Megido e Gezer.

¹⁶⁻¹⁷ O faraó, rei do Egito, atacou, conquistou e incendiou Gezer e matou todos os moradores cananeus. Depois, deu a cidade como presente de casamento a sua filha, mulher de Salomão, e o rei de Israel a reconstruiu.

17-19 Ele também construiu Bete-Horom Baixa, Baalate e Tadmor no deserto, cidades afastadas, para servir de armazéns, e aldeias para os cavalos e carros de guerra. Salomão construiu tudo que desejou em Jerusalém, no Líbano e em qualquer lugar de sua escolha.

20-23 Os remanescentes dos antigos habitantes da terra, os amorreus, os hititas, os ferezeus, os heveus, os jebuseus, ou seja, os não israelitas, sobreviventes das guerras, Salomão arregimentou para trabalhos forçados. Até hoje, continuam fazendo isso. Mas os verdadeiros israelitas não foram tratados dessa maneira. Eles eram utilizados no exército e na área administrativa, como líderes do governo, comandantes dos carros de guerra e condutores de carros. Eram também oficiais encarregados dos projetos e da execução das construções. Ele tinha quinhentos e cinquenta encarregados sobre o pessoal submetido a trabalhos forçados.

24 Depois que a filha do faraó subiu solenemente da Cidade de Davi para ocupar a residência no palácio construído especialmente para ela, Salomão construiu o sistema de defesa em Milo.

25 Salomão oferecia sacrifícios no altar do Eterno três vezes ao ano. Ele apresentava ofertas queimadas, ofertas de paz e queimava incenso na presença do Eterno. Tudo que estivesse ligado ao templo, Salomão cuidava para que fosse feito com esmero e generosidade.

26-28 O rei Salomão também fabricou navios em Eziom-Geber, perto de Elate, em Edom, no litoral do mar Vermelho. Hirão enviou marinheiros experientes para auxiliar os marinheiros de Salomão. Eles foram até Ofir, de onde trouxeram dezesseis toneladas de ouro para Salomão.

A visita da rainha de Sabá

10 **1-5** A rainha de Sabá ficou sabendo da fama de Salomão por causa do nome do Eterno. Ela veio testá-lo com perguntas difíceis. Chegou a Jerusalém em grande estilo, trazendo uma comitiva e camelos carregados de especiarias e grande quantidade de ouro e pedras preciosas. Na audiência com Salomão, ela falou a respeito de tudo que era do seu interesse, abrindo o coração diante dele. Salomão respondeu a todas as suas dúvidas, sem demonstrar embaraço em nenhum momento. Depois que a rainha de Sabá ouviu, de primeira mão, a sabedoria de Salomão e viu com os próprios olhos o palácio dele, a comida que era servida, as acomodações dos altos funcionários da corte, a roupa impecável dos criados, a exuberância dos cristais e a generosa oferta sacrificada no templo do Eterno, ela ficou abismada.

6-9 Ela disse ao rei: "Tudo que ouvi a seu respeito é verdade! A reputação de suas realizações e de sua sabedoria em meu país se confirmou. Eu não teria acreditado se eu mesma não tivesse visto. Não foi exagero o que ouvi! Sabedoria e elegância muito além do que eu poderia imaginar. Felizes os homens e mulheres que trabalham para você, pois têm o privilégio de estar perto de você todos os dias e ouvir suas sábias palavras! Bendito seja o Eterno, o seu Deus, que se agradou de você e o constituiu rei. Sem dúvida, o amor do Eterno para com Israel está por trás disso tudo. Ele o constituiu rei para manter a ordem e a justiça".

10 Ela deu de presente ao rei mais de quatro toneladas de ouro e grande quantidade de especiarias e pedras preciosas. Nunca se viu tantas especiarias juntas quanto as que a rainha de Sabá trouxe para Salomão.

11-12 Os navios de Hirão também importavam ouro de Ofir e grandes quantidades de madeira de sândalo e pedras preciosas. Da madeira de sândalo, o rei fez os corrimãos do templo do Eterno e do palácio real. Também a utilizou para fabricar harpas e liras para os músicos. Nunca mais foi recebida uma carga de madeira de sândalo como aquela.

13 Salomão, em troca, deu à rainha de Sabá tudo que ela desejou e pediu, além dos generosos presentes que ela já tinha recebido dele. Satisfeita com o que viu, ela voltou para seu país com sua comitiva.

14-15 Salomão recebia, todos os anos, vinte e cinco toneladas de ouro, sem contar o que recebia de impostos e de lucro do comércio com mercadores e diversos reis e governadores.

16-17 O rei Salomão mandou fazer duzentos escudos grandes de ouro batido. Cada escudo pesava três quilos e seiscentos gramas. Fez também trezentos escudos menores, de um quilo e oitocentos gramas de ouro batido cada um. Ele guardou os escudos no Palácio da Floresta do Líbano.

18-20 O rei construiu um imenso trono de marfim revestido de ouro puro. O trono tinha seis degraus, e o seu encosto era arredondado. Ao lado de cada braço do trono, havia um leão. Na ponta de cada degrau, também havia um leão. Não havia um trono parecido com esse nos reinos ao redor.

21 Todas as taças do rei Salomão eram feitas de ouro puro, assim como todos os utensílios do Palácio da Floresta do Líbano. Na época, não se fazia nada de prata, pois era material barato e muito comum.

DIA 162

²² O rei tinha uma frota de navios que viajava junto com os navios de Hirão. A cada três anos, a frota trazia uma carga de ouro, prata, marfim, macacos e pavões.

²³⁻²⁵ O rei Salomão era o mais sábio e rico de todos os reis da terra. Ele superava todos eles. Gente de todos os cantos da terra vinha conhecer Salomão e sorver um pouco da sabedoria que Deus tinha dado a ele. Todos os anos, os visitantes chegavam em grandes levas, e todos traziam presentes: artigos de ouro e de prata, roupas, armas modernas, especiarias exóticas, cavalos e mulas.

²⁶⁻²⁹ Salomão juntou carros e cavalos: mil e quatrocentos carros e doze mil cavalos! Ele os deixava em cidades reservadas especialmente para eles e também em Jerusalém. O rei fez que a prata fosse comum como pedra, e o cedro, como as figueiras das planícies. Seus cavalos eram importados do Egito e da Cilícia, adquiridos pelos agentes do rei. Os carros do Egito custavam sete quilos e duzentos gramas de prata; e um cavalo, cerca de um quilo e oitocentos gramas de prata. Salomão os comercializava com os palácios reais dos hititas e dos arameus.

JOÃO 18.22 — 19.3

²² Ao ouvir essa resposta, um dos guardas o esbofeteou, dizendo: "Como ousa falar desse jeito com o sacerdote principal?".

²³ Jesus reagiu: "Se eu disse alguma coisa errada, prove. Mas, se falei a verdade, por que a agressão?".

²⁴ Então, Anás o enviou, ainda amarrado, ao sacerdote principal Caifás.

²⁵ Enquanto isso, Simão Pedro continuava se aquecendo perto da fogueira. Foi quando alguns dos que estavam ali perguntaram: "Você não é um dos discípulos dele?".

Ele o negou: "Eu não".

²⁶ Um dos servos do sacerdote principal, parente do homem cuja orelha Pedro havia decepado, desconfiou: "Eu não vi você no jardim com ele?".

²⁷ Mais uma vez Pedro negou. Em seguida, o galo cantou.

O Rei dos judeus

²⁸⁻²⁹ Jesus foi levado da presença de Caifás para o palácio do governador romano. Era de manhã bem cedo. Eles mesmos não entraram no palácio porque isso os impediria de participar da Páscoa. Então, Pilatos foi até onde eles estavam e perguntou: "Que acusação vocês apresentam contra este homem?".

³⁰ Eles disseram: "Se ele não tivesse feito nada de errado, acha que estaríamos aqui?".

³¹⁻³² Pilatos respondeu: "Vocês o pegaram. Julguem-no conforme a lei de vocês".

Os judeus replicaram: "Não temos autorização para matar ninguém". (Isso iria confirmar a palavra de Jesus indicando como ele iria morrer.)

³³ Então, Pilatos voltou ao palácio, chamou Jesus e perguntou: "Você é o 'Rei dos judeus'?".

³⁴ Jesus respondeu: "Você diz isso por sua conta, ou alguém contou a você?".

³⁵ Pilatos disse: "Por acaso pareço judeu? Seu povo e seus sacerdotes o entregaram a mim. O que você fez?".

³⁶ Jesus disse: "Meu Reino não consiste naquilo que pode ser visto. Se fosse, meus seguidores lutariam para que eu não fosse entregue aos judeus. Mas não sou esse tipo de rei, não um rei conforme o mundo".

³⁷ Pilatos insistiu: "Mas você é um rei ou não é?".

Jesus respondeu: "Você pode dizer. Por ser Rei, nasci e vim ao mundo para que pudesse dar testemunho da verdade. Aquele que se importa com a verdade e tem alguma sensibilidade a ela reconhece a minha voz".

³⁸⁻³⁹ Pilatos quis saber: "O que é a verdade?".

Então, ele voltou para onde estavam os judeus e declarou: "Não acho nada de errado naquele homem. É costume de vocês que eu perdoe um prisioneiro na Páscoa. Querem que eu perdoe o 'Rei dos judeus'?".

⁴⁰ Mas, por incrível que pareça, eles gritaram de volta: "Não! Queremos Barrabás!". Barrabás era um revolucionário judeu.

A coroa de espinhos

19¹⁻³ Pilatos, então, mandou que açoitassem Jesus. Os soldados trançaram uma coroa de espinhos e a puseram em sua cabeça. Vestiram nele um manto púrpura e chegavam perto dele, dizendo: "Salve, Rei dos judeus!". E o saudavam com tapas no rosto.

SALMOS 74.18-23

¹⁸⁻²¹ Anota, ó Eterno, todos os insultos
dos inimigos e cada profanação!
Não atires teus cordeiros aos lobos!
Depois de tudo que sofremos,
não te esqueças de nós!
Lembra-te das tuas promessas:
a cidade está na escuridão,
o campo se tornou violento.
Não deixes que as vítimas apodreçam na rua:
faz delas um coro que cante louvores a ti.

22-23 Põe-te de pé, ó Deus,
e te defende!
Estás ouvindo o que dizem a teu respeito,
todas essas obscenidades?
Não ignores a depravação deles,
os atos ultrajantes, que nunca cessam.

◼ NOTAS

|||||||||||||||||||||||||||||||||||||||||||||||||||||

☐ DIA 163 ___ / ___ / ___

1 REIS 11.1 — 12.11

11 **1-5** O rei Salomão era louco por mulheres. A filha do faraó foi apenas a primeira de inúmeras mulheres estrangeiras que ele teve, as moabitas, as amonitas, as edomitas, as sidônias e as hititas.

Ele as tomava das nações pagãs ao redor, embora o Eterno tivesse advertido com veemência os israelitas: "Vocês não se casarão com tais mulheres, porque elas induzirão vocês a adorar ídolos". Mesmo assim, Salomão se apaixonava por elas e não as rejeitava. Ele teve setecentas princesas e trezentas concubinas. Mil mulheres! E elas, de fato, o levaram a se desviar de Deus. À medida que Salomão envelhecia, suas mulheres o atraíam para o lado dos deuses estrangeiros, e sua fidelidade ao Eterno foi esmorecendo. Ele não se manteve leal ao Eterno, como seu pai Davi. Salomão virou devoto de Astarote, a deusa dos sidônios, e de Moloque, o abominável deus dos amonitas.

6-8 Salomão desprezou abertamente o Eterno, não seguiu os passos de seu pai, Davi. Ele construiu sobre uma colina a leste de Jerusalém um altar para Camos, o odioso deus de Moabe, e outro para Moloque, o abominável deus dos amonitas. Ele construiu altares semelhantes para os ídolos de todas as mulheres estrangeiras. Elas poluíram a terra com a fumaça e o incenso dos seus sacrifícios.

9-10 O Eterno ficou furioso com Salomão, por vê-lo abandonar o Deus de Israel, que tinha aparecido a ele duas vezes e ordenado claramente que não se associasse com outros deuses. Salomão desobedeceu às ordens de Deus.

11-13 Então, o Eterno disse a Salomão: "Já que você não tem a menor intenção de ser leal a mim e de obedecer ao que ordenei a você, vou tirar o reino de você e entregá-lo a outro. Mas, por respeito a seu pai, Davi, não farei isso durante a sua vida. Seu filho pagará por isso. Vou arrancar o reino da mão dele. Mesmo assim, não vou tirar tudo: uma tribo ficará, por respeito ao meu servo Davi e a Jerusalém, cidade que escolhi".

14-20 O Eterno incitou Hadade, descendente do rei de Edom, a atacar Salomão. Muito tempo antes, quando Davi destruiu Edom, Joabe, comandante do exército, a caminho de enterrar os mortos, massacrou todos os homens de Edom. Joabe e o seu exército permaneceram na região seis meses e, nesse tempo, mataram todos os homens de Edom. Hadade, que era um garoto na época, fugiu com alguns edomitas que trabalhavam para seu pai. Eles viajaram por Midiã e chegaram a Parã. Juntaram-se com alguns homens em Parã e foram para o Egito. O faraó deu casa, comida e até um pedaço de terra para Hadade. O rei do Egito gostou tanto dele que deu a ele em casamento uma irmã de sua mulher, a rainha Tafnes. Ela deu à luz um filho, Genubate, que foi criado como membro da família real. O menino cresceu no palácio com os filhos do faraó.

DIA 163

²¹ Ainda no Egito, Hadade soube que Davi e Joabe, comandante do exército, haviam morrido. Ele pediu ao faraó: "Despeça-me com a sua bênção. Quero voltar para o meu país".

²² O faraó perguntou: "Mas por quê? Por que você nos deixaria? Alguma coisa está desagradando a você?".

Hadade respondeu: "Não tenho do que reclamar, mas quero voltar para o meu país. Por favor, deixe-me ir!".

²³⁻²⁵ **D**eus levantou outro adversário contra Salomão: Rezom, filho de Eliada, que tinha desertado de seu senhor, Hadadezer, rei de Zobá. Depois que Davi tinha massacrado os arameus, Rezom tinha arregimentado um bando de sujeitos de má índole e era o líder deles. Mais tarde, eles se transferiram para Damasco, e, ali, Rezom se tornou o rei da cidade. Hadade e Rezom foram um espinho para Israel durante toda a vida de Salomão. Hadade foi rei da Síria e odiava Israel.

Os adversários

²⁶ A última gota foi Jeroboão, filho de Nebate, que se rebelou contra o rei. Ele era efraimita de Zeredá, e sua mãe era uma viúva chamada Zerua. Ele trabalhava na administração do governo de Salomão.

²⁷⁻²⁸ Ele se rebelou, porque Salomão construiu uma defesa, o Milo, e restaurou as fortificações destruídas da época de seu pai Davi. Jeroboão era competente e hábil na área da construção. Quando Salomão viu que ele era um trabalhador dedicado, encarregou-o do trabalho forçado na tribo de José.

²⁹⁻³⁰ Certo dia, Jeroboão saía de Jerusalém e encontrou Aías, o profeta de Siló, que vestia uma capa nova. Os dois estavam sozinhos naquele lugar deserto da estrada, e Aías tirou a capa e cortou-a em doze pedaços.

³¹⁻³³ Ele disse a Jeroboão: "Fique com estes dez pedaços, pois a ordem do Eterno, o Deus de Israel, é esta: 'Veja o que estou fazendo. Estou arrancando o reino das mãos de Salomão e dando a você dez tribos. Por respeito a meu servo Davi e a Jerusalém, a cidade que escolhi, ele ficará com uma tribo. O motivo é que ele me abandonou e foi servir a Astarote, deusa dos sidônios, Camos, deus dos moabitas, e Moloque, deus dos amonitas. Ele não segue mais as minhas orientações, ignora a minha vontade, não segue as minhas instruções e desobedece às minhas ordens. É bem diferente de seu pai.

³⁴⁻³⁶ "Apesar disso, não vou tirar todo o reino das mãos dele. Serei leal a ele durante toda a sua vida por causa do meu servo Davi, a quem escolhi e que seguiu as minhas instruções e obedeceu às minhas ordens. Mas vou tirar o reino do controle do filho dele, e dez tribos serão entregues a você. Deixarei uma tribo com o filho dele, como testemunha a favor do meu servo Davi em Jerusalém, a cidade que escolhi como memorial do meu nome.

³⁷⁻³⁹ 'Mas você terá o comando do restante. Domine conforme o desejo do seu coração! Você será o rei de Israel. Se me ouvir, viver de acordo com as minhas orientações e fizer o que me agrada, seguindo as minhas instruções e obedecendo às minhas ordens, como fez o meu servo Davi, serei leal a você, não importa o que aconteça. Seu reino será tão sólido quanto o que estabeleci para Davi. Israel será seu! Estou provocando dor e tristeza aos descendentes de Davi, mas essa provação não será para sempre'".

⁴⁰ Salomão decretou a morte de Jeroboão, mas ele fugiu para o Egito e obteve asilo com o rei Sisaque. Ele permaneceu no exílio até a morte de Salomão.

⁴¹⁻⁴³ O restante da vida e do reinado de Salomão, suas obras e sua sabedoria, está tudo registrado nas *Crônicas de Salomão*. Salomão reinou em Jerusalém e governou Israel durante quarenta anos. Ele morreu e foi sepultado na Cidade de Davi. Seu filho Roboão foi o seu sucessor.

Roboão

12¹⁻² **R**oboão foi para Siquém, onde todo o Israel tinha se reunido para coroá-lo rei. Jeroboão estava no Egito, onde havia se exilado por causa de Salomão. Mas, quando soube da morte de Salomão, ele voltou.

³⁻⁴ Roboão reuniu-se com Jeroboão e todo o povo. Disseram a Roboão: "Seu pai foi muito severo conosco. Sempre tivemos de trabalhar pesado, sem descanso. Alivie a nossa carga de trabalho e o peso das obrigações e nos submeteremos ao senhor de bom grado".

⁵ "Peço que me deem três dias para pensar, e, então, dou a resposta a vocês", propôs Roboão.

⁶ O rei Roboão perguntou aos que tinham sido conselheiros de seu pai, Salomão: "O que me dizem? O que me aconselham responder a esse povo?".

⁷ Eles responderam: "Se você quiser servir ao povo, procure entender às necessidades deles e tenha compaixão. Se você fizer o que estão pedindo, não há dúvida de que eles farão qualquer coisa por você".

8-9 Mas Roboão fez pouco caso do conselho daqueles homens experientes e perguntou aos jovens com quem ele tinha crescido e que agora tinham interesse em ajudá-lo: "O que acham? O que devo dizer a esse povo, que está pedindo: 'Alivie a carga pesada de trabalho que seu pai impôs a nós'?".

10-11 Seus jovens amigos responderam: "Diga a esse povo que está reclamando que seu pai foi muito severo com eles: 'Meu dedo mínimo é mais grosso que a cintura do meu pai. Se vocês acham que a vida estava difícil no reinado de meu pai, ainda não viram nada. Meu pai castigou vocês com chicotes, mas eu vou castigá-los com correntes!'".

JOÃO 19.4-27

4-5 Depois, Pilatos tornou a sair e disse-lhes: "Eu o estou trazendo a vocês, mas quero que saibam que não acho que ele seja culpado de algum crime". Foi nesse momento que Jesus saiu, usando a coroa de espinhos e o manto púrpura.

E Pilatos anunciou: "Aí está ele: o Homem".

6 Quando os principais sacerdotes e os guardas o viram, gritaram em frenesi: "Crucifique-o! Crucifique-o!".

Pilatos disse: "Crucifiquem-no vocês. Não acho nada de errado nele".

7 Os judeus responderam: "Nós temos uma lei, e por essa lei ele deve morrer, porque alegou ser o Filho de Deus".

8-9 Quando Pilatos ouviu isso, ficou ainda mais amedrontado. Ele voltou ao palácio e perguntou a Jesus: "De onde você veio?".

Jesus não respondeu.

10 Pilatos insistiu: "Você não vai falar? Não sabe que tenho autoridade para perdoá-lo e autoridade para... crucificá-lo?".

11 Jesus respondeu: "Você não tem nenhuma autoridade sobre mim, a não ser a que tenha recebido do céu. É por isso que aquele que me entregou a você cometeu um pecado ainda maior".

12 Diante dessa resposta, Pilatos fez o que pôde para perdoá-lo, mas os judeus gritavam: "Se você perdoar esse homem não é amigo de César. Qualquer um que se diz 'rei' está desafiando o imperador".

13-14 Quando ouviu essas palavras, Pilatos deixou Jesus do lado de fora e sentou-se na cadeira de julgamento, no lugar designado Corte de Pedra (em aramaico, *Gábata*). Era o dia de preparação para a Páscoa. Por volta do meio-dia, Pilatos disse aos judeus: "Aqui está o rei de vocês".

15 Eles gritaram de volta: "Mate-o! Mate-o! Crucifique-o!".

Pilatos disse: "Devo crucificar o rei de vocês?".

Os principais sacerdotes responderam: "Não temos rei, senão César".

16-19 Então, Pilatos cedeu ao pedido deles e o entregou para ser crucificado.

A crucificação

Eles levaram Jesus. Carregando sua cruz, ele rumou para o lugar chamado colina da Caveira (em aramaico *Gólgota*), onde o crucificaram, e com ele dois outros, um de cada lado, Jesus no meio. Pilatos mandou escrever uma placa, com os seguintes dizeres:

Jesus, o Nazareno
O Rei dos judeus

20-21 Muitos dos judeus leram a placa, porque o lugar em que Jesus foi crucificado ficava próximo da cidade. Os dizeres estavam em aramaico, latim e grego. Os principais sacerdotes foram reclamar com Pilatos: "Não escreva 'O Rei dos judeus'. Escreva assim: 'Este homem disse ser o Rei dos judeus'".

22 Pilatos respondeu: "O que escrevi, escrevi".

23-24 Quando o crucificaram, os soldados romanos tomaram as roupas dele e as dividiram em quatro partes, uma para cada soldado. Mas o manto era sem costura, uma única peça de tecido, e eles disseram: "Não vamos rasgá-lo. Vamos fazer um sorteio para ver quem fica com ele". Isso confirmou as Escrituras, que dizem: "Eles dividiram minhas roupas entre si e fizeram sorteio pela minha capa". (Os soldados validaram as Escrituras!)

24-27 Enquanto os soldados cuidavam deles mesmos, a mãe de Jesus, a tia dele, Maria, esposa de Clopas, e Maria Madalena permaneceram ao pé da cruz. Jesus viu sua mãe e o discípulo a quem ele amava perto dela. Ele disse à sua mãe: "Mulher, aí está seu filho". E disse ao discípulo: "Aí está sua mãe". A partir daquele momento o discípulo a aceitou como mãe.

SALMOS 75.1-6

Um salmo de Asafe

75 **1** Somos gratos a ti, ó Deus, somos gratos!
Teu Nome é nossa palavra favorita;
teus poderosos feitos são
nosso único assunto.

2-4 Tu dizes: "Estou convocando uma reunião;
estou pronto para corrigir as coisas.
Quando a terra fica confusa
e ninguém sabe no que vai dar,
Eu conserto a situação,
ponho cada coisa em seu lugar outra vez.
Digo aos arrogantes: 'Basta!';
e aos violentos: 'Não tão depressa!' ".

5-6 Não levante o punho contra o Deus Altíssimo.
Não erga a voz contra a Rocha eterna.
Ele é o Único de leste a oeste;
do deserto às montanhas, não há outro igual.

◾ NOTAS

☐ **DIA 164** ___ / ___ / ___

1REIS 12.12 — 13.34

12-14 Três dias depois, Jeroboão e o povo voltaram, como Roboão os havia instruído: "Peço que me deem três dias para pensar; depois, voltem". A resposta do rei foi curta e grossa. Ele desprezou o conselho dos oficiais mais experientes. Preferiu seguir o conselho dos jovens amigos: "Se vocês achavam que a vida no reinado de meu pai era difícil, ainda não viram nada. Meu pai castigou vocês com chicotes, mas eu vou castigá-los com correntes!".

15 Roboão não quis ouvir o povo. O Eterno estava por trás disso, confirmando a mensagem que ele deu a Jeroboão, filho de Nebate, por intermédio de Aías, de Siló.

16-17 Quando Israel percebeu que o rei não estava disposto a atender às suas reivindicações, gritaram palavras de ordem:

"Já chega de Davi!
Não queremos mais saber do filho de Jessé!
Vamos embora, Israel! Vamos depressa!
De agora em diante, Davi que vá cuidar
da própria vida".

Com isso, o povo foi embora. Mas Roboão continuou governando sobre os habitantes das cidades de Judá.

18-19 O rei Roboão pediu que Adonirão, encarregado dos trabalhos forçados, fosse falar com os israelitas, mas eles o apedrejaram, e ele morreu. O rei Roboão subiu no seu carro e fugiu para Jerusalém, sem perda de tempo. Desde então, os israelitas se rebelam contra a dinastia de Davi.

Jeroboão de Israel

20 Quando correu a notícia de que Jeroboão estava de volta e à disposição, o povo reunido o chamou e o proclamou rei sobre todo o Israel. Judá foi a única tribo que permaneceu com a dinastia de Davi.

21 Depois de voltar a Jerusalém, Roboão convocou todos os homens de Judá e da tribo de Benjamim, cento e oitenta mil dos melhores soldados, para atacar Israel e recuperar o reino para Roboão, filho de Salomão.

22-24 Nessa ocasião, veio a palavra de Deus a Semaías, homem de Deus: "Diga a Roboão, filho de

Salomão, rei de Judá, a todos os moradores de Judá e de Benjamim e a todos os que estiverem com eles: 'O Eterno diz: Não marchem para atacar seus irmãos, os israelitas. Voltem todos para casa. Sou eu o responsável por essa situação' ". Eles obedeceram à ordem do Eterno e voltaram para casa.

²⁵ Jeroboão construiu uma fortaleza em Siquém, nas montanhas de Efraim, e passou a residir ali. Também construiu uma fortaleza em Peniel.

²⁶⁻²⁷ Mas, depois, Jeroboão pensou: "Não vai demorar para o reino voltar à dinastia de Davi. Depois que o povo voltar a adorar no templo do Eterno, em Jerusalém, vai acabar aceitando Roboão de Judá como o seu rei. Por fim, eles vão me matar e voltar a servir a Roboão".

²⁸⁻³⁰ Por isso, o rei decidiu fazer dois bezerros e anunciou: "Para que vocês não tenham o trabalho de subir a Jerusalém para prestar culto, olhem para estes deuses que tiraram vocês do Egito!". Ele pôs um bezerro em Betel e outro em Dã. Foi um pecado terrível. Os israelitas viajavam até Dã para adorar o bezerro!

³¹⁻³³ Mas ele não parou por aí. Jeroboão construiu altares proibidos em tudo que era lugar e contratou sacerdotes onde quer que os encontrasse, sem se preocupar se eram aptos para o serviço. Para piorar, estabeleceu a festa sagrada de Ano Novo, celebrada no dia 15 do oitavo mês, em substituição à festa de Judá. Era um festival religioso completo, com sacrifícios oferecidos sobre o altar em Betel, diante dos bezerros que ele tinha posto ali. O rei convocou para Betel os sacerdotes de todos os locais em que havia altares. A iniciativa de competir com as festas de Judá partiu do próprio Jeroboão. Ele promoveu, com o maior entusiasmo, uma festa exclusivamente para Israel. O próprio rei se dispôs a conduzir o sacrifício sobre o altar.

13¹⁻³ Quando Jeroboão estava diante do altar, pronto para oferecer o sacrifício, chegou de Judá, por determinação do Eterno, um homem de Deus. Ele profetizou contra o altar, conforme a ordem do Eterno: "Altar! Altar! Assim diz o Eterno: 'Um filho da linhagem de Davi nascerá e se chamará Josias. Ele sacrificará sobre você os sacerdotes dos altares que hoje oferecem sacrifícios aqui! Ossos humanos serão queimados sobre você!' ". Logo em seguida, anunciou um sinal: "Eis a prova de que esta mensagem vem do Eterno: o altar rachará ao meio, e as ofertas consagradas cairão no chão".

⁴⁻⁵ Quando o rei ouviu a mensagem do homem de Deus contra o altar de Betel, deu ordem para que o agarrassem: "Prendam este homem!". Mas o braço do rei ficou paralisado. No mesmo instante, o altar rachou ao meio, e as ofertas consagradas caíram no chão. Aconteceu exatamente o que o homem de Deus tinha anunciado por ordem do Eterno.

⁶ O rei suplicou ao homem de Deus: "Ajude-me! Interceda ao Eterno pela cura do meu braço". O homem de Deus orou por ele, e o braço do rei foi curado. Ficou como antes!

⁷ Depois disso, o rei disse ao homem de Deus: "Você está convidado a comer comigo. Tenho um presente para você".

⁸⁻¹⁰ Mas o homem de Deus disse ao rei: "Ainda que você me pagasse com a metade dos seus bens, eu não me sentaria com você à mesa neste lugar. O Eterno me deu esta ordem: 'Não coma nada, não beba nada e não volte pelo mesmo caminho' ". Assim, partiu por um caminho diferente do que tinha tomado para ir a Betel.

¹¹ Havia um velho profeta morando em Betel. Seus filhos foram contar a ele o que o homem de Deus tinha feito na festa. Fizeram um relato completo do incidente e de tudo que o homem tinha dito ao rei. ¹² O pai deles disse: "Que caminho ele tomou?". Os filhos apontaram para a estrada que o homem de Judá tinha seguido.

¹³⁻¹⁴ Ele pediu a seus filhos: "Selem um jumento". Depois que selaram o jumento, o profeta montou o jumento e foi atrás do homem de Deus. Ele o encontrou sentado debaixo de um carvalho e perguntou: "Você é o homem de Deus que veio de Judá?". Ele respondeu: "Sim, sou eu".

¹⁵ "Venha comigo, vamos comer em minha casa".

¹⁶⁻¹⁷ O homem de Deus respondeu: "Desculpe, mas não posso. Não posso voltar com você nem comer com você em sua terra. Estou seguindo às ordens do Eterno: 'Não coma nada e não volte pelo mesmo caminho' ".

¹⁸⁻¹⁹ Mas ele disse: "Eu também sou profeta, como você. Um anjo veio a mim com uma mensagem do Eterno, dizendo: 'Traga-o para sua casa e ofereça-lhe uma boa refeição!' ". Mas o profeta estava mentindo. Então, o homem de Deus foi para a casa dele, e ambos comeram.

²⁰⁻²² Estavam ainda sentados à mesa quando a palavra do Eterno veio ao profeta que tinha ido buscar o homem de Deus. Dirigindo-se ao homem que tinha vindo de Judá, ele disse: "Assim diz o Eterno: 'Você desobedeceu à ordem do Eterno, ignorou as suas

instruções. Você voltou, assentou-se à mesa e se alimentou no lugar em que Deus disse que você não deveria comer nem beber nada. Por isso, você morrerá longe de sua casa e não será enterrado no túmulo de seus antepassados' ".

²³⁻²⁵ Depois de terminarem de comer, o profeta que tinha trazido o homem de volta selou o seu jumento para ele. No meio do caminho, um leão o atacou, e ele morreu. Seu corpo ficou jogado na estrada. O leão estava de um lado e o jumento do outro. Quem passava via o corpo estendido com o leão de guarda ao lado do corpo. Alguém foi à cidade na qual o velho profeta morava para dar a notícia.

²⁶ Quando o profeta que tinha feito o homem se desviar soube da notícia, disse: "É o homem de Deus que desobedeceu à ordem do Eterno. O Eterno o mandou para as garras do leão, que o atacou e o matou, como o Eterno me disse".

²⁷⁻³⁰ O profeta disse a seus filhos: "Selem o meu jumento". Eles o selaram, e o profeta partiu. Ele encontrou o corpo do homem estendido no chão com o leão e o jumento do lado. O leão não quis comer o corpo nem atacar o jumento. O velho profeta pôs o corpo do homem de Deus sobre o jumento, voltou para sua cidade e deu a ele um enterro digno. O corpo do homem de Deus foi sepultado no túmulo do próprio profeta. O povo chorou, dizendo: "Que dia triste, irmão!".

³¹⁻³² Depois do funeral, o profeta disse a seus filhos: "Quando eu morrer, enterrem-me no mesmo túmulo em que está esse homem de Deus. Ponham os meus ossos junto dos ossos dele. A mensagem que ele anunciou da parte do Eterno contra o altar de Betel e contra todos os altares idólatras das cidades de Samaria será cumprida".

³³⁻³⁴ Depois desses acontecimentos, Jeroboão continuou agindo mal. Ele designou, indiscriminadamente, mais sacerdotes para os altares idólatras. Nomeava qualquer um que quisesse servir como sacerdote num dos altares locais. Esse foi o principal pecado do reinado de Jeroboão e foi o que o levou à ruína.

JOÃO 19.28 — 20.10

²⁸ Vendo que tudo havia acontecido para que os registros das Escrituras pudessem se cumprir, Jesus disse: "Estou com sede".

²⁹⁻³⁰ Havia uma caneca de vinagre ali. Alguém mergulhou uma esponja no vinagre, espetou-a numa lança e a levantou até sua boca. Depois de provar o vinagre, Jesus disse: "Está feito... encerrado!". E, curvando a cabeça, entregou o espírito.

³¹⁻³⁴ Era o dia de preparação para o sábado, por isso nenhum corpo podia permanecer na cruz no sábado (um dia especialmente sagrado naquele ano). Os judeus pediram a Pilatos que as pernas dos condenados fossem quebradas para apressar a morte deles, a fim de que os corpos pudessem ser retirados. Então, os soldados quebraram as pernas do primeiro homem crucificado com Jesus e depois do outro. Quando se aproximaram de Jesus, viram que ele já estava morto, por isso não quebraram suas pernas. Um dos soldados cortou o lado de Jesus com sua lança, e do ferimento jorraram sangue e água.

³⁵ Uma testemunha ocular dessas coisas apresentou um relatório preciso. Ele mesmo viu e está contando a verdade para que vocês também possam crer.

³⁶⁻³⁷ Isso também confirmava as Escrituras: "Nem um osso do seu corpo foi quebrado". Esta outra passagem também: "Eles olharão àquele a quem traspassaram".

³⁸ Depois de tudo isso, José de Arimateia (um discípulo de Jesus, mas às ocultas, porque tinha medo dos judeus) pediu a Pilatos o corpo de Jesus. Pilatos deu permissão, e José levou o corpo.

³⁹⁻⁴² Nicodemos, que tinha ido conversar com Jesus de noite, apareceu agora, em plena luz do dia, carregando uma mistura de mirra e aloés, que pesava cerca de trinta e cinco quilos. Eles pegaram o corpo de Jesus e, de acordo com a tradição judaica de sepultamento, envolveram-no em linho com as especiarias. Havia um jardim perto do lugar onde ele havia sido crucificado, e no jardim, um sepulcro novo, no qual ninguém havia sido ainda sepultado. Então, por ser a preparação para o sábado e por estar o sepulcro pronto, deixaram o corpo de Jesus ali.

A ressurreição

20 ¹⁻² Cedo de manhã, no primeiro dia da semana, enquanto ainda estava escuro, Maria Madalena foi ao sepulcro e viu que a pedra havia sido removida da entrada. Ela correu na hora até onde estavam Simão Pedro e o outro discípulo, aquele que Jesus amava. Ofegante, informou: "Tiraram o Senhor do sepulcro! Nós não sabemos onde o puseram".

³⁻¹⁰ Pedro e o outro discípulo imediatamente correram ao sepulcro. O outro discípulo chegou primeiro, pois havia ultrapassado Pedro. Parando para olhar, viu lá dentro as peças de linho, mas não entrou. Simão Pedro chegou depois dele, entrou no

sepulcro, observou as peças de linho deixadas ali e o lenço usado para cobrir a cabeça dele – não junto com as peças de linho, mas separado delas, cuidadosamente dobrado. Então, o outro discípulo, que tinha chegado primeiro, entrou no sepulcro, viu tudo e creu. Ninguém sabia ainda, com base nas Escrituras, que ele haveria de ressuscitar dos mortos. Os discípulos, então, voltaram para casa.

SALMOS 75.7-10

7-8 Deus governa: ele põe este de joelhos
  e levanta aquele.
O Eterno tem uma taça na mão:
  uma taça de vinho, cheia até à borda.
É sua medida: quando ele a derrama,
  deixando-a escorrer,
Os ímpios da terra bebem tudo,
  até a última gota!

9-10 Conto a história do Eterno,
  cantando louvores ao Deus de Jacó.
Os punhos dos ímpios
  estão sujos de sangue,
Mas os braços dos justos
  são galhos verdes imponentes.

◼ NOTAS

☐ DIA 165 ___ / ___ / ___

1 REIS 14.1 — 15.24

14 **1-3** Nesse meio-tempo, Abias, filho de Jeroboão, ficou doente. Jeroboão disse a sua mulher: "Faça alguma coisa! Use um disfarce, para que ninguém a reconheça, e vá a Siló. O profeta Aías mora lá, o mesmo Aías que profetizou que eu seria rei sobre este povo. Leve dez pães, alguns bolinhos e um pote de mel. Ele dirá o que vai acontecer com nosso filho".

4-5 A mulher de Jeroboão fez o que ele disse. Foi a Siló e entrou na casa de Aías. Na época, Aías já estava idoso e cego, mas o Eterno o tinha advertido: "A mulher de Jeroboão está vindo consultar você sobre a doença do filho. Diga assim e assim a ela".

5-9 Quando ela chegou, estava disfarçada. Aías a ouviu entrando pela porta e disse: "Seja bem-vinda, mulher de Jeroboão! Mas para que o disfarce? Tenho más notícias para você. Leve esta mensagem que acabo de receber do Eterno, o Deus de Israel, a Jeroboão: 'Você era apenas mais um entre o povo, e eu escolhi você para que fosse líder do meu povo Israel. Tirei o reino das mãos da dinastia de Davi e o entreguei a você, mas você não se parece em nada com o meu servo Davi, que fazia o que eu mandava e vivia apenas para me agradar. Você, pelo contrário, faz pior que todos os reis anteriores. Fez outros deuses, ídolos de metal, virou as costas para mim e me deixou muito irado.

10-11 " 'Não vou mais tolerar esse abuso. Vou trazer desgraça sobre a família de Jeroboão, matando todos os que são do sexo masculino, quer escravo, quer livre. Eles não têm mais valor para mim; por isso, estou me livrando deles. Os que morrerem na cidade serão devorados por cães; os que morrerem no campo serão comidos pelas aves. Assim diz o Eterno!'.

12-13 É isso. Agora, volte para casa. Assim que você entrar na cidade, o menino morrerá. Todos virão para o enterro, e ele será o único da família de Jeroboão a ter um funeral descente, o único de quem o Eterno, o Deus de Israel, ainda tem algo bom a dizer.

14-16 "O Eterno designará um rei para Israel, que eliminará a família de Jeroboão da terra. Será um dia de calamidade para Jeroboão! O Eterno ferirá Israel cruelmente, como tempestade agitando a cana. Ele arrancará Israel pela raiz desta boa terra que recebeu como herança e o espalhará pelos quatro cantos da terra. Por quê? Porque provocaram a ira do Eterno com os altares da deusa Aserá. Ele lavará as suas mãos sobre Israel por causa dos pecados que Jeroboão cometeu e fez Israel cometer".

17-18 A mulher de Jeroboão saiu dali e voltou para casa, em Tirza. No instante em que ela entrou pela porta, o menino morreu. Eles o sepultaram, e todos choraram a sua morte, como o Eterno tinha predito por meio do profeta Aías.

19-20 O restante da vida de Jeroboão, as guerras que ele realizou e a sua forma de governar, está tudo registrado nas *Crônicas dos Reis de Israel*. Ele reinou vinte e dois anos. Morreu e foi sepultado com seus antepassados. Depois dele, seu filho Nadabe o sucedeu como rei.

21-24 Roboão, filho de Salomão, era rei em Judá. Ele tinha 41 anos de idade quando foi coroado rei. Governou dezessete anos em Jerusalém, a cidade que o Eterno escolheu, de todas as tribos de Israel, como centro da adoração do seu nome. A mãe de Roboão era amonita e se chamava Naamá. Judá cometeu toda espécie de maldade contra o Eterno, provocando sua ira. O que fizeram foi pior que qualquer maldade cometida por seus antepassados. Eles construíram altares para a deusa da prostituição Aserá e espalharam postes sagrados por todos os lugares, montes e debaixo de árvores, nos quais pudessem ser erguidos. Além do mais, tinham prostitutos cultuais, e, assim, a terra foi profanada. Adotaram toda espécie de prática que o Eterno abominava e que tinha eliminado ao assentar o povo de Israel na terra.

25-28 No quinto ano do reinado de Roboão, Sisaque, rei do Egito, atacou Jerusalém. Ele saqueou o tesouro do templo do Eterno e do palácio real. Levou até mesmo os escudos de ouro feitos por Salomão. O rei Roboão os substituiu por escudos de bronze e equipou os guardas do palácio com esses escudos. Quando o rei ia ao templo do Eterno, os guardas carregavam os escudos, mas sempre os levavam de volta para a sala dos guardas.

29-31 O restante da vida de Roboão, o que ele fez e disse, está tudo registrado nas *Crônicas dos Reis de Judá*. Durante todo o seu reinado, houve guerra entre Roboão e Jeroboão. Roboão morreu e foi sepultado com seus antepassados na Cidade de Davi. Sua mãe era a amonita Naamá. Seu filho Abias foi seu sucessor.

Abias de Judá

15 **1-6** No décimo oitavo ano do reinado de Jeroboão, filho de Nebate, Abias começou a reinar sobre Judá. Ele reinou em Jerusalém durante três anos. Sua mãe se chamava Maaca, filha de Absalão. Ele continuou nos pecados de seu pai. Ele não depositou sua confiança no Eterno, como o tinha feito seu bisavô Davi. Apesar disso, por respeito a Davi e por um ato de graça, o Eterno concedeu a eles uma lâmpada, um filho que o seguisse e mantivesse a paz de Jerusalém. Pois Davi, em toda a sua vida, foi exemplar diante do Eterno, nunca se rebelando contra o que o Eterno ordenava (exceto no caso de Urias, o hitita). Entretanto, houve guerra entre Abias e Jeroboão.

7-8 O restante da vida de Abias, tudo que ele realizou, está registrado nas *Crônicas dos Reis de Judá*. Mas o principal acontecimento foi a guerra contra Jeroboão. Abias morreu e foi sepultado com seus antepassados na Cidade de Davi. Seu filho Asa o sucedeu.

Asa de Judá

9-10 No vigésimo ano de Jeroboão, rei de Israel, Asa começou a reinar sobre Judá. Ele reinou quarenta e um anos em Jerusalém. Ele era neto de Maaca.

11-15 Asa procedeu corretamente diante do Eterno, restaurando o modo de vida do seu antepassado Davi. Eliminou os prostitutos cultuais e destruiu todos os ídolos que seus antecessores tinham feito. Asa não poupou ninguém: chegou a depor sua avó, a rainha Maaca, que tinha construído um altar vergonhoso à deusa da prostituição Aserá. Asa destruiu e queimou o altar no vale do Cedrom. Infelizmente, ele não se livrou dos altares dos ídolos adorados nas orgias religiosas. Mas teve boas intenções e estava decidido a agradar o Eterno. Todos os utensílios e os objetos de ouro e de prata que ele e seu pai tinham consagrado foram levados para o templo.

16-17 Durante boa parte do seu reinado, houve guerra entre Asa e Baasa, rei de Israel. Baasa, rei de Israel, invadiu Judá e construiu uma fortaleza em Ramá, fechando a fronteira entre Israel e Judá. Ninguém podia sair de Judá nem entrar em Judá.

18-19 Asa reuniu toda a prata e todo o ouro restantes do tesouro do templo do Eterno e do palácio real e os enviou em mãos por alguns servidores do palácio a Ben-Hadade, filho de Tabriom, filho de Heziom, rei da Síria, que governava em Damasco. Mandou dizer-lhe: "Façamos um acordo como meu pai e seu pai fizeram. Estou oferecendo a você esta prata e este ouro para que você confie em mim. Quebre o acordo que você tem com Baasa, rei de Israel, para que ele saia do meu território".

20-21 Ben-Hadade se uniu ao rei Asa e mandou tropas contra as cidades de Israel. Ele atacou Ijom, Dã, Abel-Bete-Maaca e todo o Quinerete, incluindo Naftali. Quando Baasa soube disso, abandonou a construção de Ramá e saiu de Tirza.

22 Então, o rei Asa deu ordens a todos os moradores de Judá, sem exceção, para que carregassem a madeira e as pedras que Baasa tinha utilizado para construir a fortaleza de Ramá e levassem tudo para Geba, em Benjamim, e Mispá.

23-24 Toda a vida de Asa, seus grandes feitos e as fortalezas que construiu, está tudo registrado nas *Crônicas dos Reis de Judá*. Já em idade avançada, ele começou a sofrer de uma doença nos pés. Asa morreu e foi sepultado com seus antepassados na Cidade de Davi. Seu filho Josafá o sucedeu.

JOÃO 20.11-31

11-13 Maria não voltou, ficou do lado de fora, chorando. Enquanto chorava, abaixou-se para olhar dentro do sepulcro e viu dois anjos sentados ali, vestidos de branco, um do lado da cabeça, o outro do lado dos pés onde o corpo de Jesus havia sido deixado. Eles disseram a ela: "Mulher, porque você está chorando?".

13-14 "Eles levaram meu Senhor", ela disse, "e não sei onde o puseram". Depois de dizer isso, virou-se e viu Jesus parado ali, mas não o reconheceu.

15 Jesus disse: "Mulher, por que você está chorando? A quem procura?".

Pensando que fosse o jardineiro, ela pediu: "Moço, se você o levou, diga-me onde o pôs, para que eu possa cuidar dele".

16 Jesus disse: "Maria...".

Virando-se para olhar para ele, ela exclamou em aramaico: "*Raboni!*", que quer dizer "Mestre!".

17 Jesus disse: "Não me abrace, pois ainda não subi para o Pai. Vá aos meus irmãos e dê este recado: 'Eu subo para meu Pai e Pai de vocês, meu Deus e Deus de vocês'".

18 Maria Madalena foi dar a notícia aos discípulos: "Eu vi o Senhor!". E relatou tudo que ele tinha dito.

Para crer

19-20 Mais tarde, no mesmo dia, os discípulos estavam reunidos, mas, com medo dos judeus, haviam trancado todas as portas da casa. De repente, Jesus entrou, pôs-se no meio deles e disse: "Paz seja com vocês!". E mostrou a eles suas mãos e seu lado.

20-21 Vendo o Senhor com os próprios olhos, os discípulos ficaram pasmos. Jesus repetiu sua saudação: "Paz seja com vocês! Assim como o Pai me enviou, eu envio vocês".

22-23 Ele respirou fundo e soprou sobre eles: "Recebam o Espírito Santo. Se vocês perdoarem os pecados de alguém, esses pecados serão perdoados para sempre. Se vocês não perdoarem os pecados, não serão perdoados".

24-25 Tomé, também conhecido como o Gêmeo, um dos Doze, não estava com eles quando Jesus apareceu. Os outros discípulos contaram a ele: "Nós vimos o Senhor!".

Mas ele disse: "A não ser que eu veja os buracos dos cravos em suas mãos, coloque o dedo neles e toque seu lado, não vou acreditar".

26 Passados oito dias, os discípulos estavam outra vez naquela sala. Dessa vez, Tomé estava presente. Jesus passou pelas portas fechadas, foi para o meio deles e disse: "Paz seja com vocês!".

27 Ele voltou-se para Tomé e disse: "Examine minhas mãos. Toque meu lado. Não seja descrente. Creia!".

28 Tomé disse: "Meu Senhor! Meu Deus!".

29 Jesus disse: "Você crê porque viu com os próprios olhos. Bênçãos maiores ainda estão reservadas para os que creem sem ver".

30-31 Jesus realizou outros sinais que revelavam Deus, muito mais do que os que constam neste livro. Esses estão escritos para que vocês creiam que Jesus é o Messias, o Filho de Deus, e ao crer, tenham a vida real e eterna como ele pessoalmente a revelou.

SALMOS 76.1-6

Um salmo de Asafe

76 **1-3** Deus é bem conhecido em Judá; em Israel, seu nome é familiar.
Ele tem uma casa em Salém,
um conjunto próprio de salas em Sião.
Ali, usando flechas reluzentes,
ele fez uma fogueira com as armas de guerra.

DIA 166   500

⁴⁻⁶Oh! Quão majestoso és!
   Excedendo em brilho as
     enormes pilhas de despojos!
Os guerreiros foram saqueados
   e deixados ali, impotentes.
Agora, eles não têm mais nada
   para mostrar como resultado de
     suas vaidades e ameaças.
Teu rugido assustador, ó Deus de Jacó,
   tirou o fôlego do cavalo e do cavaleiro.

◾ NOTAS

☐ DIA 166   __ / __ / __

1 REIS 15.25 — 17.6

Nadabe de Israel

²⁵⁻²⁶Nadabe, filho de Jeroboão, começou a reinar sobre Israel no segundo ano de Asa, rei de Judá. Ele reinou dois anos sobre Israel. Ele agiu mal diante do Eterno, seguindo os passos de seu pai, que cometeu pecado, e também levou Israel a pecar.

²⁷⁻²⁸Baasa, filho de Aías, da tribo de Issacar, conspirou contra ele e o atacou na cidade dos filisteus de Gibetom, quando Nadabe e os israelitas a atacavam. Baasa matou Nadabe no terceiro ano de Asa, rei de Judá, e tornou-se rei de Israel.

²⁹⁻³⁰Logo que assumiu o poder, Baasa mandou matar todos os descendentes de Jeroboão. Não sobrou ninguém para preservar o nome de Jeroboão. Baasa os eliminou completamente, de acordo com a profecia de Aías, servo do Eterno, em Siló, por causa dos pecados que Jeroboão cometeu e fez Israel cometer, provocando, assim, a ira do Eterno.

³¹⁻³²O restante da vida de Nadabe, tudo que realizou, está escrito nas *Crônicas dos Reis de Israel*. Houve constantes guerras entre Asa e Baasa, rei de Israel.

Baasa de Israel

³³⁻³⁴No terceiro ano de Asa, rei de Judá, Baasa, filho de Aías, começou a reinar em Tirza sobre todo o Israel. Ele reinou vinte e quatro anos. Ele agiu mal diante do Eterno, seguindo os passos de Jeroboão, que cometeu pecado e fez Israel pecar.

16¹⁻⁴A palavra do Eterno veio a Jeú, filho de Hanani, contra Baasa: "Eu tirei você do nada e o constituí líder de meu povo Israel, mas você simplesmente continuou nos caminhos de Jeroboão, levando Israel a cometer pecados e provocando a minha ira. Portanto, estas serão as consequências: Vou destruir Baasa e sua família, como aconteceu com Jeroboão, filho de Nebate. Os familiares de Baasa que morrerem na cidade serão devorados pelos cães, e os que morrerem no campo serão comidos pelas aves".

⁵⁻⁶O restante da vida de Baasa, incluindo os feitos de seu governo, está tudo escrito nas *Crônicas dos Reis de Israel*. Baasa morreu e foi sepultado com seus antepassados em Tirza. Seu filho Elá o sucedeu.

⁷Foi isso o que aconteceu com Baasa. A palavra do Eterno veio por intermédio de Jeú, filho de Hanani,

contra Baasa e a sua dinastia, por causa dos pecados cometidos contra o Eterno e por ele ter provocado a ira do Eterno, tornando-se, assim, parecido com a família de Jeroboão – e também por ter eliminado a família de Jeroboão.

Elá de Israel

8-10 No vigésimo sexto ano de Asa, rei de Judá, Elá, filho de Baasa, começou a reinar. Ele reinou em Tirza apenas dois anos. Certo dia, estava na casa de Arsa, o encarregado do palácio, e bebeu tanto que ficou embriagado. Zinri, capitão da metade dos carros de guerra, conspirou contra ele. Ele entrou na casa e matou Elá. Isso aconteceu no vigésimo sétimo ano de Asa, rei de Judá. Zinri, então, tornou-se rei.

11-13 Logo que Zinri começou a reinar, mandou matar todas as pessoas ligadas a Baasa, parentes e amigos. Zinri eliminou a família de Baasa, de acordo com a palavra do Eterno, comunicada pelo profeta Jeú, por causa dos pecados cometidos por Baasa e seu filho Elá, por levarem Israel a pecar, provocando a ira do Eterno, o Deus de Israel, com os seus ídolos inúteis.

14 O restante da vida de Elá, o que ele fez e disse, está tudo registrado nas *Crônicas dos Reis de Israel*.

Zinri de Israel

15-19 No vigésimo sétimo ano do reinado de Asa, rei de Judá, Zinri reinou sete dias em Tirza. O exército de Israel estava acampado perto da cidade de Gibetom, que era dos filisteus. Quando souberam que Zinri tinha conspirado contra o rei e o matado, proclamaram Onri, comandante do exército, rei. Onri e o exército deixaram imediatamente Gibetom e atacaram Tirza. Quando Zinri percebeu que estava cercado e que não tinha como escapar, entrou no palácio real, incendiou-o e morreu. Foi merecido, porque ele tinha afrontado abertamente o Eterno com a sua vida de pecado, seguindo os passos de Jeroboão e levando Israel a pecar.

20 O restante da vida de Zinri e a infame conspiração que liderou estão registrados nas *Crônicas dos Reis de Israel*.

Onri de Israel

21-22 Depois disso, o povo de Israel dividiu-se em dois: metade apoiava Tibni, filho de Ginate, e metade apoiava Onri. Com o tempo, os seguidores de Onri ficaram mais fortes que os de Tibni. Tibni foi morto, e Onri permaneceu no trono.

23-24 Onri começou a reinar sobre Israel no trigésimo primeiro ano do reinado de Asa, rei de Judá.

Ele reinou doze anos, os seis primeiros em Tirza. Depois, comprou de Sêmer o monte de Samaria por setenta quilos de prata. Ele construiu uma cidade e deu a ela o nome de Samaria, em homenagem ao antigo proprietário, Sêmer.

25-26 Mas Onri agiu mal diante do Eterno: fez pior que seus antecessores. Seguiu os passos de Jeroboão, filho de Nebate, que, além de cometer pecado, levou o povo de Israel a pecar, provocando a ira do Eterno, o Deus de Israel, com sua idolatria.

27-28 O restante da vida de Onri, suas obras e sua demonstração de poder, está tudo relatado nas *Crônicas dos Reis de Israel*. Onri morreu e foi sepultado em Samaria. Seu filho Acabe o sucedeu.

Acabe de Israel

29-33 Acabe, filho de Onri, começou a reinar em Israel no trigésimo oitavo ano de Asa, rei de Judá. Acabe reinou sobre Israel vinte e dois anos, em Samaria. Com o mal escancarado que cometeu, desafiou o Eterno ainda mais que os outros reis que o antecederam. Foi o novo campeão da maldade. Como se não bastasse cometer os mesmos pecados de Jeroboão, filho de Nebate, ele ainda se casou com Jezabel, filha de Etbaal, rei dos sidônios, e passou a servir e adorar Baal. Ele construiu um santuário para Baal em Samaria e pôs nele um altar a Baal. Construiu também um altar à deusa da prostituição Aserá. Ele provocou a ira do Eterno, o Deus de Israel, mais que todos os reis de Israel que vieram antes dele.

34 Foi durante o reinado dele que Hiel, de Betel, reedificou Jericó, mas pagou um preço muito alto por isso. Seu primogênito, Abirão, morreu quando eram lançados os fundamentos, e seu filho mais novo, Segube, quando assentavam os portões, conforme a palavra de Josué, filho de Num, confirmada pelo Eterno.

17 **1** Elias, o tesbita, que vivia entre os colonizadores de Gileade, confrontou Acabe: "Assim como vive o Eterno, o Deus de Israel, a quem sirvo, nos próximos anos haverá uma severa seca no país. Não cairá uma gota de orvalho ou uma gota de chuva enquanto eu não ordenar".

2-4 O Eterno disse a Elias: "Saia depressa daqui. Vá para o leste e se refugie próximo do riacho de Querite, do outro lado do rio Jordão. Você poderá tomar água fresca do riacho, e darei ordens aos corvos para alimentarem você".

5-6 Elias obedeceu à voz do Eterno. Ele se instalou perto do riacho de Querite, a leste do Jordão.

DIA 166

Os corvos traziam comida para ele de manhã e de tarde, e ele bebia da água do riacho.

JOÃO 21.1-25

Hora de Pescar

21 **1-3** Depois disso, Jesus apareceu outra vez aos discípulos, agora no mar de Tiberíades (o mar da Galileia). Aconteceu assim: Simão Pedro, Tomé (cujo apelido era Gêmeo), Natanael, de Caná da Galileia, os irmãos Zebedeu e dois outros discípulos estavam na praia. Simão Pedro disse: "Vou pescar".

3-4 Os outros disseram: "Vamos com você". Eles entraram no barco, mas não pegaram nada naquela noite. Quando o Sol surgiu, Jesus estava de pé na praia, mas eles não o reconheceram".

5 Jesus disse: "Paz seja com vocês! Pegaram alguma coisa para comer?".

Eles responderam: "Não".

6 Ele disse: "Lancem a rede do lado direito do barco e vejam o que acontece".

Eles fizeram o que ele disse. De repente, havia tantos peixes na rede que eles não conseguiam puxá-la.

7-9 Então, o discípulo que Jesus amava disse a Pedro: "É o Senhor!".

Quando Simão Pedro percebeu que era o Senhor, vestiu sua roupa, pois estava despido, e pulou no mar. Os outros discípulos vieram de barco, pois não estavam muito longe da praia, cerca de cem metros, ajudando a puxar a rede abarrotada de peixes. Quando saíram do barco, viram uma fogueira. Havia peixe e pão assando sobre ela.

10-11 Jesus disse: "Tragam alguns dos peixes que acabaram de apanhar". Simão Pedro juntou-se a eles e puxou a rede para a praia – 153 peixes grandes! E, mesmo com todos aqueles peixes, a rede não se rasgou.

12 Jesus disse: "A comida está servida". Nenhum dos discípulos ousava perguntar: "Quem é você?". Eles sabiam que era o Senhor.

13-14 Jesus, então, tomou o pão e o deu a eles. Fez o mesmo com os peixes. Era a terceira vez que Jesus se manifestava – vivo – aos discípulos, desde que havia ressuscitado dos mortos.

Você me ama?

15 Depois de terem se alimentado, Jesus disse a Simão Pedro: "Simão, filho de João, você me ama mais do que estes?".

"Sim, Senhor, tu sabes que te amo."

Jesus disse: "Alimente meus cordeiros".

16 Então, perguntou pela segunda vez: "Simão, filho de João, você me ama?".

"Sim, Senhor, tu sabes que te amo."

Jesus disse: "Tome conta das minhas ovelhas".

17-19 Jesus perguntou pela terceira vez: "Simão, filho de João, você me ama?".

Pedro ficou aborrecido por ele ter perguntado a terceira vez: "Você me ama?". Então, respondeu: "Senhor, tu sabes de tudo. E tu sabes que te amo".

Jesus disse: "Alimente minhas ovelhas. Vou dizer uma verdade: quando você era jovem, vestia-se e ia aonde queria, mas, quando for velho, estenderá as mãos enquanto outra pessoa irá vesti-lo e levá-lo para onde você não quer ir". Ele disse isso para indicar o tipo de morte pela qual Pedro iria glorificar a Deus. Em seguida, ordenou: "Siga-me!".

20-21 Virando a cabeça, Pedro percebeu que o discípulo que Jesus amava estava ali perto. Quando Pedro o avistou, perguntou a Jesus: "Senhor, o que vai acontecer com ele?".

22-23 Jesus respondeu: "Se eu quiser que ele viva até que eu volte, o que você tem com isso? Siga-me você". Foi por isso que se espalhou o boato entre os irmãos de que aquele discípulo não morreria. Mas não foi o que Jesus disse. Ele disse apenas: "Se eu quiser que ele viva até que eu volte, o que você tem com isso?".

24 Esse é o mesmo discípulo que foi testemunha ocular de todas as coisas e as escreveu, e todos sabemos que seu relato é confiável e preciso.

25 Há muitas outras coisas que Jesus fez. Se todas fossem escritas, cada uma delas, uma por uma, não consigo imaginar um mundo grande o bastante para caber tamanha biblioteca.

SALMOS 76.7-12

7-10 Tu és feroz e temível:
quem pode se defender de uma
ira tão intensa?
Do céu, trovejas teus juízos,
e a terra cai de joelhos,
com medo até de respirar.
Deus se põe de pé e corrige o mundo,
salva os desafortunados da terra.
Em vez de cólera ardente,
ofereçam louvor a Deus!
Em vez de reação irada, confeccionem
uma coroa para Deus!

11-12 Faça ao Eterno o que você disse que faria –
afinal de contas, ele é seu Deus.

Que todos na cidade tragam ofertas
ao Único que Vê cada movimento nosso.
Ninguém passa despercebido,
ninguém brinca com ele.

◼ NOTAS

IIIIIIIIIIIIIIIIIIIIIIIIIIIIIIIIIIIIIIIIIIIIIIIIIIIII

☐ DIA 167 ___ / ___ / ___

1 REIS 17.7 — 18.35

7-9 Depois de um tempo, o riacho secou, por falta de chuva, e o Eterno disse a Elias: "Vá para Sarepta, em Sidom, e permaneça ali. Já instruí uma mulher que mora lá a providenciar comida para você".

10-11 Ele foi para Sarepta e, na entrada da cidade, encontrou uma viúva apanhando lenha. Ele perguntou:

"Por favor, poderia me trazer uma jarra de água? Estou com sede". Quando ela fez menção de buscar a água, ele disse: "E também, por favor, traga alguma coisa para eu comer".

12 Ela respondeu: "Assim como vive o Eterno, o seu Deus, juro que não tenho nada para comer. Tenho uma vasilha de farinha e um pouco de azeite numa botija. Estou apanhando uns gravetos porque vou preparar alguma coisa para meu filho e eu comermos. Depois disso, só nos resta morrer".

13-14 Elias disse a ela: "Não se preocupe. Faça o que você disse. Mas, antes, prepare um bolinho para mim e traga aqui. Depois, prepare uma refeição com o que sobrar para você e seu filho. O Eterno, o Deus de Israel, diz: 'A vasilha de farinha não ficará vazia e a botija de azeite não se esgotará até que o Eterno mande chuva sobre a terra e ponha fim a esta seca' ".

15-16 Ela saiu e fez exatamente o que Elias tinha pedido. E aconteceu como ele falou. Todos os dias, havia comida para ela e para seu filho. A vasilha de farinha não se esvaziou, e a botija de azeite não se esgotava. A promessa do Eterno se cumpriu exatamente como Elias tinha dito.

17 Passado um tempo, o filho da viúva ficou doente. A doença se agravou, e, em certo momento, ele parou de respirar.

18 A mulher disse a Elias: "Por que, ó homem de Deus, o senhor veio aqui interferir na minha vida, expor o meu pecado e matar meu filho?".

19-20 Elias disse: "Traga seu filho para mim".

Ele tomou o menino dos braços dela, levou-o para o quarto no qual estava acomodado, pôs o menino na cama e orou: "Ó Eterno, meu Deus, por que trouxeste esta desgraça sobre essa viúva, que me acolheu em sua casa? Por que tiraste a vida do filho dela?".

21-23 Ele deitou três vezes sobre o corpo do menino, sempre orando: "Ó Eterno, meu Deus, devolve o fôlego a este menino!". O Eterno ouviu a oração de Elias, e o menino ressuscitou. Elias pegou o menino, levou-o para baixo e entregou-o a sua mãe. Ele disse: "Aqui está seu filho. Está vivo!".

24 A mulher disse a Elias: "Agora estou entendendo. O senhor é um homem de Deus. Quando o senhor fala, é o Eterno que fala. É a verdade!".

18 **1-2** Depois de muito tempo, no terceiro ano da seca, veio a palavra do Eterno a Elias: "Apresente-se a Acabe. Vou fazer chover sobre a terra". Elias partiu para encontrar-se com o rei. Na época, a situação já era muito grave em Samaria.

DIA 167 504

³⁴Enquanto isso, Acabe conversava com Obadias, encarregado do palácio, homem temente ao Eterno.

Houve um tempo em que Jezabel tentou exterminar os profetas do Eterno, Obadias reuniu cem profetas e os escondeu em duas cavernas, cinquenta em cada uma, e providenciou água e mantimento para eles.

⁵⁻⁶Acabe ordenou a Obadias: "Percorra a terra, procurando, nas nascentes e nos riachos, algum capim para alimentar nossos cavalos e mulas". Eles dividiram o território e começaram a busca. Acabe seguiu numa direção, e Obadias, em outra.

⁷Obadias seguiu por um caminho e topou com Elias! Obadias prostrou-se em reverência e exclamou: "É você mesmo, Elias, meu senhor?".

⁸Elias respondeu: "Sim, sou eu. Volte e diga ao seu senhor: 'Encontrei Elias.'".

⁹⁻¹⁴Mas Obadias disse: "O que fiz para merecer isso? Acabe vai me matar! Assim como vive o Eterno, não há país ou reino para onde o rei não tenha enviado gente à sua procura. Quando voltavam e diziam: 'Procuramos por toda parte, mas não o encontramos', Acabe fazia aquele país ou reino jurar que você não estava mesmo lá. Agora, você me diz: 'Vá dizer ao seu senhor que Elias foi encontrado!'. Assim que eu partir, o Espírito do Eterno levará você para não sei onde. Você desaparecerá, minha informação não vai se confirmar, e eu serei morto. Tenho servido fielmente ao Eterno desde menino! Ninguém contou a você o que eu fiz quando Jezabel matava os profetas do Eterno? Como arrisquei a minha vida, escondendo cem profetas em duas cavernas, cinquenta em cada uma, e providenciando água e mantimento para eles? Agora, você quer que eu me exponha, dizendo ao rei: 'Elias foi encontrado'? Ele sem dúvida me matará".

¹⁵Elias disse: "Assim como vive o Senhor dos Exércitos de Anjos, a quem eu sirvo, hoje mesmo me apresentarei ao rei Acabe".

¹⁶Assim, Obadias foi imediatamente procurar o rei para contar a novidade. Acabe foi ao encontro de Elias.

¹⁷⁻¹⁹No instante em que viu Elias, Acabe exclamou: "É você mesmo, agitador de Israel!".

Elias respondeu: "Não fui eu quem provocou esta desgraça sobre Israel. Foi você mesmo e seu governo. Vocês abandonaram os caminhos do Eterno e seus mandamentos para seguir os baalins. Reúna todo o Israel no monte Carmelo. Não deixe faltar os protegidos de Jezabel, os quatrocentos e cinquenta profetas dos baalins e os quatrocentos profetas da deusa da prostituição Aserá".

²⁰Acabe convocou todo o povo de Israel, principalmente os profetas, para se reunirem no monte Carmelo.

²¹Elias desafiou o povo: "Até quando vocês ficarão em cima do muro? Se o Eterno é o Deus verdadeiro, sigam ao Eterno, mas, se é Baal, sigam a Baal. Decidam-se!".

Ninguém respondeu nada. O povo nem se mexia.

²²⁻²⁴Elias disse: "Sou o único profeta do Eterno que restou em Israel, mas há quatrocentos e cinquenta profetas de Baal. Deixem os profetas de Baal trazerem dois novilhos. Matem um deles e arrumem a carne sobre o altar com lenha. Mas não acendam o fogo. Vou preparar o outro novilho e arrumá-lo sobre a lenha, mas também não acenderei o fogo. Depois, vocês clamem aos seus deuses, e eu clamarei ao Eterno. O deus que responder com fogo é, de fato, Deus". Todos concordaram: "Boa ideia. Vamos fazer isso!".

²⁵Elias disse aos profetas de Baal: "Escolham o novilho e preparem-no. Vocês primeiro, já que são a maioria. Invoquem o seu deus, mas não acendam o fogo".

²⁶Eles pegaram o novilho, prepararam o animal para o sacrifício e clamaram a Baal. Clamaram a manhã toda: "Ó Baal, responde-nos!". Mas não aconteceu nada. Nem sinal de resposta. Desesperados, pulavam e dançavam em torno do altar.

²⁷⁻²⁸Ao meio dia, Elias começou a zombar deles: "Gritem mais alto! Afinal, ele é deus. Talvez esteja meditando em algum canto ou ocupado com algum trabalho. Vai ver está viajando. Vocês não acham que está dormindo e perdeu a hora, acham? Nesse caso, será preciso acordá-lo". Eles começaram a gritar mais alto ainda e se cortaram com lâminas e facas, ritual comum entre eles, até ficarem com o corpo todo ensanguentado.

²⁹Continuaram com isso até de tarde. Fizeram todos os rituais e truques que conheciam até a hora do sacrifício da tarde. Mas não aconteceu nada. Nem sinal de resposta.

³⁰⁻³⁵Por fim, Elias disse ao povo: "Chega! Agora é a minha vez. Venham aqui!". Eles se reuniram em torno dele. Ele refez o altar, que já estava destruído. Escolheu doze pedras, uma para cada tribo de Jacó, o mesmo Jacó a quem o Eterno tinha dito: "De agora em diante, você se chamará Israel". Elias fez um altar com as doze pedras em honra do Eterno. Depois, abriu uma vala bem larga em torno do altar. Pôs a lenha sobre ele, preparou o novilho e arrumou a carne sobre

a lenha. Depois, ordenou: "Encham os baldes de água e derramem sobre o boi e a lenha". Ordenou de novo: "Façam outra vez". Eles fizeram. Disse ainda: "Façam mais uma vez", e eles fizeram. O altar ficou encharcado, e a vala, cheia de água.

ATOS 1.1-26

Até aos confins da terra

1 ¹⁻⁵**P**rezado Teófilo, no primeiro volume deste livro escrevi a respeito de tudo que Jesus começou a fazer e a ensinar até o dia em que ele se despediu dos apóstolos, aqueles que ele havia escolhido por meio do Espírito Santo, e foi levado ao céu. Depois de sua morte, ele se apresentou vivo a eles, em diferentes lugares, por um período de quarenta dias. Nesses encontros face a face, ele os orientou sobre assuntos concernentes ao Reino de Deus. Entre os encontros e refeições, ele os aconselhou a não deixar Jerusalém, mas a "esperar pelo que o Pai prometeu: a promessa que vocês ouviram de mim. João batizou com água, mas vocês serão batizados com o Espírito Santo. E isso acontecerá logo".

⁶Na última vez em que se reuniram, eles perguntaram: "Mestre, o senhor vai restaurar o Reino a Israel agora? Chegou o momento?".

⁷⁻⁸Ele respondeu: "Vocês não devem tentar descobrir a hora. Determinar o tempo é responsabilidade do Pai. Vocês vão receber o Espírito Santo, e, quando ele vier, vocês serão minhas testemunhas em Jerusalém, por toda a Judeia e Samaria e até mesmo nos confins da terra".

⁹⁻¹¹Essas foram suas últimas palavras. Enquanto observavam, ele foi levado e desapareceu numa nuvem. Eles ficaram ali, olhando para o céu vazio. De repente, dois homens vestidos de branco apareceram e disseram: "Galileus! Por que estão parados, olhando para o céu? Este mesmo Jesus que vocês viram ser levado para o céu voltará, tão certa e misteriosamente quanto partiu".

Voltando para Jerusalém

¹²⁻¹³Eles deixaram o monte das Oliveiras e voltaram para Jerusalém, distante dali cerca de um quilômetro. Foram para a sala que usavam como local de reunião, que ficava no andar superior de uma casa:

Pedro,
João,
Tiago,
André,
Filipe,

Tomé,
Bartolomeu,
Mateus,
Tiago, filho de Alfeu,
Simão, o Zelote,
Judas, filho de Tiago.

¹⁴Eles concordaram em permanecer ali, unidos em oração, incluindo as mulheres. Também estavam ali a mãe de Jesus, Maria, e os irmãos dele.

No lugar de Judas

¹⁵⁻¹⁷Enquanto estavam ali, cerca de 120 pessoas, Pedro começou a dizer-lhes: "Amigos, há muito tempo o Espírito Santo falou por meio de Davi sobre Judas, que se tornou o guia dos que prenderam Jesus. As Escrituras tinham de ser cumpridas. Judas era um de nós e tinha lugar designado neste ministério.

¹⁸⁻²⁰"Vocês sabem que ele aceitou aquele suborno maldito, comprou um pequeno terreno e teve um fim trágico: sua barriga rasgou-se e suas vísceras se espalharam. Todos em Jerusalém sabem disso e chamam o lugar campina do Assassinato. É conforme lemos nos Salmos:

Que seu lugar fique deserto,
De modo que ninguém more lá.

E também o que foi escrito depois:

Que outro assuma seu posto.

²¹⁻²²Judas deve ter um substituto. Deve ser alguém do nosso grupo, alguém que está conosco desde o tempo em que Jesus foi batizado por João até o dia de sua ascensão, sendo também testemunha da sua ressurreição".

²³⁻²⁶Eles indicaram dois nomes: José Barsabás, apelidado de Justo, e Matias. Então oraram: "Ó Deus, tu conheces cada um de nós, no íntimo. Mostra-nos qual destes dois escolhes para assumir neste ministério de liderança o lugar que Judas abandonou, para seguir seu próprio caminho". Depois de orar, fizeram um sorteio. Matias foi escolhido e juntou-se aos onze apóstolos.

SALMOS 77.1-10

Um salmo de Asafe

77 ¹**G**rito ao meu Deus,
com todas as minhas forças.
E ele ouve.

DIA 168

2-6 Quando eu estava com problemas,
recorri ao meu Senhor.
Minha vida era uma ferida aberta
que não se curava.
Quando os amigos diziam: "Tudo vai ficar bem",
eu não acreditava numa única palavra deles.
Eu me lembrava de Deus e balançava a cabeça;
torcia as mãos de ansiedade.
Ficava acordado a noite toda,
sem ao menos cochilar.
Nem sabia dizer o que me incomodava.
Recordava os meus dias,
ponderava os anos passados.
Dedilhava meu violão a noite toda,
pensando num jeito de reorganizar
a minha vida.

7-10 Será que o Senhor nos abandonou de vez?
Ele nunca sorrirá outra vez?
Seria seu amor tão inconstante?
Estaria revogada sua promessa de salvação?
Teria Deus se esquecido de como ele age?
Será que ele, enraivecido, simplesmente
nos deixou?
"Que situação a minha!", eu disse.
"O Deus Altíssimo se aposentou
bem na hora em que eu preciso dele!"

NOTAS

DIA 168 ___ / ___ / ___

1 REIS 18.36 — 20.25

36-37 Na hora de oferecer o sacrifício, o profeta Elias aproximou-se do altar e orou: "Ó Eterno, Deus de Abraão, de Isaque e de Israel, que todos fiquem sabendo hoje que tu és Deus em Israel, que eu sou teu servo e que faço essas coisas seguindo as tuas ordens. Responde-me, ó Eterno! Responde-me e mostra a este povo que tu, ó Eterno, estás dando a eles uma oportunidade de se arrepender".

38 Na mesma hora, o fogo do Eterno caiu e queimou a oferta, a lenha, as pedras, a terra e até mesmo a água que estava na vala.

39 O povo viu o que aconteceu, e todos se prostraram admirados em adoração e exclamaram: "O Eterno é Deus! O Eterno é Deus!".

40 Elias disse: "Agarrem os profetas de Baal! Não deixem que escapem!". O povo os prendeu, e Elias mandou-os para o riacho de Quisom, onde os matou.

41 Elias disse a Acabe: "Levante-se! Coma e beba. É tempo de celebrar! A chuva não demora, já estou ouvindo o barulho dela".

42-43 Acabe se levantou, comeu e bebeu. Enquanto isso, Elias subiu ao topo do Carmelo, prostrou-se em oração, com o rosto entre os joelhos, e disse ao seu ajudante: "Fique de pé! Olhe na direção do mar".

Ele olhou e contou a Elias: "Não estou vendo nada".

Elias disse: "Continue olhando. Se necessário, olhe sete vezes".

44 Na sétima vez, ele disse: "Vejo uma nuvem subindo do mar! É muito pequena, do tamanho da mão de uma pessoa".

"Corra e diga a Acabe: 'Sele seu jumento e desça a montanha antes que a chuva o alcance' ", ordenou Elias.

45-46 Foi tudo muito rápido. O céu escureceu, e o vento soprou as nuvens até que começou a chover forte. Enquanto isso, Acabe partia de carro para Jezreel. O Eterno deu uma força extraordinária a Elias, que prendeu a capa à cintura e correu à frente do carro de Acabe até chegar a Jezreel.

Vingança de Jezabel

19 **1-2** **A**cabe contou a Jezabel tudo que Elias tinha feito, até mesmo o massacre dos profetas. Jezabel, imediatamente, enviou um mensageiro para ameaçar Elias, dizendo: "Os deuses vão castigar você por isso. Vou me vingar de você! Juro que amanhã, à esta hora, você estará tão morto quanto aqueles profetas".

3-5 Quando Elias percebeu a situação, fugiu para Berseba, no extremo sul de Judá. Deixou seu ajudante ali e caminhou mais um dia no deserto. Chegou até um zimbro, sentou-se à sombra e pediu para morrer: "Basta, ó Eterno! Leva a minha vida. Estou pronto para descer à sepultura com meus antepassados!". Exausto, caiu no sono debaixo do zimbro.

De repente, um anjo o acordou e disse: "Levante-se e coma!".

6 Olhando em redor, para sua surpresa, deparou, perto da sua cabeça, com um pão assado sobre brasas e um jarro de água. Ele comeu e voltou a dormir.

7 O anjo do Eterno voltou, acordou-o e disse: "Levante-se e coma um pouco mais. Você tem uma longa viagem pela frente".

8-9 Ele se levantou, comeu, bebeu e partiu. Sustentado pela comida, caminhou quarenta dias e quarenta noites até chegar a Horebe, o monte de Deus. Chegando lá, entrou numa caverna e dormiu. A palavra do Eterno veio a ele: "O que está fazendo aqui, Elias?".

10 Ele respondeu: "Tenho dedicado a minha vida inteiramente ao Senhor dos Exércitos de Anjos. O povo de Israel abandonou sua aliança, destruiu os lugares de adoração e matou seus profetas. Sou o único que restou, e agora estão querendo tirar a minha vida também!".

11-12 O Eterno disse: "Saia e fique no monte diante do Eterno. O Eterno passará ali".

Um vento muito forte varreu o monte, partindo e esmigalhando as pedras diante do Eterno, mas o Eterno não estava no vento. Depois do vento, veio um terremoto, mas o Eterno não estava no terremoto. Depois do terremoto, veio o fogo, mas o Eterno não estava no fogo. Por fim, depois do fogo, uma brisa suave começou a soprar.

13-14 Quando Elias sentiu a brisa, cobriu a cabeça com a capa, foi para a entrada da caverna e esperou ali. Uma voz suave perguntou: "Então, Elias, diga-me outra vez: o que você está fazendo aqui?". Elias repetiu: "Tenho dedicado minha vida inteiramente ao serviço do Eterno, o Senhor dos Exércitos de Anjos, porque o povo de Israel abandonou sua aliança, destruiu os lugares de adoração e matou os seus profetas. Sou o único que restou, e, agora, estão querendo tirar a minha vida também!".

15-18 O Eterno disse: "Volte pelo caminho por onde veio, através do deserto, até Damasco. Chegando lá, você deverá ungir Hazael rei sobre a Síria. Depois, será a vez de ungir Jeú, filho de Ninsi, rei de Israel. Por fim, você deverá ungir Eliseu, filho de Safate, de Abel-Meolá, para suceder você como profeta. Quem escapar de Hazael, Jeú matará. Quem escapar de Jeú, Eliseu matará. Enquanto isso, preservarei sete mil pessoas que não se dobraram ao deus Baal, lábios que não beijaram sua imagem".

19 Elias encontrou Eliseu, filho de Safate, num campo em que estavam doze juntas de bois arando. Eliseu conduzia uma delas. Elias aproximou-se e pôs sua capa sobre Eliseu.

20 Eliseu abandonou os bois e saiu caminhando com Elias, mas, de repente, pediu: "Por favor! Permita que eu me despeça de meu pai e de minha mãe. Depois, vou com você".

Elias respondeu: "Vá, mas não se esqueça do que acabei de fazer com você".

21 Eliseu voltou e matou os dois bois. Com o arado transformado em lenha, cozinhou a carne e deu uma festa de despedida. Depois, partiu com Elias, tornando-se seu ajudante.

20 **1-3** **N**esse meio-tempo, Ben-Hadade, rei da Síria, convocou suas tropas, com trinta e dois reis aliados, todos equipados com cavalos e carros de guerra. Eles partiram e sitiaram Samaria, prontos para atacá-la. Ele mandou mensageiros à cidade, exigindo de Acabe, rei de Israel: "Ben-Hadade quer todo seu ouro e sua prata, suas mulheres mais bonitas e seus filhos mais fortes".

4 O rei de Israel aceitou os termos e respondeu: "Seja como você quer, ó rei, meu senhor. Eu e tudo que tenho somos seus".

5-6 Mas os mensageiros voltaram a ele, dizendo: "O rei mandou dizer: 'Quero que entregue tudo: a prata, o ouro, *todas* as mulheres e filhos. Em vinte e quatro horas, os meus soldados vão vasculhar o seu palácio e as casas dos seus oficiais e trarão tudo que considerarem valioso' ".

[7] O rei de Israel convocou as autoridades de Israel e disse: "Vejam só! Ele está arrumando confusão. Quer tirar tudo que possuo, exigindo todas as minhas mulheres e filhos, mesmo depois de eu não ter negado nada do que ele exigiu".

[8] As autoridades, apoiadas pelo povo, responderam: "Não concorde. Não ceda em absolutamente nada".

[9] O rei mandou os mensageiros dizerem a Ben-Hadade: "Digam ao rei, meu senhor, que concordo com os termos da primeira exigência, mas com essa outra não concordo". Os mensageiros levaram a resposta.

[10] Ben-Hadade mandou dizer: "Façam os deuses o que quiserem comigo se eu não transformar Samaria em ruínas!".

[11] O rei de Israel retrucou: "É mais fácil começar uma luta que terminá-la".

[12] Quando Ben-Hadade ouviu isso, ele estava bebendo com os outros reis. Embriagado, ordenou: "Vão atacá-los!". O exército avançou contra a cidade.

[13] Ao mesmo tempo, um profeta foi enviado ao rei Acabe, de Israel, e disse: "Assim diz o Eterno: 'Você está vendo esse bando de malfeitores? Hoje mesmo vou entregá-los nas suas mãos, e você saberá que sou o Eterno".

[14] Acabe perguntou: "Mas, quem fará isso?".

O Eterno respondeu: "Os jovens chefes das províncias".

Acabe perguntou ainda: "E quem atacará primeiro?".

Ele respondeu: "O senhor!".

[15] Acabe fez o levantamento dos jovens chefes das províncias e contou duzentos e trinta e dois. Depois, reuniu todas as tropas de Israel: sete mil ao todo.

[16-17] Ao meio-dia, partiram. Ben-Hadade e seus trinta e dois aliados continuavam bebendo no campo. Os chefes das províncias avançaram, e alguém avisou Ben-Hadade: "Há homens vindo de Samaria".

[18] Ele disse: "Se eles vêm em paz, capturem-nos, para servirem de reféns. Se vêm para atacar, façam a mesma coisa".

[19-20] Os chefes das províncias, seguidos por todo o exército, atacaram — um violento combate corpo a corpo. Os arameus se espalharam pelo campo, perseguidos por Israel. Mas Ben-Hadade, rei da Síria, escapou montado num cavalo e seguido por sua cavalaria.

[21] O rei de Israel avançou, matou os cavalos e destruiu os carros. Foi uma derrota vergonhosa para os arameus.

[22] Passado um tempo, o profeta foi dizer ao rei de Israel: "Esteja atento. Reforce seu exército, avalie sua capacidade e monte uma estratégia. Antes do final do ano, o rei da Síria voltará com toda força".

[23-25] Enquanto isso, os conselheiros do rei da Síria disseram: "Os deuses deles são deuses das montanhas. Não temos como vencê-los lá. Então, vamos lutar contra eles nas planícies, onde teremos mais chance. Faça o seguinte: substitua cada um dos reis por capitães. Depois, recrute um pelotão equivalente ao exército que desertou anteriormente. Providencie cavalos para os cavaleiros e carros para os condutores, e lutaremos contra eles na planície. Desta vez, vamos derrotá-los, com certeza".

O rei gostou do conselho e fez conforme o aconselharam.

ATOS 2.1-21

Um som como de um vento forte

2 [1-4] Quando chegou a festa de Pentecoste, todos estavam juntos num só lugar. Inesperadamente, um som parecido com o de um vento ganhou força, e ninguém sabia de onde vinha. Todo o lugar foi tomado por aquele som. Em seguida, como um fogo que irrompe, o Espírito Santo se espalhou sobre eles, e começaram a falar em diferentes línguas, à medida que o Espírito agia.

[5-11] Por essa época, muitos judeus, peregrinos devotos do mundo inteiro, estavam em Jerusalém. Quando ouviram o som, eles vieram averiguar. Para espanto deles, cada um ouvia sua própria língua materna sendo falada por alguém. Sem entender o que estava acontecendo, perguntam-se: "Eles não são galileus? Como é que estão falando em tantas línguas diferentes?

Partos, medos e elamitas;
Visitantes da Mesopotâmia, Judeia e Capadócia,
Ponto e Ásia, Frígia e Panfília,
Egito e as partes da Líbia
que pertencem a Cirene;
Imigrantes de Roma, tanto judeus
quanto prosélitos;
Até mesmo cretenses e árabes!

"Nós os ouvimos falando em nosso idioma, descrevendo atos poderosos de Deus!".

[12] Atônitos, balançavam a cabeça, sem conseguir entender nada, e diziam uns aos outros: "O que está acontecendo aqui?". [13] Alguns zombavam: "Eles estão bêbados! E com vinho barato".

O discurso de Pedro

[14-21] Apoiado pelos outros onze apóstolos, Pedro tomou a palavra e fez este ousado pronunciamento: "Irmãos judeus, vocês que estão visitando Jerusalém, ouçam com atenção e procurem entender. Ninguém está bêbado aqui, como alguns estão pensando. Eles não tiveram tempo de se embebedar, porque ainda são nove horas da manhã. O que está acontecendo é o que o profeta Joel anunciou:

'Nos últimos dias', Deus diz:
'Vou derramar meu Espírito
    sobre todo tipo de gente –
Seus filhos vão profetizar,
    e também suas filhas.
Seus jovens terão visões,
    seus velhos terão sonhos.
Quando chegar a hora,
    vou derramar meu Espírito
Sobre todos os que me servem, homens e
    mulheres de igual modo,
    e eles vão profetizar.
Mostrarei maravilhas no céu
    e sinais na terra,
Sangue, fogo e fumaça,
o Sol ficará escuro; e a Lua, vermelha,
Antes que chegue o dia do Senhor,
    o dia tremendo e maravilhoso.
E quem pedir ajuda
    a mim, Deus, será salvo.

SALMOS 77.11-15

[11-12] Mais uma vez, relembrarei
    o que o Eterno fez –
    maravilhas antigas porei sobre a mesa.
Refletirei sobre todas as coisas que criaste –
    uma agradável pausa para pensar nos teus atos.

[13-15] Ó Deus! Teu caminho é santo!
    Nenhum deus é grande como Deus!
Tu és o Deus que fazes as coisas acontecerem.
    Mostraste a todos o que podes fazer.
Tiraste teu povo da pior situação possível,
    resgataste os filhos de Jacó e José.

NOTAS

_____
_____
_____
_____
_____
_____
_____
_____
_____
_____
_____
_____
_____
_____
_____
_____
_____
_____

DIA 169 ___ / ___ / ___

1REIS 20.26 — 22.5

[26-27] No início do ano, Ben-Hadade reuniu os arameus e foi para Afeque com a intenção de atacar Israel. O exército israelita se preparou para a guerra e saiu para enfrentar os arameus. Israel acampou diante dos arameus em dois grupos, como dois rebanhos de cabritos. Os arameus enchiam a planície.

[28] O homem de Deus trouxe esta mensagem ao rei de Israel: "Assim diz o Eterno: 'Como os arameus dizem que o Eterno é um deus das montanhas, e não um dos deuses das planícies, entregarei em suas

mãos esse poderoso exército. Então, você saberá que eu sou o Eterno'".

²⁹⁻³⁰ Durante sete dias, os dois exércitos ficaram acampados um de frente para o outro. No sétimo dia, a luta começou. Os israelitas mataram, em um dia, cem mil soldados de infantaria arameus. O restante do exército fugiu para Afeque. Mas o muro da cidade ruiu e matou vinte e sete mil deles.

³⁰⁻³¹ Ben-Hadade escapou para a cidade e se escondeu. Seus conselheiros disseram: "Sabemos que os reis de Israel são bondosos. Vamos nos vestir com pano de saco, carregar uma bandeira branca em sinal de trégua e nos apresentar ao rei de Israel. Talvez ele poupe a nossa vida".

³² Eles fizeram isso. Vestiram-se de pano de saco e, carregando uma bandeira branca, procuraram o rei de Israel, dizendo: "Seu servo Ben-Hadade implora: 'Por favor, deixe-me viver!' ".

Acabe respondeu: "Vocês estão dizendo que ele ainda está vivo? Se ele estiver vivo, eu o tratarei como irmão".

³³ Os homens entenderam isso como um sinal da bondade do rei e repetiram as palavras dele: "Ben-Hadade sem dúvida é meu irmão!".

O rei ordenou: "Tragam-no aqui". Eles foram buscar Ben-Hadade e o fizeram subir no carro.

³⁴ Ben-Hadade disse: "Estou disposto a devolver as cidades que meu pai tirou de seu pai. Você poderá levar seu comércio para Damasco, como meu pai fez em Samaria". Acabe respondeu: "Com um acordo, deixarei você voltar em segurança". Eles assinaram um tratado, e Acabe o despediu.

³⁵ Um homem, que era um dos profetas, disse a outro: "Dê um soco em mim". Mas o colega se recusou a fazê-lo.

³⁶ Então, o profeta disse: "Já que você não obedeceu ao que o Eterno mandou, um leão o atacará assim que você sair daqui". Logo que o moço saiu, um leão de fato o atacou.

³⁷ O profeta disse a outro colega: "Dê um soco em mim". O homem o esmurrou com força, tirando sangue do rosto do profeta.

³⁸⁻⁴⁰ Então, o profeta foi para a beira da estrada e ficou à espera do rei, com um pano no rosto. Pouco depois, o rei apareceu. O profeta gritou para ele: "Quando eu estava no meio da batalha, veio um homem e entregou um prisioneiro para mim e disse: 'Proteja a vida deste homem. Se ele não for encontrado depois, você morrerá'. Mas me distraí com outras coisas, e, quando percebi, o prisioneiro tinha sumido".

O rei de Israel disse: "Você acabou de assinar sua sentença de morte".

⁴¹ Com isso, o profeta tirou o pano do rosto, e o rei o reconheceu.

⁴² O profeta disse ao rei: "Assim diz o Eterno: 'Já que o senhor libertou o homem que eu tinha determinado que morresse, o senhor pagará com a vida, e o seu povo será destruído no lugar do povo dele' ".

⁴³ O rei voltou para casa indignado e chegou a Samaria muito aborrecido.

21

¹⁻² Depois disso, aconteceu que Nabote, de Jezreel, era dono de uma vinha ao lado do palácio de Acabe, rei de Samaria. Certo dia, Acabe pediu a Nabote: "Dê-me sua vinha para eu transformá-la em horta, já que fica ao lado do meu palácio. Darei em troca uma vinha muito melhor ou, se preferir, pagarei em dinheiro".

³⁻⁴ Mas Nabote respondeu a Acabe: "O Eterno me livre de vender a terra que é herança da família!". Acabe voltou para casa aborrecido, por causa da resposta de Nabote: "Nunca entregarei ao senhor a herança da família". Ele foi para a cama e se recusava a comer.

⁵ Sua mulher Jezabel perguntou: "O que está acontecendo? Por que você está assim, sem vontade de comer?".

⁶ Ele disse: "Conversei com Nabote, de Jezreel, e pedi a ele: 'Dê-me a sua vinha. Eu pagarei pelo que ela vale ou darei em troca outra vinha'. Mas ele me disse: 'Nunca entregarei a minha vinha ao senhor' ".

⁷ Jezabel disse: "E o rei de Israel precisa se preocupar com isso? Não é você quem manda aqui? Levante-se! Coma e anime-se! Eu cuidarei disso. Vou conseguir a vinha de Nabote para você".

⁸⁻¹⁰ Ela escreveu cartas a todas as autoridades e líderes da cidade de Nabote, assinou pelo rei e pôs o selo oficial. Na carta, escreveu: "Convoquem um dia de jejum e ponham Nabote num lugar de destaque. Ponham ao seu lado dois sujeitos de má índole que o acusem: 'Você blasfemou contra Deus e contra o rei!'. Então, eles o levarão para fora da cidade e o apedrejarão até a morte".

¹¹⁻¹⁴ Foi o que fizeram. Os homens mais influentes da cidade seguiram as instruções de Jezabel, conforme estava escrito na carta. Convocaram um dia de jejum e puseram Nabote num lugar de honra. Diante de todos, os dois homens o acusaram: "Ele blasfemou contra Deus e contra o rei!". Os companheiros o levaram para fora e o apedrejaram cruelmente.

¹⁵ Quando soube que Nabote tinha sido apedrejado até a morte, Jezabel disse a Acabe: "Tome posse da

vinha de Nabote, de Jezreel, a vinha que ele recusou a você. Nabote está morto".

[16] Quando Acabe soube que Nabote tinha morrido, saiu para tomar posse da vinha.

[17-19] Então, veio a palavra do Eterno a Elias, o tesbita: "Levante-se e vá até Acabe, de Samaria, rei de Israel. Você o encontrará na vinha de Nabote. Ele está lá para tomar posse da propriedade. Diga a ele: 'Assim diz o Eterno: O que está acontecendo aqui? Primeiro, assassinato; depois, roubo?'. Depois, diga a ele: 'Assim diz o Eterno: No mesmo lugar em que os cães lamberam o sangue de Nabote, lamberão o seu também!' ".

[20-22] Acabe disse a Elias: "Você me encontrou, meu inimigo?".

Elias respondeu: "De fato, encontrei você. E já que você se vendeu para cometer esse erro contra o Eterno, ele diz: 'Vou destruir você e aniquilar seus descendentes, matando todos os que são do sexo masculino e tenham qualquer relação com o nome de Acabe. Farei com você o mesmo que fiz com Jeroboão, filho de Nebate, e com Baasa, filho de Aías. Você provocou a minha ira, levando Israel a cometer pecado'.

[23-24] "Quanto a Jezabel, diz o Eterno: 'Os cães devorarão Jezabel perto do muro de Jezreel. Todos os que pertencem à família de Acabe e morrerem na cidade serão devorados pelos cachorros, e quem morrer no campo será devorado pelos corvos' ".

[25-26] Acabe, influenciado por sua mulher, Jezabel, cometeu todo tipo de pecado contra o Eterno. Ele foi muito pior que seus antecessores. Entregou-se a atos perversos diante dos ídolos, como os amorreus que o Eterno tinha expulsado do território de Israel.

[27] Quando Acabe ouviu as palavras de Elias, rasgou a própria roupa, vestiu panos de saco e jejuou. Ele até dormia com panos de saco e andava cabisbaixo.

[28-29] Então, o Eterno disse a Elias, o tesbita: "Observe que Acabe acatou a minha palavra e se humilhou diante de mim. Por causa do seu arrependimento, não causarei desgraça durante a vida de Acabe, mas durante o reinado de seu filho".

22 [1-3] Durante três anos, não houve guerra entre a Síria e Israel. No terceiro ano, Josafá, rei de Judá, foi encontrar-se com o rei de Israel. O rei de Israel disse aos seus oficiais: "Vocês sabiam que Ramote-Gileade nos pertence e que não estamos fazendo nada para tomá-la do rei da Síria?".

[4-5] Ele se virou para Josafá e disse: "Você gostaria de me acompanhar na batalha para recapturar Ramote-Gileade?".

Josafá respondeu: "Sem dúvida. Conte comigo para o que for preciso. Minhas tropas são suas tropas, e meus cavalos, seus cavalos". Ele fez apenas uma ressalva: "Antes de qualquer coisa, consulte o Eterno a respeito do assunto".

ATOS 2.22-47

[22-28] "Irmãos israelitas, ouçam com atenção: Jesus, o Nazareno, homem credenciado por Deus entre vocês — os milagres, as maravilhas e os sinais que Deus fez por meio dele são bem conhecidos — esse Jesus, conforme o estabelecido no plano de Deus, foi traído por homens que tomaram a lei nas próprias mãos e entregue a vocês, que o pregaram numa cruz e o mataram. Mas Deus desatou as cordas da morte e o ressuscitou. A morte não foi capaz de segurá-lo. Davi previu isso tudo:

Eu vi Deus diante de mim o tempo todo.
Nada pode me abalar, ele está ao meu lado.
Minha alegria extravasa, exultante;
fixei minha morada na terra da esperança.
Sei que nunca me lançarás no Hades;
Jamais sentirei o cheiro da morte.
Puseste meus pés no caminho da vida,
com tua face brilhando como um sol
de alegria ao meu redor.

[29-36] "Prezados amigos, permitam-me ser franco. Nosso antepassado Davi está morto e sepultado — seu túmulo está aí, onde todos podem ver. Mas, sendo também profeta e sabendo que Deus jurou solenemente que um descendente dele assumiria seu Reino, ele previu também a ressurreição do Messias – 'não haverá ida ao Hades, nenhum cheiro da morte'. Esse Jesus, Deus ressuscitou, e cada um de nós aqui é testemunha disso. Depois de ser elevado às alturas e sentar-se à direita de Deus, ele recebeu a promessa do Espírito Santo da parte do Pai e derramou o Espírito que recebeu. É isso que vocês estão vendo e ouvindo. Davi não subiu aos céus, mas disse:

Deus disse ao meu Senhor:
'Assente-se aqui ao meu lado direito
Até que eu faça dos seus inimigos
um descanso para os seus pés'.

"Todo o Israel, portanto, entenda isto: não há lugar para a dúvida — Deus fez Senhor e Messias aquele Jesus que vocês crucificaram".

DIA 170

³⁷ Os que ouviam perguntaram a Pedro e aos outros apóstolos: "Irmãos, o que vamos fazer agora?".

³⁸⁻³⁹ Pedro respondeu: "Mudem de vida. Voltem-se para Deus e sejam batizados, cada um de vocês, no nome de Jesus Cristo, para que seus pecados sejam perdoados. Recebam o dom do Espírito Santo. A promessa é para vocês e para os seus filhos, mas também para todos os que estão longe — na verdade, aqueles a quem o Senhor Deus chamar".

⁴⁰ Ele aprofundou o assunto, insistindo com eles cada vez mais: "Saiam enquanto podem! Saiam desta cultura doente e vazia!".

⁴¹⁻⁴² Naquele dia, cerca de três mil pessoas foram convencidas por aquela palavra, batizadas e arroladas. Elas passaram a seguir o ensino dos apóstolos, a vida em comunidade, a refeição comunitária e a prática da oração.

⁴³⁻⁴⁵ Todos ficaram perplexos com os sinais e maravilhas realizados por meio dos apóstolos! Os crentes viviam numa harmonia maravilhosa e tinham tudo em comum. Vendiam o que possuíam e deixavam os recursos à disposição para atender às necessidades de quem precisasse.

⁴⁶⁻⁴⁷ Eles seguiam uma disciplina diária de cultos no templo, seguidos de refeições nas casas. Cada refeição era uma celebração vibrante e alegre, com muito louvor a Deus. O povo da cidade apreciava o que via. Todos os dias, o número deles aumentava, e Deus acrescentava os que iam sendo salvos.

SALMOS 77.16-20

¹⁶⁻¹⁹ O oceano te viu em ação, ó Deus,
     e tremeu de medo.
O oceano profundo estava
     morto de medo.
As nuvens expeliram baldes de chuva,
     o céu explodiu num trovão,
     em flechas reluzindo aqui e ali.
Do redemoinho, veio a voz de trovão,
     os relâmpagos expuseram
         o mundo à claridade,
     a terra vacilou e tremeu.
Andaste em linha reta pelo oceano,
     caminhaste através do oceano que rugia,
     mas ninguém te viu chegar ou sair.

²⁰ Escondido nas mãos de Moisés e Arão,
     Conduziste teu povo como
         um rebanho de ovelhas.

◼ NOTAS

☐ DIA 170 ___ / ___ / ___

1REIS 22.6-53

⁶ O rei de Israel reuniu cerca de quatrocentos profetas e lançou a pergunta: "Devemos ir atacar Ramote-Gileade, ou não?".

Eles disseram: "Vão. O Eterno a entregará nas mãos do rei".

⁷ Mas Josafá insistiu: "Há mais algum profeta do Eterno aqui, a quem possamos consultar?".

⁸ O rei de Israel disse a Josafá: "Na verdade, há mais um. Mas não gosto dele. Ele nunca diz nada de bom a meu respeito, só prevê destruição e calamidade. É Micaías, filho de Inlá".

Josafá disse: "O rei não deve falar assim de um profeta".

⁹ Então, o rei de Israel ordenou a um dos seus oficiais: "Vá buscar Micaías, filho de Inlá".

¹⁰⁻¹² Enquanto aguardavam, o rei de Israel e Josafá estavam sentados no trono, vestidos em trajes reais diante dos portões da cidade de Samaria. Todos os profetas profetizavam diante deles. Zedequias, filho de Quenaaná, tinha feito um par de chifres de ferro e anunciava: "Assim diz o Eterno: 'Com esses chifres, você ferirá os arameus até não sobrar nada!' ". Todos os profetas clamavam: "Amém! Ataque Ramote-Gileade! É vitória na certa! O Eterno a entregará em suas mãos".

¹³ O mensageiro que foi chamar Micaías disse ao profeta: "Todos os profetas estão apoiando o rei. É bom que você também diga 'sim' a ele".

¹⁴ Mas Micaías disse: "Assim como vive o Eterno, direi o que o Eterno disser".

¹⁵ Quando Micaías se apresentou, o rei perguntou ao profeta: "Então, Micaías, devemos atacar Ramote-Gileade, ou não?".

Ele respondeu: "Vá em frente! É vitória na certa. O Eterno a entregará em suas mãos!".

¹⁶ O rei disse: "Quantas vezes já pedi a você que falasse apenas a verdade para mim?".

¹⁷ Micaías disse: "Então, está bem. Já que insiste, lá vai:

"Vi todo o Israel espalhado sobre os montes
como ovelhas sem pastor.
Ouvi o Eterno dizer: 'Esses
não têm quem diga a eles o que fazer.
Voltem para casa e façam
o melhor que puderem por vocês mesmos' ".

¹⁸ O rei de Israel virou para Josafá e disse: "Você viu! Eu não disse que ele nunca fala nada de bom a meu respeito, só me dá notícia ruim?".

¹⁹⁻²³ Micaías continuou: "Não terminei ainda. Ouça a palavra do Eterno:

"Vi o Eterno em seu trono,
e todos os anjos do exército celestial
Ao seu redor,
à direita e à esquerda.
O Eterno perguntou: 'Como poderemos
enganar Acabe
para atacar Ramote-Gileade?'.
Alguns diziam uma coisa,
outros diziam outra.

Até que um anjo deu um passo à frente,
pôs-se diante do Eterno e disse:
'Eu o enganarei'.
O Eterno perguntou: 'De que maneira
você o enganará?'.
O anjo respondeu: 'É fácil.
Farei que todos os profetas mintam'.
O Eterno disse: 'Se você acha que
consegue enganá-los,
vá em frente e seduza-o!'.

"E foi o que aconteceu. O Eterno pôs um espírito mentiroso na boca de todos estes seus profetas. Mas foi o Eterno que decretou essa calamidade".

²⁴ No mesmo instante, Zedequias, filho de Quenaaná, deu um murro no nariz de Micaías e disse: "Desde quando o Espírito do Eterno me abandonou e se apossou de você?".

²⁵ Micaías disse: "Você logo saberá. Você descobrirá quando estiver apavorado, procurando um lugar para se esconder".

²⁶⁻²⁷ O rei de Israel disse: "Levem Micaías daqui! Entreguem-no a Amom, juiz da cidade, e a Joás, filho do rei, com este recado: 'O rei mandou pôr este homem na cadeia. Ele deve ser tratado com pão e água até que eu volte em paz' ".

²⁸ Micaías disse: "Se você voltar inteiro, é porque não sou profeta do Eterno". Disse ainda: "Quando acontecer tudo isso, ó povo, lembrem-se de quem vocês ouviram isso!".

²⁹⁻³⁰ O rei de Israel e Josafá, rei de Judá, atacaram Ramote-Gileade. O rei de Israel disse a Josafá: "Use seu traje real. Eu vou me disfarçar e entrar na guerra". E o rei de Israel entrou disfarçado na guerra.

³¹ O rei da Síria tinha ordenado aos trinta e dois comandantes dos carros de guerra: "Não se preocupem com os soldados, quer sejam fortes, quer fracos. O alvo de vocês é o rei de Israel".

³²⁻³³ Quando os comandantes dos carros viram Josafá, disseram: "Ali está ele! O rei de Israel!". E foram atrás dele, mas Josafá gritou, e os comandantes perceberam que estavam perseguindo o homem errado. Desistiram de persegui-lo, porque não era o rei de Israel.

³⁴ Naquele momento, um soldado lançou uma flecha sem alvo específico contra o exército, e ela atingiu o rei de Israel nas juntas de sua armadura. O rei disse ao condutor do carro: "Dê meia-volta! Tire-me daqui, porque estou ferido".

³⁵⁻³⁷ A batalha foi intensa o dia inteiro. O rei assistia ao combate escorado no seu carro. Ele morreu

naquela noite. O sangue do ferimento formou uma poça no carro. Ao pôr do sol, ouviram-se gritos entre a multidão: "Vamos embora! Voltem para casa! O rei morreu!".

³⁷⁻³⁸ O rei foi levado para Samaria e ali foi sepultado. Os soldados lavaram o carro dele no tanque de Samaria, no qual as prostitutas da cidade se banhavam, e os cachorros lamberam o sangue do rei, como o Eterno tinha anunciado.

³⁹⁻⁴⁰ O restante da vida de Acabe e tudo que realizou – a construção do palácio de marfim, as cidades que fundou e o sistema de defesa que construiu – estão registrados nas *Crônicas dos Reis de Israel*. Ele foi sepultado no túmulo da família, e seu filho Acazias foi seu sucessor.

Josafá de Judá

⁴¹⁻⁴⁴ Josafá, filho de Asa, começou a reinar em Judá no quarto ano de Acabe, rei de Israel. Josafá tinha 35 anos de idade quando começou a reinar, e reinou vinte e cinco anos em Jerusalém. Sua mãe se chamava Azuba, filha de Sili. Ele continuou os caminhos de seu pai, Asa, sem se desviar, e agradou ao Eterno. Mas não eliminou os altares das religiões pagãs que promoviam a prostituição. O povo continuou orando e oferecendo sacrifícios nesses altares idólatras. Ele mantinha um bom relacionamento com o rei de Israel.

⁴⁵⁻⁴⁶ O restante da vida de Josafá, tudo que realizou e suas guerras estão registrados nas *Crônicas dos Reis de Judá*. Ele também eliminou os prostitutos cultuais deixados por seu pai Asa.

⁴⁷ Durante seu reinado, Edom não tinha rei, apenas um governador.

⁴⁸⁻⁴⁹ Josafá construiu navios de alto mar para trazer ouro de Ofir. Mas os navios nunca chegaram lá. Naufragaram em Eziom-Geber. Na época, Acazias, filho de Acabe, propôs juntar os marinheiros de Josafá com os de Acazias, mas Josafá não concordou.

⁵⁰ Josafá morreu e foi sepultado no túmulo da família, na Cidade de Davi, seu antepassado. Seu filho Jeorão o sucedeu.

Acazias de Israel

⁵¹⁻⁵³ Acazias, filho de Acabe, começou a reinar sobre Israel, em Samaria, no décimo sétimo ano de Josafá, rei de Judá. Ele reinou dois anos em Israel. Cometeu muitos pecados diante do Eterno, seguindo os caminhos de seu pai e de sua mãe e também de Jeroboão, filho de Nebate, que levou Israel a viver em pecado. Ele provocou a ira do Eterno, o Deus de Israel, sacrificando nos altares de Baal. Foi pior que seu pai.

ATOS 3.1-26

³ ¹⁻⁵ Certo dia, às três horas da tarde, Pedro e João foram ao templo para uma reunião de oração. No mesmo instante um homem, aleijado de nascença, estava sendo carregado para lá. Todos os dias, ele ficava sentado perto da porta do templo, chamada Formosa, para pedir esmolas aos que ali entravam. Quando ele viu que Pedro e João se dirigiam à entrada do templo, pediu uma esmola. Pedro, junto com João, olhou-o bem nos olhos e disse: "Olhe para nós". Ele olhou, na esperança de ganhar uns trocados.

⁶⁻⁸ Pedro continuou: "Não tenho um centavo para dar a você, mas vou dar o que tenho: em nome de Jesus Cristo de Nazaré, comece a andar!". Dito isso, segurou o mendigo pela mão direita e puxou-o. Num segundo os pés e tornozelos do homem se firmaram. Ele deu um salto e começou a andar.

⁸⁻¹⁰ O homem entrou no templo com eles, andando para todo lado, dançando e louvando a Deus. Todos que estavam ali puderam vê-lo andando e louvando a Deus. Eles esfregavam os olhos, custando a acreditar no que viam, pois reconheceram imediatamente o aleijado que pedia esmolas perto da porta do templo.

¹¹ O homem, empolgado, dançava em torno de Pedro e João. Os que estavam presentes cercaram o trio no Pórtico de Salomão, para conferir de perto o milagre.

De volta para o Eterno

¹²⁻¹⁶ Quando Pedro percebeu a plateia ali formada, dirigiu a palavra a eles:

"Caros israelitas, por que tanto espanto? Por que nos olham como se o homem estivesse andando por causa do nosso poder ou devoção? O Deus de Abraão, Isaque e Jacó, o Deus dos nossos antepassados, glorificou seu Filho Jesus. Aquele que Pilatos declarou inocente e vocês rejeitaram. Vocês rejeitaram o Santo, o Justo, e pediram um assassino em seu lugar. Vocês mataram o Autor da Vida, que Deus ressuscitou dos mortos – e nós somos testemunhas disso. A fé no nome de Jesus pôs de pé este homem, cuja condição vocês conheciam bem. Sim, a fé, e nada menos que a fé deixou este homem curado diante de todos vocês.

¹⁷⁻¹⁸ "Agora, amigos, sei que nem vocês nem seus líderes tinham ideia do que estavam fazendo quando mataram Jesus. Mas Deus, que pela pregação de todos os profetas já havia determinado que o Messias seria morto, sabia exatamente o que vocês iriam fazer e usou isso para cumprir seu plano.

19-23 "Mas é hora de mudar de vida! Voltem para Deus, para que ele limpe os seus pecados e derrame bênçãos para renová-los e envie o Messias, a saber, Jesus, que ele preparou para seu povo. Por enquanto, ele precisa permanecer nos céus, até que tudo seja restaurado, a fim de pôr em ordem outra vez tudo aquilo que Deus anunciou por meio dos seus santos profetas. Moisés, por exemplo, disse: 'Do meio de vocês Deus levantará um profeta como eu. Ouçam cada palavra que ele disser. Quem se recusar a ouvir esse profeta será eliminado do povo'.

24-26 "Todos os profetas, desde Samuel, afirmaram com veemência a mesma coisa: que este tempo chegaria. Esses profetas, somados à aliança que Deus fez com os antepassados de vocês, são sua árvore genealógica. Os termos da aliança que Deus fez com Abraão são estes: 'Pelo seu descendente, todas as famílias da terra serão abençoadas'. Mas vocês são os primeiros da fila. Deus ressuscitou seu Filho e o enviou para abençoar vocês, um a um, para que se convertam dos seus maus caminhos".

SALMOS 78.1-4

Um salmo de Asafe

78 **1-4** **A**tentem, queridos amigos,
à verdade de Deus,
prestem atenção ao que vou contar.
Estou remoendo um pedaço de provérbio
e revelarei a vocês as doces
e antigas verdades,
As histórias que ouvimos do nosso pai,
os conselhos que aprendemos
no colo da nossa mãe.
Não vamos guardar isso para nós:
vamos passá-lo para a próxima geração –
A fama e a força do Eterno,
as coisas maravilhosas que ele fez.

◾ NOTAS

☐ DIA 171 ___ / ___ / ___

2REIS 1.1 — 3.13

1 **1**Depois da morte de Acabe, Moabe se rebelou contra Israel.

2 Certo dia, Acazias caiu da sacada do quarto do seu palácio em Samaria e ficou gravemente ferido. Por isso, enviou mensageiros para consultar Baal-Zebube, deus de Ecrom: "Vou me recuperar deste acidente?".

3-4 Então, o anjo do Eterno disse a Elias, o tesbita: "Levante-se! Vá encontrar-se com os mensageiros do rei de Samaria e diga a eles: 'Por acaso não há Deus em Israel, para vocês irem consultar Baal-Zebube, deus de Ecrom? Pois assim diz o Eterno: Você não sairá dessa cama: ficará aí, como se estivesse morto'". Elias entregou a mensagem e foi embora.

5 Os mensageiros voltaram, e o rei perguntou: "Por que voltaram tão rápido? O que aconteceu?".

6 Eles responderam: "Encontramos um homem que nos disse: 'Voltem ao rei que enviou vocês e digam a ele: Assim diz o Eterno: Por acaso não há Deus em Israel para vocês irem consultar Baal-Zebube, deus de Ecrom? Por isso, não se preocupe: você não sairá dessa cama — você é um homem morto'".

7 O rei perguntou: "Falem mais sobre esse homem que vocês encontraram. Como ele era?".

DIA 171

8 Eles disseram: "Usava roupa de pelo e um cinto de couro".

O rei disse: "Deve ser Elias, o tesbita!".

9 O rei mandou um capitão com cinquenta homens buscar Elias, que estava sentado tranquilo sobre uma colina. O capitão chegou e disse: "Homem de Deus! Por ordem do rei, desça daí!".

10 Elias respondeu ao capitão: "Se sou mesmo homem de Deus, que um raio caia sobre você e seus cinquenta soldados!". De repente, um raio saiu do nada e consumiu o capitão e os cinquenta soldados.

11 O rei mandou outro capitão com cinquenta soldados. Eles também disseram: "Homem de Deus! Por ordem do rei, desça daí!".

12 Elias respondeu: "Se sou mesmo homem de Deus, que um raio caia sobre você e seus cinquenta soldados!". Imediatamente, um raio caiu do céu e consumiu o capitão e seus soldados.

13-14 O rei mandou um terceiro capitão com cinquenta soldados. Pela terceira vez, um capitão e cinquenta soldados se aproximaram de Elias. O capitão se ajoelhou e suplicou: "Ó homem de Deus! Tenha consideração para com a minha vida e a vida destes cinquenta soldados! Já duas vezes um raio atingiu e destruiu um capitão e seus cinquenta soldados. Por favor, tenha misericórdia!".

15 O anjo do Eterno disse a Elias: "Não tenha medo! Desça com ele". Elias se levantou, desceu e o acompanhou até a presença do rei.

16 Elias disse ao rei: "Assim diz o Eterno: 'Como você mandou consultar Baal-Zebube, deus de Ecrom como se não houvesse Deus em Israel, você não sairá vivo dessa cama. Você é um homem morto' ".

17 E ele morreu, exatamente como o Eterno anunciou por meio de Elias.

Como Acazias não teve filhos, seu irmão, Jorão, o sucedeu no trono, no segundo ano do reinado de Jeorão, filho de Josafá, rei de Judá.

18 O restante da vida de Acazias está registrado nas *Crônicas dos Reis de Israel*.

2 **1-2** Pouco antes de o Eterno levar Elias ao céu num redemoinho, Elias e Eliseu saíram numa caminhada partindo de Gilgal. Elias disse a Eliseu: "Fique aqui. O Eterno me mandou tratar de um assunto em Betel".

Eliseu disse: "Assim como vive o Eterno, não perderei você de vista!". E os dois foram para Betel.

3 Em Betel, os discípulos dos profetas viram Eliseu e disseram: "Você sabe que hoje o Eterno vai levar seu mestre embora?".

Ele respondeu: "Sim, eu sei. Mas não quero falar disso".

4 Depois, Elias disse a Eliseu: "Fique aqui! O Eterno me mandou tratar de um assunto em Jericó".

Eliseu respondeu: "Assim como vive o Eterno, não perderei você de vista!". E os dois foram para Jericó.

5 Em Jericó, os discípulos dos profetas disseram a Eliseu: "Você sabe que hoje o Eterno vai levar seu mestre embora?".

Ele respondeu: "Sim, eu sei. Mas não quero falar disso".

6 Depois, Elias disse a Eliseu: "Fique aqui. O Eterno me mandou tratar de um assunto no Jordão".

Eliseu respondeu: "Assim como vive o Eterno, não perderei você de vista!" E os dois seguiram juntos.

7 Cinquenta discípulos dos profetas ficaram observando de longe quando os dois pararam na margem do Jordão.

8 Elias pegou sua capa, enrolou-a e bateu na água. O rio dividiu-se, e os dois atravessaram sobre chão seco.

9 Quando chegaram ao outro lado, Elias disse a Eliseu: "O que posso fazer por você antes de eu ser levado embora? Peça o que quiser".

Eliseu disse: "Quero a sua vida duplicada na minha. Quero ser um homem de Deus igual a você".

10 Elias disse: "É um pedido difícil. Mas, se você vir quando eu for levado embora, receberá o que pediu. Mas fique observando".

11-14 Foi o que aconteceu. Eles estavam andando e conversando. De repente, uma carruagem de fogo, com cavalos também de fogo, ficou entre eles, e Elias subiu no meio de um redemoinho para o céu. Eliseu viu a cena toda e exclamou: "Meu pai, meu pai! Você era como os carros e a cavalaria de Israel!". Quando não havia mais o que ver, ele rasgou sua capa em pedaços. Depois, pegou a capa de Elias, que tinha caído, voltou para a margem do Jordão e ficou ali. Segurando a capa de Elias, a única coisa que tinha ficado dele, bateu na água e disse: "Onde está agora o Eterno, o Deus de Elias?".

Quando a capa tocou a água, o rio dividiu-se, e Eliseu o atravessou.

15 Os discípulos dos profetas de Jericó também viram a cena de certa distância e comentaram: "O espírito de Elias está em Eliseu!". Por isso, eles o acolheram e o respeitavam como profeta.

16 Eles disseram a Eliseu: "Estamos a seu serviço. Temos cinquenta homens de confiança e podemos enviá-los para procurar seu mestre. Talvez o Espírito do Eterno o tenha levado a uma montanha ou deixado em algum vale remoto".

Eliseu disse: "Não se preocupem com isso".

¹⁷ Mas eles insistiram tanto que ele acabou cedendo: "Tudo bem. Podem enviá-los".

Eles mandaram os cinquenta homens, que passaram três dias procurando o profeta em tudo que era canto, pelas montanhas e pelos vales, mas nem sinal dele.

¹⁸ Finalmente, voltaram para Jericó, onde estava Eliseu. Ele disse: "Não falei? Agora vocês acreditam!".

¹⁹ Certo dia, os líderes da cidade disseram a Eliseu: "Mestre, você mesmo pode ver como nossa cidade está bem localizada. Mas a água está poluída; por isso, a vegetação não cresce".

²⁰ Ele disse: "Tragam-me um balde novo com um pouco de sal dentro dele". Eles trouxeram o balde.

²¹⁻²² Ele foi até a nascente, jogou o sal ali e profetizou: "Assim diz o Eterno: 'Purifiquei esta água. Nunca mais ela matará vocês nem contaminará a terra' ". De fato, a água foi purificada e continua limpa até hoje, como disse Eliseu.

²³ Em outra ocasião, Eliseu estava a caminho de Betel, e alguns meninos saíram da cidade e começaram a zombar dele: "Você aí, careca! Vá embora daqui!".

²⁴ Eliseu virou-se, olhou para eles e os amaldiçoou no nome do Eterno. Dois ursos saíram da mata e os atacaram: quarenta e dois meninos foram despedaçados!

²⁵ Eliseu subiu ao monte Carmelo e, depois, voltou para Samaria.

Jorão de Israel

3¹⁻³ Jorão, filho de Acabe, começou a reinar sobre Israel, em Samaria, no décimo oitavo ano de Josafá, rei de Judá. Reinou doze anos. Aos olhos do Eterno, ele foi um rei mau. Mas não tão mau quanto seu pai e sua mãe. Afinal, ele destruiu os postes sagrados de Baal que seu pai e sua mãe tinham feito. Mas deu continuidade às práticas detestáveis de Jeroboão, filho de Nebate, que corromperam Israel por tanto tempo. Ele não se afastou daquelas práticas.

⁴⁻⁷ O rei Messa, de Moabe, criava ovelhas. Ele era forçado a entregar ao rei de Israel cem mil cordeiros e a lã de cem mil carneiros. Quando Acabe morreu, o rei de Moabe se rebelou contra o rei de Israel. Por isso, o rei Jorão partiu de Samaria e passou em revista o exército. A primeira coisa que fez foi mandar um recado a Josafá, rei de Judá: "O rei de Moabe se rebelou contra mim. Você me ajuda a atacá-lo?".

⁷⁻⁸ Josafá respondeu: "Estou com você. As minhas tropas são as suas tropas, e os meus cavalos, os seus cavalos. Por onde começamos?".

Jorão respondeu: "Pelo deserto de Edom".

⁹ O rei de Israel, o rei de Judá e o rei de Edom partiram e, depois de sete dias, estavam sem água para as tropas e os animais.

¹⁰ O rei de Israel perguntou: "E agora? O Eterno nos trouxe aqui, os três reis, para nos entregar nas mãos de Moabe!".

¹¹ Mas Josafá disse: "Não há algum profeta do Eterno por aqui, para que possamos consultar o Eterno por meio dele?".

Um dos oficiais do rei de Israel disse: "Eliseu, filho de Safate, o braço direito de Elias, mora em algum lugar aqui perto".

¹² Josafá disse: "Ótimo! Nele nós podemos confiar!". E os três reis — o rei de Israel, Josafá e o rei de Edom — foram vê-lo.

¹³ Eliseu disse ao rei de Israel: "O que eu e você temos em comum? Vá consultar um dos profetas de seu pai e de sua mãe".

O rei de Israel respondeu: "Nunca! Foi o Eterno que nos uniu, três reis, para nos entregar nas mãos de Moabe".

ATOS 4.1-22

Nada a esconder

4¹⁻⁴ Enquanto Pedro e João falavam ao povo, os sacerdotes, o chefe da guarda do templo e alguns saduceus se aproximaram, indignados com o fato de aqueles apóstolos pretensiosos estarem instruindo o povo e afirmando que Jesus havia ressuscitado dos mortos. Os dois foram presos e ficaram no cárcere até o dia seguinte, pois já era tarde da noite. Mas a essa altura muitos dos que tinham ouvido a Mensagem haviam crido — cerca de cinco mil pessoas!

⁵⁻⁷ No dia seguinte foi convocada uma reunião em Jerusalém. Os governantes, líderes religiosos e mestres da lei judaica, o sacerdote principal Anás, e os demais: Caifás, João, Alexandre — enfim todos que tinham alguma influência estavam lá. Eles puseram Pedro e João no meio da sala e os pressionaram: "Quem deu autoridade a vocês? O que pretendem com isso?".

⁸⁻¹² E, naquela hora, cheio do Espírito Santo, Pedro respondeu: "Governantes e líderes do povo, se fomos trazidos a julgamento hoje por ajudar um homem doente; se estamos sendo investigados por causa desta cura, vou ser bem claro com

DIA 172

vocês: não temos nada a esconder. Foi pelo nome de Jesus Cristo de Nazaré, aquele que vocês mataram numa cruz e que Deus ressuscitou dos mortos; é pelo nome dele que este homem está na presença de vocês, saudável e curado. Jesus é 'a pedra que os pedreiros rejeitaram, que agora é a principal'. A salvação não vem por outro caminho. Nenhum outro nome foi ou será designado para nossa salvação, somente o de Jesus".

13-14 Eles não conseguiam desviar os olhos de Pedro e João, porque eles se mostravam confiantes e seguros! A fascinação aumentou quando perceberam que os dois eram leigos, isto é, sem formação teológica e com pouca educação formal. Eles reconheceram os antigos companheiros de Jesus, mas com o homem diante deles, de pé e curado, o que poderiam argumentar?

15-17 Eles os mandaram sair da sala por um instante, para que pudessem elaborar uma estratégia. Disseram: "O que vamos fazer com esses homens? A esta hora, todos na cidade devem saber do milagre e que eles estão por trás disso. Não há como refutar. Para que isso não vá adiante, temos de ameaçá-los para que eles não mencionem o nome de Jesus a mais ninguém".

18-20 Eles os chamaram de volta e os advertiram a não mais fazer menção ao nome de Jesus nem ensinar em seu nome. Mas Pedro e João reagiram: "Decidam os senhores se é justo aos olhos de Deus ouvir a ele ou a vocês. Nós não temos dúvida: não podemos nos calar a respeito do que vimos e ouvimos".

21-22 Os líderes religiosos fizeram mais ameaças, mas depois os deixaram ir, pois contra eles nada podiam provar que justificasse a prisão. Todo o povo estava louvando a Deus pelo que havia acontecido e sem dúvida iria se revoltar contra essa decisão. Além disso, o homem que havia sido curado tinha mais de 40 anos de idade.

SALMOS 78.5-8

5-8 Ele plantou um testemunho em Jacó,
  estabeleceu sua Palavra em Israel,
Então, ordenou aos nossos pais
  que a ensinassem aos filhos,
Para que a geração seguinte a conhecesse,
  e também as que viessem depois;
Para que conhecessem a verdade e passassem
  os fatos adiante,
a fim de que seus filhos pudessem
  confiar em Deus,

Sem nunca esquecer suas obras
  e seguir seus mandamentos ao pé da letra.
Queira Deus que eles não sejam como seus pais,
  teimosos e maus,
Gente inconstante e infiel,
  que nunca teve uma vida em conformidade
    com Deus!

NOTAS

DIA 172 __ / __ / __

2REIS 3.14 — 4.44

14-15 Eliseu respondeu: "Assim como vive o Senhor dos Exércitos de Anjos, a quem sirvo, não fosse pelo respeito que tenho por Josafá, rei de Judá, não perderia tempo com vocês. Mas tragam-me um harpista". Enquanto o harpista tocava, o poder do Eterno veio sobre Eliseu.

16-19 Ele profetizou: "Assim diz o Eterno: 'Façam covas em todo esse vale. Vocês não ouvirão o vento nem verão chuva, mas o vale se encherá de água, para que suas tropas e seus animais bebam à vontade. Isso é fácil para o Eterno. Ele também entregará Moabe em suas mãos. Vocês devastarão a terra dele: destruirão as fortificações, arruinarão as cidades, derrubarão os pomares, entupirão as nascentes e destruirão as lavouras com pedras' ".

20 De manhã, na hora do sacrifício, a água já tinha chegado, e vinha do oeste, de Edom, como enxurrada, inundando o vale.

21-22 A essa altura, todos em Moabe souberam que os três reis tinham se unido para atacá-los. Todos os homens capazes de manusear a espada foram convocados para lutar e se puseram na fronteira. Eles estavam prontos logo cedo, quando a luz do Sol brilhou sobre a água. De onde os moabitas estavam, o reflexo da luz solar na água parecia sangue.

23 Eles gritaram: "Sangue! Vejam, é sangue! Os reis devem ter lutado um contra o outro. Deve ter sido um massacre! Vamos saqueá-los, pessoal!".

24-25 Quando Moabe entrou no acampamento de Israel, os israelitas estavam preparados e começaram a matar os moabitas, que tentaram fugir, mas os israelitas corriam atrás deles e os eliminavam. Israel arrasou as cidades, destruiu as lavouras com pedras, entupiu as nascentes e derrubou os pomares. Só Quir-Haresete, a capital, ficou intacta, mas não por muito tempo. Os israelitas a sitiaram e a atacaram com pedras.

26-27 Quando o rei de Moabe percebeu que não tinha chances, chamou setecentos homens que lutavam com espada para atingir o rei de Edom, mas eles não conseguiram. Depois, ele pegou seu filho mais velho, que seria seu sucessor, e o sacrificou sobre o muro da cidade. Com isso, os moradores ficaram revoltados com os israelitas, e Israel retrocedeu e voltou para casa.

4 **1** Certo dia, a mulher de um dos discípulos dos profetas mandou chamar Eliseu e disse: "Seu servo, meu marido, morreu. O senhor sabe como ele era dedicado ao Eterno. Agora, o homem que tinha emprestado dinheiro a ele está cobrando a dívida e quer levar meus dois filhos como escravos".

2 Eliseu disse: "Como posso ajudá-la? O que você tem em casa?".

Ela respondeu: "Nada! Apenas um pouco de azeite".

3-4 Eliseu disse: "Faça o seguinte: percorra sua rua e peça emprestadas vasilhas e tigelas de suas vizinhas. Não traga poucas, mas todas que você conseguir. Depois, volte para casa, feche a porta, só você e seus filhos na casa. Derrame o azeite em cada vasilha até encher e deixe-a de lado".

5-6 Ela fez o que ele mandou. Trancou-se em casa com os filhos, e, à medida que eles traziam as vasilhas, ela as enchia de azeite. Quando todas as vasilhas e tigelas estavam cheias, ela disse a um dos filhos: "Tragam mais vasilhas".

Mas ele respondeu: "Acabaram. Não temos mais nenhuma vasilha".

Então, o azeite cessou.

7 Ela foi contar ao homem de Deus o que tinha acontecido. Ele disse: "Venda o azeite e pague a sua dívida. Você e seus filhos poderão viver com o que sobrar".

8 Certa vez, Eliseu passou por Suném. Ali, uma mulher rica insistiu em que ele ficasse para comer. Isso acabou virando um costume. Toda vez que ele passava por lá, parava para uma refeição.

9-10 A mulher disse ao marido: "Tenho certeza de que esse homem que nos visita é um santo homem de Deus. Por que não construímos um pequeno quarto de hóspede em cima da casa e colocamos uma cama, uma mesa, cadeiras e uma lâmpada, para que, quando ele vier, possa também se hospedar aqui?".

11 Quando Eliseu apareceu de novo, já pôde descansar no quarto.

12 Ele disse ao seu ajudante, Geazi: "Chame essa sunamita. Quero conversar com ela". Ele a chamou, e ela veio.

13 Por meio de Geazi, Eliseu disse a ela: "Você tem feito muito para nos acolher e cuidar de nós. O que podemos fazer por você? Existe alguma coisa que você gostaria que pedíssemos ao rei ou ao comandante do exército?".

Ela respondeu: "Não há nada. Estou satisfeita e feliz com minha família".

14 Eliseu conversou com Geazi: "Precisamos fazer alguma coisa por ela, mas o quê?".

Geazi disse: "Veja, ela não tem filhos, e seu marido é idoso".

15 Eliseu disse: "Chame-a aqui". Ele a chamou, ela veio e ficou de pé na entrada do quarto.

16 Eliseu disse a ela: "A essa hora, daqui um ano, você estará amamentando um filho".

DIA 172

Ela exclamou: "Ó, meu senhor, homem de Deus! Não dê falsas esperanças à sua serva!".

[17] Mas a mulher concebeu e, um ano depois, teve um filho, como Eliseu tinha predito.

[18-19] O menino cresceu. Certo dia, ele acompanhou seu pai, que estava trabalhando na colheita. De repente, o menino gritou: "Ai, minha cabeça! Ai, minha cabeça!".

O pai ordenou a seu escravo: "Leve o menino de volta para a mãe dele".

[20] O escravo carregou o menino nos braços e o levou para a mãe. Ele ficou nos braços dela até o meio-dia e morreu.

[21] Ela o levou para cima e o deitou na cama do homem de Deus, fechou a porta e deixou o corpo ali.

[22] Em seguida, chamou o marido e disse: "Mande um dos escravos trazer uma jumenta, para que eu vá me encontrar com o homem de Deus. Volto assim que puder".

[23] O marido estranhou: "Mas por que agora? Hoje não é dia sagrado, nem lua nova, nem sábado!".

Ela respondeu: "Não faça perguntas. Eu preciso ir agora. Confie em mim".

[24-25] Ela selou a jumenta e disse ao escravo: "Vá na frente, o mais rápido que puder. Se estiver muito rápido, eu aviso". Assim, ela foi e encontrou o homem de Deus no monte Carmelo.

[25-26] Quando o homem de Deus a viu de longe, disse a Geazi: "Veja lá! É a sunamita! Vá depressa e pergunte: 'O que aconteceu? Está tudo bem? Como está seu marido? E seu filho?' ".

Ela respondeu: "Está tudo bem".

[27] Mas, quando chegou diante do homem de Deus no monte, ela se jogou ao chão e agarrou os pés dele. Geazi veio para tirá-la dali, mas o homem de Deus disse: "Tudo bem. Deixe-a! Não vê que ela está aflita? Mas o Eterno não me mostrou o motivo da sua angústia".

[28] Ela perguntou: "Por acaso, eu pedi um filho ao meu senhor? Eu não disse: 'Não dê falsas esperanças à sua serva'?".

[29] Ele ordenou a Geazi: "Não perca tempo. Pegue meu cajado e corra o mais depressa que puder. Se encontrar alguém, nem se preocupe em cumprimentar. Se alguém cumprimentar você, não responda. Ponha o meu cajado sobre o rosto do menino".

[30] A mãe do menino disse: "Assim como vive o Eterno e como você vive, você não me deixará para trás". Então, Geazi permitiu que ela fosse à frente e a seguiu.

[31] Mas Geazi chegou primeiro e pôs o cajado sobre o rosto do menino. No entanto, ele não deu sinal de vida. Geazi voltou a Eliseu e disse: "O menino nem se mexeu".

[32-35] Eliseu entrou na casa e encontrou o menino estirado, morto sobre a cama. Ele entrou e fechou a porta, ficando só os dois no quarto. Eliseu orou ao Eterno e deitou na cama sobre o menino, boca com boca, olho com olho, mãos com mãos. Com ele deitado assim, o corpo do menino começou a se aquecer. Eliseu levantou-se e começou a andar pelo quarto. Depois, voltou a se deitar sobre o menino. O menino começou a espirrar. Espirrou sete vezes e abriu os olhos!

[36] Eliseu chamou Geazi e disse: "Traga a sunamita aqui!". Ele a chamou e a trouxe para dentro do quarto.

Eliseu disse: "Abrace seu filho!".

[37] Ela se prostrou aos pés de Eliseu com o rosto em terra, num misto de reverência e espanto. Depois, abraçou seu filho e saiu com ele.

[38] Eliseu partiu e foi para Gilgal. Havia fome ali. Enquanto conversava com os discípulos dos profetas, disse a seu ajudante: "Ponha uma panela grande no fogo e prepare um ensopado para os profetas".

[39-40] Um deles saiu ao campo para apanhar algumas ervas. Ele encontrou uma trepadeira de frutas silvestres, apanhou alguns frutos e encheu a capa com eles. Voltou, cortou-os e os misturou no ensopado, mesmo que ninguém soubesse que tipo de planta era. Quando ficou pronto, o ensopado foi servido para os profetas. Eles começaram a comer, mas gritaram: "A comida está contaminada, ó homem de Deus!". Ninguém mais pôde comer.

Eliseu pediu: "Deem-me um pouco de farinha". Ele jogou a farinha no ensopado.

[41] Em seguida, ordenou: "Agora sirvam aos homens". Eles comeram e passaram bem. Não havia mais problema algum com o ensopado!

[42] Certo dia, um homem chegou de Baal-Salisa. Estava trazendo vinte pães frescos assados com grãos do início da colheita e algumas maçãs para o homem de Deus.

Eliseu disse: "Distribua a comida para estas pessoas".

[43] Seu ajudante disse: "Para cem homens? Não é o suficiente!".

Eliseu respondeu: "Faça assim mesmo. O Eterno diz que será suficiente".

[44] De fato, foi o bastante. Ele serviu a comida, eles comeram e ainda sobrou.

ATOS 4.23 — 5.6

Um só coração, uma única mente

23-26 Assim que saíram, Pedro e João se reuniram com seus amigos e contaram o que os principais sacerdotes e líderes religiosos tinham dito. Ouvindo o relato, eles ergueram a voz numa bela e harmoniosa oração: "Deus Forte, que fizeste os céus, a terra e o mar e tudo que há neles. Pelo Espírito Santo, falaste pela boca do teu servo e nosso pai Davi:

Nações, por que tanto tumulto?
Povos, por que tantos planos?
Os líderes da terra brigam por posições,
Poderosos se encontram
   em reuniões de cúpula,
Os que negam Deus e se rebelam
   contra o Messias.

27-28 "Pois de fato eles se reuniram — Herodes e Pôncio Pilatos com nações e povos, e até mesmo Israel! — nesta cidade para planejar contra seu santo Filho Jesus, aquele a quem fizeste Messias, para levar adiante os planos que elaboraste há muito tempo. **29-30** "Agora, eles atacam de novo! Cuida destas ameaças e dá aos teus servos confiança e coragem para pregar tua Mensagem. Estenda a mão para realizar curas, milagres e maravilhas em nome do teu santo Servo Jesus". **31** Enquanto eles oravam, o lugar em que estavam reunidos tremeu. Eles foram cheios do Espírito Santo e continuaram a proclamar a Palavra de Deus com coragem e confiança. **32-33** Toda a comunidade de cristãos estava unida — um só coração, uma única mente! Eles não alegavam direito de propriedade nem do que era deles. Ninguém dizia: "Isto é meu, e de ninguém mais". Eles compartilhavam tudo. Os apóstolos davam um testemunho poderoso da ressurreição do Senhor Jesus, e a graça repousava sobre todos eles. **34-35** Além disso, ninguém do grupo passava necessidade. Os que possuíam campos ou casas vendiam essas propriedades e entregavam o dinheiro da venda aos apóstolos, como oferta. Os apóstolos, por sua vez, distribuíam esses recursos de acordo com a necessidade de cada um. **36-37** José, que os apóstolos chamavam de Barnabé (que significa "Filho da Consolação"), levita nascido em Chipre, vendeu uma propriedade que possuía, trouxe o dinheiro e o entregou como oferta aos apóstolos.

Ananias e Safira

5 **1-2** Mas um homem chamado Ananias, com a conivência da esposa, Safira, vendeu uma propriedade e guardou parte do valor da venda para si. Em seguida, entregou o restante aos apóstolos, como oferta. **3-4** Mas, inesperadamente, Pedro lhe disse: "Ananias, como você permitiu que Satanás o levasse a mentir ao Espírito Santo, escondendo parte do dinheiro da venda da propriedade? Antes de vendê-la, tudo era seu; depois que a vendeu, poderia ter gastado o dinheiro como quisesse. Como foi cair nessa armadilha? Você não mentiu aos homens, mas a Deus". **5-6** Assim que ouviu essas palavras, Ananias caiu morto, e todos os que ouviram a conversa ficaram apavorados. Em seguida, alguns jovens levaram o corpo e o sepultaram.

SALMOS 78.9-16

9-16 Os efraimitas, armados até os dentes,
   fugiram quando a batalha começou.
Eles se acovardaram no cumprimento
   da Aliança com Deus,
   recusaram-se a caminhar por sua Palavra.
Eles se esqueceram do que ele havia feito —
   das maravilhas realizadas bem diante
   de seus olhos.
De como ele realizou milagres à vista
   de seus pais
   no Egito, nos campos de Zoã.
De como ele dividiu o Mar,
   e caminharam através dele;
   juntando as águas à direita e à esquerda.
De como ele os conduziu de dia com uma nuvem
   e a noite inteira com uma tocha de fogo.
De como ele fendeu rochas no deserto
   e deu a eles toda a água disponível
   em fontes subterrâneas.
De como ele fez os riachos fluir da rocha fina,
   e a água brotar como um rio.

NOTAS

☐ DIA 173 ___ / ___ / ___

2REIS 5.1 — 6.31

1-3 Naamã era comandante do exército do rei da Síria. Era muito respeitado e estimado pelo seu senhor, pois, por meio dele, o Eterno tinha concedido vitórias à Síria. Ele era valente, mas sofria de uma grave doença de pele. Certa vez, quando a Síria atacou Israel, uma jovem foi levada cativa e passou a servir a mulher de Naamã. Um dia, ela disse à sua senhora: "Ah, se meu senhor pudesse ir ver o profeta de Samaria! Ele seria curado dessa doença".

4 Naamã foi falar com o rei sobre o que a moça israelita tinha dito.

5 O rei da Síria disse: "Você deve ir. Mandarei uma carta de apresentação ao rei de Israel".

E Naamã foi, levando consigo trezentos e cinquenta quilos de prata, setenta e dois quilos de ouro e dez trocas de roupas finas.

6Naamã entregou a carta ao rei de Israel. Ela dizia: "Quando você receber esta carta, saberá que estou enviando pessoalmente meu oficial Naamã, para que você o cure de sua doença".

7 Quando o rei de Israel leu a carta, ficou angustiado e rasgou a própria roupa. Dizia: "Por acaso, sou algum deus, com poder de tirar ou dar a vida ou de receber esse tipo de pedido? O que está acontecendo? O rei está querendo arrumar briga, isto sim!".

8Eliseu, o homem de Deus, ficou sabendo que o rei de Israel estava tão angustiado que tinha rasgado a própria roupa e mandou perguntar a ele: "Por que você está tão perturbado, a ponto de rasgar a própria roupa? Envie o oficial a mim, para que ele saiba que existe um profeta em Israel".

9Naamã, com seus cavalos e carros, chegou com toda a pompa e parou diante da casa de Eliseu.

10Eliseu mandou um ajudante recebê-lo com esta mensagem: "Vá ao rio Jordão e mergulhe ali sete vezes. Sua pele será curada e renovada".

11-12 Naamã ficou irritado e saiu resmungando: "Pensei que ele sairia para me receber pessoalmente, invocar o nome do Eterno, o seu Deus, tocar na pele enferma e eliminar a doença. Os rios Abana e Farfar, em Damasco, são muito mais limpos que os rios de Israel. Por que eu não poderia mergulhar neles? Pelo menos, sairia limpo". E foi embora furioso.

13Mas os seus acompanhantes disseram: "Meu pai, se o profeta tivesse pedido algo difícil, que exigisse coragem, o senhor não o faria? Por que não acatar essa simples instrução de mergulhar e se lavar?".

14E foi o que ele fez. Desceu ao Jordão e mergulhou sete vezes no rio, de acordo com a ordem do homem de Deus. A pele dele foi restaurada. Ficou tão saudável quanto a pele de um bebê.

15Ele voltou à casa do homem de Deus com sua comitiva, parou diante dele e disse: "Agora tenho certeza de que não há Deus em nenhum outro lugar além de Israel". Agradecido, ele quis dar um presente a Eliseu.

16 Mas o profeta disse: "Assim como vive o Eterno, a quem sirvo, não receberei nada de você". Naamã insistiu, mas ele não aceitou.

17-18 Naamã disse: "Já que você não aceita nada, deixe-me levar dois burros carregados com a terra daqui, porque não vou mais oferecer sacrifício a nenhum outro deus, senão ao Eterno. Só peço que ele me perdoe uma única coisa: Quando o meu senhor, o rei, apoiado em meu braço, quiser entrar no santuário de Rimom para adorá-lo, e eu tiver que me curvar diante dele, que o Eterno me perdoe por isso".

19-21 Eliseu disse: "Tudo ficará bem. Vá em paz".

Naamã não estava muito longe, quando Geazi, ajudante de Eliseu, pensou: "Meu senhor deixou Naamã, aquele arameu, ir embora e não aceitou nenhuma gratificação. Assim como vive o Eterno, vou atrás dele para receber alguma coisa!". E correu para alcançá-lo.

Naamã o viu correndo e desceu do carro para cumprimentá-lo: "Alguma coisa errada?".

²² Geazi respondeu: "Não há nada errado, mas aconteceu um imprevisto. Meu senhor me mandou dizer: 'Dois moços dos discípulos dos profetas acabaram de chegar das montanhas de Efraim. com trinta e cinco quilos de prata e duas troca Ajude-os s de roupas finas' ".

²³ Naamã disse: "Certamente! Pode ser setenta quilos?". Naamã insistiu. Pôs o dinheiro em dois sacos e entregou as duas trocas de roupas. Chegou a oferecer dois homens para ajudá-lo a carregar os presentes.

²⁴ Quando chegaram à colina onde morava, Geazi pegou os presentes, guardou-os dentro de casa e despediu-se dos homens de Naamã.

²⁵ Depois disso, voltou para a casa do seu senhor. Eliseu disse: "Então, o que você andou inventando, Geazi?".

Respondeu: "Nada, senhor".

²⁶⁻²⁷ Eliseu disse: "Você não sabia que eu estava presente em espírito com você quando aquele homem desceu do carro para cumprimentá-lo? Acha que é hora de você se preocupar com você mesmo, enchendo-se de presentes? A doença de pele de Naamã contaminará você e sua família para sempre". Geazi foi embora e, quando saiu, sua pele já estava branca e escamosa.

6 ¹⁻² Certo dia, os discípulos dos profetas procuraram Eliseu e disseram: "Como você sabe, o lugar em que estamos está ficando muito pequeno para todos nós. Deixe-nos ir até o Jordão, de onde cada um de nós poderá trazer um tronco para construir um lugar mais espaçoso".

Eliseu disse: "Podem ir".

³ Um deles disse: "Não quer ir conosco?".

Eliseu prontificou-se: "Por que não?".

⁴⁻⁵ Ele os acompanhou. Chegaram ao Jordão e começaram a cortar as árvores. Um deles cortava a madeira, quando o machado escapou do cabo e caiu no rio.

Ele exclamou: "Ah, meu senhor! Justo o machado que era emprestado!".

⁶ O homem de Deus disse: "Onde ele afundou?".

O moço mostrou o lugar.

Eliseu cortou um galho e atirou no local em que o ferro tinha afundado. O machado flutuou.

⁷ Eliseu disse: "Pode pegar". O moço retirou o machado da água.

⁸ Certa vez, quando o rei da Síria atacava Israel, depois de consultar seus oficiais, ele contou seu plano: "Quero armar uma emboscada em tal lugar".

⁹ Mas o homem de Deus mandou dizer ao rei de Israel: "Cuidado quando você passar por tal lugar, porque os arameus armaram emboscada ali".

¹⁰ O rei de Israel enviou uma mensagem alertando sobre o lugar do qual o homem de Deus tinha falado. Essas coisas aconteciam o tempo todo.

¹¹ O rei da Síria ficou furioso com tudo isso. Chamou seus oficiais e perguntou: "Quem está passando informações para o rei de Israel? Quem é o espião?".

¹² Um dos seus oficiais disse: "Ninguém, meu senhor. É Eliseu, o profeta de Israel. Ele conta ao rei de Israel tudo que o senhor diz, até o que o senhor fala em segredo no seu quarto".

¹³ O rei ordenou: "Descubram onde ele está. Vou mandar prendê-lo".

O rei foi informado de que ele estava em Dotã.

¹⁴ Mais que depressa, o rei da Síria enviou cavalos, carros e um exército muito bem armado. Eles chegaram à noite e cercaram a cidade.

¹⁵ De manhã cedo, um ajudante do homem de Deus levantou-se e foi para a rua. Surpreso, viu cavalos e carros cercando a cidade. O moço exclamou: "Ah, meu senhor! O que vamos fazer?".

¹⁶ Ele disse: "Não se preocupe. Estamos em maior número que eles".

¹⁷ Eliseu orou: "Ó Eterno, abre os olhos dele, para que veja".

Os olhos do moço se abriram, e ele pode ver. Ele ficou maravilhado: toda a encosta da montanha estava ocupada por cavalos e carros de fogo em torno da casa de Eliseu!

¹⁸ Quando os arameus atacaram, Eliseu orou ao Eterno: "Faz que esses homens fiquem cegos!". Eles ficaram cegos, como Eliseu pediu.

¹⁹ O homem de Deus gritou para eles: "Vocês vieram ao lugar errado! Não é esta a cidade que procuram! Venham, vou levá-los ao homem que estão procurando!". E os levou para Samaria.

²⁰ Quando entravam na cidade, Eliseu orou: "Ó Eterno, abra os olhos deles, para que vejam onde estão". O Eterno abriu os olhos deles, e, quando eles olharam, perceberam que estavam dentro de Samaria.

²¹ Quando o rei de Israel os viu ali, perguntou a Eliseu: "Meu pai, devo massacrá-los?".

²² Eliseu respondeu: "Não! Por acaso, você fere aqueles que captura? Não mesmo. Dê comida a eles e mande-os de volta para o rei deles".

DIA 173

²³ O rei mandou preparar um banquete para eles. Depois de comerem e beberem o suficiente, mandou-os embora. Eles voltaram para o seu senhor. Depois desse incidente, as tropas da Síria não perturbaram mais Israel.

²⁴⁻²⁵ Algum tempo depois, Ben-Hadade, rei da Síria, reuniu seu exército e cercou Samaria, o que provocou uma fome terrível na cidade. O preço dos alimentos subiu astronomicamente. Uma cabeça de jumento custava oitenta peças de prata! Por uma tigela de vegetais, pagavam-se cinco peças de prata!

²⁶ Certo dia, o rei de Israel percorria o muro da cidade. Uma mulher gritava: "Socorro, majestade!".

²⁷ Ele respondeu: "Se o Eterno não a socorrer, como eu vou poder? Por acaso tenho trigo ou vinho?".

²⁸⁻²⁹ Mas o rei perguntou: "Qual é o seu problema?".

Ela respondeu: "Esta mulher me propôs: 'Dê seu filho hoje, para o comermos, e, amanhã, comeremos o meu'. Então, cozinhamos meu filho e comemos. No dia seguinte, eu disse: 'É a sua vez. Traga seu filho'. Mas ela tinha escondido o filho".

³⁰⁻³¹ Quando o rei ouviu a história da mulher, rasgou a própria roupa. Como estava andando sobre o muro, todos viram que ele vestia pano de saco por baixo. Então, ele exclamou: "Deus me castigue se a cabeça de Eliseu, filho de Safate, continuar sobre o pescoço dele até o fim do dia!".

ATOS 5.7-24

⁷⁻⁸ Passadas não mais de três horas, chegou a esposa dele, sem saber o que havia acontecido. E Pedro lhe perguntou: "Diga-me, essa oferta foi o preço total da sua propriedade?".

"Sim, foi esse o preço", ela respondeu.

⁹⁻¹⁰ Pedro prosseguiu: "O que a levou a ser conivente nessa conspiração contra o Espírito do Senhor? Os homens que sepultaram seu marido estão para chegar, e você será a próxima". Mal ele pronunciou essas palavras, ela caiu morta. Quando os jovens chegaram, encontraram o corpo da mulher, que foi carregado e sepultado ao lado do corpo do marido.

¹¹ Nesse tempo a igreja inteira e todos os que tomaram conhecimento do fato sentiram um respeito profundo por Deus. Eles perceberam que com Deus não se pode brincar.

Reuniões regulares

¹²⁻¹⁶ O trabalho dos apóstolos resultou em muitos sinais da parte de Deus entre o povo.

Coisas maravilhosas aconteceram. Eles se reuniam regularmente no templo, no pórtico de Salomão, e a harmonia entre eles era notável. Mas ainda que os admirasse, o povo hesitava em unir-se a eles. Apesar disso, o número dos que passaram a confiar no Senhor aumentava sempre, homens e mulheres vindos de todos os lugares. Eles chegavam a deixar os doentes na calçada sobre macas, esperando que fossem tocados pela sombra de Pedro quando ele passasse. Multidões vinham das cidades ao redor de Jerusalém trazendo os enfermos, e todos eram curados.

Obedecer a Deus, não aos homens

¹⁷⁻²⁰ Sentindo-se afrontados com tudo isso, o sacerdote principal e seus aliados, principalmente os saduceus, entraram em ação: prenderam os apóstolos e os lançaram na cadeia da cidade. No entanto, durante a noite, um anjo de Deus abriu a porta da cadeia e os libertou, e lhes disse: "Vão ao templo e fiquem firmes. Digam ao povo tudo que precisa ser dito a respeito dessa Vida".

Eles obedeceram: entraram no templo ao raiar do dia e prosseguiram com seu ensinamento.

²¹⁻²³ Alheios a isso, o sacerdote principal e seus companheiros convocaram o Concílio judaico e mandaram buscar os prisioneiros. Ao chegar à cela, os guardas não encontraram ninguém. Voltaram imediatamente e informaram: "Encontramos a cela trancada e os guardas nas portas, mas, quando entramos, não havia ninguém".

²⁴ O chefe da guarda do templo e os sacerdotes ficaram confusos: "Afinal, o que está acontecendo aqui?".

SALMOS 78.17-20

¹⁷⁻²⁰ E tudo que eles fizeram foi pecar
    ainda mais;
    rebelaram-se no deserto
        contra o Deus Altíssimo.
Tentaram agir à sua maneira para com Deus,
    exigiram favores e atenção especial.
Eles choramingavam como crianças mimadas:
    "Por que Deus não consegue nos dar
        uma refeição decente neste deserto?
Tudo bem, ele bateu na rocha, e a água fluiu,
    riachos cascatearam do meio da pedra.
Mas que tal um pãozinho saído do forno?
Que tal um belo pedaço de carne?".

NOTAS

———————————————————————
———————————————————————
———————————————————————
———————————————————————
———————————————————————
———————————————————————
———————————————————————
———————————————————————
———————————————————————
———————————————————————
———————————————————————
———————————————————————
———————————————————————
———————————————————————
———————————————————————
———————————————————————
———————————————————————
———————————————————————
———————————————————————
———————————————————————
———————————————————————
———————————————————————
———————————————————————
———————————————————————

|||||||||||||||||||||||||||||||||||||||||||||||||||||||||

☐ DIA **174** ___ / ___ / ___

2REIS 6.32 — 8.29

32 Eliseu estava em casa, reunido com as autoridades de Israel. O rei já tinha enviado alguém para matá-lo, mas, antes de o executor chegar, Eliseu disse às autoridades: "Vocês sabem que aquele assassino acabou de enviar alguém para cortar a minha cabeça? Prestem atenção, quando o executor chegar, tranquem a porta. Vocês não estão ouvindo os passos do seu senhor atrás dele?".

33 Enquanto falava, o rei apareceu, acusando: "Esta calamidade vem do Eterno. O que mais eu poderia esperar do Eterno?".

7 **1** Eliseu disse: "Ouçam o que diz o Eterno: 'A fome acabou. Amanhã, a esta hora, haverá comida em abundância. Uma medida de farinha ou duas medidas de cevada serão vendidas por uma peça de prata no mercado, na entrada de Samaria' ".

2 O ajudante pessoal do rei disse ao homem de Deus: "Você espera que acreditemos nisso? O Eterno vai abrir as comportas do céu e fazer chover alimento?".

Eliseu respondeu: "Você mesmo o verá, mas não comerá nem um bocado".

3-4 Havia quatro leprosos sentados do lado de fora dos portões da cidade. Eles disseram uns aos outros: "O que estamos fazendo parados aqui? Aguardando a morte? Se entrarmos na cidade, onde há fome, morreremos. Se ficarmos aqui, morreremos. Então, vamos arriscar, entrar no acampamento arameu e nos entregar nas mãos deles. Se eles nos receberem, estaremos salvos, se nos matarem, morreremos. Não temos nada a perder".

5-8 Assim, depois do pôr do sol, eles foram para o acampamento dos arameus. Quando chegaram perto, ficaram surpresos! Não havia ninguém ali! O Senhor tinha enganado o exército dos arameus com o barulho de cavalos e de um poderoso exército. Eles disseram uns aos outros: "O rei de Israel contratou os hititas e os egípcios para nos atacar!". Em pânico, fugiram à noite, deixando para trás tendas, cavalos, jumentos e tudo que havia no acampamento. Os quatro leprosos entraram numa tenda e comeram e beberam à vontade. Depois, apanharam prata, ouro e roupas e os esconderam. Voltaram e entraram em outra tenda. Carregaram o que puderam e levaram para seu esconderijo.

9 Até que disseram uns aos outros: "Isto não está certo! Hoje é dia de vitória, e estamos desfrutando isso sozinhos! Se aguardarmos até de manhã, seremos descobertos e castigados. Vamos levar a notícia ao palácio do rei!".

10 Eles foram até a porta da cidade e anunciaram o que aconteceu: "Fomos ao acampamento dos arameus e, para nossa surpresa, estava abandonado. Não havia ninguém, não se ouvia nenhum barulho! Os cavalos e os jumentos estão amarrados, e as tendas estão abandonadas".

11-12 Os porteiros mandaram a informação ao palácio real. O rei se levantou no meio da noite e disse aos seus oficiais: "Vou dizer a vocês o que os arameus estão tramando: eles sabem que estamos passando fome, abandonaram o acampamento e se esconderam no campo, pensando: 'Eles vão sair, aí nós invadiremos e tomaremos a cidade deles' ".

DIA 174

¹³Um dos conselheiros disse: "Mande alguns homens em cinco cavalos, dos que ainda restam na cidade, para descobrir o que aconteceu. O destino deles aqui será o mesmo de todos que ficarem na cidade". ¹⁴Eles prepararam dois carros com cavalos. O rei os mandou atrás do exército da Síria com a seguinte ordem: "Procurem saber o que aconteceu". ¹⁵Eles os seguiram até o Jordão. Por todo o caminho, havia roupas e equipamentos que os arameus abandonaram enquanto fugiam apavorados. Os homens voltaram e relataram ao rei o que tinham visto. ¹⁶Então, o povo saqueou o acampamento dos arameus. O preço dos alimentos despencou da noite para o dia. Uma medida de farinha ou duas medidas de cevada passaram a custar uma peça de prata, conforme a palavra do Eterno.

¹⁷O rei mandou seu ajudante pessoal cuidar da porta da cidade, mas o povo saiu numa correria desenfreada, e ele morreu pisoteado. Aconteceu exatamente o que o homem de Deus tinha predito na ocasião em que o rei tinha ido falar com o profeta. ¹⁸⁻²⁰Tudo que o homem de Deus anunciou aconteceu. Ele tinha predito que uma medida de farinha ou duas medidas de cevada custariam, no dia seguinte, na porta da cidade, uma peça de prata. Ao ajudante do rei, que tinha afrontado com sarcasmo o homem de Deus, dizendo: "Você espera que acreditemos nisso? O Eterno vai abrir as comportas do céu e fazer chover alimento?", Eliseu tinha dito: "Você mesmo o verá, mas não comerá nem um bocado". Foi o que aconteceu. Ele morreu pisoteado pelo povo na entrada da cidade.

8 ¹⁻³Anos antes, Eliseu tinha dito à mulher cujo filho ele havia ressuscitado: "Você e sua família devem ir morar em outro lugar. O Eterno mandará fome sobre a terra, e ela vai durar sete anos". A mulher fez o que o homem de Deus recomendou e mudou-se dali. Ela e sua família viveram sete anos na terra dos filisteus. Depois desse tempo, a mulher e sua família voltaram. Ela solicitou uma audiência com o rei e pediu de volta sua terra e sua casa.

⁴⁻⁵O rei conversava com Geazi, ajudante do homem de Deus, e pediu: "Conte-me alguns casos de milagres de Eliseu". Justamente quando ele contava ao rei a história do menino morto que foi ressuscitado, a mãe do menino apareceu, pedindo sua terra e sua casa.

Geazi disse: "Ó rei, meu senhor, esta é a mulher! E este é o filho dela que Eliseu ressuscitou!".

⁶O rei quis saber a história toda, e ela contou. O rei designou um oficial para acompanhá-la e disse:

"Devolva tudo que pertencia a ela e todo o lucro da terra dela durante o tempo em que esteve ausente".

⁷Eliseu tinha ido a Damasco, e Ben-Hadade, rei da Síria, estava doente. Alguém disse ao rei: "O homem de Deus está na cidade". ⁸O rei deu ordens a Hazael: "Leve um presente e vá se encontrar com o homem de Deus. Consulte o Eterno por intermédio dele para saber se vou sarar desta enfermidade". ⁹Hazael foi falar com Eliseu, levando consigo o que havia de melhor em Damasco: quarenta camelos carregados de mercadorias! Quando chegou, apresentou-se a Eliseu e disse: "Seu filho, Ben-Hadade, rei da Síria, mandou-me aqui para perguntar: 'Vou sarar desta enfermidade?'". ¹⁰⁻¹¹Eliseu respondeu: "Volte e diga a ele: 'Não se preocupe. Você vai sarar'. Na verdade, o Eterno me mostrou que, mesmo assim, ele morrerá". Depois de dizer isso, fixou os olhos em Hazael até ele ficar constrangido. Então, o homem de Deus começou a chorar. ¹²Hazael perguntou: "Por que está chorando?".

Eliseu respondeu: "Porque sei o que você fará aos filhos de Israel:

incendiará suas fortalezas,
matarás seus jovens,
massacrará seus bebês,
rasgará a barriga das grávidas".

¹³Hazael disse: "Você está achando que sou um cão raivoso para cometer essas atrocidades?". Eliseu disse: "O Eterno me mostrou que você será o rei da Síria". ¹⁴Hazael deixou Eliseu e voltou para seu senhor. "Então, o que disse Eliseu?", perguntou o rei.

Hazael respondeu: "Ele disse: 'Não se preocupe! Você viverá!'".

¹⁵Mas, no dia seguinte, ele molhou um cobertor pesado e cobriu com ele o rosto do rei, que morreu sufocado.

Hazael tornou-se rei.

Jeorão de Judá

¹⁶⁻¹⁹No quinto ano do reinado de Jorão, filho de Acabe, rei de Israel, Jeorão, filho de Josafá, rei de Judá, começou a reinar. Ele tinha 32 anos de idade quando começou a reinar e reinou oito anos em Jerusalém. Ele seguiu o caminho dos reis de Israel, casando-se com descendentes de Acabe e dando continuidade aos pecados daquele rei. Aos olhos de Deus, cometeu muitos erros. Apesar disso, por causa do seu servo Davi, o Eterno

não quis destruir Judá. Ele tinha prometido manter uma chama acesa entre os descendentes de Davi.

20-21 Durante o reinado de Jeorão, Edom se revoltou contra o domínio de Judá e estabeleceu um rei para si. Jeorão reagiu, mandando seus carros de guerra para Zair. Edom o cercou, mas, durante a noite, Jeorão e os seus comandantes de carros atacaram Edom com violência e romperam o cerco. Mas o exército de Judá acabou desertando.

22 Até hoje, Edom se rebela contra Judá. Até Libna havia se rebelado na época.

23-24 O restante da vida e dos acontecimentos do reinado de Jeorão está escrito nas *Crônicas dos Reis de Judá*. Jeorão morreu e foi sepultado no túmulo da família, na Cidade de Davi. Seu filho Acazias o sucedeu como rei.

Acazias de Judá

25-27 No décimo segundo ano do reinado de Jorão, filho de Acabe, rei de Israel, Acazias, filho de Jeorão, rei de Judá, começou a reinar. Acazias tinha 22 anos de idade quando começou a reinar e reinou apenas um ano em Jerusalém. Sua mãe era neta de Onri, rei de Israel, e chamava-se Atalia. Ele viveu e reinou nos moldes da família de Acabe, ou seja, repetiu os erros deles perante o Eterno e casou-se com uma mulher da família de Acabe.

28-29 Acazias aliou-se a Jorão, filho de Acabe, rei de Judá, na guerra contra Hazael, rei da Síria, em Ramote-Gileade. Os flecheiros feriram Jorão, e ele foi para Jezreel, a fim de se recuperar dos ferimentos da guerra contra Hazael, rei da Síria. Acazias, filho de Jeorão, rei de Judá, foi visitar Jorão, filho de Acabe, que estava enfermo em Jezreel.

ATOS 5.25 — 6.4

25-26 Alguém, então, apareceu e disse: "Os senhores sabiam que os homens que foram presos estão de volta no templo, ensinando o povo?". Então, o chefe e os guardas foram atrás deles, mas os trataram bem, temendo uma reação violenta do povo.

27-28 Os guardas os levaram de volta e os conduziram ao Concílio. O sacerdote principal interrogou: "Nós não havíamos dado ordens estritas para que não ensinassem no nome de Jesus? E vocês não só encheram Jerusalém com seu ensino como estão nos culpando pela morte desse homem!".

29-32 Pedro e os apóstolos responderam: "É necessário obedecer a Deus, não aos homens. O Deus dos nossos antepassados ressuscitou Jesus, a quem vocês mataram, pendurando-o numa cruz. Mas Deus o levou para as alturas, ao seu lado, o Príncipe e Salvador, para dar a Israel o dom de uma vida transformada e de pecados perdoados. Nós somos testemunhas dessas coisas. O Espírito Santo, que Deus concede aos que a ele obedecem, confirma cada detalhe".

33-37 Quando ouviram isso, as autoridades ficaram furiosas quiseram matá-los ali mesmo. Mas um dos membros do Concílio interferiu, um fariseu chamado Gamaliel, mestre da Lei de Deus e honrado por todos. Ele ordenou que os homens se retirassem da sala por um momento e fez este pronunciamento: "Caros israelitas, cuidado com o que pretendem fazer a esses homens. Não faz muito tempo, Teudas fez grande estardalhaço, alegando ser alguém, e conseguiu quatrocentos seguidores. Ele foi morto, seus seguidores foram dispersos e nada aconteceu. Pouco tempo depois, na época do censo, Judas, o Galileu, apareceu e arrebanhou alguns homens. Ele também fracassou, e seus seguidores se dispersaram por toda parte.

38-39 "Portanto, digo a vocês: tirem as mãos desses homens! Deixem-nos em paz! Se o projeto deles é algo meramente humano, irá fracassar; mas, se é de Deus, não há nada que possamos fazer — e é melhor que vocês não sejam flagrados lutando contra Deus".

40-42 O argumento os convenceu. Eles chamaram os apóstolos de volta. Após mandarem açoitá-los, eles os advertiram a não falar no nome de Jesus e os expulsaram dali. Os apóstolos saíram do Concílio exultantes por terem a honra de ser maltratados por causa do Nome. E não perderam um minuto sequer: todos os dias estavam no templo e nas casas, ensinando e pregando a respeito de Cristo Jesus.

A Palavra de Deus prosperou

6 **1-4** Nesse meio-tempo, enquanto o número de discípulos crescia bastante, surgiu certo ressentimento entre os crentes de fala grega, os "helenistas", contra os crentes de fala hebraica, porque as viúvas gregas estavam sendo discriminadas na distribuição diária de comida. Os Doze convocaram uma reunião dos discípulos e disseram: "Não é certo que abandonemos nossa responsabilidade na pregação e no ensino da Palavra de Deus para administrar a assistência aos pobres. Por isso, amigos, escolham sete homens dentre vocês, em quem todos confiem e que sejam cheios do Espírito Santo e de bom senso, e lhes designaremos essa tarefa. Assim, continuaremos com a tarefa de que fomos incumbidos: oração e anúncio da Palavra de Deus".

DIA 175

SALMOS 78.21-31

21-31 Quando o Eterno ouviu as reclamações,
ficou furioso;
sua ira se acendeu contra Jacó,
e ele perdeu a paciência com Israel.
Estava claro que eles não
acreditavam em Deus,
não tinham nenhuma intenção
de confiar na sua ajuda.
Mas Deus os ajudou assim mesmo:
comandou as nuvens
e deu ordens que se abrissem
os portões do céu.
Ele fez chover maná como comida,
deu a eles o pão do céu.
Comeram o pão dos anjos poderosos –
Deus lhes enviou toda a comida que
conseguiram comer.
Ele permitiu que o vento leste
se desprendesse dos céus,
deu um forte empurrão no vento sul.
Dessa vez, pássaros caíram sobre eles –
aves suculentas em abundância.
Ele mirou o centro do acampamento,
e em volta das tendas havia pássaros.
Eles comeram e se fartaram.
Tudo que desejaram foi dado a eles
numa bandeja.
Mas sua ganância não conhecia limites:
de boca cheia, queriam mais.
Por fim, Deus se cansou deles
e deu vazão à sua ira:
ele destruiu os mais brilhantes
e os melhores deles,
abateu os jovens mais promissores de Israel.

■ NOTAS

□ DIA 175 ___/___/___

2REIS 9.1 — 10.17

Jeú de Israel

9 **1-3** Certo dia, o profeta Eliseu ordenou a um dos discípulos dos profetas: "Arrume-se, pegue este frasco de azeite e vá a Ramote-Gileade. Procure Jeú, filho de Josafá, filho de Ninsi. Quando o encontrar, leve-o para uma sala reservada, longe da vista dos seus companheiros. Pegue o frasco de azeite, derrame o óleo sobre a cabeça dele e diga: 'Assim diz o Eterno: Eu o estou ungindo rei sobre Israel'. Depois, abra a porta e saia correndo. Não perca tempo, corra o mais rápido que puder".

4-5 O jovem profeta foi a Ramote-Gileade. Quando chegou lá, encontrou os oficiais do exército todos reunidos. Ele disse: "Tenho um assunto para tratar com o oficial".

Jeú perguntou: "Com qual de nós?".

Ele respondeu: "O senhor mesmo, comandante!".

6-10 Ele se levantou e entrou na casa. O jovem profeta derramou o óleo sobre a cabeça dele e disse: "Assim diz o Eterno, o Deus de Israel: 'Eu estou ungindo você rei sobre o povo do Eterno, o povo de Israel. Estou dando a você a incumbência de atacar as forças de Acabe, seu senhor. Vou me vingar do sangue dos meus servos, os profetas — todos os profetas do Eterno que Jezabel massacrou.

Toda a descendência de Acabe está destinada à destruição. Vou eliminar todos eles. Vou fazer que a família de Acabe tenha o mesmo fim que a família de Jeroboão, filho de Nebate, e a família de Baasa, filho de Aías. Quanto a Jezabel, os cães comerão seu corpo nos campos de Jezreel. Ela nem será sepultada!' ".

Depois de dizer isso, o profeta disparou porta afora. ¹¹ Quando Jeú retornou para a reunião dos oficiais do rei, eles perguntaram: "Está tudo bem? O que aquele maluco queria com você?".

Jeú respondeu: "Vocês conhecem esse tipo de gente. Só conversa fiada".

¹² Eles insistiram: "Não, não é verdade! Conte o que está acontecendo".

Ele respondeu: "Ele me disse: 'Assim diz o Eterno: Eu estou ungindo você rei sobre Israel!' ".

¹³ No mesmo instante, eles se levantaram, estenderam capas nos degraus, improvisaram um trono, soaram a trombeta e proclamaram: "Jeú é rei!".

¹⁴⁻¹⁵ Esse fato deu início à conspiração de Jeú, filho de Josafá, filho de Ninsi, contra Jorão.

Enquanto isso, Jorão e todo o seu exército estavam defendendo Ramote-Gileade contra Hazael, rei da Síria. Jorão estava em Jezreel, recuperando-se dos ferimentos da batalha contra o rei da Síria.

Jeú disse: "Se vocês, de fato, me querem como rei, não deixem ninguém sair da cidade para levar a notícia a Jezreel".

¹⁶ Em seguida, Jeú preparou um carro e foi até Jezreel, onde Jorão se recuperava na cama. O rei Acazias, de Judá, estava ali, visitando Jorão.

¹⁷ Uma sentinela que estava na torre em Jezreel viu a comitiva de Jeú chegando e disse: "Estou vendo um grupo de homens".

Jorão disse: "Mande um cavaleiro sair ao encontro deles e perguntar: 'Está tudo bem?' ".

¹⁸ O cavaleiro saiu ao encontro de Jeú e disse: "O rei quer saber se está tudo bem".

Jeú disse: "O que isso importa a você? Vá lá para trás!".

A sentinela disse: "O mensageiro chegou lá, mas não está voltando".

¹⁹ O rei mandou outro cavaleiro. Quando chegou, disse a mesma coisa: "O rei quer saber se está tudo bem".

Jeú disse: "O que isso importa a você? Vá lá para trás!".

²⁰ A sentinela disse: "O mensageiro chegou lá, mas não está voltando. Pelo jeito de dirigir o carro, parece ser Jeú, filho de Ninsi. Ele dirige como louco!".

²¹ Jorão ordenou: "Preparem-me um carro!".

O carro foi preparado, e Jorão, rei de Israel, e Acazias, rei de Judá, saíram, cada um no seu carro, ao encontro de Jeú. Eles se encontraram no campo de Nabote, de Jezreel.

²² Quando Jorão viu Jeú, gritou: "Está tudo bem, Jeú?".

Jeú respondeu: "Como poderia estar tudo bem, se a idolatria e a feitiçaria da sua mãe, Jezabel, continuam poluindo a nação?".

²³ Jorão deu a volta no carro e fugiu, gritando para Acazias: "É uma armadilha, Acazias!".

²⁴ Jeú armou seu arco e disparou uma flecha, que atingiu Jorão nas costas. A flecha perfurou o coração dele, e ele caiu do carro, morto.

²⁵⁻²⁶ Jeú ordenou a Bidcar, seu oficial: "Depressa! Jogue-o no campo de Nabote, de Jezreel. Lembra-se de quando estávamos no carro atrás de Acabe, seu pai? Foi naquele momento que o Eterno anunciou a destruição dele, dizendo: 'Assim como eu vi o sangue de Nabote e dos seus filhos ontem, você pagará por isso, exatamente no mesmo local'. Por isso, jogue-o naquele campo, conforme a instrução do Eterno".

²⁷ Acazias, rei de Judá, presenciou tudo e fugiu na direção de Bete-Hagã. Jeú o perseguiu, gritando: "Peguem-no também!". As tropas de Jeú atiraram contra ele e o feriram no carro, na subida para Gur, perto de Ibleã. Ele conseguiu chegar a Megido e morreu ali.

²⁸ Seus ajudantes o levaram para Jerusalém e o sepultaram no túmulo da família, na Cidade de Davi.

²⁹ Acazias tinha começado a reinar em Judá no décimo primeiro ano do reinado de Jorão, filho de Acabe.

³⁰⁻³¹ Quando Jezabel ouviu que Jeú tinha chegado a Jezreel, ela se pintou, arrumou o cabelo e ficou na janela do palácio. Quando Jeú chegou à cidade, ela gritou: "Como vai, 'Zinri', seu assassino de reis?".

³² Jeú olhou para cima e disse: "Alguém vai me apoiar?". Uns dois ou três eunucos do palácio olharam pela janela.

³³ Jeú disse: "Joguem-na para baixo!". Eles jogaram Jezabel pela janela. O sangue dela espirrou na parede e nos cavalos, e Jeú a atropelou.

³⁴ Depois, Jeú entrou no palácio e se alimentou. Durante a refeição, deu esta ordem: "Cuidem daquela mulher. Deem a ela um enterro decente. Afinal, era filha de um rei".

³⁵⁻³⁶ Alguns homens saíram para cumprir a ordem, mas encontraram apenas o crânio, os pés e as mãos. Eles voltaram e relataram o fato a Jeú.

Ele disse: "Cumpriu-se a palavra do Eterno anunciada por Elias, o tesbita:

No campo de Jezreel,
os cães devorarão Jezabel;
[37] O corpo de Jezabel será espalhado
por cães nos campos de Jezreel.
Velhos amigos e admiradores dirão:
'Será que *esta* é Jezabel?' ".

10 [1-2]Havia ainda setenta descendentes de Acabe morando em Samaria. Jeú escreveu uma carta aos oficiais de Jezreel, às autoridades da cidade e aos responsáveis pelos descendentes de Acabe e a enviou a Samaria. A carta dizia:

[2-3] Esta carta é um aviso. Vocês, que são responsáveis pelos descendentes, cavalos, fortificações e armas de seu senhor, escolham o melhor e mais competente dos descendentes de seu senhor e ponham-no sobre o trono. Preparem-se para defender a dinastia de seu senhor.

[4] As autoridades ficaram apavoradas com a carta, dizendo: "Jeú já eliminou dois reis. Não temos nenhuma chance!".

[5] Por isso, enviaram o administrador do palácio, o governador da cidade, as autoridades e os responsáveis pelos descendentes a Jeú com esta mensagem: "Somos seus servos. Faremos tudo que o senhor nos ordenar. Não instituiremos nenhum rei aqui. O senhor está no comando. Faça o que achar melhor".

[6-7] Jeú escreveu outra carta:

Se vocês estão mesmo do meu lado, devem estar dispostos a seguir as minhas ordens. Portanto, quero que façam o seguinte: cortem a cabeça dos descendentes de seu senhor e tragam-nas amanhã para mim aqui em Jezreel.

Eram setenta os descendentes do rei. As autoridades da cidade eram responsáveis por eles. Quando eles receberam a carta, prenderam e mataram todos os setenta. Depois, puseram as cabeças em cestos e as enviaram para Jeú, em Jezreel.

[8] Alguém disse a Jeú: "Eles entregaram as cabeças". Ele disse: "Façam dois montes e deixem que elas fiquem na entrada da cidade até de manhã".

[9-10] Na manhã seguinte, Jeú foi até a entrada da cidade, pôs-se diante do povo e falou: "Vocês percebem hoje que são participantes das obras justas de Deus? É verdade, fui eu que conspirei e mandei matar o meu senhor. Mas vocês sabem quem é por esse monte de caveiras? Saibam disto: nem mesmo uma sílaba do que Deus falou em juízo contra a família de Acabe foi cancelada. Vocês mesmos estão vendo que o Eterno cumpriu o que disse por meio do seu servo Elias".

[11] Então, Jeú mandou matar os que restavam da família de Acabe em Jezreel, bem como os amigos mais chegados, os conhecidos e os sacerdotes. Todos foram eliminados.

[12-13] Depois disso, Jeú partiu para Samaria. Perto de Bete-Equede dos Pastores, ele encontrou alguns parentes de Acazias, rei de Judá. Jeú perguntou: "Quem são vocês?". Eles responderam: "Somos parentes de Acazias e viemos para um encontro da família real".

[14] Jeú ordenou: "Prendam-nos!". Eles foram levados e mortos junto à fonte de Bete-Equede. Quarenta e dois homens morreram. Nenhum sobreviveu.

[15] De lá, ele seguiu caminho e encontrou Jonadabe, filho de Recabe, que vinha justamente para falar com o rei. Jeú o saudou e perguntou: "Você concorda com o que estou fazendo?".

Jonadabe respondeu: "Sim! Conte comigo".

Jeú disse: "Então, aperte a minha mão".

Eles apertaram as mãos, e Jonadabe subiu no carro com Jeú.

[16] Jeú o convidou: "Venha comigo e veja você mesmo o zelo que tenho pelo Eterno". E foram juntos no carro.

[17] Quando chegaram a Samaria, Jeú mandou matar todos os que, naquela cidade, ainda tinham alguma ligação com Acabe. Foi um terrível massacre, como o Eterno tinha revelado a Elias.

ATOS 6.5 — 7.10

[5-6] A comunidade concluiu que era uma grande ideia, então escolheram:

Estêvão, homem cheio de fé e do Espírito Santo,
Filipe,
Prócoro,
Nicanor,
Timão,
Pármenas
Nicolau, convertido ao judaísmo de Antioquia.

Feita a escolha, a comunidade apresentou-os aos apóstolos, que, orando, impuseram as mãos sobre eles e os comissionaram para aquela tarefa.

7 A Palavra de Deus prosperava. O número dos discípulos em Jerusalém crescia dramaticamente. Além disso, um grande número de sacerdotes passou a seguir a fé.

8-10 Estêvão, cheio do poder e da graça de Deus, realizava obras maravilhosas entre o povo, sinais inconfundíveis de que Deus estava entre eles. Mas alguns homens das sinagogas, cujos membros eram escravos libertos, cireneus, alexandrinos e gente da Cilícia e da Ásia, passaram a atacá-lo, a fim de impedir seu trabalho. Entretanto, eles não eram páreo para a sabedoria e a força com que Estêvão falava. **11** Por isso, subornaram homens para que dissessem a seguinte mentira: "Nós o ouvimos amaldiçoar Moisés e Deus". **12-14** A denúncia incitou os ânimos do povo, de seus líderes e dos mestres religiosos. Eles agarraram Estêvão e o levaram perante o Concílio. Apresentaram testemunhas subornadas que diziam: "Este homem não para de falar contra o Lugar Santo e contra a Lei de Deus. Até o ouvimos dizer que Jesus de Nazaré destruiria este lugar e que daria fim a todos os costumes instituídos por Moisés". **15** Os membros do Concílio olharam para Estêvão e não conseguiram mais tirar os olhos dele, porque seu rosto parecia o rosto de um anjo!

Estêvão, cheio do Espírito Santo

7 **1** Então, o sacerdote principal perguntou: "O que você tem a dizer sobre isso?".

2-3 Estêvão respondeu: "Amigos, pais e irmãos, o Deus da glória apareceu ao nosso pai Abraão quando ele ainda vivia na Mesopotâmia, antes de se mudar para Harã, e ordenou: 'Deixe sua terra e sua família e vá para a terra que vou mostrar a você'. **4-7** "Ele deixou a terra dos caldeus e foi para Harã. Depois da morte do seu pai, migrou para cá, onde vocês vivem agora, mas Deus não lhe deu nada, nem um palmo sequer, prometendo que a terra seria dada ao seu filho, ainda que Abraão não tivesse filho na época. Deus revelou que sua descendência se mudaria para uma terra estranha e ali seriam duramente escravizados por quatrocentos anos, mas prometeu: 'Vou tomar providências contra os seus dominadores e trazer meu povo para cá, para que me adorem aqui'. **8** "Deus firmou uma aliança com Abraão e a assinou na carne do patriarca, pela circuncisão. Abraão teve seu filho Isaque e oito dias depois fez o sinal da circuncisão no menino também. Isaque tornou-se pai de Jacó; Jacó, pai dos doze 'pais', e cada um passou adiante o sinal da aliança.

9-10 "Certo dia, os 'pais', cheios de inveja, venderam José como escravo para o Egito. Mas Deus estava lá com ele e não só o livrou de todas as suas lutas como o levou até a presença do faraó, rei do Egito, que ficou tão impressionado com José que o pôs como responsável de todo o Egito, até mesmo de seus assuntos pessoais.

SALMOS 78.32-37

32-37 E – acreditem – eles continuaram a pecar!
Todas aquelas maravilhas,
    e eles ainda não acreditavam!
Então, a vida deles, pouco a pouco,
    reduziu-se a nada –
A vida deles, no fim,
    parecia uma cidade-fantasma.
Mas, quando a calamidade chegou,
    eles vieram correndo
de volta para ele e suplicaram por misericórdia.
Declararam que Deus era a rocha deles,
    que o Deus Altíssimo era seu redentor,
Mas não havia sinceridade em
    nenhuma de suas palavras:
    eles mentiram descaradamente o tempo todo.
Não davam nenhuma importância para Deus
    nem queriam nada com sua Aliança.

NOTAS

DIA 176

532

☐ **DIA 176** __ / __ / __

2REIS 10.18 — 12.16

¹⁸⁻¹⁹ Em seguida, Jeú reuniu todo o povo e falou: "Acabe serviu a Baal muito pouco. Jeú será muito mais devoto.

"Chamem todos os profetas de Baal. Todos que o serviam e todos os sacerdotes. Todos devem comparecer aqui. Não deixem ninguém de fora. Preciso oferecer um grande sacrifício a Baal. Quem não aparecer será morto". Na verdade, Jeú estava mentindo. Ele queria destruir os adoradores de Baal. ²⁰ Ele deu esta ordem: "Preparem uma santa assembleia em honra a Baal". Eles fizeram conforme o pedido dele e marcaram a data.

²¹ Jeú convocou todo o povo de Israel, e todos os servos de Baal compareceram. Não faltou ninguém. Eles encheram o templo de Baal até não caber mais ninguém. ²² O rei instruiu o encarregado das vestimentas: "Traga vestimentas para todos os adoradores de Baal". Ele trouxe todas elas.

²³⁻²⁴ Jeú e Jonadabe, filho de Recabe, entraram no templo de Baal e disseram: "Certifiquem-se de que não haja nenhum adorador do Eterno aqui. Só Baal será adorado". A cerimônia começou com sacrifícios e ofertas queimadas.

Jeú tinha deixado oitenta homens de prontidão com a seguinte ordem: "Não deixem ninguém escapar. Quem deixar escapar alguém pagará com a própria vida".

²⁵⁻²⁷ Quando as solenidades do sacrifício chegaram ao fim, Jeú deu sinal para os oficiais e guardas: "Entrem e matem todos eles! Não poupem ninguém!".

E começou o massacre. Os oficiais e guardas iam jogando os corpos para fora a fim de poderem entrar no santuário de Baal. Eles retiraram a coluna sagrada do templo de Baal e a queimaram. Quebraram também os altares de Baal e derrubaram o templo. Desde então, o local é usado como latrina. ²⁸ Foi assim que Jeú eliminou Baal de Israel.

²⁹ Apesar disso, Jeú não se afastou dos pecados de Jeroboão, filho de Nebate, que levou Israel a uma vida de pecado. Os bezerros de ouro em Betel e Dã permaneceram.

³⁰ O Eterno disse a Jeú: "Você fez o que era certo, seguindo às minhas ordens. Cumpriu o que determinei a respeito da família de Acabe. Por isso, sua descendência permanecerá quatro gerações no trono de Israel".

³¹ Mesmo assim, Jeú não teve o cuidado de seguir com toda dedicação e integridade os caminhos do Eterno, o Deus de Israel. Ele não se afastou dos pecados de Jeroboão, filho de Nebate, que levou Israel a viver em pecado.

³²⁻³³ O Eterno começou a diminuir o território de Israel. Hazael invadiu as fronteiras de Israel, desde o Jordão, na direção leste, todo o território de Gileade, Gade, Rúben e Manassés, desde Aroer, próximo do ribeiro de Arnom, abrangendo toda a região de Gileade e Basã.

³⁴⁻³⁶ O restante da vida de Jeú, com suas realizações e sua fama, está tudo escrito nas *Crônicas dos Reis de Israel*. Jeú morreu e foi sepultado no túmulo da família, em Samaria. Seu filho Jeoacaz foi seu sucessor.

Jeú reinou sobre Israel, em Samaria, vinte e oito anos.

Atalia de Judá

11 ¹⁻³ Quando Atalia, mãe de Acazias, soube que ele estava morto, mandou matar toda a família real. Mas Jeoseba, filha do rei Jeorão e irmã de Acazias, pegou Joás, um dos filhos de Acazias marcados para morrer, e o escondeu junto com sua ama num quarto, para que Atalia não o encontrasse. Por isso, ele não foi morto. Ficou escondido seis anos no templo do Eterno. Enquanto isso, Atalia reinou sobre a nação.

⁴ No sétimo ano, Joiada mandou chamar os capitães da guarda e os seguranças do palácio. Eles encontraram no templo do Eterno. Ele fez um acordo com eles depois que juraram não dizer nada e, então, apresentou o príncipe a eles.

⁵⁻⁸ Em seguida, disse: "Vocês vão fazer o seguinte: os que entrarem de serviço no sábado guardarão o palácio; os que saírem do serviço no sábado montarão guarda no templo do Eterno. Vocês devem se unir na hora da troca da guarda e, armados, protegerão o rei.

Matem qualquer um que se aproximar da barreira que vocês vão formar. Não desgrudem do rei nem por um segundo. Acompanhem-no aonde ele for".

9-11 Os capitães obedeceram às ordens do sacerdote Joiada. Cada um reuniu seus subordinados. Os que entraram de serviço no sábado e os que saíram de serviço no mesmo dia se apresentaram ao sacerdote Joiada. O sacerdote armou os oficiais com lanças e escudos que haviam pertencido ao rei Davi e estavam guardados no templo do Eterno. Preparados e armados, os guardas assumiram suas posições para proteger o rei de uma extremidade a outra do edifício, rodeando o altar e o templo.

12 Depois, o sacerdote apresentou o príncipe, pôs sobre a cabeça dele uma coroa, entregou a ele uma cópia da aliança de Deus e o empossou como rei. Enquanto o sacerdote o ungia, todos aplaudiam e clamavam: "Viva o rei!".

13-14 Atalia ouviu a gritaria dos guardas e do povo e foi espiar a multidão no templo do Eterno. Ficou surpresa de ver o rei de pé ao lado da coluna, na qual costumavam ficar os reis, rodeado de capitães e oficiais, apoiado com entusiasmo por todos ao redor, ao som das trombetas. Atalia rasgou a própria roupa e gritou: "Traição! Traição!".

15-16 O sacerdote Joiada deu ordens aos oficiais da guarda: "Levem-na para fora e matem qualquer um que fizer menção de segui-la". (O sacerdote tinha ordenado que não a matassem no interior do templo.) Eles a arrastaram até a estrebaria do palácio e a mataram ali.

17 Joiada fez uma aliança entre o Eterno, o rei e o povo, para que fossem o povo do Eterno. Também fez uma aliança entre o rei e o povo.

18-20 O povo entrou no templo de Baal e o destruiu, derrubando os altares e os ídolos. Na frente do altar, mataram Matã, sacerdote de Baal. Joiada pôs guardas no templo do Eterno. Organizou os oficiais da guarda pessoal e da segurança do palácio no meio do povo para escoltar o rei do templo do Eterno, passando pela porta da guarda, para dentro do palácio. Ali, ele sentou no trono. Todos festejaram. A cidade ficou segura e sem tumulto. Atalia foi morta com a espada real.

21 Joás tinha 7 anos de idade quando começou a reinar.

Joás de Judá

12 **1** No sétimo ano de Jeú, Joás começou a reinar. Ele reinou quarenta anos em Jerusalém. Sua mãe se chamava Zíbia e era de Berseba.

2-3 Ensinado e preparado pelo sacerdote Joiada, Joás agradou o Eterno durante toda sua vida, mas não eliminou os altares ao deus da fertilidade. O povo continuava oferecendo sacrifícios e incenso nesses altares.

4-5 Joás disse ao sacerdote: "Pegue o dinheiro que foi trazido como oferta ao templo do Eterno, tanto das ofertas obrigatórias quanto das voluntárias. Faça que os sacerdotes mantenham um registro dos valores e usem esse dinheiro para os reparos do templo".

6 Mas, até o vigésimo terceiro ano do reinado de Joás, os sacerdotes não haviam feito nada, e o templo do Eterno estava se deteriorando.

7 O rei Joás chamou o sacerdote Joiada e o grupo de sacerdotes e perguntou: "Por que vocês não fizeram os reparos do templo? Vocês estão proibidos de ficar com o dinheiro para os reparos do templo. De agora em diante, entreguem tudo que recolherem".

8 Os sacerdotes concordaram em não pegar o dinheiro e em transferir a responsabilidade pelos reparos do templo.

9-16 Joiada pegou uma caixa, fez uma abertura na parte de cima. A caixa foi posta do lado direito da entrada principal do templo do Eterno. Todas as ofertas trazidas ao templo eram depositadas na caixa pelos sacerdotes que guardavam a entrada. Quando percebiam que já havia uma boa quantidade de dinheiro na caixa, o secretário do rei e o sacerdote principal abriam a caixa e contavam o dinheiro. Eles entregavam o dinheiro para os responsáveis pelos projetos do templo, que, então, pagavam carpinteiros, construtores, pedreiros e cortadores de pedras. Também compravam madeira e pedras lavradas para os reparos e reformas do templo do Eterno. Aplicavam tudo na manutenção do templo. Nenhuma oferta trazida ao templo do Eterno era utilizada para as despesas do culto, como bacias de prata, cortadores de pavios, trombetas e demais utensílios de ouro e prata. Todo o dinheiro era entregue aos responsáveis pela manutenção do templo, e nem era preciso fiscalizar os responsáveis pelo dinheiro destinado a essa obra, porque todos eram muito honestos. Já as ofertas de reparação e de perdão não eram destinadas à manutenção nem à reforma do templo: elas ficavam com os sacerdotes.

ATOS 7.11-29

11-15 "Mais tarde, uma fome atingiu a região, do Egito a Canaã, com terríveis consequências. Na fome, nossos pais procuraram comida em toda parte, mas a despensa continuava vazia. Jacó soube que havia

DIA 176

comida no Egito e enviou nossos pais para investigar. Confirmada a notícia, eles voltaram ao Egito segunda vez para comprar comida. Nessa visita, José revelou sua identidade aos seus irmãos e apresentou a família de Jacó ao rei do Egito. Então, José mandou buscar seu pai, Jacó, e os demais membros da família, setenta e cinco ao todo. Foi assim que a família de Jacó chegou ao Egito.

15-16 "Jacó morreu, e nossos pais depois dele. Eles foram levados a Siquém e sepultados num túmulo que Abraão havia comprado dos filhos de Hamor por um bom dinheiro.

17-19 "Quando os quatrocentos anos estavam para se completar, o tempo em que Deus prometeu a Abraão libertar Israel, o nosso povo no Egito já era imenso, e estava sob um rei do Egito que nunca tinha ouvido falar de José. Ele explorou nosso povo sem piedade, a ponto de nos forçar a abandonar os recém-nascidos, condenando-os a uma morte cruel.

20-22 "Foi nessa época que Moisés nasceu. E que bebê bonito! Ficou escondido em casa por três meses. Quando não era mais possível escondê-lo, ele foi tirado de casa — e imediatamente salvo pela filha do faraó, que cuidou dele como se fosse um filho. Moisés recebeu a melhor educação do Egito e se destacou tanto academicamente como fisicamente.

23-26 "Aos quarenta anos, Moisés quis saber como era a vida de seus parentes hebreus e foi verificar a situação deles. Um dia viu um egípcio maltratando um deles e interferiu, e matou o egípcio para vingar o irmão humilhado. Imaginava que seus irmãos ficariam contentes ao saber que ele estava do lado deles e que iriam vê-lo como instrumento de Deus para libertá-los. Mas eles não entenderam nada disso. No dia seguinte, dois deles estavam brigando, e Moisés tentou interferir, sugerindo que fizessem as pazes e se entendessem: 'Amigos, vocês são irmãos, por que estão brigando?'.

27-29 "O que havia começado a briga retrucou: 'Quem deu a você autoridade sobre nós? Vai me matar como matou o egípcio ontem?'. Quando Moisés ouviu isso, percebeu que a notícia havia se espalhado e fugiu. Exilou-se em Midiã e, durante os anos do exílio, teve dois filhos.

SALMOS 78.38-55

38-55 E Deus? Continuou compassivo!
Perdoou os pecados deles e não os destruiu!
Ele controlou sua ira,
conteve sua tremenda fúria.

Ele sabia do que eram feitos;
sabia que eles não tinham muito a oferecer,
Pela frequência com que o haviam rejeitado,
testado sua paciência naqueles
anos de deserto.
Repetidas vezes, eles o levaram ao limite,
provocaram o Santo Deus de Israel.
Como puderam se esquecer tão rápido
do que ele fez?
Esqueceram-se do dia em que foram
resgatados das mãos do inimigo,
Dos milagres que ele fez no Egito,
das maravilhas realizadas na planície de Zoã.
De quando ele transformou o Rio
e seus afluentes em sangue —
nem uma gota de água servia
mais para beber.
De quando enviou moscas,
que os comiam vivos,
e rãs, que os atormentaram.
De quando transformou sua colheita
em lagartas,
tudo que haviam produzido
foi para os gafanhotos.
De quando aplainou suas videiras com granizo,
e uma camada letal de gelo
arruinou seus pomares.
De quando pisou seu gado com saraiva e
permitiu que raios dizimassem
seus rebanhos.
De quando sua ira estava acesa,
um incêndio incontrolável e destrutivo.
De quando um pelotão avançado
de anjos trouxe doenças
para limpar o chão, preparando o caminho
diante dele.
De quando não poupou aquela gente e
deixou que a praga os devastasse.
De quando matou todos
os primogênitos egípcios,
crianças robustas, rebentos da virilidade
de Cam.
Então, conduziu seu povo como ovelhas,
levou seu rebanho em segurança
através do deserto.
Ele tomou bastante cuidado, por isso
não tinham nada a temer.
O mar cuidou dos inimigos para sempre.
Levou-os até o lugar sagrado,
ao monte que ele reivindicou
como sua propriedade.

Aniquilou todos os que atravessaram
o caminho deles
e demarcou uma herança para eles —
as tribos de Israel tinham agora
um lugar próprio.

◗ NOTAS

Josafá, Jeorão e Acazias, reis de Judá, mais os objetos por ele mesmo dedicados e todo o ouro que pôde encontrar nos cofres do palácio e enviou tudo para Hazael, rei da Síria. Com isso, Hazael não incomodou mais Jerusalém.

19-21 O restante da vida e dos feitos de Joás, todas as suas realizações, está tudo registrado nas *Crônicas dos Reis de Judá*. Por fim, os oficiais do palácio conspiraram contra ele e o assassinaram quando ele descia a rampa da fortaleza, pelo lado de fora do muro da cidade. Os assassinos foram Jozabade, filho de Simeate, e Jeozabade, filho de Somer. Joás morreu e foi sepultado no túmulo da família, na Cidade de Davi. Seu filho Amazias o sucedeu como rei.

Jeoacaz de Israel

13 **1-3** No vigésimo terceiro ano de Joás, filho de Acazias, rei de Judá, Jeoacaz, filho de Jeú, começou a reinar sobre Israel, em Samaria. Reinou dezessete anos. Ele agiu mal diante do Eterno, seguindo os passos de Jeroboão, filho de Nebate, que levou Israel a uma vida de pecado. Ele não se desviou desses pecados. Por isso, o Eterno se enfureceu contra Israel e o entregou a Hazael, rei da Síria, e a Ben-Hadade, filho de Hazael. Israel ficou sob o domínio deles durante muito tempo.

4-6 Um dia, Jeoacaz orou ao Eterno, e ele respondeu. O Eterno viu que Israel sofria sob a opressão do rei da Síria. O Eterno designou um libertador em Israel, que o livrou da opressão da Síria. Os filhos de Israel puderam viver novamente em paz em suas casas. Mas isso não fez diferença: eles não mudaram de vida, não se afastaram dos pecados que Jeroboão tinha introduzido em Israel. Os altares da deusa da prostituição Aserá continuaram ditando a religião em Samaria.

7 Depois da opressão de Hazael, não restou quase nada do exército de Jeoacaz, exceto cinquenta cavaleiros, dez carros de guerra e dez mil soldados de infantaria. O rei da Síria tinha destruído o exército, reduzindo a pó o que restou.

8-9 O restante da vida e dos feitos de Jeoacaz, com as suas realizações, está tudo registrado nas *Crônicas dos Reis de Israel*. Jeoacaz morreu e foi sepultado com seus antepassados em Samaria. Seu filho Jeoás foi seu sucessor.

Jeoás de Israel

10-11 No trigésimo sétimo ano de Joás, rei de Judá, Jeoás, filho de Jeoacaz, começou a reinar

☐ DIA **177** __ / __ / __

2REIS 12.17 — 14.29

17-18 Nesse meio-tempo, Hazael, rei da Síria, atacou a cidade de Gate e a conquistou. Depois, quis atacar Jerusalém. Diante da ameaça, Joás, rei de Judá, reuniu todos os objetos consagrados, que haviam sido dedicados por seus antecessores

sobre Israel, em Samaria. Reinou dezesseis anos. Ele agiu mal diante do Eterno, pois não se desviou em nada dos pecados que Jeroboão, filho de Nebate, fez Israel cometer. Ele seguiu os passos de Jeroboão.

¹²⁻¹³ O restante da vida e dos feitos de Jeoás, com as suas realizações e a guerra contra Amazias, rei de Judá, está tudo registrado nas *Crônicas dos Reis de Israel*. Jeoás morreu e descansou com seus antepassados. Jeroboão foi seu sucessor. Jeoás foi sepultado em Samaria, no cemitério real.

¹⁴ Eliseu sofria de uma doença incurável, e Jeoás, rei de Israel, foi visitá-lo. Quando o rei viu Eliseu, começou a chorar: "Meu pai! Meu Pai! Você é a força, os carros e os cavalos de Israel!".

¹⁵ Eliseu lhe disse: "Vá buscar um arco e algumas flechas". O rei trouxe o arco e as flechas.

¹⁶ Ele disse ao rei: "Pegue o arco". Ele pôs as mãos no arco, e Eliseu pôs suas mãos sobre a mão do rei.

¹⁷ Eliseu disse: "Agora, abra a janela que dá para o leste". Ela a abriu.

O profeta disse: "Atire!". Ele atirou.

Eliseu exclamou: "Essa é a flecha da vitória do Eterno! A flecha da libertação da Síria! Você lutará contra a Síria até não restar nada daquele reino".

¹⁸ Disse Eliseu: "Agora, pegue as outras flechas". Ele as apanhou.

Eliseu disse ao rei de Israel: "Bata no chão".

O rei bateu no chão três vezes e parou.

¹⁹ O homem de Deus ficou zangado com ele: "Por que não bateu cinco ou seis vezes? Se tivesse feito isso, você eliminaria a Síria de vez. Mas desse jeito você a derrotará apenas três vezes".

²⁰⁻²¹ Depois disso, Eliseu morreu e foi sepultado.

Passado um tempo, as hordas moabitas invadiram o país, como costumavam fazer todos os anos. Certo dia, alguns homens estavam sepultando um morto e viram um desses bandos. Eles jogaram o morto no túmulo de Eliseu e saíram correndo. Quando tocou os ossos de Eliseu, o morto ressuscitou, levantou-se e saiu andando.

²²⁻²⁴ Hazael, rei da Síria, atormentou e oprimiu Israel durante todo o reinado de Jeoacaz. Mas o Eterno teve compaixão do povo. Foi leal para com eles por causa da aliança feita com Abraão, Isaque e Jacó. Ele nunca desistiu deles e nunca quis destruí-los. Hazael, rei da Síria, morreu. Ben-Hadade foi seu sucessor.

²⁵ Jeoás conseguiu retomar as cidades que Ben-Hadade, filho de Hazael, tinha capturado de seu pai Jeoacaz. Jeoás foi à guerra três vezes e conseguiu recuperar as cidades de Israel.

Amazias de Judá

14 ¹⁻² No segundo ano do reinado de Jeoás, filho de Jeoacaz, rei de Israel, Amazias, filho de Joás, começou a reinar em Judá. Ele tinha 25 anos de idade quando começou a reinar e reinou vinte e nove anos em Jerusalém. Sua mãe chamava-se Jeoadã e era de Jerusalém.

³⁻⁴ Ele fez o que agradava ao Eterno e agia corretamente. Mas não alcançou o exemplo de Davi: foi mais parecido com seu avô, Joás. Ele não derrubou os altares das divindades ligadas às orgias religiosas, e o povo continuava oferecendo sacrifícios ali.

⁵⁻⁶ Quando assumiu o controle sobre todos os negócios do reino, mandou matar a guarda do palácio, que tinha assassinado seu pai. Mas não mandou matar os filhos dos assassinos. Ele foi obediente ao mandamento do Eterno, escrito na palavra revelada a Moisés, segundo o qual os pais não devem ser executados por causa dos crimes dos filhos, nem os filhos por conta dos pais. Cada um deve responder pelos próprios atos.

⁷ Amazias derrotou dez mil edomitas no vale do Sal. Em outra batalha, conquistou Selá e mudou o seu nome para Jocteel, que permanece até hoje.

⁸ Certo dia, Amazias mandou mensageiros a Jeoás, filho de Jeoacaz, filho de Jeú, rei de Israel, para desafiá-lo a lutar: "Se tiver coragem, venha se encontrar comigo. Vamos medir forças!".

⁹⁻¹⁰ Jeoás, rei de Israel, respondeu a Amazias, rei de Judá: "Certa vez, um espinheiro do Líbano mandou dizer a um cedro do Líbano: 'Dê sua filha em casamento a meu filho'. Mas, depois, um animal selvagem do Líbano passou, pisou no espinheiro e o esmagou. Só porque você derrotou os edomitas na batalha, agora está pensando que é mais forte que todos. Pode se orgulhar, mas fique aí no seu canto. Por que arriscar a sorte? Por que amargar uma derrota para você mesmo e para Judá?".

¹¹ Mas Amazias não desistiu. Então, Jeoás, rei de Israel, cedeu e concordou em enfrentar Amazias, rei de Judá. Eles se encontraram em Bete-Semes, uma cidade de Judá.

¹² Judá sofreu uma humilhante derrota para Israel. Todos os soldados fugiram para casa.

¹³⁻¹⁴ Jeoás, rei de Israel, capturou Amazias, rei de Judá, filho de Joás, filho de Acazias, em Bete-Semes. Mas Jeoás não parou por aí. Prosseguiu para atacar Jerusalém. Demoliu os muros da cidade desde o Portão de Efraim até o Portão da Esquina, cerca de cento e oitenta metros. Saqueou o ouro, a prata e

todos os utensílios de valor do palácio e do templo do Eterno. Também fez vários reféns e voltou para Samaria.

15-16 O restante da vida e dos feitos de Jeoás, suas grandes realizações e a guerra contra Amazias, rei de Judá, está tudo registrado nas *Crônicas dos Reis de Israel*. Jeoás morreu e foi sepultado em Samaria, no cemitério dos reis de Israel. Seu filho Jeroboão foi seu sucessor.

17-18 Amazias, filho de Joás, rei de Judá, reinou mais quinze anos depois da morte de Jeoás, filho de Jeoacaz, rei de Israel. O restante da vida e dos feitos de Amazias está registrado nas *Crônicas dos Reis de Judá*.

19-20 Por fim, houve uma conspiração contra Amazias em Jerusalém, e ele teve de fugir para Láquis. Mas foi perseguido e morto naquela cidade. Trouxeram-no sobre um cavalo e o sepultaram em Jerusalém, com seus antepassados, na Cidade de Davi.

21-22 Azarias tinha apenas 16 anos de idade na época, mas foi escolhido por unanimidade pelo povo de Judá para suceder seu pai, o rei Amazias. Depois da morte de seu pai, ele recuperou e reconstruiu Elate para Judá.

Jeroboão II de Israel

23-25 No décimo quinto ano de Amazias, filho de Joás, rei de Judá, Jeroboão, filho de Jeoás, começou a reinar sobre Israel em Samaria. Reinou quarenta e um anos. Aos olhos do Eterno, ele agiu mal, pois nunca se desviou dos pecados que Jeroboão, filho de Nebate, fez Israel praticar. Mas ele conseguiu restaurar as fronteiras de Israel desde Lebo-Hamate até o mar Morto, ao norte, conforme o Eterno, o Deus de Israel, tinha predito por intermédio do seu servo Jonas, filho de Amitai, profeta de Gate-Héfer.

26-27 O Eterno estava atento aos sofrimentos de Israel. Ele via quanto padeciam. Nenhum deles, escravo ou livre, tinha a quem recorrer. O Eterno não estava pronto para eliminar o nome de Israel da história; por isso, usou Jeroboão, filho de Jeoás, para livrá-lo.

28-29 O restante da vida de Jeroboão, suas vitórias na guerra e como recuperou Damasco e Hamate, que pertenciam a Judá, para Israel, está tudo registrado nas *Crônicas dos Reis de Israel*. Jeroboão morreu e foi sepultado com seus antepassados no cemitério real. Seu filho Zacarias o sucedeu.

ATOS 7.30-53

30-32 "Quarenta anos depois, no deserto do monte Sinai, um anjo lhe apareceu num arbusto em chamas.

Maravilhado com aquilo, Moisés foi conferir de perto e ouviu a voz de Deus: 'Eu sou o Deus de seus pais, o Deus de Abraão, Isaque e Jacó'. Morrendo de medo, Moisés fechou os olhos e virou o rosto.

33-34 "Deus lhe disse: 'Ajoelhe-se e ore! Você está num lugar santo, em terra santa. Tenho visto a agonia do meu povo no Egito. Ouvi seus gemidos. Vim para ajudá-los. Prepare-se: eu mandarei você de volta ao Egito'.

35-39 "E esse era o mesmo Moisés que antes haviam rejeitado, dizendo: 'Quem deu a você autoridade sobre nós?'. É aquele Moisés que Deus, usando o anjo no arbusto, enviou de volta como líder e libertador. Ele os tirou da escravidão para a liberdade, realizando coisas maravilhosas, sinais da parte de Deus por todo o Egito, no mar Vermelho e no deserto por quarenta anos. E foi isso que Moisés disse à comunidade: 'Deus levantará um profeta como eu entre vocês'. Esse é o Moisés que ficou entre o anjo que falava no Sinai e os seus antepassados reunidos no deserto, que recebeu as palavras de vida que lhe foram entregues e as comunicou a nós, palavras que nossos pais rejeitaram.

39-41 "Eles tinham saudade dos costumes egípcios e reclamaram com Arão: 'Faça para nós deuses a quem possamos ver e seguir. Esse Moisés que nos trouxe para este fim de mundo, nem sabemos o que lhe aconteceu!'. Foi nessa ocasião que fizeram um ídolo em forma de bezerro, ofereceram-lhe sacrifícios e festejaram o ídolo que confeccionaram.

42-43 "Deus não estava satisfeito, mas os deixou agir conforme desejassem: adorar cada novo deus que aparecia — e viver com as consequências, descritas pelo profeta Amós:

Vocês me trouxeram oferendas de animais e grãos
    durante quarenta anos no deserto, ó Israel?
Que nada. Estavam ocupados demais,
    construindo santuários
    para os deuses da guerra e as deusas do sexo,
Adorando-os de todo o coração e com toda a força.
Foi por isso que eu os mandei
    para o exílio na Babilônia.

44-47 "Durante todo esse tempo, nossos antepassados tiveram um santuário em forma de tenda para o verdadeiro culto, feito conforme as especificações que Deus dera a Moisés. Esse santuário os acompanhava enquanto seguiam Josué, quando Deus eliminou os pagãos da terra; eles ainda o tinham no tempo de Davi. Foi então que Davi pediu a Deus para construir um lugar permanente de adoração, mas foi Salomão que o construiu.

DIA 178

48-50 "Mas isso não quer dizer que o Deus Altíssimo viva num edifício feito por homens. O profeta Isaías expressa com muita clareza essa questão:

'O céu é a minha sala do trono;
   eu descanso meus pés na terra.
Então, que tipo de casa
   vocês pensam construir para mim?',
      Deus pergunta,
'Onde eu possa descansar e sossegar?
   Ela já está pronta, e eu a construí'.

51-53 "A verdade é que vocês continuam teimosos, com o coração insensível e com os ouvidos fechados. Vocês deliberadamente ignoram o Espírito Santo, como fizeram seus antepassados. Houve pelo menos um profeta que não tenha recebido o mesmo tratamento? Seus antepassados mataram todos os que ousaram anunciar a vinda do Justo. E vocês mantêm a tradição da família – são traidores e assassinos, todos vocês! Receberam a lei de Deus, que foi entregue por anjos – como um presente! –, mas vocês a desprezaram".

SALMOS 78.56-64

56-64 Mas eles continuaram provando Deus.
   Rebelaram-se contra o Deus Altíssimo,
   recusavam-se a fazer o que ele mandava.
Eram piores – como se isso fosse
      possível – que seus pais:
   traidores de caráter tortuoso.
Suas orgias provocaram a ira de Deus,
   suas idolatrias obscenas feriram seu coração.
Quando viu aquele comportamento,
      Deus ficou furioso
   e enviou um enorme "Não!" à Israel.
Ele se retirou e deixou Siló vazia e
   abandonou o santuário onde havia se
      encontrado com Israel.
Ele deixou o povo que era sua alegria
      entregue aos cães e
   virou as costas para o orgulho da sua vida.
Deixou-os perdidos no campo de batalha e
   passou a eles a responsabilidade de
      sua própria subsistência.
Os jovens foram para a guerra e
      nunca mais voltaram:
   as moças esperaram em vão.
Os sacerdotes foram massacrados,
   e suas viúvas não derramaram uma lágrima.

NOTAS

DIA 178 ___ / ___ / ___

2REIS 15.1 — 16.20

Azarias (Uzias) de Judá

15 **1-5** No vigésimo sétimo ano do reinado de Jeroboão, de Israel, Azarias, filho de Amazias, começou a reinar em Judá. Ele tinha 16 anos de idade quando começou a reinar e reinou cinquenta e dois anos em Jerusalém. Sua mãe se chamava Jecolias e era de Jerusalém. Ele fez o que era certo perante o Eterno, seguindo os passos de seu pai Amazias. Mas ele também não conseguiu eliminar os altares das divindades que promoviam orgias religiosas. O povo continuou oferecendo sacrifícios naqueles

Simão, o mago

8 **1-2** Esse fato desencadeou uma perseguição terrível contra a igreja em Jerusalém. Os cristãos, com exceção dos apóstolos, foram todos dispersos pela Judeia e por Samaria. Alguns homens bons e corajosos sepultaram Estêvão, dando a ele um funeral digno. Quase todos choraram naquele dia!

3-8 Saulo mostrou-se muito cruel, devastando a igreja, invadindo as casas, levando homens e mulheres para a cadeia. Forçados a deixar seus lares, os seguidores de Jesus se tornaram missionários. Onde quer que se refugiassem, começavam a pregar a Mensagem. Descendo a uma cidade samaritana, Filipe proclamou a Mensagem do Messias. Quando o povo ouviu sua pregação e viu os milagres – claros sinais da ação de Deus –, eles se apegaram a cada palavra. Pessoas que não podiam ficar em pé nem andar foram curadas naquele dia. Os espíritos malignos protestavam e faziam estardalhaço, mas eram expulsos. Houve muita alegria naquela cidade!

9-11 Antes da chegada de Filipe, um tal Simão costumava praticar magia na cidade, ganhando fama com isso e manipulando os samaritanos com sua feitiçaria. Todos comiam na mão dele, das criancinhas aos mais velhos. O povo acreditava que Simão tinha poderes sobrenaturais e o chamavam de Grande Mago. Ele morava ali havia algum tempo, e todos o admiravam.

12-13 Mas, quando Filipe veio à cidade, anunciando as novas do Reino de Deus e proclamando o nome de Jesus Cristo, eles se esqueceram de Simão e foram batizados, depois de se tornarem cristãos. O próprio Simão creu, foi batizado e, a partir daí, tornou-se a sombra de Filipe. Estava tão fascinado com os sinais e milagres de Deus que não saía de perto dele.

14-17 Quando os apóstolos, em Jerusalém, tomaram conhecimento de que Samaria tinha aceitado a Mensagem, enviaram Pedro e João para orar por eles, a fim de que recebessem o Espírito Santo. Até aquele momento, eles tinham sido batizados apenas no nome do Senhor Jesus – o Espírito Santo ainda não tinha vindo sobre eles. Então, os apóstolos impuseram as mãos sobre eles, e eles receberam o Espírito Santo.

SALMOS 78.65-72

65-72 De repente, o Senhor se pôs de pé
como alguém que desperta de
um sono profundo,
gritando como um guerreiro que
desperta do vinho.

Ele golpeou os inimigos com força,
pôs todos eles para correr.
Eles fugiram gritando, não ousando
olhar para trás.
Ele desqualificou José como líder;
disse que Efraim não possuía
as qualificações necessárias
E escolheu a tribo de Judá para substituí-lo,
o monte Sião, que ele tanto ama.
Ali construiu seu santuário – resplandecente,
sólido e duradouro como a própria terra.
Então, escolheu Davi, seu servo:
foi buscá-lo no meio das ovelhas.
Num dia, ele estava cuidando das ovelhas
e dos seus cordeiros;
no outro, estava pastoreando Jacó,
o povo de Deus, Israel, sua herança,
seu patrimônio.
Seu bom coração fez dele um bom pastor;
com sabedoria guiou seu povo.

◼ NOTAS

□ DIA 179 ___/___/___

2REIS 17.1 — 18.16

Oseias de Israel

17 **1-2** No décimo segundo ano de Acaz, rei de Judá, Oseias, filho de Elá, começou a reinar sobre Israel. Reinou nove anos em Samaria. Ele agiu mal diante do Eterno, mas não foi tão ruim quanto seus antecessores.

3-5 Salmaneser, rei da Assíria, atacou Oseias e fez dele seu súdito, obrigando-o a pagar impostos. Mas Oseias, agindo pelas costas do rei da Assíria, buscou o apoio do rei Sô, do Egito, e suspendeu o pagamento dos impostos. Salmaneser, rei da Assíria, descobriu a trama e mandou prendê-lo. Depois, invadiu o país, atacou Samaria e a sitiou por três anos.

6 No nono ano do reinado de Oseias, Salmaneser conquistou Samaria e levou o povo cativo para a Assíria. Ele estabeleceu os exilados em Hala, no território de Gozã, às margens do rio Habor, e nas cidades dos medos.

7-12 Eles foram exilados porque os filhos de Israel pecaram contra o Eterno, o seu Deus, que os havia livrado do Egito e da cruel escravidão do faraó. Eles adoraram outros deuses, seguiram o caminho das nações pagãs que o Eterno tinha expulsado e adotaram as práticas introduzidas pelos reis de Israel. Praticaram, às ocultas, coisas ofensivas ao Eterno e, depois, construíram publicamente altares que instigavam a prostituição em toda parte. Puseram símbolos e colunas sagradas em toda esquina. Para onde se olhasse, havia incenso oferecido às divindades pagãs, as mesmas ofertas apresentadas pelas nações pagãs que o Eterno tinha expulsado. Eles cometeram muitos pecados e provocaram a ira do Eterno, apesar de ele os ter advertido: "Não façam isso!".

13 O Eterno tinha avisado Israel e Judá inúmeras vezes por meio dos seus profetas e videntes, dizendo: "Desviem-se do pecado. Façam o que eu ensino e o que ordenei na Revelação entregue a seus antepassados. Tenho lembrado vocês daquelas palavras por meio dos meus servos, os profetas".

14-15 Mas eles não quiseram ouvir. Pelo contrário, foram mais obstinados que as gerações anteriores. Desprezaram as instruções do Eterno, o seu Deus.

Rejeitaram a aliança com seus antepassados e fizeram pouco caso das advertências. Seguiram deuses inúteis e viveram vidas inúteis, como as nações pagãs ao seu redor. O Eterno tinha advertido claramente: "Não as imitem!". Mas não adiantou.

16-17 Eles ignoraram as instruções do Eterno, o seu Deus, e fizeram dois ídolos de metal em forma de bezerro e um poste sagrado em honra a Aserá, a deusa da prostituição. Adoraram forças cósmicas, como os deuses e deusas dos astros, frequentavam os altares das divindades de Baal ligadas às orgias religiosas. Chegaram a ponto de oferecer os próprios filhos em sacrifício. Praticaram ocultismo e magia. Prostituíram-se com todo tipo de abominação, provocando a ira do Eterno.

18-20 O Eterno ficou furioso e se livrou deles. Ele os expulsou da terra, deixando apenas uma tribo: Judá. Na verdade, Judá não era muito melhor, pois também deixou de guardar os mandamentos do Eterno e adotou as mesmas práticas introduzidas por Israel. O Eterno rejeitou todo o povo de Israel. Ele os castigou e os entregou nas mãos de saqueadores. Finalmente, ele os expulsou da sua presença.

21-23 Quando o Eterno separou os israelitas da dinastia de Davi, eles proclamaram rei um homem chamado Jeroboão, filho de Nebate. Jeroboão fez Israel se desviar do Eterno e viver em pecado. Os filhos de Israel transigiam com todos os pecados de Jeroboão sem nunca se opor. Por fim, o Eterno disse: "Basta!", e se virou contra eles. Ele já os tinha advertido muitas vezes por intermédio dos profetas. Depois, mandou Israel para o exílio, na terra da Assíria, onde permanece até hoje.

24-25 O rei da Assíria levou gente da Babilônia, de Cuta, de Ava, de Hamate e de Sefarvaim para povoar as cidades de Samaria, em substituição aos israelitas. Eles ocuparam as cidades como se fossem proprietários. Para os novos habitantes, o Eterno era apenas outro deus, os assírios não o conheciam nem o adoravam. Por isso, o Eterno enviou leões para o meio deles, e muitos foram atacados e mortos por esses animais.

26 Mandaram dizer ao rei da Assíria: "Esses povos que você trouxe para morar nas cidades da Samaria não sabiam o que o Deus da terra esperava deles; por isso, ele mandou leões que estão matando as pessoas. Ninguém sabe o que o Deus da terra está exigindo delas".

27 O rei da Assíria mandou dizer: "Levem de volta alguns sacerdotes que estão no exílio. Eles poderão voltar e viver em Samaria para instruir o povo a respeito do que o Deus da terra espera deles".

²⁸ Um dos sacerdotes exilados de Samaria voltou para morar em Betel. Ele os ensinou a honrar e a adorar ao Eterno.

²⁹⁻³¹ Mas cada povo trazido pela Assíria continuava cultuando seus ídolos nos altares pagãos espalhados pela terra que os moradores de Samaria tinha deixado. Cada povo fez o seu:

os da Babilônia fizeram Sucote-Benote;
os de Cuta, Nergal;
os de Hamate, Asima;
os de Ava, Nibaz e Tartaque;
os de Sefarvaim, Adrameleque e Anameleque, deuses a quem o povo oferecia seus filhos em sacrifício.

³²⁻³³ Eles adoraram ao Eterno, mas não exclusivamente. Também nomearam todo tipo de pessoa, mesmo sem qualificação sacerdotal, para conduzir os rituais nos altares idólatras. Eles adoravam ao Eterno, mas também mantiveram a devoção aos deuses de onde eles vieram.

³⁴⁻³⁹ Eles continuam até hoje nessas práticas antigas. Não adoram ao Eterno e não seguem às instruções nem às ordenanças que o Eterno deixou para os filhos de Jacó, a quem ele deu o nome de Israel. Porque o Eterno fez aliança com seu povo e ordenou: "Não adorem outros deuses; não se prostrem diante deles; não sirvam nem ofereçam sacrifícios a eles. Adorem ao Eterno, o Deus que tirou vocês da terra do Egito, manifestando seu grande poder. Respeitem e temam a ele. Adorem a ele. Ofereçam sacrifícios a ele somente. Tudo que ele deixou escrito para vocês, instruindo-os a como viver e se conduzir — ora, pratiquem tudo isso enquanto viverem. De maneira alguma, vocês deverão adorar outros deuses! Não se esqueçam das suas obrigações na aliança que ele fez com vocês. Não adorem outros deuses. Adorem apenas ao Eterno. É ele quem livrará vocês de toda a opressão".

⁴⁰⁻⁴¹ Mas eles não deram atenção. Continuaram fazendo o que sempre fizeram. Já aqueles povos adoravam ao Eterno, mas também prestavam culto aos ídolos pagãos. Até hoje fazem isso: seus filhos e netos repetem as práticas de seus antepassados.

Ezequias de Judá

18 ¹⁻⁴ No terceiro ano de Oseias, filho de Elá, rei de Israel, Ezequias, filho de Acaz, começou a reinar sobre Judá. Tinha 25 anos de idade e reinou

vinte e nove anos em Jerusalém. Sua mãe se chamava Abia, filha de Zacarias. Ele foi um bom rei aos olhos do Eterno, pois seguiu os passos de Davi, seu antecessor. Eliminou os altares dos ídolos da fertilidade, derrubou os postes sagrados e destruiu os altares da deusa da prostituição Aserá. Além disso, despedaçou a serpente de bronze que Moisés tinha feito. Na época, os israelitas adotaram a prática de oferecer sacrifício em honra à serpente. Tinham até dado um nome a ela: Neustã (A Antiga Serpente).

⁵⁻⁶ Ezequias confiava plenamente no Eterno, o Deus de Israel. Não houve outro rei igual a ele, nem antes nem depois. Ele foi leal ao Eterno, não deixou de segui-lo e obedeceu à risca tudo que foi ordenado a Moisés. Já o Eterno estava com ele em tudo que realizava.

⁷⁻⁸ Ele se revoltou contra o rei da Assíria e não quis servir mais a ele. Também expulsou os filisteus, desde as torres de sentinela até as cidades fortificadas e até Gaza e suas fronteiras.

⁹⁻¹¹ No quarto ano de Ezequias e no sétimo ano de Oseias, filho de Elá, rei de Israel, Salmaneser, rei da Assíria, atacou Samaria. Sitiou a cidade e a tomou depois de três anos. No sexto ano de Ezequias e no nono ano de Oseias, Samaria foi dominada pela Assíria. O rei da Assíria levou os israelitas cativos e estabeleceu-os em Hala, em Gozã, junto ao rio Habor, e nas cidades dos medos.

¹² Tudo isso aconteceu porque os israelitas não obedeceram à voz do Eterno e desprezaram a aliança de Deus. Não quiseram ouvir nem praticar o que Moisés, servo do Eterno, tinha ordenado.

¹³⁻¹⁴ No décimo quarto ano do rei Ezequias, Senaqueribe, rei da Assíria, atacou todas as cidades fortificadas de Judá e as conquistou. O rei Ezequias mandou dizer ao rei da Assíria, em Láquis: "Reconheço que errei. Retire seu exército daqui, e pagarei o que você exigir".

¹⁴⁻¹⁶ O rei da Assíria exigiu que Ezequias, rei de Judá, pagasse dez toneladas e meia de prata e mil e cinquenta quilos de ouro. Ezequias entregou a ele toda a prata que encontrou no templo do Eterno e nos cofres do palácio. Ezequias tirou o ouro das portas do templo do Eterno e dos batentes, que ele tinha revestido de ouro, e entregou-o ao rei da Assíria.

ATOS 8.18-40

¹⁸⁻¹⁹ Quando Simão viu que os apóstolos concediam o Espírito com a simples imposição de mãos, ofereceu-lhes muito dinheiro, entusiasmado:

DIA 179

"Vendam-me o segredo de vocês! Como conseguem fazer isso? Quanto querem? Façam um preço!".

20-23 Mas Pedro reagiu: "Para o inferno, você e seu dinheiro! Como ousa pensar que pode comprar o dom de Deus? Você nunca vai tomar parte da obra de Deus com suborno e barganha. Trate já de mudar de vida! Peça ao Senhor que o perdoe por querer usar Deus para ganhar dinheiro. Vejo que não deixou o velho hábito. Sua ganância está acabando com você!".

24 "Oh!", exclamou Simão. "Orem por mim! Orem ao Senhor para que nada disso aconteça comigo!"

25 Depois disso, os apóstolos prosseguiram seu caminho, continuando a testemunhar e a espalhar a Mensagem da salvação de Deus, pregando nas cidades samaritanas que encontravam no caminho de volta para Jerusalém.

O eunuco etíope

26-28 Certo dia, um anjo de Deus disse a Filipe: "Ao meio-dia de hoje, quero que vá àquela estrada deserta que liga Jerusalém a Gaza". Ele foi e deparou com um eunuco etíope que vinha pela estrada. O homem voltava para a Etiópia depois de uma peregrinação a Jerusalém. Ele era ministro naquele país, responsável pelas finanças de Candace, rainha dos etíopes. Ele viajava numa carruagem e lia o profeta Isaías.

29-30 O Espírito disse a Filipe: "Suba na carruagem". Correndo ao lado do veículo, Filipe ouviu o eunuco ler o profeta Isaías e perguntou: "Você entende o que está lendo?".

31-33 Ele respondeu: "Como, se não tenho quem me explique?", e convidou Filipe para que subisse na carruagem. A passagem que ele estava lendo era esta:

Como uma ovelha levada ao matadouro,
silencioso como um cordeiro na tosquia,
Ele estava quieto, sem dizer nada.
Foi ridicularizado e humilhado,
não teve um julgamento justo.
Mas agora quem pode contar seus parentes,
uma vez que ele foi tirado da terra?

34-35 O eunuco perguntou: "Diga-me, a quem o profeta se refere: a ele mesmo ou a outro?". Filipe não perdeu a oportunidade. Partindo daquela passagem, deu testemunho de Jesus.

36-39 Em certo ponto da estrada aproximaram-se de um lugar com águas correntes. O eunuco disse: "Olhe, aqui há água. O que me impede de ser batizado?". Assim, ele ordenou ao condutor da carruagem que parasse. Ambos desceram, e Filipe o batizou ali mesmo.

Quando saíram da água, o Espírito de Deus, de repente, levou Filipe. Foi a última vez que o eunuco o viu. Feliz da vida, o eunuco continuou sua jornada, pois agora possuía o que tanto havia buscado.

40 Filipe apareceu em Azoto e depois rumou para o norte, pregando a Mensagem em todas as cidades pelo caminho até chegar a Cesareia.

SALMOS 79.1-4

Um salmo de Asafe

79 **1-4** Os bárbaros arrombaram tua casa, ó Deus,
violaram teu santo templo,
transformaram Jerusalém
num monte de entulho!
Eles serviram os corpos dos teus servos
como banquete para as aves de rapina;
Atiraram os ossos do teu povo santo
aos animais selvagens.
Derramaram o sangue deles
como baldes de água.
Em volta de toda a Jerusalém, seus corpos
foram deixados para apodrecer, insepultos.
Não passamos de piada para nossos vizinhos,
pichações nos muros da cidade.

■ NOTAS

☐ DIA 180 __ / __ / __

2REIS 18.17 — 19.37

¹⁷ O rei da Assíria mandou, de Láquis, seus principais oficiais militares, Tartã, Rabe-Saris e Rabsaqué, com tropas fortemente armadas para Jerusalém, onde estava o rei Ezequias. Ao chegar a Jerusalém, pararam diante do aqueduto do tanque superior, na estrada para o campo do Lavandeiro.

¹⁸ Eles gritaram, chamando o rei. O administrador do palácio, Eliaquim, filho de Hilquias, o secretário Sebna e o historiador Joá, filho de Asafe, saíram ao encontro deles.

¹⁹⁻²² Rabsaqué disse: "Levem a Ezequias esta mensagem do grande rei, o rei da Assíria: 'Você vive num mundo de faz de conta. Acha que meras palavras substituem ações militares efetivas? Agora que você se revoltou contra mim, quem vai ajudá-lo? Você pensava que o Egito o socorreria, mas o Egito é um caniço quebrado. Quem se apoia nele espeta e fura a mão. O faraó, rei do Egito, não é de confiança. Você vai me dizer: Nós confiamos no Eterno? Mas Ezequias acabou de eliminar todos os altares, dizendo a Judá e a Jerusalém: Vocês só poderão adorar no santuário de Jerusalém.

²³⁻²⁴ " 'Pense bem. Faça um acordo com o seu senhor, o rei da Assíria. Darei a você dois mil cavalos se você providenciar cavaleiros para montá-los. Se não tiver condições, como pensa que poderá derrotar o menor guerreiro das tropas do meu senhor? Até quando você vai ficar confiando nos carros e nos cavalos dos egípcios?

²⁵ " 'Por acaso, subi aqui para destruir esta terra sem a aprovação do Eterno? O fato é que o Eterno mesmo me ordenou: Ataque e destrua esta terra!' ".

²⁶ Eliaquim, filho de Hilquias, Sebna e Joá disseram a Rabsaqué: "Por favor, fale em aramaico. Nós entendemos aramaico. Não fale em hebraico, porque a multidão que está no muro da cidade vai entender".

²⁷ Mas Rabsaqué disse: "Não fomos enviados com uma mensagem confidencial a vocês. O que estamos dizendo é para conhecimento público, uma mensagem para todos. Afinal, diz respeito a eles também. Se vocês não concordarem, eles estarão comendo as próprias fezes e bebendo a própria urina junto com vocês".

²⁸⁻³² Dito isso, ele se levantou e falou bem alto, em hebraico, para que todos pudessem ouvir: "Ouçam atentamente às palavras do grande rei, o rei da Assíria: 'Não deixem Ezequias enganar vocês. Ele não tem condições de livrá-los. Não acreditem nessa conversa de Ezequias de confiar no Eterno quando ele diz: O Eterno nos livrará. Esta cidade nunca será entregue nas mãos do rei da Assíria. Não prestem atenção a Ezequias. Ele não sabe do que está falando. Ouçam o rei da Assíria. Façam as pazes comigo e fiquem tranquilos. Cada um de vocês terá sua terra e sua fonte! Eu levarei vocês para uma terra muito melhor do que esta, com fartura de cereais, vinho, pão, videiras, oliveiras e mel. Vocês vivem apenas uma vez; por isso, escolham viver bem!

³²⁻³⁵ " 'Não deem atenção a Ezequias. Não acreditem em suas mentiras quando diz: "O Eterno nos livrará". Vocês já ouviram que algum deus, em algum lugar, tenha livrado seu povo do rei da Assíria? Onde estão os deuses de Hamate e de Arpade? Onde estão os deuses de Sefarvaim, de Hena e de Iva? E Samaria, por acaso os deuses deles os livraram? Repito: Vocês se lembram de algum deus que tenha livrado alguém do rei da Assíria? Então, por que acham que o Eterno livrará Jerusalém das minhas mãos?' ".

³⁶ O povo ficou calado. Ninguém disse nada, pois o rei tinha determinado: "Vocês estão proibidos de dizer qualquer coisa!".

³⁷ Então, o administrador do palácio, Eliaquim, o secretário Sebna e o historiador Joá voltaram a Ezequias. Eles tinham rasgado a própria roupa em sinal de desespero. Eles repetiram tudo que Rabsaqué tinha dito.

19 ¹⁻³ Quando Ezequias ouviu a mensagem, rasgou a própria roupa e vestiu pano de saco. Depois, foi para o templo do Eterno. Mandou que Eliaquim, o administrador do palácio, o secretário Sebna e os principais sacerdotes, todos vestidos de pano de saco, chamassem Isaías, filho de Amoz, e lhe disseram: "Assim diz Ezequias: 'Hoje é dia de luto, repreensão e vergonha!

É como uma mulher que está para dar à luz, mas não tem forças para o parto.

DIA 180

4 "'Talvez o Eterno, o seu Deus, tenha ouvido as afrontas de Rabsaqué, enviado pelo rei da Assíria, o seu senhor, para humilhar o Deus vivo. Talvez o Eterno, o seu Deus, o repreenda por isso. Talvez você interceda pelo remanescente do povo'".

5 Foi essa a mensagem que os oficiais do rei Ezequias levaram a Isaías.

6-7 Isaías respondeu: "Digam ao seu senhor: 'Assim diz o Eterno: Não se preocupe com as provocações que você ouviu dos mensageiros do rei da Assíria.

Vou fazer o seguinte: ele ficará confuso, pois receberá notícias que o deixarão apavorado e o farão voltar para o seu país. Lá, farei que ele seja morto'".

8-13 Rabsaqué soube que o rei da Assíria saíra de Láquis e estava atacando Libna. Senaqueribe ouviu que Tiraca, o rei etíope, estava se aproximando para atacá-lo. Então, mandou outro mensageiro dizer a Ezequias, rei de Judá: "Não seja enganado por esse Deus em quem você confia quando ele promete: 'Jerusalém jamais cairá nas mãos do rei da Assíria'. Isso é mentira! Você conhece a reputação do rei da Assíria. Várias nações já foram destruídas. E o que faz você pensar que Jerusalém será uma exceção? Preste atenção a essas nações destruídas, que foram devastadas pelos meus antecessores. Por acaso, os deuses delas serviram para alguma coisa? Olhe para Gozã, para Harã, para Rezefe, para o povo de Éden, em Telassar. Viraram ruínas. O que restou do rei de Hamate, do rei de Arpade, do rei de Sefarvaim, de Hena e de Iva? Nada".

14-15 Ezequias recebeu a carta do mensageiro e a leu. Foi para o templo, depositou-a diante do Eterno e orou:

"Oh Eterno, Deus de Israel, assentado
em majestade sobre o trono,
entre os querubins.
És o único Deus,
soberano sobre todos os reinos da terra,
Criador do céu e da terra.
16 Abre os ouvidos, ó Eterno, e ouve;
abre os olhos e vê.
Olha para esta carta de Senaqueribe,
que afronta o Deus vivo!
17 Na verdade, ó Eterno, os reis da Assíria
destruíram nações e reinos.
18 Queimaram seus deuses
e destruíram seus ídolos,
que não passavam de obras de pau e pedra.
19 Mas, agora, ó Eterno, nosso Deus,
livra-nos das mãos da Assíria,

Para que todos os reinos da terra reconheçam
que és o único Deus".

20-21 Não demorou muito, e Isaías, filho de Amoz, mandou dizer a Ezequias:

"Assim diz o Eterno: 'Você orou a mim com respeito a Senaqueribe, rei da Assíria. Pois ouvi sua oração. Esta é a resposta do Eterno:

A virgem, Filha Sião,
zomba de você;
A filha de Jerusalém
está balançando a cabeça em desprezo.
22 A quem você ofendeu?
A quem você está afrontando?
Diante de quem você se vangloria?
Diante do Santo de Israel!
23 Você mandou seus servos
humilharem o meu Senhor.
Você se orgulhou, dizendo:
Com os meus carros de guerra
subo aos montes mais altos,
até mesmo aos picos nevados
dos montes do Líbano!
Derrubei seus enormes cedros,
cortei as melhores árvores.
Percorri todo o mundo,
visitei as melhores florestas.
24 Construí cisternas em lugares muito
distantes
e bebi de suas águas.
Caminhei e espirrei água com os pés descalços
nos rios do Egito.

25 Acaso você não percebeu
que sou eu quem está por trás de tudo isso?
Há muito, muito tempo, planejei isso
e agora estou pondo em prática.
Você é o instrumento que escolhi
para reduzir fortalezas a pó,
26 Para deixar seu povo desamparado,
cabisbaixo e desanimado.
Ficaram como o capim, frágeis como o mato,
inconstantes como ervas agitadas pelo vento.
27 Sei quando você se deita, quando chega
e quando sai.
Também me lembro de todos
os seus acessos de raiva contra mim.
28 Justamente, por causa da sua fúria
e do seu atrevimento

É que estou fisgando você pelo nariz
e pondo um freio em sua boca
Para levá-lo de volta
ao lugar de onde saiu.

²⁹Ezequias, este será o sinal de confirmação:

Neste ano, vocês comerão do que cresce
naturalmente; no próximo ano,
o que conseguirem apanhar,
emprestar ou roubar.
Mas, no terceiro ano, vocês plantarão
e colherão,
plantarão vinhas e comerão suas uvas.
³⁰Um remanescente da família de Judá
ainda firmará suas raízes e produzirá frutos.
³¹O remanescente voltará de Jerusalém,
os sobreviventes, do monte Sião.
O Zelo do Eterno
fará isso acontecer.

³²Para resumir, assim diz o Eterno
com respeito ao rei da Assíria:

Ele não invadirá esta cidade,
não lançará uma única flecha contra ela.
Não exibirá seu escudo,
nem lançará o ataque contra ela.
³³Ele voltará para casa pelo caminho
por onde veio:
não invadirá a cidade, diz o Eterno!
³⁴Eu protegerei a cidade, eu a livrarei,
pelo meu nome e por amor a Davi' ".

³⁵Naquela mesma noite, um anjo do Eterno massacrou cento e oitenta e cinco mil assírios. Quando os habitantes de Jerusalém acordaram, no dia seguinte, havia cadáveres por toda parte!
³⁶⁻³⁷Senaqueribe, rei da Assíria, saiu dali, voltou direto para casa, em Nínive, e ficou lá. Certo dia, quando estava adorando no templo do seu deus, Nisroque, seus filhos Adrameleque e Sarezer o assassinaram e fugiram para a terra de Ararate. Seu filho Esar-Hadom o sucedeu.

ATOS 9.1-22

A cegueira de Saulo

9¹⁻²**D**urante todo esse tempo, Saulo promovia uma perseguição incansável aos discípulos do Senhor, ansioso por exterminá-los. Ele solicitou ao sacerdote principal ordens de prisão para apresentar às sinagogas de Damasco. Assim, caso encontrasse ali alguém que pertencesse ao Caminho, mulher ou homem, poderia prendê-los e levá-los a Jerusalém.
³⁻⁴Ele partiu. Já pelas redondezas de Damasco, foi surpreendido por um raio de luz, que o cegou. Ele caiu ao chão e ouviu uma voz: "Saulo, Saulo, por que você me persegue?".
⁵⁻⁶Ele perguntou: "Quem és, Senhor?".

"Sou Jesus, aquele que você persegue. Quero que se levante e entre na cidade. Ali receberá instruções sobre o que fazer depois."
⁷⁻⁹Seus companheiros ficaram desnorteados, porque podiam ouvir o som, mas não viam ninguém. Quando se levantou, Saulo percebeu que havia ficado cego. Eles tiveram de levá-lo a Damasco pela mão. Ele continuou cego por três dias e durante esse tempo não comeu nem bebeu nada.
¹⁰ Havia um discípulo em Damasco chamado Ananias, e o Senhor lhe disse numa visão: "Ananias".

"Sim, Senhor", ele respondeu.
¹¹⁻¹²"Levante-se e vá à rua Direita. Quando chegar à casa de Judas, pergunte por um homem de Tarso. Seu nome é Saulo. Ele está lá, orando. Acabou de ter um sonho em que viu um homem chamado Ananias entrar na casa e impor as mãos sobre ele para que pudesse enxergar outra vez."
¹³⁻¹⁴Ananias protestou: "Senhor, não pode ser! Todos falam desse homem e das coisas terríveis que tem feito, do terror que causa contra o povo do Senhor em Jerusalém. E agora ele está aqui, com documentos do sacerdote principal que o autorizam a fazer o mesmo conosco!".
¹⁵⁻¹⁶Mas o Senhor disse: "Não discuta! Eu o escolhi como meu representante pessoal entre judeus, outros povos e reis e agora estou prestes a mostrar a ele o que o aguarda — o sofrimento que acompanhará a tarefa".
¹⁷⁻¹⁹Ananias obedeceu. Achou a casa, impôs as mãos sobre Saulo e disse: "Irmão Saulo, o Senhor me enviou, o mesmo Jesus que apareceu quando você vinha para cá. Ele me enviou para que você volte a enxergar e seja cheio do Espírito Santo". Mal o discípulo acabou de falar, algo semelhante a escamas caiu dos olhos de Saulo: e ele estava enxergando de novo! Saulo se levantou, foi batizado e depois participou de uma boa refeição.

A Trama contra Saulo

¹⁹⁻²¹**S**aulo passou alguns dias com os discípulos de Damasco, mas logo pôs mãos à obra, sem perda

DIA 181

de tempo, pregando nas sinagogas que Jesus era o Filho de Deus. Mas o povo se mostrava arredio, sem saber se podia confiar nele, pois diziam: "Não é este o homem que odiava os cristãos em Jerusalém? Ele não veio aqui para fazer o mesmo — nos prender, levar a Jerusalém e condenar na presença dos sacerdotes?".

²²Mas as suspeitas não detiveram Saulo nem por um minuto. Seu ânimo era crescente e deixava desconcertados os judeus de Damasco com seu esforço para provar que Jesus era o Messias.

SALMOS 79.5-10

⁵⁻⁷Até quando temos de tolerar isso, ó Eterno?
Vais guardar rancor de nós para sempre?
Será que tua ira nunca esfriará?
Se vais ficar irado, que seja
com os pagãos, que não se importam contigo,
com os reinos rivais, que te ignoram.
Eles sãos os responsáveis pela ruína de Jacó,
que destruíram e pilharam o lugar
onde ele viveu.

⁸⁻¹⁰Não nos culpes pelos pecados
dos nossos pais.
Apressa-te e nos ajuda! Estamos com
a corda no pescoço.
És famoso por prestar socorro.
Precisamos de um alívio, ó Deus.
Afinal, tua reputação está em jogo.
Tira-nos desta confusão
e perdoa nossos pecados —
o que mais sabes fazer!
Não permitas que os pagãos nos perguntem,
com ar de zombaria:
"Onde está o Deus de vocês?
Saiu para almoçar?".
Vai a público e mostra a esses incrédulos
que eles não podem matar teus servos e
sair ilesos.

◾ NOTAS

☐ DIA 181 ___ / ___ / ___

2REIS 20.1 — 22.7

20 ¹Depois de um tempo, Ezequias adoeceu e quase morreu. O profeta Isaías, filho de Amoz, foi visitá-lo e disse: "Assim diz o Eterno: 'Deixe em ordem os seus negócios. Você não tem muito tempo de vida'".

²⁻³Ezequias virou o rosto, dirigiu-se ao Eterno e orou:

"Lembra-te, ó Eterno, de quem eu sou e do
que realizei!
Tenho vivido honestamente diante de ti,
O meu coração tem sido íntegro e constante,
Vivi para te agradar e fazer o que desejavas".

Ezequias chorou amargamente.

⁴⁻⁶Isaías estava saindo, mas, antes de deixar o pátio interior, veio a ele a palavra do Eterno, dizendo: "Volte e diga a Ezequias, príncipe do meu povo: 'Assim diz o Eterno, o Deus do seu antepassado Davi: Eu ouvi sua oração e vi suas lágrimas. Vou curar você. Daqui três dias, você irá andando por conta própria ao templo do Eterno. Acrescentei quinze anos

à sua vida. Estou livrando você do rei da Assíria e protegendo esta cidade com meu escudo, por causa do meu nome e por amor a Davi'".

[7] Isaías disse ainda: "Preparem uma pasta de figo". Prepararam a pasta e a aplicaram na úlcera. Logo depois, Ezequias começou a se recuperar.

[8] Ezequias disse a Isaías: "Como saberei que isso vem do Eterno? Qual é o sinal de que o Eterno está me curando e, daqui três dias, irei andando por conta própria ao templo do Eterno?".

[9] Isaías respondeu: "Este é o sinal de que o Eterno cumprirá o que prometeu: você escolhe se quer que a sombra avance ou recue dez graus".

[10] Ezequias respondeu: "Seria fácil fazer a sombra do Sol avançar dez graus. Então, prefiro que recue dez graus".

[11] Então, Isaías orou ao Eterno, e a sombra recuou dez graus no relógio de Acaz.

[12-13] Logo depois, Merodaque-Baladã, filho de Baladã, rei da Babilônia, ouviu a respeito da enfermidade de Ezequias e mandou uma carta e um presente ao rei. Ezequias ficou contente e apresentou aos mensageiros o palácio e lhes mostrou toda a prata, o ouro, as especiarias, os perfumes e todo o estoque de armas. Mostrou todas as suas posses valiosas. Ezequias não deixou de mostrar a eles nada do seu palácio e do seu reino.

[14] Mais tarde, o profeta Isaías perguntou ao rei: "Quem eram aqueles homens? De onde vieram e o que estavam fazendo aqui?". Ezequias respondeu: "Vieram de uma terra distante, da Babilônia".

[15] O profeta perguntou: "O que eles viram em seu palácio?".

Ezequias respondeu: "Tudo. Mostrei tudo, não escondi nada".

[16-18] Isaías disse a Ezequias: "Ouça o que o Eterno tem a dizer: 'Virá o dia em que tudo quanto pertence a você e tudo que seus antepassados deixaram como herança será levado para a Babilônia: não restará nada'. É o Eterno quem está dizendo. Pior ainda, alguns dos seus descendentes serão levados para servir de eunucos no palácio do rei da Babilônia".

[19] Ezequias disse a Isaías: "Se essa palavra vem do Eterno, é boa". Mas ele pensava: "Isso não vai acontecer enquanto eu estiver vivo. Terei paz e segurança enquanto viver".

[20-21] O restante da vida e dos feitos de Ezequias, seus projetos e principalmente a obra do tanque superior e a maneira em que abasteceu a cidade com água,

está tudo registrado nas *Crônicas dos Reis de Judá*. Ezequias morreu e foi sepultado com seus antepassados. Seu filho Manassés foi seu sucessor.

Manassés de Judá

21 [1-6] Manassés tinha 12 anos de idade quando começou a reinar. Reinou cinquenta e cinco anos em Jerusalém. Sua mãe se chamava Hefzibá. Ele agiu mal diante do Eterno. Reintroduziu todas as práticas imorais e perversas dos povos que o Eterno tinha expulsado de diante dos israelitas. Reconstruiu os altares de prostituição que seu pai, Ezequias, destruíra. Construiu altares e postes sagrados para o deus da fertilidade, Baal, e para a deusa da prostituição, Aserá, como Acabe, rei de Israel, tinha feito. Adorou todo tipo de astros. Construiu altares pagãos até dentro do templo de Jerusalém, dedicado exclusivamente por decreto do Eterno: "Em Jerusalém, estabelecerei o meu nome". Construiu, ainda, altares a todo tipo de astros e os colocou nos dois pátios do templo do Eterno. Ofereceu o próprio filho em sacrifício. Praticou magia e feitiçaria; consultou espíritos dos mortos. Enfim, provocou a ira do Eterno, cometendo todo tipo de profanação.

[7-8] A gota d'água foi pôr a imagem da deusa da prostituição Aserá dentro do templo do Eterno, uma afronta flagrante à declaração do Eterno a Davi e a Salomão: "Neste templo e na cidade de Jerusalém, que escolhi entre todas as tribos de Israel, estabelecerei o meu nome para sempre. Nunca mais deixarei o meu povo Israel andar errante fora da terra que dei aos seus antepassados, contanto que obedeçam a tudo que ordenei por meio de meu servo Moisés".

[9] Mas o povo não deu ouvidos. Manassés fez o povo se desviar e conseguiu ser pior que as nações pagãs que o Eterno tinha destruído.

[10-12] O Eterno disse, por meio dos seus servos, os profetas: "Já que Manassés, rei de Judá, cometeu tamanho pecado, superando até os pecados dos amorreus que o antecederam, tornando Judá uma nação de pecadores com ídolos falsos, assim diz o Eterno, o Deus de Israel: 'Causarei desgraça sobre Jerusalém e Judá. Será tão terrível que, quando as pessoas ouvirem as notícias, não acreditarão.

[13-15] 'Repetirei em Jerusalém o que fiz em Samaria: darei o mesmo destino que a descendência de Acabe. Limparei a sujeira de Jerusalém como se limpa um prato, jogando fora os restos e deixando secar. Eliminarei o que resta de minha herança, lançando-os sobre seus inimigos. Se os inimigos quiserem se aproveitar de alguma coisa, poderão fazê-lo. Esse povo

só me causa desgosto, desde o dia em que seus antepassados saíram do Egito. Cheguei ao limite: não aceitarei mais suas práticas profanas' ".

16 Além de todos os pecados que levou o povo a cometer, Manassés também matava indiscriminadamente. Encheu Jerusalém com o sangue inocente de suas vítimas e transformou o povo numa nação de pecadores.

17-18 O restante da vida e dos feitos de Manassés, tudo que realizou e a lista dos seus pecados, está tudo registrado nas *Crônicas dos Reis de Judá*. Manassés morreu e descansou com seus antepassados. Foi sepultado no jardim do palácio, no jardim de Uzá. Seu filho Amom foi seu sucessor.

Amom de Judá

19-22 Amom tinha 22 anos de idade quando começou a reinar. Reinou apenas dois anos em Jerusalém. Sua mãe se chamava Mesulemete, filha de Haruz. Ela era de Jotbá. Ele agiu mal diante do Eterno, como seu pai Manassés. Seguiu os passos de seu pai, servindo e adorando ídolos falsos que seu pai servia. Ele abandonou os caminhos do Eterno.

23-24 Os servos de Amom se revoltaram e o assassinaram. Eles o mataram dentro do próprio palácio. Mas o povo matou os assassinos e coroou Josias, filho de Amom, rei sobre Judá.

25-26 O restante da vida e dos feitos de Amom está registrado nas *Crônicas dos Reis de Judá*. Eles o sepultaram no túmulo do jardim de Uzá. Seu filho Josias o sucedeu.

Josias de Judá

22 1-2 Josias tinha 8 anos de idade quando começou a reinar. Ele reinou trinta e um anos em Jerusalém. Sua mãe chamava-se Jedida, filha de Adaías. Ela era de Bozcate. Ele agiu corretamente diante do Eterno e seguiu os passos de seu antepassado Davi, sem se desviar para a direita nem para a esquerda.

3-7 No décimo oitavo ano do seu reinado, o rei Josias mandou o secretário do palácio, Safã, filho de Azalias e neto de Mesulão, ao templo do Eterno com a seguinte instrução: "Procure Hilquias, o sacerdote principal, e peça para ele contar o dinheiro do templo do Eterno que o porteiro arrecadou do povo. Peça que ele entregue tudo ao superintendente da obra do templo do Eterno para pagar os que estão trabalhando na reforma do templo: os carpinteiros, os construtores e os pedreiros. Dê a ele autorização para comprar madeira e pedras lavradas para os reparos. Não precisa exigir recibo do dinheiro que você entregar, porque eles são pessoas honestas".

ATOS 9.23-43

23-25 Depois de certo tempo, alguns judeus tramaram matá-lo, mas Saulo escapou. Entretanto, seus inimigos vigiavam as portas da cidade o dia inteiro, na esperança de capturá-lo. Por isso, certa noite, os discípulos o ajudaram na fuga, descendo-o pela muralha dentro de um cesto.

26-27 De volta a Jerusalém, Saulo procurou os discípulos, mas todos estavam com medo dele. Não confiavam nele nem um pouco. Então, Barnabé deu-lhe o maior apoio e o apresentou aos apóstolos. Ele defendeu Saulo, contando como tinha visto Jesus e falado com ele na estrada de Damasco e como arriscara a vida por defender com ousadia o nome de Jesus em Damasco.

28-30 Dessa maneira, Saulo foi aceito por eles, entrando e saindo de Jerusalém sem ser interrogado, pregando com liberdade no nome do Senhor. No entanto teve problemas com o grupo dos helenistas. Envolveu-se numa discussão com eles, e o grupo planejou matá-lo. Os amigos tiraram Saulo da cidade quando souberam do plano e o levaram para Cesareia. De lá, ele embarcou para Tarso.

31 Depois disso, a perseguição foi amenizada, e a igreja caminhou em paz por um tempo. Por todo o país — Judeia, Samaria, Galileia — foi constatado seu crescimento. Tudo era permeado por um profundo sentimento de temor a Deus. O Espírito Santo estava com eles e os fortalecia. Eles cresciam maravilhosamente.

Tabita

32-35 Em sua missão de visitar todas as igrejas, Pedro chegou a Lida e se encontrou com os cristãos da cidade. Havia ali um homem chamado Eneias; ele vivia paralítico numa cama havia oito anos. Pedro disse: "Eneias, Jesus Cristo o cura. Levante-se e arrume sua cama!". O homem pulou da cama na hora. Vendo o homem andar, os habitantes de Lida e Sarona perceberam que Deus estava vivo e ativo no meio deles.

36-37 Em Jope, havia uma discípula chamada Tabita, nome que quer dizer "gazela" no grego. Ela era bem conhecida por fazer o bem e ajudar os outros. Enquanto Pedro visitava a região, ela adoeceu e morreu. Os amigos prepararam seu corpo para o funeral e o puseram numa sala apropriada.

38-40 Alguns discípulos ouviram que Pedro estava nas vizinhanças de Lida e enviaram dois homens, que o convidaram a ir com eles. Pedro concordou, e eles o levaram à sala em que o corpo de Tabita havia sido posto. Suas velhas amigas, na maioria viúvas, estavam chorando na sala. Elas mostraram a Pedro peças de roupa que Gazela havia feito. Pedro retirou as viúvas da sala, ajoelhou-se e orou. Depois ordenou à morta: "Tabita, levante-se!".

40-41 Ela abriu os olhos e, quando viu Pedro, sentou-se. Ele a tomou pela mão e a ajudou. Em seguida, chamou os cristãos e as viúvas e apresentou-a viva.

42-43 A notícia do milagre correu toda a cidade de Jope. Com isso, muitos passaram a confiar no Senhor. Pedro ficou um longo tempo na cidade como convidado de Simão, o curtidor de couro.

SALMOS 79.11-13

11-13 Dá ouvidos aos prisioneiros que gemem;
perdoa os que estão no corredor da morte —
tu podes fazer isso!
Paga na mesma moeda os responsáveis
por essa situação.
Que os insultos contra ti retornem para eles
e os nocauteiem!
Então, nós, teu povo, a quem tu amas
e de quem cuidas,
te agradeceremos de novo, e de novo,
e de novo.
Contaremos ao mundo todo
como és maravilhoso e digno de louvor.

◼ NOTAS

☐ DIA 182 __ / __ / __

2REIS 22.8 — 23.37

8 O sacerdote principal Hilquias relatou a Safã, secretário do palácio: "Acabei de encontrar o Livro da Revelação do Eterno que contém as instruções do Eterno para nós! Encontrei-o no templo". Ele o entregou a Safã, e este o leu.

9 O secretário do palácio voltou ao rei e deu este relatório: "Seus servos contaram o dinheiro que foi entregue no templo e o entregaram para o superintendente dos que estão trabalhando na reforma".

10 Depois, Safã disse ao rei: "O sacerdote principal Hilquias também me entregou um livro". O secretário do palácio leu o livro para o rei.

11-13 Quando o rei ouviu o que estava escrito na Revelação do Eterno, rasgou a própria roupa e deu esta ordem ao sacerdote Hilquias, a Aicam, filho se Safã, a Acbor, filho de Micaías, ao próprio Safã e a Asaías, assistente do rei: "Intercedam ao Eterno por mim e por todo o povo de Judá. Procurem saber o que fazer a respeito do que está escrito no livro que foi encontrado. O Eterno deve estar furioso conosco, pois nossos antepassados não obedeceram ao que está escrito neste livro nem seguiram as instruções dele".

14-17 O sacerdote Hilquias, Aicam, Acbor, Safã e Asaías procuraram a profetiza Hulda, mulher de Salum, filho de Ticvá, filho de Haras, encarregada do guarda-roupa do palácio. Ela morava na parte mais nova de Jerusalém. Eles a consultaram, e ela respondeu: "Assim diz o Eterno, o Deus de Israel: Digam ao homem que enviou vocês que estou para

DIA 182

castigar este lugar e esta gente. Todas as palavras escritas no livro que o rei de Judá acabou de ler serão cumpridas. Por quê? Porque este povo me abandonou e adorou outros deuses. Eles provocaram a minha ira quando começaram a fabricar ídolos. A minha ira se acendeu contra este lugar, e ninguém a extinguirá.

18-20 "No entanto, já que o rei de Judá mandou vocês consultarem o Eterno, digam também a ele: 'Assim diz o Eterno sobre o livro que você leu: Já que você levou a sério as ameaças de castigo contra este lugar e esta gente e já que você se humilhou, arrependido, rasgando a própria roupa e chorando diante de mim, também vou levar você a sério. Assim diz o Eterno: Vou cuidar de você. Você morrerá tranquilo e será sepultado em paz. Não verá o castigo que trarei a este lugar' ".

Os homens levaram a mensagem ao rei.

23 1-3 O rei convocou imediatamente todas as autoridades de Judá e de Jerusalém. Subiu ao templo do Eterno acompanhado de todos os homens de Judá, de todos os moradores de Jerusalém, desde os nobres até os mais simples, dos sacerdotes e dos profetas. Depois, leu publicamente tudo que estava escrito no Livro da Aliança encontrado no templo do Eterno. O rei ficou de pé, ao lado da coluna e, diante do Eterno, fez um juramento, comprometendo-se a seguir ao Eterno, a confiar nele e a obedecer a ele. Prometeu acatar de corpo e alma as suas instruções com respeito ao que deveriam crer e fazer e praticar tudo que estava prescrito na aliança, todas as coisas escritas no livro. O povo ficou de pé, em sinal de concordância e todos se comprometeram também, unanimemente.

4-9 O rei ordenou ao sacerdote principal Hilquias, aos sacerdotes auxiliares e à guarda do templo que tirassem do templo do Eterno tudo que estivesse ligado à adoração a Baal, a Aserá e aos poderes cósmicos e que o limpassem. Depois, determinou que tudo fosse queimado fora de Jerusalém nos campos do Cedrom, jogando as cinzas em Betel. Ele despediu os sacerdotes pagãos que os reis de Judá tinham contratado para supervisionar os altares das divindades ligadas às orgias religiosas nas cidades de Judá e nos arredores de Jerusalém. Limpou a nação da poluição do incenso contínuo oferecido a Baal, ao Sol, à Lua, aos astros e a todos os poderes cósmicos. Retirou o poste sagrado de Aserá do templo do Eterno e o levou para o vale do Cedrom, fora de Jerusalém, onde o queimou. Depois, espalhou as cinzas no cemitério. Derrubou os aposentos dos prostitutos cultuais, que tinham sido construídos no templo do Eterno, que as mulheres também usavam para tecer tendas para os postes de Aserá. Eliminou das cidades de Judá os sacerdotes pagãos e derrubou os altares às divindades ligadas às orgias religiosas, nos quais esses sacerdotes ofereciam incenso, desde Geba até Berseba. Derrubou também os altares da entrada de Josué, governador da cidade, os altares que ficavam do lado esquerdo de quem entra. Apesar de esses sacerdotes não terem profanado o altar do Eterno em Jerusalém, eles comiam com seus colegas sacerdotes; por isso, também foram eliminados.

10-11 Depois, Josias destruiu Tofete, no vale de Ben-Hinom, para que não mais sacrificassem seus filhos a Moloque. Demoliu as estátuas de cavalos que os reis de Judá tinham posto na entrada do templo em honra do deus-sol. Eles ficavam no pátio, perto da sala do oficial Natã-Meleque. Ele queimou os carros consagrados ao Sol.

12-15 O rei esmigalhou os altares do terraço de Acaz, os altares erguidos pelos reis de Judá e os altares de Manassés espalhados pelo pátio do templo. Retirou todo o entulho deles e jogou no vale do Cedrom. O rei também retirou todos os altares das divindades ligadas às orgias religiosas espalhados a leste de Jerusalém, na encosta sul da colina da Destruição, os que o rei Salomão tinha construído para a deusa-prostituta Aserá, dos sidônios, para Camos, o ídolo dos moabitas, e para Moloque, o deus abominável dos amonitas. Quebrou os altares, reduziu a nada os postes sagrados de Aserá e espalhou ossos humanos sobre eles. Depois, foi a vez do altar de Betel que Jeroboão, filho de Nebate, tinha construído, o mesmo Jeroboão que levou Israel a viver em pecado. Quebrou o altar, queimou o santuário, reduzindo tudo a cinzas. Depois, queimou também o poste sagrado de Aserá.

16 Josias olhou ao redor e viu os túmulos no alto da colina. Ele mandou que se retirassem os ossos e os cremassem sobre as ruínas dos altares, para profanar os altares pagãos. Assim, cumpriu-se a palavra do Eterno dita pelo homem de Deus muito tempo antes, quando Jeroboão se pusera ao lado do altar na santa convocação.

17 Então, o rei perguntou: "Que monumento é este?".

Os homens da cidade disseram: "É o túmulo do homem de Deus que profetizou contra o altar de Betel, que você acabou de cumprir".

18 Josias disse: "Deixem os ossos dele em paz". Então, deixaram os ossos dele, com os ossos do profeta de Samaria.

553   **DIA 182**

19-20 Mas Josias não parou por aí. Ele percorreu todas as cidades de Samaria em que os reis de Israel tinham edificado altares para as divindades ligadas às orgias religiosas e que provocaram a ira do Eterno. Matou todos os sacerdotes responsáveis pelos sacrifícios e cremou-os sobre os próprios altares, profanando-os. Depois disso, Josias voltou para Jerusalém.

21 Em seguida, o rei ordenou ao povo: "Celebrem a Páscoa do Eterno, o seu Deus, exatamente como está escrito no Livro da Aliança".

22-23 A Páscoa não era celebrada desde os dias dos juízes de Israel. Nenhum dos reis de Judá ou de Israel a tinha celebrado. Mas, no décimo oitavo ano do reinado de Josias, foi celebrada a Páscoa perante o Eterno, em Jerusalém.

24 Josias limpou a terra eliminando os que consultavam espíritos, os ídolos domésticos e as imagens esculpidas, todo tipo de relíquias e imagens obscenas e profanas espalhadas por todos os cantos de Judá e Jerusalém. Josias fez isso para cumprir as palavras da Revelação do Eterno registradas no livro que o sacerdote Hilquias encontrou no templo do Eterno.

25 Não houve, antes nem depois, outro rei comparável a Josias, que se mostrasse de corpo e alma obediente ao Eterno, em seguir as instruções reveladas e registradas por Moisés. Nunca mais se viu um rei como Josias.

26-27 Mas, apesar de Josias, a ira do Eterno não se extinguiu por causa de tudo que Manassés tinha feito para provocar sua ira. Por isso, o Eterno disse: "Eliminarei Judá da minha presença, da mesma forma em que eliminei Israel. Virarei as costas para a cidade de Jerusalém, que escolhi, e também para o templo, a respeito do qual eu disse: 'Meu nome habitará aqui para sempre' ".

28-30 O restante da vida e dos feitos de Josias está escrito nas *Crônicas dos Reis de Judá*. Josias morreu quando o faraó Neco, rei do Egito, aliou-se ao rei da Assíria, na região do rio Eufrates. Josias tentou resistir em Megido, mas Neco o matou ali. Os servos de Josias levaram seu corpo num carro de volta para Jerusalém, onde o sepultaram no seu túmulo. O povo escolheu Jeoacaz, filho de Josias e o ungiu rei para suceder seu pai.

Jeoacaz de Judá

31 Jeoacaz tinha 23 anos de idade quando começou a reinar. Reinou apenas três meses em Jerusalém. Sua mãe se chamava Hamutal, filha de Jeremias. Ela era de Libna.

32 Ele agiu mal perante o Eterno, seguindo os caminhos dos seus antecessores.

33-34 O faraó Neco capturou Jeoacaz em Ribla, na região de Hamate, e o prendeu, não deixando que ele reinasse em Jerusalém. Exigiu que Judá pagasse tributo de três toneladas e meia de prata e trinta e cinco quilos de ouro. Depois, o faraó Neco designou Eliaquim, filho de Josias, rei no lugar dele e mudou seu nome para Jeoaquim. Jeoacaz foi levado para o Egito e morreu ali.

35 Enquanto isso, Jeoaquim, como serviçal exemplar, pagava os tributos de ouro e prata exigidos pelo faraó. Ele arrecadava o ouro e a prata na forma de imposto cobrado do povo, para poder cumprir seus compromissos.

Jeoaquim de Judá

36-37 Jeoaquim tinha 25 anos de idade quando começou a reinar. Reinou onze anos em Jerusalém. Sua mãe se chamava Zebida, filha de Pedaías. Ela era de Ruma. Ele agiu mal diante do Eterno, seguindo os caminhos dos seus antepassados.

ATOS 10.1-23

A visão de Pedro

10 1-3 Havia em Cesareia um homem chamado Cornélio, comandante da Guarda Italiana na cidade. Era um homem muito bom e levou todos os de sua casa a adorar a Deus com sinceridade. Estava sempre ajudando os necessitados e tinha o hábito da oração. Certo dia, por volta das três da tarde, ele teve uma visão. Um anjo de Deus, tão real quanto uma pessoa, apareceu a ele e disse: "Cornélio".

4-6 Cornélio olhou para o anjo, imaginando que estava vendo coisas, e perguntou: "O que queres?".

O anjo disse: "Suas orações e seus atos de bondade chamaram a atenção de Deus. Agora, faça o seguinte: mande alguns homens a Jope para buscar Simão, aquele que todos chamam de Pedro. Ele está hospedado na casa de Simão, o curtidor de couro, que fica perto do mar".

7-8 Assim que o anjo saiu, Cornélio chamou dois empregados e um soldado de confiança. Contou o que havia acontecido e enviou-os a Jope.

9-13 No dia seguinte, enquanto os três viajantes se aproximavam da cidade, Pedro foi ao terraço para orar. Era quase meio-dia. Sentindo fome, começou a pensar no almoço. Enquanto a comida era preparada, caiu em êxtase espiritual e teve uma visão. Viu os céus se abrirem e algo parecido com

DIA 183

um lençol imenso amarrado por cordas nas quatro pontas desceu até o chão. Nele estava toda espécie de animal: répteis, aves e todo tipo de bicho. Então, ele ouviu uma voz: "Vá em frente, Pedro: mate e coma!".

14 Pedro respondeu: "De jeito nenhum, Senhor. Nunca comi nem provei comida que não fosse preparada segundo os preceitos judaicos".

15 A voz insistiu: "Se Deus diz que está tudo bem, está tudo bem".

16 Isso aconteceu três vezes. Depois o lençol foi puxado de volta para o céu.

17-20 Confuso, Pedro ainda tentava entender o significado da visão quando os homens enviados por Cornélio chegaram à porta da casa onde ele estava. Chamaram o dono da casa e perguntaram se havia um Simão, chamado Pedro, hospedado ali. Pedro, concentrado em seus pensamentos, não os ouviu; mas o Espírito lhe disse: "Há três homens batendo à porta, procurando por você. Desça e vá com eles. Não faça perguntas. Fui eu que os enviei".

21 Pedro obedeceu e disse aos homens: "Sou o homem que vocês estão procurando. O que aconteceu?".

22-23 Eles responderam: "O capitão Cornélio, adorador do verdadeiro Deus e bem conhecido por sua vida justa — pode perguntar a qualquer judeu desta parte do país —, recebeu de um anjo a ordem de mandar buscá-lo, para que ele ouça o que o senhor tem a dizer". Pedro pediu que entrassem e os deixou à vontade.

SALMOS 80.1-6

Um salmo de Asafe

80 **1-2** Ouve, ó Pastor de Israel!
Ajunta todas as ovelhas de José.
Lança raios de luz
do teu trono deslumbrante
Para que Efraim, Benjamim e Manassés
possam ver por onde estão indo.
É hora de sair da cama — já dormiste o bastante!
Vem correndo, antes que seja tarde.

3 Deus, faz-nos voltar e
Faz brilhar a tua face sobre nós
E, *assim*, seremos salvos!

4-6 Ó Eterno, Senhor dos Exércitos de Anjos,
até quando parecerás
um vulcão adormecido?
Até quando teu povo clamará
por fogo e enxofre?

Tu nos deste lágrimas como alimento:
lágrimas salgadas à vontade
é o que temos para beber.
Tu nos obrigaste ao papel de ridículo
diante dos amigos,
e nossos inimigos não param
de zombar de nós.

◢ NOTAS

☐ DIA 183 __ / __ / __

2REIS 24.1 — 25.30

24 **1** Durante seu reinado, Nabucodonosor, rei da Babilônia, invadiu Judá. Jeoaquim passou a servi-lo. Mas, depois de três anos, se rebelou.

2-4 O Eterno enviou vários exércitos contra ele: babilônios, arameus, moabitas e amonitas. O objetivo era destruir Judá, para se cumprir o que o Eterno tinha anunciado por meio dos profetas. Nada aconteceu sem um propósito. O Eterno estava castigando Judá por causa dos pecados de Manassés, pelo derramamento de sangue inocente que tinha inundado as ruas de Jerusalém. O Eterno não estava disposto a perdoar esses crimes.

5-6 O restante da vida e dos feitos de Jeoaquim está registrado nas *Crônicas dos Reis de Judá.* Jeoaquim morreu e foi sepultado com seus antepassados. Seu filho Joaquim foi seu sucessor.

7 O Egito não era mais uma ameaça, pois deixou de sair com seu exército para invadir outros países. O rei da Babilônia tinha conquistado todas as terras entre o ribeiro do Egito e o rio Eufrates, que antes eram controladas pelo rei do Egito.

Joaquim de Judá

8-9 Joaquim tinha 18 anos de idade quando começou a reinar. Reinou apenas três anos em Jerusalém. Sua mãe se chamava Neusta, filha de Elnatã. Ela era de Jerusalém. Ele agiu mal diante do Eterno, como seu pai tinha feito.

10-12 Certo dia, os oficiais de Nabucodonosor, rei da Babilônia, atacaram Jerusalém e montaram um cerco em torno dela. Enquanto os seus oficiais montavam o cerco em volta da cidade, Nabucodonosor, rei da Babilônia, fez uma visita pessoal a Jerusalém. E Joaquim, rei de Judá, com sua mãe, seus oficiais, seus conselheiros e os líderes do governo renderam-se a ele.

12-14 No oitavo ano do seu reinado, Joaquim foi levado cativo pelo rei da Babilônia. Nabucodonosor retirou todos os tesouros do templo do Eterno e do palácio real e quebrou todos os objetos de ouro que Salomão, rei de Israel, tinha feito para o templo do Eterno. Não era de admirar, pois o Eterno já tinha anunciado que isso aconteceria. Depois, levou para o exílio todo o povo de Jerusalém, os líderes, os soldados, todos os artesões e os ferreiros — cerca de dez mil pessoas. Apenas os mais pobres ficaram.

15-16 Nabucodonosor também levou Joaquim cativo para a Babilônia. Joaquim foi acompanhado de sua mãe, suas mulheres, seus principais oficiais e líderes. Foram deportados para a Babilônia sete mil soldados de combate e mais de mil ferreiros e artesãos.

17 O rei da Babilônia nomeou Matanias, tio de Joaquim, rei sobre Judá e mudou seu nome para Zedequias.

Zedequias de Judá

18 Zedequias tinha 21 anos de idade quando começou a reinar. Reinou em Jerusalém onze anos. Sua mãe chamava-se Hamutal, filha de Jeremias. Ela era de Libna.

19 Ele agiu mal diante do Eterno, seguindo os passos de Jeoaquim.

20 Tudo isso aconteceu a Jerusalém e a Judá por causa da ira do Eterno. Finalmente, ele os expulsou da sua presença. Depois, Zedequias se rebelou contra o rei da Babilônia.

25 ¹⁻⁷ A revolta de Zedequias começou no décimo mês do nono ano do seu reinado. Nabucodonosor e todo o seu exército rumaram para Jerusalém. Montaram acampamento, cercaram a cidade e prepararam rampas de ataque. A cidade ficou dezenove meses sob o cerco, até o décimo primeiro ano do reinado de Zedequias. No quarto mês do décimo primeiro ano do reinado de Zedequias, a fome se agravou: não havia nem migalhas para o povo comer. Mas foi percebida uma brecha nas linhas inimigas, e, à noite, todo o exército fugiu pela passagem entre os dois muros próximos ao jardim do rei. Passaram pelos babilônios que estavam em volta da cidade e foram na direção do Jordão, no vale da Arabá. Mas os babilônios saíram em perseguição do rei e o alcançaram nas campinas de Jericó. O exército de Zedequias tinha desertado e estava espalhado por todos os lugares. Os babilônios prenderam Zedequias e o levaram ao rei da Babilônia, que estava em Ribla. Ali mesmo o julgaram e o sentenciaram. Os filhos de Zedequias foram executados na presença dele. Foi a última coisa que ele viu, porque, depois disso, eles furaram os olhos dele. Em seguida, levaram-no algemado para a Babilônia.

8-12 No nono ano do reinado de Nabucodonosor da Babilônia, no dia 7 do quinto mês, Nebuzaradã, chefe da guarda do rei da Babilônia, chegou a Jerusalém. Ele incendiou o templo do Eterno, depois, destruiu o palácio real, as casas e todas as construções de Jerusalém. As tropas babilônicas que o acompanhavam derrubaram os muros da cidade. Por fim, reuniu todos os que ainda estavam na cidade e os que tinham desertado e os entregou ao rei da Babilônia e os levou para o exílio. Mas deixou alguns pobres agricultores cuidando do que tinha sobrado das vinhas e das lavouras.

13-15 Os babilônios derrubaram as colunas de bronze, os suportes de bronze e o tanque de bronze que estavam no templo do Eterno. Eles levaram todo o bronze para a Babilônia. Também levaram todos os utensílios de bronze usados para o sacrifício no templo, os incensários e as bacias de aspersão de ouro e de prata. Não ficou nada, todo o metal precioso que encontraram foi levado.

¹⁶⁻¹⁷ A quantidade de bronze tirada das duas colunas, do tanque e dos suportes que Salomão tinha feito para o templo do Eterno era tanta que não se podia medir. Cada coluna tinha oito metros e dez centímetros de altura, fora o capitel no alto da coluna, que tinha um metro e trinta e cinco centímetros de altura e era enfeitado ao redor com uma fileira de romãs de bronze.

¹⁸⁻²¹ O comandante da guarda levou prisioneiros o sacerdote principal Seraías, o sacerdote auxiliar Sofonias, três guardas do templo, o oficial que era comandante do exército, cinco conselheiros do rei, o tesoureiro, o chefe do alistamento militar e sessenta homens que ainda restavam do povo. Nebuzaradã, comandante da guarda do rei, conduziu-os em marcha até Ribla, onde estava o rei da Babilônia. Em Ribla, na terra de Hamate, o rei da Babilônia os matou a sangue-frio.

Judá foi para o exílio, para longe da sua terra.

²²⁻²³ Nabucodonosor, rei da Babilônia, nomeou Gedalias, filho de Aicam, filho de Safã, governador sobre os que restaram em Judá. Quando Ismael, filho de Netanias, Joanã, filho de Careá, Seraías, filho de Tanumete, o netofatita, e Jezanias, filho de um maacatita, todos oficiais do exército, souberam que Nabucodonosor tinha nomeado Gedalias, foram conversar com ele em Mispá.

²⁴ Gedalias tranquilizou os oficiais e seus soldados, dizendo: "Não fiquem com medo dos oficiais babilônios. Voltem para suas terras e suas famílias e respeitem o rei da Babilônia. Não se preocupem, tudo ficará bem".

²⁵ Passado um tempo, no sétimo mês, Ismael, filho de Netanias, filho de Elisama, da linhagem real, retornou com dez homens e matou Gedalias, bem como os judeus e os oficiais babilônios que estavam com ele em Mispá.

²⁶ Mas, com medo da retaliação dos babilônios, eles fugiram para o Egito, levando os líderes e o povo, desde as crianças até os velhos.

²⁷⁻³⁰ No trigésimo sétimo ano do exílio de Joaquim, rei de Judá, Evil-Merodaque começou a reinar na Babilônia e libertou Joaquim da prisão. Foi no dia 27 do décimo segundo mês. O rei o tratou com cortesia e dispensou a ele um tratamento especial, diferente do que se fazia aos outros prisioneiros políticos da Babilônia. Joaquim pôde deixar de lado a roupa de prisioneiro e comeu na companhia do rei pelo resto de sua vida. O rei providenciou tudo de que ele precisava para uma vida tranquila.

ATOS 10.23-43

Deus não tem prediletos

²³⁻²⁶ Na manhã seguinte, ele se levantou e foi com eles. Alguns amigos de Jope os acompanharam. Chegaram a Cesareia após um dia de viagem. Cornélio os aguardava, e não estava sozinho: havia reunido os parentes e amigos mais chegados. No instante em que Pedro passou pela porta, Cornélio pôs-se em pé, saudou-o — e se curvou para adorá-lo! Mas Pedro o fez levantar-se na hora: "Não faça isso! Sou apenas um homem, um homem igual ao senhor".

²⁷⁻²⁹ Conversando, eles entraram na casa, e Cornélio apresentou Pedro a todos os presentes. Dirigindo-se a eles, Pedro disse: "Estou fazendo algo totalmente fora dos padrões, porque os judeus não visitam pessoas de outros povos nem se associam com elas. Mas Deus me mostrou que ninguém é melhor que ninguém. Por isso, tão logo fui enviado eu vim, sem fazer perguntas. Mas agora gostaria de saber por que vocês me procuraram".

³⁰⁻³² Cornélio explicou: "Há quatro dias, mais ou menos a esta hora, por volta das três horas da tarde, eu estava em casa, orando. De repente, um homem apareceu na minha frente, inundando o quarto de luz. Ele disse: 'Cornélio, suas orações diárias e seus atos de bondade chamaram a atenção de Deus. Mande alguém a Jope buscar Simão, também chamado Pedro. Ele está hospedado com Simão, o curtidor de couro, perto do mar'.

³³ E foi o que fiz; mandei chamá-lo, e agradeço sua atenção em ter vindo. Agora estamos todos aqui, na presença de Deus, prontos para ouvir o que o Senhor pôs em seu coração para nos falar".

³⁴⁻³⁶ Pedro, então, passou a contar-lhes as boas notícias: "Esta é a verdade de Deus, nada pode ser mais claro: Deus não tem prediletos! Não importa sua etnia ou sua origem. Se têm sede de Deus e estão prontos a fazer o que ele diz, a porta está aberta. A Mensagem que ele enviou aos israelitas é que por meio de Jesus Cristo toda as coisas estão sendo restauradas. E agora vejo que ele está fazendo isso em toda parte, com todo mundo.

³⁷⁻³⁸ Vocês devem saber o que aconteceu na Judeia. Começou na Galileia, quando João apareceu pregando uma mudança de vida radical. Depois chegou Jesus

de Nazaré, ungido por Deus com o Espírito Santo. Ele percorreu a nação, ajudando o povo e curando todos os que eram oprimidos pelo Diabo. Ele podia fazer isso porque Deus estava com ele. **39-43** "Nós mesmos fomos testemunhas de tudo que ele fez na terra dos judeus e em Jerusalém, onde o mataram, pregando-o numa cruz. Mas três dias depois Deus o ressuscitou, e ele foi visto, mas não por todos. Ele não se apresentou publicamente, como antes. Nós somos as testemunhas escolhidas por Deus! Fomos nós que comemos e bebemos com Jesus depois que ele voltou dos mortos. Ele nos deu a tarefa de anunciar essa verdade, de apresentar o solene testemunho de que ele é aquele que Deus designou Juiz dos vivos e dos mortos. Mas não estamos sozinhos nisso. Afirmamos que é somente por meio dele que recebemos o perdão dos pecados, o que é confirmado por todos os profetas".

SALMOS 80.7-18

7 Deus, faz-nos voltar e
Faz brilhar a tua face sobre nós
E, *assim*, seremos salvos!

8-18 Lembra-te de quando trouxeste
uma vinha nova do Egito?
Limpaste os arbustos e as roseiras
e plantaste uma vinha para ti.
Preparaste o bom solo,
as raízes eram profundas,
e a vinha encheu a terra.
Tua vinha cresceu alta e
fez sombra nas montanhas,
até os gigantescos cedros
pareciam minúsculos.
Ela se estendeu para oeste, na direção do mar,
e para leste, na direção do rio.
Então, por que não proteges mais tua vinha?
Os viajantes pegam uvas à vontade;
Porcos selvagens correm através dela
e a esmagam;
os roedores mordiscam o que sobrou.
Senhor dos Exércitos de Anjos,
transforma nosso caminho!
Descobre o que aconteceu
e cuida da tua vinha,
Que plantaste com tanto carinho,
a vinha que criaste a partir de um broto.
Aos que se alegraram de vê-la incendiada,
mata-os com um olhar!

Depois, segura na mão daquele que
foi teu filho favorito,
que criaste até a idade adulta.
Nunca mais viraremos as costas para ti!
Dá vida a nossos pulmões,
para que possamos gritar teu nome!

NOTAS

DIA 184 ___/___/___

1CRÔNICAS 1.1-54

A árvore genealógica de Israel

1 **1-4** Adão
Sete
Enos

DIA 184

Cainã
Maalaleel
Jarede
Enoque
Matusalém
Lameque
Noé
Sem, Cam e Jafé.

Os descendentes de Jafé

[5] Jafé foi pai de Gômer, Magogue, Madai, Javã, Tubal, Meseque e Tirás.
[6] Gômer foi pai de Asquenaz, Rifate e Togarma.
[7] Javã foi pai de Elisá, Társis, Quitim e Rodanim.

Os descendentes de Cam

[8] Cam foi pai de Cuxe, Mizraim, Pute e Canaã.
[9] Cuxe foi pai de Sebá, Havilá, Sabtá, Raamá e Sabtecá;
Raamá foi pai de Sabá e Dedã.
[10] Cuxe foi pai de Ninrode, o primeiro grande herói da terra.
[11-12] Mizraim foi antepassado dos luditas, dos anamitas, dos leabitas, dos naftuítas, dos patrusitas, dos caftoritas e dos casluítas, dos quais vieram os filisteus.
[13-16] Canaã foi pai de Sidom, seu filho mais velho, e Hete e foi antepassado dos jebuseus, dos amorreus, dos girgaseus, dos heveus, dos arqueus, dos sineus, dos arvadeus, dos zemareus e dos hamateus.

Os descendentes de Sem

[17] Sem foi pai de Elão, Assur, Arfaxade, Lude, Arã, Uz, Hul, Géter e Meseque.
[18-19] Arfaxade foi pai de Selá, e Selá foi pai de Héber. Héber teve dois filhos: Pelegue (Divisão), porque nos seus dias a terra foi dividida; seu irmão se chamava Joctã.
[20-23] Joctã foi pai de Almodá, Salefe, Hazarmavé, Jerá, Hadorão, Uzal, Dicla, Obal, Abimael, Sabá, Ofir, Havilá e Jobabe; todos esses foram filhos de Joctã.
[24-28] Em resumo: Sem, Arfaxade, Selá, Héber, Pelegue, Reú, Serugue, Naor, Terá e Abrão, que é Abraão. Abraão foi pai de Isaque e Ismael.

Os descendentes de Abraão

[29-31] A linhagem de Abraão foi assim: o filho mais velho de Ismael foi Nebaiote; depois, Quedar, Adbeel, Mibsão, Misma, Dumá, Massá, Hadade, Temá, Jetur, Nafis e Quedemá; essa foi a descendência de Ismael.

[32-33] Quetura, concubina de Abraão, deu à luz Zinrã, Jocsã, Medã, Midiã, Isbaque e Suá. Depois, Jocsã foi pai de Sabá e Dedã. Midiã foi pai de Efá, Éfer, Enoque, Abida e Elda. Esses foram os descendentes de Quetura.
[34-37] Abraão foi pai de Isaque e Isaque foi pai de Esaú e Israel (Jacó). Esaú foi pai de Elifaz, Reuel, Jeús, Jalão e Corá. Elifaz foi pai de Temã, Omar, Zefô, Gaetã, Quenaz, Timna, Amaleque. Reuel foi pai de Naate, Zerá, Samá e Mizá.
[38-42] Seir foi pai de Lotã, Sobal, Zibeão, Aná, Disom, Ézer e Disã. Lotã foi pai de Hori e Homã. Timna era irmã de Lotã. Sobal foi pai de Alvã, Manaate, Ebal, Sefô e Onã. Zibeão foi pai de Aiá e Aná. Aná foi pai de Disom. Disom foi pai de Hendã, Esbã, Itrã e Querã. Ézer foi pai de Bilã, Zaavã e Acã. Disã foi pai de Uz e Arã.

Relação dos reis edomitas

[43-51] Estes foram os reis que reinaram sobre Edom antes de Israel ter seu rei:
Belá, filho de Beor. Ele era da cidade de Dinabá.
Belá morreu; Jobabe, filho de Zerá, de Bozra, o sucedeu.
Jobabe morreu; Husã, da terra dos temanitas, foi o rei seguinte.
Husã morreu; Hadade, filho de Bedade, que tinha derrotado os midianitas em Moabe, foi o rei seguinte; ele era da cidade de Avite.
Hadade morreu; Samlá, de Masreca, foi o rei seguinte.
Samlá morreu; Saul, de Reobote, perto do Eufrates, o sucedeu.
Saul morreu; Baal-Hanã, filho de Acbor, o sucedeu.
Baal-Hanã morreu; Hadade o sucedeu. Ele era da cidade de Paú, e sua mulher chamava-se Meetabel, filha de Matrede, que era filha de Mezaabe.
Por fim, Hadade morreu.
[51-54] Depois disso, os chefes de Edom foram: Timna, Alva, Jetete, Oolibama, Elá, Pinom, Quenaz, Temã, Mibzar, Magdiel e Irã. Esses foram os chefes de Edom.

ATOS 10.44 — 11.18

[44-46] Mal a mensagem foi anunciada, o Espírito Santo desceu sobre os ouvintes. Os judeus convertidos que acompanhavam Pedro não podiam acreditar no que viam, não podiam crer que o dom do Espírito Santo fosse derramado sobre não judeus, e como! – e eles os ouviram falar em línguas e louvar a Deus.

46-48 Pedro perguntou: "Podemos negar o batismo com água a esta gente? Há alguma objeção? Afinal, eles receberam o Espírito Santo, como nós". Não havendo oposição, ordenou que eles fossem batizados em nome de Jesus Cristo.

E Pedro foi convidado a ficar com eles alguns dias.

Deus se manifestou

11 **1-3** A notícia espalhou-se rapidamente, e não demorou muito para que os líderes e os cristãos de Jerusalém soubessem do ocorrido. Eles foram informados de que alguns estrangeiros, não judeus, agora eram parte da "comunidade". Quando Pedro voltou para Jerusalém, alguns de seus antigos companheiros, preocupados com a questão da circuncisão, vieram censurá-lo: "O que você pensa que está fazendo, envolvendo-se com essa gente, comendo o que é proibido e arruinando nossa reputação?".

4-6 Começando do princípio, Pedro contou toda a história: "Eu estava na cidade de Jope, orando. Entrei em êxtase espiritual e tive uma visão: um lençol imenso, sustentado por cordas nas quatro pontas, desceu do céu e parou no chão, bem na minha frente. No lençol estavam animais do campo e selvagens, répteis e aves — todo tipo de bicho. Fascinado, fiquei pensando naquilo.

7-10 "Então, ouvi uma voz: 'Vá em frente, Pedro: mate e coma!'. Respondi: 'De jeito nenhum, Senhor. Nunca comi nada que não fosse preparado segundo os preceitos judaicos'. Mas a voz falou de novo: 'Se Deus diz que está tudo bem, está tudo bem'. Isso aconteceu três vezes. Depois o lençol foi puxado de volta para o céu.

11-14 "Foi aí que três homens de Cesareia apareceram na casa em que eu estava hospedado. O Espírito ordenou que eu fosse com eles, sem fazer perguntas. Eu os acompanhei, com seis amigos, até a casa do homem que havia mandado me chamar. Ele contou que tinha visto um anjo em sua casa, tão real quanto uma pessoa! O anjo lhe ordenara: 'Mande buscar Simão em Jope, aquele que é chamado de Pedro. O que ele vai dizer salvará sua vida. Na verdade, sua e de todos os seus'.

15-17 "Então, comecei a falar. Eu tinha apenas começado a falar, quando o Espírito Santo desceu sobre eles, exatamente como aconteceu conosco no princípio. Naquele momento, lembrei-me das palavras de Jesus: 'João batizou com água, mas vocês serão batizados com o Espírito Santo'. Então, pergunto a vocês: se Deus concedeu a eles o mesmo dom que

deu a nós quando cremos no Senhor Jesus Cristo, como eu poderia me opor a Deus?".

18 Ao ouvir o relato, eles ficaram quietos e, em seguida, começaram a louvar a Deus: "Então aconteceu! Deus se manifestou a outras nações, abrindo para elas o caminho da Vida!".

SALMOS 80.19

19 Deus, faz-nos voltar e
Faz brilhar a tua face sobre nós
E, *assim*, seremos salvos!

◢ NOTAS

☐ DIA 185 ___ / ___ / ___

1CRÔNICAS 2.1-55

A descendência de Israel (Jacó)

2 **1-2** Israel, isto é, Jacó, teve estes filhos: Rúben, Simeão, Levi, Judá, Issacar, Zebulom, Dã, José, Benjamim, Naftali, Gade e Aser.

3-9 Judá foi pai de Er, Onã e Selá. A mãe deles era cananeia e chamava-se Batsuá. Er, o filho mais velho de Judá, foi tão perverso que o Eterno o matou. Judá também foi pai de Perez e Zerá, por meio de sua nora Tamar. Ao todo, foram cinco filhos. Perez foi pai de Hezrom e Hamul. Zerá foi pai de Zinri, Etã, Hemã, Calcol e Darda – cinco filhos ao todo. Carmi foi pai de Acar que provocou desgraça sobre Israel quando se apossou de objetos da santa condenação. O filho de Etã foi Azarias. Hezrom foi pai de Jerameel, Rão e Calebe.

10-17 Rão foi pai de Aminadabe. Aminadabe foi pai de Naassom, que foi um líder importante da tribo de Judá. Naassom foi pai de Salmom, e Salmom foi pai de Boaz. Boaz foi pai de Obede, e Obede foi pai de Jessé. O filho mais velho de Jessé foi Eliabe; depois, teve Abinadabe, Simeia, Natanael, Radai, Ozém e, o sétimo, Davi. As irmãs deles foram Zeruia e Abigail. Zeruia teve três filhos: Abisai, Joabe e Asael. Abigail foi a mãe de Amasa (o pai foi o ismaelita Jéter).

A descendência de Calebe

18-24 Calebe, filho de Hezrom, teve filhos com sua mulher Azuba e também com Jeriote. Os filhos de Azuba foram: Jeser, Sobabe e Ardom. Depois da morte de Azuba, Calebe se casou com Efrate, que gerou Hur. Hur foi pai de Uri, e Uri foi pai de Bezalel. Passado um tempo, Hezrom se casou com a filha de Maquir, pai de Gileade. Ele tinha 60 anos de idade quando se casou com ela. Ela deu à luz Segube. Depois, Segube foi pai de Jair, que foi dono de vinte e três cidades na terra de Gileade. Gesur e Arã conquistaram Havote-Jair e Quenate e seus arredores. Foram ao todo sessenta cidades. Todas pertenciam a Maquir, pai de Gileade. Depois da morte de Hezrom, Calebe se casou com Efrate, viúva de seu pai. Ela gerou Asur, fundador de Tecoa.

A descendência de Jerameel

25-26 Os filhos de Jerameel, o filho mais velho de Hezrom, foram: Rão, o mais velho; depois, Buna, Orém, Ozém e Aías. Jerameel teve outra mulher, chamada Atara. Ela gerou Onã.

27 Os filhos de Rão, o mais velho de Jerameel, foram: Maaz, Jamim e Equer.

28-29 Os filhos de Onã foram: Samai e Jada.

Os filhos de Samai foram: Nadabe e Abisur. A mulher de Abisur foi Abiail. Ela gerou Abã e Molide.

30 Nadabe foi pai de Selede e Apaim. Selede morreu sem deixar filhos.

31 Apaim foi pai de Isi; Isi foi pai de Sesã; Sesã foi pai de Alai.

32 Jada, irmão de Samai, foi pai de Jéter e Jônatas. Jéter morreu sem ter filhos.

33 Jônatas foi pai de Pelete e Zaza.

Esses foram os descendentes de Jerameel.

34-41 Sesã não teve filhos, apenas filhas. Mas Sesã tinha um escravo egípcio chamado Jará. Sesã deu por mulher a Jará uma de suas filhas, e ela gerou Atai. Atai foi pai de Natã; Natã foi pai de Zabade; Zabade foi pai de Eflal; Eflal foi pai de Obede; Obede foi pai de Jeú; Jeú foi pai de Azarias; Azarias foi pai de Helez; Helez foi pai de Eleasa; Eleasa foi pai de Sismai; Sismai foi pai de Salum; Salum foi pai de Jecamias; Jecamias foi pai de Elisama.

42 Os filhos de Calebe, irmão de Jerameel, foram: Messa, o filho mais velho; Messa foi pai de Zife. O filho de Zife foi Maressa, pai de Hebrom.

43-44 Os filhos de Hebrom foram: Corá, Tapua, Requém e Sema. Sema foi pai de Raão, que foi pai de Jarqueão; Requém foi pai de Samai.

45 O filho de Samai foi Maom, que foi pai de Bete-Zur.

46 A concubina de Calebe, Efá, gerou: Harã, Mosa e Gazez; Harã foi pai de Gazez.

47 Os filhos de Jadai foram: Regém, Jotão, Gesã, Pelete, Efá e Saafe.

48-50 Outra concubina de Calebe, Maaca, gerou Seber e Tiraná. Ela também gerou Saafe, pai de Madmana, e Seva, pai de Macbena e de Gibeá. A filha de Calebe chamava-se Acsa. Esses foram os descendentes de Calebe.

50-51 Os filhos de Hur, o filho mais velho de Efrate, foram: Sobal, fundador de Quiriate-Jearim, Salma, fundador de Belém, e Harefe, fundador de Bete-Gader.

52-53 Os descendentes de Sobal, fundador de Quiriate-Jearim, foram: Haroé, metade da população de Manaate, os clãs de Quiriate-Jearim, os itritas, os fateus, os sumateus e os misraeus. Os zoratitas e os estaoleus também foram dessa linhagem.

54-55 Os descendentes de Salma foram: o povo de Belém, os netofatitas, Atarote-Bete-Joabe, metade dos manaatitas, os zoreus, e os clãs dos escribas que viviam em Jabez: os tiratitas, os simeatitas e os sucatitas. Esses formavam os queneus, descendentes de Hamate, antepassado da família de Recabe.

ATOS 11.19 — 12.9

19-21 Os que haviam sido dispersos pela perseguição, iniciada com a morte de Estêvão, foram parar na Fenícia, em Chipre e em Antioquia, mas ainda falavam e se relacionavam apenas com outros judeus. Então, alguns homens de Chipre e Cirene foram a Antioquia e começaram a pregar a Mensagem aos gregos. Deus gostou do que fizeram e mostrou sua plena aprovação: muitos gregos creram e se converteram ao Senhor.

22-24 Quando a igreja de Jerusalém tomou conhecimento disso, enviou Barnabé a Antioquia, para analisar a situação. Tão logo chegou, ele viu que Deus estava por trás de tudo. Por esse motivo se lançou à obra com eles, ajudando-os a permanecer firmes na fé para o resto da vida. Ele era um homem bom, cheio de entusiasmo, que confiava no agir do Espírito Santo. A comunidade cresceu e se fortaleceu no Senhor.

25-26 Algum tempo depois, Barnabé foi a Tarso, à procura de Saulo. Ele o encontrou e o trouxe para Antioquia. Passaram um ano inteiro ali, dirigindo as reuniões da igreja e ensinando o povo. E foi em Antioquia que os discípulos pela primeira vez foram chamados "cristãos".

27-30 Por essa mesma época, alguns profetas chegaram a Antioquia. Vinham de Jerusalém. Um deles, chamado Ágabo, levantou-se um dia e, impelido pelo Espírito, anunciou que uma fome severa estava para devastar o país (que de fato aconteceu, no reinado de Cláudio). Então, os discípulos decidiram enviar, cada um, o que pudesse para ajudar os cristãos da Judeia. Coube a Barnabé e Saulo a tarefa de entregar a oferta aos líderes, em Jerusalém.

Pedro na prisão

12 **1-4** Foi nesse meio-tempo que o rei Herodes pôs na cabeça a ideia de perseguir alguns membros da igreja. Mandou assassinar Tiago, irmão de João e, quando viu que isso fez subir sua popularidade entre os judeus, ordenou a prisão de Pedro — tudo isso durante a semana da Páscoa. O apóstolo ficou na cadeia, vigiado por quatro grupos de quatro soldados. O rei planejava deixar que o povo o linchasse depois da Páscoa.

5 Durante todo o tempo em que Pedro esteve sob severa vigilância na cadeia, a igreja orou fervorosamente por ele.

6 O dia em que Herodes havia marcado para a morte de Pedro estava chegando. Naquela noite, guardado por dois soldados, um de cada lado, Pedro dormia como um bebê. Havia ainda guardas na porta, vigiando o lugar — Herodes não queria correr riscos.

7-9 De repente, apareceu um anjo ao lado do prisioneiro, e uma luz inundou a cela. O anjo acordou Pedro: "Depressa!". As algemas caíram dos pulsos do apóstolo, e o anjo ordenou: "Vista-se! Calce os sapatos". Pedro obedeceu. O anjo disse ainda: "Vista o casaco, e vamos sair daqui!". Pedro o seguiu, mas não acreditava que tudo aquilo fosse verdade. Achou apenas que estava sonhando.

SALMOS 81.1-5

Um salmo de Asafe

81 **1-5** Uma canção ao nosso forte Deus!
Um grito ao Deus de Jacó!
Hinos do coral, música da banda,
 doces sons do violão e da harpa,
Trombetas, trombones e cornetas:
 é dia de festa, uma festa para Deus!
Um dia determinado por Deus,
 solenemente ordenado pelo Deus de Jacó.
Ele ordenou que José guardasse este dia
 para que jamais nos esqueçamos
 do que ele fez no Egito.

Ouço o gentil sussurro dAquele,
Que nunca achei que falaria comigo:

NOTAS

de Jotão, que foi pai de Acaz, que foi pai de Ezequias, que foi pai de Manassés, que foi pai de Amom, que foi pai de Josias.

¹⁵ Josias foi pai de Joanã, o primeiro filho; depois, Jeoaquim, o segundo; Zedequias, o terceiro; Salum, o quarto.

¹⁶ Jeoaquim foi pai de Jeconias (Joaquim) e Zedequias.

¹⁷⁻¹⁸ Os filhos de Jeconias nasceram quando ele estava exilado na Babilônia. Foram: Sealtiel, Malquirão, Pedaías, Senazar, Jecamias, Hosama e Nedabias.

¹⁹⁻²⁰ Pedaías foi pai de Zorobabel e Simei. Zorobabel foi pai de Mesulão e Hananias. Selomite era irmã deles. Depois, teve mais cinco filhos: Hasubá, Oel, Berequias, Hasadias e Jusabe-Hesede.

²¹ Hananias foi pai de Pelatias e Jesaías. Também havia os filhos de Refaías, de Arnã, de Obadias e de Secanias.

²² Secanias foi pai de Semaías, que foi pai de Hatus, Igal, Bariá, Nearias e Safate. Ao todo, seis filhos.

²³ Nearias foi pai de três filhos: Elioenai, Ezequias e Azricão.

²⁴ Elioenai teve sete filhos: Hodavias, Eliasibe, Pelaías, Acube, Joanã, Delaías e Anani.

Outros descendentes de Judá

4 ¹⁻² Estes foram os descendentes de Judá: Perez, Hezrom, Carmi, Hur e Sobal. Reaías, filho de Sobal, foi pai de Jaate, e Jaate foi pai de Aumai e Laade. Esses foram os clãs dos zoratitas.

³⁻⁴ Os filhos de Etã foram: Jezreel, Isma e Idbás. A irmã deles chamava-se Hazelelponi. Penuel foi pai de Gedor e Ézer foi pai de Husá. Esses foram os filhos de Hur, o primogênito de Efrate, que foi o pai de Belém.

⁵⁻⁸ Asur, fundador de Tecoa, teve duas mulheres: Helá e Naará. Naará gerou Auzã, Héfer, Temeni e Haastari. Todos foram filhos de Naará. Os filhos de Helá foram: Zerete, Zoar, Etnã e Coz, que foi pai de Anube, Zobeba e os clãs de Aarel, filho de Harum.

⁹⁻¹⁰ Jabez se destacou entre seus irmãos, e era muito respeitado. Sua mãe lhe deu o nome Jabez (Ah, que Dor!), pensando: "Foi um parto difícil! Dei à luz com fortes dores!". Jabez orou ao Deus de Israel: "Abençoa-me. Sim, abençoa-me! Dá-me terras, grandes extensões de terra. Protege-me com a tua presença. Livra-me do mal". E Deus atendeu ao seu pedido.

¹¹⁻¹² Quelube, irmão de Suá, foi pai de Meir. Meir foi pai de Estom. Estom foi pai de Bete-Rafa, Paseia e

|||||||||||||||||||||||||||||||||||||||||||||||||

☐ DIA 186 ___ / ___ / ___

1CRÔNICAS 3.1 — 4.33

A descendência de Davi

3 ¹⁻³ Estes foram os filhos de Davi que nasceram em Hebrom:

o mais velho foi Amom, nascido de Ainoã, de Jezreel;

o segundo, Daniel, de Abigail, do Carmelo;

o terceiro, Absalão, de Maaca, filha de Talmai, rei de Gesur;

o quarto, Adonias, de Hagite;

o quinto, Sefatias, de Abital;

o sexto, Itreão, de sua mulher Eglá.

⁴⁻⁹ Esses foram os seis filhos que Davi teve em Hebrom, onde reinou sete anos e seis meses.

Depois, reinou em Jerusalém trinta e três anos. Estes são os filhos que Davi teve em Jerusalém: Simeia, Sobabe, Natã e Salomão. Bate-Seba, filha de Amiel, foi a mãe desses quatro. Depois, teve ainda nove filhos: Ibar, Elisua, Elpalete, Nogá, Nefegue, Jafia, Elisama, Eliada e Elifelete. Esses foram os filhos de Davi, além da filha Tamar, irmã deles, e outros filhos com suas concubinas.

¹⁰⁻¹⁴ Salomão foi pai de Roboão, que foi pai de Abias, que foi pai de Asa, que foi pai de Josafá, que foi pai de Jeorão, que foi pai de Acazias, que foi pai de Joás, que foi pai de Amazias, que foi pai de Azarias, que foi pai

Teína, fundador de Ir-Naás (Cidade dos Ferreiros). Eles foram conhecidos como os homens de Reca. [13] Os filhos de Quenaz foram: Otoniel e Seraías. Os filhos de Otoniel: Hatate e Meonotai. [14] Meonotai foi pai de Ofra. Seraías foi pai de Joabe, fundador de Ge-Harasim (Colônia dos Artesões). [15] Os filhos de Calebe, filho de Jefoné, foram: Iru, Elá e Naã. O filho de Elá: Quenaz. [16] Os filhos de Jealelel: Zife, Zifa, Tiria e Asareel. [17-18] Os filhos de Ezra: Jéter, Merede, Éfer e Jalom. Uma das mulheres de Merede, Bitia, filha do faraó, deu à luz Miriã, Samai e Isbá, fundador de Estemoa. Sua mulher judia deu à luz Jerede, fundador de Gedor, Héber, fundador de Socó, e Jecutiel, fundador de Zanoa. [19] Os filhos da mulher de Hodias, irmã de Naã, foram: o pai de Queila, o garmita, e Estemoa, o maacatita. [20] Os filhos de Simão foram: Amnom, Rina, Bene-Hanã e Tilom. Os filhos de Isi foram: Zoete e Ben-Zoete. [21-23] Os filhos de Selá, filho de Judá, foram: Er, pai de Leca; Lada, pai de Maressa; os clãs dos trabalhadores em linho de Bete-Asbeia, de Joquim, dos homens de Cozeba, de Joás e de Sarafe, que governava em Moabe e em Jasubi-Leém. (Esses registros provêm de fontes muito antigas.) Eles eram os oleiros residentes em Netaim e Gederá que trabalhavam para o rei.

Os descendentes de Simeão

[24-25] Os filhos de Simeão foram: Nemuel, Jamim, Jaribe, Zerá e Saul. Saul foi pai de Salum, e Salum foi pai de Mibsão, que foi pai de Misma. [26] Os descendentes de Misma foram: Hamuel, que foi pai de Zacur, que foi pai de Simei. [27-33] Simei teve dezesseis filhos e seis filhas, mas seus irmãos não tiveram muitos filhos; por isso, nunca se tornaram um clã numeroso como Judá. Eles viveram em Berseba, Moladá, Hazar-Sual, Bila, Azém, Tolade, Betuel, Hormá, Ziclague, Bete-Marcabote, Hazar-Susim, Bete-Biri e Saaraim. Viveram nessas cidades até Davi se tornar rei. Eram deles as cinco cidades de Etã, Aim, Rimom, Toquém e Asã, e todas as aldeias ao redor dessas cidades até Baalate. Eles mantinham bons registros da genealogia.

ATOS 12.10 — 13.3

[10-11] Depois de passar por dois grupos de guardas, eles chegaram ao portão de ferro que conduzia à cidade, que se abriu automaticamente. Eles chegaram à rua, sem nenhum impedimento. Na primeira esquina, o anjo o deixou e seguiu seu caminho. Foi quando Pedro percebeu que não estava sonhando. "Não posso acreditar! Isto é real! O Senhor enviou seu anjo e me livrou das garras de Herodes e do espetáculo que a multidão judaica esperava."

[12-14] Ainda sacudindo a cabeça, maravilhado, ele foi para a casa de Maria, mãe de João. A casa estava cheia de amigos, que oravam. Quando bateu à porta no pátio, uma jovem chamada Rode veio atender. Mas, quando ela reconheceu a voz de Pedro, ficou tão alegre e ansiosa que correu para contar a novidade a todos, esquecendo-se de abrir a porta e deixando-o na rua.

[15-16] Mas eles recusaram-se a acreditar na palavra dela. "Você perdeu o juízo", disseram. Mas ela insistia em sua história. Ainda céticos, começaram a dar asas à imaginação: "Deve ser o anjo dele". Durante todo esse tempo, o pobre Pedro ficou na rua, batendo à porta.

[16-17] Finalmente, abriram a porta e quando viram que era ele mesmo, não sabiam o que dizer! Pedro os acalmou com um gesto. Depois de contar como o Senhor o havia tirado da cadeia, pediu: "Digam a Tiago e aos irmãos o que aconteceu". Em seguida, retirou-se dali.

[18-19] Ao raiar do dia, a cadeia estava em polvorosa. "Onde está Pedro? O que aconteceu com ele?", queriam saber. Herodes mandou que trouxessem Pedro, e, como ninguém sabia onde ele estava nem conseguia explicar o que havia acontecido, os guardas é que foram executados. "Cortem a cabeça deles!", ordenou. Cansado da Judeia e dos judeus, Herodes foi de férias para Cesareia.

A morte de Herodes

[20-22] As coisas não iam mesmo bem para Herodes. O povo de Tiro e Sidom fazia oposição a ele. Mas pediram a Blasto, braço direito do rei, uma audiência com Herodes. Uma delegação tentaria, de boa vontade, acertar a situação. O motivo é que dependiam da Judeia, porque vinha dessa província seu suprimento de comida, e a situação estava se tornando insustentável. No dia combinado, Herodes, vestido a rigor, tomou seu lugar no trono e os encantou com seu linguajar pomposo e vazio. O povo também contribuiu com sua cota de falsidade, gritando louvores insinceros: "A voz de Deus! A voz de Deus!".

[23] Foi a gota d'água. Farto da arrogância de Herodes, Deus enviou um anjo para feri-lo. Herodes não dava nenhum crédito a Deus.

DIA 187

564

Assim, ali ele caiu. Podre até a alma, de modo horrível morreu comido de bichos.

24 Enquanto isso, a Palavra de Deus se espalhava sem parar.

25 Depois de entregar as doações à igreja de Jerusalém, Barnabé e Saulo voltaram a Antioquia. Dessa vez, levaram João, também chamado Marcos.

Barnabé, Saulo e o charlatão

13 **1-2** A comunidade em Antioquia era abençoada com um grande número de profetas-pregadores e mestres:

Barnabé
Simão, também chamado de Negro,
Lúcio de Cirene,
Manaém, conselheiro do rei Herodes,
Saulo.

Um dia, enquanto adoravam a Deus — também estavam jejuando enquanto esperavam por orientação —, o Espírito Santo disse: "Comissionem Barnabé e Saulo para a obra que determinei que fizessem".

3 Eles obedeceram. Naquele ambiente de fervor, obediência, jejum e oração, impuseram as mãos sobre os dois homens e os despediram.

SALMOS 81.6-10

6-7 "Tirei o mundo dos seus ombros,
      libertei você de uma vida de trabalho pesado.
Você clamou na hora da dor,
      e eu o tirei de um lugar ruim.
Eu respondi do lugar onde o trovão se esconde,
      provei você na fonte de Meribá.

8-10 "Ouçam, queridos, entendam bem!
      Ó Israel, não faça pouco caso disto!
Não tenham amizade com deuses estranhos,
      não adorem os deuses da última moda.
Eu sou o Eterno, seu Deus, o verdadeiro Deus,
      que resgatou vocês da condenação no Egito.
Depois, alimentei vocês com tudo
      que podiam comer,
      saciei a sua fome.

■ **NOTAS**

||||||||||||||||||||||||||||||||||||||||||||||||||||||

☐ **DIA 187** ___ / ___ / ___

1CRÔNICAS 4.34 — 6.15

34-40 Mesobabe, Janleque, Josa, filho de Amazias, Joel, Jeú, filho de Josibias, filho de Seraías, filho de Asiel; Elioenai, Jaacobá, Jesoaías, Asaías, Adiel, Jesimiel, Benaía e Ziza, filho de Sifi, filho de Alom, filho de Jedaías, filho de Sinri e filho de Semaías. Todos esses foram líderes dos seus clãs. Eles prosperaram e aumentaram muito; por isso, precisaram se espalhar até os arredores de Gedor (Gerar), a leste do vale, em busca de pastagens para os seus rebanhos. Ali encontraram boas e abundantes pastagens, numa região ampla, tranquila e pacífica.

40-43 Nesse lugar, viviam antigamente os camitas. Mas na época de Ezequias, rei de Judá, os homens desses clãs vieram e atacaram os camitas, destruindo suas tendas e casas. Como se pode ver hoje, eles foram exterminados. Depois, entraram e ocuparam a região por causa das pastagens. Quinhentos desses simeonitas invadiram as montanhas de Seir, liderados por Pelatias, Nearias, Refaías e Uziel, filhos de Isi. Eles mataram todos os amalequitas que tinham escapado. Até hoje vivem lá.

Os descendentes de Rúben

5 **1-2** Os descendentes de Rúben, o primeiro filho de Israel. Apesar de Rúben ter sido o filho mais velho de Israel, perdeu o direito de filho mais velho depois de se deitar com a concubina de seu pai, desonrando, assim, seu pai. Seus direitos foram transferidos para os filhos de José, filho de Israel. E, embora Judá fosse o mais poderoso dos irmãos e o rei Davi tenha saído desse clã, os direitos de filho mais velho foram transferidos para José.

3 Os descendentes de Rúben, o mais velho de Israel, foram: Enoque, Palu, Hezrom e Carmi.

4-6 Os descendentes de Joel foram: seu filho Semaías, pai de Gogue, pai de Simei, pai de Mica, pai de Reaías, pai de Baal, Pai de Beera, a quem Tiglate-Pileser, rei da Assíria, levou cativo. Beera era líder dos rubenitas.

7-10 Os irmãos de Beera, de acordo com seus clãs, registrados nas genealogias, foram: o primeiro, Jeiel; depois, Zacarias, Belá, filho de Azaz, filho de Sema, filho de Joel, que ocupava a região desde Aroer até o monte Nebo e Baal-Meom. Seu clã ocupou a terra até a fronteira do deserto que se estende até o rio Eufrates, porque seus rebanhos aumentaram muito em Gileade. Durante o reinado de Saul, eles atacaram e derrotaram os hagarenos, tomaram posse dos seus acampamentos e viveram a leste de Gileade.

11-12 A tribo de Gade ficou ao lado deles em Basã e Salcá. Joel foi o chefe; Safã, o segundo; depois, Janai, o juiz em Basã.

13-15 Seus irmãos, de acordo com suas famílias, foram: Micael, Mesulão, Seba, Jorai, Jacã, Zia e Héber. Sete ao todo. Eram descendentes de Abiail, filho de Huri, filho de Jaroa, filho de Gileade, filho de Micael, filho de Jesisai, filho de Jado, filho de Buz. Aí, filho de Abdiel, filho de Guni, foi chefe do clã.

16 A tribo de Gade vivia em Gileade e Basã, incluindo os povoados vizinhos, até as pastagens de Sarom.

17 Todos foram registrados na genealogia oficial durante os reinados de Jotão, rei de Judá, e Jeroboão, rei de Israel.

18-22 As tribos de Rúben, Gade e a meia da tribo de Manassés possuíam quarenta e quatro mil e setecentos e sessenta homens de combate, preparados fisicamente e capazes de manusear o escudo, a espada e o arco. Eles lutaram contra os hagarenos, Jetur, Nafis e Nodabe. Deus entregou os hagarenos e todos os seus aliados nas mãos deles, porque, no meio da batalha, eles oraram, e Deus respondeu às suas orações, pois confiaram nele. Eles saquearam os rebanhos dos hagarenos: cinquenta mil camelos, duzentos e cinquenta mil ovelhas, dois mil jumentos. Capturaram também cem mil pessoas. Muitos foram mortos, porque a batalha era de Deus. Essas tribos ocuparam as terras dos hagarenos até a época do exílio.

23-26 A meia tribo de Manassés era muito numerosa. Ela ocupava a terra desde Basã até Baal-Hermom, isto é, até Senir (o monte Hermom). Os chefes dos clãs foram Éfer, Isi, Eliel, Azriel, Jeremias, Hodavias e Jadiel. Eram guerreiros corajosos, soldados famosos e chefes de famílias. Mas não eram leais ao Deus dos seus antepassados. Eles se envolveram com os deuses dos povos da terra que Deus tinha destruído quando os israelitas chegaram. Então, o Deus de Israel despertou Pul (Tiglate-Pileser), rei da Assíria, para levar Rúben, Gade e a meia tribo de Manassés para o exílio. Ele os deportou para Hala, Habor, Hara e para o rio Gozã, onde estão até hoje.

Os descendentes de Levi

6 **1-14** Os filhos de Levi foram: Gérson, Coate e Merari. Os filhos de Coate foram: Anrão, Isar, Hebrom e Uziel. Os filhos de Anrão foram: Arão, Moisés e Miriã. Os filhos de Arão foram: Nadabe, Abiú, Eleazar e Itamar. Eleazar foi pai de Fineias; Fineias foi pai de Abisua; Abisua foi pai de Buqui; Buqui foi pai de Uzi; Uzi foi pai de Zeraías; Zeraías foi pai de Meraiote; Meraiote foi pai de Amarias; Amarias foi pai de Aitube; Aitube foi pai de Zadoque; Zadoque foi pai de Aimaás; Aimaás foi pai de Azarias; Azarias foi pai de Joanã; Joanã foi pai de Azarias, que serviu como sacerdote no templo construído por Salomão em Jerusalém. Azarias foi pai de Amarias; Amarias foi pai de Aitube; Aitube foi pai de Zadoque; Zadoque foi pai de Salum; Salum foi pai de Hilquias; Hilquias foi pai de Azarias; Azarias foi pai de Seraías; Seraías foi pai de Jeozadaque.

15 Jeozadaque foi levado cativo quando o Eterno, por intermédio de Nabucodonosor, levou Judá e Jerusalém para o exílio.

ATOS 13.4-22

4-5 Guiados pelo Espírito Santo na nova tarefa, Barnabé e Saulo desceram a Selêucia e pegaram um navio para Chipre. A primeira coisa que fizeram quando chegaram a Salamina foi pregar a Palavra de Deus nas sinagogas da cidade. João estava com eles como auxiliar.

6-7 Eles viajaram pela ilha, e em Pafos encontraram um mago judeu que havia conquistado a confiança do governador Sérgio Paulo, homem inteligente, que não se deixava enganar com facilidade. O nome do mago era Barjesus, um homem que não merecia confiança.

7-11 Desejoso de ouvir a Palavra de Deus, o governador convidou Barnabé e Saulo. Mas o "Sabe-tudo" (pelo menos ele se julgava assim) provocou um tumulto, tentando impedir a conversão do governador. Então Saulo (ou Paulo), cheio do Espírito Santo, olhando-o bem nos olhos, disse: "Você é um falso, um verdadeiro diabo! Você passa as noites inventando esquemas para enganar o povo. Mas agora, que você desafiou Deus, o jogo acabou. Você vai ficar cego. Não vai ver a luz do Sol por um bom tempo". Na mesma hora, ele perdeu a visão. Começou a tropeçar nas coisas e pediu que alguém o guiasse pela mão.

12 Diante de tudo isso, o governador tornou-se cristão, muito impressionado com tudo que era dito a respeito do Senhor.

Não façam pouco caso da Palavra

13-14 De Pafos, Paulo e seus companheiros navegaram até Perge, na Panfília. Ali João desistiu da viagem e voltou para Jerusalém. De Perge, o restante do grupo viajou até Antioquia, na Pisídia.

14-15 No sábado, foram à sinagoga. Depois da leitura das Escrituras — a Lei de Deus e os Profetas –, o líder da reunião lhes perguntou: "Amigos, vocês têm algo a dizer? Uma palavra de encorajamento, talvez?".

16-20 Paulo se pôs de pé, fez uma pausa, respirou fundo e disse: "Meus patrícios e amigos de Deus, ouçam: Deus teve um interesse especial por nossos antepassados, libertou nosso povo, que vivia oprimido no Egito, e os tirou de lá em grande estilo. Cuidou deles durante cerca de quarenta anos naquele deserto e depois, tendo eliminado sete inimigos que os enfrentavam, deu a eles a terra de Canaã. Tudo isso aconteceu num período de cerca de quatrocentos e cinquenta anos.

20-22 "Até o tempo do profeta Samuel, Deus deu a eles juízes para liderá-los. Então, eles pediram um rei, e Deus designou Saul, filho de Quis, da tribo de Benjamim. Depois de Saul ter governado quarenta anos, Deus lhe tirou o trono e o entregou a Davi, com esta declaração: 'Vasculhei a terra e encontrei Davi, filho de Jessé. O seu coração está em sintonia com o meu coração, e ele fará toda a minha vontade'.

SALMOS 81.11-16

11-12 "Mas meu povo não escutou,
Israel não prestou atenção.
Então, soltei as rédeas e disse a eles: 'Corram!
Façam do jeito de vocês!'.

13-16 "Você me escutará agora?
Está disposto a se orientar
pelo meu mapa?
Eu cuidaria logo dos seus inimigos,
e me voltaria contra eles.
Os que odeiam o Eterno vão se encolher
como cães medrosos
e nunca mais serão ouvidos.
Vocês festejarão com meu pão,
recém-tirado do forno,
com bastante manteiga e mel puro".

NOTAS

☐ DIA 188 __ / __ / __

1 CRÔNICAS 6.16-81

16-30 Os filhos de Levi foram: Gérson, Coate e Merari. Estes foram os filhos de Gérson: Libni e Simei. Os filhos de Coate foram: Anrão, Isar, Hebrom e Uziel. Os filhos de Merari foram: Mali e Musi. Estes foram os clãs levitas, de acordo com suas famílias: os filhos de Gérson foram Libni, seu filho Jaate, seu filho Zima, seu filho Joá, seu filho Ido, seu filho Zerá e seu filho Jeaterai. Os filhos de Coate foram: Aminadabe, seu filho Corá, seu filho Assir, seu filho Elcana, seu filho Ebiasafe, seu filho Assir, seu filho Taate, seu filho Uriel, seu filho Uzias e seu filho Saul. Os filhos de Elcana foram: Amasai e Aimote, seu filho Elcana, seu filho Zofai, seu filho Naate, seu filho Eliabe, seu filho Jeroão e seu filho Elcana. Os filhos de Samuel foram: Joel, o mais velho, e Abias, o segundo. Os filhos de Merari foram: Libni, seu filho Simei, seu filho Uzá, seu filho Simeia, seu filho Hagias e seu filho Asaías.

Os músicos de Davi

31-32 Estas foram as pessoas que Davi nomeou para dirigir os cânticos na casa do Eterno, depois que a arca foi levada para lá. Eram os ministros de louvor no lugar de adoração, na Tenda do Encontro, até que Salomão construísse o templo do Eterno, em Jerusalém. Eles cumpriam suas obrigações conforme as instruções que recebiam.

33-38 Estes, com seus filhos, eram os responsáveis por organizar e conduzir a adoração: da família dos coatitas, o músico Hemã, filho de Joel, filho de Samuel, filho de Elcana, filho de Jeroão, filho de Eliel, filho de Toá, filho de Zufe, filho de Elcana, filho de Maate, filho de Amasai, filho de Elcana, filho de Joel, filho de Azarias, filho de Sofonias, filho de Taate, filho de Assir, filho de Ebiasafe, filho de Corá, filho de Isar, filho de Coate, filho de Levi, filho de Israel.

39-43 Hemã era auxiliado por Asafe, do lado direito. Asafe era filho de Berequias, filho de Simeia, filho de Micael, filho de Baaseias, filho de Malquias, filho de Etni, filho de Zerá, filho de Adaías, filho de Etã, filho de Zima, filho de Simei, filho de Jaate, filho de Gérson, filho de Levi.

44-47 Entre os filhos de Merari, os ajudantes do lado esquerdo, estava Etã, filho de Quisi, filho de Abdi, filho de Maluque, filho de Hasabias, filho de Amazias, filho de Hilquias, filho de Anzi,

filho de Bani, filho de Sêmer, filho de Mali, filho de Musi, filho de Merari, filho de Levi.

48 O restante dos levitas foi nomeado para as demais tarefas do local de adoração, a casa de Deus.

49 Arão e seus filhos ofereciam sacrifícios no altar das ofertas queimadas e no altar do incenso. Eles eram encarregados de todo o trabalho em torno do Lugar Santíssimo. Ofereciam o sacrifício de expiação conforme as ordens recebidas de Moisés, servo de Deus.

50-53 Esses foram os filhos de Arão: seu filho Eleazar, seu filho Fineias, seu filho Abisua, seu filho Buqui, seu filho Uzi, seu filho Zeraías, seu filho Meraiote, seu filho Amarias, seu filho Aitube, seu filho Zadoque e seu filho Aimaás.

As cidades sacerdotais

54-81 Essas foram as cidades que as famílias dos levitas receberam para viver. Os coatitas, entre os descendentes de Arão, foram sorteados primeiro. Receberam Hebrom, da terra de Judá, e as pastagens ao redor. Calebe, filho de Jefoné, recebeu os campos e povoados em torno da cidade. A família de Arão também recebeu as cidades de refúgio e suas pastagens, incluindo: Hebrom, Libna, Jatir, Estemoa, Hilém, Debir, Asã e Bete-Semes. Da tribo de Benjamim também receberam Geba, Alemete e Anatote, com suas pastagens. Ao todo, foram distribuídas treze cidades entre as famílias dos coatitas. O restante dos coatitas recebeu dez cidades da meia tribo de Manassés, distribuídas por sorteio. Os descendentes de Gérson receberam, de acordo com as suas famílias, treze cidades das tribos de Issacar, de Aser, de Naftali e de Manassés, em Basã. Os descendentes de Merari, de acordo com suas famílias, receberam doze cidades das tribos de Rúben, de Gade e de Zebulom. Os israelitas deram aos levitas as cidades e suas pastagens. Também distribuíram, por sorteio, cidades das tribos de Judá, de Simeão e de Benjamim. Alguns das famílias dos coatitas receberam cidades de refúgio da tribo de Efraim: Siquém, nas montanhas de Efraim, Gezer, Jocmeão, Bete-Horom, Aijalom e Gate-Rimom, com suas pastagens. O restante dos clãs dos coatitas recebeu Aner e Bileã, com suas pastagens, da meia tribo de Manassés. Os descendentes de Gérson receberam, de acordo com suas famílias, da meia tribo de Manassés, Golã, que fica em Basã, e Astarote; da tribo de Issacar, Quedes, Daberate, Ramote e Aném; da tribo de Aser, Masal, Abdom, Hucoque e Reobe; da tribo de Naftali, Quedes da Galileia, Hamom e Quiriataim. O restante dos meraritas recebeu da

DIA 188

tribo de Zebulom, Rimono e Tabor; da tribo de Rúben a leste do Jordão, Jaza, Quedemote e Mefaate; da tribo de Gade, Ramote de Gileade, Maanaim, Hesbom e Jazar. Todas elas com suas respectivas pastagens.

ATOS 13.23-43

23-25 "Dos descendentes de Davi, Deus fez surgir um Salvador para Israel: Jesus! Foi como promete-ra, mas somente depois de João ter anunciado sua vinda ao povo, preparando-os para uma mudança radical de vida. No final de seu ministério, João esclareceu: 'Vocês pensam que sou o Messias? Não, não sou o Messias. Mas aquele que vocês aguardaram todos esses anos está para chegar, e eu estou prestes a sair de cena.

26-29 "Prezados irmãos e irmãs, filhos de Abraão e amigos de Deus, essa mensagem de salvação foi enviada exatamente a vocês. O povo e os líderes de Jerusalém não o reconheceram como Messias e o condenaram à morte. Mesmo sem encontrar um bom motivo, exigiram que Pilatos o executasse. Eles fize-ram apenas o que os profetas disseram que fariam, mas não tinham ideia de que estavam seguindo ao pé da letra o que os profetas haviam previsto, embora os escritos desses profetas fossem lidos todos os sábados nas sinagogas que eles frequentavam.

29-31 "Depois de terem feito tudo que os profetas haviam previsto, eles o tiraram da cruz e o sepulta-ram. Deus, então, o ressuscitou dos mortos. Não há dúvida! Ele apareceu várias vezes e em vários lugares aos que o haviam acompanhado por anos na Galileia, e essas pessoas continuam a dar testemunho de que ele está vivo.

32-35 "Agora, estamos hoje aqui trazendo a boa notícia a vocês: a Mensagem, que Deus prometeu aos pais, tornou-se real para os filhos — para nós! Ele ressuscitou Jesus, exatamente como está escrito no salmo segundo:

Meu Filho! Meu próprio Filho!
Hoje eu o celebro!

"Quando ele o levantou dos mortos, fez isso de modo definitivo. Ele não vai voltar a morrer e se decom-por, porque Isaías afirmou: 'Vou dar a todos vocês as bênçãos prometidas a Davi'. Essa é também a oração do salmista: 'Tu não vais deixar que teu Santo se de-componha e apodreça'.

36-39 "Depois de cumprir a missão para a qual Deus o designou, Davi morreu e está sepultado há muito

tempo e seu corpo se decompôs. Mas aquele que Deus ressuscitou não se decompôs! Quero que vocês sai-bam, meus prezados, que é por causa do Jesus ressus-citado que o perdão dos pecados pode ser prometido a vocês. Ele realiza, naqueles que creem, tudo que a Lei de Moisés nunca pôde realizar. Mas qualquer um que crê no Jesus ressuscitado é declarado bom e justo diante de Deus.

40-41 "Não façam pouco caso do que estou di-zendo. Não queiram que a palavra do profeta se aplique a vocês:

Cuidado, cínicos!
Olhem bem — observem o mundo de vocês
se despedaçar.
Vou fazer algo bem diante dos seus olhos,
Em que vocês não vão acreditar,
ainda que estejam vendo".

42-43 Quando a reunião acabou, Paulo e Barnabé foram convidados a pregar no sábado seguinte. Depois que a maioria do povo se dispersou, al-guns judeus e convertidos ao judaísmo vieram reunir-se com Paulo e Barnabé, que os exortaram, numa longa conversa, a ficar firmes na nova vida que estavam começando a viver, na graça de Deus.

SALMOS 82.1-8

Um salmo de Asafe

82 **1** Deus convoca os juízes para seu tribunal, põe todos eles no banco dos réus.

2-4 "Basta! Vocês corromperam a justiça
por muito tempo,
permitiram que os ímpios saíssem ilesos
de assassinatos.
Vocês estão aqui para defender os indefesos,
para assegurar que os prejudicados tenham
uma oportunidade de justiça.
O trabalho de vocês é proteger os fracos,
perseguir os que os exploram."

5 Juízes ignorantes, que nada enxergam,
Vocês nem têm ideia do que está acontecendo!
E agora tudo está desmoronando,
as coisas estão saindo de controle.

6-7 "Dei a cada um de vocês, juízes,
A incumbência de representar
o Deus Altíssimo,

Mas vocês traíram a minha confiança
e agora foram exonerados do posto".

[8] Ó Deus, dá a eles o que merecem,
pois tens o mundo inteiro nas mãos!

◾ NOTAS

||||||||||||||||||||||||||||||||||||||||||||||||||||||||

☐ DIA 189 ___/___/___

1CRÔNICAS 7.1 — 8.12

Os descendentes de Issacar

7 [1-5] Os filhos de Issacar foram: Tolá, Puá, Jasube
e Sinrom. Os filhos de Tola foram: Uzi, Refaías,
Jeriel, Jamai, Ibsão e Samuel, chefes dos clãs.
Durante o reinado de Davi, os descendentes de

Tolá registrados em suas genealogias eram vinte
e dois mil e seiscentos guerreiros. O filho de Uzi
foi Israías. Os filhos de Israías foram: Micael,
Obadias, Joel e Issias. Os cinco eram chefes de
clã. Foram registrados em suas genealogias
trinta e seis mil guerreiros, porque tiveram
mais mulheres e filhos que seus irmãos. Os clãs
de Issacar somavam oitenta e sete mil guerreiros
registrados em suas genealogias.

Os descendentes de Benjamim

[6-12] Benjamim teve três filhos: Belá, Bequer e Jediael.
Belá teve cinco filhos: Esbom, Uzi, Uziel, Jeremote
e Iri, todos chefes de clã e guerreiros. Foram vinte
e dois mil e trinta e quatro nomes registrados na
genealogia. Os filhos de Bequer foram: Zemira, Joás,
Eliezer, Elioenai, Onri, Jeremote, Abias, Anatote e
Alemete. Desses chefes de clã, vinte mil e duzentos
guerreiros foram registrados na genealogia. O filho
de Jediael foi Bilã, e os filhos de Bilã foram: Jeús,
Benjamim, Eúde, Quenaaná, Zetã, Társis e Aisaar.
Todos eram chefes de clã. Ao todo, dezessete mil e
duzentos guerreiros. Supim e Hupim eram filhos
de Ir. Husim era filho de Aer.

Os descendentes de Naftali

[13] Os filhos de Naftali foram Jaziel, Guni, Jezer
e Silém. Foram registrados sob a descendência
materna de Bila, concubina de seu avô.

Os descendentes de Manassés

[14-19] Os filhos de Manassés nascidos da concubina
arameia foram: Asriel e Maquir, pai de Gileade.
Maquir tomou por mulher Maaca, irmã de Hupim
e de Supim. Zelofeade, o outro filho, só teve filhas.
Maaca, mulher de Maquir, deu à luz um filho, a
quem deu o nome de Perez; seu irmão chamava-se
Seres, cujos filhos chamavam-se Ulão e Requém.
O filho de Ulão era Bedã. Esses foram os descenden-
tes de Gileade, filho de Maquir, filho de Manassés.
Sua irmã Hamolequete deu à luz Isode, Abiezer
e Maalá. Os filhos de Semida foram Aiã, Siquém,
Liqui e Anião.

Os descendentes de Efraim

[20-24] Os filhos de Efraim foram: Sutela, seu filho Berede,
seu filho Taate, seu filho Eleade, seu filho Taate, seu
filho Zabade, seu filho Sutela. Ézer e Eleade, filhos
de Efraim, foram mortos pelos moradores de Gate
quando tentavam roubar gado deles. Efraim chorou por muito tempo a morte deles, e a família se

reuniu para consolá-lo. Então, ele se deitou outra vez com sua mulher, e ela deu à luz um filho. Ele o chamou Berias (Azarão), por causa da desgraça que sobreveio à sua família. Sua filha chamava-se Seerá. Foi ela quem fundou Bete-Horom Baixa, Bete-Horom Alta e Uzém-Seerá.

²⁵⁻²⁹ Efraim também teve Refa, pai de Resefe; Tela foi seu filho, que foi pai de Taã, que foi pai de Lada, que foi pai de Amiúde, que foi pai de Elisama, que foi pai de Num, que foi pai de Josué. Eles ocuparam Betel e os arredores, desde Naarã, a leste de Gezer, e seus povoados a oeste, com Siquém e seus povoados, estendendo-se até Aiá e seus povoados. Ao lado de Manassés estavam Bete-Seã, Taanaque, Megido, Dor e seus respectivos povoados. Os descendentes de José, filho de Israel, viviam nesses lugares.

Os descendentes de Aser

³⁰⁻³² Os filhos de Aser foram: Imna, Isvá, Isvi e Berias; a irmã deles chamava-se Sera. Os filhos de Berias foram Héber e Malquiel, pai de Birzavite. Héber foi pai de Jaflete, Somer, Hotão e Suá, irmã deles.

³³⁻⁴⁰ Jaflete foi pai de Pasaque, Bimal e Asvate. Seu irmão, Somer, foi pai de Aí, Roga, Jeubá e Arã. Seu irmão, Helém, foi pai de Zofa, Imna, Seles e Amal. Zofa foi pai de Suá, Harnefer, Sual, Beri, Inra, Bezer, Hode, Samá, Silsa, Itrã e Beera. Jéter foi pai de Jefoné, Pispa e Ara. Ula foi pai de Ara, Haniel e Rizia. Essa foi a descendência de Aser, todos responsáveis, de bom caráter e corajosos lutadores; foram excelentes líderes. Foram registrados vinte e seis mil homens de combate na genealogia da família.

Os descendentes de Benjamim (continuação)

8 ¹⁻⁵ **B**enjamim foi pai de Belá, o filho mais velho; depois, teve Asbel, Aará, Noá e Rafa, cinco ao todo. Os filhos de Belá foram Adar, Gera, pai de Eúde, Abisua, Naamã, Aoá, Gera, Sefufá e Hurão.

⁶⁻⁷ Estes foram os descendentes de Eúde que viviam em Geba e foram levados cativos para Manaate: Naamã, Aías e Gera, que os levou cativo; ele era pai de Uzá e Aiúde.

⁸⁻¹² Depois de se divorciar de suas mulheres Husim e Baara, Saaraim teve filhos na terra de Moabe. De sua nova mulher, Hodes, ele teve Jobabe, Zíbia, Messa, Malcã, Jeús, Saquias e Mirma, todos chefes de família. De sua primeira mulher, Husim, ele teve Abitube e Elpaal. Os filhos de Elpaal foram Héber, Misã e Semede, que fundou Ono e Lode e todos os seus povoados.

ATOS 13.44 — 14.13

⁴⁴⁻⁴⁵ No sábado seguinte, praticamente a cidade inteira foi ouvir a Palavra de Deus. Vendo a multidão, alguns judeus roeram-se de inveja e começaram a fazer oposição a Paulo, contradizendo tudo que ele dizia — um espetáculo deprimente.

⁴⁶⁻⁴⁷ Mas Paulo e Barnabé ficaram firmes e declararam: "Era necessário que a Palavra de Deus fosse pregada primeiro a vocês, judeus. Mas, como vocês não querem nada com ela, deixando claro que não abrem o coração para a vida eterna —, a porta está aberta aos de fora. Vamos prosseguir neste caminho, obedecendo às ordens de Deus, que disse:

Eu o estabeleci
como luz às nações.
Você proclamará a salvação
aos quatro ventos e pelos sete mares!"

⁴⁸⁻⁴⁹ Quando os "de fora", isto é, os que não são judeus ouviram isso, mal se seguravam de tanta alegria, e todos os que estavam destinados à vida plena depositaram a confiança em Deus. Eles honraram a Palavra de Deus, recebendo essa vida. E a Mensagem se espalhou como fogo incontrolável por toda a região.

⁵⁰⁻⁵² Alguns judeus convenceram as mulheres mais respeitadas e os homens de alta posição na cidade de que o agradável estilo de vida deles estava ameaçado. Alarmados, forçaram Paulo e Barnabé a sair da cidade. Os dois discípulos deram de ombros e foram para a cidade seguinte, Icônio. Estavam felizes, transbordantes de alegria e do Espírito Santo.

14 ¹⁻³ **Q**uando chegaram a Icônio, procuraram a sinagoga, como sempre faziam, e pregaram ao povo. A Mensagem convenceu judeus e não judeus. E não foi pouca gente. Mas os judeus descrentes começaram a difamar Paulo e Barnabé, semeando desconfiança e suspeita na mente do povo. Os dois apóstolos ficaram ali um bom tempo, falando aberta e confiantemente, manifestando os dons de Deus, que confirmava a obra deles com milagres e maravilhas.

⁴⁻⁷ No entanto, a opinião pública se dividiu: alguns ficaram do lado dos judeus, e outros defendiam os apóstolos. Um dia, depois de saber que um grupo formado por judeus e não judeus havia sido organizado para linchá-los, Paulo e Barnabé fugiram para as cidades próximas da Licaônia: Listra, Derbe e região. Ali, prosseguiram anunciando a Mensagem.

Deuses ou homens?

8-10 Em Listra, havia um homem que não podia andar. Vivia sentado, pois era aleijado desde que nascera. O aleijado estava entre os que ouviam Paulo falar, e, olhando-o nos olhos, o apóstolo viu que ele estava pronto para a obra de Deus, pronto para crer. Então, disse bem alto para que todos ouvissem: "Ponha-se de pé!". O homem levantou-se e começou a pular e a andar com se tivesse feito aquilo a vida toda.

11-13 Quando viu o milagre, a multidão gritou entusiasmada no dialeto licaônico: "Os deuses desceram a nós! Estes homens são deuses!". Para eles, Barnabé era Zeus; Paulo, Hermes, o mensageiro dos deuses (pois era Paulo quem falava). O sacerdote do santuário de Zeus organizou uma procissão com bois enfeitados e o povo, em fila, caminhando para os portões, prontos para o ritual de sacrifício.

SALMOS 83.1-8

Um salmo de Asafe

83 **1-5** Não me excluas, ó Eterno!
Não me trates com o silêncio, ó Deus!
Teus inimigos estão lá fora, fazendo algazarra;
   os que odeiam o Senhor estão vivendo bem;
Eles tramam matar teu povo,
   e conspiram para roubar teus tesouros.
"Vamos varrer esta nação da face da terra",
   dizem, "e riscar o nome de Israel dos livros".
Agora mesmo, estão pensando juntos,
   fazendo planos para se livrarem de ti.

6-8 Edom e os ismaelitas,
   Moabe e os hagarenos,
   Gebal, Amom e Amaleque,
   A Filístia e o povo de Tiro,
   E agora a Assíria se juntou a eles,
   Reforçando a gangue de Ló.

NOTAS

DIA 190 ___ / ___ / ___

1CRÔNICAS 8.13 — 9.34

13-28 Berias e Sema foram chefes das famílias que viviam em Aijalom. Eles expulsaram os cidadãos de Gate. Os irmãos deles foram: Aiô, Sasaque e Jeremote. Os filhos de Berias foram: Zebadias, Arade, Eder, Micael, Ispa e Joá. Os filhos de Elpaal foram: Zebadias, Mesulão, Hizqui, Héber, Ismerai, Izlias e Jobabe. Os filhos de Simei foram: Jaquim, Zicri, Zabdi, Elienai, Ziletai, Eliel, Adaías, Beraías e Sinrate. Os filhos de Sasaque foram: Ispã, Héber, Eliel, Abdom, Zicri, Hanã, Hananias, Elão, Antotias, Ifdeias e Penuel. Os filhos de Jeorão foram: Sanserai, Searias, Atalias, Jaaresias, Elias e Zicri. Esses são os chefes de famílias registrados na genealogia. Eles viviam em Jerusalém.

29-32 Jeiel, pai de Gibeom, viveu em Gibeom. O nome de sua mulher era Maaca. Seu filho mais velho foi Abdom; depois, teve Zur, Quis, Baal, Nadabe, Gedor, Aiô, Zequer e Miclote. Miclote foi pai de Simeia. Eles moravam perto dos parentes, em Jerusalém.

33-40 Ner foi pai de Quis; Quis foi pai de Saul; Saul foi pai de Jônatas, Malquisua, Abinadabe e Esbaal. Jônatas foi pai de Meribe-Baal; Meribe-Baal foi pai de Mica. Os filhos de Mica foram: Pitom, Meleque, Tareia e Acaz. Acaz foi pai de Jeoada. Jeoada foi pai

DIA 190

de Alemete, Azmavete e Zinri. Zinri foi pai de Mosa. Mosa foi pai de Bineá. Ele foi o pai de Rafa, que foi pai de Eleazar, que foi pai de Azel. Azel teve seis filhos. Seus nomes eram: Azricão, Bocru, Ismael, Searias, Obadias e Hanã. Os filhos de Eseque, seu irmão, foram Ulão, o mais velho; depois, Jeús e Elifelete. Os filhos de Ulão foram guerreiros famosos, habilidosos como flecheiros. Eles tiveram muitos filhos e filhas, pelo menos cento e cinquenta. Todos esses foram descendentes de Benjamim.

9 ¹Esta é a genealogia completa de todo o Israel, conforme foi registrada nas *Crónicas dos Reis de Israel e Judá*, da época em que Judá foi levado cativo para a Babilônia por causa da sua infidelidade.

A comunidade dos que retornaram do exílio

² Os primeiros israelitas a retornar do exílio para suas casas e cidades foram os sacerdotes, os levitas e os oficiais do templo.

³⁻⁶ Dentre os descendentes de Judá, Benjamim, Efraim e Manassés que retornaram para Jerusalém, estavam: Utai, filho de Amiúde, filho de Onri, filho de Inri, filho de Bani, da descendência de Perez, filho de Judá. Dos descendentes de Selá estavam: Asaías, o mais velho, e seus descendentes; da família de Zera estava Jeuel. Havia um total de seiscentos e noventa descendentes de Judá.

⁷⁻⁹ Dos descendentes de Benjamim estavam: Salu, filho de Mesulão, filho de Hodavias, filho de Hassenua, e Ibneias, filho de Jeroão; Elá, filho de Uzi, filho de Micri; Mesulão, filho de Sefatias, filho de Reuel, filho de Ibnias. Foram novecentos e cinquenta e seis dos benjamitas. Todos esses eram chefes de famílias.

¹⁰⁻¹³ Dos sacerdotes estavam Jedaías, Jeoiaribe, Jaquim, Azarias, filho de Hilquias, filho de Mesulão, filho de Zadoque, filho de Meraiote, filho de Aitube, que era chefe encarregado da casa de Deus. Adaías, filho de Jeorão, filho de Pasur, filho de Malquias, filho de Masai, filho de Adiel, filho de Jazera, filho de Mesulão, filho de Mesilemite, filho de Imer. Eram mil setecentos e sessenta sacerdotes. Todos eram chefes de famílias e homens habilidosos e experientes no ofício de adorar a Deus.

¹⁴⁻¹⁶ Dos levitas estavam: Semaías, filho de Hassube, filho de Azricão, filho de Hasabias, um merarita. Baquebacar, Heres, Galal, Matanias, filho de Mica, filho de Zicri, filho de Asafe. Obadias, filho de Semaías, filho de Galal, filho de Jedutum.

E Berequias, filho de Asa, filho de Elcana, que vivia nos povoados dos netofatitas.

¹⁷⁻¹⁸ Os responsáveis pela segurança eram: Salum, Acube, Talmom, Aimã e seus irmãos. Salum era o chefe. Até hoje, eles são os guardas da Porta do Rei, a leste. Também vigiavam os acampamentos das famílias dos levitas.

¹⁹⁻²⁵ Salum, filho de Coré, filho de Ebiasafe, filho de Corá, e seus parentes, entre os coreítas, eram encarregados da guarda da entrada da Tenda, assim como seus antepassados vigiavam a entrada do acampamento do Eterno. Antigamente, Fineias, filho de Eleazar, era encarregado dos guardas, e o Eterno estava com ele. Depois, Zacarias, filho de Meselemias, foi designado guarda da entrada da Tenda do Encontro. O total dos escolhidos para a guarda era de duzentos e doze homens, oficialmente registrados nas genealogias de seus povoados. Davi e Samuel, o vidente, os escolheram a dedo, por serem confiáveis. Eles e seus descendentes tiveram a responsabilidade permanente da segurança da entrada da casa do Eterno, o lugar de adoração. Os guardas principais eram posicionados nas quatro entradas: leste, oeste, norte e sul. Seus parentes dos povoados eram escalados para o dia de folga dos guardas. Os quatro guardas principais eram encarregados da segurança nos sete dias da semana.

²⁶⁻³² Como levitas, eram também responsáveis pela segurança de todos os suprimentos e valores armazenados na casa de Deus. Eles vigiavam a noite inteira e tinham as chaves para abrir as portas toda manhã. Alguns eram encarregados dos utensílios do serviço do templo. Eles conferiam todos os utensílios quando os guardavam e quando os tiravam. Outros eram encarregados do material do santuário: da farinha, do vinho, do azeite, do incenso e das especiarias. Alguns sacerdotes tinham a função de misturar os óleos para preparar o perfume. O levita Matitias, filho mais velho de Salum, o coreíta, era responsável por assar os pães para a oferta. Alguns dos seus parentes coatitas eram encarregados de preparar os pães que eram postos na mesa todos os sábados.

³³⁻³⁴ Havia também os músicos, todos chefes de famílias levitas. Eles tinham moradias permanentes no templo, porque suas obrigações cobriam as vinte e quatro horas do dia. Por esse motivo, eram dispensados de outras atribuições. Eles eram chefes de famílias levitas, conforme o registro de suas genealogias, e moravam em Jerusalém.

ATOS 14.14 — 15.5

14-15 Quando Barnabé e Paulo perceberam o que estava acontecendo, trataram logo de impedi-los. Sacudindo os braços, interromperam a procissão, dizendo: "O que é isso? O que pensam que estão fazendo? Não somos deuses! Somos homens como vocês e estamos aqui para trazer a Mensagem, para convencê-los a abandonar essas superstições e a abraçar o Deus vivo. O Deus que nos fez e tudo o mais: céu, terra, mar e tudo que neles há.

16-18 "Nas gerações antes de nós, Deus permitiu que cada povo seguisse seu caminho. Mesmo assim, não os deixou sem pistas de sua existência, pois é o autor da bela criação, derrama a chuva e concede grandes colheitas. Se vocês estão alimentados e de coração alegre, isso é evidência de uma bondade que não merecem". Com tal protesto enérgico e com dificuldade, os dois conseguiram impedir o sacrifício que os teria honrado como deuses.

19-20 Logo depois, alguns judeus de Antioquia e de Icônio apareceram na cidade e induziram a multidão a se revoltar contra eles. Eles surraram Paulo até deixá-lo inconsciente, arrastaram-no para fora da cidade e, pensando que estivesse morto, o deixaram ali. Quando os discípulos chegaram ao lugar em que o apóstolo estava, ele voltou a si e se levantou. Retornou à cidade, mas, no dia seguinte, partiu para Derbe com Barnabé.

Tempos difíceis

21-22 Depois de proclamar a Mensagem em Derbe e estabelecer um bom grupo de discípulos, eles refizeram o caminho até Listra, depois até Icônio e, em seguida, a Antioquia, encorajando os discípulos e exortando-os a prosseguir na fé e a não desistir. Também deixaram claro para todos que não seria fácil: "Todo que está a caminho do Reino de Deus enfrentará tempos difíceis".

23-26 Paulo e Barnabé escolheram líderes em cada igreja. Depois de orar e jejuar, consagraram os novos líderes ao Senhor a quem haviam confiado a própria vida. Fizeram o caminho de volta, sempre trabalhando, e, através da Pisídia, chegaram a Panfília e pregaram em Perge. Por fim, chegaram a Atália e embarcaram num navio de volta para Antioquia, onde tudo havia começado. Tinham sido enviados pela graça de Deus e agora estavam a salvo em casa, pela graça de Deus, depois de fazer um excelente trabalho.

27-28 Na chegada, reuniram a igreja e apresentaram o relatório da viagem, contando em detalhes como Deus os tinha usado para escancarar a porta da fé para que gente de todas as nações pudesse entrar. Ficaram ali algum tempo, descansando com os discípulos.

A porta se abre para os de fora

15 **1-2** Pouco depois alguns judeus chegaram da Judeia, insistindo em que todos deveriam ser circuncidados. Diziam aos não judeus: "Se vocês não se circuncidarem conforme a Lei Mosaica, não poderão ser salvos". Paulo e Barnabé protestaram. A igreja decidiu resolver a questão, enviando Paulo, Barnabé e outros discípulos para apresentar o problema aos apóstolos e líderes em Jerusalém.

3 No caminho, enquanto viajavam pela Fenícia e Samaria, eles anunciavam a todos como a Mensagem se abrira a todos os povos. Os que ouviam a novidade se alegravam — notícia maravilhosa!

4-5 Chegando a Jerusalém, Paulo e Barnabé foram muito bem recebidos pela igreja e pelos apóstolos e líderes. Eles apresentaram um relato da viagem e de como Deus os usara para abrir as portas aos demais povos. Mas alguns fariseus puseram-se de pé para falar. Eles tinham se convertido, mas ainda mantinham a linha dura dos fariseus. Disseram: "Vocês têm de circuncidar os pagãos convertidos. É preciso fazê-los guardar a Lei de Moisés".

SALMOS 83.9-12

9-12 Faz a eles o que fizeste a Midiã,
   a Sísera e a Jabim no riacho de Quisom!
Eles foram derrotados em En-Dor,
   viraram esterco de jardim.
Elimina os líderes deles, como fizeste
   com Orebe e Zeebe.
Reduz seus príncipes a nada,
   como Zeba e Zalmuna,
Que se vangloriariam inutilmente:
   "Estamos roubando tudo e
   nos apossando dos jardins de Deus".

◢ NOTAS

_____

_____

_____

DIA 191

perseguiram Saul e seus filhos e mataram Jônatas, Abinadabe e Malquisua. A batalha intensificou-se contra Saul até que os flecheiros o alcançaram e feriram. Saul disse a seu escudeiro: "Pegue sua espada e me mate antes que esses pagãos profanos me humilhem". Mas seu escudeiro, por medo e respeito, não o matou. Então, Saul pegou a própria espada e se suicidou. O escudeiro, apavorado com a morte de Saul, suicidou-se também.

6-7 Foi assim que os quatro, Saul e seus três filhos, morreram. Quando os israelitas que viviam no vale viram que o exército tinha fugido e que Saul e seus filhos estavam mortos, eles abandonaram suas cidades e fugiram. Os filisteus, então, ocuparam as cidades.

8-10 No dia seguinte, os filisteus foram saquear os derrotados e encontraram Saul e seus filhos mortos no monte Gilboa. Eles recolheram tudo que era de Saul, cortaram sua cabeça e levaram sua armadura. Percorreram toda a terra dos filisteus, exibindo e anunciando a vitória entre seus ídolos e o povo. Puseram a armadura de Saul no templo dos seus deuses e sua cabeça como troféu no templo do seu deus Dagom.

11-12 Quando o povo de Jabes-Gileade soube o que os filisteus fizeram com Saul, convocaram todos os homens aptos para o combate, resgataram os quatro corpos, de Saul e de seus filhos, e os trouxeram para Jabes. Deram a eles um sepultamento digno sob o carvalho de Jabes e decretaram sete dias de luto oficial.

13-14 Saul morreu por ser desobediente ao Eterno. Ele não obedeceu às ordens do Eterno. Pelo contrário, em vez de buscar ao Eterno, procurou o conselho de uma médium. Por isso, o Eterno tirou a sua vida e entregou o reino a Davi, filho de Jessé.

☐ DIA 191 ___ / ___ / ___

1 CRÔNICAS 9.35 — 11.25

Os descendentes de Saul

35-38 Jeiel, pai de Gibeom, morava em Gibeom. Sua mulher chamava-se Maaca. Abdom era o filho mais velho. Os outros eram: Zur, Quis, Baal, Ner, Nadabe, Gedor, Aiô, Zacarias e Miclote. Miclote foi pai de Simeia. Eles moravam na mesma região dos seus parentes em Jerusalém.

39-44 Ner teve Quis, Quis foi pai de Saul, Saul foi pai de Jônatas, Malquisua, Abinadabe e Esbaal. Meribe-Baal era filho de Jônatas e pai de Mica. Os filhos de Mica foram Pitom, Meleque e Tareia. Acaz foi pai de Jadá; Jadá foi pai de Alemete, Azmavete e Zinri. Zinri foi pai de Mosa; Mosa foi pai de Bineá, que foi pai de Refaías, que foi pai de Eleasa, que foi pai de Azel. Azel teve seis filhos: Azricão, Bocru, Ismael, Searias, Obadias e Hanã. Todos esses foram filhos de Azel.

10 **1-5** Os filisteus saíram para atacar Israel. Os israelitas fugiram dos filisteus, mas foram derrotados no monte Gilboa. Os filisteus

O rei Davi

11 **1-3** Todo o Israel se reuniu diante de Davi em Hebrom e disse: "Somos do seu sangue e da sua carne. No passado, quando Saul ainda era rei, era o senhor quem liderava Israel. O Eterno, o seu Deus, disse: 'Você apascentará o meu povo Israel; você será o dirigente do meu povo'". Quando todos os líderes de Israel vieram ao rei em Hebrom, Davi fez uma aliança com eles na presença do Eterno, em Hebrom. Davi foi ungido rei sobre Israel ali mesmo, como o Eterno tinha ordenado por meio de Samuel.

4-6 Davi e todo o Israel foram para Jerusalém, antes chamada Jebus, onde os jebuseus moravam. Os moradores de Jebus disseram a Davi: "Você está proibido de entrar aqui". Mas Davi entrou e conquistou a fortaleza de Sião, a Cidade de Davi. Ele tinha feito uma promessa: "O primeiro que matar um jebuseu será comandante do exército". Joabe, filho de Zeruia, foi o primeiro; por isso, se tornou o comandante. [7-9] Davi se estabeleceu na fortaleza, e, por esse motivo, ela recebeu o nome de Cidade de Davi. Ele fortificou a cidade por todos os lados, tanto as defesas de Milo quanto os muros externos. Joabe restaurou o restante da cidade. O domínio de Davi se fortalecia e se consolidava, porque o Senhor dos Exércitos de Anjos o apoiava.

Os guerreiros de Davi

[10-11] Estes foram os poderosos guerreiros de Davi, os que se aliaram a ele na tomada do reino, contando ainda com o apoio de todo o Israel para torná-lo rei, como o Eterno tinha prometido. Esta é a lista dos principais guerreiros de Davi: Jasobeão, hacmonita, chefe dos Trinta. Ele matou, sozinho, trezentos homens na mesma batalha. [12-14] Em seguida, Eleazar, filho de Dodô, de Aoí, um dos três principais guerreiros. Ele esteve com Davi em Pas-Damim, onde os filisteus se preparavam para a guerra. Nesse local, havia uma plantação de cevada. O exército começou a fugir dos filisteus, mas, quando chegou a esse campo, organizou-se e voltou a atacar os filisteus, que foram massacrados. O Eterno deu a eles uma importante vitória. [15-19] Certa vez, uma companhia dos filisteus estava acampada no vale de Refaim, e os três chefes do pelotão dos Trinta desceram até a caverna de Adulão, para se encontrar com Davi, que estava escondido na caverna. Enquanto isso, os filisteus se preparavam para a batalha, em Belém. De repente, Davi teve um desejo muito forte e suspirou: "Como eu gostaria de beber um pouco de água do poço que fica na entrada de Belém!". Os três chefes entraram no acampamento dos filisteus, tiraram água do poço da entrada de Belém e a trouxeram a Davi. Mas Davi não quis beber a água! Ele a derramou como oferta ao Eterno, justificando: "Prefiro ser castigado por Deus a tomar esta água! Seria como beber o sangue desses homens, que arriscaram a própria vida". Por isso, não bebeu a água. Eram coisas como essas que os três chefes dos poderosos guerreiros faziam. [20-21] Abisai, irmão de Joabe, era chefe dos Trinta. Ele lutou sozinho contra trezentos homens e os matou, mas nunca fez parte dos três chefes. Foi muito honrado e respeitado pelos Trinta e se tornou chefe deles, mas não se igualou aos três principais guerreiros. [22-25] Benaia, filho de Joiada, era um guerreiro valente de Cabzeel que também tinha uma bela ficha de conquistas: ele matou dois moabitas famosos; entrou

numa cova, no meio da neve, e matou um leão; matou um egípcio de dois metros e vinte e cinco centímetros de altura. (O egípcio tinha uma lança parecida com uma lançadeira de tecelão, enquanto Benaia tinha apenas um cajado. Ele arrancou a lança da mão do egípcio e o matou com ela.) Esses foram alguns dos feitos de Benaia, filho de Joiada. Ele nunca foi incluído entre os três chefes. Era muito respeitado entre os Trinta, mas não se igualou aos três principais guerreiros. Davi o nomeou chefe de sua guarda pessoal.

ATOS 15.6-29

[6-9] Os apóstolos e líderes convocaram uma reunião especial para estudar o assunto. Enquanto os argumentos eram trocados, os ânimos esquentavam. Então, Pedro tomou a palavra: "Amigos, vocês bem sabem que há muito Deus deixou claro que era sua vontade que os pagãos ouvissem a Mensagem das boas-novas e a abraçassem, e isso aconteceu não de segunda mão ou de ouvir falar por aí, mas diretamente por meu intermédio. Deus, que não pode ser enganado por nenhum fingimento, mas sempre conhece o pensamento humano, concedeu a eles o Espírito Santo, exatamente como o deu a nós. Ele tratou os de fora exatamente como nos tratou, começando com o que eles eram e trabalhando desse ponto em diante. Depois que creram nele, tiveram a vida purificada. [10-11] Então, por que vocês agora provocam Deus, oprimindo os novos convertidos com regras que oprimiram nossos antepassados e a nós também? Acreditamos que somos salvos pelo que o Senhor Jesus, por sua pura graça, maravilhosamente fez por nós e também pelos que não são da nossa nação. Por que estamos discutindo, então?". [12-13] Houve um silêncio geral. Ninguém dizia uma palavra. Nesse ambiente, Barnabé e Paulo relataram os milagres e as maravilhas que Deus havia feito nas outras nações pelo ministério deles. O silêncio agora era total. Não se ouvia um pio. [13-18] Foi aí que Tiago quebrou o silêncio: "Amigos, ouçam! Simão nos lembrou de que Deus desde o princípio deixou claro que os não judeus seriam incluídos no seu plano. Isso está em perfeita harmonia com as palavras dos profetas:

Depois disso, eu voltarei;
  reconstruirei a casa arruinada de Davi.
Vou refazer tudo;
  Eu a farei como nova outra vez.

DIA 191

Então, os outros povos que procuram
vão encontrar,
eles terão um lugar para ir.
Todos os povos pagãos
estão incluídos na obra que farei.

Deus prometeu isso, e agora está fazendo. Não é um pensamento novo: ele sempre quis que fosse assim.

19-21 Por isso, esta é minha decisão: não vamos impor um peso desnecessário sobre os não judeus que se convertem ao Senhor. Vamos escrever uma carta com estes dizeres: 'Não se envolvam com nenhum tipo de idolatria, guardem a pureza moral no sexo e no casamento, não sirvam comida ofensiva aos judeus cristãos, como é o caso do sangue e da carne ritualmente impura. Essa é a essência da Lei de Moisés, pregada e honrada há séculos todos os sábados, em todas as cidades que habitamos'.

22-23 Todos concordaram: apóstolos, líderes, todos os presentes. Eles escolheram Judas (também chamado Barsabás) e Silas, ambos muito respeitados na igreja, e os enviaram na companhia de Paulo e Barnabé com esta carta:

Dos apóstolos e líderes, amigos de vocês, aos nossos amigos em Antioquia, Síria e Cilícia: Saudações!
24-27 Ouvimos falar que alguns homens das nossas igrejas procuraram vocês com ideias que os confundiram e entristeceram. Esclarecemos que eles não foram autorizados por nós. Nós não os enviamos. Concordamos agora, unanimemente, em escolher representantes e enviá-los a vocês com nossos bons amigos Barnabé e Paulo. Escolhemos homens confiáveis como Judas e Silas. Eles enfrentaram a morte várias vezes por causa do nosso Senhor Jesus Cristo. Nós os enviamos para confirmar, num encontro face a face com vocês, o que registramos por escrito.
28-29 Pareceu bem ao Espírito Santo e a nós que vocês não fossem entristecidos por nenhum peso: acatem apenas estas exigências básicas: não se envolvam com nenhum tipo de idolatria, não sirvam comida ofensiva aos judeus cristãos, como é o caso do sangue e da carne ritualmente impura, e guardem a pureza moral no sexo e no casamento.

Essas orientações são suficientes para que sejam mantidas relações agradáveis entre nós. Deus seja com vocês!

SALMOS 83.13-18

13-18 Ó Deus, já perdi a paciência com eles!
Acaba logo com essa gente!
Eles são ervas no solo improdutivo do deserto,
galhos chamuscados no chão queimado.
Retira o ar deles, até que, ofegantes,
digam o teu nome: "Eterno"!
Leva-os até o limite
e deixa-os lá, pendurados, desamparados!
Então, aprenderão teu nome: Eterno,
o único e incomparável Deus Altíssimo
sobre a terra.

◼ NOTAS

☐ DIA 192 ___/___/___

1CRÔNICAS 11.26 — 12.40

²⁶⁻⁴⁷ Os demais guerreiros corajosos do exército eram Asael, irmão de Joabe; Elanã, filho de Dodô, de Belém; Samote, de Haror; Helez, de Pelom; Ira, filho de Iques, de Tecoa; Abiezer, de Anatote; Sibecai, de Husate; Ilai, de Aoí; Maarai, de Netofate; Itai, filho de Ribai, de Gibeá de Benjamim; Benaia, de Piratom; Hurai, dos ribeiros de Gaás; Abiel, de Arbate; Azmavete, de Baurim; Eliaba, de Saalbom; os filhos de Hasém, de Gizom; Jônatas, filho de Sage, de Arar; Aião, filho de Sacar, de Harar; Elifal, filho de Ur; Héfer, de Mequerate; Aías de Pelom; Hezro, de Carmelo; Naarai, filho de Ezbai; Joel, irmão de Natã; Mibar, filho de Hagri; Zeleque, o amonita; Naarai, de Beerote, escudeiro de Joabe, filho de Zeruia; Ira e Garebe, de Jatir; Urias, o hitita; Zabade, filho de Alai; Adina, filho de Siza, de Rúben, chefe dos rubenitas e do pelotão dos Trinta; Hanã, filho de Maaca; Josafá, de Mitene; Uzias, de Astarote, Sama e Jeiel, filhos de Hotão, de Aroer; Jediael, filho de Sinri; Joá, seu irmão, de Tiz; Eliel, de Maave; Jeribai e Josavias, filhos de Elnaão; Itma, um moabita; Eliel, Obede e Jaasiel, de Mezoba.

12 ¹⁻² Estes foram os que se juntaram a Davi em Ziclague quando ele se escondia de Saul, filho de Quis. Eles pertenciam ao grupo de combatentes. Estavam armados com arcos e sabiam lançar pedras e flechas tanto com a mão direita quanto com a esquerda. Eram parentes de Saul, da tribo de Benjamim.

³⁻⁷ O primeiro era Aiezer. Os outros: Joás, filho de Semaá, de Gibeá; Jeziel e Pelete, filhos de Azmavete; Beraca; Jeú de Anatote; Ismaías, de Gibeom, guerreiro do pelotão dos Trinta e chefe deles; Jeremias, Jaaziel, Joanã, Jozabade, de Gederate, Eluzai, Jerimote, Bealias, Semarias, Sefatias, de Harufe, os coreítas Elcana, Issias, Azareel, Joezer e Jasobeão, e ainda Joela e Zebadias, filhos de Jeroão de Gedor.

⁸⁻¹⁵ Da tribo de Gade, alguns se aliaram a Davi na fortaleza no deserto. Eram guerreiros corajosos, aptos em manusear o escudo e a lança. Eram brutos como leões na aparência, mas ágeis como a gazela que corre na montanha. Ézer era o primeiro; depois, Obadias, Eliabe, Mismana, Jeremias, Atai,

Eliel, Joanã, Elzabade, Jeremias e Macbanai, onze ao todo. Esses homens de Gade eram a elite. O menor deles valia por cem, e o maior, por mil. Foram eles que atravessaram o Jordão no primeiro mês do ano, na época da cheia, e puseram para correr todos os moradores do vale, da margem leste e da margem oeste.

¹⁶⁻¹⁷ Alguns homens das tribos de Benjamim e de Judá também se aliaram a Davi na fortaleza no deserto. Davi se encontrou com eles e disse: "Se vocês vêm em paz para me ajudar, são bem-vindos, mas, se estão vindo para me entregar aos meus inimigos, sendo eu inocente, que o Deus dos nossos antepassados esteja atento e castigue vocês".

¹⁸ Imediatamente, o Espírito de Deus veio sobre Amasai, o chefe dos Trinta, e ele disse:

"Estamos do seu lado, Davi!
Somos leais, filho de Jessé.
A paz esteja aqui, sim, a paz esteja com o senhor
E com todos que o ajudarem.
Sim, pois o seu Deus o ajudou e o ajudará".

Então, Davi os recebeu e nomeou chefes de tropas de ataque.

¹⁹ Alguns homens da tribo de Manassés também se aliaram a Davi quando ele se juntou aos filisteus para lutar contra Saul. Mas não puderam lutar porque os líderes filisteus os mandaram para casa, dizendo: "Não podemos confiar neles. Eles nos trairão e nos entregarão ao senhor deles, Saul".

²⁰⁻²² Os homens de Manassés que se juntaram a Davi em Ziclague foram: Adna, Jozabade, Jediael, Micael, Jozabade, Eliú e Ziletai, todos chefes de pelotões de mil da tribo de Manassés. Eles ajudaram Davi contra os grupos de ataque no deserto. Eram todos guerreiros corajosos e líderes eficientes dos pelotões. Todos os dias, apareciam homens querendo ajudar Davi. Em pouco tempo, seu exército ficou tão numeroso quanto o próprio exército de Deus!

²³⁻³⁷ Esta é a relação dos guerreiros corajosos que vieram do norte para se aliar a Davi em Hebrom e conquistar o reino de Saul, como o Eterno tinha prometido: de Judá, armados para a guerra com escudo e lança, seis mil e oitocentos; de Simeão, sete mil e cem guerreiros valentes; de Levi, quatro mil e seiscentos, incluindo Joiada, líder da família de Arão, e três mil e setecentos homens, e Zadoque, guerreiro jovem e valente, com vinte e dois líderes de sua família; de Benjamim, a família de Saul, três mil, pois a maioria deles se mantinha fiel à família de Saul; de Efraim,

DIA 192

vinte mil e oitocentos guerreiros ousados e famosos em suas cidades; da meia tribo de Manassés, dezoito mil escolhidos para proclamar Davi rei; de Issacar, duzentos estrategistas de Israel, chefes de famílias; de Zebulom, cinquenta mil guerreiros experientes e bem equipados e leais; de Naftali, mil chefes, que comandavam trinta e sete mil soldados bem armados; de Dã, vinte e oito mil e seiscentos homens prontos para o combate; de Aser, quarenta mil soldados experientes, prontos para o combate; do leste do Jordão, de Rúben, de Gade e da meia tribo de Manassés, cento e vinte mil homens equipados.

38-40 Todos esses soldados se aliaram a Davi, em Hebrom, dispostos a lutar quando necessário. Estavam unidos e determinados a proclamar Davi rei sobre todo o Israel. Todos em Israel tinham o mesmo pensamento: proclamar Davi rei! Eles estiveram com Davi durante três dias, celebrando, comendo e bebendo o que as próprias famílias providenciaram. Pessoas vieram do norte, desde Issacar, Zebulom e Naftali, trazendo jumentos, camelos, mulas e bois carregados de comida para a festa: farinha, bolos de figo, bolos de passas, vinho, azeite, gado e ovelha. Havia grande alegria em Israel!

ATOS 15.30 — 16.10

Barnabé e Paulo seguem caminhos separados

30-33 Assim, eles foram para Antioquia. Na chegada, reuniram a igreja e leram a carta. O povo ficou aliviado e satisfeito. Judas e Silas, bons pregadores, fortaleceram os novos irmãos com palavras de encorajamento e esperança. Na hora de ir para casa, os novos amigos se despediram deles com alegria e muitos abraços. Dessa maneira, voltaram para informar o resultado da missão aos que os tinham enviado.*

35 Paulo e Barnabé permaneceram em Antioquia, ensinando e pregando a Palavra de Deus. Mas não estavam sozinhos. Já havia muitos mestres e pregadores na época em Antioquia.

36 Depois de alguns dias, Paulo disse a Barnabé: "Vamos voltar e visitar todos os nossos amigos em cada uma das cidades em que pregamos a Palavra de Deus. Vamos ver como eles estão".

37-41 Barnabé queria levar João, também chamado Marcos, mas Paulo não concordou. Não queria levar alguém que desistira com facilidade, que na primeira dificuldade os abandonou na Panfília. Os ânimos se exaltaram, e por fim eles

seguiram caminhos separados. Barnabé navegou com Marcos para Chipre. Paulo escolheu Silas e, recomendados pelos amigos à graça do Senhor, rumou para a Síria e a Cilícia a fim de levar uma palavra de ânimo àquelas comunidades.

O sonho de Paulo

16 **1-3** Paulo foi primeiro a Derbe e depois a Listra. Ali encontrou um discípulo, Timóteo, filho de uma mãe judia muito consagrada e de pai grego. Todos os amigos em Listra e Icônio garantiram que ele era um rapaz excelente. Paulo quis levá-lo para a missão, mas primeiro o circuncidou, para não ofender os judeus que viviam naquela região. Todos sabiam que o pai dele era grego.

4-5 Enquanto viajavam de cidade em cidade, apresentavam as orientações que os apóstolos e líderes em Jerusalém haviam decidido. Essa medida se revelou bastante útil. Dia após dia, as igrejas se fortaleciam na fé e cresciam em número.

6-8 Eles foram para a Frígia e atravessaram a região da Galácia. O plano era seguir na direção oeste até a província da Ásia, mas o Espírito Santo impediu que prosseguissem. Eles foram para a Mísia e tentaram seguir para o norte, até a Bitínia, mas o Espírito de Jesus também não os deixou ir para lá. Depois de passar pela Mísia, desceram até o porto marítimo de Trôade.

9-10 Naquela noite, Paulo teve um sonho. Um macedônio estava de pé na praia e chamava do outro lado do mar: "Venha à Macedônia e ajude-nos!". O sonho foi revelador para Paulo. Imediatamente ele começou a fazer os preparativos para a viagem à Macedônia. Tudo estava acertado. Agora sabíamos com certeza que Deus nos havia chamado para pregar aos europeus.

SALMOS 84.1-4

Um salmo de Coré

84 **1-2** Que bela casa, Senhor dos Exércitos de Anjos! Eu sempre quis morar num lugar assim! Sempre sonhei com um quarto em tua casa, onde eu pudesse cantar de alegria ao Deus vivo!

3-4 Os passarinhos encontram espaço em tua casa; os pardais e as andorinhas fazem ninhos nos beirais.

---

* Vários manuscritos não trazem o versículo 34.

Eles botam ovos e criam seus filhotes,
cantando tuas canções no lugar
em que adoramos.
Senhor dos Exércitos de Anjos! Rei! Deus!
Como são abençoados por viver e cantar ali!

■ NOTAS

‖‖

☐ DIA **193** __ / __ / __

1CRÔNICAS 13.1 — 15.24

Davi vai buscar a arca de Deus

13$^{1-14}$**D**avi consultou todos os seus comandantes de pelotões de mil e de cem e se dirigiu a toda a congregação de Israel: "Se vocês concordam e se for a vontade do Eterno, vamos convocar todos os nossos parentes, onde quer que estejam em Israel, com seus familiares, incluindo os sacerdotes e levitas que moram em suas cidades e nos arredores, para irem conosco buscar a arca do nosso Deus de volta, que esteve esquecida durante o reinado de Saul". Toda a congregação de Israel concordou que seria a melhor coisa a fazer, e Davi reuniu todo o Israel, desde o rio Sior, no Egito, a sudoeste, até Lebo-Hamate, a nordeste, para buscar a arca de Deus de Quiriate-Jearim. Em seguida, Davi e todo o Israel foram para Baalá (Quiriate-Jearim), em Judá, para trazer de volta a arca de Deus, o Eterno, que está entronizado entre os querubins, de onde se invoca o nome do Eterno. A arca de Deus veio carregada num carro novo da casa de Abinadabe. Uzá e Aiô vinham conduzindo a arca. Davi e todo o Israel cantavam e dançavam com todo o vigor, acompanhados por uma banda composta por toda espécie de instrumento, enquanto seguiam a arca. Quando chegaram à eira de Quidom, o boi tropeçou, e Uzá segurou a arca, para que ela não caísse no chão. Mas ele morreu fulminado na presença de Deus. Davi ficou furioso porque o Eterno se irou contra Uzá. Até hoje, aquele lugar é conhecido pelo nome de Perez-Uzá (Destruição de Uzá). Davi teve medo de Deus e disse: "Como vou continuar com este cortejo com a arca de Deus?". Assim, ele desistiu de trazer a arca para a Cidade de Davi. Ela foi deixada na casa de Obede-Edom, de Gate, e ficou ali três meses. Por isso, o Eterno abençoou a família de Obede-Edom e tudo que ele possuía.

Davi constrói o palácio

14$^{1-7}$**H**irão, rei de Tiro, enviou mensageiros a Davi, levando madeira de cedro, pedreiros e carpinteiros com a missão de construir um palácio para ele. Com isso, Davi reconheceu que o Eterno havia confirmado o seu reinado sobre Israel e fazia crescer a reputação do seu reino por amor do seu povo, Israel. Davi teve outras mulheres e filhos em Jerusalém. Os filhos nascidos em Jerusalém foram: Samua, Sobabe, Natã, Salomão, Ibar, Elisua, Elpalete, Nogá, Nefegue, Jafia, Elisama, Beeliada e Elifelete.

$^{8-9}$Assim que os filisteus souberam que Davi tinha sido proclamado rei sobre todo o Israel, saíram dispostos a capturá-lo. Davi foi informado desse fato e saiu também para enfrentá-los. No caminho, os filisteus pararam para saquear os moradores do vale de Refaim.

^{10}Davi perguntou a Deus: "Devo atacar os filisteus? Serei vitorioso?".

DIA 193

O Eterno respondeu: "Ataque-os. Vou dar a vitória a você".

11-12 Davi os atacou em Baal-Perazim, matando todos eles. Davi disse: "Deus destruiu meus inimigos, assim como as águas da enchente causam destruição". Por isso, aquele lugar foi chamado de Baal-Perazim (O Senhor que Destrói). Os filisteus deixaram seus deuses para trás, e Davi mandou queimar todos eles.

13-15 Passado um tempo, os filisteus voltaram a saquear os moradores do vale. Outra vez, Davi orou a Deus, e Deus respondeu: "Não os ataque de frente. Dê a volta por trás e ataque-os a partir do bosque das amoreiras. Quando você ouvir um estrondo de uma tropa em marcha, vindo do topo das amoreiras, avance, porque Deus saiu na sua frente para derrotar os filisteus".

16 Davi fez exatamente o que Deus ordenou e derrotou os filisteus desde Gibeom até Gezer.

17 A fama de Davi se espalhava por toda parte, e o Eterno fez que as nações pagãs o temessem.

A adoração de Davi

15 **1-2** Depois de construir seu palácio na Cidade de Davi, ele preparou um lugar para pôr a arca e armou uma tenda. Em seguida, deu esta ordem: "Somente os levitas carregarão a arca de Deus, pois o Eterno os designou para carregar a arca de Deus e estar à disposição para esse serviço em tempo integral".

3-10 Davi convocou toda a população de Israel em Jerusalém para trazer a arca do Eterno ao lugar especialmente preparado para ela. Davi também convocou os descendentes de Arão e os levitas. Dos descendentes de Coate, Uriel liderava cento e vinte parentes. Dos descendentes de Merari, Asaías liderava duzentos e vinte parentes. Dos descendentes de Gérson, Joel liderava cento e trinta parentes. Dos descendentes de Elisafã, Semaías liderava duzentos parentes. Dos descendentes de Hebrom, Eliel liderava oitenta parentes. Dos descendentes de Uziel, Aminadabe liderava cento e doze parentes.

11-13 Depois, Davi chamou os sacerdotes Zadoque e Abiatar, e os levitas Uriel, Asaías, Joel, Semaías, Eliel e Aminadabe e lhes disse: "Vocês são os líderes das famílias dos levitas. Agora, vocês e seus parentes se consagrem para trazer a arca do Eterno, o Deus de Israel, até o lugar que preparei. Na primeira vez que tentamos fazer isso, não foram vocês, os levitas, que a conduziram, e, por isso, a ira do Eterno, o nosso Deus, irrompeu contra nós, pois não o consultamos sobre como trazer a arca".

14-15 Assim, os sacerdotes e os levitas se consagraram para trazer a arca do Eterno, o Deus de Israel. Os levitas carregaram a arca de Deus exatamente como Moisés ensinara, conforme a ordem do Eterno: pondo os varais sobre os ombros, tomando todo o cuidado para não encostar nela.

16 Davi determinou que os líderes levitas designassem seus parentes para entoar cânticos, acompanhados de uma banda composta de todo tipo de instrumento, como liras, harpas e címbalos, com cânticos alegres.

17-18 Os levitas escolheram Hemã, filho de Joel, seu parente Asafe, filho de Berequias, Etã, filho de Cuxaías, dos descendentes de Merari. Atrás deles, no segundo escalão, iam seus parentes Zacarias, Jaaziel, Semiramote, Jeiel, Uni, Eliabe, Benaia, Maaseias, Matitias, Elifeleu, Micneias e os guardas Obede-Edom e Jeiel.

19-22 Os músicos da banda: Hemã, Asafe e Etã, que tocavam címbalos de bronze; Zacarias, Aziel, Semiramote, Jeiel, Uni, Eliabe, Benaia, Maaseias, que tocavam a melodia com lira; Matitias, Elifeleu, Micneias, Obede-Edom, Jeiel e Azarias, que tocavam harpa, conduzindo o canto; o levita Quenanias, músico muito habilidoso, era responsável pelos cânticos e dirigente dos músicos.

23-24 Berequias e Elcana eram porteiros designados para guardar a arca. Os sacerdotes Sebanias, Josafá, Natanael, Amasai, Zacarias, Benaia e Eliézer iam à frente da arca de Deus, tocando trombetas. Obede-Edom e Jeías também eram porteiros e vigiavam a arca.

ATOS 16.11-28

11-12 Embarcando em Trôade, fomos direto para Samotrácia. No dia seguinte, chegamos a Neápolis e fomos de lá até Filipos, a cidade principal daquela parte da Macedônia e, muito importante, uma colônia romana. Ficamos ali vários dias.

13-14 No sábado, deixamos a cidade e fomos ao rio, informados de que havia uma reunião de oração nesse lugar. Conversamos com as mulheres que se reuniam ali. Uma delas, chamada Lídia, de Tiatira, era negociante de tecidos caros e conhecida por ser mulher consagrada a Deus. Enquanto ouvia com atenção o que era dito, o Senhor lhe abriu o coração — e ela creu!

15 Depois que foi batizada, com todos os de sua casa, ela, num gesto de hospitalidade, nos convidou: "Se vocês confiam que sou uma de vocês e que creio no Senhor, venham para minha casa e sejam meus hóspedes". Nós até hesitamos, mas ela não aceitaria um não como resposta.

Prisão e sofrimento

16-18 Depois disso, num outro dia, a caminho do lugar de oração, uma escrava ficou andando atrás de nós. Ela tinha um espírito de adivinhação e havia ganhado muito dinheiro para seus donos. Ela começou a seguir Paulo por toda parte, chamando a atenção de todos para nós: "Estes homens servem o Deus Altíssimo. Eles estão abrindo o caminho da salvação para vocês". Ela fez a mesma coisa durante vários dias, até que, não suportando mais, Paulo voltou-se e ordenou ao espírito: "Saia! Em nome de Jesus Cristo, saia dela!". E, na mesma hora, o espírito saiu.

19-22 Quando os donos dela perceberam que o negócio lucrativo tinha ido por água abaixo, foram atrás de Paulo e Silas e os levaram à praça do mercado. Os dois foram presos e levados ao tribunal com a seguinte acusação: "Estes homens estão perturbando a paz. São perigosos agitadores judeus que subvertem a ordem e a lei de Roma". A multidão na mesma hora começou a pedir sangue.

22-24 Os juízes atenderam ao pedido da multidão. Mandaram rasgar as roupas de Paulo e Silas e ordenaram que fossem açoitados. Depois de baterem neles até cansar, mandaram ambos para a cadeia, recomendando ao carcereiro que os deixassem sob severa vigilância, para que não pudessem escapar. Ele os prendeu na cela de segurança máxima, com algemas de ferro nas pernas.

25-26 Por volta da meia-noite, Paulo e Silas oravam e cantavam fervorosamente a Deus. Os outros prisioneiros não podiam acreditar no que escutavam. Foi quando, de repente, aconteceu um terremoto! A cadeia inteira tremeu, todas as portas se abriram, e os prisioneiros ficaram livres.

27-28 Nisso, o carcereiro acordou e viu todas as portas da prisão abertas. Pensando que todos os prisioneiros tivessem escapado, sacou da espada e estava prestes a cometer suicídio, imaginando que seria morto, de qualquer maneira. Mas Paulo gritou: "Não faça isso! Estamos todos aqui! Ninguém fugiu!".

SALMOS 84.5-12

5-7 Como são abençoados todos aqueles
em quem habitas:
a vida deles é a estrada pela qual transitas.

Eles passeiam por vales solitários,
descobrem riachos
e encontram fontes frescas e lagoas
transbordantes de chuva!
Guiadas por Deus, essas estradas
contornam as montanhas e,
lá em cima, convergem em Sião!
Deus está à vista!

8-9 Ouve, ó Senhor dos Exércitos de Anjos!
Ó Deus de Jacó, abre os ouvidos
— estou orando!
Observa nossos escudos, reluzindo ao sol,
nossa face brilhando com tua unção.
10-12 Um dia passado em tua casa,
neste lindo lugar de adoração,
é melhor que várias temporadas
nas ilhas mais belas.
Prefiro esfregar o chão da casa do meu Deus
a ser honrado no palácio do pecado.
O Eterno é todo luz e soberania,
generoso e glorioso.
Ele não pressiona seus companheiros
de viagem.
Com o Senhor dos Exércitos de Anjos
a travessia é tranquila.

NOTAS

DIA 194

582

☐ DIA 194 __ / __ / __

1CRÔNICAS 15.25 — 17.6

²⁵⁻²⁸ Estava tudo pronto. Davi, os líderes de Israel e os comandantes dos batalhões de mil saíram para buscar a arca da aliança do Eterno que estava na casa de Obede-Edom. Todos estavam alegres. Como Deus tinha dado forças aos levitas para carregar a arca da aliança do Eterno, eles pararam para sacrificar sete bois e sete carneiros. Todos estavam vestidos de linho: Davi, os levitas que carregavam a arca, os músicos, os instrumentistas e Quenanias, dirigente dos músicos. Davi vestia também um colete sacerdotal de linho. Todo o Israel marchava, trazendo a arca da aliança do Eterno. Eles cantavam e gritavam de alegria, ao som de címbalos, instrumentos de percussão e de cordas.

²⁹ Quando a arca da aliança do Eterno entrou na Cidade de Davi, Mical, filha de Saul, olhava da janela. Vendo o rei Davi dançando em êxtase, ficou decepcionada com ele.

16 ¹⁻³ Trouxeram a arca de Deus, puseram-na no centro da tenda que Davi tinha montado e ofereceram ofertas queimadas e ofertas de paz ao Eterno. Depois de oferecer os sacrifícios, Davi abençoou o povo em nome do Eterno e distribuiu para cada pessoa um pão, um pedaço de carne e um bolo de passas.

⁴⁻⁶ Davi nomeou alguns levitas para ministrar diante da arca do Eterno, intercedendo, dando graças e louvando o Eterno, o Deus de Israel. Asafe era o chefe; Zacarias, o vice; depois, vinham Jeiel, Semiramote, Jeiel, Matitias, Eliabe, Benaia, Obede-Edom e Jeiel. Eles tocavam instrumentos, e Asafe era responsável pela percussão. Os sacerdotes Benaia e Jaaziel tocavam trombetas diante da arca da aliança de Deus, na hora determinada, todos os dias.

⁷ Foi naquele dia que Davi inaugurou o culto regular de louvor a Deus, conduzido por Asafe e seus companheiros.

⁸⁻¹⁹ Deem graças ao Eterno! Invoquem seu nome!
 Anunciem entre todas as terras
  o que ele tem feito.
Cantem para ele! Cantem louvores!
 Divulguem as suas maravilhas.
Gloriem-se em seu santo nome,
 Alegrem-se os que buscam o Eterno!
Procurem a ajuda do Eterno e de seu poder,
 Busquem a sua presença continuamente.
Lembrem-se de todas as maravilhas que fez,
 Os milagres e as ordenanças que saíram da
  sua boca.
Ó descendentes de Israel, servo dele!
 Filhos de Jacó, seu escolhido!
Ele é o Eterno, o nosso Deus;
 Onde vocês estiverem, encontrarão
  os seus ensinamentos.
Ele honra a sua palavra por milhares
 de gerações
 E guarda a aliança que fez com Abraão,
O juramento a Isaque,
 Confirmado por decreto a Jacó
Em aliança eterna a Israel:
 "Darei a vocês a terra de Canaã por herança,
Ainda que vocês sejam poucos,
 Um pequeno grupo de estrangeiros".

²⁰⁻²² Eles percorreram várias terras,
 Montaram acampamento num país e noutro;
Mas ele não deixou ninguém expulsá-los,
 Sempre esteve ao lado deles contra os reis
  que os afrontavam, dizendo:
"Não ousem maltratar os meus ungidos,
 Não toquem nos meus profetas".

²³⁻²⁷ Cantem ao Eterno, todas as terras!
 Anunciem a sua salvação todos os dias!
Proclamem a sua glória entre as nações pagãs,
 As suas maravilhas a todas as raças
  e religiões.
Por quê? Porque o Eterno é grande,
 digno do nosso louvor!
 Nenhum deus é comparável a ele.
Os deuses dos povos não são nada,
 Mas o Eterno criou o Universo!
Esplendor e majestade estão diante dele,
 Força e alegria enchem o seu santuário.

²⁸⁻²⁹ Louvem o Eterno, todos os povos,
 Deem glória ao Eterno, honrem o seu poder!
Deem ao Eterno a glória que ele merece!

Tragam ofertas e entrem na sua presença.
Curvem-se diante do Eterno conforme o
esplendor de sua majestade.

30-33 Levem Deus a sério, todos os povos.
Ele estabeleceu o mundo,
que não será abalado.
Alegre-se o céu, e a terra cante de alegria.
Anunciem entre as nações: "O Eterno reina!".
Ruja o mar e todas as criaturas que nele estão,
Os campos e todos os animais se alegrem.
Então, as árvores da floresta acrescentarão o
seu aplauso
a todos que estão alegres e diante do Eterno,
Pois ele vem julgar a terra!

34-36 Deem graças ao Eterno, pois ele é bom,
O seu amor dura para sempre.
Digam: "Salva-nos, Deus da nossa salvação.
Reúne-nos e nos livra das nações pagãs,
Para que rendamos graças ao teu santo nome
E tenhamos prazer no teu louvor".
Bendito seja o Eterno, o Deus de Israel
De eternidade a eternidade!

Então, todos responderam:
"Amém! Louvem o Eterno!".

37-42 **D**avi deixou Asafe e seus companheiros encarregados da arca da aliança do Eterno e de ministrar os sacrifícios continuamente, conforme as determinações de cada dia. Também nomeou Obede-Edom e seus sessenta e oito parentes para ajudá-lo. Obede-Edom, filho de Jedutum, e Hosa ficaram responsáveis pela segurança. O sacerdote Zadoque e seus parentes sacerdotes foram designados para ministrar na tenda do Eterno numa colina de Gibeom e manter continuamente os sacrifícios da manhã e da tarde ao Eterno, apresentando ofertas no altar das ofertas queimadas, como prescreve a lei do Eterno, que ele determinou a Israel. Com eles, estavam Hemã, Jedutum e outros especificamente nomeados, que tinham a atribuição de clamar: "Deem graças ao Eterno, porque seu amor dura para sempre!". Hemã e Jedutum também eram responsáveis pelas trombetas, pelos címbalos e por outros instrumentos para o acompanhamento dos cânticos. Os filhos de Jedutum foram nomeados guardas.

43 Depois de tudo organizado, o povo voltou para casa. Davi também foi para casa e abençoou sua família.

Davi se humilha e ora

17 1 **D**epois de acomodado em seu palácio, Davi disse ao profeta Natã: "Veja isto: estou confortável aqui, neste luxuoso palácio de cedro, enquanto a arca da aliança do Eterno continua dentro de uma tenda!".
2 Natã disse a Davi: "Faça o que estiver no seu coração. Deus está com você!".
3-6 Mas, à noite, Deus falou a Natã: "Vá dizer ao meu servo Davi: 'Assim diz o Eterno: Você não construirá uma casa para eu morar. Desde que tirei o meu povo Israel da terra do Egito até hoje, nunca morei numa casa. Sempre fui de uma tenda para outra, de um tabernáculo para outro. Em todas as minhas jornadas com Israel, nunca pedi aos líderes que designei para conduzir Israel que construíssem uma casa de cedro para mim'.

ATOS 16.29 — 17.9

29-31 Então, o carcereiro pegou uma tocha e entrou. Trêmulo, caiu diante de Paulo e Silas. Ele os levou para fora e perguntou: "Senhores, que devo fazer para ser salvo, para viver de verdade?". Eles responderam: "Deposite sua inteira confiança no Senhor Jesus, e você terá a salvação e saberá o que é viver de verdade – e todos os da sua casa também!".
32-34 Eles contaram a história do Senhor em detalhes – toda a família estava reunida agora. Ninguém quis dormir naquela noite. O carcereiro os deixou à vontade e cuidou dos ferimentos deles. Ele nem pôde esperar amanhecer e foi logo batizado, com toda a família. Depois ofereceu uma refeição em sua casa. O clima era de festa, uma noite para ninguém esquecer: ele e sua família creram em Deus, e todos na casa participaram da celebração.
35-36 Ao raiar do dia, os juízes enviaram oficiais de justiça com a seguinte ordem: "Libertem esses homens". O carcereiro deu a notícia a Paulo: "Os juízes mandaram dizer que vocês estão livres para seguir o caminho de vocês. Estão livres! Vão em paz!".
37 Mas Paulo não se moveu e disse aos oficiais de justiça: "Eles nos espancaram em público e jogaram na cadeia legítimos cidadãos romanos! Agora querem resolver a situação por baixo dos panos? Nada disso! Se nos querem tirar daqui, que venham eles mesmos e nos libertem à vista de todos".
38-40 Os oficiais de justiça deram o recado, e os magistrados entraram em pânico, porque não imaginavam que Paulo e Silas fossem cidadãos romanos. Eles correram para lá, apresentaram suas desculpas e pessoalmente os acompanharam, implorando

DIA 195

584

que saíssem da cidade pacificamente. Depois que saíram da cadeia, Paulo e Silas foram para a casa de Lídia, a fim de rever os amigos e encorajá-los na fé. Só então seguiram caminho.

Tessalônica

17¹⁻³ **P**egando a estrada para o sul, através de Anfípolis e Apolônia, chegaram a Tessalônica, onde havia uma comunidade de judeus. Paulo dirigiu-se à sinagoga, como sempre fazia quando chegava a uma cidade, e por três sábados seguidos ensinou as Escrituras ao povo. Explicou a eles vários textos, de modo que finalmente entenderam o que tinham lido a vida toda: que o Messias *tinha* de ser morto e ressuscitado dos mortos — não havia alternativa — e que "esse Jesus que apresento é o Messias".

⁴⁻⁵ Alguns se convenceram e se uniram a Paulo e Silas, entre eles muitos gregos que criam no Deus único e um número considerável de mulheres da aristocracia. Mas os judeus de linha dura ficaram furiosos com as conversões. Loucos de inveja, reuniram um grupo de arruaceiros, e uma turba terrível; aterrorizando a cidade, avançaram contra Paulo e Silas.

⁵⁻⁷ Eles invadiram a casa de Jasom, pensando que Paulo e Silas estavam hospedados ali. Como não os encontraram, agarraram Jasom e seus amigos e os arrastaram à presença das autoridades da cidade, gritando como loucos: "Esta gente quase destruiu o mundo e agora está aqui, na porta da nossa casa, atacando tudo a que damos valor! E Jasom os está escondendo. Estes vira-casacas e traidores dizem que Jesus é rei e que César não é nada!".

⁸⁻⁹ As autoridades da cidade e a multidão ficaram alarmadas com o que ouviram. Assim, impuseram uma fiança pesada sobre Jasom e depois o libertaram, enquanto investigavam as acusações.

SALMOS 85.1-7

Um salmo de Coré

85¹⁻³ **Ó** Eterno, tu sorriste para nossa boa terra!
Trouxeste os bons tempos de volta a Jacó!
Levantaste a nuvem de culpa do teu povo,
puseste seus pecados longe da vista.
Tomaste de volta tuas ameaças provocadas
pelo pecado,
tranquilizaste tua justa e ardente ira.

⁴⁻⁷ Ajuda-nos de novo, Deus do nosso socorro!
Não fiques irado conosco por muito tempo.

Não guardes mágoa para sempre!
Continuarás carrancudo ano após ano?
Por que não nos ajudas a começar do zero —
como uma vida totalmente nova?
Assim, teu povo rirá e cantará!
Mostra-nos quanto nos amas, ó Eterno!
Dá-nos a salvação de que precisamos!

◼ NOTAS

‖‖‖‖‖‖‖‖‖‖‖‖‖‖‖‖‖‖‖‖‖‖‖‖‖‖‖‖‖‖‖‖‖‖‖‖‖

□ **DIA 195** __/__/__

1CRÔNICAS 17.7 — 19.19

⁷⁻¹⁰ "Diga, também, ao meu servo Davi: 'Assim diz o Senhor dos Exércitos de Anjos: Eu tirei você do campo no qual cuidava de ovelhas e o constituí chefe

do meu povo Israel. Eu o acompanhei por todos os lugares e destruí seus inimigos diante de você. Agora, seu nome será importante, e você será famoso em toda a terra. Vou separar um lugar para o meu povo Israel e estabelecerei ali, para que o povo tenha a sua terra e não seja levado de um lugar para outro, para que as poderosas nações não o aflijam, como sempre fizeram, mesmo na época dos juízes do meu povo Israel. Por fim, derrotarei todos os seus inimigos. **10-14** " 'Saiba também isto: O Eterno é que construirá para *você* uma casa! Quando sua vida chegar ao fim, e você for sepultado com seus antepassados, escolherei um dos seus filhos para sucedê-lo e firmarei o reino dele. Ele construirá uma casa em minha honra, e eu preservarei o seu domínio para sempre. Eu serei como pai para ele, e ele, como filho para mim. Não retirarei dele meu amor, como fiz com Saul, antes de você. Eu o firmarei sobre a minha casa e sobre o meu reino para sempre. Seu trono subsistirá para sempre' ".

15 Natã contou tudo a Davi, conforme revelado pelo Eterno.

16-27 O rei Davi foi ao tabernáculo, pôs-se diante do Eterno e orou:

"Quem sou eu, ó Eterno Deus? Quem é minha família para que me tenhas feito chegar até aqui? Mas isso ainda não é tudo, pois mencionaste acontecimentos futuros em minha família e me tratas como pessoa de grande importância, ó Eterno. O que mais Davi poderia dizer diante de tudo isso que concedeste ao teu servo? Tu me conheces bem. Ó Eterno, por amor de teu servo e por tua decisão, fizeste essa grande obra e mostraste a tua grandeza. Não há outro igual a ti, não há outro Deus além de ti. Nada se compara ao que ouvimos com os nossos ouvidos. Quem é semelhante ao teu povo, Israel, uma nação sem igual na terra, a quem tu, ó Deus, foste resgatar para ser teu povo, ficando famoso por isso? Tu realizaste façanhas extraordinárias, expulsando nações e seus deuses de todos os lados quando libertaste o teu povo do Egito. Formaste para ti um povo, o povo de Israel, para sempre. E tu, ó Eterno, agora és o Deus deles.

"Agora, ó Eterno, que a promessa que fizeste a mim e a minha família se confirme para sempre. Faz conforme prometeste! Assim, tua fama será confirmada e se espalhará, e todos vão comentar: 'O Senhor dos Exércitos de Anjos, o Deus de Israel, é Deus para Israel!'. E a casa do teu servo Davi permanecerá sólida sob a tua presença protetora. Tu, meu Deus, me disseste, com todas as letras: 'Vou construir uma dinastia para você'. Por isso, encontrei coragem para orar a ti. Ó Eterno, sendo o Deus que és, prometeste todas essas maravilhas para mim. E, como se não bastasse, abençoaste minha família, para que ela continuasse na tua presença para sempre. Visto que tu a abençoaste, ela é *realmente* abençoada — abençoada para sempre!' ".

As batalhas de Davi

18 **1** Depois disso, Davi atacou os filisteus e os subjugou. Capturou Gate e assumiu o controle sobre a região ao redor.

2 Também atacou e derrotou Moabe. Os moabitas foram submetidos ao domínio de Davi e passaram a pagar impostos a ele.

3-4 Quando Hadadezer, rei de Zobá, saiu para retomar o controle da região do rio Eufrates, Davi o derrotou perto de Hamate e capturou mil carros de guerra, sete mil cavaleiros e vinte mil soldados de infantaria. Levou cem cavalos dos que puxavam os carros de guerra e aleijou o restante.

5-6 Quando os arameus de Damasco vieram ajudar Hadadezer, rei de Zobá, Davi matou vinte e dois mil deles. Ele os subjugou e controlou os arameus de Damasco, forçando-os a pagar impostos a ele. O Eterno dava vitória a Davi onde quer que ele fosse.

7-8 Davi confiscou os escudos de ouro que pertenciam aos oficiais de Hadadezer e os levou para Jerusalém. Tomou de Tebá e Cum, cidades que pertenciam a Hadadezer, grande quantidade de bronze, que Salomão, mais tarde, utilizou para fazer o tanque de bronze, os pilares e os utensílios de bronze para o templo.

9-11 Quando Toú, rei de Hamate, soube que Davi tinha derrotado o exército de Hadadezer, rei de Zobá, mandou seu filho Adorão saudá-lo e dar os parabéns pela vitória na guerra contra Hadadezer. Toú e Hadadezer eram inimigos de longa data. Adorão trouxe como presente para Davi objetos de prata, de ouro e de bronze. O rei Davi consagrou todos eles com a prata e o ouro que tinha saqueado de outras nações: de Edom, de Moabe, dos amonitas, dos filisteus e dos amalequitas.

12-13 Abisai, filho de Zeruia, atacou e derrotou os dezoito mil edomitas no vale do Sal.

Ele estabeleceu controle militar sobre Edom e subjugou os edomitas a Davi. O Eterno dava vitória a Davi onde quer que ele fosse.

14-17 Foi assim que Davi reinou sobre todo o Israel. Ele era correto e imparcial em todos os seus negócios e relacionamentos.

Joabe, filho de Zeruia, era comandante do exército;

Josafá, filho de Ailude, estava a cargo dos registros e arquivos públicos;

Zadoque, filho de Aitube, e Abimeleque, filho de Abiatar, eram sacerdotes;

Sausa era o secretário;

Benaia, filho de Joiada, comandava as forças especiais dos queretitas e dos peletitas;

os filhos de Davi ocupavam cargos de confiança como assessores do rei.

19 **1-2** Passado algum tempo, Naás, rei dos amonitas, morreu, e seu filho o sucedeu. Davi disse: "Quero demonstrar bondade para Hanum, filho de Naás, e tratá-lo bem, como seu pai me tratou". Assim, enviou mensageiros para dar as condolências a Hanum pela morte do pai.

2-3 Mas, quando os oficiais de Davi chegaram ao território amonita, os líderes da nação alertaram Hanum: "O senhor acha que Davi veio dar as condolências por seu pai? Não sabe que ele enviou esses emissários para espionar a cidade, para fazer reconhecimento, a fim de conquistá-la?".

4 Convencido disso, Hanum prendeu os mensageiros de Davi, rapou o cabelo e rasgou a roupa deles pela metade, à altura das nádegas, e os mandou embora.

5 Quando contaram a Davi o que tinha acontecido, ele mandou alguém ao encontro dos mensageiros, pois tinham sido muito humilhados. O rei mandou dizer a eles: "Fiquem em Jericó até que a barba cresça. Depois, voltem para cá".

6-7 Quando os amonitas perceberam que Davi agora os odiava, contrataram, por trinta e cinco toneladas de prata, carros de guerra e cavaleiros da Mesopotâmia, de Maaca e de Zobá: trinta e dois mil carros e condutores. Veio também o rei de Maaca com as suas tropas e acamparam perto de Medeba. Os amonitas também se mobilizaram em suas cidades e se prepararam para a guerra.

8 Ao saber disso, Davi mandou Joabe com os soldados mais bem preparados para atacá-los.

9-13 Os amonitas saíram e se prepararam para a batalha na entrada da cidade. Os reis aliados posicionaram-se em campo aberto. Quando Joabe viu que tinha de lutar em duas frentes, por trás e pela frente, escolheu os melhores soldados de Israel e os designou para enfrentar os arameus. O restante do exército ele pôs sob o comando do seu irmão Abisai, para enfrentar os amonitas. Este foi o combinado: "Se os arameus forem muito numerosos para mim, venha me ajudar. Se os amonitas forem muito numerosos para você, eu vou ajudar. Agora, coragem! Lutaremos com força e poder pelo nosso povo e por todas as cidades do nosso Deus! O Eterno fará o que for preciso!".

14-15 Mas, quando Joabe e seus soldados começaram a luta, os arameus fugiram. Os amonitas, vendo os arameus fugindo, também abandonaram o confronto com Abisai e correram de volta para dentro da cidade. Então, Joabe desistiu de lutar contra os amonitas e voltou para Jerusalém.

16 Depois que foram derrotados por Israel, os arameus se reorganizaram. Mandaram chamar os arameus que estavam do outro lado do rio, que voltaram sob a liderança de Sofaque, comandante do exército de Hadadezer.

17-19 Ao saber dessa movimentação, Davi reuniu todo o Israel, atravessou o Jordão e se preparou para a guerra. Os arameus se prepararam para enfrentar Davi, e o combate se intensificou. Mas os arameus foram dispersados outra vez diante de Israel. Davi matou setecentos condutores de carros e quarenta mil cavaleiros. Matou também Sofaque, comandante do exército. Os reis vassalos de Hadadezer reconheceram a derrota diante de Israel, fizeram as pazes com Davi e se sujeitaram a ele. Os arameus não tiveram coragem de ajudar outra vez os amonitas.

ATOS 17.10-34

Bereia

10-12 Naquela noite, no meio da escuridão, os amigos de Paulo e Silas os tiraram da cidade. Eles foram enviados a Bereia, onde mais uma vez se misturaram à comunidade judaica. Ali os judeus receberam a mensagem de Paulo com entusiasmo e se encontravam com ele diariamente, examinando as Escrituras para ver se elas davam mesmo apoio ao que ele dizia. Foi muito melhor do que em Tessalônica. Muitos deles passaram a crer, e, entre eles alguns gregos proeminentes da comunidade, mulheres e homens de influência.

13-15 Mas não demorou muito e os judeus 'linha dura' de Tessalônica souberam que Paulo estava pregando outra vez a Palavra de Deus, agora em Bereia. Não perderam tempo: correram para lá e trataram logo de incitar a multidão contra eles. Com a ajuda dos amigos, Paulo tomou um navio e escapou pelo mar. Silas e Timóteo ficaram ali. Os homens que ajudaram Paulo a fugir levaram-no para Atenas e o deixaram ali. Paulo enviou por eles uma mensagem a Silas e Timóteo: "Venham assim que puderem!".

Atenas
16 Enquanto aguardava Silas e Timóteo em Atenas, Paulo ficava cada vez mais irritado com todos aqueles ídolos do lugar. A cidade só tinha ídolos!

17-18 Ele discutia na sinagoga com os judeus e com outros que pensavam de modo semelhante. Todos os dias, saía às ruas e discutia o assunto como podia. Foi quando ele conheceu alguns intelectuais epicuristas e estoicos, e logo passou a debater com eles. Alguns fizeram pouco caso dele: "Pura bobagem!". Outros, ouvindo-o falar de Jesus e da ressurreição, ficaram intrigados: "Uma perspectiva nova sobre os deuses! Fale mais!".

19-21 Os intelectuais combinaram uma apresentação pública no Areópago, onde havia um pouco mais de tranquilidade. Disseram: "Isso é novidade para nós. Nunca ouvimos nada semelhante. De onde você tirou tudo isso? Explique-nos. Queremos entender". O centro de Atenas era um lugar ideal para novidades. Havia sempre pessoas circulando ali, naturais do lugar e gente de fora, ansiosos pela última novidade.

22-23 Paulo pôs-se em pé no Areópago e discursou: "É claro que vocês, atenienses, levam sua religião muito a sério. Eu, recém-chegado aqui, fiquei fascinado com a quantidade de santuários. Então, encontrei um deles com uma inscrição: Ao Deus que ninguém conhece. Estou aqui para apresentar a vocês justamente esse Deus, para que possam adorá-lo com inteligência, sabendo com quem estão lidando.

24-29 "O Deus que fez o mundo e tudo que está nele, o Senhor dos céus e da terra, não vive em santuários feitos sob medida, nem precisa que a raça humana se desgaste por causa dele, como se ele não pudesse tomar conta de si mesmo. Ele fez as criaturas! Nenhuma criatura o fez. Começando do nada, ele fez toda a raça humana e criou a terra habitável, com muito espaço e tempo para uma vida em que pudéssemos buscar Deus e que, em vez de ficar tateando na escuridão, pudéssemos de fato encontrá-lo. Ele não brinca de esconde-esconde conosco. Ele não está num lugar remoto: está bem próximo. Vivemos e nos movemos nele, não podemos escapar dele! Tanto é que um dos poetas de vocês disse com razão: 'Somos criados por Deus'. Bem, se somos criados por Deus, não faz sentido pensar que podemos contratar um artista para esculpir Deus numa pedra para nós, não é?

30-31 "Deus, até agora, não levou isso em conta, pois vocês não conheciam muita coisa, mas esse tempo passou. O desconhecido é agora conhecido e está pedindo uma mudança radical de vida. Ele estabeleceu um dia em que toda a raça humana será julgada, e tudo será acertado. Também já indicou o juiz, confirmando-o diante de todos quando o ressuscitou dos mortos".

32-34 Ao ouvir a expressão "ressuscitou dos mortos", as opiniões se dividiram. Alguns riram dele e começaram a fazer piadas. Outros disseram: "Vamos discutir esse assunto em outra ocasião. Queremos ouvir mais". Mas era o suficiente por aquele dia, e Paulo foi embora. Houve ainda os que foram convencidos ali mesmo e creram; eles se uniram a Paulo, entre eles Dionísio, o Areopagita, e uma mulher chamada Dâmaris.

SALMOS 85.8-13

8-9 Mal posso esperar pelo que ele dirá.
O Eterno em breve se pronunciará
    a favor do seu povo,
O santo povo que ele ama tanto,
    para que eles nunca mais vivam
    como tolos.
Não veem como está próxima a salvação
    dos que o temem?
Nosso país é o lar da glória!

10-13 O amor e a verdade se encontram na rua,
    o viver correto e a vida plena
    se abraçam e beijam!
A verdade brota do chão,
    Mas o viver correto desce dos céus!
Oh, sim! O Eterno dá a bondade
    e a beleza,
    e a terra corresponde com generosidade
    e bênção.
O viver correto vai adiante dele,
    abrindo caminho para sua passagem.

DIA 196

NOTAS

_____

que aconteceu com os amonitas. Depois, Davi e seu exército voltaram para Jerusalém.

4-8 Depois de um tempo, houve guerra contra os filisteus, em Gezer. Na época, Sibecai, de Husate, matou Sipai, um descendente de gigantes, e os filisteus foram subjugados. Em outro conflito contra os filisteus, Elanã, filho de Jair, matou Lami, irmão de Golias, o geteu, cuja lança era como uma lançadeira de tecelão. Depois, em outro conflito, em Gate, havia um gigante que tinha vinte e quatro dedos, seis em cada mão e em cada pé. Ele também era descendente de Rafa. Ele zombou de Israel, e Jônatas, filho de Simeia, irmão de Davi, o matou. Todos esses eram descendentes de gigantes e foram mortos por Davi e seus soldados.

Davi, Satanás e Araúna

21 1-2 Satanás agiu contra Israel, seduzindo Davi a fazer a contagem da população. O rei ordenou a Joabe e aos oficiais do exército: "Façam a contagem da população de todas as tribos de Israel, desde Dã até Berseba. Quero saber o número total de habitantes".

3 Joabe resistiu: "Que o Eterno, o seu Deus, multiplique cem vezes esse povo! Não pertence todo o povo ao meu senhor, o rei? Para que fazer isso? Por que criar esse problema para Israel?".

4-7 Mas Davi não quis saber, e Joabe fez o levantamento de toda a população. Voltou para Jerusalém e deu o relatório. Havia um milhão e cem mil homens aptos para o combate. Desse número, quatrocentos e setenta mil eram de Judá. Mas Joabe, em protesto à determinação do rei, deixou de fora Levi e Benjamim. Tudo isso desagradou a Deus; por isso, ele puniu Israel.

8 Então, Davi orou: "Eu, de fato, cometi um pecado, querendo confiar nos números. Perdoa-me, pois cometi uma grande loucura".

9-10 O Eterno respondeu por intermédio de Gade, o conselheiro espiritual de Davi: "Vá dizer a Davi: 'Assim diz o Eterno: Tenho três possíveis castigos. Escolha um deles, e eu o executarei' ".

11-12 Gade foi levar a mensagem a Davi: "Escolha entre três anos de fome, três meses fugindo dos inimigos ou três dias da espada do Eterno, isto é, uma epidemia no país, enviada pelo anjo do Eterno contra toda a terra de Israel? Pense e decida. O que devo dizer ao que me enviou?".

13 Davi disse a Gade: "São todos terríveis! Mas prefiro ser castigado pelo Eterno, cuja compaixão não tem fim, a cair nas mãos dos homens".

||||||||||||||||||||||||||||||||||||||||||||||||||||||||||

☐ DIA **196** ___/___/___

1CRÔNICAS 20.1 — 22.19

20 1-3 Na primavera, quando os reis costumam sair para a guerra, Joabe comandou o exército num ataque contra os amonitas. Mas Davi, dessa vez, ficou em Jerusalém, enquanto Joabe cercava a cidade de Rabá e a invadia, deixando-a em ruínas. Davi tirou a coroa da cabeça do rei dos amonitas. Ela pesava trinta e cinco quilos de ouro, era enfeitada com pedras preciosas e foi posta na cabeça de Davi. Ele também se apossou de muitos bens da cidade e submeteu a população a trabalhos forçados com serras, picaretas e machados. Foi isso

14-15 Assim, o Eterno enviou uma epidemia contra Israel, e setenta mil israelitas morreram. Deus mandou um anjo a Jerusalém, mas, quando viu a destruição que causaria, teve compaixão e ordenou ao anjo: "Já chega!".

15-16 Isso aconteceu no momento em que o anjo do Eterno chegava à eira do jebuseu Araúna. Davi olhou e viu o anjo se movendo entre o céu e a terra com uma espada na mão, pronta para ferir Jerusalém. Davi e as autoridades curvaram-se, cobriram-se com pano de saco e oraram.

17 Davi implorou a Deus: "Fui eu que pequei! A culpa é minha! Mas o que essas ovelhas fizeram de errado? Castiga a mim, não a elas! Ah, Eterno, Deus meu, caia sobre mim e sobre minha família esse castigo, mas deixa o povo fora disso".

18-19 O anjo do Eterno mandou Gade dizer a Davi que construísse um altar ao Eterno na eira do jebuseu Araúna. Davi fez o que ele disse, em obediência à ordem do Eterno.

20-21 Enquanto isso, Araúna, que estava debulhando trigo, viu o anjo e foi se esconder com seus quatro filhos. Davi foi procurar Araúna. Quando ele viu Davi, deixou o eirado e prostrou-se em reverência diante do rei.

22 Davi disse a Araúna: "Venda-me uma parte do seu eirado, para que eu construa um altar ao Eterno e essa epidemia vá embora. Cobre o preço justo de mercado".

23 Araúna respondeu: Ó rei, meu senhor. Pode ocupar o terreno e fazer o que quiser! Aqui está um boi para a oferta queimada, a madeira do debulhador para fazer o fogo e o trigo para a oferta de cereal. É tudo seu".

24-27 Davi respondeu a Araúna: "Não. Quero comprar por preço justo. Não vou oferecer ao Eterno algo que não me custou nada". E Davi comprou o terreno de Araúna por sete quilos e duzentos gramas de ouro. Construiu um altar ao Eterno e ali ofereceu ofertas queimadas e ofertas de paz. Ele orou ao Eterno, e o Eterno respondeu, atingindo o altar da oferta queimada com um raio. Depois disso, o Eterno mandou o anjo guardar a espada na bainha.

28 Foi quando Davi percebeu que o Eterno tinha respondido à sua oração no eirado do jebuseu Araúna, no momento em que ele oferecia o sacrifício.

29-1 Na época, o tabernáculo que Moisés tinha construído no deserto e o altar das ofertas queimadas estavam montados no local de adoração, em Gibeom.

Mas Davi, assustado por causa da espada do anjo, não tinha coragem de ir até lá buscar a Deus. Por isso, determinou: "De agora em diante, este será o lugar do sacrifício ao Deus Eterno. Aqui ficará o altar das ofertas queimadas de Israel".

Davi manda Salomão construir o templo

22 **2-4** Davi mandou reunir todos os estrangeiros que moravam em Israel e pôs todos eles a trabalhar cortando pedras e fazendo blocos para a construção do templo do Eterno. Também providenciou grande quantidade de ferro para fazer pregos e dobradiças para as portas. Havia tanto bronze que nem se podia pesar. Os sidônios e os tírios mandavam para Davi toras de cedro em tanta quantidade que era impossível contar.

5-6 Davi pensava: "Meu filho Salomão é muito jovem para pensar adiante. Mas o santuário que deve ser construído ao Eterno precisa ser majestoso e impressionar as nações". Por isso, providenciou o material para a construção antes de morrer. Depois, chamou seu filho Salomão e ordenou que ele construísse um santuário para o Eterno, o Deus de Israel.

7-10 Davi disse a Salomão: "Eu queria, de toda maneira, construir um santuário em homenagem ao Eterno, meu Deus. Mas o Eterno não permitiu, dizendo: 'Você matou muita gente, fez muita guerra. Por isso, não construirá um santuário em minha homenagem. Você derramou muito sangue. Mas você terá um filho que será pacífico, porque vou fazer que ele tenha sossego da parte de todos os inimigos. Seu nome já diz tudo: ele se chamará Salomão, que quer dizer paz, e vou mesmo dar paz e sossego a seu reinado. Ele construirá o santuário em minha homenagem. Ele será meu filho, e eu serei seu pai. Vou garantir que seu domínio sobre Israel permaneça para sempre'.

11-16 "Então, meu filho, que o Eterno esteja com você! Que você seja bem sucedido em construir o santuário do Eterno, o seu Deus, responsabilidade que ele está dando a você! Que o Eterno dê discernimento e entendimento a você quando estiver reinando sobre Israel para que governe em obediência à Revelação do Eterno, o seu Deus. Você será bem-sucedido enquanto seguir a direção e cumprir as determinações que o Eterno deu a Israel por intermédio de Moisés. Força! Coragem! Não tenha medo nem desanime! Com muito esforço, já providenciei todo o material para a construção do santuário do Eterno. Você já tem

DIA 196

três mil e quinhentas toneladas de ouro e trinta e cinco mil toneladas de prata, além de bronze e ferro em tanta quantidade que nem dá para pesar e toda essa madeira e essa pedra. Se quiser, você poderá ainda acrescentar outros materiais. Há muitos trabalhadores competentes: cortadores de pedras, pedreiros, carpinteiros, artesões em ouro, prata, bronze e ferro. Está tudo pronto para começar a obra! Que o Eterno esteja com você!".

¹⁷⁻¹⁹ Davi ordenou a todos os líderes de Israel que ajudassem seu filho Salomão, acrescentando: "Sem dúvida, o Eterno, o seu Deus, está presente entre vocês e tem dado paz e sossego dos inimigos. No meu governo, os moradores da terra foram derrotados, e agora a terra está sob o controle do Eterno e do seu povo. Portanto, dediquem-se de corpo e alma a buscar o Eterno, o seu Deus. Comecem a construir a casa santificada do Eterno para que possam trazer a arca da aliança do Eterno e todos os utensílios consagrados a Deus para o santuário construído em homenagem ao Eterno".

ATOS 18.1-22

Corinto

18¹⁻⁴ De Atenas, Paulo foi para Corinto. Ali conheceu Áquila, judeu nascido no Ponto, e sua esposa, Priscila. Eles tinham chegado havia pouco tempo da Itália, porque o imperador Cláudio havia expulsado os judeus de Roma. Paulo ficou com eles, e trabalharam juntos na fabricação de tendas. Todos os sábados ele estava na sinagoga, procurando convencer judeus e gregos a respeito de Jesus.

⁵⁻⁶ Quando Silas e Timóteo chegaram da Macedônia, Paulo teve condições de dedicar tempo integral à pregação e ao ensino, com o objetivo de persuadir os judeus de que Jesus era de fato o Messias de Deus. Mas não obteve muito êxito. Eles entravam em discórdia e o contradiziam o tempo todo. Muito aborrecido, Paulo por fim se cansou deles e desistiu: "Façam como quiserem. Vocês fizeram a cama, então deitem nela. De agora em diante, vou dedicar meu tempo às outras nações".

⁷⁻⁸ Depois disso, ele foi morar na casa de Tício Justo, homem consagrado a Deus, vizinho da sinagoga. Mas os esforços de Paulo com os judeus não foram de todo em vão, porque Crispo, chefe da sinagoga, passou a crer no Senhor. Toda a sua família creu com ele.

⁸⁻¹¹ Ao ouvir Paulo, muitos coríntios creram e foram batizados. Certa noite, o Senhor falou a Paulo num sonho: "Fique firme, não permita que ninguém o intimide ou silencie. Não importa o que aconteça, estou com você, e ninguém poderá feri-lo. Você não imagina quantas pessoas tenho nesta cidade". Era tudo de que ele precisava ouvir. Morou ali um ano e meio, ensinando a Palavra de Deus com fidelidade aos coríntios.

¹²⁻¹³ Mas, quando Gálio se tornou governador da província da Acaia, os judeus instigaram uma campanha contra Paulo, levaram-no ao tribunal e o acusaram: "Este homem está levando o povo a realizar cultos ilegais".

¹⁴⁻¹⁶ Paulo estava prestes a se defender, quando Gálio o interrompeu e disse aos judeus: "Se isso fosse um caso de conduta criminosa, eu os ouviria de bom grado. Mas isso está me parecendo mais uma rixa entre judeus, uma disputa interminável sobre questões religiosas. Cuidem disso vocês mesmos. Não perderei tempo com um assunto desses". Em seguida, mandou que desocupassem a sala de audiências.

¹⁷ A multidão na rua agrediu Sóstenes, o novo chefe da sinagoga, diante do tribunal. Gálio não moveu um dedo. Foi um descaso total.

Éfeso

¹⁸ Depois de ficar mais um pouco em Corinto, chegou a hora de Paulo se despedir dos amigos e navegar para a Síria. Priscila e Áquila estavam com ele. Antes de embarcar na cidade portuária de Cencreia, Paulo rapou a cabeça como parte de um voto que tinha feito.

¹⁹⁻²¹ Eles aportaram em Éfeso. Priscila e Áquila desembarcaram e ficaram ali. Paulo deixou o navio apenas para pregar aos judeus na sinagoga. Eles queriam que ele ficasse mais tempo, mas Paulo disse que não podia. No entanto, depois de se despedir, prometeu: "Eu voltarei, se Deus quiser".

²¹⁻²² De Éfeso, ele navegou para Cesareia. Saudou a igreja ali e foi para Antioquia, completando a jornada.

SALMOS 86.1-7

Um salmo de Davi

86¹⁻⁷ Ouve minha oração, ó Eterno! Responde-me!
Sou um miserável infeliz!
Faz algo pela minha segurança
— não vivi uma vida justa?

Socorre teu servo,
pois dependo de ti!
Tu és o meu Deus: tem misericórdia de mim!
Conto contigo desde a manhã
até a noite.
Dá a teu servo uma vida feliz:
eu me ponho em tuas mãos!
Todos sabem que és perdoador,
generoso para com todos
os que pedem socorro.
Presta atenção, ó Eterno, à minha oração!
Ouve meu grito de socorro!
Toda vez que estou
com problemas, recorro a ti,
certo de que me atenderás.

◾ NOTAS

☐ DIA **197** ___ / ___ / ___

1CRÔNICAS 23.1 — 24.31

Preparação para a adoração

23 ¹Quando já estava idoso, Davi constituiu seu filho Salomão rei sobre Israel.

²⁻⁵ Na ocasião, ele convocou todos os líderes de Israel, os sacerdotes e os levitas. Foram contados trinta e oito mil levitas de 30 anos para cima. Davi os distribuiu em grupos de trabalho: vinte e quatro mil ficaram encarregados de administrar os serviços do santuário; seis mil foram designados oficiais e juízes; quatro mil foram nomeados guardas de segurança; quatro mil foram nomeados músicos para louvar o Eterno com os instrumentos que Davi providenciou para essa finalidade.

⁶ Depois, Davi dividiu os levitas em grupos nomeados de acordo com o nome dos filhos de Levi: Gérson, Coate e Merari.

⁷⁻¹¹ Os gersonitas foram: Ladã e Simei. Os filhos de Ladã: Jeiel, Zetã e Joel. Os filhos de Simei: Selomote, Haziel e Harã, todos chefes de famílias de Ladã. Os filhos de Simei: Jaate, Ziza, Jeús e Berias; Jaate era o primeiro; depois, Ziza. Jeús e Berias não tiveram muitos filhos; por isso, foram contados como uma só família e um só serviço.

¹²⁻¹⁴ Os coatitas foram: Anrão, Isar, Hebrom e Uziel. Os filhos de Anrão: Arão e Moisés. Arão foi especialmente nomeado para ministrar no Lugar Santíssimo, para queimar o incenso na presença do Eterno, ministrar e pronunciar a bênção em seu nome. Foi uma nomeação perpétua, isto é, para Arão e seus descendentes. Moisés e seus descendentes foram contados com a tribo de Levi.

¹⁵⁻¹⁷ Os filhos de Moisés foram: Gérson e Eliézer. Sebuel era o filho mais velho de Gérson. Reabias foi o primeiro e único filho de Eliézer. Apesar de Eliézer não ter tido outros filhos, Reabias teve muitos.

¹⁸⁻²³ Selomite era o filho mais velho de Isar. Hebrom teve quatro filhos: Jerias, o mais velho, Amarias, Jaaziel e Jecameão. Uziel teve dois filhos: Mica e Issias. Os filhos de Merari foram: Mali e Musi. Os filhos de Mali: Eleazar e Quis. Eleazar morreu sem ter filhos; teve apenas filhas. Os primos, os filhos de Quis, casaram-se com as filhas dele. Musi teve três filhos: Mali, Éder e Jeremote.

DIA 197

²⁴Esses foram os descendentes de Levi, de 20 anos para cima, distribuídos entre as famílias e os chefes de famílias e arrolados nos grupos de trabalho que ministravam no santuário do Eterno.

²⁵⁻²⁷Davi disse: "Agora que o Eterno, o Deus de Israel, deu descanso ao seu povo e estabeleceu Jerusalém como habitação definitiva, os levitas não precisarão mais carregar o tabernáculo e os utensílios usados para o sacrifício". Davi se referia apenas aos levitas de 20 anos de idade para cima.

²⁸⁻³¹A partir de então, a tarefa dos levitas foi dar assistência aos descendentes de Arão no serviço da casa do Eterno. Eles ficaram encarregados de manter limpos os pátios e as salas laterais, de purificar a mobília e os utensílios usados no sacrifício e de cuidar dos demais trabalhos ligados à adoração. Também providenciavam o pão para a mesa, a farinha para a oferta de cereal e os bolos sem fermento; misturavam e assavam o pão e cuidavam de todos os pesos e medidas. Além disso, era seu dever apresentar, todas as manhãs e todas as tardes, orações, ação de graças e louvor ao Eterno e, também, os sacrifícios das ofertas queimadas ao Eterno nos sábados, nas luas novas e nas demais festas. Eles estavam constantemente a serviço do Eterno, de acordo com a escala e o número determinado.

³²Em pouco tempo, os levitas, tendo os descendentes de Arão como companheiros de ministério na santa adoração, ficaram responsáveis por tudo o que estava relacionado com a adoração: o lugar, as ocasiões e a ordem da adoração.

24 ¹⁻⁵Os descendentes de Arão foram assim agrupados: os filhos de Arão: Nadabe, Abiú, Eleazar e Itamar. Nadabe e Abiú morreram antes de seu pai e não tiveram filhos. Eleazar e Itamar ocuparam a função de sacerdotes. Davi nomeou Zadoque, descendente de Eleazar, e Aimeleque, descendente de Itamar, para dividir os grupos conforme suas tarefas. Havia mais líderes entre os descendentes de Eleazar que entre os de Itamar. Por isso, foi feita uma divisão proporcional: dezesseis chefes de clã da descendência de Eleazar e oito chefes de clã da descendência de Itamar. Distribuíram os líderes por sorteio, de maneira imparcial, pois tanto entre os descendentes de Eleazar quanto entre os de Itamar havia oficiais do santuário e líderes espirituais.

⁶O secretário Semaías, filho de Natanael, um levita, registrou todos os nomes perante o rei: dos oficiais, do sacerdote Zadoque, de Aimeleque, filho de Abiatar, e dos líderes das famílias dos sacerdotes e dos levitas. Eles se revezavam: uma vez era a família de Eleazar, a outra, a de Itamar.

⁷⁻¹⁸No primeiro sorteio saiu Jeoiaribe;
no segundo, Jedaías;
No terceiro, Harim;
no quarto, Seorim;
No quinto, Malquias;
no sexto, Miamim;
No sétimo, Hacoz;
no oitavo, Abias;
No nono, Jesua;
no décimo, Secanias;
No décimo primeiro, Eliasibe;
no décimo segundo, Jaquim;
No décimo terceiro, Hupá;
no décimo quarto, Jesebeabe;
No décimo quinto, Bilga;
no décimo sexto, Imer;
No décimo sétimo, Hezir;
no décimo oitavo, Hapises;
No décimo nono, Petaías;
no vigésimo, Jeezquel;
No vigésimo primeiro, Jaquim;
no vigésimo segundo, Gamul;
No vigésimo terceiro, Delaías;
no vigésimo quarto, Maazias.

¹⁹Eles serviam nessa ordem quando entravam no templo do Eterno, de acordo com os procedimentos prescritos por seu antepassado Arão, conforme o Eterno, o Deus de Israel, tinha ordenado.

²⁰O restante dos levitas foi distribuído assim: Dos descendentes de Anrão: Subael; dos descendentes de Subael: Jedias.

²¹De Reabias: Issias era o chefe dos seus filhos.

²²De Isar: Selomote; de Selomote: Jaate.

²³Dos descendentes de Hebrom: o primeiro foi Jerias; o segundo, Amarias; o terceiro, Jaaziel; o quarto, Jecameão.

²⁴⁻²⁵Dos descendentes de Uziel: Mica; dos descendentes de Mica: Samir. Dos descendentes de Issias, irmão de Mica: Zacarias.

²⁶⁻²⁷Dos descendentes de Merari: Mali e Musi; dos filhos de Jaazias: Beno. Os descendentes de Merari, por meio de Jaazias: Beno, Soão, Zacur e Ibri.

²⁸De Mali: Eleazar, que não teve filhos.

²⁹De Quis: Jerameel, filho de Quis.

³⁰⁻³¹Dos filhos de Musi: Mali, Éder e Jeremote.

Essas eram as famílias dos levitas. Eles também lançaram sorte na presença do rei Davi, de Zadoque, de Aimeleque e dos líderes das famílias dos levitas e dos sacerdotes, como fizeram seus parentes, os descendentes de Arão. Os descendentes dos mais velhos e os descendentes dos mais novos foram tratados da mesma maneira.

ATOS 18.23 — 19.16

[23] Depois de passar um tempo considerável com os cristãos de Antioquia, Paulo partiu outra vez, agora para a Galácia e a Frígia, refazendo a antiga rota, cidade após cidade, sempre encorajando os discípulos.

[24-26] Foi, então, que um homem chamado Apolo apareceu em Éfeso. Ele era judeu, nascido em Alexandria, no Egito, orador muito capaz, eloquente e excelente pregador. Conhecia bem o caminho do Senhor e era cheio de entusiasmo. Seu ensino a respeito de Jesus era preciso até certo ponto, pois ele só conhecia o batismo de João. Priscila e Áquila o ouviram quando ele pregou com poder na sinagoga. Depois o chamaram à parte e o deixaram a par do restante da história.

[27-28] Apolo decidiu seguir caminho até a província da Acaia. Os amigos de Éfeso deram sua bênção e escreveram uma carta de recomendação, na qual pediam que ele fosse recebido de braços abertos. A boa recepção foi recompensada: Apolo revelou ser um grande auxílio para os convertidos pela imensa graça de Deus. Ele era muito bom no debate público com os judeus, pois apresentava provas convincentes, pelas Escrituras, de que Jesus era de fato o Messias de Deus.

19[1-2] Enquanto Apolo estava em Corinto, Paulo seguiu caminho pelas montanhas e chegou a Éfeso, onde encontrou alguns discípulos. Assim que ali chegou, perguntou a eles: "Vocês receberam o Espírito Santo quando creram? Vocês o acolheram no coração? Ele está mesmo em vocês?".

"Nunca nem ouvimos falar de Espírito Santo! Deus dentro de nós?"

[3] "Como foi, então, que vocês foram batizados?", perguntou Paulo.

"No batismo de João", responderam.

[4] Paulo disse: "Isso explica tudo. João pregou um batismo de mudança radical de vida, para que o povo pudesse estar pronto para receber aquele que viria depois dele, Jesus. Se vocês foram batizados no batismo de João, agora estão preparados para o que realmente importa: Jesus".

[5-7] E eles estavam. Assim que ouviram isso, foram batizados no nome do Senhor Jesus. Paulo impôs-lhes as mãos sobre a cabeça, e o Espírito Santo veio sobre eles. E louvavam a Deus em línguas e falavam a respeito dos atos de Deus. Havia cerca de doze pessoas ali naquele dia.

[8-10] Em seguida, Paulo foi para a sinagoga. Ficou na cidade três meses, trabalhando para apresentar a eles o Reino de Deus de maneira convincente. Mas começou a surgir resistência por parte de alguns, que começaram a espalhar boatos sobre o estilo de vida cristão. Paulo retirou-se, levando os discípulos com ele, e se estabeleceu na escola de Tirano, ministrando aulas diariamente. Fez isso por dois anos, dando a todos na província da Ásia, judeus e gregos, ampla oportunidade para ouvir a Mensagem do Senhor.

A mudança dos magos e feiticeiras

[11-12] Deus fez coisas poderosas e incomuns por meio de Paulo. A notícia se espalhou, e as pessoas começaram a trazer peças de roupas — lenços, mantas e coisas semelhantes — para que tocassem com elas Paulo e depois os doentes. Foi impressionante: os doentes eram curados e restaurados.

[13-16] Alguns exorcistas judeus itinerantes estavam na cidade e tentaram fazer o que pensavam ser a "jogo" de Paulo. Mencionavam o nome do Senhor Jesus às vítimas de espíritos malignos, dizendo: "Domino você pelo Jesus pregado por Paulo!". Os sete filhos de um tal de Ceva, sacerdote principal judeu, tentaram fazer isso com um homem, e o espírito maligno respondeu: "Conheço Jesus e já ouvi falar de Paulo, mas quem são vocês?". Então, o possesso ficou enlouquecido: pulou sobre os exorcistas, que levaram uma boa surra e ficaram de roupa rasgada. Nus e sangrando, eles fugiram dali.

SALMOS 86.8-10

[8-10] Não há ninguém que se pareça contigo
    entre os deuses, ó Senhor,
    e nada que se compare às tuas obras.
Todas as nações que fizeste estão a caminho,
    prontas para te honrar, ó Senhor,
Prontas para mostrar tua beleza
    e fazer desfilar tua grandeza,
E as grandes obras que realizas.
    Deus, tu és único: não há ninguém igual a ti!

DIA 198

NOTAS

som da harpa e dirigia o louvor e as ações de graças ao Eterno. Da família de Hemã foram: Buquias, Matanias, Uziel, Sebuel, Jeremote, Hananias, Hanani, Eliata, Gidalti, Romanti-Ézer, Josbecasa, Maloti, Hotir e Maaziote. Todos esses eram filhos de Hemã, conselheiro espiritual do rei. Ele se tornou poderoso, como Deus tinha prometido. Hemã teve catorze filhos e três filhas. Sob a supervisão de seus pais, eles conduziam a música no templo do Eterno com o acompanhamento de harpas, liras e címbalos no ministério de adoração do templo de Deus. (Asafe, Jedutum e Hemã trabalhavam sob a autoridade do rei.) Eles e todos os seus familiares eram competentes e preparados para o louvor do Eterno. Eram, ao todo, duzentos e vinte oito pessoas.

⁸ Eles distribuíam as tarefas por sorteio. Ninguém, jovem ou idoso, mestre ou aluno, tinha preferência ou vantagem sobre o outro.

⁹⁻³¹ O primeiro sorteio saiu para José, filho de Asafe, e seus doze filhos e parentes; o segundo, para Gedalias e seus doze filhos e parentes; o terceiro, para Zacur e seus doze filhos e parentes; o quarto, para Izri e seus doze filhos e parentes; o quinto, para Netanias e seus doze filhos e parentes; o sexto, para Buquias e seus doze filhos e parentes; o sétimo, para Jesarela e seus doze filhos e parentes; o oitavo, para Jesaías e seus doze filhos e parentes; o nono, para Metanias e seus doze filhos e parentes; o décimo, para Simei e seus doze filhos e parentes; o décimo primeiro, para Azareel e seus doze filhos e parentes; o décimo segundo, para Hasabias e seus doze filhos e parentes; o décimo terceiro, para Subael e seus doze filhos e parentes; o décimo quarto, para Matitias e seus doze filhos e parentes; o décimo quinto, para Jeremote e seus doze filhos e parentes; o décimo sexto, para Hananias e seus doze filhos e parentes; o décimo sétimo, para Josbecasa e seus doze filhos e parentes; o décimo oitavo, para Hanani e seus doze filhos e parentes; o décimo nono, para Maloti e seus doze filhos e parentes; o vigésimo, para Eliata e seus doze filhos e parentes; o vigésimo primeiro, para Hotir e seus doze filhos e parentes; o vigésimo segundo, para Gidalti e seus doze filhos e parentes; o vigésimo terceiro, para Maaziote e seus doze filhos e parentes; o vigésimo quarto, para Romanti-Ézer e seus doze filhos e parentes.

☐ DIA 198 ___ / ___ / ___

1CRÔNICAS 25.1 — 26.22

Os músicos

25 ¹⁻⁷ Em seguida, Davi e os dirigentes da adoração escolheram alguns da família de Asafe, de Hemã e de Jedutum para o serviço de pregação ao som de harpas, liras e címbalos. Esta é a relação dos escolhidos. Da família de Asafe: Zacur, José, Netanias e Asarela. Eles estavam sob a supervisão de Asafe, que profetizava sob a autoridade do rei. Da família de Jedutum, foram seis filhos: Gedalias, Zeri, Jesaías, Simei, Hasabias e Matitias, supervisionados por seu pai, Jedutum, que profetizava ao

Os guardas

26 ¹⁻¹¹ Estes eram os turnos dos guardas de segurança dos coreítas. Meselemias, filho de Coré, da família de Asafe. Dos filhos de

Meselemias: Zacarias, o mais velho; depois, Jediael, Zebadias, Jatniel, Elão, Joanã e Elioenai, sete filhos. Dos filhos de Obede-Edom: Semaías, o mais velho; depois, Jeozabade, Joá, Sacar, Natanael, Amiel, Issacar, Peuletai. Deus tinha abençoado Obede-Edom com esses oito filhos. Semaías teve filhos que se destacaram na família por serem líderes competentes. Foram eles: Otni, Rafael, Obede e Elzabade. Os parentes dele, Eliú e Semaquias, também foram líderes competentes. Todos esses eram descendentes de Obede-Edom. Eram competentes e aptos para a obra. Ao todo, foram sessenta e dois. Meselemias teve dezoito filhos e parentes que se destacavam. Os filhos de Hosa, o merarita, foram: Sinri que, embora não fosse o mais velho, era considerado pelo pai como primeiro; depois, Hilquias, Tebalias e Zacarias. Ao todo, foram treze filhos e parentes.

¹²⁻¹⁶ Os turnos dos guardas, supervisionados por seus chefes e executados por seus parentes, mantinham a ordem no templo do Eterno. Todos foram nomeados para esses cargos pelo mesmo critério, sem privilégios para as famílias mais importantes. A distribuição foi feita por sorteio. Selemias foi designado para a porta leste. Seu filho Zacarias, sábio conselheiro, assumiu a porta norte. Obede-Edom assumiu a porta sul, e seus filhos foram nomeados para o depósito. Supim e Hosa tinham a responsabilidade da porta oeste e da porta conhecida como Salequete, na rua de cima.

¹⁶⁻¹⁸ Os guardas ficavam um ao lado do outro: seis levitas por dia no leste, quatro por dia no norte e no sul, e dois de cada vez no depósito. No pátio, a oeste, foram postos quatro guardas e, dentro do pátio, dois.

¹⁹ Esses foram os turnos dos guardas entre os descendentes de Coré e de Merari.

Contadores e tesoureiros

²⁰⁻²² Outros levitas foram encarregados da área financeira do templo de Deus. Os gersonitas, descendentes de Ladã: Jeieli com seus filhos Zetã e Joel. Eles estavam encarregados das finanças do templo do Eterno.

ATOS 19.17-41

¹⁷⁻²⁰ O fato se tornou conhecido de toda a Éfeso, entre judeus e gregos. Espalhou-se a convicção de que Deus estava por trás de tudo aquilo. A curiosidade a respeito de Paulo transformou-se em reverência pelo Senhor Jesus. Muitos dos que creram abandonaram a feitiçaria. Magos e feiticeiras vieram com seus livros de feitiços e fizeram uma fogueira imensa com eles. O valor dos livros chegou a cinquenta mil moedas de prata. Assim, ficou evidente que a Palavra do Senhor fora vitoriosa em Éfeso.

A deusa Ártemis

²¹⁻²² Depois disso, Paulo decidiu que era tempo de ir para as províncias da Macedônia e da Acaia e de lá para Jerusalém. Ele disse: "Vou para Roma. Preciso ir para lá!". Ele enviou dois de seus assistentes, Timóteo e Erasto, para a Macedônia, mas ficou na Ásia para resolver alguns assuntos.

²³⁻²⁶ Antes de partir, ocorreu em Éfeso um grande tumulto a respeito do que era conhecido como "o Caminho". Certo ourives, Demétrio, chefiava um negócio de manufatura de relicários da deusa Ártemis e empregava muitos artesãos. Ele reuniu seus empregados e outros que lhe prestavam serviços e disse: "Homens, vocês sabem que temos um bom negócio aqui e já viram como Paulo se intromete no que fazemos, para nos desacreditar, afirmando que não existem deuses feitos por mãos humanas. Muita gente o apoia, não apenas aqui em Éfeso, mas por toda a província da Ásia.

²⁷ "Não apenas nosso negócio corre o risco de ir à falência, mas o templo da nossa famosa deusa Ártemis acabará em escombros, quando sua reputação gloriosa se for. Não se trata de um assunto local: o mundo inteiro adora nossa Ártemis!".

²⁸⁻³¹ A multidão perdeu a cabeça. Correram à rua gritando: "Grande Ártemis dos efésios! Grande Ártemis dos efésios!". Eles puseram a cidade inteira em polvorosa, correram ao estádio e agarraram dois dos companheiros de Paulo, os macedônios Gaio e Aristarco. Paulo queria ir também, mas os discípulos não deixaram. Alguns líderes religiosos de destaque da cidade, simpáticos a Paulo, concordaram: "Não se aproxime daquela multidão de jeito nenhum!".

³²⁻³⁴ Alguns deles gritavam uma coisa, outros gritavam outra. Muitos nem tinham ideia do que estava acontecendo ou por que estavam ali. Enquanto os judeus empurraram Alexandre para que ficasse à frente do povo e assumisse o controle, diferentes facções reivindicavam sua liderança. Ele os repreendeu e os fez calar, gesticulando energicamente. Mas, no momento em que Alexandre abriu a boca, perceberam que ele era judeu e

DIA 199

gritaram: "Grande Ártemis dos efésios! Grande Ártemis dos efésios!" – e gritaram por duas horas.

35-37 Finalmente, o escrivão da cidade fez a multidão se aquietar e disse: "Caros compatriotas, será que alguém, em algum lugar, não sabe que nossa querida cidade de Éfeso é a protetora da gloriosa Ártemis e da sua imagem sagrada de pedra, que caiu do céu? Considerando que isso não pode ser negado, é melhor que cada um de vocês vá cuidar da sua vida. Tal conduta é indigna de Ártemis. Os homens que vocês trouxeram aqui não fizeram nada para prejudicar nosso templo nem nossa deusa.

38-41 "Se Demétrio e sua associação de artesãos têm alguma queixa, poderão apresentá-la no tribunal e fazer as acusações que quiserem. Se alguma coisa mais os está incomodando, reclamem nas reuniões regulares da administração da cidade, deixando a questão a cargo dela. Não há desculpa para o que aconteceu hoje, pois pusemos a cidade em risco. Lembrem-se de que Roma não vê os agitadores com bons olhos". Com isso, o povo se dispersou.

SALMOS 86.11-17

11-17 Ensina-me, ó Eterno, a andar como se deve,
e seguirei teu caminho de verdade.
Junta-me, coração e mente,
e, inteiro, te adorarei com temor.
Do fundo do meu coração agradeço a ti,
querido Senhor;
Nunca mantive segredo do que és capaz.
Tu sempre foste generoso para comigo –
quanto amor!
Tu não me deixaste cair no abismo!
Agora, Deus, esses tolos estão me perseguindo!
Uma gangue perigosa está atrás de mim,
e eles não se importam
nem um pouco contigo.
Mas tu, ó Deus, és só bondade,
não te iras facilmente, e, por causa
do teu amor imenso,
nunca, nunca desistes.
Então, olha-me nos olhos e mostra bondade,
dá ao teu servo força para continuar,
salva teu filho querido!
Mostra quanto me amas,
e os que me odeiam ficarão de queixo caído.
Quando tu, ó Eterno, com bondade e poder,
de novo me reergues.

NOTAS

██

☐ **DIA 199** ___/___/___

1 CRÔNICAS 26.23 — 28.10

23-28 Dos descendentes de Anrão, de Isar, de Hebrom e de Uziel: Subael, descendente de Gérson, filho de Moisés, era o tesoureiro chefe. Seus parentes, por parte de Eliézer foram: seu filho Reabias, seu filho Jesaías, seu filho Jorão, seu filho Zicri e seu filho Selomote. Selomote e seus parentes estavam encarregados de todos os objetos de valor consagrados pelo rei Davi, pelos chefes de famílias e por vários generais e comandantes do exército. Eles dedicavam o despojo que adquiriam na guerra para o serviço do templo do Eterno. Além disso, tudo que havia sido consagrado pelo vidente Samuel, por Saul, filho de Quis, por Abner, filho de Ner, e por Joabe, filho de Zeruia, todas as dádivas consagradas ficaram sob a responsabilidade de Selomote e sua família.

²⁹⁻³⁰ Dos descendentes de Isar, Quenanias e seus filhos foram nomeados oficiais e juízes encarregados das questões externas ao serviço do templo. Dos descendentes de Hebrom, Hasabias e seus parentes foram encarregados da administração das questões relacionadas ao serviço de Deus e aos negócios do rei no território a oeste do Jordão. Eram mil e setecentos homens de extrema competência.

³¹⁻³² De acordo com os registros genealógicos dos hebronitas, Jerias ocupava o cargo de chefe. No quadragésimo ano do reinado de Davi, o último ano, foi feito um levantamento da genealogia de Hebrom, e encontraram-se homens capazes em Jazar de Gileade. Eram Jerias e dois mil e setecentos parentes dele. O rei Davi encarregou-os das questões administrativas relacionadas à adoração a Deus e aos negócios do rei no território a leste do Jordão, nas tribos de Rúben, de Gade e da meia tribo de Manassés.

Organização militar

27¹ Esta é a relação dos descendentes de Israel, dos chefes de famílias, dos comandantes e dos capitães e dos demais oficiais do serviço militar do rei. Todo mês do ano, uma divisão militar estava a serviço. Cada divisão tinha vinte e quatro mil homens.

²⁻³ A primeira divisão, para o primeiro mês: Jasobeão, filho de Zabdiel, encarregado de vinte e quatro mil homens. Ele era da linhagem de Perez e comandava todos os oficiais militares no primeiro mês.

⁴ A divisão para o segundo mês: Dodai, de Aoí, encarregado de vinte e quatro mil homens. Miclote era o chefe da divisão.

⁵⁻⁶ O comandante para o terceiro mês: Benaia, filho do sacerdote Joiada, encarregado de vinte e quatro mil homens. Esse era o mesmo Benaia chefe do pelotão dos Trinta. Seu filho Amizabade era chefe da divisão.

⁷ A divisão para o quarto mês: Asael, irmão de Joabe. Seu filho Zebadias foi seu sucessor no comando de vinte e quatro mil homens.

⁸ A divisão para o quinto mês: o comandante Samute, o izraíta, encarregado de vinte e quatro mil homens.

⁹ A divisão para o sexto mês: Ira, filho de Iques, de Tecoa, encarregado de vinte e quatro mil homens.

¹⁰ A divisão para o sétimo mês: Helez, de Pelom, um efraimita, encarregado de vinte e quatro mil homens.

¹¹ A divisão para o oitavo mês: Sibecai, de Husate, um zeraíta, encarregado de vinte e quatro mil homens.

¹² A divisão para o nono mês: Abiezer, de Anatote, um benjamita, encarregado de vinte e quatro mil homens.

¹³ A divisão para o décimo mês: Maarai, de Netofate, um zeraíta, encarregado de vinte e quatro mil homens.

¹⁴ A divisão para o décimo primeiro mês: Benaia, de Piratom, um efraimita, encarregado de vinte e quatro mil homens.

¹⁵ A divisão para o décimo segundo mês: Heldai, de Netofate, descendente de Otoniel, encarregado de vinte e quatro mil homens.

Administradores tribais

¹⁶⁻²² Os administradores dos negócios das tribos foram:

de Rúben: Eliézer, filho de Zicri;
de Simeão: Sefatias, filho de Maaca;
de Levi: Hasabias, filho de Quemuel;
de Arão: Zadoque;
de Judá: Eliú, irmão de Davi;
de Issacar: Onri, filho de Micael;
de Zebulom: Ismaías, filho de Obadias;
de Naftali: Jeremote, filho de Azriel;
de Efraim: Oseias, filho de Azazias;
da meia tribo de Manassés: Joel,
    filho de Pedaías;
da meia tribo de Manassés, em Gileade:
Ido, filho de Zacarias;
de Benjamim: Jaasiel, filho de Abner;
de Dã: Azareel, filho de Jeroão.

Esses foram os oficiais encarregados da administração das tribos.

²³⁻²⁴ Davi não registrou os homens com menos de 20 anos de idade, porque o Eterno tinha prometido multiplicar Israel como as estrelas do céu. Joabe, filho de Zeruia, começou a fazer a contagem dos homens, mas não pôde terminar. A ira de Deus veio sobre Israel por causa do recenseamento. Por isso, não consta o número total nos registros oficiais do rei Davi.

Encarregados dos suprimentos

²⁵ Os suprimentos do palácio estavam sob a supervisão de Azmavete, filho de Adiel. Jônatas, filho de Uzias, era responsável pelos depósitos distribuídos entre as cidades distantes.

DIA 199

²⁶ Ezri, filho de Quelube, era encarregado dos trabalhadores rurais.

²⁷ Simei, o ramatita, era encarregado das vinhas. Zabdi, de Sifá, era encarregado do vinho que era armazenado.

²⁸ Baal-Hanã, de Gederá, era encarregado das oliveiras e das figueiras bravas das planícies. Joás era encarregado da produção de azeite.

²⁹ Sitrai, de Sarom, era encarregado dos rebanhos apascentados em Sarom. Safate, filho de Adlai, era encarregado dos rebanhos do vale.

³⁰⁻³¹ Obil, o ismaelita, era encarregado dos camelos. Jedias, de Meronote, era encarregado dos jumentos. Jaziz, o hagareno, era encarregado das ovelhas.

Esses eram os encarregados de administrar as propriedades do rei Davi.

Conselheiros de Davi

³² Jônatas, tio de Davi, conselheiro sábio e letrado, e Jeiel, filho de Hacmoni, cuidavam dos filhos do rei.

³³⁻³⁴ Aitofel era o conselheiro particular do rei. Husai, o arquita, era amigo do rei. Aitofel foi, mais tarde, substituído por Joiada, filho de Benaia, e por Abiatar.

Joabe era o comandante do exército do rei.

Discurso de despedida de Davi

28 ¹ Davi convocou todos os líderes de Israel: os administradores das tribos, os chefes da administração do governo, os comandantes e capitães militares, os gerentes do patrimônio e dos rebanhos do rei e de seus filhos — enfim, todos que tinham algum cargo importante no reino.

²⁻⁷ O rei Davi disse a eles: "Ouça-me, meu povo. Eu estava decidido a construir uma estrutura permanente para a arca da aliança do Eterno, um descanso para os pés de Deus. Mas, quando me preparava para construir, Deus me disse: 'Você não poderá construir uma casa para me honrar, porque se envolveu em muitas guerras e matou muita gente'. O Eterno, o Deus de Israel, me escolheu entre toda minha família para ser rei sobre Israel. Antes, ele tinha escolhido Judá para ser o principal tribo; depois, escolheu minha família e, por fim, separou-me entre os filhos de meu pai e foi do agrado dele tornar-me rei sobre todo o Israel. Agora, de todos os muitos filhos que ele me deu, escolheu Salomão para ocupar o trono do reino do Eterno sobre Israel. Ele ainda prometeu: 'Seu filho Salomão construirá a minha casa e os meus pátios. Eu o escolhi para ser meu filho, e eu serei seu pai. Se ele estiver determinado a seguir as minhas ordens e executar as minhas determinações, sustentarei seu reino para sempre'.

⁸ "Portanto, publicamente, diante de todo o Israel, a comunidade do Eterno, e aos ouvidos de Deus, digo isto: Obedeçam e estudem todos os mandamentos do Eterno, o Deus de vocês, para que possam aproveitar ao máximo os benefícios desta boa terra e passá-la por herança a seus filhos, garantindo a eles um bom futuro.

⁹⁻¹⁰ "E você, meu filho Salomão, procure conhecer bem o Deus de seu pai. Sirva-o de todo o coração e mente, pois o Eterno examina o coração e discerne todas as motivações. Se o buscar, você sem dúvida o encontrará, mas, se o abandonar, ele o deixará. Preste atenção: o Eterno escolheu você para construir sua casa santificada. Tenha coragem e determinação! Cumpra essa tarefa!".

ATOS 20.1-24

Macedônia e Grécia

20 ¹⁻² Com a situação normalizada, Paulo reuniu os discípulos e os incentivou a ficar firmes naquela boa obra em Éfeso. Despedindo-se deles, foi para a Macedônia. Viajou pelo país, indo de uma reunião para outra, sempre encorajando, animando e despertando neles uma nova esperança.

²⁻⁴ Depois foi para a Grécia e ficou três meses ali. Quando estava para embarcar para a Síria, os judeus armaram um complô contra ele. Assim, decidiu ir por terra, pela Macedônia, e os despistou. Seus companheiros de viagem eram Sópatro, filho de Pirro, de Bereia; Aristarco e Secundo, ambos tessalonicenses; Gaio, de Derbe; Timóteo; os dois discípulos da Ásia ocidental, Tíquico e Trófimo.

⁵⁻⁶ Eles foram na frente e esperaram por nós em Trôade. Enquanto isso, ficamos em Filipos para a semana da Páscoa e, depois, embarcamos. Cinco dias depois, estávamos outra vez em Trôade e ficamos ali uma semana.

⁷⁻⁹ Encontramo-nos no domingo para o culto e a celebração da ceia do Senhor. Paulo falou à comunidade. Nosso plano era sair de manhã bem cedo, mas Paulo falou muito, até depois da meia-noite. Estávamos reunidos num andar superior, bem iluminado. Um jovem chamado Êutico estava sentado numa janela. Como a palavra de Paulo se prolongou, Êutico dormiu e caiu da janela, do terceiro andar. Quando foram socorrê-lo, ele estava morto.

¹⁰⁻¹² Paulo desceu também e sacudiu o rapaz, dizendo: "Nada de choro, ainda há vida nele". Disse isso e

Nossa vida é como uma sombra, insignificante. Ó Eterno, nosso Deus, toda essa abundância de material para a construção de uma casa para adorar ao teu nome vem de ti mesmo! Tudo veio de ti! Eu sei, ó Deus, que não te impressionas com o exterior. O que desejas é sinceridade. Por isso, contribuí de coração, honesta e voluntariamente, e me alegro ao ver todo o povo fazendo o mesmo, contribuindo espontaneamente. Ó Eterno, Deus de nossos antepassados Abraão, Isaque e Israel, mantém esse espírito voluntário para sempre neste povo. Que o coração de todos esteja arraigado em ti! Dá a meu filho Salomão um coração íntegro para obedecer aos teus mandamentos, seguir tuas instruções e teus conselhos e executar o plano da construção do templo".

²⁰Mais uma vez, Davi se dirigiu a toda a comunidade: "Louvem o Eterno, seu Deus". Todos louvaram o Eterno, o Deus dos seus antepassados, e lhe adoraram com toda a reverência na presença do rei.

²¹⁻²²No dia seguinte, mataram animais para o sacrifício e ofereceram ao Eterno mil bois, mil carneiros e mil ovelhas, com ofertas de bebida e muitos outros sacrifícios. Celebraram o dia inteiro, comendo e bebendo diante do Eterno com grande alegria.

²²⁻²⁵Depois disso, repetiram solenemente a coroação de Salomão, o filho de Davi, ungindo-o rei diante do Eterno. Zadoque foi ungido sacerdote. Salomão assentou-se no trono do Eterno como rei, no lugar do seu pai Davi. Tudo caminhou bem, e todo o Israel se subordinou a ele. Todos os líderes do povo, até mesmo os outros filhos do rei Davi, o aceitaram como seu rei e prometeram ser leais a ele. O Eterno fez que Salomão fosse aclamado pelo povo. Concedeu a ele poder e honra, como a nenhum outro rei de Israel.

²⁶⁻³⁰Davi, filho de Jessé, reinou sobre todo o Israel quarenta anos. Reinou sete anos em Hebrom e trinta e três anos em Jerusalém. Ele morreu em idade bastante avançada, com muita riqueza e glória. Seu filho Salomão foi seu sucessor. A história de Davi, desde o início até o fim, está registrada nas crônicas do vidente Samuel, do profeta Natã e do vidente Gade. Elas contêm detalhes do seu reinado, do seu heroísmo e de todos os acontecimentos relacionados a ele, ao povo de Israel e aos reinos ao redor.

ATOS 20.25 — 21.9

²⁵⁻²⁷"Portanto, adeus. Vocês não me verão outra vez, nem eu a vocês, com quem tenho trabalhado tanto, proclamando as notícias do inaugurado Reino de Deus. Fiz o melhor que pude por vocês. Dei tudo de mim e não escondi nada do que era a vontade de Deus para vocês.

²⁸"Agora, é com vocês. Fiquem firmes, por vocês mesmos e pela comunidade. O Espírito Santo os responsabiliza agora por essas ovelhas, que são o povo de Deus. Vocês têm o dever de guardá-las e protegê-las. O próprio Deus considerou que valia a pena morrer por elas.

²⁹⁻³¹"Sei que, assim que eu partir, lobos ferozes aparecerão para atacar o rebanho, homens de suas fileiras que torcerão as palavras para seduzir os discípulos a segui-los, em vez de seguir Jesus. Por isso, fiquem atentos. Lembrem-se desses três anos nos quais velei por vocês, sem desistir, derramando meu coração por todos vocês.

³²"Agora me entrego a Deus, ao nosso Deus maravilhoso, cuja Palavra poderá moldar vocês para que sejam o que ele quer e conceder a vocês tudo de que precisem nesta comunidade de santos amigos.

³³⁻³⁵"Vocês bem sabem que nunca fiz questão de riqueza ou de vestir do bom e do melhor. Com estas mãos limpas, cuidei das necessidades básicas, minhas e dos que trabalharam comigo. Em tudo que fiz, demonstrei a vocês que é preciso trabalhar a favor dos fracos, não explorá-los. Vocês não estarão errando se guardarem a lembrança daquilo que o Senhor disse: 'Vocês são mais felizes dando que recebendo' ".

³⁶⁻³⁸Depois de falar, Paulo ajoelhou-se. Os outros fizeram o mesmo, e todos oraram. Foi um rio de lágrimas. Muitos abraçaram Paulo, não querendo deixá-lo ir. Eles sabiam que não iriam vê-lo outra vez, como ele mesmo havia declarado. Com muita dor no coração, eles o acompanharam até o navio.

Tiro e Cesareia

21 ¹⁻⁴Assim, depois de uma despedida emocionada, seguimos caminho. Rumamos para Cós e, no dia seguinte, alcançamos Rodes e depois Pátara. Ali encontramos um navio que ia para a Fenícia, embarcamos e começamos a navegar. Chipre estava à nossa esquerda, mas logo não podia mais ser vista, pois mantivemos o curso para a Síria e finalmente atracamos no porto de Tiro. Enquanto a carga era desembarcada, procuramos os discípulos que viviam na cidade e ficamos com eles sete dias. A mensagem deles para Paulo, baseada numa percepção concedida pelo Espírito, foi: "Não vá a Jerusalém".

⁵⁻⁶Quando nosso tempo acabou, eles nos escoltaram até as docas. Vieram todos — homens, mulheres, crianças. Foi uma grande festa de despedida!

DIA 201

Ajoelhamo-nos na praia e oramos. Então, após outra rodada de despedidas, subimos a bordo, enquanto eles voltavam para casa.

7-9 Uma rápida jornada de Tiro a Ptolemaida completou a viagem. Saudamos nossos amigos cristãos ali e ficamos com eles um dia. De manhã, fomos para Cesareia e ficamos com Filipe, o Evangelista, um "dos Sete". Filipe tinha quatro filhas, que eram virgens e profetizavam.

SALMOS 88.1-9a

Uma oração de Coré, De Hemã

88 **1-9** Ó Eterno, tu és meu último recurso neste dia! Passei a noite de joelhos diante de ti.

Põe meu nome na tua agenda de salvação!
Toma nota dos problemas em que
estou envolvido!
Já tive meu suprimento de problemas:
estou acampado à beira da sepultura.
Eu fui rejeitado como caso perdido,
um dado estatístico, um caso sem esperança.
Abandonado como se já estivesse morto,
mais um indigente no necrotério,
Sem direito à lápide.
Caí no buraco negro do esquecimento.
Tu me lançaste num poço sem fundo,
Me empurraste para um abismo escuro.
Estou quebrado, desacordado
sob o peso da tua ira,
Arrastado por tuas ondas de fúria.
Tu puseste meus amigos contra mim,
fizeste-me parecer horrível para eles.
Encontro-me num labirinto
e não encontro a saída,
cegado pelas lágrimas de dor e frustração.

◾ **NOTAS**

☐ **DIA 201** ___ / ___ / ___

2CRÔNICAS 1.1 — 3.17

O rei Salomão

1 **1-6** Salomão, filho de Davi, conseguiu se firmar em seu reino. O Eterno estava com ele e o ajudou muito. Salomão falou a todo o Israel, os comandantes, os capitães, os juízes, os líderes e os chefes de família. Salomão e todo o povo foram para Gibeom, onde estava a Tenda do Encontro que Moisés, o servo do Eterno, tinha feito no deserto. Mas a arca de Deus estava em Jerusalém. Davi tinha levado a arca de Quiriate-Jearim para o lugar especialmente preparado para ela, a uma tenda em Jerusalém. Já o altar de bronze que Bezalel, filho de Uri, filho de Hur, tinha feito, estava em Gibeom, diante do Tabernáculo do Eterno. Salomão e toda a congregação consultaram o Eterno. Salomão ofereceu sacrifício ao Eterno sobre o altar de bronze que estava diante da Tenda do Encontro. Ele ofereceu mil ofertas queimadas sobre o altar.

7 Naquela noite, Deus apareceu a Salomão e disse: "O que você quer de mim? É só pedir".

8-10 Salomão respondeu: "Foste muito generoso para com meu pai Davi e ainda me fizeste rei neste lugar. Agora, cumpre as promessas feitas ao meu pai, pois me constituíste rei sobre um povo tão numeroso quanto o pó da terra. Por isso, dá-me sabedoria e conhecimento em tudo que eu fizer com relação ao povo, pois quem seria capaz de governar sozinho essa gente tão numerosa?".

11-12 Deus respondeu a Salomão: "Já que é isso que você quer e já que não pediu riqueza, bens, fama ou a destruição dos inimigos, nem mesmo pediu longevidade, mas apenas sabedoria e conhecimento para governar bem o meu povo, sobre o qual eu o constituí rei; então, receberá o que pediu: sabedoria e conhecimento. Mas também acrescentarei riqueza, fama e bens, mais que qualquer outro rei antes e depois de você já teve".

13 Salomão voltou de Gibeom, onde ficava a Tenda do Encontro, para Jerusalém e começou a governar sobre Israel.

14-17 Salomão adquiriu muitos carros e cavalos: tinha mil e quatrocentos carros e doze mil cavalos. Ele os mantinha em estábulos distribuídos entre várias cidades e também perto do rei, em Jerusalém. O rei fez que a prata e o ouro fossem tão comuns em Jerusalém quanto as pedras, e os cedros, como as figueiras das planícies. Seus cavalos eram trazidos do Egito e da Cilícia, especialmente importados pelos agentes do rei. Cada carro do Egito custava sete quilos e duzentos gramas de prata, e um cavalo, um quilo e oitocentos gramas. Salomão os exportava para os reis dos hititas e dos arameus.

A construção do templo

2 **1** Salomão determinou que se começasse a construção da casa de adoração em homenagem ao Eterno e de um palácio para si.

2 Salomão nomeou setenta mil carregadores, oitenta mil cortadores de pedra nas montanhas e três mil e seiscentos encarregados da obra.

3-4 Em seguida, Salomão mandou esta mensagem a Hirão, rei de Tiro: "Mande-me cedros, como você enviou ao meu pai Davi quando ele construiu um palácio. Estou me preparando para construir uma casa de adoração em homenagem ao Eterno, o meu Deus, um santuário para queimar incenso aromático, apresentar o pão consagrado, oferecer ofertas queimadas de manhã e à tarde, nos sábados, na lua nova e nas festas sagradas. Essa é a obrigação de Israel para sempre.

5-10 "A casa que estou construindo deve ser grande, pois o nosso Deus é maior que todos os deuses. Mas quem é capaz de construir uma estrutura assim? Pois nem o céu nem mesmo o

Universo são capazes de contê-lo. E quem sou eu para construir uma casa adequada para Deus, a não ser para queimar incenso diante dele? Assim, preciso de sua ajuda: Mande-me um artífice que saiba trabalhar com ouro, prata, bronze, ferro e tecidos roxo, vermelho e azul e que saiba entalhar, para supervisionar os artesões de Judá e de Jerusalém que meu pai treinou. Mande também madeira de cedro, cipreste e sândalo do Líbano. Sei que seus lenhadores têm muita experiência em tirar madeira das matas do Líbano. Eu mandarei funcionários para ajudar seus trabalhadores a cortar bastante madeira. Vou precisar de muita madeira, pois a casa que estou construindo será majestosa. A alimentação dos seus lenhadores fica por minha conta. Mandarei vinte mil tonéis de trigo, vinte mil tonéis de cevada, dois mil barris de vinho e dois mil barris de azeite".

11 Hirão, rei de Tiro, respondeu por escrito a Salomão: "Está claro que o Eterno ama seu povo; por isso, constituiu você rei sobre ele".

12-14 A carta continuava: "Bendito seja o Eterno, o Deus de Israel, Criador do céu e da terra, que deu ao rei Davi um filho tão sábio, inteligente e com tanto discernimento para construir um templo para o Eterno e um palácio para você. Já estou enviando Hurão-Abi, um construtor muito competente. A mãe dele é de Dã, e seu pai, de Tiro. Ele tem muita habilidade para trabalhar com ouro, prata, bronze, ferro, pedra, madeira e tecido roxo, azul e vermelho. Também trabalha muito bem com entalhes. É competente para fazer os desenhos com seus desenhistas e arquitetos e com os de seu pai Davi, meu senhor.

15-16 "Mande o trigo, a cevada, o azeite e o vinho para meus trabalhadores como você falou. Tiraremos a madeira necessária das matas do Líbano, e vou providenciar para que ela flutue até Jope. De lá, você a levará para Jerusalém".

17-18 Salomão fez um levantamento de todos os estrangeiros que moravam em Israel, como seu pai tinha feito. Eram cento e cinquenta e três mil e seiscentos estrangeiros. Ele nomeou setenta mil carregadores, oitenta mil cortadores de pedras nas montanhas e três mil e seiscentos encarregados das equipes de trabalho.

3 **1-4** Finalmente, Salomão começou a construir a casa para o Eterno em Jerusalém, sobre o monte Moriá, no qual o Eterno tinha aparecido a Davi, seu pai. O local foi o que Davi tinha determinado: na eira de Araúna, o jebuseu. Ele começou a construção no segundo dia do segundo mês do quarto ano do seu reinado. Este era o tamanho da casa de Deus que Salomão estava construindo: vinte e sete metros de comprimento por nove metros de largura, conforme o padrão antigo de medida. O pórtico da entrada tinha nove metros de altura, e a largura da construção era a mesma: nove metros.

4-7 O interior era revestido de ouro puro. Salomão revestiu a entrada principal com cipreste folheado a ouro puro com desenhos entalhados de palmeiras e correntes. Ornamentou o prédio com pedras preciosas e ouro de Parvaim. Revestiu tudo com ouro: as vigas, os batentes, as paredes e as portas. Nas paredes, foram entalhadas figuras de querubins.

8-9 Fez o Lugar Santíssimo de nove metros de largura, nove metros de comprimento e nove metros de altura. Revestiu seu interior com vinte e uma toneladas de ouro. Os pregos também eram de ouro e pesavam seiscentos gramas. As salas superiores também foram revestidas de ouro.

10-13 Esculpiu para o Lugar Santíssimo e revestiu de ouro dois querubins, enormes figuras com aparência de anjos. Os dois juntos, com as asas abertas, mediam nove metros. Cada asa media dois metros e vinte e cinco centímetros, e elas se estendiam de uma parede a outra. Eles ficavam de pé, de frente para o pátio principal.

14 Decorou a cortina de azul, roxo, vermelho e linho fino. Desenhou nela querubins.

15-17 Levantou duas enormes colunas de dezesseis metros cada uma. Em cima delas, havia um capitel de dois metros e vinte e cinco centímetros de altura. O topo de cada coluna foi enfeitado com correntes, em forma de colar, e nelas estavam penduradas duzentas romãs. Pôs as colunas na entrada do templo, uma do lado direito e outra do lado esquerdo. A da direita recebeu o nome de Jaquim (Segurança), e a da esquerda, de Boaz (Estabilidade).

ATOS 21.10-36

10-11 A visita durou vários dias, e um profeta da Judeia, chamado Ágabo, veio nos ver. Ele encaminhou-se diretamente para Paulo, pegou o cinto dele e, num gesto dramático, amarrou-se, mãos e pés, e disse: "Isto é o que o Espírito Santo diz: 'Os judeus de Jerusalém irão prender o homem a quem este cinto pertence, desta maneira, e vão entregá-lo a pagãos muito maus' ".

12-13 Quando ouvimos isso, todos nós imploramos a Paulo que deixasse de ser teimoso e desistisse da viagem a Jerusalém. Mas ele foi irredutível: "Por que tudo isso? Por que todo esse drama, tornando as coisas ainda mais difíceis para mim? Vocês não entendem. A questão não é o que vão fazer a mim em Jerusalém, se vão me prender ou me matar, mas o que o Senhor Jesus irá fazer por meio da minha obediência. Não conseguem ver isso?".

14 Percebendo que era inútil insistir, desistimos: "Está nas mãos de Deus. Senhor, seja feita a tua vontade!".

15-16 Isso aconteceu pouco antes de pegarmos a bagagem para ir a Jerusalém. Alguns dos discípulos de Cesareia foram conosco e nos levaram à casa de Mnasom, que nos recebeu calorosamente como hóspedes. Natural de Chipre, ele era do grupo dos discípulos mais antigos.

Jerusalém

17-19 Em Jerusalém, nossos amigos nos receberam de braços abertos, com muita alegria. Logo na manhã seguinte fomos levar Paulo para ver Tiago. Todos os líderes da igreja estavam lá. Depois das saudações e de conversar um pouco, Paulo contou em detalhes o que Deus havia feito entre os não judeus pelo seu ministério. Eles ouviram com prazer e deram glória a Deus.

20-21 Eles também tinham uma história para contar: "Vejam o que está acontecendo aqui: milhares e milhares de judeus consagrados a Deus passaram a crer em Jesus! Mas há também um problema: eles estão mais zelosos do que nunca em observar as leis de Moisés e ouviram dizer que vocês aconselham esses judeus que vivem cercados por gente de outros povos a se afastar de Moisés, afirmando que eles não precisam circuncidar os filhos nem guardar as tradições. Isso desagradou muito a todos eles.

22-24 "Estamos preocupados com o que poderá acontecer quando descobrirem que você está na cidade. Isso vai dar problema. Aqui está o nosso conselho: quatro homens de nosso grupo fizeram um voto que envolve purificações rituais, mas não têm dinheiro para pagar as despesas. Junte-se a esses homens em seus votos e pague as despesas deles. Assim, todos vão ficar convencidos de que não há verdade nos boatos que circulam a seu respeito e que você é de fato zeloso das leis de Moisés.

²⁵ "Ao fazer esse pedido, não estamos voltando atrás no acordo sobre os não judeus convertidos. Tudo que escrevemos naquela carta está de pé, a saber, o cuidado em não se envolver em nenhum tipo de idolatria, em não servir comida ofensiva aos judeus cristãos, como é o caso do sangue e da carne ritualmente impura, e em guardar a pureza moral no sexo e no casamento". ²⁶ Paulo concordou. Juntou-se àqueles homens em seus votos e pagou as despesas deles. No dia seguinte, foi ao templo oficializar o voto e ficou ali até que os sacrifícios adequados foram oferecidos e o tempo fosse cumprido.

Paulo na prisão

²⁷⁻²⁹ Quando os sete dias de purificação estavam para se completar, alguns judeus de Éfeso reconheceram Paulo no templo. Imediatamente, puseram o lugar de cabeça para baixo. Agarraram Paulo e começaram a gritar a plenos pulmões: "Socorro! Israelitas, ajudem! Este é o homem que está viajando pelo mundo inteiro, dizendo mentiras contra nós, contra nossa religião e contra este lugar. Ele trouxe gregos aqui e contaminou este lugar santo!". (Eles tinham visto Trófimo, o grego de Éfeso, caminhando com Paulo na cidade e logo concluíram que o apóstolo o levara ao templo.)

³⁰ Logo a cidade inteira estava alvoroçada. Gente de toda parte corria para o templo a fim de saber o que estava acontecendo. Os judeus arrastaram Paulo para fora e trancaram as portas do templo, de modo que ele não pudesse entrar no santuário outra vez.

³¹⁻³² Tentavam matá-lo quando a notícia chegou ao comandante da guarda: "Um motim! A cidade inteira está em polvorosa!". Ele agiu rápido. Os soldados e oficiais correram para o lugar imediatamente. Assim que a multidão viu o comandante e seus soldados, pararam de agredir o apóstolo.

³³⁻³⁶ O capitão prendeu Paulo. Ordenou que ele fosse algemado e depois perguntou quem era e o que tinha feito. Tudo que ele conseguiu da multidão foi uma gritaria ensurdecedora. Era impossível entender o que diziam. Por isso, decidiu levar Paulo para a fortaleza. Mas, ao chegar às escadarias do templo, a multidão se tornou tão violenta que os soldados tiveram de carregar o prisioneiro. Enquanto o transportavam, a multidão ia atrás dele, gritando: "Mata! Mata!".

SALMOS 88.9-12

⁹⁻¹² Clamo a ti, ó Eterno, durante todo o dia!
Aperto as mãos e peço socorro.
São os mortos, por acaso, uma boa plateia
para teus milagres?
Os mortos já se juntaram ao coral
que te louva?
Teu amor faz alguma diferença no cemitério?
Tua presença é notada nos
corredores da morte?
Teus maravilhosos feitos já foram
vistos na escuridão?
Teus justos caminhos
já foram percebidos na Terra
dos Sem-Memória?

■ NOTAS

DIA 202

606

☐ DIA 202 ___/___/___

2CRÔNICAS 4.1 — 6.16

Os utensílios do templo

4 **¹**Salomão fez o altar de bronze de nove metros de comprimento, nove metros de largura e quatro metros e meio de altura.

²⁻⁵ Fez o tanque, um enorme recipiente redondo de metal fundido de quatro metros e meio de diâmetro e dois metros e vinte e cinco centímetros de altura. Sua circunferência era de treze metros e meio. Abaixo da borda e ao redor, havia duas faixas paralelas com figuras de touros a cada cinco centímetros, fundidos numa só peça com o tanque. O tanque estava assentado sobre doze touros, três voltados para o norte, três para o oeste, três para o sul e três para o leste. Todos os touros tinham o rosto para fora e sustentavam o tanque sobre sua parte traseira. O tanque tinha quatro dedos de espessura, e a borda era como a de um cálice. Tinha capacidade para sessenta mil litros.

⁶Fez dez pias, cinco do lado direito e cinco do lado esquerdo. Eram utilizadas para lavar tudo que era usado nas ofertas queimadas. Os sacerdotes se lavavam no tanque.

⁷Fez dez candelabros, de acordo com o modelo prescrito. Pôs cinco do lado direito e cinco do lado esquerdo.

⁸Fez dez mesas e pôs cinco do lado direito e cinco do lado esquerdo. Também fez cem tigelas de ouro.

⁹Construiu um pátio especialmente para os sacerdotes e o pátio principal com suas portas. As portas foram revestidas de bronze.

¹⁰Pôs o tanque ao lado direito do templo, no canto sudeste.

¹¹⁻¹⁶ Fez também baldes, pás e bacias. Assim, Hurão completou o trabalho para o qual tinha sido contratado pelo rei Salomão:

duas colunas;

dois capitéis em forma de taça em cima das colunas;

duas correntes para enfeitar os capitéis;

quatrocentas romãs para as correntes dos capitéis (duas fileiras de romãs para cada conjunto de correntes);

dez suportes com suas pias;

um tanque e os doze touros que ficavam debaixo dele;

diversas bacias, garfos, pás e tigelas.

¹⁶⁻¹⁸ Todos esses utensílios que Hurão-Abi fez para o rei Salomão e para o templo do Eterno eram de bronze polido. O rei mandou fundi-los em moldes de barro na planície do Jordão, entre Sucote e Zeredá. Esses utensílios nunca foram pesados. Era muito bronze. Ninguém soube quanto bronze foi utilizado.

¹⁹⁻²² Salomão também mandou fazer os móveis e demais utensílios do templo de Deus:

o altar de ouro;

as mesas sobre as quais ficava o pão da presença;

os candelabros de ouro puro com suas lâmpadas, que eram acesas diante do santuário interior, o Lugar Santíssimo;

as flores, as lâmpadas e as tenazes de ouro maciço;

os cortadores de pavio, as bacias, as tigelas e os incensários de ouro;

as portas de ouro do templo, as portas do Lugar Santíssimo e as portas do santuário principal.

5 **¹**Assim, completou-se a obra que o rei Salomão fez para o templo do Eterno. Depois disso, ele trouxe as ofertas sagradas de seu pai Davi: a prata, o ouro e os utensílios. Ele guardou tudo no tesouro do templo de Deus.

A arca é levada para o templo

²⁻³ Para terminar, Salomão reuniu todos os líderes de Jerusalém, todos os líderes das tribos e os chefes de famílias para levar a arca da aliança do Eterno de Sião para o templo. Todos os homens de Israel compareceram perante o rei por ocasião da festa do sétimo mês, a festa das Cabanas.

⁴⁻⁶ Quando todos os líderes de Israel estavam prontos, os levitas levaram a arca. Ela foi carregada com a Tenda do Encontro e todos os objetos consagrados para o serviço. Os sacerdotes, todos levitas, foram os responsáveis pelo transporte. O rei Salomão e toda a congregação de Israel estavam diante da arca, louvando e sacrificando muitas ovelhas e bois. Eram tantos que não dava para contar.

⁷⁻¹⁰ Os sacerdotes levaram a arca da aliança do Eterno para o seu lugar no santuário interior, o Lugar Santíssimo, sob as asas dos querubins. As asas abertas dos querubins formavam uma cobertura sobre a arca e suas varas. As varas eram tão compridas que as pontas ficavam para fora da entrada do santuário interior, mas não eram vistas de longe. Estão lá até hoje. Dentro da arca, estavam apenas as duas tábuas que Moisés tinha guardado quando estava no Horebe, onde o Eterno fez aliança com Israel depois de tirá-lo do Egito.

11-13 Os sacerdotes saíram do Lugar Santo. Todos os sacerdotes que estavam ali foram consagrados, sem distinção de cargo ou de função. Todos os levitas que eram músicos estavam ali com vestimentas litúrgicas: Asafe, Hemã, Jedutum e seus filhos e parentes. O coral e a orquestra se reuniram no lado leste do altar com cento e vinte sacerdotes que tocavam trombetas. O coral e as trombetas se uniram em louvor e ações de graças ao Eterno. A orquestra e o coral cantavam e tocavam ao Eterno em perfeita harmonia:

Sim! Deus é bom!
O seu amor leal dura para sempre!

13-14 Então, uma nuvem encheu o templo do Eterno. Os sacerdotes não puderam terminar seu serviço por causa da nuvem. A glória do Eterno encheu o templo de Deus.

A oração de dedicação do templo

6 **1-2** Salomão orou assim:

"O Eterno disse que habitaria numa nuvem,
Mas eu construí um templo majestoso,
um lugar para a tua habitação perpétua".

3 Em seguida, o rei voltou-se para o povo que estava reunido ali e o abençoou:

4-6 "Bendito seja o Eterno, o Deus de Israel, que falou pessoalmente com meu pai Davi. Agora ele cumpriu o que havia prometido quando declarou: 'Desde que tirei o meu povo Israel do Egito, não havia separado nenhuma tribo entre todas as tribos de Israel para construir um templo em honra do meu nome, nem escolhido uma pessoa para ser líder. Mas agora escolhi uma cidade e uma pessoa: Jerusalém para a honra do meu nome e Davi para liderar o meu povo Israel'.

7-9 "Meu pai, Davi, queria muito construir um templo em honra do nome do Eterno, o Deus de Israel, mas o Eterno não permitiu: 'É bom que você queira construir um templo em minha homenagem! Mas não será você que o fará. Seu filho,

que dará continuidade à sua dinastia, construirá o templo para o meu nome'.

10-11 "Agora a promessa se cumpriu. O Eterno fez o que disse que faria. Sou o sucessor de meu pai, Davi, e agora governo Israel. Construí um templo em honra ao Eterno, o Deus de Israel, e preparei um lugar para a arca, que guarda a aliança do Eterno, aliança que ele fez com o povo de Israel".

12-16 Diante de toda a congregação de Israel, Salomão pôs-se diante do altar do Eterno e estendeu a mão. Salomão tinha feito uma plataforma de bronze de dois metros e vinte e cinco centímetros de comprimento e de um metro e trinta e cinco centímetros de altura. Ela estava no meio do pátio. Ele se ajoelhou diante de todo o povo, com as mãos estendidas para o céu, e orou:

"Ó Eterno, Deus de Israel, não há Deus como tu nos céus ou na terra, pois guardas a aliança com os teus servos e amas incessantemente os que obedecem de coração. Cumpriste a promessa feita a meu pai, Davi. Fizeste exatamente conforme a tua promessa. Prova disso é o que está diante de nós hoje!

Agora, Eterno, Deus de Israel, cumpre também a promessa que fizeste a meu pai, Davi, quando disseste: 'Você sempre terá um descendente sobre o trono de Israel para representar o meu governo, desde que seus descendentes sejam como você, obedientes na minha presença'.

ATOS 21.37 — 22.16

37-38 Quando chegaram às escadas, antes de entrar, Paulo disse ao capitão: "Posso falar uma coisa?".

Ele respondeu: "Eu não sabia que você falava grego. Pensei que fosse o egípcio que há pouco tempo iniciou uma rebelião aqui e se escondeu no deserto com quatro mil bandidos".

39 Paulo respondeu: "Não, eu sou judeu, nascido em Tarso. Ainda sou um cidadão daquela cidade influente e tenho um pedido simples: permita que eu fale à multidão".

Paulo conta sua história

40 Em pé, na escada, Paulo virou-se e levantou os braços. A multidão silenciou quando ele começou a falar em hebraico:

DIA 202

22 ¹ "**M**eus prezados irmãos e pais, ouçam com atenção o que vou dizer antes de tirarem conclusões a meu respeito". Quando eles o ouviram falar em hebraico, ficaram ainda mais quietos. Ninguém queria perder uma palavra.

²⁻³ Ele prosseguiu: "Sou um bom judeu, nascido em Tarso, na província da Cilícia, mas educado aqui em Jerusalém, sob o olhar exigente do rabino Gamaliel, instruído com rigor em nossas tradições religiosas. Além disso, sempre me dediquei sinceramente a Deus, até o dia de hoje.

⁴⁻⁵ "Eu perseguia qualquer um que tivesse ligação com o Caminho. Agia com violência, disposto a matar por causa de Deus. Persegui homens e mulheres e lancei muita gente na prisão. Se têm alguma dúvida, perguntem ao sacerdote principal ou a qualquer membro do Concílio. Eles me conhecem muito bem. Certa vez, fui até nossos irmãos de Damasco, munido de documentos oficiais que me autorizavam caçar os seguidores de Jesus que viviam lá, prendê-los e trazê-los de volta a Jerusalém para serem sentenciados.

⁶⁻⁷ "Quando eu me aproximava de Damasco, por volta do meio-dia, uma luz intensa brilhou do céu, e caí ao chão, confuso. Então, ouvi uma voz: 'Saulo, Saulo, por que você me persegue?'.

⁸⁻⁹ 'Quem és, Senhor?', perguntei.

"Ele disse: 'Eu sou Jesus, o Nazareno, a quem você está perseguindo'. Meus companheiros viram a luz, mas não ouviram a conversa.

¹⁰⁻¹¹ "Então, eu disse: 'Senhor, o que devo fazer?'.

Ele disse: 'Levante-se e vá a Damasco. Ali será dito tudo que você deve fazer. Entramos em Damasco, mas não foi nada como eu tinha planejado. Eu estava cego, e meus companheiros tiveram de me guiar pela mão.

¹²⁻¹³ "Encontrei-me com Ananias, homem de reputação excelente, observador das nossas leis — a comunidade judaica de Damasco pode confirmar. Ele me deu o maior apoio e disse: 'Volte a ver'. Olhei e logo eu estava olhando para ele. Eu estava enxergando outra vez!

¹⁴⁻¹⁶ "Ele disse: 'O Deus dos nossos antepassados escolheu você para ser parte do seu plano. Você acabou de ver o Justo Inocente e o ouviu falar. Você será uma testemunha muito importante do que viu e ouviu. Levante-se, seja batizado e purificado dos seus pecados e conheça Deus pessoalmente!'

SALMOS 88.13-18

¹³⁻¹⁸ Ó Eterno, continuo gritando por socorro,
em minhas orações toda manhã, de joelhos,
ao romper do dia.

Por que, ó Eterno, te fazes de surdo?
Por que te manténs afastado?
Pois até onde consigo lembrar,
sempre estive ferido;
recebi o pior do que podes dar.
Tua ira inflamada queimou minha vida;
estou sangrando, cheio de hematomas.
Tu me atacaste ferozmente de todos os lados;
fui esmurrado até chegar à beira da morte.
Tu me deixaste até sem amigos e vizinhos.
A única amiga que restou foi a escuridão.

◼ NOTAS

☐ DIA **203** ___/___/___

2CRÔNICAS 6.17 — 8.6

17 Ó Deus de Israel, que isso aconteça; confirma e concretiza essas promessas.

18-21 Mas será que Deus viria morar perto de nós? Nem o Universo é suficiente para conter seu ser, muito menos este templo que construí. Mesmo assim, ouso pedir: Atenta para minha intercessão, para minha súplica, ó Eterno, Deus meu. Ouve a insistente oração que faço diante de ti. Olha para este templo, dia e noite, este lugar que prometeste honrar com o teu nome. Ouve a oração que faço neste lugar. Ouve teu povo Israel quando ele orar neste lugar.

Ouve da tua habitação no céu
e, quando ouvir, perdoa.

22 Quando alguém ofender seu próximo e decidir corrigir o erro, vindo diante do teu altar neste templo e orar,

23 Ouve do céu e age;
julga teus servos, fazendo que o ofensor
pague pela ofensa,
E livra o ofendido
de toda acusação.

24-25 Quando o teu povo, Israel, for derrotado pelo inimigo por ter pecado contra ti e voltar-se para ti neste templo, reconhecendo o teu domínio em súplica e fervor,

Ouve da tua habitação no céu;
perdoa o pecado do teu povo,
Israel,
traze-o de volta para a terra que deste
aos seus antepassados.

26-27 Quando o céu retiver a água e não houver chuva porque teu povo pecou contra ti e o povo vier aqui para orar, reconhecendo o teu domínio e abandonando o seu pecado por causa do castigo que sofreu,

Ouve da tua habitação no céu,
perdoa os pecados dos teus servos,
teu povo, Israel.
Depois, renova sobre eles o teu cuidado:
ensina-os a viver corretamente;
Envia chuva sobre a terra
que deste ao teu povo por herança.

28-31 Quando houver calamidades, fomes ou catástrofes, fracasso ou doença na lavoura, invasão de gafanhotos e larvas, ou quando um inimigo atacar, toda oração que qualquer pessoa do teu povo, Israel, fizer, reconhecendo sinceramente as consequências do seu erro, e estender as mãos na direção deste templo, suplicando por tua ajuda,

Ouve da tua habitação no céu,
perdoa-os e recompensa-os:
dá a cada um aquilo que merece,
Pois conheces o coração de cada um
(só tu tens o conhecimento
do coração humano),
Para que cada um possa viver diante
de ti em constante reverência
e obediência, nesta terra que deste
aos nossos antepassados.

32 Não te esqueças do estrangeiro, que não faz parte do teu povo, Israel, mas veio de um país longínquo por causa da tua fama. Pessoas de todos os povos virão para cá por causa do teu grande nome, por causa das maravilhas do teu poder, pessoas que virão orar neste templo.

33 Ouve da tua habitação no céu
e honra as orações do estrangeiro,
Para que os povos em todo o mundo
saibam quem és e como és
E vivam em reverente obediência a ti,
como o teu povo, Israel;
Para que saibam que tu mesmo
fazes deste templo que construí o que ele é.

34-35 Quando teu povo sair para a guerra contra o inimigo a um lugar e hora que determinares e orar ao Eterno, voltado para a cidade que escolheste e para este templo que construí para a honra do teu nome,

Ouve do céu a oração e a súplica do teu povo
e defende a causa deles.

DIA 203

³⁶⁻³⁹ Quando o teu povo pecar contra ti, e por certo pecará, pois não há ninguém que não peque, e, na tua ira, o entregares ao inimigo para ser levado prisioneiro à terra dele, seja próxima, seja distante, mas se arrepender na terra do cativeiro e orar do exílio com sinceridade de coração: 'Nós pecamos. Cometemos um grande erro. Agimos com perversidade', mudarem seu coração com determinação na terra do inimigo que os conquistou e orarem a ti, voltados para esta terra, a terra que deste aos seus antepassados, para a cidade que escolheste e para este templo que construí para honrar teu nome,

Ouve da tua habitação no céu
as orações persistentes e fervorosas.
Faz o que for melhor para eles.
Perdoa o teu povo que pecou contra ti.

⁴⁰ E agora, ó Deus, dá ouvidos às orações feitas neste lugar.

⁴¹⁻⁴² Levanta-te, ó Eterno Deus!
Desfruta o novo lugar do teu descanso,
tu e a arca do teu poder.
Que os teus sacerdotes se revistam
com vestimentas de salvação
e que o teu povo santo
celebre a bondade!
Eterno Deus, não rejeites o teu ungido!
Lembra-te da fidelidade prometida
ao teu servo Davi".

A dedicação do templo

7 ¹⁻³ Logo que Salomão terminou de orar, desceu do céu fogo e queimou a oferta queimada e os sacrifícios, e a glória do Eterno encheu o templo. A glória se manifestou de maneira tão intensa que os sacerdotes não puderam entrar no templo. Depois que Deus entrou não havia espaço para os sacerdotes! Quando todo o povo de Israel viu o fogo descendo do céu e a glória do Eterno encher o templo, eles se ajoelharam, curvaram a cabeça, adoraram e deram graças ao Eterno:

"Sim! Deus é bom!
Seu amor leal dura para sempre!".

⁴⁻⁶ Depois, o rei e todo o Israel ofereceram sacrifícios ao Eterno. O rei Salomão ofereceu vinte e dois mil bois e cento e vinte mil ovelhas para a dedicação do templo. Todos os sacerdotes estavam trabalhando. O coral e a orquestra dos levitas que Davi tinha organizado para cantar e tocar louvores ao amor do Eterno estavam ali. Do outro lado do pátio, os sacerdotes tocavam as trombetas. Todos os israelitas estavam de pé.

⁷⁻¹⁰ Salomão consagrou a parte central do pátio, na frente do templo do Eterno, e ali apresentou a oferta queimada, as ofertas de cereais e a gordura das ofertas de paz. O altar de bronze era pequeno demais para tanta oferta. Foi assim que Salomão celebrou a grande festa de outono, a festa das Cabanas. Durante sete dias, multidões vinham desde a região nordeste (de Lebo-Hamate) até a região sudoeste (do ribeiro do Egito). Eles celebraram a primeira semana; depois, prolongaram a festa por mais uma semana. Levaram uma semana para dedicar o altar e outra para a festa propriamente. Foram duas semanas de festa! No dia 23 do sétimo mês, Salomão despediu o povo. Todos saíram felizes e animados por todas as coisas boas que o Eterno tinha feito a Davi, a Salomão e ao seu povo Israel.

A confirmação do Eterno

¹¹ Salomão terminou a construção do templo do Eterno e do palácio real, cumprindo tudo que havia proposto fazer. Foi um sucesso, e ele ficou muito satisfeito!

¹²⁻¹⁸ O Eterno apareceu a Salomão naquela mesma noite e disse: "Ouvi sua oração e escolhi este lugar como templo para sacrifícios, como local de adoração. Mas, se eu fizer cessar a chuva do céu, mandar gafanhotos devorarem suas lavouras ou enviar uma praga contra o meu povo, e o meu povo, que se chama pelo meu nome, reagir com humildade, orar e buscar a minha presença e abandonar os seus maus caminhos, estarei pronto para atendê-los. Do céu, ouvirei e perdoarei os seus pecados. Restaurarei o bem da terra. De agora em diante, estou atento, dia e noite, às orações feitas nesse lugar. Tenha certeza de que escolhi e santifiquei o templo que você construiu: o meu nome estará aqui para sempre. Meus olhos estão abertos, minha atenção será total e contínua. Quanto a você, se viver da maneira que desejo, como seu pai, Davi, com o coração puro e atitudes corretas, fazendo tudo que mandei, obedecendo à minha orientação e acatando as minhas decisões, sustentarei o seu governo sobre Israel. Vou mantê-lo firme no

trono. A aliança que fiz com seu pai Davi faço com você: sempre haverá um descendente seu sobre o trono de Israel.

19-22 "Mas, se você ou seus filhos me abandonarem, desprezarem a minha orientação e as minhas decisões, fabricando e adorando outros deuses, então não me comprometo: Riscarei Israel do mapa e rejeitarei o templo que acabei de santificar para a honra do meu nome. Israel será alvo de zombaria entre as nações. Esse templo, majestoso como é, será objeto de desprezo. Todos os que passarem diante dele irão balançar a cabeça e dizer: 'O que aconteceu aqui? Como aconteceu isso?'. Então, alguém dirá: 'O povo que vivia aqui abandonou o Eterno, o Deus que tirou seus antepassados do Egito. Foram servir e adorar outros deuses, por isso toda essa devastação' ".

Outras obras de Salomão

8 **1-6** Depois de vinte anos, Salomão realizou muitas obras:

a construção do templo do Eterno
e o palácio real;
a reconstrução das cidades que Hirão tinha dado a ele, que povoou com israelitas;
a conquista de Hamate-Zobá;
a fortificação de Tadmor, no deserto, e de todas as cidades-armazém que ele havia estabelecido em Hamate;
a construção das cidades fortificadas de Bete-Horom Alta e Bete-Horom Baixa, com muros, portões e trancas;
a construção de Baalate e das suas cidades-armazém;
a construção das cidades nas quais ficavam seus cavalos.

Salomão era um construtor impulsivo e extravagante. Em Jerusalém e no Líbano, onde e quando desejasse, ele construía.

ATOS 22.17 — 23.6

17-18 "Pois bem, aconteceu tudo como Ananias disse. Mais tarde, eu estava de volta a Jerusalém, orando um dia no templo, meio confuso na presença de Deus, e vi o Justo Inocente de Deus! Ele me disse: 'Depressa! Saia daqui o mais rápido que puder. Nenhum judeu em Jerusalém vai aceitar o que você diz a meu respeito'.

19-20 "No início, questionei: 'Mas quem tem melhores credenciais? Todos sabem que eu era obcecado por caçar quem te seguisse. Eu os agredia nas sinagogas e os jogava na cadeia. E, quando Estêvão, tua testemunha, foi assassinado, eu estava lá, segurando a capa dos assassinos. Agora eles me veem como convertido. Quem melhor do que eu para falar agora?'.

21 "Mas ele disse: 'Não discuta. Vá. Eu o envio aos outros povos. Será uma longa jornada'".

Um cidadão romano

22-25 O povo ouviu com atenção até esse ponto, mas perderam o controle e começaram a gritar: "Matem-no! Fora! Acabem com ele!". Eles sacudiam os punhos e gritavam maldições. Foi quando o comandante interferiu e ordenou que Paulo fosse levado à fortaleza. Ficou chocado e decidiu interrogar Paul cobrir o que ele havia feito para provocar tanta o sob tortura, para desviolência. Enquanto o amarravam com tiras de couro, preparando-o para o açoitamento, Paulo perguntou ao centurião, que assistia a tudo: "Não é ilegal torturar um cidadão romano sem um julgamento justo?".

26 Ao ouvir a pergunta, o centurião foi reclamar com o comandante da guarda: "Você percebe o que fez? Este homem é cidadão romano!".

27 O comandante foi confirmar: "O que ouvi é verdade? Você é cidadão romano?"

Paulo respondeu: "Claro que sim!".

28 O comandante ficou impressionado. "Tive de pagar uma grande quantia de dinheiro pela minha cidadania. Quanto custou a você?"

"Nada", disse Paulo, "não me custou nada. Sou cidadão desde que nasci".

29 O interrogatório foi suspenso, e o comandante ficou muito receoso. Havia ordenado prender um cidadão romano e chegado muito perto de mandar torturá-lo!

30 No dia seguinte, querendo livrar-se da encrenca e querendo saber o que estava por trás da acusação dos judeus, o comandante libertou Paulo e convocou uma reunião com os principais sacerdotes e o Concílio para ver o que eles pretendiam fazer. Paulo foi levado à presença deles.

Perante o Concílio

23 **1-3** Paulo encarou com firmeza os membros do Concílio e disse: "Amigos, tenho vivido com a consciência limpa diante de Deus por toda a minha vida, até este momento". A declaração

DIA 204

irritou o sacerdote principal Ananias. Ele ordenou aos seus assistentes que esbofeteassem Paulo. Mas Paulo reagiu de imediato: "Deus irá castigá-lo, seu farsante! Você se senta aí para me julgar de acordo com a Lei e depois quebra a Lei, mandando me esbofetear".

[4] Os assistentes não podiam crer em tal ousadia: "Como tem coragem de falar desse jeito com o sacerdote principal de Deus?".

[5] Surpreso, Paulo respondeu: "Como eu poderia saber que ele é o sacerdote principal? Ele não age como tal. Mas vocês estão certos, as Escrituras de fato dizem: 'Não fale mal de seus governantes'. Sinto muito".

[6] Sabendo que o Concílio era constituído dos rivais: saduceus e fariseus, Paulo decidiu explorar o antagonismo deles: "Amigos, sou fariseu convicto, de uma longa linhagem de fariseus, e por causa das minhas convicções de fariseu – a esperança na ressurreição dos mortos – é que fui trazido a este tribunal".

SALMOS 89.1-4

Uma oração de Etã

89 [1-4] **T**eu amor, ó Eterno, é minha canção,
 e eu o cantarei!
Para sempre darei testemunho
 da tua fidelidade.
Nunca desistirei de contar a história
 do teu amor –
sobre como construíste o Universo
 e garantiste a subsistência de tudo.
Teu amor sempre foi o alicerce da nossa vida;
 tua fidelidade, o telhado
 sobre o nosso mundo.
Já declaraste: "Juntei forças
 com meu líder escolhido,
 penhorei minha palavra ao meu
 servo Davi, dizendo:
'A todos que descenderem de você
 está garantida a vida.
Farei seu governo sólido e duradouro
 como uma rocha'".

■ NOTAS

☐ DIA 204 ___/___/___

2CRÔNICAS 8.7 — 10.11

[7-10] Salomão reuniu o remanescente dos antigos moradores da terra (os hititas, os amorreus, os ferezeus, os heveus e os jebuseus – todos os não israelitas), sobreviventes das guerras e submeteu-os a trabalhos forçados. Continuam até hoje nesse trabalho. Mas os israelitas não eram tratados assim: eram convocados para o exército e para a administração; eram líderes do governo e comandantes de carros e de cavaleiros. Também eram encarregados dos projetos das construções de Salomão. Havia duzentos e cinquenta supervisores responsáveis pelas equipes de trabalhos forçados.

[11] Salomão levou a filha do faraó da Cidade de Davi para o palácio que ele construiu para ela, pois disse: "Minha mulher não pode morar na casa de

Davi, o rei de Israel, porque o lugar em que a arca do Eterno esteve é sagrado".

¹²⁻¹³ Depois, Salomão apresentou ofertas queimadas ao Eterno sobre o altar que havia construído no pátio do templo. Ele seguiu as prescrições de Moisés para os sacrifícios: os sábados, as luas novas, as três festas anuais, as festas dos Pães sem Fermento (a Páscoa), das semanas (Pentecoste) e das Cabanas.

¹⁴⁻¹⁵ Ele adotou a prática de seu pai, Davi, e formou grupos de sacerdotes para realizar o serviço da adoração. Designou os levitas para cuidar do louvor e para ajudar os sacerdotes nas tarefas diárias. Nomeou guardas para cada entrada, conforme a determinação de Davi, o homem de Deus. As instruções do rei aos sacerdotes e aos levitas foram seguidas à risca, até mesmo com respeito aos tesouros.

¹⁶ Tudo que Salomão resolveu fazer, desde a fundação do templo do Eterno até o seu acabamento, foi concluído.

¹⁷⁻¹⁸ Depois, Salomão foi para Eziom-Geber e Elate, no litoral de Edom. Hirão enviou a ele navios com marinheiros experientes. Os marinheiros de Salomão se uniram a eles, e todos navegaram para Ofir (no leste da África). Ali carregaram quinze mil e setecentos quilos de ouro e os trouxeram para o rei Salomão.

9

¹⁻⁴ A rainha de Sabá ouviu falar de Salomão e veio a Jerusalém para testá-lo com perguntas difíceis. Chegou em grande estilo, trazendo uma comitiva com camelos carregados de especiarias e grande quantidade de ouro e de pedras preciosas. Ela abriu seu coração a Salomão e falou sobre todos os assuntos que eram do seu interesse. Salomão respondeu a todas as suas dúvidas. Não hesitou em nada. Depois que ouviu em primeira mão a sabedoria dele e viu com os próprios olhos o palácio que ele tinha construído, as refeições que foram servidas, as acomodações dos seus oficiais, a dedicação dos criados, os trajes dos funcionários e dos copeiros e a generosa oferta queimada que oferecia no templo do Eterno, a rainha de Sabá ficou extasiada.

⁵⁻⁸ Ela disse ao rei: "Tudo que ouvi a seu respeito é verdade! A reputação de suas realizações e de sua sabedoria, que chegou ao meu país, se confirmou. Eu não teria acreditado se eu mesma não tivesse visto. Não foi exagero o que ouvi! Sabedoria e elegância muito além do que eu poderia imaginar.

Felizes são os homens e mulheres que trabalham para você, pois têm o privilégio de estar perto de você todo dia e ouvir as suas sábias palavras! Bendito seja o Eterno, o seu Deus, que se agradou de você e o constituiu rei! Sem dúvida, o amor do Eterno para com Israel está por trás disso tudo. Ele constituiu você rei para manter a ordem e a justiça".

⁹⁻¹¹ Ela deu de presente ao rei mais de quatro toneladas de ouro e grande quantidade de especiarias e pedras preciosas. Nunca se viu tantas especiarias juntas quanto as que a rainha de Sabá trouxe para Salomão. Os navios de Hirão também importavam ouro de Ofir e grandes quantidades de madeira de sândalo e pedras preciosas. Da madeira de sândalo, o rei fez os corrimãos do templo do Eterno e do palácio real. Também a utilizou para fabricar harpas e liras para os músicos. Nunca mais foi recebida uma carga de madeira de sândalo como aquela.

¹² Salomão, em troca, deu à rainha de Sabá tudo que ela desejou e pediu, além dos generosos presentes que ela já havia recebido dele. Satisfeita com o que viu, ela voltou para seu país com sua comitiva.

¹³⁻¹⁴ Salomão recebia, todos os anos, vinte e cinco toneladas de ouro, sem contar o que recebia de impostos e de lucro do comércio com mercadores e diversos reis e governadores.

¹⁵⁻¹⁶ O rei Salomão mandou fazer duzentos escudos grandes de ouro batido. Cada escudo pesava três quilos e seiscentos gramas. Fez também trezentos escudos menores, de um quilo e oitocentos gramas de ouro batido cada um. Ele guardou os escudos no Palácio da Floresta do Líbano.

¹⁷⁻¹⁹ O rei construiu um imenso trono de marfim revestido de ouro puro. O trono tinha seis degraus, e seu encosto era arredondado. Ao lado de cada braço do trono havia um leão. Na ponta de cada degrau também havia um leão. Não havia um trono parecido com esse nos reinos ao redor.

²⁰ Todas as taças do rei Salomão eram feitas de ouro puro, assim como todos os utensílios do Palácio da Floresta do Líbano. Na época, não se fazia nada de prata, pois era material barato e muito comum.

²¹ O rei tinha uma frota de navios que viajava junto com os navios de Hirão. A cada três anos, a frota trazia uma carga de ouro, prata, marfim, macacos e pavões.

DIA 204

²²⁻²⁴O rei Salomão era o mais sábio e rico de todos os reis da terra. Ele superava todos eles. Gente de todos os cantos da terra vinha conhecer Salomão e sorver um pouco da sabedoria que Deus tinha dado a ele. Todo ano, os visitantes chegavam em grandes levas, e todos traziam presentes: artigos de ouro e de prata, roupas, armas modernas, especiarias exóticas, cavalos e mulas.

²⁵⁻²⁸Salomão juntou carros e cavalos. Tinha quatro mil estábulos para os cavalos e carros e doze mil cavalos! Ele os deixava em cidades especialmente preparadas para eles e também em Jerusalém. Ele dominava sobre todos os reis desde o rio Eufrates, a leste, até o território dos filisteus e até a fronteira do Egito. O rei fez que a prata fosse tão comum quanto as pedras; e o cedro, como as figueiras das planícies. Ele importava cavalos do Egito e de outros países.

²⁹⁻³¹O restante da vida e do governo de Salomão, desde o início até o fim, pode ser lido no registro histórico do profeta Natã, na profecia de Aías de Siló e nas visões do vidente Ido acerca de Jeroboão, filho de Nebate. Salomão reinou quarenta anos em Jerusalém sobre todo o Israel. Salomão morreu e foi sepultado na Cidade de Davi, seu pai. Seu filho Roboão foi seu sucessor.

O rei Roboão

10¹⁻²Roboão foi para Siquém, onde todo o Israel tinha se reunido para coroá-lo rei. Jeroboão estava no Egito, onde tinha se exilado por causa de Salomão. Mas, quando soube da morte de Salomão, ele voltou.

³⁻⁴Roboão reuniu-se com Jeroboão e todo o povo. Disseram a Roboão: "Seu pai foi muito severo conosco. Sempre tivemos de trabalhar pesado, sem descanso. Alivie a nossa carga de trabalho e o peso das obrigações, e nos submeteremos ao senhor de bom grado".

⁵"Peço que me deem três dias para pensar e, então, dou a resposta a vocês", propôs Roboão.

⁶O rei Roboão perguntou aos que haviam sido conselheiros de seu pai, Salomão: "O que me dizem? O que me aconselham responder a esse povo?".

⁷Eles responderam: "Se o senhor quiser servir ao povo, procure entender as necessidades deles e tenha compaixão. Se o senhor fizer o que estão pedindo, não há dúvida de que eles farão qualquer coisa pelo senhor".

⁸⁻⁹Mas Roboão fez pouco caso do conselho daqueles homens experientes e perguntou aos jovens com quem ele tinha crescido e que agora tinham interesse em ajudá-lo: "O que acham? O que devo dizer a esse povo, que está pedindo: 'Alivie a carga pesada de trabalho que seu pai impôs a nós'?".

¹⁰⁻¹¹Seus jovens amigos responderam: "Diga a esse povo que está reclamando que seu pai foi muito severo com eles: 'Meu dedo mínimo é mais grosso que a cintura do meu pai. Se vocês acham que a vida estava difícil no reinado de meu pai, ainda não viram nada. Meu pai castigou vocês com chicotes, mas eu vou castigá-los com correntes!' ".

ATOS 23.7-30

⁷⁻⁹Quando ele disse isso, o Concílio se dividiu. Fariseus e saduceus passaram a se atacar uns aos outros com argumentos irados. Os saduceus não acreditam em ressurreição, nem em anjos nem mesmo em espíritos, mas os fariseus acreditam em tudo isso. A confusão estava armada. Os líderes religiosos do lado dos fariseus gritavam para os outros: "Não vemos nada de errado com este homem! E se um espírito falou com ele? Ou talvez um anjo? E se estivermos lutando contra Deus?".

¹⁰Foi como jogar lenha no fogo. A discussão tornou-se tão violenta que o capitão ficou com medo de que partissem Paulo ao meio. Assim, ordenou aos soldados que o tirassem dali e o escoltassem de volta à fortaleza em segurança.

O plano para matar Paulo

¹¹Naquela noite, o Senhor apareceu a Paulo e disse: "Tudo vai dar certo. Tudo vai acontecer para o melhor. Você tem sido minha boa testemunha aqui em Jerusalém. Agora será minha testemunha em Roma!".

¹²⁻¹⁵No dia seguinte, os judeus tramaram um plano contra Paulo. Fizeram um juramento solene de que não iriam comer nem beber até que ele estivesse morto. O pacto de assassinato foi firmado por cerca de quarenta judeus e apresentado aos principais sacerdotes e líderes religiosos: "Nós nos comprometemos, por juramento solene, a não comer nada enquanto não matarmos Paulo. Mas precisamos da sua ajuda. Enviem uma petição ao Concílio para que o comandante traga Paulo de volta, a fim de que vocês possam investigar melhor as acusações, e nós faremos o resto.

Antes que ele chegue aqui, nós o mataremos. Vocês não serão envolvidos".

16-17 No entanto, o sobrinho de Paulo, filho da irmã dele, ouviu-os planejar a emboscada. Correu à fortaleza e contou a Paulo, que chamou um dos centuriões e disse: "Leve este rapaz ao comandante da guarda. Ele tem algo importante a dizer".

18 O centurião levou-o ao comandante e disse: "O prisioneiro Paulo pediu-me que trouxesse este rapaz. Disse que ele tem algo urgente para dizer".

19 O comandante tomou-o pelo braço e o levou para um lugar à parte. "O que é? O que você tem a me dizer?", perguntou.

20-21 O sobrinho de Paulo disse: "Os judeus estão tramando contra Paulo. Vão pedir que o senhor leve Paulo ao Concílio bem cedo, sob o pretexto de investigar melhor as acusações contra ele. Mas é uma armadilha para tirá-lo daqui. Eles vão matá-lo! Neste exato momento, mais de quarenta homens estão preparando uma emboscada para ele. Todos fizeram um voto de não comer nem beber até que o matem. A emboscada está preparada, tudo que eles estão esperando é que o senhor o envie".

22 O comandante dispensou o sobrinho de Paulo com a seguinte advertência: "Não diga uma só palavra a ninguém sobre isso".

23-24 Em seguida, chamou dois centuriões e ordenou: "Peguem duzentos soldados para ir imediatamente a Cesareia e também setenta cavaleiros e duzentos lanceiros. Quero-os prontos para marchar às nove horas da noite. Vocês vão precisar de duas mulas, para Paulo e a bagagem dele. Vamos levar esse homem são e salvo ao governador Félix".

25-30 Depois, escreveu a seguinte carta:

De Cláudio Lísias, ao Mui Honrado Governador Félix:

Saudações!

Resgatei este homem de uma multidão judaica. Eles o prenderam e estavam prestes a matá-lo, quando eu soube que ele era cidadão romano. Então, enviei meus soldados. Querendo saber o que ele tinha feito de errado, apresentei-o ao Concílio deles. Descobri que o motivo eram diferenças religiosas entre eles, mas nem de longe algo que possa ser considerado crime.

Soube também que fizeram um plano para matá-lo. Decidi que, por segurança,

seria melhor levá-lo daqui quanto antes. Por isso, eu o estou enviando ao senhor. Avisei aos acusadores que ele está agora sob nossa jurisdição.

SALMOS 89.5-18a

5-18 Ó Eterno! Que os céus e a terra louvem
teus maravilhosos caminhos,
e o coral dos santos anjos cante hinos
aos teus fiéis caminhos!
Procurem em todos os cantos, examinem
os céus e a terra,
e não se encontrará ninguém como o Eterno.
Os santos anjos estão maravilhados diante dele;
ele aparece imenso e glorioso sobre todos à
volta dele.
Ó, Senhor dos Exércitos dos Anjos,
quem é como tu,
poderoso e fiel de todos os ângulos?
Tu pões o furioso oceano em seu lugar
e acalmas as ondas quando elas
ficam desgovernadas.
Afastaste aquela megera do Egito
com o dorso da tua mão;
descartaste teus inimigos com um tapa.
Tu és dono do cosmo — fizeste tudo nele,
do átomo ao arcanjo.
Posicionaste os polos Norte e Sul;
as montanhas do Tabor e do Hermom
cantam em dueto para ti.

◾ NOTAS

israelitas se rebelam contra a dinastia de Davi e permanecem assim até hoje.

11 ¹ Depois de voltar a Jerusalém, Roboão convocou todos os homens de Judá e da tribo de Benjamim, cento e oitenta mil dos melhores soldados, para atacar Israel e recuperar o reino para Roboão, filho de Salomão. ²⁻⁴ Nessa ocasião, veio a palavra de Deus a Semaías, homem de Deus: "Diga a Roboão, filho de Salomão, rei de Judá, a todos os moradores de Judá e de Benjamim e a todos que estiverem com eles: 'O Eterno diz: "Não marchem para atacar seus irmãos, os israelitas. Voltem todos para casa. Eu sou responsável por essa situação" ' ". Eles obedeceram à ordem do Eterno e voltaram para casa.

⁵⁻¹² Roboão continuou morando em Jerusalém e fortificou as cidades de Judá: Belém, Etã, Tecoa, Bete-Zur, Socó, Adulão, Gate, Maressa, Zife, Adoraim, Láquis, Azeca, Zorá, Aijalom e Hebrom. Essas cidades formavam o sistema de defesa de Judá e Benjamim. Ele as fortaleceu, nomeou comandantes e abasteceu-as com suprimentos de alimento, azeite e vinho. Armazenou escudos grandes e lanças em todas as cidades fortificadas, deixando-as bem protegidas. Assim, Judá e Benjamim ficaram protegidos sob seu domínio.

¹³⁻¹⁷ Os sacerdotes e os levitas de todas as regiões de Israel vieram declarar seu apoio a Roboão. Os levitas deixaram seus campos e propriedades porque Jeroboão e seus filhos os dispensaram do sacerdócio do Eterno e os substituíram por sacerdotes próprios, que serviam nos lugares de sacrifício nos quais o rei havia posto ídolos em forma de bode e de bezerro. De todas as tribos de Israel, os que estavam determinados a buscar o Eterno, o Deus de Israel, foram com os sacerdotes e os levitas para Jerusalém oferecer sacrifícios ao Deus dos seus antepassados. Com esse apoio, o reino de Judá se fortaleceu. Eles foram leais a Roboão, filho de Salomão, por três anos, pois seguiram os passos de Davi e de Salomão nesse período.

¹⁸⁻²¹ Roboão casou-se com Maalate, filha de Jeremote, filho de Davi. Sua mãe era Abiail, filha de Eliabe, filho de Jessé. Maalate teve três filhos: Jeús, Semarias e Zaão. Depois, ele se casou com Maaca, filha de Absalão, e ela teve Abias, Atai, Ziza e Selomite. Maaca era a esposa preferida de Roboão: ele a amou mais que as outras mulheres e concubinas juntas. Ele teve dezoito mulheres e sessenta concubinas, que deram a ele vinte e oito filhos e sessenta filhas!

||||||||||||||||||||||||||||||||||||||||||||||||||||||||||

☐ DIA **205** ___ / ___ / ___

2CRÔNICAS 10.12 — 13.7

¹²⁻¹⁴ Três dias depois, Jeroboão e o povo voltaram, como Roboão os havia instruído: "Peço que me deem três dias para pensar; depois, voltem". A resposta do rei foi curta e grossa. Ele desprezou o conselho dos oficiais experientes. Preferiu seguir o conselho dos jovens amigos: "Se vocês achavam que a vida no reinado de meu pai era difícil, ainda não viram nada. Meu pai castigou vocês com chicotes, mas eu vou castigá-los com correntes!".

¹⁵ Roboão não quis ouvir o povo. O Eterno estava por trás disso, confirmando a mensagem que ele tinha dado a Jeroboão, filho de Nebate, por intermédio de Aías, de Siló.

¹⁶⁻¹⁷ Quando Israel percebeu que o rei não estava disposto a atender às suas reivindicações, gritaram palavras de ordem:

"Já chega de Davi!
Não queremos mais saber do filho de Jessé!
Vamos embora, Israel! Vamos depressa!
De agora em diante, Davi que vá cuidar da sua própria vida".

Com isso, o povo foi embora. Mas Roboão continuou governando sobre os habitantes das cidades de Judá.

¹⁸⁻¹⁹ O rei Roboão pediu que Adonirão, encarregado dos trabalhos forçados, fosse falar com os israelitas, mas eles o apedrejaram, e ele morreu. O rei Roboão subiu no seu carro e fugiu para Jerusalém, sem perda de tempo. Assim os

²²⁻²³Roboão escolheu Abias, filho de Maaca, para ser o chefe de seus irmãos, pois a intenção era que ele fosse seu sucessor. Ele teve a sensatez de distribuir seus filhos entre as cidades que formavam seu sistema de defesa em Judá e Benjamim. Ele os mantinha satisfeitos com um farto suprimento de comida e de mulheres.

12 ¹Depois que consolidou seu reino e se fortaleceu, Roboão abandonou Deus e seus caminhos, e todo o Israel seguiu pelo mesmo caminho.

²⁻⁴Por causa da infidelidade dele e do povo para com o Eterno, no quinto ano de Roboão, Sisaque, rei do Egito, atacou Jerusalém com mil e duzentos carros de guerra e sessenta mil cavaleiros. Ele veio do Egito com um enorme exército de líbios, suquitas e etíopes, que conquistaram as cidades fortificadas de Judá e chegaram a Jerusalém.

⁵O profeta Semaías, acompanhado dos líderes de Judá que haviam se refugiado em Jerusalém antes de Sisaque chegar, apresentou-se a Roboão e disse: "Assim diz o Eterno: 'Vocês me abandonaram; por isso, estou deixando vocês nas mãos de Sisaque' ".

⁶Os líderes de Israel e o rei se humilharam e disseram: "O Eterno é justo".

⁷⁻⁸Quando o Eterno viu que eles estavam arrependidos e tinham se humilhado, enviou outra mensagem por meio de Semaías: "Já que eles se humilharam, não os destruirei. Minha ajuda virá em breve. Não vou mais usar Sisaque como instrumento da minha ira contra Jerusalém. Mas eles serão subjugados a Sisaque, para que saibam a diferença entre servir a mim e servir a reis humanos".

⁹Sisaque, rei do Egito, atacou Jerusalém. Ele saqueou o tesouro do templo do Eterno e os tesouros do palácio. Levou tudo que encontrou, até os escudos de ouro que Salomão tinha feito.

¹⁰⁻¹¹O rei Roboão os substituiu por escudos de bronze, para uso dos guardas que ficavam na entrada do palácio. Quando o rei ia ao templo do Eterno, os guardas o seguiam, carregando os escudos, mas, depois, os devolviam à sala dos guardas.

¹²Pelo fato de Roboão ter se humilhado, a ira do Eterno se desviou, e a destruição foi evitada. Afinal, ainda havia coisas boas em Judá.

¹³⁻¹⁴O rei Roboão reestruturou seu governo em Jerusalém. Ele tinha 41 anos de idade quando começou a reinar e reinou dezessete anos em Jerusalém, cidade que o Eterno escolheu entre todas as tribos de Israel para manifestar a presença do seu nome. Sua mãe chamava-se Naamá e era amonita. Ele agiu mal diante do Eterno, pois não se propôs a buscá-lo com sinceridade.

¹⁵⁻¹⁶A história de Roboão, do início ao fim, está escrita no registro histórico do profeta Semaías e do vidente Ido, que contém os registros genealógicos. Houve guerra entre Roboão e Jeroboão durante todo o seu reinado. Roboão morreu e foi sepultado com seus antepassados na Cidade de Davi. Seu filho Abias foi seu sucessor.

Rei Abias

13 ¹⁻²No décimo oitavo ano do reinado do rei Jeroboão, Abias começou a reinar em Judá. Reinou em Jerusalém três anos. Sua mãe chamava-se Maaca, filha de Uriel de Gibeá.

²⁻³Houve guerra entre Abias e Jeroboão. Abias partiu com quatrocentos mil dos seus melhores soldados. Jeroboão saiu para enfrentá-lo com oitocentos mil dos seus melhores soldados.

⁴⁻⁷Abias posicionou-se num lugar estratégico, no monte Zemaraim, na região montanhosa de Efraim, e anunciou: "Ouçam-me, Jeroboão e todo o Israel! Vocês não sabem que o Eterno, o Deus de Israel, estabeleceu Davi e seus descendentes como soberanos em Israel para sempre, por meio de uma aliança permanente? E o que aconteceu? Jeroboão, filho de Nebate, servo de Salomão, rebelou-se contra o seu senhor. Alguns homens de má índole juntaram-se a ele e o apoiaram contra Roboão, o legítimo herdeiro de Salomão. Roboão era ainda inexperiente e não teve força contra eles.

ATOS 23.31 — 24.15

³¹⁻³³Seguindo ordens, os soldados, levaram Paulo na mesma noite em segurança até Antipátride. De manhã, voltaram aos seus alojamentos em Jerusalém, enviando Paulo para Cesareia sob a guarda da cavalaria, que entrou em Cesareia e entregou Paulo e a carta ao governador.

³⁴⁻³⁵Depois de ler a carta, o governador perguntou a Paulo de que província ele era. "Da Cilícia", foi a resposta. Então, ele disse: "Vou cuidar do seu caso quando seus acusadores se manifestarem". E ordenou que Paulo ficasse detido na residência oficial de Herodes.

Paulo apresenta sua defesa

24 **1-4**Cinco dias depois, o sacerdote principal Ananias chegou com um grupo de líderes judeus; entre eles estava Tértulo, um advogado. Eles apresentaram ao governador sua acusação contra Paulo. Quando Paulo foi chamado ao tribunal, Tértulo falou pela acusação: "Honorável Félix, somos muito gratos sempre e em todo lugar por seu governo sábio e pacífico. Estamos conscientes de que é por sua causa que desfrutamos essa paz e as benesses de suas reformas. Não vou cansar o senhor com um discurso longo. Peço sua gentil benignidade em me ouvir. Serei breve.

5-8 "Apanhamos esse homem várias vezes perturbando nossa paz, incitando motins contra os judeus em todo o mundo. Ele é o líder de uma seita sediciosa chamada Nazarenos, muito perigosa, devo dizer. Nós o pegamos tentando profanar nosso santo templo e o prendemos. O senhor poderá averiguar todas essas acusações quando o interrogar".

9Os judeus o apoiaram: "É isso mesmo! Ele tem toda razão!".

10-13 O governador acenou para Paulo, indicando que era a vez dele. Paulo então disse: "Considero-me feliz por me defender na presença do governador, sabendo quão justo o senhor tem sido em nos julgar todos estes anos. Estou de volta a esta terra há apenas doze dias — o senhor pode verificar essa informação com muita facilidade. Vim com o propósito definido de adorar em Jerusalém, na festa de Pentecoste e, durante todo este tempo, nada fiz de errado. Ninguém pode dizer que me viu discutindo no templo ou provocando alguma multidão nas ruas. Nenhuma das acusações deles pode ser comprovada com evidências ou testemunhas.

14-15 "Mas devo confessar o seguinte: Sou seguidor do Caminho, que eles caluniosamente chamam de seita; de fato sirvo e adoro o mesmo Deus servido e adorado por todos os nossos antepassados e creio em tudo que está nas Escrituras. Admito viver na expectativa de que Deus irá ressuscitar os bons e os maus. Se esse é o meu crime, meus acusadores são tão culpados quanto eu.

SALMOS 89.5-18b

Com teu braço musculoso
  e teus dedos de aço —
    ninguém ousa te desafiar!

O direito e a justiça são as raízes
  do teu governo;
  o amor e a verdade, os teus frutos.
Abençoados são os que conhecem
  a senha do louvor,
  que gritam na presença esplendorosa
    do Eterno!
Contentes, eles dançam o dia todo; sabem
  quem és e o que fazes — e não conseguem
    ficar quietos!
Tua beleza fascinante nos cativou.
  Tens sido tão bom para conosco!
    Estamos andando nas nuvens!
Tudo que somos e temos devemos ao Eterno,
  Santo Deus de Israel, nosso Rei!

NOTAS

☐ DIA 206 ___ / ___ / ___

2CRÔNICAS 13.8 — 16.6

8-9 "Aproveitando-se dessa fraqueza, vocês estão insistindo em fazer oposição ao reinado do Eterno, que está confiado aos descendentes de Davi. Vocês estão pensando que esse enorme exército e a bênção dos bezerros de ouro fabricados por Jeroboão são garantia de alguma coisa! Mas vejam o que estão fazendo: expulsaram os sacerdotes do Eterno, os filhos de Arão, e os levitas, e contrataram sacerdotes desqualificados, como fazem as demais nações. Qualquer um que tiver um pouco mais de posses pode se tornar sacerdote! Um sacerdote de um falso deus!

10-11 "Mas o restante de nós, em Judá, continua fiel ao Eterno, o nosso Deus. Não o trocamos por outro. Temos ainda os sacerdotes, descendentes de Arão, que são nossos intermediários diante do Eterno, e os levitas, que apresentam as ofertas queimadas e os incensos aromáticos a Deus toda manhã e toda tarde, põem pão fresco consagrado sobre uma mesa purificada e acendem as lâmpadas do candelabro de ouro toda noite. Continuamos guardando os ensinamentos do Eterno, o nosso Deus, mas vocês o abandonaram.

12 "Será que não percebem? Deus está do nosso lado. É ele quem nos comanda. Seus sacerdotes com suas trombetas estão todos prontos para dar o toque de guerra contra vocês. Ó Israel, não lute contra o Eterno, o Deus de seus antepassados! Vocês não vencerão!".

13-18 Enquanto Abias falava, Jeroboão mandou que seus soldados dessem a volta por trás para pegá-los de surpresa. Jeroboão estava diante do exército de Judá, e seus soldados armaram uma emboscada por trás. Quando o exército de Judá olhou para trás e viu que estava sendo atacado pela frente e por trás, clamou ao Eterno. Os sacerdotes tocaram as trombetas, e os soldados de Judá deram o grito de guerra. Ao som do grito de guerra, Deus derrotou Jeroboão e todo o exército de Israel diante de Abias e de Judá. O exército de Israel se dispersou diante de Judá. Deus concedeu a vitória a Judá. Abias e suas tropas feriram e mataram quinhentos mil dos melhores combatentes de Israel. O exército de Israel foi vergonhosamente derrotado. O exército de Judá foi vitorioso porque confiou no Eterno, o Deus dos seus antepassados.

19-21 Depois da vitória, Abias perseguiu Jeroboão e conquistou as cidades de Betel, Jesana e Efrom e seus arredores. Enquanto Abias viveu, Jeroboão nunca mais se recuperou dessa derrota, até que ele morreu, ferido pelo Eterno. Nesse mesmo período, Abias se fortaleceu. Ele teve catorze mulheres e teve vinte e dois filhos e dezesseis filhas.

22 O restante da história de Abias, o que fez e o que disse, está tudo registrado nos escritos do profeta Ido.

Rei Asa

14 **1** Abias morreu e foi sepultado com seus antepassados na Cidade de Davi. Seu filho Asa foi seu sucessor. O país esteve em paz nos primeiros dez anos do reinado de Asa.

2-6 Asa foi um bom rei. Ele agiu corretamente diante do Eterno e promoveu uma verdadeira limpeza: retirou os altares pagãos, destruiu as colunas de pedra, derrubou os postes da deusa da prostituição Aserá. Determinou que todos em Judá buscassem ao Eterno, o Deus de seus antepassados, e seguissem a sua lei e obedecessem aos seus mandamentos. Houve paz durante seu reinado, porque ele eliminou todos os altares idólatras das cidades de Judá. Como não houve guerra, e a nação estava em paz, o rei pôde construir um bom sistema de defesa em Judá. O Eterno deu a ele muita tranquilidade.

7 Asa disse ao povo: "Enquanto pudermos e a terra estiver em paz, vamos construir um sistema de defesa, fortificando as nossas cidades com muros, torres, portões e trancas. A terra está em paz, porque estamos buscando ao Eterno, o nosso Deus. Ele tem nos dado descanso de todos os problemas". Assim, eles construíam e prosperavam.

8 Asa formou um exército de trezentos mil homens de Judá, equipados com escudos e lanças, e outros duzentos e oitenta mil benjamitas, que eram escudeiros e flecheiros, todos combatentes corajosos.

9-11 Zerá, o etíope, saiu para atacar Asa com um exército de um milhão de soldados e trezentos carros de guerra e chegou a Maressa. Asa saiu para enfrentá-lo e se organizou para a batalha no vale de Zefatá, perto de Maressa. Ali, ele orou ao Eterno, o seu Deus: "Ó Eterno, quando queres ajudar, não importa para ti se estás ajudando o forte ou o fraco. Então, ajuda-nos, ó Eterno! Viemos enfrentar esse poderoso exército em teu nome porque confiamos em ti. Não permitas que meros mortais resistam a ti!".

12-15 O Eterno derrotou os etíopes diante de Asa e de Judá. Os inimigos foram postos em fuga. Asa e seus soldados os perseguiram até Gerar. Morreram tantos etíopes que eles não conseguiram mais lutar. Foram massacrados diante do Eterno e de suas tropas.

Judá os saqueou, levando tudo que eles tinham de valor. Em seguida, destruiu todas as cidades ao redor de Gerar, cuja população estava aterrorizada por causa do Eterno, e elas também foram saqueadas. Depois, atacaram os acampamentos dos criadores de gado e levaram ovelhas e camelos para Jerusalém.

15 **16** Azarias, filho de Odede, movido pelo Espírito de Deus, foi entregar uma mensagem ao rei Asa: "Ouçam com atenção, Asa e todo o povo de Judá e de Benjamim. O Eterno permanecerá do lado de vocês, desde que vocês permaneçam nele. Se o buscarem, ele deixará que o encontrem; mas, se o abandonarem, ele os abandonará. Por muito tempo, Israel não teve o verdadeiro Deus, nem mesmo um sacerdote para ensinar a lei. Mas, quando estavam em apuros e decidiram buscar ao Eterno, o Deus de Israel, ele se deixou encontrar. Naquela época, era muito perigoso viajar. Todos os moradores corriam risco de vida. Uma nação se voltava contra a outra, uma cidade atacava a outra. Deus permitiu todo tipo de problemas entre eles.

7 "Mas agora com vocês é diferente. Sejam fortes! Animem-se! Vocês serão recompensados!".

8-9 Asa ouviu a profecia de Azarias, filho de Odede, respirou fundo, arregaçou as mangas e começou a agir. Lançou fora todos os altares profanos e obscenos do território de Judá e de Benjamim e das cidades que havia conquistado na região montanhosa de Efraim. Restaurou o altar do Eterno, que ficava no pátio diante do templo. Depois, convocou todo o povo de Judá e de Benjamim e, também, os de Efraim, Manassés e Simeão que viviam entre eles, pois muitos moradores de Israel tinham deixado suas casas e se unido ao rei Asa quando viram que o Eterno estava do lado dele.

10-15 No terceiro mês do décimo quinto ano do reinado de Asa, os convocados chegaram a Jerusalém para uma grande celebração. Sacrificaram setecentos bois e sete mil ovelhas do despojo que haviam tomado na batalha. Eles concordaram em buscar o Eterno, o Deus de seus antepassados, de todo o coração. Combinaram assim: Quem se recusasse a buscar ao Eterno, o Deus de Israel, deveria ser morto, jovem ou idoso, homem ou mulher. Proclamaram esse juramento ao Eterno em voz alta ao som de cornetas e trombetas. A nação inteira ficou contente com o juramento, pois o fez com alegria e de todo o coração. Eles buscaram a Deus, e ele deixou que o encontrassem. Deus garantiu a paz em todo o território deles, fazendo que todo o reino desfrutasse tranquilidade.

16-19 Enquanto eliminava os ídolos da nação, Asa chegou a depor Maaca, a rainha-mãe, do seu trono, que havia construído um vergonhoso altar à deusa da prostituição Aserá. Asa destruiu e queimou o altar no vale do Cedrom. Infelizmente, ele não se livrou dos altares dos ídolos adorados nas orgias religiosas. Mas ele bem que tentou. O seu coração era leal ao Eterno. Todos os utensílios e objetos de ouro e de prata que ele e seu pai haviam consagrado ao sacrifício foram levados para o templo de Deus. Não houve nem sinal de guerra até o trigésimo quinto ano do reinado de Asa.

16 **1** Mas, no trigésimo sexto ano do reinado de Asa, Baasa, rei de Israel, atacou. Ele tinha construído uma fortaleza em Ramá e fechado a fronteira entre Israel e Judá, impedindo que Asa, rei de Judá, saísse ou entrasse.

2-3 Asa tomou uma decisão: enviou a prata e o ouro do tesouro do templo do Eterno e do palácio para Ben-Hadade, rei da Síria, que morava em Damasco. Mandou dizer: "Façamos um acordo, como meu pai e seu pai fizeram. Ofereço esta prata e este ouro para que você confie em mim. Quebre o acordo que você tem com Baasa, rei de Israel, para que ele saia do meu território".

4-5 Ben-Hadade uniu-se ao rei Asa e mandou tropas contra as cidades de Israel. Eles atacaram Ijom, Dã, Abel-Maim e todas as cidades-armazém de Naftali. Quando Baasa soube disso, interrompeu a construção de Ramá.

6 O rei Asa ordenou a todos os moradores de Judá que carregassem a madeira e as pedras que Baasa havia utilizado para construir a fortaleza de Ramá e as levassem para fortificar Geba e Mispá.

ATOS 24.16 — 25.12

16-19 "Acreditem, esforço-me para manter uma consciência limpa diante de Deus e do próximo em tudo que faço. Fiquei fora da nossa terra alguns anos e agora estou de volta. Enquanto eu estive fora, levantei uma oferta para os pobres e trouxe comigo, junto com a oferta para o templo. Foi enquanto eu fazia essas ofertas que eles me encontraram, durante minhas orações no templo, tudo feito de modo correto. Não havia multidão nem baderna. Foram alguns judeus de Éfeso que começaram a confusão. E o senhor perceberá que eles não estão aqui hoje. São covardes demais para me acusar.

20-21 "Meus acusadores deveriam dizer em que crime me flagraram. Eles não podem se esconder atrás das palavra inócuas de Tértulo. A única coisa que eles têm contra mim é a declaração que fiz no Concílio: 'É por que creio na ressurreição que fui trazido a este tribunal!'. Pergunto se isso parece ao senhor um ato criminoso?".

22-23 Félix hesitou. Ele sabia mais do que aparentava a respeito do Caminho e poderia ter resolvido o caso de uma vez por todas. Mas, inseguro por motivações políticas, preferiu adiar a questão. Por isso, declarou: "Quando o capitão Lísias vier, vou decidir o caso". Ele ordenou ao centurião que mantivesse Paulo em custódia, mas com alguma autonomia, e que não impedisse os amigos de o ajudarem.

24-26 Poucos dias depois, Félix e Drusila, sua esposa, que era judia, mandaram chamar Paulo para ouvi-lo falar a respeito da vida de seguidor de Jesus Cristo. Como Paulo insistia em relações justas com Deus e com seu povo e falava sobre a vida de disciplina moral e o juízo futuro, Félix começou a achar a conversa desconfortável e o dispensou: "Basta por hoje. Eu o chamarei quando for conveniente". Ele também esperava que Paulo, em segredo, lhe oferecesse algum suborno. Houve várias conversas entre eles.

27 Depois de dois anos, Félix foi substituído por Pórcio Festo. Também querendo agradar aos judeus e ignorando a justiça, Félix deixou Paulo na prisão.

Apelando para César

25 **1-3** Três dias depois de Festo chegar a Cesareia para assumir o posto de governador, ele subiu a Jerusalém. Os principais sacerdotes e líderes do povo renovaram seu desejo de vingança contra Paulo e pediram a Festo o favor de enviar Paulo a Jerusalém para responder às acusações. Uma grande mentira! Estavam ainda decididos a executar plano de preparar-lhe uma emboscada e matá-lo no caminho.

4-5 Festo respondeu que Cesareia era a jurisdição apropriada para Paulo e que voltaria para lá em alguns dias. "Vocês são bem-vindos", ele disse, "para voltar comigo e acusá-lo, seja qual for o motivo".

6-7 Cerca de dez dias mais tarde, Festo voltou para Cesareia. Na manhã seguinte, assumiu seu posto no tribunal e mandou trazer Paulo. Assim que ele entrou, os judeus que tinham vindo de Jerusalém o cercaram, gritando acusações absurdas, impossíveis de serem comprovadas.

8 Então, Paulo tomou a palavra e disse simplesmente: "Não fiz nada de errado contra a religião judaica, contra o templo ou contra César. Tenho dito".

9 Mas Festo queria agradar aos judeus e insistiu: "Você gostaria de subir a Jerusalém e me deixar conduzir seu julgamento lá?".

10-11 Paulo respondeu: "Estou de pé neste momento perante o tribunal de justiça de César, onde tenho o direito de estar, e aqui permanecerei. Não fiz nada de ofensivo aos judeus e sei que o senhor tem consciência disso. Se cometi algum crime e mereço a morte, enfrentarei a situação. Mas, se não há base para estas acusações — e o senhor sabe que não há —, ninguém pode me obrigar a prosseguir com este absurdo. Estamos perdendo tempo aqui. Apelo para César".

12 Festo conversou rapidamente com seus conselheiros e deu seu veredito: "Você apelou para César, então vai para César!".

SALMOS 89.19-37a

19-37 Há muito tempo, falaste numa visão
ao teu fiel amado:
"Coroei um herói,
escolhi o melhor que pude achar:
Encontrei Davi, meu servo.
Derramei óleo sobre sua cabeça,
E minha mão o protege constantemente.
Sim, apeguei-me a ele nos bons e maus
momentos.

◾ NOTAS

DIA 207

2CRÔNICAS 16.7 — 18.29

[7-9] Logo depois, o vidente Hanani apresentou-se ao rei Asa de Judá e disse: "Já que você foi procurar a ajuda do rei da Síria e não confiou no Eterno, o exército do rei da Síria conseguiu fugir. Os etíopes e os líbios não eram muito mais numerosos e mais fortes, com os seus carros e cavaleiros? Mas, naquela ocasião, você buscou a ajuda do Eterno, e ele deu a vitória a você. O Eterno está sempre atento, buscando pessoas inteiramente comprometidas com ele. Você errou, procurando ajuda humana quando podia contar com Deus. Agora, terá de enfrentar uma guerra atrás da outra".

[10] Com isso, Asa perdeu a cabeça. Furioso, mandou prender o vidente Hanani. Também começou a oprimir parte do povo.

[11-14] O restante dos acontecimentos da vida de Asa está registrado nas *Crônicas dos Reis de Judá*. No trigésimo nono ano do seu reinado, Asa teve uma grave enfermidade no pé. Mesmo assim, não buscou ao Eterno, antes recorreu aos médicos. Asa morreu no ano quadragésimo primeiro do seu reinado. Ele foi sepultado no túmulo que mandou construir na Cidade de Davi. Puseram-no num leito coberto de perfumes e especiarias e fizeram uma enorme fogueira em sua homenagem.

Josafá de Judá

17 [1-6] Josafá, filho Asa, foi seu sucessor. Ele fortaleceu o sistema de defesa contra Israel. Designou tropas para todas as cidades fortificadas de Judá e posicionou forças de combate em todo o território de Judá e nas cidades de Efraim que seu pai, Asa, havia conquistado. O Eterno estava com Josafá porque ele foi como seu pai no início do reinado. Não se envolveu com a religião popular de Baal, mas buscava e seguia o Deus de seu pai e era obediente a ele. Não imitou as práticas de Israel; por isso, o Eterno confirmou seu governo. Todos em Jerusalém tinham admiração por ele. Por isso, ele recebeu muitos presentes. Conquistou riqueza e respeito e seguia o Eterno com ousada determinação, eliminando todos os altares ligados às orgias religiosas.

[7-9] No terceiro ano do seu reinado, enviou seus melhores oficiais, Bene-Hail, Obadias, Zacarias, Natanael e Micaías, numa missão de instrução a todas as cidades de Judá. Eles foram acompanhados pelos levitas Semaías, Netanias, Zebadias, Asael, Semiramote, Jônatas, Adonias, Tobias e Tobe-Adonias. Os sacerdotes Elisama e Jeorão também foram. Percorreram as cidades de Judá ensinando o povo a utilizar o Livro da Revelação do Eterno.

[10-12] Houve um forte sentimento de temor do Eterno entre os reinos próximos de Judá; por isso, nenhum deles teve coragem de enfrentar Josafá. Alguns filisteus até trouxeram presentes e grande quantidade de prata para ele. Os beduínos do deserto trouxeram sete mil e setecentos carneiros e sete mil e setecentos bodes dos seus rebanhos. Josafá se fortalecia cada vez mais, construindo mais cidades fortificadas e armazéns. Foi um tempo de muita prosperidade em Judá!

[13-19] Ele também tinha combatentes excepcionais em Jerusalém. Os capitães das unidades militares de Judá foram organizados de acordo com suas famílias: o capitão Adna com trezentos mil soldados; Joanã com duzentos e oitenta mil soldados; Amasias, filho de Zicri, um voluntário a serviço do Eterno, com duzentos mil soldados. De Benjamim, Eliada, um valente guerreiro, comandava duzentos mil soldados muito bem equipados com arcos e escudos; Jozabade com cento e oitenta mil combatentes prontos para o ataque. Todos eles estavam sob o comando direto do rei, além das tropas enviadas às cidades fortificadas de todo Judá.

18 [1-3] Josafá era dono de uma grande fortuna e muito respeitado, mas se aliou com Acabe de Israel por laços de casamento. Certo dia, ele foi visitar Acabe em Samaria. Acabe o recebeu com uma grande festa. Matou ovelhas e bois e serviu ao rei e à sua comitiva — comeram à vontade. Mas Acabe tinha um plano. Queria que Josafá o apoiasse no ataque a Ramote-Gileade. Portanto, foi direto ao assunto: "Você irá me acompanhar na luta para recapturar Ramote-Gileade?". Josafá respondeu: "Sem dúvida. Estou com você para qualquer empreitada. As minhas tropas são as suas tropas; e os meus cavalos, os seus cavalos".

⁴ Mas ele fez uma ressalva: "Antes de qualquer coisa, consulte o Eterno a respeito do assunto".

⁵ O rei de Israel reuniu cerca de quatrocentos profetas e lançou a pergunta: "Devemos ir atacar Ramote-Gileade ou não?".

⁶ Mas Josafá insistiu: "Há mais algum profeta do Eterno aqui, a quem possamos consultar?".

⁷ O rei de Israel disse a Josafá: "Na verdade, há mais um. Mas não gosto dele. Ele nunca diz nada de bom a meu respeito, só prevê destruição e calamidade. É Micaías, filho de Inlá". Josafá disse: "O rei não deve falar assim de um profeta".

⁸ Então, o rei de Israel ordenou a um dos seus oficiais: "Vá buscar Micaías, filho de Inlá".

⁹⁻¹¹ Enquanto aguardavam, o rei de Israel e Josafá estavam sentados no trono, vestidos em trajes reais diante dos portões da cidade de Samaria. Todos os profetas profetizavam diante deles. Zedequias, filho de Quenaaná, havia feito um par de chifres de ferro e anunciava: "Assim diz o Eterno: 'Com esses chifres, você ferirá os arameus até não sobrar nada!'". Todos os profetas clamavam: "Amém! Ataque Ramote-Gileade! É vitória na certa! O Eterno a entregará em suas mãos".

¹² O mensageiro que foi chamar Micaías disse ao profeta: "Todos os profetas estão apoiando o rei. É bom que você também diga 'sim' a ele".

¹³ Mas Micaías disse: "Assim como vive o Eterno, direi o que o Eterno disser".

¹⁴ Quando Micaías se apresentou, o rei perguntou ao profeta: "Então, Micaías, devemos atacar Ramote-Gileade, ou não?".

Ele respondeu: "Vá em frente! É vitória na certa. O Eterno a entregará em suas mãos!".

¹⁵ O rei disse: "Quantas vezes já pedi a você que falasse apenas a verdade para mim?".

¹⁶ Micaías disse: "Então, está bem. Já que insiste, lá vai:

"Vi todo o Israel espalhado sobre os montes
como ovelhas sem pastor.
Ouvi o Eterno dizer: 'Esses
não têm quem diga a eles o que fazer.
Voltem para casa e façam
o melhor que puderem
por vocês mesmos'".

¹⁷ O rei de Israel virou para Josafá e disse: "Você viu! Eu não disse que ele nunca fala nada de bom a meu respeito, só me dá notícia ruim?".

¹⁸⁻²¹ Micaías continuou: "Não terminei ainda. Ouça a palavra do Eterno:

"Vi o Eterno em seu trono
e todos os anjos do exército celestial
Ao seu redor,
à direita e à esquerda.
O Eterno perguntou: 'Como poderemos
enganar Acabe
para atacar Ramote-Gileade?'.
Alguns diziam uma coisa,
outros diziam outra.
Até que um anjo deu um passo à frente,
pôs-se diante do Eterno e disse:
'Eu o enganarei'.
O Eterno perguntou: 'De que maneira
você o enganará?'.
O anjo respondeu: 'É fácil.
Farei que todos os profetas mintam'.
O Eterno disse: 'Se você acha que
consegue enganá-los,
vá em frente e seduza-o!'.

²² "E foi o que aconteceu. O Eterno pôs um espírito mentiroso na boca de todos estes profetas. Mas foi o Eterno que decretou esta calamidade".

²³ No mesmo instante, Zedequias, filho de Quenaaná, deu um murro no nariz de Micaías e disse: "Desde quando o Espírito do Eterno me abandonou e se apossou de você?".

²⁴ Micaías disse: "Você logo saberá. Você descobrirá quando estiver apavorado, procurando um lugar para se esconder".

²⁵⁻²⁶ O rei de Israel disse: "Levem Micaías daqui! Entreguem-no a Amom, juiz da cidade, e a Joás, filho do rei, com este recado: 'O rei mandou pôr este homem na cadeia. Ele deve ser tratado a pão e água até que eu volte em paz'".

²⁷ Micaías disse:

"Se você voltar inteiro,
é porque não sou profeta do Eterno".

Disse ainda:

"Quando acontecer tudo isso, ó povo,
lembrem-se de quem vocês ouviram isto!".

DIA 207

28-29 O rei de Israel e Josafá, rei de Judá, atacaram Ramote-Gileade. O rei de Israel disse a Josafá: "Use seu traje real. Eu vou me disfarçar e entrar na guerra". E o rei de Israel entrou disfarçado na guerra.

ATOS 25.13 — 26.8

13-17 Poucos dias depois, o rei Agripa e sua esposa, Berenice, visitaram Cesareia para cumprimentar Festo por sua nova função. Depois de vários dias, Festo apresentou o caso de Paulo ao rei. "Tenho um homem em minhas mãos, um prisioneiro deixado por Félix. Quando eu estava em Jerusalém, os principais sacerdotes e líderes do povo apresentaram várias acusações contra ele e queriam que eu o sentenciasse à morte. Deixei claro que esse não é o modo romano de fazer as coisas. Só porque um homem é acusado, não o condenamos. Em vez disso, damos ao acusado uma chance de encarar seus acusadores e defender-se das acusações. Então, quando eles vieram aqui, fui direto ao caso. Marquei o julgamento e pus o homem no banco dos réus.

18-21 "Vieram acusadores de todos os lados, mas as acusações não passavam de implicância religiosa e de uma discussão sobre um homem morto chamado Jesus, que o prisioneiro alega estar vivo. Como sou recém-chegado e não entendo tudo que está envolvido em casos como esse, perguntei se ele queria ir a Jerusalém, para ser julgado lá. Ele se recusou e exigiu uma audiência diante de Sua Majestade, em nosso tribunal mais importante. Então, ordenei que ele voltasse a ficar sob custódia até que eu pudesse enviá-lo a César, em Roma".

22 Agripa disse: "Eu gostaria de ver esse homem e ouvir sua história".

Festo concordou: "Tudo bem. A primeira coisa que faremos amanhã é trazê-lo, e o senhor poderá ouvi-lo".

23 No dia seguinte, todo cidadão de Cesareia que se considerava alguém deu um jeito de ir ao Auditório. Estavam ali também os militares mais graduados. Agripa e Berenice fizeram uma entrada em alto estilo e assumiram seus lugares. Festo, então, ordenou que Paulo fosse trazido.

24-26 Então, Festo disse: "Rei Agripa e distintos convidados, olhem bem para este homem. Um grupo de judeus me pediu, em Jerusalém e depois aqui, que eu me livrasse dele. Eles exigem com veemência sua execução. Analisei o caso e concluí que ele não cometeu crime algum. Ele requisitou um julgamento diante de César, e concordei em

enviá-lo a Roma. Mas o que eu vou escrever ao meu senhor, César? Todas as acusações feitas pelos judeus não têm fundamento, e não descobri mais nada que possa condená-lo.

26-27 "Foi por isso que eu o trouxe diante desta comunidade, especialmente diante do senhor, rei Agripa, a fim de que possamos verificar se alguma acusação se sustenta, pois me parece tolice enviar um prisioneiro para lá tão longe para ser julgado e não ser capaz de oficializar um simples delito".

A história da visão

26 1-3 Então, Agripa falou diretamente a Paulo: "Pode fazer sua defesa".

Paulo tomou lugar e começou a falar: "Não posso pensar em ninguém melhor, rei Agripa, diante de quem eu desejasse responder a todas essas acusações dos judeus, senão o senhor, que conhece tão bem os costumes judaicos e as discussões internas.

4-8 "Desde a minha juventude, tenho vivido entre meu povo, em Jerusalém. Praticamente todo judeu na cidade que me viu crescer — e basta alguém aqui olhar para mim para confirmar — sabe que vivi como fariseu zeloso, nosso grupo religioso mais exigente. É é por ter vivido e levado a religião a sério, comprometido de coração e alma com o que Deus prometeu aos meus antepassados — a mesma esperança que as doze tribos têm aguardado noite e dia todos estes séculos e a que tenho me apegado, essa esperança testada e aprovada —, que fui acusado pelos judeus. Eles deveriam estar sendo julgados, não eu! Pela minha vida, não consigo entender por que seria crime acreditar que Deus ressuscita os mortos.

SALMOS 89.19-37b

Nenhum inimigo terá vantagem sobre ele;
    nenhum patife o matará.
Os que se opuserem a ele serão aniquilados,
    e exterminarei os que o odeiam.
Estou com ele para sempre e o amarei
    para sempre.
Eu o pus no alto, e ele está se sentindo
    o máximo!
Pus o oceano numa das suas mãos
    e o rio na outra.
Ele gritará: 'Oh! Meu Pai, meu Deus,
    a Rocha da minha salvação!'.
Sim, eu o separei como o primeiro
    da linhagem real,
    Rei Altíssimo sobre todos os reis da terra.

◾ NOTAS

33 Naquele momento, um soldado, lançou uma flecha sem alvo específico contra o exército, e ela atingiu o rei de Israel nas juntas de sua armadura. O rei disse ao condutor do carro: "Dê meia-volta! Tire-me daqui, porque estou ferido".

34 A batalha foi intensa o dia inteiro. O rei observava o combate escorado no seu carro. Ele morreu naquela noite.

19 **1-3** Mas Josafá, rei de Judá, voltou em segurança para casa em Jerusalém. O vidente Jeú, filho de Hanani, repreendeu Josafá: "Você não tem nada que ajudar o perverso nem se unir com aqueles que aborrecem o Eterno. Por causa disso, o Eterno está aborrecido com você. Mas nem tudo está perdido. Você fez um ótimo trabalho, eliminando os altares de orgia religiosa da nação, e se dedicou ao Eterno".

4 Josafá continuou morando em Jerusalém, mas visitava regularmente o povo, desde Berseba, no sul, até o monte Efraim, no norte, para que não se esquecessem do Eterno, o Deus de seus antepassados.

5-7 Ele nomeou juízes em cada uma das cidades fortificadas e os instruiu: "Façam seu trabalho com seriedade e responsabilidade, pois não se trata apenas de julgar as questões humanas: vocês representam a justiça e as decisões do Eterno. Vivam no temor do Eterno, sejam criteriosos, pois o Eterno não tolera desonestidade, nem parcialidade, nem suborno".

8-10 Josafá também nomeou em Jerusalém levitas, sacerdotes e chefes de famílias para decidir questões relacionadas à adoração e para serem mediadores em conflitos pessoais. Ele os instruiu: "Façam o seu trabalho com o temor do Eterno. Sejam confiáveis e honestos. Quando trouxerem uma causa envolvendo um compatriota, seja um assassinato, seja a interpretação de leis, vocês devem alertá-lo de que estão perante o Eterno. Deixem isso bem claro, do contrário, vocês e eles sofrerão as consequências da ira do Eterno. Trabalhem de forma correta, para que não sejam acusados de nada.

11 "Amarias, o sacerdote principal, ficará encarregado das questões relativas ao culto do Eterno; Zebadias, filho de Ismael, líder da tribo de Judá, ficará responsável por todas as questões civis; os levitas manterão a ordem no tribunal. Sejam corajosos e dedicados. O Eterno estará com vocês se derem o seu melhor".

☐ DIA 208 ___/___/___

2CRÔNICAS 18.30 — 20.37

30 O rei da Síria havia ordenado aos trinta e dois comandantes dos carros de guerra: "Não se preocupem com os soldados, sejam eles fortes, sejam fracos. O alvo de vocês é o rei de Israel".

31-32 Quando os comandantes dos carros viram Josafá, disseram: "Ali está ele! O rei de Israel!". E foram atrás dele, mas Josafá gritou, e os comandantes perceberam que estavam perseguindo o homem errado. Desistiram de persegui-lo, porque não era o rei de Israel.

20 **1-2** Passado um tempo, os moabitas, os amonitas e os meunitas se uniram para lutar contra Josafá. Ele recebeu esta informação: "Há um

DIA 208

enorme exército se aproximando, vindo do outro lado do mar Morto para atacá-lo. Não temos tempo a perder. Eles já estão em Hazazom-Tamar, o oásis de En-Gedi!".

³⁻⁴ Assustado, Josafá orou. Buscou a ajuda do Eterno e decretou um jejum nacional. Todo o povo, de todas as cidades de Judá, se uniu para pedir a ajuda do Eterno.

⁵⁻⁹ Diante da assembleia do povo de Judá e de Jerusalém, no templo do Eterno, na frente do pátio novo, Josafá orou assim: "Ó Eterno, Deus dos nossos antepassados, não és tu o Deus que estás no céu e o soberano sobre todos os reinos? Tu és forte e poderoso, ninguém tem a menor chance diante do teu poder! Tu mesmo expulsaste os moradores desta terra quando trouxeste o teu povo e entregaste a terra deles a Israel, os descendentes do teu amigo Abraão. Eles habitaram nesta terra e construíram um santuário em honra a teu nome, dizendo: 'Quando acontecer alguma desgraça, como guerra, enchente, epidemia ou fome, entraremos no templo, pois sabemos que estás pessoalmente presente nele, e clamaremos em meio ao sofrimento e à angústia, e tu nos ouvirás e nos livrarás'.

¹⁰⁻¹² "Pois é o que está acontecendo agora: os amonitas, os moabitas e os moradores do monte Seir estão nos ameaçando. Quando o teu povo, Israel, veio do Egito, não permitiste que ele entrasse no território deles. Nós contornamos a terra deles e não os atacamos. Agora, eles estão vindo para nos expulsar da terra que tu nos deste. Ó Deus, não irás fazer nada? Não temos força para enfrentar esse enorme bando de vândalos, que vão chegar dispostos a tudo. Não sabemos o que fazer; por isso, recorremos a ti".

¹³ Todos os moradores de Judá estavam ali, com mulheres e filhos — até as crianças de colo, todos atentos diante do Eterno.

¹⁴⁻¹⁷ Então, Jaaziel, filho de Zacarias, filho de Benaia, filho de Matanias, levita da descendência de Asafe, movido pelo Espírito do Eterno, falou à congregação: "Ouçam, todos vocês de Judá, todos os moradores de Jerusalém e você, rei Josafá. Assim diz o Eterno: 'Não fiquem com medo. Não se preocupem com esses vândalos. Esta guerra é de Deus, não de vocês. Amanhã vocês irão atrás deles, que já estão subindo a encosta de Ziz. Vocês os encontrarão no fim do vale, nas proximidades do deserto de Jeruel, mas nem terão o trabalho de erguer as mãos para lutar. Apenas fiquem ali, parados, ó Judá, ó Jerusalém. Vocês verão o livramento do Eterno. Não tenham medo nem desanimem. Saiam para enfrentá-los amanhã. O Eterno estará com vocês'".

¹⁸⁻¹⁹ Então, Josafá se ajoelhou e prostrou-se com o rosto em terra. Todos os moradores de Judá e de Jerusalém também se prostraram e adoraram ao Eterno. Os levitas, tanto os coatitas quanto os coreítas, ficaram de pé para louvar ao Eterno, o Deus de Israel, um louvor cantado em voz alta!

²⁰ No dia seguinte, todos se levantaram cedo, preparados para marchar até o deserto de Tecoa. Na hora de sair, Josafá pôs-se de pé e disse: "Ouçam, Judá e Jerusalém! Prestem atenção no que vou dizer. Confiem no Eterno, o seu Deus, e não serão derrotados! Acreditem também em seus profetas e terão vitória".

²¹ Depois de conversar com o povo, Josafá formou um coro para louvar ao Eterno. Com vestimentas litúrgicas, eles marchavam à frente das tropas cantando:

"Deem graças ao Eterno,
o seu amor leal não tem fim".

²²⁻²³ Assim que começaram a cantar louvores, o Eterno armou uma emboscada contra os amonitas, os moabitas e os moradores do monte Seir que tinham vindo atacar Judá, e eles foram todos derrotados. Os amonitas e os moabitas atacaram por engano os moradores do monte Seir e os massacraram. Depois, na confusão, atacaram uns aos outros, matando-se a si mesmos.

²⁴ Quando Judá subiu a colina para observar os vândalos no deserto, viram cadáveres espalhados por toda parte: não havia um único sobrevivente.

²⁵⁻²⁶ Josafá e o povo foram saquear os cadáveres e encontraram mais coisas do que conseguiam carregar: equipamentos, roupas e objetos de valor. Eles levaram três dias para recolher tudo. No quarto dia, reuniram-se no vale da Bênção (Beraca) e louvaram ao Eterno —; por isso, o lugar recebeu o nome de vale da Bênção.

²⁷⁻²⁸ Em seguida, Josafá levou todos os homens de Judá de volta para Jerusalém, numa grande festa, pois estavam alegres. O Eterno tinha concedido uma vitória espetacular sobre os inimigos. Assim que entraram em Jerusalém, foram ao templo do Eterno, ao som de toda espécie de instrumentos.

²⁹⁻³⁰ Quando os povos vizinhos souberam que o Eterno tinha derrotado os inimigos de Israel,

ficaram aterrorizados. Durante o restante do reinado de Josafá, não se ouviu mais falar deles, e a nação viveu em paz.

[31-33] Assim foi o reinado de Josafá. Ele tinha 35 anos de idade quando começou a reinar e reinou em Jerusalém durante vinte e cinco anos. Sua mãe se chamava Azuba e era filha de Sili. Ele seguiu os passos de seu pai Asa, sem se desviar, e agradou ao Eterno. Contudo, não eliminou os altares ligados às orgias religiosas. O povo também não se dedicou inteiramente ao Deus de seus antepassados.

[34] O restante da vida de Josafá, desde a infância até a velhice, está tudo registrado nas memórias de Jeú, filho de Hanani, que foram incluídas nas *Crônicas dos Reis de Israel.*

[35-37] No final da sua vida, Josafá cometeu um grande erro: Fez um acordo comercial com Acazias, rei de Israel. Associou-se com ele para a construção de navios em Eziom-Geber e o comércio com Társis. Eliézer, filho de Dodava de Maressa, profetizou contra Josafá: "Por ter se aliado a Acazias, o Eterno destruirá o seu trabalho". Assim, os navios naufragaram e não puderam dar continuidade ao comércio com Társis.

ATOS 26.9-29

[9-11] "Admito que nem sempre tive esta convicção. Por um tempo, pensei que era minha obrigação opor-me a esse Jesus de Nazaré com todas as minhas forças. Apoiado pela autoridade dos principais sacerdotes, a torto e a direito, lancei cristãos — sem saber que eram gente de Deus! — na cadeia de Jerusalém e, sempre que havia uma decisão por voto, eu votava a favor da execução deles. Eu invadia as sinagogas, obrigando-os a blasfemar contra Jesus. Eu era um terror, obcecado em destruir esse povo. Depois, comecei a fazer a mesma coisa nas cidades ao redor de Jerusalém.

[12-14] "Um dia, no caminho para Damasco, munido de documentos dos principais sacerdotes, que me autorizavam a agir, bem na metade do dia um brilho, uma luz mais brilhante que o sol veio do céu sobre mim e sobre meus companheiros. Ó rei, o brilho era inacreditável! Todos nós caímos por terra. Então, ouvi uma voz em hebraico: 'Saulo, Saulo, por que você está me perseguindo? Por que insiste em ir contra o aguilhão?'.

[15-16] "Eu disse: 'Quem és, Senhor?'.

"A voz respondeu: 'Eu sou Jesus, aquele que você persegue. Mas agora levante-se! Tenho uma missão para você. Eu o escolhi a dedo para ser um servo e testemunha do que aconteceu hoje e para o que vou mostrar.

[17-18] "'Eu o envio para abrir os olhos dos que não me conhecem; assim, eles verão a diferença entre a luz e a escuridão e poderão escolher a luz; verão a diferença entre Deus e Satanás e poderão escolher a Deus. Eu o envio para apresentar minha oferta de perdão dos pecados e de um lugar na família da fé. Você irá convidá-los a fazer companhia aos que vivem de verdade porque creem em mim'.

[19-20] "O que eu poderia fazer, rei Agripa? Eu não poderia simplesmente fugir de uma visão como aquela! Passei a crer e a ser obediente na hora e comecei a pregar, lá mesmo, em Damasco, uma mudança de vida radical para Deus e tudo o que ela significa na vida diária. Depois, fui para Jerusalém e para outras partes da nossa terra e de lá para o mundo inteiro.

[21-23] "É porque falo ao 'mundo inteiro', que os judeus me agarraram no templo naquele dia e tentaram me matar. Eles querem guardar Deus só para eles. Mas Deus esteve ao meu lado, como havia prometido, e digo agora o que tenho dito a todos: tudo que estou dizendo está de acordo com o que os profetas e Moisés disseram. Primeiro, o Messias deveria morrer; em seguida, iria ressuscitar. Ele seria o primeiro raio da brilhante luz matinal de Deus sobre as pessoas que estão perto e as que estão longe, tanto os que vivem na prática do mal quanto os que têm temor de Deus".

[24] Festo não se conteve e interrompeu o discurso com um grito: "Paulo, você está louco! Você leu demais, passou tempo divagando demais! Volte para o mundo real!".

[25-27] Mas Paulo ficou firme: "Com todo respeito, Vossa Excelência, não estou louco. Tenho plena consciência do que digo. O rei sabe do que estou falando. Estou certo de que nada do que eu disse parece loucura para ele. Ele sabe de tudo isso há muito tempo. O senhor precisa entender que isso não foi feito às ocultas. O senhor acredita nos profetas, não acredita, rei Agripa? Não precisa responder, sei que acredita".

[28] Mas Agripa respondeu: "Um pouco mais, e você vai fazer de mim um cristão".

[29] Paulo, ainda algemado, disse: "É por isso que tenho orado, para que, agora ou mais tarde, não apenas o senhor, mas todos os que me ouvem aqui, se tornem como eu — exceto, é claro, por estas algemas!".

SALMOS 89.19-37c

Eu o preservarei eternamente em meu amor
e fielmente cumprirei o que
solenemente prometi.
Eu preservarei sua árvore genealógica
e subscreverei seu governo.
Mas, se seus descendentes se recusarem
a fazer o que digo,
recusando-se a andar no caminho
que eu mostrar;
Se menosprezarem minhas instruções
e quebrarem as regras que eu instituir,
Esfregarei o rosto deles na sujeira
de sua rebeldia,
e eles sofrerão as consequências.
Mas nunca os expulsarei,
nunca os abandonarei ou repudiarei.
Alguém acha que eu voltaria atrás
em minha santa promessa
ou que retiraria as palavras que já falei?
Dei minha palavra, minha perfeita
e santa palavra:
alguém acha que eu mentiria para Davi?
Sua árvore genealógica estará aqui
para sempre,
sua soberania tão certa como o Sol,
Segura como as fases da Lua,
inescapável como o clima".

■ NOTAS

☐ DIA 209 ___ / ___ /

2CRÔNICAS 21.1 — 23.21

21 ¹Josafá morreu e foi sepultado no túmulo da família, na Cidade de Davi. Seu filho Jeorão o sucedeu.

O rei Jeorão

²⁻⁴ Os irmãos de Jeorão foram Azarias, Jeiel, Zacarias, Azarias, Micael e Sefatias, filhos de Josafá, rei de Judá. Seu pai lhes deu muitos presentes: prata, ouro, objetos de valor e cidades fortificadas em Judá. Mas Jeorão era o filho mais velho; por isso, Josafá lhe deu o reino de Judá. Quando sucedeu seu pai e assumiu o controle do reino, Jeorão mandou matar todos os irmãos e alguns oficiais do governo.

⁵⁻⁷ Jeorão tinha 32 anos de idade quando começou a reinar e reinou em Jerusalém oito anos. Ele seguiu os passos dos reis de Israel e se associou, por casamento, à dinastia de Acabe. Ele agiu mal diante do Eterno. Apesar disso, por causa da aliança com Davi, o Eterno não se dispôs a destruir os descendentes de Davi. Afinal, ele tinha prometido manter uma chama acesa para Davi e seus descendentes.

⁸⁻⁹ Durante o reinado de Jeorão, Edom se rebelou contra o domínio de Judá e proclamou seu próprio rei. Jeorão reagiu imediatamente, partindo com seus oficiais e carros de guerra. Os edomitas os cercaram, mas, durante a noite, Jeorão os atacou com seus carros de guerra e os derrotou.

¹⁰⁻¹¹ Até hoje, Edom se revolta contra Judá. Na época, até mesmo Libna se rebelou. A razão disso era clara: Jeorão havia abandonado o Eterno, o Deus de seus antepassados. Jeorão chegou a ponto de construir altares a deuses pagãos nos montes de Judá e

levou o povo de Jerusalém a se desviar de Deus, bem como toda a população de Judá.

12-15 Certo dia, Jeorão recebeu uma carta do profeta Elias, em que se lia: "Do Eterno, o Deus do seu antepassado Davi, uma mensagem: 'Já que você não seguiu os caminhos de seu pai, Josafá, e de seu avô, Asa, reis de Judá, mas preferiu imitar os reis de Israel, ao norte, fazendo Jerusalém e Judá se desviarem de Deus e seguirem a idolatria de Acabe e sua família e matando seus irmãos, todos eles melhores que você, o Eterno castigará seu povo com uma terrível peste, que também atingirá suas mulheres, seus filhos e suas posses. Você ficará gravemente enfermo: terá uma doença no intestino, dolorosa e humilhante' ".

16-20 O castigo começou com uma invasão. O Eterno incitou os filisteus e os árabes, que moravam perto dos etíopes, a atacar Jeorão. Eles chegaram até a fronteira de Judá, invadiram o território e saquearam todos os bens do palácio. Levaram até mesmo as mulheres e as crianças. Mas Acazias, um dos filhos, foi deixado. Depois, Jeorão ficou gravemente enfermo. Passados dois anos, sua incontinência era total, e ele morreu atormentado por dores terríveis. O povo não fez nenhuma fogueira em sua homenagem, como era costume. Ele tinha 32 anos de idade quando começou a reinar e reinou oito anos em Jerusalém. Ninguém derramou uma lágrima sequer por causa da morte dele. Foi, na verdade, um alívio para todos. Ele foi sepultado na Cidade de Davi, mas não no cemitério dos reis.

O rei Acazias

22 **1-6** O povo de Jerusalém proclamou Acazias, filho mais novo de Jeorão, rei em seu lugar, porque os invasores que vieram do deserto com os árabes haviam matado todos os outros filhos. Assim, Acazias, filho do rei Jeorão, rei de Judá, foi proclamado rei. Acazias tinha 22 anos de idade quando começou a reinar, mas reinou apenas um ano em Jerusalém. Sua mãe se chamava Atalia e era neta de Onri. Ele viveu e governou nos moldes da dinastia de Acabe. Sua mãe dava a ele os piores conselhos. Ele agiu mal diante do Eterno, pois tinha afinidade com a família de Acabe, tanto por casamento quanto pelas práticas pecaminosas. Depois da morte de seu pai, ele passou a seguir os conselhos da família de Acabe e fazia o que eles ensinavam. Aliou-se a Jorão, filho de Acabe, rei de Israel, para lutar contra Hazael, rei da Síria, em Ramote-Gileade. Ferido pelos arameus, Jorão voltou para Jezreel, a fim de se recuperar dos ferimentos sofridos em Ramá, na guerra contra o rei da Síria. Acazias foi visitar Jorão em Jezreel.

7-9 A visita de Acazias a Jorão serviu para a sua ruína, de acordo com a vontade de Deus. Quando Acazias chegou a Jezreel, ele e Jorão se encontraram com Jeú, filho de Ninsi, a quem o Eterno já tinha autorizado destruir a dinastia de Acabe. Jeú, que já tinha começado a eliminar a dinastia de Acabe, encontrou os capitães de Judá e os sobrinhos de Acazias, que faziam parte da delegação do rei, e os executou sumariamente. Depois, mandou seus oficiais à procura de Acazias. Eles o encontraram escondido em Samaria. Ele foi capturado e levado de volta a Jeú, que o matou.

Mas seu corpo não foi abandonado. Por respeito a seu avô, Josafá, conhecido por ter buscado ao Eterno com sinceridade, deram-lhe um enterro digno. Mas não ficou ninguém da família de Acazias que pudesse sucedê-lo no trono.

A rainha Atalia

10-12 Quando Atalia, mãe de Acazias, soube que seu filho havia morrido, ela assumiu o comando. Para início de conversa, mandou matar toda a família real. Jeoseba, filha do rei Jeorão, escondeu Joás, um dos filhos de Acazias marcados para morrer. Ela o escondeu — junto com sua ama — da rainha Atalia num quarto secreto. Jeoseba, filha do rei Jeorão, irmã de Acazias e mulher do sacerdote Joiada, poupou a vida de Joás do massacre de Atalia. Ele ficou com ela seis anos no templo de Deus. Enquanto isso, sem saber de nada, Atalia governava a nação.

23 **1-3** Passados sete anos, o sacerdote Joiada decidiu pôr em prática seu plano, com a ajuda de alguns oficiais influentes do exército. Ele escolheu Azarias, filho de Jeroão, Ismael, filho de Joanã, Azarias, filho de Obede, Maaseias, filho de Adaías, e Elisafate, filho de Zicri. Eles percorreram todo o território e todas as cidades de Judá para convocar os levitas e todos os chefes de famílias. Reuniram-se em Jerusalém, no templo de Deus, e firmaram um acordo.

3-7 O sacerdote Joiada apresentou a eles o jovem príncipe e disse: "Aqui está o filho do rei. Ele vai assumir o trono, como o Eterno prometeu a respeito dos descendentes de Davi. Então, prestem atenção ao que vocês irão fazer. Um terço de vocês, que entra de serviço no sábado, deverá permanecer na guarda dos portões. Outro terço guardará o palácio, e o outro cuidará da Porta do Alicerce. Todo o povo será convocado para se reunir nos pátios do templo do Eterno. Ninguém poderá entrar no templo, exceto os

DIA 209

sacerdotes e os levitas que estiverem de serviço. Eles têm permissão porque foram consagrados, mas os demais devem fazer o que lhes foi ordenado. Os levitas rodearão o jovem rei com armas em punho. Matem qualquer um que tentar se aproximar ou romper o cerco. Vocês ficarão com o rei o tempo todo e em todo lugar".

8-10 Todos os levitas e oficiais acataram as ordens do sacerdote Joiada. Cada um deu ordens a seus subordinados, tanto os que entravam no serviço no sábado quanto os que saíam do serviço no sábado, pois o sacerdote Joiada não dispensou ninguém. Depois, o sacerdote equipou os oficiais com lanças e escudos, pequenos e grandes, que pertenceram a Davi e estavam guardados no templo do Eterno. Armados, os guardas se posicionaram de acordo com as instruções para proteger o rei, de uma extremidade do templo à outra, em torno do altar e do edifício.

11 Então, o sacerdote apresentou em público o príncipe, pôs a coroa em sua cabeça, entregou a ele o Livro da Aliança de Deus e o proclamou rei. Enquanto Joiada e seus filhos o ungiam, o povo gritava: "Viva o rei!".

12-13 Ao ouvir o barulho da correria do povo e da aclamação ao rei, Atalia foi ao templo para ver o que estava acontecendo. Assustada, viu o jovem rei de pé, na entrada, rodeado pelos capitães e tocadores de trombetas. Todos, com alegria, cantavam, as trombetas eram tocadas, e os cantores e os músicos dirigiam o louvor. Desesperada, ela rasgou a própria roupa e gritou: "Traição! Traição!".

14-15 O sacerdote Joiada deu ordens aos oficiais da guarda: "Levem-na para fora e matem qualquer um que fizer menção de segui-la". (O sacerdote tinha ordenado que não a matassem no interior do templo.) Eles a arrastaram até a estrebaria do palácio e a mataram ali.

16 Joiada fez uma aliança entre o Eterno, o rei e o povo, para que eles fossem o povo do Eterno.

17 O povo entrou no templo de Baal e o destruiu, derrubando os altares e os ídolos. Na frente do altar, mataram Matã, sacerdote de Baal.

18-21 Joiada entregou o serviço do templo do Eterno aos sacerdotes e aos levitas, conforme as determinações de Davi. Eles deveriam oferecer ofertas queimadas ao Eterno de acordo com o que prescrevia a Revelação de Moisés, com cânticos e louvores, e conforme a orientação de Davi. Ele também designou guardas para cuidar da entrada do templo do Eterno, de modo que quem não estivesse devidamente preparado não pudesse entrar. Reuniu todos os oficiais, os nobres, os governadores e todo o povo para conduzir o rei do templo do Eterno, passando pela porta superior, até o trono real. Todos celebravam com entusiasmo. Finalmente, a cidade ficou segura e tranquila, pois Atalia estava morta.

ATOS 26.30 — 27.20

30-31 O rei, o governador, Berenice e seus conselheiros levantaram-se e foram para a sala ao lado discutir a respeito do que ouviram. Todos concordaram quanto à inocência de Paulo, dizendo: "Não há nada nesse homem que mereça a prisão, muito menos a morte".

32 Agripa disse a Festo: "Ele poderia ser liberto agora mesmo se não tivesse requisitado uma audiência perante César".

Tempestade no mar

27 1-2 Assim que os preparativos para nossa viagem à Itália ficaram prontos, Paulo e outros prisioneiros ficaram sob supervisão de um centurião chamado Júlio, membro de uma tropa de elite. Embarcamos num navio de Adramítio que ia para Éfeso e para os portos do Ocidente. Aristarco, macedônio de Tessalônica, foi conosco.

3 No dia seguinte, fizemos uma escala em Sidom. Júlio tratou Paulo muito bem. Permitiu que ele desembarcasse e desfrutasse a hospitalidade dos amigos daquela cidade.

4-8 De volta ao mar, navegamos para o norte, sob a proteção da costa nordeste de Chipre, porque os ventos do oeste nos eram contrários, e, então, fomos ao longo da costa ocidental até o porto de Mirra. Ali, o centurião encontrou um navio egípcio que ia para a Itália e nos transferiu. Enfrentamos mau tempo e descobrimos ser impossível manter o curso. Depois de muita dificuldade, finalmente chegamos à costa sul da ilha de Creta e atracamos em Bons Portos (que nome!)

9-10 A essa altura, havíamos perdido bastante tempo. Já era começo do outono, e dali em diante o clima seria tempestuoso, perigoso demais para a navegação. Paulo advertiu: "A única coisa que consigo ver adiante é um desastre, para a carga e para o navio, sem falar em nós mesmos, se navegarmos agora".

12,11 Mas aquele não era o melhor porto para passar o inverno. Fênix, poucas milhas adiante, era mais apropriado. O centurião não deu atenção ao conselho de Paulo e permitiu que o capitão do navio e o proprietário da carga o convencessem a tentar chegar ao porto seguinte.

13-15 Com a chegada de um vento suave do sul, eles levantaram âncora, pensando que teriam uma navegação tranquila. Mas, tão logo se lançaram ao mar, começou a soprar um vento forte, o perigoso vento nordeste. O navio ficou sem controle, como uma folha na tempestade.

16-17 Passamos rente a uma pequena ilha chamada Clauda. Conseguimos preparar um bote salva-vidas e puxar as velas. Mas os bancos de areia nos impediram de chegar mais perto. Só conseguimos evitá-los porque arriamos as âncoras.

18-20 No dia seguinte, mais uma vez em alto mar e castigados pela tempestade, lançamos a carga ao mar. No terceiro dia, os marinheiros aliviaram ainda mais o navio. Dessa vez, livraram-se das provisões e dos equipamentos. Ficamos muitos dias sem ver o Sol e as estrelas. O vento e as ondas batiam no navio sem piedade, e perdemos a esperança de resgate.

SALMOS 89.38-51a

38-51 Mas tu, ó Eterno, de fato nos abandonaste,
perdeste a paciência com aquele que ungiste.
Rasgaste a promessa que fizeste ao teu servo,
jogaste sua coroa na lama.
Impediste a casa dele de reinar,
reduziste sua cidade a um monte de entulhos,
Que é saqueada por estrangeiros,
uma piada para os povos vizinhos.
Declaraste feriado a todos os seus inimigos,
e eles estão celebrando a desgraça dele.
Irado, te opuseste a ele na batalha,
te recusaste a lutar a seu lado.
Tiraste dele seu esplendor e humilhaste
esse guerreiro,
arrastando sua honra na lama.
Tomaste os melhores anos da vida dele
e o deixaste impotente, arruinado.

◾ NOTAS

☐ DIA 210 ___/___/___

2CRÔNICAS 24.1 — 25.28

O rei Joás

24 **1** Joás tinha 7 anos de idade quando começou a reinar e reinou quarenta anos em Jerusalém. Sua mãe se chamava Zíbia (Gazela). Ela vinha de Berseba.

2-3 Educado e ensinado pelo sacerdote Joiada, Joás agiu corretamente diante do Eterno durante a vida de Joiada. Joiada escolheu duas mulheres para ele, e Joás teve filhos e filhas.

4-6 Depois de um tempo, Joás decidiu fazer reformas no templo do Eterno. Reuniu os sacerdotes e levitas e ordenou: "Vão às cidades de Judá todo ano e arrecadem o imposto da população para a reforma do templo do seu Deus. Esse trabalho será responsabilidade de vocês". Mas os levitas não se esforçaram e não fizeram nada.

7 Então, o rei mandou chamar Joiada, o sacerdote principal, e perguntou: "Por que você não mandou os levitas trazerem de Judá e de Jerusalém o imposto que Moisés, servo do Eterno, e a comunidade de Israel determinaram para a manutenção do lugar de adoração? Veja em que condições está o templo!

DIA 210

Atalia, aquela mulher perversa, e seus filhos deixaram o templo de Deus em ruínas e levaram os objetos consagrados para cultuar Baal".

8-9 Seguindo as ordens do rei, eles fizeram uma urna e a puseram na entrada do templo do Eterno. Depois, mandaram anunciar em todo o território de Judá e Jerusalém o pagamento obrigatório do imposto que Moisés havia instituído quando Israel ainda estava no deserto.

10 A população e os líderes ficaram felizes com a resolução e contribuíram com alegria até encher a urna.

11-14 Sempre que os sacerdotes levavam a urna para os fiscais do rei e eles constatavam que estava cheia, o contador real e o oficial do sacerdote principal retiravam o dinheiro, e a urna era levada de volta. Eles faziam isso regularmente e conseguiram arrecadar muito dinheiro. O rei e o sacerdote Joiada entregavam o dinheiro aos encarregados do templo, que, por sua vez, pagavam os pedreiros e carpinteiros responsáveis pelos reparos no templo do Eterno. Eles trabalharam sem interrupção até a reforma ser concluída. O templo ficou como novo! Terminada a obra, devolveram o dinheiro que havia sobrado ao rei e a Joiada. Esses recursos foram utilizados para a confecção de utensílios para o templo e para os sacrifícios diários e ofertas queimadas, vasilhas e outros objetos de ouro e de prata para uso litúrgico.

14-16 Enquanto Joiada estava vivo, as ofertas queimadas eram oferecidas regularmente no templo do Eterno. Joiada morreu em idade avançada, tinha 130 anos! Foi sepultado no cemitério real porque tinha se destacado muito em seu serviço a Israel, a Deus e ao seu templo.

17-19 Depois da morte de Joiada, a situação mudou – para pior. Os dirigentes de Judá tiveram uma audiência com o rei, e ele atendeu ao pedido deles. Assim, abandonaram o templo do Eterno e passaram a servir à deusa da prostituição. Por causa desse pecado, Deus ficou furioso com Judá e Jerusalém. O Eterno enviou profetas para adverti-los das consequências daquele pecado, mas ninguém dava atenção a eles.

20 O Espírito de Deus despertou Zacarias, filho do sacerdote Joiada, para dizer: "Assim diz o Eterno: 'Por que vocês se afastaram deliberadamente dos mandamentos do Eterno? Vocês não podem continuar assim! Se abandonarem o Eterno, ele os abandonará'".

21-22 Mas alguns tramaram contra Zacarias e, com a cumplicidade do rei – na verdade, por ordem dele –,

o apedrejaram até a morte dentro do pátio do templo do Eterno. Foi assim que o rei Joás retribuiu a lealdade do sacerdote que o havia proclamado rei: assassinou o filho de Joiada. As últimas palavras de Zacarias foram: "Veja isto, ó Eterno! Que eles paguem por isto!".

23-24 Cerca de um ano depois, as tropas dos arameus atacaram Joás. Invadiram Judá e Jerusalém, massacraram os líderes e mandaram todo o despojo para o rei em Damasco. O exército arameu era bem pequeno, mas o Eterno o usou para derrotar o grande exército de Joás, porque eles abandonaram o Eterno, o Deus de seus antepassados. Os sírios foram instrumentos do castigo de Deus contra Joás.

25-27 Joás foi gravemente ferido na batalha, e os próprios oficiais do rei o mataram, numa conspiração tramada na corte como vingança pelo assassinato do filho do sacerdote Joiada. Ele foi morto na própria cama e sepultado na Cidade de Davi, mas não teve o privilégio de um túmulo no cemitério real. Os que conspiraram contra ele foram: Zabade, filho da amonita Simeate, Jeozabade, filho da moabita Sinrite. Quanto a seus filhos, às muitas sentenças proferidas contra Joás e à história da restauração do templo de Deus, está tudo registrado nas anotações sobre os reis.

Amazias, filho de Joás, o sucedeu.

O rei Amazias

25 **1-4** Amazias tinha 25 anos de idade quando começou a reinar e reinou vinte e nove anos em Jerusalém. Sua mãe era Jeoadã, de Jerusalém. Ele agiu corretamente diante do Eterno, mas não com absoluta sinceridade. Quando viu que tinha o reino nas mãos, mandou executar os guardas do palácio que haviam assassinado seu pai, o rei. Mas não matou os filhos dos assassinos, por respeito ao que estava prescrito na Revelação de Moisés: Os pais não devem ser punidos pelos pecados dos filhos, nem os filhos pelos pecados dos pais. Cada um deve responder pelos próprios atos.

5-6 Amazias organizou Judá e classificou Judá e Benjamim por famílias e por unidades militares. Todos os homens de 20 anos de idade ou mais deviam se alistar. Foram contados trezentos mil capazes de servir no exército. Além disso, contrataram cem mil soldados de Israel ao custo de três toneladas e meia de prata.

7-8 Um homem de Deus apareceu e disse: "Ó rei, não deixe os soldados israelitas no exército. O Eterno não está com eles nem com nenhum dos efraimitas. Seja corajoso e vá apenas com o seu exército. Só Deus poderá dar a vitória ou a derrota a você".

⁹Mas Amazias perguntou ao homem de Deus: "O que devo fazer com o dinheiro, as três toneladas e meia de prata que paguei aos israelitas?".

O homem de Deus respondeu: "A ajuda de Deus vale muito mais que isso".

¹⁰ Então, Amazias mandou embora os soldados do norte, que tinha contratado. Eles ficaram muito aborrecidos por não poderem lutar e voltaram furiosos.

¹¹⁻¹²Mas Amazias estava otimista. Levou as tropas para o vale do Sal e matou dez mil homens de Seir. Fizeram dez mil prisioneiros, levaram-nos até o topo da Rocha e os jogaram no precipício. Todos morreram na queda, esmagados contra as rochas.

¹³ As tropas que Amazias tinha mandado embora do seu exército, furiosas por não poderem lutar e se aproveitar do despojo, atacaram cidades de Judá, de Samaria a Bete-Horom, matando três mil pessoas e levando muitos despojos.

¹⁴⁻¹⁵Quando voltou da batalha contra os edomitas, Amazias trouxe de volta os deuses dos cidadãos de Seir e os estabeleceu como se fossem seus deuses, adorando-os e queimando incenso para eles. Esse ato provocou a ira do Eterno, que enviou um profeta, com esta mensagem: "O que está acontecendo? Por que você está clamando a deuses inferiores, que não conseguiram livrar o povo deles, deuses mais fracos que você?".

¹⁶ Amazias o interrompeu: "Por acaso, pedi a sua opinião? Fique quieto, senão mando arrastá-lo para fora!".

O profeta parou de falar, mas, antes, disse o seguinte: "Tenho conhecimento de que Deus resolveu destruí-lo por causa de tudo que tem feito e porque não seguiu o meu conselho".

¹⁷ Certo dia, Amazias mandou mensageiros a Jeoás, filho de Jeoacaz, filho de Jeú, rei de Israel, para desafiá-lo a lutar: "Se tiver coragem, venha se encontrar comigo. Vamos medir forças!".

¹⁸⁻¹⁹ Jeoás, rei de Israel, respondeu a Amazias, rei de Judá: "Certa vez, um espinheiro do Líbano mandou dizer a um cedro do Líbano: 'Dê sua filha em casamento a meu filho'. Mas, depois, um animal selvagem do Líbano passou, pisou no espinheiro e o esmagou. Só porque você derrotou os edomitas na batalha, agora está pensando que é mais forte que todos. Pode se orgulhar, mas fique aí no

seu canto. Por que arriscar a sorte? Por que amargar uma derrota para você mesmo e para Judá?".

²⁰⁻²²Mas Amazias não desistiu. Então, Jeoás, rei de Israel, cedeu e concordou em enfrentar Amazias, rei de Judá. Eles se encontraram em Bete-Semes, uma cidade de Judá. Judá sofreu uma humilhante derrota para Israel. Todos os soldados fugiram para casa.

²³⁻²⁴Jeoás, rei de Israel, capturou Amazias, rei de Judá, filho de Joás, filho de Acazias, em Bete-Semes. Mas Jeoás não parou por aí. Prosseguiu para atacar Jerusalém. Demoliu os muros da cidade desde a Porta de Efraim até a Porta da Esquina, cerca de cento e oitenta metros. Saqueou o ouro, a prata e todos os utensílios de valor do palácio e do templo do Eterno. Também fez vários reféns e voltou para Samaria.

²⁵⁻²⁶Amazias, filho de Joás, rei de Judá, reinou mais quinze anos depois da morte de Jeoás, filho de Jeoacaz, rei de Israel. O restante da vida e dos feitos de Amazias, do início ao fim, está registrado nas *Crônicas dos Reis de Judá e de Israel*.

²⁷⁻²⁸ Nos últimos anos de Amazias, depois de ele ter se afastado do Eterno, fizeram uma conspiração contra ele em Jerusalém, e ele teve de fugir para Láquis. Mas foi perseguido e morto em Láquis. Seu corpo foi trazido sobre um cavalo e sepultado em Jerusalém, com seus antepassados, na Cidade de Davi.

ATOS 27.21-41

²¹⁻²² Nosso apetite por comida e pela vida se foram, então Paulo foi para o meio do grupo e disse: "Amigos, vocês deveriam ter me ouvido lá em Creta. Poderíamos ter evitado esta provação. Mas não há como desistir agora. De agora em diante, as coisas vão melhorar! Garanto que nenhum de nós vai se perder, ainda que não possa dizer o mesmo do navio — ele está condenado.

²³⁻²⁶Na noite passada, um anjo de Deus apareceu a mim, um anjo do Deus a quem sirvo, e me disse: 'Não desista, Paulo! Você ainda vai estar na presença de César, e todos os que viajam com você também vão se salvar'. Portanto, prezados amigos, coragem! Creio que Deus fará exatamente o que me prometeu. Mas vamos naufragar perto de alguma ilha".

²⁷⁻²⁹Na décima quarta noite, à deriva em algum lugar no mar Adriático, por volta da meia-noite os marinheiros perceberam que estávamos nos aproximando da terra. Sondaram o fundo do mar, e estávamos a uma profundidade de 36 metros;

DIA 211

pouco depois, de 27 metros. Temendo a colisão com alguma rocha, lançaram as quatro âncoras e oraram pelo raiar do dia.

³⁰⁻³² Alguns marinheiros tentaram fugir do navio. Arriaram o bote salva-vidas, fingindo que iam lançar as âncoras da proa. Paulo percebeu a manobra e disse ao centurião e aos seus soldados: "Se esses marinheiros não ficarem no navio, todos nós vamos naufragar". Então, os soldados cortaram as cordas do bote salva-vidas e o deixaram cair no mar.

³³⁻³⁴ Perto do amanhecer, Paulo reuniu tripulação e passageiros e propôs um desjejum: "Este é o décimo quarto dia que estamos sem comida. Nenhum de nós comeu nada. Mas insisto em que comam alguma coisa agora. Vocês vão precisar de força para o resgate que está adiante de nós. Garanto que vocês sairão desta sem um arranhão!".

³⁵⁻³⁸ Ele partiu o pão, deu graças a Deus e o distribuiu, e todos comeram animados — 276 pessoas! Depois da refeição, estando todos satisfeitos, o navio foi aliviado de seu peso mais uma vez, agora da carga de grãos.

³⁹⁻⁴¹ Ao raiar do dia, ninguém reconheceu o lugar, mas estavam numa baía com uma bela praia. Decididos a levar o navio para a praia, cortaram as âncoras, soltaram o leme e seguiram o vento. Mas não deu certo. Ainda longe, batemos num recife, e o navio começou a se partir.

SALMOS 89.38-51b

Por quanto tempo aguentaremos
isso, ó Eterno?
Foste embora de vez?
Guardarás rancor para sempre?
Lembra-te do meu lamento e de
como a vida é curta.
Criaste os homens e mulheres só para isso?
Veremos a morte cedo demais. Todos verão.
E não há porta dos fundos para escapar.
Então, onde está o amor que
o fez tão conhecido?
O que aconteceu com tua promessa a Davi?
Olha para teus servos, querido Senhor!
Sou alvo das piadas de todas as nações,
Das zombarias dos nossos inimigos, ó Eterno,
enquanto eles perseguem os passos do teu
ungido amado.

Bendito seja o Eterno para sempre e sempre!
Amém. Amém.

NOTAS

DIA 211 ___ / ___ / ___

2CRÔNICAS 26.1 — 28.27

O rei Uzias

26 ¹⁻² O povo de Judá proclamou Uzias, que tinha apenas 16 anos de idade, rei no lugar de seu pai, Amazias. O primeiro ato dele, depois do sepultamento de seu pai, foi reconquistar e reconstruir Elate para Judá.

³⁻⁵ Uzias tinha 16 anos de idade quando começou a reinar e reinou cinquenta e dois anos em Jerusalém. Sua mãe se chamava Jecolias e era de Jerusalém. Ele agiu corretamente diante do Eterno, seguindo os passos de seu pai, Amazias.

Ele foi um fiel seguidor do Eterno, muito bem preparado e ensinado por seu tutor e mestre, Zacarias, a viver em obediência e temor ao Eterno. Enquanto Zacarias viveu, Uzias foi um homem íntegro, e o Eterno o fez prosperar.

6-8 Ele enfrentou os filisteus e derrubou os muros de Gate, Jabne e Asdode. Também construiu cidades próximas de Asdode e de outras regiões do território filisteu. Deus o ajudou em suas guerras contra os filisteus, os árabes de Gur-Baal e os meunitas. Os amonitas também pagavam tributo a Uzias, e a fama dele se espalhou até o Egito. Ele se tornou muito poderoso.

9-10 Uzias construiu torres de defesa em Jerusalém, na Porta da Esquina, na porta do Vale e na esquina do muro. Construiu torres e cavou cisternas no interior. Ele possuía muito gado nos vales e nas planícies, trabalhadores nas lavouras e nas vinhas das colinas e dos campos férteis, pois gostava muito de agricultura.

11-15 Na área militar, Uzias equipou seu exército para a guerra. Os soldados foram organizados em companhias sob a convocação do secretário Jeiel, do general de divisão Maaseias e de Hananias, um dos oficiais do rei. Eram dois mil e seiscentos chefes de famílias no comando de todos os homens de combate. Sob o comando deles, estavam trezentos e sete mil e quinhentos homens treinados para a guerra, um forte exército real capaz de enfrentar qualquer inimigo. Uzias equipou-os com escudos, lanças, capacetes, armadura, arcos e fundas. Também aparelhou as torres e as esquinas do muro de Jerusalém com a mais avançada tecnologia militar em lançamento de flechas e de grandes pedras. Ele ficou famoso por todos esses feitos. Tudo parecia favorecê-lo.

16-18 Mas o poder e a fama acabaram subindo à cabeça do rei, e sua arrogância e seu orgulho provocaram sua queda. Certo dia, já rebelde contra Deus, ele entrou no templo do Eterno como se fosse seu dono e queimou incenso no altar. O sacerdote Azarias, apoiado por oitenta sacerdotes corajosos do Eterno, tentou impedi-lo. Eles o repreenderam, dizendo: "Você não pode fazer isso, Uzias, porque é tarefa dos sacerdotes, descendentes de Arão, especialmente consagrados para esse trabalho! Só eles podem queimar incenso. Saia do templo do Eterno! Você foi infiel: não pense que o Eterno irá honrar você por isso".

19-21 Mas Uzias, com o incensário na mão, pronto para queimá-lo, ficou furioso com a interrupção. Ele começou a xingar os sacerdotes, mas, enquanto discutiam, apareceu uma doença de pele na testa dele.

Assim que o sacerdote principal Azarias e os demais sacerdotes viram os sinais da doença, retiraram-no dali rapidamente. Ele correu para fora, pois reconheceu que a doença tinha sido enviada pelo Eterno. Ela acompanhou Uzias pelo resto da vida, e o rei precisou viver em isolamento: não podia mais entrar no templo do Eterno. Seu filho Jotão, que tomava conta do palácio, assumiu o governo da nação.

22-23 O restante da vida de Uzias, do início ao fim, foi registrado pelo profeta Isaías, filho de Amoz. Uzias morreu e foi sepultado com seus antepassados no campo ao lado do cemitério real. Por causa da sua doença, ele não pôde ser enterrado no cemitério dos reis. Seu filho Jotão foi seu sucessor.

O rei Jotão

27 **1-2** Jotão tinha 25 anos de idade quando começou a reinar e reinou dezesseis anos em Jerusalém. Sua mãe se chamava Jerusa e era filha de Zadoque. Ele agiu corretamente diante do Eterno, seguindo os passos de seu pai, Uzias. Mas, ao contrário de seu pai, ele não profanou o templo do Eterno. No entanto, o povo continuou vivendo em pecado.

3-6 Jotão reconstruiu a porta superior do templo do Eterno, aumentou consideravelmente o muro de Ofel e edificou cidades nos planaltos de Judá, bem como fortalezas e torres nos bosques. Ele lutou e derrotou o rei dos amonitas. Naquele ano, os amonitas pagaram a ele três toneladas e meia de prata, cerca de dez mil barris de trigo e dez mil de cevada. O tributo foi repetido nos dois anos seguintes. A força de Jotão estava na sua firmeza e determinação em viver em obediência ao Eterno.

7-9 O restante da vida de Jotão, suas guerras e conquistas, está tudo registrado nas *Crônicas dos Reis de Israel e de Judá*. Ele tinha 25 anos de idade quando começou a reinar e reinou dezesseis anos em Jerusalém. Jotão morreu e foi sepultado na Cidade de Davi. Seu filho Acaz foi seu sucessor.

O rei Acaz

28 **1-4** Acaz tinha 20 anos de idade quando começou a reinar e reinou dezesseis anos em Jerusalém. Ele agiu mal diante do Eterno e não foi como seu antepassado Davi. Pelo contrário, seguiu o exemplo de Israel a ponto de fundir imagens para servir aos deuses pagãos de Baal. Queimou incenso proibido no vale de Ben-Hinom e chegou a ponto de oferecer o próprio filho em sacrifício, prática abominável copiada dos povos pagãos que o Eterno havia expulsado da terra. Ele também participou das celebrações às divindades ligadas às orgias religiosas que estavam espalhadas por toda parte.

5-8 O Eterno o entregou nas mãos do rei da Síria, que o atacou com muita violência e o derrotou, levando muitos prisioneiros para Damasco. Aproveitando a situação, Israel também impôs a ele uma grande derrota. Peca, filho de Remalias, matou, num só dia, cento e vinte mil soldados valentes, porque eles abandonaram o Eterno, o Deus de seus antepassados. Além disso, Zicri, herói efraimita, matou Maaseias, filho do rei, Azricão, encarregado do palácio, e Elcana, o segundo em comando abaixo do rei. E não parou por aí. Os israelitas capturaram duzentos mil homens, mulheres e crianças, além de grande quantidade de despojos, que levaram para Samaria.

9-11 Odede, profeta do Eterno, estava ali por perto. Ele encontrou o exército quando este entrava em Samaria e disse: "Parem onde estão e ouçam-me! O Eterno, o Deus de seus antepassados, aborreceu-se contra Judá e usou vocês para castigá-lo, mas vocês abusaram: exageraram na força e escravizaram seus irmãos de Judá e de Jerusalém. Não percebem que cometeram um grande pecado contra o Eterno, o seu Deus? Agora prestem atenção. Façam o que vou dizer. Mandem todos os prisioneiros de volta. Se não o fizerem, vocês experimentarão o fogo da ira do Eterno".

12-13 Alguns líderes efraimitas — Azarias, filho de Joanã, Berequias, filho de Mesilemote, Jeizquias, filho de Salum, e Amasa, filho de Hadlai — também não concordavam com aquela decisão e disseram aos que voltavam da guerra: "Não tragam esses prisioneiros para cá! Já cometemos um pecado contra o Eterno e, agora, seremos culpados de outro. Com isso, acumulamos culpa o bastante para detonar uma explosão da ira divina".

14-15 Então, os soldados entregaram os prisioneiros e os despojos aos líderes e ao povo. Alguns homens especialmente designados reuniram os cativos, vestiram os que estavam nus com roupas encontradas nos despojos e puseram sandálias nos pés deles. Também providenciaram uma boa refeição, trataram os feridos, puseram os mais fracos sobre jumentos e, depois, os conduziram a Jericó, a cidade das Palmeiras, devolvendo-os a seus familiares. Só então, voltaram para Samaria.

16-21 Na mesma época, o rei Acaz pediu ajuda ao rei da Assíria. Os edomitas voltaram a atacar Judá e levaram muitos prisioneiros. Para piorar, os filisteus invadiram as cidades das planícies até o oeste e o deserto sul e capturaram e ocuparam Bete-Semes, Aijalom e Gederote, além de Socó,

Timna e Ginzo, com as aldeias vizinhas. O rei Acaz, numa atitude arrogante, achando que não precisava do Eterno, permitiu que Judá caísse na depravação; por isso, a nação foi humilhada pelo Eterno e teve de buscar ajuda. Mas Tiglate-Pileser, rei da Assíria, não quis ajudá-los. Em vez disso, humilhou Acaz mais ainda, atacando-o e zombando dele. Desesperado, Acaz saqueou o templo do Eterno, o palácio e todo lugar de onde era possível tirar alguma coisa de valor e entregou tudo ao rei da Assíria. Mas não adiantou.

22-25 O rei Acaz não aprendeu a lição. O mundo inteiro estava contra ele, mas ele insistia em se rebelar contra o Eterno! Oferecia sacrifícios aos deuses de Damasco, porque, depois de ser derrotado por Damasco, pensou: "Se eu servir os deuses que ajudaram Damasco, talvez eles me ajudem também". Mas a situação só piorava: primeiro, Acaz foi arruinado; depois, toda a nação. Ele retirou todos os objetos de valor e fechou as portas do templo do Eterno. Em seguida, espalhou santuários pagãos para uso pessoal por toda a Jerusalém e pelo território de Judá. Eram altares destinados à adoração de qualquer deus. O Eterno ficou furioso com ele.

26-27 O restante da vida de Acaz, tudo que fez, do início ao fim, está registrado nas *Crônicas dos Reis de Judá e de Israel*. Quando Acaz morreu, foi sepultado em Jerusalém, mas não foi honrado com um sepultamento no cemitério dos reis. Seu filho Ezequias foi seu sucessor.

ATOS 27.42 — 28.16

42-44 Os soldados decidiram matar os prisioneiros, para que ninguém pudesse escapar a nado, mas o centurião, determinado a salvar Paulo, os impediu. Ordenou que todos os que sabiam nadar pulassem no mar; os que não sabiam deveriam se agarrar a alguma prancha. E todos conseguiram chegar à praia.

28 **1-2** Foi feita a contagem, constatou-se que todos se salvaram, e descobrimos que estávamos na ilha de Malta. Os habitantes dali nos trataram muito bem. O dia estava chuvoso e frio, e estávamos molhados até os ossos, mas eles fizeram uma grande fogueira e nos reunimos ao redor.

3-6 Paulo prontificou-se a ajudar o grupo. Apanhou um punhado de gravetos, mas, quando o jogou ao fogo, uma cobra venenosa, fugindo do calor, mordeu a mão de Paulo. Vendo a cobra presa à mão de Paulo, concluíram que ele era um assassino que estava recebendo sua justa punição. Mas Paulo sacudiu a cobra no fogo, como não se fosse nada. As pessoas pensaram que ele iria cair morto a qualquer momento, mas, como isso não aconteceu, concluíram que ele era um deus!

⁷⁻⁹O líder daquela parte da ilha era Públio. Ele nos hospedou em sua casa e nos trouxe roupas secas. Recebemos o melhor tratamento possível nos três dias seguintes. O pai de Públio estava doente, acamado, com febre alta e disenteria. Paulo foi ao quarto do ancião, impôs as mãos sobre ele e orou, e o homem foi curado. A notícia da cura espalhou-se rapidamente, e logo todos os doentes da ilha vieram até ali e foram curados.

Roma

¹⁰⁻¹¹Passamos três meses maravilhosos em Malta. Eles nos trataram como reis, cuidaram de todas as nossas necessidades e providenciaram o que foi preciso para o restante da viagem. Um navio egípcio, que tinha invernado no porto, estava partindo para a Itália, e embarcamos nele. O navio tinha esculpido na proa uma figura de deuses gêmeos.

¹²⁻¹⁴Ficamos três dias em Siracusa e depois rumamos para a costa de Régio. Dois dias depois, com o vento sul, navegamos até a baía de Nápoles. Encontramos alguns cristãos ali e ficamos com eles uma semana.

¹⁴⁻¹⁶Chegamos a Roma. Nossos amigos ouviram que estávamos a caminho e vieram nos encontrar. Um grupo chegou de longe, da praça de Ápio; outro grupo nos encontrou nas Três Vendas. Houve muita emoção, como se poderia esperar. Transbordante de louvor, Paulo nos liderou nas orações de gratidão. Quando finalmente entramos em Roma, eles permitiram que Paulo vivesse por conta própria, sob a vigilância de um soldado.

SALMOS 90.1-11

Uma oração de Moisés, homem de Deus

90¹⁻²Deus, tu tens sido nossa casa desde sempre.
Muito antes de as montanhas terem nascido,
Muito antes de trazeres a própria terra
    à existência,
desde antes de qualquer coisa existir
    até a chegada do teu Reino, tu és Deus.

³⁻¹¹Então, não nos faças voltar
    ao barro, dizendo:
"Voltem para o lugar de onde vieram!".

Paciência! Tens em tuas mãos todo
    o tempo do mundo –
mil anos ou um dia não fazem diferença
    para ti.
Nós não passamos de um sonho, uma névoa,
    não mais que uma folha de grama
Que floresce gloriosamente como
    o nascer do sol
e é cortada sem hesitação.
Tua ira é grande demais para nós;
    nada podemos contra o teu furor.
Tens tomado nota de todos os nossos pecados:
    cada delito,
    desde que éramos crianças
    – tudo está em teus livros.
E só o que nos resta é nos submetermos a ti,
    pois a vida não passa de um sopro!
Vivemos até setenta anos e
    com sorte chegamos aos oitenta,
E o resultado? Só problemas.
    Trabalho e esforço e uma lápide no cemitério.
Quem consegue entender tamanha ira,
    tanto furor contra os que te temem?

◢ NOTAS

DIA 212   638

☐ DIA 212 ___ / ___ / ___

2CRÔNICAS 29.1 — 30.27

O rei Ezequias

29 ¹⁻²O rei Ezequias tinha 25 anos de idade quando começou a reinar e reinou vinte e nove anos em Jerusalém. Sua mãe se chamava Abias, filha de Zacarias. Ele agiu corretamente diante do Eterno, como seu antepassado Davi.

³⁻⁹ No primeiro mês do primeiro ano do seu reinado, depois de restaurar as portas do templo do Eterno, Ezequias abriu o templo ao público. Ele reuniu os sacerdotes e levitas no pátio leste e disse: "Ouçam, levitas! Consagrem-se e consagrem o templo do Eterno. Façam uma boa limpeza nele. Nossos antepassados erraram e viveram em pecado diante do Eterno. Eles o desprezaram, deixaram de frequentar o templo, o lugar de encontro com o Eterno, e o abandonaram. Fecharam as portas, apagaram as lâmpadas e cancelaram todos os sacrifícios e ofertas queimadas no santuário do Deus de Israel. Por causa disso, o Eterno ficou furioso conosco e expôs nosso povo à zombaria e ao desprezo, como vocês estão vendo! Foi por isso que nossos antepassados foram mortos, e é por isso que nossas mulheres, nossos filhos e nossas filhas foram levados cativos e se tornaram escravos.

¹⁰⁻¹¹ "Portanto, decidi fazer uma aliança com o Deus de Israel, para que a ira do Eterno seja retirada de cima de nós. Filhos meus, não sejam negligentes. O Eterno escolheu vocês para que permaneçam em sua presença e o sirvam, conduzindo e dirigindo os sacrifícios. Essa é a vida de vocês. Sejam cuidadosos e dedicados em tudo que fizerem".

¹²⁻¹⁷ Os levitas atenderam ao apelo. Entre os coatitas estavam: Maate, filho de Amasai, e Joel, filho de Azarias; entre os meraritas: Quis, filho de Abdi, e Azarias, filho de Jealelel; entre os gersonitas: Joá, filho de Zima, e Éden, filho de Joá; entre os descendentes de Elisafã: Sinri e Jeuel; entre os descendentes de Asafe: Zacarias e Matanias; entre os descendentes

de Hemã: Jeuel e Simei; entre os descendentes de Jedutum: Semaías e Uziel. Eles se apresentaram com seus irmãos, consagraram-se e começaram o trabalho de limpeza do templo do Eterno, de acordo com as instruções do rei e em obediência às ordens do Eterno. Os sacerdotes começaram a limpeza de dentro para fora: retiraram todo tipo de entulho pagão acumulado ali, que não pertencia ao santuário e jogaram tudo no vale do Cedrom. A purificação do templo começou no primeiro dia do primeiro mês. No dia 8, chegaram ao pórtico. Levaram mais oito dias para purificar o templo propriamente e mais oito dias para o restante das dependências do edifício.

¹⁸⁻¹⁹ Depois, relataram ao rei Ezequias: "Já purificamos todo o templo do Eterno, até mesmo o altar das ofertas queimadas, a mesa da presença e todos os seus utensílios. Purificamos e consagramos todos os utensílios que o rei Acaz retirou por causa de sua infidelidade. Estão todos diante do altar do Eterno outra vez".

²⁰⁻²⁴ O rei Ezequias começou a trabalhar cedo no dia seguinte. Convocou todos os líderes da cidade, e eles foram para o templo do Eterno. Trouxeram sete bois, sete carneiros, sete cordeiros e sete bodes como oferta de perdão a favor da família real, do santuário e de toda a população de Judá. O rei ordenou que os sacerdotes descendentes de Arão oferecessem o sacrifício no altar do Eterno. Os sacerdotes abateram os bois, derramaram o sangue sobre o altar e, depois, fizeram o mesmo com os carneiros e os cordeiros. Por fim, apresentaram os bodes. O rei e toda a comunidade impuseram as mãos sobre eles. Os sacerdotes os abateram e ofereceram como oferta de perdão, derramando o sangue sobre o altar, para perdão do pecado de todo o Israel. O rei determinou que a oferta queimada e a oferta de perdão fossem oferecidas a favor de todo o Israel.

²⁵⁻²⁶ O rei mandou os levitas ocuparem suas funções no templo do Eterno com os instrumentos musicais: címbalos, harpas e liras, segundo as instruções de Davi, de Gade, vidente do rei, e do profeta Natã. Isso foi ordenado pelo Eterno por meio dos seus profetas. Os levitas formaram a orquestra de Davi, enquanto os sacerdotes ficaram responsáveis pelas trombetas.

²⁷⁻³⁰ Então, Ezequias deu o sinal para o início: a oferta queimada foi oferecida sobre o altar. Ao mesmo tempo, o coral começou a cantar ao som das trombetas e da orquestra de Davi, enquanto toda a congregação louvava. Durante todo o tempo que era oferecida a oferta queimada, os cantores louvavam e as trombetas soavam. Após os sacrifícios, o rei e todos os

presentes se ajoelharam, curvaram-se com o rosto em terra e adoraram. Depois, o rei Ezequias e os líderes mandaram os levitas encerrar aquela parte da cerimônia com cânticos de louvor, usando as composições de Davi e do vidente Asafe. Eles cantaram louvores com alegria e reverência, curvando-se em adoração. [31-35] Ezequias declarou: "Agora terminou a consagração: todos estão consagrados ao Eterno. Vocês estão prontos para trazer sacrifícios e ofertas de gratidão ao templo do Eterno".

Assim, toda a congregação trouxe sacrifícios e ofertas de gratidão voluntariamente. Também trouxeram, generosamente, setenta bois, cem carneiros e duzentos cordeiros, tudo como oferta queimada ao Eterno. Ao todo, naquele dia, foram consagrados para o sacrifício seiscentos bois e três mil ovelhas. Não havia sacerdotes qualificados suficientes para abater todas as ofertas queimadas; por isso, seus parentes, os levitas, vieram ajudar, enquanto os outros sacerdotes se consagravam para o serviço. No fim, os levitas foram mais criteriosos ao se consagrar que os outros sacerdotes. Além da grande quantidade de ofertas queimadas, havia a gordura das ofertas de paz e as ofertas de bebida que acompanhavam as ofertas queimadas. O culto no templo do Eterno foi restaurado!

[36] Ezequias e toda a congregação celebraram: Deus estabeleceu uma base firme para a vida do povo e fez isso tão rapidamente!

30 [1-5] Ezequias convocou todo o Israel e Judá, enviando, também, carta para Efraim e Manassés, a se reunirem no templo do Eterno em Jerusalém, a fim de celebrar a Páscoa do Eterno, o Deus de Israel. O rei, seus oficiais e toda a comunidade de Jerusalém decidiram celebrar a Páscoa no segundo mês. Eles não puderam celebrar na data prevista, pois não havia sacerdotes suficientes preparados e o povo não teve tempo de se reunir em Jerusalém. Diante dessa situação, o rei e o povo combinaram outra data e, depois, mandaram convites a toda a nação, desde Berseba, no sul, até Dã, no norte. O texto dizia, em essência: "Venham celebrar a Páscoa do Deus de Israel em Jerusalém". Dos que estavam vivos, ninguém em Israel e Judá havia celebrado a Páscoa como deveria.

[6-9] O rei deu as ordens, e os mensageiros distribuíram os convites assinados pelo rei e por seus oficiais a todo o Israel e Judá. O convite dizia: "Ó israelitas! Voltem-se ao Eterno, o Deus de Abraão, de Isaque e de Israel, a fim de que ele se volte a vocês, vocês que sobreviveram às investidas do rei da Assíria. Não repitam o pecado de seus antepassados, que abandonaram o Eterno e, por isso, foram destruídos. Vocês mesmos são testemunhas da destruição que provocaram. Não sejam obstinados como eles. Confiem no Eterno. Venham ao templo que ele consagrou para sempre. Sirvam ao Eterno, o seu Deus. Assim, vocês não serão mais objetos de sua ira. Se vocês se voltarem ao Eterno, seus parentes e os descendentes levados cativos serão tratados com compaixão e mandados de volta para sua terra. O Eterno é bondoso e compassivo, ele não rejeitará vocês. Voltem, e ele os receberá de braços abertos!".

[10-12] Os mensageiros foram de cidade em cidade, percorrendo todo o território de Efraim e Manassés, até Zebulom. Mas o povo não os levou a sério e zombava deles. Bem, nem todos. Alguns dos que moravam em Aser, Manassés e Zebulom não se constrangeram em aceitar o convite e ir a Jerusalém. Em Judá, os mensageiros foram mais bem recebidos. Deus agiu poderosamente entre eles, fazendo que se unissem e acatassem as ordens do rei e dos seus oficiais, conforme a palavra do Eterno.

[13-17] Na data marcada do segundo mês, uma imensa multidão se reuniu para celebrar a Páscoa, às vezes, chamada festa dos Pães sem Fermento. Antes de tudo, decidiram eliminar os altares pagãos que ainda restavam em Jerusalém. Eles os removeram e jogaram todos no vale do Cedrom. Depois, no dia 14 do segundo mês, abateram os cordeiros da Páscoa. Antes, os sacerdotes e os levitas não estavam preparados, mas, depois, envergonhados por sua morosidade, eles se consagraram e ofereceram ofertas queimadas no templo do Eterno. Ocuparam seus postos conforme estava prescrito na Revelação de Moisés, o homem de Deus. Os sacerdotes aspergiam o sangue que os levitas passavam para eles. Muitos na congregação não haviam se consagrado de acordo com o exigido e, por isso, não estavam preparados para oferecer sacrifícios. Assim, os levitas tiveram de oferecer os cordeiros da Páscoa no lugar deles, para que todos pudessem apresentá-los ao Eterno.

[18-19] Muita gente, principalmente de Efraim, Manassés, Issacar e Zebulom, não pôde participar da refeição da Páscoa porque não havia se consagrado adequadamente. Ezequias intercedeu por eles: "Que o Eterno, conhecido por sua bondade, perdoe todos os que desejam buscar com sinceridade o Deus de seus antepassados, o Eterno, mesmo — ou principalmente — a esses que não atendem às exigências de acesso ao templo.

20 O Eterno respondeu à oração de Ezequias e restaurou todo o povo.

21-22 Todos os israelitas que estavam em Jerusalém celebraram a Páscoa (a festa dos Pães sem Fermento) durante sete dias, e com grande entusiasmo. Os levitas e os sacerdotes louvavam o Eterno todos os dias, fazendo soar bem alto os instrumentos musicais ao Eterno. Ezequias elogiou os levitas pela maneira em que conduziram o povo à adoração do Eterno.

22-23 Depois de sete dias celebrando, comendo das ofertas de paz e louvando ao Eterno, o Deus de seus antepassados, o povo resolveu estender a festa por mais sete dias! E continuaram a festejar.

24-26 Ezequias, rei de Judá, forneceu mil bois e sete mil ovelhas para a congregação. Os oficiais forneceram mil bois também e dez mil ovelhas. Havia muitos sacerdotes consagrados e preparados. Toda a congregação de Judá, os sacerdotes, os levitas, os que vieram de Israel e os estrangeiros de Israel e de Judá uniram-se para a celebração. Jerusalém era uma alegria só. Desde a cerimônia da dedicação do templo, construído por Salomão, filho de Davi, rei de Israel, não se havia testemunhado nada igual na cidade.

27 Os sacerdotes e os levitas encerraram com a bênção sobre o povo. Deus ouviu a oração deles, que subiu ao céu, sua habitação sacra.

ATOS 28.17-31

17-20 Três dias depois, Paulo convocou os líderes judeus para uma reunião em sua casa e disse: "Os judeus de Jerusalém me prenderam sob falsas alegações, e fui trazido sob custódia para Roma. Garanto a vocês que não fiz absolutamente nada contra as leis ou contra os costumes judaicos. Depois que os romanos investigaram as acusações e descobriram que não tinham nada a fazer, quiseram me libertar, mas os judeus criaram tantos problemas que fui obrigado a apelar para César. Não quis acusá-los de nenhum erro nem deixar nosso povo em má situação com Roma. Já tivemos problemas demais. Fiz isso *por* Israel. Pedi que vocês viessem e me ouvissem hoje para deixar claro que estou a favor de Israel, não contra. Estou hospedado aqui por causa da esperança, não por juízo".

21-22 Eles disseram: "Ninguém nos escreveu para advertir a seu respeito e ninguém se manifestou para dizer algo contra você. Mas gostaríamos muito de ouvi-lo mais. A única coisa que sabemos dessa seita cristã é que parece que ninguém tem algo de bom para dizer a respeito".

23 Eles combinaram uma data. Quando o dia chegou, voltaram à casa de Paulo, com muitos amigos. Paulo falou o dia inteiro, da manhã até à noite, explicando tudo que está envolvido no Reino de Deus e tentando convencer todos sobre Jesus, com base no que Moisés e os profetas escreveram a respeito dele.

24-27 Alguns foram convencidos, mas outros não acreditaram numa única palavra. Os descrentes começaram a discutir com os outros e estavam querendo confusão, por isso Paulo interrompeu: "Tenho apenas mais uma coisa a dizer a vocês. O Espírito Santo seguramente sabia o que estava falando quando se dirigiu aos nossos antepassados por meio de Isaías, o profeta:

Vá a este povo e diga-lhes o seguinte:
"Vocês escutarão com os ouvidos,
　mas não ouvirão uma palavra;
Vocês enxergarão com os olhos,
　mas nada verão.
Esse povo é cabeça-dura!
Eles tapam os ouvidos com os dedos
　para não ter de escutar.
Eles fecham os olhos
　para não serem obrigados a ver,
e, assim, evitam ficar comigo face a face
　e me deixar curá-los".

28 Vocês tiveram sua oportunidade. Os outros povos terão a sua chance. E, acreditem, eles vão receber meu ensino de braços abertos!*

30-31 Paulo viveu dois anos na casa que alugou. Ele recebia todos os que iam visitá-lo. Falava sem descanso sobre o Reino de Deus e explicava tudo a respeito de Jesus Cristo. A porta de sua casa estava sempre aberta.

SALMOS 90.12-17

12-17 Oh! Ensina-nos a aproveitar a vida!
　Ensina-nos a viver bem e sabiamente!
Volta, ó Eterno: por quanto tempo
　teremos de esperar?
　Trata teus servos com bondade.
Surpreende-nos com teu amor ao amanhecer,
　então saltaremos e dançaremos
　durante o dia todo.
Compensa os tempos desfavoráveis
　com uma vida boa,
　pois temos visto maldade durante
　toda a nossa existência.

---

* Vários manuscritos não trazem o versículo 29.

Que teus servos possam te ver naquilo
em que és bom:
em governar e abençoar teus filhos!
Que o amor do Senhor, o nosso Deus,
esteja sobre nós,
e confirme o trabalho que fazemos!
Oh, sim! Confirma o trabalho que fazemos!

NOTAS

IIIIIIIIIIIIIIIIIIIIIIIIIIIIIIIIIIIIIIIIIIIIIIIIIIIIIIIII

☐ DIA 213 ___ / ___ / ___

2CRÔNICAS 31.1 — 32.33

31 ¹Depois da celebração da Páscoa, todos retornaram às suas cidades em Judá. Ao chegar, destruíram os monumentos de pedra, demoliram os postes sagrados e os altares das divindades ligadas às orgias religiosas e aos ídolos locais. E não pararam até terem percorrido os territórios de Judá, Benjamim, Efraim e Manassés. Só então, voltaram para casa e retomaram suas atividades.

² Ezequias organizou os grupos de sacerdotes e de levitas e dividiu as tarefas, distribuindo as funções na condução do ministério de oferecer os sacrifícios, para garantir a apresentação das diversas ofertas e o louvor e ações de graças ao Eterno em todos os cultos.

³Também definiu sua contribuição pessoal para as ofertas queimadas das adorações da manhã e da tarde, dos sábados, das festas da Lua Nova e de outros dias sagrados, como prescrevia a Revelação do Eterno.

⁴Pediu ainda que a população de Jerusalém assumisse o sustento dos sacerdotes e dos levitas, para que eles pudessem se dedicar inteiramente à Revelação do Eterno, sem interrupções ou distrações.

⁵⁻⁷ Assim que a solicitação de Ezequias foi divulgada, os israelitas corresponderam generosamente: ofereceram o melhor da colheita de trigo, do vinho, do azeite, do mel — enfim, de tudo que se produz no campo. Não economizaram em nada. Também trouxeram o dízimo de tudo: do gado, das ovelhas e de tudo que possuíam e que havia sido dedicado ao Eterno. Tudo foi organizado e estocado. Esse trabalho começou no terceiro mês e só foi concluído no sétimo mês.

⁸⁻⁹ Quando Ezequias e seus oficiais viram a quantidade de ofertas empilhadas, louvaram ao Eterno e elogiaram o povo de Israel. Depois, Ezequias perguntou aos sacerdotes e aos levitas o que fazer com tantas ofertas.

¹⁰ Azarias, o sacerdote principal da família de Zadoque, respondeu: "Depois que o povo começou a trazer as ofertas para o templo do Eterno, há mais que o suficiente para todos comerem à vontade e ainda sobra. O Eterno abençoou seu povo, e essa é a prova".

¹¹⁻¹⁸Ezequias mandou que limpassem e arrumassem as despensas do templo do Eterno. Quando ficaram prontas, armazenaram ali todos os dízimos e ofertas consagradas. O levita Conanias foi designado para esse trabalho, auxiliado por seu irmão Simei. Jeiel, Azazias, Naate, Asael, Jeremote, Jozabade, Eliel, Ismaquias, Maate e Benaia eram supervisores, sob as ordens de Conanias e Simei, que, por sua vez, estavam subordinados às determinações do rei Ezequias e de Azarias, o sacerdote principal do templo de Deus. Coré, filho do levita Imna, guarda da porta leste, ficou encarregado das ofertas voluntárias e tinha a

DIA 213

responsabilidade de distribuir as ofertas consagradas e as coisas dedicadas a Deus. Éden, Miniamim, Jesua, Semaías, Amarias e Secanias eram leais ao seu chefe na distribuição das ofertas nas cidades dos sacerdotes. Eram honestos na divisão dos suprimentos entre seus companheiros sacerdotes, jovens ou idosos, e entre todos os homens de 30 anos de idade ou mais que ministravam diariamente no templo do Eterno, de acordo com seus turnos e tarefas. Os turnos eram formados pelos sacerdotes oficialmente registrados, de acordo com a família a que pertenciam, e os levitas de 20 anos de idade ou mais, conforme a função que exerciam. O registro genealógico oficial incluía todos da congregação: crianças, mulheres, filhos e filhas. Todos demonstravam grande dedicação no ato de ofertar e na consagração pessoal. Ninguém ficou de fora.

19 Os descendentes de Arão, os sacerdotes que viviam nos campos, mas que pertenciam às cidades dos sacerdotes, contavam com homens respeitáveis, prontos para a distribuição da porção de cada sacerdote registrado na genealogia oficial dos levitas.

20-21 Ezequias começou e deu continuidade a essa obra em todo o território de Judá. Ele foi correto perante o Eterno. Sempre que assumia uma tarefa, fosse relacionada ao templo de Deus, fosse concernente à obediência à Lei e aos mandamentos, ele buscava a orientação de Deus e se dedicava de corpo e alma à sua execução. Por isso, ele era muito bem-sucedido em tudo que fazia.

32 **1** Depois desses fatos e desses exemplos de fidelidade, Senaqueribe, rei da Assíria, declarou guerra a Judá. Ele sitiou as cidades fortificadas e estava determinado a invadi-las.

2-4 Ezequias, quando percebeu a estratégia de Senaqueribe para tomar Jerusalém, foi consultar conselheiros e líderes militares sobre um assunto em particular: o abastecimento de água fora da cidade. Todos concordaram com a ideia do rei, e um verdadeiro mutirão foi realizado para entupir as fontes e destruir o canal que atravessava a terra. Eles diziam: "Por que deixar que os reis da Assíria se abasteçam com essa água?".

5-6 Ezequias também decidiu fazer reparos em todas as brechas do muro da cidade, construir torres de defesa, erguer outro muro, mais distante, e reforçar a rampa de defesa (o Milo) da antiga Cidade de Davi. Também construiu um grande depósito de armas, para guardar lanças e escudos. Em seguida, nomeou oficiais militares para comandarem o povo

e convocou toda a população a se reunir na praça central, em frente da porta da cidade.

6-8 Reunido o povo, Ezequias disse: "Sejam fortes e corajosos! Não tenham medo do rei da Assíria e seu exército. Estamos em grande número, enquanto eles não passam de meia dúzia de gatos-pingados. E ainda temos o Eterno do nosso lado, para nos ajudar e lutar por nós!".

Animados com as palavras de Ezequias, o povo criou coragem.

9-15 Passado um tempo, Senaqueribe, que tinha montado acampamento em torno de Láquis, enviou mensageiros a Jerusalém com a seguinte mensagem ao povo de Judá e a Ezequias: "Senaqueribe, rei da Assíria mandou dizer: 'Vocês acham que estão seguros nessa fortaleza chamada Jerusalém? Que ingenuidade! Acham que Ezequias vai defendê-los? Não se enganem. Ezequias está iludindo vocês quando diz: O Eterno, o nosso Deus, nos defenderá contra o poder do rei da Assíria. Todos vocês morrerão. Não foi esse Ezequias que eliminou todos os altares locais e determinou um único local de adoração? Vocês sabem o que eu e meus antepassados fizemos a todas as nações vizinhas? Por acaso, um único deus, em algum lugar, conseguiu me resistir? Vocês conhecem algum deus, de alguma nação conquistada por mim ou por meus antepassados, que tenha conseguido algo contra mim? O que os faz acreditar que a ajuda do seu deus será suficiente? Não deixem que Ezequias leve vocês na conversa. Não deixem que ele os engane com essas mentiras deslavadas. Não confiem nele. Nenhum deus, de nenhuma nação ou reino, pôde ajudar seu povo contra mim e contra meus antepassados. O deus de vocês não tem nenhuma chance contra mim' ".

16 Os próprios mensageiros também faziam comentários irônicos sobre o Eterno e o rei Ezequias.

17 Senaqueribe continuou mandando cartas e, em todas, insultava o Eterno, o Deus de Israel: "Os deuses das nações não tiveram forças para ajudar nenhuma delas. O deus de Ezequias não é melhor que eles, talvez seja até mais fraco".

18-19 Os mensageiros chegavam até o muro de Jerusalém e falavam bem alto para quem estivesse sobre o muro. Gritavam em hebraico, na tentativa de amedrontá-los e convencê-los a se render. Eles insistiam em confundir o Deus de Jerusalém com os deuses dos povos feitos por mãos humanas.

20-21 O rei Ezequias, junto com o profeta Isaías, filho de Amoz, foram orar e clamar ao céu. O Eterno respondeu, enviando um anjo, que destruiu todos os que estavam no acampamento dos assírios, soldados e oficiais. Senaqueribe foi forçado a voltar para casa, envergonhado e humilhado. Quando ele entrou no templo do seu deus, foi morto pelo próprio filho.

22-23 O Eterno livrou Ezequias e os moradores de Jerusalém de Senaqueribe, rei da Assíria, e dos demais inimigos e continuou cuidando do povo. Pessoas surgiam de todos os lugares, trazendo ofertas ao Eterno e presentes valiosos a Ezequias, rei de Judá. As nações vizinhas ficaram admiradas, enquanto Ezequias ganhava popularidade.

24 Passado um tempo, Ezequias ficou gravemente enfermo e quase morreu. Ele orou ao Eterno, que respondeu com um milagre.

25-26 Mas, em vez de ser grato, Ezequias se tornou arrogante, o que despertou a ira do Eterno contra ele, contra Judá e contra Jerusalém. Mais tarde, Ezequias e o povo de Jerusalém reconheceram sua arrogância. Por isso, o Eterno conteve sua ira enquanto Ezequias viveu.

27-31 Ezequias enriqueceu e era muito respeitado. Ele teve de construir depósitos para guardar a grande quantidade de prata, ouro, pedras preciosas, especiarias, escudos e objetos de valor. Ele também construiu armazéns para os cereais, o vinho e o azeite e currais para o gado e as ovelhas. Fundou cidades para uso próprio e criou enormes rebanhos de ovelhas e bois. Deus concedeu a ele muitas riquezas. Ezequias também foi responsável por desviar a saída superior da fonte de Giom para o lado oeste da Cidade de Davi. Ezequias foi bem-sucedido em tudo que se propôs realizar. Mas, quando os governantes da Babilônia enviaram mensageiros para saber a respeito do milagre que havia acontecido, Deus o deixou por conta própria, para ver o que ele faria, pois queria testar sua fidelidade.

32-33 O restante da história de Ezequias e de sua fiel dedicação, você pode ler por você mesmo: está escrito na visão do profeta Isaías, filho de Amoz, nos *Anais dos Reis de Judá e de Israel*. Ezequias morreu e foi sepultado na parte superior do cemitério do rei Davi. Todos, em Judá e Jerusalém, foram ao funeral. Ele teve um funeral com todas as honras.

Seu filho Manassés o sucedeu.

ROMANOS 1.1-23

1 Eu, Paulo, sou um fiel escravo de Jesus Cristo, escolhido como apóstolo autorizado para proclamar o que Deus tem falado e feito. Escrevo esta carta a todos os cristãos de Roma, amigos de Deus.

2-7 Os escritos sagrados trazem anúncios antigos dos profetas a respeito do Filho de Deus, que mostra suas raízes na história por ser descendente do rei Davi; sua identidade única de Filho de Deus foi demonstrada pelo Espírito quando Jesus foi ressuscitado dos mortos e comprovado como Messias, nosso Senhor. Por meio dele, recebemos a graça generosa de sua vida e a urgente tarefa de transmiti-la a outros para que a recebam quando decidirem pela confiança obediente em Jesus. Vocês são quem são por causa dessa graça e do chamado de Jesus Cristo! E eu os saúdo agora pela graça generosa de Deus, nosso Pai, e do nosso Senhor Jesus, o Messias.

8-12 Dou graças a Deus, por meio de Jesus, por todos vocês. Faço isso em primeiro lugar porque em toda parte recebo notícias da vida de fé que vocês têm, e toda vez que as ouço dou graças a Deus. E Deus, a quem dedico adoração e serviço, divulgando as boas notícias a respeito de seu Filho — a Mensagem! —, sabe que, quando penso em vocês em minhas orações, e isso acontece o tempo todo, expresso o desejo de que ele prepare o caminho para que eu possa visitá-los. Quanto maior a demora, mais eu sofro. Quero muito estar aí para compartilhar o dom de Deus pessoalmente e vê-los crescer fortes diante dos meus olhos! Mas não pensem que farei isso sem querer nada em troca! Vocês têm tanto para me dar quanto eu a vocês.

13-15 Por favor, amigos, não entendam mal minha dificuldade de visitá-los. Vocês não têm ideia de quantas vezes fiz planos de ir a Roma. Estou determinado a desfrutar pessoalmente a obra de Deus entre vocês, assim como em tantas outras cidades e comunidades não judaicas. Mas sempre alguma coisa atrapalha meus planos. De fato, todos, gente educada ou ignorante, sofisticada ou simples, mostram-me como dependo de todos e sou devedor a todos. Por isso, não vejo a hora de encontrar vocês em Roma e pregar as maravilhosas notícias a respeito de Deus.

16-17 São notícias que tenho orgulho de proclamar, essa extraordinária Mensagem, que revela o magnífico plano de Deus de resgatar todos que confiam nele, começando pelos judeus, mas abrindo a porta para todos os outros povos! O modo de Deus tornar justo o ser humano se manifesta em atos de fé, confirmando o que as Escrituras dizem: "Aquele que vive de modo justo diante de Deus, confiando nele, vive de verdade".

DIA 214

Ignorar Deus é cair num abismo cada vez mais fundo

18-23 Mas o furor divino é despertado pela falta de confiança do ser humano em Deus, pelos erros repetidos, pelas mentiras acumuladas e pela manipulação da verdade. Mas a verdade essencial sobre Deus é muito clara. Abram os olhos e poderão vê-la! Se analisarem com cuidado o que Deus criou, serão capazes de ver o que os olhos deles não enxergam: o poder eterno, por exemplo, e o mistério do ser divino. Portanto, ninguém tem desculpa. Vejam o que aconteceu: a humanidade conhecia Deus perfeitamente, mas deixou de tratá-lo como Deus, recusando-se a adorá-lo, e foi reduzida a um tão terrível estado de insensatez e confusão que a vida humana perdeu o sentido. Eles fingem saber tudo, mas são ignorantes sobre a vida. Trocaram a glória de Deus, que sustenta o mundo, por imagens baratas vendidas na feira.

SALMOS 91.1-13

91 **1-13** Você, que se senta na presença do Deus Altíssimo
e passa a noite à sombra do Todo-poderoso,
Diga assim: "Deus, tu és meu refúgio.
Confio em ti e estou seguro!"
Isso mesmo. Ele protege você das armadilhas
e o defende de perigos mortais.
Seus enormes braços estendidos
são como um escudo:
atrás deles, você está seguro.
Eles evitarão que você seja ferido.
Não precisa ter medo de nada: nem de
assaltos à noite,
nem de flechas voando de dia,
Nem da doença que ronda pela escuridão,
nem do desastre que irrompe ao meio-dia.
Ainda que outros morram à sua volta e
caiam por todos os lados,
você não sofrerá nem um arranhão.
Você será protegido, e, de longe, verá
os ímpios serem punidos.
Sim, porque o Eterno é seu refúgio;
o Deus Altíssimo, seu abrigo.
O mal não conseguirá chegar perto de você,
a iniquidade não passará da porta.
Ele ordenou a seus anjos
que o guardem para onde quer que você vá.
Se tropeçar, eles o segurarão:
o trabalho deles é evitar que você caia.

Você caminhará tranquilo entre leões e cobras,
pisará neles, e nada acontecerá.

◾ NOTAS

☐ DIA 214 ___/___/___

2CRÔNICAS 33.1 — 34.33

O rei Manassés

33 **1-6** Manassés tinha 12 anos de idade quando começou a reinar. Reinou cinquenta e cinco anos em Jerusalém. Sua mãe se chamava Hefzibá. Ele agiu mal diante do Eterno. Reintroduziu todas as práticas imorais e perversas dos povos que o Eterno havia expulsado de diante dos israelitas. Reconstruiu os altares de prostituição que seu pai, Ezequias, destruíra. Construiu altares e postes sagrados para o deus da fertilidade, Baal, e para a deusa da prostituição, Aserá, como Acabe, rei de Israel, tinha feito. Adorou todo tipo de astros. Construiu altares pagãos até dentro do templo de Jerusalém, dedicado exclusivamente por decreto do Eterno: "Em Jerusalém, estabelecerei o meu nome". Construiu, ainda, altares a todo tipo de astros e os colocou nos dois pátios do templo do Eterno. Ofereceu o próprio filho em sacrifício. Praticou magia e feitiçaria; consultou espíritos dos mortos. Enfim, provocou a ira do Eterno, cometendo todo tipo de profanação.

7-8 A gota d'água foi pôr a imagem da deusa da prostituição Aserá dentro do templo do Eterno, uma afronta flagrante à declaração do Eterno a Davi e a Salomão: "Neste templo e na cidade de Jerusalém, que escolhi entre todas as tribos de Israel, estabelecerei o meu nome para sempre. Nunca mais deixarei meu povo Israel andar errante fora da terra que dei a seus antepassados, contanto que obedeçam a tudo que ordenei por meio do meu servo Moisés".

9-10 Manassés fez o povo se desviar e conseguiu ser pior que as nações pagãs que o Eterno havia destruído. Assim, quando o Eterno falou a Manassés e ao povo, eles simplesmente o ignoraram.

11-13 Por isso, o Eterno induziu os comandantes das tropas do rei da Assíria a prender Manassés. Eles puseram um gancho no nariz e correntes nos pés do rei de Judá e o levaram para a Babilônia. Apavorado, ele se ajoelhou e, arrependido, pediu a ajuda do Deus de seus antepassados. Enquanto orava, Deus se comoveu, atendeu ao seu pedido, trouxe-o de volta a Jerusalém e lhe devolveu o reinado. Assim, Manassés reconheceu que o Eterno estava no comando.

14-17 Depois disso, Manassés reconstruiu e elevou o muro externo de defesa da Cidade de Davi, a oeste da fonte de Giom, no vale. Prosseguiu até a Porta do Peixe e contornou a colina de Ofel. Fortaleceu o sistema de defesa, enviando comandantes militares a todas as cidades fortificadas de Judá. Fez uma grande limpeza no templo, retirando todos os ídolos pagãos e as imagens das deusas. Retirou e jogou num lugar fora da cidade todos os altares que ele mesmo tinha posto na colina do templo e os que tinha espalhado por Jerusalém. Restaurou o altar do Eterno e reiniciou o sacrifício, apresentando ofertas de paz e de ações de graças. Ele decretou que todo o povo servisse e adorasse apenas ao Eterno, o Deus de Israel. Mas o povo não o levou a sério. Eles usavam o nome do Eterno, mas continuavam a sacrificar nos altares locais e insistiam nas antigas práticas pecaminosas.

18-19 O restante da história de Manassés, sua oração ao seu Deus, as mensagens que os profetas transmitiram pessoalmente pela autoridade do Eterno, está tudo registrado nas *Crônicas dos Reis de Israel*. Sua oração e como Deus se compadeceu dele, a relação de todos os seus pecados e suas práticas, a construção dos altares pagãos, dos locais de adoração à deusa da prostituição Aserá e das imagens que ele adorava antes da sua conversão estão descritos no registro dos profetas.

20 Manassés morreu e foi sepultado no jardim do palácio. Seu filho Amom o sucedeu.

O rei Amom

21-23 Amom tinha 22 anos de idade quando começou a reinar. Reinou dois anos em Jerusalém. Ele agiu mal diante do Eterno, como seu pai Manassés, mas nunca se humilhou perante o Eterno, como o fez Manassés. Pelo contrário, foi se tornando cada dia pior.

24-25 Os servos de Amom se revoltaram e o assassinaram. Eles o mataram dentro do próprio palácio. Mas o povo matou os assassinos e coroou Josias, filho dele, rei em seu lugar.

O rei Josias

34 **1-2** Josias tinha 8 anos de idade quando começou a reinar. Reinou trinta e um anos em Jerusalém. Ele agiu corretamente diante do Eterno e seguiu os passos de seu antepassado Davi, sem se desviar para a direita nem para a esquerda.

3-7 No oitavo ano do seu reinado, ainda adolescente, ele começou a buscar o Deus de Davi, seu antepassado. Quatro anos depois, o décimo segundo do seu reinado, ele começou a eliminar de Judá os altares ligados às orgias religiosas e a destruir os postes sagrados de Aserá e as imagens, esculpidas e fundidas, dos deuses e das deusas. Demoliu os altares de Baal, derrubou qualquer altar relacionado aos ídolos e jogou o entulho e as cinzas sobre o túmulo dos que haviam cultuado esses deuses. Queimou os ossos dos sacerdotes sobre os mesmos altares em que ofereciam sacrifícios enquanto estavam vivos. Assim, purificou completamente Judá e Jerusalém. A limpeza abrangeu as cidades de Manassés, Efraim, Simeão e suas redondezas, chegando a Naftali. Demoliu todos os altares e os postes de Aserá por todo o Israel, destruiu as imagens das deusas e dos deuses e queimou os altares locais. Depois de Israel ter sido purificado, voltou para Jerusalém.

8-13 Certo dia, no décimo oitavo ano do seu reinado, depois de completar a purificação do país

DIA 214

e do templo, o rei Josias incumbiu Safã, filho de Azalias, Maaseias, governador da cidade, e Joá, filho de Joacaz, o arquivista do palácio, de restaurar o templo do Eterno. A primeira providência foi entregar todo o dinheiro arrecadado pelos guardas levitas de Manassés, de Efraim e do restante de Israel, de Judá, de Benjamim e dos moradores de Jerusalém nas mãos dos encarregados da obra do templo do Eterno. Com esses recursos, eles podiam pagar os trabalhadores que faziam os reparos no templo: os carpinteiros, os construtores e os pedreiros. Assim, eles puderam comprar madeira e pedras lavradas para reforçar os alicerces que os reis de Judá haviam deixado deteriorar. Os trabalhadores eram dedicados e honestos. Eram supervisionados por Jaate e Obadias, levitas descendentes de Merari, e por Zacarias e Mesulão, descendentes de Coate, administradores da obra. Outros levitas, que também eram músicos habilidosos, ficaram encarregados dos operários e supervisionavam os trabalhadores nas diversas funções. Os levitas ainda eram encarregados de fazer os serviços de contador, administrador e guardas de segurança.

14-17 Enquanto recebiam o dinheiro ofertado ao templo do Eterno, o sacerdote principal Hilquias encontrou uma cópia da Revelação de Moisés. Ele contou ao secretário Safã: "Acabei de encontrar o livro da Revelação do Eterno, que ensina os caminhos de Deus! Foi encontrado no templo". Ele o entregou a Safã que, por sua vez, o entregou ao rei. Com o livro, mandou o seguinte relatório: "Os trabalhos estão encerrados, está tudo em ordem. Todo o dinheiro arrecadado no templo do Eterno foi usado para pagar os administradores e os trabalhadores".

18 Safã disse ainda ao rei: "O sacerdote Hilquias entregou-me um livro". Então, leu partes do livro ao rei.

19-21 Quando o rei ouviu o que estava escrito na Revelação do Eterno, rasgou a própria roupa e deu esta ordem ao sacerdote Hilquias, a Aicam, filho se Safã, a Acbor, filho de Micaías, ao próprio Safã e a Asaías, assistente do rei: "Intercedam ao Eterno por mim e por todo o povo de Judá. Procurem saber o que fazer a respeito do que está escrito no livro que foi encontrado. O Eterno deve estar furioso conosco, pois nossos antepassados não obedeceram ao que está escrito nesse livro nem seguiram as instruções dele".

22-25 O sacerdote Hilquias e aqueles a quem o rei designou procuraram a profetiza Hulda. Ela era mulher de Salum, filho de Ticvá e neto de Haras, encarregado do guarda-roupa do palácio. Ela morava na parte mais nova de Jerusalém. Eles a consultaram, e ela respondeu: "Assim diz o Eterno, o Deus de Israel: Digam ao homem que enviou vocês que estou para castigar este lugar e essa gente. Todas as palavras escritas no livro que o rei de Judá acabou de ler serão cumpridas. Por quê? Porque esse povo me abandonou e adorou outros deuses. Eles provocaram a minha ira quando começaram a fabricar ídolos. A minha ira se acendeu contra este lugar, e ninguém a extinguirá.

26-28 "Digam também ao rei de Judá, já que mandou vocês consultarem o Eterno: 'Assim diz o Eterno sobre o livro que você leu: Já que você levou a sério as ameaças de castigo contra este lugar e essa gente e já que você se humil própria roupa e chorando diante de mim, também hou, arrependido, rasgando a darei ouvidos a você'. Assim diz o Eterno: 'Vou cuidar de você. Você morrerá tranquilo e será sepultado em paz. Não verá o castigo que trarei a este lugar'".

Os homens levaram a mensagem ao rei.

29-31 O rei convocou imediatamente todas as autoridades de Judá e de Jerusalém. Subiu ao templo do Eterno acompanhado de todos os homens de Judá, de todos os moradores de Jerusalém, desde os nobres até os mais simples, dos sacerdotes e dos profetas. Depois, leu publicamente tudo que estava escrito no Livro da Aliança encontrado no templo do Eterno. O rei ficou de pé, ao lado da coluna e, diante do Eterno, fez um juramento, comprometendo-se a seguir o Eterno, a confiar nele e a obedecer a ele. Prometeu acatar de corpo e alma as suas instruções com respeito ao que deveriam crer e fazer, também prometeu praticar tudo que estava prescrito na aliança, todas as coisas escritas no livro.

32 O rei obrigou todos os moradores de Jerusalém e de Benjamim a fazer parte da aliança. Eles aceitaram e se comprometeram com a aliança do Eterno, o Deus de seus antepassados.

33 Josias fez uma limpeza completa, eliminando a profanação espalhada pelo território de Israel, e fez que todos se renovassem, servissem e adorassem ao Eterno. Durante toda a vida de Josias, o povo manteve uma conduta correta e seguiu fielmente o Eterno, o Deus de seus antepassados.

ROMANOS 1.24 — 2.13

24-25 Então Deus se pronunciou: "Se é isso que vocês querem, é o que terão". Não demorou muito para que fossem viver num chiqueiro, enlameados, sujos por dentro e por fora. Tudo porque trocaram o Deus verdadeiro por um deus falso e passaram a adorar o deus que fizeram no lugar do Deus que os fez — o Deus a quem bendizemos e que *nos* abençoa. Loucura total! [26-27] Então aconteceu o pior. Como se recusaram conhecer Deus, logo perderam a noção do que significa ser humano: mulheres não sabiam mais ser mulheres, homens não sabiam mais ser homens. Sexualmente confusos, abusaram um do outro e se degradaram, mulheres com mulheres, homens com homens — pura libertinagem, pois de modo algum isso pode ser amor. Mas eles pagaram caro por isso, e como pagaram: são vazios de Deus e do amor divino, perversos infelizes e sem amor humano.

[28-32] Uma vez que eles não se importaram em reconhecer Deus, Deus desistiu deles e os deixou por conta própria. A vida deles agora é uma confusão só, um mal que desce ladeira abaixo. Eles tomam à força o que é alheio, são ambiciosos e caluniadores. Cheios de inveja, violência, brigas e trapaças, fizeram da vida um inferno. Olhem para eles: são maliciosos, venenosos, críticos ferozes de Deus, brigões, arrogantes, gente vazia e insuportável! Mestres em criar meios de destruir vidas e revoltados contra os pais. Não passam de seres tolos, asquerosos, cruéis e intransigentes. Até parece que eles não sabem o que fazem, mas têm plena consciência de que estão cuspindo no rosto de Deus — e não se importam! Pior ainda, premiam quem faz as piores coisas com eficiência.

Deus é bom, mas não é bobo

2 [1-2] **A** humanidade caiu num abismo cada vez mais fundo. Mas, se você pensa que está em nível mais elevado de onde pode apontar o dedo para os outros, esqueça. Cada vez que você critica alguém está se condenando. Você é tão errado quanto quem você critica. Criticar os outros é uma forma bem conhecida de ignorar os próprios crimes e erros. Mas Deus não é enganado tão facilmente. Ele vê através da cortina de fumaça e o responsabiliza pelo que *você* faz.

[3-4] Ou você acha que conseguiria distrair a atenção de Deus dos seus erros apontando o dedo para os erros dos outros? Ou que, por ser um Deus tão bondoso, ele o deixaria livre de obrigações? É melhor pensar direito, desde o princípio. Deus é bom, mas não é bobo. Por sua bondade, ele nos toma pela mão e nos conduz a uma mudança radical de vida.

[5-8] Não há como escapar. Rejeitar Deus ou fugir dele é como jogar lenha na fogueira. Um dia, o fogo intenso e alto, o julgamento justo e ardente de Deus, irá queimar tudo. Não se engane: porque no fim todos terão o que merecem — *vida de verdade* para quem age do lado de Deus e *fogo* para quem insiste em viver como bem entende, pela lei do menor esforço!

[9-11] Se você age contra sua natureza, irá se destruir, não importa a sua origem, a sua criação ou a sua formação. Mas, se você aceitar o jeito de Deus fazer as coisas, a recompensa será maravilhosa — nesse caso também não importa a origem ou a formação. Ser judeu não é garantia automática de aprovação. Deus não se orienta pelo que os outros dizem (ou pelo que você pensa) de você. Ele tem seus critérios.

[12-13] Se você peca sem saber, Deus leva isso em consideração. Mas, se você peca de modo consciente, a história é outra. O mero ato de ouvir a lei de Deus é perda de tempo se você não faz o que ele manda. Praticar, não apenas ouvir, é que faz diferença para Deus.

SALMOS 91.14-16

[14-16] "Se você se apegar a mim para salvar a vida",
diz o Eterno,
   "tirarei você de qualquer problema.
Se você aprender a confiar em mim,
   cuidarei de você como ninguém.
É só me chamar, que eu respondo:
   ficarei ao seu lado nas horas ruins,
   resgatarei você e depois darei uma
   festa em sua honra.
Eu o presentearei com uma vida longa,
   e a você mostrarei a minha salvação".

◢ NOTAS

☐ DIA 215 ___ / ___ / ___

2CRÔNICAS 35.1 — 36.23

35 ¹⁻⁴ Josias celebrou a Páscoa do Eterno em Jerusalém. Depois de abaterem o cordeiro da Páscoa, no dia 14 do primeiro mês, ele deu instruções detalhadas aos sacerdotes e encorajou-os no trabalho de condução do serviço no templo do Eterno. Também disse aos levitas encarregados de ensinar e orientar Israel com respeito a tudo que estava relacionado ao culto (eles tinham sido especialmente consagrados para essa tarefa): "Ponham a arca sagrada no templo construído por Salomão, filho de Davi, rei de Israel. Vocês não precisarão carregá-la sobre os ombros de um lugar para outro! Sirvam ao Eterno e a Israel, o povo de Deus. Organizem-se de acordo com suas famílias para as respectivas tarefas, segundo as instruções deixadas por Davi, rei de Israel, e por seu filho Salomão.

⁵⁻⁶ "Permaneçam em seus lugares no santuário, um grupo de levitas para cada grupo de moradores. Vocês abaterão o cordeiro da Páscoa. Depois, consagrem-se e preparem o cordeiro, para que todos possam celebrar a Páscoa, exatamente como o Eterno ordenou por meio de Moisés".

⁷⁻⁹ Josias doou, pessoalmente, trinta mil ovelhas, cordeiros e cabritos e três mil bois. Tudo que era preciso para a celebração da Páscoa foi providenciado. Seus oficiais também colaboraram com o povo. Ajudaram até mesmo os sacerdotes e os levitas. Hilquias, Zacarias e Jeiel, administradores do templo de Deus, deram dois mil e seiscentos cordeiros e trezentos bois para os sacerdotes para o sacrifício da Páscoa. Conanias, seus irmãos Semaías e Natanael e os chefes dos levitas Hasabias, Jeiel e Jozabade doaram cinco mil cordeiros e cinco mil bois para os levitas para o sacrifício da Páscoa.

¹⁰⁻¹³ Todos os preparativos para o sacrifício ficaram prontos. Os sacerdotes assumiram suas funções, e os levitas ocuparam suas posições conforme a instrução do rei. Abatiam os cordeiros para a Páscoa, e os sacerdotes aspergiam o sangue dos cordeiros, enquanto os levitas tiravam as peles dos animais. Eles separaram as ofertas queimadas a serem oferecidas pelos grupos de famílias, para que todos pudessem oferecer ao Eterno, segundo as instruções do livro de Moisés. Fizeram o mesmo com o gado. Assaram o cordeiro da Páscoa de acordo com as instruções e cozinharam as ofertas consagradas em panelas, potes e caldeirões e serviram ao povo.

¹⁴ Depois de o povo comer a refeição sagrada, os levitas se serviram e serviram aos sacerdotes descendentes de Arão, pois os sacerdotes ficaram trabalhando até tarde da noite, oferecendo os sacrifícios sobre o altar.

¹⁵ Os músicos descendentes de Asafe estavam todos em seus lugares de acordo com as instruções de Davi e de Asafe, Hemã e Jedutum, vidente do rei. Os guardas vigiavam as portas. Os levitas também lhes serviram, pois eles não podiam deixar os seus lugares.

¹⁶⁻¹⁹ Assim, naquele dia, tudo foi realizado a serviço do Eterno, para a celebração da Páscoa e o sacrifício das ofertas queimadas sobre o altar do Eterno, conforme as ordens de Josias. Durante sete dias, os israelitas celebraram a Páscoa, também conhecida como festa dos Pães sem Fermento. A Páscoa não havia sido celebrada dessa maneira desde os dias do profeta Samuel. Nenhum dos reis a havia celebrado. Mas Josias, os sacerdotes, os levitas, todo o povo de Judá e de Israel que compareceram naquela semana, além dos moradores de Jerusalém, *todos eles* a celebraram. Essa Páscoa foi celebrada no décimo oitavo ano do reinado do rei Josias.

²⁰ **A**lgum tempo depois de Josias ter concluído a reforma no templo, Neco, rei do Egito, marchou para a guerra até Carquemis, às margens do rio Eufrates. Josias saiu para enfrentá-lo.

²¹ Neco enviou mensageiros a Josias, dizendo: "Qual o problema entre nós, rei de Judá? Não vim atacar você, mas outra nação contra quem estou em guerra. Deus mandou que eu me apressasse; por isso, não me atrapalhe, pois você estará impedindo o próprio Deus, que está do meu lado, e ele destruirá você".

DIA 215

²²⁻²³ Mas Josias não voltou atrás nem acreditou nas palavras de Neco (entretanto, era Deus quem estava falando). Apesar de o rei Josias ter se disfarçado para enfrentá-lo nas planícies de Megido, os flecheiros o atingiram. O rei disse a seus oficiais: "Tirem-me daqui! Estou ferido!".

²⁴⁻²⁵ Os soldados tiraram o rei do carro dele e o puseram em outro, que o transportou de volta a Jerusalém. Ali ele morreu e foi sepultado no cemitério da família. Todos em Judá e em Jerusalém compareceram ao funeral. Jeremias compôs um hino de lamento por Josias. O hino é cantado até hoje pelos coros de Israel. O hino está registrado nos Lamentos.

²⁶⁻¹ O restante da história de Josias, sua vida exemplar e dedicada, de acordo com a Revelação de Deus, do início ao fim, está tudo registrado nas *Crônicas dos Reis de Israel e de Judá*. O povo escolheu Jeoacaz, filho de Josias, rei em Jerusalém, para suceder seu pai.

O rei Jeoacaz

36 ²⁻³ Jeoacaz tinha 23 anos de idade quando começou a reinar. Reinou três meses em Jerusalém. O rei do Egito o depôs e obrigou o país a pagar três toneladas e meia de prata e trinta e cinco quilos de ouro como imposto.

O rei Jeoaquim

⁴ Neco, rei do Egito, constituiu Eliaquim, irmão de Jeoacaz, rei sobre Judá e Jerusalém e também mudou o nome dele para Jeoaquim. Depois, levou Jeoacaz para o Egito.

⁵ Jeoaquim tinha 25 anos de idade quando começou a reinar e reinou onze anos em Jerusalém. Ele agiu mal diante do Eterno.

⁶⁻⁷ Nabucodonosor, rei da Babilônia, fez guerra contra ele, amarrou-o com correntes de bronze e o levou para a Babilônia. Nabucodonosor também levou objetos do templo do Eterno para enfeitar o palácio real.

⁸ O restante da história de Jeoaquim, o sacrilégio abominável que cometeu e as consequências dos seus atos, está tudo registrado nas *Crônicas dos Reis de Israel e de Judá*. Seu filho Joaquim o sucedeu.

O rei Joaquim

⁹⁻¹⁰ Joaquim tinha 18 anos de idade quando começou a reinar, mas reinou apenas três meses e dez dias em Jerusalém. Ele agiu mal diante do Eterno. Na primavera, o rei Nabucodonosor mandou que o levassem para a Babilônia com o restante dos objetos de valor

do templo do Eterno e constituiu seu tio Zedequias rei sobre Judá e Jerusalém.

O rei Zedequias

¹¹⁻¹³ Zedequias tinha 21 anos de idade quando começou a reinar e reinou onze anos em Jerusalém. Ele agiu mal diante do Eterno, como os outros reis. Quando o profeta Jeremias o confrontou com a palavra do Eterno, ele não se arrependeu. Rebelou-se contra o rei Nabucodonosor, que o tinha feito jurar lealdade no nome de Deus. Obstinado, não recorreu ao Eterno nem passou pela sua mente arrepender-se.

¹⁴ Sua maldade contagiou os líderes, os sacerdotes e todo o povo: a corrupção era generalizada. Eles repetiam todas as práticas abomináveis dos pagãos, profanando o templo do Eterno, recém-consagrado em Jerusalém.

¹⁵⁻¹⁷ O Eterno, o Deus de seus antepassados, enviou repetidas advertências contra eles. Deus concedeu a eles várias oportunidades de arrependimento, por compaixão do povo e do templo. Mas eles não quiseram saber: zombavam dos mensageiros do Eterno, desprezavam a mensagem e ridicularizavam os profetas. A ira do Eterno foi crescendo, até chegar a um ponto sem volta. O Eterno convocou Nabucodonosor, rei da Babilônia, que invadiu a nação e massacrou a população sem dó, até dentro do templo. Foi uma verdadeira carnificina que não poupou ninguém: jovens, moças, adultos e idosos. Todos foram tratados da mesma maneira.

¹⁸⁻²⁰ Em seguida, ele se apossou de tudo que havia no templo, todos os objetos de valor. Não deixou nada para trás. Ele esvaziou também os tesouros do templo do Eterno e o tesouro do rei e dos oficiais. Depois, transportou tudo para a Babilônia, as pessoas e os objetos de valor. Ele incendiou o templo do Eterno, deixando-o em ruínas. Destruiu os muros de Jerusalém e incendiou todas as construções. A cidade inteira foi queimada. Os sobreviventes foram levados cativos para a Babilônia e se tornaram escravos de Nabucodonosor e de sua família. O exílio e a escravidão prolongaram-se até que o reino da Pérsia conquistou a Babilônia.

²¹ Foi justamente esta a mensagem do Eterno por meio da pregação de Jeremias: a terra desolada teve seu descanso sabático, um descanso de setenta anos, como compensação pelos sábados não respeitados.

O rei Ciro

²²⁻²³ No primeiro ano de Ciro, rei da Pérsia, em cumprimento à palavra do Eterno anunciada por

Jeremias, o Eterno inspirou Ciro, rei da Pérsia, a decretar em todo o seu reino as seguintes palavras: "Decreto de Ciro, rei da Pérsia. O Eterno, o Deus dos céus, entregou-me todos os reinos da terra. Ele também me encarregou de construir um templo de adoração a ele em Jerusalém de Judá. Todos os que pertencem ao povo do Eterno sintam-se convocados, e que o Eterno, o seu Deus, esteja com vocês! Avante!".

ROMANOS 2.14 — 3.8

14-16 Se um pagão, que desconhece a lei de Deus, consegue segui-la mais ou menos por instinto, ele confirma a verdade dela pela obediência. Comprova assim que a lei de Deus não é um elemento estranho, imposto de fora para dentro, mas algo que faz parte da própria constituição humana. Existe algo no interior do ser humano que ecoa o "sim" e o "não" de Deus, o certo e o errado. A resposta deles ao "sim" e ao "não" de Deus será de conhecimento público no dia em que Deus tomar a decisão final a respeito de cada homem e mulher. A Mensagem que proclamo por meio de Jesus Cristo leva em consideração todas essas diferenças.

A religião não pode salvar

17-24 Se você foi educado como judeu, não pense que pode descansar em sua religião, orgulhoso de estar por dentro da revelação de Deus, de experimentar as melhores bênçãos de Deus, de estar atualizado com as doutrinas! Tenho um recado especial para você que está seguro disso, que conhece a Palavra revelada de Deus e se sente em condições de levar a Deus outros que estão em labirintos escuros e emoções confusas. Você está guiando os outros, mas quem está guiando você? Falo sério. Enquanto você prega: "Não roube", você rouba. Afinal, quem iria suspeitar de você? A mesma coisa vale para o adultério e para a idolatria. Você consegue se safar de qualquer situação com discursos eloquentes sobre Deus e sua lei. As Escrituras dizem: "É por causa de vocês, judeus, que os pagãos são hostis a Deus". O texto denuncia um problema antigo, que não irá se resolver.

25-29 A circuncisão, o ritual no corpo que marca você como judeu, só terá importância se a sua vida estiver de acordo com a lei de Deus. Se não estiver, é pior que não ser circuncidado. O oposto também é verdadeiro: quem não é circuncidado e vive nos caminhos de Deus é tão bom quanto o circuncidado, e até melhor. É melhor guardar a lei de Deus sem ser circuncidado que quebrá-la sendo circuncidado.

Entenda isto: não é o corte feito por uma faca que o torna judeu. Você se torna judeu pelo que você é. A marca de Deus no coração, não a da faca na pele, é que faz de você um judeu. E a identificação vem de Deus, não de críticos legalistas.

3 **1-2** Mas, se é assim, que diferença faz ser judeu ou não, ser ensinado nos caminhos de Deus ou não? Na verdade, faz muita diferença, mas não como muitos pensam.

2-6 Para começar, lembrem-se de que os judeus foram incumbidos de escrever e transmitir a revelação de Deus, as Escrituras Sagradas. E como fica a situação dos judeus que abandonaram sua posição? Deus não os abandonou. Você pensa que sua falta de fé cancela a fidelidade de Deus? De jeito nenhum! Contem com isto: Deus mantém sua palavra, ainda que o mundo inteiro minta descaradamente. As Escrituras dizem o mesmo:

Suas palavras permanecem fiéis e verdadeiras,
A rejeição não intimidará Deus.

Mas, se nossa maneira errada de agir apenas realça e confirma o caráter fiel de Deus, não deveríamos ser elogiados por isso? Se nossas mentiras nem sequer deixam marca em suas verdades, Deus não cometeria um erro em nos pôr contra a parede e nos condenar pelo que dissemos? É uma pergunta natural, mas a resposta é não, um "não" bem enfático! Como as coisas seriam corrigidas, se *Deus* não agisse para corrigi-las?

7-8 É maldade afirmar: "Se minhas mentiras servem para mostrar a verdade de Deus de maneira mais gloriosa, como posso ser condenado? Estou fazendo um favor para Deus!". Alguns, na verdade, tentam pôr essas palavras em nossa boca, alegando que saímos por aí anunciando: "Quanto mais mal fazemos, mais bem Deus faz. Então, continuemos assim!". É pura calúnia, e estou certo de que vocês concordam conosco.

SALMOS 92.1-9

Uma canção de sábado

92 **1-3** Que bela coisa, ó Eterno, é dar graças, cantar um hino para ti, o Deus Altíssimo!
Anunciar teu amor ao romper de cada dia,
cantar tua fiel presença durante toda a noite,
Acompanhado de saltério e harpa,
de todo o naipe de cordas.

4-9 Tu me deixaste tão feliz, ó Eterno!
Vi teus feitos e gritei de alegria.
Quão magníficos são teus feitos, ó Eterno!
Quão profundos são teus pensamentos!
Os tolos nunca percebem o que fazes;
eles nunca entendem.
Os ímpios surgem repentinamente,
como ervas daninhas,
e homens e mulheres maldosos
assumem o controle.
Mas tu os eliminas,
tu os afastas de uma vez por todas.
És o Altíssimo, és o Eterno.
Olha para teus inimigos, ó Eterno!
Vê teus inimigos: eles estão arruinados!
Dispersos ao vento, aqueles
mercenários da maldade!

◼ NOTAS

☐ DIA 216 ___ / ___ / ___

ESDRAS 1.1 — 2.70

Ciro, rei da Pérsia: "Reconstruam o templo de Deus"

1 1-4 No primeiro ano de Ciro, rei da Pérsia, em cumprimento à palavra do Eterno anunciada por Jeremias, o Eterno incitou Ciro, rei da Pérsia, a fazer um pronunciamento oficial em todo seu reino. Ele o formulou da seguinte maneira:

"Decreto de Ciro, rei da Pérsia. O Eterno, o Deus dos céus, entregou-me todos os reinos da terra. Ele também me encarregou de construir um templo de adoração a ele em Jerusalém de Judá. Todos os que pertencem ao povo do Eterno sintam-se convocados, e que o Eterno, o seu Deus, esteja com vocês! Subam a Jerusalém de Judá e reconstruam o templo do Eterno, o Deus de Israel, o Deus de Jerusalém. Quem ficar para trás, onde quer que esteja vivendo, ajudará, enviando prata, ouro, ferramentas e animais, além das ofertas voluntárias para o templo de Deus em Jerusalém".

5-6 Os chefes das famílias de Judá e de Benjamim, os sacerdotes e levitas e todos aqueles que Deus despertou partiram para reconstruir o templo do Eterno em Jerusalém. Os vizinhos ajudaram, trazendo entusiasticamente prata, ouro, ferramentas, animais, objetos de valor e, acima de tudo, ofertas voluntárias.

7-10 O rei Ciro também entregou a eles todos os objetos e utensílios do templo do Eterno que Nabucodonosor havia levado de Jerusalém e que estavam no templo dos seus deuses. O rei da Pérsia designou o tesoureiro Mitredate responsável pela transferência. Ele fez um levantamento completo daqueles itens e os entregou a Sesbazar, governador de Judá. Eis a lista:

30 bacias de ouro;
1.000 bacias de prata;
29 panelas de prata;
30 tigelas de ouro;
410 tigelas de ouro de segunda linha;
1.000 itens variados.

DIA 216

¹¹ Ao todo, Sesbazar levou consigo cinco mil e quatrocentos objetos de ouro e de prata quando voltou com os exilados da Babilônia para Jerusalém.

2 ¹⁻⁵⁸ Estes são os habitantes da província que retornaram do cativeiro, os exilados que Nabucodonosor, rei da Babilônia, tinha levado cativo. Eles voltaram para Jerusalém e Judá, cada um para sua cidade. Acompanhavam Zorobabel, Jesua, Neemias, Seraías, Reelaías, Mardoqueu, Bilsã, Mispar, Bigvai, Reum e Baaná.

Este é o número dos que retornaram, de acordo com sua família de origem:

Parós, 2.172;
Sefatias, 372;
Ara, 775;
Paate-Moabe (descendentes de Jesua e Joabe), 2.812;
Elão, 1.254;
Zatu, 945;
Zacai, 760;
Bani, 642;
Bebai, 623;
Azgade, 1.222;
Adonicão, 666;
Bigvai, 2.056;
Adim, 454;
Ater (descendentes de Ezequias), 98;
Besai, 323;
Jora, 112;
Hasum, 223;
Gibar, 95.
Israelitas identificados por lugar de origem:
Belém, 123;
Netofate, 56;
Anatote, 128;
Azmavete, 42;
Quiriate-Jearim, Cefira e Beerote, 743;
Ramá e Geba, 621;
Micmás, 122;
Betel e Ai, 223;
Nebo, 52;
Magbis, 156;
o outro Elão, 1.254;
Harim, 320;
Lode, Hadide e Ono, 725;
Jericó, 345;
Senaá, 3.630.
As famílias sacerdotais:
Jedaías (descendentes de Jesua), 973;

Imer, 1.052;
Pasur, 1.247;
Harim, 1.017.
As famílias dos levitas:
Jesua e Cadmiel (descendentes de Hodavias), 74.
Os cantores:
da descendência de Asafe, 128.
Descendentes dos guardas:
Salum, Ater, Talmom, Acube, Atita, Sobai, 139.
Descendentes dos servidores do templo:
Zia, Hasufa, Tabaote,
Queros, Sia, Padom,
Lebana, Hagaba, Acube,
Hagabe, Sanlai, Hanã,
Gidel, Gaar, Reaías,
Rezim, Necoda, Gazão,
Uzá, Paseia, Besai,
Asná, Meunim, Nefusim,
Baquebuque, Hacufa, Harur,
Baslute, Meída, Harsa,
Barcos, Sísera, Tamá,
Nesias e Hatifa.
Descendentes dos servos de Salomão:
Sotai, Soferete, Peruda,
Jaala, Darcom, Gidel,
Sefatias, Hatil, Poquerete-Hazebaim e Ami.
O total dos servidores do templo e de Salomão eram 392.

⁵⁹⁻⁶⁰ Estes vieram de Tel-Melá, Tel-Harsa, Querube, Adã e Imer, mas não puderam provar que eram descendentes dos israelitas:

⁶¹ Delaías, Tobias e Necoda, 652.
O mesmo aconteceu com os descendentes dos sacerdotes:
Habaías, Hacoz e Barzilai, que se casou com uma filha de Barzilai, de Gileade, e era chamado por esse nome.

⁶²⁻⁶³ Eles procuraram os registros da família, mas não os encontraram. Por isso, foram impedidos de exercer o trabalho de sacerdote e considerados ritualmente impuros. O governador determinou que eles não poderiam comer do alimento sagrado até que um dos sacerdotes definisse a situação deles por meio do Urim e do Tumim.
⁶⁴⁻⁶⁷ O total dos que voltaram do exílio foi 42.360, sem contar os escravos, que totalizavam 7.337.

Também havia 200 cantores, que possuíam 736 cavalos, 245 mulas, 435 camelos e 6.720 jumentos.

68-69 Alguns dos chefes das famílias, ao chegarem ao templo do Eterno em Jerusalém, entregaram ofertas voluntárias para a reconstrução do templo de Deus no lugar original. Eles contribuíram para a construção, de acordo com suas possibilidades. O resultado: quinhentos quilos de ouro, três toneladas de prata e cem vestes sacerdotais. **70** Os sacerdotes, os levitas e algumas pessoas do povo estabeleceram-se em Jerusalém. Os cantores, os guardas e os servidores do templo foram para suas cidades de origem. Todos os israelitas encontraram um lugar para morar.

ROMANOS 3.9-26

Todos no mesmo barco furado

9-20 Se é assim, aonde isso nos levará? Será que nós, judeus, estamos em situação melhor que os outros? Na verdade, não. Basicamente, todos nós, judeus e não judeus, começamos em condições idênticas. Todos nós começamos como pecadores. As Escrituras não deixam dúvida sobre isso:

Não há ninguém vivendo como deve,
　　　nem um sequer;
　　ninguém entende, ninguém presta
　　　atenção em Deus.
Todos eles erraram o caminho;
　　todos estão vagueando sem rumo.
Ninguém está vivendo da maneira correta,
　　e não creio que há quem o consiga.
A garganta deles é um túmulo aberto,
　　e a língua, escorregadia para enganar.
Cada palavra que pronunciam está
　　impregnada de veneno.
　　Eles abrem a boca e empesteiam o ar.
São eternos concorrentes ao prêmio
　　de "pecador do ano"
　　e emporcalham a terra com
　　　sofrimento e ruína.
Não fazem a menor ideia do que seja viver
　　em comunidade.
　　Eles passam por Deus e o ignoram.

Está claro que esse texto não representa o que Deus diz a respeito *dos outros*, mas o que diz sobre nós, a quem as Escrituras foram primeiramente endereçadas! Está claro também que somos todos pecadores,

cada um de nós. Estamos no mesmo barco furado, com todos os outros! Nosso envolvimento com a revelação de Deus não nos deixa de bem com ele. Isso só faz realçar nossa cumplicidade com o pecado de todos os outros.

Deus consertou a situação

21-24 Mas agora há algo novo no horizonte: aconteceu o que Moisés e os profetas anunciaram por tanto tempo! Deus resolveu agir para acertar as coisas sobre as quais lemos nas Escrituras por meio do que Jesus fez por nós. E não apenas por nós, mas por todos os que creem nele, pois nisso não há diferença entre nós e eles. Uma vez que nós e eles reunimos esse longo e lamentável registro como pecadores e provamos que somos incapazes de viver a vida gloriosa que Deus deseja para o ser humano, Deus resolveu fazer isso por nós. Por pura graça generosa, ele decidiu acertar nossa situação com ele. Um presente do céu! Ele nos retirou da confusão em que estávamos e nos restaurou, para fazer de nós o que ele sempre quis que fôssemos. E ele o fez por meio de Jesus Cristo.

25-26 Deus sacrificou Jesus no altar do mundo para purificar o mundo do pecado. A fé nele nos deixa limpos. Deus decidiu, sob o olhar de todos, deixar o mundo numa situação aceitável diante dele por meio do sacrifício de Jesus, finalmente cuidando dos pecados que ele havia suportado com tanta paciência. Isso não só está claro, mas acontece *agora* – é história atual! Deus consertou a situação e também agora permite que vivamos em sua justiça.

SALMOS 92.10-15

10-14 Mas tu me fizeste forte como
　　um animal de carga
　　e me honraste com uma festa.
Ainda me lembro de quando vi a queda
　　dos que me criticaram,
　　a derrota dos meus caluniadores.
Meus ouvidos, porém, satisfazem-se
　　com os sons de promessa:
"Os bons prosperarão como palmeiras,
Crescerão como os cedros do Líbano;
　　transplantados para o quintal do Eterno;
Crescerão na presença de Deus,
　　flexíveis e verdejantes, viris ainda na velhice".

15 É esse o testemunho da justiça do Eterno!
　　Minha Rocha, inabalável e santa!

NOTAS

‑‑‑

☐ DIA **217** ___ / ___ / ___

ESDRAS 3.1 — 5.17

O início da construção: lançados os alicerces do templo

3 [1-2] No sétimo mês, quando os israelitas se estabeleceram em suas cidades, todo o povo se reuniu em Jerusalém. Jesua, filho de Jozadaque, com seus parentes sacerdotes, e Zorobabel, filho de Sealtiel, com seus parentes, começaram o trabalho de construção do altar do Deus de Israel para oferecer as ofertas queimadas, conforme a Revelação de Moisés, homem de Deus.

[3-5] Apesar de estarem com medo do que os vizinhos não israelitas pudessem fazer, começaram, mesmo assim, a erguer o altar sobre os alicerces e a apresentar ofertas queimadas de manhã e à tarde. Também celebraram a festa das Cabanas, conforme prescrito, e apresentaram as ofertas queimadas determinadas para cada dia. Também apresentaram as ofertas dos sábados, da lua nova e das festas sagradas, bem como as ofertas voluntárias ao Eterno.

[6] Começaram a oferecer as ofertas queimadas ao Eterno no primeiro dia do sétimo mês, apesar de não terem sido lançados ainda os alicerces do templo do Eterno.

[7] Eles contribuíram com dinheiro para a contratação de pedreiros e carpinteiros. Também deram comida, bebida e azeite para o povo de Sidom e de Tiro, como pagamento pelo cedro que trouxeram pelo mar do Líbano até Jope, uma carga autorizada por Ciro, rei da Pérsia.

[8-9] No segundo mês do segundo ano da chegada deles ao local do templo do Eterno em Jerusalém, Zorobabel, filho de Sealtiel, e Jesua, filho de Jozadaque, com seus parentes sacerdotes e levitas, e todos os que voltaram do exílio para Jerusalém deram início ao trabalho. Nomearam os levitas de 20 anos de idade ou mais para supervisionar a reconstrução do templo do Eterno. Jesua e seus parentes uniram-se a Cadmiel, Binui e Hodavias e aos parentes de Henadade, todos levitas, para supervisionar os trabalhadores do templo de Deus.

[10-11] Quando os trabalhadores lançaram os alicerces do templo do Eterno, os sacerdotes, com suas vestimentas, ficaram de pé com as trombetas, e os levitas, descendentes de Asafe, com os címbalos para louvar ao Eterno conforme a tradição de Davi, rei de Israel. Eles cantaram responsivamente ao Eterno com louvores e ações de graças:

"Sim! Deus é bom!
Ah, sim. Ele nunca deixará de amar a Israel!".

[11-13] Todo o povo pulou de alegria, louvando ao Eterno, pois os alicerces do templo do Eterno foram lançados. Enquanto a multidão cantava alegremente, muitos dos sacerdotes, levitas e chefes das famílias que tinham visto o primeiro templo choravam incontrolavelmente ao ver os alicerces do novo templo. Era impossível distinguir os sons de alegria do choro. O barulho podia ser ouvido de longe.

A construção é interrompida

4 ¹⁻²Os antigos inimigos de Judá e de Benjamim souberam que os exilados estavam reconstruindo o templo do Eterno, o Deus de Israel. Eles vieram conversar com Zorobabel e com os chefes das famílias: "Queremos ajudá-los, porque também adoramos ao Deus de vocês. Temos oferecido sacrifícios a ele desde que Esar-Hadom, rei da Assíria, nos trouxe para cá".

³Mas Zorobabel, Jesua e o restante dos chefes das famílias de Israel responderam: "De maneira alguma! A construção do templo do nosso Deus não significa a mesma coisa para vocês. Só nós construiremos o templo para o Eterno, o Deus de Israel. Fomos nós que recebemos de Ciro, rei da Pérsia, a incumbência de reconstruí-lo".

⁴⁻⁵Depois disso, aqueles homens começaram a fazer de tudo para desanimar o povo de Judá e para amedrontar os trabalhadores. Eles chegaram a contratar gente de fora para atrapalhar. A perturbação durou quinze anos, durante todo o reinado de Ciro até o reinado de Dario, reis da Pérsia.

⁶Na verdade, no início do reinado de Xerxes, eles fizeram uma denúncia contra os moradores de Judá e de Jerusalém.

⁷Mais uma vez, no reinado de Artaxerxes, Bislão, Mitredate, Tabeel e seus companheiros escreveram ao rei da Pérsia sobre os problemas de Jerusalém. A carta foi escrita em Aramaico e foi traduzida (o texto a seguir está em aramaico).

⁸⁻¹⁶Reum, o oficial no comando, e Sinsai, o secretário, escreveram uma carta contra Jerusalém a Artaxerxes, o rei, como segue:

"Do comandante Reum e do secretário Sinsai e dos seus companheiros, os juízes e os oficias sobre o povo de Trípoli, da Pérsia, de Ereque e da Babilônia, os elamitas de Susã e das demais nações que o poderoso e famoso Assurbanípal deportou e estabeleceu na cidade de Samaria e em outros lugares a oeste do Eufrates".

(Esta é a cópia da carta que enviaram.)

"Ao rei Artaxerxes, dos seus servos da terra a oeste do Eufrates.

Queremos informar o rei que os judeus que partiram daí e chegaram a Jerusalém começaram a reconstruir essa cidade rebelde e má. Estão empenhados em terminar os muros e em reconstruir os alicerces. O rei precisa saber que, quando a cidade estiver reconstruída e os muros terminados, os moradores não pagarão mais um centavo de tributo, taxas ou impostos. O tesouro real sofrerá com a perda. Somos leais ao rei e não podemos ficar apáticos enquanto o rei é insultado, daí o interesse em relatar a situação. Sugerimos que o senhor procure nos registros históricos dos seus antepassados, e constatará que essa cidade é rebelde, um espinho para qualquer rei ou governador. É um centro de conflitos e revoltas, e isso há muito tempo. Por isso, a cidade foi destruída. Queremos que o rei saiba que, se a cidade for reconstruída e seus muros restaurados, o senhor perderá o que tem nas províncias dalém do Eufrates".

¹⁷⁻²²O rei mandou a resposta ao comandante Reum, ao secretário Sinsai e ao restante dos seus companheiros que viviam em Samaria e em outras localidades a oeste do Eufrates:

"A paz esteja com vocês. A carta que vocês mandaram foi traduzida e lida para mim. Mandei pesquisar os registros, e, de fato, foi constatado que essa cidade se revoltou muitas vezes contra os reis. A rebeldia é um hábito antigo ali. Descobri que houve reis poderosos, que conquistaram terras a oeste do Eufrates e impuseram taxas, tributos e impostos. Então, façam o seguinte: Mandem esses homens interromperem a obra imediatamente e não permitam que a recomecem até que eu mande. Sejam rápidos e firmes. Eles já causaram muitos danos aos reis!".

²³A carta do rei Artaxerxes foi lida para Reum, para o secretário Sinsai e seus companheiros. Eles não perderam tempo. Foram logo avisar os judeus em Jerusalém e os obrigaram a interromper a obra.

²⁴Assim, a reconstrução do templo do Eterno em Jerusalém foi interrompida. Nada foi feito até o segundo ano do reinado de Dario, rei da Pérsia.

Reinício da construção: "Ajudem os líderes dos judeus"

5 ¹⁻²Enquanto isso, os profetas Ageu e Zacarias, filho de Ido, pregavam aos judeus, em Judá e em Jerusalém, com autoridade concedida pelo Deus de Israel. Por isso, Zorobabel, filho de Sealtiel, e Jesua, filho de Jozadaque, reiniciaram a reconstrução do templo de Deus em Jerusalém. Os profetas de Deus vieram ajudá-los.

3-4 Tatenai, governador do território a oeste do Eufrates na época, Setar-Bozenai e seus companheiros procuraram os israelitas e perguntaram: "Quem deu autorização a vocês para reconstruir o templo e restaurar os muros?". Então, informamos a eles os nomes dos encarregados da construção.

5 Mas Deus estava atento aos líderes dos judeus; por isso, a obra não foi interrompida até Dario ser informado e enviar a resposta oficial.

6-7 Tatenai, governador do território a oeste do Eufrates, Setar-Bozenai e seus companheiros, os oficiais do território, enviaram uma carta ao rei Dario. Este é o conteúdo:

"Ao rei Dario. Paz e sucesso!

8 Queremos relatar ao rei que fomos à província de Judá, ao templo do grande Deus que está sendo reconstruído com enormes pedras. No momento, estão pondo as vigas de madeira nas paredes. A obra está sendo executada com empenho e rapidez.

9-10 Perguntamos aos líderes: 'Quem deu autorização a vocês para reconstruir o templo e restaurar os muros?'. Também pedimos os nomes dos responsáveis, para que pudéssemos informar quem são os encarregados da construção.

11-12 Eles nos disseram o seguinte: 'Somos servos do Deus dos céus e da terra. Estamos reconstruindo o templo que foi construído muito tempo atrás. Um grande rei de Israel construiu toda esta estrutura. Mas nossos antepassados deixaram o Deus dos céus furioso; por isso, ele os entregou nas mãos de Nabucodonosor, rei da Babilônia, que destruiu o templo e levou o povo cativo para a Babilônia.

13-16 'Mas, quando Ciro se tornou rei da Babilônia, no seu primeiro ano, autorizou a reconstrução do templo de Deus. Além disso, devolveu os utensílios de ouro e de prata do templo de Deus que Nabucodonosor tinha levado embora e posto no templo na Babilônia. O rei Ciro retirou-os do templo da Babilônia e os entregou a Sesbazar, a quem nomeou governador. Ele disse a Sesbazar: Ponha estes utensílios de volta no templo de Jerusalém. Desde então, estamos reconstruindo o templo, mas ainda não terminamos'.

17 Agora, se o rei concordar, procure nos registros dos arquivos reais da Babilônia se, de fato, o rei Ciro autorizou a reconstrução do templo de Deus em Jerusalém. Então, por favor, informe-nos da decisão do rei sobre o assunto."

ROMANOS 3.27 — 4.18

27-28 Portanto, como fica o orgulho judeu com seus supostos direitos? Anulado? Sim, anulado. O que aprendemos é o seguinte: Deus não reage ao que *nós* fazemos: nós é que reagimos ao que *Deus* faz. Finalmente, conseguimos entender. Nossa vida se acerta com Deus e com os demais quando o deixamos acertar a situação, não quando tentamos fazer tudo sozinhos, com orgulho e ansiedade.

29-30 E como fica a orgulhosa alegação judaica de termos o monopólio de Deus? Anulada também. Deus é o Deus do judeu e de quem não é judeu. Como poderia ser diferente, se há apenas um Deus? Deus resolve a situação de todos que aceitam o que ele fez e disso participam, tanto os que seguem nosso sistema religioso quanto os que nunca ouviram falar da nossa religião.

31 Mas, ao mudar nosso foco do que *nós* fazemos para o que *Deus* faz, não anulamos a rigorosa guarda das regras e leis que Deus estabeleceu? De modo algum! Quando adotamos o estilo de vida condizente com essa reconciliação, nós as confirmamos.

Confiança e fé em Deus

4 **1-3** **P**ois bem, como encaixar o que sabemos a respeito de Abraão, nosso primeiro pai na fé, nessa nova maneira de enxergar as coisas? Se Abraão tivesse sido aprovado por Deus pelo que *fez*, ele poderia ter recebido crédito. Mas o que temos é a história de Deus, não a de Abraão. Assim, lemos nas Escrituras: "Abraão participou do que Deus fez por ele, e *isso* foi decisivo. Ele acreditou que Deus podia torná-lo justo, em vez de apelar para a própria justiça".

4-5 Se você dá duro e faz um bom trabalho, merece o pagamento. Ninguém pode dizer que seu pagamento é um presente. Mas, se você percebe que a tarefa está muito além da sua capacidade, algo que só *Deus* pode fazer, e confia que ele o fará (volto a dizer: algo que você jamais conseguirá fazer, não importa como e quanto trabalhe), essa confiança em Deus é o que o deixa numa situação aceitável diante dele, *por causa de* Deus. Pura graça.

6-9 Davi confirma esse modo de ver as coisas ao afirmar que quem deixa Deus consertar a situação, sem insistir em querer fazer algo no processo, é um homem feliz:

Feliz é aquele cujos crimes são perdoados,
cujos registros dos pecados são apagados.
Feliz é a pessoa contra quem
o Senhor não tem nada a apresentar.

Vocês pensam que essa bênção é dada apenas para aqueles que guardam nossas tradições religiosas e são circuncidados? Acham que a bênção pode ser dada a alguém que nunca ouviu falar das nossas tradições, que não foi criado em nossa forma de devoção para com Deus? Todos nós concordamos em que foi por aceitar o que Deus fez por Abraão que ele foi declarado justo diante de Deus, não é?

10-11 Agora *pensem*: essa declaração foi feita antes ou depois que ele fosse marcado pelo rito pactual da circuncisão? Sabemos que foi *antes*! Isso significa que ele se submeteu à circuncisão como evidência e confirmação do que Deus havia feito muito antes de torná-lo plenamente aceitável, um ato de Deus que ele aceitou de todo o coração.

12 Isso ainda significa que Abraão é pai de *todos* os povos que aceitam o que Deus faz por eles enquanto ainda estão na condição dos "de fora" em relação a Deus, não identificados como propriedade de Deus, isto é, como "incircuncisos". Justamente os que se encontram nessa condição é que são chamados "justificados por Deus e com Deus"! Abraão, claro, também é o pai dos que se submeteram ao rito da circuncisão não apenas por causa do rito, mas porque desejavam abraçar pela fé o que Deus fez por eles, seguindo o exemplo de vida que Abraão viveu antes de ser marcado pela circuncisão.

13-15 A famosa promessa de Deus a Abraão — que ele e seus descendentes possuiriam a terra — não foi feita em razão de algo que Abraão tenha feito ou viria a fazer. Foi baseada na decisão de Deus de acertar tudo para com ele, e foi disso que Abraão participou quando creu. Se alguém receber esse presente de Deus apenas por ter seguido certas ordens ou por ter cumprido formalidades, essa confiança não faz sentido, e a promessa vira um *contrato* frio! Seria um acordo comercial, não uma promessa santa. Um contrato cheio de pormenores, elaborado por um advogado detalhista, pode resultar em obrigações que você jamais seria capaz de cumprir. Mas, se não há contrato,

apenas uma promessa — e uma promessa de Deus —, você não pode quebrá-la.

16 É por isso que o cumprimento da promessa de Deus depende inteiramente da confiança que depositamos nele e em seus caminhos e de que o aceitemos e a tudo que ele faz. A promessa de Deus chega como um presente. É o único modo de garantir a participação nela, *tanto* os que guardam as tradições religiosas *quanto* os que nunca ouviram falar delas. Porque Abraão é o pai de todos nós. Ele não é nosso pai racial — isso seria ler a história de trás para a frente. Ele é nosso pai *na fé*.

17-18 Chamamos Abraão de pai não porque Deus lhe tenha dado atenção por ter vivido como santo, mas porque Deus agiu em Abraão quando ele não era ninguém. Não é o que lemos nas Escrituras, que Deus diz a Abraão: "Farei de você pai de muitos povos"? Abraão foi primeiro chamado de pai e depois *se tornou* pai porque ousou acreditar que Deus faria o que somente Deus poderia fazer: levantar os mortos para a vida e com uma palavra trazer algo à existência, a partir do nada. Não havia esperança, mas Abraão creu, decidido a viver não com base no que sabia que era incapaz *de fazer*, mas no que Deus disse que ele *faria*. Assim, foi feito pai de uma multidão de povos. O próprio Deus declarou: "Você terá uma grande família, Abraão!".

SALMOS 93.1-5

93 **1-2** O Eterno é Rei, vestiu-se de majestade.
O Eterno está vestido e age com poder.

E, sim, o mundo está firme, inabalável.
Teu trono foi estabelecido para sempre:
tu existes para sempre!

3-4 As tempestades marinhas
estão acordadas, ó Eterno,
Tempestades selvagens que rugem,
Tempestades com ondas trovejantes.

Mais forte que as selvagens tempestades,
Mais poderoso que suas ondas,
É o Poderoso Deus que governa
dos altos céus.

5 O que dizes acontece — sempre foi assim.
Beleza e santidade marcam teu governo real,
Ó Eterno, até o fim dos tempos.

DIA 218   658

◢ NOTAS

Terá vinte e sete metros de altura e vinte e sete metros de largura com três camadas de pedras grandes e uma de madeira. O custo da obra será pago pela tesouraria do reino. Os utensílios de ouro e de prata do templo de Deus que Nabucodonosor levou para a Babilônia deverão ser devolvidos ao templo de Jerusalém, cada um ao seu devido lugar. Ordeno que sejam postos de volta no templo de Deus' ".

6-7 Dario respondeu: "Agora ouçam, Tatenai, governador do território a oeste do Eufrates, Setar-Bozenai, seus companheiros e todos os oficiais do território: não os impeçam. Deixem o governador e os líderes dos judeus em paz, para que possam dedicar-se à reconstrução do templo de Deus.

8-10 "Portanto, determino oficialmente que vocês ajudem os líderes dos judeus na reconstrução do templo de Deus da seguinte forma:

"1. Todos os custos da construção serão pagos pela tesouraria do reino, dos tributos arrecadados do território a oeste do Eufrates. Paguem-nos em dia, para que a obra não seja interrompida.

"2. O que for preciso para a adoração deles – novilhos, carneiros e cordeiros, para as ofertas queimadas ao Deus dos céus, e todo o trigo, sal, vinho e azeite que os sacerdotes de Jerusalém solicitarem – deve ser entregue a eles sem demora, para que possam oferecer seus sacrifícios ao Deus dos céus e orar pela vida do rei e dos seus filhos.

11-12 "Determino ainda que qualquer um que violar essa ordem seja pendurado numa viga tirada da própria casa do réu, depois que ela for reduzida a um monte de entulho. Que o Deus, cujo nome foi posto naquele local, destrua qualquer rei ou povo que ouse desrespeitar esse decreto e destruir o templo de Deus em Jerusalém.

"Eu, Dario, o decretei. Executem exatamente como está determinado, e rapidamente".

13 Tatenai, governador do território a oeste do Eufrates, Setar-Bozenai e seus companheiros cumpriram à risca o decreto de Dario.

O término da construção: dedicação entusiasmada

14-15 Assim, os líderes dos judeus deram prosseguimento à construção. A obra continuava

☐ DIA **218** ___ / ___ / ___

ESDRAS 6.1 — 7.28

6 **1-3** O rei Dario mandou procurar aqueles registros nos arquivos da Babilônia, e foi encontrado um rolo na fortaleza de Ecbatana, na província da Média, com o seguinte registro:

Memorando

"No primeiro ano do seu reinado, Ciro promulgou um decreto com respeito ao templo de Deus em Jerusalém, nos seguintes termos:

3-5 ' 'O templo, no qual foram oferecidos sacrifícios, deve ser reconstruído sobre novos alicerces.

exatamente como os profetas Ageu e Zacarias, filho de Ido, haviam anunciado. A obra foi terminada sob a ordem do Deus de Israel e a autorização de Ciro, Dario e Artaxerxes, reis da Pérsia. O templo foi concluído no dia 3 do mês de adar, no sexto ano do reinado do rei Dario.

¹⁶⁻¹⁸ Os israelitas, os sacerdotes, os levitas, e o restante dos exilados celebraram entusiasticamente a dedicação do templo de Deus. Para a cerimônia de dedicação, ofereceram cem novilhos, duzentos carneiros e quatrocentos cordeiros. Como oferta de perdão, ofereceram doze cabritos, um para cada tribo de Israel. Distribuíram os sacerdotes pelos seus turnos e os levitas conforme suas funções no serviço de Deus em Jerusalém, tudo de acordo com o que está escrito no livro de Moisés.

¹⁹ No dia 14 do primeiro mês, os exilados celebraram a Páscoa.

²⁰ Todos os sacerdotes e levitas, sem exceção, se consagraram. Estavam todos ritualmente puros, e os levitas ofereceram o cordeiro da Páscoa pelos exilados, por seus companheiros sacerdotes e por si mesmos.

²¹⁻²² Os israelitas que voltaram do exílio e todos os que abandonaram as práticas profanas das nações vizinhas para se unir a eles e buscar o Eterno, o Deus de Israel, participaram da refeição da Páscoa. Os sete dias da festa dos Pães sem Fermento foram uma alegre celebração. O Eterno tinha mesmo dado a eles razão para muita alegria, pois havia mudado a mente do rei da Assíria e conquistado para eles seu apoio na construção do templo de Deus, o Deus de Israel.

A chegada de Esdras

7 ¹⁻⁵ **A** chegada de Esdras se deu após esses acontecimentos. Foi durante o reinado de Artaxerxes, rei da Pérsia. Esdras era filho de Seraías, filho de Azarias, filho de Hilquias, filho de Salum, filho de Zadoque, filho de Aitube, filho de Amarias, filho de Azarias, filho de Meraiote, filho de Zeraías, filho de Uzi, filho de Buqui, filho de Abisua, filho de Fineias, filho de Eleazar, filho de Arão, o sacerdote principal.

⁶⁻⁷ Esse era Esdras. Ele veio da Babilônia e era profundo conhecedor da Revelação de Moisés, dada pelo Eterno, o Deus de Israel. Como a mão do Eterno estava com Esdras, o rei concedeu tudo que ele havia pedido. Alguns israelitas, os sacerdotes, os levitas, os cantores, os guardas e os servidores do templo o acompanharam na viagem a Jerusalém, no sétimo ano do reinado de Artaxerxes.

⁸⁻¹⁰ Eles chegaram no quinto mês daquele ano. Esdras tinha saído da Babilônia no primeiro dia do primeiro mês, e a chegada a Jerusalém aconteceu no primeiro dia do quinto mês, sob a direção protetora de Deus. Esdras dedicou-se a estudar e a praticar a Revelação de Deus, e a ensinar aos israelitas as verdades contidas no livro.

¹¹ **E**sta é a carta que o rei Artaxerxes entregou a Esdras, sacerdote e estudioso, mestre em questões relativas aos ensinamentos do Eterno para Israel:

¹²⁻²⁰ "Artaxerxes, rei dos reis, ao sacerdote Esdras, estudioso dos mandamentos do Deus do céu.

"Paz e sucesso! Estabeleço, por meio deste decreto, que qualquer israelita cidadão do meu reino que queira subir a Jerusalém, até mesmo seus sacerdotes e levitas, estão autorizados a ir. Vocês estão sendo enviados pelo rei e seus sete conselheiros para verificar como está Judá e Jerusalém em relação à obediência ao Ensino do seu Deus, que vocês estão levando em mãos. Vocês também estão autorizados a levar a prata e o ouro que o rei e os seus conselheiros estão doando para o Deus de Israel, que habita em Jerusalém, e a prata e o ouro arrecadados por meio da contribuição generosa de toda a Babilônia, incluindo a do povo e dos sacerdotes, para o templo do seu Deus em Jerusalém. Utilizem esse dinheiro criteriosamente para comprar bois, carneiros, cordeiros e os ingredientes para as ofertas de cereal e de bebida. Depois, ofereçam-nas sobre o altar do templo do seu Deus em Jerusalém. Fiquem à vontade para utilizar o restante da prata e do ouro naquilo que vocês e seus parentes acharem melhor, conforme a vontade do seu Deus. Entreguem ao Deus de Jerusalém os utensílios que foram devolvidos a vocês para o serviço no templo do seu Deus. Se precisarem de mais alguma coisa para o templo, paguem com os recursos da tesouraria do reino.

²¹⁻²³ "Eu, o rei Artaxerxes, autorizo solenemente e determino a todos os tesoureiros do território a oeste do Eufrates que forneçam ao sacerdote Esdras, o estudioso dos mandamentos do Deus do céu, tudo de que ele precisar, até a

DIA 218

quantia de três toneladas e meia de prata, cem tonéis de trigo, dez barris de vinho, dez barris de azeite e sal à vontade. Tudo que o Deus dos céus exigir para o templo deve ser entregue sem hesitação. Por que o rei e seus filhos arriscariam provocar sua ira?

[24] "Fique claro que ninguém poderá cobrar tributos, taxas ou impostos de nenhum sacerdote, levita, cantor, guarda do templo, servidor do templo ou qualquer trabalhador vinculado ao templo de Deus.

[25] "Eu o autorizo, Esdras, com a sabedoria que Deus deu a você, a nomear magistrados e juízes para administrar a justiça a todo o povo do território a oeste do Eufrates que viva de acordo com os mandamentos de Deus. Você tem a missão de ensinar os mandamentos de Deus aos que não os conhecem.

[26] "Quem não obedecer aos mandamentos do seu Deus e às leis do rei deve ser imediatamente processado e punido com morte, exílio, multa ou prisão".

Esdras: "Estou pronto para ir"

[27-28] Bendito seja o Eterno, o Deus de nossos antepassados, que concedeu ao rei o propósito de honrar o templo do Eterno em Jerusalém! Além do mais, Deus fez que o rei e todos os seus conselheiros e oficiais influentes fossem benevolentes para comigo. O Eterno, o meu Deus, esteve ao meu lado; por isso, estou pronto para ir. Já organizei a viagem de todos os líderes de Israel que irão me acompanhar.

ROMANOS 4.19 — 5.21

[19-25] Abraão não ficou pensando em sua incapacidade, dizendo: "Sem chance. Este corpo de cem anos nunca vai gerar um filho". Ignorou décadas de infertilidade de Sara e foi persistente. Não foi reticente sobre a promessa de Deus, com questionamentos. Em vez disso, mergulhou na promessa e se fortaleceu. Ficou à disposição de Deus, certo de que ele cumpriria o que tinha dito. É por isso que se diz: "Abraão foi declarado justo diante de Deus ao confiar que Deus o justificaria". Mas não é só Abraão: o mesmo acontece conosco! O mesmo é dito a respeito de nós, que aceitamos e cremos naquele que trouxe Jesus à vida quando, de igual modo, não havia mais esperança. O Jesus, que foi sacrificado, fez-nos aceitáveis diante de Deus, tornou-nos *justos perante Deus*.

Crescendo em paciência

[1-2] **5** Ao aceitar, pela fé, o que Deus sempre desejou para nós — consertar nossa situação com ele, tornar-nos prontos para ele —, alcançamos tudo isso com Deus por causa do nosso Senhor Jesus. Mais ainda, abrimo-nos para Deus e descobrimos, ao mesmo tempo, que ele já se abriu para nós e nos achamos no lugar que ele queria que estivéssemos — perante a graça e a glória de Deus, na presença dele, expressando nosso louvor.

[3-5] Mas ainda há muito mais. Continuamos a expressar nosso louvor, mesmo que estejamos cheios de problemas, porque sabemos que os problemas podem desenvolver em nós paciência e como a paciência, por sua vez, forja o aço temperado da virtude, mantendo-nos atentos quanto ao que Deus pretende fazer; desse modo, passamos a ter esperança. Com essa expectativa, jamais nos sentiremos enganados. A verdade é que nem temos como reunir todas as vasilhas necessárias para encher com tudo que Deus generosamente derrama sobre nossa vida, por meio do Espírito Santo!

[6-8] Cristo chegou na hora certa para tornar isso realidade. Ele não esperou que todos estivessem preparados. Apresentou-se disposto ao sacrifício quando ainda éramos fracos e rebeldes demais para fazer alguma coisa por nós mesmos. Mesmo que não fôssemos tão fracos, de qualquer maneira não saberíamos o que fazer. Podemos entender quando alguém morre por uma pessoa digna e como alguém bom e nobre poderia inspirar um sacrifício abnegado. Mas Deus demonstrou quanto nos ama ao oferecer seu Filho em sacrifício por nós quando ainda éramos tão ingratos e maus para com ele.

[9-11] Agora que nossa situação com Deus está resolvida, por meio dessa morte sacrifical, o perfeito sacrifício de sangue, não há mais razão para estar em oposição a Deus, sobre qualquer assunto. Se em nossa pior situação fomos postos em condição favorável diante de Deus, pelo sacrifício de seu Filho, agora que estamos nesta situação maravilhosa, apenas imaginem como nossa vida poderá ser plena e gloriosa por meio da vida proporcionada pela ressurreição! Agora que já desfrutamos esta maravilhosa amizade com Deus, não nos contentaremos com meras declarações formais, mas cantaremos louvores a Deus, por meio de Jesus, o Messias!

O pecado que traz morte e o generoso dom da vida

12-14 Vocês conhecem a história de Adão e de como ele nos lançou no dilema em que estamos – o primeiro pecado, depois a morte; e ninguém ficou isento do pecado ou da morte. Aquele pecado afetou os relacionamentos com Deus em tudo e com todo o mundo, mas a extensão das consequências negativas não ficou clara até que Deus a explicasse em detalhes a Moisés. Até os que não pecaram como Adão, que desobedeceu a um mandamento específico de Deus, tiveram de experimentar o fim da vida, a separação de Deus. Mas Adão, que nos pôs nessa situação, também aponta para aquele que nos livrará dela.

15-17 Todavia, o resgate não é proporcional ao pecado que traz morte. Se o pecado de um homem deixa multidões de pessoas no profundo abismo da separação de Deus, imaginem a eficácia do dom de Deus derramado por meio de um homem, Jesus Cristo! Não há comparação entre o pecado que traz morte e esse generoso dom gerador de vida. A sentença pronunciada sobre aquele pecado foi a morte, mas sobre os muitos pecados que se seguiram veio a sentença de vida. Se a morte obteve supremacia pelo erro de um homem, imaginem o que pode fazer a extraordinária recuperação de vida que agarramos com ambas as mãos, esse dom de vida extravagante, essa restauração total, providenciados pelo homem Jesus Cristo!

18-19 Aqui está um resumo de tudo: assim como uma única pessoa errou e nos deixou todo esse problemão com o pecado e a morte, também uma única pessoa fez o que era certo e nos livrou de tudo isso. Mais que apenas nos livrar do problema, ele nos trouxe para a vida! Um homem disse não a Deus e afundou muita gente no erro; outro homem disse sim a Deus e consertou tudo o que estava errado.

20-21 Tudo que a lei contra o pecado conseguiu fazer foi produzir mais gente que desrespeitasse a lei. Mas o pecado não teve nem tem chance de competir contra o perdão poderoso que chamamos "graça". Na disputa entre o pecado e a graça, a graça vence com facilidade. Tudo que o pecado pode fazer é nos ameaçar com a morte. Já a graça, uma vez que Deus está consertando as coisas por meio do Messias, nos convida à vida – uma vida que continua para sempre, que jamais terá fim.

SALMOS 94.1-7

94 1-2 Ó Eterno, põe um fim à maldade!
Deus vingador, mostra quem és de fato!
Julga a terra, toma teu lugar,
dá aos arrogantes o que eles merecem!
3-4 Ó Eterno, os ímpios cometem assassinato
e saem impunes.
Por quanto tempo permitirás que
isso continue?
Eles se vangloriam
e orgulham-se de seus crimes!
5-7 Eles caminham por entre o teu povo,
ó Eterno,
exploram e insultam teu povo.
Eliminam os que cruzam seu caminho:
se não podem usá-los, então os matam.
Eles pensam: "O Eterno não está olhando,
o Deus de Jacó saiu para o almoço".

NOTAS

DIA 219

☐ DIA **219** ___ / ___ / ___

ESDRAS 8.1 — 9.15

8¹⁻¹⁴ Estes foram os chefes das famílias e os que se alistaram para sair comigo da Babilônia, no reinado do rei Artaxerxes:

Da família de Fineias: Gerson;

Família de Itamar: Daniel;

Família de Davi: Hatus;

Família de Secanias;

Família de Parós: Zacarias com 150 homens registrados;

Família de Paate-Moabe: Elioenai, filho de Zeraías, com 200 homens;

Família de Zatu: Secanias, filho de Jaaziel, com 300 homens;

Família de Adim: Ebede, filho de Jônatas, com 50 homens;

Família de Elão: Jesaías, filho de Atalias, com 70 homens;

Família de Sefatias: Zebadias, filho de Micael, com 80 homens;

Família de Joabe: Obadias, filho de Jeiel, com 218 homens;

Família de Bani: Selomite, filho de Josifias, com 160 homens;

Família de Bebai: Zacarias, filho de Bebai, com 28 homens;

Família de Azgade: Joanã, filho de Hacatã, com 110 homens;

Família de Adonicão, trazendo os últimos: Elifelete, Jeuel, Semaías, com 60 homens;

Família de Bigvai: Utai e Zabude, com 70 homens.

¹⁵⁻¹⁷ Eu os reuni próximo ao canal que desce para Aava. Acampamos ali três dias. Descobri que no grupo só havia leigos e sacerdotes, mas nenhum levita. Por isso, mandei chamar os líderes Eliézer, Ariel, Semaías, Elnatã, Jaribe, Elnatã, Natã, Zacarias e Mesulão, e os mestres Joiaribe e Elnatã. Depois, mandei que falassem com Ido, chefe da cidade de Casifia. Expliquei o que deveriam dizer a Ido e a seus parentes que moram em Casifia: "Mande-nos ministros para o templo do nosso Deus".

¹⁸⁻²⁰ A boa mão de Deus estava conosco; por isso, eles trouxeram um homem sábio da família de Mali, filho de Levi, filho de Israel, que se chamava Serebias. Entre filhos e irmãos, vieram dezoito homens. Trouxeram também Hasabias e Jesaías, da família de Merari — entre filhos e irmãos, eram vinte homens. Também vieram duzentos e vinte servidores do templo, descendentes dos que ministravam no templo que Davi e os oficiais haviam designado para auxiliar os levitas em seu trabalho. Todos foram registrados pelo nome.

²¹⁻²² Perto do canal de Aava proclamei um jejum, pois era hora de demonstrar humildade diante do nosso Deus e de orar por sua orientação e proteção na viagem, pelas pessoas e pelos bens que estávamos transportando. É que eu tinha ficado sem jeito de pedir uma escolta ao rei contra os assaltos na estrada. Em vez disso, dissemos a ele: "O nosso Deus protege todos os que o buscam, mas se desvia daqueles que o abandonam".

²³ Assim, jejuamos e oramos por nossa viagem. E Deus nos ouviu.

²⁴⁻²⁷ Depois, escolhi a doze dos principais sacerdotes, Serebias, Hasabias e dez de seus irmãos, e pesamos a prata, o ouro, os utensílios e as ofertas para o templo de nosso Deus que o rei, os seus conselheiros e todos os israelitas haviam doado. O resultado:

25 toneladas de prata;

100 utensílios de prata no valor
   de quase quatro toneladas de ouro;

20 tigelas de ouro de oito quilos e meio;

2 vasilhas de bronze polido,
   tão valioso quanto o ouro.

²⁸⁻²⁹ Depois da contagem, declarei: "Vocês e esses utensílios estão consagrados ao Eterno. A prata e o ouro são ofertas voluntárias para o Eterno, o Deus de seus antepassados. Guardem esses objetos até que possam pesá-los no templo do nosso Deus, diante dos sacerdotes, dos levitas e dos chefes das famílias que estão em Jerusalém".

³⁰ Os sacerdotes e os levitas ficaram responsáveis por tudo que foi pesado e entregue a eles e tomaram todas as providências para levá-los ao templo de nosso Deus em Jerusalém.

³¹ Saímos do canal de Aava no dia 12 do primeiro mês, em direção a Jerusalém. Deus esteve conosco durante toda a viagem e nos protegeu de assaltos e de bandidos nas estradas.

32-34 Chegamos a Jerusalém e aguardamos três dias. No quarto dia, a prata, o ouro e os utensílios foram pesados no templo do nosso Deus e entregues a Meremote, filho do sacerdote Urias. Eleazar, filho de Fineias, estava com ele, além dos levitas Jozabade, filho de Jesua, e Noadias, filho de Binui. Tudo foi contado e pesado, e registraram o peso total.

35 Quando chegaram os exilados, eles ofereceram ofertas queimadas ao Deus de Israel, como segue:

12 bois, representando as tribos de Israel;
96 carneiros;
77 cordeiros;
12 cabritos como oferta de perdão.

Tudo isso foi oferecido como oferta queimada ao Eterno.

36 Também divulgaram as ordens do rei aos administradores das províncias nomeados no território a oeste do Eufrates, e eles deram todo apoio ao povo na obra do templo de Deus.

Esdras ora: "Olha para nós"

9 **1-2** Depois de tudo pronto, os líderes vieram conversar comigo. Disseram: "O povo de Israel e os sacerdotes e levitas não se separaram dos povos vizinhos nem das práticas perversas e obscenas dos cananeus, dos heteus, dos ferezeus, dos jebuseus, dos amonitas, dos moabitas, dos egípcios e dos amorreus. Eles deram suas filhas em casamento a esses povos e seus filhos se casaram com as filhas deles. A linhagem santa agora está misturada com esses povos. Os nossos líderes e oficiais foram os primeiros a cometer esse pecado".

3 Quando ouvi isso, rasguei minha roupa — até minha túnica —, arranquei cabelo da cabeça e da barba e me joguei no chão, desesperado.

4-6 Muitos estavam tremendo de medo em virtude do que Deus estava dizendo sobre a traição dos exilados. Eles se reuniram ao meu redor e se sentaram, muito aflitos, aguardando o sacrifício da tarde. Na hora do sacrifício, criei coragem, levantei-me e, com a roupa rasgada e a túnica na altura do joelho, levantei as mãos para o Eterno e orei:

6-7 "Meu Deus, estou tão envergonhado que nem consigo olhar para ti. Nossos pecados são maiores que nós e nos impedem de enxergar: nossa culpa chegou até o céu. Estamos atolados em culpa desde os tempos de nossos antepassados. Por causa do nosso pecado, nós, nossos reis e sacerdotes fomos entregues a reis estrangeiros para sermos mortos, levados cativos, saqueados e envergonhados, como acontece hoje.

8-9 "Agora, por um breve momento, o Eterno, o nosso Deus, permitiu que alguns de nós escapassem e pisassem de novo este santo lugar. Assim, fez nossos olhos brilharem e aliviou um pouco o nosso sofrimento. Éramos escravos, mesmo assim, o nosso Deus não nos abandonou. Ele nos fez obter o favor dos reis da Pérsia e nos tem dado coragem para reconstruir o templo do nosso Deus, restaurar suas ruínas e construir um muro de defesa para Judá e Jerusalém.

10-12 "Agora, ó Deus, depois disso tudo, o que podemos dizer? Pois desprezamos os teus mandamentos, que nos deste por meio dos teus servos, os profetas. Eles nos disseram: 'A terra que vocês vão possuir está poluída, entulhada com a perversidade do povo que vive ali. Eles a contaminaram com suas práticas abomináveis. Por isso, jamais entreguem suas filhas em casamento aos filhos daqueles povos nem deixem que as filhas deles se casem com seus filhos. Não permitam que esses povos se sintam à vontade no meio de vocês. Não se envolvam com eles nem tornem amigos deles, para que vocês se tornem um povo forte, ganhem bastante dinheiro e deixem um patrimônio razoável para os filhos'.

13-15 "Depois de tudo que sofremos por causa de nossos erros e da culpa que acumulamos, ainda que o castigo tenha sido muito menor que o merecido, porque tu nos livraste da opressão, estamos outra vez quebrando os teus mandamentos: nossos filhos estão se casando com pessoas que praticam perversidades. Não seria isso motivo para que elimines este povo, sem deixar um único remanescente, sem dar a ninguém a chance de escapar? Tu és o Deus justo de Israel, e hoje não passamos de um pequeno bando de exilados que conseguiram sobreviver. Olha para nós, que estamos diante de ti com toda essa culpa, mas sabemos que não vamos aguentar esta situação por muito tempo".

ROMANOS 6.1-23

Quando a morte se torna vida

6 **1-3** O que vamos fazer então: continuar pecando para que Deus continue perdoando? É claro que não! Se já deixamos o país onde o pecado é soberano, como poderemos ainda viver na velha casa que tínhamos lá? Ou vocês não perceberam que abandonamos aquilo tudo para sempre? É o que acontece no batismo. Ao entrar na água, deixamos para trás

DIA 219

o velho país do pecado; quando saímos da água, entramos no novo país, o da graça — uma nova vida numa nova terra!

3-5 É isso que o batismo nessa vida em Jesus significa. Quando somos mergulhados na água, é como o sepultamento de Jesus; quando somos levantados da água, é como a ressurreição de Jesus. Erguemo-nos para um mundo cheio da luz do nosso Pai e assim podemos ver por onde estamos indo, no novo país da graça soberana.

6-11 Mais claro que isso, impossível. Nosso velho modo de viver foi pregado na cruz com Cristo, um fim decisivo para aquela vida miserável de pecado. Não estamos mais à mercê do convite do pecado! Cremos que, se estamos incluídos na morte de Cristo, que venceu o pecado, estamos incluídos também em sua ressurreição, que nos traz vida. Sabemos que, quando Jesus foi levantado dos mortos, isso foi um sinal de que a morte não seria mais o destino final. Nunca mais ela terá a última palavra. Quando Jesus morreu, ele levou o pecado consigo. Agora vivo, ele traz Deus a nós. De agora em diante, devemos pensar assim: o pecado fala uma língua morta que nada significa para nós; Deus fala a nossa língua materna, e entendemos cada palavra. Vocês estão mortos para o pecado e vivos para Deus. Foi o que Jesus fez.

12-14 Isso significa que vocês devem conduzir a vida de um modo que não deem oportunidade ao pecado. Não deem a ele nenhuma chance. Evitem até as mínimas coisas que estejam ligadas com o antigo modo de viver. Abracem de todo o coração e em tempo integral o modo de Deus agir. Lembrem-se de que vocês foram ressuscitados! O pecado não pode mais ditar as regras da vida de vocês. Afinal, vocês não estão mais vivendo sob a velha tirania: estão vivendo na liberdade de Deus.

O que é a verdadeira liberdade?

15-18 Agora, se estamos livres da velha tirania, podemos viver como quisermos? Uma vez que estamos livres na liberdade de Deus, podemos fazer o que nos vier à cabeça? De jeito nenhum. Vocês sabem, por experiência própria, que certos atos baseados numa suposta liberdade acabam destruindo a liberdade. Ofereçam-se ao pecado, por exemplo, e será o último ato livre de vocês. Mas ofereçam-se aos caminhos de Deus e jamais perderão a verdadeira liberdade. Durante a vida inteira, vocês deixaram o pecado ditar as regras. Mas, graças a Deus, vocês começaram a ouvir um novo Senhor, cujas ordens os deixam livres para viver na liberdade *dele*.

19 Falo da liberdade para facilitar a compreensão. Vocês com certeza se lembram do tempo em que faziam o que queriam, sem se importar com os outros nem com Deus, e a vida só piorava, enquanto a liberdade diminuía. Quanta diferença agora! Vocês vivem na liberdade de Deus, com a vida restaurada, crescendo em santidade!

20-21 Durante todo o tempo em que vocês faziam o que queriam, ignorando Deus, nem se preocupavam em pensar ou viver de modo correto, nem cogitavam fazer pelo menos alguma coisa certa. Mas isso era liberdade? O que ganharam com isso? Nada de que possam se orgulhar agora, não é? Aonde isso os levou? A um beco sem saída.

22-23 Mas agora que encontraram a verdadeira liberdade, não precisam mais ouvir as exigências do pecado! Vocês descobriram o prazer de ouvir Deus falando com vocês. Que bela surpresa! Uma vida plena, restaurada, integrada no presente, com muito mais vida a caminho! Trabalhem para o pecado por toda a vida, e seu pagamento será a morte. Mas o dom de Deus é vida *real*, eterna, proporcionada por Jesus, nosso Senhor.

SALMOS 94.8-15

8-11 Pensem outra vez, seus tolos:
de quanto tempo precisam
para ficar espertos?
Acham que quem fez os ouvidos não ouve,
que quem formou os olhos não enxerga?
Acham que o treinador das nações
não as corrige,
que o mestre de Adão não conhece as coisas?
O Eterno está bem informado:
sabe o que vocês pensam,
de longe sente o cheiro da
sua superficialidade.

12-15 Abençoado é o homem que corriges,
ó Eterno,
a mulher que instruis em tua Palavra
Em meio ao clamor da maldade, terá paz,
enquanto uma prisão é construída
para os ímpios.
O Eterno nunca se ausentará de seu povo;
nunca desertará do povo
que ele tanto preza.
Fiquem tranquilos: a justiça está a caminho,
e quem tiver o coração puro terá seu
problema resolvido.

NOTAS

uma aliança, agora mesmo, com o nosso Deus: vamos mandar embora todas essas mulheres e seus filhos, de acordo com o que o meu senhor e aqueles que respeitam os mandamentos de Deus estão dizendo.

[4] "Agora, Esdras, levante-se! Tome a iniciativa, e nós o apoiaremos. E não volte atrás".

[5] Assim, Esdras arrancou dos sacerdotes, dos levitas e de todo o Israel a promessa solene de acatar a proposta de Secanias. E eles honraram a promessa.

[6] Esdras deixou a praça que ficava em frente do templo de Deus e foi para a casa de Joanã, filho de Eliasibe, onde se hospedou. Ele continuou jejuando, sem comer nem beber nada, e chorando por causa da traição dos exilados.

[7-8] Depois disso, foram enviados mensageiros a todo o território de Judá e por toda a Jerusalém, convocando os exilados a se reunirem em Jerusalém. Quem não aparecesse dentro de três dias, conforme a decisão dos líderes e das autoridades, teria seus bens confiscados e seria eliminado da comunidade.

[9] Três dias depois, todos os homens de Judá e de Benjamim estavam em Jerusalém. No dia 20 do nono mês, todos se sentaram na praça em frente ao templo de Deus, impacientes, inquietos e ansiosos por causa da relevância do assunto da reunião e porque chovia muito.

[10-11] Finalmente, o sacerdote Esdras levantou-se e declarou: "Vocês são traidores! Casaram-se com mulheres estrangeiras e, assim, aumentaram a culpa de Israel. Agora, reconheçam seu erro diante do Eterno, o Deus de seus antepassados, e façam o que ele exige de vocês: mantenham distância dos povos da terra e separem-se das mulheres estrangeiras".

[12] Toda a congregação respondeu a uma só voz: "Sim! Faremos tudo que você mandar!".

[13-14] Mas havia uma ressalva: "Veja bem, tem muita gente aqui, e estamos na época da chuva. Você não espera que resolvamos isso agora, debaixo de chuva, não é? Vai ser preciso esperar um pouco, porque foram muitos os que cometeram esse erro. Devemos deixar que nossos líderes decidam pela congregação e que cada homem que viva em nossas cidades e tenha se casado com uma estrangeira compareça aqui numa data determinada, acompanhado das autoridades e dos juízes da cidade. Faremos isso até que o furor da ira do nosso Deus se afaste de nós".

[15-17] Os únicos que se opuseram à sugestão foram Jônatas, filho de Asael, e Jaseías, filho de Ticvá, apoiados por Mesulão e pelo levita Sabetai. Então, os exilados decidiram pôr o plano em prática. O sacerdote

---

☐ **DIA 220** ___ / ___ / ___

ESDRAS 10.1-44

Esdras toma uma iniciativa

10 [1] Esdras chorava, prostrado diante do templo de Deus. Enquanto orava e fazia essa confissão, uma multidão imensa de homens, mulheres e crianças de Israel se aglomerou em torno dele, e todos começaram a chorar compulsivamente.

[2-3] Secanias, filho de Jeiel, da descendência de Elão, na condição de porta-voz do povo, disse a Esdras: "Traímos o nosso Deus, casando-nos com mulheres estrangeiras dos povos ao redor. Mas nem tudo está perdido, ainda há esperança para Israel. Vamos fazer

Esdras escolheu pessoalmente homens que eram chefes de famílias. No primeiro dia do décimo mês, eles se reuniram para estudar a questão. No primeiro dia do primeiro mês, todos os casos de homens que se haviam casado com mulheres estrangeiras estavam resolvidos.

18-19 Entre as famílias dos sacerdotes, os que se casaram com mulheres estrangeiras foram:

Da família de Jesua, filho de Jozadaque e seus irmãos: Maaseias, Eliézer, Jaribe e Gedalias. Todos se comprometeram em despedir suas mulheres e deram um aperto de mão, como sinal de compromisso. Também trouxeram um carneiro do rebanho como oferta de reparação.

20 Da família de Imer: Hanani e Zebadias.

21 Da família de Harim: Maaseias, Elias, Semaías, Jeiel e Uzias.

22 Da família de Pasur: Elioenai, Maaseias, Ismael, Natanael, Jozabade e Eleasa.

23 Entre os levitas: Jozabade, Simei, Quelaías, isto é, Quelita, Petaías, Judá e Eliézer.

24 Entre os cantores: Eliasibe.

Entre os guardas do templo: Salum, Telém e Uri.

25 Entre os outros israelitas:

Da família de Parós: Ramias, Jezias, Malquias, Miamim, Eleazar, Malquias e Benaia.

26 Da família de Elão: Matanias, Zacarias, Jeiel, Abdi, Jeremote e Elias.

27 Da família de Zatu: Elioenai, Eliasibe, Matanias, Jeremote, Zabade e Aziza.

28 Da família de Bebai: Joanã, Hananias, Zabai e Atlai.

29 Da família de Bani: Mesulão, Maluque, Adaías, Jasube, Seal e Jeremote.

30 Da família de Paate-Moabe: Adna, Quelal, Benaia, Maaseias, Matanias, Bezalel, Binui e Manassés.

31-32 Da família de Harim: Eliézer, Issias, Malquias, Semaías, Simeão, Benjamim, Maluque e Semarias.

33 Da família de Hasum: Matenai, Matatá, Zabade, Elifelete, Jeremai, Manassés e Simei.

34-37 Da família de Bani: Maadai, Anrão, Uel, Benaia, Bedias, Queluí, Vanias, Meremote, Eliasibe, Matanias, Matenai e Jaasai.

38-42 Da família de Binui: Simei, Selemias, Natã, Adaías, Macnadbai, Sasai, Sarai, Azareel, Selemias, Semarias, Salum, Amarias e José.

43 Da família de Nebo: Jeiel, Matitias, Zabade, Zebina, Jadai, Joel e Benaia.

44 Todos esses se casaram com mulheres estrangeiras, e alguns deles tiveram filhos com elas.

ROMANOS 7.1-25

Dividido entre dois caminhos

7 **1-3** Amigos, vocês não devem ter nenhum problema para entender isto, pois conhecem a lei — como ela funciona e como afeta apenas quem está vivo. Por exemplo, uma mulher casada é legalmente unida ao marido enquanto ele vive, mas, se ele morrer, ela está livre. Se viver com outro homem enquanto o marido está vivo, sem dúvida ela será adúltera. Mas, se ele morrer, ela está livre para se casar com outro homem, sem crise de consciência e sem que ninguém a desaprove.

4-6 Portanto, meus amigos, isso é semelhante ao que aconteceu com vocês. Quando Cristo morreu, ele tomou sobre si todo aquele modo de vida dominado por regras e o deixou no túmulo. Vocês ficaram livres para "se casar" com a vida da ressurreição e gerar uma "descendência" de fé para Deus. Enquanto vivíamos aquele antigo modo de vida, fazendo o que bem entendíamos, o pecado produzia os frutos que o antigo código da lei gerou em nós, o que nos deixou ainda mais rebeldes. Por fim, tudo que geramos foi morte. Mas agora, que não estamos mais acorrentados ao casamento dominador do pecado, livres daqueles regulamentos opressivos, estamos livres para viver uma vida nova, na liberdade de Deus.

7 Alguém pode dizer: "Se o código da lei era tão mau assim, ele não era melhor que o pecado". Não é verdade. O código da lei tinha uma função legítima. Sem suas orientações claras sobre certo e errado, nada saberíamos sobre o comportamento moral. Sem o mandamento sucinto "Não cobiçarás", eu teria considerado a cobiça uma virtude e arruinado minha vida.

8-12 Vocês não se lembram de como eram as coisas? Eu me lembro perfeitamente. O código da lei começou muito bem. Mas acontece que o pecado encontrou uma maneira de perverter o mandamento, transformando-o em tentação, fazendo dele um "fruto proibido". O código da lei, em vez de ser usado para me guiar, serviu para me seduzir. Sem a complexidade do código da lei, o pecado parecia sem atrativos e sem vida, e eu seguia meu caminho sem dar muita atenção a ele. Mas, depois que o pecado pôs as mãos no código da lei e se tornou chamativo, fui enganado e caí. O mesmo mandamento que deveria me guiar à vida foi maliciosamente usado para me enganar, levando-me a um desvio. Desse modo, o pecado estava vivo; eu, morto. Mas o código da lei, em si, é bom; é sabedoria da parte de Deus, e cada mandamento é saudável e santo.

¹³ Prosseguindo, já posso ouvir a próxima pergunta de vocês: "Quer dizer que não posso confiar no que é bom [isto é, na lei]? O bem é tão perigoso quanto o mal?". É claro que não! O pecado apenas fez aquilo que o tornou famoso: usar o bem como cobertura para me induzir a fazer o que no final iria me destruir. Ao ocultar o bom mandamento de Deus, o pecado provocou consequências negativas que jamais conseguiria causar por si só.

¹⁴⁻¹⁶ Posso antecipar a resposta também: "Sei que todos os mandamentos de Deus são espirituais, mas eu não sou. Essa não é também a sua experiência?". Sim. Estou cheio de mim mesmo — afinal, passei longo tempo na prisão do pecado. O que não entendo a meu respeito é que decido uma coisa e faço outra, sendo levado a fazer o que absolutamente desprezo. Então, se não consigo decidir o que é melhor para mim mesmo e fazê-lo, é óbvio que o mandamento de Deus é necessário.

¹⁷⁻²⁰ Entretanto, preciso de algo *mais*! Pois, se conheço a lei e mesmo assim não posso guardá-la e se o poder do pecado dentro de mim insiste em sabotar minhas melhores intenções, obviamente preciso de ajuda! Entendo que não posso cumpri--la. Posso desejar, mas não posso *fazer*. Decido fazer o bem, mas *de fato* não o faço. Decido não fazer o mal, mas acabo fazendo, de um modo ou de outro. Minhas decisões não resultam em ações. Algo está muito errado no meu interior e sempre tira o melhor de mim.

²¹⁻²³ Isso acontece tanto que já é previsível. No momento em que decido fazer o bem, o pecado está lá para me derrubar. É pura verdade que eu me alegro nos mandamentos de Deus, mas é óbvio que nem tudo em mim é festa. Partes de mim se rebelam em segredo, e, quando menos espero, elas assumem o controle.

²⁴ Já tentei de tudo, mas nada resolve. Já não aguento mais. "Não há ninguém que possa me ajudar?" — não é essa a verdadeira pergunta?

²⁵ A resposta, graças a Deus, é que Jesus Cristo pode e me ajuda. Ele agiu para consertar as coisas nesta vida de contradições com a qual quero servir a Deus de todo o coração e mente, mas sou puxado pela influência do pecado, e acabo fazendo algo que não desejo.

SALMOS 94.16-23

¹⁶⁻¹⁹ Quem me ajudará a resistir aos ímpios?
Quem ficará do meu lado contra
os que fazem maldades?
Se o Eterno não estivesse lá para me ajudar,
eu não teria conseguido.
Quando digo: "Estou escorregando,
estou caindo!",
teu amor, ó Eterno, toma o comando
e me segura firme.
Quando estou deprimido e muito preocupado,
tu me acalmas e me animas.

²⁰⁻²³ Pode o desgoverno ter algo
em comum contigo?
Pode o perturbador fingir estar do teu lado?
Eles conspiram contra os bons,
tramam pelas costas dos inocentes.
Mas o Eterno é agora meu esconderijo,
minha rocha de refúgio.
Ele fez a maldade retornar para eles:
por seus caminhos maus ele os
condenou à morte;
O Eterno os eliminou em definitivo.

◼ NOTAS

DIA 221   668

||||||||||||||||||||||||||||||||||||||||||||||||||

☐ **DIA 221** ___/___/___

NEEMIAS 1.1 — 3.27

1 **1-2** Esta é a história de Neemias, filho de Hacalias. Era o mês de quislev, do vigésimo ano, ocasião em que eu morava no complexo real de Susã. Hanani, um de meus irmãos, tinha acabado de chegar de Judá com alguns judeus. Perguntei a eles sobre as condições dos judeus que sobreviveram ao exílio e sobre a situação de Jerusalém.

3 A resposta deles foi: "A condição dos sobreviventes do exílio que ainda estão na província é péssima. Eles enfrentam muitas dificuldades. Os muros de Jerusalém continuam em ruínas, e dos portões só restam as cinzas".

4 Quando ouvi isso, sentei-me e chorei. Durante vários dias, a tristeza me dominou, e fiquei sem comer nada, orando ao Deus dos céus.

5-6 Eu disse: "Ó Eterno, Deus dos céus, Deus grande e tremendo, que és leal à tua aliança e fiel a todos os que te amam e obedecem aos teus mandamentos, olha para mim! Ouve a minha oração. Presta atenção às súplicas que teu servo tem dirigido a ti, dia e noite, intercedendo por teu povo, Israel, confessando os pecados deles. Eu mesmo e meus antepassados estamos entre os que pecaram contra ti.

7-9 "Fizemos muito pouco caso de ti. Não obedecemos ao que nos ordenaste, ignoramos os teus mandamentos e desrespeitamos as determinações que deste ao teu servo Moisés. Lembra-te de que alertaste teu servo Moisés, dizendo: 'Se vocês me abandonarem, eu os espalharei aos quatro cantos da terra, mas, se voltarem para mim e fizerem o que eu disser, reunirei todos os que estiverem dispersos, onde quer que estejam, e os trarei de volta ao lugar em que estabeleci meu nome'.

10-11 "Eles são teus servos, o povo que libertaste de maneira poderosa e impressionante. Ó Senhor, ouve a oração do teu servo e de todos os que honram o teu nome. Permite que o rei concorde com o pedido que farei hoje".

Na época, eu era encarregado de servir a bebida do rei.

2 **1-2** No mês de nisã, no vigésimo ano do rei Artaxerxes, na hora de servir o vinho, fui levar a bebida ao rei, como de costume. Eu nunca tinha ficado constrangido na presença do rei; por isso, ele me perguntou: "Você parece abatido. Não está doente ou deprimido, está?".

2-3 A pergunta me deixou ainda mais perturbado. Respondi: "Viva o rei! Como eu não estaria abatido se a cidade na qual todos os meus familiares estão sepultados está em ruínas e só restam cinzas dos seus portões?".

4-5 O rei perguntou: "O que você deseja?".

Orando ao Deus dos céus, fiz o meu pedido: "Se o rei está contente comigo e acha que sou um bom funcionário, dá-me permissão para ir a Judá, até a cidade na qual meus antepassados estão sepultados, para que eu possa reconstruí-la".

6 O rei, com a rainha sentada ao seu lado, disse: "Quanto tempo você precisa para realizar esse trabalho e quando estará de volta?".

Eu disse a data, e o rei concordou com a minha ida.

7-8 Depois, eu disse: "Se o rei concordar, escreva cartas aos governadores do território a oeste do Eufrates para que me deixem passar até chegar a Judá. Que o rei dê também ordens a Asafe, o encarregado dos bosques do rei, para me fornecer madeira para as vigas do complexo do templo, para os muros da cidade e para a casa em que vou me alojar".

8-9 A mão generosa de Deus estava comigo, e o rei me concedeu as cartas. Quando me encontrei com os governadores do outro lado do rio Eufrates, mostrei a eles as cartas do rei. O rei providenciou até mesmo uma escolta de cavaleiros.

10 Quando Sambalate, o horonita, e Tobias, o oficial amonita, souberam disso, ficaram furiosos. Eles não se conformavam em ver alguém defender os interesses do povo de Israel.

"Vamos construir os muros de Jerusalém"

11-12 Foi assim que cheguei a Jerusalém. Depois de três dias, eu e alguns homens que estavam comigo nos levantamos no meio da noite. Eu não tinha contado a ninguém o que Deus havia posto no meu coração a respeito de Jerusalém. O único animal que tínhamos era aquele em que eu estava montado.

13-16 Na escuridão da noite, passei pela Porta do Vale na direção da fonte do Dragão até a Porta do Esterco, inspecionando os muros de Jerusalém que haviam sido derrubados e os portões que haviam sido queimados. Depois, passei pela Porta da Fonte e subi em direção ao tanque do Rei, mas não havia como o jumento em que eu estava montando passar. Então, subi pelo vale naquela escuridão, inspecionei o muro e voltei pela Porta do Vale. As autoridades locais não sabiam onde eu havia ido e o que estava fazendo. Eu não tinha dito aos judeus, aos sacerdotes, aos nobres, às autoridades locais nem a qualquer outra pessoa que estaria trabalhando.

17-18 Então, apresentei a eles um relatório: "Vamos ser francos! A situação está muito ruim. Jerusalém está em ruínas, os portões estão todos queimados. Venham comigo! Vamos construir os muros de Jerusalém, para que essa situação lamentável tenha um fim". Também contei a eles que Deus estava comigo e que o rei estava me apoiando.

Eles responderam: "Estamos com você. Vamos começar". Logo estavam prontos para começar a obra.

19 Quando Sambalate, o horonita, Tobias, o oficial amonita, e Gesém, o árabe, souberam disso, começaram a caçoar de nós: "O que vocês estão fazendo? Pensam que podem passar por cima das ordens do rei?".

20 Respondi: "O Deus dos céus nos dará sucesso. Somos servos dele e vamos reconstruir os muros. Vocês podem ficar fora disso. Não deem palpite. Jerusalém não é da conta de vocês!".

3 **1-2** O sacerdote principal Eliasibe e seus colegas sacerdotes logo se prontificaram. Começaram a trabalhar na Porta das Ovelhas. Restauraram as portas e fixaram-nas nos batentes. Depois, seguiram até a torre dos Cem e a torre de Hananeel. Os homens de Jericó trabalhavam com eles. Ao lado deles, Zacur, filho de Inri.

3-5 A Porta do Peixe foi construída pelos irmãos Hassenaá. Eles a restauraram, a encaixaram nos batentes e instalaram as trancas e as travas de segurança. Meremote, filho de Urias, filho de Hacoz, trabalhou do lado dele. Ao seu lado, Mesulão, filho de Berequias, filho de Mesezabel; depois, Zadoque, filho de Baaná; ao lado dele, os tecoítas, exceto os nobres, que se recusavam a sujar as mãos.

6-8 A Porta de Jesana foi restaurada por Joiada, filho de Paseia, e por Mesulão, filho de Besodias. Eles o restauraram, o encaixaram nos batentes e instalaram as trancas e as travas de segurança.

O gibeonita Melatias, o meronotita Jadom e os homens de Gibeom e de Mispá, lugares que estavam sob a jurisdição do governador da província além do Eufrates, trabalharam com eles. Uziel, filho de Haraías, um dos ferreiros, trabalhou do lado deles, e, a seu lado, Hananias, um perfumista. Eles reconstruíram os muros de Jerusalém até o muro Largo.

9-10 O trecho seguinte foi construído por Refaías, filho de Hur, governador da metade de Jerusalém. Ao lado dele, Jedaías, filho de Harumafe, reconstruiu a frente de sua casa. Hatus, filho de Hasabneias, trabalhou do lado dele.

11-12 Malquias, filho de Harim, e Hassube, filho de Paate Moabe, reconstruíram outro trecho, que incluía a torre dos Fornos. Ao lado deles, Salum, filho de Haloês, governador da outra metade de Jerusalém, trabalhou com suas filhas.

13 A Porta do Vale foi reconstruída por Hanum e pelos moradores de Zanoa. Eles a restauraram, a puseram nos batentes e instalaram as trancas e as travas de segurança. Reconstruíram também quatrocentos e cinquenta metros do muro, até a Porta do Esterco.

14 A Porta do Esterco foi reconstruída por Malquias, filho de Recabe, governador do distrito de Bete Haquerém. Ele a restaurou, a pôs nos batentes e instalou as trancas e as travas de segurança.

15 A Porta da Fonte foi reconstruída por Salum, filho de Col Hozé, governador do distrito de Mispá. Ele a restaurou, a cobriu, a pôs nos batentes e instalou as trancas e as travas de segurança. Também reconstruiu o muro do tanque de Siloé, que fica no jardim do rei, até os degraus que descem da Cidade de Davi.

16 Depois dele, Neemias, filho de Azbuque, governador da metade do distrito de Bete Zur, trabalhou desde o trecho diante do túmulo de Davi até o tanque artificial e a casa dos soldados.

17-18 Em seguida, estavam os levitas sob o comando de Reum, filho de Bani. Ao lado deles, Hasabias, governador da metade do distrito de Queila, representou aquela região. Depois, seus irmãos continuaram reconstruindo, sob o comando de Binui, filho de Henadade, governador da outra metade do distrito de Queila.

19-23 O trecho que se estende desde a subida do depósito de armas até a esquina do muro foi reconstruído por Ézer, filho de Jesua, governador de Mispá. O trecho desde a esquina até a porta da casa do sacerdote principal Eliasibe foi reconstruído por Baruque, filho de Zabai. Meremote, filho de Urias, filho de Hacoz, trabalhou desde a porta até o final da casa de Eliasibe. Os sacerdotes da vizinhança continuaram dali. Benjamim e Hassube reconstruíram o trecho do muro diante das suas casas, e Azarias, filho de Maaseias, filho de Ananias, trabalhou do lado das residências.

²⁴⁻²⁷ O trecho desde a casa de Azarias até a esquina foi reconstruído por Binui, filho de Henadade. Palal, filho de Uzai, trabalhou do outro lado da esquina e da torre que fica no palácio superior do rei, perto do pátio da guarda. Ao lado dele, Pedaías, filho de Parós, e os servidores do templo que viviam na colina de Ofel reconstruíram desde a Porta das Águas para o leste até a torre alta. Os homens de Tecoa reconstruíram o trecho desde a grande torre até o muro de Ofel.

ROMANOS 8.1-25

A solução é viver de acordo com Deus

¹⁻² **8** **C**om a chegada de Jesus, o Messias, o dilema fatal foi resolvido. Os que estão em Cristo não precisam mais viver numa nuvem escura e depressiva. Um novo poder está atuando. O Espírito da vida em Cristo, como um vento forte, limpou totalmente o ar, libertando vocês de uma tirania brutal nas mãos do pecado e da morte.

³⁻⁴ Deus acertou em cheio quando enviou seu Filho. Não tratou do problema como algo distante e sem importância. Em seu Filho, Jesus, assumiu pessoalmente a condição humana, entrou na confusão da humanidade que vive em conflito para consertar as coisas de uma vez por todas. O código da lei, enfraquecido pela natureza humana fragmentada, jamais poderia ter feito isso.

A lei acabou usada como paliativo para o pecado, nunca para a cura completa. E, agora, o que o código da lei pede, mas que não conseguiríamos cumprir por nós mesmos, é que, em vez de redobrar nossos esforços, simplesmente aceitemos o que o Espírito está fazendo em nós.

⁵⁻⁸ Os que pensam que podem fazê-lo por si mesmos terminam obcecados por medir sua força moral, mas sem resultados na vida real. Os que confiam na ação de Deus descobrem que o Espírito de Deus está neles – vivendo e respirando Deus! Ficar obcecado consigo mesmo nessa questão é entrar num beco sem saída. Quem olha para Deus é levado para um campo aberto, a uma vida livre, espaçosa. Direcionar o foco para si mesmo é o oposto de se concentrar em Deus. Qualquer pessoa absorvida em si mesma passa a ignorar Deus e acaba pensando mais nela que em Deus. Ignora quem Deus é e o que ele está fazendo. E Deus não gosta de ser ignorado.

⁹⁻¹¹ Mas, se o próprio Deus está em vocês, dificilmente irão pensar mais em vocês mesmos que nele. Quem não recebeu esse Deus invisível, mas plenamente presente, o Espírito de Cristo, não saberá do que estamos falando. Mas vocês que o receberam e o têm habitando em vocês, mesmo que ainda experimentem as limitações do pecado, experimentam a vida de acordo com Deus. Não há dúvida de que, se o Deus vivo e presente que ressuscitou Jesus dentre os mortos atua na vida de vocês, ele fará em vocês o mesmo que fez em Jesus: ele os trará vivos para si. Quando Deus vive e respira em vocês (e ele o faz, como o fez em Jesus), vocês são libertos daquela vida morta. Com seu Espírito vivendo em vocês, o corpo de vocês será tão cheio de vida quanto o de Cristo!

¹²⁻¹⁴ Vocês não percebem que não devemos um centavo à velha vida, na qual a pessoa tem de fazer tudo por si. Não há nada nessa vida para nós, nada mesmo. O melhor a fazer é dar a ela um enterro definitivo e se engajar na nova vida. O Espírito de Deus nos chama. Há muito que fazer e lugares para conhecer!

¹⁵⁻¹⁷ A vida da ressurreição que vocês receberam de Deus não é vazia. Nela há uma constante expectativa de aventura, que sempre pergunta para Deus: "E agora Pai, o que vamos fazer?", como as crianças fazem. O Espírito de Deus entra em contato com nosso espírito e confirma nossa identidade. Sabemos quem ele é, e sabemos quem somos: Pai e filhos. Sabemos também que vamos receber o que está por vir – uma herança inacreditável! Iremos passar pelo que Cristo passou. Se enfrentamos momentos difíceis com ele, então é certo que com ele passaremos momentos inesquecíveis!

¹⁸⁻²¹ **N**ão penso que seja possível fazer uma só comparação entre os tempos difíceis de hoje e os bons tempos que virão. O mundo criado quase não se contém esperando pelo que vem a seguir. Tudo o criação sofre restrições. Deus a controla até que todas as criaturas estejam prontas e possam ser libertadas para os tempos gloriosos que virão. Enquanto isso, a alegria aumenta com a expectativa.

²²⁻²⁵ Tudo ao nosso redor observa uma criação grávida. Os tempos difíceis de dor neste mundo são apenas dores de parto. Mas isso não é apenas ao nosso redor: é também *dentro de* nós. O Espírito

de Deus está nos impulsionando por dentro: nós também sentimos as dores de parto. Nosso corpo estéril e sem vida deseja libertação plena. É por isso que esperar não nos diminui, assim como a espera não diminui a gestante. Na verdade, é uma espera que nos faz sentir grandiosos. Naturalmente, não vemos o que nos causa isso. Mas, quanto mais esperamos, mais nos sentimos assim, e mais alegre se torna nossa expectativa.

SALMOS 95.1-5

95 **1-2**Venham, vamos louvar o Eterno em voz alta! Vamos romper em alegria, cantar
à Rocha que nos salvou!
Vamos à sua presença, cantando louvores
de abalar as estruturas!

3-5E por quê? Porque o Eterno é o melhor,
Rei Altíssimo sobre todos os deuses.
Em uma das mãos, ele sustenta as cavernas
e grutas mais profundas;
na outra, agarra as altas montanhas.
Ele fez o oceano — é o dono dele.
Suas mãos esculpiram a Terra.

NOTAS

☐ DIA 222 ___/___/___

NEEMIAS 3.28 — 6.9

28-30 Os sacerdotes trabalharam no lado de cima da Porta dos Cavalos. Cada sacerdote reconstruiu o trecho em frente da sua casa. Depois, Zadoque, filho de Imer, reconstruiu em frente da sua casa e, em seguida, Semaías, filho de Secanias, o guarda da Porta Oriental. Depois, Hananias, filho de Selemias, e Hanum, o sexto filho de Zalafe; em seguida, Mesulão, filho de Berequias, reconstruiu o muro diante do seu galpão.

31-32O ferreiro Malquias reconstruiu o muro até o alojamento dos servidores do templo e dos comerciantes, desde a altura da Porta da Inspeção até a guarita da esquina. Os ferreiros e os comerciantes reconstruíram o trecho que fica entre a guarita da esquina e a Porta das Ovelhas.

Guardas armados

4 **1-2**Quando Sambalate soube que estávamos reconstruindo o muro, ficou furioso e começou a difamar os judeus. Na companhia de seus comparsas e do exército de Samaria, esbravejou: "O que esses pobres judeus estão fazendo? Os coitados acreditam que vão conseguir, da noite para o dia, restaurar tudo e deixar como antes. Será que vão levantar pedras do nada?".

3 Tobias, o amonita, que concordava com ele, acrescentou: "Isso mesmo! O que eles pensam que estão construindo? É só uma raposa subir no muro que ele desmorona".

4-5 Neemias orou: "Ouve-nos, ó Deus. Estamos sendo ridicularizados. Faz cair sobre eles essa zombaria. Que os inimigos deles os levem cativos como despojo para uma terra distante. Não perdoes a iniquidade deles, não os absolvas

DIA 222

do seu pecado. Eles estão insultando os que se dedicam à reconstrução!".

⁶Continuamos a restaurar os muros e, em pouco tempo, ele foi fechado até a metade da altura pretendida, porque o povo estava motivado para trabalhar.

⁷⁻⁹Quando Sambalate, Tobias, os árabes, os amonitas e os asdoditas souberam que a reconstrução dos muros de Jerusalém estava indo bem e que as brechas do muro estavam sendo tapadas, quase subiram pelas paredes de tanta raiva. Eles se uniram e resolveram atacar Jerusalém, com a intenção de provocar o caos. Mas nós reagimos, orando ao nosso Deus e pondo guardas dia e noite para vigiá-los.

¹⁰Não passou muito tempo, começaram a dizer em Judá:

"Os trabalhadores já estão cansados,
  ainda há muito entulho acumulado.
É muito trabalho para nós,
  não conseguiremos terminar".

¹¹⁻¹²Ao mesmo tempo, nossos inimigos diziam: "Eles nem saberão quem os atacou. Quando menos esperarem, estaremos no pescoço deles e vamos matar qualquer um que encontrarmos pela frente. Com isso, a obra será interrompida!". Os judeus que eram vizinhos deles alertavam: "Eles estão rodeando. Daqui a pouco, vão atacar!". Ouvimos o aviso dez vezes.

¹³⁻¹⁴Por isso, posicionei guardas nos lugares mais vulneráveis do muro e organizei o povo por famílias, equipando-os com espadas, lanças e arcos. Depois de inspecionar tudo, chamei os nobres, os oficiais e os demais e disse: "Não fiquem com medo deles. Atentem para o Senhor, o Deus grande e temível, e lutem por amor de seus irmãos, seus filhos, suas filhas, suas mulheres e suas casas".

¹⁵⁻¹⁸Nossos inimigos descobriram que sabíamos de todos os seus planos e que Deus havia frustrado sua estratégia. Então, voltamos ao trabalho no muro. A partir desse momento, metade dos jovens trabalhava, enquanto a outra metade fazia a segurança com lanças, escudos, arcos e armaduras. Os oficiais militares garantiam em Judá a proteção de todos os que se dedicavam à reconstrução do muro. Os construtores trabalhavam com uma ferramenta numa mão e seguravam uma lança com a outra. Cada um dos construtores trabalhava com uma espada na cintura. Ao meu lado,

ficava o moço que, se fosse preciso, tocaria a trombeta para fazer soar o alerta.

¹⁹⁻²⁰Um dia, falei aos nobres, aos oficiais e aos demais: "Há muito trabalho ainda, e estamos muito espalhados ao longo do muro, distantes uns dos outros. Quando ouvirem o som da trombeta, juntem-se a nós. O nosso Deus lutará por nós".

²¹Assim, continuamos trabalhando, desde o nascer do sol até o anoitecer, a metade de nós armada.

²²Também instruí o povo: "Cada pessoa e seu ajudante devem permanecer dentro da cidade. Durante a noite, servirão de guarda, e de dia, trabalharão na construção".

²³Dormíamos todos vestidos, eu, meus irmãos, meus trabalhadores e os guardas que nos protegiam. Ninguém largava sua lança, nem para beber água.

O grande protesto

5 ¹⁻²O povo iniciou um grande protesto, do qual até as mulheres participaram, contra seus companheiros judeus. Alguns diziam: "Temos famílias grandes. Se não tivermos comida, vamos morrer!".

³Outros diziam: "Tivemos que hipotecar nossos campos, nossas vinhas e nossas casas apenas para comprar trigo, para não morrer de fome!".

⁴⁻⁵Outros ainda diziam: "Precisamos pedir dinheiro emprestado até para pagar o imposto real sobre nossos campos e vinhas. Vejam: somos do mesmo sangue que nossos irmãos. Nossos filhos são tão bons quanto os deles, mas estamos a ponto de vendê-los como escravos – algumas das nossas filhas já foram vendidas. E não podemos fazer nada, porque nossos campos e vinhas já pertencem a outros".

⁶⁻⁷Quando soube do protesto e das reclamações, fiquei muito aborrecido. Depois de analisar a questão, censurei os nobres e os oficiais: "Vocês estão se aproveitando de seus irmãos!".

⁷⁻⁸Em seguida, convoquei uma reunião de emergência para tratar do assunto e disse à assembleia: "Fizemos tudo que podíamos para resgatar nossos compatriotas judeus que foram vendidos como escravos a estrangeiros. Agora, vocês estão vendendo esses mesmos compatriotas de volta à escravidão! Isso significa que teremos de comprá-los outra vez?".

Eles não disseram nada. Mas, também, o que poderiam dizer?

⁹"O que vocês estão fazendo está errado. Onde está o temor de Deus? Vocês não se importam com o que

as nações ao redor, os nossos inimigos, vão pensar de vocês?

10-11 "Eu, meus irmãos e as pessoas que estão trabalhando comigo também emprestamos dinheiro para eles. Mas é preciso parar com a cobrança de juros. Devolvam a eles os campos, as vinhas, os olivais e as casas. Perdoem todas as dívidas e não cobrem o trigo, o vinho nem o azeite".

12-13 Eles responderam: "Está bem, vamos devolver. Não faremos mais exigências. Faremos tudo que você nos disser".

Logo depois, reuni os sacerdotes e obriguei os nobres e os oficiais a cumprir a palavra dada. Eu mesmo tirei tudo que tinha no bolso, sacudi na frente deles e disse: "Que Deus esvazie o bolso e a casa daquele que não cumprir a promessa! Que seja sacudido e esvaziado!".

Todos concordaram e disseram: "Vamos fazer assim". E louvaram a Deus. O povo cumpriu mesmo a sua palavra.

"Lembra-te de mim, ó Deus"

14-16 Desde que o rei Artaxerxes me nomeou governador da terra de Judá, do vigésimo ano ao trigésimo segundo ano do reinado de Artaxerxes, nem eu nem meus irmãos nos beneficiamos da comida destinada ao governador. Os governadores antes de mim oprimiam o povo, exigindo comida e vinho, além de quatrocentos e oitenta gramas de prata — até seus auxiliares se aproveitavam do povo. Mas, por temor a Deus, eu não fiz isso. Eu tinha um trabalho a fazer: construir o muro. E me dediquei a ele. Todos os meus homens estavam envolvidos no trabalho. Não tínhamos tempo para nos preocupar em adquirir propriedades.

17-18 Além disso, dei de comer do meu próprio bolso a cento e cinquenta judeus e oficiais provenientes de nações vizinhas. Um boi, seis ovelhas e vários frangos eram preparados todos os dias, e, a cada dez dias, eu fornecia grande quantidade de vinho. Mesmo assim, nunca me faltou nada.

19 "Lembra-te de mim, ó Deus,
de tudo que fiz por esse povo".

"Estou ocupado com um trabalho importante"

6 **1-2** Quando Sambalate, Tobias, Gesém, o árabe, e nossos demais inimigos souberam que havíamos reconstruído o muro e que não havia mais brechas nele, apesar de ainda não termos posto todos os portões, Sambalate e Gesém mandaram dizer: "Venha se encontrar conosco em Quefirim, no vale de Ono".

2-3 Eu sabia que eles pretendiam me causar algum mal; por isso, mandei dizer: "Estou ocupado com um trabalho importante e não posso ir agora. Por que interromperia o que estou fazendo só para me encontrar com vocês?".

4 Eles fizeram o convite quatro vezes, e quatro vezes mandei a mesma resposta.

5-6 Então, pela quinta vez, pelo mesmo mensageiro, Sambalate mandou uma carta selada com a seguinte mensagem:

6-7 "Estão dizendo entre as nações, e Gesém confirma isso, que você e os judeus estão planejando uma revolta, e que essa é a razão de estarem reconstruindo os muros. Estão dizendo que você quer ser rei e que já nomeou profetas para proclamar em Jerusalém: 'Há um rei em Judá!'. Tudo isso será relatado ao rei. Você não acha melhor sentarmos para conversar?".

8 Mandei dizer: "Tudo o que você está falando não passa de invenção sua".

9 Eles estavam tentando nos intimidar. Pensavam: "Eles vão desistir e, assim, nunca terminarão essa obra".

Mas pedi a Deus: "Dá-me forças".

ROMANOS 8.26 — 9.9

26-28 Se em algum momento nos cansamos de esperar, o Espírito de Deus está ao nosso lado, nos dando aquela força. Se não sabemos como orar, não importa. Ele ora em nós e por nós, utilizando nossos suspiros sem palavras, nossos gemidos de dor. Ele nos conhece melhor que nós mesmos, conhece nossa condição de "gravidez" e nos mantém na presença de Deus. Assim, podemos ter certeza de que cada detalhe em nossa vida de amor a Deus é transformado em algo muito bom.

29-30 Deus sempre soube o que estava fazendo. Ele decidiu, desde o princípio, moldar a vida daqueles que o amam pelos mesmos padrões da vida do Filho. Pois o Filho é o primeiro da fila, na humanidade que ele restaurou. Nele, vemos a vida humana em sua forma original. Depois de decidir como seus filhos deveriam ser, Deus continuou convidando as pessoas, chamando-as pelo nome. Em seguida, ele as firmou numa sólida base, nele mesmo. Após ter feito tudo isso, ele permanece com essas pessoas até o fim, concluindo gloriosamente o que havia iniciado.

DIA 222

31-39 Então, o que acham? Deus está ao nosso lado, assumiu nossa condição e se expôs ao pior quando enviou o próprio Filho. Haveria alguma coisa que ele não faria por nós de modo espontâneo e feliz? Quem ousaria implicar com os escolhidos de Deus, arrumando briga com ele? Quem ousaria ao menos apontar um dedo? Aquele que morreu por nós – e por nós foi ressuscitado para a vida! – está na presença de Deus neste exato momento, intercedendo por nós. Acham que alguém será capaz de levantar uma barreira entre nós e o amor de Cristo por nós? Não há como! Nem problemas, nem tempos difíceis, nem ódio, nem fome, nem desamparo, nem ameaças de poderosos, nem punhaladas nas costas, nem mesmo os piores pecados listados nas Escrituras:

Eles nos matam a sangue frio, porque odeiam a ti. Somos vítimas fáceis: eles nos pegam, um a um.

Nada disso nos intimida, porque Jesus nos ama. Estou convencido de que nada – vivo ou morto, angelical ou demoníaco, atual ou futuro, alto ou baixo, pensável ou impensável –, absolutamente *nada* pode *se intrometer* entre nós e o amor de Deus, quando vemos o modo com que Jesus, nosso Senhor, nos acolheu.

Deus está chamando seu povo

9 **1-5** **A**o mesmo tempo, vocês precisam saber que todo o tempo carrego comigo uma imensa tristeza, uma dor profunda dentro de mim, e nunca me livro dela. Não estou exagerando: Cristo e o Espírito Santo são minhas testemunhas. São os israelitas. Se houvesse um jeito de eu ser amaldiçoado pelo Messias para que eles fossem abençoados por ele, eu o faria sem hesitar. Eles são minha família. Cresci com eles. Eles tinham tudo – família, glória, reuniões, revelações, adoração, promessas, sem falar que são o povo de onde veio o Messias, o Cristo, que é Deus sobre tudo, sempre. Amém! **6-9** Mas não pensem que a Palavra de Deus tenha falhado em algum ponto. O problema é antigo. Para começar, nem todos os israelitas fisicamente são israelitas espiritualmente. Não foi a linhagem de Abraão que trouxe essa identidade, e sim a *promessa* de Deus. Lembram-se do que foi dito: "Sua família será considerada por Isaque"? Isso significa que a identidade israelita nunca foi determinada fisicamente, por transmissão genética, mas *por Deus*, pela promessa. Lembram-se da promessa: "Quando eu voltar no próximo ano, por esta época, Sara terá um filho"?

SALMOS 95.6-11

6-7 Portanto, venham, vamos adorar!
Prostrem-se diante dele,
    de joelhos diante do Eterno, que nos fez!
Oh, sim! Ele é nosso Deus,
    e nós somos o povo que ele pastoreia, o
    rebanho que ele alimenta.

7-11 Abandonem tudo e ouçam,
    ouçam quando ele fala:
"Não se façam de surdos, como na rebelião;
Como no dia em que foram testados do deserto,
    quando os seus antepassados se revoltaram
        e me puseram à prova.
Por quarenta anos eles me viram agir
    no meio deles,
    e, ainda assim, sempre testavam
    a minha paciência.
Fui provocado por eles – ah, como fui!
'Não podem prestar atenção em Deus
    por cinco minutos?
Irão simplesmente se recusar a andar
    nos meus caminhos?'
Um dia, explodi:
'Eles jamais chegarão lá;
    nunca se sentarão para descansar'".

▪ NOTAS

nobres tinham ligações com ele, porque ele era genro de Secanias, filho de Ara, e seu filho Joanã havia se casado com a filha de Mesulão, filho de Berequias. Eles me contavam todas as coisas boas que ele havia feito e, depois, contavam para ele tudo que eu dizia. Então, Tobias mandava cartas para me intimidar.

Os muros reconstruídos: nomes e números

7 **¹⁻²D**epois que os muros foram reconstruídos, os portões assentados e os guardas, os cantores e os levitas designados, nomeei meu irmão Hanani, e com ele Hananias, comandante da fortaleza, para administrar Jerusalém. Hananias era honesto e temia a Deus mais que qualquer outra pessoa.

³ Dei a seguinte ordem: "Não abram os portões de Jerusalém antes do nascer do sol e tranquem os portões com as barras de segurança antes de os guardas se retirarem. Escolham guardas entre os cidadãos de Jerusalém e encarreguem-nos da segurança no trecho que fica diante da casa deles".

⁴ A cidade era grande e espaçosa, mas a população era ainda pouco numerosa, e muitas casas continuavam em ruínas.

⁵ Deus pôs em meu coração reunir os nobres, os oficiais e toda a população para que todos fossem registrados. Encontrei os registros genealógicos dos que retornaram do exílio com o primeiro grupo. Estes são os nomes que constavam deles:

⁶⁻⁶⁰Estes são os habitantes da província que retornaram do cativeiro, os quais Nabucodonosor, rei da Babilônia, tinha levado cativos. Eles voltaram para Jerusalém e Judá, cada um para sua cidade de origem. Voltaram com Zorobabel, Jesua, Neemias, Azarias, Raamias, Naamani, Mardoqueu, Bilsã, Misperete, Bigvai, Neum e Baaná.

O número dos homens do povo de Israel por famílias de origem:

Parós, 2.172;

Sefatias, 372;

Ara, 652;

Paate Moabe (descendentes de Jesua e Joabe), 2.818;

Elão, 1.254;

Zatu, 845;

Zacai, 760;

|||||||||||||||||||||||||||||||||||||||||||||||||||||||||||||

☐ DIA **223** ___/___/___

NEEMIAS 6.10 — 7.60

¹⁰ **L**ogo depois, fiz uma reunião secreta com Semaías, filho de Delaías, filho de Meetabel, em sua casa. Ele disse:

"Vamos nos reunir no templo de Deus,
   dentro do templo.
Vamos nos proteger com as portas trancadas,
   pois, eles vêm para matá-lo.
É isso mesmo, eles virão à noite
   para tirar a sua vida".

¹¹ Respondi: "Por que alguém como eu teria de fugir? E por que teria de me esconder justamente no templo? Não vou fazer isso!".

¹²⁻¹³Senti que aquele plano não agradava a Deus. A suposta profecia, na verdade, era uma estratégia de Tobias e Sambalate. Eles haviam contratado Semaías. Eles pagaram para que ele me assustasse e me enganasse e, assim, acabasse profanando o templo e manchando a minha reputação. Com isso, teriam do que me acusar.

¹⁴ Orei: "Ó Deus, não permitas que Tobias e Sambalate se livrem de todo o dano que causaram. Faça o mesmo à profetisa Noadia e aos demais profetas que tentam minar minha confiança".

¹⁵⁻¹⁶**A** reconstrução dos muros foi concluída no dia 25 do mês de elul. Foram cinquenta e dois dias de trabalho. Quando nossos inimigos souberam disso e as nações ao redor viram a obra que fizemos, nossos adversários perderam a esperança. No fundo, reconheceram que a obra era de Deus.

¹⁷⁻¹⁹Durante todo esse tempo, os nobres de Judá se correspondiam com Tobias. Muitos dos

DIA 223

Binui, 648;
Bebai, 628;
Azgade, 2.322;
Adonicão, 667;
Bigvai, 2.067;
Adim, 655;
Ater (descendentes de Ezequias), 98;
Hasum, 328;
Besai, 324;
Harife, 112;
Gibeom, 95.

Os israelitas identificados por lugar de origem:
Belém e Netofate, 188;
Anatote, 128;
Bete-Azmavete, 42;
Quiriate-Jearim, Cefira e Beerote, 743;
Ramá e Geba, 621;
Micmás, 122;
Betel e Ai, 123;
o outro Nebo, 52;
o outro Elão, 1.254;
Harim, 320;
Jericó, 345;
Lode, Hadide e Ono, 721;
Senaá, 3.930.

Das famílias dos sacerdotes:
Jedaías (descendentes de Jesua), 973;
Imer, 1.052;
Pasur, 1.247;
Harim, 1.017.

As famílias dos levitas:
Jesua (descendentes de Cadmiel e de Hodeva), 74.

Os cantores:
Os descendentes de Asafe, 148.

As famílias dos guardas:
Salum, Ater, Talmom, Acube, Hatita e Sobai, 138.

As famílias dos servidores do templo:
Zia, Hasufa, Tabaote,
Queros, Sia, Padom,
Lebana, Hagaba, Salmai,
Hanã, Gidel, Gaar,
Reaías, Rezim, Necoda,
Gazão, Uzá, Paseia,
Besai, Meunim, Nefusim,
Baquebuque, Hacufa, Harur,
Baslite, Meída, Harsa,
Barcos, Sísera, Tamá,
Nesias e Hatifa.

As famílias dos servidores de Salomão:
Sotai, Soferete, Perida,
Jaala, Darcom, Gidel,
Sefatias, Hatil, Poquerete-Hazebaim e Amom.
Os servidores do templo e os servos de Salomão, 392.

ROMANOS 9.10-33

10-13 E não foi a única vez. Também foi feita uma promessa para Rebeca, muito além da genética. Quando ficou grávida do nosso antepassado Isaque e esperava os gêmeos ainda inocentes, incapazes de fazer bem ou mal, ela recebeu uma confirmação especial da parte de Deus. Na ocasião, Deus mostrou que seu propósito não é algo que dependa do que fazemos ou deixamos de fazer, e sim determinado por sua decisão, vindo diretamente de sua iniciativa. Deus disse a Rebeca: "O primeiro a nascer dos gêmeos ocupará o segundo lugar". Mais tarde, a situação deu origem à dura frase: "Eu amei Jacó, mas rejeitei Esaú".

14-18 Será que com isso podemos dizer que Deus é injusto? Vamos devagar. Deus disse a Moisés: "Misericórdia é *comigo* mesmo. Compaixão é *comigo* mesmo". A compaixão não nasce em nosso coração compadecido nem em nosso esforço moral, mas na misericórdia divina. Foi o mesmo caso do faraó: "Eu o escolhi para ser mero coadjuvante no drama da minha poderosa salvação". Tudo que estamos dizendo é que Deus tem a primeira palavra, iniciando a ação, na qual fazemos nossa parte, para o bem ou para o mal.

19 Então você pergunta: "Como pode Deus nos culpar por qualquer coisa se ele está no controle de tudo? Se as grandes decisões já foram tomadas, que temos nós com isso?".

20-33 Calma! Quem você pensa que é para argumentar com Deus? Por algum instante você achou que algum de nós sabe o bastante para questioná-lo? O vaso não se dirige aos dedos que o moldaram, dizendo: "Por que você me deu essa forma?". Não é óbvio que o oleiro tem todo o direito de transformar um pedaço de argila num vaso de flores e outro numa panela de cozinhar feijão? Se Deus precisa de um pote especial para sua ira e outro para sua bondade gloriosa, não estará ele certo? O mesmo ele fez com os judeus, mas também acontece com outros povos. Oseias deixa isso claro:

Eu chamarei os sem nome e os nomearei;
   chamarei os desprezados
   e os farei amados;
No lugar em que gritaram: "Você não é
ninguém!",
   eles chamam vocês de
   "filhos do Deus vivo".

Isaías mantém a ênfase:

Se cada grão de areia da praia fosse numerado
   e a soma chamada "escolhidos de Deus",
Eles seriam ainda números, não nomes.
   A salvação vem por escolha pessoal.
Deus não nos conta: chama pelo nome.
   Meros números não são seu objetivo.

Isaías enxergou esta realidade:

Se nosso poderoso Deus
   não nos tivesse dado um legado
   de filhos vivos,
Acabaríamos como cidades-fantasma,
   como Sodoma e Gomorra.

Como resumir tudo isso? Todos os que não pareciam interessados no que Deus estava fazendo, na verdade *abraçaram* o que Deus fazia quando ele endireitou a vida deles. E Israel, que parecia tão interessado em ler e falar sobre o que Deus estava fazendo, distanciou-se de Deus. Como puderam se distanciar? Porque em vez de confiar em Deus, *eles* assumiram o controle. Estavam envolvidos no que eles mesmos faziam, tão envolvidos nos seus "projetos de Deus" que não perceberam Deus à sua frente, como uma pedra no meio da estrada. Então tropeçaram nele e continuaram caindo. E Isaías de novo junta tudo isso numa metáfora:

Cuidado! Pus uma pedra enorme
   no caminho para o monte Sião,
   uma pedra que você não pode contornar.
Mas eu sou a pedra! Se você me procura,
   me encontrará a caminho,
   não obstruindo o caminho.

SALMOS 96.1-6

96 **1-2Cantem** ao Eterno uma novíssima canção!
Todos os que vivem na terra, cantem!
Cantem ao Eterno — *adorem* o Eterno!

2-3 Proclamem as notícias de sua vitória
   de mar a mar,
Levem as notícias de sua glória aos perdidos,
As notícias de suas maravilhas
   a todos, sem exceção!

4-5 Pois o Eterno é grande
   e digno de muitos louvores.
Sua beleza temível reduz os deuses a nada.
Os deuses pagãos são meros enfeites.

5-6O Eterno fez os céus —
Um esplendor real irradia dele,
Uma beleza poderosa o distingue.

NOTAS

DIA 224

☐ DIA 224 ___ / ___ / ___

NEEMIAS 7.61 — 9.6

[61-63]Estes são os que vieram de Tel-Melá, Tel-Harsa, Querube, Amom e Imer. Eles não conseguiram provar que eram israelitas:

Os descendentes de Delaías, Tobias
e Necoda, 642.

O mesmo aconteceu com estas famílias de sacerdotes:

Os descendentes de Habaías, Hacoz, Barzilai,
que se casou com uma
filha de Barzilai, de Gileade,
e era chamado por esse nome.

[64-65]Eles procuraram os registros da família, mas não encontraram. Por isso, foram impedidos de exercer a função de sacerdote e considerados ritualmente impuros. O governador determinou que eles não poderiam comer do alimento sagrado até que um dos sacerdotes definisse a situação deles por meio do Urim e do Tumim.

[66-69]O total dos que voltaram do exílio foi 42.360, sem contar os escravos, que totalizavam 7.337. Também havia 245 cantores e cantoras, que possuíam 736 cavalos, 245 mulas, 435 camelos e 6.720 jumentos.

[70-72]Alguns dos chefes das famílias entregaram ofertas voluntárias para a obra. O governador deu ao tesouro 8 quilos de ouro, 50 bacias e 530 vestimentas para os sacerdotes. Alguns dos chefes das famílias deram para o tesouro uma oferta de 160 quilos de ouro e 1.320 quilos de prata para a obra. O restante do povo contribuiu com 160 quilos de ouro, 1.200 quilos de prata e 67 vestimentas para os sacerdotes.

[73]Os sacerdotes, os levitas, os guardas, os cantores, os servidores do templo, com alguns outros e com o restante do povo de Israel, encontraram lugar para morar em suas cidades de origem.

Esdras e a Revelação

8 [1]Por volta do sétimo mês, quando todos os israelitas haviam se instalado em suas cidades, o povo se reuniu na praça em frente da Porta das Águas e pediu que o escriba Esdras trouxesse o Livro da Revelação de Moisés, que o Eterno tinha dado a Israel.

[2-3]Então, o sacerdote Esdras trouxe o livro para a congregação, formada por homens e mulheres, todos capazes de entender seu conteúdo. Isso aconteceu no primeiro dia do sétimo mês. Ele leu a Revelação de frente para a praça que ficava diante da Porta das Águas, desde cedo até o meio-dia, na presença de homens e mulheres e de todos os que conseguiam entender a leitura. Todos ouviam atentamente o que dizia o Livro da Revelação.

[4]O escriba Esdras estava sobre uma plataforma de madeira, construída especialmente para a ocasião. Do seu lado direito, estavam Matitias, Sema, Anaías, Urias, Hilquias e Maaseias; do lado esquerdo, estavam Pedaías, Misael, Malquias, Hasum, Hasbadana, Zacarias e Mesulão.

[5-6]Esdras abriu o livro. Todos os olhares estavam voltados para ele (que estava de pé sobre a plataforma), e, quando ele abriu o livro, todos ficaram de pé. Esdras louvou ao Eterno, o grande Deus, e todo o povo respondeu, levantando as mãos: "Amém! Amém!". Em seguida, prostraram-se com o rosto em terra em adoração ao Eterno.

[7-8]Os levitas Jesua, Bani, Serebias, Jamim, Acube, Sabetai, Hodias, Maaseias, Quelita, Azarias, Jozabade, Hanã e Pelaías explicavam a Revelação, enquanto o povo, de pé, ouvia com toda reverência. Eles liam pausadamente o Livro da Revelação de Deus, para que o povo pudesse entendê-lo, e, em seguida, explicavam o que haviam lido.

[9]Neemias, o governador, Esdras, o sacerdote e escriba, e os levitas que ensinavam o povo disseram: "Este dia é consagrado ao Eterno, o seu Deus. Não chorem nem fiquem abatidos" — porque todo o povo chorava enquanto ouvia as palavras da Revelação.

[10]Disseram ainda: "Voltem para casa e preparem uma festa, um banquete com muita comida e bebida. Repartam a comida com os que não têm, pois este dia é consagrado ao Eterno. Não fiquem entristecidos. A alegria do Eterno fortalecerá vocês!".

[11]Os levitas continuaram a tranquilizar o povo: "Sosseguem! Este dia é consagrado. Não fiquem tristes".

[12]Então, o povo partiu e preparou uma festa. Eles comeram e beberam com muita alegria, até mesmo os pobres. Eles tinham entendido o que havia sido lido para eles.

[13-15]No segundo dia do mês, os chefes das famílias de todo o povo, os sacerdotes e os levitas reuniram-se em torno do escriba Esdras para estudar mais profundamente as palavras da Revelação.

☐ DIA 225 ___ / ___ / ___

NEEMIAS 9.7 — 10.27

7-8 Tu és, ó Eterno, o Deus
que escolheu a Abrão,
Que o tirou de Ur dos caldeus
e trocou seu nome para Abraão.
Achaste nele sinceridade e lealdade
e fizeste uma aliança com ele;
Também a promessa de dar a ele a terra
dos cananeus,
dos hititas, dos amorreus,
Dos ferezeus, dos jebuseus e dos girgaseus;
de entregá-la aos seus descendentes.
E cumpriste a tua promessa,
pois és justo.

9-15 Tu atentaste para as angústias
dos nossos antepassados no Egito.
Ouviste o clamor deles diante
do mar Vermelho.
Surpreendeste o faraó, seus oficiais
e todo o povo daquela terra
com milagres e maravilhas.
Sabias da arrogante provocação dos egípcios
contra o teu povo
e engrandeceste o teu nome, que continua
assim até hoje.
Abriste o mar diante deles,
e eles o atravessaram sem molhar os pés.

Destruíste os perseguidores,
que morreram no fundo do mar.
Eles afundaram como uma pedra jogada
no mar turbulento.
Durante o dia, tu os guiaste com uma coluna
de nuvem
e, durante a noite, com uma coluna de fogo,
Para mostrar o caminho
que deveriam seguir.
Desceste sobre o monte Sinai,
dos céus falaste com eles.
Deste a eles instruções sobre como viver,
ensinamentos verdadeiros, regras
e mandamentos justos.
Ensinaste o teu povo a guardar
os teus sábados santos.
Por meio do teu servo Moisés,
deste a eles mandamentos, regras
e instruções.
Mandaste pão do céu quando eles
estavam com fome;
fizeste sair água das rochas para saciar a
sede deles.
E os mandaste entrar e possuir a terra,
que tinhas prometido a eles.

16-19 Mas nossos antepassados foram arrogantes;
por teimosia, não obedeceram aos teus
mandamentos.
Fizeram-se de surdos, recusaram-se a
lembrar os milagres que fizeste diante deles;
Tornaram-se obstinados e cismaram em
voltar para a escravidão do Egito.
Mas tu, sendo Deus perdoador,
misericordioso e compassivo,
De paciência inacreditável e cheio de amor,
não os desamparaste.
Mesmo depois de esculpirem um bezerro
e de terem dito: "Este é o deus de vocês,
Que os tirou do Egito",
e de terem feito coisas piores,
Tu, por tua grande compaixão,
não os abandonaste à própria sorte no deserto.
A coluna de nuvem não os deixou:
Diariamente, ela continuava mostrando
o caminho.
A coluna de fogo também, à noite,
indicava o caminho.

20-23 Tu concedeste o teu Espírito
para ensiná-los a viver com sensatez.

Nunca deixaste de enviar o maná,
e deste a eles água em abundância.
Sustentaste o povo quarenta anos no deserto,
e eles tinham tudo de que precisavam.
Suas vestes não envelheceram,
e seus pés nunca ficaram inchados.
Entregaste a eles reinos e povos,
repartiste os territórios deles
com o teu povo.
Eles conquistaram a terra de Seom, rei de Hesbom,
e a terra de Ogue, rei de Basã.
Fizeste que se multiplicassem
como as estrelas do céu.
E os fizeste entrar e possuir a terra,
pois havias prometido aos seus antepassados
Que eles iriam conquistá-la.

²⁴⁻²⁵ Eles entraram na terra,
tomaram posse dela e fizeram morada ali.
Os cananeus que viviam ali
renderam-se diante deles.
Tu entregaste ao teu povo a terra, os reis
e o povo deles:
podiam fazer o que quisessem com eles.
Eles conquistaram fortalezas e lavouras
produtivas,
possuíram casas cheias de bens,
Cisternas, vinhas, olivais,
pomares com muitas árvores.
Comeram e se fartaram do melhor da terra;
deleitaram-se em tua grande bondade.

²⁶⁻³¹ Mas eles se rebelaram contra ti,
abandonaram as tuas leis e mataram
os teus profetas,
Os profetas que tentavam conduzi-los de volta
para ti,
e fizeram coisas ainda piores.
Tu os entregaste aos inimigos,
que os maltrataram.
Mesmo assim, no meio da aflição, eles
clamaram a ti,
e tu os ouviste dos céus,
Por conta da tua imensa compaixão,
enviaste libertadores
Que os salvavam
da crueldade dos inimigos.
Mas, assim que as coisas melhoravam,
voltavam a cometer pecados piores.
Então, entregaste aquele povo à própria sorte,
aos inimigos, que os dominavam.

Outra vez eles clamaram, e, por tua
grande compaixão,
tu os ouviste e os livraste.
Isso se repetiu várias vezes.
Tu os aconselhaste a voltar para a tua Revelação,
mas eles reagiram com arrogância:
Desprezaram teus mandamentos, rejeitaram
tuas ordenanças –
as palavras que dão vida ao ser humano!
Simplesmente, viraram as costas,
foram intransigentes e não quiseram ouvir.
Por muitos anos, foste compreensivo com eles
e os advertiste por teu Espírito,
por meio dos teus profetas.
Quando se recusavam a ouvir,
tu os entregavas aos estrangeiros.
Mesmo assim, por causa da tua grande
compaixão,
não os aniquilaste.
Não os abandonaste para sempre.
Pois tu és um Deus de misericórdia
e de compaixão.

³²⁻³⁷ Agora, nosso Deus, nosso grande Deus,
majestoso e temível, fiel à aliança e
compassivo,
Não desprezes tudo que nós, os nossos reis,
nossos príncipes, nossos sacerdotes
e profetas sofreram,
Os nossos antepassados e todo o teu povo,
desde o tempo
dos reis da Assíria até hoje.
Tu não és o culpado
por tudo que nos sobreveio.
Foste correto em tudo:
nós é que erramos.
Nossos reis, príncipes, sacerdotes e antepassados
não deram valor à tua Revelação;
Eles ignoraram teus mandamentos,
desprezaram tuas advertências.
Mesmo quando o reino deles
ainda era independente
e desfrutavam a tua generosa bondade,
Vivendo naquela terra fértil e espaçosa,
que estendeste diante deles,
Eles não te serviram,
mas viraram as costas para ti e voltaram a
praticar o mal.
Por isso, estamos aqui, outra vez como escravos,
mas esta é a terra que deste
aos nossos antepassados,

Para que pudessem desfrutar vida boa;
mas olha agora para nós: não passamos
de escravos em nossa terra.
A colheita é farta, mas tem de ser
entregue aos reis
que nos dominam com tua permissão,
por causa dos nossos pecados.
Eles agem como se fossem donos da nossa vida
e fazem o que bem entendem com o nosso gado.
Estamos muito aflitos.

[38] "Por essa razão, estamos firmando um acordo, selando um documento assinado por nossos príncipes, nossos levitas e nossos sacerdotes."

10
[1-8] O documento selado continha a assinatura das seguintes pessoas:

O governador Neemias, filho de Hacalias;
Os sacerdotes: Seraías, Azarias, Jeremias,
Pasur, Amarias, Malquias,
Hatus, Sebanias, Maluque,
Harim, Meremote, Obadias,
Daniel, Ginetom, Baruque,
Mesulão, Abias, Miamim,
Maazias, Bilgai e Semaías.
Esses eram os sacerdotes.

[9-13] Os levitas:
Jesua, filho de Azanias; Binui, dos descendentes de
Henadade; Cadmiel e seus familiares: Sebanias,
Hodias, Quelita, Pelaías, Hanã,
Mica, Reobe, Hasabias,
Zacur, Serebias, Sebanias,
Hodias, Bani e Beninu.

[14-27] Os líderes do povo:
Parós, Paate-Moabe, Elão, Zatu, Bani,
Buni, Azgade, Bebai,
Adonias, Bigvai, Adim,
Ater, Ezequias, Azur,
Hodias, Hasum, Besai,
Harife, Anatote, Nebai,
Magpias, Mesulão, Hezir,
Mesezabel, Zadoque, Jadua,
Pelatias, Hanã, Anaías,
Oseias, Hananias, Hassube,
Haloês, Pílea, Sobeque,
Reum, Hasabna, Maaseias,
Aías, Hanã, Anã,
Maluque, Harim e Baaná.

ROMANOS 11.1-24

A minoria fiel

11
[1-2] Será que isso significa que Deus está tão farto de Israel que não quer mais nada com eles? É claro que não. Lembrem-se de que quem escreve estas coisas é um israelita, um descendente de Abraão, da tribo de Benjamim. Mais judeu, impossível! Não estamos, portanto, falando de rejeição. Deus está há muito envolvido com Israel, investiu demais nesse povo para desistir agora.

[2-6] Elias, angustiado por causa desse mesmo Israel, clamou em oração:

Deus, eles mataram teus profetas,
Destruíram teus altares.
Só eu sobrevivi, e agora eles estão atrás de mim!

Lembram-se da resposta de Deus?

Eu ainda tenho sete mil que não desistiram,
Sete mil que são leais até o fim.

É a mesma coisa hoje. Ainda há uma minoria fiel e atuante — talvez não muitos; provavelmente mais do que vocês pensam. Eles estão firmes, não por causa do que pensam que ganharão com isso, mas porque estão convencidos da graça e do propósito de Deus em chamá-los. Se estivessem pensando apenas nos próprios interesses, já teriam largado tudo há muito tempo.

[7-10] O que aconteceu, então? Bem, quando Israel tentou se acertar com Deus por esforço próprio, perseguindo os próprios interesses, não obteve sucesso. Os escolhidos de Deus foram os que deixaram Deus buscá-los pelo interesse que tem por eles. Como resultado receberam o selo de aprovação. O Israel interesseiro tornou-se insensível a Deus. Moisés e Isaías comentaram a respeito:

Farto de suas reclamações e do seu egoísmo,
Deus obscureceu sua visão
e entorpeceu seus ouvidos,
Trancou-os numa sala de espelhos,
e eles estão lá até hoje.

Davi estava preocupado com a mesma coisa:

Tomara que adoeçam ao comer a comida
preparada por eles mesmos,
que quebrem a perna, andando
em seus caminhos egoístas.

DIA 225

Tomara que fiquem cegos ao contemplar
seus espelhos,
que tenham úlceras ao brincar de deus.

Ramos podados e enxertados

11-12 A próxima questão é: "os judeus foram derrotados? Excluídos para sempre?". A resposta é um enfático *não*. Ironicamente, eles deixaram a porta aberta quando saíram, e os de fora entraram. O resto vocês sabem: os judeus começaram a pensar que talvez tivessem perdido uma coisa boa. Mas, se a saída deles impulsionou essa migração mundial de não judeus para o Reino de Deus, imaginem o efeito da volta deles! Que lindo retorno será!

13-15 Mas não quero continuar falando deles. São vocês, os de fora, que me preocupam. Minha tarefa pessoal se concentra nos chamados "de fora", por isso me esforço ao máximo quando estou entre meus parentes israelitas, os chamados "de casa", esperando que eles percebam o que estão perdendo e queiram se envolver com o que Deus está fazendo. Se a queda deles iniciou essa migração em escala mundial, sua recuperação produzirá algo ainda maior: uma volta em massa para casa! Se a primeira coisa que os judeus fizeram, ainda que prejudicial para eles, resultou no bem de vocês, pensem no que acontecerá quando eles acertarem o passo!

16-18 Tudo isso provém de uma raiz santa, plantada e cuidada por Deus. Se a raiz principal da árvore é santa, há espaço para frutos santos. Alguns ramos foram podados, e vocês, ramos de oliveira selvagem, foram enxertados. Mas o fato de vocês serem alimentados pela raiz santa e rica em nutrientes não os autoriza a tripudiar sobre os ramos podados. Lembrem-se de que vocês não estão alimentando a raiz: ela é que está alimentando vocês.

19-20 Assim, é possível dizer: "Outros ramos foram podados para que eu pudesse ser enxertado!". Muito bem, mas eles foram podados porque eram dispensáveis, não mais ligados pela fé e pelo compromisso com a raiz. A única razão pela qual vocês estão na árvore é porque o enxerto de vocês "pegou" quando creram e porque vocês estão ligados à raiz que nutre a fé. Por isso, não fiquem vaidosos. Sejam humildes e prontos em relação à raiz que os mantém verdes e vivos.

21-22 Agora, se Deus não pensou duas vezes para podar os ramos naturais, porque hesitaria em cortar vocês? Ele o faria sem vacilar. Fiquem atentos ao amor bondoso e à terrível severidade que coexistem em Deus: misericórdia zero para os ramos mortos, bondade total para os enxertados. Mas não

considerem só a bondade. No momento em que virar ramo morto, é o fim pra vocês.

23-24 E não se sintam superiores aos ramos podados que caíram ao chão. Se eles saírem do estado de morte, poderão muito bem ser enxertados outra vez. Deus pode fazer isso. Ele é capaz de enxertos milagrosos. Porque, se ele pôde enxertar *vocês* — ramos cortados de uma árvore qualquer — numa das árvores do pomar, ele não terá dificuldades de enxertar de volta na árvore de origem ramos que cresceram nela. Alegrem-se por estar na árvore e esperem o melhor para os outros.

SALMOS 97.1-6

97 **1** O Eterno reina: *há* um motivo para festejar!
Em duplas, continentes e ilhas, celebrem!

2 Nuvens brilhantes e nuvens de tempestade
circulam em volta dele;
O direito e a justiça são as âncoras do seu governo.

3 O fogo, adiante dele,
Flameja bem alto até as íngremes montanhas.

4 Seus raios iluminam o mundo.
A terra, de olhos arregalados, treme de medo.

5 As montanhas olham para o Eterno
E se derretem como cera diante do Senhor da terra.

6 Os céus anunciam que ele corrigirá
todas as coisas,
E todos verão isso acontecer — que coisa gloriosa!

◼ NOTAS

as ofertas de cereais,
as ofertas queimadas,
as ofertas dos sábados, da lua nova
e das festas fixas,
as ofertas sagradas,
as ofertas de perdão para a expiação
a favor de Israel,
a manutenção do templo do nosso Deus.

[34] Nós, os sacerdotes, os levitas e todo o povo, escolhemos por sorteio as famílias que trarão a lenha para o fogo do altar do nosso Deus, de acordo com o programa anual estabelecido na Revelação.

[35-36] Comprometemo-nos a entregar anualmente ao templo do Eterno os primeiros frutos da nossa lavoura e dos nossos pomares, o primeiro filho e o primeiro animal e a primeira cria do nosso gado e das nossas ovelhas aos sacerdotes que servem no templo do nosso Deus, como prescreve a Revelação.

[37-39] Traremos o melhor dos nossos cereais, das nossas contribuições do fruto de toda árvore, do vinho e do azeite para os sacerdotes, para os depósitos do templo do nosso Deus.

Traremos os dízimos das nossas lavouras para os levitas, uma vez que os levitas foram designados para arrecadar os dízimos nas cidades em que trabalhamos. Um sacerdote, descendente de Arão, supervisionará os levitas na arrecadação dos dízimos para garantir que um décimo do que for arrecadado seja entregue ao tesouro do templo do nosso Deus. Faremos que o povo de Israel e os levitas entreguem os cereais, o vinho e o azeite para os depósitos em que também são guardados os utensílios do santuário e nos quais os sacerdotes, os guardas e os músicos que ministram se reúnem. Não negligenciaremos o templo do nosso Deus".

☐ DIA 226 ___/___/___

NEEMIAS 10.28 — 12.22

[28-30] O restante do povo, os sacerdotes, os levitas, os guardas, os cantores, os servidores do templo e todos os que cortaram laços com os vizinhos estrangeiros para obedecer à Revelação de Deus, com suas mulheres, seus filhos e suas filhas, todos os que eram mentalmente capazes juntaram-se aos seus parentes e aos nobres para fazer o juramento de seguir a Revelação de Deus transmitida por meio de Moisés, servo de Deus, de obedecer e praticar todos os mandamentos do Eterno, nosso Deus, e todos os seus decretos e regras. Assim:

"Não daremos nossas filhas em casamento aos nossos vizinhos estrangeiros nem deixaremos nossos filhos tomarem as filhas deles.

[31] Quando os povos vizinhos trouxerem suas mercadorias e seus cereais no sábado, não faremos negócios com eles: nem no sábado, nem em qualquer outro dia santificado.

De sete em sete anos, deixaremos a terra descansar e cancelaremos todas as dívidas.

[32-33] Comprometemo-nos a pagar o tributo anual de quatro gramas para as despesas do templo do nosso Deus com
os pães da mesa,

11 [1-2] Os líderes do povo já estavam morando em Jerusalém; por isso, o restante do povo escolheu, por sorteio, uma de cada dez pessoas para morar em Jerusalém, a Cidade Santa, enquanto os outros nove permaneciam em suas cidades. O povo também aprovou todos os que se ofereceram voluntariamente para morar em Jerusalém.

DIA 226

3-4 Estes foram os líderes das províncias que se mudaram para Jerusalém (alguns israelitas, sacerdotes, levitas, servidores do templo e descendentes dos oficiais de Salomão moravam em suas propriedades, que estavam espalhadas entre as várias cidades de Judá; outros, de Judá e Benjamim, moravam em Jerusalém):

4-6 Entre os descendentes de Judá:

Ataías, filho de Uzias, filho de Zacarias, filho de Amarias, filho de Sefatias, filho de Maalaleel, descendente de Perez; Maaseias, filho de Baruque, filho de Col Hozé, filho de Hazaías, filho de Adaías, filho de Joiaribe, filho de Zacarias, descendente de Selá. Os descendentes de Perez que moravam em Jerusalém totalizavam 468 homens valentes.

7-9 Entre os descendentes de Benjamim:

Salu, filho de Mesulão, filho de Joede, filho de Pedaías, filho de Colaías, filho de Maaseias, filho de Itiel, filho de Jesaías, e seus irmãos Gabai e Salai. Ao todo, 928 homens. Joel, filho de Zicri, era chefe deles, e Judá, filho de Hassenua, era o segundo no comando sobre a cidade.

10-14 Dos sacerdotes:

Jedaías, filho de Joiaribe, e Jaquim; Seraías, filho de Hilquias, filho de Mesulão, filho de Zadoque, filho de Meraiote, filho de Aitube, que era o administrador do templo de Deus, e seus companheiros, que faziam o trabalho do templo. Ao todo, eram 822 homens. Além desses, Adaías, filho de Jeroão, filho de Pelaías, filho de Anzi, filho de Zacarias, filho de Pasur, filho de Malquias, e seus companheiros que eram chefes de famílias. Totalizavam 242 homens. Amassai, filho de Azareel, filho de Azai, filho de Mesilemote, filho de Imer, e seus companheiros, todos homens valentes: eram 128 homens. O chefe deles era Zabdiel, filho de Gedolim.

15-18 Dos levitas:

Semaías, filho de Hassube, filho de Azricão, filho de Hasabias, filho de Buni, Sabetai e Jozabade, dois líderes dos levitas encarregados do trabalho externo do templo de Deus; Matanias, filho de Mica, filho de Zabdi, filho de Asafe, o dirigente que conduzia as ações de graças e as orações; Baquebuquias, o segundo entre seus companheiros; Abda, filho de Samua, filho de Galal, filho de Jedutum. Os levitas da Cidade Santa totalizavam 284 homens.

19 Dos guardas:

Acube, Talmom e seus companheiros que vigiavam os portões. Um total de 172 homens.

20 O restante dos israelitas, sacerdotes e levitas estavam espalhados por todas as cidades de Judá, cada um na propriedade de sua família.

21 Os servidores do templo moravam na colina de Ofel. Zia e Gispa eram os líderes deles.

22-23 O chefe dos levitas em Jerusalém era Uzi, filho de Bani, filho de Hasabias, filho de Matanias, filho de Mica. Uzi era dos descendentes de Asafe, os cantores que dirigiam a adoração no templo de Deus. Os cantores estavam sob as ordens do rei, que determinava as atividades diárias deles.

24 Petaías, filho de Mesezabel, descendente de Zerá, filho de Judá, representava os interesses do povo na corte real.

25-30 Alguns do povo de Judá foram morar nos vilarejos próximos de suas terras:

Em Quiriate-Arba (Hebrom)
e seus arredores,
em Dibom e seus arredores,
em Jecab-Zeel e seus arredores,
em Jesua,
em Moladá,
em Bete-Pelete,
em Hazar-Sual,
em Berseba e seus arredores,
em Ziclague,
em Meconá e seus arredores,
em En-Rimom,
em Zorá,
em Jarmute,
em Zanoa,
em Adulão e seus arredores,
em Láquis e suas pastagens,
em Azeca e seus arredores.

Ocupavam toda a região desde Berseba até o vale do Hinom.

31-36 Os benjamitas de Geba foram viver em:

Micmás,
Aia,
Betel e seus arredores,
Anatote, Nobe e Ananias,
Hazor, Ramá e Gitaim,
Hadide, Zeboim e Nebalate,
Lode e Ono e o vale dos Artesões.

Alguns grupos de levitas de Judá foram designados para morar em Benjamim.

12 **1-7** Estes são os sacerdotes e os levitas que vieram com Zorobabel, filho de Sealtiel, e Jesua:
Seraías, Jeremias, Esdras,
Amarias, Maluque, Hatus,
Secanias, Reum, Meremote,
Ido, Ginetom, Abias,
Miamim, Maadias, Bilga,
Semaías, Joiaribe, Jedaías,
Salu, Amoque, Hilquias e Jedaías.
Esses eram os líderes dos sacerdotes no tempo de Jesua.

8-9 Os levitas:
Jesua, Binui, Cadmiel, Serebias e Judá;
Matanias e seus irmãos eram
encarregados dos cânticos de louvor,
e seus irmãos Baquebuquias e Uni
ficavam de frente para eles durante
a adoração.

10-11 Jesua foi pai de Joiaquim,
Joiaquim foi pai de Eliasibe,
Eliasibe foi pai de Joiada,
Joiada foi pai de Jônatas,
e Jônatas foi pai de Jadua.

12-21 Nos dias de Joiaquim, estes foram os chefes das famílias dos sacerdotes:
da família de Seraías, Meraías;
de Jeremias, Hananias;
de Esdras, Mesulão;
de Amarias, Joanã;
de Maluqui, Jônatas;
de Secanias, José;
de Harim, Adna;
de Meremote, Helcai;
de Ido, Zacarias;
de Ginetom, Mesulão;
de Abias, Zicri;
de Miniamim e Maadias, Piltai;
de Bilga, Samua;
de Semaías, Jônatas;
de Joiaribe, Matenai;
de Jedaías, Uzi;
de Salai, Calai;
de Amoque, Héber;
de Hilquias, Hasabias;
de Jedaías, Natanael.

22 Nos dias de Eliasibe, Joiada, Joanã e Jadua, os levitas foram registrados como chefes de famílias. Durante o reinado de Dario, o rei persa, foram registrados os sacerdotes.

ROMANOS 11.25 — 12.10

Um Israel aperfeiçoado

25-29 Quero ser o mais claro possível, amigos. O assunto é complicado. É fácil interpretar errado o que está acontecendo e, com arrogância, presumir que vocês são a realeza, e eles, apenas o povão excluído. Mas não é assim. Essa dureza da parte de Israel em relação a Deus é temporária e tem o efeito de permitir o acesso de todos os que estão de fora, de modo que, por fim, a casa se encha. Antes do fim de tudo, haverá um Israel aperfeiçoado. Está escrito:

Um campeão virá das montanhas de Sião;
ele purificará a casa de Jacó.
E esse é meu compromisso com o meu povo:
a remoção dos seus pecados.

Enquanto vocês ouvem e abraçam as boas notícias da Mensagem, fica parecendo que os judeus são inimigos de Deus. Mas, visto da perspectiva de longo alcance do propósito abrangente de Deus, eles continuam sendo os mais antigos amigos de Deus. Os dons e o chamado de Deus têm garantia total — jamais são cancelados!

30-32 Houve uma época, não muito tempo atrás, em que vocês estavam separados de Deus. Mas depois os judeus fecharam a porta para Deus, e houve uma abertura para vocês. Agora *eles* estão de fora. Mas, com a porta aberta para vocês, eles têm ainda a opção de voltar. De algum modo, Deus permite que todos nós conheçamos o que é estar de fora, para que ele, pessoalmente, possa abrir a porta e nos receber de volta.

33-36 Vocês, por acaso, já viram algo que se compare à graça generosa de Deus ou à sua profunda sabedoria? É algo acima da nossa compreensão, que jamais entenderemos.

Há alguém que possa explicar Deus?
Alguém inteligente o bastante
para lhe dizer o que fazer?
Alguém que tenha feito a ele um grande favor
ou a quem Deus tenha pedido conselho?

Tudo dele procede;
Tudo acontece por intermédio dele;
Tudo termina nele.
Glória para sempre! Louvor para sempre!
Amém. Amém. Amém.

DIA 226

Ofereça a vida a Deus

12 ¹⁻²Portanto, com a ajuda de Deus, quero que vocês façam o seguinte: entreguem a vida cotidiana – dormir, comer, trabalhar, passear – a Deus como se fosse uma oferta. Receber o que Deus fez por vocês é o melhor que podem fazer por ele. Não se ajustem demais à sua cultura, a ponto de não poderem pensar mais. Em vez disso, concentrem a atenção em Deus. Vocês serão mudados de dentro para fora. Descubram o que ele quer de vocês e tratem de atendê-lo. Diferentemente da cultura dominante, que sempre os arrasta para baixo, ao nível da imaturidade, Deus extrai o melhor de vocês e desenvolve em vocês uma verdadeira maturidade.

³Ao escrever para vocês, sinto profunda gratidão por tudo que Deus me deu, especialmente pela responsabilidade que tenho por vocês. Vivendo assim como cada um de vocês, em pura graça, é importante que não tenham um conceito errado de vocês mesmos, achando que têm alguma bondade para apresentar a Deus. Não, é Deus quem concede tudo a vocês. O único modo de nos entendermos é pelo que Deus é e pelo que ele faz por nós, não pelo que somos e fazemos por ele.

⁴⁻⁶Assim, somos como as várias partes do corpo humano. Cada parte tem seu significado no corpo, visto como um todo, mas não o contrário. O corpo de que estamos falando é o corpo formado pelas pessoas escolhidas por Cristo. Cada um de nós encontra significado e função como parte desse corpo. Não podemos ser como um dedo decepado, que não tem valor. Então, desde que estejamos ligados às outras partes constituídas de maneira genial e funcionando maravilhosamente no corpo de Cristo, sejamos o que fomos feitos para ser, sem inveja ou sentimento de superioridade sobre os outros, sem tentar ser algo que não somos.

⁶⁻⁸Se você prega, limite-se a pregar a Mensagem de Deus; se você ajuda, apenas ajude –, não tente assumir o comando; se você ensina, apegue-se ao ensino; se você tem a capacidade de encorajar, tome cuidado para não se tornar autoritário; se você recebeu alguma posição de responsabilidade, não manipule; se você foi chamado para ajudar gente em angústia, fique de olhos abertos e seja rápido em responder; se você trabalha com os desamparados, não se permita ficar irritado ou deprimido por causa deles. Mantenha o sorriso.

⁹⁻¹⁰**A**mem de verdade, não de maneira fingida. Evitem o mal ao máximo; apeguem-se ao bem como puderem.

Sejam bons amigos, que amam profundamente; não procurem estar em evidência.

SALMOS 97.7-12

⁷⁻⁸Os que servem deuses fabricados lamentarão.
E eles estavam tão orgulhosos s
    de seu deuses fajutos!

De joelhos, todos vocês, deuses: adorem-no!
Sião, escute e tenha esperança!

Filhas de Sião, cantem de todo o coração:
O Eterno fez tudo isso, estabeleceu
    tudo no seu lugar.

⁹Tu, ó Eterno, és o Deus Altíssimo do cosmo,
Muito mais elevado que qualquer um dos deuses.

¹⁰O Eterno ama todos os que odeiam o mal,
E ele protege os que o amam:
Arrebata-os das garras dos ímpios.

¹¹Sementes de luz são plantadas
    na alma do povo de Deus;
Sementes de alegria são plantadas
    no solo de um coração bom.

¹²Então, povo de Deus, louve o Eterno
    em voz alta!
Deem graças ao nosso santo Deus!

◼ NOTAS

DIA 227

NEEMIAS 12.23 — 13.31

23-24 Os levitas que eram chefes de famílias foram registrados no Livro das Crônicas, até os dias de Joanã, filho de Eliasibe. Eram eles:
Hasabias,
Serebias
e Jesua, filho de Cadmiel.
Seus irmãos ficavam de frente para eles durante o louvor e as ações de graças, para fazer o contracanto, conforme Davi, o homem de Deus, havia instruído.
25-26 Os guardas foram:
Matanias,
Baquebuquias,
Obadias,
Mesulão,
Talmom
e Acube.
Eles vigiavam os depósitos que ficavam ao lado dos portões. Viveram na época de Joiaquim, filho de Jesua, filho de Jozadaque, no período do governador Neemias e do sacerdote e escriba Esdras.

Dedicação dos muros

27-29 Para a dedicação dos muros, foram convocados levitas de toda parte para estar em Jerusalém e preparar uma grande celebração com hinos de ações de graças e cânticos ao som de címbalos, harpas e liras. Vieram cantores de todas as partes de Jerusalém, dos vilarejos dos netofatitas, de Bete-Gilgal, das terras de Geba e Azmavete. Eles fundaram vilas para si em torno de Jerusalém.

30 Os sacerdotes e os levitas se consagraram; depois, fizeram o mesmo com o povo, os portões e o muro.

31-36 Chamei os líderes de Judá para se reunirem perto do muro e formei dois grandes coros. Um deles seguiu para a direita, na direção da Porta do Esterco, acompanhado por Hosaías e metade dos líderes de Judá, entre eles Azarias, Esdras, Mesulão, Judá, Benjamim, Semaías e Jeremias. Alguns dos jovens sacerdotes portavam trombetas. Depois, tocando os instrumentos musicais de Davi, o homem de Deus, vinham Zacarias, filho de Jônatas, filho de Semaías, filho de Matanias, filho de Micaías, filho de Zacur, filho de Asafe, e seus irmãos Semaías, Azareel, Milalai, Gilalai, Maai, Natanael, Judá e Hanani. O escriba Esdras os liderava.

37 Da Porta da Fonte, subiram direto pelos degraus da Cidade de Davi, pela escada que fica ao longo do muro, acima do palácio de Davi, voltando para a Porta da Fonte, a leste.

38-39 O outro grupo seguiu para a esquerda. Eu e metade do povo o seguimos pelo muro, desde a torre dos Fornos até a parte larga do muro, acima da Porta de Efraim, a Porta de Jesana, a Porta do Peixe, a torre de Hananeel e a torre dos Cem, até a Porta das Ovelhas. Paramos na Porta da Guarda.

40-42 Depois, os dois coros ocuparam seus lugares no templo de Deus. Acompanhei a metade dos oficiais e os sacerdotes Eliaquim, Maaseias, Miniamim, Micaías, Elioenai, Zacarias e Hananias, que estavam com suas trombetas. Também estavam lá Maaseias, Semaías, Eleazar, Uzi, Joanã, Malquias, Elão e Ézer. Os cantores eram conduzidos por Jezraías.

43 Naquele dia, ofereceram muitos sacrifícios, numa grande celebração, pois Deus os havia enchido de alegria. As mulheres e as crianças levantaram a voz com todo o povo. O júbilo de Jerusalém foi ouvido de muito longe.

44-46 Naquele mesmo dia, foram escolhidos os encarregados dos depósitos das ofertas, dos primeiros frutos e dos dízimos. Eles tinham a responsabilidade de garantir que a porção dos sacerdotes e dos levitas, ordenada pela Revelação, fosse trazida das terras pertencentes às cidades. O povo de Judá respeitava muito o trabalho dos sacerdotes e dos levitas. O povo, os cantores e os guardas fizeram tudo como rezava a cartilha: conduziram a adoração a Deus e o ritual da purificação de maneira tal que teria enchido os olhos de Davi e Salomão. Era assim que se fazia antigamente, nos dias de Davi e de Asafe, quando havia

DIA 227

dirigentes de coros para conduzir o povo nos cânticos de louvor e ações de graças a Deus.

⁴⁷Na época de Zorobabel e Neemias, todo o Israel contribuía com quantias diárias para os cantores e os guardas. Também separavam o que era destinado aos levitas, e os levitas faziam o mesmo para os descendentes de Arão.

13 ¹⁻³Naquele mesmo dia, foi lido o Livro de Moisés diante do povo. Descobriu-se, no livro, que nenhum amonita ou moabita podia fazer parte da congregação do povo de Deus, porque eles não haviam acolhido o povo de Israel, negando a eles comida e bebida. Em vez de ajudar os israelitas, contrataram Balaão para amaldiçoá-los. Mas Deus transformou a maldição em bênção. Quando ouviram a leitura da Revelação, excluíram de Israel todos os estrangeiros.

⁴⁻⁵Antes disso, o sacerdote Eliasibe havia sido encarregado dos depósitos do templo de Deus. Ele era parente de Tobias e tinha disponibilizado para ele uma sala grande, que era usada para estocar as ofertas de cereais, incenso, os utensílios para o sacrifício, os dízimos dos cereais, do vinho e do azeite para os levitas, os cantores e os guardas e as ofertas para os sacerdotes.

⁶⁻⁹Eu não estava em Jerusalém quando isso aconteceu. No trigésimo segundo ano de Artaxerxes, rei da Babilônia, eu havia voltado para o palácio do rei. Mais tarde, pedi permissão ao rei para viajar outra vez. Cheguei a Jerusalém e foi quando soube que Eliasibe havia cedido espaço para Tobias nos pátios do templo de Deus. Fiquei realmente furioso. Joguei fora tudo que estava dentro da sala, todos os pertences de Tobias. Depois, mandei que a sala fosse purificada. Só então, pus de volta os utensílios do templo de Deus, as ofertas de cereal e o incenso.

¹⁰⁻¹³Também fiquei sabendo que os levitas não estavam recebendo a quantia regular de alimento. Por isso, os levitas e os cantores que conduziam o culto de adoração haviam abandonado suas responsabilidades e voltado para suas terras. Chamei a atenção dos oficiais, dizendo: "Por que vocês abandonaram o templo de Deus?". Chamei todos de volta e os reintegrei às antigas funções, de modo que todo o povo de Judá voltou a trazer os dízimos dos cereais, do vinho e do azeite para os depósitos. Designei o sacerdote Selemias, o escriba Zadoque e os levitas Pedaías como encarregados dos depósitos. Nomeei Hanã, filho de Zacur, filho de Matanias, auxiliar direto deles. Esses homens

tinham a reputação de serem honestos e trabalhadores. Eles ficaram encarregados de distribuir a porção de mantimento para seus companheiros.

¹⁴"Por isso, lembra-te de mim, ó Deus! Nunca te esqueças de como me dediquei ao trabalho do templo de Deus e do seu serviço."

¹⁵⁻¹⁶Enquanto fazia a viagem de volta a Jerusalém, também percebi que o povo prensava uvas, transportava cereais e carregava seus jumentos no sábado. Traziam vinho, uvas, figos e todo tipo de mercadoria para serem comercializados no sábado. Então, eu os adverti contra a venda de alimentos naquele dia. Alguns naturais de Tiro que estavam morando em Jerusalém traziam peixes e outras mercadorias para vender aos moradores de Judá, em Jerusalém, e isso no sábado!

¹⁷⁻¹⁸Cobrei uma atitude dos líderes de Judá, dizendo: "O que está acontecendo? Isso está errado! Vocês estão profanando o sábado! Não foi justamente o que seus antepassados fizeram? Não foi por causa disso que Deus trouxe esta miséria sobre nós e sobre esta cidade? Com a profanação do sábado, vocês estão acrescentando desobediência e fazendo aumentar a ira de Deus contra Jerusalém!".

¹⁹Quando os portões de Jerusalém já estavam cobertos pela sombra da tarde, às vésperas do sábado, mandei fechar os portões e proibi que fossem abertos até o fim do sábado. Pus alguns homens de confiança de guarda nos portões, para que não deixassem entrar nada que fosse destinado ao comércio no sábado.

²⁰⁻²¹Os comerciantes e negociantes de várias mercadorias montaram as barracas fora dos portões uma ou duas vezes. Mas chamei a atenção deles, dizendo: "Vocês não devem ficar aqui perto do muro. Se eu encontrar vocês aqui outra vez, vou retirá-los à força!". Bastou essa advertência, e eles não voltaram mais no sábado.

²²Depois, instruí os levitas a se purificarem e assumirem o posto nos portões, para que a santidade do sábado fosse respeitada.

"Lembra-te de mim, ó Deus! Tem compaixão de mim, por teu grande amor e por tua fidelidade."

²³⁻²⁷Na mesma época, constatei ainda que muitos judeus haviam se casado com mulheres de Asdode, de Amom e de Moabe. Metade das crianças nem falava o idioma de Judá, só sabiam falar a língua de

Asdode ou outra língua. Então, chamei a atenção desses homens e os amaldiçoei. Cheguei a bater em alguns deles e a arrancar seus cabelos. Fiz que jurassem, em nome de Deus, que acatariam a minha ordem: "Não deem suas filhas em casamento aos filhos desses povos, nem deixem as filhas deles se casarem com seus filhos, nem tomem mulheres para vocês do meio desses povos! Não foi justamente esse o pecado de Salomão, rei de Israel, quando tomou mulheres como essas? Apesar de não ter havido outro rei como ele e de Deus o ter amado e feito dele rei sobre todo o Israel, as mulheres estrangeiras provocaram sua ruína. Vocês chamam isto de obediência, envolver-se em tamanho mal, sendo infiéis a Deus, casando-se com mulheres estrangeiras?".

²⁸ Um dos filhos de Joiada, filho do sacerdote principal Eliasibe, era genro de Sambalate, o horonita. Eu o expulsei da minha presença.

²⁹ "Lembra-te deles, ó Deus, de como profanaram o sacerdócio e a aliança dos sacerdotes e dos levitas!"

³⁰⁻³¹ Eu os purifiquei de tudo que era estranho. Organizei as ordens de serviço para os sacerdotes e os levitas, de modo que cada um sabia qual era sua responsabilidade. Providenciei que fosse fornecida a lenha a ser usada no altar, para os dias fixos e para a apresentação dos primeiros frutos.

Lembra-te de mim, ó Deus, para sempre!

ROMANOS 12.11 — 13.14

¹¹⁻¹³ Não se deixem esgotar: mantenham-se animados e dispostos. Sejam servos vigilantes do Senhor, com uma expectativa alegre. Não desistam em tempos difíceis, mas orem com fervor. Ajudem os cristãos necessitados e pratiquem a hospitalidade. ¹⁴⁻¹⁶ Abençoem os inimigos: não haja maldição em suas palavras. Riam quando seus amigos estiverem alegres; chorem com eles quando estiverem tristes. Ajudem-se uns aos outros. Não sejam arrogantes. Façam amigos entre as pessoas mais simples; não se julguem importantes. ¹⁷⁻¹⁹ Não revidem. Descubram a beleza que há em todos. Se você a descobriu em você, faça o mesmo com todos. Não insistam na vingança; ela não pertence a vocês. "Eu vou julgar. Eu vou cuidar disso", diz Deus.

²⁰⁻²¹ As Escrituras recomendam que, se você vir seu inimigo com fome, ofereça-lhe um bom almoço; se estiver com sede, dê-lhe de beber. Sua bondade irá surpreendê-lo. Não permita que o mal vença em sua vida, mas vença o mal com a prática do bem.

Um cidadão responsável

13¹⁻³ Sejam bons cidadãos. Todos os governos estão abaixo de Deus. Se há paz e ordem, é ordem de Deus. Então, vivam de modo responsável como cidadãos. Se forem irresponsáveis para com o Estado, estarão sendo irresponsáveis para com Deus, e Deus pedirá contas disso. As autoridades constituídas só serão uma ameaça se desobedecerem. Os cidadãos decentes não têm o que temer. ³⁻⁵ Querem estar em boa situação com o governo? Sejam cidadãos responsáveis, e o governo trabalhará a seu favor. Mas, se vocês desobedecem às leis o tempo todo, cuidado! Os guardas não estão aí apenas para serem admirados por seus uniformes. Deus também tem interesse em manter a ordem, e os usa para isso. Portanto, vivam com responsabilidade — não apenas para evitar a punição, mas por ser a maneira certa de viver. ⁶⁻⁷ É por isso, também, que vocês pagam impostos — para que a ordem seja mantida. Cumpram suas obrigações como um cidadão. Paguem seus impostos. Paguem suas contas. Respeitem seus superiores.

⁸⁻¹⁰ Não façam dívidas, a não ser a imensa dívida de amor que vocês têm uns para com os outros. Quando vocês amam uns aos outros, estão cumprindo a lei. O código da lei — não durma com uma pessoa casada, não tire a vida de ninguém, não pegue o que não é seu, não fique o tempo todo desejando o que você não tem e todos os outros "nãos" que você pensar — se resume nisto: ame o próximo como a você mesmo. Você não faz nada errado quando ama o próximo. Adicione tudo ao código da lei, e a soma total sempre dará *amor*. ¹¹⁻¹⁴ Mas cuidem para não serem absorvidos pelas obrigações diárias a ponto de perderem tempo e se distraírem de Deus. A noite está quase acabando, o dia vai raiar. Estejam atentos ao que Deus está fazendo. Ele está dando os últimos retoques na obra de salvação que começou quando cremos. Não podemos desperdiçar as preciosas horas do dia em futilidades, preguiça, distração, brigas e disputas. Saiam da cama e vistam-se! Não desperdicem o tempo nem se demorem,

DIA 228

esperando até o último minuto. Revistam-se de Cristo e estejam preparados!

SALMOS 98.1-9

98¹Cantem ao Eterno uma novíssima canção.
Ele fez um mundo de maravilhas!

Ele arregaçou as mangas
E estabeleceu as coisas no lugar.

[2]O Eterno fez história com a salvação,
Mostrou ao mundo o que podia fazer.

[3]Ele se lembrou de sua misericórdia
Para com sua querida família, Israel –
seu amor incansável.

Toda a terra está em posição de sentido.
Vejam as obras de salvação de Deus!

[4]Proclamem seus louvores ao Eterno, todos vocês!
Abram-se e cantem! Som, maestro!

[5]Formem uma orquestra para o Eterno.
Tragam um coral de centenas
e milhares de vozes.

[6]Que os trompetes e os grandes
trombones se destaquem
E encham o ar com louvores ao Rei, o Eterno.

[7]Que o mar e seus peixes
deem uma salva de palmas,
E tudo que vive na terra se junte a eles!

[8]Que as arrebentações do mar gritem: "Bravo!",
E as montanhas harmonizem o final –

[9]Um tributo ao Eterno quando ele chegar,
Quando ele vier corrigir a terra.

Ele endireitará o mundo todo.
Ele corrigirá o mundo e todos os que estão nele.

◾ NOTAS

☐ **DIA 228** ___ / ___ / ___

ESTER 1.1 — 3.9

1¹⁻³Nos dias de Xerxes, que reinou sobre cento e vinte e sete províncias desde a Índia até a Etiópia, a sede do reino ficava no complexo real de Susã. No terceiro ano do seu reinado, ele ofereceu um banquete a todos os seus oficiais e ministros. Também estavam presentes as autoridades militares da Pérsia e da Média, além dos príncipes e governadores das províncias.

[4-7]Durante seis meses, ele exibiu o imenso patrimônio do seu Império e o impressionante luxo da realeza. Para concluir, o rei deu uma festa de uma semana para todos os moradores da capital, Susã. Participaram desde os nobres até os mais simples. A festa aconteceu no jardim do pátio do palácio de verão do rei. O jardim foi decorado com tecidos brancos e azuis, fixados com cordas de linho branco e roxo em argolas de prata, fixadas em colunas de mármore. As poltronas eram de prata e de ouro; o piso era um mosaico de pórfiro, mármore, madrepérola e pedras preciosas. A bebida era servida em taças

de ouro personalizadas. O vinho real era servido à vontade, por conta da generosidade do rei.

8-9 O rei autorizou os convidados a beber quanto quisessem. Os mordomos ficavam à disposição para servi-los sempre que desejassem. Enquanto isso, dentro do palácio do rei Xerxes, a rainha Vasti oferecia um banquete à parte para as mulheres.

10-11 No sétimo dia da festa, o rei, já alterado de tanto beber, ordenou a sete oficiais, seus auxiliares particulares Meumã, Bizta, Harbona, Bigtá, Abagta, Zetar e Carcas, que fossem buscar a rainha Vasti em trajes suntuosos e com sua coroa real. Ela era muito bonita.

12-15 Mas a rainha se recusou a ir e não acompanhou os oficiais. O rei ficou indignado. Furioso com a recusa da rainha, convocou seus conselheiros e todos os especialistas em questões de leis e de direito. O rei tinha o costume de consultar os assessores especializados. Os assessores mais próximos, os sete principais ministros da Pérsia e da Média, que faziam parte do círculo restrito do rei, eram: Carsena, Setar, Adamata, Társis, Meres, Marsena e Memucã. Ele perguntou que medida legal deveria ser tomada contra a rainha Vasti por ter recusado atender a uma ordem do rei Xerxes transmitida por seus oficiais.

16-18 Memucã tomou a palavra diante dos conselheiros e dos ministros do rei: "Não foi apenas ao rei que a rainha Vasti ofendeu. Todos nós, as autoridades e todo o povo de todas as províncias do rei Xerxes, fomos ofendidos. Não tenham dúvida de que a notícia vai se espalhar: 'Você soube o que a rainha Vasti fez? O rei Xerxes ordenou que ela se apresentasse diante dele, e ela se recusou!'. Quando as mulheres ouvirem isso, vão começar a tratar o marido com desprezo. O dia em que as mulheres dos oficiais da Pérsia e da Média ficarem sabendo da recusa da rainha, perderemos o controle. É isso que queremos? Um país cheio de mulheres rebeldes, que não aceitam sua condição?

19-20 "Então, se o rei estiver de acordo, promulgue um decreto real e registre-o nas leis dos persas e dos medos, de modo que não possa ser revogado, que a rainha Vasti está terminantemente proibida de comparecer perante o rei Xerxes. Assim, o rei terá a liberdade de substituí-la por uma mulher que aceite sua condição. Quando o decreto do rei for conhecido por todo o império, por mais vasto que seja, toda mulher, de qualquer posição social, terá maior respeito por seu marido".

21-22 O rei e os ministros gostaram desse conselho. O rei fez exatamente o que Memucã propôs. Enviou comunicados a todas as partes do Império, para cada província e para cada povo em sua própria escrita e língua, dizendo: "Todo homem é senhor de seu lar; o que ele disser deve ser respeitado".

2 **1-4** Passado um tempo, quando o rei Xerxes já estava mais calmo, ele se lembrou do que Vasti havia feito e do que ele tinha determinado contra ela. Os auxiliares do rei sugeriram que fossem trazidas as virgens mais bonitas para o rei. Disseram: "Designe oficiais de todas as províncias para escolher e enviar as moças mais belas a Susã. Elas devem ser recolhidas ao harém administrado por Hegai, o eunuco do rei, responsável pelas mulheres, para que ele dê a elas um tratamento de beleza completo. Depois, a moça que mais agradar ao rei ocupará o lugar de Vasti".

O rei gostou do conselho e o pôs em prática.

5-7 Havia um judeu que trabalhava no complexo real de Susã chamado Mardoqueu. Ele era filho de Jair, filho de Simei, filho de Quis, da tribo de Benjamim. Seus antepassados foram levados cativos de Jerusalém pelo rei Nabucodonosor da Babilônia com o rei Joaquim de Judá. Mardoqueu criou sua prima Hadassa, que não tinha pai nem mãe. Ela era também conhecida pelo nome de Ester. Era elegante e muito atraente. Depois da morte dos pais dela, Mardoqueu a adotou como filha.

8 Quando a ordem do rei foi divulgada, muitas moças foram levadas para o complexo real de Susã e entregues a Hegai, encarregado de cuidar das mulheres. Ester estava entre elas.

9-10 Hegai se agradou de Ester e deu uma atenção especial à moça. Submeteu-a a tratamentos de beleza, determinou uma dieta especial para ela, chamou sete moças do palácio para servi-la e designou um quarto separado para ela e as moças. A conselho de Mardoqueu, Ester não disse nada a respeito da sua origem ou do seu povo.

11 Todos os dias, Mardoqueu passava pelo pátio do harém para saber de Ester e ter notícias dela.

12-14 Depois de doze meses de preparação e tratamentos de beleza — seis meses de tratamento com óleo de mirra e seis meses com perfumes e vários cosméticos —, cada moça era levada ao rei Xerxes. Quando chegava a vez de uma moça comparecer diante do rei, ela podia levar consigo para o palácio do rei o que quisesse. Ela ia à tarde e, na manhã seguinte, era encaminhada para outro harém, supervisionada por Saasgaz, o oficial do rei encarregado das concubinas. Ela nunca mais voltava à presença do rei, a não ser que o rei gostasse dela e a chamasse pelo nome.

DIA 228

694

¹⁵Na vez de Ester, filha de Abiail, tio de Mardoqueu, que a adotou como filha, ela não quis levar nada, a não ser o que Hegai, o encarregado do harém, recomendou. Ester, com seu comportamento, conquistava a admiração de todos os que conviviam com ela.

¹⁶Ela foi levada ao rei Xerxes no palácio real no décimo mês, no mês de tebete, no sétimo ano do seu reinado.

¹⁷⁻¹⁸O rei apaixonou-se por Ester, muito mais que por qualquer outra mulher ou outra virgem. Ele entregou a coroa real a ela e a constituiu rainha no lugar de Vasti. Em seguida, o rei ofereceu um grande banquete a todos os seus nobres e oficiais. Era o banquete de Ester. Ele decretou feriado em todas as províncias e distribuiu presentes com generosidade real.

¹⁹⁻²⁰Quando as virgens foram reunidas novamente, Mardoqueu estava sentado à porta do palácio. Até então, Ester não havia revelado nada sobre sua origem ou seu povo, conforme Mardoqueu havia instruído. Ela continuava acatando o que Mardoqueu dizia, como na infância, quando foi criada por ele.

²¹⁻²³Certo dia, quando Mardoqueu estava sentado à porta do palácio, Bigtã e Teres, dois dos eunucos, que guardavam a entrada, estavam revoltados com o rei Xerxes e tramaram o assassinato dele. Mas Mardoqueu descobriu a conspiração e a contou à rainha Ester, que levou a informação ao rei Xerxes, dizendo que foi Mardoqueu quem tinha descoberto o plano. Depois de investigarem o caso e confirmarem sua veracidade, os dois homens foram condenados à forca. Tudo isso foi registrado no histórico do reinado, na presença do rei.

3 ¹⁻²Algum tempo depois, o rei Xerxes promoveu Hamã, filho de Hamedata, descendente de Agague, ao posto mais alto do seu governo. Todos os oficiais do rei que transitavam pela porta do palácio saudavam Hamã, curvando-se e ajoelhando-se, conforme determinação do rei. Exceto Mardoqueu.

²⁻⁴Mardoqueu não se curvava nem se ajoelhava. Então, os oficiais do rei reunidos na porta do palácio perguntaram a Mardoqueu: "Por que você não acata a determinação do rei?". Todos os dias, ele era questionado, mas não dava a mínima atenção a eles. Até que alguém foi contar a Hamã, para ver se alguém tomava alguma providência. Mardoqueu já tinha dito que era judeu.

⁵⁻⁶Quando Hamã viu que Mardoqueu não se curvava nem se ajoelhava diante dele, ficou indignado.

Sabendo que ele era judeu, Hamã não se contentou em descarregar sua fúria contra um único judeu e ficou pensando num jeito de eliminar não só Mardoqueu, mas todos os judeus de todo o Império de Xerxes.

⁷No primeiro mês, o mês de nisã, no décimo segundo ano de Xerxes, lançaram o *pur*, isto é, a sorte, na presença de Hamã, para determinar o dia e o mês da execução do plano. Foi escolhido o dia 13 do décimo segundo mês, o mês de adar.

⁸⁻⁹Então, Hamã expôs seu caso ao rei Xerxes: "Há um povo estranho espalhado por todas as províncias do Império que não se enquadra aqui. Seus costumes e seu modo de vida são diferentes dos demais povos. Além do mais, eles não respeitam as leis do rei e representam uma ameaça. O rei não deveria tolerá-los. Se for do agrado do rei, determine que eles sejam eliminados. Eu mesmo me encarregarei das despesas. Depositarei trezentas e cinquenta toneladas de prata no tesouro real para custear a operação".

ROMANOS 14.1-23

Cultivando bons relacionamentos

14 ¹Recebam de braços abertos os irmãos que não veem as coisas como vocês. Não os atropelem toda vez que eles fizerem ou falarem algo com o qual vocês não concordam — mesmo quando parecer que eles são fortes nas opiniões, mas fracos na fé. Tratem-nos com gentileza.

²⁻⁴Por exemplo, uma pessoa viajada pode muito bem estar convencida de que pode comer de tudo que há na mesa, enquanto outro, com uma formação diferente, pode pensar que o certo é ser vegetariano. Mas, como ambos são convidados à mesa de Cristo, não seria desagradável se um começasse a criticar o que o outro comeu ou deixou de comer? Afinal, Deus convidou ambos para sua mesa. O que você vai fazer: cortá-los da lista de convidados, ou interferir nesse amor de Deus que a todos recebe? Se há correções a serem feitas ou lições a serem aprendidas, Deus pode lidar com elas sem sua ajuda.

⁵Digamos que alguém pense que determinados dias devem ser considerados sagrados, enquanto outro pensa que todos os dias são iguais. Há boas razões para cada opinião. A verdade é que cada um é livre para seguir as convicções da consciência.

⁶⁻⁹O que importa em tudo isso é que, se você guarda um dia sagrado, guarde-o por causa de Deus; se você come carne, coma-a para a glória de Deus e agradeça a

ele pela picanha; se você é vegetariano, coma vegetais para a glória de Deus e agradeça-lhe pelos brócolis. Nenhum de nós tem permissão para legislar nesses assuntos. É a *Deus* que vamos prestar contas — de tudo e em tudo, na vida e na morte —, a ninguém mais. Foi por isto que Jesus viveu e morreu e depois viveu outra vez: para se tornar nosso Senhor sobre tudo, da vida à morte, e nos libertar das pequenas tiranias de cada um.

10-12 Além do mais, o que você vai ganhar ao criticar um irmão? E quando você é tolerante com uma irmã? Preciso dizer que isso faz você parecer um tolo — ou algo pior. Afinal, um dia todos nós iremos nos ajoelhar para sermos julgados, na presença de Deus. Sua crítica ou sua tolerância não vão melhorar sua situação nem um pouco. Leiam vocês mesmos o que as Escrituras dizem:

"Tão certo como eu vivo e respiro", Deus diz,
  "todo joelho se dobrará na minha presença;
Toda língua dirá a pura verdade
  Que eu, e somente eu, sou Deus".

Portanto não se metam na vida alheia. Vocês já têm bastante com que se preocupar, cuidando da própria vida diante de Deus.

13-14 Deixem de lado a atitude de querer decidir o que é certo para o outro. Preocupem-se em não se intrometer na vida dos outros, tornando a vida mais difícil do que já é. Estou convencido — Jesus me convenceu! — de que tudo é santo em si mesmo. Nós, pelas nossas atitudes ou palavras, é que podemos contaminar as coisas.

15-16 Se vocês confundem os outros, fazendo do que as pessoas comem um campo de batalha, já perderam aquela amizade, aquele amor. Lembrem-se de que foi por essas pessoas que Cristo morreu. Vocês vão arriscar mandá-las para o inferno por causa de uma dieta? Não ousem fazer que a comida abençoada por Deus se torne um meio de envenenar a alma.

17-18 O Reino de Deus não tem a ver com o que vai para o estômago, entendam isso! Tem a ver com o que Deus faz com a sua vida, quando ele a conserta e completa sua obra com alegria. Nossa tarefa é servir a Cristo com sinceridade. Façam isso, e irão matar dois coelhos com uma única cajadada: agradar a Deus mais que a vocês e mostrar seu valor para todo mundo.

19-21 Assim estaremos empregando nosso esforço na boa convivência fraterna. Ajudem-se mutuamente com palavras de ânimo. Não ponham seu irmão lá embaixo, apontando os defeitos dele. Não permitam que uma discussão a respeito do que é ou não é servido num jantar destrua a obra de Deus entre vocês. Já disse e repito: toda comida é boa, mas pode se tornar má se vocês a usarem mal, fazendo que os outros tropecem e caiam. Quando vocês se sentarem para comer, a preocupação principal não deve ser alimentar-se, mas compartilhar a vida de Jesus. Portanto, sejam sensíveis e educados com os outros que estão à mesa. Não comam, façam ou falem nada que interfira na livre troca de amor cristão.

22-23 Cultivem o relacionamento com Deus, mas não o imponham aos outros. Vocês serão felizes se seu comportamento e sua fé forem coerentes. Mas, se não estão seguros, se percebem que estão agindo de modo incoerente com o que creem — às vezes tentando impor sua opinião ou apenas agradar —, vocês estão errados. Se seu modo de viver não condiz com o que vocês creem, então está errado.

SALMOS 99.1-9

99 1-3 O Eterno reina: todos de pé!
Ele reina do seu trono angelical —
    prestem atenção!
O Eterno aparece majestosamente em Sião,
Ele se ergue em esplendor sobre todos
    os grandes nomes.
Grande e terrível é sua beleza: que todos o louvem!
    Sim, ele é santo.

4-5 Poderoso Rei, que amas a justiça,
Tu projetaste as coisas honestas e justas;
Estabeleceste as fundações em Jacó,
Fundastes os caminhos justos e retos.
Honrem o Eterno, o nosso Deus!
    Adorem seu governo!
    Sim, ele é santo.

6-9 Moisés e Arão foram seus sacerdotes,
Samuel estava entre os que o louvaram.
Eles oravam ao Eterno, e ele respondia.
Ele falou da coluna de uma nuvem,
E eles obedeceram, guardaram a lei que
    ele outorgou.
Então, o Eterno, o nosso Deus, respondeu.
(Mas nunca aceitaste os pecados deles).
Exaltem o Eterno, o nosso Deus!
    Adorem em seu monte santo!
    Sim, ele é santo. Santo é o Eterno,
    o nosso Deus!

DIA 229

NOTAS

povo, em nome do rei Xerxes, e selada com o selo real.

¹³⁻¹⁴ Foram enviados os comunicados pelos emissários a todas as províncias do Império. A ordem era massacrar e, assim, eliminar os judeus, jovens e velhos, mulheres e crianças, no mesmo dia, o dia 13 do décimo segundo mês, no mês de adar, e confiscar todos os seus bens. Em cada província, foram publicadas cópias da decisão, a fim de que todos se preparassem para aquele dia.

¹⁵ Em obediência à ordem do rei, os emissários partiram. A decisão também foi comunicada no complexo real de Susã. O rei e Hamã sentaram-se para beber, enquanto a cidade de Susã se alvoroçava com a notícia.

4 ¹⁻³ Quando Mardoqueu descobriu o que tinha acontecido, rasgou a própria roupa, vestiu pano de saco e pôs cinzas na cabeça. Depois, saiu para a rua, chorando em voz alta. Ele chegou até a porta do palácio, mas ficou do lado de fora, pois ninguém vestido de pano de saco podia entrar. Enquanto a decisão do rei era divulgada entre todas as províncias, houve muito choro no meio dos judeus: eles jejuavam, choravam e lamentavam a situação. A maioria deles vestia pano de saco e punha cinzas na cabeça.

⁴⁻⁸ Os eunucos e as servas de Ester vieram contar o que havia acontecido. A rainha ficou inconformada. Mandou roupas para Mardoqueu, sugerindo que ele abandonasse o pano de saco, mas ele não aceitou. Ester chamou Hatá, um dos oficiais do palácio, a quem o rei havia designado para assisti-la, e pediu que fosse conversar com Mardoqueu para saber o que, de fato, estava acontecendo. Hatá encontrou Mardoqueu na praça da cidade, diante da porta do palácio. Mardoqueu contou tudo que tinha acontecido. Informou até a exata quantia de dinheiro que Hamã tinha prometido depositar nos cofres do palácio para financiar a execução dos judeus. Mardoqueu entregou uma cópia do comunicado sobre o massacre que fora divulgado em Susã para que ele o mostrasse a Ester quando fosse apresentar seu relatório, e pediu que ela intercedesse perante o rei a favor do seu povo.

⁹⁻¹¹ Hatá voltou e contou a Ester tudo que Mardoqueu tinha dito. Ester conversou sobre o assunto com Hatá e, depois, o mandou de volta a Mardoqueu com este recado: "Todos os que trabalham aqui para o rei, e mesmo os moradores das províncias, sabem qual é o destino de qualquer homem ou mulher que se aproxime do rei sem

|||||||||||||||||||||||||||||||||||||||||||||||||||||

☐ DIA **229** ___ / ___ / ___

ESTER 3.10 — 6.14

¹⁰ O rei retirou o anel de selar do dedo e o entregou a Hamã, filho de Hamedata, de Agague, inimigo número um dos judeus.

¹¹ O rei disse a Hamã: "Vá em frente! Fique com o dinheiro. Faça o que quiser com esse povo".

¹² No dia 13 do primeiro mês, os secretários do rei foram chamados. A decisão foi registrada exatamente como Hamã ditou e endereçada a todos os governadores de todas as províncias e às autoridades de cada povo. Foi registrada na escrita e na língua de cada província e de cada

ser convocado: é morte na certa. A única exceção é se o rei estender à pessoa o seu cetro de ouro. Só assim, a pessoa será poupada. E já se passaram trinta dias desde a última vez que fui convidada a comparecer diante do rei".

¹²⁻¹⁴Hatá repetiu as palavras de Ester a Mardoqueu, e ele mandou este recado de volta: "Não pense que só porque você mora no palácio real será a única judia a sobreviver. Se você insistir em ficar quieta numa situação como esta, o socorro e o livramento para os judeus virão de outra parte, mas você e sua família serão exterminadas. Quem sabe não foi justamente para isso que você foi escolhida rainha?".

¹⁵⁻¹⁶Ester mandou dizer a Mardoqueu: "Convoque todos os judeus que moram em Susã. Jejuem a meu favor. Não comam nem bebam nada durante três dias e três noites. Eu e minhas assistentes faremos o mesmo. Se fizerem isso, vou arriscar comparecer diante do rei, mesmo sendo proibido. Se eu tiver de morrer, morrerei".

¹⁷Mardoqueu fez o que Ester havia pedido.

5 ¹⁻³Três dias depois, Ester vestiu seu traje real e ficou no pátio interior do palácio, em frente da sala do trono do rei. O rei estava em seu trono de frente para a entrada. Quando percebeu que a rainha Ester estava no pátio, ficou contente em vê-la e estendeu para ela o cetro de ouro que tinha na mão. Ester se aproximou e tocou a ponta do cetro. O rei perguntou: "O que você deseja, rainha Ester? Qual é o seu pedido? Prometo dar o que você pedir, mesmo que seja metade do reino!".

⁴Ester respondeu: "Se for do seu agrado, venha com Hamã participar de um banquete que preparei".

⁵⁻⁶O rei disse: "Chamem Hamã imediatamente, para irmos ao banquete de Ester".

O rei e Hamã foram ao banquete que Ester tinha preparado. Enquanto bebiam vinho, o rei perguntou: "Então, o que você deseja? Para você, metade do reino não será pedir demais! Pode pedir o que quiser".

⁷⁻⁸Ester respondeu: "Se o rei se agrada de mim e estiver disposto a atender ao meu pedido e meu desejo, quero que amanhã o rei e Hamã participem de outro banquete que vou preparar. Então, vou responder com toda a clareza à pergunta do rei".

⁹⁻¹³Hamã saiu do palácio muito feliz naquela noite. Ao sair, viu Mardoqueu sentado perto da porta do palácio, e este o ignorou. Hamã ficou furioso. Mas ele se conteve e voltou para casa. Chamou seus amigos e, com sua mulher, Zeres, ficou se gabando do dinheiro que possuía, dos muitos filhos, das frequentes homenagens que recebia do rei, da promoção ao posto mais elevado do governo, e acrescentou: "Além do mais, a rainha Ester me convidou para um banquete particular, que ela ofereceu ao rei. Só nós três estávamos lá. Ela também me convidou para outro banquete amanhã. Mas, ainda assim, não estarei satisfeito enquanto o judeu Mardoqueu estiver sentado à entrada do palácio".

¹⁴Sua mulher, Zeres, e todos os seus amigos disseram: "Mande fazer uma forca de vinte metros de altura. Fale com o rei logo cedo e consiga dele permissão para enforcar Mardoqueu. Depois, vá festejar com o rei no banquete".

Hamã gostou da sugestão e mandou construir a forca.

6 ¹⁻²Naquela noite, o rei não conseguia dormir e pediu que trouxessem o livro dos registros históricos, o diário da corte, para que pudesse ler. Durante a leitura, deparou com o registro do incidente em que Mardoqueu descobriu a conspiração de Bigtã e Teres, os dois eunucos da corte, guardas da entrada do palácio, que haviam planejado assassinar o rei Xerxes.

³O rei perguntou: "Que recompensa deram a Mardoqueu por isso?". Os oficiais do rei que estavam de plantão responderam: "Nenhuma. Nada foi feito por ele".

⁴O rei quis saber: "Tem alguém aí no pátio?".

Hamã havia acabado de chegar ao pátio externo do palácio real para conversar com o rei sobre o enforcamento de Mardoqueu, na forca que ele tinha mandado fazer.

⁵Os oficiais do rei disseram: "Hamã está esperando no pátio".

O rei respondeu: "Tragam-no para dentro".

⁶⁻⁹Quando Hamã entrou, o rei perguntou a ele: "O que seria correto fazer a um homem a quem o rei quer homenagear?".

Hamã pensou consigo mesmo: "Ele deve estar querendo me homenagear, pois que outra pessoa seria?". Então, respondeu ao rei: "Faça o seguinte ao homem a quem o rei quer homenagear: Mande trazer uma das vestimentas reais e um cavalo que o rei costuma montar, um que tenha o brasão do rei na cabeça. Depois, entregue a roupa e o cavalo a um dos príncipes mais nobres do rei. Peça para que ele vista o homem a quem o rei quer homenagear e o conduza montado no cavalo por toda a cidade, proclamando: 'É assim que se faz ao homem a quem o rei quer homenagear!'".

DIA 229

¹⁰O rei disse a Hamã: "Pois faça exatamente isso. Não perca tempo. Pegue a roupa e o cavalo e faça o que você sugeriu ao judeu Mardoqueu, que está sempre ali perto da porta do palácio. E não se esqueça de nenhum detalhe do que você sugeriu".

¹¹Hamã foi buscar a roupa e o cavalo. Depois, vestiu Mardoqueu e o conduziu por toda a cidade, proclamando: "É assim que se faz ao homem a quem o rei quer homenagear!".

¹²⁻¹³Encerrada a homenagem, Mardoqueu voltou à porta do palácio, mas Hamã correu para casa. Inconsolável, não queria ver ninguém. Quando Hamã terminou de contar à sua mulher Zeres e aos seus amigos o que havia acontecido com ele, seus amigos mais sábios e sua mulher Zeres disseram: "Se esse Mardoqueu é judeu mesmo, isso é só o começo da sua desgraça. Sentimos muito, mas você não tem chance alguma, já está arruinado".

¹⁴Estavam ainda conversando, quando os oficiais do rei chegaram para levar Hamã ao banquete que Ester tinha preparado.

ROMANOS 15.1-21

15 ¹⁻²**A**queles de nós que forem mais fortes e capazes na fé têm o dever de ajudar os que são vacilantes, não devem fazer apenas o que for conveniente. Se temos força é para servir, não para ganhar prestígio. Cada um de nós precisa se preocupar com o bem-estar alheio, sempre perguntando: "Como posso ajudar?".

³⁻⁶Foi o que Jesus fez. Ele não facilitou as coisas para si mesmo, evitando os problemas alheios, mas sempre estava disposto a ajudar. "Assumo os problemas dos problemáticos" — assim as Escrituras apresentam a questão. Ainda que isso tenha sido registrado nas Escrituras há muito tempo, estejam certos de que foi escrito para *nós*. Deus quer que o seu chamado firme e permanente combinado com o conselho caloroso e pessoal das Escrituras venham a *nos* caracterizar, mantendo-nos alerta para o que ele vier a fazer. Que o nosso Deus fiel, imutável, pessoal e caloroso desenvolva a maturidade em vocês, de modo que possam estar um ao lado do outro, assim como Jesus se põe ao lado de cada um de nós. Então, seremos um coral — não apenas nossa voz, mas nossa vida cantará um hino maravilhoso, em perfeita harmonia, ao Deus e Pai do nosso Senhor Jesus!

⁷⁻¹³Portanto, estendam a mão e acolham uns aos outros, para a glória de Deus. Jesus fez; agora, é a vez de *vocês*! Sendo fiel aos propósitos de Deus, Jesus estendeu a mão aos judeus de maneira especial, de modo que as velhas promessas, feitas aos antepassados, se tornassem verdadeiras para eles. Como resultado, os não judeus foram alcançados pela misericórdia e agora podem demonstrar gratidão a Deus. Pensem em todos os textos das Escrituras que se cumprem no que fazemos! Por exemplo:

> Então vou reunir os que são de fora
> no cântico de um hino;
> vou cantar ao seu nome!

E esta:

> Vocês, os de fora e os de dentro, alegrem-se juntos!

E outra vez:

> Povos de todas as nações celebrem a Deus!
> Todas as cores e raças deem louvor sincero!

E a palavra de Isaías:

> Eis a raiz do nosso antepassado Jessé,
> progredindo na terra e tornando-se
> uma grande árvore,
> Alta o bastante para que todos, em toda parte,
> a vejam e tenham esperança!

Que o Deus da esperança viva encha vocês de alegria e paz, para que a vida de vocês se encha da energia vivificante do Espírito Santo e transborde de esperança!

¹⁴⁻¹⁶Pessoalmente estou bastante satisfeito com o que vocês são e com o que estão fazendo. Parecem bem orientados e bastante motivados, capazes de guiar e orientar uns aos outros. Então, queridos amigos, não tomem minha linguagem ousada e dura como crítica. Não estou criticando, apenas destacando quanto preciso da ajuda de vocês para levar adiante esta tarefa específica que Deus me deu, esta obra evangélica e sacerdotal de servir às necessidades espirituais dos não judeus, para que eles possam ser apresentados como oferta aceitável a Deus e se tornem íntegros e santos pelo Espírito Santo de Deus.

¹⁷⁻²¹Olhando para o que já foi feito e o que tenho observado, devo dizer que estou muito satisfeito — no contexto de Jesus, eu diria até *orgulhoso*, mas apenas nesse contexto. Não tenho interesse em dar a vocês um relato pormenorizado das minhas aventuras, apenas as palavras e os atos de Cristo no presente,

poderosos e transformadores para mim, que desencadearam uma resposta de fé entre os de fora. Nesses caminhos, tenho pregado a Mensagem de Jesus, desde Jerusalém até o noroeste da Grécia. Tenho tido o cuidado de levar a Mensagem apenas aos lugares nos quais Jesus ainda não é conhecido e adorado. Seguindo o que está escrito:

Àqueles a quem nunca se falou a respeito dele —
estes irão vê-lo!
Os que nunca ouviram falar dele —
estes receberão a mensagem!

SALMOS 100.1-5

Um salmo de ações de graças

100 ¹⁻²De pé, agora: aplaudam o Eterno! Deem a ele um lindo sorriso de presente, cantem em sua presença com grande alegria.

³Saibam disto: o Eterno é Deus, e Deus é o Eterno.
Ele nos fez: nós não o fizemos.
Somos seu povo, suas ovelhas bem cuidadas.

⁴Entrem na fila e digam de coração: "Obrigado!".
Vão à presença dele e cantem louvores.
Agradeçam-no por tudo! Adorem-no!

⁵Porque o Eterno é bom demais,
transborda em inefável amor
e é leal para sempre.

◾ NOTAS

☐ DIA 230 ___ / ___ / ___

ESTER 7.1 — 10.3

7 ¹⁻²Então, o rei e Hamã foram participar do segundo banquete com a rainha Ester. Enquanto ainda bebiam vinho, o rei perguntou mais uma vez: "Rainha Ester, o que você deseja? Pode pedir até metade do meu reino".

³ Ester respondeu: "Se o rei se agrada de mim e for do seu querer, preserve a minha vida e a vida do meu povo.

⁴ "Nós, eu e meu povo, fomos vítimas de um conluio, e agora vamos ser massacrados e exterminados. Se tivéssemos sido vendidos como escravos, eu nem teria tocado no assunto, pois o rei não merece ser incomodado com os nossos problemas".

⁵O rei Xerxes esbravejou: "Mas quem foi que fez isso? Onde está ele? Isso é inadmissível!".

⁶ Ester respondeu: "É um inimigo nosso: este mau-caráter chamado Hamã".

Hamã ficou aterrorizado diante do rei e da rainha.

⁷⁻⁸Furioso, o rei levantou-se, deixou o vinho de lado e saiu para o jardim do palácio.

Hamã continuou ali, implorando misericórdia à rainha Ester. Ele percebeu que o rei já havia decidido condená-lo e que era o fim da linha para ele. Quando o rei voltou do jardim para a sala do banquete, Hamã estava prostrado no sofá em que a rainha se reclinava. O rei gritou: "Será que ele ainda quer molestar a rainha em minha casa, no instante que virei as costas?".

Assim que o rei disse isso, cobriram o rosto de Hamã.

⁹Harbona, um dos oficiais que estavam a serviço do rei, disse: "Vejam! Há uma forca que Hamã

mandou construir para Mardoqueu, o que salvou a vida do rei. Fica do lado da casa de Hamã e tem vinte metros de altura!".

O rei ordenou: "Enforquem-no lá!".

[10] Assim, Hamã foi executado na própria forca que tinha mandado fazer para Mardoqueu. Só então, o rei se acalmou.

8 [1-2] Naquele mesmo dia, o rei Xerxes deu à rainha Ester todas as propriedades de Hamã, o inimigo número um dos judeus. Mardoqueu apresentou-se ao rei, porque a rainha Ester tinha explicado a Xerxes o relacionamento deles. O rei tirou seu anel de selar, que havia tomado de volta de Hamã, e o entregou a Mardoqueu. Ester nomeou Mardoqueu administrador das propriedades de Hamã.

[3-6] Ester foi conversar outra vez com o rei. Ela se prostrou aos pés dele e implorou com lágrimas que revogasse o decreto mal-intencionado de Hamã, o agagita, contra os judeus. O rei estendeu o cetro de ouro a Ester. Ela se levantou e ficou de pé diante dele. Ela disse: "Se for do agrado do rei e ele tiver alguma consideração por mim, e se isso for certo e o rei tiver algum sentimento por mim, que cancele por escrito a decisão de executar o plano de Hamã, filho de Hamedata, o agagita, de exterminar o povo judeu em todas as províncias do rei. Como eu poderia assistir à extinção do meu povo? Como vou suportar a ideia de ver meus parentes massacrados?".

[7-8] O rei Xerxes disse à rainha Ester e ao judeu Mardoqueu: "Eu entreguei as propriedades de Hamã a Ester, e ele foi enforcado porque atentou contra os judeus. Portanto, vão em frente! Escrevam o que acharem melhor a favor dos judeus. Depois, selem com o meu anel". (Uma ordem escrita em nome do rei e selada com o seu anel não podia ser revogada).

[9] Assim, no dia 23 do terceiro mês, no mês de sivã, os secretários do rei foram chamados, e foi escrita, detalhadamente, conforme Mardoqueu ditava, a ordem com respeito aos judeus. Ela estava endereçada a todos os governadores de província e às demais autoridades, desde a Índia até a Etiópia, ao todo, cento e vinte e sete províncias. As cópias do documento foram enviadas na escrita e na língua de cada povo, até mesmo para os judeus, de acordo com sua escrita e seu idioma.

[10] Ele escreveu em nome do rei Xerxes e selou com o anel real. Enviou os comunicados por meio de emissários, nos cavalos mais velozes do palácio, criados no haras real.

[11-13] A ordem do rei autorizava os judeus, em todas as cidades, a se defender com armas contra as ameaças de morte, a matar qualquer um que ameaçasse a eles, as suas mulheres e os seus filhos e a confiscar os bens dos seus inimigos. A data escolhida, válida para todas as províncias do rei Xerxes, foi o dia 13 do décimo segundo mês, o mês de adar. A ordem foi afixada em todos os lugares públicos de cada província, para que todos a pudessem ler. Ela autorizava os judeus a se preparar, no dia determinado, para reagir aos ataques dos inimigos.

[14] Os emissários saíram depressa em cavalos velozes do rei. Ao mesmo tempo, a ordem foi divulgada no complexo real de Susã.

[15-17] Quando saiu da presença do rei, Mardoqueu vestia um traje real violeta e branco e trazia uma enorme coroa de ouro na cabeça e uma capa roxa de linho fino. A população de Susã explodiu de alegria. Para os judeus, foi um alívio e motivo de muita alegria e honra. Por todo o Império, em todas as províncias, em cada cidade em que a ordem do rei era anunciada, os judeus saíam às ruas para festejar. Por causa disso, muitos não judeus se tornaram judeus, pois, desde então, era perigoso *não* ser judeu.

9 [1-4] No dia 13 do décimo segundo mês, no mês de adar, a ordem do rei entraria em vigor. Foi justamente o dia que os inimigos dos judeus haviam planejado exterminá-los, mas a situação se inverteu: os judeus venceram aqueles que os odiavam! Os judeus, em todas as cidades espalhadas pelas províncias do rei Xerxes, se uniram para atacar os que tentavam matá-los. Ninguém conseguiu derrotá-los, pois todos estavam com medo deles. Além do mais, todos os governadores, as autoridades e os que trabalhavam para o rei apoiaram os judeus, por causa de Mardoqueu. Eles o respeitavam muito. A essa altura, Mardoqueu exercia muita influência no palácio. À medida que ele se tornava mais influente, sua reputação crescia entre as províncias.

[5-9] Os judeus causaram muitas baixas nos inimigos: havia gente morta em todo lugar. Eles fizeram o que bem entenderam aos que os odiavam. No complexo real de Susã, os judeus massacraram quinhentos homens. Também mataram os dez filhos de Hamã, filho de Hamedata, o inimigo número um dos judeus:

Parsandata,	Dalfom,
Aspata,	Porata,
Adalia,	Aridata,
Farmasta,	Arisai,
Aridai,	Vaisata.

10-12 Mas eles não saquearam nada. Depois de tudo terminado, foi apresentado ao rei um relatório com o número das pessoas mortas na capital. O rei disse à rainha Ester: "Só aqui na capital, Susã, os judeus mataram quinhentos homens, além dos dez filhos de Hamã. Imagine como foi a matança nas demais províncias! O que mais você deseja? Pode dizer. Seu desejo é uma ordem".

13 A rainha respondeu: "Se for do agrado do rei, dê aos judeus de Susã permissão para prorrogar a ordem do rei por mais um dia. Permita que os corpos dos dez filhos de Hamã sejam pendurados e fiquem expostos ao público nas forcas".

14 O rei mandou que se prorrogasse a ordem. Os corpos dos dez filhos de Hamã foram pendurados à vista do povo.

15 No dia 14 de adar, os judeus de Susã mataram outros trezentos homens em Susã. Mais uma vez, não saquearam nada.

16-19 Enquanto isso, nas demais províncias, os judeus se organizaram para se defender, libertando-se da opressão. No dia 13 do mês de adar, mataram setenta e cinco mil dos que os odiavam, mas não saquearam nada. No dia 14, celebraram a vingança com muita comida. Mas, em Susã, uma vez que os judeus haviam promovido a matança nos dias 13 e 14, a celebração foi no dia 15, com muita alegria e festança. É por isso que os judeus que vivem na região rural guardam o dia 14 de adar para a celebração, dia festejado com troca de presentes.

20-22 Mardoqueu registrou essas ocorrências e mandou cópias a todos os judeus espalhados por todas as províncias do rei Xerxes, até mesmo as mais distantes, convocando para uma celebração anual nos dias 14 e 15 de adar, para lembrar o dia em que os judeus se livraram dos seus inimigos, o mês em que a sua aflição se transformou em alegria, e o seu lamento, em dia de festa, diversão e alegria, ocasião para trocar presentes e ajudar os pobres.

23 E assim foi feito. A celebração virou uma tradição, pois adotaram de modo permanente a prática que Mardoqueu havia determinado para eles.

24-26 Hamã, filho de Hamedata, o agagita, o inimigo número um dos judeus, havia planejado destruir o inimigo. Ele lançou o *pur*, isto é, a sorte, para aterrorizá-los e matá-los. Mas, quando a rainha Ester intercedeu diante do rei, ele deu ordens escritas para que o plano maléfico de Hamã fosse executado contra ele mesmo. Ele e seus filhos foram pendurados na

forca. Por isso, essa celebração é chamada Purim, da palavra *pur*, sorte.

26-28 Portanto, por causa de tudo que foi escrito nessa carta e de tudo que sofreram, os judeus decidiram manter a celebração. Tornou-se tradição para eles, para seus filhos e para os futuros convertidos ao judaísmo, para lembrar, todos os anos, aqueles dois dias, de acordo com as datas prescritas na carta. Elas deviam ser lembradas e celebradas por todas as gerações, em cada família, cada província e cada cidade. Os dias de Purim nunca deverão ser negligenciados entre os judeus e nunca deverão ser esquecidos por seus descendentes.

29-32 A rainha Ester, filha de Abiail, apoiou o judeu Mardoqueu e, com sua autoridade real, escreveu uma segunda carta sobre o Purim, para ratificar a primeira. Foram enviadas cópias aos judeus das cento e vinte e sete províncias do Império de Xerxes. Na carta, eles tranquilizavam os judeus e desejavam paz a eles, decretando que os dias de Purim passassem a fazer parte do calendário religioso. Eles deveriam observar as datas que o judeu Mardoqueu e a rainha Ester haviam escolhido para si e para seus descendentes com respeito ao jejum e às lamentações. As palavras de Ester confirmaram a tradição e foram escritas no livro.

10 **1-2** O rei Xerxes impôs tributos a todo o seu Império, aos lugares mais longínquos. Quanto aos demais atos do rei Xerxes, suas inúmeras realizações, com o acréscimo do relato do brilhantismo de Mardoqueu, a quem o rei promoveu, estão registrados nas *Crônicas dos Reis da Média e da Pérsia*. **3** O judeu Mardoqueu foi o segundo no comando depois do rei Xerxes. Tornou-se popular entre os judeus e foi muito respeitado. Ele lutou a favor do seu povo e buscava a paz e o bem-estar dos judeus.

ROMANOS 15.22 — 16.9

22-24 É por isso que estou demorando tanto para visitar vocês. Mas agora, que não há mais trabalho pioneiro a ser feito nessas regiões e como há muitos anos desejo ir vê-los, estou finalmente planejando minha visita. Vou para a Espanha e então espero passar por aí e desfrutar a companhia de vocês até que, em tempo oportuno, me enviem, com a bênção de Deus.

25-29 Mas primeiro vou a Jerusalém entregar a oferta de auxílio aos seguidores de Jesus que vivem ali. Os gregos – em todo o caminho dos macedônios, no norte, até os da Acaia, no sul – decidiram fazer uma coleta para os cristãos pobres de Jerusalém. Fizeram isso com prazer, mas também era a obrigação deles. Percebendo que usufruíam os dons espirituais que generosamente vinham da comunidade de Jerusalém, era o dever deles aliviar aquela pobreza. Tão logo eu entregue pessoalmente a "cesta de frutos", parto para a Espanha, fazendo uma parada em Roma para ver vocês. Minha esperança é que essa minha visita se torne uma grande bênção de Cristo.

30-33 Queridos amigos, tenho um pedido: orem por mim. Orem fervorosamente comigo e por mim – a Deus, o Pai, pelo poder do nosso Senhor Jesus e pelo amor do Espírito – para que eu seja liberto da cova dos leões dos descrentes na Judeia. Orem também para que minha oferta de auxílio aos cristãos de Jerusalém seja aceita no mesmo espírito em que foi recolhida. Assim, querendo Deus, irei até vocês com um coração leve e ansioso pelo consolo da companhia de vocês. O Deus da paz seja com todos vocês. Amém!

16 **1-2** **R**ecebam bem nossa amiga Febe, que está a serviço do Senhor, com a hospitalidade pela qual nós, cristãos, somos conhecidos. De todo o coração eu a recomendo, bem como sua obra. Ela é uma representante central da igreja de Cencreia. Ajudem-na em tudo que ela pedir. Febe merece tudo que fizerem por ela, pois já ajudou muita gente, até mesmo a mim.

3-5 Saúdem Priscila e Áquila, que têm trabalhado lado a lado comigo, servindo Jesus. Eles arriscaram a vida por minha causa, e não sou o único que é agradecido a eles. Todos os grupos de cristãos não judeus também devem muito a esse casal, para não falar da igreja que se reúne na casa deles.

Saúdem meu querido amigo Epêneto. Ele foi o primeiro seguidor de Jesus na província da Ásia.

6 Saudações a Maria. Como ela tem trabalhado por vocês!

7 Saudações aos meus primos Andrônico e Júnias. Houve uma vez que compartilhamos uma cela de prisão. Eles já seguiam Cristo antes de eu me converter. Ambos são líderes destacados.

8 Saudações a Amplíato, meu bom amigo na família de Deus.

9 Saudações a Urbano, nosso companheiro na obra de Cristo, e ao meu bom amigo Estáquis.

SALMOS 101.1-8

Um salmo de Davi

101 **1-8** **M**inha trilha sonora é o amor
    e a justiça de Deus:
Canto-a para ti, ó Eterno!
    Acho o meu caminho pela estrada da vida correta,
        mas quanto ainda vai demorar para
        que te mostres?
    Estou fazendo o melhor que posso
        a começar da minha casa, onde isso importa.
    Recuso-me a olhar duas vezes
        para os corruptos e
        para as coisas degradantes.
    Rejeito os deuses feitos em Canaã,
        evito a contaminação.
    Os de coração tortuoso mantêm distância,
        e me recuso a cumprimentar
        os que planejam maldades.
    Ponho uma mordaça no caluniador,
        que inventa coisas vergonhosas
        a respeito de seu vizinho.
    Também não suporto
        a arrogância.
    Mas me interesso por pessoas honestas:
        são essas que eu quero trabalhando comigo;
    Homens e mulheres no caminho justo e estreito:
        são esses que eu quero ao meu lado.
    Mas ninguém que seja condescendente
        com mentiras
        consegue emprego comigo: não tenho
        paciência com mentirosos.
    Cerquei todos os ímpios
        como se fossem um rebanho
        e os conduzi para fora do país.
    Limpei a cidade do Eterno
        de todos os que fazem negócios com o mal.

◾ NOTAS

DIA 231

⁸ O Eterno disse a Satanás: "Você notou meu servo Jó? Não há ninguém como ele – honesto e leal à sua palavra, totalmente consagrado a Deus e que odeia a maldade".

⁹⁻¹⁰ Satanás retrucou: "Então, o senhor acha que Jó é assim por pura bondade de coração? Ora! Ninguém é tão bom assim! O senhor o mima como se fosse uma criança, cuida de tudo para que nada de mal aconteça a ele, à sua família ou à sua riqueza e ainda abençoa tudo que ele faz! Desse modo, quem não seria fiel?

¹¹ "Mas o que aconteceria se tirasse tudo que ele tem? Com certeza, ele amaldiçoaria o senhor abertamente. Sem sombra de dúvida!".

¹² O Eterno respondeu: "Muito bem. Então veremos. Vá em frente: faça o que quiser com tudo que ele tem. Só não o machuque". Então, Satanás saiu da presença do Eterno.

¹³⁻¹⁵ Algum tempo depois, enquanto os filhos de Jó estavam reunidos na casa do mais velho em mais uma de suas festas, um mensageiro veio correndo a Jó dizer: "Os bois estavam arando a terra, e os burros, pastando no campo perto de nós, quando os sabeus atacaram. Roubaram os animais e mataram todos os trabalhadores. Fui o único a sobreviver para contar o que aconteceu".

¹⁶ O homem ainda estava falando, quando outro mensageiro chegou e disse: "Raios caíram do céu e fulminaram as ovelhas e os pastores. Fui o único a sobreviver para contar o que aconteceu".

¹⁷ Ele ainda não havia acabado de falar, quando outro mensageiro chegou com a notícia: "Três grupos de caldeus vieram e atacaram os camelos e massacraram os peões. Fui o único a sobreviver para contar o que aconteceu".

¹⁸⁻¹⁹ Enquanto ele ainda falava, outro mensageiro chegou: "Seus filhos estavam numa festa na casa do irmão mais velho quando um furacão veio do deserto e destruiu a casa toda. Os jovens foram atingidos e morreram. Fui o único a sobreviver para contar o que aconteceu".

²⁰ Jó se levantou, rasgou a própria roupa, rapou a cabeça e se jogou no chão. Ali, prostrado, louvou a Deus:

²¹ Nu saí do ventre da minha mãe,
nu retornarei ao seio da terra.
O Eterno dá, o Eterno tira.
O nome de Deus seja louvado para sempre.

²² Mesmo atingido por tanta desgraça, Jó não pecou nem culpou Deus de nada.

||||||||||||||||||||||||||||||||||||||||||||||||||||||||

☐ DIA 231 ___ / ___ / ___

JÓ 1.1 — 3.26

¹⁻³ **H**avia um homem chamado Jó, que morava na região de Uz. Era muito honesto, um homem de palavra, totalmente dedicado a Deus que odiava a maldade. Tinha sete filhos e três filhas, e era muito rico – possuía sete mil ovelhas, três mil camelos, quinhentas juntas de bois, quinhentos jumentos e empregados a perder de vista. De fato, era o homem mais importante de todo o Oriente!

⁴⁻⁵ Seus filhos costumavam dar festas em suas casas e sempre convidavam as três irmãs para celebrarem junto. Depois das festas, Jó se levantava bem cedo e entregava uma oferta de sacrifício em favor de cada um de seus filhos, pois pensava: "Pode ser que um deles tenha pecado, desprezando Deus em seu coração". Jó entregava sacrifícios constantemente, no caso de um de seus filhos ter cometido pecado.

O primeiro teste: a família e a fortuna

⁶⁻⁷ **U**m dia, quando os anjos vieram prestar contas ao Eterno, Satanás, o Acusador, veio com eles. O Eterno olhou para Satanás e perguntou: "Por onde você andou?".

Satanás respondeu ao Eterno: "Andei por toda parte, para ver como estavam as coisas na terra".

DIA 231

O segundo teste: a saúde

2 ¹⁻³ **U**m dia, quando os anjos vieram prestar contas ao Eterno, Satanás também apareceu. O Eterno olhou para Satanás e perguntou: "E você, por onde andou?". Satanás respondeu ao Eterno: "Andei por toda parte, para ver como estavam as coisas na terra". O Eterno disse também a Satanás: "Você notou meu servo Jó? Não existe ninguém como ele, existe? Homem honesto e leal à sua palavra, totalmente consagrado a Deus e que odeia a maldade. Como ele é íntegro! Você até tentou destruí-lo, mas não deu certo".

⁴⁻⁵ Satanás respondeu: "Um homem faria qualquer coisa para salvar a própria vida. Então, o que aconteceria se tirasse a saúde dele? Com certeza, ele amaldiçoaria o senhor abertamente. Sem sombra de dúvida!".

⁶ O Eterno disse: "Muito bem. Então veremos. Vá em frente: você pode fazer o que quiser com ele. Mas preste atenção: não tire a vida dele".

⁷⁻⁸ Satanás saiu da presença do Eterno e atacou Jó com uma terrível doença. Jó ficou coberto de úlceras e de feridas da cabeça aos pés. Elas coçavam e doíam tanto que ele pegou um caco de vaso quebrado para raspar as feridas sentado no meio de cinzas.

⁹ Então, sua mulher disse: "E você ainda vai manter sua integridade? Amaldiçoe Deus e acabe com isso de uma vez!".

¹⁰ Mas ele respondeu: "Você não sabe o que está falando! Perdeu a razão, mulher? Se recebemos coisas boas de Deus, por que não receberíamos também coisas ruins?".

Apesar de tudo, Jó não pecou.

Os três amigos de Jó

¹¹⁻¹³ **Q**uando três dos amigos de Jó souberam de seu sofrimento, saíram de suas casas — Elifaz, de Temã; Bildade, de Suá; Zofar, de Naamate — e, juntos, foram consolar e confortar Jó. Quando o viram, mal puderam acreditar no que viam — seu amigo estava irreconhecível! Eles choraram de tristeza, rasgaram a própria roupa e jogaram terra sobre a cabeça para demonstrar sua dor. Depois, sentaram-se com ele no chão. Ficaram sete dias e sete noites sentados ali, sem dizer uma palavra, pois viam que o sofrimento do amigo era demais!

O GRITO DE JÓ
Qual o sentido da vida?

3 ¹⁻² **F**inalmente, Jó quebrou o silêncio. Em voz alta, amaldiçoou a si mesmo:

"Apaguem o dia em que nasci.
Esqueçam a noite em que fui concebido!
Que aquele dia seja transformado em trevas,
e que Deus, lá em cima,
esqueça o que aconteceu.
Apaguem-no dos livros!
Que a escuridão mais sombria se apodere
do dia do meu nascimento,
seja envolto pela neblina
e engolido pela noite.
Que as trevas dominem a noite em que
fui concebido.
Risquem-na do calendário,
e que nunca mais seja contada como
qualquer outro dia!
Que aquela noite seja reduzida a nada.
Que nenhum grito de alegria daquela noite
jamais seja ouvido.
Que os mestres em maldição amaldiçoem
aquele dia.
Que seja engolido pelo monstro do mar,
o Leviatã.
Que suas estrelas da manhã percam o brilho,
e fiquem à espera da luz do dia
que nunca vem!
Que nunca mais vejam a luz do amanhecer,
Porque não impediu que eu saísse do ventre
da minha mãe,
que eu vivesse esta vida cheia de aflições.

¹¹⁻¹⁹ "Por que não morri ao nascer,
expirando ao sair do ventre materno?
Por que havia braços para me embalar
e seios para me alimentar?
Eu poderia agora descansar em paz,
dormir para sempre sem sentir dores,
Ao lado de reis e autoridades em ruínas,
ou, ainda, com poderosos cheios
de ouro e prata.
Por que não fui enterrado assim que nasci,
como um bebê abortado
que nunca viu a luz?
Lá, o perverso não incomoda mais
e os cansados têm enfim
o merecido descanso.
Lá, os prisioneiros dormem tranquilos,
não acordam mais com o barulho
dos guardas.
Ricos e pobres, simples e poderosos estão ali,
e os escravos estão livres
dos seus senhores.

20-23 "Por que Deus se importa em dar luz
ao miserável?

Por que deixa viver uma pessoa
cheia de amargura,
Os que desejam desesperadamente a morte
e não conseguem,
os que a procuram mais que o maior
tesouro do mundo,
Que consideram o dia de sua morte
o dia mais feliz da vida?
Qual o sentido da vida quando ela já não faz
mais sentido?
Por que Deus permite que vivamos, se fechou
todas as saídas?

24-26 "Em vez de comida, só me vêm lágrimas;
em vez de água para beber, servem-me
gemidos de angústia.
O pior dos meus medos tornou-se realidade;
o que eu mais temia aconteceu.

Meu repouso é perturbado, e minha paz
está destruída.
Nenhum descanso me restou
— a morte invadiu a vida".

ROMANOS 16.10-27

10 Saudações a Apeles, um verdadeiro e aprovado
veterano no caminho de Cristo.
Saudações à família de Aristóbulo.
11 Saudações ao meu parente Herodião.
Saudações aos da família de Narciso que pertencem ao Senhor.
12 Saudações a Trifena e Trifosa, mulheres prontas
em servir o Senhor.
Saudações a Pérside, amiga querida, que tanto tem
trabalhado em Cristo.
13 Saudações a Rufo — um escolhido do Senhor!
— e à sua mãe. Ela tem sido também uma querida
mãe para mim.
14 Saudações a Asíncrito, Flegonte, Hermes,
Pátrobas, Hermas e também às famílias deles.
15 Saudações a Filólogo, Júlia, Nereu e sua irmã
e Olimpas — e a todos os seguidores de Jesus que
vivem com eles.
16 Abraços santos para todos! Todas as igrejas de Cristo enviam suas saudações mais
calorosas!
17-18 Amigos, um conselho final. Estejam atentos
com relação aos que extraem algo do ensinamento

que vocês aprenderam e depois o usam para criar
confusão. Evitem essas pessoas. Elas não têm intenção de viver para o Senhor. Estão aqui pelo que
podem obter e falam de modo piedoso para enganar
os ingênuos.
19-20 E, como nunca houve dúvida acerca da honestidade de vocês quanto a essas questões — eu não poderia estar mais orgulhoso de vocês! —, quero também
que sejam prudentes, afeiçoados ao bem e distantes do
mal. Não se deixem enganar pelas conversas suaves
e ao mesmo tempo malignas. Fiquem atentos. Antes
que percebam, o Deus da paz irá derrubar e pisotear
Satanás no chão. Desfrutem o melhor de Jesus!
21 Por fim, lá vão outras saudações. Timóteo, meu
companheiro na obra, Lúcio e meus primos Jasão e
Sosípatro enviam saudações.
22 Eu, Tércio, que escrevi esta carta ditada por
Paulo, envio minhas saudações pessoais.
23 Gaio, que é meu hospedeiro e de toda a igreja,
manda lembranças a vocês.
Erasto, o tesoureiro da cidade, e nosso bom amigo
Quarto enviam saudações.*
25-26 Todo o nosso louvor é dedicado ao Único
que é poderoso o bastante para torná-los fortes,
exatamente como na pregação a respeito de Jesus
Cristo, como revelado no mistério que se manteve
por tanto tempo, mas que agora se tornou um livro
aberto por meio das Escrituras proféticas. Todas as
nações do mundo podem agora conhecer a verdade e
ser conduzidas à fé obediente, cumprindo as ordens
de Deus, que fez tudo, do início até o detalhe final.
27 Todo o nosso louvor é dirigido, por meio de
Jesus, a esse Deus incomparavelmente sábio! Amém!

SALMOS 102.1-11

**Uma oração daquele cuja vida
está se despedaçando e que diz
ao Eterno como isso é ruim**

102 **1-2** Ó Eterno, ouve! Ouve minha oração!
Vê a dor em meus gritos!
Não vires as costas para mim
agora que preciso de ti tão
desesperadamente!
Presta atenção! Este é um grito de socorro!
E não demores: isto não pode esperar!

3-11 Estou definhando dia após dia,
estou queimando de febre.

---

* Vários manuscritos não trazem o versículo 24.

Comparado ao que era, agora sou um fantasma,
em parte consumido por uma doença terminal.
Minhas mandíbulas doem ao mais leve movimento:
não passo de pele e ossos.
Sou como o falcão no deserto,
o corvo empoleirado no penhasco.
Sofro de insônia e tremo de nervosismo,
como um pardal na calha.
Durante todo o dia, os inimigos me insultam,
enquanto outros "apenas" amaldiçoam.
Trazem-me caçarolas cheias de cinzas
para comer!
Tiro água do barril das minhas lágrimas.
E tudo por causa da tua ira:
tu me varreste e me jogaste fora.
Não sobrou nada de mim:
Sou uma erva murcha, varrida do caminho.

NOTAS

☐ DIA 232 ___ / ___ / ___

JÓ 4.1 — 6.7

ELIFAZ DISCURSA
Agora é a sua vez Jó

4 **1-6** **E**ntão, Elifaz, de Temã, respondeu:

"Você se importaria se eu dissesse algo?
Em tais circunstâncias, é difícil ficar calado.
Você mesmo fez isso muitas vezes,
disse palavras
que esclareceram e animaram os que estavam
a ponto de desistir.
Suas palavras deram firmeza
aos que cambaleavam
e nova esperança a quem estava à beira de
um colapso.
Mas agora que é com *você* fica desanimado.
Quando você é atingido, fica aflito.
Sua vida devota não deveria
dar confiança a você?
Sua vida exemplar não deveria
dar esperança a você?

7-11 "Pare e pense! Algum inocente de verdade
já acabou em desgraça?
Ou alguém realmente íntegro
se perdeu no final?
Pois vejo que aqueles que cultivam o mal
e semeiam a desgraça colhem
exatamente isso!
Um sopro de Deus, e eles caem;
uma rajada de sua ira, e não sobra nada deles!
Até o poderoso leão, rei dos animais,
que tem um rugido apavorante,
é inútil sem dentes.
Pois, sem dentes, ficam sem presa e os filhotes
vão ter de lutar pela própria subsistência.

12-16 "Uma palavra veio a mim em segredo —
como um sussurro chegou aos meus ouvidos.
Veio certa noite num sonho assustador,
depois que caí em sono profundo.
O medo e o terror me encararam.
Estremeci da cabeça aos pés
e o temor me dominou.
Um espírito estava ali
e fez arrepiar os meus cabelos.

Não sei descrever o que apareceu ali –
era um vulto diante de mim
e em meio ao silêncio uma voz abafada ouvi:

17-21 " 'Como um mero mortal poderia
ser mais justo que Deus?
Como o homem pode ser mais puro
que seu Criador?
Por que, se Deus não confiou
nem mesmo em seus servos,
nem mesmo aplaudiu seus anjos,
Quanto mais em seres feitos de barro,
mais frágeis que uma traça,
Que vive hoje e desaparece amanhã,
e ninguém percebe, pois some
sem deixar rastro.
Assim como quando as estacas da tenda
são serradas a tenda desmorona,
morremos e não somos mais sábios
por ter vivido' ".

Não culpe a sorte quando as coisas vão mal

5 **1-7** "Peça ajuda, Jó, se acha que alguém responderá!
A qual dos santos anjos você recorrerá?
O ressentimento do insensato é o que o mata;
a ira invejosa do tolo é o que o desgraça.
Eu mesmo vi – o irresponsável
que lançou alicerces,
e, de repente, sua casa foi amaldiçoada.
Seus filhos estão do lado de fora, no frio,
maltratados e explorados,
e não há ninguém para defendê-los.
Famintos moradores de rua saqueiam
suas colheitas:
esvaziam o campo, levando até os espinhos,
insatisfeitos com o que têm.
Não culpe a sorte quando as coisas vão mal –
a desgraça não vem do nada.
Os mortais nascem para a desgraça,
tão certo quanto as faíscas
voam para cima".

É uma bênção receber correção de Deus

8-16 "Se eu fosse você, correria para Deus
e me atiraria em seus braços de misericórdia.
Pois ele é grandioso e seus feitos são inefáveis;
não há limite para os seus milagres.
Ele dá a chuva sobre a vasta terra,
envia a água que rega os campos.
Ele levanta o humilde,
dá segurança ao aflito.

Ele desfaz os planos do astuto,
que não alcança o resultado pretendido.
Ele apanha o espertinho
em sua própria trama –
seus planos são varridos como lixo.
Fica desorientado como se fosse lançado
na escuridão;
não enxerga nem para pôr um pé
na frente do outro.
Mas Deus salva o oprimido
das conspirações de morte
e do punho de ferro.
Assim, o pobre tem esperança,
enquanto a injustiça é completamente
destruída.

17-19 "Como é abençoado aquele
que Deus corrige!
Preste atenção, não despreze a disciplina
do Todo-poderoso!
É verdade: ele fere, mas também cuida da ferida;
ele fere, mas sua mão também traz cura.
Ele o livra de um desastre atrás do outro;
não importa a calamidade,
o mal não alcançará você.

20-26 "Na calamidade, não permitirá
que a fome o atinja;
na guerra, não será traspassado pela espada.
Você será protegido dos comentários maldosos
e viverá sem medo diante da catástrofe.
Você não se preocupará com o desastre
nem com a fome
e andará sem medo no meio de animais selvagens.
Você se dará bem com pedras e montanhas,
e os animais selvagens
se tornarão bons amigos.
Você saberá que seu lugar na terra é seguro;
olhará para seus bens e não achará
falta de nada.
Você verá seus filhos crescerem
e se tornarem numerosos;
terá uma linda família que crescerá
como a grama do campo.
Você terá vida longa
e será como o grão dourado que é colhido
no tempo devido.

27 "Assim são as coisas – provado e comprovado!
Por isso, ouça; para o seu bem,
siga o meu conselho".

JÓ RESPONDE A ELIFAZ
Deus despejou tudo em cima de mim

6 1-7 Jó respondeu:

"Se minha aflição pudesse ser pesada,
se pudesse empilhar toda carga de amargura,
Seria mais pesada que toda a areia do mar!
Não é de espantar que eu esteja berrando
como um animal que vai para o abate!
As flechas do Todo-poderoso
estão cravadas em mim
e tive de suportar todo veneno.
Ele despejou tudo em cima de mim.
Jumentos zurram e vacas mugem
quando ficam sem pastagem,
por isso não espere que eu fique quieto.
Você vê o que Deus fez comigo?
O sofrimento é tanto que não consigo
comer nada.
Perdi o apetite, meu estômago está embrulhado,
sinto-me totalmente rejeitado".

1CORÍNTIOS 1.1-25

1 1-2 **Eu**, Paulo, chamado e enviado por Jesus, o Messias, conforme o plano de Deus, com meu amigo Sóstenes. Envio esta carta a vocês, da igreja de Deus em Corinto, cristãos purificados por Jesus e separados para uma vida plena de Deus. Incluo, nesta saudação, todos os que invocam Jesus, onde quer que vivam. Ele é o Senhor deles, assim como nosso!

3 Que todos os dons e benefícios que vêm de Deus, nosso Pai, e do Senhor Jesus Cristo sejam de vocês.

4-6 Toda vez que penso em vocês — e o faço com frequência! —, agradeço a Deus pela vida que levam, com livre acesso a ele, concedido por Jesus. O que aconteceu com vocês é algo que excede a imaginação humana e não pode ser dito em palavras. Cristo pode ser visto claramente na vida de vocês.

7-9 Basta pensar que vocês não precisam de nada, já têm tudo! Todos os dons de Deus estão entre vocês, que aguardam com expectativa o retorno do Senhor Jesus. Além disso, Deus está com vocês disposto a mantê-los no caminho até que todas as coisas sejam acertadas de vez por Jesus. Deus, que conduziu vocês a esta aventura espiritual, compartilha conosco a vida do seu Filho e nosso Senhor Jesus. Ele jamais irá desistir de vocês. Nunca se esqueçam disso.

A cruz: ironia da sabedoria

10 **T**enho uma preocupação séria a compartilhar com vocês, meus amigos, pela autoridade de Jesus nosso Senhor. Tentarei ser o mais direto possível: vocês *precisam* aprender a entrar em acordo. Devem ter consideração uns pelos outros, cultivando a vida em comum.

11-12 Menciono a questão porque alguns membros da família de Cloe me deram uma notícia preocupante: que estão brigando entre vocês. Vou dizer exatamente o que ouvi. Vocês estão criando partidos e declarando: "Eu estou do lado de Paulo"; ou: "Eu prefiro Apolo"; ou: "Pedro é meu líder"; ou: "Eu pertenço ao grupo do Messias".

13-16 Pergunto a vocês: o Messias, por acaso, foi cortado em pedacinhos para que cada um de nós tenha uma parte dele? Paulo foi crucificado por vocês? Algum de vocês foi batizado em nome de Paulo? Não participei de nenhum dos batismos de vocês, com exceção dos de Crispo e Gaio. E agora, diante dessa questão, estou feliz de não ter participado. Pelo menos, ninguém pode sair por aí dizendo que foi batizado em meu nome. (Pensando bem, batizei outra família, a de Estéfanas, mas, pelo que me lembro, foram apenas esses.)

17 Deus não me enviou para ajuntar seguidores meus, mas para pregar a Mensagem, anunciar o que ele tem feito e reunir seguidores dele. Não fui enviado para pregar confiando em minha eloquência, banalizando, assim, o que importa: a cruz de Cristo. Ela não pode ser reduzida a mero discurso.

18-21 A Mensagem que aponta para Cristo na cruz parece tolice para os que caminham para a destruição, mas para quem está no caminho da salvação faz todo sentido. Está escrito:

Destruirei a sabedoria dominante.
Mostrarei que quem se acha sábio é louco.

Onde acharão alguém verdadeiramente sábio, educado e inteligente na época atual? Deus já não denunciou tudo isso como mera pretensão, palavras sem sentido? O mundo, com sua sabedoria fantasiosa, nem mesmo chegou perto do conhecimento de Deus; por isso, em sua sabedoria, Deus decidiu usar o que o mundo considera tolice — *pregação*, acima de tudo! — para levar os que confiam nele ao caminho da salvação.

22-25 Enquanto os judeus buscam milagres e os gregos correm atrás de sabedoria filosófica, nós prosseguimos anunciando Cristo, o Crucificado.

Os judeus o consideram uma pedra de tropeço, e os gregos, um absurdo. Mas para nós, judeus e gregos, pessoalmente chamados por Deus, Cristo é o milagre e a sabedoria absolutos reunidos numa única pessoa. A sabedoria humana é quase nada, comparada com o aparente absurdo de Deus. Toda a força humana, nem sonhando, pode competir com a "fraqueza" de Deus.

SALMOS 102.12-17

12-17 No entanto, ó Eterno, és soberano,
   para sempre soberano.
Sei que te levantarás do teu trono
   e socorrerás Sião –
é hora de demonstrares compaixão.
Oh! Teus servos amam esta cidade
   transformada em entulho
   e choram desconsolados sobre sua poeira!
As nações pagãs se sentarão, atentas –
   verão tua glória e adorarão teu nome –
Quando o Eterno reconstruir Sião,
   quando ele mostrar toda a sua glória,
Quando ele responder à oração dos indigentes.
   Pois ele não rejeitará a oração deles.

◾ NOTAS

||||||||||||||||||||||||||||||||||||||||||||||||||||||||||||||||

☐ DIA 233 ___ / ___ / ___

JÓ 6.8 — 8.22

Além dos meus limites

8-13 "Tudo que desejo é resposta a uma oração,
   um último pedido a ser honrado:
Se ao menos Deus me esmagasse
   e acabasse comigo de vez,
Teria, ao menos, a satisfação
   de não blasfemar contra o Deus Santo,
   antes que além dos meus limites eu seja levado.
Onde está a força para manter viva
   a minha esperança?
   Que futuro tenho, que me faça querer continuar?
Acha que sou resistente como pedra?
   Acha que sou de ferro?
Acha que posso me erguer por mim mesmo?
   Ah! Não me restou força nenhuma".

Meus "amigos"

14-23 "Alguém desesperado pelos amigos deveria
   ser amparado,
   mesmo que desistisse de confiar
   no Todo-poderoso,
Mas meus irmãos são como ribeiros no deserto:
   num dia, estão cheios de água
Do gelo e da neve derretidos
   que desceram das montanhas.
Mas no meio do verão estão secos,
   apenas uma cratera ressecada pelo sol.
Os viajantes o avistam e saem de sua rota,
   pensando que vão matar a sede,
   mas só encontram um buraco sem água
   e morrem de garganta seca.
As caravanas dos mercadores de Temã
   esperam achar água,
   os turistas de Sebá anseiam
   por uma bebida fresca.
Eles se aproximam esperançosos –
   mas que decepção!
   Quando chegam, dão de cara com a terra seca!

DIA 233

E vocês, meus "amigos", não são melhores –
vocês não ajudaram em nada!
Vocês veem a minha situação e só o que
fazem é se encolher de medo.
Não que eu tivesse pedido algo –
não pedi nem mesmo um tostão furado,
Nem implorei que fizessem algum sacrifício
por minha causa.
Então, por que tantos sofismas
e palavras evasivas?

24-27 "Mostrem-me algo incontestável, e me calarei;
se tanto sabem, digam-me onde errei.
A verdade pode doer,
mas vocês têm coragem de dar uma de santo
pra cima de mim?
Vocês apontam o que há de errado em minha vida,
mas respondem à minha angústia com
conversa fiada.
São as pessoas meros objetos para vocês?
São os amigos como mercadorias?".

28-30 "Olhem-me nos olhos!
Por que eu mentiria a vocês?
Não sejam injustos – agora sem palavras dúbias,
pensem com cuidado – minha integridade
está em jogo!
Conseguem detectar falsidade no que digo?
Não acham que sou capaz de discernir
o bem do mal?".

Minha vida não vale nada

7 1-6 "A vida não é uma luta?
Não é como estar debaixo de uma
escravidão dura?
Como os trabalhadores do campo que
esperam ansiosos o fim do dia,
como os que não têm nada a esperar
senão o dia do pagamento,
Estou entregue a uma vida que vagueia
e não chega a lugar nenhum –
meses de engano, noites de aflição
e desgraça!
Vou para a cama e penso: 'Quanto tempo
até a hora de levantar?'
E eu me debato na cama a noite toda
– não aguento mais!
Meu corpo está coberto de vermes
e cascas de feridas,
minha pele, escamosa e dura,
o pus não para de vazar.

Meus dias passam mais rápido que as mãos
do mais hábil tecelão,
prosseguem até o fim – sem esperança!

7-10 "Deus, não esqueça que sou apenas um sopro!
Estes olhos viram pela última vez a bondade.
E vocês já viram meu fim;
continuem olhando, mas não restará
nada para ver.
Como uma nuvem evapora e para
sempre desaparece,
os que vão para a sepultura jamais retornam.
Para a família jamais irão voltar;
os amigos, nunca mais irão encontrar.

11-16 "E, assim, não vou ficar calado,
vou dizer em alto e bom som;
minha queixa contra o céu é muito amarga,
mas honesta.
Querem pôr em mim uma mordaça,
como quem deseja que simplesmente a
tempestade pare e o mar se acalme.
Quando penso: 'Vou para a cama,
e quem sabe, eu melhore.
Ou um cochilo me fará bem',
Surgem pesadelos para me assustar
e visões de apavorar!
Preferiria ser enforcado e morrer
a continuar desse jeito viver.
Eu desprezo esta vida! Quem precisa disso?
Deixem-me sozinho!
Minha vida não vale nada –
não passa de fumaça.

17-21 "O que são os mortais,
para que te importes com eles
e gastes com eles parte do teu dia?
Para que venhas, toda manhã,
saber como estão?
Nunca deixarás de olhar para mim?
Não me deixarás só, nem para
que eu respire?
Mesmo tendo pecado, como isso pode ferir-te,
se és maior que tudo, responsável por todos
os homens?
Por que me tornei o teu mais importante alvo?
Por que simplesmente não perdoas meus pecados
e começas do zero comigo?
Do modo que as coisas vão, logo estarei morto.
Olharás para cima e para baixo,
mas já não estarei por perto".

A RESPOSTA DE BILDADE
Será que Deus comete erros?

8 ¹⁻⁷**B**ildade, de Suá, começou a falar:
"Até quando você vai continuar falando
desse jeito?
Está dizendo tolices, bobagens sem tamanho.
Será que Deus comete erros?
O Todo-poderoso, por acaso, deixa escapar
alguma coisa?
É claro que seus filhos pecaram contra ele –
se não, por que Deus os teria punido?
Saiba o que você deve fazer:
ajoelhe-se diante do Todo-poderoso.
Se você é tão inocente e justo como diz –
não é tarde demais –, ele virá correndo
e acertará as coisas de novo,
restabelecerá tudo.
Ainda que você não acredite nisso agora,
você estará melhor do que jamais esteve antes".

A vida por um fio

⁸⁻¹⁹ "**A**presente a questão aos nossos antepassados,
estude o que eles aprenderam
dos seus ancestrais.
Temos muito a aprender, pois somos
recém-chegados,
e a vida é tão passageira que nem tempo
nós temos.
Então, por que não deixar que os antepassados
nos ensinem a sua sabedoria?
E que nos instruam no que conhecem
por experiência?
Podem as mangueiras crescer sem solo?
Podem os deliciosos tomates
existir sem água?
As flores não são lindas antes de colhidas?
Mas sem solo ou água murcham
mais rápido que a grama.
Isto é o que acontece com quem se
esquece de Deus:
sua esperança não dá em nada.
A vida dele está por um fio,
pois toda confiança está em coisas frágeis
como a teia de aranha.
Uma sacudida, e o fio se rompe;
Tenta se agarrar a ela, e o fio cede.
Ou são como espinheiros que brotam à luz do dia,
invadindo o jardim,
Esparramam-se para todo lado,
estragando as flores,
e agarram-se até mesmo nas rochas.

Mas, quando o jardineiro os arranca pela raiz,
o jardim nem sequer nota sua falta.
Quanto antes o perverso for embora, melhor:
assim a boa planta pode crescer em seu lugar.

²⁰⁻²² "Não há como Deus rejeitar quem é bom,
e, com certeza, não ajuda o que é mau.
Deus fará você rir de novo,
você ainda vai pular de alegria!
Seu inimigo vai se dar mal,
e ele verá seu castelo de cartas desmoronar".

1CORÍNTIOS 1.26 — 2.13

²⁶⁻³¹ Lembrem-se de quem vocês eram quando
foram chamados para esta vida. Não vejo entre
vocês muitos representantes da elite intelectual,
nem cidadãos influentes, nem muitas famílias da
alta sociedade. Não é óbvio que Deus, deliberadamente, escolheu homens e mulheres que a sociedade despreza, explora e abusa? Não é óbvio
que ele escolheu gente do tipo "zé-ninguém" para
desmascarar as pretensões vãs dos que se julgam
importantes? Fique claro que nenhum de vocês
pode contar vantagens diante de Deus. Tudo que
temos – cabeça no lugar, vida correta, pecados
perdoados e novo início – vem de Deus, por meio
de Jesus Cristo. Daí o ditado: "Se alguém se orgulha, que se orgulhe por causa de Deus".

2¹⁻² **A**migos, vocês devem estar lembrados da
primeira vez em que os visitei, para deixá-los
a par do lance de mestre de Deus. Na ocasião, não
tentei impressionar ninguém com discursos so-
fisticados ou com argumentos filosóficos. Decidi
apresentar primeiro Jesus e quem ele é, de maneira
pura e simples. Depois, falei de Jesus e do que ele
fez – o Jesus crucificado.

³⁻⁵Não estava certo sobre como apresentar o tema.
Sentia-me despreparado. Se querem saber a verdade,
eu estava morrendo de medo. Assim, nada do que eu
disse deve ter impressionado vocês. Mas, mesmo assim, a Mensagem cumpriu seu propósito. O Espírito
e o poder de Deus fizeram isso, o que deixa claro que
a vida de fé que possuem é uma resposta ao poder
de Deus, não o resultado de técnicas de manipulação
mental ou emocional.

⁶⁻¹⁰ A verdade é que temos sabedoria para compartilhar, desde que vocês estejam espiritualmente
firmes. Não se trata de sabedoria popular propagada
por supostos especialistas, que estarão obsoletas em

DIA 234

um ano. A sabedoria de Deus é algo misterioso que encerra a profundidade de seus propósitos. Nada tem de vago e superficial. Ela não é uma nova mensagem: é a mais antiga — o que Deus determinou como forma de produzir o melhor dele em nós, muito antes que entrássemos em cena. Os sábios do nosso tempo não têm ideia do que seja esse plano eterno. Do contrário, não teriam matado numa cruz o Senhor da vida designada por Deus. Por isso, temos este texto das Escrituras:

Ninguém jamais viu ou ouviu algo parecido,
Nunca se imaginou algo semelhante —
Mas é o que Deus tem preparado para aqueles
que o amam.

Mas *vocês* o têm visto e ouvido porque Deus, por intermédio do seu Espírito, o revelou a vocês. **10-13** O Espírito, não satisfeito em mover-se na superfície, mergulha até as profundezas de Deus e traz à tona o que Deus planejou. Quem conhece o seu pensamento a não ser você mesmo? O mesmo ocorre com Deus! Ele não só sabe o que está pensando, mas também nos permite sabê-lo. Deus tudo nos revela sobre os dons da vida e da salvação que nos concedeu. Não precisamos dos palpites nem das opiniões do mundo. Não aprendemos isso nos livros nem na escola: aprendemos de Deus, que nos ensinou pessoalmente, por meio de Jesus, e o transmitimos a vocês, em primeira mão.

SALMOS 102.18-22

18-22 Escreva isto para a próxima geração
para que aquele que está para nascer louve
o Eterno:
"O Eterno olhou de seu Lugar Santíssimo;
do céu, inspecionou a terra.
Ele ouviu os gemidos dos condenados
e abriu as portas das celas do corredor
da morte".
Escreva a história, para que seja contada em Sião;
e o louvor do Eterno, cantado nas ruas
de Jerusalém
E onde quer que o povo se reúna
com seus governantes para louvá-lo.

◾ NOTAS

☐ **DIA 234** ___/___/___

JÓ 9.1 — 10.22

JÓ CONTINUA
**Como um mero mortal pode ser
realmente justo aos olhos de Deus?**

9 **1-13** Jó recomeçou:

"Então, o que há de novo? Eu sei de tudo isso.
A questão é: 'Como um mero mortal
pode ser realmente justo
aos olhos de Deus?'.
Se quiséssemos apresentar nossa causa
diante dele,
ou argumentar, que chance teríamos?
Nem uma em mil!
A sabedoria de Deus é tão profunda,
o poder de Deus é tão imenso!

Quem poderia tentar resistir
e ainda sair intacto?
Ele faz tremer as montanhas antes que saibam
o que está acontecendo,
quando bem quiser, sacode-as e põe tudo
de cabeça pra baixo.
Ele pode chacoalhar a terra,
até suas fundações são abaladas.
Ele diz ao Sol: 'Não brilhe!', e ele para de brilhar;
cobre a luz das estrelas.
Sozinho, estende os céus
e anda sobre as ondas do mar.
Ele projetou a Grande Ursa Maior e o Órion,
as Plêiades e o Cruzeiro do Sul.
Jamais poderemos compreender
toda essa grandeza;
seus milagres surpreendentes não podem
ser contados.
Ele se move à minha frente, e não o vejo;
sua presença silenciosa, mas real,
não percebo.
Se toma algo sem ser notado,
quem poderia detê-lo?
Quem vai dizer: 'O que está fazendo?'
Quando ele está irado, nada o detém:
até o maior e mais temível dos monstros se
encolhe diante dele.

14-20 "Desse modo, como posso discutir
com ele?
Como vou apresentar uma defesa diante
de Deus?
Ainda que eu seja inocente,
nunca poderia argumentar;
só posso me jogar a seus pés e pedir
pela misericórdia do Juiz.
Mesmo que eu apelasse para Deus
e ele me respondesse,
ainda não acreditaria que me ouviu.
Assim, sou jogado de um lado para outro,
e as feridas se multiplicam sem motivo,
Nem mesmo posso retomar o fôlego,
e o sofrimento só vai crescendo.
Se é para ver quem é mais forte,
ele vence brincando!
Se for para a justiça,
quem poderia intimá-lo?
Ainda que eu seja inocente, tudo que eu disser
me incriminará.
Mesmo que eu não tenha culpa nenhuma,
defender-me de nada adiantará.

Se ele não é o responsável, então quem é?
21-24 "Acreditem em mim, sou inocente!
Não consigo entender o que acontece.
De que vale a vida?
Dá tudo na mesma! Não há diferença nenhuma!
Pois Deus destrói tanto o que é mau
como o que é bom e honesto.
Quando a calamidade ataca e traz morte repentina,
ele cruza os braços, insensível
ao desespero do inocente.
Ele permite que o ímpio assuma
o controle do mundo,
designa juízes que não discernem
o certo do errado.
Se ele não é o responsável, então quem é?

25-31 "Meu tempo é curto – o que resta da
minha vida se esvai
tão rápido que nem pude contemplar a alegria.
Minha vida está indo rapidamente,
como um navio veloz,
como uma águia que mergulha
para capturar sua vítima.
Ainda que eu diga: 'Vou ignorar tudo isso,
vou olhar apenas para o lado bom e
me esforçar para manter o sorriso',
Todas essas desgraças ainda
me devorarão por dentro,
pois sei que não terei alívio nem paz.
Já anunciaram o veredito: 'Culpado!', –
de que servirão os protestos?
Ainda que eu me esfregasse todo
e me lavasse com o melhor sabão
que encontrasse,
Eu seria empurrado para dentro de
um poço sem fundo,
até o cheiro ficar insuportável.

32-35 "Deus não é homem que nem eu.
Ele não é um igual,
para que eu o enfrente no tribunal.
Como eu gostaria que existisse um árbitro,
que servisse de mediador,
Que pudesse quebrar a força mortal de Deus
sobre mim,
e me libertar deste terror
para eu poder respirar outra vez.
Então, ergueria a voz e apresentaria
meu caso corajosamente.
Mas, como as coisas estão,
não há nenhuma chance".

DIA 234

Encontrando agulha num palheiro

10 ¹ "**N**ão suporto mais esta vida!
Não aguento mais!
Por isso, coloco tudo pra fora,
sem guardar nada,
toda queixa e amargura da minha alma".

²⁻⁷ Jó orou:

"Vou apresentar o que está no meu coração:
Deus, não me declares culpado
sem permitir que eu saiba qual é a acusação.
Tu mesmo me criaste e disseste que era 'bom',
Então, por que me fazes passar
por tanto sofrimento;
rejeitas a quem moldaste com as próprias mãos
e abençoas as maquinações do perverso?
Não enxergas como nós, mortais.
Será que olhas a aparência?
Não estás limitado ao tempo, como nós.
Tens toda a eternidade para realizar
tuas obras.
Então, por que tanto procuras em mim
culpa e pecado,
como se buscasse agulha no palheiro?
Sabes que não sou culpado.
Sabes também que ninguém pode me ajudar.

⁸⁻¹² "Tu me formaste como um vaso com tuas mãos
mas agora vais me quebrar em pedacinhos?
Lembras a bela obra que fizeste com o barro?
Agora vais me reduzir a pó?
Oh! A maravilhosa concepção:
o encontro do masculino com o feminino!
Que grande milagre: a pele e os ossos,
o músculo e o cérebro!
Tu me deste a vida – amor insondável!
Acompanhaste de perto até o meu respirar.

¹³⁻¹⁷ "Mas nunca me contaste esta parte da história.
Nem imaginava que havia algo mais...
Que, se eu desse um passo em falso, tu perceberias
e não deixarias nada passar.
Se sou mesmo culpado, estou perdido!
Mas, se sou inocente, não é melhor –
continuo perdido.
No meu interior flui a amargura,
estou totalmente mergulhado em aflição.
Tento me defender da melhor maneira possível,
mas tu és forte demais para mim – implacável
como um leão à espreita – é impossível!

Sempre encontras novas testemunhas
contra mim.
E tua ira só aumenta
e se acumula sobre a minha dor.

¹⁸⁻²² "Então, por que me fizeste nascer?
Quem dera ninguém nunca tivesse me visto!
Eu gostaria de jamais ter vivido,
ter sido sepultado sem jamais ter respirado.
Não poderia encerrar agora a discussão
sobre minha vida?
Poderias dar uma trégua para que possa
sorrir por um momento,
Antes que eu morra e seja sepultado,
antes que esteja num caixão fechado,
Banido, sem retorno, para a terra dos mortos,
onde pela escuridão serei escondido?".

1CORÍNTIOS 2.14 — 3.23

¹⁴⁻¹⁶ Quem não é espiritual não pode receber os dons do Espírito de Deus, não tem essa capacidade. Os dons de Deus lhe parecem tolice. Só o espiritual pode reconhecer o Espírito – o Espírito de Deus e o espírito humano em plena comunhão. Espiritualmente vivos, temos acesso a tudo que o Espírito de Deus está fazendo. Assim, não podemos ser julgados pelos críticos que não são espirituais. A pergunta de Isaías – "Existe alguém que conheça o Espírito de Deus, alguém que saiba o que ele está fazendo?" – foi respondida: Cristo sabe, e nós temos o Espírito de Cristo.

3 ¹⁻⁴ **N**o entanto, amigos, sinto-me frustrado pela maneira nada espiritual com que vocês lidam uns com os outros e com Deus. Vocês estão agindo como bebês em relação a Cristo; parece que só sabem mamar. Pois bem, vou amamentá-los, visto que não sabem se alimentar sozinhos. Quando vocês se apegam a algo apenas por se sentirem bem ou para dar impressão de que são importantes, não são muito diferentes de um bebê de colo, que só fica contente quando tudo lhe agrada. Quando um de vocês diz: "Estou do lado de Paulo" e outro diz: "Eu prefiro Apolo", não está sendo infantil?

⁵⁻⁹ Quem vocês pensam que Paulo é? Ou Apolo? Somos servos, nós dois, que os serviram enquanto aprendiam a confiar a vida ao Senhor. Cada um de nós cumpriu a tarefa de servo. Eu plantei a semente,

Apolo regou as plantas, mas Deus fez vocês crescerem. Não é quem planta nem quem rega que está no centro do processo: é Deus. Ele faz as coisas acontecerem. Plantar e regar são trabalhos menores. O que torna essas atividades dignas é o Deus a quem servimos. Vocês são a lavoura de Deus, e nós trabalhamos nela.

9-15 Usando outro exemplo, vocês são a casa de Deus. Usando o dom que Deus me deu, de arquiteto, desenhei a planta. Apolo ergueu as paredes. Que cada carpinteiro que venha trabalhar tenha o cuidado de construir sobre o fundamento! Lembrem-se de que há apenas um fundamento, já estabelecido: Jesus Cristo. Sejam exigentes ao escolher o material que irão utilizar na obra. Em algum momento, haverá uma inspeção. Se tiverem usado material barato, de segunda linha, vocês serão descobertos. A inspeção será rigorosa: tudo precisa estar de acordo. Se o trabalho de vocês passar na inspeção, ótimo. Se não, a parte de vocês na construção será derrubada. Mas *vocês* não serão destruídos — vão sobreviver, mas com dificuldade.

16-17 Vocês percebem que são o templo de Deus e que o próprio Deus está presente em vocês? Quem destruir o templo de Deus não ficará impune, estejam certos disso. O templo de Deus é sagrado, e vocês são esse templo.

18-20 Não se enganem. Não achem que são sábios apenas porque acompanham o noticiário. Sejam os desinformados de Deus — esse é o caminho da verdadeira sabedoria. Gente que o mundo considera esperta Deus chama de tola. Está registrado nas Escrituras:

Ele expõe as segundas intenções dos que andam
de nariz empinado.
O Senhor vê através da cortina de fumaça dos
que se acham.

21-23 Não quero ouvir nenhum de vocês contando vantagem acerca de vocês mesmos nem de ninguém. Tudo já é de vocês; foi um presente. Paulo, Apolo, Pedro, o mundo, a vida, a morte, o presente, o futuro — tudo é de vocês, que são privilegiados por estar unidos a Cristo, que está unido com Deus.

SALMOS 102.23-28

23-28 O Eterno soberanamente me venceu, ele me derrubou na minha juventude.

"Oh, não!", orei. "Por favor,
não me deixes morrer.
Tu tens mais tempo do que
podes desfrutar!
Estabeleceste as fundações da terra
há muito tempo
e fizeste os céus com as próprias mãos.
Tu ainda estarás por aqui quando eles
já não existirem,
gastos e descartados como roupa velha.
Tu os jogarás fora como a um casaco puído,
mas, ano após ano, continuarás
como novo.
Os filhos dos teus servos terão um bom
lugar para viver
e os filhos deles estarão em casa contigo."

◼ NOTAS

DIA 235

☐ **DIA 235** ___ / ___ / ___

JÓ 11.1 — 13.12

O CONSELHO DE ZOFAR
A sabedoria de verdade!

11 **1-6 F**oi a vez de Zofar, de Naamate, se pronunciar:

"Que mundaréu de palavras! Não está
na hora de pôr um fim nelas?
Seria bom permitir esse discurso descabido?
Acha que pode continuar falando,
sem que digamos nada?
Acha que vamos tolerar seus insultos
e zombarias calados?
Você alega: 'Minha doutrina é perfeita
e minha conduta impecável'.
Ah, se Deus mostrasse uma fração da mente dele
e dissesse o que pensa de você...
Desejo que ele mostre a você o que é a sabedoria
de verdade,
pois a verdadeira sabedoria é
bem cheia de complexidade.
Mas esteja certo disto:
você ainda não recebeu nem a metade
do que merece!

7-12 "Você acha que pode explicar
os mistérios de Deus?
Acha que pode traçar um perfil
do Todo-poderoso?
Deus é muito mais elevado que sua mente,
mais profundo do que pode compreender.
Ele se estende além dos horizontes da terra,
é muito maior que todo oceano e mar.
Se ele ordenar que o prendam,
ou arrastá-lo para o tribunal,
o que poderá fazer?
Ele percebe de longe a mentira
e reconhece a maldade a distância –
a Deus ninguém engana!
Assim, o ignorante só será sábio
no dia em que a mula aprender a falar".

Busque Deus

13-20 "**M**as fique tranquilo: se você abrir o coração,
pedir ajuda a Deus e pra ele estender as mãos,
Se limpar das mãos o pecado
e recusar-se a acolher o mal em casa,

Você poderá encarar o mundo
sem sentir vergonha
e andar seguro sem medo nem culpa.
Você se esquecerá das suas angústias:
elas não passarão de vagas lembranças.
O sol vai raiar e brilhar para você,
e toda sombra será dispersa
ao romper da manhã.
Confiante de novo e cheio de esperança,
você descansará.
Olhará em volta e desfrutará toda segurança.
Bem acomodado e sem
grandes preocupações,
você será procurado por muitos
por causa de tanta bênção.
Mas o ímpio não verá nada disso.
Continuará descendo ladeira abaixo,
sem ter pra onde ir, sem esperança,
apenas a morte certa".

JÓ RESPONDE A ZOFAR
Observem a terra

12 **1-3 J**ó respondeu:

"Vocês falam como especialistas.
Até parece que, quando morrerem,
não sobrará ninguém para ensinar
os outros a viver.
Mas lembrem-se de que eu também penso –
e vocês não são melhores que eu.
Ora, não é preciso ser especialista para
saber essas coisas!

4-6 "Estou sendo ridicularizado
pelos meus amigos,
'Então esse é o homem que conversava
com Deus!'.
Ridicularizado sem piedade nem dó:
'Vejam, o homem que nunca errou!'.
É fácil para quem está no bem-bom acusar,
para o próspero desprezar os que
estão na pior.
Os desonestos residem em segurança
nas fortalezas,
e os que insultam Deus vivem no luxo.
Eles pagam um ídolo para receber proteção".

7-12 "Mas perguntem aos animais;
deixem que ensinem vocês.
Os pássaros podem dizer
o que está acontecendo.

Observem a terra – aprendam dela o básico.
Ouçam: os peixes do mar dirão a vocês
o que sabem.
Não está claro que todos eles concordam
em que Deus é soberano, e que tudo está
em suas mãos:
Cada alma vivente,
cada criatura que respira?
O ouvido distingue as palavras,
assim como o paladar distingue as comidas.
Vocês acham que os mais velhos detêm
o monopólio da sabedoria,
que é necessário ficar velho
para entender a vida?".

Aprendemos a viver com Deus

13-25 "**A** verdadeira sabedoria e o poder legítimo
pertencem a Deus:
com ele aprendemos a viver
e por que viver.

Se ele derruba alguma coisa, é para valer;
se ele prende alguém, não tem escape.
Se ele retém a chuva, prevalece a seca;
se ele libera a água, a tudo inunda.
Poder e sucesso pertencem a Deus;
tanto o enganado como o enganador
devem responder a ele.
Ele despe os especialistas
de suas credenciais,
expõe os juízes como tolos sem critério.
Ele desnuda os reis das vestimentas luxuosas
e amarra um trapo em volta
de sua cintura.
Ele despe os sacerdotes dos seus mantos
e demite altos oficiais de seus cargos.
Ele faz calar a voz dos sábios
e dos anciãos tira o bom senso
e a sabedoria.
Ele despreza as "celebridades"
e desarma o forte e o poderoso.
Ele ilumina o que está escondido
em lugares profundos e escuros
e converte a densa escuridão
na luz do meio-dia.
Ele faz nações surgir e se extinguir,
faz crescer um povo e dispersa-o.
Ele tira a razão dos líderes do mundo
e os faz andar por terras, sem rumo.
Eles tateiam no escuro,
cambaleando como bêbados".

Vou apresentar meu caso a Deus

13 **1-5** "**S**im, vi com meus próprios olhos,
ouvi com meus ouvidos e
compreendi tudo isso.
Tudo que vocês sabem eu sei também,
e, portanto, não sou inferior
a nenhum de vocês.
Vou apresentar meu caso diretamente
ao Todo-poderoso.
Agora, vou recorrer a Deus
– já o apresentei a vocês,
E o que fizeram? Só me detonaram
com mentiras.
Vocês são um bando de charlatões!
Não são de nada!
Se ao menos ficassem calados,
demonstrariam atitude de sabedoria.

6-12 "Ouçam agora, enquanto apresento
meu caso;
considerem meu ponto de vista.
Ou vocês vão continuar mentindo
'em nome de Deus',
inventando histórias para 'defender Deus'?
Por que vocês tomam partido dele?
Acham que ele precisa de advogado
de defesa?
O que aconteceria se vocês estivessem
no banco das testemunhas?
Suas mentiras até convenceriam um júri,
mas, e a *Deus*?
Ele interviria imediatamente
se descobrisse parcialidade
em seu testemunho.
O esplendor dele não deixa vocês em pânico?
Não têm medo de mentir tão descaradamente
diante de Deus?
Suas declarações são sabedoria de araque,
Que mereciam ir para a sarjeta.

1CORÍNTIOS 4.1-21

4 **1-4** **N**ão pensem que nós, líderes, somos o que
não somos. Somos servos de Cristo, não senhores dele. Não somos guardiões; nossa responsabilidade é conduzi-los aos mais sublimes segredos de Deus. Os requisitos exigidos de nós são: confiabilidade e conhecimento preciso. Pouco importa o que vocês pensem ou digam a meu respeito. Eu não me avalio. Nesse caso, os rótulos são irrelevantes. Desconheço algo que me desqualifique na minha

DIA 235

tarefa para com vocês, mas isso não quer dizer muita coisa. O *Senhor* é quem faz este julgamento.

⁵ Assim, não corram na frente do Senhor, tirando conclusões com base em julgamentos pessoais, antes de analisar tudo. Quando ele vier, trará a público segredos que ninguém imagina – motivações interiores, propósitos e orações. Só então ouviremos o "Muito bem!" de Deus.

⁶ Tudo que faço agora é mostrar que todos esses assuntos dizem respeito a Apolo e a mim, para que vocês aprendam a se controlar e não se precipitem em julgar sem ter conhecimento de todos os fatos. É importante analisar todas as coisas do ponto de vista de Deus. Não me agrada vê-los bajulando uns e difamando outros com base em boatos.

⁷⁻⁸ Pois quem é que realmente conhece vocês, que sabe o que têm no coração? E se conhecesse? Descobriria algo de que possam se vangloriar? Não são dons de Deus tudo que vocês têm e são? Por que então tantos rótulos e disputas? Vocês já têm tudo de que precisam. Têm mais acesso a Deus do que podem imaginar. Deixando de lado Apolo e a mim, vocês estão no topo do mundo – pelo menos no mundo de Deus –, e nós estamos lá com vocês!

⁹⁻¹³ O que vejo é que nós, que temos a Mensagem, fomos colocados por Deus num palco, mas ninguém quer comprar o ingresso. Somos como um acidente na rua, para o qual o mundo olha quando passa. Somos os desajustados do Messias. Vocês podem estar seguros, mas nós vivemos em meio a fragilidades e incertezas. Vocês podem ser bem considerados pelos outros, mas nós somos maltratados muitas vezes. Na maior parte do tempo, não temos o suficiente para comer, usamos roupas remendadas, portas nos são fechadas na cara e aceitamos os piores empregos para ganhar a vida, sempre com muito esforço. Quando nos ofendem, dizemos: "Deus o abençoe". Quando espalham fofocas sobre nós, reagimos com uma palavra boa. Somos tratados como lixo, como restos de comida. E a situação não vai melhorar.

¹⁴⁻¹⁶ Não estou escrevendo para brigar nem para criar algum desconforto. Escrevo como um pai, meus filhos. Amo vocês e quero que sejam adultos, não crianças mimadas. Há muita gente que não vê a hora de apontar o dedo para o que vocês têm feito de errado, mas são não há muitos pais dispostos a investir tempo e esforço para ajudá-los a crescer. Foi quando Jesus me levou a proclamar a vocês a Mensagem de Deus que me tornei o pai de vocês.

Não estou pedindo que façam o que eu mesmo já não esteja fazendo.

¹⁷ Foi por isso que primeiro enviei Timóteo. Ele também é meu filho querido e fiel ao Senhor. Ele irá refrescar a memória de vocês quanto às instruções que passo regularmente às igrejas no caminho de Cristo.

¹⁸⁻²⁰ Sei que alguns de vocês são tão cheios de vocês mesmos que nunca ouvem ninguém, muito menos a mim. Mas estarei aí, se Deus quiser, mais cedo do que vocês pensam, e então verei se tudo o que falam não passa de papo furado. Pois o caminho de Deus não é mera conversa: é vida cheia de poder.

²¹ Então, como devo me preparar para esse encontro? Como quem disciplina com severidade, que os obriga a andar na linha? Ou como bom amigo e conselheiro? Vocês decidem.

SALMOS 103.1-5

Um salmo de Davi

103 ¹⁻² **Ó** minha alma, fale bem do Eterno! Da cabeça aos pés, bendirei teu santo nome! Ó minha alma, fale bem do Eterno, sem esquecer nenhuma bênção!

³⁻⁵ Ele perdoa seus pecados – cada um deles. Cura suas doenças – todas elas. Redime você da cova – salva a sua vida! Coroa você com amor e misericórdia – uma coroa muito desejável. Envolve você com bondade – beleza eterna. Ele renova sua juventude – você é sempre jovem na presença dele.

◼ NOTAS

Primeiro, afasta de mim as aflições;
para mim, o terror é demasiado.
E fala diretamente a mim para que
eu possa responder,
ou me deixa falar e me respondes.
Quantos pecados foram registrados contra mim?
Mostra-me, por favor — que mal cometi?
Por que te escondes e permaneces em silêncio?
Por que me tratas como inimigo?
Por que me chutas como se eu fosse uma lata velha?
Por que chutas um cachorro morto?
Sei que tens uma longa lista de erros meus,
pecados que remontam à minha juventude.
Tu me acorrentas, e não consigo me mover.
Vigias cada movimento
e observas todos os meus passos.

28 "O homem vai se corroendo,
como a madeira que apodrece
e como a roupa que é roída pela traça".

Se morrermos, viveremos novamente?

14 **1-17**"O homem é tão frágil!
Sua vida é curta e cheia de angústia.
Como uma flor que brota e logo murcha,
tão passageira como a sombra de uma nuvem.
E por que gastas teu tempo comigo,
um ser tão insignificante?
Por que te dás ao trabalho de me arrastar
para o tribunal?
Não dá nem para discutir!
Esperas alguma coisa de nós?
A vida do homem é tão limitada!
Tu já sabes, pois decidiste nosso tempo de vida,
estabeleceste os limites, e ninguém
pode ultrapassá-lo.
Então, dá um pouco de descanso
até que se cumpram os dias estabelecidos.
Pelo menos para a árvore sempre há esperança.
Derrube-a, e ainda terá uma chance —
ela brotará novamente.
Mesmo que as raízes sejam velhas e retorcidas
e seu tronco morra na terra,
Mal sente a água e ela torna à vida,
brota e cresce como uma planta nova.
Mas e o ser humano? Ele morre e não tem volta.
Dá seu último suspiro e tudo se acaba.
Como a água do lago evapora
e o leito do rio seca,
Assim o homem se deita
e jamais se levantará.

|||||||||||||||||||||||||||||||||||||||||||||||||||||||

☐ DIA **236** ___ / ___ / ___

JÓ 13.13 — 15.16

13-19 "Então, segurem a língua enquanto falo,
estou preparado para toda e
qualquer consequência.
Por que sempre fico em maus lençóis,
quando tento tomar as rédeas da minha vida?
Porque ainda que ele me mate,
continuo a esperar nele.
Mas, de fato, até o fim vou defender
minha inocência.
Apenas esperem e vejam a minha defesa.
Se eu fosse mesmo culpado,
acham que eu faria isto?
Quem é mal teria coragem de aparecer
diante de Deus?
Vocês deveriam prestar atenção ao que digo,
ouvir atentamente, com os dois ouvidos
bem abertos.
Agora, que apresentei minha defesa,
tenho certeza de que serei absolvido.
Alguém pode provar suas acusações contra mim?
Se tiver, eu me calo e posso morrer".

Por que Deus se esconde e permanece em silêncio?

20-27 "Por favor, Deus, tenho dois pedidos.
Conceda-os, e saberei que posso
contar contigo.

DIA 236

Por que simplesmente não me enterras e te
esqueces de mim por um tempo,
até que tua ira tenha diminuído?
Poderias estabelecer um prazo
para te lembrares de mim de novo.
Se o homem morrer, viverá novamente?
Eu pergunto.
Durante todos estes dias difíceis,
continuo esperando
pelo dia em que receberei libertação.
Saudoso da criatura que fizeste,
tu me chamarás – e eu responderei!
Vigiarás cada passo que eu der,
mas não contarás quanto errei.
Meus pecados serão amarrados num saco,
atirados ao mar – e irão para
o fundo do oceano.

18-22 "Mas, assim como a montanha pode desmoronar,
e as rochas mudam de lugar,
as águas desgastam as pedras
e o chão sofre erosão,
nossa esperança é reduzida a pó.
Tu és demais para nós!
E sempre tens a última palavra!
Nosso aborrecimento por isso se vê
em nossa fisionomia,
mas tu nos despedes mesmo assim.
Se nossos filhos se derem bem ou mal,
nunca o sabemos nem saberemos.
Só podemos sentir as próprias dores,
e lamentar o próprio sofrimento".

ELIFAZ ATACA DE NOVO
Você banaliza a religião

15 1-16 Elifaz, de Temã, falou pela segunda vez:

"Se você fosse mesmo sábio,
não falaria tolices,
não jogaria palavras ao vento.
Nem falaria esses absurdos
numa discussão tão séria como essa.
Olhe para você! Você banaliza tudo,
transforma assuntos espirituais
em conversa fiada.
O seu pecado o ensinou a falar desse jeito,
você preferiu adotar a linguagem
de malandro.
Suas palavras denunciam sua culpa.
E não sou eu quem digo
– mas você mesmo se entrega!

Acha que é o primeiro a enfrentar isso?
Você nasceu antes de existirem
as montanhas?
Estava presente quando Deus criou tudo?
Acha que conhece todas as coisas?
O que você sabe que nós não sabemos?
Que discernimento você tem que nos falta?
Barba grisalha e cabelos brancos
não significam nada?
Há gente mais velha que seu pai
do nosso lado!
As promessas de Deus não bastam,
e as nossas palavras ternas não o consolam?
Por que permite que suas emoções o dominem?
Precisa sair dando coices e cuspindo fogo
para todos os lados em revolta contra Deus?
Como deixa palavras como essas saírem
de sua boca?
Acha possível um mero mortal ser impecável
aos olhos de Deus?
Como um pobre mortal pode achar
que tem razão?
Ora, Deus não confia nem mesmo nos anjos!
Nem os céus são totalmente puros
a seus olhos,
Quanto mais nós, humanos imundos e corruptos,
que bebem a maldade como água!".

1CORÍNTIOS 5.1 — 6.8

O mistério do sexo

5 1-2 Também fiquei sabendo de um caso escandaloso entre vocês, que não seria tolerado nem fora da igreja. Um dos membros está dormindo com a madrasta! E vocês ainda se sentem tão superiores, tão satisfeitos com vocês mesmos que isso nem os incomoda! Não acham que deveriam estar tristes, de joelhos, derramando lágrimas? Ninguém pensou que tal conduta precisava ser denunciada e corrigida? 3-5 Vou dizer o que eu teria feito. Ainda que esteja longe, é como se eu estivesse aí com vocês, porque sei perfeitamente o que está acontecendo e digo que está errado! Vocês não podem apenas ficar olhando e esperar que tudo se resolva. Reúnam a comunidade, e estarei presente em espírito com vocês. Tratem da questão e resolvam o problema, na autoridade de Jesus, nosso Senhor, que estará presente entre vocês. Submetam a conduta desse homem perante todos. Que ele a defenda, se puder! Mas, se não puder, que seja excluído, ficando à mercê de Satanás! Sem dúvida, será um choque para ele e um embaraço para vocês. Mas é melhor isso do que a condenação. Além do mais, o que importa é estar perdoado diante do Senhor, no dia do juízo.

6-8 A arrogância e a insensibilidade de vocês nessa questão me perturbam. Vocês trataram o caso como se nada fosse. O fermento também parece nada, mas leveda rapidamente toda a massa de um pão. Portanto, livrem-se desse "fermento". Nossa identidade é pura e simples; não pode conter ingredientes estranhos. O Messias, nosso Cordeiro pascal, já foi sacrificado na refeição da Páscoa, e nós somos o pão sem fermento, que faz parte da festa. Portanto, participemos dessa festa, não como pão inchado com o fermento do mal, mas como pão sem fermento – sincero e genuíno.

9-13 Escrevi na minha carta anterior que vocês não devem se sentir à vontade com quem vive na promiscuidade. Não quis dizer também que vocês não devem ter nenhum tipo de relacionamento com gente de fora da comunidade. O mesmo vale para os criminosos, os corruptos, de nenhum tipo, e para os religiosos impostores. Para não ter contato com esse tipo de gente, vocês teriam de sair do mundo! Mas *estou* dizendo que, quando um amigo que alega ser cristão se comporta de modo promíscuo ou corrupto, cheio de revolta contra Deus ou contra os amigos, se embebeda ou se torna explorador, vocês não devem agir como se tudo isso fosse normal. Não podem simplesmente conviver com isso, como se fosse um comportamento aceitável. Não sou responsável por aquilo que *os de fora* fazem, mas será que não temos nenhuma responsabilidade pelos que são da comunidade cristã? Deus tratará dos que são de fora, mas não podemos nos omitir quando nossos irmãos e irmãs saem dos trilhos. Se necessário, temos de limpar a casa.

6 **1-4** Outra coisa: como vocês ousam levar um irmão ao tribunal? Se acham que foram prejudicados, faz sentido levar o caso a um tribunal que nada sabe dos caminhos de Deus, em vez de levá-lo à família da fé? Um dia, o mundo inteiro comparecerá perante um júri formado pelos seguidores de Jesus. Portanto, se vocês vão julgar o mundo, não seria melhor tratar desde já dessas questões menores? Nós vamos julgar até os anjos! Por que, então, não julgar assuntos corriqueiros? Quando há desentendimentos, por que buscar a solução em gente que vocês mesmos não confiam?

5-6 Digo isso com toda a franqueza, para que percebam a bobagem que estão fazendo. Será possível que não há ninguém sensato entre vocês que possa

tomar decisões justas quando surgem disputas e desentendimentos? Não acredito. E vocês estão levando o irmão ao tribunal perante gente que nem sequer crê em Deus. Como podem fazer justiça se não creem no *Deus* da justiça?

7-8 Batalhas judiciais são manchas na comunidade. Não seria melhor arcar com o prejuízo e esquecer tudo? Agindo assim, vocês estão incentivando mais erro e injustiça e causando mais sofrimento à família cristã.

SALMOS 103.6-18

6-18 O Eterno faz tudo dar certo.
Ele restaura as vítimas.
Ele mostrou a Moisés como levou a cabo sua obra,
escancarou seus planos a Israel.
O Eterno é pura misericórdia e graça:
não se irrita facilmente, é rico em amor.
Ele não implica nem repreende sem motivo,
nem guarda rancor para sempre.
Ele não nos trata como nossos pecados merecem,
nem nos paga de acordo com nossos erros.
Tão alto como o céu acima da terra,
é seu amor para com os que o temem.
Tão longe quanto é o sol nascente do sol poente,
ele nos separa dos nossos pecados.
O sentimento que os pais têm pelos filhos
o Eterno tem por aqueles que o temem.
Ele nos conhece por dentro e por fora,
sabe que somos feitos de barro.
O ser humano não vive muito:
é como a flor silvestre, que brota e floresce,
Mas é destruída pelo temporal
sem deixar vestígio da sua passagem
por aqui.
O amor do Eterno, de qualquer forma,
é para sempre,
acompanha eternamente os que o temem,
A eles e a seus filhos,
quando seguem o caminho de sua Aliança
e obedecem a tudo que ele ordenou.

NOTAS

DIA 237

JÓ 15.17 — 17.16

O tempo todo brigando com Deus

17-26 "Tenho umas coisinhas para dizer a você.
    Preste atenção!
    Vou falar da minha experiência.
É o que gente sábia sempre ensinou também,
    sem nenhuma reserva do que aprenderam
Com seus pais, há muito tempo,
    quando eram donos de toda esta terra.
Para os que vivem segundo as próprias leis,
    não as de Deus, não existe
    nada além da angústia,
    e, quanto mais vivem, a situação piora.
Qualquer coisa, até mesmo um pequeno ruído,
    os amedronta.
    Quando finalmente pensam que estão
    em paz, acontece um desastre.
Eles se desesperam, pois a situação nunca melhora —
    vivem com a corda no pescoço!
Eles andam pra lá e pra cá,
    à procura do que comer —
todo dia é o dia de juízo!
Eles vivem em constante terror,
    sempre jogados contra a parede,
Porque insistem em erguer os punhos
    contra Deus,
    desafiam o Todo-poderoso,
Brigam o tempo todo com Deus e
    sempre estão na defensiva.

27-35 "Mesmo que pareçam ter boa saúde,
    sejam bem dispostos e joviais,
Terminarão seus dias em lugares em ruínas,
    dormirão em 'barracos' detonados,
    caindo aos pedaços.
Nunca prosperarão,
    nem conseguirão juntar dinheiro.
E, depois, a morte — não pense que escaparão!
    Seu fim será como mato ressecado,
    um leve sopro de Deus bastará
    para os derrubar.
Há uma lição aqui: quem investir em mentiras
    as receberá com juros,
Pagos de uma vez só antes do prazo.
    Que investimento!
Serão como fruto destruído
    antes de amadurecer,
    como botão de flor arrancado
    antes de desabrochar.
Os ímpios são infrutíferos —
    não têm proveito algum.
    A vida construída com suborno se desfará.
Eles se unem carnalmente com o pecado
    e geram a maldade.
    Do ventre deles só nasce engano".

JÓ SE DEFENDE
Se vocês estivessem na minha pele

16 **1-5** Então, Jó se defendeu:

"Já ouvi mais do que podia aguentar!
    Vocês são consoladores de araque!
Será que esse papo furado
    não acaba nunca?
    Qual o problema de vocês,
        por que insistem tanto nisso?
Se vocês estivessem na minha pele,
    eu poderia até falar do mesmo jeito,
Despejar um monte de sermões
    e obrigá-los a ouvir tudo.
Mas nunca faria isso!
    Eu os consolaria e confortaria,

tentaria aliviar as coisas,
não torná-las piores!

6-14 "Quando falo, não me sinto melhor;
se me calo, também não ajuda em nada.
Estou esgotado!
Deus, tu me destruíste – a mim
e minha família.
Estou seco, sou apenas pele e osso!
Assim, mostras ao mundo
que estás contra mim.
Quando me olho no espelho,
vejo um testemunho do que fizeste a mim.
Tua ira me dilacera,
teus dentes me rasgam em pedaços,
e meus inimigos lançam olhares
ferozes pra mim.
As pessoas me apontam o dedo,
ridicularizam e batem em mim,
todos se juntam para me perseguir.
E Deus apenas olha e permite
que os ímpios façam isso,
eles fazem o que querem comigo.
Eu estava cuidando da minha vida, tranquilo,
quando Deus me golpeou.
Ele me agarrou pelo pescoço
e me jogou de um lado pro outro.
Ele me escolheu como alvo
e me cercou de flecheiros prontos para atirar.
Sem dó nem piedade, eles me acertaram
com suas flechas;
e agora estou ferido e o chão todo
manchado do meu sangue.
Ele me destruiu, uma vez após outra,
caiu sobre mim como um bravo lutador.

15-17 "Vesti-me de luto
e prostrei-me com o rosto em terra.
Meus olhos estão vermelhos de tanto chorar,
e vejam as minhas olheiras!
Estou assim, ainda que nunca tenha
ferido uma alma
e minhas orações sejam sinceras!".

Os mortais diante de Deus

18-22 "Ó terra, não esconda o mal que me fizeram!
Não abafe meu choro nem meu protesto!
Saibam que há alguém no céu
que conhece a verdade sobre mim,
o Advogado que pode limpar o meu nome –
Meu Protetor, meu Amigo –

enquanto as lágrimas dos meus olhos
são derramadas diante de Deus.
Ele defende um pobre mortal perante Deus
como se defende um grande amigo.
"Pois faltam somente alguns anos
para que eu tome o caminho sem volta".

17 **1-2** "Meu espírito está debilitado,
meus dias estão esgotados,
a sepultura está aberta à minha espera.
Estás vendo esses zombadores que me cercam?
Por quanto tempo ainda vou ter
de suportá-los?

3-5 "Ó Deus, preciso da tua ajuda!
Preciso da tua garantia,
pois és o único que podes fazer isso!
Essa gente não ajuda em nada!
Sabes quão insanos eles podem ser.
Não os deixes sair como vencedores.
Os que traem os próprios amigos
ensinarão perversidade aos filhos.

6-8 "Deus, tu me colocaste na boca do povo –
e eles me cospem no rosto.
Mal enxergo de tanto choro;
sou apenas pele e osso.
Os íntegros não conseguem acreditar no que veem,
e os de bom coração estão convencidos
de que desisti de Deus.

9 "Mas quem tem princípios se mantém firme,
e quem tem as mãos limpas ficará
cada vez mais forte!

10-16 "Vocês ainda querem falar alguma coisa?
Querem fazer uma nova tentativa?
Até agora não encontrei nem sombra
de sabedoria nas suas palavras.
Minha vida está prestes a acabar.
Todos os meus planos estão arruinados,
a chama da minha esperança está apagada.
Dizem que a noite se transformará em dia,
e que a alvorada está prestes a surgir.
Mas, se tudo que espero é ir para o cemitério,
se minha única esperança de conforto
é o túmulo,
Se vou apodrecer depois de enterrado,
e os vermes serão meus únicos companheiros,
Como vocês podem falar de esperança?
Alguém vai me ajudar a encontrá-la?

DIA 237

Não. A esperança será enterrada comigo, descansaremos juntos debaixo da terra!".

1CORÍNTIOS 6.9 — 7.7

9-11 Não percebem que esse não é o caminho de se viver? Os injustos, que não se preocupam com Deus, não farão parte de seu Reino. Quem usa e abusa das pessoas, do sexo, da terra e de tudo que nela existe não se qualifica como cidadão do Reino de Deus. Estou falando de libertinagem heterossexual, devassidão homossexual, idolatria, ganância e vícios destruidores. Alguns de vocês, por experiência, sabem do que estou falando, pois, não faz muito tempo, vocês estavam nessa lista. Mas foram purificados e tiveram uma nova chance, oferecida por Jesus, nosso Senhor e Messias, e pelo Deus presente em nós, o Espírito.

12 Só porque algo é correto diante da lei, não significa que seja espiritualmente apropriado. Se eu saísse por aí fazendo tudo que tenho direito de fazer, seria um escravo dos meus caprichos.

13 Vocês conhecem o velho ditado: "Primeiro você come para viver, depois vive para comer"? Pois bem, pode ser verdade que o corpo seja apenas temporário, mas não é desculpa para entupi-lo de comida ou entregar-se ao sexo. Uma vez que o Senhor nos honra com um corpo, honremos também a ele com nosso corpo.

14-15 Deus honrou o corpo do Senhor, levantando-o do túmulo. Ele usará o mesmo poder para ressuscitá-los. Até lá, lembrem-se de que nosso corpo foi criado com a mesma dignidade do corpo do Senhor. Vocês não levariam o corpo do Senhor a um prostíbulo, levariam? Espero que não.

16-20 Sexo é mais do que pele sobre pele: é tanto um mistério espiritual quanto um ato físico. Como está nas Escrituras: "Os dois se tornam um". Já que queremos nos tornar espiritualmente um com o Senhor, não devemos buscar o tipo de sexo que foge do compromisso e da intimidade, ficando mais solitários ainda — o tipo de sexo que nunca "se torna um". Há um aspecto no qual os pecados sexuais são diferentes de todos os outros. No pecado sexual, violamos a sacralidade do corpo, que foi feito para o amor idealizado por Deus, para "tornar-se um" com a outra parte. Ou vocês não sabem que o corpo é um lugar sagrado, onde mora o Espírito Santo? Vocês percebem que não podem viver de qualquer maneira, desperdiçando algo pelo qual Deus pagou um preço tão alto? A parte física não é mero apêndice da parte espiritual. Tudo pertence a Deus. Portanto, deixem que as pessoas vejam Deus no corpo de vocês e através dele.

Casado ou solteiro: eis a questão

7 1 Passemos agora às perguntas que vocês fazem na carta que me enviaram. Primeira: é bom ter relações sexuais?

2-6 Sem dúvida, mas de maneira certa. É bom estar casado, tanto para o homem quanto para a mulher. Os impulsos sexuais são fortes, mas o casamento é forte o bastante para contê-los, permitindo uma vida sexual equilibrada e plena num mundo de desordem sexual. O leito matrimonial deve ser marcado por mutualidade — o marido procurando satisfazer a esposa, a esposa procurando satisfazer o marido. O casamento não é um espaço para "brigar por direitos". O casamento é uma decisão de servir a outra parte, na cama ou fora dela. A abstinência sexual é possível por um período de tempo, se ambos concordarem e se for para algum propósito de jejum e oração — mas apenas em ocasiões assim. Depois voltem um para o outro. Satanás conhece maneiras engenhosas de nos tentar quando menos esperamos. Entendam que não estou ordenando tais períodos de abstinência; apenas dou o melhor conselho, se vocês quiserem proceder assim.

7 Às vezes, penso que seria melhor que todos fossem solteiros, como eu — uma vida mais simples em muitos sentidos! Mas, o celibato não é para todos, assim como o casamento também não. Deus dá a alguns o dom de ser solteiro e a outros o dom de ser casado.

SALMOS 103.19-22

19-22 O Eterno estabeleceu seu trono no céu
e governa sobre todos nós. Ele é o Rei!
Portanto, falem bem do Eterno, vocês, anjos,
prontos e capazes de voar ao seu comando,
prontos para ouvir e fazer o que ele diz.
Falem bem do Eterno, todos vocês,
exércitos de anjos,
sempre atentos ao chamado dele.
Falem bem do Eterno, todas as criaturas,
onde quer que estejam,
tudo e todos que foram feitos pelo Eterno.

E você, ó minha alma, esteja pronta
para falar bem do Eterno!

NOTAS

Por que se acha tanto?
Quer que o mundo todo se adapte a você?
A realidade deveria mudar por sua causa?

5-21 "A regra é esta: a luz dos ímpios se apaga.
O seu brilho diminui e se extingue.
A casa deles escurece –
a lâmpada de sua vida é apagada.
Seus passos fortes tornam-se vacilantes,
e tropeçam nas próprias armadilhas.
Ficam enroscados
na própria emboscada.
Seus pés ficam presos,
bem presos pelo laço.
Eles tropeçam nas cordas que esconderam
e caem na cova que eles mesmos cavaram.
O terror vem de todos os lados.
Eles correm de um lado para o outro.
As aflições estão prontas
para devorá-los,
A desgraça está prestes
a lançar-lhes as garras.
São arrancados do conforto de seu lar doce lar
e levados direto para a morada da morte.
A vida deles se esvai em fumaça;
O fogo e o enxofre espalham-se
por suas ruínas.
Suas raízes apodrecem
e seus galhos secam.
Eles nem serão mais lembrados –
serão enterrados como indigentes sem nome.
São atirados da luz para as trevas,
totalmente banidos do mundo.
E saem de mãos vazias – nem um único filho,
nada que mostre algum resultado
de sua vida na terra.
Do Oriente ao Ocidente, todos estão apavorados
e horrorizados com o fim deles:
'Vejam! É isso que acontece com os perversos.
Esse é o fim dos que ignoram Deus!'".

☐ DIA 238 ___/___/___

JÓ 18.1 — 20.11

O SEGUNDO ATAQUE DE BILDADE
Atirados da luz para as trevas

18 **1-4** Bildade, de Suá, entrou na conversa:
"Vamos parar com esse jogo de palavras?
Francamente! Seja razoável
e poderemos conversar.
E por que você trata seus amigos
como animais?
Você olha para nós como se não soubéssemos
coisa alguma.

JÓ RESPONDE A BILDADE
Peço socorro, mas ninguém se importa

19 **1-6** Jó respondeu:

"Até quando continuarão a me torturar,
a me machucar com suas palavras?
Já me insultaram mais de dez vezes,
e não têm vergonha de me detonar?
Se eu saí dos trilhos, fiz algo de errado,
o que vocês têm a ver com isso?

DIA 238

Por que vocês ficam se achando,
e usam a minha situação para acabar comigo?
Vão reclamar com Deus! Ele está por trás de tudo!
Foi ele que me jogou nesta confusão.

7-12 "Olhem para mim! Grito desesperado:
'Socorro!',
e sou ignorado. Ninguém se importa!
Deus interditou o meu caminho — estou
totalmente encurralado.
Ele cobriu todas as luzes
— estou preso no escuro.
Ele destruiu minha reputação,
tirou-me até o respeito próprio.
Ele me fez em pedaços — estou arruinado!
E arrancou a esperança pela raiz
— não sobrou nada!
Lançou toda sua ira contra mim!
Ele me trata como se eu fosse
seu pior inimigo.
E jogou tudo e todos contra mim,
usa toda arma que se possa imaginar,
cerca-me por todos os lados,
não há como escapar".

Eu sei que Deus vive

13-20 "Deus tirou de mim a minha família;
todos os que me conhecem me evitam.
Meus parentes e amigos me abandonaram;
os meus hóspedes viram a cara pra mim.
As criadas me tratam como um caloteiro,
fazem de conta que nunca me viram.
Chamo meu criado, e ele me ignora,
até mesmo quando peço um favor.
Minha mulher já não suporta ficar ao meu lado.
Sou um ser repugnante para meus parentes.
Até os mendigos na rua me desprezam:
quando saio, zombam de mim.
Todos de quem fui chegado sentem nojo;
meus amados me rejeitam.
Estou só pele e osso!
Minha vida está por um fio.

21-22 "Amigos, meus amigos, tenham dó!
Deus pegou pesado comigo!
Vocês vão fazer o mesmo?
Já não me tiraram até o couro?

23-27 "Quem dera minhas palavras fossem
registradas num livro —
ou, melhor ainda, esculpidas numa pedra!

Apesar de tudo, sei que Deus vive.
É ele quem me dá vida
e, no final, é ele quem me fará justiça!
E eu o verei, mesmo depois de ter
o corpo destruído.
Verei Deus com meus próprios olhos.
Como anseio por esse dia!

28-29 "Se vocês estão pensando:
'Como podemos arrasá-lo,
pois a culpa dessa aflição é toda dele?',
Esqueçam! Comecem a se preocupar
com *vocês mesmos*.
Preocupem-se com seus pecados
e com o juízo divino,
pois não há nada mais certo
que o julgamento".

ZOFAR ATACA JÓ —
O SEGUNDO ASSALTO
Saboreando o mal como uma iguaria

20 1-3 Zofar, de Naamate, tomou a palavra outra
vez:

"Não posso acreditar no que estou ouvindo!
Você me irritou, chegou a me dar nó
no estômago.
Como ousa insultar a minha inteligência
desse jeito?
Por isso, contesto:

4-11 "Você não conhece nem mesmo o básico?
Não sabe que as coisas são assim
desde o início,
desde que a humanidade existe no mundo?
A alegria do ímpio tem vida curta;
a felicidade dele é momentânea.
Pode ser que o orgulho do ímpio chegue aos céus,
e sua arrogância seja tanta que toque as nuvens,
Mas, no fim, ele acaba sentado num
monte de esterco.
Quem o conheceu olha e diz:
'Onde ele foi parar?'.
É tão passageiro quanto um sonho
do qual não se lembra,
desaparece como se fosse ilusão.
Já foi importante, mas agora é como
um "joão-ninguém",
Passa despercebido, não importa aonde vá.
Seus filhos vão mendigar na rua,
para restituir a todos de quem tirou vantagem.

Em pleno vigor da vida,
ainda que jovem, morrerá.

1CORÍNTIOS 7.8-28

8-9 Entretanto, digo aos solteiros e viúvos que não estar casado talvez seja o melhor para eles, como tem sido para mim. Mas, se não conseguirem conter seus desejos e emoções, devem se casar. As dificuldades do casamento são, de longe, preferíveis à vida do solteiro sexualmente tentado.

10-11 Se você está casado, continue casado. Ordem do Senhor, não minha. Se a esposa abandonar o marido, ela deve permanecer solteira ou então voltar atrás e se acertar com ele. E o marido não tem o direito de se livrar da esposa.

12-14 Para os casamentos mistos — cristão casado com não cristão —, não temos mandamento explícito da parte do Senhor. Mas vocês devem fazer o seguinte: se você é um homem casado com uma mulher que não é cristã, mas que, mesmo assim, deseja viver com você, continue com ela. Se você é uma mulher casada com um homem que não é cristão, mas que deseja viver com você, continue com ele. O marido descrente participa, em certa medida, da santidade da esposa, e a esposa descrente, de igual maneira, participa da santidade do marido. De outro modo, os filhos seriam deixados de fora, mas eles também estão incluídos nos propósitos espirituais de Deus.

15-16 No entanto, se o cônjuge descrente vai embora, deixe que vá. Não seja desesperadamente dependente. Deus nos chamou para viver bem, da maneira mais pacífica possível. Você, esposa, não tem como saber se o seu modo de agir pode trazer seu marido de volta não apenas para você, mas para Deus. Marido, você não tem como saber se o seu modo de agir pode trazer sua esposa de volta não apenas para você, mas para Deus.

17 Não alimente o desejo de estar em outro lugar ou com outra pessoa. Você está agora no lugar que Deus preparou para você. Viva, obedeça, ame e creia nesta situação. É Deus, não sua situação conjugal, que define sua vida. Não pensem que estou sendo mais duro com vocês do que com outras igrejas. Dou o mesmo conselho a todas elas.

18-19 Você era judeu quando Deus o chamou? Não desfaça sua condição. Você era não judeu no tempo do seu chamado? Não tente se tornar judeu. Ser judeu não é o mais importante. O que importa é obedecer ao chamado de Deus e seguir seus mandamentos.

20-22 Continue como você estava quando Deus o chamou. Você era escravo? Escravidão não é obstáculo para crer. Não quero dizer que você esteja impedido de sair. Se você tiver uma chance de obter a liberdade, vá em frente. Estou apenas tentando dizer que, com seu novo Senhor, você vai experimentar uma liberdade maravilhosa, inimaginável. Mas, se você era livre quando Cristo o chamou, irá experimentar como é maravilhoso tornar-se "escravo de Deus", o que é igualmente inimaginável.

23-24 Todos vocês, escravos e livres, um dia foram reféns de uma sociedade pecaminosa, mas um valor imenso foi pago pelo resgate de vocês. Agora que estão livres dos velhos vícios não voltem a ser ou a fazer o que todo mundo pede a vocês. Amigos, permaneçam na condição em que foram chamados por Deus. Ele está com vocês. Permaneçam firmes, com ele do lado.

25-28 O Senhor não deu orientações explícitas para as virgens, mas, como sou muito experiente na misericórdia do Senhor e sempre fiel, confiem no meu conselho. Por causa das pressões atuais que sofremos de todo lado, talvez fosse melhor permanecerem assim. Você está casado? Permaneça casado. Não está casado? Não se case. Mas, se vier a se casar, não comete pecado. O que estou dizendo é que quando você se casa assume um peso a mais, numa época já estressante demais. Eu queria poupá-los disso.

SALMOS 104.1-14a

104 **1-14** Ó minha alma, esteja pronta para falar bem do Eterno!

Ó Eterno, meu Deus, quão grandioso tu és!
   Belo, gloriosamente paramentado,
Vestido com a luz do astro solar,
   e todo o céu estendido como tua tenda.
Tu construíste o teu palácio
   nas profundezas do oceano,
   fizeste uma carruagem de nuvens
   e decolaste nas asas do vento.
Tu recrutaste os ventos como mensageiros,
   designaste o fogo e a chama como
      embaixadores.
Tu estabeleceste a terra em uma firme fundação
   para que nada — jamais — possa estremecê-la.
Tu cobriste a terra com o oceano,
   cobriste as montanhas com águas profundas;
Depois, tu trovejaste, e a água correu —
   o estrondo do teu trovão a fez voar.

As montanhas aumentaram,
os vales se esparramaram
nos lugares que tu marcaste para eles.

◼ NOTAS

||||||||||||||||||||||||||||||||||||||||||||||||||||||

☐ **DIA 239** ___ / ___ / ___

JÓ 20.12 — 21.34

12-19 "Ele saboreia o mal como uma iguaria,
degusta a maldade sem pressa;
Deixa na boca para saborear mais —
e como aprecia o mal!
Mas, depois, o estômago revira,
causa forte intoxicação alimentar.

A comida "refinada" tem de vomitar,
e Deus o faz colocar tudo para fora.
A maldade que engoliu
torna-se veneno e o mata.
Não poderá aproveitar nada do que conseguiu —
nem um banquete, nem festa,
nem um bom vinho.
Tem de devolver tudo que ganhou,
sem nem ter a chance de desfrutar
o seu trabalho.
E por quê? Porque explorou o pobre,
e tomou o que não lhe pertence.

20-29 "Aquele que nega Deus nunca está feliz
com o que tem
e sua ganância não dá folga!
Ele ajunta muita coisa,
mas não consegue se agarrar a nada.
Quando pensa que já tem tudo,
o desastre acontece.
É servido com um bom prato de miséria!
Quando a barriga está cheia,
Deus dá uma amostra de sua ira,
depois despeja todo seu furor sobre ele.
Se foge de um desastre,
vai de encontro a outro.
Ele é atirado de um lado para outro,
espancado até a morte.
O horror assombra sua casa,
e tudo que tem escoa pelo ralo.
A vida dele deu "perda total" —
não tem onde cair morto, não possui
mais um tostão furado.
Deus arrancará suas roupas sujas de maldade
e as pendurará à vista de todos.
Sua vida é arrasada como por um terremoto,
pois nada pode resistir à ira de Deus.
Aí está. Esse é o plano de Deus para o ímpio.
Isso é o que o aguarda".

A RESPOSTA DE JÓ
Por que o ímpio sempre se dá bem?

21 **1-3** Jó replicou:

"Agora ouçam-me. Deixem-me falar!
Pelo menos façam o favor de me ouvir;
Aguentem um pouco — depois,
podem zombar à vontade de mim.

4-16 "Não estou me queixando de *vocês*, mas de *Deus*.
Então, eu não deveria estar perturbado?

Deem uma boa olhada em mim e pasmem!
Não, não digam nada! Aliás,
nem conseguirão dizer nada.
Até eu, quando me vejo, entro em choque,
não consigo parar de tremer.
Por que os ímpios se dão bem,
vivem tanto e são tão ricos?
Eles podem ver os filhos bem-sucedidos,
desfrutam a alegria de estar com os netos.
O lar deles está em paz, e eles não sentem medo,
nunca experimentaram a vara
da disciplina de Deus.
O seu gado berra com vigor,
multiplicam-se a todo vapor.
Eles deixam os filhos brincarem do lado de fora,
as crianças pulam e correm soltas, felizes da vida!
Tocam música com violinos e flautas,
festejam, cantam e dançam sem parar.
Desfrutam uma vida boa e longa
e morrem sem dor, durante o sono.
Dizem a Deus: 'Deixa-nos em paz!
Não queremos saber dos teus planos.
Quem é o Todo-poderoso e por que devo
obedecer a ele?
O que ganhamos com ele?'.
Mas cometem um grande erro:
eles acham que são deuses.
E como sei disso, passo bem longe dessa gente!

17-21 "Quantos ímpios fracassados conhecem,
ou quantos foram detonados pela desgraça,
ou, ainda, foram pegos de jeito na esquina?
Quantas vezes são varridos como simples palhas?
Não muitas.
Vocês podem dizer: 'Deus está guardando
o castigo para os filhos deles'.
Então, pergunto: 'Por que não agora,
para que saibam o que fizeram?'.
Eles precisam aprender a lição,
e sentir na pele todo peso da ira de Deus.
Pois nem devem ligar para a família
uma vez que tiver terminado sua vida".

Funerais de luxo
22-26 "**M**as quem somos nós para dizer a Deus
o que fazer?
Ele lida com assuntos além do que
podemos compreender.
Alguns morrem na flor da idade,
quando tudo está a favor deles —
quando a vida é plena fartura e vigor.

Outros morrem amargos e desolados,
sem nunca provar o sabor da felicidade.
Mas ambos são postos lado a lado na morte,
não é possível distinguir um do outro.

27-33 "Não me iludo. Sei do que vocês são capazes,
dos planos que maquinam para me derrubar.
Ingenuamente, dizem que os castelos
dos maus desabarão,
que as conquistas dos ímpios entrarão
em colapso.
Já perguntaram aos viajantes o que acham disso?
Não ouviram deles histórias
De gente má que nunca sofreu punição,
que nunca pagou coisa alguma
por suas maldades?
Ninguém os confrontou com seus crimes?
Nunca arcaram com as consequências
de seu pecado?
Em vez disso, tiveram funerais de luxo,
com tudo a que tinham direito.
São colocados cuidadosamente
em sepulturas caras,
acompanhados de uma multidão a lhes
cortejar com mentiras.

34 "Ainda esperam que eu seja consolado
por suas palavras?
O 'consolo' de vocês é uma grande farsa!".

1CORÍNTIOS 7.29 — 8.7

29-31 Quero ressaltar, amigos, que o tempo é essencial. Não há tempo a perder. Portanto, não compliquem a vida desnecessariamente. Vivam de maneira simples — no casamento, na tristeza, na alegria, no que for. Mesmo em assuntos corriqueiros, como na rotina diária das compras. Sejam econômicos na escolha das muitas coisas que o mundo tenta empurrar para vocês. O mundo, como vocês o conhecem, está se desvanecendo.

32-35 Quero que vivam, o máximo que puderem, livres de complicações. Quem não é casado está livre para se dedicar unicamente ao Senhor. O casamento envolve a pessoa nos emaranhados da vida doméstica e na necessidade de agradar o cônjuge. Essas demandas exigem quase toda a atenção. O tempo e a energia que os casados gastam no cuidado mútuo podem ser utilizados para Deus por quem não é casado. Estou tentando facilitar as coisas, não torná-las mais difíceis. Tudo que desejo é que vocês sejam capazes de desenvolver um modo de vida no qual possam se dedicar ao Senhor sem distrações.

[36-38] Se um homem tem uma amiga a quem é leal, mas não tem intenção de se casar, decidido a servir a Deus como solteiro, e depois muda de ideia e decide casar-se com ela, ele deve ir em frente e se casar. Não é pecado. O casamento não está "um degrau abaixo" do celibato, como alguns dizem. Mas, se o homem está bem em sua decisão pela vida de solteiro dedicada a Deus e for essa sua convicção, não algo que lhe foi imposto, ele deve permanecer assim. O casamento é espiritual e moralmente correto e não é, de modo algum, inferior ao celibato, embora, como já disse, por causa dos tempos em que vivemos, tenho razões pastorais para encorajar o celibato.

[39-40] A esposa deve permanecer com o marido enquanto ele viver. Se ele morrer, ela está livre para se casar com quem quiser. É claro que deve casar-se com um cristão e ter a bênção do Senhor. Mas, por enquanto, vocês sabem que penso que ela fará melhor se não se casar outra vez. O Senhor, na minha opinião, está de pleno acordo com esse conselho.

Liberdade com responsabilidade

8[1-3] Continua em aberto a questão sobre a carne oferecida a algum ídolo: será que é correto participar de refeições nas quais esse tipo de carne é servido? Temos a tendência de pensar que sabemos de tudo e que temos a resposta para essa pergunta, *mas* o coração humilde pode nos ajudar muito mais que a mente orgulhosa. Nunca saberemos o bastante até reconhecer que só Deus sabe tudo.

[4-6] Alguns dizem, acertadamente, que os ídolos não existem de verdade, que não há nada neles, que não há outro Deus a não ser nosso único Deus e que não importa quantos desses chamados deuses sejam invocados e cultuados eles nada acrescentam à nossa vida, exceto alguma história fantasiosa. Eles dizem — mais uma vez acertadamente — que há apenas um Deus, o Pai, que tudo nos dá e quer que vivamos para ele. Dizem também que só há um Senhor — Jesus, o Messias — e que tudo é por causa dele, nós inclusive. Sim. É verdade.

[7] Então, pensando logicamente, nada aconteceu à carne quando ela foi oferecida ao ídolo. É como qualquer outra carne. Eu sei disso, e vocês sabem também. Mas isso não é tudo. Se fosse, algumas pessoas iriam achar que sabem de tudo e começariam a menosprezar os outros. O conhecimento verdadeiro não é insensível.

Precisamos ser sensíveis ao fato de que não estamos todos no mesmo nível de compreensão. Alguns de vocês passaram a vida inteira comendo "carne de ídolo" e estão certos de que há alguma coisa na carne que prejudica vocês. Essa mentalidade não vai mudar da noite para o dia.

SALMOS 104.1-14b

Estabeleceste limites entre a terra e o mar;
nunca mais a terra será inundada.
Tu deste início às fontes e aos rios,
mandaste-os fluir entre as colinas.
Todos os animais selvagens, agora,
bebem até saciar,
burros selvagens matam a sede.
Ao lado dos barrancos, os pássaros
constroem ninhos,
os corvos fazem-se ouvir.
Tu regas as montanhas a partir das tuas
cisternas celestiais;
a terra é suprida de abundância de águas.
Tu fazes a grama crescer para os
animais domésticos
e feno para os animais que aram o chão.

◼ NOTAS

DIA 240

JÓ 22.1 — 24.12

ELIFAZ ATACA JÓ – O TERCEIRO ASSALTO
Faça um acordo com Deus

22 **¹⁻¹¹** Outra vez, Elifaz, o temanita, tomou a palavra:

"Algum de nós é forte o bastante para dar
uma mãozinha a Deus,
ou esperto o suficiente para lhe aconselhar?
Acha que sendo justo faria alguma
diferença ao Todo-poderoso?
Mesmo que tivesse uma vida perfeita,
acha que ele o aplaudiria?
Acha que ele dá uma dura em você
por causa da sua pureza?
Claro que não! É porque você
é um poço de maldade,
e os seus pecados não têm fim.
Quando as pessoas vieram pedir socorro,
você as explorou, tirando-lhes até a roupa.
Não deu água para quem tinha sede
nem comida para quem tinha fome.
E olha que você era poderoso
e honrado por todos,
nadava em dinheiro!
E mais, expulsou viúvas pobres
da sua porta,
e, sem dó nem piedade,
maltratou os órfãos.
Por isso, está cercado de perigo,
paralisado pelo medo.
De repente, a mesa virou!
Como você se sente vivendo
em completa escuridão
ou como se estivesse prestes
a morrer afogado?

¹²⁻¹⁴ "Você sabe que Deus está no comando?
Ele conduz o Universo – dê uma olhada
nas estrelas!
Ainda assim, você ousa dizer: 'O que sabe Deus?
A essa distância e na escuridão,
como pode julgar?
Ele passeia pelos céus, cercado em nuvens,
mas como pode nos ver?'.

¹⁵⁻¹⁸ "Você vai continuar batendo na mesma tecla
que os ímpios sempre utilizaram?
E cadê eles? Morreram cedo, antes da hora,
uma enchente repentina os varreu
da terra.
Eles diziam para Deus: 'Deixa-nos em paz!
O que o Todo-poderoso
pode fazer conosco?'.
E, na verdade, foi Deus quem lhes deu tudo.
Como sei disso, passo bem longe
dessa gente!

¹⁹⁻²⁰ "Os honestos veem os desonestos
arruinados e fazem festa.
Aliviados, comemoram:
'Finalmente! Nossos inimigos estão arruinados.
Tudo que tinham evaporou e seus planos
viraram fumaça!'

²¹⁻²⁵ "Chega de discutir com Deus.
Faça as pazes e tudo ficará numa boa.
Deixe que ele diga a você o que fazer.
Guarde as palavras dele no coração.
Se voltar para o Todo-poderoso,
ele reconstruirá sua vida.
Limpe sua casa de todo mal,
abra mão do seu amor ao dinheiro
e jogue fora todo o seu ouro.
Então, o Todo-poderoso será seu tesouro,
que é a maior riqueza do mundo!

²⁶⁻³⁰ "Você terá prazer em Deus, o Poderoso,
e olhará para ele com alegria e sem medo.
Quando você orar, ele ouvirá
e ajudará a realizar os seus planos.
Você decidirá o que você quer, e isso acontecerá.
Seu caminho será coberto de luz.
Aos que estiverem na pior, você dirá:
'Animem-se! Tenham coragem!',
e Deus os salvará.
Até o culpado escapará,
por causa da graça de Deus em sua vida."

A DEFESA DE JÓ
Escuridão total

23 ¹⁻⁷ Jó respondeu:

"Não vou desistir, vou em frente,
   pois minha queixa é legítima.
Deus não pode me tratar assim — não é justo!
Se eu soubesse onde encontrá-lo,
   eu iria correndo.
Apresentaria meu caso diante dele,
   exporia todos os meus argumentos.
Pela resposta, saberia exatamente o que pensa,
   o que se passa na cabeça dele.
Acha que ele me mandaria embora?
   Ou me acusaria?
Não, ele me daria ouvidos.
Veria um homem correto diante dele,
   e meu Juiz me absolveria de uma vez
      por todas das acusações.

⁸⁻⁹ "Mas vou para o leste à procura dele
   e não o encontro;
      vou para o oeste, mas nenhum sinal dele.
Vou para o norte, e nem rastros dele eu vejo;
   vou para o sul, também não acho
      nem uma pista.

¹⁰⁻¹² "Mas ele sabe de tudo:
   onde estou e o que faço.
Ele pode me investigar e passo no teste
   com louvor.
Meus pés seguiram de perto as suas pegadas,
   jamais me desviei do caminho.
Cumpri todos os mandamentos dele,
   e não somente obedeci
      — eu os *colecionei* com carinho.

¹³⁻¹⁷ "Mas ele é único e soberano.
   Quem pode argumentar com ele?
Ele faz o que quer e quando quer.
Ele levará a cabo o que decidiu sobre mim
   e o que mais decidir fazer.
Surpreende que eu tenha medo
   de me encontrar com ele?
Quando penso nisso, fico apavorado
   outra vez.
Deus faz meu coração ficar apreensivo!
   O Todo-poderoso me faz tremer.
Estou em completa escuridão,
   não enxergo um palmo
      diante do nariz".

Toda essa segurança é uma farsa!

24 ¹⁻¹² "Mas por que o Todo-poderoso mantém segredo do dia do juízo?

Ele bem poderia abrir o jogo para
   os que o conhecem.
   Há pessoas que vivem de matar,
   de roubar, mentir e trapacear.
Exploram o pobre
   e tiram proveito do humilde,
Empurram o desamparado
      para o fundo do poço,
   ameaçam a vida dos mais fracos.
Os pobres, como animais de rua,
   reviram os lixos em busca de comida.
Eles se alimentam dos restos dos ricos
   e sobrevivem de esmolas.
Sem casa, passam as noites na rua a tremer de frio.
   Não podem contar com nenhum abrigo.
Ficam à mercê da situação: chuva e vento forte,
   amontoam-se e abrigam-se onde dá.
Filhos que mamam são tirados de sua mãe;
   filhos de pobres são roubados e vendidos.
Vestem-se de remendos e farrapos;
   mesmo que trabalhem duro, passam fome.
Não importa quanto trabalhem,
   o salário nunca é o suficiente.
Pessoas gemem de dor e morrem em todo canto.
   Os miseráveis gritam por socorro,
   e Deus não faz nada, como se tudo
      estivesse bem!

1CORÍNTIOS 8.8 — 9.18

⁸⁻⁹ Felizmente, Deus não nos vê pela dieta. Não somos elogiados quando comemos de tudo, nem repreendidos quando não toleramos essa comida. Mas Deus se preocupa quando alguém usa sua liberdade de modo irresponsável, levando algum companheiro de fé a se desviar do caminho, devido à vida que levavam anteriormente.

¹⁰ Por exemplo, digamos que vocês se vangloriem da sua liberdade, indo a um banquete oferecido em honra aos ídolos, no qual o prato principal seja carne sacrificada a ídolos. Mas essa postura pode representar um perigo para quem ainda luta com a questão, alguém que os considere sábios e maduros. O perigo é que ele ficará terrivelmente confuso, sem saber mais o que é certo e errado.

¹¹⁻¹³ Cristo deu a vida por essa pessoa. Seria pedir demais que desistissem de ir ao banquete por causa dela? Porque, como vocês dizem, não faria

nenhuma diferença. Mas *fará* diferença se vocês ferirem um irmão, com o risco de condená-lo à ruína eterna. Quando vocês ferem seu irmão, estão ferindo Cristo. Um banquete aqui e ali não vale o preço de uma dessas pessoas "frágeis" na fé. Assim, se sua participação num jantar com "carne de ídolo" significar o desvio de algum irmão, é melhor ficar em casa.

9 **1-2**Não me digam que não tenho autoridade para escrever deste modo. Não acham que devo sentir-me perfeitamente livre para fazê-lo? Não recebi esta tarefa? Não fui chamado para esta obra num encontro face a face com Jesus, nosso Senhor? Vocês não são provas do que tenho feito para o Senhor? Ainda que ninguém mais admita a legitimidade do meu chamado, *vocês* não podem negá-lo. Pois meu trabalho com vocês é a prova viva da minha autoridade!

3-7Não tenho medo dos críticos. Nós, que atuamos na obra missionária para Deus, temos direito a acomodações decentes e ao sustento para nós e nossa família. Parece que vocês não levantaram objeção sobre isso para os outros apóstolos, nem para os irmãos do Senhor, nem para Pedro. Então, por que só no meu caso? Será que só Barnabé e eu temos de ir desacompanhados e ainda pagar do próprio bolso? Será que um soldado trabalha por conta própria? Que lavrador é proibido de comer dos frutos do próprio trabalho? Que fazendeiro não bebe o leite de seu rebanho?

8-12 Não estou exagerando apenas por estar irritado. Tudo isso está escrito na Lei de Moisés: "Não amordace o boi impedindo-o de comer os grãos enquanto debulha". Vocês acham que Moisés estava preocupado com o gado? Não acham que a preocupação era conosco? Claro que sim! Lavradores trabalham ansiosos pelo tempo da colheita. Assim, se plantamos sementes espirituais entre vocês, é errado esperar que nos sirvam uma ou duas refeições? Outros até exigem *isso* de vocês. Será que nós, que nunca exigimos nada, não merecemos mais?

12-14 Mas não vamos começar a reivindicar agora o que sempre tivemos o direito de fazer. Nossa decisão é desistir de qualquer coisa que nos desvie da Mensagem de Cristo. Minha preocupação agora é que vocês não usem nossas decisões para tirar vantagem ou privar alguém dos seus direitos. Vocês sabem que quem trabalha no templo sempre teve a garantia de poder viver dos rendimentos da casa de Deus. Também os que oferecem sacrifícios no altar podem se alimentar do que é sacrificado. Seguindo o mesmo raciocínio, o Senhor determinou que quem proclama a Mensagem deve ser sustentado por aqueles que creem nela.

15-18 Mesmo assim, quero deixar claro que nunca peguei nada para mim e que não estou escrevendo agora para exigir alguma coisa. Prefiro morrer a permitir que duvidem de mim ou questionem meus motivos. Se proclamo a Mensagem, não é para ganhar alguma coisa. Sou *impelido* a fazer isso, e ai de mim se não o fizer! Se eu considerasse este trabalho apenas um meio de ganhar a vida, eu esperaria algum pagamento. Mas como não penso assim, pois creio que ele me foi confiado de modo muito especial, por que esperaria ser pago? Então, acham que estou ganhando algo com isso? Na verdade, estou: o prazer de proclamar a Mensagem sem que vocês tenham de pagar por isso. Vocês não precisam nem bancar minhas despesas!

SALMOS 104.14-23

14-23 Oh, sim! Deus traz da terra os cereais,
 e o vinho para deixar o povo feliz,
Suas faces brilham de saúde,
 um povo bem alimentado e disposto.
As árvores do Eterno são bem regadas —
 os cedros do Líbano que ele plantou.
Os pássaros constroem seus ninhos
  nessas árvores;
 vejam — a cegonha em casa no
  topo da árvore.
As cabras-monteses sobem as colinas;
 os texugos fazem tocas entre as rochas.
A Lua mantém a trajetória das estações,
 o Sol está no controle de todos os dias.
Quando escurece e a noite toma conta,
 todas as criaturas da floresta saem.
Os leõezinhos rugem por sua presa,
 vociferando a Deus pelo jantar.
Quando o Sol aparece, eles somem,
 preguiçosamente espalhados em suas tocas.
Enquanto isso, homens e mulheres saem
  para trabalhar,
 ocupados até a noitinha.

NOTAS

Inescrupulosos,
eles se aproveitam dos mais necessitados.
Por mais que pareçam muito bem de vida,
eles não têm nada!
Toda essa segurança é uma farsa!
Deus está de olho neles.
Podem até ter seus quinze minutos de fama,
mas, depois, tudo acaba.
Como o jornal de ontem,
serão usados para enrolar os restos de comida.
Fiquem à vontade. Podem provar que é tudo mentira?
Tentem, mas não conseguirão".

O TERCEIRO ATAQUE DE BILDADE
Nem as estrelas são perfeitas
aos olhos de Deus

25 **1-6** Bildade, de Suá, atacou Jó outra vez:

"Deus é soberano, ele é temível:
tudo funciona de acordo com ele.
Pode alguém contar seus exércitos de anjos?
Existe algum lugar onde sua luz não brilhe?
Como pode um mero mortal pensar
que é capaz de enfrentá-lo?
Como um pobre mortal
pode alegar inocência?
Ora, nem mesmo a Lua nem as estrelas
são perfeitas aos olhos de Deus,
Quanto mais pobres mortais —
que não passam de vermes!".

A DEFESA DE JÓ
Deus estabelece um limite
entre a luz e as trevas

26 **14** Jó respondeu:

"Que bela ajuda vocês deram a um
homem desamparado!
Chegaram para o resgate no último instante!
E que conselho para um homem confuso!
Palmas para vocês. Como foi esclarecedor!
Mas onde vocês aprenderam isso?
De onde vem tanta inspiração?

5-14 "Os mortos estão sofrendo, e grande angústia
atinge os que foram lançados no fundo do mar.
O inferno está aberto diante de Deus,
e a terra da destruição está exposta.
Ele estende os céus sobre o espaço sem forma,
sustenta a terra no vazio.

DIA 241

JÓ 24.13 — 27.23

13-17 "Há também os que evitam a luz a todo custo,
que desprezam o bom caminho.
Quando o sol se põe, o assassino se levanta
e vai matar o pobre e roubar o indefeso.
O adúltero mal pode esperar o cair da noite,
pois pensa: 'Ninguém pode me ver agora'.
O ladrão trabalha na escuridão,
mas, quando chega o dia,
tranca-se dentro de casa,
porque não quer nada com a luz.
A escuridão profunda é manhã para essa gente,
pois são parceiros dos terrores da trevas.

18-25 "Eles são facilmente levados pelas águas,
tudo que têm é amaldiçoado.
Tão certo como o sol quente derrete a neve,
os pecadores desaparecerão no sepulcro.
A própria mãe se esqueceu deles,
só servem de alimento para os vermes —
nada que é mau permanece.

Ele acumula água nas nuvens densas,
que não se rompem com o peso.
Ele cobre a face da lua cheia,
estendendo suas nuvens sobre ela.
Ele delineia o horizonte sobre o oceano,
que serve de limite entre a luz e as trevas.
O estrondo do trovão ressoa nos céus:
'Ouçam! É a voz de Deus!'
Com seu poder silencia as
tempestades no mar;
com sua sabedoria subjuga
os monstros marinhos;
Com um sopro limpa os céus;
com um dedo esmaga a serpente marinha.
E isso é só o começo,
um mero vislumbre do seu poder.
Imaginem o que seria de nós se ele *realmente*
erguesse a voz!".

Sem um lugar para se esconder

27 **1-6** Jó esperou que Zofar acabasse de falar e retomou sua defesa:

"O Deus santo me negou justiça!
O Todo-poderoso arruinou minha vida!
Mas, enquanto eu respirar
e enquanto Deus me der vida,
Recuso-me a dizer uma palavra que
não seja verdade.
Recuso-me a falar qualquer maldade.
De jeito nenhum concordarei com suas acusações.
Defenderei minha inocência até a morte.
Agarro-me à minha integridade firmemente
e, acreditem, não vou me arrepender.

7-10 "Que meu inimigo tenha o mesmo fim do ímpio
e meu adversário seja declarado culpado!
Essa gente sem Deus tem alguma esperança
quando Deus põe um ponto final em sua vida?
Será que Deus ouvirá seu grito de socorro
quando estiver em apuros?
Essa gente nem liga para o Todo-poderoso!
Perguntem se já oraram alguma vez.
Claro que não!

11-12 "Eu apresentei a vocês tudo sobre
o agir de Deus,
não omiti nada a respeito do Todo-poderoso.
A evidência está diante de vocês.
Já viram por vocês mesmos.
Então, por que continuam falando besteira?

13-23 "Vou citar as próprias palavras de vocês:

'É assim que Deus trata o ímpio,
Isso é o que devem esperar do Todo-poderoso:
Seus filhos terão morte violenta;
nunca terão pão o suficiente
para pôr na mesa.
Eles serão eliminados pela praga,
mas nenhuma de suas viúvas derramará
uma lágrima.
Mesmo que acumulem muita riqueza
e tenham muitas roupas finas,
Os honestos usarão essas roupas
e os inocentes dividirão entre si tal riqueza.
Eles constroem casas luxuosas,
mas não resistirão a um simples inverno.
Eles vão se deitar ricos,
mas acordarão pobres.
O pavor virá sobre eles como a enchente;
um tornado os carregará no meio da noite,
Um vendaval os arrastará — e já era!
Vão sumir sem deixar rastro nem pegada.
As catástrofes os perseguem;
correm pra lá e pra cá, mas não conseguem
se esconder.
São surrados e expulsos de seu lugar.' ".

1 CORÍNTIOS 9.19 — 10.10

19-23 Ainda que eu esteja livre das exigências e expectativas de todos, tornei-me um servo voluntário de todos para alcançar todo tipo de gente: religiosos, não religiosos, moralistas, libertinos, fracassados, desmoralizados — não importa. Não adoto o estilo de vida deles. Mantenho meu comportamento baseado em Cristo, mas entrei no mundo deles e compartilhei da realidade deles. Tornei-me servo em minha tentativa de levar alguns dos que eu encontrei pelo caminho para uma vida salva por Deus. Fiz tudo por causa da Mensagem. Eu não queria apenas falar dela: eu queria estar *nela*!

24-25 Todos vocês já foram ao estádio e viram as corridas. Vários atletas correm, mas apenas um vence. Correr para vencer: é para isso que os bons atletas treinam duro. Eles fazem isso por uma medalha de ouro, que perde o brilho e o valor, mas vocês estão atrás da medalha que nunca envelhecerá.

26-27 Não sei sobre vocês, mas eu estou correndo a toda velocidade rumo à linha de chegada. Estou dando tudo de mim. Nada de pegar leve. Estou alerta e preparado. Não vou ser apanhado dormindo no ponto.

DIA 242

Depois de mostrar o caminho para os outros, nem posso pensar que eu poderia perder.

10¹⁻⁵**A**migos, lembrem-se da nossa história e aprendam. Nossos antepassados foram todos guiados por uma nuvem e conduzidos milagrosamente através do mar. Eles passaram através das águas, num batismo como o nosso, enquanto Moisés os levava da morte da escravidão para a vida de salvação. Todos comeram e beberam a mesma comida e bebida, providenciadas diariamente por Deus. Eles beberam da rocha, uma fonte de Deus, que os acompanhava por onde fossem. E a rocha era Cristo. Mas experimentar as maravilhas e graças de Deus não pareceu significar muito, porque muitos deles foram vencidos pela tentação no terrível deserto, e Deus não ficou satisfeito.

⁶⁻¹⁰O mesmo pode acontecer conosco. Precisamos estar atentos para nunca sermos apanhados trilhando um caminho próprio, como eles fizeram. Não podemos fazer a religião virar um circo como eles fizeram — "primeiro festejaram, depois dançaram". Não podemos cair na promiscuidade — eles pagaram caro por isso, lembrem-se, nada menos de vinte e três mil mortes num só dia. Não cometam o erro de pensar que Cristo deve nos servir! Nós é que o servimos. Eles fizeram isso, e Deus enviou-lhes cobras venenosas. Devemos tomar cuidado para não incentivar a reclamação — foi ela que os destruiu.

SALMOS 104.24-30

²⁴⁻³⁰Que mundo selvagem maravilhoso, ó Eterno!
Tu o fizeste completamente,
    com a Sabedoria do teu lado,
    fizeste a terra transbordar com tuas
        maravilhosas criações.
Oh, vejam! — o profundo e amplo mar,
    cheio até a borda de peixes contados sem fim,
    sardinhas e tubarões e salmões.
Os navios avançam com dificuldade
        por estas águas,
    e Leviatã, seu dragão de estimação,
        arrebenta-os.
Todas as criaturas olham esperançosas para que tu
    dês a elas suas refeições pontualmente.
Tu vens, e elas se juntam em volta;
    abres a tua mão, e comem dela.
Se tu virares as tuas costas,
    elas morrem de imediato —
Toma de volta o teu Espírito, e elas morrem,
    voltam para o barro original;

Manda o teu Espírito, e elas tornam à vida —
    todo o campo vicejará em flor.

◢ NOTAS

||||||||||||||||||||||||||||||||||||||||||||||||||||||

☐ **DIA 242** __ / __ / __

JÓ 28.1 — 30.8

De onde vem a sabedoria?

28¹⁻¹¹"**S**abemos que há minas de prata,
    e como o ouro é refinado.
Sabemos que o ferro é extraído da terra
e o cobre é tirado da rocha.
O mineiro penetra a escuridão,
    vasculha os lugares mais escondidos
        atrás de minério,
    escava no escuro sufocante.

Bem longe da agitação e das pessoas,
abrem um poço longe de todos,
e são baixados por cordas.
A superfície da terra produz alimento,
mas suas profundezas são como fornalha,
No meio das pedras há safiras
e, entre rochas, pepitas de ouro.
Nem o explorador conhece o caminho,
e o trapaceiro nunca pôs os olhos nelas.
O arrogante nunca passou por lá,
e o 'dono do pedaço' se dá conta delas.
Os mineiros trabalham duro a rocha,
e transformam as montanhas.
Eles cavam túneis através da rocha
e encontram todos os tipos de pedras preciosas.
Eles descobrem as nascentes dos rios
e trazem os segredos da terra
para a superfície.

12-19 "Mas onde encontrarão a sabedoria?
Onde se esconde o entendimento?
Os mortais não têm nenhuma pista,
não têm a menor ideia de onde procurar.
O abismo diz: 'Não está aqui';
as profundezas do mar repetem:
'Nunca ouvimos falar dela'.
Não pode ser comprada nem com
o mais fino ouro;
nenhuma quantidade de prata será suficiente.
Nem o famoso ouro de Ofir pode comprá-la,
nem mesmo diamantes e safiras.
Nem ouro nem esmeraldas são
comparáveis a ela;
joias extravagantes não conseguem ofuscá-la.
Colares de pérolas e rubis não merecem atenção,
Isso não paga nem a primeira prestação!
Extraiam todo o ouro e diamante africano,
mas nada poderá ser comparado à sabedoria.

20-22 "Então, de onde vem a sabedoria?
Onde mora o entendimento?
Ela está tão bem escondida que não importa
quão profundo cavem, não poderá
ser encontrada.
Se perguntarem aos mortos,
dirão: 'Só ouvimos boatos a respeito dela'.

23-28 "Só Deus conhece o caminho para a sabedoria,
sabe exatamente onde pode ser encontrada.
Ele sabe o lugar exato de cada coisa na terra,
ele vê tudo debaixo do céu.

Ele atribuiu a força dos ventos
e estabeleceu a medida das águas;
Estabeleceu leis para a chuva,
trovões e relâmpagos.
Mas, depois, concentrou-se na sabedoria,
certificou-se de que tudo estava estabelecido.
Então, dirigindo-se aos homens, disse: 'Aqui está!
O temor do Senhor é a sabedoria,
E afastar-se do mal é ter entendimento'. "

Ah, que saudade!

29 **1-6** Jó continuou:

"Ah, que saudade dos bons e velhos tempos,
quando Deus cuidava de mim!
Ele sempre ia à frente com uma lâmpada,
e eu andava na escuridão guiado por sua luz.
Ah, que saudade dos anos dourados,
quando a amizade de Deus agraciava meu lar,
Quando o Poderoso ainda estava do meu lado,
e meus filhos, todos em volta de mim,
Quando tudo dava certo,
e nada era tão sofrido!

7-20 "Quando eu ia ao centro da cidade
e me sentava com meus amigos na praça,
Jovens e velhos me cumprimentavam com respeito;
eu era honrado por todos na cidade.
Quando eu falava, todos escutavam;
até os líderes se calavam para me ouvir.
Os que me conheciam falavam bem de mim;
minha reputação ia à minha frente.
Era conhecido por ajudar pessoas em dificuldades
e apoiar os que estavam desanimados.
O que estava prestes a morrer me abençoava,
a viúva e os amigos se alegravam com a
minha visita.
Meu relacionamento com o povo era ótimo.
Eu era conhecido por ser honesto e justo.
Eu era os olhos do cego
os pés do aleijado,
Um pai para o necessitado
e um defensor do estrangeiro injustiçado.
Já agarrei ladrões pelo pescoço
e os fiz devolver o que haviam roubado.
Eu pensava: 'Morrerei em paz na minha casa,
agradecido por uma vida longa e bem vivida,
Pois sou muito bem-sucedido e respeitado –
e a honra se renova a cada dia.
Minha alma será inundada de glória,
e meu corpo saudável até o meu último dia'.

DIA 242

21-25 "Todos ouviam quando eu falava,
esperavam ansiosos cada palavra minha.
Depois, ficavam quietos e pensativos,
para que em sua vida elas fizessem sentido.
Recebiam meus conselhos e absorviam tudo,
como o solo bebe a chuva da primavera.
Quando eu sorria para eles, mal podiam acreditar:
o rosto deles brilhava, os problemas sumiam!
Eu era o líder deles, que lhes dava ânimo;
em tudo, era um exemplo para todos!
Para onde eu conduzisse, eles me seguiam".

A dor nunca acaba

30 1-8 "**M**as isso acabou. Hoje sou alvo de piadas
de jovens mal-educados e arrogantes.
Ora, eu desprezava os pais deles,
considerava-os piores que cães
Que cuidam do rebanho.
De que me serviriam eles?
Já estavam velhos e sem força,
esgotados de tanta necessidade e fome;
Perambulavam de rua em rua, revirando o lixo
e comiam o que encontravam pela frente;
Foram banidos da comunidade,
amaldiçoados como delinquentes.
Ninguém os suportava,
eram expulsos de sua terra.
Ouvia-se sobre eles nos lugares mais estranhos,
como andavam por aí como loucos varridos.
Um bando de mendigos sem nome,
rejeitados por todos.

1CORÍNTIOS 10.11-33

11-12 Esses incidentes são sinais de alerta da
nossa história, escritos para que não venha-
mos a repetir os erros deles. Historicamente, vivemos situações semelhantes – eles no início e nós
no fim – e podemos confundir tudo, assim como
eles. Não sejam tão ingênuos e autoconfiantes.
Vocês não são diferentes. Podem fracassar tão
facilmente como qualquer um. Nada de confiar
em vocês mesmos. Isso é inútil! Mantenham a
confiança em Deus.

13 Nenhuma tentação, nenhum teste que surge
no caminho de vocês é maior que o enfrentado
por outros. Tudo que vocês precisam lembrar é
que Deus não deixará que fracassem. Ele nunca
permitirá que sejam pressionados além do limite, mas estará sempre com vocês para ajudá-los
a vencer a tentação.

14 Portanto, prezados amigos, quando virem alguém reduzindo Deus a algo que possam usar ou
controlar, como um ídolo, afastem-se dessa pessoa
o mais rápido que puderem.

15-18 Reconheço que estou me dirigindo a cristãos
maduros. Tirem suas conclusões: quando bebemos
o cálice da bênção, não estamos participando do
sangue, da própria vida de Cristo? E não ocorre
o mesmo com o pão que partimos e comemos?
Não estamos participando do corpo, da própria
vida de Cristo? Por haver um pão é que, apesar de
muitos, nos tornamos um. Cristo não está dividido
em nós. Em vez disso, nós nos tornamos um nele.
Não reduzimos Cristo ao que somos: ele nos eleva
ao que ele é. É o que aconteceu no antigo Israel –
os que comeram os sacrifícios oferecidos no altar
de Deus participaram da ação de Deus no altar.

19-22 Percebem a diferença? Sacrifícios
oferecidos a ídolos são oferecidos a nada, pois
o ídolo não é nada! Ou pior do que nada, um
demônio. Não quero que vocês se tornem parte
de algo que os diminua. E vocês não podem estar
em dois caminhos, participando do banquete do
Senhor num dia e festejando com demônios no
outro. O Senhor não suporta isso! Ele nos quer
por inteiro – é tudo ou nada! Acham que podem
aborrecê-lo sem prejuízo?

23-24 Analisando a situação por certo ângulo, vocês
poderiam dizer: "Tudo está certo. Por causa da imensa generosidade e da graça de Deus, não precisamos
dissecar nossos atos para saber se serão aprovados".
Mas a questão não é apenas confirmar se está certo.
Queremos viver bem, mas nosso objetivo principal
deve ser ajudar os *outros* a viver bem.

25-28 Se partirem desse princípio, o bom senso os conduzirá pelo resto do caminho. Comam
qualquer coisa vendida no açougue. Não é preciso encarar tudo como um "teste de idolatria".
"A terra", afinal de contas, "é de Deus, e tudo que
há nela". Esse "tudo" inclui todo tipo de carne.
Se um descrente o convida para jantar e você
deseja ir, não recuse o convite. Aproveite, coma
de tudo que for oferecido. Seria falta de educação
e de espiritualidade investigar na hora a pureza
de cada prato. Mas, se ele disser que a comida foi
sacrificada a um deus, você deve recusar. Ainda que
isso seja indiferente para você, não é para ele, e você
não vai querer deixá-lo confuso a respeito da *sua* fé.

29-30 Mas, com exceção de casos como esses, não
vou ficar pisando em ovos, preocupado com o que
gente de mente fechada pode dizer. Tenho toda

liberdade, pois conheço muito bem o que nosso Senhor nos ensinou. Se como o que me oferecem, agradecido a Deus pelo que está na mesa, deveria eu me preocupar com o que alguém vai dizer? Dei graças a Deus pela comida, ele a abençoou e ponto final!

31-33 Assim, façam suas refeições com prazer, sem se preocupar com o que alguém possa dizer, pois vocês estão comendo para a glória de Deus, acima de tudo, não para agradar a essas pessoas. Façam tudo desse modo, de todo o coração e com bondade, para a glória de Deus. Ao mesmo tempo, Evitem, esqueçam de agir com misericórdia. como vocês, no calo dos que não têm liberdade consideração os ̶ feito o que posso para levar em que vocês façam o mes ̶ imentos dos outros e espero

SALMOS 104.3̶ ̶ 2

31-32 Que dure para sempre a glória do Eterno!
Que o Eterno se alegre com sua criação!
Ele dá uma olhada para a terra
e dispara um terremoto,
aponta um dedo para as montanhas,
e os vulcões entram em erupção.

◼ NOTAS

‖‖‖

☐ **DIA 243** __ / __ / __

JÓ 30.9 — 31.40

9-15 "Mas agora os filhos deles correm atrás
para me insultar e zombar da minha cara.
Eles me odeiam e me ofendem.
Ousam cuspir no meu rosto — essa gentalha!
Agora, que Deus detonou a minha vida,
caem matando em cima de mim.
Ninguém os segura!
Eles me atacam brutalmente de todos os lados,
me derrubam e continuam a pisotear
enquanto estou caído.
Eles me destroem pelo meu caminho,
e conseguem fazer isso de um jeito
que ninguém ergue um dedo em meu socorro!
Eles deitam e rolam sobre mim,
aproveitam minha fraqueza
para me arruinar de vez.
O pavor me assalta,
minha dignidade é arrastada no chão,
e a esperança de socorro virou fumaça.

16-19 "Minha vida se esvai,
estou condenado ao sofrimento.
A noite consome meus ossos:
a dor nunca para.
Deus me pega pela gola e me lança,
e fico rolando de dor na cama.
Do mesmo modo, lançou-me na lama,
estou só o pó, sou um monte de cinza".

O que fiz para merecer isto?

20-23 "Peço socorro a ti, e não tenho resposta!
Estou diante de ti, mas nem olhas para mim!
Tu és muito duro comigo,
pois me atacas com tua mão pesada.
Tu me jogaste no meio da tempestade,
e com ela se foi o sucesso para bem longe de mim.

Sei que vou morrer de qualquer jeito,
   pois é assim que determinaste para todos.

24-31 "O que fiz para merecer isto?
   Será que ninguém ajuda quando
      se grita por socorro?
Eu não chorava junto quando via alguém
      passar necessidades?
   Não me entristecia por causa do pobre?
Mas como isso se voltou contra mim?
   Eu esperava o bem, e veio o mal.
   Eu buscava a luz, mas veio a escuridão.
A inquietação me tomou por dentro,
   e cada dia deparo com mais sofrimento.
Caminho por lugares sombrios. O sol se foi.
   Levanto-me no meio do povo e peço ajuda.
Grito como uiva o chacal,
   e meu gemido parece o de uma coruja.
Estou cheio de feridas e a pele escurece,
   meu corpo queima de febre.
Meus instrumentos só tocam tristes canções;
   e minha flauta só imita o choro".

O que posso esperar de Deus?

31 1-4 "Fiz um pacto comigo mesmo:
nunca olhar com cobiça para uma mulher.
   Então, o que posso esperar de Deus?
   O que mereço da parte do Todo-poderoso,
      que está no céu?
A calamidade não está reservada para os ímpios?
   O desastre não deveria atingir
      os que agem errado?
Deus não olha como eu vivo?
   Ele não toma nota de cada passo que dou?

5-8 "Alguma vez andei de mãos dadas
      com a falsidade,
   ou fui com sede ao pote
      para enganar alguém?
Se Deus me pesar em balança justa,
   saberá que não tenho culpa nenhuma.
Se me desviei do bom caminho,
   se desejei coisas que não devia,
   se me envolvi com o pecado,
Então, que os outros desfrutem
      todo meu trabalho.
   Podem dar tudo que é meu a alguém
      que a mereça!

9-12 "Se eu fui seduzido por uma mulher
   e planejei em minha mente algo com ela,

Que minha mulher seja livre para ir embora
   e se tornar mulher de outro homem.
Pois seria inaceitável, o fim da picada!
   Eu mereceria a pior punição que existe.
O adultério é um fogo que queima até os alicerces,
   que a tudo destrói e tudo consome.

13-15 "Já fui injusto com meus empregados
   quando trouxeram suas queixas para mim?
Então, o que devo fazer quando
      Deus me confrontar?
   E quando Deus me chamar e pedir contém?
O mesmo Deus que me criou não os cris?
   Não somos todos iguais peran

16-18 "Alguma vez ignorei ecessidades do pobre
   ou virei as costas o indigente?
Quando foi que eri atender
      aos me próprios desejos
   enquanto eles precisavam de ajuda?
Minha casa não estava sempre aberta para eles?
   Não eram sempre bem-vindos à minha mesa?

19-20 "Já deixei uma família tremendo ao relento
   quando não tinham nada para proteger do frio?
Os pobres não choravam de gratidão
      ao me encontrar,
   sabendo que trazia agasalhos para eles?

21-23 "Se eu alguma vez usei meu poder
      e minha influência
   para tirar vantagem de qualquer que seja,
Então, que quebrem meus braços,
      cortem todos os meus dedos!
O temor de Deus me guardou de todas essas coisas,
   pois não podia fazer nada disso diante
      de seu esplendor".

Ah, se alguém me ouvisse!

24-28 "Alguma vez fiquei obcecado por
      ganhar dinheiro,
   ou baseei minha felicidade em riquezas?
Já me vangloriei da minha fortuna,
   ou me exibi por estar bem de vida?
Alguma vez me encantei com o Sol
   ou pela beleza da Lua,
A ponto de venerá-los
   ou adorá-los em segredo?
Se eu tivesse feito isso,
      mereceria a pior das punições,
   pois teria traído o meu Deus.

29-30 "Alguma vez me alegrei com a ruína
do meu inimigo,
ou festejei quando estava em maus lençóis?
Não, nunca disse uma palavra ofensiva
contra eles,
nunca os amaldiçoei, nem no meu íntimo.

31-34 "Os que trabalhavam para mim diziam:
'Ele nos alimenta bem. Podemos comer
à vontade'.
E nenhum estrangeiro teve de passar
a noite na rua:
minha casa sempre estava de portas
abertas aos viajantes.
Alguma vez escondi meu pecado, como os outros,
ou encobri a minha culpa,
Por ter receio do que as pessoas iam dizer,
ou me recusei a reconhecer meus erros,
Por temer o falatório dos vizinhos?
Nunca. Vocês sabem muito bem que não.

35-37 "Ah, se alguém me ouvisse!
Apresentei minha defesa.
Que o Todo-poderoso responda!
Que os meus inimigos façam acusação
por escrito.
Todos são convidados a ler minha defesa.
Vou escrevê-la num cartaz e carregá-lo
pela cidade.
Estou preparado para prestar contas
de tudo que fiz —
a toda e qualquer pessoa que me pedir.

38-40 "Se o próprio solo que cultivei me acusar
de roubo,
e os sulcos chorarem por causa de insulto,
Se alguma vez roubei a terra para obter lucro
ou se desapossei seu legítimo dono,
Então que seja amaldiçoada
e dê espinhos, não trigo,
e ervas daninhas, em vez de grão!".

Assim terminam as palavras de Jó a seus amigos.

1CORÍNTIOS 11.1-22

Aprenda a honrar Deus

11 **1-2** Fico feliz por saber que vocês continuam a
se lembrar de mim e a me honrar, guardando
as tradições da fé que ensinei. Toda autoridade
verdadeira vem de Cristo.

3-9 No relacionamento conjugal, existe autoridade da parte de Cristo para o marido e da parte do marido para a esposa. A autoridade de Cristo é a autoridade de Deus. Qualquer homem que fala com Deus ou sobre Deus sem respeito pela autoridade de Cristo está desonrando o Senhor. E a esposa que fala com Deus sem respeito para com a autoridade do marido está desonrando seu marido. Pior ainda, está desonrando a si mesma — uma cena lamentável. É como se estivesse com a cabeça rapada. Essa é a origem do costume de a mulher cobrir a cabeça no culto, enquanto o homem tira o chapéu. Com esses atos simbólicos, homens e mulheres, que muitas vezes batem de frente um com o outro, submetem sua "cabeça" ao Cabeça: Deus.

10-12 A propósito, não valorizem demais as diferenças entre homem e mulher. Nem o homem nem a mulher podem caminhar sozinhos ou reivindicar prioridade. O homem foi criado primeiro, como belo reflexo resplandecente de Deus — é verdade. Mas a mulher brilha com mais beleza, tendo por cabeça o seu marido. É verdade que a primeira mulher veio do homem — mas daí em diante todo homem vem de uma mulher! E, uma vez que, na prática, todas as coisas vêm de Deus, vamos deixar de lado essa discussão sobre "quem vem primeiro".

13-16 Vocês não concordam que fica bem uma mulher com seu belo cabelo, orar a Deus em adoração? Isso nos lembra a atitude dos anjos. Também não fica bem um homem orar a Deus com a cabeça coberta em reverência, mostrando submissão? Não há um belo simbolismo natural aqui? Todavia, espero que não fiquem debatendo sobre isso. Todas as igrejas de Deus veem a questão dessa maneira. Não quero que vocês sejam exceção.

17-19 Quanto ao próximo item, não estou satisfeito. Soube que, quando vocês se reúnem, o pior em vocês aparece, não o melhor! Para começar, temos as divisões, pois vocês competem e se criticam mutuamente. Estou relutante em crer nisso, mas entendo o que se passa. O que posso dizer é que todas essas diferenças trarão à luz a verdade e a confirmarão.

20-22 Descobri também que vocês levam suas divisões para o culto. Vocês se reúnem, mas, em vez de comer da mesa do Senhor, trazem comida aos montes e comem feito animais. Alguns ficam de fora e vão para casa com fome, enquanto outros precisam ser carregados, pois ficam bêbados demais para andar. Não posso acreditar! Vocês não têm casa para comer e beber? Por que profanar a igreja

DIA 244

de Deus? Por que humilhar os pobres? Custa-me acreditar que vocês chegaram a esse ponto! Eu não posso ficar calado.

SALMOS 104.33-35

33-35 Oh! Que eu cante ao Eterno
por toda a minha vida,
cante hinos ao meu Deus enquanto eu viver!
Oh! Que a minha canção lhe agrade;
estou tão feliz de cantar ao Eterno.
Mas limpa o chão dos pecadores —
chega de homens e mulheres pagãos!

Ó minha alma, esteja pronta para falar
bem do Eterno!

◾ NOTAS

☐ DIA 244 __ / __ / __

JÓ 32.1 — 33.33

ELIÚ FALA
A sabedoria vem do sopro
do Todo-poderoso

32 1-5 Os três amigos de Jó ficaram em silêncio. Estavam sem palavras e frustrados porque Jó não cedia de jeito nenhum – não admitia culpa. Então, Eliú perdeu a paciência. (Eliú era o filho de Baraquel, de Buz, do clã de Rão.) Ele estava furioso porque Jó insistia em ter razão diante de Deus. Ele também estava zangado com os três amigos porque argumentaram tanto, sem conseguir provar que Jó estava errado, mas o tinham condenado. Eliú havia se mostrado paciente enquanto falavam, porque eram todos mais velhos que ele. Mas, quando percebeu que os três homens haviam esgotado seus argumentos, explodiu de raiva.

6-10 Foi o que Eliú, filho de Baraquel, de Buz, disse:

“Eu sou um jovem,
e vocês são mais velhos e experientes.
Por isso, fiquei quieto
e hesitei em dar minha opinião.
Pensei: ‘A experiência fala mais alto.
Quanto mais se vive, mais sábio fica’.
Mas vejo que estava errado —
é um presente de Deus,
A sabedoria vem do sopro do Todo-poderoso.
Não são apenas os mais velhos que têm sabedoria,
e ficar velho não é garantia de saber
o que é certo.
Por isso, decidi falar. Ouçam com atenção!
Vou dizer exatamente o que penso.

11-14 “Gravei cada palavra que disseram,
ouvi com cuidado seus argumentos.
Enquanto procuravam as palavras certas,
eu prestava atenção.
Mas o que provaram? Nada.
Nada do que disseram convenceu Jó.
E não se desculpem, dizendo:
‘Fizemos o melhor possível.
Agora, só Deus para persuadi-lo’.
Jó ainda tem de discutir comigo.
E estejam certos de que não usarei
os seus argumentos!

15-22 "Vocês três têm mais alguma coisa a dizer?
Acho que não. O que houve, ficaram mudos?
Por que eu esperaria mais,
agora que estão completamente desolados?
Estou pronto para apresentar meus argumentos.
Chegou minha vez — e já não era sem tempo!
Tenho muito a dizer,
estou a ponto de explodir.
Subiu-me a pressão,
estou como um vulcão prestes
a entrar em erupção.
Sinto-me obrigado a falar — não tem mais jeito.
Tenho de dizer o que está no meu coração.
E vou falar de maneira direta —
somente a verdade e nada mais
que a verdade.
Nunca fui bom em bajular,
e o Criador acabaria comigo se eu fizesse
isso agora!".

33 **1-4** "Então, Jó, escute-me,
preste atenção ao que tenho a dizer.
As palavras estão na ponta da língua,
prontas para serem ditas.
Não tenho outro interesse nisso:
sou sincero, falo do fundo do coração.
O Espírito de Deus fez de mim o que sou,
o sopro do Todo-poderoso me deu vida!".

Deus sempre responde, de um jeito ou de outro

5-7 "Se acha que pode provar que estou errado, tente.
Apresente seus argumentos. Defenda-se!
Mas veja, sou homem como você,
iguais diante de Deus,
fomos feitos do mesmo barro.
Então, vamos trabalhar juntos nisso.
Não fique receoso nem se sinta intimidado.

8-11 "Eis o que você disse,
e eu ouvi muito bem.
Disse: 'Eu sou puro, não fiz nada de errado.
Acreditem, estou limpo. Minha consciência
está tranquila.
Mas Deus continua me perseguindo.
Ele me trata como se eu fosse seu inimigo.
Ele me atirou numa espécie de prisão
e me mantém sob constante vigilância'.

12-14 "Mas deixe-me dizer, Jó,
você está completamente errado!

Deus é muito maior do que o homem.
Então, como ousa levá-lo a julgamento,
e reclamar que ele não responde
às suas acusações?
Deus sempre responde, de um jeito ou de outro,
mesmo quando não conseguimos reconhecer.

15-18 "Num sonho ou numa visão,
quando mergulham num sono profundo,
deitados em sua cama,
Deus pode falar aos ouvidos deles
e os intimida com advertências
Para afastá-los de sua própria maldade,
de alguma escolha negligente,
Ou para guardá-los da morte,
ou ainda, de uma situação sem volta.

19-22 "Deus pode chamar a atenção deles
por meio da dor,
atirando-os num leito de sofrimento,
De modo que não consigam nem olhar para a comida
e fiquem enjoados até de seus
pratos favoritos.
Eles perdem tanto peso
que ficam reduzidos a osso.
Eles se aproximam do desfiladeiro da morte,
sabendo que podem estar respirando
pela última vez.

23-25 "Mas, se viesse um anjo,
e dentre os milhares que existem,
um defensor para o seu caso,
Um mensageiro que interviesse,
dando testemunho de que é inocente,
dizendo: 'Livra-o, pois vim com o resgate dele!',
Antes que percebesse, você estaria curado,
suas forças voltariam e ficaria tinindo!

26-28 "Então, ajoelhe-se e ore a Deus!
Você veria o sorriso de Deus e celebraria,
e voltaria a ficar de bem com Deus.
Você não economizaria louvores a Deus,
testificando: 'Quase arruinei minha vida,
e posso dizer a vocês que não valeu a pena.
Mas Deus interveio e me salvou da morte certa.
Estou vivo outra vez! Posso ver a luz de novo!'.

29-30 "É assim que Deus age com as pessoas,
muitas vezes é o que faz;
Livra nossa alma da destruição certa,
para continuarmos a *viver* na luz!".

DIA 244

³¹⁻³³ "Continue ouvindo, Jó.
Não me interrompa — não terminei ainda.
Mas, se sabe de alguma coisa que eu não sei, diga-me.
Não há nada que eu deseje mais do que ver o
    seu nome limpo.
Por isso, continue ouvindo e não me interrompa,
vou ensinar o bê-á-bá da sabedoria a você".

1 CORÍNTIOS 11.23 — 12.11

²³⁻²⁶ Permitam-me recordar a vocês o que acontece na ceia do Senhor e por que ela é de importância fundamental. Recebi instruções do próprio Senhor e as transmiti a vocês. O Senhor Jesus, na noite em que foi traído, tomou o pão depois de dar graças, ele o partiu e disse:

Isto é meu corpo, partido por vocês.
Façam isso para se lembrarem de mim.

Depois da ceia, ele fez o mesmo com o cálice:

Este cálice é meu sangue, minha nova
    aliança com vocês.
Toda vez que beberem deste cálice,
    lembrem-se de mim.

O que vocês precisam entender é que toda vez que comem esse pão e bebem desse cálice, estão revivendo em palavras e ações a morte do Senhor. E repetirão esse ato até que o Senhor retorne. Vocês não devem permitir que o costume anule a reverência.

²⁷⁻²⁸ Quem come o pão ou bebe do cálice do Senhor de modo desrespeitoso é como a multidão que zombou do Senhor e cuspiu nele no momento de sua morte. Vocês querem tomar parte nessa "lembrança"? Examinem suas motivações, testem o coração e venham para a ceia com santo temor.

²⁹⁻³² Se vocês não pensam no corpo partido do Senhor quando comem e bebem, correm o risco de enfrentar sérias consequências. É por isso que muitos de vocês estão doentes e apáticos, enquanto outros morreram antes do tempo. Se nos corrigirmos agora, não precisaremos ser corrigidos mais tarde. Melhor ser repreendido pelo Senhor agora que enfrentar o castigo depois.

³³⁻³⁴ Portanto, meus amigos, quando vocês se reúnem na mesa do Senhor, sejam reverentes e educados. Se vocês estiverem com fome a ponto de não poderem esperar para ser servidos, é melhor ir comer em casa. Mas, de modo algum, transformem a ceia do Senhor em comilança e bebedeira ou em briga de família. Trata-se de uma refeição espiritual, uma festa de amor.

Quanto às outras perguntas que vocês me fizeram, responderei pessoalmente, na minha próxima visita.

Os dons espirituais

12 ¹⁻³ Quero agora falar sobre as várias maneiras pelas quais o Espírito de Deus se manifesta em nossa vida. O tema é complexo e quase sempre mal compreendido, mas vocês precisam ser informados. Vocês se lembram de como eram quando não conheciam Deus, mudando de um deus falso para outro, sem saber o que estavam fazendo, apenas imitando o que todos faziam? Na vida cristã é diferente. Deus quer que usemos a inteligência. Por exemplo, usando o raciocínio, vocês sabem perfeitamente que o Espírito de Deus jamais induzirá alguém a dizer: "Maldito Jesus!". E ninguém deseja dizer: "Jesus é Senhor!", sem o discernimento do Espírito Santo.

⁴⁻¹¹ Os dons variados de Deus são distribuídos por toda parte, mas todos têm origem no Espírito de Deus. Os variados ministérios são desenvolvidos em toda parte, mas todos têm origem no Espírito de Deus. As variadas expressões do poder de Deus se manifestam em toda parte, mas o mesmo Deus está por trás de tudo. A cada cristão é dado algo a fazer, que mostre como Deus é: todos ganham, todos são beneficiados. Todo tipo de dom é distribuído pelo Espírito, para todo tipo de pessoa. A variedade é maravilhosa:

conselho sábio;
entendimento claro;
confiança sincera;
cura dos enfermos;
milagres;
proclamação da Palavra;
discernimento de espíritos;
línguas;
interpretação de línguas.

Todos esses dons têm uma origem comum, mas são distribuídos um a um pelo Espírito de Deus. Ele decide quem recebe o que e quando.

SALMOS 105.1-6

105 ¹⁻⁶ Aleluia!

Agradeçam ao Eterno!
Orem, chamando-o pelo nome!

Contem o que ele fez a todos
que encontrarem!
Cantem canções a ele, hinos em voz alta!
Traduzam suas maravilhas em música!
Honrem seu santo nome com louvores,
vocês que buscam o Eterno.
Vivam uma vida feliz!
Mantenham os olhos abertos para o Eterno,
observem suas obras,
sempre atentos aos sinais da sua presença.
Lembrem-se do mundo de maravilhas
que ele fez,
de seus milagres, das sentenças que proferiu.
Ó semente de Abraão, seu servo!
Ó filhos de Jacó, seu escolhido!

◼ NOTAS

☐ DIA 245 ___ / ___ / ___

JÓ 34.1 — 35.16

O SEGUNDO DISCURSO DE ELIÚ
É impossível Deus fazer o mal

34 [1-4] **E**liú continuou:

"Então me ouçam, sábios amigos,
e depois me digam o que pensam disso.
Pois o ouvido distingue as palavras,
assim como o paladar distingue as comidas.
Vamos trabalhar juntos
para descobrir o que é certo e bom?

[5-9] "Todos ouvimos Jó dizer: 'Eu estou
no meu direito,
mas Deus não me dá um julgamento justo.
Quando eu me defendo, sou chamado de mentiroso.
Não fiz nada de errado e fui punido
do mesmo jeito'.
Já ouviram algo que superasse isso?
Nada intimida esse tal de Jó?
Passou tempo demais em má companhia,
andando com gente complicada,
Pois agora anda a falar como eles:
'É perda de tempo tentar agradar a Deus'?

[10-15] "Vocês que sabem de tudo,
até mesmo lidar com o assunto,
ouçam o que digo.
É impossível Deus fazer o mal;
o Poderoso não age com maldade,
de jeito nenhum!
Ele nos faz pagar o que é justo –
nem mais, nem menos.
Cada um tem exatamente o que merece!
É impossível Deus fazer algo reprovável,
o Poderoso não perverte a justiça.
Nem pensar!
É ele quem governa a terra!
Ele sustenta o mundo inteiro em sua mão!
Se ele decidisse reter seu sopro,
todos seriam varridos do mundo".

Deus trabalha nos bastidores

[16-20] "**E**ntão, Jó, use a cabeça,
porque tudo é tão óbvio!
Pode alguém que detesta a ordem manter a ordem?

E você ousa condenar aquele
que é infinitamente justo?
Deus não diz sempre como as coisas são,
expõe a podridão dos
governantes corruptos?
Por acaso ele prefere os ricos e famosos aos pobres?
Não é ele responsável por todos?
As pessoas que merecem não morrem sem aviso,
e os governantes ímpios caem
em sua maldição.

E não fizemos nada para destruir os 'grandes',
mas sabemos que Deus trabalha
nos bastidores.

21-28 "Ele está de olho em cada pessoa,
e não deixa passar nada em branco.
Não há escuridão nem sombra densa demais,
que esconda os que praticam o mal.
Deus não precisa de mais provas contra eles,
pois o pecado deles é o bastante.
Ele destrói os poderosos sem dar satisfação,
e coloca outros em seu lugar.
Ninguém passa despercebido; durante a noite,
Deus julga, pois conhece tudo o que fazem.
Ele pune o ímpio por causa de suas impiedades
e faz isso onde todos possam ver,
Porque eles deixaram de segui-lo,
nem cogitavam mais seguir seus caminhos.
Isso foi denunciado pelo clamor dos pobres;
o choro dos aflitos chamou
a atenção de Deus".

Você se recusou a viver
nos termos de Deus

29-30 "Se Deus permanecer calado,
o que você tem com isso?
Se ele vira o rosto, o que você pode
fazer a respeito?
Mas no silêncio e no oculto ele ainda reina,
para evitar que quem odeia Deus
tome o controle
e arruíne a vida de seu povo.

31-33 "Então, por que as pessoas não confessam
seu pecado a Deus,
dizendo: 'Pequei, mas não vou
fazer isso de novo?
Ensina-me a ver o que ainda não vejo.
Qualquer que tenha sido meu pecado, não
voltarei a praticá-lo'.

E você, só porque se recusou a viver
nos termos de Deus,
acha que ele deve concordar em viver
de acordo com os seus?
Agora, você decide. Não posso
fazer isso por você.
Diga-me, depois, o que você decidiu.

34-37 "Todas as pessoas de bom senso dizem —
e os sábios que me ouviram concordam:
'Jó é um ignorante,
e fala absurdos'.
Jó precisa ser posto contra a parede:
tem de prestar contas de sua atitude a Deus.
Você agravou a sua situação,
rebelou-se contra a disciplina de Deus,
Desafiou-o de modo arrogante
e multiplicou acusações contra
o Todo-poderoso".

O TERCEIRO DISCURSO DE ELIÚ
Deus ensina através de toda a sua criação

35 **1-3** Eliú continuou:

"Esse discurso faz algum sentido?
Primeiro você diz: 'Sou inocente
diante de Deus'.
Depois diz: 'Que vantagem eu tenho?
Não faz a menor diferença se pequei ou não'!

4-8 "Bem, vou provar agora
que você não sabe do que está falando,
nem você nem seus amigos.
Olhe para o céu. Dê uma boa olhada.
Vê aquelas nuvens lá em cima?
Se você pecar, que diferença faria para Deus?
Não importa quanto você pecou:
fará diferença para ele?
Mesmo que você fosse bom, o que Deus
ganharia com isso?
Você acha que ele depende de suas obras?
Os únicos que são afetados por você
ser bom ou mau
são sua família, amigos e vizinhos.
Deus não depende do seu comportamento.

9-15 "Quando a situação piora,
as pessoas pedem socorro.
Suplicam para que não sejam
mais maltratadas.

Mas nunca pensam em Deus quando
as coisas vão bem,
quando Deus inspira canções
no coração delas,
Ensinando através de toda a sua criação,
ao usar pássaros e animais
para dar sabedoria.
As pessoas se mostram arrogantes
e indiferentes para com Deus —
até que estejam em perigo,
e, por isso, Deus não responde.
Não há nada por trás de tais orações
exceto o pânico,
e o Todo-poderoso não dá atenção a elas.
Então, por que ele notaria você?
Só porque você está cansado de esperar
para ser ouvido,
Ou de esperar que o seu caso chegue a ele
e faça alguma coisa a respeito?

[16] "Jó, você só fala bobagens —
nem sabe o que diz!".

1CORÍNTIOS 12.12-31

[12-13] É fácil entender como essa diversidade funciona se olharmos para o corpo humano. Nosso corpo está dividido em muitas partes — membros, órgãos, células. Mas, a despeito de tantas partes, ainda é um corpo. Ocorre o mesmo com Cristo. Por meio do seu Espírito único, dissemos adeus à nossa vida incompleta e sem sentido. Costumávamos tomar decisões de forma independente, mas agora vivemos uma vida plena e integrada, em que *ele* tem a palavra final em tudo. (É o que proclamamos em palavra e ação quando fomos batizados.) Cada um de nós é, agora, uma parte de seu corpo ressuscitado, renovado e sustentado por uma fonte — seu Espírito — da qual todos nós bebemos. Nossos antigos rótulos como judeu ou grego, escravo ou livre, não têm mais utilidade. Precisamos de algo maior, mais abrangente.

[14-18] Quero que entendam que tudo isso faz vocês terem mais importância. Um corpo não é apenas uma parte ampliada. O corpo é o conjunto de partes diferentes, mas semelhantes em combinação e que funcionam em conjunto. Faz algum sentido o pé dizer: "Não sou tão elegante quanto a mão, embelezada com anéis, por isso acho que não pertenço a este corpo"? Se o ouvido disser: "Não sou importante como o olho, que tudo vê, por isso não mereço estar na cabeça", vocês iriam querer tirá-lo

do corpo? Se o corpo fosse todo olho, como poderia ouvir? Se fosse todo ouvido, como poderia cheirar? Mas, sendo do jeito que é, podemos perceber que Deus pôs cada parte do corpo exatamente onde quis.

[19-24] Quero também que entendam que a diversidade mantém a importância de cada parte, impedindo que cada um dê valor apenas a si mesmo. Por melhores que sejam, vocês só têm importância por fazerem parte do corpo. Um olho enorme ou uma mão gigante não seria um corpo, e sim um monstro. O que temos é um corpo com muitas partes, cada uma do tamanho apropriado e em seu devido lugar. Nenhuma parte é importante por si mesma. Vocês podem imaginar o olho dizendo para a mão: "Fora! Não preciso de você"? Ou a mão dizendo para o pé: "Você está dispensando! Não preciso mais de você"? De fato, na prática acontece o contrário: muitas vezes o que é "menos proeminente", é mais fundamental e também mais necessário. Por exemplo, vocês podem viver sem um olho, mas não sem o estômago. Quando seu corpo sofre, *não* faz nenhuma diferença se é um membro externo ou interno, maior ou menor. Todas as partes sofrem junto. Pois cada parte tem a devida dignidade e importância. No entanto, vocês têm mais preocupação com as partes menos proeminentes. Se vocês tivessem de escolher, não iriam preferir uma boa digestão a um cabelo bonito?

[25-26] O modo pelo qual Deus formou o corpo humano é um modelo que nos ajuda a entender nossa vida comunitária na igreja. Cada parte depende da outra: as partes que mencionamos e as que não mencionamos; as partes que vemos e as que não vemos. Se uma parte se fere, todas as outras partes estão envolvidas. Se uma parte vai bem, todas as outras desfrutam esse bem-estar.

[27-31] Vocês são o corpo de Cristo. É o que vocês são, jamais se esqueçam disso. Só depois que vocês reconhecem que participam desse corpo é que a "parte" de vocês adquire algum significado. Vocês conhecem algumas partes que Deus estabeleceu na igreja, que é seu "corpo":

apóstolos;
profetas;
mestres;
operadores de milagres;
gente com dom de cura;
gente com capacidade para ajudar;
gente com capacidade de administrar;
gente que ora em línguas.

DIA 246

Não é óbvio que a igreja de Cristo é um corpo completo, marcada pela diversidade? Nem todos são apóstolos, profetas, operadores de milagres, gente com dom de cura; nem todos oram em línguas, nem todos são intérpretes de línguas. Mesmo assim, alguns de vocês ficam competindo, querendo ser uma das partes "importantes".

Mas agora quero apresentar a vocês um caminho muito melhor.

SALMOS 105.7-15

7-15 Ele é o Eterno, o nosso Deus,
   responsável pela terra inteira.
E ele está lembrado, e muito bem, da sua Aliança —
   por mil gerações ele tem sido tão bom quanto
     sua palavra.
É a Aliança que ele firmou com Abraão,
   o mesmo juramento que fez a Isaque,
O mesmo estatuto que estabeleceu com Jacó,
   a eterna Aliança com Israel,
Só para lembrar: "Sou eu que dou a vocês a terra.
   Canaã é sua herança".
Eles não eram muitos:
   um punhado de estrangeiros,
Vagando de país em país,
   levados de um lugar a outro.
Mas ele não permitiu que ninguém os explorasse.
   Ordenou aos reis que mantivessem as mãos
     longe deles:
"Não ousem tocar no meu ungido,
   nem mesmo arrancar um fio de cabelo
     dos meus profetas!".

◾ NOTAS

☐ DIA 246 ___ / ___ / ___

JÓ 36.1 — 37.24

Os que aprendem com o sofrimento

36 ¹-⁴ **E**liú suspirou profundamente,
   mas continuou:

"Acompanhe mais um pouco meu raciocínio.
   Vou convencer você.
Há ainda muita coisa a ser dita a favor de Deus.
Aprendi tudo isso em primeira mão,
   direto da Fonte.
Tudo que eu sei sobre justiça
   devo ao meu Criador.
Confie em mim, estou oferecendo a você
   a pura verdade.
Acredite, conheço essas coisas muito bem.

5-15 "É verdade que Deus é Todo-poderoso,
   mas ele não intimida os inocentes.
Para o ímpio, no entanto,
     a história é diferente –
     ele não dá colher de chá para eles,
       mas advoga os direitos dos aflitos.
Ele nunca tira os olhos dos justos,
   e sempre os honra e promove.
Quando as coisas vão mal,
     quando a aflição e o sofrimento
       vêm sobre eles,
Deus revela onde foi que erraram,
     mostra como o orgulho deles
       causou a tribulação.

Ele os obriga a escutar sua advertência
e exige que se arrependam de sua má conduta.
Se eles obedecem e se submetem a ele,
obtêm uma vida boa, longa e próspera.
Mas, se desobedecem, são cortados fora,
e nunca deixarão de ser ignorantes.
Os ressentidos, sem Deus,
vão guardando as queixas,
e sempre culpam os outros
por seus problemas.
Vivendo de modo vergonhoso,
desperdiçam seu vigor e morrem jovens.
Mas os que aprendem com o sofrimento
alcançam o livramento de Deus".

Obcecado em culpar Deus

16-21 "**A**h, Jó! Não vê que Deus quer livrar você
das garras do perigo?
Não percebe que ele quer levar você ao ar livre,
para festejar à volta de uma mesa farta?
Mas aqui está você, farto da culpa dos ímpios,
obcecado em culpar Deus!
Não permita que suas riquezas o corrompam.
Não pense que poderá se livrar
disso com suborno.
Acha que pode comprar sua liberdade?
Claro que não!
E não pense que a noite,
quando as pessoas descansam dos problemas,
trará a você algum alívio.
Acima de tudo, não piore as coisas,
com mais maldade,
pois é isso que está por trás do seu sofrimento!

22-25 "Você faz ideia de como Deus é poderoso?
Já viu um mestre como ele?
Alguma vez alguém precisou dizer
a ele o que fazer,
ou corrigi-lo, dizendo:
'Você fez tudo errado!'?
Lembre-se, então, de louvar sua obra,
tão celebrada por meio de canções.
Todos conseguem vê-la.
Ninguém está tão longe que não
possa contemplá-la".

Ninguém pode fugir de Deus

26 "**D**ê uma boa olhada.
Veja como Deus é grande, infinito,
maior que tudo que você possa
imaginar ou compreender!

27-33 "Ele tira a água do mar,
enche as nuvens de chuva.
Os céus se abrem e solta gota por gota,
que caem como ele chuvas sobre todos.
Alguém faz ideia de como isso acontece?
Alguém sabe como ele organiza as nuvens e
fala através do trovão?
Apenas olhe para aquele raio:
sua luz que enche o céu,
e ilumina as profundezas escuras do mar!
Esses são os sinais da soberania,
da generosidade e do cuidado
amoroso de Deus.
Ele lança flechas de luz,
mirando com todo cuidado.
O Soberano Deus ruge no trovão,
pois contra o mal está irado".

37 **1-13** "**Q**uando isso acontece,
meu coração para —
fico atordoado, não consigo
recuperar o fôlego.
Ouça! Ouça seu trovão,
o trovão ecoa sua voz.
Ele solta seus raios de horizonte a horizonte,
Iluminando a terra de um polo a outro.
Em sua trilha, o trovão ecoa sua voz
poderosa e majestosa.
Ele faz o possível e o impossível, nada o detém.
Ninguém pode se enganar com aquela voz —
Sua palavra troveja tão maravilhosamente,
seus poderosos feitos vão além
da compreensão.
Ele ordena à neve: 'Cubra a terra como uma manta!',
e à chuva: 'Encharque o campo todo!'.
E todos reconhecem a sua obra,
ninguém pode escapar de Deus!
Os animais selvagens procuram abrigo,
rastejando para a toca,
Quando a nevasca surge no norte,
e a geada forma uma camada na terra.
É o sopro de Deus que forma o gelo,
e congela lagos e rios.
Sim, é Deus quem enche as nuvens de água
e lança os raios de dentro delas.
Ele as faz funcionar no ritmo que deseja
e ordena que elas façam conforme
tudo que determina.
Seja por disciplina, seja por graça
ou amor extravagante,
ele se certifica de que se cumpra".

DIA 246

A temível beleza que flui de Deus

14-18 "Jó, você está me ouvindo? Captou tudo?
Considere as maravilhas de Deus!
Você tem ideia de como Deus faz tudo isso,
como faz brilhar o raio no meio da
tempestade tenebrosa,
Como ele ajunta as nuvens e as mantém carregadas
– todas essas maravilhas
do perfeito conhecimento?
Ora, você nem consegue se refrescar
num dia de calor insuportável e abafado,
Então, como acha que poderá
ajudar a estender o céu que é como bronze?

19-22 "Se você é tão esperto, nos ensine
a nos dirigirmos a Deus.
Estamos perdidos e nem imaginamos
como fazer.
Acha que não tenho juízo para desafiar Deus?
Assim não arranjaria problemas?
Ninguém, em sã consciência,
fica olhando direto para o sol
num dia claro e sem nuvens.
Assim como o ouro vem das montanhas do norte,
uma temível beleza flui de Deus.

23-24 "Poderoso Deus, tão longe do nosso alcance!
Insuperável em poder e justiça!
É impensável que ele trate alguém
com parcialidade.
Portanto, curvem-se diante dele
em profunda reverência!
Quem é sábio certamente o louvará".

1CORÍNTIOS 13.1 — 14.5

O caminho do amor

13 **¹** Se eu falar com eloquência humana e com êxtase própria dos anjos e não tiver amor, nãopassarei do rangido de uma porta enferrujada.

² Se eu pregar a Palavra de Deus com poder, revelando todos os mistérios e deixando tudo claro como o dia, ou se eu tiver fé para dizer a uma montanha: "Pule!" e ela pular e não tiver amor, não serei nada.

3-7 Se eu der tudo que tenho aos pobres e ainda for para a fogueira como mártir mas não tiver amor, não cheguei a lugar algum. Assim, não importa o que eu diga, no que eu creia ou o que eu faça: sem amor, estou falido.

O amor nunca desiste.
O amor se preocupa mais com os outros que
consigo mesmo.
O amor não quer o que não tem.
O amor não é esnobe,
Não tem a mente soberba,
Não se impõe sobre os outros,
Não age na base do "eu primeiro",
Não perde as estribeiras,
Não contabiliza os pecados dos outros,
Não festeja quando os outros rastejam,
Tem prazer no desabrochar da verdade,
Tolera qualquer coisa,
Confia sempre em Deus,
Sempre procura o melhor,
Nunca olha para trás,
Mas prossegue até o fim.

8-10 O amor nunca morre. A palavra inspirada um dia será esquecida; a oração em línguas vai passar; o entendimento alcançará seu limite. Nós conhecemos apenas parte da verdade e o que dizemos a respeito de Deus é sempre incompleto. Mas, quando o que é Completo chegar, tudo que é incompleto em nós deixará de existir.

¹¹ Quando eu era bebê, no colo da minha mãe, eu balbuciava como qualquer bebê. Depois que cresci, deixei para sempre essas coisas de bebê.

¹² Hoje, não vemos as coisas com clareza. Estamos como que num nevoeiro, enxergando com dificuldade por entre a neblina. Mas isso não vai durar muito. O tempo vai melhorar, e o Sol vai aparecer! Então veremos tudo tão claramente quanto Deus nos vê, conhecendo-o diretamente, assim como ele nos conhece!

¹³ Mas, por enquanto, até chegar a perfeição, temos três coisas que nos guiam até a consumação de tudo: confiança firme em Deus, esperança inabalável e amor extravagante. E o melhor desses três é o amor.

A linguagem da oração

14 **1-3** Procurem viver uma vida de amor como se a vida dependesse disso – porque de fato depende. Entreguem-se aos dons que Deus dá. Acima de tudo, proclamem sua verdade. Se vocês o louvam quando falam línguas, Deus os entende, e ninguém mais, pois vocês estão compartilhando aspectos pessoais, e isso é entre vocês e ele. Mas, quando proclamam sua verdade na linguagem comum, vocês permitem que *outros* conheçam a verdade e com isso possam crescer, fortalecer-se e experimentar a presença de Deus com vocês.

4-5 Aquele que ora usando uma "língua de oração" em particular obtém muito proveito disso, mas proclamar a verdade de Deus à igreja na língua comum produz crescimento e fortalecimento para a comunidade. Meu desejo é que todos vocês desenvolvam intimidade com Deus em oração, mas não parem aí. Prossigam e proclamem sua verdade com clareza aos outros. É mais importante permitir o acesso ao conhecimento e ao amor de Deus por meio de uma língua que todos entendem que cultivar a presença de Deus em oração num idioma misterioso — a não ser, é claro, que alguém possa interpretar o que vocês estão dizendo, para o benefício de todos.

SALMOS 105.16-22

16-22 Então, ele trouxe fome ao país,
  danificou todas as espigas de trigo.
Mas mandou um homem na frente:
  José, vendido como escravo.
Ele trazia correntes nos tornozelos,
  um colar de ferro em volta do pescoço,
Até que a palavra de Deus veio ao faraó,
  e o Eterno confirmou sua promessa.
  Deus usou o rei para soltá-lo.
O faraó libertou José
  e o designou chefe do seu palácio,
  tornou-o responsável por todos
    os seus negócios,
Por instruir seus príncipes
  e por afiar as habilidades dos seus conselheiros.

◾ NOTAS

||||||||||||||||||||||||||||||||||||||||||||||||||||||

☐ DIA **247** ___ / ___ / ___

JÓ 38.1 — 39.18

DEUS QUESTIONA JÓ
Você encontrou o verdadeiro sentido?

38 **1-11** Finalmente, o Eterno respondeu a Jó, do meio de uma violenta tempestade. Ele disse:

"Por que você complicou tanto a questão?
  Por que você fala sem saber
    do que está falando?
Recomponha-se, Jó!
  Ponha-se de pé! Erga a cabeça!
Tenho algumas perguntas para você,
  e quero que responda de forma direta.
Onde você estava quando criei a terra?
  Diga-me, já que sabe tanto!
Quem decidiu seu tamanho?
    Por certo você sabe essa!
  Quem planejou as medidas?
Como sua fundação foi moldada,
  e quem pôs a pedra principal
Enquanto as estrelas da manhã cantavam
  e todos os anjos entoavam louvor?
Quem tomou conta do oceano
  quando ele irrompeu tal qual o bebê
    sai do ventre materno?
Fui eu! Eu o envolvi em suaves nuvens
  e o deixei confortável durante a noite.
Depois, fiz uma cerca para ele,
  bem forte para que ele
    não saísse correndo,

DIA 247

E disse: 'Fique aqui, este é seu lugar.
   Mesmo quando estiver furioso,
   não passe deste ponto!'.

12-15 "Alguma vez você ordenou à manhã:
   'Levante-se!',
   ou disse qual era o lugar do amanhecer?
Do mesmo modo, poderia segurar
   a Terra nas mãos
   e sacudir os ímpios para fora dela?
Assim como o Sol traz tudo à luz
   e exibe todas as cores e formas,
O manto da escuridão é arrancado dos ímpios —
   eles são pegos com a boca na botija!

16-18 "Você encontrou o verdadeiro
   sentido das coisas?
   Explorou as cavernas obscuras
   do fundo do oceano?
Você conhece os segredos da morte?
   Viu os mistérios da morte?
Você faz ideia da largura da terra?
   Fale, se é que você consegue!

19-21 "Você sabe de onde vem a luz
   e onde mora a escuridão?
É capaz de tomá-las pela mão
   e conduzi-las de volta à sua morada,
   caso venham a se perder?
Ora, é *claro* que você sabe!
   Você as conhece a vida inteira,
   você é tão sábio e experiente!

22-30 "Você já viajou para onde a neve é feita,
   viu o armazém onde o granizo é estocado,
Os arsenais de granizo e neve que mantenho
   para períodos de confusão ou de guerra?
Você é capaz de encontrar o caminho
   por onde os raios são lançados,
   ou o lugar de onde os ventos sopram?
Quem você supõe que entalhou os cânions
   para as chuvas torrenciais
   e traçou a rota das tempestades de trovão?
Quem você imagina que levou água
   a lugares não habitados,
   a desertos que ninguém jamais viu,
Molhando os solos improdutivos,
   para que ficassem tomados de flores
   silvestres e grama?
E quem você acha que é o pai da chuva e do orvalho,
   a mãe do gelo e da geada?

Você não pensou, nem por um minuto,
   que essas maravilhas simplesmente
   acontecem, não é?

31-33 "Você pode chamar a atenção
   das belas irmãs Plêiades,
   ou distrair o Órion de sua caçada?
Você pode fazer Vênus surgir no céu,
   ou fazer a Ursa Maior e seus filhotes
   sair para brincar?
Você conhece a lei dos céus e das constelações?
   Sabe como elas afetam as coisas na Terra?

34-35 "Você pode chamar a atenção das nuvens
   e decretar uma pancada de chuva?
Pode controlar os relâmpagos
   e fazê-los obedecer às suas ordens?".

O que você tem a dizer em sua defesa?

36-38 "Quem deu sabedoria ao coração,
   e entendimento à mente?
Alguém sabe o bastante para contar
   todas as nuvens
   ou virar os barris de chuva do céu
Quando a terra está fendida e seca,
   e o chão, duro como tijolo?

39-41 "É você que ensina a leoa a se aproximar
   silenciosamente de sua presa
   e satisfazer o apetite de seus filhotes
Quando eles se arrastam em sua toca,
   esperando famintos pela comida?
E quem alimenta os corvos
   quando seus filhotes gritam para Deus,
   batendo as asas porque não têm comida?".

39 1-4 "Você sabe em que mês as cabras da
   montanha dão à luz?
Já observou uma corça parir sua cria?
   Você sabe por quantos meses ela fica prenhe?
   Sabe dizer a hora de seu parto,
   quando ela se agacha e dá à luz?
Seus filhotinhos crescem e
   tornam-se independentes,
   vão embora e não voltam.

5-8 "Quem você acha que deixou
   o burro selvagem solto,
   abriu os portões do curral e o deixou escapar?
Eu dei a ele toda a selva para morar,
   as planícies e as terras secas.

Ele ri de seus primos da cidade, que são arreados.
Ele ignora os gritos dos carroceiros.
Ele pasta solto pelas colinas
e mordisca tudo que é verde.

9-12 "Será que o búfalo selvagem aceitaria
   servir você?
Passaria a noite em seu celeiro?
Você imagina amarrar o seu arado num búfalo
e levá-lo para o campo?
Ele é muito forte, sim, mas você confiaria nele?
Ousaria confiar o trabalho a ele?
Você não confiaria, nem por um minuto,
   que ele faria o que você mandou, não é?

13-18 "A avestruz bate as asas, mas não voa —
   todas aquelas penas lindas!
Ela bota ovos no chão batido,
   deixa-os lá para que a areia os aqueça,
não se importa que possam ser pisados ou quebrados
   por algum animal selvagem.
Ela é negligente com os filhotes,
   como se nem fossem dela.
Não se importa com nada.
Ela não foi criada muito esperta, isso é claro,
   não foi dado a ela um pingo de bom senso.
Mas, quando ela corre..., ah, como corre!
   Brincando, ela deixa o cavalo e o cavaleiro
   comendo poeira.

1CORÍNTIOS 14.6-25

6-8 Amigos, pensem bem: se diante de vocês eu orar de um modo que só Deus entende, que proveito vocês terão? Se eu não falar claramente com alguma instrução, verdade, proclamação ou ensino, não terei nenhuma utilidade para vocês. Se os instrumentos musicais — flautas ou harpas — não são tocados de modo que cada nota seja distinta e esteja no tom, como se poderá identificar a melodia e apreciar a música? Se o toque da trombeta não é nítido, como será possível apresentar-se para a batalha?

9-12 Então, se vocês falam de um modo que ninguém entende, por que abrem a boca? Há muitas línguas no mundo e todas têm significado para alguém. Mas, se *eu* não entendo a língua, de nada me servirá. Não é diferente com vocês. Já que estão tão ansiosos por tomar parte no que Deus está fazendo, por que não se concentram em fazer o que é proveitoso para toda a igreja?

13-17 Portanto, quando orarem em "língua de oração", não guardem para vocês mesmos a experiência. Orem para poder compartilhá-la com outros. Se oro em línguas, meu espírito ora, mas minha mente fica inativa, e não há proveito nenhum. Assim, qual a solução? A resposta é simples. Façam as duas coisas. Devo ser espiritualmente livre quando oro, mas ao orar devo também refletir e ser cuidadoso. Devo cantar com o espírito e também com a mente. Se você abençoa usando uma "língua de oração" que ninguém mais entende, como poderia um recém-chegado, que não tem ideia do que está acontecendo, saber a hora de dizer "amém"? Sua bênção pode ter alguma beleza, mas você deixou de fora quem não entende.

18-19 Sou grato a Deus pelo dom que nos concedeu de orar e louvar em línguas. Esse dom nos permite desfrutar uma intimidade maravilhosa com ele. Eu participo disso tanto quanto vocês, ou até mais. Só que quando estou com a igreja reunida para o culto prefiro dizer cinco palavras que todos entendem a dizer dez mil que não façam nenhum sentido para os ouvintes.

20-25 Para ser franco, estou impaciente com a infantilidade de vocês. Quanto tempo vai demorar para que cresçam e usem a cabeça — como adultos? Tudo bem quando há uma falta de familiaridade infantil com o mal. Nesse caso, tudo de que precisamos é um simples "não". No entanto, para dizer "sim" a alguma coisa se exige algo mais. Só uma inteligência madura e bem exercitada poderá salvá-los de cair na ingenuidade. Dizem as Escrituras:

Em idiomas estranhos
   e pela boca de estrangeiros
Vou pregar a este povo,
   mas eles não vão ouvir nem acreditar.

Assim, aonde esse falar em línguas que ninguém entende levará vocês? Isso não ajuda os cristãos e deixa os descrentes ainda mais confusos. Mas também é certo que essas línguas falam diretamente ao coração dos cristãos, sem alcançar os descrentes. Se a igreja estiver reunida e alguns descrentes estiverem ali, quando vocês começarem a orar em línguas, dizendo coisas sem sentido para eles, pensarão que vocês perderam o juízo e sairão dali o mais rápido que puderem. Mas, se houver descrentes num culto em que a verdade de Deus é transmitida com clareza, as palavras compreensíveis irão tocar o coração deles. E logo estarão ajoelhados diante de Deus, reconhecendo que ele está no meio de vocês.

DIA 248

SALMOS 105.23-42a

23-42 Então, Israel entrou no Egito,
Jacó migrou para a terra de Cam.
Deus concedeu a seu povo muitos bebês,
e logo o número deles alarmou os inimigos.
Ele pôs contra seu povo os egípcios,
que oprimiram e enganaram
os servos de Deus.
Depois, enviou seu servo Moisés,
e Arão, a quem também escolheu.
Eles fizeram maravilhas naquela
desolação espiritual,
milagres na terra de Cam.
Ele disse: "Escuridão!", e tudo se tornou escuro —
não podiam ver o que estavam fazendo.
Ele transformou toda a água deles em sangue
para que todos os peixes morressem.
Ele fez as rãs tomarem conta do país:
invadiram até mesmo o quarto do rei.
Ele proferiu uma palavra, e as moscas fervilharam,
os mosquitos encheram o ar.
Ele substituiu a chuva por granizo
e golpeou a terra com relâmpagos;
Ele destruiu vinhas e figueiras,
reduziu os pomares a gravetos.
Com uma palavra, convocou os gafanhotos —
milhões de gafanhotos, exércitos deles;
E eles consumiram todas as folhas de grama,
os primeiros e mais viçosos frutos.
Ele conduziu Israel para fora,
carregado de coisas de valor,
e nenhum, entre todas as tribos,
sequer tropeçou.

■ NOTAS

DIA 248 ___/___/___

JÓ 39.19 — 41.17

19-25 "Foi você quem deu ao cavalo a coragem
e o adornou com uma bela crina?
Você o criou para cavalgar orgulhosamente
e espalhar medo com seus nobres relinchos?
Impetuoso, ele bate com as patas no chão,
impulsivo e determinado,
e depois sai à luta.
Ele ri do perigo, destemido,
não tem medo da espada.
O barulho e o tinido
da aljava e da lança não o amedrontam.
Ele se agita e, ao soar da trombeta,
sai correndo a galope.
Ao som da trombeta, ele relincha poderoso,
sente a excitação da batalha a distância,
e capta o estrondo dos gritos de guerra.

26-30 "Foi depois de uma aula sua que o falcão
aprendeu a voar,
a estender as asas seguindo seu caminho?
Você ordenou que a águia levantasse voo,
e ensinou a fazer
seu ninho nas alturas,
Perfeitamente à vontade no alto do precipício,
invulnerável no cume do penhasco?
De sua posição, ela procura pela presa,
espia a uma grande distância.

Seus filhotes se alimentam de cadáveres;
onde houver um animal morto, ali você a verá".

40

1-2 O Eterno, então, perguntou a Jó diretamente:

"Agora, o que você tem a dizer em sua defesa?
Vai arrastar a mim, o Poderoso, para um
tribunal e fazer acusações?".

JÓ RESPONDE A DEUS
Estou pronto para me calar e ouvir

3-5 Jó respondeu:
"Estou sem palavras, pasmado –
fogem-me as palavras.
Não deveria nunca ter aberto a boca!
Falei demais, muito mesmo.
Estou pronto para me calar e ouvir".

O SEGUNDO CONJUNTO DE
PERGUNTAS DE DEUS
Quero respostas diretas

6-7 O Eterno se dirigiu a Jó do meio da
tempestade e disse:
"Tenho mais algumas perguntas para você,
e quero respostas diretas.

8-14 "Você supõe ser capaz de dizer algo
que eu tenha feito de errado?
Está me chamando de pecador,
para sair como santo?
Você tem um braço como o meu?
Consegue gritar no trovão, como eu?
Vamos, mostre-me o que pode fazer!
Dê asas à sua indignação.
Olhe bem nos olhos dos arrogantes e destrua-os.
Olhe nos olhos dos arrogantes
e ponha-os de joelhos.
Interrompa os ímpios em seus caminhos
– acabe com eles!
Cave uma sepultura enorme
e jogue-os lá dentro –
enterre-os como indigentes sem nome.
Eu dou liberdade e todo espaço de que você precisar.
Aí, sem dúvida, vou acreditar que você pode
se salvar sem a minha ajuda!

15-24 "Olhe para o grande Beemote.
Eu o criei, assim como criei você.
Ele pasta sobre a grama e é dócil como um boi –
Apenas olhe para a força de seu lombo,
os músculos poderosos da barriga.

A cauda balança como o cedro ao vento;
as enormes pernas são como palmeiras.
Seu esqueleto é feito de aço;
cada osso de seu corpo é duro como ferro.
É um animal imponente entre as minhas criaturas,
mas eu o conduzo como a um cordeiro!
As colinas cobertas de grama servem
de comida para ele,
enquanto os ratos do campo brincam
à sua sombra.
Ele tira uma soneca à tarde debaixo da
sombra das árvores,
refresca-se nos pântanos lamacentos.
Preguiçoso, refresca-se nas sombras frondosas,
enquanto a brisa se move
por entre os salgueiros.
E, quando o rio se agita, ele não sai do lugar,
apático e tranquilo, mesmo quando o
Jordão fica bravio.
Mas você não o desejaria como animal
de estimação:
você não seria capaz de domesticá-lo!".

Eu conduzo o Universo

41

1-11 "Você seria capaz de pescar com um
anzol o Leviatã
e guardá-lo no cesto?
Poderia laçá-lo com uma corda
ou fisgá-lo com um gancho?
Será que ele suplicaria por misericórdia,
ou bajularia você com doces palavras?
Será que ele faria um acordo com você
e se disporia a servi-lo pelo resto da vida?
Você brincaria com ele, como se faz com
um peixinho dourado?
Faria dele o mascote das suas crianças?
Você o poria à venda no mercado,
determinaria um preço aos compradores?
Você o furaria com arpões, como alfinetes
numa almofada,
ou fincaria lanças de pesca em sua cabeça?
Se você apenas encostasse nele,
não viveria para contar a história.
Que chance teria com uma criatura dessas?
Com um olhar ele mataria você!
Se você não aguenta olhar para ele
por ser assustador,
como espera se manter diante de mim?
Quem poderia me confrontar e sair ileso?
Eu estou *no comando* de tudo
– eu *conduzo* o Universo!

DIA 248

12-17 "Mas tenho ainda o que dizer
　　sobre o Leviatã, o monstro do mar,
　de seu enorme tamanho, de sua bela forma.
Quem sonharia em furar aquela pele forte
　　ou pôr freios naquelas mandíbulas?
Quem ousaria chegar perto de sua boca,
　　cheia de dentes superafiados?
Uma fileira de escudos forma seu dorso,
　　fortemente ligados entre si – é seu orgulho!
É invencível, nada pode reduzir a soberba.
　　Nada pode atravessar sua pele –
Tão grossa e resistente,
　　simplesmente impenetrável!

1CORÍNTIOS 14.26 — 15.9

26-33 Assim quero que vocês façam o seguinte: Quando se reunirem no culto, cada um de vocês esteja preparado para fazer o que for proveito para todos: cantar um hino, ensinar uma lição, contar uma história, fazer uma oração, interpretar línguas. Se forem feitas orações em línguas, que sejam no máximo duas ou três, mas apenas se estiver presente alguém que possa interpretar o que estão dizendo. Se não houver, que isso fique entre vocês e Deus. E que não haja mais de duas ou três pessoas falando por culto. E os demais ouçam e guardem tudo no coração. Cada um por sua vez faça sua parte, sem que ninguém assuma o controle. Assim, cada pessoa que falar tem a chance de dizer algo especial da parte de Deus, e vocês irão aprender uns com os outros. Se escolherem falar, são também responsáveis pelo modo e pelo momento de falar. Quando adoramos da maneira certa, não há confusão. Deus nos conduz à harmonia. Isso vale para todas as igrejas.

34-36 As mulheres não devem interromper o culto, falando quando deveriam estar ouvindo, nem fazer perguntas que poderiam ser feitas aos maridos, em casa. Quanto a isso, o Livro da lei de Deus orienta nossos procedimentos. As mulheres não têm licença para usar o momento de culto em conversas desnecessárias. Vocês – homens *e* mulheres – acham que são os grandes "ungidos" do Senhor, que definem o certo e o errado? Pensam que tudo gira em torno de vocês?

37-38 Se alguém acha que tem alguma palavra da parte de Deus ou se sente inspirado a fazer alguma coisa, preste muita atenção ao que escrevi, pois essas são orientações do Senhor. Se vocês não as seguirem, não serão usados por Deus.

39-40 Três conselhos resumem tudo o que falei. Quando transmitirem a verdade de Deus, falem de todo o coração. Se alguém estiver orando em línguas que vocês não entendem, não lhe digam como deve orar. Façam tudo de maneira cortês e organizada em todas as situações.

A Ressurreição

15 **1-2** **A**migos, permitam-me repassar a Mensagem com vocês mais uma vez – a Mensagem que proclamei e foi recebida por vocês; nela vocês permanecem firmes e por ela foram salvos. (Entendo que a fé que possuem é verdadeira, não um interesse passageiro, e que nela estão firmes de verdade.)

3-9 A primeira coisa que fiz foi apresentar a vocês de coração a Mensagem que recebi: o Messias morreu pelos nossos pecados, exatamente como dizem as Escrituras; foi sepultado e se levantou da morte no terceiro dia – mais uma vez, exatamente como dizem as Escrituras. Falei a vocês que ele apareceu vivo a Pedro, depois aos seus seguidores mais próximos e mais tarde a mais de quinhentos seguidores ao mesmo tempo – muitos deles estão por aí (ainda que alguns já tenham morrido) –, depois, ele passou um tempo com Tiago e com o restante dos que chamou para falar em seu nome, e, finalmente, apareceu vivo a mim. Faz todo sentido que eu viesse por último, pois nem mereço ser incluído no grupo original, como vocês bem sabem, já que passei anos perseguindo a igreja de Deus.

SALMOS 105.23-42b

O Egito respirou aliviado quando eles partiram
　– estavam morrendo de medo deles.
Deus estendeu uma nuvem para refrescá-los
　　durante o dia
　e uma fogueira para iluminar
　　seu caminho à noite.
Eles oraram, e ele enviou codornizes,
　　encheu-os de pão do céu.
Ele abriu a rocha, e a água brotou,
　　fluiu como um rio por aquele deserto –
Tudo porque ele se lembrou da sua Aliança,
　　da promessa que tinha feito a Abraão,
　　seu servo.

◼ NOTAS

Dardos são inofensivos em sua pele,
os arpões batem e voltam sem fazer um arranhão.
Barras de ferro são como cortiça para ele;
armas de bronze, sem comentários.
As flechas nem mesmo o fazem piscar;
os dardos não têm diferença
dos pingos de chuva.
Um machado parece lasca de graveto para ele.
A ponta da lança ele leva na brincadeira.
Sua barriga é tão forte que parece blindada,
e quando anda, deixa marcas
profundas na terra.
Ele agita as profundezas das águas do oceano,
como se agitam as águas com a fervura.
Deixa um rastro luminoso que se estica atrás dele,
parece até longas barbas
das profundezas do oceano.
Não há nada neste mundo como ele,
nem um grama de medo reside
naquela criatura!
Ele domina os grandes e poderosos:
é o rei do oceano, o rei das profundezas!".

JÓ LOUVA A DEUS
**Falei sobre coisas além da
minha compreensão**

42 ¹⁻⁶ Jó respondeu ao Eterno:

"**E**stou convencido: tu podes fazer tudo,
qualquer coisa!
Nada, nem ninguém pode frustrar teus planos.
Tu perguntaste: 'Quem é este ignorante,
que critica meus propósitos, se nada sabe?'.
Admito, fui eu. Falei sobre coisas
além da minha compreensão,
fiz pouco das maravilhas que estão acima
do meu entendimento.
Tu me disseste: 'Tenho algumas
perguntas para você,
e quero respostas diretas'.
Agora confesso: antes eu ouvi falar a teu respeito;
mas agora te conheço, pois vi com meus
próprios olhos!
Por isso, retiro tudo que disse, sou um miserável!
E me arrependo profundamente, perdoa-me".

DEUS RESTAURA JÓ
Vou aceitar sua oração

⁷⁻⁸ **D**epois de acabar de falar com Jó, o Eterno virou-se
para Elifaz, o temanita, e disse: "Agora é com você
e seus dois amigos. Estou farto de vocês, pois não

☐ **DIA 249** ___ / ___ / ___

JÓ 41.18 — 42.17

¹⁸⁻³⁴ "Ele ronca, e o mundo se incendeia;
ele pisca, e o dia amanhece.
Estalos de fogo saem de sua boca,
um monte de fagulhas de fogo estala.
Fumaça sai de suas narinas,
como vapor de uma caldeira.
Ele espirra, e começa um incêndio,
chamas de fogo saltam de sua boca.
Sua força é tanta que amedronta.
Encontrar-se com ele é brincar com a morte.
Vigoroso e ágil, é rígido por todos os lados,
duro como rocha, invulnerável.
Até os poderosos correm e se escondem
quando ele aparece,
encolhem-se de medo diante
do violento agitar da cauda.

foram honestos comigo nem no que disseram de mim a meu servo Jó. Portanto, eis o que vocês devem fazer. Peguem sete touros e sete carneiros e levem para o meu servo Jó. Entreguem uma oferta de sacrifício, e meu servo Jó orará por vocês; e, assim, vou aceitar a oração de vocês. Ele clamará a mim para não tratar vocês como merecem, depois de terem falado tanta mentira a meu respeito e também por não terem sido honestos comigo, como meu servo Jó".

9 Assim eles fizeram. Elifaz, o temanita, Bildade, de Suá, e Zofar, de Naamate, fizeram o que o Eterno ordenou. E o Eterno aceitou a oração de Jó.

10-11 Depois que Jó intercedeu por seus amigos, o Eterno restaurou sua fortuna — melhor dizendo, dobrou-a! Todos os seus irmãos e irmãs e amigos vieram à sua casa e deram uma festa. Eles se confessaram arrependidos e o consolaram por todos os problemas que o Eterno havia causado a ele. E cada um trouxe um generoso presente de reinauguração da casa.

12-15 O Eterno abençoou a vida de Jó mais que no início. Ele obteve catorze mil ovelhas, seis mil camelos, mil juntas de bois e mil jumentos. Também teve sete filhos e três filhas. Ele chamou a primeira filha de Juriti, a segunda de Cássia e a terceira de Fascínio. Não havia mulheres tão lindas no país como as filhas de Jó. Seu pai as tratava da mesma maneira que a seus irmãos, dando a elas igual herança.

16-17 Jó viveu mais 140 anos e chegou a ver quatro gerações de seus descendentes. Então, ele morreu com bastante idade, depois de uma vida bem vivida.

1CORÍNTIOS 15.10-28

10-11 Mas a mim foi concedida a graça bondosa de Deus. E a ela devo tudo que sou. Não posso permitir que sua graça seja desperdiçada. Não trabalhei mais que qualquer um dos outros? Embora os resultados não tenham dependido de mim, mas sim de Deus que me deu sua graça. Então, não faz diferença se vocês ouviram a Mensagem de mim ou de outro: nós falamos a verdade de Deus e vocês a receberam e creram.

12-15 Agora, quero fazer uma pergunta difícil, mas importante. Se vocês se tornaram cristãos crendo que Cristo está vivo, ressuscitado dos mortos, como podem alguns de vocês afirmar que não há ressurreição? Se não há ressurreição, Cristo não está vivo. Se Cristo não ressuscitou, tudo que ensinamos a vocês está errado, e vocês investiram a vida em uma ilusão. Além disso, se não há ressurreição, somos culpados de mentir a vocês sobre Deus, e tudo o que apresentamos como testemunho de que Deus ressuscitou Cristo não passa de engano.

16-20 Se os mortos não podem ressuscitar, então Cristo não ressuscitou, porque ele morreu de fato. E, se Cristo não ressuscitou, vocês continuam na escuridão, mais perdidos que nunca. Para quem morreu, é ainda pior, porque morreram esperando a ressurreição em Cristo. Se tudo que temos de Cristo serve apenas para alguns poucos anos de vida, coitados de nós. Mas a verdade é que Cristo *ressuscitou*, sendo o primeiro de muitos que voltarão à vida.

21-28 Há aqui um paralelo importante a ser ressaltado: no princípio, a morte nos alcançou por causa de um homem, mas agora a ressurreição dos mortos também nos alcança por causa de outro homem. Todos morrem em Adão, e todos tornam a viver em Cristo. Mas temos de esperar nossa vez: Cristo é o primeiro, depois os que estarão com ele em sua vinda, a grande consumação. Nessa ocasião, depois de ter conquistado plena vitória, ele entregará o Reino ao Pai. Ele não desistirá até vencer o último inimigo — e o último inimigo é a morte! Como disse o salmista: "Ele os venceu a todos e os pisoteou". É claro que isso não inclui o próprio Deus, porque, quando tudo finalmente estiver sob o domínio de Deus, o Filho virá, ocupando o seu devido lugar. E o domínio de Deus alcançará sua plenitude — um final perfeito!

SALMOS 105.43-45

43-45 Lembrem-se: enquanto ele conduzia seu
    povo para fora,
eles cantavam de alegria;
    seu povo escolhido marchava, cantando com
    toda a força.
Ele lhes deu de presente o país em que entraram;
    ajudou-os a desapropriar a riqueza
    das nações,
Para que vivessem como ele queria,
    seguissem suas instruções ao pé da letra.

Aleluia!

◼ NOTAS

Comece com o Eterno

[7]**T**udo começa com o Eterno — ele é a chave de tudo!
Todo conhecimento e entendimento vêm dele!
Só os ignorantes esnobam tal sabedoria.

[8-19]Preste muita atenção, amigo, ao que seu pai diz
e nunca se esqueça do que aprendeu
desde o colo da sua mãe.
Use seus conselhos como coroa na cabeça
em sinal de orgulho, dignidade e honra.
Amigo, se as más companhias são uma tentação,
caia fora enquanto é tempo.
Se dizem: "Vamos sair para 'aprontar'.
Vamos sair por aí batendo e roubando
para nos divertir.
Vamos deixá-los sem nada,
queremos vê-los morrer.
Pegaremos o que pudermos
e levaremos tudo para casa.
Venha com a gente! Isso é que é diversão!
Dividimos tudo em partes iguais".
Ah, amigo. Nem olhe mais para essa gente;
e simplesmente dê as costas.
Eles correm para a própria destruição,
arruínam tudo em que põem a mão.
Ninguém rouba um banco
enquanto todos estão olhando.
Mas é exatamente o que eles fazem —
estão arriscando a vida.
Sabe o que acontece quando a ganância
toma o controle:
quanto mais você tem, menos você é.

A sabedoria

[20-21]**A** sabedoria sai à rua e grita,
e no centro da cidade, faz seu discurso.
No meio da rua agitada, toma seu lugar,
e na esquina mais movimentada, ela grita:

[22-24]"Ignorantes! Até quando vocês terão
prazer na ignorância?
Cínicos! Até quando alimentarão seu cinismo?
Cabeças-duras! Até quando se recusarão
a aprender?
Deem meia-volta! Posso mudar sua vida.
Estou pronta para derramar meu
espírito de sabedoria,
e para dizer a vocês tudo que sei.
Mas eu chamo, chamo, e vocês se fingem de surdos;
tento me aproximar de vocês,
mas sou ignorada.

DIA 250 ___ / ___ / ___

PROVÉRBIOS 1.1 — 2.22

AS PALAVRAS SÁBIAS DE SALOMÃO
Um manual para a vida

[1-6]**E**stas são as palavras sábias de Salomão,
filho de Davi, rei de Israel,
Escritas para nos ensinar a viver de
modo bom e justo,
para entendermos o verdadeiro
sentido da vida.
É um manual para a vida,
para aprendermos o que é certo,
justo e honesto;
Para ensinar aos inexperientes como a vida é,
e dar aos jovens uma compreensão
da realidade.
Há aqui também lições até para quem é vivido,
e ensino para os mais experientes —
Mais sabedoria para examinar
e compreender profundamente
a própria vida, provérbios
e palavras sábias.

DIA 250

25-28 "Vocês riem do meu conselho
e fazem pouco caso da minha repreensão:
Como posso levá-los a sério?
Pois então, vou virar a mesa
e rir da sua desgraça!
O que podem fazer se a casa cair
e sua vida se despedaçar?
E se a catástrofe atingir vocês
e acabar com sua vida,
deixando apenas um monte de cinzas?
Aí, vocês precisarão de mim.
Vão me chamar, mas não esperem resposta.
E não importa quanto vocês procurem,
não me encontrarão.
29-33 "Porque vocês desprezaram o conhecimento
e não deram a mínima
para o temor do Eterno,
Porque vocês não aceitaram meu conselho
e ignoraram todas as minhas ofertas
de ensinamento,
Vocês fizeram a própria cama: agora, deitem nela!
Quiseram a coisa do seu jeito:
o que mais esperam?
Não enxergam o que acontece, seus ignorantes?
A negligência mata; a arrogância
leva à destruição.
Mas, se vocês me derem atenção,
poderão ficar tranquilos, pois estarão
em boas mãos".

Faça da sabedoria sua prioridade

2 1-5 **A**migo, leve a sério o que estou dizendo:
guarde meus conselhos, tenha-os com você
a vida inteira.
Fique de ouvidos atentos para a sabedoria,
firme seu coração numa vida
de entendimento.
Isto mesmo: se fizer da sabedoria a sua prioridade
e pedir discernimento de todo o coração,
Buscar sabedoria como se busca por ouro puro
e como se procura o grande tesouro escondido,
acredite, antes que se dê conta, entenderá
como honrar o Eterno
e terá descoberto o conhecimento de Deus.

6-8 E o motivo é este: o Eterno distribui
sabedoria de graça
e é generoso em dar conhecimento
e entendimento.
Ele é uma mina de bom senso para os que
desejam viver bem,

e protege como um guarda-costas
quem é justo e sincero.
Ele dirige os passos dos que vivem honestamente
e dá atenção especial aos que lhe são fiéis.

9-15 Assim, agora que você pode escolher
o que é verdadeiro e justo
descubra todos os bons caminhos!
A sabedoria será a sua melhor amiga;
o conhecimento, sua companhia agradável.
O bom senso irá à frente, para protegê-lo,
e o discernimento ficará de olho em você.
Eles o guardarão de tomar decisões erradas
ou de seguir na direção indevida
Daqueles que se perderam completamente
e não conseguem mais diferenciar
a trilha da mata,
Dos que são maus e adoram fazer o jogo da maldade
e celebram a perversidade,
Que andam por caminhos que levam
a becos sem saída,
e vagam por labirintos que os desviam
do caminho certo.

16-19 Só a sabedoria poderá livrá-lo da sedução
da pervertida —
aquela, de fala persuasiva,
Que é infiel ao marido, seu companheiro
desde a juventude,
e faz pouco caso dos votos feitos diante de Deus.
Seu estilo de vida é condenável,
e cada passo a conduz para mais
perto do inferno.
Quem se junta a ela não consegue voltar,
jamais porá os pés de volta no caminho da vida.

20-22 Então, junte-se à companhia de pessoas de bem,
mantenha os pés no caminho da justiça.
Pois as pessoas de bem é que habitarão esta terra;
gente íntegra é que permanecerá aqui.
Os corruptos perderão a vida;
os desonestos partirão definitivamente.

1CORÍNTIOS 15.29-49

29 Como entender que alguns de vocês se
ofereceram para ser batizados em favor dos
mortos? Se não existe ressurreição, para que este
batismo? Não é uma contradição?
30-33 E por que devo eu continuar arriscando a vida
de forma tão perigosa? Encaro a morte praticamente

todos os dias. Acham que eu faria isso se não estivesse convencido de que nossa ressurreição está garantida pelo Senhor ressuscitado? Acham que eu estava apenas bancando o herói quando enfrentei feras em Éfeso e por pouco não morri? É a ressurreição que motiva minhas palavras e ações, a minha vida. Se não há ressurreição, deveríamos seguir o ditado: "Comamos e bebamos que amanhã morreremos". Mas não se enganem. Não se deixem levar pela conversa de que não há ressurreição. Lembrem-se: "As más companhias destroem os bons hábitos". **34** Pensem bem. Busquem a santidade de vida. Não desprezem a realidade da ressurreição, pois a ignorância a respeito de Deus traz grande prejuízo. A verdade é que uma discussão prolongada como essa é inútil!

35-38 Um cético pode perguntar: "Como pode haver ressurreição? Mostre-me! Quero ver com os olhos! Com que esse 'corpo da ressurreição' se parece?". Na verdade, essa pergunta é absurda. Isso não se vê com os olhos. Entende-se por uma ilustração. Quando plantamos uma semente, ela morre e logo nasce uma planta. A semente e a planta são bem diferentes. A semente de uma laranja não se parece com uma laranjeira. O que plantamos é diferente do que colhemos. Assim também, o corpo que é sepultado, como se fosse uma semente, e o corpo da ressurreição são muito diferentes.

39-41 Observem que a variedade de corpos é impressionante. Assim como há diferentes tipos de sementes, há diferentes tipos de corpos: corpo humano, corpo dos mamíferos, das aves e dos peixes. Vendo toda essa diversidade, temos uma ideia da glória da ressurreição, pois além dos corpos da terra, há também outros corpos no espaço: o Sol, a Lua e as estrelas, vistos em sua diversidade, beleza e esplendor. O que contemplamos agora são apenas as "sementes" antes da ressurreição. Imaginem como serão belas e gloriosas as "plantas" da ressurreição?

42-44 A ilustração da semente que, depois de plantada, morre e ressurge como planta viva é, na melhor das hipóteses, uma simples comparação, mas talvez lance alguma luz sobre o mistério do corpo da ressurreição. É preciso, porém, ter em mente que seremos ressuscitados para valer, que estaremos vivos para sempre! O corpo que morre não manifesta beleza, mas, quando ressuscitar, será glorioso. Sepultado em fraqueza, ressurgirá poderoso. A semente plantada é natural. Essa semente faz nascer o que é sobrenatural. É a mesma semente, o mesmo corpo!

Mas que diferença entre o que morre fisicamente e o que ressurge em imortalidade espiritual!

45-49 Para prosseguir, devemos voltar a atenção para as Escrituras: o Primeiro Adão recebeu a vida; Cristo, o Último Adão, é Espírito doador de vida. A vida física vem primeiro, depois a espiritual — o início se dá na terra, o desfecho se dá no céu. O Primeiro Homem veio da terra, e daí em diante os seres humanos são chamados terrenos; o Segundo Homem veio do céu, e por isso seremos celestiais. Assim como somos o reflexo do que está em nossa origem terrena, seremos o reflexo do nosso desfecho celestial.

SALMOS 106.1-5

106 **1-3** **A**leluia!
Agradeçam ao Eterno! E por quê?
Porque ele é bom e seu amor é perene.
Mas quem na terra pode
    recitar os atos poderosos do Eterno,
      propagar os louvores que ele merece?
Você é um homem feliz, se faz o que é certo;
    uma mulher feliz, se veste a roupa da justiça.

4-5 Lembra-te de mim, ó Eterno,
    quando te alegrares com teu povo!
Inclui-me quando os salvares.
Quero ver teus escolhidos prosperar,
    celebrar com tua nação jubilosa,
    juntar-me aos louvores que são teu
      orgulho e alegria!

◼ NOTAS

DIA 251

A verdadeira árvore da vida

13-18 Você é abençoado quando se encontra
com a sabedoria,
quando faz amizade com o entendimento.
Ela vale mais que dinheiro no banco;
sua amizade é melhor que um salário
bem gordo.
Seu valor excede todas as joias mais caras:
nada que você possa desejar
se compara a ela.
Com uma das mãos, ela garante vida longa;
com a outra, concede reconhecimento
e honra.
Os caminhos por onde a sabedoria leva são belos;
e traz uma paz maravilhosamente completa.
Ela é a verdadeira Árvore da Vida
para os que a abraçam.
Segure-a bem firme – e seja abençoado!

19-20 Com a sabedoria, o Eterno formou a terra;
com o entendimento, ele ergueu o céu.
Foi a sabedoria que deu sinal para os rios
e nascentes subirem à superfície
e para o orvalho descer dos céus noturnos.

Não fuja

21-26 Amigo, guarde o equilíbrio e o bom senso:
não os perca de vista nem por um minuto.
Eles guardarão sua alma viva e feliz,
manterão você saudável e alegre.
Você andará em segurança,
não se cansará nem sofrerá acidentes.
Você poderá se deitar com toda tranquilidade,
aproveitar uma boa noite de sono
e descansar bem.
Não precisa se preocupar com catástrofes,
nem com imprevistos,
nem com o dia do juízo que atinge os maus,
pois o Eterno está com você;
ele o manterá são e salvo.

27-29 Não deixe de ajudar alguém que precisa:
suas mãos são como as mãos *de Deus*
para aquela pessoa.
Não diga ao próximo: "Talvez outro dia";
Ou: "Passe amanhã",
quando o dinheiro está na sua carteira.
Não pense em meios de tirar
vantagem de ninguém
enquanto ele está tranquilo,
sem suspeitar de nada.

☐ DIA 251 ___ / ___ / ___

PROVÉRBIOS 3.1 — 4.22

Não pense que você sabe tudo

3 **1-2** Bom amigo, não se esqueça do que
ensinei a você:
guarde meus conselhos no coração.
Eles o ajudarão a viver muito, muito tempo,
e você terá anos de muita paz.
3-4 Não largue mãos do amor e da lealdade.
Use-os como colar no pescoço e grave
suas iniciais no coração.
Assim, você conquistará uma reputação
por viver bem aos olhos de Deus
e das pessoas.
5-12 Confie no Eterno do fundo do seu coração;
não tente resolver tudo sozinho.
Ouça a voz do Eterno em tudo que fizer, aonde for.
Ele manterá você no melhor caminho.
Não pense que você sabe tudo.
Corra para o Eterno! Fuja do mal!
Seu corpo irradiará saúde,
seus ossos irão vibrar de tanta vida!

Honre o Eterno com tudo que você possui:
dê a ele o primeiro e o melhor.
Seu celeiro se encherá até não dar mais,
seus barris de vinho transbordarão.
Mas não se ressinta, amigo,
da disciplina do Eterno;
não se aborreça com sua correção amorosa.
Pois o Eterno corrige os filhos
porque os ama muito;
como pai, só quer o bem de seus filhos.

30-32 Não ande por aí procurando briga,
principalmente quando não há motivo.
Não tente ser como os que partem
para a violência em tudo.
Para que ser briguento? "E por que não?",
você se pergunta.
Porque o Eterno não suporta gente perversa.
Mas o justo conquista o respeito
e a amizade dele.

33-35 A maldição do Eterno derruba
a casa do perverso,
mas ele abençoa o lar dos justos.
Ele trata os céticos arrogantes com desprezo,
mas trata com bondade aquele que precisa
e sabe pedir ajuda.
Quem vive com sabedoria terá recompensa
com honras;
a vida insensata só recebe prêmio
de consolação.

Sua vida está em jogo

4 **1-2** Ouçam, amigos, estes são conselhos de pai.
Prestem bastante atenção,
e saberão como viver.
Os conselhos que dou a vocês são bons
e muito importantes:
não deixem entrar por um ouvido
e sair pelo outro.

3-9 Quando eu era garoto e ainda no colo do meu pai
sendo o orgulho e a alegria da minha mãe,
Com paciência ele me ensinava:
"Guarde isto no coração.
Faça o que eu digo: viva!
Se precisar, venda tudo e compre a sabedoria!
Procure entendimento!
Não esqueça uma só palavra! Não se desvie
nem um centímetro!
Nunca ande longe da sabedoria –
ela guarda sua vida.
Trate de amá-la, pois sempre cuidará de você.
Acima de tudo: alcance a sabedoria.
Escreva no topo da lista: 'Entendimento'.
Agarre-a com firmeza – acredite,
você não se arrependerá.
Nunca a deixe partir, porque ela fará
sua vida gloriosa,
Cheia da indescritível e maravilhosa graça,
ela enfeitará seus dias com a mais
pura beleza".

10-15 Amigo, aceite meu conselho:
ele dará a você mais alguns anos de vida.
Ensinei a você o caminho da sabedoria,
e fiz o mapa que o leva à justiça.
Não quero que você termine num beco sem saída
ou perca tempo fazendo retornos inúteis.
Apegue-se aos bons conselhos; não seja relapso.
Guarde-os bem, pois sua vida está em jogo!
Não pegue o atalho do mal.
Não desvie seus passos do caminho certo.
Fique longe de atalhos, evite-os a todo custo.
Desvie-se deles e continue seu caminho.

16-17 Os perversos são impacientes,
não sossegam enquanto não causam problemas.
Eles não conseguem ter uma boa noite de sono,
a não ser que tenham desgraçado
a vida de alguém.
A perversidade é seu alimento e sua bebida;
a violência, seu remédio preferido.

18-19 Os caminhos dos justos
resplandecem com a luz:
quanto mais vivem, mais brilham.
Mas o caminho da injustiça é escuridão
cada vez maior:
o injusto não vê nada, tropeça e cai,
mas nem sabe em que tropeçou.

Decore isto

20-22 Amigo, ouça bem as minhas palavras;
dê ouvidos à minha voz.
Mantenha esta mensagem à vista o tempo todo.
Decore! Guarde na mente e no coração.
Quem encontra essas palavras vive de verdade:
eles são saudáveis de corpo e alma.

1CORÍNTIOS 15.50 — 16.4

50 Amigos, eu preciso enfatizar que a vida natural, terrena, não nos leva ao Reino de Deus. Sua própria "natureza" é morrer. Portanto, ela não poderia terminar "naturalmente" na Vida do Reino, que dura para sempre. **51-57** Mas quero compartilhar algo maravilhoso, um mistério que talvez eu nunca entenda totalmente. Nem todos os cristãos vão morrer — mas todos serão transformados. O toque da última trombeta soará, num piscar de olhos, e o fim chegará. Ao sinal da trombeta celeste, os mortos se levantarão para nunca mais morrer, pois a morte perderá seu poder. Do mesmo modo, todos nós seremos transformados.

DIA 252

Na ressurreição será assim: o que é perecível será substituído pelo que é imperecível, o mortal substituído pelo imortal. Então fará sentido o ditado:

Finalmente foi a Morte derrotada pela Vida!
Ó morte, não está agora vencida?
Ó morte, quem temerá a que era temida?

Foi o pecado que tornou a morte tão terrível, e foi o código legal da culpa que conferiu ao pecado sua influência destruidora. Mas agora, graças a Deus, que por um só ato vitorioso da Vida, derrotados estão o pecado, a culpa e a morte. E tudo graças ao nosso Senhor, Jesus Cristo! [58] Diante de tudo isso, prezados amigos, permaneçam firmes. Força! Nada de desânimo! Dediquem-se inteiramente ao trabalho do Senhor, pois nada do que fazem para ele jamais será perda de tempo.

Planejando uma visita

16 [1-4] No caso da oferta que está sendo arrecadada para ajudar os cristãos pobres, dou a vocês as mesmas instruções que dei às igrejas da Galácia. Todo domingo, cada um traga sua oferta. Sejam generosos. Guardem o que for recolhido para que, quando eu chegar, tudo esteja pronto e eu não precise fazer nenhum apelo. Depois da minha chegada, escreverei cartas de recomendação aos responsáveis pela entrega da oferta em Jerusalém. Se acharem melhor que eu vá junto, ficarei feliz em viajar com eles.

SALMOS 106.6-12

[6-12] Nós pecamos muito, nós e nossos pais.
Não chegamos nem perto do que querias,
magoamos muita gente.
Depois que nossos pais deixaram o Egito,
eles se habituaram às tuas maravilhas,
esqueceram-se da tua grandeza e do teu
maravilhoso amor.
Não estavam muito longe do mar Vermelho
quando desafiaram o Altíssimo
— no mesmo lugar em que ele os salvou,
no lugar em que revelou
seu poder incomparável!
Ele repreendeu o mar Vermelho, que secou
imediatamente,
e os fez passar num cortejo —
e nenhum deles sequer molhou os pés!
Ele os salvou de uma vida de opressão,
deixou-os livres das garras dos inimigos.

Em seguida, as águas cobriram os opressores:
Não houve um único sobrevivente.
Então, eles creram que as palavras
do Eterno eram verdadeiras
e irromperam em cânticos de louvor.

■ NOTAS

||||||||||||||||||||||||||||||||||||||||||||||||||

☐ DIA 252 ___ / ___ / ___

PROVÉRBIOS 4.23 — 6.23

[23-27] Vigie sempre os seus pensamentos:
deles depende a sua vida!
Não se distraia com conversas maldosas;
evite a falsidade, mentiras
e fofocas.

DIA 252

Mantenha os olhos fixos à frente;
não se distraia com coisas fúteis.
Olhe sempre por onde anda,
e que o chão onde pisar seja bem firme.
Não olhe nem para a direita nem para a esquerda:
e fique bem longe da maldade.

Vai desperdiçar sua vida?

5 **1-2** **A**migo, preste muita atenção
à minha sabedoria;
ouça atentamente tudo
sobre o meu entendimento.
Assim, você terá bom senso e conhecimento
e ficará longe de confusão.

3-6 Os lábios da mulher devassa são doces;
suas palavras suaves, muitos agradáveis.
Mas não demorará muito até que ela
se torne amarga em sua boca,
uma enorme ferida no coração,
uma ameaça constante à vida.
Ela toma o caminho mais curto para a morte;
desce rápido para o além – e leva você junto!
Ela não tem ideia do que é a vida de verdade,
nem de quem ela é, nem para onde está indo.

7-14 Então, meu amigo, ouça atentamente,
não faça pouco caso das minhas palavras:
Mantenha distância de mulheres como essa.
Nem passe perto da casa dela!
Você não vai querer desperdiçar a vida
nem gastar sua preciosa existência
com essa gente cruel.
Por que permitir que estranhos se
aproveitem de você?
Por que ser explorado por quem
não dá a mínima para você?
Você não quer chegar ao fim da vida cheio
de arrependimento,
todo detonado e dizendo:
"Oh! Por que não fiz o que me disseram?
Por que rejeitei quando me repreenderam?
Por que não ouvi meus mentores
e não levei a sério meus mestres?
Minha vida está arruinada!
Não me restou absolutamente nada!".

Cuide do amor: não pense que está garantido para sempre

15-16 **V**ocê conhece o ditado: "Beba da sua cisterna,
e tire água do próprio poço"?

É verdade. Atenção! Você pode chegar
em casa um dia
e encontrar seu barril vazio
e seu poço poluído.

17-20 A água da sua fonte é só sua,
não para circular entre estranhos.
Abençoada seja a sua fonte de águas refrescantes!
Alegre-se com a sua esposa
e companheira desde jovem,
Que é amável como um anjo,
linda como uma flor –
nunca deixe de se deleitar em seu corpo.
Nunca ache que o amor está
garantido para sempre,
mas conquiste a mesma mulher todos os dias.

Por que trocar a intimidade verdadeira por
prazer momentâneo com uma prostituta
ou por um flerte com uma
promíscua qualquer?

21-23 Lembre-se de que o Eterno não
perde um movimento seu:
ele está atento a cada passo que você dá.
A sombra do seu pecado virá sobre você,
e você se verá perdido na escuridão.
A morte é a recompensa da vida insensata:
suas decisões impensadas o levarão
a um beco sem saída.

Como uma corça e o caçador

6 **1-5** **A**migo, se você está em dívida com seu vizinho;
se está preso em algum negócio
com um estranho;
Se, no impulso, você prometeu dar
a casa em garantia
e agora ficou sem lugar para morar –
Não perca nem um minuto:
livre-se dessa confusão.
Você está nas mãos daquele homem!
Deixe o orgulho de lado, vá e se humilhe,
peça e insista.
Não deixe para depois –
não há tempo a perder.
Livre-se disso como a corça se livra do caçador;
como o pássaro, do armador de laços!

A lição da formiga

6-11 **V**ocê, preguiçoso, olhe para a formiga.
Observe-a e aprenda alguma coisa com ela.

Ninguém precisa dizer o que fazer –
  não tem chefe nem patrão,
mas ela estoca alimento durante o verão
e, durante a colheita, armazena provisão.
E você, por quanto tempo vai ficar vadiando,
  sem fazer nada?
Quanto tempo ainda vai ficar na cama?
Um cochilo aqui, uma soneca lá;
  uma folga aqui, um descanso lá,
sempre encostado em algum lugar
  – sabe o que você vai ter?
Apenas isto: uma vida pobre e miserável,
  na qual as necessidades são permanentes!

Sempre maquinando algo torpe

12-15 O mau-caráter anda por todos os lados
  falando coisas maldosas,
    espalhando veneno.
Numa piscada, trama golpes,
  passa a perna no outro,
  e ainda, por trás das costas,
    cruza os dedos.
Em sua mente doentia sempre fica
  maquinando algo torpe,
não para de incitar confusão.
Mas ele não perde por esperar:
  a catástrofe está bem perto,
verá o caos total: a vida dele desabará,
  e não haverá conserto.

Sete coisas que o Eterno detesta

16-19 Aí estão as seis coisas que o Eterno detesta
  e as sete que ele não tolera:

  olhos arrogantes,
  língua que profere mentiras,
  mãos que matam o inocente,
  coração que planeja maldades,
  pés que correm pela trilha da impiedade,
  boca que mente e é cheia de falsidade,
  e aquele que provoca brigas e discórdia
    entre irmãos.

Advertência sobre o adultério

20-23 Caro amigo, siga o conselho do seu pai
  e não ignore os ensinamentos da sua mãe.
Cubra-se com eles da cabeça aos pés,
  vista-os como xale em volta do pescoço.
Por onde quer que ande, eles guiarão você;
  quando descansar, guardarão você;
  quando acordar, eles o ensinarão.

Pois o conselho é como farol que guia;
  o bom ensinamento é luz que clareia;
  disciplina e advertências são caminho de vida.

1CORÍNTIOS 16.5-24

5-9 Planejo visitar vocês depois de passar pelo norte da Grécia. Não pretendo ficar muito tempo lá, mas pode ser que eu fique com vocês até passar o inverno. Talvez vocês possam me ajudar quando eu partir para a próxima missão. Não quero visitá-los apenas de passagem. Meu desejo é demorar um bom tempo, se o Senhor quiser. Por enquanto, permaneço aqui em Éfeso. Uma grande porta de trabalho se abriu aqui, apesar da oposição.

10-11 Se Timóteo aparecer, cuidem bem dele. Façam que ele se sinta em casa. Como eu, ele é incansável no trabalho do Senhor. Não permitam que ninguém o menospreze. Depois de algum tempo, enviem-no de volta a mim com a bênção de vocês. Digam-lhe que eu o estou esperando, bem como a quem o estiver acompanhando.

12 Quanto ao nosso amigo Apolo, estou ajeitando tudo para que ele possa visitá-lo. Ele não acha que este é o melhor momento; mas haverá "melhor ocasião".

13-14 Fiquem de olhos abertos, sejam firmes na fé, compartilhem o que receberam, sejam corajosos e sempre ajam com amor.

15-16 Gostaria de pedir um favor: deem atenção especial à família de Estéfanas. Como sabem, eles foram os primeiros convertidos na Grécia e sempre se dedicaram a servir os cristãos. Quero que honrem e cuidem de gente assim, companheiros e trabalhadores que tanto nos ajudam e inspiram.

17-18 Quero que saibam como estou feliz por ter Estéfanas, Fortunato e Acaico comigo. Eles me suprem a falta que vocês fazem! E renovaram minhas forças, mantendo-me em contato com vocês. Valorizem gente como eles.

19 As igrejas aqui na Província da Ásia enviam saudações.

Áquila, Priscila e a igreja que se reúne na casa deles enviam saudações.

20 Todos os amigos aqui enviam saudações. Transmitam as saudações com abraços santos!

21 E eu, Paulo, de próprio punho, envio meus cumprimentos.

22 Se alguém não ama o Senhor, perderá a bênção! Aguardem a vinda do Senhor!

23 Por sua graça, o Senhor Jesus está sempre de braços abertos para vocês.

24 E eu amo todos vocês no Messias, em Jesus. Amém.

SALMOS 106.13-18

¹³⁻¹⁸ Mas não demorou muito para que
se esquecessem de tudo:
não tinham paciência para obedecer.
Queriam apenas a própria satisfação
naquele deserto
e provocaram Deus com suas
insistentes exigências.
Ele deu a eles o que pediram,
mas com isso o coração
deles ficou vazio.
Enquanto estavam no acampamento,
alguns ficaram com inveja de Moisés,
e também de Arão, o santo
sacerdote do Eterno.
Então, o chão se abriu e engoliu Datã;
depois, sepultou a gangue de Abirão.
O fogo incendiou os rebeldes,
queimou-os até virar carvão.

NOTAS

DIA 253 ___ / ___ / ___

PROVÉRBIOS 6.24 — 8.21

²⁴⁻³⁵ Eles o protegerão das mulheres promíscuas,
da sua conversa sedutora e leviana.
Não fique fantasiando ao ver sua beleza;
não se deixe levar por seus olhos
cheios de malícia.
Pois uma prostituta tem seu preço definido,
mas a mulher promíscua pode devorá-lo vivo.
Dá para pôr fogo no colo
sem queimar as calças?
Pode andar descalço sobre brasas
sem queimar e ficar cheio de bolhas?
É isso que acontece quando você se deita
com a mulher do outro.
Toque nela, e pagará caro por isso.
A fome não é desculpa
para o ladrão roubar.
Se ele for pego, terá de restituir,
ainda que precise penhorar a própria casa.
O adultério é um ato insano,
arrasador e autodestrutivo:
Sairá cheio de ferimento, detonado,
e com a reputação totalmente arruinada,
Pois o marido enganado e traído
não vai enxergar nada de tanta raiva;
E não importa o que você faça
ele vai querer se vingar;
não há suborno ou argumentos
que poderão acalmá-lo.

Vestida para seduzir

7 ¹⁻⁵ **A**migo, faça o que eu digo:
guarde meus ensinamentos
dentro do coração.
Obedeça ao que eu digo, e viverá bem.
Guarde os meus ensinos como a coisa
mais preciosa.
Escreva-os de modo que sempre estejam à mão;
grave-os no seu coração.
Converse com a sabedoria
como se fosse uma irmã.
Trate o entendimento
como seu companheiro.

Eles o ajudarão a se defender da mulher devassa –
da conversa sedutora, do apelo
dos seus lábios.

6-12 Eu estava à janela da minha casa,
olhando entre as cortinas,
Observando gente inexperiente que passava,
e percebi um jovem sem rumo na vida.
Ele ia até o fim da rua
e depois voltava.
Ao cair da tarde, já escurecida
enfim, a noite chegava.
Só então, a mulher o recebeu em casa –
deitada, esperava por ele,
vestida para seduzi-lo.
Ela é provocante e descarada;
inquieta, ela quase nunca está em casa.
Caminha pelas ruas, cada hora está num lugar,
e se detém em cada esquina.

13-20 Ela se atirou nos braços dele,
agarrou-o e o beijou.
Sem o menor pudor,
pegou-o pelo braço e disse:
"Fiz todos os preparativos para uma festa –
Paguei meus votos, e o que sobrou
de comida está comigo.
Eu estava mesmo à sua procura,
estava louca atrás de você e aqui está!
Estendi lençóis de seda fina:
a cama está preparada, linda;
Está toda perfumada
com delicioso e agradável aroma.
Venha, vamos nos saciar de amor a noite toda,
das delícias do prazer desfrutar!
Meu marido não está em casa:
está viajando a trabalho
e vai demorar para voltar".

21-23 Logo, ele estava comendo na mão dela,
enfeitiçado por suas palavras melosas.
Antes que percebesse, foi atrás dela,
como um bezerro levado ao matadouro;
Como um coelho atraído para uma emboscada
que logo será atravessado pela flecha;
Como um pássaro que voa para
dentro da armadilha,
sem saber que ali está o fim da sua vida.

24-27 Então, amigo, ouça-me com atenção,
leve minhas palavras a sério.

Mantenha distância de mulheres como essa.
Nem passe perto da casa dela!
São incontáveis as vítimas dos seus encantos;
ela é a morte de pobres homens.
Ela é o caminho mais curto para a morte;
é a estrada que desce para o caixão!

A sabedoria chama

8 **1-11** Está ouvindo a sabedoria chamar?
Está ouvindo o entendimento erguer a voz?
Ela se instalou na rua principal,
na esquina mais movimentada.
Na praça central,
no meio da multidão, ela grita:
"Ei, vocês! Estou falando com vocês,
bando de gente inexperiente!
Ouçam: aprendam a ter bom senso!
E vocês, insensatos, tomem jeito!
Não percam uma só palavra,
pois o que ensino a vocês
é muito importante.
Minha boca prova e saboreia a verdade –
não posso nem suportar o gosto
da maldade!
Da minha boca só ouvirão palavras
verdadeiras e corretas:
sem nenhuma ideia distorcida.
Para um bom entendedor, ficará claro
que é a pura verdade
e, para um bom conhecedor, que tudo é certo.
Prefiram minha disciplina de vida
à corrida pelo dinheiro,
e o conhecimento de Deus a uma carreira
bem-sucedida.
Pois a sabedoria é melhor que toda
riqueza do mundo:
nada do que desejam
pode ser comparado a ela.

12-21 "Eu sou a sabedoria e moro perto
do entendimento;
tenho conhecimento e bom senso.
O temor do Eterno significa odiar o mal –
eu odeio o mal com todas as forças,
o orgulho, a arrogância
e a conversa venenosa.
O meu conselho é bom, essa é a minha função;
dou entendimento e novas forças
para viver.
Com a minha ajuda, os líderes comandam,
e os que fazem as leis legislam com justiça.

Também é com a minha ajuda
que governantes lideram
com autoridade legítima.
Eu amo os que me amam;
os que me procuram me encontram.
Riqueza e glória me acompanham —
também a honra e a dignidade.
Os benefícios que dou são melhores
que o mais puro ouro
e a recompensa que dou é muito superior
às mais finas joias.
Vocês podem me encontrar no caminho
que leva à justiça
e onde quer que exista gente honesta,
Distribuindo riqueza aos que me amam,
mostrando-lhes como se vive a vida!

2CORÍNTIOS 1.1-22

1 **1-2** **E**u, Paulo, fui enviado pelo Messias, Jesus, numa missão especial, planejada pelo próprio Deus. Escrevo à comunidade de Deus em Corinto e aos cristãos de toda a província da Acaia. Que todos os dons e benefícios que vêm de Deus, nosso Pai, e do Senhor, Jesus Cristo, sejam de vocês! Timóteo, que alguns de vocês conhecem e confiam, está comigo nesta saudação.

O resgate

3-5 **T**odo louvor ao Deus e Pai de nosso Senhor, Jesus, o Messias! Pai de toda misericórdia! Deus de toda cura e restauração! Ele está ao nosso lado quando passamos momentos difíceis e, antes que percebamos, ele nos leva para o lado de alguém que também está sofrendo, para que possamos ajudar aquela pessoa assim como ele nos ajudou. Muitas das situações difíceis que enfrentamos são consequências de seguirmos o Messias, mas os bons tempos de seu conforto restaurador compensam em muito o sofrimento.

6-7 O sofrimento por Jesus traz cura e salvação para vocês. Se somos bem tratados, recebendo ajuda ou uma palavra de encorajamento, isso também coopera para o benefício de vocês, incentivando-os a prosseguir. Os momentos difíceis de vocês são os nossos momentos difíceis. Quando percebemos que estão dispostos a suportar os momentos difíceis e também a desfrutar momentos agradáveis, sabemos que vocês vão conseguir.

8-11 Amigos, não queremos que vocês continuem sem saber como foi difícil passar pelo que nos aconteceu na província da Ásia. Foi tão difícil que chegamos a pensar que era o fim. Sentíamos como se nos tivessem mandado para o corredor da morte, que para nós tudo estava acabado. Mas, quando tudo passou, foi a melhor coisa que nos poderia ter acontecido. Em vez de confiar em nossa força ou em nossa capacidade de nos salvar, fomos forçados a confiar totalmente em Deus — uma ideia nada má, considerando que ele é o Deus que ressuscita os mortos! E ele o fez, resgatando-nos da destruição certa. E ele fará tudo de novo, nos resgatará quantas vezes forem necessárias. Vocês e suas orações são parte da operação de resgate — também não quero que vocês fiquem na ignorância sobre a questão. Agora mesmo, posso ver os rostos da comunidade, erguidos em louvor pelo livramento que Deus nos deu, um resgate em que a oração tem um papel fundamental.

12-14 Agora que o pior já passou, temos a alegria de informar que saímos de tudo isso com a consciência e a fé intactas e podemos encarar o mundo. Mais importante, estar de cabeça erguida diante de vocês. Mas isso não foi resultado de manobras da nossa parte. Foi Deus que nos manteve voltados para ele o tempo todo. Não tentem ler nas entrelinhas nem procurem alguma mensagem subliminar na carta. Estamos falando a verdade de modo claro e sem rodeios, na esperança de que vocês vejam o quadro todo tão bem como já viram alguns detalhes. Queremos que vocês se orgulhem de nós tanto quanto nos orgulhamos de vocês quando estamos juntos perante o Senhor Jesus.

15-16 Certo da boa acolhida por parte de vocês, eu havia planejado duas visitas: passar aí a caminho da província da Macedônia e outra vez na viagem de retorno. Então, poderíamos fazer uma festa de despedida quando vocês me enviassem para a Judeia. Esse era o plano.

17-19 Agora vocês me acusam de ser descuidado com minhas promessas porque o plano não se cumpriu? Acham que tenho duas palavras — um "sim" volúvel num momento e um "não" volúvel no minuto seguinte? Pois bem, vocês estão errados. Tento ser tão verdadeiro com minha palavra quanto Deus é com a dele. Nossa palavra a vocês não foi um "sim" descuidado, anulado por um "não" indiferente. Como poderia ser? Quando Silas, Timóteo e eu proclamamos o Filho de Deus entre vocês, vocês tiveram de escolher entre um "sim" e um "não"? Por acaso não foi um "sim", claro e seguro?

20-22 Seja o que for que Deus prometeu, tem a marca do "sim" de Jesus. Nele, isso é o que pregamos e oramos, o grande "amém", o "sim" de Deus e

DIA 254

também o nosso "sim" inequívoco. Deus nos afirma, certificando-nos em Cristo, pondo seu "sim" dentro de nós. Pelo seu Espírito, ele nos marcou com sua eterna garantia — um início certo para o que ele está disposto a realizar.

SALMOS 106.19-27

19-22 Eles fundiram em metal um
bezerro no Horebe
e adoraram a estátua que fizeram.
Trocaram a Glória
por uma escultura barata — um bezerro
que come capim!
Eles se esqueceram de Deus, o verdadeiro
Salvador deles,
responsável pela grande virada no Egito,
Que criou um mundo de maravilhas
na terra de Cam
e realizou aquele ato surpreendente
no mar Vermelho.

23-27 De tão cansado, Deus decidiu
livrar-se deles.
Não fosse Moisés, seu escolhido,
ele teria mesmo feito isso.
Mas Moisés se pôs entre o povo e Deus
e desviou a ira de Deus,
impedindo que os destruísse.
Eles continuaram a rejeitar a terra abençoada,
não acreditavam numa palavra das
promessas de Deus.
Apontavam defeitos na vida que levavam
e se tornaram surdos à voz do Eterno.
Irritado, Deus jurou
que os abateria no deserto,
Espalhando seus filhos aqui e ali,
dispersando-os por toda a terra.

■ NOTAS

☐ DIA 254 ___/___/___

PROVÉRBIOS 8.22 — 10.23

22-31 "O Eterno me criou primeiro,
antes de qualquer outra criatura.
Trouxe-me à existência há muito tempo,
bem antes de a terra ter seu início.
Entrei em cena antes do próprio mar,
mesmo antes das fontes, dos rios e lagos.
Antes que as montanhas fossem esculpidas
e as colinas tomassem forma,
eu já era nascida.
Muito antes de o Eterno criar a terra,
de formar tudo que existe no mundo
E de estabelecer o céu em seu lugar,
eu já estava lá.
Quando ele impôs limites ao mar,
colocou as nuvens no céu
e estabeleceu as fontes que
alimentam o oceano;
Quando ele traçou fronteiras para o mar,
para que as águas não ultrapassassem além;
Quando assentou as fundações da terra,
eu já estava com ele,
ajudando como arquiteto.
Dia após dia, eu era a sua alegria
e desfrutava a sua companhia;

Encantava-me com o mundo criado
e celebrava por estar entre os seres humanos.

32-36 "Então, ouçam com atenção, meus amigos:
como são abençoados os que adotam
os meus caminhos!
Façam a escolha certa:
sigam os meus conselhos
e não desperdicem sua vida tão preciosa.
Abençoado o homem que me ouve,
que está sempre na expectativa de me ter
como companheira
e se mantém alerta para o que eu digo.
Pois quem me encontra
a verdadeira vida encontra,
e conquista o coração do Eterno.
Mas quem me rejeita comete violência
contra si mesmo
e quem me despreza quer a própria morte".

Convite ao banquete: faça sua escolha!

9 1-6 A sabedoria construiu e decorou sua casa,
que é sustentada por sete vigas bem talhadas.
O banquete está pronto para ser servido:
a mesa arrumada, o cordeiro assado,
vinhos selecionados.
A sabedoria deu ordens a seus servos,
que foram ao centro da cidade
fazer o convite:
"Vocês, inexperientes, que vivem
uma vida confusa,
venham comigo! Sim, venham
ao meu banquete!
Preparei uma comida deliciosa:
pão tirado do forno,
cordeiro assado e vinhos selecionados.
Abandonem essa vida confusa!
Tenham bom senso!
Venham conhecer a vida que faz sentido".

7-12 Quem discutir com um arrogante
será desprezado,
quem tentar repreender seu mau
comportamento só terá insulto.
Não perca tempo com o zombador!
Tudo que vai conseguir é aborrecimento!
Mas, se corrigir o que tem entendimento,
a história será diferente:
ele passará a amá-lo!
Guarde o conselho para o sábio,
e ele se tornará ainda mais sábio.

Ensine gente sensata, aí, sim,
fará bom proveito.
Tudo começa com o Eterno —
ele é a chave de tudo!
A sabedoria vem do temor do Eterno
e o entendimento
vem do conhecimento do Deus Santo.
Eu, a sabedoria, torno cada momento
da sua vida mais proveitoso,
e cada instante da sua existência
valerá a pena.
Faça sua escolha: viva com sabedoria
e viva bem;
ou zombe da vida e a vida zombará de você.

Quanta loucura!

13-18 A insensatez é como uma mulher promíscua —
ignorante, mas sedutora e atrevida.
Senta-se na varanda de sua casa,
numa das mais importantes ruas,
Olha as pessoas passando e grita:
"Vocês, inexperientes,
que vivem uma vida confusa,
Venham comigo, e mostrarei a vocês
o que é diversão!
Sim, venham comigo! O fruto proibido
é muito mais gostoso!".
Mas eles nem imaginam
que vão entrar numa fria,
é uma grande roubada!
Todos os seus convidados acabaram mortos,
na sepultura.

OS SÁBIOS PROVÉRBIOS DE SALOMÃO
A vida honesta livra da morte certa

10 1 O filho sábio é a alegria do pai;
o filho insensato é a tristeza da mãe.

2 Dinheiro de ganhos desonestos
não leva a nada,
mas a vida honesta livra da morte certa.

3 O Eterno cuida de quem faz o bem,
mas acaba com a ganância dos maus.

4 A preguiça leva à pobreza,
mas o trabalho diligente traz riqueza.

5 Trabalhe enquanto o Sol brilha — isso é sensato!
mas, se dorme enquanto outros trabalham,
é pura estupidez!

DIA 254

⁶Quem é justo recebe chuva de bênçãos,
  mas o perverso abriga consigo a violência.

⁷O homem bom é lembrado com carinho
  — é pura bênção!
mas o que foi mau logo é esquecido
  — é só podridão!

⁸O coração sábio aceita ordens e ensinamentos,
  mas o que não tem juízo perde o controle;
  fica em ruínas!

⁹A vida honesta é tranquila e segura,
  mas o malandro receberá o seu troco.

¹⁰Quem conspira para o mal causa desgosto,
  e quem fala com insensatez é arruinado.

¹¹Quem fala com justiça é como fonte que dá vida,
  mas a boca do perverso é um poço de violência.

¹²O ódio causa divisões,
  mas o amor cobre as falhas.

¹³Quem tem entendimento fala
  com sabedoria nos lábios,
  mas quem não tem juízo merece a vara.

¹⁴O sábio acumula conhecimento
  — um verdadeiro tesouro —
mas quem fala com insensatez fica
  completamente arruinado.

Quem aceita a disciplina
leva os outros à vida

¹⁵A riqueza do rico é a sua fortaleza,
  mas a pobreza do pobre é sua ruína.

¹⁶A recompensa do justo é a vida exuberante,
  mas o perverso apenas acumula castigo.

¹⁷Quem aceita a disciplina traz vida a outros,
  mas quem a ignora perde o rumo
  e os outros desencaminha.

¹⁸Quem esconde em si o ódio é hipócrita;
  quem espalha calúnias não tem juízo.

¹⁹Quando muito se fala,
  maior é o risco de pecar;
por isso, o sábio mede bem suas palavras.

²⁰O discurso do justo é digno de atenção,
  mas a mente do que é mau não vale nada.

²¹As palavras dos justos ajudam muitos,
  mas os insensatos morrem pela falta de juízo.

O temor do Eterno prolonga a vida

²²A bênção do Eterno torna rica a vida;
  o esforço humano nada altera nem acrescenta.

²³O insensato se diverte ao praticar a maldade,
  mas quem tem juízo se alegra
  com a sabedoria.

2CORÍNTIOS 1.23 — 2.17

²³Pois bem, vocês estão preparados para saber a verdadeira razão por que não os visitei em Corinto? Tendo Deus por testemunha, o único motivo foi que eu quis poupar vocês da dor. Foi por causa da minha consideração por vocês. Não fui indiferente nem manipulador. ²⁴Não somos responsáveis pelo modo segundo o qual vocês vivem a fé. Não nos comportamos como inspetores, e sim como companheiros, trabalhando com vocês num ambiente de alegre expectativa. Sei que vocês permanecem firmes por sua própria fé, não pela nossa.

¹⁻²Por causa disso, decidi não fazer outra visita, pois poderia ser dolorosa para vocês e para mim. Se minha presença, de algum modo, fosse constrangedora para vocês, como poderiam espontaneamente me saudar e animar? ³⁻⁴Por essa razão escrevi uma carta em vez de ir — para não perder tempo, desapontando os amigos que eu esperava que me saudassem. Enquanto escrevo, estou convencido de que foi melhor para mim e para vocês. O tempo passava, e já foi doloroso demais escrever a carta. O pergaminho tinha mais lágrimas que tinta. Mas não escrevi para causar sofrimento, e sim para que vocês soubessem quanto me preocupo — de fato, era mais que preocupação: foi para mostrar quanto amo vocês! ⁵⁻⁸Agora, com respeito àquele que começou tudo isso e provocou toda essa dor, quero que saibam que, na ocasião, não fui o único ofendido, mas também todos vocês, com algumas exceções. Assim, não quero, estando aí, mostrar-me muito severo. O que a maioria de vocês concordarem como disciplina é suficiente. É hora de perdoar esse homem e ajudá-lo

a se erguer. Se vocês aumentarem o sentimento de culpa dele, ele acabará se afogando nessa culpa. Meu conselho agora é derramar amor.

9-11 O propósito da minha carta não é exigir a punição do ofensor, mas levar vocês a se responsabilizarem pela saúde da igreja. Se vocês o perdoarem, eu também o perdoo. Não pensem que estou levando uma lista de ressentimentos pessoais. O fato é que estou me juntando ao ato de perdão de vocês, assim como Cristo faz conosco. Afinal, não queremos, inconscientemente, dar a Satanás uma abertura para causar mais dano. Estamos muito bem atentos para os seus caminhos dissimulados.

Uma porta aberta

12-14 Quando cheguei a Trôade para proclamar a Mensagem do Messias, senti plena abertura: Deus havia escancarado a porta. Mas Tito não estava esperando por mim com notícias sobre vocês, por isso não consegui relaxar. Preocupado, fui para a Macedônia à procura de Tito e de alguma notícia que me tranquilizasse a respeito de vocês. E consegui, graças a Deus!

14-16 No Messias, em Cristo, Deus nos leva de lugar em lugar num desfile de vitória perpétua. Por meio de nós, ele traz o conhecimento de Cristo. Aonde quer que vamos, o povo aspira o excelente perfume desse conhecimento. Por causa de Cristo, exalamos uma doce fragrância que sobe até Deus e é reconhecida pelos que trilham o caminho da salvação — um aroma com agradável cheiro de vida. Mas aqueles que estão no caminho da destruição nos tratam mais como se exalássemos o cheiro desagradável de um cadáver.

16-17 É uma responsabilidade gigantesca. Quem é capaz de assumi-la? Pelo menos não adulteramos a Palavra de Deus nem a pomos à venda. Permanecemos na presença de Cristo quando falamos, e Deus nos olha no rosto. Falamos o que recebemos diretamente de Deus e o fazemos da maneira mais honesta possível.

SALMOS 106.28-33

28-31 Então, eles se associaram com Baal-Peor,
frequentando banquetes funerários
e comendo comida de ídolos.
Deus ficou tão irado
que uma praga se espalhou por suas fileiras.
Mas Fineias se destacou a favor da causa,
e a praga foi eliminada.

Ele teve esse crédito,
e seus descendentes nunca o esquecerão.

32-33 Eles irritaram Deus outra vez,
nas fontes de Meribá.
Dessa vez, Moisés confundiu-se
com a maldade deles.
Porque eles haviam tornado a desafiar o Eterno,
Moisés perdeu a cabeça.

NOTAS

DIA 255 ___/___/___

PROVÉRBIOS 10.24 — 12.17

24 Os pesadelos do perverso se tornam realidade;
o que os justos desejam lhes é concedido.

DIA 255

²⁵ Ao passar a tempestade, o perverso já era
— simplesmente desaparece —,
mas o justo fica firme para sempre.

²⁶ O empregado preguiçoso
não é alegria para seu patrão:
é como um gosto amargo na boca
e fumaça nos olhos.

²⁷ O temor do Eterno prolonga a vida,
mas a vida do perverso é abreviada.

²⁸ As aspirações do justo acabam em festa;
as ambições do perverso não dão em nada.

²⁹ O Eterno é amparo para os que praticam o bem,
mas é desgraça para os que são maus.

³⁰ Nada pode abalar o justo,
mas o perverso em breve desaparecerá.

³¹ A boca do justo é uma fonte cristalina
de sabedoria,
mas a boca do insensato é um pântano
de águas paradas.

³² O justo sabe falar de coisas amáveis,
mas o perverso só destila veneno.

Sem direcionamento, o povo se perde

11 ¹ O Eterno odeia qualquer tipo de fraude,
mas aprova a transparência e a honestidade.

² O arrogante cai de cara no chão,
mas os humildes por sua sabedoria
permanecem firmes.

³ A integridade guia o honesto para o bom caminho,
mas a falsidade leva o desonesto
à destruição.

⁴ As riquezas não servem para nada
no dia do juízo,
pois só a justiça livra da morte.

⁵ A integridade abre caminhos para uma vida reta,
mas os maus são destruídos pela própria maldade.

⁶ A honestidade do justo é o seu melhor seguro,
mas os desonestos são apanhados
em sua própria ambição.

⁷ Quando o perverso morre, tudo acaba:
e toda esperança, depositada
nas riquezas, se vai.

⁸ O justo é salvo de toda aflição;
e o perverso corre direto para ela.

⁹ A língua solta dos perversos
espalha destruição;
o bom senso dos justos os preserva.

¹⁰ Quando tudo vai bem para os justos,
a cidade inteira aplaude;
quando tudo vai mal para os perversos,
a cidade pula de alegria.

¹¹ Quando o justo abençoa a cidade, ela prospera,
mas, num piscar de olhos, o perverso
consegue destruí-la.

¹² O insensato calunia os outros,
mas o que tem juízo sabe calar-se.

¹³ Ao fofoqueiro não se pode confiar um segredo,
mas quem merece confiança a
sete chaves o guarda.

¹⁴ Sem direcionamento, o povo se perde,
mas, quanto mais conselheiros sábios,
melhores soluções.

¹⁵ Servir de fiador é sofrimento na certa;
Recusar-se é inteligente e seguro.

¹⁶ A mulher bondosa conquista respeito,
mas o violento só se apropria de coisa roubada.

Uma vida moldada por Deus

¹⁷ Quem é bom com os outros a si mesmo ajuda,
mas quem é cruel provoca o próprio mal.

¹⁸ O perverso tem resultados frustrantes;
mas quem pratica a justiça
tem recompensa garantida.

¹⁹ Quem permanece firme na justiça
de Deus viverá,
mas quem corre atrás do mal acabará morrendo.

²⁰ O Eterno não suporta enganadores,
mas tem prazer nos que vivem corretamente.

²¹ Tenham certeza disto:
o perverso não se livrará do castigo,
mas o justo será poupado.

²² Como um anel de ouro no focinho do porco,
assim é uma mulher bonita
que não tem discrição.

²³ O desejo do justo conduz à felicidade,
mas a ambição do perverso
só pode esperar castigo.

²⁴ Quem dá com generosidade ganha cada vez mais,
mas quem é avarento acaba perdendo tudo.

²⁵ Quem abençoa os outros é muito abençoado;
quem ajuda os outros também recebe ajuda.

²⁶ Que a maldição caia sobre os especuladores!
Sejam abençoados os que negociam
honestamente!

²⁷ Quem procura fazer o bem é respeitado,
mas o que busca o mal
com certeza o encontra.

²⁸ Quem confia em bens materiais cairá do cavalo,
mas quem é moldado por Deus
florescerá e dará bons frutos.

²⁹ Quem não cuida de sua família acabará
de mãos vazias;
o insensato será escravizado pelo sábio.

³⁰ A retidão é como árvore que dá vida;
e o sábio conquista muita gente.

³¹ Se os justos recebem o que merecem na terra,
o que se dirá dos maus e dos perversos!

Se você gosta de aprender

12 ¹ Quem gosta de aprender também
ama a disciplina;
é estupidez recusar a correção!

² Quem faz o bem é aprovado pelo Eterno,
mas ele condena quem planeja o mal.

³ Sobre o mal ninguém poderá firmar-se,
mas quem firma raízes em Deus
permanece firme.

⁴ A esposa amável revigora o marido,
mas a mulher que o envergonha
é um câncer nos ossos.

⁵ O pensamento de gente de princípios
contribui para a justiça,
mas as conspirações do mau-caráter
a corrompem.

⁶ As palavras do perverso matam,
mas o discurso do justo salva.

⁷ Os perversos se despedaçam e desaparecem,
mas os lares dos justos
permanecem firmes.

⁸ Quem demonstra bom senso no falar é honrado,
mas quem tem coração perverso
é desprezado.

⁹ Mais vale ser simples e trabalhar duro para viver
que fingir ser importante
e não ter o que comer.

¹⁰ Os justos são bons, até mesmo com os animais,
mas até as "boas atitudes" dos perversos
são cruéis.

¹¹ Quem trabalha tem comida na mesa,
mas quem persegue caprichos
e fantasias é insensato.

¹² Tudo que o perverso constrói vem
abaixo no final,
mas as raízes dos justos produzem
cada vez mais vida.

Os sábios pedem conselho

¹³ A fofoca traz problemas para o fofoqueiro,
mas o justo se mantém bem longe delas.

¹⁴ Cada um colhe o fruto daquilo que fala
e recebe recompensa pelo que faz.

¹⁵ O insensato teima em fazer tudo
do seu próprio jeito,
mas o sábio pede e ouve os conselhos.

¹⁶ O insensato tem pavio curto e explode na hora,
mas o prudente ignora o insulto
e mantém a calma.

¹⁷ Quem diz a verdade ajuda a cumprir a justiça, mas quem dá testemunho falso está a serviço da mentira.

2CORÍNTIOS 3.1 -18

3 ¹⁻³ **N**ão parece que estamos elogiando a nós mesmos, insistindo em nossas credenciais afirmando nossa autoridade? De jeito nenhum. Tampouco precisamos de cartas de recomendação, seja para vocês, seja de vocês. Vocês mesmos são toda a recomendação de que precisamos. A vida de vocês é uma carta que qualquer um pode ler simplesmente olhando para vocês. O próprio Cristo a escreveu — não com tinta, mas com o Espírito do Deus vivo. Essa carta não é inscrita na pedra, mas entalhada em vidas humanas — e nós a publicamos.

⁴⁻⁶ Não poderíamos estar mais seguros de que *vocês* são nossa carta de recomendação, escrita pelo próprio Cristo para Deus. Não pensaríamos em escrever tal carta. Só Deus pode escrever uma carta assim. Sua carta nos autoriza a levar adiante este novo plano de ação. O plano não foi escrito com tinta sobre papel, com muitas páginas de notas de rodapé, matando seu espírito. Foi escrito em sintonia: o Espírito com o nosso espírito, a vida de Deus com a nossa vida!

Levantando o véu

⁷⁻⁸ **O** governo da morte, com sua constituição escrita em tábuas de pedra, teve uma cerimônia de inauguração deslumbrante. O rosto de Moisés, enquanto entregava as tábuas de pedra, era tão brilhante quanto o dia (ainda que se desvanecesse muito rapidamente), e o povo de Israel não podia olhar direto para ele, assim como não se pode encarar o Sol. Quão mais deslumbrante, então, será o governo do Espírito vivo?

⁹⁻¹¹ Se o governo da condenação foi impressionante, que dizer do governo da afirmação? O antigo governo, que tanto brilhava, pareceria escuridão diante do novo. Se o acordo temporário já nos impressionou, quanto mais o deslumbrante governo que durará toda a eternidade!

¹²⁻¹⁵ Com esse tipo de esperança que nos anima, nada nos segura. Ao contrário de Moisés, não temos nada a esconder. Conosco, tudo acontece às claras. Ele usava um véu para que os israelitas não percebessem o brilho que aos poucos ia morrendo — e eles *não* perceberam. Não foram capazes de perceber na época e não percebem agora que não há nada naquele véu. Ainda hoje, quando as proclamações do governo antigo são lidas, eles nada veem. Somente Cristo pode tirar o véu a fim de que eles possam ver por si mesmos que não há nada lá.

¹⁶⁻¹⁸ No entanto, quando eles se voltam para Deus, como Moisés fez, Deus remove o véu, e lá estão eles — face a face com o Senhor! Descobrem de repente que Deus é uma presença pessoal, viva, não uma peça de pedra esculpida. E, quando Deus está presente, um Espírito vivo, aquela constituição antiga e repressora se torna ultrapassada. Estamos livres dela! Todos nós! Nada mais fica entre nós e Deus, nossa face brilha com o brilho de sua face. Somos transfigurados como o Messias, e nossa vida se torna cada vez mais deslumbrante e bela à medida que Deus entra em nossa vida e nos tornamos como ele.

SALMOS 106.34-43

³⁴⁻³⁹ Eles não eliminaram as culturas pagãs,
    como o Eterno havia ordenado.
Em vez disso, casaram-se com os pagãos,
    e com o tempo se tornaram iguais a eles.
Adoravam seus ídolos e
    foram pegos na armadilha da idolatria.
Sacrificavam seus filhos e filhas
    nos altares dos deuses de demônios.
Abriam a garganta dos bebês e
    assassinavam seus meninos e meninas.
Ofereciam seus bebês aos deuses de Canaã,
    e o sangue das criancinhas manchou a terra.
O estilo de vida deles cheirava mal:
    viviam como prostitutas.

⁴⁰⁻⁴³ E o Eterno ficou furioso —
    uma ira incandescente:
ele nem conseguia olhar mais para seu povo.
Ele os transformou em pagãos,
    e os povos que os odiavam os governaram.
Os inimigos tornaram a vida dura para eles,
    que foram tiranizados debaixo daquela lei.
Em várias ocasiões, Deus os resgatou,
    mas eles nunca aprenderam,
    até que finalmente foram destruídos
    por seus pecados.

◼ NOTAS

23 O que é prudente não ostenta conhecimento,
mas o insensato faz alarde da própria tolice.

24 O que é proativo sobressai e se torna líder,
mas o preguiçoso não tem jeito
— será dominado.

25 A preocupação e a ansiedade deprimem,
mas uma palavra de apoio traz ânimo.

26 O justo sobrevive à desgraça,
mas a vida do perverso atrai o desastre.

27 O preguiçoso chega ao final da vida
com as mãos abanando,
mas o que é proativo no tempo certo
desfrutará o que alcançou.

28 Quem anda no caminho da justiça
encontra vida,
mas os desvios do pecado conduzem à morte.

Ande com os sábios

13 **1** Filhos sensatos dão ouvidos aos pais;
mas os insensatos não querem nem saber —
fazem o que querem.

2 O homem bom adquire gosto pela conversa útil,
mas o que é mau vive da violência.

3 Quem cuida da língua cuida da própria vida,
mas quem fala demais acaba na sarjeta.

4 O preguiçoso tudo quer, mas nada consegue;
já o proativo alcança tudo o que deseja.

5 O justo detesta a falsidade,
mas o perverso é motivo de vergonha e
destruição.

6 A vida dedicada a Deus mantém
o íntegro no caminho,
mas o pecado atira o perverso no fosso.

7 A vida presunçosa e cheia de pompa
é uma vida vazia,
mas a vida simples e sincera é uma vida plena.

8 O rico pode ser processado por causa
dos bens que possui,
mas o pobre está livre dessas ameaças.

☐ DIA 256 ___/___/___

PROVÉRBIOS 12.18 — 14.21

18 Existem palavras que machucam muito,
mas as palavras do sábio trazem cura.

19 A verdade permanece para sempre,
mas a mentira tem perna curta.

20 O coração de quem maquina o mal
corrompe a si mesmo,
mas quem pratica o bem tem o coração
cheio de alegria.

21 Nenhum mal pode subjugar um justo,
mas todos os males recaem
sobre o perverso.

22 Deus não tolera os mentirosos,
mas ele ama a companhia dos que
mantêm a palavra.

DIA 256

9 A vida dos justos são ruas bem iluminadas,
mas a vida dos perversos são becos escuros.

10 Os arrogantes metidos a sabidos
incitam a discórdia,
mas os realmente sábios ouvem conselhos.

11 O que vem fácil vai embora fácil,
mas de pouco em pouco ajunta-se uma fortuna.

12 A esperança frustrada deixa o coração aflito,
mas desejo satisfeito é fonte de vida.

13 Quem ignora os ensinamentos do Eterno sofre,
mas quem honra os mandamentos de Deus é
recompensado.

14 O ensinamento do sábio é fonte de vida:
quem os ouve afasta-se dos poços da morte.

15 O bom senso conquista apreciação e respeito,
mas quem é corrupto caminha para a desgraça.

16 Quem é prudente age com bom senso,
mas o insensato denuncia a própria ignorância.

17 O mensageiro perverso causa mais confusão,
mas o embaixador confiável resolve a situação.

18 Quem recusa a disciplina acaba na sarjeta,
mas quem abraça a correção é honrado.

19 Um sonho realizado alegra a alma,
mas o perverso não quer se afastar do mal.

20 Diga-me com quem você anda e direi quem
você é: quem anda com o sábio torna-se sábio,
mas quem anda com o insensato verá sua
vida ir por água abaixo.

21 A desgraça persegue os pecadores,
mas quem é leal a Deus é abençoado.

22 Gente de bem tem herança para os netos;
a riqueza de gente desonesta acaba na mão
dos justos.

23 Gente pobre pode até ter direitos
do resultado de seu trabalho,
mas tudo perde pela desonestidade
e injustiça.

24 Quem não corrige seu filho não o ama;
ame seu filho, não deixe de discipliná-lo!

25 O apetite para o bem traz muita satisfação,
mas o perverso sempre está faminto.

Um caminho que conduz ao inferno

14 1 A mulher sábia constrói seu lar,
mas a insensata derruba
o seu com as próprias mãos.

2 Quem vive honestamente respeita o Eterno,
mas quem se desvia de seus caminhos
vira a cara para ele.

3 A conversa fútil provoca sorrisos irônicos,
mas o discurso sábio inspira respeito.

4 Se não há bois, não há colheita:
pois a boa colheita requer um boi forte
para o arado.

5 A testemunha verdadeira nunca mente,
mas a testemunha falsa respira mentira!

6 O zombador procura sabedoria
em todo lugar e nunca encontra,
mas o que tem discernimento topa com ela
na porta de casa!

7 Fique longe do insensato:
pois é um desperdício de tempo ouvir
o que ele diz.

8 A sabedoria do sábio o mantém no caminho;
a estupidez dos insensatos
leva-os ao engano.

9 O insensato ridiculariza a diferença
entre o certo e o errado,
mas o justo tem vontade de fazer o bem.

10 Quem evita os amigos na hora
em que eles têm dificuldade
não será recebido quando eles comemorarem
com alegria.

11 A vida dos que praticam a maldade
é como uma casa caindo aos pedaços,
mas o viver santificado é como uma cabana
bem construída, que nunca se abala.

12-13 Há um estilo de vida que parece inofensivo;
preste atenção, pois conduz à morte.
Por trás do sorriso e da diversão,
há muita tristeza e sofrimento.

Escolha e pondere cada palavra

14 O perverso recebe o troco em maldade,
mas o homem bom recebe a graça
como recompensa.

15 O inexperiente acredita em tudo
que lhe dizem,
mas o prudente escolhe
e pondera cada palavra.

16 O sábio vigia seus passos e evita o mal,
mas o insensato é teimoso e negligente.

17 O impaciente comete loucuras
e depois se arrepende;
quem não tem compaixão é tratado
com indiferença.

18 O insensato vive num mundo de ilusão,
mas o sábio tem os pés no chão.

19 No devido tempo, o mal pagará tributo ao bem;
e o perverso se curvará diante
de quem é leal a Deus.

20 O pobre é evitado por todos,
mas todos querem ser amigos do rico.

21 É pecado ignorar o vizinho em dificuldades,
mas estender a mão ao necessitado
– que privilégio!

2CORÍNTIOS 4.1-18

Sofrimento como o de Cristo

1-2 Considerando que Deus, tão generosamente, nos permite participar do que ele tem feito, não vamos desanimar nem desistir só porque às vezes enfrentamos tempos difíceis. Nós nos recusamos a usar máscaras e a fingir. Não manipulamos os fatos nos bastidores nem deturpamos a Palavra de Deus em proveito próprio. Pelo contrário, sustentamos tudo que fazemos e falamos toda a verdade às claras, de modo que quem quiser possa ver e julgar por si mesmo, na presença de Deus.

3-4 Se a Mensagem parece obscura para alguns, não é porque a escondemos. Não! É porque eles estão vendo ou buscando o caminho errado e se recusam a dar à Mensagem a devida atenção. A única coisa que interessa a eles é o deus das trevas desta época. Pensam que conseguirão dele o que desejam e que não terão que se preocupar em crer na Verdade que não podem ver. Eles estão cegos para a deslumbrante luz da aurora da Mensagem, que resplandece com Cristo e nos permite ver a melhor imagem de Deus, o que eles jamais conseguirão.

5-6 Lembrem-se de que a Mensagem não é sobre nós mesmos. Nós anunciamos Jesus Cristo, o Senhor. Todos nós somos mensageiros, andarilhos de Jesus por causa de vocês. Isso começou quando Deus disse: "Que a luz brilhe nas trevas!", e nossa vida ficou cheia de luz quando vimos e compreendemos Deus pela face de Cristo, tudo belo e deslumbrante.

7-12 Se olharem apenas para *nós*, vocês podem perder o brilho. Levamos a Mensagem preciosa em vasos de barro sem adornos, ou seja, em nossa vida. Isso é para impedir que alguém pense que o incomparável poder de Deus nos pertence. Vocês sabem que não temos muita coisa de nós mesmos. Estamos soterrados de problemas, mas não desmoralizados; não sabemos direito o que fazer, mas sabemos que Deus sabe o que fazer; estamos espiritualmente aterrorizados, mas Deus não nos abandonou; caímos, mas não estamos derrotados. O que fizeram a Jesus fizeram a nós: julgamento, tortura, zombaria e assassinato; Jesus faz em nós o que fez entre eles – ele vive! Nossa vida está em constante risco por causa de Jesus, o que faz a vida dele mais evidente em nós. Enquanto enfrentamos o pior, vocês conseguem o melhor!

13-15 Não há silêncio sobre essa questão em nossa vida. Assim como o salmista escreveu: "Cri, por isso falei", falamos daquilo em que cremos. E o que cremos é que aquele que ressuscitou o Senhor Jesus também nos ressuscitará e nos levará com vocês. Cada detalhe coopera para o progresso de vocês e para a glória de Deus: mais e mais graça, mais e mais pessoas, mais e mais louvor!

16-18 Portanto, não estamos desistindo. Como poderíamos? Ainda que por fora pareça que tudo está se acabando, por dentro, onde Deus está criando uma nova vida, não há um só dia em que sua graça reveladora não se manifeste. Os tempos difíceis nada são comparados com os bons tempos que estão por vir, a celebração sem fim preparada para nós.

DIA 257

Há muito mais do que podemos ver. As coisas que agora vemos estão aqui hoje, mas desaparecerão amanhã. Mas as coisas que não vemos agora irão durar para sempre.

SALMOS 106.44-47

44-46 Mas, quando Deus viu a aflição deles
e ouviu seus gritos por socorro,
Ele se lembrou da Aliança que havia feito com eles
e, cheio de amor, tomou-os pela mão.
Derramou sua misericórdia sobre eles
enquanto os que os tinham tornado cativos
assistiam a tudo, espantados.

47 Salva-nos, ó Eterno, o nosso Deus!
Reúna-nos de volta do exílio,
Para que possamos dar graças ao teu santo nome
e nos reunir na glória do teu louvor!

Bendito seja o Eterno, o Deus de Israel!
Bendito agora, bendito sempre!
Oh! Que todos digam: "Amém!".
Aleluia!

◼ NOTAS

☐ **DIA 257** ___ / ___ / ___

PROVÉRBIOS 14.22 — 16.11

22 Não é evidente que os maus estão
completamente perdidos,
Enquanto os que praticam o bem ganham o
respeito e a confiança dos outros?

23 O trabalho pesado paga as contas,
mas a conversa fiada não põe comida na mesa.

24 Os sábios acumulam sabedoria com
o passar do tempo,
mas os insensatos só acumulam estupidez.

25 O testemunho verdadeiro salva vidas,
mas o testemunho falso só engana.

26 Quem teme o Eterno tem plena segurança,
pois ele protege os seus filhos.

27 O temor do Eterno é uma fonte de vida
que evita a morte,
como águas cristalinas que lavam
a lama suja.

28 O bom líder tem seguidores leais,
mas sem seguidor a liderança não é nada.

29 Quem tem entendimento sabe controlar a ira,
mas quem se precipita só mostra estupidez.

30 Um coração em paz dá saúde ao corpo,
mas a inveja corrói os ossos.

31 Quem explora o necessitado insulta o Criador,
mas quem é bondoso para com o pobre
honra Deus.

32 O perverso ficará ao relento por causa
da própria maldade,
mas o justo encontrará proteção até
diante da morte.

³³ A sabedoria está no coração de quem
tem entendimento,
mas o insensato nem de longe pode vê-la.

³⁴ A devoção a Deus torna o país mais forte;
a rejeição a Deus traz desgraça ao povo.

³⁵ O trabalhador proativo recebe muitos elogios,
mas o que faz um trabalho vergonhoso
merece dura repreensão.

O Eterno não deixa passar nada

15 ¹ **A** resposta moderada neutraliza a ira,
mas a língua afiada põe mais lenha
na fogueira.

² Quando o sábio ensina, o conhecimento
fica interessante,
mas o insensato só sabe dizer absurdos.

³ O Eterno não deixa passar nada —
ele está de olho tanto no bom quanto no mau.

⁴ As palavras amáveis curam e ajudam,
mas as palavras maldosas ferem e destroem.

⁵ Quem não dá ouvidos ao que diz seu
pai é insensato,
mas quem aceita a correção tem bom senso.

⁶ A vida de quem é fiel a Deus prospera,
mas o desperdiçador logo acaba falido.

⁷ As palavras sensatas espalham o conhecimento,
mas os insensatos não têm nada a oferecer.

⁸ O Eterno não suporta quem faz
pose de piedoso,
mas tem prazer nas orações genuínas.

⁹ O Eterno detesta quem gasta a vida à toa,
mas ama quem vive em justiça.

¹⁰ Quem abandona o caminho de Deus
receberá dura lição,
e quem faz pouco caso das leis de Deus
entrará num beco sem saída.

¹¹ Nem a morte esconde segredo do Eterno —
quanto mais o coração do homem!
Deus sabe de tudo!

Uma vida que é uma subida só

¹² **O** arrogante metido a sabido não gosta
que lhe digam o que fazer;
ele evita até a companhia do sábio.

¹³ O coração alegre traz um belo sorriso ao rosto,
mas, quando o coração está triste,
o dia custa a passar.

¹⁴ Quem tem discernimento está sempre
ansioso por saber mais,
mas o insensato se alimenta de modismos
e coisas fúteis.

¹⁵ Para quem tem o coração aflito a vida
é só infelicidade,
mas quem tem o coração alegre está
sempre a cantar.

¹⁶ É melhor uma vida simples no temor do Eterno
que uma vida rica cheia de "pepinos"
e "abacaxis".

¹⁷ É melhor comer pão amanhecido
num ambiente de amor
que uma picanha de primeira onde
só há ódio.

¹⁸ O temperamento explosivo
é o estopim das brigas,
mas o espírito tranquilo mantém a paz.

¹⁹ O caminho do preguiçoso é coberto de espinhos;
mas o caminho do homem aplicado é uma
estrada plana.

²⁰ Os filhos sábios enchem os pais de orgulho,
mas os insensatos envergonham seus pais.

²¹ Os perversos tratam a vida como um brinquedo;
mas quem é o sensato toma decisões com
responsabilidade.

²² Quem recusa bons conselhos terá seus
planos fracassados,
mas quem os aceita verá seus projetos sair
do papel, e eles serão bem-sucedidos.

²³ Ter respostas adequadas — como é bom!
A palavra certa no momento certo —
é espetacular!

DIA 257

²⁴Para quem é sensato a vida é uma subida só —
e não pega a descida que leva direto à morte.

²⁵O Eterno esmaga as ambições dos arrogantes,
mas Deus cuida do desamparado.

²⁶O Eterno não suporta as maquinações maldosas,
mas ama as palavras puras e sem maldade.

²⁷O ganancioso destrói a comunidade
com sua cobiça,
mas quem se recusa a tirar proveito
da situação vive feliz.

²⁸Gente leal a Deus pensa bem antes de responder,
mas o perverso jorra insultos.

²⁹O Eterno mantém distância dos perversos,
mas ouve atentamente as orações
de gente leal a Deus.

³⁰Um olhar radiante alegra o coração,
e as boas notícias renovam as forças.

³¹Quem ouve os bons conselhos viverá bem
e será como um convidado de honra
entre os sábios.

³²Quem faz pouco caso da disciplina será um nada,
mas quem obedece à vontade de Deus
ficará mais sábio.

³³O temor do Eterno é uma escola de vida prática —
primeiro aprende a humildade e depois
experimenta a glória.

Tudo tem um propósito

16 ¹O homem mortal faz planos
elaborados para a vida,
mas é o Eterno que tem a última palavra.

²O homem fica satisfeito com o que lhe parece bom,
mas o que *é* realmente bom só o Eterno
pode avaliar.

³Entregue ao Eterno o comando do seu trabalho,
e o que você planejou dará certo.

⁴O Eterno fez todas as coisas com um propósito;
até mesmo os perversos — mas para
o *julgamento*.

⁵O Eterno não suporta a arrogância;
e acredite: esses arrogantes terão
o que merecem.

⁶Com o amor e a verdade se perdoa o pecado;
e com o temor do Eterno se desvia o mal.

⁷Quando o Eterno aprova alguém,
até os inimigos dessa pessoa se tornam
seus amigos.

⁸Bem melhor é ser pobre, mas justo,
que ser rico e injusto.

⁹O homem faz seus planos,
mas o Eterno é quem possibilita que
sejam realizados.

Vale a pena levar a vida a sério

¹⁰Um bom líder motiva e tem autoridade;
não conduz ao erro nem tira vantagem.

¹¹O Eterno quer honestidade no trabalho,
pois ele é o dono de todos os negócios.

2CORÍNTIOS 5.1-21

5 ¹⁻⁵Por exemplo, sabemos que quando o nosso corpo se desfizer, como uma tenda desmontada, será substituído por um corpo de ressurreição no céu — feito por Deus, não por mãos humanas —, e nunca mais teremos de montar nossas "tendas" outra vez. O desejo de mudar às vezes é tanto que choramos de frustração. Em comparação com o que está por vir, a vida aqui se parece com a estada numa cabana caindo aos pedaços! Já estamos cansados disso! O que temos é apenas um vislumbre da verdadeira realidade, nosso verdadeiro lar, nosso corpo ressuscitado! O Espírito de Deus nos dá uma pitada desse sublime, dando-nos um gostinho do que está por vir. Ele põe um pouco do céu em nosso coração para que nunca desejemos menos que o céu.

⁶⁻⁸É por isso que vivemos alegres. Vocês não ficarão vendo as coisas de cabeça baixa! As circunstâncias desfavoráveis não irão nos abater. Ao contrário, elas apenas nos fazem lembrar do glorioso futuro que nos aguarda mais adiante. É por isso que confiamos naquele que nos mantém caminhando, mesmo que não o vejamos. Acham que uns buracos na estrada ou algumas pedras no caminho irão nos parar? Quando chegar a hora, estaremos prontos para trocar o exílio pelo nosso verdadeiro lar.

9-10 Mas nem o exílio nem o nosso verdadeiro lar são o que mais importam. Servir a Deus com alegria é o principal e o que desejamos fazer, a despeito das circunstâncias. Cedo ou tarde, todos teremos de ficar frente a frente com Deus, independentemente das nossas condições. Compareceremos à presença de Cristo e receberemos o que plantamos por meio da nossa conduta, boa ou má.

11-14 *Essa* expectativa nos manterá vigilantes — podem estar certos. Não é pouca coisa saber que todos, um dia, terão de enfrentar um julgamento. Daí a urgência em exortarmos todos a que se preparem para estar na presença de Deus. Só Deus sabe quanto nos dedicamos a isso, mas espero que vocês percebam quanto nos preocupamos com a questão. Não dizemos isso com a intenção de parecermos bons aos olhos de vocês, mas por pensar que vocês se sentiriam bem, orgulhosos até, por saber que estamos do seu lado e que não somos simpáticos apenas na presença de vocês, como fazem alguns. Se eu agi loucamente, fiz isso por Deus; se eu agi de maneira sensata, foi por vocês. O amor de Cristo me impulsiona a tais extremos. Seu amor tem a primeira e a última palavra em tudo que fazemos.

Uma nova vida

14-15 Nossa decisão firme é trabalhar com base nesta premissa: um homem morreu por todos. Essa realidade põe todos no mesmo barco. Ele incluiu todos em sua morte, para que cada um fosse também incluído em sua vida, uma vida ressurreta, incomparavelmente melhor que qualquer outra já vivida.

16-20 Por causa dessa decisão, não julgamos ninguém pelo que possui ou pela aparência. Houve um tempo em que julgamos o Messias dessa maneira, e estávamos errados, como sabem. Não vemos mais assim. Agora olhamos para dentro, e o que vemos é que qualquer um, unido ao Messias, tem a chance de um novo começo e é criado de novo. A velha vida se foi. Uma nova vida desponta! É demais! Tudo vem de Deus, que nos quer em relacionamento com ele e nos chamou para viver relacionamentos com nossos semelhantes. Deus se reconciliou com o mundo por meio do Messias, permitindo um novo começo pela oferta de perdão dos pecados. Deus nos deu a tarefa de contar a todos o que ele está fazendo. Somos representantes de Cristo. Deus nos usa para persuadir homens e mulheres a deixar as diferenças de lado e ingressar na obra de Deus e para reconciliar o ser humano com ele. Estamos falando por Cristo

mesmo agora: tornem-se amigos de Deus; ele já é amigo de vocês.

21 "Como pode?", vocês perguntam. Em Cristo, eu respondo. Deus o considerou culpado — ele que nunca fez nada errado — para que pudéssemos ser considerados sem pecado perante Deus.

SALMOS 107.1-9

107 **1-3** Oh! Agradeçam ao Eterno — ele é tão bom! Seu amor nunca termina.
Vocês, libertos pelo Eterno, digam ao mundo,
  contem como ele os libertou da opressão
E depois os ajuntou de todos os lugares,
  dos quatro ventos, dos sete mares.

4-9 Alguns de vocês peregrinaram anos no deserto,
  procurando, mas não encontrando, um bom
    lugar para viver,
Famintos e mortos de sede,
  Cambaleantes, à beira da exaustão.
Então, no seu desespero, vocês
    clamaram ao Eterno,
  ele os livrou na hora exata.
Ele pôs os pés de vocês numa estrada maravilhosa,
  que os levou a um lugar agradável de se viver.
Por isso, agradeçam ao Eterno
    por seu maravilhoso amor,
  por sua misericórdia milagrosa para
    com os filhos que ama.
Ele derramou filetes de água pelas
    gargantas secas;
  o sedento e o faminto conseguiram
    muita comida.

◢ NOTAS

DIA 258   **784**

‖‖

☐ DIA **258** ___ / ___ /___

PROVÉRBIOS 16.12 — 18.7

¹²Um bom líder detesta todo tipo de injustiça,
   pois é na justiça que a liderança
     se fundamenta.

¹³Um bom líder se alegra com a honestidade
   e valoriza quem fala a verdade.

¹⁴O líder que se ira ameaça os próprios liderados;
   quem é inteligente saberá contornar a situação.

¹⁵O líder paciente revigora a vida dos liderados;
   é como a chuva de primavera e a luz do Sol.

¹⁶Corra atrás da sabedoria – é mais valiosa
   que muito dinheiro;
   prefira o entendimento que muito tesouro.

¹⁷A estrada do justo se desvia do mal;
   quem vigia os passos salva a vida.

¹⁸Primeiro vem o orgulho; depois, a queda –
   quanto maior é o ego, maior é o tombo.

¹⁹É melhor ser obediente ao Eterno
   e viver entre os pobres
   que ser rebelde e viver entre os
     ricos e famosos.

²⁰Vale a pena levar a vida a sério;
   tudo se resolve quando se confia no Eterno.

²¹O sábio é reconhecido pelo entendimento;
   as palavras amáveis têm mais poder
     de persuasão.

²²O verdadeiro entendimento é fonte
     de água fresca,
   mas o insensato sofre com sua
     própria insensatez.

²³O sábio pensa muito antes de falar;
   por isso, quando fala todos lhe dão razão.

²⁴Palavras amáveis são como favos de mel –
   delícias para a alma, energia para o corpo.

²⁵Há caminho que parece inofensivo,
   mas todo cuidado é pouco: leva direto
     para a morte.

²⁶O apetite é um incentivo para o trabalho;
   a fome motiva o trabalho intenso.

²⁷O perverso só pensa em fazer o mal;
   e suas palavras provocam muita dor.

²⁸O perverso sempre causa brigas;
   e quem faz fofoca rompe amizades.

²⁹O ambicioso insensível trai os amigos;
   é capaz de apunhalar a própria mãe pelas costas.

³⁰O olhar esquivo sugere má intenção;
   os lábios cerrados dão indícios de confusão.

³¹O cabelo grisalho merece especial atenção;
   é o prêmio de uma vida leal a Deus.

³²É melhor ser paciente que valentão;
   é melhor saber se controlar que conquistar
     uma cidade.

³³Apresente as propostas e conte os votos,
   mas o Eterno tem a palavra final.

Uma paulada na cabeça

17 ¹É melhor comer um pedaço de pão
   com água em paz
   que ter um banquete no meio de brigas.

²O servo sábio sabe lidar com o filho difícil
e assim é honrado como alguém da família.

³Como a prata e o ouro são provados pelo fogo,
assim a nossa vida é refinada pelo Eterno.

⁴O perverso gosta de conversas maliciosas;
e os ouvidos do mentiroso coçam
por uma fofoca.

⁵Quem zomba dos pobres insulta o Criador;
quem faz festa quando há desgraça
não fica sem castigo.

⁶Os netos são reconhecimento para os idosos;
os filhos são orgulho para os pais.

⁷Não se espera eloquência de um insensato,
muito menos mentiras de um líder.

⁸Alguns acham que o dinheiro compra tudo
— até mesmo pessoas;
e que o suborno é uma varinha mágica
— que sempre funciona.

⁹Esqueça a ofensa e manterá a amizade;
mas, se insistir na ofensa, diga adeus ao amigo!

¹⁰A repreensão atinge profundamente
a quem tem entendimento,
mas o insensato leva a maior paulada
e nem se importa

¹¹Os maus só procuram confusão
e não perdem por esperar: eles a encontrarão!

¹²É melhor encontrar uma ursa
que teve os filhotes roubados
que um insensato em sua loucura.

¹³Quem paga o bem com o mal
receberá o troco: o mal nunca lhe
dará sossego.

¹⁴O início de uma briga é como vazamento
de uma represa;
por isso, é bom parar antes
que se rompa de vez.

¹⁵Proteger o perverso e atirar lama nos justos
são atitudes detestáveis ao Eterno.

¹⁶O que é isso? O insensato saiu para
comprar sabedoria?
De nada adianta! Ele não sabe o que
fazer com ela!

Quem sabe muito fala pouco

¹⁷O amigo ama sempre e com ele não
há tempo ruim;
mesmo quando há problemas,
ele é sempre um ombro amigo.

¹⁸É tolice ser irresponsável com a
vida financeira;
acumular dívidas que não se pode pagar
é muita loucura.

¹⁹Quem namora o pecado se casa
com a confusão;
e quem deixa a arrogância subir à cabeça faz
um convite à destruição.

²⁰Quem planeja a maldade não pode
terminar bem;
a conversa traiçoeira só traz mais confusão.

²¹O filho insensato é uma desgraça;
não dá motivo nenhum de alegria ao pai.

²²A disposição alegre faz bem à saúde;
mas a tristeza e o abatimento
esgotam as forças.

²³O perverso recebe suborno
por baixo do pano;
isso comprova desprezo pela justiça.

²⁴O sensato anda de mãos dadas
com a sabedoria,
mas o insensato está sempre vagando
com olhar perdido.

²⁵O filho inconsequente
é um sofrimento para o pai
e para a sua mãe é osso duro de roer.

²⁶Castigar o bom comportamento é um absurdo!
Pior ainda é fazer o bom cidadão pagar
pelo crime dos outros!

²⁷Quem sabe muito fala pouco;
quem é sensato sabe manter a calma.

DIA 258

²⁸Até mesmo os ignorantes passam
por sábios quando fecham a boca;
quem sabe ficar calado passa-se
por inteligente.

As palavras matam e geram vida

18 ¹O egoísta que só olha para o próprio umbigo
é uma afronta à vida em comunidade.

²Os insensatos nunca param para
pensar na realidade;
tudo que fazem é falar pelos cotovelos.

³A maldade é sempre acompanhada pela vergonha;
o desprezo pela vida é inaceitável.

⁴As muitas palavras só fazem volume
como a enchente,
mas a verdadeira sabedoria nasce
de fontes profundas.

⁵É um absurdo defender o culpado;
pior ainda é pegar pesado com o inocente.

⁶As palavras do insensato provocam brigas:
para contê-los, só amarrando.

⁷O insensato é destruído por falar mais que a boca;
suas palavras o farão passar
por poucas e boas.

2CORÍNTIOS 6.1-18

A postos

6 ¹⁻¹⁰Somos seus companheiros nesta obra, por
isso imploramos: não desperdicem nem um
pouco a maravilhosa vida que Deus concedeu a
vocês. Ele nos lembra:

Ouvi seu chamado no tempo certo;
No dia em que você precisou de mim,
eu estava lá para ajudar.

Pois bem, agora é o tempo certo para que ele
ouça vocês e os ajude. Nada de deixar para depois.
Não frustrem a obra de Deus. Não façam corpo
mole nem lancem dúvidas sobre o que fazemos.
Nossa obra como servos de Deus tem valor, em
todos os aspectos. As pessoas nos observam
enquanto estamos a postos, em prontidão, inabaláveis... em tempos difíceis, maus, trabalhosos;

quando somos espancados, encarcerados e envolvidos em tumultos; trabalhando duro, até tarde
da noite, às vezes sem comer; com coração puro,
mente limpa e mão firme; com gentileza, santidade e amor honesto; quando dizemos a verdade e
quando Deus mostra seu poder; quando fazemos o
melhor possível pela verdade; quando somos elogiados ou repreendidos, caluniados ou honrados;
fiéis à nossa palavra, ainda que não confiem em
nós; ignorados pelo mundo, mas reconhecidos por
Deus; vivos, ainda que digam que estamos mortos;
açoitados quase até a morte, mas recusando-se a
morrer; mergulhados em lágrimas, mas sempre
cheios de profunda alegria; vivendo de mãos vazias, mas enriquecendo muitos; não tendo nada,
mas tendo tudo.

¹¹⁻¹³Prezados coríntios, não consigo expressar
em palavras quanto desejo que vocês entrem
nesta vida plena e cheia de possibilidades.
Não queremos que se fechem assim. A peque-
nez que sentem vem de dentro de vocês. A vida
que Deus dá não é pequena: vocês é que a vivem
de modo pequeno. Digo isso com franqueza e
com grande afeição. Abram a vida! Comecem
a vivê-la plenamente!

¹⁴⁻¹⁸Não se tornem parceiros dos que rejeitam
Deus. Não há como fazer parceria entre o certo e
o errado. Não é parceria: é guerra. A luz é amiga
das trevas? Cristo passeia com o Diabo? A verdade
e a mentira andam de mãos dadas? Quem pensaria
em pôr ídolos pagãos no templo santo de Deus?
Pois é exatamente o que somos, cada um de nós é
um templo, e Deus vive em nós. Ele mesmo disse:

Vou viver neles e neles vou me mover;
vou ser o Deus deles, e eles serão o meu povo.
Então, deixem de lado a corrupção e as parcerias,
deixem tudo, de uma vez por todas, diz Deus.
Não se associem com os que irão
mergulhá-los na sujeira.
Quero todos vocês para mim.
Serei um Pai para vocês,
e vocês serão filhos e filhas para mim.
Palavra do Senhor Deus.

SALMOS 107.10-16

¹⁰⁻¹⁶Alguns de vocês foram trancados
numa cela escura,
cruelmente confinados atrás das grades,

Punidos por desafiar a Palavra de Deus e
por virar as costas ao conselho
do Deus Altíssimo –
Uma dura sentença, o coração triste,
e nenhuma alma à vista para ajudar.
Então, no seu desespero,
vocês clamaram ao Eterno,
e ele os livrou na hora exata.
Ele conduziu vocês para fora da cela escura,
arrancou as grades e os trouxe para fora.
Portanto, agradeçam ao Eterno
por seu maravilhoso amor,
por sua misericórdia milagrosa
para com os filhos que ama.
Ele despedaçou as portas pesadas da prisão,
quebrou as barras de ferro
como a palitos de fósforos!

NOTAS

☐ DIA 259 ___ / ___ / ___

PROVÉRBIOS 18.8 — 20.11

[8] Dar ouvidos a fofocas é como comer um
doce vencido:
no início é uma delícia, mas as dores
logo virão.

[9] Tanto o preguiçoso quanto o relaxado
são unha e carne com a destruição.

[10] O nome do Eterno é um lugar de proteção:
os justos correm para ele
e encontram salvação.

[11] Os ricos confiam nas riquezas para
terem proteção,
mas a segurança que delas vem é pura ilusão!

[12] Primeiro vem o orgulho e depois a queda,
mas a humildade é precursora
da honra.

[13] Responder antes de ouvir
além de tolice é pura grosseria.

[14] O espírito saudável vence a adversidade,
mas o espírito abatido, como curá-lo?

[15] Os sábios estão sempre aprendendo;
sua sede de conhecimento é insaciável.

[16] Um presente entregue abre portas;
ele o acabará levando a gente
muito importante.

[17] O primeiro discurso num julgamento
é sempre convincente –
até que o interrogatório comece!

[18] Nem sempre será fácil tomar decisões,
nem mesmo o bom senso o livrará
de uma situação difícil.

[19] Cuide bem dos amigos que devem durar
para sempre;
nunca destrua a amizade que deve
ser permanente.

DIA 259

²⁰As palavras alimentam a mente assim
como a comida ao estômago;
uma boa conversa satisfaz como um bom
prato na hora da fome.

²¹As palavras matam e geram vida;
podem ser veneno ou um doce de primeira —
você é quem decide.

²²Quem encontra uma boa esposa
encontra o maior tesouro —
é uma grande bênção do Eterno!

²³O pobre fala em suaves súplicas;
o rico grita suas respostas.

²⁴Amigos vêm e vão,
mas o verdadeiro amigo é mais próximo
que um irmão.

Se você deixar de ouvir

19¹É melhor ser pobre e honesto
que ser rico e não merecer confiança.

²O zelo sem conhecimento é inútil;
a pressa leva ao fracasso.

³As pessoas arruínam a própria vida com
sua insensatez:
mas sempre acham um jeito de pôr a culpa
no Eterno!

⁴A riqueza atrai amigos
como o mel atrai moscas,
mas os pobres são evitados como uma
doença que pega.

⁵O que jura com falsidade não ficará impune.
Você deixaria um mentiroso sair ileso?

⁶São muitos os que andam à volta da
pessoa generosa;
todos são amigos do homem desprendido.

⁷Quando pra você está tudo dando errado,
até a sua família evitará você —
até mesmo o seu melhor amigo vai
querer distância.
Quando você passa, eles olham para
o outro lado —
longe dos olhos, longe do coração.

⁸Crie um coração sábio, e fará um favor
a você mesmo;
mantenha a cabeça arejada, e encontrará
uma boa vida.

⁹A pessoa que conta mentiras
acaba desmascarada;
a pessoa que espalha boatos ficará
arruinada.

¹⁰É estranho um leviano levar uma vida fácil;
pior ainda, um trabalhador dar ordens
a seu chefe.

¹¹As pessoas inteligentes sabem
como segurar a língua;
sua grandeza é perdoar e esquecer.

¹²Os líderes de mau gênio são como uma
onça brava;
já os bondosos são como o orvalho fresco
da manhã.

¹³Um pai perde a vontade de viver
por causa de um filho irresponsável;
a esposa resmungona é uma torneira
pingando.

¹⁴Casas e terrenos são passados
de pai para filho,
mas a esposa certa vem do Eterno.

¹⁵A vida desmorona sobre os ociosos;
os preguiçosos acabam passando fome.

¹⁶Guarde as leis e guardará sua vida;
o viver descuidado é morte certa.

¹⁷Quem ajuda os pobres empresta ao Eterno,
quando o Eterno devolve a recompensa,
é sem igual.

¹⁸Discipline seus filhos enquanto
ainda tem oportunidade;
fazer tudo o que querem acabará
com a vida deles.

¹⁹Deixe que os esquentados sofram as
consequências da própria ira;
se você tentar ajudar, apenas irá
piorar as coisas.

20 Aceite os bons conselhos e a correção —
esse é o caminho de uma vida boa e sábia.

21 Os homens fazem planos e criam estratégias,
mas o propósito do Eterno é o que prevalece.

22 É absurdamente normal querer
ganhar uma grana,
mas é melhor ser pobre que mentiroso.

23 O temor do Eterno é a vida em si;
uma vida plena e serena — sem surpresas
desagradáveis.

24 Alguns enfiam o garfo na torta,
mas têm preguiça demais para levá-lo à boca.

25 Castigue o insolente de maneira exemplar:
quem sabe alguém aprende uma boa lição?

26 Os filhos que partem pra cima dos
próprios pais
são uma desgraça, uma vergonha.

27 Se você deixar de ouvir, querido filho,
e andar sozinho,
logo se sentirá perdido.

28 O testemunho sem princípios faz
pouco da justiça;
a boca dos perversos cospe malícias.

29 O irreverente precisa aprender
a ter reverência do jeito mais difícil;
só uns bons tapas chamam a atenção
do insensato.

Um problema sério no coração

20 **¹** O vinho torna você mau; a cerveja faz de
você um briguento —
e as pessoas bebem porque uma bebida
fraca não tem muita graça.

2 Os líderes de temperamento exaltado
são como onças selvagens –
passe perto deles, e eles pulam na sua
garganta.

3 Evitar brigas é a marca registrada
do que tem bom caráter,
mas os insensatos gostam de brigar.

4 O fazendeiro que tiver preguiça
de plantar na estação certa
não terá nada para ceifar na época
da colheita.

5 Saber o certo é como ter águas profundas
no coração;
o sábio as tira de dentro do poço quando
é necessário.

6 Muitos se dizem amigos leais e confiáveis,
mas onde, na terra, você pode encontrar
gente assim?

7 As pessoas leais a Deus, que vivem
uma vida honesta,
facilitam em muito as coisas para seus filhos.

8-9 O líder que conhece seu negócio
e se importa com ele
mantém distância do falsificado e do barato,

Pois que ser humano pode ser
sempre confiável e honesto?

10 Trocar as etiquetas de preços
e inventar despesas
são duas coisas que o Eterno detesta.

11 Até quem é bem novo, no devido tempo,
se revela por suas ações
se seus motivos forem sinceros.

2CORÍNTIOS 7.1-16

7 **¹** Diante de promessas tão animadoras, queridos amigos, vamos nos livrar de tudo que nos distraia ou contamine, seja por dentro, seja por fora. Que nossa vida esteja em forma e que sejamos templos santos para o culto a Deus.

Mais apaixonados, mais responsáveis

2-4 Confiem em nós. Nunca ferimos ninguém, nunca exploramos nem tiramos vantagem de quem quer que seja. Não pensem que procuro culpa em vocês. Já disse que estou com vocês em qualquer circunstância. Na verdade, tenho a maior confiança em vocês. Se soubessem como estou orgulhoso de vocês! A alegria me domina, mesmo com todos os problemas.

5-7 Quando chegamos à província da Macedônia, não tivemos sossego. Os conflitos na igreja e os temores no coração nos deixaram ansiosos. Não conseguíamos relaxar, porque não sabíamos o desfecho da situação. Então, Deus, que levanta os abatidos, nos deu novo ânimo com a chegada de Tito. Ficamos felizes apenas por vê-lo, mas o alívio veio com o que ele nos disse sobre vocês, sobre quanto se preocuparam e lamentaram por minha causa. Minha preocupação transformou-se em tranquilidade!

8-9 Sei que causei grande preocupação a vocês com minha carta. Ainda que tenha me sentido muito mal na época, sinto-me bem agora, quando penso em como tudo acabou. A carta aborreceu vocês, mas por pouco tempo. Agora estou contente — não por terem se aborrecido, mas porque foram desafiados a mudar. Vocês permitiram que a tristeza os levasse a Deus, não que os desviasse dele. E saíram ganhando, não perdendo.

10 A tristeza que nos aproxima de Deus age assim. Ela abala nossas estruturas e nos leva de volta ao caminho da salvação. Jamais lamentamos ter experimentado esse tipo de dor. Mas quem permite que a tristeza o desvie de Deus vive cheio de remorsos, que podem levá-lo a um estado terminal.

11-13 Agora, digam-me: não são maravilhosos os caminhos que a tristeza toma para nos aproximar de Deus? Vocês estão mais vivos, mais cuidadosos, mais sensíveis, mais reverentes, mais humanos, mais apaixonados, mais responsáveis. Por qualquer ângulo, o resultado foi maior pureza de coração. Era isso que eu mais estava esperando quando escrevi a carta. Minha maior preocupação não era com aquele que agiu errado, mas com vocês. Eu queria que vocês compreendessem e agissem de acordo com os profundos laços que nos unem diante de Deus. Foi o que aconteceu, e nos sentimos muito bem com isso.

13-16 Então, quando vimos como Tito se sentiu — seu entusiasmo com a resposta de vocês —, nossa alegria dobrou. Foi maravilhoso vê-lo tão animado e reconfortado por causa do que vocês fizeram. Se eu contasse a ele como penso que vocês são bondosos, vocês não teriam afastado aquele que fez o mal. Mas, enquanto tudo se resolvia, procurei me conter. Tito viu por si mesmo que tudo que eu dissera a respeito de vocês era verdade. Ele não parava de falar sobre isso, repetindo o relato da sua pronta obediência e da elogiável hospitalidade de vocês. Ele ficou impressionado com tudo, e eu não poderia estar mais satisfeito. Tenho muito orgulho de todos.

SALMOS 107.17-22

17-22 Alguns de vocês ficaram doentes
 porque viviam uma vida torta,
 o corpo sentindo os efeitos do pecado.
Vocês nem podiam olhar para a comida.
 Eram tão miseráveis que achavam
 melhor a morte.
Então, no seu desespero, clamaram ao Eterno,
 e ele os livrou na hora exata.
Ele proferiu a palavra que os curou,
 que os afastou da beira do abismo.
Então, agradeçam ao Eterno
 por seu maravilhoso amor,
 por sua misericórdia milagrosa para com os
 filhos que ama.
Ofereçam sacrifícios de ações de graças,
 contem ao mundo o que ele fez —
 e em voz alta!

NOTAS

DIA 260

PROVÉRBIOS 20.12 — 22.8

Beber do cálice do conhecimento

12 Ouvidos que ouvem e olhos que veem —
nossos equipamentos básicos dados pelo Eterno!

13 Não seja muito fã de dormir:
você acabará num abrigo.
Acorde e levante-se; assim,
haverá comida na mesa.

14 O comprador diz: "Isso é lixo. Jogue isso fora",
depois sai se achando pela boa barganha.

15 Beber do belo cálice do conhecimento
é melhor que se enfeitar com ouro e joias raras.

16 Não se esqueça da caução quando fizer
empréstimo a um estranho.
Tenha cuidado em aceitar o que um
desconhecido penhorou.

17 O pão roubado tem sabor doce,
mas logo sua boca se enche da areia.

18 Antes de fazer a proposta, peça conselho;
na hora de executá-la, não dispense
nenhuma ajuda.

19 O fofoqueiro não consegue guardar segredo;
portanto, jamais confie no linguarudo.

20 Quem tem coragem de amaldiçoar pai e mãe
aniquila a luz da vida e viverá na escuridão.

Passos acertados

21 A bonança adquirida no início
não é garantia de bênção no final.

22 Jamais diga: "Eu vou pegar você! Você vai ver!".
Espere no Eterno: ele mudará logo esse placar.

23 O Eterno odeia a trapaça no mercado;
balanças enganadoras o ofendem demais.

24 Os passos acertados que damos vêm do Eterno;
de outro modo, como saberíamos prosseguir
na jornada?

25 O juramento impensado é uma armadilha;
Cuidado! Mais tarde, você vai querer
se livrar.

26 Depois de cuidadosa avaliação, o líder sábio
faz uma limpeza: remove os rebeldes
e os insensatos.

27 O Eterno está no comando da vida humana:
ele nos observa e examina
nos mínimos detalhes.

28 O amor e a verdade formam um bom líder;
a liderança sadia firma-se
na integridade do amor.

29 A juventude pode ser admirada pelo vigor,
mas o cabelo grisalho dá prestígio
à idade avançada.

30 Uma boa surra cura o mal;
a punição bate fundo no coração.

O Eterno examina nossos motivos

21 **1** A boa liderança é um riacho controlado
pelo Eterno;
ele o direciona para o lado que escolher.

2 Nós avaliamos nossos atos pelas aparências,
mas o Eterno examina nossos motivos.

3 Viver com pureza diante de Deus e tratar
o próximo com justiça
dizem mais ao Eterno que um ato religioso.

4 A arrogância e o orgulho —
marcas inconfundíveis dos perversos —
são pecados e ponto final.

5 O planejamento cuidadoso dá a você
a dianteira na longa corrida;
a pressa e a correria deixam você para trás.

6 Você pode chegar ao topo com
mentiras e trapaças,
mas receberá apenas ilusão e a sua promoção
— será a morte!

DIA 260

⁷Os perversos são enterrados vivos com
seus ganhos ilícitos,
porque eles se recusaram a usá-los para
ajudar os outros.

⁸Motivos confusos transformam a vida
num emaranhado;
os motivos puros levam você
pelo caminho direito.

Faça o melhor possível,
prepare-se para o pior

⁹Melhor é viver sozinho numa cabana
caindo aos pedaços
que morar numa mansão com uma esposa
resmungona.

¹⁰A alma do perverso tem prazer na confusão;
ele não sente nada pelos amigos e vizinhos.

¹¹O insensato só aprende do jeito mais difícil,
mas os sábios aprendem muito escutando.

¹²Quem é fiel verá que Deus faz justiça
por meio dos perversos;
o mal que eles planejaram será desfeito.

¹³Se você rejeitar o clamor do pobre,
também seus clamores não
serão respondidos.

¹⁴O presente dado de forma discreta
acalma a pessoa irritada;
o presente sincero ameniza
o temperamento difícil.

¹⁵Os justos festejam quando a justiça triunfa,
mas para quem trabalha para o mal
esse é um dia triste.

¹⁶Quem se desvia do que é correto
acabará se reunindo com os mortos.

¹⁷Você é viciado em tudo que dá prazer?
Que vida vazia!
A busca do prazer nunca é satisfeita.

¹⁸O mal planejado contra um justo voltará
para o perverso;
de fato o acertará em cheio,
como um bumerangue.

¹⁹Melhor é viver numa tenda no deserto
que com uma esposa irritada e resmungona.

²⁰As coisas valiosas estão seguras na casa do sábio;
os insensatos acabam com tudo

²¹Quem sai caçando o que é justo e bom
encontra a própria vida – e que vida!

²²Mesmo uma cidade bem defendida,
cheia de soldados –
desmoronará diante da sabedoria do sábio!

²³Vigie suas palavras e controle a língua;
você salvará você mesmo de muita desgraça.

²⁴Você conhece os nomes – Insolente,
Sem-Vergonha, Blasfemo:
todos de pavio curto e descontrolados.

²⁵O preguiçoso acaba morrendo de fome,
porque não tem coragem de se levantar
para trabalhar.

²⁶Os pecadores estão sempre desejando
o que não têm,
mas quem é fiel a Deus está sempre ajudando
quem precisa.

²⁷O ato religioso dos perversos é inaceitável;
pior ainda é quando o praticam querendo
vantagens.

²⁸O testemunho mentiroso não é convincente,
mas quem fala a verdade é respeitado.

²⁹Os inescrupulosos vivem fingindo;
as pessoas honestas estão seguras de seus passos.

³⁰Nenhum plano, nenhuma maquinação,
nenhuma invenção
jamais vencerão o Eterno.

³¹Faça sempre o melhor, prepare-se para o pior –
então, confie no Eterno e você alcançará vitória.

A cura vem pela disciplina

22¹Ter boa reputação é melhor que tirar
a sorte grande;
ser bem estimado pelos outros é melhor
que ter muito dinheiro no banco.

²O rico e o pobre são iguais nisto –
o Eterno criou os dois!

³O prudente enxerga um problema
e logo dá um jeito de escapar;
o insensato entra de cabeça e acaba detonado.

⁴A recompensa da humildade e do temor do Eterno
é fartura, honra e vida.

⁵O caminho do perverso é perigoso e esburacado;
se você não quer perder a vida, fique bem longe!

⁶Mostre a direção da vida para seus filhos –
e, mesmo quando forem velhos,
eles não se perderão.

⁷Os pobres são dominados pelos ricos;
quem toma emprestado fica nas mãos deles.

⁸Quem semeia o pecado colhe a desgraça,
pois todo mal se voltará contra ele.

2CORÍNTIOS 8.1-22

A Oferta

8¹⁻⁴ **A**gora, amigos, quero comentar sobre os surpreendentes e generosos meios pelos quais Deus está trabalhando nas igrejas da província da Macedônia. Sérios problemas aconteceram naquelas igrejas, pressionando ao máximo o povo. Mas isso revelou o verdadeiro caráter deles: inacreditavelmente felizes, ainda que desesperadamente pobres. A pressão motivou algo inesperado: um rio de doações sinceras e generosas. Eu estava lá e vi. Eles contribuíam com tudo que podiam – além das possibilidades deles, eu diria! Ajudar os cristãos pobres era um privilégio do qual não queriam abrir mão.

⁵⁻⁷Foi tudo espontâneo, tudo ideia deles. Fomos apanhados desprevenidos. A explicação é que eles, antes de tudo, se entregaram sem reservas a Deus e a nós. A outra oferta simplesmente fluiu dos propósitos de Deus, que trabalhava na vida de cada um. Foi por isso que eles nos convenceram a pedir a Tito que trouxesse a oferta para vocês, para que aquilo que começou tão bem pudesse ser concluído. Vocês já fazem bem muitas coisas – confiam em Deus, são articulados, criteriosos, apaixonados e nos amam. Agora, nessa questão, espero que também façam o melhor.

⁸⁻⁹Não estou tentando dar ordens contra a vontade de vocês. Apresento o entusiasmo dos macedônios como um estímulo ao amor que há em vocês, na esperança de extrair o melhor de cada um. Vocês conhecem a graça generosa do Senhor Jesus Cristo. Ele era rico, mas deu tudo por nós. Tornou-se pobre para que nós nos tornássemos ricos.

¹⁰⁻²⁰Na minha opinião, o melhor que vocês podem fazer agora é concluir o que começaram no passado, para não deixar que boas intenções deem em nada. O coração de vocês está no lugar certo. Vocês já têm tudo de que precisam para terminar; então, mãos à obra! Uma vez que o compromisso é claro, façam o que podem. O coração orienta as mãos. Não estou querendo que se cansem enquanto os outros descansam. Nada disso. Vocês estão ombro a ombro com eles, o tempo todo. O excesso de vocês supre a falta deles, e o excesso deles supre a falta de vocês. No fim, tudo ficará bem, como está escrito:

Nada sobrou para quem tinha muito,
Nada faltou para quem tinha necessidade.

Dou graças a Deus por transmitir a Tito o mesmo cuidado que tenho por vocês. Ele teve muita consideração sobre como nos sentimos, mas a iniciativa de ajudar vocês foi toda dele. Estamos enviando um companheiro com ele, alguém muito popular nas igrejas, um bom pregador da Mensagem. Mas nele há muito mais que popularidade. Ele merece confiança total. As igrejas o escolheram para que nos acompanhasse em nossas viagens e nos ajudasse na tarefa de compartilhar os dons de Deus, ao mesmo tempo honrando o Senhor e tendo o cuidado de evitar escândalos.

²⁰⁻²²Não queremos que ninguém pense que pegamos um centavo desse dinheiro para vocês. Somos tão zelosos da nossa reputação diante do público como o somos diante de Deus. É por isso que estamos levando outra pessoa de confiança conosco, que já provou sua fidelidade muitas vezes e trabalha com a mesma disposição desde o início. Ele ouviu falar de vocês e gostou do que ouviu, tanto que mal pode esperar para chegar aí.

SALMOS 107.23-32

²³⁻³²Alguns de vocês zarparam em grandes navios;
lançaram-se ao mar para negociar
em portos distantes.
Em alto mar, viram o Eterno em ação,
viram sua ação fascinante no meio do oceano:
Com uma palavra, ele convocou o vento –
uma tempestade colossal, ondas gigantescas!

DIA 261

Vocês quase tocavam o céu e depois
    chegavam ao fundo,
    o coração entalado na garganta.
Vocês giravam como um pião,
    cambaleavam como bêbados
    e não sabiam que fim teria aquilo.
Então, no seu desespero, clamaram ao Eterno,
    e ele os livrou na hora exata.
Ele silenciou o vento até restar um assobio,
    pôs focinheira nas grandes ondas.
Vocês exultaram quando a
    tempestade desapareceu,
    e ele os conduziu a salvo de volta ao porto.
Portanto, agradeçam ao Eterno
    por seu maravilhoso amor,
    por sua misericórdia milagrosa
    para com os filhos que ama.
Cantem louvores bem alto quando
    o povo se ajuntar,
    louvem-no quando os líderes se encontrarem!

NOTAS

☐ DIA 261 ___/___/___

PROVÉRBIOS 22.9 — 23.35

⁹ As mãos generosas são abençoadas
    porque repartem o que têm com quem precisa.

¹⁰ Mande embora quem gosta de confusão
    e as coisas se acalmarão;
    isso vai pôr um fim nas brigas e insultos.

¹¹ O Eterno ama quem tem um coração
    puro e sincero
    e considera amigo quem expressa
    a graça de Deus no falar.

¹² Os olhos do Eterno guardam o
    conhecimento com zelo,
    mas ele quer distância da mentira
    e da falsidade.

¹³ O preguiçoso sempre encontra uma desculpa;
    ele diz: "Tem um leão à solta! Se eu sair,
    vou ser devorado!".

¹⁴ A sedução da mulher promíscua
    é uma armadilha perigosa;
    e, se você tiver dado as costas para o Eterno,
    com certeza cairá nela.

¹⁵ Os jovens são propensos a tolices,
    são inconsequentes,
    mas a disciplina é um ótimo remédio!

¹⁶ Tanto quem se aproveita do pobre
    quanto quem bajula o rico
    terão o mesmo fim: cairão na sarjeta!

OS TRINTA PRECEITOS DOS SÁBIOS
não altere os limites

¹⁷⁻²¹ Ouça minha sabedoria;
    guarde no coração tudo que eu ensinar.
A doçura dela invadirá sua vida;
    e ela lhe será muito importante.
Para ter certeza de que sua base está
    firmada no Eterno,
    vou apresentá-la a você agora.
São trinta excelentes princípios —
    diretrizes testadas e comprovadas.

DIA 261

Acredite, são verdades que funcionam,
são dignas de confiança para quem
quer precise.

1
²²⁻²³ Não pise nos pobres só porque são pobres,
e não use sua posição para explorar o fraco,
Porque o Eterno virá em defesa deles.
O Eterno tirará a vida de quem lhes
tirou para devolver a eles.

2
²⁴⁻²⁵ Não ande com gente que só cria confusão;
fique longe de quem tem pavio curto.
Porque é contagioso — você ficará igual
e isso fará muito mal a você.

3
²⁶⁻²⁷ Não aposte em coisas como o pote de
ouro no fim do arco-íris,
dando como garantia a sua própria casa.
Chegará o momento de pagar a dívida,
e você ficará só com a
roupa do corpo.

4
²⁸ Não altere os limites da propriedade
demarcados há muito pelos
seus antepassados.

5
²⁹ Observe aquele que é bom no que faz —
os bons profissionais
são solicitados e admirados
e não ficam à sombra de ninguém.

Fique ligado!
6
23 ¹⁻³ Quando você sair para jantar
com uma pessoa influente,
seja educado:
Não vá com tanta sede ao pote,
e não tenha inveja do que ele tem.
Mas tome cuidado:
ele pode ter outras intenções.

7
⁴⁻⁵ Não se mate para tentar ficar rico —
fique ligado!
Os ricos desaparecem num piscar de olhos;
a riqueza cria asas,
voa e desaparece na imensidão
azul do céu.

8
⁶⁻⁸ Não aceite o convite de jantar na casa
de quem tem olho gordo;
e não espere nada de especial.
Ele será tão mão-de-vaca com você quanto
é com ele mesmo.
Ele dirá: "Coma! Beba!", mas não falará sério.
A comida cairá mal no seu estômago,
e você descobrirá que o jantar
era apenas um pretexto.

9
⁹ Não vale a pena dar conselhos aos insensatos;
já que eles não estão nem aí para a sabedoria.

10
¹⁰⁻¹¹ Não altere os limites de propriedades
nem engane quem já é desamparado,
pois eles têm um poderoso Advogado
que irá defendê-los com unhas e dentes.

11
¹² Renda-se à instrução com disciplina;
e abra os ouvidos à voz da experiência.

12
¹³⁻¹⁴ Não tenha medo de corrigir os filhos pequenos:
uma palmada não mata ninguém.
Na verdade, uma boa palmada pode livrá-los
de coisas muito piores e da morte também.

13
¹⁵⁻¹⁶ Meu filho, se você se tornar sábio,
serei um pai feliz.
Meu coração cantará e dançará de alegria
de ver você falar com sabedoria.

14
¹⁷⁻¹⁸ Não tenha nem um pingo de inveja
de gente rebelde,
mas mergulhe de cabeça no temor
do Eterno —
É *lá* que seu futuro está garantido
e sua esperança não será frustrada.

15
¹⁹⁻²¹ Escute, meu filho: seja sábio
e tome o rumo certo.

DIA 261

Não ande com gente que bebe muito
nem fique bêbado;
também não se empanturre de comida.
Os bêbados e os glutões acabarão na sarjeta,
pedindo esmola, vestidos em trapos.

Compre a sabedoria, a educação e o entendimento
16

²²⁻²⁵ Ouça com respeito o pai que o criou
e não deixe de lado a sua mãe quando
ela envelhecer.
Compre a verdade – não a venda
por uma ninharia;
compre a sabedoria, a educação
e o entendimento.
Os pais se alegram quando seus filhos
se dão bem;
filhos sábios enchem os pais de orgulho.
Então, faça seu pai feliz!
Deixe sua mãe orgulhosa!

17

²⁶ Meu filho, quero toda a sua atenção;
por favor, siga este meu conselho.

²⁷⁻²⁸ A prostituta é uma poço sem fundo,
e a mulher devassa é confusão certa.
Ela roubará tudo que você tem,
pois é pior que uma quadrilha de assaltantes.

18

²⁹⁻³⁵ Quem só fica chorando as mágoas?
Quem sempre se faz de vítima?
Quem vive arrumando brigas?
Quem tem os olhos vermelhos e inchados?
É aquele que não larga a garrafa,
que bebe álcool como água.
Não se deixe levar pelo aroma
nem pelo delicioso sabor do bom vinho.
Mas pense antes na ressaca que vai ter –
aquela dor de cabeça e aquele
enjoo insuportáveis.
Você quer mesmo ficar lerdo,
falar com a língua toda enrolada,
Andar cambaleando por aí,
como aqueles bêbados de rua?
"Alguém me espancou, mas nem doeu;
bateram em mim, mas nem percebi.
Então, quando eu ficar sóbrio,
vou beber mais".

2CORÍNTIOS 8.23 — 9.15

²³⁻²⁴ Não preciso dizer mais nada a respeito de Tito. Temos sido, por muito tempo, companheiros na tarefa de servir vocês. Os irmãos que viajam com ele são representantes das igrejas, um crédito real para Cristo. Mostrem a eles do que vocês são feitos, demonstrando o amor de que tenho ouvido falar nas igrejas. Permitam que eles vejam por si mesmos.

9 ¹⁻² Se eu escrevesse algo mais a respeito dessa oferta para os cristãos pobres, começaria a me repetir. Sei que vocês estão a postos e prontos para o que der e vier. Tenho dado boas referências de vocês por toda a província da Macedônia, dizendo a eles: "A província da Acaia está pronta para essa tarefa desde o ano passado". E o entusiasmo de vocês contagiou muita gente.

³⁻⁵ Agora estou enviando esses irmãos para me certificar de que vocês estão preparados – como eu disse que estariam – para mostrar que não é à toa que tenho orgulho de vocês. Se eu e os macedônios descobrirmos que vocês não estão preparados, será vergonhoso para todos – para mim e para vocês. Nosso testemunho teria sido puro ufanismo. Por isso, para ter certeza de que não haverá nenhum erro, recrutei esses irmãos para que, antes da minha chegada, preparassem vocês e a oferta prometida. Tirem todo o tempo de que precisarem, para que tudo seja feito de modo apropriado. Não quero nada forçado nem correrias de última hora.

⁶⁻⁷ Lembrem-se de que o lavrador mesquinho só consegue colheita pobre. O lavrador generoso é quem obtém colheitas fartas. Quero que cada um de vocês tenha tempo suficiente para pensar nisso e decidir o que vai ofertar. Essa medida evitará que se lamentem depois por ofertas dadas sob coerção. Deus ama o doador que se alegra com a doação.

⁸⁻¹¹ Deus pode derramar bênçãos das maneiras mais surpreendentes; portanto, estejam preparados para qualquer situação, mais que simplesmente preparados para fazer o que precisa ser feito. Como disse um salmista:

Ele lança avisos aos ventos,
dando aos necessitados com liberalidade.
Seus meios justos e bondosos
nunca se esgotam, nunca se desgastam.

O Deus generoso que dá a semente ao lavrador, a qual se transforma em pão e chega à mesa de vocês, é mais que exagerado em abençoá-los. O que ele dá vocês podem passar adiante; isso cresce em vidas amadurecidas, fortes em Deus, ricas em todos os sentidos. Assim, vocês podem ser generosos em todos os sentidos e louvar a Deus conosco.

[12-15] Levar adiante essa obra de ação social envolve bem mais que saciar as necessidades básicas dos cristãos pobres. É um gesto que produz numerosas ações de graças a Deus. É um estímulo para que vocês vivam o melhor que puderem, demonstrando gratidão a Deus pela obediência ao significado pleno da Mensagem. Vocês mostram gratidão com ofertas generosas aos irmãos em necessidade e, assim, se mostram gratos diante do mundo. Enquanto isso, por terem sido contemplados com a riqueza de Deus, a reação deles será orar por vocês, intercedendo de maneira apaixonada por qualquer necessidade que vocês tenham. Agradeçam a Deus pela oportunidade. Nenhuma língua é capaz de expressar os reais benefícios desse dom!

SALMOS 107.33-41

[33-41] O Eterno transformou rios
em terras improdutivas,
fontes de água em barro ressecado pelo sol.
Deliciosos pomares se transformaram
em superfícies alcalinas
por causa da maldade do povo que vivia ali.
Depois, ele transformou terras
improdutivas em lagoas,
terreno árido em fontes,
Trouxe os famintos e os estabeleceu ali.
Eles se mudaram — que lugar formidável
para se viver!
Semearam os campos, plantaram vinhas,
e a colheita foi abundante.
Ele os abençoou, e eles prosperaram muito:
seus rebanhos nunca diminuíram.
Os insultos, o mal e os
problemas diminuíram
quando ele amontoou desprezo sobre os
príncipes e os mandou embora.
Ele deu aos pobres um lugar seguro para viver,
tratou cada família como ovelhas
bem cuidadas.

NOTAS

DIA 262 ___/___/___

PROVÉRBIOS 24.1 — 25.24

O conhecimento dá poder
19

24 [1-2] Não tenha inveja dos perversos,
nem queira estar perto deles.
Tudo que pensam é causar confusão;
só sabem falar de violência!

20

[3-4] É preciso ter sabedoria para construir uma casa
e entendimento para edificá-la sobre
fundamento sólido;

DIA 262

É preciso ter conhecimento para
  decorar os quartos
  com a melhor mobília e bela tapeçaria.

21

5-6 A sabedoria faz a força do homem;
  e o conhecimento lhe dá poder.
A estratégia é a chave para a guerra,
  assim como bons conselhos são a chave
  para a vitória.

22

7 A sabedoria está além da capacidade dos insensatos;
  eles nem sabem o que dizer numa
  discussão séria.

23

8-9 Quem está sempre maquinando o mal
  ganha fama de 'chefe dos malandros'.
Já os insensatos cultivam o pecado,
  ninguém gosta dos cínicos que a tudo
  desprezam.

Resgate quem está na pior
24

10 Quem desiste num momento de crise
  é porque realmente é um fraco!

25

11-12 Resgate quem está na pior:
  não hesite em ajudar.
Se você diz: "Não é da minha conta",
  acha que isso o isenta
  de responsabilidade?
Tem alguém de olho em você –
  e você sabe muito bem disso!
Alguém que não aceita desculpas
  esfarrapadas dará a cada
um o que merece.

26

13-14 Meu filho, coma mel que é bom para você;
  prove as mais deliciosas iguarias.
E faça o mesmo com o conhecimento
  e a sabedoria: é ótimo para a alma!
Porque assim seu futuro está garantido,
  sua esperança está firmada numa rocha.

27

15-16 Não tente passar a perna nos justos
  nem queira tirar proveito deles.

Não importa quantas vezes ele fracasse,
  quem é fiel a Deus não fica no chão
  por muito tempo;
Ele não demora dar a volta por cima,
  mas o perverso acabará no fundo do poço.

28

17-18 Não ria quando seu inimigo cair
  nem quando estiver na pior.
O Eterno poderá ver e desaprovar a sua atitude,
  e, então, chegará a sua vez de cair.

29

19-20 Não perca a cabeça com os arrogantes
  nem deseje prosperar como os perversos.
Pois eles não têm futuro nenhum;
  estão indo para um beco sem saída.

30

21-22 Tema ao Eterno, meu filho, e respeite os líderes;
  não seja rebelde.
Sem aviso, sua vida pode virar de cabeça
  para baixo;
  e quem sabe como ou quando isso
  pode acontecer?

MAIS PROVÉRBIOS DO SÁBIO
Uma resposta honesta

23 Aqui vão mais alguns ditados sábios:
  É um grande erro concordar com a injustiça.

24-25 Quem encobre os crimes do perverso
  ficará marcado para sempre em toda parte,
Mas quem denunciar o perverso
  será recompensado e terá a gratidão do povo.

26 Uma resposta honesta
  é como o abraço apertado de um amigo.

27 Primeiro plante seus campos;
  depois, construa o celeiro.

28-29 Não fale do seu vizinho pelas costas –
  nada de calúnias ou fofocas!
Não diga a ninguém: "Vou dar o troco!
  Vai pagar caro pelo que fez comigo!".

30-34 Um dia, atravessei o campo
  de um velho preguiçoso
  e depois passei pela vinha de um
  homem insensato;

Estavam ambos cobertos de ervas daninhas;
  e as cercas, derrubadas; quase tudo
  abandonado.
Olhei bem para tudo aquilo e pensei;
  os campos me ensinaram uma lição:
"Um cochilo aqui, uma soneca ali;
  uma folga aqui, um descanso ali,
  sempre encostado em algum lugar
  — sabe o que você vai ter?
Apenas isto: uma vida pobre e miserável,
  na qual as necessidades são permanentes!"

OUTROS PROVÉRBIOS
SÁBIOS DE SALOMÃO
A palavra certa no tempo certo

25 **¹** Há também estes provérbios de Salomão, compilados pelos escribas de Ezequias, rei de Judá.

² Deus se deleita em ocultar as coisas;
  os estudiosos se deleitam em
  descobrir as coisas.

³ Assim como é vasta a amplitude do horizonte
  e a profundidade do oceano,
  também é amplo e profundo o entendimento
  do bom líder.

4-5 Remova a impureza da prata,
  e o artesão poderá moldar um fino cálice;
Remova o perverso da liderança,
  e a autoridade terá credibilidade
  e honrará o nome de Deus.

6-7 Não se ponha em evidência;
  não force o caminho para aparecer.
É melhor ser promovido a um lugar de honra
  que encarar a humilhação de ser rebaixado.

8 Não tire conclusões precipitadas — pode haver
  uma explicação muito boa para o que você
  entendeu de outra forma.

9-10 No calor do debate, não traia a confiança;
Porque a notícia se espalhará,
  e ninguém mais confiará em você.

11-12 A palavra certa no tempo certo
  é como a joia feita por encomenda,
E a repreensão do amigo sábio na hora certa
  é como um anel de ouro no dedo.

13 Amigos confiáveis cumprem o que prometem;
  são como bebida gelada no calor escaldante —
  que agradável!

14 Como grandes nuvens que não trazem
  chuva alguma,
  assim é o empregado que fala muito,
  mas não produz.

15 A persistência vence a indiferença;
  a palavra gentil desmonta o coração
  mais fechado.

Uma pessoa sem autocontrole

16-17 Quando você ganhar uma caixa de doces,
  não engula tudo de uma vez;
  se comer muito doce, você ficará doente;
E, quando for encontrar um amigo,
  não prolongue demais a conversa;
  apareça sempre, e ele logo ficará irritado.

18 Quem inventa mentiras contra os vizinhos
  será visto como um irresponsável
  no tribunal.

19 Confiar num traidor quando você está em apuros
  é como comer com um dente inflamado.

20 Cantar canções suaves para o deprimido
  é como derramar sal na ferida.

21-22 Se você vir seu inimigo com fome,
  pague um almoço para ele;
  se ele estiver com sede, traga uma bebida.
Sua bondade o deixará sem ação,
  e o Eterno recompensará você.

23 O vento norte traz tempestade,
  e a fofoca pode causar uma tormenta.

24 Melhor é viver sozinho numa cabana
  caindo aos pedaços
  que compartilhar uma mansão com uma
  esposa resmungona.

2CORÍNTIOS 10.1-18

Derrubando barreiras

10 **1-2** E, agora, um assunto pessoal, mas urgente. Escrevo na disposição gentil, porém firme, de Cristo. Ouvi comentários a meu respeito de que sou subserviente e fraco quando estou com vocês, mas rude e exigente quando escrevo. Por favor, não me obriguem a ser rígido quando estiver com vocês! Não pensem que vou hesitar, um só minuto, em me opor aos que me consideram um oportunista sem princípios. Eu os farei calar a boca.

3-6 O mundo é sem princípios. É uma selva lá fora! Ninguém joga limpo. Mas o cristão não vive nem age desse modo. Nunca nos comportamos assim e jamais o faremos. As ferramentas que usamos não são para propaganda ou manipulação, mas para demolir esta cultura dominante corrupta. Usamos as ferramentas poderosas de Deus para esmagar filosofias pervertidas, derrubar barreiras levantadas contra a verdade de Deus, encaixar todo pensamento livre, toda emoção e todo impulso à estrutura de vida moldada por Cristo. Nossas ferramentas estão preparadas para limpar o terreno e edificar vidas pela obediência, rumo à maturidade.

7-8 Vocês não conseguem ir além do óbvio, enxergam apenas as árvores, não a floresta. Se procuram um exemplo claro de alguém que está do lado de Cristo, por que me descartar tão rápido? Acreditem, estou absolutamente seguro da minha posição em Cristo. Vocês podem pensar que exagero na autoridade que ele me deu, mas não estou recuando. Meu compromisso é com o propósito de edificar, não de destruir vocês.

9-11 E por que essa conversa sobre eu estar amedrontando vocês com minhas cartas? "As cartas dele são poderosas, mas pessoalmente ele é fraco, só balbucia". Isso não tem o menor cabimento. O que escrevemos quando estamos longe é o mesmo que afirmamos quando estamos perto. Somos exatamente a mesma pessoa, em carta, ou pessoalmente.

12 Entendam, não queremos nos comparar àqueles que se julgam superiores a nós. Não ousamos tanto. Além disso, com toda essa comparação, medição e competição, eles acabam perdendo o rumo.

13-14 Não vamos fazer reivindicações extravagantes, porque estamos presos aos limites estabelecidos por Deus. Mas não pode haver dúvida de que esses limites incluem vocês. Não estamos invadindo o território de ninguém. Afinal, já estivemos aí com vocês. Fomos os primeiros a chegar com a Mensagem de Cristo, lembram? Então, como pode alguém achar que ultrapassamos os limites ao escrever para vocês ou visitá-los?

15-18 Não estamos lucrando à custa do trabalho honesto dos outros nem interferindo nos ministérios deles, exigindo um lugar ao sol com eles. O que esperamos é que vocês, quando crescerem na fé,

também tomem parte em nossa obra, que está em expansão. Assim, todos nós estaremos dentro dos limites que Deus estabelece quando proclamamos a Mensagem em lugares além de Corinto. Mas não temos a intenção de trabalhar em cima do que outros têm feito nem de levar o crédito disso. "Se vocês querem exigir o crédito, que o crédito seja de Deus." O que vocês dizem a respeito de vocês mesmos não significa nada na obra de Deus. É o que Deus diz a respeito de vocês que faz diferença.

SALMOS 107.42-43

42-43 Os bons veem tudo isso e ficam felizes;
    os maus ficam mudos, paralisados no caminho.
Se você for realmente sábio,
    pensará nisto outra vez:
está na hora de apreciar o profundo
    amor do Eterno.

◾ NOTAS

DIA 263

PROVÉRBIOS 25.25 — 27.27

²⁵ Como um copo de água fria para quem
   está cansado,
assim é a carta de um amigo que não
   vemos há muito tempo.

²⁶ Um justo que cede diante do perverso
   é uma fonte barrenta,
   um poço contaminado.

²⁷ Não é inteligente empanturrar-se de doces,
   assim como colecionar elogios não fará
   bem a você.

²⁸ Quem não tem autocontrole
   é como uma casa com as portas
   e janelas caídas.

Os insensatos reciclam a tolice

26 ¹ Honrar os insensatos é tão absurdo
   como orar pela neve no verão
   ou pela chuva na colheita.

² Não tema a maldição imerecida
   como não se deve temer o voo de um pássaro
   ou de uma andorinha.

³ O chicote é para o cavalo de corrida,
   o leme, para o barco à vela –
   e a vara é para as costas do insensato!

⁴ Não responda à estupidez do insensato;
   assemelhando-se a ele, você ficará
   com cara de bobo.

⁵ Responda ao insensato de modo simples,
   para que ele não fique cheio de si.

⁶ Quem manda mensagem por um insensato
   está chamando confusão.

⁷ Um provérbio citado pelos insensatos
   é tão consistente quanto macarrão.

⁸ Conceder a um insensato um lugar de honra
   é como pôr um tijolo numa coluna
   de mármore.

⁹ Pedir a um insensato que cite um provérbio
   é como colocar um bisturi nas mãos
   de um bêbado.

¹⁰ Quem dá emprego a um insensato
   ou a um bêbado
   está dando um tiro no pé.

¹¹ Como o cão que come o próprio vômito,
   assim os insensatos reciclam a tolice.

¹² Conhece alguém que pensa que é muito esperto?
   Pode esperar muito mais de um insensato
   que dele.

¹³ O preguiçoso diz: "É perigoso lá fora!
   Há uma onça andando pelas ruas!",
   e cobre de novo a cabeça.

¹⁴ Como a porta girando em torno das dobradiças,
   assim é o preguiçoso virando na cama.

¹⁵ O preguiçoso enfia o garfo na torta,
   mas é preguiçoso demais para levá-lo à boca.

Como verniz num vaso quebrado

¹⁶ Os sonhadores ociosos fantasiam
   sua importância;
   consideram-se mais sábios
   que o corpo docente de uma faculdade.

¹⁷ Intrometer-se numa discussão que
   não é da sua conta
   é como segurar um cachorro louco
   pelas orelhas.

¹⁸⁻¹⁹ Quem minimiza os resultados de suas
   palavras impensadas,
   dizendo: "Eu não quis dizer isso.
   Estava só brincando",
É pior que gente descuidada que põe fogo na mata.

²⁰ Quando você fica sem madeira, o fogo se apaga;
   quando a fofoca termina, a discussão morre.

²¹ Numa discussão, o homem briguento
   é como querosene atirado ao fogo.

DIA 263

²²Dar ouvidos a fofocas é como comer
  um doce vencido:
  para que ter essa porcaria no estômago?

²³Conversa suave que vem de um coração mau
  é como verniz num vaso quebrado.

²⁴⁻²⁶Se seu inimigo o cumprimenta como
  se fosse um velho amigo,
  enquanto está tramando contra você,
  Se chega cheio de conversa melosa,
  não se iluda:
  ele está apenas esperando uma oportunidade
  para passar a perna em você.
  Agora ele pode até conseguir ocultar sua malícia:
  mas, no devido tempo, sua maldade
  será revelada.

²⁷A malícia é um tiro que sai pela culatra;
  o ódio sempre volta para quem o cultivou.

²⁸O mentiroso odeia sua vítima;
  o bajulador sabota a confiança.

Você não sabe o dia de amanhã

27 ¹Não anuncie precipitadamente o que
  você vai fazer amanhã;
  você nem sabe o que o aguarda no dia seguinte.

²Não chame atenção para você mesmo;
  deixe que os outros elogiem você.

³Carregar uma tora nos ombros
  e erguer uma pedra no braço ao mesmo tempo
  É agradável, comparado com a aflição
  de aguentar um insensato.

⁴Somos arruinados pela ira
  e dominados pela raiva,
  mas quem pode sobreviver à inveja?

⁵A repreensão dita é melhor
  que uma aprovação nunca mencionada.

⁶As feridas causadas por alguém que
  ama fazem bem,
  mas os beijos do inimigo são mortais.

⁷Quando você se empanturra, acaba recusando
  até a sobremesa;
  quando está faminto, poderia comer um boi.

⁸As pessoas que não param e ficam andando pra
  lá e pra cá
  são como pássaros agitados,
  esvoaçando pelo céu.

⁹Assim como os cremes e os perfumes geram
  prazer para os sentidos,
  a doce amizade refresca a alma.

¹⁰Não abandone seus amigos,
  muito menos seus pais,
  e corra para sua família quando
  a coisa apertar;
  Melhor é o amigo próximo
  que uma família distante.

¹¹Seja sábio, meu filho, e me faça feliz;
  assim, nada que o mundo atirar em meu
  caminho irá me aborrecer.

¹²O prudente vê um problema se
  aproximando e foge;
  o insensato entra de cabeça e quebra a cara.

¹³Não se esqueça da caução quando
  fizer empréstimo;
  Tenha cuidado em aceitar o que um visitante
  penhorou.

¹⁴Se você acordar seu amigo de
  manhã bem cedo,
  gritando: "Acorde! Levante-se!",
  Isso vai soar para ele
  mais como maldição que como bênção.

¹⁵⁻¹⁶A esposa resmungona é como
  o gotejar de uma torneira pingando;
  Você não consegue fazê-la parar
  e dela não consegue escapar.

Seu rosto reflete seu coração

¹⁷Como o ferro afia o ferro,
  um amigo afia o outro.

¹⁸Se você cuidar do seu pomar,
  colherá muitos frutos;
  se você honrar seu chefe,
  também será honrado.

¹⁹Assim como a água reflete o rosto,
  o rosto reflete o coração.

20 A morte tem um apetite voraz,
e a luxúria jamais se aquieta.

21 A pureza da prata e do ouro é testada
quando levada ao fogo;
A pureza do coração humano é testada
com um pouco de fama.

22 Triture um insensato até o último osso,
e não conseguirá remover dele a tolice.

23-27 Conheça suas ovelhas pelo nome;
seja cuidadoso com o rebanho.
(Não as use como garantia;
as posses não duram para sempre.)
Assim, quando a safra chegar
e a colheita estiver estocada nos celeiros,
Você poderá tricotar lindas blusas
com a lã dos cordeiros
e vender suas cabras por um bom preço.
Haverá muito leite e muita carne
para alimentar sua família nos
tempos difíceis.

2CORÍNTIOS 11.1-23

Falsos servos de Deus

11 **1-3** **P**odem me aguentar mais um pouco? Por favor, tenham paciência comigo. O que me deixa tão abatido é que me preocupo demais com vocês – é a paixão de Deus queimando dentro de mim! Prometi a Cristo a mão de vocês em casamento, apresentando-os como uma virgem ao seu marido. E, agora, receio que, assim como a serpente seduziu Eva com sua fala mansa, vocês estejam desviados da pureza simples do seu amor por Cristo.

4-6 Tenho a impressão de que, se alguém aparecer pregando um Jesus diferente do que nós pregamos, em espírito e em mensagem, vocês irão aceitá-lo sem problemas. Mas, se vocês aceitam essas celebridades "apostólicas", por que não me aceitam, simples como sou? Sou tão digno quanto eles. É verdade que não domino a técnica daquela eloquência suave, que tanto impressiona vocês. Mas, quando abro a boca, pelo menos sei do que estou falando. Não escondo nada. Deixo vocês por dentro de tudo.

7-12 Será que cometi um erro ao proclamar a Mensagem de Deus a vocês sem pedir algo em troca, ao servir vocês sem nenhum custo, para

que não se sentissem pressionados por mim? Com as outras igrejas foi diferente, pois elas me pagaram – tudo para que vocês me tivessem de graça. Nem mesmo quando vivi entre vocês alguém precisou mover um dedo para me ajudar. Minhas necessidades eram todas supridas pelos cristãos da Macedônia. Preocupei-me em nunca ser pesado a vocês – e nunca serei, contem com isso. Cristo é minha testemunha de que isso é questão de honra para mim, e sobre isso não vou me calar para proteger vocês do que os outros vão pensar. Não é que eu não ame vocês, Deus sabe que amo. Estou apenas tentando pôr as coisas em pratos limpos.

12-15 Não estou mudando de opinião. Prefiro morrer a pegar o dinheiro de vocês. Não dou motivo a ninguém para dizer que sou como aqueles "pregadores" narcisistas e ávidos por dinheiro. Eles são um bando de infelizes – pseudoapóstolos, pregadores de mentira, corruptos. Fazem pose de agentes de Cristo, mas são falsos até a raiz. E não é de admirar! Satanás faz isso o tempo todo, disfarçando-se de anjo de luz. De modo que não devemos ficar espantados quando seus servos se apresentam disfarçados de servos de Deus. Mas não vão conseguir nada. No fim, pagarão caro por isso.

Noites longas e solitárias

16-21 **P**ermitam-me voltar ao ponto de partida – e usem isso contra mim se me passo por tolo. Ou, se preferirem, apenas aceitem que sou um tolo e me permitam falar como tal. Não aprendi a falar assim com Cristo. Não. É um mau hábito que aprendi desses pregadores que fazem tudo para agradar os outros, tão em moda hoje em dia. Já que vocês se sentam no banco para ouvir esses enganadores, podem muito bem aguentar alguma tolice da minha parte. Vocês têm uma admirável tolerância com impostores que roubam sua liberdade, exploram, cegam, rebaixam e até agridem vocês. Eu não deveria admitir, mas não tenho estômago para ver isso.

21-23 Uma vez que vocês admiram tanto os egomaníacos do púlpito (aqui é o velho amigo de vocês, o tolo, falando), deixem-me esclarecer uma coisa. Eles se gabam de ser hebreus, israelitas, a raça pura de Abraão? E daí? Eu também sou. Eles são servos de Cristo? Sou muito mais. (Nem acredito que estou dizendo isso. É loucura falar desse modo. Mas, já que comecei, agora vou terminar.)

DIA 264

SALMOS 108.1-6

Uma oração de Davi

108 ¹⁻²Estou preparado, ó Deus,
muito bem preparado,
preparado da cabeça aos pés.
Estou pronto para cantar,
para entoar uma canção a Deus:
"Desperte, alma! Desperte, violão!
Desperte, Sol dorminhoco!".

³⁻⁶Ando pelas ruas, ó Deus,
na cidade e no campo, cantando louvores
de gratidão a ti.
Quanto mais profundo o teu amor,
mais alto também:
cada nuvem é uma bandeira à tua fidelidade.
Que tu sejas exaltado nos céus, ó Eterno!
Cobre a terra toda com tua glória!
E, para o bem daquele que amas tanto,
passa por aqui e me ajuda — responde-me!

◼ NOTAS

☐ **DIA 264** __ / __ / __

PROVÉRBIOS 28.1 — 30.4

Se você abandonar a lei de Deus

28 ¹Os perversos são perseguidos pela culpa:
estão prontos para fugir
mesmo quando ninguém está atrás deles.
As pessoas honestas são calmas e confiantes,
corajosas como um leão.

²Quando o país está um caos,
todos têm um plano de ação.
Mas para resolver as coisas
é necessário um líder de visão.

³Os que oprimem o pobre
são como chuva de granizo que acaba com a
colheita.

⁴Quem abandona a lei de Deus está livre para
se entregar à corrupção;
quem ama a lei de Deus lutará por ela com
unhas e dentes.

⁵A justiça não faz o menor sentido para o perverso;
os que buscam o Eterno a conhecem nos
mínimos detalhes.

⁶É melhor ser pobre e sincero
do que rico e falso.

⁷Pratique a lei de Deus, e construirá uma
reputação pela sabedoria;
saia com uma multidão de perdidos, e
constrangerá sua família.

⁸Você pode ficar podre de rico,
trapaceando e extorquindo,
Mas no devido tempo um amigo dos pobres
devolverá tudo a eles.

⁹Deus não dá a mínima para a oração
dos que não o ouvem.

¹⁰ Conduza os justos a um caminho errado,
e as coisas acabarão mal para você;
faça o bem, e você será recompensado.

¹¹ Os ricos pensam que sabem tudo,
mas os pobres é que conseguem
ver através deles.

¹² Quando os justos são promovidos,
é uma maravilha,
mas, quando os maus estão no controle,
muito cuidado.

¹³ Não dá para encobrir os pecados
e ir vivendo com eles;
mas, quando você os reconhece e abandona,
encontra misericórdia.

¹⁴ Quem é compassivo tem uma
vida abençoada;
mas quem é cruel tem uma vida difícil.

¹⁵ Os leões rugem, e os ursos atacam;
são os perversos agindo como donos
dos pobres.

¹⁶ O líder que não tem entendimento
pratica abusos,
mas quem odeia a corrupção terá
um futuro brilhante.

¹⁷ O assassino assombrado pela culpa
está condenado: não haverá socorro para ele.

¹⁸ Ande corretamente, viva bem e seja salvo;
a vida tortuosa resulta
em condenação.

Pode parecer inofensivo, mas causa grande mal

¹⁹ Cultive sua horta, e terá bastante comida;
festeje o tempo todo, e terá um prato vazio.

²⁰ O trabalho compromissado
e persistente tem sua paga;
esquemas para ganhar dinheiro fácil
são pura ilusão.

²¹ Mostrar parcialidade é sempre uma coisa ruim;
pode parecer inofensivo,
mas causa grande mal.

²² O avarento tem pressa de ficar rico,
mas não imagina que acabará falido.

²³ No final das contas, a repreensão
séria será estimada
muito mais que a adulação do bajulador.

²⁴ Quem rouba o pai ou a mãe
e diz: "O que há de errado nisso?"
é pior que um bandido.

²⁵ Uma pessoa precipitada provoca confusão,
mas a confiança no Eterno produz bem-estar.

²⁶ Se você acha que sabe de tudo, já é um insensato;
só terá futuro quem aprende a sabedoria com
os outros.

²⁷ Seja generoso com os pobres,
e nunca passará fome;
feche os olhos para as necessidades deles, e
receberá um tiroteio de maldições.

²⁸ Quando a corrupção vence,
os justos se escondem,
mas, quando os desonestos são postos para
fora, é seguro sair.

Quando se vê o que Deus está fazendo

29 ¹ Quem odeia a disciplina
e se mostra cada vez mais teimoso,
Num dia inesperado, verá sua vida desabar,
mas será tarde demais
para receber ajuda.

² Quando os justos têm conquistas,
todos ficam contentes,
mas, quando o governador é mau,
todos gemem.

³ Se você ama a sabedoria, alegrará seus pais,
mas, se andar com prostitutas,
perderá a confiança deles.

⁴ O líder que julga corretamente gera estabilidade;
o líder aproveitador deixa um rastro
de devastação.

⁵ O vizinho bajulador está tramando;
cuidado: ele está planejando tirar
vantagem de você.

6 Os perversos caem na própria armadilha;
os justos fogem; e, felizes,
escapam para o outro lado.

7 Os de coração bondoso compreendem
o que é ser pobre;
o cruel não faz a menor ideia.

8 Um grupo de céticos arrogantes pode
perturbar uma cidade inteira;
um grupo de sábios pode acalmar
a população.

9 O sábio que tenta dialogar com um insensato
só consegue desprezo e sarcasmo
com seu esforço.

10 Os assassinos odeiam as pessoas honestas,
mas as pessoas de bem as encorajam.

11 O insensato faz o que quer;
o sábio pondera com calma.

12 Quando o líder dá ouvidos a fofocas maliciosas,
todos os trabalhadores são contagiados pelo mal.

13 Os pobres e seus ofensores têm pelo menos
uma coisa em comum:
ambos podem *ver* – poder enxergar
é um presente do Eterno!

14 A liderança conquista respeito
e autoridade
quando os pobres e os que não têm voz
são tratados com imparcialidade.

15 A disciplina sábia transmite sabedoria;
adolescentes mimados envergonham os pais.

16 Quando os perversos assumem a liderança,
o crime corre solto,
Mas, um dia, os justos verão o fracasso deles.

17 Discipline seus filhos, e viverá feliz –
eles darão a você alegria desmedida.

18 Quando as pessoas não conseguem ver o que
Deus está fazendo,
elas tropeçam em si mesmas;
Mas, quando atentam para o que ele revela,
são as mais abençoadas.

19 É preciso mais que conversa para manter
os trabalhadores na linha;
meras palavras entram por um ouvido
e saem pelo outro.

20 Observe as pessoas que sempre falam
antes de pensar –
até os insensatos se saem melhor que elas.

21 Se você deixar que o tratem como capacho,
depois será desprezado.

22 As pessoas geniosas incitam a discórdia;
o descontrolado instiga a confusão.

23 O orgulho pode significar o seu fim;
mas a humildade irá prepará-lo
para as honras.

24 Ajude um fora da lei
e será seu próprio inimigo.
Quando as vítimas gritarem,
você estará incluído nas suas maldições
se for covarde na hora de defendê-los
no tribunal.

25 O medo da opinião dos homens
pode paralisar;
a confiança no Eterno o protegerá disso.

26 Todos tentam obter ajuda de quem lidera,
mas só o Eterno fará justiça.

27 Os justos não podem suportar
o mal deliberado;
os perversos não podem aceitar
a bondade.

PALAVRAS DE AGUR BEN JAQUE
Deus: quem precisa dele?

30 **1-2** O cético afirma: "Não há Deus!
Não há Deus! Posso fazer o que quiser!
Sou mais animal que humano;
a inteligência humana me escapa.

3-4 "Reprovei em 'sabedoria'.
Não vejo nenhuma evidência de um
Deus santo.
Quem já viu alguém
subir ao céu e assumir o controle,
capturar os ventos e controlá-los,

reunir as chuvas num balde
ou demarcar os limites da terra?
Apenas me diga o nome dele ou os nomes
dos seus filhos.
Vamos, diga-me!".

2CORÍNTIOS 11.23 — 12.13

23-27 Ora, trabalhei muito mais que eles, fui mais vezes encarcerado, fui espancado mais do que posso contar e, em vários momentos, estive às portas da morte. Cinco vezes levei as trinta e nove chibatadas dos judeus, três vezes espancado pelos romanos, uma vez fui apedrejado. Naufraguei três vezes e fiquei um dia e uma noite perdido no mar. Em viagens difíceis, ano após ano, tive de atravessar rios, enfrentar ladrões, lutar com amigos e inimigos. Estive em risco na cidade, em risco na zona rural. Enfrentei perigo sob o sol do deserto e em tempestades no mar. Também fui traído pelos que pensei ser meus irmãos. Sei o que é trabalhar duro, passar noites longas e solitárias sem dormir. Já fiquei muito tempo sem comer, sofri com o frio e com a falta de agasalho.

28-29 E a lista ainda nem chegou à metade, porque ainda temos as pressões diárias e as ansiedades por causa das igrejas. Quando alguém chega ao fim da linha, sinto dor até nos ossos. Quando alguém cai em pecado, um fogo queima minhas entranhas.

30-33 Se tenho de "gabar" a mim mesmo, vou me gabar das humilhações que me tornam semelhante a Jesus. O eterno e bendito Deus e Pai de nosso Senhor Jesus sabe que não estou mentindo. Estão lembrados da vez em que eu estava em Damasco, e o governador do rei Aretas pôs guardas nos portões da cidade para me prender? Para salvar minha vida, tive de escorregar através de uma janela da muralha, dentro de um cesto, e depois sair correndo.

Força que brota da fraqueza

12 **1-5** Vocês me obrigam a falar deste modo: faço isso contra minha vontade. Mas agora que estamos no assunto posso tratar da questão das visões e revelações que Deus me deu. Por exemplo, conheço um homem que há catorze anos foi tomado por Cristo e levado em êxtase espiritual aos céus. Nem sei se isso aconteceu no corpo ou fora do corpo, só Deus sabe. Sei também que esse homem foi levado ao paraíso — de novo, se no corpo ou fora dele, não sei, Deus sabe. Lá ele ouviu palavras indizíveis, mas foi proibido de contar o que ouviu.

Esse é o homem a respeito de quem quero falar. Mas não vou dizer nem uma palavra a meu respeito, exceto o que foi humilhação.

6 Se eu tivesse disposição para contar vantagem, talvez pudesse fazê-lo sem parecer ridículo e não estaria faltando com a verdade. Mas vou poupar vocês. Quero que vocês continuem a me imaginar como o tolo que vocês pensariam que eu sou se me encontrassem na rua ou me ouvissem falar.

7-10 Por causa da grandiosidade daquelas revelações, para que eu não ficasse orgulhoso, recebi o dom de um obstáculo, que me mantém em contato permanente com minhas limitações. O anjo de Satanás fez o melhor que pôde para me derrubar, mas o que conseguiu foi me pôr de joelhos. Sem chance que eu ande de nariz empinado e orgulhoso! No princípio, eu não pensava nele como um dom, e pedi a Deus que o removesse. Repeti o pedido três vezes; então, ele me disse:

Minha graça é o bastante;
é tudo de que você precisa.
Minha força brota da sua fraqueza.

Assim que ouvi isso, achei melhor me resignar. Desisti de ficar pensando na limitação e comecei a apreciar o dom. Foi uma oportunidade para que a força de Cristo trabalhasse na minha fraqueza. Agora enfrento com alegria essas limitações, com tudo que me torna pequeno — abusos, acidentes, oposição, problemas. Simplesmente permito que Cristo assuma o controle! E, quanto mais fraco me apresento, mais forte me torno.

11-13 Muito bem, vocês conseguiram! Continuo até aqui agindo como tolo. Mas a culpa não é toda minha: vocês me fizeram agir assim. Vocês é que deveriam ter falado bem de mim e me recomendado, em vez de eu ter de fazê-lo, pois sabem, por experiência própria, que, embora eu não seja ninguém, seja um nada, não posso ser relegado à segunda classe, comparado com aquelas celebridades "apostólicas" que vocês bem conhecem. Todos os sinais que marcam o apostolado verdadeiro eram evidentes quando eu estava com vocês, em tempos bons e maus: sinais de milagres, sinais de maravilhas, sinais de poder. Vocês receberam menos de mim ou de Deus que as outras igrejas? A única coisa que vocês receberam menos de mim foi responsabilidade com o meu sustento. Pois bem, sinto muito. Perdoem-me por despojar vocês.

SALMOS 108.7-13

7-9 Foi quando Deus, em santo esplendor, respondeu:
"Transbordante de alegria,
Eu trouxe um presente para Siquém:
distribuí o vale de Sucote como uma dádiva.
Gileade é meu bolso,
sem falar em Manassés.
Efraim é meu capacete,
Judá é meu martelo.
Moabe é um balde velho –
com ele esfrego o chão.
Cuspo em Edom,
faço chover fogos de artifício
sobre a Filístia".

10-11 Quem me levará ao meio da luta?
Quem me mostrará o caminho para Edom?
Tu não estás desistindo de nós, estás?
Vais te recusar a sair com nossas tropas?

12-13 Ajuda-nos nesta árdua tarefa:
o auxílio humano é inútil.
Em Deus, faremos o melhor possível.
Ele aniquilará a oposição para sempre.

NOTAS

☐ DIA **265** __ / __ / __

PROVÉRBIOS 30.5 — 31.31

5-6 O fiel responde: "Todas as promessas
de Deus dão prova disso;
ele protege todos os que lhe
pedem socorro.
Então, não o critique;
ele bem pode testar você e desmascarar
suas mentiras".

7-9 Em seguida, o fiel ora:
"Deus, peço duas coisas
antes de morrer, não me recuses:
Elimina a mentira dos meus lábios
e os mentirosos da minha presença.
Dá-me alimento suficiente para viver –
nem muito nem pouco.
Se tiver muito, posso pensar
que dependo só de mim
e dizer: 'quem precisa de Deus?'.
Se tiver pouco, posso vir a roubar
e assim desonrar o nome do meu Deus".

10 Não denuncie seus companheiros de trabalho
pelas costas;
Eles o acusarão de ser dissimulado,
e *você* será culpado!

11 Não amaldiçoe seu pai
nem deixe de abençoar sua mãe.

12 Não pense que você estará purificado
depois de uma semana
sem ser lavado.

13 Não seja arrogante:
nunca pense que é melhor
que todos os outros.

14 Não seja ganancioso,
impiedoso nem cruel, como os lobos.
Eles perseguem os pobres
e se alimentam deles,
destruindo o necessitado apenas
por diversão.

15-16 O aproveitador tem filhas gêmeas
chamadas Me Dá e Quero Mais.

Quatro coisas insaciáveis

Três coisas nunca estão satisfeitas;
ou melhor, há quatro que nunca dizem:
"Já basta, obrigado!" –

a morte,
o útero estéril,
a terra ressecada,
a floresta em chamas.

17 O olhar que desdenha o pai
e despreza a mãe
Será arrancado pelos corvos
e consumido por águias novas.

Quatro mistérios

18-19 **T**rês coisas me maravilham;
ou melhor, há quatro coisas
que eu nunca entenderei –

como a águia voa tão alto no céu,
como a cobra desliza sobre a rocha,
como o navio navega pelo oceano,
como os adolescentes namoram.

20 A prostituta age assim:
faz sexo com o cliente,
Toma um banho
e depois pergunta: "Quem é o próximo?".

Quatro coisas intoleráveis

21-23 **T**rês coisas são intoleráveis demais
até mesmo para a terra;
sim, quatro coisas balançam
suas fundações –

o faxineiro que vira chefe,
o insensato que fica rico,
a prostituta eleita "a mulher do ano",
a "namorada" que toma lugar
da esposa fiel.

Quatro pequenas criaturas

24-28 **H**á quatro pequenas criaturas
que são mais sábias que os sábios –
as formigas – frágeis como são,
ajuntam comida para o inverno;
os coelhos – vulneráveis como são,
fazem da rocha seu lar;
os gafanhotos – insetos sem líder
que, ainda assim, arrasam o campo como um
exército treinado;
as lagartixas – fáceis de capturar,
mas que passam sem ser vistas
pelos guardas do palácio.

Quatro dignitários

29-31 **H**á três seres no mundo,
quatro que impressionam por seu
comportamento –

o leão, rei das feras, não cede a ninguém;
o galo, orgulhoso e imponente;
o bode;
o chefe de Estado em marcha triunfal.

32-33 **S**e você é tolo o bastante para chamar atenção
para você mesmo
com ofensas e grosserias,
Não se surpreenda se alguém fizer
seu nariz sangrar.
Leite batido vira manteiga;
provocação vira briga.

Defenda a justiça

31 **1** **A**s palavras do rei Lemuel,
o importante conselho que sua mãe deu a ele:

2-3 "Meu filho, o que você está pensando?
Filho que gerei e dediquei a Deus!
Não esbanje seu vigor
com caçadoras de fortuna,
mulheres promíscuas
que desgraçam os líderes.

4-7 "Os líderes não podem agir como tolos,
enchendo a cara de vinho e de cerveja,
Sob o risco de perder a noção de certo e errado
e prejudicar o povo que depende deles.
Use o vinho e a cerveja apenas como sedativos,
para eliminar o sofrimento e atenuar a dor
Do doente terminal,
para quem a vida já é estar na morte.

DIA 265

⁸⁻⁹ "Defenda os que não têm voz
e os direitos dos excluídos.
Defenda a justiça!
Aja em favor do pobre e do necessitado".

Um hino à mulher de valor

¹⁰⁻³¹ **U**ma boa mulher é difícil de encontrar,
ela vale muito mais que diamantes.
O marido confia nela sem reservas,
e disso nunca se arrependerá.
Ela não é irritada e o trata muito bem
por toda a vida.
Ela compara os preços,
em busca dos melhores fios de lã
e de algodão,
e se alegra em tricotar e costurar.
Ela é como o navio mercante, que navega até os
lugares mais longínquos
e traz surpresas exóticas.
Ela se levanta antes do amanhecer, prepara o
café da manhã
para a família e organiza seu dia.
Examina um campo e o compra e
depois, com o dinheiro que poupou,
planta uma horta.
A primeira coisa que faz de manhã
é vestir-se para o trabalho:
ela arregaça as mangas, ansiosa por começar.
Compreende o valor de seu trabalho
e não tem pressa de dar o dia por encerrado.
Ela é habilidosa nos serviços do lar
e da família,
proativa nas tarefas da casa.
Ela não demora para acudir os que estão
com necessidade;
estende a mão para socorrer o pobre.
Ela não se preocupa com a família quando neva;
suas roupas de inverno estão todas
consertadas e prontas para uso.
Ela mesma faz as roupas que usa,
e se veste de roupas de linho coloridas e
vestidos de seda.
Seu marido é muito respeitado
quando se reúne com as
autoridades locais.
Ela desenha vestidos e os vende,
leva blusas que tricotou para
as lojas de roupas.
Suas roupas são benfeitas e elegantes,
e ela sempre encara o dia de amanhã
com um sorriso.

Quando abre a boca, sempre tem algo
importante a dizer
e sempre o diz com toda gentileza.
Ela é atenta a todos os de sua casa
e mantém todos eles ocupados
e produtivos.
Os filhos a respeitam e dela falam bem;
o marido não economiza elogios:
"Muitas mulheres têm feito coisas
maravilhosas,
mas você superou todas!".
O encanto pode enganar,
e a beleza logo desvanece.
A mulher que merece admiração
é a que vive no temor do Eterno.
Dê a ela tudo que ela merece!
Adorne sua vida com elogios!

2CORÍNTIOS 12.14 — 13.14

¹⁴⁻¹⁵ Tudo está preparado agora para minha terceira visita a vocês. Mas não se preocupem com isso. Vocês não precisam se sacrificar. Não serei um peso para vocês desta vez mais do que fui em outras visitas. Não tenho interesse no que vocês têm, só em vocês. Os filhos não têm de se preocupar com os pais; os pais é que se preocupam com os filhos. Eu ficaria feliz em esvaziar os bolsos ou até mesmo em hipotecar minha vida para o bem de vocês. Assim, por que quanto mais amo vocês menos sou amado?

¹⁶⁻¹⁸ E por que continuo a dar importância a essas fofocas sobre eu ter usado meu autossustento como forma de culpar vocês? Onde está a prova disso? Alguma vez os enganei ou usei alguém para iludir vocês? Pedi a Tito que os visitasse e levasse alguns irmãos consigo. Por acaso eles agiram de má-fé com vocês? E, acima de tudo, não temos sido sempre sinceros e honestos?

¹⁹ Não pensem que estou aqui me defendendo perante vocês. Vocês não são júri. Deus revelado em Cristo é o júri, e apresentamos perante ele nosso caso. E tudo que temos suportado é com a intenção de não ficar no caminho de vocês nem atrapalhar seu crescimento.

²⁰⁻²¹ Tenho receio, admito, de que, quando for, me desaponte com vocês e também os desaponte. A frustração mútua deixará tudo em cacos — brigas, invejas, ânimos exaltados, partidarismo, palavras ofensivas, denúncias, gente nervosa e confusão generalizada. Não espero ser humilhado de novo por Deus quando estiver com vocês, para que não tenha de derramar

lágrimas por uma multidão que insiste nos velhos caminhos, pecando cada vez mais e se recusando a abandonar o lamaçal da maldade, do descontrole sexual e da indecência em que está mergulhada.

Ele agora está vivo

13 ¹⁴Muito bem, minha terceira visita está chegando. Lembram-se daquele texto das Escrituras: "Uma questão é definida com o depoimento de duas ou três testemunhas"? Por ocasião da minha segunda visita, avisei aquele grupo que permanece enredado nos velhos pecados que, quando eu voltasse, não seria tolerante com eles. Agora, em preparação para a terceira visita, repito a advertência, mesmo estando longe. Se vocês não tiverem mudado de vida até eu chegar aí, cuidado! Vocês, que exigiram provas que Cristo fala por meu intermédio, irão receber mais do que pretendiam: vão receber a plena força de Cristo, não pensem que não vão. Ele era só fraqueza e humilhação quando foi morto na cruz, mas agora está vivo — na poderosa força de Deus! Estávamos desprevenidos quando fomos humilhados entre vocês, mas, da próxima vez que nos encontrarmos, estaremos vivos em Cristo e fortalecidos por Deus.

⁵⁻⁹Testem-se para saber se estão firmes na fé. Não se enganem, pensando que tudo está garantido. Criem o hábito do autoexame. Vocês precisam de evidências de primeira mão, não apenas de ouvir dizer que Jesus Cristo está em vocês. Façam o teste. Se o resultado não for bom, tomem alguma providência. Espero que o teste não demonstre que falhamos. Mas, se for esse o resultado, é preferível que o teste demonstre nossa fraqueza, não a de vocês. Estamos buscando a verdade que faça vitoriosos todos nós. Não poderia ser de outro modo.

Reconhecemos nossas limitações, mas também as celebramos e continuamos a celebrar cada vitória, cada triunfo da verdade em vocês. Oramos intensamente para que tudo isso aconteça na vida de vocês.

¹⁰Estou escrevendo assim agora, para que, quando eu for, não tenha de tocar mais nesse assunto. A autoridade que o Senhor me deu é para ajuntar o povo, não para dividi-lo. Espero que tudo se resolva, para eu não precisar perder tempo com repreensões quando estiver aí.

¹¹⁻¹³É isso, meus amigos. Sejam alegres. Mantenham tudo em boas condições. Sejam animados. Tenham harmonia de pensamento. Sejam agradáveis. Façam tudo isso, e o Deus de amor e paz estará sempre com vocês. Cumprimentem uns aos outros com um abraço santo. Todos os irmãos e irmãs que estão aqui enviam saudações.

¹⁴A maravilhosa graça do Senhor, Jesus Cristo, o grande amor de Deus e a amizade profunda do Espírito Santo sejam com todos vocês.

SALMOS 109.1-5

Uma oração de Davi

109 ¹⁻⁵Meu Deus, não te faças de surdo à minha oração de louvor.
Os mentirosos estão despejando injúrias sobre mim.
  Línguas mentirosas atacam-me como
    cães furiosos
    latindo seu ódio, mordendo meus
    calcanhares — e sem nenhum motivo!
  Eu os amava, e agora eles me difamam
    — sim, a mim!
  Consideram minha oração um crime
  E retribuem minha bondade com maldades;
    retribuem meu amor com o ódio.

◾ NOTAS

DIA 266

812

cuidado, explorei tudo que é feito nesta terra. E, deixe-me dizer, não há nada de especial. Deus não facilitou nada para nós. Já vi de tudo, e tudo é um vazio só — como nadar contra a maré.

¹⁵Pau que nasce torto morre torto,
não dá pra ser consertado,
é como acrescentar um zero à esquerda,
não muda o resultado.

¹⁶⁻¹⁷Eu disse a mim mesmo: "Tenho mais conhecimento e sou mais sábio que qualquer um antes de mim em Jerusalém. Acumulei sabedoria e conhecimento". A conclusão a que cheguei foi: esforçar-me para obter sabedoria e conhecimento produz um vazio — é como nadar contra a maré.

¹⁸Quanto mais se sabe,
maior é a responsabilidade;
quanto mais se aprende,
maior é o sofrimento.

2 ¹⁻³Eu disse a mim mesmo: "Vamos lá! Vamos aproveitar a vida! Vamos nos divertir!". Mas descobri que isso também produz um vazio.

O que eu descobri depois de curtir a vida?
É loucura! Não vale a pena!
E cair na vida em busca de prazeres?
Será que vale a pena?
Com a ajuda de um bom vinho
acompanhado de bom senso,
decidi cair na gandaia de vez.
Estava desesperado para descobrir se alguma
coisa vale a pena nesta vida
que todos temos de enfrentar
nesta terra.

Eu nunca me neguei prazer algum

⁴⁻⁸Fiz projetos formidáveis como ninguém:
construí casas,
plantei vinhas,
projetei jardins e parques
e plantei muitas árvores neles,
fiz reservatórios de água
para irrigar os pomares.
Comprei escravos e escravas
que, com seus filhos, me deram ainda
mais escravos;
depois adquiri grandes rebanhos,

☐ DIA **266** ___ / ___ / ___

ECLESIASTES 1.1 — 3.15

Aquele que está em busca

1 ¹Estas são as palavras daquele que está em busca, filho de Davi e rei em Jerusalém.

²⁻¹¹Vazio, tudo é um grande vazio!
Nada vale a pena! Nada faz sentido!
O que resta de uma vida inteira
de trabalho sofrido?
Uma geração passa e outra geração chega,
mas nada muda — é sempre a mesma coisa.
O sol nasce e se põe,
um dia após o outro — é sempre igual.
O vento sopra para o sul e depois para o norte.
Gira e dá muitas voltas
sopra aqui e acolá — e vai seguindo o
mesmo rumo.
Todos os rios vão para o vasto oceano,
mas o oceano nunca transborda.
Os rios correm para o mar
e logo depois voltam a fazer o mesmo
percurso.
É tudo um tédio só!
É uma mesmice sem tamanho!
Nada tem sentido!
Será que os olhos não cansam de ver
nem os ouvidos de ouvir?
O que foi será novamente,
o que aconteceu acontecerá de novo.
Não há nada novo neste mundo.
Ano após ano, é sempre a mesma coisa.
Se alguém grita: "Ei, *isso* é novo!",
Não se anime — é a mesma velha história!
Ninguém se lembra do que aconteceu ontem.
E as coisas que vão acontecer amanhã?
Ninguém se lembrará delas também.
Você acha que será lembrado? Pode esquecer!

Já vi de tudo

¹²⁻¹⁴Eu sou "aquele que está em busca". Fui rei de Israel em Jerusalém. Já investiguei tudo com

mais que os de qualquer um antes
de mim em Jerusalém.
Acumulei muito ouro e prata
dos reis que dominei e dos reinos
que conquistei.
Reuni um coral de cantores para minha diversão,
e – o maior desejo de todos os homens –
as mais lindas mulheres.

9-10 E como prosperei! Deixei para trás todos os meus antepassados em Jerusalém. Mas nunca abri mão da sabedoria. Tudo que desejei eu tive – nunca me neguei nada. Fiz tudo que deu na telha, não estava nem aí. Queria sentir prazer em tudo que fazia – essa era a minha única recompensa depois de um dia de trabalho sofrido!

Passei a odiar a vida

11 Então, parei para pensar em tudo que fiz, todo aquele trabalho suado e sofrido. Mas, quando caí na real, vi que tudo era um vazio só. Era nadar contra a maré. Nada vale a pena nesta vida!

12-14 Depois, tentei descobrir a diferença entre a sabedoria e a insensatez. O que fica para ser feito pelo próximo rei? Que tarefa difícil! Você só faz o que pode. Ponto final. Mas eu realmente vi que a sabedoria é melhor que a insensatez, assim como a luz é melhor que a escuridão. Mesmo assim, apesar de os sábios enxergarem para onde estão indo e os insensatos tatearem no escuro, no fim, são todos iguais. Há um só e mesmo destino para todos.

15-16 Quando me dei conta de que meu destino é o mesmo do insensato, entrei em crise: "Por que se preocupar em ser sábio?". É tudo um vazio só, nada faz sentido. Tanto o sábio quanto o insensato têm o mesmo fim. Basta um só dia, e eles são esquecidos. É triste! O sábio e o insensato morrem do mesmo jeito. Ponto final.

17 Por isso, passei a odiar a vida. Tudo o que se pode concluir é que o que acontece na terra não faz o mínimo sentido. É tudo inútil – e nadar contra a maré.

18-19 Odiei tudo o que realizei e até o que acumulei. Não posso levar nada mesmo – terei de deixar tudo para os que vierem depois de mim. Não importa quem sejam eles, ficarão com tudo que ganhei com o meu tão sofrido trabalho. Isso não faz o mínimo sentido!

20-23 Foi quando parei, entrei em desespero e pensei em desistir de tudo. Qual o sentido de trabalhar tanto? Não é um absurdo trabalhar feito um condenado e deixar tudo pra alguém que nunca

fez nada? É doideira total. É revoltante! O que você ganha trabalhando sem parar? É só sofrimento de sol a sol. Nem de noite consigo descansar. É muito absurdo!

24-26 Então, pensei que o melhor que dá para fazer com a vida é divertir-se e tentar sobreviver. O que parece é que é destino divino. Se teremos festa ou sofrimento, é Deus quem decide. Deus pode dar sabedoria, conhecimento e alegria para quem lhe agrada, mas os pecadores estão destinados a uma vida de trabalho pesado e acabarão por entregar, de mão beijada, seus bens para quem agrada a Deus. É tudo inútil – é nadar contra a maré.

Há hora para tudo

3 **1** Nessa vida tudo tem sua hora; há um tempo certo pra tudo!

2-8 Há hora de nascer e hora de morrer,
Há hora de plantar e hora de colher,
Há hora de matar e hora de curar,
Há hora de destruir e hora de construir,
Há hora de chorar e hora de rir,
Há hora de lamentar e hora de se alegrar,
Há hora de fazer amor e hora de se abster,
Há hora de abraçar e hora de se afastar,
Há hora de ganhar e hora de contar as perdas,
Há hora de segurar e hora de largar,
Há hora de arrancar e hora de consertar,
Há hora de calar e hora de falar,
Há hora de amar e hora de odiar,
Há hora de iniciar a guerra e hora de fazer a paz.

9-13 Mas, no final, será que tudo isso faz alguma diferença? Pensei bem no que Deus nos deixou: é só trabalho pesado e inútil! Sei que Deus pôs tudo no seu devido lugar e no tempo certo, mas nos deixou na escuridão, e a verdade é que não sabemos bem o que Deus quer, nem agora, nem no futuro. Assim, descobri que o melhor é ir tocando a vida, divertir-se e aproveitar ao máximo. Em resumo: comer e beber do bom e do melhor e tirar o que puder do próprio trabalho. Esse é o presente de Deus.

14 Também concluí que o que Deus fez, feito está, não há o que pôr nem tirar. Deus fez. Ponto final. Então, é melhor parar de questionar e adorar a Deus, em santo temor.

15 Tudo o que passou, passou
e tudo o que será, será;
E Deus tornará a trazer de volta o passado!

DIA 266

GÁLATAS 1.1-24

1 **1-5** Eu, Paulo, com meus companheiros na fé, envio saudações às igrejas da Galácia. Minha autoridade para escrever a você não vem de ninguém nem procede de alguém de hierarquia superior, mas diretamente de Jesus, o Messias, e de Deus, o Pai, que o ressuscitou dos mortos. Fui convocado por Deus. Quero saudá-los com as belas palavras "graça" e "paz"! São belas, pois nos lembram como Jesus Cristo nos resgatou do mundo maligno em que vivemos quando se ofereceu em sacrifício por nossos pecados. A vontade de Deus é que experimentemos esse resgate. Glória a Deus para sempre! Amém!

A Mensagem

6-9 Não posso acreditar no que ouvi! Como podem ser tão inconstantes? Como resolvem abraçar outra mensagem? Vocês estão traindo aquele que os chamou para a graça de Cristo. E vocês sabem que não se trata de detalhes irrelevantes: é outra mensagem! Completamente diferente! É mentira deslavada sobre Deus. Os responsáveis por essa agitação estão virando a Mensagem de Cristo de pernas para o ar. Quero deixar bem claro: se algum de nós — até mesmo um anjo do céu — pregar uma mensagem diferente da verdadeira e original, seja amaldiçoado. Vou repetir: se alguém — não importa a reputação ou as credenciais que possua — pregar uma mensagem diferente da que vocês receberam no início, seja amaldiçoado!

10-12 Acham que falo desse modo para manipular alguém? Ou para impressionar o próprio Deus? Ou para ganhar aplausos do povo? Se meu alvo fosse popularidade, eu não seria escravo de Cristo. Saibam que a Mensagem que transmiti a você não é mero discurso motivacional. Eu não a recebi de nenhuma tradição nem a aprendi em alguma escola. Eu a recebi diretamente de Deus e de Jesus Cristo.

13-16 Estou certo de que vocês ouviram a história da minha vida, quando eu vivia no judaísmo. Na época, eu perseguia a igreja de Deus. Meu objetivo era destruí-la. Ninguém me superava no apego às tradições dos nossos antepassados. Mas Deus estava de olho em mim. Quando eu ainda estava no ventre da minha mãe, ele me escolheu e me chamou, por sua graça, cheia de generosidade! Por sua intervenção, revelou seu Filho a mim para que eu o anunciasse aos outros povos, os que não são judeus.

16-20 Logo depois desse meu chamado, fui para a Arábia. Não consultei ninguém e não fui a Jerusalém me aconselhar com os que já eram apóstolos. Mais tarde, voltei a Damasco. Três anos depois, fui a Jerusalém para conhecer Pedro e saber mais sobre a fé. Foram apenas quinze dias — mas que dias, aqueles! Com exceção de Tiago, irmão do Senhor, não vi nenhum outro apóstolo. Diante de Deus, estou falando a pura verdade.

21-24 Então, comecei meu ministério nas regiões da Síria e da Cilícia. Mesmo depois de todo aquele tempo, eu ainda não era conhecido nas igrejas cristãs da Judeia. O que sabiam de mim era apenas isto: "Aquele homem que antes nos perseguia agora está pregando a mesma mensagem que tentou destruir". E como eles agradeceram a *Deus* e o adoraram por *minha* causa!

SALMOS 109.6-20

6-20 Envia o Maligno para acusar meu acusador;
　　despacha Satanás para processá-lo.
E, quando ele for julgado, que o veredito seja:
　　"Culpado".
　　Quando ele orar, que sua oração
　　seja um pecado.
Dá a ele uma vida curta,
　　e que outro assuma seu posto.
Torna seus filhos órfãos,
　　veste sua esposa com trajes de viúva.
Transforma seus filhos em meninos de rua,
　　expulsos de casa, vivendo sem lar.
Que o banco execute a hipoteca e o expulse
　　e os estrangeiros, como urubus, o devorem!
Que não haja ninguém por perto para ajudá-lo,
　　ninguém disposto a dar uma chance
　　aos seus órfãos!
Derruba sua árvore familiar,
　　para que ninguém se lembre do nome dele.
Mas ergue um memorial para o pecado de seu pai;
　　certifica-te de que o nome de sua mãe esteja
　　ali também —
Seus pecados registrados para sempre diante
　　do Eterno,
　　enquanto eles mesmos jazem no
　　esquecimento.
É tudo que ele merece, já que nem uma única
　　vez se mostrou amável,
　　mas perseguiu o aflito e o desanimado
　　até a sepultura.
Já que ele gostava tanto de amaldiçoar,
　　que as maldições caiam sobre ele!

Já que ele não tinha nenhum gosto pela bênção,
que a bênção fuja para bem longe dele!
Ele se vestiu de maldições, como se fossem
roupas de marca.
Ele bebia maldições,
que tome agora banho com elas!
Dá a ele este presente: uma roupa de maldições,
para que ele possa vestir maldições todos os
dias da semana!
Isto é o que ganharão os que querem
acabar comigo:
O exílio no deserto do Eterno.

◼ NOTAS

|||||||||||||||||||||||||||||||||||||||||||||||||||||||||||||||||

☐ **DIA 267** ___ / ___ / ___

ECLESIASTES 3.16 — 6.12

Deus está nos testando

16-18 Voltei a pensar no mundo à minha volta. E olhe só o que vi: A política – só corrupção! A justiça – mais corrupção! Eu disse a mim mesmo: "Deus julgará o justo e o injusto". Há hora para tudo – não há como evitar. Então refleti: "Deus está nos testando, mostrando que não somos melhores que os animais".

19-22 O homem e o animal têm o mesmo fim – o homem morre, e o animal também. Todos nós respiramos o mesmo ar. Não há nenhuma vantagem em ser gente. Não faz sentido! Sinto um grande vazio. Todos nós acabaremos no mesmo lugar. Viemos do pó e ao pó voltaremos. Ninguém pode ter certeza se o espírito humano sobe ao céu ou se o espírito do animal desce para a terra. Então, concluí que o melhor é se divertir e tirar o que puder do próprio trabalho – não tem outro jeito. Quem sabe o que acontecerá depois da morte?

É suicídio!

4 **1-3** Depois voltei minha atenção para a terrível violência que existe neste mundo – as lágrimas dos oprimidos que nunca receberam nenhum consolo; as vítimas inocentes, esmagadas por seus opressores, sem que ninguém fizesse nada. Então, imaginei que os mortos são mais felizes que os vivos. E melhor ainda é aquele que nunca nasceu, que nunca viu toda essa crueldade praticada na terra.

4 Fiquei chocado! Descobri que tudo que se faz é motivado por ambição e inveja. Que loucura! É tudo inútil – é nadar contra a maré.

5 O insensato se recosta e se acomoda:
sua preguiça é um suicídio.

6 É melhor ficar tranquilo com um pássaro na mão
que ter dois voando e estar em aflição –
e ficar nadando contra a maré!

Por que estou trabalhando
feito burro de carga?

7-8 Foi, então, que vi outro absurdo da vida: um homem solitário, completamente sozinho, sem filhos, família ou amigos, e, ainda assim, trabalhava como louco noite e dia, sem parar. Era compulsivo, sempre queria mais e mais. Nunca parava para se perguntar: "Por que estou trabalhando feito burro de carga, deixando de me divertir? E quem se importa?". Que grande absurdo! Completamente inútil!

9-10 É melhor ter uma companhia que
caminhar sozinho,
para compartilhar o trabalho e dividir a riqueza.
E, se um dos dois cair, o outro ajudará,
mas, sem ninguém para ajudar, fica complicado!

11 Dois numa cama aquecem um ao outro.
Sozinho, você pode morrer de frio.

12 Sozinho, você está desprotegido.
Mas, com um amigo, pode enfrentar o pior.
A ajuda de um terceiro será ainda melhor:
uma corda de três filamentos não se rompe
com facilidade.

13-16 É melhor um jovem sábio que um rei idoso e insensato, que já não ouve mais ninguém. Vi um jovem começar do nada e mudar de vida, chegando ao trono. Percebi que todos se juntaram ao governo desse jovem sucessor do rei. Mas o entusiasmo não durou muito e a geração seguinte o rejeitou, criando oposição. É um absurdo! É tudo inútil! É nadar contra a maré!

Deus está no comando, não você!

5 **1** Tome cuidado quando entrar na casa de Deus.
Vá pronto para obedecer a Deus.
Pois isso é o que importa.
Não entregue oferta, como os insensatos,
que o fazem
sem saber que estão fazendo mais mal que bem.

2 Não fale demais nem fale sem pensar.
Nem faça promessas impensadas
diante de Deus.
Deus está no comando, não você —
quanto menos você falar, melhor.

3 Trabalhar demais prejudica o sono.
Falar demais identifica você como insensato.

4-5 Quando você fizer uma promessa a Deus,
cumpra-a — e logo!
Deus não gosta de conversa fiada. Então, se
fizer um voto, cumpra-o.

É melhor não fazer voto algum que fazer
e não cumprir.

6 Não deixe que sua boca faça de você um pecador.
Quando chamarem para dar explicações,
não venha com a conversa:
"Desculpe, não foi bem isso que eu quis dizer".
Por que se arriscar? Quer que Deus destrua
tudo que você construiu?

7 Mas, contra tantos absurdos, ilusões
e conversa fiada,
há uma verdade que se distingue e é
a mais pura: tema a Deus!

Um salário inútil

8-9 Não se surpreenda se vir um pobre oprimido e sem rumo, porque a justiça e o direito não funcionam. Na verdade, a exploração vem de cima. Com certeza, há um superior corrupto e, acima dele, um manda-chuva ainda mais corrupto. Não há fim nisso, e nada se pode fazer a respeito. Mas a boa terra não trapaceia ninguém: até mesmo o rei mau se alimenta do que a terra produz.

10 Quem ama o dinheiro nunca se contenta
com o que tem
nem o que ama a riqueza se satisfaz
com grandes lucros.
Isso também não faz sentido!

11 Quanto mais dinheiro você ganha,
mais gastos você tem.
E qual é a vantagem de ter dinheiro?
É só para poder dizer que é rico?

12 O trabalhador honesto pode deitar a cabeça
no travesseiro tranquilo,
tenha um jantar simples
ou tenha uma mesa farta.
Mas o rico não consegue descansar
já que tem tanto a perder.

13-17 Outra história triste que vi acontecer
neste mundo:
Um homem acumula muito mais riqueza
do que precisa,
mas acaba perdendo tudo
num negócio infeliz.
Ele tem um filho, mas não tem um centavo
para lhe deixar de herança.

Ele sai nu do ventre da sua mãe,
    e morrerá na mesma condição – sem nada.
Como pode ser isso? Trabalhou tanto
    e não pode levar nada?
Então, para que tanto esforço inútil?
Tanto esforço por uma vida miserável
    cheia de sofrimento?

Aproveite ao máximo o que Deus deu

18-20 Depois de ver como são as coisas na terra, concluí que a melhor maneira de se viver é: cuidar de você mesmo, se divertir e tirar o que puder do próprio trabalho no tempo de vida que Deus conceder a você. É isso e ponto final – não tem outro jeito. Sim, devemos aproveitar ao máximo tudo que Deus nos dá, sejam riquezas, seja a capacidade de desfrutá-las; aceitar a própria sorte e desfrutar o trabalho é uma dádiva de Deus! Deus dispensa alegria no presente, *hoje*. É inútil ficar remoendo o tema da brevidade da vida.

São só absurdos!

6 **1-2** Então, passei muito tempo observando com atenção o que acontece neste mundo: são só absurdos! Há pessoas a quem Deus dá de tudo – muito dinheiro, propriedades, uma boa reputação e poder – que se pode querer ou sonhar. Mas, depois, Deus não permite que elas desfrutem o que receberam. E, do nada, aparece alguém que ficará com tudo. Isso é um grande absurdo! Não faz sentido!

3-5 Digamos que um casal tenha muitos filhos e que viva por muito tempo, mas nunca desfruta nada – mesmo que tenha um funeral de primeira, eu diria que um bebê que nasce morto tem mais sorte que esse casal. Ao menos, seu nascimento é sem sentido e sua morte também – nem sequer teve um nome. Não viu nada nem conheceu nada, mas está em melhor situação que qualquer um que vive esta vida!

6 De que valeria alguém viver 2 mil anos, se não aproveitasse nada que possui? Afinal de contas, todos não acabam no mesmo lugar?

7 Trabalhamos duro para alimentar o apetite, mas nunca estamos satisfeitos; nada parece preencher plenamente.

8-9 Então, que vantagem tem o sábio sobre o insensato? E que vantagem o pobre que mal consegue sobreviver tem de viver? Já que é assim, aproveite o agora e não tenha expectativas neste mundo de sonhos e ilusão: não pense que algo melhor ainda está por vir. Tudo é um enorme vazio! É nadar contra a maré!

10 O que aconteceu, aconteceu.
    Seu destino já está definido.
Não dá para discutir com alguém tão
    poderoso como Deus.

11-12 Quanto mais palavras forem ditas, mais vazio haverá. E quem sabe o que é o melhor para nós, nesta vida vazia que vivemos e que passa como neblina? E quem pode nos contar o próximo capítulo da vida – depois da morte?

GÁLATAS 2.1-21

A nova vida

2 **1-5** Catorze anos depois daquela primeira visita, Barnabé e eu subimos a Jerusalém e levamos Tito conosco. O propósito era esclarecer o que me fora revelado e apresentei a eles exatamente o que eu estava pregando aos que não são judeus. Foi uma reunião com os líderes mais estimados da igreja, porque não queríamos que o assunto fosse motivo de debate público, trazendo tensão. Isso poderia prejudicar anos de trabalho e também meu ministério. É bom dizer que Tito, que não é judeu, não teve de se circuncidar. Mas houve alguns que se infiltraram na conferência, passando-se por cristãos. Eles vieram espionar a liberdade espiritual dos seguidores de Cristo. O propósito deles era nos reduzir à escravidão legalista, mas nós não demos chance a eles. Não podíamos permitir que vocês deixassem de lado a verdadeira Mensagem.

6-10 Quanto aos que eram considerados importantes na igreja, a reputação deles não me incomodou. Eu não me impressiono com aparências. Quanto mais Deus! Nenhum deles acrescentou nada à mensagem que eu prego. Logo ficou evidente que Deus me havia confiado a tarefa de pregar aos não judeus a mesma mensagem pregada por Pedro aos judeus. Reconhecendo que Deus tinha me chamado, Tiago, Pedro e João – colunas da igreja – receberam a mim e a Barnabé e nos designaram para o ministério aos demais povos. E eles continuavam alcançando os judeus. Apenas acrescentaram um pedido: que nos lembrássemos dos pobres, o que é meu desejo profundo.

11-13 Depois disso, Pedro veio a Antioquia. Acabei tendo de confrontá-lo, pois ele errou feio. Vou contar como foi. Antes que algumas pessoas da parte de Tiago chegassem à cidade, Pedro comia normalmente com os que não eram judeus. Mas, depois que o grupo de Jerusalém chegou, todos conservadores, ele começou a evitar todo contato com seus amigos não judeus. Isso provou que ele tinha medo do grupo conservador judaico, que tentava fazer valer o velho sistema da circuncisão. Infelizmente, o restante dos judeus da igreja de Antioquia aderiu à hipocrisia — até mesmo Barnabé.

14 Quando vi que eles não se comportavam de acordo com a Mensagem, contestei Pedro na frente de todos: "Se você que é judeu, não segue as regras judaicas quando não está sendo observado pelos guardiões de Jerusalém, que direito tem de exigir que os não judeus se adaptem aos costumes judaicos, só para causar boa impressão aos seus velhos amigos de Jerusalém?".

15-16 A verdade é a seguinte: nós, judeus, não somos superiores aos demais pecadores. Sabemos muito bem que não somos justificados diante de Deus por guardar regras, mas apenas pela fé em Jesus Cristo. Como sabemos disso? Nós tentamos — e com o melhor sistema de regras do mundo! Sabendo que ninguém pode agradar a Deus por esforço próprio, cremos no Messias para sermos justificados por Deus. Isso nunca acontecerá por praticarmos o bem.

17-18 Já perceberam que ainda não somos perfeitos? Grande novidade! Mas, vendo que gente como eu — que creu em Cristo e foi justificado por Deus — não é perfeita, teriam vocês a ousadia de acusar Cristo de ser conivente com o pecado? Que acusação leviana! Se eu tentasse ser justo praticando o bem, estaria reconstruindo aquilo que destruí. Estaria agindo como um impostor.

19-21 Explico o que aconteceu comigo: tentei guardar regras e me esforçar para agradar Deus, mas isso não funcionou. Então, desisti de ser um "homem da lei" para me tornar um "homem de Deus". A vida de Cristo me mostrou como fazer isso e me deu capacidade de viver assim. Eu me identifico totalmente com ele. De fato, fui crucificado com Cristo. Meu ego não ocupa mais o primeiro lugar. Pouco me importa parecer justo ou ter um bom conceito entre vocês: não estou mais tentando impressionar Deus. Agora Cristo vive em mim. A vida que vivo não é "minha", mas é vivida pela fé no Filho de Deus, que me amou e se entregou por mim. E eu não volto mais atrás.

Não está claro que voltar para a velha religião de guardar regras e agradar os outros é abandonar a nova vida de relacionamento com Deus? Não posso desprezar a graça de Deus! Se é possível ter um relacionamento vivo com Deus apenas guardando regras, Cristo morreu em vão.

SALMOS 109.21-25

21-25 Oh! Eterno, meu Deus, intervém!
Faz um milagre para mim
— sei que podes fazê-lo!
Tira-me daqui! Teu amor é tão grandioso!
Estou no meu limite, minha vida
está em ruínas.
Estou me cansando por causa de nada,
apenas passando.
Minha juventude foi embora,
muito antes do tempo.
Estou fraco por causa da fome
e mal consigo ficar de pé:
meu corpo é uma prateleira de pele e ossos.
Sou uma piada de mau gosto para os que me veem:
eles me olham e balançam a cabeça.

NOTAS

☐ DIA **268** ___ / ___ / ___

ECLESIASTES 7.1 — 9.10

Nada está garantido

7 **¹U**ma boa reputação é melhor que muito dinheiro no bolso.
E o dia da morte é melhor que o dia do nascimento.

² Mais vale ir a um funeral que a uma festa —
Afinal de contas, é para onde iremos.
  Ninguém sai de lá sem aprender uma lição.

³ Chorar é melhor que rir:
Pois as lágrimas no rosto limpam o coração.

⁴ O sábio pensa com seriedade na morte,
Mas o insensato desperdiça a vida na farra.

⁵ Mais vale ouvir a repreensão de um sábio
Que as canções de um insensato.

⁶ A risada do insensato não diz nada,
Comunica tanto quanto o estalar de gravetos.

⁷ A opressão faz até o sábio perder o juízo
E o suborno destrói até o coração mais resistente.

⁸ Finalizar algo é melhor que começar.
Ter paciência é melhor que se afobar e meter os
  pés pelas mãos.

⁹ Não perca a cabeça!
A raiva é a marca registrada dos insensatos.

¹⁰ Pare de chorar lembrando-se
  dos velhos tempos,
Nenhum sábio faria isso.

¹¹⁻¹² Sabedoria acompanhada de dinheiro não faz
  mal a ninguém.
Nada melhor que juntar as duas coisas na vida.
Sabedoria e riqueza significam proteção.
Mas a sabedoria é fonte de vida!

¹³ Veja a perfeição da criação de Deus.
Até o que parece torto está no seu devido lugar.
Que história é essa de querer dar
  uma mãozinha?

¹⁴ O dia bom é um convite para comemoração;
O dia ruim é um chamado à reflexão.
Os dois têm de Deus o seu lugar devido
Para que saibamos que nada está garantido.

Os dois lados da vida

¹⁵⁻¹⁷ **J**á vi de tudo nesta minha vida curta e sem sentido — uma pessoa que só fazia o bem morrer de repente, e um traste de gente que respira maldade viver até dizer chega. Portanto, cuidado com os extremos. Muita sabedoria e excessiva bondade só trarão dificuldade. Mas tome cuidado: tanto a insensatez quanto a maldade só trazem infelicidade. Não morra antes da idade!

¹⁸ É bom não radicalizar e ter equilíbrio. Quem teme a Deus evita extremos, porque vê os dois lados da moeda.

¹⁹ A sabedoria dá mais força a um sábio
que dez homens fortes a uma cidade.

²⁰ Não há uma única pessoa perfeita no mundo;
nenhuma que seja pura e sem pecado.

²¹⁻²² Não fique bisbilhotando a conversa dos outros.
E se a fofoca for sobre você?
  Não seria melhor não ouvi-la?
Vai dizer que nunca falou mal de
  ninguém pelas costas?

O sentido da vida

²³⁻²⁵ **M**ergulhei de cabeça na minha busca por sabedoria. Fiz de tudo, mas estava além das minhas forças, é um mistério profundo — profundo demais! É impossível alcançá-la! Então me lancei de corpo e alma, estudando, investigando e buscando a sabedoria — o sentido da vida. Queria também saber a razão do mal, da insensatez, da tolice e da loucura.

²⁶⁻²⁹ E descobri que uma das piores armadilhas da vida é cair nas mãos de uma mulher imoral. Sedutora, faz gato e sapato de sua vítima. Aquele que agrada a Deus conseguirá escapar; mas o ingênuo cai na armadilha. Foi isso que eu, em minha busca, descobri. Mas a sabedoria que tanto busquei ainda não encontrei. De mil homens que conheci na vida apenas um me impressionou, mas, entre as mulheres, nenhuma. Por fim, cheguei à seguinte conclusão: Deus fez todos íntegros e honestos; nós é que estragamos tudo.

DIA 268

8 ¹Não há nada melhor que ser sábio,
e poder interpretar o sentido da vida.
A sabedoria lança luz aos olhos
E concede bondade às palavras e aos costumes.

Ninguém pode controlar o vento

²⁻⁷Faça o que o rei ordena: você jurou obediência a ele. Não critique suas ordens nem tente quebrar sua promessa quando for difícil a tarefa. Afinal, você deve fazer a vontade do rei, não a sua. O rei tem a última palavra. Quem ousa contestá-lo: "O que você está fazendo?". Cumprir ordens não dói, e o sábio obedece prontamente. Sim, há um momento certo e um jeito certo para cada circunstância, mas, infelizmente, nem sempre entendemos isso. É verdade que ninguém sabe o que acontecerá no futuro. Quem vai nos contar?

⁸Ninguém pode controlar o vento,
   muito menos prendê-lo.
Ninguém pode mudar o dia de sua morte.
Ninguém pode parar uma batalha na trincheira.
Ninguém que faça o mal pode ser salvo pelo mal.

⁹Tudo isso observei enquanto me esforçava para entender o que acontece neste mundo. Enquanto as pessoas tiverem poder para oprimir e ferir o próximo, será sempre assim.

Um destino para todos

¹⁰Certa vez, vi alguns perversos receberem um funeral solene em solo sagrado. Quando o povo retornou para a cidade, não economizou elogios a eles – no mesmo lugar onde aqueles homens haviam praticado suas maldades! É um grande absurdo.

¹¹A sentença contra a maldade demora muito a ser pronunciada, por isso o povo se acostuma a conviver com homicídios.

¹²⁻¹³Mesmo que o perverso pratique o mal e repita isso cem vezes em sua vida longa e aparentemente tranquila, ainda estou convencido de que a boa vida está reservada para a pessoa que teme a Deus e vive de forma reverente na sua presença e que o perverso nunca terá uma "boa" vida. Não importa quantos dias ele venha a viver, serão todos vazios e sem graça, como uma sombra – porque ele não teme a Deus.

¹⁴Isto é o que acontece o tempo todo e não faz o menor sentido: pessoas boas recebem o mesmo que o perverso, e os perversos recebem o mesmo que os bons. Isso não faz sentido. É um absurdo.

¹⁵Assim, decidi ir tocando a vida e me divertir – o máximo que eu puder. A única coisa boa que se pode esperar nesta terra é comer, beber e divertir-se, compensando, assim, a luta pela sobrevivência nestes poucos anos que Deus nos concede neste mundo.

¹⁶⁻¹⁷Quando me lancei de corpo e alma para buscar a sabedoria e examinar tudo que acontece nesta terra, compreendi que, mesmo mantendo os olhos abertos dia e noite, sem nem piscar, nunca se entenderá o sentido do que Deus está fazendo neste mundo. Pode investigar à vontade, você nunca compreenderá. Não importa quanto você conhece, jamais chegará lá.

9 ¹⁻³Depois de refletir sobre tudo isso e ponderar longamente, cheguei à seguinte conclusão: os bons e os sábios, e tudo o que fazem, estão nas mãos de Deus. Mas, se no dia a dia terão que lidar com o amor ou com o ódio, eles não sabem dizer.

Tudo pode acontecer. Há o mesmo destino para todos – justos e injustos, bons e maus, feios e bonitos, gente de fé e descrentes. É revoltante – e nada pode ser pior que isto neste mundo – que todos tenham o mesmo destino. Por isso, tanta gente se entrega ao mal. Por isso, tem tanta gente que enlouquece por toda parte. A vida conduz à morte. Essa é a verdade.

Aproveite a vida!

⁴⁻⁶Há mais uma coisa que descobri: quem foi escolhido para a vida tem esperança, pois, como dizem, "mais vale um cão vivo que um leão morto". Os vivos pelo menos sabem *alguma coisa*, mesmo que saibam apenas que vão morrer. Mas os mortos nada sabem e não aprendem coisa alguma. Eles já se foram, e ninguém se lembra deles. Seus amores, seus conflitos e até seus sonhos há muito não existem. Não há sinal deles nos negócios desta terra.

⁷⁻¹⁰Diante disso:
Aproveite a vida! Coma do bom e do melhor,
Aprenda a apreciar um bom vinho.
Sim, Deus tem prazer no seu prazer!
Vista-se toda manhã como se fosse para uma festa.
Não economize nas cores nem nos detalhes.
Aprecie a vida com a pessoa que você ama
Todos os dias dessa sua vida sem sentido.
Cada dia é um presente de Deus. É tudo o que se
   pode receber
Pelo árduo trabalho de se manter vivo.
Portanto, tire o máximo de cada dia!

Agarre cada oportunidade com unhas e dentes
e faça o melhor que puder.
E com prazer!
É sua única chance,
Pois, junto com os mortos, para onde você vai
com certeza,
Não há nada a fazer nem haverá o que pensar.

GÁLATAS 3.1-18

Confiança em Cristo, não na Lei

3 **¹** Meus queridos gálatas, vocês ficaram malucos! Alguém os enfeitiçou? Perderam o juízo? Algo muito estranho aconteceu, pois é óbvio que Jesus crucificado não está mais no centro da vida de vocês. E vejam que o seu sacrifício na cruz foi apresentado a vocês com muita clareza.

2-4 Permitam-me perguntar: Como começou a nova vida de vocês? Foi resultado do esforço para agradar a Deus? Ou foi por terem aceitado a Mensagem de Deus? Pretendem continuar com essa loucura? É preciso perder o juízo para pensar que é possível completar por esforço próprio aquilo que foi iniciado por Deus. Se vocês não foram capazes o bastante para começar a obra de Deus, acham que podem aperfeiçoá-la? Será que tudo o que sofreram foi inútil? Cuidado: Vocês podem perder tudo o que alcançaram.

5-6 Respondam-me: Será que Deus, que os presenteia com sua presença, com seu Espírito Santo, que realizou em vocês o que jamais conseguiriam fazer por esforço próprio, fez tudo isso por causa do esforço de vocês *ou* porque vocês confiaram a ele esse trabalho? O que acontece com vocês não é diferente do que ocorreu com Abraão. Ele creu em Deus, e esse ato de fé transformou-se numa vida justificada por Deus.

7-8 Não é óbvio que quem deposita confiança em Cristo (mas não na Lei!) é como Abraão, filho da fé? Está previsto nas Escrituras que Deus justificaria os não judeus pela *fé*. As Escrituras deixam isso muito claro na promessa feita a Abraão: "Por seu intermédio todas as nações serão abençoadas".

9-10 Portanto, quem agora vive pela fé tem a mesma bênção de Abraão, que viveu pela fé. Não se trata de uma doutrina nova! É antiga e mostra que todo o que tentar viver a justiça por esforço próprio, independentemente de Deus, está destinado ao fracasso. As Escrituras resumem isso assim: "Maldito aquele que não consegue cumprir tudo que está escrito no Livro da Lei".

11-12 A impossibilidade óbvia de se cumprir um código moral como esse deixa claro que ninguém pode ter um relacionamento com Deus nessa base. Só pode ter um relacionamento real com Deus quem aceita o caminho de Deus. Fazer alguma coisa por Deus é o oposto de deixá-lo fazer por nós. Habacuque disse tudo: "Quem crê em Deus é justificado por Deus — e essa é a vida real". A observância das regras jamais chegará à vida de fé. A pessoa apenas perpetuará o hábito de guardar regras, o que se vê nas Escrituras: "Aquele que faz estas coisas [observar as regras] continua vivendo por elas".

13-14 Cristo nos redimiu dessa vida amaldiçoada de derrotas, quando ele mesmo a absorveu. As Escrituras dizem: "Maldito é aquele que for pendurado num madeiro". Foi o que aconteceu quando Cristo foi pregado na cruz: ele se transformou em maldição e ao mesmo tempo deu fim à maldição. Agora, por causa disso, está tudo resolvido, e vemos que a bênção de Abraão está disponível para quem não é judeu também. Todos agora podem receber a vida de Deus, o seu Espírito, que está em nós e conosco quando cremos — exatamente como Abraão o recebeu.

15-18 Amigos, permitam-me citar um fato do cotidiano para ilustrar a vida de liberdade de que estou falando. Quando o testamento de alguém é assinado, ninguém pode anulá-lo nem acrescentar-lhe nada. É o caso das promessas feitas a Abraão e ao seu descendente. Observem que as Escrituras, na linguagem cuidadosa de um documento legal, não dizem "aos descendentes", referindo-se a todos em geral, mas "ao seu descendente" (a palavra está no singular), referindo-se a Cristo. Quero explicar esse texto: um testamento, mais tarde assinado por Deus, não é anulado por um acréscimo anexado quatrocentos e trinta anos mais tarde. A promessa contida no testamento não foi negada. O adendo, com suas instruções e regras, não diz respeito à herança prometida no testamento.

SALMOS 109.26-29

26-29 Ajuda-me! Ajuda-me, ó Eterno, meu Deus!
Salva-me por teu maravilhoso amor!
Então, eles saberão que tua mão está nisto
e que tu, ó Eterno, estavas trabalhando.
Deixa que eles amaldiçoem a quem desejarem,
mas *tu* abençoas.

DIA 269

Que eles sejam escarnecidos pela população
quando se mostrarem,
Mas que sejam feitos brindes
em honra ao teu servo.
Veste meus acusadores com roupas sujas
de vergonha,
farrapos dos mais humilhantes.

■ NOTAS

——————————————————
——————————————————
——————————————————
——————————————————
——————————————————
——————————————————
——————————————————
——————————————————
——————————————————
——————————————————
——————————————————
——————————————————
——————————————————
——————————————————
——————————————————
——————————————————

||||||||||||||||||||||||||||||||||||||||||||||||||||

☐ DIA **269** ___ / ___ / ___

ECLESIASTES 9.11 — 12.14

¹¹ **F**iz outra caminhada pela vizinhança e percebi
como são as coisas nesta terra:

A corrida nem sempre está para o veloz,
Nem a batalha para o forte,
Nem a satisfação para o sábio,

Nem as riquezas para o esperto,
Nem a graça para o instruído.
Cedo ou tarde, a má sorte atinge todos.

¹² Ninguém pode prever a desgraça.
Como peixes capturados numa rede cruel ou
pássaros numa gaiola,
Os homens e as mulheres são capturados
Pelo mal acidental e repentino.

A sabedoria é melhor que a força

¹³⁻¹⁵ **U**m dia, enquanto eu buscava saber quanta
sabedoria existe nesta terra, vi algo que me fez
sentar e prestar atenção. Havia uma pequena cidade, com poucos habitantes. Um rei poderoso veio
e preparou um ataque, construindo trincheiras à
volta dela. Mas, naquela cidade, havia um homem
pobre, porém sábio, e a sabedoria dele salvou a cidade. No entanto, ele depois foi esquecido. (Ele era
apenas um homem pobre, afinal de contas.)

¹⁶ Ainda assim, continuo dizendo que a sabedoria é
melhor que a força, mesmo que o sábio homem pobre
tenha sido tratado com desprezo e logo esquecido.

¹⁷ As palavras suaves do sábio são mais eficazes
Que o discurso de um rei de insensatos.

¹⁸ A sabedoria é melhor que pontas de lanças,
Mas um homem afoito pode arruinar a boa terra.

10 ¹ **C**omo uma mosca morta faz cheirar mal o
frasco de perfume,
uma pequena tolice estraga muita sabedoria.

² O pensamento sábio conduz a uma
vida de justiça;
A ideia do insensato conduz a uma
existência de pecado.

³ Ao andar pelo caminho, o insensato não tem
nenhum senso de direção.
É logo reconhecido por seu jeito: "Lá vai o
insensato outra vez!".

⁴ Se um soberano perde a paciência com você,
não entre em pânico;
Reagir com serenidade acalma o indivíduo mais
cheio de raiva.

⁵⁻⁷ **A**qui está outra amostra dos absurdos que vi
neste mundo.

Um erro de quem está em posição mais elevada,
mas que merece censura:
Dar lugar de destaque a gente imatura,
Enquanto gente experiente é relegada a
segundo plano.
Vi falsos ricos esbanjando e ostentando
de tudo,
Enquanto gente de gabarito foi obrigada a
pastar na vida.

8 **A**tenção: a armadilha que você preparou
pode capturar você mesmo.
Cuidado: seu cúmplice no crime pode trair você.

9 Não corra riscos: extrair pedras é perigoso.
Esteja alerta: derrubar árvores é arriscado.

10 Lembre-se: quanto mais pesado for o
machado, mais difícil o trabalho;
Use a cabeça: quanto mais cérebro,
menos esforço.

11 Se a cobra picar antes de ser encantada,
Para que enviá-la ao encantador?

12-13 **A**s palavras do sábio são amáveis.
A conversa do insensato é só destruição –
Ele se põe a falar coisas sem sentido
E acaba espalhando loucura e maldade.

14 Os insensatos falam pelos cotovelos,
Tagarelando coisas das quais nada sabem.

15 Um dia de trabalho é tão cansativo
para o insensato
que ele nem acha o caminho de volta para a cidade.

16-17 **I**nfeliz a nação cujo rei não passa de um garoto
E cuja princesa só pensa em festa.
Feliz é a terra cujo rei tem maturidade
E a princesa é bem-comportada.
Que bom que eles nunca perdem o bom senso.

18 **O** homem que não quer nada vive numa tapera
caindo aos pedaços;
A mulher preguiçosa acaba sofrendo com as
goteiras do telhado.

19 A diversão e o pão andam juntos,
E o vinho dá brilho à vida –
Mas é o dinheiro que faz o mundo girar.

20 Não fale mal dos seus líderes, nem mesmo em
voz baixa,
E não insulte seus chefes, mesmo na
privacidade do lar.
Esse tipo de conversa é ouvida e espalhada com
facilidade.
As fofoqueiras deixam cair as migalhas de sua
fofoca por toda parte.

11 **1** **S**eja generoso: a misericórdia é grande
investimento.
A misericórdia sempre trará grandes rendimentos.

2 Não acumule alimento: reparta-o como puder.
Seja uma bênção para os outros. Pode ser sua
última chance!

3-4 Quando as nuvens estão cheias de água, é
chuva na certa.
Quando o vento derruba uma árvore, ela
permanece onde caiu.
Não fique observando o vento. Faça seu trabalho.
Não fique olhando as nuvens. Toque a vida adiante.

5 Assim como você nunca entenderá
como se forma a vida na mulher grávida,
Também nunca entenderá
o mistério de tudo que Deus faz.

6 Vá trabalhar de manhã
e prossiga até a noitinha, sem se preocupar
com o horário.
Você nunca saberá antes
como seu trabalho ficará no final.

Antes que os anos mandem
a cobrança

7-8 **C**omo é boa a luz do dia,
E como é maravilhoso viver à luz do Sol!
Ainda que você viva muito tempo, não tome um
único dia por certo.
Aproveite cada hora de claridade,
Lembre-se de que muitos dias serão só escuridão.
E que o futuro nos reserva mais absurdos.

9 Jovem, aproveite ao máximo a juventude.
Desfrute toda essa força e vigor.
Siga os impulsos do seu coração,
E, se algo lhe parecer bom, corra atrás.
Mas não se esqueça que nem tudo é permitido:
Um dia, você terá de responder a Deus por tudo.

DIA 269

¹⁰Viva livre, feliz e despreocupado –
Você não será jovem para sempre.
Afinal, a juventude se vai como
uma neblina.

12¹⁻²**H**onre e alegre-se no seu Criador enquanto
você ainda é jovem,
Antes que os anos mandem a cobrança e o seu
vigor se vá;
Antes que a visão falhe, e o mundo escureça;
Antes que o inverno leve você a procurar
a lareira.

³⁻⁵ Na velhice, seu corpo já não ajudará muito.
Os músculos afrouxam, os passos vacilam, as
juntas endurecem.
As sombras da noite se apresentam.
Você já não poderá ir para onde quer.
Tudo estará devagar, quase parando.
O barulho em sua casa desaparecerá,
E você acordará com o canto dos pássaros.
Passeios nas montanhas serão coisa do passado.
Mesmo uma simples caminhada o preocupará.
Seu cabelo branco será como flor de macieira,
Adornando um corpo frágil como um cristal.
Você estará a caminho do descanso eterno,
E os seus amigos já começam a chorar.

⁶⁻⁷A vida, agradável enquanto durar, logo acabará.
A vida frágil como porcelana, preciosa
e bela, terminará.
Então, o corpo voltará ao pó.
O espírito retornará a Deus, que
primeiramente o soprou.

⁸Nada faz sentido. Sinto um grande vazio.
Aquele que está em busca concluiu que nada faz
o mínimo sentido.

A palavra final

⁹⁻¹⁰Aquele que está em busca também possuía sabedoria e transmitiu conhecimento a outros. Ele pesou,
examinou e organizou muitos provérbios. Ele fez o
melhor que pôde para encontrar as palavras certas
e escrever a verdade como ela é.

¹¹As palavras dos sábios nos estimulam
a viver bem.
São como pregos bem martelados que
mantêm a vida unida.
São dadas por Deus, o único Pastor.

¹²⁻¹³ Mas, a respeito de qualquer outra coisa, meu
amigo, vá com calma. Não há limite para se produzir
livros, e estudar demais deixa qualquer um esgotado.
Para finalizar, a conclusão de tudo é a seguinte:

Tema a Deus
E faça tudo que ele mandar.

¹⁴É isso. No devido tempo, Deus deixará às claras
tudo o que fazemos e fará o julgamento. E ele conhece
até mesmo as nossas intenções mais secretas, sejam
elas boas ou más.

GÁLATAS 3.18 — 4.7

¹⁸⁻²⁰ Então, qual o objetivo desse adendo que chamamos "lei"? Foi um acréscimo às promessas originais
contidas na aliança feita com Abraão. O propósito da
Lei era preservar um povo pecador na história da salvação até que Cristo (o "descendente") viesse, herdando
as promessas e concedendo-as também para nós.
Evidentemente, a Lei não foi dada num encontro
direto com Deus, mas foi dada por anjos e por um
mediador, Moisés. Se há um mediador, como havia
no Sinai, então o povo não se relaciona diretamente
com Deus, não é mesmo? Mas a promessa original
é a bênção *direta* de Deus, recebida pela fé.

²¹⁻²² Estaria, então, a Lei contra a promessa? Seria
uma negação da vontade de Deus para nós? Nunca!
Seu propósito foi mostrar que não tínhamos um
relacionamento de verdade com Deus, ou seja,
mostrar como é absurdo esperar que um sistema
religioso consiga sozinho o que só é possível, com
fé, pelo cumprimento da promessa de Deus. Pois, se
observar regras pudesse trazer vida para nós, nós
já a teríamos obtido.

²³⁻²⁴A questão é que, enquanto ainda não havíamos
chegado a ponto de responder com fé ao Deus vivo,
fomos devidamente guardados e protegidos pela Lei
Mosaica. A Lei era como aqueles tutores gregos, bem
conhecidos de vocês, que conduzem as crianças à
escola e as protegem de perigos ou distrações, cer-
tificando-se de que chegarão aonde devem ir.

²⁵⁻²⁷ Mas agora que chegaram ao destino não
precisam mais desse tutor. Pela fé em Cristo,
vocês têm agora um relacionamento direto com
Deus. O batismo que receberam em Cristo não foi
um simples banho, mas um novo começo. Vocês
também passaram a usar novas roupas: roupas de
adulto na fé – a vida de Cristo, o cumprimento da
promessa original de Deus.

Na família de Cristo

28-29 Na família de Cristo não pode haver divisões entre judeus e não judeus, escravos e livres, homens e mulheres. Entre vocês todos são iguais. Isto é, nós todos estamos em um relacionamento comum com Jesus Cristo. Agora que são a família de Cristo, vocês são também os famosos "descendentes" de Abraão, herdeiros de acordo com as promessas da aliança.

4 **1-3** Permitam-me mostrar a vocês as implicações disso. Enquanto é menor de idade, o herdeiro não está em posição melhor que a do escravo. Ainda que legalmente seja dono da herança, estará submisso a tutores e administradores até a data estabelecida por seu pai para a emancipação. Assim acontece conosco. Como escravos, dependíamos dos dominadores deste mundo, sem autoridade sobre a própria vida, pois ainda não havíamos sido emancipados.

4-7 Mas, quando chegou o tempo estabelecido, Deus enviou-nos seu Filho, nascido de uma mulher, sob as condições da Lei, para redimir os que estavam sob o domínio da Lei. Assim, fomos libertados para sermos filhos que têm direito à herança. Uma vez que fomos adotados como filhos, Deus enviou o Espírito do seu Filho ao nosso coração, o que nos dá o privilégio de chamá-lo: "Papai!". Essa intimidade com Deus é para vocês que são filhos, não para escravos. E, como filhos, são também herdeiros, com pleno acesso à herança.

SALMOS 109.30-31

30-31 Minha boca está cheia de louvores ao Eterno,
Estou cantando seus louvores cercado pela
multidão,
Pois ele está sempre por perto para tomar partido
pelo necessitado,
para resgatar uma vida das mãos de algum
juiz injusto.

◼ NOTAS

☐ DIA 270 ___ / ___ / ___

CÂNTICO DOS CÂNTICOS 1.1 — 4.16

1 **1** O melhor de todos os cânticos de Salomão!

A amada

2-3 Beije-me — bem na boca!
    Sim! Pois o seu amor é melhor que o vinho,
    mais fascinante do que os mais finos perfumes.
Pronunciar o seu nome é como ouvir o
    murmúrio das águas.
    Não me admira que as jovens o amem tanto!

4 Leve-me junto com você! Vamos fugir!
    Quero ir com o meu rei, o meu amado!
Celebraremos e cantaremos
    as mais belas canções.
Sim! Porque seu amor é melhor que
    o mais nobre vinho.
    Como você é amado! Quem não o amaria?

5-6 Minha pele perdeu seu brilho,
    mas ainda sou graciosa,
    ó amigas de Jerusalém!
Estou escurecida como as tendas do
    deserto de Quedar,
    mas sou bela como as cortinas do templo
    de Salomão.

DIA 270

Não me desprezem por minha pele,
   queimada pelos ardentes raios do sol.
Meus irmãos zombaram de mim e me fizeram
   trabalhar no sol.
Tive que cuidar da vinha,
   nem pude me arrumar para o meu amado.

[7] Diga-me, amor da minha vida:
   onde você trabalha?
Diga-me onde cuida dos seus rebanhos,
   onde os deixa descansar à tarde.
Como posso ficar longe de você,
   sem o seu afável cuidado?

O amado

[8] Se você não sabe, ó mais linda das mulheres,
   siga os rebanhos.
Conduza seus cordeiros a boas pastagens,
   junto das tendas dos pastores.

[9-11] Sua beleza ultrapassa a dos mais distintos
   corcéis do faraó.
Como é fascinante a harmonia da sua face
   enfeitada pelos seus brincos!
Seu colar delineia o contorno do seu colo.
Celebrarei a sua beleza com joias de ouro
   e de prata.

A amada

[12-14] Quando meu rei, meu amado,
   estava em seu jardim,
   meu perfume exalava amor sem fim.
Meu amado é como um sachê perfumado
   que descansa entre meus seios.
Meu amado é como um buquê de
   flores do campo
colhidas só para mim no oásis de En-Gedi.

O amado

[15] Ó minha amada! Como você é linda!
   Como brilham os seus olhos!

A amada

[16-17] Ó meu amado! Como você é lindo!
   Que delícia! O nosso leito é verdejante, cheio
   de vida!
A mais nobre madeira emoldura o nosso amor
   e de suas vigas se faz um abrigo acolhedor.

2 [1] Sou uma flor colhida nos campos de Sarom —
lírio do vale é o meu nome.

O amado

[2] Minha amada é como um lírio que desabrocha
entre os espinheiros —
   ela se destaca entre todas as jovens da aldeia.

A amada

[3-4] Assim como o cedro se distingue na floresta,
   meu amado sobressai entre os jovens.
Tudo que quero é sentar-me à sua sombra,
   para desfrutar o seu delicioso amor.
Ele me convidou para celebrar com doçura
   e seus olhares para mim eram pura ternura!

[5-6] Oh! Renovem as minhas forças!
   Estou desfalecendo de amor!
Que as suas mãos acariciem minha cabeça,
   e que me envolvam os seus braços!
[7] Amigas de Jerusalém,
   pelas gazelas e pelas corças das colinas,
     prometam:
Só despertem o amor,
   quando chegar o seu momento.

[8-10] Oh! É o meu amado!
   Posso ouvir os seus passos.
Ele vem saltando pelos montes,
   galopando sobre as colinas.
Meu amado é incomparável!
     É mais forte que o leão,
   mais ágil que o leopardo.
Ele já está ali.
   Atento a tudo, seu olhar me contempla.
Meu amado chegou!
   Ele está falando comigo!

O amado

[10-14] Acorde, minha querida, meu amor,
   minha linda, minha amada — venha comigo!
Olhe à sua volta: o inverno já acabou.
   As chuvas já passaram, sim já se foram!
As flores da primavera desabrocham
   em toda parte.
   O mundo inteiro é uma sinfonia —
   pura harmonia!
Os gorjeios da primavera enfeitam os bosques
   com doces acordes.
Os vinhedos, viçosos e perfumados,
   estão exuberantes;
   as cerejeiras exalam a fragrância da sua floração.
Acorde, minha querida, meu amor,
   minha linda, minha amada — venha comigo!

Venha, minha tímida e nobre recatada —
  é hora de sair, vamos passear.
Deixe-me ver o seu rosto.
  Quero ouvir a sua voz.
Aquela voz tão suave!
  Aquele rosto encantador!

A amada

¹⁵**M**eu querido, proteja-me dos animais,
  que estão à espreita.
Eles não desejam outra coisa
  senão entrar em nosso lindo jardim florido.

¹⁶⁻¹⁷O meu amado é meu, e eu sou dele também.
  À noite, ele passeia em nosso jardim,
Deleitando-se com as flores
  até que desperte a alvorada e a noite se vá.

Volte para mim, meu amado,
  tão logo como o belo alvorecer,
Como o nascer do sol
  que desponta atrás das montanhas!

3¹⁻⁴**A**nsiosa em meu leito, perdi o sono.
Esperei pelo meu amado,
por quem minha alma anseia.
  Como doía a saudade!
Então me levantei e saí desnorteada pela cidade,
  procurando-o por toda parte.
Tentei achá-lo, mas não o encontrei.
Então, os guardas me encontraram
  quando faziam a ronda noturna.
  "Vocês viram aquele por quem minha alma
    anseia?", perguntei ansiosa.
Mal os deixei, nem pude acreditar: era ele!
  Encontrei aquele por quem anseia
    a minha alma!
Atirei-me em seus braços e o abracei apertado.
  Segurei-o. Não o deixei ir. Vou levá-lo para o
    aconchego da minha casa.

⁵Amigas de Jerusalém,
  pelas gazelas e pelas corças das colinas,
  prometam:
Só despertem o amor,
  quando chegar o seu momento.

⁶⁻¹⁰O que é aquilo que vem chegando do deserto,
  em meio a nuvens de poeira,
  enchendo o ar de doces aromas
  e fragrâncias inesquecíveis?

É a carruagem de Salomão!
  Vem chegando com sessenta soldados,
  os melhores de Israel!
Trazendo as armas mais poderosas,
  são imbatíveis na batalha,
  os mais experientes entre os guerreiros.
O rei Salomão mandou fazer uma carruagem.
  Era toda de cedros do Líbano,
  revestida de prata, com o teto de ouro.
  Seus assentos eram cobertos de púrpura,
  e, por dentro, tudo cuidadosamente
    trabalhado.

¹¹Venham ver, amigas de Jerusalém.
  Ó mulheres de Sião, vocês não podem perder!
É o meu rei, o meu amado,
  vestido majestosamente para o casamento,
  seu coração explode de alegria!

O amado

4¹⁻⁵**C**omo você é linda, minha amada!
Por trás do seu jeito discreto,
  como brilham os seus olhos!
Seus cabelos, que deslizam cheios de vida,
  são como filetes cristalinos de cachoeiras,
  que escorrem suavemente pelas encostas.
Seu sorriso é radiante e encantador —
  entoam vida e singela pureza.
Seus lábios são como rubis,
  sua boca é graciosa e atraente,
  suas faces revelam suavidade e resplendor.
O delicado contorno do seu pescoço
  é um convite — ninguém resiste!
Seus seios são como duas belas colinas
  que anunciam as primeiras flores da primavera.

⁶⁻⁷O contorno suave do seu corpo
  exala perfumes que me deixam atordoado!
Eles me convidam
  e entrego-me às delícias até o alvorecer.
Você é toda linda, minha amada,
  incomparável, simplesmente inesquecível!

⁸⁻¹⁵Venha do Líbano comigo, minha noiva!
  Venha e esqueça o Líbano!
Desça das altas montanhas.
  Saia dessas cavernas,
  onde vivem os leões
  e habitam os leopardos.
Você fez disparar o meu coração, minha querida.
  Com um só olhar, fui arrebatado.

Fiquei perdidamente apaixonado!
Como são agradáveis as suas carícias,
minha amada –
mais agradáveis que o mais fino vinho!
Seu perfume tão encantador
leva-me ao devaneio.
Os beijos dos seus lábios são puro mel,
minha noiva;
o sabor dos seus beijos permanece
nos meus lábios.
Sinto o seu cheiro me dominar,
é como o aroma das altas montanhas.
Ah, minha amada, você é um jardim secreto,
uma fonte pura e singular.
Você é o paraíso!
Os mais fascinantes perfumes e sabores
se acham em seu ser –
Tâmaras e pêssegos,
uvas e morangos;
Damas-da-noite e lírios,
jasmins e lavandas;
Hortelã e alfazema,
e todas as ervas aromáticas;
Uma fonte de jardim regada pelas
águas da primavera
que descem das montanhas do Líbano.

A amada

16 **A**corde, vento norte,
venha, vento sul!
Sopre em meu jardim,
espalhe as mais suaves fragrâncias.

Oh! Deixem meu amado entrar em seu jardim!
Deixem-no saborear os seus frutos mais
agradáveis.

GÁLATAS 4.8-20

8-11 Antes de conhecerem Deus pessoalmente,
vocês eram escravos dos deuses – que nem deuses
são! Mas agora que conhecem o Deus verdadeiro, ou
melhor, agora que Deus conhece vocês, como podem
se sujeitar novamente a esses pretensos poderes?
É como temer o bicho-papão! E não é isso que vocês
fazem quando observam tradições e superstições,
associadas a datas e festas especiais? Será que foi
em vão tudo o que fiz por vocês?

12-13 Meus queridos, gostaria muito que se pusessem em meu lugar. Afinal, foi o que eu fiz quando
estive com vocês. Como vocês foram sensíveis

e gentis! Em nada me prejudicaram. Quando preguei para vocês pela primeira vez, estava doente
e nem pude prosseguir jornada.

14-16 Sei que não é fácil receber um hóspede doente, mas vocês me trataram tão bem como se eu fosse
um anjo de Deus ou como se tivessem recebendo
o próprio Jesus! O que aconteceu com toda aquela
alegria? Sei que vocês teriam me dado os próprios
olhos, se fosse preciso, tal era o carinho com que
cuidaram de mim! E agora, de uma hora para outra,
parece que virei inimigo de vocês! Foi só por dizer
a verdade? Não posso acreditar!

17 Os pregadores de heresias tentam agradá-los de
todo jeito. É pura bajulação! Eles querem acabar com
a liberdade que a graça de Deus dá a vocês. O objetivo deles é fazê-los dependentes da aprovação e da
orientação que pretendem dar. Querem apenas se
sentir importantes.

18-20 **É** muito bom que vocês sempre façam o bem!
Mesmo quando não estou por perto. Por que mudar
de atitude para comigo quando estou longe? Querem
saber como me sinto agora até que a vida de Cristo
seja uma realidade na vida de vocês? Como mãe
em dores de parto! Ah! Como eu queria estar com
vocês! Eu nem falaria nesse tom tão severo, abrindo
o coração.

SALMOS 110.1-7

Uma oração de Davi

110 **1-3** **A** palavra do Eterno ao meu Senhor:
“Sente-se ao meu lado,
aqui no meu trono,
até que eu faça dos seus inimigos um descanso
para os pés”.
Você vai receber um cetro forjado pelo
Eterno de Sião.
Agora, governe, mesmo cercado
por inimigos!
Seu povo se juntará voluntariamente a você,
resplandecente numa santa armadura
no grande dia da sua conquista.
Ele se juntará a você no romper do dia,
com todo o vigor da juventude.

4-7 O Eterno deu sua palavra e não voltará atrás:
Tu és o sacerdote para sempre,
na ordem real de Melquisedeque.
O Senhor estará sempre ao seu lado,
esmagando os reis em sua terrível ira,

Julgando todas as nações,
distribuindo condenação por atacado,
esmagando a oposição por toda a terra.
Aquele que entroniza os reis pôs o seu
Rei no trono;
o verdadeiro Rei governa
de cabeça erguida!

◢ NOTAS

||||||||||||||||||||||||||||||||||||||||||||||||||

☐ DIA **271** ___/___/___

CÂNTICO DOS CÂNTICOS 5.1 — 8.14

O amado

5¹Cheguei ao meu jardim, minha noiva,
minha amada!

Senti a doce fragrância.
Desfrutei o mel e a fruta,
bebi o néctar e o vinho.

Celebrem comigo, amigos!
Levantem suas taças: "À vida! Ao amor!".

A amada

²**E**nquanto eu dormia, em meus sonhos
estava bem acordada.
Ouçam! É o meu amado batendo!
Ele me chama!

O amado

"**D**eixe-me entrar, meu bem, minha querida,
minha amada, amor da minha vida!
Estou encharcado de orvalho,
de sereno, tremendo de frio."

A amada

³"**M**as já me troquei. Estou pronta para me deitar.
Será que tenho de me levantar agora?"

⁴⁻⁷Mas meu amado é persistente,
não desiste facilmente.
Enquanto ele batia, disparava o meu coração.
Arrependida, levantei-me para abrir a porta,
ansiosa para recebê-lo.
Ofegante e trêmula,
abri a porta.
Que tristeza! Ele tinha ido embora.
Cansado de esperar, meu amado se foi.
Eu quase morri!
Então, saí correndo, procurando por ele.
Para o meu desespero, não o encontrei.
Gritei na escuridão, mas só houve silêncio.
Os guardas me encontraram
quando faziam a ronda noturna.
Eles me bateram e me feriram.
Logo os guardas da cidade!

⁸Peço a vocês, amigas de Jerusalém:
se encontrarem o meu amado,
Por favor, digam-lhe quanto o quero,
digam que estou desfalecendo de amor!

O coral

⁹**O** que há de tão fascinante em seu amado,
linda mulher?
O que há de tão especial nele, para que você
implore nossa ajuda?

A amada

10-16 Meu amado é cheio de vida e vigor!
Ele é único! Incomparável!
Não há ninguém como ele!
Seus cabelos atraem-me
com seus cachos negros.
Seu olhar é profundo e cativante,
e transborda de amor, como ricas fontes.
Seu rosto segreda-me doce ternura
e inabalável segurança.
Sua voz, ah, que voz!
Suas palavras satisfazem plenamente
o íntimo do meu ser.
Seus braços fortes sobressaem.
Seu corpo é como obra de um escultor,
toda feita de marfim.
Ele é elegante como um cedro,
e suas pernas são como colunas de mármore.
Sua boca é pura doçura!
Tudo nele me encanta!

Esse é o meu amado, o meu querido,
amigas de Jerusalém.

O coral

6 **¹** Para onde foi o seu amado,
ó linda mulher?
Onde ele pode estar?
Vamos ajudar a procurá-lo.

A amada

2-3 Não se preocupem. Meu amado já está a
caminho do seu jardim,
para admirar as belas flores,
com suas formas e cores.
Eu sou do meu amado, e o meu amado
é meu também.
Seu prazer é estar entre as flores
perfumadas.

O amado

4-7 Minha querida, minha amada,
você é bela como Tirza, a cidade dos prazeres.
Amável como Jerusalém, a cidade dos sonhos.
É encantadora, simplesmente irresistível!
Seu olhar me deixa completamente sem graça.
Sua beleza é demais para mim.
É perfeita demais. Não mereço tanto.
Seus cabelos, que deslizam cheios de vida,
são como filetes cristalinos de cachoeiras,
que escorrem suavemente pelas encostas.

Seu sorriso é radiante e encantador –
entoam vida e singela pureza.
Suas faces revelam suavidade e resplendor.

8-9 Não há ninguém igual a ela,
nunca houve nem haverá.
Ela não tem comparação.
Mais bela que qualquer modelo, ela é perfeita.
Pura e inocente como no dia em que nasceu,
embalada com alegria por sua mãe.
Todos os que passavam para vê-la
ficavam admirados.
Gente simples e gente importante
igualmente a elogiam:

O coral

10 "Alguém já viu coisa mais linda?
É nova aurora, luar fascinante,
dia ensolarado,
tão bonita como um céu estrelado!".

A amada

11-12 Certo dia, saí para passear no jardim,
aguardando sinais da primavera,
ansiava pelos botões que
desabrocham em flores.
Antes que eu percebesse,
meu coração foi arrebatado,
fui tomada por sonhos de amor!

O coral

13 Dance, dance, querida Sulamita,
princesa sem igual!
Dance e encante-nos com sua beleza!
Todos querem ver Sulamita dançar
suas danças de celebração.

O amado

7 **1-9** Como são lindos os seus pés em suas sandálias.
Que coisa mais linda, mais cheia de graça
é o seu andar.
Suas pernas são pura elegância,
obra de um artista de primeira.
Seu corpo é um cálice,
repleto de vinho.
Sua pele é tão macia e sedosa!
Seu brilho é poesia decantada
por agradável brisa.
Seus seios são como duas belas colinas,
que anunciam as primeiras flores
da primavera.

O contorno do seu pescoço, como é belo e delicado!
Seus olhos são fontes de luz, cheios de mistério!
Suas curvas são só perfeição!
Atraem os olhares, mexem com o coração.
O seu cabelo ao vento cintila um reflexo multicor!
Os mais poderosos rendem-se totalmente
ao seu brilho.
Como você é linda! Como é perfeita,
minha amada, minha querida.
Eu a desejo mais que tudo!
Seu encanto é como o de uma palmeira,
e seus seios são como doces cachos de tâmaras.
Eu digo: "Vou subir àquela palmeira!
Vou acariciar seus tão aprazíveis frutos!".
Oh, Sim! Seus seios
são como cachos de doces frutos para mim.
O aroma do seu respirar é como hortelã,
os seus lábios são como o melhor vinho.

A amada

9-12 **O**s lábios dele são vinho — os beijos do meu amado
escorrem dos lábios dele para os meus.
Eu sou do meu amado.
Ele me deseja com todo o seu ser.
Sou tudo para ele!
Venha, meu amado —
vamos caminhar por belas paradas.
Vamos achar a mais romântica pousada!
Lá dormiremos e logo cedo ouviremos o
canto dos pássaros.
Sairemos à procura de flores que desabrocham,
admirando a beleza das mais exóticas flores,
e a perfeição de seus frutos.
Ali me entregarei plenamente a você!
Eu lhe darei todo o meu amor!

13 Em meio a tantos aromas e cores
que celebram a vida que exala do amor,
Eu lhe segredo: tenho comigo o
mais precioso fruto
que guardei só para você, amor da minha vida!

8 1-2 **A**h, como eu gostaria que você fosse meu irmão,
amamentado pelos seios da minha mãe,
Eu brincaria com você na rua,
e o beijaria na frente de todo mundo,
e ninguém me censuraria.
De mãos dadas, eu o traria para casa,
à casa da minha mãe.
Eu lhe daria do meu vinho
e você me beijaria no rosto.

3-4 Quem dera suas mãos acariciassem
minha cabeça,
e me envolvessem os seus braços!
Não se esqueçam, amigas de Jerusalém:
Só despertem o amor,
quando chegar o seu momento.

O coral

5 **Q**uem vem lá? Quem vem chegando do campo,
de braços dados com seu amado?

O amado

Encontrei você debaixo daquela palmeira
e a despertei para o amor.
Sua mãe lhe deu à luz debaixo daquela árvore
e, sob aquela sombra, você nasceu.

A amada

6-8 **P**onha o meu nome junto do seu coração,
use o meu anel no seu dedo.
O amor enfrenta até a morte.
A paixão ri da mais cruel ameaça.
As chamas do amor não se podem controlar —
suas labaredas não descansam.
As muitas águas não podem apagar o amor;
as correntezas não conseguem arrastá-lo.
Nem toda riqueza do mundo pode comprá-lo.
Seu preço? Quem poderá calculá-lo?
Meus irmãos se preocupavam comigo:

Os irmãos

8-9 "**N**ossa irmãzinha não tem seios.
O que vamos fazer com nossa pequena
quando começarem a ter interesse por ela?
Ela é virgem e vulnerável,
mas nós a protegeremos.
Se acharem que sua defesa é um muro,
nós o cobriremos com uma cerca fechada.
Se acharem que sua defesa é uma porta, nós a
trancaremos com cadeado".

A amada

10 **Q**ueridos irmãos, sei que ainda sou uma virgem,
mas meus seios já estão cheios —
Estou pronta para o meu amado,
e ele logo será satisfeito.

O amado

11-12 **O** rei Salomão deve ter enormes vinhas
em campo rico e fértil.
Ele contrata agricultores para cultivar o solo.

Muitos fazem de tudo para ter parte
na sua produção.
Mas *minha* vinha é toda minha,
e a estou guardando para mim.
Você pode ter suas
enormes vinhas, Salomão,
você e seus gananciosos arrendatários!

¹³Ó, linda dama dos jardins,
meus amigos estão comigo, ouvindo.
Deixe-me ouvir sua voz!

A amada
¹⁴Volte para mim, meu amado.
tão logo como o belo alvorecer.
Como o nascer do sol
que desponta atrás das montanhas.

GÁLATAS 4.21 — 5.15

²¹⁻³¹E, vocês que são vidrados na Lei, já deram
pelo menos uma olhada no que ela diz? Abraão teve
dois filhos: um da escrava e outro da livre. O filho
da escrava nasceu por iniciativa humana; o filho da
livre nasceu pela promessa de Deus. A ilustração
é clara: as duas histórias mostram dois modos de
relacionamento com Deus. A primeira fala do monte Sinai, na Arábia. Representa o que acontece em
Jerusalém: uma vida escrava que produz escravos
como descendentes. É o caminho de Hagar. A segunda fala da Jerusalém invisível, uma Jerusalém
livre, nossa mãe. É o caminho de Sara. Lembrem-se
do que Isaías escreveu:

Alegre-se, ó estéril, você que nunca teve um filho!
Exulte e cante, você que nunca sofreu as
dores do parto!
Porque são mais os filhos da abandonada
do que os filhos da mulher casada.

Não está claro, meus queridos, que, como Isaque, vocês são filhos da promessa? Nos tempos passados,
Ismael, o filho nascido por iniciativa humana, perseguiu Isaque, o filho da promessa, pelo Espírito.
Não é o que vemos agora? A perseguição promovida
pelos hereges de Jerusalém segue o modelo antigo!
Há um texto nas Escrituras que nos diz o que fazer:
"Expulse a escrava e seu filho, pois o filho escravo
não será herdeiro com o filho livre". Não somos
filhos da escravidão, mas sim da liberdade que
vem do Espírito.

A vida de liberdade
5¹Cristo nos libertou para viver uma vida livre.
Permaneçam nessa liberdade! Nunca mais aceitem sujeitar-se a nenhum tipo de escravidão.

¹⁻³Quero enfatizar o seguinte: no momento em
que vocês se submetem à circuncisão ou a qualquer
outro sistema de regras, o dom da liberdade
que Cristo conquistou com sofrimento acaba
desperdiçado. Repito: quem aceita o sistema da
circuncisão troca a maravilhosa vida de liberdade
em Cristo pelas obrigações da vida de escravo
da Lei.

⁴⁻⁶Creio que o que está acontecendo não era
intenção de vocês. Quem escolhe viver de acordo
com seus planos religiosos tentando ser justo se
desliga de Cristo e está fora da graça. Mas nós
vivemos a expectativa de um relacionamento
com o Espírito que satisfaz. Em Cristo, nem nossa
religião mais criteriosa nem a indiferença quanto
a obrigações religiosas significam alguma coisa.
O que importa é algo mais íntimo: a fé expressa
em amor.

⁷⁻¹⁰Vocês estavam correndo muito bem! Quem os
convenceu a se desviar do caminho da obediência?
Por certo não foi aquele que os convocou para a corrida. Por favor, não pensem que isso é insignificante.
Basta um pouquinho de fermento para levedar uma
grande quantidade de massa de pão. Lá no fundo, o
Senhor me deu a certeza de que vocês não vão desistir. Mas aquele que está perturbando vocês, seja
quem for, enfrentará o juízo divino.

¹¹⁻¹²Saibam que o boato de que continuo a pregar
a circuncisão (como eu fazia antes de encontrar
o Senhor na estrada de Damasco) é um absurdo.
Por que, então, eu ainda seria perseguido?
Se eu pregasse a velha mensagem, ninguém ficaria
ofendido. Omitir a cruz diluiria tanto a mensagem
que ninguém se importaria. Quero saber por que
esses agitadores, tão obcecados pela circuncisão, não
se circuncidam totalmente? Poderiam se castrar!

¹³⁻¹⁵Não há dúvida que Deus chamou vocês para
uma vida de liberdade. Mas não usem essa liberdade como desculpa para fazer o que bem entendem,
pois, assim, acabarão destruindo-a. Em vez disso,
usem a liberdade para servir o próximo com amor.
É assim que vocês serão cada vez mais livres,
pois o ensino da Palavra de Deus resume-se numa
única frase: ame o próximo como a você mesmo.
Isso é que é liberdade. Se vocês vivem como cão
e gato, vão acabar se destruindo. Querem perder
a preciosa liberdade?

SALMOS 111.1-10a

111 **1-10** **A**leluia!
Dou graças ao Eterno com tudo que tenho,
Onde quer que os bons se reúnam e na
 congregação.
As obras do Eterno são tão grandiosas,
 dignas de uma vida inteira de estudo —
 prazer sem fim!
Esplendor e beleza marcam sua arte;
Sua generosidade jamais acaba.
Seus milagres são seu memorial —
O Eterno da graça, o Eterno do amor!
Ele deu comida para os que o temiam,
Lembrou-se de guardar sua antiga promessa.
Ele provou ao seu povo que podia cumpri-la:
Entregou-o às nações numa travessa —
 um presente!

◼ NOTAS

☐ DIA 272 ___/___/___

ISAÍAS 1.1 — 3.7

MENSAGENS DE JUÍZO
Chega de joguinhos religiosos

1 **1** **V**isão que Isaías, filho de Amoz, teve a respeito
de Judá e Jerusalém na época dos reis de Judá:
Uzias, Jotão, Acaz e Ezequias.

2-4 Céus e terra, vocês são o júri.
 Ouçam a causa que o Eterno está apresentando:
"Tive filhos e os criei bem,
 mas eles se voltaram contra mim.
O boi sabe quem é seu dono,
 o jumento conhece a mão que o alimenta,
Mas Israel não.
 Meu povo perdeu completamente o rumo.
 Que vergonha! Vivem fugindo do Eterno,
 enganados,
 cambaleando sob o peso da culpa.
 Bando de crápulas,
 gangue de baderneiros!
 Meu povo virou a cara para mim, o Eterno —
 deram as costas para o Santo de Israel:
 eles se foram e nem mesmo olharam
 para trás.

5-9 "Por que insisto em me importar com vocês,
 Se vocês teimam em seguir os
 próprios caminhos?
Vocês continuam batendo a cabeça
 contra o muro.
 Tudo em vocês é autodestruição.
Da ponta dos pés até o alto da cabeça
 nada está bem:
Machucaduras, escoriações, feridas abertas,
 não cuidadas, não lavadas, não tratadas.
Sua terra está devastada,
 suas cidades foram queimadas.
Seu país foi destruído pelos estrangeiros diante
 dos seus olhos,
 reduzido a entulho pelos bárbaros.
Sião está devastada,
 como uma cabana abandonada
 prestes a cair,
Como um barraco pichado e esquecido,
 como um navio afundando,
 abandonado pelos ratos.

DIA 272

Se o Senhor dos Exércitos de Anjos não
tivesse deixado alguns sobreviventes,
estaríamos tão desolados como Sodoma,
condenados como Gomorra.

¹⁰ "Ouçam minha Mensagem,
vocês, líderes treinados em Sodoma.
Recebam a revelação de Deus,
vocês, povo formado em Gomorra.

¹¹⁻¹² "Por que esse frenesi de sacrifícios?",
o Eterno está perguntando.
"Não acham que já recebi minha porção de
sacrifícios queimados,
de carneiros gordos e bezerros
rechonchudos?
Não acham que já estou cheio
de sangue de bois, de carneiros e de bodes?
Quando vocês se apresentam a mim,
quem deu a ideia de agir desse jeito,
Correndo pra cá e pra lá, fazendo isto e aquilo,
essa agitação inútil no lugar do culto?".

¹³⁻¹⁷ "Chega de joguinhos religiosos!
Não suporto mais essa encenação:
Conferências mensais, agenda sabática,
encontros especiais,
reuniões, reuniões e mais reuniões — não
aguento ouvir falar em reunião!
São reuniões para isto, reuniões para aquilo.
Chega de reuniões!
Vocês me cansaram!
Estou cansado de religião, de tanta religião,
enquanto vocês continuam pecando.
Quando fizerem a próxima oração coletiva,
eu vou olhar para o outro lado.
Não importa se oram alto, por muito tempo ou
com frequência;
eu não vou dar ouvidos.
Sabem por quê? Porque vocês têm
trucidado pessoas,
e suas mãos estão cheias de sangue.
Vão para casa e se lavem!
Limpem essa sujeira toda.
Esfreguem a vida até que saiam suas maldades,
para que eu não seja mais obrigado
a olhar para elas.
Digam 'não' para o mal.
Aprendam a fazer o bem.
Trabalhem pela justiça.
Ajudem os oprimidos e marginalizados.

Façam alguma coisa pelos sem-teto.
Levantem a voz em favor dos indefesos".

Vamos discutir esse assunto

¹⁸⁻²⁰ "Venham. Sentem. Vamos discutir esse assunto."
Esta é a Mensagem do Eterno:
"Mesmo que estejam vermelhos como o sangue,
os seus pecados ficarão brancos
como a neve.
Mesmo que pareçam tintos,
serão como a lã branca.
Se vocês se dispuserem a obedecer,
irão festejar como reis.
Mas, se forem obstinados,
morrerão como cães".
Essa é a verdade.
É o Eterno quem está falando.

Dando as costas para Deus

²¹⁻²³ Dá para acreditar? A cidade, antes tão pura,
virou prostituta!
Antigamente, era toda justiça,
todos viviam como bons vizinhos.
Agora seus habitantes
tentam esganar uns aos outros.
O dinheiro que circula é falso.
O vinho está adulterado.
Seus líderes são vira-casacas
que preferem a companhia dos corruptos.
Eles se vendem a quem der o lance maior
e carregam qualquer coisa
que não esteja trancada.
Nunca levantam a voz em favor dos sem-teto,
nunca se apresentam em favor
dos indefesos.

²⁴⁻³¹ Aqui está, portanto, o decreto do Senhor,
o Senhor dos Exércitos de Anjos,
o Forte de Israel:
"Está decidido: vou arrancar os opressores
das minhas costas.
Vou contra-atacar os inimigos.
Vou afastá-los com as costas da minha mão,
tirar o lixo da vida deles,
uma limpeza completa.
Vou pôr juízes honestos e conselheiros sábios
entre vocês,
como era lá no início.
Então, vocês serão famosos,
A Cidade Que Trata Bem O Povo,
A Cidade Correta".

Os caminhos retos do Eterno vão endireitar
  Sião outra vez.
O agir correto do Eterno irá restaurar os
  arrependidos.
Será o fim para os rebeldes e traidores do Eterno,
  um beco sem saída para quem deu as
  costas para Deus.
"Seus floreados discursos nos santuários
  dos bosques de carvalho
  deixarão vocês com cara de bobo,
Bem como aquelas loucuras nos jardins dos
  deuses e das deusas,
  que vocês achavam o máximo.
Vocês vão acabar como o carvalho
  que perdeu todas as folhas,
Como o jardim sem água,
  todo ressecado.
O homem mais forte será como um graveto seco;
  sua 'obra', como a faísca que inicia o fogo,
Que reduz o homem e sua obra
  a cinza e fumaça".

Subam o monte de Deus

2 **¹⁻⁵ A** Mensagem que Isaías recebeu sobre Judá
e Jerusalém:

Chegará o dia
  em que o monte da casa do Eterno
Será o único Monte –
  firmado e mais alto que todos os outros.
Todas as nações correrão para ele,
  povos de todos os lugares partirão para lá.
Eles dirão: "Venham,
  subamos o monte do Eterno,
  vamos à casa do Deus de Jacó.
Ele vai nos mostrar como é o seu agir
  para que vivamos a vida para
  a qual fomos feitos".
Sião é a fonte da revelação.
  A Mensagem do Eterno vem de Jerusalém.
Ele vai julgar de forma justa as causas das nações
  e resolver as questões de muitos povos.
Eles vão transformar as espadas em pás;
  as lanças, em enxadas.
Nação já não lutará contra nação;
  já não haverá guerras.
Venha, família de Jacó,
  vamos viver na luz do Eterno.

⁶⁻⁹ Ó Eterno, deste as costas à tua família, Jacó,
  porque eles estão cheios de religiosidade vazia,

Da magia dos filisteus e da feitiçaria dos pagãos,
  um mundo rolando na riqueza,
Repleto de engenhocas:
  não há fim para suas máquinas e artefatos.
E deuses – deuses de todos os tipos e tamanhos.
  Eles fabricam seus deuses e depois adoram
  o que fizeram.
Um povo degenerado, afundado na sarjeta.
  Não percas tempo com eles!
  Eles não são dignos de perdão!

Presunção lançada ao chão

¹⁰ Fujam para os montes,
  escondam-se nas cavernas
Do terror do Eterno,
  de sua presença ofuscante!

¹¹⁻¹⁷ Gente inchada de orgulho que ruma
  para a queda,
  toda presunção é lançada ao chão.
Só o Eterno estará exaltado,
  no dia de que estamos falando,
O dia em que o Senhor dos Exércitos de Anjos
  irá enfrentar todos os oponentes fanfarrões,
  todos os que se julgam valentes.
Todos os cedros gigantes e altaneiros
  e todos os carvalhos;
O Pico da Neblina e o Evereste
  a cordilheira dos Andes e a Serra da
  Mantiqueira;
Toda construção imponente,
  os obeliscos e estátuas que reluzem orgulho;
Os luxuosos navios de cruzeiro
  e as elegantes escunas de três mastros.
Todo nariz empinado será abaixado,
  toda presunção será lançada ao chão,
Deixando o Eterno sozinho em plena exaltação,
  no dia de que estamos falando.

¹⁸ E todos aqueles paus e pedras
  enfeitados para se parecerem com deuses
  serão eliminados para sempre.

¹⁹ Fujam para as cavernas dos despenhadeiros,
  desapareçam em qualquer buraco que
  puderem achar.
Escondam-se do terror do Eterno,
  da sua presença ofuscante,
Quando ele aparecer com toda a sua grandeza
  na terra,
  presença soberana e aterrorizante.

DIA 272

20-21 Naquele dia, os homens e as mulheres pegarão
os paus e pedras
Que enfeitaram com ouro e prata
para fazê-los parecidos com deuses
E os jogarão
na primeira valeta que encontrarem.
Depois, correrão em busca de cavernas nas rochas
e de esconderijos nos rochedos
Para se esconderem do terror do Eterno,
de sua presença deslumbrante,
De quando ele aparecer com toda a sua
grandeza na terra,
presença soberana e aterrorizante.

22 Parem de bajular meros seres humanos,
tão cheios de si, tão cheios de nada!
Não veem que eles nada podem oferecer?

Jerusalém está nas últimas

3 **1-7** O Senhor, o Senhor dos Exércitos de Anjos,
está esvaziando Jerusalém e Judá
Dos artigos de primeira necessidade,
a começar pelo pão e pela água.
Ele está retirando a segurança e a proteção,
juízes e tribunais,
pastores e mestres,
capitães e generais,
médicos e enfermeiras
e, sim, até o conserta-tudo e o
pau-para-toda-obra.
Ele diz: "Vou pôr crianças no comando da cidade.
Meninos e meninas é que vão dar as ordens.
As pessoas vão esganar umas às outras;
Vão se esfaquear pelas costas:
Vizinho contra vizinho, jovens contra velhos,
o joão-ninguém contra o dono do pedaço.
Um irmão vai agarrar o outro e dizer:
'Você parece sensato.
Faça alguma coisa!
Tire a gente desta confusão!'.
E ele vai responder: 'Eu não! Nem sei o que fazer.
Não quero ser responsável por nada'.

GÁLATAS 5.16 — 6.5

16-18 Aqui vai o meu conselho: vivam nesta liberdade, motivados pelo Espírito de Deus; só assim vencerão seus impulsos egoístas. Pois há em nós uma raiz de egoísmo que guerreia contra a liberdade do Espírito! Esta liberdade é incompatível com o egoísmo. São dois modos de vida opostos: não dá para

viver com os dois. Por que não escolhem o caminho do Espírito? Só por ele poderão fugir dos impulsos inconstantes de uma vida dominada pela Lei.

19-21 Todos conhecem o tipo de vida de uma pessoa que quer fazer o que bem entende: sexo barato e frequente, mas sem nenhum amor; vida emocional e mental detonada; busca frenética por felicidade, sem satisfação; deuses que não passam de peças decorativas; religião de espetáculo; solidão paranoica; competição selvagem; consumismo insaciável; temperamento descontrolado; incapacidade de amar e de ser amado; lares e vidas divididos; coração egoísta e insatisfação constante; costume de desprezar o próximo, vendo todos como rivais; vícios incontroláveis; tristes paródias de vida em comunidade. E, se eu fosse continuar, a lista seria enorme.

Essa não é a primeira vez que venho advertir vocês: se usarem a liberdade desse modo, não herdarão o Reino de Deus.

22-23 Mas vamos falar da vida com Deus. O que acontece quando vivemos no caminho de Deus? Deus faz surgir dons em nós, como frutas que nascem num pomar: afeição pelos outros, uma vida cheia de exuberância, serenidade, disposição de comemorar a vida, um senso de compaixão no íntimo e a convicção de que há algo de sagrado em toda a criação e nas pessoas. Nós nos entregamos de coração a compromissos que importam, sem precisar forçar a barra, e nos tornamos capazes de organizar e direcionar sabiamente nossas habilidades.

23-24 O legalismo não produz nada disso; apenas atrapalha. Para quem pertence a Cristo, seguir o próprio caminho e deixar para depois as necessidades dos outros são atitudes que ficaram cravadas na cruz.

25-26 Já que a vida do Espírito é o tipo de vida que escolhemos, convém lembrar que isso não é apenas uma ideia ou um sentimento no coração. Suas implicações devem ser realidade em cada área da nossa vida. Isso significa que não devemos ficar fazendo comparações, como se um fosse melhor que o outro. Temos coisa mais importante a fazer na vida. Ninguém é melhor do que ninguém. Cada pessoa tem valor singular e inestimável.

Nada a não ser a cruz

6 **1-3** Amigos, vivam com criatividade. Se alguém cair em pecado, restaurem-no com perdão. Guardem as críticas. *Vocês* podem precisar de perdão antes que o dia termine. Ajam com misericórdia e estendam a mão aos oprimidos. Compartilhem aquilo que pesa a vocês e cumpram, desse modo, a lei de Cristo. Se pensam que são bons demais para agir assim, estão muito enganados.

4-5 Cada um examine com cuidado a si mesmo e a maneira segundo a qual está cumprindo a missão que recebeu e dedique atenção total a ela. Não fiquem admirando vocês mesmos nem se comparando com os outros. Cada um precisa assumir o compromisso de fazer o melhor que puder com sua vida.

SALMOS 111.1-10b

Ele produz a verdade e a justiça.
Todos os seus produtos são garantidos
    para durar —
Nunca fora da validade, nunca obsoletos,
    inoxidáveis.
Tudo que ele cria e faz é honesto e verdadeiro.
Ele pagou o resgate por seu povo,
Ele ordenou que sua Aliança fosse mantida
    para sempre.
Ele é pessoal e santo, digno do nosso respeito.
A sabedoria começa no temor do Eterno —
Faça isso, e você conhecerá as bênções
    do Eterno.
Seu louvor dura para sempre!

◢ NOTAS

☐ DIA **273** ___/___/___

ISAÍAS 3.8 — 5.30

8-9 "Jerusalém está com as pernas bambas.
    Judá logo estará de cara no chão.
Tudo que as pessoas fazem e dizem
    está em conflito com os propósitos do Eterno,
    é como um tapa no meu rosto.
Orgulhosos de sua depravação,
    fazem alarde de seus pecados como a
        corrompida Sodoma,
Decretando a destruição da alma!
        Eles fizeram a cama,
    e nela agora deitarão.

10-11 "Vai-se a certeza dos justos,
    de que uma vida correta será recompensada.
Mas haverá desgraça para os maus!
        Um desastre!
Tudo que fizeram aos outros também
    lhes será feito.

12 "Crianças franzinas põem medo no meu povo.
    Meninas simplórias o intimidam.
Meu querido povo! Seus líderes estão
        levando vocês para um beco sem saída.
        Estão lançando vocês num caminho
        sem direção".

Uma cidade de joelhos

13-15 O Eterno entra na sala do tribunal.
    Ele toma assento para julgar seu povo.
O Eterno exige ordem no tribunal,
    conduz os líderes do povo ao banco dos réus:
"Vocês saquearam este país.
    Suas casas estão entupidas de coisas que
        roubaram dos pobres.
Como podem pisar no meu povo,
    esfregando o rosto dos coitados na lama?".
É isso que o Senhor,
    o Senhor dos Exércitos de Anjos, diz.

16-17 O Eterno diz: "As mulheres de Sião são
muito convencidas,
andam por aí de nariz empinado
e de salto alto,
Lançando olhares a todos os homens na rua,
balançando os quadris,
Jogando o cabelo,
cobertas de joias".
O Senhor fará cair o cabelo das mulheres de Sião.
Mulheres sarnentas e carecas:
É o Senhor que vai fazer isso.

18-23 Chegará o dia em que o Senhor vai jogar fora
os acessórios extravagantes: brincos, pingentes, presilhas, braceletes, pentes, espelhos, lenços de seda,
broches de diamantes, colares de pérolas, anéis para
os dedos das mãos e dos pés, chapéus da última moda,
perfumes exóticos e afrodisíacos, mantos e capas – o
que há de mais fino no mundo em tecidos e *design*.

24 Em vez de aromas sedutores,
essas mulheres vão cheirar
a repolho apodrecido;
Em vez de modelar mantos finos,
elas serão como panos de chão;
Em vez dos cortes de cabelo estilizados,
haverá cabelos horríveis e asquerosos;
Em vez de marcas de beleza,
sarnas e manchas.

25-26 Seus melhores guerreiros serão mortos,
os corpos dos soldados serão abandonados
no campo de batalha.
No portão de entrada de Sião,
uma grande multidão lamentará
seus mortos –
Uma cidade parou sob o peso de sua perda;
foi posta de joelhos por suas aflições.

4 **1** Nesse dia, sete mulheres
irão agarrar um homem e dizer:
"Vamos cuidar de nós mesmas,
arranjar nossa comida e roupa.
Apenas nos dê um filho. Engravide-nos
para que tenhamos algo por que viver!".

O Renovo do Eterno

2-4 Mas acontecerá que o Renovo do Eterno brotará
verde e viçoso. O fruto da terra dará aos sobreviventes de Israel motivo para se orgulharem outra vez.
Oh, eles vão levantar a cabeça! Os que restarem de

Sião, os rejeitados de Jerusalém, serão chamados
"santos" – vivos e, portanto, preciosos. O Eterno
concederá um banho purificador às mulheres de
Sião. Ele esfregará a cidade manchada de sangue,
a fim de purificá-la da sua violência e brutalidade.
O lugar será limpo com o fogo do juízo.

5-6 Em seguida, o Eterno trará de volta a antiga
coluna de nuvem de dia e a coluna de fogo de noite.
Ele marcará o monte Sião e todos os que estiverem
nele com sua presença gloriosa, imensa e protetora,
uma sombra para fugir do sol escaldante e um abrigo
da chuva forte.

Esperando uma colheita de justiça

5 **1-2** Vou cantar um cântico para o meu amado,
uma canção de amor a respeito de sua vinha:
O meu amado tinha uma vinha,
uma vinha linda e bem situada.
Ele capinou o solo e arrancou o mato,
plantou as melhores videiras.
Construiu uma torre e um tanque de prensar uvas:
era uma vinha da qual se orgulhava.
Ele esperava uma produção de uvas seletas,
mas tudo que conseguiu foi uvas azedas.

3-4 "Agora prestem atenção no que estou dizendo,
vocês que vivem em Jerusalém e em Judá.
O que acham que está acontecendo
entre mim e a minha vinha?
Lembram-se de alguma coisa que eu tenha feito
a ela, para que não produzisse o esperado?
Se eu esperava uvas boas,
por que só colhi azedas?

5-6 "Bem, vou dizer a vocês
o que vou fazer com essa vinha:
Vou arrancar a cerca
e deixar que seja arruinada.
Vou derrubar o portão
e deixar que seja pisada.
Vou transformá-la num terreno baldio:
os espinheiros e as ervas daninhas
vão tomar conta.
Vou dar ordens às nuvens:
'Não chovam sobre aquela vinha, nunca mais!'"

7 Vocês estão entendendo?
A vinha do Senhor dos Exércitos de Anjos
é a nação de Israel.
Todos os homens e mulheres de Judá
são o jardim do qual ele tinha tanto orgulho.

Ele esperou uma colheita de justiça
  e observou que eles se matavam
  uns aos outros.
Ele esperou uma colheita de equidade
  e só ouviu o gemido das vítimas.

Chamando o mal de bem e o bem de mal

8-10 **A**i de vocês que compram todas as casas
  e se apossam das terras,
Expulsando os antigos moradores,
Fixando placas de "Não entre",
Tomando conta do país e
  deixando a população sem abrigo e sem terra.
Ouvi, por acaso, o Senhor dos Exércitos
  de Anjos dizer:
"Esses casarões vão ficar vazios.
  Essas propriedades imensas ficarão desertas.
Uma vinha de dez alqueires produzirá apenas
  uma jarra de vinho,
  um barril de semente produzirá
  dez quilos de trigo".

11-17 Ai dos que se levantam cedo
  e começam a beber antes do café da manhã,
Que ficam acordados até tarde da noite
  bebendo até quase perder a consciência!
Tudo fazem para que em seus banquetes haja
  harpas e flautas e vinho à vontade,
Mas nada querem com a obra do Eterno,
  não dão a mínima para o que ele está fazendo.
Por isso, meu povo acabará no exílio,
  pois não percebe a situação.
Seus "homens de honra" vão morrer de fome,
  e o povo comum morrerá de sede.
A morte está com um apetite enorme,
  engolindo pessoas sem parar!
Famosos e desconhecidos,
  todos descem por sua garganta – isso, é
  claro, sem falar dos bêbados.
Oprimidos e marginalizados, bem como
  ilustres e poderosos,
Gente arrogante que tanto se gabava,
  agora está humilhada –
  foram reduzidos a nada.
Mas, ao fazer justiça,
  o Senhor dos Exércitos de Anjos será como
  uma montanha.
Ao produzir a equidade,
  o Santo Deus mostrará o que é ser "santo".
Então, as ovelhas terão pastagem,
  como se fossem donas do lugar;

Os cordeiros e os bezerros
  se sentirão em casa nas ruínas.

18-19 Ai de vocês, que falam mentiras para
  vender o mal;
  que levam o pecado para o mercado em
  grandes fardos;
Que dizem: "O que Deus está esperando?
  Ele que dê o próximo passo,
  para que a gente possa ver.
Não importa o que o Santo de Israel inventou,
  nós gostaríamos de dar uma olhada"!

20 Ai de vocês que chamam o mal de bem
  e o bem de mal;
Que põem a escuridão no lugar da luz
  e a luz no lugar da escuridão;
Que trocam o doce pelo azedo
  e o azedo pelo doce!

21-23 Ai de vocês que se julgam espertos
  e têm um conceito elevado
  de vocês mesmos!
Tudo que realmente sabem fazer é beber –
  são verdadeiros campeões na arte
  de encher a cara.
Vocês forram os bolsos com as propinas
  dos culpados
  e violam os direitos dos inocentes.

24 Mas eles não vão escapar ilesos.
  Assim como o fogo devora a palha
  e o capim seco é consumido pelas chamas,
A alma deles vai atrofiar,
  e suas realizações vão virar pó,
Porque eles disseram "não" à revelação
  do Senhor dos Exércitos de Anjos,
Não quiseram nenhum acordo
  com o Santo de Israel.

25-30 Por isso, o Eterno descarregou
  sua ira contra seu povo:
  ele os atingiu e os derrubou.
Os montes tremeram,
  e os cadáveres se amontoaram nas ruas.
Mesmo depois disso, ele ainda estava irado,
  com o punho cerrado,
  pronto para atingi-los de novo.
Ele agita uma bandeira, enviando sinais
  a uma nação distante,
  assobia para os povos nos confins da terra.

DIA 273

E aí vêm eles — correndo!
Nenhum deles arrasta os pés; ninguém tropeça,
    ninguém dorme nem perde tempo:
Camisas bem passadas, calças afiveladas,
    botas polidas e amarradas,
Suas flechas estão afiadas;
    os arcos, estendidos;
Os cascos dos cavalos estão ferrados;
    as rodas dos carros, engraxadas.
Bramindo como um bando de feras,
    rugindo forte como leões,
Eles apanham a presa
    e a arrastam — não há salvação para ela!
Eles vão rugir, rugir e rugir naquele dia,
    um som parecido com o dos
        vagalhões do mar.
Olhem quanto quiserem para esta terra:
    vocês nada verão a não ser
        escuridão e caos.
Toda luz no céu
    será ofuscada por densas nuvens.

GÁLATAS 6.6-18

6 Vocês, que já chegaram à maturidade, sejam generosos com aqueles que os instruíram, compartilhando com eles tudo o que de bom possuem e experimentam.

7-8 Não se enganem: ninguém faz Deus de bobo. Toda pessoa colhe o que plantou. Quem planta egoísmo, ignorando a necessidade dos outros — e a Deus! —, colherá o mal. O resultado de sua vida será frutos inúteis. Mas aquele que planta conforme Deus, permitindo que o Espírito faça a obra de crescimento nele, terá uma colheita de verdadeira vida, vida eterna.

9-10 Portanto, não se cansem de fazer o bem. No tempo certo, teremos uma boa colheita, se não nos desesperarmos nem desistirmos. Cada vez que tivermos chance, trabalhemos para o benefício de todos, a começar pelos mais próximos de nós na comunidade de fé.

11-13 Nestas linhas finais, chamo atenção para os traços grossos da minha caligrafia, para ressaltar a importância do que escrevi. Aqueles que tentam impor a vocês a prática da circuncisão têm um único objetivo: querem parecer bons sem fazer esforço, pois não têm coragem de viver a fé que compartilha o sofrimento e a morte de Cristo. A doutrina deles nada é. Até porque *nem* eles guardam a Lei! Observam apenas as leis que interessam aos seus propósitos. Eles querem que vocês sejam circuncidados para que possam se orgulhar do sucesso em recrutá-los para o lado deles. Como são desprezíveis!

14-16 Quanto a mim, não vou me orgulhar de nada a não ser da cruz do nosso Senhor Jesus Cristo. Por causa daquela cruz, fui crucificado aos olhos do mundo, libertado da atmosfera sufocante da necessidade de agradar os outros e me encaixar nos padrões mesquinhos ditados por eles. Percebem que esta é a questão principal? Não é o que fazemos, como submeter-se à circuncisão ou rejeitá-la. É o que Deus está fazendo, e ele está criando algo novo, uma vida livre! Todos os que caminham por esse padrão são o verdadeiro Israel de Deus, seu povo escolhido. Paz e misericórdia sejam com eles!

17 Francamente, não quero mais ser incomodado com essas disputas. Tenho coisas mais importantes para fazer, como viver a fé com seriedade. Trago em meu corpo as cicatrizes do meu trabalho por Jesus.

18 Que tudo que nos é concedido livremente pelo Senhor Jesus Cristo venha a ser de fato de vocês, meus queridos amigos. Amém!

SALMOS 112.1-10

112 **1-10** **A**leluia!
Bendito o homem, bendita a mulher que
    teme ao Eterno,
Que aprecia e tem prazer em seus mandamentos!
Seus filhos são robustos,
E a casa do justo — como é abençoada!
Sua casa transborda saúde
E uma generosidade que nunca se esgotam.
O nascer do sol abre caminho através da
    escuridão para os bons —
A graça, a misericórdia e a justiça de Deus!
Os bons são generosos e emprestam sem reservas:
Eles não conhecem a ilusão nem o fracasso,
Mas uma legítima, sólida e duradoura reputação.
Inabaláveis diante de rumores e fofocas,
De coração pronto e confiante no Eterno,
De espírito firme e destemido,
Sempre abençoados e tranquilos entre inimigos,
Eles esbanjam doações aos pobres —
Uma generosidade que não tem fim.
Uma vida honrada! Uma vida bela!
O ímpio observa e se enfurece,
Faz barulho, mas acaba mudo.
Não sobra nada para os sonhos dos ímpios. Nada.

NOTAS

Os fundamentos tremeram ao som da voz dos anjos e, então, toda a casa se encheu de fumaça. Eu disse:

"Juízo! É o dia do juízo!
Estou perdido!
Cada palavra que falei na vida era podridão,
soou como blasfêmia!
E o povo com que vivo fala da mesma maneira,
são palavras que corrompem e profanam.
E agora olhei diretamente para Deus!
O Rei! O Senhor dos Exércitos de Anjos!"

Então, um dos serafins voou até mim. Ele segurava na mão uma brasa que havia tirado do altar com uma tenaz. Tocou minha boca com ela e disse:

"Esta brasa tocou seus lábios.
Sua culpa se foi,
seus pecados foram apagados".
Então, ouvi a voz do Senhor:
"A quem enviarei?
Quem irá por nós?".
Foi aí que respondi:
"Eu irei.
Envia-me!".

9-10 Ele disse: "Vá e diga a este povo:

"'Ouçam bem, mas sei que não vão entender;
Olhem bem, mas vocês não vão
perceber direito'.
Esse povo é cabeça-dura!
Eles tapam os ouvidos com os dedos
e põem vendas nos olhos,
Para que não vejam coisa alguma,
não ouçam palavra alguma;
Não tenham ideia do que está acontecendo
e, assim, não voltem para ser restaurados".

11-13 Surpreso, perguntei:
"Mas, Senhor, quanto tempo vai durar isso?".
Ele respondeu: "Até que as cidades
tenham sido esvaziadas,
quando não sobrar uma alma viva
em nenhuma delas;
Casas sem moradores,
campos sem ninguém para cultivá-los;
Até que eu, o Eterno, me livre
de todos e os mande embora,
até que a terra esteja desabitada.

||||||||||||||||||||||||||||||||||||||||||||||||||||||||

☐ DIA **274** ___/___/___

ISAÍAS 6.1 — 8.22

Santo, Santo, Santo!

6 **1-8** No ano em que o rei Uzias morreu, eu vi o Senhor sentado num trono – elevado e exaltado! A aba do seu manto encheu o templo. Os serafins pairavam acima dele, cada um com seis asas. Com duas asas, cobriam o rosto; com duas, os pés; com duas, voavam. E proclamavam uns aos outros:

"Santo, Santo, Santo é o Senhor
dos Exércitos de Anjos.
Sua glória deslumbrante enche toda a terra".

E, mesmo que alguns sobrevivam, digamos,
um em cada dez,
a devastação vai continuar.
A terra parecerá uma floresta de carvalhos,
só que com todas as árvores cortadas.
De cada árvore, restará apenas o toco
— um campo enorme de tocos.
Mas nesses tocos haverá uma semente santa".

Uma virgem dará à luz um filho

7 ¹⁻² Na época em que Acaz, filho de Jotão, neto de
Uzias, era rei de Judá, o rei Rezim, da Síria, e o rei
Peca, filho de Remalias, de Israel, atacaram Jerusalém,
mas o ataque não foi bem-sucedido. Quando o governo
de Davi descobriu que a Síria havia combinado forças
com Efraim (isto é, Israel), Acaz e seu povo ficaram
abalados, tremendo como vara verde.

³⁻⁶ Então, o Eterno disse a Isaías: "Vá e encontre-se
com Acaz. Leve também seu filho Sear-Jasube
(Um Remanescente Voltará). Encontre-se com
ele no lado sul da cidade, no final do aqueduto, na
parte em que ele desemboca no tanque superior,
isso fica na estrada que vai para o local público
dos lavadeiros. Diga a ele: 'Ouça: acalme-se! Não
tenha medo e não entre em pânico por causa desses
dois tocos de lenha queimada, Rezim, da Síria, e o
filho de Remalias. Eles falam grosso, mas não são
de nada. A Síria e o filho de Remalias, de Efraim,
tramaram contra você. Eles conspiraram, dizendo:
Vamos declarar guerra a Judá e destruí-lo, tomar
posse do país e designar o filho de Tabeel rei vassalo
sobre eles' ".

⁷⁻⁹ Mas o Eterno, o Senhor, diz:

"Isso não vai acontecer.
  Não vai dar em nada,
Porque a capital da Síria é Damasco,
  e o rei de Damasco é um mero homem, Rezim.
Quanto a Efraim, em sessenta e cinco anos
  estará reduzido a entulhos, e nada sobrará.
A capital de Efraim é Samaria,
  e o rei de Samaria é só o filho de Remalias.
Se vocês não se firmarem sobre a fé,
  não terão onde pisar firme".

¹⁰⁻¹¹ O Eterno falou novamente com Acaz. Dessa vez,
disse: "Peça um sinal milagroso ao Eterno. Qualquer
coisa. Seja ousado. Pode pedir o céu!".
¹² Mas Acaz respondeu: "Eu nunca faria isso.
Jamais faria exigências desse tipo a Deus!".

¹³⁻¹⁷ Então, Isaías disse: "Então, ouça isto, governo
de Davi! Já é ruim que você canse o povo com suas
hipocrisias piedosas e covardes, mas agora você
está cansando Deus. Por isso, o Senhor dará um
sinal milagroso a você, mesmo assim. Preste atenção: a virgem ficará grávida e dará à luz um filho;
eles o chamarão Emanuel (Deus Conosco). Quando
a criança tiver doze anos de idade, já capaz de tomar
decisões morais, a ameaça de guerra terá passado.
Fique tranquilo, porque esses dois reis que tanto
atormentam você já estarão fora de cena. Mas ouça
também esta advertência: o Eterno executará contra
você, seu povo e seu governo um juízo mais severo
que qualquer outro desde o tempo em que o reino se
dividiu, quando Efraim deixou Judá. O rei da Assíria
está chegando!".

¹⁸⁻¹⁹ Quando o momento chegar, o Eterno vai
assobiar para chamar as moscas do rio Nilo, no
Egito, e as abelhas da terra da Assíria. Elas infestarão cada fenda e canto dessa terra. Não haverá
como escapar delas.
²⁰ O Senhor vai tomar a navalha alugada do outro lado do Eufrates — ninguém menos que o rei da
Assíria! — e rapar o cabelo da cabeça e os pelos das
pernas de vocês, deixando-os envergonhados, expostos e desnudos. E, quando ele fizer isso, também vai
rapar sua barba.
²¹⁻²² Será um tempo em que os sobreviventes vão
se considerar felizes se tiverem uma vaca e algumas
ovelhas. Ao menos terão leite! Os que restarem na
terra aprenderão a se contentar com as comidas mais
simples — coalhada e mel.
²³⁻²⁵ Mas isso ainda não é o fim. Esta terra, que antigamente estava coberta de belas vinhas — milhares
delas, que valiam milhões —, será outra vez infestada
de ervas daninhas: mato e espinheiros em todo lugar!
Não prestará para nada, a não ser para caçar tatus.
O gado e as ovelhas terão dificuldade para conseguir
forragem nos campos, e não haverá nem resquício
daqueles jardins e campos férteis bem cuidados.

8 ¹ Então, o Eterno me disse: "Pegue uma folha
enorme e escreva com tinta que não se apague:
"Isto pertence a Maher-Shalal-Hash-Baz (Despojo
Rápido Saque Veloz)".
²⁻³ Consegui que dois homens honestos fossem
testemunhas do documento: Urias, o sacerdote,
e Zacarias, filho de Jeberequias. Em seguida, fui
para casa e deitei com minha esposa, a profetisa.
Ela engravidou e deu à luz um filho.

3-4 O Eterno me disse: "Chame-o Maher-Shalal-Hash-Baz. Antes que esse bebê diga: "Mamãe" ou "Papai", o rei da Assíria terá saqueado a riqueza de Damasco e a riqueza de Samaria".

5-8 O Eterno falou comigo de novo e disse:

"Já que esse povo virou as costas
    para as águas mansas de Siloé
E se encantou com Rezim
    e com o filho de Remalias,
Vou intervir e confrontá-los
    com as águas turbulentas do Eufrates,
O rei da Assíria e sua ostentação,
    um rio na enchente, as margens transbordando,
Alagando Judá e varrendo tudo que encontra
    pela frente.
    A água baterá no queixo de vocês,
Um paredão de água de um rio turbulento,
    ó Emanuel, se espalhando
        pela terra de vocês".

9-10 Mas encarem os fatos, todos vocês, opressores,
    e se preparem!
    Ouçam, todos vocês, distantes e próximos.
Engulam em seco e preparem-se para o pior.
    Sim, engulam em seco e preparem-se
        para o pior!
Podem conspirar à vontade, porque não vão
    conseguir nada.
    Seus planos serão apenas conversa fiada,
        palavras vazias,
Porque depois de tudo dito e feito,
    a última palavra é do Emanuel – Deus Conosco.

Uma rocha bloqueando
o caminho

11-15 O Eterno falou sério comigo, agarrou-me pelos braços e me advertiu a não me misturar com o povo. Ele disse:

"Não seja como esse povo,
    sempre com medo de que alguém esteja
        conspirando contra eles.
Não tenha medo do que eles têm medo.
    Esqueça as preocupações que os dominam.
Se você quer se preocupar,
    preocupe-se com o Santo. Tema o Senhor
        dos Exércitos de Anjos.
O Santo pode ser um lugar de refúgio
    ou a rocha que bloqueia o caminho;

A pedra no caminho
    das duas casas teimosas de Israel;
Um muro impedindo a passagem
    dos cidadãos de Jerusalém.
Muitos vão dar de cara com essa rocha
    e quebrar as pernas,
Serão bloqueados por esse muro
    e não conseguirão passar por ele".

16-18 Registre o testemunho,
    guarde o ensino para meus seguidores,
Enquanto espero pelo Eterno,
    que decidiu se esconder,
    enquanto fico esperando por ele.
Vou ficar firme nessa espera,
    eu e os filhos que o Eterno me deu
        como sinais para Israel,
Sinais de advertência e de esperança da parte
    do Senhor dos Exércitos de Anjos,
    que estabeleceu sua morada no monte Sião.

19-22 Quando alguém disser a você:
    "Tente a ajuda dos adivinhos.
    Consulte os que buscam o além.
Por que não buscar auxílio do mundo dos espíritos,
    por que não consultar os mortos?".
Diga a eles: "Não, vamos estudar as Escrituras".
    Os que experimentam outros caminhos
        acabam num beco sem saída!
Estão sempre frustrados e ansiosos,
    indo atrás de tudo que aparece.
E, quando nada dá certo, ficam irados
    e amaldiçoam um deus após outro.
Olham numa direção e na outra,
    para cima, para baixo, para os lados —
        e não enxergam nada,
Só uma parede branca, um buraco vazio.
    Eles acabam no escuro e sem nada.

EFÉSIOS 1.1-23

1 **1-2** Eu, Paulo, submisso ao plano de Deus como apóstolo, um agente especial de Cristo Jesus, escrevo aos cristãos fiéis de Éfeso. Saúdo vocês com a graça e a paz de Deus, nosso Pai, e por nosso Senhor Jesus Cristo.

O Deus da glória

3-6 Como Deus é maravilhoso! E que bênção ele é! Ele é o Pai de nosso Senhor Jesus Cristo que nos leva aos mais elevados lugares de bênção. Muito antes

DIA 274

que ele estabelecesse os fundamentos da terra, ele já pensava em nós e nos escolheu como alvo do seu amor, para nos fazer completos e santos por meio desse amor. Há muito tempo ele decidiu nos adotar em sua família, por meio de Jesus Cristo. (E que prazer ele teve em planejar tudo isso!). Foi por sua vontade que agora participamos da celebração desse presente dado por seu Filho amado, totalmente de graça.

7-10 Por causa do sacrifício do Messias, que derramou seu sangue no altar da cruz, somos um povo livre: estamos livres das punições decorrentes das nossas maldades. E a verdade é que somos *totalmente* livres! Ele pensou em tudo e providenciou tudo de que precisamos, e fomos incluídos nos planos que ele teve tanto prazer em executar. Ele fez tudo isso antes de nós, em Cristo, um plano de longo alcance, em que tudo está ajustado e centralizado nele, nos mais altos céus e na terra.

11-12 Foi em Cristo que descobrimos quem somos e por que vivemos. Muito antes de ouvirmos falar de Cristo e de depositarmos a esperança nele, ele já pensava em nós e tinha planos de nos dar uma vida gloriosa, que é parte do propósito geral que ele está executando em tudo e em todos.

13-14 Foi em Cristo que vocês, depois de ouvir a verdade e crer nela (a Mensagem da salvação), se acharam em casa, livres — entregues com a assinatura e o selo do Espírito Santo. Esse pagamento divino foi a primeira parte do que está por vir, um lembrete de que vamos receber tudo que Deus tem preparado para nós, uma vida cheia de louvor e gloriosa.

15-19 É por isso que, da primeira vez que ouvi falar da plena confiança que vocês têm no Senhor e do amor que dedicam a todos os seguidores de Jesus, não pude parar de dar graças a Deus por vocês. Toda vez que oro, penso em vocês e dou graças. E, além de agradecer, peço ao Deus do nosso Senhor Jesus Cristo, ao Deus da glória, que os faça sábios e dê a cada um o discernimento necessário, para que o conheçam cada vez melhor e entendam o plano que ele traçou para vocês, apegando-se à imensidão do glorioso caminho de vida que ele tem para seus seguidores, a grandiosidade absoluta de sua obra em nós, que confiamos nele — força sem fim, poder sem limite!

20-23 Toda essa força vem de Cristo. Deus o levantou da morte e o estabeleceu num trono, nos altos céus, no governo do Universo — tudo, das galáxias aos planetas, de forma que nenhum nome, nenhum poder está fora do alcance de sua soberania. E isso não é provisório: será assim *para sempre*. Ele está no comando de tudo e tem a palavra final a respeito de tudo. No centro de tudo, Cristo governa a igreja. A igreja não é periférica em relação ao mundo, o mundo é que é periférico em relação à igreja. A igreja é o corpo de Cristo. Por esse corpo ele fala, age e preenche tudo com sua presença.

SALMOS 113.1-9

113 **1-3** Aleluia!
Vocês que servem ao Eterno, louvem a ele!
Pronunciar o nome dele já é louvar!
Lembrem-se de que o Eterno é uma bênção —
  hoje, amanhã e sempre.
De leste a oeste, do amanhecer ao entardecer,
  continuem louvando ao Eterno!

4-9 O Eterno é mais sublime
  que qualquer coisa ou ser,
  excedendo em brilho tudo que você
  possa ver no céu.
Quem pode se comparar com o Eterno,
  o nosso Deus,
  tão majestosamente entronizado,
Olhando suas obras magníficas,
  o céu e a terra?
Ele retira o pobre da miséria,
  resgata o esquecido jogado fora com o lixo.
Faz que se sintam entre os convidados de honra,
  um lugar de honra entre os mais destacados
  cidadãos.
Ele dá a casais sem filhos uma família;
  dá a eles alegria como se fossem pais.
Aleluia!

◼ NOTAS

Serão empilhados e queimados,
e a fogueira permanecerá acesa vários dias!
Porque um filho nasceu — para o nosso bem!
Um filho foi dado de presente — a nós!
Ele vai assumir
o governo do mundo.
Seu nome será: Conselheiro Maravilhoso,
Deus Forte,
Pai Eterno,
Príncipe de Bênção Plena.
A autoridade de seu governo vai se expandir,
e não haverá limites para a restauração
que ele irá promover.
Ele governará com base no trono histórico de Davi,
no reino prometido.
O reino será estabelecido firmemente
e se manterá
Por meio de justiça e vida íntegra;
começa agora e durará para sempre.
O zelo do Senhor dos Exércitos de Anjos
fará tudo isso.

DIA 275 ___/___/___

ISAÍAS 9.1 — 10.34

O filho que nasceu!

9 **¹M**as não haverá escuridão alguma para os angustiados. É certo que no passado ele humilhou os territórios de Zebulom e Naftali, mas está chegando o tempo em que ele irá tornar gloriosa toda aquela terra — caminho para o mar, região do Jordão, Galileia internacional.

²-⁷ O povo que vivia nas trevas
viu grande luz.
Assentados naquela escura região da morte,
viram o Sol raiar.
Tu repovoaste a terra,
expandiste a alegria desse povo.
E eles estão felizes na tua presença:
alegria de festa,
Alegria de grande celebração,
com troca de presentes caros e saudações
calorosas.
O abuso dos opressores e a crueldade dos tiranos,
com seus chicotes, cassetetes e xingamentos,
Já se foram, acabaram: chegou a libertação,
tão surpreendente e repentina quanto a
vitória de Gideão sobre Midiã.
As botas dos soldados invasores
e os uniformes encharcados
de sangue inocente

O Eterno retribui fogo com fogo

⁸-¹⁰ O Senhor enviou uma mensagem contra Jacó.
Ela foi parar no degrau da porta de Israel.
Todo o povo logo ouviu a mensagem,
Efraim e os cidadãos de Samaria.
Mas essa gente orgulhosa e arrogante
não deu crédito à mensagem, dizendo:
"As coisas não estão tão ruins.
Podemos enfrentar qualquer situação.
Se nossas construções forem derrubadas,
vamos reconstruí-las, e serão maiores
e melhores.
Se nossas florestas forem cortadas,
vamos replantá-las com árvores melhores".

¹¹-¹² Assim, o Eterno instigou os
inimigos contra eles,
fez que os atacassem.
Do leste, os arameus; do oeste, os filisteus.
Israel virou um caos.
Mas ele ainda estava irado,
com o punho cerrado, pronto
para atingi-los de novo.

¹³-¹⁷ Mas o povo não deu a mínima para
aquele que os atingiu,
não se rendeu ao Senhor dos Exércitos
de Anjos.

Assim, o Eterno cortou a cabeça e a cauda de Israel,
a palma e o junco, ambos no mesmo dia.
Os anciãos inchados de orgulho eram a cabeça;
os profetas mentirosos, a cauda.
Os que tinham o dever de orientar o povo
o levaram a um beco sem saída,
E os que seguiram esses líderes
ficaram desorientados.
Foi por isso que o Senhor perdeu o
interesse pelos jovens
e retirou o seu carinho pelos órfãos
e pelas viúvas.
Todos se revelaram maus,
falando obscenidades e tolices.
E, mesmo depois disso, ele ainda estava irado,
com o punho cerrado, pronto
para atingi-los de novo.

18-21 A maldade deles queimava como
um fogo descontrolado,
do tipo que consome tudo que está no
caminho —
Árvores, arbustos, mato e capim —
enchendo o céu de fumaça.
Mas o Senhor dos Exércitos de Anjos
retribui fogo com fogo
e incendiou a terra toda.
Transformou o povo em fogo consumidor,
e eles acabaram consumindo uns aos outros
em seus desejos —
Era um apetite insaciável, todos se enchendo
e se fartando,
a torto e a direito, de pessoas e coisas.
Mesmo assim, morreram de fome.
Nem mesmo seus filhos
escaparam do apetite e da voracidade.
Manassés devorou Efraim, e Efraim
devorou Manassés,
e ambos se uniram contra Judá.
Depois disso, ele ainda estava irado,
com o punho cerrado, pronto
para atingi-los de novo.

Os que fazem leis injustas

10 1-4 **A**i de vocês, que fazem leis injustas,
que elaboram projetos de lei para
oprimir o povo —

Leis que tornam o povo miserável,
que roubam a dignidade dos desamparados,

Que exploram as viúvas indefesas,
que tiram vantagem das crianças sem lar.
O que vocês vão dizer no dia do juízo,
Quando ele os surpreender?
A quem vocês vão pedir ajuda?
De que adiantará o dinheiro de vocês?
Vocês serão uma paisagem triste,
como prisioneiros amontoados
ou cadáveres empilhados na rua.
Mesmo depois de tudo isso,
Deus ainda estava irado,
com o punho cerrado, pronto
para atingi-los de novo.

Desgraça para a Assíria!

5-11 "**A**i da Assíria, arma da minha ira.
Minha ira é um cassetete nas mãos dela!
Eu a envio contra uma nação perversa,
contra o povo com quem estou furioso.
Dei a ela ordem para se apossar de tudo
que pertence ao meu povo
e depois enfiar o rosto dele na lama
e deixá-lo ali.
Mas a Assíria tem outros planos,
tem outra coisa em mente.
Ela está a fim de destruir por completo,
de pisar e eliminar quantas nações puder.
A Assíria diz: "Não são meus
comandantes todos reis?
Não têm autonomia para fazer
o que quiserem?
Não foram eles que destruíram
Calno e Carquemis
e também Hamate e Arpade? Não arrasaram
Samaria, como fiz com Damasco?
Eu eliminei reinos cheios de deuses
muito mais assustadores que tudo que há em
Jerusalém ou Samaria.
Assim, quem vai me impedir de destruir Jerusalém
como destruí Samaria e todos
os seus ídolos?".

12-13 Depois de tratar o caso do monte Sião e de
Jerusalém, o Senhor vai dizer: "Agora é a vez da
Assíria. Vou castigar a arrogância e a petulância
do rei da Assíria, essa postura altiva e orgulhosa,
pois anda dizendo por aí:

13-14 " 'Fiz tudo isso sozinho,
sou melhor que qualquer um.

Apaguei as fronteiras de países inteiros.
Entrei e peguei o que quis.
Ataquei como um touro
e derrubei os reis dos tronos.
Estendi o braço e tomei os seus bens:
fácil como é para um menino tirar
os ovos de um ninho.
Assim como o fazendeiro colhe laranjas,
recolhi o mundo na minha cesta,
E ninguém nem mesmo tentou bater asas,
ninguém ousou dar um pio' ".

15-19 Será que um machado toma o lugar
de quem o usa,
ou a serra se considera mais importante
que o serrador?
Seria como se a pá fizesse seu trabalho
usando o cavador!
Como se o martelo usasse o carpinteiro para
pregar os pregos!
É por isso que o Senhor dos Exércitos de Anjos
vai enviar uma doença sobre os temíveis
guerreiros assírios.
Debaixo da abóbada da fulgurante glória de Deus,
um fogo arrasador irromperá.
A Luz de Israel será conflagrada.
O Santo explodirá numa tempestade de fogo
E num único dia reduzirá a cinzas
os últimos espinheiros assírios.
O Eterno destruirá as árvores esplêndidas
e os magníficos jardins.
O corpo e a alma dos assírios
serão reduzidos a nada,
serão como um inválido dominado
pela doença.
Uma criança poderá contar o que sobrou
das árvores
nos dedos das mãos.

20-23 Naquele dia, o que sobrar de Israel – os poucos sobreviventes de Jacó – já não vão se impressionar tanto com a opressora Assíria. Eles vão confiar no Eterno, o Santo – sim, e de verdade. Esse pequeno grupo – o que restar de Jacó – irá voltar para o Deus Forte. Seu povo, Israel, já foi numeroso como a areia da praia, mas apenas uns poucos vão retornar. A destruição foi determinada, transbordando de justiça. Pois o Senhor, o Senhor dos Exércitos de Anjos, vai concluir o que começou no mundo todo.

24-27 Por isso, o Senhor, o Senhor dos Exércitos de Anjos, diz: "Meu querido povo que vive em Sião, não fique aterrorizado com os assírios quando eles atacarem com clavas e os ameaçarem com varas, como fizeram os egípcios. Em pouco tempo, minha ira contra vocês terá passado e, então, vou direcioná-la contra eles. Eu, o Senhor dos Exércitos de Anjos, vou persegui-los com um chicote e eliminá-los definitivamente, como Gideão acabou com Midiã na rocha de Orebe e como Moisés virou a mesa dos egípcios. Naquele dia, a Assíria será arrancada das suas costas, e o jugo da escravidão será tirado do pescoço de vocês".

27-32 A Assíria está a caminho: subindo de Rimom
na direção de Aiate;
Atravessou Migrom
e acampou em Micmás.
Cruzou o vale
e armou acampamento em Geba
para passar a noite.
Ramá treme de pavor.
Gibeá de Saul já fugiu.
Grite por socorro, filha de Galim!
Dê ouvidos a ela, Laís!
Faça alguma coisa, Anatote!
Madmena foge para as colinas.
O povo de Gebim corre em pânico.
O inimigo se aproxima de Nobe
— já está quase lá.
Ao avistar a cidade, ele sacode o punho
Contra o monte da preciosa cidade de Sião,
O monte de Jerusalém.

33-34 Mas, agora, preste atenção: o Senhor, o
Senhor dos Exércitos de Anjos,
gira seu machado e poda os galhos,
Transforma em lenha as árvores gigantescas,
arrasa essa enorme floresta em marcha.
Seu machado transformará a floresta em
palitos de dentes,
esse exército, parecido com o Líbano,
será reduzido a cavacos.

EFÉSIOS 2.1-18

Ele derrubou o muro

1-6 Não faz muito tempo, vocês estavam atolados naquela velha vida podre de pecado. Haviam permitido que o mundo, que não sabe nada a respeito da vida, dissesse a vocês como viver. Enchiam os pulmões com a fumaça da incredulidade e exalavam desobediência. Todos nós já nos comportamos assim,

DIA 275

fazendo o que queríamos, a nossa própria vontade; estávamos todos no mesmo barco. Graças a Deus, ele não perdeu a paciência nem nos exterminou. Em vez disso, com sua imensa misericórdia e seu amor extravagante, ele nos abraçou. Tirou-nos da nossa vida presa pelo pecado e nos fez vivos em Cristo. Fez tudo isso por conta própria, sem qualquer ajuda da nossa parte! Ele nos tomou para si e nos concedeu um lugar nos altos céus, na companhia de Jesus, o Messias. Não é demais?

7-10 Agora Deus nos tem onde sempre quis. Tanto neste mundo como no próximo, ele quis derramar sobre nós graça e bondade, em Cristo Jesus. A salvação foi ideia e obra dele. Nossa parte em tudo isso é apenas confiar nele o bastante para permitir que ele aja em nossa vida. É um imenso presente de Deus! Não somos protagonistas nessa história. Se fosse o caso, andaríamos por aí nos vangloriando do que fizemos. Não! Nada fizemos, nem nos salvamos. Deus faz tudo e nos salva. Ele criou cada um de nós por meio de Cristo Jesus, e a ele nos unimos nessa obra grandiosa, a boa obra que ele deseja que executemos e que faremos bem em realizar.

11-13 Por isso, não menosprezem esse presente. Ainda ontem, estranhos aos caminhos de Deus, vocês não faziam ideia de nada disso, não conheciam o básico a respeito de como Deus age nem sabiam quem era Cristo. Não conheciam a rica história das alianças e promessas de Deus vivida por Israel nem desconfiavam do que Deus estava fazendo no mundo. Agora, por causa de Cristo, que morreu da forma que morreu, derramando seu sangue, vocês, que estavam excluídos de tudo isso, agora participam de tudo.

14-15 O Messias ajustou as coisas entre nós e por isso agora estamos juntos nisso, tanto os inimigos não judeus quanto os judeus, que são de dentro. Ele derrubou o muro que usávamos para manter-nos separados. Ele revogou o código da lei que se tornara tão cheio de pormenores e notas de rodapé que mais atrapalhava do que ajudava. Então, ele começou de novo. Em vez de continuar com dois grupos de pessoas, separados por séculos de animosidade e desconfiança, ele criou um novo tipo de ser humano, um novo começo para todos.

16-18 Mas Cristo nos uniu por meio de sua morte na cruz. A cruz nos leva a abraçar uns aos outros, e faz cessar a hostilidade. Cristo veio e pregou a paz a estrangeiros como vocês, que não são judeus, e também aos judeus, que já conheciam Deus. Ele nos tratou como iguais e nos fez iguais. Por meio dele, compartilhamos do mesmo Espírito e temos igual acesso ao Pai.

SALMOS 114.1-8

114 **1-8** Depois que Israel deixou o Egito, o clã de Jacó deixou aqueles bárbaros para trás.
Judá se tornou terra santa para ele;
    Israel, lugar de santo governo.
O mar deu uma olhada e fugiu para o outro lado;
    o rio Jordão deu meia-volta e fugiu.
As montanhas saltitavam como carneiros,
    as colinas brincavam como cordeiros na
        primavera.
O que há de errado com você, ó mar,
    para que fugisse?
    E com você, Jordão, para que desse
        meia-volta?
E as montanhas, por que saltaram como carneiros?
    E vocês, colinas, por que brincaram como
        cordeiros na primavera?
Trema, ó terra! Você está na presença do Senhor,
    na presença do Deus de Jacó.
Ele transformou a rocha numa lagoa de água fria,
    fez do rochedo uma fonte de água.

◼ NOTAS

Toda a terra vai se encher do conhecimento
do Deus vivo,
um conhecimento tão grande
e profundo como o mar.

[10]**N**aquele dia, a Raiz de Jessé será levantada e estabelecida como uma bandeira para reagrupar os povos. Todas as nações virão a ele, e o lugar em que ele reinar será glorioso.

[11]Naquele dia, o Senhor também se empenhará segunda vez em trazer de volta seu povo espalhado – o que restou dele. Ele os trará da Assíria, do Egito, de Patros, da Etiópia, de Elão, de Sinear, de Hamate e das ilhas do mar.

[12-16]E ele levantará bem alto essa bandeira,
que será visível a todas as nações,
reunirá todos os exilados de Israel
E atrairá todos os refugiados de Judá,
dos quatro ventos e dos sete mares.
O ciúme de Efraim se desfará,
a hostilidade de Judá desaparecerá.
Efraim não será mais o rival ciumento de Judá,
Judá deixará de ser o rival hostil de Efraim!
Irmãos de sangue outra vez unidos
atacarão os filisteus a oeste
e juntarão forças para saquear os
povos do leste.
Atacarão também Edom e Moabe.
Os amonitas se dobrarão diante deles.
O Eterno secará mais uma vez o mar
Vermelho do Egito,
tornando fácil a travessia.
Ele mandará um vento quente
sobre o grande rio Eufrates,
E o reduzirá a sete ribeiros gotejantes.
Ninguém precisará nem mesmo
molhar os pés!
No final, haverá uma estrada que virá lá da Assíria
e garantirá uma viagem tranquila para o que
restou do povo de Deus –
Uma estrada como a que Israel usou
quando saiu marchando do Egito.

Minha força e minha canção

12[1]**E** você dirá naquele dia:
"Eu te agradeço, ó Eterno.
Tu estavas irado,
mas tua ira não durou para sempre.
Tu a retiraste
e vieste me confortar.

|||||||||||||||||||||||||||||||||||||||||||||||||||||||

☐ **DIA 276** ___/___/___

ISAÍAS 11.1 — 14.12

O Ramo verde do tronco de Jessé

11[1-5]**U**m Ramo verde vai brotar do tronco de Jessé,
um Renovo rebentará de suas raízes.
O Espírito do Eterno, doador da vida,
paira sobre ele,
o Espírito que dá sabedoria e entendimento,
O Espírito que orienta e concede força,
o Espírito que instila a sabedoria
e o temor do Eterno.
O temor do Eterno
será sua alegria e prazer.
Ele não vai julgar pelas aparências
nem tomar decisões com base em rumores.
Ele vai julgar a causa dos oprimidos com
base no que é correto,
pronunciar sentenças justas em favor
dos pobres da terra.
Suas palavras vão inspirar respeito e reverência.
Um mero sopro de seus lábios derrubará os maus.
Toda manhã, ele se vestirá com roupas e botas
adequadas para o trabalho
e se empenhará em edificar justiça
e fidelidade na terra.

O conhecimento do Deus vivo

[6-9]**O** lobo vai brincar com o cordeiro,
e o leopardo vai dormir com o cabrito.
O bezerro e o leão comerão no mesmo cocho,
e uma criança será capaz de cuidar deles.
A vaca e o urso vão pastar no mesmo campo,
seus bezerros e filhotes vão crescer juntos,
e o leão comerá palha como o boi.
A criança de colo vai engatinhar sobre
o ninho da cobra,
e a que começou a andar enfiará a mão
na toca da víbora.
Nem animal nem homem irá ferir ou matar alguém
no meu santo monte.

DIA 276

850

² "Sim, de fato, Deus é minha salvação.
Eu confio nele, não vou ter medo.
O Eterno – sim, o Eterno! – é minha
força e minha canção,
e – o que é melhor – minha salvação".

³⁻⁴ Com alegria, vocês vão tirar água
da fonte da salvação.
E, enquanto o fizerem, irão dizer:
"Deem graças ao Eterno,
Louvem seu nome.
Peçam qualquer coisa a ele!
Proclamem entre as nações o que ele fez,
façam conhecida sua reputação!

⁵⁻⁶ "Cantem hinos de louvor ao Eterno.
Foi ele quem fez todas as coisas!
Que toda a terra saiba o que ele fez!
Cante de todo o coração, ó Sião,
até que todos ouçam!
O Grande Deus habita entre vocês:
o Santo de Israel".

A Babilônia está condenada

13 ¹ A Mensagem acerca da Babilônia, que Isaías, filho de Amoz, viu:

"Corra com uma bandeira sobre uma
colina desmatada.
Grite bem alto. Chame a atenção deles.
Faça sinais para que entrem em formação.
Conduza-os ao centro nervoso do poder.
Eu assumi o comando das forças especiais
e já convoquei meus guerreiros de elite.
Eles estão cheios de orgulho e ansiosos
para executar minha ira e meu juízo".

⁴⁻⁵ Os trovões descem monte abaixo
como uma multidão enorme e ruidosa –
Trovões de reinos em tumulto,
nações se ajuntando para a guerra.
O Senhor dos Exércitos de Anjos está convocando
seu exército, a fim de que se prepare
para a batalha.
Eles vêm de terras distantes
e preenchem a linha do horizonte.
É o Eterno em ação com as armas de sua ira,
pronto para destruir o país inteiro.

⁶⁻⁸ Chorem, pois o dia do juízo do Eterno
está próximo –

uma avalanche morro abaixo, a destruição
causada pelo Deus Forte!
Estão todos paralisados de pavor,
apavorados e exaustos,
Contorcendo-se de dor
como a mulher em trabalho de parto.
Estão horrorizados – cada rosto que se vê
parece saído de um pesadelo.

⁹⁻¹⁶ "Olhem agora. O dia do juízo do Eterno
está chegando.
Será um dia terrível, de ira e de castigo,
Um dia para consumir a terra
e varrer do mapa os pecadores.
As estrelas no céu, o grande desfile de constelações,
não serão nada além de buracos negros.
O Sol nascerá como um disco escuro
e a Lua como um vazio.
Vou dar um basta à maldade na terra
e encerrar os atos tenebrosos dos maus.
Vou calar a boca dos arrogantes e dos orgulhosos
– ninguém dará mais um pio.
Farei tropeçar os tiranos de nariz empinado:
eles cairão de cara no chão.
A humanidade orgulhosa desaparecerá da terra.
Farei dos mortais algo mais raro
que pelo em ovo.
E, sim, farei que os céus tremam
e a terra estremeça até os fundamentos
Sob a ira do Senhor dos Exércitos de Anjos,
no dia do juízo e do seu furor.
Como a gazela perseguida,
como ovelhas sem pastor,
Cada um se juntará ao seu povo
e fugirá para um abrigo provisório.
Mas péssimas notícias para os fugitivos:
eles morrerão ali mesmo –
gargantas cortadas, barrigas abertas
ao meio,
Bebês atirados contra as rochas
diante dos olhos dos pais,
Casas saqueadas,
esposas violentadas".

¹⁷⁻²² "E agora veja isto:
contra a Babilônia, estou incitando os medos,
Um povo cruel, que não liga para subornos,
de uma brutalidade que ninguém consegue
aplacar.
Eles massacram os jovens
e chutam bebês até a morte.

E a Babilônia, o mais glorioso dos reinos,
orgulho e alegria dos caldeus,
Acabará em fumaça e mau cheiro, como Sodoma,
e, sim, como Gomorra, quando Deus
as destruiu.
Ninguém mais viverá ali:
por gerações, será uma cidade-fantasma.
Nem mesmo os beduínos armarão tendas ali.
Os pastores darão grandes voltas para evitá-la.
Mas os animais selvagens dela gostarão,
enchendo as casas desabitadas com
assustadores sons noturnos.
Os chacais farão dela sua morada,
e fantasmas vão assombrá-la à noite.
As hienas causarão horror com sua risada,
e o uivo dos coiotes provocará calafrios".

"A Babilônia está condenada.
Já não haverá demora".

Agora você não é nada

14 **1-2** Mas não será assim com Jacó. O Eterno terá compaixão de Jacó. Mais uma vez, vai escolher Israel e estabelecê-lo na própria terra. Outros povos serão atraídos e se arriscarão com eles. Os povos com quem habitaram irão escoltá-los na sua volta para casa, e Israel fará deles escravos, homens e mulheres na terra do Eterno, capturando os que os haviam capturado e dominando os que os tinham vencido. **3-4** Quando o Eterno der tempo a vocês para se recuperarem do sofrimento, das dificuldades e da dura servidão que tiveram de suportar, divirtam-se com esta sátira sobre o rei da Babilônia:

4-6 Você acredita? O tirano se foi.
A tirania acabou!
O Eterno quebrou o governo do ímpio,
o poder do valentão
Que surrou tanta gente.
A implacável de crueldade
Marcou seu governo de violência,
em que não faltava tortura e perseguição.

7-10 E agora acabou: a terra está em paz e descansa.
Agora todos podem gritar de alegria e cantar
a plenos pulmões!
Os pinheiros estão felizes,
e os cedros gigantes do Líbano,
aliviados, dizem:
"Desde que você foi cortado e derrubado,
não há ninguém que possa nos derrubar".

E os mortos do além estão agitados,
preparando-se para recebê-lo.
Os espíritos dos mortos preparam-se para saudar
todos os nomes famosos da terra.
Todos os reis sepultados
vão se levantar do trono
Com discursos bem ensaiados,
convites reais para a morte:
"Agora você não é nada, como nós!
Sinta-se em casa conosco, os mortos!".

11 É para aí que sua pompa e sua bela música a
conduziu, Babilônia,
para as câmaras subterrâneas e secretas,
Um enorme colchão de larvas para seu descanso
e uma coberta de vermes para aquecê-la.

12 Que tombo você levou, Babilônia!
Estrela d'alva! Filha da Alvorada!
De cara no chão, na lama do mundo inferior,
está você, famosa por arrasar nações!

EFÉSIOS 2.19 — 3.13

19-22 Não é maravilhoso? Vocês já não vivem andando sem destino, como exilados. Este Reino de fé agora é a casa de vocês, a sua própria terra. Não são mais estrangeiros nem gente de fora. Vocês *pertencem* ao Reino, com todos os direitos que o nome cristão permite. Deus está construindo uma casa. E, nela, ele usa todos, independentemente de como chegamos aqui. Ele usou os apóstolos e os profetas como fundação. Agora usa vocês, colocando-os como que pedra por pedra — um santo templo construído por Deus, todos nós nele incluídos, um templo onde Deus está de fato em casa.

O plano secreto de Deus

3 **1-3** É por isso que eu, Paulo, estou preso por causa de Cristo, depois de assumir a responsabilidade por vocês que não são judeus. Creio que vocês sabem do que me foi confiado no plano que Deus tem de incluir todos. Garanto que tudo que comuniquei a vocês de forma resumida me foi dado pelo próprio Deus. **4-6** Quando lerem o que escrevi, entenderão por vocês mesmos o mistério de Cristo, que nenhum dos seus antepassados entendeu. Foi só agora que o Espírito de Deus deixou tudo claro, por meio dos santos apóstolos e profetas desta nova ordem. O mistério era o seguinte: tanto o povo que nunca

DIA 277

ouvira falar de Deus, as nações pagãs, quanto os que ouviram falar dele a vida inteira, os judeus, estão na mesma posição diante de Deus. Eles receberam a mesma oferta, a mesma ajuda, as mesmas promessas em Cristo Jesus. A Mensagem é acessível a todos e acolhe todas as pessoas, em toda parte.

7-8 E é para isto que dedico a minha vida: ajudar todos a entender a Mensagem e a responder ao seu apelo. Sob o pleno cuidado de Deus, ela me foi dada como um presente, uma grata surpresa. Quando chegou o momento de apresentar a Mensagem aos que nada sabem sobre Deus, eu era o menos qualificado de todos os cristãos. E Deus me deu este privilégio! Mas estejam certos de que não foi por causa da minha capacidade.

8-10 Por isso, aqui estou, pregando e escrevendo a respeito de temas que estão além da minha capacidade, as riquezas insondáveis de Cristo e a sua graça generosa. Minha tarefa é tornar público tudo isso, contar o que Deus, o Criador de todas as coisas, tem feito nos bastidores. Por meio de gente que segue Jesus como vocês, reunida nas igrejas, o extraordinário plano de Deus está se tornando conhecido e comentado até mesmo entre os anjos!

11-13 Tudo está acontecendo conforme o plano de Deus, executado em Cristo Jesus. Quando confiamos nele, temos liberdade para dizer o que deve ser dito e ousadia para ir aonde for preciso. Então, não permitam que as lutas que estou enfrentando por causa de vocês os desanimem. Coragem!

SALMOS 115.1-8

115 **1-2** Não por nossa causa, ó Eterno, não, não por nossa causa,
mas por causa do teu nome mostra
tua glória!
Faz isso por causa do teu amor misericordioso,
faz isso por causa dos teus caminhos fiéis.
Faz isso para que nenhuma nação possa dizer:
"Onde está o Deus deles agora?"

3-8 Nosso Deus está no céu
fazendo o que ele quer.
Os deuses deles são metal e madeira,
feitos numa fabriqueta de porão:
Bocas esculpidas que não podem falar,
olhos pintados que não podem ver,
Ouvidos de lata que não podem ouvir,
narinas de mentira que não podem
sentir cheiro,

Mãos que não podem agarrar, pés que não
podem andar nem correr,
gargantas das quais som nenhum
nunca se ouviu.
E os que os fabricam se tornam como eles,
como os deuses em quem confiam.

◼ NOTAS

||||||||||||||||||||||||||||||||||||||||||||||||||||||||

☐ **DIA 277** __/__/__

ISAÍAS 14.13 — 17.14

13-14 Você disse a você mesma:
"Vou subir até o céu.
E estabelecer meu trono
acima das estrelas de Deus.

Vou liderar a assembleia dos anjos
que se reúnem no santo monte Zafom.
Vou subir acima das nuvens
e assumir o governo do Universo!".

15-17 Mas nada disso conseguiu!
Em vez de subir, você caiu –
Caiu onde estão os mortos, no Sheol,
o lugar mais profundo do abismo.
Todos vão arregalar os olhos, espantados:
"Será possível? Era esta que
Aterrorizava o mundo e seus reinos,
que fez da terra uma paisagem lunar,
Arruinando as cidades
e fazendo dos prisioneiros mortos em vida?".

18-20 Os outros reis tiveram um enterro decente,
foram honrados com elogios fúnebres e
postos num túmulo.
Mas você será jogada numa valeta,
como um cachorro sem dono,

Coberta de corpos em putrefação,
de cadáveres de assassinados e indigentes.
Seu cadáver será profanado, mutilado –
não haverá funeral nem homenagens para você!
Você deixou o país em ruínas,
um legado de massacres.
A descendência da sua vida pecaminosa
nunca será mencionada – esquecimento total!

21 Preparem um lugar para a execução dos filhos
dos perversos
e eliminem a linhagem de seus pais.
É inaceitável que eles tenham um só metro
quadrado de terra
ou que profanem a superfície da terra com
suas cidades!

22-23 "Eu vou interrogá-los" – decreto do Senhor
dos Exércitos de Anjos – "e arrancar da Babilônia
seu nome e o dos sobreviventes, filhos e netos", é
o decreto do Eterno. "Vou transformá-la num
pântano inútil e jogá-la ao porco-espinho. Depois,
vou varrê-la do mapa", é o decreto do Senhor dos
Exércitos de Anjos.

Quem pode frustrar esses planos?

24-27 O Senhor dos Exércitos de Anjos diz:
"Exatamente como planejei,
assim vai acontecer.

Assim como está no projeto,
será a execução.
Vou despedaçar o assírio que atravessar
minha terra
e pisá-lo no pó dos meus montes.
Vou acabar com esta escravização
do mundo inteiro
e aliviar o peso da opressão
de todos os ombros".
Este é o plano,
planejado para o mundo inteiro,
E esta é a mão que vai executá-lo,
atingindo todas as nações.
O Senhor dos Exércitos de Anjos fez os planos.
Quem pode frustrar esses planos?
É dele a mão que se estendeu.
Quem poderia afastá-la?

28-31 No ano em que morreu o rei Acaz,
veio esta Mensagem:

Parem com isso, filisteus!
É cedo demais para festejar
a derrota do seu opressor.
Dos espasmos de morte daquela serpente
surgirá outra pior;
e desta, uma pior ainda.
Os pobres não terão com que se preocupar.
Os necessitados vão escapar do terror.
Mas vocês, filisteus, serão lançados na penúria,
e os que não morrerem de fome Deus
os matará.
Lamente e grite, cidade orgulhosa!
Caia e se prostre com temor, Filístia!
No horizonte, ao norte, há fumaça
de cidades queimadas,
rastro de um destruidor brutal e disciplinado.

32 O que se deve dizer a
estranhos que fazem perguntas?
Digam a eles: "O Eterno estabeleceu Sião.
Nela os necessitados e atribulados
encontram refúgio".

Gritos comoventes ressoam por Moabe

15 **1-4** Uma Mensagem acerca de Moabe:

A vila de Ar, em Moabe, está em ruínas,
foi destruída num ataque noturno.
A vila de Quir, em Moabe, está em ruínas,
foi destruída num ataque noturno.

A vila de Dibom sobe ao seu templo nos montes,
  sobe para lamentar.
Moabe chora e grita de dor
  por Nebo e Medeba.
Toda cabeça está rapada,
  toda barba foi cortada.
Vão para as ruas, usando preto,
  sobem aos telhados, juntam-se nas praças,
Todos em lágrimas,
  todos em aflição.
As cidades de Hesbom e Eleale choram
    alto e muito.
  O som se ouve até em Jaaz.
Moabe soluça, sacode de aflição.
  A alma de Moabe treme.

⁵⁻⁹ Oh, como lamento por você, Moabe!
  Os fugitivos correm em massa para Zoar
  e depois para Eglate-Selisia.
Sobem, chorando, pelo caminho de Luíte;
  na estrada para Horonaim, levantam um
  clamor pela perda.
As fontes de Ninrim secaram —
  o capim está seco, os brotos murcharam,
    nada cresce.
Eles partem, com todas as posses
  nos ombros, tudo que possuem,
Fazendo o melhor caminho
  através do riacho dos Salgueiros
    em busca de segurança.
Gritos comoventes
  ressoam por Moabe.
Soluços de dar frio na barriga se ouvem
    até em Eglaim,
  soluços de doer o coração podem ser ouvidos
    em Beer-Elim.
As águas de Dibom formam cristas de sangue,
  mas Deus reservou coisas ainda piores
    para Dibom:
Um leão — um leão para acabar com os fugitivos,
  para varrer do mapa os sobreviventes.

Um novo governo na linhagem de Davi

16 ¹⁻⁴ "**E**nviem um presente de cordeiros",
  diz Moabe,
"aos líderes em Jerusalém —
Cordeiros de Selá, enviados pelo deserto
  para comprar o favor de Jerusalém.
As vilas e o povo de Moabe
  tiveram grande perda,

São como pássaros recém-chocados
  e expulsos do ninho,
    batendo as asas desesperadamente
Na margem do rio Arnom,
  incapazes de cruzá-lo:
'Digam-nos o que fazer,
  ajudem-nos!
Protejam-nos,
  escondam-nos!
Deem aos refugiados de Moabe
  um refúgio entre vocês.
Sejam um porto seguro para aqueles
  que estão fugindo
  dos campos da matança' ".

⁴⁻⁵ "Quando tudo isso passar", responde Judá,
  "e o tirano estiver derrubado,
E a matança, terminada;
  quando todos os sinais de crueldade
    tiverem desaparecido,
Um novo governo de amor será estabelecido
  na respeitável linhagem de Davi.
Um Governante confiável
  assumirá o governo,
Um Governante comprometido com a justiça,
  um Governante que logo porá tudo em ordem".

⁶⁻¹² **N**ós ouvimos — aliás, todos ouviram
    — do orgulho de Moabe,
  que é famoso por seu orgulho —
Arrogante, presunçoso, insuportável,
  cheio de vanglória.
Agora, para variar, deixe que Moabe se lamente
  enquanto ouve o escárnio dos vizinhos!
Que vergonha! Que coisa terrível!
  Acabaram-se os finos bolos de frutas e os
  doces de Quir-Haresete!
Os campos verdejantes em Hesbom estão secos,
  as belas vinhas de Sibma murcharam!
Vândalos estrangeiros esmagaram e arrancaram
  as famosas videiras,
Que antigamente se estendiam até Jazar,
  até o limite do deserto.
Arrancaram as colheitas em todas as direções,
  tão longe quanto os olhos podem enxergar.
Vou me juntar ao lamento. Vou chorar com Jazar,
  chorar pelas vinhas de Sibma.
E, sim, Hesbom e Eleale,
  vou misturar minhas lágrimas
    com as de vocês!
Os gritos de alegria da colheita se foram.

Em vez de cânticos e celebração,
 silêncio mortal.
Já não se ouvem aquelas risadas
 nos pomares
nem os cânticos a plenos pulmões dos
 trabalhadores da vinha.
Em vez do alvoroço e do barulho do animado
 trabalho no campo,
só há silêncio – mortal e aterrorizante.
As cordas do meu coração palpitam por Moabe
 como as cordas de uma harpa,
e minha alma tem pena de Quir-Heres.
Quando Moabe se arrasta até o santuário
 para orar,
apenas desperdiça tempo e energia.
Ir ao santuário e orar por alívio
 é inútil. Nada acontece.

13-14 Essa é a Mensagem anterior do Eterno para
Moabe. A Mensagem atualizada do Eterno é: "Em
três anos, não mais que o período de engajamento
de um soldado, a presença marcante de Moabe
terá desaparecido, esse esplêndido balão de ar
estará furado, e, em vez de uma população alegre,
haverá apenas alguns andarilhos se arrastando
para mendigar uma esmola".

Damasco: um monte de pó e entulho

17 **1-3**Uma Mensagem acerca de Damasco:

"Observem isto: Damasco está arruinada,
 já não existe como cidade,
 é um monte de pó e entulho!
Das suas cidades, sumiram as pessoas.
 Ovelhas e cabras vão entrar
E tomar conta desses lugares
 como se fossem as donas – e de fato serão!
Não sobrou nem sinal das fortalezas
 de Efraim,
 não há traço de governo em Damasco.
O que sobrou da Síria?
 O mesmo que restou de Israel – não muito",
é o decreto do Senhor dos Exércitos de Anjos.

O dia está chegando

4-6"Está chegando o dia em que o vigor e o esplendor
de Jacó se apagarão,
 e seu corpo sadio se tornará um esqueleto.
A terra ficará vazia,
 como um campo em que a colheita
 foi feita à mão.

Será como uns poucos montes de cevada, deixados
 no próspero vale de Refaim depois da colheita,
Ou como duas ou três azeitonas maduras
 esquecidas no topo da oliveira,
Ou como quatro ou cinco maçãs
 que os que colhem não conseguiram alcançar",
é o decreto do Eterno de Israel.

7-8 Sim, está chegando o dia em que meu povo
vai reconhecer Aquele Que os Fez. Eles vão olhar
demoradamente para o Santo de Israel. Vão perder
o interesse em tudo que fizeram – altares e monumentos e rituais, a religião feita em casa e feita à
mão –, por mais impressionantes que sejam.

9Sim, está chegando o dia em que suas cidades
fortificadas serão abandonadas – exatamente as
mesmas cidades que os heveus e amorreus abandonaram quando Israel invadiu a terra! E a terra
ficará vazia, desolada.

Vocês se esqueceram de Deus

10-11E por quê? Porque vocês se esqueceram
 do Deus da sua Salvação,
 não se lembraram da Rocha de Refúgio.
Por isso, mesmo que sejam muito religiosos,
 plantando todo tipo de arbustos e árvores
 para honrar e influenciar os deuses da
 fertilidade;
Mesmo que os façam crescer tão bem,
 rebentando em botões, brotos e flores,
Nada adiantará. Em vez de colheita,
 vocês terão apenas aflição
 e dor sobre dor.

12-13 Oh, não! Trovões! Uma multidão trovejante!
 Com a rebentação das ondas do mar!
Nações bradando, gritando,
 como o bramido de uma grande
 queda d'água,
Como o estrondo de uma catarata!
 Mas Deus vai silenciá-los com uma palavra,
Vai soprar e afastá-los como folhas mortas,
 como a penugem de um espinheiro.

14Na hora de dormir, o terror enche o ar.
 Pela manhã, já se foi – não se vê mais
 o seu sinal.
É isso que acontece com os que queriam
 nos arruinar;
 esse é o destino dos que nos perseguiam.

DIA 277

EFÉSIOS 3.14 — 4.13

14-19 Minha resposta é ajoelhar-me na presença do Pai, o magnífico Pai, dos céus e da terra. Não me canso de pedir que ele os fortaleça pelo seu Espírito — não com força humana, mas com seu glorioso poder interior — para que Cristo viva em vocês, que o convidam a entrar no coração. Peço a ele que, cheios do amor, vocês sejam capazes de participar, com os demais seguidores de Jesus, da dimensão insondável do amor de Cristo. Experimentem a largura! Testem seu comprimento! Subam às alturas! Vivam uma vida cheia da plenitude de Deus!

20-21 Vocês sabem muito bem que Deus pode fazer qualquer coisa, muito mais do que poderiam imaginar ou pedir nos seus sonhos! Quando Deus age, ele nunca o faz de modo forçado, pois o seu agir em nós, por seu Espírito, acontece sempre de modo profundo e gentil dentro de nós. Por isso:

Glória a Deus na igreja!
Glória a Deus no Messias Jesus!
Glória por todas as gerações!
Glória para todo o sempre! Amém!

A maturidade

4 **1-3** Diante de tudo isso, direi o que quero que vocês façam. Enquanto estou preso aqui, pelo simples fato de servir o Senhor, quero que saiam e caminhem, ou melhor, que corram, pelo caminho que Deus ordenou que seguissem. Não quero que ninguém fique de braços cruzados. Não saiam por aí, por caminhos que não levam a lugar nenhum. Cuidem também para agir com humildade e disciplina, sem desanimar, sempre constantes, dedicando-se uns aos outros com amor, considerando as diferenças entre vocês, sempre resolvendo logo todo e qualquer desentendimento.

4-6 Vocês todos foram chamados para andar no mesmo caminho, para seguir na mesma direção. Por isso, permaneçam juntos de coração e na caminhada. Vocês têm um só Senhor, uma só fé, um só batismo, um só Deus e Pai de todos, que governa sobre todos, age por intermédio de todos e está presente em todos. Tudo que vocês são, pensam e fazem é permeado por essa linda Unidade.

7-13 Mas isso não quer dizer que todos sejam iguais! Nem todos falam e fazem a mesma coisa. A verdade é que, pela graça generosa de Cristo, cada um de nós tem seu dom. O texto que comprova isso é:

Ele subiu às altas montanhas.

Venceu o inimigo e tomou o despojo.
Depois distribuiu tudo entre o povo,
como um presente.

Não é verdade que aquele que subiu também desceu às partes mais profundas da terra? E aquele que desceu é o mesmo que subiu de novo, aos mais altos céus. Ele concedeu dons em cima e embaixo, encheu o céu e a terra com suas dádivas. Ele concedeu dons de apóstolo, profeta, evangelista e pastor-mestre para treinar os seguidores de Cristo, para que haja um serviço de qualidade no corpo de Cristo, a igreja. Ele fez isso para que todos possam trabalhar juntos em perfeita harmonia e sintonia, numa resposta cheia de gratidão e dedicação eficiente ao Filho de Deus, como adultos plenamente maduros, plenamente desenvolvidos, plenamente cheios de vida, como Cristo.

SALMOS 115.9-11

9-11 Mas você, ó Israel:
deposite sua confiança no Eterno!
Confie no seu Ajudador! Confie no seu
Governante!
Clã de Arão, confie no Eterno!
Confie no seu Ajudador!
Confie no seu Governante!
Vocês que temem o Eterno, confiem no Eterno!
Confiem no seu Ajudador!
Confiem no seu Governante!

◼ NOTAS

Forragem para as aves no verão,
  forragem para os animais no inverno.

[7] Então, a honra será dada ao Senhor
    dos Exércitos de Anjos,
  honra prestada por esse povo alto e vistoso,
Esse povo antes respeitado
    em todos os lugares,
  esse povo antes poderoso e impiedoso,
Da região riscada de rios,
  para o monte Sião, o lugar do Eterno.

Anarquia, caos e matança

19 [1] Uma Mensagem acerca do Egito:

Vejam isso! O Eterno está cavalgando numa
    nuvem veloz,
  que está cercando o Egito!
Os deuses do Egito se agitam e estremecem,
  os egípcios estão paralisados de pavor.

[2-4] Deus diz: "Vou fazer que egípcio lute
    contra egípcio,
  irmão lute contra irmão,
    vizinho contra vizinho,
Cidade contra cidade, reino contra reino —
  anarquia, caos e matança!
Vou tirar o vento das velas dos egípcios.
  Eles ficarão totalmente perdidos.
Buscarão respostas nos seus ídolos;
  farão encontros de ocultismo,
    desesperados por respostas.
Mas eu entregarei os egípcios
  ao tirano mais cruel.
Eu os submeterei ao rei mais impiedoso",
  é o decreto do Senhor,
    o Senhor dos Exércitos de Anjos.

[5-10] O rio Nilo secará;
  o leito do rio queimará até secar ao sol.
A água nos canais vai ficar parada e cheirar mal;
  todo riacho que tocar o Nilo secará.
A vegetação do rio fará apodrecer
  as margens de barro cozido.
O leito se tornará duro e liso;
  os juncos secarão e serão levados pelo vento.
Os pescadores vão se queixar
  de que a pesca está arruinada.
Os que fabricam roupas não terão trabalho;
  os tecelões e os que trabalham com linho,
    algodão e lã.

☐ **DIA 278** __ / __ / __

ISAÍAS 18.1 — 21.17

O povo poderoso e impiedoso

18 [1-2] Ai da terra das moscas e dos mosquitos
    além dos rios da Etiópia,
  Enviando emissários a todo o mundo,
    descendo os rios e atravessando os mares.
Corram, velozes mensageiros,
  vão a esse povo alto e vistoso,
Esse povo respeitado em todos os lugares,
  esse povo poderoso e impiedoso,
    da região repleta de rios.

[3] Atenção todos, em todos os lugares,
  todos os habitantes da terra:
Quando virem uma bandeira tremulando
    sobre o monte, olhem!
  Quando escutarem
    a trombeta tocar, ouçam!

[4-6] Pois foi isto o que o Eterno me disse:

"Não vou falar nada,
  apenas olhar, de onde habito,
Silencioso como o calor que vem do Sol,
  sem alarde, como o orvalho durante
    a colheita".
E logo antes da colheita, depois que a flor
  se transformar em uva madura,
Ele vai intervir e podar os brotos novos
  e, sem dó nem piedade, cortar os galhos
    que estão crescendo.
Vai deixá-los amontoados no chão,
  para que as aves e os animais
    se alimentem deles —

DIA 278

Ficarão desanimados, deprimidos pela
    ociosidade forçada;
os que trabalham pelo seu sustento
    perderão o emprego.

¹¹⁻¹⁵Os príncipes de Zoã são tolos,
    os conselheiros do faraó são insensatos.
Como teve alguém a coragem de dizer a faraó:
"Confie em mim. Sou sábio.
    Sei o que estou fazendo,
    pois sou descendente da antiga
        sabedoria do Egito"?
Não sobrou um único sábio nessa terra.
    Se houvesse algum, talvez ele pudesse
        dizer a vocês
    o que o Senhor dos Exércitos de Anjos
        planeja para o Egito.
Do jeito que está a situação, os príncipes
    de Zoã são todos tolos,
    e os príncipes de Mênfis são tolos.
As colunas honradas de sua sociedade
    levaram o Egito a um beco sem saída.
O Eterno confundiu a mente deles,
    e o Egito agora é um bêbado caído sobre o
        próprio vômito.
O Egito está desesperado, passou do ponto
    de receber ajuda;
    é um velho, caduco, tolo e prestes a cair.

¹⁶⁻¹⁷**N**aquele dia, os egípcios serão como loucos, gritando ao primeiro sinal da ação do Senhor dos Exércitos de Anjos. A pequena Judá causará terror aos egípcios! Bastará dizer: "Judá" a um egípcio para vê-lo apavorado. A palavra vai disparar o temor dos planos do Senhor dos Exércitos de Anjos contra o Egito.

¹⁸Naquele dia, várias cidades do Egito vão aprender a falar a língua da fé e da promessa para seguir o Senhor dos Exércitos de Anjos. Uma delas será honrada com o título "Cidade do Sol".

¹⁹⁻²²Naquele dia, haverá um lugar de adoração ao Eterno no centro do Egito e um monumento ao Eterno na sua fronteira, para lembrar como o Senhor dos Exércitos de Anjos ajudou os egípcios. Quando eles clamarem em oração ao Eterno por causa dos opressores, ele vai enviar ajuda, um salvador irá mantê-los seguros. O Eterno vai se revelar abertamente aos egípcios, e eles o conhecerão naquele dia. Eles o adorarão com seriedade, apresentando sacrifícios e ofertas queimadas. Eles farão votos e os cumprirão. O Eterno vai ferir o Egito: primeiro

vai atingi-lo e depois curá-lo. O Egito recorrerá para o Eterno, e o Eterno ouvirá suas orações. Ele vai curá-los, restaurá-los dos pés à cabeça.

²³Naquele dia, haverá uma estrada do Egito à Assíria: os assírios vão poder se movimentar livremente no Egito e os egípcios na Assíria. Já não serão rivais e adorarão juntos, egípcios e assírios!

²⁴⁻²⁵Naquele dia, Israel tomará seu lugar no centro entre o Egito e a Assíria, compartilhando as bênçãos. O Senhor dos Exércitos de Anjos, que abençoou Israel, abençoará todos generosamente: "Bendito seja o Egito, meu povo! Bendita seja a Assíria, obra das minhas mãos! Bendito seja Israel, minha herança!".

Exposto a zombarias e escárnios

20¹⁻²**N**o ano em que o comandante da tropa enviado pelo rei Sargom da Assíria veio a Asdode e lutou contra ela e a conquistou, o Eterno disse a Isaías, filho de Amoz: "Tire a roupa e as sandálias". E Isaías assim fez, andando pra cima e pra baixo nu e descalço.

³⁻⁶O Eterno disse: "Assim como meu servo Isaías andou pela cidade nu e descalço durante três anos, como advertência ao Egito e à Etiópia, assim o rei da Assíria virá e fará os egípcios prisioneiros e exilará os etíopes. Ele vai levar jovens e velhos e fazê-los marchar nus e descalços para fora de sua terra, expostos à zombaria e à ridicularização. Imaginem só: os egípcios desfilando com as nádegas de fora! Todos os que depositaram esperança na Etiópia e contavam com a ajuda do Egito ficarão desamparados. Todos os que vivem ao longo da costa dirão: "Olhem para eles! Nus e descalços, arrastando-se para o exílio! E nós achávamos que eles seriam nossa maior esperança, que nos salvariam do rei da Assíria. Agora, o que vai acontecer conosco? Como vamos sair desta?".

O traidor é traído

21¹⁻⁴**M**ensagem acerca do deserto à beira-mar:

Assim como as tempestades
    atravessam o Neguebe,
    vindas do interior do deserto, aquele lugar
        repleto de terror,
Uma visão terrível me foi dada:
    o traidor é traído; o saqueador, saqueado.
Ao ataque, Elão!
    Faça o cerco, Média.
Persas, ataquem!
    Ataque, Babilônia!
Vou dar um fim
    a todo esse lamento.

Por causa dessas notícias, me contorço de dor
como uma mulher em trabalho de parto.
Estou perplexo diante do que ouço,
abalado pelo que vejo,
Absolutamente espantado, horrorizado.
Eu pensava que ia ter uma noite tranquila,
mas ela se transformou num pesadelo.

⁵ O banquete está posto,
os hóspedes reclinados
e suntuosamente à vontade,
Comem, bebem e se divertem,
mas depois: "Às armas, príncipes!
Estamos em guerra!".

⁶⁻⁹ O Senhor me disse: "Designe um vigia.
Peça relatos de tudo que ele observar.
Quando vir cavalos e carros em
formação de batalha,
filas de jumentos e colunas de camelos,
Diga a ele que ponha o ouvido no chão,
para escutar cada sussurro,
cada cochicho".
Foi aí que o vigia gritou:
"Estou no meu posto, Senhor,
Firme no meu posto, dia após dia
e a noite toda!
Eu os vi chegando,
os cavalos e os carros em formação de batalha.
Ouvi quando gritaram as notícias da guerra
em forma de manchete:
'A Babilônia caiu! Caiu!
E todos os seus preciosos ídolos
foram esmigalhados' ".

¹⁰ Querido povo de Israel,
vocês já passaram por tanta coisa!
Foram malhados como o trigo na eira.
A boa notícia que recebi do Senhor
dos Exércitos de Anjos,
o Deus de Israel, agora transmito a vocês.

¹¹⁻¹² **U**ma Mensagem acerca de Edom:

Uma voz está me chamando
das montanhas de Seir, em Edom:
"Vigia da noite!
Quanto tempo ainda até raiar o dia?
Quanto ainda vai durar esta noite?".
O vigia da noite grita e responde:
"A manhã está chegando,

Mas ainda é noite.
Se me perguntar de novo,
vou dar a mesma resposta".

¹³⁻¹⁵ **U**ma Mensagem acerca da Arábia:

Vocês terão de acampar no terreno
ressecado do deserto,
vocês, caravanas de dedanitas.
Carreguem água para os sedentos,
saúdem os fugitivos com pão.
Mostrem sua hospitalidade do deserto,
vocês que vivem em Temá.
O deserto está fervilhando de refugiados
correndo dos horrores da guerra.

¹⁶⁻¹⁷ O Senhor me disse: "Seja perseverante. Daqui a um ano – assinarei um documento para confirmar isso –, a brutalidade de Quedar, esses monstros do deserto, terá passado: não sobrará muita coisa desses homens violentos". O Eterno de Israel é que está falando.

EFÉSIOS 4.14-32

¹⁴⁻¹⁶ Chega de ser criança. Não dá para tolerar gente ingênua, bebezinhos que são alvos fáceis para predadores. Deus quer que cresçamos, conheçamos toda a verdade e a proclamemos em amor – à semelhança de Cristo, em tudo. Estamos seguindo Cristo, que é a base de tudo que fazemos. Ele nos mantém juntos. Sua respiração e seu sangue fluem através de nós, nutrindo-nos para que possamos crescer com saúde em Deus, fortalecidos em amor.

Chega da velha vida

¹⁷⁻¹⁹ **É** por essa razão que insisto – e tenho todo o apoio de Deus – em que jamais sigam a multidão, a massa ignorante que não tem nada na cabeça. Eles tanto se recusaram a se relacionar com Deus que perderam o contato não apenas com ele, mas com a própria realidade. Não conseguem mais pensar direito. Parecendo uns zumbis, são obcecados por sexo e viciados em todo tipo de perversão.

²⁰⁻²⁴ Mas isso não é vida, gente. Vocês aprenderam de Cristo! Acho que aprenderam direito, que foram bem instruídos na verdade, exatamente como a temos em Jesus. A desculpa da ignorância não vale mais, tudo – e quero dizer tudo mesmo – que está ligado àquele velho estilo de vida tem de ser abandonado. É pura podridão. Doideira total. Saiam fora! Agora é hora de ter um estilo de vida totalmente novo, zerado

— uma vida planejada por Deus, renovada a partir de dentro; uma vida que muda para melhor a conduta de vocês e que faz o caráter de Deus tornar-se realidade em nossa vida.

25 Essa nova vida traz mudanças: chega de mentiras, chega de fingimento. Falem a verdade. No corpo de Cristo, estamos, antes de tudo, conectados uns com os outros. Se você mente para alguém, está mentindo para você mesmo.

26-27 É normal ficar com raiva. É claro que todos sentem raiva. Mas não alimentem vingança no coração. Não deixem que a raiva domine muito tempo. Resolvam o problema antes de dormir. Não deem mole para o Diabo! Não deixem que ele prejudique a vida de vocês.

28 Vocês costumavam roubar para levar vantagem? Não façam mais isso. Arrumem um emprego decente, até mesmo para poder ajudar os que não têm condições de trabalhar.

29 Tenham cuidado com a maneira de falar. Nunca saia da boca de vocês nenhuma besteira ou baixaria. Falem apenas o que é útil e que ajude os outros! Cada palavra de vocês deve ser um presente.

30 Não entristeçam Deus. Não lhe causem nenhum desgosto. O Espírito Santo, que se move e respira em vocês, é quem nos leva à intimidade com Deus e os deixa em condições de se relacionar com ele. Não desprezem este presente maravilhoso.

31-32 Nada de conversa profana, difamadora e nociva. Sejam gentis e sensíveis ao próximo. Perdoem-se uns aos outros assim como Deus em Cristo os perdoou — perdão total e incondicional.

SALMOS 115.12-18

12-16 Ó Eterno, lembra-te de nós e nos abençoa!
Abençoa as famílias de Israel e Arão!
E que o Eterno abençoe todos os que o temem —
o pequeno e o grande.
Oh! Que o Eterno amplie suas famílias,
dando crescimento a você e seus filhos!
Que você seja abençoado pelo Eterno,
que fez os céus e a terra.
O céu dos céus é para o Eterno,
mas ele nos designa responsáveis pela terra.

17-18 Os mortos não podem louvar o Eterno:
nem mesmo uma palavra pode ser ouvida dos
que estão na sepultura.
Mas nós engrandecemos o Eterno. Oh, sim!
Engrandecemos hoje, engrandecemos sempre!
Aleluia!

◢ NOTAS

☐ DIA **279** ___ / ___ / ___

ISAÍAS 22.1 — 24.13

Uma terra de covardes

22 **1-3** Uma Mensagem acerca do vale da Visão:

Afinal, o que está acontecendo aqui?
Toda essa festança e barulheira,
Gritos e vivas nas ruas,
a cidade é só ruído de celebração!
Vocês não têm soldados valentes para honrar
nem heróis de combate de quem se orgulhar.
Seus líderes foram todos covardes,
presos sem ao menos tocar na espada.

É uma terra de covardes,
capturados enquanto fugiam da batalha.

Vocês nunca olharam para ele

4-8 Em meio a toda essa gritaria, eu disse:
"Deixem-me sozinho.
Quero ficar sozinho para lamentar.
Não me digam que vai ficar tudo bem.
Esse povo está condenado.
Não vai ficar tudo bem".
Porque o Senhor, o Senhor dos Exércitos de Anjos,
está preparando um dia agitado,
com turbas e multidões
Aos empurrões e em pânico no vale da Visão,
derrubando muros
e gritando aos montes: "Ao ataque! Ao ataque!".
Os velhos inimigos Elão e Quir chegaram,
armados até os dentes —
armas, carros e cavalaria.
Seus belos vales estão em alvoroço
com a guerra,
carros e cavalaria atacando
numa direção e em outra.
Deus deixou o povo de Judá indefeso.

8-11 Vocês avaliaram suas defesas naquele dia,
inspecionaram seu arsenal no Depósito da Floresta.
Repararam os pontos fracos nos muros da cidade.
Refizeram a provisão de água no tanque Inferior.
Fizeram um inventário das casas em Jerusalém
e derrubaram algumas para obter tijolos e assim
fortalecer os muros da cidade. Construíram uma
grande cisterna para garantir água.

Vocês olharam para tudo, menos para aquele que
deu a cidade a vocês. Não consultaram uma única vez
aquele que tem planos para a cidade.

12-13 O Senhor, o Senhor dos Exércitos de Anjos,
os convocou naquele dia.
Ele chamou vocês para um dia de lágrimas
de arrependimento,
para se vestirem com roupas de luto.
Mas o que vocês fizeram? Uma festa!
Comem, bebem e dançam nas ruas!
Assam touros e ovelhas e fazem uma
grande algazarra,
embalados por churrasco à vontade
e barris de cerveja.
"Aproveitem o dia! Comam e bebam!
Amanhã estaremos mortos!".

14 O Senhor dos Exércitos de Anjos sussurrou-me
o veredito acerca dessa frivolidade: "Vocês pagarão
por esse ultraje até o dia da sua morte". É o que diz o
Senhor, o Senhor dos Exércitos de Anjos.

A chave da herança davídica

15-19 O Senhor, o Senhor dos Exércitos de Anjos,
disse: "Venham. Falem com esse administrador,
Sebna, que está a cargo de todos os negócios do
rei, e digam a ele: 'O que está acontecendo aqui?
Você é estrangeiro, mas se comporta como se fosse
o dono do lugar, fazendo um túmulo grande e sofis-
ticado para você mesmo no lugar onde todos podem
ver, para que todos pensem que você é importante.
O Eterno está para exonerá-lo do cargo e jogá-lo
aos cães. Ele o pegará pelo cabelo, irá girá-lo no
ar até você ficar tonto e depois soltá-lo. Você sairá
voando como uma bola chutada, até se perder de
vista, e ninguém sabe onde você vai cair. Ali morrerá, e tudo que colecionou e amontoou sobre seu
túmulo irá com você. Você desgraçou a casa do
seu senhor! Portanto, está demitido — e já vai tarde!

20-24 "Naquele dia, vou substituir Sebna. Vou
chamar meu servo Eliaquim, filho de Hilquias e
entregar a ele o manto que você vestia. Nele porei
o seu cinto. Vou dar a ele sua autoridade. Ele será
um líder, um pai para Jerusalém e o governo de
Judá. Vou dar a ele a chave da herança davídica.
Ele vai governar o lugar — abrirá qualquer porta e a
manterá aberta, fechará qualquer porta e a manterá
fechada. Vou fixá-lo como um prego numa parede
sólida. Ele será um guardião da linhagem davídica.
Tudo vai depender dele — não apenas o destino dos
descendentes de Davi, mas também tudo que diz
respeito ao cotidiano da casa, até os copos e talheres.
25 "Então, o dia virá", diz o Senhor dos Exércitos
de Anjos, "em que esse prego vai se soltar e cair, vai
se desgarrar da parede sólida — e tudo que estiver
pendurado nele cairá também". É o que vai acontecer.
O Eterno é que está dizendo.

Números inúteis

23 **1-4** Chorem, navios de Társis,
todos os seus poderosos portos
estão em ruínas!
Quando os navios retornaram de Chipre,
eles viram a destruição.
Segurem a língua, vocês que vivem
na costa do mar,
mercadores de Sidom.

Seu povo navegou mares profundos,
comprando e vendendo,
Fazendo dinheiro com o trigo de Sior,
produzido ao longo do Nilo —
multinacionais de grãos!
Pode baixar a cabeça de vergonha, Sidom.
O mar está falando,
a casa de força do mar diz:
"Nunca tive dores de parto, nunca tive um bebê,
nunca criei filhos até a idade adulta,
Nunca concedi vida, nunca trabalhei com vida.
Era tudo números inúteis".

⁵Quando o Egito receber o relatório
a respeito de Tiro,
que tristeza, que angústia!

Não sobrou nada de que se orgulhar

⁶⁻¹²Visitem Társis, vocês que vivem na costa do mar.
Deem uma boa olhada e chorem — sim,
chorem baldes de lágrimas!
É esta a cidade de que vocês se lembram,
enérgica e viva,
vibrando com atividades, a histórica cidade
A se expandir pelo mundo,
comprando e vendendo em todo lugar?
E quem está por trás do colapso de Tiro,
a cidade que controlava os mercados do
mundo?
Os mercadores de Tiro eram os magnatas da terra.
Os negociantes de Tiro é que davam as cartas.
O Senhor dos Exércitos de Anjos
decretou sua falência,
para mostrar a sordidez que há no orgulho
e para dar fim à sua arrogante reputação.
Naveguem de volta para casa, navios de Társis:
não há docas livres neste porto.
O Eterno atingiu o mar e os mercadores do mar,
lançou os reinos do mar na confusão.
O Eterno ordenou a destruição
das cidades costeiras, dos centros
de comércio.
O Eterno disse: "Não há nada aqui
de que se orgulhar,
Sidom está falida e desolada.
Querem começar de novo em Chipre?
Não contem com isso. Lá também nada vai
dar certo".

¹³ Olhem o que aconteceu com a Babilônia:
não sobrou nada. A Assíria virou um deserto,

um refúgio de cães selvagens e gatos sem dono.
Eles trouxeram seus grandes artefatos de cerco,
destruíram os muros e não deixaram nada para
trás a não ser entulho.

¹⁴Chorem, navios de Társis,
seus portos estão todos em ruínas!

¹⁵⁻¹⁶Daqui a setenta anos, o tempo da vida de um rei,
Tiro estará esquecida. Ao final dos setenta anos, ela
vai encenar o retorno, como de uma prostituta apo-
sentada, como está no cântico:

"Tome uma harpa e percorra a cidade,
prostituta esquecida.
Cante as canções antigas, aquelas bem antigas.
Talvez alguém consiga lembrar".

¹⁷⁻¹⁸ Ao final dos setenta anos, o Eterno dará uma
olhada em Tiro. Ela retornará ao seu comércio
promíscuo, vendendo-se a quem der o maior lance,
fazendo qualquer coisa com qualquer um — promíscua com todos os reinos da terra — por uma
taxa. Mas tudo que ela conseguir, todo o dinheiro
que ganhar será repassado para o Eterno. Não será
depositado. Seus lucros serão usados pelo povo
consciente da presença do Eterno, pelo povo que
serve ao Eterno, que terá comida farta e vestirá as
melhores roupas.

A terra parecerá uma paisagem lunar

24 ¹⁻³Perigo adiante! O Eterno está prestes a
arrasar a terra
e deixá-la em ruínas.
Arrancará tudo pela raiz
e porá todos para correr:
sacerdotes e leigos,
empregadores e empregados,
celebridades e desconhecidos,
compradores e vendedores,
banqueiros e pedintes,
ricos e pobres.
A terra deles parecerá uma paisagem lunar,
totalmente devastada.
E por quê? Porque o Eterno está dizendo.
Ele já deu as ordens.

⁴A terra está desolada e cinzenta;
o mundo, silencioso e triste;
o céu e a terra, sem vida e sem cor.

A terra contaminada pelo próprio povo

5-13 A terra foi contaminada pelo próprio povo,
que desrespeitou suas leis,
Quebrou sua ordem,
Violou a sagrada e eterna aliança.
Por isso, uma maldição, um câncer
devasta a terra.
O povo que nela vive paga o preço do sacrilégio.
Eles definham, morrendo um por um.
Já não há vinho, já não há vinhas,
já não há cânticos nem cantores.
O riso dos tamborins emudeceu,
o som alegre dos festeiros se foi,
a alegria dos violinos acabou.
Já não há festas regadas a vinho.
Os beberrões experientes se engasgam
com a bebida.
É impossível viver no caos das cidades:
reina a anarquia.
Todas as casas foram fechadas com tábuas:
estão condenadas.
As pessoas fazem tumulto na rua
à procura de vinho,
mas os bons tempos se foram para sempre —
já não há alegria neste mundo envelhecido.
A cidade está morta e deserta,
reduzida a entulho.
Isso é o que acontecerá a esta terra.
Este é o destino de todas as nações:
Uma oliveira sem suas azeitonas,
uma videira privada de suas uvas.

EFÉSIOS 5.1-17

É hora de acordar!

5 **1-2** Observem bem o que Deus faz, e façam o mesmo! Ajam como filhos que aprendem com os pais. E o que Deus faz é principalmente amar vocês. Aprendam com ele a vida de amor. Observem como Cristo nos amou. Seu amor não foi contido. Foi extravagante! Ele não amou para receber algo em troca, mas para nos dar tudo de si. Então, queridos, amem da mesma maneira.

3-4 Não permitam que o amor se transforme em paixão carnal! Vocês podem cair na ladeira escorregadia da promiscuidade, da perversão ou da cobiça desenfreada. Ainda que alguns gostem de uma fofoca, os seguidores de Jesus devem usar a língua para o melhor. Nada de falar besteira e baixaria. Isso não condiz com o estilo de vida de vocês. Ação de graças sempre deve ser a marca da nossa linguagem.

5 Usar as pessoas, a religião ou qualquer outra coisa apenas para levar vantagem — que também é um tipo de idolatria — não levará vocês a nada, muito menos a um lugar próximo do Reino de Deus e de Cristo.

6-7 Não se deixem levar por esse papo de religiosidade. Deus fica furioso com pessoas que transpiram religião, mas não querem nada com ele. Não sejam nem mesmo amigos de pessoas assim.

8-10 Antigamente, vocês tateavam na escuridão, mas hoje a situação é outra. Vocês estão em espaço aberto agora. A brilhante luz de Cristo ilumina o caminho. Por isso, nada de ficar tropeçando por aí. Fiquem firmes! Procurem o que é bom, certo, verdadeiro — isso, sim, condiz com a luz clara do dia. Descubram o que agrada a Cristo e comecem a praticar.

11-16 Não desperdicem tempo em trabalho inútil, que para nada serve. É caminhar na escuridão. Ao contrário, denunciem a baixeza dessas coisas. É uma vergonha passar a vida fazendo tudo escondido, com medo que alguém descubra. Deixem que toda essa escuridão repugnante enfrente a luz e descubram como serão atraentes à luz de Cristo.

Acordem!
Ressuscitem para a nova vida,
E Cristo mostrará a luz para vocês!

Portanto, olhem por onde andam. Usem a cabeça. Aproveitem ao máximo cada oportunidade. Vivemos tempos difíceis! **17** Não se descuidem. Tentem entender o que o Senhor quer de vocês.

SALMOS 116.1-8

116 **1-8** Eu amo o Eterno porque ele me ouviu,
ouviu quando supliquei por misericórdia.
Ele ouviu atentamente
enquanto eu apresentava a minha causa a ele.
A morte me encarou,
o além segurou-me pelos calcanhares.
Com água até o pescoço, eu não sabia
que caminho tomar,
então pedi socorro ao Eterno:
"Por favor, Eterno!", gritei.
"Salva minha vida!"
O Eterno é gracioso — ele faz tudo certo.
Nosso Deus é muito misericordioso.
O Eterno está do lado dos desamparados:
quando eu estava no limite, ele me salvou.

DIA 280

◾ NOTAS

―――――――――――――

(linhas em branco para anotações)

||||||||||||||||||||||||||||||||||||||||||||||||

☐ **DIA 280** ___/___/___

ISAÍAS 24.14 — 27.13

14-16 Mas alguns vão irromper em alegre canção.
Do Ocidente, virão e aclamarão
a majestade do Eterno.
Sim, também do Oriente
subirá a glória do Eterno.
Cada ilha do mar
Espalhará a fama do Eterno,
a fama do Eterno de Israel.
Dos quatro ventos e dos sete mares,
ouvimos a canção:
"Todo louvor seja dado àquele que é o Justo!".

16-20 Mas eu disse: "Isso pode ser muito
bom para alguns,
mas o que vejo é desgraça e mais desgraça".
Todos estão espreitando seu próximo.
Sim, todos estão dispostos a trair o próximo.
O terror, covas e as piores armadilhas
estão por todos os lugares, não importa quem
você seja.
Se você correr do terror,
cairá na cova.
Se conseguir sair da cova,
será apanhado na armadilha.
O céu está caindo – é o caos.
Os fundamentos da terra estão se desfazendo.
A terra está sendo esmigalhada,
está sendo rasgada em pedaços,
está oscilante e sem controle,
A terra cambaleia como um bêbado,
balança como a cabana frágil no vento forte.
Os pecados que acumulou são demais para ela.
Está desmoronando e não conseguirá
se levantar.

21-23 Então, o Eterno chamará à responsabilidade
os poderes rebeldes no céu
E os reis rebeldes na terra.
Eles serão reunidos como prisioneiros;
Encurralados e trancados numa cela,
receberão a sentença de trabalhos forçados.
A Lua, envergonhada, vai se esconder;
o Sol, com o rosto corado, vai se esquivar,
humilhado,
Porque o Senhor dos Exércitos de Anjos
vai assumir o comando,
governando com base no monte Sião
e em Jerusalém,
Esplêndido e glorioso
diante de todos os seus líderes.

A mão de Deus repousa sobre este monte

25 **1-5** Ó Eterno, tu és _meu_ Deus.
Celebro a ti e te louvo.
Realizaste teus milagres e maravilhas,
planos bem elaborados, firmes e seguros.
Aqui reduziste a cidade a entulho,
a cidade forte a um monte de pedras.
A inimiga Grande Cidade virou pó,
para nunca mais ser cidade outra vez.
As superpotências a verão e te honrarão,
os opressores vão se prostrar em adoração.

Eles verão que cuidas dos pobres,
   que cuidas do teu povo em dificuldades,
Dando-lhes um lugar aconchegante
   e seco em tempo úmido,
preparando um lugar fresco no calor.
Os opressores são como um temporal,
   e os estrangeiros cruéis como o meio-dia
   no deserto.
Mas tu, abrigo na tempestade e sombra
   diante do Sol,
tapaste a boca desses homens violentos.

6-8 Mas aqui, neste monte,
   o Senhor dos Exércitos de Anjos
vai oferecer um banquete a todos
   os povos do mundo,
Um banquete com pratos especiais
   e vinhos selecionados,
   um banquete com sete entradas e as melhores
   sobremesas, tudo à vontade.
E aqui, neste monte, o Eterno vai banir
   a mortalha da desgraça pendurada sobre
   todos os povos,
A sombra da calamidade que pesa
   sobre todas as nações.
   Sim, ele vai banir a morte para sempre.
E o Eterno enxugará toda lágrima,
   de cada rosto.
   Ele removerá todo sinal de desgraça
Do seu povo, não importa onde estiverem.
   Sim! O Eterno está dizendo isso!

9-10 Quando isso acontecer,
   as pessoas vão exclamar:
   "Vejam o que aconteceu! Esse é nosso Deus!
Nós esperamos por ele, e ele apareceu e nos salvou!
   Esse é o Eterno, em quem confiamos!
Vamos celebrar, cantar as alegrias
   de sua salvação.
   A mão do Eterno repousa sobre este monte!".

10-12 Quanto aos moabitas,
   serão tratados como refugo,
   como lixo jogado.
Eles podem até aguentar um pouco,
   como nadadores que tentam se manter na
   superfície da água,
Mas vão se afogar no esgoto.
   Seu orgulho os afogará.
Suas famosas fortalezas vão se esfarelar;
   os muros imponentes serão reduzidos a pó.

Ampliem os limites dos vivos

26 **1-6** **N**aquele tempo, esta canção
   será cantada na terra de Judá:
Temos uma cidade forte, Cidade da Salvação,
   edificada e fortificada com livramento.
Abram bem as portas
   para que entrem os bons e honestos.
Pessoas com a mente voltada para ti,
   que mantiveste íntegras,
Sempre pisando firme,
   porque são perseverantes e não desistem.
Confiem no Eterno e sejam perseverantes.
   Porque no Senhor, o Eterno,
   vocês estão seguros.
Os que viveram de forma altiva e prepotente
   ele derrubou do pedestal.
Ele usou a cidade construída sobre o monte
   como aterro para o pântano.
Todos os explorados e excluídos
   edificaram sua vida sobre a terra recuperada.

7-10 O caminho dos que vivem de forma
   correta é plano.
   Tu aplainas a estrada para quem é decente.
Não temos pressa, ó Eterno.
   Estamos felizes em nos demorar
   no caminho marcado com as placas
   das tuas decisões.
Quem tu és e o que fizeste
   é o que sempre queremos.
Durante a noite, minha alma anseia por ti.
   Do fundo do meu ser, meu espírito te busca.
Quando tuas decisões são conhecidas
   publicamente,
   todos aprendem a viver de forma correta.
Quando se mostra graça aos perversos,
   eles não conseguem compreendê-la.
Na terra da vida correta, eles persistem
   na vida de maldade,
   cegos para o esplendor do Eterno.

11-15 Tu levantas a mão bem alto, ó Eterno,
   mas eles não a veem.
Abre os olhos deles para o que fazes,
   para que vejam teu amor zeloso por teu povo.
Envergonha-os, ó Eterno!
   Acende um fogo debaixo deles.
   Chama a atenção dos teus inimigos.
Determina uma vida pacífica
   e íntegra para nós,
   porque tudo que fizemos, tu fizeste por nós.

DIA 280

Ó Eterno, o nosso Deus, tivemos outros
senhores governando sobre nós,
mas tu és o único Senhor que já conhecemos.
Os mortos não falam,
os espíritos não andam,
Porque disseste: "Já chega – acabou para vocês!",
e os apagaste dos livros.
Mas tornas os vivos maiores que a vida.
Quanto mais vida concedes,
mais tua glória é percebida
e amplias os limites para concederes
mais vida!

16-18 Ó Eterno, eles suplicaram tua ajuda
quando estavam em dificuldades,
quando tua disciplina, de tão pesada,
mal permitia que sussurrassem uma oração.
Como a mulher em trabalho de parto
contorce-se em aflição e grita de dor
enquanto o bebê está nascendo:
Era assim que nos sentíamos por causa de ti,
ó Eterno.
Estávamos para dar à luz.
Tivemos dores de parto, mas não demos à luz.
Surgiu apenas vento.
Nosso trabalho de parto resultou em nada.
Não produzimos nada vivo.
Não conseguimos salvar o mundo.

19 Mas, amigos, seus mortos viverão,
seus cadáveres se levantarão.
Todos vocês, mortos e sepultados,
acordem! Cantem!
Seu orvalho é o orvalho da manhã
que recebe os primeiros raios de sol,
A terra pulsando de vida,
que dá vida aos mortos.

20-21 Ó meu povo, vá para casa!
Tranque-se em sua morada.
Passe um tempo em reclusão
até que tenha passado o furor do castigo,
Porque o Eterno sairá de seu lugar
para castigar os pecados de seu povo.
A terra ficará manchada de sangue,
mostrando onde os assassinos
ficaram escondidos.

Escolhidos grão por grão

27 **1** O Eterno vai desembainhar a espada,
sua espada impiedosa, pesada e poderosa.

Ele castigará o Leviatã, a serpente em fuga,
a serpente que desliza para se esquivar.
Ele matará o velho dragão
que vive no mar.

2-5 "Naquele tempo, aparecerá uma bela vinha,
que poderá ser decantada!
Eu, o Eterno, cuido dela.
Eu a mantenho bem irrigada.
Eu tomo conta dela com muito carinho
para afastar os vândalos.
Não estou irado. Eu me importo com ela.
Mesmo que produza apenas espinheiros e
roseiras bravas,
Eu vou arrancá-los
e queimá-los.
Que essa videira se agarre a mim para
sua segurança;
que ela encontre uma vida boa
e plena comigo;
que ela permaneça em mim para
ter uma vida longa e agradável!"
6 Chegará o dia em que Jacó
fincará suas raízes.
Israel florescerá, criará ramos novos
e encherá o mundo com seus frutos.

7-11 Será que o Eterno os derrubou e jogou no chão,
como fez com aqueles que os feriram?
Não, de forma alguma!
Foram mortos,
como foram mortos seus algozes?
Também não.
É verdade que o Eterno foi duro com eles.
O exílio foi uma sentença severa.
Ele os soprou para longe, com uma forte
rajada de vento.
Mas a boa notícia é que depois dessa experiência
a culpa de Jacó foi tirada.
A prova de que seu pecado foi removido
será esta:
Ele derrubará os altares estrangeiros,
desmontando-os pedra por pedra,
Esmigalhará as pedras até virarem pedregulho
e eliminará todos os santuários do sexo
com religião.
Pois nada sobrou daquela pretensa grandeza.
Já não mora ninguém ali. É impossível
viver lá.
Só os animais se sentem bem,
pois encontram pasto e abrigo.

Também não é um mau lugar para
encontrar lenha.
Gravetos e galhos secos existem aos montes —
Restos de um povo sem compreensão de Deus.
Assim, o Deus que os fez
Não terá nada a ver com eles.
Aquele que os formou virará as costas para eles.

¹²⁻¹³Naquele dia, o Eterno debulhará suas espigas
desde o rio Eufrates até o ribeiro do Egito,
E vocês, povo de Israel,
serão escolhidos grão por grão.
Na mesma hora, soará uma trombeta,
que chamará de volta os exilados da Assíria,
Para receber em casa os refugiados do Egito,
e, assim, eles virão e adorarão o Eterno no
santo monte, Jerusalém.

EFÉSIOS 5.18 — 6.4

¹⁸⁻²⁰Não busquem alegria, se embriagando com
vinho. Isso acaba em libertinagem e imoralidade.
Ao contrário, bebam do Espírito de Deus, à vontade.
Cantem hinos, não músicas de boteco! Cantem música
que brota do coração para Cristo. Cantem louvores
por tudo, pois de qualquer situação pode surgir um
tema para uma canção a Deus, o Pai, em nome do
Senhor Jesus Cristo.

Relacionamentos

²¹Por respeito a Cristo, sejam educados e tenham
respeito uns pelos outros.

²²⁻²⁴Esposa, entenda e dê apoio ao seu marido, pois
assim demonstrará seu apoio a Cristo. O marido exerce
liderança em relação à esposa, mas da mesma forma
com a qual Cristo faz à igreja: com carinho, não por
dominação. Assim como a igreja se submete à liderança de Cristo, a esposa deve submeter-se ao marido.

²⁵⁻²⁸Marido, dê o máximo de amor à esposa: faça
como Cristo fez pela igreja — um amor marcado
por entrega total. O amor de Cristo torna a igreja
íntegra. Suas palavras evocam a beleza dela. Tudo
que ele faz e diz tem o propósito de extrair o melhor
dela. Ele quer vê-la vestida de branco, brilhando
santidade. É assim que o marido deve amar a esposa.
Até porque estará fazendo um bem a si mesmo, uma
vez que ambos são "um" pelo casamento.

²⁹⁻³³Ninguém maltrata o próprio corpo.
Em vez disso, alimenta-o e cuida dele. É assim
que Cristo nos trata, nós, que somos sua igreja,
porque somos parte do seu corpo. É por isso que

um homem deixa pai e mãe para se casar e cuidar
de sua esposa. Não são mais duas pessoas, pois eles
se tornam "uma só carne". É um grande mistério!
Nem eu o entendo plenamente. O que fica claro
para mim é o modo de Cristo tratar a igreja. Isso
mostra como o marido deve tratar a esposa; ao
amá-la, está amando a si mesmo. E a esposa? Deve
tratar o marido com todo o respeito.

6¹⁻³Filhos, façam o que seus pais mandarem.
É bem por aí mesmo! "Honre pai e mãe" é o
primeiro mandamento que traz uma promessa:
"para que você possa viver bem e ter vida longa".

⁴Pais, não deixem seus filhos frustrados, com
críticas constantes. Tratem de segurá-los pela mão
para guiá-los no caminho do Senhor.

SALMOS 116.7-11

⁷⁻⁸Eu disse para mim mesmo:
"Sossegue e descanse.
O Eterno acenou com bênçãos para você.
Alma, você foi resgatada da morte.
Olhos, vocês foram resgatados das lágrimas.
E vocês, pés, foram guardados de tropeçar".

⁹⁻¹¹Estou caminhando na presença do Eterno,
vivo na terra dos vivos!
Eu me mantive fiel, apesar de sobrecarregado
com uma tonelada de má sorte,
Mesmo quando desisti da raça humana,
dizendo: "São todos mentirosos e
trapaceiros".

NOTAS

DIA 281

868

☐ **DIA 281** ___/___/___

ISAÍAS 28.1 — 30.5

Falando em linguagem de bebê

28 ¹·⁴ **A**i dos bêbados presunçosos de Efraim,
esfarrapados, pálidos e abatidos;
Embriagados, gordos, sujos e barrigudos;
 paródias de um passado glorioso.
Prestem atenção: o Eterno já escolheu alguém
 duro e forte para aplainá-los.
Como chuva de pedra, como o furacão, como a
 enchente repentina,
 ele os jogará ao chão num único golpe.
Samaria, a coroa na cabeça de Israel,
 será derrubada com um golpe.
Ela desaparecerá como
 um pedaço de carne jogado a um cachorro.

⁵·⁶ Naquele tempo, o Senhor dos Exércitos
 de Anjos será
 a bela coroa na cabeça
 dos que restarem de seu povo:
Ele dará força e justiça para os que
 lideram e decidem,
 força e bravura para os que guardam
 e protegem.

⁷·⁸ O sacerdote e o profeta também cambaleiam
 por causa da bebida;
 bêbados vacilantes, caídos ao chão,
Intoxicados de vinho e aguardente,
não conseguem nem falar direito, não dizem
 coisa com coisa.
Todas as mesas estão cheias de vômito.
 Aliás, eles *vivem* no vômito.

⁹·¹⁰ "É mesmo? E quem você pensa que é,
 para nos ensinar?
 Quem é você, para nos dar lição de moral?
Não estamos mais usando fraldas,
 para que alguém fale conosco como se fala a
 um bebê:
'Gu-gu, dá-dá!
 Gu-gu, dá-dá!
Que mocinha bonita!
 Que menininho comportado!'".

¹¹·¹² Mas é exatamente assim que se falará
 com vocês.
 Deus vai falar com o povo
Em linguagem de bebê, uma sílaba por vez —
 e vai fazer isso por meio de opressores
 estrangeiros.
Ele tinha dito: "Este é o tempo e o lugar de
 descanso,
 para dar sossego aos exaustos.
Deixem seu fardo aqui".
 Mas eles não deram ouvidos.

¹³ Assim, o Eterno vai começar de novo, com o
 que há de mais elementar,
 e falará com eles em linguagem de bebê, uma
 sílaba por vez:
"'Gu-gu, dá-dá!
 Gu-gu, dá-dá!
Que mocinha bonita!
 Que menininho comportado!'".
E, como a criança que começa a andar, eles vão
 se levantar e cair de novo,
 vão se machucar e ficar confusos e
 desorientados.

¹⁴·¹⁵ Agora, ouçam a Mensagem do Eterno, vocês
 zombadores,
 que governam o povo de Jerusalém.
Vocês dizem: "Fizemos um bom seguro de vida.
 Garantimos nossos bens, fortalecemos
 nossas bases.
Nenhum desastre pode nos atingir.
 Pensamos em tudo.
Somos assessorados por especialistas.
 Estamos com a vida feita".

O significado da pedra

16-17 Mas o Senhor, o Eterno, tem algo a dizer a respeito disso:

"Prestem muita atenção: estou pondo um
fundamento em Sião,
um fundamento de pedra, angular,
sólido e verdadeiro.
E este é o significado da pedra:
QUEM CONFIA JAMAIS SERÁ ABALADO.
Vou fazer da justiça o padrão de medida
e da equidade o prumo para a construção.
Uma chuva de pedras derrubará os
barracos da mentira,
e uma enchente repentina levará
embora o entulho.

18-22 "Vocês verão que sua preciosa política
de seguro de vida
não vale o papel em que foi escrita;
Que suas precauções contra a morte
não passam de ilusões e mentiras.
Quando ocorrer o desastre,
vocês serão esmagados.
Toda vez que vier o desastre,
vocês estarão envolvidos;
desastre de manhã, desastre de noite".
Toda notícia de desastre
os fará se esconder de pavor.
Não haverá lugar em que vocês possam descansar,
não acharão lugar para se esconder.
O Eterno vai se levantar com toda pompa,
mostrando seu furor,
como no monte Perazim
E no vale de Gibeom contra os filisteus.
Mas agora é contra *vocês*.
É difícil acreditar, mas é verdade.
Vocês não esperavam, mas está vindo.
Fiquem sóbrios, amigos, mas não caçoem.
A zombaria só vai piorar a situação.
Ouvi as ordens de destruição, ordens do
Senhor dos Exércitos de Anjos – tudo
acabará num desastre mundial.

23-26 Ouçam-me agora,
concentrem-se no que digo:
Será que os agricultores ficam apenas arando
a terra, sem fazer outra coisa?
Será que apenas rastelam, sem nada fazer
senão rastelar?
Depois de preparar a terra, eles não plantam?

Não espalham o endro e não
semeiam o cominho?
Não plantam trigo e cevada nos campos
e trigo duro nas bordas?
Eles sabem exatamente o que fazer e quando fazer.
O Deus deles é também o que lhes ensina.

27-29 E, na colheita, as delicadas ervas
e especiarias –
o endro e o cominho – são tratadas com
muito cuidado.
Já o trigo é debulhado, moído e, ainda assim,
não continuamente.
O agricultor sabe como tratar cada tipo
de grão.
Ele aprendeu tudo com o Senhor dos
Exércitos de Anjos,
que tudo sabe – quando, como e onde.

Fechem os olhos, para que não vejam nada

29 **1-4** Ai de Ariel, Ariel,
a cidade em que Davi armou acampamento!
Os anos podem até passar,
e os festivais, completarem seu ciclo,
Mas não estou afrouxando as rédeas
para Jerusalém.
Os lamentos e gemidos vão continuar.
Para mim, Jerusalém é como Ariel.
Como Davi, vou armar acampamento contra vocês.
Vou cercar a cidade, construir torres,
trazer máquinas de cerco, construir rampas
de acesso.
Quando estiverem prensados no chão,
vocês vão falar,
resmungarão palavras no pó.
Sua voz soará como o resmungo de um espírito.
Sua fala será um sussurro empoeirado.

5-8 Mas seus inimigos serão os abatidos no pó,
os tiranos é que serão soprados para longe,
como palha.
Porque, sem qualquer aviso,
receberão a visita do Senhor dos Exércitos de
Anjos,
Com estrondos de trovão, terremotos
e barulho ensurdecedor,
seguidos de furacões e raios assustadores.
Então, para os que fazem guerra contra Ariel,
todos que a incomodam e atormentam,
a visita se tornará um pesadelo.

DIA 281

Assim como o faminto sonha com um churrasco
e acorda com mais fome ainda,
E a mulher sedenta sonha que está
bebendo suco gelado
e acorda com mais sede que antes,
Essas nações que tramam contra o monte Sião
vão acordar e perceber que não atirou uma
flecha sequer,
não matou uma única alma.

9-10 Entorpeçam-se, para que não sintam nada.
Fiquem cegos, para que não vejam nada.
Fiquem bêbados, mas não de vinho.
Cambaleiem, mas não por causa da
aguardente.
Pois o Eterno os embalou num sono profundo,
fez dormir os profetas que dão
discernimento,
fez dormir os videntes que enxergam longe.

Vocês inverteram tudo

11-12 O que foi mostrado aqui é como uma carta
lacrada num envelope. Se a entregarem a alguém
que sabe ler e disserem: "Leia isto", ele vai dizer:
"Não posso. O envelope está lacrado". E, se a entregarem a alguém que não sabe ler e disserem:
"Leia isto", ele vai dizer: "Não sei ler".

13-14 O Senhor disse:

"Esse povo faz um grande *show*, dizendo as
coisas certas,
mas o coração deles não está nem aí para o
que dizem.
Fazem de conta que me adoram,
mas é tudo encenação,
Vou entrar em cena e sacudi-los até que acordem,
vou deixá-los atônitos.
Os sábios, que se achavam capazes
de explicar tudo,
farão papel de tolos.
Os inteligentes, que pensavam saber tudo,
vão descobrir que nada sabem.

15-16 Ai de vocês, que pensam ter informações
privilegiadas!
Vocês deixam o Eterno de fora e agem nos
bastidores,
Maquinando o futuro, como se soubessem tudo,
Agindo de forma misteriosa, dando o tapa e
escondendo a mão.

Vocês inverteram tudo!
Tratam o oleiro como se fosse o barro.
Será que o livro diz ao seu autor:
"Ele não escreveu uma única
palavra minha"?
Uma refeição diz à cozinheira:
"Ela não me preparou"?

17-21 Então saiba que antes de você se dar conta
e sem a sua participação,
O Líbano devastado será transformado num
jardim magnífico,
e o monte Carmelo será reflorestado.
Quando isso acontecer, os surdos ouvirão
palavra por palavra do que foi escrito.
Depois de uma vida inteira no escuro,
os cegos poderão enxergar.
Os marginalizados vão rir e dançar diante
do Eterno,
os explorados e os excluídos cantarão
louvores ao Santo de Israel.
Pois já não haverá gangues nas ruas.
Os que zombam de Deus serão uma espécie
extinta.
Os que nunca perdiam uma chance
de humilhar alguém,
nunca mais se ouvirá falar deles.
Já se foram os que corrompiam os tribunais
e também os que enganavam os pobres,
e ainda os que faziam dos inocentes
suas vítimas.

22-24 Finalmente, aqui está a Mensagem do
Eterno para a família de Jacó,
do mesmo Eterno que redimiu Abraão:
"Jacó não mais abaixará a cabeça de vergonha,
não mais ficará pálido, de olhos fundos por
causa da espera.
Pois verá seus filhos,
meu presente pessoal para ele
– muitos filhos.
E esses filhos me honrarão
com sua vida consagrada.
Com santa adoração, honrarão
o Santo de Jacó
e mostrarão santa reverência
pelo Deus de Israel.
Os que saírem dos trilhos voltarão
a andar na linha,
e os que se queixam e choramingam
aprenderão a ser gratos".

É tudo blefe, não há consistência

30 ¹⁻⁵ "**A**i dos filhos rebeldes!",
é o decreto do Eterno.
"Vocês fazem planos, mas não são meus planos.
Vocês fazem negócios,
mas não pelo meu Espírito.
Vocês amontoam pecados,
um pecado sobre o outro.
Vão para o Egito
e nem me consultam.
Correm para buscar a proteção do faraó,
esperando encontrar esconderijo no Egito.
Bem, alguma proteção o faraó vai oferecer!
Algum esconderijo o Egito vai providenciar!
Eles se mostram grandes e importantes,
é verdade,
com soldados estrategicamente
posicionados em
Zoã, ao norte, e em Hanes, ao sul,
mas eles não são de nada.
Quem for tolo o bastante para confiar neles
logo perceberá sua tolice.
É tudo blefe, não há consistência,
uma farsa constrangedora".

EFÉSIOS 6.5-24

⁵⁻⁸ Empregados, obedeçam a seus patrões e tenham respeito por eles. Eles são senhores de vocês na terra, mas a obediência no final das contas é ao verdadeiro senhor: Cristo. Não trabalhem por obrigação, mas trabalhem de coração, como servos de Cristo, fazendo o que Deus quer. Trabalhem com um sorriso no rosto, tendo sempre em mente que não importa de quem venham as ordens, pois vocês estão servindo a Deus. O bom trabalho resulta em boa retribuição da parte do Senhor, sejam vocês escravos ou livres.

⁹ Patrões, o mesmo vale para vocês. Não se aproveitem nem façam ameaças. Vocês e seus empregados estão abaixo do mesmo Senhor no céu. Saibam que ele não faz distinção entre vocês.

Lutando até o final

¹⁰⁻¹² Para encerrar, lembro que Deus é forte e quer que vocês sejam fortes. Tomem tudo que o Senhor providenciou para vocês — armas eficazes, feitas com o melhor material. Vocês terão de usá-las para sobreviver às emboscadas do Diabo. Não se trata de um joguinho com os amigos, uma diversão esquecida em poucas horas. É um estado de guerra permanente, uma luta de vida ou morte contra o Diabo e seus anjos.

¹³⁻¹⁸ Estejam preparados. Vocês lutam contra algo muito maior que vocês. Aceitem toda a ajuda que puderem, toda arma que Deus providenciou, para que no fim da batalha vocês ainda estejam de pé. Verdade, justiça, paz, fé e salvação são mais que palavras. Aprendam a utilizá-las. Vocês vão precisar delas a vida inteira. A Palavra de Deus é uma arma *indispensável*. A oração também é essencial nesta luta incessante. Orem o tempo todo, e com fé. Orem pelos irmãos na fé. Mantenham os olhos abertos. Encorajem-se mutuamente, para que ninguém venha a cair ou vacilar.

¹⁹⁻²⁰ Também não se esqueçam de orar por mim. Orem para que eu saiba o que dizer e tenha a coragem de falar no tempo certo, explicando o mistério para todos: a Mensagem, que eu, pregador prisioneiro, fui incumbido de transmitir.

²¹⁻²² Tíquico, meu bom amigo, contará a vocês o que estou fazendo e o que está acontecendo comigo. Ele é um servo de confiança do Senhor! Eu o enviei não apenas para contar as novidades, mas para encorajá-los na fé.

²³⁻²⁴ Adeus, amigos. Estejam com vocês o amor e a fé que vêm de Deus, o Pai, e do Senhor Jesus Cristo. Que a tão pura graça esteja com todos os que amam nosso Senhor Jesus Cristo.

SALMOS 116.12-19

¹²⁻¹⁹ Como posso compensar o Eterno
pelas bênçãos que ele derramou
sobre mim?
Erguerei bem alto a taça da salvação —
um brinde ao Eterno!
Orarei no nome do Eterno
E cumprirei o que prometi a ele.
Farei isso junto com seu povo.
Quando eles chegarem aos portões da morte,
O Eterno saudará os que o amam.
Ó Eterno, eis aqui, teu servo,
teu servo fiel! Liberta-me para teu serviço!
Estou pronto a oferecer o sacrifício de ações
de graças
e orar no nome do Eterno.
Cumprirei o que prometi ao Eterno,
e o farei na companhia do seu povo,
No lugar da adoração, na casa do Eterno,
em Jerusalém, a cidade do Eterno.
Aleluia!

DIA 282

NOTAS

O Egito é puro blefe, não tem consistência.
Por isso o chamo Dragão Desdentado.

Uma geração rebelde

8-11 **A**gora, escreva tudo isto
e ponha num livro
Para que o registro fique
para as próximas gerações,
Porque esta é uma geração rebelde,
um povo que mente,
Um povo que se nega a ouvir
qualquer coisa que o Eterno diga.
Eles dizem aos seus líderes espirituais:
"Não nos incomodem com bagatelas".
E dizem aos seus pregadores:
"Não desperdicem nosso tempo com coisas
que não são práticas.
Digam-nos algo que nos faça sentir melhor.
Não nos aborreçam com essa religião
ultrapassada,
Ela não nos diz nada.
Parem de falar no Santo de Israel".

12-14 Por isso, o Santo de Israel diz:
"Visto que vocês zombam da Mensagem,
Preferindo viver na injustiça
e moldar sua vida com mentiras,
Essa forma perversa de viver
será como um muro alto e mal construído
Que aos poucos se inclina e cede,
e um dia, sem aviso, desmorona —
Uma vida feita em pedaços, como um vaso
quebrado,
além do ponto de reconhecimento ou de
conserto,
Um monte de entulho sem utilidade
a ser carregado e jogado no lixo".

||||||||||||||||||||||||||||||||||||||||||||||||||

☐ DIA **282** ___ / ___ / ___

ISAÍAS 30.6 — 32.20

6-7 E ouçam esta advertência contra os animais
do Neguebe
Afixada na estrada para o Egito:
Esta é uma rota por demais perigosa, traiçoeira,
Ameaçada por leões e serpentes venenosas.
E vocês vão arrastar
todas as suas posses para lá,
Seus jumentos e camelos carregados de
subornos,
Pensando que podem comprar a proteção
Daquela farsa que se diz nação?

O Eterno aguarda o melhor momento

15-17 **O** Eterno, o Senhor, o Santo de Israel
está dando este conselho solene:
"Se querem salvação, voltem para mim
e parem com esses esforços inúteis
para se salvar.
Sua força virá depois que se acalmarem,
em completa dependência do meu poder —
Exatamente aquilo
que vocês se recusam a fazer.
Vocês têm dito: "Sem chance,
Vamos fugir a cavalo!".

Vocês vão fugir, sim, mas não para
longe o suficiente.
Vocês têm dito: "Vamos fugir em
cavalos velozes!".
E vocês acham que seus perseguidores
montam cavalos velhos e cansados?
Pensem bem: mil de vocês vão se espalhar em
fuga diante de um único inimigo.
Diante de apenas cinco inimigos,
todos vocês fugirão.
Não sobrará nada de vocês:
serão uma mastro na colina sem a bandeira,
um poste de sinalização na estrada, mas com
o sinal arrancado".

18 Mas o Eterno não terminou ainda.
Ele quer ser bondoso com vocês.
Ele se esforça para tratá-los com misericórdia.
O Eterno aguarda o melhor momento,
para fazer tudo certo — tudo.
Felizes os que esperam nele!

19-22 Também o povo de Sião, os cidadãos de
Jerusalém, seu tempo de lágrimas passou. Gritem
por socorro e encontrarão favor. Ele responderá
no momento em que os ouvir. Assim como os manteve vivos em tempos difíceis, o Senhor manterá
seu mestre vivo e bem presente entre vocês. Seu
mestre estará aí com vocês no local e em ação,
chamando atenção sempre que se desviarem para
a esquerda ou para a direita: "Este é o caminho
certo. Andem por aqui". Então, vocês quebrarão
em pedaços as caras e sofisticadas imagens dos
seus deuses. Elas irão para o lixo como qualquer
refugo, e vocês dirão: "Já vai tarde!".

23-26 Deus providenciará chuva para as sementes
que vocês plantarem. A chuva que dá crescimento
será copiosa. Seu gado pastará a grandes distâncias.
Livres da guerra e dos terremotos, os bois e jumentos
usados para transporte e aradura serão bem alimentados perto de ribeiros que correm livremente das
montanhas e colinas. Melhor ainda, no dia em que
o Eterno curar seu povo dos ferimentos causados
pelo castigo, a luz da Lua vai parecer a luz do Sol,
e a luz do Sol, como a claridade de uma semana inteira
reunida de uma vez, inundará a terra.

27-28 Olhem, o Eterno está a caminho,
E ele vem de longe!
No fogo de sua ira,
é imensa sua figura.

As palavras transbordam de sua boca,
palavras ardentes, de acusação!
Uma torrente de palavras,
um turbilhão de palavras
arrastando todos para o centro
de seu discurso.
Ele vai passar as nações pela peneira,
e nenhuma delas poderá fugir.

29-33 Mas *vocês* vão cantar,
cantarão a noite inteira numa
festa sagrada!
O coração de vocês explodirá em canções,
músicas de desfile ao som de flautas
A caminho do monte do Eterno,
a caminho da Rocha de Israel.
O Eterno vai se expressar em
grandioso trovão,
vai mostrar seu braço poderoso.
Ele está furioso, espalhando faíscas —
raios, tempestade, granizo!
Oh, sim! Diante da manifestação do Eterno,
a Assíria vai tentar se esquivar dos golpes.
Cada golpe que o Eterno desferir
com sua clava
estará no ritmo da música dos tambores
e das harpas;
O Eterno em batalha, com força esmagadora,
lutando contra eles.
Tofete com seu fogo ardente está bem preparada,
pronta para o rei da Assíria.
A fornalha de Tofete é funda e larga,
está forrada de lenha que queima bem.
O sopro do Eterno, como um rio de lava,
acenderá o fogo.

Impressionados com números

31 **1-3** **A**i dos que partem para o Egito
achando que os cavalos poderão ajudá-los,
Impressionados com números,
admirados de tantos carros e cavaleiros!
E para o Santo de Israel, nem mesmo um olhar,
nem mesmo uma oração ao Eterno.
Ele não pode ser desconsiderado,
o Deus sábio, que sabe o que está fazendo.
Ele pode ordenar a catástrofe.
Ele é um Deus que faz o que promete.
Ele intervém na obra dos que fazem o mal,
levanta-se contra os interventores malignos.
Os egípcios são mortais, não Deus,
Os cavalos são carne, não Espírito.

DIA 282

Quando o Eterno der o sinal, os que ajudam
e os que são ajudados
cairão num mesmo monte e
compartilharão o mesmo pó.

4-5 O Eterno me disse:

"Como um leão, o rei das feras,
que morde, mastiga e sacode sua presa,
Sem ser intimidado pelos pastores
que chegam para afugentá-lo,
Assim o Senhor dos Exércitos de Anjos desce
para lutar no monte Sião, para fazer guerra
lá de cima.
Como uma águia gigante pairando no céu,
o Senhor dos Exércitos de Anjos protege
Jerusalém.
Eu a protegerei e salvarei.
Sim eu a pouparei e a livrarei".

6-7 Filhos de Israel, arrependam-se e voltem para
aquele que tão cruelmente abandonaram! No dia em
que voltarem, vocês vão jogar fora os ídolos de metal
e madeira que suas mãos pecaminosas fabricaram.

8-9 "Os assírios cairão mortos,
por um golpe de espada, mas que não veio de
um soldado,
derrubados por uma espada que não foi
brandida por um mortal.
Os assírios fugirão dessa espada,
fugirão para salvar a vida,
e seus melhores jovens serão levados como
escravos.
Aterrorizado, esse povo compacto como
a rocha será pulverizado,
e seus líderes, apavorados, se dispersarão",
É o decreto do Eterno para a Assíria.
Seu fogo arde em Sião,
sua fornalha queima em Jerusalém.

Casas seguras, jardins sossegados

32 **1-8** Mas olhem! Um rei governará como se deve,
e seus líderes executarão a justiça.
Cada um deles será um abrigo contra o vento forte
e garantirá a segurança no temporal.
Cada um deles será como água fresca
correndo na terra ressecada,
uma rocha gigante dando sombra no deserto.
Qualquer um que olhar perceberá,
qualquer um que prestar atenção ouvirá.

Os impulsivos tomarão decisões sábias,
os de língua presa falarão com eloquência.
Os tolos já não se tornarão celebridades,
nem os trapaceiros serão recompensados
com fama.
Porque tolos são tolos, e disso não passam,
sempre tramando novas maneiras de
prejudicar os outros.
Eles deixam um rastro de vidas arruinadas
e de mentiras a respeito do Eterno,
Virando as costas para os famintos e desabrigados,
ignorando os que morrem de sede nas ruas.
E os trapaceiros? São covardes dissimulados,
sempre pecando e causando escândalos,
Explorando os pobres com fraudes e mentiras,
insensíveis aos desamparados e iludidos.
Mas os nobres fazem planos nobres
e defendem o que é nobre.

9-14 Tomem uma postura, mulheres inúteis,
e prestem atenção!
Mulheres indulgentes e inúteis,
ouçam atentamente o que tenho a dizer.
Em pouco mais de um ano, a partir de agora,
vocês serão sacudidas
da sua vida preguiçosa.
A colheita de uvas fracassará,
e não haverá frutos nas árvores.
Tremam, mulheres inúteis.
Acordem para a vida, bonecas mimadas!
Arranquem e joguem fora seus enfeites de seda.
Vistam roupas de luto.
Derramem lágrimas sinceras sobre
a colheita perdida,
a vindima fracassada.
Chorem pelos jardins e fazendas do meu povo
que não produzem nada a não ser
espinheiros e ervas daninhas.
Chorem lágrimas sinceras pelas casas
alegres agora tristes,
pela cidade feliz que já não é feliz.
O palácio real está deserto,
a cidade antes alvoroçada
está quieta como um necrotério,
Os parques e lugares de diversão estão vazios,
tomados pelos animais selvagens,
encantados com sua nova moradia.

15-20 Sim, chorem e se entristeçam até que o
Espírito seja derramado
sobre nós lá de cima,

E o deserto de terras ressecadas produza colheitas,
e os campos férteis se transformem
em florestas.
A justiça tomará conta das terras desertas.
O direito construirá sua casa
nas terras férteis.
E onde há o direito existe paz
e a descendência do direito: vida tranquila e
confiança interminável.
Meu povo habitará uma região pacífica —
em casas seguras, jardins sossegados.
A floresta do seu orgulho será derrubada,
a cidade que só quer mostrar seu poder
será arrasada.
Mas vocês desfrutarão uma vida feliz,
plantando campos e jardins bem irrigados,
os animais pastando livremente.

FILIPENSES 1.1-17

1 **1-2**Paulo e Timóteo, servos comprometidos de Cristo Jesus, a todos os seguidores de Jesus em Filipos, também aos pastores e líderes. Saudamos vocês com a graça e a paz que vêm de Deus, nosso Pai, e do nosso Senhor, Jesus Cristo.

Um amor que irá aumentar

3-6 Toda vez que penso em vocês, tenho de dar graças a Deus. Cada exclamação minha é um estímulo à oração, e oro por vocês com um coração alegre. É grande a satisfação em ver vocês prosseguindo conosco, crendo e proclamando a Mensagem de Deus, desde o dia em que a ouviram até agora. Nunca tive a menor dúvida de que o Deus que iniciou esta grande obra em vocês irá preservá-los e conduzi-los a um final grandioso, no dia em que Cristo Jesus se manifestar.

7-8Não há nada de irreal nesse pensamento. Minhas orações e esperanças têm raízes profundas na realidade. Afinal, vocês permaneceram leais a mim quando fui preso, ao ser julgado e depois de libertado. Em todo esse tempo, experimentamos juntos o generoso auxílio da parte de Deus. Ele sabe quanto eu os amo e quanto sinto falta de vocês. Às vezes, chego a pensar que amo vocês tanto quanto a Cristo!

9-11 Assim, esta é minha oração: que o amor de vocês floresça e que transborde; que aprendam a amar como se deve. Vocês precisam usar a cabeça e testar seus sentimentos, para que haja amor sincero e consciente, não sentimentalismo barato. Vivam como alguém que ama, uma existência discreta e

exemplar, uma vida da qual Jesus se orgulharia: produtiva em frutos da alma, tornando Cristo atraente para todos e fazendo que todos sintam vontade de louvar a Deus.

Ninguém pode aprisionar a Mensagem

12-14 Amigos, quero relatar a vocês que minha prisão teve o efeito contrário ao pretendido. Em vez de ser oprimida, a Mensagem prosperou. Todos os guardas e os demais aqui souberam que eu estava preso por causa do Messias. A curiosidade deles foi atiçada, e agora estão aprendendo a respeito de Jesus. Além disso, muitos seguidores de Jesus tiveram a fé avivada, e agora se dedicam a falar, com muita coragem, a respeito de Deus e do Messias.

15-17É verdade que alguns começaram a pregar porque, agora que estou preso, acharam que teriam seu lugar ao sol. Mas os outros o fazem com a melhor das intenções. Um grupo é motivado por puro amor, sabendo que estou aqui defendendo a Mensagem e querendo ajudar. Os outros, agora que estou fora de circulação, são apenas aproveitadores desejosos de tirar vantagem. As motivações deles são más, e me veem como um competidor: pensam que, quanto pior eu estiver, melhor para eles.

SALMOS 117.1-2

117 **1-2**Louvem ao Eterno, todos!
Aplaudam o Eterno, todos os povos!
Seu amor tomou conta da nossa vida.
Os caminhos fiéis do Eterno duram para sempre.
Aleluia!

NOTAS

DIA 283

DIA 283 ___ / ___ / ___

ISAÍAS 33.1 — 36.3

O chão debaixo dos nossos pés pranteia

33 **1** **A**i de você, Destruidor,
ainda não destruído;
E ai de você, Traidor,
ainda não traído.
Quando você terminar de destruir,
chegará sua vez de ser destruído!
Quando você parar de trair,
chegará sua vez de ser traído!

2-4 Ó Eterno, trata-nos com bondade.
És nossa única esperança.
Logo de manhã, já começas a cuidar de nós!
Quando as coisas piorarem, ajuda-nos!
Tu falaste no trovão, e todos correram.
Apareceste, e as nações se dispersaram.
Teu povo, para variar, aproveitou-se do saque,
aliviando o terreno dos bens do inimigo.

5-6 O Senhor é exaltado no lugar mais alto.
A segurança ali é total.
Sião transborda de tudo que é justo e correto.
O Eterno mantém vocês protegidos e seguros —
com riqueza de salvação, sabedoria e
conhecimento,
e, o que é melhor, o tesouro de Sião,
o Temor do Eterno.

7-9 Mas olhem! Ouçam!
Homens valentes estão chorando sem
constrangimento.
Diplomatas competentes derramam
lágrimas amargas.
As estradas estão vazias —
não há uma alma nas ruas.
O tratado de paz foi violado;
as condições, desrespeitadas;
seus signatários, injuriados.
Até o chão debaixo dos nossos pés pranteia,
os montes do Líbano abaixam a cabeça.
Sarom, sempre florescente,
é uma valeta infestada de ervas daninhas,
e as florestas de Basã e do Carmelo?
Apenas galhos secos.

10-12 "Agora estou intervindo", diz o Eterno.
"A partir de agora, estou assumindo o
comando.
Estou tirando as luvas.
Olhem como sou poderoso.
Vocês não são de nada.
Grávidos de palha, só dão à luz bebês de palha;
cheios de nada, destroem vocês mesmos.
Vocês não servem para nada a não ser
para adubo e combustível.
O pó volta ao pó. E, quanto antes, melhor.

13-14 "Vocês, que estão bem longe,
ouçam os relatos do que eu fiz;
Se estão nas redondezas,
prestem atenção no que estou informando.
Os pecadores de Sião têm motivos
para estar com medo,
pois a esperteza dos ímpios chegou ao fim:
"Quem entre nós poderá sobreviver
a esse fogo consumidor?
Quem sairá com vida dessa depuração?".

15-16 A resposta é simples:
vivam de maneira decente,
falem a verdade,
odeiem a exploração,
recusem o suborno,
rejeitem a violência,
evitem as diversões perniciosas.
Assim, vocês elevarão o estilo de vida!
É uma forma segura e equilibrada de viver,
uma forma edificante e satisfatória
de existir.

O Eterno é quem toma as decisões por aqui

17-19 Oh, vocês verão o rei — uma visão maravilhosa!
E desfrutarão os mais belos panoramas
da terra.
Também se lembrarão dos velhos terrores:
"O que aconteceu com o investigador assírio,
que prendia e confiscava?
E com aquele que nos extorquia as taxas?
E com aquele cambista desonesto?".
Eles já se foram! Estão fora da nossa vida
para sempre! A insolência deles
não passa agora de uma mancha
desbotada no tapete!
Vocês já não precisam aturar um idioma
que não entendem:
chega de sons estranhos aos ouvidos!

20-22 Deem uma olhada em Sião,
o centro das nossas festas de adoração!
Banqueteiem os olhos com Jerusalém,
um lugar sossegado para se viver
a vida toda.
Chega de arrancar estacas para seguir caminho!
Chega de tendas remendadas!
Em vez disso, temos o Eterno! O Eterno
majestoso! Deus! Ele mesmo é um lugar
numa terra ampla e regada por rios e
ribeiros.
Mas os rios estão fechados para navios invasores,
proibidos aos piratas gananciosos.
Porque o Eterno é quem toma
as decisões por aqui. Ele é nosso rei.
O Eterno está no comando deste lugar e nos
manterá em segurança.

23 Ah! As velas estão em frangalhos,
o mastro está oscilante,
o porão vazando água.
O produto dos saques está à disposição de todos,
dos fracos e dos fortes, dos de dentro
e dos de fora.

24 Ninguém em Sião vai dizer: "Estou doente".
E, o que é melhor, todos serão perdoados.

O fogo que queima dia e noite

34 **1** Aproximem-se agora, nações, e ouçam
atentamente!
Vocês, povos, prestem atenção!
Terra, você também, e tudo que está em você.
Mundo, e tudo que vem de você.

2-4 E aqui está a razão: o Eterno está furioso,
irado com todas as nações,
Tão irado contra as armas e exércitos
que pretende varrê-los da terra.
Os cadáveres, amontoados,
vão cheirar como o lixão da cidade no verão.
O sangue deles vai escorrer dos montes
como ribeiros na primavera.
As estrelas vão cair do céu
como frutas que passaram do ponto,
apodrecendo no pé.
E o próprio céu será dobrado como um cobertor
e guardado num armário.
Todo o exército de estrelas será reduzido a nada,
como folhas e frutos no outono,
caindo e apodrecendo!

5-7 "Quando eu tiver terminado com a terra e o céu,
vou começar com Edom.
E vou ser muito duro;
é um povo que está na minha lista negra".
O Eterno tem uma espada,
sedenta de sangue e mais sangue,
uma espada faminta por carne,
Sangue de cordeiros e de bodes,
rins de carneiros cobertos de gordura.
Sim, o Eterno marcou um sacrifício
em Bozra, a capital,
toda a terra de Edom é um matadouro.
É matança completa: animais selvagens
e animais domésticos são mortos igualmente.
Todo o país está encharcado de sangue,
o chão está besuntado de gordura.

8-15 Esta é a data marcada pelo Eterno para a vingança,
o ano em que todas as contas de Sião são
acertadas.
Os ribeiros de Edom vão correr lentamente,
engrossados com a poluição;
o solo será estéril, envenenado com o lixo.
A terra toda será
um lixão fumegante e malcheiroso —
Fogo queimando dia e noite,
céu negro de fumaça interminável.
De geração em geração,
a terra permanecerá devastada —
não passarão viajantes pelo país!
Os abutres e as corujas vão policiar as ruas;
o corujão e o corvo se sentirão em casa.
Deus vai reverter a criação: será o caos!
Ele vai cancelar a fertilidade: será um vazio!

Os líderes não terão ninguém para liderar.
Eles vão chamar a terra de
"Não há reino aqui",
Uma terra em que todos os reis
e príncipes perderam sua posição.
Os espinheiros tomarão conta, cobrindo castelos;
as fortalezas serão conquistadas pelas ervas
daninhas e pelos espinheiros.
Cães selvagens vão rondar as ruínas,
os avestruzes dominarão o lugar.
Gatos selvagens e hienas caçarão juntos,
espíritos malignos dançarão a noite toda.
O demônio da noite, Lilith, mau e voraz,
fará morada definitiva ali.
As aves de rapina vão chocar e criar seus filhotes:
será uma infestação de tudo que é mau.

16-17 Peguem o livro do Eterno e o leiam:
nenhum desses animais foi embora,
continua a procriação do mal.
O Eterno, pessoalmente, determinou tudo isso.
Seu Espírito pôs as engrenagens em
movimento.
O Eterno designou o lugar de cada um,
decretou seu destino em detalhes.
Essa situação é permanente —
geração após geração, a velha história
se repetirá.

Os mudos começarão a cantar

35 1-2 O deserto e a região árida cantarão
alegremente,
As terras ressequidas vão celebrar e florescer
Como as flores na primavera, desabrochando —
Uma sinfonia de canto e cor.
As glórias do monte Líbano — que dádiva!
Magnífico Carmelo, majestoso Sarom
— que dádivas!
A glória resplandecente do Eterno
à vista de todos.
O Eterno grandioso, o Eterno majestoso.

3-4 Fortaleçam as mãos debilitadas
e os joelhos vacilantes.
Digam às almas temerosas:
"Coragem! Ânimo!
O Eterno está aqui, bem aqui,
Prestes a pôr tudo em ordem
E reparar todo o mal.
Ele está a caminho!
Ele vai trazer salvação!".

5-7 Olhos cegos serão abertos,
ouvidos surdos serão
desimpedidos,
Os aleijados saltarão como a gazela,
os mudos começarão a cantar.
Fontes de água irromperão no deserto,
torrentes na terra ressequida.
Areias ardentes serão como o oásis,
a terra sedenta será uma fonte
que não para de jorrar.
Até os chacais terão água para beber,
e os pastos ressecados se tornarão
verdejantes.

8-10 Haverá uma estrada
chamada Sagrada.
Ninguém que seja rude ou rebelde
tem permissão para viajar por ela.
Ela é exclusiva do povo do Eterno.
Nela ninguém se perderá.
Nem mesmo os tolos terão
como se perder.
Não há leões nessa estrada,
nenhum animal selvagem e feroz —
Nada e ninguém que seja perigoso
ou ameaçador.
Só os redimidos andarão por ela.
O povo que o Eterno redimiu
voltará por essa estrada.
Eles cantarão enquanto estiverem
a caminho de casa, Sião,
com coroas de alegria na cabeça,
Serão recebidos em casa com presentes,
alegria e felicidade,
mas as tristezas e os gemidos fugirão para
a escuridão da noite.

É o destino deles que está em jogo

36 1-3 No décimo quarto ano do rei Ezequias, Senaqueribe, rei da Assíria, guerreou contra todas as cidades fortificadas de Judá e conquistou-as. Então, o rei da Assíria enviou seu general, acompanhado de um enorme exército, de Láquis a Jerusalém para falar com o rei Ezequias. O general parou no lugar em que o aqueduto deságua no tanque superior, na estrada para o lugar público dos lavadeiros. Três homens foram ao encontro dele: Eliaquim, filho de Hilquias, administrador do palácio; Sebna, o secretário; Joá, filho de Asafe, o historiador oficial.

FILIPENSES 1.18 — 2.8

18-21 Então, como devo reagir? Decidi não me preocupar com as motivações deles – confusas, más ou indiferentes. Cada vez que um deles abre a boca, Cristo é proclamado, então eu apenas os incentivo!

Vou continuar com esta celebração porque sei como vai terminar. Por meio das orações fervorosas e da resposta generosa do Espírito de Jesus Cristo, tudo que ele quer fazer em mim e por meu intermédio será feito. Mal posso esperar para prosseguir meu caminho. Não penso que algo vá me perturbar, nem um pouco. Pelo contrário, tudo que está acontecendo comigo nesta cadeia colabora para fazer Cristo mais conhecido, não importa que eu viva ou morra. Eles não me fazem calar, mas me deram um púlpito! Vivo, sou mensageiro de Cristo; morto, sou seu prêmio. É a vida ou mais vida ainda! Não há como eu perder!

22-26 Enquanto existo neste corpo, tenho uma boa obra a fazer. Se eu pudesse escolher agora, estaria numa situação complicada. Uma escolha difícil! O desejo de partir e estar com Cristo é muito forte. Há dias em que não consigo pensar em nada melhor. Mas às vezes, por causa do que vocês estão enfrentando, me convenço de que é melhor continuar por aqui. Então, faço planos de estar aqui mais um pouco, na companhia de vocês, observando seu crescimento e sua alegria nesta vida de confiança em Deus. Prepararem-se para um grande encontro, quando eu for visitá-los outra vez. Vamos louvar a Cristo e desfrutar a companhia uns dos outros.

27-30 Enquanto isso, vivam de modo que sejam um testemunho a favor da Mensagem de Cristo. Não permitam que nada na conduta de vocês a desabone, esteja eu presente ou não. A conduta de vocês deve ser a mesma, estando eu aí como testemunha ocular ou só ouvindo de longe. Permaneçam unidos, com uma única forma de pensar, esforçando-se para levar o povo a confiar na Mensagem, nas boas notícias, sem se acovardar ou se esquivar diante de alguma oposição. A coragem e a unidade de vocês mostrarão aos seus opositores o que virá pela frente: derrota para eles, vitória para vocês – e tudo por causa de Deus. Nesta nossa vida, a confiança em Cristo não é a única coisa que temos. Há também o sofrimento por ele, que é um dom, tanto quanto a confiança. Vocês estão envolvidos na mesma luta que me viram enfrentar, e agora estão recebendo, nesta carta, informações detalhadas e atualizadas.

Cristo assumiu a condição de escravo

2¹⁻⁴**S**e vocês receberam algo bom por seguir a Cristo; se o amor dele fez alguma diferença na vida de vocês; se estar numa comunidade do Espírito significa algo para vocês; se vocês têm um coração; se vocês se *importam* uns com os outros — façam-me um favor: concordem um com o outro, amem um ao outro, sejam amigos de verdade. Não joguem sujo; não bajulem ninguém só para conseguir o que desejam. Ponham o interesse próprio de lado e ajudem os outros em sua jornada. Não fiquem obcecados em tirar vantagem. Esqueçam-se de vocês o suficiente para estender a mão e ajudar.

5-8 Tentem pensar como Cristo Jesus pensava. Mesmo em condição de igualdade com Deus, Jesus nunca pensou em tirar proveito dessa condição, de modo algum. Quando sua hora chegou, ele deixou de lado os privilégios da divindade e assumiu a condição de escravo, tornando-se *humano*! E, depois disso, permaneceu humano. Foi sua hora de humilhação. Ele não exigiu privilégios especiais, mas viveu uma vida abnegada e obediente, tendo também uma morte abnegada e obediente — e da pior forma: a crucificação.

SALMOS 118.1-4

118¹⁻⁴**A**gradeçam ao Eterno porque ele é bom,
porque seu amor jamais acaba.
　Conte ao mundo, ó Israel:
　　"Seu amor jamais acaba".
　E vocês, do clã de Arão, contem ao mundo:
　　"Seu amor jamais acaba".
　E vocês, os que temem ao Eterno, juntem-se:
　　"Seu amor jamais acaba".

◣ NOTAS

DIA 284

11 Eliaquim, Sebna e Joá responderam ao general: "Por favor, fale conosco em aramaico. Nós entendemos. Não fale em hebraico diante do povo reunido aqui, pois assim eles podem ouvir".

12 Mas o general retrucou: "Vocês acham que meu senhor me enviou para entregar esta mensagem ao seu senhor e a vocês e não ao povo daqui? É o destino deles que está em jogo. Eles é que vão acabar comendo o próprio excremento e bebendo a própria urina".

13-15 Então, o general se levantou e gritou bem alto, em hebraico, a língua comum: "Ouçam a mensagem do Grande Rei, o rei da Assíria! Não deem ouvidos às mentiras de Ezequias. Ele não pode salvar vocês. E não prestem atenção nos sermões de Ezequias, dizendo que vocês devem confiar no Eterno e afirmando: 'O Eterno vai nos salvar, confiem! O Eterno não vai deixar esta cidade cair nas mãos do rei da Assíria'.

16-20 "Não deem ouvidos a Ezequias. Prestem atenção na proposta do rei da Assíria: 'Façam um tratado de paz comigo, juntem-se a mim! Todos vão acabar tendo uma vida boa, com bastante terra e água e muito mais. Vou estabelecer vocês em lugares amplos e abertos, com terras férteis e produtivas para todos. Mas não deixem que Ezequias os engane com suas mentiras: 'O Eterno vai nos salvar'. Isso já aconteceu alguma vez? Algum deus na história já levou vantagem sobre o rei da Assíria? Olhem em volta de vocês. Onde estão os deuses de Hamate e Arpade? Onde estão os deuses de Sefarvaim? Os deuses de Samaria fizeram alguma coisa por ela? Mencionem um deus que já salvou suas terras de mim. Então, o que faz vocês pensarem que o Eterno poderá salvar Jerusalém?'".

21 Os três homens ficaram em silêncio. Não disseram nada, pois o rei tinha dado ordem: "Não respondam a ele".

22 Então, Eliaquim, filho de Hilquias, o administrador do palácio, Sebna, o secretário, e Joá, filho de Asafe, o historiador da corte, rasgaram a própria roupa em sinal de derrota e desespero, voltaram e relataram o que o general tinha mandado dizer a Ezequias.

Existe um único Deus

37 **1-2** Quando ouviu o relato, o rei Ezequias também rasgou a própria roupa e se vestiu de pano de saco, em sinal de tristeza, e entrou no santuário do Eterno. Depois, mandou Eliaquim, o administrador do palácio, o secretário Sebna e os

---

☐ **DIA 284** ___ / ___ / ___

ISAÍAS 36.4 — 37.38

4-7 O general disse a eles: "Digam a Ezequias que o Grande Rei, o rei da Assíria, diz: 'Que defesa você acha que tem nesta guerra contra mim? Você está blefando, e essa é a verdade. Suas palavras não estão à altura das minhas armas. Que tipo de segurança você tem, para se rebelar contra mim? O Egito? Não me faça rir. O Egito é uma muleta inútil. Apoie-se nele, e logo estará de cara no chão. Isso é tudo que o faraó, rei do Egito, pode fazer pelos que se apoiam nele. E, se você tentar me dizer: "Estamos nos apoiando em nosso Deus", será que não é um pouco tarde para isso? Ezequias não acaba de se livrar de todos os lugares de culto, dizendo: Vocês precisam adorar *neste* altar?

8-9 "Sejam razoáveis. Caiam na realidade. Meu Senhor, o rei da Assíria, dará a vocês dois mil cavalos se vocês acharem cavaleiros para eles. Vocês não têm a mínima chance. Assim, como acham que, apoiados nos frágeis carros e cavaleiros egípcios, vão conseguir resistir, mesmo ao capitão menos graduado do exército do meu senhor?

10 "Além disso, acham que viajei toda essa distância para destruir esta terra sem pedir primeiro a bênção do Eterno? Foi o Eterno de vocês que me disse: Faça guerra contra essa terra. Pode destruí-la'".

881 **DIA 284**

principais sacerdotes, todos vestidos de pano de saco, chamar Isaías, filho de Amoz.

3-4 Esta era a mensagem: "Ezequias diz o seguinte: 'Este é um dia terrível. Estamos numa crise. Somos como mulheres grávidas que não têm força para dar à luz. Você acha que o Eterno ouviu o que o general, enviado por seu senhor, o rei da Assíria, disse para zombar do Deus vivo? Acha que o Eterno fará alguma coisa a respeito disso? Ore por nós, Isaías! Ore por todos nós, que ficamos aqui para defender nossa posição!' ".

5-7 Então, os servos do rei Ezequias foram falar com Isaías. O profeta disse: "Digam o seguinte ao seu senhor: 'Mensagem do Eterno: Não fique perturbado com o que ouviu, pois todas as palavras dos servos do rei da Assíria foram ditas para zombar de mim. Eu, pessoalmente, vou cuidar dele. Entrarei em ação e ele ouvirá notícias inquietantes de casa e voltará correndo para lá. E morrerá e será de morte violenta' ".

8 O general partiu e encontrou o rei da Assíria combatendo contra Libna. (Ele havia recebido notícia de que o rei havia deixado Láquis).

9-13 Foi nesse momento que o rei da Assíria recebeu um relatório do seu serviço de inteligência a respeito do rei Tiraca, da Etiópia: "Ele vem para declarar guerra a você".

Ao ouvir isso, ele enviou mensageiros a Ezequias com a seguinte mensagem: "Não deixe que o Eterno, em quem você confia tão ingenuamente, engane você, prometendo que Jerusalém não cairá diante do rei da Assíria. Use a cabeça! Olhe em volta e veja o que os reis da Assíria fizeram em todo o mundo – os países devastados, um após outro! Você acha que vai escapar? Algum dos deuses desses países alguma vez interveio e os salvou, mesmo uma dessas nações que meu predecessor destruiu, Gozã, Harã, Rezefe e o povo de Éden, que viveu em Telassar? Olhe em volta. Sobrou alguma coisa do rei de Hamate, do rei de Arpade, do rei da cidade de Sefarvaim, do rei de Hena, do rei de Iva?".

14 Ezequias tomou a carta das mãos dos mensageiros e a leu. Em seguida, foi para o santuário do Eterno e a desenrolou diante dele.

15-20 Então, Ezequias orou a Deus: "Senhor dos Exércitos de Anjos, entronizado acima dos querubins, tu és Deus, o único Deus, Deus de todos os reinos da terra. Tu *criaste* os céus e a terra. Ouve, ó Eterno, e atende. Olha, ó Eterno, e vê. Grava todas as palavras de Senaqueribe, ditas para zombar do Deus vivo. É verdade, ó Eterno, que os reis da Assíria devastaram todas as nações e suas terras. Eles jogaram os deuses delas no lixo e os queimaram – pudera! Eles não eram deuses mesmo, apenas ídolos feitos em oficinas, talhados de madeira e esculpidos na rocha. Foi o fim dos que não eram deuses. Mas agora intervém, ó Eterno, nosso Deus! Salva-nos dele! Faz que todos os reinos da terra saibam que só tu és o Eterno".

21-25 Então, Isaías, filho de Amoz, enviou esta mensagem a Ezequias: "Mensagem do Eterno, o Deus de Israel. Você apresentou o rei Senaqueribe da Assíria a mim, em oração, por isso aqui está minha resposta, a resposta do Eterno:

"Ela não será útil a você, Senaqueribe,
ela o desprezará,
a virgem Filha Sião.
Ela cospe em você e se vira sobre os saltos,
a Filha Jerusalém.
"De quem você pensa que pode zombar
e a quem insultou
todos estes anos?
De quem você acha que esteve escarnecendo
e tratando com tanto desprezo
Todos estes anos?
O Santo de Israel!
Você usou seus servos para zombar do Senhor.
Você se gabou: "Com minha frota de carros
Fui ao topo dos mais altos montes,
fui até os lugares mais distantes do Líbano,
Derrubei seus enormes cedros
e os belos ciprestes.
Conquistei o pico mais elevado,
explorei suas florestas mais densas.
Cavei poços
e bebi à vontade.
Esvaziei os famosos rios do Egito
com um pontapé.

26-27 "Você não sabia
que eu é que estava por trás
de tudo o tempo todo?
Esse é um plano de longo prazo que eu tinha,
e só agora o implementei.
Usei você para devastar grandes cidades,
transformando-as em ruínas
E deixando os cidadãos indefesos,
desnorteados e confusos,
Murchos como plantas sem água,
atrofiados como mudas que secaram.

DIA 284

²⁸⁻²⁹ "Conheço sua arrogância,
suas idas e vindas como invasor
e seus acessos de raiva contra mim.
Por causa da sua fúria contra mim,
sua arrogância desenfreada, de que continuo
recebendo notícia,
Vou pôr um gancho no seu nariz
e um freio na sua boca.
Vou mostrar a você quem é que manda.
Vou fazer você dar meia-volta
e voltar para o lugar de onde veio.

³⁰⁻³² "E saiba Ezequias que este será o sinal de confirmação: a colheita deste ano será magra, e a do ano que vem não será muito melhor. Mas, no terceiro ano, a agricultura voltará ao normal, com época certa para semeadura, plantação e colheita. O que sobrou de Judá lançará raízes e terá um novo começo. O povo que permaneceu em Jerusalém vai se reerguer. Os sobreviventes do monte Sião vão se estabelecer na terra novamente. O zelo do Senhor dos Exércitos de Anjos fará tudo isso".

³³⁻³⁵ "E, finalmente, este é o veredito do Eterno sobre o rei da Assíria:

"'Não se preocupem, ele não entrará na cidade,
não vai atirar uma única flecha,
Não vai nem mesmo brandir a espada,
muito menos construir uma rampa
para cercá-la.
Ele vai voltar pelo mesmo caminho por onde veio.
Ele não vai pôr o pé nesta cidade'",
é o decreto do Eterno.
"'Eu estendi minha mão sobre esta cidade,
para salvá-la.
Ela será salva por minha causa,
mas também por causa
da dinastia davídica'".

³⁶⁻³⁸ Então, veio o anjo do Eterno e feriu o acampamento assírio, e cento e oitenta e cinco mil assírios morreram. Ao amanhecer, estavam todos mortos — um exército de cadáveres! Senaqueribe, rei da Assíria, saiu dali rapidamente e voltou para casa, em Nínive. Enquanto estava adorando no santuário de seu deus Nisroque, foi assassinado por seus filhos Adrameleque e Sarezer. Eles fugiram para a terra de Ararate, e seu filho Esar-Hadom assumiu o trono.

FILIPENSES 2.9-30

⁹⁻¹¹ Por causa dessa obediência, Deus o exaltou e honrou muito acima e além de todos, para que todos os seres criados, no céu e na terra — até aqueles há muito mortos e enterrados —, se curvem em adoração na presença de Jesus Cristo e proclamem, por meio do louvor, que ele é o Senhor de todos, para a gloriosa honra de Deus Pai.

Celebrando juntos

¹²⁻¹³ O que desejo ressaltar, amigos, é que vocês devem apenas continuar a fazer o que têm feito desde o princípio. Quando eu estava com vocês, havia obediência e responsabilidade. Agora, que estou longe, continuem agindo do mesmo modo. Melhor ainda, redobrem os esforços. Sejam fortes! Vivam a salvação, mantendo a reverência e a sensibilidade para com Deus. Essa força vem de Deus, um poder interior, um trabalho do próprio Deus em vocês, que resultará no prazer dele.

¹⁴⁻¹⁶ Façam tudo pronta e alegremente — nada de brigas ou apelações! Apresentem-se imaculados para o mundo, como um sopro de ar fresco nesta sociedade poluída. Deem às pessoas um vislumbre de uma vida boa e do Deus vivo. Levem a Mensagem portadora de luz noite adentro, para que eu possa me orgulhar de vocês no dia em que Cristo voltar. Vocês serão a prova viva de que não trabalhei em vão.

¹⁷⁻¹⁸ Mesmo que eu seja executado aqui e agora, partirei alegre, como se fosse parte da oferta da sua fé, que vocês oferecem no altar de Cristo, parte da alegria de vocês. Mas é justo que o inverso também aconteça — vocês devem se unir a mim na *minha* alegria. Seja lá o que vocês fizerem, não se preocupem comigo.

¹⁹⁻²⁴ Meu plano (em sintonia com o plano de Jesus) é enviar Timóteo a vocês, em breve, para que ele me traga notícias de vocês. Isso vai fazer muito bem ao meu coração! Não tenho ninguém como Timóteo. Ele é leal e muito preocupado com vocês. Muitos aqui estão mais preocupados consigo mesmos que pela causa de Jesus. Mas vocês conhecem Timóteo. Ele tem sido para mim como um filho devotado, neste trabalho de proclamar a Mensagem. Tão logo as coisas se definam por aqui, planejo enviá-lo. E vou ficar esperando e orando para ir logo depois dele.

²⁵⁻²⁷ No momento, estou enviando Epafrodito, meu bom amigo e companheiro de trabalho. Vocês o enviaram para me ajudar; agora eu o envio para ajudar vocês. Ele sofreu muito enquanto esperava voltar para vocês. E esse desejo aumentou depois que

se recuperou daquela doença de que vocês ouviram falar, posso garantir a vocês que já está bom. Ele quase morreu, vocês sabem, mas Deus teve misericórdia dele — e não somente dele: teve misericórdia de mim também. A morte dele teria sido uma tristeza imensa para todos.

28-30 Vocês podem ver, então, como estou contente de poder enviá-lo a vocês. Quando o virem de volta, são e salvo, sei também quanto irão se alegrar. E eu ficarei muito aliviado. Deem a ele uma boa acolhida, um grande abraço! Pessoas como ele merecem o melhor. Lembram-se do ministério que vocês começaram para mim, mas não foram capazes de terminar? Pois bem, para completar aquela tarefa ele pôs a vida em risco. Por pouco não morreu.

SALMOS 118.5-16

5-16 Pressionado contra a parede, clamei ao Eterno,
    e, de um lugar espaçoso, ele respondeu.
O Eterno está agora do meu lado:
    não estou mais com medo,
    pois quem ousaria encostar a mão em mim?
O Eterno é um aliado poderoso:
    enxotei meus inimigos como moscas.
Bem melhor é refugiar-se no Eterno
    que confiar no povo;
Bem melhor é refugiar-se no Eterno
    que confiar em celebridades.
Cercado por bárbaros,
    em nome do Eterno esfreguei a cara
    deles no chão.
Cercado e sem saída,
    em nome do Eterno esfreguei
    a cara deles no chão.
Eu estava no pico do penhasco, pronto para cair,
    quando o Eterno me segurou.
O Eterno é a minha força e também
    a minha canção;
    agora, ele é a minha salvação.
Estão ouvindo os gritos, os cânticos de triunfo
    no campo dos salvos?
"A mão do Eterno mudou a maré!
A mão do Eterno é levantada na vitória!
A mão do Eterno mudou a maré!"

◼ NOTAS

☐ DIA 285 ___ / ___ / ___

ISAÍAS 38.1 — 40.31

Na sala de espera da morte

38 **1** Naquele tempo, Ezequias ficou doente e estava para morrer. O profeta Isaías, filho de Amoz, foi visitá-lo e disse: "O Eterno diz: 'Resolva tudo o que for preciso e prepare sua família. Acabou: você vai morrer. Não vai melhorar'".

2-3 De costas para Isaías, e, virado para a parede, Ezequias orou ao Eterno: "Ó Eterno, por favor, eu te peço: lembra-te de como vivi minha vida! Andei fielmente na tua presença, com o coração consagrado a ti. Tens visto como tenho vivido e o bem que tenho feito". E Ezequias chorou muito.

4-6 Então, o Eterno disse a Isaías: "Vá falar com Ezequias e entregue a Mensagem que eu, o Eterno, o Deus do seu antepassado Davi, envio: 'Ouvi sua oração. Vi suas lágrimas. Vou acrescentar quinze

DIA 285

anos à sua vida. E vou salvar você e esta cidade do rei da Assíria. Minha mão está sobre esta cidade.

7-8 " 'E este é o sinal de confirmação, para provar que eu, o Eterno, vou fazer exatamente o que prometi. Vai acontecer o seguinte: quando o Sol se puser e a sombra avançar na escadaria de Acaz, vou fazer que ela retroceda dez degraus' ". E foi o que aconteceu: a sombra retrocedeu dez degraus.

9-15 Isto foi o que Ezequias, rei de Judá, escreveu depois que se recuperou de sua doença:

> Na aurora da vida,
> já tenho de partir.
> O tempo que me restou,
> passo na sala de espera da morte.
> Já não há vislumbres do Eterno
> na terra dos viventes,
> Não há mais encontros com os vizinhos,
> não há mais contato com meus amigos.
> Este corpo em que vivo foi desarmado,
> dobrado e guardado como uma tenda.
> Como um tecelão, enrolei o tapete da minha vida,
> visto que Deus me cortou do tear
> E, ao final do dia, varreu as sobras e os pedaços.
> Grito por ajuda até o amanhecer.
> Como um leão, Deus me agride
> e me fere, sem dó nem piedade.
> Grito como um pássaro condenado,
> passo o dia gemendo como uma pomba.
> Meus olhos doem de tanto olhar esperando ajuda:
> "Senhor, como está difícil!
> Tira-me desta situação!".
> Mas de que adianta? Foi o próprio Deus
> que me deu a notícia.
> Foi ele quem fez isso comigo.
> Não consigo dormir,
> de tão perturbado, de tão agitado.

16-19 Ó Senhor, estas são as condições
> em que as pessoas vivem,
> e, sim, nestas condições meu
> espírito ainda vive –
> totalmente recuperado,
> com uma nova injeção de ânimo!
> Parece que foi bom para mim
> passar por todos estes problemas.
> O tempo inteiro seguraste firme o fio
> da minha vida.
> Não permitiste que eu despencasse
> para o nada.

> Perdoaste meus pecados,
> lançaste-os por sobre os ombros
> – já vão tarde!
> Os mortos não te agradecem,
> e do necrotério não se ouvem coros cantando.
> Os que estão a sete palmos debaixo da terra
> não dão testemunho da tua fidelidade.
> São os que vivem que te agradecem,
> como estou fazendo agora.
> Os pais contam aos filhos
> a história da tua fidelidade.

20 O Eterno salva e vai me salvar.
> Assim como o violino e o bandolim dão o tom,
> Nós vamos cantar – e como vamos! –
> o resto da nossa vida no santuário do Eterno.

21-22 Isaías tinha dito: "Preparem um emplastro com figos e o apliquem na ferida, para que ele melhore".

Ezequias tinha perguntado: "Qual será o sinal de que vou poder entrar outra vez no santuário do Eterno?".

Não restará nada

39 **1** Algum tempo depois, o rei Merodaque-Baladã, filho de Baladã, enviou mensageiros com saudações e um presente para Ezequias. Ele tinha ouvido que Ezequias havia estado doente, mas que agora estava bem.

2 Ezequias recebeu os mensageiros com alegria. Ele os levou para conhecer todos os recintos do palácio e, orgulhoso, mostrou aos visitantes todos os seus tesouros: a prata, o ouro, as especiarias, os óleos finos, todas as suas armas — tudo foi posto em exposição. Não houve nada em sua casa ou no reino que Ezequias não mostrasse a eles.

3 Mais tarde, o profeta Isaías apareceu e perguntou a Ezequias: "O que aqueles homens vieram fazer aqui? O que eles disseram? De onde vieram?".

Ezequias respondeu: "Vieram de longe, da Babilônia".

4 "E o que eles viram no seu palácio?"

"Tudo", respondeu Ezequias. "Mostrei tudo a eles. Abri todas as portas, e eles ficaram impressionados."

5-7 Então, Isaías disse a Ezequias: "Pois ouça esta mensagem do Senhor dos Exércitos de Anjos: 'Tenho de adverti-lo: chegará o tempo em que tudo neste palácio, com tudo que seus antepassados acumularam antes de você, será carregado para a Babilônia'. O Eterno diz que não restará nada. Nada. E não apenas seus pertences, mas também seus *filhos*. Alguns dos seus filhos serão levados para o exílio e acabarão como eunucos no palácio do rei da Babilônia.

8 Ezequias respondeu a Isaías: "Muito bem. Se o Eterno disse isto, então está bem". Mas, no seu coração, ele dizia: "Com certeza nada de mal vai acontecer enquanto eu estiver reinando. Vou desfrutar paz e estabilidade enquanto viver".

MENSAGENS DE CONFORTO
Preparem-se para a chegada do Eterno

40 **1-2** "Confortem, confortem meu povo", diz o seu Deus.

"Falem suavemente e com carinho a Jerusalém,
mas também deixem muito claro
Que ela cumpriu sua sentença,
que seus pecados foram removidos
— perdoados!
Ela foi castigada o suficiente,
e agora acabou. Chega".

3-5 Trovão no deserto!
"Preparem-se para a chegada do Eterno!
Tornem o caminho plano e reto!
Um caminho adequado ao nosso Deus.
Encham os vales,
aplainem os montes,
Alisem os sulcos,
removam as pedras.
Então, a reluzente glória do Eterno brilhará,
e todos a verão.
Sim. Exatamente como o Eterno disse".

6-8 Uma voz diz: "Grite!".
E eu disse: "O que devo gritar?".

"Esse povo não passa de relva:
seu amor é tão frágil quanto as flores do campo.
A relva murcha, as flores do campo secam,
basta que o Eterno sopre.
Esse povo não é mesmo como a relva?
Sem dúvida: a relva murcha,
e as flores do campo se secam,
mas a Palavra do nosso Deus
permanece para sempre".

9-11 Suba num monte bem alto, Sião.
Você vai dar a boa notícia.
Levante a voz. Torne-a clara e forte, Jerusalém.
Você vai dar a boa notícia.
Fale alto e claro. Não seja tímido!
Diga às cidades de Judá:

"Olhem: é o Deus de vocês!".
Olhem para ele! O Eterno, o Senhor,
vem com poder,
pronto para entrar em ação.
Ele vai retribuir o mal aos seus inimigos
e recompensar os que o amaram.
Como um pastor, vai cuidar de seu rebanho,
recolhendo os cordeiros nos braços,
Abraçando-os enquanto os carrega,
conduzindo a uma boa pastagem as ovelhas
que amamentam.

O Criador de tudo

12-17 Quem mediu o oceano com a mão,
ou mediu o céu entre o polegar e o mindinho?
Quem colocou todo o pó da terra em baldes
e pesou todos os montes e colinas?
Quem poderia ter dito ao Eterno como proceder
ou teria lhe instruído nos seus afazeres?
Que especialista ele poderia ter procurado
para pedir conselho
ou que escola poderia ter frequentado para
aprender a justiça?
Qual dos deuses poderia ter ensinado
o que ele sabe
ou mostrado a ele como as coisas funcionam?
Ora, as nações são apenas uma gota no balde,
uma pequena mancha na janela.
Observe o Eterno varrendo as ilhas
como se varre o pó do chão!
Não existem árvores suficientes no Líbano
nem animais suficientes nas vastas florestas
que deem lenha o bastante e sacrifícios
adequados para adorá-lo.
As nações, juntas, não valem nada diante dele —
seria mais correto dizer: menos que nada.
Saldo negativo.

18-20 Assim, quem chega perto de ser como Deus?
Com que ou com quem podemos compará-lo?
Com um ídolo, que não é deus? Ridículo!
O ídolo é fabricado numa oficina,
forjado em bronze.
Recebe uma fina camada de ouro
e é decorado com filigranas de prata.
Ou talvez alguém escolha uma bela madeira —
digamos, de oliveira –, que não apodreça,
E contrate um escultor para fazer um ídolo,
que não é deus,
dando cuidado especial à sua base
para que não tombe!

21-24 Vocês não prestaram atenção?
Não estavam ouvindo?
Não ouviram essas histórias a vida toda?
Não entendem o fundamento
de todas as coisas?
Deus está sentado muito acima do globo terrestre.
As pessoas parecem simples formigas
diante dele.
Ele estende o céu como uma tenda —
sim, como uma lona debaixo da qual
se pode viver.
Ele ignora o que os príncipes falam e fazem.
Os governantes da terra não
significam nada.
Príncipes e governantes não valem muita coisa.
São como sementes que mal criaram raiz e
acabaram de brotar.
Eles murcham quando Deus sopra sobre eles.
Como farelo de palha, são levados pelo vento.

25-26 "Assim, quem é como eu?
Quem se compara a mim?", pergunta o Santo.
Olhem para o céu da noite:
quem vocês acham que fez tudo isso?
Quem faz marchar esse exército de estrelas
todas as noites,
quem as conta, chama cada uma pelo nome —
tão magníficas, tão poderosas —
e nunca esquece uma sequer?

27-31 Por que você iria se queixar, ó Jacó,
ou chorar, Israel, dizendo:
"O Eterno se esqueceu de mim.
Ele não se importa com o que acontece
comigo!"?
Vocês não percebem nada? Não prestam atenção?
O Eterno não vem e vai. Ele *permanece*.
Ele é o Criador de tudo que vocês conseguem
ver ou imaginar.
Ele não entra em estafa, não faz intervalo
para recuperar o fôlego.
Ele conhece tudo, nos mínimos detalhes.
Ele fortalece os que estão cansados,
renova as forças dos que desistiram.
Pois até os jovens se cansam e desistem,
os jovens na flor da idade tropeçam e caem.
Mas os que esperam no Eterno
renovam suas forças.
Abrem as asas e voam alto como águias,
Correm e não se cansam,
andam e não ficam exaustos.

FILIPENSES 3.1-21

Para conhecer Cristo pessoalmente

3 **1** É isso, amigos. Alegrem-se em Deus! **2** Não me importo de repetir o que já escrevi em cartas anteriores e espero que vocês não se importem de ouvir outra vez. Antes prevenir que remediar — portanto, aí vai:

2-6 Cuidado com os cães uivadores, esses religiosos intrometidos que ladram, mas não mordem. Eles cultuam a aparência — eu os chamo "fanáticos da circuncisão". Os cristãos *verdadeiros* são aqueles que o Espírito de Deus orienta para trabalhar no ministério, que enchem o ar com louvores a Cristo, como fazemos. Não seríamos capazes dessa tarefa sozinhos, e sabemos disso, ainda que possamos relacionar o que muitos poderiam definir como credenciais impressionantes. Vocês conhecem meu histórico: nascimento legítimo, circuncidado ao oitavo dia; israelita da elite, da tribo de Benjamim; cumpridor rigoroso e devoto da Lei de Deus; defensor ardoroso da pureza da minha religião, a ponto de perseguir a igreja; observador meticuloso de tudo que está prescrito no Livro da lei de Deus.

7-9 As credenciais que eles andam exibindo por aí como algo especial, eu rasgo e jogo no lixo, com todo o resto que eu costumava julgar importante. Por quê? Por causa de Cristo. Sim, todas as coisas que um dia considerei importantes nada mais valem na minha vida. Comparado com o alto privilégio de conhecer Cristo Jesus, meu Senhor, em primeira mão, tudo o mais é insignificante — esterco. Joguei tudo no lixo para abraçar Cristo e ser abraçado por ele. Não me interessa a justiça inferior e insignificante que se baseia na observância de uma lista de regras, quando posso desfrutar aquela que é resultado de confiar em Cristo — a justiça *de Deus*.

10-11 Desisti daquelas coisas inferiores para que pudesse conhecer Cristo pessoalmente, experimentar o poder de sua ressurreição, ser companheiro de seu sofrimento e ir com ele até a morte. Tudo isso para alcançar a ressurreição dos mortos.

Olhando para o alvo

12-14 Não estou dizendo que já tenha tudo isso, que já o tenha conseguido. Mas estou a caminho, prosseguindo para Cristo, que me alcançou de uma forma impressionante. Amigos, não me entendam mal: não me considero um especialista no assunto, mas olhando para o alvo, para onde Deus nos chama – para Jesus. Estou correndo e não vou voltar atrás.

15-16 Assim, os interessados em tudo que Deus tem para nós devem se manter focados no alvo. Se algum de vocês tem outra coisa em mente, algo menos que um compromisso total, Deus vai clarear a vista embaçada de vocês – e vocês vão enxergar! Agora, que estamos no caminho certo, permaneçamos nele.

17-19 Amigos, fiquem firmes comigo. Observem os que correm a mesma carreira e prosseguem para o mesmo alvo. Muita gente está tomando outros caminhos, escolhendo outros alvos e tentando levar vocês com eles. Já adverti vocês várias vezes desse perigo. Infelizmente, preciso fazê-lo de novo. Tudo que eles querem é um caminho fácil. Eles odeiam a cruz de Cristo, mas o caminho fácil é um beco sem saída. Os que vivem assim transformam o próprio estômago em seu deus; seus arrotos são seus louvores. Eles só conseguem pensar no próprio apetite.

20-21 Mas a vida que temos é muito melhor. Somos cidadãos dos altos céus! Esperamos a vinda do Salvador, o Senhor Jesus Cristo, que transformará nosso corpo terrestre em corpo glorioso, como o dele. Ele nos fará belos e perfeitos com o mesmo poder que deixa tudo como deve ser, em toda parte.

SALMOS 118.17-20

17-20 Eu não morri: eu *vivi*!
E agora estou contando ao mundo o que o
Eterno fez.
O Eterno me testou, exigiu muito de mim,
mas não me cedeu para a morte.
Deixou abertos os portões da cidade – os portões
da *justiça*!
Vou passar por eles e agradecer a Deus!
Esta é a Porta do Templo do Eterno,
por ela os vitoriosos podem entrar e louvar.

◼ NOTAS

☐ DIA 286 ___ / ___ / ___

ISAÍAS 41.1 — 42.25

Vocês se sentem como vermes?

41 **1** "Acalmem-se, vastas ilhas. Ouçam!
Sentem-se e descansem, todos.
Renovem as forças.
Reúnam-se em torno de mim.
Digam o que está no seu coração.
Vamos decidir juntos o que é melhor.

2-3 "Quem faz as coisas acontecer aqui?
Quem chamou esse paladino do Oriente?
Quem o recrutou para esta missão,
reuniu e encurralou as nações,
para que ele atropelasse seus reis,
sem consideração?
Ele está a todo vapor,
transformando as nações em pó,
deixando apenas entulho e palha no seu rastro.
Ele os persegue e sai intacto,
seus pés mal encostam no chão.

4 "Quem é o autor disso? Quem fez isso acontecer?
Quem sempre começa as coisas?
Sou eu. O Eterno. Eu sou o primeiro
a entrar em cena.
Também sou o último a sair.

DIA 286

⁵⁻⁷"As vastas ilhas do oceano veem isso
e entram em pânico.
Os confins da terra estremecem.
Com temor, se ajuntam.
Tentam ajudar uns aos outros,
inventando histórias no escuro.
Os fabricantes de deuses, nas oficinas,
fazem hora extra, inventando novos modelos
de ídolos, que não são deuses,
E incentivam uns aos outros:
'Bom trabalho! Que belo modelo!'.
Fixam pregos na base
para que as esculturas não tombem.

⁸⁻¹⁰"Mas você, Israel, é meu servo.
Você é Jacó, meu primeiro escolhido,
descendente do meu bom amigo Abraão.
Eu trouxe vocês do mundo inteiro,
chamei-os dos cantos mais obscuros da terra,
Dizendo a cada um: 'Você é meu servo,
está do meu lado.
Eu escolhi você. Não o abandonei'.
Não entre em pânico. Estou com você.
Você não precisa ter medo, porque sou seu
Deus.
Vou dar forças a você. Eu o ajudarei.
Você encontrará firmeza em mim, vou
segurá-lo pela mão.

¹¹⁻¹³"Podem contar com isto:
todos os que perseguiam vocês
vão acabar lá fora, no frio,
totalmente derrotados.
Os que trabalharam contra vocês
acabarão de mãos vazias;
no fim não terão nada para mostrar.
Quando saírem por aí, procurando
seus antigos adversários,
vocês não vão achar ninguém;
Não haverá nem sinal deles,
nem mesmo uma lembrança.
É isso mesmo. Porque eu, o Eterno,
seguro vocês pela mão e não vou soltar.
Estou dizendo a vocês: 'Nada de pânico.
Estou aqui para ajudá-los'.

¹⁴⁻¹⁶"Você se sente como verme,
insignificante, ó Jacó?
Não tenha medo.
Sente-se como um frágil inseto, Israel?
Eu vou ajudá-lo.

Eu, o Eterno, quero encorajá-los.
Eu, o Deus que os redimiu, o Santo de Israel,
Estou transformando vocês: de vermes em rastelo,
de insetos em ferro.
Como um rastelo de dentes afiados, vocês vão
aplainar os montes,
transformar essas duras e velhas montanhas
em solo argiloso.
Vão abrir o solo bruto para o tempo,
para os raios de sol e as rajadas de vento e de
chuva.
Mas vocês estarão confiantes e exultantes
e se alegrarão no Santo de Israel!

¹⁷⁻²⁰"Os pobres e necessitados estão
desesperados de sede,
a língua está ressecada, e ninguém consegue
achar água.
Mas *eu estou* aí para ser achado, estou aí por
causa deles.
Eu, o Deus de Israel, não os deixarei com sede.
Abrirei para eles rios nos montes estéreis,
farei jorrar fontes nos vales.
Vou transformar o solo estorricado num
tanque de água fresca,
o chão sedento em ribeiros formidáveis.
Vou plantar o cedro nessa devastação sem árvores,
também a acácia, a murta e a oliveira.
Vou fincar o cipreste no deserto
e muitos carvalhos e pinheiros.
Todos verão isso. Ninguém deixará de perceber
a prova definitiva, incontestável
De que eu, o Eterno, fiz tudo isso.
Tudo tem a assinatura do Santo de Israel.

²¹⁻²⁴"Apresentem sua defesa pelos seus
deuses", diz o Eterno.
"Tragam evidências", diz o Rei de Jacó.
"Tomem posição em favor dos seus ídolos,
apresentem argumentos,
enumerem razões.
Exponham os fatos diante de nós,
Para que possamos analisá-los
por nós mesmos.
Perguntem a eles: 'Se vocês são deuses,
expliquem o significado do passado.
Se não conseguirem, digam-nos o que vai
acontecer no futuro.
Não conseguem fazer isso?
Então, que tal fazer alguma coisa
— qualquer coisa,

Boa ou ruim, tanto faz?
Vocês conseguem nos ferir ou nos ajudar?
Devemos ficar com medo?'.
Mas eles não dirão nada, porque nada *são* –
Deuses impostores, não deuses de verdade:
só fazem os outros de bobo.

25-29 "Eu, Deus, incitei alguém do norte, e ele veio.
Foi chamado do leste pelo nome.
Ele vai pisar os governantes depois
de jogá-los na lama,
como faz o oleiro ao trabalhar o barro.
Pergunto a vocês: alguém, em algum momento,
previu que isso iria acontecer?
Alguém antecipou os acontecimentos, para
que pudéssemos confirmá-lo,
dizendo: 'Sim, ele está certo'?
Não. Ninguém o mencionou, ninguém o anunciou,
ninguém ouviu um pio de vocês.
Mas eu contei tudo a Sião antecipadamente.
Enviei a Jerusalém um mensageiro com boas
notícias.
Mas por aqui não há ninguém
que saiba o que está acontecendo.
Eu pergunto, mas ninguém sabe me dar uma
resposta.
Não há nada por aqui. Tudo é fumaça e vazio –
deuses impostores, deuses ocos, deuses que
não são deuses.

O servo de Deus trará justiça à terra

42 **1-4** "**O**lhem bem para meu servo.
Estou dando a ele pleno apoio.
Ele é meu escolhido,
e eu não poderia estar mais satisfeito com ele.
Eu lhe dei do meu Espírito, da minha *vida*.
Ele estabelecerá a justiça entre as nações.
Não chamará atenção para o que faz
com discursos espalhafatosos ou desfiles
pomposos.
Ele não vai menosprezar os oprimidos
nem os fracos,
nem fazer pouco caso do cidadão comum,
mas, com firmeza e constância,
estabelecerá a justiça.
Ele não vai fraquejar nem desistir.
Não será impedido
até que termine sua obra – trazer
justiça à terra.
As grandes ilhas do oceano
aguardam ansiosamente o seu ensino".

Deus nos dá vida

5-9 **M**ensagem do Eterno,
o Deus que criou o Universo e
estendeu os céus;
que pôs em ordem a terra e tudo
que cresce nela;
Que dá o sopro da vida aos habitantes da terra;
que as vivifica com a vida que dele vem:
"Eu sou o Eterno. Eu o chamei para viver
de forma justa e boa.
Assumi a responsabilidade por você
e o protegi.
Enviei-o ao meu povo, para que o trouxesse
de volta para mim,
e o estabeleci como farol para as nações,
Para dar início à obra de trazer os demais
povos para a luz:
abrir os olhos dos cegos,
libertar os cativos das masmorras,
esvaziar as prisões escuras.
Eu sou o Eterno. Esse é meu nome.
Não faço concessões da minha glória,
Não endosso os ídolos, que não são deuses.
Observem: as predições anteriores de juízo
foram cumpridas.
Estou anunciando agora a nova obra da
salvação.
Antes que o cenário repentinamente se mude,
estou contando a vocês o que vai acontecer".

10-16 Cantem ao Eterno uma nova canção,
cantem seus louvores em todo o mundo!
Que o mar e os peixes batam palmas e aplaudam,
e todas as grandes ilhas se juntem a eles!
Que do deserto e de seus acampamentos
brote uma melodia,
convidando os nômades de Quedar
a se unir a eles!
Que os aldeões de Selá reúnam um coro
e façam uma apresentação do topo do monte!
Façam ressoar a glória do Eterno,
ecoem seus louvores de costa a costa.
O Eterno intervém com seriedade.
Vocês podem ver que ele está
determinado a agir.
Ele grita, anunciando sua chegada.
Ele dá ordens, e seus inimigos se encolhem:
"Eu me calei por tempo suficiente.
Eu me controlei, mordendo a língua.
Mas agora estou me soltando, gritando e gemendo
como a mulher na hora do parto –

Vou arrasar as colinas,
  vou secar as flores silvestres,
Esvaziar os rios,
  transformar os lagos em lamaçais.
Mas vou tomar a mão dos que não
  sabem o caminho,
  que não conseguem enxergar por
  onde estão indo.
Serei seu guia pessoal,
  conduzindo-os através de terras
  desconhecidas.
Estarei ali para mostrar as estradas
  que devem escolher,
  para não deixar que caiam nas valetas.
São essas as coisas que farei por eles –
  vou ficar perto deles, não os abandonarei por
  um minuto sequer".

¹⁷Mas os que investiram em deuses
  que não são deuses
  estão falidos, estão na bancarrota.

Olharam muito, mas nada enxergaram

¹⁸⁻²⁵Prestem atenção! Vocês estão surdos?
  Abram os olhos! Vocês estão cegos?
  Vocês me servem, mas nem olham direito!
  Vocês são meus mensageiros, mas não estão
  escutando!
Justo o povo de quem eu dependo,
  o servo do Eterno,
  está cego – obstinadamente cego!
Vocês olharam muito, mas nada enxergaram.
  Ouviram tudo, mas não prestaram atenção
  em nada.
O Eterno pretendia, por sua bondade,
  ser generoso em sua revelação.
Mas vocês são um povo desanimado e retraído,
  trancafiados em suas despensas e armários,
Vítimas no seu sofrimento,
  sentindo-se ignoradas e abandonadas.
Mas há pelo menos alguém ouvindo?
  Alguém está prestando atenção no que está
  para acontecer?
Quem vocês pensam que entregou
  Jacó aos matadores
  e soltou os ladrões para atacar Israel?
Não foi o próprio Eterno, o Deus contra
  quem pecamos,
  por não fazermos o que ele ordenou
  por não dar importância ao que ele disse?

Não é a ira de Deus que está por trás de tudo isso,
  o poder do castigo de Deus?
O mundo deles desmoronou, mas ainda
  assim eles não compreenderam;
  a vida deles está em ruínas, mas eles não
  levam isso a sério.

FILIPENSES 4.1-23

4¹**M**eus queridos amigos! Amo muito vocês, sempre desejando o melhor para vocês. Vocês me fazem sentir muita alegria e me enchem de orgulho. Não duvidem. Permaneçam no caminho, firmes em Deus.

Orando por todas as coisas

²Insisto em que Evódia e Síntique resolvam suas diferenças e façam as pazes. Deus não quer que seus filhos guardem ressentimentos.

³Ah, Sízigo, como você está aí para ajudá-las a resolver as coisas, faça o que puder por elas. Essas mulheres trabalharam pela Mensagem lado a lado com Clemente e comigo e com os outros veteranos – tão arduamente quanto qualquer um de nós. Lembre-se, o nome delas também está no Livro da Vida.

⁴⁻⁵Celebrem o nome de Deus o dia inteiro, todos os dias! Quero dizer, alegrem-se nele! Deixem bem claro a todos com quem se encontrarem que vocês estão do lado deles, trabalhando com eles, não contra eles. Ajudem-nos a ver que o Senhor está para chegar. Ele pode se manifestar a qualquer minuto!

⁶⁻⁷Não se aflijam nem se preocupem. Em vez de se preocupar, orem. Permitam que as súplicas e os louvores transformem seus receios em orações, permitindo que Deus os conheça. Antes que vocês percebam, a compreensão da integridade de Deus, que só contribui para o bem, virá e os acalmará. É maravilhoso o que acontece quando Cristo retira a preocupação do centro da vida humana.

⁸⁻⁹Resumindo, amigos, o melhor que vocês têm a fazer é encher a mente e o pensamento com coisas verdadeiras, nobres, respeitáveis, autênticas, úteis, graciosas – o melhor, não o pior; o belo, não o feio. Coisas para elogiar, não para amaldiçoar. Ponham em prática o que aprenderam de mim, o que ouviram, viram e entenderam. Façam assim, e Deus, que é soberano, irá tornar real em vocês a mais excelente harmonia.

Contentes em quaisquer circunstâncias

¹⁰⁻¹⁴**E**stou alegre em Deus, mais do que vocês imaginam, porque vocês mostram uma vez

mais que estão preocupados comigo. Claro que estavam orando a meu favor e pensando em mim, apenas não tinham tido a chance de demonstrá-lo. De fato, pelo que me consta, não preciso de nada. Já aprendi a estar contente, a despeito das circunstâncias. Fico satisfeito com muito ou com pouco. Encontrei a receita para estar alegre, com fome ou alimentado, com as mãos cheias ou com as mãos vazias. Onde eu estiver e com o que tiver, posso fazer qualquer coisa por meio daquele que faz de mim o que sou. Não quero dizer que a ajuda de vocês não significa muito para mim, porque significou. Foi algo belo a ajuda de vocês com meus problemas.

15-17 Vocês, filipenses, estejam certos de que nunca vou me esquecer da primeira vez que deixei a província da Macedônia, aventurando-me com a Mensagem, quando nenhuma igreja me ajudou na obra de dar e receber, a não ser vocês. Vocês foram os únicos. Mesmo quando eu estava em Tessalônica, vocês me ajudaram – não apenas uma vez, mas duas vezes. Não que eu viva pedindo esmolas, mas quero mesmo que vocês experimentem a bênção que procede da generosidade.

18-20 Agora tenho tudo – e continuo a receber mais! Os presentes que vocês me enviaram por Epafrodito foram mais que suficientes, como o aroma agradável de um sacrifício queimando no altar, que enche o ar com sua fragrância e agrada a Deus de verdade. Podem ter certeza de que Deus cuidará para que vocês tenham tudo de que precisam. A generosidade dele excederá até mesmo a de vocês, na glória que procede de Jesus. A glória do nosso Deus e Pai é tanta que flui pela eternidade. Amém.

21-22 Transmitam nossas saudações a todos os seguidores de Jesus que encontrarem. Nossos amigos enviam saudações, e todos os cristãos daqui, especialmente os que trabalham no palácio de César, querem que vocês se lembrem deles.

23 Recebam e experimentem a maravilhosa graça do Senhor, Jesus Cristo, profundamente, bem profundamente dentro de vocês.

SALMOS 118.21-29

21-25 Obrigado por me responder!
    Verdadeiramente, te tornaste minha salvação!
A pedra que os pedreiros rejeitaram
    é agora a principal!
Isso é a obra do Eterno.
    Nós esfregamos os olhos, custando a crer nisso!

Este é o dia em que o Eterno agiu –
    vamos celebrar e ser festivos!
Salvação agora, ó Eterno. Salvação agora!
    Sim, ó Eterno, uma vida livre e plena!

26-29 Bendito é você que entra em nome do Eterno:
    da casa do Eterno, nós os abençoamos!
O Eterno é Deus,
    ele nos banhou em luz.
Ornou o santuário com buquês de flores,
    pendurou faixas coloridas acima do altar!
Tu és meu Deus, e dou graças por isso.
    Ó meu Deus, eu te exalto com louvor.
Agradeçam ao Eterno – ele é tão bom!
    Seu amor jamais acaba!

NOTAS

DIA 287

IIIIIIIIIIIIIIIIIIIIIIIIIIIIIIIIIIIIIIIIIIIIIIII

☐ DIA 287 ___/___/___

ISAÍAS 43.1 — 44.28

Quando estiverem entre a cruz e a espada

43 ¹⁻⁴Mas agora esta é a Mensagem do Eterno,
do Deus que fez você, Jacó,
daquele que o formou no início, Israel:
"Não tenham medo, eu os redimi.
Eu os chamei pelo nome. Vocês são meus.
Quando estiverem atolados até o pescoço em
problemas, estarei lá com vocês.
Quando estiverem atravessando águas
profundas, vocês não se afogarão.
Quando estiverem entre a cruz e a espada,
não será um beco sem saída –
Porque eu sou o Eterno, o seu Deus pessoal,
o Santo de Israel, seu Salvador.
Paguei um preço altíssimo por vocês:
todo o Egito e ainda a Etiópia e Sebá!
Vocês significam *muito* para mim!
Sim, eu os amo *tanto* assim!
Eu venderia o mundo inteiro para
comprar vocês de volta;
trocaria a criação inteira só por vocês.

⁵⁻⁷"Portanto, não tenham medo: estou com vocês.
Vou reunir todos os seus filhos espalhados,
vou trazê-los do leste e do oeste.
Vou dar ordens ao norte e ao sul:
'Enviem meu povo de volta.
Devolvam meus filhos que estão
nas terras distantes,
minhas filhas que vivem nos lugares
longínquos.
Eu os quero de volta, todos os que levam
o meu nome,
todo homem, mulher e criança
Que criei para minha glória,
cada um dos que formei e criei pessoalmente'".

⁸⁻¹³Tragam os cegos e surdos aqui e prepare-os –
os cegos (embora nada haja de errado com
seus olhos)
e os surdos (embora nada haja de errado com
seus ouvidos).
Depois, tragam as outras nações e preparem-nas.
Vejamos o que elas têm a dizer a respeito disso,
como explicam o que aconteceu.

Que elas apresentem seus discursos
e a defesa da sua causa;
que tentem nos convencer de que é verdade o
que dizem!
"Mas *vocês* são minhas testemunhas",
é o decreto do Eterno.

"Vocês são meu servo escolhido a dedo
Para que, assim, possam me conhecer
e confiar em mim,
compreender o *que* sou e *quem* sou.
Antes de mim, não havia nada parecido
com um deus,
nem haverá depois de mim.
Eu, sim, sou o Eterno.
Sou o único Salvador que existe.
Eu falei, salvei e disse a vocês o que aconteceria
muito antes que esses pretensos deuses
entrassem em cena.
E vocês sabem disso, pois são minhas
testemunhas;
vocês são a evidência", é o decreto do Eterno.
"Sim, eu sou Deus.
Sempre fui Deus
e sempre serei Deus.
Ninguém pode tirar nada de mim.
Eu faço, e quem pode desfazer o que eu faço?".

Vocês não fizeram nem o mínimo

¹⁴⁻¹⁵O Eterno, seu Redentor,
o Santo de Israel, diz:
"Só por vocês, vou marchar contra a Babilônia.
Vou virar a mesa contra os babilônios.
Em vez de fazer festa,
eles vão chorar.
Eu sou o Eterno, o Santo,
O Criador de Israel, seu Rei".

¹⁶⁻²¹Diz o Eterno,
o Deus que constrói uma estrada através do
oceano,
que inaugura um caminho através das ondas
furiosas;
O Deus que fez sair cavalos, carros e exércitos –
e eles se deitaram e não conseguiram mais se
levantar,
foram apagados como um pavio:
"Esqueçam o que aconteceu,
não fiquem lembrando velhas histórias.
Fiquem atentos. Não se distraiam.
Vou fazer uma coisa diferente.
E está para acontecer, não estão percebendo?

Estou abrindo uma estrada através do deserto,
   fazendo correr rios em terras devastadas.
Os animais selvagens dirão: 'Obrigado!'
   – os chacais e as corujas –
Porque providenciei água no deserto,
   Rios através da terra ressecada,
Água potável para o povo que escolhi,
   o povo que fiz especialmente para mim,
   um povo particularmente feito para me adorar.

²²⁻²⁴ "Mas você, Jacó, não presta atenção em mim.
   Israel, você se cansa logo de mim!
Vocês nem mesmo trouxeram ovelhas para me
   oferecer em adoração.
   Não se incomodam em trazer sacrifícios.
E não pedi demais de vocês.
   Eu não esperava presentes caros.
Mas vocês não fizeram nem o mínimo –
   foram mesquinhos e avarentos comigo.
Mas com seus pecados vocês não economizam.
   Vocês têm sido muito generosos com eles – e
   minha medida se encheu.

²⁵ "Mas, sim, sou aquele
   que resolve o problema dos pecados de vocês
   – é o que faço.
Não guardo a lista dos seus pecados.

²⁶⁻²⁸ "Portanto, apresentem sua causa contra
   mim. Vamos resolver isso.
Exponham seus argumentos. Provem que
   estão certos.
Seus antepassados começaram com o pecado,
   e todos, a partir daí, se juntaram a eles.
Foi por isso que tive de desqualificar os
   ministros do templo,
   fui obrigado a repudiar Jacó e desabonar Israel".

Orgulho de ser chamado Israel

44 ¹⁻⁵ "Mas ouça agora, caro servo Jacó, escute;
   sim, você, Israel, meu escolhido pessoal.
O Eterno, o seu criador, tem algo a dizer;
   o Deus que o formou no ventre da sua mãe
   quer ajudar você.
Não tenha medo, amado servo Jacó,
   Jesurum, aquele que escolhi.
Pois vou derramar água no solo sedento
   e enviar ribeiros por toda a terra rachada.
Vou derramar meu Espírito sobre
   seus descendentes
   e minha bênção sobre seus filhos.

Eles brotarão como a relva na campina,
   como chorões à margem do riacho.
Este vai dizer: "Eu sou do Eterno";
   aquele vai se chamar pelo nome de Jacó;
Este vai escrever na mão:
   "Propriedade do Eterno" –
   e vai se orgulhar de ser chamado Israel".

⁶⁻⁸ O Eterno, Rei de Israel,
   seu Redentor, o Senhor dos Exércitos
   de Anjos diz:
"Eu sou o primeiro e o último,
   além de mim não há Deus.
Quem pode ser comparado a mim?
   Manifestem-se!
   Vejam se alguém pode comigo.
Desde o início, quem foi o único
   a anunciar o futuro?
   Digam-me: o que vem a seguir? Alguém
   arriscaria um palpite?
Não tenham medo e não se preocupem:
   Eu não os avisei sempre, não contei sempre o
   que iria acontecer?
Vocês são minhas testemunhas:
   alguma vez viram outro Deus, um Deus
   verdadeiro além de mim?
   Não há Rocha que se compare a mim: não há
   nenhuma".

Amante do nada

⁹⁻¹¹ Todos os que fazem ídolos, que não são deuses,
nada valem, e o que fazem com tanto sacrifício não
tem valor. Suas marionetes em forma de deuses
não veem nada e nada sabem – são de dar pena!
Quem se importaria em fazer deuses que nada podem fazer, que não podem ser "deus"? Observe como
todos os adoradores de ídolos escondem o rosto de
vergonha. Observe como os fabricantes de ídolos
se encolhem quando seus ídolos os decepcionam.
Tragam-nos aqui, a céu aberto! Façam que enfrentem
o verdadeiro Deus.

¹² O ferreiro fabrica seu ídolo, que não é deus,
trabalha com ele na fornalha, retorce-o e o martela
na bigorna – quanto trabalho! Ele trabalha até não
aguentar mais e acaba exausto, com fome e sede.

¹³⁻¹⁷ O carpinteiro faz um desenho do seu ídolo, que
não é deus, depois o risca num pedaço de madeira.
Com talhadeira e plaina, dá a ele formas humanas –
uma linda mulher, um belo homem. Pronto: já pode
ser colocado num oratório. Ele corta um cedro,
ou talvez um pinheiro ou um carvalho, que esperou

crescer até ficar uma árvore robusta, alimentada pela chuva. Depois, pode servir a dois propósitos: uma parte ele usa como lenha, para se aquecer ou assar seu pão; da outra parte, ele faz o deus que adora – dá a ele uma forma e ora diante dele. Com a metade, faz um fogo para se aquecer e preparar sua comida. Ele come bem e relaxa, satisfeito, com o estômago cheio e os pés aquecidos pelo fogo: "Ah, que vida boa!". E ainda guardou metade da madeira para fabricar seu deus, de acordo com seu gosto pessoal – um ídolo, que não é deus, à disposição para ser adorado sempre que estiver inclinado a fazê-lo. Sempre que é surpreendido por alguma necessidade, ele suplica ao ídolo: "Salve-me! Você é o meu deus".

18-19 Não tem a mínima lógica! Eles não têm olhos? Será que o cérebro deles não funciona? Será que não conseguem raciocinar: "Metade da árvore usei como lenha: assei meu pão, minha carne – uma bela refeição. E agora estou usando o resto da madeira para fazer um ídolo. E aqui estou eu, orando a um pedaço de pau!"?

20 Esse amante do nada está tão fora da realidade, tão perdido que não consegue nem atinar para o que está fazendo. Não consegue olhar para o pedaço de pau que tem na mão, que não é deus, e pensar: "Isto é loucura!".

21-22 "Lembre-se destas coisas, ó Jacó.
Leve isto a sério, Israel: você é meu servo.
Eu o criei e o *formei*: você é meu servo.
Ó Israel, nunca vou me esquecer de você.
Apaguei a lista de todos os males que
você cometeu.
Não restou nada dos seus pecados.
Volte para mim, volte!
Eu salvei você."

23 Cantem de alegria, ó céus!
O Eterno fez isso.
Gritem bem alto, profundezas da terra!
E vocês, montes, cantem!
Um coro florestal de carvalhos, pinheiros e
cedros!
O Eterno salvou Jacó.
A glória do Eterno é demonstrada em Israel.

24 O Eterno, seu Salvador,
que formou sua vida no útero da sua mãe, diz:
"Eu sou o Eterno. Eu fiz tudo que existe.
Sem sua ajuda, estendi os céus
e organizei a terra".

25-28 Ele faz os magos parecer ridículos
e os adivinhos virar piada.
Ele faz que os especialistas sejam comuns
e que sua mais nova descoberta pareça tolice.
Mas ele sustenta a palavra do seu servo
e confirma o conselho dos seus mensageiros.
Ele diz a Jerusalém: "Seja habitada",
às cidades de Judá: "Sejam reconstruídas"
e às ruínas: "Vou reerguer vocês".
Ele diz ao oceano: "Seque.
Estou secando os rios".
Ele diz a Ciro: "Meu pastor,
tudo que eu quiser você vai fazer".
Ele diz a Jerusalém: "Seja construída"
e ao templo: "Seja estabelecido".

COLOSSENSES 1.1-25

1 **1-2** Eu, Paulo, fui designado para uma tarefa especial por Cristo, como parte do plano de Deus. Meu amigo Timóteo e eu saudamos os cristãos e os persistentes seguidores de Cristo que vivem em Colossos. Que tudo de bom da parte de Deus, nosso Pai, seja dado a vocês!

Trabalhando no jardim de Deus

3-5 Nossas orações por vocês são sempre de agradecimento. Não podemos deixar de agradecer a Deus, nosso Pai, e a Jesus, o Messias, por vocês e continuamos a receber notícias da sua fé alicerçada em Cristo Jesus e do amor que vocês demonstram a todos os cristãos. O propósito da vida de vocês nunca se perdeu, mas continua firme, dirigido pela esperança do futuro no céu.

5-8 A Mensagem é tão real entre vocês hoje como na primeira vez em que a ouviram. Não diminui nem enfraquece com o tempo. É a mesma em todo o mundo. A Mensagem gera frutos, cresce e fica mais forte, como acontece entre vocês. Desde o primeiro dia em que ouviram e reconheceram a verdade do que Deus está fazendo, vocês passaram a querer sempre mais. Ela é tão viva e poderosa agora como na época em que aprenderam de nosso amigo Epafras. Ele trabalha como ninguém. Sempre fiel na obra de Cristo! Eu poderia depender dele a vida toda. Foi ele quem nos contou como o amor se aperfeiçoou na vida de vocês, pelo Espírito.

9-12 Saibam que, desde o primeiro dia em que ouvimos a respeito de vocês, não paramos de orar, pedindo que Deus dê a vocês mente sábia e espiritual, para que adquiram uma compreensão perfeita de como Deus trabalha. Oramos para que vocês vivam bem para o Senhor e o deixem orgulhoso do trabalho que realizam em seu jardim. Vocês aprenderam como Deus trabalha e aprenderão como fazer o trabalho *de vocês*. Oramos para que permaneçam firmes em toda a jornada — sem precisar fazer força, mas dependendo do poder glorioso que Deus nos dá. É o poder que suporta o insuportável e se derrama em alegria e gratidão ao Pai que nos fez fortes o suficiente para que tenhamos parte em tudo de glorioso e belo que ele tem para nós.

13-14 A maravilhosa verdade é que Deus nos resgatou dos becos sem saída e dos caminhos de escuridão. Ele nos pôs no Reino do Filho que tanto ama, o Filho que nos tirou do poço em que havíamos caído e se livrou dos pecados que estávamos condenados a repetir.

Cristo mantém tudo unido

15-18 Quando olhamos para o Filho, vemos o Deus invisível. Olhamos para o Filho e vemos o propósito original de Deus em toda a criação. Pois tudo, absolutamente tudo, acima e abaixo, visível e invisível e todas as a hierarquias dos anjos — *tudo* começou nele e nele encontra propósito. Ele estava lá antes que tudo viesse à existência e ele tudo mantém até o presente momento. E, no que diz respeito à igreja, ele a organiza e mantém unida, assim como a cabeça dirige o corpo.

18-20 Ele foi supremo no princípio e, abrindo a vitória da ressurreição, será supremo no fim. Do princípio ao fim ele está lá, elevado acima de tudo e de todos. Ele é tão sublime que tudo que é de Deus encontra um lugar apropriado nele, sem nenhum conflito. Além disso, todas as peças quebradas e deslocadas do Universo — pessoas e coisas, animais e átomos — estão agora consertadas em vibrante harmonia, tudo por causa de sua morte, de seu sangue derramado na cruz.

21-23 Vocês são um exemplo do que ele é capaz de fazer. Houve um tempo em que vocês estavam de costas para Deus, numa atitude de rebeldia, sem perder oportunidade de causar aborrecimentos a ele. Mas agora, ao se dar completamente na cruz, *morrendo* de fato por vocês, Cristo os trouxe para o lado de Deus e acertou a vida de vocês, deixando-a íntegra e santa em sua presença. Não recusem um presente desses! Permaneçam firmes no vínculo da verdade, sintonizados com a Mensagem e atentos para que não sejam distraídos ou desviados. Não há outra Mensagem — apenas esta. Toda criatura debaixo do céu ouve a mesma Mensagem. Eu, Paulo, sou mensageiro desta Mensagem.

24-25 Quero que saibam que estou contente de estar eu preso aqui, não vocês. Há muito sofrimento ainda para acontecer neste mundo, o tipo de sofrimento que Cristo suportou, e não recuso a oportunidade de assumir minha porção de sofrimento na parte que cabe à igreja. Quando me tornei um servo na igreja, experimentei o sofrimento como um dom, o modo de Deus me ajudar a servir vocês na exposição da verdade.

SALMOS 119.1-8

119 **1-8** Você é abençoado quando se mantém na rota,
caminhando firme na estrada revelada
pelo Eterno.
Você é abençoado quando segue suas orientações,
fazendo o melhor possível para encontrá-lo.
Isso mesmo — você não anda a esmo:
você caminha em linha reta pela estrada que
ele designou.
Tu, ó Eterno, prescreveste o modo certo de se viver
e agora esperas que assim vivamos.
Oh! Que meus passos sejam estáveis
no curso que estabeleceste!
Assim, não terei nenhum desgosto
ao comparar minha vida com teu conselho.
Eu te agradeço por falares diretamente
do teu coração:
assim, aprendo o padrão dos teus justos
caminhos.
Vou cumprir todas as tuas ordens;
portanto, não me abandones.

NOTAS

Para que, de leste a oeste, todos saibam
que não tenho rivais.
Eu sou o Eterno, o único Deus que existe.
Formo a luz e crio a escuridão,
produzo a harmonia e gero a discórdia.
Eu, o Eterno, faço todas estas coisas.

8-10 "Abram-se, ó céus, e façam chover!
Nuvens, derramem copiosamente
a minha bondade!
Solte-se, ó terra, e faça florescer a salvação!
Faça brotar a vida justa.
Eu, o Eterno, faço tudo isso.
Mas ai de você, que luta contra o Criador!
Você é um vaso brigando com o oleiro.
Será que o barro critica o oleiro:
'O que você está fazendo? Que dedos
desajeitados!'?
Por certo, a semente do homem
não diria ao seu pai:
'Quem deu permissão para me usar e fazer
um bebê?'.
E o feto não diria à sua mãe:
'Por que você me prendeu nesta barriga?' ".

11-13 Assim, o Eterno, o Santo de Israel,
o Criador de Israel, diz:
"Você está questionando a quem ou o que
estou fazendo?
Você está querendo me dizer o que devo e o
que não devo fazer?
Eu fiz a terra
e criei o homem e a mulher para
viverem nela.
Eu planejei os céus
e direcionei todas as constelações nas suas
órbitas.
E, agora, pus Ciro em ação.
Estendi o tapete vermelho diante dele.
Ele construirá minha cidade.
Ele trará para casa meus exilados.
Eu não o convidei para fazer isso. Eu *ordenei*.
Eu, o Senhor dos Exércitos de Anjos".

14 O Eterno diz:

"Os trabalhadores do Egito, os comerciantes
da Etiópia
e aqueles majestosos sabeus
Virão todos a vocês — são todos seus.
Dóceis, em correntes, seguirão vocês,

DIA 288

ISAÍAS 45.1 — 47.15

O Deus que forma a luz e a escuridão

45 **1-7** Mensagem do Eterno ao seu ungido,
a Ciro, a quem deu apoio
Na missão de domar as nações,
de aterrorizar seus reis.
Deu a ele carta branca,
sem restrições:
"Irei adiante de você,
limpando e pavimentando a estrada.
Quebrarei os portões de bronze das cidades,
arrebentarei as trancas, derrubarei as
entradas obstruídas.
Eu o conduzirei a tesouros enterrados,
a esconderijos secretos de valores,
Confirmando que eu, de fato, sou o Eterno,
o Deus de Israel, que o chama pelo nome.
É por causa do meu querido servo Jacó
e de Israel, meu escolhido,
Que separei você, chamando-o pelo nome,
e dei esta importante tarefa.
E você nem mesmo me conhece!
Eu sou o Eterno, o único Deus que existe.
Além de mim, não há nenhum deus verdadeiro.
Fui eu quem o preparou para esta tarefa,
ainda que você nem me conheça,

As mãos cruzadas em reverência,
orando diante de vocês:
'Incrível! Deus está com vocês!
Não há outro Deus' ".

Vejam as evidências

15-17 Sem dúvida tu és um Deus que trabalha
nos bastidores,
Deus de Israel, Deus Salvador.
Humilhados, todos os outros
sentirão vergonha e não mostrarão
o rosto em público.
Desempregados e sem o que fazer, os que fazem
ídolos, que não são deuses,
não saberão como lidar com a própria vida.
O povo de Israel, no entanto, foi salvo por ti,
ó Eterno,
ganhou a salvação eterna.
Eles não serão envergonhados,
nunca ficarão decepcionados!

18-24 O Eterno, Criador dos céus —
ele é *Deus*.
Criador da terra,
ele a firmou sobre seus fundamentos,
edificou-a desde o início.
Ele não se deu todo esse trabalho
para deixá-la vazia, sem nada
para preenchê-la.
Ele a fez para que fosse habitada.

E o Eterno diz:

"Eu sou o Eterno,
o único.
Não fico apenas falando comigo mesmo
ou murmurando para mim mesmo.
Eu nunca disse a Jacó:
'Busque-me no vazio, no nada escuro'.
Eu sou o Eterno. Trabalho de forma transparente,
dizendo o que é certo, estabelecendo
a justiça.
Portanto, reúnam-se, entrem,
todos vocês, refugiados e marginalizados.
Não parecem saber muito
esses que carregam ídolos de madeira,
que não são deuses,
pedindo ajuda a um pedaço de pau sem vida!
Portanto, digam-me o que vocês pensam.
Analisem as evidências.
Unam esforços. Defendam sua causa.

Quem há muito disse a vocês o que está
acontecendo aqui?
Quem deu sentido às coisas por vocês?
Não fui eu, o Eterno?
Tinha de ser eu. Sou o único Deus que existe,
O único Deus que age de forma justa
e sabe como ajudar.
Assim, recorram a mim
e sejam ajudados — salvos! —
todos vocês, não importa quem são
e onde estão.
Eu sou o Eterno,
o único Deus que existe!
Garanto pelo meu nome:
cada promessa minha é cumprida,
nunca tomo de volta o que eu disse.
Todos vão acabar de joelhos diante de mim.
Todos vão acabar dizendo a meu respeito:
'Sim! A salvação e a força estão no Eterno!' ".

24-25 Todos os que se enfureceram contra ele
perante ele comparecerão,
envergonhados por sua incredulidade.
E todos os que estão ligados a Israel
terão uma vida segura, honrada e agradável
no Eterno!

Isso é coisa séria!

46 **1-2** O deus Bel cai, o deus Nebo desmorona.
Os ídolos de pau são carregados em jumentos
E têm de ser transportados,
cansando os pobres jumentos —
Peso morto, fardos que não conseguem
levar fardos,
carregados para o cativeiro.

3-4 "Preste atenção, família de Jacó,
todos os que foram deixados
da família de Israel.
Tenho carregado vocês nas costas
desde o dia em que nasceram;
E vou continuar carregando,
até que fiquem velhos.
Estarei lá, suportando vocês quando
estiverem velhos e grisalhos.
Eu o fiz e continuarei fazendo,
carregando vocês nas costas,
trazendo salvação.

5-7 "Assim, com quem me compararão?
Eu, o Incomparável?

Vocês conseguem me retratar
  sem me reduzir?
Pessoas com muito dinheiro
  contratam artesãos para fabricar deuses.
O artesão entrega o deus,
  e eles se ajoelham e o adoram!
Eles o carregam em procissões,
  levam-no para casa e o põem na prateleira.
E ali ele fica, entra dia, sai dia,
  um deus dependente, que não se mexe do
  lugar em que foi colocado.
Diga-lhe o que quiser, e ele nunca responde.
  Aliás, ele nunca *faz* coisa alguma!

8-11 "Pensem nisso. Concentrem
  o pensamento nisso.
Isso é coisa séria, rebeldes. Pensem bem.
Lembrem sua história,
  sua longa e rica história.
Eu sou o Eterno, o único Deus que já
  tiveram e terão –
incomparável, insubstituível –
Desde o começo
  dizendo a vocês como será o fim,
Ao longo de toda a caminhada revelando a vocês
  o que irá acontecer,
E encorajando-os: 'Conheço tudo
  há muito tempo,
  vou fazer exatamente o que me propus fazer',
Chamando a águia, Ciro, do leste,
  de um país distante o homem que escolhi
  para me ajudar.
Eu disse e certamente vou cumprir.
  Eu planejei, e é como se já tivesse sido feito.

12-13 "Agora, me deem ouvidos:
  Vocês são teimosos demais; é difícil fazer
  algo por vocês.
Mas estou disposto a ajudá-los, agora mesmo.
  A libertação não é um plano de longo prazo.
  A salvação não foi interrompida.
Estou fazendo agora, em Sião,
  que a salvação entre em ação,
  e a glória em Israel."

A festa acabou

47 1-3 "**D**esça do seu imponente cavalo
e sente-se no pó,
virgem filha da Babilônia.
Não há mais trono para você: sente-se no chão,
filha dos caldeus.

Ninguém mais dirá que você é encantadora
  ou sedutora. Acostume-se a isso.
Procure um emprego, qualquer emprego:
  limpar valetas, esfregar banheiros.
Pendure no prego seus vestidos e lenços,
  vista a roupa de trabalho – a festa acabou.
Seu corpo descoberto estará à vista do público,
  exposto a comentários vulgares.
É tempo de vingança, e estou me vingando.
  Ninguém vai escapar."

Você se acha o centro do Universo

4-13 **F**ala o Redentor
  o chamado Senhor dos Exércitos de Anjos,
  o Santo de Israel:
"Fique quieta e saia do caminho,
  filha dos caldeus.
Já não será chamada
  Primeira Dama dos Reinos.
Minha medida havia se enchido
  com meu povo,
  eu estava desgostoso com minha
  descendência.
Eu os entreguei em suas mãos,
  mas você não teve compaixão.
Você pôs homens e mulheres de idade
  em trabalhos forçados.
Você disse: 'Eu sou a Primeira Dama.
  Sempre serei a princesa mimada'.
Você nunca levou nada a sério,
  nunca se preocupou com o amanhã.
Bem, comece a se preocupar, esnobe.
  Você se acha o centro do Universo,
Dizendo a você mesma: 'Sou a Número Um.
  Não há ninguém além de mim.
  Nunca serei viúva.
  Nunca perderei meus filhos'.
Essas duas coisas vão atingi-la em cheio,
  e de uma vez,
  repentinamente, no mesmo dia:
Marido e filhos se foram, perda total,
  apesar dos seus feitiços.
Você estava tão segura e confortável
  na sua vida desregrada!
  Pensava: 'Ninguém está me vendo'.
Você achava que sabia muita coisa,
  que tinha tudo planejado.
  Que ilusão!
Dizia, convencida, a você mesma:
  'Sou a Número Um.
  Não há ninguém além de mim'.

A ruína vem de repente –
você não pode afastá-la com encantamentos.
O desastre chega sem aviso –
você não pode afastá-lo com feitiços.
Catástrofe, repentina e total –
e você totalmente perdida, confusa!
Mas não desista. No seu enorme repertório
de encantamentos deve ter algum que não
tentou ainda.
Você já está nisso há muito tempo.
Alguma coisa deve funcionar.
Sei que você já cansou de tentar esses recursos,
mas não desista.
Chame os astrólogos e os que estudam
as estrelas.
Eles são bons nisso. Quem sabe inventam
alguma coisa!

14-15 "Pois bem! Você estaria pegando a palha
que já está no fogo,
Um fogo que está ardendo agora.
Seus 'especialistas' estão nisso e não vão sair.
Não é um fogo para cozinhar carne
nem para se aquecer numa noite
de inverno!
Esse é o destino dos seus amigos feiticeiros, dos
seus colegas magos,
com quem você foi conivente toda a sua vida.
Eles cambaleiam, confusos,
batendo um no outro.
Ninguém se importa em ajudar você".

COLOSSENSES 1.26 — 2.23

26-29 Esse mistério permaneceu sem ser esclarecido por muito tempo, mas agora é desvendado. Deus quis que todos, não apenas os judeus, conhecessem esse rico e glorioso segredo por dentro e por fora, independentemente de origem e de filiação religiosa. O mistério, em poucas palavras, é este: Cristo está em vocês, e isso dá a vocês a esperança de participar da glória de Deus. Simples assim. Esse é o âmago da Mensagem. Anunciamos Cristo, alertando as pessoas para que nada acrescentem a esta Mensagem. Nosso ensino foi ministrado num espírito de profundo bom senso, para conduzir cada pessoa à maturidade. Ser maduro é viver o essencial: Cristo! Nada mais, nada menos. É por isso que trabalho tanto, dia após dia, ano após ano, fazendo o melhor que posso com o vigor que Deus tão generosamente me dá.

2 **1** **S**aibam que continuo a trabalhar o mais que posso por vocês e também pelos cristãos de Laodiceia. Poucos de vocês me conhecem pessoalmente, mas isso não faz diferença. Estou do lado de vocês, junto com vocês. Vocês não estão sozinhos.

2-4 Quero vocês unidos numa vida de amor, em contato com tudo que se pode saber sobre Deus. Assim, terão a mente confiante e em paz, concentrada em Cristo, o grande mistério de Deus. Todos os ricos tesouros da sabedoria e do conhecimento estão incrustados nesse mistério. E o mistério foi revelado a nós! Digo isso porque não quero que ninguém os induza a alguma busca inútil do que chamam de "mistérios", ou "o Segredo".

5 Estou muito longe, é verdade, e talvez vocês nunca me vejam, mas acreditem, estou do lado de vocês. Estou satisfeito em como vocês têm conduzido tudo de modo cuidadoso e ordeiro e estou impressionado com a substância da fé que vocês têm em Cristo.

Das sombras à substância

6-7 **M**eu conselho a vocês é simples e direto: prossigam com o que receberam, e vocês receberam Cristo Jesus, o Senhor. Agora, *vivam* nele. Vocês estão profundamente enraizados, bem fundamentados nele e conhecem o caminho da fé. Agora, façam o que aprenderam. A aula acabou, deixem os livros de lado e comecem *a vivê-lo!* E que a vida de vocês transborde em ação de graças.

8-10 Cuidado com os que tentam deslumbrar vocês com belos discursos e linguagem pseudointelectual. Eles querem envolver vocês em discussões intermináveis, que não servem para nada. Divulgam suas ideias por meio de tradições vazias de seres humanos e superstições vazias de seres espirituais. Não é esse o caminho de Cristo. Tudo que é de Deus tem expressão nele, de modo que vocês podem vê-lo e ouvi-lo claramente. Não precisam de telescópio, de microscópio nem de horóscopo para compreender a plenitude de Cristo e o vazio do Universo sem ele. Se vocês o buscam, a plenitude dele os alcança. Seu poder abrange todas as coisas.

11-15 Entrar nessa plenitude não é algo que se possa entender ou conseguir. Não é algo que se obtém com a circuncisão ou com a observância de uma longa lista de regras. Não, vocês já estão *dentro* – sim, dentro – não por meio de algum ritual secreto de iniciação, mas pelo que Cristo já fez por vocês, destruindo o poder do pecado. Se estão à procura de um ritual de iniciação, vocês participaram de um quando foram batizados. Estar sob as águas foi o

DIA 289

sepultamento da velha vida de vocês; ser levantado das águas foi a ressurreição; Deus ressuscitou vocês, como fez com Cristo! Pensem nisso! Todos os pecados perdoados, a lista toda apagada, a velha ordem de prisão cancelada e pregada na cruz de Cristo. Ali ele desapossou todos os tiranos espirituais do Universo de sua autoridade falsa e os obrigou a marchar humilhados pelas ruas.

16-17 Portanto, não se submetam a ninguém que os pressione por causa de detalhes como dieta, modo de cultuar ou dias santos. Todas essas coisas são apenas sombras das coisas que haveriam de vir: a substância é Cristo.

18-19 Não tolerem os que tentam governar a vida de vocês, exigindo reverência e insistindo em que vocês se juntem a eles em sua obsessão por anjos e visões. É tudo conversa fiada. Eles não têm nenhum contato com a fonte da vida, Cristo, que nos reúne a todos numa única peça, e seu fôlego e seu sangue passam através de nós. Ele é a Cabeça; e nós, o corpo. Só teremos um crescimento saudável em Deus se ele nos nutrir.

20-23 Assim, se com Cristo vocês deixaram para trás aquela religião pretensiosa e infantil, por que agora se permitem intimidar por ela? "Não toquem nisto! Não provem aquilo! Não cheguem perto daquilo!" — acham que essas coisas que hoje estão aqui e amanhã desaparecem são dignas de atenção? Ditas em voz alta, essas ordens podem impressionar. Chegam a parecer religiosas, evocando humildade e sacrifício. Mas não passam de outra forma de autoprojeção, de parecer importante.

SALMOS 119.9-16

9-16 Como pode o jovem viver uma vida pura?
  Seguindo cuidadosamente o mapa
    da tua Palavra.
  Estou decidido na tua procura:
    não permitas que eu passe sem ver as placas
      que puseste no caminho.
  Guardei tuas promessas na caixa-forte
    do meu coração,
    para que eu não vá à falência.
  Bendito sejas, ó Eterno!
    Treina-me nos teus caminhos da vida sábia.
  Transferirei para meus lábios
    o conselho que vier da tua boca.
  Terei mais prazer no que me disseres
    a respeito da vida
    que em ajuntar montões de riquezas.

Pondero sobre cada fragmento de sabedoria
    que vem de ti,
  e, atentamente, observo como procedeste.
Saboreio tudo que me disseste da vida:
    não esquecerei uma só palavra.

◾ NOTAS

|||||||||||||||||||||||||||||||||||||||||||||||||||||||||||||||||

☐ **DIA 289**   __ /__ /__

ISAÍAS 48.1 — 50.11

**Testado na fornalha
da aflição**

48 **1-11** "Agora ouça isto, família de Jacó, vocês, que são chamados pelo nome de Israel:

Quem deu início à linhagem de Judá,
pergunto a vocês, que usam o nome do
Eterno como garantia
e oram ao Deus de Israel?
Mas qual a importância disso?
Vocês vivem de acordo com esse nome?
Vocês afirmam ser cidadãos da Cidade Santa
e agem como se dependessem
do Deus de Israel,
o Senhor dos Exércitos de Anjos.
Durante muito tempo, agi às claras
diante de vocês,
relatando com antecedência
o que iria fazer —
e o fazia, e estava feito, e era isso.
Sei que vocês são cabeças-duras,
obstinados e arrogantes.
Então me antecipei e comecei a contar a vocês
o que estava ocorrendo antes mesmo
de acontecer.
Por isso, vocês não podem dizer:
'Foi meu ídolo-deus quem fez isto'.
Ou: 'Meu deus esculpido favorito
determinou isto'.
Vocês têm todas essas evidências
confirmadas por seus olhos e ouvidos:
não deveriam estar discutindo o assunto?
E isso foi só o começo.
Tenho muito mais a revelar,
coisas que vocês nem sabem que existem.
Não se trata de uma variação de uma coisa antiga.
É novo, novinho em folha,
é algo que vocês jamais conseguiriam
adivinhar ou sonhar.
Mas, quando souberem que aconteceu,
não poderão dizer:
'Eu sabia disso desde o começo'.
Vocês nunca foram bons ouvintes.
E se habituaram a me ignorar,
Um histórico triste de inconstância.
Vocês são rebeldes desde o nascimento.
Mas, por causa da bondade do meu coração,
por causa de quem eu sou,
Mantenho minha ira em rédea curta
e controlo meu temperamento,
para não lavar as minhas mãos
em relação a vocês.
Vocês veem o que eu fiz?
Depurei vocês, mas não sem fogo.
Testei vocês como a prata na fornalha
da aflição.

Por mim mesmo, por causa de quem eu sou,
é que faço o que faço.
Tenho uma reputação a zelar.
Não sou subordinado a nenhum
deus ou povo.

12-13 "Ouça, Jacó. Ouça, Israel:
Eu sou aquele que deu nome a vocês!
Eu mesmo.
Fui eu quem começou as coisas
e vou levá-las à conclusão.
A terra é obra minha, feita à mão.
E os céus também foram feitos por mim,
de horizonte a horizonte.
Quando falo, eles se põem em pé
e prestam atenção.

14-16 "Venham todos, reúnam-se e ouçam:
quem entre os deuses deu a notícia?
Eu, o Eterno, vou usar o amado Ciro
para fazer o que quero com a Babilônia.
Eu falei — sim, fui eu. Eu o chamei.
Fui eu quem o trouxe.
Ele será bem-sucedido.
Cheguem mais perto, ouçam atentamente:
Nunca guardei segredos.
Sempre estive presente com vocês."

Sua descendência,
como grãos de areia

16-19 Agora, o Senhor, o Eterno, me envia,
e ao seu Espírito,
com esta Mensagem do Eterno,
Redentor de vocês, o Santo de Israel:
"Eu sou o Eterno, o seu Deus,
que os ensina a viver de forma correta
e agradável.
Eu mostro a vocês o que fazer e aonde ir.
Se tivessem me ouvido desde o começo,
a vida de vocês teria sido
como um rio transbordante,
bênçãos afluindo como as ondas do mar.
Os filhos e netos seriam como a areia,
sua descendência como grãos de areia.
Seu número seria sem fim,
não haveria perigo de perder
o contato comigo".

20 Saiam da Babilônia! Fujam dos babilônios!
Divulguem a notícia. Espalhem a nova,
para que o mundo saiba, o mundo todo.

Digam a eles: "O Eterno salvou
seu amado servo Jacó!".

²¹ Eles não passaram sede quando ele
os conduziu através do deserto.
Ele fez água brotar da rocha:
fendeu a rocha, e a água jorrou.

²² "Não há paz para os maus", diz o Eterno.

Luz para as nações

49 ¹⁻³ Ouçam, vastas ilhas,
prestem atenção, povos distantes:
O Eterno me pôs em ação desde o dia
do meu nascimento.
No momento em que entrei no mundo,
ele me chamou.
Ele me municiou com palavras penetrantes.
Manteve sua mão sobre mim,
para me proteger.
Fez de mim sua flecha calibrada
e me escondeu em sua aljava.
Ele me disse: "Você é meu servo amado,
Israel, por meio de quem brilharei".

⁴ Mas eu disse: "Trabalhei por nada.
Não tenho nada a apresentar depois de
uma vida inteira de trabalho duro.
Mesmo assim, vou deixar a última palavra
para o Eterno.
Vou deixar que ele pronuncie seu veredito".

⁵⁻⁶ E agora Deus,
esse Deus que me pegou pela mão
desde o instante do meu nascimento para
ser seu servo,
Quer que eu leve Jacó para ele, de volta para casa,
a fim de preparar a reconciliação de Israel.
Que honra, aos olhos do Eterno!
Esse Deus seria minha força!
Ele diz: "Mas recuperar as tribos de Jacó
não é tarefa grande o suficiente para meu servo,
apenas reunir os andarilhos de Israel.
Estou estabelecendo você como luz
para as *nações*
para que minha salvação se torne *global*!".

⁷ O Eterno, o Redentor de Israel, o Santo de Israel,
diz ao desprezado, ao marginalizado
pelas nações,
ao escravo da classe dominante:

"Reis verão e cairão de joelhos,
e os príncipes também,
e, então, se prostrarão em reverência
Por causa do Eterno, que cumpriu sua palavra,
o Santo de Israel, que escolheu você".

⁸⁻¹² O Eterno também diz:

"Quando o tempo estiver maduro,
eu responderei.
Quando chegar o dia da vitória, eu o ajudarei.
Eu dou vida a você e o uso
para reconciliar o povo comigo,
Para pôr a terra em ordem,
recolocar as famílias nas
propriedades arruinadas.
E digo aos presos: 'Saiam! Vocês estão livres!';
e aos amedrontados: 'Está tudo bem.
É seguro agora'.
Haverá barracas de comida ao longo da estrada,
e paradas para refrescos em todas as colinas.
Ninguém passará fome, ninguém passará sede,
sombra para se proteger do sol,
abrigo para fugir do vento,
Pois o Compassivo é quem os conduz,
e os levará às melhores fontes.
Vou transformar todos os montes em caminhos,
e todos formarão uma grande estrada.
Olhem: estes vêm de nações distantes;
aqueles, do norte.
Estes vêm correndo do oeste;
aqueles, lá do longínquo Nilo!".

¹³ Céus, façam subir o telhado!
Terra, acorde os mortos!
Montes, gritem de alegria!
O Eterno confortou seu povo.
Carinhosamente cuidou de seu povo
abatido e aflito.

¹⁴ Mas Sião disse: "Não estou entendendo.
O Eterno me abandonou.
O Senhor esqueceu até que eu existo".

¹⁵⁻¹⁸ "Pode a mãe esquecer o bebê que mama,
abandonar o filho que deu à luz?
Pois, mesmo que as mães esqueçam,
eu nunca esquecerei você. Nunca!
Veja, escrevi seu nome na palma da minha mão.
Nunca perco de vista os muros que você
está reconstruindo.

Seus construtores são mais rápidos
que os demolidores.
As equipes de demolição se foram para sempre.
Levante os olhos e olhe em volta, olhe bem!
Vê que todos estão se reunindo,
vindo para você?
Tão certo como sou o Deus vivo",
é o decreto do Eterno,
"você se vestirá com eles como costuma
usar seus enfeites,
como se veste a noiva.

19-21 "E sua terra está arruinada?
Sua terra está devastada, dizimada?
Agora está repleta de gente,
e você não sabe o que fazer!
Seus inimigos já são uma lembrança
que desvanece.
Os filhos que nasceram no exílio dirão:
'Está muito apertado aqui.
Preciso de mais espaço'.
E você dirá a você mesmo:
'De onde será que vieram todos esses filhos?
Eu perdi tudo, não tinha nada;
estava exilado e sem dinheiro.
Quem criou esses filhos?
Como eles chegaram aqui?'. "

22-23 O Eterno, o Senhor, diz:

"Olhem! Estou enviando sinais às nações
com minha bandeira,
para convocar os povos.
E eles virão: mulheres carregando
seus meninos nos braços,
homens carregando as meninas nos ombros.
Os reis serão suas babás;
as princesas, suas amas-secas.
Eles se oferecerão para fazer todo
o trabalho pesado,
para esfregar o chão e lavar a roupa.
Então, vocês saberão que eu sou o Eterno.
Ninguém que confia em mim ficará
decepcionado".

24-26 Pode o despojo ser recuperado de um gigante?
Podem os prisioneiros de guerra ser
resgatados de um tirano?
Mas o Eterno diz: "Mesmo que um gigante
se aposse do despojo
e um tirano faça do meu povo seu prisioneiro,

Sou eu que estou do lado de vocês,
defendendo sua causa, resgatando seus filhos.
E seus inimigos, confusos e desesperados,
se voltarão uns contra os outros,
matando-se uns aos outros
num frenesi de autodestruição.
Então, todos saberão que eu, o Eterno,
salvei vocês. Eu, o Poderoso de Jacó".

Quem aí teme a Deus?

50 **1-3** O Eterno diz:

"Vocês podem mostrar
a certidão de divórcio da sua mãe,
provando que eu a mandei embora?
Vocês podem apresentar o recibo
que prova que eu os vendi?
É claro que não!
Foram seus pecados que os trouxeram até
este ponto.
Suas transgressões que fizeram com que
fossem expulsos.
Por que, então, ninguém veio atender
quando eu bati?
Por que ninguém respondeu quando chamei?
Acham que esqueci como se faz para ajudar?
Será que estou caduco, incapaz de salvar?
Sou poderoso como sempre fui
e consigo reverter o que já fiz:
Consigo secar o mar com uma palavra,
transformar a água do rio
em areia do deserto
E deixar os peixes morrendo ao sol,
encalhados na terra seca.
Apaguem todas as luzes do céu
e fechem as cortinas!".

4-9 O Eterno, o Senhor, me deu
uma língua bem treinada,
Assim sei como animar os cansados.
Ele me acorda de manhã
E abre os meus ouvidos
para que eu ouça, como alguém
pronto para receber ordens.
O Eterno, o Senhor, abriu meus ouvidos,
e não voltei a dormir,
não puxei a coberta sobre a cabeça de novo.
Obedeci às suas ordens,
fiquei atento enquanto eles me batiam,
fiquei firme enquanto me
arrancavam a barba.

DIA 289

Não fugi dos insultos deles,
encarei-os enquanto me cuspiam no rosto.
E o Eterno, o Senhor, fica do meu lado e me ajuda:
assim não ficarei decepcionado.
Por isso, meu rosto tem a firmeza da pedra,
e nunca vou me arrepender disso.
Meu defensor está aqui do meu lado.
Vamos firmar nossa posição juntos!

Quem ousa apresentar acusação contra mim?
Que tente!
Veja! O Eterno, o Senhor, está aqui do meu lado.
Quem ousaria dizer que sou culpado?
Veja! Meus acusadores são um cesto
de roupa surrada,
meias e camisas gastas, comidas de traças!

10-11 Quem aí teme a Deus?
Quem de fato ouve a voz do seu servo?
Para alguém aí que não saiba
para onde está indo,
alguém que esteja tateando no escuro,
Aqui está: confie no Eterno.
fique na *dependência* do seu Deus!
Mas, se tudo que desejam é se meter
em confusão,
brincar com fogo,
Vão em frente e verão aonde isso irá levá-los.
Acendam o fogo, aticem as pessoas, soprem
sobre as chamas,
Mas não esperem que eu fique olhando.
Vou pôr os pés de vocês nessas chamas.

COLOSSENSES 3.1-21

Cristo é a nossa vida

3 **1-2** Então, se vocês estão falando sério sobre viver a nova vida da ressurreição com Cristo, *ajam* de acordo com ela. Busquem as coisas norteadas por Cristo. Não fiquem se arrastando por aí, cabisbaixos, absorvidos com o que está à frente de vocês. Olhem para cima e observem o que acontece ao redor de Cristo. É por aí que devem seguir. Vejam as coisas da perspectiva *dele*.

3-4 A velha vida de vocês está morta. A nova vida é a vida *real* — ainda que invisível aos espectadores — com Cristo em Deus. *Ele* é a vida de vocês. Quando Cristo, a verdadeira vida, aparecer de novo na terra, o ser verdadeiro e glorioso de vocês vai se manifestar também. Enquanto isso, estejam contentes com a obscuridade, como Cristo.

5-8 Isso significa eliminar tudo que esteja ligado ao antigo caminho de morte: promiscuidade sexual, impureza, imoralidade, fazer o que quiser quando bem entender, apegando-se a tudo que atraia sua imaginação. Uma vida assim é moldada por coisas materiais e sentimentos maus. É por coisas assim que Deus está prestes a explodir em ira. Não faz muito tempo, vocês viviam fazendo tudo isso, sem conhecer nada melhor. Mas agora que sabem mais abandonem tudo de uma vez: mau comportamento, irritabilidade, avareza, grosseria, conversas indecentes.

9-11 Não mintam uns aos outros. Vocês faziam assim na velha vida. Vocês já tiraram a roupa suja e rasgada e a jogaram no fogo. Agora, estão vestidos com roupa nova. Cada item do seu novo modo de vida foi feito sob medida pelo Criador, e cada um traz sua marca. Os velhos costumes já eram. Palavras como judeu e não judeu, religioso e sem religião, ter passado por ritual ou não, bárbaro e estrangeiro, escravo e livre não significam nada. Agora, tudo é definido por Cristo, tudo está incluído em Cristo.

12-14 Portanto, já que foram escolhidos por Deus para a nova vida de amor, vistam a roupa que Deus preparou para vocês: compaixão, bondade, humildade, autocontrole, disciplina. Sejam moderados, satisfeitos com o segundo lugar, rápidos em perdoar uma ofensa. Perdoem tão rápida e completamente quanto o Senhor os perdoou. E, a despeito do que mais vestirem, revistam-se de amor. O amor é a roupa básica de vocês, para todas as ocasiões. Estejam sempre vestidos com ela.

15-17 Que a paz de Cristo guarde vocês em sintonia uns com os outros. Nada de sair por aí, fazendo o que quer. Cultivem a gratidão. Que a Palavra de Cristo — a Mensagem — esteja no controle de tudo. Deem a ela todo o espaço da sua vida. Orientem uns aos outros, usando o bom senso. E cantem de coração para Deus! Que tudo na vida de vocês — palavras, ações e tudo o mais — seja feito no nome do Senhor Jesus, com ação de graças a Deus, o Pai, a cada passo do caminho.

18 Esposas, compreendam e apoiem o marido, submetendo-se a eles de forma que honre o Senhor.

19 Maridos, amem a esposa. Não ajam como aproveitadores delas.

20 Filhos, façam o que seus pais mandam. Isso alegra muito ao Senhor.

21 Pais, não sejam severos demais com seus filhos, pois acabarão esmagando o espírito deles.

46O Eterno, o Senhor, também diz: "Anteriormente, meu povo foi para o Egito e viveu como estrangeiro na terra. Do outro lado, a Assíria o oprimiu. E, agora, o que tenho aqui?". Decreto do Eterno: "Meu povo está sendo levado de novo, sem razão alguma. Os tiranos, em pé de guerra, fazendo alarde, dia após dia, incessantemente, querem ofuscar minha reputação. Agora está na hora de meu povo saber quem eu sou, do que sou feito. Sim, tenho algo a dizer. Aqui estou!".

7-10 Como são belos sobre os montes
    os pés do mensageiro que traz boas notícias,
A informação de que está tudo bem;
    que anuncia as boas-novas,
        proclama a salvação;
    que diz a Sião: "Seu Deus reina"!
Ouçam: são vozes! Os batedores estão gritando,
        parecem um trovão,
    gritando em alegre uníssono.
Eles veem com os próprios olhos
    que o Eterno está voltando para Sião.
Cantem canções! Gritem, ruínas de Jerusalém:
    "O Eterno consolou seu povo!
    Ele redimiu Jerusalém!".
O Eterno arregaçou as mangas.
    Todas as nações agora enxergam
        seu braço forte e santo.
Todos, de um lado da terra a outro,
    o estão vendo em ação, agindo para salvar.

11-12 Fora daqui! Fora daqui! Saiam deste lugar!
    Não olhem para trás. Não se contaminem
        com os despojos.
Apenas saiam, mas saiam limpos. Purifiquem-se
    no processo da adoração, transportando
        os vasos sagrados do Eterno.
Mas vocês não precisam ter pressa:
    não estão fugindo de ninguém!
O Eterno os está conduzindo para fora daqui,
    e o Deus de Israel também garante
        sua proteção.

Foi nossa dor que ele carregou

13-15"**V**ejam como meu servo está!
    Exaltado, alto, cabeça e ombros
        acima da multidão!
Mas ele não começou assim.
    No início, todos ficaram espantados.
Ele não tinha nem mesmo aparência humana:
    um rosto machucado, desfigurado a ponto
        de não ser reconhecido.

Mas as nações de todo o mundo
        ficarão perplexas;
    os reis, chocados e em silêncio
        quando o virem.
Pois algo de que nunca se ouviu falar eles verão
        com os próprios olhos,
    o que era impensável eles terão diante de si".

53 **1**Quem creu no que pregamos,
    no que ouvimos e vimos?
Quem poderia ter imaginado que
    o poder libertador do Eterno
        seria assim?

2-6O servo cresceu diante de Deus
    — uma muda mirrada,
    uma planta atrofiada num
        campo ressecado.
Não havia nada de atraente nele,
    nada que nos levasse a olhá-lo com atenção.
Ele foi desprezado e ignorado,
    um homem que sofreu, que conheceu a dor
        por experiência própria.
Bastava olhar para ele, e as pessoas se afastavam.
    Nós olhamos para ele com desprezo,
        pensamos que era escória.
Mas o fato é que ele levou nossas doenças,
    nossas deformidades,
        tudo que há de errado em *nós*.
Pensamos que ele era culpado de tudo isso,
    que Deus o estava castigando por sua culpa.
Mas foram nossos pecados que caíram sobre ele,
    que o feriram, dilaceraram e esmagaram —
        nossos pecados!
Ele recebeu o castigo, e isso nos restaurou.
    Por meio das feridas dele, somos curados.
Somos como ovelhas que se desviaram
        e se perderam.
    Cada um de nós fez o que quis, cada um
        escolheu um caminho próprio.
E sobre ele o Eterno descarregou todos os
    nossos pecados, tudo que fizemos de errado.

7-9 Ele foi afligido e torturado,
    mas não disse uma única palavra.
Como a ovelha que é levada ao matadouro
    ou o cordeiro para ser tosquiado,
    ele aceitou tudo em silêncio.
A justiça falhou, e ele foi levado —
    alguém de fato sabia o que estava
        acontecendo?

DIA 290

Morreu sem pensar no próprio bem-estar,
golpeado e sangrando pelos pecados
do meu povo.
Eles o sepultaram com os maus,
e o jogaram num túmulo com os ricos,
Embora nunca tivesse feito mal a ninguém
ou dito uma palavra que não
fosse verdadeira.

10 Mas era o que o Eterno tinha em mente
desde o início:
esmagá-lo com sofrimento.
O plano era que ele se entregasse como
oferta pelo pecado,
para que assim visse o fruto disso:
vida, vida e mais vida.
E por causa dele o plano do Eterno
se realizará.

11-12 Daquela terrível angústia da alma,
ele verá que valeu a pena e ficará feliz
por tudo que fez.
Por meio do que ele experimentou,
esse justo, meu servo,
produzirá muitos "justos",
visto que ele mesmo carregou
o peso dos pecados deles.
Por isso, eu o recompensarei generosamente,
com o melhor de tudo, a mais alta honra,
Porque ele encarou a morte e não recuou;
porque ele se ajuntou à companhia
dos marginalizados.
Ele tomou sobre os ombros
os pecados de muitos
e assumiu a causa de todos os culpados.

Pense grande!

54 1-6 "Cante, mulher estéril, que nunca teve filho.
Encha o ar de canções você,
que nunca deu à luz!
Você vai ter muito mais filhos
que aquelas mulheres que têm marido",
diz o Eterno!
"Limpe o terreno para suas tendas.
Amplie suas tendas. Pense grande!
Estique as cordas,
firme bem as estacas.
Você vai precisar de bastante espaço
para sua família em crescimento.
Você vai tomar posse de nações inteiras
e repovoar cidades abandonadas.

Não tenha medo – você não será decepcionada.
Não se acanhe
– você não vai passar vergonha.
Você vai esquecer completamente
as humilhações da juventude,
e a indignidade da sua viuvez
vai cair no esquecimento.
Pois o Criador é o seu noivo,
seu nome é Senhor dos Exércitos de Anjos!
Seu Redentor é o Santo de Israel,
conhecido como o Deus de toda a terra.
Você era uma mulher abandonada,
devastada pela aflição,
e o Eterno a recebeu novamente,
Como uma mulher nova que se casou
e depois foi deixada"
– o Eterno é quem está dizendo isso.

7-8 Aquele que é o seu Eterno e Redentor diz:

"Eu a deixei, mas só por um momento.
Agora, com enorme compaixão, eu a estou
trazendo de volta.
Num instante de fúria,
virei as costas para você,
mas só por um momento.
É com amor leal e ternura
que estou cuidando de você.

COLOSSENSES 3.22 — 4.18

22-25 Empregados, façam o que for dito por seus patrões. Não façam apenas o mínimo exigido, e sim o melhor que puderem. Trabalhem de coração para o real Senhor de vocês, para Deus, pois serão plenamente recompensados quando receberem sua herança. Lembrem-se de que, no fim das contas, o Senhor que vocês estão servindo é Cristo. O empregado mal-humorado que só faz trabalho de má qualidade terá de prestar contas. Ser um seguidor de Jesus não cobre o serviço malfeito de vocês.

4 1 Patrões, tratem seus empregados com consideração. Sejam justos com eles. Não se esqueçam nem por um minuto de que vocês também servem a um Senhor – Deus, no céu.

Orando por novas oportunidades

2-4 Orem com dedicação. Fiquem atentos, de olhos bem abertos, em atitude de gratidão. Não se esqueçam de orar por nós, para que Deus me dê novas oportunidades de anunciar o mistério de Cristo, mesmo enquanto estou neste cárcere. Orem para que toda vez que eu abrir a boca consiga tornar Cristo conhecido para eles.

5-6 Sejam cautelosos enquanto vivem e trabalham entre os descrentes. Não sejam ingênuos. Aproveitem ao máximo cada oportunidade e sejam agradáveis no falar. O objetivo é aproveitar bem a conversa e o diálogo, não derrotar a pessoa num debate.

7-9 Meu bom amigo Tíquico dará a vocês informação a meu respeito. Ele é um trabalhador de confiança e um companheiro no serviço do Senhor. Eu o enviei a vocês para que saibam o que está acontecendo conosco. Assim, ele poderá encorajá-los na fé. Com ele, enviei Onésimo, que é um de vocês e se tornou um irmão querido, de muita confiança! Juntos, eles deixarão vocês informados a respeito de tudo que tem acontecido aqui.

10-11 Aristarco, que está preso comigo, envia saudações; também Marcos, primo de Barnabé (vocês receberam uma carta que fala dele; se ele aparecer aí, recebam-no); também Jesus, aquele que é chamado Justo. Só esses restaram do grande grupo que estava comigo no trabalho pelo Reino de Deus. Não se esqueçam de que eles foram de grande ajuda!

12-13 Epafras, que é um de vocês, envia saudações. Que guerreiro ele tem sido! É incansável em suas orações por vocês, sempre pedindo que permaneçam firmes, maduros e confiantes em tudo que Deus quer que façam. Eu o observei de perto e posso afirmar que ele tem trabalhado muito por vocês e por todos os de Laodiceia e de Hierápolis.

14 Lucas, bom amigo e médico, e Demas enviam saudações.

15 Transmitam nossa saudação aos nossos amigos de Laodiceia; também a Ninfa e à igreja que se reúne na casa dela.

16 Depois que esta carta for lida por vocês, providenciem para que seja lida também em Laodiceia. E leiam a carta que enviei a Laodiceia.

17 Ah, sim, digam a Arquipo: "Faça o melhor que puder na missão que você recebeu do Senhor. Faça o melhor que puder".

18 Assino eu mesmo esta carta — Paulo. Lembrem-se de que estou na cadeia e orem por mim. A graça seja com vocês!

SALMOS 119.25-32

25-32 Estou me sentindo muito mal
— não poderia me sentir pior!
Põe-me de pé outra vez:
tu prometeste, lembras?

Quando contei minha história, tu respondeste
e me treinaste bem na tua sabedoria.
Ajudaste-me a entender o interior e o exterior,
para que eu pudesse ponderar
sobre teus milagres.
Minha vida está em decadência,
como um celeiro desmoronando:
restaura-me por meio da tua Palavra.
Bloqueia o caminho com destino para
Lugar Nenhum e
agracia-me com tua revelação.
Escolho o caminho verdadeiro para Algum Lugar:
deixarei placas em cada curva
e canto da tua estrada.
Vou me apegar ao que me ordenaste.
Ó Eterno, não me decepciones!
Vou correr o curso que traçaste para mim,
basta que me mostres como.

NOTAS

DIA 291

|||||||||||||||||||||||||||||||||||||||||||||||||

☐ DIA 291 ___ / ___ / ___

ISAÍAS 54.9—57.21

9-10 "Seu exílio foi como os dias de Noé para mim,
quando prometi que as águas de Noé
nunca mais iriam encher a terra.
Estou prometendo agora:
chega de ira contra você,
chega de repreensão!
Mesmo que os montes fujam
e as colinas se despedacem,
Meu amor não a abandonará,
minha aliança de paz não se desfará".
O Eterno, que tem compaixão de você, é
quem está dizendo isso.

11-17 "Cidade aflita, castigada pela
tempestade e desamparada:
Estou prestes a reconstruir você com
pedras de turquesa,
A lançar seu fundamento de safiras,
a construir suas torres com rubis,
Seus portões com joias
e seus muros com pedras preciosas.
Todos os seus filhos terão o Eterno
como mestre –
que mentor eles terão!
Vocês serão estabelecidos com firmeza,
fundamentados na justiça,
longe de qualquer problema. Portanto,
nada a temer.
Estarão longe do terror:
ele nem chegará perto.
Se alguém atacar vocês,
nem por um momento pensem que fui eu
que o enviei,
E, mesmo que alguém os ataque,
isso não será problema.
Eu crio o ferreiro
que aquece a fornalha
e faz uma arma destinada a matar.

Também crio o destruidor,
mas a arma capaz de ferir vocês ainda não
foi forjada.
Qualquer acusador que levá-los ao tribunal
será desqualificado por mentir.
É isso que os servos do Eterno podem esperar.
Vou garantir que tudo resulte no melhor",
é o decreto do Eterno.

Comprem sem dinheiro

55 **1-5** "Todos vocês que têm sede,
venham para perto da água!
Vocês não têm dinheiro?
Venham mesmo assim, comprem e comam!
Venham, comprem vinho, comprem leite.
E sem dinheiro: é tudo de graça!
Por que gastam dinheiro em comida ruim,
seu dinheiro ganho com tanto sacrifício
em algodão-doce?
Ouçam bem: comam do bom e do melhor,
encham o prato apenas com comida
de qualidade.
Prestem atenção, cheguem perto agora,
ouçam atentamente minhas palavras,
que dão ânimo e sustentam a vida.
Estou fazendo uma aliança duradoura
com vocês,
a mesma que fiz com Davi: amor firme,
sólido e leal.
Eu o levantei como testemunha para as nações,
fiz dele um príncipe e um líder de nações;
E agora estou fazendo o mesmo com vocês.
Vocês convocarão nações das quais nunca
ouviram falar,
E nações que nem sabiam da existência de vocês
virão correndo para cá,
Por causa de mim, o Eterno.
Porque o Santo de Israel honrou vocês."

6-7 Busquem o Eterno enquanto ele pode ser achado,
orem a ele enquanto está perto.
Que os maus abandonem
sua forma errada de viver;
os perversos, sua forma de pensar!
Que eles voltem para o Eterno,
que é misericordioso,
para nosso Deus,
que é generoso em perdoar!

8-11 "Eu não penso como vocês pensam.
Sua forma de agir não é a forma de eu agir."

Decreto do Eterno:
"Assim como o céu está acima da terra,
assim meu modo de agir está acima
da forma de vocês agirem,
e meu modo de pensar está acima
da forma de vocês pensarem.
Assim como a chuva e a neve descem do céu
e não voltam sem antes ter irrigado a terra,
Cumprindo a tarefa de fazer
que as coisas brotem e cresçam,
produzindo sementes para o agricultor e
comida para os famintos,
As palavras que saem da minha boca
não voltarão vazias para mim.
Elas cumprirão a missão de que as incumbi
e cumprirão a tarefa que lhes dei".

12-13 "Vocês sairão com alegria,
serão conduzidos a uma vida plena.
Os montes e colinas vão conduzir o desfile,
transbordando com canções.
As árvores da floresta vão se juntar ao cortejo,
sem economizar aplausos.
Acabaram-se os espinheiros,
agora só há pinheiros;
acabaram-se as roseiras bravas,
agora crescem as murtas.
São monumentos erguidos em
homenagem ao Eterno,
evidências vivas e duradouras
que dão testemunho do Eterno".

MENSAGENS DE ESPERANÇA
A salvação está próxima

56 1-3 Mensagem do Eterno:

"Guardem meu bem comum:
Façam o que é direito e da forma certa,
Porque a salvação está próxima,
minha justiça está para entrar em ação.
Como são felizes vocês que agem
de acordo com a retidão,
homens e mulheres que abraçam
esses princípios;
Que guardam o sábado e não o profanam;
que cuidam onde pisam e não fazem
nada de mal!
Que nenhum estrangeiro que segue o Eterno
tenha ocasião para dizer: 'O Eterno me pôs
na segunda classe.
Não faço parte disso'!

Que ninguém que tenha necessidades especiais
chegue a pensar: 'Sou defeituoso.
Não faço parte disso' ".

4-5 Pois o Eterno diz:

"Aos que têm necessidades especiais
que guardam meus sábados
e escolhem o que me agrada
e guardam de coração minha aliança,
Vou providenciar um lugar de honra
na minha família e dentro da minha cidade,
um lugar ainda mais honrado que
o de filhos e filhas.
Vou lhes conferir honras permanentes
que nunca serão revogadas.

6-8 "Quanto aos estrangeiros que
agora me seguem,
trabalham para mim, amam meu nome
e querem ser meus servos –
Os que guardam o sábado e não o profanam
e se dedicam à minha aliança –
Vou levá-los ao meu santo monte,
e lhes darei alegria na minha
casa de oração.
Eles serão bem-vindos para adorar,
bem como os 'de casa'
para apresentar ofertas queimadas e
sacrifícios no meu altar.
Ah, sim, minha casa de adoração
será conhecida como casa de oração
para todos os povos".
Decreto do Senhor, do próprio Eterno,
que reúne os exilados de Israel:
"Vou ajuntar os outros também,
vou reuni-los aos que já foram ajuntados".

9-12 Um chamado aos animais do campo.
Venham correndo.
Venham, devorem, bárbaros ferozes!
Porque os vigias de Israel estão cegos, todos eles.
Eles não têm ideia do que está acontecendo.
São cães que não sabem nem latir,
cães preguiçosos, dormitando ao sol –
Mesmo sendo cães famintos, não sabem comer;
são vorazes, mas nunca têm o suficiente.
E esses são os pastores de Israel!
Eles não sabem nada, não entendem nada.
Cuidam apenas de si mesmos,
agarrando tudo que veem pela frente.

DIA 291

"Venham", dizem eles, "vamos fazer uma festa.
Vamos beber até cair!"
No dia seguinte, a mesma coisa:
"Vamos fazer outra festa!".

Nunca se cansam de experimentar religiões novas

57 ¹⁻²Enquanto isso, as pessoas decentes
estão morrendo,
e ninguém dá a mínima.
Pessoas tementes a Deus são eliminadas,
e ninguém nota.
Os que são corretos morrem,
ficando livres do sofrimento,
finalmente descansam.
Eles viveram bem e com dignidade
e agora estão em paz.

³⁻¹⁰Agora vocês, que são filhos de feiticeira,
venham aqui!
Filhos da mulher ordinária,
filhas da prostituta,
Que história é essa de zombar das pessoas,
de fazer pouco caso, de mostrar a língua?
Vocês têm ideia do tipo de gente
que estão se tornando?
Uma raça de rebeldes,
uma geração de mentirosos.
Vocês satisfazem seus desejos onde quer
que achem uma sombra
e praticam imoralidade sempre
que têm vontade.
Vocês matam seus filhos no lugar que
acham conveniente:
qualquer cova ou fenda de rocha serve.
Juntam pedras do ribeiro
e constroem santuários de sexo com religião.
Vocês escolheram seu destino.
Sua adoração será sua desgraça.
Vocês subiram a um monte bem alto
para praticar sua religião de sexo e morte.
Atrás de portas fechadas,
reúnem seus preciosos deuses e deusas.
Vocês me desertaram
e ficaram por conta própria,
fazendo da cama seu lugar de adoração.
Vocês se deitaram com as prostitutas "sagradas"
e apreciaram cada minuto,
adorando cada curva de seu corpo nu.
Vocês ungem seu deus-rei com óleos
e esbanjam perfumes sobre vocês mesmos.

Vocês enviam batedores para saber
a última moda em religião:
enviam-nos até o abismo e os trazem de volta.
Vocês se desgastam, tentando tudo que
seja novo e diferente,
sem perceber o tremendo desperdício.
Vocês sempre encontraram disposição
para a coqueluche do momento,
nunca se cansam de experimentar
novidades religiosas.

¹¹⁻¹³"Quem os convenceu a perseguir
esse absurdo,
a serem tão falsos comigo,
esquecendo-se até de que me conheceram
um dia?
Só porque não grito e não faço escândalo,
vocês acham que não existo?
Vou enumerar todas as suas tentativas
"corretas" de fazer religião
e denunciar o absurdo de tudo isso.
Vão em frente, peçam ajuda à sua
coleção de ídolos, que não são deuses.
O vento os levará embora.
Eles são fumaça, nada mais que fumaça.

"Mas qualquer um que vier correndo
pedir minha ajuda
herdará a terra,
acabará possuindo meu santo monte!"

¹⁴Alguém diz: "Construam, construam!
Façam uma estrada!
Limpem o caminho, tirem as pedras
da estrada por onde meu povo vai passar".

¹⁵⁻²¹Uma Mensagem do Deus exaltado e soberano,
que vive eternamente,
cujo nome é Santo:
"Eu habito nos santos e altos lugares,
mas também habito com os contritos
e abatidos,
E o que faço é pôr um novo espírito neles;
eu os levanto e os ponho de novo
sobre os próprios pés.
Pois não vou arrastar as pessoas
ao tribunal interminavelmente;
não vou ficar irado para sempre.
Se fosse assim, as pessoas perderiam a esperança.
Essas almas que criei se cansariam
e desistiriam.

Eu *estava* irado, realmente irado,
    por causa dos pecados de Israel.
Eu o feri duramente e me afastei,
    enquanto ele permanecia em sua obstinação.
Quando olhei de novo e vi
    o que ele estava fazendo,
decidi curá-lo, guiá-lo e confortá-lo,
criando uma nova linguagem de louvor para
    os que choram pelos mortos.
Paz para os que estão longe,
    paz para os que estão perto", diz o Eterno.
"E, sim, eu os curarei.
Mas os maus são mares afligidos
    pela tempestade
que não conseguem se acalmar.
As ondas reviram lama e lixo.
Não há paz para os maus", diz Deus.

1 TESSALONICENSES 1.1 — 2.12

1 **¹Eu**, Paulo, Silas e Timóteo enviamos saudações à igreja em Tessalônica, cristãos reunidos por Deus, o Pai, e pelo Senhor Jesus Cristo. Que a maravilhosa graça de Deus esteja com vocês! A poderosa paz de Deus!

Um exemplo que se espalha

²⁻⁵Toda vez que pensamos em vocês, damos graças a Deus. Dia e noite, vocês estão em nossas orações, enquanto relembramos sua obra de fé, seu trabalho de amor, sua paciência e esperança no caminho do Senhor Jesus Cristo, na presença de Deus, nosso Pai. Amigos, está claro para nós que ele não apenas ama muito vocês, mas também os preparou para algo muito especial. Quando a Mensagem que pregamos os alcançou, não foram apenas palavras. Algo aconteceu com vocês, e sua convicção foi fortalecida pelo Espírito Santo.

⁵⁻⁶Vocês prestaram atenção em nosso comportamento e se decidiram por viver da mesma maneira. E, ao nos imitar, imitaram o Senhor. Ainda que muitas tribulações acompanhassem a Palavra, conseguiram desfrutar grande alegria proveniente do Espírito Santo! Aceitando a tribulação com alegria e a alegria com tribulação.

⁷⁻¹⁰Sabiam que nas províncias da Macedônia e da Acaia os cristãos acompanham o que se passa por aí? A fama de vocês se espalhou! Sua vida ecoa a Palavra do Senhor, não só nessas províncias, mas em toda parte. As notícias da sua fé em Deus correm soltas. Assim, nem preciso acrescentar nada —

a vida de vocês é uma pregação! As pessoas lembram como vocês nos receberam de braços abertos e como abandonaram os ídolos mortos da sua velha vida para abraçar e servir ao Deus verdadeiro. Elas ficam impressionadas com a expectativa de vocês em relação à vinda de seu Filho, que ele levantou dos mortos — Jesus, que nos livrou do que era a destruição certa.

2 **¹⁻²Amigos**, é óbvio que nossa visita a vocês não foi perda de tempo. Fomos muito maltratados em Filipos, como vocês sabem, mas isso não nos desanimou. Deus nos deu ousadia, e continuamos a fazer nossa parte, apresentando a Mensagem de Deus e desafiando a oposição.

Sem planos secretos

³⁻⁵Deus nos testou duramente para que houvesse certeza de que estávamos qualificados para receber a Mensagem. Estejam certos de que quando falamos a vocês não estávamos procurando aprovação humana — apenas a aprovação de Deus. Uma vez que fomos submetidos àquela bateria de testes, vocês agora podem ter certeza de que nós e a Mensagem estamos livres de erros, motivos obscuros e planos secretos. Nunca bajulamos ninguém, vocês sabem muito bem, e Deus sabe que nunca usamos palavras como cortina de fumaça para algum propósito escuso.

⁶⁻⁸Ainda que tenhamos algum destaque como apóstolos de Cristo, nunca tiramos proveito disso nem tentamos parecer importantes diante de vocês ou de quem quer que seja. Tínhamos interesse em vocês e os tratamos de maneira adequada. Nunca fomos superprotetores nem condescendentes, mas cuidamos de vocês como a mãe cuida dos filhos. Amamos vocês e os tratamos com muito carinho. Não satisfeitos em transmitir a Mensagem, queríamos dar a vocês nosso coração. E foi o que fizemos.

⁹⁻¹²Amigos, vocês nos fazem lembrar do tempo em que trabalhamos duramente dia e noite para não ser um peso a vocês enquanto proclamávamos a Mensagem de Deus. Vocês são testemunhas de que, entre vocês, fomos discretos e corteses e agimos com muito tato com nossos irmãos na fé. Deus sabe que não vivemos à custa de ninguém, e vocês são prova disso. Tratamos vocês como um pai trata os filhos, tomando-os pela mão, incentivando-os e mostrando passo a passo como viver bem na presença de Deus, que nos chamou para seu Reino, para esta vida de alegria.

DIA 292

SALMOS 119.33-40

33-40 **Ó** Eterno, ensina-me lições de vida,
para que eu possa permanecer no curso!
Dá-me percepção, para que eu possa
fazer o que me mandas —
que minha vida inteira seja uma longa
e obediente resposta!
Guia-me pelo caminho
dos teus mandamentos —
gosto de viajar por essa rodovia!
Dá-me fome das tuas palavras de sabedoria,
não para juntar bens e riquezas
com a violência.
Desvia meus olhos dos brinquedos e bugigangas,
revigora-me no caminho da peregrinação.
Reafirma tuas promessas para mim —
promessas feitas aos que te temem.
Desvia as palavras rudes dos que me julgam,
mas o que dizes é sempre muito bom.
Vê quão faminto estou pelo teu conselho
e preserva minha vida nos teus
justos caminhos!

◼ NOTAS

□ **DIA 292** ___ / ___ / ___

ISAÍAS 58.1 — 60.22

Suas orações não passam do teto

58 1-3 "**G**rite! Grite a plenos pulmões!
Não se contenha: que seja um grito
como de trombeta!
Diga ao meu povo o que está errado
com a vida deles,
confronte a família de Jacó com seus pecados!
Eles estão sempre muito ocupados com a adoração,
e têm prazer em estudar tudo sobre mim.
Na aparência, são uma nação de pessoas
de vida reta:
obedecem à lei, honram Deus.
Eles me perguntam: 'Qual a coisa certa a fazer?'
e gostam de me ter a seu lado.
Mas eles também se queixam:
'Por que jejuamos e não nos favoreces?
Por que nos humilhamos e nem percebes?'.

3-5 "Bem, aqui está a razão:

"A razão principal dos seus dias de jejum é o lucro.
Vocês oprimem seus empregados.
Vocês jejuam, mas ao mesmo tempo
discutem e brigam.
Vocês jejuam, mas acabam
se enfrentando a socos.
O tipo de jejum que fazem
não fará que suas orações passem do teto.
Acham que este é o tipo de dia de jejum
que eu espero:
um dia especial para demonstração
de humildade?
Um dia para pôr a máscara da piedade
e desfilar solenemente em roupa preta por aí?
Vocês chamam isto de jejum:
separar um dia para que eu, o Eterno,
tenha prazer?

6-9 "Este é o tipo de jejum que eu quero ver:
quebrem as correntes da injustiça,
acabem com a exploração no trabalho,
libertem os presos,
cancelem as dívidas.
O que espero que façam é:
repartam a comida com os famintos,
convidem os desabrigados para casa,
coloquem roupa nos maltrapilhos que
tremem de frio,
estejam disponíveis para sua família.
Façam isso, e as luzes se acenderão,
e sua vida será mudada na hora.
Sua justiça irá pavimentar seu caminho.
O Eterno de glória vai garantir sua passagem.
Então, quando vocês orarem, o Eterno responderá.
Vocês clamarão por ajuda, e eu direi:
Aqui estou."

Uma vida plena até num lugar vazio

9-12 "Se vocês eliminarem as injustiças,
pararem de culpar as vítimas,
cessarem de fazer fofocas sobre os pecados
dos outros,
Forem generosos com os famintos
e começarem a se dedicar aos oprimidos
e marginalizados,
Sua vida começará a brilhar na escuridão,
sua vida sombria será banhada na luz do Sol,
E sempre mostrarei a vocês o melhor caminho.
Darei a vocês vida plena até num
lugar vazio —
músculos firmes, ossos fortes.
Vocês serão como um jardim bem regado,
uma fonte viva que nunca seca.
Vocês usarão o entulho do passado
para construir de novo,
reconstruirão sobre os antigos alicerces
da sua vida.
Vocês serão conhecidos como aqueles
que reparam qualquer coisa,
restauram ruínas antigas, reconstroem
e renovam,
tornam a comunidade habitável outra vez.

13-14 "Se vocês tomarem cuidado com
o que fazem no sábado
e não usarem meu dia sagrado para cuidar de
interesses pessoais,
Se tratarem o sábado como um dia de alegria,
o dia santo do Eterno como uma celebração;

Se o honrarem, recusando-se a fazer
'os negócios de sempre',
a ganhar dinheiro, a correr aqui e ali,
Então, estarão livres para ter prazer no Eterno!
Oh, eu os farei levantar voo e voar alto
acima de tudo.
Eu os farei festejar a herança
do seu antepassado Jacó",
é o Eterno quem diz.

Ansiamos pela luz, mas afundamos na escuridão

59 **1-8** Olhem! Vejam!
O braço do Eterno não foi amputado
— ele ainda pode salvar.
Os ouvidos do Eterno não estão obstruídos —
ele ainda pode ouvir.
Não há nada de errado com Deus:
o erro está em *vocês*.
A vida torta de vocês foi o que
os separou de Deus.
Seus pecados estão entre vocês e Deus,
e ele agora não os ouve.
Suas mãos estão encharcadas de sangue;
seus dedos, respingados de culpa;
Seus lábios, manchados de mentiras;
sua língua, inchada de tanto
falar obscenidades.
Ninguém defende os corretos,
ninguém age de forma justa.
Eles confiam em ilusões, contam mentiras,
engravidam de maldades
e dão à luz pecados.
Chocam ovos de serpente e tecem teias de aranha.
Coma um ovo e morra; quebre um ovo
e coma uma serpente!
As teias de aranha não servem para
fazer casacos ou mantos.
Ninguém consegue usar as roupas
tecidas com elas.
Eles tecem a maldade,
chocam a violência.
Competem na corrida para fazer o mal
e correm para ser os primeiros a matar.
Planejam e tramam o mal,
pensam e respiram o mal
e deixam um rastro de vida arruinada atrás de si.
Eles não sabem nada sobre paz
e menos ainda sobre justiça.
Constroem estradas tortuosas,
e não há paz para o infeliz que anda por elas.

DIA 292

916

9-11 Estamos longe dos procedimentos justos
e nem perto de uma vida correta.
Ansiamos pela luz, mas afundamos na escuridão;
ansiamos por claridade, mas tropeçamos
na noite.
Como cegos, andamos lentamente
ao longo da parede,
tateando no escuro, sem enxergar
coisa alguma.
Arrastamo-nos em plena luz do dia,
como mortos, mas, ainda assim,
nos movendo.
Estamos como ursos — urrando;
Fazemos como pombas — gemendo.
Clamamos por justiça, mas não há nem sinal;
esperamos a salvação, e não há nem pista.

12-15 Nossas maldades se amontoam
diante de ti, ó Deus,
nossos pecados se levantam e nos acusam.
Nossas maldades nos olham de cima a baixo,
e sabemos bem o que fizemos:
Zombamos do Eterno, negamos o Eterno,
não seguimos nosso Deus;
Espalhamos calúnias, incitamos a rebeldia,
incubamos mentiras, resmungamos malícia.
A justiça foi suprimida,
a equidade foi banida e deixada de lado,
A verdade cambaleia rua abaixo,
não se encontra honestidade em lugar algum,
O bem não existe mais na prática.
Qualquer um que rejeite o mal
é espancado e roubado.

15-19 O Eterno olhou e viu o mal de
espreita no horizonte —
tanto mal e nem sinal de justiça.
Ele não conseguia acreditar no que via:
nenhuma alma viva para corrigir aquela
situação terrível.
Assim, ele mesmo assumiu a obra da Salvação,
encorajado por sua Justiça.
Ele se vestiu de Justiça, usou-a como armadura,
e da Salvação fez um capacete.
Vestiu o Juízo como uma capa
e pôs um manto de Paixão sobre os ombros.
Ele fará cada um pagar pelo que fez:
fúria contra os adversários,
desertos para os inimigos.
Até as ilhas mais distantes receberão seu castigo.
No Ocidente, temerão o nome do Eterno.

No Oriente, temerão a glória do Eterno,
Porque ele chegará como um rio na época da cheia,
prestes a se transformar em torrente
pelo vento do Eterno.

20 "Eu chegarei a Sião como Redentor
dos habitantes de Jacó que abandonaram
seus pecados",
é o decreto do Eterno.

21 "Quanto a mim", diz o Eterno, "esta é a minha
aliança com eles: meu Espírito e as palavras que pus
em vocês não deixarão os lábios de vocês, nem a dos
seus filhos, nem a dos seus netos. Continuem a repetir
essas palavras, nunca parem de repeti-las", é a ordem
do Eterno.

O povo a caminho do reencontro

60 1-7 "Levante-se, Jerusalém!
Desperte. Exponha o rosto à luz do Sol.
A resplandecente glória do Eterno surgiu
para você.
Toda a terra está envolta na escuridão;
os povos, mergulhados em profundas trevas,
Mas o Eterno está brilhando sobre você,
a glória dele pode ser vista em sua região.
As nações virão para sua luz,
reis caminharão para o brilho
de seu alvorecer.
Levante os olhos! Olhe em volta!
Veja como se reúnem,
como se aproximam de você,
Seus filhos vindos de muito longe,
suas filhas carregadas por suas amas.
Quando você os vir chegando,
abrirá um sorriso.
Seu coração vai se encher de alegria;
sim, vai explodir de contentamento.
Todos aqueles povos voltando pelo mar
para o reencontro,
uma bela colheita de exilados
reunidos das nações!
Caravanas de camelos a perder de vista,
camelos novos dos nômades de Midiã
e de Efá,
Vindos do sul, de Sabá,
carregados de ouro e de incenso,
chegarão louvando ao Eterno.
Sim, um grande grupo
de rebanhos dos nômades em
Quedar e Nebaiote

receberá as boas-vindas para a adoração
no meu altar
enquanto enfeito meu glorioso templo
com esplendor."

O que é aquilo lá longe?

8-22 "O que é aquilo lá longe,
uma nuvem no horizonte,
como pombas que escurecem o céu?
São navios das ilhas distantes,
os famosos navios de Társis
Trazendo de volta seus filhos de lugares distantes,
carregados de tesouros, de ouro e de prata,
Em honra ao nome do Eterno, o Santo de Israel,
cobrindo você de esplendor.
Os estrangeiros vão reconstruir seus muros,
e seus reis os ajudarão a conduzir a adoração.
Quando fiquei irado, eu os castiguei duramente.
Agora meu desejo é ser meigo.
Os portões de Jerusalém estarão sempre abertos
— será uma casa aberta dia e noite —,
Recebendo entregas de riqueza de todas as nações,
e seus reis serão os entregadores!
Qualquer nação que não trouxer
nada irá sucumbir,
será totalmente devastada.
As preciosas madeiras do Líbano chegarão,
todos aqueles ciprestes, carvalhos e pinheiros,
proporcionando esplêndida elegância
ao meu santuário,
para que eu torne glorioso o apoio
dos meus pés.
Os descendentes do seu opressor
virão, humildemente, pedir sua amizade.
Todos os que olharam para você com desprezo
agora vão lamber suas botas.
Eles vão conferir um título a você: Cidade de Deus,
Sião do Santo de Israel.
Não faz muito tempo, e você era um refugo —
marginalizada, esquecida, ignorada.
Mas agora pus você de pé,
sublime e elevada para sempre,
uma joia de encher os olhos!
Quando você começar a beber o leite das nações
e a se amamentar da realeza,
Saberá que eu, o Eterno, sou seu Salvador,
seu Redentor, o Defensor de Jacó.
Darei a você apenas o melhor – chega de esmolas!
Ouro em vez de bronze, prata em vez de ferro,
bronze em vez de madeira,
ferro em vez de pedras.

Vou instituir a paz para governar seu país,
vou fazer da justiça o seu chefe.
Já não haverá histórias de crimes na sua terra,
nem de assaltos, nem de vandalismo.
Você chamará a rua principal
Caminho da Salvação,
e construirá o Parque do Louvor
no centro da cidade.
Você não terá mais necessidade do Sol de dia
nem da luz da Lua de noite.
O Eterno será sua eterna luz,
seu Deus a revestirá de esplendor.
Seu sol nunca se vai se pôr,
sua lua nunca se apagará.
Eu serei sua eterna luz.
Seus dias de aflição acabaram:
Todos os seus habitantes terão
uma vida boa e correta,
com posse permanente da terra.
Eles são o broto verde que eu plantei
com minhas mãos, para mostrar
minha glória.
O menor se tornará a maior tribo,
o fraco será uma grande nação.
Eu sou o Eterno.
No tempo certo, farei isso acontecer."

1 TESSALONICENSES 2.13 — 4.3

¹³ Agora recordamos tudo isso e damos graças a
Deus. Somos uma fonte de gratidão! Quando vocês
receberam a Mensagem de Deus, anunciada por nós,
não foi uma simples mudança de opinião, mas de
coração. A verdade da parte de Deus foi trabalhada
pelo próprio Deus, para que vocês cressem!

¹⁴⁻¹⁶ Amigos, percebem que vocês seguiram os
mesmos passos das igrejas de Deus na Judeia, que
foram as primeiras a seguir os passos de Jesus
Cristo? Vocês receberam dos seus compatriotas
o mesmo tratamento cruel que eles receberam
dos compatriotas deles, os judeus, que mataram o
Senhor Jesus (para não mencionar os profetas) e
nos expulsaram da cidade. Eles desagradam a Deus
e a todos ao tentar nos impedir de pregar aos que
não ouviram falar de Deus e da salvação. Eles se
especializaram na oposição a Deus, mas ele está
farto disso e prestes a dar fim a essa situação.

¹⁷⁻²⁰ Prezados amigos, vocês não têm ideia da saudade
que sentimos de vocês, embora não tenha passado
tanto tempo. Estamos separados apenas no corpo,

DIA 292

não no coração. Fizemos o possível para ver vocês de novo, pois sentimos muito sua falta! Eu, Paulo, tentei voltar, mas Satanás me impediu. De quem vocês pensam que vamos ter orgulho quando o Senhor Jesus se manifestar, senão de vocês? Vocês são nosso orgulho e nossa alegria!

3 ¹⁻²Então, quando não conseguíamos mais suportar a separação e não achávamos um meio de visitá-los, ficamos em Atenas e enviamos Timóteo, sabendo que ele os alegraria e não que desanimassem nesses tempos difíceis. Ele é irmão e companheiro na fé, homem de Deus no trabalho de anunciar a Mensagem, pregando Cristo. ³⁻⁵Não que os problemas devam surpreendê-los. Vocês sabem que estamos sujeitos a essas situações, que fazem parte do nosso chamado. Quando estávamos com vocês, deixamos bem claro que os problemas viriam. E, agora que aconteceram, vocês sabem como é. Por isso, não pude deixar de me preocupar. Eu precisava saber por mim mesmo como vocês andavam na fé. Não queria que o Tentador destruísse tudo que construímos juntos.

⁶⁻⁸Mas agora que Timóteo voltou, trazendo excelentes notícias sobre a fé e o amor de vocês, me sinto muito melhor. É gratificante saber que continuam pensando bem de nós e desejam nos ver tanto quanto nós queremos vê-los! Nestas circunstâncias tão difíceis, saber como vocês estão já nos anima. Saber que sua fé está viva nos mantém vivos. ⁹⁻¹⁰O que poderíamos oferecer a Deus como ação de graças por toda essa alegria que experimentamos na presença dele por causa de vocês? No mínimo orar dia e noite, pedindo a graça de poder revê-los e fazendo o possível para ajudar quando sua fé estiver em perigo.

¹¹⁻¹³Que Deus nosso Pai e nosso Senhor Jesus possam abrir o caminho para vocês. Que o Senhor possa enchê-los de amor, e que ele transborde na vida de cada um, derramando-se sobre todos ao redor, assim como o nosso amor se derrama sobre vocês. Que vocês sejam cheios de força, pureza e confiança na presença de Deus, nosso Pai, quando nosso Senhor Jesus voltar com todos os seus seguidores.

Aprendendo com Deus

4 ¹⁻³**A**migos, uma palavra final. Peço a vocês — *insisto*, na verdade — que continuem a fazer o que aprenderam para agradar a Deus, não promovendo intermináveis disputas religiosas, mas celebrando como numa festa. Vocês estão a par das orientações que estabelecemos da parte do Senhor Jesus. Deus deseja que vocês vivam uma vida pura.

Afastem-se da promiscuidade sexual.

SALMOS 119.41-48

⁴¹⁻⁴⁸Que teu amor, ó Eterno, modele minha vida
   com salvação, exatamente como prometeste!
Então, serei capaz de tolerar a zombaria,
   porque confiei em tua Palavra.
Nunca me prives da verdade, jamais!
   Sou dependente dos teus mandamentos.
Oh! Guardarei como a própria vida
   o que me revelaste:
   vou mantê-lo seguro para sempre.
Vou andar livremente pelos descampados
   enquanto procuro tua verdade e tua sabedoria.
Então, mostrarei ao mundo o que encontrei,
   com corajosas e desembaraçadas
   demonstrações em público.
Tenho teus mandamentos em alta estima.
   Oh, como os amo!
   Saboreio cada bocado do teu conselho.

NOTAS

DIA 293

ISAÍAS 61.1 — 64.12

Anuncie liberdade a todos os cativos

61 **1-7** O Espírito do Eterno, o Senhor,
está sobre mim
porque o Eterno me ungiu.
Ele me enviou para pregar
as boas-novas aos pobres,
curar os de coração partido,
Anunciar liberdade aos cativos
e o perdão a todos os prisioneiros.
O Eterno me enviou para anunciar
o ano de sua graça —
a celebração da data em que Deus destruiu
nossos inimigos —
e consolar todos os que choram;
Para cuidar das necessidades de todos
os que sofrem em Sião
e entregar a eles flores de esperança,
em vez de cinzas,
Mensagens de alegria, em vez de notícias
de calamidade,
um coração de louvor, em vez
de espírito angustiado.
O nome deles será mudado para
"Carvalhos de Justiça",
plantados pelo Eterno para mostrar
sua glória.
Eles reconstruirão as velhas ruínas,
edificarão uma nova cidade sobre o entulho.
Continuarão o trabalho nas cidades arruinadas,
reaproveitando o entulho que sobrou.
Vocês contratarão pessoas de fora
para cuidar dos seus rebanhos
e estrangeiros para cultivar as suas terras,
Mas vocês serão chamados "sacerdotes do Eterno",
serão honrados como ministros do nosso Deus.
Vocês irão se banquetear com o produto
da generosidade das nações
e se orgulhar da glória delas.

Porque vocês tiveram dose dupla de aflições
e mais que sua porção de desprezo.
Por isso, sua herança na terra será dobrada
e sua alegria durará para sempre.

8-9 "Eu, o Eterno, gosto de agir de forma justa
e odeio o roubo e o crime,
Por isso, pagarei seus salários integrais e em dia
e estabelecerei uma aliança eterna com vocês.
Seus descendentes se tornarão conhecidos
em todos os lugares.
Seus filhos, em países estrangeiros,
Serão reconhecidos imediatamente
como pessoas que eu abençoei."

10-11 Cantarei de alegria no Eterno,
e exultarei com louvor do fundo
da minha alma!
Ele me vestiu com a roupa da salvação
e me cobriu com a vestimenta da justiça,
como o noivo que põe um *smoking*
ou a noiva que usa uma tiara de diamantes.
Porque, assim como a terra se enche de flores
silvestres na primavera
e como o jardim explode em florescência,
O Eterno, o Senhor, faz a justiça
florescer totalmente
e mostra o louvor a todas as nações.

O seu Salvador está chegando!

62 **1-5** Com respeito a Sião, não poderei me calar;
com respeito a Jerusalém,
não vou controlar a língua,
Até que a sua justiça resplandeça como o Sol
e sua salvação brilhe como uma tocha.
As nações verão sua justiça,
e os líderes mundiais admirarão sua glória.
Você receberá um novo nome
diretamente da boca do Eterno.
Será uma coroa magnífica na palma da mão de Deus,
um cálice de ouro e pedras preciosas erguido
na mão do Eterno.
Ninguém mais a chamará Rejeitada,
e seu país já não será chamado Ruína.
Você será chamada Hefzibá (Meu Prazer);
sua terra, Beulá (Casada),
Porque o Eterno tem prazer em você,
e sua terra será como uma festa de casamento.
Porque assim como o noivo se casa
com a noiva virgem,
seus construtores se casarão com você,

E, assim como o noivo se alegra com a noiva,
seu Deus está feliz com você.

6-7 Coloquei vigias sobre seus muros, Jerusalém.
dia e noite eles estão ali, orando, chamando,
pedindo ao Eterno que se lembre
de suas promessas.
Eles não darão sossego até que ele cumpra
o que prometeu,
até que torne Jerusalém famosa
como a Cidade do Louvor.

8-9 O Eterno fez um juramento solene,
um juramento que ele tem a intenção
de cumprir:
"Nunca mais abrirei seus depósitos de cereal
para serem saqueados e consumidos
pelos inimigos.
Nunca mais os estrangeiros beberão o vinho
que com tanto esforço vocês produziram.
Não. Os lavradores que produzem a comida
é que a comerão,
e louvarão o Eterno por ela.
E os que fazem o vinho é que o beberão
nos pátios do meu santuário".

10-12 Saiam pelos portões. Vamos, andem!
Preparem o caminho para o povo.
Construam a estrada. Mãos à obra!
Tirem o entulho,
hasteiem bem alto a bandeira,
um sinal para todos os povos!
Sim! O Eterno anunciou a todo o mundo:
"Digam à Filha Sião: 'Veja!
Seu Salvador está vindo,
Pronto para fazer o que disse que faria,
preparado para cumprir o que prometeu'".
Sião será chamada por outros nomes:
Povo Santo, Redimido pelo Eterno,
Escolhida, Cidade Não Abandonada.

Quem está vindo?

63 **1** Os vigias anunciam:
"Quem está vindo,
saindo em marcha de Edom,
de Bozra, com a roupa tingida de vermelho?
Quem vem lá, vestido tão esplendidamente,
avançando num halo de majestade?".

"Sou eu, que falo o que é correto;
eu, que sou poderoso para salvar!"

2 "E por que seu manto está vermelho,
a roupa manchada como a daqueles que
pisam uvas?"

3-6 "Tenho pisado uvas sozinho no lagar.
Ninguém veio me ajudar.
Irado, pisei as uvas com força;
furioso, pisoteei o povo.
O sangue deles espirrou e me manchou todo,
minha roupa ficou encharcada de sangue.
Eu estava determinado a me vingar.
O tempo da redenção havia chegado.
Olhei em volta, esperando encontrar
alguém que me ajudasse:
não havia ninguém.
Eu não conseguia acreditar:
nenhum voluntário!
Assim, eu mesmo fui e fiz,
instigado pela minha fúria.
Pisoteei o povo num instante de fúria,
esmaguei-os debaixo dos meus pés
e encharquei a terra com o sangue deles."

Coisas que o Eterno fez

7-9 Vou fazer uma lista dos atos bondosos de Deus,
das coisas que o Eterno fez
e que merecem elogio,
Dos presentes generosos do Eterno,
de sua grande bondade para com
a família de Israel —
A compaixão transbordante,
o amor extravagante.
Ele disse: "Sem sombra de dúvida, este é meu povo,
filhos que nunca vão me trair".
Assim, ele se tornou o Salvador deles.
Em todas as aflições que passaram,
ele também se afligiu.
Ele não enviou outro para ajudá-los.
Ele mesmo o fez, pessoalmente.
Por seu amor e por sua misericórdia,
ele os redimiu.
Ele os resgatou e os carregou
por um longo tempo.

10 Mas eles se viraram contra ele;
entristeceram o Espírito Santo.
Assim, ele se voltou contra eles.
Tornou-se inimigo deles e os combateu.

11-14 Então, eles se lembraram dos velhos tempos,
dos dias de Moisés, servo de Deus:

"Onde está aquele que trouxe as ovelhas
de seu rebanho
e as fez passar pelo mar?
E o que aconteceu com Aquele que pôs
seu Espírito Santo neles?
Quem uniu seu braço ao braço direito de Moisés,
dividindo as águas diante deles,
Tornando-o famoso depois disso para sempre,
e os conduziu através do abismo lamacento
como cavalos seguros sobre o terreno
duro e plano?
Como o gado é conduzido ao pasto,
assim o Espírito do Eterno deu
descanso a eles".

14-19 Foi *assim* que conduziste teu povo!
Foi *assim* que te tornaste famoso!
Olha do céu, olha para nós!
Olha pela janela da tua casa santa e magnífica!
O que aconteceu com tua paixão,
com teus famosos e poderosos atos,
Com tua piedade e compaixão?
O que está te impedindo?
Tu és nosso Pai.
Abraão e Israel já morreram
há muito tempo.
Eles não nos distinguiriam de Adão.
Mas tu és nosso Pai *vivo*,
nosso Redentor, famoso desde sempre!
Por que, ó Eterno, nos fizeste desviar
do teu caminho?
Por que nos tornaste frios e obstinados
de modo que não mais te adoramos
com temor?
Volta, por amor dos teus servos.
Somos teus! Pertencemos a ti!
Por um breve tempo, teu santo povo
esteve bem,
mas agora teus inimigos arruinaram
este santo lugar.
Já há muito tempo, não nos dispensas
nenhuma atenção.
É como se nunca tivesses nos conhecido.

Podemos ser salvos?

64 **1-7** Oh, se rompesses os céus e descesses,
fazendo os montes tremer na tua presença,
Como quando uma floresta é incendiada
ou quando o fogo faz a água ferver na panela,
Para que teus inimigos te enfrentem
e as nações tremam nas suas botas!

Fizeste coisas terríveis,
que jamais esperaríamos,
desceste e fizeste os montes tremer
na tua presença.
Desde antes do início do tempo,
ninguém imaginou,
Nenhum ouvido ouviu e olho algum
viu um Deus como tu,
que trabalhas para o bem daqueles que
confiam em ti.
Tu vais ao encontro daqueles que com
alegria agem com retidão,
que conhecem tua maneira de agir.
Mas como estás irado conosco!
Existe alguma esperança para nós?
Podemos ser salvos?
Fomos todos infectados pelo pecado,
contaminados.
Nossos melhores esforços só fazem
sujar a roupa.
Secamos como folhas no outono,
por causa do nosso pecado, e somos levados
pelo vento.
Ninguém ora mais a ti
nem faz esforço algum para te alcançar
Porque te afastaste de nós.
Deixaste-nos amargando
o nosso pecado.

8-12 Ainda assim, ó Eterno, tu és nosso Pai.
Nós somos o barro, tu és o oleiro:
somos o que nos fizeste.
Controla tua ira, ó Eterno.
Não guardes para sempre o registro
das nossas maldades.
Não te esqueças de que *somos* teu povo —
todos nós.
Tuas cidades santas são agora
cidades-fantasma:
Sião é uma cidade-fantasma,
Jerusalém é um campo de ervas daninhas.
Nosso santo e belo templo,
que nossos antepassados encheram com
louvores a ti,
Foi incendiado,
e nossos belos jardins e praças
estão em ruínas.
Diante de tudo isso,
continuarás aí, sentado e imóvel, ó Eterno?
Não dirás alguma coisa?
Já não acabaste com nossa vida?

DIA 293

1 TESSALONICENSES 4.4 — 5.8

[4-5] Aprendam a apreciar e dar dignidade ao corpo, não abusando dele, como é comum entre os que não conhecem nada de Deus.

[6-7] Não ignorem as preocupações dos irmãos. As preocupações deles são preocupações de Deus, e ele vai cuidar delas. Nós já os advertimos sobre isso. Deus não nos chamou para uma vida de desleixo e confusão, mas para algo santo e belo — por dentro e por fora.

[8] Se vocês fizerem pouco caso dessa advertência, não estarão ofendendo o próximo, mas rejeitando Deus, que dá a vocês o Espírito Santo como presente.

[9-10] Quanto à vida em comunhão e ao tratamento que devem dispensar aos outros, não é preciso que eu diga o que fazer. Vocês já foram instruídos por Deus nessas questões. Apenas amem uns aos outros! Vocês são bons nisso: os amigos de vocês em toda a província da Macedônia podem comprovar. Continuem assim, melhorando sempre.

[11-12] Fiquem tranquilos. Cuidem dos assuntos de vocês, das questões que são de seu interesse. Vocês já ouviram tudo isso de nós, mas lembrar nunca é demais. Queremos que vocês vivam de um modo que conquistem o respeito dos que não são cristãos. Portanto, não tentem viver à custa dos outros.

A vinda do Senhor

[13-14] Quanto à pergunta a respeito dos que já estão mortos, não queremos que vocês continuem na ignorância. Para começar, vocês não devem pensar como pessoas que não têm esperança, como se a sepultura fosse o fim da linha. Uma vez que Jesus morreu e venceu a morte, Deus sem dúvida trará de volta à vida os que morreram em Jesus.

[15-18] Então, é o seguinte: podemos dizer com absoluta confiança — temos a orientação do Senhor — que, quando o Senhor voltar para nos levar, aqueles de nós que ainda estiverem vivos não vão deixar os mortos para trás. Na verdade, Os mortos ressuscitarão antes. O Senhor mesmo dará o comando. Será um trovão do Arcanjo! O toque da trombeta de Deus! Ele descerá do céu, e os mortos em Cristo vão ressuscitar — eles vão primeiro. Então, o resto de nós, os que ainda estiverem vivos, serão reunidos com eles nas nuvens para o encontro com o Senhor. Oh, vamos caminhar no ar! Será uma imensa reunião familiar com o Senhor. Por isso, encorajem uns aos outros com essas palavras.

[5:1-3] Amigos, não acho proveitosa a discussão sobre a época em que essas coisas vão acontecer. Vocês sabem tão bem quanto eu que o dia da vinda do Senhor não pode ser marcado no calendário. É como a visita do ladrão: ele não vai avisar nem agendar uma reunião com vocês. Quando todos estiverem caminhando por aí despreocupados, dizendo: "Estamos seguros agora! Podemos ficar sossegados!", então tudo vai desabar. Será algo tão súbito e inevitável quanto as dores de parto para a mulher grávida.

[4-8] Entretanto, considerando que vocês não estão no escuro, como poderiam ser surpreendidos? Vocês são filhos da Luz, filhas do Dia. Vivemos debaixo de céus abertos e sabemos onde estamos. Por isso, não vamos passar a vida como sonâmbulos, os descrentes é que vivem assim. Vamos manter os olhos abertos e ficar atentos. As pessoas dormem e se embriagam à noite. Nós não! Somos criaturas do Dia, portanto vamos agir de acordo. Caminhemos conscientes à luz do dia, revestidos da fé, do amor e da esperança de salvação.

SALMOS 119.49-56

[49-56] Lembra-te do que disseste ao teu servo,
  pois me apego firmemente a essas palavras!
Elas me sustentam nos maus momentos.
  Sim, tuas promessas me rejuvenescem.
Aquela gente ácida me odeia sem dó
  mas não arredo pé da tua revelação.
Espero pelas tuas palavras antigas e memoráveis,
  sabendo que estou no caminho certo.
Mas, quando vejo o ímpio ignorar
  tuas orientações,
  mal consigo conter a irritação.
Converto tuas instruções em música
  para cantá-las no curso da minha
  peregrinação.
Medito em teu nome a noite toda,
  juntando as peças da tua revelação, ó Eterno!
Mesmo que uma chuva de escárnio
  desça sobre mim,
  vivo por tua Palavra e por teu conselho.

■ NOTAS

Comem comidas proibidas,
bebem poções mágicas e fazem feitiços.
Eles dizem: 'Mantenha distância.
Não toque em mim, porque sou mais
santo que você!'.
Esse povo me amordaça.
Não suporto seu mau cheiro.
Vejam isto: seus pecados estão todos registrados –
tenho a lista deles comigo.
Não vou tolerar mais esta situação.
Vou pagar o salário
Que eles têm a receber por seus atos.
Pelos pecados de seus pais
receberão um bônus".
É o Eterno quem está dizendo:
"Eles têm praticado sua adoração blasfema,
zombando de mim em santuários edificados
nas ladeiras das colinas,
Por isso, vou abrir a barragem das consequências,
e eles pagarão por seus atos."

8-10 Mensagem do Eterno:

"**A** laranja podre não estraga a caixa toda:
sempre restam laranjas boas.
Portanto, vou poupar em Israel
os que me obedecem.
Não vou destruir a nação inteira.
Vou tirar meus filhos legítimos de Jacó
e os herdeiros dos montes de Judá.
Meus escolhidos herdarão a terra,
meus servos irão habitá-la.
O vale verdejante de Sarom
dará pasto para os rebanhos;
O vale de Açor,
um lugar para o gado descansar.
Eles pertencerão ao povo
que se importou em me buscar,
que me queria na sua vida
e que de fato se importou em me procurar".

11-12 "**M**as vocês que abandonaram o Eterno,
que se esqueceram dos santos montes,
que servem jantares para a Senhora Sorte
e preparam drinques para
o Senhor Destino,
Bem, vocês pediram. E destino é o que terão.
E seu destino será a morte.
Pois, quando eu os convidei,
vocês me desprezaram;
quando falei com vocês, fui ignorado.

□ **DIA 294** ___ / ___ / ___

ISAÍAS 65.1 — 66.24

O povo que se dispôs a buscar o Eterno

65 **1-7** "**E**u me pus à disposição
dos que não se importavam em perguntar.
Ali estava, pronto para ser achado
por aqueles que nem se deram o trabalho
de me procurar.
Eu continuei dizendo: 'Aqui estou, bem aqui!'
a uma nação que me ignorou.
Dia após dia, procurei um povo
que me virou as costas,
Um povo que toma decisões erradas,
insistindo em fazer as coisas à sua maneira.
Eles me provocam
e me tratam com grosseria.
Criaram uma religião de fundo de quintal,
uma panelada de ingredientes religiosos.
Eles passam a noite em túmulos
em busca dos mistérios dos mortos.

Vocês fizeram justamente as coisas
que classifico como pecaminosas;
escolheram o que odeio."

13-16 Portanto, esta é a Mensagem do Eterno,
o Senhor:

"Meus servos comerão,
e vocês passarão fome;
Meus servos beberão,
e vocês continuarão com sede;
Meus servos se alegrarão,
e vocês ficarão de cabeça baixa.
Meus servos vão rir despreocupadamente,
e vocês vão chorar, de coração partido,
sim, por causa do espírito abatido.
Seu legado para meus escolhidos
será o nome de vocês reduzido a um impropério.
Eu, o Eterno, vou eliminar vocês
e dar um novo nome aos meus servos.
Então, todo aquele que pedir uma
bênção na terra
usará meu nome fiel para receber a bênção,
E todo aquele que fizer um juramento na terra
usará meu nome fiel para jurar,
Porque as aflições anteriores passaram,
foram esquecidas,
banidas para longe da minha vista".

Novos céus e nova terra

17-25 "**P**restem muita atenção agora:
Estou criando novos céus e uma nova terra.
Todas as aflições anteriores, o caos e o sofrimento,
são coisas do passado, a serem esquecidas.
Alegrem-se com o que vem adiante.
Vivam na alegre expectativa
pelo que estou criando:
Edificarei Jerusalém por pura alegria,
criarei meu povo por puro prazer.
Eu me alegrarei com Jerusalém,
terei prazer no meu povo.
Chega de sons de choro na cidade,
chega de gritos de angústia;
Chega de bebês morrendo no berço,
de idosos que não desfrutam uma vida plena.
Aniversários de cem anos serão
considerados normais —
qualquer coisa menos que isso
vai parecer frustrante.
Eles construirão casas
e morarão nelas.

Plantarão lavouras
e comerão do que plantaram.
Chega de construir casas
para que um estrangeiro a ocupe!
Chega de plantar lavouras
para que o inimigo a confisque!
Porque meu povo viverá tanto tempo
quanto as árvores,
e meus escolhidos terão prazer no trabalho.
Eles não trabalharão sem ver o fruto
de seu esforço,
não terão filhos arrancados do colo.
Pois eles mesmos serão plantações
abençoadas pelo Eterno,
e seus filhos e netos serão
igualmente abençoados.
Antes de eles clamarem, eu responderei.
Antes de terminarem de falar,
já os terei ouvido.
O lobo e o cordeiro pastarão na mesma campina,
o leão e o boi comerão palha
do mesmo cocho,
mas as serpentes
— estas se alimentarão de pó!
Nem animais nem pessoas irão
machucar ou matar
uma só criatura no meu Santo Monte",
é o Eterno quem está dizendo.

Adoração viva para Deus

66 **1-2** **M**ensagem do Eterno:

"O céu é meu trono;
a terra, o descanso dos meus pés.
Que tipo de casa vocês poderiam
construir para mim?
Que feriado poderiam me reservar?
Eu fiz tudo isso! Tudo isso me pertence!".
É o decreto do Eterno.
"Mas *há* uma coisa que estou procurando:
uma pessoa simples e humilde de coração,
que obedeça com temor ao que digo.

3-4 "Seus atos de adoração
são atos de pecado:
Quando matam um boi,
não é diferente de assassinar
um vizinho;
Seus sacrifícios de adoração
são tão aceitáveis quanto sangue
de porco no altar.

Sua oferta de presentes memoriais
não são diferentes de honrar um ídolo,
que não é deus.
Vocês escolhem a adoração mais conveniente
têm prazer no culto centrado
em vocês mesmos — detestável!
Bem, decidi denunciar seu contrassenso
e deixar que se realizem seus piores temores,
Pois, quando eu os convidei,
vocês me desprezaram;
quando falei com vocês, fui ignorado.
Vocês fizeram justamente as coisas
que classifico como pecaminosas;
vocês escolheram o que odeio".

⁵Mas ouçam o que o Eterno tem a dizer
a vocês que obedecem com reverência
à sua Palavra:
"Até suas famílias os odeiam
e os expulsam por minha causa.
Eles zombam de vocês:
'Queremos ver a glória do Eterno!
Se Deus é tão grande,
por que você não é feliz?'.
Mas eles é que vão
acabar envergonhados".

⁶Estrondos de trovão na cidade!
Uma voz vem do templo!
É a voz do Eterno,
distribuindo sentenças a seus inimigos:

⁷⁻⁹"Antes que ela entrasse em trabalho de parto,
teve o bebê.
Antes de começarem as dores de parto, ela
deu à luz um filho.
Alguém já ouviu falar de algo assim?
Alguém já viu coisa igual?
Uma nação nascer num único dia?
Uma nação nascer num instante?
Mas Sião mal havia entrado em trabalho de parto
quando teve seus bebês.
Poderia eu abrir o útero
e não dar à luz o bebê?
Poderia eu, o que dá à luz os bebês,
fechar o útero?

¹⁰⁻¹¹Alegre-se, Jerusalém,
e todos os que a amam, celebrem!
E todos vocês, que derramaram lágrimas sobre ela,
juntem-se ao cântico festivo.

Vocês, recém-nascidos, podem alimentar-se
em seus seios.
Sim, saciem-se e bebam à vontade
na fartura dela".

¹²⁻¹³Mensagem do Eterno:

"Derramarei nela a prosperidade como um rio,
a glória das nações como uma torrente.
Vocês serão amamentados no peito dela,
vão se aconchegar nos seus braços
e serão consolados no seu colo.
Assim como a mãe consola o filho,
eu consolarei vocês.
Vocês serão consolados em Jerusalém".

¹⁴⁻¹⁶Vocês verão tudo isso e exultarão de alegria
— e se sentirão muito grandes —
Quando se tornar evidente que o Eterno
está do seu lado
e contra seus inimigos.
Pois o Eterno chega como fogo incontrolável;
seus carros, como um turbilhão,
Uma explosão de ira,
uma repreensão impetuosa e ardente.
Pois é pelo fogo que o Eterno traz o juízo,
uma sentença de morte sobre a raça humana.
Muitos — um número incontável —
estão sob a sentença de morte pronunciada
pelo Eterno:

¹⁷"Todos os que entrarem nos bosques sagrados
para a iniciação nos rituais profanos, que culminam
naquela ceia repugnante e obscena, em que se comem
porcos e ratos, comerão juntos e morrerão juntos",
é o decreto do Eterno.

¹⁸⁻²¹"Eu sei tudo que eles já fizeram ou pensaram.
Eu virei e ajuntarei todos, todas as nações, de
todas as línguas. Eles virão e verão minha glória.
Montarei um quartel no centro. Enviarei os
sobreviventes do juízo a todo o mundo: à Espanha, à
África, à Turquia, à Grécia e às ilhas mais distantes,
que nunca ouviram falar de mim, que não sabem
o que fiz nem quem eu sou. Eu os enviarei como
missionários para proclamar minha glória entre
as nações. Eles voltarão com todos os seus irmãos
e irmãs há muito espalhados por todo o mundo.
Eles os trarão de volta e os dedicarão como oferta
viva ao Eterno. Eles os trarão sobre cavalos,
carros e carroças, sobre mulas e camelos até meu

DIA 294

santo monte, Jerusalém", diz o Eterno. "Eles os apresentarão, assim como os israelitas apresentam suas ofertas em vasos cerimoniais no templo do Eterno. E até vou separar alguns deles e fazer deles sacerdotes e levitas", diz o Eterno.

22-23 "Pois, assim como os novos céus
e a nova terra
que estou criando estarão estabelecidos de
forma inabalável diante de mim"
– decreto do Eterno –,
"Seus filhos
e sua reputação estarão firmes.
Mês após mês e semana após semana,
todos virão me adorar", diz o Eterno.

24 "Então, eles sairão para ver
o que aconteceu
àqueles que se rebelaram contra mim.
Viraram cadáveres!
Comida interminável para os vermes,
suprimento infindável de lenha para o fogo.
Todos os que virem o que aconteceu
e sentirem o mau cheiro, terão ânsia
de vômito."

1 TESSALONICENSES 5.9-28

9-11 Deus não nos escolheu para a rejeição, mas para a salvação por nosso Senhor Jesus Cristo. Ele morreu por nós, uma morte que resultou em vida. Em qualquer situação, acordados com os vivos ou dormindo com os mortos, estamos vivos com ele! Por isso, incentivem sempre os irmãos. Construam muros de esperança, para que todos estejam juntos e ninguém fique de fora ou seja deixado para trás. Sei que vocês já fazem isso, apenas continuem fazendo assim.

Como Deus quer que vocês vivam

12-13 Agora, amigos, pedimos que vocês honrem os líderes que trabalham arduamente por vocês, a quem foi dada a responsabilidade de encorajar e orientar vocês na obediência. Tenham toda consideração e amor por eles!

13-15 Cultivem o companheirismo, cada um fazendo sua parte. Nosso conselho é que vocês advirtam os desocupados, que vivem à custa dos outros, para que arranjem uma ocupação. Incentivem os desanimados e ajudem os cansados a recuperar as forças. Sejam pacientes com todos e atentos às necessidades individuais. Cuidem para que, quando estiverem nervosos, vocês não ofendam os outros. Procurem o melhor em cada um e façam sempre o melhor que puderem para despertar o que há de melhor no irmão.

16-18 Sejam alegres, em qualquer situação; orem o tempo todo; deem graças a Deus, não importa o que aconteça. É como Deus quer que vocês, que pertencem a Cristo Jesus, vivam neste mundo.

19-22 Não apaguem o Espírito nem reprimam os que afirmam ter recebido uma palavra da parte do Senhor. Mas também não sejam ingênuos. Analisem tudo e guardem apenas o que for bom. Joguem fora tudo que tiver ligação com o mal.

23-24 Que o próprio Deus, o Deus que deixa tudo santo e completo, faça vocês santos, completos e ajustados — espírito, alma e corpo — e os mantenha preparados para a vinda de nosso Senhor Jesus Cristo. Pois quem chamou vocês é de total confiança. Se ele disse, é porque vai fazer!

25-27 Amigos, continuem a orar por nós. Cumprimentem todos os seguidores de Jesus com um abraço santo. Certifiquem-se de que esta carta seja lida por todos os irmãos. Não deixem ninguém de fora.

28 A maravilhosa graça de Jesus Cristo seja com vocês!

SALMOS 119.57-64

57-64 Tu me satisfazes, ó Eterno, por isso prometo
fazer tudo que disseres.
Suplico do fundo do meu coração: sorri,
sê gracioso para comigo, como prometeste.
Observo teus caminhos com mais cuidado,
e meus pés retornam para a trilha
que marcaste.
Quando eu estava no fim, não hesitei:
tratei logo de seguir tuas ordens.
Os ímpios me cercaram, e não havia saída,
mas nem por um minuto me esqueci do
plano que tinhas para mim.
Eu me levantei no meio da noite
para te agradecer:
tuas decisões são corretas e verdadeiras —
mal posso esperar pela manhã!
Sou amigo e companheiro dos que te temem,
dos que se comprometem a viver
segundo tuas regras.
Teu amor, ó Eterno, enche a terra!
Treina-me para viver segundo
o teu conselho.

NOTAS

⁵"Antes de eu formar você no ventre, eu já sabia
tudo a seu respeito.
Antes que você pudesse ver a luz do dia, eu já
tinha planos para você:
Um profeta às nações, era o que eu tinha em
mente".

⁶Mas eu disse: "Um momento, Senhor! Olha
para mim.
Eu não sei nada. Sou apenas um menino".

⁷⁻⁸O Eterno me disse: "Não diga: 'Sou apenas um
menino'.
Eu direi para onde você deve ir,
e para lá você irá.
Eu direi o que falar, e você falará.
Não tenha medo de ninguém.
Estarei sempre lá, cuidando de você".
É o decreto do Eterno.

⁹⁻¹⁰O Eterno estendeu a mão,
tocou-me e disse:
"Veja! Acabei de pôr minhas palavras
na sua boca.
Você viu o que eu fiz? Dei a você uma tarefa a
ser realizada
entre nações e governos, num dia marcado
no calendário!
Sua missão é arrancar e destruir,
despedaçar e demolir,
E depois começar de novo, construindo e
plantando".

Levante-se e faça sua parte

¹¹⁻¹²A Mensagem do Eterno veio a mim:
"O que você está vendo, Jeremias?".
Respondi: "Uma vara de amendoeira
que se move".
E o Eterno disse: "Você tem boa visão!
Também estou me movendo para
estar com você.
Farei que toda palavra que eu falar
a você se cumpra".

¹³⁻¹⁵A Mensagem do Eterno veio de novo a mim:
"E agora, o que você está vendo?".
Eu disse: "Vejo uma panela no fogo, inclinada
na nossa direção".
Então, o Eterno me disse: "O desastre será
derramado do norte
sobre todos os que vivem nesta terra.

☐ **DIA 295** ___ / ___ / ___

JEREMIAS 1.1 — 2.37

Destrua e comece de novo

1¹⁻⁴Mensagem de Jeremias, filho de Hilquias,
da família de sacerdotes, que vivia em Anatote,
na região de Benjamim. Ele começou a receber
a Mensagem do Eterno no décimo terceiro ano
do reinado de Josias, filho de Amom, rei de
Judá. E continuou a recebê-la no tempo em que
Jeoaquim, filho de Josias, foi rei em Judá. E se estendeu até o quinto mês do décimo primeiro ano
do reinado de Zedequias, filho de Josias, em Judá,
o ano em que Jerusalém foi levada para o exílio.
Foi isto que o Eterno me disse:

DIA 295

Preste atenção: estou chamando todos
os reis do norte".
É o decreto do Eterno.

15-16 "Eles virão e armarão seu quartel-general
diante das portas de Jerusalém,
Diante dos muros da cidade,
diante das vilas de Judá.

E pronunciarei minha sentença sobre
o povo de Judá
por ter me abandonado — que tristeza —
E por correr atrás de outros deuses
com suas ofertas,
adorando pedaços de pau que esculpiram,
pedras que pintaram.

17 "Mas você fique de pé e de prontidão!
Levante-se e faça sua parte.
Diga exatamente o que eu ordenar.
Não retroceda;
do contrário será afastado da missão.

18-19 "Preste atenção enquanto o preparo
para a tarefa.
Eu o farei invencível como
uma fortaleza,
Firme como uma coluna de ferro,
sólido como uma muralha.
Você é um sistema de defesa de um homem só
contra a cultura vigente,
Contra os reis e príncipes de Judá,
contra os sacerdotes e líderes locais.
Eles vão lutar contra você
mas não vão nem arranhá-lo.
Eu defenderei você em cada minuto de luta".
É o decreto do Eterno.

Israel foi a escolha santa de Deus

2 **1-3** **A** Mensagem do Eterno veio a mim. Dizia o
seguinte:

"Saia às ruas e grite para Jerusalém:
'Mensagem de Deus!
Lembro-me de como você era fiel
na mocidade,
do nosso amor de recém-casados.
Você foi fiel a mim naqueles anos de deserto,
aguentou firme comigo por todos aqueles
lugares difíceis.
Israel foi a escolha santa do Eterno,
a parte seleta da colheita.

Qualquer um que ousasse tocar nele,
logo se arrependia!' ".
Era o decreto do Eterno.

4-6 **O**uça a Mensagem do Eterno, casa de Jacó!
Sim, você, casa de Israel!
Mensagem do Eterno: "Que defeito seus
pais acharam em mim?
Por que se afastaram tanto de mim?
Por que foram atrás de ídolos do pau oco,
tornando-se vazios e ocos vocês mesmos?
Nunca ocorreu a ninguém perguntar:
'Onde está o Eterno,
o Deus que nos tirou do Egito,
Que cuidou de nós na alegria e na desgraça,
naqueles anos terríveis
de deserto ressecado e de vales da morte,
Numa terra da qual ninguém saía vivo,
naquela região cruel e inóspita?'.

7-8 "Eu os levei a uma terra que é um jardim,
onde puderam saborear as frutas mais
suculentas.
Mas vocês, no maior descaso,
poluíram minha terra,
entulharam e profanaram minha
querida terra.
O sacerdote nunca pensou em perguntar:
'Onde está Deus?'.
Os líderes religiosos não sabiam
nada sobre mim.
Os governantes me desprezaram.
Os profetas pregaram o deus Baal
E seguiram ilusões de ídolos do pau oco e
esquemas inúteis de deuses vazios.

9-11 "Por causa disso, estou processando vocês
— decreto do Eterno —;
"Apresentei denúncia contra vocês e contra
seus filhos e netos.
Olhem em volta. Vocês, alguma vez,
já viram algo parecido?
Naveguem até as ilhas do Ocidente e olhem.
Viajem ao deserto de Quedar e observem.
Olhem atentamente. Alguma
vez já aconteceu
De uma nação trocar seus deuses
por objetos inúteis, que nem deuses são?
Mas meu povo trocou minha glória
por ilusões de ídolos do pau oco e esquemas
inúteis de deuses vazios.

12-13 "Fiquem alarmados, céus, diante dessa
loucura que estão vendo!
Levantem os braços, dizendo: Não acredito!
Isso não pode estar acontecendo!".
É o decreto do Eterno.
"Meu povo cometeu um pecado duplo:
Eles me abandonaram – eu, a fonte de água
fresca!
Depois cavaram cisternas que vazam,
que parecem verdadeiras peneiras.

14-17 "Israel não é um servo conceituado,
nascido numa família nobre?
Como, então, acabou como um pedaço de carne
disputado por leões que rosnam e rugem?
Nada sobrou de Israel! Apenas uns poucos ossos!
Suas cidades estão entulhadas e desertas!
Os egípcios de Mênfis e Tafnes
quebraram o crânio de vocês.
E por que acham que tudo isso aconteceu?
Não foi porque vocês ousaram se afastar de
seu Deus
quando ele os conduzia pelo caminho certo?

18-19 "E, agora, o que vocês acham que vão ganhar
com sua ida ao Egito?
Talvez um refresco nas águas do Nilo?
Ou o que acham que vão ganhar com a viagem
à Assíria?
Talvez um refresco nas águas do Eufrates?
Vocês vão quebrar a cara e levar uma bela surra.
Vocês pagarão caro por essa deslealdade.
Olhem bem para o que fizeram!
Vejam os resultados!
Será que valeu a pena abandonar seu Deus?"
É o decreto do Eterno, o Senhor dos Exércitos
de Anjos.

Viciados em deuses estrangeiros

20-22 "Há muito tempo, você quebrou o jugo,
deixou de lado todas as restrições
E disse: 'Não vou me submeter!' –
e resolveu ir embora!
Foi atrás de todo lugar de orgia religiosa
que encontrou pelo caminho,
como uma prostituta comum.
Você era uma videira seleta, que plantei,
escolhida e de linhagem pura.
E olhe em que você se transformou:
uma planta degenerada, que nem
lembra uma videira.

Lave-se! Pode usar creolina,
esfregue-se até ficar em carne viva.
A graxa do pecado não sai. Não consigo
nem olhar para você!".
É o decreto do Eterno, o decreto do Senhor.

23-24 "Como você ousa me dizer:
'As manchas não são de pecado.
Nunca fui atrás dos ídolos eróticos de Baal'?
Veja os rastros que você deixou no vale.
Como explica o que ficou marcado
no pó do deserto,
Pegadas de camelo no calor, em várias direções;
pegadas de uma jumenta selvagem no cio,
Farejando o vento em busca de sexo.
Quem poderia segurar o seu descontrole,
Na sua busca desenfreada e devassa por sexo,
insaciável, indiscriminada, promíscua?

25 "Acalme-se. Respire fundo. Por que tanta pressa?
Por que se cansar à toa? Afinal, o que você
está buscando?
Mas você diz: 'Não consigo fazer diferente.
Sou viciado em deuses estrangeiros. Não
consigo parar'".

26-28 "Assim como o ladrão fica envergonhado,
mas apenas quando é pego,
o povo de Israel está envergonhado,
Flagrado com seus reis e príncipes,
seus sacerdotes e profetas.
Eles vão a uma árvore e dizem: 'Meu pai!'.
Pegam uma pedra e dizem: 'Minha mãe!
Você me gerou!'.
Eu só consigo vê-los de costas.
Eles nunca me olham no rosto.
Mas, quando as coisas vão mal,
eles vêm correndo,
clamando: 'Levanta-te! Salva-nos!'.
Por que não recorrem aos deuses que
fabricaram e de quem gostam tanto?
Vão lá acordá-los! Eles que salvem
vocês do aperto.
Judá, você tem mais deuses
do que pode administrar."

Um novo projeto de pecado

29-30 "O que vocês têm contra mim,
para fugirem desse jeito, a fim de garantir
'independência'?"
É o decreto do Eterno.

"Desperdicei meu tempo educando seus filhos.
Eles não me deram atenção, ignoraram
minha disciplina.
E vocês se livraram dos mensageiros de Deus,
tratando-os como lixo e varrendo-os
para longe.

³¹⁻³² "Que geração terrível! Como vocês
chegaram a este ponto!
Não falei para vocês? Não mandei
advertências?
Por acaso, deixei vocês na mão?
Pareço uma rua sem saída?
Por que meu povo diz: 'Já vai tarde!
A partir de agora estamos por nossa conta!'?
Nenhuma jovem esquece as joias! Esquece?
Nenhuma noiva esquece o véu! Esquece?
Mas meu povo me esquece.
Dia após dia após dia, eles nem pensam
em mim".

³³⁻³⁵ "Vocês foram de fato impressionantes
para tentar aproveitar a vida.
Vocês fundaram escolas de pecado
e cursos de pós-graduação no mal!
E agora estão enviando os graduados,
com roupas de formatura,
só que as roupas estão manchadas com o
sangue das suas vítimas!
Todo esse sangue incrimina vocês.
Vocês feriram muita gente para chegar
onde estão.
E ainda assim têm a coragem de dizer:
'Mas eu não fiz nada.
Deus não se importa. Afinal, ele não me
castigou'.
Não olhem agora, mas o castigo
está a caminho,
na direção de vocês que dizem: 'Mas eu não
fiz nada'.

³⁶⁻³⁷ "Vocês pensam que é pouca coisa
iniciar um novo projeto de pecado depois que
o primeiro falha?
Mas o Egito vai deixar vocês em maus lençóis,
da mesma forma que fez a Assíria.
Porque vocês vão sair dali de mãos abanando.
Eu, o Eterno, pus na lista negra aqueles
em quem vocês confiaram.
Não darei a vocês nenhuma ajuda,
por menor que seja".

2TESSALONICENSES 1.1 — 2.12

1 ¹⁻²Eu, Paulo, Silas e Timóteo saudamos a igreja
dos cristãos tessalonicenses em nome de Deus,
nosso Pai e do nosso Senhor Jesus Cristo. Que Deus
conceda a vocês tudo de que precisam e faça de vocês
tudo que devem ser.

A justiça está a caminho

³⁻⁴Vocês precisam saber, amigos, que dar graças
a Deus o tempo todo por vocês não é apenas um
prazer: é uma obrigação. Temos de fazer isso. Sua fé
está crescendo de maneira surpreendente; o amor
de uns para com os outros cresce de modo maravilhoso. Por isso, é nossa obrigação dar graças. Estamos orgulhosos de vocês. Vocês são firmes na fé,
a despeito de todas as tribulações que tiveram de
enfrentar. Temos falado de vocês a todos os que
encontramos nas igrejas.

⁵⁻¹⁰Toda essa tribulação é um sinal claro de que
Deus decidiu prepará-los para o Reino. Vocês estão
sofrendo agora, mas a justiça está a caminho. Quando
o Senhor Jesus aparecer no céu, cercado de fogo e
seus anjos poderosos, ele vai virar o jogo e acertar as
contas com os que têm feito vocês sofrer. Sua vinda
será a mudança que estamos esperando. Os que se
recusam a conhecer Deus e a obedecer à Mensagem
vão pagar por tudo que fizeram. Exílio eterno da
presença do Senhor e de seu poder magnífico é a
sentença deles. Mas naquele mesmo dia, quando vier,
ele será exaltado por seus seguidores e celebrado por
todos os que creem — e tudo porque vocês creram
no que foi dito a vocês.

¹¹⁻¹²Sabemos que este dia extraordinário está
chegando, por isso oramos por vocês o tempo todo,
para que nosso Deus os prepare de acordo com o
plano que ele tem para vocês e, com poder, leve a
efeito seus bons pensamentos e atos de fé, de modo
que deem bons resultados. Se com a vida honrarem
o nome de Jesus, ele irá honrar vocês. A graça está
no meio de tudo isso. É Deus e o Senhor Jesus Cristo
se doando livremente.

O causador da anarquia

2 ¹⁻³Agora, amigos, leiam estas palavras com muito
cuidado. Vão com calma e não tirem conclusões
apressadas quanto ao dia em que o nosso Senhor
Jesus Cristo virá e em que nos reuniremos para
recebê-lo. Não permitam que ninguém os confunda
ou os deixe eufóricos com alguma notícia extraordinária, supostamente da minha parte, de que o dia

da vinda do Senhor já chegou, já aconteceu. Não caiam nessa cilada.

3-5 Antes deste dia, algumas coisas precisam acontecer. Primeira: a apostasia. Segunda: a manifestação do Causador da anarquia, um cúmplice de Satanás. Ele vai desafiar o altar e dele se apossar, isto é, de tudo que esteja ligado à fé. Depois de eliminar a oposição, ele se sentará no templo de Deus, apresentando-se como "Deus Todo-poderoso". Lembram-se de que já falei tudo isso em detalhes quando estava com vocês?

6-8 Vocês devem estar lembrados também de que eu disse que o Causador da anarquia será retido até momento determinado para sua manifestação. Isso não quer dizer que o espírito de anarquia já não esteja atuando. Está sim, só que de maneira secreta, muito sutil. Mas virá o tempo em que ele terá liberdade de ação e se apresentará. Mas não se preocupem. O Senhor Jesus estará com vocês e o destruirá. O Senhor aparecerá e – pronto! – é o fim do Causador da anarquia.

9-12 A vinda dele é obra de Satanás. Seu poder, sinais e milagres não passam de truques malignos que operam a favor dos que odeiam a verdade que poderia salvá-los. E, uma vez que são tão obcecados pelo mal, Deus lhes entregará ao mal – terão o que desejam. Como se recusam a confiar na verdade, serão banidos para o mundo da mentira que eles escolheram.

SALMOS 119.65-72

65-72 Sê bondoso para com teu servo, ó Eterno,
tão benigno quanto tua Palavra!
Ensina-me a ter bom senso:
estou comprometido em seguir teu caminho.
Antes de aprender a obedecer a ti, eu procurava
por toda parte,
mas agora estou em sintonia com tua Palavra.
Tu és bondoso, a fonte do bem:
treina-me na tua bondade.
Os pagãos espalham mentiras a meu respeito,
mas minha atenção se concentra no que dizes.
Eles são insípidos como banha rançosa,
mas eu danço de acordo com a música
da tua revelação.
Meus problemas se transformaram
em coisas melhores,
porque eles me forçaram a aprender
no teu livro-texto.
Prefiro a verdade da tua boca
a encontrar jazidas de ouro.

NOTAS

DIA 296 ___ / ___ / ___

JEREMIAS 3.1 — 4.31

Obsessão por sexo e religião

3 **1** A Mensagem do Eterno veio a mim, dizendo o seguinte:

"Se a esposa de um homem o deixa
na mão
E casa com outro,
o primeiro pode recebê-la de volta como se
nada tivesse acontecido?
Isso não daria um falatório
na cidade inteira?

DIA 296

E não foi isso que vocês fizeram
quando se prostituíram com todos os ídolos
que encontraram?
Agora vocês querem voltar como se nada
tivesse acontecido!".
É o decreto do Eterno.

²⁻⁵"Olhem em volta, para as montanhas.
Existe algum lugar em que vocês não
fizeram sexo?
Acampados por aí como caçadores à espreita,
vocês estão ansiosos por amantes-ídolos,
Como uma prostituta de rua,
correndo atrás de outros deuses.
Por isso, a chuva cessou.
Já não cai chuva do céu!
Mas isso nem perturba vocês.
Com o descaramento de uma prostituta,
vocês continuam a vida como se não tivessem
feito nada.
E ainda têm a audácia de dizer: 'Meu Pai!
Tu cuidaste de mim quando eu era criança.
Por que não agora?
Vais continuar tão irado assim, pra sempre?'.
E, mesmo quando vocês lamentam,
continuam pecando sem parar."

Reconheça que afrontou Deus

⁶⁻¹⁰O Eterno falou comigo durante o reinado do rei
Josias: "Você percebeu como a instável Israel tem frequentado colinas e bosques como uma prostituta?
Eu achei que, depois de tudo isso, ela voltaria, mas
não voltou. E sua frívola irmã, Judá, viu o que ela fez.
Também percebeu que foi por causa da imoralidade
de Israel que eu a expulsei. Mas isso não perturbou
nem um pouco a leviana Judá. Enchendo-se de razão,
também assumiu uma vida de prostituta. Entregou-se
ao sexo e à religião como opção de lazer, vivendo em
orgias sem limites, fazendo pouco caso da sanidade
e da santidade, enchendo o país com essa podridão.
E nenhuma vez a frívola Judá me deu a mínima atenção". É o decreto do Eterno.

¹¹⁻¹²Então, o Eterno me disse: "A inconstante
Israel era um pouco melhor do que a frívola Judá.
Vá e pregue esta mensagem. Vire-se para o norte,
na direção de Israel, e diga:

¹²⁻¹⁵'Volte, inconstante Israel.
Não estou apenas deixando de castigá-la.
Estou comprometido em amar você.
Minha ira não será para sempre.

Apenas reconheça sua culpa.
Reconheça que afrontou Deus.
Admita sua vida de promiscuidade
indiscriminada,
com estranhos nos bosques do sexo
e da religião,
Enquanto se fazia de surda para mim'".
É o decreto do Eterno.
"Voltem, filhos errantes!"
É o decreto do Eterno.
"Sim, sou eu, seu verdadeiro marido.
Tomarei vocês, um por um,
Um dessa cidade, outros dois do interior,
e os levarei para Sião.
Darei a vocês bons pastores que governarão
do meu jeito,
eles irão liderar vocês
com inteligência e sabedoria.

¹⁶"Isto é o que acontecerá: vocês se multiplicarão
e prosperarão na terra. Virá o tempo" — decreto
do Eterno — "em que ninguém mais vai dizer: 'Oh,
como eram bons os velhos tempos. Lembra-se da
arca da aliança?'. Ninguém vai nem mesmo usar a
expressão 'os bons e velhos tempos'. Os chamados
bons e velhos tempos da arca se foram para sempre.
¹⁷"Jerusalém será a nova arca, o 'trono do
Eterno'. As nações pagãs, não mais entregues a
seus maus caminhos, irão se reunir ali para honrar
o Eterno. ¹⁸"E Judá se unirá a Israel. De mãos dadas, deixarão
a região do norte e voltarão para a terra que dei por
testamento a seus antepassados".

¹⁹⁻²⁰"Eu ensaiei o que diria, caso vocês
voltassem para mim:
'Ótimo! Vou levar vocês de volta para a família.
Darei a vocês a terra escolhida,
uma terra pela qual as nações pagãs lutariam
até morrer'.
E imaginei que vocês dissessem: 'Querido pai!'
e nunca mais fossem embora
nem me deixassem.
Mas nada disso aconteceu. Como a mulher falsa
que deixa o marido na mão,
vocês, toda a família de Israel,
foram falsos comigo".
É o decreto do Eterno.

²¹⁻²²O som das vozes vem ressoando dos montes,
o som infeliz do choro de Israel,

Israel lamentando os anos desperdiçados,
em que não teve a mínima consideração
por Deus.
"Voltem, filhos errantes!
Posso curar seu desassossego rebelde!"

22-25 "**E**stamos aqui! Voltamos para ti.
Tu és o verdadeiro Eterno!
A religião popular foi um engano:
multidões entorpecidas, comprando os ídolos
da última moda.
Estamos de volta! De volta ao nosso
verdadeiro Eterno,
a salvação de Israel.
A fraude acabou conosco, roubou
aquilo que nossos antepassados nos
deixaram de herança.
Trapaceou e nos extorquiu o que
havíamos herdado,
rebanhos abençoados por Deus,
filhos dados por Deus.
Fizemos nossa cama e nela agora
estamos deitados,
enrolados nos lençóis sujos da desonra.
Tudo isso porque pecamos contra o Eterno,
nós e nossos pais.
Desde quando demos os primeiros passos e
pronunciamos as primeiras palavras,
temos sido rebeldes, desobedientes
à voz do Eterno!"

4 **1-2** "**S**e quer voltar para mim, Israel,
volte de verdade.
Precisa se livrar da sua parafernália
medonha de pecados
e não se afastar mais de mim.
Só então você vai poder dizer com justiça e
retidão: 'Assim como o Eterno vive...'
sem ser da boca pra fora.
E as nações pagãs também receberão dessa bênção
e encontrarão em Israel algo que poderá ser
contado a todos os seus."

3-4 **A**qui está mais uma Mensagem vinda do Eterno
ao povo de Judá e Jerusalém:
"Arem suas terras não aradas,
mas não plantem ervas daninhas!
Sim, circuncidem a *vida* de vocês por amor a Deus.
Arem seu coração não arado,
todos vocês, povo de Judá e *de* Jerusalém.
Previnam-se do fogo, o fogo *da* minha ira,

porque depois que ele começa não
pode mais ser extinto.
Seus maus caminhos são combustível
para o fogo".

A ira do Eterno pesa como uma marreta

5-8 "**A**cionem o alarme em Judá,
espalhem a notícia em Jerusalém.
Digam: 'Toquem a trombeta em toda a terra!'.
Gritem, no alto-falante!
'Cerrem fileiras!
Corram para salvar a vida. Vão para os
abrigos!'.
Enviem esta advertência a Sião:
'Não percam mais nem um minuto!
Não fiquem aí sentados!'.
O desastre está vindo do norte.
Fui eu que o mandei!
Quando chegar, fará tremer as fundações.
Os invasores estão preparando as garras
como leões na toca,
prontos para rasgar as nações em pedaços
E deixar a terra de vocês em desolação total,
suas cidades virarão um entulho só e serão
abandonadas.
Vistam-se de luto, chorem e gritem,
Pois a marreta da ira do Eterno
atingiu-nos na cabeça".

9 "Quando isso acontecer"
— decreto do Eterno —,
"Reis e príncipes ficarão desesperados.
Os sacerdotes estarão perplexos, e os
profetas, atordoados".

Então, eu disse: "Meu Deus, ó Eterno!
Tu contaste mentiras ao teu povo, a
Jerusalém,
Pois garantiste: 'Tudo está bem, não se preocupem',
no exato momento em que a espada estava na
garganta deles".

11-12 **Q**uando isso acontecer, o povo, sim, Jerusalém,
ouvirá em palavras bem claras:
"As hordas do norte estão invadindo a terra,
vindo das estepes do deserto,
Um vento que não traz coisa boa,
um vento de tempestade.
Fui eu quem mandou esse vento.
Estou anunciando meu castigo:
um furacão sobre meu povo".

DIA 296

Sua maldade está destruindo seu coração

13-14 Olhe para eles! Como torrentes de
nuvens de tempestade,
eles vêm correndo, rolando, seus carros
parecem tornados,
E seus cavalos são mais velozes que águias!
Ai de nós! Estamos perdidos!
Jerusalém! Esfregue o mal e lave a sua vida;
prepare-se para a salvação.
Quanto tempo mais você vai esconder
esses desígnios tortuosos
e malignos no coração?

15-17 O que é isso? Um mensageiro de Dã?
Más notícias das colinas de Efraim!
Torne público o relato.
Divulgue a notícia em Jerusalém:
"Invasores de muito longe
vêm com gritos de guerra contra
as cidades de Judá.
Eles estão por todos os cantos,
como um cão que não larga o osso.
E por quê? Porque Judá se rebelou
contra mim".
É o decreto do Eterno.

18 "É a forma com a qual vocês têm vivido
que atraiu a desgraça sobre vocês.
O castigo amargo é por causa dessa vida
de maldades.
É isso que está destruindo seu coração."

19-21 Ah! Que dor sinto na barriga,
cólicas agudas nos intestinos.
Minhas entranhas estão me dilacerando
por dentro,
não tenho um momento de sossego.
O toque da trombeta está tinindo
nos meus ouvidos,
o anúncio da guerra!
É um desastre após o outro,
todo o país está em ruínas!
Com um só golpe, minha casa foi destruída,
as paredes vieram ao chão num piscar de olhos.
Quanto tempo mais vou ter de olhar
para a advertência,
ouvir a sirene que avisa do perigo?

Mestres do mal

22 "Como este meu povo é tolo!
Eles não fazem ideia de quem eu sou.

Todos metidos a sábios,
mas todos ignorantes!
Mestres do mal,
não sabem fazer o bem."

23-26 Olhei para a terra,
e ela estava como o caos e o vazio antes
do Gênesis.
Olhei para os céus,
e não havia uma estrela.
Olhei para as montanhas,
e elas tremiam como folhas de álamo,
E as colinas balançavam ao vento.
Olhei, e... o que é isto? Ninguém à vista,
nem homem nem mulher,
nenhuma ave no céu.
Olhei, e... não pode ser! Todos os jardins e
pomares murcharam.
Todas as cidades viraram cidades-fantasma.
E tudo isso por causa do Eterno,
por causa da ira ardente do Eterno.

27-28 Sim, esta é a Palavra do Eterno:

"Todo o país será arrasado,
mas ainda não será o fim do mundo.
A terra vai prantear,
e o céu vai lamentar,
Porque dei minha palavra e não a tomo de volta.
Decidi e não vou mudar de ideia".

Você não seduzirá ninguém

29 Alguém grita: "Cavaleiros e arqueiros!",
e todos correm para buscar refúgio.
Escondem-se em valetas,
sobem para as cavernas.

As cidades são esvaziadas,
não restou ninguém em lugar algum.

30-31 E você, o que você acha que vai fazer?
Vai vestir roupas de festa,
Enfeitar-se de joias?
Vai passar batom e aplicar sombra nos olhos?
Esse capricho de nada valerá.
Você não vai seduzir ninguém. Eles querem é
matar você!
O que é isso que estou ouvindo? Uma mulher
em trabalho de parto,
os gritos de uma mãe dando à luz seu
primeiro filho.

É o brado da Filha Sião, ofegante,
gritando por socorro:
"Socorro, me ajudem! Estou em perigo!
eles querem me matar!".

2TESSALONICENSES 2.13 — 3.18

¹³⁻¹⁴ Enquanto isso, nós aqui levantamos as mãos e agradecemos a Deus por vocês, nossos bons amigos – tão amados por Deus! Deus os escolheu desde o princípio. Pensem nisto: vocês estão incluídos no plano original de salvação de Deus pelo vínculo da fé na verdade viva. Essa é a vida no Espírito para a qual ele convidou vocês, por meio da Mensagem que entregamos. Agora vocês têm participação na glória do Senhor Jesus Cristo.

¹⁵⁻¹⁷ Portanto, amigos, fiquem firmes, pés no chão e cabeça erguida. Apeguem-se com firmeza ao que aprenderam, em conversa pessoal ou por correspondência. Que Jesus e Deus, nosso Pai, que os alcançaram com seu amor e os surpreenderam com auxílio e confiança infinita, deem a vocês um coração renovado, confirmem seu trabalho e reavivem a pregação de vocês.

O caso dos preguiçosos

3 ¹⁻³ Mais uma coisa: orem por nós, para que a Palavra do Senhor seja espalhada por toda parte e tenha boa recepção, assim como teve entre vocês. Orem para que estejamos protegidos dos malfeitores, que querem nos prejudicar. Penso que nem todos os "cristãos" são de fato cristãos. Mas o Senhor não nos deixa cair. Ele estará do lado de vocês, para protegê-los do mal.

⁴⁻⁵ Por causa do Senhor temos grande confiança em vocês. Sabemos que vocês estão se comportando de acordo com o que ensinamos e que vão continuar assim. Que o Senhor tome vocês pela mão e os guie pelo caminho do amor de Deus e da perseverança de Cristo.

⁶⁻⁹ Ordenamos – com o aval do Senhor – que se afastem dos preguiçosos que estão entre vocês, porque eles se recusam a trabalhar, contrariando nosso ensino. Não permitam que eles vivam à custa dos outros. Quando estávamos com vocês, ensinamos o valor do trabalho. Portanto, continuem assim. Não vamos nos acomodar, esperando que os outros nos sustentem. Na verdade, trabalhamos duro o tempo todo, para que vocês não ficassem sobrecarregados com nosso sustento. E não foi por não ter esse direito. Nós tínhamos direito a um salário, mas queríamos

dar exemplo de esforço próprio, esperando que esse exemplo fosse seguido.

¹⁰⁻¹³ Lembram-se da regra que tínhamos quando vivemos entre vocês? "Se você não trabalha, não coma". E agora soubemos que um bando de preguiçosos inúteis está tirando proveito de vocês. Essa situação não pode ser tolerada. Ordenamos que eles comecem a trabalhar imediatamente – sem desculpas, sem argumentos –, para ter direito ao próprio sustento. Amigos, não descuidem de cumprir sua obrigação.

¹⁴⁻¹⁵ Se alguém se recusar a obedecer ao nosso mandamento expresso com tanta clareza nesta carta, não se acomode à situação. Denunciem quem age assim e recusem-se a apoiar sua preguiça. Com isso, talvez reconsidere sua atitude. Mas não o tratem como inimigo. Sentem-se com ele e conversem a respeito do problema, como cristãos sinceramente preocupados.

¹⁶ Que o Senhor da Paz dê a vocês o dom de caminhar uns com os outros em todo o tempo. Que o Senhor verdadeiramente esteja com vocês.

¹⁷ Eu, Paulo, apresento minhas despedidas em todas as minhas cartas. Assim, confiram minha assinatura como prova de que a carta é genuína.

¹⁸ A maravilhosa graça do nosso Senhor Jesus Cristo seja com todos vocês!

SALMOS 119.73-80

⁷³⁻⁸⁰ Com tuas mãos me formaste:
 agora, sopra tua sabedoria em mim, para que
 eu possa te entender.
Se me virem à espera da tua Palavra,
 os que te temem criarão coragem e se
 alegrarão.
Consigo ver agora, ó Eterno, que tuas decisões
 são justas:
 a provação me ensinou o que é verdadeiro e
 justo.
Ama-me, ó Eterno, abraça-me forte,
 conforme prometeste.
Agora, conforta-me para que eu possa viver de
 verdade:
 tua revelação é a música da minha dança.
Que os trapaceiros de conversa fiada sejam
 desmascarados!
Eles tentaram me empurrar uma lista de
 produtos,
 mas eu mantive a mente firme em teu
 conselho.
Que os que te temem se voltem para mim,
 para a evidência da tua sábia orientação!

DIA 297

E que eu tenha uma vida plena e santa,
alma e corpo,
e ande sempre de cabeça erguida.

NOTAS

Uma viva alma que faça o que é direito
e tente viver uma vida honesta:
quero perdoar a essa pessoa". É o decreto do
Eterno.
"Mas, se tudo que eles dizem é jurar: 'Tão certo
quanto vive o Eterno...',
não passam de um bando de mentirosos."

³⁻⁶ Mas tu, ó Eterno,
tens um olho clínico para a verdade.
Tu os golpeaste com força, mas isso nem fez
cócegas neles.
Tu os disciplinaste, mas eles rejeitaram a
correção.
A cabeça deles é mais dura que granito,
não quiseram mudar.
Então, pensei: "Bem, são apenas pessoas
sem condições.
Não têm conhecimento.
Nunca receberam ensino algum acerca do Eterno,
nunca foram a reuniões de oração.
Vou procurar pessoas que pertençam
a famílias melhores
e vou falar com elas.
Elas por certo não desconhecem como
age o Eterno.
Essas sim são pessoas bem informadas".
Mas não foi diferente! São todos rebeldes!
Cada um faz o que quer.
Os invasores estão prontos para se lançar
sobre eles e matá-los,
como o leão da montanha e o lobo da estepe,
Como onças à espreita.
As ruas já não são seguras.

E por quê? Porque os pecados dessa gente
chegam até o céu;
suas traições são de perder a conta.

⁷⁻⁹ "Por que eu ainda deveria me
importar com vocês?
Seus filhos me abandonam,
Fazendo aliança com deuses,
que nem deuses são.
Satisfiz suas necessidades mais profundas,
mas eles foram atrás de prostitutas 'sagradas',
trocaram-me pelas orgias nos santuários do sexo!
São um bando de garanhões descontrolados,
desenfreados e ofegantes,
que não param de dar em cima da mulher
do próximo.

☐ DIA 297 ___ / ___ / ___

JEREMIAS 5.1 — 6.30

Pecados que chegam
até o céu

5 ¹⁻² "Patrulhem as ruas de Jerusalém.
Olhem em volta. Tomem nota.
Vasculhem as praças públicas.
Vejam se conseguem achar um homem,
uma mulher,

Vocês acham que vou ficar parado,
sem fazer nada?".
É o decreto do Eterno.
"Acham que não vou tomar medidas sérias
contra um povo como esse?"

**Olhos que não enxergam,
ouvidos que não ouvem**

¹⁰⁻¹¹ "Sigam as fileiras das vinhas e arranquem as
videiras,
mas não todas. Deixem algumas.
Podem essas videiras!
Esse crescimento não veio de Deus.
Eles me traíram de novo e de novo,
tanto Judá quanto Israel".
É o decreto do Eterno.

¹²⁻¹³ "Eles espalharam mentiras sobre
o Eterno.
Disseram: 'Em Deus, não há nada.
Nada de mal vai nos acontecer,
nem fome nem guerra vão cruzar
nosso caminho.
Os profetas falam ao vento,
só dizem besteira'."

¹⁴ Por isso, o Eterno, o Senhor dos
Exércitos de Anjos, me disse:

"Por eles terem falado desse jeito,
vão comer as próprias palavras.
Prestem atenção: vou pôr minhas palavras
como fogo na sua boca.
E o povo será como uma pilha de gravetos
prestes a incendiar-se.

¹⁵⁻¹⁷ "Atenção! Estou trazendo uma nação de longe
contra vocês, ó Israel!".
É o decreto do Eterno.
"Uma nação forte,
uma nação antiga,
Uma nação que fala outra língua –
vocês não vão entender uma palavra
do que eles falam.
Quando eles apontarem flechas para vocês,
é morte certa.
Eles são uma nação de guerreiros.
Eliminarão vocês completamente
e roubarão suas colheitas e seus filhos.
Eles farão a festa com suas ovelhas e bois,
vão limpar suas videiras e figueiras.

E as fortalezas, que deram tanta segurança a vocês,
serão arrasadas com um único
golpe de espada".

¹⁸⁻¹⁹ "Ainda assim, por pior que seja para vocês,
ainda não é o fim" – decreto do Eterno – "e, quando
perguntarem a vocês: 'Por que nosso Deus fez isso?',
vocês precisam dizer: 'É olho por olho. Assim
como vocês me abandonaram e serviram outros
deuses nesta terra, agora vão servir deuses estranhos na terra deles'.

²⁰⁻²⁵ "Diga à casa de Jacó,
apresente este relatório em Judá:
Ouçam isto, vocês,
povo desmiolado, cabeças de vento,
Que têm olhos que veem, mas não enxergam,
e ouvidos que ouvem, mas não escutam:
Por que vocês não me honram?
Por que não sentem temor diante de mim?
Eu sou *aquele* que fez os limites dos oceanos
para conter suas águas;
que fez uma linha na areia
que não pode ser cruzada.
As ondas chegam e não conseguem passar;
a arrebentação vem, quebra e termina ali.
Mas esse povo – que povo!
Incontroláveis e indomáveis fugitivos,
Nunca pensam em dizer:
'Como podemos honrar o Eterno
com nossa vida,
O Deus que dá a chuva na primavera e no outono
e mantém o ritmo das estações;
Que todo ano separa a época da colheita
e mantém tudo no seu devido ciclo para nós?'.
É claro que não! Sua conduta perversa os cegou:
não conseguem ver isso.
Seus pecados mantêm as bênçãos bem longe".

Não defendem nada nem ninguém

²⁶⁻²⁹ "O meu povo é cheio de homens maus,
homens inescrupulosos à procura
de vítimas.
Eles preparam armadilhas para quem
não suspeita de nada.
Suas vítimas são homens
e mulheres inocentes.
Suas casas estão abarrotadas
de ganho desonesto,
como uma bolsa de caçador
cheia de pássaros.

DIA 297

Pretensiosos, poderosos e ricos,
enormes e obesos, grudentos em suas tantas
dobras de gordura.
Pior: não têm consciência de nada.
'Certo' e 'errado' são palavras sem sentido.
Eles não defendem nada nem ninguém.
Jogam os órfãos aos lobos e exploram
os pobres.
E vocês acham que vou ficar parado,
sem fazer nada?".
É o decreto do Eterno.
"Acham que não vou tomar providências
contra um povo como esse?".

30-31 "Tenebroso! Asqueroso!
O que aconteceu com este país?
Os profetas pregam mentiras,
e os sacerdotes são seus assistentes.
E meu povo adora isso. Eles engolem essa fraude.
Mas quero ver o que farão quando
a vaca for pro brejo?".

Uma cidade cheia de mentiras

6 1-5 "Corram para salvar a pele, filhos de Benjamim!
Saiam de Jerusalém! Saiam agora!
Toquem a trombeta em Tecoa.
Façam sinais em Bete-Haquerém.
O castigo vem do norte —
terror total!
Comparo minha querida Filha Sião
a uma bela campina.
Agora os 'pastores' do norte a descobriram
e trouxeram seus rebanhos de soldados.
Eles armaram acampamento em volta dela,
e estão decidindo onde vão 'pastar'.
Já se pode ouvi-los dizer: 'Preparar para atacar!
Estamos em guerra!
Às armas! Vamos atacar ao meio-dia!
O quê? Já é tarde? O dia está acabando?
As sombras da noite estão sobre nós?
Avante mesmo assim! Vamos atacar à noite
e derrubar aquelas defesas, pedra por pedra'. "

6-8 O Senhor dos Exércitos de Anjos ordenou:

"Transformem suas árvores em cavacos.
Construam uma rampa contra Jerusalém,
Cidade cheia de crueldade,
que respira violência.
Assim como o poço continua minando água,
ela alimenta a violência sem cessar.

Nas ruas, ecoam os gritos: 'Violência! Estupro!'.
Vítimas sangrando e gemendo se amontoam
por todos os lugares.
Você está por um fio, Jerusalém.
Você me forçou ao limite
E está para ser apagada da terra,
prestes a virar uma cidade-fantasma".

9 Mais ordens do Senhor dos Exércitos de Anjos:

"Acabou o tempo! Colham as uvas para o
julgamento.
Salvem o que sobrou de Israel.
Passem pelas videiras outra vez.
Não deixem sobrar uma única uva".

Alguém está ouvindo?

10-11 "Eu preciso dizer uma coisa:
alguém está ouvindo?
Preciso fazer uma advertência:
alguém vai tomar nota?
É um caso perdido! Seus ouvidos
estão entupidos de cera,
surdos como um poste, cegos como morcegos.
É um caso perdido! Eles ignoram o Eterno,
não querem saber de mim.
Mas eu estou explodindo de ira.
Não vou poder segurá-la por muito tempo.

11-12 "Então, ela será derramada sobre
as crianças na rua,
sobre os grupinhos de jovens,
Pois ninguém está isento: marido e mulher
serão levados;
também os velhos e os que estão para morrer.
Suas casas serão dadas a outros,
tudo que possuem, até seus entes queridos,
Quando eu der o sinal contra os habitantes
desta terra".
É o decreto do Eterno.

13-15 "Todos estão atrás de dinheiro desonesto,
do menor ao maior.
Os profetas e sacerdotes e toda a sua corja
torcem as palavras e remendam a verdade.
Meu povo está quebrado, arrebentado,
mas aplica uns curativos
E diz: 'Não é tão grave assim. Está tudo bem'.
Mas não está 'tudo bem'!
Você acha que eles ficam encabulados
com esse ultraje?

Não, eles não têm vergonha,
nem mesmo sabem ficar vermelhos.
Não há esperança para eles. Eles caíram ao chão
e não têm como se levantar.
Para mim eles estão acabados".
Falou o Eterno.

A morte está à espreita

16-20 A Mensagem do Eterno, mais uma vez:

"Vá! Ponha-se nas encruzilhadas e olhe em volta.
Peça informações a respeito
da estrada antiga,
A estrada verdadeira. Depois, siga por ela.
Descubra a rota certa para sua alma.
Mas eles disseram: 'Nada feito.
Não vamos tomar essa estrada'.
Eu até providenciei vigias,
para avisá-los, para tocar o alarme.
Mas o povo disse: 'É alarme falso.
Não é para nós'.
Por isso, estou convocando as nações
como testemunhas:
'Deponham, testemunhas!
Digam o que acontece com eles'.
E: 'Preste atenção, Terra!
Não perca esses depoimentos'.
Estou visitando este povo com a catástrofe —
resultado final
do jogo que fizeram comigo.
Eles ignoraram tudo que eu disse:
Pelo meu ensino mostraram
apenas desprezo.
O que vou fazer com o incenso
trazido de Sabá,
e com os aromas vindos de lugares
exóticos?
Seus sacrifícios queimados na adoração
não me dão prazer algum.
Seus rituais religiosos nada significam
para mim".

21 Ouçam isto agora. É o veredito do Eterno
sobre o estilo de vida de vocês:

"Prestem atenção! Estou colocando
blocos e barreiras
na estrada que vocês estão tomando.
Eles vão acabar com vocês,
pais e filhos, vizinhos e amigos,
e esse será o fim de todos vocês".

22-23 E ouçam este veredito do Eterno:

"Olhem! Uma invasão vem do norte,
uma grande potência está a caminho, vinda
de um lugar distante:
Armada até os dentes,
cruel e impiedosa,
Ribombando como a tempestade
e os trovões no mar,
montada em cavalos de guerra,
Em formação de batalha
contra você, amada Filha Sião!".

24-25 Ouvimos a notícia,
e estamos com os nervos em frangalhos,
Paralisados de pavor.
O terror nos agarrou pela garganta.
Ninguém ousa ir lá fora!
Ninguém tem coragem de sair de casa!
A morte está à espreita.
O perigo está em todo lugar.

26 "Querida Filha Sião, vista-se de luto.
Escureça o rosto com cinzas.
Chore amargamente,
como por um filho único.
A contagem regressiva começou...
Seis, cinco, quatro, três...
O terror está sobre nós!"

27-30 Então, o Eterno me deu a seguinte tarefa:

"Designei você examinador do meu povo,
para avaliar e pesar a vida deles.
Eles são um bando de cabeças-duras
de nariz empinado,
corruptos até dizer chega, todos eles.
O fogo da depuração já está branco de tão quente,
mas o minério continua uma massa sem
forma, inalterado.
É inútil continuar tentando.
Nada consegue depurar e extirpar o mal
que há neles.
Os homens vão desistir deles
e classificá-los como 'escória'.
Eu os jogarei no monte de refugos, eu, o Eterno".

1 TIMÓTEO 1.1 — 2.3

1 **1-2** Eu, Paulo, sou apóstolo em missão especial por
Cristo, nossa viva esperança. Sob o comando de

DIA 297

Deus, nosso Salvador, escrevo a você, Timóteo, meu filho na fé. Desejo tudo de bom para você da parte do nosso Deus e de Cristo!

Os especialistas

3-4 A caminho da província da Macedônia, aconselhei você a permanecer em Éfeso. Pois bem, não mudei de ideia. Fique firme no comando, de modo que o ensino continue a ser ministrado. Ao que parece, alguns que ensinam aí estão introduzindo lendas e relatos genealógicos fantasiosos inúteis, em vez de conduzir o povo ao equilíbrio e aprofundá-los na fé e na obediência.

5-7 A essência de tudo que enfatizamos é simplesmente o *amor* — amor não contaminado por interesse próprio e fé corrompida, ou seja, uma vida aberta para Deus. Os que se distanciam da essência logo se perdem num beco-sem-saídas futilidades. Eles se apresentam como especialistas em assuntos religiosos, mas, a despeito de toda a eloquência, não sabem o que estão falando.

8-11 É verdade que a orientação moral e o conselho são necessários, mas vale lembrar: como dizer e a quem dizer são tão importantes quanto o que dizer. É óbvio que o código da lei não é dirigido a pessoas responsáveis, mas aos irresponsáveis, que desafiam a autoridade e não pensam no que é certo a respeito de Deus, da vida, do sexo, da verdade, e assim por diante. Eles desdenham da Mensagem que o grande Deus me incumbiu de transmitir.

12-14 Sou grato a Cristo Jesus, que me julgou capaz de cumprir esta tarefa. Mesmo que eu não merecesse confiança, você sabe, ele me confiou este ministério. As únicas credenciais que eu trouxe foram violência, intolerância e arrogância. Mas fui tratado com misericórdia, porque não sabia o que estava fazendo — não sabia contra quem lutava! A graça, misturada com a fé e o amor, foi derramada sobre mim e dentro de mim. E tudo por causa de Jesus.

15-19 Aqui está uma palavra para você pode levar no coração e confiar nela: Jesus Cristo veio ao mundo para salvar os pecadores. Eu sou a prova — o "pecador público número um" — de alguém que jamais conseguiria nada a não ser por pura misericórdia. E agora ele me apresenta, como prova de sua paciência sem fim, aos que confiam nele para sempre.

Profunda honra e esplendorosa glória
ao Rei de todos os tempos —

Deus único, imortal, invisível,
sempre e sempre. Amém!

Estou passando essa tarefa a você, meu filho Timóteo. A palavra profética dirigida a você nos preparou para isso. Todas aquelas orações serão atendidas, para que você faça um bom trabalho e seja destemido em sua luta e apegado à fé. Afinal, estamos numa guerra.

19-20 Alguns, você sabe, por relaxar na firmeza e por pensar que qualquer coisa é válida, fizeram da vida de fé uma bagunça. Himeneu e Alexandre estão entre eles. Eu os entreguei a Satanás para que aprendam a não blasfemar.

Fé simples, verdade singela

2 **1-3** A primeira coisa que quero que você faça é orar. Ore como souber, por todos os que você conhece. Ore, especialmente, pelos líderes e seus governos, para que governem bem, de modo que estejamos tranquilos quanto à nossa vida simples, em contemplação humilde. É assim que o Deus Salvador quer que vivamos.

SALMOS 119.81-88

81-88 Estou com saudade de casa,
    aguardando tua salvação:
    estou aguardando tua palavra de esperança.
Meus olhos estão pesados de tanto esperar um
    sinal da tua promessa:
    até quando devo aguardar teu conforto?
Há fumaça nos meus olhos.
    Eles queimam e lacrimejam,
    mas não desvio o olhar das instruções
    que me deste.
Até quando terei de suportar tudo isso?
    Quando vais levar os que me atormentam
      para o tribunal?
Os pagãos arrogantes tentam me tirar
    do caminho,
    pois ignoram a respeito de Deus
    e seus caminhos.
Tudo que ordenas é correto,
    mas eles me importunam com mentiras.
    Socorro!
Eles tentam me empurrar para longe
    e nunca desistem,
    mas me mantive agarrado ao teu conselho.
Por teu grande amor, renova-me,
    para que, sempre alerta, eu possa obedecer a
    cada palavra tua.

NOTAS

que são contadas aqui – Isto é o templo do Eterno, o templo do Eterno, o templo do Eterno! É tudo besteira! Só uma limpeza geral (na vida de vocês), que vá até a raiz da maneira pela qual vivem e tratam o próximo; só se vocês pararem de explorar os desabrigados, os órfãos e as viúvas; só se desistirem de tirar vantagem de gente inocente neste lugar e de destruir a alma delas, usando o templo como fachada para outros deuses; só assim vou passar a morar com vocês. Só então esta terra, que dei aos seus antepassados, será minha casa permanente, meu templo.

⁸⁻¹¹ " 'Fiquem atentos! Seus líderes estão dando a vocês um pacote de mentiras, e vocês estão engolindo! Usem a cabeça! Vocês acham que podem roubar e matar, sair com as mulheres da vizinhança, mentir o tempo todo, adorar os ídolos locais, adotar cada modismo religioso e depois vir para este templo, separado para a minha adoração, e dizer: "Estamos a salvo!", pensando que o lugar em si dá a permissão para que continuem com esse sacrilégio? Antro de criminosos! Acham que podem transformar este templo, separado para a adoração ao Eterno, num antro? Pensem bem. Eu tenho olhos. Vejo tudo o que acontece' ". É o decreto do Eterno!

¹² " 'Façam uma visita ao antigo lugar de Siló, onde eu me encontrava com meu povo nos primeiros tempos. Deem uma olhada naquelas ruínas, o que eu fiz àquele lugar por causa dos maus caminhos do meu povo, Israel.

¹³⁻¹⁵ " 'Agora, por causa de como vocês têm vivido e por não terem me dado ouvidos – mesmo que volta e meia eu os puxasse de lado e chegasse junto – e porque vocês se negaram a mudar quando eu os chamei ao arrependimento, vou fazer com este templo, separado para a minha adoração, este lugar que vocês acham que dará segurança a vocês, independentemente do que fizerem, este lugar que dei como presente a vocês e aos seus antepassados, o mesmo que fiz a Siló. Depois disso, vou me livrar de vocês, assim como me livrei dos seus parentes de Siló, dos seus patrícios israelitas no antigo reino do norte'.

¹⁶⁻¹⁸ "E você, Jeremias, não perca seu tempo, orando por este povo. Não faça petições nem intercessões. Não me incomode com eles, porque não vou ouvir. Não está vendo o que eles fazem nas vilas de Judá e nas ruas de Jerusalém? Ora, os filhos são obrigados a ajuntar lenha, enquanto os pais fazem fogo e as mães fazem pão para oferecer

||||||||||||||||||||||||||||||||||||||||||||||||||||

☐ DIA **298** ___/___/___

JEREMIAS 7.1 — 8.22

A nação que não queria obedecer a Deus

7 ¹⁻² **A** Mensagem do Eterno para Jeremias: "Fique na porta do templo do Eterno e pregue esta Mensagem.

²⁻³ "Diga o seguinte: 'Ouçam, todos vocês, do povo de Judá, que passam por estas portas para adorar o Eterno. O Senhor dos Exércitos de Anjos, o Deus de Israel, diz a vocês:

³⁻⁷ " 'Façam uma limpeza geral na sua maneira de viver, no que vocês fazem, para que eu possa fazer morada neste lugar. Não acreditem nas mentiras

DIA 298

à Rainha dos Céus! E, como se isso não fosse o bastante, andam por aí, apresentando ofertas de bebida a qualquer deus que achem pelo caminho. Sabe por quê? Só para me magoar. **19** "Mas será que é a mim que estão magoando?" É o decreto do Eterno. "Não! É a vocês mesmos que magoam, ao se expor de forma tão vergonhosa, ao se expor ao ridículo?

20 "Aqui está o que o Senhor, o Eterno tem a dizer: 'Minha ira ardente está para cair sobre este país e tudo que nele há – pessoas, animais, árvores dos campos, plantas dos jardins –, um fogo terrível que ninguém conseguirá extinguir'.

21-23 "Mensagem do Senhor dos Exércitos de Anjos, o Deus de Israel: 'Vão em frente! Ajuntem ofertas queimadas a todos os outros sacrifícios e ofertas e façam um banquete para vocês mesmos. *Eu com certeza não vou querer nada disso.* Quando libertei seus antepassados do Egito, nunca falei nada a eles sobre querer ofertas queimadas e sacrifícios. O que eu disse – na verdade, *ordenei* – foi isto: Obedeçam. Façam o que eu disser. Assim, serei seu Deus, e vocês serão meu povo. Vivam da maneira que eu orientar. Façam como eu ordenar, para que tudo vá bem na vida de vocês.

24-26 " 'Mas você acha que eles me escutaram? Não ouviram uma só palavra. Eles fizeram exatamente o que queriam fazer, entregaram-se aos caprichos mais nefastos e se tornaram piores ainda. Desde o tempo em que saíram do Egito até agora, nunca deixei de enviar profetas, mas acha que o povo os ouviu? Nem uma única vez. São teimosos como mulas e agora mostram-se piores que seus antepassados!'.

27-28 "Diga a eles tudo isso, mas não espere que deem ouvidos. Grite, mas não espere resposta. Diga: 'Vocês são a nação que se negou a obedecer ao Eterno, que recusou qualquer disciplina. A verdade desapareceu. Não sobrou nem sinal dela na boca de vocês.

29 " 'Portanto, rapem a cabeça.
E assim, carecas, vão para as montanhas e
lamentem,
Pois o Eterno rejeitou e abandonou
esta geração, que o deixou tão irado'.

30-31 "O povo de Judá viveu uma vida de pecado, enquanto eu fiquei parado, olhando". É o decreto do Eterno. "Para me insultar, eles puseram imagens obscenas de ídolos no próprio templo que foi construído em minha honra. Eles construíram altares a Tofete para queimar seus bebês em lugares proeminentes por todo o vale de Ben-Hinom, altares para queimar, vivos, seus filhos e filhas uma perversão chocante de tudo que sou e ordeno.

32-34 "Mas logo, logo" – decreto do Eterno – "os nomes Tofete e Ben-Hinom já não serão usados. Darão ao lugar o nome de acordo com o que é: campina da Matança. Os cadáveres serão empilhados em Tofete, porque não haverá lugar para enterrá-los! Os cadáveres serão abandonados ao ar livre, dilacerados pelos corvos e animais que dominam o lugar. E vou eliminar os sorrisos e as risadas das vilas de Judá e das ruas de Jerusalém. Acabaram-se os cânticos de casamento: não há mais som de festa. Apenas silêncio *mortal*".

8 **1-2** "E, quando vier o tempo" – decreto do Eterno –, "farei que se desenterrem os ossos dos reis de Judá, os ossos dos príncipes e sacerdotes e profetas e até os ossos dos cidadãos comuns. Eles os desenterrarão e os espalharão como uma comunidade em adoração diante do Sol, da Lua e das estrelas, todos aqueles ídolos do céu com que tanto se enfeitiçaram todos estes anos, seguindo suas 'estrelas da sorte' com devoção total. Os ossos serão deixados ali, espalhados, para serem absorvidos pelo solo como fertilizante, como esterco.

3 "Quanto aos que foram embora, todos os que pertencem a esta geração má e têm a infelicidade de ainda estar vivos em algum recanto do mundo, para onde os espalhei, vão desejar ter morrido". É o decreto do Senhor dos Exércitos de Anjos.

Conhecem tudo, menos a Palavra de Deus

4-7 "Diga isto a eles, a Mensagem do Eterno:

" 'Existe alguém que cai e não levanta,
Ou que toma o caminho errado
e continua andando?
Por que, então, esse povo anda para trás
e continua andando, *sem retornar*?
Eles, teimosamente, se apegam às suas ilusões
e se negam a mudar de rumo.
Prestei muita atenção,
mas não ouvi nada.
Ninguém expressou uma única palavra
de arrependimento.
Não ouvi ninguém dizer: 'Desculpe-me'.
Eles simplesmente continuaram na sua rota,
cega e loucamente,
diretamente com a cabeça contra o muro.

As cegonhas sabem quando
é tempo certo de voar.
A pomba, a andorinha e o sabiá
sabem quando é tempo de voltar.
Mas e meu povo? Meu povo não sabe nada,
desconhece as coisas mais simples do Eterno
e de seu governo.

8-9 " 'Vocês dizem: 'Nós sabemos de tudo.
Somos os admiráveis detentores
da revelação de Deus!?
Vejam aonde isso os levou: estão
atolados na ilusão.
Seus líderes religiosos os levaram a uma
aventura irresponsável!
Seus donos da verdade serão desmascarados,
flagrados na sua ignorância.
Olhem para eles! Eles conhecem tudo,
menos a Palavra do Eterno.
E vocês chamam isso de 'conhecimento'?

10-12 " 'Então, aqui está o que vai acontecer a
esses donos da verdade:
Vou fazer que fiquem sem esposa e sem casa.
Todos estão atrás de dinheiro desonesto,
do menor ao maior.
Os profetas e sacerdotes e toda a sua corja
torcem as palavras e remendam a verdade.
Meu povo está quebrado, arrebentado,
mas aplica uns curativos
E diz: 'Não é tão grave assim. Está tudo bem'.
Mas não está 'tudo bem'!
Você acha que eles ficam encabulados
com esse ultraje?
Não, eles não têm vergonha,
nem mesmo sabem ficar vermelhos.
Não há esperança para eles. Eles caíram ao chão
e não têm como levantar.
Para mim eles estão acabados' ".
Falou o Eterno.

13 " '**S**aí para ver se conseguia salvar
alguma coisa' " —
decreto do Eterno —, " 'mas não achei nada:
Nem uma uva, nem um único figo,
só algumas folhas murchas.
Estou tomando de volta tudo que dei a eles' ".

14-16 Então, por que estamos sentados aqui,
sem fazer nada?
Vamos nos organizar.

Vamos à cidade grande
e, ao menos, morrer lutando.
Recebemos o ultimato do Eterno:
estamos condenados se o fizermos e
condenados se não o fizermos,
condenados por causa dos nossos pecados
contra ele.
Esperávamos que tudo terminasse bem,
Mas não foi o que aconteceu.
Estávamos esperando pela cura
e apareceu o terror!
De Dã, na fronteira ao norte,
ouvimos os cascos dos cavalos,
Cavalos a galope, cavalos relinchando.
O chão estremece e se arrepia.
Eles vão engolir o país inteiro.
Cidades e pessoas — provisão para a guerra.

17 " 'Além disso, estou despachando
serpentes venenosas entre vocês,
Serpentes que não podem ser encantadas,
serpentes que vão morder e matar vocês' ".
É o decreto do Eterno!

Indo de mal a pior

18-22 **E**stou me afogando na tristeza.
Estou doente do coração.
Ouçam, por favor, ouçam!
É o grito do meu querido povo,
ecoando pelo país.
O Eterno não está mais em Sião?
O Rei foi embora?
Alguém pode me dizer por que eles ostentam
deuses de nada,
seus ídolos tolos e importados diante de mim?
As colheitas já estão armazenadas, o verão passou,
mas para nós nada mudou.
Ainda estamos esperando o resgate.
Pelo meu povo amado, mas decadente, estou de
coração partido.
Choro, tomado de aflição.
Será que não há remédio em Gileade?
Não há um médico na casa?
Por que não se pode fazer nada
para curar e salvar meu querido
e amado povo?

1 TIMÓTEO 2.4 — 3.13

4-7 Ele quer que não somente nós, mas todos,
sejam salvos e conheçam a verdade que nós

DIA 298

aprendemos: que existe um Deus, apenas um, e um Sacerdote-Mediador entre Deus e nós — Jesus, que se ofereceu em resgate por todos os prisioneiros do pecado para libertá-los. Pouco a pouco, as notícias vão se espalhando, e esta tem sido minha única tarefa: levar essas notícias aos que nunca ouviram nada a respeito de Deus e explicar como a Mensagem opera — pela fé simples e pela verdade singela.

⁸⁻¹⁰ Considerando que a oração está na base de tudo isso, o que mais quero é que os homens orem, em vez de ficar brigando, como inimigos, e levantem mãos santas para Deus. Quero também que as mulheres tenham sua participação, portando-se com humildade na presença de Deus, sem obsessão por ficar se enfeitando na frente do espelho ou correndo atrás da última moda, mas fazendo um belo trabalho para Deus, tornando-se belas dessa maneira.

¹¹⁻¹⁵ Não permito que as mulheres assumam o comando e digam aos homens o que fazer. Elas devem ficar quietas e obedientes, como os demais. Adão foi feito primeiro, depois Eva; a mulher foi enganada primeiro (foi a pioneira no pecado!), e Adão, imediatamente depois. Mas o ato de dar à luz trouxe salvação, invertendo a situação de Eva. No entanto, a salvação vem apenas para os que perseveram na fé, no amor e na santidade, e isso os torna maduros. Tenha certeza disso.

A liderança na igreja

3 ¹⁻⁷ Se alguém deseja ser líder na igreja, ótimo! Mas há algumas condições: deve ser alguém de boa reputação, fiel à esposa, de fácil relacionamento e hospitaleiro. Deve entender do que fala, não ser muito chegado em vinho e não ser controlador, mas gentil. Não deve ser sensível demais a críticas nem movido pela ganância. Deve administrar bem seus negócios, ser atencioso para com os filhos e respeitado por eles. Pois, se alguém não é capaz de lidar com os próprios negócios, como poderá cuidar da igreja de Deus? Não deve ser novato na fé, para que a posição não suba à cabeça e, assim, não caia na armadilha do Diabo.

⁸⁻¹³ O mesmo vale para os que querem servir em outras funções na igreja: cristãos sérios, sem falsidade e não muito chegados em vinho. E que não estejam no ministério pensando em ganho pessoal. Devem ter respeito pelo mistério da fé, não usando a posição em proveito próprio.

Eles devem ser testados. Se mostrarem que são capazes, que assumam sua função. Nenhuma exceção deve ser feita às mulheres. Para elas, as mesmas qualificações: sérias e confiáveis; não devem ser faladeiras nem muito chegadas em vinho. Quem serve na igreja deve ter compromisso com o cônjuge, ser atencioso com os filhos e cuidadoso nos negócios. Os que cumprem devidamente o papel de servo serão respeitados, um crédito verdadeiro para a fé em Jesus.

SALMOS 119.89-96

⁸⁹⁻⁹⁶ O que dizes, ó Eterno,
   é tão perene quanto os céus.
Tua verdade nunca sai de moda:
   ela é relevante, como a terra
     ao nascer de cada dia.
Tua Palavra e tua verdade são confiáveis
   em qualquer tempo.
   Por tua ordem, a terra se pôs
   em movimento.
Se tua revelação não tivesse me agradado tanto,
   eu teria desistido na hora da dificuldade.
Mas nunca me esquecerei do conselho
   que me deste:
   salvaste minha vida com palavras sábias.
Salva-me! Sou todo teu.
   Procuro em todo lugar tuas palavras
   de sabedoria.
Enquanto os ímpios armam emboscadas
   para me destruir,
   estou ocupado apenas com os planos
   que tens para mim.
Vejo limites para tudo que é humano,
   mas os horizontes não conseguem
   conter teus comandos!

■ NOTAS

Amigo contra amigo,
e as fofocas se espalham.
Vizinhos trapaceiam vizinhos,
sem nunca dizer a verdade.
Eles treinaram a língua na arte de mentir,
e agora não conseguem dizer a verdade.
Amontoam erro sobre erro,
mentira sobre mentira
e se negam a me reconhecer".
É o decreto do Eterno.

7-9 Por isso, o Senhor dos Exércitos de Anjos diz:

"Prestem atenção nisto! Vou derretê-los
e ver do que são feitos.
O que mais posso fazer
com um povo tão mau?
A língua deles é uma flecha envenenada!
Mentiras mortais soltam
pela boca.
Um vizinho saúda o outro com um sorriso:
'Bom dia! Como vão as coisas?',
enquanto trama contra a vida dele.
Vocês acham que vou ficar parado,
sem fazer nada?".
É o decreto do Eterno.
"Acham que eu não vou tomar providências
contra um povo como esse?"

10-11 "Estou lamentando a perda dos pastos
que cobriam as montanhas.
Estou cantando canções fúnebres pelas
antigas pastagens.
Tornaram-se terra devastada e deserta,
perigosas para os viajantes.
Já não se ouvem ovelhas balindo ou vacas
mugindo.
Aves e animais selvagens, todos se foram.
Nada se move, não há som de vida.
Vou fazer de Jerusalém um monte de entulho,
que só servirá para acolher gatos
e cachorros sem dono.
Vou reduzir as cidades de Judá a ruínas,
onde ninguém possa morar!".

12 Perguntei: "Há alguém por aí que saiba nos dizer o
que está acontecendo aqui? Alguém que tenha informações privilegiadas do Eterno e que nos explique
o que está acontecendo?

"Por que o país está devastado?
"Por que não há viajantes no deserto?".

☐ DIA **299**   ___ / ___ / ___

JEREMIAS 9.1 — 10.25

9 **1-2** Eu gostaria que minha cabeça fosse
um poço de água;
meus olhos, fontes de lágrimas,
Para que eu pudesse chorar dia e noite
pelas mortes no meio do meu querido
e amado povo.
Eu gostaria de ter uma cabana no deserto,
uma choupana no meio da mata,
Para onde eu pudesse fugir do meu povo
e não precisar vê-lo
outra vez.
Eles são infiéis e imprestáveis,
um bando de degenerados.

3-6 "A língua deles dispara mentiras,
como um arco atira flechas.
São um poderoso exército de mentirosos,
inimigos declarados da verdade.
Eles estão indo de mal a pior,
e me ignoram." É o decreto do Eterno.
"Seja cuidadoso
até com antigos vizinhos.
Não confie nem mesmo na sua avó!
Irmão trama contra irmão,
como o enganador Jacó.

DIA 299

13-15 E chegou a resposta do Eterno: "Porque abandonaram meu ensino. Eles não deram ouvidos a nada do que eu disse, negaram-se a viver do jeito que ensinei. Em vez disso, viveram do jeito que queriam, seguindo o exemplo dos pais". E aí está a consequência. O Senhor dos Exércitos de Anjos diz assim: "Vou alimentá-los com estrume. "Vou dar a eles veneno para beber.

16 "Depois, vou espalhá-los por todos os lados entre nações pagãs de quem nem eles nem seus pais ouviram falar e vou enviar a morte para persegui-los, até que não reste ninguém".

Muita aparência e pouco conteúdo

17-19 Mensagem do Senhor dos Exércitos de Anjos:

"Vejam a dificuldade que temos
e gritem por socorro.
Busquem cantores que nos ajudem a
lamentar nossa perda.
Digam a eles que se apressem,
em nos ajudar a expressar nosso luto e
lamento,
Que nos ajudem a dar vazão às lágrimas,
transformando nosso pranto em música
triste.
Prestem atenção!
Vejam a torrente de lágrimas de Sião:
'Somos um povo arruinado,
somos um povo envergonhado!
Fomos expulsos das nossas casas
e precisamos deixar nossa terra!' ".

20-21 Mulheres pranteadoras, ouçam a Mensagem do Eterno!
Abram os ouvidos. Recebam o que ele diz.
Ensinem aos seus filhos canções pelos mortos
E aos seus amigos os cânticos que
quebram o coração.
A morte entrou pela janela,
invadiu nossos quartos.
As crianças, brincando no quintal, caem mortas,
e rapazes e moças desfalecem em sua diversão.

22 Manifestem-se! Mensagem do Eterno:

"Cadáveres em todo lugar, espalhados
como esterco de ovelhas e de cabras
nos campos,
Como trigo cortado pelos ceifeiros
e deixado para apodrecer no chão".

23-24 Mensagem do Eterno:

"Não deixem que os sábios se orgulhem
da sua sabedoria.
Não deixem que os heróis se orgulhem
das suas proezas.
Não deixem que os ricos se orgulhem
das suas riquezas.
Se é para se orgulhar, orgulhem-se disto:
Que vocês me conhecem e me compreendem.
Eu sou o Eterno e ajo com amor leal.
Faço o que é certo, corrijo as coisas
e as torno justas
e tenho prazer naqueles que fazem o mesmo.
É assim que eu sou".
É o decreto do Eterno.

25-26 "Fiquem atentos! Não vai demorar muito" — decreto do Eterno — "e eu tratarei pessoalmente de todos que têm muita aparência, mas pouco conteúdo: Egito, Judá, Edom, Amom, Moabe. Todas essas nações são especialistas em aparência religiosa, e Israel não fica atrás."

Os deuses de pau

10 **1-5** Ouçam a Mensagem que o Eterno está enviando a vocês, casa de Israel. Ouçam com muita atenção:

"Não tomem as nações pagãs como modelo.
Não se impressionem com o *glamour* e o
resplendor delas,
não importa a aparência que ostentam.
A religião desses povos é puro vento.
O ídolo não passa de uma árvore derrubada
e depois esculpida pelo machado
de um lenhador.
Eles o enfeitam com prata e ouro,
usam martelo e pregos para mantê-lo em pé.
É como um espantalho num canteiro:
não consegue falar!
Madeira morta que precisa ser carregada:
não consegue andar!
Não se impressionem com essa inutilidade.
Inútil para fazer o bem e para fazer o mal".

6-9 Tudo isso não é nada comparado a ti, ó Eterno!
Tu és maravilhosamente grandioso,
extremamente poderoso.
Quem não se impressiona contigo, Rei das nações?
Tu, sim, mereces ser adorado!

Olhem para longe e para os lados,
para as nações mais poderosas.
O melhor que podem produzir nada é,
comparado a ti.
É tolice, mas eles colecionam bonecos de pau,
que para nada servem a não ser
para queimar.
Cobertos com uma camada de prata de Társis
ou laminados com ouro de Ufaz,
Embelezados com tecidos violeta e lilás,
não importa quanto caprichem: continuam
sendo bonecos de pau.

10 Mas o Eterno é o único real,
O Deus vivo, o Rei eterno.
Quando ele está irado, a terra treme.
Sim, e as nações pagãs estremecem.

11-15 "Diga a eles: 'Os deuses de pau
que não fizeram nada, nem o céu, nem a terra,
Não levam a lugar algum,
na terra e debaixo do céu' ".
Mas é Deus, cujo poder fez a terra
e cuja sabedoria deu forma ao mundo,
que com sua habilidade criou o Universo.
Ele troveja, e a chuva é derramada.
Ele envia as nuvens altas.
Ele enfeita a tempestade com relâmpagos,
envia ventos do seu depósito.
E os adoradores dos deuses de pau ficam
com cara de bobo,
os fabricantes de ídolos são envergonhados
com sua criação!
Seus deuses são fraudes, madeira sem vida,
bonecos de lenha morta, piadas sem graça.
Quando vier o fogo do juízo,
eles vão virar cinzas.

16 Mas a Porção de Jacó é real.
Ele montou o Universo inteiro
E dá atenção especial a Israel.
Seu nome? Senhor dos Exércitos de Anjos!

17-18 Peguem suas bolsas,
vocês, que estão sob ataque.
O Eterno deu o aviso:
"Atenção! Estou tirando toda
a população daqui,
e bem agora, neste instante!
Vou forçá-los até o limite,
espremer a vida deles ao máximo".

19-20 Mas é um dia de trevas para mim!
Desesperadamente ferido,
Eu disse: "Por quê? Por que
achei que poderia suportar isso?
Minha casa está arruinada, o telhado arqueou.
Nossos filhos se foram, nunca mais vamos vê-los.
Ninguém ficou para ajudar a reconstruir
– ninguém está preparando um recomeço!".

21 É porque nossos líderes são tolos.
Nunca pediram conselho ao Eterno,
Por isso, nada nunca deu certo.
Agora o povo está espalhado por todos os
lugares.

22 Mas escutem: algo se aproxima!
Uma grande agitação na fronteira ao norte!
As cidades de Judá estão prestes a ser esmagadas,
e ficarão para os cães e gatos sem dono!

23-25 Eu sei, ó Eterno, que meros mortais
não conseguem dirigir a própria vida,
Que homens e mulheres
não têm a capacidade necessária para cuidar
de si mesmos.
Portanto, corrige-nos, ó Eterno,
como te parecer melhor.
Não percas a paciência.
Isso seria nosso fim.
Dá vazão à tua ira sobre as nações pagãs,
que se negam a te reconhecer,
E sobre os povos
que não oram a ti –
Sobre os que causaram a ruína de Jacó:
sim, eles o arruinaram
E o devoraram por completo,
com pessoas, pastagens e tudo que
encontraram.

1 TIMÓTEO 3.14 — 5.2

14-16 Espero visitá-lo em breve, mas, caso eu me
atrase, escrevo esta carta para que você saiba como
devem ser as coisas na casa do Senhor, a igreja viva
de Deus, defensora da verdade. A vida cristã é um
grande mistério, muito além do nosso entendimento,
mas algumas coisas são bem claras:

Esteve entre nós em corpo humano,
foi justificado pelo Espírito,
foi visto por anjos.

Foi proclamado entre todos os povos,
crido em todo o mundo,
recebido na glória celestial.

Ensine com a vida

4 **1-5** O Espírito deixa claro que, à medida que o tempo passa, alguns desistirão da fé para seguir ilusões demoníacas ensinadas por profissionais da mentira. Esses impostores mentem tão bem e há tanto tempo que perderam toda a noção de verdade. Eles vão proibir o casamento. Vão dizer que não se pode comer este ou aquele alimento – comida perfeitamente boa que Deus criou para ser ingerida com alegria e ação de graças pelos que conhecem a verdade! Tudo que Deus criou é bom e deve ser recebido com gratidão. Nada deve ser rejeitado ou jogado fora. A Palavra de Deus e nossas orações tornam santo tudo que faz parte da criação.

6-10 Você foi criado na Mensagem da fé e se orienta por ensinos saudáveis. Agora passe adiante este conselho aos seguidores de Jesus, e você será um bom servo dele. Afaste-se de histórias tolas que se disfarçam de religião. Exercite-se diariamente em Deus — por favor, nada de flacidez espiritual! Exercitar-se numa academia é útil, mas a vida disciplinada em Deus é mais proveitosa e deixa você em forma hoje e para sempre, pode acreditar. Guarde isso no coração. É por isso que nos lançamos de corpo e alma nesta aventura. Confiamos no Deus vivo, Salvador de todos os homens e mulheres, especialmente dos que creem.

11-14 Transmita estas palavras, ensine todas estas coisas e não permita que ninguém o despreze pelo fato de você ser jovem. Ensine os cristãos com a vida: pela palavra, pelo procedimento, pelo amor, pela fé, pela integridade. Continue lendo as Escrituras, aconselhando, ensinando. Quanto ao dom especial do ministério concedido quando os líderes da igreja impuseram as mãos sobre você, mantenha-o puro e ativo.

15-16 Cultive estas coisas. Mergulhe nelas. Todos perceberão quanto você amadureceu! Fique firme em seu caráter e em seu ensino. Não se desvie. Apenas fique firme. Você e seus ouvintes vão experimentar a salvação.

A família da fé

5 **1-2** Não seja grosseiro nem impaciente com um ancião. Trate-o como se fosse seu pai e os jovens como se fossem seus irmãos. Respeite as mulheres idosas como respeitaria sua mãe, e as jovens, como se fossem suas irmãs.

SALMOS 119.97-104

97-104 Oh! Como amo tudo que revelaste!
Com reverência, pondero sobre
tudo durante o dia.
Teus comandos me dão vantagem sobre os
inimigos
e nunca se tornam obsoletos.
Tornei-me até mais esperto que meus mestres
depois que ponderei e absorvi teu conselho.
Eu me tornei mais sábio que os velhos sábios
apenas por fazer o que me aconselhas.
Vigio meus passos, evitando as valas e as
trilhas da maldade,
para o tempo todo guardar tua Palavra.
Não me desvio da rota que designaste,
porque tuas coordenadas são as melhores.
Tuas palavras são seletas, saborosas,
preferíveis à melhor comida caseira.
Com tua instrução, consigo compreender a vida,
por isso odeio a propaganda enganosa.

▪ NOTAS

DIA 300 ___ / ___ / ___

JEREMIAS 11.1 — 13.14

Os termos desta aliança

11 ¹**M**ensagem que veio a Jeremias da parte do Eterno:

²⁻⁴ "Pregue ao povo de Judá e aos cidadãos de Jerusalém. Diga: 'Esta é a Mensagem do Eterno, a Mensagem do Deus de Israel a vocês. Qualquer um que não aceitar os termos desta aliança será amaldiçoado. Os termos estão claros. Deixei claro aos seus antepassados quando os libertei do Egito, da fornalha de ferro do sofrimento.

⁴⁻⁵ 'Obedeçam às minhas ordens. Façam exatamente o que eu ordenar. Sua obediência homologará esse trato. Vocês serão meus, e eu serei de vocês. Isso dará as condições nas quais eu serei capaz de dar o que prometi aos seus antepassados: uma terra fértil e próspera. E, como vocês sabem, foi o que eu fiz' ".

"Sim, ó Eterno", respondi, "isso é verdade".

⁶⁻⁸ O Eterno continuou: "Proclame isso nas cidades de Judá e nas ruas de Jerusalém. Diga: 'Prestem atenção nos termos da aliança e ponham-nos em prática! Adverti seus antepassados quando os libertei do Egito. Não parei de adverti-los um momento sequer. Eu os advertia desde manhã até a noite: Obedeçam-me, senão... Mas eles não me obedeceram. Não me deram atenção. Faziam apenas o que queriam e quando queriam, até que resolvi agir e ordenei os castigos previstos na aliança, que, apesar de todas as minhas advertências, eles haviam ignorado' ".

⁹⁻¹⁰ Então, o Eterno disse: "Há uma conspiração entre o povo de Judá e os cidadãos de Jerusalém. Eles tramam retomar os pecados de seus antepassados (que me desobedeceram e decidiram ir atrás de outros deuses e adorá-los). Israel e Judá estão nisso juntos, quebrando a aliança que fiz com seus antepassados.

¹¹⁻¹³ "Seu Deus tem algo a dizer sobre isso: cuidado! Estou prestes a castigá-los com destruição, e ninguém vai escapar. Vocês clamarão por socorro, mas não ouvirei. Então, todo o povo de Judá e de Jerusalém vai começar a orar aos deuses a quem vocês têm sacrificado todos estes anos, mas não vai fazer diferença alguma. Vocês têm mais deuses que vilas, ó Judá, e tantos altares para sacrifícios àquele inútil deus do sexo, Baal, que poderiam colocar um em cada esquina de Jerusalém!

¹⁴ "E quanto a você, Jeremias, não quero que ore por esse povo. Nem uma vez! Não interceda por eles. Aliás, não vou ouvir uma só palavra das suas petições".

Promessas e programas de religião

¹⁵⁻¹⁶ "**E**m que negócio estão metidos, esses que eu
amo, para tramar
maneiras de se livrar do castigo? E fazem isso
na casa da adoração!
Vocês acham que fazer promessas e elaborar
programas de religião
irão livrá-los da condenação?
Acham que podem sair dessa
ficando mais religiosos?
Um majestoso carvalho, grande e glorioso —
foi assim que os descrevi certa vez.
Mas será necessário apenas um raio
para fazê-los em pedaços.

¹⁷ "Eu, o Senhor dos Exércitos de Anjos, que plantei vocês, sim, eu condenei vocês. Por quê? Por causa da vida desastrosa de vocês, Israel e Judá, obrigando-me à ira com sua insistente adoração e suas ofertas àquele miserável deus Baal".

¹⁸⁻¹⁹ **O** Eterno me disse o que estava acontecendo. É por isso que eu sabia.

Tu, ó Eterno, abriste meus olhos para
a trama deles.
Eu não tinha ideia do que estava acontecendo.
Era ingênuo como um cordeiro levado para o
matadouro!
Eu não sabia da maquinação deles contra mim,
nem das tramas que faziam nos bastidores:
"Vamos nos livrar do pregador.
Isso vai pôr fim aos sermões!
Vamos nos livrar dele para sempre.
Em pouco tempo, ninguém mais
se lembrará dele".

²⁰ Então, eu disse: "Senhor dos Exércitos de Anjos, tu és um justo juiz.

DIA 300

Tu examinas e investigas
as ações e as motivações humanas.
Quero ver essa gente desmascarada e humilhada!
Sou um livro aberto diante de ti.
Limpa meu nome!".

21-23 Isso deu um sinal ao Eterno, que se manifestou: "Vou dizer o que farei com os homens de Anatote que estão tentando matar você, aqueles que dizem: 'Não pregue para nós em nome do Eterno, ou vamos matá-lo!'. Sim, é o Senhor dos Exércitos de Anjos que está falando. É verdade! Vou chamá-los à responsabilidade. Seus jovens vão morrer em batalha, seus filhos vão morrer de fome e não vai sobrar ninguém. Estou castigando esses homens. É dia de terrível juízo!".

O que o faz pensar que pode apostar corrida com cavalos?

12 **1-4** Tu estás certo, ó Eterno,
e estabeleces a justiça.
Nem tenho como duvidar disso.
Mas tenho algumas perguntas.
Por que os maus se dão tão bem na vida?
Por que artistas sem caráter fazem sucesso?
Tu os plantaste, e eles criaram raízes.
Floresceram e produziram fruto.
Eles falam como se fossem teus
grandes amigos,
mas não se importam contigo.
Mas tu *me* conheces nos mínimos detalhes,
e não deixas passar nada!
Faz que paguem por seu jeito de viver,
e que paguem com a vida, como ovelhas
marcadas para o matadouro.
Por quanto tempo ainda vamos ter
de aturar isso,
o país devastado, as fazendas
em ruínas,
E tudo isso por causa da maldade desses
perversos?
Até os animais do campo e as aves
estão morrendo
Porque eles não querem nada com Deus
e acham que Deus nada tem
a ver com eles.

5-6 "Jeremias, se você está cansado nesta corrida a
pé com os homens,
o que o faz pensar que pode apostar corrida
com cavalos?

E, se não consegue deixar a razão prevalecer
em dias tranquilos,
o que vai acontecer quando os problemas
correrem solto
como o Jordão na época da enchente?
Os que estão mais próximos, seus irmãos e primos,
estão trabalhando contra você.
Eles querem apanhá-lo, e nada irá detê-los.
Não confie neles, especialmente quando
estão sorrindo."

7-11 "Vou abandonar Israel,
vou dar as costas ao meu povo amado.
Vou entregar os que mais amo
a seus inimigos.
Eu tanto a amei, mas ela tem sido
como um leão rosnando na mata,
Rugindo e mostrando os dentes para mim:
eu já não suporto mais.
Será que aquela que tanto amei se tornou
um pavão orgulhoso?
Mas agora ela está sendo atacada por
abutres.
Então, convidem todos os animais,
de todos os cantos,
para uma boca-livre!
Pastores estrangeiros que reviram lixo
vão pilhar e pisar meus campos,
Vão transformar meus belos
e bem cuidados campos
em terrenos baldios com lixo e espinhos.
Eles devastaram a terra, que ficou
cheia de refugo,
uma terra arruinada, uma terra em pranto.
Todo o interior do país é terra devastada,
e ninguém se importa de verdade."

12-13 "Os bárbaros vão invadir,
atropelando as colinas e planícies.
A espada da justiça do Eterno vai cobrar seu preço
de um lado a outro do país.
Nada que esteja vivo estará em segurança.
Eles plantarão trigo e colherão ervas daninhas.
Nada do que fizerem dará certo.
Eles olharão para suas colheitas
mirradas e ficarão aflitos.
Tudo isso será o resultado da ira
do Eterno!"

14-17 Mensagem do Eterno: "Com relação a todos
os maus vizinhos, que tomaram a terra que dei a

Israel por herança, estou prestes a arrancá-los de suas terras e depois vou arrancar Judá do meio deles. Depois que eu tiver arrancado esses vizinhos, terei compaixão, vou recebê-los com amor e estabelecê-los de volta no lugar de vocês; cada um irá para a sua terra natal, para as propriedades de suas famílias. E, se eles se empenharem em viver da maneira que desejo e orarem a mim tão bem quanto ensinaram meu povo a orar àquele deus Baal, tudo dará certo para eles. Mas, se não derem ouvidos, vou arrancá-los da terra com raiz e tudo e despejá-los no lixão. Isso será o fim". É o decreto do Eterno.

Gente que só faz o que quer

13 **1-2** O Eterno me disse: "Vá e compre um calção de linho. Vista-o e não o tire nem para lavar". Assim, comprei o calção, como o Eterno havia ordenado, e o vesti.

3-5 Então, o Eterno me disse: "Pegue o calção que você comprou, vá para o rio Eufrates e esconda-o na fenda de uma rocha". Fiz o que o Eterno mandou e o escondi perto do Eufrates.

6-7 Depois de algum tempo, o Eterno me disse: "Volte ao Eufrates e pegue o calção de linho que mandei esconder lá". Então, fui ao Eufrates e o tirei do lugar em que o havia escondido. Àquela altura, o calção já estava podre e inútil.

8-11 Deus explicou: "É desse jeito que vou arruinar o orgulho de Judá e o grande orgulho de Jerusalém, um bando de gente má que não me obedece, que só faz o que quer, que corre atrás de deuses, que nem deuses são, e os adora. Eles vão ficar tão podres quanto o calção. Assim como o calção veste e protege, eu mantive a família de Israel sob meus cuidados" – decreto do Eterno – "para que todos vissem que eles são meu povo, um povo que eu queria mostrar ao mundo e de que pudesse me orgulhar. Mas eles se negaram a obedecer às minhas ordens.

12 "Depois, diga a eles o seguinte: 'Mensagem do Eterno, palavra pessoal do Deus de Israel: todo jarro de vinho deveria estar cheio de vinho'.

"E eles vão dizer: 'É óbvio. Nós sabemos disso. Todo o jarro de vinho deveria estar cheio de vinho'.

13-14 "Então, você dirá: 'Isto é o que o Eterno diz, prestem muita atenção: Vou encher cada habitante do país de vinho (reis que governam no trono de Davi, sacerdotes, profetas, cidadãos de Jerusalém). Depois vou despedaçá-los: vou quebrar os jarros

cheios de vinho, velhos e novos. Nada vai me deter. Não terei um pingo de piedade ou compaixão. Vou quebrar até o último jarro' ".

1 TIMÓTEO 5.3-23

3-8 Cuide das viúvas que não têm recursos. Se uma viúva tem parentes que podem cuidar dela, eles devem aprender que a religião começa em casa e que devem retribuir com gratidão pelo que têm recebido. Isso agrada muito a Deus. Você pode considerar viúva legítima aquela que deposita toda a esperança em Deus e ora constantemente pelas necessidades dos outros e pelas necessidades dela. Mas uma viúva que explora as emoções e o bolso dos outros – não há o que fazer com ela. Ensine estas coisas ao povo para que todos saibam como agir em família. Qualquer um que não cuide dos membros necessitados da família está rejeitando a fé. É pior que se recusar a crer.

9-10 Designe algumas viúvas para o ministério especial de dar assistência. Elas deverão receber, em retribuição, sustento da igreja. Elas devem ter mais de 60 anos de idade e um único casamento. Devem ter reputação de saber criar os filhos, ajudar as pessoas de fora e os cristãos desanimados, aflitos e problemáticos.

11-15 Não inclua viúvas jovens nessa lista. Tão logo sejam incluídas na lista, vão querer sair dela, mais dispostas a arrumar outro marido que a servir a Cristo dessa maneira. E, ao quebrar sua palavra, correm o risco de ir de mal a pior, desperdiçando seu tempo em conversas fúteis e fofocas. Não, prefiro que as viúvas jovens sigam a vida, se casem, tenham filhos, administrem o lar e não deem motivos aos seus críticos para acharem nelas alguma falta. Algumas delas já se desviaram, seguindo Satanás.

16 Qualquer mulher cristã que tenha viúvas na família é responsável por elas. Elas não devem ser empurradas para a igreja. A igreja já tem trabalho suficiente com as viúvas que precisam de ajuda.

17-18 Dê um prêmio aos líderes que fazem um bom trabalho, especialmente aos que se esforçam na pregação e no ensino. As Escrituras dizem: "Não amordace o boi que trabalha"; e: "O trabalhador merece seu salário".

19 Não dê ouvidos a nenhuma reclamação contra um líder que não seja apoiada por duas ou três testemunhas idôneas.

DIA 301

952

²⁰Se alguém cair em pecado, chame-o à responsabilidade. Os que estiverem inclinados a fazer o mesmo irão aprender a lição.

²¹⁻²³Deus, Jesus e os anjos me apoiam nessas instruções. Cumpra-as sem parcialidade e sem partidarismo. Não se precipite em indicar alguém para cargos de liderança na igreja. Se alguém estiver envolvido num pecado grave, você não vai querer se tornar cúmplice involuntário, não é? De qualquer maneira, cuide muito bem de você mesmo. Não se importe muito com o que os críticos vão dizer. Siga em frente e beba um pouco de vinho, por exemplo; é bom para a digestão e um bom remédio para o mal que aflige você.

SALMOS 119.105-112

¹⁰⁵⁻¹¹²Iluminado por tuas palavras, consigo
enxergar o caminho;
elas lançam um facho de luz sobre
a estrada escura.
Assumi um compromisso, e não voltarei atrás:
viver conforme tuas justas e retas
orientações.
Tudo está desmoronando em mim, ó Eterno!
Mas podes me restaurar pela tua Palavra.
Adorne-me com suas palavras mais preciosas,
ó Eterno!
Ensina-me tuas regras santas.
Minha vida está tão fechada quanto minhas mãos,
mas não esqueço do que me revelaste.
Os ímpios fazem de tudo para me tirar do caminho,
mas não desvio um centímetro do teu curso.
Herdei teu livro em vida: é meu para sempre.
Que presente! E como ele me faz feliz!
Concentro-me em fazer exatamente o que dizes –
sempre faço e sempre farei.

■ NOTAS

_____

_____

_____

_____

_____

_____

☐ DIA 301 ___ / ___ / ___

JEREMIAS 13.15 — 15.21

A luz que vocês achavam
que nunca ia faltar

¹⁵⁻¹⁷Então, eu disse: "Ouçam com atenção: não
fiquem atolados nos seus caminhos.
É com a Mensagem do Eterno
que estamos lidando.
Façam sua vida brilhar diante do Eterno
antes que ele apague a luz,
Antes que vocês tropecem e caiam
nos caminhos escuros das montanhas.
A luz que vocês achavam que nunca ia faltar
vai se apagar,
e o mundo vai ficar no escuro.
Se vocês não me ouvirem,
vou partir sozinho e chorar por vocês,
Chorar por causa da sua arrogância obstinada,
lágrimas amargas, muito amargas;
Rios de lágrimas correrão dos meus olhos,
porque o rebanho do Eterno
vai acabar no exílio".

¹⁸⁻¹⁹Diga ao rei e à rainha mãe:
"Desçam dos seus altivos cavalos.
Suas coroas deslumbrantes
cairão da sua cabeça".

As vilas do Neguebe serão cercadas,
todos serão aprisionados.
Judá foi arrastado para o exílio,
a nação toda foi levada para o esquecimento.

20-22 Olhe, Jerusalém, olhe!
Olhe para os inimigos que vêm do norte!
O que será dos seus rebanhos, todas essas pessoas,
os belos rebanhos aos seus cuidados?
Como vocês vão se sentir diante do povo
que vocês adularam e admiraram
todos estes anos,
E que agora olham para vocês de cima para baixo?
Vocês não esperavam por isso?
Surpresa: a dor de uma mulher
tendo um bebê!
Estou até ouvindo vocês:
"O que está acontecendo? Por que eu?".
A resposta é simples: você é culpado,
totalmente culpado.
Sua culpa pôs sua vida em perigo;
sua culpa faz você se contorcer de dor.

23 Pode um africano mudar de pele?
Pode um leopardo se livrar das pintas?
Será possível vocês fazerem o bem,
vocês, que têm tanta prática em fazer o mal?

24-27 "Vou varrer este povo daqui com um sopro,
como folhas levadas pelo vento.
Vocês fizeram por merecer.
Tudo será sob medida para vocês".
É o decreto do Eterno.
"Foi porque vocês me esqueceram
e abraçaram a Grande Mentira,
aquele tal de deus Baal.
Eu mesmo vou arrancar a roupa de vocês,
vou envergonhá-los publicamente,
para que o mundo veja
Sua obsessão desenfreada por ídolos e mais ídolos,
seus casos com os ídolos, seus adultérios
com os ídolos.
Ídolos nas colinas, ídolos nos campos:
toda vez que olho, lá estão vocês
com um ídolo diferente.
Ó Jerusalém, que vida sórdida!
Haverá esperança para vocês?"

Traímos Deus o tempo todo

14 **1-6** Mensagem do Eterno que veio a Jeremias
sobre a estiagem:

"Judá chora,
as cidades estão em prantos.
O povo cai ao chão, gemendo,
enquanto o som dos soluços de
Jerusalém aumenta.
Os ricos enviaram seus servos para buscar água.
Eles foram às cisternas, mas estavam vazias.
Eles voltaram com baldes vazios,
aflitos, balançando a cabeça.
Todo o trabalho de agricultura cessou.
Não caiu sequer uma gota de chuva.
Os lavradores não sabem o que fazer.
Aflitos, balançam a cabeça.
Até a corça abandona seu filhote no campo,
porque não há capim –
Com um olhar fundo descansa sobre
as pernas traseiras,
ela é só pele e ossos".

7-9 Sabemos que somos culpados.
Vivemos uma vida desregrada,
mas faz alguma coisa, ó Eterno!
Que seja por *tua* causa!
Nós traímos Deus o tempo todo.
Não há dúvida – Pecamos contra ti,
Esperança de Israel! Nossa única esperança!
A última chance de Israel neste sofrimento!
Por que ages como quem está de passagem,
que olha hoje as paisagens, mas amanhã já
está longe?
Por que estás parado, olhando,
como alguém que não sabe o que
fazer numa crise?
Mas tu estás *aqui* de fato. Estás *conosco*, ó Eterno!
Tu sabes quem somos, pois foste tu que
nos chamaste!
Não nos deixes desamparados.

10 Então, o Eterno disse a respeito do povo:

"Visto que eles gostavam de perambular por aí,
sem se preocupar em saber para onde
estavam indo,
Agora já não quero mais nada com eles,
a não ser registrar a sua culpa e castigá-los
por seus pecados".

Campos repletos de cadáveres

11-12 O Eterno me disse: "Não ore em favor deste
povo. Mesmo que deixem de comer para orar, não
vou prestar atenção em nada do que disserem.

Quando intensificarem as orações, trazendo tudo que é tipo de oferta de seus rebanhos e colheitas, não vou aceitá-las. Estou dando um fim neles com guerra, fome e doença".

¹³ Eu disse: "Mas Eterno, os pregadores deles andaram dizendo que tudo vai acabar bem, sem guerra e sem fome, que não há com que se preocupar!".

¹⁴ O Eterno respondeu: "Esses pregadores são mentirosos e usam meu nome para acobertar mentiras. Eu nunca os enviei e nunca dei ordens a eles. Eu nem mesmo falo com eles. Os sermões que andaram pregando por aí são meras ilusões, emaranhados de mentiras, assobios no escuro.

¹⁵⁻¹⁶ "Este é meu veredito contra eles: todos os que pregam, usando meu nome, pregadores que, para começar, não enviei e que dizem: 'Guerra e fome nunca virão sobre nós' vão morrer na guerra ou vão morrer de fome. E o povo para quem eles têm pregado vão virar cadáveres, vítimas da guerra e da fome, espalhados insepultos pelas ruas de Jerusalém — não haverá funeral para eles, nem para suas mulheres e crianças! Farei de tudo para que recebam a retribuição completa de todo o mal que praticaram.

¹⁷⁻¹⁸ "E você, Jeremias, vai dizer isto a eles:

" 'Meus olhos transbordam de lágrimas.
    dia e noite, nunca cessam de correr.
Meu querido e amado povo está dilacerado e
    machucado,
    Foi ferido de maneira cruel e desesperadora.
Ando pelos campos,
    chocado pelos campos repletos de cadáveres.
Entro na cidade,
    e fico chocado pela visão dos que foram
        mortos pela fome.
E vejo os pregadores e sacerdotes
    Tratando de seus negócios como se nada
        tivesse acontecido!' ".

¹⁹⁻²² Ó Deus, disseste um 'não' definitivo a Judá?
    Será que já não consegues suportar Sião?
Por que nos trataste dessa forma,
    ferindo-nos quase até a morte?
Esperávamos pela paz,
    e o resultado foi terrível.
Esperávamos pela cura,
    e recebemos um pontapé no estômago.
Reconhecemos, ó Eterno, que agimos mal,
    e como foram maus nossos antepassados!
Pecamos, eles pecaram —
    todos pecamos contra ti!

Tua reputação está em jogo! Não nos desprezes!
    Não vires as costas para nós! Não abandones
        teu glorioso templo!
Lembra-te da tua aliança.
    Não quebres tua fidelidade.
Será que os deuses das nações, que nem deuses
    são, podem fazer chover?
    Será que o céu pode irrigar a terra por si só?
Tu és aquele, ó Eterno, que fazes isso.
    Portanto, és aquele em quem está nossa
        esperança.
Tu fizeste tudo.
    Tu fazes tudo.

15 ¹⁻² Então, o Eterno me disse: "Jeremias, ainda que Moisés e Samuel estivessem aqui e defendessem essa causa, eu não faria nada por este povo.

Tire-os daqui! Diga a eles que sumam da minha frente. E, se eles perguntarem: 'Para onde vamos?', diga a eles que o Eterno disse assim:

" 'Se estiverem condenados a morrer,
        vão e morram;
    se estiverem designados para a guerra, vão e
        sejam mortos;
Se estiverem designados para morrer de fome,
        vão e morram de fome;
    se estiverem designados para o exílio,
        vão para o exílio!' ".

³⁻⁴ "Determinei quatro tipos de castigo: morte na batalha, corpos arrastados por cães, restos comidos por abutres, ossos triturados por hienas. Que espetáculo proporcionarão, uma vista para chocar o mundo! E tudo por causa de Manassés, filho de Ezequias, e do que ele fez em Jerusalém.

⁵ "Quem você acha que vai sentir pena de você,
    Jerusalém?
Quem você acha que vai desperdiçar
    lágrimas com você?
Quem vai se incomodar em perguntar:
    'Então, como vão as coisas?'.

⁶⁻⁹ "Foram *vocês* que *me* abandonaram,
    lembram?" — decreto do Eterno.
"Vocês me viraram as costas
    e foram embora.
Por isso, vou pegar vocês e bater com força.
    Estou cansado de livrá-los de enrascadas.

Eu os lancei aos quatro ventos
e deixei que os ventos os espalhassem
como folhas.
Eu me empenhei para que vocês perdessem tudo,
visto que nada os faz mudar.
Produzi mais viúvas entre vocês
que grãos de areia na praia.
Ao meio-dia, as mães vão receber a notícia
dos filhos mortos em combate.
Aflição repentina para as mães –
todas essas mortes terríveis.
Uma mãe de sete filhos cai ao chão, ofegante,
Privada dos jovens filhos.
O sol dela se põe ao meio-dia!
Depois, vou acabar com qualquer um de vocês
que sobrou vivo
e fazer que seja morto por seus inimigos".
É o decreto do Eterno.

Dando tudo por nada

10-11 **A**h! Minha mãe! Que infelicidade
foi me ter como filho,
que recebeu a missão infeliz de acusar
a nação toda!
Nunca feri ou prejudiquei uma alma sequer,
e mesmo assim todos querem minha cabeça.
Mas o Eterno sabe que fiz o que pude
para ajudá-los:
orei por eles e contra seus inimigos.
Sempre estive do lado deles,
tentando prevenir o desastre.
O Eterno sabe como tentei!

12-14 **"Ó** Israel, ó Judá, o que você poderá fazer
contra a máquina vencedora do norte?
Como castigo por seus pecados, estou dando
tudo que vocês têm,
entregando tudo em troca de nada.
Vou entregar vocês como escravos a seus inimigos
de uma terra estrangeira e distante.
Minha ira é ardente e feroz,
queimando em juízo de fogo contra vocês."

15-18 **T**u sabes onde estou, ó Eterno!
Lembra-te do que estou fazendo aqui!
Toma partido a meu favor e contra
os que me perseguem.
Não te omitas enquanto eles me arruínam.
Olha para a opressão que estou sofrendo!
Quando tuas palavras apareceram, eu as comi;
eu as engoli por inteiro. Que grande alegria!

Que prazer tive em ser teu,
ó Eterno, Senhor dos Exércitos de Anjos!
Nunca tomei partido em favor da multidão
nas suas risadas ou na sua diversão.
Conduzido por ti, caminhei sozinho.
Tu tinhas me enchido de indignação.
O pecado deles me deixou perturbado.
Mas por que este sofrimento crônico?
Esta ferida cada vez mais profunda, sem
perspectiva de cura?
Tu foste para mim uma miragem, ó Eterno,
um oásis agradável a distância.

19-21 **F**oi assim que o Eterno me respondeu:

"Retire essas palavras, e vou recebê-lo de volta.
Então, você vai se erguer diante de mim
outra vez.
Use as palavras corretamente. Não se curve
diante de choradeira barata.
Só então você vai falar por mim.
Permita que suas palavras *os* mudem.
Não mude suas palavras para se adequar a eles.
Vou transformar você numa parede de ferro,
uma parede de ferro grossa e firme.
Eles vão atacar você, mas nem marca farão
porque estou do seu lado, defendendo e
libertando".
É o decreto do Eterno.
"Vou libertar você do poder dos perversos.
Vou livrar você da garra dos cruéis."

1 TIMÓTEO 5.24 — 6.21

24-25 Certos pecados são grosseiros e devem ir direto a julgamento. Os pecados de alguns só se manifestam muito tempo depois. O mesmo acontece com as boas obras. Algumas são evidentes, mas nenhuma delas permanece oculta para sempre.

6 **1-2** **Q**uem for escravo deve fazer o melhor, respeitando seu senhor, para que os de fora não falem contra Deus e contra nosso ensino por causa do seu comportamento. Escravos que trabalham para senhores cristãos façam ainda mais — os senhores deles são também seus irmãos amados!

A cobiça por dinheiro

2-5 **E**sses são os assuntos que eu quero que você ensine e pregue. Se algum líder começar a ensinar outra coisa, rejeitando as palavras sólidas do Senhor Jesus e nossa

DIA 301

instrução piedosa, diga o que eles são: rios poluídos de ignorância que contaminam tudo com inveja, controvérsia, maledicência e fofocas. De vez em quando, há uma epidemia de traição, e a verdade passa a ser apenas uma lembrança remota. Eles pensam que a religião é um meio de conseguir lucro rápido.

6-8 Uma vida consagrada traz lucro, mas esse lucro é a rica simplicidade de ser você mesmo na presença de Deus. Considerando, então, que entramos no mundo sem um centavo e que sairemos dele sem nada, se temos pão na mesa e sapatos nos pés, é o bastante.

9-10 Mas o líder que está apenas atrás de dinheiro se destruirá rapidamente. A cobiça por dinheiro traz problemas, apenas problemas. Depois de entrar por esse caminho, alguns se desviam inteiramente da fé e amargam seu arrependimento pelo resto da vida.

Correndo a toda velocidade

11-12 Mas você, Timóteo, homem de Deus: fuja de tudo isso. Corra atrás de uma vida justa – uma vida de contemplação, fé, amor, perseverança, cortesia. Corra a toda velocidade na fé. Busque a vida eterna, pois fomos chamados para ela, a vida que você abraçou tão fervorosamente na presença de tantas testemunhas.

13-16 Exorto você na presença do Deus doador da vida e diante de Cristo, que ficou firme na presença de Pôncio Pilatos e não retrocedeu um só milímetro: guarde esse mandamento com seriedade e não vacile. O Senhor Jesus Cristo está voltando. Ele vai se manifestar no tempo certo, e sua vinda está garantida pelo Bendito e Incontestável Soberano, pelo Supremo Rei, o Altíssimo Deus. Ele é o único que a morte não pode tocar, sua luz é tão brilhante que ninguém pode chegar perto. Ele nunca foi visto por olhos humanos – olhos humanos não conseguem percebê-lo! A ele toda honra e o domínio eterno. Amém.

17-19 Diga aos ricos na riqueza deste mundo que deixem de lado a empáfia e a obsessão por dinheiro, que está aqui hoje e desaparece amanhã. Diga-lhes que busquem Deus, que ajunta muitas riquezas que jamais conseguiríamos administrar, e façam o bem, para que sejam ricos em ajudar os outros e sejam pra lá de generosos. Se agirem assim, irão ajuntar um tesouro que vai permanecer e ainda obterão a vida que é verdadeira vida.

20-21 Quanto a você, meu prezado Timóteo, guarde o tesouro que recebeu! Guarde-o com sua vida. Evite a religião de aparências e a confusão praticada pelos que se denominam sábios. Pessoas enredadas em muita conversa podem perder a essência da fé. Que a graça transbordante guarde você!

SALMOS 119.113-120

113-120 Odeio a hipocrisia,
  mas amo a tua revelação clara e definida.
Tu és meu lugar de refúgio silencioso,
  onde espero tua Palavra a me renovar.
Saiam da minha vida, malfeitores,
  para que eu possa obedecer
    aos comandos de Deus!
Fica do meu lado, como prometeste,
  para que eu possa viver.
Não frustres minhas grandes esperanças.
Defende-me, e ficarei bem.
Vou me sujeitar às tuas definições de vida.
Tu denuncias todos os que violarem tuas regras,
  pois a idolatria deles é letal.
Tu rejeitas os ímpios da terra, como se fossem lixo,
  por isso observo todas as tuas
    recomendações.
Fico trêmulo e mudo diante de ti:
  tuas decisões me causam temor e me deixam
    sem palavras.

◗ NOTAS

DIA 302 ___/___/___

JEREMIAS 16.1 — 18.10

Os mortais podem fabricar deuses?

16 ¹**M**ensagem do Eterno para mim: ²⁻⁴ "Jeremias, não se case. Não constitua família aqui. Já assinei a sentença de morte para todas as crianças nascidas nesta terra, para as mães que os deram à luz e para os pais que os geraram: muitas mortes. Morte não pranteada, morte insepulta, corpos em decomposição cheirando como esterco, e todos os cadáveres, seja por assassinato, seja por fome, servindo de comida para corvos e vira-latas!".

⁵⁻⁷ E o Eterno continuou: "Não entre numa casa em que estejam pranteando os mortos. Não vá a funerais. Não chore a morte de ninguém. Eu parei de me importar com o que acontece a este povo". É o decreto do Eterno. "Não há mais amor leal da minha parte, não há mais compaixão. Aqui famosos e desamparados vão morrer da mesma forma, sem luto e insepultos. Ninguém realizará funerais, ninguém vai se preocupar com isso, ninguém vai se importar, ninguém vai dizer: 'Sinto muito', ninguém vai oferecer nem um café, nem para a mãe, nem para o pai.

⁸ "E, se alguém fizer uma festa, também não vá para lá se divertir".

⁹ O Senhor dos Exércitos de Anjos, o Deus de Israel, diz: "Preste atenção. Estou prestes a eliminar os sorrisos e as risadas deste lugar. Chega de noivos e noivas festejando. Farei isso durante seu tempo de vida, diante dos seus olhos.

¹⁰⁻¹³ "Quando você disser isso ao povo e eles perguntarem: 'Por que Deus está falando desse jeito, ameaçando-nos com todas essas calamidades? Afinal, não somos criminosos! O que fizemos ao Eterno, para sermos tratados desse jeito?', diga a eles: 'É porque seus antepassados me deixaram, deram-me as costas e nunca mais olharam para trás. Eles partiram com deuses, que nem deuses são, e os serviram e se apaixonaram por eles; eles me ignoraram e não fizeram nada do que mandei. E *vocês* são ainda *piores*! Olhem-se no espelho: vocês

fazem o que querem, quando querem, e se negam a me dar atenção. Por isso, estou me livrando de vocês, jogando-os lá fora no frio, numa terra distante e estrangeira. Lá vocês podem adorar seus deuses, que nem deuses são, à vontade. Fiquem tranquilos, não vou incomodá-los mais' ".

¹⁴⁻¹⁵ "**M**as saibam do seguinte: virá o tempo em que ninguém mais vai dizer: 'Tão certo quanto o Eterno vive, o Deus que libertou Israel do Egito...'. Em vez disso, dirão: 'Tão certo quanto o Eterno vive, o Deus que trouxe Israel de volta da terra do norte, trouxe o povo de volta de todos os lugares por onde o havia espalhado...'. É isto mesmo: vou trazê-los de volta para a terra que no passado dei a seus pais."

¹⁶⁻¹⁷ "**A**gora, prestem atenção no que virá em seguida: vou reunir um grupo de pescadores". É o decreto do Eterno! "Eles vão pescar meu povo e trazê-los a julgamento. Depois, vou enviar um grupo de caçadores, e eles vão trazê-los de todas as montanhas, colinas e covas. Estou atento a cada movimento deles. Não perdi o rastro de nenhum deles, nem deles nem de seus pecados.

¹⁸ "Eles não vão escapar ilesos. Vão pagar em dobro por tudo que fizeram. Eles fizeram uma tremenda confusão, sujando sua vida com deuses, que nem deuses são, e deixando montes de lixo fétido — os ídolos — em todos os lugares".

¹⁹⁻²⁰ Ó Eterno, força minha e fortaleza minha,
meu refúgio seguro na hora da tribulação,
As nações pagãs virão
dos quatro cantos da terra, dizendo:
"Nossos antepassados viveram de mentiras,
ilusões inúteis, é tudo ilusão".
Podem os mortais fabricar deuses?
Suas fábricas produzem deuses
que não são deuses!

²¹ "Preste muita atenção agora.
Vou ensinar uma lição a este povo teimoso.
Começando agora mesmo, vou ensinar a eles
Quem eu sou e o que faço,
vou ensinar o significado do meu nome,
o Eterno: Eu Sou."

O coração humano: incorrigivelmente sombrio e enganoso

17 ¹⁻² "**O** pecado de Judá ficou talhado com cinzel de ferro,
Um cinzel com ponta de diamante:

DIA 302

Está gravado no coração de granito deles,
  nas pontas de pedra de seus altares.
A evidência contra eles é visível e notória:
  altares de sexo e religião e santuários
    sagrados do sexo
Em qualquer lugar em que haja um bosque,
  em qualquer lugar em que se veja uma colina.

3-4 "Vou usar as montanhas como barracas
  de beira de estrada
  para distribuir tudo que vocês possuem.
Todas as suas 'coisas' vão servir de reparação
  pelos seus pecados em todo o país.
Vocês vão perder o presente da terra,
  a herança que dei a vocês.
Vou entregá-los como escravos aos seus inimigos
  de uma terra estranha e distante.
Minha ira é ardente, cheia de fogo e violenta,
  e ninguém conseguirá apagá-la."

5-6 Mensagem do Eterno:

"Maldito é o homem forte
  que depende de simples seres humanos,
Que se acha capaz de resolver tudo no braço,
  e põe o Eterno de lado, com desprezo!
Ele é como o arbusto do deserto
  longe do solo bom.
Ele vive sem raiz e sem propósito
  numa terra em que nada cresce.

7-8 "Mas feliz é o homem que confia
  em mim, o Eterno,
  e a mulher que se apega ao Eterno!
Eles são como árvores plantadas no Éden,
  com as raízes perto do rio.
Não se preocupam com o verão mais quente
  e suas folhas não perdem o verde.
Passam pela seca com tranquilidade,
  dando frutos frescos em todas as estações".

9-10 "O coração humano é terrivelmente
    sombrio e enganoso,
  um enigma que ninguém consegue
    decifrar.
Mas eu, o Eterno, investigo o coração
  e examino a mente.
Eu examino o coração humano,
  vou à raiz de tudo.
Eu trato o homem como ele é na realidade,
  não pela aparência."

11 Como o chupim, que bota ovos
  no ninho do pardal,
É aquele que enriquece por meio do engano.
Quando os ovos são chocados, aparece o
  engano.
Ele, então, se revelará um tolo!

12-13 Desde o início, teu santuário foi estabelecido
  num lugar alto,
  um trono de glória, exaltado!
Ó Eterno, tu és a esperança de Israel.
Todos os que te abandonam são insensatos,
Desertores que não têm o que apresentar na vida,
  que dão as costas para o Eterno – a fonte da
    água da vida –
  e acabam mortos!

14-18 Ó Eterno, por favor, junta os pedaços
  e me restaura!
  Só tu mereces o louvor.
Ouve como falam de mim:
  "Então, onde está essa 'Palavra de Deus'?
Gostaríamos de ver algo acontecendo!".
Mas não foi minha ideia anunciar o dia do juízo.
Eu nunca quis tribulação.
Tu sabes exatamente o que eu disse.
Está tudo às claras diante de ti.
Não aumentes meus problemas.
Dá-me algum alívio!
Que meus perturbadores sejam perturbados,
  não eu!
Que eles sejam atingidos pela desgraça,
  não eu!
Não deixes de condená-los.
Acaba com eles de uma vez!

Guardem o sábado

19-20 A Mensagem do Eterno veio a mim: "Vá e se posicione na Porta do Povo, que é usada pelos reis de Judá para entrar e sair da cidade, e depois vá a todas as outras portas de Jerusalém. Diga a eles: 'Ouçam, vocês reis de Judá, ouçam a Mensagem do Eterno; e todos vocês do povo, que entram e saem por estas portas, ouçam! 21-23 Esta é a Mensagem do Eterno: 'Cuidado, vocês que se importam com a vida, para não profanarem o sábado, fazendo dele apenas mais um dia de trabalho, levando coisas pra lá e pra cá. Não usem o sábado para fazer negócios, como nos outros dias. Guardem o sábado como dia sagrado, conforme ordenei aos seus antepassados. Eles nunca o guardaram, como bem sabem. Ignoraram minha ordem e se ocuparam com seus negócios, rejeitando meu ensino e minha orientação.

24-26 "Mas agora tratem de levar bem a sério o que digo. Parem de profanar o sábado com seu trabalho e guardem esse dia sagrado, deixando seus negócios para outra ocasião. Então, os reis descendentes de Davi e seus oficiais poderão de novo passar por estas portas em cavalos e carros. O povo de Judá e o povo de Jerusalém vão continuar a passar por elas também. Jerusalém estará sempre cheia de gente. O povo afluirá de todo o território de Judá, da região de Benjamim, dos arredores de Jerusalém, das colinas, dos montes e desertos. Eles virão adorar, trazendo todo tipo de oferta: animais, cereal, incenso e expressões de gratidão para o santuário do Eterno.

27 "Mas, se vocês não me derem ouvidos; se não guardarem o sábado como dia sagrado; se não pararem o trabalho no sábado, entrando e saindo com pressa por estas portas para fazer negócios que só vocês consideram importantes, vou queimar estas portas. Aliás, vou queimar a cidade toda, com palácios e tudo, um incêndio que ninguém conseguirá apagar!' ".

Adorando a grande mentira

18¹⁻² O Eterno disse a Jeremias: "Levante-se! Vá à casa do oleiro. Quando chegar lá, falarei com você".

Então, fui à casa do oleiro, e não deu outra: o oleiro estava lá, trabalhando com sua roda de madeira. Sempre que um pote de barro em que estava trabalhando não saía ao gosto dele, como acontece às vezes quando se trabalha com barro, ele simplesmente começava de novo, usando o mesmo barro para fazer outro pote.

5-10 Então, veio a Mensagem do Eterno a mim: "Eu não poderia fazer exatamente como faz esse oleiro, povo de Israel?" – decreto do Eterno – "Assim como este oleiro trabalha com o barro, eu trabalho com vocês, Israel. A qualquer momento, posso decidir arrancar uma nação pela raiz e me livrar dela. Mas, se o povo se arrepender da vida desregrada, posso reconsiderar e recomeçar com eles. Se em outra ocasião eu decidir plantar um povo ou uma nação, e eles não cooperarem e não me derem ouvidos, também posso reconsiderar e desistir dos planos que eu tinha para eles.

2TIMÓTEO 1.1 — 2.7

1¹⁻² Eu, Paulo, estou numa missão especial por Cristo, transmitindo o plano de Deus que está na Mensagem de vida por meio de Jesus. Escrevo a você, Timóteo, o filho a quem muito amo. Tudo de bom da parte do nosso Deus, e que Cristo seja com você!

Ser ousado com os dons

3-4 Toda vez que pronuncio seu nome em oração – o que é praticamente o tempo todo –, dou graças a Deus por você, ao Deus a quem adoro com toda a minha vida na tradição dos meus antepassados. Sinto muito sua falta, especialmente quando me lembro da nossa última despedida, em lágrimas, e espero um alegre reencontro.

5-7 Essa lembrança preciosa me leva a outra: a integridade da sua fé – uma fé rica, transmitida por sua avó, Loide, à sua mãe, Eunice, e agora a você! E o dom especial do ministério você recebeu quando impus as mãos sobre você e orei – mantenha vivo esse dom! Deus não quer que sejamos tímidos com seus dons, mas ousados, amorosos e sensíveis.

8-10 Portanto, não tenha vergonha de falar por nosso Senhor ou por mim, seu prisioneiro. Assuma sua parcela de sofrimento pela Mensagem, com o resto de nós. O que podemos fazer é perseverar pelo poder de Deus, que primeiro nos salvou e, depois, nos chamou para sua obra santa. Não tínhamos o que fazer quanto a isso. Foi tudo ideia *dele*, um dom preparado para nós em Jesus muito antes que soubéssemos que existia. Mas sabemos disso agora. Desde a manifestação do nosso Salvador, nada poderia ser mais claro: a morte derrotada, a vida manifestada como luz, tudo por meio da obra de Cristo.

11-12 Essa é a Mensagem que, como pregador, emissário e professor, tenho a incumbência de comunicar. É também a causa de todos os problemas que estou enfrentando. Mas não me arrependo. Eu não poderia estar mais convicto: aquele em quem tenho crido pode guardar até o fim aquilo que me confiou.

13-14 Assim, continue sua obra, com a fé e o amor enraizados em Cristo, como mostrei a você. Ela continua tão saudável quanto no primeiro dia, quando você ouviu a Mensagem de mim. Guarde este tesouro precioso que o Espírito Santo, que trabalha em nós, nos entregou.

15-18 Você deve estar sabendo que todos os da província da Ásia me abandonaram, até Fígelo e Hermógenes. Mas que Deus abençoe Onesíforo e sua família! Muitas vezes fui reconfortado naquela casa. E ele não teve nem um pouco de

DIA 303

constrangimento pelo fato de eu estar preso. A primeira coisa que fez quando chegou a Roma foi me procurar. Que Deus, no último dia, o trate tão bem como me tratou. Ele também me prestou um grande favor em Éfeso, mas essa história você conhece melhor que eu.

Faça o melhor para Deus

2 **1-7** Portanto, meu filho, dedique-se inteiramente à obra de Cristo. Passe adiante o que você ouviu de mim – com a congregação inteira dizendo: "Amém!" – a líderes confiáveis que sejam competentes para ensinar. Quando a situação ficar complicada, anime-se e encoraje os outros, como Jesus fez. O soldado em serviço não pode ser apanhado negociando no mercado. Ele se concentra em cumprir suas ordens. O atleta que se recusa a jogar conforme as regras nunca conquistará um título. É o fazendeiro aplicado que usufrui sua própria lavoura. Pense nisso. Deus o ajudará a entender.

SALMOS 119.121-128

121-128 Defendo a justiça e o direito,
por isso não me deixes à mercê
dos opressores.
Fica do lado do teu servo, bom Deus!
Não permitas que o pagão leve
vantagem sobre mim.
Não consigo mais ficar de olhos abertos: estou há
muito tempo esperando
que venhas cumprir a promessa
de corrigir tudo.
Que teu amor oriente teu proceder para comigo!
Ensina-me mais a respeito da vida
com teu livro-texto.
Sou teu servo, por isso ajuda-me a entender
o sentido mais profundo das tuas instruções.
É hora de agir, ó Eterno!
Eles transformaram tua revelação num
campo de batalha!
Ó Deus de ação, amo tudo que me ordenaste;
Considero-o mais precioso que joias de ouro.
Ó Deus de ação, honro tudo que me dizes
e desprezo os atalhos enganosos.

◆ NOTAS

▯ DIA 303 ___ / ___ / ___

JEREMIAS 18.11 — 21.10

11 "Portanto, transmita minha Mensagem ao povo de Judá e aos cidadãos de Jerusalém: 'Perigo! Estou preparando o castigo de vocês, fazendo planos contra vocês. Arrependam-se da sua forma dissoluta de viver. Consertem a vida'.

12 "Mas eles vão dizer, descaradamente: 'Por que deveríamos fazer isso? Qual é a vantagem? Vamos viver como sempre vivemos, não importa o que aconteça'".

13-17 Mensagem do Eterno:

"Sondem por aí.
Investiguem as nações pagãs.
Alguém já ouviu algo parecido?
A virgem Israel tornou-se uma prostituta!

A neve alguma vez desaparece dos picos
do Líbano?
Os córregos que descem de seus montes
alguma vez secam?
Mas meu povo me abandonou
para adorar a Grande Mentira.
Eles saíram do caminho,
do velho e bom trilho,
E agora abrem picadas através da vegetação
rasteira,
num emaranhado de raízes e trepadeiras.
Sua terra vai virar uma grande confusão,
o memorial de um tolo que sempre
será motivo de piada.
Os viajantes que por aí passarem
vão balançar a cabeça, sem acreditar
no que veem.
Vou espalhar meu povo diante de seus inimigos,
como folhas velhas perante o vento forte.
No dia de sua desgraça, eu lhes darei as costas e
irei embora,
não conseguirão nem mesmo vislumbrar
meu rosto".

18 Algumas pessoas disseram: "Venham, vamos conspirar contra Jeremias. Ainda vamos ter sacerdotes
que possam nos ensinar a lei, conselheiros sábios
para nos dar conselhos e profetas que nos digam o
que Deus tem a dizer. Venham, vamos desacreditá-lo.
Assim, não precisaremos aturá-lo por mais tempo".

19-23 E eu disse ao Eterno:

"Ó Eterno, ouve-me!
Ouve o que meus inimigos estão dizendo.
Devo receber o mal pelo bem que faço?
É isso que eles estão fazendo!
Eles planejam me matar!
Estás lembrado de todas as vezes que me
levantei diante de ti para defendê-los,
falando em favor deles, tentando
suavizar tua ira?
Mas agora chega! Que os filhos deles morram
de fome!
Que sejam massacrados na batalha!
Que suas mulheres fiquem viúvas e sem filhos!
Que seus amigos morram, e seus jovens
orgulhosos percam a vida!
Que gritos de pânico ressoem de suas casas
No momento em que os surpreenderes
com a guerra!

Eles estão decididos a me linchar.
O laço está praticamente no meu pescoço!
Mas tu sabes de tudo isso, ó Eterno.
Sabes que eles estão decididos a me matar.
Não encubras os crimes deles,
Não omitas um único pecado!
Reúne-os todos diante de ti.
Fere-os enquanto o ferro da tua
ira está quente!".

Esmigalhando o pote de barro

19 **1-2** O Eterno me disse: "Vá e compre um pote
de barro. Depois, tome alguns dos líderes do
povo e dos principais sacerdotes e vá para o vale
de Ben-Hinom, diante da Porta dos Cacos, e fale o
que eu disser a você.

3-5 "Diga: 'Ouçam a Palavra do Eterno, reis de Judá
e povo de Jerusalém! Esta é a Mensagem do Senhor
dos Exércitos de Anjos, o Deus de Israel. Estou prestes a fazer o castigo desabar sobre vocês neste lugar.
E seus ouvidos vão tinir! Será a desgraça, porque
eles me viraram as costas e me abandonaram.
Tornaram estranho este lugar, adorando deuses
estranhos, dos quais nunca tinham ouvido falar,
nem seus pais, nem os antigos reis de Judá. Desgraça
porque massacraram gente inocente. Desgraça porque construíram altares a esse deus que nem deus
é, Baal, e a ele queimaram os próprios filhos no fogo
como oferta, uma atrocidade que nunca ordenei,
nem mesmo imaginei!

6-9 "'Por isso, hoje é dia de acerto de contas'" —
decreto do Eterno — "'e logo este lugar já não será
conhecido como Tofete ou vale de Ben-Hinom, mas
campina do Massacre. Estou cancelando todos os
planos de Judá e Jerusalém para este lugar e vou
fazer que sejam mortos por seus inimigos. Vou
empilhar seus cadáveres para que sejam comidos
por corvos e cães selvagens. Vou transformar esta
cidade num museu de barbáries, que deixará atônito
todo que o visitar, tal será o horror da exposição.
As pessoas vão virar canibais. Embrutecidas pela
pressão do cerco inimigo, comerão os próprios
filhos! Sim, vão comer uns aos outros, gente da
família e amigos'.

10-13 "Diga tudo isso e, depois, despedace o pote
diante dos homens que foram com você. Diga:
'Isto é o que o Senhor dos Exércitos de Anjos diz:
Vou despedaçar este povo e esta cidade como um
homem que despedaça um pote de barro em tantos cacos que não pode mais ser refeito. Eles vão
enterrar cadáveres aqui em Tofete até que não

DIA 303

haja mais lugar. E toda a cidade vai se transformar numa Tofete. A cidade será transformada pelas pessoas e pelos reis num centro de adoração dos deuses e deusas das estrelas; será transformada num túmulo aberto — a cidade toda cheirando a esgoto, como Tofete' ".

¹⁴⁻¹⁵ Então, Jeremias saiu de Tofete e foi para onde o Eterno o havia enviado, a fim de pregar o sermão, posicionou-se no pátio do templo do Eterno e disse ao povo: "Esta é a Mensagem do Senhor dos Exércitos de Anjos para vocês: 'Advertência! Perigo! Estou fazendo descer sobre esta cidade e todas as cidades vizinhas a desgraça que anunciei. Eles estão atolados nos seus caminhos e se negam a se mexer. Negam-se a fazer qualquer coisa que eu ordene' ".

Apenas tribulação e lágrimas

20 ¹⁻⁵ O sacerdote Pasur, filho de Imer, chefe da administração do templo do Eterno, ouviu Jeremias pregando esse sermão. Ele mandou surrar o profeta Jeremias e o pôs no tronco diante da Porta Superior de Benjamim, no templo do Eterno. No dia seguinte, Pasur o deixou ir. Jeremias lhe disse: "O Eterno tem um novo nome para você: já não é Pasur, mas Perigo por Todos os Lados, porque o Eterno diz: 'Você é um perigo para você mesmo e para todos à sua volta. Todos os seus amigos serão mortos em batalha, enquanto você estiver olhando. E mais: estou entregando todo o território de Judá ao rei da Babilônia para que faça o que quiser com eles — levá-los para o exílio, matá-los, o que quiser. Tudo que tenha algum valor nesta cidade — as propriedades, os bens móveis e tudo que está no tesouro real — estou entregando ao inimigo. Eles vão vasculhar tudo e levar o que desejarem para a Babilônia.

⁶ " 'E você, Pasur, você e todos os da sua família serão levados como prisioneiros para o exílio. Isto mesmo: para o exílio na Babilônia. Você morrerá e será enterrado ali, você e todos os que deram crédito às suas mentiras' ".

⁷⁻¹⁰ Tu me forçaste a isso, ó Deus, e eu permiti que o fizesses.
    Mas foi demais para mim
    E agora virei motivo de piada.
        Todos zombam de mim.
    Toda vez que abro a boca,
        estou gritando: "Assassinato!", ou:
        "Estupro!".

E tudo que recebo por transmitir as
    advertências do Eterno
    é insulto e desprezo.
Mas, se digo: "Esqueça!
    Não vou falar mais nada que venha do
        Eterno!",
As palavras queimam como fogo no meu coração,
    incendeiam meus ossos.
Estou exausto, tentando segurá-las dentro de mim.
    Já não aguento mais!
Então, ouço cochichos atrás de mim:
    "Lá vai Perigo por Todos os Lados. Prendam-
        no! Alguém o denuncie!".
Velhos amigos me vigiam, esperando que eu me
    descuide:
    "Um passo em falso, e nós o pegamos. Vamos
        nos livrar dele para sempre!".

¹¹ Mas o Eterno, o guerreiro mais valente, está
    do meu lado.
    Meus perseguidores vão levar o maior
        escorregão
E cair de cara no chão,
    um espetáculo de humilhação que ninguém
        vai esquecer.

¹² Ó Senhor dos Exércitos de Anjos,
    ninguém te engana.
    Tu enxergas o que se esconde dentro de tudo
        e de todos.
Quero que eles recebam a paga pelo que fizeram.
    Entrego minha causa a ti.

¹³ Cantem ao Eterno! Todos os louvores sejam
    dados ao Eterno!
    Ele salva os fracos das garras dos maus.

¹⁴⁻¹⁸ Maldito seja o dia
    em que nasci!
O dia em que minha mãe me deu à luz!
    Seja maldito, repito!
E maldito seja o homem que levou
    a notícia ao meu pai:
    "Você ganhou um filho, é menino!"
    (Como ele ficou feliz).
Que aquela notícia de nascimento seja esquecida,
    apagada dos registros,
E que o homem que a trouxe seja caçado até morrer
    por causa da má notícia que trouxe.
Ele deveria ter me matado antes de eu nascer —
    o útero seria meu túmulo,

Minha mãe ficaria grávida pelo resto da vida com o bebê morto na barriga.
Por que fui sair daquele útero?
A vida até agora tem sido apenas tribulação e lágrimas,
e o que está por vir não é diferente.

Comecem cada dia agindo com justiça

21 **1-2** Mensagem do Eterno a Jeremias quando o rei Zedequias enviou-lhe Pasur, filho de Malquias, e o sacerdote Sofonias, filho de Maaseias, com este pedido: "Nabucodonosor, rei da Babilônia, declarou guerra contra nós. Ore ao Eterno por nós. Peça ajuda a ele. Talvez o Eterno intervenha com um de seus famosos milagres e faça o inimigo retroceder".

3-7 Mas Jeremias disse: "Diga a Zedequias: 'Esta é a Mensagem do Deus de Israel: Você pode dizer adeus ao seu exército, e pode esquecer o moral das tropas e o arsenal de guerra. Vou conduzir pessoalmente o rei da Babilônia e dos caldeus, contra quem você está lutando bravamente, para dentro da cidade. Estou ficando do lado *deles* e lutando contra *você*, com todas as minhas forças; eu não o impedirei. E vou fazer isso com ira. Estou decidido a eliminar todos desta cidade, pessoas e animais, numa epidemia devastadora. Então, vou libertar pessoalmente Zedequias, rei de Judá, seus príncipes e os supervisores que restarem na cidade, que não morreram por doença, na batalha ou de fome. Vou entregá-los a Nabucodonosor, rei da Babilônia. Sim, vou entregá-los aos inimigos que vieram para matá-los. Ele vai matá-los sem dó nem piedade'.

8-10 "Depois, diga ao povo todo: 'A Mensagem do Eterno para vocês é esta: Ouçam com muita atenção. Estou dando uma escolha a vocês: vida ou morte. Quem ficar na cidade vai morrer, ou na batalha, ou de fome, ou de doença. Mas quem sair e se entregar aos caldeus que cercaram a cidade vai sobreviver. Vocês perderão os bens, mas não a vida. Quero ver esta cidade destruída, tamanha é minha ira contra este lugar.' É o decreto do Eterno. "'Vou entregá-la ao rei da Babilônia, e ele irá queimá-la até não sobrar nada.' "

2 TIMÓTEO 2.8-26

8-13 Visualize este quadro: Jesus, descendente de Davi, ressuscitou dos mortos. Foi tudo que você ouviu de mim, e é por isso que estou preso agora — mas a Palavra de Deus não está atrás das grades! Por essa razão é que fico firme aqui — assim, todos os que Deus chamar alcançarão a salvação de Cristo em toda a sua glória. Tenhamos certeza disto:

Se morrermos com ele, viveremos com ele;
Se permanecermos firmes com ele,
reinaremos com ele;
Se virarmos as costas para ele, ele virará as
costas para nós;
Se desistirmos dele, ele não desistirá de nós —
pois não há meio de ele ser infiel consigo
mesmo.

14-18 Repita continuamente estes ensinamentos essenciais para o povo de Deus. Advirta-os perante Deus a respeito de pessoas que aparentam religiosidade, mas ficam procurando defeito em tudo e em todos e só prejudicam a fé. Essa atitude não ajuda em nada. Concentre-se em fazer o melhor para Deus, trabalhe direito, para não ter do que se envergonhar. Apresente a verdade pura e simples. Fique longe daquela conversa com ar de religiosidade que é só conversa. Você sabe que palavras não são apenas palavras. Se não têm o suporte de uma vida reta, elas envenenam a alma. Himeneu e Fileto são exemplos. Eles desviam os cristãos do caminho e se afastam da verdade quando ensinam que a ressurreição já aconteceu.

19 Enquanto isso, o firme fundamento de Deus permanece inabalável, como sempre, com as seguintes verdades gravadas na pedra:

DEUS CONHECE OS QUE PERTENCEM A ELE.
AFASTEM-SE DO MAL TODOS OS QUE
TÊM DEUS COMO DEUS.

20-21 Numa cozinha bem equipada, não há apenas taças de cristal e utensílios de prata, mas também latas usadas e baldes de lixo — alguns recipientes são usados para servir jantares chiques e outros para recolher as sobras. Torne-se um recipiente que Deus possa usar para oferecer o que há de melhor a seus convidados e, assim, abençoá-los.

22-26 Fuja das vontades fortes da juventude. Persiga a retidão madura — fé, amor, paz — e se una com os que oram honesta e seriamente na presença de Deus. Não se envolva em discussões sem sentido, que sempre terminam em briga. O servo de Deus não deve ser brigão, mas um ouvinte gentil, um professor calmo, que é firme e também paciente com os mais rebeldes. Você nunca sabe como ou quando Deus vai torná-los sóbrios com uma mudança de coração e o retorno à verdade, para que possam escapar da armadilha do Diabo, pois foram apanhados e são mantidos cativos, forçados a seguir suas ordens.

DIA 304

SALMOS 119.129-136

129-136 Toda palavra que me dizes é milagrosa:
como eu poderia deixar de obedecer?
Escancara tuas palavras: que a luz brilhe
e que as pessoas comuns compreendam o
sentido delas.
De boca aberta e ofegante,
eu desejava ouvir teus comandos mais que
qualquer coisa.
Transforma meu caminho,
olha com amor para mim,
como fazes com aqueles que te amam.
Firma meus passos na tua promessa,
para que nenhum mal tire o melhor de mim.
Resgata-me das garras dos perversos,
para que eu possa viver a vida do teu jeito.
Sorri para teu servo
e ensina-me o modo correto de viver.
Tenho chorado rios de lágrimas
porque ninguém vive de acordo
com teu livro!

■ NOTAS

☐ DIA 304 __ / __ / __

JEREMIAS 21.11 — 23.22

11-14 "Casa real de Judá, ouça a Mensagem do Eterno!
Casa de Davi, esta é a Mensagem do Eterno
para vocês:
'Comecem cada dia, agindo com justiça.
Resgatem as vítimas de seus opressores.
Impeçam o fogo, o fogo da minha ira,
porque uma vez que comece, não poderá ser
apagado.
O regime ímpio de vocês
é combustível para a minha ira.
Vocês não percebem que estou contra vocês,
sim, *contra* vocês?
Vocês acham que estão com a vida feita,
aconchegados e seguros.
Vocês dizem: "Quem seria capaz de nos pegar?
Quem consegue romper nosso
destacamento?"
Bem, eu consigo e vou fazê-lo!
Vou castigar esse regime cruel de vocês.
Vou atear um fogo devastador,
que queimará e reduzirá a cinzas
tudo que encontrar'. "

Dando as costas para a aliança de Deus

22 **1-3** Ordens do Eterno: "Vá ao palácio real e entregue esta Mensagem. Diga: 'Ouça o que o Eterno está dizendo, ó rei de Judá, você que está no trono de Davi, você e seus oficiais e todas os que entram e saem pelas portas do palácio. Esta é a Mensagem do Eterno: Garantam a justiça. Resolvam as pendências entre as pessoas. Resgatem as vítimas da exploração. Não tirem vantagem dos desabrigados, dos órfãos e das viúvas. Façam cessar os assassinatos!

4-5 "Se vocês me obedecerem, então os reis da linhagem de Davi continuarão a sair e entrar por estas portas montados nos cavalos e levados por seus carros, eles, seus oficiais e os cidadãos de Judá. Mas, se vocês não obedecerem, juro' — decreto do Eterno — 'que este palácio será transformado num monte de entulho' ".

6-7 Este é o veredito do Eterno contra o palácio real de Judá:

"Você está entre meus lugares prediletos –
como as belas colinas de Gileade,
como os picos elevados do Líbano.
Mesmo assim, juro que vou transformar
você em terra devastada,
tão vazia quanto uma cidade-fantasma.
Vou chamar uma equipe de demolição,
bem equipada com marretas
e pés de cabra,
que vai bater no país até que ele vire uma massa
informe para depois ser queimada.

8-9 "Viajantes de todos os lugares passarão por aqui e dirão uns aos outros: 'Por que o Eterno faria uma coisa dessas a uma cidade tão maravilhosa?'. E a resposta será: 'Porque eles deram as costas à aliança do Eterno, voltaram-se para outros deuses e os adoraram'".

Construindo uma bela casa, mas destruindo vidas

10Não chorem pelo finado rei Josias.
Não desperdicem suas lágrimas.
Chorem pelo filho exilado dele:
Ele se foi para sempre.
Nunca mais verá sua casa.

11-12 Pois esta é a Palavra do Eterno sobre Salum, filho de Josias, que sucedeu seu pai como rei de Judá: "Ele se foi daqui, foi-se para sempre. Ele morrerá no lugar para onde o levaram. Nunca mais verá sua casa".

13-17 "Ai de quem constrói palácios,
mas ameaça pessoas;
que constrói uma bela casa,
mas destrói vidas,
Que explora os trabalhadores
e não lhes paga o que é devido;
Que diz: 'Vou construir uma
linda mansão
com quartos espaçosos e janelas
extravagantes'.
Vou mandar buscar madeira rara e cara
e seguir a última moda em decoração de
interiores!'.
Então, é isto que faz de você um rei –
Viver num palácio extravagante?

Seu pai viveu uma vida normal, não foi?
Sempre fez o que era certo e tratou o povo
de maneira honesta,
E as coisas deram certo para ele.
Ele defendeu os necessitados e oprimidos,
E as coisas deram certo para Judá.
Não é isso que significa me conhecer?".
É o decreto do Eterno.
"Mas vocês são cegos e sem juízo.
Só pensam em vocês mesmos,
Tirando vantagem dos fracos,
Passando por cima de suas vítimas."

18-19 Este é o epitáfio do Eterno sobre Jeoaquim, filho de Josias, rei de Judá:
"Desgraça para este homem!
Ninguém vai derramar uma lágrima por ele,
dizendo: 'Pobre irmão'.
Ninguém vai derramar uma lágrima por ele,
dizendo: 'Pobre senhor'.
Vão dar a ele um funeral de jumento:
vão arrastá-lo para fora da cidade e jogá-lo ali".

Vocês arruinaram sua vida

20-23 "Povo de Jerusalém, escalem um pico do
Líbano e chorem,
escalem uma montanha de Basã e lamentem,
Subam a serra de Abarim e gritem,
pois vocês arruinaram completamente a vida.
Eu falei com vocês quando tudo estava indo
como queriam,
mas vocês disseram: 'Não estamos
interessados'.
Tem sido assim desde que os conheci,
nunca ouviram uma só palavra
do que eu disse.
Todos os seus líderes serão expulsos,
todos os seus amigos acabarão no exílio,
E vocês acabarão na sarjeta,
desgraçados pelo tipo de vida que levaram.
Vocês, gente de cidade grande,
achavam-se tão importantes,
pensavam ser os maiorais!
Em breve, sofrerão de dores dobradas,
piores que contrações de parto."

24-26 "Tão certo quanto eu sou o Deus vivo" – decreto do Eterno –, "mesmo que você, Joaquim, filho de Jeoaquim, fosse o anel de selar da minha mão direita, eu o arrancaria para entregá-lo àqueles que estão vindo para matá-lo e depois mandaria você e sua

DIA 304

mãe para uma terra estranha, longe do seu lugar de nascimento, para que ambos morressem ali.

²⁷ "Vocês terão saudades, muitas saudades, mas nunca mais voltarão à sua terra natal".

²⁸⁻³⁰ Será que Joaquim é um balde furado,
um vaso que não presta para nada?
Por que, então, seriam jogados fora, ele e
seus filhos,
lançados numa terra estranha?
Ó terra, terra, terra,
ouça a Mensagem do Eterno!
Este é o veredito do Eterno:
"Condene esse homem como se não tivesse filhos,
um homem que nunca chegará
a ser ninguém.
Não há futuro para ele.
Ele é o fim da linha, o último dos reis".

Um autêntico ramo de Davi

23¹⁻⁴ "**D**estruição para os líderes-pastores que massacram e espalham minhas ovelhas!" É o decreto do Eterno. "Aqui está o que eu, o Eterno, Deus de Israel, digo aos líderes-pastores que desviam o meu povo: 'Vocês espalharam minhas ovelhas. Vocês as conduziram para o mau caminho. Nunca as acompanharam com os olhos. Escutem, estou de olho em vocês, estou registrando esse comportamento criminoso. Vou assumir o comando e reunir o que sobrou das minhas ovelhas, vou reuni-las de todas as terras para onde foram espalhadas e trazê-las de volta ao lugar a que pertencem, e elas vão se recuperar e crescer. Vou estabelecer líderes-pastores sobre elas, que delas cuidarão muito bem. Elas não vão viver mais em pavor nem em pânico. Todas as ovelhas perdidas serão reunidas'". É o decreto do Eterno.

⁵⁻⁶ "Está chegando o tempo" — decreto do Eterno —
"em que vou estabelecer um Ramo de Davi
realmente justo,
Um governante que saberá governar com justiça.
Ele vai se empenhar para que haja justiça
e manterá o povo unido.
Judá vai se sentir em segurança outra vez;
Israel também se sentirá seguro.
E vejam o nome que darão a ele:
O Eterno que Estabelece a Justiça.

⁷⁻⁸ "Portanto, observem: está chegando o tempo" — decreto do Eterno — "em que ninguém mais vai dizer: 'Tão certo como vive o Eterno, o Deus que tirou

os israelitas do Egito...', mas: 'Tão certo como vive o Eterno, o Deus que trouxe os descendentes de Israel de volta do país do norte e dos outros países para onde os havia espalhado, para que possam viver na sua boa e própria terra".

O sermão "Vai dar tudo certo"

⁹ **A** minha cabeça está vacilante,
meus braços e pernas fraquejam,
Estou cambaleando como um bêbado,
estou vendo tudo virando de tanto vinho,
E tudo por causa do Eterno,
por causa de suas santas palavras.

¹⁰⁻¹² Agora o que o Eterno diz acerca dos profetas mentirosos:

"Vocês conseguem acreditar?
Um país fervilhando de adúlteros!
Adúlteros, infiéis, promíscuos e idólatras!
Eles são uma maldição para a terra.
A terra está devastada.
A infidelidade deles
está deixando o país um esgoto,
Profetas e sacerdotes devotados à profanação.
Eles não querem nada comigo,
o verdadeiro Deus.
Até meu templo, imaginem,
está coberto com a lama dos seus crimes".
É o decreto do Eterno.
"Mas eles não vão escapar ilesos.
Vão acabar numa ladeira escorregadia,
Despencando na escuridão
e caindo em trevas.
Vou fazê-los pagar por seus crimes.
Será o Ano da Desgraça".
É o decreto do Eterno.

¹³⁻¹⁴ "**L**á em Samaria, vi profetas
agindo como tolos: foi chocante!
Eles pregaram aquele deus que
nem deus é, Baal,
confundindo a cabeça do meu povo.
E os profetas de Jerusalém são
ainda piores!
São depravados, vivem uma mentira,
Apoiando a cultura da maldade,
sem nunca considerar as consequências.
Eles são tão maus quanto os crápulas
da antiga Sodoma
e os degenerados da velha Gomorra."

¹⁵Portanto, aqui está a Mensagem do Senhor dos Exércitos de Anjos aos profetas:

"Vou cozinhar para eles comida cheia de fel
e depois vou servir bebidas envenenadas.
Os profetas de Jerusalém estão por trás
de tudo isso.
Eles são a causa da profanação deste país".

¹⁶⁻¹⁷Mensagem do Senhor dos Exércitos de Anjos:

"Não prestem atenção aos sermões dos profetas.
É tudo vento. Mentiras, mentiras e mais
mentiras.
Eles inventam tudo.
Nem uma palavra do que dizem vem da
minha parte.
Eles pregam 'Vai dar tudo certo'
a gente que não conhece Deus;
Pregam 'Nunca vai acontecer nada de mal a vocês'
a pessoas obstinadas nos próprios caminhos.

¹⁸⁻²⁰"Esses profetas alguma vez quiseram
se encontrar comigo,
o Eterno verdadeiro?
Alguma vez se esforçaram para receber
o que *eu* tenho a dizer?
Alguma vez ouviram e depois *puseram em
prática* minha Palavra?
Vejam! O furacão do Eterno vai ser liberado,
a força do meu furacão
Fazendo rodar a cabeça dos maus como piões!
A ira tempestuosa de Deus não vai diminuir
Até que eu tenha feito uma limpeza completa,
terminando o trabalho que comecei.
E, quando eu tiver terminado a tarefa,
vocês verão que foi um trabalho bem-feito".

Parem com essa conversa de "Deus me falou"

²¹⁻²²"Eu nunca enviei esses profetas,
mas eles correram mesmo assim.
Nunca falei com eles,
mas eles insistem em pregar.
Se eles tivessem se importando
em se encontrar comigo,
teriam pregado minha Palavra
ao meu povo.
Teriam conduzido o povo
de volta ao caminho reto
e os afastado dos seus maus desejos."

2 TIMÓTEO 3.1 — 4.2

Tempos difíceis vêm por aí

3¹⁻⁵Não seja ingênuo. Tempos difíceis vêm por aí. À medida que o fim se aproxima, os homens vão se tornando egocêntricos, loucos por dinheiro, fanfarrões, arrogantes, profanos, sem respeito para com os pais, cruéis, grosseiros, interesseiros sem escrúpulos, irredutíveis, caluniadores, sem autocontrole, selvagens, cínicos, traiçoeiros, impiedosos, vazios, viciados em sexo e alérgicos a Deus. Eles vão fazer da religião um espetáculo, mas nos bastidores se comportam como animais. Fique longe deles!

⁶⁻⁹É o tipo de gente que entra sorrateiramente nas casas de mulheres instáveis e carentes e tira proveito delas; mulheres que, deprimidas pela própria vida de pecado, se apegam a qualquer modismo religioso que se denomine "verdade". Elas são exploradas vezes seguidas e nunca aprendem. Esses homens são como os velhos trapaceiros egípcios, Janes e Jambres, que desafiaram Moisés. Renegados da fé e enganados no pensamento, eles desafiam a própria verdade. Nada de bom vem desses impostores, e um dia serão desmascarados, assim como o povo percebeu o engano dos egípcios.

Mantenha a Mensagem viva

¹⁰⁻¹³Você tem sido um bom discípulo meu: seu viver reflete meu ensino, estilo de vida, orientação, fé, constância, amor, paciência, problemas, sofrimentos — e sofrimento com a dor que senti em Antioquia, Icônio e Listra. Você também sabe que Deus me resgatou! Qualquer pessoa que queira viver para Cristo enfrentará problemas, não há como evitá-los. Homens inescrupulosos e traidores continuarão explorando a fé, mas são tão enganados quanto as pessoas que eles enganam. Enquanto eles existirem, as coisas irão piorar.

¹⁴⁻¹⁷Mas não se permita intimidar por causa disso. Persevere no que você ouviu e aprendeu, certo da integridade dos seus mestres — afinal, você recebeu as Escrituras com o leite da sua mãe! Não há nada como a Palavra de Deus escrita para mostrar o caminho para a salvação por meio da fé em Cristo Jesus. Cada parte da Escritura é inspirada por Deus e útil de um modo ou de outro — para mostrar a verdade, denunciar nossa rebelião, corrigir nossos erros, ensinar como viver o caminho de Deus. Por meio da Palavra, somos unidos e moldados para as tarefas que Deus deseja nos incumbir.

DIA 305

4 ¹⁻²**N**ão sei como dizer isto de modo mais veemente. Deus está na sua retaguarda. O próprio Cristo é o Juiz, com a palavra final sobre todos, vivos e mortos. Ele está para se manifestar com o Reino. Portanto, intensifique o trabalho de divulgação da Mensagem e seja vigilante. Desafie, advirta e insista com seus ouvintes. Não desista. Use linguagem compreensível.

SALMOS 119.137-144

¹³⁷⁻¹⁴⁴**T**u és justo e fazes justiça, ó Eterno!
Tuas decisões sempre acertam o alvo.
Com justiça, nos ensinas a viver
fiéis a ti em todo tempo.
Meus rivais quase me tiraram a vida;
eles ignoraram teus mandamentos.
Tua promessa tem sido testada à exaustão,
e eu, teu servo, a amo com ternura.
Sou muito jovem para ser importante,
mas não esqueço o que me disseste.
Tua retidão é eternamente justa;
tua revelação é a única verdade.
Ainda que eu enfrente os maiores problemas,
tenho prazer em seguir teus comandos.
O estilo de vida que me prescreves é justo.
Ajuda-me a compreender isso, para que eu
possa ter uma vida plena.

◼ NOTAS

☐ **DIA 305** __ / __ / __

JEREMIAS 23.23 — 25.29

²³⁻²⁴"**S**ou eu apenas um Deus de perto?"
— decreto do Eterno —,
"não sou também um Deus de longe, que está
em toda parte?
Alguém pode se esconder num canto
em que eu não possa vê-lo?" – decreto do
Eterno.
"Não estou presente em todos os lugares?
Não estou tanto no céu como na terra?" É o
decreto do Eterno.

²⁵⁻²⁷"**S**ei o que estão dizendo todos esses profetas que pregam mentiras, que me usam, declarando: 'Eu tive esse sonho! Eu tive esse sonho!'. Quanto tempo ainda vou ter de suportar isso? Esses profetas nem pensam em mim quando pregam mentiras e despejam ilusões. Eles trocam sonhos uns com os outros, alimentam-se uns dos sonhos enganosos dos outros, tentando desviar de mim a atenção do meu povo, assim como seus antepassados foram desviados pelo deus que nem deus é – Baal.

²⁸⁻²⁹"Vocês, profetas que não fazem nada
a não ser sonhar,
vão adiante e contem seus sonhos imbecis.
Mas vocês, profetas que têm uma
mensagem da minha parte,
contem-na de forma honesta e verdadeira.
O que a palha tem em comum com o trigo?
Nada é como o decreto do Eterno.
Não é minha Mensagem como o fogo?".
É o decreto do Eterno.
"Não é como a marreta que
esmigalha a rocha?

30-31 "Estou farto desses 'profetas' que só pregam sermões de segunda mão. Estou farto deles. Eles inventam histórias e depois fazem de conta que é verdade.

32 "Ah, estou farto dos profetas que pregam as mentiras que sonham, espalhando-as pelo país, arruinando a vida do meu povo com histórias mal contadas.

"Nunca enviei esses profetas, nunca autorizei um só deles. Eles não fazem nada por este povo: *nada*!". É o decreto do Eterno.

33 "E a qualquer um, mesmo profeta ou sacerdote, que perguntar: 'O que o Eterno tem a dizer sobre tudo isso? O que o está afligindo?', diga: 'Você, você é o problema, e estou me livrando de você' ". É o decreto do Eterno.

34 "E, se alguém, mesmo profeta ou sacerdote, andar por aí, dizendo levianamente: 'Mensagem do Eterno! Mensagem do Eterno!', vou castigá-lo. E castigarei sua família também.

35-36 "Em vez de afirmar saber o que o Eterno diz, perguntem uns aos outros: 'Como entender o Eterno nesta questão?'. Mas não andem por aí, fazendo de conta que sabem tudo, dizendo: 'Deus me disse isto... Deus me disse aquilo... '. Não quero ouvir mais isso. Só falem o que eu autorizar. Do contrário, minha Mensagem, a Mensagem do Senhor dos Exércitos de Anjos, o Deus vivo, será distorcida.

37-38 "Vocês podem perguntar aos profetas: 'Como o Eterno respondeu a você? O que ele disse?'. Mas não façam de conta que sabem todas as respostas e não falem como se soubessem tudo. Estou dizendo a vocês: parem com essa conversa de 'Deus me disse isso', 'Deus me disse aquilo'!

39-40 "Vocês estão prestando atenção? É melhor prestar, porque estou a ponto de pegá-los pelo braço e atirá-los para bem longe, vocês e a cidade que dei aos seus antepassados. Já cheguei ao meu limite com vocês. Vocês nunca vão esquecer disso. Ficará na história como desgraça".

Dois cestos de figos

24 **1-2** O Eterno mostrou-me dois cestos de figos diante do templo. Isso foi depois de Nabucodonosor ter levado Joaquim, filho de Jeoaquim, rei de Judá, para o exílio, com os líderes de Judá, os artesãos e os operários especializados. Num cesto, os figos eram da melhor qualidade, maduros e prontos para ser comidos. No outro, estavam podres, tão estragados que não podiam ser comidos.

3 O Eterno me disse: "Jeremias, o que você está vendo?".

"Figos", eu disse. "Figos excelentes, da melhor qualidade, e também figos podres, tão estragados que não podem ser comidos."

4-6 Então, o Eterno me disse: "Esta é a Mensagem do Eterno de Israel: Os exilados que eu enviei para a terra dos babilônios são como os figos bons, e vou fazer de tudo para que sejam bem tratados. Vou cuidar para que a vida deles seja boa e vou trazê-los de volta a esta terra. Vou edificá-los, não derrubá-los; vou plantá-los, não arrancá-los.

7 "Vou pôr neles um coração que me reconheça como o Eterno. Eles serão meu povo, e eu serei o seu Deus, porque eles voltarão para mim de todo o coração.

8-10 "Mas, como os figos podres, tão estragados que não podem ser comidos, é o rei Zedequias de Judá. Vou tratar dele e de seus líderes como se fossem figos podres, e também os sobreviventes que ficaram aqui e os que vivem no Egito. Eu os tratarei de modo que o mundo inteiro terá nojo deles: seus nomes serão usados como palavras de maldição nos lugares por onde os espalhei. E vou fazer de tudo para que morram como moscas, na guerra, de fome, seja lá do que for, até que a terra que uma vez dei a eles e a seus antepassados esteja completamente livre deles".

Não sigam modismos religiosos

25 **1** Esta é a Mensagem enviada a Jeremias, a todo o povo de Judá. Veio a ele no quarto ano de Jeoaquim, filho de Josias, rei de Judá. Era o primeiro ano de Nabucodonosor como rei da Babilônia.

2 O profeta Jeremias entregou a Mensagem a todo o povo de Judá e aos cidadãos de Jerusalém:

3 Desde o décimo terceiro ano de Josias, filho de Amom, até o dia de hoje (já se passaram vinte e três anos!), a Palavra do Eterno tem vindo a mim, e, desde o amanhecer até tarde da noite, eu a tenho repassado a vocês. E vocês não ouviram uma única palavra do que eu disse!

4-6 Além disso, o Eterno nunca deixou de adverti-los com seus profetas, e eles foram tão persistentes quanto eu, mas vocês jamais os ouviram. Eles disseram a vocês: "Voltem, agora, cada um de vocês. Abandonem os maus caminhos e a má conduta e vivam na terra que o Eterno deu a vocês e aos seus antepassados, a terra que ele pretendia dar a vocês para sempre. Não sigam esses modismos religiosos, não aceitem esses deuses, que nem deuses são, e muito menos os adorem. Não me deixem irado com seu

DIA 305

comércio religioso, fabricando e vendendo deuses. Isso é pra lá de perigoso!

⁷"Vocês se negaram a ouvir qualquer conselho a esse respeito, e agora estou realmente cheio de ira. Esse negócio de fabricar deuses será sua desgraça".

⁸⁻¹¹O veredito do Senhor dos Exércitos de Anjos sobre tudo isso é: "Visto que vocês se negaram a ouvir o que eu disse, vou intervir. Mandei buscar os exércitos do norte, encabeçados por Nabucodonosor, rei da Babilônia, meu servo nessa tarefa, e estou dando a ele autoridade sobre esta terra e seu povo e até sobre as nações vizinhas. Estou entregando tudo à total destruição, o maior horror de toda a história. E vou banir todo som de alegria, cantos, risadas, festas de casamento, artífices satisfeitos, jantares à luz de velas. O cenário será de uma imensa terra devastada. Essas nações ficarão sujeitas ao rei da Babilônia por setenta anos".

¹²⁻¹⁴"Passados os setenta anos, vou castigar o rei da Babilônia e a nação da Babilônia por seu pecado. Aí *eles* serão a terra devastada. Farei tudo que eu disse que faria àquele país — tudo que está escrito neste livro, tudo que Jeremias pregou contra todas as nações pagãs. Muitas nações e reis famosos tomarão os babilônios por escravos, fazendo-os pagar por tudo que fizeram aos outros. Eles não escaparão ilesos". É o decreto do Eterno.

O Eterno leva a raça humana ao tribunal

¹⁵⁻¹⁶Esta é a Mensagem que o Eterno de Israel me comunicou: "Tome este copo cheio do vinho da minha ira, que estou passando a você. Faça que todas as nações a quem eu o enviar o bebam. Elas o beberão e ficarão bêbadas, cambaleando em delírio por causa da matança que vou desencadear entre elas".

¹⁷⁻²⁶Peguei o copo da mão do Eterno e fiz que o bebessem todas as nações às quais ele me enviou: Jerusalém e as cidades de Judá, com seus reis e líderes, transformando-os em enorme terra devastada, um horror, um insulto à vista, o que, aliás, eles são agora;

O faraó, rei do Egito, com seus oficiais e líderes, além de todo o seu povo e a mistura de estrangeiros que existe ali;

Todos os reis de Uz;

Todos os reis dos filisteus de Ascalom, Gaza, Ecrom e do que sobrou de Asdode;

Edom, Moabe e os amonitas;

Todos os reis de Tiro, Sidom e as planícies costeiras do outro lado do mar;

Dedã, Temá e Buz e os nômades à margem do deserto;

Todos os reis da Arábia e os diversos chefes beduínos que vagueiam pelo deserto;

Todos os reis de Zimri, de Elão e da Média;

Todos os reis dos países do norte, tanto os próximos quanto os distantes, um por um;

Todos os reinos do planeta Terra...

E o último a beber será o rei de Sesaque (isto é, Babilônia).

²⁷"Diga a eles: 'Estas são as ordens do Senhor dos Exércitos de Anjos, o Deus de Israel: Bebam, embriaguem-se e vomitem. Caiam com o rosto em terra e não se levantem mais. Chegou a vez de serem massacrados'.

²⁸"Se algum deles se negar a pegar o copo e bebê-lo, diga a ele: 'O Senhor dos Exércitos de Anjos ordenou que você o bebesse. Portanto, beba!

²⁹"Preparem-se para o pior. Estou para enviar a catástrofe sobre a cidade que declaro ser minha; portanto, não pensem que vão escapar. Não, vocês não vão fugir. É a espada, e nada além da espada contra todos em todos os lugares!'". É o decreto do Senhor dos Exércitos de Anjos.

2TIMÓTEO 4.3-22

³⁻⁵Você descobrirá que daqui a um tempo o povo não vai mais ter estômago para ensino sólido, no entanto vão se encher de alimento espiritual estragado — mensagens cativantes que combinam com suas fantasias. Eles vão virar as costas para a verdade, vão trocá-la por ilusão. Mas *você* esteja atento ao que faz. Encare os tempos difíceis junto com os bons. Mantenha a Mensagem viva. Faça um trabalho benfeito como servo de Deus.

⁶⁻⁸Assuma o comando, porque estou para morrer. Minha vida é uma oferta no altar de Deus. É a única corrida que vale a pena disputar. Tenho corrido com esforço até o fim, conservando a fé por todo o caminho. Tudo que existe atrás de mim agora é a ovação — o aplauso de Deus! Submeta-se a isso, pois ele é um juiz honesto. Ele vai fazer o que é certo não apenas para mim, mas para todos os que estão ansiosos por sua vinda.

⁹⁻¹³Venha para cá o mais rápido que puder. Demas, atrás de novidades, foi para Tessalônica e me deixou aqui. Crescente está na província da

Galácia, Tito na Dalmácia. Lucas é o único que ficou comigo. Traga Marcos com você. Ele vai ser meu braço direito, pois estou mandando Tíquico para Éfeso. Não esqueça o agasalho que deixei em Trôade, com Carpo. Traga também os livros e pergaminhos.

14-15 Cuidado com Alexandre, aquele que faz artesanato de cobre. Ele é um opositor feroz da Mensagem e vive causando problemas. Ele vai receber de Deus o que merece.

16-18 No meu primeiro julgamento, ninguém ficou do meu lado. Todos fugiram como coelhos assustados. Mas não importa – o Senhor ficou do meu lado e me ajudou a proclamar a Mensagem, em alto e bom som, a pessoas que a ouviram pela primeira vez. Fui resgatado da boca do leão! Deus está cuidando de mim e me mantém a salvo para o Reino dos céus. Todo louvor a ele, louvor para sempre! Amém!

19-20 Envie saudações a Priscila e Áquila, e também à família de Onesíforo. Erasto ficou em Corinto. Tive de deixar Trófimo doente em Mileto.

21 Faça o que puder para chegar aqui antes do inverno.

Êubulo, Prudente, Lino, Cláudia e todos os seus amigos aqui enviam saudações.

22 Deus esteja com você! A graça esteja com você!

SALMOS 119.145-152

145-152 Gritei com todas as minhas forças:
"Ó Eterno! Responde!
Farei tudo que disseres!".
Gritei também: "Salva-me,
para que eu possa cumprir
todas as tuas instruções!".
Eu estava acordado antes do nascer do sol,
clamando por socorro, aguardando uma
palavra tua.
Permaneci acordado toda a noite,
refletindo na tua promessa.
Por teu amor, ouve-me;
por tua justiça, ó Eterno, mantém-me vivo.
Quanto mais os que planejam me pegar se
aproximam de mim,
mais eles se afastam da tua verdade.
Mas tu és o mais chegado para mim, ó Eterno,
e todos os teus julgamentos
são verdadeiros.
Eu sempre soube, pela evidência das tuas palavras,
que pretendias que elas durassem
para sempre.

NOTAS

DIA 306 ___ / ___ / ___

JEREMIAS 25.30 — 27.22

30-31 "Pregue tudo, Jeremias. Pregue a Mensagem completa a eles. Diga:

" 'O Eterno está rugindo como um
leão dos altos céus;
trovões procedem de sua habitação sacra;
Gritos de estourar os tímpanos contra seu povo,
como dos trabalhadores na colheita.
O barulho ecoa por toda a terra;
todos, em todos os lugares,
conseguem ouvi-lo.

DIA 306

O Eterno está entrando com uma acusação
contra as nações pagãs.
Ele vai abrir processo contra a raça humana.
Para os maus, o veredito é claro e direto:
morte pela espada' ". É o decreto do Eterno.

³²**M**ensagem do Senhor dos Exércitos de Anjos:

"Preparem-se para o pior. É dia de juízo!
O desastre se espalha de nação em nação.
Uma enorme tempestade
está prestes a varrer o planeta Terra".

³³**U**m após outro, os que forem mortos no juízo do
Eterno naquele dia formarão uma linha de um a outro
canto da terra. Não haverá lágrimas nem sepultamen-
tos. Os corpos serão deixados onde caírem, como o
esterco de cavalo que fertiliza os campos.

³⁴⁻³⁸Chorem, pastores! Gritem por socorro!
Arrastem-se na lama, mestres do rebanho!
O tempo acabou, o matadouro agora os aguarda,
como um cordeiro escolhido para ter
garganta cortada.
Não há saída para os governantes,
não há escape para esses pastores.
Vocês estão ouvindo?
Governantes gritando por socorro,
os pastores do rebanho gemendo!
O Eterno está prestes a devastar suas
belas pastagens.
Os calmos apriscos estarão silenciosos
com a morte,
silenciados pela ira mortal do Eterno.
Deus vai se manifestar como
um leão que salta da cova,
E o país será rasgado em pedaços,
arrebentado e devastado pela ira divina.

Mudem a maneira de viver

26¹**N**o começo do reinado de Jeoaquim, filho
de Josias, rei de Judá, esta Mensagem veio do
Eterno a Jeremias:

²⁻³"Mensagem do Eterno: vá ao pátio do templo do
Eterno e pregue ao povo que chega de todo o território
de Judá para adorar. Diga tudo que eu ordenar. Não
esconda nada. Talvez eles ouçam e se arrependam de
seus maus caminhos e eu reconsidere o desastre que
planejo contra eles por causa da má conduta deles.

⁴⁻⁶"Diga a eles: 'Esta é a Mensagem do Eterno: Se
vocês se recusarem a me ouvir e a viver segundo

minhas ordens, que de forma tão clara expliquei a
vocês, e se continuarem a ignorar as advertências dos
meus servos, os profetas, que não me canso de enviar
a vocês – ainda que não tenham dado a mínima –,
vou transformar este templo num monte de ruínas,
como Siló, e fazer desta cidade um motivo de ridículo
para os povos".

⁷⁻⁹Todos – sacerdotes, profetas e o povo – ouviram Jeremias pregar a Mensagem no templo do
Eterno. Quando Jeremias terminou de falar, depois
de dizer tudo que Deus havia ordenado, os sacerdotes, os profetas e o povo o agarraram, gritando:
"Morte! Você vai morrer por isso! Como ousa falar
desse jeito – e ainda usando o nome de Deus –, dizendo que este templo vai se transformar num monte
de entulho, como Siló, e que esta cidade será varrida
do mapa, sem que sobre uma alma viva?".

E todo o povo se amotinou em volta de Jeremias,
ali mesmo, no recinto do templo.

¹⁰**O**s oficiais da corte real de Judá foram informados disso. Eles deixaram o palácio imediatamente
e vieram ao templo do Eterno para investigar. Ins-
tauraram um tribunal ali mesmo, na Porta Nova
do templo.

¹¹Os profetas e sacerdotes falaram primeiro, dirigindo-se aos oficiais, mas também ao povo: "Este
homem precisa morrer! Ele não merece nada menos
que a morte! Ele pregou contra esta cidade, vocês
mesmo ouviram".

¹²⁻¹³Jeremias falou em seguida, dirigindo-se aos
oficiais, diante do povo: "Deus me enviou para
pregar contra este templo e contra a cidade tudo
aquilo que falei a vocês. Então, tomem uma atitude!
Mudem a maneira de viver, mudem a má conduta.
Ouçam com o coração obediente a Mensagem do
Eterno. Talvez ele reconsidere o desastre com que
ameaçou vocês.

¹⁴⁻¹⁵"Quanto a mim, estou nas mãos de vocês, façam
o que acharem melhor. Mas ouçam esta advertência:
se vocês me matarem, estarão matando um inocente,
e vocês, a cidade e o povo que mora nela, serão responsáveis por isso. Não falei nada por minha conta.
O Eterno me enviou e me disse o que falar. Vocês
ouviram o *Eterno* falar, não Jeremias".

¹⁶Os oficiais da corte, apoiados pelo povo, anunciaram a sentença aos sacerdotes e profetas: "Absolvido.
Este homem não merece a sentença de morte. Ele
falou a nós com a autoridade do Eterno".

¹⁷⁻¹⁸Então, alguns das autoridades de maior respeito se levantaram e se dirigiram ao povo, dizendo:

"No reinado de Ezequias, rei de Judá, Miqueias de Moresete pregou ao povo de Judá o seguinte: 'Esta é a Mensagem do Senhor dos Exércitos de Anjos para vocês:

" 'Por causa de gente como vocês,
Sião será transformada em terra arada,
Jerusalém será um monte de entulho.
E, no lugar do templo, no monte,
só restará mato'.

¹⁹ "Será que o rei Ezequias ou qualquer outra pessoa em Judá matou Miqueias de Moresete por causa disso? Ezequias não o honrou e orou pela misericórdia do Eterno? E o Eterno não cancelou o desastre com que havia ameaçado o povo? "Amigos, estamos prestes a trazer uma terrível desgraça sobre nós".

²⁰⁻²³ (Em outra época, houve um homem, Urias, filho de Semaías, de Quiriate-Jearim, que pregou coisas semelhantes em nome do Eterno. Ele pregou contra esta mesma cidade e país, como fez Jeremias. Quando o rei Jeoaquim e os membros da corte o ouviram, decidiram matá-lo. Urias, com medo de perder a vida, fugiu para se esconder no Egito. O rei Jeoaquim enviou Elnatã, filho de Acbor, com um destacamento armado atrás dele. Eles o trouxeram de volta do Egito e o levaram ao rei. E o rei o mandou matar. Eles jogaram seu corpo fora da cidade, sem dar a ele um funeral decente.

²⁴ Mas, no caso de Jeremias, Aicam, filho de Safã, adiantou-se e o defendeu, impedindo que a multidão o linchasse.)

Submeta-se à canga

27 ¹⁻⁴ No início do reinado de Zedequias, filho de Josias, rei de Judá, Jeremias recebeu esta Mensagem do Eterno: "Faça um arreio e uma canga e a ponha sobre você. Envie uma mensagem aos reis de Edom, Moabe, Amom, Tiro e Sidom. Envie-a por meio dos emissários que vieram a Jerusalém ver Zedequias, rei de Judá. Dê a eles esta ordem, para que a transmitam a seus senhores: 'Esta é a Mensagem do Senhor dos Exércitos de Anjos, o Deus de Israel. Digam aos seus senhores:
⁵⁻⁸ " 'Eu sou aquele que fez a terra, o homem e a mulher e todos os animais do mundo. Fiz tudo isso sozinho, sem a ajuda de ninguém, e entrego tudo isso a quem eu quiser. Neste momento, entrego todas estas terras ao meu servo Nabucodonosor, rei da Babilônia.

Tornei até os animais selvagens sujeitos a ele. Todas as nações estarão sujeitas a ele e, depois, a seu filho e a seu neto. Então, o tempo de sua nação acabará, e acontecerá a virada: a Babilônia será o servo vencido. Mas, até então, qualquer nação ou reino que não quiser se submeter a Nabucodonosor, rei da Babilônia, terá de usar a canga e o arreio do rei da Babilônia. Vou castigar essa nação com guerras, fome e doenças até que as leve aonde desejo.

⁹⁻¹¹ " 'Portanto, não deem ouvidos aos seus profetas, místicos e adivinhos, que afirmam conhecer o futuro e que os aconselham a não se entregar ao rei da Babilônia. Eles estão enganando vocês. São mentiras descaradas, que vão acabar levando vocês para o exílio, para bem longe de casa. Eu mesmo expulsarei vocês da terra. Será o fim! Mas a nação que aceitar o jugo do rei da Babilônia e fizer o que ele diz vai permanecer em sua terra, cuidando da própria vida'".

¹²⁻¹⁵ Transmiti a mesma mensagem a Zedequias, rei de Judá: "Submeta-se à canga do rei da Babilônia. Sirva a ele e a seu povo. Viva uma vida longa! Por que ser morto ou morrer de fome ou ficar doente e morrer, como o Eterno diz que acontecerá a toda nação que não se sujeitar à Babilônia? Não dê ouvidos aos profetas que o estão aconselhando a não se submeter ao rei da Babilônia. Eles estão mentindo, enganando. A Palavra do Eterno a respeito disso é: 'Eu não enviei esses profetas, e eles continuam pregando mentiras, afirmando que eu os enviei. Se você der ouvidos a eles, vou acabar expulsando todos daqui, e esse será o fim, tanto o seu quanto o desses profetas mentirosos' ".

¹⁶⁻²² Finalmente, falei aos sacerdotes e ao povo todo: "Esta é a Mensagem de Deus: 'Não deem ouvidos à pregação dos profetas que insistem em dizer: Confiem em nós. Os utensílios saqueados do templo do Eterno estão para ser trazidos de volta da Babilônia a qualquer momento. Isso é mentira. Não deem ouvidos a eles. Submetam-se ao rei da Babilônia e tenham vida longa. Por que fazer algo que vai destruir a cidade e torná-la um monte de entulho? Se eles são profetas verdadeiros e têm a Mensagem do Eterno, que recorram ao Senhor dos Exércitos de Anjos em oração, para que, assim, os utensílios que ainda estão no templo do Eterno, no palácio do rei e em Jerusalém não sejam também levados para a Babilônia. Isso porque o Senhor dos Exércitos de Anjos já falou acerca dos utensílios e dos tesouros do templo que ficaram: as colunas, a bacia de bronze, os suportes e todos os outros vasos e cálices de que Nabucodonosor, rei da Babilônia, não se apossou quando levou Joaquim, filho de

DIA 306

Jeoaquim, para o exílio babilônico com todos os líderes de Judá e de Jerusalém. Ele disse que os utensílios e tesouros deixados no templo do Eterno e no palácio real e em Jerusalém serão levados para a Babilônia e lá ficarão até que o Eterno os traga de volta para o lugar a que pertencem' ".

TITO 1.1 — 2.8

1 [1-4]Eu, Paulo, sou escravo de Deus e agente de Cristo para a promoção da fé entre o povo escolhido de Deus, apresentando a Mensagem de maneira precisa e explicando como viver de acordo com ela. Meu propósito é promover a esperança, apontando o caminho para a vida sem fim. Essa é a vida que Deus prometeu há muito tempo — e ele não quebra suas promessas! Quando chegou o tempo, ele trouxe a verdade a público. Fui encarregado de proclamar a Mensagem por ordem do nosso Salvador, o próprio Deus. Prezado Tito, filho legítimo na fé: receba tudo que Deus, nosso Pai, e Jesus, nosso Salvador, concede a você!

Uma boa compreensão da mensagem

[5-9]Deixei você em Creta para que terminasse o trabalho que comecei. Nomeie líderes em cada cidade de acordo com minhas instruções. Durante o processo de seleção, pergunte: "Este homem tem boa reputação? É fiel à esposa? Seus filhos são cristãos e o respeitam? Ficam longe de confusão?". É importante que um líder da igreja, responsável pelos assuntos na casa de Deus, seja visto não como controlador e de pavio curto nem como beberrão, valentão ou ambicioso. Ele deve ser hospitaleiro, prestativo, sábio, justo, respeitador, ter domínio próprio e ter uma boa compreensão da Mensagem, sabendo como usar a verdade para encorajar o povo ao conhecimento ou para calar os que fizerem oposição.

[10-16]Há muitos rebeldes por aí, com discurso confuso, ilusório e nocivo. Os que cresceram como religiosos e que deveriam conhecer melhor a verdade são os piores. Eles precisam ser silenciados. Estão perturbando famílias inteiras com seu ensinamento, e tudo por causa de dinheiro. Um dos profetas deles se expressou muito bem quando disse:

Os cretenses são mentirosos desde
o ventre materno,
cães que uivam, ventres preguiçosos.

Ele sem dúvida falou a verdade. Não deixe passar em branco. Faça-os parar com essa conversa doentia de regras judaicas, para que possam recuperar uma fé robusta. Tudo é puro para quem tem a mente pura; nada é puro para o descrente de mente suja. Eles deixam suas pegadas de lama em cada pensamento e ação. Dizem que conhecem Deus, mas suas ações falam mais alto que suas palavras. Não passam de bajuladores, desobedientes e inúteis.

Uma vida repleta de Deus

2 [1-6]A sua tarefa é explicar os assuntos que contribuem para uma doutrina sólida. Oriente os homens mais velhos a viver com equilíbrio, dignidade e sabedoria, para que haja perseverança, fé e amor saudáveis. Oriente as mulheres mais velhas a viver com respeito, para que não sejam fofoqueiras nem bêbadas, mas modelos de bondade. Que as mulheres mais jovens, ao se inspirar nelas, saibam como amar o marido e os filhos, sejam virtuosas e puras, cuidem bem da casa e sejam boas esposas. Não queremos que ninguém se afaste da Mensagem de Deus por causa do comportamento delas. Oriente também os jovens a viver uma vida disciplinada. [7-8]Acima de tudo, para que todos vejam, mostre essas virtudes em sua vida. Não corrompa seu ensino: ele deve ser sólido e saudável. Assim, até alguém que seja contra nós, se não encontrar nada estranho ou errado, poderá no tempo oportuno, mudar de conduta.

SALMOS 119.153-160

[153-160]Analisa meu problema e me ajuda,
    porque não negligenciei tua revelação.
Fica do meu lado e me tira desta situação,
    devolvendo a minha vida, como prometeste.
"Salvação" é uma expressão sem sentido
        para os ímpios,
    porque eles nunca consultaram teu dicionário.
Tuas misericórdias, ó Eterno, alcançam bilhões;
    renova-me segundo tuas diretrizes.
Meus adversários são tantos que não
        dá para contar,
    mas não me desvio das tuas orientações.
Observo essa gente frouxa e sinto aversão;
    eles fogem das tuas promessas
        por qualquer motivo!
Toma nota de quanto amo tuas palavras
    e, por teu amor, prolonga minha vida.
A soma das tuas palavras é o que
        chamamos Verdade.
Tuas decisões justas são eternas.

NOTAS

do templo do Eterno de volta para cá, todas as coisas que Nabucodonosor, rei da Babilônia, saqueou e levou para a Babilônia. Também vou trazer de volta Joaquim, filho de Jeoaquim, rei de Judá, e todos os exilados que estão na Babilônia'. É o decreto do Eterno. 'Sim, vou quebrar o jugo do rei da Babilônia. Vocês já não estarão sujeitos a ele' ".

5-9 O profeta Jeremias confrontou o profeta Hananias diante dos sacerdotes e de todo o povo que estava no templo do Eterno naquele dia. O profeta Jeremias disse: "Maravilha! Que bom se fosse verdade, se Deus validasse sua pregação e trouxesse os utensílios do templo e todos os exilados de volta da Babilônia! Mas preste muita atenção ao que vou dizer. Preste atenção no que tenho a dizer tanto a você quanto ao povo que está aqui hoje: Os profetas de antigamente, antes do nosso tempo, pregaram juízo contra muitas nações e reinos, advertindo acerca de guerras, desastres e pragas. Assim, qualquer profeta que pregue que tudo está bem e que não há nada com que se preocupar sobressai e aparece. Vamos esperar e ver o que acontece. Se isso acontecer, aconteceu, e saberemos que Eterno enviou você".

10-11 Diante disso, Hananias pegou a canga dos ombros de Jeremias, quebrou-a em pedaços e disse ao povo: "Esta é a Mensagem do Eterno: 'Exatamente assim vou esmagar o jugo do rei da Babilônia e tirá-lo do pescoço de todas as nações. Isso acontecerá daqui a dois anos' ".

Então, Jeremias se retirou.

12-14 Mais tarde, algum tempo depois de Hananias ter despedaçado a canga, Jeremias recebeu esta Mensagem do Eterno: "Volte a Hananias e diga a ele: 'Esta é a Mensagem do Eterno: Você despedaçou a canga de madeira, mas vai receber uma canga de ferro. Esta é uma Mensagem do Senhor dos Exércitos de Anjos, o próprio Deus de Israel: Coloquei um jugo de ferro sobre todas essas nações. Elas estão atreladas a Nabucodonosor, rei da Babilônia e vão fazer exatamente o que ele ordenar. Estou dando a ele autoridade até sobre os animais selvagens' ".

15-16 Assim, o profeta Jeremias disse ao profeta Hananias: "Pare com isso, Hananias! O Eterno nunca enviou você! Você fez a nação inteira acreditar num monte de lorotas! E assim diz o Eterno: 'Você diz que foi enviado? Você vai ser enviado, sim, mas para o além. Antes de acabar o ano, você estará morto, porque incitou o povo contra o Eterno' ".

17 O profeta Hananias morreu naquele mesmo ano, no sétimo mês.

||||||||||||||||||||||||||||||||||||||||||||||||||

☐ DIA **307** ___ / ___ / ___

JEREMIAS 28.1 — 30.3

De uma canga de madeira
para uma de ferro

28^**1-2** Mais tarde, naquele mesmo ano (no quinto mês do quarto ano do rei Zedequias), Hananias, filho de Azur, profeta de Gibeom, confrontou Jeremias no templo do Eterno diante dos sacerdotes e de todo o povo que estava lá. Hananias disse:

2-4 "Esta Mensagem vem diretamente do Senhor dos Exércitos de Anjos, o Deus de Israel: 'Certamente vou quebrar o jugo do rei da Babilônia. Antes de se passarem dois anos, terei trazido todos os utensílios

DIA 307

Planos para o futuro

29 **1-2**Esta é a carta que o profeta Jeremias enviou de Jerusalém aos que ainda restavam dos anciãos entre os exilados, aos sacerdotes e profetas e a todos os exilados que Nabucodonosor havia levado de Jerusalém para a Babilônia, entre eles o rei Joaquim, a rainha-mãe, os líderes do governo e todos os operários especializados e artesãos.

3A carta foi levada por Eleasa, filho de Safã, e por Gemarias, filho de Hilquias, a quem Zedequias, rei de Judá, tinha enviado a Nabucodonosor, rei da Babilônia. A carta dizia:

4Esta é a Mensagem do Senhor dos Exércitos de Anjos, o Deus de Israel, a todos os exilados que levei de Jerusalém para a Babilônia:

5"Construam casas e se estabeleçam aí.

"Plantem jardins e comam o que cresce na terra.

6"Casem-se e tenham filhos. Incentivem seus filhos a se casar e ter filhos, para que vocês progridam e se multipliquem nessa terra e não desperdicem a vida.

7"Estabeleçam-se aí e trabalhem para o bem-estar do país.

"Orem pela prosperidade da Babilônia. Se ela estiver bem, vocês também estarão".

8-9 Sim. Acreditem ou não, esta é a Mensagem do Senhor dos Exércitos de Anjos, o Deus de Israel: "Não deixem que os supostos pregadores e os especialistas, que estão em toda parte, os enganem com suas mentiras. Não prestem atenção nas lorotas que eles inventam para agradar vocês. Eles são apenas mentirosos que contam mentiras e ainda afirmam que eu os enviei! Eu nunca os enviei, podem acreditar". É o decreto do Eterno.

10-11 Esta é a Palavra do Eterno sobre o assunto: "Assim que tiverem terminado os setenta anos da Babilônia, nem um único dia antes, vou aparecer e cuidar de vocês, como prometi, e trazê-los de volta para casa. Sei o que estou fazendo. Já planejei tudo, e o plano agora é cuidar de vocês! Não os abandonarei. Meu plano é dar a vocês o futuro pelo qual anseiam.

12"Quando vocês me chamarem, quando orarem a mim, eu ouvirei.

13-14"Quando vocês me buscarem, me encontrarão.

"Sim, quando me buscarem de todo o coração e em primeiro lugar, dou a vocês a certeza de que não vão se decepcionar". É o decreto do Eterno.

"Vou reverter a sorte de vocês. Vou trazê-los de volta de todos os países pelos quais os espalhei".

É o decreto do Eterno. "Vou trazê-los de volta para casa, para o lugar de onde os despachei como exilados. Tenham certeza.

15-19"Mas, agora, uma vez que vocês se envolveram com esses outros profetas que se acham 'especialistas em Babilônia', e vocês acreditaram, dizendo: 'O Eterno os enviou só para nós', o Eterno está deixando as coisas claras: para o rei que ainda está no trono e as pessoas deixadas em Jerusalém, que não foram para o exílio com vocês, os dias que os aguardam serão tenebrosos. O Senhor dos Exércitos de Anjos diz: 'Prestem atenção nisto: a catástrofe está a caminho — guerra, fome e desastre! Eles são um saco de laranja podre, e vou limpar a terra por meio da guerra, da fome e da doença. O mundo inteiro vai torcer o nariz por causa do cheiro e fechar os olhos diante do horrível espetáculo. Eles acabarão em favelas e guetos, porque não quiseram me ouvir quando enviei meus servos profetas, pregando incansável e fervorosamente. Não, eles não deram ouvidos a uma única palavra do que eu disse' ". É o decreto do Eterno.

20-23"E vocês, exilados que enviei de Jerusalém para a Babilônia, ouçam a Mensagem do Eterno. Com respeito a Acabe, filho de Colaías, e a Zedequias, filho de Maaseias, os 'especialistas em Babilônia' que estão pregando mentiras em meu nome, vou entregá-los a Nabucodonosor, rei da Babilônia, que irá matá-los diante dos seus olhos. Os exilados de Judá vão usar a execução deles como fórmula de maldição: 'Que o Eterno os asse vivos como o rei da Babilônia assou Zedequias e Acabe no fogo!'. Aqueles dois falsos profetas depravados receberam o que mereciam. Eles saíram com todas as mulheres que puderam, até com mulheres de amigos e disseram mentiras afirmando que eram a Mensagem do Eterno. Eu nunca enviei aqueles homens. Nunca tive nada com eles." É o decreto do Eterno.

"Eles não vão escapar ilesos. Sou testemunha de tudo isso."

24-26 Esta é a Mensagem para Semaías, de Neelam: "O Senhor dos Exércitos de Anjos, o Deus de Israel, diz: 'Você assumiu a responsabilidade de enviar cartas a todo o povo de Jerusalém e ao sacerdote Sofonias, filho de Maaseias, e ao grupo dos sacerdotes. Na sua carta, você diz a Sofonias que o Eterno o estabeleceu como sacerdote no lugar do sacerdote Joiada; que ele o designou responsável pelo templo do Eterno e deu a você a tarefa de prender e tirar da rua qualquer maluco que mete na cabeça que é profeta.

27-28 "Então, por que você não fez nada para fechar a boca de Jeremias de Anatote, que anda por aí posando de profeta? Ele chegou a ponto de escrever a nós na Babilônia: 'Vai ser um exílio longo, por isso façam casas e se estabeleçam. Plantem jardins e aprendam as receitas babilônicas' ".

29 O sacerdote Sofonias leu essa carta para o profeta Jeremias.

30-32 Então, o Eterno disse a Jeremias: "Envie a seguinte Mensagem aos exilados. Diga a eles o que o Eterno diz a respeito de Semaías, de Neelam: Semaías está mentindo. Eu não o enviei. Ele está seduzindo vocês, para que acreditem nessas mentiras. Então, este é o veredito de Deus: 'Vou castigar Semaías, de Neelam, e toda a sua família. Ele vai acabar sem nada e sem ninguém. Ninguém da família dele viverá para ver todas as boas coisas que vou fazer ao meu povo porque ele pregou a rebeldia contra mim' ". É o decreto do Eterno.

Não se desespere, Israel

30 **1-2** Esta é a Mensagem que Jeremias recebeu do Eterno: "Mensagem do Eterno, do Deus de Israel: 'Escreva num livro tudo que estou dizendo.

3 "'Olhe. Está chegando o tempo em que vou mudar a situação do meu povo, tanto para Israel quanto para Judá. Eu, o Eterno, estou dizendo. Vou trazê-los de volta à terra que dei a seus antepassados, e eles irão tomar posse dela outra vez' ".

TITO 2.9 — 3.15

9-10 Oriente os que têm outras funções na igreja a ser trabalhadores leais, um prêmio para seus patrões — sem falar mal pelas costas, sem atos de desonestidade. Assim, o bom caráter deles vai resplandecer por meio de suas atividades, acrescentando brilho ao ensino do nosso Salvador.

11-14 A disposição de Deus para dar e perdoar agora é pública. A salvação está disponível a qualquer um! Estamos mostrando como virar as costas para uma existência permissiva e sem temor a Deus e como assumir uma vida repleta de Deus e honrosa para ele. Essa nova vida está começando exatamente agora e estimula nosso desejo pelo dia glorioso, quando nosso grande Deus e Salvador Jesus Cristo vai aparecer. Ele se ofereceu como sacrifício para nos levar de uma existência de trevas e de rebeldia para uma vida pura e boa, fazendo de nós um povo do qual possa se orgulhar, cheio de energia para fazer o bem.

15 Diga tudo isso a eles. Edifique a coragem deles e discipline quem sair da linha. Você está no comando. Não permita que ninguém o humilhe.

Ele nos devolveu a vida

3 **1-2** Aconselhe o povo a respeitar as autoridades e a serem cumpridores da lei, sempre prontos a dar a quem precisa. Nada de insultos ou brigas. O povo de Deus deve ser cortês e ter coração aberto.

3-8 Até pouco tempo, éramos tolos e teimosos, presas fáceis do pecado, dominados pelos instintos, andando sem destino e cabisbaixos, odiando e sendo odiados. Mas, quando Deus, nosso Salvador bondoso e amoroso, interferiu, ele nos salvou de tudo isso. Tudo foi obra dele: nós não fizemos nada. Ele nos limpou, e saímos daquela situação como um povo especial, purificados por dentro e por fora pelo Espírito Santo. Nosso Salvador Jesus generosamente nos deu nova vida. O dom de Deus restaurou nosso relacionamento com ele e nos devolveu a vida. E ainda há mais vida por vir — uma eternidade de vida! Podem contar com isso.

8-11 Quero que vocês permaneçam firmes em todos esses aspectos, para que todos os que puseram a confiança em Deus se concentrem nos elementos essenciais, benéficos a todos. Fiquem longe da insensatez, de discussões sem propósito sobre genealogias e minúcias da Lei. Isso não leva a lugar algum. Advirta uma ou duas vezes o briguento, mas, depois, se afaste dele. É óbvio que ele está fora do rumo, em rebeldia contra Deus. Se persistir com as hostilidades, acabará destruindo a si mesmo.

12-13 Assim que eu enviar Ártemas ou Tíquico, venha imediatamente e me encontre em Nicópolis. Decidi passar o inverno lá. Dê a Zenas, o advogado, e a Apolo uma despedida cordial. Cuide bem deles.

14 Nosso povo precisa aprender a ser pronto para o trabalho, para que todas as necessidades sejam atendidas (especialmente entre os necessitados) e para que eles não cheguem ao fim da vida sem nada para apresentar.

15 Todos aqui enviam lembranças. Cumprimente nossos amigos na fé. Que a graça esteja com todos vocês!

SALMOS 119.161-168

161-168 Fui caluniado cruelmente pelos políticos, mas meu temor para com tuas palavras me mantém estável.

Fico extasiado diante do que me revelas,
como alguém que tira a sorte grande.
Odeio mentiras; não as tolero,
mas amo o que me revelas.
Sete vezes por dia, louvo a ti,
pela forma com que manténs tudo
funcionando.
Para quem ama o que revelas, tudo se encaixa:
não há tropeços no escuro.
Espero pacientemente tua salvação,
ó Eterno, enquanto faço tudo que me ordenas.
Minha alma segue tuas instruções.
Oh, como eu as amo!
Sigo tuas orientações e persisto em teu conselho.
Minha vida é um livro aberto diante de ti.

◼ NOTAS

☐ DIA 308 ___ / ___ / ___

JEREMIAS 30.4 — 31.40

⁴ Foi assim que o Eterno apresentou a questão para Israel e Judá:

⁵⁻⁷ "Mensagem do Eterno:

" 'Ouvem-se gritos de pânico.
a paz acabou.
Perguntem por aí! Olhem em volta!
Homens podem dar à luz?
Então, como é que estou vendo cada
baita homem
segurando a barriga como uma mulher
em trabalho de parto,
Com o rosto contorcido,
pálidos como a morte?
O dia mais tenebroso:
nunca houve e não haverá dia igual!
Um tempo de terrível tribulação
para Jacó,
mas ele sairá com vida.

⁸⁻⁹ " 'Então, vou penetrar a escuridão.
Vou quebrar a canga do pescoço deles,
Vou soltá-los do arreio.
Chega de trabalhar como escravo!
Eles servirão o Eterno
e ao rei da linhagem de Davi que vou
designar.

¹⁰⁻¹¹ " 'Então, já não precisa ter medo,
Jacó, querido servo.
Não se desespere, Israel.
Levantem os olhos! Vou salvar vocês.
De lugares distantes trarei seus filhos de
volta do exílio.
Jacó voltará e encontrará uma vida boa,
segura e sossegada.
Eu estarei com vocês. Eu os salvarei.
Acabarei com todas as
nações perversas
Entre as quais espalhei meu povo,
mas não acabarei com vocês.
Eu castigarei vocês, mas com justiça.
Não os mandarei embora com uma
simples advertência'.

12-15 "Esta é a Mensagem do Eterno:

" 'Vocês são um caso perdido!
Vocês estão praticamente mortos.
Todos já desistiram de vocês.
Não há mais esperança.
Todos os seus amigos das horas boas
    evitam passar por aí;
eles já nem se incomodam mais com vocês.
Mas eu desferi o golpe final,
    um castigo que vocês nunca vão esquecer,
Por causa da enormidade da sua culpa,
    da lista infindável dos seus pecados.
Por que, então, toda essa autocomiseração,
    esse lamber de feridas?
Vocês merecem tudo isso, e muito mais.
Por causa da enormidade da sua culpa,
    da lista infindável dos seus pecados,
Foi que eu fiz tudo isso a vocês.

16-17 "Todos os que ferirem vocês serão feridos;
    seus inimigos vão acabar escravos.
Os saqueadores serão saqueados;
    Os que costumam pilhar serão
    objeto de pilhagem.
Mas a vocês trarei restauração
    para curar o incurável,
Porque todos desistiram de vocês
    e os descartaram como caso perdido,
    dizendo que o monte de Sião não presta
    para nada'.

18-21 "Novamente, a Mensagem do Eterno:

" 'Vou mudar a sorte de Jacó.
Chegarei com grande compaixão para
    reconstruir as casas.
A cidade será reconstruída sobre seus antigos
    fundamentos;
    as mansões serão esplêndidas novamente.
Ações de graças transbordarão das janelas;
    risos ecoarão das portas.
As coisas se tornarão cada vez melhores.
Os dias de depressão já se foram.
Meus filhos prosperarão e florescerão.
Os dias de desprezo acabaram.
Eles novamente viverão na expectativa
    de gerar filhos,
    de ser a comunidade de que me orgulho.
Castigarei qualquer um que os ferir,
    e seu príncipe sairá de suas fileiras.

Alguém do próprio povo será seu líder.
Seu governante sairá de suas fileiras.
Vou garantir a ele acesso livre e fácil a mim.
Quem ousaria fazer isto por conta própria:
    entrar na minha presença sem ser
    convidado?' ". É o decreto do Eterno.

22 "Então é isto: vocês serão meu povo,
    e eu serei seu Deus."

23-24 Levantem os olhos! O furacão do
    Eterno está solto.
Ouçam o estrondo de seu tornado,
Girando a cabeça dos maus como
    redemoinhos de areia!
A ira ardente de Deus não vai aliviar a mão
Até que ele tenha feito uma limpeza completa e
    concluído o trabalho que começou.
Quando o trabalho terminar,
    vocês verão que terá sido benfeito.

31

1 "E, quando isso acontecer"
    – decreto do Eterno –,
    "será evidente como o Sol do meio-dia:
Eu serei o Deus de todo homem, toda mulher e
    toda criança em Israel,
E eles serão o meu povo".

2-6 É assim que o Eterno expressa isso:

"Eles encontraram graça no deserto,
    esse povo que sobreviveu à matança.
Israel, que estava procurando um lugar para
    descansar,
    encontrou Deus, que estava
    procurando o povo!
O Eterno disse a eles: 'Nunca deixei de amar
    vocês e nunca vou deixar'.
Esperem de mim mais e mais amor!
Vou começar tudo de novo com vocês
    e edificá-los de novo,
    querida virgem de Israel.
Vocês cantarão novamente,
    com tamborins e com dança.
Vocês voltarão a plantar videiras
    nas colinas da Samaria
E vão relaxar e se deliciar com os frutos —
    E como vão se deliciar nessas colheitas!
Está chegando o tempo em que
    as sentinelas vão gritar
    do topo dos montes de Efraim:

DIA 308

'Levantem-se! Vamos a Sião,
para nos encontrarmos com o nosso Deus!' ".

7 O Eterno diz também:

"Gritem de alegria a plenos pulmões por Jacó!
Deem a boa notícia à nação número um!
Aumentem os aplausos! Cantem louvores e digam:
'Deus salvou este povo,
salvou o restante de Israel'.

8 "Vejam o que vem em seguida:

"Vou trazer meu povo de volta
do país do norte
Vou reuni-los de todos os cantos da terra.
Vou ajuntar os que ficaram cegos
E os que estão mancos e caminhando com
dificuldade;
vou reunir as mulheres grávidas,
Até mesmo as mães que já estiverem em dores
de parto;
vou ajuntá-los todos, uma enorme multidão.

9 "Vejam como estão vindo! Eles estão vindo e
chorando de alegria
enquanto eu os tomo pela mão e os conduzo,
Enquanto os levo a ribeiros de água fresca,
enquanto os conduzo por caminhos
planos e retos.
Sim, porque sou o Pai de Israel,
e Efraim é meu primogênito.

10-14 "Ouçam isto, nações! Mensagem do Eterno!
Deem a notícia em toda a terra!
Digam-lhes: 'Aquele que espalhou Israel
vai reuni-los de novo.
A partir de agora vai cuidar deles
com muito carinho,
como o pastor cuida de seu rebanho'.
Eu, o Eterno, vou pagar um resgate
muito alto por Jacó;
vou libertá-lo das garras da Babilônia.
O povo subirá as ladeiras de Sião,
gritando de alegria,
com o rosto brilhando por causa da
generosidade do Eterno:
Cereais, vinho, azeite,
rebanhos de ovelhas, manadas de bois.
A vida deles será como um jardim bem regado,
que nunca secará.

As jovens vão dançar e se alegrar,
os jovens e velhos vão se juntar à festa.

Vou transformar o choro deles em risadas,
pleno conforto invadirá sua aflição com alegria.
Vou garantir que seus sacerdotes recebam
três boas refeições por dia
e que meu povo tenha mais que o suficiente".
É o decreto do Eterno.

15-17 Novamente, a Mensagem do Eterno:

"Ouçam isto! De Ramá vêm lamentos, choro
amargo e convulsivo.
É Raquel chorando por seus filhos.
É Raquel recusando receber consolo.
Seus filhos se foram
e há muito tempo estão no exílio".
Mas Deus diz: 'Pare com esse choro incessante,
segure as lágrimas.
Colha a recompensa por seu lamento' ".
É o decreto do Eterno.
"Eles voltarão para casa!
Há esperança para os seus filhos!".
É o decreto do Eterno.

18-19 "Ouvi a contrição de Efraim.
Sim, ouvi claramente, dizendo:
'Tu me treinaste bem.
Tu me domaste, como um potro de um ano.
Agora, treinado e obediente, põe-me para ser usado.
Tu és meu Deus.
Depois daqueles anos correndo solto,
eu me arrependi.
Depois que me treinaste na obediência,
Eu me envergonhei do meu passado
rebelde e selvagem.
Humilhado, bati no peito.
Dá para esquecer isto?'.

20 "Oh! Efraim é meu filho amado,
meu filho em quem tenho prazer!
Toda vez que menciono seu nome,
meu coração bate de saudade!
Tudo em mim grita por ele.
Com amor e carinho, espero por ele".
É o decreto do Eterno.

21-22 "Sinalizem a estrada para marcar
o caminho de casa.
Encontrem um bom mapa.

Estudem as condições da estrada.
A saída é o caminho de volta.
Volte, querida virgem Israel,
volte para suas cidades!
Quanto tempo ainda vão ficar pra lá
e pra cá, nessa indecisão?
Quanto tempo vão levar para se decidir?
O Eterno vai criar uma coisa nova nesta terra:
Israel, a mulher transformada, abraçará o
Deus que transforma".

²³⁻²⁴Mensagem do Senhor dos Exércitos de Anjos, o Deus de Israel: "Quando eu tiver mudado tudo e tiver trazido de volta meu povo, serão ouvidas nas ruas as antigas expressões: 'Deus os abençoe!'; 'Ó monte santo!'. Todos do povo de Judá, seja nas cidades, seja no interior, viverão em paz uns com os outros".

²⁵Vou restaurar os corpos cansados;
Vou renovar as almas fatigadas.

²⁶Foi aí que acordei e olhei em volta: que sono agradável e reparador!

²⁷⁻²⁸Estejam prontos. Está chegando o tempo" – decreto do Eterno – "em que plantarei pessoas e animais em Israel e em Judá, assim como o agricultor planta sementes. E, assim como antes eu implacavelmente arrancava, destruía, despedaçava e demolia, agora estou unido a eles para recomeçar, construir e plantar.

²⁹"Quando chegar aquele tempo, vocês já não vão ouvir o antigo provérbio:

'Os pais comeram banana verde,
e os filhos é que tiveram dor de barriga'.

³⁰"Não, cada pessoa terá de pagar pelo próprio pecado. Se vocês comerem banana verde, vocês é que ficarão doentes".

³¹⁻³²É isso mesmo. Está chegando a hora em que vou fazer uma nova aliança com Israel e Judá. Não será uma repetição da aliança que fiz com seus antepassados quando os tomei pela mão e os tirei da terra do Egito. Eles violaram aquela aliança, apesar de eu ter feito minha parte como Senhor deles." É o decreto do Eterno.

³³⁻³⁴"Esta é a nova aliança que farei com Israel, quando chegar a hora: Escreverei minha lei no coração deles; serei o Deus deles, e eles serão meu povo.

Eles já não farão escolas para ensinar a respeito do Eterno. Eles já terão esse conhecimento, tanto os mais inteligentes quanto os mais simples. Vou limpar a ficha de cada um deles. Vou esquecer até de que um dia pecaram." É o decreto do Eterno.

Se o universo pudesse se desfazer

³⁵Mensagem do Eterno, do Deus que ilumina o
dia com o Sol e
clareia a noite com a Lua e as estrelas;
Que transforma o oceano numa espuma
encapelada,
cujo nome é Senhor dos Exércitos de Anjos:

³⁶"Se o Universo pudesse se desfazer
e acabar em caos diante de mim"
– decreto do Eterno –,
"Só então Israel poderia se esfacelar
e desaparecer como nação diante de mim".

³⁷Mensagem do Eterno:

"Se os céus pudessem ser medidos
com uma vara de medir
e a terra pudesse ser explorada até seu centro,
Só então eu viraria as costas para Israel,
indignado com tudo que eles fizeram". É o
decreto do Eterno.

³⁸⁻⁴⁰"Está chegando o tempo" – decreto do Eterno – "em que a cidade de Deus será reconstruída totalmente, desde a cidadela de Hananeel até a Porta da Esquina. O plano mestre contempla, a oeste, a colina de Garebe até Goa. Todo o vale ao sul, onde corpos incinerados foram jogados (esse é um vale que pode ser chamado 'vale da Morte'), e todos os campos nos declives junto ao vale do Cedrom, no leste, até a Porta dos Cavalos, serão consagrados a mim como território sagrado.

"Esta cidade nunca mais será derrubada ou destruída".

FILEMOM 1.1-25

¹⁻³Eu, Paulo, sou um prisioneiro por causa de Cristo com meu irmão Timóteo. Escrevo esta carta a você, Filemom, meu bom amigo e companheiro na obra, e também à nossa irmã Áfia, a Arquipo, verdadeiro guerreiro, e à igreja que se reúne em sua casa. O melhor de Deus para vocês! Bênçãos de Cristo sobre vocês!

DIA 308

982

⁴⁻⁷ Toda vez que seu nome é citado em minhas orações, eu digo: "Graças a Deus!". Tenho ouvido que você ultrapassa os demais cristãos no amor e na fé que tem no Senhor Jesus. Continuo orando para que a fé que temos em comum continue a se manifestar nas coisas boas que fazemos e que as pessoas reconheçam Cristo em tudo isso. Amigo, você não faz ideia de como me sinto bem sabendo desse amor, ainda mais quando vejo sua hospitalidade para com os irmãos.

O escravo é amigo

⁸⁻⁹ É pensando nisso que vou pedir um favor a você. Na condição de embaixador de Cristo e agora prisioneiro por causa dele, eu não hesitaria em ordenar, se fosse necessário, mas prefiro fazer um pedido pessoal.

¹⁰⁻¹⁴ Aqui na prisão, adotei um filho, digamos assim. E aí está ele, entregando pessoalmente esta carta – Onésimo! Antes, ele era inútil para você; agora é útil para nós dois. Eu o estou enviando de volta a você, mas com isso me sinto como se tivesse amputado um braço. Eu queria mantê-lo aqui, enquanto você se esforça para ajudar aí livre, e eu, aqui de dentro, preso por causa da Mensagem. Mas eu não quis fazer nada sem o seu conhecimento nem obrigá-lo a praticar uma boa ação sem estar disposto a praticá-la.

¹⁵⁻¹⁶ Talvez tenha sido melhor que você o perdesse por um tempo. Você o está recuperando agora com uma vantagem – não como simples escravo, mas como verdadeiro irmão em Cristo! Foi o que ele significou para mim e será muito mais para você!

¹⁷⁻²⁰ Portanto, se você ainda me considera um companheiro, receba-o de volta como se recebesse a mim. Se ele estragou algo ou deve alguma coisa a você, ponha na minha conta. Esta é minha assinatura pessoal – Paulo. Assumo essa dívida (não preciso lembrar que você me deve a vida, preciso?). Amigo, faça-me esse grande favor. Você fará isso para Cristo, mas também fará bem ao meu coração.

²¹⁻²² Conheço você o bastante para saber que me atenderá. Imagino que fará ainda mais do que pedi. A propósito, deixe um quarto preparado para mim. Por causa de suas orações, espero ser seu hóspede outra vez.

²³⁻²⁵ Epafras, meu companheiro de cela na causa de Cristo, manda saudações. Também meus colaboradores Marcos, Aristarco, Demas e Lucas. Tudo de bom para você da parte do Senhor Jesus Cristo!

SALMOS 119.169-176

¹⁶⁹⁻¹⁷⁶ Que meu choro chegue à tua presença, ó Eterno!
  Dá-me a percepção que vem apenas da tua
    Palavra.
Dá atenção especial ao meu pedido,
  resgata-me nos termos da tua promessa.
Que o louvor flua como cascata dos meus lábios!
  Afinal, tu me ensinaste a verdade
    sobre a vida.
Que tuas promessas estejam na ponta da minha
    língua!
  Todas as ordens que me deste são justas.
Estende tua mão e me segura,
  já que escolhi viver de acordo com teu
    conselho.
Estou com saudades de casa e da tua salvação.
  Sinto prazer quando te mostras a mim.
Desperta minha alma, para que eu possa te
    louvar como se deve.
  Usa teus decretos para fortalecê-la.
Se eu me desviar como uma ovelha perdida,
  vem me buscar.
  Com certeza, reconhecerei o som da tua voz.

◼ NOTAS

DIA 309

JEREMIAS 32.1 — 33.13

A matança e a doença estão à porta

32 ¹⁻⁵Mensagem que Jeremias recebeu do Eterno, no décimo ano do reinado de Zedequias, rei de Judá. Era o décimo oitavo ano do reinado de Nabucodonosor. Naquele tempo, o exército do rei da Babilônia estava cercando Jerusalém. Jeremias foi posto numa prisão no palácio real. Zedequias, rei de Judá, o havia mandado prender com a seguinte queixa: "Como você ousa pregar dizendo: 'Deus diz: Estou advertindo vocês. Vou entregar esta cidade ao rei da Babilônia, e ele vai tomá-la. Zedequias, rei de Judá, será entregue aos caldeus com a cidade. Ele será entregue ao rei da Babilônia e terá de encarar as consequências. Será levado para a Babilônia e ficará lá até que eu trate dele, é o decreto do Eterno. Lutem com os babilônios quanto quiserem. Isso não vai adiantar'?".

⁶⁻⁷Jeremias disse: "A Mensagem do Eterno veio a mim: 'Prepare-se! Hanameel, filho do seu tio Salum, está a caminho para falar com você. Ele vai dizer: Compre minha propriedade em Anatote. Você tem o direito legal para isso'.

⁸"E aconteceu exatamente como o Eterno tinha dito. Meu primo Hanameel me procurou enquanto eu estava na prisão e disse: 'Compre minha propriedade em Anatote, no território de Benjamim, pois você tem o direito legal de mantê-la na família. Tome posse dela'.

"Isso bastou. Eu tive certeza de que era a Mensagem do Eterno.

⁹⁻¹²"Assim, comprei a propriedade em Anatote do meu primo Hanameel. Paguei-lhe dezessete peças de prata. Segui todos os procedimentos legais: na presença de testemunhas, preparei a escritura, selei-a e pesei o dinheiro na balança. Então, peguei a escritura (a cópia selada que continha o contrato e as condições e também a cópia aberta) e entreguei-as a Baruque, filho de Nerias, filho de Maaseias. Tudo isso foi feito na presença do meu primo Hanameel e de testemunhas, que assinaram a escritura diante de todos os judeus que estavam na prisão naquele dia.

¹³⁻¹⁵"Então, diante de todos, eu disse a Baruque: 'Estas são as ordens do Senhor dos Exércitos de Anjos, o Deus de Israel: Pegue estes documentos (a escritura selada e a aberta) e, por questão de segurança, ponha-as num vaso de barro. Pois o Senhor dos Exércitos de Anjos, o Deus de Israel, diz: "A vida vai voltar ao normal. Casas, terrenos e vinhas serão comprados outra vez nesta terra".

¹⁶⁻¹⁹"E, então, tendo entregado os documentos legais a Baruque, filho de Nerias, orei ao Eterno: 'Amado Deus, meu Senhor, tu criaste a terra e o céu por teu grande poder, apenas estendendo o braço! Não há nada que não possas fazer. Tu és leal no teu amor para com milhares de milhares, mas também fazes os filhos conviverem com o resultado dos pecados dos pais. Grande e poderoso Deus, denominado Senhor dos Exércitos de Anjos, determinado nos seus propósitos e implacável na sua execução, tu vês tudo que os seres humanos fazem e reages conforme a maneira em que eles vivem e as coisas que eles fazem.

²⁰⁻²³"'Tu fizeste sinais e maravilhas na terra do Egito e continuas a fazer até hoje, aqui em Israel e em todos os outros lugares. Criaste uma reputação intocável. Tiraste teu povo do Egito com sinais e maravilhas — que libertação poderosa! — apenas estendendo o braço. Deste a Israel esta terra e solenemente prometeste a seus descendentes uma terra farta e fértil. Mas, depois que eles entraram na terra e tomaram posse dela, não deram mais ouvidos a ti. Não fizeram o que ordenaste, ignorando tuas palavras. Por isso, trouxeste este desastre sobre eles.

²⁴⁻²⁵"'Olha para as rampas de acesso dispostas a tomar a cidade. A matança, a fome e a doença estão diante da nossa porta. Os babilônios estão atacando! Tudo que disseste está se tornando realidade, está na boca do povo. No entanto, ó Eterno, mesmo que seja certo que a cidade será entregue aos babilônios, tu também me disseste: Compre a propriedade. Pague-a em dinheiro vivo. E arranje testemunhas' ".

²⁶⁻³⁰Então, a Mensagem do Eterno veio novamente a Jeremias: "Fique alerta! Sou o Eterno, o Deus de tudo que tem vida. Há alguma coisa que eu não possa fazer? Então, preste atenção à Mensagem do Eterno. Não há dúvida de que estou entregando a cidade aos babilônios e a Nabucodonosor, rei da Babilônia. Ele a tomará. Os caldeus invasores a derrubarão e queimarão. Todas aquelas casas que foram usadas como

DIA 309

984

altares para apresentar ofertas a Baal e para adorar tantos outros deuses que provocaram minha ira. Não foi essa a primeira vez que me provocaram. O povo de Israel e de Judá tem feito isso há muito tempo. Estão fazendo o que odeio e me deixaram irado por causa do jeito em que vivem". É o decreto do Eterno.

³¹⁻³⁵ "Esta cidade tem me provocado desde o dia em que a construíram, e agora minha paciência acabou. Vou destruí-la. Não suporto mais ficar olhando para a vida perversa do povo de Israel e de Judá, todos eles — reis e líderes, sacerdotes e pregadores, no campo ou na cidade — me desafiando. Eles viraram as costas para mim, não me olham mais nos olhos, embora eu tenha me esforçado muito para ensiná-los como se deve viver. Eles se negam a me ouvir, negam-se a ser ensinados. Chegaram a erguer ídolos obscenos no templo construído em minha homenagem — que ultraje! Eles também construíram santuários para o deus Baal no vale de Hinom e ali queimaram os próprios filhos em sacrifício ao deus Moloque (quanta maldade!), transformando a nação inteira num grande ato de pecado".

³⁶ "Mas também há esta Mensagem minha, do Eterno de Israel, para a cidade de quem vocês dizem: 'Por meio de matança, de fome e de doença esta cidade será entregue ao rei da Babilônia':

³⁷⁻⁴⁰ " 'Prestem atenção nisto: eu os reunirei de todos os países pelos quais os tenha espalhado em minha indignação. Sim, vou trazê-los de volta a este lugar e deixar que vivam aqui em paz. Eles serão meu povo, e eu serei o Deus deles. Vou fazer que todos sejam unidos na mente e no coração, sempre me honrando, para que vivam uma vida boa e plena, eles e seus filhos. Além disso, vou fazer uma aliança com eles, que durará para sempre e que vou manter, custe o que custar, trabalhando sempre para o bem deles. Vou encher o coração deles de profundo respeito por mim de forma que eles nem mesmo pensarão em me abandonar.

⁴¹ " 'E como vou me alegrar neles! Como vou ter prazer em fazer bem a eles! Vou plantá-los nesta terra de coração e alma e vou mantê-los aqui'.

⁴²⁻⁴⁴ "Sim, esta é a Mensagem do Eterno: 'Certamente vou trazer uma enorme catástrofe sobre este povo, mas também vou produzir uma vida maravilhosa de prosperidade, eu prometo. Os campos serão comprados aqui novamente, sim, nesta mesma terra que vocês pressupõem vai ser devastada, perdida, arrasada pelos babilônios. Sim, o povo vai comprar terras aráveis outra vez — e legalmente

— com escritura, documentos selados e testemunhas, bem aqui, no território de Benjamim e na área ao redor de Jerusalém, das vilas de Judá e das colinas, na região da Sefelá e do Neguebe. Vou restaurar tudo que estiver perdido' ". É o decreto do Eterno.

Coisas que vocês nem imaginam

33 ¹Enquanto Jeremias ainda estava trancado na prisão, uma segunda Mensagem do Eterno veio a ele:

²⁻³ "Esta é a Mensagem do Eterno, do Deus que fez a terra e a tornou habitável e duradoura, conhecido em todos os lugares como *Eterno*: 'Clamem a mim, e eu responderei. Direi coisas extraordinárias, que vocês nem imaginam'.

⁴⁻⁵ "É isso que o Eterno, o Deus de Israel, tem a dizer sobre o que está acontecendo nesta cidade, sobre as casas demolidas dos cidadãos comuns e dos reis, sobre toda a devastação da guerra e da matança pelos caldeus e sobre as ruas salpicadas de corpos dos que foram mortos por causa da minha ira ardente. Em resumo: sobre tudo que aconteceu em razão de as maldades desta cidade terem feito revirar meu estômago.

⁶⁻⁹ "Mas agora, deem outra olhada: vou promover nesta cidade uma reforma completa e profunda, que trará uma cura completa. Vou mostrar a vocês o que é uma vida plena, transbordante de bênçãos. Vou restaurar tudo que Judá e Jerusalém perderam. Vou reconstruir tudo, deixar a cidade como nova. Vou esfregar e lavar a sujeira que fizeram contra mim. Vou perdoar tudo que fizeram de errado, todas as suas rebeliões. E Jerusalém será um centro de alegria, louvor e glória para todas as nações da terra. Elas ouvirão todas as boas coisas que estou fazendo por meu povo e ficarão abismados diante das bênçãos que estou derramando sobre ele.

¹⁰⁻¹¹ "Sim, esta é a Mensagem do Eterno: 'Vocês olharão para este lugar, para as cidades vazias e desoladas de Judá e as ruas desertas de Jerusalém, e dirão: Terra devastada. Inabitável. Nem mesmo um cachorro poderia viver aqui! Mas está chegando o tempo em que vocês ouvirão risadas e celebração, festas de casamento, pessoas exclamando: "Graças ao Senhor dos Exércitos de Anjos! Ele é tão bom! Seu amor nunca cessa!". E eles trarão ofertas de gratidão ao templo do Eterno. Vou restaurar tudo que estava perdido nesta terra. Tudo será como se fosse novo'. Eu, o Eterno, estou dizendo isso.

¹²⁻¹³ "O Senhor dos Exércitos de Anjos diz: 'Este lugar assolado, insuportável até para um cão, mais

uma vez se tornará pastagem para os pastores que cuidam de seus rebanhos. Vocês verão rebanhos por todos os lugares, nas montanhas em volta da Sefelá e do Neguebe, em todo o território de Benjamim, em volta de Jerusalém e das cidades de Judá, rebanhos sob os cuidados de pastores que se importam com as ovelhas'. O Eterno é quem está dizendo isso".

HEBREUS 1.1 — 2.4

1 [1-3]**P**assando por uma longa linha de profetas, Deus falou aos nossos antepassados séculos a fio, de diferentes maneiras. Em tempos recentes, a comunicação foi direta, por intermédio de seu Filho. Por meio do Filho, Deus, no princípio, criou o mundo, e no fim tudo vai pertencer ao Filho. O Filho reflete perfeitamente que Deus é e está selado com a natureza de Deus. Ele mantém tudo unido pelo que diz — palavras poderosas!

O Filho é maior que os anjos

[3-6]**D**epois de ter consumado o sacrifício pelos pecados, o Filho tomou seu lugar de honra, nos altos céus, ao lado de Deus, sendo maior em posição e domínio que qualquer anjo. Alguma vez Deus disse a algum anjo: "Você é meu Filho; hoje me alegro em você"? Ou: "Eu sou seu Pai, ele é meu Filho"? Quando ele apresenta seu Filho com todas as honras ao mundo, ele diz: "Todos os anjos devem adorá-lo".

[7]Mas, com respeito aos anjos, diz:

Os mensageiros são ventos,
os servos são línguas de fogo.

[8-9]Mas ao Filho ele diz:

Tu és Deus e estás no trono definitivamente;
teu governo tudo corrige.
Tens prazer quando as coisas andam bem
e repudias quando tudo está errado.
É por isso que Deus, teu Deus,
derramou óleo aromático sobre tua cabeça,
Fazendo-te rei,
muito acima dos teus queridos
companheiros.

[10-12]E mais uma vez ao Filho:

Tu, Senhor, deste início a tudo,
estabeleceste os fundamentos da terra,
depois modelaste as estrelas no céu.

Terra e céu se desfarão, mas tu jamais;
eles se gastam como roupa velha.
Tu irás dobrá-los como um manto usado,
e então os guardarás.
Mas serás sempre o mesmo, ano após ano.
Nunca irás definhar, nunca irás desvanecer.

[13]E alguma vez ele disse algo parecido a algum anjo:

Assente-se aqui ao meu lado direito
até que eu faça dos seus inimigos um
descanso para os pés?

[14]Não é óbvio que todos os anjos são enviados para ajudar os que foram designados para receber a salvação?

2 [1-4]**É** fundamental que nos apeguemos com firmeza ao que ouvimos, para que não nos desviemos. Se a antiga mensagem entregue pelos anjos era válida e ninguém podia desprezá-la, acham que podemos nos arriscar a desprezar a última, esta magnífica salvação? Antes de tudo, ela foi entregue pelo Senhor em pessoa; depois, cuidadosamente transmitida a nós pelos que dele a ouviram. Durante todo este tempo, Deus a estava confirmando com os dons do Espírito Santo, todos os sinais e milagres, conforme decisão divina.

SALMOS 120.1-7

Um cântico de peregrinação

120 [1-2]**E**stou em apuros e clamo ao Eterno, desesperado por uma resposta:
"Livra-me dos mentirosos, ó Deus!
Eles sorriem com doçura, mas mentem
descaradamente".

[3-4]Acaso vocês sabem o que os aguarda ali adiante,
bando de falsos?
Flechas bem afiadas e brasas ardentes
serão a recompensa de vocês.

[5-7]Sinto-me infeliz por viver em Meseque,
maldito por ter casa em Quedar.
A vida inteira vivi em constante disputa
no meio de gente má, que só quer briga.
Sou a favor da paz, mas, no instante
em que disser isso a eles, a guerra
está declarada!

DIA 310

NOTAS

descendente de Davi governando o povo de Israel e sempre haveria sacerdotes e levitas à disposição para oferecer ofertas queimadas, apresentar ofertas de cereal e conduzir a adoração com sacrifícios em minha honra' ".

¹⁹⁻²² **M**ensagem do Eterno a Jeremias: "Deus diz: 'Se minha aliança com o dia e minha aliança com a noite fossem violadas, de modo que dia e noite se confundissem e vocês não soubessem mais qual era qual, só então minha aliança com meu servo Davi seria violada, e seus descendentes não governariam mais. O mesmo vale para os sacerdotes e levitas que me servem. Assim como ninguém consegue contar as estrelas no céu nem medir a areia da praia, vocês não serão capazes de contar os descendentes de Davi, meu servo, nem dos levitas que me servem' ".

²³⁻²⁴ **M**ensagem do Eterno a Jeremias: "Vocês já ouviram o ditado que circula por aí: 'As duas famílias que o Eterno escolheu, Israel e Judá, ele já repudiou'? Viram que meu povo é tratado com desprezo e que circulam rumores de que tudo acabou para eles?

²⁵⁻²⁶ "Bem, aqui está a resposta do Eterno: 'Se minha aliança com o dia e a noite não estivesse vigorando perfeitamente, se o céu e a terra não estivessem funcionando como determinei, então vocês poderiam pensar que repudiei os descendentes de Jacó e do meu servo Davi e que não vou estabelecer um dos descendentes de Davi sobre os descendentes de Abraão, Isaque e Jacó. Mas vou devolver tudo que eles perderam. A última palavra é: eu terei misericórdia deles' ".

Liberdade para os escravos

34¹ **M**ensagem do Eterno a Jeremias durante a época em que o rei Nabucodonosor da Babilônia preparava o ataque final contra Jerusalém e todas as cidades à sua volta com seu exército, seus aliados e todos os que conseguiu reunir:

²⁻³ "Eu, o Eterno, o Deus de Israel, ordeno que você diga a Zedequias, rei de Judá: 'Esta é a Mensagem do Eterno. Preste atenção. Vou entregar esta cidade ao rei da Babilônia, e ele vai arrasá-la e queimá-la. E não pense que você vai escapar. Você será capturado, será prisioneiro dele. Você terá um confronto pessoal com o rei da Babilônia e será levado cativo para a Babilônia.

⁴⁻⁵ "Mas escute, Zedequias, rei de Judá, o restante da Mensagem do Eterno. Você não será morto. Você terá uma morte tranquila. Eles o honrarão

‖‖‖‖‖‖‖‖‖‖‖‖‖‖‖‖‖‖‖‖‖‖‖‖‖‖‖‖‖‖‖‖‖‖‖‖‖‖

☐ DIA 310 ___ / ___ / ___

JEREMIAS 33.14 — 35.19

Um ramo novo do tronco de Davi

¹⁴⁻¹⁸ "**P**restem atenção: está chegando o tempo' — decreto do Eterno —'em que vou cumprir a promessa que fiz às famílias de Israel e de Judá. Quando chegar esse tempo, vou fazer brotar um Ramo novo do Tronco de Davi. Ele vai governar esta nação de forma justa e honesta, pondo as coisas em ordem e fazendo justiça. Então, Judá estará tranquila, e Jerusalém viverá em segurança. O lema da cidade será: O Senhor pôs tudo em ordem e fez justiça para nós. O Eterno deixou bem claro que sempre haveria um

com rituais fúnebres como foram honrados os reis que precederam você. Eles lamentarão sua morte, chorando e pranteando. É uma promessa solene. É o decreto do Eterno' ".

6-7 O profeta Jeremias entregou essa Mensagem a Zedequias, rei de Judá, em Jerusalém, palavra por palavra. Foi exatamente na época em que o rei da Babilônia estava preparando seu ataque final a Jerusalém e a todas as cidades em Judá que ainda estavam de pé – Láquis e Azeca eram as únicas cidades fortificadas que ainda restavam em Judá.

8-10 O Eterno entregou uma Mensagem a Jeremias depois que o rei Zedequias fez acordo com o povo de Jerusalém para decretar a libertação dos escravos hebreus, homens e mulheres. A aliança estipulava que ninguém em Judá podia ter um patrício judeu como escravo. Todos os líderes e cidadãos que haviam assinado o acordo libertaram seus escravos, homens e mulheres.

11 Mas, pouco tempo depois, se arrependeram do acordo, violaram a promessa e forçaram os antigos escravos a trabalhar para eles outra vez.

12-14 Então, Jeremias recebeu esta Mensagem do Eterno: "O Eterno, o Deus de Israel, diz: 'Fiz uma aliança com seus antepassados quando os libertei da escravidão no Egito. Na época, deixei bem claro: Ao final de cada sete anos, cada um de vocês libertará qualquer patrício hebreu que teve de se vender como escravo a vocês. Depois de ele servir seis anos, libertem-no. Mas seus antepassados me ignoraram.

15-16 " 'E, agora, o que *vocês* fizeram? Primeiro, admitiram o que era certo e fizeram o correto, decretando a liberdade para seus irmãos e irmãs, e tornaram isso oficial num acordo solene, no meu templo. Mas depois deram meia-volta e quebraram a palavra, zombando de mim e do acordo, e escravizaram de novo aqueles a quem haviam libertado. Vocês os obrigaram à escravidão outra vez!

17-20 " 'Portanto, aqui está o que eu, o Eterno, tenho a dizer: vocês não me obedeceram e não libertaram seus irmãos e irmãs. Ouçam o que vou fazer: vou libertar *vocês* – decreto do Eterno – para que sejam mortos em guerra ou por doença ou por fome. Vou fazer de vocês um espetáculo de horror. Os povos de todo o mundo vão olhar para vocês e se arrepiar. Todos os que violaram minha aliança, que não fizeram o que foi prometido solenemente, na cerimônia em que cortaram o boi pela metade; todos os que naquele dia passaram entre as metades do boi – os

líderes de Judá e de Jerusalém, os oficiais do palácio, os sacerdotes e o restante do povo – estou entregando aos inimigos que estão atrás deles para matá-los. Seus cadáveres serão carniça para os abutres e para os cachorros sem dono.

21-22 " 'Quanto a Zedequias, rei de Judá, e os oficiais do seu palácio, também vou entregá-los aos inimigos, que estão atrás deles para matá-los. O exército do rei da Babilônia se retraiu por um período, mas não será por muito tempo, pois vou emitir ordens que irão trazê-los de volta para esta cidade. Eles atacarão, tomarão a cidade e a deixarão arrasada e incendiada. As cidades vizinhas de Judá não terão melhor fim. Eu as tornarei cidades-fantasma, inabitáveis e inóspitas' ". É o decreto do Eterno.

Encontro no templo do Eterno

35 1 Mensagem que Jeremias recebeu do Eterno dez anos antes, durante o tempo em que Jeoaquim, filho de Josias, era rei de Judá:

2 "Vá e visite a comunidade dos recabitas. Convide-os a se encontrar com você numa das salas do templo do Eterno. E sirva vinho a eles.

3-4 Então, fui buscar Jazanias, filho de Jeremias, filho de Habazinias, com todos os seus irmãos e filhos, ou seja, toda a comunidade dos recabitas, e os trouxe para o templo do Eterno. Levei-os à sala de reuniões de Hanã, filho de Jigdalias, homem de Deus. Essa sala ficava próxima da sala de reuniões dos oficiais do templo e acima da sala de Maaseias, filho de Salum, que era o encarregado dos negócios do templo.

5 Então, coloquei taças e jarras de vinho diante dos recabitas e disse: "Saúde! Bebam à vontade!".

6-7 Mas eles recusaram. "Nós não bebemos vinho", disseram. "Nosso antepassado Jonadabe, filho de Recabe, nos deu a seguinte ordem: 'Nunca bebam vinho, nem vocês, nem seus filhos, nunca! Nem construam casas nem se estabeleçam, não cultivem a terra nem plantem jardins nem videiras. Não comprem propriedades. Vivam em tendas como nômades, para que vivam bem e prosperem'.

8-10 É o que temos feito. Obedecemos a tudo que Jonadabe, filho de Recabe, nos ordenou. Nós e nossas mulheres, nossos filhos e nossas filhas, nunca bebemos vinho. Não construímos casas. Não temos vinhas nem campos, nem jardins. Vivemos em tendas, como nômades. Temos seguido à risca tudo que nosso antepassado Jonadabe nos ordenou.

11 "Mas, quando Nabucodonosor, rei da Babilônia, invadiu nossa terra, dissemos: 'Vamos para

DIA 310

Jerusalém, a fim de sair do caminho dos exércitos dos caldeus e dos arameus. Vamos achar um lugar seguro para nós'. É por isso que estamos vivendo em Jerusalém agora".

Por que vocês não aprendem a lição?

12-15 Então, Jeremias recebeu esta Mensagem do Eterno: "O Senhor dos Exércitos de Anjos, o Deus de Israel, quer que você vá e diga ao povo de Judá e aos cidadãos de Jerusalém: 'Por que vocês não aprendem a lição e não fazem o que eu digo?' É o decreto do Eterno. 'As ordens de Jonadabe, filho de Recabe, dadas a seus filhos são cumpridas ao pé da letra. Ele ordenou que não bebessem vinho, e eles não tocam numa gota de vinho até hoje. Eles honraram e obedeceram à ordem de seu antepassado. Mas olhem para vocês! Eu fiz de tudo para ter sua atenção, e vocês me ignoraram. Enviei profeta após profeta, todos eles meus servos, para pregar a vocês, desde manhã até tarde da noite, convidando-os a mudar de vida, a romper radicalmente com seu passado de pecado, a se corrigir e a não cair diante de qualquer deus ou ídolo que desce a montanha, a serem fiéis nesta terra que dei aos seus antepassados E assim se estabelecerem nela.

15-16 " 'E o que recebo de vocês? Ouvidos surdos. Os descendentes de Jonadabe, filho de Recabe, cumprem ao pé da letra o que seu antepassado ordenou, mas este povo me ignora'.

17 "Portanto, isto é o que vai acontecer. O Senhor dos Exércitos de Anjos, o Deus de Israel, diz: 'Farei descer a calamidade sobre a cabeça do povo de Judá e de Jerusalém, a mesma calamidade da qual adverti vocês, porque vocês se fizeram de surdos quando falei, viraram-me as costas quando chamei' ".

18-19 Então, voltando-se à comunidade dos recabitas, Jeremias disse: "Isto é o que o Senhor dos Exércitos de Anjos, o Deus de Israel, diz a vocês: 'Já que vocês fizeram o que seu antepassado Jonadabe disse, obedeceram às ordens dele e puseram em prática suas instruções, recebam esta Mensagem do Senhor dos Exércitos de Anjos, Deus de Israel: Sempre haverá um descendente de Jonadabe, filho de Recabe, no meu serviço! Sempre!' ".

HEBREUS 2.5 — 3.6

O pioneiro da salvação

5-9 Deus não encarregou os anjos da salvação de que estamos falando. A Escritura diz:

O que é o ser humano para que te
　preocupes com eles?
Por que desperdiçarias tempo te
　preocupando com eles?
Tu os fizeste quase tão importantes
　quanto os anjos,
deslumbrantes com a luz da aurora no Éden;
Depois, deste a eles responsabilidade
　sobre o mundo que criaste.

Quando Deus os designou responsáveis sobre tudo, nada foi excluído. Mas ainda não vemos todas as coisas debaixo da jurisdição humana. O que vemos é Jesus, feito "quase tão importante quanto os anjos" e então, pela experiência da morte, coroado muito acima de qualquer anjo, com uma glória "deslumbrante com a luz da aurora no Éden". Naquela morte, pela graça de Deus, ele experimentou plenamente a morte no lugar de cada ser humano.

10-13 Faz sentido que o Deus que iniciou tudo e que tudo preserva agora conclua sua obra, tornando perfeito o Pioneiro da Salvação através do sofrimento, enquanto ele conduz todas essas pessoas à glória. Uma vez que aquele que salva e os que são salvos têm uma origem comum, Jesus não hesita em tratá-los como família, dizendo:

Vou contar a meus bons amigos,
　meus irmãos e irmãs,
　tudo que sei sobre ti;
Vou me reunir a eles num culto e em louvor a ti.

Uma vez mais, ele se põe no mesmo círculo familiar quando diz:

Até *eu* vivo por depositar minha
　confiança em Deus.

E uma vez mais:

Aqui estou com os filhos que Deus me deu.

14-15 Uma vez que os filhos são de carne e sangue, é óbvio que o Salvador assumiu a carne e o sangue para resgatá-los por sua morte. Abraçando a morte e tomando-a para si, ele destruiu o poder que o Diabo exercia sobre a morte e libertou os que temiam em vida por causa do medo da morte.

16-18 Assim, é evidente que ele não suportou tudo isso por causa dos anjos, e sim por causa de pessoas como nós, filhos de Abraão. Foi por isso que ele teve de assumir a vida humana de forma integral. Então, quando se apresentou diante de Deus como sacerdote principal, para retirar os pecados da humanidade, ele já havia experimentado toda a dor e havia passado em todos os testes e agora tinha condições de ajudar no que fosse necessário.

No centro de tudo em que cremos

3 1-6 Portanto, prezados amigos cristãos, companheiros nesta vocação até as últimas consequências, olhem com muita atenção para Jesus. Ele está no centro de tudo em que cremos, pois foi fiel em cumprir tudo que Deus ordenou. Moisés também foi fiel, mas Jesus tem maior honra. O construtor tem mais valor que sua obra. Toda casa tem um construtor, mas o Construtor por trás de tudo é Deus. Moisés fez um bom trabalho na casa de Deus, mas foi um trabalho de servo, deixando as coisas preparadas para aquele que haveria de vir. Cristo, o Filho, tem a responsabilidade da casa.

SALMOS 121.1-8

Um cântico de peregrinação

121 1-2 Levanto os olhos para os montes:
será que é de lá que vem a minha força?
Não, minha força vem do Eterno,
   que fez o céu, a terra e as montanhas.

3-4 Ele não deixará que você tropece,
   seu Guardião nunca dorme.
Jamais! O Guardião
   de Israel nem sequer cochila.

5-6 O Eterno é seu Guardião:
   ao seu lado ele dará proteção.
Nada pode fazer mal a você:
   nem o Sol, nem a Lua.

7-8 O Eterno guarda você de todo mal,
   ele protege sua vida.
Ele o protege quando você sai e quando volta,
   guarda você agora e o guardará para sempre.

■ NOTAS

☐ DIA **311** ___ /___ /___

JEREMIAS 36.1 — 38.6

Lendo a Mensagem do Eterno

36 1 No quarto ano do reinado de Jeoaquim, filho de Josias, rei de Judá, Jeremias recebeu esta Mensagem do Eterno:

2 "Pegue um rolo e escreva tudo que eu disse com respeito a Israel e Judá e a todas as nações, desde o tempo em que comecei a falar a você, durante o reinado de Josias, até o dia de hoje.

3 "Talvez a comunidade de Judá finalmente perceba, finalmente entenda a catástrofe que preparei e, assim, dê as costas à vida de pecado que levam e deixe que eu perdoe sua perversidade e seu pecado".

4 Assim, Jeremias mandou chamar Baruque, filho de Nerias. Jeremias ditou, e Baruque escreveu num rolo tudo que o Eterno tinha dito.

5-6 Então, Jeremias disse a Baruque: "Estou na lista negra. Não posso entrar no templo do Eterno. Por isso, você vai ter de entrar lá no meu lugar. Vá ao templo e leia tudo que ditei a você. Espere por um dia de jejum, quando todos estão lá. E faça de tudo para que todos os que vêm das vilas de Judá ouçam você.

[7] "Talvez eles comecem a orar, e o Eterno ouça suas orações. Talvez eles se arrependam de suas maldades. Isso sem dúvida é coisa séria. O Eterno já os fez saber quanto está irado!".

[8] Baruque, filho de Nerias, fez tudo que o profeta Jeremias mandou. No templo do Eterno, leu a Mensagem escrita no rolo.

[9] Isso aconteceu em dezembro, no quinto ano do reinado de Jeoaquim, filho de Josias, rei de Judá, quando todo o povo de Jerusalém e todos os habitantes das vilas de Judá, estavam em Jerusalém jejuando para o Eterno.

[10] Baruque levou o rolo ao templo e leu para o público as palavras de Jeremias. Ele fez a leitura na sala de reuniões de Gemarias, filho de Safã, o secretário real, que ficava no pátio superior, perto da Porta Nova do templo. Todos os presentes puderam ouvi-lo.

[11-12] No momento em que ouviu o que estava sendo lido, a Mensagem do Eterno, Micaías, filho de Gemarias, correu ao palácio e foi à sala do secretário de Estado, onde estavam reunidos os oficiais do governo: o secretário Elisama; Delaías, filho de Semaías; Elnatã, filho de Acbor; Gemarias, filho de Safã; Zedequias, filho de Hananias; todos os outros oficiais do governo.

[13] Micaías relatou aos oficiais o que tinha ouvido Baruque ler.

[14] Imediatamente enviaram Jeudi, filho de Netanias, filho de Selemias, filho de Cuchi, a Baruque, com a seguinte ordem: "Pegue o rolo que você leu diante do povo e traga-o aqui". Assim, Baruque foi e levou o rolo com ele.

[15] Os oficiais disseram: "Sente-se. Leia o rolo para nós". E Baruque leu.

[16] Quando acabaram de ouvir a leitura, ficaram indignados. Discutiram a respeito e chegaram à seguinte conclusão: "Temos de contar ao rei".

[17] Eles perguntaram a Baruque: "Diga-nos, como foi que você chegou a escrever tudo isso? Foi Jeremias que ditou para você?".

[18] Baruque disse: "Foi isso mesmo. Cada palavra saiu diretamente da boca de Jeremias. E eu escrevi tudo, palavra por palavra.

[19] Os oficiais do governo disseram a Baruque: "Você precisa sair daqui. Vá e se esconda, você e também Jeremias. Não deixe ninguém saber onde vocês estão".

[20-21] Os oficiais foram ao pátio do palácio relatar o fato ao rei e guardaram o rolo em segurança na sala de Elisama, o secretário de Estado. O rei mandou Jeudi buscar o rolo, e ele o trouxe da sala do secretário Elisama. Então, Jeudi leu o rolo para o rei e os oficiais que estavam a serviço do rei.

[22-23] Era dezembro. O rei estava sentado nos aposentos de inverno, perto do fogo. A cada três ou quatro colunas lidas por Jeudi, o rei cortava aquele pedaço com uma pequena faca e o jogava no fogo. Ele continuou fazendo isso até que todo o rolo foi queimado no braseiro.

[24-26] Nem o rei nem nenhum de seus oficiais mostraram um grama de peso na consciência ao ouvir a leitura das mensagens. Elnatã, Delaías e Gemarias tentaram convencer o rei a não queimar o rolo, mas ele deu de ombros e simplesmente continuou a queimá-lo. Em seguida, ordenou que o príncipe Jerameel, Seraías, filho de Azriel e Selemias, filho de Abdeel, fossem prender o profeta Jeremias e seu secretário, Baruque. Mas o Eterno os havia escondido.

[27-28] Depois que o rei terminou de queimar o rolo em que Baruque escrevera as palavras de Jeremias, o profeta recebeu esta Mensagem do Eterno: "Pegue outro rolo e comece tudo de novo. Escreva tudo que estava naquele primeiro rolo, que Jeoaquim, rei de Judá, queimou.

[29] E envie esta mensagem pessoal a Jeoaquim, rei de Judá: 'O Eterno diz que você teve a coragem de queimar aquele rolo e a ousadia de dizer: "Que tolice é essa escrita neste rolo, que o rei da Babilônia virá e destruirá esta terra e matará tudo e todos nela?"

[30-31] 'Bem, você quer saber o que o Eterno diz sobre Jeoaquim, rei de Judá? É isto: nenhum descendente seu vai governar no trono de Davi. Seu cadáver será jogado na rua e deixado ali, insepulto, exposto ao sol quente e à noite fria. Vou castigar você, seus filhos e os oficiais do seu governo por sua perversidade descarada. Vou fazer cair sobre eles e sobre todos em Jerusalém a calamidade do dia do juízo de que os adverti e que eles ignoraram'".

[32] Assim, Jeremias trouxe outro rolo e o entregou a Baruque, filho de Nerias, seu secretário. Jeremias ditou, e ele escreveu tudo que Jeoaquim, rei de Judá, havia queimado. Mas nessa versão houve também vários acréscimos.

Na masmorra

37 [1-2] O rei Zedequias, filho de Josias, rei fantoche colocado no trono por Nabucodonosor, rei da

Babilônia, na terra de Judá, era agora rei no lugar de Joaquim, filho de Jeoaquim. Mas nem ele, nem seus oficiais, nem o próprio povo deram importância à Mensagem do Eterno, comunicada pelo profeta Jeremias.

³ No entanto, o rei Zedequias enviou Jucal, filho de Selemias, e Sofonias, filho de Maaseias, ao profeta Jeremias, dizendo: "Ore por nós, ore muito ao Senhor, o Eterno".

⁴⁻⁵ Jeremias ainda circulava livremente entre o povo de Jerusalém naqueles dias. Isso foi antes de ele ter sido preso. O exército do faraó estava a caminho, vindo do Egito. Os caldeus que lutavam contra Jerusalém, quando ouviram que os egípcios estavam se aproximando, bateram em retirada.

⁶⁻¹⁰ Então, o profeta Jeremias recebeu esta Mensagem do Eterno: "Eu, o Deus de Israel, quero dar esta Mensagem ao rei de Judá, que acabou de enviar você a mim para descobrir o que fazer. Diga a ele: preste atenção. O exército do faraó, que está a caminho para ajudar você, não manterá o acordo. Assim que chegarem aqui vão dar meia-volta e retornar ao Egito. Então, os babilônios virão, retomarão o ataque e conquistarão esta cidade, deixando-a arrasada e incendiada. Eu, o Eterno, estou dizendo a vocês que não se enganem, dizendo uns aos outros: 'Os babilônios vão se retirar em alguns dias'. Pois digo que eles não estão indo embora. Mesmo que vocês derrotassem todo o exército dos caldeus e só restassem uns poucos soldados feridos em suas tendas, os feridos terminariam a tarefa, arrasando e incendiando a cidade".

¹¹⁻¹³ Quando o exército dos caldeus bateu em retirada de Jerusalém, Jeremias deixou a cidade e foi ao território de Benjamim cuidar de negócios particulares. Quando chegou à Porta de Benjamim, o oficial da guarda, Jerias, filho de Selemias, filho de Hananias, fez o profeta Jeremias parar e o acusou: "Você está desertando para o lado dos caldeus!".

¹⁴⁻¹⁶ "Não é verdade", protestou Jeremias. "Não me passaria pela cabeça desertar para o lado dos caldeus."

Mas Jerias nem o escutou. Prendeu-o e o levou às autoridades, que estavam furiosas com o profeta. Eles o chicotearam e o jogaram na prisão, na casa de Jônatas, secretário de Estado (a casa dele foi usada como cárcere). Assim, Jeremias foi obrigado a entrar numa cela subterrânea, uma cisterna que havia sido transformada em masmorra, e ficou ali muito tempo.

¹⁷ Mais tarde, o rei Zedequias mandou buscar Jeremias. O rei o questionou em particular: "Você tem uma Mensagem do Eterno?".

"Tenho", disse Jeremias. "Você vai ser entregue ao rei da Babilônia."

¹⁸⁻²⁰ Jeremias disse ainda ao rei Zedequias: "Você pode me dizer por que me jogou na prisão? Que crime cometi contra você, ou contra seus oficiais, ou contra seu povo? Diga-me também: o que aconteceu com seus profetas, que pregavam todos aqueles sermões, dizendo que o rei da Babilônia jamais atacaria você ou esta terra? Preste atenção, por favor, meu senhor, meu rei! Não me mande de novo para aquela masmorra na casa do secretário Jônatas. Vou acabar morrendo ali!".

²¹ Então, o rei Zedequias ordenou que Jeremias fosse enviado para o pátio da guarda do palácio. Ali, da padaria ele recebia um pão todos os dias até que todo o pão da cidade tivesse acabado. E foi ali que Jeremias ficou — no pátio da guarda do palácio.

Da masmorra para o palácio

38 ¹ Sefatias, filho de Matã, Gedalias, filho de Pasur, Jucal, filho de Selemias, e Pasur, filho de Malquias, ouviram o que Jeremias estava dizendo ao povo:

² "Esta é a Mensagem do Eterno: 'Todos os que permanecerem nesta cidade morrerão. Serão mortos, ou morrerão de fome, ou ficarão doentes e morrerão. Mas os que se entregarem aos babilônios se salvarão e viverão'.

³ "E a Palavra garantida do Eterno é: 'Esta cidade está destinada à queda diante do exército do rei da Babilônia. Ele a tomará'".

⁴ Esses oficiais foram pedir ao rei: "Por favor, mate esse homem! Ele precisa sair de cena, porque está acabando com a determinação dos soldados que ainda estão na cidade, como também do próprio povo, espalhando essas ideias. Esse homem não quer o bem deste povo. Ele está tentando nos arruinar!".

⁵ O rei Zedequias cedeu: "Se vocês acham que é melhor, então vão lá e resolvam o caso à sua maneira. Não posso segurar vocês".

⁶ Assim, eles pegaram Jeremias e o puseram na cisterna de Malquias, filho do rei, que estava no pátio da guarda do palácio. Eles o baixaram com cordas. Não havia água na cisterna, só lama, e Jeremias afundou na lama.

HEBREUS 3.6 — 4.3

6-11 Agora basta que nos apeguemos com firmeza a essa ousada confissão, e estamos em casa! É por isso que o Espírito Santo diz:

Hoje, por favor, ouçam;
não fechem os ouvidos como na
"revolta amarga",
o tempo de provação no deserto!
Ainda que eles tivessem observado meu
trabalho por quarenta anos,
seus antepassados não me permitiram
agir do meu modo
e muitas vezes testaram minha paciência.
Fui provocado — muito provocado!
Eu disse: "O coração deles nunca
vai estar comigo;
eles se recusam a andar nos meus caminhos".
Irritado, jurei:
"Eles nunca vão chegar ao seu destino,
nunca vão conseguir se sentar e descansar".

12-14 Portanto, amigos, vigiem seus caminhos. Certifiquem-se de que não haja nenhuma descrença maligna rondando e que possa desviá-los do caminho, afastando-se do Deus vivo. Pois, enquanto ainda é o Hoje de Deus, vigiem um ao outro para que o pecado não os adormeça. Se pudermos manter a firmeza no ponto em que começamos, é o bastante para estar com Cristo por todo o caminho.

Estas palavras soam em nossos ouvidos:

Hoje, por favor, ouçam;
não fechem seus ouvidos como na
"revolta amarga".

15-19 Quem eram as pessoas que se fizeram de surdas? Não eram as mesmas que Moisés tirou do Egito? E quem provocou Deus por quarenta anos? Não foram os mesmos que se fizeram de surdos e viraram cadáveres no deserto? E, quando ele jurou que nunca iriam chegar ao seu destino, não estava ele se referindo aos que se fizeram de surdos? Eles nunca chegaram lá porque não o ouviram e nunca creram.

Quando as promessas se juntam com a fé

4 **1-3** Enquanto a promessa de descansar nele nos impulsiona para o alvo de Deus, cuidemos para não sermos desqualificados. Recebemos as mesmas promessas que o povo do deserto; no entanto, elas não fizeram bem a eles, porque não foram recebidas com fé. Portanto, se crermos, iremos experimentar o estado de descanso; se não crermos, nada feito. Lembrem-se do que Deus disse:

Com ira, jurei:
"Eles nunca vão chegar ao seu destino,
nunca vão conseguir descansar de verdade".

SALMOS 122.1-9

Um cântico de peregrinação — De Davi

122 **1-2** Quando eles disseram:
"Vamos à casa do Eterno!",
meu coração pulou de alegria.
E agora aqui estamos, ó Jerusalém,
do lado de dentro dos seus muros!

3-5 Jerusalém, cidade bem construída
como lugar de adoração,
Para ela as tribos se dirigem.
Todas as tribos do Eterno lá sobem para adorar,
Para agradecer o nome do Eterno —
isso é o que significa ser Israel.
Tronos para julgamentos justos
foram estabelecidos ali — os famosos da casa
de Davi.

6-9 Orem pela paz de Jerusalém!
Sejam prósperos todos os que amam
Jerusalém!
Gente amiga, seja feliz!
Estrangeiros hostis, mantenham distância!
Pelo bem da minha família e dos meus amigos,
digo outra vez: "Vivam em paz!".
Pelo bem da casa do nosso Deus, o Eterno,
farei o melhor por você.

◼ NOTAS

do templo de Deus. O rei disse a Jeremias: "Vou perguntar uma coisa. Não esconda nada de mim".

¹⁵ Jeremias disse: "Se eu dissesse toda a verdade, você me mataria. Mas também não importa o que eu disser — você não vai dar atenção mesmo".

¹⁶ Zedequias jurou a Jeremias ali mesmo, mas em segredo: "Tão certo como o Eterno vive, o Deus que *nos* dá a vida, não vou matá-lo nem entregá-lo aos homens que querem vê-lo morto.

¹⁷⁻¹⁸ Assim, Jeremias disse a Zedequias: "Esta é a Mensagem do Eterno, do Senhor dos Exércitos de Anjos, o Deus de Israel: 'Se você se entregar aos generais do rei da Babilônia, salvará sua vida, esta cidade não será queimada e sua família viverá. Mas, se você não se entregar aos generais babilônicos, esta cidade acabará nas mãos dos caldeus, e eles vão incendiá-la. E não pense, nem por um minuto, que existe alguma saída para você' ".

¹⁹ O rei Zedequias disse a Jeremias: "Mas tenho medo dos judeus que já desertaram para o lado dos babilônios. Se eles me pegarem, vão me torturar".

²⁰⁻²² Jeremias garantiu: "Ninguém vai apanhar você. Por favor, ouça! Ouça a voz do Eterno! Estou dizendo isso para seu bem, para que você viva. Mas, se você não se entregar, ouça o que o Eterno me mostrou que vai acontecer. Pense nisto: todas as mulheres que ainda restaram no palácio do rei de Judá serão levadas aos oficiais do rei da Babilônia e, elas sairão dizendo:

" 'Eles mentiram para você e o entregaram,
    esses que se dizem seus amigos,
E agora você está atolado, preso na lama
    até os joelhos,
    e seus 'amigos', onde estão agora?'.

²³ "Eles tomarão todas as suas mulheres e filhos e os entregarão aos caldeus. E não pense que você vai escapar: o rei da Babilônia vai prender você e, então, arrasar e queimar a cidade".

²⁴⁻²⁶ Zedequias disse a Jeremias: "Não deixe ninguém saber desta conversa, se tem amor à pele. Se os oficiais do governo souberem que eu conversei com você, podem vir e dizer: 'Diga-nos, o que ocorreu entre você e o rei, o que foi que ele disse e o que foi que você disse a ele? Se não esconder nada, não iremos matá-lo'. Se isso acontecer, diga a eles: 'Apresentei minha causa ao rei, para que ele não me mandasse de volta à masmorra de Jônatas para morrer ali' ".

²⁷ E foi exatamente o que aconteceu. Os oficiais cercaram Jeremias e começaram a fazer perguntas.

☐ **DIA 312** ___ / ___ / ___

JEREMIAS 38.7 — 40.16

⁷⁻⁹ Ebede-Meleque, um etíope, oficial da corte no palácio real, ouviu que haviam posto Jeremias na cisterna. Enquanto o rei estava num julgamento, na Porta de Benjamim, Ebede-Meleque correu ao palácio do rei e disse: "Meu senhor, ó rei! Esses homens estão cometendo um grande crime, jogando o profeta Jeremias na cisterna e deixando-o ali para morrer de fome. Ele está quase morto, e não há uma migalha de pão na cidade".

¹⁰ Então, o rei ordenou a Ebede-Meleque, o etíope: "Leve três homens com você e tire o profeta Jeremias da cisterna, antes que ele morra".

¹¹⁻¹² Ebede-Meleque, com a ajuda de três homens, foi ao guarda-roupa do palácio, pegou alguns trapos, amarrou-os e fez uma corda, que foi baixada até Jeremias na cisterna. Ebede-Meleque, o etíope, gritou para Jeremias no fundo: "Prenda a corda de pano debaixo dos braços".

Jeremias fez o que disseram.

¹³ Assim, eles puxaram e tiraram Jeremias da cisterna com a corda. Mas ele continuava confinado no pátio da guarda do palácio.

¹⁴ Mais tarde, o rei Zedequias mandou que buscassem o profeta Jeremias e o levassem à terceira entrada

Ele respondeu conforme o rei havia instruído. Assim, pararam de interrogá-lo. Ninguém tinha ouvido nada da conversa.

[28] Jeremias viveu no pátio da guarda do palácio até o dia em que Jerusalém foi capturada.

Más notícias

39 [1-2]**N**o décimo mês do nono ano do reinado de Zedequias, rei de Judá, Nabucodonosor, rei da Babilônia, chegou com todo o seu exército e sitiou Jerusalém. No décimo primeiro ano do reinado de Zedequias, no dia 9 do quarto mês, eles abriram uma brecha nos muros da cidade.

[3]Todos os oficiais do rei da Babilônia se reuniram em conselho na Porta do Meio: Nergal-Sarezer, de Sangar; Nebo-Sarsequim, um dos altos oficiais; Nergal-Sarezer, outro oficial; todos os outros oficiais do rei da Babilônia.

[4-7]Quando Zedequias, rei de Judá, e os soldados restantes viram aquilo, correram para salvar a vida. Fugiram de noite, por um caminho no jardim do rei, atravessaram a porta entre as duas muralhas e se dirigiram para o deserto, na direção do vale do Jordão. Mas o exército babilônico os perseguiu e capturou Zedequias no deserto de Jericó. Eles o levaram a Nabucodonosor, rei da Babilônia, em Ribla, na região de Hamate. Nabucodonosor decidiu o destino dele. O rei da Babilônia matou todos os filhos de Zedequias em Ribla diante dele e depois executou todos os nobres de Judá. Depois que Zedequias viu essa matança, Nabucodonosor o cegou, acorrentou-o e o levou para a Babilônia.

[8-10]Nesse meio-tempo, os babilônios queimaram o palácio real, o templo e todas as casas da cidade. Também puseram abaixo os muros de Jerusalém. Nebuzaradã, chefe da guarda pessoal do rei, reuniu todos os que haviam restado na cidade com os que haviam se entregado e os levou para o exílio na Babilônia. Ele não se incomodou em levar os poucos pobres que não tinham nada. Ele os deixou na terra de Judá para ganhar seu sustento como pudessem, nas vinhas e nos campos.

[11-12]Nabucodonosor, rei da Babilônia, deu a Nebuzaradã, chefe de sua guarda pessoal, ordens especiais acerca de Jeremias: "Cuide bem dele. Veja que nada de mal lhe aconteça e dê a ele tudo que ele quiser".

[13-14]Assim, Nebuzaradã, chefe da guarda pessoal do rei, e Nebusazbã, Nergal-Sarezer e os mais altos oficiais do rei da Babilônia mandaram buscar Jeremias, levando-o do pátio da guarda real e deixando-o aos cuidados de Gedalias, filho de Aicam, filho de Safã, a fim de que fosse levado para casa. E permitiram que ele morasse com o povo.

[15-18]**A**ntes disso, enquanto Jeremias ainda estava sob custódia no pátio da guarda real, a Mensagem do Eterno veio a ele: "Vá e fale com Ebede-Meleque, o etíope. Diga a ele o que diz o Senhor dos Exércitos de Anjos, o Deus de Israel: 'Ouça com muita atenção. Vou fazer a esta cidade exatamente o que eu disse. E isso é má notícia, não uma notícia boa. Quando isso acontecer, você não estará aqui para ver. Mas vou libertar você no dia do juízo. Você não será entregue aos homens que, com razão, tanto teme. Sim, eu vou salvá-los, e você não será morto: sairá de lá são e salvo porque confiou em mim' ". É o decreto do Eterno.

Você pode morar onde quiser

40 [1]**M**ensagem do Eterno a Jeremias, depois que Nebuzaradã, chefe da guarda pessoal, o libertou em Ramá. Quando Nebuzaradã veio a ele, Jeremias estava acorrentado, como os outros cativos de Jerusalém e Judá que estavam sendo levados para o exílio na Babilônia.

[2-3]O chefe da guarda pessoal separou Jeremias e disse: "Foi o Eterno, o seu Deus, que anunciou a destruição deste lugar. Ele fez o que tinha avisado que faria porque todos vocês pecaram contra o Eterno e não quiseram fazer o que ele mandou. Agora, todos vocês estão sofrendo as consequências.

[4-5]"Mas hoje, Jeremias, estou libertando você, estou tirando as correntes das suas mãos. Se você quiser vir para a Babilônia comigo, venha. Vou cuidar bem de você. Mas, se não quiser, tudo também. Veja, toda a terra se abre diante de você. Faça o que quiser. Você pode morar onde quiser. Se quiser ficar em casa, volte e fale com Gedalias, filho de Aicam, filho de Safã. O rei da Babilônia designou Gedalias governador das cidades de Judá. Fique com ele e com seu povo. Ou vá para onde quiser. A decisão é sua".

O chefe da guarda pessoal do rei deu a ele comida para a jornada e um presente e depois deixou que ele fosse.

[6]Jeremias foi falar com Gedalias, filho de Aicam, em Mispá, e decidiu morar ali com ele e com o povo que havia ficado na terra.

O cuidado pela terra

[7-8]**A**lguns oficiais e seus soldados, que estavam escondidos nos campos, souberam que o rei da Babilônia havia designado Gedalias, filho de Aicam,

governador da terra; ele era responsável pelos homens, pelas mulheres e crianças e pelos mais pobres, que não tinham sido levados para o exílio na Babilônia, e vieram falar com ele em Mispá. Foram eles: Ismael, filho de Netanias; Joanã e Jônatas, filhos de Careá; Seraías, filho de Tanumete; os filhos de Efai, de Netofate; Jazanias, filho do maacatita. Estavam acompanhados por seus homens.

⁹Gedalias, filho de Aicam, filho de Safã, prometeu a eles e a seus homens: "Vocês não têm o que temer dos oficiais caldeus. Fiquem aqui na terra. Sujeitem-se ao rei da Babilônia. Vocês vão ficar bem.

¹⁰ "Minha tarefa é ficar aqui em Mispá e ser intermediário do povo diante dos caldeus quando eles aparecerem. A tarefa de vocês é cuidar da terra: fazer vinho, colher os frutos do verão, espremer o azeite das azeitonas. Armazenem tudo em jarros de barro e estabeleçam-se nas cidades que vocês ocuparam".

¹¹⁻¹² Os judeus que haviam fugido para Moabe, Amom, Edom e outros lugares ouviram que o rei da Babilônia tinha deixado alguns sobreviventes em Judá e designado Gedalias, filho de Aicam, filho de Safã, governador deles. Então, todos começaram a voltar para Judá de todos os lugares para onde haviam sido espalhados. Vieram a Judá e a Gedalias em Mispá e foram trabalhar na colheita e no armazenamento de uma grande provisão de vinho e frutos de verão.

¹³⁻¹⁴ Certo dia, Joanã, filho de Careá, e todos os oficiais do exército que tinham se escondido no interior vieram conversar com Gedalias em Mispá. Disseram: "Você sabe que Baalis, reis dos amonitas, enviou Ismael, filho de Netanias, para matar você, não sabe?". Mas Gedalias, filho de Aicam, não acreditou neles.

¹⁵ Então, Joanã, filho de Careá, chamou Gedalias em particular, e disse: "Se quiser, posso matar Ismael, filho de Netanias. Ninguém precisa saber. Por que deixar que ele mate você e lance a terra na anarquia? Por que deixar que todos de quem você está cuidando sejam espalhados e que seja destruído o que sobrou de Judá?".

¹⁶ Mas Gedalias, filho de Aicam, disse a Joanã, filho de Careá: "Não faça isso. Eu o proíbo! Você está espalhando boatos sobre Ismael".

HEBREUS 4.3 — 5.10

³⁻⁷ Deus fez essa promessa, embora tivesse cumprido a parte dele antes da fundação do mundo. Em algum lugar, está escrito: "Deus descansou no sétimo dia, tendo completado sua obra", mas outro texto diz: "Eles nunca vão conseguir descansar de verdade".

Portanto, essa promessa ainda não foi cumprida. Os antigos não chegaram ao lugar de descanso porque foram desobedientes. Deus continua renovando a promessa e estabelecendo a data de *hoje*, como fez no salmo de Davi, séculos depois do convite original:

Hoje, por favor, ouçam;
não fechem os ouvidos...

⁸⁻¹¹ Essa promessa ainda é válida. Ela não foi cancelada no tempo de Josué. Do contrário, Deus não continuaria renovando a promessa para "hoje". A promessa de "chegada" e "descanso" para o povo de Deus ainda está de pé. Deus mesmo está neste descanso. E, no fim da jornada, descansaremos com ele. Portanto, permaneçamos firmes e chegaremos ao local de descanso. Se não houver desobediência, não haverá desvio.

¹²⁻¹³ Tudo que Deus diz é sério. O que ele diz acontece. Sua poderosa Palavra é aguda como o bisturi e capaz de cortar tudo, seja dúvida, seja desculpa, mantendo-nos abertos para ouvir e obedecer. Nada — nem ninguém — pode enfrentar a Palavra de Deus. Não se pode fugir dela — não há como.

O Sacerdote principal que chorou em agonia

¹⁴⁻¹⁶ Agora, que já sabemos o que temos — Jesus, esse grande Sacerdote Principal com acesso imediato a Deus —, não podemos perdê-lo jamais. Não temos um sacerdote que não conhece nossa realidade. Ele experimentou fraqueza e provações e experimentou tudo, menos o pecado. Portanto, vamos andar direito e receber o que ele tem para nos dar. Recebam a misericórdia, aceitem a ajuda.

⁵ ¹⁻³ Todo sacerdote principal selecionado para representar o povo diante de Deus e oferecer sacrifícios pelos pecados deles deve ser paciente com as falhas deles, pois essa também é a sua própria experiência. Isso significa que ele tem de oferecer sacrifícios pelos próprios pecados, não só pelos pecados do povo.

⁴⁻⁶ Ninguém assume por conta própria essa posição de honra. Precisa ser chamado por Deus, como foi o caso de Arão. Nem Cristo se presumiu sacerdote principal: ele também foi separado por aquele que disse: "Tu és meu Filho, hoje me alegro em ti!". Em outro lugar Deus declara: "Tu és sacerdote para sempre, na ordem real de Melquisedeque".

⁷⁻¹⁰ Enquanto viveu na terra, antecipando a morte, Jesus clamou de dor e lamentou de tristeza,

DIA 313

enquanto apresentava suas orações sacerdotais a Deus. Ainda que fosse o Filho de Deus, ele aprendeu uma obediência confiante pelo que sofreu, assim como nós. Então, tendo chegado ao apogeu da maturidade e declarado por Deus sacerdote principal na ordem de Melquisedeque, ele se tornou a fonte da salvação eterna para todos os que obedecem a ele confiadamente.

SALMOS 123.1-4

Um cântico de peregrinação

123¹⁻⁴ Olho para ti, ó Deus, que habitas no céu, e busco o teu socorro.
Como servos atentos às ordens de seu senhor,
    como as servas a serviço de sua senhora,
Estamos de prontidão, a respiração suspensa,
    aguardando tua palavra de misericórdia.
Misericórdia, ó Eterno, tem misericórdia!
Temos perambulado sem rumo
    por tempo demais,
Rejeitados pelos homens ricos e
    desprezados por gente arrogante.

◾ NOTAS

☐ **DIA 313** __ / __ / __

JEREMIAS 41.1 — 43.13

Assassinato

41¹⁻³ Mas Ismael, filho de Netanias, filho de Elisama, chegou no sétimo mês. Ele tinha sangue real e havia sido um dos altos oficiais do rei. Foi fazer uma visita a Gedalias, filho de Aicam, em Mispá, com dez de seus homens. Enquanto estavam à mesa, Ismael e seus dez homens se levantaram num salto e derrubaram Gedalias e o mataram — mataram o homem que o rei da Babilônia havia designado governador da terra. Ismael também matou todos os judeus que estavam com Gedalias em Mispá e ainda os soldados caldeus aquartelados ali.

⁴⁻⁵ No segundo dia depois do assassinato de Gedalias (ninguém ainda sabia disso), chegaram alguns homens de Siquém, Siló e Samaria, oitenta ao todo, com a barba raspada, as roupas rasgadas e cortes no corpo. Eram peregrinos e traziam ofertas de cereal e incenso. Tinham vindo para adorar no templo, em Jerusalém.

⁶ Ismael, filho de Netanias, saiu de Mispá para saudá-los, chorando copiosamente. Depois de saudá--los, convidou-os a entrar na cidade: "Venham e conheçam Gedalias, filho de Aicam".

⁷⁻⁸ Mas, assim que entraram na cidade, Ismael, filho de Netanias, e seus comparsas mataram os peregrinos e jogaram os corpos numa cisterna. Dez desses homens conseguiram convencer Ismael a não matá-los. Eles barganharam com Ismael: "Não nos mate. Temos um depósito escondido de trigo, cevada, azeite e mel nos campos". Assim, ele desistiu e não os matou, como tinha feito com os outros peregrinos.

⁹ A razão de Ismael jogar os corpos numa cisterna foi acobertar o assassinato de Gedalias. A cisterna havia sido construída pelo rei Asa como defesa contra Baasa, rei de Israel, e foi essa a cisterna que Ismael, filho de Netanias, encheu com os homens assassinados.

¹⁰ Então, Ismael tomou como prisioneiros todos os outros habitantes de Mispá, até mesmo a filha

do rei, confiada aos cuidados de Gedalias, filho de Aicam, por Nebuzaradã, chefe da guarda pessoal. Depois de reuni-los, Ismael, filho de Netanias, os levou para a região de Amom.

11-12 Joanã, filho de Careá, e todos os oficiais do exército que estavam com ele ouviram as atrocidades cometidas por Ismael, filho de Netanias. Imediatamente partiram atrás de Ismael, filho de Netanias, e o encontraram no tanque grande de Gibeom.

13-15 Quando todos os prisioneiros de Mispá que estavam sendo levados por Ismael viram Joanã, filho de Careá, e os oficiais do exército com ele, ficaram tão felizes que mal podiam acreditar! Todos se reuniram ao redor de Joanã e voltaram para casa. Mas Ismael, filho de Netanias, conseguiu fugir. Ele escapou de Joanã com 18 homens para a terra de Amom.

16 Depois disso, Joanã, filho de Careá, e os oficiais do exército que estavam com ele reuniram o povo que havia restado, ou seja, aqueles que Ismael, filho de Netanias, havia levado de Mispá depois de assassinar Gedalias, filho de Aicam (homens, mulheres, crianças e eunucos) e os trouxe de volta de Gibeom.

17-18 Eles partiram imediatamente para o Egito, a fim de fugir dos caldeus, parando no caminho em Gerute-Quimã, perto de Belém. Eles temiam a retaliação dos caldeus pelo ato cometido por Ismael, filho de Netanias, de assassinar Gedalias filho de Aicam, a quem o rei da Babilônia havia designado governador da região.

O que vocês estão temendo vai acontecer

42 **1-3** Todos os oficiais do exército, conduzidos por Joanã, filho de Careá, Jezanias, filho de Hosaías, acompanhados por todo o povo, pequenos e grandes, foram procurar o profeta Jeremias e disseram: "Temos um pedido. Por favor, ouça-nos! Ore ao seu Eterno por nós, pelo que sobrou de nós. Você pode ver com os próprios olhos como somos poucos. Ore para que o Eterno nos mostre o caminho que devemos tomar e o que devemos fazer.

4 O profeta Jeremias disse: "Ouvi seu pedido. E vou orar ao Eterno, como vocês pediram. Não importa o que o Eterno disser, vou transmitir a vocês. Vou contar tudo, sem esconder nada".

5-6 Eles disseram a Jeremias: "Que o Eterno seja nossa testemunha, uma testemunha fiel e verdadeira contra nós, se não fizermos tudo que ele mandar você nos dizer. Gostando ou não, vamos fazer o que você diz. Vamos obedecer a tudo que o Eterno ordenar. Sim, pode acreditar. Vamos fazer isso".

7-8 Dez dias depois, a Mensagem do Eterno veio a Jeremias. Ele reuniu Joanã, filho de Careá, todos os oficiais do exército e todo o povo, sem se importar com a influência que cada um exerce.

9-12 Então, ele falou: "Esta é a Mensagem do Eterno, do Deus de Israel, a quem vocês pediram que eu fosse apresentar sua oração. Ele diz: 'Se vocês estiverem dispostos a suportar viver nesta terra, eu os farei aumentar e não os arrastarei daqui; eu os plantarei, em vez de arrancá-los como erva daninha. Sinto muita compaixão, por causa da destruição que fiz cair sobre vocês. Vocês não precisam temer o rei da Babilônia. Seus temores são infundados. Estou do seu lado, pronto para salvá-los e livrá-los de qualquer coisa que ele possa fazer a vocês. Terei misericórdia de vocês. Além disso, *ele* vai ter misericórdia de vocês e permitirá que voltem para a sua terra.

13-17 "Mas não digam: 'Não vamos ficar neste lugar', negando-se a obedecer à ordem do Eterno e dizendo, em vez disso: 'Não! Estamos de saída para o Egito, onde as coisas estão calmas — sem guerras, sem ataques de exércitos e com comida de sobra. Vamos nos transferir para lá!'. Se o que restou de Judá está pensando em tomar aquela estrada, ouçam a Palavra do Eterno. O que o Senhor dos Exércitos de Anjos diz é isto: 'Se vocês estão decididos a ir para o Egito e fazer daquela terra seu lar, então as mesmas guerras que vocês temem irão alcançá-los no Egito, e a fome de que têm pavor vai persegui-los até lá. Vocês morrerão ali! Quem estiver determinado a ir para o Egito e fazer dele sua casa será morto: ou vai morrer de fome ou ficar doente e morrer. Não haverá sobreviventes — nem um sequer! Ninguém escapará da desgraça que vou fazer cair sobre vocês'.

18 "Esta é a Mensagem do Senhor dos Exércitos de Anjos, o Deus de Israel: 'Assim como varri do mapa os cidadãos de Jerusalém na hora da minha ira, farei a mesma coisa no Egito. Vocês acabarão sendo malditos, insultados, ridicularizados e zombados. E nunca verão sua terra natal outra vez'.

19-20 "O Eterno diz claramente a vocês, sobreviventes de Judá: 'Não vão para o Egito'. Entenderam bem? Vocês estão vivendo uma fantasia. Estão cometendo um erro fatal.

"Vocês não me pediram, há pouco, que consultasse o Eterno, dizendo: 'Ore por nós ao seu Eterno. Diga-nos tudo que o Eterno disser, e nós faremos'?

21-22 "Bem, agora eu disse a vocês. Transmiti tudo que ele disse, e vocês não obedeceram a nenhuma das

DIA 313

ordens dele, não levaram em conta nem sequer uma palavra do que o Eterno me mandou dizer a vocês. Portanto, agora, deixem-me dizer o que vai acontecer em seguida. Vocês serão mortos: morrerão de fome ou ficarão doentes e morrerão na terra maravilhosa que escolheram para morar e para onde estão determinados a se mudar".

Morte! Exílio! Matança!

43 **1-3** Quando Jeremias terminou de transmitir ao povo toda a Mensagem do Eterno, Azarias, filho de Hosaías, e Joanã, filho de Careá, apoiados por todos os homens que se julgavam importantes, disse a Jeremias: "Mentiroso! Nosso Deus não mandou você nos dizer que não fôssemos para o Egito e não vivêssemos lá. Baruque, filho de Nerias, está por trás disso. Ele influenciou você contra nós. Ele passou para o lado dos babilônios, e nós vamos acabar sendo mortos ou levados para o exílio na Babilônia".

4 Joanã, filho de Careá, os oficiais do exército e o povo que estava com eles não deram ouvidos à Mensagem do Eterno, que deveriam permanecer na terra de Judá e viver ali.

5-7 Joanã, filho de Careá, e os oficiais do exército reuniram todos os que haviam ficado em Judá, que tinham voltado depois de terem sido espalhados por todos os lugares – homens, mulheres e crianças, as filhas do rei, todas as pessoas que Nebuzaradã, chefe da guarda pessoal do rei, tinha deixado aos cuidados de Gedalias, filho de Aicam, filho de Safã, e, por último, mas não menos importante, o profeta Jeremias e Baruque, filho de Nerias. Eles entraram na terra do Egito em total desobediência à Mensagem do Eterno e chegaram à cidade de Tafnes.

8-9 Enquanto estava em Tafnes, Jeremias recebeu a Mensagem do Eterno: "Apanhe algumas pedras grandes e cubra-as com a massa do pavimento que conduz ao prédio separado para uso do faraó. Certifique-se primeiro de que pelo menos alguns homens de Judá estejam olhando.

10-13 "Depois, diga-lhes: 'Isto é o que o Senhor dos Exércitos de Anjos diz: Fiquem atentos! Estou mandando buscar Nabucodonosor, rei da Babilônia (meu servo), e ele vai estabelecer seu trono exatamente nestas pedras que mandei enterrar aqui e armar a tenda real sobre elas. Ele virá e esmagará o Egito, mandando cada um a seu destino designado: morte, exílio, matança. Ele queimará os templos dos deuses egípcios e queimará os ídolos ou os levará como parte do saque. Como o pastor que retira piolhos da roupa, assim ele vai limpar o Egito.

E vai partir sem que alguém tenha posto a mão nele. Ele vai esmigalhar o obelisco sagrado da Casa do Sol do Egito e fazer uma grande fogueira dos templos dos deuses egípcios'".

HEBREUS 5.11 — 6.12

Crucificando Jesus outra vez

11-14 Tenho muito a dizer sobre este assunto, mas é difícil argumentar com vocês, pois se apegaram ao mau hábito de não ouvir. Vocês já deveriam ser mestres, mas percebo que ainda precisam de alguém que se sente com vocês e ensine de novo os princípios elementares acerca de Deus, desde o início. Estão bebendo leite materno, quando deveriam estar, há muito tempo, ingerindo alimento sólido! O leite é para principiantes, inexperientes nos caminhos de Deus; o alimento sólido é para quem tem maturidade e alguma prática em discernir o certo do errado.

6 **1-3** Portanto, vamos abandonar os rabiscos da pré-escola e passar para as grandes obras de arte que retratam Cristo. Cresçam em Cristo. As verdades fundamentais estão estabelecidas: virar as costas para a "salvação da autoajuda" e se voltar para Deus com toda a confiança; instruções batismais; imposição de mãos; ressurreição dos mortos; castigo eterno. Se Deus nos ajudar, permaneceremos fiéis a tudo isso. Mas isso não é tudo. Continuemos.

4-8 Os que já viram a luz, provaram o sabor dos céus, foram parte da obra do Espírito Santo, experimentaram pessoalmente a absoluta bondade da Palavra de Deus e os poderes que se manifestaram em nós e, ainda assim, com desprezo, viraram as costas para tudo isso e lavaram as mãos – bem, eles não podem começar tudo de novo, como se nada tivesse acontecido. É impossível, porque crucificaram Jesus outra vez. Eles o repudiaram em público. A terra ressecada que recebe a chuva produz uma colheita farta, pois o lavrador que a cultiva tem a aprovação de Deus. Mas, se produz ervas daninhas e espinhos, o mais provável é que ela seja amaldiçoada. Campos assim são queimados, não produzem colheita.

9-12 Amigos, estou certo de que isso não acontecerá com vocês. Tenho os melhores pensamentos a respeito de vocês – pensamentos sobre a salvação! Deus não perde nada. Deus conhece perfeitamente o amor que vocês demonstraram quando ajudaram alguns cristãos em necessidade, algo que continuam a praticar. Agora, quero que cada um de vocês tenha o mesmo interesse por uma esperança saudável e a mantenham até o fim. Não voltem atrás. Sejam como aqueles que nunca perderam a fé e receberam tudo que foi prometido a eles.

SALMOS 124.1-8

Um cântico de peregrinação — De Davi

124 ¹⁻⁵ **S**e o Eterno não tivesse nos socorrido
— todos juntos agora, Israel, cantem! —;
Se o Eterno não tivesse nos socorrido
quando todos foram contra nós,
Teríamos sido engolidos vivos
por uma onda de violência,
Afogados pela enchente da ira,
arrastados pela correnteza.
Teríamos perdido a vida
naquelas águas agitadas e violentas.

⁶Oh! Bendito seja o Eterno!
Ele não foi embora nem nos abandonou.
Ele não nos deixou sem defesa,
nem desamparados como um bebê
abandonado.

⁷Nós voamos livres como pássaros,
para longe das armadilhas do caçador.
O alçapão deles foi quebrado:
somos livres para voar.

⁸O poderoso nome do Eterno é nosso socorro,
o mesmo Eterno que fez o céu e a terra.

◾ NOTAS

||||||||||||||||||||||||||||||||||||||||||||||||||||||||||||||

☐ DIA 314 __/__/__

JEREMIAS 44.1 — 46.28

O mesmo destino para todos

44 ¹⁻⁶ **A** Mensagem que Jeremias recebeu, destinada a todos os judeus que viviam na terra do Egito, que tinham suas casas em Migdol, Tafnes, Mênfis e na região de Patros: "O que o Senhor dos Exércitos de Anjos, o Deus de Israel, diz é isto: 'Vocês viram com os próprios olhos a desgraça que fiz cair sobre Jerusalém e as cidades de Judá. Olhem para o que sobrou: cidades-fantasma de entulho e ruínas fumegantes, e tudo isso porque escolheram maus caminhos, despertando minha ira quando se dispuseram a sacrificar e adorar a última moda em deuses, que nem deuses são, de quem nem vocês nem seus antepassados tinham ouvido falar. Manhã após manhã e até tarde da noite, fiquei atrás de vocês, enviando todos os profetas, meus servos, suplicando a vocês: "Por favor, não façam isso! Não fiquem chafurdando nessa vala repugnante de deuses, que tanto odeio". Mas vocês acham que alguém prestou a mínima atenção ou se arrependeu do mal ou parou de oferecer sacrifícios aos deuses, que nem deuses são? Ninguém. Então, dei vazão à minha ira, uma tempestade de ira nas cidades de Judá e nas ruas de Jerusalém, e as deixei em ruínas, arrasadas. E elas *ainda* estão em ruínas e arrasadas'.

⁷⁻⁸ "Esta é a Mensagem do Eterno, o Senhor dos Exércitos de Anjos, o Deus de Israel: 'Então por que vocês estão arruinando sua vida, tirando vocês mesmos — homens, mulheres e crianças — da vida de Judá e se isolando? E por que vocês, propositadamente, me deixam irado com seus atos, oferecendo sacrifícios a

DIA 314

esses deuses, que nem deuses são na terra do Egito, onde vocês foram viver? Com isso, vocês só vão se destruir e se tornar um exemplo usado em fórmulas de maldições e objeto de ridículo entre todas as nações da terra.

9-11 "'Vocês já se esqueceram da vida pecaminosa dos seus antepassados, a vida desregrada dos reis de Judá e de suas mulheres, sem falar da própria vida de pecado de vocês e das suas mulheres, o mal que ostentaram na terra de Judá e nas ruas de Jerusalém? E, até o dia de hoje, não há um único sinal de remorso, nenhum sinal de reverência, ninguém se importando em viver de acordo com o que eu digo nem seguindo minhas instruções que tão claramente expus a vocês e a seus pais! Então, aqui está o que o Senhor dos Exércitos de Anjos ordena:

11-14 "'Prestem atenção! Decidi fazer cair a destruição sobre vocês e me livrar de todos os que estiverem associados com Judá. Estou para pegar o que restou de Judá, os que decidiram morar no Egito, e acabar com eles. No Egito, eles serão mortos ou morrerão de fome. O mesmo destino atingirá tanto os importantes quanto os desconhecidos. Não importa sua posição social, ou serão mortos, ou morrerão de fome. Vocês acabarão amaldiçoados, ultrajados, ridicularizados e humilhados. Darei aos que estão no Egito o mesmo remédio que dei aos que estavam em Jerusalém: massacre, fome e doença. Nenhum dos que conseguiram escapar vivos de Judá e fugir para o Egito conseguirá voltar para Judá, da qual têm tanta saudade. Ninguém conseguirá voltar, exceto talvez alguns fugitivos'".

Fazendo os bolos da deusa

15-18 Os homens que sabiam que suas esposas haviam oferecido sacrifícios aos deuses, que nem deuses são, acompanhadas de um grande grupo de mulheres, com praticamente todos que viviam em Patros, no Egito, responderam a Jeremias: "Não há nada para nós no que você afirma ser a Mensagem do Eterno. Vamos continuar oferecendo sacrifícios à Rainha do Céu e derramar ofertas de bebida a ela, mantendo as tradições estabelecidas pelos nossos antepassados, nossos reis e líderes nas cidades de Judá e nas ruas de Jerusalém, como nos bons tempos. Tínhamos uma vida boa na época, muita comida, prosperidade e alto padrão de vida. Mas, no momento em que paramos de sacrificar à Rainha do Céu e de derramar ofertas de bebida para ela, tudo desabou. Só temos enfrentado massacres e morte pela fome".

19 As mulheres complementaram: "Sim! É exatamente isso! Vamos continuar oferecendo sacrifícios à Rainha do Céu e derramando ofertas de bebida para ela. Nossos maridos não estão nos apoiando? Eles gostam quando fazemos os bolos na forma da deusa e derramamos nossas ofertas para ela".

20-23 Então, Jeremias se manifestou e confrontou os homens e as mulheres, o povo que havia respondido de forma tão atrevida. Ele disse: "Vocês acham que o Eterno não percebeu os sacrifícios que vocês, seus pais, seus reis e oficiais do governo, como também o povo comum, ofereceram nas cidades de Judá e nas ruas de Jerusalém? É claro que sim. E ele chegou ao limite com vocês. Chegou o momento em que ele não suportou mais o comportamento pecaminoso e os atos repugnantes de vocês. Sua terra se tornou uma devastação, um vale da morte, uma história de horror, uma cidade-fantasma. E continua assim. Essa destruição aconteceu porque vocês insistiram em oferecer aqueles sacrifícios, pecando contra o Eterno! Vocês se negaram a dar ouvidos a ele, recusaram-se a viver como ele orientou e ignoraram as disposições da aliança".

24-25 Jeremias continuou a falar, agora às mulheres: "Prestem atenção, todas vocês que são de Judá e vivem no Egito! Por favor, ouçam a Mensagem do Eterno! O Senhor dos Exércitos de Anjos, o Deus de Israel, diz: 'Vocês mulheres! Vocês disseram que fariam e de fato fizeram. Vocês disseram: Vamos manter os votos que fizemos para sacrificar à Rainha do Céu e derramar ofertas para ela, e ninguém vai nos impedir'.

25-27 "Bem, vão em frente. Cumpram seus votos. Façam tudo em grande estilo. Mas também ouçam o que o Eterno tem a dizer sobre isso, todos vocês que são de Judá e vivem no Egito: 'Juro pelo meu grande nome, com base em tudo que sou (é o Eterno quem está falando!), que nunca mais meu nome será usado por ninguém em toda a terra do Egito em votos como: "Tão certo como o Senhor, o Eterno, vive...". Cada um de vocês está destinado à destruição. O bem se foi para sempre.

27-28 "Todos os judeus no Egito vão morrer de massacre ou de fome até que estejam totalmente eliminados. Os que vão sair vivos do Egito e voltar para Judá serão muito poucos; nem vale contá-los. Então, a ralé que deixou Judá para viver no Egito vai descobrir quem tem a última palavra!

29-30 "'E esta será a prova: vou trazer o castigo para cá, e, assim, vocês saberão que as ordens de destruição são reais. Prestem atenção neste sinal de condenação: vou entregar o faraó Hofra, rei do Egito, aos inimigos deles, os quais estão atrás dele para matá-lo, exatamente como entreguei Zedequias, rei de Judá, a seu inimigo Nabucodonosor, que o perseguia' ".

O Eterno está amontoando sofrimento

45 **1**Foi isto que Jeremias contou a Baruque, no quarto ano do reinado de Jeoaquim, enquanto estava recebendo a palavra ditada do profeta:

2-3 "Estas são as palavras do Eterno, o Deus de Israel, a você, Baruque. Você diz: 'Estes são dias maus para mim! É uma desgraça atrás da outra. O Eterno está amontoando sofrimento. Estou exausto, e não há fim à vista'.

4-5 "Mas o Eterno diz: 'Olhe em volta. O que construí estou para destruir, e o que plantei estou para arrancar. E estou fazendo isso em todos os lugares, em toda a terra! Então, esqueça esse negócio de fazer grandes planos para você. As coisas ficarão piores antes de melhorar. Mas não se preocupe. Vou manter você vivo em todo esse processo' ".

Vocês buscam remédios em vão

46 **1**As Mensagens do Eterno por meio do profeta Jeremias sobre as nações pagãs.

2-5 A Mensagem ao Egito e ao exército do faraó Neco, rei do Egito, na ocasião em que foi derrotado por Nabucodonosor, rei da Babilônia, enquanto estavam acampados em Carquemis, junto ao rio Eufrates, no quarto ano do reinado de Jeoaquim, rei de Judá:

" 'Apresentar armas! Ordinário, marche!
Arreios nos cavalos! Cavaleiros montados!
Formação de batalha! Vistam o capacete,
afiem a lança, vistam a armadura!'.
Mas, o que estou vendo?
Eles estão tremendo de medo?
Eles saem das fileiras e buscam abrigo.
Seus soldados estão em pânico.
Correm de um lado para o outro,
pisando o chão cegamente.
É o caos total, confusão completa,
perigo em todo lugar!'.
É o decreto do Eterno.

6 "Os corredores mais velozes
não conseguirão escapar;
os soldados mais fortes não
conseguirão fugir.
Na terra do norte, junto do rio Eufrates,
eles vão cambalear, tropeçar e cair.

7-9 "Quem é este como o Nilo na enchente?
como suas torrentes na correnteza?
Ora, é o Egito como o Nilo na enchente,
como suas torrentes na correnteza,
Dizendo: 'Vou dominar o mundo.
Vou varrer do mapa as cidades e os povos'.
Corram, cavalos! Andem, carros!
Avancem, soldados de Cuxe
e de Pute com seus escudos,
Soldados de Lude,
especialmente treinados no arco e na flecha.

10 "Mas não é seu dia. É o dia do Senhor, o
Senhor dos Exércitos de Anjos,
o dia em que vou resolver essa questão com
meus inimigos,
O dia em que a espada dará fim nos meus inimigos,
em que ela exige vingança.
Eu, o Senhor, o Senhor dos Exércitos de Anjos,
vou empilhá-los no altar, um enorme sacrifício
No grande país do norte,
junto do poderoso Eufrates.

11-12 "Ó virgem, filha do Egito,
suba os montes de Gileade, busque bálsamo
para a cura.
Mas buscará remédios em vão,
pois nada será capaz de curar
o que aflige você.
O mundo todo ouvirá os seus gritos de aflição.
Seus lamentos enchem a terra,
Enquanto soldado se choca contra soldado,
e todos caem ao chão".

O exército do Egito desliza como serpente

13Mensagem que o Eterno deu ao profeta Jeremias quando Nabucodonosor, rei da Babilônia, estava a caminho para atacar o Egito:

14 "Avise o Egito, alerte Migdol,
ponha sinais de advertência em Mênfis e Tafnes:
'Despertem! Estejam preparados!
A guerra está chegando!'.

15-19 "Por que seu deus-boi Ápis fugiria?
Porque o Eterno vai enxotá-lo.
Seu exército de meia-tigela vai se esfacelar.
A notícia já está se espalhando entre as fileiras:
'Vamos sair daqui enquanto podemos.
Vamos para casa. Salvemos nossa pele!'.

DIA 314

Quando eles chegarem a casa,
vão apelidar o faraó de
Fala Muito e Não Diz Nada.
Tão certo como sou o Deus vivo".
É o decreto do Rei, Senhor
dos Exércitos de Anjos é seu nome.
"Um conquistador está vindo: como Tabor,
singular entre os montes;
Como o Carmelo, despontando do mar!
Portanto, façam as malas para o exílio,
vocês, filhas mimadas do Egito,
Pois Mênfis em breve não será nada,
um terreno baldio cheio de mato.

20-21 "Que pena, Egito, uma bela novilha
atacada por uma mutuca que vem do norte!
Seus soldados contratados estão aquartelados
para defendê-la
e são como bezerros bem nutridos.
Mas, quando sua vida estiver em jogo,
eles vão correr,
vão se acovardar.
Quando a coisa ficar difícil,
eles tomarão o caminho mais fácil.

22-24 "O Egito vai deslizar e silvar como serpente
enquanto o exército inimigo
se engaja na batalha.
Eles atacarão de repente, manejando machados,
como lenhadores deitando árvores.
Eles vão arrasar a terra" — decreto do Eterno —,
"e não sobrará nada
nem ninguém em pé tão longe quanto se
possa ver.
Os invasores serão com um enxame de gafanhotos,
inumeráveis, além da conta.
A filha do Egito será pilhada e violentada pelos
vândalos do norte".

25-26 O Senhor dos Exércitos de Anjos, o Deus de Israel,
diz: "Preste atenção quando eu fizer cair desgraça sobre o deus Amom de Tebas, sobre o Egito e seus deuses e reis, sobre o faraó e aqueles que nele confiam. Vou entregá-los àqueles que estão atrás deles para matá-los, a Nabucodonosor e seu exército. O Egito vai sofrer um retrocesso de mil anos. Mas um dia haverá habitantes nessa terra novamente". É o decreto do Eterno.

27-28 "Mas você, amado Jacó, meu servo,
não tem o que temer.
Israel, não há razão para se preocupar.

Levantem os olhos! Vou salvar vocês
daquela nação distante,
vou tirar seus filhos da terra do exílio.
As coisas serão normais outra vez para Jacó,
calmas e seguras, uma navegação tranquila.
Sim, amado Jacó, meu servo,
você não tem o que temer.
Apeguem-se a isto: eu estou do seu lado.
Vou acabar com todas as nações pagãs
entre as quais eu os espalhei,
Mas não vou acabar com vocês.
Ainda tenho trabalho com vocês.
Vou castigá-los, mas de forma justa.
Não, ainda não terminei meu trabalho
com vocês."

HEBREUS 6.13 — 7.14

Deus deu sua palavra

13-18 Quando Deus fez aquela promessa a Abraão, ele a endossou, pondo a própria reputação em jogo. Ele disse: "Prometo que o abençoarei com tudo que tenho — bênção, bênção e bênção". Abraão se agarrou a isso e recebeu tudo que lhe foi prometido. Quando alguém faz uma promessa, oferece também uma garantia, apelando para alguma autoridade acima dele. Assim, se houver alguma dúvida a respeito da promessa, a autoridade entra em ação, decidindo qualquer questionamento. Deus, como garantia de suas promessas, deu sua palavra — uma garantia sólida como rocha. Deus *não* pode quebrar sua própria palavra. E, como sua palavra não pode mudar, sua promessa é também imutável.

18-20 Nós, que recorremos a Deus para salvar nossa vida, temos todos os motivos para agarrar com as duas mãos a esperança prometida e nunca mais a largar. Essa esperança é uma linha da vida espiritual inquebrável, que vai além de tudo que é visível, até a presença de Deus, onde Jesus está, pois ele se adiantou a nós e assumiu sua posição permanente de sacerdote principal a nosso favor, na ordem de Melquisedeque.

Melquisedeque, sacerdote de Deus

7 1-3 Melquisedeque era rei de Salém e sacerdote do Deus Altíssimo. Ele se encontrou com Abraão, que voltava de derrotar alguns reis e o abençoou. Abraão, por sua vez, entregou a ele a décima parte do espólio de guerra. O nome Melquisedeque significa "rei de justiça" e Salém significa "paz". Portanto, ele é também o Rei da Paz. Melquisedeque é mencionado

na História sem registro de laços familiares, sem indícios de que teve início ou fim. Nesse sentido, ele é como o Filho de Deus, uma presença sacerdotal grandiosa dominando todo o cenário.

4-7 Podemos deduzir que Melquisedeque era alguém muito importante pelo fato de nosso pai Abraão ter dado a ele o dízimo dos despojos. Os sacerdotes, descendentes de Levi, são autorizados a recolher os dízimos do povo, ainda que sejam mais ou menos iguais, sacerdotes e povo, tendo um pai em comum: Abraão. Mas esse homem, um estrangeiro, recebeu dízimos de Abraão e abençoou aquele que havia recebido as promessas de Deus. Em atos de bênção, o menor é abençoado pelo maior.

8-10 Vejamos o caso por outro ângulo: entregamos nosso dízimo a sacerdotes que morrem, mas Abraão deu o dízimo a um sacerdote que, de acordo com as Escrituras, "vive". Vocês podem até argumentar que, sendo Levi descendente de Abraão e tendo Abraão dado o dízimo a Melquisedeque, quando damos os dízimos à tribo sacerdotal de Levi eles terminam em Melquisedeque.

Um sacerdócio permanente

11-14 Se o sacerdócio de Levi e Arão, que deu a estrutura para a entrega da Lei, pudesse tornar as pessoas perfeitas, não haveria necessidade de um novo sacerdócio, como o de Melquisedeque. Mas, como esse sacerdócio não conseguiu cumprir seu objetivo, houve uma mudança de sacerdócio. Com ele veio uma nova lei, que instituía mudanças radicais. Não há meio de entender essas mudanças nos termos do antigo sacerdócio levítico. É por esse motivo que não há nada na árvore genealógica de Jesus que possa conectá-lo à linhagem sacerdotal de Levi.

SALMOS 125.1-5

Um cântico de peregrinação

125 **1-5** Os que confiam no Eterno são como o monte Sião:
Nada pode abalá-lo, é uma rocha segura
em que você pode sempre confiar.
As montanhas circundam Jerusalém,
e o Eterno circunda seu povo —
sempre foi e sempre será assim.
Os ímpios
nunca tomarão o lugar
Nem a porção dos justos,
para que não reine a violência.

Sê bondoso para com os bons, ó Eterno,
para com os que têm coração justo!
Quanto aos perversos, o Eterno os prenderá
e dará a eles o castigo que merecem,
pois são incorrigíveis.
Que haja paz sobre Israel!

◢ NOTAS

□ **DIA 315** ___ / ___ / ___

JEREMIAS 47.1 — 48.47

É dia de juízo para os filisteus

47 **1-5** Mensagem do Eterno ao profeta Jeremias com relação aos filisteus justo antes de o faraó atacar Gaza. O que o Eterno disse foi isto:

DIA 315

"Prestem atenção! A água vai subir
 na terra do norte,
 transbordando como um rio na enchente.
A torrente vai inundar a terra,
 arrastando a cidade e os cidadãos.
Homens e mulheres vão gritar aterrorizados,
 lamentos de todas as portas e janelas,
À medida que o estrondo dos cascos
 dos cavalos for ouvido,
 o estrépito dos carros, o ruído das rodas.
Os pais, paralisados de terror,
 nem vão apanhar seus bebês,
Porque será dia de juízo para os filisteus,
 juízo completo,
 sem esperança de ajuda de Tiro ou Sidom.
O Eterno vai acabar com os filisteus,
 o que sobrou daqueles
 que vieram da ilha de Creta.
Gaza será arrasada e arrancará
 os cabelos de tristeza,
Ascalom ficará calada como um poste.
Vocês estão nos últimos suspiros.
 Quanto tempo ainda vão se agitar?

⁶ "Ó, espada do Eterno, por quanto tempo
 ainda isto vai continuar?
Volte à sua bainha. Você já não teve o bastante?
Não consegue parar?

⁷ "Mas como ela pode parar se eu, o Eterno,
 ordeno sua ação?
Eu ordenei que ela cortasse Ascalom
 e a costa do mar".

Saiam enquanto podem!

48 ¹⁻¹⁰ Mensagem do Eterno com relação a
 Moabe; Mensagem do Senhor dos Exércitos
de Anjos, o Deus de Israel:

"Destruição para Nebo! Que seja arrasada!
 Quiriataim seja desonrada e derrotada,
A imensa fortaleza seja reduzida
 a um montículo,
 vire pó e cinzas a glória de Moabe.
Os conspiradores maquinam
 a destruição de Hesbom:
 'Venham, vamos varrer Moabe do mapa!'.
Madmém lamenta em voz alta,
 enquanto as matanças se sucedem.
Ouçam! Um grito de Horonaim:
 'Desastre, destruição e mais destruição!'.

Moabe será esmigalhado.
 Seus gritos serão ouvidos até em Zoar.
Na subida para Luíte,
 ouve-se o choro dos que sobem.
E, na descida de Horonaim,
 gritos por causa da perda e da devastação.
Fujam para salvar a vida!
 Saiam enquanto podem!
Usem a esperteza para sobreviver no deserto!
Vocês confiaram nas grossas muralhas
 e no gordo dinheiro?
 Isso não irá ajudá-los agora.
Seu grande deus Camos
 será levado para o exílio,
 e com ele seus sacerdotes e príncipes.
Um destruidor destruirá todas as cidades.
 Nenhuma cidade sobreviverá.
Os campos e vales serão devastados;
 as pastagens dos planaltos, destruídas,
 como eu disse a vocês.
Cubram a terra de Moabe com sal,
 para que nunca mais cresça coisa alguma aí.
O trabalho desleixado
 em nome de Deus é maldito,
 e maldito é todo uso negligente da espada.

¹¹⁻¹⁷ "Moabe sempre levou uma boa vida,
 preguiçoso como um cachorro ao sol,
Nunca teve de trabalhar
 para ganhar o pão,
 nunca enfrentou dificuldades,
Nunca teve de crescer,
 nunca chegou nem mesmo a suar.
Mas esses dias são coisa do passado.
Eu vou designá-lo para trabalhar no pesado.
Isso vai despertá-lo para a dura realidade.
Vai esfacelar suas ilusões.
Moabe vai se envergonhar do deus Camos
 como Israel se envergonhou
 dos seus deuses-bezerros em Betel,
 dos deuses que ele pensou serem poderosos.
Quanto tempo ainda vocês vão dizer: '
 Somos durões.
 Podemos derrotar qualquer um,
 em qualquer lugar'?
A destruição de Moabe já começou.
 Seus melhores soldados
 já estão mortos a esta hora".
É o decreto do Rei,
 seu nome completo é
 Senhor dos Exércitos de Anjos.

"Sim. A destruição de Moabe
já está na contagem regressiva,
o desastre está no alvo e foi detonado.
Chorem por Moabe, amigos e vizinhos,
todos os que conhecem sua fama.
Lamentem: 'Seu cetro poderoso foi partido
em dois, como um palito de dentes,
Aquele cetro real magnífico'.

18-20 "Desça do salto, bela filha de Dibom.
Sente-se no lixo humilhante.
O destruidor de Moabe virá contra você.
Ele arrasará suas casas
sossegadas e seguras.
Esperem à beira da estrada,
mulheres mimadas de Aroer.
Entrevistem os fugitivos
que estão correndo.
Perguntem: 'O que aconteceu? E por quê?'.
Moabe será uma lembrança constrangedora,
não sobrará nada dele.
Lamentem e chorem até perder os olhos!
Contem a má notícia ao longo do rio Arnom.
Contem ao mundo que Moabe
já não existe.

21-24 "Meu juízo virá às cidades do planalto: a Holom,
Jaza e Mefaate; a Dibom, Nebo e Bete-Diblataim;
a Quiriataim, Bete-Gamul e Bete-Meom; a Queriote
e Bozra, e a todas as cidades de Moabe, distantes
e próximas.

25 "A ligação de Moabe com o poder foi cortada.
O braço de Moabe está quebrado".
É o decreto do Eterno.

Moabe é um nada

26-27 "Transformem Moabe num beberrão, um homem embriagado com o vinho da minha ira, um
bêbado asqueroso, enchendo o país de vômito. Moabe
é um bêbado caído, uma piada de mau gosto. Não
foi você, Moabe, que fez piadas cruéis a respeito de Israel? E, quando eles foram pegos em má
companhia, você não ficou aí, fazendo fofoca,
debochando e rindo da desgraça deles?

28 "Saiam da cidade! Saiam!
Procurem refúgio nos rochedos,
vocês que cresceram em Moabe.
Tentem viver como pomba que faz seu ninho
no alto da garganta do rio.

29-33 "Todos ouvimos do orgulho de Moabe,
aquele orgulho lendário,
Aquele orgulho pomposo, ameaçador
e inchado,
aquela arrogância insuportável.
Conheço" – decreto do Eterno –
"seu orgulho de galo que canta,
as declarações enfatuadas,
essa Moabe que é um nada.
Mas vou chorar por Moabe, sim,
vou lamentar pelo povo de Moabe.
Vou lamentar até pelo povo de Quir-Heres.
Vou chorar pelas videiras de Sibma
e me unir a Jazar no seu choro;
Videiras que antes alcançavam o mar Morto
com ramos tão distantes quanto Jazar.
Seus frutos de verão e suas uvas exuberantes
serão pilhados por saqueadores brutais,
A viçosa Moabe ficará
desprovida do cântico e do riso.
Ah sim, e vou fechar as prensas de vinho,
vou interromper todos os gritos
festivos pela colheita.

34 "Hesbom e Eleale vão gritar, e o povo em
Jaaz vai ouvir os gritos. Eles vão ouvi-los desde
Zoar até Horonaim e Eglate-Selisia. Até as águas
de Ninrim secarão.

35 "Vou dar um basta em Moabe – decreto do
Eterno –, "a todas as escaladas aos lugares altos
para oferecer holocaustos aos deuses.

36 "Meu coração geme por Moabe, pelos
homens de Quir-Heres, como o som suave da
flauta levado pelo vento. Eles perderam tudo.
Eles não têm nada.

37 "Em todos os lugares onde se olha
há sinais de luto:
cabeças rapadas, barbas cortadas,
Mãos arranhadas e sangrando,
roupas rasgadas e dilaceradas.

38 "Em cada casa de Moabe haverá lamento
em voz alta, em cada rua de Moabe haverá
choro em voz alta. Como um vaso de barro que
ninguém quer, vou esmagar Moabe em pedaços".
É o decreto do Eterno.

39 "Moabe está arruinado!
Moabe foi envergonhado e está
envergonhado demais para aparecer!

DIA 315

Moabe é uma piada cruel!
O horror total de Moabe!"

40-42 O veredito do Eterno para Moabe. Realmente!

"Olhem! Uma águia está para mergulhar
e abrir suas asas sobre Moabe.
As cidades serão capturadas;
as fortalezas, tomadas.
Guerreiros valentes terão tanto pavor,
impotentes na batalha,
quanto uma mulher em trabalho de parto.
Não restará nada em Moabe, nada mesmo,
por causa de sua arrogância contra mim.

43-44 "Terror, abismo e armadilhas
é o que está esperando por vocês, Moabe".
É o decreto do Eterno.
"Um homem correndo apavorado
vai cair numa armadilha.
Um homem saindo de um abismo
vai ser pego numa cilada.
Este é meu plano para Moabe
no dia do juízo". É o decreto do Eterno.

45-47 "Nas redondezas de Hesbom,
fugitivos vão parar de repente, exaustos.
O fogo vai saltar de Hesbom,
uma tempestade de fogo se espalhará
partindo da capital do reino de Seom.
Vai queimar as sobrancelhas de Moabe,
vai chamuscar a cabeça
dos arrogantes.
E isso é tudo para vocês, Moabe!
Vocês, adoradores de Camos,
serão exterminados!
Seus filhos serão arrastados
para campos de concentração;
suas filhas serão levadas para o exílio.
Mesmo assim, chegará o dia
em que vou restaurar a sorte de Moabe.

"Por enquanto, este é o juízo contra Moabe".

HEBREUS 7.15 — 8.5

15-19 Mas o episódio de Melquisedeque traz uma analogia perfeita: Jesus, sacerdote como Melquisedeque, não por ascendência genealógica, mas pela absoluta força da vida ressurreta — ele também vive! —, é "sacerdote para sempre, na ordem real de Melquisedeque". Os antigos procedimentos, um sistema de mandamentos que nunca funcionou como deveria, foram deixados de lado. A Lei não conduziu ninguém à maturidade. Assim, um caminho que funciona — Jesus! —, que nos leva diretamente à presença de Deus, foi posto em seu lugar.

20-22 O sacerdócio de Arão perpetuou-se automaticamente de pai para filho, sem confirmação explícita de Deus. Mas Deus interferiu e instituiu esse novo sacerdócio, que é permanente, e adicionou uma promessa:

Deus deu sua palavra;
ele não voltará atrás:
"Tu és o sacerdote permanente!".

Isso faz de Jesus a garantia de um caminho muito melhor para chegarmos a Deus. Um sistema que realmente funciona! Uma nova aliança!

23-25 Antigamente havia uma multidão de sacerdotes, pois eles morriam e tinham de ser substituídos. Mas o sacerdócio de Jesus é permanente. Ele está em seu posto agora e estará até a eternidade para salvar todos os que se dirigem a Deus por meio dele e o tempo todo trabalha para defendê-los.

26-28 Portanto, agora temos um sacerdote principal que se adapta perfeitamente às nossas necessidades: totalmente santo, sem o comprometimento do pecado e com autoridade que se estende até a presença de Deus, nos céus. Diferentemente dos outros principais sacerdotes, ele não precisa oferecer sacrifícios diários pelos próprios pecados antes de nos atender. Ele mesmo se ofereceu como sacrifício, e esse sacrifício é definitivo. A lei indicava como sacerdotes principais homens que não conseguiam cumprir seu ofício com perfeição. Mas a ordem que resultou da intervenção de Deus designou o Filho, que é absoluta e eternamente perfeito.

Uma nova aliança com Israel

8 **1-2** Em essência, temos um sacerdote principal que, com autoridade na presença de Deus, conduz o culto no santuário verdadeiro, construído por Deus.

3-5 A tarefa do sacerdote principal é oferecer dádivas e sacrifícios. Nesse ponto, não é diferente do sacerdócio de Jesus. Se ele estivesse limitado à terra, não poderia ser sacerdote. Não precisaríamos dele, pois há um grande número de sacerdotes que podem oferecer as dádivas prescritas na lei.

Esses sacerdotes, na verdade, apenas representam o que acontece no verdadeiro santuário do céu — Moisés teve um vislumbre dele na época em que estava para edificar o santuário do tabernáculo. Foi quando Deus disse: "Siga exatamente o que você viu na montanha".

SALMOS 126.1-6

Um cântico de peregrinação

126 **1-3 P**arecia um sonho, bom demais para ser verdade:
o Eterno trouxe de volta os exilados de Sião!
Nós rimos e cantamos,
sem acreditar em tanta felicidade.
Éramos o assunto das nações —
"O Eterno foi maravilhoso com eles!", diziam.
O Eterno foi maravilhoso conosco:
somos um povo feliz!

4-6 E agora, ó Eterno, age de novo a nosso favor,
enviando chuva sobre nossa vida
assolada pela seca.
Assim, os que plantaram
sua semente em desespero
vibrarão de alegria na colheita,
E os que saíram com o coração aflito
voltarão para casa sorrindo,
com os braços cheios de bênçãos.

NOTAS

DIA 316 ___ / ___ / ___

JEREMIAS 49.1 — 50.21

Vocês estão quebrados, vocês já eram

49 **1-6 M**ensagem do Eterno acerca dos amonitas:

"Será que Israel não tem filhos,
ninguém para receber sua herança?
Por que, então, o deus Moloque está se
apossando da terra de Gade,
e seus seguidores estão tomando
posse de suas cidades?
Mas isso não vai durar muito! Está chegando
a hora" — decreto do Eterno —
"Em que vou encher os ouvidos de Rabá,
a grande cidade de Amom,
com gritos de guerra.
Ela vai acabar como um monte de entulho,
todas as suas cidades
serão queimadas e arrasadas.
Então, Israel vai expulsar os invasores.
Eu, o Eterno, é que estou dizendo
isso, e assim será.
Pranteie, Hesbom; Ai está em ruínas.
Vilas de Rabá, esfreguem as mãos aflitas!
Vistam-se de luto, chorem baldes de lágrimas!
Percam o controle, corram em círculos!
Seu deus Moloque será arrastado para o exílio,
e todos os seus sacerdotes e príncipes com ele.
Por que vocês se gabam da sua
força de antigamente?
Vocês estão quebrados, vocês já eram,
vocês são um refugo
Que afaga seus troféus e sonhos dos dias de glória
e pensa em vão: 'Ninguém pode
pôr a mão em mim'.

DIA 316

Bem, pensem outra vez. Vou confrontar vocês
com terror de todos os lados".
É a palavra do Senhor dos Exércitos de Anjos.
"Vocês serão pisados na cabeça,
e ninguém conseguirá reunir os fugitivos.
Ainda assim, virá o tempo
em que vou restaurar a sorte de Amom."
É o decreto do Eterno.

Apresentações pomposas no palco da história

⁷⁻¹¹ **A** Mensagem do Senhor dos Exércitos de Anjos
acerca de Edom:

"Será que não restou nenhum sábio em Temã?
Ninguém com percepção da realidade?
A sabedoria deles criou bicho e apodreceu?
Corram para salvar a vida!
Escapem enquanto podem!
Achem um bom lugar para se esconder,
vocês que moram em Dedã!
Estou fazendo cair a destruição sobre Esaú.
Está na hora de acertar as contas.
Quando os ceifeiros fazem a colheita,
não deixam suas sobras?
Quando os ladrões arrombam uma casa,
não levam só o que querem?
Mas vou tirar tudo de Esaú.
Vou vasculhar cada canto e cada fenda.
Vou destruir tudo que a ele está associado:
crianças, parentes e vizinhos.
Não sobrará ninguém que possa dizer:
'Vou cuidar dos seus órfãos.
Suas viúvas podem ficar comigo'".

¹²⁻¹³ É verdade. O Eterno diz: "Digo a vocês,
se há pessoas que têm de beber a taça da ira do
Eterno mesmo que não mereçam, isso levou vocês
a pensar que poderiam escapar? Vocês não vão
escapar. Vocês a beberão. Ah, sim! Beberão até a
última gota. Quanto a Bozra, sua capital, juro por
tudo que sou" – decreto do Eterno – "que aquela
cidade será um monte de ruínas chamuscadas, um
monte de lixo malcheiroso, uma obscenidade, e
todas as cidades-filhas com ela".

¹⁴ Acabo de ouvir a última palavra do Eterno.
Ele enviou um emissário às nações:
"Reúnam suas tropas e ataquem Edom.
Apresentem suas armas!
Marchem para a guerra!

¹⁵⁻¹⁶ "Ah, Edom, estou deixando você cair
para o último lugar entre as nações,
no pé do monte, chutados pra cá e pra lá.
Você pensa que é grande,
com apresentações pomposas
no palco da história,
Vivendo no alto das rochas inatingíveis,
agindo como o maioral.
Você pensa que está acima
de tudo e de todos,
como uma águia
no seu ninho inatingível.
Bem, você está a caminho da queda.
Vou fazer você se arrebentar no chão".
É o decreto do Eterno.

¹⁷⁻¹⁸ "Edom vai acabar como lixo. Um lixo asqueroso, que provoca náuseas. Uma coisa medonha
no mundo. Ele vai se unir a Sodoma e Gomorra e
a seus vizinhos no esgoto da história". É o Eterno
quem está dizendo.

"Ninguém vai viver aí,
nenhuma alma mortal vai mudar pra lá.

¹⁹ Prestem atenção:
como um leão que está subindo
da densa selva do Jordão,
Procurando sua presa nas pastagens
da montanha,
assim vou subir sobre Edom
e me lançar sobre ele.
Vou pegar minha escolha do rebanho
– e quem vai me impedir?
Os pastores de Edom são impotentes
diante de mim".

²⁰⁻²² Portanto, deem ouvidos a este plano que o
Eterno elaborou contra Edom, o projeto dele para
os que vivem em Temã:

"Acreditem se quiserem,
até os jovens e vulneráveis
cordeiros e cabritos serão arrastados.
Acreditem se quiserem, o rebanho,
em choque, impotente,
vai ficar apenas olhando.
A própria terra vai se arrepiar
por causa dos seus gritos,
gritos de aflição ouvidos
no distante mar Vermelho.

Vejam! Uma águia alça voo, depois mergulha,
abrindo as asas sobre Bozra.
Guerreiros valentes terão tanto pavor,
impotentes na batalha,
quanto uma mulher dando à luz um bebê".

O sangue vai escorrer da face de Damasco

23-27 Mensagem acerca de Damasco:

"Hamate e Arpade ficarão chocadas
quando ouvirem a má notícia.
Seu coração vai derreter de medo
enquanto caminham pra cá
e pra lá de preocupação.
O sangue vai escorrer da face de Damasco
enquanto ela tenta fugir.
Descontrolada, vai se esfacelar,
incapaz de reagir, como se estivesse
em trabalho de parto.
E agora como está solitária,
desolada, abandonada!
Aquela cidade, antes tão famosa;
aquela cidade, antes tão feliz.
Seus brilhantes jovens estão mortos nas ruas;
seus bravos guerreiros,
silenciosos como a morte.
Naquele dia" – decreto do Senhor
dos Exércitos de Anjos –,
"vou começar um fogo
no muro de Damasco
que vai queimar e alcançar
todos os fortes de Ben-Hadade".

Encontrem um esconderijo seguro

28-33 Mensagem acerca de Quedar e dos reinos de
Hazor que foram atacados por Nabucodonosor, rei
da Babilônia. Esta é a Mensagem do Eterno:

"Em pé! Ataquem Quedar!
Saqueiem os nômades do leste.
Peguem seus cobertores, panelas e pratos.
Roubem seus camelos.
Aterrorizem-nos, gritando:
'Terror! Morte! Destruição!
Perigo em todo lugar!'.
Corram para salvar sua vida,
Vocês, nômades de Hazor".
É o decreto do Eterno.
"Encontrem um esconderijo seguro.

Nabucodonosor, rei da Babilônia,
tem planos para destruir vocês,
vem atrás de vocês para se vingar:
'Atrás deles', é a ordem.
'Vão atrás desses nômades sossegados,
que andam livres e
despreocupados no deserto;
Que moram em campo aberto
sem portas para trancar;
que vivem solitários'.
Seus camelos estão aí para serem levados;
seus rebanhos e manadas são presa fácil.
Vou espalhá-los aos quatro ventos,
esses nômades indefesos da beira do deserto.
Vou trazer o terror de todos os lados.
Eles não vão nem saber o que os atingiu".
É o decreto do Eterno.
"Os chacais tomarão posse dos campos de Hazor,
os campos estarão abandonados
ao vento e à areia.
Ninguém vai viver aí, nenhuma alma mortal
vai mudar para lá".

O vento levará Elão para longe

34-39 Mensagem do Eterno ao profeta Jeremias acerca
de Elão, no início do reinado de Zedequias, rei de
Judá. Isto é o que o Senhor dos Exércitos de Anjos diz:

"Prestem atenção nisto: vou quebrar o arco de Elão,
sua arma predileta, sobre meu joelho.
Depois soltarei os quatro ventos sobre Elão,
os ventos dos quatro cantos da terra.
Vou soprá-los e espalhá-los em todas as direções,
fazendo pousar elamitas sem pátria
em todos os países da terra.
Eles viverão com medo, em pavor constante
entre os inimigos que querem matá-los.
Vou fazer cair a destruição sobre eles,
Minha destruição alimentada pela ira.
Vou pôr cães assassinos nos seus calcanhares
Até que não sobre nada deles.
Em seguida, vou estabelecer meu trono em Elão,
depois de ter afastado o rei e seus comparsas.
Mas virá o tempo em que vou
restaurar a sorte de Elão outra vez".
É o decreto do Eterno.

Saiam da Babilônia o mais rápido que puderem

50 1-3 Mensagem do Eterno por meio do profeta
Jeremias acerca da Babilônia, terra dos caldeus:

DIA 316

"Levem a notícia às nações! Preguem este sermão!
Digam isso em público, espalhem
a novidade por todos os cantos:
A Babilônia foi tomada, o deus Bel
está cabisbaixo de vergonha,
O deus Marduque foi desmascarado.
Todos os seus ídolos estão arrastando
os pés de vergonha.
Provou-se que todos os seus deuses
eram uma fraude.
Pois uma nação virá do norte para atacá-la,
para reduzir suas cidades a entulho.
Sem vida, nem gente, nem animal,
sem som, sem movimento, sem respiração.

⁴⁵ "Naqueles dias, naquele tempo"
– decreto do Eterno –,
"o povo de Israel virá,
E o povo de Judá com eles.
Andando e chorando, eles buscarão
a mim, o Eterno.
Pedirão orientação para chegar a Sião
e voltarão o rosto para Sião.
Eles virão e se apegarão ao Eterno,
ligados a uma aliança eterna
que nunca esquecerão.

⁶⁷ "Meu povo era como ovelhas perdidas.
Seus pastores as desviaram do caminho
E as abandonaram nas montanhas.
Elas ficaram vagueando
sem rumo pelos montes
E perderam a noção do caminho de casa:
não se lembravam
mais de onde tinham vindo.
Todos que as encontravam tiravam
vantagem delas.
Seus inimigos não tiveram escrúpulos:
'Nada mais justo', diziam.
'Deram as costas para o Eterno.
Abandonaram o verdadeiro Pasto,
a esperança de seus pais.'

⁸⁻¹⁰ "Mas agora saiam da Babilônia
o mais rápido que puderem.
Fujam desse país chamado Babilônia.
Ponham-se a caminho. Sejam os primeiros.
Tomem o caminho de casa!
Vocês estão vendo o que estou fazendo?
Estou reunindo um exército
de nações contra a Babilônia.

Elas virão do norte
e a atacarão e conquistarão.
Vejam como sabem guerrear,
esses exércitos.
Nunca voltam para casa de mãos vazias.
A Babilônia está madura para ser colhida!
Seus saqueadores vão encher a barriga".
É o decreto do Eterno.

¹¹⁻¹⁶ "Ó babilônios, foi bom enquanto durou!
Vocês festejaram, explorando
e oprimindo o meu povo,
Como bezerros brincalhões saltando
alegres em pastos viçosos,
como garanhões selvagens se divertindo!
Mas sua mãe não terá orgulho de vocês.
A mulher que os gerou
não vai ficar satisfeita.
Vejam o que resultou de vocês! Uma nação de nada!
Entulho, lixo e ervas daninhas!
Esvaziados de vida por minha ira santa,
um deserto de morte e nulidade.
Viajantes que passarem pela Babilônia
vão suspirar, atônitos,
balançando a cabeça diante
de tão dura queda.
Ajuntem-se contra a Babilônia! Derrubem-na!
Joguem tudo que tiverem
nas mãos contra ela.
Não segurem nada. Arrasem-na!
Ela pecou, e como pecou contra mim!
Soltem gritos de guerra de todas as direções.
Ela está exausta de tanto lutar,
Suas defesas foram arrasadas;
seus muros jazem esmagados.
É a Operação Vingança do Eterno.
Executem a vingança!
Façam a ela o que ela fez aos outros.
Deem a ela uma boa dose do próprio veneno.
Destruam suas lavouras e seus lavradores;
devastem seus campos,
deixem os estábulos vazios.
E vocês, cativos, enquanto
a destruição prossegue,
saiam enquanto ainda podem,
fujam depressa e corram para casa".

¹⁷ "Israel é um rebanho espalhado, caçado e
perseguido por leões.
O rei da Assíria começou a carnificina.
O rei da Babilônia, Nabucodonosor,

Completou a tarefa, roendo
e limpando os ossos."

18-20 E agora isto é o que o
Senhor dos Exércitos de Anjos,
o Deus de Israel, tem a dizer:
"Prestem atenção! Faço cair a destruição
sobre o rei da Babilônia e sua terra,
a mesma destruição que fiz cair
sobre o rei da Assíria.
Quanto a Israel, vou levá-lo para casa,
para as boas pastagens.
Ele vai pastar nos montes do Carmelo
e nas colinas de Basã,
Nas encostas de Efraim e de Gileade.
Ele vai comer até ficar satisfeito.
Naqueles dias e naquele tempo"
– decreto do Eterno –,
"eles olharão para todos os lados, para
encontrar um sinal da culpa de Israel,
mas não haverá nada.
Vão vasculhar cada canto e cada fenda
em busca de um vestígio
do pecado de Judá, mas não haverá nada.
Esse povo que salvei vai começar tudo de novo".

21 "**A**taquem Merataim, terra de rebeldes!
Persigam Pecode, terra de destruição!
Cacem-nos. Varram-nos do mapa".
É decreto do Eterno.
"Estas são as minhas ordens.
Façam o que eu mandar.

HEBREUS 8.6 — 9.10

6-13 Mas a obra sacerdotal de Jesus ultrapassa em muito a dos outros sacerdotes, pois ele faz parte de uma aliança muito superior. Se a primeira aliança tivesse funcionado, a segunda não seria necessária. Mas sabemos que a antiga aliança deixou a desejar, pois Deus disse:

Levantem a cabeça! Está chegando o dia
em que vou estabelecer uma nova aliança
com Israel e Judá.
Vou deixar de lado a antiga aliança
que estabeleci com os antepassados deles
quando os conduzi pela mão
na saída do Egito.
Eles não cumpriram a parte deles no acordo,
por isso os deixei de lado.

Mas a nova aliança que estou fazendo com Israel
não será escrita no papel,
não será esculpida em pedra.
Desta vez vou escrever a aliança
neles mesmos,
vou gravá-la no coração deles.
Vou ser o Deus deles,
e eles serão meu povo.
Não precisarão ir à escola
para aprender de mim,
nem comprar um livro do tipo
Conheça Deus em cinco lições.
Eles vão me conhecer em primeira mão,
o pequeno e o grande, o comum e o importante.
Eles vão me conhecer por terem
sido carinhosamente perdoados,
por terem sua ficha de pecados apagada e
limpa para sempre.

Quando a nova aliança entre Deus e seu povo passou a vigorar, a antiga foi para a gaveta e lá ficará, acumulando poeira.

Uma parábola visual

9 **1-5** **A** primeira aliança continha orientações para o culto e contava com um lugar designado especialmente para realizá-lo. Uma grande tenda exterior foi montada. Ela abrigava o candelabro, a mesa e o "pão da presença". Esse local era conhecido como Lugar Santo. Uma cortina foi estendida, e atrás dela montaram uma tenda menor: o Lugar Santíssimo. Ali foram postos o altar de incenso, feito de ouro, e a arca da aliança, que era coberta de ouro e guardava uma urna de ouro com maná, o cajado de Arão que floresceu, as tábuas da aliança e o propiciatório, sob a sombra das asas do anjo. Mas não temos tempo para comentar isso agora.

6-10 Depois que tudo estava em seu lugar, os sacerdotes cuidavam de suas tarefas na tenda maior, mas apenas o sacerdote principal entrava na tenda interior, a menor, e isso uma vez por ano, para oferecer um sacrifício de sangue pelos próprios pecados e pelos pecados acumulados do povo. Essa foi a maneira utilizada pelo Espírito Santo para mostrar, por meio de uma parábola visual, que, enquanto a tenda maior existisse, o povo não poderia andar com Deus lado a lado. Nesse sistema, as oferendas e os sacrifícios não podem, de fato, chegar ao âmago da questão, não podem acalmar a consciência das pessoas, pois estão limitadas a

DIA 317

questões de ritual e comportamento. Trata-se, essencialmente, de um arranjo temporário, até que uma revisão completa pudesse ser feita.

SALMOS 127.1-5

Um cântico de peregrinação
— De Salomão

127 **1-2** Se o Eterno não construir a casa,
a obra dos construtores não passará
de frágeis cabanas.
Se o Eterno não guardar a cidade,
o vigia noturno não servirá pra nada.
É inútil levantar cedo e dormir tarde,
trabalhar como um alucinado.
Você não sabe que ele gosta
de dar descanso a quem ama?

3-5 Não vê que os filhos
são os melhores presentes do Eterno,
que o fruto do ventre é seu generoso legado?
Como flechas de um guerreiro
são os filhos de uma juventude cheia de vigor.
Vocês, pais, são abençoados demais
quando têm muitos filhos!
Seus inimigos não terão chance contra vocês:
serão varridos imediatamente da sua porta.

◼ NOTAS

◻ DIA 317 ___ / ___ / ___

JEREMIAS 50.22 — 51.33

22-24 "O trovão da batalha
estremece os fundamentos!
O Martelo foi martelado,
esmagado e estilhaçado.
A Babilônia foi esmurrada
e está irreconhecível.
Montei uma armadilha,
e vocês foram apanhados.
Ó Babilônia, você nunca soube
o que a atingiu,
Apanhada na garra de ferro
daquela armadilha!
É isso que você merece
por ter enfrentado o Eterno.

25-28 "Eu, o Eterno, abri meu arsenal.
Tirei as armas da minha ira.
O Senhor, o Senhor dos Exércitos
de Anjos,
tem uma tarefa a fazer na Babilônia.
Venham contra ela de todos os lados!
Arrombem seus celeiros!
Juntem-na com a pá e façam uma fogueira.
Não deixem nada!
Não deixem ninguém!
Matem todos os seus jovens soldados.
Decretem sua condenação!
Condenação para eles! É dia de juízo!
O tempo deles finalmente acabou.
E aqui está uma surpresa:
fugitivos da Babilônia
Aparecem em Sião, contando a notícia
da vingança do Eterno,
vingando meu templo.

29-30 "Chamem as tropas contra a Babilônia,
qualquer um que saiba atirar!
Apertem o laço! Não deixem escapatória!
Retribuam o que ela fez aos outros,
uma boa dose do próprio veneno!
Sua insolência descarada é um ultraje
contra o Eterno, o Santo de Israel.
E, agora, ela está pagando: seus filhos
espalhados, mortos pelas ruas;
seus soldados mortos,
calados para sempre".
É o decreto do Eterno.

31-32 "Está captando a ideia, senhor Orgulho?
Eu sou seu inimigo!"
É o decreto do Senhor,
o Senhor dos Exércitos de Anjos.
"Seu tempo acabou.
É isso mesmo. É dia de juízo.
O senhor Orgulho vai cair de cara no chão,
e ninguém estenderá a mão para ele.
Vou atear fogo em suas cidades.
O fogo vai se espalhar de forma
incontrolável pelo país inteiro."

33-34 E aqui vem mais da parte do Senhor dos
Exércitos de Anjos:

"O povo de Israel foi esmagado,
e o povo de Judá com eles.
Seus opressores os apertam
com garra de ferro
e não soltam.
Mas o Redentor é forte:
o Senhor dos Exércitos de Anjos.
Sim, eu me porei do lado deles
e os salvarei.
Eu confortarei sua terra, mas confundirei
o povo da Babilônia".

35-40 "É guerra total na Babilônia"
— decreto do Eterno —,
"guerra total contra o povo,
os líderes e os sábios!
Morte a seus embusteiros
orgulhosos, tolos todos eles!
Morte a seus soldados, covardes
como um homem só!
Morte a seus matadores de aluguel,
prodígios medrosos!
Morte a seus bancos, todos saqueados!

Morte à sua provisão de água,
que vazou e secou!
Uma terra de deuses de faz de conta que
ficaram loucos e hoje são fantasmas.
O lugar será mal-assombrado,
cheio de chacais e escorpiões,
corujas e morcegos que chupam sangue.
Ninguém jamais vai residir ali de novo.
A terra vai exalar um mau cheiro de morte
e se juntar a Sodoma
e Gomorra e seus vizinhos,
cidades que varri do mapa".
É o decreto do Eterno.
"Ninguém viverá ali de novo.
Ninguém vai respirar naquela terra
novamente, jamais!"

41-43 "Agora, prestem atenção! Um povo está vindo
do norte, um grande povo,
Uma multidão de reis afoitos,
vindos de lugares distantes.
Levantando armas letais.
Eles são bárbaros, cruéis e impiedosos.
Rugem e são implacáveis como o mar bravio,
cavalgando como garanhões ferozes,
Em formação de batalha, prontos para lutar
contra *você*, Cidade da Babilônia!
O rei da Babilônia os ouve chegando
e fica pálido como um fantasma,
abatido como um pano velho.
Tomado de terror, se mostra
tão impotente na batalha
quanto uma mulher em trabalho de parto.

44 "E agora vejam isto: como um leão
que está subindo
da densa selva do Jordão,
Procurando sua presa
nas pastagens da montanha,
assim vou subir e dar o bote.
Vou pegar o melhor do rebanho:
quem vai me impedir?
Todos os chamados pastores
nada podem contra mim".

45-46 Portanto, atentem para o plano que o Eterno
elaborou contra a Babilônia, seu projeto para tratar
com a Caldeia:

Acreditem se quiserem, até os jovens e vulneráveis
cordeiros e cabritos serão arrastados.

DIA 317

Acreditem se quiserem, o rebanho,
em choque, impotente, vai ficar apenas olhando.
Quando o grito for ouvido: 'A Babilônia caiu!',
a própria terra vai estremecer com esse som.
A notícia será ouvida em toda a terra.

O furacão Pérsia

51 ¹⁻⁵ **E** há mais. O Eterno diz mais:

"Vejam isto: Estou levantando
Um furacão mortal contra a Babilônia,
o Furacão Pérsia,
contra todos os que vivem
naquela terra perversa.
Estou enviando uma equipe
de limpeza à Babilônia.
Eles vão limpar o lugar de ponta a ponta.
Quando terminarem, não terá sobrado nada
que valha a pena levar ou mencionar.
Eles não vão deixar passar nada.
Será um juízo abrangente e definitivo.
Guerreiros vão lutar com tudo que tiverem.
Não vai haver limites.
Eles não vão poupar nada nem ninguém.
Será uma destruição total e definitiva: é o fim!
A Babilônia está cheia de feridos,
as ruas estão repletas de cadáveres.
E pode-se ver que Israel e Judá
não estão viúvas, afinal.
Como seu Deus, o Senhor dos Exércitos
de Anjos, ainda estou vivo e bem,
comprometido com elas, ainda que tenham
enchido sua terra de pecado
contra o Deus Santíssimo de Israel.

⁶⁻⁸ "Saiam da Babilônia
o mais rápido que puderem.
Corram para salvar a vida. Salvem seu pescoço!
Não se demorem, para não perder a vida
na minha vingança contra ela,
quando eu a fizer pagar por seu pecado.
A Babilônia era uma bela taça dourada
que eu tinha na minha mão,
Cheia do vinho da minha ira
para embebedar o mundo inteiro.
As nações beberam o vinho
e enlouqueceram todas.
A própria Babilônia vai cambalear
e desmoronar,
Inconsciente, numa letargia
alcoólica – trágico!

Vão e busquem bálsamo para seu ferimento.
Talvez ela possa ser curada".

⁹ "**F**izemos o melhor que pudemos,
mas ela não pôde ser ajudada.
A Babilônia não tem mais conserto.
Entreguem-na a seu destino
e vão para casa.
O castigo dela será imenso,
um memorial de vingança do tamanho
de um arranha-céu."

A ligação vital foi cortada

¹⁰ "**O** Eterno mudou nossa sorte.
Venham! Vamos contar a boa notícia
Em casa, em Sião.
Vamos contar o que o Eterno fez
para mudar nossa sorte.

¹¹⁻¹³ "Afiem as flechas!
Encham as aljavas.
O Eterno incitou os reis dos medos,
contaminando-os com a febre da guerra:
'Destruam a Babilônia!'.
O Eterno está pronto para a guerra.
Ele está disposto a vingar seu templo.
Deem o sinal para atacar
os muros da Babilônia.
Posicionem guardas todas as horas do dia.
Tragam reforços.
Posicionem homens de emboscada.
O Eterno vai fazer o que planejou,
o que disse que faria
ao povo da Babilônia.
Vocês têm mais água do que precisam,
vocês têm mais dinheiro do que precisam,
Mas sua vida acabou, sua ligação vital
foi cortada."

¹⁴ **O** Senhor dos Exércitos de Anjos
jurou solenemente:
"Vou encher este lugar de soldados.
Eles vão passar por aqui como
um enxame de gafanhotos
cantando cânticos de vitória sobre vocês".

¹⁵⁻¹⁹ **P**or seu poder, ele fez a terra.
Sua sabedoria deu forma ao mundo.
Ele formou o Universo.
Ele faz trovejar, e a chuva cai.
Ele manda que as nuvens subam

E embeleza a tempestade com relâmpagos,
lança o vento de seus depósitos.
Os adoradores de postes-ídolos
parecem tão tolos!
Os fabricantes de deuses são envergonhados
por seus deuses manufaturados.
Seus deuses são uma fraude, postes sem vida,
deuses de madeira morta,
piadas de mau gosto.
Eles não passam de uma fumaça que passou.
Quando a fumaça se vai, eles desaparecem.
Mas a Porção de Jacó é a realidade:
foi ele quem criou o Universo,
com atenção especial a Israel.
Seu nome? Senhor dos Exércitos de Anjos!

Eles vão dormir e nunca mais vão acordar

20-23 O Eterno diz: "Você, Babilônia, é meu martelo,
minha arma de guerra.
Vou usar você para esmagar as nações pagãs,
vou usar você para quebrar
em pedaços os reinos.
Vou usar você para esmagar cavalo e cavaleiro,
vou usar você para esmagar o carro
de guerra e quem o conduz.
Vou usar você para esmagar homem e mulher,
vou usar você para esmagar
o velho e o menino.
Vou usar você para esmagar o jovem e a moça,
vou usar você para esmagar
o pastor e as ovelhas.
Vou usar você para esmagar o lavrador
e as juntas de bois,
vou usar você para esmagar
governadores e autoridades.

24 "Judeus, vocês verão com os próprios olhos: vou
retribuir à Babilônia e a todos os caldeus todo o mal
que fizeram em Sião". É o decreto do Eterno.

25-26 "Sou seu inimigo, Babilônia,
Monte Destruidor,
você, que é o devastador de toda a terra.
Vou estender meu braço e agarrá-la.
Vou esmagar você até que não
reste uma só montanha.
Vou transformá-la num monte
de pedregulho:
ninguém mais cortará
suas pedras angulares,

Ninguém mais extrairá
aí pedras para alicerces.
Nada sobrará, a não ser pedras miúdas."
É o decreto do Eterno.

27-28 "Deem o sinal na terra,
toquem a trombeta de chifre de carneiro
para convocar as nações.
Consagrem as nações para uma missão
sagrada contra ela.
Chamem os reinos ao serviço contra ela.
Ararate, Mini e Asquenaz, alistem-se!
Designem um marechal de campo
e reúnam cavalos, hordas de cavalos,
como uma nuvem de gafanhotos.
Consagrem as nações para uma
missão sagrada contra ela,
o rei dos medos, seus líderes e o povo.

29-33 "A própria terra treme de pavor,
se contorce de dor,
aterrorizada pelos meus
planos contra a Babilônia,
Planos de transformar a terra
da Babilônia
numa paisagem lunar, sem vida
— terra devastada.
Os soldados babilônios
pararam de lutar.
Eles estão escondidos
em cavernas e nas ruínas.
Covardes, desistiram sem lutar
uma única batalha,
acabou-se a valentia.
As casas da Babilônia
foram incendiadas,
as portas da cidade foram arrancadas.
Os mensageiros entram correndo,
um atrás do outro,
Trazendo relatos ao rei da Babilônia,
confirmando que sua cidade
é uma causa perdida.
Os vaus dos rios estão todos tomados.
O fogo come o capim dos brejos.
Os soldados desertam a torto e a direito.
Eu, o Senhor dos Exércitos de Anjos,
disse que isso aconteceria:
'A Babilônia é um terreiro de pisar trigo
na época da debulha.
Muito em breve, a colheita chegará,
e, então, a palha sairá voando!'"

DIA 317

HEBREUS 9.11-28

Apontando para as realidades do céu

11-15 Mas, quando o Messias, o sacerdote principal dos assuntos superiores da nova aliança, entrou em cena, ele ignorou o antigo tabernáculo e seus utensílios neste mundo criado e se dirigiu diretamente ao "tabernáculo" dos céus – o verdadeiro Lugar Santo – para exercer um ministério perfeito. Ele também descartou os sacrifícios que consistiam em sangue de bezerros e de bodes e os substituiu pelo oferecimento do próprio sangue. Esse foi o preço da nossa libertação definitiva. Se o sangue de animais e os outros rituais de purificação tiveram algum efeito positivo sobre nosso comportamento e nossa religião, imaginem quanto mais o sangue de Cristo é capaz de purificar nossa vida, por dentro e por fora. Por meio do Espírito, Cristo ofereceu-se como sacrifício sem defeito e nos liberou dos esforços inúteis para que nos tornássemos pessoas respeitáveis e pudéssemos viver para Deus.

16-17 Assim como um testamento só tem efeito depois da morte de quem o fez, a nova aliança foi iniciada com a morte de Jesus. Sua morte assinalou a transição da antiga aliança para a nova, cancelando as antigas obrigações e os pecados que as acompanhavam e convocando os herdeiros a receber a herança eterna que foi prometida a eles. Reuniu Deus e seu povo neste novo caminho.

18-22 Mesmo na primeira aliança, houve a necessidade de uma morte para sua confirmação. Depois de ler todos os termos da aliança da Lei – o "testamento" de Deus –, Moisés pegou o sangue dos animais sacrificados e, num gesto solene, aspergiu-o sobre o documento e sobre o povo, que era o beneficiário. Ele atestou sua validade com as palavras: "Este é o sangue da aliança ordenada por Deus". Fez o mesmo com o local de culto e seu mobiliário. Moisés disse ao povo: "Este é o sangue da aliança que Deus firmou com vocês". Num testamento, pode-se dizer que tudo gira em torno da morte. É por isso que o sangue, a evidência da morte, é tão usado em nossa tradição, especialmente no que se refere ao perdão de pecados.

23-26 Isso indica a proeminência do sangue e da morte em todas aquelas práticas secundárias, que apontam para as realidades do céu. Indica também que, quando o que é real assume seu lugar, os sacrifícios de animais não são mais necessários, pois já cumpriram seu propósito. Cristo não entrou na versão terrestre do Lugar Santo. Ele entrou no verdadeiro Lugar Santo e ofereceu-se a Deus como sacrifício pelos nossos pecados. Ele não faz isso todo ano, como os principais sacerdotes faziam na antiga aliança, com um sangue que não era o deles – se fosse, ele teria de se sacrificar repetidamente no decorrer da História. Em vez disso, ele se sacrificou, de uma vez por todas, assumindo todos os outros sacrifícios no seu sacrifício – a solução final para o pecado.

27-28 Todo mundo tem de morrer uma vez e, depois, encarar as consequências de sua vida. A morte de Cristo também foi um acontecimento único, mas foi um sacrifício que levou nossos pecados para sempre. Assim, da próxima vez que ele se manifestar, o resultado, para os que estão ansiosos por encontrá-lo, será exatamente a *salvação*.

SALMOS 128.1-6

Um cântico de peregrinação

128 **1-2** Vocês, que temem o Eterno, como são abençoados!
Podem andar alegremente em seu caminho reto.
Vocês trabalharam duro
e merecem tudo que receberam.
Aproveitem a bênção! Mergulhem na bondade!

3-4 Sua mulher gerará filhos como a vinha
produz uvas.
Seu lar será próspero.
Os filhos em volta da mesa,
saudáveis e promissores
como brotos de oliveira.
Pasmem diante do "Sim" de Deus.
Oh! Como ele abençoa os que temem o Eterno!

5-6 Aproveite a vida próspera de Jerusalém
cada dia da sua vida.
E aproveite também os seus netos.
Paz sobre Israel!

◼ NOTAS

1017

DIA 318

38-40 "Os babilônios serão
como os leões e seus filhotes,
vorazes, rugindo por comida.
Pois vou preparar para eles uma refeição –
na verdade, um banquete.
Eles vão beber até cair.
Caídos de bêbados, vão dormir e
nunca mais vão acordar".
É o decreto do Eterno.
"Vou arrastar e levar esses 'leões'
para o matadouro,
como cordeiros, carneiros e cabras,
de quem nunca mais se ouvirá nada."

41-48 "A Babilônia está acabada;
o orgulho de todas as nações está no chão.
Que tombo ela levou:
acabou sem glória, e no esgoto!
A Babilônia afundou no caos,
surrada por levas de soldados inimigos.
Suas cidades cheiram mal
com a decomposição dos corpos,
a terra está vazia, desnuda e estéril.
Já não vive ninguém nessas cidades.
Os viajantes fazem uma
grande volta em torno dela.
Vou fazer cair a destruição sobre Bel,
o deus glutão da Babilônia.
Vou obrigá-lo a vomitar tudo que devorou.
Já não há visitantes afluindo para esse lugar,
admirando extasiados
as maravilhas da Babilônia.
As maravilhas da Babilônia já não existem.
Corram para salvar a pele,
meu querido povo!
Corram e não olhem para trás!
Saiam deste lugar enquanto podem,
este lugar torrado
pela ira de fogo do Eterno.
Não percam a esperança. Não desistam
se os rumores forem aterrorizantes.
Um ano é isto, outro ano é aquilo;
rumores de violência, rumores de guerra.
Confiem em mim, está chegando o dia
em que vou pôr os deuses da Babilônia,
que nem deuses são, no devido lugar.
Vou desmascarar o país,
denunciá-lo como uma fraude,
com cadáveres repugnantes por todo lugar.
O céu e a terra, os anjos e o povo
farão uma festa de vitória sobre a Babilônia

||||||||||||||||||||||||||||||||||||||||||||||||||||||

☐ DIA **318** ___ / ___ / ___

JEREMIAS 51.34 — 52.34

34-37 "**N**abucodonosor, rei da Babilônia,
mastigou meu povo e cuspiu fora os ossos.
Ele limpou o prato, reclinou-se na cadeira,
e soltou um estrondoso arroto,
como qualquer glutão.
A senhora Sião diz:
'Que a brutalidade de que fui vítima
atinja também a Babilônia'.
E Jerusalém diz:
'O sangue que derramei seja
atribuído aos caldeus!'.
Então, eu, o Eterno, intervenho e digo:
'Eu estou do seu lado, defendendo sua causa.
Eu sou seu Vingador. Você terá sua desforra.
Vou secar os rios da Babilônia,
vou fechar suas nascentes.
A Babilônia será um monte de entulho,
revirado por cães e gatos sem dono,
Um terreno para despejo de lixo,
uma cidade-fantasma'.

DIA 318

Quando os exércitos vingadores do norte
descerem sobre ela". É o decreto do Eterno!

No longo e distante exílio,
lembrem-se do Eterno

49-50 "**A** Babilônia tem de cair,
para compensar os mortos
na guerra de Israel.
Os babilônios serão mortos
por causa da matança que promoveram.
Mas vocês, exilados que escaparam da morte,
fujam o mais rápido que puderem!
No seu longo e distante exílio,
lembrem-se do Eterno.
Mantenham Jerusalém na sua memória."

51 Como fomos humilhados, escarnecidos
e ridicularizados,
chutados de um lado para o outro
por tanto tempo,
que mal sabemos quem somos!
E mal sabemos o que pensar.
Nosso antigo santuário, a casa do Eterno,
foi profanado por estranhos.

52-53 "Eu sei, mas confiem em mim:
a hora está chegando."
É o decreto do Eterno.
"Quando eu trouxer a destruição
sobre os deuses, que nem deuses são,
e sobre toda esta terra,
os feridos vão gemer.
Mesmo que a Babilônia subisse
por uma escada até a Lua
e puxasse a escada para que ninguém
pudesse subir depois dela,
Isso não me impediria.
Eu faria de tudo para que meus
vingadores a alcançassem."
É o decreto do Eterno.

54-56 "Mas escutem! Estão ouvindo?
Um grito vem da Babilônia,
um lamento aterrorizante da Caldeia!
O Eterno está levando
seu pé de cabra para a Babilônia.
Vamos ouvir seus últimos sons.
Dores agudas de morte,
como ondas quebrando,
a morte tem um estrondo
como o bramido de cataratas.

O vingador está para entrar na Babilônia:
seus soldados serão presos;
suas armas, destruídas.
É verdade, o Eterno é um Deus que faz justiça.
Todos acabam recebendo
sua justa recompensa.

57 "Vou embebedar todos eles:
príncipes, sábios, governadores, soldados.
Caídos de bêbados, vão dormir e nunca mais
vão acordar". É o decreto do Eterno.
Seu nome? Senhor dos Exércitos de Anjos.

58 O Senhor dos Exércitos de Anjos diz:

"As muralhas da cidade de Babilônia,
aquelas muralhas maciças,
serão arrasadas.
As portas da cidade,
aquelas portas enormes, serão queimadas.
Quanto mais você se empenha nesta vida vazia,
menos você é.
Nada resulta de ambições como esta,
a não ser cinzas".

59 O profeta Jeremias deu uma tarefa a Seraías, filho
de Nerias, filho de Maaseias, quando Seraías foi com
Zedequias, rei de Judá, para a Babilônia. Isso aconteceu no quarto ano do reinado de Zedequias. Seraías
era o responsável pelos preparativos de viagem.
60-62 Jeremias tinha escrito num pequeno livro
todos os males que aconteceriam com a Babilônia.
Ele disse a Seraías: "Quando você chegar à
Babilônia, leia isto em público. Leia assim: 'Tu,
ó Eterno, disseste que irias destruir este lugar de
modo que nada poderia viver aqui, nem humano
nem animal; seria uma terra devastada, pior que
todas as terras devastadas, uma nulidade eterna'.
63-64 "Quando tiver terminado de ler a página,
amarre uma pedra a ela, jogue-a no rio Eufrates e
observe-a enquanto ela afunda. Então, diga: 'É assim
que a Babilônia vai afundar e ficar ali lá no fundo
depois do desastre que farei cair sobre ela' ".

A destruição de Jerusalém
e o exílio de Judá

52 1 Zedequias tinha 21 anos de idade quando começou a reinar em Judá. Foi rei em Jerusalém
durante onze anos. O nome de sua mãe era Hamutal,
filha de Jeremias. Sua cidade natal era Libna.

²Com relação ao Eterno, Zedequias foi apenas mais um rei mau, igual a Jeoaquim. ³⁵A origem da destruição que veio sobre Jerusalém e Judá foi a ira do Eterno. O Eterno virou as costas para eles como um ato de juízo.

Zedequias rebelou-se contra o rei da Babilônia, e Nabucodonosor veio contra Jerusalém com um exército inteiro. Armou acampamento e isolou a cidade, construindo barreiras ao redor dela. Ele chegou no décimo mês do nono ano do reinado de Zedequias. A cidade ficou sitiada durante dezenove meses (até o décimo primeiro ano do reinado de Zedequias).

⁶⁸No quarto mês do décimo primeiro ano de Zedequias, no dia 9 do mês, a fome era tão terrível que não havia uma só migalha de pão para o povo comer. Então, os babilônios abriram brechas na muralha e entraram na cidade. Na escuridão da noite, o exército judeu fugiu por uma abertura na muralha (pela porta que ficava entre as duas muralhas acima do Jardim Real). Eles escaparam por entre as fileiras dos babilônios que cercavam a cidade, dirigindo-se para o Jordão pelo caminho do vale da Arabá, mas os babilônios os perseguiram e os alcançaram na planície de Jericó. Mas a essa altura o exército de Zedequias havia desertado.

⁹¹¹Os babilônios capturaram Zedequias e o levaram ao rei da Babilônia, em Ribla de Hamate, e este o julgou e deu sua sentença ali mesmo. Então, o rei da Babilônia matou os filhos de Zedequias na frente dele. A execução sumária de seus filhos foi a última coisa que Zedequias pôde ver, porque depois foi cegado pelos babilônios. Em seguida, o rei da Babilônia matou todos os oficiais de Judá. Acorrentado, Zedequias foi levado para a Babilônia. O rei da Babilônia o lançou na prisão, onde ele permaneceu até o dia de sua morte.

¹²¹⁶No décimo nono ano de Nabucodonosor como rei da Babilônia, no dia 7 do quinto mês, Nebuzaradã, o principal representante da Babilônia, chegou a Jerusalém. Ele queimou e arrasou o templo do Eterno. Avançou depois para o palácio real e acabou com a cidade inteira. Ele queimou tudo e pôs as tropas que estavam com ele para derrubar as muralhas da cidade. Finalmente, reuniu todos os sobreviventes da cidade, incluindo os que haviam desertado para o lado do rei da Babilônia, e os levou para o exílio. Ele só deixou para trás uns pobres agricultores para que cuidassem das vinhas e do que havia sobrado nos campos.

¹⁷¹⁹Os babilônios quebraram as colunas de bronze, os suportes e o grande tanque de bronze (o Mar) que estavam no templo do Eterno e levaram o bronze para a Babilônia. Também levaram os diversos utensílios do templo, feitos à mão, como também os incensários de ouro e de prata e as bacias em que se recolhia o sangue dos sacrifícios, usados no serviço da adoração do templo. O representante do rei não deixou nada. Levou cada pedaço de metal que conseguiu encontrar.

²⁰²³A quantidade de bronze que tiraram das duas colunas, do Mar, dos doze bois de bronze que sustentavam o Mar e dos dez suportes que Salomão havia feito para o templo do Eterno era enorme. Nem conseguiram pesar tudo! Cada coluna tinha cerca de oito metros e dez centímetros de altura por cinco metros e quarenta centímetros de circunferência. As colunas eram ocas e tinham a espessura de quatro dedos. No topo de cada coluna, havia como enfeite um capitel de romãs e filigranas de bronze, o que acrescentava dois metros e vinte centímetros à sua altura. Havia noventa e seis romãs igualmente espaçadas no lado; no total, havia cem romãs acima da peça entrelaçada.

²⁴²⁷O representante do rei fez alguns prisioneiros importantes: Seraías, o sacerdote principal; Sofonias, o segundo sacerdote; três guardas; o oficial maior do exército; sete conselheiros do rei que por acaso estavam na cidade; o oficial encarregado de alistar soldados para o exército; sessenta homens importantes entre o povo que ainda estavam lá. Nebuzaradã, o representante do rei, levou-os para o rei da Babilônia, em Ribla. E ali em Ribla, na terra de Hamate, o rei da Babilônia matou todos eles a sangue-frio.

Judá foi para o exílio, órfã da sua terra.

²⁸Nabucodonosor levou 3.023 homens de Judá para o exílio no sétimo ano de seu reinado. ²⁹No décimo oitavo ano de seu reinado, foram levados 832 homens de Jerusalém. ³⁰No vigésimo terceiro ano do reinado de Nabucodonosor, foram levados 745 homens de Judá por Nebuzaradã, o representante principal do rei. O número total de exilados foi de 4.600.

³¹³⁴Joaquim, rei de Judá, estava no exílio havia trinta e sete anos, quando Evil-Merodaque se tornou rei da Babilônia. Ele permitiu que Joaquim saísse da prisão. Essa libertação aconteceu no dia 25 do décimo segundo mês. O rei tratou-o muito bem e dispensou-lhe tratamento preferencial, diferente dos demais prisioneiros políticos mantidos na Babilônia. Joaquim teve permissão para tirar

DIA 318

sua roupa de prisioneiro e, a partir daí, passou a fazer refeições na companhia do rei. O rei lhe dava tudo de que ele precisava para levar uma vida confortável, até o dia de sua morte.

HEBREUS 10.1-21

O sacrifício de Jesus

10 $^{1-10}$ **A** antiga aliança era apenas um vislumbre das boas coisas da nova aliança. Uma vez que a antiga "aliança da Lei" não era completa em si mesma, ela não poderia aperfeiçoar os que participavam dela. Não importa quantos sacrifícios oferecessem ano após ano, jamais conseguiriam uma solução definitiva. Se tivessem conseguido, os adoradores seguiriam cada um o seu caminho alegremente, não mais presos aos seus pecados. Mas, em vez de remover a consciência do pecado, a repetição dos sacrifícios de animais na verdade só realçava a preocupação e a culpa, porque o sangue de touros e de bodes não tem poder para eliminar pecados. É isso que a profecia quer dizer, nas palavras de Cristo:

> Tu não queres sacrifícios
> e ofertas ano após ano;
> E me preparaste um corpo,
> para o sacrifício.
> Não é o aroma ou a fumaça do altar
> que te dá prazer.
> Então eu disse: "Estou aqui
> para fazer do teu modo, ó Deus,
> como está determinado no teu Livro".

Quando ele diz: "Tu não queres sacrifícios e ofertas", está se referindo às práticas da antiga aliança. Quando acrescenta: "Estou aqui para fazer do teu modo", deixou de lado o sistema antigo para promulgar a nova aliança – o modo *de Deus* –, por meio do qual nos tornamos perfeitos para Deus pelo sacrifício único de Jesus.

$^{11-18}$ O sacerdote trabalha no altar todos os dias, oferecendo o mesmo sacrifício ano após ano, e nem de longe resolve o problema do pecado. Como sacerdote, Cristo fez um sacrifício único pelos pecados, e tudo se resolveu! Então ele se sentou à direita de Deus e apenas esperou que seus inimigos desabassem. Foi um sacrifício perfeito realizado por uma pessoa perfeita para aperfeiçoar pessoas muito imperfeitas. Por meio daquela simples oferta, ele fez tudo que precisava ser feito

para os que tomam parte no processo purificador. O Espírito Santo confirma:

> A nova aliança que estou fazendo com Israel
> não será escrita no papel,
> não será esculpida em pedra.
> Desta vez vou escrever a aliança neles mesmos,
> vou gravá-la no coração deles.

Ele conclui:

> Vou limpar de vez a ficha dos pecados deles.

Um vez que os pecados foram definitivamente eliminados, não é preciso mais oferecer sacrifícios por eles.

Não joguem tudo fora

$^{19-21}$ **P**ortanto, amigos, podemos agora, sem hesitação, caminhar direto para Deus, até o "Lugar Santo". Jesus preparou o caminho pelo sangue de seu sacrifício e atua como nosso sacerdote diante de Deus. A "cortina" que dá acesso à presença de Deus é seu corpo.

SALMOS 129.1-8

Um cântico de peregrinação

129 $^{1-4}$ "**E**les me tratam com brutalidade desde que eu era jovem", é a queixa de Israel.

> "Eles são rudes comigo desde que eu era moço,
> mas nunca conseguiram me humilhar.
> Como um agricultor faz arado na terra,
> abriram grandes feridas nas minhas costas.
> Então, o Eterno acabou com os perversos
> e livrou-se deles."

$^{5-8}$ Oh! Que todos os que odeiam Sião rastejem na lama!

> Que sejam como grama em solo raso
> que murcha antes da colheita,
> Antes que os ceifeiros possam juntá-la,
> e colhê-la
> E que os vizinhos tenham a chance de dizer:
> "Parabéns pela maravilhosa colheita!
> Abençoamos vocês em nome do Eterno!".

◼ NOTAS

³Depois de anos de dor e trabalho pesado,
    Judá foi para o exílio.
Acampa-se no meio dos estrangeiros,
    nunca se sente em casa.
Caçada por todos, está presa
    entre uma rocha e um penhasco.

⁴As estradas de Sião choram, sem peregrinos
    a caminho das festas.
Todas as portas da cidade estão desertas,
    e seus sacerdotes, desesperados.
Suas virgens estão tristes.
    Como é amargo seu destino!

⁵Seus inimigos se tornaram seus senhores.
    Seus adversários estão felizes da vida
porque o Eterno humilhou Judá, castigando
    suas repetidas rebeliões.
Seus filhos, prisioneiros dos inimigos,
    arrastam-se para o exílio.

⁶Toda a beleza se esvaiu da face da Filha Sião.
    Seus príncipes parecem corços famintos,
    exaustos de fugir dos caçadores.

⁷Jerusalém lembra o dia em que perdeu tudo,
    quando seu povo caiu nas mãos dos inimigos,
    sem que ninguém ajudasse.
Os inimigos apenas olhavam e riam
    do seu silêncio impotente.

⁸Jerusalém, que pecou mais
    que o mundo inteiro, está impura.
Seus antigos admiradores agora
    enxergam a verdade e a desprezam.
Nessa condição de miséria,
    ela geme e vira o rosto.

⁹Ela levou a vida na brincadeira,
    sem pensar no amanhã,
e agora sucumbiu terrivelmente,
    e ninguém segura sua mão:
"Olha para a minha dor, ó Eterno! E como o
    inimigo zomba, na sua crueldade!".

¹⁰O inimigo está ocupado em tomar
    tudo que ela tem de valor.
Ela observa enquanto os pagãos
    invadem o santuário,
exatamente aqueles a quem deste ordens:
    PROIBIDA A ENTRADA. ASSEMBLEIA RESTRITA.

☐ DIA 319 ___/___/___

LAMENTAÇÕES 1.1 — 3.12

Indigno e sem valor

1 ¹Oh!
Como está vazia a cidade
    que antes fervilhava de gente.
Parece uma viúva a que antes
    era a poderosa das nações;
antes, rainha da festa,
    agora uma simples escrava!

²Ela chora tentando ninar a si mesma, e as
    lágrimas encharcam o travesseiro.
Nenhum dos seus amantes
    apareceu para lhe oferecer
o ombro e segurar sua mão.
Todos os seus amigos a abandonaram.
    Só tem inimigos!

DIA 319 1022

¹¹ Ela gemeu, desesperada por comida,
desesperada para sobreviver.
Trocou suas coisas prediletas
por um bocado de comida:
"Ó Eterno, olha para mim! Indigno, sem valor!

¹² "E vocês que passam, olhem para mim!
Alguma vez já viram algo assim?
Já viram dor como a minha?
Viram o que ele me fez,
o que *o Eterno* me fez na sua ira?

¹³ "Ele me feriu com raios,
me amarrou da cabeça aos pés,
e montou armadilhas à minha volta,
e eu não pude me mexer.
Ele me tirou tudo — me deixou
doente e cansada de viver.

¹⁴ "Ele teceu meus pecados num manto
e me arreou com o jugo do cativeiro.
Sou ferida por cruéis capatazes.

¹⁵ "O Senhor amontoou
meus melhores soldados
e chamou matadores para quebrar
aqueles jovens pescoços.
O Senhor esmagou e pisoteou
a bela virgem Judá.

¹⁶ "Por tudo isso, eu choro rios de lágrimas,
e não há uma alma à minha volta
que se preocupe comigo.
Meus filhos estão destruídos,
meu inimigo se apossou de tudo".

¹⁷ Sião gritou por ajuda,
mas ninguém ajudou.
O Eterno ordenou aos inimigos
de Jacó que a cercassem,
e agora ninguém quer saber de Jerusalém.

¹⁸ "O Eterno tem a justiça do seu lado.
Fui eu que pratiquei o mal.
Ouçam todos! Vejam
pelo que estou passando!
Minhas belas moças, meus elegantes moços,
todos levados para o exílio!

¹⁹ "Pedi socorro aos meus amigos,
e eles me traíram.

Meus sacerdotes e meus líderes só se
preocuparam consigo mesmos,
tentando salvar a própria pele,
mas nem isso conseguem.

²⁰ "Ó Eterno, vê a confusão dentro de mim!
Estou muito angustiada;
meu coração está em pedaços
depois de tanta rebelião.
Há massacres nas ruas, fome nas casas.

²¹ "Ah, ouve meu pedido de socorro!
Ninguém ouve, ninguém se importa.
Quando meus inimigos souberam das
provações que me impuseste, eles vibraram!
Que chegue o dia do julgamento deles!
Faz cair sobre eles o que eu recebi!

²² "Observa os maus caminhos deles
e dê a eles a devida retribuição!
Dá a eles o mesmo que me deste
pelos meus pecados.
Gemendo de dor, no corpo e na alma,
recebi tudo que podia suportar!".

O Eterno abandonou seu santo templo

2 ¹ **A**h!

O Senhor cortou a Filha Sião
dos céus, arremessou a gloriosa
cidade de Israel para a terra
e, na sua ira, tratou seus favoritos como lixo.

² O Senhor, sem pensar duas vezes,
engoliu Israel de uma só vez.
Furioso, esmagou as defesas de Judá,
fez picadinho do seu rei e dos seus príncipes.

³ Com as chamas da sua ira,
queimou Israel até o fim,
quebrou o braço de Israel e deu as costas
quando o inimigo se aproximou,
quando veio sobre Jacó como um fogo
descontrolado de todas as direções.

⁴ Como um inimigo, apontou o arco,
desembainhou a espada
e matou nossos moços,
nosso orgulho e nossa alegria.
Sua ira, como fogo, reduziu a cinzas
as casas em Sião.

⁵ O Senhor se tornou o inimigo.
   Ele fez de Israel seu jantar.
   Mastigou e devorou todas as defesas.
   Ele deixou a Filha de Judá em prantos.

⁶ Ele destruiu seu antigo lugar de encontros,
   entulhou o lugar das reuniões.
   O Eterno apagou as memórias que Sião tinha
   dos dias de festa e dos sábados,
   expulsou furiosamente de sua
   presença o rei e o sacerdote.

⁷ O Eterno abandonou seu altar,
   deu as costas para seu santo templo
   e entregou as fortalezas ao inimigo.
   Quando eles vibraram dentro do templo,
   parecia que era dia de festa!

⁸ O Eterno fez planos de derrubar
   os muros da Filha Sião.
   Ele reuniu sua equipe e se pôs a trabalhar
   na execução dos planos.
   Demolição total! Até as pedras choraram!

⁹ As portas da cidade, com barras de ferro
   e tudo, desapareceram no entulho:
   seus reis e príncipes foram para o exílio –
   não sobrou ninguém
   para instruir ou liderar;
   seus profetas são inúteis – não viram
   nem ouviram nada do Eterno.

¹⁰ Em silêncio, os anciãos da Filha Sião
   sentam-se no chão.
   Cobrem a cabeça de pó, vestem-se, em
   penitência, de pano de saco –
   as jovens virgens de Jerusalém estão
   com o rosto coberto de sujeira.

¹¹ Meus olhos estão cegos pelas lágrimas,
   estou com o coração na mão.
   Meu interior está derretido
   por causa do destino do meu povo.
   Bebês e crianças estão
   desmaiando por todo lugar,

¹² chamando pela mãe:
   "Estou com fome! Estou com sede!".
   E, então, desmaiam como soldados
   moribundos nas ruas,
   expirando no colo da mãe.

¹³ Como poderei entender sua terrível
   condição, amada Jerusalém?
   O que posso dizer para dar a você
   conforto, amada Sião?
   Quem pode restaurar você? Esse rompimento
   está além da compreensão.

¹⁴ Seus profetas a cortejaram
   com conversa fiada.
   Eles não a confrontaram com seus pecados
   para você se arrepender.
   Seus sermões eram apenas palavras
   de bajulação, pura ilusão.

¹⁵ Atônitos, os que passam
   não conseguem crer no que veem.
   Esfregam os olhos, balançam
   a cabeça diante de Jerusalém:
   "É esta a cidade chamada "Linda Terra" e
   "Melhor Lugar para Se Viver?".

¹⁶ Mas agora seus inimigos
   estão boquiabertos, espantados.
   Eles batem palmas e pulam de alegria:
   "Nós os pegamos!
   Há muito tempo que esperamos por isso!
   Agora aconteceu!".

¹⁷ O Eterno executou, ponto por ponto,
   exatamente tudo que planejou.
   Ele sempre disse que faria isto,
   e agora o fez: derrubou o lugar.
   Ele deixou seus inimigos pisarem nela,
   declarou-os vencedores!

¹⁸ Grite de todo o coração ao Senhor,
   amada e arrependida Sião.
   Deixe que as lágrimas corram
   como um rio, dia e noite,
   e continuem assim – sem parar.
   Deixe escorrerem as lágrimas.

¹⁹ Assim que cada vigília da noite começar,
   levante-se e vá orar.
   Derrame o coração na presença do Senhor.
   Levante as mãos bem alto. Suplique
   pela vida dos seus filhos
   que estão morrendo de fome nas ruas.

²⁰ "Olha para nós, ó Eterno. Pensa outra vez.
   Já trataste *alguém* dessa forma?

DIA 319

Deveriam as mulheres comer
os próprios bebês, os filhos que criaram?
Deveriam os sacerdotes e profetas ser
assassinados no santuário do Senhor?

21 "Meninos e velhos estão
   jogados nas sarjetas,
meus moços e moças mortos
   na flor da idade.
Irado, tu os mataste a sangue-frio,
   foram degolados sem misericórdia.

22 "Tu convidaste homens prontos
   para matar como amigos para a festa,
para que ninguém escapasse
   no grande dia da ira do Eterno.
Os filhos que amei e criei – se foram."

O Eterno me trancou num quarto escuro

3 1-3 Eu sou o homem que viu desgraça,
   desgraça resultante
      do açoite da ira do Eterno.
Ele me tomou pela mão e me conduziu
   à escuridão mais profunda.
Sim, ele me golpeou com as costas da mão,
   muitas e muitas vezes.

4-6 Ele me transformou num esqueleto
   de pele e osso e, então, quebrou meus ossos.
Ele me cercou, me encurralou
   e derramou a desgraça e a provação.
Ele me trancou num quarto escuro,
   como um cadáver pregado
      no fundo de um caixão.

7-9 Ele me trancou para que eu nunca mais saia,
   algemou minhas mãos, acorrentou meus pés.
Mesmo quando grito e suplico por ajuda,
   ele tranca minhas orações e joga fora a chave.
Ele levanta barreiras de pedra e cimento.
   Estou completamente encurralado!

10-12 Ele é um leão à espreita,
   um leão escondido pronto
      para lançar-se sobre a presa.
Ele me derrubou no caminho
   e me rasgou em pedaços.
   Quando terminou,
      não havia sobrado nada de mim.
Ele pegou seu arco e duas flechas
   e me usou como alvo.

HEBREUS 10.22 — 11.3

22-25 Então, avante! Cheios de fé, confiantes de
que estamos apresentáveis para ele, vamos nos
agarrar às promessas que nos fazem prosseguir.
Ele sempre mantém sua palavra. Sejamos criativos no amor, no encorajamento e na ajuda.
Não evite as reuniões de culto, como alguns fazem,
desprezando os irmãos, ainda mais agora, que o
grande dia se aproxima.

26-31 Desistir e virar as costas para tudo que
aprendemos e recebemos, para a verdade que agora sabemos, é o mesmo que rejeitar o sacrifício de
Cristo, e estaremos sem defesa no juízo final – e
que julgamento será! Se a pena por quebrar a Lei
de Moisés era a morte física, o que acham que vai
acontecer se vocês desprezarem o Filho de Deus, se
cuspirem no sacrifício que tornou vocês completos
e se insultarem o Espírito? Isso não é pouca coisa.
Deus já nos avisou: vai nos chamar para prestar
contas e nos fazer pagar. Ele foi muito claro: "A vingança é minha, e não vou deixar passar nada". Disse
também: "Deus vai julgar seu povo". Acreditem,
ninguém vai escapar.

32-39 Lembram-se de quando vocês viram a
luz pela primeira vez? Eram tempos difíceis!
Ser desrespeitado em público e atacado de todas
as formas era a rotina, às vezes com vocês, às vezes
com seus amigos. Se os amigos eram presos, vocês
ficaram do lado deles. Se os inimigos atacavam e
tomaram seus bens, vocês os deixavam ir com um
sorriso, sabendo que eles não poderiam tocar no
verdadeiro tesouro de vocês. Nada disso os aborrecia, nada os fez retroceder. Então, não joguem
tudo isso fora. Na época, vocês eram confiantes.
E devem ser *agora*! Vocês precisam perseverar,
permanecer firmes na aliança de Deus para
alcançar o aperfeiçoamento prometido.

Não vai demorar agora,
   ele está a caminho;
ele vai se manifestar
   a qualquer momento.
Qualquer um que esteja firme comigo
   descansa em leal confiança;
mas, se desistir e me abandonar,
   não ficarei satisfeito.

Mas não somos perdedores, não vamos desistir.
Ah, não! Continuaremos firmes e sobreviveremos,
sem perder a confiança durante a caminhada.

A Fé

11 **1-2** **O** fato essencial da existência é que esta confiança em Deus, esta fé é o alicerce sólido que sustenta qualquer coisa que faça a vida digna de ser vivida. É pela fé que lidamos com o que não podemos ver. Foi um ato de fé que distinguiu nossos antepassados, elevando-os acima da multidão.

3 Pela fé vemos o mundo trazido à existência pela palavra de Deus, o que foi criado e que podemos ver por meio do que não vemos.

SALMOS 130.1-8

Um cântico de peregrinação

130 **1-2** **S**ocorro, ó Eterno, cheguei ao fundo do poço!
Mestre, ouve meu grito de socorro!
Ouve bem! Abre os ouvidos
e ouve meu apelo por misericórdia!

3-4 Se guardares os registros
dos nossos erros, ó Eterno,
quem terá chance?
Como se vê, o perdão está nas tuas mãos,
e essa é a razão de seres adorado.

5-6 Oro ao Eterno — minha vida é uma oração —
e depois espero para ver o que ele dirá e fará.
Minha vida é esperar
diante de Deus, meu Senhor,
espero e vigio até o amanhecer,
espero até de manhã.

7-8 Ó Israel, espere pelo Eterno —
com o Eterno vem o amor;
com o Eterno vem a generosa redenção.
Sem dúvida, ele redimirá Israel,
comprará de volta Israel
e a tirará do cativeiro de pecado.

◼ NOTAS

☐ DIA 320 ___ / ___ / ___

LAMENTAÇÕES 3.13-66

13-15 Ele me feriu no estômago
com as flechas da sua aljava.
Todos fizeram piada de mim,
fizeram de mim objeto das suas risadas.
Ele me enfiou comida estragada goela abaixo,
embebedou-me com bebida intragável.

16-18 Ele esmigalhou minha face.
Ele me pisou no pó.
Eu desisti da vida.
Esqueci o que é uma vida boa.
Eu disse a mim mesmo:
"É isto! Estou acabado!
Com o Eterno, a causa é perdida".

É bom esperar a ajuda do Eterno

19-21 Nunca vou esquecer a desgraça,
o gosto das cinzas, o veneno que engoli.
Lembro-me de tudo — ah, e como lembro! —
o sentimento de chegar ao fundo do poço.

DIA 320

Mas há outra coisa que lembro
e, ao lembrar, continuo
agarrado à esperança:

22-24 O amor leal do Eterno não pode ter acabado,
Seu amor misericordioso
não pode ter secado.
Eles são renovados a cada manhã.
Como é grande tua fidelidade!
Eu me apego ao Eterno (digo e repito).
Ele é tudo que me restou.

25-27 O Eterno se mostra bom
para aquele que espera nele,
para a mulher que busca com diligência.
Boa coisa é esperar em silêncio,
esperar a ajuda do Eterno.
Boa coisa é, quando jovem,
suportar com paciência as provações.

28-30 Quando a vida está difícil de suportar,
entregue-se à solidão.
Recolha-se ao silêncio.
Curve-se em oração. Não faça perguntas.
Espere até que surja a esperança.
Não fuja das provações: encare-as.
O "pior" nunca é o pior.

31-33 Por quê? Porque o Senhor nunca
vira as costas de vez. Ele voltará atrás!
Se ele age com severidade,
age, também, com ternura.
Seus depósitos de amor leal são imensos.
Ele não tem prazer em tornar a vida difícil,
em espalhar pedras pelo caminho,

34-36 Em pisar com dureza
os prisioneiros desafortunados,
Em recusar justiça às vítimas
na corte do Deus Altíssimo,
Em adulterar evidências –
o Senhor não aprova essas coisas.

O Eterno chama à existência as coisas boas e as coisas más

37-39 Quem vocês acham que
"fala e, assim, acontece"?
O Senhor é quem dá as ordens.
Não é o Deus Altíssimo
que chama tudo à existência,
as coisas boas e as coisas más?

E por que alguém que recebeu a dádiva da vida
reclamaria quando é castigado pelo pecado?

40-42 Vamos analisar a forma como vivemos
e reorganizar a vida
conforme a direção do Eterno.
Vamos levantar o coração e as mãos,
orando a Deus, que está no céu:
"Fomos rebeldes e teimosos,
e tu não nos perdoaste.

43-45 "Perdeste a paciência conosco e não
economizaste no castigo.
Tu nos perseguiste e nos destruíste
sem misericórdia,
Tu te escondeste em grossas
camadas de nuvens
para nossas orações não chegarem a ti.
Trataste-nos como a água suja da louça
e nos jogaste no quintal das nações.

46-48 "Nossos inimigos gritam insultos,
estão com a boca cheia de escárnio e injúrias.
Já fomos ao além e voltamos.
Não temos para onde nos voltar,
para onde fugir.
Rios de lágrimas jorram dos meus olhos
diante do desastre do meu amado povo.

49-51 "As lágrimas jorrarão dos meus olhos,
é como poço profundo, que não se acaba.
Até que tu, ó Eterno, olhes lá de cima,
olhes e vejas minhas lágrimas.
Quando vejo o que aconteceu
com as moças da cidade,
a dor me parte o coração.

52-54 "Inimigos, sem razão alguma
para serem inimigos,
me caçaram como a um pássaro.
Jogaram-me numa cova
e me depenaram a pedradas.
Então, vieram as chuvas e encheram a cova.
A água passou da minha cabeça.
Eu disse: 'Agora está tudo acabado!'.

55-57 "Chamei teu nome, ó Eterno,
gritei do fundo da cova.
Tu ouviste quando gritei:
'Não feches os ouvidos!
Tira-me daqui! Salva-me!'.

Então, chegaste perto de mim quando gritei
e disseste: 'Tudo vai acabar bem'.

58-60 "Tomaste partido a meu favor, ó Eterno,
e me trouxeste de volta com vida!
Viste o mal que se amontoou sobre mim.
Dá-me a oportunidade
de me defender no tribunal!
Sim, tu sabes das tramas mal-intencionadas,
das maquinações deles para me matar.

61-63 "Tu ouviste, ó Eterno,
as conversas depravadas,
as intrigas deles pelas minhas
costas, para me arruinar.
Eles nunca param, esses meus inimigos,
de sonhar com maldades,
fazem nascer a malícia, dia após dia.
Quando se sentam ou se levantam
— é só olhar para eles —,
zombam de mim com versos
vulgares e malfeitos.

64-66 "Faz que paguem por tudo
que fizeram, ó Eterno!
Dá a eles a justa recompensa.
Quebra o coração miserável deles.
Lança maldição sobre os olhos deles.
Desperta tua ira e vai atrás deles.
Acaba com eles debaixo do teu céu".

HEBREUS 11.4-23

4 Por um ato de fé, Abel apresentou a Deus um
sacrifício melhor que o de Caim. Foi aquilo em que
ele acreditava, não o que ele trouxe, que fez diferença.
Pelo que Deus observou, pôde aprová-lo e considerá-
-lo justo. Após todos estes séculos, aquela fé continua
a chamar nossa atenção.

5-6 Por um ato de fé, Enoque escapou da morte. "Eles
o procuraram e não o encontraram, pois Deus o tinha tomado." Sabemos, com base num testemunho
confiável, que antes de ser tomado "ele agradou a
Deus". É impossível agradar a Deus a não ser pela fé.
Por quê? Porque qualquer um que deseja se aproximar de Deus deve crer que ele existe e que se preocupa o bastante para atender aos que o procuram.

7 Pela fé, Noé construiu um barco na terra seca.
Ele havia sido avisado de algo que não podia ver e agiu
apenas com base no que foi dito a ele. O resultado?
Sua família foi salva. Seu ato de fé estabeleceu uma

linha divisória entre a maldade do mundo descrente
e a justiça do mundo que cria. Como consequência,
Noé tornou-se íntimo de Deus.

8-10 Por um ato de fé, Abraão disse "sim" ao chamado
de Deus e partiu para um lugar desconhecido, que se
tornaria seu lar. Quando ele saiu, não tinha ideia de
para onde estava indo. Por um ato de fé, foi residir
no país que, de acordo com a promessa, seria dele.
Viveu ali como estrangeiro e morava em tendas.
Isaque e Jacó fizeram o mesmo, vivendo pela mesma promessa. Abraão agiu assim, mantendo o olhar
numa cidade invisível que tem fundamentos reais e
eternos — a Cidade planejada e construída por Deus.

11-12 Pela fé, a estéril Sara conseguiu engravidar,
mesmo sendo já bem idosa, porque ela creu que a
pessoa que fez promessa iria cumpri-la. Foi assim
que, de um homem idoso e sem vigor nasceram
milhões de pessoas.

13-16 Cada uma dessas pessoas de fé morreu sem ver
o cumprimento da promessa, mas ainda crendo.
Como conseguiram? Elas o viram e saudaram de
longe, aceitando o fato de que eram passageiros
neste mundo. Quem vive assim sabe que está procurando seu verdadeiro lar. Se estivessem com
saudade do antigo país, poderiam ter voltado
quando quisessem. Mas buscavam um país muito
melhor que o antigo — buscavam o país *celestial*.
É fácil entender por que Deus é tão orgulhoso dessas pessoas e por que há uma Cidade à espera delas.

17-19 Pela fé Abraão, na hora da prova, ofereceu
Isaque de volta para Deus. Agindo com fé, ele estava disposto a devolver o filho prometido, seu
único filho, assim como se havia mostrado feliz
em recebê-lo — e isso depois de Deus ter dito a ele:
"Seus descendentes virão de Isaque". Abraão racio-
cinou que Deus, se quisesse, poderia ressuscitar
o morto. Em certo sentido, foi o que aconteceu
quando ele pôde retirar Isaque vivo do altar.

20 Por um ato de fé, Isaque vislumbrou o futuro
enquanto abençoava Jacó e Esaú.

21 Por um ato de fé, Jacó, no leito de morte, abençoou
os filhos de José de maneira invertida (o mais novo
primeiro, depois o mais velho), abençoando-os com
a bênção de Deus, não com a sua — enquanto fazia
uma reverência apoiado em seu cajado.

22 Por um ato de fé, José, na hora da morte,
profetizou o êxodo de Israel e deixou instruções
quanto ao próprio sepultamento.

23 Por um ato de fé, os pais de Moisés, após
seu nascimento, o esconderam por três meses.

Eles perceberam a beleza do bebê e desafiaram o decreto real.

SALMOS 131.1-3

Um cântico de peregrinação

131 ¹Ó Eterno, não sou arrogante;
não ando de nariz empinado.
Não me intrometo com as coisas que não conheço
nem corro atrás de coisas grandiosas demais.

²Mantive os pés no chão,
cultivei um coração tranquilo.
Como o bebê aconchegado nos braços da mãe,
assim minha alma está satisfeita.

³Espere em Deus, Israel. Aguarde com esperança.
Espere agora. Espere sempre!

■ NOTAS

☐ **DIA 321** __ / __ / __

LAMENTAÇÕES 4.1 — 5.22

Acordando sem nada

4 ¹Ah!
O ouro é tratado como sujeira;
o ouro mais fino é jogado fora com o lixo,
joias inestimáveis estão
espalhadas por todo lugar,
joias são jogadas na sarjeta.

²E o povo de Sião, antes tão estimado,
valendo mais que seu peso em ouro,
agora é tratado como cerâmica barata,
como vasos e potes produzidos em massa.

³Até os chacais alimentam seus filhotes,
dão a eles o peito para mamar.
Mas meu povo se tornou cruel com seus bebês,
como a avestruz no deserto.

⁴Os bebês não têm o que beber.
A língua gruda no céu da boca.
Crianças pequenas pedem pão,
mas ninguém dá a elas nem mesmo a casca.

⁵Gente acostumada com a cozinha mais sofisticada
vasculha as ruas em busca de que comer.
Gente acostumada com roupas de marca
vasculha o lixo em busca de que vestir.

⁶A terrível culpa do meu amado povo
foi pior que o pecado de Sodoma —
A cidade foi destruída num instante,
e não havia ninguém por perto para ajudar.

⁷Os esplêndidos e intocáveis nobres,
antes, brilhavam de tanta saúde.
Os corpos eram fortes e corados,
e a barba, como pedra esculpida.

⁸Mas agora estão cobertos de fuligem,
irreconhecíveis nas ruas,
Com os ossos à vista
e a pele ressecada como couro velho.

⁹É melhor ser morto em batalha
que morrer de fome.

É melhor morrer dos ferimentos da batalha
que morrer lentamente de fome.

10 Mulheres belas e bondosas
cozinharam os próprios filhos para comer.
Era única opção em toda cidade
quando meu amado povo foi devastado.

11 O Eterno deu vazão a toda a sua ira:
não reteve nada.
Ele derramou sua ira ardente
e pôs fogo em Sião,
que a queimou e a reduziu a cinzas.

12 Os reis da terra mal conseguem acreditar.
Governantes mundiais ficaram chocados
ao observar velhos inimigos marchando
cidade adentro arrogantes,
atravessando as portas de Jerusalém.

13 Por causa dos pecados dos seus profetas
e dos males dos seus sacerdotes,
que exploravam um povo bom e justo,
roubando a vida deles,

14 Esses profetas e sacerdotes, cegos,
tateiam para achar seu caminho,
encardidos e manchados
de sua vida imunda,
Gastos pela sua vida desperdiçada,
arrastando os pés de fadiga,
vestidos em trapos.

15 O povo grita para eles:
"Saiam daqui, velhos sujos!
Saiam daqui, não nos toquem,
não nos contaminem!".
Eles precisam sair da cidade,
ninguém quer que eles fiquem aqui.
Todos saberão, não importa por onde andem,
que eles foram expulsos da própria cidade.

16 O próprio Eterno os espalhou.
Ele já não se importa com eles.
Não quer mais nada com os sacerdotes
nem se preocupa com os anciãos.

17 Olhamos atentamente,
e continuamos olhando,
cansamos os olhos de tanto
esperar por ajuda. E nada.

Montamos postos de observação e procuramos
por uma ajuda que nunca apareceu.

18 Os caçadores nos seguiram e nos acharam.
Não era seguro sair às ruas.
O nosso fim estava próximo;
nossos dias estavam contados.
Estávamos condenados!

19 Eles vieram atrás de nós mais rápido
que águias no voo,
nos perseguiram nas montanhas e nos
emboscaram no deserto.

20 Nosso rei, nosso sopro de vida,
o ungido do Eterno
foi apanhado nas armadilhas deles —
Ah, Nosso rei!
Achamos que viveríamos
sempre sob sua proteção.

21 Celebrem enquanto podem, vocês de Edom!
Festejem em Uz!
Pois não falta muito para vocês
beberem o mesmo cálice.
Vocês vão descobrir o que é beber
da ira do Eterno,
o que é embebedar-se da ira do Eterno
e acordar sem nada, totalmente despido.

22 Sião, é isso. O castigo foi cumprido.
Vocês não precisarão passar pelo exílio de novo.
Edom, sua hora está chegando:
Ele castigará sua vida de maldades
e porá à mostra todo seu pecado.

Dá-nos um novo começo

5 **1-22** "Lembra-te, ó Eterno, de tudo que passamos.
Observa, nossa terrível condição, a marca
triste que deixamos na história.
Nossa terra preciosa foi dada aos invasores;
nossas casas, a estranhos.
Somos órfãos, não há um pai em vista,
e nossas mães são como viúvas.
Temos de pagar pela própria água.
Até a lenha para fazer fogo precisa ser paga.
Não somos nada mais que escravos,
ameaçados e oprimidos,
exaustos e sem descanso.
Nós nos vendemos para a Assíria e para o Egito
só para ter o que comer.

Nossos pais pecaram e já não estão aqui,
e estamos pagando pelos erros
que eles cometeram.
Escravos nos dominam;
não dá para escapar das suas garras.
Arriscamos a vida em busca de comida
no deserto infestado de bandidos.
Nossa pele se tornou negra como um forno,
ressecada como couro velho
por causa da fome.
Nossas mulheres foram
violentadas nas ruas de Sião;
e nossas virgens, nas cidades de Judá.
Eles esganaram nossos príncipes,
desonraram nossos anciãos.
Jovens fortes foram postos
para fazer trabalho de mulheres,
meninos foram forçados
a fazer trabalho de homens.
Nas portas da cidade,
já não há sábios anciãos.
Já não se ouve a música dos jovens.
Toda a alegria do nosso coração se foi.
Nossas danças se tornaram cantos fúnebres.
A coroa de glória caiu da nossa cabeça.
Ai! Ai! Quem dera não ter pecado!
Por causa disso, estamos doentes do coração.
Não conseguimos enxergar
por causa das lágrimas.
No monte Sião, destruído e arruinado,
os chacais perambulam e vagueiam.
Contudo, ó Eterno, tu ainda és soberano,
e teu trono eterno permanece para sempre.
Por que, então, continuas a nos ignorar?
Por que nos jogar fora e nos deixas assim?
Leva-nos de volta para ti, Senhor!
Estamos prontos para voltar.
Dá-nos um novo início.
A não ser que não tenha mais volta,
não nos queiras mais,
e a sua fúria não tenha fim."

HEBREUS 11.24 — 12.3

24-28 Pela fé, Moisés, já adulto, recusou os privilégios da casa real egípcia. Preferiu a vida dura com o povo de Deus, em vez de se entregar à vida fácil de pecados com os opressores. Ele preferiu o sofrimento no arraial do Messias à riqueza dos egípcios, porque enxergava adiante, antecipando a recompensa. Por um ato de fé, ele virou as costas para o Egito, sem ligar para a fúria do rei. Ele tinha o olhar naquele que ninguém pode ver e continuou firme. Por um ato de fé, celebrou a Páscoa e aspergiu o sangue da Páscoa em cada casa, para que o destruidor dos primogênitos não tocasse em ninguém.

29 Por um ato de fé, Israel atravessou o mar Vermelho em terra seca. Os egípcios tentaram fazer o mesmo e se afogaram.

30 Por um ato de fé, os israelitas marcharam ao redor das muralhas de Jericó durante sete dias, e as muralhas caíram.

31 Por um ato de fé, Raabe, a prostituta de Jericó, acolheu os espiões e escapou da destruição que veio sobre os que se recusaram a confiar em Deus.

32-38 Poderia prosseguir, mas não há tempo. Ainda há muitos outros — Gideão, Baraque, Sansão, Jefté, Davi, Samuel, os profetas... Por seus atos de fé, eles venceram reinos, fizeram obras de justiça, viram promessas cumpridas. Foram protegidos de leões, incêndios e ameaças de morte, transformaram a desvantagem em vantagem, venceram batalhas, afugentaram exércitos invasores. Mulheres receberam seus queridos de volta dos mortos. Foram eles que, sob tortura, se recusaram a desistir e ser libertados, preferindo algo melhor: a ressurreição. Outros enfrentaram abusos, açoites e, sim, algemas e prisões. Temos informação de alguns que foram apedrejados, serrados ao meio, assassinados a sangue frio; histórias de homens vagando pela terra em peles de animais, sem teto, sem amigos, sem força — o mundo não os mereceu! —, vivendo como podiam nas periferias cruéis do mundo.

39-40 Entretanto, nenhum desses exemplos de vida de fé puseram a mão na recompensa prometida. Deus tem um plano melhor para nós: que nossa fé se junte à deles, para formar um todo completo, como se a vida de fé que eles tiveram não fosse completa sem a nossa.

A disciplina de correr a maratona

12 **1-3** Percebem o que isso significa — todos esses pioneiros iluminando o caminho, todos esses veteranos nos encorajando? Significa que o melhor a fazer é continuar. Livres dos acessórios inúteis, comecem a correr — e nunca desistam! Nada de gordura espiritual extra, nada de pecados parasitas. Mantenham os olhos em Jesus, que começou e terminou a corrida de que participamos.

Observem como ele fez. Porque ele jamais perdeu o alvo de vista – aquele fim jubiloso com Deus. Ele foi capaz de vencer tudo pelo caminho: a cruz, a vergonha, tudo mesmo. Agora, está lá, num lugar de honra, ao lado de Deus. Quando se sentirem cansados no caminho da fé, lembrem-se da história dele, da longa lista de hostilidade que ele enfrentou. Será como uma injeção de adrenalina na alma!

SALMOS 132.1-7

Um cântico de peregrinação

132 **1-5** Ó Eterno, lembre-se de Davi e de todos os seus problemas!

E lembre-se de que ele prometeu ao Eterno,
fez um voto ao poderoso Deus de Jacó:
"Não vou para casa,
nem vou me deitar,
Não vou dormir,
nem tirar um cochilo,
Até que eu encontre uma casa para o Eterno,
uma casa para o poderoso Deus de Jacó".

6-7 Lembra-te de como ficamos
sabendo das novidades em Efrata,
como recebemos a notícia nos campos de Jaar?
Nós gritamos: "Vamos para a dedicação do santuário!
Vamos adorar diante do estrado dos pés de Deus!".

◼ NOTAS

☐ DIA 322 ___ / ___ / ___

EZEQUIEL 1.1 — 3.21

Rodas dentro de rodas, como um giroscópio

1 **1** Eu tinha 30 anos e vivia com os exilados junto ao rio Quebar. No dia 5 do quarto mês, o céu se abriu, e eu tive visões de Deus.

2-3 (Foi no dia 5 do quarto mês, no quinto ano do exílio do rei Joaquim, que a Palavra do Eterno veio ao sacerdote Ezequiel, filho de Buzi, às margens do rio Quebar, na terra da Babilônia. O Eterno se manifestou a ele naquele dia.)

4-9 Olhei e vi uma imensa tempestade de areia vinda do norte, uma nuvem enorme, com raios resplandecendo nela, uma bola de fogo gigante ardendo como bronze. Dentro do fogo, havia o que pareciam quatro criaturas pulsantes de vida. Tinham todas elas a forma de um ser humano, mas cada uma tinha, também, quatro rostos e quatro asas. As pernas eram robustas e retas como colunas, mas os pés tinham cascos como os de um bezerro e reluziam como bronze polido. Nos quatro lados debaixo das asas, elas tinham mãos humanas. As quatro criaturas tinham rostos e asas, e as asas tocavam umas nas outras. Elas não se voltavam nem para um lado, nem para outro: andavam sempre para a frente.

10-12 Os rostos tinham a seguinte aparência: na frente, um rosto humano; no lado direito, um rosto de leão; no lado esquerdo, o rosto de um boi; atrás, um rosto de águia. Foi isso que vi. As asas estavam abertas, e as pontas de um par de asas tocavam a criatura do lado; o outro par de asas cobria o corpo. Cada criatura se movia diretamente para a frente. Para onde quer que o espírito fosse, elas iam também e não se viravam quando se moviam.

DIA 322

13-14 As quatro criaturas tinham a aparência de fogo, isto é, de uma tocha acesa. Labaredas estalavam entre elas, como descargas de relâmpagos.

15-16 Enquanto eu observava as quatro criaturas, vi algo parecido com uma roda no chão ao lado de cada uma das criaturas de quatro rostos. As rodas tinham a seguinte aparência: eram rodas idênticas, reluzentes como diamantes ao sol, e parecia que eram rodas dentro de rodas, como um giroscópio.

17-21 Elas se moviam em qualquer uma das direções dos quatro rostos, mas sempre em frente, nunca mudavam de direção. Os aros eram imensos, cheios de olhos em volta. Quando as criaturas se moviam, as rodas se moviam também; quando as criaturas se elevavam, as rodas subiam com elas. Para onde quer que o espírito fosse, as criaturas e as rodas iam junto, pois o espírito das criaturas estava nas rodas. Assim, quando as criaturas se moviam, as rodas também se moviam; quando as criaturas paravam, as rodas paravam; quando as criaturas se elevavam, as rodas subiam com elas, porque o espírito das criaturas viventes estava nas rodas.

22-24 Sobre as cabeças das quatro criaturas havia algo como uma abóbada, emitindo uma luz trêmula como um céu de vidro lapidado, em forma de arco sobre as cabeças. Debaixo da abóbada, um par de asas ficava estendido na direção das outras criaturas, e um outro par de asas cobria os corpos. Elas se moveram, e ouvi o som das suas asas — era como o bramido de uma grande queda d'água, como a voz do Deus Forte, como o barulho de um campo de batalha. Quando paravam, elas dobravam as asas.

25-28 Então, enquanto estavam ali, de pé e com as asas fechadas, veio uma voz de cima da abóbada sobre as cabeças. Acima da abóbada, havia algo que parecia um trono, azul-celeste como a safira, e havia uma figura em forma humana acima do trono. Do que eu pude ver, da cintura para cima ele parecia bronze polido, e da cintura para baixo, uma tocha acesa. Era muita claridade! A forma em que um arco-íris surge do céu num dia chuvoso era o que se via ali. E essa era a glória do Eterno!

Quando vi aquela cena, caí de joelhos, com o rosto no chão. Então, ouvi uma voz.

2 **1** A voz disse: "Filho do homem, levante-se! Tenho algo a dizer a você".

2 No momento em que ouvi a voz, o Espírito entrou em mim e me pôs de pé. Enquanto ele falava, eu ouvia.

3-7 Ele disse: "Filho do homem, estou enviando você à família de Israel, uma nação rebelde como

jamais existiu. Eles e seus antepassados têm vivido em rebelião até os dias de hoje. Eles são um caso difícil, o povo a quem estou enviando você está calejado por seus pecados. Diga a eles: 'Esta é a Mensagem do Eterno, o Senhor'. Eles são provocadores. Se vão ouvir ou não, pouco importa, mas, ao menos, saberão que um profeta esteve aqui. Mas não tenha medo deles, filho do homem, e não tema nada do que eles disserem. Não se intimide, mesmo que viver entre eles seja como pisar em espinhos ou encontrar escorpiões na cama. Não tenha medo das palavras maldosas deles nem dos seus olhares ameaçadores. Eles são um povo rebelde. Mas você tem a tarefa de falar a eles. Se vão ouvir ou não, o problema não é seu. Eles são muito rebeldes.

8 "Apenas tome cuidado, filho do homem, para não se tornar rebelde como eles. Abra sua boca e coma o que eu estou dando a você".

9-10 Quando olhei, a mão dele estava estendida para mim, e nela estava o rolo de um livro. Ele o desenrolou, e vi que, nos dois lados, frente e verso, estavam escritos lamentos e palavras de condenação.

Avise o povo

3 **1** Ele me disse: "Filho do homem, coma o que você está vendo. Coma este livro. Depois, vá e fale à família de Israel".

2-3 Quando abri a boca, ele me deu o rolo para comer, dizendo: "Filho do homem, coma este livro que estou dando a você. É a sua refeição".

Assim, eu o comi. O gosto era muito bom — parecia mel.

4-6 Então, ele me disse: "Filho do homem, vá à família de Israel e transmita a minha Mensagem. Veja, não estou enviando você a um povo que fala uma língua difícil com palavras quase impronunciáveis. Se eu estivesse enviado você a um povo assim, os ouvidos deles teriam ficado aguçados e eles teriam ouvido imediatamente.

7-9 "Mas não funciona assim com a família de Israel. Eles não darão ouvidos a você, porque não dão ouvidos a mim. Eles são, como eu já disse, um caso difícil, estão endurecidos pelo pecado. Mas vou fazer você tão duro quanto eles são duros em seus pecados. Não deixe que eles o intimidem. Não tenha medo deles, embora sejam um bando de rebeldes".

10-11 Então, ele disse: "Filho do homem, receba todas as palavras que ponho, agora, no seu coração. Abra os ouvidos obedientes para elas. Faça delas suas palavras. E agora vá. Vá aos exilados, seu povo, e fale. Diga a eles: 'Esta é a Mensagem do Eterno, o Senhor'. Faça sua parte, não importa se eles vão ouvir ou não".

12-13 Então, o Espírito me elevou. Atrás de mim, houve grande comoção: "Bendita seja a glória do Eterno no seu santuário". As asas das criaturas batiam umas nas outras, as rodas giravam, num estrondo de um grande terremoto. **14-15** O Espírito me elevou e me levou embora. Eu estava cheio de amargura e raiva. Eu não queria ir, mas o Eterno foi firme comigo. Cheguei entre os exilados que viviam perto do rio Quebar em Tel-Abibe. Cheguei no lugar em que eles viviam e fiquei ali sete dias, aterrorizado.

16 Ao final dos sete dias, recebi esta Mensagem do Eterno:

17-19 "Filho do homem, fiz de você uma sentinela para a família de Israel. Sempre que me ouvir dizer alguma coisa, avise-os, em meu nome. Se eu disser aos maus: 'Vocês vão morrer', e você não os avisar de que a questão é de vida ou morte, eles morrerão, e a culpa será sua. Vou considerá-lo responsável. Mas, se eu avisar os maus, e eles continuarem pecando do mesmo jeito, certamente morrerão pelo seu pecado, mas *você* não morrerá. Você terá salvado sua vida.

20-21 "Mas, se os justos mudarem de vida e deixarem de viver de maneira justa e começarem a fazer o mal quando eu vier para trazer juízo, eles morrerão. E, se você não os tiver avisado, eles morrerão por causa dos pecados deles, e nada de certo que fizeram vai valer alguma coisa, mas vou considerar você responsável. Mas, se você advertir esses justos a não pecar, e eles derem ouvidos a você, viverão por aceitarem seu aviso — e, de novo, você terá salvado sua vida".

HEBREUS 12.4-29

4-11 Nessa luta incessante contra o pecado, outros sofreram muito mais que vocês, sem falar no que Jesus enfrentou — todo aquele derramamento de sangue. Portanto, nada de autocomiseração. Ou vocês já se esqueceram de que os bons pais tratam bem os filhos e que Deus trata vocês como filhos *dele?*

Meus filhos queridos, não desprezem
a disciplina de Deus,
também não sejam esmagados por ela.
Ele disciplina o filho que ama;
o filho que ele abraça, ele também corrige.

Deus está educando vocês; *é por isso* que vocês nunca devem desistir. Ele está tratando vocês como filhos queridos. Essa provação que vocês estão enfrentando não é um castigo; é um *treinamento*, a experiência normal dos filhos. Só pais irresponsáveis deixam os filhos por conta própria. Vocês gostariam que Deus fosse irresponsável? Se respeitamos nossos pais que nos educaram e não nos mimaram, por que não aceitar a disciplina de Deus, para que possamos viver de verdade? Quando éramos crianças, nossos pais faziam o que para eles *parecia* o melhor. Mas Deus está fazendo o que é melhor para nós. Está nos treinando para que possamos viver de acordo com seu santo propósito. A disciplina nunca é divertida quando está sendo aplicada. É sempre dolorosa. No entanto, mais tarde, evidentemente há uma bela recompensa, pois quem é treinado adequadamente se torna maduro no relacionamento com Deus.

12-13 Não cruzem os braços! Não fiquem parados! Preparem o caminho dos maratonistas, para que ninguém tropece, caia ou pise em algum buraco e sofra uma contusão no tornozelo. Ajudem-se mutuamente. E corram!

14-17 Esforcem-se para que seja possível a convivência uns com os outros e com Deus. Senão o máximo que vão conseguir é um vislumbre de Deus. Não permitam que ninguém despreze a generosidade de Deus. Não deixem que a erva daninha da amargura se espalhe. Uns poucos espinhos podem arruinar um jardim em pouco tempo. Cuidado com a síndrome de Esaú: desprezar o dom permanente de Deus para satisfazer um apetite passageiro. Vocês sabem que Esaú, mais tarde, se arrependeu daquele ato impulsivo e tentou, ora com lágrimas, ora sem lágrimas, recuperar a benção de Deus — mas já era tarde demais.

Um reino inabalável

18-21 Diferentemente dos seus antepassados, vocês não foram até o monte Sinai — aquele fogo como que de vulcão e estrondo de terremoto — para ouvir Deus falar. As palavras ensurdecedoras e a mensagem forte a ponto de balançar a alma os aterrorizaram, e eles imploraram que parasse. Quando ouviram a frase: "Se um animal tocar a montanha, deverá morrer", ficaram com medo até de se mexer. Até Moisés ficou assustado.

22-24 Essa não é, de modo algum, a experiência de vocês. Vocês chegaram ao monte Sião, a cidade onde o Deus vivo reside. A Jerusalém invisível é habitada por multidões de anjos festivos e cidadãos que creem. É a cidade onde Deus é o Juiz e na qual seus julgamentos nos tornam justos. Vocês chegaram a

Jesus, que apresentou uma nova aliança, um novo alvará concedido por Deus. Ele é o Mediador desta aliança. A morte de Jesus não foi como a de Abel, um assassinato que clama por vingança. Em vez disso, tornou-se uma proclamação da graça.

²⁵⁻²⁷ Portanto, não tapem os ouvidos para essas palavras tão agradáveis. Se os que ignoraram as advertências terrenas não escaparam, o que nos acontecerá se virarmos as costas para as advertências do céu? A voz de Deus, naquela ocasião, sacudiu a terra até os fundamentos. Desta vez, ele foi bem claro, vai sacudir os céus também: "Um último abalo, muito violento e devastador, de cima para baixo". A expressão "um último abalo" significa uma limpeza completa, que elimina todo lixo religioso e histórico e traz à tona a essência inabalável e limpa, sem mistura alguma.

²⁸⁻²⁹ Viram o que conseguimos? Um Reino inabalável! Conseguem entender como devemos ser gratos? Não apenas agradecidos, mas em atitude de adoração profunda e reverentes na presença de Deus. Pois Deus não é um espectador indiferente. Ele está ativamente limpando a casa, queimando tudo que precisa ser queimado, e não vai desistir até que toda a sujeira desapareça. O próprio Deus é o Fogo!

SALMOS 132.8-10

⁸⁻¹⁰ Ó Eterno, desfruta tua nova casa de descanso,
tu e tua poderosa arca da aliança!
Que teus sacerdotes estejam vestidos de justiça
e os teus adoradores prontos
para cantar em teu louvor:
"Honra teu servo Davi;
não desprezes teu ungido".

■ NOTAS

☐ DIA 323 ___/___/___

EZEQUIEL 3.22 — 6.14

²² Então, o Eterno me pegou pelos ombros e disse: "Levante-se! Saia para a planície. Quero falar com você".

²³ Assim, levantei-me e fui para a planície. Não consegui acreditar no que estava vendo: a glória do Eterno ali, na minha frente! Era semelhante à glória que eu tinha visto perto do rio Quebar. Caí no chão, prostrado.

²⁴⁻²⁶ Então, o Espírito entrou em mim e me pôs de pé. Ele disse: "Vá para casa e feche a porta".

Em seguida, ele me disse algo estranho: "Filho do homem, eles amarrarão suas mãos e pés com cordas, para que você não saia de casa. Farei que sua língua grude no céu da boca para que você não consiga falar e dizer ao povo o que eles estão fazendo de errado, embora sejam um bando de rebeldes.

²⁷ "Mas, quando chegar a hora, vou soltar sua língua, e você dirá: 'Isto é o que o Eterno, o Senhor, diz...'. A partir daí, é por conta deles. Eles poderão ouvir ou não; eles é que sabem! Eles *são* um bando de rebeldes!".

Isso é o que o pecado faz

4 ¹⁻³ "**A**gora, filho do homem, pegue um tijolo e ponha-o na sua frente. Faça nele um desenho da cidade de Jerusalém. Depois, construa o modelo de um cerco em volta do tijolo. Construa rampas, monte acampamentos de guerra, coloque aríetes em volta dele. Em seguida, pegue uma panela de ferro e coloque-a entre você e a cidade – será como um muro de ferro. Fique atento para isso: a cidade estará sitiada, e você será o sitiador. Será um sinal para a família de Israel.

4-5"Em seguida, deite-se sobre seu lado esquerdo e ponha o pecado da família de Israel sobre você. Você carregará o pecado deles pelos dias que permanecer deitado. O número de dias que você carregar o pecado deles vai corresponder ao número de anos do pecado deles, ou seja, trezentos e noventa. Durante trezentos e noventa dias, você carregará o pecado da família de Israel.

6-7"Depois de ter feito isso, vire-se e deite-se sobre seu lado direito e carregue o pecado da família de Judá. Sua tarefa dessa vez é ficar deitado durante quarenta dias, um dia para cada ano do pecado deles. Olhe diretamente para o cerco de Jerusalém. Arregace a manga, mostre o braço descoberto e pregue contra a cidade.

8"Vou amarrar você com cordas, amarrá-lo para que você não possa se mexer ou virar até que tenha terminado o período do sítio.

9-12"Em seguida, quero que você pegue trigo e cevada, feijão e lentilha, painço e espelta e misture-os numa bacia para fazer um pão. Essa será porção para os trezentos e noventa dias em que estiver deitado de lado. Pese cerca de duzentos e quarenta gramas por dia e coma isso em horas marcadas. Também meça em torno de meio litro de água por dia e beba-a em horas marcadas. Coma o pão como se estivesse comendo um bolo de cevada. Asse o pão em lugar aberto, no qual todos possam ver, usando fezes humanas secas para fazer o fogo".

13O Eterno disse: "O que o povo de Israel fará é isto: no meio das nações pagãs, eles comerão comidas inaceitáveis para um povo santo".

14Eu disse: "Ó Eterno, meu Senhor! Nunca! Nunca me contaminei com comida assim. Desde a juventude, nunca comi coisa alguma proibida pela lei, nada que tivesse sido achado morto ou atacado por animal selvagem. Nunca peguei um só pedaço de alimento proibido!".

15"Está bem", ele disse. "Vou permitir que você asse o pão sobre esterco de vacas, em vez de fezes humanas".

16-17 Então, ele me disse: "Filho do homem, cortarei toda a comida de Jerusalém. O povo comerá de modo racionado, sem saber de onde virá a próxima refeição, agonizando por um gole de água. Será época de fome. As pessoas olharão umas para as outras e não verão nada a não ser pele e ossos, e balançarão a cabeça".

Um Deus zeloso, com quem não se brinca

5 **1-2**"**A**gora, filho do homem, arranje uma espada afiada. Use-a como uma navalha de barbeiro e rape a cabeça e a barba. Depois, use pesos de balança e divida o cabelo em três partes. Quando os dias de cerco tiverem passado, pegue um terço do cabelo e queime-o dentro da cidade. Pegue o outro terço, corte-o em pedacinhos com a espada e espalhe-o em volta da cidade. O último terço deve ser espalhado ao vento. Porque vou persegui-los com a espada.

3-4"Separe alguns fios de cabelo e ponha-os na barra da sua roupa. Pegue alguns deles e queime-os no fogo. O fogo deles se espalhará por toda a família de Israel.

5-6"Isto é o que o Eterno, o Senhor, diz: isso é o que significa *Jerusalém*. Eu a situei no centro do mundo e pus todas as nações à volta dela. Mas ela se rebelou contra as minhas leis e os meus mandamentos, muito mais que as nações a seu redor – pura maldade! –, recusando minha direção e rejeitando minhas orientações.

7"Por isso, o que o Eterno, o Senhor, diz é isto: vocês têm sido mais cabeçudos e teimosos que as nações à sua volta, recusando minha direção, ignorando minhas orientações. Vocês se rebaixaram ao nível da sarjeta; estão piores que os outros à sua volta.

8-10"Por isso, o que o Eterno, o Senhor, diz é isto: estou me posicionando contra vocês – sim, contra você, Jerusalém. Vou castigá-la à vista das nações. Por causa dos seus deuses asquerosos, que nem deuses são, farei a vocês o que nunca fiz e nunca farei de novo: transformarei famílias em canibais – pais comendo filhos, filhos comendo pais – isso é que é castigo! E, quem sobrar, eu espalharei ao vento!

11-12"Por isso, tão certo quanto eu sou o Deus vivo – decreto do Eterno, o Senhor –, pelo fato de terem profanado meu santuário com suas obscenidades e seus deuses asquerosos, que nem deuses são, não me importarei mais com vocês. Da minha parte, vocês não verão nem mesmo um vestígio de misericórdia. Um terço dos seus habitantes morrerá de doença ou de fome dentro da cidade, um terço será morto fora da cidade e um terço será lançado ao vento e caçado por matadores.

13"Só então vou me acalmar e deixar minha ira esfriar, e vocês saberão que eu estava falando sério

DIA 323

o tempo todo, que sou um Deus zeloso, com quem não se brinca.

14-15 "Quando eu terminar, vocês serão um monte de entulho. As nações que passarem por aqui zombarão de vocês. Quando o castigo acabar, essa repreensão terrível, vocês serão objeto de ridículo e escárnio, transformados em história de horror que circulará entre as nações vizinhas. Eu, o Eterno, falei.

16-17 "Quando eu apontar minhas flechas mortais contra vocês, atirarei para matar. Depois, vou intensificar a fome, cortando o suprimento de comida. A fome vai se agravar e, então, enviarei animais selvagens para devorar seus filhos. Epidemias, matança desenfreada e morte — eu mesmo enviarei tudo! Eu, o Eterno, falei".

Transforme Israel em terra devastada

6 **1-7** Então, a Palavra do Eterno veio a mim: "Filho do homem, agora vire-se e olhe para as montanhas de Israel e pregue contra elas: 'Ó montanhas de Israel, ouçam a Mensagem do Eterno, o Senhor. O Eterno, o Senhor, diz às montanhas e colinas, aos desfiladeiros e aos vales: Estou prestes a destruir os santuários sagrados dos seus deuses. Arrasarei seus altares, derrubarei suas colunas dedicadas ao deus-sol e matarei seu povo que fica curvado diante dos seus ídolos, que nem deuses são. Amontoarei os cadáveres dos israelitas diante dos seus ídolos e, então, espalharei seus ossos em volta dos seus santuários. Todos os lugares em que vocês viveram e as cidades serão arrasadas. Os altares pagãos serão demolidos — altares destruídos, ídolos esmigalhados, todas as colunas do deus-sol virão abaixo. Haverá cadáveres por todo lugar! Então, vocês saberão que eu sou o Eterno.

8-10 "'Mas deixarei que alguns escapem da matança na hora em que vocês forem espalhados por outras terras e nações. Nas nações estrangeiras para as quais forem levados como prisioneiros de guerra, vocês se lembrarão de mim. Perceberão quanto eu fiquei ofendido por suas traições, por seu desejo voraz de se satisfazer na idolatria. Eles sentirão nojo dos seus maus caminhos e serão repugnantes para Deus, pela forma como viveram. Eles saberão que eu sou o Eterno e perceberão que o anúncio do juízo contra eles não foi uma ameaça vazia.

11-14 "'É isto o que diz o Eterno, o Senhor: Torça as mãos, bata os pés e grite: Não, não, não!, por causa das terríveis obscenidades reinantes

em Israel. Eles serão mortos: morrerão de fome, morrerão de doenças — morte por todos os lados, gente caindo como moscas, gente morrendo longe, gente morrendo perto, e os que restarem na cidade morrerão de fome. Por quê? Porque eu estou irado, furioso de verdade. Eles perceberão que eu sou o Eterno quando virem os cadáveres do seu povo espalhados por todos os seus santuários do sexo e da religião arruinados nas colinas desertas e nos bosques viçosos da fertilidade, em todos os lugares em que se entregaram aos seus rituais sensuais. Vou fazer a minha mão pesada cair sobre eles, demolir todos os lugares em que viverem e transformar a terra em desolação de um extremo a outro, desde o deserto até Ribla. Então, saberão que eu sou o Eterno!' ".

HEBREUS 13.1-25

Jesus não muda

13 **1-4** Estejam bem uns com os outros, unidos pelo amor, sempre prontos para oferecer uma refeição ou uma pousada, se alguém precisar. Pois alguns receberam anjos em casa, sem o saber! Tratem os prisioneiros como se estivessem presos com eles. Cuidem das vítimas de abuso como se o que aconteceu com elas tivesse acontecido a vocês. Honrem o casamento e mantenham a pureza sexual entre marido e esposa. Deus não aprova o sexo casual e ilícito.

5-6 Não fiquem obcecados por adquirir bens materiais. Estejam satisfeitos com o que já possuem. Pois, considerando que Deus nos assegurou: "Não vou permitir que vocês caiam, nunca vou abandonar vocês", podemos corajosamente citar:

Deus está pronto para nos ajudar;
Não tenho medo de nada.
Quem ou o que pode me atingir?

7-8 Tenham consideração para com pastores que deram a vocês a Palavra de Deus. Observem como eles vivem e permitam que a fidelidade deles ensine vocês, bem como a verdade que eles defendem. Devemos ser persistentes, porque Jesus não muda — ontem, hoje, amanhã, ele é sempre o mesmo.

9 Não sejam enganados: se especularem demais, podem acabar se afastando dele. A graça de Cristo é o único fundamento adequado à vida. Produtos com o nome de Cristo não fazem muito pelos que os compram.

10-12 O altar de onde Deus nos envia o dom de si mesmo não se presta ao tipo de exploração praticada por gente desonesta. No antigo sistema, os animais eram mortos, depois os corpos eram retirados do acampamento. O sangue, então, era trazido para dentro do altar como sacrifício pelo pecado. Ocorreu o mesmo com Jesus. Ele foi crucificado fora das portas da cidade, e *ali* ele derramou o sangue do sacrifício, que foi trazido para o altar de Deus, a fim de purificar seu povo.

13-15 Portanto, vamos para fora, onde Jesus está, onde a ação está. Não devemos pensar em privilégios, mas assumir nossa parte no sofrimento de Jesus. Esse "mundo que fica do lado de dentro" não é nosso lar. Esperemos a cidade que está para vir. Vamos para o lado de fora com Jesus, não mais derramando o sangue de sacrifícios de animais, e sim os louvores dos nossos lábios a Deus, em nome de Jesus.

16 Não pensem que, por achar que tudo está resolvido, poderão se tornar preguiçosos e não fazer mais nada pelo bem comum. Não. Compartilhem o que têm com os outros. Deus tem prazer especial em atos de culto – um tipo diferente de "sacrifício" – que tem lugar na cozinha, no local de trabalho ou na rua.

17 Sejam obedientes aos seus pastores. Ouçam o conselho deles. Eles estão atentos à condição da vida de vocês e trabalham sob a estrita supervisão de Deus. Contribuam para que a liderança deles seja alegre, não penosa. Por que tornar as coisas mais difíceis?

18-21 Orem por nós. Não temos dúvida quanto ao que fazemos ou por que fazemos, mas é um trabalho difícil, e precisamos das suas orações. Tudo que queremos é viver bem na presença de Deus. Orem para que possamos nos reunir em breve.

Que Deus, que reúne todas as coisas,
    e torna todas as coisas completas,
Que estabeleceu a marca permanente
    do sacrifício de Jesus,
    o sacrifício de sangue que selou
    a aliança eterna,
Que trouxe de volta Jesus, nosso Grande Pastor,
    levantado e vivo dentre os mortos,
Que agora reúna vocês e os presenteie
    com tudo de que precisam para agradá-lo,
Que Deus faça de nós aquilo
    que dê mais prazer a ele,
    por meio do sacrifício de Jesus, o Messias.

Toda glória seja dada a Jesus,
    para sempre e eternamente!
Amém. Amém. Amém.

22-23 Amigos, por favor, levem muito a sério o que escrevi a vocês. Escrevi da maneira mais resumida que pude; portanto, há muita coisa que não falei. Vocês vão gostar de saber que Timóteo saiu da prisão. Se ele vier logo, vou com ele visitar vocês.

24 Transmitam uma palavra de saudação aos seus pastores e a todas as congregações. Todos aqui na Itália enviam lembranças.

25 A graça seja com cada um de vocês.

SALMOS 132.11-18

11-18 O Eterno deu sua palavra a Davi:
    ele não voltará atrás nesta promessa:
"Um de seus filhos
    será estabelecido no trono.
Se seus filhos continuarem fiéis à minha Aliança
    e aprenderem a viver como eu os ensinar,
Os filhos deles continuarão a linhagem –
    sempre haverá alguém
        para sentar-se no seu trono.
Sim, eu, o Eterno, escolhi Sião,
    o lugar que eu desejava como santuário.
Esta sempre será minha casa.
    É o que desejo, e estarei aqui para sempre.
Derramarei bênçãos sobre os peregrinos
    que vierem aqui
    e oferecerei um banquete
        aos que chegarem com fome.
Vestirei meus sacerdotes
    com roupas de salvação,
    e o povo santo cantará com a alma!
Sim, tornarei radiante o lugar para Davi!
    Eu o encherei de luz para meu ungido!
Vestirei seus inimigos com farrapos,
    mas farei sua coroa brilhar com esplendor".

NOTAS

☐ DIA 324 ___ / ___ / ___

EZEQUIEL 7.1 — 9.11

O destino alcançou vocês

7 **¹⁻⁴ A** Palavra do Eterno veio a mim, dizendo: "Você, filho do homem. O Eterno, o Senhor, tem esta Mensagem para a terra de Israel:

" 'É o final dos tempos.
O fim das coisas como vinham acontecendo.
Acabou tudo. O fim de vocês está aí.
A minha ira está desenfreada contra vocês.
Pronunciei meu veredito
sobre a forma como vivem.
Eu os farei pagar
pelas repugnantes obscenidades.
Não retirarei meu olhar de juízo
nem sentirei compaixão de vocês.
Farei vocês pagarem pela forma como viveram:
Suas repugnantes obscenidades
recairão sobre vocês,
e, assim, saberão que eu sou o Eterno'.

⁵⁻⁹ "Eu, o Eterno, o Senhor, digo:
'Desastre após desastre! Vejam, está vindo!

É o final dos tempos;
o fim está chegando.
O fim está maduro. Prestem atenção,
está às portas!
É o destino de vocês que vivem nesta terra.
Acabou o tempo.
Chegou a hora.
Nem adianta chorar,
não há mais tempo de barganhar.
Já, já, vou derramar minha ira sobre vocês,
vou acertar as contas
e pagar com minha ira.
Pronunciei meu veredito
sobre a forma como vivem.
Eu os farei pagar pelas repugnantes
obscenidades.
Não retirarei meu olhar de juízo
nem sentirei compaixão de vocês.
Farei vocês pagarem pela forma
como vocês viveram:
Suas repugnantes obscenidades
recairão sobre vocês.
Então, vocês perceberão
que fui eu, o Eterno, que os atingiu.

¹⁰⁻¹³ " 'Dia do juízo!
O destino alcançou vocês.
O cetro é enorme e arrogante,
o orgulho está além de todos os limites,
A violência marcha com toda a pompa,
agitando o cetro do mal.
Mas eles não são de nada,
nada restará deles.
O tempo acabou.
Contagem regressiva:
Cinco, quatro, três, dois...
Comprador, não grite de alegria;
vendedor, não se preocupe:
a ira do julgamento pôs o mundo
de pernas para o ar.
Quem compra e quem vende perderam o chão.
Nunca mais será a mesma coisa.
E nem sonhem com a recuperação do mercado.
A nação está falida por causa
dos seus pecados,
e as coisas não vão melhorar.

¹⁴⁻¹⁶ " 'A trombeta dá o sinal para a batalha:
Apresentar armas!
Mas a marcha para o combate não tem início.
Minha ira os paralisou!

Nas estradas abertas, vocês são mortos,
ou morrem de fome e de doença
ao chegar em casa.
São assassinados no campo
ou morrem de doença ou de fome na cidade.
Os sobreviventes correm para as montanhas.
Eles gemem como pombas nos vales,
Cada um gemendo
pelos próprios pecados.

17-18 " 'Todas as mãos penderão enfraquecidas,
todo joelho ficará vacilante.
Eles se vestem de pano de lamento –
miseráveis espantalhos,
Volúveis e envergonhados
com a cabeça rapada.

19-27 " 'Eles jogam seu dinheiro no lixo.
Seu dinheiro, ganho com tanto
sacrifício, cheira mal.
Sabem que, com ele, não comprarão nada
que quiserem ou precisarem no dia do juízo.
Eles tropeçaram no dinheiro
e caíram em pecado.
Orgulhosos e presunçosos com suas joias,
enfeitam seus deuses, que nem deuses
são, com todo requinte.
Farei que esses deuses obscenos
cheirem mal.
Vou entregar todo esse lixo religioso:
os estranhos ficarão com eles de graça,
os ímpios cuspirão neles e farão piada.
Vou virar o rosto para não ver
quando meu povo e meu santo lugar
forem profanados,
quando estrangeiros violentos
entrarem marchando
e profanarem o lugar e o povo.
Será um verdadeiro massacre:
o crime e a violência tomarão conta da cidade.
Trarei o refugo da humanidade
para ocupar suas casas.
Vou dar um fim às bravatas e à pose
dos grandes e poderosos
E cuidar para que nada que seja sagrado
permaneça no seu lugar.
A catástrofe está assolando.
Eles procuram a paz,
mas não a encontram.
É um desastre após outro,
um rumor atrás do outro.

Eles suplicam que algum profeta
explique o que está acontecendo,
mas ninguém sabe de nada.
Os sacerdotes não têm ideia;
os anciãos não sabem o que dizer.
O rei balança a cabeça em desespero;
o príncipe está arrasado.
O povo comum está paralisado.
Tomados de pavor, estão todos sem ação.
Tratarei com eles ali mesmo onde estão,
julgando-os nos seus termos.
E eles saberão que eu sou o Eterno' ".

O Espírito me levou em visões

8 **1-4** No dia 5 do sexto mês, no sexto ano, enquanto eu estava sentado em casa, numa reunião com autoridades de Judá, aconteceu que o Eterno, meu Senhor, se manifestou. Quando olhei, fiquei atônito. O que eu vi era parecido com um homem – da cintura para baixo era como fogo, e, da cintura para cima, como bronze polido e brilhante. Ele estendeu o que parecia uma mão e me agarrou pelo cabelo. O Espírito me elevou bem alto no ar e me conduziu em visões de Deus a Jerusalém, até a entrada da porta norte do templo, no pátio interno, no qual uma imagem da deusa do sexo, que deixa Deus tão irado, tinha sido colocada. Bem diante de mim, estava a glória do Deus de Israel, exatamente como na visão que eu tinha tido na planície.

5 Ele me disse: "Filho do homem, olhe para o norte". Olhei para a direção indicada e vi, um pouco mais ao norte da entrada, numa imagem um tanto indistinta, o altar da deusa do sexo, Aserá, que tanto provoca a ira de Deus.

6 Ele me disse: "Filho do homem, vê o que eles estão fazendo? Terríveis obscenidades! E estão fazendo isso bem aqui! Já é inconcebível que tenham me expulsado do meu templo. Mas você verá coisas ainda piores".

7 Ele me levou à porta do pátio do templo. Olhei e vi um buraco no muro.

8 Ele disse: "Filho do homem, escave o muro". Escavei o muro e deparei com uma porta.

9 Ele disse: "Agora, entre pela porta e dê uma olhada em todas as obscenidades em que eles estão envolvidos".

10-11 Entrei e olhei. Não consegui acreditar nos meus olhos: em todas as paredes, haviam pintado figuras de répteis, outros animais e monstros – todo o panteão dos deuses egípcios. E eles eram adorados por Israel! No meio do salão, estavam sentadas setenta autoridades de Israel, e Jazanias, filho de Safã, estava de pé no meio deles. Cada um segurava um incensário, e o incenso subia numa nuvem aromática.

¹² Ele disse: "Filho do homem, está vendo o que as autoridades de Israel fazem aqui, na escuridão, cada um diante da sua figura predileta? Eles pensam consigo mesmos: 'Deus não nos vê. Deus abandonou a nação' ".

¹³ Então, ele disse: "Você verá coisas ainda piores".

¹⁴⁻¹⁵ Ele me levou para a entrada da porta norte do templo do Eterno, e vi mulheres sentadas ali, chorando por Tamuz, deus da fertilidade dos babilônios. Ele disse: "Você acha que já viu o suficiente? Pois verá coisas ainda piores!".

¹⁶ Finalmente, ele me levou para o pátio interno do templo do Eterno. Ali, entre o pórtico e o altar, estavam uns vinte e cinco homens com as costas voltadas para o templo do Eterno. Eles estavam curvados, virados para o leste, adorando o Sol.

¹⁷⁻¹⁸ Ele disse: "Já viu o suficiente, filho do homem? Já não é o bastante que Judá se envolva nessas obscenidades repugnantes? Mas eles ainda enchem a nação de violência e agora me provocam com outros atos obscenos. E não tem mais jeito: estão diante de um Deus irado! A partir de agora, não haverá misericórdia. Eles podem gritar quanto quiserem, que eu não vou ouvir".

A marca na testa

9¹ Então, eu o ouvi chamando em alta voz: "Executores, venham! E tragam consigo suas armas".

² Seis homens desceram a estrada da porta superior que dá para o norte, cada um com suas armas. Com eles, estava um homem vestido de linho, que trazia material de escrevente pendurado ao ombro. Eles entraram e se reuniram perto do altar de bronze.

³⁻⁴ A glória do Deus de Israel subiu do lugar em que sempre havia estado, acima dos querubins, moveu-se para a entrada do templo e disse ao homem com o material de escrevente: "Ande pelas ruas de Jerusalém e ponha uma marca na testa de cada pessoa que estiver angustiada por causa das obscenidades repugnantes praticadas na cidade".

⁵⁻⁶ Fiquei ouvindo enquanto ele instruía os executores: "Sigam-no pelas ruas da cidade e comecem a matar. Não tenham pena de ninguém. Não mostrem compaixão. Matem os idosos, moços e moças,

mães e filhos. Mas não ponham a mão em ninguém que tenha a marca. E comecem pelo meu templo".

Eles começaram com as autoridades que estavam na frente do templo.

⁷⁻⁸ Ele disse aos executores: "Profanem o templo. Encham-no de cadáveres. Depois, saiam e continuem a matança". Assim, eles saíram e começaram a matança na cidade.

Enquanto o massacre prosseguia, fui deixado sozinho. Então, caí com o rosto no chão, orando: "Ah, Eterno, meu Senhor! Tu vais matar todos os que ficaram em Israel no derramamento da tua ira contra Jerusalém?".

⁹⁻¹⁰ Ele respondeu: "A culpa de Israel e de Judá é enorme. A terra está cheia de assassinatos. A cidade só tem injustiça. Todos dizem: 'Deus abandonou a nação. Ele não está vendo nada do que fazemos'. Mas eu vejo, sim, e não estou com pena de ninguém. Eles pagarão pelo que fizeram".

¹¹ Naquele exato momento, o homem vestido de linho que levava o material de escrevente retornou e informou: "Fiz o que me ordenaste".

TIAGO 1.1-21

1¹ Eu, Tiago, escravo de Deus e do Senhor Jesus, escrevo às doze tribos espalhadas que aguardam a vinda do Reino: Saudações!

Lutas e aflições

²⁻⁴ Amigos, quando lutas e aflições os atingirem em cheio, saibam que isso é um presente especial. Vocês verão como a fé será fortalecida e como terão forças para continuar até o fim. Por isso, não desistam facilmente. Essa perseverança os ajudará a amadurecer e a desenvolver plenamente o caráter de vocês.

⁵⁻⁸ Se vocês não souberem lidar com a situação por falta de sabedoria, orem ao Pai. É com muita alegria que ele os ajudará! Vocês serão atendidos, e não serão ignorados quando pedirem ajuda. Tenham toda coragem ao pedir e acreditem de verdade, sem pensar duas vezes. Os que duvidam quando oram são como as ondas do mar, levadas pelo vento. Não pensem que essa gente conseguirá receber alguma coisa do Senhor, pois nunca tomam uma atitude e sempre duvidam de tudo.

⁹⁻¹¹ Quando os que estão numa pior melhorarem de vida podem comemorar! E, quando os ricos de nariz empinado perderem tudo e tiverem de viver na pior, comemorem também! As riquezas têm vida

curta como a flor do campo. Não dá para contar com ela. Vocês sabem que o Sol se levanta, esquenta e o seu calor intenso faz a flor murchar. Suas pétalas secam, e, antes que se dê conta, sua bela aparência se foi. É isso que acontece com as "riquezas": tudo é tão passageiro que, quando todos começam a admirá-las, num piscar de olhos já se foram.

[12] Aquele que encara lutas e aflições e as superam é um felizardo! É gente assim que ama a Deus e é fiel de verdade. Eles receberão como recompensa a vida plena.

[13-15] Ninguém que esteja passando por lutas pode ter a cara de pau de dizer: "É Deus que está me tentando". Deus não tem nada a ver com isso, e ele nunca põe o mal no caminho de ninguém. Ceder à tentação é decisão nossa. Culpar Deus é malandragem! A tentação nasce dos impulsos incontroláveis dentro de nós. Se cedermos a esses impulsos, logo o pecado mostrará sua cara. E, quando o pecado toma conta da situação, o resultado é a morte.

[16-18] Portanto, queridos amigos, não se enganem. Tudo que recebemos, que é bom e perfeito, só pode vir diretamente do Pai das Luzes. Em Deus existe plena firmeza, nele não existe instabilidade. Foi ele que nos trouxe à vida, pela Palavra da verdade. Sua maior alegria somos nós, coroa de sua admirável criação.

Coerência é tudo

[19-21] **A**migos, nunca se esqueçam: aprendam a ouvir primeiro e a falar depois, e não deixem que a ira tome o controle. Quem se deixa dominar pela ira não faz a vontade de Deus. Então, livrem-se de todo comportamento imoral e de todo tipo de maldade. Sejam humildes e não inventem nada: submetam-se ao *script* de Deus, pois ele dirige o cenário. Ele o faz com sua Palavra, cujo final feliz é trazer salvação.

SALMOS 133.1-3

Um cântico de peregrinação – De Davi

133 [1-3] **É** maravilhoso e belo quando os irmãos vivem em união!
É como o caríssimo óleo da unção
  derramado na cabeça,
Descendo pela barba de Arão
  e pela gola das suas vestes sacerdotais.
É como o orvalho sobre o monte Hermom
  descendo pelas encostas de Sião.
Sim, é dali que o Eterno ordena a bênção
  e também a vida eterna.

◢ NOTAS

☐ **DIA 325** ___/___/___

EZEQUIEL 10.1 — 12.10

O templo, cheio da presença do Eterno

10 [1] **Q**uando olhei de novo, vi, acima da abóbada, sobre as cabeças dos querubins, o que parecia um trono azul-celeste, como a safira!

[2-5] O Eterno disse ao homem vestido de linho: "Entre no lugar das rodas debaixo dos querubins. Encha as mãos com brasas acesas que estão debaixo dos querubins e espalhe-as pela cidade".

Olhei enquanto ele entrava. Os querubins estavam no lado sul do templo quando o homem entrou. Uma nuvem encheu o pátio interno. Então, a glória

DIA 325

1042

do Eterno subiu dos querubins e se moveu para a entrada do templo. A nuvem encheu o templo. O pátio e o templo ficaram cheios da presença resplandecente da glória do Eterno. E aquele som! As asas dos querubins eram ouvidas até fora do pátio — o som da voz era como a do Deus Forte, um verdadeiro trovão.

6-8 Quando o Eterno ordenou ao homem vestido de linho: "Pegue a brasa que está debaixo das rodas, no meio dos querubins", ele foi e se pôs do lado de uma das rodas. Um dos querubins estendeu a mão para dentro do fogo, pegou algumas brasas e as depositou nas mãos do homem vestido de linho, e ele saiu com as brasas na mão. Algo parecido com uma mão humana era visto debaixo das asas dos querubins.

9-13 Vi também quatro rodas ao lado dos querubins, uma roda ao lado de cada querubim. As rodas, quando giravam, tinham o brilho de diamantes ao sol. As quatro rodas eram semelhantes, cada uma como uma roda dentro de outra roda. Quando se moviam, podia ser para qualquer uma das quatro direções, mas sempre em perfeita linha reta. Para onde quer que os querubins fossem, as rodas se moviam em linha reta. Os querubins estavam cheios de olhos nas costas, nas mãos e nas asas. As rodas, da mesma forma, estavam cheias de olhos. Ouvi que as rodas eram chamadas "rodas dentro de rodas".

14 Cada um dos querubins tinha quatro rostos: o primeiro, de anjo; o segundo, humano; o terceiro, de leão; o quarto, de águia.

15-17 De repente, os querubins desceram. Eram as mesmas criaturas que eu tinha visto junto ao rio Quebar. Quando os querubins se moviam, as rodas ao seu lado se moviam. Quando os querubins abriam as asas para se elevar do solo, as rodas os acompanhavam. Quando os querubins paravam, as rodas paravam. Quando os querubins se levantavam, as rodas subiam, porque o espírito daqueles seres estava nas rodas.

18-19 Então, a glória do Eterno deixou a entrada do templo e pairou sobre os querubins. Fiquei olhando enquanto os querubins abriam as asas e se afastavam do chão, as rodas subindo com eles. Eles pararam diante da entrada da porta leste do templo. A glória do Deus de Israel estava acima deles.

20-22 Eram as mesmas criaturas que eu tinha visto anteriormente, debaixo do Deus de Israel, perto do rio Quebar, e percebi que eram querubins. Cada um tinha quatro rostos e quatro asas. Debaixo das asas, havia o que pareciam mãos humanas. Os rostos pareciam ser os mesmos que eu tinha visto no rio Quebar. Cada um seguia sempre para a frente.

Um novo coração e um novo espírito

11 **1** Então, o Espírito me levou até a porta do templo que dá para o leste. Havia ali vinte e cinco homens diante da porta, e reconheci as autoridades: Jazanias, filho de Azur, e Pelatias, filho de Benaia. **2-3** O Eterno disse: "Filho do homem, esses são os homens que desenvolvem os projetos pecaminosos, que planejam todo o mal que se pratica nesta cidade. Eles dizem: 'Podemos fazer acontecer qualquer coisa aqui. Somos os maiorais. Somos a melhor carne desta panela'.

4 "Denuncie-os, filho do homem. Pregue contra eles!".

5-6 Então, o Espírito do Eterno veio sobre mim e me orientou sobre o que eu deveria falar: "É isto o que o Eterno diz: 'Esse é um belo discurso, Israel, mas sei o que vocês estão pensando. Vocês assassinaram muita gente nesta cidade. As ruas estão amontoadas de cadáveres'.

7-12 "Por isso, o Eterno, o Senhor, declara: 'Os cadáveres que vocês amontoaram nas ruas são a carne, e esta cidade é a panela — e *vocês* nem mesmo estão na panela! Estou jogando vocês fora! Vocês têm medo da guerra, mas guerra é o que terão. Estou trazendo guerra contra vocês. Vou expulsar vocês desta cidade; estou entregando vocês aos estrangeiros, como castigo. Vocês serão mortos na batalha. Executarei meu juízo nas fronteiras de Israel, e, então, vocês saberão que eu sou o Eterno. Esta cidade não será sua panela, e vocês não serão a melhor carne dela. Nem pensar! Executarei meu juízo nas fronteiras de Israel, e, então, vocês saberão que eu sou o Eterno, porque não obedeceram aos meus mandamentos e estatutos. Em vez de seguir meus caminhos, vocês se corromperam e são como as demais nações à sua volta' ".

13 Enquanto eu ainda estava pregando, Pelatias, filho de Benaia, morreu. Por isso, caí com o rosto no chão e orei em voz alta: "Ó Senhor, Eterno, Vais apagar completamente o que restou de Israel?".

14-15 A resposta de Deus chegou: "Filho do homem, seus irmãos, ou seja, todo o povo de Israel que está no exílio com você, são o povo de quem os cidadãos de Jerusalém estão dizendo: 'Eles estão numa nação distante, distantes do Eterno. Esta terra nos foi dada como propriedade'.

16-20 "Diga isto a eles: 'Esta é a Mensagem do Eterno, o Senhor, para vocês: É verdade, mandei vocês para uma nação distante e os espalhei por outras terras. Mesmo assim, providenciei um santuário provisório para vocês nas terras para onde foram. Eu os trarei de volta dos lugares pelos quais foram espalhados e darei novamente a terra de Israel a vocês. Também darei a vocês um novo coração. Porei em vocês um novo espírito. Arrancarei de vocês o coração de pedra e porei, no lugar, um novo coração, muito firme. Assim, vocês obedecerão aos meus estatutos e se guardarão em obedecer aos meus mandamentos. Vocês serão o meu povo, e eu serei o seu Deus!

²¹ " 'Mas não estes que são obstinados e viciados em suas imagens asquerosas e ídolos obscenos! Vou garantir que eles recebam o que merecem pelo que fizeram', é o decreto do Eterno, o Senhor".

²²⁻²³ Depois disso, os querubins abriram as asas, com as rodas ao seu lado, e a glória do Deus de Israel estava sobre eles. A glória do Eterno subiu e permaneceu sobre a montanha a leste da cidade.

²⁴⁻²⁵ Ainda na visão que me foi dada pelo Espírito de Deus, o Espírito me tomou e me levou de volta para os exilados na Babilônia. A visão tinha chegado ao fim. Então, contei aos exilados tudo que o Eterno havia me mostrado.

Ponha sua trouxa nas costas e caminhe noite adentro

12¹⁻⁶ A Mensagem do Eterno veio a mim: "Filho do homem, você está vivendo no meio de gente rebelde. Eles têm olhos, mas nada veem; têm ouvidos, mas nada ouvem. São todos rebeldes. Portanto, filho do homem, arrume a trouxa com tudo que pretende levar para o exílio. Parta em plena luz do dia, para que todos possam ver você partindo, como se fosse para o exílio. Talvez, assim, eles consigam entender o que está acontecendo, apesar da rebeldia. Diante dos olhos deles, você vai arrumar suas coisas, apenas uma trouxa com o básico, que alguém que está partindo para o exílio precisaria; e, à tarde, você vai partir, como quem está indo embora. Diante dos olhos deles, faça um buraco na parede da casa; depois, passe sua trouxa e passe você mesmo pelo buraco. Aos olhos de todos, ponha a trouxa nos ombros e caminhe noite adentro. E cubra o rosto, para não precisar olhar para o que você nunca mais verá. Estou usando você como sinal para a família de Israel".

⁷ Fiz exatamente o que ele me ordenou. Juntei minhas coisas e as levei para a rua, onde todos podiam me ver. Amarrei tudo do jeito que faria alguém que está sendo levado para o exílio e, quando o sol já estava para se por, fiz um buraco na parede da minha casa. Já estava escurecendo quando, diante dos olhos de todos, parti com a trouxa nos ombros.

⁸⁻¹⁰ Na manhã seguinte, o Eterno falou comigo: "Filho do homem, quando alguém de Israel, esse bando de rebeldes, perguntar: 'O que você está fazendo?', responda: 'O Eterno, o Senhor, diz que esta Mensagem se refere especialmente ao príncipe de Jerusalém, Zedequias, mas inclui todo o povo de Israel.

TIAGO 1.22 — 2.18

²²⁻²⁴ Não se enganem, fingindo-se de ouvintes, quando, na verdade, deixam a Palavra entrar por um ouvido e sair pelo outro. Coerência é tudo! Quem apenas ouve e nada faz é como quem se olha no espelho, e, no minuto seguinte, já nem se lembra da própria aparência.

²⁵ Mas quem dá a devida atenção à mensagem de Deus e a vive na prática — a verdadeira liberdade — e nela se firma, sem ser mero ouvinte — essa pessoa vai longe e será abençoada por Deus.

²⁶⁻²⁷ Qualquer um que se considere "religioso" e fala demais está se enganando. Esse tipo de religião é mera conversa fiada. Religião de verdade, que agrada a Deus, o Pai, é esta: cuidem dos necessitados e desamparados que sofrem e não entrem no esquema de corrupção do mundo sem Deus.

O princípio maior: o amor

2¹⁻⁴ Meus amigos, não deixem que a opinião dos outros interfira na maneira de viver a fé gloriosa no Senhor. Se um homem vestido com roupas de grife entra na igreja e vocês dizem: "Sente-se aqui, meu prezado; este é o melhor lugar", mas, quando entra uma pessoa pobre, vestida com roupas velhas, vocês a ignoram e dizem: "É melhor sentar ali no fundo", então vocês estão discriminando uma pessoa aceita por Deus e provando que são juízes que não merecem confiança.

⁵⁻⁷ Escutem! Vocês não sabem que Deus não é como nós? Ele escolhe gente desprezada pelo mundo para serem primeiros cidadãos do Reino, com plenos direitos e privilégios. O Reino foi prometido a todos que amam a Deus. Como podem menosprezar esses mesmos cidadãos? Não são os grandes e poderosos que exploram vocês nos tribunais? Não são eles que difamam nosso novo nome de batismo — "cristão"?

DIA 326 — 1044

8-11 Vocês devem cumprir o Princípio Maior das Escrituras: "Ame o próximo como a você mesmo". Mas, quando ficam bajulando pessoas ditas importantes, quebram esse princípio. Vocês não podem escolher o que querem cumprir na Lei de Deus e ignorar o restante. O mesmo Deus que disse: "Não adulterarás" também disse: "Não matarás". Se alguém não adultera mas mata, acham que uma coisa cancela a outra? Não, quem mata é assassino, e ponto final!

12-13 Falem e ajam como quem espera ser julgado pela lei que liberta. Porque, se vocês se recusam a agir com bondade, não devem esperar tratamento gentil. A misericórdia, que é gentil, sempre vence o julgamento, que é severo.

Fé em ação

14-17 Amigos, vocês acham que chegarão a algum lugar apenas ouvindo, sem partirem para a prática? Falar sobre fé prova que alguém tem fé? Por exemplo, se você encontra um velho amigo desempregado e em situação difícil e, vendo suas lutas, você diz: "Meu amigo! Deus o ajude! Seja abençoado!", e depois vai embora sem nem lhe oferecer nada, aonde isso o leva? Não é óbvio que falar de Deus sem atitude coerente não tem o mínimo sentido?

18 Já posso até ouvir um de vocês concordando: "Parece bom. Você toma conta da fé, eu cuido das obras".

Vamos devagar. Vocês não podem mostrar obras separadas da fé, assim como não posso mostrar minha fé separada das obras. Fé e obras, obras e fé encaixam-se como uma luva.

SALMOS 134.1-3

Um cântico de peregrinação

134 **1-3** Venham, falem bem do Eterno, todos os servos dele!
Vocês, sacerdotes do Eterno,
designados sentinelas
para o santuário do Eterno,
Ergam as mãos em louvor no Lugar Santo
e falem bem do Eterno.
E o Eterno, por sua vez, de Sião os abençoe —
o Eterno que fez o céu e a terra!

◼ NOTAS

☐ DIA 326 ___ / ___ / ___

EZEQUIEL 12.11 — 14.16

11 "Também diga a eles: 'Estou fazendo uma dramatização para vocês. Assim como estou indo agora, acontecerá com todo o povo de Israel. Eles irão para o exílio como prisioneiros'.

12-15 O príncipe colocará sua trouxa nos seus ombros, quando já estiver escuro, e partirá. Ele cavará um buraco na parede da casa, cobrindo o rosto para que não tenha de olhar a terra que nunca mais verá. Mas eu arranjarei as coisas para que ele seja preso e levado para a Babilônia. Cego, nunca verá a terra em que morrerá. Espalharei aos quatro ventos aqueles que o ajudaram a escapar com suas tropas, e muitos morrerão na batalha. Perceberão que sou o Eterno quando eu os espalhar entre as nações.

16 "Permitirei que alguns deles escapem da matança, da fome e das doenças mortais para que possam confessar, entre as nações estrangeiras, todas as obscenidades repugnantes em que se envolveram. Eles perceberão que eu sou o Eterno".

17-20 A Mensagem do Eterno veio a mim: "Filho do homem, faça suas refeições tremendo e arrepie-se quando for beber água. Transmita ao povo desta terra, a todos os que vivem em Jerusalém e em Israel, a Mensagem do Eterno: 'Vocês comerão suas refeições tremendo e beberão sua água aterrorizados, porque esta terra está para ser arrasada, como castigo pela crueldade desenfreada que existe nela. Todas as cidades e vilas serão esvaziadas; e os campos, destruídos. Então, perceberão que eu sou o Eterno' ".

21-22 A Mensagem do Eterno veio a mim: "Filho do homem, o que significa este provérbio que está circulando em Israel: 'Nada mudou; as advertências dos profetas são alarmes falsos'?

23-25 "Diga a eles: 'O Eterno, o Senhor, diz: Esse provérbio terá vida curta!'.

"Diga também: 'O tempo está se esgotando. Todas as advertências estão prestes a se cumprir. Os alarmes falsos e a pregação despreocupada são coisas do passado na vida de Israel. Eu, o Eterno, afirmo isso. O que eu digo acontece. Nada do que eu digo está em compasso de espera. O que eu digo, isso farei – e logo, seus rebeldes!', é o decreto do Eterno, o Senhor".

26-28 A Mensagem do Eterno veio a mim: "Filho do homem, você está ouvindo o que diz Israel, que o alarme disparado pelo profeta é para um tempo ainda distante, que ele está pregando sobre um futuro remoto? Bem, diga a eles: 'O Eterno, o Senhor, diz: Nada do que estou dizendo vai demorar muito. O que eu digo acontecerá', é o decreto do Eterno, o Senhor".

O povo que gosta de ouvir mentiras

13 **1-2** A Mensagem do Eterno veio a mim: "Filho do homem, pregue contra os profetas de Israel que tiram coisas da própria cabeça e chamam isso de 'profecia'.

2-6 "Dê a eles o recado. Diga: 'Ouçam *a Mensagem do Eterno!*'. O Eterno, o Senhor, está pronunciando desgraça sobre esses profetas fajutos, que fabricam suas profecias e nem sabem o que realmente está acontecendo! Seus profetas, Israel, são como chacais vasculhando ruínas. Eles não mexeram um dedo para reparar as defesas da cidade e nada arriscaram para ajudar Israel a enfrentar o dia do juízo do Eterno. Tudo que fazem é iludir com promessas

falsas e pregar mentiras em forma de sermão. Eles dizem: 'O Eterno diz...', quando o Eterno nem mesmo soprou na direção deles. Mesmo assim, estão por aí, achando que alguma coisa do que disseram irá se cumprir'.

7-9 "Vocês não vivem alardeando seus disparates? Seus sermões não são emaranhados de mentiras, que declaram: 'O Eterno diz...', quando não fiz nada disso? Por isso – e esta é a Mensagem do Eterno, o Senhor, lembrem-se –, estou me posicionando contra os profetas que trocam as visões por fantasias e usam os sermões para contar mentiras. Eu os expulsarei do conselho do meu povo e os removerei do povo de Israel. Vou bani-los desta terra. Então, vocês perceberão que eu sou o Eterno, o Senhor.

10-12 "O fato é que eles mentiram ao meu povo. Eles disseram: 'Não há problema algum; está tudo bem', quando as coisas não estavam nada bem. Quando alguém constrói um muro, ele logo se preocupa em passar cal. Diga aos que estão passando cal: 'Se vier uma chuva torrencial com granizo ou um ciclone e o muro desmoronar, qual foi a vantagem da cal que vocês passaram com tanto cuidado, para deixar o muro bonito?'.

13-14 "E é exatamente isso que vai acontecer. Eu, o Eterno, o Senhor, declaro: 'Vou soltar o ciclone da minha ira, a torrente de granizo do meu furor. Farei desmoronar o muro que vocês lambuzaram de cal. Arrasarei o muro: só restará o fundamento. E todos vocês morrerão nas ruínas. Então, perceberão que eu sou o Eterno.

15-16 " 'Vou derramar toda a minha ira, toda ela, naquele muro e naqueles que o lambuzaram de cal. Direi a eles: Não há muro, e os que fizeram o belo trabalho de passar cal nele todo perderam seu tempo, aqueles profetas de Israel que pregaram a Jerusalém e anunciaram todas as suas visões, dizendo que tudo estava bem, quando, na verdade, nada estava bem. É o decreto do Eterno, o Senhor'.

17-19 "E aquelas profetisas, filho do homem, seja firme contra as mulheres que tiram coisas da própria cabeça. Denuncie-as. Anuncie a desgraça das mulheres que confeccionam braceletes mágicos e lenços de cabeça para todos os gostos, aplicando golpes no povo. Diga: 'Vocês matarão o meu povo, usarão pessoas vivas para se tornarem ricas e famosas? Vocês me profanaram entre o meu povo só para conquistar fama. Usaram-me para melhorar a reputação de vocês – destruíram vidas que nunca deveriam ter sido extintas e afagaram vidas que não

DIA 326
1046

deveriam subsistir, com as mentiras que disseram a eles, que ainda ouvem essas mentiras'.

20-21 "Por isso, o Eterno diz: 'Estou condenando todos os artefatos e técnicas que vocês usam para aprisionar as pessoas. Eu as arrancarei das suas mãos. Eu libertarei as vidas que vocês estão tentando manter cativas. Vou arrancar e despedaçar seus braceletes e lenços mágicos e libertar meu povo da influência de vocês, para que não sejam mais suas vítimas. E, assim, vocês perceberão que eu sou o Eterno.

22-23 " 'Com suas mentiras, confundiram meu povo, esse povo confiante e ingênuo, porque permitiram que outros persistissem na maldade sem nunca ter, ao menos, pensado em recorrer a mim, para que eu pudesse salvá-los; por isso, agora porei um fim a tudo isso. Acabou a comercialização de ilusões, chega de mentiras em forma de sermão! Vou livrar meu povo das garras de vocês. E vocês perceberão que eu sou o Eterno' ".

Ídolos no coração

14 **1-5** Algumas autoridades de Israel se sentaram comigo. A Mensagem do Eterno veio a mim: "Filho do homem, estes homens possuem ídolos no coração. Eles seguiram a maldade que, no fim, os arruinará. Por que eu deveria me incomodar com as orações deles? Por isso, diga a eles: 'A Mensagem do Eterno, o Senhor, a todos em Israel que possuem ídolos no coração, seguem a maldade que, no fim, os arruinará e, ainda, tem a ousadia de vir falar com o profeta: Estejam de sobreaviso. Eu, o Eterno, vou intervir e responder pessoalmente a vocês quando estiverem arrastando sua multidão de ídolos. Estou prestes a começar o trabalho nos corações da casa de Israel, em todos os que me trocaram por ídolos'.

6-8 "Por isso, diga à casa de Israel: 'O Eterno, o Senhor, diz: Arrependam-se! Deem as costas para seus ídolos, que nem deuses são. Voltem as costas para todas as suas obscenidades repugnantes. A todos os que vivem em Israel, até mesmo os estrangeiros residentes, todos os que me deram as costas e seguem os ídolos, que adotaram a maldade que os arruinará e, ainda, têm o desplante de vir ao profeta para me fazer perguntas: eu, o Eterno, vou intervir e responder pessoalmente; vou dizer tudo na cara deles. Farei deles um exemplo, uma advertência que servirá de lição, e me livrarei deles, para que vocês percebam que eu sou o Eterno.

9-11 " 'Se um profeta conta a esses idólatras as mentiras que eles querem ouvir, eu, o Eterno, é que

sou responsabilizado. Mas ele não escapará ileso. Eu o agarrarei pelo colarinho e o expulsarei. Serão igualmente culpados, o profeta e os que o consultam, para que, assim, a casa de Israel nunca mais se desvie dos meus caminhos e nunca mais se contamine com suas rebeliões; antes, seja o meu povo, assim como eu sou o seu Deus, é o decreto do Eterno, o Senhor' ".

12-14 A Mensagem do Eterno veio a mim: "Filho do homem, se uma nação peca contra mim, vivendo de modo infiel, e eu levanto o braço contra ela e destruo suas provisões, fazendo faltar alimentos, que dizima pessoas e animais, ainda que Noé, Daniel e Jó — os três grandes — vivessem no meio deles, isso não faria diferença alguma para a população. A justiça desses homens salvaria apenas a vida deles mesmos", é o decreto do Eterno, o Senhor.

15-16 "Ou quando faço animais selvagens passarem pela terra, de modo que todos tenham de sair da nação, tornando-a uma desolação, e ninguém mais ouse entrar nela por causa das feras, mesmo que esses três homens estivessem vivendo ali, tão certo como eu sou o Deus vivo, nem mesmo seus filhos e filhas seriam salvos, mas somente os três, e a nação seria arrasada.

TIAGO 2.19 — 3.12

19-20 Eu os escuto dizer que acreditam no único Deus, mas vocês ficam de braços cruzados, como se tivessem feito algo maravilhoso! Ótimo! Até os demônios fazem isso! Usem a cabeça! Separar fé e obras é afastar-se da vida. É um caminho de morte.

21-24 Abraão, nosso pai na fé, não fez "a obra que Deus queria" quando levou seu filho Isaque ao altar do sacrifício? Não é óbvio que fé e obras são inseparáveis? Não está claro que a fé se expressa nas obras e que as obras são "obras da fé"? Vejam esta frase das Escrituras: "Abraão acreditou em Deus e foi declarado justo". Acreditar é uma ação. É como no futebol: "acreditar na jogada". Foi essa fé em ação que fez Abraão ser chamado "amigo de Deus". Não é evidente que a pessoa é justa aos olhos de Deus não por causa de uma fé morta, mas pela fé que resulta em obras?

25-26 Outro exemplo é Raabe, a prostituta de Jericó. O que contou no caso dela? Não foi esconder os espiões de Deus, ajudando-os a escapar? Não foi *acreditar* aliado a *fazer*? Quando o corpo é separado do espírito, temos um cadáver. Tentem separar a fé das obras. O resultado será o mesmo: apenas um cadáver!

Cuidado com o que você fala!

3¹⁻² **N**ão se apressem em querer ensinar, meus amigos. Ensinar é muita responsabilidade. Professores e mestres são muito respeitados porque se exige muito deles, e nenhum de nós é perfeitamente qualificado para esta tarefa. Erramos quase toda vez que abrimos a boca. Se você achar alguém que não falha ao abrir a boca, está aí uma pessoa perfeita, com total controle da vida.

3-5 O freio na boca do cavalo comanda o cavalo inteiro. Com o pequeno leme de um grande navio o capitão consegue contornar a tormenta. Uma simples palavra pode parecer nada, mas é capaz de construir ou destruir quase tudo!

5-6 Basta uma faísca para incendiar uma floresta inteira. Uma palavra descuidada ou indevida pode fazer o mesmo. Com nossas palavras, podemos arruinar o mundo, criar confusões sem fim, jogar lama na reputação dos outros e encher o mundo inteiro de fumaça, uma fumaça que vem das profundezas do inferno.

7-10 Não é de assustar? Podemos domar uma onça, mas não podemos domar a língua – ninguém nunca fez isso. A língua é veneno de cobra, uma assassina cruel. Com a língua, bendizemos a Deus, nosso Pai; com a mesma língua, amaldiçoamos homens e mulheres feitos à imagem de Deus. Palavrões, maldições, elogios e bênçãos saem todos da mesma boca!

10-12 Amigos, assim não dá! Já viram uma fonte dar água pura num dia e água imprópria no outro? Um pé de manga produz maracujá? Uma laranjeira pode dar banana? É claro que não dá para tirar um copo de água pura de uma poça de lama!

SALMOS 135.1-4

135¹⁻⁴ **A**leluia!
Louvem o nome do Eterno,
louvem os feitos do Eterno!
Todos vocês, sacerdotes a serviço
no templo do Eterno,
que ministram nas sagradas
mansões do nosso Deus,
Gritem: "Aleluia!", porque o Eterno é bom!
Cantem hinos ao seu nome maravilhoso!
E por quê? Porque o Eterno escolheu Jacó,
adotou Israel como propriedade de valor.

◼ NOTAS

☐ DIA 327 ___ / ___ / ___

EZEQUIEL 14.17 — 16.43

17-18 "Ou, quando levo à guerra uma nação e dou a ordem: 'Que comece a matança!', causando a morte de pessoas e de animais, mesmo que esses três homens vivessem ali, tão certo como eu sou o Deus vivo, nem mesmo seus filhos e filhas seriam salvos, mas somente os três. **19-20** "Ou, quando espalho uma doença mortal sobre a nação, derramando a minha ira, matando pessoas e animais: se Noé, Daniel e Jó, por acaso,

DIA 327

estivessem vivendo ali, tão certo como eu sou o Deus vivo, nem os filhos deles seriam salvos. Só os três se salvariam, por causa da sua justiça.

21-23 "Esse será o quadro", diz o Eterno, o Senhor, "depois que eu tiver enviado os quatro juízos catastróficos sobre Jerusalém (guerra, escassez, animais selvagens, doenças) para eliminar pessoas e animais. Mas vejam! Acreditem se quiser, haverá sobreviventes. Alguns dos seus filhos e filhas serão retirados da cidade. Quando eles chegarem, e, assim, a salvação deles se comprovar, vocês perceberão de que tipo de vida eles foram salvos. Vocês saberão que o juízo severo que eu trouxe contra Jerusalém valeu a pena e que era necessário. Sim, quando perceberem o tipo de vida que eles estavam levando, vocês se sentirão bem melhor e enxergarão o motivo por trás de tudo que fiz em Jerusalém", é o decreto do Eterno.

Usados como lenha

15 1-3 A Mensagem do Eterno veio a mim: "Filho do homem, como comparar a madeira da videira com os galhos de qualquer outra árvore que você encontra na floresta? Para que serve a madeira da videira? Por acaso ela serve para fazer suportes, em que se pendurem coisas?

4 "Não é o caso. Na melhor das hipóteses, serve como lenha. Pense agora num graveto de videira jogado no fogo e, então, resgatado, com as pontas já queimadas e a parte do meio chamuscada. Servirá para alguma coisa?

5 "Dificilmente. Quando estava inteiro já não servia para nada. Agora, que está meio queimado, com certeza não ficou melhor. Para que servirá?

6-8 "Esta é a Mensagem do Eterno, o Senhor: 'Como a madeira da videira que selecionei entre as árvores da floresta e usei como lenha, assim tratarei os que vivem em Jerusalém. Estou para entrar em ação contra eles. Mesmo que tenham saído do fogo chamuscados alguma vez, serão queimados de vez. Quando eu entrar em ação contra eles, vocês saberão que eu sou o Eterno. Transformarei esta terra numa desolação, porque eles foram infiéis' ", é o decreto do Eterno, o Senhor.

Sua beleza subiu à cabeça

16 1-3 A Mensagem do Eterno veio a mim: "Filho do homem, confronte Jerusalém com suas terríveis violações. Diga: 'A Mensagem do Eterno, o Senhor, a Jerusalém: vocês nasceram e foram gerados entre cananeus. Seu pai foi amorreu; e sua, mãe hitita.

4-5 " 'No dia do seu nascimento, seu cordão umbilical não foi cortado, e você não foi lavada. Não a limparam nem a esfregaram com sal. Também não a enrolaram num cobertor. Ninguém dava nada por você. Ninguém fez nada para cuidar de você, nem um gesto de carinho. Você foi jogada num terreno baldio e deixada ali, suja e desprezada – uma recém-nascida que ninguém queria.

6-7 " 'Mas eu passei por ali e vi você naquela situação, toda ensanguentada. Sim, eu disse a você, deitada ali, indefesa e suja: Viva! Cresça como uma planta no campo! E foi o que aconteceu com você. Você cresceu. Ficou adulta e amadureceu como mulher, de seios formados e cabelo bonito. Mas você ainda estava nua e vulnerável, frágil e exposta.

8-14 " 'Passei por ali de novo e a vi outra vez. Percebi que estava pronta para o amor, e cuidei de você. Eu a vesti e protegi. Prometi meu amor e me casei com você. Eu, Deus, o Senhor, dei minha palavra, e você se tornou minha. Dei-lhe um bom banho, para lavar todo aquele sangue, e passei óleos aromáticos no seu corpo. Pus um manto colorido em você e sandálias de couro nos seus pés. Dei a você blusas de linho e um estoque de roupas caras. Enfeitei-a com joias: braceletes nos pulsos, um colar no pescoço, anéis de esmeralda, brincos de safira e uma tiara de diamantes. Você ganhou tudo que há de mais belo e precioso: roupas finas e comida especial, regada com mel e azeite. Você ficou deslumbrante. Era uma rainha, e se tornou mundialmente famosa, uma beleza lendária levada à perfeição pelos meus adornos – decreto do Eterno, o Senhor.

15-16 " 'Mas sua beleza subiu à cabeça, e você se tornou uma prostituta vulgar, pegando qualquer um que passava pela rua e levando-o para a cama. Com seus vestidos finos, você fez tendas, transformando-as em bordéis, nos quais praticava seu ofício. Isso nunca deveria acontecer. Nunca!' ".

Que alma doentia!

17-19 " 'Em seguida, você pegou todas aquelas joias finas, presentes meus – meu ouro e minha prata –, e fez delas imagens pornográficas para seus bordéis. Você decorou sua cama com sedas e tecidos de algodão elegantes e os perfumou com óleos aromáticos e incenso. Depois, serviu as maravilhosas comidas que providenciei – as frutas e os pães frescos, com ervas e condimentos finos, também presentes meus – como iguarias nas suas casas de prostituição. Foi isso que aconteceu, diz o Eterno, o Senhor.

20-21 " 'Como se não bastasse, você pegou os filhos que tinha dado à luz — meus filhos – e os matou, sacrificando-os aos ídolos. Já não foi um absurdo se tornar prostituta? Agora é assassina também, matando meus filhos e sacrificando-os aos ídolos.

22 " 'E, durante todos esses anos de obscenidades e prostituição, você não se lembrou uma única vez da sua infância, quando estava nua e desamparada, quando era uma recém-nascida toda ensanguentada!

23-24 " 'Então, como ponto culminante das suas maldades, você construiu seus bordéis descaradamente em todas as esquinas da cidade. Que desgraça! Desgraça para vocês, diz o Eterno, o Senhor! Em cada esquina, você inaugurou um bordel para expor-se de modo indecente, oferecendo-se a qualquer um que passasse.

25-27 " 'Então, você expandiu internacionalmente sua rede de prostituição. Você forniсou com os egípcios, buscando-os para suas orgias. Quanto mais promíscua você se tornava, mais furioso eu ficava. Finalmente, resolvi agir, reduzindo suas fronteiras e entregando você à voracidade dos seus inimigos. Até as mulheres filisteias – dá para acreditar? – ficaram chocadas com o nível da sua devassidão.

28-29 " 'Você estendeu sua imoralidade aos assírios. Seu apetite era insaciável, mas você ainda não estava satisfeita. Você encarou os babilônios, nação de homens de negócios, mas, ainda assim, você não estava contente.

30-31 " 'Que alma doentia! Seus atos fizeram de você a prostituta das prostitutas. Você construiu bordéis em todas as esquinas, abriu casas de prostituição em todos os bairros, mas era diferente das prostitutas comuns, pois não aceitava pagamento.

32-34 " 'Mulheres que são infiéis ao marido aceitam presentes dos seus amantes. E os homens, geralmente, pagam o serviço das prostitutas. Mas você paga os seus amantes! Você suborna os homens, de todos os lugares, a fim de levá-los para a cama! Você é o contrário das prostitutas comuns, que recebem pagamento por sexo. Em vez disso, você paga aos homens pelos favores *deles*! Você chega a ponto de perverter a prostituição!

35-38 " 'Por isso, prostituta, ouça a Mensagem do Eterno. Eu, o Eterno, o Senhor, digo: você foi totalmente promíscua, despiu-se para qualquer um, expondo sua sexualidade. Assim, por causa

dos seus ídolos pornográficos e de todos os filhos sacrificados a eles; por causa de tudo isso, juntarei todos os seus amantes, todos os que você usou para seu prazer, os que você amou e os que você detestou. Eu os reunirei como um tribunal, com espectadores ao redor. Em plena luz do dia, despirei você diante deles – eles verão a sua *real* aparência. Então, eu a sentenciarei ao castigo que merece a mulher adúltera e assassina. Darei a você uma amostra da minha ira!

39-41 " 'Vou reunir todos os seus amantes ao seu redor e a entregarei a eles. Eles derrubarão seus bordéis e seus santuários sexuais. Eles arrancarão sua roupa, tomarão suas joias e a deixarão nua e completamente exposta. Será conclamado um grande encontro, e a multidão apedrejará você e a despedaçará com espadas. Em seguida, queimarão suas casas. Um castigo severo – e todas as mulheres irão presenciar!

41-42 " 'Com isso, terei posto um fim à sua vida de prostituição – chega de pagar amantes para virem à sua cama! A essa altura, meu furor terá se acalmado, meu ciúme terá diminuído.

43 " 'Você não se lembrou dos dias da sua juventude, mas me deixou furioso com esse comportamento devasso; por isso, farei que você pague por sua obstinação. Não foi há pouco tempo que você ainda aumentou suas obscenidades, aprimorando-se no caminho da devassidão?

TIAGO 3.13 — 4.17

Vivendo com sabedoria

13-16 Quer ser considerado sábio? Quer ter reputação de quem entende? Esse é o caminho: Aprenda a viver! Escute a sabedoria! Viva com humildade! O que conta é como você vive, não o que você fala. Ambição de espírito não é sabedoria. Sair dizendo que é sábio não é sabedoria. Torcer a verdade para parecer sábio não é sabedoria: Está longe da verdadeira sabedoria. É pura malandragem! É diabólico. Lembrem-se: Sempre que tentarem parecer melhores que os outros ou se aproveitar dos outros, tudo dará errado, e todos terminarão pulando na garganta do outro.

17-18 A verdadeira sabedoria, que vem de Deus, começa com uma vida santa e é vista no relacionamento com o próximo. É cheia de gentileza, bom senso, misericórdia e é pra lá de abençoada. Não muda como o tempo instável e não tem duas caras. Essa sabedoria se confirma na vida comunitária. Você poderá ter uma comunidade saudável,

DIA 327

1050

sólida, bem-sucedida e que Deus aprova *somente* se trabalhar duro para fortalecer os relacionamentos, tratando todos com dignidade e honra.

Levando a vida a sério

4 **1-2De** onde vêm todas as guerras e conflitos que assolam o mundo? Vocês acham que acontecem sem razão? Raciocinem. As guerras acontecem porque vocês exigem: "é do meu jeito, ou nada feito". E para terem o que querem lutam com unhas e dentes. Vocês desejam o que não têm e são capazes de matar para consegui-lo. Invejam o que é dos outros e chegam a apelar para a violência.

2-3 Sei que vocês nem têm coragem de pedir a Deus. É claro que não! Vocês sabem que estariam pedindo o que não devem. Vocês são crianças mimadas, cada um querendo as coisas do seu jeito.

4-6 Vocês estão tentando passar a perna em Deus. Se tudo que querem é benefício próprio e enganar os outros, acabarão inimigos de Deus. E acham que Deus não liga? Pois ele mesmo diz: "Tenho muito ciúme de quem amo". A verdade é que o amor de Deus é simplesmente incomparável. E Deus ainda acrescenta: "Eu condeno o coração orgulhoso, mas a minha graça abençoa o coração humilde".

7-10 Então, rendam-se à vontade de Deus. Ele quer trabalhar na vida de vocês. Digam "não" ao Diabo, e ele fugirá de imediato. Digam "sim" a Deus, e ele os atenderá na hora. Chega de se enlamear! Em vez de viver no pecado, busquem pureza de vida. Reconheçam! Vocês estão no fundo do poço! Podem começar a chorar. Não dá para brincar com coisa séria. Ajoelhem-se diante do Senhor. Só assim vocês poderão se reerguer. Mas isso é só Deus que o fará.

11-12Não falem mal uns dos outros. A Palavra de Deus, a Mensagem, seu Princípio Maior, condena a maledicência. Vocês deveriam honrar a Mensagem, em vez de pichá-la. Deus é que decidirá o destino da humanidade. Quem vocês pensam que são para se intrometer na vida alheia?

Quem pode prever o amanhã?

13-15 **E**, agora, tenho uma palavra para os que têm a audácia de dizer: "Hoje ou amanhã, iremos para tal cidade e lá ficaremos um ano. Vamos abrir um negócio e ganhar muito dinheiro". Vocês não enxergam um palmo diante do nariz! Quem pode prever o amanhã? Vocês são como neblina, que se vai logo que o Sol começa a brilhar. Em vez disso, caiam na realidade e aprendam a dizer: "Se Deus quiser, estaremos vivos e faremos isto ou aquilo".

16-17 Vocês estão cheios de vocês mesmos. Toda essa arrogância é maligna. Na verdade, saber fazer o que é certo e não fazer é pecado.

SALMOS 135.5-12

5-12 Eu também dou testemunho da
grandiosidade do Eterno,
nosso Senhor, superior
a todos os outros deuses.
Ele faz conforme deseja,
de qualquer modo, em qualquer tempo e lugar.
Ele faz o clima — nuvens e trovão,
raios e chuva, vento que vem do norte.
Ele abateu os primogênitos do Egito,
dos humanos e dos animais.
Ele fez o Egito sentar-se e assistir;
confrontou o faraó e seus servos com milagres.
Sim, abateu grandes nações,
matou muitos reis poderosos:
Seom, rei dos amorreus, Ogue, de Basã,
e até o último dos soberanos cananeus!
Então, tomou a terra deles e a deu a Israel,
uma boa terra de presente a seu povo.

■ NOTAS

☐ DIA **328** ___ / ___ / ___

EZEQUIEL 16.44 — 18.13

44-45 " 'Todos que gostam de provérbios usarão este: Tal mãe, tal filha. Você é a filha da sua mãe, que não conseguia suportar seu marido e seus filhos. E é a verdadeira irmã de suas irmãs, que não conseguiam suportar seus maridos e filhos. Sua mãe era hitita, e seu pai, amorreu.

46-48 " 'Sua irmã mais velha é Samaria. Ela viveu no norte com as filhas dela. Sua irmã mais nova é Sodoma, que vivia no sul com as filhas dela. Você não tem vivido exatamente como elas viveram? Aliás, nem demorou muito para alcançá-las e se tornar pior que elas. Tão certo como sou o Deus vivo — decreto do Eterno, o Senhor —, sua irmã Sodoma e as filhas dela não chegaram nem perto do que você e suas filhas fizeram.

49-50 " 'O pecado da sua irmã Sodoma foi este: ela viveu com suas filhas no colo da luxúria — orgulhosa, glutona, preguiçosa. Elas ignoravam os pobres e oprimidos. Empinavam o nariz e praticavam obscenidades. E você sabe o que aconteceu: eu acabei com elas.

51-52 " 'E Samaria. Ela não pecou metade do que você pecou. Você cometeu muito mais obscenidades. Em comparação com o que você fez, suas duas irmãs são nada! Tenha coragem de encarar isto: em comparação com você, suas irmãs têm ótima reputação! Você ganhou disparado delas a corrida do pecado, fazendo que até parecessem santas. Isso não a incomoda? Mas você vai ter de arcar com as consequências. Você fez história: ganhou das duas irmãs na corrida do pecado!

53-58 " 'Mas eu reverterei o destino delas, o destino de Sodoma e de suas filhas e o destino de Samaria e de suas filhas. Quanto a você – guarde isto —, *seu* destino também será revertido, igual ao delas! Mas repito: você terá de conviver com a vergonha. E, ao encarar e aceitar essa condição, você estará dando algum conforto às suas irmãs. Sodoma com suas filhas e Samaria com suas filhas se tornarão o que eram antes, e você também se tornará como antes. Lembra-se dos dias em que andava de nariz empinado, agindo de forma altiva, olhando sua irmã Sodoma de cima para baixo? Isso foi antes de serem denunciados seus maus caminhos. Agora *você* é o alvo do desdém. É desprezada pelas mulheres edomitas, pelas mulheres filisteias e por todos à sua volta. Mas você tem de encarar isso. Precisa aceitar a vergonha da sua vida obscena e vil, é o decreto do Eterno, o Senhor.

59-63 " 'O Eterno, o Senhor, diz: Farei com você exatamente o que você fez com os outros — você, que tratou meu juramento com desdém e violou minha aliança. Mas, depois de tudo, vou me lembrar da aliança que fizemos quando você era jovem e farei uma nova aliança com você, que durará para sempre. Você se lembrará do seu triste passado e se sentirá contrita quando receber de volta suas irmãs, a mais velha e a mais nova. Eu as darei a você como filhas, mas não como participantes da sua aliança. Minha aliança com você será firme, e você saberá que eu sou o Eterno. Você se lembrará do seu passado e enfrentará a vergonha, mas, quando eu purificar você, quando eu fizer reparação por tudo que você fez, você ficará sem palavras' ", é o decreto do Eterno, o Senhor.

A árvore grande e a árvore pequena

17 **1-6** **A** Mensagem do Eterno veio a mim: "Filho do homem, proponha um enigma para a casa de Israel. Conte-lhe uma história. Diga: 'O Eterno, o Senhor, diz:

" 'Uma grande águia,
    com enorme envergadura e longas penas
E plumagem completa de cores vívidas,
    veio ao Líbano,
Agarrou o topo de um cedro,
    quebrou o último galho,
Levou-o para uma terra de mercadores
    e o deixou numa cidade de comerciantes.
Depois, tomou uma muda da terra
    e a plantou em solo bom e bem irrigado,
    como um salgueiro à beira do rio.
Ela cresceu e se tornou uma bela videira,
    rente ao solo.
Seus ramos cresceram na direção da águia
    e deitou raízes profundas —
Uma vinha produzindo brotos,
    desenvolvendo ramos.

7-8 " 'Havia outra águia grande,
    com enorme envergadura e densa plumagem.

DIA 328

E a videira lançou suas raízes
na direção dessa águia
do lugar em que estava plantada.
Seus ramos se estenderam para ela,
na esperança de ser irrigada
de uma longa distância.
Tinha sido plantada
em solo bom e bem irrigado,
Produziu ramos e deu frutos
e se tornou uma videira nobre.

9-10 " 'O Eterno, o Senhor, diz:
Será que vai vingar?
Não será arrancada pelas raízes,
não apodrecerão as uvas
E não secarão os ramos?
Não será uma videira ressecada e morta?
Não serão necessárias muitas mãos
nem muita força para arrancá-la.
Mesmo que seja transplantada,
será que vai vingar?
Quando o forte vento oriental soprar,
será que não vai murchar?
Não secará e não será varrida pelo vento
do lugar em que foi plantada?' ".

11-12 A Mensagem do Eterno veio a mim: "Diga à casa dos rebeldes: 'Vocês estão entendendo a mensagem? Sabem o que significa?'.

12-14 "Diga a eles: 'O rei da Babilônia veio a Jerusalém, tomou o rei e as autoridades da cidade e os levou de volta para a Babilônia. Ele escolheu um representante da família real e fez uma aliança com ele, fazendo-o jurar lealdade. O rei da Babilônia levou as principais autoridades para o exílio, a fim de garantir que o reino permanecesse fraco — que não tivesse nenhuma grande ideia por si mesmo e mantivesse a aliança com ele, para, assim, ter um futuro.

15 ' 'Mas ele se rebelou e enviou emissários ao Egito, recrutando cavalos e um grande exército. Vocês acham que isso vai funcionar? Que poderão se salvar assim? Já viram alguém violar uma aliança e sair ileso?

16-18 " 'Tão certo como eu sou o Deus vivo, esse rei que violou sua promessa de lealdade e a aliança morrerá na Babilônia. O faraó, com seu grande exército, não moverá um dedo para lutar por ele quando a Babilônia fizer o cerco à cidade e, ali, matar todos eles. Uma vez que ele quebrou sua palavra e violou a aliança — mesmo depois de ter feito juramento solene — e se adiantou e insistiu em agir dessa maneira, ele não escapará.

19-21 " 'Por isso, o Eterno, o Senhor, diz: Tão certo como eu sou o Deus vivo, visto que o rei desprezou o meu juramento e violou a minha aliança, farei que consequências caiam sobre a cabeça dele. Enviarei um comando de busca e o pegarei. Eu o conduzirei à Babilônia e o levarei a julgamento, porque me desprezou. Todos os seus soldados de elite, com o restante do exército, serão mortos em batalha, e todos os que restarem serão espalhados aos quatro ventos. Então, vocês perceberão que eu, o Eterno, falei.' ".

22-24 " 'O Eterno, o Senhor, diz: Eu, pessoalmente, tomarei um broto do topo do alto cedro, um rebento da coroa da árvore, e o plantarei num monte alto e imponente, no monte alto de Israel. Ele crescerá, produzirá galhos e frutos — um cedro majestoso. Aves de todos os tipos viverão debaixo dele. Farão seus ninhos na sombra dos seus galhos. Todas as árvores do campo reconhecerão que eu, o Eterno, tornei pequena a árvore grande e tornei grande a árvore pequena, tornei seca a árvore verde e fiz a árvore seca produzir galhos verdes. Eu, o Eterno, disse isso — e fiz' ".

Julgado de acordo com seu modo de viver

18 **1-2** A Mensagem do Eterno veio a mim: "O que vocês querem dizer quando andam por aí repetindo o ditado:

Os pais comem maçãs verdes
e os filhos ficam com dor de barriga?

3-4 "Tão certo como eu sou o Deus vivo, vocês já não repetirão esse ditado em Israel. Todas as pessoas — homem, mulher, criança — me pertencem, tanto os pais quanto os filhos. Você morre pelos seus pecados, não pelos de outra pessoa.

5-9 "Imagine alguém que vive bem, que trata os outros de maneira justa e mantém bons relacionamentos. Ele

não come nos santuários pagãos,
não adora os ídolos populares de Israel,
não seduz a mulher do vizinho,
não se envolve com sexo sem compromisso,
não ameaça os outros,
não acumula dívidas,
não rouba,
não nega comida aos famintos,
não nega roupa aos maltrapilhos,

não explora os pobres,
não vive pelo impulso ou pela ganância,
não trata uma pessoa melhor do que outra,
Mas vive segundo meus estatutos
e honra e obedece às minhas leis.
Quem vive de forma boa e correta
terá uma vida plena e genuína,
é o decreto do Eterno, o Senhor.

¹⁰⁻¹³ "Mas, se alguém tem um filho que se torna violento e assassino, se afasta do caminho e faz qualquer dessas coisas, mesmo que os pais não tenham feito nada disso,

se ele come nos santuários pagãos,
seduz a mulher do vizinho,
ameaça os pobres,
rouba,
acumula dívidas,
admira ídolos,
comete obscenidades,
explora os pobres,

"você acha que essa pessoa, o filho, vai viver? Sem chance! Visto que fez todas essas coisas detestáveis, ele morrerá. E sua morte será sua própria culpa.

TIAGO 5.1-20

Riqueza da corrupção, cheiro de podridão.

5 ¹⁻³ Uma palavra final para vocês, ricos arrogantes: comecem a chorar. Preparem baldes para as lágrimas que irão derramar quando a calamidade chegar. O dinheiro de vocês é pura corrupção, e suas roupas de marca cheiram a podridão. O luxo de vocês é um câncer que corrói por dentro. Vocês pensam que estão ajuntando riquezas, mas o que estão acumulando é juízo divino.

⁴⁻⁶ Todos os trabalhadores que vocês exploram e enganam estão clamando por justiça. As queixas dos que vocês prejudicaram e manipularam ressoam nos ouvidos do Senhor, o Vingador. Vocês saqueiam a terra e se sentem bem com isso. Mas, no fim de tudo, morrerão como todo mundo, apenas muito mais gordos. De fato, tudo que vocês fazem é condenar e matar gente boa e indefesa, que não oferece resistência.

⁷⁻⁸ Enquanto isso, amigos, esperem a vinda do Senhor. Sejam pacientes. Os fazendeiros vivem assim, sempre esperando o tempo da colheita,

com paciência, deixando que a chuva faça seu trabalho lento. Tenham a mesma atitude, sem fraquejar. O Senhor pode chegar a qualquer momento.

⁹ Irmãos, não reclamem uns dos outros. Vocês sabem que uma queixa muito maior poderia ser feita contra vocês. O Juiz está às portas.

¹⁰⁻¹¹ Tomem os antigos profetas como mentores. Eles puseram tudo de lado, enfrentaram tudo e nunca desistiram, sempre honrando Deus. Quem permanece firme não perderá sua recompensa. Vocês por certo já ouviram falar da paciência de Jó e sabem que Deus o recompensou no final. Lembrem-se: Deus se importa conosco em tudo, até mesmo nos detalhes.

¹² Agora que sabem como Deus se importa conosco, parem de dizer coisas, como "Juro por Deus". Deixem de impaciência, fazendo juramentos para apressar Deus. Digam apenas "sim" ou "não" — apenas a verdade. Assim, suas palavras não poderão ser usadas contra vocês.

A oração poderosa

¹³⁻¹⁵ Vocês estão sofrendo? Orem. Sentem-se bem? Comecem a cantar. Estão doentes? Chamem os líderes da igreja para orar por vocês e ungi-los em nome do Senhor. A oração confiante irá curá-los. E, se tiverem pecado, serão perdoados — curados por dentro e por fora.

¹⁶⁻¹⁸ Façam disso uma prática comum: confessem seus pecados uns aos outros e orem uns pelos outros, para que vocês possam viver juntos, integrados e curados. A oração da pessoa justificada por Deus é poderosa e vitoriosa. Elias, por exemplo, humano como nós, orou com fé para que não chovesse, e não choveu — nem uma gota durante três anos e meio. Depois, orou para que chovesse, e choveu. As chuvas vieram, e a vegetação começou a crescer de novo.

¹⁹⁻²⁰ Prezados amigos, se vocês conhecem alguém que se desviou da verdade, não desistam dessa pessoa. Façam tudo para trazê-la de volta e terão resgatado uma vida preciosa da destruição e impedido que ela se afaste de Deus.

SALMOS 135.13-21

¹³⁻¹⁸ Ó Eterno, teu nome é perene:
nunca ficarás obsoleto.
O Eterno defende seu povo:
ele o segura pela mão.
Os deuses das nações pagãs
são meras bugigangas,
artigos em liquidação nos mercados:

Bocas esculpidas que não podem falar,
olhos pintados que não podem ver,
Ouvidos entalhados que não podem ouvir –
madeira morta, frio metal!
Os que os fabricam e confiam neles
como eles se tornam.

19-21 Família de Israel, fale bem do Eterno!
Família de Arão, fale bem do Eterno!
Família de Levi, fale bem do Eterno!
Vocês, que temem o Eterno,
falem bem dele aos quatro ventos!
Oh! Bendito seja o Eterno de Sião,
O Cidadão de Honra de Jerusalém!
Aleluia!

◾ NOTAS

☐ DIA 329 ___ / ___ / ___

EZEQUIEL 18.14 — 20.29

14-17 "Agora, suponha que esse filho tem um filho, que vê todos os pecados cometidos pelo seu pai. O filho vê isso, mas não segue os passos do pai:

não come nos santuários pagãos,
não adora aos ídolos populares de Israel,
não seduz a mulher do vizinho,
não ameaça os outros,
não se nega a emprestar dinheiro,
não rouba,
não nega comida aos famintos,
não nega roupa aos maltrapilhos,
não vive pelo impulso ou pela ganância,
não explora os pobres.
Ele faz o que eu digo;
cumpre minhas leis e vive
segundo meus estatutos.

17-18 "Ele não morrerá pelos pecados do seu pai; em vez disso, terá uma vida boa e abençoada. Mas o pai morrerá por aquilo que fez, pelos pecados de

oprimir os fracos,
roubar seus irmãos,
fazer o que é absolutamente
errado na comunidade.

19-20 "E vocês ainda perguntam: 'Por que o filho não compartilha da culpa do pai?'.

"Mas já não está claro? É porque o filho fez o que é correto. Ele foi cuidadoso em fazer o que é justo, por isso terá uma vida boa e abençoada. A alma que peca é a que morre. O filho não compartilha da culpa do pai, nem o pai da culpa do filho. Se vocês viverem de forma boa e justa, receberão o crédito; se vocês viverem uma vida desregrada, serão acusados e condenados.

21-23 "Mas a pessoa má, que vira as costas para aquela vida de pecados e passa a cumprir meus estatutos, vivendo uma vida justa e correta, viverá, e viverá de verdade. Não morrerá. Não guardo uma lista das coisas erradas que ela fez, por isso viverá. Acham que tenho prazer na morte de mulheres e homens maus? Não é meu prazer que se arrependam, deixando de viver de forma errada e passando a agir corretamente – vivendo de verdade?

24 "A mesma coisa vale para uma pessoa boa que dá as costas para uma vida correta e começa a pecar, mergulhando nas mesmas obscenidades terríveis praticadas pelos maus. Essa pessoa viverá? Também não guardo uma lista de todas as coisas boas que a pessoa fez, como se fosse dinheiro no banco, que se possa sacar. Por causa da sua deserção e por acumular pecados, ela morrerá.

25-28 "Será que estou ouvindo vocês dizerem: 'Mas isso não é justo! Deus não é justo!'?

"Ouça, Israel. Será que eu não sou justo? Vocês é que não são justos. Se uma pessoa boa dá as costas para sua vida boa e começa a pecar, ela morrerá por isso. Ela morrerá pelos próprios pecados. Da mesma forma, se uma pessoa má dá as costas para sua vida de maldades e começa a viver uma vida correta, uma vida justa, ela salvará sua vida. Visto que ela rejeitou todas as coisas ruins que cometeu, ela viverá de verdade. Não morrerá.

29 "Mesmo assim, Israel continua choramingando: 'Isso não é justo! Deus não é justo!'

"Eu que não sou justo, Israel? Vocês é que não são!

30-32 "A conclusão é esta, Israel: eu julgarei cada um de vocês de acordo com seu modo de viver. Portanto, arrependam-se! Deem as costas para sua maneira rebelde de viver, para que o pecado não os destrua. Limpem a casa. Chega de rebeliões! Busquem um coração novo! Busquem um espírito novo! Por que vocês escolheriam morrer, Israel? Não tenho prazer algum na morte de ninguém, é o decreto do Eterno, o Senhor.

"Façam uma ruptura radical! Vivam!".

A história de dois leões

19¹⁻⁴ Cantem um cântico de lamento pelos príncipes de Israel. Digam:

Que leoa foi sua mãe
    entre os leões!
Como se orgulhava dos seus leõezinhos.
    Seus filhotes cresceram e ficaram grandes.
Criou um deles até a maturidade.
    Um leão novo e robusto.
Ele aprendeu a caçar.
    Ele devorava homens.
As nações tocaram o alarme.
    Ele foi pego numa armadilha.

Eles o levaram com ganchos
    e o arrastaram para o Egito.

5-9 Quando a leoa viu que estava frustrada,
    que sua esperança naquele filhote era inútil,
Ela tomou outro filhote
    e fez dele um novo e forte leãozinho.
Ele vagueava com os outros leões,
    um leão novo e robusto.
Ele aprendeu a caçar.
    Ele devorava homens.
Com violência, quebrava suas defesas,
    deixava suas cidades em ruínas.
A nação e todo o povo
    ficavam aterrorizados com os urros do leão.
As nações se uniram para caçá-lo.
    Todos se uniram na caçada.
Montaram suas armadilhas
    e o pegaram.
Puseram uma coleira de madeira nele
    e o levaram para o rei da Babilônia.
Essa voz já não seria ouvida
    a perturbar a paz entre
        as montanhas de Israel!

10-14 Aqui está outra maneira de dizer isso.
    Sua mãe era como uma videira na vinha,
    transplantada ao longo dos ribeiros,
Exuberante nos seus ramos e uvas
    por causa da água abundante.
Produziu ramos robustos
    dignos de serem esculpidos num cetro real.
Ela cresceu e alcançou as nuvens.
    Seus galhos encheram o horizonte,
    e todos a enxergavam.
Então, foi arrancada com fúria
    e jogada ao chão.
O ardente vento oriental a secou
    e consumiu seu fruto.
Os ramos robustos murcharam:
    agora só serviam para o fogo.
Hoje, ela é um toco que sobressai no deserto,
    madeira seca no deserto da morte.
Não presta para nada a não ser para a fogueira,
    em algum acampamento no deserto.
Não há mais nem sinal daqueles
        ramos robustos,
    dignos do cetro do rei!

(Este é um cântico de lamento e deve ser cantado como lamento.)

DIA 329

Livrem-se de tudo que os torna dependentes

20 ¹No dia 10 do quinto mês do sétimo ano, algumas das autoridades de Israel vieram pedir a orientação do Eterno. Eles se sentaram diante de mim.

²⁻³Então, a Mensagem do Eterno veio a mim: "Filho do homem, fale com as autoridades de Israel. Diga a eles: 'O Eterno, o Senhor, diz: Vocês vieram me fazer perguntas? Tão certo como eu sou o Deus vivo, não vou tolerar suas perguntas, é o decreto do Eterno, o Senhor.

⁴⁻⁵"Filho do homem, por que você não os julga? Sim, vá em frente! Chame-os à responsabilidade. Confronte-os com as terríveis obscenidades dos seus pais. Diga-lhes o que o Eterno, o Senhor, está dizendo:

⁵⁻⁶" 'No dia em que escolhi Israel, eu me revelei a eles na terra do Egito, levantando a mão num santo juramento ao povo de Jacó, dizendo: Eu sou o Eterno, o Deus pessoal de vocês. No mesmo dia em que levantei a mão em juramento solene, prometi a eles que os tiraria da terra do Egito e os levaria para uma terra que eu havia escolhido especialmente para eles, uma terra com muito leite e mel, uma verdadeira preciosidade.

⁷" 'Naquele dia, eu disse a eles: Livrem-se de todas as imagens terríveis de que vocês se tornaram dependentes. Não se contaminem com os ídolos egípcios, que nem deuses são. *Só* eu sou Deus, o seu Deus.

⁸⁻¹⁰" 'Mas eles se rebelaram contra mim, não ouviram uma palavra do que eu disse. Ninguém se livrou das imagens de que falei. Eles continuaram apegados aos deuses do Egito, que nem deuses são, como viciados. Pensei seriamente em derramar minha ira sobre eles com toda a fúria ali mesmo, no Egito. Mas não o fiz. Agi pelo que eu sou, não pela minha ira. Assim, as nações à volta me honrarão e não blasfemarão, pois viram quando me revelei e prometi conduzir meu povo para fora do Egito. Eu os conduzi do Egito para o deserto.

¹¹⁻¹²" 'Dei a eles leis para ordenar a vida, mostrei como viver bem e de forma a me obedecer. Também instituí meus sagrados dias de descanso semanais, os "sábados", um tipo de memorial entre mim e eles para mostrar que eu, o Eterno, estava agindo para fazer deles um povo santo.

¹³⁻¹⁷" 'Mas Israel se rebelou contra mim no deserto. Eles não seguiram meus estatutos. Desprezaram minhas leis que trazem uma vida agradável e a obediência aos caminhos que estabeleci. Profanaram meus sábados sagrados. Pensei seriamente em descarregar minha ira sobre eles ali mesmo, no deserto. Mas não o fiz. Agi pelo que eu sou, não pela minha ira. Assim, as nações à volta me honrariam e não blasfemariam, pois me viram tirá-los do Egito. Mas levantei minha mão num juramento solene ali mesmo, no deserto, e declarei que não os conduziria para a terra em que manam muito leite e mel, que eu havia escolhido para eles, uma verdadeira preciosidade. Cancelei a promessa porque eles desprezaram minhas leis de uma vida de obediência, não seguiram meus estatutos e, ainda, profanaram meus sábados. Preferiram seguir seus ídolos, que nem deuses são. Mas não levei o castigo até o final: não os eliminei completamente, não os exterminei em definitivo no deserto.

¹⁸⁻²⁰" 'Então, dirigi-me aos filhos deles no deserto: Não façam como seus pais. Não adotem as práticas deles. Não se tornem imundos como os ídolos deles, que nem deuses são. Eu mesmo sou o Eterno, o seu Deus. Obedeçam aos meus estatutos e vivam de acordo com minhas leis. Guardem os meus sábados como dias sagrados de descanso, sinais entre vocês e mim, mostrando que sou o Eterno, o *seu* Deus.

²¹⁻²²" 'Mas os filhos também se rebelaram contra mim. Eles não seguiram meus estatutos nem obedeceram às minhas leis, para ter uma vida agradável e correta, e profanaram meus sábados. Pensei seriamente em derramar minha ira sobre eles, ali mesmo, no deserto. Mas não o fiz. Agi pelo que eu sou, não pela minha ira. Assim, as nações à volta me honrariam e não blasfemariam, pois me viram tirá-los do Egito.

²³⁻²⁶" 'Mas levantei a mão em juramento solene ali mesmo, no deserto, e jurei que os espalharia por todo o mundo, que os dispersaria em todas as direções porque eles não obedeceram às minhas leis nem viveram de acordo com meus estatutos. Eles profanaram meus sábados e continuaram apegados aos ídolos dos seus pais, que nem deuses são. Já que estavam determinados a levar uma vida pecaminosa, dei a eles estatutos que não geravam bondade e leis que não geravam vida. Eu os abandonei. E, mesmo imundos, na sarjeta, continuaram a sacrificar seus primogênitos no fogo. O simples horror dessa prática deveria tê-los chocado e feito reconhecer que eu sou o Eterno.

²⁷⁻²⁹" 'Portanto, fale a Israel, filho do homem. Conte a eles que o Eterno está dizendo o seguinte: Como se isso não bastasse, seus pais me insultaram ainda mais, me traindo. Depois que os levei para a terra que, de mão erguida, eu tinha

DIA 329

prometido a eles, toda vez que eles viam numa colina um santuário de orgia religiosa ou um bosque em que as prostitutas sagradas entravam em ação, lá estavam eles, entrando de cabeça no sistema pagão. Eu perguntava a eles: A que colina vocês estão indo?'". (É chamada hoje colina da Prostituta.)

1 PEDRO 1.1-21

1$^{1-2}$Eu, Pedro, sou um apóstolo em missão por Jesus, o Messias, escrevendo aos exilados dispersos nas regiões do Ponto, da Galácia, da Capadócia, da Província da Ásia e da Bitínia. Não falta ninguém, ninguém foi esquecido. Deus, o Pai, está de olho em cada um de vocês e decidiu, pela obra do Espírito, mantê-los obedientes, por meio do sacrifício de Jesus. Que tudo de bom seja enviado da parte de Deus a vocês!

Uma nova vida

$^{3-5}$Que Deus nós temos! E como somos felizes em tê-lo, o Pai do nosso Senhor Jesus! Pelo fato de Jesus ter ressuscitado dos mortos, recebemos uma vida nova e temos tudo na vida, até mesmo um futuro no céu, que começa agora! Deus está atento a nós e ao futuro. O dia em que vocês terão tudo isso – vida restaurada e integral – está chegando.

$^{6-7}$Sei quanto vocês se sentem bem com isso, ainda que nesse meio-tempo tenham de enfrentar todo tipo de provação. O ouro puro passado pelo fogo sai *comprovadamente* puro; a fé genuína que passa pelo sofrimento sai *comprovadamente* genuína. Quando Jesus consumar tudo, será a fé que vocês têm, não o ouro, que Deus vai apresentar como prova da vitória dele.

$^{8-9}$Vocês nunca o viram, mesmo assim o amam. Vocês ainda não o veem, mesmo assim confiam nele – rindo e cantando. E continuam crendo; por isso, vão conseguir o que querem: salvação plena.

$^{10-12}$Os profetas que previram o presente momento fizeram muitas perguntas acerca do dom da vida que Deus estava preparando. O Espírito do Messias já havia revelado antes: que o Messias passaria por sofrimento seguido de glória. Eles queriam saber quem e quando. Tudo que informaram a eles foi que estavam servindo vocês, que por ordem do céu agora ouvem por vocês mesmos – por meio do Espírito Santo – a Mensagem do cumprimento daquelas profecias. Percebem como são privilegiados? Os anjos dariam qualquer coisa para se envolver nisso!

Um futuro em Deus

$^{13-16}$Por isso, arregacem as mangas, ponham a mente para funcionar e estejam prontos para receber o dom que está para chegar com a vinda de Jesus. Não se acomodem aos velhos caminhos do pecado, quando vocês só faziam o que queriam. Naquele tempo, vocês não conheciam nada, mas agora conhecem. Como filhos obedientes, andem no caminho da vida, moldado pela vida de Deus, uma vida ativa e cheia de santidade. Deus disse: "Eu sou santo; então, sejam santos".

^{17}Vocês pedem ajuda a Deus, e ele atende – é um bom Pai. Mas não se esqueçam de que é também um Pai responsável, e não vai deixar que vocês vivam na lama.

$^{18-21}$A vida de vocês é uma jornada que deve ser empreendida com uma profunda consciência de Deus. Custou muito caro para Deus tirá-los daquela vida sem rumo e vazia em que vocês foram criados. Ele pagou com o sangue sagrado de Cristo, vocês sabem disso. Ele morreu como um cordeiro, sem culpa. E não foi algo impensado. Ainda que só agora, no fim dos tempos, o plano tenha vindo a público, Deus sempre soube o que ia fazer por vocês. É por causa do Messias sacrificado, a quem Deus depois glorificou e ressuscitou, que vocês confiam em Deus e sabem que têm um futuro nele.

SALMOS 136.1-3

136$^{1-3}$Agradeçam ao Eterno! Ele merece sua gratidão.
Seu amor jamais acaba.
　Agradeçam ao Deus de todos os deuses!
　　Seu amor jamais acaba.
　Agradeçam ao Senhor de todos os senhores!
　　Seu amor jamais acaba.

◼ NOTAS

DIA 330

1058

36-38 " 'Assim como confrontei seus pais com o juízo no deserto do Egito, confrontarei vocês com o juízo aqui. Examinarei e investigarei cada um, à medida que vocês estiverem chegando, e os trarei para a aliança. Eu expulsarei os rebeldes e os traidores. Eu os mandarei para o exílio e não os trarei de volta a Israel.

" 'Então, vocês perceberão que eu sou o Eterno.

39-43 " 'Quanto a vocês, povo de Israel, esta é a Mensagem do Eterno, o Senhor: Vão adiante, sirvam a seus ídolos, que nem deuses são! Só que, mais tarde, vocês pensarão melhor e deixarão de jogar lama em mim com suas ofertas pagãs e seus ídolos. Pois, no meu santo monte, o alto monte de Israel, eu, o Eterno, o Senhor, digo a vocês que todo o povo de Israel vai me adorar. Eu os receberei ali de braços abertos. Exigirei suas melhores ofertas e dádivas, todos os sagrados sacrifícios. Além disso, receberei vocês como o melhor tipo de oferta quando os trouxer de volta das terras em que estavam espalhados. Vou mostrar, aos olhos de todo o mundo, que sou o Santo. Quando eu os estabelecer de novo na terra de Israel, que solenemente, com mão erguida, prometi dar a seus pais, vocês perceberão que eu sou o Eterno. Então, ali, vocês se lembrarão de tudo que fizeram, a forma como viveram e que os tornou imundos, e vão ter nojo de vocês mesmos.

44 " 'Mas, amado Israel, vocês também perceberão que eu sou o Eterno quando eu responder a vocês pelo que sou, não pela minha ira, confrontando a vida de maldades de vocês, uma história corrupta, é o decreto do Eterno, o Senhor' ".

Ninguém apagará o fogo

45-46 A Mensagem do Eterno veio a mim: "Filho do homem, olhe para o sul. Deixe que a Mensagem saia da sua boca contra o sul. Profetize contra a floresta do Neguebe.

47-48 "Diga à floresta do Neguebe: 'Ouça a Mensagem do Eterno! O Eterno, o Senhor, diz: Porei em você um fogo que queimará todas as suas árvores, mortas e vivas. Ninguém o apagará. Toda a terra, do sul ao norte, escurecerá pelo fogo. Todos verão que eu, o Eterno, comecei o fogo e que ninguém poderá apagá-lo' ".

49 E eu disse: "Ó Deus, todos estão dizendo de mim: 'Ele só inventa histórias' ".

‖‖

☐ DIA **330** ___ / ___ / ___

EZEQUIEL 20.30 — 22.5

30-31 "Por isso, diga a Israel: 'Mensagem do Eterno, o Senhor: Vocês estão tornando a vida imunda, imitando os caminhos dos seus pais. Ao repetir as práticas perversas deles, vocês mesmos se tornaram prostitutas. Ao queimar seus filhos em sacrifício, vocês se tornaram tão asquerosos quanto seus ídolos, que nem deuses são — e isso até o dia de hoje.

" 'E agora, devo aturar perguntas de um povo como vocês, Israel? Tão certo como eu sou o Deus vivo, eu, o Eterno, o Senhor, me nego a ser questionado por vocês!

32 " 'O que vocês estão pensando nunca vai acontecer. Vocês pensam: Vamos ser como todos os outros, como as outras nações. Vamos adorar os deuses que conseguimos fazer e controlar.

33-35 " 'Tão certo como eu sou o Deus vivo, diz o Eterno, o Senhor, pensem outra vez! Com uma fantástica demonstração de força e com um ímpeto aterrorizante de ira, serei Rei sobre vocês! Eu os trarei de volta. Eu os reunirei dentre as nações pelas quais foram espalhados, numa fantástica demonstração de força e com um ímpeto aterrorizante de ira. Eu os trarei do deserto das nações e os arrastarei ao tribunal, no qual vocês enfrentarão o juízo face a face.

Uma espada! Uma espada!

21 **1-5** A Mensagem do Eterno veio a mim: "Filho do homem, agora volte-se para Jerusalém e anuncie a Mensagem contra o santuário. Profetize contra a terra de Israel e diga: 'Mensagem do Eterno: Eu estou contra vocês. Vou desembainhar minha espada e matar tanto os injustos quanto os justos. Visto que estou tratando todos de forma igual, tanto os bons quanto os maus, todos, de norte a sul, sentirão minha espada! Todos vão saber que estou falando sério'!

⁶ "Assim, filho do homem, comece a gemer! Contorça-se de dor. Faça cena!

⁷ "Quando eles perguntarem: 'Por que esse gemido, esse descontrole?', diga: 'Por causa da notícia que está chegando. Vou tirar o fôlego de todos. Os corações ficarão estremecidos, os joelhos tremerão. Sim, está chegando. Não há como parar, é o decreto do Eterno, o Senhor' ".

⁸⁻¹⁰ **A** Mensagem do Eterno veio a mim: "Filho do homem, profetize. Diga a eles: 'O Senhor diz:

" 'Uma espada! Uma espada!
Afiada e polida,
Afiada para matar,
polida para brilhar como um raio!

" 'Meu filho, você desprezou o cetro de Judá ao adorar os postes-ídolos.

¹¹ " 'A espada foi feita para reluzir
e ser usada.
Está afiada e polida,
pronta para o matador'.

¹² "Grite e chore, filho do homem.
A espada será contra meu povo!
Os príncipes de Israel
e meu povo – à mercê da espada!
Torçam as mãos!
Arranquem os cabelos!

¹³ " 'O teste está chegando.
Por que vocês desprezaram a disciplina?
Vocês não poderão escapar,
é o decreto do Eterno, o Senhor'.

¹⁴⁻¹⁷ "Então, profetize, filho do homem!
Bata palmas. Chame a atenção deles.
Diga-lhes que a espada está ferindo
uma, duas, três vezes.
É uma espada para matar,
uma espada para o massacre,

Uma espada implacável,
uma espada infalível –
Pessoas caindo à esquerda e à direita,
caindo como dominó.
Pus uma espada assassina
em todos os portões da cidade,
Reluzente como um raio,
sendo usada com violência.
Corta à direita, golpeia à esquerda,
espada afiada e assassina!
Aí vou bater palmas,
sinal de que minha ira já passou.
Eu, o Eterno, falei".

¹⁸⁻²² **A** Mensagem do Eterno veio a mim: "Filho do homem, abra duas estradas para a espada do rei da Babilônia. Comece-as do mesmo lugar. Ponha um sinal no início de cada estrada. Ponha um sinal para marcar a estrada para a espada que leva a Rabá dos amonitas. Ponha o outro sinal na estrada para Judá e para o forte de Jerusalém. O rei da Babilônia está na bifurcação e decide, tirando a sorte, para ver qual estrada vai pegar. Ele tenta a sorte pelas flechas, consulta aos ídolos do lar, examina o fígado de um bode. Ele abre a mão direita, e a sorte diz: 'Vá em direção a Jerusalém'. Então, ele se põe a caminho com seus aríetes, pronto para matar, fazendo soar o grito de guerra, derrubando as portas da cidade, construindo rampas.

²³ "Às autoridades de Judá, que também fizeram juramentos, vai parecer uma previsão falsa, mas ele as lembrará da sua culpa, e elas serão capturadas.

²⁴ "Então, o que o Eterno, o Senhor, diz é isto: 'Seu pecado agora está exposto, para que todos vejam o que vocês têm feito, por isso vocês serão levados prisioneiros.

²⁵⁻²⁷ " 'Ó Zedequias, príncipe blasfemo e mau de Israel, o tempo acabou. É dia de pagamento do castigo. O Eterno diz: Tire a coroa da cabeça. Já acabou a rotina do dia a dia. O vencido será promovido, e o vencedor será deposto. Ruínas, ruínas, ruínas! Vou transformar o lugar todo em ruínas. E, em ruínas, permanecerá até que venha aquele que o terá por direito. Nesse dia, entregarei a ele o lugar'.

²⁸⁻³² "Mas sua missão, filho do homem, é profetizar. Diga a eles: 'Esta é a Mensagem do Eterno, o Senhor, contra os amonitas e contra seus insultos cruéis:

DIA 330

Uma espada! Uma espada!
Desembainhada para matar,
Afiada como uma navalha,
reluzente como um relâmpago.
Apesar da visão falsa e da mentira
que circulou em Amom,
A espada cortará pescoços amonitas,
para os quais é dia de
pagamento do castigo.
Ponha a espada de volta na bainha!
Eu os julgarei na sua terra natal,
na terra em que vocês cresceram.
Descarregarei minha ira sobre vocês,
soprarei a raiva quente na sua nuca.
Entregarei vocês a homens perversos
experimentados na tortura.
Vocês acabarão como lenha.
Cadáveres encherão sua terra.
Nem mesmo uma lembrança sobrará de vocês.
Eu, o Eterno, disse isso".

O espantalho das nações

22¹⁻⁵ **A** Mensagem do Eterno veio a mim: "Filho do homem, você julgará esta cidade sanguinária ou não? Responda-me, você a julgará? Faça isso! Confronte-a com todas as suas obscenidades repugnantes. Diga a ela: 'O que o Eterno, o Senhor, diz é isto: Você é uma cidade assassina na essência, e está pedindo o castigo. Você é uma cidade obcecada pelos ídolos, que nem deuses são, e, por isso, está imunda. Em todas as suas matanças, você acumulou culpa. Por ter feito tantos ídolos, você se tornou asquerosa. Forçou um fim prematuro de sua existência. Eu a farei motivo de piada entre as nações, você será ridícula. De perto e de longe, zombarão de você, por ser infame pela imundície e notória pelo caos.

1PEDRO 1.22 — 2.17

²²⁻²⁵ Agora que vocês purificaram a vida por meio da verdade, amem-se uns aos outros como se a vida de vocês dependesse disso. A vida nova que possuem não é como a velha vida. O velho nascimento de vocês veio de semente mortal; o novo nascimento vem da Palavra viva de Deus. Pensem nisto: uma vida concebida pelo próprio Deus! Foi por isso que o profeta disse:

A vida velha é como grama,
sua beleza se vai como as flores do campo;

A grama seca, as flores murcham,
e a Palavra de Deus continua
e continua para sempre.

Essa é a Palavra que concebeu a nova vida em vocês.

2¹⁻³ **P**or isso, limpem a casa! Tratem de varrer tudo que é malícia, fingimento, inveja e comentários maldosos. Vocês já provaram de Deus. Agora, como bebês de colo, bebam a pura bondade de Deus e assim crescerão maduros e completos em Deus.

A Pedra

⁴⁻⁸ **B**em-vindos à Pedra viva, a fonte da vida. Os pedreiros olharam para ela e a desprezaram, mas Deus lhe deu um lugar de honra. Apresentem-se como pedras para a construção de um santuário cheio de vida, em que servirão como sacerdotes, oferecendo a Deus vidas aprovadas por Cristo. As Escrituras dizem:

Vejam! Estabeleço uma pedra em Sião,
uma pedra de canto em lugar de honra.
Quem tem essa pedra como base
nunca irá se arrepender.

Para quem confia nele, ele é a Pedra de que podemos nos orgulhar, mas para aqueles que se recusam a confiar nele —

A pedra que os pedreiros rejeitaram
é agora a principal pedra de fundação.

Para quem não confia, ela é —
... uma pedra de tropeço,
uma rocha bloqueando o caminho.

Eles tropeçam e caem porque se recusam a obedecer, como foi predito.
⁹⁻¹⁰ Mas vocês são os escolhidos de Deus, escolhidos para a alta vocação do trabalho sacerdotal e para serem um povo santo. São instrumentos de Deus para fazer sua obra e falar por ele, e para contar a todos quanta diferença ele fez na vida de vocês — de nada para alguma coisa, de rejeitados para aceitos.

¹¹⁻¹² **A**migos, este mundo não é a casa de vocês; por isso, não se sintam à vontade nele. Não deem espaço para o ego à custa da sua alma. Vivam uma vida exemplar entre seus conhecidos para que o comportamento de vocês refute o

preconceito deles. Então, eles serão conquistados para o lado de Deus e estarão lá para participar da festa, quando ele vier.

13-17 Deixem o Senhor orgulhoso de vocês, sendo bons cidadãos. Respeitem as autoridades, qualquer que seja o nível delas. Elas são emissárias de Deus, responsáveis por manter a ordem. É vontade de Deus que, ao fazer o bem, vocês possam curar a ignorância dos tolos que o consideram um perigo para a sociedade. Usem da sua liberdade para servir a Deus, não para quebrar as regras. Tratem todos com dignidade. Amem sua família espiritual. Temam a Deus. Respeitem o governo.

SALMOS 136.4-22

4-22 Agradeçam ao Deus que faz milagres!
Seu amor jamais acaba.
Ao Deus capaz de formar o cosmo!
Seu amor jamais acaba.
Ao Deus que dispôs a terra
  sobre as fundações do oceano!
Seu amor jamais acaba.
Ao Deus que encheu os céus de luz!
Seu amor jamais acaba.
Ao Deus que fez o Sol para guardar o dia,
Seu amor jamais acaba.
E a Lua e as estrelas como guardiãs da noite!
Seu amor jamais acaba.
Ao Deus que abateu os primogênitos egípcios,
Seu amor jamais acaba.
E resgatou Israel da opressão!
Seu amor jamais acaba.
Ele tomou conta de Israel com sua mão poderosa:
Seu amor jamais acaba.
Dividiu o mar Vermelho em dois,
Seu amor jamais acaba.
Conduziu Israel pelo meio,
Seu amor jamais acaba.
Atirou o faraó e seu exército no mar!
Seu amor jamais acaba.
Ao Deus que fez seu povo marchar pelo deserto,
Seu amor jamais acaba.
E que esmagou vastos reinos de todos os lados!
Seu amor jamais acaba.
Ele derrubou reis famosos:
Seu amor jamais acaba.
Derrubou Seom, o rei amorreu;
Seu amor jamais acaba.
Derrubou Ogue, o rei de Basã;
Seu amor jamais acaba.

Depois distribuiu o território deles como espólio
Seu amor jamais acaba.
E entregou a terra de volta a Israel!
Seu amor jamais acaba.

◼ NOTAS

||||||||||||||||||||||||||||||||||||||||||||||||||||

☐ DIA 331 ___ / ___ / ___

EZEQUIEL 22.6 — 23.30

6-12 "Suas autoridades, os príncipes de Israel, competem no crime. Vocês são uma comunidade que é atrevida para com os pais, cruel com os estrangeiros, opressora dos órfãos e das viúvas. Vocês desprezam o que é sagrado e profanam os meus sábados. Entre vocês, só há quem espalhe mentiras e derrame

DIA 331

sangue, que segue para as colinas em grupo, atrás dos santuários do sexo, nos quais pecam de forma desenfreada. O incesto é comum. Os homens forçam as mulheres e não se importam com nada. É uma anarquia. Ninguém é de ninguém. Nessa orgia, vale tudo: vizinha, nora, irmã. O assassinato pode ser encomendado pelo preço de tabela, os juros abusivos não têm limite, a extorsão virou coisa corriqueira.

" 'E vocês se esqueceram *de mim*, é o decreto do Eterno, o Senhor.

¹³⁻¹⁴ "Agora vejam. Bati palmas, chamando a atenção de todos para a ganância voraz de vocês e para sua crueldade sanguinária. Será que vocês conseguem continuar assim? Serão capazes de continuar depois que eu começar a tratar de vocês?

¹⁴⁻¹⁶ " 'Eu, o Eterno, falei. Vou pôr um fim nisso. Lançarei vocês aos quatro ventos. Eu os espalharei por todo o mundo. Darei um fim radical à sua vida de imundícies. Vocês serão profanados, sujos com a própria lama à vista das nações. E vocês reconhecerão que eu sou o Eterno' ".

¹⁷⁻²² A Mensagem do Eterno veio a mim: "Filho do homem, o povo de Israel é escória para mim, são restos inúteis de cobre, estanho, ferro e chumbo deixados na fornalha − um monte inútil de refugo. Então, diga a eles: 'O Eterno, o Senhor, falou: Visto que todos vocês se tornaram refugo, estejam de sobreaviso: eu os reunirei em Jerusalém. Assim como os homens ajuntam prata, cobre, ferro, chumbo e estanho na fornalha e sopram fogo neles para fundi-los, na minha ira, eu os reunirei e os fundirei. Soprarei sobre vocês o fogo da minha ira para fundi-los na fornalha. Assim como a prata é fundida, vocês serão derretidos. Escutem isso muito bem! Então, reconhecerão que eu, o Eterno, descarreguei minha ira sobre vocês' ".

²³⁻²⁵ A Mensagem do Eterno veio a mim: "Filho do homem, diga a esta terra: 'Você é uma terra que, no tempo da minha ira, não recebeu chuva alguma, nem mesmo uma chuva de primavera. Seus líderes ficaram desesperados, como leões que vagueiam, saqueiam e matam indiscriminadamente. Eles roubaram e saquearam, deixando muitas viúvas no seu rastro.

²⁶⁻²⁹ 'Seus sacerdotes violaram minha lei e profanaram as coisas sagradas. Eles não sabem a diferença entre o sagrado e o profano. Dizem que não há diferença entre o certo e o errado. Desprezam meus sábados sagrados e me profanam quando

tentam me rebaixar ao nível deles. Seus políticos são como lobos que rondam, matam e tomam vorazmente tudo que eles querem. Seus pregadores dão cobertura aos seus políticos, fazendo de conta que receberam visões e revelações especiais. Eles dizem: "O que o Eterno, o Senhor, diz é isto...", quando o Eterno não falou nem uma só palavra. A extorsão é corriqueira, o roubo é geral, a exploração de pobres e necessitados é comum, os estrangeiros são jogados de um lado para outro e não têm acesso à justiça.

³⁰⁻³¹ 'Procurei alguém que pudesse se posicionar em meu lugar contra tudo isso, alguém que reconstruísse as defesas da cidade, que tomasse uma posição por mim, se pusesse na brecha e protegesse esta terra, para que eu não tivesse de destruí-la. Não achei ninguém. Ninguém mesmo. Então, vou derramar minha ira sobre eles. Vou queimá-los com minha ira até que fiquem ressecados − consequência de tudo que fizeram, é o decreto do Eterno, o Senhor".

Possuída de desejo

23 ¹⁻⁴ A Mensagem do Eterno veio a mim: "Filho do homem, havia duas mulheres, filhas da mesma mãe. Elas se tornaram prostitutas no Egito − tão jovens e já prostitutas. Seus peitos foram acariciados e seus seios afagados. A irmã mais velha se chamava Oolá, e a mais nova, Oolibá. Elas eram minhas irmãs e deram à luz filhos e filhas".

Oolá é Samaria e Oolibá é Jerusalém.

⁵⁻⁸ "Oolá começou a se prostituir enquanto ainda era minha. Ela deu vazão aos desejos e foi atrás dos amantes assírios: homens do exército de elegantes uniformes azuis, embaixadores e governadores, jovens de boa aparência montados em belos cavalos. O desejo dela era desenfreado. Ela era a prostituta da elite assíria e ainda acrescentou à sua imundície os ídolos daqueles a quem ela se entregou no seu desejo. Ela se segurou. Sua prostituição, que começou quando ela ainda estava no Egito, nunca foi abandonada. Ela dormiu com homens que brincaram com seus seios e com ela extravasaram seu desejo.

⁹⁻¹⁰ "Por isso, eu a abandonei a seus amantes assírios, pelos quais ela estava tão obcecada. Eles arrancaram as roupas dela, tiraram seus filhos e, então − humilhação final −, a mataram. Entre as mulheres, seu nome passou a ser Vergonha − o juízo da história contra ela.

¹¹⁻¹⁸ "A irmã dela viu tudo isso, mas acreditem, se tornou ainda pior que sua irmã na imoralidade

e na prostituição. Ela também ficou cheia de desejo pelos assírios: embaixadores e governadores, homens do exército de elegantes uniformes e montados em belos cavalos – a elite assíria. Vi que ela também tinha se entregado à imundície. As duas seguiram o mesmo caminho. Mas Oolibá ultrapassou sua irmã. Quando ela viu as imagens dos babilônios esculpidas em relevo nas paredes e pintadas de vermelho, com cintos extravagantes na cintura, turbantes elaborados na cabeça, todos eles parecendo importantes – os famosos babilônios! –, ela ficou cheia de desejo e enviou convites a eles na Babilônia. Os babilônios vieram correndo; com ela, praticaram todo tipo de imoralidade e tornaram-na impura por completo. Depois que eles a contaminaram, ela perdeu o interesse por eles. Então, ela veio a público com sua imoralidade. Ela exibiu sua nudez ao mundo.

18-21 "Eu virei as costas para ela, como havia feito com sua irmã. Mas isso não a segurou. Ela intensificou sua prostituição, como nunca. Ela se lembrou de quando era jovem, do tempo em que começou a se prostituir no Egito. Isso atiçou seu apetite por amantes mais robustos, vulgares e violentos – garanhões obcecados. Ela teve desejo de repetir as proezas sexuais da sua mocidade no Egito, onde seus firmes seios haviam sido acariciados e afagados.

22-27 "Por isso, Oolibá, esta é a Mensagem do Eterno, o Senhor: Incitarei os seus antigos amantes contra você, amantes dos quais você se cansou e abandonou, desgostosa. De todo lado, eu os trarei para atacá-la: os babilônios e os caldeus, os homens de Pecode, de Soa e de Coa, além de todos os assírios – homens jovens de boa aparência, embaixadores e governadores, oficiais da elite e celebridades –, todos eles montados em belos e valentes cavalos. Eles descerão contra você do norte, armados até os dentes, trazendo carros e tropas de todos os lados. Entregarei a tarefa do julgamento a eles. Eles castigarão você de acordo com as regras deles. Contra você, me levantarei implacavelmente enquanto eles a atacam com violência. Eles mutilarão você, decepando seu nariz e suas orelhas, matando ao fio da espada. Eles aprisionarão seus filhos – e os demais serão queimados. Eles arrancarão suas roupas e roubarão suas joias. Vou dar um basta no seu sexo imundo, na vida de prostituição que você começou no Egito. Nunca mais você olhará com simpatia para a prostituição. Você já não se lembrará do Egito com um brilho nos olhos.

28-30 "Uma Mensagem do Eterno, o Senhor: Estou a ponto de entregar você aos que a odeiam, aos que sentem repulsa por você. Eles a tratarão com ódio e a deixarão nua em público; seu corpo de prostituta, exposto à luz do dia. Ficará exposta a sua imoralidade. Sua sordidez levou você a esse ponto, porque você se prostituiu com nações pagãs e se tornou imunda como os ídolos delas, que nem deuses são.

1PEDRO 2.18 — 3.12

O exemplo de vida de Cristo

18-20 Sejam bons empregados para o patrão, não apenas para os bons patrões, mas também para os maus. O que importa é que suportem tudo por causa de Deus, quando forem maltratados sem razão. Não há nenhum mérito em receber castigo quando vocês o merecem. Mas, se forem maltratados por terem bom comportamento, mesmo que sejam bons empregados, é isso que vale para Deus.

21-25 Foi para esse tipo de vida que vocês foram convidados, o mesmo que Cristo viveu. Ele sofreu e aceitou toda espécie de sofrimento para que vocês soubessem que esta vida era possível e aprendessem a vivê-la, passo a passo.

Ele nunca fez nada errado,
Nem disse qualquer coisa incorreta.

Ele foi xingado com tudo que é nome, mas não reagiu. Sofreu em silêncio, contente em deixar Deus acertar as coisas. Ele usou seu corpo de servo para carregar nossos pecados até a cruz e nos livrar do pecado, nos deixar livres para viver o caminho certo. Os ferimentos dele são a cura de vocês. Vocês eram ovelhas perdidas, sem saber quem eram ou para onde estavam indo. Agora, são chamados pelo nome e guardados até o fim pelo Pastor da alma de vocês.

Cultivem a beleza interior

3 1-4 O mesmo vale para vocês, esposas: sejam boas esposas, cada uma para o seu marido, atentas às necessidades deles. Há maridos que, mesmo indiferentes à Palavra de Deus, poderão ser cativados pela vida da beleza santa de vocês. O que importa não é a aparência exterior – o estilo do cabelo, as joias, o corte da roupa –, mas sim sua atitude interior.

DIA 332

⁴⁶ Cultivem a beleza interior, do tipo gracioso e gentil que agrada a Deus. As mulheres santas de antigamente eram lindas na presença de Deus desse modo e eram boas e leais aos maridos. Sara, por exemplo, tratava Abraão como "meu querido marido". Vocês serão verdadeiras filhas de Sara se fizerem o mesmo, sem ansiedade e sem acanhamento.

⁷ O mesmo vale para vocês, maridos: sejam bons maridos, cada um para a sua esposa. Não deixem de honrá-las nem de se alegrar com elas. Sendo mulheres, elas não têm alguns dos privilégios de vocês. Mas na nova vida sob a graça de Deus vocês são iguais. Portanto, tratem a esposa iguais a vocês, para que suas orações não sejam daquelas que nem passam do teto.

Sofrer por fazer o bem

⁸⁻¹² Resumindo: sejam agradáveis, simpáticos, amáveis, compassivos, humildes. Isso vale para todos, sem exceção. Nada de retaliação. Nada de língua afiada para o sarcasmo. Em vez disso, abençoem, que é a obrigação de vocês. Assim, serão uma bênção e também receberão bênçãos.

Quem quer abraçar a vida
    e ver dias cheios de bem,
Eis o que tem de fazer:
    não diga nada maldoso ou capaz de ferir;
Despreze o mal e cultive o bem;
    persiga a paz com todo empenho.
Deus aprova tudo isso,
    ouvindo e respondendo
    bem ao que é pedido;
Mas volta as costas
    para os que fazem o mal.

SALMOS 136.23-26

²³⁻²⁶ Deus lembrou-se de quando estávamos caídos,
    Seu amor jamais acaba.
Resgatou-nos dos que pisavam sobre nós!
    Seu amor jamais acaba.
Ele cuida de cada um em tempos de necessidade!
    Seu amor jamais acaba.
Agradeçam a Deus, que fez tudo isso!
    Seu amor jamais acaba!

◼ NOTAS

☐ DIA 332 ___/___/___

EZEQUIEL 23.31 — 25.14

³¹⁻³⁴ " 'Você imitou a vida da sua irmã. Agora vou deixar que você beba o cálice que ela bebeu.

" 'Esta é a Mensagem do Eterno, o Senhor:

" 'Você beberá o cálice da sua irmã,
    um cálice fundo como um abismo
    e da largura do oceano.
Você será evitada e ridicularizada
    enquanto estiver bebendo desse
    cálice, cheio até a borda.
Você estará bêbada de cair,
    e lágrimas rolarão dos seus olhos
    enquanto estiver bebendo
    desse cálice de terror:
    é o cálice da sua irmã Samaria.

Você o beberá até a última gota,
e, então, o quebrará e comerá os pedaços
e acabará mutilando os próprios seios.
Eu dei minha palavra –
decreto do Eterno, o Senhor.

35 " 'Por isso, o Eterno, o Senhor, diz: Visto que você esqueceu tudo sobre mim, deixando-me em segundo plano, agora você precisa pagar pelo que fez – pagar por sua vida de sexo sórdido e prostituição' ".

36-39 O Eterno me disse: "Filho do homem, você vai confrontar Oolá e Oolibá com os atos que elas praticaram? Faça-as encarar suas terríveis obscenidades, desde o adultério até o assassinato. Elas cometeram adultério com seus ídolos, que nem deuses são, e sacrificaram os filhos que me deram para alimentá-los! Mais ainda, profanaram meu santuário e meus sábados sagrados. No mesmo dia em que sacrificaram seus filhos aos ídolos, entraram no meu santuário e o profanaram. Foi isso que fizeram – na *minha* casa!

40-42 "Além disso, elas ainda enviaram convites, por mensageiros especiais, a homens de lugares distantes – e, claro, eles vieram. Elas se banharam, se maquiaram e vestiram roupas provocantes. Depois se deitaram em camas suntuosas, aromatizadas com incenso e óleos – *meu* incenso e *meus* óleos! A multidão se reuniu, aos solavancos, todos bêbados. Eles adornaram as irmãs com braceletes e tiaras.

43-44 "Eu disse: 'Ela não presta mais para o sexo!'. Mas isso não os impediu. Eles continuaram batendo à porta dia e noite, como fazem os homens quando estão atrás de uma prostituta. Foi assim que usaram Oolá e Oolibá, as prostitutas decadentes.

45 "Homens justos pronunciarão juízo contra elas, anunciando sentenças por adultério e assassinato. Esta foi a obra da vida delas: adultério e assassinato.

46-47 "O Eterno diz: 'Soltem uma multidão contra elas. Terror! Saque! Que a multidão as apedreje e corte em pedaços – que mate todos os seus filhos e queime suas casas!

48-49 " 'Eu darei um fim ao sexo sórdido nesta terra, para que todas as mulheres sejam advertidas a não imitar vocês. Vocês pagarão o preço por tanta imoralidade. Pagarão pelos seus negócios promíscuos com os ídolos. E perceberão que eu sou o Eterno, o Senhor' ".

Faça a panela ferver

24 **1-5 A** Mensagem do Eterno veio a mim no dia 10 do décimo mês, no nono ano: "Filho do homem, anote esta data. O rei da Babilônia fez o cerco a Jerusalém exatamente neste dia. Conte a esse bando de rebeldes a seguinte história:

" 'Ponha a panela para ferver.
Encha-a com água.
Coloque pedaços de carne nela,
os melhores pedaços
– da coxa e do peito do boi.
Escolha os melhores ossos para sopa
das melhores ovelhas do rebanho.
Amontoe lenha debaixo da panela.
Leve tudo a ferver
E cozinhe a sopa.

6 "O Eterno, o Senhor, diz:

" 'Desgraça à cidade do assassinato,
à panela grossa de escória,
de uma sujeira que não pode ser lavada.
Esvazie a panela, pedaço por pedaço,
não se importe com quem ganha o quê.

7-8 "O sangue dos assassinatos
manchou a cidade inteira.
O sangue corre solto nas pedras das ruas,
e ninguém se preocupa em lavá-las.
O sangue está em plena rua à vista de todos
para provocar minha ira,
para desencadear minha vingança.

9-12 "Por isso, o que o Eterno, o Senhor, diz é isto:

" 'Desgraça à cidade do assassinato!
Eu também vou ajudar a ajuntar lenha.
Empilhem a lenha bem alto,
acendam o fogo,
Cozinhem a carne, temperem-na bem,
derramem o caldo
e, depois, queimem os ossos.
Então, colocarei a panela vazia nas brasas
e a aquecerei até que fique vermelha
e o bronze fique incandescente.
Assim, a impureza sairá,
e a corrupção será queimada e eliminada.
Mas não há esperança. Já passou do ponto.
A sujeira é grossa demais.

13-14 " 'Sua sujeira entranhada é seu sexo imundo. Eu queria purificá-la, mas você não me deixou. Não farei mais nada para purificá-la até que minha ira tenha passado. Eu, o Eterno, o disse.

DIA 332

E o farei. Não vou me conter. Minha compaixão acabou. Não vou mudar de ideia. Vocês estão recebendo exatamente o que merecem, é o decreto do Eterno, o Senhor' ".

Sem lágrimas

15-17 A Mensagem do Eterno veio a mim: "Filho do homem, estou prestes a tirar de você o prazer da vida — será um choque, eu sei. Mas, por favor, sem lágrimas. Guarde sua tristeza para você. Nada de lamento em público. Vista-se como sempre e faça seu trabalho — sem os típicos rituais fúnebres".

18 Preguei ao povo de manhã, e, naquela noite, minha esposa morreu. Na manhã seguinte, fiz conforme as ordens recebidas.

19 As pessoas vinham me questionar, curiosas: "Conte-nos por que você está agindo desse jeito. Tem alguma explicação?".

20-21 Então, contei: "A Mensagem do Eterno veio a mim, dizendo: 'Conte à família de Israel: o que o Eterno, o Senhor, está dizendo é isto: Vou profanar meu santuário, sua fortaleza firme, o prazer da sua vida, o desejo do seu coração. Os filhos que você deixar para trás morrerão.

22-24 " 'Então, vocês farão exatamente como eu fiz. Não farão nenhum ritual fúnebre. Vocês se vestirão como sempre e farão seu trabalho normalmente — sem lágrimas. Mas seus pecados os consumirão de dentro para fora, e vocês gemerão entre vocês. Ezequiel será seu exemplo. Assim como ele fez, vocês farão.

" 'Quando isso acontecer, vocês reconhecerão que eu sou o Eterno, o Senhor.

25-27 "E você, filho do homem, no dia em que eu tirar o refúgio do povo, sua grande alegria, o prazer da sua vida, o que eles mais desejavam, com todos os seus filhos — naquele exato dia, virá um sobrevivente e dirá o que aconteceu com a cidade. Você romperá o silêncio e começará a falar de novo, quando conversar com ele. Você será um exemplo para eles. E eles reconhecerão que eu sou o Eterno".

Atos de vingança

25 **1-5** A Mensagem do Eterno veio a mim:

"Filho do homem, denuncie Amom e pregue contra esse povo: 'Ouçam a Palavra do Eterno, o Senhor. Isto é o que o Eterno tem a dizer: Vocês comemoraram quando meu santuário foi profanado, a terra de Judá foi devastada e o povo de Israel foi levado para o exílio, por isso estou entregando vocês ao povo que vem do Oriente. Eles vão invadir sua terra e se sentir em casa, comendo a comida das suas mesas e bebendo seu leite. Farei de sua capital, Rabá, em pasto para os camelos; e de todas as suas vilas, currais para os rebanhos. Então, vocês perceberão que eu sou o Eterno'.

6-7 "O Eterno, o Senhor, diz: 'Vocês bateram palmas e vibraram, com o seu perverso desprezo pela terra de Israel, por isso, vou intervir e distribuir vocês como despojo — quem chegar primeiro leva. Vou riscar seu nome da lista das nações. Não sobrará nada do seu país, e vocês perceberão que eu sou o Eterno' ".

8-11 "O Eterno, o Senhor, diz: 'Moabe disse: Vejam, Judá não é nada especial, tornarei frágeis os flancos de Moabe, expondo suas belas vilas fronteiriças ao ataque: Bete-Jesimote, Baal-Meom e Quiriataim. Reunirei Moabe a Amom e os entregarei ao povo que vem do Oriente para que os levem. Nunca mais se ouvirá falar de Amom. Punirei Moabe severamente, e eles perceberão que eu sou o Eterno' ".

12-14 "O Eterno, o Senhor, diz: 'Edom reagiu ao povo de Judá com vingança e ódio, foi cruel e vingativo contra eles, por isso, eu, o Eterno, o Senhor, me posicionarei contra Edom e matarei muitos deles, pessoas e animais. Eu o arrasarei — cadáveres espalhados de Temã a Dedã. Usarei meu povo, Israel, para executar a vingança sobre Edom. Minha ira alimentará a reação deles. E eles perceberão que é *minha* vingança', é o decreto do Eterno, o Senhor".

1PEDRO 3.13 — 4.11

13-18 Se vocês fazem o bem com o coração e a alma, quem os impedirá? Ainda que sofram por causa disso, é o melhor para vocês. Não deem uma segunda chance à oposição. Em condições favoráveis ou desfavoráveis, mantenham o coração atento, em adoração a Cristo, Senhor de vocês. Estejam prontos para falar e explicar a qualquer um que perguntar por que vocês adotaram esse estilo de vida, sempre com a maior gentileza. Tenham uma consciência tranquila na presença de Deus, de modo que, quando as pessoas jogarem lama em vocês, não consigam sujá-los. Seus inimigos vão acabar percebendo que *eles* é que precisam de um banho. É melhor sofrer por fazer o bem, se é isso que Deus quer, que ser punido por fazer o mal. Afinal, o que Cristo definitivamente fez: sofreu por causa dos pecados dos outros, o Justo pelos injustos. Ele enfrentou tudo isso – foi morto e ressuscitou – para nos conduzir a Deus.

19-22 Ele proclamou a salvação de Deus às gerações anteriores, que estavam na prisão por não terem escutado. Vocês sabem que, embora Deus tenha esperado pacientemente que Noé construísse uma arca, poucos foram salvos – oito, para ser exato, salvos *da* água *pela* água. A água do batismo faz o mesmo por vocês, não por limpar a sujeira da pele, mas por apresentá-los diante de Deus com uma consciência pura, por meio da ressurreição de Jesus. Jesus tem a última palavra sobre tudo e todos, de anjos a exércitos. Ele está com Deus, e o que ele diz acontece.

Aprendam a pensar como ele

4 **1-2** Portanto, considerando que Jesus passou por tudo que vocês estão passando, e até mais, aprendam a pensar como ele. Pensem no seu sofrimento como uma maneira de abandonar o velho hábito pecaminoso de querer conseguir as coisas do modo de vocês. Assim, serão capazes de viver livres para buscar o que Deus quer, em vez de serem escravizados pelos próprios desejos.

3-5 Vocês já viveram aquela vida que ignorava Deus: festas toda noite, bebedeiras e depravação. Mas chegou a hora de se livrar disso para sempre. Obviamente, os amigos daquela época não entendem por que vocês não os procuram mais. No entanto, vocês não têm a obrigação de prestar contas a eles. Eles serão chamados à responsabilidade – na presença do próprio Deus.

6 Ouçam a Mensagem. Ela foi pregada aos cristãos que agora estão mortos, mas, ainda que estejam mortos (como acontece com todos), eles vão continuar na *vida* que Deus concedeu a eles em Jesus.

7-11 Tudo neste mundo está para ser consumado; portanto, não tomem nada como certo. Mantenham uma vida de oração. Acima de tudo, amem uns aos outros como se a vida de vocês dependesse disso. O amor resolve praticamente qualquer situação. Sejam prestativos em dar uma refeição ao faminto, uma cama ao sem-teto – e façam isso com alegria. Sejam generosos com os dons que Deus concedeu a vocês e permitam que todos participem deles: se palavras, que sejam palavras de Deus; se ajuda, que seja uma ajuda sincera da parte de Deus. Assim, a brilhante presença de Deus se tornará evidente em tudo por meio de Jesus, e *ele* receberá todo o crédito, na condição de quem é poderoso em tudo – para sempre, até o fim dos tempos. Amém!

SALMOS 137.1-9

137 **1-3** À margem dos rios da Babilônia,
nós nos sentamos e choramos,
lembrando-nos dos bons tempos de Sião.
Ao lado dos álamos tremulantes,
amontoamos nossas harpas emudecidas.
Foi quando os que tinham
nos capturado pediram canções
em tom de zombaria:
"Cantem para nós uma canção
alegre de Sião!".

4-6 Mas como cantar uma canção ao Eterno
nesta terra devastada?
Se um dia eu me esquecer de você, Jerusalém,
que meus dedos sequem e caiam como folhas.
Que minha língua fique grudada no céu da boca
Se eu deixar de me lembrar de você;
Se eu deixar, ó querida Jerusalém,
de honrar você como minha favorita.

7-9 Ó Eterno, lembra-te daqueles edomitas,
e da ruína de Jerusalém,
Daquele dia em que eles gritaram:
"Arrasem a cidade! Não deixem sobrar nada!".
E vocês, babilônios, foram os destruidores!
Uma recompensa para quem
se vingar de vocês
pelo mal que nos fizeram.
Sim, uma recompensa para quem
agarrar seus bebês
e atirá-los contra as rochas!

NOTAS

Varrerei seu entulho
e a deixarei como rocha nua.
Ela será uma ilha de rocha nua no oceano,
que não presta para nada a não ser
para secar redes de pesca.
Sim, eu disse isso – decreto do Eterno, o Senhor.
Ela será despojo, um presente para as nações!
Suas vilas ao redor serão massacradas.
E perceberão que eu sou o Eterno.

7-14 "O Eterno, o Senhor, diz: 'Vejam! Do norte, estou trazendo Nabucodonosor, rei da Babilônia, um rei de reis, que desce contra Tiro. Ele virá com carros, cavalos e cavaleiros – um exército enorme. Ele vai massacrar as vilas à sua volta e a cercará, Tiro. Construirá rampas contra seus muros. Uma floresta de escudos avançará contra você. Ele golpeará seus muros com aríetes e destruirá suas torres com armas de ferro. Você ficará coberto com a poeira levantada pelos cavalos dele – uma manada de animais de guerra transbordando pelas brechas, puxando os carros. Será como um terremoto, e a cidade entrará em choque! Os cavalos pisarão velozmente suas ruas. Seu povo será morto, e as enormes colunas serão queimadas como gravetos. Os invasores roubarão e saquearão tudo! Toda essa riqueza! Eles derrubarão suas belas casas e lançarão o entulho das pedras e da madeira no mar. E suas festas, suas belas e famosas festas, não mais se repetirão. Chega de canções, chega de violões. Eu reduzirei você a uma ilha de rocha nua, que não presta para nada, senão para secar redes de pesca. Você nunca será reconstruída. Eu, o Eterno, disse isso – decreto do Eterno, o Senhor'."

Apresentado aos terrores da guerra

15 "Esta é a Mensagem do Eterno, o Senhor, para Tiro: 'Será que as ilhas do mar não estremecerão com o estrondo do seu colapso, com o gemido dos seus feridos, com a confusão e o massacre?

16-18 "'Ao longo de toda a costa, os príncipes descerão do trono, tirarão o manto real e as roupas extravagantes e se enrolarão em puro terror. Eles se sentarão no chão, aterrorizados até a medula, apavorados com sua situação. Então, começarão a cantar um canto fúnebre a seu respeito:

"'Afundou-se! Está afundada no fundo do mar
a famosa cidade do mar!
A potência do mar,
você e seu povo,

|||||||||||||||||||||||||||||||||||||||||||||||||||||||

☐ DIA **333** __ / __ / __

EZEQUIEL 25.15 — 27.36

15-17 "O Eterno, o Senhor, diz: 'Os filisteus foram tão cheios de ódio e vingativos – foram séculos de maldade! – e fizeram de tudo para destruir Judá; por isso, eu, o Eterno, o Senhor, me posicionarei contra os filisteus e eliminarei os cretenses e todos os que restarem na costa do mar. Grandes atos de vingança, castigos pesados! E, quando eu me vingar, eles saberão que eu sou o Eterno.'"

Como as ondas do mar, que se lançam contra a praia

26 **1-2** No primeiro dia do mês do décimo primeiro ano, a Mensagem do Eterno veio a mim: "Filho do homem, Tiro comemorou quando ouviu a notícia de Jerusalém e exclamou:

"'Muito bem! A entrada das nações está destruída!
Agora todos os seus negócios serão meus.
Ela está em ruínas,
e eu estou muito bem'.

3-6 "Por isso, o Eterno, o Senhor, tem isto a dizer:

"'Estou contra você, Tiro,
e trarei muitas nações contra você,
virão como as ondas do mar
se lançam contra a praia.
Elas esmagarão os muros da cidade de Tiro
e derrubarão suas torres.

Intimidando todos
que viviam à sua sombra.
Mas agora as ilhas estão tremendo
por causa do estrondo da sua queda,
As ilhas do oceano estão em tremor
com o impacto do seu colapso'.

19-21 "Mensagem do Eterno, o Senhor: 'Quando eu fizer de você uma cidade devastada, uma cidade sem habitantes, uma cidade-fantasma, e quando eu trouxer as profundezas do oceano que a cobrirão, espremerei você entre os que descem à cova; será uma longa morte. Farei você viver ali, na cova em antigas ruínas, com os mortos sepultados. Nunca mais você verá a terra dos que vivem. Apresentarei a você os terrores da morte, e esse será o seu fim. Enviarão pelotões de busca atrás de você, que nunca será encontrada, é o decreto do Eterno, o Senhor'."

Tiro, a entrada para o mar

27 **1-9** **A** Mensagem do Eterno veio a mim: "Você, filho do homem, cante um canto fúnebre sobre Tiro. Diga a Tiro, a entrada para o mar, o mercador do mundo, o comerciante entre as ilhas distantes: 'O que o Eterno, o Senhor, diz é isto:

" 'Você se orgulha, Tiro:
Sou a embarcação perfeita
— imponente, vistosa.
Você governou os altos mares com base
em sua beleza real, elaborada à perfeição.
Seu madeiramento veio dos
zimbros do monte Hermom.
Um cedro do Líbano
supriu seu mastro.
Fizeram seus remos
com robustos carvalhos de Basã.
Ciprestes de Chipre
incrustados de marfim
foram usados no convés.
Suas velas e sua bandeira eram de
linho colorido e bordado do Egito.
Os toldos de púrpura do convés
também vinham de Chipre.
Homens de Sidom e de Arvade
empunhavam os remos.
Seus experientes marinheiros,
ó Tiro, eram a tripulação.
Os carpinteiros do navio
eram velhos artesãos de Biblos.

Todos os navios do mar e seus marinheiros
se agrupavam em torno de você
para trocar mercadorias.

10-11 " 'Seu exército era composto de soldados
da Pérsia, os lídios e gente de Pute,
Tropas de elite em uniformes esplendorosos.
Eles colocaram você no mapa!
Sua polícia urbana era importada de
Arvade, Heleque e Gamade.
Eles penduravam seus escudos
nos muros da cidade:
um toque final e perfeito na sua beleza.

12 " 'Társis continuou a fazer negócios com você por causa da sua grande riqueza. Eles trabalharam para você, trocando prata, ferro, estanho e chumbo por seus produtos.

13 " 'A Grécia, Tubal e Meseque faziam negócios com você, trocando escravos e bronze por seus produtos.

14 " 'Bete-Togarma trocou cavalos de carga, cavalos de guerra e mulas por seus produtos.

15 " 'O povo de Rodes fez negócios com você. Muitas ilhas distantes pagaram seus produtos com marfim e ébano.

16 " 'Edom fez negócios com você por causa de todos os seus bens. Eles pagaram seus produtos com ágata, tecidos púrpura, panos bordados, linho fino, coral e rubis.

17 " 'Judá e Israel fizeram negócios com você. Eles pagaram seus produtos com trigo seleto, painço, mel, óleo e bálsamo.

18 " 'Damasco, atraída por sua vasta diversidade de produtos e depósitos repletos, fez negócios com você, pagando com mel de Helbom e lã de Zaar.

19 " 'Danitas e gregos de Uzal fizeram negócios com você, usando ferro, cinamomo e especiarias como produtos de troca.

20 " 'Dedã negociou, com você, mantos de sela.

21 " 'A Arábia e todos os beduínos de Quedar negociaram cordeiros, carneiros e cabras com você.

22 " 'Mercadores de Sebá e Ramá, no sul da Arábia, fizeram negócios com você, pagando com especiarias seletas, pedras preciosas e ouro.

23-24 " 'Harã, Cané e Éden e gente do leste da Assíria e da Média negociaram com você, trazendo roupas elegantes, tecidos coloridos e tapetes bem trabalhados para suprir seus bazares.

25 " 'Os grandes navios de Társis eram seus cargueiros, tanto para exportar quanto para importar.

DIA 333

Ah, era tudo um grande negócio para vocês, mercadores dos mares!

26-32 " 'Seus marinheiros remam com todo vigor,
levando você até alto-mar.
Então, uma tempestade do Oriente
despedaça e afunda seu navio.
Tudo vai para o fundo do mar:
seus preciosos bens e produtos,
marinheiros e tripulação, carpinteiros
e soldados do navio,
Tudo afunda no oceano.
Naufrágio com perda total.
Os gritos dos seus marinheiros
ecoam na praia.
Os marinheiros abandonam o navio.
Os mais experientes
nadam até a terra seca.
Eles gritam aflitos,
um coro de lamento amargo
por sua causa.
Eles lambuzam o rosto com cinzas,
rapam a cabeça,
Vestem pano de saco,
chorando solitários sua perda.
Eles entoam um canto fúnebre:
Quem, nos altos mares, é como Tiro?

33-36 " 'Enquanto você cruzava os mares
com seus produtos,
deixou satisfeitos muitos povos.
Seu comércio mundial
enriqueceu muitos reis.
E agora você foi esmigalhada
pelas ondas
e jaz no fundo do mar,
E tudo que você comprou e vendeu
afundou com você.
Todos, na praia, olham com espanto.
Os reis estão de cabelo em pé,
com o rosto retorcido e perturbado.
Os compradores e vendedores do mundo
levantam as mãos para o céu:
Esse terror não pode estar acontecendo!
Ah, mas *já* aconteceu!' ".

1PEDRO 4.12 — 5.14

A glória que está chegando

12-13 **A**migos, quando a vida ficar realmente difícil, não pensem que Deus não está no comando.

Em vez disso, alegrem-se, pois vocês estão passando pelo mesmo que Cristo passou. É um processo de refinamento espiritual, e a glória está chegando.

14-16 Se vocês sofrem abusos por causa de Cristo, considerem-se felizes. É o Espírito de Deus e sua glória em vocês que serão vistos pelos outros. Se eles os perseguem porque vocês quebraram a lei ou perturbaram a paz, é outra questão. Mas, se é porque vocês são cristãos, não pensem duas vezes. Sejam orgulhosos da condição distinta refletida nesse nome!

17-19 Chegou a hora do julgamento, e ele começará pela própria família de Deus. Somos os primeiros da fila. Se começa conosco, imaginem como será para aqueles que rejeitam a Mensagem de Deus!

Se os bons quase não resistem,
O que está reservado para os maus?

Então, se vocês acham que a vida está difícil porque estão fazendo o que Deus mandou, fiquem tranquilos. Confiem nele. Ele sabe e sempre saberá o que está fazendo.

No tempo certo

5 **1-3** **T**enho uma preocupação especial por vocês, líderes da igreja. Sei o que é ser líder, participar dos sofrimentos de Cristo e também da glória futura. Esta é minha preocupação: que vocês cuidem do rebanho de Deus com todo o cuidado de um pastor, não porque são obrigados, mas porque desejam agradar a Deus. Não calculando o que vão ganhar com isso, mas agindo com espontaneidade. Não como mandões, dizendo aos outros o que fazer, mas apontando o caminho com toda gentileza. **4-5** Quando Deus, que é o melhor pastor de todos, manifestar ao mundo seu domínio, ele verá que vocês agiram corretamente e não economizará elogios. E vocês, que são mais jovens, devem seguir seus líderes. Mas todos vocês, líderes e liderados, devem ser humildes uns diante dos outros, pois —

Deus é contra os orgulhosos,
Mas tem prazer em pessoas simples.

6-7 Portanto, contentem-se com o que são e não empinem o nariz. A mão de Deus é forte e está sobre vocês. Ele os exaltará no tempo certo.

Vivam livres de preocupação na presença de Deus: ele toma conta de vocês.

Deus tem a última palavra

8-11 Tenham uma mente tranquila, mas estejam sempre atentos. O Diabo está querendo atacar, e não quer outra coisa senão apanhar vocês desprevenidos. Não baixem a guarda. Vocês não são os únicos a enfrentar momentos difíceis. Acontece o mesmo com muitos cristãos ao redor do mundo. Por isso, fiquem firmes na fé. O sofrimento não vai durar para sempre. Não na presença de um Deus generoso, que tem grandes planos para nós em Cristo, planos eternos e gloriosos! Ele vai conservá-los unidos e firmes para sempre. Deus tem a última palavra. Sim, ele a tem.

12 Envio esta breve carta a vocês por meio de Silas, um irmão muito confiável. Tenho a maior consideração por ele.

Escrevi do modo mais claro e veemente que pude. Essa é a verdade generosa de Deus. Recebam-na de braços abertos!

13-14 A igreja no exílio aqui comigo — mas nem por um momento esquecida por Deus — quer ser lembrada por vocês. Marcos, que é como um filho para mim, envia saudações. Abracem todos aí! A paz seja com vocês — a todos os que andam nos caminhos de Cristo!

SALMOS 138.1-8

Um salmo de Davi

138 **1-3** Obrigado! Tudo em mim diz: "Obrigado!". Os anjos ouvem quando canto minha gratidão.

Eu me ajoelho em adoração diante
    do teu santo templo
    e digo outra vez: "Obrigado!".
Obrigado pelo teu amor,
    obrigado pela tua fidelidade!
Santíssimo é teu nome,
    santíssima é tua Palavra.
No momento em que chamei, tu intervieste;
    minha vida ganhou novo vigor.

4-6 Quando eles ouvirem o que tens
    para dizer, ó Eterno,
    todos os reis da terra dirão: "Obrigado!".
Eles contarão tuas obras numa canção:
    "Quão grande é a glória do Eterno!".

E aqui está a razão: o Eterno, nas alturas,
    enxerga as profundezas.
Não importa a distância,
    ele sabe tudo sobre nós.

7-8 Quando estou com problemas,
    mantém-me vivo no meio do tumulto furioso.
Com uma mão
    fulmina meus inimigos;
Com a outra,
    salva-me.
Termina o que começaste em mim, ó Eterno!
    Teu amor é eterno:
        não desistas de mim agora.

NOTAS

DIA 334   1072

☐ DIA 334 ___ / ___ / ___

EZEQUIEL 28.1 — 30.9

O dinheiro subiu à cabeça

28 **1-5** A Mensagem do Eterno veio a mim: "Filho do homem, diga ao príncipe de Tiro: 'É isto que o Eterno, o Senhor, tem a dizer:

" 'Seu coração é orgulhoso,
    anda por aí dizendo: Eu sou um deus.
Estou sentado no trono divino,
    sou dono do mar.
Você, um mero mortal,
    não chega nem perto de ser um deus,
Um mero mortal
    tentando ser deus.
Você acha que é mais sábio que Daniel.
    Acha que nenhum enigma
        pode confundir você.
Com sua grande inteligência
    tornou você muito rico.
Acumulou ouro e prata
    nos seus bancos.
Usou muito bem a cabeça,
    fechou bons negócios, fez muito dinheiro.
Mas o dinheiro subiu à cabeça,
    que ficou inchada de orgulho — grande coisa!

6-11 " 'Por isso, o Eterno, o Senhor, diz:

" 'Visto que você está agindo como um deus,
    fazendo de conta que *é* um deus,
Estou dando um aviso. Vou enviar
    estrangeiros contra você,
    a mais perversa das nações.
Eles desembainharão a espada
    e farão picadinho
    da sua reputação de sábio.
Eles furarão a bolha
    das suas pretensões de ser deus.
Eles derrubarão você do pedestal
    que você mesmo construiu
    e enterrarão você no fundo azul do mar.
Nem tente protestar contra seus assassinos:
    Vocês não podem fazer isso!
    Eu sou um deus!
Para eles, você é um simples mortal.
    Eles estão matando um homem, não um deus.

Você morrerá como um vira-lata,
    será morto por estranhos,
Porque eu disse assim,
    é o decreto do Eterno, o Senhor' ".

11-19 A Mensagem do Eterno veio a mim: "Filho do homem, cante um canto fúnebre pelo rei de Tiro. Diga a ele: 'Uma Mensagem do Eterno, o Senhor:

" 'Você tinha tudo a seu favor.
    Você estava no Éden, o jardim de Deus.
Você estava vestido de esplendor,
    seu manto enfeitado com joias:
Sárdio, topázio e diamante,
    berilo, ônix e jaspe,
Safira, carbúnculo e esmeralda,
    todas engastadas em ouro.
Um manto foi preparado para você
    no mesmo dia em que você foi criado.
Você foi ungido como querubim.
    Eu estabeleci você no monte de Deus.
Você passeou, com esplendor,
    entre pedras resplendentes.
Desde o dia da sua criação,
    você era a pura perfeição...
    e, depois, pecou — o mal!
    — foi detectado em você.
De tanto comprar e vender,
    você se tornou violento, você pecou!
Você, caído em desgraça, foi lançado
        para baixo lá do monte de Deus.
    Eu joguei você fora — você, o querubim ungido.
Não há mais passeios
    entre as pedras brilhantes!
Sua beleza subiu à cabeça.
    Você corrompeu a sabedoria
    fazendo dela meio de alcançar fama mundial.
Eu joguei você no chão,
    fiz de você um triste espetáculo
        diante de uma plateia de reis
    e deixei que eles tripudiassem
        sobre sua queda.
Acumulando pecado sobre pecado,
    pelo seu jeito corrompido de fazer negócios,
    você profanou os lugares
        sagrados de adoração.
Por isso, pus fogo em tudo à sua volta e em você.
    Ele o consumiu. Eu reduzi você a cinzas.
Tudo que alguém vê agora
    quando olha para você são cinzas,
    um montículo desprezível de cinzas.

Todos os que, antes, conheciam você
agora levantam as mãos para o céu:
Isso não pode ter acontecido!
Mas isso *já* aconteceu!' ".

20-23 A Mensagem do Eterno veio a mim: "Filho do homem, denuncie Sidom. Pregue contra ela. Diga: 'Mensagem do Eterno, o Senhor:

" 'Veja! Estou contra você, Sidom.
Quero ser conhecido como eu realmente
sou entre vocês.
Eles saberão que eu sou o Eterno
quando fizer justiça
e revelar minha santa presença.
Ordenarei uma epidemia ali,
com matança e confusão nas ruas.
As pessoas cairão mortas à esquerda e à direita
enquanto a guerra estiver apertando o cerco.
Então, eles perceberão que estou falando sério,
que eu sou o Eterno'.

24 "Israel já não terá de suportar
seus vizinhos cheios de espinhos
e roseiras bravas
Que os trataram com tanto desdém.
E eles também perceberão
que eu sou o Eterno".

25-26 O Eterno, o Senhor, diz: "Quando eu reunir Israel, tirado do meio dos povos pelos quais os espalhei, e mostrar minha santidade entre eles diante dos olhos de todas as nações, eles passarão a viver na sua terra, que dei ao meu servo Jacó. Ali, eles viverão em segurança. Construirão casas, plantarão vinhas e se sentirão seguros. Nesse meio-tempo, executarei meu juízo sobre todos os vizinhos que os trataram com desprezo. E eles perceberão que eu sou o Eterno".

Nunca mais voltará a ser
uma potência mundial

29 **1-6** No dia 12 do décimo mês, no décimo ano, a Mensagem do Eterno veio a mim: "Filho do homem, denuncie o faraó, rei do Egito. Pregue contra ele e contra todos os egípcios. Diga a ele: 'O Eterno, o Senhor, diz:

" 'Cuidado, faraó, rei do Egito.
Estou contra você,
Seu lento e velho dragão,
preguiçoso e flácido, deitado no Nilo,

Que diz: É o meu Nilo.
Eu o fiz. É meu.
Porei ganchos nas suas mandíbulas
e farei que os peixes do Nilo grudem
nas suas escamas.
Expulsarei você do Nilo,
com todos os peixes grudados
nas suas escamas.
Então, arrastarei você para o deserto,
você e todos os peixes grudados
nas suas escamas.
Você ficará deitado ali, a céu aberto,
apodrecendo ao sol –
carne para animais selvagens
e aves de rapina.
Todos os que vivem no Egito
perceberão que eu sou o Eterno.

6-9 " 'Você foi uma frágil bengala de junco para Israel: assim que eles se apoiaram, você se partiu e furou a mão deles e, quando em você se encostaram, você se quebrou e eles se machucaram; por isso – Mensagem do Eterno, o Senhor –, trarei a guerra contra você. Exterminarei pessoas e animais e farei da terra um deserto. E, assim, eles perceberão que eu sou o Eterno.

9-11 " 'Você declarou: É o meu Nilo. Eu o fiz. É tudo meu, por isso estou contra você e seus rios. Reduzirei o Egito a uma terra devastada e vazia desde Migdol, no norte, até Sevene, na fronteira com a Etiópia, ao sul. Nenhum ser humano será visto nela, nem mesmo um animal passará por ela. Será apenas um deserto, que ficará desabitado por quarenta anos.

12 " 'Farei do Egito a mais devastada de todas as terras. Durante quarenta anos, farei das suas cidades as mais desoladas de todas as cidades. Espalharei os egípcios aos quatro ventos e os enviarei ao exílio em todas as direções.

13-16 " 'Mas', diz o Eterno, o Senhor, 'isso ainda não é o fim. Depois dos quarenta anos, reunirei os egípcios de todos os lugares em que estiverem espalhados. Reconstruirei todo o Egito e o trarei de volta a Patros, onde, há muito tempo, teve seu início. Ali ele começará de novo, do nada. Tomará seu lugar ao pé da escada e, ali, ficará: nunca mais subirá aqueles degraus, nunca mais voltará a ser potência mundial. Nunca mais Israel será tentado a depender do Egito. Para Israel, representará apenas uma lembrança do velho pecado. Então, o Egito perceberá que eu sou o Eterno, o Senhor' ".

17-18 No primeiro dia do quinto mês, no vigésimo sétimo ano, a Mensagem do Eterno veio a mim: "Filho do homem, Nabucodonosor, rei da Babilônia, desgastou seu exército na campanha contra Tiro. O desgaste atingiu até os ossos, e não conseguiram progresso algum.

19-20 "Por isso, o Eterno, o Senhor, diz: 'Estou entregando o Egito a Nabucodonosor, rei da Babilônia. Ele levará sua riqueza, rapará o lugar. Ele pagará seu exército com o que tomar dos egípcios. Ele tem trabalhado para mim todos estes anos sem receber pagamento. Pois este será seu pagamento: o Egito — decreto do Eterno, o Senhor.

21 "'Depois disso, suscitarei esperança renovada em Israel — a alvorada da libertação! — e darei a você, Ezequiel, palavras ousadas e firmes para dizer. E eles perceberão que eu sou Deus'".

O Egito em chamas

30 **1-5** O Eterno, o Senhor, falou a mim: "Filho do homem, pregue. Entregue a eles a Mensagem do Eterno, o Senhor. Lamente:

" 'Dia de desgraça!
O tempo acabou!
O grande dia do julgamento do Eterno está perto.
Grossas nuvens estão se aproximando.
É dia de condenação para as nações.
A morte cairá sobre o Egito.
O terror paralisará a Etiópia
Quando virem os egípcios mortos,
    sua riqueza levada embora,
    suas fundações demolidas,
E a Etiópia, Pute, Lude, Arábia, Líbia
    — todos os antigos aliados do Egito —
    mortos ali com eles.

6-8 " 'O Eterno diz:

" 'Os aliados do Egito cairão,
    e seu arrogante poder entrará em colapso —
De Migdol, no norte, a Sevene, no sul,
    uma grande matança no Egito,
    é o decreto do Eterno, o Senhor.
O Egito, o mais desolado dos lugares,
    e suas cidades devastadas
    além de qualquer limite
Perceberão que eu sou o Eterno
    quando eu consumir a terra
    e seus aliados estiverem destruídos.

9 " 'Quando isso acontecer, enviarei mensageiros por navio para acionar o alarme entre os sossegados etíopes. Eles ficarão aterrorizados. O Egito está arrasado! O juízo está chegando!

2PEDRO 1.1-21

1 **1-2** Eu, Simão Pedro, sou servo e apóstolo de Jesus Cristo. Escrevo a vocês, cuja experiência com Deus foi tão transformadora quanto a nossa, e tudo por causa do relacionamento e da intervenção direta do nosso Deus e Salvador Jesus Cristo. Graça e paz a vocês, enquanto se aprofundam na experiência com Deus e Jesus, nosso Senhor.

Sem abrir mão do chamado

3-4 Tudo que diz respeito à vida que agrada a Deus nos foi dado milagrosamente quando tivemos permissão de conhecer pessoal e intimamente aquele que nos chamou para Deus — a melhor convocação que já receberam! Também recebemos promessas extraordinárias e transmitimos a vocês: sua participação na vida de Deus depois de terem voltado as costas para um mundo corrompido pela cobiça.

5-9 Portanto, não percam tempo em edificar sobre o que receberam, preenchendo a base da fé com bom caráter, entendimento espiritual, disciplina vigilante, paciência entusiasmada, admiração reverente, amizade calorosa e amor generoso, cada dimensão interagindo com as demais. Com essas qualidades ativas e aperfeiçoadas em sua vida, a grama não vai crescer debaixo dos seus pés, nem um dia passará sem sua recompensa enquanto vocês amadurecem na experiência com o Senhor Jesus. Sem essas qualidades, vocês não poderão distinguir o que é certo e esquecerão que sua antiga vida pecaminosa foi totalmente cancelada.

10-11 Então, amigos, confirmem o chamado de Deus a vocês, que foi escolha dele. Não abram mão disso. Façam isso agora, e terão vida sobre um terreno firme, com ruas pavimentadas e o caminho aberto até o Reino eterno do nosso Senhor e Salvador Jesus Cristo.

A única luz em tempos de escuridão

12-15 Ainda que vocês conheçam toda a verdade e a pratiquem sempre, o prêmio é tão grande que não vou deixar nem por um minuto de chamar a atenção de vocês sobre o assunto. Esta é a tarefa de que fui incumbido: mantê-los acordados sempre. É o que vou fazer enquanto viver. Sei que vou morrer em breve, o Senhor deixou isso muito claro para mim. Portanto, estou particularmente desejoso de que vocês tenham anotado tudo, para que, depois que eu morrer, possam recorrer ao arquivo sempre que precisarem.

16-18 Vocês sabem que não estávamos delirando quando apresentamos a vocês os fatos concernentes ao retorno do Senhor Jesus Cristo com poder. Afinal, nós comparecemos à pré-estreia! Vimos com os próprios olhos Jesus resplandecente com a luz de Deus, o Pai, enquanto a voz da Glória Majestosa disse: "Este é o meu Filho, marcado pelo meu amor e alegria da minha vida". Estávamos lá na montanha com ele e ouvimos a voz do céu.

19-21 Não tínhamos nenhuma dúvida do que vimos e ouvimos — a glória de *Deus* a voz de *Deus*. A Palavra profética foi confirmada para nós. Vocês farão muito bem se não se esquecerem disso. É a única luz que vocês vão ter em tempos de escuridão, enquanto esperam o raiar do dia e o surgimento da Estrela da Manhã no coração. O ponto principal a ser lembrado é que nenhuma profecia das Escrituras é assunto de opinião particular. Por quê? Porque não é algo produzido no coração humano. A profecia resulta da ação do Espírito Santo, que impulsionou homens e mulheres a proclamar a Palavra de Deus.

SALMOS 139.1-6

Um salmo de Davi

139 **1-6** Ó Eterno, investiga minha vida;
faz um apanhado de todos os fatos.
Sou como um livro aberto para ti:
mesmo de longe, sabes o que estou pensando.
Sabes quando saio e quando volto:
nunca estou fora da tua vista.
Sabes antecipadamente o que vou dizer
antes mesmo de eu iniciar a primeira frase.
Olho atrás de mim, e lá estás.
Depois para cima, e lá estás também:
tua presença é constante em torno de mim.
Isso é maravilhoso,
embora eu não consiga
compreender totalmente.

■ **NOTAS**

☐ **DIA 335** ___ / ___ / ___

EZEQUIEL 30.10 — 32.23

10-12 " 'O Eterno, o Senhor, diz:

" 'Darei um basta na arrogância do Egito.
Usarei Nabucodonosor,
rei da Babilônia, para fazer isso.
Ele e seu exército, a mais brutal das nações,
serão usados para destruir a terra.
Com suas espadas,
eles encherão o Egito de cadáveres.
Secarei o Nilo
e venderei a terra aos trapaceiros.
Contratarei estrangeiros
para devastar a terra:
eles vão deixá-la vazia.
Eu, o Eterno, disse isso.

DIA 335

13-19 " 'E agora o Eterno, o Senhor, diz:
" 'Despedaçarei todos os ídolos,
    que nem deuses são;
derrubarei todas aquelas
    enormes estátuas em Mênfis.
O príncipe do Egito desaparecerá para sempre,
e o *medo* ocupará seu lugar
    — o medo em todo o Egito!
Demolirei Patros,
    queimarei Zoã até a base e castigarei Tebas.
Derramarei minha ira sobre Pelúsio,
    a fortaleza do Egito,
e derrubarei Tebas do seu soberbo pedestal.
Deixarei o Egito em chamas:
    Pelúsio se contorcerá de dor,
Tebas será varrida pelo vento,
    Mênfis será violentada.
Os jovens guerreiros de Heliópolis e Pi-Besete
    serão mortos; e as cidades, exiladas.
Será um dia de trevas para Tafnes
    quando eu despedaçar o Egito,
Quando eu quebrar o poder do Egito
    e pôr um fim à sua arrogante opressão!
Ele desaparecerá numa nuvem de pó,
    e suas cidades serão carregadas para o exílio.
Será assim que castigarei o Egito,
    e eles perceberão que eu sou o Eterno' ".

20 No dia 7 do primeiro mês, no décimo primeiro ano, a Mensagem do Eterno veio a mim: **21** "Filho do homem, quebrei o braço do faraó, rei do Egito. E não foi enfaixado para que os ossos sarassem e ele pudesse usar a espada novamente. **22-26** "Por isso, o Eterno, o Senhor, diz: 'Estou contra o faraó, rei do Egito, e vou quebrar seu outro braço — ele ficará com os dois braços quebrados! Assim, nunca mais conseguirá usar a espada. Vou espalhar os egípcios por todo o mundo. Fortalecerei os braços do rei da Babilônia e porei minha espada nas mãos dele, mas quebrarei os braços do faraó, e ele gemerá como quem está mortalmente ferido. Fortalecerei os braços do rei da Babilônia, mas os braços do faraó se enfraquecerão. Os egípcios perceberão que eu sou o Eterno quando eu puser minha espada na mão do rei da Babilônia. Ele a levantará contra o Egito, e eu espalharei os egípcios por todo o mundo. Então, eles perceberão que eu sou o Eterno'.

O funeral da grande árvore

31 **1-9** No primeiro dia do terceiro mês, no décimo primeiro ano, a Mensagem do Eterno veio

a mim: "Filho do homem, diga ao faraó, rei do Egito, tão cheio de pretensão:

" 'Quem você, montado no mundo,
    pensa que é?
Veja! A Assíria era uma grande árvore,
    enorme como um cedro do Líbano,
    com belos galhos, proporcionando
        sombra fresca,
Da altura de um prédio enorme,
    perfurando as nuvens.
As águas a nutriam,
    as correntes profundas
    a elevaram a grandes alturas,
Fazendo jorrar rios em volta
    do lugar em que estava plantada,
Ela se ramificou em ribeiros
    para todas as árvores na floresta.
Era imensa,
    fazendo parecer minúsculas
    as outras árvores na floresta —
Ramos grossos, galhos longos,
    raízes mergulhando em águas profundas.
Todas as aves do céu
    se aninharam em seus ramos.
Todos os animais selvagens
    davam à luz suas crias debaixo
        dos seus galhos.
Todas as nações poderosas
    viviam à sua sombra.
Era formidável em sua majestade —
    o alcance dos seus galhos,
    a profundidade das suas raízes
        em busca de água!
Nenhum cedro no jardim de Deus
    se comparava a ela.
Nenhum pinheiro tinha alguma
    semelhança com ela.
Carvalhos imponentes pareciam arbustos
    crescendo ao seu lado.
Nenhuma árvore no jardim de Deus
    estava no mesmo patamar de beleza.
Eu a fiz bela,
    uma obra de arte em ramos e folhas,
Motivo de inveja de todas as árvores do Éden,
    de todas as árvores do jardim de Deus.

10-13 Por isso, o Eterno, o Senhor diz: "A grande árvore se elevou cada vez mais, perfurando as nuvens, orgulhosa da sua estatura; por isso, eu a entreguei a um famoso líder mundial, que pedirá contas da sua maldade. Minha medida já estava cheia. Estrangeiros muito cruéis a derrubaram sobre as montanhas. Seus galhos foram espalhados por todos os vales, seus ramos folhados entupiram todos os ribeiros e rios. Visto que sua sombra desapareceu, todos se afastaram. Já não era uma árvore, mas apenas um tronco caído. Nesse tronco morto, os pássaros estão empoleirados. Animais selvagens fazem suas tocas debaixo dele.

¹⁴ "É o fim das nações do tipo 'árvore gigante'. Já não há árvores nutridas pelas águas profundas; já não há árvores perfurando as nuvens; já não há árvores poderosas assumindo o controle. Todos estão na lista de candidatos à morte — de voltar à terra, com meros mortais, para quem o caminho é 'do pó ao pó'.

¹⁵⁻¹⁷ " 'Mensagem do Eterno, o Senhor: 'No dia do funeral da grande árvore, fiz as profundezas lamentarem. Interrompi o fluxo dos rios, retive as águas de grandes oceanos e envolvi as montanhas do Líbano na escuridão. Todas as árvores da floresta desmaiaram e caíram. Fiz o mundo inteiro tremer quando ela caiu e a lancei na sepultura, arranjando para ela um lugar entre os que já estavam sepultados. As outras árvores do Éden e as melhores árvores do Líbano, bem irrigadas, ficaram aliviadas — elas haviam descido à sepultura com ela. Houve alívio, também, entre os que viviam à sua sombra e os que tinham sido mortos.

¹⁸ " 'Quem, entre as árvores do Éden, chegou perto do seu esplendor e do seu tamanho? Mas você está destinada ao chão, a tomar seu lugar na sepultura com as árvores do Éden, a ser um tronco morto empilhado com os outros troncos sem vida, entre os não circuncidados que já estão na sepultura.

" 'Isso diz respeito ao faraó,
    tão cheio de pretensão.
" 'É o decreto do Eterno, o Senhor' ".

Uma nuvem encobrindo o sol

32¹⁻² No primeiro dia do décimo segundo mês, no décimo segundo ano, a Mensagem do Eterno veio a mim: "Filho do homem, cante um lamento fúnebre sobre o faraó, rei do Egito. Diga a ele:

" 'Você pensa que é um leão,
    vagueando pelas nações.
Você é mais parecido com um dragão no oceano,
    fazendo barulho nas ondas agitadas.

³⁻¹⁰ " 'O Eterno, o Senhor, diz:

" 'Estou prestes a lançar minha rede sobre você
    — muitas nações tomarão parte
        nessa operação.
Vou arrastá-lo com minha rede.
Eu o deixarei no chão,
    em campo aberto,
E chamarei todos os corvos e abutres
    para um suntuoso banquete de carniça.
Convocarei animais selvagens
    de todas as nações,
    para que se fartem das suas entranhas.
Espalharei nacos da sua carne pelas montanhas
    e jogarei seus ossos nos vales.
Toda a terra, até o topo das montanhas,
    estará encharcada com seu sangue,
    ele encherá todas as valas e todos os canais.
Quando eu apagar você,
    fecharei as cortinas do céu
    e escurecerei as estrelas.
Lançarei uma nuvem para encobrir o sol
    e apagarei a luz da lua.
Tornarei escuras todas as luzes do céu
    e deixarei sua terra em trevas,
    é o decreto do Eterno, o Senhor.
Farei tremer todos, em todo o mundo,
    quando eu levar você cativo a nações
        estranhas e distantes.
Vou enviá-lo para causar medo às pessoas.
    Os reis vão olhar e se arrepiar.
Levantarei minha espada,
    e eles vão tremer de medo.
No dia em que você cair, eles tremerão,
    pensando: Poderia ter sido eu!

Para diminuir seu orgulho

¹¹⁻¹⁵ 'O Eterno, o Senhor, diz:

" 'A espada do rei da Babilônia
    está vindo contra você.
Usarei a espada dos poderosos
    para diminuir seu orgulho,
Usarei a mais brutal das nações
    para derrubar o Egito
        do seu cavalo imponente,
    para esvaziar toda essa vanglória.
Destruirei todo o seu gado
    que pasta ao longo do rio.
Nem pés humanos nem cascos de animais
    tornarão a enlamear essas águas.

DIA 335

Purificarei suas fontes e ribeiros,
farei que seus rios corram
limpos e suavemente,
é o decreto do Eterno, o Senhor.
Quando eu arrasar o Egito
e arrancar tudo que nele se produz;
Quando eu ferir de morte todos os que vivem ali,
então eles saberão que eu sou o Eterno'.

16 "Este é um canto fúnebre. Podem cantar!
Filhas das nações, podem cantar!
Podem cantar pelo Egito, pela morte da sua pompa,
é o decreto do Eterno, o Senhor."

17-19 No dia 15 do primeiro mês, no décimo segundo ano, a Mensagem do Eterno veio a mim:

"Filho do homem, lamente
pelos caminhos pomposos do Egito.
Lance-o ao seu destino.
Despache o Egito
e suas arrogantes nações-filhas
Para o além,
para a região dos mortos.
Diga: 'Você pensa que é grande e poderoso?
Desça! Tome seu lugar entre os pagãos
numa cova profana!'.

20-21 "Ele será empilhado com os que foram mortos em batalha. A espada já está desembainhada. Arraste-o com toda sua pompa e arrogância! Todos os grandes homens e seus aliados lá em baixo, entre os mortos, o saudarão: 'Bem-vindo ao túmulo dos pagãos! Ajunte-se às fileiras das vítimas de guerra!'.

22-23 "A Assíria está lá com todo seu exército: toda a nação é um cemitério. Seus túmulos estão na parte mais profunda do além, uma reunião de tumbas, todos mortos em batalha, esse povo que aterrorizou a terra dos viventes.

2PEDRO 2.1-22

Líderes mentirosos

2 1-2 No entanto, havia também profetas *mentirosos* entre o povo, assim como há mestres mentirosos entre vocês. Eles provocam divisões destrutivas, jogando uns contra os outros e, como cachorros, mordendo a mão de quem deu a eles a chance de ter sua vida de volta! Eles se lançaram numa ladeira, escorregando para a destruição,

mas não sem antes recrutar uma multidão de seguidores iludidos, que não conseguem distinguir a mão direita da esquerda. 2-3 Eles dão má fama ao caminho da verdade. Só se preocupam consigo mesmos e jamais dirão nada – nada que traga algum benefício. Só querem explorar vocês. É lógico que não ficarão impunes. Eles caminham para o precipício, porque Deus nunca esteve do lado deles e não permitirá que essa situação continue indefinidamente.

4-5 Deus não deixou escapar nenhum anjo rebelde, mas os enjaulou no inferno, e ficarão ali até o dia do juízo. Ele também não deixou passar a maldade do mundo antigo. Providenciou o dilúvio para fazer a limpeza, resgatando apenas oito pessoas: Noé, a única voz de justiça, era um deles. 6-8 Deus decretou a destruição das cidades de Sodoma e Gomorra. Tudo o que restou delas foi um monte de cinzas – uma advertência terrível para qualquer pessoa dominada pela maldade. Mas Ló, um homem bom, quase enlouquecido pela imundície e pela perversão sexual daquelas cidades, foi resgatado. Cercado de podridão moral dia após dia, aquele homem justo vivia em aflição constante. 9 Pois Deus sabe como resgatar os justos dos ataques malignos e como manter os ímpios na mira até o dia do juízo.

Predadores

10-11 Deus está especialmente irado contra esses "mestres" que vivem na imoralidade, viciados numa vida decaída. Eles desprezam as autoridades verdadeiras, preferindo seguir seus instintos e governar a si mesmos. Egocêntricos e insolentes, não hesitariam em difamar a mais esplêndida das criaturas. Nem mesmo os anjos, superiores a eles em tudo, ousariam difamar os outros diante de Deus. 12-14 Eles não passam de animais selvagens, predadores por natureza. Mas, assim como abatem os outros com suas blasfêmias, também serão abatidos. No final, serão derrotados. A maldade deles vai se voltar contra eles mesmos. Eles são tão desprezíveis e viciados no prazer que vivem em orgias e se embriagam em plena luz do dia. São obcecados por adultério e são compulsivos em todo tipo de pecado. Não hesitam em seduzir quem se mostre vulnerável. A especialidade deles é a cobiça – são mestres nisso. Almas mortas! 15-16 Eles saíram da estrada principal e agora andam sem rumo. Tomaram o caminho de Balaão, filho de Beor, o profeta aproveitador e especialista em maldade. Mas Balaão foi interrompido no meio desse caminho perverso: um animal falou com voz humana e evitou a loucura do profeta.

17-19 Esses "mestres" não têm nada a oferecer. São fontes secas, nuvens de tempestade espalhadas, guiadas por um buraco tenebroso do inferno. Seu ensino não passa de conversa fiada, mesmo assim são perigosos. Os que estão prestes a escapar dos caminhos errados são os mais suscetíveis ao seu apelo sedutor. Prometem liberdade aos novatos da comunidade, mas eles mesmos são escravos da corrupção, pois se são viciados em corrupção — e são mesmo — são *escravos* dela.

20-22 Se eles escaparam do cortiço do pecado depois de ter uma experiência com o Senhor e Salvador Jesus Cristo e escorregaram de volta para a velha vida, então a situação deles é pior que no começo. É melhor não conhecer o caminho de Deus que andar nele e depois retornar, repudiando a experiência e o mandamento santos. Eles comprovam o provérbio: "O cachorro volta ao seu vômito"; ou este: "O porco lavado procura a lama".

SALMOS 139.7-16

7-12 Existe um lugar para onde eu possa escapar
do teu Espírito,
    fugir da tua vista?
Se subo ao céu, tu estás lá!
    Se vou para o subterrâneo, lá estás também!
Se tomo as asas douradas da manhã,
    rumo ao longínquo horizonte ocidental,
Tu me encontras em um minuto —
    na verdade, já estás lá, me esperando!
Então, eu disse a mim mesmo:
    "Ele me vê até na escuridão!
    À noite, estou imerso na claridade!".
Isto é um fato: a escuridão não é escura para ti;
    noite e dia, escuridão e claridade,
    para ti são a mesma coisa.

13-16 Ah, sim! Tu me moldaste por dentro e por fora;
    tu me formaste no útero da minha mãe.
Obrigado, grande Deus — é de ficar sem fôlego!
    Corpo e alma, sou maravilhosamente formado!
Eu te louvo e te adoro — que criação!
    Tu me conheces por dentro e por fora,
    conheces cada osso do meu corpo.
Sabes exatamente como fui feito: aos poucos;
    como fui esculpido: do nada
      até ser alguma coisa.

Como um livro aberto, tu me viste crescer
    desde a concepção até o nascimento;
    todos os estágios da minha vida
    foram exibidos diante de ti;
Os dias da minha vida, todos preparados
    antes mesmo de eu ter vivido o primeiro deles.

■ NOTAS

☐ DIA **336** ___ / ___ / ___

EZEQUIEL 32.24 — 34.16

24-25 "Elão está lá, com todo seu orgulho, agora um cemitério – todos mortos em batalha, jogados na cova dos pagãos, esse povo que aterrorizou a terra dos viventes. Eles levam sua vergonha ao acompanhar os outros à sepultura. Eles transformaram Elão no refúgio dos mortos com pompa, decorado com os túmulos dos pagãos mortos em batalha. Antes, aterrorizavam a terra dos viventes. Agora, levam sua vergonha com os outros até as profundezas. Eles estão na parte reservada aos mortos em batalha.

26-27 "Meseque e Tubal estão ali, com todo seu orgulho, um cemitério de pagãos, jogados na cova dos mortos em batalha — justa recompensa por terem aterrorizado a terra dos viventes. Agora levam sua vergonha com os outros às profundezas. Eles estão na parte reservada aos mortos em batalha. Estão separados dos heróis, os gigantes de antigamente, que entraram na sepultura com uniforme de batalha, espada debaixo da cabeça e escudo cobrindo os ossos, e que espalharam o terror por toda a terra dos viventes.

28 "E você, Egito, será jogado num túmulo pagão, com todos os outros, na parte reservada aos assassinados.

29 "Edom está aí, com seus reis e príncipes. Apesar da sua alardeada grandeza, foi jogado num túmulo pagão com os outros destinados ao túmulo.

30 "Os príncipes do norte estão aí, todos eles, e também todos os sidônios, que levam sua vergonha à sepultura — todo terror que espalharam com crueldade — e são jogados num terreno profano com os que foram mortos em batalha, levando sua vergonha com os outros destinados às profundezas.

31 "O faraó verá todos e, com toda sua pretensão, vai se consolar na companhia deles — o faraó e o exército que morreu com ele, é o decreto do Eterno, o Senhor.

32 "Eu o usei para espalhar o terror na terra dos viventes e agora o estou abandonando em terreno pagão com os mortos à espada — o faraó e toda sua pompa, é o decreto do Eterno, o Senhor".

Vocês são a sentinela

33 **1-5** A Mensagem do Eterno veio a mim: "Filho do homem, fale ao seu povo. Diga a eles: 'Se eu trouxer a guerra sobre esta terra e o povo escolher um dos seus cidadãos para sentinela, e se a sentinela vir a guerra se aproximando e tocar a trombeta, avisando o povo, e alguém ouvir o som da trombeta e o ignorar, e a guerra vier e o levar, a culpa é toda dele. Ele ouviu o alarme e o ignorou — será culpado. Se ele o tivesse levado a sério, teria salvado a vida'.

6 "Mas, se a sentinela vir guerra chegando e não tocar a trombeta para avisar o povo, e a guerra chegar e tirar a vida de alguém, eu tornarei a sentinela

responsável pelo sangue derramado de qualquer perverso desavisado.

7-9 "Você, filho do homem, é a sentinela. Fiz de você a sentinela de Israel. No momento em que você receber uma mensagem minha, avise o povo. Se eu disser ao perverso: 'Você está na rota da morte!', e você não se manifestar e não avisar o perverso para que mude seu caminho, o perverso morrerá sem ser alertado dos seus pecados, e vou considerar você responsável pelo sangue dele. Mas, se você avisar os perversos para que mudem sua maneira de viver, e eles não o fizerem, morrerão nos seus pecados bem avisados, mas ao menos você salvará sua vida.

10 "Filho do homem, fale a Israel. Diga: 'Vocês disseram: Nossas rebeliões e nossos pecados estão pesando sobre nós. Estamos afundando. Como podemos continuar vivendo?'.

11 "Diga a eles: 'Tão certo como eu sou o Deus vivo, não tenho prazer na morte dos perversos. Quero que eles se arrependam dos seus maus caminhos e vivam. Deem meia-volta! Voltem dos seus maus caminhos! Por que *morrer*, Israel?'.

12-13 "E há mais, filho do homem. Diga ao seu povo: 'A vida justa de uma pessoa boa não vai salvá-la se ela decidir se rebelar, e a vida má de uma pessoa perversa não vai impedi-la de se arrepender da sua rebelião. A pessoa boa que peca não pode esperar viver se escolhe pecar. É verdade que eu digo às pessoas boas: Vivam! Mas, se elas confiarem nas suas boas obras e se voltarem para o mal, aquela vida justa de antes de nada valerá. Morrerão pela vida perversa que levaram depois.

14-16 " 'Mas, se eu disser a uma pessoa perversa: "Você morrerá pelo mal que fez", e ela se arrepender do pecado e começar a viver uma vida correta e justa — sendo generosa para com os desamparados, devolvendo o que roubou, ajudando o próximo e deixando de fazer mal aos outros —, essa pessoa viverá. Não morrerá. Nenhum dos seus pecados será contabilizado. Ela está fazendo o que é certo, vivendo uma vida correta. Por isso, viverá'.

17-19 " 'Seus compatriotas dizem: A forma de o Senhor agir não é justa. Mas o modo como *eles* vivem é que não é justo. Se uma pessoa boa deixa a vida justa e mergulha no pecado, ela morrerá por isso. E, se uma pessoa perversa abandona sua vida de maldades e começa a viver de forma correta e justa, ela viverá.

20 " 'Mas vocês continuam dizendo: A forma de o Senhor agir não é justa. Veremos, Israel. Eu decidirei o destino de cada um de vocês exatamente com base no tipo de vida que cada um vive'".

²¹ No dia 5 do décimo mês, no décimo segundo ano, um sobrevivente de Jerusalém veio a mim e disse: "A cidade caiu!".

²² Na noite anterior, o Eterno havia se manifestado a mim e devolvido minha fala. Na hora em que ele chegou, de manhã, consegui falar. Agora eu podia falar outra vez.

²³⁻²⁴ A Mensagem do Eterno veio a mim: "Filho do homem, os que estão vivendo nas ruínas em Israel estão dizendo: 'Abraão era apenas um e era proprietário de toda a terra. Agora nós somos *muitos*. Nosso direito à propriedade está ainda mais garantido'.

²⁵⁻²⁶ "Então, diga a eles: 'O Eterno, o Senhor, diz: Vocês comem carne com sangue, adoram ídolos, que nem são deuses, matam a esmo – e esperam ter direito à propriedade desta terra? Vocês confiam na espada, estão envolvidos em obscenidades, entregam-se à devassidão com qualquer pessoa, a qualquer hora – e ainda esperam continuar como proprietários desta terra?'.

²⁷⁻²⁸ "Diga a eles, Ezequiel: 'Mensagem do Eterno, o Senhor. Tão certo como eu sou o Deus vivo, os que ainda estão vivos nas ruínas morrerão. Qualquer pessoa que ainda estiver no campo, entregarei aos animais selvagens. Quem estiver refugiado em fortificações nas montanhas ou em cavernas morrerá de doença. Farei desta terra uma devastação – chega de arrogância! As montanhas de Israel se tornarão perigosamente desoladas. Ninguém ousará atravessá-las'.

²⁹ "Eles perceberão que eu sou o Eterno quando eu devastar a terra por causa das obscenidades que eles praticaram.

³⁰⁻³² "E você, filho do homem, é agora o assunto da cidade. Seus compatriotas se encontram nas esquinas e em frente das casas e dizem: 'Vamos ouvir as últimas notícias a respeito de Deus'. Eles aparecem, como o povo tende a fazer, e se sentam com você. Ouvem você falar, mas nada fazem do que você está dizendo. Bajulam você, não economizam elogios, mas tudo que importa para eles é fazer dinheiro e progredir. Para eles, vocês é um simples entretenimento – um cantor popular com suas melancólicas canções de amor e seu instrumento musical. Eles adoram ouvir você, mas nada resulta disso.

³³ "Mas, quando tudo isso acontecer – e vai acontecer! –, eles perceberão que havia um profeta entre eles".

Quando as ovelhas são espalhadas

34 ¹⁻⁶ A Mensagem do Eterno veio a mim: "Filho do homem, profetize contra os líderes-pastores de Israel. Sim, profetize! Diga a esses pastores: 'O Eterno, o Senhor, diz: A desgraça virá, pastores de Israel, a vocês que só levam comida para vocês mesmos. Vocês não deveriam alimentar ovelhas? Vocês bebem o leite, fazem roupas da lã, assam os cordeiros, mas não alimentam as ovelhas. Vocês não fortalecem as fracas, não curam as doentes, não tratam as feridas, não vão atrás das desviadas, não procuram as perdidas. Vocês as ameaçam e atormentam. E agora elas estão espalhadas por todos os cantos, porque não há pastor. Estão espalhadas e são presas fáceis para os lobos. Espalhadas – *minhas* ovelhas! – sem proteção alguma nas montanhas e colinas. Minhas ovelhas estão espalhadas por todo o mundo, e ninguém está procurando por elas!

⁷⁻⁹ "'Por isso, pastores, ouçam a Mensagem do Eterno: Tão certo como eu sou o Deus vivo – decreto do Eterno, o Senhor –, visto que minhas ovelhas foram transformadas em meras presas, em comida fácil para lobos, porque vocês, pastores, as ignoram e só enchem a própria barriga, ouçam o que o Eterno tem a dizer:

¹⁰ " 'Cuidado! Estou contra os pastores e vou pegar minhas ovelhas de volta. Eles estão demitidos: já não são pastores das minhas ovelhas. Chega de pastores que só alimentam a si mesmos! Vou salvar minhas ovelhas da ganância deles. Eles nunca mais se alimentarão das minhas ovelhas!

¹¹⁻¹⁶ " 'O Eterno, o Senhor, diz: A partir de agora, *eu mesmo* serei o pastor. Eu vou cuidar delas. Assim como os pastores costumam ir atrás das ovelhas quando elas estão espalhadas, eu irei atrás das minhas ovelhas. Elas foram espalhadas pelas tempestades, e vou buscá-las onde estiverem. Eu as trarei de volta das nações estrangeiras, vou reuni-las nesses países e trazê-las de volta à sua terra natal. Eu as alimentarei nas montanhas de Israel, perto dos ribeiros, no meio do seu povo. Eu as conduzirei a pastos verdes para que possam vagar pelas encostas das montanhas e se alimentar nas fartas pastagens de Israel. Eu mesmo serei o pastor das minhas ovelhas. Eu mesmo farei de tudo para que elas tenham o descanso necessário. Eu irei atrás das perdidas, reunirei as desviadas, curarei as feridas, fortalecerei as fracas e cuidarei das fortes, para que não sejam exploradas.

DIA 336

2PEDRO 3.1-18

Nos últimos dias

3 **1-2**Meus prezados, esta é a segunda carta que escrevo a vocês, e as duas cartas têm o propósito de manter sua mente em estado de atenção, para que não se esqueçam do que os profetas falaram nem da ordem do nosso Mestre e Salvador, transmitida pelos apóstolos.

3-4 Para começar, vocês precisam saber que nos últimos dias os zombadores viverão os seus anos de glória. Reduzindo tudo ao nível mais baixo, eles nos provocarão: "Então, o que aconteceu com a promessa da vinda de Cristo? Nossos antepassados estão mortos e enterrados, e tudo está como sempre esteve, desde o primeiro dia da criação. Nada mudou".

5-7 Eles, convenientemente, terão se esquecido de que, muito tempo atrás, todas as galáxias e o nosso planeta foram trazidos à existência do caos das águas pela palavra de Deus. E ela trouxe o caos de volta no dilúvio que destruiu o mundo. As atuais galáxias e o mundo são o combustível para o incêndio final. Deus está pronto para agir, para falar outra vez e para dar o sinal que desencadeará o juízo e a destruição dos céticos e profanos.

O dia do colapso do céu

8-9Não se esqueçam do óbvio, amigos: com Deus, um dia é como mil anos, e mil anos, como um dia. Deus não está atrasado com sua promessa, como alguns pensam. Ele está se contendo por causa de vocês, atrasando o fim, porque não quer que ninguém se perca. Ele está dando a cada um mais tempo para mudar.

10Mas, quando o dia do juízo de Deus chegar, será sem anúncio, como um ladrão. O céu entrará em colapso, com um estrondo ensurdecedor, e tudo desaparecerá num incêndio imenso. Neste dia, a terra e todas as suas obras serão expostas ao escrutínio do julgamento.

11-13 Considerando que tudo hoje está bem e amanhã poderá não estar mais, percebem como é importante viver uma vida santa? Esperem ansiosos pelo Dia de Deus todos os dias. As galáxias vão queimar, e os elementos vão derreter, mas nós mal o perceberemos, porque estaremos de olho em outro caminho, na expectativa do prometido novo céu e da prometida nova terra, todos adornados pela retidão.

14-16 Portanto, meus amigos, isso é o que vocês devem esperar, fazendo o possível para que sejam encontrados vivendo em pureza e paz. Interpretem a restrição paciente do nosso Senhor pelo que ela é: salvação. Nosso bom irmão Paulo, que é muito sábio nesses assuntos, refere-se a isso em suas cartas, e escreveu a vocês essencialmente a mesma coisa. Algumas coisas que Paulo escreve são difíceis de entender. Pessoas irresponsáveis, que não sabem o que dizem, distorcem seus ensinos o tempo todo. Eles fazem o mesmo com o restante das Escrituras, mas o prejuízo será deles.

17-18 Quanto a vocês, amigos, estão bem advertidos. Fiquem atentos, para que não caiam ou vacilem por causa desses mestres pervertidos. Cresçam na graça e no entendimento do nosso Senhor e Salvador, Jesus Cristo.

Glória a ele, agora e para sempre! Amém!

SALMOS 139.17-24

17-22 Teus pensamentos são únicos –
  e como são belos!
  Nunca os compreenderei!
Não consigo sequer enumerá-los –
  é como se eu tentasse contar a areia da praia.
Oh! Que eu me levante de manhã
  e viva o tempo todo contigo!
E, por favor, Deus, afasta de vez a impiedade!
E vocês, assassinos, fora daqui!
  Fora todos os que te menosprezam, ó Deus,
    encantados com divindades que não
      passam de imitações baratas.
Vê como odeio os que te odeiam, ó Eterno!
  Vê como detesto a arrogância dos pagãos.
Eu a odeio com ódio puro, total.
  Teus inimigos são meus inimigos!

23-24 Investiga minha vida, ó Deus,
  descobre tudo a meu respeito.
Interroga-me, testa-me;
  assim, terás uma ideia clara de quem sou.
Vê por ti mesmo se fiz alguma coisa errada
  e, então, guia-me na estrada
    que conduz à vida eterna.

◼ NOTAS

23-24 " 'Vou designar um pastor para elas: meu servo Davi. Ele as alimentará. Ele será seu pastor. E eu, o Eterno, serei o seu Deus. Meu servo Davi será seu príncipe. Eu, o Eterno, falei.

25-27 " 'Farei uma aliança de paz com elas. Banirei os animais selvagens para que minhas ovelhas vivam em segurança no deserto e durmam tranquilas na floresta. Farei delas uma bênção, como, também, de tudo em volta da minha colina. Enviarei chuvas a valer na época certa – chuvas de bênçãos! As árvores no pomar darão frutos, o solo produzirá, e elas se sentirão felizes e seguras na sua terra e perceberão que eu sou o Eterno quando eu as libertar da escravidão e as resgatar dos seus feitores.

28-29 " 'Já não serão exploradas por estrangeiros nem dizimadas por bestas selvagens. Viverão seguras e saudáveis, livres e sem medo. Darei a elas hortas fartas. Chega de viver com fome! Chega de ser zombado por estrangeiros!

30-31 " 'Eles saberão, com certeza, que eu, o Eterno, sou seu Deus, que eu estou com eles, e que eles, o povo de Israel, são meu povo. Decreto do Eterno, o Senhor:

> Vocês são meu rebanho amado,
> o rebanho do meu pastoreio, meu povo;
> E eu sou seu Deus,
> é o decreto do Eterno, o Senhor' ".

Um monte de entulho

35 **¹⁻⁴** A Mensagem do Eterno veio a mim: "Filho do homem, denuncie o monte Seir. Profetize contra ele! Diga o que o Eterno, o Senhor, tem a dizer:

> " 'Estou contra você, monte Seir.
> Vou intervir e fazer de você
> um monte de entulho.
> Reduzirei suas cidades a montes de pedras.
> Não sobrará nada.
> Então, vocês perceberão que eu sou o Eterno.

5-9 " 'Estou fazendo isso porque vocês guardam essa mágoa antiga contra Israel. Vocês os atacaram de forma cruel quando eles já estavam arrasados, sofrendo o castigo final. Por isso, tão certo como sou o Deus vivo, porei vocês na rota de um banho de sangue. Visto que gostam tanto de sangue, vocês serão castigados por rios de sangue. Reduzirei o monte Seir a um monte de entulho. Ninguém sairá desse lugar nem entrará nele. Seus montes ficarão cobertos de cadáveres. Corpos massacrados cobrirão suas colinas e encherão os vales e as valas. Eu os

---

|||||||||||||||||||||||||||||||||||||||||||||||||||

☐ **DIA 337** ___ / ___ / ___

EZEQUIEL 34.17 — 36.28

17-19 " 'E quanto ao meu amado rebanho, vou intervir e julgarei entre uma ovelha e outra, entre carneiros e bodes. Vocês não se satisfazem em se alimentar de boas pastagens, sem ter de pisotear o lugar todo? Vocês não se satisfazem em beber do riacho límpido, sem enlamear a água com os pés? Por que o restante das minhas ovelhas precisa se contentar com capim pisado e água enlameada?

20-22 " 'Portanto, o Eterno, o Senhor, diz: Eu mesmo vou intervir e fazer justiça entre as ovelhas bem nutridas e as ovelhas fracas. Visto que alguns animais se impuseram com o torso e as ancas e empurraram para o lado, com os chifres, as ovelhas mais fracas até espalhá-las pelos montes, vou intervir e salvar o meu amado rebanho. Não deixarei mais que sejam empurradas pra lá e pra cá. Vou intervir e fazer justiça entre uma ovelha e outra.

DIA 337

reduzirei a ruínas, e todas as suas cidades serão cidades-fantasma. Então, vocês perceberão que eu sou o Eterno.

10-13 " 'Vocês disseram: Essas duas nações, esses dois países são meus. Estou tomando posse deles (mesmo que o Eterno estivesse bem ali vendo tudo); por isso, usarei o ódio que têm contra vocês mesmos, e vocês perceberão que eu, o Eterno, presenciei toda a maldade de vocês contra as montanhas de Israel, dizendo: Eles já estão derrotados, e nós vamos devorá-los. Vocês andavam por aí de nariz empinado, falando grosso e, de forma insolente, se posicionaram contra mim. E eu ouvi tudo.

14-15 " 'Este é o veredito do Eterno, o Senhor: Com toda a terra aplaudindo, eu te demolirei. Já que vocês dançavam nas ruas, pensando ser tão maravilhosos enquanto a herança de Israel era arrasada, darei a vocês o mesmo tratamento: serão arrasados. O monte Seir será demolido — sim, cada centímetro quadrado de Edom. Então, eles perceberão que eu sou o Eterno' ".

De volta para sua terra

36 **1-5** "E agora, filho do homem, profetize às montanhas de Israel. Diga: Ó montanhas de Israel, ouçam a Mensagem do Eterno. O Eterno, o Senhor, diz: O inimigo tripudiou sobre vocês, dizendo: Muito bem! Essas velhas colinas agora são nossas! Mas agora aqui está a profecia em nome do Eterno, o Senhor: As nações atacaram vocês de todos os lados, arrasando e saqueando, arrastando-os em todas as direções, e vocês se tornaram motivo de fofoca e de chacota. Por isso, montanhas de Israel, ouçam a Mensagem do Eterno, o Senhor, minha Mensagem às montanhas e colinas, aos vales e valas, aos montes de entulho e às cidades esvaziadas, saqueadas e motivo de piada para todas as nações ao redor. Por isso, diz o Eterno, o Senhor, agora estou falando em tom irado ao restante das nações, mas especialmente a Edom, em sua violência e insolência desavergonhada roubou minha terra, apossou-se dela'.

6-7 " 'Por isso, profetize sobre toda a terra de Israel, pregue às montanhas e colinas, a todos os vales e valas: Mensagem do Eterno, o Senhor: Vejam! Ouçam! Estou irado e eu me importo com vocês. Estou falando com vocês, porque vocês foram humilhados entre as nações. Por isso, eu, o Eterno, o Senhor, afirmo que jurei solenemente que as nações à sua volta serão as próximas. Será a vez de elas serem humilhadas.

8-12 " 'Mas vocês, montanhas de Israel, irão florescer outra vez, produzindo galhos e dando fruto para meu povo de Israel. Meu povo está voltando para casa! Vocês estão vendo? Eu estou de volta. Eu estou do seu lado. Vocês serão aradas e plantadas como antigamente. E vou me empenhar para que a população cresça em toda a terra de Israel, que as cidades se encham de gente, que as ruínas sejam reconstruídas. Farei este lugar transbordar de vida — humana e animal. A nação irromperá em vida, muita vida. Suas cidades e vilas tornarão a se encher de gente, como nos velhos tempos. Tratarei vocês melhor do que em qualquer outra época, e vocês perceberão que eu sou o Eterno. Farei que meu povo, Israel, ande sobre vocês de novo! Eles tomarão conta de vocês, e vocês serão a herança deles. Nunca mais serão uma terra rude e implacável para eles.

13-15 " 'O Eterno, o Senhor, diz: Vocês têm a reputação de serem uma terra que devora pessoas vivas e torna as mulheres estéreis; por isso, digo a vocês agora que nunca mais vocês devorarão pessoas nem deixarão mulheres sem filhos, é o decreto do Eterno, o Senhor. E nunca mais deixarei que se ouçam as chacotas dos estrangeiros a respeito de vocês nem permitirei que as nações olhem para vocês de cima para baixo. Vocês já não serão uma terra que torna as mulheres estéreis, é o decreto do Eterno, o Senhor.' "

16-21 A Mensagem do Eterno veio a mim: "Filho do homem, quando o povo de Israel vivia na sua terra, eles a contaminaram com sua maneira de viver. Então, derramei minha ira sobre eles por causa do sangue contaminado que derramaram no solo. Fiquei realmente irado com eles porque contaminaram a terra com assassinatos e deuses imundos. Eu os expulsei e os exilei em outros países. Eu os sentenciei de acordo com a forma como tinham vivido. E, em todos esses lugares, davam mau testemunho. As pessoas diziam: Esse é o povo do Eterno, mas foram expulsos da sua terra'. Sofri muita dor por causa de minha santa reputação, que o povo de Israel deturpou em todas nações em que esteve.

22-23 " 'Por isso, diga a Israel: Mensagem do Eterno, o Senhor: Não faço isso por vocês, Israel. Faço por mim, para salvar minha reputação, meu santo nome, que vocês deturparam em todas as nações em que estiveram. Vou pôr meu grande e santo nome em evidência, o nome que tanto foi difamado; o nome que vocês desacreditaram em todos os lugares por onde passaram. Então, as nações perceberão quem realmente sou, que eu sou o Eterno, quando eu mostrar minha santidade por meio de vocês, para que eles a possam ver com os próprios olhos.

24-28 " 'Pois aqui está o que vou fazer: vou buscar vocês em todas essas nações e trazê-los de todos os lugares de volta à sua terra. Derramarei água pura sobre vocês e os esfregarei até que estejam limpos. Darei a vocês um coração novo, porei um novo espírito em vocês. Removerei o coração de pedra que têm e o trocarei por um coração que vive segundo a vontade de Deus, não segundo a própria vontade. Porei meu espírito em vocês e farei que vocês procedam da maneira que desejo e vivam segundo meus mandamentos. E, mais uma vez, viverão na terra que dei a seus antepassados. Vocês serão meu povo! Eu serei seu Deus!

1JOÃO 1.1 — 2.11

1-2 Desde o primeiro dia, estávamos lá, participando de tudo — ouvimos com nossos ouvidos, vimos com os próprios olhos, tocamos com as mãos. A Palavra da Vida se manifestou bem diante de nós. Somos testemunhas oculares! Agora, sem floreios, contamos tudo a vocês. O que testemunhamos foi simplesmente incrível: a infinita Vida do próprio Deus tomou forma diante de nós.

3-4 Nós o vimos e o ouvimos e agora estamos contando a vocês, para que, como nós, tenham a experiência da comunhão com o Pai e o Filho, Jesus Cristo. A razão de eu estar escrevendo é apenas esta: queremos que vocês desfrutem isso também. A alegria de vocês duplicará a nossa!

Andar na luz

5 Esta é, em essência, a mensagem que ouvimos de Cristo e passamos a vocês: Deus é luz, pura luz; nele não há nem um traço de escuridão.

6-7 Se afirmarmos que andamos com ele e continuamos a tropeçar por falta de luz, obviamente estamos mentindo — não *vivemos* o que afirmamos. Mas, se andarmos na luz, como o próprio Deus é luz, vamos experimentar também uma vida de comunhão uns com os outros, enquanto o sangue derramado de Jesus, o Filho de Deus, nos purifica de todo o nosso pecado.

8-10 Se afirmarmos que estamos livres do pecado, estaremos apenas enganando a nós mesmos. Uma declaração dessas é um erro absurdo. Mas, se admitirmos nossos pecados e os confessarmos, ele não vai deixar de nos atender: ele é fiel a si mesmo. Ele perdoará nossos pecados e nos purificará de todo erro. Se afirmarmos que nunca pecamos, contradizemos Deus — fazemos dele um mentiroso. Uma declaração dessas simplesmente revela nossa ignorância a respeito de Deus.

2 **1-2** Escrevo isto, filhos queridos, para orientá-los a não pecar. Mas, se alguém cometer pecado, temos um Amigo-Sacerdote na presença do Pai: Jesus Cristo, o justo. Quando ele se entregou como sacrifício por nossos pecados, resolveu para sempre o problema do pecado — não apenas os nossos, mas os do mundo inteiro.

Confirmando se estamos nele

2-3 Esta é a forma de ter certeza de que conhecemos Deus da maneira correta: guardar seus mandamentos.

4-6 Se alguém afirma: "Eu o conheço bem!" mas não guarda seus mandamentos, é um mentiroso. Sua vida não combina com suas palavras. Mas aquele que guarda a Palavra de Deus demonstra o amor amadurecido de Deus. É o único meio de saber que estamos em Deus. Quem afirma ser íntimo de Deus deve viver o mesmo tipo de vida que Jesus viveu.

7-8 Meus amigos, não estou escrevendo nenhuma novidade. Esse é o mandamento mais antigo que temos, e vocês o conhecem muito bem. Sempre esteve implícito na Mensagem que vocês ouviram. Mas talvez seja novo também, pois recentemente se manifestou em Cristo e em vocês — as trevas saem e a Luz Verdadeira começa a brilhar!

9-11 Quem diz que vive na luz de Deus e odeia o irmão ainda está na escuridão. Quem ama seu irmão habita na luz de Deus e não impede que brilhe a luz dos outros. Mas quem odeia ainda está na escuridão, tropeçando, e não sabe que o fim está próximo, pois não consegue enxergar nada.

SALMOS 140.1-5

Um salmo de Davi

140 **1-5** Ó Eterno, tira-me daqui! Leva-me para longe deste mal!
Protege-me desses corruptos!
Tudo que eles fazem é imaginar novas maldades:
passam o dia esboçando jogos de guerra.
Eles praticam a afiada retórica do ódio e da ofensa;
suas palavras são venenosas: mutilam e matam.
Ó Eterno, mantém-me fora do controle
desses perversos!
Protege-me desses corruptos!
Cheios de presunção, eles tramam contra mim,
determinados a me derrubar.

DIA 338

Essa gente desonesta prepara
armadilhas para mim,
sempre com a intenção de me incriminar.

▪ NOTAS

31 " 'Então, vocês vão se lembrar do seu terrível comportamento no passado – o mal, a vergonha – e ficarão enojados de vocês mesmos, percebendo como era errada a vida que levavam, com todas aquelas obscenidades que praticavam.

32 " 'Mas, lembrando, não faço isso por vocês. Ponham isso nessa cabeça dura! Que vergonha para vocês! Que confusão você causou, Israel!'.

33-36 "Mensagem do Eterno, o Senhor: 'No dia em que eu esfregar e, assim, limpar vocês da sua vida imunda, também tornarei suas cidades habitáveis. As ruínas serão reconstruídas. A terra negligenciada será arada de novo: já não estará coberta de ervas daninhas e espinhos; já não parecerá inútil aos olhos dos que passam. As pessoas exclamarão: Ora, este terreno cheio de mato se transformou num jardim do Éden! E as cidades arruinadas, já esquecidas, agora estão prosperando! As nações ao redor de vocês que ainda existirem perceberão que eu, o Eterno, reconstruo ruínas e replanto terrenos vazios e devastados. Eu, o Eterno, o disse e o farei.

37-38 " 'Mensagem do Eterno, o Senhor: Ainda uma vez farei o que Israel pede. Aumentarei sua população, como faria a um rebanho de ovelhas. Como os rebanhos de ovelhas trazidos para os sacrifícios em Jerusalém nas festas fixas, as cidades arruinadas ficarão cheias de gente. E eles perceberão que eu sou o Eterno' ".

Sopro de vida

37 1-2 O Eterno me arrebatou. O Espírito do Eterno me levou até uma planície aberta, coberta de ossos. E ele me fez passar em volta e pelo meio deles – um monte de ossos! Havia ossos espalhados por todo o lugar – ossos secos, alvejados pelo sol.

3 Ele me perguntou: "Filho do homem,
esses ossos poderão viver novamente?".
Eu disse: "Senhor, Eterno,
só tu saberias dizer".

4 Ele me disse: "Profetize a estes ossos secos:
'Ossos secos, ouçam a Mensagem do Eterno!' ".

5-6 O Eterno, o Senhor, disse aos ossos secos: "Estou soprando o sopro da vida sobre vocês, e vocês voltarão a viver. Porei tendões, porei carne nos seus ossos, cobrirei vocês com pele e soprarei a vida em vocês. Voltarão a viver e perceberão que eu sou o Eterno!".

7-8 Profetizei de acordo com aquela ordem. Enquanto eu profetizava, houve um som, osso batendo em osso! Os ossos começaram a se mover e se uniram, osso a osso. Continuei olhando. Formaram-se tendões; depois, músculos sobre os ossos e, então,

☐ DIA 338 ___ / ___ / ___

EZEQUIEL 36.29 — 38.23

29-30 " 'Arrancarei vocês daquela imundície. Darei ordens pessoais aos campos de trigo, dizendo que produzam colheitas recordes. Não mandarei mais carestia nem fome. Farei que as árvores frutíferas e as plantações floresçam. nenhuma nação poderá mais zombar de vocês por causa da fome.

a pele os cobriu. Mas os corpos ainda não tinham recebido o sopro.

⁹Ele me disse: "Profetize ao sopro. Profetize, filho do homem. Diga ao sopro: 'O Eterno, o Senhor, diz: Venha dos quatro ventos. Venha, sopro. Sopre sobre estes corpos mortos. Sopre vida!' ".

¹⁰Então, profetizei exatamente como ele me ordenou. O sopro entrou neles, e eles se tornaram vivos! Eles se levantaram — um enorme exército.

¹¹Então, o Eterno me disse: "Filho do homem, esses ossos são toda a casa de Israel. Ouça o que estão dizendo: 'Nossos ossos estão ressecados, nossa esperança se foi, não restou nada para nós.

¹²⁻¹⁴"Por isso, profetize. Diga a eles: 'O Eterno, o Senhor, diz: Escavarei seus túmulos e os deixarei sair vivos, meu povo! Em seguida, eu os levarei para a terra de Israel. Quando eu abrir os túmulos e os deixar sair como meu povo, vocês perceberão que eu sou o Eterno. Soprarei minha vida em vocês, e vocês viverão. Então, eu os conduzirei diretamente à sua terra, e vocês perceberão que eu sou o Eterno. Eu o disse e o farei, é o decreto do Eterno' ".

¹⁵⁻¹⁷ **A** Mensagem do Eterno veio a mim: "Filho do homem, pegue um pedaço de madeira e escreva nele: 'Para Judá, com seus companheiros de Israel'. Depois, pegue outro pedaço de madeira e escreva nele: 'Para José, a vara de Efraim, com todos os seus companheiros de Israel'. Depois, amarre os dois pedaços de madeira para que possa segurá-los como um só pedaço.

¹⁸⁻¹⁹"Quando o povo perguntar: 'Você vai nos contar o que está fazendo?', diga a eles: 'O Eterno, o Senhor, diz: Olhem para mim! Vou pegar o pedaço de madeira de José que está na mão de Efraim, com as tribos de Israel ligadas a ele, e pôr o pedaço de madeira de Judá sobre ele. Eu farei deles um só pedaço de madeira. Estou segurando um único pedaço de madeira'.

²⁰⁻²⁴"Depois, pegue esses pedaços de madeira com os nomes inscritos e levante-os bem alto, para que o povo possa vê-los. Diga a eles: 'O Eterno, o Senhor, diz: Olhem para mim! Estou tirando os israelitas das nações em que foram exilados. Eu os reunirei e os trarei de volta para casa de todos esses lugares. Farei deles uma só nação nesta terra, nas montanhas de Israel, e darei a eles um rei — um rei sobre todos eles. Nunca mais serão divididos em duas nações, em dois reinos. Nunca mais contaminarão sua vida com os ídolos, que nem deuses são, nem com todas aquelas obscenidades e rebeliões. Eu os salvarei

dos seus antigos pesadelos de depravação. Eu os purificarei. Eles serão meu povo! Eu serei o Deus deles! Meu servo Davi será rei sobre eles. Eles estarão todos sob a liderança de um mesmo pastor.

²⁴⁻²⁷ 'Eles seguirão minhas leis e obedecerão aos meus estatutos. Viverão na mesma terra que dei ao meu servo Jacó, a terra em que viveram seus antepassados. Eles, seus filhos e seus netos viverão nela para sempre, e meu servo Davi será seu príncipe para sempre. Farei uma aliança de paz com eles, que manterá tudo em união, uma aliança eterna. Vou dar a eles total segurança e estabelecer meu santo lugar de adoração no centro da vida deles para sempre. Vou viver no meio deles. Serei o Deus deles, e eles serão o meu povo!

²⁸ " 'As nações perceberão que eu, o Eterno, santifiquei Israel quando meu lugar de adoração for estabelecido no centro da vida deles para sempre' ".

O Eterno contra Gogue

38 ¹⁻⁶**A** Mensagem do Eterno veio a mim: "Filho do homem, denuncie Gogue, da terra de Magogue, príncipe de Meseque e Tubal. Profetize para ele: 'O Eterno, o Senhor, diz: Ouça esta advertência, Gogue. Estou contra você, príncipe de Meseque e Tubal. Vou virá-lo de cabeça para baixo, espetar ganchos nas suas mandíbulas e arrastá-lo, com todo seu exército, seus cavalos, cavaleiros e armas — todos esses escudos, couraças e espadas, guerreiros armados até os dentes! A Pérsia e a Etiópia e a Líbia estarão nas fileiras, igualmente bem armados. Também estarão ali Gômer e seu exército e Bete-Togarma, do norte, com seu exército. Muitas nações estarão com você!

⁷⁻⁹ " 'Prepare-se para lutar, você e todos reunidos ao seu redor. Assuma o comando e espere ordens. Depois de um longo tempo, você receberá suas ordens. Num futuro distante, você chegará a uma terra que se recuperou de uma guerra devastadora. O povo, reunido de muitas nações, estará ali, nas montanhas de Israel que, durante muito tempo, estiveram devastadas. Esse povo foi trazido de volta, depois de estar espalhado por muitas nações, e agora vive seguro e tranquilo. Você, com todas as tropas que conseguirá reunir, se levantará como uma tempestade e avançará sobre eles como nuvens, cobrindo a terra.

¹⁰⁻¹² " 'Mensagem do Eterno, o Senhor: Nesse dia, você começará a repensar as coisas e a maquinar um plano perverso. Você dirá: Invadirei uma terra sem defesas, atacarei um povo despreocupado, que não desconfia de nada, que cuida apenas dos assuntos do seu dia a dia — não há portas nas suas

DIA 338

cidades nem fechaduras nas portas; por isso, vai ser fácil saquear aquele povo. Vou invadir, conquistar e, depois, arrasar de novo com essa terra que ressurgiu das cinzas, com esses exilados que retornaram e agora têm uma economia muito forte, lá no umbigo da terra'.

¹³ " 'Sabá e Dedã e Társis, comerciantes de todos os lugares para fazer um saque, dirão: 'Então! Você abriu um novo mercado para despojos! Você fez que suas tropas enriquecessem rápido'."

¹⁴⁻¹⁶ "Por isso, filho do homem, profetize! Diga a Gogue: 'Mensagem do Eterno, o Senhor: Depois que meu povo Israel estiver estabelecido com segurança, você decidirá atacá-lo. Avançará desde o norte, você e a multidão de exércitos, invadindo com seus cavalos a terra do meu povo Israel, como a ressaca que varre a terra, cobrindo a região como uma nuvem. No tempo certo, vou liberar seu ataque contra minha terra de uma forma tal que as nações me reconhecerão, e, graças a você, Gogue, as outras nações perceberão que mostrarei minha santidade.

¹⁷⁻²² " 'Mensagem do Eterno, o Senhor: Há muitos anos, quando falei por meio dos meus servos, os profetas de Israel, por acaso não era de você que eu estava falando? Ano após ano, eles profetizaram que eu traria você contra eles. E, quando esse dia chegar, Gogue, você atacará a terra de Israel, é o decreto do Eterno, o Senhor. Minha ira entrará em erupção. Alimentada por um zelo ardente, digo a você que ela provocará um terremoto, que fará tremer toda a terra de Israel. Peixes, aves, animais selvagens — até formigas e besouros! — e todos os homens tremerão de medo diante de mim. As montanhas derreterão, os muros vão desmoronar. Vou declarar guerra contra você, Gogue — decreto do Eterno, o Senhor —, e o resultado será Gogue matando Gogue nas montanhas de Israel. Gogue estará mergulhado em juízo: doenças, massacre, chuva torrencial, granizo e lava vulcânica jorrando sobre você e engolindo suas tropas e seu povo.

²³ "Mostrarei a você como sou grande e como sou santo. Eu me tornarei conhecido em todo o mundo. Então, você perceberá que eu sou Deus'".

1 JOÃO 2.12-29

Amando o mundo

¹²⁻¹³ Quero lembrá-los, meus filhos queridos, de que os pecados de vocês foram perdoados em nome de Jesus. Vocês, veteranos, estavam no princípio e conhecem aquele que começou todas as coisas; vocês, iniciantes, conquistaram uma grande vitória sobre o Maligno.

¹⁴ Uma segunda lembrança: vocês conhecem o Pai por experiência pessoal. Vocês, veteranos, conhecem aquele que começou tudo, e vocês, iniciantes, quanta vitalidade e força! A Palavra de Deus floresce em vocês! Sua comunhão com Deus os capacita a vencer o Maligno.

¹⁵⁻¹⁷ Não amem os costumes do mundo. Não amem os valores do mundo. O amor do mundo sufoca o amor do Pai. Praticamente tudo que acontece no mundo — desejo de seguir o próprio caminho, de querer tudo para si, de parecer importante — não tem nada a ver com o Pai. Tudo isso o afasta do ser humano. O mundo e seus desejos vão passar, mas quem faz o que Deus quer está garantido na eternidade.

Anticristos por toda parte

¹⁸ Filhos, o tempo está quase se esgotando. Vocês ouviram a notícia de que o Anticristo está chegando. Bem, eles estão em toda parte: há um anticristo em todo lugar. É por isso que sabemos que estamos perto do fim.

¹⁹ Eles nos deixaram, mas nunca estiveram conosco de verdade. Do contrário, teriam se firmado conosco, fiéis até o fim. Quando nos deixaram, mostraram quem são de fato e que nunca foram dos nossos.

²⁰⁻²¹ Mas vocês são! O Santo ungiu vocês, e vocês sabem disso. Eu não escreveria para dizer algo que não sabem, mas para confirmar a verdade que já é conhecida e para lembrar que a verdade não produz mentiras.

²²⁻²³ Então, quem está mentindo aqui? Ora, aquele que nega que Jesus é o Cristo divino. É isto que faz um anticristo: negar o Pai e negar o Filho. Quem nega o Filho não tem parte com o Pai, mas afirmar o Filho é abraçar o Pai.

²⁴⁻²⁵ Não se afastem do que ouviram desde o princípio, a Mensagem original. Que ela permeie a vida de vocês. Se o que ouviram desde o princípio criou raízes, vocês viverão plenamente no Filho e no Pai. É exatamente o que Cristo prometeu: vida eterna, vida de verdade!

²⁶⁻²⁷ Escrevi para adverti-los quanto aos que tentam enganá-los. Mas eles não são páreo para o que está profundamente enraizado no coração de vocês — a unção de Cristo, nada menos que isso! Vocês não precisam que ninguém apresente nenhum "ensino" novo. A unção de Cristo ensina

a verdade sobre tudo acerca de vocês mesmos e dele, sem a contaminação da mentira. Vivam verdadeiramente aquilo que aprenderam.

Vida plena em Cristo

28 **A**gora, filhos, permaneçam com Cristo. Vivam plenamente em Cristo, e estaremos prontos quando ele se manifestar, prontos para recebê-lo de braços abertos, sem motivo de vergonha e sem desculpas esfarrapadas.

29 Uma vez que vocês estão convencidos de que ele é correto e justo, não terão dificuldades de reconhecer que todos os que praticam a justiça são os verdadeiros filhos de Deus.

SALMOS 140.6-13

6-8 Orei: "Ó Eterno, tu és meu Deus!
Ouve, ó Eterno! Misericórdia!
Eterno, meu Senhor, poderoso Salvador,
protege-me quando a luta começar!
Não deixes que os ímpios consigam o que querem,
não dês a eles coisa alguma!".

9-11 Os baderneiros estão à minha volta.
Que eles sejam afogados no veneno
das próprias palavras!
Que Deus os atormente com o fogo do abismo!
Que ele os enterre vivos numa fenda da terra!
Esses tagarelas
não podem ser levados a sério.
Esses selvagens,
que o Diabo os persiga!

12-13 Eu sei que tu, ó Eterno,
estás do lado das vítimas,
que consideras os direitos do pobre.
E sei que o justo te agradece pessoalmente
e os bons estão seguros em tua presença.

◼ NOTAS

☐ DIA **339**   ___ / ___ / ___

EZEQUIEL 39.1 — 40.27

Convocando os animais selvagens

39 **1-5** "**F**ilho do homem, profetize a Gogue. Diga: 'Mensagem do Eterno, o Senhor: Estou contra você, Gogue, príncipe de Meseque e Tubal. Farei você se voltar para as montanhas de Israel e o arrastarei desde o longínquo norte. Então, vou arrancar o arco da sua mão esquerda e as flechas da sua mão direita, e você será morto nas montanhas de Israel com todas as suas tropas e qualquer um que esteja com você. Servirei você como comida para os abutres e para os animais selvagens que andam em busca de alimento. Você será morto em campo aberto. Dei a minha palavra: é o decreto do Eterno, o Senhor'.

6 "Vou incendiar Magogue e as ilhas distantes, nas quais o povo parece estar tão seguro. E eles perceberão que eu sou o Eterno.

7 "Revelarei meu santo nome no meio do meu povo, Israel. Nunca mais permitirei que meu santo nome seja arrastado na lama. Assim, as nações perceberão que eu, o Eterno, sou o Santo de Israel.

8 "Está chegando a hora! Sim, vai acontecer! É o dia de que falei a vocês.

DIA 339

⁹⁻¹⁰ "O povo sairá das cidades de Israel e fará uma grande fogueira com todas as armas, amontoando escudos grandes e pequenos, arcos e flechas, clavas e lanças, um fogo que será alimentado durante sete anos. Ninguém precisará entrar na mata para buscar lenha. Haverá armas suficientes para alimentar o fogo. Eles vão saquear os que os saquearam. Vão se apossar das coisas daqueles que os roubaram, é o decreto do Eterno, o Senhor.

¹¹ "Nesse dia, vou reservar em Israel um terreno para sepultamento do povo de Gogue, no vale dos Viajantes, a leste do mar. Ele obstruirá a rota dos viajantes, impedindo sua passagem. Será a cova coletiva de Gogue e sua multidão de exércitos. Eles o chamarão de vale das Hordas de Gogue.

¹²⁻¹⁶ "Israel sepultará os cadáveres, a fim de limpar a terra. Esse trabalho levará sete meses. Todo o povo se empenhará em ajudar. Será um grande dia para eles quando tudo tiver terminado e eu tiver recebido a glória que me é devida. Muitos homens serão contratados em tempo integral para a Operação Limpeza e Sepultamento e andarão pela terra à procura de cadáveres violados e em decomposição. Ao final dos sete meses, haverá uma última busca geral. Qualquer pessoa que encontrar um osso marcará o lugar, para que os responsáveis pelo sepultamento o encontrem e enterrem na vala coletiva, no vale das Hordas de Gogue (uma cidade próxima é chamada vila das Hordas, ou Hamoná). É assim que limparão a terra.

¹⁷⁻²⁰ "Filho do homem, o Eterno, o Senhor, diz: chame as aves! Chame os animais selvagens! Chame assim: 'Reúnam-se e venham! Reúnam-se ao redor do sacrifício que estou preparando para vocês nas montanhas de Israel. Vocês comerão carne e beberão sangue. Vocês limparão os ossos de grandes heróis e beberão o sangue de príncipes, como se fossem carneiros, cordeiros, bodes e bois, os melhores animais engordados em Basã. Nesse sacrifício que estou preparando, vocês comerão gordura até fartar e beberão sangue até se embriagar! Na mesa que preparei para vocês, há fartura de carne de cavalos e de cavaleiros, de heróis e de guerreiros de toda espécie' ", é o decreto do Eterno, o Senhor.

²¹⁻²⁴ "Minha glória se manifestará entre as nações, e todas verão o juízo que estou executando e minha maneira de fazer justiça. Daquele dia em diante, Israel perceberá que eu sou o Eterno. E as nações captarão a mensagem: entenderão que foi por causa dos próprios pecados que Israel foi mandado para o exílio. Eles foram desleais a mim, e eu me afastei deles. Eu os entreguei a seus inimigos, e eles foram dizimados.

Eu os tratei de acordo com o que merecia sua vida corrompida e saturada de pecado. Eu me afastei deles, recusei-me a olhar para eles.

²⁵⁻²⁹ "Mas agora vou trazer Jacó de volta do exílio. Terei compaixão de todo o povo de Israel e serei zeloso do meu santo nome. Com o tempo, a lembrança da vergonha por terem me traído quando viviam em segurança na sua terra, quando viviam tranquilos e sem medo, irá se apagar. Depois de tê-los trazido de volta de regiões distantes, após ter ido buscá-los em território inimigo, eu os usarei para mostrar minha santidade a todas as nações. Então, eles perceberão que eu sou o Eterno, pois, mesmo que os tenha mandado para o exílio, eu os reunirei outra vez na sua terra, sem deixar ninguém para trás. Depois de derramar meu Espírito sobre Israel e encher o povo com minha vida, nunca mais me afastarei deles. Vou poder olhá-los nos olhos, é o decreto do Eterno, o Senhor".

Medindo o complexo do templo

40 ¹⁻³ No vigésimo quinto ano do nosso exílio, no início do ano, no dia 10 daquele mês — era o décimo quarto ano depois de a cidade ter caído –, o Eterno me tocou e me trouxe pra cá. Ele me conduziu para a terra de Israel numa visão e me pôs num monte muito alto. Ao sul, havia vários prédios que davam a aparência de uma cidade. Ele me levou pra lá, onde deparei com um homem meio moreno, cor de bronze. Ele estava à entrada e segurava uma corda de linho e uma vara de medir.

⁴ O homem me disse: "Filho do homem, olhe pra cá e escute com atenção. Preste muita atenção em tudo que vou mostrar. É por isso que você foi trazido aqui. E, depois, conte a Israel tudo que viu".

⁵ A primeira coisa que vi foi um muro, que cercava o complexo do templo. A vara de medir na mão do homem tinha em torno de três metros. Ele mediu a espessura do muro: cerca de três metros. A altura também era em torno de três metros.

⁶⁻⁷ Ele entrou na parte do complexo voltada para o leste e subiu uma escadaria de sete degraus. Mediu a soleira da porta, que tinha três metros. As salas ao lado do corredor da entrada tinham três metros de largura por três de comprimento, cada uma separada da outra por uma parede de dois metros e meio de espessura. A soleira interna do complexo da porta, que conduzia a um pórtico que dava para o pátio do templo, tinha três metros de extensão.

1091   **DIA 339**

8-9 Ele mediu o pórtico interior do complexo da porta: quatro metros de extensão; as colunas de cada lado tinham um metro de espessura. O pórtico dava para o pátio do templo.

10 No interior do complexo da porta oriental, havia três salas de cada lado. As três salas e as paredes que as separavam tinham a mesma medida.

11 Ele mediu a entrada exterior do complexo da porta: cinco metros de largura por seis metros e meio de comprimento.

12 Diante de cada sala, havia um muro baixo, de meio metro de altura. As salas eram quadradas com três metros de cada lado.

13 Ele mediu a largura do complexo da porta a partir do alto da parede do fundo de uma sala ao alto da sala oposta: doze metros e meio de um parapeito a outro.

14 Ele mediu as paredes internas do complexo da porta: trinta metros até o pórtico que dava para o pátio.

15 A distância entre a entrada do complexo da porta e a extremidade do pórtico era de vinte e cinco metros.

16 As salas e as paredes salientes no interior do complexo da porta tinham janelas estreitas no topo, em toda a volta. O pórtico também. Todas as janelas davam para dentro. As ombreiras das portas eram decoradas com palmeiras.

17-19 O homem, então, me conduziu ao pátio externo e a todos os seus quartos. Havia sido feito um pavimento que ligava as portas do pátio. Trinta quartos estavam alinhados ali, no pátio ao longo do pavimento. Esse pavimento era do mesmo comprimento das entradas. Corria ao longo delas em toda sua extensão. Era o pavimento para o pátio externo. Ele mediu a distância da frente da porta da entrada até a entrada do pátio interno: cinquenta metros.

19-23 Em seguida, ele me levou para o lado norte, no qual havia mais um complexo e sua porta, que dava para o norte, na saída do pátio externo. Ele mediu seu comprimento e largura. Havia três salas de cada lado. Suas colunas e o pórtico eram iguais aos da primeira porta: vinte e cinco metros de comprimento e doze metros e meio de largura. As janelas e palmeiras eram iguais às da porta oriental. Sete degraus levavam a essa porta, e seu pórtico estava voltado para o interior. No lado oposto desse complexo, havia um outro complexo, que dava para o pátio interno. Ele tinha uma porta voltada para o lado norte e outra

para o lado oriental. A distância entre as duas era de cinquenta metros.

24-27 Então, ele me levou para o lado sul, ao complexo da porta sul, e mediu as colunas e o pórtico. Eram da mesma medida que os outros. O pórtico, com suas janelas, eram do mesmo tamanho dos que foram mencionados anteriormente. Também havia sete degraus que levavam a ele. O pórtico abria para o pátio externo, e palmeiras decoravam suas colunas nos dois lados. No lado oposto, o complexo da porta do pátio interno dava para o sul. Ele mediu a distância desta porta à porta oposta: cinquenta metros.

1 JOÃO 3.1-24

3 **1** Que amor maravilhoso o Pai nos concedeu! Vejam só: somos chamados "filhos de Deus"! É o que realmente somos. Mas é por isso também que o mundo não nos reconhece nem nos leva a sério, porque não tem ideia de quem ele é ou do que pode fazer.

2-3 Mas, amigos, é exatamente isto que somos: filhos de Deus. E é apenas o começo. Quem pode dizer como será o fim? O que sabemos é que, quando Cristo finalmente se manifestar, nós o veremos – e, então, seremos como ele. Todos os que esperam sua vinda devem estar preparados, tendo como modelo a pureza gloriosa da vida de Jesus.

4-6 Os que não se importam com a vida de pecado fazem uma perigosa oposição à Lei de Deus, porque o pecado é uma grande ruptura da ordem divina. Vocês sabem que Cristo se manifestou para eliminar o pecado. Não há pecado nele, e o pecado não faz parte do seu projeto. Ninguém que viva profundamente em Cristo vai fazer do pecado uma prática. Quem vive na prática do pecado nunca se voltou para Cristo, mas virou as costas para ele.

7-8 Por isso, meus filhos queridos, não permitam que ninguém desvie vocês da verdade. Quem *age* corretamente *é* correto, como o que vemos no justo Messias. Os que fazem do pecado uma prática são do Diabo, o pioneiro na prática do pecado. O Filho de Deus entrou em cena para destruir os caminhos do Diabo.

9-10 Os que foram concebidos e trazidos à vida por Deus não fazem do pecado uma prática. Como poderiam? A semente de Deus está no íntimo do seu ser, fazendo deles o que são. Não é da natureza dos nascidos de Deus praticar e ostentar o pecado. Vou dizer como diferenciar entre os filhos de Deus e os filhos do Diabo: quem não pratica a justiça não é de Deus, tampouco quem não ama seu irmão. Simples assim.

DIA 339

¹¹**E**sta é a mensagem original que ouvimos: devemos amar uns aos outros.

¹²⁻¹³Não devemos ser como Caim, que seguiu o Maligno e matou seu irmão. E por que o matou? Porque vivia na prática do pecado, enquanto os atos de seu irmão eram justos. Portanto, não fiquem surpresos, amigos, se o mundo odiar vocês. Sempre foi assim.

¹⁴⁻¹⁵Sabemos que passamos da morte para a vida quando amamos nossos irmãos. Quem não ama já está morto. Quem odeia o irmão é assassino, e vocês sabem muito bem que vida eterna e assassinato não combinam.

¹⁶⁻¹⁷É assim que entendemos e experimentamos o amor: Cristo sacrificou sua vida por nós. Portanto, devemos nos sacrificar por nossos irmãos, não apenas por nós mesmos. Se você vê um irmão em necessidade e tem recursos para ajudá-lo, mas vira as costas e não faz nada, o que acontece com o amor de Deus? Desaparece. E é você que faz esse amor desaparecer.

A prática do amor verdadeiro

¹⁸⁻²⁰**M**eus filhos queridos, não vamos apenas falar de amor; vamos praticar o amor verdadeiro. É o único modo de saber se estamos vivendo a realidade de Deus. É também o caminho para acabar com as autocríticas que nos enfraquecem, mesmo quando procedem. Deus é maior que nosso coração ansioso e sabe mais a nosso respeito que nós mesmos.

²¹⁻²⁴Amigos, uma vez que isso foi resolvido e já não mais acusamos nem condenamos a nós mesmos, podemos chegar à presença de Deus com confiança e liberdade! Podemos estender a mão e receber o que pedimos, porque estamos fazendo o que ele disse, o que o agrada. Uma vez mais, este é o mandamento de Deus: crer em seu Filho, Jesus Cristo. A ordem dele é que amemos uns aos outros, de acordo com o mandamento original. Se guardamos seus mandamentos, podemos viver aquela vida plena, e ele vive em nós. É desta forma que experimentamos sua presença viva e permanente em nós: pelo Espírito que ele nos deu.

SALMOS 141.1-7

Um salmo de Davi

141¹⁻²**Ó** Eterno, aproxima-te! Vem rápido! Abre teus ouvidos: é minha voz que estás escutando!

Considera minha oração um incenso suave,
    e minhas mãos levantadas
        são as orações da noite.

³⁻⁷Põe uma sentinela à minha boca, Deus,
    designa um vigia para a porta
        dos meus lábios.
Não permitas que eu sonhe tanto com o mal
    ou que, sem perceber,
        me veja em má companhia.
E essa gente que só faz coisa errada,
    não permitas que me seduzam
        com sua bajulação!
Que o justo me esclareça,
    que o benigno me corrija,
Mas não permitas que o pecado venha
    ungir minha cabeça.
    Oro para fugir do caminho dos perversos!
Oh! Que os líderes deles sejam
    empurrados do penhasco!
    Que tu os faças enfrentar
        as consequências de seus pecados!
Como rocha pulverizada por uma marreta,
    sejam seus ossos espalhados
        à entrada da sepultura!

NOTAS

os animais dos sacrifícios. As quatro mesas usadas para as ofertas queimadas tinham setenta e cinco centímetros de largura e comprimento e cinquenta centímetros de altura. Os utensílios para o abate dos animais e para outros sacrifícios eram colocados ali. Ganchos de carne, com quatro dedos de comprimento, estavam afixados nas paredes. As mesas destinavam-se à carne dos sacrifícios.

44-46 No lugar em que o complexo abria para o pátio interno, havia dois quartos: um na porta norte, voltado para o sul; e um na porta sul, voltado para o norte. O homem me disse: "O quarto voltado para o sul é para os sacerdotes que estão encarregados do templo. E o quarto voltado para o norte é para os sacerdotes encarregados do altar. Esses sacerdotes são os filhos de Zadoque, os únicos filhos de Levi que têm permissão para se aproximar do Eterno e servi-lo".

47 Ele mediu o pátio: cinquenta metros de comprimento e cinquenta de largura.

48-49 Ele me levou ao pórtico do templo e mediu as colunas do pórtico: dois metros de largura em ambos os lados. A entrada para o complexo da porta tinha sete metros, e suas paredes salientes mediam um metro e meio de largura em cada lado. O pórtico tinha dez metros de largura e seis de comprimento. Dez degraus levavam até o pórtico. Havia colunas de ambos os lados.

41

1-2 Ele me levou para dentro do santuário externo e mediu as colunas de cada lado. Cada uma tinha três metros. A entrada tinha cinco metros de largura. As paredes salientes de cada lado tinham dois metros e meio de largura.

Ele também mediu o santuário externo: vinte metros de comprimento por dez de largura.

3-4 Ele foi para o santuário interno e mediu as colunas da entrada: cada uma tinha um metro de largura. A entrada tinha três metros de largura, e as paredes salientes de cada lado dela tinham três metros e meio de largura. Ele mediu o santuário interno: seu comprimento era de dez metros, e sua largura, também dez metros até o fim do santuário externo. Ele me disse: "Este é o Lugar Santíssimo".

5-7 Ele mediu a parede do templo: tinha três metros de espessura. Os quartos laterais em volta do templo tinham dois metros de largura. Havia três andares desses quartos laterais, trinta quartos em cada andar. Havia vigas em volta da parede do templo para sustentar esses quartos, mas não eram

---

||||||||||||||||||||||||||||||||||||||||||||||||||||||||||||

☐ DIA **340** ___ / ___ / ___

EZEQUIEL 40.28 — 42.9

28-31 Ele me levou para dentro do pátio interno pelo complexo da porta sul. Ele o mediu e viu que era da mesma medida dos pátios externos. Suas salas, paredes e seu pórtico tinham as mesmas medidas. O complexo da porta e o pórtico, com janelas em toda a volta, mediam vinte e cinco metros de comprimento e doze metros e meio de largura. O pórtico de cada um dos complexos de porta que conduziam ao pátio interno tinha doze metros e meio de largura e dois metros e meio de extensão. Cada pórtico dava para o pátio externo. Havia palmeiras entalhadas nas colunas. Oito degraus subiam até a porta.

32-34 Depois, ele me levou até o pátio interno, no lado oriental, e mediu o complexo da porta. Era idêntico aos outros — salas, paredes e pórtico, tudo igual. O complexo e o pórtico tinham janelas em toda a volta. Ele media vinte e cinco metros de comprimento e doze metros e meio de largura. Havia palmeiras entalhadas nas colunas nos dois lados. E tinha oito degraus.

35-37 Ele me levou ao complexo da porta norte e o mediu: as mesmas medidas. As salas, paredes e o pórtico com suas janelas tinham vinte e cinco metros de comprimento e doze metros e meio de largura. O pórtico dava para o pátio externo. Havia palmeiras entalhadas nas colunas de ambos os lados. E tinha oito degraus.

38-43 Havia um quarto com uma porta no pórtico do complexo para o qual as ofertas queimadas eram levadas. No pórtico, havia duas mesas de cada lado, nas quais eram mortos os animais para as ofertas queimadas, as ofertas de perdão e as ofertas de reparação. Havia duas mesas junto às duas paredes externas do pórtico — quatro mesas no interior e quatro mesas no exterior, oito mesas no total, para matar

incrustadas nas paredes. Os lados dos quartos em volta do templo se tornavam cada vez mais amplos do primeiro andar para o segundo e do segundo para o terceiro. Uma escadaria subia do primeiro andar, passava pelo segundo e chegava ao terceiro.

8-11 Observei que o templo tinha, em volta, uma base elevada de três metros de comprimento, que servia de fundamento para os quartos laterais. As paredes externas dos quartos laterais tinham dois metros e meio de espessura. A área aberta entre os quartos laterais do templo e os quartos dos sacerdotes era de dez metros de largura ao redor de todo o templo. Havia duas entradas da área aberta para os quartos laterais, uma colocada no lado sul; e outra, no lado norte. A base próxima da área aberta era de dois metros e meio ao redor de todo o templo.

12 A casa em frente do pátio do templo, que dava para o oeste, media trinta e cinco metros de largura. A parede da casa tinha dois metros e meio de espessura. O comprimento era de quarenta e cinco metros.

13-14 Ele mediu o templo: cinquenta metros de comprimento. O pátio do templo e a casa, incluindo as paredes, mediam cinquenta metros de comprimento. A largura da frente do templo e da área aberta que dava para o leste era de cinquenta metros.

15-18 Ele mediu o comprimento da casa que dava para o pátio nos fundos do templo, incluindo suas galerias em cada lado: cinquenta metros. O santuário externo, o santuário interno e o pórtico que dava para o pátio estavam revestidos de madeira e tinham batentes nas janelas e nas portas em todas as três seções. Do piso até as janelas, as paredes estavam revestidas de madeira. Acima da entrada externa para o santuário interno e na parede, a intervalos regulares, em toda a volta do santuário interno e no santuário externo, havia querubins e palmeiras entalhados em sequência alternada.

18-20 Cada querubim tinha duas faces: uma face humana, voltada para a palmeira à direita, e uma face de leão, voltada para a palmeira à esquerda. Estavam em relevo ao redor de todo o templo. O querubim e a palmeira estavam em relevo desde o piso até a altura da porta, na parede do santuário externo.

21-22 O santuário externo tinha batentes retangulares. Em frente ao Lugar Santíssimo, havia algo parecido a um altar de madeira, com um metro e meio de altura e um metro de cada lado. Os cantos, a base e as laterais eram de madeira. O homem me disse: "Esta é a mesa que está diante do Eterno".

23-26 Tanto o santuário principal quanto o Lugar Santíssimo tinham portas duplas. Cada porta tinha duas folhas — eram duas folhas articuladas para cada porta. As portas do santuário externo tinham querubins e palmeiras entalhados em relevo. Havia, também, uma saliência de madeira diante do pórtico, do lado de fora, e janelas estreitas alternando com palmeiras esculpidas em ambos os lados do pórtico.

42 **1-9** O homem levou-me para o lado norte ao pátio externo e me conduziu até os quartos que estão diante da área aberta e da casa que dá para o norte. O comprimento da casa no lado norte era de cinquenta metros, e sua largura, vinte e cinco metros. Na seção distante, a dez metros do pátio interno, e na seção oposta ao pavimento do pátio externo, havia uma galeria em frente a outra nos três andares. Diante dos quartos, do lado interno, havia uma passagem com cinco metros de largura por cinquenta metros de comprimento. Suas entradas ficavam no lado norte. Os quartos superiores eram mais estreitos, e as galerias, mais largas que as do primeiro e do segundo andares. Os quartos do terceiro andar não tinham colunas como as do pátio externo e eram menores que os quartos do primeiro e do segundo andares. Havia um muro externo paralelo aos quartos e ao pátio externo. Dava de frente para os quartos ao longo de vinte e cinco metros. A fileira de quartos que ficava de frente para o pátio externo tinha vinte e cinco metros de comprimento. A fileira mais próxima do santuário tinha cinquenta metros de comprimento. Os quartos do primeiro andar tinham sua entrada no lado leste, quando se vem do pátio externo.

1 JOÃO 4.1-21

Não creiam em tudo

4 **1** Meus queridos amigos, não creiam em tudo que ouvem. Examinem cuidadosamente o que os outros dizem. Nem todo mundo que fala de Deus vem de Deus. Há muitos pregadores mentirosos mundo afora.

2-3 Querem saber como identificar o genuíno Espírito de Deus? Quem confessa abertamente sua fé em Jesus Cristo — o Filho de Deus, que veio como uma pessoa real, de carne e sangue — vem de Deus e pertence a Deus. Mas quem se recusa a confessar a fé em Jesus não quer nada com Deus. É o espírito do anticristo, que vocês ouviram que viria. Pois bem, ele já está por aí, mais cedo que pensávamos.

4-6 Meus filhos queridos, vocês vêm da parte de Deus e pertencem a Deus. Vocês já obtiveram uma grande vitória sobre esses falsos mestres, pois o Espírito que está em vocês é mais forte do que qualquer coisa no mundo. Essas pessoas pertencem ao mundo que nega o Cristo. Eles falam a língua do mundo, e o mundo os escuta. Mas nós viemos de Deus e pertencemos a Deus. Quem conhece Deus nos entende e nos ouve. Quem não quer nada com Deus evidentemente não vai nos ouvir. Esse é outro teste para diferenciar o Espírito da Verdade do espírito do engano.

Deus é amor

7-10 Meus amigos amados, continuemos a amar uns aos outros, pois o amor vem da parte de Deus. Quem ama é nascido de Deus e tem um relacionamento real com ele. Quem se recusa a amar não sabe o que mais importa sobre Deus, pois Deus *é* amor. Vocês não podem conhecê-lo se não amam. Foi assim que Deus demonstrou seu amor por nós: Deus enviou seu único Filho ao mundo para que pudéssemos viver por meio dele. É desse amor que estamos falando. Não que tenhamos amado a Deus, mas que ele nos amou e enviou seu Filho como sacrifício para purificar nossos pecados e consertar os danos que eles causaram em nosso relacionamento com Deus.

11-12 Meus amigos queridos, se Deus nos amou assim, então devemos amar uns aos outros. Ninguém viu Deus, nunca. Mas, se amarmos uns aos outros, Deus habitará no íntimo do nosso ser e seu amor será completo em nós — amor perfeito!

13-16 Sabemos que estamos vivendo uma vida plena nele, e ele em nós, porque ele nos deu vida que procede da sua vida, que vem do seu Espírito. Além disso, vimos por nós mesmos e continuamos a afirmar que o Pai enviou seu Filho para salvar o mundo. Quem confessa que Jesus é o Filho de Deus participa de um relacionamento íntimo e estável com Deus. É por saber disso que abraçamos de coração esse amor que procede de Deus.

Amar e ser amado

17-18 Deus é amor. Quando passamos a habitar permanentemente no amor, vivendo uma vida de amor, vivemos em Deus e Deus vive em nós. Assim, o amor tem o controle da casa, fica à vontade e amadurece em nós, e não temos mais preocupação com o dia do juízo — nossa situação no mundo é idêntica à de Cristo. No amor, não há espaço para o medo. O amor amadurecido expulsa o medo. Considerando que o medo causa uma vida vacilante e cheia de temores — medo da morte, medo do julgamento —,

podemos dizer que quem tem medo não está completamente aperfeiçoado no amor.

19 Mas nós podemos desfrutar o amor — amar e ser amados, pois primeiro fomos amados; por isso, agora podemos amar. A verdade é que ele nos amou primeiro.

20-21 Se alguém se vangloria, dizendo: "Eu amo a Deus" mas odeia e despreza seu irmão, é mentiroso. Se não ama a pessoa que vê, como pode amar a Deus, a quem não vê? O mandamento que temos da parte de Cristo é sem rodeios: amar a Deus se vê na prática de amar o próximo. Vocês precisam amar os dois.

SALMOS 141.8-10

8-10 Mas eu, amado Senhor,
  só tenho olhos para ti.
Corri o mais rápido que pude na tua direção:
  agora toma conta de mim!
Protege-me dos esquemas malignos,
  dos subterfúgios demoníacos!
Que os ímpios caiam de cara no chão,
  enquanto eu me livro sem nenhum arranhão.

◼ NOTAS

DIA 341

1096

☐ **DIA 341** __ / __ / __

EZEQUIEL 42.10 — 44.19

¹⁰⁻¹² No lado sul, ao longo de todo o muro exterior do pátio e de frente para o pátio do templo, havia quartos com uma passagem em frente deles. Esses quartos eram iguais aos quartos do lado norte — mesmas saídas e dimensões —, com a mesma entrada do lado leste conduzindo à passagem. As portas dos quartos eram iguais às do lado norte. A planta era uma figura espelhada do lado norte.

¹³⁻¹⁴ Então, ele me disse: "Os quartos do lado norte e do lado sul adjacentes à área aberta são quartos sagrados, em que os sacerdotes que servem diante do Eterno comem as ofertas sagradas. Ali são guardadas as ofertas sagradas de cereal, ofertas de perdão e ofertas de reparação. Esses são quartos reservados, são lugar sagrado. Depois de entrar no santuário, os sacerdotes não podem mais voltar ao pátio externo e se misturar com o povo se não trocarem as vestimentas sagradas que usam para ministrar por roupas comuns".

¹⁵⁻¹⁶ Depois que terminou de medir o que estava no interior da área do templo, ele me conduziu para fora através da porta oriental e me mediu do lado de fora. Usando a vara de medir, mediu o lado leste: duzentos e cinquenta metros.

¹⁷ Ele mediu o lado norte: duzentos e cinquenta metros.

¹⁸ Ele mediu o lado sul: duzentos e cinquenta metros.

¹⁹ Por último, foi para o lado oeste e o mediu: duzentos e cinquenta metros.

²⁰ Ele mediu o muro dos quatro lados. Cada lado media duzentos e cinquenta metros. Os muros separavam o sagrado do comum.

O significado do templo

43 ¹⁻³ O homem levou-me para a porta oriental. Ah! A resplandecente glória do Deus de Israel vinha do leste como o som de águas correntes, e a própria terra brilhava com aquela glória. Parecia muito com a ocasião em que ele tinha vindo para destruir a cidade, exatamente o que eu tinha visto no rio Quebar. E, mais uma vez, caí com o rosto em terra.

⁴⁻⁵ A resplandecente glória do Eterno entrou no templo pela porta oriental. O Espírito me pôs de pé e me levou para o pátio interno. E a resplandecente glória do Eterno encheu o templo!

⁶⁻⁹ Então, ouvi alguém falando para mim de dentro do templo enquanto o homem estava do meu lado. Ele disse: "Filho do homem, este é o lugar do meu trono, o lugar em que meus pés vão descansar. Vou morar neste lugar com os israelitas para sempre. Nunca mais o povo de Israel nem seus reis irão arrastar meu santo nome na lama com suas prostituições e seus ídolos, que nem deuses são, postos por seus reis nos santuários de beira de estrada. Quando eles construíram seu lugar de adoração exatamente do lado do meu, apenas uma parede fina separando os dois, eles arrastaram meu santo nome na lama com sua adoração obscena e perversa. É de admirar que eu ficasse irado e os destruísse? Então, que eles se livrem da sua prostituição e dos seus ídolos repugnantes trazidos pelos seus reis. Então, viverei com eles para sempre.

¹⁰⁻¹¹ "Filho do homem, descreva para o povo de Israel tudo que você viu no templo, para que fiquem envergonhados da sua maneira obstinada de viver. Faça que vejam o modelo do templo. Isso os deixará envergonhados. Mostre a eles a planta completa do edifício: suas entradas e saídas, as dimensões, as regulamentações e as leis. Faça um desenho, para que eles vejam a figura e entendam seu significado e vivam de acordo com esse projeto e propósito.

¹² "Esta é a lei do templo: ao seu brilho do topo do monte, tudo à sua volta será terreno santo. Sim, esta é a lei, o significado do templo".

¹³ "Estas são as dimensões do altar, usando a medida longa (de meio metro). A calha na sua base tem meio metro de profundidade e meio metro de largura, com uma aba de um palmo na beirada.

¹⁴⁻¹⁵ "O altar tem um metro de altura da base até a saliência inferior, e um de largura; da saliência menor até a saliência maior, tem dois metros de altura e um de largura. O fogão do altar tem dois

metros de altura. Quatro cantos se projetam dele para cima.

16-17 "O topo do altar, na altura do fogão, é quadrado, com seis metros de cada lado. A saliência superior também é quadrada, com sete metros de cada lado; tem uma aba de vinte e cinco centímetros e uma calha de meio metro ao redor dela toda.

"Os degraus do altar sobem do Oriente".

18 Então, o homem me disse: "Filho do homem, o Eterno, o Senhor, diz: 'Estes são os regulamentos que devem ser seguidos com relação ao altar durante os sacrifícios das ofertas queimadas e da aspersão do sangue sobre ele.

19-21 " 'Como oferta de perdão, apresente um novilho aos sacerdotes levitas, que são da família de Zadoque e vêm à minha presença para me servir. Parte do sangue deve ser derramada nas pontas do altar que saem dos quatro cantos acima da saliência superior e em volta da aba. Isso serve para purificar o altar e torná-lo apropriado ao sacrifício. Em seguida, pegue o novilho para a oferta de perdão e queime-o no lugar designado para isso, no pátio fora do santuário.

22-24 " 'No segundo dia, apresente um bode sem defeito como oferta de perdão. Purifique o altar da mesma forma que você o purificou para o novilho. Depois de tê-lo purificado, ofereça um novilho sem defeito e um carneiro, também sem defeito, tirados do rebanho. Apresente-os ao Eterno. Coloque sal sobre eles e ofereça-os ao Eterno como oferta queimada.

25-26 " 'Durante sete dias, apresente um bode como oferta diária de perdão e, também, um novilho e um cordeiro tirados do rebanho, todos sem defeito. Durante sete dias, os sacerdotes devem preparar o altar para essas ofertas, purificando-o. É assim que vocês devem dedicá-lo.

27 " 'Depois desses sete dias de dedicação, a partir do oitavo dia, os sacerdotes devem apresentar as ofertas queimadas e as ofertas de paz. E eu aceitarei vocês com satisfação, com alegria! É o decreto do Eterno, o Senhor.

Regras do santuário

44 **1** Depois disso, o homem levou-me de volta ao complexo da porta externa do santuário, que era voltada para o leste. Mas estava fechada.

2-3 O Eterno me disse: "Esta porta está fechada e assim ficará. Ninguém deve passar por ela, porque o Eterno, o Deus de Israel, por ela entrou.

Por isso, está sempre fechada. Só o príncipe, por ser o príncipe, pode sentar ali para comer na presença do Eterno. Ele entrará no complexo pelo pórtico e por ela sairá".

4 O homem conduziu-me pela porta norte para a parte da frente do templo. Olhei, e ali estava a resplandecente glória do Eterno, que enchia o templo! Prostrei-me com o rosto em terra, em atitude de adoração.

5 O Eterno me disse: "Filho do homem, controle-se. Use os olhos e os ouvidos e preste muita atenção a tudo que eu disser sobre os regulamentos do templo do Eterno, a forma em que se aplicam todas as leis, as instruções concernentes a ele e todas as entradas e saídas do santuário.

6-9 "Diga a esse bando de rebeldes, a família de Israel: 'Mensagem do Eterno, o Senhor: Chega de obscenidades, Israel! Chega de arrastar esses estrangeiros irreverentes, impenitentes e incircuncisos de coração e de corpo para dentro do meu santuário, dando a eles permissão para comer as ofertas apresentadas em sacrifício, como se fosse um piquenique. Com todas as suas práticas repugnantes, vocês traíram minha confiança, quebraram a aliança solene que fiz com vocês. Vocês não cuidaram das minhas coisas sagradas. Contrataram estrangeiros para fazer o trabalho, estrangeiros que não se importam com este lugar, com meu santuário. Nenhum estrangeiro irreverente, impenitente e incircunciso de coração e de corpo, nem mesmo dos residentes em Israel, deve entrar no meu santuário'.

10-14 "Os levitas que me viraram as costas e me abandonaram, com todos os outros, isto é, todo o Israel; que fizeram pacto com todos os ídolos, que nem deuses são, pagarão por tudo que fizeram de errado. A partir de agora, farão somente trabalhos sem grande importância: guardar as portas, ajudar nos serviços do templo e matar os animais dos sacrifícios para o povo e servi-los. Eles atuaram como sacerdotes dos ídolos, que nem deuses são, e fizeram meu povo tropeçar e cair; por isso, jurei que ia castigá-los, é o decreto do Eterno, o Senhor. Eles pagarão pelo que fizeram. Estão demitidos do sacerdócio. Não poderão mais vir à minha presença nem tomarão conta das coisas sagradas. Não terão mais acesso ao meu santo lugar! Sofrerão as consequências do que fizeram; terão de levar a vergonha da sua vida desregrada e perversa. A partir de agora, realizarão as tarefas simples do templo.

DIA 341

15-16 "Mas os sacerdotes levitas descendentes de Zadoque, que fielmente tomaram conta do meu santuário quando todos viraram as costas e me abandonaram, virão à minha presença e me servirão. Eles farão o trabalho sacerdotal de oferecer os sacrifícios solenes da adoração, é o decreto do Eterno, o Senhor. Eles são os únicos que têm permissão para entrar no meu santuário. Eles são os únicos que podem se aproximar da minha mesa e me servir, acompanhando-me no meu trabalho.

17-19 "Sempre que entrarem no complexo da porta do pátio interno, eles devem se vestir de linho. Não devem usar vestes de lã enquanto servirem no complexo da porta do pátio interno ou dentro do templo. Eles devem usar turbantes de linho na cabeça e calções de linho na cintura – não devem usar nada que os faça suar. Quando saírem para o pátio externo, no qual o povo estará reunido, terão de trocar as roupas com as quais estiveram servindo, deixando-as nos quartos sagrados. É ali que serão trocadas por roupas do dia a dia, a fim de não tornarem trivial o trabalho sagrado pela forma de se vestir.

1 JOÃO 5.1-21

5 1-3 Quem acredita que Jesus é de fato o Messias é nascido de Deus. Se amamos aquele que gera o filho, sem dúvida amaremos o filho que nasceu. O teste da verdade para saber se amamos ou não os filhos de Deus é este: amamos a Deus? Guardamos seus mandamentos? A prova de que amamos a Deus está na guarda dos seus mandamentos, e eles não nos parecem difíceis.

O poder que põe o mundo de joelhos

4-5 Quem nasce de Deus está acima da influência do mundo. O poder que põe o mundo de joelhos é a nossa fé. A pessoa que se põe acima da influência do mundo acredita que Jesus é o Filho de Deus.

6-8 Jesus – o Cristo Divino! Ele experimentou um nascimento que doa a vida e uma morte que mata a morte – não apenas um nascimento físico, mas um nascimento batismal de seu ministério e de sua morte sacrifical. E, em tudo isso, o Espírito confirma a verdade, a realidade da presença de Deus no batismo e na crucificação de Jesus, tornando essas ocasiões vivas para nós. O testemunho é tríplice: o Espírito, o batismo e a crucificação, os três em perfeito acordo.

9-10 Se damos algum valor ao testemunho humano, nos sentiremos muito mais seguros com o testemunho de Deus a respeito do seu Filho. Quem crê no Filho de Deus confirma no íntimo do seu ser o testemunho de Deus. Quem se recusa a crer está chamando Deus de mentiroso, recusando-se a crer no testemunho do próprio Deus a respeito de seu Filho.

11-12 Esta é a essência do testemunho: Deus nos deu vida eterna, e a vida está em seu Filho. Por isso, quem tem o Filho tem a vida. Quem rejeita o Filho rejeita a vida.

A realidade, não a ilusão

13-15 Meu propósito em escrever é simplesmente este: que vocês, que creem no Filho de Deus, saibam que, sem sombra de dúvida, têm a vida eterna – a realidade, não a ilusão. Na presença dele, temos confiança e liberdade para fazer nossos pedidos, de acordo com sua vontade, na certeza de que ele nos ouvirá. E, se temos essa certeza, sabemos que a resposta é garantida.

16-17 Por exemplo, se vemos um cristão pecando (não falo aqui dos que fazem da prática do pecado um caminho fatal, que leva à morte eterna), pedimos a ajuda de Deus, e ele nos atende, dando vida ao pecador cujo pecado não é fatal. Existe pecado que é fatal, e nesse caso não digo que se deva orar. Tudo que fazemos de errado é pecado, mas nem todo pecado é fatal.

18-21 Sabemos que ninguém nascido de Deus faz do pecado uma prática — o pecado fatal. Os nascidos de Deus são também protegidos por Deus. O Maligno não pode tocar neles. Sabemos que somos protegidos por Deus. Só o povo do mundo continua nas garras do Maligno. Sabemos também que o Filho de Deus veio para que pudéssemos reconhecer e entender a verdade de Deus – que presente! – e que vivemos na própria Verdade, no Filho de Deus, Jesus Cristo. Jesus é, ao mesmo tempo, Deus verdadeiro e Vida Verdadeira. Filhos queridos, cuidado com as imitações.

SALMOS 142.1-7

Uma oração de Davi – quando ele estava na caverna

142 1-2 Clamo em alta voz ao Eterno! Em alta voz, suplico por sua misericórdia. Apresento todas as minhas queixas a ele e exponho meus problemas nos mínimos detalhes:

3-7 "Quando mergulho no desespero,
meu espírito enfraquece,
e tu sabes como me sinto.
Sabes do perigo que estou correndo,
das armadilhas escondidas no caminho.
Olho para a direita e para a esquerda:
não há uma alma que se preocupe
com o que acontece!
Eu protesto, mas sem êxito:
estou sozinho e abandonado.
Então, clamo ao Eterno:
'Tu és minha última chance,
minha única esperança!'.
Ouve, por favor!
Nunca fiquei assim.
Livra-me dos que me perseguem!
Não sou páreo para eles.
Tira-me desta prisão,
para que eu te agradeça em público!
Teu povo fará um círculo em torno de mim,
e tu me trarás chuvas de bênçãos!"

◼ NOTAS

|||||||||||||||||||||||||||||||||||||||||||||||||||||||||||||||||||

☐ DIA **342** __ / __ / __

EZEQUIEL 44.20 — 46.24

20 "Eles não devem rapar a cabeça nem deixar o cabelo comprido, sem cuidado, mas precisam mantê-lo aparado e bem cuidado.

21 "Nenhum sacerdote poderá beber vinho se tiver de entrar no pátio interno.

22 "Os sacerdotes não devem se casar com viúvas ou divorciadas, mas apenas com virgens israelitas ou viúvas de sacerdotes.

23 "Sua responsabilidade é ensinar ao meu povo a diferença entre o santo e o comum, mostrar a eles como discernir entre o impuro e o puro.

24 "Quando houver disputas, os sacerdotes serão os juízes. Eles decidirão com base nos meus juízos, leis e estatutos. Eles têm a responsabilidade de fazer que as festas fixas sejam celebradas e meus sábados sejam santificados exatamente como ordenei.

25-27 "Um sacerdote não deve se aproximar de nenhum cadáver, para não se contaminar. Mas, se a pessoa que morreu for seu pai ou sua mãe, filho ou filha, irmão ou irmã solteira, ele poderá se aproximar do morto. Mas, depois de se purificar, deve esperar sete dias. Então, quando voltar ao pátio interno do santuário, precisará fazer uma oferta de perdão por si mesmo antes de retomar suas atividades, é o decreto do Eterno, o Senhor.

28-30 "Com respeito aos sacerdotes serem proprietários de terra, eu sou a herança deles. Não a receberão. *Eu* sou a "terra" deles, a herança que possuem. A comida deles virá das ofertas de cereal, das ofertas de perdão e das ofertas de reparação. Tudo que, em Israel, é oferecido ao Eterno em adoração pertence a eles. O melhor de tudo que se oferece em Israel, além de todas as ofertas especiais, será dos sacerdotes. Tudo que é oferecido em adoração ao Eterno em Israel deles será. Eles devem ser servidos em primeiro lugar. Sirvam-lhes com o melhor que vocês têm, e suas casas serão abençoadas.

DIA 342

³¹ "Os sacerdotes não devem comer nenhuma ave ou animal que não forem apropriados para consumo humano, como animais mortos encontrados na estrada ou no campo".

Espaço sagrado para o Eterno

45 ¹⁻⁴ "Quando vocês distribuírem a herança da terra, precisam separar parte da terra como espaço sagrado para o Eterno: doze quilômetros e meio de comprimento e dez quilômetros de largura — tudo isso é solo sagrado. Nesse espaço, reserve uma área quadrada de duzentos e cinquenta metros de cada lado para o santuário, com uma área aberta de vinte e cinco metros de largura em volta dele. Demarque, nessa área sagrada, um espaço de doze quilômetros e meio de comprimento por cinco quilômetros de largura. O santuário com o Lugar Santíssimo estará localizado aí. É aí que viverão os sacerdotes, os que conduzem a adoração no santuário e servem a Deus ali. Suas casas estarão ali, junto ao santuário.

⁵ "Ao norte da área sagrada, um espaço de doze quilômetros e meio de comprimento por cinco quilômetros de largura será separado como terra para as cidades dos levitas que administram a adoração no santuário.

⁶ "Ao sul da área sagrada, meçam um espaço de dois quilômetros e meio de largura por doze quilômetros e meio de comprimento, que pertencerá a toda a família de Israel.

⁷⁻⁸ "O príncipe receberá a terra adjacente aos dois lados do quadrado sagrado central, que se estende, a leste, até o Jordão e, a oeste, até o mar Mediterrâneo. Essa é a propriedade do príncipe em Israel. Meus príncipes já não ameaçarão meu povo nem o atropelarão por ganância. Eles respeitarão a terra conforme a distribuição feita entre as tribos.

⁹⁻¹² "Esta é a Mensagem do Eterno, o Senhor: 'Eu os tolerei já por tempo suficiente, príncipes de Israel! Parem de ameaçar e de tirar vantagem do meu povo. Façam o que é bom e justo. Usem balanças honestas — pesos honestos e medidas honestas. A arroba e o pote devem ser iguais, o pote terá um décimo de um barril; o barril deve ser a medida padrão para os dois. O peso padrão deve ser de doze gramas. Vinte pesos, mais vinte e cinco pesos, mais quinze pesos equivalem a setecentos e vinte gramas.'"

Todos precisam contribuir

¹³⁻¹⁵ " 'Estas são as ofertas que vocês devem apresentar: um sexto de uma arroba de cada barril de trigo e um sexto de uma arroba de cada barril de cevada. A porção prescrita de azeite, medida pelo pote, é de um décimo de pote de cada tonel, que consiste de dez potes ou um barril, pois dez potes equivalem a um barril. Também se deve tomar uma ovelha de cada rebanho de duzentas ovelhas das pastagens bem irrigadas de Israel. Tudo isso será usado para as ofertas de cereal, ofertas queimadas e ofertas de paz para fazer sacrifícios de propiciação pelo povo, é o decreto do Eterno, o Senhor.

¹⁶⁻¹⁷ " 'Todos na terra devem contribuir com essas ofertas especiais, que o príncipe de Israel vai administrar. É responsabilidade do príncipe fornecer as ofertas queimadas, as ofertas de cereal e as ofertas derramadas nas festas, nas luas novas, nos sábados e em todas as festas fixas entre o povo de Israel. As ofertas de perdão, as ofertas de cereal, as ofertas queimadas e as ofertas de paz para fazer propiciação pelo povo de Israel são sua responsabilidade.

¹⁸⁻²⁰ " 'Esta é a Mensagem do Eterno, o Senhor: No primeiro dia do primeiro mês, pegue um novilho sem defeito e purifique o santuário. O sacerdote deve pegar o sangue das ofertas de perdão e esfregar nos batentes do templo, nos quatro cantos da saliência superior do altar e na porta de entrada do pátio interno. Repita o ritual, no sétimo dia do mês, a favor de todo aquele que tiver pecado sem intenção ou por ignorância. Dessa forma, vocês estarão fazendo propiciação pelo templo.

²¹ " 'No dia 14 do primeiro mês, vocês devem observar a Páscoa, uma festa de sete dias. Durante a festa, devem comer apenas pão sem fermento.

²²⁻²³ " 'Na Páscoa, o príncipe faz a provisão de um novilho como oferta de perdão por si mesmo e por todo o povo. Para cada um dos sete dias da festa, ele deve trazer sete novilhos e sete carneiros sem defeito como oferta queimada para o Eterno e também um bode todos os dias.

²⁴ " 'Ele deverá trazer uma arroba de cereal para cada novilho e para cada carneiro e um galão de azeite para cada arroba.

²⁵ " 'No dia 15 do sétimo mês, e em cada um dos sete dias da festa, ele deverá trazer as mesmas provisões para as ofertas de perdão, as ofertas queimadas, as ofertas de cereal e o azeite.' "

46 ¹⁻³ " 'Mensagem do Eterno, o Senhor: A porta do pátio interno no lado leste deve ficar fechada durante os seis dias de trabalho, mas será aberta no sábado. Também deve ficar aberta na lua nova. O príncipe deve entrar pelo pórtico do complexo da porta e se posicionar junto aos batentes enquanto os príncipes apresentam suas ofertas queimadas e ofertas de paz, e ele adora ali, no pórtico. Depois, ele deve sair, mas a porta não deve ser fechada até a noite. Nos sábados e nas luas novas, o povo deve adorar diante do Eterno no pórtico externo do complexo.

4-5 " 'O príncipe trará ao Eterno as ofertas queimadas para o sábado — seis cordeiros e um carneiro, todos sem defeito. A oferta de cereal que acompanha o carneiro deverá ser de uma arroba, e a oferta de cereal que acompanha os cordeiros poderá ser de quanto ele quiser, mais um galão de azeite para cada arroba de cereal.

6-7 " 'Na lua nova, ele deve trazer um novilho, seis cordeiros e um carneiro, todos sem defeito. Com o carneiro, ele trará uma arroba de cereal como oferta e o mesmo com o novilho e com os cordeiros, quanto ele quiser dar, mais um galão de azeite para cada arroba de cereal.

8 " 'Quando o príncipe entrar, ele entrará pelo pórtico do complexo e, por ali, sairá.

9-10 " 'Mas, quando o povo da terra vier para adorar o Eterno nas festas fixas, os que entrarem pela porta norte sairão pela porta sul, e os que entrarem pela porta sul sairão pela porta norte. Ninguém deve sair pela mesma porta que entrou, mas pela porta do lado oposto. O príncipe deve estar ali, no meio do povo, entrando e saindo com eles.

11 " 'Nas festas em geral e nas festas fixas, a oferta de cereal apropriada é de uma arroba com um novilho e com os cordeiros, quanto ele quiser dar, mais um galão de azeite para cada arroba.

12 " 'Quando o príncipe trouxer uma oferta voluntária ao Eterno, seja oferta queimada, seja uma oferta de paz, a porta oriental deve ser aberta para ele. Nesse caso, deve apresentar sua oferta de paz ou sua oferta queimada da mesma forma que nos sábados. Então, ele sairá e, depois que sair, a porta será fechada.

13-15 " 'Todas as manhãs, vocês devem apresentar um cordeiro de um ano sem defeito como oferta queimada ao Eterno. Também, todas as manhãs, tragam uma oferta de cereal de um sexto de arroba e um terço de um galão de azeite para umedecer a farinha. Apresentar essa oferta de cereal ao Eterno é procedimento padrão. O cordeiro, a oferta de cereal e o azeite para a oferta queimada são um ritual regular diário.

16-18 " 'Mensagem do Eterno, o Senhor: Se o príncipe prometer um presente da sua herança a um dos seus filhos, isso ficará na família. Mas, se ele prometer um presente da sua herança a um servo, o servo ficará com ele só até o ano do Jubileu. Depois disso, ele voltará para o príncipe. Sua herança pertence apenas a seus filhos. Deve ficar na família. O príncipe não pode tomar a herança de ninguém do povo, desapropriando, assim, a terra. Ele só pode dar aos filhos o que for de sua propriedade. Ninguém do meu povo deve ser desapropriado da sua terra.' "

19-20 Em seguida, o homem levou-me pela porta norte até os quartos sagrados designados para os sacerdotes e me mostrou um quarto no lado oeste. Ele disse: "Esta é a cozinha na qual os sacerdotes vão cozinhar as ofertas de perdão e as ofertas de reparação e vão assar as ofertas de cereal para que, assim, não precisem fazê-lo no pátio externo e não ponham em risco as pessoas despreparadas para o Santo".

21-23 Na sequência, ele me levou para o pátio externo e a todos os seus quatro cantos. Em cada canto, observei mais um pátio. E, em cada um dos quatro cantos do pátio externo, havia pátios menores, com vinte metros de comprimento e quinze de largura. Na parte interna dos pátios, havia uma prateleira de pedra e, abaixo das prateleiras, fogões para cozinhar.

24 Ele disse: "Estas são as cozinhas nas quais os que servem no templo vão cozinhar os sacrifícios do povo".

2JOÃO 1.1-13

1-2 Minha querida comunidade, amo vocês de verdade. E não estou sozinho — todos os que conhecem a Verdade e permanecem conosco amam vocês.

3 Que a graça, a misericórdia e a paz sejam com vocês na verdade e no amor de Deus Pai e de Jesus Cristo, Filho do Pai!

4-6 Não consigo dizer como estou feliz por saber que muitos membros da sua comunidade fazem de tudo para viver a Verdade exatamente como o Pai ordenou. Mas me permitam lembrar uma coisa, e não se trata de um novo mandamento, apenas de uma repetição do mandamento básico e original: amemos uns aos outros. Amar significa seguir os mandamentos, e o mandamento que resume tudo é: orientem a vida pelo amor. Essa foi a primeira coisa que vocês ouviram, e nada mudou.

Não andem longe de Deus

7 Há muitos impostores de conversa suave pelo mundo afora. Eles se recusam a crer que Jesus Cristo

DIA 343

foi verdadeiramente humano, um ser humano de carne e osso. Vamos chamá-los pelos seus verdadeiros nomes. Enganadores! Anticristos!

8-9 Tomem cuidado com eles, para que vocês não percam o que nos custou tanto trabalho. Quero que vocês recebam a recompensa a que têm direito. Quem vai longe demais, a ponto de ir além do ensino de Cristo, está se afastando de Deus, mas quem se apega a este ensino permanece fiel ao Pai e ao Filho.

10-11 Se alguém mostrar que não se importa com este ensino, não o convide para casa nem o hospede. Isso lhe serviria de plataforma para que ele prossiga em seus maus caminhos, fazendo de você um cúmplice.

12-13 Tenho muito mais a dizer, mas prefiro não usar papel e tinta. Espero estar aí em breve e ter uma conversa franca com vocês. Será bom para vocês e para mim. Todos nesta comunidade irmã enviam saudações.

SALMOS 143.1-6

Um salmo de Davi

143 **1-2** Ouve esta minha oração, ó Eterno!
Presta atenção no meu pedido!
Responde-me: tu és reconhecido por tuas respostas!
Age para comigo da maneira
que achares melhor.
Mas, por favor, não me arrastes para o tribunal!
Nenhum ser vivo seria absolvido lá.

3-6 O inimigo me perseguiu,
chutou-me e me agrediu quase até a morte.
Depois me jogou num buraco escuro,
enterrou-me como um defunto
naquela masmorra.
Sentei-me, em desespero, o espírito se exaurindo,
o coração pesado como chumbo.
Então, me lembrei dos velhos tempos:
recordei tudo que fizeste,
ponderei sobre teu modo de agir.
Estendi as mãos para ti,
ansioso como o deserto pela chuva.

◾ NOTAS

☐ DIA 343 ___ / ___ / ___

EZEQUIEL 47.1 — 48.35

Árvores em ambos os lados do rio

47 **1-2** Ele me levou mais uma vez até a entrada do templo, e vi água jorrando por baixo do pórtico do templo, para o leste (o templo estava voltado para o leste). A água jorrava do lado sul do templo, ao sul do altar. Ele me conduziu para fora pela porta norte e me levou, pelo lado de fora, para o complexo da porta leste. A água estava jorrando da parte debaixo da frente sul do templo.

3-5 Ele caminhou para o leste com uma linha de medir e mediu quinhentos metros, levando-me pela água que dava no tornozelo. Mediu mais quinhentos metros, levando-me pela água que dava no joelho. Mediu mais quinhentos metros, levando-me pela água que dava na cintura. Ele mediu mais quinhentos metros. A essa altura, já era um rio que eu não conseguia atravessar a pé, só era possível cruzá-lo a nado, um rio que ninguém conseguiria passar andando.

6-7 Ele disse: "Filho do homem, você olhou bem?".
Em seguida, ele me levou de volta para a margem do rio. Enquanto eu estava sentado ali, percebi muitas árvores nos dois lados do rio.

8-10 Ele me disse: "Essa água corre para o leste, desce até a Arabá e, depois, vai para o mar, o mar de águas paradas. Quando deságua no mar, a água dele é saneada. Por onde o rio passa, floresce a vida — grandes cardumes de peixes — porque o rio transforma o mar salgado em água fresca. Por onde o rio passa, a vida é abundante. Os pescadores ficarão ombro a ombro ao longo da margem desde En-Gedi até En-Eglaim, lançando suas redes. O mar vai fervilhar com peixes de toda espécie, como no mar Mediterrâneo.

11 "Os charcos e pântanos não serão saneados. Permanecerão salgados.

12 "Mas o próprio rio, em ambas as margens, produzirá frutos de todas as espécies. As folhas não murcharão, e os frutos não falharão. Todos os meses, produzirão frutos frescos, porque o rio do santuário flui para elas. Seus frutos servirão de comida; e suas folhas, de remédio".

Dividam esta terra

13-14 Uma Mensagem do Eterno, o Senhor: "Estas são as fronteiras pelas quais vocês devem dividir a herança da terra para as doze tribos de Israel, e José receberá duas porções. A terra deve ser dividida igualmente. Prometi com juramento solene que a daria aos seus antepassados, jurei que esta terra seria sua herança.

15-17 "Estas são as fronteiras da terra:
"Do lado norte, a fronteira vai desde o grande mar Mediterrâneo ao longo da estrada de Hetlom até o ponto em que se vira para Hamate, Zedade, Berota e Sibraim, que fica entre o território de Damasco e o território de Hamate e, daí, para Hazer-Haticom, na fronteira de Haurã. A fronteira vai desde o mar até Hazar-Enã, com os territórios de Damasco e Hamate ao norte. Essa é a fronteira norte.

18 "A fronteira leste fica entre Damasco e Haurã, descendo ao longo do Jordão entre Gileade e da terra de Israel até o mar do Leste, prosseguindo até Tamar. Essa é a fronteira leste.

19 "A fronteira sul vai para o oeste, desde Tamar até as águas de Meribá-Cades, ao longo do ribeiro do Egito. Essa é a fronteira sul.

20 "A fronteira oeste é formada pelo grande mar Mediterrâneo, ao norte de onde a estrada vira para o leste, para a entrada de Hamate. Essa é a fronteira oeste.

21-23 "Dividam a terra entre as doze tribos de Israel. Dividam-na como sua herança e incluam nela os estrangeiros residentes que vivem entre vocês e agora têm filhos. Tratem-nos como se fossem nascidos aqui, como um de vocês. Eles também receberão herança entre as tribos de Israel. Seja qual for a tribo em que o estrangeiro residente viver, ali, receberá sua herança, é o decreto do Eterno, o Senhor".

O santuário do Eterno no centro

48 **1** "Estas são as tribos:
"Dã: uma porção, ao longo da fronteira norte, seguindo a estrada desde Hetlom até a entrada de Hamate e, depois, até Hazar-Enã, até a divisa do território de Damasco ao norte, ao largo de Hamate: a fronteira norte se estende de leste a oeste.

2 "Aser: uma porção, fazendo divisa com Dã de leste a oeste.

3 "Naftali: uma porção, fazendo divisa com Aser de leste a oeste.

4 "Manassés: uma porção, fazendo divisa com Naftali de leste a oeste.

5 "Efraim: uma porção, fazendo divisa com Manassés de leste a oeste.

6 "Rúben: uma porção, fazendo divisa com Efraim de leste a oeste.

7 "Judá: uma porção, fazendo divisa com Rúben de leste a oeste.

8-9 "Fazendo divisa com Judá, de leste a oeste, está o espaço que você vai separar como solo sagrado: terá doze quilômetros e meio de largura, e seu comprimento, de leste a oeste, será equivalente a uma das porções tribais, com o santuário no centro. A área sagrada separada para o Eterno terá doze quilômetros e meio de comprimento por cinco quilômetros de largura.

10-12 "É assim que a terra será distribuída. Os sacerdotes receberão a área que medirá doze quilômetros e meio nos lados norte e sul, com largura de cinco quilômetros nos lados oriental e ocidental. O santuário do Eterno estará no centro. Essa porção é para os sacerdotes consagrados, os zadoquitas, que permaneceram leais a mim no seu serviço e não se desviaram, como fizeram os levitas quando Israel saiu do caminho certo. Essa é sua dádiva especial da terra, o solo mais sagrado, fazendo divisa com a porção dos levitas.

13-14 "Os levitas recebem uma porção igual em tamanho à dos sacerdotes, de doze quilômetros e meio de comprimento por cinco quilômetros de largura. Eles não têm permissão de vender ou trocar parte

DIA 343

alguma da sua porção. É parte escolhida da terra, além de ser consagrada para o Eterno.

¹⁵⁻¹⁹ "O que ainda restar da área sagrada – dois quilômetros e meio de comprimento por doze quilômetros de comprimento – será para uso comum: para a cidade e seus prédios e as pastagens, mas a cidade será o centro. Os lados norte, sul, leste e oeste da cidade têm dois mil duzentos e cinquenta metros. A cidade terá uma área de pastagem de cento e vinte e cinco metros, fazendo divisa com a cidade em todos os lados. O restante dessa porção será de cinco quilômetros nos lados leste e oeste e será reservado para a lavoura. Suprirá a comida para a cidade. Trabalhadores de todas as tribos de Israel servirão como mão de obra para lavrar a terra.

²⁰ "Essa área sagrada, separada para fins santos, será um quadrado, com doze quilômetros e meio de cada lado, uma porção santa que inclui a parte separada para a cidade.

²¹⁻²² "O restante da terra, a parte que se estende a leste para o Jordão e a oeste até o Mediterrâneo, ao lado da reserva santa, pertencerá ao príncipe. Sua terra está entre as porções tribais ao norte e ao sul e se estende tanto a leste quanto a oeste do quadrado sagrado, com o templo no centro. A terra separada para os levitas de um lado e a cidade do outro, está no meio do território designado para o príncipe. O quadrado sagrado faz divisa, a leste e a oeste, pela terra do príncipe e, ao norte e ao sul, pelos territórios de Judá e Benjamim, respectivamente.

²³ "Agora o restante das tribos:
"Benjamim: uma porção, que se estende desde a fronteira leste a até a fronteira oeste.
²⁴ "Simeão: uma porção, fazendo divisa com Benjamim de leste a oeste.
²⁵ "Issacar: uma porção, fazendo divisa com Simeão de leste a oeste.
²⁶ "Zebulom: uma porção, fazendo divisa com Issacar de leste a oeste.
²⁷ "Gade: uma porção, fazendo divisa com Zebulom de leste a oeste.
²⁸ "A fronteira sul de Gade correrá desde o sul de Tamar até as águas de Meribá-Cades, ao longo do ribeiro do Egito e, depois, até o grande mar Mediterrâneo.
²⁹ "Essa é a terra que vocês devem dividir entre as tribos de Israel como sua herança. Essas são as porções, é o decreto do Eterno, o Senhor."

³⁰⁻³¹ "Estas são as portas da cidade. No lado norte, com dois mil duzentos e cinquenta metros de comprimento (as portas da cidade são denominadas segundo as tribos de Israel), as três portas são: Porta de Rúben, Porta de Judá, Porta de Levi.

³² "No lado leste, medindo dois mil duzentos e cinquenta metros de comprimento: a Porta de José, a Porta de Benjamim, a Porta de Dã.

³³ "No lado sul, medindo dois mil duzentos e cinquenta metros de comprimento: a Porta de Simeão, a Porta de Issacar, a Porta de Zebulom.

³⁴ "No lado oeste, medindo dois mil duzentos e cinquenta metros de comprimento: a Porta de Gade, a Porta de Aser, a Porta de Naftali.

³⁵ "Os quatro lados da cidade medem, no total, nove quilômetros."

"A partir de agora, o nome da cidade será JAVÉ-SHAMÁ:

'O ETERNO ESTÁ ALI'.

3 JOÃO 1.1-14

¹⁻⁴ O Pastor, ao meu bom amigo Gaio: amo você de verdade! Somos os melhores amigos, e oro para que tenha êxito em tudo que fizer e tenha boa saúde. Que suas atividades prosperem, assim como sua alma! Fiquei muito contente quando alguns amigos chegaram e trouxeram notícias de que você está firme no caminho da verdade. Nada me deixa mais feliz que receber notícias de que meus filhos continuam firmes no caminho da Verdade!

Sirva de exemplo

⁵⁻⁸ Prezado amigo, quando você recebe em casa os irmãos em Cristo, mesmo quando são desconhecidos, sua fé aparece na prática. Eles fizeram um relatório completo para a igreja aqui, um verdadeiro sermão acerca do seu amor. É um bom trabalho esse que você está fazendo, ajudando os viajantes, dando-lhes hospitalidade digna do próprio Deus! Eles se abrigam sob a bandeira do Nome e não recebem ajuda dos que não são cristãos. Por isso, merecem qualquer ajuda que possamos dar. Quando providenciamos cama e comida para eles, tornamo-nos companheiros deles na proclamação da Verdade.

⁹⁻¹⁰ Anteriormente, escrevi algo parecido para a igreja, mas Diótrefes, que gosta de estar em evidência, deturpou meu conselho. Se eu for, estejam certos de que vou chamá-lo à responsabilidade por

espalhar notícias falsas sobre nós. Como se não bastasse, além de recusar hospitalidade aos viajantes cristãos tenta impedir os outros de fazê-lo. Pior ainda, em vez de convidá-los, ele os expulsa.

¹¹ Amigo, não tenha parte nessa maldade. Sirva de exemplo. Quem faz o bem faz o trabalho de Deus. Quem faz o mal falsifica o que é de Deus e nada sabe sobre ele.

¹² Todo mundo fala bem de Demétrio — a própria verdade está a favor dele! Já combinamos — e vocês sabem — em não dar nosso aval de maneira leviana.

¹³⁻¹⁴ Tenho ainda muito a dizer, mas prefiro não usar papel e tinta. Espero estar aí em pessoa e ter uma conversa franca.

A paz esteja com você. Os amigos aqui enviam saudações. Cumprimente nossos amigos aí, um por um.

SALMOS 143.7-12

⁷⁻¹⁰ Apressa-te com tua resposta, ó Eterno!
   Minha esperança está no fim.
Não te desvies nem me ignores!
   Isso seria morte certa.
Se me acordares toda manhã
   com o som da tua voz amável,
   dormirei cada noite confiando em ti.
Aponta-me o caminho em que devo andar.
   Sou todo ouvidos diante de ti.
Salva-me dos meus inimigos, ó Eterno:
   és minha única esperança!
Ensina-me a viver para agradar-te,
   porque és meu Deus.
Conduz-me por teu santo Espírito
   a pastagens tranquilas e planas.

¹¹⁻¹² Mantém tua reputação, ó Deus! Dá-me vida!
   Por tua justiça, tira-me desta situação!
Por teu grande amor, derrota meus inimigos!
   Afasta de vez os que me incomodam!
E por que farias isso? Porque sou teu servo.

◢ NOTAS

☐ DIA 344 __ / __ / __

DANIEL 1.1 — 2.36

Daniel foi especialmente capacitado por Deus

1 ¹⁻⁴ **E**ra o terceiro ano do reinado de Jeoaquim em Judá quando o rei Nabucodonosor da Babilônia declarou guerra a Jerusalém e sitiou a cidade. O Senhor entregou o rei Jeoaquim de Judá nas mãos dele, com alguns utensílios do templo de Deus. Nabucodonosor levou o rei e os utensílios para a casa do tesouro do seu deus, na terra da Babilônia, a antiga Sinear.

³⁻⁵ O rei ordenou a Aspenaz, chefe de pessoal do palácio, que escolhesse alguns israelitas da família real e da nobreza, jovens que fossem saudáveis e de boa aparência, inteligentes e de boa formação, de potencial para cargos de liderança no governo — gente de elite! — e lhes ensinasse a língua e a cultura da Babilônia. O rei ordenou, também, que servissem a eles o mesmo cardápio do rei — comiam do bom e do melhor e o mais fino vinho. Depois de três anos de treinamento, assumiriam cargos na corte do rei.

DIA 344

⁶⁻⁷ Quatro homens de Judá — Daniel, Hananias, Misael e Azarias — estavam entre os escolhidos. O chefe de pessoal do palácio deu a eles nomes babilônicos: Daniel passou a chamar-se Beltessazar, Hananias foi chamado Sadraque, Misael foi chamado Mesaque e Azarias foi chamado Abede-Nego.

⁸⁻¹⁰ Mas Daniel decidiu que não iria ficar impuro com a comida do rei nem beber o vinho dele, por isso pediu ao chefe de pessoal do palácio que o autorizasse a não comer do cardápio do rei. Pela graça de Deus, o chefe de pessoal do palácio gostou de Daniel e autorizou, mas o advertiu: "Tenho medo do que meu senhor, o rei, possa fazer. Foi ele quem determinou esse cardápio e, se perceber que vocês não estão tão saudáveis como os outros, vai pedir minha cabeça".

¹¹⁻¹³ E, então, Daniel apelou ao responsável, que havia sido designado pelo chefe de pessoal do palácio para cuidar dele, de Hananias, Misael e Azarias: "Faça uma experiência conosco por dez dias: traga apenas vegetais e água. Depois nos compare com os jovens que se alimentam do cardápio do rei e tome sua decisão".

¹⁴⁻¹⁶ O responsável por eles concordou e os alimentou com vegetais e água durante dez dias. Ao final dos dez dias, eles tinham aparência melhor e pareciam mais saudáveis que todos os outros. Assim, o responsável continuou a dispensá-los da comida e da bebida do cardápio do rei e servia-lhes apenas vegetais".

¹⁷⁻¹⁹ Deus deu a esses quatro jovens conhecimento e habilidades em todas as áreas, tanto teórica quanto prática. Além disso, Daniel tinha o dom de interpretar todo o tipo de visões e sonhos. Ao final do tempo determinado pelo rei para o treinamento, o chefe de pessoal do palácio os levou para a presença de Nabucodonosor. Quando os entrevistou, o rei os achou muito melhores que todos os outros. Ninguém estava tão bem quanto Daniel, Hananias, Misael e Azarias.

¹⁹⁻²⁰ E, assim, eles assumiram suas responsabilidades na corte do rei. Sempre que o rei os consultava sobre qualquer assunto, teórico ou prático, eles se mostravam dez vezes melhores que todos os magos e encantadores do reino juntos.

²¹ Daniel continuou no serviço do rei até o primeiro ano do reinado do rei Ciro.

O sonho do rei Nabucodonosor

2 ¹⁻³ No segundo ano do seu reinado, o rei Nabucodonosor teve alguns sonhos que o estavam deixando maluco; tanto, que ele nem conseguia mais dormir. Chamou, então, todos os magos, encantadores, feiticeiros e astrólogos da Babilônia para que interpretassem seus sonhos. Quando estavam todos na presença do rei, ele disse: "Tive um sonho e não consigo tirá-lo da cabeça. Não vou conseguir dormir até que saber o que significa".

⁴ Os astrólogos, falando em aramaico, disseram: "Que o rei viva para sempre! Conte-nos o sonho e vamos interpretá-lo".

⁵⁻⁶ O rei respondeu: "Meu decreto é este: se vocês não conseguirem me dizer qual é o sonho e me dar a interpretação, vou fazer picadinho de vocês e destruir suas casas. Mas, se me contarem o sonho e derem a interpretação, vou encher vocês de presentes e serão muito honrados. Então, digam-me qual foi o sonho e me deem a interpretação!".

⁷ Eles responderam: "Vossa Majestade, por favor conte-nos o sonho. Então, daremos a interpretação".

⁸⁻⁹ Mas o rei disse: "Eu sei o que estão tentando fazer. Vocês só querem ganhar tempo. Sabem que estão preocupados e, se não conseguirem me contar o sonho, estarão numa fria. Estou até vendo: vocês vão inventar uma história qualquer e me enrolar até que eu mude de ideia. Nada disso! Primeiro me contem o sonho, e, então, vou saber se são capazes de me dar a interpretação ou se estão só me enrolando".

¹⁰⁻¹¹ Os astrólogos responderam: "Ninguém, em nenhum lugar do mundo, pode fazer o que o rei está pedindo. E nenhum rei jamais pediu uma coisa dessas a nenhum mago, encantador ou astrólogo. O que Vossa Majestade está pedindo é impossível, a não ser que algum deus o revele, e os deuses não vivem no meio de gente como nós".

¹²⁻¹³ A resposta deixou o rei furioso. Ele perdeu a paciência e ordenou que todos os sábios da Babilônia fossem executados. A sentença de morte foi anunciada, e Daniel e seus amigos estavam entre os condenados à morte.

¹⁴⁻¹⁵ Enquanto Arioque, chefe da guarda real, fazia os preparativos para a execução, Daniel, sabiamente, chamou-o de lado e lhe perguntou o que estava acontecendo: "Por que o rei deu uma ordem como essa, tão de repente?".

¹⁵⁻¹⁶ Arioque explicou a razão de tudo, e Daniel foi procurar o rei, pedindo um pouco de tempo para que pudesse interpretar o sonho.

¹⁷⁻¹⁸ Daniel foi para casa e contou a seus amigos Hananias, Misael e Azarias o que estava acontecendo. Ele pediu que orassem ao Deus dos céus por misericórdia, para solucionar o mistério e, assim, poderem escapar da morte.

A interpretação do sonho: uma história de cinco reinos

19-23 Naquela noite, a solução do mistério foi revelada a Daniel numa visão. Daniel louvou ao Deus dos céus, dizendo:

"Bendito é o nome de Deus
    para todo o sempre.
Deus é sábio e Todo-poderoso.
Ele muda as estações e conduz a história,
Escolhe reis e, também, os depõe.
Ele dá tanto a sabedoria
    quanto o discernimento.
Ele abre as profundezas, revela os segredos,
    conhece o que há na escuridão
    – a luz transborda dele!
Oh, Deus dos meus antepassados, a ti toda a
    minha gratidão e todo o meu louvor!
Tu me tornaste sábio e forte
E, agora, nos mostraste o que pedimos.
Tu resolveste o mistério do rei".

24 Assim, Daniel voltou a falar com Arioque, o encarregado da execução. Ele disse: "Cancele a execução! Leve-me ao rei, que vou interpretar o sonho dele".

25 Arioque não perdeu um minuto. Correu ao rei, levando Daniel com ele, e disse: "Achei um homem entre os exilados de Judá que pode interpretar o sonho".

26 O rei perguntou a Daniel (cujo nome babilônico era Beltessazar): "Você tem certeza de que pode fazer isto: contar o sonho e interpretá-lo?".

27-28 Daniel respondeu ao rei: "Nenhum homem pode decifrar o mistério do rei, quem quer que seja: sábio, encantador, mago ou astrólogo. Mas há um Deus no céu que revela os mistérios, e ele me revelou. Ele está mostrando ao rei Nabucodonosor o que vai acontecer no futuro. Este é o sonho que o rei teve, a visão que encheu sua mente:

29-30 "Enquanto Vossa Majestade estava deitado na cama, ó rei, vieram ideias sobre o que vai acontecer no futuro. Aquele que revela mistérios mostrou ao rei o que vai acontecer. Mas a interpretação foi dada por meu intermédio, não porque eu seja mais sábio que qualquer outra pessoa, mas para que o rei saiba o que significa e entenda o que sonhou.

31-36 "O que viu, ó rei, foi uma enorme estátua em pé na sua frente, muito impressionante, mas também apavorante. A cabeça da estátua era de ouro puro, o peito e os braços eram de prata, o ventre e os quadris eram de bronze, as pernas eram de ferro e os pés eram uma mistura de barro com ferro. Enquanto você estava olhando para a estátua, uma pedra que se soltou por si só da montanha, sem que ninguém o fizesse, atingiu a estátua, esmigalhando os pés de ferro e barro. Então, tudo desmoronou e ficou em pedaços: o ferro, o barro, o bronze, a prata e o ouro. Ficou tudo como restos amontoados, relegados ao esquecimento. Mas a pedra que atingiu a estátua tornou-se uma grande montanha, que dominava o horizonte. Esse foi o sonho.

JUDAS 1.1-25

1-2 Eu, Judas, sou escravo de Jesus Cristo e irmão de Tiago, escrevendo aos amados de Deus, o Pai, chamados e salvos por Jesus Cristo. Fiquem tranquilos, que tudo vai dar certo; descansem, pois tudo vai ficar bem; abram o coração, pois o amor está a caminho!

Lutem de todo coração

3-4 Prezados amigos, minha prioridade foi escrever a vocês sobre a vida de salvação que temos em comum. Preciso escrever insistindo – implorando! – para que vocês lutem de todo coração pela fé que nos foi confiada como um dom a ser guardado e cultivado. O que ocorre é que alguns indivíduos se infiltraram em nossas comunidades (as Escrituras nos advertiram que isso aconteceria). Eles têm aparência de espiritualidade, mas não passam de canalhas sem escrúpulos. O objetivo deles é substituir a graça pura do nosso Deus por pura libertinagem, afastando-se de Jesus Cristo, nosso único Mestre.

Estrelas perdidas no espaço

5-7 Estou sendo o mais claro que posso, ainda que alguns de vocês conheçam o assunto e não precisem de mais informação. Aqui está um resumo: o Senhor salvou um povo da escravidão da terra do Egito. Mas, depois, destruiu os que não tinham fé. E vocês conhecem o relato dos anjos que não se mantiveram fiéis à sua posição e agiram para praticar o mal. Agora, eles estão acorrentados e encarcerados num abismo de trevas até o grande dia do juízo. Sodoma e Gomorra, que se degradaram sexualmente, de modo antinatural, e foram destruídas com as cidades vizinhas semelhantes, são outro exemplo. Queimando continuamente sem se consumir, elas são uma advertência permanente. **8** Este é exatamente o perfil desses infiltrados: sexo degradante, desprezo à lei e aos legisladores, ridicularização do que é sagrado.

DIA 344

9-11 Ao contrário deles, o arcanjo Miguel, que foi à lona com o Diabo por causa do corpo de Moisés, não se atreveu a proferir maldições, no mesmo nível do Diabo; ele simplesmente disse: "*Deus* tratará de você". Mas essas pessoas desprezam qualquer coisa que não entendem e, por fazerem o que querem, agindo por instinto animal, serão responsáveis pela própria destruição. Coitados! Eles seguem o caminho de Caim. Eles se afundam no erro de Balaão, por cobiça. Serão destruídos como na rebelião de Coré.

12-13 Quando vocês cultuam e comem juntos, eles são monstros que enfeiam suas festas de comunhão. Eles vão denegrir a imagem de vocês, pois sem escrúpulos se embriagam e roubam tudo que estiver à vista. Eles são –

Nuvens de fumaça empurradas pelo vento;
árvores no outono, que não têm
nem folhas nem frutos,
Duplamente mortas, secas desde a raiz;
ondas de um mar bravo
que não deixam nada na praia,
a não ser a espuma de sua vergonha;
Estrelas perdidas no espaço sideral
a caminho de um buraco negro.

14-16 Enoque, o sétimo depois de Adão, profetizou a respeito deles: "Olhem! O Senhor vem com milhares dos santos anjos para julgar a todos, sentenciando cada um por todo ato de sacrilégio e palavra arrogante que decorre de sua religião corrompida". Eles são resmungões, murmuradores e incontroláveis; gostam de contar vantagens, cheios de bajulação e interesse.

17-19 Mas lembrem-se, caros amigos, que os apóstolos do nosso Senhor Jesus Cristo nos avisaram que isto iria acontecer: "Nos últimos dias haverá pessoas que não levarão nada a sério. Tratarão tudo com desprezo e criarão uma religião para atender aos próprios caprichos e desejos". São esses os que dividem igrejas, pensando apenas em si mesmos. São egoístas, sem nenhuma evidência do Espírito.

20-21 **M**as vocês, caros amigos, edifiquem-se cuidadosamente nesta fé santíssima, orando no Espírito Santo, permanecendo no centro do amor de Deus, mantendo os braços abertos, aguardando a misericórdia do nosso Senhor Jesus Cristo. Essa é a vida *de verdade*, que permanece para sempre!

22-23 Tenham paciência com os que vacilam na fé. Busquem os que tomam o caminho errado. Tenham pena dos pecadores, mas não peguem leve com o pecado. Não se esqueçam de que o pecado produz um mau cheiro insuportável que chega até os céus.

24-25 E, àquele que é poderoso para protegê-los com sua presença gloriosa, ao nosso Deus, nosso único Salvador, por meio de Jesus Cristo, nosso Senhor, sejam a glória, a majestade, o poder e o domínio, antes de todas as eras, agora e até o fim dos tempos. Amém.

SALMOS 144.1-4

Um salmo de Davi

144 1-2 **B**endito seja o Eterno, a minha Rocha, que me treina para lutar com justiça e habilidade.
Ele é a rocha sobre a qual estou,
o castelo que habito,
meu cavaleiro resgatador,
O alto rochedo para onde fugi,
a fim de salvar a vida,
enquanto ele abatia meus inimigos.

3-4 Eu me pergunto a razão
de te importares, ó Eterno!
Por que te incomodas conosco, afinal?
Não passamos de um sopro,
de sombras projetadas por uma fogueira.

◼ NOTAS

DIA 345

DANIEL 2.36 — 4.12

36-40 "Agora vamos à interpretação do sonho. Ó rei, Vossa Majestade é o soberano mais poderoso da terra. O Deus do céu deu tudo ao senhor: governo, poder, força e glória. Ele o designou responsável pela humanidade e por todos os animais do campo e as aves do céu, no mundo todo. O rei é o cabeça de todos os governantes; é a cabeça de ouro. Mas seu reino será tomado por outro reino, inferior ao seu, e este por um terceiro, o reino de bronze, que governará toda a terra. Por fim, um quarto reino, forte como o ferro que assumirá o poder. Assim como o ferro despedaça tudo que atinge, esse vai quebrar, esmigalhar e pulverizar todos os reinos anteriores.

41-43 "Mas os pés e os dedos dele, que são uma mistura de ferro e barro, significam que o reino será dividido, mas ainda haverá a força do ferro. Assim como os dedos eram de ferro e de barro, o reino terá uma parte forte e outra frágil. Esse reino fará alianças, mas não darão certo: não conseguirá se unir a nenhum outro reino, assim como o ferro e o barro não se misturam.

44-45 "Mas, no tempo desses reinos, o Deus do céu edificará um reino que nunca será destruído, nem nunca será dominado por outro. No final, esmagará os outros reinos, destruirá todos eles e será eterno. Será como a pedra que se soltou por si só da montanha, sem que ninguém o fizesse, que esmigalhou o ferro, o bronze, o barro, a prata e o ouro.

"O grande Deus fez o rei saber o que vai acontecer no futuro. Essa é a revelação exata do sonho e, também, a interpretação correta".

46-47 Quando Daniel terminou, o rei Nabucodonosor, perplexo, prostrou-se com o rosto no chão diante de Daniel. Ele ordenou uma oferta de sacrifícios e de incenso em honra a Daniel e declarou: "Seu Deus realmente é o Deus de todos os deuses, o Senhor de todos os reis. E ele revela todos os mistérios, e eu sei, porque você decifrou o mistério".

48-49 Então, o rei promoveu Daniel a um elevado cargo no reino, encheu-o de presentes e o empossou como governador de toda a província da Babilônia e chefe de todos os sábios da Babilônia. A pedido de Daniel, o rei designou Sadraque, Mesaque e Abede-Nego para postos administrativos em toda a Babilônia, enquanto Daniel permaneceu no palácio real.

Quatro homens na fornalha

3 **1-3** O rei Nabucodonosor construiu uma estátua de ouro, com vinte e sete metros de altura e dois metros e setenta centímetros de largura. Ele a ergueu na planície de Dura, na província da Babilônia. Em seguida, ordenou a todos os líderes importantes da província que comparecessem à cerimônia de dedicação da estátua. Todos vieram para a cerimônia e tomaram seus lugares diante da estátua que Nabucodonosor havia erguido.

4-6 Um arauto apareceu e proclamou em voz alta: "Atenção, todos! Ouçam vocês de todas as raças, cores e crenças! Quando ouvirem o som da trombeta, do pífaro, da cítara, da harpa, do saltério e da flauta dupla, dobrem os joelhos e adorem a estátua de ouro que o rei Nabucodonosor ergueu. E quem não se ajoelhar, não adorar a estátua, não importa quem seja, será jogado imediatamente na fornalha".

7 O som começou a tocar — todos os instrumentos musicais da Babilônia — e gente de todas as raças, cores e crenças dobraram os joelhos e adoraram a estátua de ouro que o rei Nabucodonosor havia erguido.

8-12 Foi, então, que os astrólogos da Babilônia se manifestaram e acusaram os judeus. Eles disseram ao rei Nabucodonosor: "Que o rei viva para sempre! Vossa Majestade deu ordens severas para que, ao ouvir o som tocar, deveríamos nos ajoelhar e adorar a estátua de ouro, e que quem não o fizesse seria jogado na fornalha. Mas, os judeus — Sadraque, Mesaque e Abede-Nego —, a quem o rei designou cargos elevados na província da Babilônia, ignoraram a ordem, ó rei. Eles não respeitam os nossos deuses e se negam a adorar a estátua de ouro que mandou erguer.

13-15 Furioso, o rei Nabucodonosor ordenou que Sadraque, Mesaque e Abede-Nego fossem trazidos.

DIA 345

E, quando eles chegaram, Nabucodonosor perguntou: "Sadraque, Mesaque e Abede-Nego, é verdade que vocês não respeitam meus deuses e se negam a adorar a estátua de ouro que mandei erguer? Vou dar a vocês uma segunda chance, mas, a partir de agora, quando o som começar a tocar, vocês devem se ajoelhar e adorar a estátua. E, se não o fizerem, serão jogados numa fornalha e ponto final. E que deus vai livrá-los de mim?".

¹⁶⁻¹⁸ Sadraque, Mesaque e Abede-Nego responderam: "Sua ameaça não nos assusta. Se nos jogar na fornalha, o Deus a quem servimos pode nos salvar não só da fornalha como de qualquer outra coisa. E, mesmo que ele não o faça, não importa, ó rei. Ainda assim, não vamos servir aos seus deuses nem adorar a estátua de ouro que mandou erguer".

¹⁹⁻²³ Nabucodonosor estava prestes a explodir de tanta raiva. Imediatamente ordenou que a fornalha fosse aquecida sete vezes mais que o normal e que alguns homens fortes do seu exército os amarrassem e os jogassem na fornalha. Sadraque, Mesaque e Abede-Nego, com os pés e mãos amarrados e vestidos em suas roupas, foram jogados na fornalha extremamente quente. Por causa da ordem do rei, a fornalha estava tão quente que só as chamas foram suficientes para matar os homens que carregaram Sadraque, Mesaque e Abede-Nego; e eles acabaram caindo fornalha adentro.

²⁴ De repente, o rei Nabucodonosor levantou-se num salto e perguntou: "Não jogamos três homens com os pés e as mãos amarradas?". "Isso mesmo, senhor", responderam os homens.

²⁵ "Vejam!", exclamou o rei. "Estou vendo quatro homens, andando pra lá e pra cá no fogo, e eles estão bem! E o quarto homem parece um filho dos deuses! Não é possível!"

²⁶ Nabucodonosor foi até a entrada da fornalha ardente e chamou: "Sadraque, Mesaque e Abede-Nego, servos do Deus Altíssimo, saiam, venham para cá!".

E Sadraque, Mesaque e Abede-Nego saíram do meio do fogo.

²⁷ Todos os líderes do governo e os conselheiros do rei se reuniram para examiná-los e viram que o fogo não havia causado nem um arranhão nos três — nem um fio de cabelo queimado, nem cheiro de fumaça na roupa deles!

²⁸ Nabucodonosor exclamou: "Bendito seja o Deus de Sadraque, Mesaque e Abede-Nego! Ele enviou seu anjo e salvou seus servos! Eles confiaram no seu Deus a ponto de ignorar as ordens do rei e arriscaram sua vida, mas não serviram nem adoraram outros deuses.

²⁹ "Por isso, decreto: todos, de qualquer lugar, cor, raça ou crença que disser alguma coisa contra o Deus de Sadraque, Mesaque e Abede-Nego será despedaçado, e sua casa será destruída. Nunca houve um deus que salvasse como esse!".

³⁰ Então, o rei promoveu Sadraque, Mesaque e Abede-Nego na província da Babilônia.

Outro sonho do rei Nabucodonosor

4 ¹⁻² O rei Nabucodonosor a todos — de todas as raças, cores e crenças do mundo: "Paz e prosperidade a todos! É um privilégio contar a vocês os grandes milagres que o Deus Altíssimo fez por mim.

³ "Seus milagres são impressionantes;
e suas maravilhas, surpreendentes.
Seu reino dura para sempre,
e seu governo soberano é eterno.

⁴⁻⁷ "Eu, Nabucodonosor, vivia tranquilo no meu palácio. Mas tive um sonho — quase um pesadelo — que me deixou abalado. Mandei buscar todos os sábios da Babilônia para que interpretassem o sonho. Quando todos estavam reunidos — magos, encantadores, astrólogos e adivinhos — contei-lhes o sonho, mas ninguém conseguiu dizer o significado.

⁸ "Mas veio Daniel, um homem cheio do Espírito Santo divino, e contei a ele o sonho. O seu nome babilônico é Beltessazar, assim chamado em homenagem ao meu deus.

⁹ "'Beltessazar', eu disse, 'chefe dos magos, sei que você é um homem cheio do Espírito Santo divino e que não há mistério que você não consiga desvendar. Ouça este sonho que eu tive e interprete-o para mim.

¹⁰⁻¹² "'Isto foi o que vi deitado na minha cama: havia uma grande árvore no centro do mundo. Eu olhei, e a árvore cresceu, tornando-se maior ainda. Seu topo alcançava o céu e era visto de todos os lugares da terra. Suas folhas eram belas; e seus frutos, fartos, produzindo comida suficiente para todos! Os animais se abrigavam debaixo dela, e as aves faziam ninhos nos galhos: todo mundo dependia dela.

APOCALIPSE 1.1-20

1 ¹⁻² **R**evelação de Jesus, o Messias. Deus deixou claro aos seus servos o que está para acontecer. Ele a entregou por meio do Anjo ao seu servo João. E João contou tudo que viu: a Palavra de Deus — o testemunho de Jesus Cristo!

³ Leitor, você é um abençoado! São abençoados também os que ouvem e guardam estas profecias, todas as palavras escritas neste livro! O tempo está para se cumprir.

Olhos como chamas de fogo

⁴⁻⁷ Eu, João, estou escrevendo às sete igrejas na província da Ásia: tudo de bom para vocês da parte do DEUS QUE É, QUE ERA E QUE ESTÁ PARA CHEGAR, e dos Sete Espíritos reunidos diante do seu trono e de Jesus Cristo — a Testemunha Leal, o Primogênito dos mortos, o Soberano de todos os reis da terra.

Glória e poder a Cristo, que nos ama,
    que com sangue eliminou
        o pecado da nossa vida,
    Que nos fez um Reino, sacerdotes para seu Pai,
        para sempre — e, sim, ele está a caminho!
Cavalgando as nuvens,
    será visto por todos os olhos,
        os que zombaram dele e o mataram irão vê-lo,
    Pessoas de todas as nações e de todos os tempos
        Rasgarão as próprias roupas em desespero.
Amém.

⁸ O Mestre declara: "EU SOU O A E O Z. EU SOU O DEUS QUE É, QUE ERA E QUE ESTÁ PARA CHEGAR. Eu sou o Soberano-Poderoso".

⁹⁻¹⁷ Eu, João, que percorro com vocês o caminho de tribulação, no Reino e na paixão da paciência em Jesus, estava na ilha chamada Patmos, por causa da Palavra de Deus, o testemunho de Jesus. Era domingo, dia da ressurreição, e eu estava no Espírito, orando. Ouvi uma voz alta atrás de mim, clara e forte como um toque de trombeta: "Escreva num livro o que você vê. Envie-o às sete igrejas: Éfeso, Esmirna, Pérgamo, Tiatira, Sardes, Filadélfia e Laodiceia". Eu me virei e ouvi a voz.

Vi o Candelabro de ouro
    Com seus sete braços,
    E, no centro, o Filho do Homem,
        com uma túnica e um peitoral de ouro,
        o cabelo branco como a neve,
    Olhos como chamas de fogo,
        os pés como bronze refinado na fornalha,
    Sua voz como um rugido,
        segurava as Sete Estrelas na mão direita,
    Sua boca como uma espada afiada,
        seu rosto como o Sol cegante.

Vi tudo isso e caí como morto a seus pés. Sua mão direita me levantou, e fiquei tranquilo quando ouvi sua voz:

¹⁷⁻²⁰ "Não tenha medo. Eu sou o Primeiro e o Último. Eu estou vivo. Morri, mas voltei à vida e agora vivo para sempre. Vê estas chaves na minha mão? Elas abrem e fecham as portas da morte, abrem e fecham as portas do Inferno. Agora, escreva tudo que você vê: as coisas que são, as coisas que estão para acontecer. Quer saber o significado das Sete Estrelas que você viu na minha mão direita e do Candelabro de ouro com sete braços? As Sete Estrelas são os anjos das sete igrejas; os sete braços do Candelabro são as sete igrejas".

SALMOS 144.5-10

⁵⁻⁸ Desce do céu, ó Eterno!
    incendeia o vulcão no coração da montanha!
Lança teus raios em todas as direções
    e atira tuas flechas para todo lado!
Estende o braço desde o céu até o mar:
    resgata-me do oceano de ira,
    liberta-me das garras daqueles bárbaros,
Que mentem descaradamente:
    apertam nossa mão
    e depois nos apunhalam pelas costas.

⁹⁻¹⁰ Ó Deus, permite-me cantar uma nova
    canção para ti!
Permite-me tocá-la num
    violão de doze cordas —
Uma canção ao Deus que salvou o rei,
    ao Deus que resgatou Davi, seu servo!

◼ NOTAS

DIA 346

1112

18 " 'Isso é o que eu, rei Nabucodonosor, sonhei. Beltessazar, agora é sua vez de interpretar o sonho para mim. Ninguém entre os sábios da Babilônia conseguiu ver sentido algum nele, mas tenho certeza de que você pode interpretá-lo, pois é cheio do Espírito Santo divino.' ".

"Comerá capim como boi"

19 Daniel, Beltessazar, ficou tão apavorado por um momento, que nem conseguia falar.

"Beltessazar", disse o rei, "fique calmo. Não deixe que o sonho e a interpretação o assustem".

"Meu senhor", disse Beltessazar, "gostaria que esse sonho fosse sobre seus inimigos; e a interpretação, para seus adversários.

20-22 "A árvore que você viu e que cresceu e ficou tão alta, que o topo alcançava o céu, visível dos quatro cantos da terra; a árvore de folhagem viçosa e fartos frutos, suficiente para todos; a árvore sob a qual os animais buscavam refúgio e na qual as aves faziam seus ninhos – é o senhor, ó rei! Vossa Majestade é a árvore!

"Você cresceu e ficou forte. Sua majestade atinge o céu, e seu governo se estende aos quatro cantos da terra.

23-25 "E os anjos que desciam do céu, proclamando: 'Derrubem a árvore, destruam-na, mas deixem o toco e suas raízes na terra, presos com ferro e bronze junto à relva do campo; deixem que ele seja molhado pelo orvalho do céu e que se alimente de grama com os animais durante sete tempos'; isso, ó rei, também se refere ao senhor. Significa que o Deus Altíssimo proclamou uma sentença contra o rei. Será tirado do convívio dos homens e viverá com os animais; se alimentará de capim como os bois e se molhará com o orvalho do céu. Isso durará sete tempos, e o senhor aprenderá que o Deus Altíssimo tem o domínio dos reinos dos homens e conduz tudo conforme seu querer.

26 "A parte sobre o toco da árvore e suas raízes, que são deixados, significa que seu reino ainda será devolvido depois que o senhor reconhecer que é Deus quem tem domínio sobre tudo.

27 "Portanto, ó rei, aceite meu conselho: abandone seus pecados e comece a viver diferentemente. Deixe essa vida de maldades, viva com justiça e cuide dos necessitados e desamparados. Só assim, o senhor continuará a viver tranquilo.

||||||||||||||||||||||||||||||||||||||||||||||||||||||||||

☐ DIA 346 ___ / ___ / ___

DANIEL 4.13 — 5.31

13-15 " 'E, enquanto eu ainda estava deitado, vi também isto: um anjo desceu do céu e ordenou:

Derrubem a árvore, cortem seus galhos,
    arranquem suas folhas
    e espalhem seus frutos!
Cacem os animais que estão debaixo dela
    e espantem os pássaros de seus galhos
Mas deixem o toco e as raízes,
    presos com ferro e bronze junto
    à relva do campo.

15-16 Deixem que ele seja molhado
    pelo orvalho do céu
    e se alimente de capim com os animais.
Que ele perca a mente humana
    e seja como um animal,
E assim seja até que se passe
    sete tempos.

17 Os anjos anunciam esse decreto,
    as santas sentinelas trazem essa sentença,
Para que todos que vivem saibam
    que o Deus Altíssimo tem domínio
    sobre os reinos dos homens.
Ele conduz tudo conforme seu querer
    e, de gente simples, faz poderosos".

A perda e a restauração

28-30 Tudo isso aconteceu ao rei Nabucodonosor. Passados apenas doze meses, ele estava andando pela sacada do palácio real, na Babilônia, e, de repente, exclamou, orgulhoso: "Olha para tudo isto, é a Grande Babilônia! E eu a construí sozinho, como capital do meu reino para minha honra e glória!".

31-32 Assim que as palavras saíram da sua boca, ouviu-se uma voz do céu: "Este é o decreto contra você, rei Nabucodonosor: seu reino foi tomado de você. Você será tirado do convívio dos homens, viverá com os animais do campo e comerá capim como boi. A sentença é para sete tempos, o suficiente para você aprender que o Deus Altíssimo tem domínio sobre os reinos dos homens e põe no trono quem ele quer".

33 Isso aconteceu imediatamente. Nabucodonosor foi tirado da convivência dos homens, comeu capim como boi e se molhou com o orvalho do céu. Seu cabelo cresceu como as penas da águia; suas unhas, como as garras do falcão.

34-35 "Ao final daquele período, eu, Nabucodonosor, olhei para o céu. Recobrei o juízo e bendisse o Deus Altíssimo, agradecendo e glorificando ao Deus que vive para sempre:

"Seu domínio dura para sempre,
seu reino nunca será decadente.
A vida na terra é insignificante,
Deus faz tudo conforme seu querer.
Ninguém pode opor-se à sua vontade,
ninguém pode questioná-lo ou desafiá-lo.

36-37 "Ao mesmo tempo em que recobrei o juízo, recuperei a majestade e a glória do meu reino. Todos os líderes e gente importante vieram me ver. Fui restabelecido como rei no meu reino e me tornei maior que antes. E é por isso que eu, Nabucodonosor, canto e louvo ao Rei do céu:

"Tudo que ele faz é justo,
e ele o faz da maneira certa.
Ele sabe como tratar gente orgulhosa
e tem o poder para torná-los humildes."

A mão que escreve na parede

5 **1-4** O rei Belsazar convidou mil de seus nobres para um grande banquete. O vinho era muito bem servido. Então, Belsazar, que já estava "alto" por causa do vinho, ordenou que as taças de ouro e prata, que seu pai Nabucodonosor havia tomado do templo de Deus em Jerusalém, fossem trazidas para que ele, seus nobres, suas mulheres e concubinas pudessem beber nelas. Quando as taças de ouro e prata foram trazidas, o rei, os nobres e aquelas mulheres começaram a usá-las. Beberam seu vinho e, já bêbados, louvaram seus deuses de ouro, prata, bronze, ferro, madeira e pedra.

5-7 Naquele exato momento, os dedos de uma mão humana apareceram e começaram a escrever na parede rebocada do palácio, na parte mais iluminada. Quando o rei viu a mão escrevendo na parede, ficou pálido, muito assustado. Suas pernas ficaram bambas, tremiam sem parar, e os joelhos batiam um no outro. Ele gritou para que chamassem os encantadores, os astrólogos e os adivinhos. E prometeu: "Quem conseguir ler esta escrita na parede e me disser o que significa será famoso e rico – ganhará o manto de púrpura e uma bela corrente de ouro – e será o terceiro mais importante do reino".

8-9 Todos tentaram, mas ninguém conseguiu enxergar um sentido nas palavras escritas na parede. Ninguém conseguia entender o que estava escrito, muito menos interpretá-lo. Então, o rei ficou apavorado, pálido, em completo estado de choque. Os nobres também estavam em pânico.

10-12 A rainha soube que o rei e os nobres estavam em estado de choque e veio ao salão do banquete. Ela disse: "Que o rei viva para sempre! Não se assustem. Não fiquem aí sentados, pálidos desse jeito. Há um homem no reino que é cheio do Espírito Santo divino. Durante o reinado do seu pai, ele ficou conhecido pelo seu brilho intelectual e por sua sabedoria espiritual. Ele era tão capaz que seu pai, o rei Nabucodonosor, fez dele o chefe de todos os magos, encantadores, adivinhos e astrólogos. Não havia ninguém como ele. Ele conseguia fazer qualquer coisa: interpretar sonhos, decifrar mistérios, explicar enigmas. Seu nome é Daniel, mas o rei mudou o nome dele para Beltessazar. Mande chamar Daniel. Ele vai ler o que está escrito aí".

13-16 Assim, Daniel foi chamado. O rei perguntou: "Você é o Daniel que foi um dos exilados que meu pai trouxe de Judá? Já ouvi falar que você é cheio do Espírito Santo, tem uma mente brilhante e é incrivelmente sábio. Os sábios e encantadores foram trazidos aqui para ler esta escrita na parede e interpretá-la, mas nenhum deles

DIA 346

conseguiu ler nada. Mas ouvi dizer que você interpreta sonhos e decifra mistérios. Então, se você conseguir ler e interpretar, será um homem famoso e rico — ganhará o manto de púrpura e uma bela corrente de ouro — e será o terceiro mais importante do reino".

[17] Daniel respondeu ao rei: "Pode ficar com os presentes ou dá-los a outra pessoa. Mas vou ler a escrita para o rei e interpretar seu significado.

[18-21] "Ouça, ó rei! O Deus Altíssimo deu a seu pai, Nabucodonosor, um grande reino e uma gloriosa reputação. Deus o fez muito poderoso, e pessoas de todos os lugares, de toda raça, cor ou crença se sentiam intimidadas por ele. Ele as matava ou poupava como e quando queria. Promovia ou humilhava as pessoas como bem desejava. Então, Deus o humilhou e o privou de todo poder. Ele foi tirado do convívio dos homens e passou a viver como animal. Comeu capim como boi e se molhou com o orvalho do céu até aprender esta lição: que o Deus Altíssimo tem domínio sobre os reinos dos homens e põe no trono quem ele quer.

[22-23] "Você é filho dele e sabe de tudo isso, mas é tão arrogante quanto ele no seu pior momento. Olhe para você mesmo: quer competir com o Senhor do céu! Você mandou buscar as taças sagradas do templo dele só por farra, para que o senhor, seus nobres, suas mulheres e concubinas pudessem beber nelas. O rei usou as taças sagradas para brindar seus deuses de prata e ouro, de bronze e ferro, de madeira e pedra — deuses cegos, surdos e mudos. Mas tratou com desprezo o Deus vivo, que tem a sua vida nas mãos, desde o nascimento até a morte.

[24-26] "Deus enviou a mão que escreveu na parede, e o que está escrito é: MENE, TEQEL e PERES, e este é o significado dessas palavras:

"*Mene*. Deus contou os dias do seu governo, e suas contas são negativas.

[27] "*Teqel*. Você foi pesado na balança, e está em falta.

[28] "*Peres*. Seu reino foi dividido e entregue aos medos e persas".

[29] Belsazar fez o que havia prometido: vestiu o manto de púrpura em Daniel, colocou uma bela corrente de ouro em seu pescoço e o promoveu a terceiro mais importante do reino.

[30-31] Naquela mesma noite, o rei Belsazar da Babilônia foi morto. Dario, o medo, tinha 62 anos quando o sucedeu como rei.

APOCALIPSE 2.1-19

Para Éfeso

2 [1] Escreva a Éfeso, ao Anjo da igreja. Assim diz Aquele com as Sete Estrelas em sua mão direita, andando entre as sete luzes:

[2-3] "Vejo o que você tem feito, seu trabalho muito árduo, sua recusa em desistir. Sei que você não consegue tolerar o mal e que eliminou os falsos apóstolos. Conheço sua persistência e coragem na minha causa, pois você nunca desiste.

[4-5] "Mas você se desviou do seu primeiro amor — por quê? Afinal, o que está acontecendo com você? Tem alguma ideia de como você caiu?

"Volte! Volte ao seu precioso primeiro amor. Não há tempo a perder, pois estou para remover sua luz.

[6] "Mas você tem algo a seu favor: você odeia os ensinos dos nicolaítas. Eu também os odeio.

[7] "Está pronto para ouvir? Então ouça. Ouça as Palavras do Vento, o Espírito soprando através das igrejas. Estou para convocar cada vencedor para jantar. Estou preparando um banquete com o fruto da Árvore da Vida, alimento que vem do jardim de Deus".

Para Esmirna

[8] Escreva a Esmirna, ao Anjo da igreja. Assim diz o Início e o Fim, o Primeiro e o Último, Aquele Que Uma Vez Morreu e Depois Ressurgiu — Vivo:

[9] "Posso ver sua dor e pobreza — dor constante, pobreza terrível —, mas vejo também sua riqueza. Ouço a mentira nas alegações daqueles que fingem ser bons judeus, mas de fato pertencem à comunidade de Satanás.

[10] "Não tenha medo do que você está para sofrer — mas fique atento! Não tenha medo de nada! O Diabo está para pôr alguns de vocês na cadeia por um período de teste — dez dias. Isso não vai durar para sempre.

"Não desista, ainda que isso custe sua vida. Continue crendo. Tenho a Coroa da Vida sob medida preparada para você.

[11] "Seus ouvidos estão abertos? Então ouça. Ouça as Palavras do Vento, o Espírito soprando através das igrejas. Os vencedores por Cristo estão livres da morte e do Diabo".

Para Pérgamo

[12] Escreva a Pérgamo, ao Anjo da igreja. Assim diz Aquele cuja palavra é como uma espada afiada — aqui estão as palavras da espada:

13 "Vejo onde você vive, bem debaixo da sombra do trono de Satanás. Mas você continua ousado em meu Nome; nunca negou meu Nome, nem mesmo quando a pressão era insuportável, quando martirizaram Antipas, minha testemunha que permaneceu fiel a mim no território de Satanás.

14-15 "Mas por que você tolera os seguidores de Balaão? Não lembra que Balaão foi o inimigo que seduziu Balaque e atrapalhou a peregrinação de Israel, promovendo festas idólatras e imorais? E por que você se relaciona com os nicolaítas, que fazem o mesmo?

16 "Chega! Não se renda a eles. Estarei em breve com você. Estou farto e prestes a despedaçá-los com minhas palavras afiadas como espada.

17 "Seus ouvidos estão abertos? Então ouça. Ouça as Palavras do Vento, o Espírito soprando através das igrejas. Vou dar o maná secreto a todo vencedor e também uma pedra branca inscrita com seu novo nome, seu novo nome secreto".

Para Tiatira

18 Escreva a Tiatira, ao Anjo da igreja. Assim diz o Filho de Deus, cujos olhos espalham chamas como de fogo, que tem pés como uma fornalha de bronze:

19 "Vejo tudo que você tem feito por mim. É impressionante! O amor e a fé, o serviço e a persistência. Sim, muito impressionante! Você está melhor a cada dia.

SALMOS 144.11-15

11 Resgata-me da espada do inimigo,
　 liberta-me das garras daqueles bárbaros
Que mentem descaradamente:
　 apertam nossa mão
　 e depois nos apunhalam pelas costas.

12-14 Torna nossos filhos, na juventude,
　 robustos carvalhos,
E nossas filhas, belas e radiantes
　 como flores silvestres!
Enche nossos celeiros com uma grande colheita
　 e enche nossos campos
　　 com enormes rebanhos!
Protege-nos da invasão e do exílio!
　 Elimina o crime das nossas ruas!

15 Quão abençoado é o povo que tem tudo isso!
Quão abençoado o povo
　 que tem o Eterno por seu Deus!

NOTAS

DIA 347 ___/___/___

DANIEL 6.1 — 7.28

Daniel na cova dos leões

6 **1-3** Dario reorganizou seu reino. Ele designou cento e vinte governadores para administrar todas as províncias do reino. Sobre eles, havia três ministros, e um deles era Daniel. Os governadores se dirigiam aos ministros, que tinham a responsabilidade de manter tudo em ordem. Mas Daniel, era cheio de vitalidade e tinha uma inteligência tão superior aos outros ministros e governadores que o rei decidiu designá-lo responsável por todo o reino.

DIA 347

4-5 Os ministros e governadores se reuniram para ver se descobriam algum ponto fraco de Daniel que pudessem usar contra ele, mas não conseguiram nada. Ele era exemplar e absolutamente confiável. Não conseguiram achar nenhuma evidência de negligência ou má conduta. Após inúmeras tentativas, desistiram e disseram: "Nunca vamos descobrir nada contra esse Daniel, a não ser que inventemos alguma acusação e tramemos algo contra ele".

6-7 Assim, os ministros e governadores tramaram contra ele, e foram ao rei dizer: "Rei Dario, que viva para sempre! Nós, ministros, governadores e todos os principais oficiais nos reunimos e concordamos em que o rei deveria promulgar o seguinte decreto:

Durante os próximos trinta dias, ninguém deve orar a nenhum outro deus ou homem, exceto ao rei. Qualquer um que desobedecer será lançado na cova dos leões.

8 "Promulgue este decreto, ó rei, e assine-o para que seja irrevogável, como inscrição em pedra, conforme todas as leis dos medos e dos persas". **9** E o rei Dario assinou o decreto.

10 Daniel soube que esse decreto havia sido promulgado, mas continuou a orar, como sempre fazia. Sua casa tinha janelas no andar de cima, voltadas para Jerusalém. Três vezes ao dia, ele se ajoelhava ali em oração, agradecendo e louvando a Deus.

11-12 Os conspiradores vieram e o viram orando, pedindo a ajuda de Deus. Imediatamente, foram ao rei e o lembraram do decreto: "O rei não assinou uma lei, proibindo qualquer pessoa de orar a qualquer deus ou homem, exceto ao rei, durante trinta dias? E qualquer pessoa que fosse apanhada fazendo isso seria jogada na cova dos leões?".

"Com certeza", confirmou o rei. "Como inscrição em pedra, conforme todas as leis dos medos e dos persas."

13 Então, eles disseram: "Daniel, um dos exilados judeus, ignora sua ordem e desafia sua lei. Ele ora três vezes ao dia".

14 O rei ficou desconcertado e tentou de todas as formas livrar Daniel da complicação em que o havia colocado. Ele pensou nisso o dia todo.

15 Mas os conspiradores voltaram: "Lembre-se, ó rei. É uma lei conforme todas as leis dos medos e dos persas, irrevogável".

16 O rei cedeu e ordenou que Daniel fosse trazido e jogado na cova dos leões. Mas ele disse a Daniel: "Seu Deus, a quem você é tão leal, vai livrar você desta situação".

17 Uma pedra foi colocada sobre a entrada da cova. O rei selou a pedra com seu anel e com os anéis de todos os seus nobres, porque não podia ser revogado.

18 O rei voltou para o palácio, mas não comeu nem conseguiu dormir. Passou a noite preocupado.

19-20 Ao romper do dia, ele se levantou e foi depressa à cova dos leões. Quando chegou perto, chamou aflito: "Daniel, servo do Deus Altíssimo! Será que seu Deus, a quem você serve tão fielmente, livrou você dos leões?".

21-22 "Que o rei viva para sempre!", respondeu Daniel. "Meu Deus enviou seu anjo, que fechou a boca dos leões, para que não me fizessem nenhum mal. Fui considerado inocente diante de Deus e também diante do senhor, ó rei, pois não fiz mal algum ao senhor".

23 Quando o rei ouviu essas palavras, ficou muito feliz. Ele ordenou que Daniel fosse retirado da cova. Depois que ele saiu, verificou-se que não havia nem um arranhão sequer. Ele havia confiado em seu Deus.

24 Então, o rei ordenou que os conselheiros que tinham conspirado contra Daniel fossem jogados na cova dos leões, com suas mulheres e filhos. Antes mesmo de chegar ao fundo da cova, os leões já os agarraram e os despedaçaram.

25-27 O rei Dario divulgou esta proclamação a todos na terra, de qualquer raça, cor e crença:

A paz esteja com vocês! Muita paz!
Decreto que o Deus de Daniel
seja adorado e temido
Em todo o meu reino.
Ele é o Deus vivo e permanece
para sempre.
Seu reino nunca é destruído.
Seu governo continua eternamente.
Ele é o Salvador e o Redentor.
Ele realiza milagres impressionantes
nos céus e na terra.
Ele livrou Daniel do poder dos leões.

28 Daniel foi muito bem tratado no restante do reinado de Dario e também no reinado de Ciro, o persa.

Uma visão de quatro animais

7 **1** No primeiro ano do rei Belsazar da Babilônia, Daniel teve um sonho. O que ele viu enquanto dormia o apavorou – um verdadeiro pesadelo. E ele escreveu seu sonho:

2-3 "No meu sonho, naquela noite, vi os quatro ventos dos céus soprando e formando uma grande tempestade no mar. Quatro animais enormes, diferentes uns dos outros, subiam do mar.

4 "O primeiro animal parecia um leão, mas tinha asas de águia. Enquanto eu observava, suas asas foram arrancadas, ele foi levantado e ficou de pé, como um homem. Em seguida, deram-lhe um coração humano.

5 "Depois, vi um segundo animal, que parecia um urso. Ele se levantou, segurando três costelas nas mandíbulas, e recebeu esta ordem: 'Ataque! Devore tudo! Encha a barriga!'.

6 "Em seguida, vi outro animal. Parecia um leopardo. Tinha quatro asas, como de pássaro, nas costas. Esse animal tinha quatro cabeças e recebeu autoridade para governar.

7 "Depois disso, um quarto animal apareceu no meu sonho. Esse era apavorante, medonho. Tinha enormes dentes de ferro, triturava e devorava suas vítimas. Qualquer coisa que sobrava no chão, ele pisava e esmagava. Era diferente dos outros animais, um verdadeiro monstro! – e tinha dez chifres.

8 "Enquanto eu observava os chifres, tentava imaginar o que significavam, nasceu nele outro chifre, mas este era pequeno. Três dos chifres que já tinha foram arrancados para dar lugar a ele. Havia olhos humanos no pequeno chifre, e uma boca grande que falava com arrogância.

9-10 "Enquanto eu observava tudo isso,

Tronos foram estabelecidos
 e um Ancião tomou seu lugar.
Suas roupas eram brancas como a neve,
 o cabelo, alvo como a lã.
Seu trono estava envolto em chamas,
 as rodas brilhavam intensamente.
Um rio de fogo
 jorrava do trono.
Milhares de milhares o serviam,
 milhões o atendiam.
Pediu-se silêncio no tribunal,
 e os livros foram abertos.

11-13 "Continuei observando. O chifre pequeno falava com arrogância, e, enquanto eu observava, o monstro foi morto e seu corpo foi lançado no fogo. Os outros animais viveram ainda algum tempo,

mas não fizeram nada: não tinham poder para governar. Meu sonho continuou:

13-14 "Então, vi alguém, um filho de homem,
 chegando no meio de nuvens.
Ele se aproximou do Ancião
 e foi apresentado a ele.
Ele recebeu poder para governar
 – toda a glória da realeza.
Todas as raças, cores e crenças
 lhe serviram e o adoraram.
Seu reinado será para sempre, não terá fim.
 Seu governo real nunca será destruído.

15-16 "Mas, quanto a mim, Daniel, fiquei perturbado. As visões me deixaram apavorado. Por isso, eu me aproximei de alguém que estava perto e perguntei o significado de tudo aquilo, e ele me deu a interpretação:

17-18 " 'Esses quatro animais enormes', disse ele, 'significam quatro reinos que aparecerão na terra. Mas, a certa altura, o povo santo do Deus Altíssimo receberá o reino e o manterá para sempre – sim, para sempre'.

19-22 "Mas eu queria saber mais. Estava curioso sobre o quarto animal, aquele que era tão diferente dos outros, o monstro medonho com os dentes de ferro e garras de bronze, que engolia o que despedaçava e pisoteava tudo o que via pela frente. E eu queria saber também a respeito dos dez chifres e do chifre pequeno que nasceu, ocupando o lugar de três dos primeiros chifres. Esse novo chifre tinha olhos e, com sua boca grande, falava de forma arrogante, dominando os outros chifres. Observei que esse chifre fazia guerra contra o santo povo de Deus e levava vantagem sobre eles. Mas o Ancião interveio e decidiu a favor do povo do Deus Altíssimo. No final, o povo santo de Deus assumiu o controle do reino.

23-25 "A pessoa que estava perto de mim explicou: 'O quarto animal é o quarto reino que aparecerá na terra. Será diferente dos três primeiros, um reino monstruoso, que devorará e pisoteará todos à sua volta. Os dez chifres são dez reis, um após o outro, que procederão desse reino. Mas, então, outro rei aparecerá. Ele será diferente dos reis anteriores. Começará derrubando os outros reis e blasfemando contra o Deus Altíssimo. Ele perseguirá os seguidores do Deus Altíssimo e tentará eliminar a adoração sagrada e a prática da justiça. O santo povo de Deus será perseguido por ele durante um tempo, dois tempos e meio tempo'.

DIA 347

1118

²⁶⁻²⁷ " 'Mas, quando for feito silêncio no tribunal, o chifre não terá mais o seu poder e será destruído definitivamente. O governo real, a autoridade e a glória de todos os reinos debaixo do céu serão entregues ao povo do Deus Altíssimo, e esse governo durará para sempre. Todos os outros governantes irão servir e prestar obediência a ele'.

²⁸ "O sonho acabou assim, e eu, Daniel, continuei chocado, como alguém que tinha acabado de ver um fantasma. Mas guardei tudo para mim".

APOCALIPSE 2.20 — 3.13

²⁰⁻²³ "Todavia, por que você permite que Jezabel, que se diz profetisa, seduza meus servos queridos para uma religião libertina que nega a cruz? Eu até lhe dei uma oportunidade de mudar de vida, mas ela não quer desistir de sua carreira de negócios religiosos. Estou a ponto de eliminá-la, com seus parceiros, e acabar com esse jogo de sexo e religião. Vou extirpar a prole bastarda da sua idolatria. Então, cada igreja saberá que a aparência não me impressiona, porque examino cuidadosamente toda motivação e cuido para que você receba o que merece.

²⁴⁻²⁵ "Quanto ao restante da igreja, que não tem parte nesse ultraje e condena o flerte com o Diabo, que se mostra como algo profundo, estejam certos de que eu não vou deixar a vida de vocês mais difícil do que já é. Apeguem-se à verdade que vocês conhecem até que eu venha.

²⁶⁻²⁸ "Esta é a recompensa que tenho para todo vencedor, para aquele que se apega à verdade, recusando-se a desistir: vocês vão governar as nações. O Rei Pastor de vocês governa com a firmeza de um cetro de ferro, e a resistência das nações será frágil como um vaso de barro. Esse foi o dom que meu Pai me deu e que passo a vocês — e com ele, a Estrela da Manhã!

²⁹ "Seus ouvidos estão abertos? Então ouça. Ouça as Palavras do Vento, o Espírito soprando através das igrejas".

Para Sardes

3¹Escreva a Sardes, ao Anjo da igreja. Assim diz Aquele Que Tem os Sete Espíritos de Deus numa das mãos e as Sete Estrelas na outra:
"Vejo o que você tem feito. Você tem reputação de ser dinâmico, mas a verdade é que está morto, sem vida como uma pedra.

²⁻³ "Ponha-se de pé! Respire fundo! Talvez ainda haja vida em você. Mas não dá para confirmar isso examinando o que você faz, pois nada da obra *de Deus* foi realizada. Sua condição é desesperadora. Pense no dom que você já teve nas mãos, a Mensagem que você ouviu, e apegue-se outra vez a ela. Volte para Deus!

"Se você puxar a coberta, cobrir a cabeça e dormir, sem ao menos se lembrar de Deus, vou aparecer na hora em que você menos espera, como um ladrão de noite.

⁴ "Você ainda tem alguns seguidores de Jesus aí em Sardes, que não se contaminaram, que não chafurdaram na lama fétida dos caminhos do mundo. Eles vão marchar comigo num desfile triunfal! Eles provaram seu valor!

⁵ "Os vencedores vão marchar num desfile triunfal e terão o nome escrito no Livro da Vida para sempre. Vou liderá-los e apresentá-los pelo nome ao meu Pai e aos seus anjos.

⁶ "Seus ouvidos estão abertos? Então ouça. Ouça as Palavras do Vento, o Espírito soprando através das igrejas".

Para Filadélfia

⁷Escreva a Filadélfia, ao Anjo da igreja. Assim diz o Santo, o Verdadeiro — aquele que tem a chave de Davi em sua mão, que abre portas que ninguém fecha e fecha portas que ninguém abre:

⁸ "Vejo o que você tem feito. Agora veja o que eu fiz. Abri uma porta para você, que ninguém pode fechar. Sei que você não tem muita força, mas fez o que pôde para preservar minha Palavra. Você não me negou nas horas mais difíceis.

⁹ "Observe o que vou fazer com aqueles que se dizem verdadeiro povo de Deus, mas não o são. Esses hipócritas pertencem é ao clube de Satanás. Quando eu puser abaixo as pretensões deles, eles serão obrigados a admitir que é você que eu amo.

¹⁰ "Você preservou minha Palavra com paciência e paixão, por isso vou mantê-lo a salvo na hora da prova que breve chegará para toda a terra, para todo homem, mulher e criança.

¹¹ "Estou a caminho. Em breve estarei aí. Apegue-se com firmeza ao que você tem para que ninguém o distraia e roube sua coroa.

¹² "Vou fazer de cada vencedor uma coluna no santuário do meu Deus e dar-lhe uma posição de honra permanente. Então, vou escrever em vocês o nome das colunas: o Nome do meu Deus, o Nome

da Cidade de Deus — a nova Jerusalém que desce do céu — e meu novo Nome.

¹³ "Seus ouvidos estão abertos? Então ouça. Ouça as Palavras do Vento, o Espírito soprando através das igrejas".

SALMOS 145.1-6

Um louvor de Davi

145 ¹**E**u te exalto com louvor, ó Deus, meu Rei! E falarei bem do teu nome eternamente.

²Eu te engrandecerei todos os dias
e continuarei engrandecendo
desde agora até a eternidade.

³O Eterno é magnificente:
jamais será adorado o bastante.
Não há limites para sua grandeza.

⁴Todos ficam maravilhados com tuas obras.
Geração após geração ouve a história
dos teus poderosos feitos.

⁵Da tua beleza e do teu esplendor
todos têm falado.
Compus várias canções
sobre tuas maravilhas.

⁶Teus maravilhosos feitos
são manchetes no mundo.
Eu poderia escrever um livro
só para falar da tua grandeza.

◼ **NOTAS**

☐ DIA **348** ___ / ___ / ___

DANIEL 8.1 — 10.14

A visão de arrepiar

8 ¹ "**N**o terceiro ano do reinado de Belsazar, eu, Daniel, tive outra visão. Era a segunda visão.
²⁻⁴ "Nessa visão, eu me vi em Susã, a capital da província de Elão, diante do canal Ulai. Ao olhar em volta, fiquei surpreso de ver um carneiro diante de mim. O carneiro tinha dois chifres enormes, um maior que o outro, mas o chifre maior foi o último a aparecer. Fiquei observando enquanto o carneiro avançava: primeiro, para o oeste; depois, para o norte; e, então, para o sul. Nenhum animal conseguia enfrentá-lo. Ele fazia o que queria, e todo arrogante, posava de rei dos animais.

⁵⁻⁷ "Enquanto eu observava, tentando entender o significado de tudo aquilo, vi também um bode, que tinha um enorme chifre no meio da testa. Ele vinha do oeste e percorreu toda a terra, sem tocar o solo uma única vez. O bode aproximou-se do carneiro de dois chifres que eu tinha visto antes, diante do canal, e o atacou ferozmente. Observei enquanto ele, louco de raiva, atacava o carneiro. A violência era tanta que ele lhe quebrou os dois chifres. O carneiro não conseguiu resistir. O bode o derrubou e o pisoteou. Nada pode salvar o carneiro.

⁸⁻¹² "Então, o bode tornou-se cada vez mais arrogante. E, no auge do poder, seu chifre imenso se quebrou, e quatro outros chifres enormes surgiram no lugar, apontando para o norte, o sul, o leste e o oeste. De um desses grandes chifres, surgiu outro chifre, pequeno,

DIA 348

mas o seu poder cresceu até atingir o sul e o leste – e a querida terra prometida. Cresceu tanto que atingiu as estrelas, o exército celestial, e lançou algumas delas na terra e as pisoteou. Ele ousou até desafiar o poder de Deus, o Príncipe do Exército Celestial! Ele acabou com a adoração diária e profanou o santuário. Como castigo pelos seus pecados, o santo povo de Deus também foi atacado por ele. O chifre desprezou a verdade de Deus. Extremamente arrogante, dominou tudo que via pela frente.

¹³ "Naquele momento, ouvi dois anjos conversando. O primeiro perguntou: 'Quanto tempo vai durar isso – sem adoração diária, e esse castigo devastador pelo pecado? E o povo de Deus e o santuário vão continuar sendo desprezados e pisoteados?'.

¹⁴ "O outro respondeu: 'Um período de duas mil e trezentas tardes e manhãs. Então, o santuário será restaurado.'"

¹⁵ "Enquanto eu, Daniel, estava tentando encontrar um sentido no que via, uma figura humana apareceu diante de mim.

¹⁶⁻¹⁷ "Ouvi uma voz de homem, que vinha do canal de Ulai e chamava: 'Gabriel, diga a este homem o que está acontecendo. Explique a visão a ele'. Ele veio até mim, mas, quando se aproximou, fiquei aterrorizado e me prostrei com o rosto em terra.

¹⁷⁻¹⁸ "Ele disse: 'Entenda que esta visão diz respeito ao final dos tempos'. Assim que ele falou, eu desmaiei, com o rosto no chão. Mas ele me despertou e me levantou.

¹⁹ "Ele continuou: 'Vou contar a você o que vai acontecer, nos dias de juízo, pois haverá um fim para tudo isso.

²⁰⁻²² "'O carneiro de dois chifres que você viu representa os dois reis dos medos e dos persas. O bode representa o reino dos gregos e o chifre enorme na testa dele é o primeiro rei. Os quatro chifres que surgiram no lugar dele depois que foi quebrado são os quatro reis que virão depois dele, mas sem o mesmo poder.

²³⁻²⁶ "'Quando o reinado deles estiver no fim,
e as rebeliões se intensificarem,
Surgirá um rei
cruel, um mestre da maldade.
Seu poder aumentará imensamente.
Ele será arrogante, de fala autoritária,
Fazendo exatamente o que quer,
derrubará poderosos e santos
por todos os lados.

Suas ações criminosas vão se multiplicar –
e como vão!
Ele vai achar que é invencível
e vai se livrar de todos
que cruzarem seu caminho.
Mas, quando enfrentar o Príncipe dos príncipes,
será esmigalhado –
mas não por mãos humanas.
A visão das duas mil e trezentas tardes e manhãs,
é precisa, mas confidencial.
Então, mantenha-a em segredo.
Refere-se ao futuro distante!'. "

²⁷ "Eu, Daniel, acabado, esgotado por alguns dias. Finalmente, encontrei forças para voltar ao trabalho e tratar dos negócios do rei. Mas continuei apavorado com a visão, pois não conseguia entender coisa alguma."

Deus e o compromisso da aliança

9 ¹⁻⁴ "Dario, filho de Xerxes, da linhagem dos medos, tornou-se rei da Babilônia. No primeiro ano do seu reinado, eu, Daniel, meditava nas Escrituras e, de acordo com a Mensagem do Eterno ao profeta Jeremias, Jerusalém teria de ficar em ruínas durante setenta anos. Recorri ao Senhor Deus, em busca de uma resposta, orava com dedicação e sinceridade, jejuava, vestia pano de saco e me ajoelhava nas cinzas. Derramei meu coração e abri minha alma para o Eterno, meu Deus:

⁴⁻⁸ "'Ó Senhor, grande e soberano Deus. Tu nunca falhas em cumprir a tua aliança, nunca desistes daqueles que te amam e obedecem ao que ordenas. Mas nós pecamos de todas as formas possíveis. Cometemos pecados terríveis, fomos rebeldes, enganamos e pegamos atalhos para fugir dos teus caminhos. Fizemo-nos de surdos diante dos teus servos, os profetas, que pregaram tua Mensagem aos nossos reis e líderes, aos nossos pais e a todo o povo da terra. Tu fizeste tudo certo, Senhor, mas tudo que temos a apresentar é culpa e vergonha, todos nós – o povo de Judá, os cidadãos de Jerusalém, Israel no exílio e em todos os lugares por onde fomos espalhados por ter te traído. Ah, sim, fomos envergonhados publicamente, todos nós – nossos reis, líderes, pais –, diante do mundo! Mas foi bem merecido, por causa do nosso pecado.

⁹⁻¹² "'A tua compaixão é nossa única esperança – ó Senhor, o nosso Deus, porque, na nossa rebeldia, abrimos mão dos nossos direitos. Não prestamos atenção em ti quando nos disseste como deveríamos viver,

nem obedecemos ao ensinamento proclamado por teus servos, os profetas. Todos nós, em Israel, optamos por te ignorar. Desprezamos tuas instruções para fazer apenas o que era do nosso agrado. E agora estamos pagando por isso. A maldição expressa claramente na revelação feita a Moisés, servo de Deus, agora está fazendo efeito entre nós. É o salário do nosso pecado contra ti. Fizeste a nossos governantes o que prometeste fazer: trouxeste desgraça sobre nós, em Jerusalém — a pior já registrada!

[13-14] " 'E, como estava escrito na revelação de Deus a Moisés, a catástrofe foi total. Nada foi poupado. Nós nos mostramos obstinados no nosso pecado, sem nunca considerar tuas orientações, ignorando tuas advertências. Assim, com razão, deixaste que a desgraça viesse sobre nós com tudo. Tu, ó Eterno, tens todo o direito de fazer isso, pois nós te ignoramos de maneira persistente, com muita culpa no cartório.

[15-17] " 'Ó Senhor, tu és nosso Deus, pois livraste teu povo da terra do Egito numa grande demonstração de poder — o povo ainda fala nisso! Confessamos que pecamos, que vivemos uma vida de maldades. Como sempre tens agido, consertando as coisas e endireitando *as pessoas*, por favor, afasta tua tão grande ira contra Jerusalém, que é tua cidade, teu santo monte. Sabemos que foi por culpa nossa que isso aconteceu, tudo por causa do nosso pecado e do pecado de nossos pais e, agora, estamos envergonhados diante de todos. Somos motivo de zombaria na nossa vizinhança. Por isso, ouve, ó Deus, esta oração sincera do teu servo! Tem misericórdia do teu santuário arruinado. Age de acordo com o que és, não segundo o que somos.

[18] " 'Atende nossa oração, ó Deus! Abre os olhos e observa nossa cidade arruinada, a cidade chamada pelo teu nome. Sabemos que não merecemos tua atenção. Nosso apelo é à tua compaixão. Esta oração é nossa única esperança:

[19] " 'Senhor, ouve-nos!
Senhor, perdoa-nos!
Senhor, olha para nós e faz alguma coisa!
Senhor, não nos desprezes!
Tua cidade e teu povo
são chamados pelo teu nome,
defende teus interesses!' "

Setenta semanas

[20-21] "Enquanto eu derramava meu coração, confessando meu pecado e o pecado do meu povo, Israel, orava e apresentava toda a minha vida diante do Eterno e intercedia pelo santo monte do meu Deus; enquanto eu estava mergulhado na oração, Gabriel, o ser semelhante a um homem, aquele que eu tinha visto numa visão anterior, aproximou-se de mim, voando como uma ave, na hora da adoração da noite.

[22-23] "Ele se pôs diante de mim e disse: 'Daniel, vim esclarecer as coisas. Assim que você começou sua oração, a resposta foi dada, e agora estou aqui para entregá-la. Você é muito amado! Por isso, ouça com cuidado para entender o significado da revelação:

[24] " 'Setenta semanas estão decretadas para seu povo e sua santa cidade, como forma de conter a rebelião, dar fim ao pecado, arrancar o crime pela raiz, estabelecer a justiça para sempre, cumprir a profecia e ungir o Lugar Santíssimo.

[25-26] " 'Aqui está o que você precisa entender. Desde o momento em que a ordem for dada para a reconstrução de Jerusalém até a vinda do Líder Ungido, haverá sete semanas. A reconstrução levará sessenta e duas semanas, incluindo a construção de ruas e muros. Serão tempos difíceis. Depois das sessenta e duas semanas, o Líder Ungido será morto — é o seu fim. A cidade e o santuário serão arruinados pelo exército do novo líder que chegar. O fim virá de repente, como uma onda enorme. Haverá guerras até o fim, e a desolação estará na ordem do dia.

[27] " 'Então, no período de uma semana, ele fará muitas alianças importantes, mas, na metade dessa semana, ele acabará com a adoração e as orações. No lugar da adoração, irá se instalar a besta da profanação que permanecerá ali até finalmente ser destruída.' "

A visão de uma grande guerra

10 [1] No terceiro ano do reinado de Ciro, rei da Pérsia, uma mensagem veio a Daniel, cujo nome babilônico era Beltessazar. A mensagem era verdadeira e falava de uma grande guerra. Ele entendeu, pois seu significado veio por revelação:

[2-3] "Durante aqueles dias, eu, Daniel, guardei luto por Jerusalém durante três semanas. Comi apenas comida simples, sem tempero, e não comi carne nem bebi vinho. Não tomei banho nem me barbeei até que tivessem passado as três semanas.

[4-6] "No dia 24 do primeiro mês, eu estava de pé diante do grande rio, o Tigre. Levantei os olhos e, para minha surpresa, vi um homem vestido de linho com um cinto de ouro puro na cintura. Seu corpo brilhava como se fosse esculpido de

pedra preciosa. A face era radiante, e os olhos, vivos e penetrantes como tochas. Os braços e pernas reluziam como bronze polido, e sua voz soava como um grande coral.

7-8 "Eu, Daniel, fui o único a vê-lo. Os homens que estavam comigo, embora não estivessem vendo, foram tomados de medo e correram para se esconder, temendo o pior. Quando fiquei sozinho depois dessa visão, abandonado pelos meus amigos, meus joelhos ficaram bambos; e o rosto, pálido, sem força nenhuma.

9-10 "Quando ouvi o som da sua voz, não resisti e desmaiei. Caí com o rosto no chão. Mas uma mão me tocou e me pôs sobre as mãos e os joelhos.

11 " 'Daniel', ele disse, 'homem de valor, Deus ama você demais! Levante-se e preste muita atenção a minha mensagem. Fui enviado para falar dela a você'.

"Quando ele disse isso, eu me levantei, mas não conseguia parar de tremer.

12-14 " 'Fique tranquilo', ele continuou, 'não tenha medo. Quando você decidiu se humilhar para receber entendimento, sua oração foi ouvida, e eu me dispus a vir até aqui. Mas fui impedido pelo anjo, que é o príncipe do reino da Pérsia, e isso me atrasou por três semanas. Mas Miguel, um dos anjos supremos, veio em meu socorro e ficou ali com o anjo, que é o príncipe da Pérsia. Estou aqui para ajudar você a entender o que vai acontecer com seu povo, pois a visão fala do futuro'.

APOCALIPSE 3.14 — 4.11

Para Laodiceia

14 Escreva a Laodiceia, ao Anjo da igreja. Assim diz o Amém de Deus, a Testemunha Fiel e Exata, a Origem da criação de Deus:

15-17 "Conheço você por dentro e por fora e vejo pouca coisa que me agrade. Você não é frio e também não é quente – melhor que fosse frio ou quente. Você está estragado, apodrecido e me causa ânsia de vômito. Você alardeia: 'Eu sou rico, faço e aconteço, não preciso de nada nem de ninguém', mas você é desprezível, um mendigo cego, esfarrapado e sem casa.

18 "Saiba o que quero que você faça: compre ouro de mim, ouro refinado pelo fogo. Então, você será rico. Compre roupas de mim, roupas desenhadas no céu. Você já andou por aí seminu por muito tempo. E compre de mim remédio para os olhos, assim poderá ver, enxergar *de verdade*.

19 "Costumo chamar à responsabilidade aqueles a quem amo – para incentivar, corrigir e guiar,

para que vivam da melhor maneira. Levante-se, então! Faça meia-volta! Busque a Deus!

20-21 "Olhe para mim. Estou batendo à porta. Se você ouvir meu chamado e abrir a porta, vou entrar e jantar com você. Os vencedores vão se sentar comigo à cabeceira da mesa, assim como eu, depois de vencer, tomei o lugar de honra ao lado do meu Pai. Esse é o meu presente aos vencedores!

22 "Seus ouvidos estão abertos? Então ouça. Ouça as Palavras do Vento, o Espírito soprando através das igrejas".

Uma porta para o céu

4 **1** Então olhei e – oh! – uma porta aberta para o céu. A voz de trombeta, a primeira voz na minha visão, me chamou: "Suba e entre. Vou mostrar o que está para acontecer".

2-6 Fui apanhado de uma vez em profunda adoração e, oh! – um trono no céu com Aquele Que Está Assentado no Trono, coberto de pedras preciosas de tom quase transparente e a chama de uma nuvem de esmeralda. Vinte e quatro tronos rodeavam o trono, com os Vinte e Quatro Anciãos sentados neles, com vestes brancas e coroas de ouro. Luzes de relâmpagos e trovões emanavam do trono. Sete tochas flamejantes estavam diante do trono (são os Sete Espíritos de Deus). Em frente ao trono havia como que um límpido mar de cristal.

6-8 Caminhando ao redor do trono estavam Quatro Animais, cheios de olhos. Olhos para olhar para a frente, olhos para olhar para trás. O primeiro animal era como um leão, o segundo era como um boi, o terceiro tinha rosto humano e o quarto era como uma águia em voo. Os Quatro Animais eram alados, com seis asas cada um. Eles tinham muitos olhos, vendo ao redor e por dentro, e cantavam noite e dia, sem descanso:

Santo, santo, santo
É Deus, nosso Senhor, Poderoso Soberano
O QUE FOI, QUE É E QUE VIRÁ.

9-11 Cada vez que os Quatro Animais davam glória e honra e ações de graça Àquele Que Está Assentado no Trono – que vive eternamente – Vinte e Quatro Anciãos prostravam-se perante ele. Eles adoravam O Que Vive Eternamente. Então, lançavam suas coroas aos pés do trono, cantando:

Digno, ó Senhor! Sim, nosso Deus!
Receba a glória! A honra! O poder!

Tu criaste todas as coisas
Tudo foi criado por tua vontade.

SALMOS 145.7-11

7 A fama da tua bondade se espalha pelo país.
Tua justiça está nos lábios de todos.

8 O Eterno é todo misericórdia e graça:
não se apressa em irar-se e é rico em amor.

9 O Eterno é bom para todos:
tudo que ele faz transborda graça.

10-11 A criação e as criaturas
te aplaudem, ó Eterno!
Teu santo povo fala bem de ti.

Eles falam da glória do teu governo
e elogiam teu esplendor,

◢ NOTAS

☐ DIA 349 ___ / ___ / ___

DANIEL 10.15 — 12.13

15-17 "Enquanto ele falava, fiquei só olhando para o chão, não conseguia dizer nada, e fui surpreendido por algo parecido com uma mão humana, que me tocou os lábios. Então, abri a boca e comecei a falar: 'Quando o vi, fiquei apavorado. Minhas pernas ficaram bambas. Eu não conseguia me mexer. Como é possível que eu, um humilde servo, fale com alguém como o senhor? Estou completamente paralisado. Mal consigo respirar!'.

18-19 "Aquele ser, que parecia humano, me tocou outra vez e me deu forças. Ele disse: 'Não tenha medo. Fique em paz. Você é amado demais. Tudo vai ficar bem; tenha coragem. Seja forte!'.

"Enquanto ele ainda falava, veio-me coragem e retomei as forças; então, eu disse: 'Pode falar, porque o senhor me deu forças'.

20-21 "Ele disse: 'Você sabe por que vim aqui? Preciso voltar para lutar contra o anjo, que é o príncipe da Pérsia e, depois que eu o tirar do caminho, chegará o anjo, que é o príncipe da Grécia. Mas, antes, deixe-me contar a você o que está escrito no Livro da Verdade. Ninguém me ajuda na minha luta contra esses seres a não ser Miguel, o anjo, que é o príncipe de vocês'."

11 **1** "'**E**u o tenho ajudado da melhor maneira possível, desde o primeiro ano do reinado de Dario, rei dos medos.'".

Os reis do norte e do sul

2 "'**M**as agora deixe-me dizer como estão as coisas. Outros três reis da Pérsia aparecerão, e, depois deles, um quarto rei, que será muito mais rico que os outros. Quando ele achar que já tem poder suficiente, ganho com sua riqueza, declarará guerra contra o reino da Grécia.

3-4 "'Nesse momento, aparecerá um rei poderoso, que dominará um enorme território e conduzirá tudo como bem entender. Mas, no auge do seu poder, quando tudo estiver aparentemente bem, seu reino se dividirá em quatro partes: norte, sul, leste e oeste. Mas seus herdeiros não

DIA 349

receberão nada. Não haverá continuidade do poder, pois outros o tomarão.

5-6 " 'Em seguida, o rei do sul se fortalecerá, mas um dos seus príncipes será mais forte que ele e governará um território ainda maior. Depois de alguns anos, os dois se tornarão aliados, e a filha do rei do sul se casará com o rei do norte, para consolidar o acordo. Mas a influência dela enfraquecerá, e seu filho não sobreviverá. Ela, seus servos, seu filho e seu marido serão traídos.

6-9 " 'Algum tempo depois, alguém da família real aparecerá e assumirá o trono. Ele assumirá o comando do exército, invadirá o norte e alcançará grande vitória. Ele tomará os deuses de metal deles e todos os utensílios de ouro e prata que os acompanham e os levará para o Egito. Passado algum tempo, o rei do norte se recuperará e invadirá a terra do rei do sul, mas não terá sucesso – terá de bater em retirada.

10 " 'Mas seus filhos formarão um exército gigante e descerão como uma inundação, um ataque impetuoso sobre as defesas do sul.

11-13 " 'Furioso, o rei do sul sairá e enfrentará o rei do norte, que estará à espera com seu enorme exército, mas, apesar disso, será derrotado. Enquanto os cadáveres forem tirados do campo, o rei, com muita sede de sangue, sairá massacrando dezenas de milhares. Mas sua vitória não vai durar muito, pois o rei do norte reunirá um exército ainda maior que o anterior e, depois de alguns anos, voltará à batalha com inúmeros soldados, muito arsenal e provisões inesgotáveis.

14 " 'Naqueles dias, muitos outros se engajarão na batalha contra o rei do sul. Revoltosos do seu próprio povo, embriagados por sonhos de poder, se ajuntarão a eles. Mas acabarão frustrados.

15-17 " 'Quando o rei do norte chegar, fará rampas de cerco e conquistará a cidade fortificada. Os exércitos do sul serão despedaçados diante dele. Nem mesmo suas famosas tropas de choque conterão o agressor. Ele entrará todo arrogante, como se fosse o dono do pedaço. Ele se apossará da Linda Terra e se instalará aí. Depois, prosseguirá para ter controle total. Fará um tratado de paz e até dará sua filha em casamento ao rei do sul, parte de uma trama para destruí-lo de vez. Mas o plano será um fiasco. Não será bem-sucedido.

18-19 " 'Mais tarde, voltará sua atenção para as regiões costeiras e fará inúmeros prisioneiros, mas um general intervirá e dará um basta às suas ameaças. Quem metia medo ficará amedrontado. Ele voltará para casa e passará a cuidar dos próprios negócios. Mas, a essa altura, já estará acabado, e, logo, já não se ouvirá mais falar dele.

20 " 'Ele será sucedido por um perdedor, já com seu governo, sua reputação e sua autoridade em frangalhos. Por isso, não durará muito. Sairá da história rapidamente, sem nem mesmo ter lutado.

21-24 " 'Seu lugar será preenchido por um sujeito desprezado e desprezível. Mas ele surpreenderá todos, saindo como que do nada e se apossando do reino. Ele avançará como um rolo compressor e até o Príncipe da Aliança será esmagado. Depois de negociar um cessar-fogo, ele violará as condições. Que traidor! Com alguns poucos comparsas, assumirá o controle total. Ele invadirá as províncias mais ricas, quando elas menos esperarem. Ultrapassará todos seus antepassados: prenderá e saqueará, viverá com seus amigos num luxo desmedido.

24-26 " 'Ele fará planos contra as cidades fortificadas, mas não será por muito tempo. Ele ajuntará um grande exército, muito bem armado, para combater o rei do sul. Em resposta, o rei do sul manterá seu exército – ainda maior – a postos, pronto para a batalha. Mas não será capaz de sustentar essa condição por muito tempo, em razão das intrigas nas próprias fileiras: sua corte estará minada por tramas e conspirações. Assim, seu exército será esmagado, e o campo de batalha ficará coberto de cadáveres.

27 " 'Os dois reis, ambos com planos maldosos um contra o outro, vão se sentar à mesa de conferências e negociarão seus engodos. Nada resultará desse tratado, que não passará de um emaranhado de mentiras. Mas ainda não é o fim. A história não acabou.

28 " 'O rei do norte irá para casa, carregado de despojos, mas a sua mente estará voltada para a destruição da santa aliança enquanto estiver passando pela terra a caminho de casa.

29-32 " 'Um ano mais tarde, ele comandará nova invasão ao sul. Mas a segunda invasão não será como a primeira. Quando os navios romanos chegarem, ele dará meia-volta e retornará para casa. Mas, ao passar pela terra, seu ódio contra a santa aliança será despertado. Ele fará acordo com todos os que se dispuserem a trair a santa aliança, tomando o partido deles. Suas forças entrarão marchando e profanarão o santuário e a cidadela. Eles irão banir a adoração diária, substituindo-a pela besta da profanação. O rei do norte honrará os que traírem a santa aliança, corrompendo-os ainda mais com sua conversa sedutora, mas os que forem leais a Deus tomarão posição firme a favor dele.

³³⁻³⁵ "Os que mantiverem o bom senso ensinarão o bem às multidões, pelo exemplo. Eles serão submetidos a provas terríveis durante um certo período: alguns serão mortos; outros, queimados; alguns, exilados; outros, roubados. Quando a prova for muito difícil, receberão alguma ajuda, mas não muita. E muitos dos pretensos ajudadores se portarão com indiferença. A provação refinará e purificará os que mantiverem o bom senso e permanecerem leais, porque há ainda mais por vir.

³⁶⁻³⁹ "Enquanto isso, o rei do norte estará agindo sem impedimento. Ele se elevará a uma posição superior à de qualquer deus e, até mesmo, ousará desafiar o Deus dos deuses. Por um tempo, isso será tolerado, até que se complete esse tempo de juízo, pois o que foi decretado precisa ser cumprido. Ele não terá respeito algum pelos deuses dos seus antepassados, nem mesmo pelo deus predileto das mulheres. Desprezando qualquer deus, o rei do norte se inchará de orgulho e se achará maior que todos eles. Ele chegará a ponto de desprezar o Deus dos santos e, no lugar em que Deus é adorado, colocará em exibição, com generoso ornamento de prata, ouro e pedras preciosas, um deus novo do qual nunca se ouviu falar. Marchando sob a bandeira desse deus estranho, ele atacará as principais fortalezas. Promoverá todos os que seguirem esse deus, dando a eles cargos importantes e recompensando-os com concessões de terras.

⁴⁰⁻⁴⁵ "Na conclusão dessa história, o rei do sul o enfrentará. Mas o rei do norte se lançará contra ele como um furacão, com seus carros e cavalos e uma grande frota de navios e varrerá tudo que estiver no seu caminho. Ao entrar na Linda Terra, as pessoas cairão diante dele como peças de dominó. Só Edom, Moabe e alguns amonitas escaparão. Ele vai avançar, dominando país após país, nem o Egito escapará. Ele confiscará o ouro, a prata e todos os bens valiosos do Egito. Os líbios e os etíopes cairão com ele. Mas, nesse momento, relatos perturbadores virão do norte e do leste e o farão entrar em pânico. Furioso, ele se apressará em suprimir a ameaça. Mas, assim que armar suas tendas entre o mar Mediterrâneo e o monte santo – inúmeras tendas reais –, ele encontrará seu fim. E não haverá uma alma viva por perto para ajudá-lo!'".

A maior desgraça que o mundo já viu

12¹⁻² "'**E**sse será o momento quando Miguel, o grande anjo, que é príncipe defensor do seu povo, entrará em cena. Será um tempo de desgraça, a pior desgraça que o mundo já conheceu. Mas seu povo será salvo da desgraça, todos os que tiverem o nome escrito no Livro. Uma grande multidão, composta daqueles que já morreram e foram sepultados, acordará – alguns para a vida eterna; outros, para a vergonha eterna.

³ 'Homens e mulheres que viveram de forma sábia e justa brilharão como a noite sem nuvens, repleta de estrelas. E os que conduziram outras pessoas ao caminho certo brilharão como estrelas para sempre.

⁴ "Este é um relato confidencial, Daniel, para seus olhos e ouvidos somente. Mantenha-o em segredo. Guarde o livro fechado à chave até o final. Nesse ínterim, haverá uma busca frenética para se tentar entender o que está acontecendo.'"

⁵⁻⁶ "**E**nquanto eu, Daniel, ouvia tudo isso, apareceram dois seres, um do lado do rio em que eu estava e outro do outro lado. Um deles perguntou a um terceiro homem, vestido de linho, que estava acima das águas do rio: 'Até quando vai continuar essa história intrigante?'".

⁷ "O homem vestido de linho, que estava acima das águas do rio, levantou as mãos para o céu. Ouvi quando ele jurou solenemente pelo Eterno que seria um tempo, dois tempos e meio tempo e que, quando o opressor do povo santo fosse derrubado, a história chegaria ao seu final".

⁸ "Ouvi tudo isso claramente, mas não entendi. Por isso, perguntei: 'Senhor, pode me explicar isso?'".

⁹⁻¹⁰ 'Continue a fazer o que está fazendo, Daniel', ele disse. 'A mensagem é confidencial e será guardada à chave até o fim, até que tudo chegue à sua conclusão. O povo será purificado e renovado, mas os maus continuarão sendo maus, sem ter a menor ideia do que está acontecendo. Já os que viverem de forma sábia e justa entenderão tudo.'".

¹¹ "**A** partir do momento em que a adoração diária for abolida do templo e a besta da profanação for introduzida no seu lugar, vão se passar mil duzentos e noventa dias.

¹² "Abençoados os que persistirem pacientemente durante os mil trezentos e trinta e cinco dias!

DIA 349

¹³ "E você, prossiga em sua jornada, sem ficar ansioso ou preocupado. Fique tranquilo. Quando tudo tiver passado, você se levantará para receber sua recompensa."

APOCALIPSE 5.1 — 6.6

O Leão é um Cordeiro

5 ¹⁻² **V**i um livro em forma de rolo na mão direita dAquele Que Está Assentado no Trono. Estava escrito dos dois lados e selado com sete selos. Vi também um Anjo poderoso, chamando em voz alta, como um trovão: "Há alguém que possa abrir o livro, que possa romper seus selos?".

³ Não havia ninguém — ninguém no céu, ninguém na terra, ninguém no mundo inferior — que pudesse abrir o livro e ler o que estava escrito. ⁴⁻⁵ Chorei muito porque ninguém era capaz de abrir o livro para lê-lo. Mas um dos Anciãos disse: "Não chore. Olhe — o Leão da Tribo de Judá, a Raiz da Árvore de Davi, venceu. Ele pode abrir o livro e romper os selos".

⁶⁻¹⁰ Então olhei para o trono, com os Animais e Anciãos à volta dele, e vi o Cordeiro, abatido, mas ainda de pé. Ele tinha sete chifres e sete olhos, os Sete Espíritos de Deus enviados por toda a terra. Ele se aproximou dAquele Que Está Assentado no Trono e tomou o livro da mão direita. Assim que o pegou, os Quatro Animais e os Vinte e Quatro Anciãos prostraram-se e adoraram o Cordeiro. Cada um tinha uma harpa e uma taça, uma taça de ouro cheia de incenso, que são as orações do santo povo de Deus. E eles cantaram uma nova canção:

Tu és Digno! Toma o livro, abre seus selos.
Foste morto! Com teu sangue,
  compraste homens e mulheres.
Compraste-os de volta de toda a terra.
Compraste-os de volta para Deus.
Fizeste deles um Reino,
  sacerdotes para nosso Deus,
Reis sacerdotes para governar a terra.

¹¹⁻¹⁴ Olhei de novo. Ouvi muitos anjos à volta do trono, além dos Animais e Anciãos — dez mil vezes dez mil era o número deles, milhares e milhares, cantando:

O Cordeiro que foi abatido é digno!
Recebe o poder, a riqueza, a sabedoria, a força!
Recebe a honra, a glória e a bênção!

Então, ouvi todas as criaturas, no céu e na terra, no mundo inferior e no mar, juntas, todas as vozes em todos os lugares, cantando:

Para Aquele Que Está Assentado no Trono!
  Para o Cordeiro!
A bênção, a honra, a glória, a força,
Pelos séculos após séculos
  após séculos.

Os Quatro Animais clamavam: "Amém!". Os Anciãos se ajoelhavam e adoravam.

Abrindo o livro

6 ¹⁻² **E**u observava, enquanto o Cordeiro abria o primeiro dos sete selos. Eu ouvi um dos Animais chamando bem alto: "Venha!". Olhei e vi um cavalo branco. Seu cavaleiro carregava um arco e ganhou uma coroa de louros. Ele cavalgou vitorioso, vencendo por onde ia.

³⁻⁴ Quando o Cordeiro abriu o segundo selo, ouvi o segundo Animal gritar: "Venha!". Outro cavalo apareceu, e esse era vermelho. Seu cavaleiro saiu para tirar a paz da terra. Por influência dele, as pessoas pisavam umas nas outras e matavam umas às outras. Ele recebeu uma grande espada.

⁵⁻⁶ Quando ele abriu o terceiro selo, ouvi o terceiro Animal gritar: "Venha!". Olhei, e agora lá estava um cavalo preto. Seu cavaleiro carregava diversas balanças. Eu ouvi uma mensagem (parecia vir dos Quatro Animais): "Um quarto de trigo por um dia de salário, ou três quartos de cevada, mas nem encoste um dedo no azeite e no vinho".

SALMOS 145.12-16

¹²Fazem o mundo conhecer
  teu poder e tua bondade,
  o abundante esplendor do teu reino.

¹³Teu reino é eterno:
  nunca serás destituído do poder.

O Eterno sempre cumpre o que promete
  e é gracioso em tudo que faz.

¹⁴O Eterno ajuda os que precisam de dinheiro,
  concede um novo começo àqueles
  que estavam prestes a desistir.

15 Todos os olhos estão em ti, esperançosos,
e darás a todos o que comer, no tempo certo.

16 Excessivamente generoso,
esbanjas teu favor com todas as criaturas.

◾ NOTAS

_____

_____

_____

_____

_____

_____

_____

_____

_____

_____

_____

_____

_____

_____

_____

_____

_____

|||||||||||||||||||||||||||||||||||||||||||||||||||

☐ DIA **350**   ___ / ___ / ___

OSEIAS 1.1 — 5.9

1 **¹ E**sta é a Mensagem de Deus para Oseias, filho de Beeri, que veio a ele durante o reinado dos seguintes reis de Judá: Uzias, Jotão, Acaz e Ezequias. Esse foi também o tempo em que Jeroboão, filho de Joás, foi rei de Israel.

A nação se transformou num prostíbulo

² Na primeira vez que o Eterno falou com Oseias, ele disse:

"Encontre uma prostituta e case-se com ela.
Faça dessa prostituta a mãe de seus filhos.
E aqui está a razão: toda esta nação
se transformou num prostíbulo.
Eles são infiéis a mim, o Eterno".

³ Foi o que Oseias fez.
Ele escolheu Gômer, filha de Diblaim.
Ela engravidou e lhe deu um filho.
4-5 Então, o Eterno disse:
"Dê a ele o nome de Jezreel.
Não vai demorar para que
eu faça o povo de Israel pagar
pelo massacre em Jezreel.
Estou acertando as contas
com o reino de Israel.
O dia do pagamento está chegando!
Vou cortar os arcos e flechas de Israel
em cavacos no vale de Jezreel".

6-7 Gômer engravidou de novo. Dessa vez, teve uma filha. O Eterno disse a Oseias:

"Chame-a Sem Misericórdia.
Minha paciência com Israel se esgotou.
Minha misericórdia acabou.
Não há mais perdão.
Judá é outra história.
Vou continuar a ter misericórdia deles.
Vou salvá-los. É o Eterno que vai salvá-los:
Não serão suas armas e exércitos,
não será a força de seus cavalos ou soldados".

8-9 Depois que Gômer desmamou Sem Misericórdia, ela engravidou de novo e teve um filho. O Eterno disse:

"Dê a ele o nome Ninguém.
Vocês se tornaram Ninguém para mim,
e eu, o Eterno, sou Ninguém para vocês.

10-11 "Mas um dia, a população de Israel vai explodir em número, como a areia da beira do mar. No mesmo lugar em que uma vez foram chamados de Ninguém, eles serão chamados de o Alguém de Deus. Todos em Judá e em Israel serão reunidos como um povo. Eles vão escolher um único líder.

DIA 350

Ninguém será capaz de detê-los. Será um grande dia em Jezreel!".

2 ¹ "**Dê** um novo nome a seu irmão: Alguém de Deus.
Dê um novo nome a sua irmã:
Cheia de Misericórdia."

Fim de semana desenfreado e dias santos nada santos

²⁻¹³ "**Arraste** sua mãe para o tribunal. Acuse-a!
Ela já não é minha esposa.
Já não sou seu marido.
Diga a ela que pare de se vestir
como prostituta,
oferecendo os seios como forma de pagamento.
Se ela se negar, vou arrancar sua roupa
e deixá-la nua em público,
como um recém-nascido.
Vou transformar sua pele em couro ressecado:
seu corpo parecerá um terreno
rachado pela seca,
um monte de ossos no deserto.
Não vou reconhecer os filhos dela,
nascidos todos num prostíbulo.
Encare isto: sua mãe é uma prostituta,
que põe filhos bastardos no mundo.
Ela disse: 'Vou me encontrar
com meus amantes!
Eles vão me dar comida e bebida,
Vão me vestir e mimar,
me perfumar e enfeitar!'.
Mas vou dar um jeito nela:
vou abandoná-la num campo de espinhos
e soltá-la num beco sem saída.
Ela vai sair à caça dos amantes,
mas não vai conseguir agarrar
nenhum deles.
Ela vai procurar em todos os lugares,
mas não vai encontrar nenhum.
Então, ela vai dizer:
'Estou voltando para meu marido,
aquele com quem comecei.
Aquela vida era muito melhor que esta'.
Ela nem sabia que era eu
quem a sustentava e enfeitava;
Que era eu quem a vestia
com roupa da última moda
e com as mais belas joias,
que ela esbanjou nas loucas orgias de Baal.
Estou prestes a segurá-la com uma rédea
bem curta. Chega de comida e bebida!

Roupa íntima fina e robes de seda
são coisas do passado.
Vou expor sua genitália em público.
Todos os seus amantes de uma noite
só serão impotentes para ajudá-la.
Acabou a festa! Estou pondo um basta
em todo esse negócio,
seus fins de semana desenfreados
e seus dias santos nada santos.
Vou destruir seus suntuosos jardins
e suas fontes ornamentais,
dos quais ela tanto se orgulhava:
'A prostituição pagou tudo isto!'.
Logo serão depósitos de lixo,
terrenos baldios onde os gatos
e os vira-latas virão procurar comida.
Vou fazer que ela pague por ter tido prazer
na religião promíscua –
na sensual adoração a Baal
E no sexo promíscuo incluído no pacote,
aproximando-se perigosamente
de seus amantes, vestida para matar.
E tudo isso sem nunca pensar em mim."
Mensagem do Eterno!

Começar tudo de novo

¹⁴⁻¹⁵ "**E**, agora, aqui está o que vou fazer:
Vou começar tudo de novo.
Estou saindo com ela de novo,
levando-a para o deserto,
onde fizemos o primeiro
passeio juntos, e vou cortejá-la.
Vou levar flores para ela.
Vou transformar o vale do Coração Partido
em Portal da Esperança.
Ela vai reagir como quando era moça,
saída do Egito havia pouco tempo."

¹⁶⁻²⁰ "**Nesse** dia" – ainda é a Mensagem do Eterno –,
"você vai me chamar de 'marido querido'!
Nunca mais você vai me chamar de
'meu senhor de escravos!'.
Vou lavar sua boca com sabão,
até saírem todos os nomes sujos
de falsos deuses.
Que não se ouça mais nem mesmo um
cochicho com aqueles nomes!
Ao mesmo tempo, vou fazer
um tratado de paz entre você
e os animais selvagens, as aves e os répteis,
Vou eliminar todas as armas de guerra.

Imagine só: ficar livre de todos os homens
cruéis e violentos!
Eu vou me casar com você, agora para sempre!
Vou me casar com você de verdade e,
como é de direito, com amor e ternura.
Sim, vou me casar com você
e não vou abandoná-la nem deixá-la ir.
Você vai me conhecer como eu,
o Eterno, realmente sou."

21-23 "**E**xatamente no mesmo dia, vou responder"
— Mensagem do Eterno.
"Vou responder ao céu,
o céu vai responder à terra,
A terra vai responder,
dando trigo e vinho e azeite,
e todos vão responder a Jezreel.
Vou plantá-la na boa terra.
E terei misericórdia de Sem Misericórdia.
E direi a Ninguém:
'Você é meu querido Alguém',
e ele dirá: 'Tu és meu Deus!'"

No tempo certo, eles voltarão

3 **¹E**ntão, o Eterno me ordenou: "Comece tudo
de novo. Ame sua esposa de novo,
sua esposa que está na cama com o namorado
mais recente,
sua esposa infiel.
Ame-a do jeito que eu, o Eterno,
amo o povo de Israel,
mesmo quando ficam flertando e festejando
com cada deus que atenda aos
seus caprichos".
2-3 Foi o que fiz. Tive de pagar para tê-la de volta.
Custou-me o preço de um escravo.
E eu disse a ela: "A partir de agora,
você vai ficar comigo.
Chega de prostituição, chega de dormir
com qualquer um por aí!
Você vai morar comigo
e eu vou morar com você".

4-5 O povo de Israel vai ser obrigado a viver
durante muito tempo
sem segurança e sem proteção,
Sem religião e sem conforto,
sem Deus e sem oração.
Mas, no tempo certo, eles voltarão, esses israelitas;
voltarão procurando pelo Eterno
e pelo seu rei Davi.

Voltarão disciplinados para a reverência
diante do Eterno e suas boas dádivas, prontos
para o desfecho da história de seu amor.

Ninguém é fiel

4 **1-3A**tenção, todos os israelitas! Mensagem do
Eterno!
O Eterno está acusando toda a população:
"Ninguém é fiel. Ninguém ama.
Ninguém sabe coisa alguma
a respeito de Deus.
Ficam xingando, mentindo, matando
e roubando; o sexo é desenfreado;
é pura anarquia; é assassinato
atrás de assassinato!
E, por causa disso, até a terra chora,
e tudo nela está vestido de luto —
Os animais no campo, as aves no céu
e até os peixes no mar estão abatidos,
sem ânimo para viver".

4-10 "**M**as não tentem culpar ninguém.
Nada de apontar o dedo!
Vocês, sacerdotes, são os que estão
no banco dos réus.
Vocês ficam tropeçando por aí
em plena luz do dia.
Em seguida, os profetas assumem
e tropeçam a noite inteira.
Sua mãe é tão má quanto vocês.
Meu povo está arruinado
porque não sabe o que é certo nem verdadeiro.
Vocês viraram as costas para o conhecimento,
por isso eu virei as costas
para vocês, sacerdotes.
Vocês se negam a reconhecer
a revelação de Deus,
Por isso já não reconheço seus filhos.
Quanto mais sacerdotes, mais pecado.
Eles transformam a glória em vergonha.
Eles se alimentam dos pecados do meu povo.
Não conseguem esperar para ver
o que há de mais novo em maldade.
O resultado: tal sacerdote tal povo;
tal povo tal sacerdote.
Estou para fazer que ambos paguem por seus atos
e assumam as consequências
por sua vida pecaminosa.
Eles comerão e, mesmo assim,
continuarão famintos;
terão relações sexuais e não ficarão satisfeitos.

DIA 350

Eles bateram a porta na minha cara,
  na cara do Eterno,
  e saíram por aí para festejar
  com prostitutas!"

Para eles, a religião é um piquenique

11-14 "**V**inho e bebidas fortes
  deixam meu povo na letargia.
Fazem perguntas a uma árvore morta,
  esperam respostas
  de uma bengala inflexível.
Embriagados de sexo, não conseguem
  achar o caminho de casa.
Substituíram seu Deus
  pela própria genitália.
Adoram no cume dos montes,
  e, para eles, a religião é um piquenique.
Debaixo de carvalhos
  e arbustos nas colinas,
  espreguiçam-se e relaxam.
Antes que vocês se deem conta,
  suas filhas se tornarão prostitutas,
  e as mulheres dos seus filhos
  estarão dormindo por aí.
Mas não vou atrás das suas filhas prostitutas
  nem das mulheres adúlteras dos seus filhos.
Estou atrás dos homens
  que andam com prostitutas,
  que fazem seu culto nas casas
  sagradas de prostituição:
  um povo estúpido, arruinado por prostitutas!"

15-19 "**V**ocê acabou com a própria vida, povo de Israel,
  mas não arraste Judá com você!
Não vá ao santuário do sexo em Gilgal,
  não vá à cidade do pecado, Betel.
Não ande por aí, dizendo: 'O Eterno abençoe
  você', sem realmente querer dizer isso,
  tomando o nome de Deus em vão.
Israel é uma mula teimosa.
  Como o Eterno vai poder conduzi-lo
  como uma ovelha para o pasto?
Efraim está viciado em ídolos.
  Pois que vá!
Quando acaba a bebida,
  é sexo, sexo e mais sexo.
Deboche atrevido e sórdido —
  como eles gostam disso!
O redemoinho os prendeu com suas garras.
  Seu culto ao sexo, afinal,
  os torna impotentes."

Se eles vissem o Eterno, não o reconheceriam

5 1-2 "**O**uçam isto, sacerdotes!
  Atenção, povo de Israel!
Família real, ouvidos bem abertos!
  Vocês são os responsáveis
  pela justiça por aqui.
Mas o que vocês fizeram?
  Exploraram o povo em Mispá,
  roubaram os cidadãos em Tabor
E os atormentaram em Sitim.
  Vou castigar todos vocês.

3-4 "Eu conheço você, Efraim,
  por dentro e por fora.
  Sim, Israel, posso enxergar através de você!
Vocês fizeram seu jogo de sexo
  e religião por tempo demais.
  Todo o povo de Israel está corrompido.
Eles não conseguiriam voltar
  para Deus nem se o quisessem.
  Sua vida de pecado virou um hábito.
Cada respiro que dão é respiro de prostituta.
  Se eles me vissem, não reconheceriam o Eterno.

5-7 "Inchados de arrogância, grandes como uma casa,
  são uma desgraça coletiva,
Todos eles — Israel, Efraim, Judá —
  tramando e costurando
  seus caminhos infames.
Quando decidirem juntar os cacos de sua vida
  e sair em busca do Eterno outra vez,
Vão descobrir que é tarde demais.
  Eu, o Eterno, já vou estar longe.
Eles brincaram de esconde-esconde
  comigo por tempo demais,
  enchendo o país com seus
  descendentes bastardos.
Uma praga de gafanhotos vai
  devastar sua terra violentada.

8-9 "Toquem a trombeta de chifre
  de carneiro em Gibeá
  e o clarim em Ramá!
Comuniquem por sinal a invasão
  da Cidade do Pecado!
Despertem e expulsem a luz de Benjamim!
Efraim vai ficar devastado,
  uma devastação só.
Estou falando a verdade nua e crua
  a todas as tribos de Israel.

APOCALIPSE 6.7 — 7.8

7-8 Quando ele abriu o quarto selo, ouvi o quarto Animal chamar: "Venha!". Olhei e vi um cavalo sem cor, muito pálido. Seu cavaleiro se chamava Morte, e o Inferno o seguia de perto. Eles receberam poder para destruir a quarta parte da terra com guerra, fome, doenças e ataques de animais selvagens.

9-11 Quando ele abriu o quinto selo, vi as almas daqueles que foram mortos por não negar o testemunho da Palavra de Deus. Eles estavam reunidos debaixo do Altar, e oravam em alta voz: "Até quando, Deus Poderoso, Santo e Verdadeiro? Até quando vais esperar para nos vingar dos nossos assassinos?". Então, foi entregue a cada mártir uma túnica branca, com a recomendação de que se sentassem e esperassem até que o número de mártires se completasse entre seus servos, companheiros e amigos na fé.

12-17 Eu observava, enquanto ele abria o sexto selo: houve um grande terremoto, o Sol parecia ter sido pintado de preto, a Lua ficou sangrenta, as estrelas caíam do céu como figos sacudidos de uma árvore por um vento forte, o céu se abriu como um livro e as ilhas e montanhas eram abaladas. Então, o medo tomou conta de todos, e todos na terra corriam para se esconder — reis, príncipes, generais, ricos e poderosos e também gente simples, escravos ou livres. Eles se escondiam em cavernas nas montanhas e em covas nas rochas, pedindo às montanhas e rochas: "Abrigo! Escondam-nos dAquele Que Está Assentado no Trono e da ira do Cordeiro! O grande dia da ira deles chegou — quem pode suportar?".

Os servos de Deus

7¹ Imediatamente vi Quatro Anjos de pé nos quatro cantos da terra, segurando firmemente os quatro ventos, para que nenhum vento soprasse na terra ou no mar, nem mesmo balançasse uma árvore.

2-3 Então vi outro Anjo levantando-se onde nasce o Sol, trazendo o selo do Deus vivo. Ele trovejou para os Quatro Anjos designados para a tarefa de ferir a terra e o mar: "Não firam a terra. Não firam o mar. Não firam nenhuma árvore até que eu tenha selado na testa os servos do nosso Deus".

4-8 Ouvi o número daqueles que foram selados: cento e quarenta e quatro mil. Eles foram selados de cada tribo de Israel: doze mil selados de Judá, doze mil de Rúben, doze mil de Gade, doze mil de Aser, doze mil de Naftali, doze mil de Manassés, doze mil de Simeão, doze mil de Levi, doze mil de Issacar, doze mil de Zebulom, doze mil de José, doze mil de Benjamim.

SALMOS 145.17-21

17 Tudo que o Eterno faz é certo.
A marca registrada de todas
as tuas obras é o amor.

18 O Eterno está atento a todos os que oram,
atento a todos os que oram sinceramente.

19 Ele faz o que é melhor para os que o temem.
Ouve-os clamar e os salva.

20 O Eterno se mantém fiel a todos os que o amam,
mas para os que não o amam está tudo acabado.

21 Minha boca está cheia de louvor ao Eterno.
Que tudo que está vivo fale bem dele
e do seu santo nome desde agora até a eternidade!

NOTAS

DIA 351 — 1132

☐ DIA 351 ___ / ___ / ___

OSEIAS 5.10 — 9.17

¹⁰"Os governantes de Israel
  são trapaceiros e ladrões,
  traindo o povo de sua terra,
E eu estou irado, muito irado.
  Cada centímetro do corpo deles
  vai sentir minha ira.

¹¹⁻¹²"O brutal Efraim foi, ele mesmo,
  brutalizado –
  provou do próprio veneno!
Ele estava decidido
  a fazer tudo do seu jeito.
Por isso, Efraim está cheio de chagas purulentas;
  a casa de Judá está podre.

¹³"Quando Efraim viu que estava doente,
  e Judá percebeu suas feridas inflamadas,
Efraim foi correndo para a Assíria
  pedir ajuda ao grande rei.
Mas ele não pode curar você.
  Não pode sarar suas chagas purulentas.

¹⁴⁻¹⁵"Eu sou um urso pardo atacando Efraim,
  um urso com filhotes atacando Judá.
Vou rasgá-los em pedaços – sim,
  é o que vou fazer!
  Ninguém pode me deter.
Vou arrastá-los para longe,
  e ninguém vai ajudá-los.
Depois, voltarei para o lugar de onde vim
  até que eles recuperem a razão.
Quando finalmente chegarem ao fundo do poço,
  talvez venham me procurar."

Quadrilhas de sacerdotes assaltam os adoradores

6 ¹⁻³"**V**amos lá! Vamos voltar para o Eterno.
  Ele nos machucou, mas ele vai nos curar.
Ele nos machucou bastante,
  mas ele vai nos restaurar.
Em poucos dias, já nos sentiremos melhor.
  No terceiro dia, novinhos em folha.

Estaremos vivos e de pé,
  prontos para enfrentá-lo.
Estamos prontos para estudar o Eterno,
  ansiosos pelo conhecimento de Deus.
Tão certo como rompe a aurora,
  será a chegada dele.
Ele vem como a chuva,
  como a chuva da primavera que refresca a terra."

⁴⁻⁷"**O** que devo fazer com você, Efraim?
  O que vou fazer com você, Judá?
Suas declarações de amor não duram mais que
  a neblina da manhã
  ou que o orvalho do amanhecer.
É por isto que uso os profetas para
conseguir sua atenção.
  Só assim minhas palavras chegam
  ao coração de vocês.
Vou alertá-los do meu julgamento
  com os raios de uma luz intensa.
Procuro misericórdia que dure,
  não preciso de mais religião.
Quero que vocês conheçam o Eterno,
  e não que participem
  de mais reuniões de oração.
Vocês quebraram a aliança
  – exatamente como Adão!
Vocês quebraram nossa relação de confiança,
  seus canalhas ingratos!

⁸⁻⁹"Gileade se transformou na Cidade do Crime –
  há sangue nas calçadas, sangue nas ruas.
Antigamente, eram os ladrões
  que assaltavam os pedestres.
  Hoje são as quadrilhas de sacerdotes
Que assaltam os adoradores a caminho de Siquém.
  Nada é sagrado para eles.

¹⁰"Vi uma coisa chocante nos campos de Israel:
  Efraim adorando num prostíbulo religioso
  e Israel com ele naquela lama!
¹¹"Você é tão mau quanto o pior deles, Judá.
Vocês semearam indecências e orgias.
  Agora chegou a época da colheita."

Apesar de todos os avisos, Israel ignora o Eterno

7 ¹⁻²"**T**oda vez que dei uma nova oportunidade a
Israel,
passei um apagador no passado
  e os levei de volta para o caminho,

Mas Efraim logo tornou a encher o quadro
    com novos pecados;
    a traição de Samaria foi escrita
    em letras garrafais.
Eles têm duas caras, são falsos no que dizem,
    roubam e arrancam o olho
    de quem se descuida.
Nunca passa pela cabeça deles
    que tenho uma ficha com todos
    os crimes que praticaram.
Eles estão salpicados com resíduos de pecado
    dos cabelos ao dedão do pé.
Posso ver quem eles são e o que fizeram.

3-7 "Eles entretêm o rei
    c   om seu circo de maldades,
    encantam os príncipes com suas
        mentiras acrobáticas.
São adúlteros no ponto de ebulição,
    como um forno que mantém o calor
Desde quando o padeiro amassa o pão
    até que a massa cresça.
No feriado do rei, os príncipes ficam bêbados
    de vinho e do frenesi da multidão zombeteira.
Eles são como fornos a lenha,
    vermelhos de desejos.
Durante a noite, sua paixão é represada;
    Pela manhã, ela se inflama,
    e as chamas devoram tudo com avidez.
Assassinos e com poder vulcânico,
    reduzem a cinzas seus governantes.
Seus reis caem um a um,
    e ninguém presta atenção alguma em mim.

8-10 "Efraim se mistura com os pagãos
    e, assim, perde a vida.
    Efraim está como um pão que não foi bem assado.
Os estranhos o sugam e tiram toda a sua energia,
    e ele nem percebe.
Seu cabelo ficou grisalho,
    e ele nem notou.
Inchado de arrogância, grande como uma casa,
    Israel é uma desgraça coletiva.
Israel se arrasta com dificuldade,
    sem se lembrar do Eterno –
    apesar de tudo, ainda ignora o Eterno!

11-16 "Efraim tem um cérebro de passarinho,
    é estúpido, sem noção.
Primeiro ficou assobiando para o Egito,
    depois arrastou uma asa para a Assíria.

Vou jogar minha rede sobre eles.
    Vou cortar suas asinhas.
    Vou ensiná-los a perceber que eu existo!
Desgraça! Eles fugiram de casa.
    Agora eles *realmente* estão numa enrascada!
    Eles me *desafiaram*,
E ainda esperam que eu os ajude,
    que eu engula esse monte de mentiras!
Em vez de clamar a mim com orações sinceras,
    ficam de farra com suas prostitutas.
Cortam-se até sangrar nas orgias religiosas
    e viram as costas para mim.
Fui eu que dei a eles uma boa cabeça
        e corpo saudável,
    e é assim que me retribuem?
    Com maquinações malignas!
Eles se voltam, mas não para mim:
    eles se viram pra cá e pra lá,
    como um cata-vento.
Seus governantes serão cortados
    em pedaços, assassinados –
    deserto: essa será a recompensa
    por suas zombarias e blasfêmias.
E a sentença final?
    'Ridículo' no tribunal
        mundial da reputação".

Altares do pecado

8 1-3 "**T**oquem a trombeta! Disparem o alarme!
    Os abutres estão voando
        sobre o povo de Deus,
    Que quebrou minha aliança
    e desprezou minha revelação.
Como era de imaginar, Israel está gritando:
    'Meu Deus! Nós o conhecemos!'.
    Mas não agem de acordo com isso.
Israel não quer saber de nada que seja bom,
    e agora o inimigo está atrás deles.

4-10 "Eles coroam reis, mas nem
    perguntam o que acho disso.
    Designam príncipes,
        mas não pedem minha opinião.
Em vez disso, fazem ídolos de prata e ouro,
    que vão levá-los à ruína.
Jogue esse deus-bezerro no lixo, Samaria!
    Estou furioso com esse entulho!
Quanto tempo vai levar para eles se aprumarem?
    E olhem que são israelitas!
Foi um escultor que fez essa coisa –
    não foi Deus.

DIA 351

Esse bezerro samaritano de ouro
será quebrado em mil pedaços.
Olhem para eles! Estão plantando vento!
Pois vão colher tempestades.
Trigo sem espiga
não produz farinha.
E, mesmo que produzisse,
os estrangeiros iriam cuspi-la.
Israel foi engolido e cuspido fora.
Entre os pagãos, eles são um monte de entulho.
Eles marcharam para a Assíria:
Por quê? Até os jumentos selvagens
ficam perto dos de sua espécie,
mas o jumento Efraim sai por aí
e *paga* para ter amantes.
Agora, por causa da sua vida
de prostituição entre os pagãos,
vou reuni-los e acusá-los.
Eles vão colher as consequências disso logo.
Vão sentir na pele o que
é ser oprimido pelo grande rei.

11-14 "Efraim construiu um monte de altares
e depois os usou para pecar.
Dá para acreditar nisto: altares para pecar?
Deixei por escrito minha revelação a eles,
e fazem de conta que não sabem ler.
Eles me oferecem sacrifícios
e depois fazem festa com a carne.
O Eterno não está satisfeito!
Estou cheio disso! Não vou esquecer sua culpa.
Vou castigar os pecados deles
e enviá-los de volta para o Egito.
Israel se esqueceu de seu Criador:
estava muito ocupado, construindo palácios.
Judá se meteu em construir cidades fortificadas –
Estou enviando agora fogo sobre suas cidades
para queimar suas fortalezas."

Famintos do Eterno

9 **1-6** Não desperdice a vida em orgias desenfreadas,
Israel.
Não acabe com sua vida festejando com os pagãos.
Vocês se afastam de Deus ao primeiro sinal
e como uma prostituta
se vendem com promiscuidade
em cada orgia religiosa que fazem na rua.
Essa comida toda não vai satisfazer vocês.
Vocês vão acabar com mais fome ainda.
Nesse ritmo, não vão durar muito
na terra do Eterno.

Alguns de vocês vão acabar
na bancarrota no Egito.
Alguns de vocês vão acabar
desiludidos na Assíria.
Como refugiados no Egito e na Assíria,
não terão muitas oportunidades
de adorar o Eterno –
Sentenciados a rações de pão e água,
sua alma será contaminada
pelo ar espiritual poluído da região.
Vocês estarão mortos de fome do Eterno,
exilados da terra dele.
Será que terão saudades dos velhos tempos?
Será que vão sentir falta das festas
de adoração ao Eterno?
Atenção! Quando escaparem
da frigideira do desastre,
vão cair no caldeirão de fogo do Egito.
O Egito dará a vocês um belo funeral!
Que utilidade terão seus deuses de prata,
se tiverem de suar para ganhar a vida
num campo de ervas daninhas?

7-9 O tempo acabou. A condenação está às portas.
É dia de pagamento!
Não foi Israel quem gritou: "O profeta está louco!
O 'homem do Espírito' está maluco!"?
Pensem bem. Por causa da sua grande culpa,
vocês estão numa grande enrascada.
O profeta está procurando Efraim
e está trabalhando a mando de Deus.
Mas todos estão tentando passar a rasteira nele.
Ele é odiado na própria casa de Deus – logo aí!
O povo está indo de mal a pior,
competindo com o antigo
e impronunciável crime de Gibeá.
Deus está tomando nota de toda sua culpa.
Ele os fará pagar por seus pecados.

Eles estão para o pecado como
o porco está para a sujeira

10-13 "Antigamente, quando eu vinha ver Israel,
era como encontrar uvas no deserto.
Quando encontrei seus
antepassados, foi como achar
uma figueira que dava fruto pela primeira vez.
Mas, quando chegaram a Baal-Peor,
aquele santuário pagão,
eles se apegaram ao pecado
como um porco se apega à sujeira,
chafurdando na lama com seus novos amigos.

Efraim é inconstante e se espalhou
  como uma revoada de passarinhos;
  sua beleza desapareceu
  em confusão e gritos,
São frenéticos e barulhentos,
  frígidos e estéreis,
  e nada têm para mostrar
  — nem concepção nem nascimento.
Mesmo que dessem à luz, eu os declararia
  pais incapazes e tiraria deles as crianças!
Sem dúvida, será um dia
  de escuridão para eles
  quando eu virar as costas e for embora!
Vejo que Efraim deixa seus filhos correrem
  por aí sem rumo e sem cuidado.
  Seria melhor matá-los de uma vez!"

[14] Retribui a eles, ó Eterno! Mas o quê?
  Faça que tenham o útero
  encolhido e seios murchos!

[15-16] "Todo o seu mal veio à tona
  no santuário pagão de Gilgal.
  Oh, como odiei aquilo!
Por causa de suas práticas malignas,
  vou chutá-los da minha terra.
Não vou mais desperdiçar
  meu amor com eles.
  Seus líderes parecem
  adolescentes rebeldes.
Efraim está ferido gravemente —
  as raízes secaram, não há mais fruto.
Mesmo que por algum milagre
  eles tivessem filhos,
  esses bebês não sobreviveriam
  — eu cuidaria para que isso acontecesse!"

[17] Meu Deus lavou as mãos.
  Eles não queriam dar ouvidos.
Eles estão condenados a ser andarilhos,
  vagabundos perambulando
  entre as nações pagãs.

APOCALIPSE 7.9 — 8.11

[9-12] Olhei de novo e vi uma multidão imensa, grande demais para ser contada. Gente do mundo todo estava ali — todas as nações e tribos, todas as raças e línguas. E eles estavam de pé, vestidos de roupa branca. Carregavam folhas de palmeira e, diante do trono e do Cordeiro, cantavam bem alto:

Salvação seja ao nosso Deus em seu trono!
Salvação ao Cordeiro!
Todos os que estavam em pé diante do trono — anjos, os Anciãos, os Vinte e Quatro Animais — prostravam-se diante do trono e adoravam a Deus, cantando:

Amém!
A bênção e a glória e a sabedoria
  e as ações de graça,
A honra e o poder e a força,
Sejam ao nosso Deus para sempre e sempre!
Amém!

[13-14] Em seguida, um dos Anciãos se dirigiu a mim: "Quem são esses, vestidos de roupa branca? De onde eles vêm?". Surpreendido, respondi: "Senhor, não faço ideia, mas tu deves saber".

[14-17] Então, ele me disse: "Esses são aqueles que vêm da grande tribulação. Eles lavaram suas roupas no sangue do Cordeiro, por isso estão limpas assim. Eles permanecem de pé diante do trono de Deus e o servem dia e noite em seu templo. Aquele Que Está Assentado no Trono estenderá sua tenda até eles: nada mais de fome, de sede ou de calor abrasador. O Cordeiro no trono os pastoreará, guiando-os às fontes de água da Vida. E Deus vai enxugar cada lágrima dos olhos deles".

8 [1] Quando o Cordeiro abriu o sétimo selo, o céu ficou quieto — silêncio total por cerca de meia hora.

Soando as trombetas

[2-4] Eu vi os Sete Anjos, que estão sempre de prontidão diante de Deus, levando sete trombetas. Outro anjo surgiu, com um incensário de ouro, e ficou diante do Altar. Ele recebeu grande quantidade de incenso para que pudesse oferecer as orações de todo o povo santo de Deus no Altar de Ouro perante o trono. Fumaça subia do incenso das orações dos santos, na presença de Deus, da mão do Anjo.

[5] Então, o Anjo encheu o incensário com fogo do Altar e o lançou sobre a terra. Houve trovões, vozes, relâmpagos e um terremoto.

[6-7] Os Sete Anjos estavam prontos para tocar as trombetas. Assim que a primeira trombeta soou, granizo e fogo misturado com sangue foram jogados na terra. A terça parte da terra secou, um terço das árvores e tudo que é verde queimou por completo.

8-9 O segundo Anjo tocou a trombeta. Algo como uma imensa montanha de fogo foi lançada no mar. Um terço do mar virou sangue, um terço das criaturas do mar morreu e um terço dos navios afundou.

10-11 O terceiro Anjo tocou a trombeta. Uma imensa estrela, que parecia uma tocha, caiu do céu, secando um terço dos rios e um terço das fontes. O nome da estrela era Absinto. Um terço da água se tornou amarga, e muita gente morreu porque a água estava envenenada.

SALMOS 146.1-2

146 **1-2** Aleluia!
Ó minha alma, louve o Eterno!
Por toda a minha vida, louvarei o Eterno,
entoando canções
ao meu Deus enquanto viver.

▪ NOTAS

‖‖‖

□ **DIA 352** __ / __ / __

OSEIAS 10.1 — 14.9

Vocês acharam que podiam fazer tudo sozinhos

10 **1-2** Israel já foi uma parreira viçosa, repleta de uvas.
Quanto mais abundante a colheita,
mais promíscuo era o culto.
Quanto mais dinheiro ganhavam,
mais o desperdiçavam com deuses
feitos à imagem deles.
Seus doces sorrisos são pura falsidade.
Eles são tão culpados quanto o pecado.
Deus vai despedaçar seus santuários,
vai triturar e reduzir a pó suas imagens.

3-4 Eles andam por aí, dizendo:
"Quem precisa de rei?
Se não damos a mínima para o Eterno,
por que iríamos nos incomodar com um rei?
Que diferença isso faria?".
Eles falam grosso,
seus dentes destilam mentira,
tramam negociatas.
Mas suas palavras pomposas
se mostram vazias, lixo na sarjeta.

5-6 O povo de Samaria viaja até a Cidade do Crime
para adorar o bezerro de ouro.
Saem todos de nariz empinado, gritando,
incitados por seus sacerdotes, que mais
parecem animadores de auditório.
Eles se acham importantes quando
estão em volta do bezerro de ouro,
mas não se incomodam com a fraude,
com o que é vergonhoso.
Planejam levá-lo à Assíria,
entregá-lo de presente ao grande rei.
Assim, Efraim se faz de bobo,
desgraçando Israel com seus
ídolos estúpidos.

7-8 Samaria é passado. Seu rei
é um galho seco, flutuando rio abaixo.

Todos os centros de pecado preferidos de Israel
vão ser destruídos e arrasados.
Espinheiros e ervas daninhas
vão decorar seus altares arruinados.
E eles dirão às montanhas: "Enterrem-nos!".
E às colinas: "Caiam sobre nós!".

9-10 Sua iniciação no pecado foi em Gibeá —
aquele pecado antigo,
impronunciável, chocante.
E, desde então, vocês não saem disso.
Mas Gibeá vai marcar o seu desfecho
numa guerra para pôr fim a esse pecado.
Eu virei para ensinar uma lição a vocês.
As nações vão se reunir para atacá-los,
Fazendo que aprendam do jeito mais difícil
a soma de Gibeá mais Gibeá.

11-15 Efraim era um novilho treinado
que gostava de pisar o trigo.
Ao passar e ver seu pescoço forte e liso,
eu quis pôr o arreio em Efraim,
Levá-lo para trabalhar nos campos —
Judá para arar, e Jacó para rastelar:
Semeiem justiça e
colham o amor.
É tempo de lavrar a terra,
é hora de trabalhar com dedicação
para o Eterno,
Até que ele se apresente
com a justiça na hora da colheita.
Mas, em vez disso, vocês araram sulcos
de caminhos perversos,
fizeram uma colheita do mal e comeram
uma salada de mentiras.
Acharam que podiam fazer tudo
por conta própria,
que podiam se animar com armas
e poderio militar.
Mas o vulcão da guerra vai explodir entre vocês.
Todos os seus postos de defesa
serão destruídos
De forma tão arrasadora quanto o rei Salmã
devastou a cidade de Bete-Arbel,
Quando mães e bebês
foram estraçalhados nas rochas.
É isso que espera vocês, o chamado povo de Deus,
por causa do mal sem limite que praticaram.
Um dia, vocês vão acordar
e descobrir que Israel, rei e reino,
é um vazio — um nada.

Israel brincou de religião com deuses de brinquedo

11 **1-9** "Quando Israel ainda era criança, eu o amei.
'Meu filho!' — eu o chamei do Egito.
Mas, quando outros o chamaram,
ele correu e me deixou.
Ele adorou os deuses populares do sexo
e brincou de religião
com deuses de brinquedo.
Mesmo assim, continuei fiel a ele.
Eu conduzi Efraim.
Eu o salvei da escravidão humana,
Mas ele nunca reconheceu minha ajuda,
nunca admitiu que era eu
que estava puxando o carro;
Que eu o levantei como um bebê
até minha bochecha;
que eu me inclinei para lhe dar comida.
Agora ele quer *voltar* para o Egito,
ou ir para a Assíria —
qualquer coisa, menos voltar para mim!
É por isso que suas cidades não são seguras
— os índices de assassinato estão
lá em cima
e todos os planos de melhoria
foram frustrados.
Meu povo está decidido a me deixar.
Eles pedem ajuda ao deus Baal,
e ele não move um dedo para ajudá-los.
Mas como eu poderia desistir de você, Efraim?
Como iria simplesmente
deixar você ir, Israel?
Eu não poderia deixar você ser
arruinado como Admá,
ser devastado como a infeliz Zeboim.
Não consigo nem sequer pensar
uma coisa dessas.
Minhas entranhas
se contorcem em protesto.
Vou deixar a raiva de lado antes
de fazer qualquer coisa.
Não vou destruir Efraim.
E por quê? Porque sou Deus, não homem.
Eu sou o Santo e estou aqui,
exatamente no meio de vocês."

10-12 "No final, o povo vai acabar
seguindo o Eterno.
Eu vou rugir como um leão —
Ah, vou!
Meus filhos virão correndo do oeste.

DIA 352

Como pássaros assustados,
eles virão do Egito;
da Assíria, como pombas medrosas.
Eu vou acomodá-los novamente em casa."
Palavra do Eterno!

Mentiras que destroem a alma

Efraim conta mentiras a torto e a direito.
Não se pode confiar numa única
palavra de Israel.
E Judá não é melhor:
está viciado em deuses baratos.

12 ¹⁻⁵Efraim, obcecado por deuses falsos,
está à caça de fantasmas e ilusões.
Não para de contar mentiras
que destroem a alma.
Efraim e Judá fizeram
negócios com a Assíria
e tentaram achar um atalho com o Egito.
O Eterno está apresentando
denúncias contra Israel.
Os filhos de Jacó estão sendo arrastados
para o tribunal e serão punidos.
No útero, Jacó, aquele calcanhar,
tirou vantagem de seu irmão.
Quando cresceu, tentou tirar
vantagem do Eterno.
Mas o Eterno não pode ser superado.
O Eterno é que o superou.
Obrigado a se humilhar,
Jacó chorou e orou.
O Eterno o encontrou em Betel.
Foi ali que falou com ele.
O Eterno é o Senhor dos Exércitos de Anjos,
O Eterno Revelado, o Eterno Conhecido.

⁶O que vocês estão esperando?
Voltem para seu Deus!
Façam um compromisso
com o amor e com a justiça!
Esperem pelo seu Deus,
e não desistam dele – nunca!

⁷⁻⁸Os homens de negócio envolvem-se
em fraudes.
Eles gostam de explorar o povo!
Efraim se orgulhou: "Estou rico!
Consegui chegar lá!
E vejam como cobri bem as pistas:
nem sinal de fraude, nem sinal de pecado!".

⁹⁻¹¹"Mas devagar com isso!
Eu sou o Eterno, o Deus de *vocês*!
O mesmo dos dias do Egito!
Vou levar vocês a morar em tendas de novo,
como nos tempos antigos,
quando vocês adoravam no deserto.
Tenho falado por meio dos profetas
para dar um retrato claro
de como as coisas estão.
Por intermédio dos profetas,
conto histórias reveladoras.
Mostro que em Gileade o escândalo
religioso é desenfreado
e que Gilgal fervilha com essa religião tola.
Denuncio seus centros de culto como
montes de lixo acumulados em jardins".

¹²⁻¹⁴Vocês vão repetir a história
do seu antepassado Jacó?
Cheio de culpa, ele fugiu para Arã
E ali vendeu a alma para poder progredir
e se tornou grande e importante
por meio da traição e do engano.
Mas a verdadeira identidade de vocês é
formada por profetas enviados por Deus,
que conduziram vocês na saída do Egito e
serviram como fiéis pastores.
Na realidade, Efraim tem insultado Deus
de forma contínua e indesculpável.
Agora, ele tem de pagar por seus desvios,
que tanto prejudicaram sua vida.
Seu Senhor vai fazer a ele o mesmo que *ele* fez.

A religião adaptada ao gosto

13 ¹⁻³Certa vez, Deus explodiu contra Efraim,
pronunciou uma sentença terrível contra
Israel:
Apanhados e condenados
na indecente orgia religiosa de Baal,
eles morreram!
Agora estão envolvidos com o pecado de novo,
fabricando imagens
de deuses que possam usar.
A religião é adaptada ao gosto do freguês.
Os profissionais garantem:
Qualquer coisa que você queira
em um deus é só pedir.
Dá para acreditar? Eles sacrificam bebês
vivos a deuses mortos –
matam bebês vivos
e beijam bezerros de ouro!

E agora nada mais resta desse povo:
são homens vazios, mulheres ressecadas,
Como pedaços de folhas levados
pelo vento rua abaixo,
como fumaça no vento forte.

4-6 "Eu ainda sou o seu Eterno,
o Deus que salvou vocês do Egito.
Sou o único Deus real que vocês
jamais conheceram.
Sou o único Deus que salva.
Eu cuidei de vocês na dura jornada pelo deserto,
naqueles anos em que vocês
não tinham nada.
Eu cuidei de todas as suas necessidades,
dei a vocês tudo de que precisavam.
Mas vocês foram mimados e acharam
que não precisavam de mim.
Vocês me esqueceram.

7-12 "Vou atacá-los com a ferocidade de um leão,
como o leopardo que espreita na moita.
Vou saltar sobre eles como uma ursa
que teve os filhotes roubados.
Vou arrancar seus intestinos.
Os coiotes vão fazer deles sua refeição.
Os corvos vão limpar seus ossos.
Vou destruir você, Israel.
Quem vai me impedir?
Onde está o rei de confiança que vocês
achavam que iria salvá-los?
Onde estão seus líderes locais,
de quem gostavam tanto?
Onde estão todos aqueles governantes
que vocês insistiram em ter,
exigindo: 'Queremos um rei!
Queremos líderes!'?
Bem, há muito tempo, dei um rei a vocês,
mas não fiquei satisfeito.
Agora que estou cheio disso eu me livrei dele.
Tenho um registro detalhado
de todas as suas infidelidades —
os pecados de Efraim estão documentados
e guardados num cofre.

13-15 "Quando as dores do parto começaram,
estava na hora de nascer,
mas Efraim era estúpido demais
para sair do útero.
Quando se abriu a passagem para a vida,
ele não apareceu.

Será que vou ter de intervir
e puxá-lo para a vida?
Será que devo arrancá-lo da morte certa?
Quem tem medo de você, ó Morte?
Quem se importa com suas ameaças, ó Túmulo?
No final, vou acabar com o pesar,
vou banir a tristeza,
Mesmo que Efraim, a ovelha negra da família,
tenha ficado doido.

15-16 "O furacão do Eterno está a caminho,
rugindo do deserto.
Vai devastar o país,
deixando um rastro de ruína e escombros.
As ruas estarão destruídas,
bens preciosos se foram para sempre.
E Samaria terá de enfrentar as acusações
porque se rebelou contra Deus:
Seu povo será morto, os bebês
serão jogados contra as rochas,
mulheres grávidas serão rasgadas ao meio."

Volte para o Eterno!

14 **1-3** **Ó** Israel, volte! Volte para o Eterno!
Vocês estão no chão, mas isso não é o fim.
Preparem sua confissão
e voltem para o Eterno.
Orem a ele: "Remove nosso pecado,
aceita nossa confissão.
Recebe como restituição
nossas orações de arrependimento.
A Assíria não vai poder nos salvar;
os cavalos não vão nos levar
para onde queremos.
Nunca mais diremos 'nosso deus'
a uma coisa que nós mesmos
fizemos ou inventamos.
Tu és nossa última esperança. Não é verdade
que em ti o órfão encontra misericórdia?".

4-8 "**V**ou curar sua desobediência.
Vou amá-los generosamente.
Minha raiva já passou.
Vou providenciar um novo começo com Israel.
Ele vai irromper como lírios na primavera.
Ele lançará raízes profundas
como o cedro do Líbano
e vai se tornar como a floresta de carvalhos!
Vai se tornar esplêndido
como uma enorme árvore,
e sua fragrância será a de um bosque de cedros.

Os que viverem perto dele
serão abençoados por ele.
Todos vão falar deles,
espalhando sua fama como os filhos
prediletos de Deus.
Efraim encheu-se de deuses,
que na verdade não o são.
A partir de agora, eu respondo
a eles *e os satisfaço.
Sou como uma árvore frutífera
exuberante.
Tudo de que vocês precisam
pode ser encontrado em mim".

⁹Se vocês quiserem viver bem,
esforcem-se para entender tudo isso.
Se vocês sabem o que é bom para vocês,
vão saber isso na teoria e na prática.
Os caminhos do Eterno levam
até onde vocês querem ir —
Quem vive de forma correta
anda neles com facilidade;
quem vive de maneira errada está
sempre cambaleando e tropeçando.

APOCALIPSE 8.12 — 9.19

¹²O quarto Anjo tocou a trombeta. Um terço do Sol, um terço da Lua e um terço das estrelas foram atingidos. Perderam um terço de seu brilho: de dia ou de noite, havia um terço menos de luz. ¹³Olhei, e uma águia solitária voava pelo céu, anunciando: "Juízo! Juízo! Juízo a tudo que sobrou na terra! Ainda há mais três Anjos com suas trombetas. O juízo está chegando!".

9¹⁻²O quinto Anjo tocou a trombeta, e vi uma estrela cair do céu sobre a terra. A estrela tinha na mão a chave do Poço do Abismo. Ela abriu o Poço do Abismo, e saiu muita fumaça do Poço — ondas e ondas de fumaça bloqueavam a luz do Sol e o ar. ³⁻⁶Então, da fumaça saíram rastejando gafanhotos com veneno de escorpião. Eles receberam suas ordens: "Não firam a erva, não firam nada verde, nem uma árvore sequer — somente homens e mulheres e, mesmo assim, apenas os que não têm o sinal de Deus na testa". Eles receberam ordem para torturar, mas não para matar, uma tortura de cinco meses com uma dor parecida com a picada de um escorpião. Quando isso acontecer, as pessoas vão preferir a morte à tortura e vão procurar maneiras

de acabar com a própria vida, mas não vão encontrar — a morte vai se esconder delas. ⁷⁻¹¹Os gafanhotos se pareciam com cavalos prontos para a guerra. Tinham coroas douradas, rosto humano, cabelo de mulher, dentes de leão e couraças de ferro. O barulho das asas era como o de carruagens puxadas por cavalos indo para a batalha. A cauda era equipada com um ferrão, como vemos nos escorpiões. Com a cauda eles torturaram a raça humana por cinco meses. Eles tinham um rei, o Anjo do Abismo. Seu nome em hebraico é Abadom e em grego Apoliom, que significa "destruidor". ¹²O primeiro juízo já passou, mas ainda há dois juízos por vir.

¹³⁻¹⁴O sexto Anjo tocou a trombeta. Ouvi uma voz falando com o sexto Anjo. Vinha dos chifres do Altar Dourado que estava diante de Deus: "Libertem os Quatro Anjos, os Anjos presos no grande rio Eufrates". ¹⁵⁻¹⁹Os Quatro Anjos foram desamarrados e soltos. Eles aguardavam o ano, o mês, o dia e a hora exatos para matar um terço da raça humana. O número do exército dos cavaleiros era vinte mil vezes dez mil. Eu ouvi o número e vi cavalos e cavaleiros em minha visão: armaduras de fogo nos cavaleiros, cavalos com cabeça de leão, que respiravam fogo, fumaça e enxofre — e eles mataram um terço da raça humana. Os cavalos matavam com a boca e a cauda; as caudas em forma de serpente e com cabeça espalhavam a morte.

SALMOS 146.3-10

³⁻⁹Não confie sua vida nas mãos de especialistas
que não sabem nada da vida,
nada da vida de *salvação*.
Os homens não preenchem esse requisito.
Quando eles morrem,
seus projetos morrem com eles.
Em vez disso, busque ajuda no Deus de Jacó,
ponha sua esperança no Eterno
e conheça a bênção de verdade!
O Eterno fez o céu e o solo,
o mar e todos os peixes nele.
Ele sempre cumpre o que promete,
ele defende o injustiçado,
ele alimenta o faminto.
O Eterno liberta os prisioneiros,
dá visão aos cegos,
levanta os que caíram.

O Eterno ama os bons, protege os estrangeiros,
favorece os órfãos e as viúvas,
mas não perde tempo com os ímpios.

10 O Eterno está no comando – *sempre*.
O Deus de Sião é Deus para sempre!
Aleluia!

◼ NOTAS

||||||||||||||||||||||||||||||||||||||||||||||||||||||||||||||||

☐ DIA **353** __/__/__

JOEL 1.1 — 3.21

Acordem para a realidade – e chorem!

1 **1-3** **A** Mensagem do Eterno a Joel, filho de Petuel:
Atenção, anciãos estadistas!
Ouçam atentamente,

todos, sejam vocês quem forem,
não importa onde estejam!
Vocês alguma vez já ouviram algo parecido?
Algo assim alguma vez já aconteceu?
Não se esqueçam de contar aos seus filhos,
e seus filhos contem aos filhos *deles*,
E estes a seus filhos.
Que esta mensagem não seja esquecida jamais!

4 O que o gafanhoto cortador deixou
o gafanhoto migrador comeu;
O que o gafanhoto migrador deixou
o gafanhoto devorador comeu;
O que o gafanhoto devorador deixou
o gafanhoto destruidor comeu.

5-7 Despertem da sua bebedice, bêbados!
Acordem para a realidade – e chorem!
Seu estoque de bebida acabou.
Vocês estão em fase
de abstinência, gostem ou não.
Meu país está sendo invadido
por um exército invencível, incontável,
Dentes de leão,
garras de tigre.
Ele arruinou meu vinhedo,
arrasou meus pomares,
Arrasou o país.
O cenário virou uma terra devastada.

8-10 Chorem como a virgem
vestida de preto,
lamentando a perda do noivo.
Sem cereais ou uvas,
o culto cessou
no santuário do Eterno.
Os sacerdotes estão perdidos.
Os ministros do Eterno
não sabem o que fazer.
Os campos não produzem mais.
Até o solo chora.
Os campos de trigo estão sem vida,
os vinhedos secaram, o azeite de oliva se foi.

11-12 Lavradores, desesperem-se!
Cultivadores de uvas, torçam as mãos!
Lamentem a perda do trigo e da cevada.
Não há colheitas.
Os vinhedos secaram,
as figueiras mirraram,
As romãzeiras, as palmeiras, as macieiras –

Tudo virou lenha!
E a alegria secou e definhou
no coração do povo.

Não acontece nada no lugar da adoração

13-14 E também vocês, sacerdotes,
ponham sua vestimenta e juntem-se ao clamor.
Vocês, que conduzem o povo na adoração,
conduzam-nos no lamento.
Passem a noite vestidos de pano de saco,
Vocês, servos do meu Deus.
Não acontece nada no lugar da adoração,
não há ofertas nem orações – nada.
Proclamem um jejum, convoquem
um encontro especial,
reúnam os líderes,
Tragam todos do país inteiro.
Levem-nos ao santuário do Eterno
para que orem com fervor ao Eterno.

15-18 Que dia! Dia de julgamento!
O dia do juízo do Eterno chegou.
O Deus Forte chegou.
A situação é muito grave!
A comida é só uma
lembrança na nossa mesa,
como também a alegria e o cântico
no santuário de Deus.
As sementes no campo estão mortas,
os estábulos estão desertos
E os celeiros abandonados.
Quem precisa deles? Não houve colheita.
Os animais gemem – e como gemem!
O gado perambula por aí, sem rumo.
Não há comida para os animais.
Nem as ovelhas acham o que comer.

19-20 Ó Eterno, eu oro e clamo a ti!
Os campos estão queimando,
O país é uma bacia de pó,
e os incêndios na floresta
e nas campinas estão fora de controle.
Os animais selvagens, morrendo de sede,
olham para ti, esperando água.
Nascentes e ribeiros secaram.
O país todo está queimando.

O exército de gafanhotos

2 1-3 Toquem a trombeta de chifre de carneiro
em Sião!
Deem o alerta no meu santo monte!

Chacoalhem o país!
O julgamento do Eterno
está a caminho – o dia está às portas!
Um dia de trevas! Dia de julgamento!
Nuvens sem bordas prateadas!
Como a luz da aurora cobrindo a montanha,
um exército enorme está chegando.
Nunca houve algo assim
e nunca haverá.
O fogo incontrolável queima tudo
diante desse exército
e lambe tudo que sobra no rastro.
Antes que chegue, o país é como o jardim do Éden.
Depois que passa, é o vale da Morte.
Nada escapa inteiro.

4-6 O exército de gafanhotos parece de cavalos –
cavalos galopantes,
um exército de cavalos.
Soa como o trovão
saltando sobre os cumes dos montes,
Ou como o bramido do fogo descontrolado
que atravessa o capim e a moita,
Ou como um exército invencível, exigindo sangue,
pronto para lutar em posição de combate.
Quando vê esse exército,
o povo entra em pânico,
com o rosto pálido de terror.

7-11 Os invasores atacam.
Eles sobem barricadas. Nada os detém.
Cada soldado executa as ordens que recebeu,
todos tão disciplinados, tão determinados!
Um não atrapalha o outro.
Cada um conhece sua tarefa e a executa.
Intrépidos e destemidos,
inabaláveis, resolutos.
Eles assaltam a cidade,
atropelam suas defesas,
Saqueiam as casas,
quebrando portas, esmigalhando janelas.
Eles chegam como um terremoto,
passam como um furacão.
O Sol e a Lua apagam sua luz,
as estrelas escurecem.
O próprio Eterno grita como um trovão
enquanto dá ordens às suas tropas.
Vejam o tamanho do exército!
E a força dos que obedecem às ordens!
O dia do julgamento do Eterno, grande e terrível:
Quem poderá sobreviver a ele?

Mudem sua vida

¹²Mas tem uma coisa: ainda não é tarde demais.
Mensagem pessoal do Eterno:
"Voltem para mim, mas façam isso com seriedade!
Venham com jejum e choro,
arrependidos pelos seus pecados!".
¹³⁻¹⁴Mudem sua vida, não só sua roupa.
Voltem para o Eterno, o *seu* Deus.
E aqui está a razão: Deus é bom e misericordioso.
Ele respira fundo, tolera muita coisa,
Esse Deus tão paciente, exagerado no amor,
sempre disposto a cancelar a catástrofe.
Quem sabe ele o faça agora,
talvez mude e mostre compaixão.
Talvez, depois de tudo dito e feito,
haja muitas e generosas ofertas para o Eterno!

¹⁵⁻¹⁷Toquem a trombeta de chifre de carneiro em Sião!
Anunciem um dia de arrependimento,
um dia de jejum sagrado.
Conclamem uma reunião pública.
Levem todos para lá.
Consagrem a congregação.
Os anciãos não podem faltar,
e tragam também as crianças,
até os bebês de peito,
Até homens e mulheres na lua de mel –
interrompam-nos e tragam todos.
Entre a entrada do santuário e o altar,
que os sacerdotes, os servos do Eterno,
chorem lágrimas de arrependimento!
Que eles clamem assim: "Tem misericórdia,
ó Eterno, do teu povo!
Não abandones tua herança.
Não deixes que os pagãos nos derrotem, dominem
e zombem: 'Onde está o Deus deles?'".

¹⁸⁻²⁰Diante disso, o Eterno entrou em ação para
recuperar sua terra.
Ele teve compaixão de seu povo.
O Eterno respondeu e disse a seu povo:
"Vejam, ouçam: estou enviando um presente:
Trigo, vinho e azeite de oliva.
Acabou o jejum – comam à vontade!
Já não vou mais expor vocês
ao desprezo dos pagãos.
Vou interceptar o último
inimigo que vem do norte
e jogá-lo numa terra devastada.
Metade deles vai acabar no mar Morto;
a outra metade, no Mediterrâneo.

Ali, eles vão apodrecer,
um mau cheiro que vai subir ao céu.
Quanto maior o inimigo, mais forte
o mau cheiro!".

As árvores estão dando fruto outra vez

²¹⁻²⁴Não tenha medo, terra! Esteja feliz e celebre!
O Eterno fez grandes coisas.
Não tenham medo, animais selvagens!
Os campos e campinas estão brotando.
As árvores estão dando fruto outra vez:
Uma grande safra que vem das figueiras
e das parreiras!
Filhos de Sião, celebrem!
Alegrem-se no seu Eterno.
Ele está dando a vocês um mestre
para ensiná-los a viver corretamente –
Como chuva do céu, seu ensino
será uma chuva de palavras
a refrescar e nutrir a alma de vocês,
como antigamente.
E haverá comida suficiente para o corpo
– celeiros cheios de cereais,
tonéis de vinho e barris de azeite de oliva.

²⁵⁻²⁷"Vou compensar vocês pelos anos dos
gafanhotos,
a grande devastação que causaram –
Gafanhotos selvagens, gafanhotos mortais,
gafanhotos vorazes,
gafanhotos destruidores –
A grande invasão de gafanhotos
que enviei sobre vocês.
Vocês vão comer até se fartar de comida boa.
Vocês estarão cheios de louvor
pelo seu Eterno,
O Deus que os pôs outra vez de pé
e os encheu de admiração.
Nunca mais meu povo será desprezado.
Vocês saberão, sem sombra de dúvida,
que na hora do aperto estou com Israel,
Que eu sou o Eterno, sim, o *seu* Eterno,
o único Deus real.
Nunca mais meu povo será desprezado".

O Sol ficará escuro; e a Lua, vermelha

²⁸⁻³²E isso é só o começo. Depois disso:
"Vou derramar meu Espírito
sobre todo tipo de gente –
Seus filhos vão profetizar
e também suas filhas.

Seus jovens terão visões,
e seus velhos terão sonhos.
Vou derramar meu Espírito
até sobre os escravos,
tanto homens quanto mulheres.
Mostrarei maravilhas no céu
e sinais na terra.
Sangue, fogo e fumaça,
o Sol ficará escuro; e a Lua, vermelha,
Antes que chegue o dia do Senhor,
o dia tremendo e maravilhoso.
Aquele que suplicar: 'Ó Eterno, me ajuda!'
receberá ajuda.
No monte Sião e em Jerusalém,
haverá uma grande salvação,
como o Eterno prometeu.
Entre os sobreviventes
estão aqueles que o Eterno chamar."

O Eterno é um refúgio seguro

3 ¹⁻³ "Naqueles dias, sim, exatamente na época
em que eu devolver a vida a Judá e Jerusalém,
Vou reunir todas as nações pagãs.
Vou levá-las ao vale do Julgamento,
Processá-las e julgá-las — todas elas —
por causa do tratamento que deram
ao meu povo, Israel.
Elas espalharam meu povo por todo o mundo pagão
e se apossaram da minha terra.
Elas apostaram meu povo nos dados
e o usaram como moeda de troca.
Trocavam um jovem por uma prostituta
e uma moça por uma garrafa de vinho
quando queriam beber."

⁴⁻⁸ "Quanto a vocês, Tiro, Sidom e Filístia,
por que eu deveria me incomodar com vocês?
Vocês estão tentando revidar
por algo que fiz a vocês?
Se estão, esqueçam.
Vou fazer que isso recaia sobre vocês.
Vocês me roubaram, levaram todo o ouro
e toda a prata,
carregaram tudo que tinha algum valor
para abastecer seus templos.
Vocês venderam o povo de Judá
e de Jerusalém
como escravos aos gregos
e os mandaram para longe.
Mas estou revertendo seu crime.
Eu vou libertar aqueles escravos.

Vou fazer a vocês o que vocês fizeram a eles:
vou vender seus filhos
como escravos aos seus vizinhos,
E eles vão vendê-los aos distantes sabeus".
É o veredito do Eterno.

⁹⁻¹¹ Anunciem isto às nações pagãs:
Preparem-se para a batalha!
Soldados, sentido!
Apresentar armas! Marchem!
Transformem suas pás em espadas,
transformem suas foices em lanças.
Que o fraco estufe o peito
e diga: "Eu sou valente, sou um lutador!".
Vamos lá, pagãos! Não importa
onde estejam, mexam-se!
Ponham as coisas em ordem.
Preparem-se para ser
esmagados pelo Eterno!

¹² Que as nações pagãs se ponham a caminho
do vale do Julgamento!
Ali vou tomar meu lugar
no assento do juiz
e julgar todas as nações vizinhas.

¹³ "Balancem a foice —
a colheita está madura.
Pisem as uvas —
a prensa de uvas está cheia.
Os tanques de uva estão cheios,
transbordando de refinadas perversidades.

¹⁴ "Que grande confusão: um levante popular
no vale da Decisão!
O dia do julgamento do Eterno chegou,
no vale da Decisão.

¹⁵⁻¹⁷ "O céu ficará negro,
o Sol e a Lua vão escurecer,
as estrelas serão apagadas.
O Eterno ruge de Sião, troveja de Jerusalém.
A terra e o céu tremem de pavor.
Mas o Eterno é um refúgio seguro,
a fortaleza dos filhos de Israel.
Então, vocês saberão com certeza
que eu sou o *seu* Eterno,
Que habita em Sião,
meu monte sagrado.
Jerusalém será uma cidade sagrada,
com uma placa: 'Não entre' ".

Leite fluindo dos montes

18-21 "Que dia!
Vinho escorrendo das montanhas,
Leite fluindo dos montes,
água correndo por todos os lugares em Judá,
Uma nascente jorrando
do santuário do Eterno,
irrigando todos os vales e jardins!
Mas o Egito será reduzido a ervas daninhas
num terreno abandonado.
Edom será transformado
em terra devastada pela erosão,
Tudo por causa da brutalidade
para com o povo de Judá,
das atrocidades e dos assassinatos
de inocentes indefesos.
Ao mesmo tempo, Judá se encherá
de gente outra vez,
Jerusalém terá moradores para sempre.
E eu vou perdoar os pecados
que ainda não perdoei".
O Eterno mudou-se de vez para Sião.

APOCALIPSE 9.20 — 11.6

20-21 Os homens e mulheres que sobreviveram, que não foram mortos por essas armas, continuaram com seu estilo de vida – não mudaram de vida, não pararam de adorar demônios, não deixaram de dar o primeiro lugar aos ídolos de ouro, prata, bronze, pedra e madeira, que não podem ver, ouvir ou se movimentar. Não havia o menor sinal de mudança no coração deles. Simplesmente continuaram em sua vida de assassinatos, idolatria, promiscuidade e desonestidade.

10 **1-4** Vi outro Anjo poderoso descendo do céu, envolto numa nuvem. Havia um arco-íris sobre a cabeça dele. Seu rosto brilhava como o Sol, e suas pernas eram como pilares de fogo. Ele tinha um pequeno livro aberto na mão. Então, pôs o pé direito no mar e o pé esquerdo na terra e bradou, feito um trovão, o rugido de um leão. Os Sete Trovões responderam. Quando os Sete Trovões falaram, comecei a escrever, mas uma voz do céu me interrompeu: "Sele os Sete Trovões com o silêncio. Não escreva nem uma palavra".
5-7 Então, o Anjo que eu tinha visto com os pés no mar e na terra levantou a mão direita em direção ao céu e jurou por Aquele Que Vive para Sempre – que criou o céu e tudo que existe nele,

a terra e tudo que nela há, o mar e tudo que nele existe – que o tempo estava cumprido. Então, o sétimo Anjo tocaria sua trombeta, e o que ele estava para fazer, o Mistério de Deus, todos os planos que ele tinha revelado aos seus servos, os profetas, seriam executados.
8-11 A voz do céu me falou outra vez: "Vá, pegue o livro aberto da mão do Anjo que está sobre o mar e a terra". Aproximei-me do Anjo e disse: "Dá-me o livrinho". Ele disse: "Pegue. Pode comer. Vai ser doce como o mel, mas no estômago vai parecer amargo". Peguei o livrinho da mão do Anjo. De fato, era doce como o mel em minha boca, mas, quando engoli, meu estômago embrulhou. Então, foi-me dito: "Você deve voltar e profetizar de novo a muitos povos, nações, línguas e reis".

As Duas Testemunhas

11 **1-2** Então, alguém me entregou uma vara para medir, dizendo: "Levante-se e meça o templo e o Altar de Deus e todos os que estão adorando ali. Mas não meça o pátio exterior. Ele foi entregue aos gentios. Eles vão profanar a Cidade Santa durante quarenta e dois meses.
3-6 "Enquanto isso, vou providenciar minhas Duas Testemunhas. Vestidas de pano de saco, elas vão profetizar por mil duzentos e sessenta dias. São as duas oliveiras, as duas lâmpadas que permanecem atentas perante Deus na terra. Se alguém tentar feri-las, será aniquilado pelo fogo que vai sair de sua boca. Elas terão poder para fechar o céu e impedir que chova durante todo o tempo de seu ministério; para fazer os rios e as fontes se transformarem em sangue; para ferir a terra com qualquer desastre, quantas vezes quiserem.

SALMOS 147.1-6

147 **1** Aleluia!
Boa coisa é cantar louvores ao nosso Deus.
O louvor é belo e apropriado a ele.

2-6 O Eterno é aquele que reconstrói Jerusalém,
que resgata os exilados dispersos de Israel.
Ele cura os de coração partido
e enfaixa suas feridas.
Ele conta as estrelas
e dá nome a cada uma.
Nosso Senhor é grande, com força sem limite:
nunca compreenderemos o que ele sabe ou faz.
O Eterno ergue os caídos,
mas empurra os ímpios para o fosso.

DIA 354

NOTAS

A voz de trovão seca as pastagens
vigiadas pelos pastores,
faz murchar o pico altivo do monte Carmelo.

3-5 Mensagem do Eterno:

"Por causa de três grandes
pecados de Damasco
— por que não dizer quatro?
— não vou tolerá-la nem mais um dia.
Damasco triturou Gileade até ela virar pó,
bateu com martelos e marretas
até ela perder os sentidos.
Por isso, vou incendiar o palácio de Hazael.
Vou reduzir a cinzas as fortalezas
de Ben-Hadade.
Estou para esmigalhar
as portas de Damasco
e eliminar o rei do crime
que mora o vale do Pecado,
o chefe depravado que dá ordens
do Palácio Paraíso.
O povo da terra será enviado
para o lugar de onde veio — para Quir".
É o decreto do Eterno.

6-8 Mensagem do Eterno:

"Por causa de três grandes pecados de Gaza
— por que não dizer quatro? —
não vou tolerá-la nem mais um dia.
Gaza deportou cidades inteiras
e vendeu o povo a Edom.
Por isso, vou queimar os muros de Gaza,
vou incendiar todas as suas fortalezas.
Vou eliminar o rei do crime de Asdode,
o chefe depravado de Ascalom.
Vou cerrar os punhos contra Ecrom,
e o que sobrar dos filisteus irá morrer".
É o decreto do Eterno.

9-10 Mensagem do Eterno:

"Por causa de três grandes pecados de Tiro
— por que não dizer quatro?
— não vou tolerá-la nem mais um dia.
Tiro deportou cidades inteiras para Edom,
violando o tratado que havia feito
com seu parente.
Por isso, vou incendiar os muros de Tiro,
vou queimar todas as suas fortalezas".

☐ DIA **354** ___ / ___ / ___

AMÓS 1.1 — 5.17

1 ¹Mensagem de Amós, um dos pastores de Tecoa, que ele recebeu para transmitir a Israel. A mensagem veio a ele por meio de visões no tempo em que Uzias era rei de Judá e Jeroboão II, filho de Jeoás, era rei de Israel, dois anos antes do grande terremoto.

Engolindo as velhas mentiras

²**A** Mensagem:

O Eterno ruge de Sião,
grita de Jerusalém!

11-12 Mensagem do Eterno:

"Por causa de três grandes pecados de Edom
— por que não dizer quatro? —
não vou tolerá-lo nem mais um dia.
Edom caça o próprio irmão para matá-lo.
Não tem compaixão, não tem coração.
Seu ódio é alimentado dia e noite.
Sua maldade não faz intervalo.
Por isso, vou incendiar sua capital, Temã,
e queimar as fortalezas de Bozra".

13-15 Mensagem do Eterno:

"Por causa de três grandes pecados de Amom
— por que não dizer quatro? —
— não vou tolerá-lo nem mais um dia.
Amom rasgou ao meio
as mulheres grávidas em Gileade
para obter mais terras para si.
Por isso, vou incendiar os muros
de sua capital, Rabá,
vou queimar suas fortalezas.
Sons de batalha! Gritos de guerra!
Com um furacão
para dar cabo de tudo.
O rei foi levado para o exílio,
e com ele seus príncipes".
É o decreto do Eterno.

2 **1-3** Mensagem do Eterno:

"Por causa de três grandes pecados de Moabe
— por que não dizer quatro? —
— não vou tolerá-lo nem mais um dia.
Moabe violou o cadáver do rei de Edom,
queimando-o e reduzindo-o a cinzas.
Por isso, vou incendiar Moabe,
vou queimar as fortalezas de Queriote.
Moabe vai morrer em meio a gritos,
vai sair ao som estridente
de trombetas de guerra.
Vou remover o rei do centro
e matar todos os príncipes com ele".
É o decreto do Eterno.

4-5 Mensagem do Eterno:

"Por causa de três grandes pecados de Judá
— por que não dizer quatro? —
não vou tolerá-lo nem mais um dia.

Judá recusou a revelação do Eterno,
negou-se a obedecer
aos meus mandamentos.
Mas engoliram as antigas mentiras
que levaram seus antepassados
a becos sem saída.
Por isso, vou incendiar Judá,
vou queimar todas as fortalezas
de Jerusalém".

Destruídos desde os galhos mais altos até o chão

6-8 Mensagem do Eterno:

"Por causa de três grandes pecados de Israel
— por que não dizer quatro? —
não vou tolerá-lo nem mais um dia.
Israel compra e vende pessoas honradas.
Pessoas para eles não passam de *mercadorias*
— formas de ganhar dinheiro.
Eles são capazes de vender um pobre
por um par de sapatos.
São capazes de vender a própria avó.
Eles moem, reduzem a pó os desvalidos,
empurram os desafortunados para a valeta.
Qualquer homem e seu irmão dormem
com a mesma 'prostituta sagrada' —
um sacrilégio contra meu santo nome.
Coisas que eles extorquiram dos pobres
estão empilhadas no santuário de seu deus.
Enquanto isso, estão sentados
por aí bebendo o vinho
que obtiveram de forma
ilícita de suas vítimas.

9-11 "Apesar de tudo, sempre estive do seu lado.
Destruí os amorreus, que os assediavam,
Os amorreus, da estatura dos grandes cedros,
fortes como carvalhos.
Eu os destruí desde os galhos mais altos até o chão.
Eu os destruí desde a raiz até em cima.
E, sim, sou o mesmo que libertou vocês do Egito
e os conduziu com segurança através
do deserto por quarenta anos.
Depois, dei a vocês a terra dos amorreus
como um pedaço de bolo num pratinho.
Designei alguns profetas entre seus jovens,
separei seus melhores jovens
para serem treinados na santidade.
Não foi assim, Israel?".
É o decreto do Eterno.

DIA 354

¹²⁻¹³ "Mas vocês fizeram
que os jovens parassem de treinar
e disseram aos jovens profetas:
'Não profetizem!'.
Estou farto de vocês.
Minha medida está se enchendo
— estou prestes a explodir.
Sou como um vagão sobrecarregado de fardos,
chiando e rangendo.

¹⁴⁻¹⁵ "Quando eu começar a agir,
o que vocês vão fazer?
Não há lugar para onde fugir,
por mais que corram.
A resistência das fortalezas
não vai significar nada.
Os combatentes não vão escapar.
Os arqueiros habilidosos não vão dar para nada.
Os corredores velozes
não vão correr o bastante.
Os condutores de carros não vão se livrar.
Nem mesmo os mais valentes dos seus
guerreiros vão escapar.
Eles vão correr para salvar a própria vida
— até fugirão nus".
É o decreto do Eterno.

O leão rugiu

3 ¹ Ouça isto, Israel. O Eterno está chamando
vocês à responsabilidade — e isso quer dizer
todos vocês, todos os que têm parentesco com os
que ele libertou do Egito. Ouçam:

² "De todas as famílias da terra,
escolhi *vocês*.
Por isso, por causa do seu chamado especial,
considero vocês responsáveis
por todos os seus pecados".

³⁻⁷ Será que duas pessoas andam de mãos dadas
se não estiverem indo para o mesmo lugar?
E o leão ruge na floresta
quando não há cadáver para ser devorado?
O filhote de leão rosna de prazer
se ainda não pegou a presa para o jantar?
E o pássaro cai no chão
se não for atingido por uma pedra?
A armadilha se fecha
se o animal não cair nela?
Quando o alarme é tocado na cidade,
a população não fica assustada?

E quando o desastre atinge a cidade,
não é o Eterno que está por trás dele?
O fato é que o Eterno,
o Senhor, não faz nada
sem primeiro contar a
história toda a seus profetas.

⁸ O leão rugiu —
quem não está com medo?
O Eterno falou —
qual profeta consegue ficar quieto?

⁹⁻¹¹ Anunciem às fortalezas da Assíria,
anunciem às fortalezas do Egito.
Contem a eles: "Reúnam-se nos montes
de Samaria, deem uma boa olhada:
que ninho de cobras aterrorizante!
Eles não conseguem — ou não querem
— fazer nada certo". O Eterno é quem diz.
"Eles acumulam violência
e influências malignas.
Por isso" — é o Eterno quem está dizendo —,
"um inimigo vai cercar o país.
Ele vai tirar todo o seu poder
e saquear as suas fortalezas".

¹² Mensagem do Eterno:

"Assim como o pastor
que tenta salvar a ovelha do leão
Consegue recuperar
apenas um par de pernas
ou um pedaço da orelha,
Pouco se salvará dos israelitas
que vivem em Samaria —
Talvez no máximo umas cadeiras velhas,
ou a perna quebrada de uma mesa.

¹³⁻¹⁵ "Ouçam e sejam testemunhas
contra a família de Jacó",
é a Palavra do Eterno,
Senhor dos Exércitos de Anjos!
"Observem bem o dia que eu vou fazer Israel
pagar por seus pecados,
pagar pelos pecados do altar
de adoração em Betel.
Os altares de pontas vão ficar sem as pontas,
que vão ser espalhadas por aí.
Vou derrubar o palácio de inverno,
esmigalhar o palácio de verão
— todos os seus prédios luxuosos.

As mansões vão ser demolidas,
todas essas casas de alto padrão".
É o decreto do Eterno.

Vocês nunca tiveram fome do Eterno

4 ¹ "Ouçam vocês, vacas de Basã,
que pastam nas colinas de Samaria.
Vocês, mulheres! Perversas
para com os pobres,
cruéis para com os marginalizados!
Insensíveis e mimadas, exigem dos maridos:
'Tragam uma bebida bem gelada,
e num copo grande!'.

²⁻³ "Isto é grave – eu, o Eterno,
jurei pela minha santidade!
Que ninguém diga que não foi avisado: o dia
do julgamento está chegando!
Eles vão amarrar vocês e levá-los para longe,
vão manter os cambaleantes
na trilha com aguilhão de gado.
Eles vão arrastar vocês pelas brechas
dos muros da cidade,
e vocês vão marchar em fila indiana,
Até serem lançados para o outro reino".
É o decreto do Eterno.

⁴⁻⁵ "Veem junto para Betel e pecam!
Depois, vão para Gilgal
e pecam mais um pouco!
A cada três dias, trazem o dízimo.
Queimam sacrifícios puros
– ofertas de gratidão.
Falam bem alto – anunciam
ofertas voluntárias!
Esse é o tipo de teatro religioso
Que vocês israelitas tanto amam, não é verdade?".
É o decreto do Eterno.

⁶ "Você devem saber que fui eu que
esvaziei suas despensas
e limpei seus armários.
Eu os fiz passar fome e esperar na fila do pão.
Mas vocês nunca tiveram fome de mim.
Continuaram a me ignorar".
É o decreto do Eterno.

⁷⁻⁸ "Sim, eu fiz parar de chover
três meses antes da colheita.
Eu fazia chover sobre uma vila,
mas não sobre outra.

Eu fazia chover sobre um campo,
mas não sobre outro – e este, então, secava.
As pessoas se arrastavam de vila em vila,
loucas por um pouco de água,
e nunca matavam a sede.
Mas vocês nunca tiveram sede de mim.
Vocês me ignoraram".
É o decreto do Eterno.

⁹ "Eu feri suas colheitas com pragas
e fiz murchar seus pomares e jardins.
Os gafanhotos devoraram
suas oliveiras e figueiras,
mas vocês continuaram me ignorando".
É o decreto do Eterno.

¹⁰ "Castiguei vocês com as velhas
pragas egípcias,
Matei seus melhores jovens
e seus mais valorosos cavalos.
O mau cheiro era tão forte
nos seus acampamentos
que vocês tinham de tapar o nariz –
Mas vocês nem me notaram.
Continuaram me ignorando".
É o decreto do Eterno.

¹¹ "Eu feri vocês com terremotos
e incêndios,
devastei vocês como fiz
com Sodoma e Gomorra.
Vocês eram como um tição aceso
resgatado do fogo.
Mas nunca olharam na minha direção.
Continuaram me ignorando".
É o decreto do Eterno.

¹² "Tudo isso eu fiz a você, Israel,
E foi por isso que eu o fiz.
Mas o tempo acabou, Israel!
Prepare-se para se encontrar
com o seu Deus!"
¹³ Vejam quem está aqui:
aquele que formou as montanhas!
O que fez o vento!
Ele planejou tudo antes de Adão existir.
Ele consegue fazer tudo surgir do nada,
como a aurora da escuridão.
Ele vem montado nos cumes das montanhas.
Seu nome é Senhor
dos Exércitos de Anjos.

DIA 354   1150

Tudo é teatro, não tem substância

5 ¹Ouçam isto, ó família de Israel,
Esta Mensagem que estou enviando em letras
garrafais, esta advertência trágica:

²"A virgem Israel caiu de cara no chão.
Ela nunca mais vai se levantar.
Ela foi deixada exatamente onde caiu.
Ninguém oferece ajuda para que se levante".

³Esta é a Mensagem, a Palavra do Eterno:

"A cidade que sair em marcha com mil
vai acabar apenas com cem.
A cidade que sair em marcha com cem
vai acabar apenas com dez.
Oh, família de Israel!".

⁴⁻⁵A Mensagem do Eterno
para a família de Israel:

"Busquem-me e vivam.
Não façam a tolice de perder seu tempo
nos santuários de Betel,
Não desperdicem tempo viajando para Gilgal
nem se empenhem em descer até Berseba.
Gilgal está aqui hoje, mas amanhã
já não existirá.
E Betel é só teatro, não tem substância".

⁶Portanto, busquem o Eterno e vivam!
Vocês não querem acabar
Sem ter nada para apresentar na vida
Além de um monte de cinzas
e uma casa em ruínas, querem?
Pois o Eterno vai enviar um fogo
exatamente assim,
e os que forem chamados para apagá-lo
chegarão tarde demais.

A verdade nua e crua nunca é agradável

⁷⁻⁹**A**i de vocês que fazem a justiça virar pó
e arrastam a justiça na lama!
Vocês percebem quem são? Vocês estão num cosmo
cheio de constelações, de estrelas
criadas por Deus,
Um mundo que Deus acorda todas as manhãs
e põe para dormir todas as noites.
Deus pega água com a mão no oceano
e dá um gole para a terra.
O Eterno, o Deus revelado, faz tudo isso.

E ele pode destruir tudo
tão facilmente como criou.
Ele pode transformar esta maravilha
imensurável em devastação total.

¹⁰⁻¹²Sei, bem, vocês odeiam
esse tipo de conversa.
A verdade nua e crua nunca
é agradável, não é?
Mas aqui está, sem meias palavras:
vocês atropelam os pobres
sem dó nem piedade
e tiram o pão da boca deles.
Por isso, nunca vão mudar
para as casas luxuosas que construíram.
Vocês nunca vão beber o vinho
dos vinhedos dispendiosos
que plantaram.
Conheço exatamente
a extensão das suas violações,
a enormidade dos seus pecados.
E são de arrepiar!
Vocês, que tentam parecer bons cidadãos,
aceitam propinas a torto e a direito e chutam
os pobres quando estão por baixo.

¹³A justiça é uma causa perdida.
O mal virou epidemia.
Cidadãos decentes levantam
os braços em desespero.
O protesto e a censura são inúteis,
um desperdício de oxigênio.

¹⁴Busquem o bem, não o mal —
e vivam!
Vocês falam do Eterno,
o Senhor dos Exércitos de Anjos,
como se ele fosse seu melhor amigo.
Então, *vivam* de acordo com isso,
e talvez isso venha a acontecer.

¹⁵Odeiem o mal e amem o bem
e ponham isso em prática, à vista de todos.
Talvez o Eterno, o Senhor
dos Exércitos de Anjos,
olhe para esse remanescente
e tenha misericórdia dele.

¹⁶⁻¹⁷Agora, mais uma vez, a Mensagem
do meu Senhor, o Eterno, o Senhor dos
Exércitos de Anjos:

"Saiam às ruas e lamentem em voz alta!
Encham os mercados e lojas
  com gritos desesperados!
Chorem bem alto:
  'Não eu! Não nós! Não agora!'.
Escritórios vazios; lojas, fábricas
  e locais de trabalho sem ninguém.
Que todos participem do grande lamento!
Quero ouvi-lo alto e claro
  quando eu vier aplicar o castigo".
É o decreto do Eterno.

APOCALIPSE 11.7 — 12.6

7-10 "Quando concluírem seu testemunho, a Besta do Abismo vai emergir e lutar contra eles. Ela vai vencer e matá-los, deixando os cadáveres expostos na rua da Grande Cidade, espiritualmente chamada Sodoma e Egito, a mesma cidade em que seu Senhor foi crucificado. Durante três dias e meio, eles estarão lá — expostos ao mundo, sem um sepultamento decente, vistos por curiosos do mundo inteiro. As pessoas vão se alegrar com o espetáculo, gritando: 'Viva a liberdade!'. Vão pedir uma celebração com troca de presentes, pois os dois profetas atormentavam a consciência do mundo inteiro, tornando impossível para eles desfrutar seus pecados.

11 "Então, depois de três dias e meio, o Espírito vivo de Deus vai entrar neles — e eles vão se pôr de pé! E os espectadores que se regozijam com a desgraça deles vão morrer de medo".

12-13 Então, ouvi uma forte voz do céu, chamando: "Venham para cá!", e logo eles foram para o céu, envoltos numa nuvem, os inimigos observando tudo. Naquele instante, houve um gigantesco terremoto — a décima parte da cidade ficou em ruínas, e sete mil pessoas morreram. Os sobreviventes estavam apavorados com tanto medo que chegaram a dar honra ao Deus do céu.

14 O segundo juízo já passou, o terceiro está chegando.

Soa a última trombeta

15-18 O sétimo Anjo tocou a trombeta. Muitas vozes no céu cantaram:

O reino do mundo é agora
  o Reino do nosso Deus e do seu Messias!
Ele vai governar para sempre!

Os Vinte e Quatro Anciãos, assentados perante Deus nos seus tronos, ajoelharam-se, adoraram e cantaram:

Graças damos, ó Deus, Soberano-Poderoso
  QUE É E QUE ERA.
Assumiste o teu grande poder
  e tomaste posse — reinaste!
As nações furiosas agora
  provam da *tua* ira.
Chegou o tempo de julgar os mortos.
  de recompensar teus servos,
  todos os profetas e santos,
Recompensar pequenos e grandes
  que temem teu Nome,
  e destruir os destruidores da terra.

19 As portas do templo de Deus no céu ficaram abertas e a arca da sua aliança foi vista claramente, cercada de relâmpagos luminosos, gritos, trovoadas, um terremoto e uma forte chuva de pedras.

A Mulher, o Filho e o Dragão

12 **1-2** **U**m grande sinal apareceu no céu: a Mulher, vestida com a luz do Sol, estava na Lua, coroada com doze estrelas. Ela estava dando à luz um filho e gritava com as dores do parto.

3-4 Em seguida, outro sinal junto com o primeiro: o imenso e furioso Dragão! Tinha sete cabeças e dez chifres, com uma coroa em cada cabeça. Com um golpe da cauda, ele derrubou um terço das estrelas do céu e as lançou na terra. O Dragão agachou-se diante da Mulher em trabalho de parto, pronto para devorar o Filho, assim que nascesse.

5-6 A Mulher deu à luz um Filho, e ele irá governar as nações com cetro de ferro. O Filho foi tomado e posto em segurança na presença de Deus, sobre seu trono. A Mulher fugiu para o deserto, para um lugar seguro que Deus preparou para ela, com todo o conforto, por mil duzentos e sessenta dias.

SALMOS 147.7-11

7-11 Cantem ao Eterno um hino de ações de graças,
  toquem seus instrumentos diante do Deus
Que enche o céu de nuvens,
  preparando chuva para a terra,
Verdejando as montanhas com grama
  e alimentando o gado e os pássaros.

DIA 355

Ele não se impressiona com potência e força:
o tamanho dos nossos músculos
não significa nada para ele.
Os que temem o Eterno são os que
chamam sua atenção,
e eles podem depender do seu poder.

■ NOTAS

||||||||||||||||||||||||||||||||||||||||||||||||||||||||||

☐ DIA 355 ___ / ___ / ___

AMÓS 5.18 — 9.15

É hora de encarar a dura realidade

18-20 Ai daqueles que anseiam pelo dia do julgamento
do Eterno!
Por que vocês iriam querer ver o Eterno
e desejar a vinda dele?

Quando o Eterno vier, primeiro vem a notícia
ruim, só depois a notícia boa.
Primeiro vem o tempo ruim,
não o tempo bom.
Vejam, vai ser assim: Um homem foge do leão
e cai direto nos dentes do urso.
A mulher vai para casa depois
de um dia duro de trabalho
e é estuprada pelo vizinho.
Quando o Eterno vier, a realidade
será dura: nada de fantasia —
uma nuvem negra, sem borda prateada.

21-24 "Não suporto os encontros
religiosos de vocês.
Estou cheio dos seus congressos e convenções.
Não me interessam seus projetos religiosos,
Seus lemas e alvos presunçosos.
Estou enojado das suas estratégias
para levantar fundos,
das suas táticas de relações públicas
e criação da própria imagem.
Não suporto mais sua barulhenta
música de culto ao ego.
Quando foi a última vez que vocês
cantaram para *mim*?
Alguém aí sabe o que eu quero?
Eu quero justiça — um mar de justiça.
Eu quero integridade — rios de integridade.
É isso que eu quero.
Isso é *tudo* que eu quero.

25-27 "Vocês, família de Israel, me adoraram fielmente durante quarenta anos no deserto, apresentando os sacrifícios e ofertas que exigi? Como foi que se rebaixaram a carregar por aí estátuas dos seus pretensos governantes, transportando imagens baratas de todos os deuses-estrelas pra cá e pra lá? Já que vocês gostam tanto deles, podem levá-los com vocês quando eu os expulsar para o exílio além de Damasco". É a Mensagem do Eterno, do Senhor dos Exércitos de Anjos.

Os que vivem apenas para hoje

6 **1-2** Ai de vocês que acreditam morar na rua da
Facilidade em Sião,
que pensam que o monte Samaria
é a própria boa vida.
Vocês acham que estão no topo da montanha
eleita como o lugar número
um para se morar.

Acordem e olhem em volta.
Desçam do seu pedestal.
Deem uma olhada em Calné.
Visitem a grande Hamate.
Deem uma passada em Gate dos filisteus.
Será que isso não faz vocês descerem do salto?
Em comparação com eles,
vocês não são grande coisa, são?

3-6 Ai de vocês que estão mergulhando
de cabeça no desastre!
A catástrofe está aí, é só dobrar a esquina!
Ai dos que vivem no luxo
e esperam que todos os outros os sirvam!
Ai dos que vivem só para hoje,
indiferentes à sorte dos outros.
Ai dos "mauricinhos" e "patricinhas",
que acham que a vida é uma festa
preparada só para eles!
Ai dos que são viciados em se sentir bem
— a vida sem dor!
Os que são obcecados pela boa aparência
— a vida sem rugas!
Eles não se importam nem um pouquinho
com seu país, que está à beira da ruína.

7 Mas vejam o que está chegando *de verdade*:
uma marcha forçada para o exílio.
Eles vão sair do país chorando,
um bando de gente esfarrapada e inútil.

Vocês fizeram da justiça um campo de batalha

8 O Eterno, o Senhor, jurou e mantém de forma solene sua Palavra.

O Senhor dos Exércitos de Anjos diz:

"Odeio a arrogância de Jacó,
não sinto nada a não ser desprezo
por suas fortalezas.
Estou prestes a entregar a cidade
e todos os que estão nela".

9-10 Dez homens estão numa casa, todos mortos. Um parente vem buscar os corpos a fim de prepará-los para um funeral decente. Ele descobre um sobrevivente escondido num canto e pergunta: "Tem mais gente aí?". A resposta é: "Nem uma alma. Mas silêncio! O nome do Eterno não deve ser mencionado neste lugar profanado".

11 Observe bem: é o Eterno quem dá as ordens.
Ele vai reduzir casas enormes
a pedacinhos.
De casas pequenas, vai fazer pó.

12-13 Vocês costumam fazer corridas
de cavalos em campo de pedras?
Têm o hábito de arar o mar
com juntas de bois?
Se o fizessem, iriam mutilar os cavalos
e afogar os bois.
Mesmo assim, vocês fazem da justiça
um campo de batalha;
da equidade, um cadáver inchado,
pois se orgulham de suas
realizações insignificantes —
batem nos fracos e esbravejam:
"Olhem o que eu fiz!".

14 "Aproveitem enquanto podem, israelitas!
Chamei um exército pagão para atacar
vocês, e já está a caminho"
— É o Eterno que está falando,
o Senhor dos Exércitos de Anjos.
"Eles vão cortar vocês em pedaços,
de um canto a outro do país".

Morrer sem pátria e sem amigos

7 **1-2** O Eterno, o meu Senhor, mostrou-me esta visão: Ele estava preparando um enxame de gafanhotos. O primeiro corte, que pertencia ao rei, estava completo, e a segunda colheita estava começando a brotar. Os gafanhotos comeram tudo que era verde. Não sobrou nem mesmo uma folhinha.

E eu gritei: "Ó Eterno, meu Senhor! Desculpa, mas o que vai acontecer com Jacó? Ele é tão pequeno!".

3 O Eterno cedeu.

"Não vai acontecer", ele disse.

4 O Eterno mostrou-me outra visão. Oh! O Eterno, o meu Senhor, estava chamando um fogo terrível. Ele queimou o oceano e depois queimou a terra prometida.

5 Eu disse: "Ó Eterno, meu Senhor! Não o permitas, por favor! O que vai acontecer com Jacó? Ele é tão pequeno!".

6 O Eterno cedeu.

"Tudo bem, isso também não vai acontecer",
disse o Eterno, o meu Senhor.

DIA 355 1154

⁷ **O** Eterno deu-me esta visão: O meu Senhor estava de pé do lado do muro. Na sua mão, ele tinha um prumo.

8-9 O Eterno me disse: "O que você
está vendo, Amós?".
Eu disse: "Um prumo".
Então, meu Senhor disse: "Veja o que eu fiz. Pendurei um prumo bem no meio do meu povo Israel. Eu os poupei pela última vez. Agora chega!

"Os santuários de orgia religiosa
serão esmigalhados;
Os santuários profanos de Israel
serão reduzidos a pedaços.
Estou erguendo minha espada contra a
família real de Jeroboão".

10 Amazias, sacerdote do santuário de Betel, enviou uma mensagem a Jeroboão, rei de Israel: "Amós está planejando livrar-se de você. E está fazendo isso como uma pessoa bem informada, tramando tudo de dentro de Israel. Seu discurso vai destruir o país. Ele precisa ser silenciado. O senhor sabe o que Amós anda dizendo?

11 'Jeroboão vai ser morto.
Israel está a caminho do exílio'".

12-13 Então, Amazias foi censurar Amós: "Vidente, pé na estrada! Saia daqui e volte para Judá, de onde você veio! Fique perambulando na sua terra. Pregue por lá. Mas chega de pregar aqui em Betel! Não mostre mais a cara por aqui. Esta é a paróquia do rei. Isto aqui é um santuário real".

14-15 Mas Amós resistiu a Amazias: "Eu nunca quis ser pregador, nunca tive planos de ser pregador. Eu cuidava de gado e podava árvores. Mas o Eterno me tirou da roça e ordenou: 'Vá pregar ao meu povo Israel'.

16-17 "Por isso, ouça a Palavra do Eterno. Você me diz: 'Não pregue em Israel. Não diga nada contra a família de Isaque'. Mas aqui está o que o Eterno diz a você:

Sua esposa vai se tornar
uma prostituta na cidade.
Seus filhos serão mortos.
Sua terra será leiloada.
Você ficará sem amigos e sem pátria.
E Israel será levado para o exílio,
para longe de *casa*".

Vocês que dão pouco e querem muito

8 **1** Meu Senhor, o Eterno, me mostrou esta visão: uma cesta de frutas frescas.

Ele disse: "O que você está vendo, Amós?".
2 Eu disse: "Uma cesta de frutas frescas e maduras".
O Eterno disse: "Isso mesmo. Então, estou fechando as contas com Israel. Não vou mais fingir que está tudo certo.

3 "Os cantores reais vão lamentar
quando isso acontecer" —
o meu Senhor, o Eterno, disse isso.
"Cadáveres vão ser espalhados
aqui, ali, por todo lugar.
Silêncio!

4-6 Ouçam isto vocês, que pisam os fracos;
vocês que tratam os pobres
como se fossem menos que nada;
Vocês que dizem: "Quando será
o próximo pagamento,
para eu poder sair por aí
e torrar o dinheiro?
Quanto falta para o fim de semana,
para eu poder me divertir?".
Vocês que dão pouco e querem muito
e nunca tiveram sequer um dia
de trabalho honesto.
Vocês exploram os pobres
e depois que eles estão
usados os descartam".

7-8 O Eterno jura contra a arrogância de Jacó:
"Tenho o registro minucioso dos seus
últimos pecados".
O juramento de Deus vai balançar
os fundamentos da terra,
dissolver o mundo em lágrimas.
O juramento de Deus vem como um rio
que enche e sobe de repente,
invadindo casas e campos.
E, quando ele reflui,
deixa para trás um mar de lama.

9-10 "No dia do julgamento, fiquem atentos!",
são palavras do Eterno, o meu Senhor.
Vou desligar o Sol ao meio-dia.
No meio do dia, a terra vai ficar escura.
Vou transformar suas festas em funerais
e todas as músicas que vocês cantam
em cantos fúnebres.

Todos vão andar por aí em trapos,
com os olhos fundos e a cabeça rapada.
Pensem no pior que poderia acontecer
— digamos que seu único filho
foi assassinado.
Isso é uma pista do que será
o dia do julgamento
— isso e muito mais.

11-12 "Ah sim, o dia do julgamento
está chegando!".
Essas são palavras do meu Senhor,
o Eterno.
Vou enviar fome e escassez por todo o país.
Não vai ser escassez de comida
ou de água, mas da minha Palavra.
As pessoas vão andar de um lado a outro do país,
perambular até o norte,
vaguear em direção ao leste.
Irão a todos os lugares,
darão ouvidos a qualquer um
na esperança de ouvir a Palavra
do Eterno — mas não a ouvirão.

13-14 "No dia do julgamento,
belas jovens vão desmaiar
de sede da Palavra,
homens fortes, no auge da juventude,
vão desmaiar de sede de Deus,
Com aqueles que fazem juramentos
no Centro do Pecado e do Sexo, em
Samaria,
dizendo: 'Juro pelo senhor deus de Dã,
minha testemunha!';
e: 'A senhora deusa de Berseba abençoe vocês!'.
A vida deles vai se desmantelar.
Nunca mais conseguirão juntar os cacos".

Israel é jogado numa peneira

9 **1-4** **E**u vi meu Senhor de pé, ao lado do altar, no santuário. Ele disse:

"Golpeie o topo das colunas do santuário,
faça o piso balançar.
O telhado está para cair na cabeça do povo,
e quem ainda estiver vivo, eu o matarei.
Ninguém vai escapar,
nenhum fugitivo terá êxito.
Se eles pegassem o caminho
para o mundo subterrâneo,
eu os encontraria e os traria de volta.

Se subissem até as estrelas,
eu os encontraria e os traria de volta.
Se se escondessem no topo do monte Carmelo,
eu os encontraria e os traria de volta.
Se fossem até o fundo do oceano,
eu enviaria o dragão para engoli-los.
Se fossem pegos com vida pelos inimigos,
eu enviaria a espada para matá-los.
Eu já estou decidido
a feri-los, não a ajudá-los".

5-6 Meu Senhor, o Senhor dos Exércitos de Anjos,
toca a terra: um mero toque, e ela treme.
O mundo inteiro fica de luto.
A terra se expande como o Nilo
na época da cheia,
e depois a água reflui,
como o grande Nilo do Egito.
Deus constrói seu palácio
— as torres sobem ao céu,
os fundamentos estão firmados
no solo rochoso.
Ele chama as águas do oceano, e elas vêm;
ele as tira com conchas
e as derrama sobre a terra.
O Eterno, o Deus de vocês, faz tudo isso.

7-8 "**V**ocês, israelitas, acham que são melhores que os distantes cuxitas?" — decreto do Eterno.
"Não tenho lidado com todas as nações? Não fui eu que trouxe Israel do Egito, os filisteus de Caftor, os arameus de Quir? Mas estejam certos de que eu, o Eterno, o Senhor, estou de olho no Reino do Pecado. Vou varrê-lo do mapa. Mesmo assim, não vou destruir totalmente a família de Jacó". É o decreto do Eterno.

9-10 "Ainda sou eu que dou as ordens por aqui. Estou jogando Israel numa peneira entre todas as nações e o estou sacudindo bem, até tirar todo o pecado e todos os pecadores. O verdadeiro cereal será poupado; mas os pecadores, separados e jogados fora — aqueles que dizem: 'Nada de mal vai acontecer no nosso tempo de vida. Não vai nem chegar perto' ".

Bênçãos como vinho jorrando dos montes

11-12 "**M**as no dia do julgamento também vou restaurar a casa de Davi, que desmoronou. Vou consertar os buracos no telhado, substituir as

DIA 355

janelas quebradas, enfim, reformá-la para que fique como nova. O povo de Davi será forte outra vez e vai dominar o que sobrou do inimigo Edom, e ainda todos os outros debaixo do meu julgamento soberano". É o decreto do Eterno. Ele vai fazer isso. **13-15** "E é verdade, agora não vai demorar muito". É o decreto do Eterno.

"As coisas vão acontecer tão depressa que sua cabeça vai girar. Uma coisa depois da outra: vocês não vão conseguir acompanhar a rapidez. Tudo vai acontecer de uma vez só, e para qualquer lado que vocês olharem verão bênçãos! Bênçãos como vinho jorrando dos montes e colinas. Vou consertar tudo de novo para o meu povo, Israel:

Eles reconstruirão suas cidades arruinadas.
Plantarão vinhedos e tomarão bons vinhos.
Cultivarão suas hortas
    e comerão verduras frescas.
E eu *os* plantarei; vou plantá-los na sua terra.
Nunca mais serão arrancados
    da terra que dei a eles".

O Eterno, o seu Deus, diz isso.

APOCALIPSE 12.7 — 13.10

7-12 Houve uma guerra no céu. Miguel e seus anjos lutaram contra o Dragão. O Dragão e seus anjos revidaram, mas não eram páreos para Miguel. Eles foram expulsos do céu, e não restou ali nem um deles. O grande Dragão — a antiga Serpente, que foi chamada de Diabo e Satanás e liderou o extravio de toda a terra — foi expulso, e todos os anjos dele também, e foram lançados na terra. Então, ouvi uma forte voz do céu que dizia:

A salvação e o poder estão estabelecidos!
    Reino do nosso Deus,
        autoridade do seu Messias!
O Acusador dos nossos irmãos foi expulso,
    que os acusava dia e noite perante Deus.
Eles o derrotaram por meio
        do sangue do Cordeiro
    e pela ousada palavra
        do testemunho deles.
Eles não amaram a si mesmos;
    estavam ansiosos para morrer por Cristo.
Portanto, regozijem-se, ó céus,
    e todos que o habitam,
        mas para a terra e o mar haverá juízo,

Pois o Diabo atacará vocês.
Ele sofreu uma grande queda.
Está fora de si e muito irado;
    não tem muito tempo e sabe disso.

13-17 Quando o Dragão viu que fora lançado na terra, foi atrás da Mulher que tinha dado à luz o Filho-Homem. A Mulher ganhou asas como de uma grande águia e pôde voar para um lugar no deserto. Ali foi mantida em segurança e conforto por um tempo e tempos e metade de um tempo, sã e salva da Serpente. A Serpente vomitou um rio para afogar a Mulher, mas a terra veio em auxílio dela e engoliu a água que o Dragão havia expelido pela boca. Furioso, o Dragão saiu para guerrear contra o restante dos filhos dela, os que guardavam os mandamentos de Deus e se mantinham fiéis ao testemunho de Jesus.

A Besta que veio do mar

13 **1-2** O Dragão ficou de pé à beira do mar, e vi uma Besta levantando-se do mar. Tinha dez chifres e sete cabeças — em cada chifre, uma coroa; e, em cada cabeça, uma inscrição de um nome blasfemo. A Besta que vi parecia um leopardo com garras de urso e boca de leão. O Dragão deu a ela seu poder, seu trono e grande autoridade.

3-4 Uma das cabeças da Besta parecia ter sido ferida de morte, mas foi curada. A terra inteira ficou assombrada diante da Besta. Eles adoraram o Dragão, que dera autoridade à Besta, e adoraram a ela também, exclamando: "Nunca houve ninguém como a Besta! Ninguém ousa guerrear contra ela!".

5-8 A Besta falava alto, expressando arrogância e blasfemando. Durante quarenta e dois meses, pôde fazer o que bem quis. Ela blasfemou contra Deus, contra seu nome, contra sua igreja e principalmente contra os que já estavam com Deus no céu. Ela teve permissão para guerrear contra o povo santo de Deus e vencê-lo. Ela conquistou um domínio absoluto sobre todas as tribos, povos, línguas e raças. Na terra, todos os que não tinham o nome escrito no Livro da Vida do Cordeiro, sacrificado desde a fundação do mundo, adoraram a Besta.

9-10 Seus ouvidos estão abertos? Então ouçam: eles fizeram a própria cama. Agora terão de se deitar nela. Quem está destinado à prisão vai para a prisão; quem desembainhar a espada será morto pela espada. Enquanto isso, o povo santo de Deus permanece firme, com paixão e fidelidade.

SALMOS 147.12-18

12-18 Jerusalém, adore o Eterno!
Sião, louve o seu Deus!
Ele tornou nossa cidade segura,
e abençoou seus filhos.
Ele mantém a paz na fronteira
e põe o melhor pão em sua mesa.
Ele cumpre suas promessas por toda a terra:
e com que rapidez elas são cumpridas!
Ele espalha a neve como lã branca
e esparrama a geada como cinzas.
Ele espalha granizo como alpiste:
quem pode sobreviver ao seu inverno?
Então, ele dá uma ordem, e tudo derrete.
Ele sopra sobre o inverno,
e de repente é primavera!

◼ NOTAS

☐ DIA 356 ___/___/___

OBADIAS 1.1-21

Seu mundo vai desabar

¹Mensagem de Obadias a Edom,
da parte do Eterno, o Senhor.
Recebemos a notícia diretamente do Eterno
por meio de um mensageiro
enviado às nações pagãs:

"Levantem-se, preparem-se para a batalha;
preparem-se para guerrear contra Edom!".

2-4 "Ouça isto, povo de Edom:
estou transformando vocês em nada,
a tampinha das nações pagãs,
a mais desprezada.
Vocês se achavam tão grandes,
empoleirados entre as altas rochas,
os maiorais,
Pensando com vocês mesmos:
'Ninguém pode nos pegar aqui!
Ninguém pode nos tocar!'.
Pensem de novo. Mesmo que, como uma águia,
vocês se sintam seguros nos penhascos,
Mesmo que façam seu ninho nas estrelas,
vou trazer vocês de volta para a terra",
é a Palavra infalível do Eterno.

5-14 "Se salteadores subissem para roubar vocês,
deixariam vocês de bolsos vazios, não é verdade?
Se os assaltassem de noite na rua,
vocês ficariam de mãos abanando, não é verdade?
Ah, eles vão fazer Esaú em pedaços,
vão esvaziar suas bolsas e bolsos!
Todos os seus antigos parceiros vão empurrar
vocês para a beira do abismo.
Seus antigos amigos vão mentir
para vocês sem hesitar.
Seus antigos companheiros de bebida
vão apunhalar vocês pelas costas.
Seu mundo vai desabar. Vocês nem
mesmo vão saber o que os atingiu.
Assim, não se surpreendam —
esta é a Palavra certa do Eterno! —
quando eu eliminar todos
os instruídos de Edom
e banir das montanhas de Esaú todos os sábios.

DIA 356

Seus grandes heróis
vão desertar vocês, Temã.
Não ficará ninguém nas montanhas de Esaú.
Por causa do crime cometido
contra seu irmão Jacó,
Vocês serão desprezados por todos
e perderão seu lugar na história.
Naquele dia, vocês ficaram
parados sem fazer nada,
enquanto os estrangeiros levaram
o exército do seu irmão para o exílio.
Estrangeiros ímpios invadiram
e saquearam Jerusalém,
e vocês ficaram parados, olhando.
Vocês foram tão maus quanto eles.
Vocês não deveriam ter se alegrado
com a desgraça do seu irmão
quando ele estava estirado
no chão, acabado.
Vocês não deveriam ter rido
e desdenhado dos filhos de Judá
quando eles caíram com o rosto na lama.
Vocês não deveriam ter esbravejado
quando a desgraça deles se agravou.
Vocês não deveriam ter tirado
vantagem do meu povo
quando a vida deles estava em frangalhos.
Vocês seriam os últimos de quem
eu esperaria diversão
à custa dos problemas deles,
da sua nação em frangalhos.
Vocês não deveriam ter tirado a roupa deles
quando estavam caídos ao chão, indefesos.
E vocês não deveriam ter ficado
esperando nas cercanias,
dificultando a passagem dos fugitivos,
Nem deveriam ter traído os
sobreviventes desamparados,
entregando aos captores os que já tinham
perdido tudo."

15-18 "O dia do juízo do Eterno está perto
para todas as nações pagãs.
Assim como fizeram
aos outros, farão a vocês.
O que vocês fizeram
vai recair sobre vocês
e acertar sua cabeça.
Assim como vocês fizeram festa
no meu santo monte,
as nações pagãs vão beber a ira de Deus.

Eles vão beber e beber;
vão beber até morrer.
Mas não no monte Sião! Aí não será assim!
Esse é um lugar seguro e santo!
A família de Jacó vai reaver suas posses,
retomá-las dos que as levaram.
É aí que a família de Jacó vai se incendiar,
que a família de José vai
se tornar uma tocha,
enquanto a família de Esaú será a palha.
Esaú vai arder em chamas:
não sobrará nada de Esaú além
de um monte de cinzas!".
O Eterno é que diz, e assim é.

19-21 Um povo do sul vai tomar posse das montanhas de Esaú;
povos das colinas
vão atropelar os filisteus.

Eles vão se apossar dos campos
de Efraim e de Samaria,
e Benjamim vai tomar posse de Gileade.
Antes disso, exilados israelitas vão voltar
e tomar a terra dos cananeus
ao norte de Sarepta.
Os exilados de Jerusalém do longínquo
noroeste em Sefarade
vão voltar e tomar as cidades do sul.
O remanescente dos salvos no monte Sião
irá para as montanhas de Esaú
E governará com justiça e equidade;
será um governo que honrará
o reino do Eterno.

JONAS 1.1 — 4.11

Fugindo do Eterno

1 1-2 Muito tempo atrás, a Mensagem do Eterno veio a Jonas, filho de Amitai: "Ande, vá correndo para a grande cidade de Nínive! E anuncie meu julgamento contra ela, pois não posso mais ignorar a sua maldade".

3 Mas Jonas foi para Társis, em sentido totalmente contrário, para fugir do Eterno. Ele desceu no porto de Jope e achou um navio que estava de partida para Társis. Comprou a passagem e logo embarcou, pois queria ir para tão longe do Eterno quanto pudesse.

4-6 Então, o Eterno enviou uma tempestade tão forte sobre o mar que provocou ondas gigantes.

O navio estava a ponto de se partir ao meio, e os marinheiros ficaram apavorados! Desesperados, cada um começou a clamar ao seu próprio deus. Jogaram ao mar tudo que podiam para aliviar o peso do navio. Enquanto isso, Jonas tinha descido ao porão do navio e ali dormia profundamente. O capitão o acordou e disse: "O que você está fazendo aí? Dormindo? Levante-se e vá orar ao seu deus! Quem sabe ele veja que estamos em apuros e nos salve!".

[7] Então, os marinheiros disseram uns aos outros: "Vamos resolver já esta questão. Vamos lançar sortes para descobrir quem aqui é responsável por este desastre".

Lançaram sortes, e a sorte caiu sobre Jonas.

[8] Então, eles o interrogaram: "Diga a verdade: por que isso está acontecendo com a gente? O que você faz? De onde você vem? De que família você é?".

[9] Ele respondeu: "Sou hebreu. Adoro o Eterno, o Deus dos céus que fez o mar e a terra".

[10] Quando ouviram isso, os homens ficaram apavorados, petrificados, e perguntaram: "O que foi que você fez, homem?". Enquanto Jonas falava, os marinheiros souberam que ele estava fugindo do Eterno.

[11] Então, disseram: "O que vamos fazer com você para nos livrar desta tempestade?". O mar continuava agitadíssimo, totalmente fora de controle.

[12] Jonas respondeu: "Joguem-me no mar e a tempestade vai se acalmar. É tudo culpa minha. Eu sou a causa deste desastre! Livrem-se de mim e vão se livrar da tempestade".

[13] Os homens não fizeram isso. Tentaram remar de volta para a costa, mas não conseguiram. A tempestade só piorava e estava cada vez mais violenta.

[14] Então, eles oraram ao Eterno: "Ó Eterno! Não nos deixes morrer por causa deste homem e não nos culpes pela morte dele. Tu és o Eterno. Faz o que achares melhor!".

[15] Pegaram Jonas e o jogaram do navio. E, imediatamente, o mar se acalmou.

[16] Os marinheiros ficaram muito impressionados! Já não estavam mais apavorados, mas admirados. Então, adoraram o Eterno, ofereceram sacrifício e fizeram votos.

[17] O Eterno enviou um peixe enorme para engolir Jonas, e ele ficou na barriga do peixe durante três dias e três noites.

No fundo do mar

2 [1-9] Então, na barriga do peixe, Jonas orou ao Eterno:

"Desesperado, em profunda angústia,
   orei ao Eterno.
e ele me respondeu.
À beira da morte, clamei: 'Socorro!'.
   e ouviste o meu grito.
Jogaste-me lá no fundo,
   bem no coração do oceano;
As ondas, imensas e fortes,
   romperam-se sobre mim.
Eu disse: 'Fui lançado fora,
   banido da tua vista'.
E nunca mais porei os olhos
   no teu santo templo'.
Sufocaram-me as águas do oceano,
   cercou-me de todos os lados o abismo,
e as algas marinhas
   envolveram a minha cabeça.
Desci até onde os montes lançam raízes,
   tão fundo quanto podia ir, onde para mim
   as portas se fechavam para sempre.
Mas tu me tiraste com vida da morte,
   ó Eterno, meu Deus!
Quando minha vida estava por um fio,
   eu me lembrei do Eterno,
E a ti chegou a minha oração,
   ao teu santo templo.
Aqueles que adoram deuses forjados
   se afastam do único amor verdadeiro.
Mas eu adoro a ti, ó Eterno,
   e canto de gratidão!
E vou fazer o que prometi.
   A salvação a ti pertence, ó Eterno!".

[10] Então, Deus ordenou ao peixe, e este vomitou Jonas na praia.

Talvez o Eterno mude de ideia

3 [1-2] Depois, o Eterno falou a Jonas pela segunda vez: "Ande, vá correndo para a grande cidade de Nínive! E anuncie meu julgamento contra ela, pois não posso mais ignorar sua maldade".

[3] Dessa vez, Jonas partiu imediatamente para Nínive, obedecendo, ao pé da letra, à ordem do Eterno.

Nínive era uma cidade muito grande — eram necessários três dias para atravessá-la a pé.

DIA 356

⁴ Jonas entrou na cidade e, caminhando por um dia, pregou: "Daqui a quarenta dias, Nínive será destruída".

⁵ O povo de Nínive ouviu e acreditou no Eterno. Anunciaram um jejum para toda a cidade e todos, ricos e pobres, famosos e desconhecidos, importantes e humildes, vestiram-se com pano de saco para mostrar arrependimento.

⁶⁻⁹ Quando a mensagem chegou ao rei de Nínive, ele desceu do trono, jogou ao chão o manto real, vestiu-se com pano de saco e sentou-se sobre cinzas. Então, baixou um decreto, assinado por ele e por seus ministros, e mandou espalhar por toda a cidade: "Ninguém deve pôr nada na boca: nenhuma gota de água, nenhum pedaço de alimento! Nem homens, nem animais, nem mesmo seus rebanhos! Todos devem vestir-se com pano de saco, homens e animais! Orem com fervor pedindo ajuda ao Eterno. Todos devem se arrepender e se afastar da maldade, de todos os atos violentos que mancham suas mãos. Quem sabe assim o Eterno mude de ideia e deixa de lado seu furor contra nós e nos permita viver!".

¹⁰ O Eterno viu que eles tinham se arrependido de sua maneira pecaminosa de viver. Então, ele voltou atrás e decidiu não castigar como tinha dito que faria a eles.

"Eu sabia que isso ia acontecer!"

4 ¹⁻² Jonas ficou furioso e muito aborrecido. Então, orou ao Eterno: "Ó Eterno, eu sabia! Quando eu estava em casa ainda, sabia que isso ia acontecer! Foi por isso que fugi para Társis! Sabia que tu és a graça e a misericórdia em pessoa! Que és rico em amor, que perdoa com tanta facilidade que estás sempre disposto a mudar teus planos de castigar, por muito pouco!

³ "Então, ó Eterno, se não vais matá-los, peço que tires a *minha* vida! Pois prefiro morrer a viver!".

⁴ O Eterno disse: "Por que você está tão indignado assim?".

⁵ Mas Jonas simplesmente saiu, foi para um lugar a leste da cidade e, zangado, sentou-se. Fez um abrigo com folhas e galhos e ficou sentado à sombra para ver o que iria acontecer com a cidade.

⁶ O Eterno fez brotar uma planta de folhas largas, que cresceu sobre Jonas para refrescá-lo e acalmar sua indignação. Jonas ficou muito feliz e desfrutou a sombra. Enfim, a vida parecia estar melhorando de novo!

⁷⁻⁸ Mas, ao amanhecer, o Eterno mandou um bicho, que atacou a planta que dava sombra, e ela secou. Quando o sol nasceu, o Eterno enviou um vento forte e quente do leste e o sol começou a brilhar tão forte sobre a cabeça de Jonas, que ele quase desmaiou. Então, exclamou: "Prefiro morrer a viver!".

⁹ O Eterno disse a Jonas: "Que direito você tem de ficar bravo por causa desta planta ?".

Jonas respondeu: "Tenho o direito, sim. E estou tão indignado que prefiro morrer a viver!".

¹⁰⁻¹¹ Então, o Eterno disse: "Você sente tanto por uma simples planta ter morrido, mesmo que você não tenha feito absolutamente nada por ela. Você nem ao menos plantou ou regou para ela crescer. Ela surgiu da noite para o dia! Por que, então, não deveria eu sentir pena de Nínive, essa grande cidade com mais de cento e vinte mil pessoas que não conseguem nem diferenciar o certo do errado — isso para não falar de todos aqueles animais?".

APOCALIPSE 13.11 — 14.13

A Besta que veio da terra

¹¹⁻¹² **V**i outra Besta. Essa vinha da terra. Tinha dois chifres, como de carneiro, mas, quando falava, parecia um dragão. Era uma marionete da primeira Besta e induzia os habitantes da terra a adorá-la, pois tinha sido curada de seu ferimento mortal.

¹³⁻¹⁷ A segunda Besta realizou sinais mágicos. Fez cair fogo do céu, e assim o povo foi iludido por ela. Ela usou o poder mágico que havia recebido da outra Besta para enganar os habitantes da terra, e eles foram convencidos a fazer uma imagem da Besta que havia se recuperado do ferimento mortal. Ela conseguiu animar a imagem da Besta, que começou a falar. Em seguida, proclamou uma lei: quem não adorasse a Besta seria morto. Por esse motivo, todos, pequenos e grandes, ricos e pobres, livres e escravos, foram obrigados a aceitar uma marca na mão direita ou na testa. Sem a marca do nome da Besta ou o número de seu nome, era impossível comprar e vender.

¹⁸ Solucionem o enigma. Pensem juntos e calculem o significado do número da Besta. É um número humano: 666.

Uma oferta perfeita

14 ¹⁻² **E** u vi — e foi de tirar o fôlego! — o Cordeiro em pé no monte Sião, os cento e quarenta e quatro mil em pé com ele, seu Nome e o Nome de seu Pai inscrito na testa deles. E ouvi uma voz do céu, o som como de corredeiras, como o estrondo de um trovão.

2-5 Depois, ouvi música, música de harpa, e os harpistas cantavam uma nova canção na presença do trono, dos Quatro Animais e dos Anciãos. Apenas os cento e quarenta e quatro mil conseguiam aprender e cantar a canção. Eles foram trazidos da terra, viveram sem mácula, como virgens na presença de Deus. Aonde o Cordeiro vai, eles o seguem. Foram retirados da humanidade, primícias da colheita para Deus e o Cordeiro. Em seus lábios não há uma palavra falsa. São uma oferta perfeita.

Vozes do céu

6-7 Vi outro Anjo voando no meio do céu. Ele tinha uma Mensagem eterna para pregar a todos os que estavam na terra, a toda nação e tribo, a toda língua e povo. Ele pregou em voz alta: "Temam a Deus e a ele deem glória! A hora do julgamento de vocês chegou! Adorem o Criador do céu e da terra, do mar e das fontes de água!".

8 Um segundo Anjo veio em seguida, dizendo: "Caiu! Caiu a Grande Babilônia! Ela embebedou as nações no vinho de sua prostituição!".

9-11 Um terceiro Anjo apareceu, advertindo: "Quem adora a Besta e sua imagem e tem a marca na testa ou mão beberá o vinho da ira de Deus, preparado sem mistura no cálice de sua fúria, e sofrerá o tormento de fogo e enxofre na presença dos santos anjos, na presença do Cordeiro. A fumaça do tormento deles será vista geração após geração. Não haverá descanso para os que adoram a Besta e sua imagem, que têm a marca do seu nome".

12 Enquanto isso, os santos, com fervorosa paciência, guardavam os mandamentos de Deus, permanecendo fiéis a Jesus.

13 Ouvi uma voz do céu: "Escreva isto: 'Benditos são aqueles que, de agora em diante, morrem no Senhor; é uma bênção morrer assim!' ".

"Sim", diz o Espírito, "bendito é o descanso de seu trabalho árduo. Nada do que fizeram será em vão; no fim, Deus os abençoará por tudo que fizeram".

SALMOS 147.19-20

19-20 Ele fala do mesmo modo a Jacó,
    palavras que surtem efeito sobre Israel.

Mas nunca fez isso com outras nações:
    elas nunca ouviram ordens parecidas com essas.
Aleluia!

◼ NOTAS

||||||||||||||||||||||||||||||||||||||||||||||||||||||||

☐ DIA **357** ___/___/___

MIQUEIAS 1.1 — 4.13

1 **1** A Mensagem do Eterno como veio a Miqueias de Moresete. Ela veio durante os reinados de Jotão, Acaz e Ezequias, reis de Judá. Estava relacionada ao que estava acontecendo em Samaria e Jerusalém.

Deus vai testemunhar

²Ouça, meu povo, todos vocês.
Ouça, ó terra, e todos os que vivem nela:
O Senhor, o Eterno, vai testemunhar
contra vocês,
O Senhor, de seu santo templo.

³⁻⁵Vejam, aí vem ele! O Eterno saiu de seu lugar!
Ele está descendo e a passos largos
cruza montanhas e colinas.
As montanhas afundam debaixo de seus pés,
os vales se fendem;
As montanhas de rochas se esmigalham,
os vales do rio vazam como peneiras.
Tudo isso por causa do pecado de Jacó,
porque a família de Israel fez o que é errado.
Vocês perguntam: "Mas qual é o pecado de Jacó?".
Pois olhem para Samaria:
não está óbvio?
E todos os santuários de orgia religiosa em Judá:
não é Jerusalém responsável?

⁶⁻⁷"Estou transformando Samaria num
monte de cascalho,
num terreno baldio cheio de lixo.
Vou despejar as pedras
de suas construções no vale
e deixar exposta a fundação
abandonada.
Seus deuses e deusas esculpidos e fundidos
serão vendidos como lenha
e como escória de metal.
Seus bosques de fertilidade
serão queimados e arrasados.
Toda madeira e toda pedra
que Samaria adorou como deuses
serão destruídos.
Essa será a paga por sua vida de prostituição.
Essa é a remuneração da prostituta."

⁸⁻⁹É por isso que lamento e pranteio.
É por isso que ando por aí
esfarrapado e descalço.
É por isso que vivo como um coiote
e não paro de gemer, como a coruja triste
durante a noite.
O Eterno infligiu feridas profundas;
Judá foi ferido, e não existe cura.
O juízo marcha e já atravessou
os portões da cidade.
Jerusalém precisa enfrentar as acusações.

¹⁰⁻¹⁶Não façam comentários sobre isso
na Cidade da Conversa.
Não desperdicem suas lágrimas.
Na Cidade do Pó,
rolem no pó.
Na Cidade do Susto,
disparou o alarme.
Os cidadãos da Cidade da Saída
nunca sairão vivos.
Lamente, Cidade do Último Pilar:
nada em você vai ficar em pé.
Os habitantes de Cidade Amarga
esperam em vão pela doce paz.
O juízo severo veio do Eterno
e entrou na Cidade da Paz.
Vocês que moram na Cidade das Carruagens,
subam nas suas carruagens e fujam.
Vocês ensinaram as filhas de Sião
a confiar não em Deus, mas nos carros.
Pecados semelhantes em Israel
também tiveram seu início com vocês.
Vão em frente e deem seus
presentes de despedida
à Cidade do Adeus.
A Cidade da Miragem acenou,
mas desapontou os reis de Israel.
A Cidade da Herança
perdeu suas posses.
A Cidade Gloriosa
amargou o fim da glória.
Raspem a cabeça em sinal de luto
pela perda das suas preciosas cidades.
Andem por aí carecas como um ovo
de ganso — eles foram
para o exílio e não voltam mais.

A medida do Eterno se encheu

2 ¹⁻⁵Destruição para aqueles que tramam o mal,
que vão para a cama, sonhando com crimes!
Assim que amanhece o dia,
eles saem, cheios de energia,
fazendo o que planejaram.
Eles cobiçam campos e os tomam,
encontram casas e se apossam delas.
Eles intimidam os vizinhos e as famílias,
valorizam as pessoas apenas
por aquilo que podem dar.
A medida do Eterno se encheu. Ele diz:
"Também fiz meus planos:
Desgraça contra esta maldade toda!
A cabeça de vocês está a prêmio.

Vocês não vão escapar ilesos.
  É dia de juízo para vocês.
Vão fazer canções de vocês,
  e vocês mesmos vão cantar a parte triste:
'Nossa vida está arruinada,
  Nossas casas e terras foram leiloadas.
Eles tomam tudo, não nos deixam nada!
  Leva quem der a maior oferta' ".
E ninguém vai aparecer para defender vocês,
  ninguém falará em seu favor diante
    do Eterno e de seu júri.

⁶⁻⁷ "**N**ão pregue", dizem os pregadores.
  "Não pregue sobre esse assunto.
Nada de mal vai nos acontecer.
  Isso é jeito de falar com a família de Jacó?
Será que o Eterno iria perder a paciência?
  Seria esse o jeito de ele agir?
Ele não está sempre do lado das pessoas boas?
  Ele não ajuda sempre os que se
    ajudam a si mesmos?"

⁸⁻¹¹ "**Q**ue história é essa de 'pessoas boas'!
  Vocês são os inimigos do meu povo!
Vocês roubam pessoas
  que não suspeitam de nada
  e saem para farrear à noite.
Vocês arrancam a capa do colega
  como soldados que saqueiam os indefesos.
Vocês expulsam as mulheres do meu povo
  das suas casas confortáveis.
Vocês fazem das crianças vítimas
  e as deixam expostas à violência e à maldade.
Saiam daqui, todos vocês!
  Vocês não podem ficar aí descansando.
Vocês contaminaram este lugar,
  e vocês é que estão contaminados,
    corrompidos!
Se aparecesse alguém com um belo sorriso
  e uma língua lisonjeira
  disposto a mentir dia e noite −
'Vou pregar sermões que ensinam
  como receber qualquer coisa de Deus:
Mais dinheiro, o melhor vinho...
  o que quiserem' −,
  vocês o contratariam no ato como pregador!"

¹²⁻¹³ "**E**stou convocando todos para uma
  reunião, Jacó.
  Quero todos de volta aqui,
    todos os sobreviventes de Israel.

Vou reuni-los num mesmo lugar,
  como ovelhas no aprisco,
  como o gado no curral,
  uma multidão de pessoas confusas
    a caminho de casa!
Então eu, o Eterno, vou suspender
  o confinamento
  e conduzir meu povo para campo aberto.
Eles seguirão seu Rei.
  Eu estarei na frente deles, conduzindo-os."

Vocês odeiam o bem e amam o mal

3¹⁻³ **E**ntão, eu disse:

  "Ouçam, líderes de Jacó, líderes de Israel:
  Vocês não sabem nada de justiça?
Vocês que odeiam o bem e amam o mal,
  não está a justiça na sua lista de atribuições?
Mas vocês esfolam meu povo vivo.
  Arrancam a carne deles dos ossos.
Quebram os ossos deles
  em pedaços, moem a carne,
  e a jogam na panela − um festim de canibais".

⁴ **M**as está chegando o tempo
  em que esses mesmos líderes
  vão suplicar pela ajuda do Eterno,
  e ele vai se recusar a ouvi-los.
Vai virar o rosto em outra direção,
  por causa do histórico de suas maldades.

⁵⁻⁷ **A**qui está a Mensagem do Eterno aos profetas,
  os pregadores que mentem
    para o meu povo:
"Pois não é que enquanto são bem pagos
  e bem alimentados,
  os profetas pregam: 'Como a vida é
    maravilhosa! Paz esteja com todos!'.
Mas, se vocês não derem a eles o aumento
  que estão pedindo,
O 'Deus abençoe' deles vira
  'Que Deus os mande para o inferno!'.
Por isso, vocês estão ficando cegos.
  Vão perder a visão.
Vão viver no escuro, sem saber
  o que está acontecendo.
O Sol se pôs para os profetas.
  Eles tiveram sua chance;
  a partir de agora, é noite.
Os visionários serão confundidos,
  Os sábios perderão o rumo.

DIA 357

Eles vão usar a própria reputação
como escudo e dar desculpas esfarrapadas
Para disfarçar sua ignorância
a respeito de Deus".

8 Mas, quanto a mim, estou cheio do poder de Deus,
cheio do Espírito divino de justiça e força,
Preparado para denunciar o crime de Jacó
e o pecado de Israel.

9-12 Os líderes de Jacó e
os líderes de Israel são
Líderes que desprezam a justiça,
que torcem e distorcem o viver correto,
Que constroem Sião por meio de assassinatos,
que ampliam Jerusalém por meio de crimes.
Os juízes vendem vereditos
aos que derem o maior lance;
os sacerdotes massificam seus ensinos;
os profetas cobram caro para pregar,
E ainda fazem pose e fingem
que dependem do Eterno:
"O Eterno está do nosso lado.
Ele vai nos proteger da calamidade".
Por causa de gente como vocês
Sião será transformada em terra arada,
E Jerusalém será um monte de entulho;
E, no lugar do templo, no monte,
só restará mato.

A formação do povo de Deus

4 **1-4** Mas, quando tudo tiver sido dito e feito,
o templo do Eterno, no monte,
Estabelecido em definitivo,
vai dominar as montanhas,
elevando-se acima de todas
as colinas da região.
O povo vai afluir em massa para o templo,
e muitas nações farão excursões
para conhecê-lo,
Dizendo: "Vamos subir o monte do Eterno,
vamos ao templo do Deus de Jacó.
Ele vai nos mostrar como devemos viver.
Vamos conhecer o tipo de vida
que Deus quer".
O verdadeiro ensino sairá de Sião,
A revelação do Eterno virá de Jerusalém.
Ele estabelecerá justiça
nas nações mais conturbadas
e resolverá disputas em lugares distantes.

Trocarão as espadas por pás;
as lanças, por rastelos e enxadas.
As nações vão parar de guerrear
umas contra as outras,
não vão mais aprender a matar
umas às outras.
Cada homem poderá sentar-se debaixo
da sombra de sua árvore,
e cada mulher cuidará em paz
do próprio jardim.
O Senhor dos Exércitos de Anjos diz isso,
e ele quer dizer isso mesmo.

5 Enquanto isso, todos os outros
povos vivem como querem,
escolhendo seus deuses.
Mas nós vivemos honrando o Eterno
e somos leais ao nosso Deus para sempre.

6-7 "Naquele grande dia", diz o Eterno,
"ajuntarei todos os feridos e despatriados,
todos os que machuquei ou expulsei.
Transformarei os feridos numa tropa especial.
Farei uma grande nação com aqueles
que há muito se perderam,
Um caso de sucesso para mostrar
a eficácia do governo do Eterno,
enquanto eu governar com base no monte
Sião, daí e para sempre.

8 "E vocês, errantes em volta de Jerusalém,
que se espremem em barracos
caindo em pedaços:
A glória que havia antes estará de volta,
a filha de Sião será outra vez
o centro do reino".

9-10 Então, por que a histeria a respeito do grande
dia do juízo?
Vocês ainda têm um rei, não têm?
Mas talvez ele não esteja cumprindo seu dever,
e vocês estão em pânico, parecendo
uma mulher em trabalho de parto.
Bem, vão em frente — contorça-se e grite,
Filha Jerusalém.
Você *parece* mesmo uma mulher
que está dando à luz.
Logo, logo, você estará
fora da cidade, caminhando
e acampando a céu aberto.
E, então, chegará à Babilônia.

O que você perdeu em Jerusalém será
encontrado na Babilônia.
O Eterno dará a você uma nova vida.
Ele a salvará dos seus inimigos.

11-12 Mas vamos ao que importa no momento:
eles estão prontos para atacar você.
Os povos pagãos estão dizendo:
"Podem chutá-la quando estiver no chão!
Podem violentá-la!
Queremos ver Sião se arrastando no pó".
Esses blasfemadores não têm ideia
do papel do Eterno em tudo isso.
Eles nem sabem que é o povo
do Eterno sendo formado,
que eles estão sendo debulhados,
que o ouro está sendo refinado.

13 Em pé, Filha de Sião!
Sejam debulhados e limpos da palha,
sejam refinados e livres da escória.
Estou refazendo vocês, transformando-os
num povo invencível,
na força irresistível de Deus
para arrasar os pagãos.
Vocês apresentarão o despojo deles
como ofertas sagradas ao Eterno,
a riqueza deles para o Senhor da terra.

APOCALIPSE 14.14 — 15.8

O tempo da colheita

14-16 Olhei e fiquei sem fôlego: uma nuvem branca
e alguém parecido com o Filho do Homem sentado
nela. Ele usava uma coroa de ouro e segurava uma
foice afiada. Outro Anjo veio do templo, bradando
Ao Que Está Entronizado na Nuvem: "Use a sua foice
e faça a colheita. É tempo de colheita. A colheita da
terra está no ponto". Aquele Que Está Entronizado na
Nuvem deu um poderoso golpe com a foice e começou
a fazer a colheita na terra.

17-18 Então, outro Anjo veio do templo no céu.
Ele também tinha uma foice afiada. Ainda outro
Anjo, responsável por cuidar do fogo, veio do
Altar. Ele trovejou ao Anjo que tinha a foice afiada:
"Use a sua foice. Faça a colheita na vinha da terra.
As uvas estão prontas para ser colhidas".

19-20 O Anjo usou sua foice, colheu a vindima da
terra e a levou para o lagar, para o gigantesco lagar
da ira de Deus. O lagar ficava fora da Cidade. Assim
que a vindima foi esmagada, sangue escorreu do
lagar, da altura do freio de um cavalo, um rio de
sangue de trezentos quilômetros.

A Canção de Moisés e a Canção do Cordeiro

15 **1** Vi outro sinal no céu, grandioso e de tirar
o fôlego: sete anjos com sete catástrofes —
as últimas catástrofes, a manifestação final da
ira de Deus.

2-4 Vi algo parecido com um mar feito de vidro,
vidro refinado pelo fogo. Levando as harpas de Deus,
vitoriosos sobre a Besta, sua imagem e o número do
seu nome, os salvos estavam de pé no mar de vidro.
Eles cantavam a Canção de Moisés, servo de Deus,
e a Canção do Cordeiro:

Poderosos e maravilhosos são teus atos,
ó Deus, Soberano-Poderoso!
Justos e verdadeiros são teus caminhos,
Rei das nações!
Quem deixará de te temer, ó Deus,
quem deixará de dar glória ao teu nome?
Porque tu, só tu és santo,
todas as nações virão e te adorarão,
porque veem que teus
julgamentos são corretos.

5-8 Então, as portas do templo, a Tenda do
Encontro no céu, foram abertas. Os Sete Anjos,
levando as sete catástrofes, saíram do templo. Eles
estavam vestidos de linho puro e brilhante e usavam
túnicas douradas. Um dos Quatro Animais entregou
aos Sete Anjos sete taças de ouro, transbordando
da ira de Deus, que vive para sempre. Fumaça da
glória e do poder de Deus saía do templo. Ninguém
poderia entrar no templo até que as sete catástrofes
causadas pelos Sete Anjos acontecessem.

SALMOS 148.1-5

148 **1-5** Aleluia!
Louvem o Eterno desde os céus,
louvem-no desde os cumes das montanhas!
Louvem-no, todos vocês, seus anjos,
louvem-no, todos vocês, seus guerreiros!
Louvem-no, Sol e Lua,
louvem-no, vocês, estrelas matutinas!
Louvem-no, altos céus,
louvem-no, nuvens de chuva celestes!
Oh! Que todos louvem o nome do Eterno.
Ele disse uma palavra, e tudo foi feito!

NOTAS

De suas colinas virá o líder
que irá pastorear e governar Israel.
Ele não será arrogante nem embusteiro.
Sua árvore genealógica é antiga e distinta.
Enquanto isso, Israel ficará num lar adotivo
até que as dores de parto tenham passado,
a criança tenha nascido
E os irmãos espalhados retornem
para a família de Israel.
Ele ficará firme na sua função de
pastor-governante pela força do Eterno,
concentrado na majestade
do Eterno Revelado.
E o povo habitará em casas boas e seguras,
pois o mundo inteiro o respeitará –
Pacificador do mundo todo!

5-6 E, se algum assírio violento aparecer
para invadir e perturbar
nossa terra, não se preocupem.
Nós o poremos no seu lugar de novo.
Vamos mandá-lo embora
e vigiar todos os seus movimentos.
O governo do pastor será estendido
até onde for necessário,
até a Assíria e a todos os homens
violentos de Ninrode.
Nosso pastor-governante vai nos salvar
de inimigos, antigos ou novos,
de qualquer um que invadir
ou perturbar nossa terra.

7 O grupo seleto e purificado de Jacó será
como uma ilha num mar de povos.
Eles serão como o orvalho
que vem do Eterno,
como chuvas de verão
Que escapam à previsão do tempo,
não sujeitas a conjecturas
nem controle.

8-9 Sim, o grupo seleto e purificado de Jacó será
como uma ilha num mar de povos.
Como o rei das feras entre feras selvagens,
como um leão novo solto no meio
de um rebanho de ovelhas,
Que mata e devora os cordeiros,
sem que ninguém consiga segurá-lo.
Com os braços levantados em triunfo
sobre os adversários,
verá que seus inimigos já não existem.

☐ DIA 358 ___/___/___

MIQUEIAS 5.1 — 7.20

**O líder que vai governar
e pastorear Israel**

5 ¹ Mas, no momento, prepare-se para o pior,
minha filha!
O cerco contra você já está armado.
Eles humilharão o rei de Israel,
esbofeteando-o como uma boneca
de pano velho.

2-4 Mas você, Belém, na terra de Judá,
o restinho da sujeira:

10-15 "Está chegando o dia
— decreto do Eterno —
Em que não haverá mais guerras. Nenhuma.
Vou massacrar seus cavalos e destruir
os carros de guerra.
Vou arrasar seus postos avançados
e demolir suas fortalezas.
Vou acabar com o mercado negro da religião,
com o mundo subterrâneo da magia negra.
Vou esmigalhar seus deuses
esculpidos e fundidos
e derrubar seus postes fálicos.
Chega de assumir o controle do mundo,
de adorar o que vocês fazem ou fabricam.
Vou arrancar com raiz e tudo
seus centros sagrados de sexo e poder
e destruir os que desafiam Deus.
Com o fogo da minha ira, vou varrer do mapa
as nações pagãs que não me
deram ouvidos".

O que Deus procura

6 **1-2** Ouçam agora, ouçam o Eterno:

"Tomem assento no tribunal.
Se vocês têm uma queixa,
apresentem-na aos montes;
apresentem sua causa às colinas.
E agora, montes, ouçam a causa do Eterno:
ouça, Terra — você é o júri.
Pois estou apresentando
as acusações contra meu povo.
Estou preparando o processo contra Israel.

3-5 "Gente querida, o que eu fiz
de errado a vocês?
Por acaso os sobrecarreguei, ou esgotei a
paciência de vocês? Respondam-me!
Livrei vocês de uma existência infeliz no Egito;
paguei um preço razoável
para tirar vocês da escravidão.
Enviei Moisés para conduzir vocês,
e Arão e Miriã com ele.
Lembram-se de que o rei Balaque
tramou contra vocês
e de como Balaão, filho de Beor,
virou a mesa contra ele?
Lembrem-se de todas as histórias
sobre Sitim e Gilgal.
Mantenham frescos na memória
todos os episódios de livramento".

6-7 Como posso ficar de pé diante do Eterno
e mostrar o devido respeito ao Deus Altíssimo?
Devo levar uma braçada de sacrifício
e no topo um bezerro de um ano?
Será que o Eterno se impressionaria
com mil carneiros
ou com tonéis de azeite de oliva?
Será que ele ficaria comovido
se eu sacrificasse meu primeiro filho,
meu bebê precioso, para cancelar
meu pecado?

8 Mas ele já deixou claro como devemos
viver: o que fazer,
o que ele procura em homens e mulheres.
É muito simples: Façam o que é
correto e justo ao próximo,
sejam compassivos e leais em seu amor
E não se levem tão a sério —
levem o Eterno a sério.

9 Atenção! O Eterno está fazendo um
pronunciamento à cidade!
Se sabem o que é bom
para vocês, tratem de ouvir.
Ouçam, todos vocês!
O assunto é sério.

10-16 Vocês esperam que eu faça vista
grossa para a riqueza obscena
acumulada por meio de trapaças e fraudes?
Pensam que vou tolerar negócios obscuros
e planos maquiavélicos?
Estou cansado dos ricos violentos
que forçam a passagem
com blefes e mentiras.
Estou cheio! Acabou a farra de vocês!
Vocês vão pagar pelos seus pecados,
até o último centavo.
Não importa quanto ajuntem,
nunca é suficiente —
estômago oco, coração vazio.
Não importa quanto se esforcem,
não vão ter nada para mostrar —
vida falida, alma desperdiçada.
Vocês vão plantar grama,
mas nunca terão um gramado.
Vocês vão fazer geleia,
mas nunca a passarão no pão.
Vocês vão espremer laranjas,
mas não beberão seu suco.

DIA 358

Vocês têm vivido segundo
os padrões do seu rei, Onri,
o estilo de vida decadente
da família de Acabe.
Vocês seguem o manual deles cegamente,
por isso vou levá-los à falência.
Seu estilo de vida vai virar chacota:
uma piada sem graça.
Sua maneira de viver será
considerada fútil e falsa."

Esperem para ver o que o
Eterno vai fazer

7¹⁻⁶Estou dominado pela tristeza!
Afundado num pântano de desespero!
Sou como alguém que vai à horta
para colher couve, cenouras e milho
E volta de mãos vazias:
não acha nada para pôr na sopa ou na salada.
Não há uma única pessoa decente à vista.
Os seres humanos de vida correta
estão extintos.
Estão todos atrás do sangue uns dos outros,
como animais de rapina,
caçando uns aos outros.
Todos se tornaram especialistas em maldades.
Líderes corruptos exigem propinas.
Os ricos poderosos
fazem questão de obter o que querem.
Os melhores e mais sábios são
como espinhos.
Os que chegaram ao topo são uma praga.
Mas chegou a hora do teste.
Vejam como saem de fininho:
caíram em desgraça!
Não confie no seu vizinho,
não faça confidências ao seu amigo.
Tome cuidado com o que diz,
até mesmo à sua esposa.
Bairros e famílias estão se esfacelando.
Quanto mais próximos estão
— filhos, filhas, sogros —,
Piores conseguem ser.
Sua família é seu inimigo.

⁷Mas, quanto a mim, não desisto.
Estou esperando para ver o que
o Eterno vai fazer.
Espero em Deus, para ver como
ele vai consertar tudo isso.
Estou contando que Deus vai me ouvir.

Abrindo as asas

⁸⁻¹⁰Ei, inimigo, não grite de alegria!
Estou no chão, mas não estou
fora de combate.
Estou sentado no escuro agora,
mas o Eterno é a minha luz.
Consigo suportar a punição do Eterno.
Eu a mereço — eu pequei.
Mas isso não vai durar para sempre.
Ele está do meu lado
e vai me tirar desta situação.
Ele vai acender a luz e me mostrar o caminho.
Ainda vou enxergar a situação por inteiro
e constatar que ele está certo.
Meu inimigo verá isso também,
e sairá desacreditado, sim, cairá em desgraça.
Esse inimigo que ficou me importunando:
"Então, cadê esse seu Eterno?".
Vou ver tudo isso com estes olhos —
meu inimigo em desgraça,
como lixo na sarjeta.

¹¹⁻¹³Oh, que dia será aquele!
Um dia para reconstruir a cidade,
um dia para estender os braços
e abrir as asas!
Todos os que foram dispersos voltarão,
velhos amigos e familiares,
dos lugares mais distantes,
Da Assíria, no leste, e do Egito, no oeste,
do outro lado dos mares e das montanhas.
Mas haverá uma reviravolta nos outros
lugares, um despovoamento maciço
por causa da forma em que viveram,
dos atos que praticaram.

¹⁴⁻¹⁷Pastoreia, ó Eterno, o povo do teu cajado,
teu rebanho querido e precioso,
Unicamente teu no pomar
que está no meio de férteis pastagens!
Que eles pastem na viçosa Basã,
como nos bons tempos
da verdejante Gileade!
Faz de novo os sinais e maravilhas
do nosso êxodo do Egito.
Quanto às nações pagãs, põe-nas no seu lugar —
humilhadas na sua arrogância,
sem fala e sem rumo.
Faz que se esquivem como cobras,
que rastejem como baratas,
que saiam de seus buracos debaixo das pedras

Para enfrentar o Eterno.
> Que sejam tomadas por teu santo
> temor e tremor.

18-20 Onde está o deus que pode ser comparado a ti —
> que esquece a culpa do passado,
> Que torna o olho cego e o ouvido surdo
> para os pecados passados desse povo
> purificado e precioso?
> Tu não alimentas tua ira nem permaneces
> indignado por muito tempo,
> pois a misericórdia é tua especialidade.
> É isso o que mais amas.
> E a compaixão já está vindo ao nosso encontro.
> Tu vais eliminar nossos maus atos
> E jogar nossos pecados no fundo do oceano.
> Vais cumprir a promessa
> que fizeste ao nosso pai Jacó
> e demonstrar a compaixão que tiveste
> para com nosso avô Abraão —
> Enfim, tudo que prometeste
> aos nossos antepassados,
> há muito tempo.

APOCALIPSE 16.1-21

As sete catástrofes

16 ¹Ouvi uma voz de comando, vinda do templo, aos Sete Anjos: "Comecem! Derramem sobre a terra as sete taças da ira de Deus".

²O primeiro Anjo derramou sua taça sobre a terra: feridas repugnantes e malcheirosas brotaram no corpo dos que tinham a marca da Besta e adoraram sua imagem.

³O segundo Anjo derramou sua taça sobre o mar: o mar se tornou em sangue, e tudo que havia nele morreu.

4-7 O terceiro Anjo derramou sua taça sobre os rios e fontes: as águas se tornaram em sangue, e ouvi o Anjo das Águas dizer:

> Tu és justo, e teus julgamentos são justos,
>   Aquele Que É, Aquele Que Era, o Santo.
> Eles derramaram o sangue dos santos e profetas;
>   então, você lhes deu sangue para beber —
>   eles receberam o que merecem!

Então, eu ouvi o Altar dizer:

> Sim, ó Deus, Soberano-Poderoso!
> Teus julgamentos são verdadeiros e justos.

8-9 O quarto Anjo derramou sua taça sobre o Sol: fogo saiu do Sol e queimou homens e mulheres. Queimados e feridos, eles amaldiçoaram o nome de Deus, que era o responsável pelos desastres. Eles se recusaram a arrepender-se, recusaram-se a honrar Deus.

10-11 O quinto Anjo derramou sua taça sobre o trono da Besta: seu reino repentinamente entrou em declínio. Enlouquecidos pela dor, homens e mulheres mordiam a própria língua, amaldiçoando o Deus do céu por causa de seus tormentos e feridas, mas não se arrependeram nem mudaram seus caminhos.

12-14 O sexto Anjo derramou sua taça sobre o grande rio Eufrates, que secou por completo. O leito seco do rio tornou-se uma ótima estrada para os reis do Oriente. Da boca do Dragão, da Besta e do Falso Profeta, vi sair três demônios imundos, parecidos com sapos — os espíritos demoníacos que realizam sinais. Eles vão atrás dos reis do mundo, a fim de deixá-los preparados para a batalha no Grande Dia de Deus, o Soberano-Poderoso.

¹⁵ "Vigiem! Eu venho sem aviso, como um ladrão. Espero que estejam acordados e vestidos, prontos para me receber. Mas será muito ruim se forem encontrados correndo pelas ruas, sem roupa e envergonhados."

¹⁶ Os sapos demônios reuniram os reis no lugar chamado, em hebraico, Armagedom.

17-21 O sétimo Anjo derramou sua taça no ar: do trono do templo veio um grito: "Pronto!", seguido de relâmpagos, brados, trovões e um terremoto colossal — tão devastador como nunca houve desde o início dos tempos. A Grande Cidade se dividiu em três partes, cidades no mundo inteiro ficaram em ruínas. A Grande Babilônia teve de beber do vinho da ira de Deus. Sim, Deus se lembrou de entregar a taça a ela! Todas as ilhas fugiram, e nenhuma montanha foi encontrada. Choveram enormes pedras de granizo, que esmagavam e despedaçavam homens e mulheres, enquanto eles amaldiçoavam Deus por causa do granizo, um desastre de proporções épicas.

SALMOS 148.6

⁶Ele os estabeleceu, cada um em seu lugar,
> desde todos os tempos até a eternidade.
> Ele deu as ordens,
> e pronto!

 NOTAS

DIA 359

1170

As nuvens carregadas são o pó
que ele sacode dos pés.
Ele grita ao mar, e este seca.
Todos os rios evaporam.
Os montes de Basã e do Carmelo se encolhem,
os pomares do Líbano murcham.
As montanhas tremem nas suas fundações,
colinas se dissolvem em
planícies lamacentas.
A terra treme por temor ao Eterno.
O mundo inteiro entra em pânico.
Quem pode enfrentar essa ira crescente?
Quem pode suportar essa fúria impetuosa?
Sua ira se espalha como um rio de lava,
sua fúria esmigalha blocos de pedra.

7-10 O Eterno é bom,
um lugar de refúgio em tempos difíceis.
Ele reconhece e recebe
qualquer um que busque ajuda,
Não importa o tamanho do problema.
Mas as ilhas confortáveis de escape
Ele apaga do mapa.
Ninguém escapa de Deus.
Por que desperdiçar tempo
conspirando contra o Eterno?
Ele está pondo um fim a todas as conspirações.
Para os que causam problemas,
não haverá segunda chance.
Como um monte de arbustos secos,
Encharcados de óleo,
o incêndio os consumirá.

Um antro de fabricação de mentiras

11 Nínive é um formigueiro
De tramas maldosas contra o Eterno,
Um antro de fabricação de mentiras,
sedução e traição.

12-13 E o Eterno tem algo a dizer sobre tudo isso:
"Mesmo que estejam por cima de tudo,
Recebendo todos os aplausos e votos,
vocês serão arrasados.

"Eu castiguei você, Judá, é verdade,
mas não vou castigá-lo outra vez.
A partir de agora, estou tirando
o jugo do seu pescoço
e transformando-o em gravetos para o fogo.
Estou livrando vocês
das amarras da escravidão".

|||||||||||||||||||||||||||||||||||||||||||||||||

☐ **DIA 359** ___/___/___

NAUM 1.1 — 3.19

O Eterno está falando sério

1 ¹ **U**m relato do problema de Nínive, de como Deus fez Naum, de Elcós, enxergá-lo.

2-6 O Eterno está falando sério.
Com ele não se brinca.
Ele se vinga de seus adversários.
Ele se posiciona contra seus inimigos
de forma impetuosa e violenta.
Mas o Eterno não perde a paciência.
Ele é poderoso, e seu poder é paciente.
Mesmo assim, ninguém passa
por ele sem prestar contas.
Cedo ou tarde, todos pagam o que devem.
Furacões e ciclones
são o rastro de sua passagem,

14Esta é a decisão do Eterno com relação a Nínive:

"Vocês estão no fim da linha.
Está tudo acabado para Nínive.
Estou devastando seu templo.
Seus deuses e deusas vão para a lixeira.
Estou cavando sua sepultura,
uma cova sem nome.
Vocês não são nada — não,
vocês são *menos* que nada!".

15Vejam! Saltando sobre os montes —
um mensageiro traz
a última boa notícia: paz!
Proclame um feriado, Judá! Celebre!
Adore a Deus e renove
seu compromisso com ele!
Não se preocupem mais com *esse* inimigo.
Ele virou história. Podem fechar os livros.

De volta do inferno

2¹**A** força destruidora está chegando!
Sentinelas, aumentem os estoques
de suprimentos!
Ajuntem suas forças,
preparem-se para a grande batalha!

²**O** Eterno restaurou o Orgulho de Jacó,
o Orgulho de Israel.
Israel passou por tempos difíceis.
Foi ao inferno e voltou.

3-12 Armas reluzem ao sol,
os soldados estão esplêndidos
no uniforme de guerra,
Carros polidos e resplandecentes
estão prontos para atacar,
Uma floresta de lanças empunhadas
e letais no horizonte.
Os carros tomam as ruas
e ocupam as praças,
Ardendo como tochas ao sol,
como relâmpagos velozes e flamejantes.
O rei assírio reúne seus
homens para a batalha,
mas eles cambaleiam e tropeçam.
Eles correm para as trincheiras
para barrar a correnteza,
mas já é tarde.
Os soldados arrombam os portões.
O palácio é demolido.

Em breve, tudo estará terminado:
Nínive estará arrasada,
Nínive estará condenada.
Servas e escravos vão gemer como pombas,
gesticulando em desespero.
Nínive é um tonel
do qual foi tirado o tampão.
Ouvem-se gritos: "Façam alguma coisa!
Façam alguma coisa!",
mas já é tarde. Nínive logo estará
vazia — não vai sobrar nada.
Ouvem-se outros gritos: "Saqueiem a prata!
Saqueiem o ouro!
Que eldorado de saques!
Levem tudo que quiserem!".
Condenação! Danação! Desolação!
Corações se escondem,
joelhos se dobram,
estômagos têm ânsia,
rostos empalidecem.
O que aconteceu ao famoso
e feroz leão assírio
E àqueles lindos filhotes assírios?
O que houve com o leão e a leoa,
Tão acomodados com seus filhotes,
tão ferozes e destemidos?
O que houve com o leão
que sempre voltava da caçada
com carne para a leoa e os filhotes,
Com a toca abarrotada
de carne ensanguentada,
de sangue e ossos para o banquete real?

13"**A**ssíria, sou seu inimigo",
diz o Senhor dos Exércitos de Anjos.
"Vou torrar seus carros.
Eles vão se desfazer em chamas.
A Terra dos Leões vai ficar pontilhada
de carcaças.
Acabou o negócio da guerra —
vocês estão sem ação:
não vão mais fazer relatórios de batalhas,
Não vão mais anunciar vitórias.
Vocês estão fora de combate para sempre".

Que as nações saibam a horrível verdade

3¹⁴**C**ondenação para a Cidade do Homicídio —
cheia de mentiras, transbordando de ganhos
ilícitos, viciada na violência!
Cornetas tocando alto, rodas retinindo,
cavalos empinando, carros balançando,

DIA 359

Cavaleiros a galope,
brandindo espadas e lanças,
Cadáveres apodrecendo nas ruas,
corpos empilhados como lenha,
Em todas as sarjetas e ruelas,
obstruindo os cruzamentos!
E prostitutas! Prostitutas incontáveis!
É a Cidade das Prostitutas.
Fatalmente sedutoras,
vocês são a Bruxa da Sedução,
atraindo as nações para a ruína
com seus encantos maléficos.

5-7 "**E**u sou seu inimigo, Prostituta Nínive!
Eu, o Senhor dos Exércitos de Anjos!
Vou arrancar seus sedutores vestidos de seda
e expor você no palco do mundo.
Vou permitir que as nações
saibam a horrível verdade,
que vejam quem você realmente
é e tem sido todo esse tempo.
Vou cobrir você com esterco de cachorro
e colocá-la numa vitrine:
'Cadela em Exibição'.
Todos que virem você vão engasgar e dizer:
'Nínive é um chiqueiro:
O que vimos de especial nela?
Quem daria uma segunda
olhada para ela? Eca!'."

Já passou do ponto de retorno

8-13 **V**ocês acham que são superiores a Tebas, no Egito,
orgulhosamente invencível no rio Nilo,
Protegida por aquele grande rio,
uma muralha de água?
A Etiópia montou guarda ao sul,
o Egito ao norte.
Pute e Líbia, grandes amigos,
estavam preparados a vir em seu socorro.
Mas vocês sabem o que aconteceu com ela:
toda a cidade foi parar
num campo de refugiados,
Seus bebês foram esmagados e mortos
à vista de todos nas ruas,
Seus melhores líderes
foram vendidos em leilão;
suas celebridades, postas em filas, acorrentadas.
Espere o mesmo tratamento, Nínive.
Logo vocês estarão cambaleando como bêbados,
Tentando descobrir o que os atingiu,
procurando um lugar para cair.

Todas as suas fortalezas são como pessegueiros,
suculentos pêssegos maduros,
prontos para ser colhidos.
Uma sacudida na árvore, e eles caem
diretamente em bocas famintas.
Seus guerreiros são uns fracotes.
Vocês são um alvo fácil.
Suas fronteiras são portas
escancaradas, convidando
os inimigos para entrar. E quem vai impedi-los?

14-15 Armazenem água para o cerco.
Reforcem suas defesas.
Voltem ao básico: preparem o barro
e façam tijolos.
Sinto muito: é tarde demais.
O fogo inimigo vai consumir vocês.
As espadas vão cortá-los em pedaços.
Vocês serão mastigados
como folhas por gafanhotos.

15-17 **S**im, como folhas devoradas por gafanhotos –
um destino apropriado,
pois vocês mesmos são uma
praga de gafanhotos.
Vocês multiplicaram lojas e lojistas –
mais consumidores e vendedores
que estrelas no céu.
Uma praga de gafanhotos que limpam a área
e, então, saem voando.
Seus burocratas são gafanhotos,
seus corretores e banqueiros
são gafanhotos.
No começo, estão sempre à sua disposição,
cheios de sorrisos e promessas.
Mas depois, quando vocês aparecem
com uma pergunta ou reclamação,
vão perceber que eles já voaram,
e é impossível achá-los.

18-19 Rei da Assíria! Seus pastores-líderes,
que têm a responsabilidade de cuidar do povo,
Estão ocupados fazendo tudo, menos isso.
Não estão fazendo seu trabalho,
E o povo está espalhado, perdido,
E ninguém se dispõe a ir atrás deles.
Vocês passaram do ponto de retorno.
Sua ferida é fatal.
Quando a história do seu destino
se espalhar por aí,
o mundo inteiro vai aplaudir e pedir: "Bis!".

HABACUQUE 1.1 — 2.11

A justiça virou piada

1 ¹·⁴ **O** problema, conforme Deus o revelou a Habacuque:

Ó Eterno, há quanto tempo estou
clamando por ajuda,
e não me ouves!
Quantas vezes vou ter de gritar:
"Socorro! Assassinato! Polícia!",
até que venhas nos socorrer?
Por que me forças a olhar para o mal,
a encarar os problemas todos os dias?
A anarquia e a violência correm soltas,
há discussões e brigas por todo lugar.
A lei e a ordem viraram pó.
A justiça virou piada.
Os maus paralisaram os que levam
uma vida correta
e viraram a justiça de ponta-cabeça.

Deus diz: "Olhe!"

⁵·¹¹ **O**lhem em volta e vejam as nações pagãs.
Observem com atenção
e preparem-se para um choque.
Algo está por acontecer,
e vocês terão dificuldade para acreditar.
Convoquei os babilônios para castigar vocês;
sim, os babilônios, cruéis e ferozes —
A Babilônia, a grande conquistadora do mundo,
que arranca e espalha nações
a torto e a direito;
Um povo terrível e temível,
que faz as próprias leis ao longo do caminho.
Seus cavalos correm como o vento,
atacam como lobos sedentos de sangue.
O estrondo dos cavalos galopantes
ressoa no ar.
Eles descem como abutres
voando em volta da carcaça.
Eles vêm para matar.
Só têm uma coisa em mente: morte.
Juntam vítimas como os
esquilos juntam nozes.
Eles zombam de reis,
fazem piada de generais,

Cospem nas fortalezas
e as reduzem a pó.
Eles se espalham como o vento.
Atrevidos no pecado,
chamam a força de seu deus."

Por que Deus está em silêncio?

¹²·¹³ **Ó** Eterno, tu és desde a eternidade!
Deus Santo, não vamos morrer, vamos?
Ó Eterno, então escolheste os *babilônios*
para executar teu juízo?
Ó Deus, nossa Rocha Sólida,
deste a *eles* a tarefa da disciplina?
Não podes estar falando sério,
pois não toleras o mal!
Então, por que não fazes alguma coisa?
Por que estás aí em silêncio?
Isso é um ultraje! Homens
maus engolindo os justos,
enquanto ficas apenas *assistindo*!

¹⁴·¹⁶ **T**u estás tratando homens e mulheres
como aos peixes do oceano,
Que nadam sem direção
e não chegam a lugar algum.
E agora vem o cruel babilônio nos pescar!
E vai ser uma boa pescaria.
Ele vai encher o cesto —
um belo dia para pescar, e ele vai
ficar contente.
Vai atribuir o bom desempenho
à sua vara e à sua linha,
depois depositará o equipamento de pesca
sobre um altar, num gesto de adoração!
Afinal, ele ganhou o dia
e vai comer bem à noite.

¹⁷ **E** vais permitir que isso continue acontecendo,
sem interrupção?
Vais permitir que o pescador babilônio
Nos pesque como se fosse
um pescador de fim de semana,
matando pessoas como se
fossem peixes?

2 ¹ **O** que Deus vai me responder?
Estou preparado para o pior.
Vou subir à torre de vigia
e vasculhar o horizonte.
Vou esperar para saber o que ele vai dizer,
como ele vai responder à minha queixa.

DIA 359

Cheio de si, mas de alma vazia

²⁻³ E o Eterno respondeu: "Escreva isto,
escreva o que você está vendo.
Escreva isso em letras blocadas bem grandes,
para que possam ser lidas
até por quem passa correndo.
Essa mensagem é um testemunho
de algo que está para acontecer.
Ela aguarda ansiosamente algo
que está por vir — mal consegue esperar!
E não mente.
Se parecer que está demorando, espere.
Já está a caminho. Vai chegar na hora exata".

⁴ "Olhe para aquele homem inchado de presunção —
cheio de si, mas de alma vazia.
Mas a pessoa que anda direito diante de Deus,
com uma fé sincera e firme,
essa vive plenamente, está *realmente* viva.

⁵⁻⁶ "Observem bem: o dinheiro é enganoso.
Os ricos arrogantes não duram para sempre.
Eles estão mais famintos por dinheiro
que o túmulo por cadáveres.
Como a morte, eles sempre querem mais,
e o que obtêm são mais cadáveres.
São cemitérios cheios de nações mortas —
cemitérios repletos de cadáveres.
Nem percam tempo pensando em pessoas assim.
Logo o mundo inteiro vai zombar delas:

⁶⁻⁸ " 'Quem vocês pensam que são,
enriquecendo por meio da extorsão e do roubo?
Por quanto tempo acham que
vão ficar impunes?'
Aliás, quanto tempo até que
suas vítimas acordem,
se levantem e façam de *vocês* as vítimas?
Vocês saquearam nação após nação.
Agora vão experimentar
do próprio veneno.
Todos os sobreviventes estão aí para saquear vocês,
Uma retribuição por todos os seus
homicídios e massacres.

⁹⁻¹¹ "Quem vocês pensam que são,
roubando e saqueando
despreocupadamente,
Vivendo no luxo, agindo como os maiorais,
fazendo de conta que estão
acima da lei e dos problemas?

Vocês arquitetaram a ruína da sua própria casa.
Quando arruinaram os outros,
arruinaram vocês mesmos.
Vocês minaram as próprias fundações,
corromperam a própria alma.
Os tijolos das suas casas vão acusar vocês.
O madeiramento vai apresentar as evidências.

APOCALIPSE 17.1-18

A grande Babilônia, mãe das prostitutas

17 ¹⁻² Um dos Sete Anjos que levavam as sete taças
me convidou: "Venha! Vou mostrar a você o julgamento da grande Prostituta que tem um trono na
água, a Prostituta com quem os reis da terra se pros-
tituem. Vou mostrar a você o julgamento sobre os
moradores da terra que bebem da libertinagem dela".
³⁻⁶ No Espírito, ele me transportou para o
deserto. Vi uma mulher montada numa Besta
escarlate. Cheia de blasfêmias, a Besta tinha sete
cabeças e dez chifres. A mulher estava vestida de
púrpura e escarlate, enfeitada com ouro, pedras preciosas e pérolas. Segurava um cálice de ouro cheio de
obscenidades degradantes, sua imoralidade imunda.
Um nome enigmático estava estampado em sua testa:
A GRANDE BABILÔNIA, MÃE DAS PROSTITUTAS E
DAS ABOMINAÇÕES DA TERRA. Eu podia ver que a
mulher estava embriagada — com o sangue do povo
santo de Deus, dos mártires de Jesus!
⁶⁻⁸ Assustado, esfreguei os olhos. Balancei a cabeça, espantado. O Anjo disse: "Isto surpreende você?
Permita-me dizer o enigma da mulher e da Besta que
ela cavalga, a Besta com sete cabeças e dez chifres.
A Besta que você viu já foi, não existe mais e está
prestes a ir do Abismo direto para o Inferno. Os habitantes da terra cujos nomes não estavam escritos
desde a fundação do mundo no Livro da Vida vão
ficar deslumbrados quando virem a Besta que já foi,
que não existe mais e que está para vir.
⁹⁻¹¹ "Raciocinem. As sete cabeças são sete colinas;
elas estão onde a mulher se assenta. São também sete
reis: cinco mortos, um vivo e o outro que ainda não
está aqui e, quando vier, seu tempo será breve. A Besta
que já foi e que não existe mais é, ao mesmo tempo,
o oitavo e um dos sete, e está destinada ao Inferno.
¹²⁻¹⁴ "Os dez chifres que você viu são dez reis,
mas eles não estão ainda no poder. Eles chegarão ao
poder no reinado da Besta escarlate, mas não por
muito tempo — será um reinado *muito* breve.
Esses reis vão concordar em transferir seu poder
e sua autoridade para a Besta. Eles vão à guerra

contra o Cordeiro, mas o Cordeiro irá derrotá-los, provando que é Senhor sobre todos os senhores, Rei sobre todos os reis, e os que estão com ele serão os chamados, escolhidos e fiéis".

15-18 O Anjo continuou: "As águas que você viu, onde está o trono da Prostituta, são pessoas, povos, nações e línguas. E os dez chifres que você viu na Besta vão se voltar contra a Prostituta. Com ódio, irão violentá-la, deixá-la sem roupas, rasgá-la com os dentes e atear fogo nela. Foi Deus que lhes pôs na cabeça a ideia de transferir o domínio para a Besta até que as palavras de Deus sejam cumpridas. A mulher que você viu é a Grande Cidade, que tiraniza os reis da terra".

SALMOS 148.7-12

7-12 Louvem o Eterno desde a terra,
  vocês, dragões do mar; vocês profundezas
    insondáveis dos oceanos;
Fogo e granizo, neve e gelo,
  furacões obedientes às suas ordens;
Montanhas e todas as colinas,
  pomares de macieiras e florestas de cedros;
Animais selvagens e manadas de gado,
  cobras e pássaros em voo;
Os reis da terra e todas as raças,
  líderes e pessoas importantes;
Homens e mulheres na flor da idade,
  e, sim, os de barba branca e as criancinhas.

◼ NOTAS

☐ DIA **360** ___/___/___

HABACUQUE 2.12 — 3.19

12-14 "Quem vocês pensam que são,
  construindo uma vila sobre homicídios,
    uma cidade sobre crimes?
Não sabem que o Senhor
  dos Exércitos de Anjos
    faz que disso resultem apenas cinzas?
Não sabem que, quanto mais trabalharem
  usando esses métodos, menos essência terão?
Enquanto isso, a terra se enche
  da percepção da glória do Eterno,
    assim como as águas cobrem o mar.

15-17 "Quem vocês pensam que são,
  convidando os vizinhos para suas festas,
Com bebida à vontade,
  enredando-os nas suas orgias?
Acham que isso é diversão?
  Errado! É o chamariz da desgraça.
Durante todo o tempo em que vocês bebiam,
  estavam bebendo da taça da ira do Eterno.
Vocês vão acordar com a cabeça latejando,
  caída de lado por causa
    da violência contra o Líbano,
Caída por causa dos massacres dos animais,
  por causa dos homicídios e das mutilações,
Das múltiplas violações
  ao lugar e ao povo.

18-19 "Que utilidade tem um deus esculpido
  tão habilmente por seu escultor?
Que vantagem tem um deus de metal fundido,
  se tudo que diz é mentira?
Que sentido há em ser um religioso
  fabricante de deuses
    que nem sabem falar?

DIA 360

Quem vocês pensam que são,
  dizendo a um pedaço de pau: 'Acorde!',
Ou a uma pedra muda: 'Levante-se!'?
  Eles podem ensinar a vocês alguma coisa?
Não há neles nada a não ser aparência.
  Não há nada no seu interior.

²⁰ "Mas o Eterno está no seu santo templo!
  Quietos, todos – façam silêncio santo e ouçam!".

Deus cavalga na crista das ondas

3¹⁻² **U**ma oração de Habacuque, com orquestra:

Ó Eterno, ouvi o que nossos
  antepassados disseram de ti.
  Fiquei paralisado e caí de joelhos.
Faz entre nós o que fizeste entre eles.
  Opera entre nós como operaste entre eles.
E, quando executares algum juízo,
  o que é necessário,
  Lembra-te também da tua misericórdia.

³⁻⁷ **O** Eterno está a caminho outra vez,
  refazendo a antiga rota da salvação.
Vindo do sul através de Temã,
  o Santo vem do monte Parã.
Os céus resplandecem com seu brilho,
  louvores ressoam por toda a terra,
A claridade das nuvens, como a aurora,
  explode e se expande,
  relâmpagos saem da sua mão –
  que poder escondido nesse punho!
A praga marcha adiante dele,
  a peste segue seu calcanhar!
Ele para e sacode a Terra.
  Ele olha em volta, e as nações tremem.
Montanhas antigas viram farelo,
  e velhas colinas desmoronam
  como um balão murcho.
Os caminhos que Deus escolhe são mais antigos
  que montanhas e colinas
  dos tempos passados.
Olhei e vi todos preocupados, em pânico:
  Cuchã e Midiã, velhos adversários do deserto,
Estavam aterrorizados,
  torcendo para que ele não os visse.

⁸⁻¹⁶ **Ó** Eterno, é do rio que estás com raiva?
  Estás irado contra o velho rio?
Teu furor era contra o mar, quando cavalgaste
  com teus cavalos e carros vencedores?

Estendeste teu arco
  e atiraste uma aljava de flechas.
Tu repartiste a Terra com rios.
As montanhas viram
  o que estava para acontecer
  e se contorceram de dor.
As águas da enchente desceram.
  O oceano rugiu e levantou ondas enormes.
O Sol e a Lua pararam nas suas órbitas.
  Tuas flechas reluzentes os interromperam,
  tuas lanças de fogo os atingiram.
Irado, marchaste pela terra.
  Furioso, esmagaste as nações pagãs.
Saíste para salvar teu povo,
  para salvar teu povo
  especialmente escolhido.
Aplicaste uma surra
  no Rei da Maldade,
Deixaste-o nu da cabeça aos pés,
Suspendeste sua cabeça na mesma
  lança que ele usava,
  e eliminaste o exército dele.
Eles foram espalhados pelos quatro ventos –
  e viraram comida de tubarão!
Galopaste pelo mar sobre teus cavalos,
  cavalgando apressado sobre
  a crista das ondas.
Quando ouvi isso, meu estômago revirou.
  Balbuciei e gaguejei,
E meus ossos viraram água.
  Balbuciei e gaguejei de novo
E me sentei para aguardar o dia do juízo,
  que descerá sobre os que nos atacaram.

¹⁷⁻¹⁹ **M**esmo que não haja figos na figueira,
  e as uvas nas videiras não amadureçam;
Mesmo que não se colham azeitonas,
  e os campos de trigo não produzam;
Mesmo que os apriscos estejam sem ovelhas
  e as estrebarias sem gado,
Desde já cantem louvor jubilante ao Eterno.
  Pulando de alegria diante
  de Deus, meu Salvador.
Por saber que o governo
  do Eterno será vencedor,
  sinto-me fortalecido e encorajado.
Corro como um cervo
  e me sinto o rei do mundo!

(Para canto congregacional,
  com orquestra completa).

SOFONIAS 1.1 — 3.20

Ninguém mais pensa em Deus nem ora a ele

1 ¹ **M**ensagem do Eterno a Sofonias, filho de Cuchi, filho de Gedalias, filho de Amarias, filho de Ezequias. Ela veio a ele durante o reinado de Josias, filho de Amom, que era o rei de Judá:

² "Vou fazer uma limpeza na terra,
uma faxina geral na casa". É o decreto do Eterno.

³ "Homens, mulheres e animais,
incluindo as aves e os peixes;
Qualquer coisa que cause o pecado será destruída,
mas especialmente as pessoas".

⁴⁻⁶ "**V**ou começar com Judá
e todos os que vivem em Jerusalém.
Vou varrer até eliminar o último vestígio
dos santuários do sexo
e da religião de Baal e seus sacerdotes.
Vou eliminar aqueles que sobem
às escondidas ao terraço, à noite,
para adorar os deuses e deusas-estrelas,
E também aqueles que adoram o Eterno,
mas tentam se garantir adorando outros deuses,
Sem falar dos que abandonaram
o Eterno de vez
e não pensam mais nele,
nem sequer oram mais".

⁷⁻¹³ "**S**ilêncio agora!
Silêncio e reverência diante de mim,
o Eterno, o Senhor!
O tempo acabou. O dia do juízo está próximo:
O dia santo está marcado,
os participantes já foram santificados.
No dia santo, o dia do juízo do Eterno,
castigarei os líderes e os filhos dos reis.
Castigarei os que se vestem como sacerdotes
e sacerdotisas estrangeiros
e introduzem orações e práticas pagãs.
E castigarei todos os que importam
superstições pagãs
e transformam os lugares santos
em buracos do inferno.
É dia do juízo!" – decreto do Eterno.
"Gritos de pânico vêm da Porta do Peixe,
Gritos de terror do Segundo Distrito da cidade,
sons de grande estrondo das colinas!

Lamentem, vendedores da rua do Mercado!
Fazer dinheiro está com os dias contados.
O deus Dinheiro está morto.
No dia do juízo,
vou revirar cada canto
e cada ruela de Jerusalém.
Vou achar e castigar os gordos e preguiçosos,
que estão sentados,
divertindo-se e relaxando.
Eles pensam: 'O Eterno não faz nada,
nem bem nem mal.
Ele não está envolvido nisto nem nós'.
Mas esperem para ver. Eles vão perder
tudo que possuem:
dinheiro, casa e terra.
Eles construirão casas, e nunca morarão nelas.
Plantarão vinhas, mas nunca
experimentarão o vinho".

Escuridão ao meio-dia

¹⁴⁻¹⁸ "**O** grande dia do juízo do Eterno está quase aí.
É hora da contagem regressiva:
'... sete, seis, cinco, quatro...'
Gritos amargos e estridentes
se ouvirão no dia do juízo,
até homens fortes gritarão por socorro.
O dia do juízo é dia de pagamento –
minha ira é paga:
um dia de aflição e angústia,
um dia de condenação catastrófica,
um dia de escuridão ao meio-dia,
um dia de carregadas nuvens negras,
um dia de gritos de guerra horripilantes,
enquanto as fortalezas são atacadas
e as defesas são esmagadas.
Vou tornar as coisas tão horríveis
que eles nem saberão quem os feriu.
Eles vão andar por aí às
apalpadelas, como cegos.
Eles pecaram contra o Eterno!
O sangue deles vai ser derramado
como a água da louça,
suas entranhas vão ser juntadas com pás.
Nem pensem que poderão pagar
para sair dessa enrascada.
Seu dinheiro não vale nada nesse caso.
Esse é o dia do juízo do Eterno – da minha *ira*!
Eu me *importo* com o pecado, e meu zelo
É um fogo para consumir o mundo corrompido,
um incêndio incontrolável
sobre os que se corrompem".

DIA 360

Busquem o Eterno

2 **1-2** Portanto, preparem-se. Aprumem-se!
Vocês são uma nação que não sabe o que quer.
Façam isso antes de serem
soprados para longe,
como folhas na tempestade,
Antes que a ira do juízo do Eterno
caia sobre vocês,
Antes que a ira do dia do juízo do Eterno
desça com força total.

2-3 Busquem o Eterno, todos vocês,
que promovem a paz com disciplina,
que vivem segundo a justiça do Eterno.
Busquem as estradas retas do Eterno.
Busquem uma vida pacífica e disciplinada.
Talvez assim sejam poupados
no dia da ira do Eterno.

Os deuses terrenos desaparecerão

4-5 Gaza está agendada para demolição,
Asdode será varrida ao meio-dia,
Ecrom vai ser arrancada com raiz e tudo.
Condenação para os povos da beira do mar,
para o povo marítimo de Creta!
A Palavra do Eterno é má notícia para vocês
que se estabeleceram em Canaã,
o território filisteu:
"Vocês estão destinados à destruição –
não haverá sobreviventes!".

6-7 As terras dos homens do mar
se transformarão em pastagem.
Um território de pastores e de ovelhas,
será posse do que restar da família de Judá.
Dia após dia, eles vão pastorear à beira-mar
e à noite vão dormir em Ascalom.
O próprio Eterno vai olhar por eles.
Ele vai tornar as coisas
tão boas como eram antes.

8-12 "Ouvi os insultos de Moabe,
as zombarias espalhadas por Amom,
As expressões grosseiras que usaram
para desdenhar do meu povo;
ouvi seu andar pomposo e altivo
ao longo da fronteira de Israel.
Por isso, tão certo como
eu sou o Deus vivo",
diz o Senhor dos Exércitos de Anjos,
o Deus pessoal de Israel,

"Moabe vai se tornar uma ruína,
como Sodoma;
Amom, uma cidade-fantasma,
como Gomorra.
Uma será um campo de pedras;
a outra, uma planície
salgada e estéril,
uma devastação para sempre.
Os sobreviventes do meu povo é que
vão acabar com eles,
vão tirar tudo deles e derrotá-los.
É isso que receberão por sua arrogância,
por insultarem e zombarem do povo
do Senhor dos Exércitos de Anjos.
O Eterno se apresentará de maneira
terrível – um Terror Santo.
Todos os deuses terrenos
vão murchar e desaparecer;
E todos, não importa onde estiverem,
perto ou longe,
vão se jogar ao chão e adorá-lo.
Até vocês, etíopes:
vocês também vão morrer –
vou cuidar para que isso aconteça".

13-15 Então, o Eterno vai atingir o norte
e destruir a Assíria.
Ele vai devastar Nínive,
torná-la seca e sem árvores
como o deserto.
Uma cidade-fantasma,
um antro de animais selvagens,
Nínive será abrigo de raposas e coiotes –
eles vão dormir em suas ruínas.
Corujas vão piar nas janelas,
corvos vão grasnar nas entradas –
todo aquele belo madeiramento
será um poleiro para as aves.
Seria essa a famosa Cidade da Diversão
que fez tudo isso,
Que se orgulhava, dizendo:
"Sou a cidade número um!
Sou a maioral!"?
Por que, então, o lugar está deserto,
uma toca de animais selvagens?
Os caminhantes mal olham para ela.
Se olham, fazem um gesto de desprezo.

A Cidade do Esgoto

3 **1-5** Destruição para a cidade rebelde,
a casa dos opressores – Cidade do Esgoto!

A cidade que não aceitou conselho,
que não aceitou correção,
Que não confiou no Eterno,
Que não se aproximou nem mesmo de seu deus!
Seus líderes
são leões ávidos.
Seus juízes são lobos cinzentos vorazes,
que espreitam todas as manhãs
uma nova presa.
Seus profetas estão atrás
do que conseguem ganhar:
são oportunistas – não dá para confiar neles.
Seus sacerdotes profanam o santuário
e usam as leis de Deus como arma
para mutilar e matar almas.
Mas o Eterno continua justo no meio deles,
intocado pelo mal.
Ele continua empenhado, dia após dia,
em praticar a justiça.
À noite, continua insistindo nisso,
com determinação maior ainda.
Mas mulheres e homens
maus, sem consciência
nem vergonha, persistem na maldade.

⁶ "Assim, eliminei as nações pagãs.
Derrubei seus postos de defesa,
Enchi suas estradas com entulho
para que ninguém possa passar.
Suas cidades são ruínas destroçadas,
inabitáveis e inabitadas.

⁷ "Pensei: 'Com certeza eles vão me honrar agora,
aceitar minha disciplina e minha correção,
Buscar um escape das dificuldades
em que se encontram,
achar alívio do castigo que estou trazendo'.
Mas isso não os incomodou. De manhã cedo,
lá estavam eles fazendo tudo de novo.

⁸ "Bom, se é isso que vocês querem, é só esperar".
É o decreto do Eterno.
"Sua audiência no tribunal está chegando,
mas lembrem-se de que eu estarei lá
para apresentar as provas.
Levarei todas as nações para a sala do tribunal,
ajuntarei todos os reinos,
E farei que sintam o ímpeto da minha fúria,
a minha ira intensa.
Meu zelo é um fogo
que vai purificar a terra".

Deus está no comando e no centro

⁹⁻¹³ "No final, vou mudar a situação do povo.
Vou dar uma língua sem falsidade
e sem maldade,
Palavras a serem dirigidas
ao Eterno em adoração.
E, unidos, eles me servirão
com todo entusiasmo.
Eles virão de longe, do outro lado
dos rios da Etiópia,
orando pelo caminho.
Meu povo, que estava espalhado e exilado,
voltará para casa com ofertas de adoração.
Vocês já não terão de se envergonhar
de todos aqueles atos de rebeldia.
Eu terei eliminado seus líderes arrogantes.
Aquele andar pomposo na minha
santa colina não existirá mais!
Vou deixar um núcleo de pessoas entre vocês
que são pobres de espírito –
O que restou de Israel e que é o
verdadeiro Israel.
Eles farão do Eterno seu refúgio.
Esse núcleo de pessoas santas
não se entregará à prática do mal.
Eles não mentirão
nem usarão palavras para bajular
ou seduzir.
Estarão satisfeitos com o que são
e com o lugar em que estão.
Sem aflições, viverão em paz".

¹⁴⁻¹⁵ Portanto, cante, Filha Sião!
Celebre, Israel!
Filha Jerusalém,
alegre-se! Faça festa!
O Eterno reverteu o juízo que havia
pronunciado contra você
e deixou os inimigos a ver navios.
A partir de agora, o Eterno é o rei de Israel,
ele está no comando e no centro de tudo.
Não há mais o que temer do mal,
nunca mais!

Deus está presente entre vocês

¹⁶⁻¹⁷ Então, dirão a Jerusalém:
"Não tenha medo.
Preciosa Sião,
não se desespere.
Seu Eterno está presente entre vocês,
o Guerreiro forte pode salvá-la.

DIA 360 1180

Feliz por você ter voltado,
ele irá acalmá-la com seu amor
e alegrá-la com suas belas canções".

18-20 "As tristezas acumuladas no exílio
vão desvanecer.
Eu, o Eterno, vou eliminá-las para vocês.
Vocês já carregaram esse peso
por tempo suficiente.
Ao mesmo tempo,
vou me livrar de todos
os que tornaram a vida
de vocês miserável.
Vou curar os mutilados;
vou trazer para casa
os desabrigados.
Nos países em que foram odiados,
agora serão venerados.
No dia do juízo,
vou trazer vocês de novo para casa –
uma grande reunião de família!
Vocês serão famosos e honrados
em todo o mundo.
Vocês verão isso com os próprios olhos –
todas aquelas tristes despedidas
transformadas em reencontros!".
É a promessa do Eterno.

APOCALIPSE 18.1-17

O castigo da Grande Babilônia

18 **1-8** **E**m seguida, vi outro Anjo descer do céu. Sua autoridade era imensa, seu brilho ofuscou a terra e sua voz parecia um trovão:
"Caiu, caiu! A Grande Babilônia caiu!
Uma cidade-fantasma para os
demônios foi o que restou!
Um lugar para os espíritos imundos,
lugar para aves repugnantes.
Todas as nações beberam o
vinho forte de sua prostituição;
os reis da terra se
prostituíram com ela;
os empresários que a exploravam
fizeram milhões".

Então, ouvi outro brado do céu:

"Saia, povo meu, o mais rápido que puder,
para que você não se misture
com os pecados dela,

para que você não seja
apanhado no juízo dela.
O mau cheiro dos pecados dela atinge o céu;
Deus se lembrou de todo mal que ela fez,
Devolvam a ela o que ela deu;
que ganhe em dobro
o que duplicou em suas obras;
dobrem o conteúdo no cálice
que ela misturou.
Sejam transformados
em tormento e lágrimas
seus caminhos rebeldes e arrogantes.
Porque ela se gabou:
'Sou rainha sobre todos,
não sou viúva, não tenho lágrimas'.
Num único dia, desastres a esmagarão –
morte, mágoa e fome –
Então, ela será queimada
pelo fogo, porque Deus,
o Deus Poderoso que a julga,
já está farto de sua maldade.

9-10 "Os reis da terra vão ver a fumaça de seu incêndio e vão chorar muito, os reis que iam, noite após noite, ao seu bordel. Eles manterão distância, com medo de serem queimados, e vão lamentar:

'Destruição, destruição;
a Grande Cidade está destruída!
Cidade da Babilônia, cidade poderosa!
Em uma hora está acabada;
seu castigo chegou!'

11-17 "Os mercadores vão chorar e lamentar a queda nos negócios, pois não haverá mais mercado para seus produtos: ouro, prata, pedras preciosas e pérolas; tecidos de linho fino: púrpura, seda e escarlate; madeira aromática e peças de marfim, madeiras preciosas, bronze, ferro e mármore; canela e especiarias, incenso, mirra e perfumes; vinho e azeite, farinha e trigo; gado, ovelhas, cavalos e carruagens. E escravos – o terrível tráfico de vidas humanas.

'Tudo pelo qual você viveu se foi!
Todo luxo aprazível e refinado está perdido!
Nada ficou; nenhum fio restou!'

"Os mercadores que fizeram milhões com esse comércio mantinham-se a distância, com medo de serem queimados, lamentando ainda mais:

'Destruída, destruída;
a Grande Cidade está destruída!
Vestida com a última moda,
adornada com as mais finas joias,
em uma hora toda essa riqueza acabou!'

SALMOS 148.13-14

¹³⁻¹⁴ Que eles louvem o nome do Eterno!
É o único nome digno de louvor.
Seu brilho excede a tudo na terra e no céu.
Ele construiu um monumento – seu povo!

Louvem-no todos os que amam o Eterno!
Os filhos de Israel são
amigos íntimos do Eterno.
Aleluia!

◼ NOTAS

☐ DIA 361 ___/___/___

AGEU 1.1 — 2.23

Ocupados em cuidar da própria casa

1 ¹ **N**o primeiro dia do sexto mês, no segundo ano do reinado de Dario, rei da Pérsia, a Mensagem do Eterno foi proclamada pelo profeta Ageu ao governador de Judá, Zorobabel, filho de Sealtiel, e ao sacerdote principal Josué, filho de Jeozadaque:

² Uma Mensagem do Senhor dos Exércitos de Anjos: "O povo está empurrando com a barriga a sua tarefa. Eles dizem que não é o momento certo para reconstruir meu templo, o templo do Eterno".

³⁻⁴ Logo depois, o Eterno falou outra vez, e Ageu transmitiu a Mensagem: "Por que, então, é a época certa para morar em belas casas se a casa do Eterno está em ruínas?".

⁵⁻⁶ E, um pouco mais tarde, o Senhor dos Exércitos de Anjos falou novamente:

"Deem uma boa olhada na sua vida.
Reflitam sobre ela.
Vocês gastaram um monte de dinheiro,
mas não têm muito que mostrar.
Vocês ficam enchendo o prato,
mas ele nunca fica cheio.
Vocês continuam bebendo,
mas a sede nunca passa.
Vocês vestem camadas de roupas,
mas não conseguem se esquentar.
E as pessoas que trabalham para vocês,
o que elas estão ganhando com isso?
Não muito –
um balde furado e enferrujado, só isso".

⁷ Foi por isso que o Senhor dos Exércitos de Anjos disse:

"Deem uma boa olhada na sua vida.
Reflitam sobre ela".

⁸⁻⁹ **E**ntão, o Eterno disse:

"Aqui está o que quero que vocês façam:
subam aos montes e cortem madeira.
Desçam com ela e reconstruam o templo.
Façam isso por mim. Honrem o Eterno.

DIA 361

Vocês tiveram grandes ambições pessoais, mas não houve resultado algum disso.

O pouco que trouxeram para o templo foi descartado por mim
— não tinha valor algum.

9-11 "E por quê?" — Esta é uma Mensagem do Senhor dos Exércitos de Anjos, não se esqueçam. "Porque enquanto vocês correm por aí, ocupados em cuidar da própria casa, minha casa está em ruínas. É por isso. É por causa da sua mesquinhez. Foi por isso que eu dei a vocês um verão escaldante e uma colheita magra. À sua mesquinhez dei como resposta a ordem de uma estiagem, secando campos e colinas, fazendo murchar jardins e pomares, impedindo o crescimento de verduras e frutas. Nada — nem homem, nem mulher, nem animal, nem plantação — vai prosperar".

12Então, o governador, Zorobabel, filho de Sealtiel, e o sacerdote principal Josué, filho de Jeozadaque, e todo o povo que estava com eles deram crédito à Mensagem do Eterno. Quando o Eterno enviou o profeta Ageu, eles prestaram atenção. Depois de ouvir a pregação de Ageu, eles honraram o Eterno. **13**Então, Ageu, o mensageiro do Eterno, pregou a Mensagem do Eterno ao povo: "Eu estou com vocês", é a Palavra do Eterno. **14-15**Foi assim que o Eterno fez Zorobabel, Josué e todo o povo se mexer e trabalhar no templo do Senhor dos Exércitos de Anjos. Isso aconteceu no dia 24 do sexto mês, no segundo ano do rei Dario.

Este templo será melhor no final que no começo

2 **1-3No** dia 21 do sétimo mês, a Palavra do Eterno veio por meio do profeta Ageu: "Diga ao governador Zorobabel, filho de Sealtiel, e ao sacerdote principal Josué, filho de Jeozadaque, e a todo o povo: 'Alguém aqui viu o templo como era antigamente, todo cheio de glória? E o que vocês veem agora? Não muito, certo?

4-5 " 'Então, mãos à obra, Zorobabel!', o Eterno está ordenando.

" 'Mãos à obra, Josué, filho de Jeozadaque, sacerdote principal!'.

" 'Mãos à obra, todo o povo!', o Eterno está ordenando.

" 'Sim, mãos à obra! Porque eu estou com vocês' ", o Senhor dos Exércitos de Anjos está falando!

"Ponham em prática a palavra que eu dei a vocês por meio da aliança, quando saíram do Egito. Estou vivendo e respirando no meio de vocês agora. Não sejam tímidos. Não se acanhem! **6-7**"Foi isto que o Senhor dos Exércitos de Anjos disse: 'Antes que vocês se deem conta, vou sacudir o céu e a terra, o oceano e os campos. Vou sacudir e derrubar todas as nações pagãs. Elas trarão toneladas de riquezas, e vou encher este templo com brilho'. O Senhor dos Exércitos de Anjos está dizendo isso.

8'Toda a prata é minha.
Todo o ouro é meu'.
 É o decreto do Senhor dos
 Exércitos de Anjos.

9 " 'Este templo será muito melhor no final do que foi no começo, um início glorioso, mas um final ainda mais glorioso: um lugar em que vou repartir completude e santidade' ". É o decreto do Senhor dos Exércitos de Anjos.

10-12 No dia 24 do nono mês (repetindo, isso foi no segundo ano de Dario), a Mensagem do Eterno veio a Ageu: "O Senhor dos Exércitos de Anjos diz: 'Consultem os sacerdotes para uma orientação. Se alguém carrega um pedaço de carne consagrada no bolso, carne que foi separada para o sacrifício no altar, e o bolso toca uma broa de pão, um prato de cozido, uma garrafa de vinho ou de azeite ou qualquer outro alimento, esses alimentos se tornarão consagrados por causa desse contato?' ".

Os sacerdotes responderam: "Não". **13**Então, Ageu perguntou: "E, se alguém que se contaminou pelo contato com um cadáver tocar esses alimentos, eles serão contaminados?".

Os sacerdotes responderam: "Sim, serão contaminados". **14**Ageu disse: "Então, o povo está contaminado. Sua nação está contaminada. Tudo que eles fazem está contaminado. Tudo que eles fazem para mim está contaminado" – o Eterno disse isso.

15-17"Reflitam sobre o que se passou. Antes de vocês se disporem a assentar os fundamentos para a reconstrução do templo, como foi que as coisas aconteceram entre vocês? Não é verdade que sua morosidade e indiferença para com a reconstrução do templo do Eterno refletiram em resultados parciais nas suas colheitas – metade dos cereais que estavam acostumados a colher, metade do vinho? Eu os atingi com estiagem, ferrugem e granizo. Tudo que era de vocês foi afetado. Mas parece que isso não os incomodou, pois vocês continuaram a me ignorar". É o decreto do Eterno.

18-19 "Agora, pensem a partir desta data: dia 24 do nono mês. Pensem a partir do dia em que a reconstrução do templo foi iniciada. Alguma coisa nos seus campos — vinhas, figueiras, romãs, oliveiras — deixou de florescer? A partir de agora, vocês podem contar com a bênção".

20-21 A Mensagem do Eterno veio segunda vez a Ageu naquele grande e memorável dia, dia 24 do nono mês: "Diga a Zorobabel, governador de Judá:

21-23 'Estou para sacudir tudo, para virar tudo de cabeça para baixo e começar de novo do topo à base: destituir governos, destruir potências estrangeiras, arrasar o mundo das armas e equipamentos bélicos, confundir os exércitos, de modo que acabem matando uns aos outros. E, naquele dia' — esta é a Mensagem do Eterno —, 'vou tomar você, Zorobabel, como meu servo pessoal. Você será como anel de selar, o sinal da minha presença e autoridade soberanas. Observei o campo e escolhi você para esta obra' ". É a Mensagem do Senhor dos Exércitos de Anjos.

ZACARIAS 1.1 — 2.5

1-4 No oitavo mês do segundo ano, no reinado de Dario, a Mensagem do Eterno veio ao profeta Zacarias, filho de Berequias, filho de Ido: "O Eterno estava muito irado com seus antepassados. Portanto, entregue ao povo esta Mensagem do Senhor dos Exércitos de Anjos: 'Voltem para mim, e eu voltarei para vocês. Não sejam como seus pais. Os profetas de antigamente insistiram com eles: Mensagem do Senhor dos Exércitos de Anjos: "Abandonem sua vida ímpia. Parem com suas práticas pecaminosas". Mas eles ignoraram tudo que eu disse, teimosamente se negaram a ouvir'.

5-6 "E onde estão seus antepassados agora? Mortos e enterrados. Mas a Mensagem que meus servos, os profetas, falaram não está morta nem enterrada. Essa Mensagem cumpriu sua função para com seus antepassados, não cumpriu? Ela os despertou, e eles voltaram, dizendo: 'Ele fez o que disse que faria, sem sombra de dúvida. Não ficou nada para trás' ".

Primeira visão: quatro cavaleiros

7 No dia 24 do décimo primeiro mês, no segundo ano do reinado de Dario, a Mensagem do Eterno foi dada ao profeta Zacarias, filho de Berequias, filho de Ido:

8 Certa noite, eu estava olhando e vi um homem montado num cavalo vermelho. Ele estava à sombra num bosque de murtas. Atrás dele, havia mais cavalos — um vermelho, um de cor castanha e um branco.

9 Eu disse: "Senhor, o que esses cavalos estão fazendo aqui? Qual o significado disso?".

O anjo mensageiro disse: "Vou mostrar a você".

10 Então, o cavaleiro no bosque de murtas falou: "Estes são os cavaleiros que o Eterno enviou para ver como estão as coisas na terra".

11 Eles fizeram um relatório ao anjo do Eterno no bosque de murtas: "Olhamos a terra toda, e está tudo em ordem. Está tudo sob controle".

12 O anjo do Eterno disse: "Ó Senhor dos Exércitos de Anjos, por quanto tempo ainda vais ficar irado com Jerusalém e com as cidades de Judá? Quando vais aliviar o peso? Setenta anos não são suficientes?".

13-15 O Eterno encorajou o anjo mensageiro — com palavras boas, palavras de conforto —, que, então, falou comigo: "Diga a eles isso. Diga a eles que o Senhor dos Exércitos de Anjos falou. Esta é a Mensagem do Eterno: 'Eu me importo profundamente com Jerusalém e com Sião. Sou muito possessivo em relação a eles. Mas estou profundamente irado com as nações pagãs que agem como se fossem donas do mundo. Eu já estava desgostoso com elas, mas agora foram longe demais. Eu vou agir.

16-17 " 'Voltei a Jerusalém, mas desta vez
    com compaixão' —
é o Eterno que está dizendo isso.
'Vou fazer de tudo para que o templo
    seja reconstruído' —
é o decreto do Senhor dos
    Exércitos de Anjos!
'A Operação Reconstrução
    já está em andamento'.
Diga mais uma vez — decreto do
    Senhor dos Exércitos de Anjos:
'Minhas cidades vão prosperar novamente,
    o Eterno vai confortar Sião outra vez,
    Jerusalém está de novo debaixo
        do meu favor' ".

DIA 361

Segunda visão: quatro chifres e quatro ferreiros

¹⁸Levantei os olhos e fui surpreendido por outra visão: quatro chifres!

¹⁹Perguntei ao anjo mensageiro:

"Qual o significado disso?".

Ele disse: "Essas são as potências
que espalharam Judá, Israel
e Jerusalém pelo mundo".

²⁰Então, o Eterno ampliou a visão
e incluiu quatro ferreiros.

²¹Perguntei: "E o que significam os ferreiros?".

Ele disse: "Visto que os 'chifres' espalharam Judá de forma tão devastadora que ninguém tinha esperança de recuperação, os ferreiros chegaram para combater os chifres. Eles vão arrancar os chifres dessas nações, pois elas os usaram para espalhar Judá aos quatro ventos".

Terceira visão: o homem com a corda de medir

2¹⁻⁵Levantei os olhos e me surpreendi ao ver
um homem segurando uma corda de medir.
Perguntei: "O que você quer?".

E ele disse: "Estou indo inspecionar Jerusalém, para medir sua largura e comprimento".

No mesmo instante, o anjo mensageiro,
que estava saindo,
encontrou outro anjo que entrava e disse:

"Corra! Diga ao homem que veio medir a cidade:
'Jerusalém vai se encher –
vai ficar cheia de gente e de animais.

E estarei lá na cidade', é o decreto do Eterno,
'e serei um muro de fogo
em volta da Jerusalém desmurada,
uma presença radiante com ela' ".

APOCALIPSE 18.17 — 19.10

¹⁷⁻¹⁹"Todos os capitães de navios e os que viajavam pelo mar, marinheiros, trabalhadores do mar mantinham distância, lamentando ao ver a fumaça do incêndio: 'Oh, que cidade! Nunca houve uma cidade como esta!'. Eles jogavam pó sobre a cabeça e choravam como se o mundo tivesse acabado:

'Destruída, destruída,
a Grande Cidade destruída!
Todos os que possuíam navios
ou negociavam pelo mar

Ficaram ricos com seu consumismo,
E agora tudo se foi – acabou em uma hora!'

²⁰ "Ó céu, comemore! Juntem-se a nós, santos, apóstolos e profetas! Deus a julgou; todo mal que vocês sofreram foi julgado".

²¹⁻²⁴Um Anjo forte pegou uma pedra – imensa, como uma pedra de moinho – e a lançou no mar, dizendo:

"Pesada e afundada,
a grande cidade da Babilônia
afundou no mar, nenhum sinal
dela se verá mais.

Acabou a música dos harpistas e cantores –
você nunca mais vai ouvir flautas
e trombetas outra vez.

Artesãos de todo tipo se foram;
você nunca mais vai vê-los de novo.

O som do moinho trabalhando cessou;
você nunca mais vai ouvir esse som.

A luz de lâmpadas, nunca mais;
nunca mais o riso de noivos e noivas.

Seus negociantes seduziram toda a terra,
e por segredos de feitiçaria
enganaram as nações.

A única coisa que restou
da Babilônia foi o sangue –
o sangue dos santos e profetas,
os assassinados e martirizados".

Os sons de "aleluia"

19¹⁻³Ouvi um som como uma multidão de coros cantando no céu:

Aleluia!
A salvação, a glória
e o poder são de Deus –
seus julgamentos são verdadeiros,
seus julgamentos são justos.

Ele julgou a grande Prostituta
que corrompeu a terra com
sua imoralidade.

Ele vingou nela o sangue
de seus servos.

Então, mais canto:
Aleluia!

Sobe a fumaça de seu incêndio
até os altos céus, para sempre
e sempre.

⁴Os Vinte e Quatro Anciãos e os Quatro Animais ajoelharam-se e adoraram a Deus em seu trono, louvando:

Amém! Sim! Aleluia!

⁵Do trono veio um brado, uma ordem:

Louvem ao nosso Deus,
   todos vocês seus servos
Todos que o temem, pequenos e grandes!

⁶⁻⁸ Então, ouvi o som de uma multidão de coros, o som de uma poderosa corredeira, o som de um poderoso trovão:

Aleluia!
O Senhor reina,
   o nosso Deus, o Soberano-Poderoso!
Vamos celebrar, vamos nos regozijar,
   vamos dar glória a ele!
O casamento do Cordeiro vai acontecer;
   sua Esposa já se aprontou.
Ela recebeu um vestido de noiva
   de linho brilhante e resplandecente.
O linho é a justiça dos santos.

⁹O Anjo me disse: "Escreva isto: 'Abençoados são os convidados para o banquete de casamento do Cordeiro' ". E continuou: "Essas são as verdadeiras palavras de Deus!".
¹⁰Caí aos seus pés para adorá-lo, mas ele não permitiu. "Não faça isso!", ele disse. "Sou um servo igual a você e seus irmãos, que mantêm o testemunho de Jesus. O testemunho de Jesus é o espírito da profecia".

SALMOS 149.1-4

149 **¹⁻⁴A**leluia!
Cantem ao Eterno uma nova canção,
louvem-no na companhia
   de todos os que o amam!
Que todo o Israel celebre seu Criador Soberano
   e os filhos de Sião exultem seu Rei!
Que louvem seu nome com danças!
   Comecem a tocar e façam uma
   grande apresentação!
Por quê? Porque o Eterno tem prazer no seu povo,
   adorna gente simples
   com coroas da salvação!

◢▪ NOTAS

☐ DIA 362 ___/___/___

ZACARIAS 2.6 — 7.6

⁶⁻⁷"**V**amos, de pé! Saiam daqui, agora!", o Eterno está mandando.
   "Voltem do seu exílio distante.
Eu espalhei vocês aos quatro ventos".
   É o decreto do Eterno.
   "Fuja da Babilônia, Sião, e volte
   para casa — agora!".

DIA 362

8-9 O Senhor dos Exércitos de Anjos, o Deus da glória que me enviou a executar minha missão, ao comentar a respeito das nações pagãs que esfolaram vocês e tiraram sua pátria, disse: "Qualquer um que atingir vocês me atinge — faz sangrar meu nariz e deixa meus olhos roxos. Mas na hora certa vou dar o sinal, e eles serão esfolados e jogados fora pelos próprios servos". Então, vocês saberão com certeza que quem me enviou nesta missão foi o Senhor dos Exércitos de Anjos.

10 "Grite e celebre, Filha de Sião!
Estou a caminho. Estou chegando à sua região!
É o decreto do Eterno.

11-12 Muitas nações pagãs se associarão ao Eterno naquele tempo. ("Elas se tornarão minha família! Eu morarei nas suas casas!"). E vocês terão a certeza de que o Senhor dos Exércitos de Anjos me enviou para esta missão. O Eterno vai reivindicar a herança de Judá na terra santa. Ele vai deixar claro, outra vez, que Jerusalém é sua cidade escolhida.

13 Quietos, todos! Silêncio na presença do Eterno. Algo está em progresso na sua santa casa. Ele está agindo.

Quarta visão: as novas roupas de Josué

3 **1-2** Em seguida, o anjo mensageiro me mostrou o sacerdote principal Josué. Ele estava em pé diante do anjo do Eterno, quando apareceu o Acusador para acusá-lo. E o Eterno disse ao Acusador: "Eu, o Eterno, o repreendo, Acusador! Repreendo você e escolho Jerusalém. Surpresa! Tudo está se consumindo nas chamas, mas eu posso intervir e arrancar Jerusalém daí!".

3-4 Em pé diante do anjo, Josué vestia roupas sujas. E o anjo disse aos seus assistentes: "Tirem dele essas roupas imundas!". Depois, disse a Josué: "Veja, arranquei seus pecados e o vesti com roupas limpas". **5** Eu me manifestei: "E por que não também um turbante limpo na cabeça?". E eles fizeram isso. Puseram um turbante novo na cabeça dele. Assim, acabaram de vesti-lo, sob a supervisão do anjo do Eterno.

6-7 Então, o anjo do Eterno ordenou a Josué: "Ordens do Senhor dos Exércitos de Anjos: 'Se você viver da forma que eu mostrar a você e continuar obediente no meu serviço, poderá tomar as decisões aqui e supervisionar os meus assuntos. E todos os assistentes estarão à sua disposição.

8-9 " 'Preste atenção, sacerdote Josué, tanto você quanto seus amigos sentados aqui com você, pois seus amigos estão nisso também vejam o que vou fazer em seguida. Estou apresentando meu servo, o Renovo. E observem isto: A pedra que estou pondo diante de Josué, uma única pedra com sete olhos' — decreto do Senhor dos Exércitos de Anjos —, 'nela vou gravar estas palavras: Vou arrancar desta terra seu pecado imundo, de uma vez, num único dia.

10 " 'Naquele dia, todos vão se dar bem, todos farão visitas de amizade a seus vizinhos, vão conversar uns com os outros à entrada de suas casas' ".

Quinta visão: um candelabro e duas oliveiras

4 **1** O anjo mensageiro novamente chamou minha atenção. Foi como ser acordado do sono.
Ele perguntou: "O que você está vendo?".
Respondi: "Vejo um candelabro de ouro maciço e um vaso no topo. Sete lâmpadas, cada uma com sete canos, estão no vaso. E há duas oliveiras, uma em cada lado do vaso".

4 Então, perguntei ao anjo mensageiro:
"O que significa isso, senhor?".
5-7 O anjo mensageiro disse: "Você não sabe?".
"Não, senhor", eu disse.
Ele explicou: "Esta é a Mensagem do Eterno para Zorobabel: 'Você não pode fazer essas coisas à força. Elas só acontecem pelo meu Espírito', diz o Senhor dos Exércitos de Anjos. 'Portanto, ó grande montanha, quem você pensa que é? Comparada a Zorobabel, você não passa de um montinho de terra. Ele vai assentar a pedra principal, ao som dos aplausos: É isso aí! Vá em frente!' ".

8-10 Depois disso, a Palavra do Eterno veio a mim: "Zorobabel começou a reconstruir esse templo e vai concluí-lo. Essa será a confirmação de que o Senhor dos Exércitos de Anjos me enviou a vocês. Será que alguém ousa desprezar esse dia de pequenos começos? Eles mudarão sua música quando virem Zorobabel colocando a última pedra no lugar!".
Voltando à visão, o anjo mensageiro disse: "As sete lâmpadas são os olhos do Eterno investigando, como holofotes, os cantos escuros do mundo".

11-12 "E as duas oliveiras em cada lado do candelabro?", perguntei. "Qual o significado delas? E, já que estamos falando nisso: Os dois ramos da oliveira que levam óleo para as lâmpadas, o que significam?".
13 Ele disse: "Você não descobriu ainda?".
Eu disse: "Não, senhor".
14 Ele explicou: "Esses são os dois que estão de pé ao lado do Senhor de toda a terra, suprindo o mundo com o óleo dourado das lâmpadas".

Sexta visão: o livro que voava

5 ¹Levantei os olhos de novo e – surpresa! – um livro com asas. Um livro que voava!

²O anjo mensageiro me disse: "O que você está vendo agora?".

Eu disse: "Eu vejo um livro que voa, um livro enorme – com dez metros de comprimento e cinco de largura".

³⁻⁴Ele me disse: "Esse livro é o veredito que está sendo anunciado contra todos os ladrões e mentirosos em todo o mundo. A primeira parte do livro diz respeito a todos os que roubam; a segunda parte trata de todos os que mentem. Eu o lancei ao ar", é o decreto do Senhor dos Exércitos de Anjos, "e assim ele vai voar à casa de todos os ladrões e mentirosos. Vai pousar em cada casa e derrubá-la, madeiras e pedras".

Sétima visão: a mulher num cesto

⁵O anjo mensageiro apareceu e disse: "Levante os olhos. Diga-me o que vê".

⁶Eu disse: "Mas o que vem a ser isso?".

Ele disse: "É um cesto numa jornada. Ele contém os pecados de todos, em todos os lugares".

⁷A tampa de chumbo foi tirada do cesto – e havia uma mulher sentada nele!

⁸Ele disse: "Esta é a senhora Maldade". Ele a empurrou novamente para dentro do cesto e fechou a tampa de chumbo sobre ela.

⁹Em seguida, levantei os olhos e, para minha surpresa, vi duas mulheres voando. Com asas bem abertas, voaram e levaram o cesto para bem longe.

¹⁰Eu disse ao anjo mensageiro: "Para onde estão levando o cesto?".

¹¹Ele disse: "Para leste, para a terra de Sinear. Vão construir um abrigo para protegê-lo. Quando estiver concluído, o cesto será guardado ali".

Oitava visão: quatro carruagens

6 ¹Olhei mais uma vez – e tive mais uma visão estranha! Quatro carruagens disparando do meio de duas montanhas. As montanhas eram de bronze.

²⁻³A primeira carruagem era puxada por cavalos vermelhos; a segunda, por cavalos pretos; a terceira, por cavalos brancos; a quarta, por cavalos malhados. Todos os cavalos eram muito fortes.

⁴Perguntei ao anjo mensageiro: "Senhor, qual o significado disso?".

⁵⁻⁷O anjo respondeu: "Estes são os quatro ventos do céu, que têm sua origem no Senhor de toda a terra.

Os cavalos pretos estão indo para o norte, com os cavalos brancos a segui-los de perto. Os cavalos malhados estão indo para o sul". Esses cavalos fortes saíram a galope, cheios de energia, ansiosos para patrulhar a terra. O anjo mensageiro ordenou: "A caminho! Patrulhem a terra!", e eles saíram em disparada em todas as direções.

⁸Depois, ele me chamou e disse: "Veja-os saindo! Os que estão indo para o norte estão transmitindo uma sensação serena e segura do meu Espírito. Já não virão problemas daquela direção".

Um homem chamado Renovo

⁹⁻¹²Esta Mensagem veio do Eterno para mim: "Faça uma coleta entre os exilados, especialmente Heldai, Tobias e Jedaías. Eles acabaram de chegar da Babilônia. Você vai encontrá-los na casa de Josias, filho de Sofonias. Arrecade prata e ouro deles e faça coroas. Ponha uma delas na cabeça de Josué, filho de Jeozadaque, o sacerdote principal, e entregue a ele esta mensagem:

¹²⁻¹³" 'Mensagem do Senhor dos Exércitos de Anjos. Esteja alerta. Temos aqui um homem chamado Renovo. Ele vai surgir como um renovo e construir o templo do Eterno. Sim, é ele. Ele vai construir o templo do Eterno e depois vai assumir a posição da realeza, sentar-se no trono e governar – um sacerdote sentado no trono! –, mostrando com isso que rei e sacerdote podem coexistir em harmonia.

¹⁴" 'A outra coroa vai ficar no templo do Eterno como um símbolo da realeza, sob a custódia de Helém, Tobias, Jedaías e Hem, filho de Sofonias.

¹⁵" 'As pessoas virão de lugares distantes para ajudar a reconstruir o templo do Eterno. Isso vai confirmar que, de fato, o Senhor dos Exércitos de Anjos me enviou a vocês. É o que acontece quando vocês se dispõem a viver uma vida em obediência à voz do Eterno".

"Vocês estão interessados em religião, eu estou interessado em pessoas"

7 ¹No dia 4 do nono mês, no quarto ano do reinado do rei Dario, a Mensagem do Eterno veio a Zacarias.

²⁻³A cidade de Betel havia enviado uma delegação encabeçada por Sarezer e Regém-Meleque a fim de pedir a bênção do Eterno para conversar com os sacerdotes do templo do Senhor dos Exércitos de Anjos e também com os profetas. Eles fizeram esta pergunta: "Devemos planejar um dia de luto e abstinência no próximo mês de agosto,

DIA 362

o septuagésimo aniversário da queda de Jerusalém, como temos feito todos estes anos?".

4-6 O Senhor dos Exércitos de Anjos me deu esta Mensagem para entregar a eles, a todo o povo e aos sacerdotes: "Quando vocês realizaram esses dias de jejum cada quinto e sétimo mês durante estes setenta anos, estavam fazendo isso por mim? E quando faziam festas era para mim? Pouco provável. Vocês estão interessados em religião, eu estou interessado em pessoas.

APOCALIPSE 19.11 — 20.6

O cavalo branco e seu cavaleiro

11-16 Então, vi o céu aberto, e um cavalo branco e seu Cavaleiro. O Cavaleiro, também chamado Fiel e Verdadeiro, julga e guerreia em pura justiça. Seus olhos são uma chama de fogo, e sobre sua cabeça estão muitas coroas. Ele tem um nome inscrito que é conhecido apenas por ele mesmo. Está vestido com um manto encharcado de sangue; ele é conhecido como Palavra de Deus. Os exércitos do céu, montados em cavalos brancos e vestidos de linho branco brilhante, o acompanham. Uma espada afiada sai de sua boca. Com ela, irá subjugar as nações para, então, governá-las com cetro de ferro. Ele pisa o lagar da ira de Deus, o Soberano-Poderoso. Em seu manto e em sua coxa, está escrito: REI DOS REIS, SENHOR DOS SENHORES.

17-18 Vi um Anjo em pé ao sol, gritando a todas as aves que voam pelo céu: "Venham para a grande ceia de Deus! Festejem com a carne de reis e capitães e campeões, cavalos e seus cavaleiros. Fartem-se deles — livres e escravos, pequenos e grandes!".

19-21 Vi a Besta, e reunidos com ela os reis da terra e seus exércitos, prontos para guerrear contra o Cavaleiro e seu exército. A Besta foi vencida e, com ela, seu fantoche, o Falso Profeta, que fez milagres para enganar e iludir os que tinham a marca da Besta e adoraram sua imagem. Foram jogados vivos, os dois, no Lago de Fogo e Enxofre. Os restantes foram mortos pela espada do Cavaleiro, a espada que vem de sua boca. Todas as aves festejaram com a carne dos derrotados.

Mil anos

20 **1-3** Vi um Anjo descendo do céu. Ele tinha a chave do Abismo e uma corrente imensa. Ele prendeu o Dragão, a antiga Serpente — o próprio Diabo, Satanás em pessoa. Acorrentou-o por mil anos no Abismo, que foi lacrado. Agora ele não

causaria mais problemas a ninguém, nem enganaria mais as nações até que os mil anos se completassem. Depois disso, seria solto por um breve período.

4-6 Vi alguns tronos. Os responsáveis pelo julgamento estavam sentados nesses tronos. Vi também as almas dos que haviam sido decapitados por causa do testemunho que deram por Jesus e pela Palavra de Deus, dos que se recusaram a adorar a Besta e sua imagem e a ter sua marca na testa ou na mão. Eles viveram e reinaram com Cristo mil anos! O restante dos mortos não viveu até que os mil anos se completassem. Essa é a primeira ressurreição — e os que dela participam são muito abençoados, muito santos. Não há segunda morte para eles. São sacerdotes de Deus e de Cristo e irão reinar com ele mil anos.

SALMOS 149.5-9a

5-9 Os que amam de verdade irrompem em louvor,
cantam onde quer que estejam sentados,
Louvam o Eterno em voz alta,
e com espada de dois gumes na mão deles —
Um presságio de vingança
sobre as nações que desafiam Deus,
um sinal de que a punição está vindo:

■ NOTAS

Transformaram a terra dos sonhos em terra devastada".

Reconstruindo o templo

8 **1-2 A**qui estão as Mensagens do Senhor dos Exércitos de Anjos:

Mensagem do Senhor dos Exércitos de Anjos:

"Sou zeloso por Sião — eu *me importo*!
Estou irado com Sião — eu *estou envolvido*!"

Mensagem do Eterno:

3 "Voltei a Sião.
Eu me mudei de novo para Jerusalém.
Os novos nomes de Jerusalém serão:
    Cidade da Verdade,
    Monte do Senhor dos Exércitos de Anjos,
    e Monte Sagrado".

4-5 Mensagem do Senhor dos Exércitos de Anjos:
    "Idosos e idosas vão voltar a Jerusalém, vão sentar nos bancos das ruas e contar histórias, vão caminhar em segurança por aí com suas bengalas — uma ótima cidade para se envelhecer. E meninos e meninas vão encher os parques públicos, rindo e brincando, uma ótima cidade para se crescer".

6 Mensagem do Senhor dos Exércitos de Anjos:
    "Será que o fato de retornarem apenas alguns sobreviventes para a reconstrução gerou problemas grandes demais? Mas algo seria difícil demais para mim? Não, se eu puder dar as ordens".

7-8 Mensagem do Senhor dos Exércitos de Anjos:
    "Vou reunir meu povo dos países do leste e dos países do oeste. Vou trazê-los de volta e estabelecê-los em Jerusalém. Eles serão meu povo, e eu serei seu Deus. Serei fiel a eles e por meio deles exercerei a justiça".

9-10 Mensagem do Senhor dos Exércitos de Anjos:
    "Vejam se vocês conseguem entender as coisas. Fiquem firmes aí, vocês que estão prestando atenção no que estou dizendo por meio da pregação dos profetas. O templo do Senhor dos Exércitos de Anjos foi restabelecido. O templo está sendo reconstruído. Passamos por um tempo muito difícil: vocês trabalharam por uma esmola e tiveram sorte

---

☐ **DIA 363** ___/___/___

ZACARIAS 7.7 — 10.12

7-10 "Não há nada de novo a ser dito sobre esse assunto. Vocês não têm ainda as mensagens dos profetas anteriores, do tempo em que Jerusalém era uma cidade próspera, florescente, e a região em volta, o Neguebe e a Sefelá, era habitada? [Esta é a mensagem que o Eterno deu a Zacarias]. Bem, a mensagem não mudou. O Senhor dos Exércitos de Anjos disse naquele tempo e diz agora:

" 'Sejam justos uns com os outros.
Amem o próximo.
Sejam misericordiosos uns
    para com os outros.
Não tirem vantagens de viúvas, órfãos,
    estrangeiros e pobres.
Não tramem maldades uns contra
    os outros — isso é terrível'.

11-13 "Mas seus antepassados deram ouvidos a isso? Não, eles mostraram os dentes e me afrontaram. Eles taparam os ouvidos e endureceram o coração contra a revelação do Eterno e os sermões cheios do Espírito pregados pelos profetas anteriores por ordem do Senhor dos Exércitos de Anjos. E o Eterno ficou irado, realmente irado, porque foi muito franco com eles, mas eles não deram nenhuma importância ao que ele disse.

13-14 "Portanto [isso foi o que o Senhor dos Exércitos de Anjos disse], se eles não me derem ouvidos, eu também não vou ouvi-los. Eu os espalhei pelos quatro ventos. Eles se tornaram estrangeiros em todos os lugares que habitaram. A sua "terra prometida" tornou-se um terreno baldio — de ervas daninhas, lixo e espinhos. Nenhum sinal de vida.

DIA 363

em receber isso; as ruas eram perigosas; vocês não podiam baixar a guarda; eu tinha transformado o mundo num acampamento armado.

11-12 "Mas as coisas mudaram. Estou tomando o partido dos sobreviventes:

A semeadura e a colheita serão retomadas,
As videiras vão dar uvas,
Os jardins vão florir,
O orvalho e a chuva vão tornar tudo verde.

12-13 "Meus sobreviventes vão receber tudo de que precisam, e mais ainda. Vocês ficaram com a reputação de povo das más notícias, vocês, povo de Judá e de Israel, mas estou indo salvá-los. A partir de agora, vocês serão o povo da boa notícia. Não tenham medo. Agarrem-se firmemente ao que estou fazendo".

Mantenham sua vida simples e honesta

14-17 Mensagem do Senhor dos Exércitos de Anjos: "Assim como decidi castigá-los quando seus antepassados me deixaram irado e não poupei meus golpes, agora decidi abençoar Jerusalém e a terra de Judá. Não tenham medo. É isto o que eu quero que vocês façam: digam a verdade, toda a verdade, quando falarem. Façam a coisa certa uns pelos outros, tanto pessoalmente quanto no tribunal. Não maquinem planos para tirar vantagens dos outros. Não façam ou digam o que não for verdade. Eu odeio tudo isso. Mantenham sua vida simples e honesta". É o decreto do Eterno.

18-19 Novamente, recebi uma Mensagem do Senhor dos Exércitos de Anjos:

"Os dias de luto estabelecidos para o quarto, quinto, sétimo e décimo mês vão ser transformados em dias de festa para Judá, dias sagrados de celebração. Abracem a verdade! Amem a paz!".

20-21 Mensagem do Senhor dos Exércitos de Anjos: "Os povos e seus líderes virão de todos os cantos para ver o que está acontecendo. Os líderes vão discutir uns com os outros: 'Será que não devemos nos envolver nisso? Não deveríamos participar da bênção do Eterno e orar ao Senhor dos Exércitos de Anjos? O que nos impede? Vamos lá!'.

22 "Muitos povos e nações poderosas virão a Jerusalém para ver o que conseguem receber do Senhor dos Exércitos de Anjos, à procura de uma bênção do Eterno".

23 Mensagem do Senhor dos Exércitos de Anjos: "Naquele tempo, dez homens falando uma diversidade de línguas vão agarrar um judeu pela manga, segurar firme e dizer: 'Deixe-nos ir com você. Ouvimos dizer que Deus está com vocês' ".

O mundo inteiro olha para o Eterno

9 **1-6** Boletim de guerra:

A Mensagem do Eterno
desafia a terra de Hadraque.
E vai se concentrar em Damasco.
O mundo inteiro está olhando para o Eterno.
Israel não está sozinho nisso.
Isso inclui Hamate na fronteira,
e Tiro e Sidom, por mais espertos
que pensem que são.
Tiro acumulou um belo reino para si;
seus habitantes empilharam
prata como lenha,
amontoaram ouro como montes de feno.
Mas o Eterno levará Tiro à bancarrota;
jogará toda a riqueza deles no oceano
e queimará o que sobrou
numa imensa fogueira.
Ascalom verá isso e entrará em pânico,
Gaza vai esfregar as mãos de aflição,
Ecrom vai se achar num beco sem saída.
O rei de Gaza morrerá.
Ascalom será saqueada,
e um bandido assumirá
o controle em Asdode.

6-8 "Vou tirar o orgulho da Filístia.
Vou fazer que cuspa e devolva
o despojo ensanguentado
e abandone seus maus caminhos".
O que sobrar será tudo do Eterno,
um grupo de sobreviventes,
uma família reunida em Judá.
Mas inimigos como Ecrom trilharão
o caminho dos jebuseus:
vão para a lata de lixo da história.
Vou armar acampamento na minha terra natal
e defendê-la dos invasores.
Nunca mais alguém irá machucar meu povo.
Estou cuidando deles.

Um rei humilde montado num jumento

9-10 "Grite e aplauda, Filha Sião!
Levante a voz, Filha Jerusalém!

O seu rei está a caminho:
um rei bom que faz tudo de forma correta,
um rei humilde montado num jumento,
cria de um animal de carga.
Chega de guerras,
chega de carros de guerra em Efraim,
chega de cavalos de guerra em Jerusalém,
chega de espadas e lanças, de arcos e flechas!
Ele vai oferecer paz às nações,
um governo pacífico em toda a terra,
dos quatro ventos aos sete mares.

11-13 "Quanto a vocês, por causa
da minha aliança de sangue,
vou libertar seus prisioneiros
das celas do desespero.
Voltem para casa, prisioneiros
cheios de esperança!
Neste dia, estou prometendo
um presente duplo:
tudo que vocês perderam voltará em dobro!
Judá é agora minha arma,
o arco que vou estender,
e vou usar Efraim como flecha.
Vou despertar seus filhos, ó Sião,
para combater seus filhos, ó Grécia.
A partir de agora,
o povo será minha espada".

14-17 Então, o Eterno aparecerá,
suas flechas reluzirão como relâmpagos!
O Senhor Eterno vai tocar sua trombeta
e partir num furacão.
O Senhor dos Exércitos de Anjos vai protegê-los
na guerra final,
A guerra que vai pôr fim a todas as guerras,
de forma definitiva.
O Eterno os protegerá. Ele os salvará.
Eles se tornarão como ovelhas mansas e meigas
Ou como gemas de uma coroa,
que captam todas as cores do Sol.
E como brilharão! Como resplandecerão!
Os jovens, como serão fortes! As moças,
como serão belas!

A obra divina de reconstrução

10 ¹Orem ao Eterno por chuva — é o tempo da
chuva da primavera —
peçam ao Eterno, aquele que faz chover,
Aquele que cria as tempestades da primavera,
o que produz o trigo e a cevada.

2-3 "Deuses comprados em prateleiras
balbuciam coisas incompreensíveis.
Expoentes da religião cospem entulho.
Só produzem vazio.
Suas recomendações não são nada
além de fumaça.
E assim o povo vagueia como ovelhas perdidas,
pobres ovelhas perdidas sem pastor.
Estou furioso com os chamados pastores.
São piores que bodes, e vou tratá-los como tais".

3-5 O Senhor dos Exércitos de Anjos vai intervir
e cuidar do seu rebanho, o povo de Judá.
Ele vai reavivar o espírito deles,
torná-los orgulhosos por estarem
do lado de Deus.
Deus vai usá-los na sua obra de reconstrução,
como fundações e colunas,
Como ferramentas e instrumentos;
vai usá-los para supervisionar sua obra.
Eles serão uma força-tarefa
de dar orgulho, que trabalha unida,
com a cabeça levantada, correndo a passos
largos pelos pântanos e pela lama,
São corajosos e fortes porque
o Eterno está com eles;
são destemidos diante
dos matadores do mundo.

6-12 "Eu fortalecerei o povo de Judá;
salvarei o povo de José.
Conheço sua dor e vou renová-los completamente.
Eles terão a chance de começar de novo,
como se nada tivesse acontecido.
E por quê? Porque sou seu Eterno
e vou fazer por eles o que for preciso.
O povo de Efraim será famoso,
sua vida transbordará de alegria.
Seus filhos vão participar disso também:
que se sintam abençoados pelo Eterno!
Vou assobiar, e todos virão correndo.
Eu os libertei, e como florescerão!
Mesmo que os tenha espalhado
pelos quatro cantos do mundo,
eles vão se lembrar de mim nos lugares distantes.
Eles vão manter a história viva nos seus filhos,
e voltarão.
Eu os trarei de volta do oeste egípcio
e os reunirei do leste da Assíria.
Eu os trarei de volta para a doce Gileade,
e para o vicejante Líbano.

DIA 363

Todo metro quadrado da terra
será ocupado no retorno para casa.
Eles navegarão por mares revoltos, passarão
ao largo das impetuosas ondas do oceano.
Rios formidáveis se transformarão
em simples ribeiros.
A pomposa Assíria será desnudada,
o ameaçador Egito será desmascarado.
Mas meu povo, ah! Vou torná-lo forte, muito forte!
E eles viverão nos meus caminhos". É o
Eterno quem diz isso.

APOCALIPSE 20.7 — 21.8

7-10 Quando os mil anos se cumprirem, Satanás será solto de sua cela e recomeçará o trabalho de enganar as nações, procurando vítimas em cada canto da terra, até Gogue e Magogue! Ele vai convencê-las a guerrear e reunirá um exército imenso, com milhões de soldados. Eles vão marchar pela terra e cercar o acampamento do povo santo de Deus, a Cidade Amada. Mas, assim que chegarem, cairá fogo do céu, e eles morrerão queimados. O Diabo, que os enganou, será jogado no Lago de Fogo e Enxofre e fará companhia à Besta e ao Falso Profeta, e os três sofrerão tormentos por séculos sem fim.

Julgamento

11-15 Vi um grande trono branco e o Entronizado. Nada podia permanecer em sua presença, no céu ou na terra. Todos os mortos, grandes e pequenos, estavam ali, diante do trono! Alguns livros foram abertos, e, depois, outro livro: o Livro da Vida. Os mortos foram julgados pelo que estava escrito nos livros, com base na vida que tiveram. O mar entregou seus mortos. A Morte e o Inferno entregaram seus mortos. Cada um, homem ou mulher, foi julgado segundo viveu na terra. A Morte e o Inferno foram lançados no Lago de Fogo. Esta é a segunda morte: o Lago de Fogo. E todos os que não tinham o nome registrado no Livro da Vida foram lançados também no Lago de Fogo.

Tudo se faz novo

21 **¹** Vi o céu e a terra criados de novo. O primeiro céu se foi, a primeira terra se foi, o mar já não existe.
² Vi a Jerusalém Santa, criada de novo, descendo resplandecente do céu, preparada para Deus como a noiva para o marido.

3-5 Ouvi uma voz, como um trovão, vinda do trono: "Olhe! Olhe! Deus está de mudança: vai morar entre homens e mulheres! Eles são seu povo, ele é o Deus deles. Ele vai enxugar toda lágrima dos olhos deles. A morte se foi de vez, e também se foram as lágrimas, o choro e a dor. A primeira ordem das coisas não existe mais". Aquele Que Está Entronizado continuou: "Olhe! Faço tudo novo. Escreva todas essas coisas, palavras confiáveis e precisas".
6-8 Então, ele disse: "Está feito! Eu sou o A e o Z. Sou o Princípio e o Fim. Da Fonte da Água da Vida darei aos sedentos. Os vencedores vão herdar tudo isso. Eu serei Deus para eles, eles serão filhos e filhas para mim. Mas para os demais — os indiferentes, descrentes, degenerados, assassinos, comerciantes de sexo, feiticeiros, idólatras e todos os mentirosos — há o Lago de Fogo e Enxofre. A segunda morte!".

SALMOS 149.5-9b

Os reis deles serão acorrentados
e levados para a prisão;
seus líderes, postos atrás das grades
por causa do ouro.
O julgamento deles será severo
— e todos os que amam a Deus
ocuparão os assentos de honra!
Aleluia!

◾ NOTAS

DIA 364

ZACARIAS 11.1 — 14.21

11 ¹⁻⁴ **A**bra as fronteiras para os imigrantes, arrogante Líbano!
Suas árvores sentinelas serão incendiadas.
Chorem, grandes pinheiros!
Lamentem, irmãos cedros!
Suas árvores gigantescas viraram lenha.
Chorem, carvalhos de Basã!
Sua densa floresta
virou um campo de tocos.
Estão ouvindo o lamento dos pastores?
Eles perderam tudo que possuíam.
Estão ouvindo as injúrias dos leões?
A grande mata do Jordão está devastada.
Abram espaço, que os exilados
estão voltando!

Quebrando a bela aliança

⁴⁻⁵ **O** Eterno me ordenou: "Pastoreiem as ovelhas que logo serão abatidas. O povo que as comprar vai abatê-las por dinheiro fácil e rápido. E, o que é pior, vão sair ilesos. O povo que as vender vai dizer: 'Que sorte! Deus está do nosso lado. Conseguimos!'. Elas têm pastores que não se importam com elas".

⁶ Decreto do Eterno: "Estou lavando as mãos com relação ao povo desta terra. A partir de agora, eles estão por conta própria. Agora, é a lei da selva, a sobrevivência dos mais aptos, e cada um por si. Não procurem minha ajuda agora!".

⁷⁻⁸ Assim, assumi o lugar dos proprietários grosseiros e avarentos e pastoreei as ovelhas marcadas para o abate. Fui atrás de dois cajados de pastor. O primeiro chamei de Amável; e o outro, de Harmonia. Então, comecei meu trabalho de pastorear as ovelhas. Em um mês, livrei-me dos pastores corruptos. Não podia mais suportá-los – eles também não me suportavam.

⁹ Depois, cansei-me das ovelhas e disse: "Minha medida se encheu de vocês. Chega de pastorear! Se vocês morrerem, então morreram; se forem atacadas, então foram atacadas. Quem sobreviver pode comer o que sobrar".

¹⁰⁻¹¹ Peguei o cajado chamado Amável e o parti ao meio no joelho, quebrando a bela aliança que eu havia feito com todos os povos. Num único golpe, tanto o cajado quanto a aliança estavam quebrados. Os proprietários avarentos presenciaram a cena e sabiam que o Eterno estava por trás disso.

¹² Eu disse a eles: "Paguem-me o que acham que eu valho". O valor que eles me pagaram foi um insulto: trinta moedas de prata.

¹³ O Eterno me disse: "Jogue isso na caixa de coleta para os pobres". Esse valor ridículo representa o que eles pensam de mim e do meu trabalho! Peguei as trinta moe-das de prata e depositei-as na caixa de coleta para os pobres, no templo do Eterno.

¹⁴ Em seguida, parti ao meio o outro cajado, Harmonia, sobre o joelho, quebrando assim os laços de família entre Judá e Israel.

¹⁵⁻¹⁶ Então, o Eterno disse: "Vista-se como um pastor incompetente. Vou instituir um pastor assim nesta terra – um pastor indiferente às vítimas, que ignora os perdidos, abandona os feridos e despreza os cidadãos honestos. Ele só aceitará o cargo pensando naquilo que pode tirar dele, usando e abusando de tudo e de todos".

¹⁷ "Desgraça para você, pastor inútil,
que vai embora e abandona as ovelhas!
Maldição para seu braço!
Maldição para seu olho direito!
Seu braço vai ficar flácido e inútil.
Seu olho direito vai ficar cego".

Novamente em Jerusalém

12 ¹⁻²**B**oletim de guerra:

Mensagem do Eterno com respeito a Israel; decreto do Eterno – o mesmo Eterno que lançou as estrelas no espaço, pôs a terra sobre um firme fundamento e soprou sua própria vida nos homens e mulheres: "Aguardem o seguinte: estou para transformar Jerusalém numa taça de bebida forte, que fará o povo que está cercando Judá e Jerusalém cambalear num estupor de embriaguez.

DIA 364 1194

³"Nesse grande dia, vou transformar Jerusalém numa rocha imensa, fechando a passagem para todos. Todos os que tentarem levantá-la vão se quebrar. Todas as nações pagãs vão se reunir e tentar se livrar dela.

⁴⁻⁵"Nesse grande dia" — é o Eterno que está dizendo isso —, "vou lançar sobre todos os cavalos de guerra e seus cavaleiros o pânico e a confusão. Mas vou continuar atento a Judá, cuidando dele ao mesmo tempo em que torno cegos os cavalos dos inimigos. As famílias de Judá vão perceber minha ação: 'Olhem só, os líderes estão sendo fortalecidos e capacitados pelo Senhor dos Exércitos de Anjos, o seu Deus pessoal'.

⁶"Nesse grande dia, vou transformar as famílias de Judá em algo parecido com um pequeno fogo numa floresta seca, uma tocha ardente num depósito cheio de palha. Elas queimarão tudo e todos à sua volta — povos à direita, povos à esquerda —, enquanto Jerusalém se encherá de gente, pessoas que estão mudando para lá e fazendo dela sua casa. Novamente em Jerusalém. Novamente em casa.

⁷⁻⁸"Eu, o Eterno, vou começar pela restauração das famílias comuns de Judá, para que a glória da família de Davi e dos líderes de Jerusalém não obscureça o povo comum de Judá. Nesse grande dia, vou cuidar de todos os habitantes de Jerusalém, para garantir que o cidadão mais humilde e mais fraco seja tão heroico quanto Davi — e a própria família de Davi será divina, como o anjo do Eterno que conduz o povo.

⁹"Nesse grande dia, vou varrer do mapa todas as nações pagãs que lutaram contra Jerusalém.

¹⁰⁻¹⁴"Em seguida, vou cuidar da família de Davi e daqueles que moram em Jerusalém. Vou derramar um espírito de ações de graças e de oração sobre eles. Com isso, serão capazes de reconhecer aquele a quem feriram tão profundamente, com um golpe de lança! E eles vão chorar, e como vão! Será um luto sentido, como o dos pais que lamentam a perda do primeiro filho. O lamento em Jerusalém naquele dia será pesado e tão conhecido quanto o lamento sobre Hadade-Rimom nos campos de Megido:

Todos vão chorar e se afligir,
  a terra e todos que habitam nela;
A família de Davi separadamente,
  e suas mulheres separadamente;
A família de Natã separadamente
  e suas mulheres separadamente;

A família de Levi separadamente
  e suas mulheres separadamente;
A família de Simei separadamente
  e suas mulheres separadamente;
E o restante das famílias separadamente
  e suas mulheres separadamente".

Lavando os pecados

13¹"Nesse grande dia, será aberta uma fonte para a família de Davi e todos os líderes de Jerusalém, para que seus pecados sejam lavados, para que sua vida manchada e suja seja purificada.

²⁻³"Nesse grande dia" — quem está dizendo isso é o Senhor dos Exércitos de Anjos —, "vou eliminar os ídolos comprados em prateleiras, apagar seus nomes da memória de todos. O povo vai esquecer que alguma vez ouviu falar deles. E vou me livrar dos profetas que poluíram o ar com suas palavras mórbidas. Se alguém persistir em espalhar mensagens impróprias, os próprios pais vão intervir e dizer: 'Chega! Você vai morrer. Suas mentiras a respeito do Eterno puseram todos aqui em perigo'. E vão esfaqueá-lo e matá-lo durante o ato de profetizar mentiras sobre o Eterno — e seus pais farão isso!

⁴⁻⁶"Nesse grande dia, os profetas mentirosos serão desmascarados e humilhados publicamente. E vão desejar nunca ter enganado o povo com suas 'visões'. Chega de usar máscara de profeta! Eles vão até negar: 'Eu, um profeta? Eu não! Sou um lavrador, cresci na roça. E, se alguém perguntar: 'Onde você conseguiu esse olho roxo?', eles vão dizer: 'Dei com a cara na porta, na casa de um amigo' ".

⁷⁻⁹"**E**spada, entre em ação contra meu pastor,
  contra meu companheiro!".
  É o decreto do Senhor dos
    Exércitos de Anjos.
"Mate o pastor! Espalhe as ovelhas!
  E, com o outro lado da mão,
    acerte os cordeiros.
Em todo o país", é o decreto do Eterno,
  "dois terços serão devastados,
  e um terço sobreviverá.
Vou entregar o terço
  que sobrar ao fogo depurador.
Vou depurá-los como a prata é depurada,
  vou testá-los para descobrir sua pureza,
    assim como o ouro é testado.
Então, eles vão orar a mim
  e me chamar pelo nome,
  e vou responder pessoalmente.

Vou dizer: 'Este é meu povo'.
E eles vão dizer: 'Eterno, o nosso Deus' ".

Está chegando o dia

14 ¹⁻²**O**bserve bem: O dia do juízo do Eterno está a caminho.
"O despojo será amontoado e distribuído.
Estou reunindo todas as nações pagãs
para guerrear contra Jerusalém –
Casas serão saqueadas,
mulheres serão estupradas,
Metade da cidade será levada para o exílio,
a outra metade ficará para trás".

³⁻⁵ Mas o Eterno vai marchar contra as nações pagãs e travar uma grande batalha! Esse é o dia em que vai fincar os pés no monte das Oliveiras, de frente para Jerusalém, olhando do leste. O monte das Oliveiras vai se partir ao meio, de leste a oeste, abrindo um grande vale. Metade do monte vai se mover para o norte, metade para o sul. Então, vocês vão correr pelo vale para salvar a vida; vão pegar a rota de escape que irá levá-los até Azel. Vão correr para salvar a vida, assim como correram no dia do terremoto no tempo de Uzias, rei de Judá. Então, o Eterno vai se manifestar, e com ele todos os santos anjos.

⁶⁻⁷ Que dia será aquele! Acabaram-se as noites frias – aliás, acabaram-se as noites! O dia está chegando, e o tempo é do Eterno, quando será dia sempre. Cada anoitecer será uma nova manhã.

⁸ Que dia será aquele! Rios frescos fluirão de Jerusalém, metade para o mar do leste, metade para o mar do oeste, fluindo o ano todo, no verão e no inverno!

⁹ O Eterno será o rei de toda a terra, um único Deus Eterno. Que dia será aquele!

¹⁰⁻¹¹ **A** terra será muito ampla à volta de Jerusalém: até Geba, no norte, e Rimom, no sul, com Jerusalém no alto e no centro, e as imponentes portas da cidade; desde a Porta de Benjamim até a Primeira Porta, a Porta da Esquina, até a torre de Hananeel e até os tanques de prensar uvas do rei, fazendo a cidade se encher de gente. Nunca mais Jerusalém será destruída. A partir de então, será uma cidade segura.

¹²⁻¹⁴ Mas é isto o que vai acontecer com todos os que lutaram contra Jerusalém: o Eterno vai afligi-los com uma praga terrível. A carne deles vai apodrecer nos ossos enquanto estiverem caminhando; os olhos vão apodrecer, cada um na sua cavidade e a língua na boca – as pessoas vão morrer de pé!

Quando isso acontecer, haverá uma histeria coletiva – pânico total! Soldados lutando uns contra os outros, matando uns aos outros – um terror! Então, Judá entrará na batalha.

¹⁴⁻¹⁵ Tesouros de todas as nações serão amontoados – ouro, prata, roupas de marca. A praga também atingirá os animais – cavalos, jumentos, camelos, burros. Tudo que estiver vivo nos acampamentos militares será atingido pela praga.

¹⁶⁻¹⁹ **T**odos os sobreviventes das nações pagãs que lutaram contra Jerusalém vão viajar a Jerusalém todos os anos para adorar o Rei, o Senhor dos Exércitos de Anjos, e celebrar a festa das Cabanas. Se algum desses sobreviventes deixar de fazer essa peregrinação anual a Jerusalém para adorar o Senhor dos Exércitos de Anjos, não haverá chuva. Se os egípcios não fizerem a peregrinação para adorar, não haverá chuva para eles. A nação que não subir para celebrar a festa das Cabanas será atingida pela praga. O Egito ou qualquer outra nação que não fizer a peregrinação para celebrar a festa das Cabanas receberá um castigo.

²⁰⁻²¹ Naquele dia, haverá a seguinte inscrição na sineta dos cavalos: "Consagrado a Deus". Os caldeirões no templo serão tão sagrados quanto as taças e bacias no altar. Aliás, as panelas e os vasos em todas as cozinhas de Jerusalém e Judá serão consagrados ao Senhor dos Exércitos de Anjos. As pessoas que vierem adorar vão usá-los no preparo das refeições e dos sacrifícios. Naquele dia, ninguém vai comprar nem vender no templo do Senhor dos Exércitos de Anjos.

APOCALIPSE 21.9 — 21.27

A cidade de luz

⁹⁻¹² **U**m dos Sete Anjos que portavam as taças cheias com as sete catástrofes finais me disse: "Venha aqui. Vou mostrar a Noiva, a Esposa do Cordeiro". Ele me tomou no Espírito e me mostrou a Jerusalém Santa descendo do céu da parte de Deus, resplandecente na glória brilhante de Deus.

¹²⁻¹⁴ A Cidade cintilava como uma pedra preciosa, pulsando cheia de luz. Ela possuía um muro majestoso e alto, com doze portas. Em cada porta, estava um Anjo, e sobre elas estavam inscritos os nomes das doze tribos dos filhos de Israel: três portas para o leste, três portas para o norte, três portas para o sul, três portas para o oeste. O muro estava estabelecido sobre doze fundamentos, com o nome dos doze apóstolos do Cordeiro inscrito neles.

DIA 365

15-21 O Anjo que falava comigo tinha uma vara de medir, feita de ouro, para medir a Cidade, suas portas e seu muro. A Cidade era um cubo perfeito. Ele mediu a Cidade com a vara: doze mil estádios de largura, comprimento e altura. Usando o padrão de medida, o Anjo mediu a espessura do muro: 144 côvados. O muro era de jaspe, cheio de glória, e a Cidade era de puro ouro, transparente como vidro. Os fundamentos do muro eram guarnecidos com todo tipo de pedra preciosa que se possa imaginar: o primeiro fundamento era de jaspe, o segundo de safira, o terceiro de ágata, o quarto de esmeralda, o quinto de ônix, o sexto de cornalina, o sétimo de crisólito, o oitavo de berilo, o nono de topázio, o décimo de crisópraso, o décimo primeiro de jacinto, o décimo segundo de ametista. As doze portas eram doze pérolas, cada porta uma única pérola.

21-27 A rua principal era de puro ouro, transparente como vidro. Mas não havia nem sinal do templo, pois o Senhor Deus, o Soberano-Poderoso, e o Cordeiro são o templo. A Cidade não precisa nem do Sol nem da Lua para ter luz. A glória de Deus é sua luz, o Cordeiro é sua lâmpada! As nações vão andar em sua luz, e os reis da terra vão caminhar ao seu esplendor. Suas portas não se fecharão durante o dia, e não haverá mais noite. Eles vão trazer a glória e a honra das nações para a Cidade. Nada impuro ou indigno entrará na Cidade, e ninguém que seja falso ou corrupto terá acesso. Nela só entrará quem tem o nome escrito no Livro da Vida do Cordeiro.

SALMOS 150.1-6a

150 **1-6** **A**leluia!
Louvem a Deus em sua santa casa de louvor, louvem-no ao ar livre!
Louvem-no por seus feitos de poder, louvem-no por sua grandeza magnificente!

■ NOTAS

‖‖‖

☐ **DIA 365** __/__/__

MALAQUIAS 1.1 — 4.6

Chega desse culto de faz de conta!

1 **1** **U**ma Mensagem. A Palavra do Eterno a Israel por meio de Malaquias.

2-3 O Eterno disse: "Eu amo vocês".

Vocês responderam: "Será mesmo? De que modo nos amaste?".

"É só olhar para a história." (Essa é a resposta do Eterno). "Vejam como tratei você, Jacó, de maneira diferenciada de Esaú. Reduzi o arrogante Esaú a um montículo de terra, transformei todo o seu país numa cidade-fantasma.

4 "Quando Edom (Esaú) disse: 'Fomos arrasados, mas vamos nos pôr de pé e começar do zero', o Senhor dos Exércitos de Anjos disse: 'Pois tentem, para ver no que vai dar. Quando eu os arrasar, vocês vão ficar no chão. As pessoas vão olhar rapidamente para vocês e dizer: 'Terra do Mal!' e: 'A tribo amaldiçoada por Deus!'.

5 "Sim, deem uma boa olhada. Então, vocês vão ver como os amei e como fui fiel, e vocês vão querer ainda mais, dizendo: 'Que o Eterno seja maior ainda e ultrapasse as fronteiras de Israel!' ".

6 **N**ão é verdade que um filho honra seu pai e um trabalhador honra seu patrão? Assim, se sou o Pai de vocês, cadê a honra? Se sou seu Patrão, cadê o respeito?" O Senhor dos Exércitos de Anjos está chamando vocês à responsabilidade: "Vocês, sacerdotes estão me desprezando!".

"Vocês dizem: 'Como assim?! Como estamos te desprezando?'.

"Com esse culto ordinário, malfeito e desonroso que me oferecem.

"E vocês perguntam: 'O que queres dizer com "desonroso"? O que há de tão desonroso nisso?'.

7-8 "Quando vocês dizem: 'O altar do Eterno já não tem importância; o culto ao Eterno não é prioridade', isso é desonroso. E quando vocês oferecem animais imprestáveis para o sacrifício no culto, animais de que estão tentando se livrar − animais cegos, doentes e aleijados −, isso não é desonroso? Tentem aplicar um golpe desses no gerente do banco ou no prefeito: onde vocês acham que vão parar?", pergunta o Senhor dos Exércitos de Anjos.

9 "Dobrem os joelhos e orem para que eu seja misericordioso com vocês. Vocês, sacerdotes, meteram todo o povo em apuros. Com esse tipo de conduta, acham que vou prestar atenção em vocês?", pergunta o Senhor dos Exércitos de Anjos.

10 "Por que alguém não fecha simplesmente as portas do templo, pondo uma tranca? Assim, nenhum de vocês poderá entrar e brincar de religião com esse culto sem sentido. Não estou satisfeito. O Senhor dos Exércitos de Anjos não está satisfeito. E não quero mais esse culto de faz de conta!".

Oferecendo esmola ao Eterno

11 "**E**u sou honrado em todo o mundo. E em todo o mundo existem pessoas que sabem me adorar, que me honram e oferecem a mim o melhor que possuem. Elas estão dizendo, em todos os lugares: 'Deus é o maior, esse Senhor dos Exércitos de Anjos'.

12-13 "Todos, menos vocês. Em vez de me honrar, vocês me insultam. Vocês me insultam quando dizem: 'A adoração não é importante, e o que levamos para a adoração não interessa'; e quando dizem: 'Que coisa mais sem graça: isso não faz diferença alguma para mim'. Vocês agem de forma tão arrogante, empinando o nariz! Vocês são arrogantes *comigo*, o Senhor dos Exércitos de Anjos! E quando, de fato, me oferecem alguma coisa, é uma esmola, algo defeituoso ou inútil. E vocês

acham que vou aceitar isso? É o Eterno que está falando com vocês!

14 "Que seja amaldiçoado aquele que faz alarde, dizendo que vai fazer algo grande para mim − um sacrifício dispendioso, digamos −, e na última hora aparece com algo insignificante e inútil! Eu sou um grande rei, o Senhor dos Exércitos de Anjos, honrado em todo o mundo, e não vou aceitar isso!".

Profanando a santidade do Eterno

2 **1-3** "**A**gora, ouçam esta acusação, sacerdotes! Se vocês se negarem a ouvir com disposição para obedecer e se negarem a honrar a mim, o Senhor dos Exércitos de Anjos, em adoração, vou amaldiçoar todos vocês. Vou trocar todas as suas bênçãos por maldições. Aliás, as maldições já estão em ação, porque vocês não levam a sério essa questão de me honrar. Sim, e a maldição vai se estender aos seus filhos. Vou esfregar no rosto de vocês as sobras de comida estragada das suas festas. É isso que os aguarda!

4-6 "Talvez isso ajude vocês a acordar. Talvez aí vocês reconheçam que estou acusando vocês com o propósito de dar novo fôlego à minha aliança com Levi, a aliança do Senhor dos Exércitos de Anjos. Minha aliança com Levi foi para dar vida e paz. Cumpri minha parte na aliança com ele, e ele me honrou. Ele viveu com reverência e temor diante de mim. Ele ensinou a verdade e não mentiu. Ele andou comigo em paz e retidão. Ele protegeu muitos, impedindo que caíssem na valeta, e assim os manteve na estrada.

7-9 "É tarefa dos sacerdotes ensinar a verdade. As pessoas olham para eles e esperam orientação. O sacerdote é o mensageiro do Senhor dos Exércitos de Anjos. Mas vocês, sacerdotes, abandonaram o caminho dos sacerdotes. Seu ensino trouxe confusão à vida de muita gente. Vocês corromperam a aliança do sacerdote Levi. O Senhor dos Exércitos de Anjos é quem diz isso. Por isso, estou mostrando a todos quem vocês são de verdade. Todos vão se indignar com vocês e vão evitá-los, porque não vivem como eu disse que deveriam viver e não ensinam minha revelação de forma correta e imparcial".

10 Não somos todos descendentes de um mesmo Pai? Não fomos todos criados pelo mesmo Deus? Por que, então, não nos entendemos? Por que profanamos a aliança dos nossos antepassados, que nos une?

11-12 Judá enganou o Eterno − uma violação repugnante da confiança em Israel e Jerusalém.

Judá profanou a santidade do Eterno ao se apaixonar por mulheres estrangeiras e sair por aí com elas, mulheres que adoram deuses estrangeiros. Que a maldição do Eterno caia sobre os que fazem isso! Expulsem-nos de casa e da família! Eles já não estão qualificados a ser parte da comunidade, mesmo que ofereçam os maiores sacrifícios ao Senhor dos Exércitos de Anjos.

¹³⁻¹⁵ "E aqui está a segunda ofensa: Vocês enchem o lugar de adoração com sua choradeira e fungação porque não recebem do Eterno o que pedem. E sabem por quê? É simples. Porque o Eterno estava lá, como testemunha, quando você fez seus votos de casamento à sua jovem noiva, e agora quebrou esses votos, quebrou o elo de fidelidade com sua companheira de promessa, a mulher da sua aliança. Foi o Eterno que fez o casamento, não você. Seu Espírito permeia até os menores detalhes dessa união. E o que ele espera do casamento? Ora, filhos de Deus. Portanto, guarde o espírito do casamento dentro de você. Não traia sua esposa.

¹⁶ "Eu odeio o divórcio", diz o Deus de Israel. O Senhor dos Exércitos de Anjos diz: "Odeio o desmembramento violento da 'uma carne' do casamento. Portanto, cuidem-se. Não baixem a guarda. Não traiam!

¹⁷ "Vocês cansam o Eterno com toda essa falação.

"E como nós o cansamos?", vocês perguntam.

"Ao dizer: 'O Eterno ama tanto os pecadores quanto os pecados. O Eterno ama todos'. E também por dizerem: 'Juízo? O Eterno é bom demais para julgar' ".

O Senhor que vocês têm esperado

3 ¹ "Vejam! Estou enviando meu mensageiro adiante de vocês. Ele vai preparar a estrada para mim. De repente, do nada, o líder que vocês têm esperado vai entrar no seu templo. Sim, o Mensageiro da Aliança, aquele que vocês têm aguardado. Vejam! Ele está a caminho!" – Mensagem da boca do Senhor dos Exércitos de Anjos.

²⁻⁴ Mas quem vai suportar a vinda dele? Quem vai sobreviver a essa aparição?

Ele será como o fogo incandescente da fornalha do fundidor. Será como o detergente mais forte da lavanderia. Ele vai se sentar no seu lugar como o refinador de prata, como a lavadeira diante da roupa suja. Ele vai esfregar os sacerdotes levitas até que estejam limpos, vai refiná-los como ouro e prata até que estejam adequados para o Eterno, preparados para apresentar ofertas de justiça. Só, então,

Judá e Jerusalém estarão prontos e serão agradáveis ao Eterno, como acontecia muito tempo atrás.

⁵ "Sim, estou a caminho para executar o juízo sobre vocês. Vou apresentar provas convincentes contra os feiticeiros, os adúlteros, os mentirosos, os que exploram os trabalhadores, os que tiram vantagens das viúvas e dos órfãos, os que não são hospitaleiros com os desabrigados – enfim, contra qualquer um que não me honre." É a Mensagem do Senhor dos Exércitos de Anjos.

⁶⁻⁷ "Eu sou o Eterno, sim eu sou. Não mudei. E, por eu não ter mudado, vocês, descendentes de Jacó, não foram destruídos. Vocês têm uma história longa de negligência aos meus mandamentos. Não fizeram nada do que eu mandei fazer. Voltem para mim, e voltarei para vocês", diz o Senhor dos Exércitos de Anjos.

"Vocês perguntam: 'E como voltaremos?'.

⁸⁻¹¹ "Comecem pela honestidade. Pessoas honestas roubam a Deus? Mas vocês me roubam dia após dia.

"Vocês perguntam: 'E como temos te roubado?'.

"Nos dízimos e nas ofertas, é dessa forma. E vocês estão debaixo de maldição, todos vocês, porque estão me roubando. Tragam o dízimo completo para o tesouro do templo, para que haja ampla provisão na minha casa. Ponham-me à prova, e vejam se não vou abrir o próprio céu para vocês e derramar bênçãos além dos seus sonhos mais improváveis. No que depender de mim, vou defender vocês contra os saqueadores e proteger seus campos e hortas contra os ladrões". É a Mensagem do Senhor dos Exércitos de Anjos.

¹² "Vocês serão aclamados como 'o povo mais feliz'. E vão experimentar o que é ser um país que sabe o que é graça". O Senhor dos Exércitos de Anjos é que está dizendo isso.

A diferença entre servir o Eterno e não servi-lo

¹³ O Eterno diz: "Vocês disseram palavras duras contra mim.

"Vocês perguntam: 'Quando é que fizemos isso?'.

¹⁴⁻¹⁵ "Quando vocês disseram: 'Não vale a pena servir a Deus. O que ganhamos com isso? Quando fizemos o que ele nos pediu e andamos por aí, de cara amarrada, levando a sério o Senhor dos Exércitos de Anjos, que diferença isso fez? Os outros quebram

todas as regras e saem imunes. Eles forçam Deus ao limite e saem ilesos'".

¹⁶Então, aqueles cuja vida honrava o Eterno se reuniram e discutiram o assunto. O Eterno viu o que eles estavam fazendo e ficou atento a toda a conversa, ouvindo tudo. Foi aberto um livro na presença do Eterno e foi lavrada a ata dessa reunião, e todos os nomes dos que temiam o Eterno foram anotados, os nomes de todos os que honravam o nome do Eterno.

¹⁷⁻¹⁸O Senhor dos Exércitos de Anjos disse: "Eles são meus, todos meus. Eles vão receber tratamento especial quando eu entrar em ação. Vou tratá-los com a mesma consideração e carinho com que os pais tratam o filho que os honra. E vocês verão outra vez a diferença entre quem faz o que é direito e quem não faz, entre servir o Eterno e não servi-lo".

O sol da justiça vai surgir

4 ¹⁻³"**P**odem ter certeza disto: Está chegando o dia em que tudo será devastado, como um incêndio na floresta. Os arrogantes serão queimados como gravetos, até virarem um tição retorcido. Não sobrará nada, a não ser terra chamuscada e cinzas. Será um dia de escuridão. Mas, para vocês, será o nascer do sol. O sol da justiça vai surgir sobre aqueles que honram meu nome, e a cura vai irradiar de suas asas. Vocês vão explodir de energia, saltando e brincando como potros, e pisarão os maus. Eles não serão nada mais que cinzas debaixo dos pés de vocês naquele dia." O Senhor dos Exércitos de Anjos é quem diz isso.

⁴"Não esqueçam e ponham em prática a revelação que dei por meio do meu servo Moisés, a revelação que ordenei no monte Horebe para todo o Israel, todas as regras e procedimentos para a vida correta.

⁵⁻⁶"Mas olhem também para a frente: estou enviando o profeta Elias para preparar o caminho para o Grande Dia do Eterno, o dia do julgamento decisivo! Ele vai convencer os pais a cuidar dos filhos e os filhos a olhar com respeito para os pais. Se eles se recusarem, eu virei e porei o país debaixo de maldição."

APOCALIPSE 22.1-21

22 ¹⁻⁵**E**ntão, o Anjo me mostrou o rio da Água da Vida, brilhante como cristal. O rio fluía do trono de Deus e do Cordeiro, direto para o meio da rua. A Árvore da Vida estava plantada em cada lado do rio, produzindo doze tipos de fruto, um fruto maduro por mês. As folhas da Árvore servem para curar as nações. Nunca mais haverá maldição. O trono de Deus e do Cordeiro está no centro. Seus servos prestarão culto a Deus. Quando o adorarem, se verá na fronte deles o reflexo de Deus. Nunca mais haverá noite. Ninguém vai precisar de luz de lâmpadas ou da luz do Sol. O brilho de Deus, o Senhor, será toda a luz de que precisarão. E, com ele, eles vão governar para todo sempre.

Palavras confiáveis

⁶⁻⁷**O** Anjo me disse: "Estas palavras são todas confiáveis e precisas. O Deus e Senhor dos espíritos dos profetas enviou seu Anjo para mostrar aos seus servos o que deve acontecer brevemente. E diga a eles: 'Sim, estou a caminho!'. Feliz aquele que guarda as palavras da profecia deste livro".

⁸⁻⁹Eu, João, vi todas essas coisas com meus próprios olhos e ouvi tudo com meus ouvidos. Imediatamente, quando ouvi e vi, prostrei-me para adorar aos pés do Anjo que havia mostrado tudo. Ele protestou: "Não, não faça isso! Eu sou um servo, igual a você e seus companheiros, os profetas, e todos os que guardam as palavras deste livro. Adore a Deus!".

¹⁰⁻¹¹O Anjo continuou: "Não sele as palavras da profecia deste livro. Não as esconda. O tempo está para se cumprir. Que os malfeitores façam o pior e os de mente suja prossigam em sua contaminação, mas que os justos se mantenham no caminho reto e os santos continuem em santidade".

¹²⁻¹³"**S**im, estou a caminho. Logo chegarei. Trago comigo a retribuição. Vou retribuir a todos pela obra de sua vida. Eu sou o A e o Z, o Primeiro e o Derradeiro, o Princípio e o Fim.

¹⁴⁻¹⁵"São abençoados todos os que lavam suas vestes! A Árvore da Vida será deles, e eles vão passar pelas portas da Cidade. Mas, fora dela, para sempre ficarão os cães imundos: feiticeiros, imorais, assassinos, idólatras – todos os que amam e vivem a mentira.

¹⁶"Eu, Jesus, enviei meu Anjo para testificar a respeito dessas coisas às igrejas. Eu sou a Raiz e o Ramo de Davi, a Brilhante Estrela da Manhã."

¹⁷"Venha!", dizem o Espírito e a Noiva.
Quem ouvir repita: "Venha!".
Alguém está com sede? Venha!

DIA 365

Todos os que quiserem venham e bebam,
Bebam livremente da Água da Vida!

18-19 Aqui vai uma séria advertência a todos os que ouvem as palavras da profecia deste livro: se você acrescentar algo às palavras desta profecia, Deus irá acrescentar à sua vida as desgraças descritas neste livro. Se você retirar algo das palavras do livro desta profecia, Deus irá retirar sua parte da Árvore da Vida e da Cidade Santa, descritas neste livro.

20 Aquele que testifica a respeito de todas estas coisas diz mais uma vez: "Estou a caminho! Logo chegarei!".

Sim! Venha, Senhor Jesus!

21 A graça do Senhor Jesus seja com todos vocês. Amém!

SALMOS 150.1-6b

Louvem-no com sopro de trombeta,
  louvem-no com o dedilhar
   suave de cordas!
Louvem-no com castanholas e com danças,
  louvem-no com o pandeiro e com flautas!
Louvem-no com pratos
  e com uma zabumba bem grande,
  louvem-no com violinos e bandolins!
Que toda criatura
  que respira louve o Eterno!
Aleluia!

◼ NOTAS

PLANO DE LEITURA DIÁRIA

DATA	DIA	P.

JANEIRO

- 1 Janeiro ....DIA 001 1
- 2 Janeiro ....DIA 002 4
- 3 Janeiro ....DIA 003 7
- 4 Janeiro ....DIA 004 10
- 5 Janeiro ....DIA 005 13
- 6 Janeiro ....DIA 006 16
- 7 Janeiro ....DIA 007 19
- 8 Janeiro ....DIA 008 22
- 9 Janeiro ....DIA 009 25
- 10 Janeiro ....DIA 010 28
- 11 Janeiro ....DIA 011 31
- 12 Janeiro ....DIA 012 34
- 13 Janeiro ....DIA 013 37
- 14 Janeiro ....DIA 014 40
- 15 Janeiro ....DIA 015 43
- 16 Janeiro ....DIA 016 46
- 17 Janeiro ....DIA 017 49
- 18 Janeiro ....DIA 018 53
- 19 Janeiro ....DIA 019 56
- 20 Janeiro ....DIA 020 59
- 21 Janeiro ....DIA 021 62
- 22 Janeiro ....DIA 022 65
- 23 Janeiro ....DIA 023 68
- 24 Janeiro ....DIA 024 71
- 25 Janeiro ....DIA 025 74
- 26 Janeiro ....DIA 026 77
- 27 Janeiro ....DIA 027 81
- 28 Janeiro ....DIA 028 84
- 29 Janeiro ....DIA 029 87
- 30 Janeiro ....DIA 030 90
- 31 Janeiro ....DIA 031 93

FEVEREIRO

- 1 Fevereiro ....DIA 032 96
- 2 Fevereiro ....DIA 033 100
- 3 Fevereiro ....DIA 034 103
- 4 Fevereiro ....DIA 035 106
- 5 Fevereiro ....DIA 036 109
- 6 Fevereiro ....DIA 037 112
- 7 Fevereiro ....DIA 038 115
- 8 Fevereiro ....DIA 039 118
- 9 Fevereiro ....DIA 040 121
- 10 Fevereiro ....DIA 041 124
- 11 Fevereiro ....DIA 042 127
- 12 Fevereiro ....DIA 043 130
- 13 Fevereiro ....DIA 044 132
- 14 Fevereiro ....DIA 045 136
- 15 Fevereiro ....DIA 046 138
- 16 Fevereiro ....DIA 047 141
- 17 Fevereiro ....DIA 048 144
- 18 Fevereiro ....DIA 049 147
- 19 Fevereiro ....DIA 050 149
- 20 Fevereiro ....DIA 051 152
- 21 Fevereiro ....DIA 052 155
- 22 Fevereiro ....DIA 053 158

Plano de leitura diária

- [ ] 23 Fevereiro..............DIA 054 161
- [ ] 24 Fevereiro ....DIA 055...................164
- [ ] 25 Fevereiro..............DIA 056...................166
- [ ] 26 Fevereiro..............DIA 057...................169
- [ ] 27 Fevereiro..............DIA 058...................172
- [ ] 28 Fevereiro..............DIA 059...................174

MARÇO

- [ ] 1 Março.................DIA 060.................177
- [ ] 2 Março.................DIA 061.................180
- [ ] 3 Março.................DIA 062.................183
- [ ] 4 Março.................DIA 063.................186
- [ ] 5 Março.................DIA 064 189
- [ ] 6 Março.................DIA 065.................191
- [ ] 7 Março.................DIA 066.................194
- [ ] 8 Março.................DIA 067.................197
- [ ] 9 Março.................DIA 068.................199
- [ ] 10 Março.................DIA 069 202
- [ ] 11 Março.................DIA 070.................205
- [ ] 12 Março.................DIA 071.................208
- [ ] 13 Março.................DIA 072.................211
- [ ] 14 Março.................DIA 073.................214
- [ ] 15 Março.................DIA 074.................217
- [ ] 16 Março.................DIA 075.................220
- [ ] 17 Março.................DIA 076.................223
- [ ] 18 Março.................DIA 077.................226
- [ ] 19 Março.................DIA 078.................229
- [ ] 20 Março.................DIA 079.................232
- [ ] 21 Março.................DIA 080.................236
- [ ] 22 Março.................DIA 081.................238
- [ ] 23 Março.................DIA 082.................242
- [ ] 24 Março.................DIA 083.................245
- [ ] 25 Março.................DIA 084 248
- [ ] 26 Março.................DIA 085.................250
- [ ] 27 Março ....DIA 086.................253
- [ ] 28 Março.................DIA 087.................256
- [ ] 29 Março.................DIA 088.................259

- [ ] 30 Março.................DIA 089...................262
- [ ] 31 Março.................DIA 090...................265

ABRIL

- [ ] 1 Abril ....DIA 091...................268
- [ ] 2 Abril.................DIA 092...................272
- [ ] 3 Abril.................DIA 093...................275
- [ ] 4 Abril.................DIA 094 278
- [ ] 5 Abril.................DIA 095...................281
- [ ] 6 Abril.................DIA 096...................284
- [ ] 7 Abril.................DIA 097...................287
- [ ] 8 Abril.................DIA 098...................290
- [ ] 9 Abril.................DIA 099...................293
- [ ] 10 Abril.................DIA 100...................296
- [ ] 11 Abril.................DIA 101...................300
- [ ] 12 Abril.................DIA 102...................303
- [ ] 13 Abril.................DIA 103...................307
- [ ] 14 Abril.................DIA 104...................310
- [ ] 15 Abril.................DIA 105...................314
- [ ] 16 Abril.................DIA 106...................317
- [ ] 17 Abril ....DIA 107 320
- [ ] 18 Abril.................DIA 108...................323
- [ ] 19 Abril.................DIA 109 326
- [ ] 20 Abril.................DIA 110...................330
- [ ] 21 Abril.................DIA 111...................332
- [ ] 22 Abril.................DIA 112 335
- [ ] 23 Abril.................DIA 113...................338
- [ ] 24 Abril ....DIA 114 340
- [ ] 25 Abril.................DIA 115...................344
- [ ] 26 Abril.................DIA 116...................346
- [ ] 27 Abril.................DIA 117...................350
- [ ] 28 Abril.................DIA 118...................352
- [ ] 29 Abril.................DIA 119 356
- [ ] 30 Abril.................DIA 120...................359

MAIO

- [ ] 1 Maio ....DIA 121 362
- [ ] 2 Maio.................DIA 122...................365

1203   **Plano de leitura diária**

- [ ] 3 Maio...............DIA 123...............368
- [ ] 4 Maio...............DIA 124...............372
- [ ] 5 Maio...............DIA 125...............375
- [ ] 6 Maio...............DIA 126...............378
- [ ] 7 Maio...............DIA 127...............381
- [ ] 8 Maio...............DIA 128...............383
- [ ] 9 Maio...............DIA 129...............386
- [ ] 10 Maio...............DIA 130...............389
- [ ] 11 Maio...............DIA 131...............392
- [ ] 12 Maio...............DIA 132...............396
- [ ] 13 Maio...............DIA 133...............399
- [ ] 14 Maio...............DIA 134...............402
- [ ] 15 Maio...............DIA 135...............405
- [ ] 16 Maio...............DIA 136...............408
- [ ] 17 Maio...............DIA 137...............411
- [ ] 18 Maio...............DIA 138...............414
- [ ] 19 Maio...............DIA 139...............418
- [ ] 20 Maio...............DIA 140...............421
- [ ] 21 Maio...............DIA 141...............423
- [ ] 22 Maio...............DIA 142...............427
- [ ] 23 Maio...............DIA 143...............430
- [ ] 24 Maio...............DIA 144...............432
- [ ] 25 Maio...............DIA 145...............436
- [ ] 26 Maio...............DIA 146...............439
- [ ] 27 Maio...............DIA 147...............442
- [ ] 28 Maio...............DIA 148...............445
- [ ] 29 Maio...............DIA 149...............448
- [ ] 30 Maio...............DIA 150...............451
- [ ] 31 Maio...............DIA 151...............454

JUNHO

- [ ] 1 Junho...............DIA 152...............457
- [ ] 2 Junho...............DIA 153...............461
- [ ] 3 Junho...............DIA 154...............464
- [ ] 4 Junho...............DIA 155...............467
- [ ] 5 Junho...............DIA 156...............470
- [ ] 6 Junho...............DIA 157...............473

- [ ] 7 Junho...............DIA 158...............476
- [ ] 8 Junho...............DIA 159...............478
- [ ] 9 Junho...............DIA 160...............481
- [ ] 10 Junho...............DIA 161...............484
- [ ] 11 Junho...............DIA 162...............488
- [ ] 12 Junho...............DIA 163...............491
- [ ] 13 Junho...............DIA 164...............494
- [ ] 14 Junho...............DIA 165...............497
- [ ] 15 Junho...............DIA 166...............500
- [ ] 16 Junho...............DIA 167...............503
- [ ] 17 Junho...............DIA 168...............506
- [ ] 18 Junho...............DIA 169...............509
- [ ] 19 Junho...............DIA 170...............512
- [ ] 20 Junho...............DIA 171...............515
- [ ] 21 Junho...............DIA 172...............518
- [ ] 22 Junho...............DIA 173...............522
- [ ] 23 Junho...............DIA 174...............525
- [ ] 24 Junho...............DIA 175...............528
- [ ] 25 Junho...............DIA 176...............532
- [ ] 26 Junho...............DIA 177...............535
- [ ] 27 Junho...............DIA 178...............538
- [ ] 28 Junho...............DIA 179...............542
- [ ] 29 Junho...............DIA 180...............545
- [ ] 30 Junho...............DIA 181...............548

JULHO

- [ ] 1 Julho...............DIA 182...............551
- [ ] 2 Julho...............DIA 183...............554
- [ ] 3 Julho...............DIA 184...............557
- [ ] 4 Julho...............DIA 185...............560
- [ ] 5 Julho...............DIA 186...............562
- [ ] 6 Julho...............DIA 187...............564
- [ ] 7 Julho...............DIA 188...............567
- [ ] 8 Julho...............DIA 189...............569
- [ ] 9 Julho...............DIA 190...............571
- [ ] 10 Julho...............DIA 191...............574
- [ ] 11 Julho...............DIA 192...............577

Plano de leitura diária

☐ 12 Julho	DIA 193	579
☐ 13 Julho	DIA 194	582
☐ 14 Julho	DIA 195	584
☐ 15 Julho	DIA 196	588
☐ 16 Julho	DIA 197	591
☐ 17 Julho	DIA 198	594
☐ 18 Julho	DIA 199	596
☐ 19 Julho	DIA 200	600
☐ 20 Julho	DIA 201	602
☐ 21 Julho	DIA 202	606
☐ 22 Julho	DIA 203	609
☐ 23 Julho	DIA 204	612
☐ 24 Julho	DIA 205	616
☐ 25 Julho	DIA 206	619
☐ 26 Julho	DIA 207	622
☐ 27 Julho	DIA 208	625
☐ 28 Julho	DIA 209	628
☐ 29 Julho	DIA 210	631
☐ 30 Julho	DIA 211	634
☐ 31 Julho	DIA 212	638

AGOSTO

☐ 1 Agosto	DIA 213	641
☐ 2 Agosto	DIA 214	644
☐ 3 Agosto	DIA 215	648
☐ 4 Agosto	DIA 216	651
☐ 5 Agosto	DIA 217	654
☐ 6 Agosto	DIA 218	658
☐ 7 Agosto	DIA 219	662
☐ 8 Agosto	DIA 220	665
☐ 9 Agosto	DIA 221	668
☐ 10 Agosto	DIA 222	671
☐ 11 Agosto	DIA 223	675
☐ 12 Agosto	DIA 224	678
☐ 13 Agosto	DIA 225	681
☐ 14 Agosto	DIA 226	685
☐ 15 Agosto	DIA 227	689

☐ 16 Agosto	DIA 228	692
☐ 17 Agosto	DIA 229	696
☐ 18 Agosto	DIA 230	699
☐ 19 Agosto	DIA 231	703
☐ 20 Agosto	DIA 232	706
☐ 21 Agosto	DIA 233	709
☐ 22 Agosto	DIA 234	712
☐ 23 Agosto	DIA 235	716
☐ 24 Agosto	DIA 236	719
☐ 25 Agosto	DIA 237	722
☐ 26 Agosto	DIA 238	725
☐ 27 Agosto	DIA 239	728
☐ 28 Agosto	DIA 240	731
☐ 29 Agosto	DIA 241	734
☐ 30 Agosto	DIA 242	736
☐ 31 Agosto	DIA 243	739

SETEMBRO

☐ 1 Setembro	DIA 244	742
☐ 2 Setembro	DIA 245	745
☐ 3 Setembro	DIA 246	748
☐ 4 Setembro	DIA 247	751
☐ 5 Setembro	DIA 248	754
☐ 6 Setembro	DIA 249	757
☐ 7 Setembro	DIA 250	759
☐ 8 Setembro	DIA 251	762
☐ 9 Setembro	DIA 252	764
☐ 10 Setembro	DIA 253	767
☐ 11 Setembro	DIA 254	770
☐ 12 Setembro	DIA 255	773
☐ 13 Setembro	DIA 256	777
☐ 14 Setembro	DIA 257	780
☐ 15 Setembro	DIA 258	784
☐ 16 Setembro	DIA 259	787
☐ 17 Setembro	DIA 260	791
☐ 18 Setembro	DIA 261	794
☐ 19 Setembro	DIA 262	797

Plano de leitura diária

☐ 20 Setembro..............DIA 263..................801
☐ 21 Setembro..............DIA 264..................804
☐ 22 Setembro..............DIA 265..................808
☐ 23 Setembro..............DIA 266..................812
☐ 24 Setembro..............DIA 267..................815
☐ 25 Setembro..............DIA 268..................819
☐ 26 Setembro..............DIA 269..................822
☐ 27 Setembro..............DIA 270..................825
☐ 28 Setembro..............DIA 271..................829
☐ 29 Setembro..............DIA 272..................833
☐ 30 Setembro..............DIA 273..................837

OUTUBRO

☐ 1 Outubro..................DIA 274..................841
☐ 2 Outubro..................DIA 275..................845
☐ 3 Outubro..................DIA 276..................849
☐ 4 Outubro..................DIA 277..................852
☐ 5 Outubro..................DIA 278..................857
☐ 6 Outubro..................DIA 279..................860
☐ 7 Outubro..................DIA 280..................864
☐ 8 Outubro..................DIA 281..................868
☐ 9 Outubro..................DIA 282..................872
☐ 10 Outubro................DIA 283..................876
☐ 11 Outubro................DIA 284..................880
☐ 12 Outubro................DIA 285..................883
☐ 13 Outubro................DIA 286..................887
☐ 14 Outubro................DIA 287..................892
☐ 15 Outubro................DIA 288..................896
☐ 16 Outubro................DIA 289..................900
☐ 17 Outubro................DIA 290..................905
☐ 18 Outubro................DIA 291..................910
☐ 19 Outubro................DIA 292..................914
☐ 20 Outubro................DIA 293..................919
☐ 21 Outubro................DIA 294..................923
☐ 22 Outubro................DIA 295..................927
☐ 23 Outubro................DIA 296..................931
☐ 24 Outubro................DIA 297..................936

☐ 25 Outubro................DIA 298..................941
☐ 26 Outubro................DIA 299..................945
☐ 27 Outubro................DIA 300..................949
☐ 28 Outubro................DIA 301..................952
☐ 29 Outubro................DIA 302..................957
☐ 30 Outubro................DIA 303..................960
☐ 31 Outubro................DIA 304..................964

NOVEMBRO

☐ 1 Novembro................DIA 305..................968
☐ 2 Novembro................DIA 306..................971
☐ 3 Novembro................DIA 307..................975
☐ 4 Novembro................DIA 308..................978
☐ 5 Novembro................DIA 309..................983
☐ 6 Novembro................DIA 310..................986
☐ 7 Novembro................DIA 311..................989
☐ 8 Novembro................DIA 312..................993
☐ 9 Novembro................DIA 313..................996
☐ 10 Novembro..............DIA 314..................999
☐ 11 Novembro..............DIA 315..................1003
☐ 12 Novembro..............DIA 316..................1007
☐ 13 Novembro..............DIA 317..................1012
☐ 14 Novembro..............DIA 318..................1017
☐ 15 Novembro..............DIA 319..................1021
☐ 16 Novembro..............DIA 320..................1025
☐ 17 Novembro..............DIA 321..................1028
☐ 18 Novembro..............DIA 322..................1031
☐ 19 Novembro..............DIA 323..................1034
☐ 20 Novembro..............DIA 324..................1038
☐ 21 Novembro..............DIA 325..................1041
☐ 22 Novembro..............DIA 326..................1044
☐ 23 Novembro..............DIA 327..................1047
☐ 24 Novembro..............DIA 328..................1051
☐ 25 Novembro..............DIA 329..................1054
☐ 26 Novembro..............DIA 330..................1058
☐ 27 Novembro..............DIA 331..................1061
☐ 28 Novembro..............DIA 332..................1064

Plano de leitura diária

☐ 29 Novembro.............DIA 333.................1068
☐ 30 Novembro.............DIA 334.................1072

DEZEMBRO

☐ 1 Dezembro.................DIA 335.................1075
☐ 2 Dezembro.................DIA 336.................1079
☐ 3 Dezembro.................DIA 337.................1083
☐ 4 Dezembro.................DIA 338.................1086
☐ 5 Dezembro.................DIA 339.................1089
☐ 6 Dezembro.................DIA 340.................1093
☐ 7 Dezembro.................DIA 341.................1096
☐ 8 Dezembro.................DIA 342.................1099
☐ 9 Dezembro.................DIA 343.................1102
☐ 10 Dezembro.................DIA 344.................1105
☐ 11 Dezembro.................DIA 345.................1109
☐ 12 Dezembro.................DIA 346.................1112
☐ 13 Dezembro.................DIA 347.................1115
☐ 14 Dezembro.................DIA 348.................1119

☐ 15 Dezembro.................DIA 349.................1123
☐ 16 Dezembro.................DIA 350.................1127
☐ 17 Dezembro.................DIA 351.................1132
☐ 18 Dezembro.................DIA 352.................1136
☐ 19 Dezembro.................DIA 353.................1141
☐ 20 Dezembro.................DIA 354.................1146
☐ 21 Dezembro.................DIA 355.................1152
☐ 22 Dezembro.................DIA 356.................1157
☐ 23 Dezembro.................DIA 357.................1161
☐ 24 Dezembro.................DIA 358.................1166
☐ 25 Dezembro.................DIA 359.................1170
☐ 26 Dezembro.................DIA 360.................1175
☐ 27 Dezembro.................DIA 361.................1181
☐ 28 Dezembro.................DIA 362.................1185
☐ 29 Dezembro.................DIA 363.................1189
☐ 30 Dezembro.................DIA 364.................1193
☐ 31 Dezembro.................DIA 365.................1196

- Bíblia Todo dia Verde
  ISBN 978-65-5584-321-7

- Bíblia Todo dia Marrom
  ISBN 978-65-5584-406-1

- Bíblia Todo Dia O Retiro
  ISBN 978-65-5584-407-8

- Bíblia Todo Dia Aquarela
  ISBN 978-65-5584-408-5

- Bíblia Todo Dia Vitral
  ISBN 978-65-5584-409-2

- Bíblia Todo Dia Retrô
  ISBN 978-65-5584-410-8

- Bíblia Todo Dia Coração
  ISBN 978-65-5584-411-5

- Bíblia Todo dia Floral
  ISBN 978-65-5584-412-2

- Bíblia Todo Dia Paisagem
  ISBN 978-65-5584-413-9

Esta obra foi composta em *More Pro* e *Din Pro*
e impressa na China por RR Donnelley em
Papel Bíblia 28 g/m^2 para Editora Vida.